SÜDAMERIKA

VERLAG
MARTIN
VELBINGER
Bahnhofstr. 1o6 – 8o32 Gräfelfing/München

DIESES vorliegende Buch erscheint als Band 1 einer Reihe unkonventioneller Reiseführer im Verlag Martin Velbinger:

BAND 1: SÜDAMERIKA, 1.584 Seiten/Neuausgabe, 68,- DM
BAND 2: SÜDL. KARIBIK, 512 Seiten, M. Velbinger, 39,8o DM
BAND 3: ZENTRALAMERIKA + MEXICO, in Vorbereitung
BAND 4: GRIECHENLAND, 416 Seiten, M. Velbinger, 29,8o DM
BAND 5: PORTUGAL, M. Müller, 32o Seiten, 22,8o DM
BAND 6: SÜDFRANKREICH, M. Müller, 32o Seiten, 19,8o DM
BAND 7: PARIS, H. - J. Sing, 352 Seiten, 29,8o DM
BAND 8: BAHAMAS & FLORIDA, 288 Seiten, 26,8o DM
BAND 1o: WIEN, Norbert Steidl, 46o Seiten, 22,8o DM
BAND 11: TOSKANA & ELBA, H.- J. Sing, 272 Seiten, 19,8o DM
BAND 12: SÜDITALIEN, Hans Bausenhardt, ca. 5oo S., 26,8o DM
BAND 13: KORSIKA, Schröder/Pagenstecher, 24o Seiten, 22,8o DM
BAND 14: SARDINIEN, H. Bausenhardt, 432 Seiten, 19,8o DM
BAND 15: GOLF VON NEAPEL/CILENTO, H. Bausenhardt, 19,8o DM
BAND 16: JUGOSLAWIEN, Schröder/Pagenstecher, 32o S., 19,8o DM
BAND 17: SCHOTTLAND, Franz Rappel ,ca. 4oo S., 22,8o DM
BAND 18: SCHWEDEN, Marlen und Bert Baesgen, ca. 32o S., 22,8o DM
BAND 19: NORWEGEN, Schröder/Pagenstecher, ca. 5oo S., 24,8o DM
BAND 2o: ROM, Hans Bausenhardt, ca. 35o Seiten, 22,8o DM
BAND 21: KRETA, Martin Velbinger, ca. 35o Seiten, 22,8o DM
BAND 22: INTERRAIL, Autorenteam, ca. 6oo S., 24,8o DM
BAND 23: SIZILIEN & EOL. INSELN, H. Bausenhardt, ca. 5oo S., 24,8o
BAND 24: IRLAND, Franz Rappel, ca. 35o Seiten, 22,8o DM
BAND 25: BRETAGNE - NORMANDIE, Schröder/Pagenstecher
BAND 26: FR. ATLANTIKKÜSTE, Schröder/Pagenstecher

Weitere Titel in Vorbereitung. Bitte Anfrage an den Verlag. Rückporto beilegen.

Graphiken: Bimbo von Hacke & Martin Velbinger
Karten: Martin Velbinger
Graphische Gestaltung, Layout: Martin Velbinger

ISBN: 3 - 88 316 - oo2 - 4

ALLE ANGEGEBENEN PREISE sind ca.- Preise, auch wenn sie nicht als solche bezeichnet sind. – Für die Richtigkeit und Vollständigkeit aller Angaben, insbesondere der Abfahrtszeiten und Preise kann keine Gewähr übernommen werden.

DRUCK: Beck'sche Nördlingen
COVER–LITHOS: Repto Union Augsburg
SATZ: Verlag Martin Velbinger
PRINTED IN WEST GERMANY

6. Auflage 1986

SÜDAMERIKA

1986/87

MARTIN VELBINGER

VERLAG MARTIN VELBINGER, Bahnhofstr. 1o6 – 8o32 Gräfelfing/München

Handwerkszeug

SÜDAMERIKA

DIESER BAND ist in Nord- Süd Richtung aufgebaut, – in selber Richtung sind auch die einzelnen Länderkapitel geschrieben, einfach weil diese Reiserichtung unter den Südamerika- Globetrottern am üblichsten ist.

Einmal führen viele billige Flugverbindungen von Norden an Südamerika, weiterhin ist in dieser Richtung eine gewisse "Erlebnissteigerung", und nicht zuletzt kann man bei einem halbjährigen Südamerikatrip (in New York begonnen) vor den einzelnen Regenzeiten herreisen, wenn man an Weihnachten in New York startet!

✶ REGENZEITEN IN SÜDAMERIKA:

Mittelamerika und Venezuela:	Mai - Okt.
Kolumbien:	März - Mai und Okt./Nov.
Ecuador, Peru, Bolivien, Brasilien (Südl. Amazonas)	Dez. - Mai
Argentinien, Chile:	Apr. - Nov.

DIE REGENZEITEN wirken sich aber nur regional aus. Während beispielsweise in Peru in den Anden Regenzeit Dez. - März ist, – ist dies zugeich die beste Zeit für die peruanische Küste. Alle Details siehe Länderkapitel! –

① DIE EINZELNEN ROUTEN sind nach dem Bausteinsystem aufgebaut, – können also beliebig miteinander kombiniert werden. Wie man die Route legt, hängt zunächst vom günstigsten TRANSATLANTIK- FLUG ab, da dies der Hauptkostenfaktor der Südamerika- Reise ist.

Tips zu Routen- Kombinationsmöglichkeiten Seite 11 bis 26, – mal grob als Motivation einlesen!

Tips, wie man an preisgünstige Transatlantikflüge nach Südamerika kommt: Seite 27 bis 43, – Alternativen per Schiff Seite 43 bis 49.

Bueno: damit hat man zunächst einen Überblick, wie der Einstieg am billigsten läuft, wobei man sich bereits ca. bis zu 1.000 DM oder mehr sparen kann. . .

② SÜDAMERIKA–ÜBERSICHTSKARTE kaufen, – unabdinglich für die Reisevorplanung, da sie eine Grob- Übersicht bringt, – sowohl für die in

Handwerkszeug SÜDAMERIKA

diesem Band beschriebenen Routen, – wie auch Querverbindungen zwischen den einzelnen Ländern Südamerikas!

Die derzeit beste dürfte die "Hallwag- Südamerika" sein, 1 : 9 Mill. und weitgehend auf dem aktuellsten Stand! Siehe Kartentips Seite 141!

INHALT:

REISE – VORBEREITUNGEN:

Sport:

Per eigenem Auto durch Südamerika:

Botschaften/Konsulate:

SÜDAMERIKA

Am Beginn des jeweiligen Landes gibts den SCHNELLFINDER: ein Inhalts-Verzeichnis zum betreffenden Land, zusammen mit einer Übersichtskarte.

Am Ende des jeweiligen Länderkaiptels finden sich in den ALLGEM. TIPS generelle Infos zum betreffenden Land, so zu Transport, Essen, Öffnungszeiten, Gesundheit und Konsulate/Botschaften.

REISEROUTEN IN SÜDAMERIKA

Bitte bloß nicht dem selben Fehler verfallen, wie die Amerikaner, wenn sie Europa "abhaken": Montag: Paris/Montmartre, – Dienstag: München/Hofbräuhaus, – Mittwoch: Heidelberg/Schunkeln im Schloß, – Donnerstag: Granada/Alhambra, – nach dem Motto: wenn wir schon mal drüben sind, dann wollen wir auch alles sehen! –

SÜDAMERIKA ist ein derart riesiger Kontinent, – Nord-Süd- Entfernung 12.ooo km! Wer durchhetzt, hat zwar viele Stempel zum Angeben im Pass. Erlebt hat er aber im Grunde nichts tiefer. Besser intensiv ein oder zwei Länder bereisen: man trifft drüben eine solche Vielfalt an Erlebnissen, – tropische Palmenküsten, bunte Indiomärkte in den Anden, abenteuerliche Trips durch den Amazonas- Dschungel, sodaß selbst ein kleines Land wie Ecuador sich für einen 2 Monate- Besuch lohnt und auch nicht langeweilig wird.

Die ENTFERNUNGEN auf dem Atlas sind klein, und man ist sich der Dimensionen, die dazwischen liegen, nicht bewußt.
Lieber an schönen Stellen länger bleiben! Erst dann kommen die Kontakte zustande und Einladungen, bzw. Erlebnisse wie Flußfahrten im Außenbord-Kanu in nebelverhangenem Bergurwald an den Andenhängen zum Amazonas, – Flüge in Cessna- Sportmaschinen über dem Chaco zu abgelegenen Missions Stationen, – herrlich: in lauer, brasilianischer Tropennacht in der Hängematte zu schaukeln und den Urwaldgeräuschen zu lauschen, während im Dunkel drüben in der Nachbarhütte der Farb- TV flimmert, – nächtliche Busritte über Amazonaspisten, vorn beim Fahrer, während sich der Scheinwerfer ins Dunkel der grünen Urwaldmauer bohrt, – Wanderungen im Hochland Ecuadors zu Vulkan- Lagunen, – sich an den tropischen Palmenküsten Kolumbiens am Strand räkeln und abends in der Palmwedel-gedeckten Fischerhütte die Luft schnuppern, wo sich der Geruch des Meeres mit den hinten auf dem Gaskocher brutzelnden Fischen vermischt, während neben dem Kocher der Kasettenrecorder heiße Cumbia- Rhytmen spielt . . .

Mal 'nen ganzen Tag in einer Kneipe hocken, relaxen, Leute beobachten, Gespräche, – bringt 1o mal mehr, als diese idiotische Sight- Seeing- Abhakerei! Die Sache sich entwickeln lassen. Zwar grobe Idee der Route und Punkte, die man erleben möchte, – aber flexibel sein, was unterwegs auf einen zukommt.

Nach Sight- Seeing- Punkten zu reisen (also z.B. mit dem Jet rüber nach Iquitos/Peru, Amazonas und die Urwaldindianer "besichtigen", "Koloniales" in Quito, "Machu Picchu" in Peru mal schnell und dann noch die Iguazu-Wasserfälle, weil Feuerland wartet) , das mag beeindruckend sein, die tieferen Erlebnisse hat man aber abseits der Touristenstrecken.

Wir haben in Ecuador Gringos getroffen, die mit den einheimischen Indios zusammenlebten und Teppiche webten, oder Reisende, die auf den Galapagos- Inseln mit den Wissenschaftlern Verhaltensforschungsprojekte mit Seelöwen durchführten. Man muß natürlich einen Kompromiss finden zwischen der Zeit, die einem zu Verfügung steht und den verlockenden Möglichkeiten, die man unterwegs mit Garantie findet.

Meine erste Reise nach Südamerika: 1975. Seitdem bin ich praktisch jedes Jahr im Schnitt 3 Monate drüben und habe den Kontinent in allen Winkeln bereist, mit Auto, Bus, Flugzeug, Zug.

Ich danke den Touristministerien und Airlines der einzelnen Länder für die Unterstützung bei unseren Recherchen, sowie für die unzähligen Leserbriefe, deren Tips wir vor Ort nachgegangen sind.

Hiermit lege ich ein rund 1.6oo Seiten- Südamerika Kompendium vor, das in seiner Detailfülle und Seitenzahl vermutlich eines der umfangreichsten auf dem Weltmarkt sein dürfte.

Viel Freude in Südamerika wünscht

Martin Velbinger

Reisekosten:

Das teuerste einer Südamerika- Reise auf eigene Faust ist der FLUG. Tips hierzu siehe Kapitel "Anreise/Flug". Im Schnitt ist man mit ca. 2.ooo DM retour ab Europa dabei.

Das Leben drüben kann extrem billig sein, je nachdem, welche Komfort-Ansprüche man stellt (insbesondere im Sektor Übernachtung) und welche Länder man bereist.

★ Der öffentliche Transport per Bus (bzw. Zug, Flußboot etc.) ist in der Regel in allen Ländern im Verhältnis zu Europa sehr billig. Nicht selten zahlt man 1o DM für 1o Std.- Fahrt im Bus oder Zug, wobei allerdings wegen Serpentinenpisten im Andenbereich, bzw. Erdpisten im Amazonas nur rund 1o- 2o% der Strecken zurückgelegt werden, die man in Europa in selber Zeit schaft. Trotzdem: untern Strich saubillig im Vergleich zu europäischen Preisen und die Reisekasse nicht belastend.

★ Flug: die Inlandsflugpreise superbillig in den Erdölländern Venezuela und Ecuador (5oo km in Venezuela ca. 6o DM!!)In den meisten anderen Staaten jedoch teuer wegen den großen Entfernungen. Abhilfe: die Rundflugtickets, die Ausländer zu Benutzung des kompletten Inland- Airline-Netzes innerhalb von 21/bzw. 3o Tagen berechtigen. Tips siehe "Fliegen in Südamerika"

★ Die Kosten fürs Essen variieren, sind aber in der Regel für die Reisekasse nicht belastend, wenn man in Billigrestaurants (meist in der Nähe von Busterminals, Märkten etc.) geht. Im Schnitt kostet ein Essen im Billigrestaurant, Snack, Stehimbiß etc., bei dem man satt wird 2 - 5 DM. Bei besseren Restaurants je nach Land kräftige Unterschiede (5 - 3o DM aufwärts).

★ Übernachtungskosten: hier liegen die stärksten Preisdifferenzen. Derzeit Billigländer (wohlgemerkt, kann sich schnell ändern!*) sind Ecuador, Venezuela, Bolivien und Brasilien. Basic- Übernachtung für ca. 5 - 1o DM/Doppel möglich, aber variierend, ob Großstadt oder Provinz. Die Mittelklasse hier ca. 2o - 3o DM/Doppel, – gehobene Mittelklasse um 5o DM, teils 6o teils nur 4o DM je nachdem ob Privinz oder Großstadt.

Derzeit teure Länder sind Kolumbien, Peru und Chile, die in Sachen Übernachtung fast deutsche Preise haben. Aber auch hier starke Unterschiede zwischen Stadt und Provinz. (Basic- Hotel zwischen 1o und 2o DM/Doppel) sowie in der Mittelklasse (in Peru z.B. die für südam. Verhältnisse relativ preisgünstigen staatlichen "Enturperu"- Hotels, Details siehe dort!)

Argentinien (bei gigantischer Inflationsrate von rund 1.ooo % pro Jahr) derzeit auf Tendenz zu Billigreiseland.

UNTERM STRICH: ca. 4oo - 6oo DM/Monat und Person (ohne vor-Ort Transportkosten und Extras) sind realisierbar bei Absteigen in Billigquartieren. In teureren Ländern oder bei höherem Übernachtungskomfort aufwärts.

---

* Peru z.B. 1979 superbillig. 1.ooo Flug- Kilometer mit "Aeroperu"- Jet nur ca. 3o DM, derzeit ca. 27o DM!! – Brasilien: 1982 eines der teuersten Länder des Kontinents, momentan eines der billigsten.

Reisepartner:

★ Alleine- Reisen bringt den unschätzbaren Vorteil, daß man auf keine Bedürfnisse eines Reisepartners Rücksicht nehmen muß, sondern so reisen kann, wie es einem selber "intuitiv" Spaß macht. Zudem der Vorteil, daß man zu intensivem Kontakt mit Land und Leuten mehr oder weniger gezwungen wird. Was ich absolut positiv sehe. (Zwang und Chance, Kontakte zu suchen und dadurch intensiver zu reisen).

★ Zu zweit: für mich persönlich die optimalste Form, – vorausgesetzt man liegt mit dem Reisepartner emotional auf selber Ebene. (Ähnliche Interessen und Bedürfnisse). Optimal: mit langjähriger Freundin oder Freund gemeinsam zu reisen. Vorteil: unterwegs über Erlebtes kommunizieren zu können, aber auch, weil sich Probleme leichter lösen lassen (einer checkt die Verbindungen, der andere kümmert sich währenddessen um ein gutes Hotel. . .)

★ In der Gruppe: bringt viel Spaß, wenn die Gruppe sich gut kennt. Z.B. auf Flußfahrten, Bergsteigen etc. Aber auch lästig: je mehr Leute, desto mehr verschiedene Interessen und schwierig, diese unter einen Hut zu bringen.

REISEPARTNER–SUCHE: optimale Partner sind zunächst seit langen Jahren bestehende Freundschaften. Bei neuen Bekanntschaften: gut abchecken, in wieweit man "auf gleicher Wellenlänge" liegt: Reisen, d.h. Tag für Tag eng zusammensein, kann unterwegs eher zu Spannungen führen, als zu Hause. Sich die Chance geben, mal 2, 3 Tage oder 1 Woche verschiedene Routen fahren und sich später wiederzutreffen.

VORAUSSETZUNGEN: beide Seiten sollten gegensätzliche Interessen respektieren und sich Freiraum gewähren. Routen und Zeitraum unterwegs gemeinsam abstimmen, ohne gegenseitige Dominierung eigener Interessen. Kann schwierig werden, wenn man aus Angst, alleine reisen zu müssen, sich einen "Zweck-Partner" sucht, mit dem man sich vor Ort dann zunächst streitet und später in Schweigen anödet.

Kontaktanzeigen in Unimensen, Zeitungen etc. können, – müssen aber nicht eine Chance sein, daß man einen Reisepartner findet, mit dem man emotional auf einer Ebene liegt. Am besten mal 'ne kleinere Sache in Europa "probereisen". Finger weg von sogenannten "Zweckpartnerschaften" (aus Angst, alleine reisen zu müssen)! Dann besser: solo die Hühner satteln und rein ins kalte Wasser. Unterwegs jede Menge Chancen für Kontakte, egal ob in den "Gringotreff- Hotels (siehe Länderkapitel!), oder spontan irgendwo (Bus, Zug, Restaurant . . .)

Routenplanung:

① WER den kompletten Kontinent plant, sollte sich mindestens 1/2 Jahr Zeit nehmen, besser 1 Jahr. Eigenes Fahrzeug keine schlechte Idee, Details siehe Seite 16o.

② WER 3 Monate Zeit hat, kann zwar in perfekter "Abbhak- Manier" ebenfalls den gesamten Kontinent machen, – vom Erlebnis jedoch allenfalls ein grobes "Reinriechen". Besser: sich auf einen Spezialbereich konzentrieren (also z.B. Venezuela – Kolumbien – Ecuador) und den nächsten Teil das nächste Mal!

③ WER nur 3 - 4 Wochen Zeit hat: schwierig! Auf der einen Seite drängt der Wunsch, in der knapp bemessenen Urlaubszeit möglichst viel von Südamerika zu erleben, – auf der anderen Seite vergleichbar mit dem Amerikaner, der in 3 Wochen Europa abfeiert . . .

Routenmöglichkeiten:

Ergeben sich aus der Zeit, die man für den Südamerika- Trip hat – und aus preisgünstigen Transatlantikflügen:

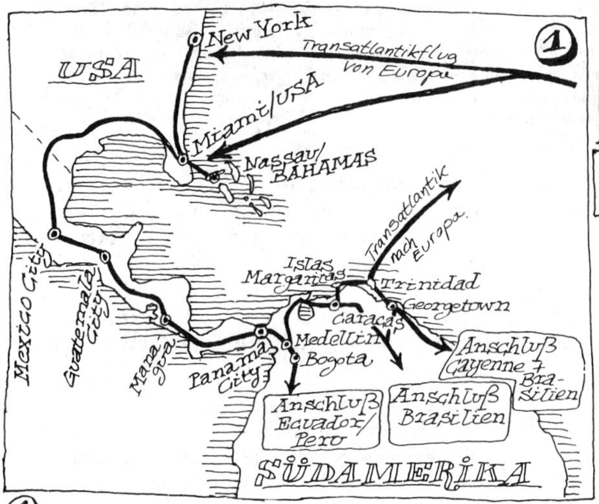

via USA/ Zentralamerika

① VIA NEW YORK oder MIAMI/USA. Hier gibts jede Menge günstiger Transatlantikflüge ab Europa, die retour zwischen 1.000 und 1.300 DM liegen, Einfachtickets nach New York um 600 DM. Günstige Einfachflug-Tickets ab Caracas/Venezuela oder Trinidad zurück nach Europa, die ab ca. 1.000 DM liegen können (Infos siehe "Reisebüros/Veranst."/S. 27).

Bei 2 Einfachflügen über den Atlantik somit für ca. 1.600 DM zu realisieren und unterm Strich billige Möglichkeit, den Nordteil Südamerikas mit den USA und Zentralamerika zu verbinden (Die derzeit billigsten Direktflüge ab Europa in den Nordteil Südamerikas, z.B. Venezuela und Kolumbien liegen bei ca. 2.000 DM).

Einstieg New York: für Leute mit Zeit, bzw. wegen günstigsten Transatlantikflügen. Der Großstadtgigant bringt viel Interessantes, das für einen Stop 2 - 5 Tage (oder mehr lohnt. **Einstieg Miami:** spart zwar die Anreise- Km zwischen New York und Miami, ist aber in der Regel nur per Retourticket zu erreichen und zudem teurer als New York.

In New York das "Greyhound"- Busticket nehmen, das zu beliebigem Reisen auf den Greyhoundstrecken berechtigt, Preise gestaffelt nach Gültigkeit des Tickets (Infos über die Greyhound- Vertretung in Frankfurt) . Runter an die mexicanische Grenze.

ALTERNATIVE für Leute mit Zeit: die Überführung eines US- Autos. Es gibt in New York und in den anderen wichtigen US- Städten der USA spezielle Agenturen, die Fahrer für die Überführung von US- Straßenkreuzern suchen. Ebenso in Zeitungsanoncen. Man zahlt ein paar US $ Versicherung und das Benzin. – Oder TRAMPEN, was aber in einigen US- Staaten verboten ist.

VORTEIL DIESER ROUTE: man sieht noch ein Stück Amerika, welches einen nicht zu unterschätzenden Einfluß auf alle südamerikanischen Staaten ausübt; kulturelle und "way of life"- Vergleiche (aber noch Einiges mehr!)Mit dem Greyhound- 14-Tagesticket kann man noch eventuell Abstecher einbauen, z.B. zum Grand Canyon oder Florida bei in etwa gleichen Kosten wie das Normal- Busticket New York- mexik. Grenze.

WEITERE MÖGLICHKEIT für Leute mit Zeit: Auto in USA kaufen. Alte US-Straßenkreuzer werden zu ähnlichen Preisen gehandelt wie unsere VW's. Allerdings sind gute Sprachkenntnisse von Vorteil und ca. 1 - 2 Wochen für die Anmeldeformalitäten rechnen. Dafür ist man dann unterwegs unabhängiger, – Problem: den Wagen in Zentralamerika wieder loszuwerden. Kaufinteresse besteht, aber saftige Einfuhrzölle und eine Portion Cleverness nötig.

NEW YORK – MEXICO CITY dauert Überland ca. 3 Tage, wer Nonstop fährt. (Greyhound- Spezialtickets bis Mexico City). Ab Mexico City täglich Busverbindungen auf der Panamerikana runter nach Panama City, wobei es aber im Bereich San Salvador/Nicaragua wegen Terroristentätigkeit u.U. Verspätungen im Busverkehr gibt. Alternative: preisgünstige Inlandsflüge. Weitere Alternative: innerhalb der USA eine Fülle billiger Rundflugtickets der einzelnen US- Airlines, die 21 - 3o Tage gültig sind und zum Teil Mexico City einschließen. Infos über die Reisebüros bzw. USA- Fremdenverkehrsbüro in Frankfurt.

MIAMI als Zwischenstop unbedingt lohnend. Sowie Trips innerhalb Floridas, wie z.B. Disney World, egal ob man "dahinter steht" (größtes Fun-Land der Welt, vielfach kopiert, aber nie erreicht), oder die Sache besucht als Anschauungsmaterial für supergekonntes US- Showbuissenes.

Unbedingt lohnend der Weltraumbahnhof CAP CANAVERAL, aber auch die EVERGLADES, Sumpflandschaft an der Südspitze Floridas. Nationalpark mit Alligatoren, Flamingos und teils dichten Dschungel Landschaften, teils weites Sumpfgrasland. Trips mit Gleitkufenbooten.

Sehr lohnend die vorgelagerten FLORIDA- KEYS, eine Inselkette, die sich mehr als 2oo km in weit geschwungenen Bogen in den Golf von Mexico erstreckt und mit durchgehender Brücke (von Insel zu Insel) bis KEY WEST verbunden ist. Tip: Mietwagen in Miami/Airport besorgen, billig, ca. 1o - 15 US pro Tag und sich 2 - 3 Tage Zeit nehmen. Key West und der Inseltrip haben uns viel Spaß gemacht. Details siehe "Bahama/Florida"-Band.

BAHAMAS: was Sandstrände, glasklares Wasser und optimale Sportmöglichkeiten betrifft: hier liegen die mit Abstand besten Strände der westlichen Hemisphäre (Südsee ausgenommen). Schade, daß die Bahamas den Apeal als "Snob- Islands" bekommen haben, was ihnen wohl auf der Insel Grand Bahama (Freeport) gerecht wird, allerdings dort eher fader US-

Massentourismus mit Spielcasinos und Duty Free- Zonen.

Absolut großartig sind jedoch die "Outer Islands" wie z.B. die Exuma-Inselkette mit Supersandstränden, schnorchelklarem Wasser und Motorboot-Verleih (ca. 10 US/Tag), wie bei uns der Autoverleih. Ähnlich die Biminis, Miami vorgelagert und mit Wasserflugzeugen der "Chalks Intern. Airway" ab Miami zu erreichen. Übrigens angeblich älteste Airline der Welt.

Keine schlechte Idee, nach dem Leistungsstress in Europa zunächst an Palmen- bzw. Sandstränden zu entspannen, das herrlich warme Meer zu genießen, um anschließend voll ins südamerikanische Abenteuer einzutauchen. Preislich sind die Monate April bis Nov. zudem Nebensaison, wobei die Hotels bis zu 40 % billiger sind. Billige Inlandsflüge im Bereich der bahamesischen Inseln. Alle Details siehe unser "Bahama/Florida-Führer"/Band 8.

Billige RETOURFLUGTICKETS ab Miami/USA bzw. Nassau/Bahamas mit der peruanischen "Faucett" nach Lima/Peru via Cayman Islands (ca. 600 US $), – mit der ecuadorianischen "Ecuatoriana" (auch ab New York) nach Quito/Ecuador und der "Sahsa" ab Miami nach San Andres/Kolumbien (ca. 370 US $ retour), – allerdings in der Regel nur 30 - 60 Tage gültig.

Panama ist Endpunkt der Straßenverbindung "Panamerikana" durch Zentralamerika. Wer mit eigenem Auto fährt: superteurer PKW- Transport mit Frachtern rüber nach Südamerika (kolumbianische Häfen, bzw. Aruba), Details siehe Kolumbien- Kapitel.

Für Leute ohne eigenes Auto: tägliche Flugverbindung nach Medellin, Bogota/Kolumbien, sowie Ecuador und Venezuela. Alternative für Abenteurer ist der Fußmarsch über die Landbrücke "Darien Gap" zwischen Panama und Kolumbien, der in unserem Kolumbien- Kapitel beschrieben ist, – bzw. die Reise entlang der panamesischen Karibikküste per Boot oder/und Flug, ebenfalls im Kolumbien Teil beschrieben.

DIE derzeit noch fehlenden ca. 150 km Piste zwischen dem zentralamerikanischen Teil der PANAMERICANA und dem südamerikanischen befinden sich in Planung, bzw.

sind seit Jahren "in Bau" . Mehrere Jeep- Expeditionen haben den "Darien Gap" bereits durchquert, Details Seiten 394 bis 4oo.

In KOLUMBIEN dann entweder rüber nach VENEZUELA (viele Routen-Varianten, die in den Länderkapiteln beschrieben sind),– oder billiger Überland- Einstieg nach Ecuador und Peru. Von Venezuela Abenteuerpisten runter nach BRASILIEN (Details siehe dort!).

Ab CARACAS/VENEZUELA entweder billigen Aeropostal- Flug via Islas Margaritas nach TRINIDAD/Karibik und dort billiger "Cubana"-Retourflug via Cuba nach Paris bzw. Ostberlin (ca. 1.ooo DM/einfach), – oder Überland bis Güiria/Venezuela an der gleichnamigen Halbinselzunge, mit Booten rüber nach Port of Spain/Trinidad. (Details: Venezuela- Teil!)

HÖHEPUNKTE im Bereich des südamerikanischen Kontinents auf dieser Rundtour sind ohne Frage KOLUMBIEN. Bei weitem nicht mehr so abenteuerlich und gefährlich wie vor 8 Jahren. Landschaftlich großartig in seiner Mischung aus tropisch heißen Küsten an der Karibik, schönen Andenlandschaften (Vulkanbesteigungen, viele Trails, Indiomärkte, aufregende Pisten) und großartige Musik. Preislich im Sektor "Flüge" teuer im Südamerika- Schnitt. Für Nichtkolumbianer gibts allerdings mit der AVIANCA das sogenannte "Conozca a Colombia"- Flugticket, das zu beliebigen Flügen auf den Inlandstrecken der Avianca in Kolumbien berechtig und bei ca. 3oo US $ Inlandsreisen billig macht. Zudem an die Grenze von Venezuela bzw. Ecuadors "anbindet" für Weiterreise.

VENEZUELA: hat das Image als US- orientiertes und teures Erdölland. Zu Unrecht, was die Preise betrifft. Derzeit sehr billig und zudem landschaftlich ungemein lohnend! Zwar kein Inlands- Rundreiseticket per Flug, – so doch die Inlandsflüge superbillig!! Gilt auch für den Busverkehr. Neben schönen Karibikküsten sind die Höhepunkte die Grand Sabana mit ihren Tafelbergen, – ab Pto. Ayacucho Trips mit Cessna- Sportmaschinen ins venezuel. Amazonasgebiet. Dichte Urwälder, Tafelberge, 9oo m- hohe Urwaldwasserfälle, zum Cerro Autana (ca. 8oo m hohe Felsnadel inmitten des Urwaldes) etc. etc.

TRINIDAD: Bonbon zum Abschluß der Reise, insbesondere in Verbindung mit der Nachbarinsel TOBAGO mit ihren Korallenriffs in der Karibik (Schnorcheln). Details siehe unser Karibik- Band!

Wer noch Zeit hat, baut ab Trinidad die Insel Grenada ein, ein dicht mit Urwäldern überwucherter Vulkan (Größe ca. 2o x 3o km!), landschaftlich definitiv ein Bonbon!!), Details siehe Karibik- Band und via Grenadinen (Zwischenstop TOBAGO-KEYS bei Palm Islands, mit Abstand schönste Schnorchelstelle in der Karibik!!) rauf nach Barbados. Cubana- Flug nach Ostberlin geplant!

ODER: ab Caracas via Grand Sabana/Venezuela nach Sta. Elena/Grenze zu Brasilien und nach Boa Vista/Brasil. Dort rüber nach Lethem/Guyana und mit der Air Guyana nach Georgetown. Retour nach Europa mit der "Cubana" (ca. 1.ooo DM/einfach). – Viele weitere Variationsmöglichkeiten, – Details siehe Hauptteil dieses Bandes! –

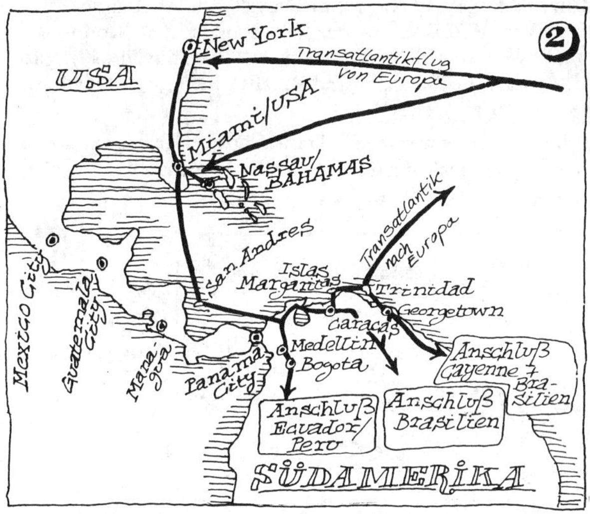

via USA/ Miami

(2) VIA NEW YORK oder MIAMI und mit der honduranischen "Sahsa' von Miami nach San Andres/Kolumbien. Bis New York oder Miami ab Europa siehe Vorkapitel (1). Die "Sahsa" nach San Andres ca. 2oo US $ für den Einfachflug. Eine Route, die den Überlandtrip durch die zentralamerikanischen Staaten spart. Für Leute mit weniger Zeit, oder wer den Schwerpunkt der Reise mehr auf Südamerika legen will.

Die Tropeninsel SAN ANDRES mit ihren vorgelagerten Korallenriffs (der nicaraguanischen Küste vorgelagert), ist sicher kein schlechter Südamerika-Einstieg mit 1 oder 2 Tagen Relaxen und badewannenwarmem Meer. Zudem im kolumbianischen Flugnetz eingebunden. Man kann somit ab San Andres in das "Conozca a Colombia"- Rundflugticket der Avianca (ca. 3oo US $, 1 Monat gültig auf den Avianca- Inlandsstrecken) einsteigen.

Vorteile: billiges Reisen in Kolumbien (die normalen Flugtickets innerhalb Kolumbiens saftig teuer und Überland-Reisen per Bus sehr zeitaufwendig wegen langer Serpentinenstrecken), – zudem bringt das Avianca- Rundflugticket an die venezuelanische Grenze (bei Cucuta/Anden, bzw. via Sta. Marta + Bus nach Riohacha entl. der Karibikküste), – an die brasilianische (bei Leticia/Tabatinga im Amazonas, Anschluß an den "Brasil- Airpass"),–

und nahe der ecuadorianischen Grenze (Pasto).

VARIANTEN ab San Andres: auch wenn das "Conozca a Colombia"- Ticket die wohl billigste Möglichkeit ist, – gibts jede Menge von Varianten. Z.B. ab San Andres mit der Sahsa rüber nach Panama (ca. 8o US) und den (zeitaufwendigen aber lohnenden Trip via Landenge von Darien nach Kolumbien), – oder Flug ab San Andres nach Cartagena/kolumb. Karibikküste und mit dem Bus entlang der Küste nach Maracaibo/Venezuela inkl. Abstecher in die Sierra Santa Marta. Etwa 1 mal in der Woche gibts eine Schiffsverbindung ab San Andres runter ans Festland/Cartagena. Allerdings 3 Tage Überfahrt und preislich (inkl. Hotels in San Andres, bis das Schiff fährt) gleichteuer wie der Flug.

Der Rundtrip wird in der Regel auf zwei "one-ways" (Einfachflugtickets) rauslaufen. Möglich derzeit ab Caracas/Venezuela, Trinidad (ca. 1.ooo DM, z.B. mit der "Cubana", weitere Möglichkeiten siehe "Billigflugbüros"), gilt auch für Lima/Peru, Paramaribo/Surinam und Rio/Brasilien (je nachdem, wie weit man den Rundtrip ausweitet!)

Unterm Strich sind die beiden "one- way"- Transatlantikflüge für ca. 1.6oo - 1.8oo DM zu realisieren. Was man dazwischen in Südamerika einbaut, hängt von der zu Verfügung stehenden Zeit ab . . .

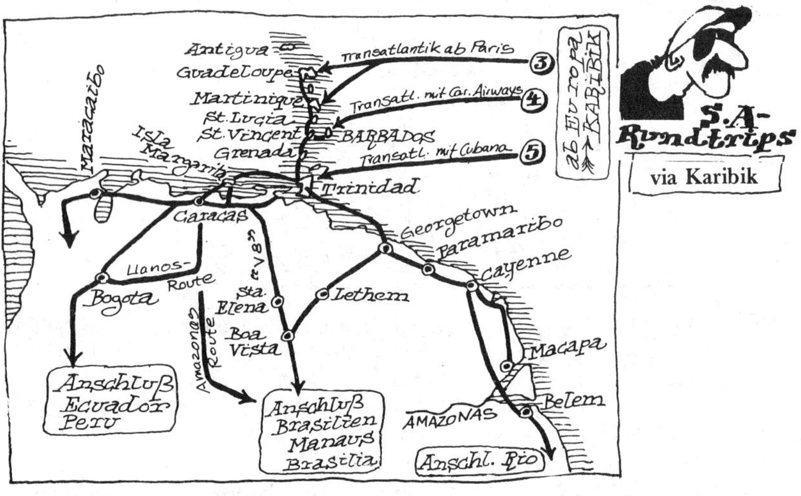

ANREISE ab EUROPA via KARIBIK: eine der schönsten Anreiserouten nach Südamerika für Leute mit mindestens 1, besser aber 3 Monaten Zeit. Die vorgelagerte Inselkette der Karibik gehört zu den schönsten Reisegebieten der Region! Wer genügend Zeit hat, sollte sie unbedingt in seine Südamerika- Reise mit einbauen! Das Klischee von der Karibik als "High-Society- Paradies" trifft nur bedingt zu. Es gibt zwar auf allen Inseln die aus den Reiseveranstalter- Prospekten bekannten Luxus- Hotels mit Swimming Pools unter Palmen, die pro Nacht um die 1oo DM oder mehr verlangen, – insgesamt ist es aber trotzdem möglich, pro Woche für rund 15o DM für Essen und Übernachtung auszukommen. Die Einheimischen abseits der teuren Hotel- Schuppen sind durchweg freundlich und die Landschaft ist umwerfend schön!!

Dschungelbedeckte Vulkangipfel von 2.ooo m Höhe fast senkrecht ab Meer mit versteckten Wasserfällen, heißen Pools, Orchideen, Lianen und Palmen,- einsame Bays, etwa wie aus der Zeit, als Kolumbus mit seinen Barken an Land paddelte und Cocosnüsse schlürfte! Alle Details siehe mein "Karibik-Reiseführer"!

Unterm Strich nicht teurer als die billigsten Direktflüge nach Venezuela, Kolumbien und Ecuador/Peru, sowie Brasil, – beim VORTEIL, daß man bei einer 2 - 3- monatigen Südamerika- Reise flexibler (wegen günstigerem Ausgangspunkt!) in Routenplanung ist. Details siehe Folgekapitel!

EINSTIEG/KARIBIK: mehrere Möglichkeiten,

(3) mit der AIR FRANCE ab Paris nach Guadeloupe oder Martinique. Da es sich hier um einen Inlandflug handelt (beide Inseln gehören Frankreich), supergünstige Anreise. Das 1- Jahresticket kostet ca. 1.35o DM retour, wenn man für Hinflug und für den Rückflug zwischen 21. April und 19. Juni reist, Preis ab Paris. Ansonsten ca. 1.75o DM. Zu buchen bei jedem Air France- Schalter in Frankreich. Geht auch ab Mühlhausen!

GEFLOGEN wird mit Jumbos, täglich ab Paris. Ein Superflug, der ca. 8 Std. dauert. Billige "Flieg und Spar"- Tarife ab Deutschland nach Paris mit Lufthansa und Air France, bzw. billiger per Zug.

GUADELOUPE ist landschaftlich schöner im Inselteil Basse Terre mit dichten Dschungellandschaften um den Soufrière- Vulkan. Urwaldtrails, riesige Bäume mit Lianen, kleine Badepools im Dschungel und riesige Wasserfälle. Neben den Luxushotels auf der Insel gibts insbesondere im Inselteil Basse Terre eine Reihe Billighotels, wo Übernachtung/ Doppel für ca. 2o DM/Nacht möglich ist. Sehr lohnend auch die billigen Propellerausflüge zu den Nachbarinseln Marie Galante und zu den Iles les Saintes! Alle Details im "Karibik- Führer"!

TIP für Guadeloupe: Auto im Point- à- Pitre- Airport mieten. Billig, wenn man zu zweit reist: ca. 2o DM/Person für einen 2 CV und vor Ort flexibler!

Während Guadeloupe auf dem Weg nach Südamerika noch Zwischenstop in DOMINIKA ermöglicht, – an Landschaften mit Abstand die schönste Insel der südl. Karibik!! – verkürzt PARIS–MARTINIQUE die Anflugkosten nach Südamerika.

DOMINICA: wildeste und schönste Insel der südl. Karibik!! Fast senkrecht vom Meer aufsteigende Vulkangipfel, in denen sich die Karibikwolken fangen. Dicht von Urwäldern überwuchert, schmale, gerade VW- breite Schlängelstraßen durch die Inselurwälder. Vulkane mit kochenden Kraterseen, Geysire, die man nur per 4- stündigen Urwaldmärschen erreicht, tropische Plantagenhotels (herrlich relaxing beim abendlichen Rumpunch) An Urwaldvegetation die mit Abstand schönste Karibikinsel, viele Trails!

(4) ANFLUGINSEL BARBADOS: ab Europa mit der "Caribbean Airways" zu erreichen. Leider sind die Zeiten des Billigflieger- Königs Freddy Laker vorbei (Mitte bis Ende der 7o-er Jahre), als die Caribbean Airways eine der billigsten Anreisemöglichkeiten nach Südamerika bei 1-Jahres-Tickets war!

Trotzdem ist die Caribbean Airways immer noch Billig- Alternative für die Anreise Südamerika via Karibik: Kostenpunkt zwischen ca. 1.35o und DM 1.5oo retour auf der Strecke Brüssel – Barbados. Preise je nach Saison und Vorbuchungsbedingungen. Teils gibts sogar in der Nachsaison Spezialtarife, die um 1.2oo DM retour liegen können! Nachteil ist jedoch die meist kurze Gültigkeit des Tickets (oft nur 45 Tage). Aber auch hier sollen angeblich Ausnahmen möglich sein! – INFOS über "Air Charter Market", 6ooo Frankfurt, W. Leuschnerstr. 25, Tel.: (o69) – 25.73.27o.

BARBADOS als Anflugsziel bringt gegenüber der Air France die nähere Lage am südamerikanischen Kontinent und somit die billigere Anreise. Als Insel: flach, Zuckerrohrfelder, excellente Hotels, Strände und Infrastruktur. Aber nicht die grandiose Szenerie steil aufsteigender Vulkane, dicht mit Urwäldern überwuchert, wie Guadeloupe, Sta. Lucia, St. Vincent oder Grenada, die landschaftlich absolute Bonbons in der Karibik sind!! – Von Barbados tägl. mit der LIAT in Propellermaschinen via St. Vincent (sehr lohnend der Vulkankrater; Bootsverb. nach Grenada) runter nach Trinidad. Alle Details siehe unser Karibik- Band! –

5 ANFLUG–INSEL TRINIDAD: preisgünstig im 1- Jahresticket der "Cubana" ab Ostberlin (ca. 1.75o DM), bzw. ab Paris (ca. 1.7oo DM). Die Maschine fliegt allerdings nicht direkt, und man muß teils mehrere Tage auf Anschluß in Cuba warten. Für den Preis ist Zwischenstop in Cuba möglich, – ebenso "Gabelflüge" (hin nach Trinidad, retour ab z.B. Rio).

WER maximal 3 Monate Zeit hat, sollte sich an "Caribbean Holiday" in 8ooo München, Arnulfstraße 44 wenden (Tel.: o89 - 55 48 37), die angeblich äußerst günstige Retourflüge mit anderen Airlines als der Cubana in die Karibik anbieten, die meist mehr Komfort bieten und direkt fliegen, teils aber auch via Miami oder Nassau/Bahamas. Preise sollen angeblich im Dreh von 1.9oo DM retour liegen.

Wenns klappt: heißer Tip und als Zielairport mitten im Geschehen. Es gibt folgende Querverbindungen:

★ **Querverbindungen in der Karibik:** zuständig ist die regionale "LIAT", die mit Propellermaschinen die einzelnen Staaten der Inselkette bedient. Leider immer noch kein genereller Buchungscomputer, was zu diversen Unregelmäßigkeiten führen kann. So doch billig für die zurückgelegten Entfernungen und aus dem Karibischen Inselleben nicht weg zudenken, da "Lebensader"!

Vollgekotztes Propellerding bei der Ankunft in Barbados wegen Luft Turbulenzen und (leider) Abflugverschiebung. Knallroter Engländer, frisch mit British Airways aus London eingeflogen, – der 1 Std. warten mußte. Definitives Unverständnis vom LIAT- Officer,– so doch beglückende Momente, wenn die Stewardess beim Landeanflug auf Dominica die Tropeninsel in glühendsten Farben den Passagieren per Mikro beschreibt . . .

Großartig, wenn sich der LIAT- Propeller zunächst entlang dichter, von Dschungel bedeckter Vulkane entlang der Küste runtersenkt, über Bananenplantagen einschwebt und dann bei einem tropischen Miniairport landet.

BARBADOS – TRINIDAD im Normaltarif ca. 1oo US $. Zwischenstops sind auf St. Vincent und Grenada möglich ohne Aufpreis. Das 17 Tage gültige Retourticket kostet ca. 13o US $, berechtigt allerdings unterwegs nicht zu Zwischenstops. Billiger ist das 21 Tage gültige Retourticket (ca. 11o US $).

Zu beachten ist, daß viele Karibik- Inselrepubliken bei der Einreise ein gültiges Ausreise-Flugticket verlangen. Dies kann das oben angeführte, und nur wenig teurere Retour-Ticket sein, – oder ein Anschlußflugticket, Z.B. ab Trinidad nach Venezuela. Gegebenenfalls auch ein sogenanntes "MCO- Ticket" (= Ticket, in dem ein Preis z.B. von 2oo US $ ohne Spezifizierung der Flugroute eingetragen ist, und das gegen jedes normale Flugticket eingelöst werden kann. . .)

Auf dem Weg von Barbados (oder Martinique) unbedingt lohnend die Insel St. VINCENT mit ihrem aktiven Vulkan, der bestiegen werden kann, im Inneren ein riesiger Vulkansee, – oder GRENADA mit seinen großartigen Vulkan- Urwäldern, Kraterseen und lohnenden Urwaldtrails. Details siehe mein "Karibik- Führer". –

TRINIDAD: lohnend, aber Miet- PKW empfehlenswert. Spitze ist die Nachbarinsel TOBAGO mit dem Bucco- Riff (Korallen und tropische Fische, über die man mit Schnorchelmaske in 1 m - Distanz hinwegschwebt), – insbesondere aber auch die Grenadinen zwischen der Insel Grenada und der Insel St. Vincent. Alle Details siehe "Karibik- Führer"!

*__Trinidad – Südamerika:__ entweder mit dem Aeropostal- Jet, je nach Saison 2 - 3 mal/Woche ab Trinidad nach Islas Margaritas, – oder mit dem 1 mal/Woche verkehrenden Boot rüber zur venezuelanischen La Güiria- Halbinsel (Peninsula Paria), Details siehe Venezuela- Kaiptel!

DIERKTFLÜGE (Europa – Venezuela) sind preislich für 1.6oo - 2.3oo DM retour realisierbar. Zeitliche Gültigkeit der Tickets variabel, Infos siehe "Billig- Reisebüros".

Interessant für Venezuela und Kolumbien: sogenannte "GABELFLÜGE",– d.h. hinwärts nach Caracas/Venezuela und retour über den Atlantik ab Bogota/Kolumbien. VORTEIL: spart lästigen (zeitintensiven und teuren) Rückflug bzw. Rückfahrt Überland zum Ausgangsairport.

Ab den preisgünstigen Zielpunkten KARIBIK - TRINIDAD - VENEZUELA und KOLUMBIEN (billigste Transatlantik- Retourflüge um 1.6oo - 2.ooo DM) gibts jede Menge Rundtrip- Möglichkeiten:

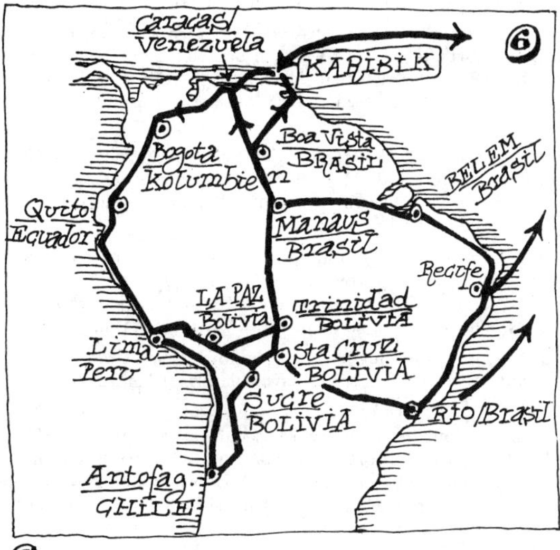

via Karibik,
Venezuela, Kolumbien

(6) EINSTIEG KARIBIK, bzw. Gabelflug (Caracas/Bogota): eine der schönsten Routen durch Südamerika, die weitgehend die interessantesten Teile berührt: Andenstaaten Kolumbien/Ecuador und Peru, sowie Bolivien,– retour durchs Amazonasgebiet.

Zeit: 3 - 4 Monate, wer nicht durchhetzen will. Schwerpunkte legen, sonst reicht die Zeit nicht. Wer mit der Karibik beginnt: mindestens 1 Woche einplanen, um sich erst einmal in der heißen Tropenluft bei Rumpunch, Schnorcheln und Räkeln unter Palmen auf den harten südamerikanischen Trip einzustimmen! Im Radio bereits venezuelanische Sender mit heißen "Cumbias"!

* WER in GUADELOUPE beginnt: am besten bei der Ankunft im Airport gleich Mietwagen nehmen und rüber nach Basse Terre. Im Dorf Bananiere gemütliches kleines Hotel, und am nächsten Tag Trip in den Nationalpark am Sufriere- Vulkan mit Urwäldern, Wasserfällen und Badepools. –

* WER in MARTINIQUE beginnt: Tip, nächste Maschine rüber zur Nachbarinseln Dominika, oder nach Sta. Lucia. Und dort in ein Plantagenhotel (Details siehe Karibik-Band!) macht mehr Spaß als das relativ "zivilisierte" Martinique, obwohls auch hier schöne Stellen gibt!

* WER in BARBADOS beginnt: zwar viel Tropen- Feeling und billige Familienpensionen, sowie excellente Badestrände mit Badewanne- warmem Meer. Möglichst bald aber rüber mit der LIAT zur Nachbarinsel St. Vincent und dort mit Bus bzw. Mietwagen zum Fuß des riesigen Inselvulkans; fantastischer Anstieg rauf zum Kraterrand durch Urwälder, der letzte Teil zum Kraterrand nebelverhangene Karibik, sattfeucht, aber angenehm frisch in der Höhe. Unten im Krater eine rund 2 km große Lagune!

  Großartiger Trip in Sportflugzeugen über die Mini Inseln der Grenadinen nach GRENADA, wegen seiner Urwälder an den Vulkanhängen, schöner Trails und excellenter Lobster Restaurants im Hauptort St. Georges unbedingt lohnend. Eine Handvoll Billigunterkünfte in St. Georges, ansonsten Top- Hotels mit viel Flair, die zu den besten der Karibik zählen, allerdings auch ein dickes dollarbestücktes Portemonaie brauchen . . .

* WER in TRINIDAD beginnt: Mietwagen empfehlenswert; Port of Spain ist ganz interessant, die schöneren Stellen liegen aber außerhalb, so z.B. in den Northern Ranges oder an der Ostküste. – Oder mit dem Propeller rüber zur Nachbarinsel TOBAGO, heißer Tip: Schnorcheln über dem Bucoo- Riff (jede Menge Tropenfische knapp unter der Taucherflosse!) –

  Von Trinidad entweder mit dem relativ selten verkehrenden Schiff rüber zur Paria Halbinsel/Venezuela, – oder mit dem "Aeropostal"- Jet rüber zur venezuelanischen Insel Margarita, die sowohl mehrmals täglich Fährverbindung zum Festland (billig!) wie auch häufig tägl. Flugverbindung mit Caracas besitzt.

* WER in CARACAS beginnt: Airport liegt unten am Meer. Über eine Autobahn rauf in den Talkessel der Hauptstadt Venezuelas (Busse, Taxi). Gewußt wo, kann Caracas ungemein viel bringen (z.B. excellente Restaurants), – ohne Know How jedoch dicker Frust, z.B. in den Basic- Hotels nähe Busterminal. Tips siehe Venezuela- Teil.

  Quer durch Venezuela ab Caracas in 1 Tag möglich zur kolumbianischen Grenze, bzw. mit Jet in knapp mehr als 1 Std. Aber schade, denn Venezuela bringt landschaftlich Spitzenerlebnisse, Details siehe Venezuela- Teil!

* WER in BOGOTA beginnt: kann ähnlicher Frust sein wie Caracas, wenn man nicht weiß, wo . . . Keine schlechte Idee: vom Airport El Dorado mit Taxi oder Bus zum Busterminal und rauf nach Tunja/Villa de Leiva, einem Kolonialnest in den Anden mit supergemütlichen Hotels. 1 oder 2 Tage relaxen und auf den Trip einstimmen. Details siehe Kolumbien- Teil!

Entlang der Route runter nach PERU jede Menge Varianten (siehe Ländertexte/Hauptteil des Bandes!). Von BOLIVIA (Cochabamba oder Sta. Cruz) Jet via Trinidad/Bolivia an die boliv./brasil. Grenze bei Gujaramirim. Auch hier jede Menge Varianten, Details siehe Hauptteil! Und weiter über Amazonaspisten (bzw. mit Jet) via Manaus nach Boa Vista/Nordbrasilien in einem Savannengürtel nähe der venezuelanisch/guyanesischen Grenze.

Sowohl Piste (V 8) rauf nach Cd. Bolivar am Rio Orinoco/Venezuela, – wie auch Piste an die guyanesische Grenze/Lethem, dort mit der Air Guyana nach Georgetown der Hauptstadt.

VARIANTEN: kolumbianisches Rundflugticket der Avianca ("Conozca a Colombia", 1 Monat gültig, ca. 3oo US, bei Anreise Transatlantik mit der Avianca nur ca. 23o US) und in Leticia/Amazonas aus dem Ticket aussteigen. Mit dem Colectivo rüber auf die brasilianische Seite/TABATINGA und rein in den "Brasil- Airpass" (21 Tage gültig auf den brasil. Strecken, z.B. der VARIG/CRUZEIRO DO SUL , ca. 33o US $).

Wiederrum viele Variationsmöglichkeiten. Bei z.B. Gabelflug mit Avianca (sofern zulässig, Infos über Reisebüros!). Bei preisgünstiger Transatlantikanreise wäre somit im Rahmen eines 3- Monatstrips Kolumbien drin, rüber nach Brasilien und ab Endpunkt "Brasil- Airpass"/BOA VISTA über die V 8 durch die venezuelanischen Tafelländer nach Caracas und retour nach Europa.

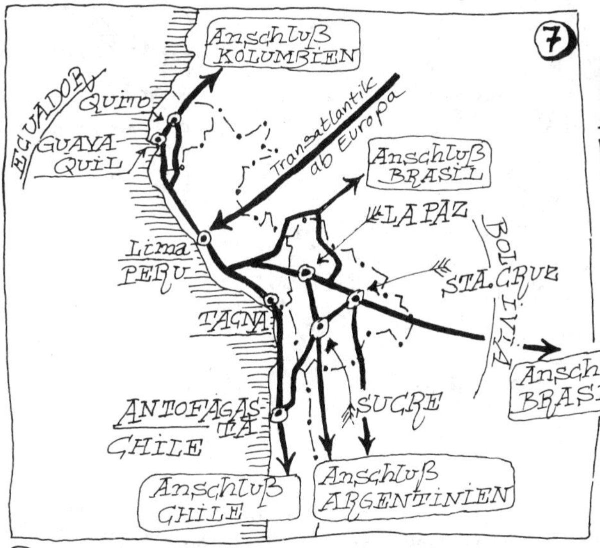

via Peru

(7) EINSTIEG PERU: zwar sind die Zeiten der Billig- Airlines wie "SATA" und "Balair" vorbei (damals knallvoll, knie- eng eingeklemmt in alte DC 8 und ähnliches, aber billig!). Billigpreise auf modernen Jumbos der Renomier- Airlines wie Lufthansa und Airfrance (aber auch Südamerikaner!) haben Sachen wie Balair und Sata aufgelöst . . .

Nach wie vor ist aber LIMA/PERU wichtigster und billigster Einstieg ins Zentrum der südamerikanischen Andenstaaten. Die Preise liegen um ca. 2.ooo DM retour. Allerdings Achtung: unterschiedliche Ticketgültigkeit!

TIP ist die AIR FRANCE ab Paris, die mit modernen Linien- Jumbos mehrmals pro Woche die Strecke Paris – Cayenne (bzw. Caracas) – Lima fliegen. Superschnell, da nur 3 Zwischenstops (ca. 17 Std.). Kostenpunkt per "France Vacance"- Ticket je Saison um 2.1oo DM retour, allerdings nur 2 Monate gültig.

LUFTHANSA macht die Sache in Jumbos ab Frankfurt, Kostenpunkt ca. 2.6oo DM, gültig 3 Monate. Bei beiden Airlines feste Abflug- und Rückflugfixierung, die je nach Bedingungen jedoch teilweise gegen Aufpreis geändert werden kann.

Billigflugbüros bieten Lima retour ab ca. 1.7oo DM an, teilweise sogar 1 Jahr gültig. Aber vor Kauf des Tickets abchecken, wie die Route läuft, also ob man eventuell zunächst nach Moskau muß (oder Prag), dort eventuell ein paar Tage logieren, – um dann nach Cuba transferiert zu werden (ebenfalls eventuell Zwischenaufenthalt . . .)

Der STARTPUNKT LIMA bringt ohne Frage viel Südamerika- Feeling und lohnt sich auch, wenn man nur 1 - 2 Monate Zeit hat. Hauptreiserouten sind die "Nordschleife" rauf nach Ecuador – und die "Südschleife" runter nach Bolivien. Jede Menge interessanter Sachen, die den Rahmen von 2 Monaten erheblich überschreiten. Alle Details siehe Peru- und Bolivia/Ecuador-Teil!

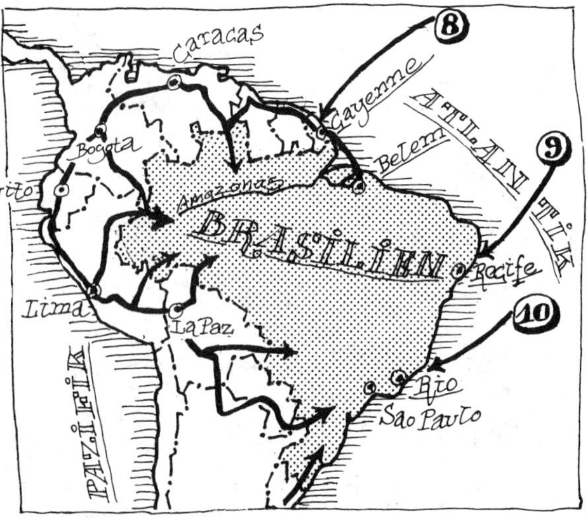

via Guyana/ Brasilien

BRASILIEN als "Kontinent" im südamerik. Kontinent hat jede Menge Einstiegspunkte. Die wichtigsten Transatlantik- Verbindungen ab Europa sind:

(8) CAYENNE/Franz. Guyana: mehrmals pro Woche mit "Air France" ab Paris. Da es sich um einen Inlandsflug handelt, günstiger Tarif: retour ca. 2.ooo DM zur Hochsaison (2o. Juni bis 1o. Nov. und 1o. Dez. bis 14. Jan.) bei Flügen in der NS nur ca. 1.7oo DM retour. Das Ticket ist 1 Jahr gültig! Anschluß mit Brasilien per "Cruzeiro do Sul"- Jet Cayenne – Belem. Keine durchgehende Straßenverbindung zwischen Cayenne und Belem!

(9) RECIFE/BRASIL: Billig- Einstieg, wer sich nur kurze Zeit in Brasilien aufhalten will. Auch Flug + Brasil- Airpass im Angebot, aber Achtung mit welcher Airline der "Brasil- Airpass" angeboten wird. Varig/Cruzeiro do Sul hat das dichteste Streckennetz!

(10) RIO: derzeit jede Menge Billigangebote; rumfragen und Preise vergleichen!

Gilt auch für Buenos Aires/Argentinien und Santiago de Chile. Jede Menge Routen- Kombinationsmöglichkeiten, Details siehe Länderkapitel!

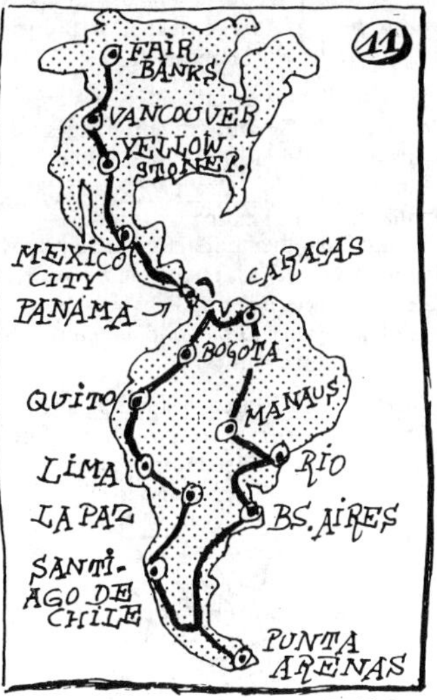

DER PANAMERICAN- HIGHWAY, der von Alaska bis runter nach Chile führt (Verlängerung nach Feuerland über die argentinische "ruta 4o"), – ist fertig bis auf ein kurzes, fehlendes Teilstück über die Landenge von Panama (Darien-Schungel), und hier kassieren die Reeder kräftig!

Für diesen Trip sollte man mindestens ein halbes Jahr, besser aber ein ganzes Jahr Zeit haben. Eigenes Fahrzeug empfehlenswert! –

PARALLELROUTE ist die "V 8" von Caracas/Venezuela über Cd. Bolivar am Rio Orinoco nach Boa Vista/Brasilien und weiter über Amazonaspisten runter nach Rio, Sao Paulo, Buenos Aires runter nach Feuerland.

Interessanter dürfte die PANAMERICANA zu fahren sein, durch die Anden und entlang der Küstenwüsten Perus und Chiles, – die V 8 jedoch mit viel Tropenfeeling durch Brasilien und das Amazonasgebiet.

IM ARGENTINISCHEN TEIL Südamerikas viele Verbindungspisten über die Andenkette rüber an die Küste Chiles. Eine der schönsten Routen führt durch's chilenisch/argentinische Seengebiet bei Bariloche.

NACH FEUERLAND: die Panamericana endet in Pto. Montt, südl. Chile. Weiter südlich nur per Fähre über die neu eröffnete Car. Austral, die derzeit südlich von Cohaique endet (Details siehe Chile- Teil), Querverbindungen ab Pto. Montt via Seengebiet und ab Cohaique rüber nach Argentinien und auf der Schotterpiste "ruta 4o" runter nach Feuerland mit landschaftlichen Höhepunkten wie Calafate und seine Gletscher, – oder ab Pto. Montt mit dem Küstendampfer (PKW- Verschiffung) durch die Fjorde, aber teuer. Alle Details im Chile- und Argentinienteil!

Höhepunkte in SÜD- PATAGONIEN und FEUERLAND sind der "Torres del Paine"-Nationalpark/Chile, grandiose Berglandschaften, Lagunen und Gletscher (eigenes Auto von Vorteil, da schlechte Verkehrsverbindungen). Via Argentinien runter zum südlichsten Punkt der SA- Pisten: USHUAIA. Von dort gute und weitgehend asphaltierte Piste entlang der südamerikanischen Ostküste Argentiniens ("ruta 3") rauf nach Buenos Aires.

PROBLEM für Leute mit eigenem Auto: die landschaftlich lohnende Route entlang der brasilianischen Ostküste (RIO–BELEM), hier liegen die besten und schönsten Strände Brasiliens! – hat ihr Ende in Belem an der Amazonas- Mündung. Zwar noch Piste rauf bis zur Grenze Franz. Guyanas. Zur Regenzeit superschwierig zu befahren bis unmöglich. Durch die 3 Guyanas geht zwar eine Piste entlang der Küste, die aber weder mit Brasilien, noch mit Venezuela verbunden ist.

Somit ab Belem entweder die zeitaufwendige Verladung des PKW auf einen Frachter den Rio Amazonas aufwärts nach MANAUS, oder über die TRANSAMAZONICA, die zwar vom Namen her superverlockt, bei tausenden von Urwaldkilometern durch dichte Baum- Mauer auf die Dauer langweilig werden kann, sowie an Fahrer wie Fahrzeug erhebliche Anforderungen stellt, insbesondere in der Regenzeit!

VARIANTE: via Brasilia , Porto Velho nach Manaus. Zur Regenzeit bis zu 1 Woche, ansonsten ab Rio ca. 2 - 3 Tage, wenn alles glatt geht. Von MANAUS dann über die V 8 rauf zur venezuelanischen Grenze und über die Region der Tafelberge nach Cd. Bolivar. Landschaftlich großartig!!! Allerdings zur Regenzeit ebenfalls problematisch.

Im Rahmen eines 1- Jahres- Südamerikatrips mit eigenem Fahrzeug jede Menge Variationsmöglichkeiten, Details siehe Länderkapitel! Bonbons für Geländewagenfahrer sind z.B. die Querverbindungspisten über die Anden zwischen Bolivien und Chile. Details dort! – Nicht alle Querverbindungen, die für Leute ohne eigenes Auto problemlos klappen (z.B. Lima/Peru und über die Anden ins Amazonasgebiet, Pucallpa – Iquitos – Manaus, – oder von BOLIVIA/Sta. Cruz mit der Eisenbahn rüber nach Brasil/Standardroute auf dieser Höhe Südamerikas zwischen Westen und Osten) klappen auch problemlos mit dem eigenen PKW. Beispiel Bolivien: problemlos ohne eigenes Fahrzeug ab La Paz durch die Llanos in den brasilianischen Amazonas via Trinidad und Gujaramirim. Geht auch mit eigenem Fahrzeug, aber teuer und superzeitaufwendig . . .

Andererseits ist eigenes Auto in verkehrsmäßig schlecht erschlossenen Regionen ungemeines Plus, so zum Beispiel im landschaftlich großartigen Grenzgebiet zwischen Chile und Bolivien . . . Alle Details zu Querverbindungen zwischen den südamerikanischen Staaten in Übersichtstabelle im Teil "Allgemeine Tips" des jeweiligen Landes aufgelistet!

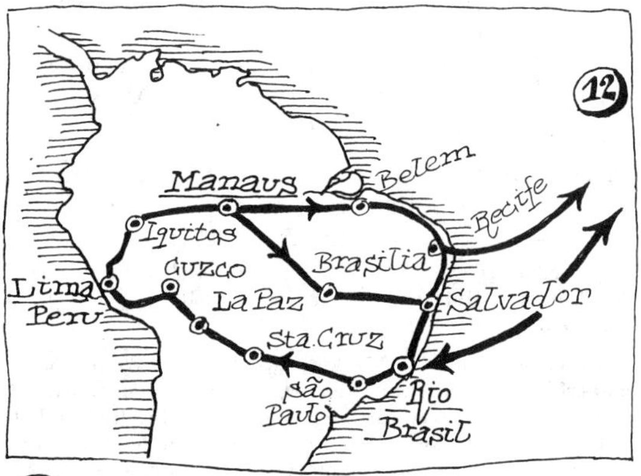

Brasilien + Anden

(12) AMAZONAS/ANDEN: in Verbindung mit einem der derzeit billigen Transatlantikflüge nach Rio oder Recife, allerdings je nach Wahl des Verkehrsmittels "vor Ort" mindestens 2, besser aber 3 Monate Zeit nötig!

Für Brasilien der "Brasil- Airpass", der mit seinen 21 Tagen Gültigkeit zu wenig Zeit bringt, um beispielsweise nähe der boliv. Grenze/Sta. Cruz auszusteigen (um Peru und Bolivia zu bereisen) und an der peruan./brasil. Grenze wieder in den Brasil- Airpass einzusteigen.

KNIFF: vorab den Airpass in Europa als "MCO"- Ticket kaufen, aber ab Rio zunächst mit öffentl. Verkehrsmitteln entlang der sehr lohnenden Küste nach São Paulo. Dort in den Zug nach Corumba/Grenze Bolivia, umsteigen in den boliv. Zug nach Sta. Cruz. Je nach zu Verfügung stehender Zeit interessante Punkte in Bolivia besuchen und via LA PAZ/Titicaca See rüber nach Peru. Vermutlich wird man dort Cusco und Machu Picchu einbauen (eventuell auch peruanisches Rundflugticket mit der "Aero Peru").

Dann ab Lima nach Iquitos/Peru und mit dem Cruzeiro do Sul- Jet nach TABATINGA. Dort Einstieg in den "Brasil- Airpass" , um die interessantesten Punkte Brasiliens zu besuchen. Zwar mit 21 Tagen Gültigkeit äußerst knapp für Brasilien bemessen, insbesondere, wer an den tropischen Palmenküsten Nordostbrasiliens relaxen will und die Dinge ihren Gang gehen lassen . . . In dem Fall: Restflugticket bis Rio verfallen lassen und z.B. Salvador – Rio per billigem Überlandbus (ca. 1Tag).

Bei den derzeit günstigen Transatlantik- Tickets nach Rio (oder Recife, Cayenne) sehr lohnende Alternative zum Einstieg PERU für einen "Kombi" (Anden & tropisches Brasilien) .

WIEDER VIELE VARIANTEN: z.B. ab Bolivien via Nordchile ausdehnen über das lohnende Gebiet CALAMA- und ATACAMA- WÜSTE (Hochland- Salzlagunen, Vulkan-Ketten, abenteuerliche Zugtrips), – oder statt Peru gleich direkt ab Bolivia (weil die Zeit knapp wird) durch die boliv. Llanos via Gujaramirim nach Pto. Velho/Brasil und dort in den "Brasil- Airpass" einsteigen. Jede Menge Variationsmöglichkeiten, Details siehe Länderkapitel.

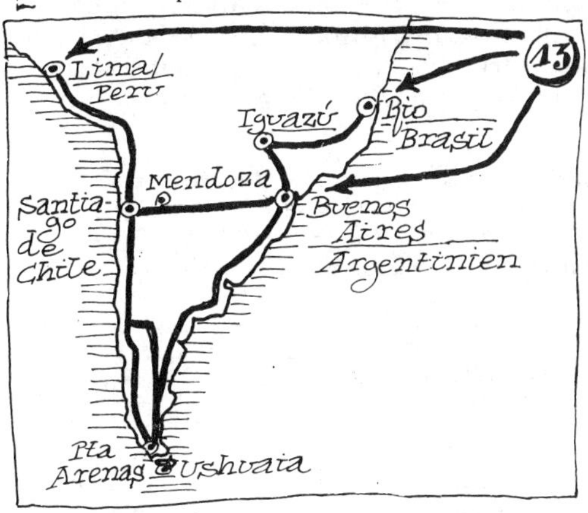

Argentinien + Chile

(13) Für TRIPS in den südlichen Teil des Kontinents (Chile und Argentinien) gibts derzeit ausgesprochen günstige Retourtickets ab Europa, z.B. nach Buenos Aires/Argentinien und nach Santiago de Chile. Infos über die Billig-Flugbüros.

Während die südamerikanischen Rundreisetickets (siehe "Brasil- Airpass", "Conozca a Colombia" etc.) generell Tip sind für preiswertes und zeitsparendes Inlandreisen, – gilt dies verstärkt für CHILE und ARGENTINIEN bei den gigantischen Nord- Südausdehnungen beider Länder.

Das argentinische Rundflugticket (gültig 3o Tage) für ca. 29o US $, – das chilenische je nach Routenausdehnung (z.B. bis Osterinseln) zwischen ca. 25o und 4oo US $ (gültig 21 Tage).

KOMBINATIONS- MÖGLICHKEITEN zwischen beiden Tickets siehe Länderkapitel Chile und Argentinien. Da das argentinische Rundflugticket länger gilt und auch die

Transatlantikflüge ab Europa nach Buenos Aires derzeit billiger sind als nach Chile, – empfiehlt sich Einstieg in Buenos Aires.

Diverse Abstechermöglichkeiten (z.B. ab Rio Gallegos/Südpatagonien Überland nach Pta. Arenas/Chile und in den Torres del Paine Nat. Park) – Beide Tickets kombiniert bringen in Chile rauf bis Arica an der Grenze zu Peru . Rundtrip via Peru und Bolivien nach Brasilien via billiger Überlandverbindungen (Bus/Zug) und retour nach Bs. Aires/ Argentinien.

Jede Menge Kombinationsmöglichkeiten; das argentinische Rundflugticket lässt sich mit dem brasilianischen an den Igauzu- Wasserfällen verbinden . . . Details siehe Länderkapitel.

VARIANTEN nach Chile und südliches Argentinien können Billig- Retourflüge nach Lima sein,das via Küste schnell mit der chilenischen Grenze verbunden ist (Aeroperu-Flug nach Tacna), bzw. in Verbindung mit dem Peru- Rundflugticket der Aeroperu.

Rundtrip- Tickets können auch in Südamerika gekauft werden, z.B. das "Lan Chile"- Rundtrip- Ticket in Kolumbien oder Peru bei der dortigen Lan Chile Vertretung. Allerdings Achtung: teilweise saftige inländische Flugsteuer (in Peru z.B. 21 %), die das Ticket teuer macht. Obwohl sich einiges "unter der Decke" schiebt . . . – Das "A.A."- Argentinienrundflugticket angeblich auch in Argentinien selbst. Ebenso können die auf "MCO"- Gutscheinbasis ausgestellten Rundflugtickets bei Nichtbenutzung des kompletten Gutscheins zurückgegeben und in US $ oder ein anderes IATA- Ticket eingetauscht werden.

Querverbindungen in die Südsee: ab Santiago de Chile, aber derzeit keine verbilligten Spezialtickets, teuer, Details siehe "Satiago de Chile"! Sowie mit AA ab Rio Gallegos/Südargentinien nach Neuseeland. Wetere Details siehe S. 7o

Querverbindungen nach Südafrika: ab Rio und Buenos Aires. Keine Spezialtickets. Teuer! –

SOWOHL die Anreise via Südafrika, wie auch via Südsee ist wegen teuren Preisen nur für Leute mit viel Zeit und entsprechend Geld. Tips zur Weiterreise ab Chile via Südsee nach Europa durch Asien siehe "Chile- Teil".

BON! Diese Übersicht kann natürlich nur ein sehr grober Überblick über Möglichkeiten nach Südamerika geben. Am besten überfliegt man schon mal die einzelnen Länderbeschreibungen, um das für einen persönlich Interessanteste herauszupicken und die eigene Route zusammenzustellen!

BILLIGE FLÜGE gibts zwischenzeitlich in alle südam. Staaten. Das Problem weniger: wohin geht was, – sondern wo gibts die billigsten Tickets! Tips siehe Kapitel "Transatlantikflüge, Europa – Südamerika". Clevere Recherche kann hier einige blaue 1oo DM- Scheine einsparen, die "vor Ort" dann in Extratrips rechts und links der Route , bessere Hotels oder gute Restaurants investiert werden können.

DIE REISEPLANUNG wird somit zunächst gemäß zu Verfügung stehender Zeit und Interessen vor Ort den billigsten Transatlantikflug recherchieren.

Die Zeiten, wo man per Schiff von Europa nach Südamerika rüberschipperte (siehe z.B. ital. Weinbauern, die um die Jhd. - Wende saisonal nach Argentinien zur Vorbereitung der Weingärten fuhren und nach heutigem Kurs umgerechnet ca. 8oo DM/Passage zahlten), – sind endgültig vorbei.

Die ITALIAN–LINE: ersatzlos gestrichen, und auch die LINEA C ab Genua (als letzte Passagierschiffsverbindung) fährt nur noch 1 x/Jahr,teuer!

Was das Schiff in 1o Tagen über den Atlantik macht, fliegt der Jumbo in 12 - 17 Std. (Rio/Caracas bzw. Lima), zudem erheblich billiger!

Und der Kontinent ist preislich viel näher, als es die Entfernung vermuten lässt. Massiver Konkurrenzkampf, aber auch clevere Reiseveranstalter haben zu Preisen geführt, die sich sehen lassen können!

PRINZIPIELL läuft die Sache auf folgende Punkte hinaus:

1.) Sogenannte "Holiday" und "Vol Vacance"- Tarife z.B. bei der Lufthansa und Air France. Vorteile: Top- Komfort an Bord (verglichen mit den früheren Billigfliegern wie SATA, Balair etc.) und superschnell, da Direktflug mit max. 2 oder 3 Stops.
Vielfach auch Non- Stop (z.B. Europa nach Caracas oder Rio).

ALLERDINGS: die Lufthansa in ihrer sogenannten "M- Klasse", für die die Holiday Tarife gelten, hat nicht allzu viel Platz für Beine und Ellbogen, besonders wenn man den Mittelsitz erwischt. So doch moderne und relativ fabrikneue Maschinen, vor allem Tip- Top in deutscher Gründlichkeit gewartet . . .

AIR FRANCE ab Paris nach Lima/Peru ist Tip vom Preis und Komfort. Moderne Jumbos und preislich ab München nach Lima günstiger als die Lufthansa, wenn man sich einen Flieg & Spar Tarif München – Paris retour kauft. Rechenexempel: wer im Frankfurter Raum wohnt, ist vermutlich mit der Lufthansa billiger.

Das Air France- Ticket ist allerdings nur 2 Monate gültig, das Lufthansa Ticket dagegen 3 Monate. Auch für die Lufthansa, die ab Frankfurt fliegt, gibts verbilligte Flieg & Spar Tarife ab allen deutschen und vielen europäischen Städten bis Ffm.

Sowohl der "Holiday Tarif", wie auch "Vol Vacance" nach Südamerika muß vorab im Termin für Hin- und Rückflug fest gebucht werden. Nachträgliche Umänderungen kosten Aufpreis, bzw. sind nicht möglich.

Prinzipiell gelten die selben Preise auf selber Strecke auch für südamerikanische Airlines, also z.B. Frankfurt – Caracas/Venezuela hat den selben Preis, egal ob deutsche Lufthansa oder venez. VIASA.

Das selbe gilt beispielsweise für die Strecke Frankfurt – Rio/Brasilien, egal ob Lufthansa oder brasilianische Varig. Umbuchung von Airline zu Airline geht nicht.

2.) Parallel hat sich ein Markt entwickelt, der IATA- Airline*- Flugtickets unter Ausnutzung der legalen Tarifbestimmungen zum Teil sehr günstig anbietet. Infos über IATA- Airline Büros, aber auch Reisebüros, die die Airlines verkaufen.

3.) Ausweichen auf einen Nachbar- Airport außerhalb der BRD, – also z.B. Luxemburg, London, Brüssel, Amsterdam. Aber auch Zürich, Paris, Madrid, – sowie Ostblock wie Prag, Ostberlin.

Da das Klientel zwischenzeitlich nicht mehr bereit ist, die zeit- und nervenaufreibende Anreise per Auto oder Zug zum Abflugairport in Kauf zu nehmen, was auch mit Kosten verbunden ist, bieten einige Reisebüros zwischenzeitlich günstige Anflugtickets an.

4.) Die sogenannten Ostdumping- Airlines wie "Aeroflot" und "Cubana". Fliegen ab Paris, Ostberlin und Prag. Vorteil: ab Ostblock sind 1- Jahrestickets mit freier Umbuchungsmöglichkeit, aber auch "Gabelflüge" möglich. Also z.B. hinwärts nach Lima/Peru, – retour ab Rio/Brasilien.

Muß aber nicht immer die beste Wahl für den Transatlantikflug sein. Insbesondere, wenn der gebuchte Flug zunächst ab Ostberlin via Moskau geht, wo man übernachten muß, – die nächste Übernachtung dann auf Kuba, bis es endlich weiter geht . . . Von anderen Ärgernissen abgesehen wie z.B. ein Koffer, der in Kuba wartet, während der Besitzer bereits in Rio/Brasilien ist. Vor Buchung genau das Routing und die Anschlußzeiten abchecken!

5.) BILLIGE KARIBIK–VERBINDUNGEN mit der Air France ab Paris nach Guadeloupe, Martinique und Cayenne/Franz. Guyana. In allen drei Fällen handelt es sich um einen Inlandsflug, der gemäß IATA- Bestimmungen erheblich billiger ist, als intern. Verbindungen. Vorteil: 1 Jahr gültig und bei Preisen, die sich sehen lassen können! Geflogen wird Linienmaschinen Typ Jumbo. Infos über Air France- Büros!

6.) CARIBBEAN AIRWAYS: ab Brüssel nach Barbados und S. Lucia bei lukrativen Preisen, allerdings in der Regel nur 45 Tage gültig.

7.) BILLIGFLUGBÜROS bieten oft erstaunlich günstige Preise und Konditionen, auch was längere Ticketgültigkeit betrifft und die Möglichkeit, nachträglich umbuchen zu können.

STATT langweiliger Auflistung geben wir im Folgenden den Flugbüros die Gelegenheit, sich per Anzeige zu präsentieren.
Unter uns: es sind eine Reihe heißer Tips dabei! Rumtelefonieren lohnt sich, – wobei wir bitten, auf diesen Südamerika Band Bezug zu nehmen.

Kurz noch zum Reisebüro- Know How: pro vermittelten Flug erhält das Reisebüro einen festgelegten Prozentsatz als Provision von der Air-

* IATA: Dachorganisation, der die meisten der renomierten Welt- Airlines angeschlossen sind. Die IATA bestimmt alljährlich die Flugpreise auf den jeweiligen Flugrouten, an die alle IATA- Teilnehmer gebunden sind.

Weitere Reisebüros und Reiseveranstalter z.B. auf Seite

155 Horizont Reisen/Innsbruck
157 Hauser Excursionen Int./München
1oo5 Tawa/Paris und La Paz

line oder einem Reiseveranstalter, der eine bestimmte Zahl an Sitzplätzen in der Maschine fest gekauft hat. Kann so sein, muß aber muß nicht. Es lohnt sich daher, in jedem Fall rumzutelefonieren.

Der zunächst günstigste Flug muß nicht zugleich unterm Strich der günstigste sein! Die Anreisekosten zum Abflughafen sind dazuzurechnen, wie auch eventuell notwendige Übernachtungskosten vor dem Abflug. Während für den einen fest fixierte Flugtermine kein Nachteil sind (wenn er dafür in einer komfortableren Maschine oder direktfliegenden sitzt!), – ist für andere Leute gerade die Möglichkeit des Umbuchens sehr wichtig, um beispielsweise flexibel im Rückflug (Weiter Seite 41)

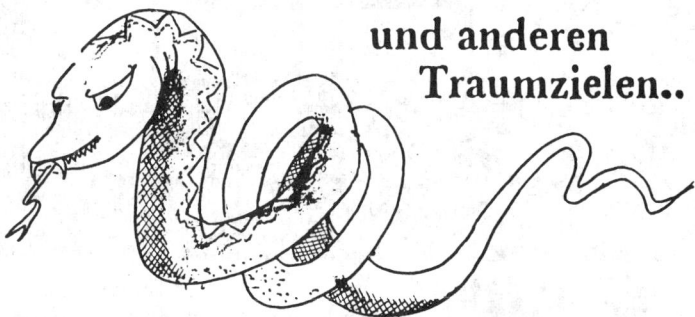

sein zu können, da man nicht weiß, wie lange man unterwegs bleiben will.

Weiteres Auswahlkriterium könnte die Schnelligkeit der Anreise sein: es gibt Billigflug- Connections, die ab Europa bis zu 2 Tage bis Südamerika dauern (beim Vorteil flexibler Umbuchung des Rückfluges). Andere Tickets gehen direkt in Nonstop oder maximal 2 Zwischenlandungen rüber, – sparen Stress und Übermüdung und können gleichteuer oder gar billiger sein. Weitere Kriterien: Service an Bord, Rabatt für Kinder (sofern mit auf der Reise), Übergepäck- Tarife etc.

8.) SÜDAMERIKANISCHE AIRLINES, die nicht Europa anfliegen, z.B. Lan Chile, Aero Peru, LAB und weitere haben über Europa- Kontakte teils sehr günstige Anflugbedingungen in Cooperation mit anderen Airlines, die sich an die offiziellen Tarife halten, sofern IATA- Mitglied.

9.) Auch Airlines wie AIR CANADA mischen im Südamerika- Geschäft mit. Was auf dem Globus wie ein Umweg aussieht, ist garnichtmal so weit an Flugkilometern und Reisezeit, da bei flüchtiger Betrachtung meist nicht die Erdkrümmung mit berücksichtigt wird! Air Canada hat Destinationen z.B. Lima/Peru ab Europa. Andere Airlines mischen mit z.B. die AIR MAROKKO ab Europa nach Brasilien.

1o.) andere Airlines wie die AIR PARAGUAY sollen angeblich eine Unterkunft in Asuncion anbieten für Anschlußflüge der Airline zu den Nachbarstaaten . . . Wäre abzuklären, wenn der Gesamtpreis stimmt. Insbesondere auch, wenn Zwischenstop möglich ist, – keine schlechte Idee, wer längere und umfangreichere Trips in Südamerika vorhat, da man beispielsweise ab Asuncion/Paraguay wegen seiner zentralen Lage schnell die Nachbarstaaten wie Brasilien oder Argentinien erreicht, die einen Airpass (meist 21 oder 3o Tage zu beliebigem Fliegen auf Inlandsstrecken nach Bedingung) anbieten.

11.) FLUG + Hotel oder Airpass: unter Umständen keine schlechte Idee: im Handel teils der Transatlantikflug nach Brasilien ab Europa retour und Hotelaufenthalt in Brasilien (per Gutschein) und/oder Brasil- Air Pass für 21 Tage Fliegens innerhalb Brasilien zu Preisen, die sich sehen lassen können, wenn man den richtigen Anbieter findet. Beispielsweise für Brasilien "Medico Reisen"/Baden Baden, siehe Brasilienteil!

12.) GÜNSTIGER SÜDAMERIKA–EINSTIEG: wer länger in Südamerika unterwegs ist, wählt als Südamerikaeinstieg einen preisgünstigen Flug in den Karibikraum, der u.U. retour für ca. 1.4oo DM zu haben ist. (Beispielsweise Karibikinseln oder Cayenne/Franz. Guyana ab Paris). Es lassen sich interessante Rundrouten realisieren, Details siehe Vorkapitel "Routenplanung in Südamerika!)

13.) STUDENTEN–ORGANISATIONEN wie beispielsweise die venezuelanische Ontej, Deutschlandbüro: Kaiserstraße 13, 6oo Frankfurt/M. können auf Grund ihrer Kontakte zum Teil sehr günstige Flüge beschaffen. Eine Organisation, die zwischenzeitlich über mehr als 7oo

Mitarbeiter verfügt gemäß PR- Info und über viele südamerikanische Länder verbreitet ist.

14.) SÜDAMERIKA–CLUBS: eine ungemein hilfreiche Sache für den Südamerikareisenden, da sie ihren Mitgliedern neben kulturellen Veranstaltungen auch mit Rat und Tat bei der Reisevorbereitung zur Seite stehen. Das reicht von Auskünften über aktuelle, länderbezogene Visa- und Impfbestimmungen, günstige Devisentausch- oder Unterkunftsmöglichkeiten, Kontaktvermittlungen und zur Verfügungstellung von Literatur bis hin zur individuellen Pauschalreisezusammenstellung oder der Vermittlung der jeweils sinnvollsten Linienflugverbindung Europa nach Südamerika zu Sonderpreisen.

Gemessen am Leistungsangebot ist der Jahresbeitrag von 1o DM gering. Z.B.; "Club Südamerika International e.v.", Kaiserstraße 13, 6ooo Frankfurt/M. Tel.: (o69)–2o.197 - 99 oder "Deutsch Südamerikanischer Kulturkreis e.v.", Chilehaus A, 2ooo Hamburg 1, Tel.: (o4o) –33.55.55

15.) AIR–PASS : gibts bei einer Reihe südamerikanischer Länder für Inlandsstrecken, erhältlich für Ausländer, die im betreffenden Land nicht ihren Wohnsitz haben. Kann bei geschickter Reiseplanung erheblich die Reisekosten reduzieren helfen. Details siehe Seite 64 - 69

16.) STANDBY–TARIFE: gab es und gibt es teilweise noch auf Strecken wie z.B. Amsterdam oder London nach New York. Man kommt zum Flughafen und wenn dann noch Platz in der Maschine ist, gibts einen reduzierten Tarif. Den sogenannten "Stand- By". Allerdings nur bei wenigen Airlines (Infos Reisebüros) und zudem eine unpraktische Sache, wenn die Maschine voll ist und Übernachtungen fällig werden. . .

17.) GABELFLÜGE: nennen sich Flüge, die ab Europa auf dem Hinflug zur Stadt A gehen, rückwärts aber ab Stadt B. In der Regel auf renomierten Airlines wie Lufthansa oder Air France zum Spezialtarif wie "Holiday Tarif" oder "Vol Vacance" nicht möglich, – so doch mit z.B. Nicht- IATA- Airlines und über Billigflugbüros realisierbar.

Vorteil: man spart sich die Rückreise zum Ausgangsairport und somit Reisekosten.

18.) ZWISCHENSTOPS: in der Regel auf den Spezialtarifen der renomierten Airlines nicht möglich, – interessant aber auf Flügen in den Süden des Kontinents, wer längere Südamerikatrips vorhat. Mit dem Reisebüro abklären!

19.) EXCURSION–TICKETS nennt man Retourtickets der Airlines, wobei Hin- und Rückflug innerhalb einer bestimmten Zeit frei wählbar und buchbar ist. Die frühere Variante der heutigen Lufthansa "Holiday- Tarife" (dort Flugtermine nicht umbuchbar, oder gegen Aufpreis). Beim "Excursion- Tarif" ist jedoch Umbuchung möglich!

Excursiontarife gibts vorwiegend im innersüdamerikanischen Flugverkehr zwischen den einzelnen Ländern. Kosten nur minimal mehr als der Einfachflug, gelten aber nur ca. 17, teils 3o oder 45 Tage. Details siehe "Transport in Südamerika/Flüge"!

2o.) POINT – TO – POINT–TARIFE: gibts bei renomierten Airlines wie z.B. Lufthansa, beispielsweise von Frankfurt nach Santiago de Chile. Bedingung: kein Zwischenstop und feste Flugroute. Preislich teurer als die Spezialtarife, aber billiger als der Normaltarif.

21.) EXPEDITIONS–VERANSTALTER: siehe auch Seite 155 bringen ihre Teilnehmer zu Abenteuer-,Bergsteiger- und sonstige Südamerika-trips zum Teil sehr günstig über den Atlantik mit Linienmaschinen per sogenanntem IT- Tarif.

22.) LANGSTRECKEN–RABATTE: auf IATA- Airlines . Interessant eigent lich nur, wer den kompletten Kontinent ins Ticket packen möchte. Die Strecke: München (oder Hamburg, Bremen etc.) – Südamerika– Venezuela – via Andenstaaten runter bis Santiago de Chile – Buenos Aires/Argentinien – Paraguay – Uruguay – Brasilien/Rio nach Frankfurt kostet per regulärem IATA- Tarif (gültig 1 Jahr mit beliebiger Wahl der Airline und Umbuchungsmöglichkeit der Flugtermine) ca. 7.ooo DM. Innerhalb der "Milage", also Kilometer der Flugroute sind eine Reihe von Abstechern möglich, sowie Zick- Zackflügen, sofern die Gesamtmilage nicht überschritten werden. Bei Überschreitung gibts Aufpreis, der meist noch billiger ist, als der Kauf der vor Ort gekauften Einfachflug- Verbindung. Ein kompliziertes Rechenexempel, was die Qualität der Dame am Counter beweist!

OB SICH SOWAS lohnt, trotz Langstreckenrabatt, ist aber privates Rechenexempel und eigenen Know- Hows der billigsten Südamerika- Verbindungen!

Beispielsweise kann ein 2.ooo DM Retourflug über den Atlantik plus 2 oder 3 geschickt miteinander verknüpfte Airpasse billiger laufen inkl. preiswerter Inlandsflüge in Venezuela oder Ecuador.

Günstige TRANSATLANTIKPREISE retour von Europa nach Südamerika liegen derzeit bei ca. 1.7oo - 2.ooo DM, – Karibik Destinationen um die 1.4oo bis 1.5oo DM und Santiago de Chile um die 2.5oo DM. Breite Palette je nach Reisebüro, kann raufgehen bis zu 7.ooo DM und mehr.

TIPS zu den AIRPASS- Angeboten der einzelnen Länder siehe Seite 65
TIPS zu innersüdamerikanischen Rundflugtickets (Circulo Magico) S. 69
TIPS zu Rundflugtickets Südamerika/USA/SÜDSEE . . . . Seite 7o

✈ ANREISE – ALTERNATIVEN ZUM FLUG:

Die Zeiten der feudalen Luxus- Dampfer über den Atlantik nach Südamerika sind Mitte der 8o-er definitiv vorbei. Bis auf die 1 mal pro Jahr zwischen Genua/Italien und Rio – Buenos Aires verkehrende "Linea C" sind alle Passagierdampfer eingestellt.

LINEA C: Deutschlandvertretung 6.ooo Frankfurt/M., Schillerstraße 18-2o, Tel.: (o69)–2o9.11 fährt 1 mal/Jahr über den Atlantik. Das Schiff ist nur noch für Kreuzfahrten eingesetzt und bedient zur Zeit des südamerikanischen Sommers (Dez. - März) südamerikanische Regionen, um dann via

Atlantik in Europa "kreuz-zufahren". Die Passagepreise für diese 1 mal/ jährliche Überquerung sind saftig und kosten mehr als der Flug. Vorteil allerdings, daß PKW's mitgenommen werden können, Details siehe Kapitel "Mit eigenem Auto durch Südamerika"!

CARGO–SCHIFFE MIT PASSAGIERTRANSPORT: clevere Reeder sind in das Geschäft eingestiegen und haben ihren normalen Cargo- Frachtern Touristenkabinen eingebaut: die Matrosen freuen sich über zusätzliche Abwechslung an Bord inkl. des Kapitäns, – und der Reeder über zusätzliche Tausender! Die meisten Verbindungen nach Südamerika kosten aber fast das Doppelte als günstige Flugverbindungen. Zudem ist das Leben auf einem Frachter ein anderes, als auf einem Kreuzfahrtschiff. Details siehe Kapitel "Mit eigenem Auto nach Südamerika"! –

Per Segelyacht in die Karibik bzw. Südamerika:

Die Hauptroute geht via Kanarische Inseln rüber nach Barbados und dauert für normale Yachten 2o - 3o Tage. Die schönsten Segelreviere sind ohne Frage und mit Abstand die Karibikinseln. Südamerikanische Aktivitäten vorwiegend in Brasilien/Raum Rio–Santos und an der venezoelanischen Karibikküste. Für die Galapagos- Inseln benötigen ausländische Yachten Spezialgenehmigung, bzw. gänzlich verboten. Die Südseeroute verläuft ab Santiago de Chile via Osterinseln.

TIP von W. Sommerkamp, Inhaber der Firma der bekannten Funkgeräte: "Trevinsa in Teneriffa Tel.: 334411 besorgt den Brasil Airpass für Segler auch ohne Hinflugticket nach Brasilien".

"Auf vielen Yachten ist bereits der sogenannte "Micky Mouse"- Amateurfunk eingebaut", – wie uns W. Sommerkamp aus Teneriffa berichtete, – "Segler können sich über Sprechfunk unterhalten und mit der Heimat reden. Es senden täglich für Yachten:

rudi	gf4fto	14.3o3	usb	8 bis 18 Uhr Weltzeit
arno	dkOss	14.313	usb	1o bis 11 Uhr Weltzeit
im	ea8ys	3.8oo	usb	9 Uhr Weltzeit
im	ea 8ys	7.o35	usb	9.45 Weltzeit

Die beiden ersten Frequenzen sind für Entfernungen von etwa 5oo nautischen Meilen bis mehrere 1.ooo Meilen, je nach Funkwetter, – die beiden letzteren für die Entfernungen Madeira – Kanaren – Kapverdischen Inseln – Gambia – Senegal etc. Diese beiden letzteren Frequenzen haben den Vorteil, daß die Stationen aus großer Entfernung tagsüber nicht zu hören sind und sich die Yachties dadurch in Ruhe auf dem Atlantik drahtlos unterhalten können. Wenn sie jedoch mit Deutschland oder einem anderen Land in grosser Entfernung sprechen wollen, so schalten sie auf die beiden ersten Frequenzen. Alle Stationen senden auch ausführliche Wetterberatung. – Die Frequenz 7.o35 reicht manchmal bis Karibik und ist von den Kanaren aus sehr klar und durch Europa ungestört."

Die SÜDLICHE KARIBIK gehört zu den schönsten Segelgewässern der Welt! Tiefblaues bis smaragdgrünes Wasser und traumhafte Ankerbuchten unterhalb hoher Inselvulkane mit dichten Urwäldern. Im Inselinneren zwischen Lianen, Farnen und Urwaldbaumriesen große Wasserfälle, z.B. auf Guadeloupe. Gemütliche Hafenkneipen, wo es dicke Lobsterportionen gibt (St. Georges/Grenada), enge Schlängelstraßen entlang der Vulkane und auf der Insel St. Vincent ein Vulkan mit 1 km großer Kraterlagune. Traumhaft die Region der Grenadinen, einer Gruppe von Mini Inseln und den besten Schnorchelregionen der Welt an Korallenriffen (Tobago Keys).

Barbados flach, mit Zuckerrohrfeldern ist für die Transatlantiksegler lediglich "Einstieg", da im Atlantik vorgelagert und erster Kontakt mit der Neuen Welt. Der Hochgenuß beginnt jedoch auf den Vulkaninseln der Kette zwischen Guadeloupe und Trinidad . . .

Alle Details in unserem Band 2/"Südliche Karibik", 5oo Seiten/39,– DM

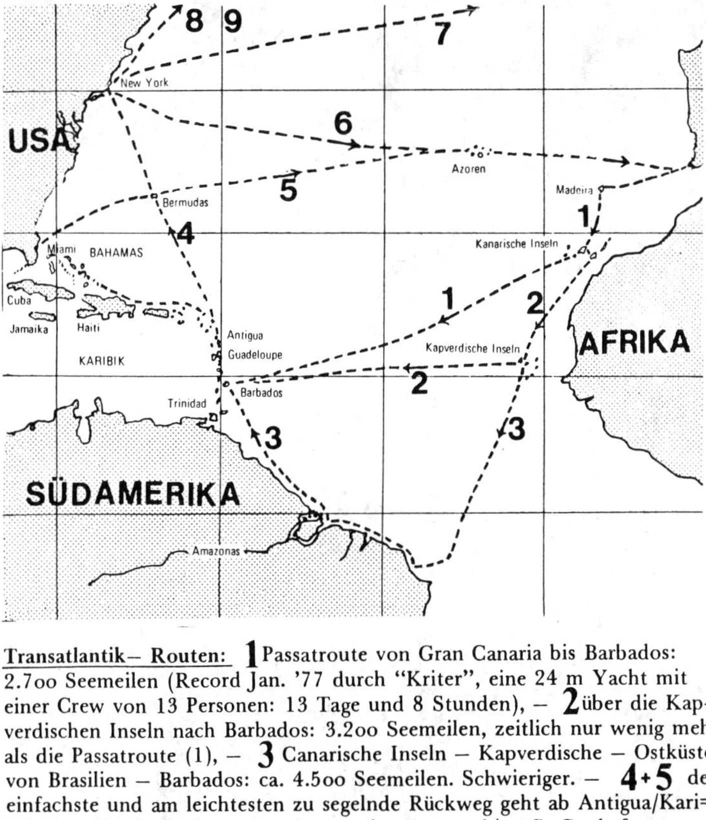

Transatlantik– Routen: **1** Passatroute von Gran Canaria bis Barbados: 2.7oo Seemeilen (Record Jan. '77 durch "Kriter", eine 24 m Yacht mit einer Crew von 13 Personen: 13 Tage und 8 Stunden), – **2** über die Kapverdischen Inseln nach Barbados: 3.2oo Seemeilen, zeitlich nur wenig mehr als die Passatroute (1), – **3** Canarische Inseln – Kapverdische – Ostküste von Brasilien – Barbados: ca. 4.5oo Seemeilen. Schwieriger. – **4+5** der einfachste und am leichtesten zu segelnde Rückweg geht ab Antigua/Kari= bik über die Bermudas und weiter zu den Azoren bis z.B. Cuxhafen: ca. 5.ooo Seemeilen. – **6** von New York über die Azoren nach z.B. Gibral= tar: ca. 3.3oo Seemeilen. Die Rückfahrt ab Bermudas oder New York wird in der Regel spätestens Mitte Juni angetreten. Dies gilt auch **7** für die Di= rektroute ab New York zum Ärmelkanal, – **8** die kürzeste Route (ca. 3.45o Seemeilen) zurück nach Europa ab New York geht über Neufund= land. – **9** die Wikingerroute von Neufundland zur Südküste Grönlands, Island, Faroer nach Norwegen. Ca. 4.ooo Seemeilen. Extrem hart und kalt.

Segeln in der Karibik

und unabdinglich, wer die Region bereist, – wegen der Fülle an handfester Reiseinformation! –

Yacht- Trampen:
"High Society- Feeling" ohne den nötigen Schotter! Durchaus möglich von Europa nach Südamerika! Allerdings sollte man bereits über etwas Hochsee-Erfahrung verfügen, denn gewöhnlich wird es Landratten sauübel, wenn die ersten Wellen in Höhe eines 5 stöckigen Wohnhauses auf dem Atlantik kommen und man über Tage wie im Fahrstuhl ewig "raufgehoben" wird.

Die Chancen, daß man mitfahren kann via Atlantik rüber in die Karibik, sind nicht schlecht. Ausgangshafen ist wie zu Zeiten des Christoph Columbus Teneriffa auf den Kanarischen Inseln. Hier legen die Luxusyachten nochmal kurz an, um Wasser und Nahrung für den Trip über den Atlantik aufzunehmen. Günstige Monate: wegen der Passatwinde um Weihnachten, bzw. im europ. Sommer (wegen der Ferien!). Vielfach suchen die Yachtbesitzer eine leistungsfähige Crew, – günstig auch der franz. Hafen Le Havre

TIP allerdings, wie uns auch Herr Sommerkamp bestätigte, – daß man sich vorab in den diversen Yachtzeitschriften Frankreichs und Deutschlands per Anzeige bewirbt, um nicht sinnlos auf Teneriffa rumzuhängen und letztlich auf einer franz. Gammelyacht ohne richtige Rettungsmittel und Verpflegung den Atlantik zu überqueren. Angaben wie "Koch" oder "handwerkl. Fähigkeiten" in der Anzeige können nützlich sein.

ZIELHÄFEN sind zumeist die franz. Karibik- Provinzen wie die Inseln

Guadeloupe und Martinique, – aber auch Barbados. Details siehe unser Karibikband! –

Frachter- Trampen:

Die Chancen sind minimal, da die meisten Reedereien ihren Schiffskapitänen die Mitnahme rüber- jobbender Reisender verboten haben. Es gab zu viel Probleme. Wie uns Hans Böbs, seines Zeichens Beruf Seemann bestätigte:

"1.) eine Reederei suchen, die mitmacht. Das ist der schwierigste Punkt, denn die meisten Reedereien machen es nicht mehr, teils aus versicherungsrechtlichen Gründen, teils weil man schon reichlich schlechte Erfahrungen mit "Rüberrobbern" gemacht hat. Oftmals sind das nämlich Leute, die von der Polizei gesucht werden und ohne Passkontrolle ausreisen möchten, oder sie bringen Rauschgift mit an Bord oder sind so faul, daß sie ihre Verpflegung nicht verdienen.

Hat man trotzdem eine Reederei gefunden, dann bekommt man einen HEUERSCHEIN, das ist der Arbeitsvertrag. Kommt es einem jetzt nur auf das SEEFAHRTSBUCH an, dann geht man 2.) zum Seemannsamt und lässt sich nach Vorlage eines polizeil. Führungszeugnisses und des Heuerscheines das Seefahrtsbuch ausgestellt. Passbild nicht vergessen. Damit hat man das Seefahrtsbuch, ohne je ein Schiff betreten zu haben.

Flugpreisermäßigungen gibt es nur auf das Seefahrtsbuch nicht, allerdings wird es von den meisten Staaten als Paßersatz anerkannt und vielleicht kann es eine Hilfe sein, wenn man im Ausland auf ein deutsches Schiff einsteigen will. Will man auf dem Schiff jetzt aber auch einsteigen, braucht man:

3.) eine GESUNDHEITSKARTE, die nach Untersuchung durch einen Vertrauensarzt der Seeberufsgenossenschaft (SBG) ausgestellt wird. Für die Untersuchung muß man wissen, ob man für den Decks-, Maschinen- oder Verpflegungs- und Bedienungsbereich angemustert wird, weil die Gesundheitskarte für diese Bereiche getrennt ausgestellt wird. Im Decksdienst kann eigentlich niemand angemustert werden, der nicht einen 2- wöchigen Sicherheitsleergang an einer der Seemannsschulen als Mindestausbildung mitbringt. Diese Kurse kosten ca. 3oo DM.

4.) Mit Seefahrtsbuch, Gesundheitskarte und Heuerschein wird man beim Seemannsamt angemustert, das bedeutet, die Eintragung in die amtliche Besatzungsliste. Damit gehört man zur Besatzung des Schiffes, die Reederei meldet den Rüberarbeiter bei der SBG zur Sozialversicherung an.

Das bedeutet aber nicht, daß die Reederei kein Risiko mehr trägt, denn für die Gesundheitsfürsorge im Ausland ist nicht die Versicherung, sondern die Reederei zuständig. Angenommen, der Rüberarbeiter wird krank auf See und das Schiff muß einen Hafen anlaufen, wer übernimmt dann die immensen Hafengebühren?"

Wie uns Hans Böbs weiter schrieb, lassen sich die Formalitäten, so kompliziert sie erscheinen, in Deutschland in ca. 1 Tag erledigen. Das Problem ist dabei eher die Reederei, die sich große Risiken aufläd für die Mitnahme eines Rüberarbeitenden (Unfall, Krankheit) . Das bischen Arbeitsleistung eines Rüberarbeitenden steht in keiner Relation zum Nutzen für die Reederei. Hauptgrund, warum die meisten Reeder die Mitnahme verboten haben!

In Gegenrichtung, wie uns Hans Böbs schrieb, also von Südamerika nach Europa läuft die Sache etwas unproblematischer. Wenn der Käptn Leute braucht, kann was laufen. Vorausgesetzt, Pass und Papiere stimmen. Allerdings ist die Mannschaft, die das Schiff Richtung Südamerika versorgt, auch wieder auf der Rückreise an Bord und daher besteht in der Regel kein Bedarf.

ILLUSIONEN AUSGERÄUMT? Um auch Mißverständnisse in Sachen "TRAMP-SCHIFFE" auszuräumen: dies sind nicht Frachter, die Trampern offenstehen, sondern Schiffe, die nicht feste Routen, sondern variable gemäß Frachtaufkommen fahren.

Zu Frauen an Bord schrieb uns Hans Böbs einen interessanten Kommentar: "... da möchte ich kühn behaupten, wenn sie nicht will, läuft absolut NICHTS. Ich habe den Einfluß weiblicher Wesen auf eine Schiffsbesatzung des öfteren beobachtet, seien es Funkerinnen, Stewardessen (egal ob Mannschafts- oder Offiziersmesse), mitreisenden Ehefrauen oder Passagiere. Der Einfluß ist eigentlich immer sehr positiv. Hein Seemann versucht dann nämlich unwillkürlich, einen guten Eindruck zu machen, was sich vorteilhaft auf die Tischsitten, Ausdrucksweise etc. auswirkt. Ungewollte Annäherungsversuche sind kaum zu befürchten. Der Großteil der Seeleute weiß zwar hervorragend mit Nutten und Barfrauen umzugehen, – steht aber "normalen" Frauen eher unsicher gegenüber. Natürlich kommt es auf die Frau an, wenn sie es darauf anlegt ..."

Ergänzung von H. Hoyer, ebenfalls auf deutschen Schiffen unterwegs: "... an der Gangway eines deutschen Schiffes hängt folgendes Schild: Gott schütz uns vor Sturm und Wind und vor Deutschen, die im Ausland sind. .."

UNTERM STRICH: per Frachter nach Südamerika verursacht viel Aufwand und Warterei bei nur minimalen Chancen. O.K., wer es anlegt und nach Schulung und Einarbeitung Handfestes an Know How und Arbeitsleistung dem Reeder anbieten kann und eine neue Form des Lebens ausprobieren will, hat Chance. Nicht aber der sogenannte "Rüberjobber" oder klarer formuliert "Schnorrer". Frachteradresse siehe auch S. 163.

✱ANREISE–VARIANTEN VIA AFRIKA:

Was auf dem Atlas sich als Variante anbieten könnte, – wegen der kurzen Kontinent- Entfernung zwischen DAKAR/AFRIKA und RECIFE/BRASILIEN, – läuft in der Realität nicht.

Denkbar wäre beispielsweise die Anreise via Algerien/Tamanrasset nach Dakar/Ostküste Afrikas und per Schiff rüber nach Südamerika. Wie Bernd Tesch/Afrikaspezialist (mehrfache Sahara- Durchquerungen per Motorrad/ Globetrott- Shop Aachen) berichtet, gibt es nur ca. 1 - 2 mal/Jahr eine Verbindung rüber nach Brasilien. Grund: Brasilien und die afrikanischen Staaten haben als 3. Welt- Länder ihre Handelsbeziehungen und Frachterverbindungen vorwiegend in Richtung USA und Europa ausgerichtet, – nicht aber untereinander.

Auch die Flugverbindung Dakar – Brasilien ist eingestellt, da moderne Jets im internat. Konkurrenzkampf zwischenzeitlich Nonstop zwischen Rio und Europa fliegen. Flugverbindungen gibt es zwischen Johannisburg/Südafrika und Rio mit der SAH, allerdings zu den normalen IATA– Preisen. Billigflüge sind mir nicht bekannt.

TRANSPORT in SÜDAMERIKA . . .

südamerikanischer Busfahrer

① Busse: *Frei nach dem Motto: so schnell die Kiste an "speed" hergibt. Horrortrips aus den kolumbianischen Anden verursachen uns heute noch Alpträume, - Trips, bei denen der total übermüdete Fahrer schon 8 Std. scharfe Schotterpisten um Kurven mit Tempo 80 an Abgründen vorbei durchdonnerte und ihn die Passagiere anfeuerten, bzw. einige nur noch lethargisch vor sich hinkotzen . . .*

Auch wenn man in Ecuador, Peru und Bolivien langsamer fährt: ein Abenteuer bleibt der Bus- Trip trotzdem: Hauptverkehrsmittel auf dem Kontinent, bei Preisen, die fast geschenkt sind!

"Dios protege al chofer" (Gott beschütze den Chaufeur!)

Das war der Stand 1977, als in Kolumbien auch die Hauptverbindungs-Strecken weitgehend aus Schotter bestanden. Steigender Weltmarktpreis für Kaffee (Kolumbien ist einer der wichtigsten Exporteure der Welt), vorallem aber intensiver Drogenschmuggel haben dem Land eine Überfülle an US- Dollar- Devisen gebracht. Sei es drum: die wichtigsten Hauptverbindungen sind heute/Mitte der 80-er durchgehend asphaltiert, was generell für alle südamerikanischen Staaten gilt.

Trotzdem: bei der großen Ausdehnung der einzelnen Länder und ihrer geographischen Schwierigkeiten (steile Andenketten bzw. endlose Amazonaspisten) gibts immer noch jede Menge an Erdpisten.

Und der "heiße Reifen" ist immer noch Gang und Gebe. Fahrtenschreiber (wie bei uns) unbekannt; fürs Wachhalten des Fahrers ist der "socio" zuständig, neben seiner Funktion als Geldkassierer und Gepäck Aus- und Einlader. – TÜV existiert in SA., ist aber nicht so "pingelig" wie bei uns.

★ <u>ABFAHRT der Busse</u> in den größeren südam. Städten zumeist von einem gemeinsamen Busterminal. Praktisch, da man die einzelnen Abfahrtszeiten der Busgesellschaften vergleichen kann bzw. beim Umsteigen nicht lang laufen muß. War seit Jahren in Brasilien, Venezuela und Argentinien die Regel, – wurde zwischenzeitlich in den meisten anderen Städten realisiert. Immer noch eine Katastrophe in Lima/Peru, wo sich die einzelnen Busterminals über ein gleichschenkliges Dreieck von ca. 3 km Seitenlänge erstrekken. Kolumbien macht Fortschritte und hat inzwischen seine gemeinsamen Busterminals in Cali, Cucuta; Bogota/Hauptstadt in Kürze.

Abfahrt in den kleineren Städten und Dörfern meist die Haupt- Plaza, bzw. in der Nähe des Marktes. Details in den ausführlichen "Verbindungs-Kapiteln" der Länderteile dieses Bandes! –

* TICKETS: möglichst frühzeitig kaufen, da die Busse oft schnell ausgebucht sind. Mit dem Kauf des Tickets erhält man gleichzeitig die Platzreservierung im Bus. Achtung: Gringos werden oft die hinteren Plätze im Bus angedreht, wo's auf Schotterpisten am meisten staubt, vorallem aber generell der Bus am meisten schaukelt. Die weicheren Plätze: zwischen den beiden Achsen!

WENN die Tickets weg sind, gibts (auf Nebenstrecken) immer noch die Möglichkeit, sich mit dem Busfahrer per "inter coco" (Sitzschemel im Gang) zu einigen. Trinkgeld kann nachhelfen.

PLATZ (ausgenommen in Luxusbussen!) ist insbesondere auf Andenstrecken reichlich knapp bemessen, was den Abstand zum Sitz des Vordermanns/Frau betrifft. Der Südamerikaner in den Andenstaaten ist in der Regel kleiner, als der Europäer und daher der Abstand zwischen den einzelnen Sitzen für unsereins erheblich zu kurz.

HORROR: das grauenhafte "Knacks" des Vordermanns, wenn er den Hebel seitlich des Sitzes betätigt und selbigen in "Schlafstellung" bringt, d.h. einem vors Kinn knallt! Wir haben in Ecuador noch versucht, den Vordermann an solchem Vorhaben zu hindern, indem wir einfach den Sitz mit unseren Knien arretierten. Dann ist aber schnell der komplette Bus gegen einen !

* BUS–MATERIAL: Brasilien und Argentinien sowieso seit Jahren absolute Südamerika- Spitze. Luxusbusse mit allem Komfort, selbst auf Amazonasstrecken wie Pto. Velho – Manaus/brasil. Amazonas, die dem Material, was bei uns in Europa fährt, standhalten können!!

Aber auch in den Andenstaaten, Venezuela begonnen bis runter nach Chile, – hat sich zwischenzeitlich einiges getan! Auf den Hauptrouten oft Spitzenmaterial, das Langstreckenreisen zum Vergnügen macht (und immer noch spottbillig ist!). Plastiksessel, wo der Körper sich mit dem Sitz zur Badewanne in tropischen Sektionen des Trips "vereint", bzw. in Anden-Nachttrips friert, – gehören auf den Hauptrouten der Vergangenheit an.

Neben Stoffsitzen häufig Luxus wie eigene Bordtoilette, Bordbar und z.B. auf chilenischen Küstenstrecken der Bord- Videorecorder, sowie auf Tropenstrecken die Air Condition.

Derartiges Luxus- Busmaterial wird aber nur auf den asphaltierten Hauptstrecken eingesetzt. Auf den Schotter- Serpentinen- Nebenpisten dominiert immer noch der bisherige Bustyp: meist Ford- LKW (etc.) - Basis als Fahrgestellt, auf das einheimische Fabriken (z.B. "Thomas" in Ecuador) einen Aufsatz fabrizieren. Plastik als Sitzbezug, Schiebefenster und enger nachbarschaftlicher Kontakt. Fahrgestell, Reifen etc. entsprechend ramponiert bei permanentem Schotterverkehr! Das Pferd auf dem Kühler (ersatzweise Kondor etc.) und Spitzen- Kasettrecorderanlage, sowie diverse Lichtanlagen in Cockpit und außen machen diverse Mancos aber wett.

Der Sozio auf dem Dach bei Zwischenstops aktiv: gebündelte Hühner weg, Bananen runter, Gepäck rauf, Regenschutzplane hin und her . . .

Gerade diese "Nebenpisten- Trips" machen das Südamerika- Erlebnis: tief eingelullt im Schlaf, eingehüllt von Ponchos gegen die Kälte und dann heißer Indiosong vom Taperecorder, wo die Indiofrauen im Bus aufwachen und mitsingen . . . Durchfahrene Nächte, wo der Busscheinwerfer sich in die Dunkelheit bohrt, an Andenhängen entlang, und dann Morgengrauen über Andencanyons. Frische, klare Luft und Morgencafe an der Dorf- Plaza geschlürft . . .

KOMPLIMENT an die Busfahrer: excellent auf den atemberaubenden und schwierigen Pisten von den Anden steil runter in den Amazonas. Hautscharf an Abgründen vorbei, tip- top gelenkt. Künstler, wenn nicht Artisten am Lenkrad! Trotz Gefährlichkeit der Pisten passiert erstaunlich wenig!

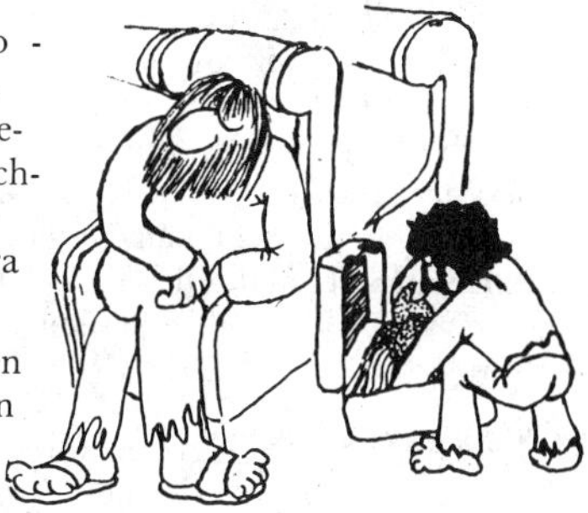

★KLAU IM BUS: war zeitweilig großes Problem besonders in kolumbianischen Bussen. Abhilfe:durch Gepäckscheine, nur gegen Gepäckschein gibts das Gepäckstück bei Zwischschenstop zurück; -Wertsachen nicht ins Gepäck geben (Pässe, Travellerschecks, Kamera etc.) sondern in den Bus mitnehmen!

Reichlich leichtsinnig, wie bei unserer ersten Südamerika- Reise: kompletten Rucksack in den Bus und unter die Füße geklemmt. Kann gut gehen, in unserem Fall aber anscheinend die Assoziation erweckt, daß da was Wertvolles in den Säcken unter den Füßen steckt. Zumindest: nach einem Nachtschläfchen waren dann südlich von Popayan/Kolumbien die Rucksäcke aufgeschlitzt, Kamera und sonstige Wertsachen weg.

Abgesehen davon, daß Reisen "mit den Füßen auf dem Besitztum" im Bus unbequem ist: am besten, Wertsachen an den Körper und Gepäck abgeben.

Man lernt dazu; auf vielen tausend Bus- Km danach nie mehr was passiert.

TIP: für längere Nachtfahrten im Bus sich am besten schon aus Europa ein kleines Schaumstoff- Kissen, in Stoff eingenäht, einpacken. Macht die Nachtfahrten bequem. Und vor Ort, – wenns nachts über hohe Andenpisten geht, aus dem Rucksack warme Sachen rausholen und in den Bus mitnehmen. Auch in Äquatornähe auf Andenpisten nachts eisig kalt!!

* FAHRZEITEN: das, was man in den Bus- Büros angibt, ist (besonders im Andenbereich) die grobe Vorstellung, wie lang der Trip dauern könnte. In der Regel kann man ca. 1o - 2o % draufschlagen. – Die FAHRPREISE sind in der Regel ungemein billig und richten sich nach den Benzinpreisen des Landes (Ecuador mit billigem Sprit, – auch Venezuela, – sehr billig!), sowie nach dem Zustand der befahrenen Strecke; auf Schotterpisten meist teurer, als auf Asphalt (da der Bus höherer Abnutzung unterliegt), sowie der Frage, ob es sich um einen Luxusbus mit diversen Extras oder einen Normalbus handelt. Alle Details in den Länderkapiteln! –

② Colectivos: insbesondere in den Andenstaaten, – ergänzen den öffentlichen Bustransport. Entweder dicke US- Straßenkreuzer, neuerdings auch die "Sprit- genügsameren" und, pisten-stabilen Japaner.

Eine Art Sammeltaxi, das feste Routen fährt, ähnlich der Busse. 4 - 5 Passagiere, je nach Größe des Fahrzeuges. Das Gepäck im Kofferraum oder auf dem Dach.

Sind den Bussen, insbesondere auf steilen, kurvenreichen Andenstrecken zeitlich überlegen, aber auch teurer. Die Fahrpreise sind ähnlich denen der Busse staatlich genehmigungspflichtig und fixiert. Abfahrten nach Fahrplan, bzw. auf dicht befahrenen Strecken dann, wenn das Colectivo voll ist.

Wer eilig weg muß, kann das Colectivo als "express" mieten. Das heißt: zu zahlen der Preis, den ein volles Colectivo kostet, bzw. weniger je nach Verhandlungssache.

Im Pistenbereich von den Anden runter in die Bergurwälder Amazoniens sind die "Colectivos" oft japanische "Pick-ups", Typ Datsun, Toyota etc., wo die Passagiere hinten auf der Ladefläche "open- air" oder mit Plane überdacht reisen. Je nach Größe des Pick-ups (z.B. US- Blazer oder Broncos) bis zu 15 Personen hinten! Gilt auch für tropische Pazifikküsten und Amazonastiefland. Hier ist guter Sonnenschutz (und Regenschutz) nötig; wer vorn in der Fahrerkabine reisen will, verhandelt mit dem Fahrer einen Sondertarif.

③ Camiones: insbesondere auf Anden- Nebenstrecken sowie runter ins Amazonasbecken. Camion ist das spanische Wort für LKW. Dienen sowohl Güter wie Personentransport. Insbesondere den Campesinos, die mit ihren landwirtschaftlichen Produkten auf den nächsten Markt fahren, aber auch dem Verkehr zwischen entlegenen Andendörfern.

Man reist hinten auf der Ladefläche, zwischen Obst und Gemüse. Vorteil: grandioses Andenpanorama, Nachteil neben dem tomatenrot gefärbten Hintern: frostig kühles Andenklima in 4.ooo m Höhe, – besonders bei

Fahrten am frühen Abend und nachts. Bei Regengüssen kuscheln sich die Passagiere unter der Plane zusammen (sofern vorhanden!) –

④ Taxis: je nach Preisgefüge des betreffenden Landes: kann billig sein und Alternative zum öffentlichen Transport, wer's eilig hat und zu mehreren reist, – in anderen Ländern aber sauteuer und für den Überlandtransport als Alternative undiskutabel. Details siehe Länderkapitel! –

Fahrpreise sind Verhandlungssache. Hier gilt nicht mehr das Taxameter (sofern überhaupt vorhanden), sondern Aspekte wie "Lust" des Taxista, noch einen größeren Trip einzulegen und ob er eventuell am Zielort einen Bruder oder Tante hat, die er preiswert mal wieder besuchen kann.

⑤ Flußtransport: insbesondere im Bergurwald der Andenstaaten Venezuela bis Bolivien, sowie im brasil. Amazonasgebiet. Dort, wo die Straßen aufhören, sind die Flüsse das Hauptverkehrsnetz.

Vielfältige Transportmittel: in Venezuela auf dem Orinoco von Caicara nach Pto. Ayacucho/venez. Amazonasgebiet fahren moderne Pontonboote, die auch PKW's transportieren, – im Amazonasgebiet generell die Doppelstock- Hausboote, wo man in der Hängematte schaukelt oder auf dem Getreidesack schläft, – das "peque- peque" : ein Außenbordkanu mit kleinem 2- takter- Motor an langer Stange, die bei Untiefen des Flusses rausgehoben werden kann, entsprechend langsam, – "delizador": Kanu mit starkem Außenbordmotor, meist 4o - 6o PS, teurer, aber mindestens 2 mal so schnell! – ENASA mit großen Passagierdampfern auf dem Rio Amazonas.

Alle Details siehe Länderkapitel! –

⑥ Trampen: lohnt sich in der Regel wegen günstiger öffentlicher Transportpreise nicht. Zudem ist wenig privater Langstreckenverkehr unterwegs. LKW- und Pick-up- Fahrer erwarten in der Regel Trinkgeld, das etwa 1/3 des regulären Buspreises beträgt. Muß aber nicht sein. Streckenweise, so z.B. auf der "ruta tres" entlang der argentinischen Ostküste freuen sich die LKW- Fahrer über Abwechslung auf den endlosen Kilometern in den Süden. Am besten klärt man die Sache vorab beim Einsteigen: "gracias para tomar me, que necito a pagar? " (Vielen Dank, daß sie mich mitnehmen; was muß ich ihnen zahlen?).

Wer als Frau trampt, sollte die Frage anders stellen. Trampende Frauen insbesondere alleinreisend, sind in Südamerika unüblich und assozieren käufliche Liebe. Trotzdem sind mir aber Fälle bekannt von alleinreisenden Frauen, die quer durch Argentinien trampten. Unterm Strich: besser Finger weg; die Pampa ist einsam und die Triebe eines frustrierten LKW- Fahrers oft gewaltig . . .

FLUGZEUG–TRAMPEN: die südamerikanische Variante des europäischen Autostop. Die Entfernungen sind gewaltig, – in den venezuelanisch/kolumbianischen Llanos, – in den Tiefebenen Boliviens und im argentinischen Patagonien. Viele der Haziendas oft nur per Sportflugzeug zu erreichen.

Nicht selten kommen die Farmer als Langeweile mit der Cesna in die nächste Provinzhauptstadt, um im dortigen Airport ein Bier zu trinken. Kontakt im Airport- Restaurant, eventuell Einladung auf die Hazienda bei gegenseitiger Sympatie. Gilt auch für Amazonas, allerdings dem Zufall überlassen und nicht vorweg planbar. . .

(7) Eisenbahn: zwar noch nicht "gone by"- Zeiten was Wild-West Feeling betrifft, so sind doch seit 1. Ausgabe dieses Bandes zwischenzeitlich 8 Jahre vergangen, die einiges an Umbruch im Verkehrswesen Südamerikas brachten.

Während man noch 1977 viele Abenteuer- Eisenbahnen fahren konnte, die zum Teil Dampfloks aus der Jhd.- Wende hatten und Wildwest- Waggons,– Leckerbissen für Eisenbahnfans, – gehört dies heute oft der Vergangenheit an. Opfer der Modernisierung (für die Wirtschaft des Landes ohne Frage zu begrüßen), bzw. Streckenstillegung zu Gunsten des Busses auf der Straße.

Trotzdem gibts noch jede Menge Abenteuertrips per Eisenbahn in Südamerika. Details siehe Karte nächste Seite!

ANGELEGT wurden die südamerikanischen Gleise ab Ende 1. Hälfte vergangenes Jhd. Zu Zeiten als das Auto noch nicht erfunden war und es galt, die Landesprodukte preisgünstig zu den Ausfuhrhäfen nach Europa und den USA zu transportieren.

Relativ bequem die argentinischen und uruguayischen Strecken wegen Flachland in die Pampa. Intensiver Eisenbahnbau ab ca. 185o, als die Dampfschiffe die Segelschiffe abgelöst hatten und Kühlfrachter zum Abtransport des Fleisches existierten. Jeder zusätzliche Eisenbahn- Km = zusätzlicher Gewinn im Sektor Fleisch und Getreide. Aktiv englische Eisenbahngesellschaften.

Eisenbahnnetze in den Andenstaaten dagegen extrem kostenspielig. Grandiose Ingenieur-Leistungen z.B. von Lima/Peru rauf in die Anden nach Huancayo, – oder von Guayaquil/Ecuador rauf nach Riobamba, wo in wenigen km, Höhen von 4.ooo - 5.ooo m eisenbahntechnisch überwunden werden mußten. Heute noch in Betrieb, gehören zu den "High- Lights" der Welt- Eisenbahnstrecken. Grandiose Streckenführung mit Tunnels, Zick- Zack- Rangierstrecken an steilen Berghängen rauf. In Peru und Bolivia zugleich die höchsten Eisenbahnstrecken der Welt!

* CHILE: ab 2. Hälfte des verg. Jhds. intensiver Streckenbau von Santiago de Chile rauf in die Wüste Nordchiles wegen Salpeter. (Details siehe Chile). Mehrere tausend Km, heute aber weitgehend stillgelegt wegen Unrentabilität gegenüber Bussen auf der Pana. Abenteuerstrecken über die Anden rauf nach Bolivia teils noch in Betrieb! –

* KOLUMBIEN entwickelte sein Eisenbahnnetz (wegen politischer Wirren im 19. Jhd.) relativ spät und betrieb die meisten Strecken bis in die 7o-er Jahre, da das Straßennetz erst relativ spät modernisiert wurde. Heute, Mitte der 8o-er Jahre spielt der Zugverkehr jedoch nur noch untergeordnete Rolle. Eisenbahn- Bonbons weitgehend eingemottet, der Bus dominiert. –

* VENEZUELA: hatte von jeher wenig Eisenbahn- Aktivitäten. Das Gleis von Pto. Cabello/Karibikküste, rauf nach Barquisimeto immer noch in Betrieb, als Querverbindung nützlich und interessante tropische Strecke, aber vom Waggonmaterial (relativ moderne Triebwagen) und von den modernen Bahnhöfen uninteressant. –

* GUYANAS: regionale Strecken zum Abtransport von Bodenschätzen an die Küste.

* BRASILIEN: das existierende Eisenbahnnetz lässt Federn zu Gunsten des definitiv an Fahrzeit überlegenen Busnetzes. Salvador – Rio: eingestellt. Rio – São Paulo vermutlich auch bald, da Bus und Flugzeug erheblich schneller, etc. , etc. Details siehe Länderkapitel Brasilien. Im Neubau befindlich ein Supereisenbahngleis von São Luis/Küste zu den Minen von Carajas/Amazonas.

Wichtige Verbindung von São Paulo nach Corumba/Grenze Bolivien, mit Anschluß nach Sta. Cruz. Weiterhin ab brasilianischer Küste das Gleis von Paranagua rauf in die Berge aufs Hochplateau nach Curitiba: landschaftlich und von Streckenführung ein Leckerbis-

Die touristisch wichtigsten Eisenbahnstrecken Südamerikas:

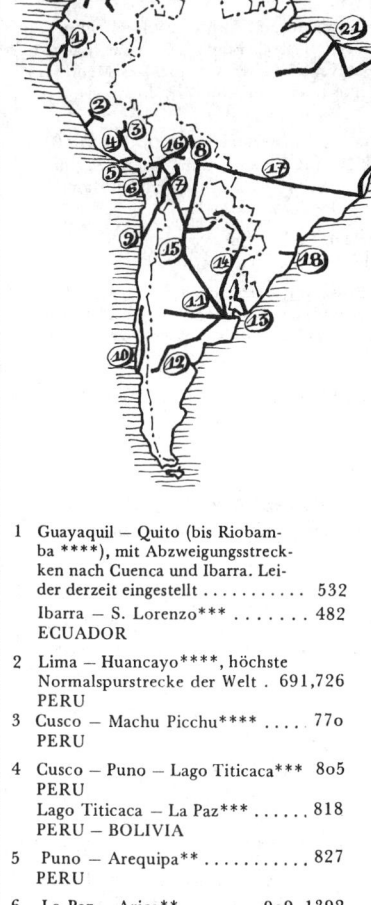

* = wichtige Verbindung
** = interessante Strecke, ganz nett
*** = von Landschaft und Streckenführung Spitze!
**** = Absolut Top! Lohnt Umweg!

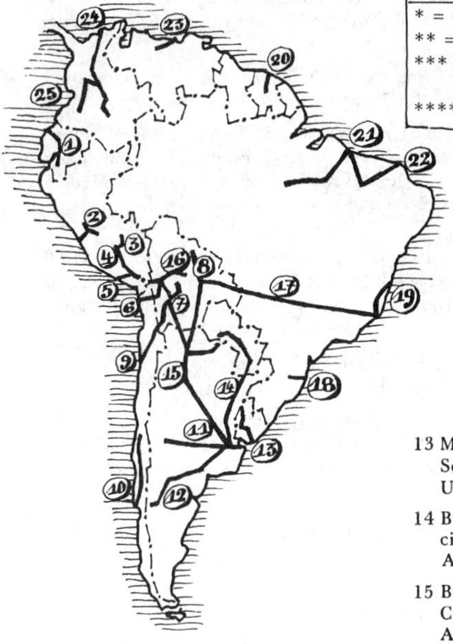

1 Guayaquil – Quito (bis Riobamba ****), mit Abzweigungsstrecken nach Cuenca und Ibarra. Leider derzeit eingestellt 532
Ibarra – S. Lorenzo*** 482
ECUADOR

2 Lima – Huancayo****, höchste Normalspurstrecke der Welt . 691,726
PERU

3 Cusco – Machu Picchu**** 77o
PERU

4 Cusco – Puno – Lago Titicaca*** 8o5
PERU
Lago Titicaca – La Paz*** 818
PERU – BOLIVIA

5 Puno – Arequipa** 827
PERU

6 La Paz – Arica** 9o9, 1392
BOLIVIA – CHILE

7 Sucre – Potosi** 949
BOLIVIA

8 Sta. Cruz – Corumba** 991
Sta. Cruz – Trinidad** 988
BOLIVIA

9 Sucre – Calama*** . 938, 14o5
BOLIVIA – CHILE

10 Santiago de Chile – Pto. Montt** 1453
CHILE

11 Buenos Aires – Mendoza* 1333
ARGENTINIEN

12 Buenos Aires – Bariloche*129o
ARGENTINIEN

13 Montevideo – Artigas**, alte Schlafwagen 1266
URUGUAY

14 Buenos Aires – Posadas – Asuncion* 1291
ARGENTINIEN – PARAGUAY

15 Buenos Aires – La Paz bzw. Santa Cruz* 1291
ARGENTINIEN – BOLIVIEN

Querverbindung Encarnacion – Formosa 1328
ARGENTINIEN

16 La Paz – Cochabamba** 931
BOLIVIA

17 Corumba – Sao Paulo* 1196
BRASIL

18 Paranagua – Curitiba*** 1197
BRASIL

19 Sao Paulo – Rio* 1187
BRASIL

20 Paramaribo – Bronsweg*** 222
SURINAM

21 Sao Luis – Maraba* 1o98
BRASIL

22 Sao Luis – Fortaleza 1o98
BRASIL

23 Pto. Cabello – Barquisimeto 291
VENEZUELA

24 Sta. Marta – Bogota** 359
KOLUMBIEN

25 Bogota – Medellin 4o8
KOLUMBIEN

sen, wenn auch modernes Zugmaterial.

★URUGUAY: Streckennetz aus der Jhd.- Wende. Gesehen: Schlafwaggons von 19o2 und 1921, ansonsten Dieselloks/BJ Gegend 1952 und die berühmten roten BRD- Schienenbusse.

★PARAGUAY: Strecke Encarnacion/Rio Parana nach Asuncion. Teils noch Dampfloks im Einsatz. Stichstrecken am Oberlauf des Rio Paraguay landein.

★ARGENTINIEN: hat das heute in Südamerika modernste und dichteste Eisenbahnnetz. Sternförmig ab Bs.As. ins Landesinnere, sowie Anschluß nach Bolivien. Ein durchgehendes Gleis nach Santiago de Chile existiert, Personenverkehr aber nur noch bis Mendoza/ Argentinien. Der Personenverkehr über die Andenkette ist eingestellt, da Busse via Straße schneller sind.

★BOLIVIEN: hat sein Zugmaterial modernisiert und ist auf vielem Strecken den Straßenpisten überlegen. Leckerbissen, wie alte Chevy- PKW auf Schiene ummontiert, warten fahrbereit in den Eisenbahn- Reperatur- Depots wie Sucre. Kräftig nachhaken, damit sie touristisch wieder eingesetzt werden.

★PERU: praktisch alle Gleise in Betrieb, wenn auch mit relativ modernem Zugmaterial; Waggons aus Rumänien, sowie Dieselloks. Von der Streckenführung aber Leckerbissen!

★ECUADOR: die auf Schiene umgebauten Ford- Busse von Ibarra nach St. Lorenzo/ Küste eingestellt zu Gunsten der neuen Straßenverbindung. Guayaquil – Riobamba in den Anden wegen Bergrutschen seit mehreren Jahren eingestellt. Dafür aber Touristentrips mit alten Wildwestwaggons oben auf den Andenstrecken.

FAHRPREISE liegen im Bereich der Buspreise des jeweiligen Landes, bzw. darunter. Details siehe Länderkapitel!

8) innersüdam. Flüge:

Die bequemste Art, längere Strecken zu überwinden! Fliegen in Ecuador und Venezuela extrem billig. Ansonsten auf die preisgünstigen Rundflugtickets zurückgreifen.

Auf den HAUPTSTRECKEN heute weitgehend Düsenflugzeuge, – auch im Amazonas Gebiet. Auf NEBENSTRECKEN aber immer noch Propellermaschinen, da diese kürzere Start- und Landepisten benötigen.

Wir haben speziell die Flugmöglichkeiten in unseren Länderbeschreibungen besonders berücksichtigt, da sich der südamerikanische Kontinent einfach nur in Kombination mit Flügen innerhalb kurzer Zeit bereisen lässt. Die Angaben zu Flugpreisen und - Häufigkeiten nur als grober Anhaltspunkt, da gerade in diesem Bereich die Sache laufend in Bewegung ist!

Hier noch einige Tips zum Planen von Innersüdamerikanischen Flügen:

1.) Buchung am besten erst in Südamerika (wer nicht zu knapp mit Reisezeit ist!), da man in Südamerika mit Landeswährung bezahlen kann; besonders billig, wenns im Land einen legalen Schwarzmarkt fürs Geldwechseln gibt, – während man in Europa über den Umrechnungskurs des IATA- Dollars zahlt (FCU–Währung), der zumeist schlechter berechnet wird, als der direkte DM-zuDollar- Tauschkurs an den Banken!

2.) Flüge zwischen den einzelnen Staaten sind zumeist wesentlich teurer als wenn man mit innerstaatlichen Flugzeugen bis zu einem Landefeld in der Nähe der Grenze fliegt, per Bus rüberfährt ins Landbarland und

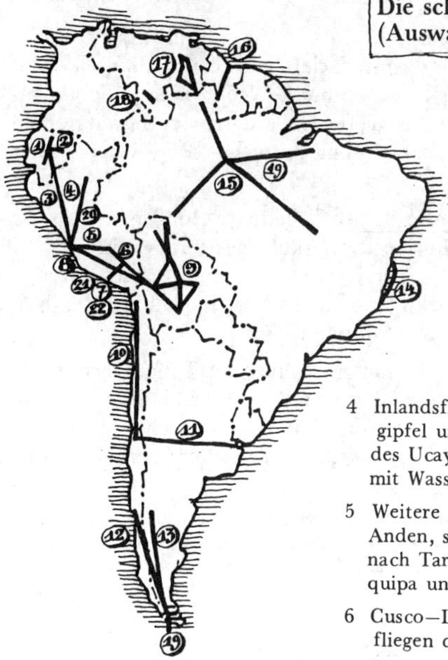

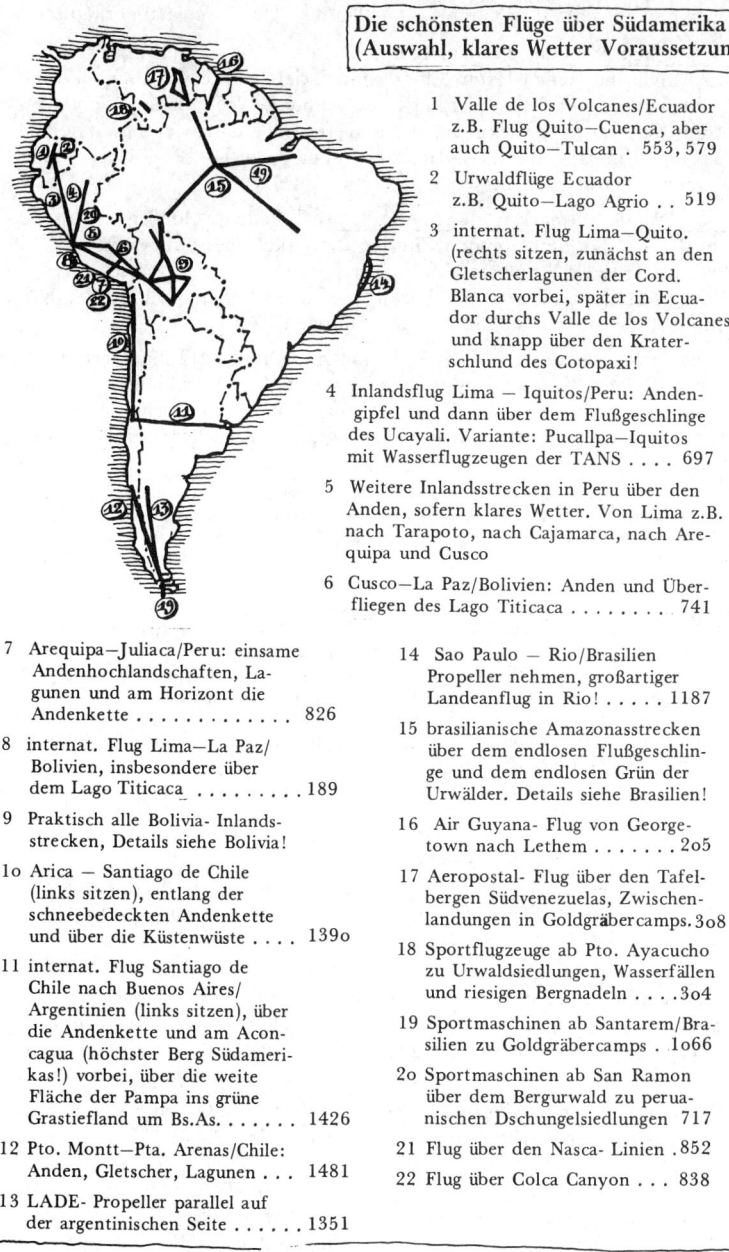

Die schönsten Flüge über Südamerika (Auswahl, klares Wetter Voraussetzung!)

1 Valle de los Volcanes/Ecuador z.B. Flug Quito–Cuenca, aber auch Quito–Tulcan . 553, 579

2 Urwaldflüge Ecuador z.B. Quito–Lago Agrio . . 519

3 internat. Flug Lima–Quito. (rechts sitzen, zunächst an den Gletscherlagunen der Cord. Blanca vorbei, später in Ecuador durchs Valle de los Volcanes und knapp über den Kraterschlund des Cotopaxi!

4 Inlandsflug Lima – Iquitos/Peru: Andengipfel und dann über dem Flußgeschlinge des Ucayali. Variante: Pucallpa–Iquitos mit Wasserflugzeugen der TANS 697

5 Weitere Inlandsstrecken in Peru über den Anden, sofern klares Wetter. Von Lima z.B. nach Tarapoto, nach Cajamarca, nach Arequipa und Cusco

6 Cusco–La Paz/Bolivien: Anden und Überfliegen des Lago Titicaca 741

7 Arequipa–Juliaca/Peru: einsame Andenhochlandschaften, Lagunen und am Horizont die Andenkette 826

8 internat. Flug Lima–La Paz/ Bolivien, insbesondere über dem Lago Titicaca 189

9 Praktisch alle Bolivia- Inlandsstrecken, Details siehe Bolivia!

10 Arica – Santiago de Chile (links sitzen), entlang der schneebedeckten Andenkette und über die Küstenwüste 1390

11 internat. Flug Santiago de Chile nach Buenos Aires/ Argentinien (links sitzen), über die Andenkette und am Aconcagua (höchster Berg Südamerikas!) vorbei, über die weite Fläche der Pampa ins grüne Grastiefland um Bs.As. 1426

12 Pto. Montt–Pta. Arenas/Chile: Anden, Gletscher, Lagunen . . . 1481

13 LADE- Propeller parallel auf der argentinischen Seite 1351

14 Sao Paulo – Rio/Brasilien Propeller nehmen, großartiger Landeanflug in Rio! 1187

15 brasilianische Amazonasstrecken über dem endlosen Flußgeschlinge und dem endlosen Grün der Urwälder. Details siehe Brasilien!

16 Air Guyana- Flug von Georgetown nach Lethem 205

17 Aeropostal- Flug über den Tafelbergen Südvenezuelas, Zwischenlandungen in Goldgräbercamps. 308

18 Sportflugzeuge ab Pto. Ayacucho zu Urwaldsiedlungen, Wasserfällen und riesigen Bergnadeln 304

19 Sportmaschinen ab Santarem/Brasilien zu Goldgräbercamps . 1066

20 Sportmaschinen ab San Ramon über dem Bergurwald zu peruanischen Dschungelsiedlungen 717

21 Flug über den Nasca- Linien . 852

22 Flug über Colca Canyon . . . 838

hier den Anschlußflug nimmt. Details und Tips in den Länderkapiteln!

3.) "open ticket" nennt sich ein Flugticket, das zwar schon bezahlt, aber noch nicht auf einen festen Flugtermin fixiert wurde. Im Flugticket steht dann in der Spalte "status" der Vermerk "RQ" oder "open". Auch wenn das Flugticket für die betreffende Flugstrecke bereits einen Datums- Eintrag enthält, hat man mit dem Vermerk "RQ" oder "open" keinen Anspruch auf diesen Flug.

4.) Der "o.k."- Vermerk in der Spalte "status" bedeutet, daß man Reservierung für den betreffenden Flug besitzt. Allerdings nur, wenn man die "reconfirm- Frist" einhält, d.h. in der von der Fluglinie festgesetzten Frist (= zumeist 72 Std. vor Abflug) nochmals bei einem Büro der Fluglinie vorspricht und sich den Flug bestätigen lässt.

Weiterhin ist mit einem "o.K."- Ticket notwendig, daß man rechtzeitig vor Abflug am Counter der Airline zum Einchecken erscheint. Je nach Airline sind dies 30 - 60 Min. vor Abflug. Wer später erscheint, wird bei entsprechendem Andrang trotz Reservierung rausgeworfen und hat keinen Anspruch mehr.

Den alten Flughasen ist dies bekannt, da es zum Basiswissen des Fliegens gehört. Für Neulinge wichtige Information, da es, – leider in Südamerika – gelegentlich üblich ist, unkundige Gringos bei starkem Andrang von Flügen trotz gültiger "o.K."-Reservierung rauszuwerfen zu Gunsten Einheimischer. Standhaft bleiben und mit Regress drohen!

REGRESS–ANSPRÜCHE bei Inlandsflügen in Südamerika sind Thema für sich. Normalerweise hat man bei IATA- Airlines (sofern keine höhere Gewalt vorliegt, also z.B. Flugstornierung wegen Unwetter etc.) bei Stornierung eines Fluges trotz o.K. im Ticket Anspruch auf Hotel bis zum nächsten Flug. Klappt bei guten Airlines, z.B. Air France problemlos: an einem eisigkalten Januartag warteten wir z.B. in Paris auf den Transatlantikflug des Jumbos rüber nach Cayenne, der total vereist war und nicht fliegen konnte. Air France bezahlte Transport in gutes Paris- Hotel, es gab Gratisessen und Übernachtung.

In Südamerika bei einem Inlandsflug einer IATA- Airline erlebt: trotz "o.K." wurde ein Flug storniert, da sich nicht genügend Passagiere für diesen Flug zusammenfanden. Unserer Bitte nach Gratishotel wurde nicht entsprochen und uns sogar noch Hinauswurf durch Polizei angedroht . . .

Bei innersüdamerikanischen Nicht- IATA- Airlines gelten eigene Regeln: nix mit Gratishotel. Egal ob "höhere Gewalt" wie Unwetter, oder Verschulden der Airline wegen Flugzeugdefekt. . .

5.) Flugreservierung: die meisten inländischen, südam. Airlines sind zwischschenzeitlich mit Buchungscomputern ausgerüstet. Es gibt aber immer noch Fälle, wo man lediglich für den Hinflug vorab reservieren kann und den Rückflug bei Ankunft vor Ort reservieren muß. Tip: sofern möglich, auf die Konkurrenzairline ausweichen!

Weiterhin: es ist südamerikanische Mentalität, spontan zu reisen und sich vorab einfach mal (meist per Telefon; geht!) den Flug reservieren zu lassen. Die Folge: Flüge sind häufig bei Anfrage ausgebucht, besonders bei der Strecke Quito/Ecuador nach Lima/Peru etc. Trotzdem hat man oft noch gute Chancen, wenn man mit einem "open-ticket"(RQ) vor Abflug am Airport erscheint. Je nach Airline gibts Warteliste oder "Handgemenge" vor Abflug, wenn die freigewordenen Plätze vergeben werden.

Abhilfe: nicht zu Terminen vor Reisezeiten fliegen (also vor Ostern, Weihnachten, sowie inländischen Ferienterminen). Sowie gute Sprachkentnisse. Sich nicht abwimmeln lassen und mit viel Freundlichkeit aber Bestimmtheit penetrant auf der Sache solang beharren, bis sie klappt!–

6.) Umbuchungen: wer ein normales Flugticket hat (also keinen Spezialtarif), kann jederzeit den Flugtermin umbuchen, sofern der neue Termin innerhalb der Gültigkeit des Tickets liegt.

Innerhalb von IATA- Airlines kann man auch von Airline zu Airline überwechseln, sofern es sich um ein normales Ticket (ohne Spezialvergünstigungen) handelt und die geflogene Route dieselbe ist (=gleiche Flug- km- Länge). Also z.B. Lima – Quito mit Air France Ticket jederzeit auf z.B. Lufthansa umbuchbar.

Innerhalb südamerikanischer Airlines gehts im Normalfall auch, wenn der Flugtarif und die Strecke die gleiche ist, braucht aber oft Genehmigung, Beispiel: Lima/Peru nach Cusco/Peru mit "Aero Peru"- Ticket umbuchen auf "Faucett"- Ticket.
(Klar, daß man mit einem Billigticket der peruanischen Militärpropellers der "grupo 8" nicht auf einen Jetflug der "Aeroperu" umbuchen kann!)

7.) Ticket- Ausstellung: sofern das Ticket nicht per Computer geschrieben wurde, sollte man die einzelnen Flugcoupons auf Richtigkeit überprüfen, insbesondere auch, ob im oberen rechten Eck Stempel des ausstellenden Büros angebracht ist und Unterschrift vorhanden. Sonst gibts später eventuell Ärger.

8.) MCO- TICKET: nennt sich ein Flugticket, das von einer IATA- Airline pauschal auf eine bestimmte US-Dollar- Summe ausgestellt wurde, ohne daß die Flugroute angegeben wurde. Praktisch eine Art "Gutschein", der jederzeit von einer IATA- Airline gegen einen Flugschein selben Preises umgetauscht wird.

Vorteil des MCO: viele südamerikanische Staaten verlangen für die Einreise den Nachweis, daß man ein Flugticket wieder aus dem Land raus besitzt. Da man aber zumeist vorhat, eigentlich den billigeren Bus zur Ausreise zu nehmen, leistet dieses Ticket nützliche Dienste. Man stellt es normalerweise auf den Betrag von 250 - 300 US $ aus und kann es jederzeit gegen ein IATA- Ticket einlösen bzw. sich den Betrag gegen eine geringe Bearbeitungsgebühr zurückzahlen lassen.

9.) Verlorene Tickets: eine Situation, mit der man in Südamerika ohne weiteres konfrontiert werden kann (=Flugticket z.B. gestohlen). Umgehend die Airline informieren, die das Ticket ausgestellt hat mit genauen Angaben zur fliegenden Person und des Flugtermins, der im Ticket eingetragen war. Flugtickets sind Dokumente, die nur von der Person benutzt werden können, für deren Name sie ausgestellt sind.Die Airline kann damit das Ticket sperren.

ERSATZ: meist wird versucht, daß man erstmal das Ersatz- Ticket neu zahlt und versprochen, daß der doppelt bezahlte Betrag nach Ablauf des Orginaltickets rückerstattet wird. (Sofern der Dieb das Ticket nicht benutzt hat!) Wer der Sache aber Nachdruck verleiht (also z.B. "mit Bargeld ausgebrannt"), der bekommt meist das Ersatzticket kostenlos ausgestellt, muß sich aber verpflichten, im Fall der Nutzung des Orginaltickets durch einen Dieb selbiges zu bezahlen.

1o.) Flugtaxen, ein weiterer Punkt, wo man sich Geld sparen kann. Einige südamerikanischen Länder verlangen nämlich einen gewissen Prozentsatz an Tax auf alle ausgestellten Flugtickets. In Peru z.B. 21 % des Flugpreises auf jedes internationale Ticket und ca. 1o % auf nationale. Venezuela: o %.

Ticket and Sales Taxes:
fällig beim Kauf eines Flugtickets im entsprechenden Land. Kann man umgehen, indem man das Flugticket außerhalb des Landes kauft. Also die beispielsweise 1o- prozentige Ticket Tax Kolumbiens für einen Flug Bogota nach Quito, indem man dieses Ticket außerhalb Kolumbiens, also z.B. in Venezuela kauft.

Einige Länder (derzeit Peru und Guyana) akzeptieren derartige Tickets jedoch nicht mehr und verlangen, daß man die fällige Tax vor Antritt des Fluges nachzahlt. Und die ist in Guyana mit 5o % saftig, übrigens der Welt- Spitzenreiter! Was Peru betrifft, kommt man derzeit mit einem außerhalb des Landes gekauften Ticket billiger weg (siehe folgende Tabelle!)

Argentinien:
Ticket Tax 1 %

Barbados:
Travel Tax 1o %

Bolivien:
Sales Tax auf Inlandsflüge: 4,2 %, – auf internat. Flüge: 13 %

Brasilien:
Air Transp. Surcharge auf Inlandsflüge 13 %

Kolumbien:
Sales Tax für Einfachflüge: 1o %, – für Retourflüge: 5 %
Tourismus Tax für Einfachflüge: 5 %, – für Retourflüge: 2,5 % (die Tourismus Tax ist fällig, egal ob das Ticket in Kolumbien oder außerhalb gekauft wurde).

Ecuador:
Transport. Tax auf Inlandsflügen: 8 %, – auf intern. Flüge: 1o %

Grenada:
Gov. Tax.: 5 %

Guyana:
Sales Tax: 5o % auf alle Tickets, die in Guyana beginnen, egal ob das Ticket im Land oder außerhalb gekauft wurde.

Paraguay:
Sales Tax: 5 %

Peru:
Sales Tax auf Inlandsflüge: 9 %, – auf internat. Flüge 21 % + 1 US $. Beides, sofern das Ticket in Peru gekauft wird.

Bei Kauf außerhalb Perus werden 7 % auf internat. Tickets für Touristen fällig.

Uruguay:
Ticket Tax 3,5 %

TABELLE nach den derzeit gültigen Daten. Nicht genannte Länder Südamerikas haben keine Flugtax. Kann sich aber ändern; Infos hierzu im monatlich neu erscheinenden "ABC- World Flight Guide", der sowohl in Europa, wie auch Südamerika von vielen Reisebüros benutzt wird, und den man sich dort sicher kurz mal ausleihen kann.

Wohlgemerkt: "Flugticket- Tax" ist nur dann fällig, wenn das betreffende Ticket im entsprechenden Land beginnt. Also nicht bei Zwischenstops oder wenn man einen Retourflug hat! –

TIP, sich Geld zu sparen ist auch, daß man sich Flugtickets in Ländern kauft, wo Schwarzmarkt zum Einwechseln von US- Dollar in Landeswährung existiert Da Flugtickets in der Regel in US- Dollar kalkuliert sind, aber fast immer in Landeswährung verkauft werden.

11.) AIRPORT–TAX: anderer Weg einiger Südamerika- Staaten, das Staatsdefizit zu reduzieren. Bei Abflug zahlt man 1 - . . . . US $, die Pflicht sind. Von Land zu Land variabel, am teuersten internationale Abflüge. Kann bei internat. Flügen bis zu ca. 5o DM betragen, bewegt sich aber im Normalfall in tragbaren Grenzen von ca. 5 - 1o DM. In anderen Ländern ist die Airport- Tax bereits im Flugticket Preis eingeschlossen.

EXIT–TAX: fällig in einigen südamerikanischen Airports für internationale Abflüge. Bewegt sich im Normalfall zwischen 5 und 1o US $ und ist nicht zu zahlen, wer sich in "Transit" befindet (Aufenthalt max. 24 Std. im Land). – Kann aber auch saftig teuer werden, z.B. Georgetown/Guyana.

12.) EXCURSION–TICKETS gibts fast auf allen innersüdamerikanischen Strecken. Gültigkeit unterschiedlich, meist 3o oder 6o Tage. Hin- und Rückflug und Ermäßigung zum Normalpreis ca. 5o - 6o %. Ist aber bei den einzelnen Airlines unterschiedlich. So gibts zwischen Lima/ Peru und Quito/Ecuador einen offiziellen Excursiontarif, der für alle Airlines gilt.

Bei exakterem Nachfragen erfuhren wir von einem billigerem sogenanntem "Tarifa Andina", der angeblich nur auf den Strecken der Aeroperu und Ecuadoriana anwendbar ist. Nachfragen bzw. nach Reisebüros suchen! Angeblich auch von Lufthansa und KLM akzeptiert. Südamerika ist nicht Europa. . .

13.) Ärgerlich: die unterschiedlichen Tarife z.B. derzeit in Peru für Einheimische und Touristen. Letztere zahlen bis zu 4o % mehr für Inlandsflüge!

14.) Rundflugtickets (Airpässe): siehe seperater Kasten. Heißer Tip!!–

15.) FLUGVERSPÄTUNGEN: sind insbesondere in den Andenstaaten und im Amazonasbereich üblich und einzukalkulieren bei der Reiseplanung. Vielfach werden von Ausländern den nat. Airlines die häufigen Verspätungen und Stornierungen im nationalen Flugverkehr angekreidet.

DIES zeugt aber von Unkenntnis der Flugbedingungen im Lande! Im Gegensatz zu europäischen Airports gibts in den Anden meist kein High- Tech- Anflug-System mit Radar etc. , – sondern lediglich Tower mit Sprechfunk.

Nebelbänke über engen Andentälern, wo irgendwo unten die knapp bemessene Landepiste ist und der Jet um enge Berghänge reinkurven muß, – bzw. Tropengewitter im Amazonas verursachen Storno geplanter Flugverbindungen.

Mir ist das offengestanden 1o mal lieber, als daß der Anflugtermin eingehalten wird und der Jet an eine Bergwand knallt. Klar, daß dies auch den weiteren Flugplan durcheinander wirft, da die Jets dann wegen der Stornierung ihre weiteren Inlandsverbindungen nicht mehr termingerecht einhalten können.

16.) GEPÄCK–VERLUST: ist auf südamerikanischen Strecken nicht die Regel; bin selber mehr als 2oo.ooo Flug- Km gereist und nur einmal das Gepäck weg. Dies auf einem Inlandsflug von Iquitos/Peru nach Lima. Bin dann ruck- zuck raus aufs Flugfeld (obwohl verboten!) und in den "Gepäckbauch" des Jets, wo sich das fehlende Gepäckstück fand!

Weiter Seite 63

AIR–PASS : SÜDAMERIKANISCHE RUNDFLUGTICKETS

Momentan eigentlich d e r Tip, wer preiswert innerhalb Südamerikas reisen will und nur limitierten Urlaub hat, – also 1 - 2 Monate.

LÄUFT SO: zunächst den günstigsten Transatlantikflug recherchieren und ins Zielgebiet einfliegen. Nach Anschnuppern der Hauptstadt oder näherer Umgebung steigt man dann in den betreffenden Airpass des Landes ein, der in der Regel 21 oder 3o Tage gilt, – teils aber auch 2 Monate.

Vom Preis her erheblich billiger, als die Normalflug- Inlandstickets. Schon nach 3 oder 4 Flügen im Inland hat sich meist der Airpass bezahlt gemacht und bringt zudem noch die weiteren Tage der Airpass- Gültigkeit jede Menge weiterer Flüge in alle Landesteile!

*BEISPIEL PERU: Lima–Cusco, was fast jeder per Flug macht (1 Std., – gegenüber dem harten ca. 2 tägigen Überlandtrip per Bus durch endlos zerklüftete Andentäler), kostet regulär als Inlandsticket gekauft retour 2oo US $. Der reguläre Peru- Airpass bei "Faucett" gekauft und 6o Tage gültig nur 25o US $! Bringt einen zudem bis an die Landesgrenzen von Ecuador und Chile. Somit nicht nur preiswertes Reisen innerhalb des Landes, sondern auch Anschluß an die Nachbarländer, indem man nähe Grenze aus dem Airpass aussteigt.

Der AIRPASS gilt nur jeweils für das betreffende Land und für die Flugstrecken der Airline, für den man den Airpass gekauft hat. Also beispielsweise der peruanische "Faucett- Airpass" nur für die Flugrouten der Faucett innerhalb Perus.

Dabei dürfen in der Regel die einzelnen Airports nur 1 mal angeflogen werden, ausgenommen zum Umsteigen (Beispiel Peru, Lima, – von wo sternförmig die einzelnen Flugrouten der Faucett abgehen). Die einzelnen Flüge können vorab im Ticket per o.K. reserviert werden, wie auch auf andere Tage umgebucht werden.

*Der Airpass ist nur für Ausländer, die nicht im betreffenden Land einen Wohnsitz haben, erhältlich. Man bekommt ihn bei der Auslandsvertretung der betreffenden Airline (Beispiel Faucett: Deutschlandvertretung, Adalbertstr. 44 - 48, 6ooo Frankfurt), wo man den Betrag für den Airpass bezahlt und dafür ein sogenanntes "M.C.O."- Ticket bekommt, das auf den betreffenden Airpass der Airline ausgestellt ist. Diesen tauscht man bei Ankunft im betreffenden Land bei der Airline in die gewünschten Flug- Coupons ein, wobei man sich zweckmäßiger Weise möglichst viele Flugcoupons geben lässt, auch wenn man diese nicht ausnutzt.

Je nach Airline und - Pass geht teils auch nachträgliche Umbuchung von Flugrouten, macht aber Mühe und Arbeit. Die Ticketgültigkeit beginnt bei Antretens des ersten Fluges.

Es wäre auch abzuklären, wann die Ferienmonate im entsprechenden Land sind. Sonst hat man den Airpass und kann nicht fliegen, weil die Flüge voll sind. Auskünfte über die Auslandsvertretung der Airline.

*Bei vielen Airpässen, – beispielsweise der "VARIG"/Brasilien kann man vorab bereits im Varigbüro/Frankfurt sich die kompletten Einzelstrecken als Flugcoupons ausstellen lassen.Im Varig Büro Frankfurt kann angeblich auch vorab das einzelne Flugticket mit o.K. reserviert werden.

*ABPRÜFEN: sofern es für ein Land von verschiedenen Airlines den Airpass gibt, sollte man das Routennetz und die Flughäufigkeiten prüfen! (Kontaktadressen in BRD siehe unten!) So fliegt in Peru z.B. die "Aeroperu" mehr Airports an als die "Faucett". Allerdings viele dieser Airports nur 1 - 2 mal/Woche, sodaß man dort dann 1 Woche festhängt. In den wichtigen Hauptstrecken sind beide peruanische Airlines gleich, wobei die Faucett als Privat- Airline zudem excellent gemanagt ist, auch was moderne Com-

Südamerika–Airpässe:

Kolumbien:
"Conosca a Colombia"
224 US $ für 3o Tage
112 US $ für 8 Tage
und ohne San Andres
sowie Leticia

Venezuela:
Zwar kein Airpass, aber ungemein günstige Inlandsflüge, die zugleich an die Landesgrenzen zu Kolumbien und Brasilien führen

Brasilien:
Brasil Air Pass
Transbrasil und Varig

25o US $ für 14 Tage und 4 Städte.

33o US $ für 21 Tage und beliebiges Fliegen

Peru:
Peru- Airpass der Aeroperu und der Faucett.

18o US $ für 4 Flug-Coupons, – bzw.
25o US $ für 6o Tage

Bolivien:
Bolivia Airpass
Lloyd Aereo Boliviano

99 US $, gültig zu beliebigem Fliegen 3o Tage.
Bedingung allerdings: Internat. Flug mit LAB nach Bolivien.

Chile:

Lan Chile und Ladeco.
Visit Chile Airpass.

269 US $ für den kleinen, der von Arica bis runter nach Feuerland reicht.

469 US $ inkl. Osterinseln. Beide Versionen 21 Tage gültig.

Argentinien:
Aerolineas Argentinas und Austral
Visit Argentina- Pass

29o US $ der große Airpass für alle Strecken und 3o Tage

19o US $ der kleine Airpass, 14 Tage, limitierte Anzahl an Städten

Nr. 1 – 15: Verknüpfungspunkte der einzelnen Air- Pässe. Details siehe Seite 67

Spezielle Airpass- Bedingungen siehe S. 66

puter Reservierung und dichtes Netz an Faucett- Vertretungen auch in Europa betrifft.

In Chile hat der Airpass der Ladeco 2 oder 3 Destinationen mehr. Es ist aber eine Frage, ob man diese braucht. Dafür gibts beim "Lan Chile"- Airpass gegen Aufpreis die Osterinseln.

BRD—Vertretungen: In Klammer: Seitenverweise der Bedingungen der einz. Airpässe!

KOLUMBIEN	Conozca a Colombia (454)	Avianca, Poststr. 2 - 4, 6ooo Frankfurt/M Tel.: (o69) – 23 o2 31
PERU	Peru- Airpass (861)	Aeroperu: derzeit keine Europavertretung Faucett: Adalbertstr. 44 - 48, 6ooo Frankfurt Tel.: (o69) – 77 o3 71
CHILE	Chile- Airpass (139o/1524)	Lan Chile, Gänsemarkt 23, 2ooo Hamburg 36 Tel.: (o4o) – 34 53 o6 Ladeco: derzeit in der BRD, Schweiz und Österreich nicht vertreten.
BRASILIEN	Brasil- Airpass (12o8)	Varig: Am Hauptbahnhof 16, 6ooo Frankfurt Tel.: (o69) – 271 o2 5o Transbrasil: Eisenbahnstr. 2o4, 6o72 Dreieich, Tel.: (o61o3) – 61 262
BOLIVIEN	Bolivia- Airpass (966)	LAB: Am Wiesenhüttenplatz 26, 6ooo Frankfurt Tel.: (o69) – 23 23 31
ARGENTINIEN:	Argentina-Airpass (1278)	Aerolineas Argentinas, Münchenerstr. 48, 6ooo Frankfurt. Tel.: (o69) – 23 83 1 Austral: derzeit in der BRD, Schweiz und Österreich nicht vertreten.

Benützungs- Tips für die Airpässe:

Daß der Airpass eine praktische Sache ist, – sowohl für denjenigen, der 1 Land 3 bis 4 Wochen bereisen will, – alsauch für mehrmonatigen Südamerika- Tourismus, liegt auf der Hand! Die nicht unerheblichen Entfernungen in den einzelnen Ländern lassen sich bequemer und zeitgünstiger zurücklegen, ohne die sonst saftigen Inlandsflugpreise zahlen zu müssen.

Große Länder wie beispielsweise Argentinien oder Chile (Länge 4.ooo km!) lassen sich bei knapper Urlaubszeit (ca. 3 - 4 Wochen) kaum in ihren interessantesten Punkten bereisen, wenn man ausschließlich auf Bus oder Zug zurückgreift.

1.) Reise beschränkt sich nur auf 1 Land:
so verlockend ein Airpass ist, der auf einem Routennetz von 1o - 8o.ooo Flugkilometern zum Fliegen für nur 2oo - 3oo US $ berechtigt, – sollte man sich nicht zum Konsumieren verleiten lassen, nur Kilometer abzukurbeln.
Der Leser dieses Bandes kennt meine Reise Philosophie des Genießens (siehe Einleitungskapitel), – des mal einen kompletten Tag in einer Kneipe Rumhängens und Eindrücke Aufnehmens.

Sich daher nicht zu viele Zielpunkte im Land vornehmen!Nützlich ist der Airpass, um die weiten Entfernungen bei dünner Besiedlung in Südamerika zu überbrücken, die Überland und per Bus oft Tagesreisen verursachen.

Ins Zielgebiet per Airpass einfliegen und dann vor Ort mit Bus, Zug etc. weiterfahren. Anschlußflüge nicht zu knapp kalkulieren, insbesondere auch bei Airports in Urwaldgebieten oder engen Andenhochtälern, – wo bei schlechtem Wetter oft Maschinen ausfallen oder storniert werden.

Der Genuß des einzelnen Landes lässt sich verlängern, indem man die Airpass-Routen so legt, daß sie in einem besonders interessantem Zielpunkt enden. In Peru z.B. CUSCO/Machu Picchu, einer Region, die sich für mindestens 1 Woche Aufenthalt lohnt. Zumal der Trip zum Lago Titicaca nur per Bus und Zug geht. Ab dort dort dann retour zum Ausgangspunkt des Transatlantikfluges per öffentl. Verkehrsmitteln. Alle Details siehe Länderkapitel! –

Denkbar ist auch die Einschaltung von Bus oder Mietwagen, also Überlandtrip auf einer Teilstrecke im Land, die zwar per Flug bedient wird, aber unterwegs interessante Stops hat, die der Airpass nicht bedient. Beispiel Peru: zwar tägl. Flug zwischen Lima und Arequipa. Der dazwischenliegende sehr lohnende Stop Nasca- Wüstenlinien und Paracas- Halbinsel geht jedoch nur per Überlandtrip via Bus auf der Panamericana.

2.) Verknüpfung von Airpässen:
interessant, wer 2 oder 3 Monate in Südamerika unterwegs ist! Beispiel: preiswerten Transatlantikflug ab Europa nach Brasilien. Realisierbar für ca. 1.6oo bis 1.8oo DM retour ab BRD nach Recife oder Rio. Dort zunächst regional rumreisen, z.B. die sehr lohnende Nordostküste Brasiliens mit Palmen und schönen Stränden zwischen Salvador – Recife und Fortaleza, – oder die Küstenregion zwischen Rio und São Paulo plus Inland. Dann in den Brasil- Airpass einsteigen, der zu 21 Tagen Fliegen in Brasilien berechtigt (33o US $). Ausstieg in FOZ DO IGUACU/Wasserfälle.

Von hier dann entweder über den Grenzfluß nach Argentinien/Foz de Iguazu übersetzen und dort in den argent. Airpass (29o US $ /3o Tage) einsteigen, oder Überlandtrip nach Asuncion/Paraguay. Einstieg in den arg. Airpass in Formosa oder Resistencia, – der einen bis runter nach Feuerland an der Südspitze des Kontinentes bringt. (Eventuell Abstecher in Feuerland per Bus rüber auf die chil. Seite/Torres del Paine Nat. Park, landschaftl. einer der schönsten des Kontinentes)

Da zwischenzeitlich der brasil. Airpass abgelaufen ist, steigt man aus dem argent. Airpass z.B. in Buenos Aires aus und fährt Überland via Montevideo/Uruguay nach Rio zurück (Bus ca. 1 Tag,3o US $). Oder Ausstieg aus dem Argentina- Airpass in Salta/Nordargentinien und per Zug durch Bolivien via Santa Cruz – Corumba nach Sao Paulo/Brasilien (Fahrzeit ca. 3 Tage/4o US $, mit Zwischenstops und Abstechern ca. 2 Wochen). Jede Menge weiterer Variationsmöglichkeiten für einen 3-Monate- Trip!

Kostenpunkt an reinen Transportkosten ab/bis Europa für ca. 3.5oo DM, insbesondere, wenn man auf die preisgünstigen "Kombis" (Transatlantikflug + Transbrasil-Airpass + Hotel- Coupons) von "Medico Reisen"/Baden Baden zurückgreift!

Eine Sache, die sich in vielen Varianten realisieren lässt, – gemäß Interessen in Südamerika! Beispielsweise argentinischer plus chilenischer Airpass, Transatlantikanreise Europa – Buenos Aires/Argentinien. Zeit: 2 - 3 Monate, auf der chil. Seite inkl. Osterinseln, – Ausstieg aus dem chil. Airpass: Santiago de Chile und Bus/Zug nach Buenos Aires. An reinen Transportkosten ab/bis Europa für ca. 3.7oo DM.

Variante: Transatlantikflug ab Europa nach Buenos Aires/Argentinien. Nach Anschnuppern der Stadt und Umgebung, sowie Abstecher nach Montevideo: Einstieg in den argent. Airpass, inkl. Feuerland- Trip, – den man in Bariloche/Argentinien enden lässt. Dort per Seentrip rüber nach Pto. Montt/Chile , eine der landschaftlich schönsten Strecken in diesem Teil Südamerikas! Dort dann mit dem Zug oder Bus nach Santiago de Chile und Bus/Zug via Mendoza/Argentinien retour nach Buenos Aires für den Transatlantik- Rückflug.
Unterm Strich 2 - 3 Monate nötig, ca. 2.8oo DM an Transportkosten.ab/bis Europa.

3.) Airpass plus Gabelflug via Atlantik:
interessant für Leute ab ca. 2 Monate Urlaub. Man sucht sich bei einem der Billigflugbüros in Deutschland/Schweiz/Österreich einen Gabelflug über den Atlantik. Also Hinflug z.B. nach Bogota/Kolumbien, – Rückflug ab z.B. Rio/Brasilien.

Nach Anschnuppern der Umgebung von Bogota (Tip: Boyaca, Details siehe Text!) Einstieg in den kolumbianischen Airpass ("Conozca a Colombia", 3o Tage/224 US $)

den man in Leticia an der Grenze zu Brasilien enden lässt. Dort mit dem Colectivo rüber nach Tabatinga/Brasilien und Einstieg in den brasilian. Airpass (21 Tg./33o US) Ausstieg Rio und Retourflug nach Europa.
Realisierbar an Transportkosten für insges. ca. 3.3oo DM.

In vielen Varianten, z.B. Transatlantikgabelflug Bogota, Conozca a Colombia- Ticket, Ausstieg Pasto und Überlandtrip durch Ecuador via Peru/Iquitos im Amazonas. Hier 2 mal/Woche Cruzeiro do Sul Flug nach Tabatinga/Brasilien und dort in den Brasil- Airpass, Endpunkt Rio.
Nötig ca. 3 Monate, Transportkosten ca. 3.6oo DM.

➡ ACHTUNG: da man im Regelfall den Airpass als MCO- Voucher (Coupon) ausgestellt bekommt, der erst im Lande selber und vor Antritt der Inlandsrundflüge in die einzelnen Flugcoupons umgewandelt wird (dies in der Regel in der Hauptstadt!), – kann es bei Einstieg in den Airpass und in Provinznestern Probleme bei Umwandlung des MCO in die Coupons geben.

So erlebt bei Einreise Kolumbien/Cucuta an der Grenze zu Venezuela. Im dortigen Avianca- Büro wußte niemand vom "Conozca a Colombia"- Airpass, stundenlanges Blättern in den Ordnern, bis endlich die Einzeltickets ausgestellt wurden!

Ähnliches kann in Urwaldnestern wie Tabatinga oder Boa Vista/beide Brasilien, – oder in Arica/Nordchile (Verknüpfungspunkt mit dem peruanischen Airpass) etc. passieren.

Abhilfe: sich bereits in Europa bei der ausstellenden Airline statt MCO- Voucher das Paket der einzelnen Flugcoupons geben lassen, sofern möglich.

Oder aber: MCO- Voucher plus fotokopierte Airpass- Regulations, die eventuell die BRD- Airlinevertretung handsigniert mit spanischem bzw. portugiesischem o.K.

Wichtigste Verknüpfungspunkte der Airpässe: (Siehe Karte Seite 65)

1	Tabatinga/Brasilien	ca. 4 km Piste rüber nach Leticia/Kolumbien. Dort kolumb. Airpass, bzw. ab Tabatinga 2 mal/Woche Flüge nach Iquitos/ Peru (peruan. Airpass in Anschluß)
1	Boa Vista/Brasilien	V 8 mit Busverbindung die 2oo km an die venez. Grenze. Dort preiswerter Aeropostal- Propellerflug, bzw. Piste nach Caracas. In Venezuela kein Airpass, aber sehr billige Inlandsflüge und Busverbindungen.
3	Cucuta/Kolumbien	ca. 5 km und laufend Busse und Colectivos nach San Antonio/Venezuela
4	Pasto/Kolumbien	ca. 2 Std. nach Tulcan/Ecuador (Busse und Colectivos). In Ecuador zwar kein Airpass, aber preiswerte Inlandsverbindungen per Bus und Flug.
5	Tumbes/Peru	Endpunkt der peruan. Airpässe der Aeroperu und Faucett. Dort laufend Busse häufig am Tag in ca. 4 - 5 Std. nach Guayaquil/Ecuador.
6	Tacna/Peru	Endpunkt der peruan. Airpässe. Laufend Colectivos, bzw. Busse und Zug nach Arica/Chile, Einstieg für den chil. Airpass
7	Mendoza/Argentinien	Busse rüber nach Santiago de Chile, Einstieg in den chilenischen Airpass
8	Bariloche/Argent.	Sowohl Bus, wie auch Schiffe (sehr lohnend!!) rüber nach Pto. Montt/Chile, die wohl schönste Querverbindung zwischen Argentinien und Chile!
9	Patagonien/ Feuerland	Mehrere Querverbindungen. So ab Pta. Arenas/Chile (=Endpunkt des chil. Airpasses) nach Com. Rivadavia per Bus, –

		oder ab Pta. Arenas AA- Flug nach Ushuaia, dem Endpunkt des AA- Argentinien Airpasses. Details siehe Ländertexte!
1o	Iguazu- Wasserfälle	Als Ein- und Ausstiegspunkt zwischen dem brasil. und argentinischen Airpass sehr interessant wegen den Wasserfällen, die zu den schönsten des Kontinents zählen. Zudem schnell und bequem via Boot über den Grenzfluß.
11	Corumba/Brasilien	Hauptverbindung nach Bolivien per Zug. Details siehe Text!
12	Salta/Argentinien	Ausstieg aus dem arg. Airpass und Zugverbindung nach Bolivien (La Paz und Sta. Cruz), – bzw. internat. Flug nach Tarija/Bolivien. Weiterhin Bus oder internat. Flug Salta nach Antofagasta/Chile, Einstieg in den chil. Airpass.
13	Porto Velho/Brasil	Busverbindung nach Guajara Merim an der Grenze zu Bolivien, Überquerung des Grenzflußes per Boot (laufend!), von ab boliv. Seite tägl. Flugverbindung nach Trinidad und Cochabamba/Bolivien.
14	Rio Branco/Brasil	Bus nach Brasilea und Boot nach Cobija/Bolivien über den Grenzfluß. Dort Flugverbindung nach Cochabamba und La Paz/Bolivien.
15	Belem/Brasil	internat. Flug mit "Cruz. do Sul" 2 mal/Woche nach Cayenn Cayenne/franz. Guyana. Ab hier preiswerter Transatlantikflug mit der Airfrance nach Paris.

Es gibt jede Menge weiterer Verknüpfungspunkte, Details siehe Länderkapitel! –

4.) Kauf von einem Airpass, der auch die Nachbarländer erschließt:
Paradebeispiel ist der 6o Tage gültige "Faucett"- Peru Airpass. Folgender Rundtrip ist möglich, Zeitbedarf ca. 3 Monate: preiswerter Transatlantikflug ab Europa nach Lima/Peru. Einstieg in den Peru- Airpass, dabei auch Flug an die Nordgrenze des Landes nach TUMBES und Abstecher Überland per Bus nach Ecuador.

Retour ab Tumbes (weiter per peruan. Airpass) in die restl. Regionen des Landes. In Cusco nach 2 Monaten aussteigen, die Region per Bus und Zug bereisen plus Zug zum Lago Titicaca und weiter nach Bolivien/La Paz. Etwa 3 Wochen Bolivien und via La Paz – Arica/Chile an der Pazifikküste nach Tacna/Peru und Überlandbus (ca. 1 Tag/1 Nacht, 3o US, oder 1 1/2 stünd. tägl. Flug/1oo US nach Lima). Dort retour nach Europa.

Unterm Strich: 3 Monate, Transportkosten ab/bis Europa ca. 3.ooo DM.Viele Varianten möglich, siehe Punkte 2 und 3!

Wer clever ist, kann sich mit den südamerikanischen AIR–PÄSSEN Einiges an Geld sparen, was entweder die Reisekasse schont, – oder in komfortablere und bequemere Hotels gesteckt werden kann!

SPEZIELLE RUNDFLUGTICKETS / SÜDAMERIKA:

★"CIRCULO MAGICO" (nennt sich in Europa "Golden Circle"):
Gültigkeit leider nur 3o Tage und daher nur für spezielle Südamerika- Interessen lohnend, also wer knapp mit Zeit ist, bzw. beruflich bestimmte Punkte erreichen möchte.

Ist zwar in Relation, was man sonst für die jeweiligen Einzelstrecken zahlen müßte, sehr preiswert. Verhindert aber wegen der Knappheit der Gültigkeit intensiveres Südamerika- Reiseerlebnis!

Strecke: Bogota – Quito – Guayaquil – Lima – La Paz – Santiago de Chile – Buenos Aires – Montevideo – Asuncion – Iguazu – Sao Paulo – Rio – Brasilia – Manaus – Caracas – Bogota.

Kostenpunkt ca. 98o US $, erhältlich z.B. bei der Avianca/Frankfurt, oder anderen Airlines. Bogota/Kolumbien muß nicht der Startpunkt dieses Rundtrips sein.

★"PAZIFIK–TICKET" (nennt sich auch "Lan Chile open jaw- fare"): für mich das interessantere Angebot! Gültigkeit 1 Jahr und kann heißer Tip sein, wer genügend Zeit hat und Südamerika mit der Südsee verbinden will!

Strecke: für rund 1.5oo US $: New York – Lima – Santiago – Osterinseln – Tahiti – Honolulu. Da New York sich ab Europa via Billigflugbüros für retour ca. 7oo - 1ooo DM erreichen lässt und es für die Durchquerung des US- Bereiches billige Spezialangebote gibt, die auch bis Honolulu/Hawai reichen, – erschließt dieses Flugticket den Andenbereich Südamerikas plus Südseefür runde 5.ooo DM. an Transportkosten.

Andenbereich Südamerikas plus Südsee für runde 5.ooo DM an Transportkosten. Da Zwischenstops in den obengenannten Punkten genehmigt sind, kann man in Südamerika noch Einiges via Überlandtrips oder Airpässen zusätzlich einbauen.

Bestimmung: New York – bis Tahiti nur mit Lan Chile, Rest nur mit UTA. Gegen ca. 1.7oo US $ gibts das selbe Ticket auf der Strecke ab New York bis Los Angeles. Weitere Infos über Lan Chile/BRD, Gänsemarkt 23, 2ooo Hamburg 36, Tel.: (o4o)– 34 53 41

ROUND–THE WORLD TICKETS:

Gibts zwar relativ preiswert in Relation zu Flug- Km bei Panam und anderen Airlines, laufen aber meist im Pazifikbereich rauf nach USA, – selten via Südamerika und dann saftig teuer. Infos siehe Billigflugbüros!

Stefan Loose empfiehlt, sein "Südost Asien- Handbuch" zu verwenden, derzeit das Standartwerk in Deutsch zu diesem Raum!

Fortsetzung von Seite 63

Um Gepäckverlust durch Diebereien zu vermeiden, wird bei Ankunft der Gepäck-Coupon von speziellem Personal kontrolliert. – Vorbeugend: keine Wertsachen ins aufgegebene Fluggepäck!! –

16.) EXTRAS: Wünsche, wie "Extraspecials" a la "Tiefflug" im Faucett-Jet von Arequipa nach Lima über die Nasca- Linien sind nicht unbedingt die Regel. So doch gute Chance, eine Strecke vorn in der Pilotenkabine mitzufliegen. Der Gringo hat hier erstaunliche Pluspunkte! Auch abhängig von der Stewardess und ihrer "Flexibilität". Erlebt: heiße Stones- Blues- Rythmen in den Bord-Casettenrecorder reingeschoben und beim Landeanflug mit der Hüfte nachgewippt . . .
Oder heißes Schach- Endspiel in der Passagiercabine beim Landeanflug(auf Varig- Flug innerhalb Brasiliens). Viele Varianten, inklusiv Kontakten . . .

OPTIMALES TRANSPORTMITTEL in Südamerika ist die Mischung zwischen "Überland"(Bus/Zug etc.) mit Flug. Jedes Verkehrsmittel mit seinen spezifischen Vorteilen, – sowohl was die Zeit betrifft, wie auch Reiseerlebnis! –

⑨ Miet - PKW:

Autovermietungen gibts in allen südam. Großstädten, – häufig mit Büros am Airport, sowie Stadtbüros. Internationale Firmen wie Hertz und Avis kann man ab Europa per Computer vorreservieren.

Die Preise variieren von ca. 15 bis 3o US $ Tag plus Kilometergeld. Oft aber auch Anmiete auf "Kil. illimitado" (pauschal ohne Berechnung der gefahrenen Kilometer) möglich. Rabatte gibts bei Anmiete 1 Woche (in der Regel 1 Tag gratis). Im Angebot oft VW- Käfer oder Japaner, die beide auf Grund ihrer soliden Verarbeitung keine schlechte Wahl sind.

OB sich ein Mietwagen lohnt, ist von Fall zu Fall zu entscheiden. Es gibt Gebiete in Südamerika (z.B. Huaraz/Peru - Cordillera Blanca), die wegen schlechter oder fehlender Verkehrsverbindungen das Anmieten eines Leihfahrzeuges sehr nützlich machen, da man sich viel Zeit spart, regional wesentlich flexibler ist und in kürzerer Zeit mehr sehen oder unternehmen kann. Wenn man zu mehreren reist, teilt sich zugleich der Mietpreis. Siehe Tips in den entsprechenden Länderkapiteln.

Gilt beispielsweise auch fürs Andenhochland/Ecuador um Quito, wenn man Extras vorhat, wie Cotopaxi- Vulkan Nationalpark, Vulkankraterlagune Quillotoa, die keinen öffentlichen Transport besitzen.

Regional in Chile beispielsweise Torres del Paine Nationalpark/Feuerland,– in Bolivien die Ostkordillera am Lago Titicaca. Tips siehe dort! –

DAS LEIHFAHRZEUG ist zugleich optimale Alternative, sich die teure Überfahrt eines eigenen Fahrzeuges ab Europa zu sparen und in Südamerika wesentlich flexibler reisen zu können.

Also lange, zeitraubende und langweilige Strecken per Flug zurücklegen zu interessante Sachen beispielsweise per Flußboot durch den Bergurwald der Anden (wo es zugleich oft an Straßen- Querverbindungen fehlt) und Attrak tionen wie die Eisenbahnfahrt vom Pazifik über 4.ooo m- Andenpässe per Zug. Vor Ort dann regional das Mietfahrzeug einsetzen!

Zumal viele Querverbindungen in Südamerika oft nur per Flug oder Schiff funktionieren, bringt ein regional eingesetztes Mietfahrzeug viel Flexibilität im Einsatz des jeweils optimalen Verkehrsmittels.

EXTRAS: wer in der glücklichen Lage ist, über Geld zu verfügen, aber limitiert mit Urlaubszeit ist, – macht jeweils mit seinen jährlichen 4 Wochen Urlaub einen Teil Südamerikas und hat per Mietwagen (auf Km- illimi tado) größte Freiheit. Es soll Leute geben, die sich auf dieser Basis billig für 4 Wochen ein Fahrzeug anmieten und selbiges nach Beendigung mit einem Plus von 2o.ooo km an den Vermieter zurückgeben, der dann nur schluckt, wenn er den Tachostand sieht . . .

Extraspecials: Voraussetzung fürs Anmieten in Südamerika ist ein Internationaler Führerschein, teilweise auch Mindestalter von 23 oder 25 Jahren.

Sowie eine Garantiesumme, die entweder vorab in US $ hinterlegt werden muß (in der Regel 2oo bis 3oo US $, gibts bei korrekter Rückgabe des Fahrzeuges wieder zurück), – oder Creditcard Diners, American Express etc. , die die Hinterlegung der Garantiesumme erspart.Dabei sollte man sich weigern, eine Pauschalunterschrift zu leisten unter die durchgeratschte Credit Card. Die Weigerung wird meist akzeptiert.

In VENEZUELA gibts Mietwagen in der Regel nur gegen Creditcard (siehe oben!), – in BOLIVIEN beträgt die Garantiesumme derzeit bei Kolla Motors und ihren Jeeps 1.000 US $, ersatzweise Credit Card.– BRASILIEN: Anmiete eines auf Alkoholbasis (Zuckerrohrbenzin) fahrenden PKW's ist vorteilhaft, da besser mit Tankstellen in Süd- und Mittelbrasilien versorgt.– ECUADOR: darauf achten, daß das Fahrzeug auf große Höhen in der Vergasereinstellung getrimmt ist, da die Motorleistung ab ca. 3.000 m Höhe erheblich abnimmt, sofern das Fahrzeug nicht über entsprechende Einstellung verfügt. – CHILE: in Santiago de Chile Möglichkeit, Wohnmobile für Trips ins Seengebiet Südchiles anzumieten. In Chile/Patagonien (Pta. Arenas) derzeit keine Möglichkeit, einen dort angemieteten Wagen rüber nach Argentinien zu fahren! –

Bei größeren Vermietern gibts die Möglichkeit, daß man das Fahrzeug in der Stadt A anmietet und in B abgibt ohne Aufpreis. Sehr nützlich, um Doppelfahrten auf gleichen Routen zu vermeiden, oder langwierigen Rücktransport selber durchführen zu müssen. In Brasilien, – wo wegen besonders großer Entfernungen und der Möglichkeit, Mietwagen mit dem preisgünstigen Brasil- Airpass zu verbinden, besonders reizvoll ist, werden leider erhebliche Rücktransportkosten verlangt, wenn man das Mietfahrzeug nicht am Ort der Anmiete wieder zurückgibt. –

FAHRZEUG vor Anmiete genau auf Zustand checken! Funktion Bremsen, Blinker, Beleuchtung etc. Aber auch eventuelle, vorherige Beschädigungen exakt und schriftlich registieren. Auch der Zustand der Reifen (sowie Ersatzreifen) sollte abgecheckt werden!

Nach meinen Erfahrungen (wir haben für die Recherchen zu diesem Band jede Menge Miet PKWs angemietet), sind die Fahrzeuge meist Tip - Top , auch bei Regionalvermietern, die meist billiger sind als die International- Verleihfirmen wie Hertz und Avis. Dort hat man aber in der Regel mehrsprachige Betreuung (Englisch) und breiteres Servicenetz, sowie Verträge, die internat. Norm standhalten. Insbesondere auch in englischer Formulierung, vorgelegt und zu unterzeichnen sind.

(10) Motorrad:

Wohl sehr ungewöhnlich, aber in einigen Regionen lohnend. Problem wird die nächtliche Sicherstellung der Maschine sein, wobei man die Übernachtungsherberge gut auswählen sollte, – aber auch rabiate Fahrweise auf südamerikanischen Pisten (in knüppelengen Kurven auf Schotterpisten, links bzw. rechts senkrecht runter, wenn wider Erwarten Fahrzeuge entgegenkommen!). Und der Transport der Maschine ab Europa per Frachter nach Südamerika, da häufig wichtige Teile der Maschine auf der Überfahrt "verschwanden". Dringend Verfrachtung per Kiste und Transportversicherung!

Günstig an z.B. Yamaha- Geländemotorräder kommt man auf der Insel San Andres/Kolumbien bei Preisen wie Europa oder billiger. Details siehe dort! Beim Vorteil zudem, daß man sich den Transport ab Europa spart! –

(11) Fahrrad:

Uns ist kein Gringo sowie keine Gringa bekannt, die Südamerika per Fahrrad erobert hat. Mag an den gewaltigen Steigungen in den Anden liegen, wo oft im 100 km Straße bis zu 2 oder 3.000 Höhenmeter überwunden werden müssen, aber auch in den gewaltigen Distanzen auf dem Südamerika- Kontinent.

Andererseits: mit die besten Straßenfahrer der Welt kommen aus Kolumbien, einem Land, das von 3 gigantischen Cordillera- Ketten zerteilt ist. Und entsprechende Anforderungen stellt.

REISE-VORBEREITUNGEN:

SÜDAMERIKA mit eigenem Auto zu bereisen lohnt sich wegen den hohen PKW - Frachtpreisen über den Atlantik erst ab etwa 6 Monaten Aufenthalt in Südamerika. Zudem ist man ohne eigenes Auto flexibler bezügl. Urwaldrouten und muß auch nicht ewig aufpassen, daß die Kiste bzw. Teile der selben unbemerkt verschwinden! –

Gepäck:

Auf ein Minimum reduzieren, denn auf jedes überflüssige Pfund flucht man unterwegs! Ausgenommen Spezialausrüstung für Trekking und Bergsteigen,– bekommt man in Südamerika alles, von Unterhosen und Jeans zu Zahnpasta und Schuhen. Dies zumeist billiger als in Europa. Wozu sich also mit unnötigen Gewichten belasten a la Ersatzgarnitur 1o Unterhosen. 2 reichen, und wenn die "hinüber" sind, rechts abbiegen in den nächsten Supermercado. Das gilt durch die Bank weg für all die Unnötigkeiten, die schlechte Reiseführer als Mitnahme für den großen Trip empfehlen (begonnen von Plastiktüten mit Verschluß, über Ersatztaschenlampenbatterien, Kerzen, Wäscheleinen, Klammern, Toilettenpapier etc. etc.).

Und schönen Gruß an die "Medizinmänner", die die halbe Vorstadtapotheke mit sich im Ranzen führen gegen alle Eventualitäten! Details siehe Kapitel "Gesundheit"! –

★ Rucksack:

ohne Frage der bequemste Weg, Gepäck zu transportieren. Sofern man nicht ausschließlich per Flugzeug reist und vor Ort Taxi und Mietwagen einsetzt.

Die Zeiten, wo der Rucksack den "Hippie" (wie die Südamerikaner das nannten) assoziierte, also den unerwünschten Billigstouristen, inkl. Ärger an Grenze, – sind vorbei. Zwischenzeitlich hat sich der Rucksack auch innerhalb Südamerikas als Reisegepäckstück etabliert. Entscheidend heute, – um Ärger an der Grenze etc. zu vermeiden, – daß man mit sauberer, ordentlicher Kleidung antritt, sauber auch was Haare und Schuhe betrifft. Erstaunlicher Weise sind gerade die Schuhe wichtiges Kriterium der Einstufung der Seriösität beim Südamerikaner, und der erste Blick geht runter . . .

O.K., – der RUCKSACK: Billig- Dinger gibts in jedem Kaufhaus für ca. 7o DM. Wer aber 1 oder mehr Monate in Südamerika unterwegs ist, der ist gut beraten, mehr Geld anzulegen, um sich was Bequemeres zu kaufen.

Prinzipiell unterscheidet man zwischen Innen- und Außengestell. Letzterer hat den Vorteil, daß man weniger schwitzt, weil das Gestell den Rucksack vom Körper abhält und zudem Extras wie Schlafsack sich oben oder unten leicht anknüpfen lassen. Aber den entscheidenden Nachteil, daß das Gestell sich bei Wanderungen durch Gestrüpp dort verfangen kann, gilt auch beim Transport in Bus oder Flugzeug, wenn sich mehrere "Kraxen" mit ihrem Gestänge verhaken. Zudem hat der kompakte Innengestellrucksack den Vorteil, daß er bei Wanderungen durch seine Einheit weniger hin und her schwankt.

Auch die Preise "schwanken", beginnend für ein gutes Ding ab ca. 2oo DM bis rauf zu ca. 5oo DM.

Entscheidend bei der Auswahl: daß der Rucksack gut und bequem sitzt. Gute Sportgeschäfte, sowie Tramper- und Expeditions Shops geben daher die Gelegenheit, die Rucksäcke inkl. Gewicht am Körper zu testen. Ein bequem sitzender, leerer Rucksack besagt garnichts! Bei einem guten Rucksack wird das Gewicht sowohl auf die Schultern, wie auch durch den Beckengurt auf den gesamten Körper verteilt.

Die Hüftgurte sollten daher nicht zu schmal sein, damit sie nicht einschneiden. Gleichzeitig sollte ein guter Rucksack verstellbar sein auf die eigene Körpergröße, um optimal bequem zu sein. Auf geringes Eigengewicht achten, dickes, solides Nylon- Material (Gefahr des Aufschlitzens an scharfen Kanten in Bussen etc.), gute Verarbeitung in Nähten, in den Gurten gepolstert sein, damit diese nicht auf Schultern und Becken scheuern.

Während für Wanderungen in den europäischen Alpen ein Rucksack mit vielen Seitentaschen (und "Ritsch- Ratsch"- Schnellverschlüssen) sehr praktisch ist, gilt dies für Südamerika- Trips nicht, besonders dann, wenn der Rucksack im Bus oder Flugzeug abgegeben wird. Für einen potentiellen Dieb nichts angenehmer, als ein flott zu öffnender Verschluß!

Abgesehen davon sollten Reißverschlüsse der einzelnen Rucksacktaschen durch überlappende Nylonstreifen geschützt sein, denn der Reißverschluß ist der wunde Punkt, wo Regen und Feuchtigkeit durchdringen kann.

Der Kraxenrucksack mit Außengestell hat den Vorteil, daß man Extras wie Isoliermatte etc. außen zuschnallen kann. Was schnellen Zugriff ermöglicht. Gute Rucksäcke verfügen jedoch über Zwischenfächer, – womit bei entsprechender Organisation auch bei Innengestellrucksäcken man schnell an die benötigten Einzelheiten kommt.

Beim Tragegestell darauf achten, daß es verschweißt ist und nicht verlötet (Bruchgefahr)

RUCKSACK–PACKEN: früher oder später entwickelt man Strategie: unwichtige Sachen auf den Boden, wichtige zu oberst oder in die Seitentaschen. Landkarten in die Deckeltaschen, sofern vorhanden. Gute Rucksäcke haben veränderbare Innenabteilungen (Zwischentrennungen). Wichtig ist auch die Verteilung des Schwerpunktes, der möglichst eng in Körpernähe (Rücken) liegen sollte, um Hebelkräfte zu vermeiden, die das Gewicht erhöhen.

Kleinere Gegenstände (z.B. Medizin) verpackt man in Plastiktüten, was gewichtssparend ist und schnellen Zugriff erleichtert. Zugleich feuchtigkeitsgeschützt. Wichtige und häufig benutzte Sachen gehören in die Außentaschen. Gegen Regen, z.B. auf Trails beim Abstellen in offenem Gelände kann man den Rucksack durch Überstülpen eines Müllplastiksacks schützen. Wertsachen wie Pass, Geld etc. gehören selbstverständlich nicht in den Rucksack, sondern an den Körper.

Das FASSUNGSVERMÖGEN variiert. Im Normalfall runde 4o Liter, aber bis rauf zu 12o Liter. Man sollte aber nicht mehr als 15 bis 18 kg zuladen, je nach Frau oder Mann um den Trail oder Trip nicht zum Stress ausarten zu lassen. Viele der für Hikes benötigten Gegenstände (wie Töpfe, Zelt etc.) gibts heute in Leichtausführung. Auch das Gewicht des Rucksacks ist wichtiges Kaufargument. Sollte nicht mehr als ca. 1,5 kg betragen, um entsprechende Zuladung zu ermöglichen.

Es gibt heute Excellentes im Rucksacksektor, beispielsweise von Fjällraven oder Loewe. Letztere bieten den "Travelkini" an, der normal als Rucksack funktioniert, aber mit wenigen Handgriffen zum Koffer umfunktioniert werden kann, wenn man als Rucksackler standesgemäß und ohne Vorurteile in einem Besser-Hotel absteigen will . . .

Koffer:
die Variante zum Rucksack, wenn man Südamerika bei mehr Reisekapital "macht". Also ab Airport auf Taxi zum Hotel oder Busterminal zurückgreifen kann.

Zweifelsohne hat der Koffer den Vorteil, daß man leichter und schneller an seine Einzelheiten rankommt. Er sollte aber unbedingt Rollen besitzen und einen Griff, der Pendeln beim Fahren verhindert (der sogenannte T- Griff). Es gibt hier die Kunststoff-Schalenkoffer (z.B. Samsonite), die zwar stabil sind, sich aber im Volumen nicht verändern lassen, – sowie Nylon-Koffer mit Gurten, die sich im Volumen variabel analog Gepäckzuwachses unterwegs (z.B. Andensouvenirs wie Pullover, Teppiche etc.) anpassen.

Die Nylon- Dinger haben zudem den Vorteil, daß sie weniger Eigengewicht auf die Waage bringen, – insbesondere bei den 2o Kg- Gepäcklimit der Airlines von Vorteil.

So ein Nylon- Rollenkoffer lässt sich bis zu 4o Kg vollstopfen, sollte aber neben den Front- Klappschlössern undbedingt Schnallen rechts und links besitzen und zudem seitlich eine Klapparretierung. Sinnvoll: ab Europa pro Forma noch eine leichte Nylon-Reisetasche leer dem Koffer beigeben (in jedem Kaufhaus für 15 - 2o DM). Kann dann vor Ort für auftretendes Zusatzgepäck eingesetzt werden.

Karton:
Notlösung, wenn das Gepäck vor Ort anwächst, weil man sich beispielsweise viel Artesania wie Wandteppiche, Pullover etc. gekauft hat und diese nicht per Post nach Europa schicken möchte. Keine schlechte Lösung, da billig. Allerdings sind stabile Kartons in Südamerika nicht so leicht aufzutreiben, wie bei uns in Europa und unserer Überflußgesellschaft. Gute "Kontaktadresse" zur Kartonbeschaffung sind Alkoholshops (die stabilen Whiskey- Kartons), in Peru die "Gloria" - Dosenmilchkartons etc. Bindfadenverschluß erleichtert Kartonöffnung bei Zwischenstop im Nachbarland und dortigen Zoll.

Unterm Strich ist der Karton aber lästig, sofern es ab Südamerika nicht direkt nach Eu-

ropa zurückgeht . . . In jedem Fall wohl bequemer die mitgeführte Nylontasche. –

★ Reisetasche:

Altbekanntes Mittel, Übergepäck über die Runden (das heißt um die Fluggepäckwaage) rumzubringen. Handliche Maße sind Vorraussetzung, d.h. unter Flugzeugsitz zu verstauen. Reinverstaut werden die schwersten Sachen wie Bücher, Kamera etc. Gehört, wenn die Stewardess am check-in Counter die Sache sieht, mit auf die Gepäckwaage. Zudem Nachteil, daß man sich im Flugzeug damit abschleppt, insbesondere auch, wenn man bei Zwischenstops die Maschine verlassen muß. Außerdem geht die Sache als Handgepäck durch den Durchleuchtungsbildschirm und darf gegebenenfalls ausgeleert werden, wenn sich optisch nicht Definierbares drin befindet! –

Nicht nur gute Rucksäcke, sondern auch die "Ingredienzien" wie Schlafsäcke, Leichtwanderschuhe, leichtes Kochgeschirr, Zelte etc. – kurzum alles was man für den großen Trip auf eigene Faust und mit dem Rucksack braucht, gibt es in den sogenannten "Expeditions-" und "Globetrotter-Shops". Meist kleine oder mittelgroße Geschäfte, die die Ladengröße aber damit wett machen, daß sie über fundierte Erfahrung verfügen.

Bernd Tesch (Globetrott- Shop/Aachen) war einer der ersten. Zwischenzeitlich gibt eine ganze Menge derartiger Shops, die meist auch Vertriebskataloge führen, die gratis oder gegen Schutzgebühr 2 - 5 DM erhältlich sind. (Siehe auch Anzeigen, wobei wir bitten, daß auf diesen Südamerika-Band Bezug genommen wird).

Anruf oder Besuch lohnt sich unbedingt, – allein schon wegen dem hohen Erfahrungs- Know How dieser Firmen beispielsweise im Sektor warme Kleidung, Schlafsäcke, Zelte und optimales Schuhwerk!

HIER Zusammenstellung der wichtigsten Reisegepäck- Elemente:

2 Paar feste Hosen/Röcke:

Jeans oder Feincord empfehlenswert, allerdings hat die Erfahrung gezeigt, daß bei längerem Aufenthalt in feuchtschwülen Tropengebieten die Nähte recht häufig krachen. Ersatzhosen/Röcke gibts auf allen Indiomärkten bzw. in den Shops der Städte. Die Mode ist längst auch in Südamerika verbreitet und dort zumeist erheblich billiger, als in Europa.

2 Paar Baumwoll- Hemden/Blusen:

für Tropengebiete haben sich Hemden/Blusen aus 100 % Baumwolle bewährt, weil sie luftig sind und den Schweiß aufsaugen. Alles Synthetische klebt auf der Haut.

In Optik einplanen für a) Repräsentation und b) bequem "on the road". Nachschub in Südamerika problemlos!

3 T- Shirts (mit das bequemste, was man in den Tropen tragen kann!) Genügend Nachschubmöglichkeiten vor Ort, zum Teil mit schönem Souveniraufdruck der einzelnen Länder und Gebiete.

1 dicker Pullover:

Eigentlich wäre es in der Nähe des Äquators ja zu erwarten, daß nur mit Hitze zu rechnen wäre. In den Anden wirds aber in 4.000 m Höhe nachts eisig kalt. Billige und schöne Pullover gibts auf den Andenmärkten, praktisch überall, wo's in größere Höhen geht! Peru, Bolivia, Ecuador, Südkolumbien. Wer also in diese Gebiete fliegt, besorgt sich erst vor Ort die Sache und zudem erheblich billiger als in Europa.

Daunen- Jacke:

für Trekking und Reisen im Bus über Andenpässe, sowie für Feuerland unabdinglich. In Südamerika zwar erhältlich, aber erheblich teurer als in Europa. Da die Sache nicht viel wiegt, sollte man sie ins Gepäck einpacken, wenn man entsprechende Höhenregionen in den Anden, sowie Feuerland bereist. Auf gute Qualität achten, da Billigjacken an scharfen Kanten der Bussitze etc. schnell aufreißen! Speziell im Punkt Daunenjacken kann man durch Vorabkauf in Europa viel Geld sparen. In Südamerika nur punktuell erhältlich, meist Importware aus Europa und den USA, – bzw. an südamerikanischen Produktionen nicht immer Hochwertiges.

Regenbekleidung:

Ohne Frage nötig, egal ob Anden, Amazonas oder Patagonien. Bewährt hat sich der Regenponcho, da er frei atmen lässt. War aber bei meinen Südamerika- Trips nicht im Gepäck, sofern ich keine Trails machte. Bei Normaltrips geht man bei tropischen Amazonasgüssen, die meist nur 1/2 Std. dauern, in die nächste Kneipe, um zu relaxen und das Prasseln auf's Wellblechdach zu genießen (ebenso Anden etc.). Bei Trails ist aber guter Regenschutz unabdinglich!!

Schuhe:

Sportschuhe, egal ob Addidas Typ "Rom", oder Puma, Nike etc. sind bequem wegen Profil und Laufleichtigkeit. Gute, solide Sohle läßt Steine kaum durchfühlen, zudem schließt im Fall "addidas/Rom" der Schuh den Fuß warm ab, was in den Anden praktisch ist, – in den Tropen aber zu Schweißfuß führen kann.

Über besagten Schuh gabs zeitweilig den Spruch "der einzige Nachteil, daß er nicht kaputt geht. . ." Meine erste Südamerika- Reise "lief" über diesen Schuh. Zwischenzeitlich bin ich zur Erkenntnis gekommen, daß billigere Produkte durchaus auch das Gleiche leisten können. Am besten vorab in der mitteleuropäischen Heimat eintesten. Kriterien sind feste Knöchelumschließung – sogenannte superweiche, schaumstoffausgepolsterte "Softy- Sohlen" sind zwar anfangs bequem, führen aber zu Fußverschiebung – Festigkeit im Mittelfußbereich prüfen.

Für Tropen im Bereich der Siedlungen optimal: die Sandale. Staubt zwar und matscht (inkl. häufigem Sockenwaschens), aber ist konkurrenzlos luftig und bequem! Allerdings für längeres Wandern unbequem!

Für Wanderungen durch Sümpfe, Bäche etc. haben sich Basket-Ball- Schuhe bewährt, die den Knöchel einschließen: sie trocknen sofort und sind bequem.

Für Wanderungen und Trekking: Bergschuhe. Es gibt zwischenzeitlich fantastische Sachen, die leicht sind, atmen und trotzdem Festigkeit und Schutz bieten. Kosten allerdings ihren Preis; erhältlich in Sportgeschäften, sowie Tramper- und Expeditionsshops. Siehe auch Tips Seite 146

Letztlich noch Repräsentierwerkzeug: egal, ob man Gratisvergünstigungen anstrebt, Genehmigungen bei Ministerien für Spezialtrips, oder schlichtweg an Parties der gehobenen Gesellschaft teilnimmt: einer der ersten Blicke (südamerika- typisch) geht runter auf's Schuhwerk! Also seriöses Halbschuh- werk in den Koffer bzw. Rucksack Gibts in Hülle und Fülle auch vor Ort, meist billiger als Mitteleuropa!

Schlafsack:

Elementar für den Billig- Südamerika- Trip! In kalten Andennächten (dortige Basichotels haben in der Regel keine Heizung!) wärmt er, – in dreckigen Basic- Hotels schützt er vor eventuellen Infektionen. Die Auswahl des Schlafsacks ist allerdings nicht leicht, da es keinen generell optimalen Schlafsack gibt! –

Dickes Angebot von Sport- Shops, sowie Tramper- und Expeditionsläden. Generell unterscheidet man zwischen dem DAUNENSCHLAFSACK, der den Vorteil hat, daß er bei leichterem Gewicht besser wärmt, – sowie KUNSTFASER- Schlafsäcken.

Der Dauenschlafsack hat den Vorteil, daß er sich enger zusammenrollen lässt und somit weniger Volumen im Rucksack benötigt. Luft ist der mit Abstand beste Wärmeisolator; je nach Qualität der Daunenfedern bauen diese im Schlafsack die Luftisolation auf. Wobei rund 3oo.ooo Daunenfedern nur ca. 1 kg wiegen! Der große Nachteil des Daunenschlafsacks ist jedoch, daß die Daune,–wenn sie nass wird, zusammenklumpt, und dann ist's mit der Wärmeisolation vorbei.

Zudem lässt sich ein nass gewordener Daunenschlafsack nur schwer und langsam trocknen(beispielsweise bei Trails im Andenhochland, wo Regenschutz fehlt, – oder im tropischen Tiefland/Küste oder Amazonas bei ihrer hohen Luftfeuchtigkeit, die die Zeiten des Trocknens erheblich verlängern, insbesondere wenn Sonne fehlt!).

Der Daunenschlafsack hat daher in Südamerika (bei allen seinen Vorteilen) den Einsatzbereich nur dann, wenn man in Billighotels schläft, bzw. bei Trails, Trekking und Bergsteigen ein Zelt als Regenschutz mitführt.

Simple Daunenschlafsäcke haben ein Gewicht um 1,2 bis 1,8 kg, – Daunenfüllungen bis 5oo gr. reichen aus für Temperaturen bis Null Grad. Preis um knapp 3oo DM. Somit ausreichend für Übernachtungen im Andenbereich innerhalb von Basic- Hotels.

Wer jedoch Trekking in den Anden macht, wo die Temperaturen nicht selten in 3 - 4.ooo m Höhe Nachts erheblich unter Null absinken können, benötigt einen Schlafsack mit doppelter Daunenfüllung, die um die 3oo - 4oo DM kosten. Spitzenschlafsäcke gehen rauf bis ca. 8oo DM!

Der Kunstfaserschlafsack trocknet erheblich schneller, kann deswegen auch weniger schnell schimmeln. Außerdem wärmt er noch, selbst wenn er naß ist (allerdings reduziert!). Er ist robuster, hat allerdings größeres Packvolumen. Spitzenmodelle im Sektor Kunststoff- Schlafsäcke (allerdings teuer!) erreichen bei vergleichbar gleicher Wärmeisolation ähnliche Gewichte wie Daunenschlafsäcke und sind bei Extremtrips in Südamerika vorzuziehen.
Allerdings gehen hier die Expertenmeinungen auseinander! –

NÄHTE des Schlafsacks: ein wichtiger Punkt im Sektor Wärmeisolation (egal ob Daunen- oder Kunststoffschlafsack). Billigschlafsäcke haben durchgesteppte Nähte, die hier zwangsläufig zu Kältebrüchen führen und wohl für ein sommerliches "open- air"- Übernachten in Griechenland ausreichen, wo Nachttemperaturen um 1o bis 15 Grad plus herrschen, – nicht aber im südamerikanischen Andenbereich.

Ein hochwertiger Schlafsack besitzt Nähte, die Kältebrüche vermeiden (=Kammer- oder Thermonaht!). Weitere Quelle von Wärmebrüchen sind die Reißverschlüsse, die durch dicke Abdeckwülste geschützt sein sollten.

AUSSEN- /INNENHAUT des Schlafsacks: Problem für sich! Nylon als Außenhaut hat den Vorteil, daß es leicht ist, in hohem Maße wasserdicht (insbesondere bei Spezialbeschichtung) und in hohem Maß robust, beispielsweise gegen Beschädigungen durch scharfkantige Steine. Allerdings auch den großen Nachteil, daß Nylon den Körper des Schläfers nur wenig atmen lässt, daher zum Schlafen unbequem ist und zu Innenfeuchtigkeit (Kondenzwasser) führen kann, – was insbesondere bei Daunenschlafsäcken zu erheblich reduzierter Wärmeisolation führt.

Baumwolle ist als Haut generell das körperfreundlichste Material. Allerdings schwe-

rer, verschmutzt stärker und nimmt schneller Feuchtigkeit auf.

Goretex ist Kompromiss. Weitgehend luftdurchlässig, aber auch wasserdicht. Anderer Kompromiss: Mischgewebe aus Baumwolle mit Nylon bzw. Viskose.

Die Spitzen- Schlafsäcke verwenden daher in der Regel Goretex außen und Baumwolle innen.– Zu beachten ist auch die Bodenisolation. Ein Daunenschlafsack drückt sich an seiner Unterseite durch das Körpergewicht mehr zusammen, als ein Kunststoffschlafsack, womit die Wärmeisolation weg ist, wenn man auf naktem Boden im Freien oder Zelt schläft. Wer den Schlafsack jedoch im Billighotel einsetzt, braucht hierauf weniger zu achten, da die Matratze für zusätzliche Wärmeisolation sorgt.

SCHLAFSACK–FORMEN: die simpelste (und billigste) ist der rechteckige Steppdeckenschlafsack, der seitlich mit dem Reißverschluß geschlossen wird. Geöffnet kann er auf doppelte Breite ausgeklappt und als Decke für 2 Personen verwendet werden. Ebenso kann man per Reißverschluß einen 2. anhängen und hat somit einen Doppelschlafsack für 2 Personen.

Vorteil ist der günstige Preis. Als Schlafsack in Südamerika jedoch nur in gemäßigten Zonen (also Höhen 2.ooo bis 2.2oo m und dort in Billighotels, sowie beispielsweise im chilenisch- argentinischen Seengebiet) zu verwenden. Für Schlafen im Freien, oder in Schutzhütten/bzw. Zelt in größeren Höhen ebenso ungenügend, wie im kalten Süden Südamerikas (Patagonien, Feuerland). Weiterer Nachteil ist das Fehlen eines Kopfteiles.

Kaputzenschlafsack: inkl. Kopfteil. Gibts mit Reißverschluß an der Seite oder in der Mitte des Schlafsacks.

Mumienschlafsack: die mit Abstand beste Schlafsackform. Fast alle Spitzenhersteller verwenden heute diese Schlafsackform, die sich dem Körper anpasst und insbesondere auch den Kopfbereich vor Kälte schützt.

Zu den Spitzenherstellern im Sektor Schlafsack gehören die Firmen Hammer – Fjällraven, – Salewa, – Ajungilak und Celesta.

Die TEMPERATURANGABEN der Schlafsackhersteller (also Einsatzbereich) orientieren sich an einem Benutzer, der normalen Kreislauf besitzt, an Windstille und an dicker Bekleidung des Schläfers im Schlafsack.

Da in Südamerika der Schlafsack vorwiegend seine Anwendung in größeren Höhen findet (wo der Kreislauf durch die Höhe bereits belastet ist), – der Schläfer in der Regel auch nicht dick mit Pullovern und Hosen in den Sack steigt, da dies unbequem ist, – sollte man von Haus aus ca. 5 - 1o Grad abziehen. Beim Schlafen im Freien in den Anden ist auch selten Windstille gegeben, – außer nachts – da es in größeren Höhen weitgehend an Windschutz fehlt und starke Temperaturunterschiede zwischen Tag und Nacht herrschen (bis zu 25 Grad Differenz), die bei Aufheizung des Landes insbesondere in den Abend und Morgenstunden zu kräftiger Luftbewegung führen.Beispielsweise beim Campieren in der Nähe von Gletscherlagunen etc.

Zu berücksichtigen ist bei der Auswahl des richtigen Schlafsackes auch die starken

Temperaturunterschiede nachts in unterschiedl. Andenhöhenlagen. Wer sich einen zu hoch wärmeisolierenden Schlafsack kauft, schwitzt in tieferen Lagen teuflisch!

UNTERM STRICH: die richtige Wahl des Schlafsacks ist der wohl kniffligste Punkt optimaler Südamerika- Ausrüstung, – wer per Billighotels im Andenbereich reist, oder Extras wie Trails bzw. Bergsteigen vorhat. Sachkundige Information der einzelnen Ausrüstungsshops in Sachen Schlafsack mit der eigenen Reiseplanung vergleichen!

KÜSTENBEREICH bzw. TROPISCHE SÜDAMERIKA–REGIONEN: als Hygieneschutz und zum Abwehren von Moskitos eventuell ein dünner Baumwollsack, wie z.B. bei den Jugendherbergen verwendet. Ob sich das vom Gewichtsaufwand her lohnt, sei dahingestellt, da die Moskitos zielsicher durch Derartiges durchstechen.

Reisewecker:

Ebenso elementar. Mikro- Chips haben die Sache zwischenzeitlich billig gemacht. Entweder als seperate, superflache Uhr. Tip: der Braun- Wecker Typ 4853, gerade ca. 1 cm dick, – der leise anschnarrt, aber penetrant wird, wenn man nicht reagiert.

Oder Armbanduhr mit Wecker, beides um die 5o DM erhältlich. Nützlich und wichtig, da manche Flüge, bzw. Busverbindungen früh am Morgen gehen und man sich bei Billighotels nicht immer auf das Wecken durch den Portier verlassen kann . . .

Vielzweck- Taschenmesser:

Die Dinger haben zwar den Vorteil, daß sie bequem in die Hosentasche reinrutschen, aber ebeneso leicht auch wieder raus. Robinson- Feeling, wenn "alles dran" ist, – von der Minisäge über Schere, Zahnstocher bis zu Dosenöffner.

Radio/Tonbandgerät:

Macht unterwegs viel Freude, wenn man abends im Hotel beim Briefschreiben oder Schachspielen südamerikanische Sender hören kann. Sollte in jedem Fall FM (=UKW) und AM (=Mittelwelle) besitzen. Die größeren, südamerikanischen Städte haben nach US- Vorbild eine Fülle an Privatsendern, die sich mit Werbespots finanzieren. Senden vorwiegend auf UKW, welches eine Reichweite von rund 2oo km besitzt; in abgeschirmten Andentälern entsprechend weniger.

Sender im Urwald/Amazonas aber auch den weiten Gebieten Patagoniens operieren häufig auf Mittelwelle (teils auch Kurzwelle) wegen höherer Reichweiten dieser Frequenzen. Im Amazonasgebiet aber auch beispielsweise Coihaique/Südchile dienen sie zugleich als "Privattelefon": zu bestimmten Sendezeiten kann jedermann private Mitteilungen durchgeben oder auch (Beispiel Coihaique/Chile) per Radiostation Mitfahrteilnehmer für Bootstrips zur Laguna San Rafael per Sender suchen.

Im Sektor Radioempfänger gibts mittlerweile Excellentes, z.B. den kleinen Sony-Weltempfänger in Größe zwei aufeinander gelegter Schokoladentafeln. Minivolumen und Minigewicht bei großer Empfangsleistung(Kostenpunkt um 3oo DM). Kleinere Geräte in Taschenrechnergröße sind im Anmarsch.
Problem bei diesen Geräten jedoch bisher noch die Klangqualität. Abhilfe bei ent-

sprechend guten Geräten der HiFi- Leichtkopfhörer.

Walkmans: hier scheiden sich die Geister! Es gibt Südamerika- Traveller, die darauf schwören, z.B. Brandenburgisches Konzert von Bach oder Pink Floyd im Ohr an den Iguazu- Wasserfällen und ein Feeling wie auf Wolken . . . Auch bei Wanderungen über den Altiplano, langen Bustrips etc. Naturfreaks wollen jedoch von den Walkmans nichts wissen, da es den Landschaftsgenuß stört.

Beim Kauf eines Walkmans sollte man insbesondere auf Stabilität des Gehäuses und der Tastatur achten. Einige Geräte (z.B. Sony) gibts in Version mit Feuchtigkeitsschutz, – andere Walkmans können im Kasettenteil auch AM/FM- Rundfunkempfänger einschieben, die die Mitnahme eines eigenen Rundfunkempfängers ersparen, allerdings in ihrer Empfangsleistung noch nicht genügend ausgereift sind, um auf Mittelwelle Fernempfang zu ermöglichen, der über 2oo bis 5oo km herausgeht.

Top- Versionen von Walkmans ermöglichen auch Tonbandaufnahmen. Kostenpunkt 3oo bis 4oo DM. Macht viel Freude, sowohl Südamerikafeeling per Aufnahme von einheimischen Rundfunkstationen mit nach Hause zu nehmen, – zum anderen die Möglichkeit, unterwegs und abends (bzw. vor Ort in Restaurants, Bussen, beim Fliegen etc.) ein authentisches Tagebuch aufzuzeichnen. Wem sowas Spaß macht: sicher schöner, als das althergebrachte, konventionelle Reisetagebuch per Papier.

Für diesen Zweck auch geeignet die sogenannten "Manager- Diktiergeräte", die es in Handversion und mit Minikassette in Abmessungen 12 cm x 5 cm und Dicke um 1 cm gibt (ca. 1oo bis 3oo DM)und zwischenzeitlich so ausgereift sind, daß sie bei relativ guter Qualität auch Musik aufzeichnen können. Sind zudem sehr leicht!

Der Walkman mit der konventionellen Tonbandkassette hat zugleich den Vorteil, daß man musikalische Souvenirs südamerikanischer Folklore einschieben kann, die es reichhaltig auf den Märkten und in Schallplattenshops Südamerikas kaufen kann. – In Gegenrichtung, besonders deutschsprachige Regionen Paraguays, Argentiniens und Südbrasiliens kann man sich viele Freundschaften erwerben, wenn man aus Europa Einheimisches mitbringt, z.B. James Last, bayrische Zither- und Folklore, Bläser und Schuhplattler. Gibts bei uns in Kaufhäusern und Supermärkten oft für 2 bis 5 DM pro Kasette. Kindern habe ich oft Freude machen können, – wenn sie in deutschsprachigen Schulen lernten (z.B. Humboldt- Schule/Lima- Peru etc.) durch Märchenkassetten, da die Sprache dort einfach ist.

Der Spitzenempfänger "Satellit" von Grundig eignet sich wegen seinem Gewicht eher für Südamerikafahrer mit eigenem Auto. Die Empfangsleistungen sind jedoch faszinierend. So konnten wir ohne Außenantenne von München Radio Brasilia /Brasilien empfangen und life den Karneval miterleben.

Nachkauf von Batterien in Südamerika problemlos, – Normalkassetten oder Mikrokassetten dagenen teuer und teils schlechte Qualität. Da auch Walkmans und sonstige Tonband und Radiogeräte in Südamerika teurer als in Europa sind, besteht eventuelle Möglichkeit, daß man die Dinger bei Beendigung der Reise verkaufen kann.

Nähzeug:

Es gibt zwar im Andenbereich auf den Märkten, – sowie im sonstigen Südamerika jede Menge Möglichkeiten, die Kleidung billig zusammenflicken zu lassen. Bei abgesprungenen Knöpfen ist eigenes "Handwerkszeug" im Koffer oder Rucksack sicher befriedigender.

Kleinkram:

TASCHENLAMPE (kleine Ausführung) ist sehr nützlich, z.B. in Billighotels, um nachts im Dunkeln nicht die Treppe runterzufallen, bzw. in Löcher rein etc. Leichte Ausführung reicht. – Für Mehrtages- Trekking: starke Version, am besten Gummi-

ummantelt als Wetterschutz. Wiegt natürlich erheblich mehr, insbesondere wegen der 3 oder 4 dicken Batterie- Brummern, die drinliegen. Sollte man sich erst vor Ort und vor dem geplanten Trail zulegen. Sowohl jegliche Art von Batterien (auch für Transistorradios etc.) wie auch Taschenlampen sind problemlos überall in Südamerika erhältlich. Vorab- Mitnahme ab Europa ist nicht nötig und belastet nur das Gepäck.

Von den Dynamo- Taschenlampen halte ich wenig, – die auf Batterien verzichten und auf Handmuskelkraft zur Stromerzeugung zurückgreifen. Abgesehen vom höheren Preis bringen sie nur schwache Lichtleistung und wiegen zudem mehr als eine in Lichtleistung vergleichbare Batterie- Taschenlampe.

VIELZWECK- TASCHENMESSER: die sogenannten "Schweizer Offiziermesser" mit "tausenden" rausklappbaren Einzelheiten von Schere zu Zahnstocher, Pinzette, Minisäge (Prost Mahlzeit, damit einen Baum zu sägen!) und anderen, rausklappbaren Extras, – bringen zwar intensives "Ranger- Feeling". In der oben beschriebenen Luxusversion aber um die 5o DM teuer und sehr ärgerlich, wenn das Ding verloren geht.

Abgesehen davon, daß beim Rausfummeln z.B. der Schere die Nägel u.U. schon selber abbrechen. BESSER: Basis- Version (ca. 15 DM) zulegen, die über zwei Messervarianten verfügt + Korkenzieher und Flaschenöffner. – ODER: noch billiger, simpler Korkenzieher plus Flaschenöffner (in jedem südamerikan. Kolonialwarengeschäft für ca. 2 - 3 DM erhältlich) plus arretierbarem Klappmesser (ca. 5 DM). –

SICHERHEITSNADEL: nützlich, wenn der Reißverschluß der Hose "verrückt" spielt und sich bei wichtigen Gesprächsterminen von selber öffnet.

WÄSCHELEINE und Klammern, nützlich bei Billigtrips in Basic-Hotels. Waschpulver vor Ort kaufen, billiger! Zur Aufbewahrung praktisch: eine leere, saubergespülte Schampoo- Flasche. Kernseife bietet sich bei der Säuberung von Jeans an, ebenfalls billiger vor Ort.

HAAR–SCHAMPOO: entweder vorab ab Europa in der o,4 - Plastikflasche, die das Gepäck mit Gewicht belastet. Oder vor Ort die Minipäckchen einkaufen (auf jedem Markt, sowie Drogerie), ausreichend für eine Haarwäsche.

VORHÄNGESCHLOSS: kann bei Basic- Hotels nützlich sein, wenn es einem wichtig ist, der einzige "Betreter" des gemieteten Kabuffs zu sein . . . Gibts im Notfall aber auf jedem Markt billig.–

BLEISTIFTE, Kugelschreiber, Papier, Couverts, Tesafilm, Kleber etc. gibts meist vor Ort in Südamerika billiger. Zudem in Minimengen erhältlich, wozu sich also mit Gewicht zu belasten. Gilt auch für Plastiktüten (zum Verstau dreckiger Unterhosen),– für Notizbücher fürs Tagenbuch, – für Nähzeug (Garn, Nadel), Toilettenpapier Sonnencreme und Make up/Kosmeticas.

FILMATERIAL (egal ob Kamera oder Schmalfilm) sollte man sich degegen unbedingt vorab in Europa besorgen. Ist in Südamerika, auch in Duty Free Shops sündhaft teuer und belastet die Reisekasse stark, wer gern auf den Auslöser drückt.

Gemäß Einreisebestimmungen der südam. Länder ist die Mitnahme des "persönlichen Bedarfs" zollfrei. Das ist ein reichlich flexibler Begriff, – wer 2o oder mehr Schmalfilme im Reisegepäck hat: Möglichkeit, Verpackungskartons wegwerfen und Rücksendehüllen zu Hause deponieren. Die Filmkassetten dann übers Gepäck verteilen und gelassen der Sache ins Auge sehen . . . Unter Umständen ist auch ein Fläschchen deutscher Wein oder schottischer Whisky im Gepäck, den südamerikanische Zöllner sehr gern trinken, sofern sie nicht auf eine "Ray Ban" - Sonnenbrille stehen.

SCHAUMSTOFF–KISSEN hat sich bei langen, nächtlichen Busfahrten bewährt. Erhältlich in Kaufhäusern,mit Schaumstoff- Einlage (keine Daunen nehmen; drücken sich bei Stößen wegen schlechter Piste zusammen!); die Schaumstoffeinlage hat

gleichzeitig den Vorteil, daß sie Bus- Stöße abfedert und den Kopf nächtlich sanfter ruhen lässt.

Zelt:

Unabdinglich für Mehrtagestrails in den Anden, – allerdings beim Nachteil des zusätzlichen Gewichtes im Rucksack. Wer regulär reist, kann aufs Zelt verzichten und sich regional aushelfen, – beispielsweise auf dem Inkatrail von Cusco nach Machu Picchu/Peru per Plastikplane. (Nach neuesten Bestimmungen ist dort das Zelt Vorraussetzung, wird aber in Cusco vermietet).

Nützlich kann das Zelt bei Trips im chilenisch/argentinischen Seengebiet sein, wer sich dort länger aufhält und Trails plant. Alle Details siehe Länderkapitel, sowie Seite Campingplätze vorwiegend nur in Südbrasilien, Chile und Argentinien.

Hängematte:

Das Non- Plus- Ultra in den Tropen. Dort auch auf den Märkten und in Shops billig erhältlich. Mitnahme ab Europa lohnt sich nicht. –
Gilt auch für Moskito- Netze.

Medizin: siehe Kapitel "medizinische Tips"

Toilettensachen:

Das Übliche. Zur Frage: Nass- oder Trockenrasur, – ein Trockenrasierer ist bequemer, aber schwerer. Außerdem hat er den Nachteil, daß die Stromspannungen in Südamerika variieren (zwischen 11o und 22o Volt), insbesondere aber jede Menge verschiedener Stecker existieren. Abhilfe ist ein Zwischenstecker, den es in Europa für die verschiedenen südam. Steckersysteme gibt und ein umschaltbarer Rasierer auf verschiedene Spannungen.

Die Batterie- Minirasierer (z.B. von "National") rasieren erstaunlich gut für ihre Größe, saufen schnell die Batterie leer, die es aber in Südamerika preiswert in Ersatz gibt.

ODER: Nassrasur. Bequem und effizient; die neue Gilette- Doppelklinge gibts in Südamerika ebenso wie in Europa weitverbreitet und teuer. Achtung: wer sich schneidet, kann durch verunreignites Leitungswasser Bakterien und Viren in die Wunde übertragen. Die Abhilfe, Mineralwasser aus Flaschen zur Rasur zu verwenden, ist teuer. Aber vermutlich auf einem 3- Monats Südamerikatrip billiger, als die Neuanschaffung eines Batterierasierers.Zudem ist in den südamerikanischen Großstädten das Leitungswasser dermaßen stark gechlort, daß es fast schon aus dem Wasserhahn rausstinkt.

Sonnenschutz (siehe auch Kapitel "Gesundheit"!) ist insbesondere bei Trips in den Anden elementar! Auch bei bewölktem Himmel holt man sich in 3.ooo m Höhe schnell eine "Rothaut". Sonnenschutz ist jedoch regional überall erhältlich, – gute Sonnenbrillen dagegen weniger bzw. sauteuer.

Südamerika- Reiseführer und Kartenmaterial, sofern nicht vorab besorgt oder vor Ort in Südamerika beim "Instituto Geografico Militar". –

Sachen wie Essbesteck, Kocher etc. kann man sich sparen, sofern man nicht einen Mehrtagestrail plant. Billigrestaurants in Südamerika sind so günstig, daß es sich garnicht lohnt, den Krempel im Gepäck mitzuschleppen. Und wer einen Trail macht, kauft sich das Essbesteck plus Kochgeschirr vor dem Trailbeginn billig auf dem örtlichen Mercado! –

Ebenso lohnt es sich nicht, einen größeren Vorrat an Kleidung oder Strümpfen einzupacken. "Nachschub" auf den Märkten.

FRAUEN nehmen sich gerne die "Wegwerf-Unterhosen" mit, die es in den

Adventure-Line

Kaufhäusern gibt. Man spart sich das Waschen und die Dinger sind recht leicht. – THEMA KOSMETIK: selber entscheiden, wieviel, – auf den Indio macht man wenig Eindruck, wenn man nach europäischen Maßstäben "hübsch" ankommt. Abgesehen davon sind Kosmetikas in Südamerika meist erheblich billiger als in Europa! –

IMPFUNGEN

Möglichst früh damit beginnen. Einige der Impfungen vertragen sich nicht miteinander und brauchen 3 - 4 Wochen, ehe die nächste Spritze nachgeschoben wer= den kann!

Bloß nicht demselben Fehler verfallen, wie der Gringo, der sich im letzten Moment von einem "befreundeten" Arzt nach Dienst-Schluß sämtliche Spritzen auf einmal reinschieben ließ. Über dem Atlantik lag er dann in Schweißausbrüchen in den Armen einer Stewardess . . .

Der IMPFPLAN schreibt eine bestimmte Reihenfolge der Impfungen vor, also Gelbfieber vor . . ., genaue Auskunft vom Impfarzt (über Gesundheitsämter kontaktieren), der zugleich Auskunft gibt, für welche Länder Impfungen vorgeschrieben oder empfohlen werden.

Nach derzeitigem Stand der Dinge sind für Südamerika bei der EINREISE keinerlei Impfungen vorgeschrieben (außer Guyana: Gelbfieber), kann sich aber ändern! Die Impfempfehlungen richten sich nach der bereisten Region.

Den Impfarzt rechtzeitig kontaktieren, damit sich der Körper zwischen den einzelnen Impfungen (wenn mehrere notwendig werden) erholen kann.

Welche Impfungen sind erforderlich?

POCKEN: keine. Gilt als ausgerottet.

GELBFIEBER: Empfehlenswert, wenn man die tropischen Gebiete Südamerikas besucht, insbesondere Amazonas- Urwälder und Urwälder an der Pazifikküste Kolumbiens/Chaco. Genaue Infos über den Tropenarzt, – zur Impfung sind nur Spezialärzte berechtigt, welche, das sagt das nächste Gesundheitsamt. Der Impfstoff wird unter die Haut gespritzt. Die Impfung ist 1o Jahre gültig.

TETANUS–SCHUTZIMPFUNG: eigentlich auf allen Reisen empfehlenswert. Wundstarrkrampft tritt auf z.B. bei Verletzungen, wenn Dreck in die Wunde gekommen ist.(Auch bei Bagatell- Verletzungen möglich!) Besteht aus 2 - 3 Impfungen, die in festgelegtem Abstand erfolgen müssen, um zur "Grundimmunisierung" zu führen. Danach sind im Abstand von 1 - 5 Jahren Auffrisch- Impfungen empfehlenswert. Welcher Abstand angebracht ist, richtet sich nach dem Impfstoff und danach, die wievielte Impfung man gerade bekommt. Impfung am Gesundheitsamt möglich.

KINDERLÄHMUNG: ist in jedem Fall empfehlenswert, – auch wenn man nicht ins Ausland reist, denn: Kinderlähmung bekommen auch Erwachsene. Den "Polio"- Schutz gibts per Schluckimpfung: der Impfstoff kommt aufs Zückerchen. –

MALARIA: übertragen von der "Anophelesmücke", die in Tümpeln brütet. Da ihre Flugreichweite zumeist nur wenige hundert Meter bis zu 1 - 2 km beträgt, soll das Risiko in den Städten, also z.B. Manaus/Amazonas geringer sein. Auskunft über die im einzelnen gefährdeten Gebiete beim Tropenarzt, der Tabellen der "WHO" (Weltgesundheits Organisation) zu Verfügung hat.

SCHUTZ–IMPFUNGEN gegen Malaria gibt es derzeit leider noch nicht, obwohl die Mediziner daran forschen. Wegen der Vielfalt an Malariastämmen ein schwieriges Unterfangen. Gemäß Meldung "Hobby 9/84) soll es amerikanischen Forschern gelungen sein, das Antigen zu isolieren. Man hofft, mit moderner Gen- Technologie das Antigen künstlich zu produzieren und einen Impfstoff in ca. 4 Jahren zu Verfügung stellen zu können.

Eine Reuter- Meldung/SZ vom 28.1.85 berichtet, daß es Forschern auf Borneo gelungen sei, Malaria- infizierte Orang Utang- Affen mit "gesunder Nahrung aus Bananen, Milch und Multivitaminen" zu heilen . . .

CHARAKTERISTISCHES KRANKHEITSBILD der Malaria sind die Fieberschübe, die mit fieberfreien Intervallen abwechseln. Bei der "Malaria tertiana" beträgt das fieberfreie Intervall einen Tag, danach steigt das Fieber auf ca. 4o,5° C an, – bei der "Malaria quartana" beträgt das fieberfreie Intervall 2 Tage, während der übrigen Zeit steigt das Fieber auf ca. 4o° C an. Die "Malaria tropicana", die dritte der großen Malaria- Hauptgruppen zeigt zunächst eine meist uncharakteristische Fieberkurve, Temperaturen bis zu ca. 4o,8 ° C. –

Da es derzeit keine Schutzimpfung gegen Malaria gibt, bleibt nur der vorbeugende Schutz mit Malariatabletten, die bei Infektion die Fieberschübe absenken. In den 7o-er Jahren wurde vorwiegend "Resochin" verschrieben. Da es zwischenzeitlich angeblich Resochin- resistente Malariastämme geben soll, greift man häufig zu "Fansidar" von Hoffman La Roche. Tropenarzt befragen und sich exakt nach dessen Anweisungen richten!! –

HEPATITIS: Leberentzündung durch verunreinigte Lebensmittel. Das Risiko lässt sich reduzieren, indem man weder Salat, noch offenes Obst genießt, Fruchtsäfte auf Märkten (wo die Gläser in Wassereimer ausgespült werden) und jeglichen sonstigen Kontakt mit Verunreinigung meidet.

Gerade der Rucksacktourist ist erheblich gefährdeter auf dem Südamerikatrip, da er billig auf Märkten ißt. Wo die Situation nicht klar ist: das Coca Cola lieber aus der Flasche trinken, als vom "irgendwie gespülten" Glas, Zähne mit Mineralwasser aus der Flasche spülen, statt Leitungswasser etc.

KRANKHEITS–SYMPTOME: Urin dunkel wie Cola, Stuhlgang ocker, Augen gelb, Jucken an den Beinen. – Eine Schutzimpfung gegen Hepatitis gibt es derzeit noch nicht, auch wenn die Wissenschaftler daran arbeiten und diese in ca. 5 - 6 Jahren zu erwarten ist.

Somit bleibt derzeit nur die "Gammaglobulin"- Spritze, die die menschlichen Abwehrkräfte für ca. 1 - 6 Monate steigert. Die Wirkung und Wirkungszeit ist umstritten. Allerdings ist mir kein Fall bekannt, wo jemand, der sich eine G-Spritze hat geben lassen, an Hepatitis erkrankte. Was damit zusammenhängen kann, daß solche Leute in der Regel auch auf Märkten und in Restaurants vorsichtiger sind.

Die Gammaglobulin- Spritze ist nicht billig. In Deutschland ca. 6o - 7o DM,– in Südamerika billiger, aber auch gewisses Risiko, da Hepatitis auch durch un-

[reine Spritzen übertragen wird. Aus diesem Grund wird auch vor BLUTSPENDEN in Südamerika zur Aufbesserung der Reisekasse gewarnt!! –]

TBC: deutsche Entwicklungshelfer empfehlen eine Schutzimpfung, da selbige vorallem in den Andenstaaten weit verbreitet ist. Der Tropenarzt wird entscheiden, ob auch für den durchreisenden Touristen eine Schutzimpfung notwendig ist. –

TYPHUS, PARATYPHUS A und B: angeblich ist die Schluckimpfung nicht mehr üblich; es wird gespritzt. In wieweit Impfung notwendig ist, informiert der Impfarzt.

★ **Der Impfpass** ist Einreise- Dokument. Eventuell lässt man sich diesen vom Impfarzt oder der Gesundheits Behörde doppelt ausstellen, bzw. fertigt eine Fotokopie, die dann bei Eltern oder Freunden in Europa bleibt. Im Fall eines Verlustes kann man dann aus Europa Ersatz anfordern.

★ **Reise- Apotheke:**

Man sollte eine gewisse GRUND–AUSRÜSTUNG bereits mit dabei haben. Der reisende "Pharmazie- Vertreter", der sich gleich die Tabletten 1oo-Stück- weise sicherheitshalber in den Ranzen packt, vergißt, daß es auch in Südamerika Apotheken gibt. Hier bekommt man einige der wichtigsten und für die Region notwendigen Arzeneimittel u.U. wesentlich billiger, als in Deutschland. Das z.B. bei schweren Bakterien- Erkrankungen sehr hilfreiche "Baktrim" gibts in Kolumbien ca. 1/3 billiger zu kaufen! Unbedingt ins Reisegepäck folgende Grundausrüstung:

* Grippe/Erkältungstabletten
  (allerdings in maßvollen Quantitäten! Aspirin ist in Südamerika so verbreitet wie Coca Cola und gibts praktisch an jeder Straßenecke, sprich mercado, Restaurant, Pharmacia)
* Schmerzmittel
  (gegen alle Eventualitäten von Zahnschmerz bis Kopfweh. Mit Thomapyrin S war ich eigentlich recht zufrieden.)
* Größere Infektionen
  (Hals, Harnwege. Gegen Halsweh hat sich eigentlich recht gut "Frubienzym" bewährt. Das Röhrchen aber mit Tesafilm zukleben, sonst hat man die einzelnen Pastillen in der Tasche lose rumfliegen!)
* Durchfall (siehe seperates Kapitel!)
* Übelkeit
  (Thema für sich; manche Leute benötigen spezielle Pillen gegen Seekrankheit, aber auch gegen Übelkeit beim Fliegen. . .)
* Pinzette
  (zum Rausziehen von Stacheln, Holzsplittern etc. Gute Dienste tut auch die Nähnadel, die sowieso im Nähbesteck dabei ist)
* Tabletten gegen Mundpilze
  (durchaus möglich, wenn man unbedacht nach Steakgenuß Fleischfasern aus den Zähnen rausfummelt und der Holz-Zahnstocher dreckig war. Gut bewährt hat sich "Merfen" in Pastillenform für innere Anwendung).
* Wunddesinfektion
  (sehr wichtig! Kleinere Wunden in Hautoberfläche hat man sich schnell zugezogen, und die Infektionsgefahr ist in Südamerika wegen geringerer Hygiene größer! Gut: "Merfen Orange" , das im Gegensatz zu Jod nicht in der Wunde brennt)
* Pflaster
  (Gibts in jeder Pharmacia; kleinere Basis- Ausrüstung in verschiedenen Größen mitnehmen. Pflaster mit

Plastikoberfläche schützen trotz ihrer Luftlöcher einigermaßen vor nachträglicher Verschmutzung der Wunde,– die Textil- Version läßt den Finger etc. besser atmen, kann aber insbesondere in den feuchtschwülen Tropen zu einem Bakterienfeld werden, wenn man das Pflaster nicht häufig genug wechselt!)

* Kleine Dose Nivea und Penaten Creme (Gibts zwar in SA in jeder Pharmacia, dort aber meist teurer als Europa!Insbesondere Penatencreme hat sich zum schnelleren Abheilen kleinerer, oberflächlicher Wunden bewährt)
* Vitamintabletten (zur Stärkung der Abwehrkräfte)
* Breitband- Spektrum Pennezillin (gegen schlimmere Erkrankungen, vom Hausarzt beraten lassen!)
* Anti- Baby- Pillen (Gibts , ebenso wie Pariser, aber auch Camelia- Binden bzw. OB's in SA in jeder Pharmacia)
* Kreislaufmittel (z.B. Effortil, auch in SA erhältlich)
* Augentropfen/Ohrentropfen
* Hustenmittel (Gut "Bronchicum", allerdings Gewichtsfrage. Gute Hustenmittel gibts in jeder SA- Pharmacia)
* Sonnenschutz (für tropische Küsten, aber auch Anden mit entsprechend hohem Faktor! Ist, ebenso wie Lippenschutz in jeder SA- Apotheke vor Ort erhältlich)

Obige Aufstellung erhebt keinen Anspruch auf Vollständigkeit, oder darauf, daß hier die jeweils besten Medikamente genannt wurden. Am besten informiert man sich beim Hausarzt. Alle genannten Medikamente sind warenrechtlich durch ® geschützt.

Gesundheit

★ DARM–ERKRANKUNGEN (=Durchfall) gehören zu den häufigsten Beschwerden einer Südamerikareise. Kann man praktisch vorab in die Reise einkalkulieren. Entsteht durch Verunreinigungen im Essen, Geschirr, Küche, Nahrung etc. In MEXICO heißt das "Rache des Montezuma, – in PERU "Inka- Quickstep" etc. – Dagegen ist kein Kraut gewachsen, und man muß praktisch einen Durchfall selber mitmachen, um Antikörper gegen weitere Durchfälle zu sammeln. Die Darmflora der Einheimischen ist bereits auf derartige "Zwischenfälle" eingestellt, – Busfahrer haben Verständnis, wenn der Gringo mal dringend schnell raus muß, sowie Restaurants und Shops in den Städten, wenn's "brennt".

Keinesfalls "locker nehmen" sollte man dagegen, wenn der Durchfall trotz Tabletten 4 - 5 Tage anhält. Unbedingt den nächsten Arzt aufsuchen, insbesondere, wenn Blut im Stuhlgang ist! Dann ist Schlimmeres im Körper im Gange.

MITTEL GEGEN KURZZEITIGEN DURCHFALL:
Kohletabletten, Tee (ohne Zucker!), – Sulfonamid Tabletten . Einen Tag ins Bett legen und nur Zwieback, Keks oder Toast Brot essen. Mexaform gilt nicht mehr als Tip, da es Krebs verursachen soll. Angeblich gut: "Metifex" R von Hoechst, sowie weitere Mittel, die es in südamerikanischen Pharmacias gibt. Insbesondere aber strenge Diät, d.h. trockene Brötchen, Mineralwasser, kein warmes Essen. –

Durchfall kann auch durch den abrupten Klimawechsel ab Europa entstehen, durch stark ölhaltige Speisen oder psychische Belastung unterwegs.

(="servicio" oder "baño")

★ TOILETTEN: entsprechen in Südamerika nicht immer europäischem Standard. Gute "Anschriften" sind in der Regel die Airporttoiletten (obwohl schlimme Ausnahmen!!), – sowie die Toiletten der Luxushotels und Restaurants. Am miesesten meist die Sachen in der Nähe von Märkten und Busterminals. Eine der vielen "goldenen Zitronen" wird an das Restaurant am Busstop/Sto. Domingo de los Colorados/Ecuador verteilt: 3 m langer Gang bis zur Toilettenschüssel. Zwar mit Sägemehl bestreut, doch die Urinsoße bereits am Eingang 2 cm tief . . .

Andererseits supersaubere Sachen in guten Hotels, oft auch in Museen, guten Restaurants und Airlinebüros. Wer die Wahl hat, wählt vorab, wo er den Locus benutzt. – Ansonsten: auf eigene Hygiene achten, keine Berührung mit der Brille und in die Schüssel Toilettenpapier gegen Spritzer legen . . .

Dann (je nachdem, ob Raucher oder nicht) gemütlich Zigarette anzünden und die Sache in Stellung eines Abfahrts- Skiläufers in Hockstellung flott erledigen, um schnell den ungastlichen Ort zu verlassen. . .

Toilettenpapier ist in Billig- Locussen nicht die Regel und sollte man vorab mitbringen; Serviettenpapier tuts auch. –

★ ERKÄLTUNGEN: in den Tropen besonders wegen der großen Temperaturschwankungen für Europäer "drin". Saftige Erkältungen sind z.B. vorprogrammiert, wenn man auf Grund europäischer "Klima- Erfahrungen" hemdsärmelig im tropischen Tiefland bei Temperaturen von 30° C in Busse steigt, die nachts rauf in die Anden klettern, über Pässe von 2 - 3.500 m Höhe, – wo nach Sonnenuntergang die Temperatur auf rund 5° C oder gar bis unter Null absinkt. Unbedingt vorab warme Sachen aus dem Gepäck mit in den Bus nehmen! –

Oder wer im tropischen Rio/Brasilien hemdsärmelig in die Air- Condition-Luxusbusse steigt: Halsentzündung, Husten und schwere Grippe oft bereits nach 30 Min. - Busfahrt vorprogrammiert! Gilt auch für das nächtliche "Laufenlassen" der Hotelzimmer- Air Condition, so angenehm sie zunächst ist. Mein erster Griff geht immer an den AC- Regler; lieber nackt unter dem Baumwolltuch, als satte Erkältung am nächsten Tag!

Parallel: Erkältungsgefahr in Billighotels in den Anden, die meist ungeheizt sind und entsprechend warmen Schlafsack benötigen.

Ebenfalls warme Sachen bereithalten beim Fliegen über den Tropen; Außentemperaturen beim Check- in ca. 30 Grad (T-Shirt über'm bloßen Körper gerade richtig!) und dann rein in den akklimatisierten Vogel, der in rund 1 Std. von Rio nach Brasilia rüberrauscht. Bei Bordtemperatur von 18 - 20 Grad, nicht ohne Folgen, wenn nur das T- Shirt den Oberkörper bedeckt.

ERKÄLTUNGEN in Südamerika sind immer wieder Folge europäischen Leichtsinns: unser Kolumbientrip 1983, – mit dem Jet runter nach Leticia/Amazonas, in der Hitze "ge- aalt", dann rauf nach Bogota in den Anden und rüber nach Villa de Leiva. Abends in ca. 3.000 m Höhe (noch vollgetankt mit der Wärme des Amazonas!) im kurzärmeligem Hemd . . . Die Folge: zwar an der kolumbianischen Karibikküste schnell in tropischer Hitze auskuriert, – aber ein Schnupfenfluß wie ein Wasserhahn! –

Gerade bei einem Südamerika- Kurztrip wirft einen eine massive grippale Erkältung gut 1 Woche "aus dem Rennen". Daher Kleidung nicht emotional wählen, sondern analog der bereisten Höhenlage. Also ab ca. 2.000 m Höhe nach Sonnenuntergang den Pullover bereithalten! Und supervorsichtig mit jeglicher Air Condition in tropischen Tieflagen!! –

Vorsicht auch vor Zugluft in Bussen im tropischen Tiefland, sofern man nicht zuvor an die Hitze gewöhnt ist! Abgesehen davon reagiert der an die Hitze nicht gewöhnte Körper mit "Schwitzen". Wenn man durch eine Erkältung aus den Anden noch 'ne Erkältung verarbeitet: doppeltes Schwitzen; Wasser kühlt und macht insbesondere Brust und Bauchbereich eisig kalt. Die unweigerliche Folge: saftige ERKÄLTUNG.

Abhilfe ist Handtuch, sowie: umgehend nach dem "Einfliegen aus kühleren Regionen" in tropischen Bereichen in der Flughafentoilette warme Sachen wie Unterhemd etc. gegen Baumwoll- T Shirt etc. austauschen.

★ SONNE: superintensiv in tropischen Küstenbereichen (egal, ob Karibik oder brasil. Küste!). Schon 10 Min. können dem bleichen, sonnenungewohnten Mitteleuropäer einen saftigen Sonnenbrand verpassen. Der Neuling aus europäischen Breitengraden sollte bei seinen ersten Kontakten zunächst sehr vorsichtig "einsteigen". Extrem guter Sonnenschutz durch "Milch " mit hohem Schutzfaktor. Und die ersten Tage nur kurzen "Vollkontakt".

Gilt auch für die Anden über ca. 2.600 m. Selbst bei bewölktem Himmel ist die Sonne so intensiv, daß das sonnenungewohnte Gesicht z.B. bei 2 Std. wolkenbedecktem Himmel über dem ecuadorianischen Otavallo-Markt mit dickem Sonnenbrand ins Hotelzimmer zurückkehrt! –

★ WUNDEN: unbedingt immer mit Desinfektionsmittel reinigen. Wir haben gute Erfahrung mit "Mercurochrom" und "Merfen- Orange" gemacht. Auch kleinste Wunde bepinseln! – Die Haut bildet einen gesunden Schutzschild gegen alle Infektionen, die man sich in südamerikanischen Ländern holen kann. Wo ein "Loch" ist, haben Bakterien und Viren ungehinderten Zutritt. Abhilfe: ein Antibiotikum. Angeblich heilen Wunden schneller durch Bestreichen mit Honig und Papaya.

★ UNTERKÜHLUNG: Problem insbesondere bei Bergwanderungen, wenn die Kleidung durch Regen durchnässt ist und in höheren Regionen Winde aufkommen. Abhilfe liegt auf der Hand: guter Regenschutz und Ersatzkleidung! (Siehe auch Kapitel "Wandern und Bergsteigen in Südamerika"!) –

★ HÖHENKRANKHEIT: kann bereits ab ca. 2.600 m Höhe auftreten. Einige Vergleichsdaten:

Mexico City: 2300 m — Quito/Ecuador: 2850 m
Bogota/Kolumbien: 2700 m — Cuzco/Peru: 3500 m
La Paz/Bolivien: 3600 m (bis zu 4000 m im Stadtteil "El Alto")

Die meisten weiteren Städte in den Anden liegen oberhalb von 2600 m. –

Anfälligkeit: je nach Person verschieden. Die ersten ein oder zwei Tage:

Müdigkeit und Appetitlosigkeit, eventuell Kopfschmerzen. Jegliche Anstrengung erzeugt heftiges Schnaufen!

Bis sich die Blutkörperchen an die Höhe und die dünnere Luft (=verringerter Sauerstoffgehalt der Luft) gewöhnt haben: alles langsam gehen lassen! Die ersten Stunden nach Ankunft im Bett dösen oder ein schönes Buch lesen. Nach ca. 2 Tagen hat sich der Körper an's Schlimmste gewöhnt und nach ca. 1o Tagen sich weitgehendst assimiliert. –

HERZ-, KREISLAUF- und LUNGENKRANKE dagegen sollten sich unbedingt vorher in Europa bei einem Facharzt untersuchen lassen. Selbes gilt auch für ältere Menschen! Besonders der plötzliche Wechsel in diese Höhen kann die Leistungsfähigkeit des Körpers übersteigen und gefährlich werden.

Plötzliches Erreichen größerer Höhen vermeiden, sondern sich "sanft" durch eine peu- a- peu Anpassung akklimatisieren. Ebenfalls kann Alkohol- und Nikotin- Abstinenz für die ersten Tage helfen, die Höhenkrankheit nicht so stark zu spüren. In Apotheken gibts auch spezielle Mittel gegen die Höhenkrankheit (nennt sich "Soroche"), und in den Anden- Eisenbahnen von der Küste rauf gibts auf einigen Strecken spezielle Ärzte mit Sauerstoff- Flaschen.

Einige Leute merken dagegen die Höhenkrankheit fast überhaupt nicht. Übrigens: wer sich assimiliert hat, der kann ohne Schwierigkeiten von den Anden für 1 oder 2 Tage mal schnell runter an den Pazifik fahren und dann wieder raufflliegen, ohne etwas zu merken. –

WARNUNG: wer bei erstmaligem Ersteigen großer Höhen Übelkeit, Atemnot und Schwindel hat, welche sich nur noch weiter verstärken: sofort wieder absteigen und Arzt aufsuchen!

✱ZAHNSCHMERZEN: können einem die Zeit in Südamerika ganz schön verderben. Die zahnärztliche Versorgung ist zwar in den größeren Städten Südamerikas weitgehend genauso modern ausgerüstet, wie hier in Europa. Aber bevor dann drüben wegen geschwollener Backe ein paar Tage verloren gehen, lieber vor der Abreise in Europa nochmals das Gebiss durchchecken! Im Notfall liefern die Botschaften in Südamerika die Adressen für die örtlich besten Zahnärzte! – BRILLENTRÄGER: Ersatzbrille mitnehmen. –

TRINKWASSER:

Da das Wasser einer der Haupt - Überträger von Krankheiten sein kann, empfehlen wir, prinzipiell nur MINERALWASSER oder DESINFIZIER= TES WASSER zu trinken.

Mineralwasser gibt's praktisch überall in Südamerika zu kaufen und ist zu= dem recht billig. In Ecuador z.B. haben wir ca. 2o Pfennige pro Liter ge= zahlt. –

Wasser desinfizieren kann man durch

1.) ABKOCHEN: Nachteil dabei, daß man mindestens 5 Minuten kochen sollte, um auch weitgehend alle Erreger abzutöten. Und dann ist ein Teil des Wassers schon wieder verdampft. Außerdem muß man zusätz=

lich einen Gaskocher im Gepäck mitschleppen. Bequemer ist:

2.) ENTKEIMUNG durch Spezialpulver, z.B. "Micropur" der Firma Katadyn. Nach 4 - 6 Std. "Entkeimens" Wasser ohne Beigeschmack. Zudem relativ preiswert, ca. 2oo l für ca. 1o DM! – "Chlortabletten" sind andere Möglichkeit des Entkeimens (z.B. Fa. Bayer), verleihen dem Wasser aber den typischen Chlor- Beigeschmack. –

Kaliumpermanganat ($KMnO_4$) zur Aufbereitung von Waschwasser. Ein beliebtes Pülverchen, dabereits minimale Mengen zur Aufbereitung reichen: nur soviel auflösen, bis sich das Wasser schwach rosa färbt.

[WICHTIG: bei den Sterilisationspulvern: VORSICHT vor Überdosierun= gen; zu große Konzentration schadet der Darmschleimhaut!]

DAS LEITUNGSWASSER in den meisten südamerikanischen Hauptstädten soll trinkbar sein nach dortiger Auskunft. Derartige Hinweise im Text unseres Buches beziehen sich auf diese Informationen, – wobei aber nicht hundertprozentig garantiert werden kann, daß sie auch wirklich keimfrei sind! – Ebenso kann, entsprechend europäischer Untersuchungen auch bei MINERALWASSER nicht immer garantiert werden, daß es keim= frei ist (besonders bei langer Lagerung in Hitze!) –

KONSEQUENT sein mit diesen GESUNDHEITS–PROPHYLAXEN!!! Man kann sich viel Ärger ersparen und das gesundheitliche Risiko bei Reisen in südamerikanische Staaten erheblich einschränken! –

Sich nicht von den Einheimischen verführen lassen, die selber Flußwasser trinken, oder vom Ober, der bei tropischer Hitze ein verlockendes Glas mit sogenanntem "Trinkwasser" auf den Tisch stellt. – Was der Einheimische verträgt, kann dem Europäer gefährlich werden, dessen Organismus noch nicht so resistent ist.

ZÄHNEPUTZEN ebenfalls mit Mineralwasser oder sterilisiertem Wasser! (Krankheitsübertragung über die Mundschleimhäute!) –

ESSEN:

Übertriebene Vorsicht, also z.B. nur Konserven zu essen wäre falsch, da es zu Vitamin- Mangelerscheinungen führen kann und damit zu einer Schwächung der Abwehrkräfte des Körpers.

Wenn man sich aber prinzipiell an folgende GRUND–REGELN hält, so kann man das Risiko, sich Würmer, Typhus, Hepatitis, Ruhr oder ähnliches zu holen erheblich runterschrauben!

1.) Niemals auf Märkten oder auf der Straße FRUCHTSÄFTE trinken, die aus dem Eimer geschöpft werden und deren Trinkbecher in einem zweiten Wasserkübel ausgespült werden! –

2.) Niemals SALAT essen, niemals Gemüse oder sonstige Früchte, die keine Schale besitzen! Hier können sich die Eier von Würmern bzw. die

Erreger von Typhus, Hepatitis etc. festgesetzt haben! Eine der Haupt - Regeln für Südamerika- Reisen!!–

GEKOCHTE SPEISEN dagegen sind bezügl. Krankheitserregern weit= gehend sicher. (Ausgeschlossen werden kann es dagegen nie, da z.B. der Koch der Speisen Hepatitis haben kann und durch Husten auf die be= reits gekochten Sachen euch die Erreger übertragen kann.) –

3.) EIS: zwar besteht insbesondere in den Tropen, aber auch im Andenhochland (dort wegen fehlender Hygiene) zunächst einmal prinzipiell Salmonellen- Gefahr (je nach Erkrankung übler Durchfall oder Schlimmeres). Anfangs haben wir daher, gemäß medizinischer Führer, – auf unseren Südamerika- Reisen die angenehm kühlenden Eiswürfel aus Cola, Bier und Wein rausgefischt und bei jedem Speiseeis einen Bogen drumrum gemacht . . .

Bueno: kaltes Bier (wie sich das für den Genuß in den Tropen gehört!!) gibts auch aus dem Eisschrank, und die Eiswürfel verwässern nur, was insbesondere auch für Wein gilt! O.k.: wo der Eiswürfel vermeidbar ist, warum ihn verwenden? –

Andererseits: ein warmer Whiskey in den Tropen schmeckt lau und fad. Wenn das Eis aus einer sauberen Eismaschine in einem guten Hotel oder Restaurant kommt, insbesondere in einer Hauptstadt, die gechlortes Wasser benutzt: warum nicht? Ist meine persönliche Meinung und soll nicht als Tip gelten. Gilt auch für Speise- Eis und Milchshakes! –

Definitiv Vorsicht dagegen in Tropennestern, wo nicht sichergestellt werden kann, daß z.B. der Eiswürfel im Cola- Glas aus desinfiziertem Flußwasser gewonnen wurde oder Hygiene- Risiken bei der Speiseeis-Herstellung bestehen.

GEGEN DURCHFALL ist wohl kein Südamerika- Reisender gefeit. Man braucht einfach eine langsame Gewöhnung an fremde Speisen und für den Kontinent übliche stärkere Verunreinigung der Speisen.

ESSEN auch bezüglich Abwechslung und Vitaminreichtum zusammenstellen! Täglich Schalenfrüchte wie Bananen, Papayas, Zitronen, Orangen oder was sonst regional greifbar ist! Das Angebot ist erheblich reichhaltiger als bei uns in Europa. Insbesondere im Vitamin- und Mineralstoff- reichen Fruchtsaftsektor, – wo in Südamerika "orginal- gepresst" wird und man endlich mal merkt, welche "verwässerten Sachen" man zwischenzeitlich in Europa häufig in der Fruchtsaftflasche für teures Geld vorgesetzt bekommt! – VITAMINE stärken zugleich die Abwehrkräfte des Körpers gegen Krankheiten erheblich! –

Bei HITZE wegen Salzverlust durch Ausschwitzen: stärkeres Salzen der Speisen!

Dr. Hans Ritter vom Tropneninstitut München empfiehlt "Fleischbrüh-Extrakt", da Förderung der Magensäure- Produktion und damit eine stärkere Abtötung von Bakterien. –

ÜBRIGENS: Wasser kocht in größeren Höhen früher, in Quito Ecuador z.B. bereits ab 80 °C! (2.850 m). – Wer in Südamerika länger wohnt: um auf Salat nicht verzichten zu müssen, kann man ihn desinfizieren. Entsprechende Mittel gibts in den "Pharmacias". Wird häufig auch von den Urwald- Lodges angewandt, aber nicht darauf verlassen!

VITAMINKUNDE: Vitamin A vorwiegend in Milch, Butter, Käse, aber auch in Papayas, Mangos und Melonen. Wichtig für Augen, Zähne, Haut. – Vitamin B vorwiegend in Milch und Fleischprodukten, aber auch Haferflocken, Nüssen und Melonen. Wichtig für die Umsetzung von Nahrung in Energie aber auch unterstützend in Abwehr von Infektionskrankheiten. – Vitamin C vorwiegend in Orangen und Zitronen, aber auch z.B. in der Süßkartoffel (der "camarote"). Eines der wichtigsten Vitamine zur Abwehr von Erkältungskrankheiten, sowie unterstützend bei der Heilung von Wunden. – Vitamin D wird vom Körper produziert und dient u.a. zum Knochenaufbau. – Vitamin K wird von Darmbakterien gebildet, bei der Einnahme starker Antibiotika kann die Bildung von Vitamin K eingeschränkt werden, wogegen angeblich Joghurt helfen soll. Das Vitamin K ist wichtiges Element zur Blutgerinnung bei Wunden. –

Beim reichhaltigen Angebot der südam. Küche, – egal ob Anden oder tropisches Tiefland, – ob Fisch, Fleisch oder Früchte, – dürfte es eigentlich unterwegs nicht zu Mangelerscheinungen kommen.

Spezielle Essenstips zur regionalen Landesküche im "Allgemeinen Teil" des entsprechenden Länderkapitels! –

★ Schlangen & Spinnen & Skorpione:

Dr. Hans Ritter vom Tropeninstitut München dazu: "die allgemeine Schlangen- Skorpiongefahr ist viel geringer als angenommen wird. Nachts nicht barfuß, nur mit Taschenlampe. Insbesondere in Gebirgen, Ruinen

(-Städten), Häusernischen, verwilderten Grundstücken. Am Morgen Decken und Schuhe kontrollieren. Skorpione suchen Dunkelheit und Wärme. Abseits vom Proviant schlafen (Proviant lockt Mäuse, diese die Schlangen).

SERUM–MITNAHME wegen fehlender Kühlmöglichkeit meist problematisch. Hält ungekühlt angeblich etwa einen Monat. Kühlersatz: feuchte Tücher, kann den Verfall verzögern, aber nach sechs Wochen sicher keine Wirkung mehr." –

Urwaldbewohner Perus und Ecuadors erzählten mir, daß die Schlangen meist schon zuvor den Europäer auf dem dumpf-federnden Urwaldboden hörten und Reisaus nehmen würden. Gefährlich wird's, wenn man versehentlich auf eine Schlange tritt; sie sich also bedroht fühlt. Oder wie das einem Bekannten von mir in Süd-Kalifornien/USA bei einer Fete passierte: er ging zum Pinkeln ins Freie und pisste zu seinem Mißgeschick direkt auf eine Klapperschlange!! Diese fing sofort böse zu rasseln an, und er zog sich langsam, Schritt für Schritt zurück, wobei er der Schlange fest in die Augen sah! Die Schlange muß, – wie in der Tier-Verhaltenspsychologie oft beobachtet, das Gefühl haben, der Stärkere zu sein, vor dem man zurückweicht. –

WER GEBISSEN WORDEN IST: umgehend Arzt aufsuchen! Nach Möglichkeit die erlegte Schlange mitbringen, damit das speziell für diesen Schlangentyp erforderliche Gegenserum gespritzt werden kann! –

Schwarze Witwe

LITERATUR ÜBER TROPENKRANKHEITEN + PROPYLAXEN:

Dr. E. Haller: Gesundheitsbüchlein für die Tropen, Thieme Verlag, Stuttgart

Dietrich Mohring (Herausgeber): Touristikmedizin Thieme Verlag, Stuttgart

Angeblich arbeitet man derzeit an Schlangenserum in Pulverform, welches sich über einen längeren Zeitraum ungekühlt halten wird und dann im Bedarfsfall angerührt wird.

Wie uns Dr. Herbert Lieske vom Tropeninstitut Hamburg schrieb: " . . . auch sind mir im Augenblick solche Seren in Pulverform nicht bekannt, außer einem nordamerikanischen Schlangenserum für nordamerikanische Vipern, jedoch nicht anwendbar für südamerikanische Giftschlangen.

Eine Methode, Serum längere Zeit kühl zu transportieren, besteht darin, daß man die Ampullen zusammen mit Eisstückchen in eine Thermosflasche packt und diese fest verschließt ." – Nicky, Lufthansa- Chefstewardess (herzlichen Dank für das Kompliment zu unserem Südamerika- Band!), recherchierte vor Ort und berichtete, daß es Schlangenserum in Pulverform nicht gibt. – Immerhin: die medizinische Forschung befindet sich in raschem Fortschritt; vielleicht haben die Mediziner die Sache zwischenzeitlich in Griff bekommen!

Ich weise noch auf die verschiedenen Wurmerkrankungen hin, von denen die BILHARZIOSE eine der am weitest verbreitesten ist. Tritt in Seen und Flüssen tropischer Gebiete auf und befällt Blase und Darm. Man sollte daher das Baden in Binnengewässern prinzipiell vermeiden, sofern man nicht sicher weiß, daß es Bilharziose - frei ist! –

★ Ungeziefer:

Vornan in den Tropen: MOSKITOS. Dagegen ist kaum ein Kraut gewachsen, auch wenns jede Menge Mittel gibt. So z.B. die "Tiger-Coils", grüne Schlangen auf dem Nachttisch im Hotel, die man mit dem Feuerzeug zum Glimmen bringt. Kann aber zu Kopfweh führen, wenn die grüne Schlange zu nah am Schlafenden glimmt. (Aber nur so ist sie wirksam!)

Jede Menge Sprays und Salben (Wirkung selber ausprobieren!), ebenso wie die elektronischen Ultraschall- "Moskitovertreiber".

Der beste nächtliche Schutz auf meinen vielen Reisen in die Tropen war ein Hotel das Moskitogitter vor den Fenstern hat (sofern nicht Löcher durch Rost!!), sowie: nach Einbruch der Dunkelheit kein Licht mehr im Zimmer machen, sondern das Bierchen draußen trinken.

Wer auf Urwaldtrails im Freien am Flußufer campiert, hat limitierten Schutz durch Lagerfeuer. Ansonsten Moskitonetz, welches in diesen Regionen in Kolonialwarengeschäften billig zu kaufen gibt.

SANGUROS: z.B. in den Urwaldregionen Ecuadors. Kleine, rote Käfer (Insekten), die sich in die Haut reinbeißen, dort sitzenbleiben und widerlich jucken! Sie warten im Gras und Flußsand. Konzentrierter Alkohol hilft (wie auch bei Moskitostichen) gegen den Juckreiz. Bei Sanguros sollte man sich aber in der nächsten Pharmacia ein Präparat besorgen, um sie abzutöten. Uns hat die "Mitigal- Salbe" gut geholfen, gut soll auch die "Fenergan- Crema" sein.

FLÖHE: Kontaktadresse sind die superbasic- Hotels. Da der Billigreisende in der Regel die Herberge aber auf 'frisch- ausgewechselte Bettwäsche' überprüft, was ~~auch~~ in dieser Übernachtungsklasse erwartet werden kann, ist die Gefahr relativ gering.

★ Hygiene:

Die eigene Sauberkeit ist ein wichtiger Punkt der allgemeinen Gesundheits-Prophylaxe. Besonders bei Reisen in tropische Gebiete Südamerikas! Möglichst oft sich waschen und die Unterwäsche wechseln!
VORSICHT bei dreckigen Unterkünften! Eine Empfehlung eines Hotels in unserem Buch bezügl. billiger Übernachtung muß nicht unbedingt ein sauberes Zimmer bedeuten! Gerade in den billigen Hotels lässt die Hygiene oft zu wünschen übrig. Hier nach Möglichkeit immer auf dem eigenen Schlafsack schlafen! –
Vor dem Essen: Händewaschen mit Seife, – ebenso nach Abort-Benutzung! Wenn die Toilette zu dreckig ist, würde ich mir die Sache noch etwas verkneifen. Dreckige Toiletten können Krankheiten übertragen, – "open-air" oder die zumeist sauberen Airport Toiletten sind vorzuziehen! –

★ Medizinische Versorgung in Südamerika:

Kann sich entgegen aller Klischee- Vorstellungen bei uns in Europa durchaus sehen lassen, insbesondere in den Hauptstädten sowie größeren Provinzorten! Turbinenbohrer beim Zahnarzt sind dort ebenso Selbstverständlichkeit wie hochwertige Ausrüstung und qualifizierte Fachärzte in den Krankenhäusern.

Wer in Mittelklasse oder besserem Hotel logiert, kann sich im Krankheitsfall den Arzt durch den Hotelportier ins Zimmer bestellen lassen. Arztkosten sind in der Regel in Südamerika erheblich billiger als in Deutschland.

Kleinere Sachen "behandelt" die Pharmacia am Eck, die die Medikamente auch ohne Rezept abgibt. Auch die Preise für die Medikamente sind in Südamerika erheblich billiger als bei uns in Mitteleuropa.

Im Krankheitsfall Botschaft oder Konsulat kontaktieren, die eine Liste mit Vertrauensärzten führen, die zumeist auch deutsch sprechen.

✶ **Alle hier gegebenen medizinischen Tips** erheben keinerlei Anspruch auf Vollständigkeit, noch können sie fachärtzliche Beratung ersetzen.Sie sind lediglich als Hinweis auf mögliche Gefahren gedacht, die durch leicht=fertiges Verhalten entstehen können, bzw. durch ungenügende Reisevor=bereitung. Sie ersparen nicht den Gang zum Arzt, der als Fachmann letztlich exakt beraten kann.

Jeder, der nach Südamerika fährt, sollte sich fachärztlich untersuchen lassen auf Reisetauglichkeit, sich vom Impfinstitut beraten lassen bezüglich der notwendigen Impfungen (der dortige Arzt hat auch die neuesten Informationen über Infektionsgebiete von der WHO) und stellt auch die erforderliche Reise- Apotheke zusammen.

Wer unterwegs irgendwelche Anzeichen von Krankheit feststellt, sollte umgehend einen Arzt aufsuchen. Von einer "Selbstdiagnose" als Laie aus sogenannter "Fachliteratur" aus der Globetrotterszene halte ich persönlich wenig. Zumal kennt sich der Arzt exakt in den, in seiner Region auftretenden Krankheiten aus, ist relativ billig. Und bekanntlich erhöht bei schwereren Erkrankungen eine möglichst frühzeitige Diagnose die Heilungs-Chancen erheblich!

Sprachprobleme (wer Englisch spricht), – dürfte es in der Regel nicht geben, da die südamerikanischen Ärzte neben ihrer Muttersprache (Spanisch bzw. Portugiesisch) mindestens Englisch sprechen.

KRANKENVERSICHERUNG: wer auf Nummer sicher gehen will, klärt vorab mit der eigenen Versicherung, in wieweit medizinische Leistungen in Südamerika mit der eigenen, heimischen Krankenversicherung abgerechnet werden können. Bzw. Zusatzversicherung abschließen. –

ZURÜCK AUS SÜDAMERIKA sollte man sich bei schwereren Erkrankungen unbedingt von einem Spezialarzt untersuchen lassen.-Die Regel ist eher eine saftige Erkältung, – wer beispielsweise im tropisch heißen Rio/ Brasilien in den Lufthansa- oder AA- Jumbo mit seiner Air Condition einsteigt und das Unterhemd und den warmen Pullover unten im Flugzeugbauch im Gepäck und nachträglich nicht mehr greifbar, abgegeben hat . . .

KLIMA & Reisezeiten

Die schönste Südamerika- Reise kann einem vermasselt werden, wenn der Himmel andauernd voll Wolken hängt, und viele Andenpisten wegen Landrutschen und Schlamm- Überflutungen unpassierbar sind, bzw. man in Missionsstationen oder Urwald- Flughäfen auf Tage festhängt, weil die Landepisten für Flugzeuge unpassierbar sind! –

* NOVEMBER/DEZEMBER bis ca. APRIL:
Regenzeit in den Anden ab Ecuador südlich bis runter Chile/Argentinien. Sowie im Amazonasgebiet südlich des Rio Amazonas. Die Hauptstraßen in den Anden sind zwar befahrbar, aber (insbesondere auch auf Erd- oder Nebenpisten) des öfteren auf mehrere Tage bis zu 1 Woche gesperrt, weil es irgendwo eine Brücke weggerissen hat, oder eine Anden- Serpentinenpiste durch Bergrutsche weggewischt ist. Besonders problematisch an den Pisten der Andenhänge runter ins Amazonasgebiet! –

FLÜGE: da heute der Flugverkehr weitgehend per Jet auch in Südamerika läuft, ist der "Anflug" keinerlei Problem. Der Jet überfliegt in entsprechender Höhe die Wolkenfelder, bzw. umfliegt Wolkentürme über dem Amazonas. Problem ist dagegen der Anflug auf den Airport, wenn dort tropische Gewitter lasten, bzw. riskant anzufliegende Andenairports(inmitten hoher Bergwände)wegen Wolken zunächst eine Stornierung des Fluges bedeuten.

Wo Jets landen, gibts heute in Südamerika in der Regel Asphaltlandepisten. Somit hier weniger Probleme. "Schlechtwetter" zur Regenzeit kann aber nicht nur auf der angeflogenen Strecke zu Flugverspätungen führen, sondern auch den anschließenden Flugplan oft erheblich verschieben! –

Regionalflüge mit Propellermaschinen haben dagegen zur Regenzeit im Amazonas of erhebliche Probleme, wenn die meist aus Erdpisten bestehenden Landepisten von Schlamm überflutet sind, – oder die Propellermaschinen wegen Schlechtwetter- Sichtverhältnissen aus Sicherheitsgründen den Flug zunächst verschieben.

FLUSSFAHRTEN: haben meist zur Regenzeit die besten "Bedingungen", da der Fluß genügend Wasser auch bei Untiefen verfügt, die dann besser passierbar sind. Sind andererseits aber im Bereich des Bergurwaldes und dortiger Stromschnellen dann gefährlicher.

AUSNAHMEN bestätigen die Regel: Venezuela und Kolumbien hat seine eigene Regenzeit. In Venezuela ca. Mai bis Nov., – Kolumbien: variiert, in der Regel April bis Okt. Ecuador hat in den Anden seinen "veranillo" (Anf. Nov bis ca. Ende Dez.) mit meist wolkenklarem Himmel, der den fantastischen freien Vulkanrundblick gibt. Trotzdem aber keine Garantie für freien Blick. Details siehe Regionalkapitel! –

Das Amazonasgebiet hat seine eigenen Regeln. Abhängig vom Einfluß- Bereich der riesigen Flüsse und der Regenzeit in ihrem Anden- Ursprungsgebiet. Details siehe dort! –

ROUTE wie z.B. Lima/Peru nach Cusco (Flug) und Zug nach Machu Picchu (Inkaruinen, zur Regenzeit grandios mit Orchideen an den Bergurwaldhängen) – weiter mit der Eisenbahn von Cusco nach Puno/Titicacasee und nach La Paz/Bolivien sind auch zur Regenzeit durchaus möglich und können ihren Reiz haben, wenn die Wolkendecke immer wieder aufreißt, und die Anden- Hochlandsteppen zumeist saftig grün sind, kurzum die Szenerie sehr malerisch ist.

Auch im Urwald regnet es zur Regenzeit nicht den ganzen Tag, sondern hellt zumeist gegen 15 Uhr auf. – Kolumbien auf den Hauptstrecken zur Regenzeit per Bus problemlos, da diese zwischenzeitlich asphaltiert sind. Bolivien: zur Regenzeit im Anden- Hochplateau mit dem Vorteil, daß die Busverbindungen dann wegen schlechterem Pistenzustand tagsüber verkehren und man mehr von der Landschaft mitbekommt. Verbindungen von z.B. La Paz runter in die Yungas dann allerdings wegen glitschiger Erdpisten an steil abfallenden Andenhängen reichlich gefährlich.

Den "heißen Tip" für die optimalste Reisezeit in den Anden gibt es daher nicht. Jede Jahreszeit hat ihre Vorteile und ist gemäß der eigenen "Vor-Ort- Wünsche" zu wählen! Also z.B. ob man Vulkanbesteigungen plant, Trails oder Urwald- Abenteuertrips! Alle Details dazu in den Länderkapiteln

✱ MAI bis ca. SEPT./OKTOBER:

ist im Andenbereich Ecuador südlich weitgehend trocken und hat strahlendes Licht im Hochland. Schönes Fotografieren! Die bolivianischen Busfahrer legen ihr Pensum dann auf die Nacht, da die Serpentinenpisten so risikoloser zu fahren sind (entgegenkommende Fahrzeuge vorab durch Scheinwerferlicht zu sehen!), – Trails im Andenbereich um La Paz machen dann mehr Spaß, da die Nachttemperaturen nicht ganz so krass absinken und die Ausrüstung leichter wird.

Allerdings herrscht genau in dieser Jahreszeit an der Pazifikküste (Peru/Chile) insbesondere im Bereich Peru die "garua": Küstennebel, der mit der Wolkendecke zwar allenfalls nur ganz feinen Niesel bringt, zumindest doch den Himmel grau verschleiert, besonders in den Morgenstunden! Wir fanden das aber recht reizvoll, wenn man aus den Anden von einem Indiomarkt (z.B. Huancayo) mit dem Nachtbus morgens ins feuchte Lima runterfuhr! –

Besonders Bolivien- Reisen sollte man in diesem Zeitraum unternehmen, da während der Regenzeit dort ein Großteil der Anden- Pisten nur mit Schwierigkeit zu bereisen sind! –

✱ CHILE + ARGENTINIEN:

Andengebiete: Schnee während der Zeit April bis Dez. , d.h. daß viele Hochgebirgspässe unpassierbar sind. Der Hauptpass zwischen Santiago de Chile und Mendoza/Argentinien wird aber per Tunnel unterfahren!

Pisten in Nordchile rauf in die Anden zu den Salzseen bzw. rüber nach Bolivien zu dieser Zeit (insbes. Juni bis Sept.) schwierig bis unbefahrbar.

Für das Seen- Gebiet zwischen Chile und Argentinien sind ohne Frage die Monate Dez. bis März die besten. Die dortigen Sommermonate, – mit schönen Trails und Bergsteigen. Zugleich aber auch die Monate der dortigen Ferien, also Gefahr der ausgebuchten Hotels, Züge und Flüge.

★ PATAGONIEN + FEUERLAND:
Für den Besuch unbedingt Dez. bis Febr. einplanen! Sonst versinkt man im Inland in Schnee, sowie verkürztes Tageslicht, eingeschränkte Verkehrsverbindungen und viele Hotels zu. Details siehe dort! –

★ ARGENTINIEN:
Pampa, Küste und Nordargentinien ganzjährig. Beste Badebedingungen allerdings an der Küste zwischen Bs.As. und Bahia Blanca in den Sommermonaten, die ähnlich wie Uruguay und brasil. Küste gegenläufig zur europäischen sind. Also optimalste Monate Dez. - März.

★ BRASILIEN:
praktisch das ganze Jahr über, für Baden jedoch Dez. bis Anfang März im Atlantik. Die Amazonasurwälder mit ihren Pisten sind "Wissenschaft" für sich. Details siehe dort. (Jede Menge gegenläufiger Daten, – je nach Region und Geplantem!) –

KARIBIKKÜSTE:
(Guyanas –Venezuela – Kolumbien) zum Baden ganzjährig. Für Trails und Abenteuertrips Überland: Details siehe dort! –

Ins REISE–KALKÜL für die beste Reisezeit sollte man nicht nur die für eigene Vorhaben günstigste klimatische Reisezeit ziehen, – sondern auch Sachen, wann in den entsprechenden Regionen Ferienmonate sind.

In Venezuela z.B. August/September, – Argentinien und Brasilien: Dez. bis März. Dann tut man sich reichlich hart, wenn man auf die preisgünstigen Inlandsrundflug- Tickets zurückgreift, weil Reservierungen schwierig werden.

Gilt nicht für Peru, Ecuador, Bolivien und Chile, was Rundflugtickets betrifft (ausgenommen die ausgesprochenen "Feiertags- Termine wie Ostern, Pfingsten, Weihnachten). Dort aber sehr wohl für die Inlands- Ferienorte wie z.B. "Playas"/Ecuador, Vina del Mar/Chile etc.). ALLE DETAILS siehe "Länderkapitel"! –

Ebenfalls ins Kalkül für die Reiseplanung: wann in EUROPA die Hauptreisemonate sind. Nachdem Südamerika wieder stark in Mode gekommen ist, sind zu diesen Terminen oft die preisgünstigsten Transatlantikflüge aüf Wochen ausgebucht! –

HOTELS

★ BILLIG–UNTERKÜNFTE zumeist in der Nähe von Busterminals, von Märkte und Bahnhöfen. Wir haben allerdings die Erfahrung gemacht, daß gerade diese Billigstherbergen zugleich die miesesten Schuppen waren: Kaninchenställe, fensterlos, Stahlrohrbetten und dreckige Wäsche. Trennwände zum "Nachbarn" oft aus Pappe oder Vorhang- Stoff und laut wegen dem regen Verkehr. Von Ungeziefer abgesehen. . .

Insgesamt sollte man nicht das erstbeste Hotel am Busstop nehmen, sondern den Rucksack schultern und in der Stadt auf Suche gehen. Hier findet man meist wesentlich bessere Hotels bei gleichem Preis. Tips dazu in unseren Länderkapiteln auf Grund langjähriger vor- Ort Recherchen!

Tips für Billighotels:

1.) Prinzipiell nur Hotels nehmen, die man selber inspiziert hat! An den Busterminals oder Zugbahnhöfen warten oft "Schlepper", die angeblich das beste Hotel der Stadt kennen und anbieten. Zumeist ist das nicht das "beste" Billighotel der Stadt, sondern das Hotel mit der dicksten Provision.

2.) Angebotene Hotels auf "Mitbewohner" kontrollieren! Also Flöhe, Wanzen etc. Ausprobieren, ob die Dusche und Toilette geht und wann das warme Wasser läuft.

3.) Sofort, d.h. beim Reinstellen des Gepäcks den PREIS fixieren. Beliebtester Trick in Billighotels, daß man den Preis nennt, der vom Gast als "pro- Zimmer- Preis" aufgefasst wird, der aber bei der Abreise sich als "pro- Person- Preis" herausstellt.

Ebenfalls checken, welche eventuellen Zuschläge noch hinzukommen.Bei einigen Staaten (z.B. die meisten Karibikstaaten) schreibt die Regierung vor, daß die Übernachtungspreise im Zimmer angeschlagen sein müssen, bzw. unten an der Rezeption. Daran muß sich der Hotelbesitzer auch halten. Faule Ausreden, wie z.B. "der Zimmerpreis hat sich gerade vor 3 Tagen erhöht und ist noch nicht ausgebessert worden" sind ungültig, da bei Preiserhöhungen , die von der Regierung genehmigt werden, selbige Erhöhung sofort auch im Zimmer- Anschlag geändert wird! –

4.) Fragen, wann das Zimmer am nächsten Tag geräumt werden muß. Meist ist das 11 oder 12 Uhr vormittags. Wer später erst sein Gepäck rausräumt, kann bei einem unfreundlichen Portier die folgende Nacht noch zusätzlich zahlen!

GEPÄCK: meist ist der Portier bereit, daß man bei einer Räumung des Zimmers zur "check- out- Zeit" noch weiterhin unten in der Rezeption abstellen kann, bis der Bus oder das Flugzeug ab späten Nachmittag oder Abend dann abgeht. Man muß also das Gepäck nicht unbedingt durch die Stadt schleifen.
WER früh am Morgen mit dem Nachtbus ankommt und dringend ins Hotel zum Pennen will (schon vor 12 Uhr mittags), der sollte mit dem Portier fixieren, daß dafür nicht eine zusätzliche Nacht berechnet wird! (In den meisten Fällen, – sofern das Zimmer frei ist, eine Selbstverständlichkeit!).

5.) DIEBSTAHL: gerade in Billighotels wird gern und viel geklaut. Das muß nicht unbedingt der Portier sein! Unbedingt die Wertsachen wie Pässe, Schecks und Kamera immer mitnehmen, auch wenn man nur kurz das Hotel verlässt! Es erspart Ärger! Eventuell noch ein eigenes Vorhängeschloß anbringen, welches aber nicht immer die gute Atmosphäre zwischen Hotel- Gast und Portier steigert! –

BILLIG–HOTELS heißen in Südamerika oft auch "residencial" oder "hospedaje" oder "Pension". –
JUGENDHERBERGEN ("Albergue Juvenil") gibts in Chile, Argentinien, Uruguay und Brasilien. Allerdings nicht so dichtes Netz wie bei uns in Europa. Details siehe Länderkapitel! –

VOM SCHLAFEN im Freien, also am Strand würde ich in der Nähe von Siedlungen, aber eigentlich auch fernab sehr abraten, da man vor Überfällen nicht sicher ist. Der in der Hängematte oder im Zelt pennende Gringo ist für die zumeist recht arme Bevölkerung eine willkommene Geld- Quelle! Bedenken, daß die Monatseinkünfte zum Teil bei 15o DM liegen!

✱ SCHLAFEN IN DER HÄNGEMATTE: die wohl schönste Variante, in einer lauen und noch intensiv warmen Tropennacht sich ins Reich der Träume zu schaukeln. Die besten Hängematten sind die aus Baumwoll-Stoff, weil sie sich bequem dem Körper anpassen und Luft zum Atmen geben.

Tropische Hotels haben oft für die Hängematte den Haken im Zimmer eingebaut, 'auf den Amazonas Schiffen ist die "hamaca" ebenso die Regel, wie auf den Haziendas. Wir haben die Erfahrung gemacht, daß es besonders in den tropischen Gebieten Südamerikas (sofern es sich um abgelegene Pionier- Regionen handelt), – durchaus möglich ist, die Einheimischen zu fragen, ob man in ihrem Garten die eigene Hängematte aufspannen darf. Besonders zu Europäern ist man im Allgemeinen sehr freundlich(sofern vorher ein einführender Schwatz geführt wurde, – irgendwo in einer Kneipe oder beim Trampen!); irgendwie fühlt man die Verpflichtung, dem weitgereisten Gringo zu helfen. Aber bitte Gastfreundschaft nicht ausnutzen! Weitere Details siehe auch Kapitel "Wandern in Südamerika". –

✱ CAMPING: in tropischen Bereichen Südamerikas unbedeutend. Ausnahmen bestätigen die Regel. – Im Andenbereich Kolumbien bis Peru/Bolivien ebenfalls unbedeutend, d.h. selten oder keine Campingplätze. Für Trails im Andenbereich ist das Zelt aber unabdingliches Reise- Utensil als Wetterschutz. Details siehe "Trails". – Die großen Campingregionen Südamerikas sind Südbrasilien/Küste, Uruguay, argentinische Küste, sowie Seengebiet Chile/Argentinien. Sowohl Campingplätze wie auch Wildcampen möglich. Ob sich das Mitschleifen eines Zeltes allerdings lohnt (wenn man keine Wanderungen vorhat), – ist persönliche Entscheidungssache. Viele der Campingplätze weit außerhalb oder weg vom Busterminal.

✱ MITTELKLASSE–HOTELS: gibt's – ähnlich der Basic- Hotels – in den südamerikanischen Provinzstädten in Hülle und Fülle. Sind meist Absteige der "comerciantes", der Händler und Geschäftsleute. In der Regel eine sterile Einheits- Betonarchitektur, die auf funktionale Zweckmäßigkeit ausgelegt ist und sich relativ sauber inkl. Privatbad, Teppichfußboden und Zimmertelefon präsentiert. Lage: meist superzentral im Geschäftszentrum der Städte und somit keine schlechte Wahl für kurze Wege, – zugleich oft aber auch laut, wenn man nicht das Glück hat, ein Zimmer in den oberen Stockwerken oder hintenraus zu bekommen.

Diese Hotelklasse wird auch gerne von der Gruppe der Südamerika-Individualreisenden benutzt, die zwar das Kapital haben, aber nicht einsehen, es in teure Luxusschuppen wie "Hilton" und "Sheraton" zu investieren. Je nach Land liegt die Preisklasse bei 15 - 3o US $ /Doppel.

Verfügen in der Regel über einen "Playa" oder "Estacionamiento" (Hotelparkplatz für den PKW) mit Gittertür etc. zum Schutz des Fahrzeuges. Benutzung ist gratis oder gegen geringen Aufpreis. Eine nützliche Sache, wer einen Miet- PKW dabei hat! –

In Brasilien, Argentinien und Kolumbien gibts in dieser Klasse teils bereits einen s/w- oder Farbfernseher im Zimmer, oder gegen geringen Aufpreis anmietbar. Eine Sache, die mir eigentlich immer viel Spaß gemacht hat, da der TV im Zimmer viel an Landesmentalität transferiert und zugleich auch die eigenen Sprachkenntnisse weiterbildet.

In tropischen Ländern wie Brasilien und Kolumbien, sowie Venezuela findet man in dieser Preisklasse oft im Zimmer auch einen Eisschrank, der mit Getränken angefüllt ist und das lästige Anklingeln des Obers erspart. Siehe auch "Oberklasse- Hotels"!–

Achtung! Unter dem Begriff "Motel" (in Brasilien "Moteis") läuft oft was anderes, als was man sich hier in Europa drunter vorstellt. Berechnung meist nach Stundenbasis und fürs Auto ein komplett umschließender Vorhang, damit der Zimmernachbar nicht am Kennzeichen sieht, wer hier gerade logiert. . .

★ OBERKLASSE und LUXUSHOTELS: in Südamerika ähnlich gut vertreten wie sonstwo auf der Welt, d.h. vorwiegend in den Großstädten; die Oberklasse auch in den wichtigen Städten der Provinz.

Klassifiziert wird in fast allen südam. Ländern mit Sternen. 4 Sterne ist Top- Klasse, 5 Sterne: Luxus und bestes. Der TV ist im Zimmer ebenso die Regel, wie Swimmingpool (in wärmeren Regionen). Die Preise bewegen sich um 5o - 1oo US $ pro Nacht und Doppel, sowie aufwärts je nach Land. Zuzüglich meist kräftiger Luxussteuer.

Die Oberklasse ist meist in den Händen regionaler Hotelunternehmen, – die Luxusklasse in Händen internat. Hotelketten wie "Hilton", "Sheraton" (wo die Zimmerteppiche fast immer die gleiche Farbe haben und der Standard international genormt ist). Es gibt in dieser Preisklasse aber auch eine Reihe nationaler Hotelketten, – die "Tropical- Hotels", die der Varig/Cruzeiro do Sul- Airline gehören, – die "Quadro Rodas" und "Othon"- Ketten in Brasilien etc. Excellente Sachen. Trotz ihres Preises oft permanente Ausbuchung und streckenweise schwierig, ohne vorherige Reservierung ein Zimmer zu bekommen.

Permanenter Zimmerengpass z.B. in den beiden besten Caracas- Hotels ("Hilton" und "Tamanaco"), woraufhin das Hilton einen weiteren Hotelturm angebaut hat, – in Bogota (die dortig besten das "Hilton" und das "Tequendama")– Lima/Peru, von je her wichtigste Metropole an der südam. Pazifikküste hat selten Zimmerengpässe wegen breitem Hotelangebot in dieser Klasse ("Sheraton", "Crillon", "Bolivar" etc.), – ebenso wie die sehr gut bestückten Metropolen Buenos Aires, São Paulo und Rio.

In Rio allerdings zur Zeit des Carnevals Null- Chance, wer nicht vorgebucht hat! – Vorbuchen entweder per Telex, oder (auch innerhalb Südamerikas) über renomierte Reisebüros. TIP: wer geschäftlich in Südamerika unterwegs ist, Sachen wie das excellente "Rio Palace" sind auch im Programm der deutschen Reiseveranstalter wie TUI oder Airtours und dort erheblich billiger inkl. Flug, als wenn man sich vor Ort ins Hotel einbucht! –

EISSCHRÄNKE: in Ober- und Luxusklasse die Regel. Leider wiederholt Grund massiven Ärgernisses! Zwar gibts für den wohlgefüllten Schrank einen Schlüssel, der in Besitz des Hotelgastes gelangt, aber als Duplikat auch dem Etagenkellner zu Verfügung steht. Die Tricks beginnen (in schlecht geführten Luxushotels) mit simplem Aussaufen des Eisschrankes durchs Etagenpersonal und haben clevere Varianten wie z.B. daß der Etagenkellner den Verbrauch des Vorabends notiert, aber den Eisschrank nicht nachfüllt.

Kontakte: wer in der Klasse der Billighotels reist, trifft sich irgendwo wieder; so groß der Kontinent ist, so klein ist er. Uli Bierbach z.B. traf ich in Maturin das erste Mal, dann wie durch Zufall in Bogota/Kolumbien und stellte in Lima/Peru fest, daß wir zufällig wieder im gleichen Hotel logierten. Und große Wiedersehensfreude, als ich meine amerikanischen Freunde, mit denen wir zusammen den Galapagos- Turn machten dann oben in Machu Picchu/Peru wiedertraf!

Das mag vielleicht damit zusammenhängen, daß die meisten Rucksack- Gringos Standard Routen in Südamerika fahren (zwar mal seitlich ab und Abenteuertrips oder Trails) so doch auf der generellen Route bleiben. Und daß jeder der Anlaufpunkte z.B. Quito/ Ecuador, Otavallo, Lima/Peru, Cusco/Peru, La Paz/Bolivia seine "Gringo- Treff- Hotels" hat, die wie Tips an der Börse gehandelt werden. Details siehe Hauptkapitel! Hier ist man unter sich, kann Erfahrungen austauschen, findet Reisepartner für zukünftige weitere Teiltrips oder spezielle Unternehmungen. Kann aber auch am Schwarzen Brett sein Zelt verkaufen, bzw. sich Wanderschuhe billig besorgen, wenn man Trails vorhat . . .

Trotzdem ist Südamerika nicht "ausgetreten" (wie beispielsweise die Hausbadestrände der Mitteleuropäer im Hochsommer an Korsikas Küsten, in Griechenland, Jugoslawien oder Spanien), – einfach weil die Dimensionen in Südamerika erheblich größer sind. Ausgenommen natürlich der absoluten Sight- Seeing Höhepunkte wie Machu Picchu/ Peru, – Iguazu- Wasserfälle/Argentinien- Brasilien. Bei viel Chance, sich seitlich abzusetzen und trotzdem irgendwo wiederzutreffen! –

Die Kontakt- Chancen nehmen natürlich rapid ab, wer abseits der Hauptrouten fährt. Also Abenteuertrips in den Urwald, Nebenrouten in den Anden (Tips siehe Texte Hauptteil des Bandes!), – aber auch, wer Länder besucht, die derzeit nicht in Mode sind, Chile z.B. (und dies, was die Landschaft betrifft, sehr zu Unrecht!!), oder in den besseren Mittelklasse Hotels logiert.

Aber auch die TOP–KLASSE hat ihre Kontaktmöglichkeiten. Das "Montabo- Hotel"/ Cayenne- Franz. Guyana ist z.B. Absteige der Piloten und der Crew der Air France Jumbos von Paris nach Lima, – das "Othon Palace"/Rio- Brasil für die Varig- Crew aus Frankfurt, Paris und Madrid, – das "Melia Caribe" nähe Maiquetia/Venezuela für die Viasa- Crew etc. Wer sich also auf dem Transatlantikflug in einen Steward oder eine Stewardess verliebt hat, der hat hier gute Chancen, selbige/selbigen abends an der Hotelbar wiederzutreffen . . .

Reservierungen: Für Basic- Hotels selbstverständlich nicht möglich. Aber jedes der Gringo- Treff- Hotels hat seine Ausweichvarianten. Details siehe Text. Wer nicht gerade in einer kleinen Provinzstadt und genau zum Zeitpunkt eines Regionalfestes ankommt, sollte eigentlich immer Chance haben, Unterkunft zu finden. Bei Groß- Fiestas, z.B. in Cochabamba/Bolivien (15. August, "Fiesta del Virgen de la Urqupina") hilft das Tourist Office mit Vermittlung von Privatquartieren.

Mittelklasse Hotels: telefonisch möglich (wenn man genügend Spanisch bzw. Portugiesich spricht), ansonsten durch das örtliche Tourist Office vermitteln lassen. Oder, in kleineren Orten das Gepäck irgendwo deponieren (Shop, Restaurant, Tourist Office etc.) und selber rumlaufen und abchecken. Liegen meist dicht beisammen.

Oberklasse + Luxushotels: per Englisch und Telefon, bzw. vorab vom Hotel des Vorabends per Telex mit Rückbestätigung.In einigen Ländern reservieren auch die Airlines das Hotel, sofern man das wünscht, zusammen mit der Buchung.

Wer in Mittel- oder Oberklasse logieren will, hat ein doppeltes Plus, wenn er ab Ankunft im Airport dort einen Mietwagen nimmt, der vor Ort bei Zeitknappheit Flexibilität in Trips in die Umgebung bringt und auch bequem zur optimalen Hotelsuche eingesetzt werden, wobei man sich auch das Taxi spart! Die Ersparnis der Retour- Taxikosten plus dadurch gefundenes billigeres Mittelklasse Hotel kann den Mietwagen einsparen!

Allerdings für Großstadtgiganten wie Caracas, Rio, Sao Paulo und Buenos Aires das Taxi wegen Stadtorientierungsschwierigkeiten zum Hotel bequemer! –

★ BESONDERE HOTELS (alte Haziendas, umgebaute Klöster oder Hotels in besonders schöner Lage, sowie Blick): gibts einige Bonbons, zum Teil garnicht so teuer und den Extrapreis unbedingt lohnend!

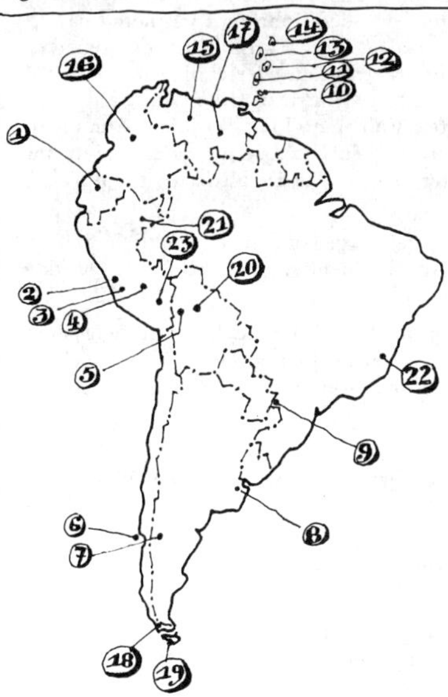

Folgende Aufstellung kann nur eine grobe Übersicht sein und zur Motivation dienen! Jede Menge weiterer; Details siehe Hoteltips in den jeweiligen Länderkapiteln!

1 Hotel Cusin (bei Otavallo/Ecuador), eine gemütliche und liebevoll restaurierte alte Hazienda in der Nähe des Lago San Pablo im Andenhochland. Relaxing und preislich Mittelklasse.

2 El Pueblo (am Stadtrand von Lima/Peru). Nachgebautes Andendorf mit Plazas, gemütlichen Restaurants in Rustikalstil. Luxusklasse um 1oo US.

3 "El Turista"/Nasca- Peru. Einfaches, aber sehr gemütliches Touristenhotel in der Nasca- Wüste nähe des Airstripes für Cesna- Flüge über den Nasca- Linien. Gemütlich mit Rundbögen- Arkaden um einen Swimmingpool mit Tropenvegetation. Billig bis mittel.

4 "Libertador", Cusco/Peru. Ein 5- Sterne Superluxushotel in jahrhundertealtem Kolonialgebäude mit allem Komfort. Luxusklasse, ca. 7o US $

5 "Sheraton"/La Paz- Bolivia. Üblicher 5- Sterne- Komfort, aber von den Zimmern der oberen Stockwerke Spitzenblick vom Doppelbett aus auf den vergletscherten Inti Illimani! (Gibts auch billiger von mehreren anderen La Paz- Hotels, allerdings weniger Komfort). –

6 "Hosteria Ancud"/Insel Chiloe bei Pto.Montt. Schlüsselpunkt für excellentes Muschelessen und Meeresgerichte. Im Blockhaus Stil. Supergemütlich. Preislich gehobene Mittelklasse.– In Pto. Montt: das "Hotel Panoramico" (basic-Klasse, billig) mit super Panorama- Blick vom Bett auf die Stadt! – "Cabaña Hotel Ralun" am Ende des Fjordarmes "Estuario de Recloncavi". Supergemütlich in grobem Steinbau, mit offenem Kamin und großartiger Natur. Preislich gehobene Mittelklasse. Viele weitere in der Region; absolut Spitze ist das Refugio am Vulkan Osorno. Details siehe dort! –

7 Region Bariloche/Argentinien im Seengebiet. Hat eine Reihe gemütlicher Mittelklasse-Pensionen, teilweise landschaftlich großartig gelegen, ebenso die (teils) sehr komfortablen Refugios am Cerro Catedral, die, wenn nicht zu Fuß, bequem mit der Seilbahn zu erreichen sind und grandioses Seen- Panorama bieten. Details dort! –

8 "Buenos Aires- Sheraton" . Hochhaus am Rio de la Plata, großartiger Blick von den Zimmern der oberen Stockwerke über's Centro, den Retiro Bahnhof und Hafen.- Gemütliche Sachen im Kanalgewirr des Tigre- Deltas und preislich Mittelklasse!

9 Iguazu- Wasserfälle (Argentinien/Brasil): nach meinem Geschmack gemütlichstes ist das direkt an den Wasserfällen gelegene "Hotel das Cataratas"/brasil. Seite. Kolonialstil nachempfunden, mit tropischen Holzfußböden, gemütlichen Betten und Farb-TV in warmen Tropennächten. Vorallem die Wasserfälle direkt vor der Haustür und nicht so steril, wie das moderne Betonhotel auf der argentinischen Seite! Insbeson-

dere wegen der grandiosen, umgebenden Natur eines der schönsten tropischen Hotels Südamerikas. Unanehmlichkeiten wie Moskitos am Hotelswimmingpool muß man in Kauf nehmen. Bei derzeitigem Preisniveau Brasiliens preisl. Mittelklasse. –

1o KARIBIK- HOTELS: gehören, was Gemütlichkeit und Tropenfeeling betrifft, auf allen meinen Reisen definitiv zum Schönsten, was der Kontinent zu bieten hat! Z.B. das "Arnos Valle" auf Tobago (1o), – das "Secret Harbour"/Insel Grenada (11), – "Palm Island" mit den besten Schnorchelstellen über endlosen Korallenriffs und "Young Island" auf St. Vincent (12), – "Hurrican Hole" auf St. Lucia (13), – auf der schönsten und urwüchsigsten Vulkaninsel der Karibik (Dominica) gleich ein ganzer Schwung, die in dichten tropischen Urwäldern versteckt sind, mit Wasserfällen, Urwaldpools und Vulkankraterseen. – Alle Details siehe mein 512 Seiten dicker Karibik- Führer! –

15 "Los Frailes", ein Kloster von 1643, zum Hotel umgebaut. Sehr gemütlich mit schweren Holzbalkendecken, Kaminfeuer etc. In einem Andenhochtal bei Merida/ Venezuela.

16 "Mesopotamia" und "Durello", beide im Kolonialdorf Villa de Leiva in der Nähe von Bogota/Kolumbien, die unbedingt den Abstecher lohnen und sich preislich in Grenzen halten, – excellente und sehr gemütliche weitere Hazienda- Hotels in der gesamten Boyaca- Provinz, Details siehe dort !

17 "Avensa- Lodge"/Canaima- Venezuela. Weniger wegen der Lodge(die über die Avensa- Airline gebucht werden kann), – sondern wegen der Angel- Wasserfälle, die mehr als 1.ooo m von einem Tafelberg runterstürzen!

18 "Hosteria Pehue"/Torres del Paine Nationalpark/Chile. Die Hosteria ist ganz passabel, ohne jedoch was Spezielles zu sein. Grund auch hier die großartige Lage, sowie Ausgangspunkt für schöne Wanderungen im Nationalpark.

19 " Hosteria Alacush" im Lapataia Nationalpark/Argentinien. Mit großen Panoramafenstern, Blick über Berge und Fjord. – Ebenso die "Hosteria Kaiken" nähe Ushuaia/Argentinien.

2o "Prefectural"/Coroico/Yungas- Bolivien. Als Hotel einfach, aber sauber. Bonbon ist die abenteuerliche Fahrt an Steilhängen runter nach Coroico, die klare und frische Luft und Ruhe, sowie der weite Talblick. Schön, um 1 oder 2 Tage zu relaxen und garnicht so teuer! –

21 Amazonas- Lodges nähe Iquitos/Peru. Für den, der mal in den Urwald reinriechen will, ohne auf Komfort und Sicherheit zu verzichten, keine schlechte Stelle. Von dem Indianer- Tamtam abgesehen (Bastrock- Shows) bringt die Amazon Lodge die meiste Patina, Amazon Village ist die modernste und Explorama- Camp die am weitesten abgelegente Urwaldlodge um Iquitos, also am tiefsten im Urwald drin.

22 "Othon Palace" und "Rio Palace", beides 5- Sterne Luxushotels am Copacabana/ Rio de Janeiro, entsprechend teuer, aber Superblick über die Bucht. Das Othon Palace mit Swimmingpool im Dachstockwerk, vom Blick excellent. – Gemütliche und relativ billige Kolonialhotels im südlich gelegenen Parati.

23 "Esteves"/Puno- Peru, auf einer Insel im Lago Titicaca mit traumhaft schönem Blick vom Bett über den Schilfgürtel des Sees.

Diese Aufstellung will und kann nicht komplett die schönsten Hotels Südamerikas bringen; dazu sind die umfangreichen Hotelbeschreibungen in den einzelnen Länderkapiteln da! Im Rahmen der Recherchen zu diesem Band haben wir mehr als 7.ooo (!) Hotels in Südamerika abgecheckt. Und zwar nicht wie viele andere Reiseführer, die die Sache anscheinend vom heimischen Schreibtisch aus machen (weswegen dann Hotels in Ermangelung konkreter Daten vielfach nur mit Adressenangabe oder magerer Information "cheap" oder "clean" präsentiert werden) . . .

Wir sind der Ansicht, daß zur Auswahl eines Hotels mehr gehört, als lediglich Adressenangabe und die dürftige Angabe, daß es "clean" (=sauber) ist. Sowieso in den Basic- Hotels ein sehr- sehr dehnbarer Begriff!!

Meine Mitarbeiter in den Recherchteams können ein Lied singen vom ewigen "Matratze- Drücken" in den Basic- Hotels und Prüfen der Sanitären Einrichtungen. – Ewig lange Listen mit aneinandergeklatschten Hotelnamen und Adressen, durch "cheap" und "clean" garniert, bringen meiner Ansicht nach wenig und sind Augenwäscherei.

Wo es sich um touristisch wichtige Gebiete handelt, bringen wir bis zu 8o % der dort existierenden Unterkünfte in Detailbeschreibung. In definitiv für Tourismus unwichtigen Orten oder Städten (z.B. Rosario/Argent.) verzichten wir dafür auf Hotelangaben, da man diese auch vom Tourist Büro erhält.

Wir bringen in den Länderkapiteln einen Querschnitt aus Billig-, Mittel- bis Luxusklasse,und insbesondere in jeder Klasse häufig auch vergleichende Wertungen. (Für 5 US $ kann man ein Rattenloch bekommen, – aber auch Excellentes und Billigeres als in der 1o US $ - Klasse, wenn man weiß wo!)

* REFUGIOS (Schutzhütten): siehe Kapitel "Wandern und Bergsteigen in Südamerika"! Werden teilweise von regionalen Bergsteigerclubs, teils von den Nationalparks unterhalten.

In eigener Sache:

Es liegt in der Natur der Dinge, daß bei der Fülle an konkreter Information, die dieses Buch enthält, sich im Laufe eines Jahres einiges ändern kann.

Deshalb bitten wir um Mitteilung von Abweichungen. Wer uns ansonsten irgendwelche ausgefallenen Tips wie neue Routen, schöne Hotels mit viel Atmosphäre oder ähnliches schickt, wird bei der Neuausgabe dieses Buches namentlich zitiert.

Bitte schreibt uns, wir freuen uns über jeden brauchbaren Tip, weil wir es wichtig finden, daß man nicht irgend ein blödes Laberbuch, wie leider viele Reiseführer mit sich schleppt, sondern etwas, was wirklich nützlich und hilfreich ist! –

VERLAG
MARTIN
VELBINGER
Bahnhofstr. 1o6
8o32 Gräfelfing/München

GELD:

1.) Mitnehmen:

Gibts mehrere Möglichkeiten. Wobei man je nach Sicherheitsbedürfnis die einzelnen Möglichkeiten prozentual kombiniert:

★ BARGELD:

Bringt die größte Flexibilität.(Sofern man US $ in der Tasche hat, die praktisch überall in Südamerika bekannt und beliebt sind und überall eingetauscht werden können.)

IM HEIMATLAND (Österreich, BRD, Schweiz) die eigene Währung in US- Dollar Noten eintauschen. Dabei den Kurs beobachten und zu günstigem Zeitpunkt tauschen. Kann einige hundert DM Gratis- Kapital vor Ort in Südamerika bringen, wenn man günstig tauscht.

Dabei legt man sich ein entsprechendes Paket an 1oo US $ - Noten zu (Grund kommt gleich!), sowie entsprechend viele 1 - US $ - und 5 US $ - Noten.

VORTEILE: insbesondere in stark inflationären Ländern Südamerikas, zu denen derzeit fast alle zählen (gigantische Auslandsverschuldungen, bis zu 1oo Milliarden US/Brasil), sind die "Verdienenden" des Landes an Umtausch in US- Bargeld sehr interessiert, wobei 1oo US $ Noten verständlicher Weise oft geringfügig besseren Kurs geben, da der Geldstapel im hauseigenen Safe nicht ganz so dick wird. Dies sind auch die Länder, die meist Schwarzmarkt besitzen, der bis zu 1oo oder mehr Prozent mehr zahlt für Cash-US- Dollar gegenüber dem regulären Bankkurs.

US- Dollar in Bargeld bringen daher nicht nur den Vorteil, daß man nicht auf Bank- und Geldwechselstuben- Öffnungszeiten für den Eintausch von Travellerschecks angewiesen ist (also jederzeit tauschen kann), sondern auch erheblichen Kapitalgewinn für die Reise. Aber vorab erkunden, ob der Schwarzmarkt geduldet, oder polizeilich verboten und damit strafbar ist!!

Kleinere Dollarnoten bewähren sich, da nicht immer der Empfänger rausgeben kann, bzw. Kursverluste entstehen, wenn man kurz vor Ausreise aus dem betreffenden Land einen 1oo- US $ Schein tauscht. ACHTUNG: viel Falschgeld "unterwegs" in Südamerika, – wer dort Geschäfte tätigt, oder z.B. einen PKW verkauft!

NACHTEILE: liegen auf der Hand, Diebstahl. Dann ist das Reisekapital weg, wer sich ausschließlich auf Bargeld verlässt.

★ TRAVELLER–SCHECKS:

Gibts u.a. von "American Express" und von der "City- Bank". Kauft man in Europa von der Hausbank oder von der örtlichen Vertretung obengenannter Banken zum regulären Wechselkurs. (Kapitalgewinn bei günstigem Tausch zu US- Tiefstand). Der Scheck wird in US- Dollar ausgestellt und kann bei den Vertretungen der Aussteller in Südamerika eingetauscht werden zum dortigen regulären Bank- Wechselkurs. Aber auch andere Banken oder Wechselstuben (auch teils Hotels, Restaurants etc.) nehmen Traveller-

Schecks, ziehen sich aber zum Teil erhebliche, zusätzliche Spesen fürs Umtauschen ab.

Bringt Sicherheit, da Ersatz bei Diebstahl der Schecks. Kostet aber auch seinen Preis. Außerdem ist man auf die Öffnungszeiten der Wechselstuben angewiesen, wenn man Bargeld in Landeswährung benötigt. In abgelegenen Gebieten ist es zudem schwierig, die Travellerschecks loszuwerden.

★ EUROSCHECKS:
Haben sich zwischenzeitlich auch in Südamerika eingeführt. Deckung pro Scheck 4oo DM. Diese Tatsache ist bei fast allen Großbanken in Südamerika mit Geschäftsbeziehungen zu Deutschland bekannt. (Die peruanische "Banco Continental" z.B. Partnerbank der Bayrischen Vereinsbank; vorab die Partnerbanken in Südamerika abchecken!!).

Bei entsprechendem Vorab- Know How wird man daher die Euroschecks in südamerikanischen Großstädten problemlos in Landeswährung umtauschen können, – ebenso in größeren Hotels, in denen öfters Europäer logieren, insbesondere auch in Hotels und Restaurants, die unter deutschem Management stehen oder oft Europäer zu Gast haben.

DER EUROSCHECK ist bekanntlich gedeckt bei Diebstahl, sofern Schecks und Scheckkarte getrennt aufbewahrt werden. Im Falle eines Diebstahles umgehend polizeiliches Protokoll besorgen, da sonst der Versicherungsschutz verloren geht!

Sofern es Probleme beim Einlösen gibt, also die "blauen Dinger" unbekannt sind, hilft das Konsulat. Dort dürften Adressen bekannt sein, wo Einlösung möglich ist.

Nachteile (ähnlich wie beim Travellerscheck): Wechselkurs gemäß regulärem Bankkurs des Landes, – also keine Ausnutzung eines erheblich mehr zahlenden Schwarzmarktes.

★ KREDITKARTEN:
"Diners" und "American Express" sind die am häufigsten in Südamerika vertretenen "Plastik- Währungen". VORTEILE: wer schnell und viel reist, braucht sich nicht mit ewiger Geldwechsellei verschiedener Währungen belasten (und deren Rück- bzw. Umtausch). Weiterhin ist man gegen Diebstahl im Rahmen der jeweiligen Vertragsbedingungen geschützt. Miet-PKWs bekommt man ohne die sonst übliche Hinterlegung einer Kautionssumme (in Venezuela erhält man derzeit Mietwagen nur, wenn man eine der Plastikkarten in der Tasche hat!). Außerdem kommt die Abrechnung erst 1 - 2 Monate später = Zinsgewinn, der sich aber nur auszahlt, wenn man teuer reist. Plastikkarten- Inhaber können zudem bei den örtlichen Vertretungen des Creditkartenausstellers Bargeld abheben.(Unterschiedliche Bedingungen).

WER eine Diners- oder American Express- Kreditkarte will, muß über ein bestimmtes monatliches (oder jährliches) Mindesteinkommen verfügen. Die Nachteile der Plastikkarten, also daß man sie nur in Mittel- und Teuerklasse- Hotels benutzen kann, werden die Besitzer daher weniger berühren, da diese wohl kaum in Billighotels absteigen.

Zudem hat die Plastikkarte den Vorteil, daß man sie bei fast allen Airlines anwenden kann. Also superflexibel ohne dickes Bargeld reisen kann, wenn man spontan zurückfliegen muß, oder sich teure Extras in Boutiquen leisten möchte, Restaurantbesuche etc.

NACHTEILE: Abrechnungsbasis ist der Landes- Umtauschkurs.Also keine

Ausnutzung des Schwarzmarktes.

2.) Wechseln:

Normalerweise erhält man den günstigsten Wechselkurs im Land selber, indem man US- Cash am günstigsten an den Mann bringt. Das sind in Schwarzmarkt Ländern oft "Pharmacias" (Apotheken), teils Restaurants oder Hotels (wobei der Liftboy oder Zimmerkellner günstiger ist, als der Mann an der Reception!), – teils auch der Busunternehmer, der Taxifahrer, oder wer sonst im "Geschäft" ist. Je nach Landesinflation ist Handeln üblich, ähnlich wie auch auf den Märkten beim Souvenirkauf. Wenn die gewechselte US $-Summe hoch ist, sowie in 100 US $ - Noten getauscht wird, ist die Chance für einen besseren Kurs auf dem Schwarzmarkt größer.

Bei massiver Landesinflation sollte man nur entsprechende Beträge für die nächsten 1 - 2 Wochen tauschen, da man anschließend erheblich mehr bekommt. Cash- US $ gibt auf dem Schwarzmarkt definitiv erheblich mehr an Landeswährung als Travellerschecks. (Sofern Travellerschecks auf dem Schwarzmarkt überhaupt akzeptiert werden!).

Wer in abgelegene Gebiete fährt, sollte sich (egal ob er mit Cash- Dollar Noten oder Travellerschecks reist) rechtzeitig mit genügend umgetauschter Landeswährung versorgen. Weil in abgelegenen Anden- oder Urwaldnestern zwar der US $ bekannt ist, aber man oft zögert zu tauschen, da man den derzeitigen Wechselkurs nicht kennt, oder Angst hat, sich "Blüten" einzutauschen. Andererseits werden in Urwaldsiedlungen (z.B. Leticia/Kolumbien) oft erstaunlich hohe Wechselkurse angeboten, und zwar immer dann, wenn gerade eine neue Ladung Kokain eingetroffen ist . . .

GRENZE: an den Hauptübergängen, – z.B. Panamericana zwischen Ecuador und Peru, oder Kolumbien/Peru, – Peru/Chile warten die Geldwechsler mit ihren Diplo- Koffern. Auch in den Hauptstädten Südamerikas (Tips siehe Länderkapitel!).

IN DER REGEL sind die Geldwechsler korrekt. Es kann aber auch erheblichen Ärger geben! Um diese zu vermeiden, einige der üblichsten Geldwechsler- Tricks:

1.) Das DOPPEL–BLÄTTERN: dazu werden einige der Banknoten vorab vom Geldwechsler im Geldstapel geknickt. Beim Durchzählen erscheint somit ein und die selbe Banknote doppelt! –

2.) VERALTETE BANKNOTEN: werden den gültigen beigemischt. Dagegen hilft Vorabinformation bei den Banken, die vielfach solche Noten im Schaukasten ausstellen! –

3.) FALSCHE UMRECHNUNG des Wechselkurses. Dagegen hilft eigener Taschenrechner, der sich in Miniversion (Kaufhäuser, ca. 15 DM!) auch nach Beendigung der Reise gut abstoßen lässt.

4.) KÜNSTLICHE VERWIRRUNG durch Gesprächsverwicklung beim Abzählen oder Argumenten, daß der Typ drüben ein Zivilpolizist ist. Verwickelt mit Geheimnistuerei einer Geschäftsabwicklung in Hausgängen. ABHILFE: sofern im betreffenden Land der Schwarzmarkt verboten ist, nie diesen nutzen. Insbesondere nicht in riskanten Hausgängen etc.

WECHSELN IN BANKEN/WECHSELSTUBEN: sich nicht verwirren lassen durch das "$ "- Zeichen. Nicht nur der US $ trägt dieses Zeichen; auch einige der südamerikanischen Pesos- Währungen. – Kurse vergleichen! Einige Wechselstuben geben günstigere Kurse als die Bank nebenan! Zwar nur Pfennigbeträge, was sich aber bei 1oo US zum Mittagessen summieren kann.

Öffnungszeiten der Banken und Wechselstuben siehe "Allgemeine Tips" am Ende des jeweiligen Länderkapitels. Außerhalb dieser Zeiten ist Geldwechseln in den Hauptstädten im Airport meist rund um die Uhr möglich, – ansonsten in besseren Restaurants und Hotels, die allerdings (wenn das Land keinen Schwarzmarkt hat) einen schlechteren Kurs als die Bank zahlen. –

QUER–WECHSELN, also restliche argentinische Pesos gegen brasilianische Cruzeiros klappt in der Regel in Südamerika, ist aber mit Verlusten verbunden, da die Geldwechsler ja auch was verdienen wollen. Wer also plant, in Bälde ein Land zu verlassen, sollte kleinere Dollarscheine parat haben, um nicht allzuviel zu verlieren.

Insbesondere diese Restwährungen nicht zu lange aufheben, bei den meist gigantischen Inflationsraten! Münzen zu wechseln geht eventuell im Nachbarland. Ansonsten schwierig. Da die Münzen aber zumeist sowieso kaum Geldwert haben, sind sie schönes Souvenir, mit dem man in anderem Land jemand eine Freude machen kann, wenn dieser Münzen sammelt! –

Südamerikanische Geldscheine in Europa zurückzutauschen geht, ist aber schwierig und meist mit hohem Verlust verbunden. TIP: im Airport vor dem Abflug sich besser noch ein schönes Souvenir kaufen, oder (Brasilien) billigen Kaffee oder Zigaretten . . .

DM, – Österr. Schilling und Schweizer Franken kann man in den Banken der südam. Hauptsädte meist wechseln, ansonsten superschwierig, da unbekannt.

FAZIT:

Südamerika- Reisekapital in Europa von Landeswährung in US Dollar umtauschen. Dabei bleibt es jedem selbst überlassen, was er günstiger findet: Schecks oder Scheine.

Selbige US $ werden dann in den einzelnen Ländern gegen die Landeswährung eingetauscht. –

3.) Nachschub:

Wenn die Reisekasse knapp wird, gibts ebenfalls mehrere Möglichkeiten:

1.) kurzer Anruf in die Heimat, daß die Verwandschaft einen Scheck rüberschickt. Postweg in der Regel 1 Woche (nach südam. Hauptstädten!). Bitte keinen Leichtsinn wie Dollarnoten in Zeitungspapier und rein in den Briefumschlag! – Der Scheck wird in US $ ausgestellt und entweder "poste restante" (postlagernd) oder an die Botschaft zugeschickt. Damit geht man dann zu einer Bank (welche kann die Botschaft sagen), die den Scheck in der Landeswährung nach Bankumrechnungskurs auszahlt. Die Kosten betragen: das Telefonat nach Europa (ca. 3o DM), mit dem Nachteil, daß die einlösende Bank unter Umständen erst noch die Deckung des Schecks abprüft, wobei wiederum Zeit verstreicht. . .

2.) Varianten sind die Zusendung eines Euroschecks (da dieser pro Scheck bis 4oo DM gedeckt ist), sofern man vorab mit der Botschaft oder dem Konsulat abgeklärt hat, welche Bank Euroschecks kennt und problemlos akzeptiert. (Oder gleich Euroschecks selber in Reserve mitnehmen!)

3.) Die Geldzusendung wird erheblich beschleunigt durch eine telegraphische Anweisung ab Europa vom dortigen Bankinstitut (bzw. per Telex). Teuer, da zum Telefonanruf nach Europa noch ca. 5o - 8o DM (je nach Höhe des angewiesenen Betrages) Telex- und Bearbeitungsgebühren hinzukommen. Aber schnell und damit auch sinnlosen Zeitverlust mit Warterei, Hotel- und Restaurantkosten vermeidend.

Wer diesen Weg wählt, also das Geld von Verwandschaft, Freunden oder Eltern aus Europa bestellt, sollte vorab mit der Botschaft abklären, an welche Bank die Geldsendung in Südamerika zugeleitet werden soll. Die Nachteile dieser Version können eventuelle Fehlleitungen des Geldbetrages an eine andere Bank sein, – was zu ärgerlichem und erheblichem Zeitverlust führt. Muß nicht sein, aber öfters passiert . . .

4.) Wer eine eigene Bankverbindung in Europa hat, klärt mit dieser den eventuellen Geldnachschub am besten vorab! Beispiel: Bayrische Vereinsbank hat als Partner in Peru die "Banco Continental" etc. Vor der Abreise vereinbart man mit der eigenen Hausbank unterschriftlich, daß diese bei Bedarf Geld vom eigenen Konto auf die Partnerbank in Südamerika transferiert. Wenn man dann Geld- Nachschub in Südamerika braucht, genügt ein kurzer Telex von Südamerika an die Hausbank (eventuell Code vereinbaren!).

5.) Die Zeiten, wo die Botschaften mit Geld aushalfen, sind vorbei. In grösster Not zahlt die Botschaft allenfalls den Rückflug mit Linie, den man dann nach Rückkehr in Europa zurückzahlen muß.

IN JEDEM FALL, – egal ob Geldnachschub per 1) bis 4) wird der Betrag dann in der Landeswährung ausgezahlt. Das Geldnachsenden in Länder, die einen legalen Schwarzmarkt besitzen, führt somit zu oft großen Reisekapitalverlust!

Ein weiterer Kapitalverlust bei Geldnachsendung in Schwarzmarkt- Länder entsteht dadurch, daß man entweder die überschüssige Landeswährung nicht, – oder nur mit erheblichen Verlusten in US- Dollarnoten umtauschen kann.

Ebenfalls sind die Devisenvorschriften des betreffenden Landes zu beachten, die teils die Ausfuhr von nur beschränkten Beträgen der Landeswährungen genehmigen.

Günstige Länder für Geldnachschub sind derzeit Ecuador, Paraguay und Franz. Guyana, wo es keinen Schwarzmarkt gibt. Der von Europa transferierte US $ - Betrag wird dort von den Banken gegen geringe Umtauschgebühr auch in US $ ausgezahlt.

4.) Geld-Aufbewahrung:

Keine BRUSTBEUTEL verwenden! Abgesehen davon, daß sie unbequem sind, sind sie nämlich in Sekundenschnelle am zerschnittenen Faden unter dem Hemd rausgezogen. Ganz Clevere binden die Brustbeutel parallel noch mit einem weiteren Faden um den Bauch rum, – oder konstruieren intelligente Gummi- Konstruktionen um den Oberschenkel, die jeweils einen vorab Toilettenbesuch benötigen, um ans Geld oder den Pass zu kommen. . .

Auch vom GELDGÜRTEL, einem Ledergürtel, der an der Innenseite einen Reißverschluß besitzt mit Fach für Papiergeld, – halte ich selber nicht viel, da er in Südamerika bereits zu bekannt ist. Der Dieb weiß sofort, wo sich beim Gringo der Geldsafe befindet. Außerdem ist der Geldgürtel eine sehr unbequeme Sache, da man ihn immer erst abschnallen und dann die Geldscheine kompliziert aus dem engen Schlitz rausfummeln muß! –

WEITERE KNIFFS sind Spezialkonstruktionen wie z.B. der Brustbeutel mit normalem Hosengummi um Hals + unter der Achsel getragen ähnlich wie ein Revolverhalfter. Oder der Brustbeutel an Stahlkette. Frauen berichteten uns, daß sie die Sache – analog des Spickzettels in der Schule mit raffiniertem Gummizug- Mechanismus unterm Rock rausziehbar deponierten. Ohne Frage eine raffinierte Variante, die Prämien- verdächtig ist! – Andere Gringos verstauen die Geldscheine im Stiefel, wobei sich der Ober jedesmal beim Bezahlen der Restaurantrechnung dezent abwendet . . . (wegen dem Geruch der Scheine!)

Ich persönlich halte in die Hose eingenähte Fächer am besten, deren Eingang z.B. unterm Gürtel liegt. Beim Raubüberfall hilft weder Geldgürtel, Hosengeheimfach noch Brustbeutel, da bekannt und abtastbar. Gegen Trickdiebstahl sind alle 3 Varianten ein zwar unbequemer, so doch sehr nützlicher Schutz. Der beste Schutz sind zusätzliche, eigene Präventivmaßnahmen:

SICHERHEIT:

Vorweg: die Chancen, in einen Krimi- gerechten RAUBÜBERFALL verwickelt zu werden, sind in Südamerika relativ gering, sofern man sowas

nicht provoziert! Es soll ja Leute geben, die frisch in den Tropen angekommen, mal in die "Vollen" steigen wollen, also nachts Kneipentour in den Slums, um Südamerika zu erleben wie es leibt und lebt . . .
Wie mein Freund Guido, der frisch im tropischen Tiefland des Orinoco angekommen, abends in Cd. Guayana die Slums besuchte, zwar kein Raubüberfall, so doch von Polizeistreife aufgegriffen, die ihm den angeblich strafbaren Besitz eines Taschenmessers anlastete und einbuchtete. Das Problem ließ sich am nächsten Morgen dann mit US- Dollarnoten zu beidseitiger Zufriedenheit lösen.

Abhilfe: nachts oder tagsüber düstere Regionen meiden. Wer trotzdem abends in dunkle Hafengebiete, dortige Kneipen oder sonstige diffuse Gebiete will, lässt Pass, größere Bargeldbeträge und sowieso Wertsachen wie Kamera etc. besser im Hotel. In den Geldbeutel einen Betrag von ca. 2o DM plus (Seemanns- Trick) weiteres Notgeld in den aufgerollten Hemdärmel.

Überfälle finden meist mit Messer oder Machete statt, seltener mit der Knarre. Da hilft weder Brustbeutel, noch Geldgürtel und "Geheimfach" in der Hose. Tips wie "dem Räuber eine Plastikpistolen- Immitation unter die Nase zu halten" sind ein großer Blödsinn, da dann mit ziemlicher Sicherheit angenommen werden kann, daß der Räuber vor Schreck die echten, eigenen blauen Bohnen loslässt oder die Klinge reindrückt.

Im Falle eines Falles: "keep cool", ruhig bleiben, freundlich lächeln. Besser: ohne Unterhose aber heil, statt Messer im Bauch und ebenfalls ohne Unterhose! Den Helden zu spielen, – mit Krafteinsatz oder den, in Expditions-Shops erhältlichen Tränengas- Sprühdosen führt lediglich zu weiterer Provokation. 1o mal besser: mit viel Freundlichkeit die gewünschten Wertsachen überreichen!

STORIES, die gelegentlich durch die Globetrotter- und Travellerpresse geistern, wo Raubüberfälle mit Körperverletzung endeten, haben meist ihren Grund, daß sich das Opfer dem Überfall tätlich widersetzte.

★ TRICKDIEBSTAHL: ist in Südamerika viel eher die Regel. Grund: es ist für Räuber erheblich bequemer, mit Cleverness und Fingerfertigkeit die Geldbörse aus der Hose im Menschengedränge rauszufummeln als einen Überfall zu veranstalten. Auch ist diese Methode sicherer, da man bequemer verschwinden kann und selbst im Falle der Entdeckung eine geringere Strafe zu befürchten hat.

Wenn man die gängigen Tricks kennt und sich präventiv verhält, – reist man in Südamerika nicht "gefährlicher" als in Griechenland, Spanien oder Italien. Bin selber seit 1o Jahren jedes Jahr im Schnitt 3 - 6 Monate unterwegs und nie beklaut oder ausgeraubt worden.*

Ausgenommen auf meiner ersten Südamerikareise, wo leichtsinnger Weise Pass und Kamera im Rucksack verstaut wurden und dieser im Bus zwischen die Sitze unter die Füße kamm: Öffnung des Rucksacks zum Gang! Es war eine Nachtfahrt von Cali/Colombia nach Popayan mit gesundem Schlaf, aber böser Überraschung (siehe auch "constancia", nächste Seite!).

* dabei jede Menge Abenteuertrips gemacht, düstere Hafengebiete besucht, in Basic-Hotels geschlafen, sowie Trails in den Anden gewandert . . .

DEPARTAMENTO DE POLICIA "CAUCA"
DISTRITO TRES

MUSTER

El Bordo "Cauca", Agosto 27 de 1.975

En la fecha se presentó a la oficina del Comando de Policía del Distrito Nro. Tres, del Departamento de Policía -- "Cauca", el señor MARTIN BELBINGER, de 25 años de edad, de nacionalidad Alemana, sin pasaporte.

El citado señor manifestó que en el día de ayer - cuando viajaba de Cali a Popayán, le robaron el pasaporte expedido en LANDESAUPTSTADT MUCHEN en el año de 1.970, una cámara fotográfiva marca ZEISS-CONTANFLEX, abaluada en la suma de $4.000,oo-pesos, un boleto de linea Aérea VIAZA AEROPOSTAL, para viajar de-Carácas a Trinidad, Grenada, y Barbados de un valor de $3.000,oo-pesos, nueve (9) dolares Norteamericanos y un libro guia de Latino América(de color rojo).

Dado en la oficina del Comando de Policía del Distrito Nro. Tres, a los veinticiete dias del mes de Agosto de mil-novecientos setenta y cinco (1.975)

S.V. CARLOS ALBERO HURTADO PASSOS
Comandante Distrito Tres.

REPUBLICA DE COLOMBIA-DEPARTAMENTO ADMINISTRATIVO DE SEGURIDAD-SECCIONAL DE NARIÑO.- PASTO AGOSTO 28/75. EN LA FECHA PRESENTO COPIA DE LA CONSTANCIA SOBRE LA PERDIDA DEL PASAPORTE ANTES MENCIONADO. EL EXTRANJERO MARTIN BELBINGER VIAJA A LA CIUDAD DE QUITO CON EL FIN DE OBTENER NUEVO PASAPORTE ANTE LA EMBAJADA DE SU PAIS.

REPUBLICA DE COLOMBIA
D.A.S.
28 AGO 1975

DEPTO. ADMINISTRATIVO DE SEGURIDAD
DAS
SUB-SECCIONAL DE IPIALES
SALIDO 2 SET. 1975
RECEPCIONISTA

Trick- Diebstahl ist über die gesamten Andenstaaten, aber auch Brasilien und Argentinien verbreitet. Das gehört zu Südamerika und ist auch verständlich bei der im Verhältnis zu Europa großen Armut weiter Bevölkerungsschichten, insbesondere in den Städten. Faszinierend immer wieder die Fingerfertigkeit; sogar Kleinkinder, die hinten im Rucksack- Poncho baumeln, sind schon auf's Fummeln trainiert! –

Tricks und Präventiv- Tips:

– GEPÄCK kann man zwar im Hamburger Hauptbahnhof links abstellen, um sich rechts einen "Wiener" reinzuschieben. In Südamerika sollte man aber Rucksack oder Koffer bei derartigen Aktivitäten und sonstigen stets locker im Blickwinkel behalten. Insbesondere in Klau- intensiven Bereichen wie Busterminals, Bahnhöfen, Flughäfen etc.

– GELD, PASS, WERTSACHEN und DOKUMENTE gehören nicht ins Gepäck, egal ob man Überland mit Bus oder Colectivo reist, oder das Flugzeug nimmt. Sondern an den Körper oder in Griffweite. Was das übrige Gepäck betrifft und Klaugefahr beim Reisen: keine schlechte Idee, mit Minimalgepäck zu reisen! Nicht nur aus Gewichtsgründen! Sowohl Unterhosen, wie auch Jeans, Zahnbürste, Kamm und sonstige Reiseutensilien kann man überall in Südamerika nachkaufen (zumeist billiger als BRD!). Wenn die verschwinden, störts mich wenig, – frei nach Sokrates: "alles was ich habe, habe ich in mir selbst"!

Varianten je nach Reisezweck und Ziel. Der "TUI- Südamerika- Pauschaltourist" reist selbstverständlich mit Koffer, da er garantierten Transfer vom Airport zum Hotel besitzt und meist eine Reisegepäckversicherung abgeschlossen hat, – der HIKER auf Südamerikas Trails mit umfangreicherem Gepäck und den für die Wanderung notwendigen Utensilien. Die Reisegepäckversicherung keine schlechte Idee! –

– GELD bewahre ich in stinknormaler Geldbörse auf, die in die Hosentasche kommt plus Zigarettenschachtel oder Hand in die Hosentasche. Die andere Hand an den Haltegriff im öffentl. Nahverkehrsmittel (Bus, U- Bahn etc.). Simpel, aber bequem und keine Chance für den Trickdieb. In jedem Fall aber nie Geld und Wertsachen in die Handtasche oder die Hosen- Gesäßtasche! Wer auf Nummer Sicher gehen will, schnallt sich noch den Geldgürtel um und den Brustbeutel. Wenn schon das Folterinstrument "Brustbeutel" (Liebling von Generationen von Travellern!), so in weichstem Wildleder! Niemals glattes Leder oder gar Kunstleder oder Plastik. Scheuert und bringt die Haut zum Schwitzen! –

– PASS und WERTSACHEN wie Kamera in ordinäre, abgegriffene Plastiktüte. Einmal rum um die Hand. Sieht zwar nicht elegant aus, hat zugleich aber auch keinerlei Signalfunktion von "Wertsachen". Locker im Restaurant abgelegt, aber dezent im Auge.

– MENSCHENGEWIMMEL in Großstädten, oder Busterminals sowie Bahnhöfen sind beliebtes Feld für den Trickdiebstahl. Breite Palette von Tricks, begonnen mit Ablenkungsgesprächen, – zu "Anrempeln links", wobei rechts "gezogen" wird etc. Aber halb so wild, wie das immer wieder durch die Globetrotterpresse geistert. In einem Busterminal hat der potentielle Dieb eine breite Auswahl und sucht sich den bequemsten Weg, also z.B. den Schlafenden, der neben sich die Reisetasche hat.

– TRIPS in Zügen oder Bussen , z.B. von Lima/Peru,Meereshöhe rauf über 3 oder 4.ooo m- Andenpässe können beliebtes Trickfeld der Taschendiebe sein, da der Gringo wegen der dünnen Luft meist in Schlaf verfällt. Bekannt für Klau ist die Strecke des Zuges von Lima nach Huancayo in den Anden, die über mehr als 4.5oo m führt. Zunächst freundliches Anfreunden nebeneinander im Zugsitz und dann Tiefschlaf des Gringos oben auf der Passhöhe . . . Einiges an Kapital und Kameras ist hier oben auf südamerikanischen Passhöhen verschwunden. In der Regel aber immer der Leichtsinn des Gringos, der offen die Kamera neben sich hatte oder die Hände nicht in der Tasche, wo das Geld aufgehoben war! –

– HOTEL: keine Wertsachen im Zimmer rumliegen lassen. Nicht nur die Kamera, sondern auch der Pass sind für Diebe Wertsachen. Ein BRD- Pass ergibt in Südamerika z.B. um die 1.ooo bis 2.ooo DM Gewinn, da er in fast allen westlichen Ländern zum visumsfreien Besuch berechtigt. Angeblich sollen die BRD- Botschaften in Südamerika gestohlene Pässe rückkaufen, um Mißbrauch zu vermeiden. Wem also der Pass gestohlen wird, hat keine schlechten Chancen, diesen 2 oder 3 Tage später orginal von der Botschaft zurückzuerhalten!

In BASIC- HOTELS sind es meist die Nachbarzimmer- Genossen, wenn die Badehose oder eine hübsche Bluse von der Wäscheleine auf dem Hoteldach oder im Hof verschwindet. Abhilfe: Wäsche im Zimmer trocknen. Gegen nächtlichen Zimmerbesuch (oder tagsüber, indem der Nachbargringo "versehentlich" an der Rezeption den falschen Schlüssel verlangte), hilft ein eigenes Vorhängeschloss.

Wer in BESSEREN oder LUXUSHOTELS logiert, sollte die Wertsachen im Hotelsafe abgeben. Gratis. Läuft entweder gegen Quittung, oder der Gast erhält eigenen Schlüssel. Das Zimmerpersonal ist in der Regel in besseren Hotels excellent, da entsprechend vom Management auf Ehrlichkeit ausgewählt. Aber wer kann da der Verlockung widerstehen, wenn da Kleingeld wie "Trinkgeld" auf dem Nachttisch rumliegt, oder Wertvolleres . . .

– RASIERKLINGENTRICKS sind in Südamerika beliebt bei optisch sichtbarem Geldbeutel in der Gesäßtasche, bei Rucksäcken im Bus oder sonstigen Wertsachen, die sich schnell und bequem mit der Klinge raustrennen lassen. Abhilfe: keine optisch sichtbaren Wertgegenstände zeigen. So signalisiert der abgegriffene Tramperrucksack, der locker dem Busfahrer (gegen Quittung!) ins Gepäckfach übergeben wird, weniger Reichtümer als ein feudales Ding und zudem noch krampfhaft im Bus unter den Füßen festgeklemmt.

– GELDWECHSEL–TRICKS: beliebter Sport bei Busfahrern, auf Märkten und in Billigrestaurants ist das Hin- und Her- Wechseln von Scheinen: "hier ist ein 1oo Peso- Schein, ach nein, geben sie mir doch lieber 5o Pesos, dann kann ich besser rausgeben. Hier sind schon mal 3o Pesos, jetzt fehlen noch 15o Pesos . . .", bis das Opfer so verwirrt ist, daß es den Überblick verloren hat. Da es sich hier meist um 5o Pfennig- Beträge handelt, nicht weiter tragisch. Die Sache wird als Sport in Art eines Gesellschaftsspiels betrachtet, "wer die bessere Aufmerksamkeit hat". Und ist keinesfalls in die Rubrik "böser Wille" einzuordnen.

Anders dagegen bei bewußtem Beschiss in größerer Dimension. Besonders wenn man größere Banknoten z.B. in Restaurants hergibt und der Kellner nach Rückgabe des Wechselgeldes behaupet, die Note wäre kleiner gewesen. Hier hört der "Sport" auf und man sollte vorab Klarheit schaffen. (Ist nicht die Regel, kann aber schon mal passieren!)

GELDSCHEINE sind, insbesondere in den Anden oft zur Unkenntlichkeit zerknüllt oder dreckig, bzw. mit Scotch/Tesafilm zusammengeflickt. Hier zeigt sich, was die alten Römer schon sagten "Geld stinkt". Grund ist die Behandlung der Geldscheine, z.B. auf ecuadorianischen Andenmärkten, wo der Marktschreier per Mikro die rosa Unterwäsche verkauft und ihm das Geld zugeknüllt zugeworfen wird . . . Keine Sorge: sofern der Geldschein noch erkenntlich ist (und gültig, also nicht aus dem Verkehr gezogen!), wird er überall akzeptiert.

ACHTUNG: wegen der hohen Inflationsrate in den meisten südamerikanischen Ländern werden die Geldnoten gegen neue schneller als in Europa ausgetauscht. Um sich gegen das Einwechseln ungültiger Banknoten zu schützen hilft der Besuch vorab in der Landesbank oder einer Geldwechselstube, wo meist die ungültig erklärten Geldscheine ausgehängt sind.

Ärgerlicher: beim Umtausch von US $ in Landeswährung. Wenn man z.B. eine 1oo US Dollarnote wechselt, indem man sich 5o US in Landeswährung auszahlen und die restlichen 5o US in Dollarnote zurückgeben lässt. Da viel Falschgeld im Umlauf ist. Abhilfe: derartige Geldwechselgeschäfte nur in legitimierten Banken und Geldwechselstuben tätigen!

★ PROVOKATION: Thema für sich. Es ist zwar verständlich, daß der Europäer, der in seiner Heimat einer von Millionen ist, – sich in Südamerika gerne als "was Besonderes" fühlt und als der "fleißige Aleman" sicher auch einige Vorschuß- Lorbeeren genießt. Insbesondere auch Anerkennung als "weitgereiste Person". Wer dies aus eigenen Minderwertigkeitskomplexen aber durch ein "Raushängen- Lassen" von Wertgegenständen oder in Gesprächen dokumentiert, der lockt nicht nur Trickdiebe an, sondern provoziert auch den Neid.

Unterm Strich: wer präventiv reist, sich auf südamerikanische Gegebenheiten einstellt und unnötige Provokation vermeidet, dürfte in Südamerika ähnlich problemlos reisen, wie z.B. in Griechenland oder Portugal. Gute Spanisch- Kenntnisse sind nicht nur hilfreich bei Problemen, sondern steigern auch das Reisevergnügen in Kommunikation! –

Neuer Reisepass: sofern der alte geklaut wurde, braucht man eine "constancia" der örtlichen Polizeistation. Formulierung in etwa wie unsere constancia (Seite 121). Damit dann zur Botschaft oder zum Konsulat. Dort muß man sich identifizieren. Entweder mit dem Internat. Führerschein oder sonstigen Dokumneten. Nützlich auch, daß man Seite 2 und 3 seperat fotokopiert aufbewahrt.

Die Zeiten, wo das ruckzuck ging mit dem neuen Pass, sind vorbei. Vorab wird die Identität in der Heimat abgeklärt. Dann gibts ein Übergangsdokument in Form eines Reisepasses, der bis zur Rückreise in die BRD gültig ist und dort dann verlängert werden muß.

Verlust von Travellerschecks oder Kreditkarten: umgehend dem Aussteller melden damit der Versicherungsschutz nicht verloren geht. Und "constancia" der örtlichen Polizeibehörde, die man dem regionalen Vertreter der Travellerschecks oder der Kreditkarte bei Eintausch des Ersatzes präsentieren muß.

Reisegepäckversicherung: keine schlechte Idee. Leider treibt der Mißbrauch der Reisegepäckversicherungen die Prämien in die Höhe. Siehe auch Anzeige Seite 169!

★ DIPLOMATISCHES:

1.) Umgang mit Polizisten: je nach Landestracht in z.B. olivgrünen Uniformen (steigert Selbstbewußtsein!) und den Schirm der Mütze möglichst weit ins Gesicht geschoben: dadurch wird auch dem Polizisten selber seine Macht sichtbar. Es wäre definitiv falsch, sich im Problemfall mit dem Polizisten anzulegen. MERKE: er hat immer Recht!

ZUM BACKGROUND: südamerikanische Polizisten sind in der Regel absolut unterbezahlt. Wenn ein deutscher Polizist pfeift, wird ihm dies honoriert. In Südamerika fährt man oft mit freundlichem Gruß weiter. . .

Was nicht gerade sein Selbstbewußtsein steigert (trotz seiner Schirmmütze und Uniform!). Erinnere mich noch mit schlechtem Nachgeschmack an unser Erlebnis in Caracas/Venezuela, wo wir mit unserem gemieteten US- Straßenkreuzer rechts runter nach Maiquetia abbiegen wollten. Superdichter Stoßverkehr. Der arme Polizist mitten im Gewühl und abgasgeschwängert.

Obwohl rechts- Abbiegen dort genehmigt war, stoppte dieser uns mit dem Argument, wir wären bei Rot über die Ampel gefahren, konfiszierte PKW und Schlüssel. Dies am Samstag, wobei das Fahrzeug auf den Polizeiparkplatz abgeschleppt wurde und wir eine "Extrarunde" bis Montag in Caracas drehen durften. Leider hat mein Reisebegleiter mit dem Polizisten einen Streit auf Spanisch begonnen. Erheblich besser in Problemfällen: Zigarettchen anbieten, Small- Talk. Es kann auch sein, daß versehentlich ein paar Scheinchen der Landeswährung in den geforderten Führerschein reinrutschen . . . Aber bitte: niemals offen Geld übergeben, denn auch der südamerikanische Polizist ist in keinerlei Lebenslage bestechlich!

Anderer Fall: Grenze Peru zu Ecuador in Tumbes. Anscheinend aus Langeweile des dortigen Personals wurden wir mit viel Freundlichkeit in einen dezenten Nebenraum gebeten und hatten bald fast nur noch die Unterhosen an. Definitiv falsch, hier einen Streit zu beginnen. Viel besser: beobachten, woran das Personal interessiert ist. In diesem Fall war es eine Tüte Haribo- Gummibärchen aus der BRD.

Ca. 23.3o Uhr. Stockbesoffener Polizist tastet sich (in Uniform!) an den Hauswänden entlang. Auch das kann Südamerika sein.

2.) Umgang mit Behörden, Managern von Firmen etc. Wenn man über keine Vorabkontakte oder Beziehungen verfügt: wie das Arbeiten am Expander: kräftig ziehen; wenn man loslässt, geht die Sache wieder auf Null. Abhilfe: penetrant sein, aber niemals unverschämt. Und immer wieder bohren, bohren, bohren . . .

Wenn man dagegen Vorabbeziehungen besitzt: ist wie das Fahren eines Mercedes 5oo SE: Schlüssel reinstecken und umdrehen (=Beziehung), Gasgeben und in 6,8 Sec. ist man auf 1oo km/h.

VORAUSSETZUNGEN: guter Anzug, Tip- Top Schuhe (in Südamerika geht einer der ersten Abcheck- Blicke runter zum Schuhwerk! Nicht umsonst gibt es in Südamerika eine Armada von Schuhputzern!!) Sowieso Tip- Top Haare. Background: Anzug und gute Schuhe können sich in Südamerika nur die Mittel- und Oberschicht leisten. Was hier in Deutschland Eindruck machen kann, – wenn man leger kommt, praktisch als Koketterie, – läuft in Südamerika nicht. Schlechte Kleidung assoziert sofort: "Partner ist unseriös oder nicht erfolgreich in seiner Geschäfts-Branche"!

Der GRINGO hat zwar Vorschußlorbeeren als weitgereist und mehrere Sprachen sprechend (= in Südamerika nur in der gebildeten Oberschicht üblich!). Neben einer guten Argumentation im Gespräch oder durch eine Sache, die "für sich selbst spricht" (= ca. 35 % Erfolgsanteil), – zählt zu ca. 65 % die Beziehung. Oder das Empfehlungsschreiben einer hohen und kompetenten Persönlichkeit, die aber im Land selber leben sollte.

Drohen mit Beschwerde beim Vorgesetzten hilft in Südamerika wenig, da alles auf Beziehungen aufgebaut ist.

3.) Umgang mit Botschaften und Konsulaten: leider verwechseln abgebrannte Gringos diese immer wieder mit Service- Stationen, die zwangsläufig ihre "Dienstleistung am Landsmann" zu erbringen haben.

Bei den vielfältigen Problemen, die die Konsulate und Botschaften im Land zu erbringen haben (abgesehen vom Klischee des befrackten Botschafters auf Small- Talk- Cocktail- Parties. . .), – sehen diese sich definitiv nicht als Notnagel und Caritas. Wenn man also in echter Notlage Hilfe braucht, bewirkt eine plausible Begründung der Wünsche 1o mal mehr als "Forderungen" . . .

4.) Umgang mit Geld (bitte nicht- sprich "Bestechung"): ein Punkt, den man, – siehe auch "Polizisten" – dezent handhaben sollte. Merke: der Bestechliche ist prinzipiell nicht bestechlich!

Erinnere mich noch an unseren Versuch, 1975 auf die Galapagos- Inseln zu kommen. Damals nur mit superteurem Tours- Veranstalter, – oder per 2o US $ teurem

FAB- Militärpropeller möglich. Für letzteren das Veteidigungsministerium/Quito-Ecuador zuständig. Wir waren damals bis zum zuständigen "Zwischengeneral" vorgedrungen, der aber den Mitflug ablehnte. Daraufhin baten wir ihn (im Beisein anderen Militärpersonals) zu einem "persönlichen Gespräch" nochmal kurz in den Hof des Verteidigungsministeriums.

Dieser kam dann auch, – und zwar in Begleitung, – um Geld abzulehnen.
So läufts nicht. Wenn Geld im Spiel ist, muß das "nebenbei laufen", gewissermassen spielerisch. Die zufällige Dollarnote, die auf dem Tisch rumliegt oder Whiskeyflasche. Aber nie "offiziell" übergeben.

DROGEN:

Siehe auch Seite 464/879

Vorab: definitiv die Finger weg! Hauptexportartikel (wenn auch illegal) vieler südamerikanischer Länder ist derzeit KOKAIN. Gewonnen aus der Koka- Pflanze, die in den Andenländern von Kolumbien bis Bolivia angebaut wird. Die Schmuggelwege laufen via Überland und Air durch die Amazonasrandgebiete entlang der Andenhänge. Beteiligt ist eine Maffia an Händlern und Laboratoriumbesitzern.

Die Umsätze gehen in Milliardenhöhe, was unter anderem Kolumbien von Devisenschwierigkeiten befreite und zu erheblichem, wirtschaftlichem Aufschwung verhalf. Das Zeug wird in Schiffen, per LKW oder billig eingekauften DC 3 Propellermaschinen transportiert. Auf Druck der USA wurden die DAS (Kolumbien), – PIP/Peru etc., = Kripo des Landes in Zusammenarbeit der Militärs aktiv, die in Hubschraubereinsätzen die Anbaufelder auskundschaften und die Ware verbrennen, wie Laboratorien zerstören.

Die Ermordung des kolumbianischen Justizministers steht ebenso im Zusammenhang des "narco- traffico" (Drogenhandels), wie erhebliche Gewinne zu Zeiten der bolivianischen Militärregierung von 1983. Wegen den riesigen zu erzielenden Gewinnen ist die Szene ungeheuer brutal.

Keinesfalls genießt der Gringo, der sich hier als Handlanger oder Transporteur von Drogen anwerben lässt, – bei den Landesregierungen "Narrenfreiheit". Die Strafen sind supermassiv und die südamerikanischen Gefängnisse keinesfalls auf dem Luxusstandard wie die deutschen. Auch besteht keinerlei Chance, daß einen die eigene Botschaft freipaukt.

Ganz egal, wie man über Drogen denkt (ich persönlich bin dagegen!), – sollte man definitiv jeden Kontakt meiden. Wer Angebote bekommt, dezent das Thema wechseln und Örtlichkeit nach unverbindlichen Worten verlassen. Parallel gibts jede Menge Spitzel, die sich unter anderem Zusatz-Dollars verdienen durch Erpressung, wenn man Kontakt mit Drogen hatte.

Ebenfalls sollte man Basic- Hotels meiden, wenn dort Drogenkonsum praktiziert wird, da mit Razzien der örtlichen Polizei zu rechnen ist. Auch sollte man keinerlei Freundschaftsdienste übernehmen, verschlossene Päckchen auf dem Rückweg nach Europa für andere Gringos zu transportieren.

POST:

✶ VON SÜDAMERIKA NACH EUROPA:

In der Regel gibts keine Briefkästen wie in Europa, sondern man gibt den Brief beim örtlichen Postamt ab. Der normale Brief ist meist billiger als in Gegenrichtung. Zwar nur Pfennigbeträge, aber immerhin. Der Versand per "Luftpost" (Papier und Umschlag gibts in den "Liberias" und an Kiosken) dauert im Schnitt 1 Woche. Nach 1o Jahren eigener Benutzung des Postverkehrs zwischen beiden Kontinenten (pro Woche waren 1 - 2 Briefe im Schnitt unterwegs) muß ich eigentlich ein Lob aussprechen. Nur sehr selten geht Post verloren!

WER SICHER gehen will, schickt die Sache per "certificado" (Einschreiben). Nur geringfügig teurer, mit dem Plus, daß ca. 4o DM pro verloren gegangenen Brief vergütet werden. Für wichtige Sachen ist der Tip, diese persönlich nach Europa zurückzutragen, Filme z.B. Oder anderen Reisenden mitzugeben.

SEE–POST per Schiff ist bei schwergewichtigeren Sachen zwar ungemein billig. 2o kg kosten um die 3o DM (in beide Richtungen). Dauert aber auch um die 3 - 4 Monate!!

Spezialtarife bei den AIRLINES, z.B. für Souvenirsendungen. Geht zwar in 3 - 4 Tagen zum Empfänger, aber sauteuer. 3 kg um 1oo DM, plus/minus 3o - 4o DM je Airline.

SCHWERGEWICHTIGERES, z.B. Kolonialstil- Möbel (ungemein hübsche Sachen in Kolumbien), Schnitzarbeiten (z.B. Peru, Bolivia etc.) gibt man mit regionalen Frachtunternehmern auf, die Erfahrung mit dem Export haben und die preisgünstigere Seefracht nutzen. In Quito/Ecuador z.B. sehr schöne Sekretär- Möbel in Tropenhölzern gesehen bei "La Bodega", – ebenso wie in Kolumbien bei "Artesanias de Colombia"/ Bogota, die beim Export behilflich sind.

WER die Beschleunigung von Briefpost zusätzlich fördern will, gibt den Brief in der Hauptstadt und dort im Airport- Postamt auf.

✶ VON EUROPA NACH SÜDAMERIKA:

Wenn keine feste Adresse bekannt ist, sendet man per "poste restante" (= postlagernd). Auf dem Hauptpostamt (correo central) der betreffenden Stadt lagert der Brief dann ca. 1 Monat und wird, wenn er nicht abgeholt wird, wieder zurückgeschickt.

TIPS: keine Aufschriften wie "Herr" oder "Frau", da sich dann der Brief unter Umständen im Fach "H" oder "F" wiederfindet. – Prinzipiell auch im Fach des Vorname-Buchstabens suchen lassen! – Dem Fräulein am Schalter beim Blättern zusehen. Häu-

fig blättern die hübschen Damen die Post durch und sind mit den Gedanken bei schöneren Sachen . . .

ALTERNATIVEN sind die Zusendung der Post an die eigene Botschaft/Konsulat. Die Anschrift "c/o Embajada de la Republica Alemana" (bzw. "Embajada de Austria", "Embajada Suiza"). Vorteil ist, daß die Botschaften und Konsulate mehr firm sind beim Sortieren der Namen und daher die Postversendung dorthin sicherer ist. Nachteile: daß die Botschaften meist außerhalb des Centros in Residencial Areas liegen und auch die Öffnungszeiten kürzer als die der Post sind.

ADRESSEN immer deutlich schreiben; wir sind hier etwas verwöhnt von unserem Postservice, der oft selbst Unlesbares oder Unvollständiges zum Empfänger befördert. Wer sicher gehen will, schreibt die Adresse mit Schreibmaschine. – Wolfgang Scheller wies uns darauf hin, daß er seine eigenen Briefe stets nur mit "Señor Scheller, poste restante" verschicken lässt. Wie er weiter schreibt: "lässt man das Señor weg, kann man auch unter der Abteilung Señorita landen, oder auch unter dem Anfangsbuchstaben seines Vornamens! Möglicherweise ist es mein Pech gewesen, daß mein Name mit Sch. anfängt, ein Buchstabe, der dort unbekannt ist. Bin also mehrfach unter S, C, H abgelegt worden. Sehr gut hat jedoch die Postnachsendung über die einzelnen Botschaften geklappt."

Die Verwendung von Sondermarken auf dem Brief ab BRD muß zwar nicht zu Verlust des Briefes führen, kann aber eine gewisse Attration auf regionale Markensammler ausüben. Statt einem Einreißen der Sondermarke lieber gleich normale Marken verwenden.

Briefkästen sind in Südamerika nicht die Regel. Die Post bringt man persönlich aufs nächste Postamt. Dabei darauf achten, daß die draufgeklebte Briefmarke auch abgestempelt wird. Sonst kommt die unter Umständen wieder vom Brief runter und wird ein zweites Mal verkauft. (Und der Brief in den Kasten "Abfall" statt in den Postversand- Korb).

Abhilfe schaffen vielfach die Postverwaltungen selber, indem sie mehr und mehr die Freistempelmaschinen einsetzen, – ähnlich wie man sie hier auch in Europa im Geschäftsbriefverkehr kennt.

Kolumbien hat seinen eigenen Postverkehr mit der staatlichen Avianca- Airline, der als recht zuverlässig gilt. Die Post wird dort im regionalen Avianca-Buchungsbüro abgegeben.(Siehe "Kolumbien/Allgem. Tips"!)

*TELEX: ist ein schriftliches Dokument ähnlich eines Einschreibens, wo zugleich der Inhalt des Telexes juristisch wirksam festgehalten ist. (Da im Moment des Sendens sowohl beim Absender wie auch Empfänger der Text auf Papierrolle abgedruckt wird).

Einsatz:z.B. per Codewort- Übermittlung bei Geldanforderung an die Hausbank in Europa. Aber auch nützlich, um Daten schriftlich schnell zu übermitteln, die per Telefon durchbuchstabiert werden müßten. Denkbar ist der Einsatz des Telexes auch, wenn man schnell irgendwelche schriftlichen Ge-

nehmigungen an die Heimat weiterleiten muß, also beispielsweise: "ich, Paul Müller berechtige hiermit meine Freundin, Elisabeth Huber, in meinem Namen meinen PKW, Kennzeichen XYZ zu verkaufen" . . .

TELEXBÜROS gibts in Südamerika meist dort, wo auch die Telefonvermittlung sitzt. Auch die Luxushotels haben eine eigene Telexoffice, die von Gästen und Nichtgästen benutzt werden kann.

Die Gebühren sind günstig. 3 Minuten kosten in etwa das selbe, wie 3 Min. Telefon, nämlich ca. 3o DM. In 1 Minute kann man 4oo Zeichen übermitteln.

Wer keinen eigenen Telex in Deutschland besitzt und auch im Freundes- und Bekanntenkreis keinen Telexbesitzer kennt, kann eventuell (im Notfall) mit dem Reisebüro, welches die Flugtickets verkauft hat, die kurzzeitige Telexbenutzung vereinbaren. Dem Empfänger entstehen für den Empfang eines Telexes keinerlei Kosten.

Für Notfälle (z.B. "bin krank, schickt mir bitte schnell Geld, damit ich heimfliegen kann. . .") ist natürlich das Telefon das bessere Medium, da man zugleich auch mit den Lieben in der Heimat hin- und her ein paar Worte wechseln kann.

★ TELEGRAMM: die o8/15- Variante zum Telex. Teuer, ca. 2o Worte kosten je nach Land um die 2o - 3o DM. Ermäßigungen in einigen Ländern, wenn man das Telegramm zu bestimmten Nachtzeiten abschickt.

Anwendungsbereich: wenn der Empfänger kein Telefon hat. Ansonsten ist das Telefon besser und billiger.

TELEFON:

Telefonate ab Südamerika nach Europa kosten um die 3o DM pro 3 Minuten, sofern man vom öffentlichen Telefonamt spricht (Adressen siehe Hauptteil des Bandes!). Hotels nehmen Aufpreise, die bis zu 5o oder gar 1oo % betragen können. Wer also vom bequemen Zimmertelefon mit Europa sprechen will, sollte vorab sich an der Reception erkundigen, wieviel die Hotel- Einheit kostet!

ZU ALLEN Ländern Südamerikas, ausgenommen der Guyanas ist zwischenzeitlich Selbstwählverkehr möglich. Grund ist die zwischenzeitlich gute Versorgung mit Fernmeldesateliten über dem Atlantik. Verkürzt zugleich die lästige Warterei von früher Stunden auf's Fernmeldefräulein, bis das mit ihren Vermittlungen durchgekommen war.

Bei legalem Schwarzmarkt kann es aber durchaus auch sein, daß man mit ca. 1o DM/ pro 3 Min. "dabei ist". – Telefonate in südamerikanische Nachbarländer sind leider nur geringfügig billiger (ca. 2o DM/3 Min.) als der Transatlantik- Talk! Abchecken; in einigen Ländern gibt es preisgünstige Nacht- Telefontarife. Klar, daß die Direktwahlmöglichkeit

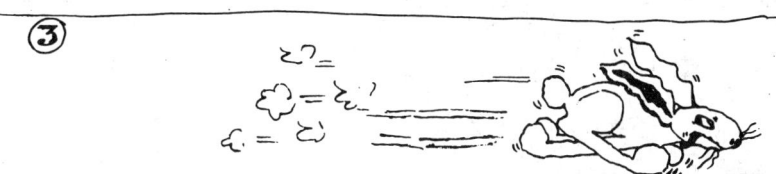

(3)

mit Europa nur die größeren Städte betrifft, – obwohl auch der inner- nationale Telefonverkehr derzeit zügig ausgebaut wird und bereits hohes Niveau z.B. in Brasilien und Argentinien erreicht hat! –

ZEITVERSCHIEBUNG zur MEZ (Mitteleuropäischen Zeit) beachten! Wichtig, damit man die Freunde beim Telefonieren in Europa nicht mitten in der Nacht aus dem Bett holt, wenn es am anderen Ende der Leitung in Lima/Peru erst 11 Uhr abends ist!

Zeitdifferenz zur MEZ:

Argentinien/Uruguay:	– 3.oo	Peru, Kolumbien, Ecuad.	– 5.oo
Brasilien: Amazonas	– 4.oo	Bolivien	– 4.oo
Acre	– 5.oo	Venezuela	-- 4.oo
sonstiges	– 3.oo	Paraguay	– 4.oo
Chile und Karibikinseln von Trinidad bis Guadeloupe	– 4.oo	Franz. Guyana	– 3.oo
		Surinam	– 3.3o
		Guyana	– 4.oo

Wenn es also z.B. in Europa/Frankfurt 12 Uhr mittags ist, ist es in Lima/Peru erst 7 Uhr am Morgen. – Zusätzliche Zeitverschiebungen können sich ergeben durch eingeschaltete Sommerzeiten in Europa bzw. Südamerika (siehe S. 1555).

Wer von Europa nach Südamerika telefonieren will, wählt die entsprechende Landes-Nummer + Stadt (ohne die erste Null) + Anschluß. – Wer in Gegenrichtung von Südamerika nach Europa telefoniert, hat ab wenigen Punkten (z.B. Rio- Internat. Airport) bereits Telefonapparate, die mit Münzen Direktdurchwahl ermöglichen. Ansonsten ins nächste Telefonamt (Details siehe Ländertexte!) und dem Fräulein die gewünschte Nummer geben. Von der Telefonkabine nebenan wird dann das Gespräch durchgeführt.

Vorteil gegenüber früherer Handvermittlung: in der Regel gibts kein Minimum von 3 Minuten mehr, sondern es wird nach den verbrauchten Einheiten abgerechnet. Also auch 1 Minutengespräche möglich (oder weniger). Das verbilligt das Telefonieren erheblich, z.B. "Lockanrufe" in der Heimat: "bin gerade in Rio, ruf mich bitte unter Tel. . . . zurück!". Ganz Clevere vereinbaren "Klingelzeichen" mit den Lieben in der Heimat,– also z.B. 3 mal Klingeln (und dann auflegen!) = bin gut angekommen.

NATIONALE TELEFONATE: also Telefonieren innerhalb des betreffenden Landes. Einige südamerikan. Länder sind gut mit öffentlichen Telefonzellen ausgerüstet, Brasilien z.B., – in anderen geht man (in Ermangelung öffentl. Zellen) ins nächste Restaurant, wo das Telefon auf der Theke steht. Konsum von Getränken wird nicht erwartet.

R- GESPRÄCHE: von Südamerika nach Europa sind seit dem 1.1.8o nach BRD und seit dem 1.3.82 nach Österreich nicht mehr möglich. – In die Schweiz (oder in Gegenrichtung ab Schweiz) gehts derzeit noch mit Chile, Brasilien und Franz. Guyana. Unter einem "R- Gespräch" versteht man, daß nicht der Anrufende, sondern der Angerufene fürs Gespräch zahlt. War zu Zeiten der teuren, handvermittelten Transatlantik-Telefongespräche insbesondere für abgebrannte Gringos praktisch, da für Telefonate in Notlagen mit Eltern oder Freunden keinerlei Kosten für den Anrufenden entstanden.

Heutzutage löst man das Problem mit dem billigen 3o Sek.- Lockanruf (siehe oben!)

Auch die Wartezeiten auf Telefonverbindungen haben sich in heutigen Zeiten der Sate-

(4)

litenvermittlung erheblich verkürzt. – Auch innerhalb der einzelnen Länder geht die Telefonverbindung (wegen der meist gigantischen Entfernungen!) meist per Funk und Parabolantenne. Allerdings mit einigen Handycaps, wenn die "rübergefunkte" Telefonverbindung in abgelegene Andenhochtäler oder Urwaldgebiete eintrifft. Klartext: schlechte oder keine Verbindung! Abhilfe schaffen neu eingesetzte oder kurz vor Abschuß befindliche Telecommunications Satelliten, die dann über dem betreffenden Land schweben. Kolumbien erwartet z.B. seinen eigenen Landes- Satelliten innerhalb der nächsten Jahre. Der NASA, aber auch die europäische Nachrichtensatelliten-Abschlußrampe (Ariana) in Korou/Franz. Guyana ist mit Terminen voll ausgebucht!

Für NOTFÄLLE kann man auch in Urwaldgebieten zur Nachrichtenübermittlung die örtlichen Rundfunkstationen vermitteln, die eigene Programmblöcke für private Notnachrichten besitzen! –

STROM:

Die Regel sind 22o Volt, 6o Hz Wechselstrom, – teils aber auch 11o Volt. Details siehe "Allgem. Tips/Länderkapitel". Hauptproblem ist die Fülle verschiedener Stecker, die von Land zu Land variieren. Hilfreich sind die im Elektrohandel erhältlichen Zwischenstecker (ca. 3 - 4 DM).

Stromausfall zwar nicht die Regel, aber möglich. Entweder durch Unwetter, durch Bergrutsche oder durch Terrorismus. Abhilfe: Kerze oder Taschenlampe im Gepäck.

FOTOS:

Nach SÜDAMERIKA , ohne Fotos zu machen, wäre einfach schade! Schöne Motive bezüglich der Farbenpracht (z.B. Indiomärkte in den Anden mit aus den Kesseln dampfenden Gerüchen der Gerichte, bunte Ponchos, in denen die Indiokinder baumeln), – bezüglich der Vielfalt (z.B. dampfende Nebelschwaden über dem Grün des Urwalds), – bezüglich Abenteuer (z.B. wilde Andeneisenbahnen) und Erlebnissen (z.B. das klapprige Innere einer Busch- Sportflugzeugmaschine, inkl. all der Hebel und Armaturen + Pilot).
Wer noch keine Kamera hat, kauft sich schnell eine. Es lohnt sich!Dazu die Angebote der Discount- Versand- Shops vergleichen!

Foto Koch, Schadowstr. 6o-62
4ooo Düsseldorf 1
Hansa Foto, Hansaring 91,
5ooo Köln 1
Würzburger Fotoversand, Postfach 132
87oo Würzburg 1
Profi Fotoversand, Postfach 4oo1
1ooo Berlin 3o
Discount Schnellversand, Postfach 24o4
4ooo Düsseldorf 1
Foto Hoffmann, Kaiserstr. 57
6ooo Frankfurt/M.

Kameras können hier wesentlich billiger sein, als in den übrigen Fotogeschäften, müssen es aber nicht.Preisvergleich spart einige hundert DM!

5

★ Durch die Entwicklung der Mikro- Elektronik ist die Kamera- Technik rasant fortgeschritten. Generell gibts 2 Gruppen von Kamera- Typen, die ich für den großen Südamerika- Trip empfehlenswert halte:

1.) wer den Kontinet bereist, nicht als "Foto- Profi" für "Quick" oder "Bunte", – sondern Fotos aus Erinnerungswert schießt, und um der Verwandschaft oder Freuden die Reise zu präsentieren, der sollte auf eine der neuen, sich in Schärfe selbst automatisch einstellenden Kameras zurückgreifen!

VORTEILE: Modelle wie die excellente (und von mir selber öfters eingesetzte!) Ricoh, aber auch Nikon und Minolta sind so flach und klein, daß sie bequem in die Hosentasche passen. Damit entfällt die Angst und das Transportproblem der voluminösen Spiegelreflexkameras bei Diebstählen (Raus aus der Hose, draufdrücken und wieder rein in die Hose!) Zudem kein belastendes Zusatzgewicht.

Weiterer Vorteil ist die Bequemlichkeit beim Fotographieren. Weder die Entfernung muß vorab eingestellt werden (das macht die Automatik), noch Blende und Belichtungszeit. Zudem ist noch ein Blitz eingebaut (der bei Spiegelreflex extra aufgesteckt werden muß und dort einiges wiegt!), – das Ganze beim Gewicht von ca. 25o Gramm und einem Volumen von 3,5 Zigarettenschachteln!!

Anfangs war ich diesem Kameratyp sehr skeptisch gegenübergestanden und habe ihn in die Rubrik der "Damenhandtaschen- Kameras" einsortiert. Eine Einstufung, die diesen supermodernen Kameras aber definitiv nicht gerecht wird. Während ich auf meinen ersten Südamerikareisen mit Zeiss Ikon und Nikon F2 unterwegs war, die zusammen mit Zusatzlinsen und Blitz bis zu 3 kg auf die Waage bringen und Ballast bei "flexiblem Reisen" waren, möchte ich heute auf meine Ricoh nicht mehr verzichten!

Schärfe reicht absolut aus, sowohl für Dia Abende, wie auch 3o x 4o cm- Postervergrößerung. Kostenpunkt inkl. Blitz ca. 3oo DM.

2.) SPIEGELREFLEX: die Vorteile einer Bild- gerechten Abbildung im Sucher bei Nahaufnahmen spielen weniger eine Rolle, außer man ist Fotoprofi. Entscheidender ist der unbestreitbare Vorteil der Austauschbarkeit der Linsen! Also Einrastung von Tele- oder Weitwinkelobjektiv. (Gibts auch kombiniert als stufenloses "Zoom", aber schwergewichtig.)

VORTEILE ohne Frage das Tele (wobei in Relation zum Linsengewicht im Normalfall 1oo mm ausreichen), z.B. um die Quirrligkeit einer Straße oder Hafenszene zusammenzurücken, – und das Weitwinkel, um grandiose Landschaftsszenen (z.B. Inka Ruinen von Machu Picchu/Peru) oder Innenaufnahmen (Hotelzimmer oder DC 3- Pilotenkanzel) in den Sucher zu bekommen.

Vorteile sind auch größere Schärfe und größere Lichtstärke bei Restlichtaufnahmen, vorausgesetzt, man hat entsprechende Objektive im Koffer, die aber dann auch zusätzlich wiegen.

Gut und oft auf meinen Reisen dabei die "Nikon FM" (mit Normalobjektiv im Fotohandel um 35o DM), die einen Gewichtskompromiss darstellt . Zusammen mit Weitwinkel und 1oo mm Tele knapp 2 kg. Und nach Vorabeinstellung der Blende durch Kopplung lediglich zum Abdrücken die Fixierung der Entfernung benötigt. Teleobjektiv wie Weitwinkel kosten nochmals ca. 5oo DM, plus 1oo DM für den Blitz, der weitere ca. 25o Gramm wiegt.

Zum Modernsten auf dem Spiegelreflex- Sektor gehören die "Canon T 8o" und die "Minolta 7ooo" mit Taschenrechner- ähnlichem Datenfeld. Wobei sich die Minolta AF durch Schärfeautomat selber einstellt. Preis ohne Zusatzobjektive und Blitz ca. 1.1oo DM.

Veraltete Spiegelreflexkameras ohne obige Extras sind zwar billiger,– bringen aber wegen kopflastiger Mechanik (statt Elektronik und Mikrochips) noch mehr Gewicht auf die Waage. Finger weg, auch wenn billig in Zeitungsannoncen angeboten, da vor Ort lästig!

OB SPIEGELREFLEX mit Zusatzobjektiven, – oder handliche RICOH etc. in der Hosentasche, – bleibt jedem selber überlassen. Dabei habe ich persönlich die Erfahrung gemacht, daß ich zu häufig meine schwergewichtige Spiegelreflex + Linsen im Hotel zurückließ (einfach da unbequem). Während die Ricoh permanent in der Hose dabei war und dann auch zur Hand bei unverhofften Fotomotiven. . .

★SPEZIALKAMERAS: excellet, wer sich im Urlaub auf tropische Küsten und Korallenriffs konzentriert: die Nikon- Unterwasserkamera (ca. 8oo DM). Gibts billiger (ca. 2oo DM) in der gelben Minolta- Version, allerdings ohne die Nikon Extras. So doch definitiv ausreichend für den Hobby- Fotografen, der nicht 5 mal im Jahr die Chance hat, Unterwasserfotos zu tätigen.

★POLAROID- SOFORTBILDKAMERA: schöne Sache für Geschenke an "Vor- Ort- Fotos", da das Farbbild innerhalb von knapp 1 Minute aus der Kamera rausrutscht. Gibts in Einfachversionen für ca. 5o - 7o DM. Die Filme aber teuer, und das Gerät vom Volumen zu unhandlich, als daß ich das Gerät trotz des Vorteils "Geschenke erhalten die Freundschaft" jemals mit auf meine Südamerika- Reisen genommen habe.

★FILME: hier gehen die Meinungen auseinander, – ob "Agfa" oder "Kodak". Soll jeder selber entscheiden. Als TIP gilt jedoch: unbedingt das Filmmaterial bereits in Europa kaufen. In Deutschland sind meist die Kaufhäuser die billigste Quelle. – Wer in Südamerika nachkaufen muß, zahlt sich meist dumm und dämlich. Der Kodak oder Agfa- Diafilm (36 Aufnahmen) in der Regel nicht unter 27 oder 3o DM!!Ausnahme sind die wenigen Duty-Free-Zonen (z.B. Manaus/Brasil, – Antofagasta/Chile etc., Details siehe Text!), wo die Filme aber trotzdem noch teurer als in Deutschland sind! – Selbst in den Duty- Free- Zonen der internat. Airports, z.B. Bogota/Kolumbien bin ich fast vom Stuhl gefallen, als dort 27 DM verlangt wurden!!!

Die EINREISEBESTIMMUNGEN der einzelnen südamerik. Länder genehmigen lediglich die Einfuhr des "persönlichen Bedarfs" an Filmen. Wer 5o Diafilme oder Schmalfilmrollen im Gepäck hat, wird im Problemfall wohl eher in die Rubrik "kommerzieller Verkauf" eingestuft.

Ich meine, daß eine Überzahl an Diafilmen zu wahllosem Abdrücken führt, wobei dann die wenigsten Dias sitzen. Gerade, wenn man nur eine begrenzte Anzahl an Diafilmen im Gepäck hat (ca. max. 15 pro 3 Monate), gibt man sich notgedrungen mehr Mühe in der Auswahl der Motive.

Abhilfe gegen Zollprobleme ist das Auspacken der Filme aus dem Verpackungskarton, sowie die Verteilung der Filme im Gepäck.

LAGERUNG DER FILME: das Filmmaterial ist hitze- und feuchtigkeitsempfindlich. Die Filme, – egal ob neu oder verbraucht, – in Silberpapier- Folie einwickeln und im Inneren des Rucksacks oder Koffers in möglichst viele Pullover oder Kleider einrollen!

VORSICHT: moderne Sicherheitsdetektoren auf den Airports zerstören die Filme nicht. In Südamerika jedoch vielfach veraltete Geräte im Einsatz. Abhilfe: Filmrollen vorher aus dem Gepäck nehmen und außerhalb der Detektor- Schranke durchschleusen. Oder spezielle Schutzbeutel benutzen, die es im Fotohandel gibt.

Wer Filmnachschub in Südamerika kauft, sollte dies nicht aus dem sonnenerhitzten Schaufenster tätigen, sondern lediglich Filme kaufen, die aus dem wärmegeschützten Air Condition- Inneren des Shops stammen! Zugleich das Verfallsdatum überprüfen! –

ENTWICKLUNG in Südamerika, sofern man Diafilme an die offiziellen Entwicklungsstellen gibt: qualitativ ähnlich gut wie in Europa und Dauer ca. 1 Woche. Problem ist allenfalls der eventuell nicht zuverlässige Postweg. – Schwarz/Weiß- Filme in Entwicklung und Abzügen erreichen den Empfänger in sehr unterschiedlicher Qualität! Von Kratzern und Grauschleiern begonnen (in diletantischen Shops) bis zu einer Qualität, die teils europäischer überlegen ist!! –

Fotographiertips: ich möchte mir sparen, hier ins Detail zu gehen; die Regale in den Buchhandlungen quellen über von Fotoliteratur! Hier nur die wichtigsten Tips speziell für Südamerika:

– immer wieder beobachtet, daß Südamerika- Touristen sich um Schönwetter- Postkartenfotos bemühen. Aber gerade Regengüsse in den Tropen, wenn das Grün der Blätter intensiv gewaschen wird und der Dampf der Feuchtigkeit über den Flüssen oder Fluß- Lagunen bzw. im Bergurwald hängt, – bringen ungemein lohnende Fotomotive! Dazu 24 DIN- Filme einpacken, die zudem im superlichtintensivem und glasklaren Licht im Andenhochland zusätzliche Tiefenschärfe, aber auch Verwacklungsschutz bei Tele bringen, wenn man auf Blende 8 oder 16 geht.

– immer wieder beobachtet, daß Fotoanfänger bei der Benutzung vom Blitz glauben, dieser geht endlos. Tut er nicht; normalübliche Blitze reichen 5 bis 6 Meter! –

– Weitwinkel hat mich bei erstmaliger Anwendung fasziniert: Busfahrer in seinem Cockpit inmitten seiner Tausende von Knöpfen, Hebeln, Heiligenbildern am Spiegel etc. in Andenbussen, – Hotelzimmeraufnahmen, wo die Unterwäsche rumliegt, der geöffnete Tramperrucksack und der Reisepartner noch tief eingemummt nach kalter Andennacht im Schlafsack. Aber auch bei grandiosem Landschaftspanorama welches nicht in die Normallinse passt. Ähnlich wie beim Tele (dort verstärkt!)

darauf achten, daß die Lichtstärke des Objektivs ausreicht, damit man nicht in Belichtungsnöte kommt.

– Verwacklungsgefahr: besonders Restlicht gegeben, das in den reizvollsten Tageszeiten (kurz nach Tagesanbruch, sowie kurz vor Sonnenuntergang) auftritt. Aber auch beim Fotographieren aus fahrenden Bussen, wo 1/25o als Minimum für scharfe Fotos nötig ist. Wer einen festen Stand unter den Füßen hat und ruhige Hand, kann bis zu 1/6o verwacklungsfrei halten.Hilfsmittel ist hier das Aufstützen der Kamera auf Stuhl, Fenster bzw. Anlehnen der Kamera an eine Wand.

– Kameras, die sich automatisch scharf stellen (Gattung Ricoh etc.) arbeiten in der Regel mit Infrarot- Abtaststrahlen, die von Glas reflektiert werden. Im Klartext: Unschärfe, wenn man z.B. aus dem Flugzeugfenster fotographiert. Abhilfe: im Flugzeug die Kamera auf Unendlich einstellen und diese Einstellung mit dem Finger im Auslöser festhalten, bevor man durchs Fenster draufdrückt. –

★ FOTO–MOTIVE: "wer eine Reise macht, hat was zu erzählen", bzw. Dias zu zeigen. Um später langweilige Dia Abende zu vermeiden, sollte man auf das lasche Nachfotographieren sattsam bekannter Postkarten Motive verzichten.

Auf der einen Seite kann Fotografieren auf Reisen ungemein positiv sein zur Steigerung der eigenen Erlebnisfähigkeit. Ähnlich wie beim Malen: sich intensiv mit der Umgebung oder Menschen auseinandersetzen, indem man Motive sucht. Plötzlich die Intensität von Farben oder Farbkombinationen erlebt. Das Graubeige der Andenhänge, das Silberblau des Himmels mit Wolken wie Watte über den Tälern. Der Ausdruck von Gesichtern, die von Lebensbedingungen und Erlebnissen geprägt sind. Menschen in der Umgebung ihrer Lebensbedingungen.

In dem Zusammenhang bewundere ich auch die journalistischen Leistungen insbesondere im Sektor Fotos des "National Geographic Magazins", die mich in meiner Jugend entscheidend prägten in meiner Begeisterung am Reisen, worunter ich nicht Konsumieren von Sight- Seeing Punkten verstehe, sondern z.B. einen kompletten Tag in einer Kneipe rumhängen, Leute beobachten, Gespräche, Kontakte.

Fotographiert das, was Euch fasziniert! Der vom 1o Std.- Serpentinen- Trip in den Anden ausgelaugte Busfahrer, – Nebelschwaden im Bergurwald am frühen Morgen, wenn die Temperaturen noch um 8 Grad liegen, – die Hitze über der peruanischen Wüste, die die Autos in der Luft flimmern lässt,– die Schachspieler im Cruzeiro do Sul Jet überm brasilianischen Urwald. Jede Menge lohnender Motive! Die zusammengeflickte Cessna der Dschungel-Airline in der Blech- Servicehütte, – die Stewardess, die freundlich den Checkin für den Transatlantikflug vorbereitet, – das Hotelzimmer mit den offenen Koffern etc. Das macht zu Hause an kalten Winterabenden 1o mal mehr Spaß, als die langweiligen, den Prospekten nachfotographierten Südamerika- Sightseeing Dias! –

Die KAMERA muß nicht, aber kann eigenes Erleben verhindern. Es hat Reisen gegeben, wo ich die Mitnahme einfach leid war, da sie eigenes Erleben einschränkt im Zwang, ständig gute Motive suchen zu müssen. Abgesehen vom Gewichtsballast der früheren voluminösen Spiegelreflex. Diebstahl etc.

* FOTOGRAFIEREN von Menschen: wohl der interessanteste Bereich im Rahmen der Reisefotografie. Bitte beachten, daß viele Campesinos, insbesondere in abgelegenen Regionen daran glauben, daß das Foto gewissermaßen eine Form des Besitzes der Person ist.

Daher unbedingt vorher fragen, ob ein Foto genehm ist. Wenn nein, dann die Kamera umgehend weg. Nichts ekelhafter als der Foto- Fetischismus,– egal ob mit Normallinse oder Tele, der sich Jagdtrophäen exotischer Menschen für die heimische Leinwand in Oberhausen oder Duisburg schießt.

Gute Fotos entstehen nicht dadurch, daß man schamhaft voyeuristisch abschießt, – sondern, daß man von einem Menschen fasziniert ist, sich mit ihm unterhält. Sei es mit der Sprache oder mit den Augen und Gesten.

GRENZEN:

Details über die EINREISE – BESTIMMUNGEN im ersten Kapitel des jeweilgen Ländertextes.

Wer ganz sicher gehen will (für den Fall, daß sich inzwischen etwas geän= dert hat!), der erkundigt sich zuvor nochmal bei der Botschaft des betref= fenden Landes. Adressen dazu am Ende des jeweiligen Ländertextes! –

* In den meisten Fällen reicht ein gültiger PASS, der mindestens noch 6 Monate über das Einreisedatum hinaus gültig sein sollte.

* Sofern ein VISUM zusätzlich verlangt wird, kann man das entweder schon bei der Botschaft hier in Europa beantragen. Dauert aber meist recht lang und ist genauso bei der jeweiligen Botschaft drüben in Südamerika möglich. Das für Venezuela benötigte "Touristen- Visum" wird von der Fluglinie ausgestellt, mit der man einreist. Dringend auf das Abstempeln durch die Fluglinie achten, bevor man den Flug antritt! –

* EXIT–TICKET wird von einigen Ländern verlangt (z.B. Karibik, Kolumbien, Peru), aber nicht immer kontrolliert. Unter einem "Exit- Ticket" versteht man in der Regel ein offizielles Rückflugticket vom betreffenden südamerikanischen Land zurück nach Europa. Oft genügt aber auch ein "onward-ticket" (Weiterflugticket ins Nachbarland). Kann man umgehen, indem man ein sogenanntes "MCO"- Ticket von irgendeiner IATA- Airline kauft im Wert von ca. 3oo US $. Das ist eine Art Gutschein, der bei jeder IATA- Airline gegen ein gleichteures normales Flugticket eingetauscht werden kann, aber auch nachträglich in Bargeld zurückgetauscht werden kann.

  Achtung: der Vermerk "non refundable" im Flugticket schließt den Rücktausch des unbenutzten Flugcoupons in Bargeld aus, ist aber bei einem MCO nicht zulässig! –

* Die EINREISEGENEHMIGUNG wird in der Regel für 9o Tage erteilt, – jedoch je nach Aussehen des Reisenden und Land teils nur 3o Tage. Kann man bei der örtlichen "Immigracion" nachträglich auf 9o Tage verlängern, sowie zusätzlich durch kurzfristige Aus- und Wiedereinreise.

*Bei der Einreise gibts die sogenannte "TARJETA DE TURISMO", die in Duplikat bis zur Ausreise im Pass aufzubewahren ist. Erhältlich entweder an der Grenze (bei Überland- Einreise) oder im Flugzeug.

MANCHE LÄNDER verlangen (besonders bei Typen im "Hippie Look") ein Aufenthaltskapital, welches zumeist bei ca. 1o US $ pro Tag liegt. Damit soll die Kapitalkräftigkeit abgesichert werden.

Manche Gringos schwören auf eine Bankgarantie (Papier, wo die Hausbank in Europa auf Spanisch bestätigt, daß der Gringo soundsoviel DM auf dem Konto parat hat), – andere auf irgendein Empfehlungsschreiben eines Professors oder sonstiger Autorität, daß der reisende "Gringo" menschlich und finanziell o.K. ist.

Abgesehen davon, daß man an solche Papiere nicht leicht rankommt, überzeugen sie an der Grenze den südamerikanischen Grenzer lediglich durch entsprechend viele Stempel und schwungvolle Unterschriften.

VIEL BESSER: sauber angezogen an die Grenze, insbesondere auch was Schuhe und Haare betrifft. Frisches Hemd und freundlichstes Lächeln. Auch wenn der Rucksack auf den Kopf gestellt wird und der Grenzer in den dreckigen Unterhosen kramt.

Und niemals sich mit den Grenzern anlegen, – auch wenn man sich ungerecht behandelt fühlt! MERKE: der Grenzbeamte ist immer im Recht und ist vor allem auch derjenige, der absolute Verfügungsgewalt hat, den Einreisestempel zu verweigern.

*GRENZÜBERQUERUNG per Flugzeug geht recht konventionell: Grenzbeamter hinter'm Schalter, der Papiere und Gepäck in Routine prüft. Wer hier optisch o.K. aussieht, hat ähnlich wenig Probleme, wie der Überland-Tourist an den Hauptübergängen wie Panamericana etc. Details siehe Text der einzelnen Länderkapitel! Ausnahmen bestätigen die Regel! –

*NEBENÜBERGÄNGE: können oft noch laxer sein, als die Hauptübergänge. Aber auch diffiziler, wenn die Grenzer Langeweile haben. Im Fall des Falles:Sache locker nehmen. Gemeinsam mit dem Grenzer die Unterhosen durchwühlen; vielleicht findet sich was , was beiden Spaß macht und gemeinsam angebrochen wird. Tüte Gummibärchen, oder Zigaretten. . .

*ABENTEUER–ÜBERGÄNGE wie z.B. die Route über den Rio Napo von Ecuador nach Iquitos/Peru sollten nur nach vorheriger Rücksprache mit den Behörden beider Staaten unternommen werden. Vielfach braucht man besondere Permits, und wenn nicht, so kann es u.U. an den Grenzen Schwierigkeiten geben, weil die dortigen Zöllner sich mit den geltenden Bestimmungen zu wenig auszukennen scheinen. Aber auch hier gibt es Möglichkeiten . . .

Gute Sprachkenntnisse sind nützlich. Ein- und Ausreisestempel im Pass immer schon im nächsten, größeren Ort vor der Grenze besorgen. Steht in der jeweiligen Textpassage/Hauptteil des Bandes! –

Niemals im GEPÄCK Drogen oder Altertümer (Vasen, Grabfunde etc.). Kann zu erheblichem Ärger, wenn nicht Gefängnis führen!

Rückkehr nach Europa: Neben "persönlichem Bedarf" maximal 1oo DM/Person an Geschenken und Souvenirs. Keine Tiere (verboten, oder Quarantäne), keine Felle, Schlangenhäute etc. Vorallem aber auch kein Kokain (scharfe Kontrollen!!)
Über den Einkaufswert von Wandteppichen, Ponchos oder ähnlichem wird man sich in der Regel mit dem Zollbeamten einigen können (Frankfurt, Zürich etc.), der dort schon weiß, daß sowas in Südamerika billiger ist als bei uns in Europa!

GELD-VERDIENEN:

In SÜDAMERIKA nur limitierte Chancen, – andererseits aber Höchstinteressantes, wenn man über entsprechende Kontakte und auch genügend Zeit verfügt.

VORAB: mit Sachen wie mal schnell den Garten per Rasenmäher durchfrisieren oder das Auto waschen (a la Kurzzeit Jobs in Mitteleuropa), – läuft in Südamerika nix. Das machen die Einheimischen viel billiger; die Tageslöhne liegen bei 4 - 1o DM!!

Andererseits: wer über gute Spanisch- oder Portugiesischkenntnisse verfügt und zudem clever und fix ist im Kontakteanknüpfen, der hat durchaus Chance. Beispielsweise in einem der Privatclubs als bezahlter Tennis- Partner, als Kindermädchen oder Deutschlehrer.

Die Deutschen (Schweizer und Österreicher) gelten in Südamerika als überaus fleißig, ordentlich und handwerklich geschickt. Wer eine handwerkliche Ausbildung besitzt, beispielsweise Automechaniker, hat eventuell Chance in einer Werkstatt (z.B. in Amazonasnest, Bootsmotoren). Ich kenne einen Fall von einem Schweizer, der in einer Holzfabrik mit der Organisation betraut wurde, – ein Deutscher bekam einen Job in einer Urwaldlodge als "Rumfahrer der Touristen" in den Urwald mit den Außenborderkanus.

Die Regel ist das aber nicht. Nur für Superclevere klappt es, da ein Überangebot billigster, einheimischer Kräfte vorhanden ist. Peru hat beispielsweise eine Arbeitslosenrate von rund 5o % !!

Wenn sowas klappt, ist die Bezahlung nicht sehr hoch. Zudem wird abgecheckt, ob man bereit ist, ein halbes Jahr oder länger zu arbeiten.

Zur Aufbesserung der Reisekasse bringt Jobben in Südamerika nichts. Da fährt man besser rüber nach Europa, um dort 1/2 Jahr zu jobben. Außerdem braucht man für legales Arbeiten in Südamerika eine Arbeitsgenehmigung, die von vielen Ländern nur dann ausgestellt wird, wenn der Arbeitgeber sich zur Zahlung eines Rückflugtickets bei Arbeitsbeendigung nach Europa verpflichtet, um Risiken auszuschließen.

Wegen der hohen Arbeitslosigkeit sind viele Länder zudem nicht zur Ausstellung eines Langzeit- Visums bereit.

Exportgeschäfte von ARTESANIA nach Europa: schwebt in den Köpfen vieler Gringos/Gringas mit Liebe zu Kunsthandwerk. Nach dem Motto: ab und zu ein Paket mit billig auf Märkten erhandelten Ponchos, Pullovern und Decken auf die Reise schicken zu Freunden, die es in Europa in klingende Münze umsetzen.

Um Freunden eine Freude zu machen: eine gute Idee. Um die Reisekasse aufzubessern: weniger! Zu den Unkosten des Einkaufs auf den Märkten kommen nicht unerhebliche Portokosten (Flugzeug ist preislich uninteressant, Schiff dauert 3 - 4 Monate). Zudem erheblicher Zoll- und Papierkram. Profis sind im großen Stil am Werk, die ihre Waren in die deutschen Boutiquen- Handelsketten einfließen lassen und somit zu Preisen anbieten können, die dem kleinen "Einzelhändler" keine großen Gewinne mehr ermöglichen.

Einige Gringos gründeten Abenteuerreisebüros in lohnenden Regionen Südamerikas, z.B. Wildwassertrips auf den Andenflüssen Perus runter ins Amazonasbecken, – Trekking- Organisationen etc. Erfolg:(abgesehen von grossem Aufwand in Organisation und Genehmigungspapieren) unterschiedlich. Entweder sind das "Aussteiger" und Einzelgänger, die mit europäischem Kapital sich eine z.B. Urwaldhazienda kaufen (an die man billig für bereits ca. 5o.ooo DM inkl. Land kommt) und mit dem Hazienda- Jeep Touristentrips durchführen. Teils sind es Cooperativen.

Der Erfolg hängt entscheidend davon ab, ob man PR- Erfahrung und - Geschick besitzt, um in die europäische Presse zu kommen. Sowie, ob man geschäftlich geschickt ist, um mit internationalen Reiseveranstaltern ins Geschäft zu kommen, die Kunden vermitteln. Reich geworden sind damit nur die Wenigsten, die zumeist auch mit Einheimischen verheiratet, oder vorab lange Jahre als Entwicklungshelfer im Lande tätig waren. Und somit mit dem "Mechanismus" südamerikanischer Geschäfte der Beziehungswirtschaft vertraut waren.

VON ILLEGALEN SACHEN, wie Autoschmuggel, Rauschgift und andere anderen Schmuggeleien rate ich ab, da die Strafen recht empfindlich aus= fallen und die südamerikanischen Gefängnisse sehr unbequem sind! –

Wer KNAPP BEI REISE–KASSE ist, trotzdem aber gern für 1/2 oder ein ganzes Jahr nach Südamerika aussteigen will, kann auf folgende Organisationen zurückgreifen:

Schüler- und Studentenaustausch:
Studenten der naturwissenschaftlichen, sowie Ingenieur- Forst- und landwirtschaftlichen Fakultäten können sich zu Praktikas in Südamerika vermitteln lassen. Kontaktadresse:

IAESTE- Nationalkomitee
DAAD, Kennedy Allee 5o,
53oo Bonn, Tel.: o228/882- 232

Schulbesuch im Ausland, Dauer 1 Jahr vermittelt für Südamerika:

AFS Interkulturelle Begegnungen
Rentzelstr. 7
2ooo Hamburg 13, Tel.: o4o/45 78 8o

Bezahlte Betriebspraktikas (Dauer 1 bis 12 Monate) durch:

AIESEC Nationalkomitee
Hohenzollernring 54
5ooo Köln 1, Tel.: o221/23 47 61

Arbeits- und Studienaufenthalte für Studenten deutscher Hochschulen vermitteln

CDG Carl Duisberg Gesellschaft e.V.
ASA- Programm
Lützowufer 6 - 9
1ooo Berlin 3o, Tel.: o3o/254 82o

Arbeitsaufenthalte:
Für Berufstätige in Brasilien. Dabei soll sowohl die eigene Berufserfahrung gefördert werden, wie auch dem Entwicklungsland zu gute kommen. Dauer 3 Monate, Vermittlung durch:

CDG Carl Duisberg Gesellschaft e.V.
Lützowufer 6 - 9
1ooo Berlin 3o, Tel.: o3o/254 82o

Kommunikationsförderung (1 Monat) im Bausektor in Bolivien durch:

Kolpingwerk
Kolpingplatz 5 - 11
5ooo Köln 1, Tel.: o221/2o 38 215

Arbeitsvermittlung weltweit durch die

ZVA, Zentralstelle für Arbeitsvermittlung/Auslandsabteilung

Feuerbachstr. 42 - 46
6ooo Frankfurt/M 1
Tel.: o69 - 71 111

Familienaufenthalte:
Dauer 1 Monat. Kostenpunkt um die 5oo bis 8oo DM, die neben Unterkunft auch Essen beinhalten. Vermittelt durch:

"Das Experiment e.V."
Papendikstr. 13
499o Lübbecke 1, Tel.: o5741/52 8o

Deutsche Auslandshandelskammern:
Gegründet zur Beratung der einheimischen Wirtschaft und zur Förderung des Wirtschaftsaustausches zwischen Entwicklungsland und BRD. Fachleute haben die Chance einer Anstellung, die in der Regel 3 Jahre beträgt. Entsprechende berufliche Qualifikation ist Voraussetzung.

Deutscher Industrie- und Handelstag, Abtl. I AHK
Adenauerallee 148
53oo Bonn 1, Tel.: o228/1o41 82

Über selbe Kontaktadresse ebenfalls Vermittlung von Stellen für Rechtsreferendare und Wirtschaftswissenschaftler.

Reiseleiter:
Die großen, europäischen Reiseveranstalter haben gelegentlich (bei großer Nachfrage!) Bedarf an Reiseleitern bzw. Animateuren.

Club Mediteranee
Königsallee 98 a
4ooo Düsseldorf 1, Tel.: o211/38o5o

TUI Touristik Union Internat. GmbH
Service Personalwesen
3ooo Hannover 1
Tel.: o511/ 567 1224

Beide schulen vorab ihre Reiseleiter, was mit Zeitaufwand verbunden ist. Zudem harte Auswahl! Der Einsatz vor Ort dann 3 - 4 Monate. Excellente Spracherfahrung des bereisten Landes sind ebenso Voraussetzung wie touristische Vorerfahrung.

Ein Job, der bei leibe nicht das ist, was er im Klischee verspricht. Viel Psychologie im Umgang mit Kurzzeit- Pauschal-Touristen nötig und all ihren Problemen.

Zudem behält sich der Reiseveranstalter den Aufenthaltsort des Reiseleiters vor. Im Klartext: nach harter Ausbildung kann es sein, daß man im Hotelzimmer des Rio- 5-Sternehotels die anstehenden Touristenbeschwerden ertragen und bearbeiten muß . . .

Recherchteams:
In eigener Sache: im Rahmen dieses Standardwerkes zu Südamerika setzt unser Verlag Recherchteams vor Ort in Südamerika ein. Bereist werden 1 oder 2 Länder des Kontinents, und zwar bis in die hintersten Winkel.

Voraussetzung sind excellente Sprachkentnisse des bereisten Landes, entsprechende Vorab- Erfahrung intensiver Reisen auf eigene Faust in Südamerika , und zwar über mindestens 1/2 Jahr.

Verlag Martin Velbinger
Bahnhofstr. 1o6
8o32 Gräfelfing, Tel.: o89/851o19

Auswanderung:
Informationsschriften sowie Beratung durch:

Bundesverwaltungsamt
Barbarastr. 1
5ooo Köln 6o, Tel.: o221/778oo

Weitere Möglichkeit ist die Teilnahme an ENTWICKLUNGS–DIENSTEN. Dauer 2 Jahre, die bei Kriegsdienstverweigerung angerechnet werden. Die Voraussetzung ist in der Regel eine handwerkliche Ausbildung. Studenten haben meist nur als Medizinier, Forstwissenschaftler etc. Chancen.

REISE-INFOS:

Vorab zur Reiseplanung sollte man sich unbedingt in Europa ÜBERSICHTS-KARTEN besorgen, um die Reise handfest vorzubereiten:

✶Kartenmaterial:

"Südamerika/Kümmerly & Frey" (Maßstab 1 : 8 Mill.). Mag zwar ganz nützlich sein, um die Lage der größeren Orte untereinander zu finden. Verlässlich für die Reiseplanung ist die mir vorliegende Kümmerly & Frey Karte jedoch nicht, da dort unter anderem auch Straßen eingezeichnet sind, die es garnicht gibt. Ca. 12 DM.

BUENO: eine Südamerika- Übersichtskarte braucht man unbedingt und zwar bereits schon in Europa bei der Reisevorbereitung der Routen, – analog zum Einlesen in diesen Südamerika- Band! Relativ zufrieden war ich mit der "Hallwag- Südamerika"- Karte (1 : 9 Mill.), ca. 12 DM und keine schlechte Wahl, da handlich, – auch unterwegs.

DETAILKARTEN: unabdinglich, wer ein Land intensiver bereist oder Trekking plant, ausgefallene Routen etc. Welche Länder- und Detailkarten empfehlenswert sind, siehe Hauptteil dieses Bandes inkl. Karten Nummer.

Excellent das GEO CENTER/Stuttgart. Beliefert alle deutschen Buchhandlungen, – wobei auch superdetaillierte Militärkarten beschafft werden können. Aber sehr frühzeitig bestellen, die Beschaffung dauert seine Zeit, sofern nicht vorrätig!! –

Der deutsche Buchhandel verlangt pro Karte rund 5 DM mehr (teils auch 1o DM), als was "vor Ort" auf den Tisch zu legen wäre. Beim Aufwand, die jeweilige Karte zu beschaffen, meist auch gerechtfertigt. Zudem spart das einem lästige Wege vor Ort und hilft, die Reise vorab detailliert zu planen.

IN SÜDAMERIKA: Anlaufadressen sind die örtlichen "Instituto Geografico Militar", Adressen in den jeweiligen Länderkapiteln! Allerdings nur in den Hauptstädten vertreten. Versand nach Europa in der Regel nicht möglich. Allerdings sehr hilfreich für den, der längere Zeit in Südamerika ist und Zeit hat, sich Geld durch vor Ort- Beschaffung zu sparen.

✶Magazine:

Excellent: "National Geographic Magazin", sowohl was Fotos betrifft, wie auch Texte. Die Life Time Membership (lebenslänglicher Bezug der Magazine) ist derzeit meines Wissens für 5oo US $ möglich inkl. Postversand und allem. 1 1/2 Jahre kosten ca. 23 US $. Europa- Kontaktadresse: "National Geographic Society, Postfach 1o 27 64, 43oo Essen 1". Übrigens bei rund 12 Millionen Exemplaren die auflagenstärkste Zeitschrift der Welt! National Geographic gibt zudem excellente Buchreihen zu Südamerika heraus.

In Mexico City erscheint eine, in Aufmachung fast zum Verwechseln ähnliche Zeitschrift (ausgenommen Farbgestaltung Cover). In Fotos und Stories nicht schlecht, spanisch. Erhältlich in den meisten Airport- Kiosken Südamerikas, sowie in Spezialbuchhandlungen.

"Geo", Deutschland. Statt gelbem Cover: grün und im Format doppelt so groß wie National Geographic. Die Fotos excellent, mit den Stories bin ich jedoch nicht immer einverstanden, wo neben Information ganz gern auch mal die journalistische Sensation mitspielt. Erscheint monatlich; pro Jahr ca. 7o DM.

"South American Explorers Magazin", Hauszeitung des in Lima/Peru sowie Denver/ Colorado- USA ansässigen Südamerika Clubs. Englisch. Zielsetzung ist weniger die handfeste Reiseinformation (obwohl der Club in Lima ein ausgezeichnetes Archiv besitzt!),– sondern wissenschaftlicher Aspekt von ungemein hohem Niveau. Zugleich Berichte über Abenteuertrips in Südamerika (wohlgemerkt echte und nicht pseudo- Sachen!), – wie Wildwasser- Erstbefahrungen, Schlauchboot Trips in Patagonien, Höhlenforschung etc.

Bezug in Deutschland, Österreich und Schweiz gegen Voreinsendung 6 DM (inkl. Porto) an unseren Verlag, 4 Hefte für 2o DM, siehe Promotion nächste Seite!

"Merian", ein Magazin, das ich sehr schätze, da es nicht die sonst gern übliche Sensations- und Abenteuermasche reitet in "Sachen Reisen", sondern die Länder in ihrer Mentalität, Kultur etc. durch vielfach einheimische Schriftsteller und Journalisten vorstellt. Empfehlenswert die Hefte "Brasilien" und "Indiostaaten". Pro Heft ca. 12 DM. Erhältlich im Buchhandel.

"Americas", herausgegeben vom General Secretariat Organisation of American States" in Washington D.C. 2ooo6 USA. Gute Foto- und Textstories vorwiegend zu Lateinamerika. Englisch. Ca. 3o US $ für 3 Jahre.

"Abenteuer und Reisen", deutsch. Erscheint 2 monatig, pro Heft 8 DM, bzw. im Abbonement 1 Jahr für 39,6o DM. Großartige Fotoberichte und handfester Reise-Background in Tips im Infoteil.

"Travellers World", deutsch, pro Heft 8,5o DM, bzw. 42 DM im Einjahresabbonement. Besonderes Lob verdienen die großartigen Fotoreportagen, die ungemein zum Ausprobieren vor Ort motivieren!! Handfesten Background- Infoteil gibts im Travellers World-Magazinteil.

✱ Südamerika- Publikationen:

Die interessentesten Sachen habe ich an den entsprechenden Textstellen abgedruckt; praktischer, da themenspezifischer Abdruck (ohne langes Suchen!). Was in Spanisch, insbesondere von einheimischen Verlagen publiziert wird, kann unter Umständen nur vor Ort erhältlich sein und dort auch teilweise vergriffen. Beispiel ist der excellente Band "Mapa de los Instrumentos Musicales de Uso Popular en el Peru", ein knapp 6oo Seiten dickes Kompendium zur Musik und den Instrumenten in Peru, wohl das Beste in diesem Sektor. Selbst im peruan. Buchhandel nicht mehr erhältlich, allenfalls in Bibliotheken des Landes.

"Brockhaus/Völkerkunde"/Band 5- Südamerika. Excellent, was Fotomaterial und Stories betrifft. Standardwerk der Ethnologie Südamerikas. Nur als Gesamtwerk erhältlich, – gelegentlich aber auch einzeln und preiswert im Modernen Antiquariat, bzw. in Bibliotheken. Sehr zu empfehlen!!

Orell Füssli/Zürich hat zwei Bildbände zu Südamerika publiziert: "Amazonien" und "Anden", die an Fotomaterial und Texten zum Besten im deutschsprachigen Buchmarkt zu Südamerika zählen. Insbesondere der "Anden"- Band hats mir angetan, als Fan von Eisenbahnen. Unbedingt lohnend, wenn man das Geld hat (ca. 13o DM) für die eigene Bibliothek, – oder zumindest in der Stadtbibliothek ausleihen! –

"Der große Atlas der Eisenbahnen"/Delphin Verlag, ca. 6o DM hat ein handfestes Kapitel zu den südamerikanischen Strecken. Teils jedoch nicht mehr up-to-date.

"Time Life" mit excellenten, ebenfalls deutschsprachigen Bänden zum Amazonas, zu den Anden und zu Rio. Rund 35 DM pro Band. Fotos excellent, ebenso die sachkundigen Texte!

"Boletin de Lima"(Revista Cultural Cientifica), Editorial "Los Pinos", E.I.R.L. Casilla 51 47, Lima 18/Peru gibt monatlich Magazine zur Kultur, Geographie, Archäologie und Soziologie des Landes heraus. Die uns vorliegenden Texte sind an Sachkenntnis hervorragend. Großes Kompliment. Die Magazine gibts in Jahresbänden gebunden im peruanischen Buchhandel. Englisch und Tip für den, der sich intensiver für Peru interessiert! –

"Dokumental del Peru" , ein Revista in Buchform, das die Regionen Perus abdeckt.Ein rund 2o bändiges Werk in Spanisch. Fotos in, auf Billigpapier nicht gerade excellenter Qualität. Informativ mit Mängeln, trotzdem empfehlenswert. Nur in peruan. Liberias erhältlich.

"Historia del Arte Colombiano". Excellente Buchreihe zur Geschichte und Kultur Ko-

lumbiens, herausgegeben von "Salvat", Barcelona und in Kolumbien billig vertrieben durch eine Supermarkt Kette. Viele 4- Farb Fotos, Spanisch.

"Thienemanns/Edition Erdmann": besteht zwischenzeitlich aus rund 7o Bänden zur ganzen Welt, dazu Südamerika betreffend ca. 2o Bände. Authentische Reiseberichte in Reprint von Forschern und Entdeckern der letzten Jahrhunderte. Liest sich teilweise so spannend wie ein Krimi, – beispielsweise die Aufzeichnungen des Christoph Columbus "Bordtagebuch" (28 DM) seiner Entdeckung der neuen Welt. – Hochinteressant auch "Charles Darwin, Reise um die Welt 1831 - 36", auf der der Forscher den südamerikanischen Kontinent umrundete und seine Evolutionstheorie begründete.– "Roald Amundsen, Die Eroberung des Südpols 191o-12"– "Die Eroberung von Peru, Pizarro und andere Conquistadores". Und viele weitere.

"The European Discovery of America" von Samuel Eliot Morison (erschienen bei Oxforc University Press, New York. Gilt als Standardwerk zur Entdeckungsgeschichte Südamerikas. Der Autor reiste die Routen der Forscher und Entdecker Anfang der 7o-er Jahre fast komplett nach. Neben handfester Aufarbeitung wissenschaftlichen Materials hat der Autor die Fähigkeit, lebendig und vorallem "lesbar" sein fundiertes Sachwissen zu präsentieren. Insbesondere auch reichhaltiges Kartenmaterial der einzelnen Segelrouten der Forscher und ihrer Landgänge, sowie reichhaltige Literaturlisten. Unbedingt lohnend, wer sich fundiert auf die Entdeckungsgeschichte Südamerikas vorbereiten will. Englisch, ca. 4o DM.

"Red Gold" von John Hemming, erschienen bei Macmillan London Ltd.. Das Äquivalent zum "Morrison" bezogen auf die Eroberung Brasiliens. Englisch, ca. 4o DM.

"Alexander v. Humboldt, Vom Orinoco zum Amazonas", erschienen bei Brockhaus in Wiesbaden. Authentischer Bericht des großen deutschen Forschungsreisenden seiner Reise Ende des 19. Jhd's , die in den Raum des heutigen Peru/Ecuador/Kolumbien und Venezuelas führte, bei der er unter anderem auch die Wasserverbindung zwischen Orinoco und Amazonas entdeckte, Bergvermessungen der Vulkane Ecuadors bis Kolumbien durchführte und Elementares für die damalige Wissenschaft des 19. Jhd's in den Bereichen Fauna und Flora leistete. Er gilt neben Charles Darwin als der bedeutendste Südamerika- Forscher des 19. Jhds. Deutsch, ca. 24 DM. Sehr lohnend, wer diesen Bereich des Kontinents bereist.

Weitere Literaturtips siehe jeweilige Länderkapitel! –

Bergsteiger- und Hiking- Führer:

"Climbers + Hikers Guide to the World Mountains" von Micheal R. Kelsey. Erschienen bei Kelsey Publishing Co. in 31o East 95o South Springville , Utah, USA 84 663. Im Normalfall bin ich skeptisch bei derartigen "weltweiten" Werken. Was Michael Kelsey hier jedoch an Infos zu Südamerika bringt, hält der Nagelprobe statt. Bezug des Bandes lohnt sich! Auf knapp 68o Seiten die lohnendsten Gipfel der Welt, inklusiv der jeweiligen Karte der Anstiegsrouten. Englisch, Bezug gegen Voreinsendung von 24 US $ als Verrechnungsschecks, der auch die Portogebühren des Versands beinhaltet.Ein Werk, das auch für den Südamerika- Hiker nützlich sein kann.

"Trails of the Cordilleras Blanca y Huayhuash of Peru" von Jim Bartle. Unbestritten das Standardwerk für Wanderungen im Bereich Huaraz/Peru. Und absolutes Kompliment an Jim Bartle. Auch wenn ich mir wohl kaum eine "goldene Nase" im Vertrieb dieses Titels verdiene, – so möchte ich mich doch für dieses excellente Werk hier in Deutschland einsetzen: Bezug gegen 24,6o DM über unseren Verlag. Englisch, inkl. einer Übersichtskarte der Wanderrouten, die fast exakter ist als die erhältlichen Militärkarten! –

"Yuraq Janka" von John F. Ricker gilt als Standardwerk für Bergsteiger in der Cordillieras Blanca/Peru, eines der schönsten Bergsteigergebiete Südamerikas. Bezug über den Buchhandel, englisch, ca. 4o DM.

Infos unterwegs:

Neben Landkartenmaterial, – das man sich entweder vorab beschafft, oder vor Ort bei den IGM- Büros, – stehen an erster Stelle die regionalen, staatlichen TOURIST-BÜROS. Die Infoqualität variiert stark je nach Personal (meist langjährig und daher excellent!), sowie den Geldmitteln der jeweiligen Tourist- Ministerien der Länder.

Bezüglich Touristen Informationen recht gute Tips; wir haben aber auch die Erfahrung gemacht, daß bezüglich außergewöhnlicher Routen oft erschreckende Unkenntnis herscht. Wer also Abenteuertrips plant, sollte sich nicht unbedingt auf die Informationen des Tourist Büros verlassen. Adresse siehe jeweilige Textstelle!

GOETHE–INSTITUTE: in

BOLIVIEN: Casilla Correo 2195, Av. 6 de Agosto 2118, LA PAZ
BRASILIEN: Av. Carandai 587, Belo Horizonte
Sector Comercial Sul 3, Bloco A 114 - 118, Edf. Dom Bosco, Brasilia
Rua Dugue de Caixas 4, Curitiba
Rua Dr. Flores 33o, Porto Alegre
Av. Graca Aranha 416 - 9, Rio de Janeiro
Av. Sete de Setembro 21o, Salvador de Bahia
Rua Augusta 147o, Sao Paulo
CHILE: Esmeralda 65o, Casilla 1o5o 1o5o , Santiago de Chile
KOLUMBIEN: Av. 39, No. 8 - 38, Apartado Aereo 12oo7, Bogota
MEXICO: Calle Tonala 43, Mexico City 7,
Avenida Vallarta 2182, Guadalajara
PERU: Jiron Ica 426 , Lima
URUGUAY: Casilla de Correo 1257, Rio Branco 1494, Montevideo
VENEZUELA: Apartado 6o 5o1, Chacao, Edf. Pigalle , Piso 1
Av. Leonardo da Vinci, Colinas de Bello Monte, Caracas

Ebenfalls gute Info- Börse sind die in den Länderkapiteln genannten Tramper- Treff-Hotels (das Gran Casino in Ecuador/Quito etc.)

WANDERN:

In diesem Band rund 1oo Trails

Kann den Genuß einer Südamerika- Reise ungemein steigern! Es gibt eine Fülle lohnender Trails auf dem Kontinent. Teils auf alten Inkawegen in den Anden, durch grandiose Berglandschaften, zu Gletscherlagunen, – bzw. runter in die feuchtheißen Bergurwälder am Rand zum Amazonas. Teils auf Campesino - Pfaden (von Anden Bauern), sowie lohnende Trails auf Vulkangipfel bis zur Grenze des ewigen Schnees.

DER INKA–TRAIL nach Machu Picchu/Peru ist einer der bekanntesten Hikes in Südamerika. Daß er entsprechend dicht frequentiert wird, liegt neben seiner grandiosen Landschaften hauptsächlich daran, daß der Trailbeginn per Zug nach Machu Picchu superbequem erreicht werden kann(was sonst bei Südamerika- Hikes nicht die Regel ist! Da läuft im Normalfall die "Anreise" auf selten und unregelmäßig verkehrenden Campesino- LKW's, bei entsprechend schwierigem Rücktransport). – Und daran, daß eben Cusco und Machu Picchu für viele Gringos die interessantesten Hauptattraktionen in den südamerik. Anden sind, und die dann den Besuch mit der Wanderung verbinden.

"Volle Trails", die man praktisch ohne Orientierungsschwierigkeiten entlang des Konservenmülls laufen kann, – sind in Südamerika ansonsten nicht die Regel. Die Gefahren (aber auch die Schönheiten!) beim Wandern auf Südamerika- Trails liegen eher in ihrer totalen Einsamkeit!

Im Gegensatz zu Europa und seinen Alpen, sind die südam. Anden superdünn besiedelt.

Oft über Tagesmärsche hinweg keinerlei Siedlungen. Wenn's gut geht: 1 mal am Tag ein Lamahirte oder Campesino. Wenn's schlecht geht: ein verknackster Fuß und keinerlei Hilfsmöglichkeit. Mehrtages- Trails daher nur zu zweit wandern! Gefahren können auch Orientierungsschwierigkeiten sein. Weniger bei Trails durch Täler (wenn man eine gute Detailkarte dabei hat, die für alle Hikes unabdinglich sind), – sondern vorwiegend bei Bergbesteigungen, wenn man in Gipfelnebel kommt, die alles in eine Suppe verwandeln.

Wer vorab nicht Wandererfahrung und -Training besitzt, sollte sich auf Südamerika-Hikes der Mehrtages- Dimension nicht überfordern. Vorallem auch das Tagespensum nicht unterschätzen. Ein 300 m- Anstieg auf 4.000 m Höhe braucht erheblich mehr Zeit und Kondition, wie in den europ. Alpen ab 1.500 m!!

"Soroche" (Höhenkrankheit) bei Busanreise von Meereshöhe auf ca. 2.500 m, um im Anschluß dann einen Trail ohne vorherige Höhenanpassung zu veranstalten, sind ein Thema für sich, – siehe auch Kapitel "Gesundheit"! –

* Die meisten und lohnendsten TRAILS von Südamerika im Bereich der Anden (Venezuela bis Chile/Argentinien) sowie runter in die Yungas. Wer "Hikes" einschiebt, sollte sich in seiner Reiseplanung entsprechend viel Reservezeit zu weitergehenden Anschlußflügen nehmen. Wie bereits hingewiesen, gibts zum Beginn des Trails im Normalfall keine regulären Verkehrsverbindungen wie Busse und Züge, – sondern nur den Transport auf unregelmäßig verkehrenden Campesino- LKW's, die Regionalmärkte in den Andentälern besuchen.

* AUSRÜSTUNG: je nach Länge des Trails, Schwierigkeit, aber auch Höhenlage unterschiedlich. Zur Grundausrüstung gehört gutes Schuhwerk, das in jedem Fall nicht aus leichten Turnschuhen bestehen sollte. Es gibt inzwi-

Die schönsten Trails in Südamerika (Auswahl):

Südamerika-Trails:

Sämtliche, der in diesem Buch verzeichneten Trails in obige Karte einzutragen, – würde zu einem Nummernsalat führen. Wir haben daher die TRAILS nach Regionen zusammengefasst. Die Seitennummer bezieht sich auf den Beginn der jeweiligen Region.

schen Solides im Sektor Wanderschuhe, das trotzdem so leicht ist, daß es das Gepäck nicht belastet. Entscheidend ist neben gutem, griffigem Profil (nicht zu weich/Steine! – aber auch nicht zu hart!), eine gute Fersenhalterung, sowie Atmungsfähigkeit des Materials. Spezialgeschäfte kontaktieren und insbesondere die Schuhe vorab einlaufen!

Kleidung: da viele der Trails in Höhen oberhalb 3.ooo m verlaufen, wo nach Sonnenuntergang die Temperaturen rapid auf + 5 - 1o° C, teils nachts aber auch unter Null absinken, – ist warme Kleidung elementarer Schutz

vor massiven Erkältungen. Zudem sind die meist ungeschützten Andenhochtäler scharfen und kalten Winden ausgesetzt. Hosen in Baumwolle (beispielsweise Kordhosen) sind zwar bequemer zu tragen, trocknen nach Regengüssen jedoch langsamer als ein Gemisch aus Baumwolle mit Kunstfaser. Selbes gilt für Jacken. "Goretex- Anzüge" schützen vor Nässe und sind trotzdem atmungsaktiv, aber nicht billig. Billiger die Nylonjacken, die zwar Superschutz vor Nässe bringen, gleichzeitig aber zum Schwitzen führen. Als Kompromiss keine schlechte Idee: Regenponcho, der auch den Rucksack schützt. Kann man notfalls auch als Zelt nutzen.
Gute Sport- und Expeditionsshops kontaktieren, siehe auch S. 73 bis 9o.

Unterwäsche: warme Sachen und in mehrfacher Ausführung. So "unsexy" lange Baumwoll- Unterhosen sind, so nützlich sind sie bei den eiskalten Andennächten in größerer Höhe. Gefahr der Unterkühlung, wenn die Wäsche nass geworden ist, die Temperaturen nach Sonnenuntergang rapid absinken und kein Ersatz vorhanden ist! –

Starker Sonnenschutz: Hut und/oder Sonnencreme. Die Sonneneinstrahlung ist in Höhen über ca. 2.5oo m superintensiv, auch bei bewölktem Himmel!

★KOMPASS und DETAILKARTEN: beides unabdinglich für Wanderungen in Südamerika. Da die Regionen erheblich dünner besidelt sind als bei uns in Europa, – kann man sich nicht an Wegmarterln und Gehöften orientieren, sondern muß nach Geographie wandern. Also Orientierung nach Flußläufen, Berggipfeln und Einschnitten etc.

Per Kompass richtet man Markierungspunkte der Detailkarte ein, wobei auch der Höhenmesser bezügl. der Höhenlinien in der Karte elementare Dienste leistet, insbesondere wenn Nebel aufkommen, was im Andenbereich nicht selten ist!

Mit die besten Kompasse und Höhenmesser sind die der Firma "Silva", Prospekte anfordern über "Dipl. Ing. Otto Onneken, Abtl. V", 6382 Friedrichshafen/Ts. 1

Detailkarten gibts in Südamerika von den örtlichen "I.G.M."- Instituten (Instituto Geographico Militar) bzw. von Nationalpark- Service- Büros, die ihren Sitz meist in der Landeshauptstadt haben. Details und Adressen siehe einzelne Länderkapitel.Längere Wanderungen ohne Detailkarten ist Leichtsinn, da es unterwegs kaum Leute zum Fragen gibt und sich unterwegs die Trails oft vielfach verzweigen.

Auch wenn das südamerikanische Detailkartenmaterial für Trails nicht immer hundertprozentig exakt ist, so bringt es doch gute Orientierung durch Höhenlinien, Bäche und verzeichnete Haziendas. Sofern Detailkarten vergriffen sind, fertigt man in den I.G.M.- Büros Fotokopien 1 : 1 an, die jedoch wegen fehlender Farbe vor Ort superunübersichtlich sind. Daher von Europa bereits 3 oder 4 verschiedenfarbige Markierungsstifte mit in den Rucksack einpacken!! –

Da die Detailkarte wichtigster "Ausrüstungsgegenstand" für den Hiker ist, die durch nichts ersetzt werden kann, – verzichten wir in unseren Trailbeschreibungen auf langatmige Trailschilderungen, eigene Landschaftserlebnis-

se etc. Soll jeder selber "erleben"! Wir beschränken uns auf die notwendigen Trail- Fakten wie Länge, Schwierigkeiten, Anreise und Kartenmaterial.

Da südamerikanische Detailkarten meist nur in der Landeshauptstadt erhältlich sind, – ist es keine schlechte Idee, sich diese bereits vorab in Europa zu besorgen. Eines der größten Häuser für den weltweiten Landkarten-Verkauf ist das "GEO CENTER"/Stuttgart, das die Buchhandlungen beliefert und alljährlich einen aktuellen Katalog herausgibt. Verständlicherweise sind hier die Preise jedoch höher als in Südamerika, da die Beschaffung von Spezialkarten mit nicht unerheblichem Aufwand verbunden ist.

* RUCKSACK und SCHLAFSACK: Details Seite 73/8o.
* UNTERKUNFT/ÜBERNACHTUNG : im Gegensatz zu den ausgetretenen europäischen Alpenwanderwegen sind in Südamerika Schutzhütten (="refugios") auf dem Trail nicht die Regel. Gibt's zwar auf einigen Trails in Ecuador, sowie im chilenisch/argentinischen Seengebiet.

Ansonsten in kleineren Campesino- Siedlungen den Dorf- Sheriff oder die Einheimischen höflich fragen, ob man (gegen Bezahlung!) in der Hütte übernachten darf. Bzw. ZELT.

Hier gibts in den Sport- und Expeditions- Shops eine breite Palette im Angebot. Billig- Sachen wie das Kaufhof- 5o DM- Baumwollzelt, schonen zwar die Reisekasse, sind für einen Autourlaub in Südfrankreich oder Griechenland ganz praktisch, – nicht jedoch die richtige Wahl für Hikes in

Südamerika. Während ich mir sonst ganz gern ein paar Mark (oder einen blauen Hunderter!) spare, – ist für intensives Hiking das Beste im Zelt-Sektor gerade gut genug, auch was Gewicht betrifft! Leichte Polyestermaterial Zelte wiegen in moderner Technologie nicht mehr als 1,5 - 2 kg im Rucksack und belasten nur minimal, wenn man auf andere gewichtsträchtige Rucksackzuladung wie z.B. 5 fach- Unterhosengarnitur verzichtet, die es preiswert vor Ort nachzukaufen gibt. Spitzenzelte kosten allerdings auch ihren Preis!

Man unterscheidet zwischen FIRST- und KUPPELZELTEN, die beide Vor- und Nachteile haben. Im kleinen Zweimann- Zelt meist nur ein Eingang vorhanden. Wer nachts zum Pinkeln rausmuß und hinten liegt, muß stets über den Mitbewohner klettern. Im "Fjäll Räven" (Typ Orginal) hat jeder seinen eigenen Ausgang. – Gleichzeitig sollte man auf soliden Zeltboden achten! Der "Camping- Grund" in den Anden besteht in der Regel aus Steinen! – Ein Doppeldach Zelt schützt zwar vor Hitze und ist in modernen Ausführungen kaum schwerer als das normale. Wer anspruchsvolle Mehrtagestrails macht, sollte auf bessere Qualität zurückgreifen.

Bei der Größendimensionierung des Zeltes den Stauraum für die Rucksäcke mit berücksichtigen, bzw. die Dinger außerhalb in leichte (und billige!) Mülltüten reinschieben. Hat sich auch als "Überstülpe" unterwegs auf dem Hike bewährt!

Wohl unnötig der Hinweis, aber trotzdem: den Gas- bzw. Benzinkocher genügend weit vom Zelt aufstellen. Leichtsinn in Verbindung mit Windstößen reduziert Kunststoffzelte!

NOT–LÖSUNGEN: wer nur ein oder zwei Trails unterwegs vorhat und sich nicht mit einem Zelt abschleppen möchte: vor Ort auf Märkten die dort erhältlichen Plastikplanen kaufen. Eine Billiglösung. Da es auf vielen Trails, z.B. im Bereich der Königs-Kordillera bei La Paz kaum oder keine Bäume gibt, sollte man sich gleichzeitig entsprechende Zeltkonstruktionen (Alustangen in Eisenwaren- Geschäften) mitbesorgen. Nicht gerade das Non- Plus- Ultra für einen Hike. . .

* Die HÄNGEMATTE bietet sich vorwiegend für tiefergelegene Südamerika-Hikes an. Gibts in den entsprechenden Regionen billig (in der bequemen Baumwoll- Ausführung!) auf den Märkten. An Liege- Komfort die wohl schönste Möglichkeit, in eine laue Tropennacht hineinzuträumen. . .
Wenn nicht die meist unvermeidlichen Moskitos wären! Abgesehen davon bietet Hängematte keinen Regenschutz, und nicht immer sind zwei Bäume im richtigen Abstand vorhanden.

Abhilfe gegen Moskitos und Regen kann ein Seil sein, das oberhalb der Hängematte gespannt wird und den Schläfer mit einer (durch Seile) verspannten Plastikplane + darunter Moskitonetz schützt. Im Gepäck nicht weiter schwer, aber unpraktisch im Aufbau.

* ERNÄHRUNG auf Mehrtages- Trails: aus mehrfachem Grund auf Konserven verzichten! Abgesehen von der Umweltverschmutzung sind Konserven teuer in Südamerika; die Märkte bieten Reichhaltiges und zwar ohne die Blech- Hülle drumrum!

Für MEHRTAGES- TRAILS sollten mit ins Gepäck: Haferflocken, Nüsse (in Varianten auf den Andenmärkten reichhaltig erhältlich!), Milch in Pulverform ("leche en polvo"), Zucker, Schokoladenriegel, Pulversuppen, Nudeln, Käse, Crackers, getrocknete Früchte (entweder auf Märkten, oder auf dem Hoteldach vorab selber durchführen). Zwiebeln oder Äpfel sind bei der intensiven Andensonne oberhalb von 3.000 m in Andenstädten oft nach 1 bis 2 Tagen "trocken".

Brot, Kekse, Pulverkaffee, Rosinen etc. Vorab die Märkte abchecken, was erhältlich ist. Beliebt bei Südamerika- Hikern ist "Bannock", das kannadische Trapperbrot, das man sich selbst in der Pfanne mit Fett brät: Mehl, Zucker, Wasser, Salz, Rosinen. Einschlägige Survival- Literatur besorgen, die auch zum Sektor Essen viele Tips bringt. –

Roggenschrot: bereits bei den Römern und ihren Eroberungsmärschen beliebt. Aus der Tasche rein in den Mund. Rumkauen bringt in Verbindung mit dem Speichel wichtige Nahrungselemente.

Wasser: wer auf Nr. Sicher gehen will, nimmt sich den Katadyn- Filter oder Mikropur mit. In Bereichen der Yungas sicherer, – im Andenhochland, fernab von Siedlungen haben wir jedoch bedenkenlos "pur" getrunken, bzw. zu Kaffee oder Milch verarbeitet. Aber bitte nicht als Gewähr nehmen oder medizinisch-sichere Garantie! –

✱KOCHER: ausgenommen Trails, die durch Tieftäler mit dichter Bewaldung führen (Möglichkeit eines Lagerfeuers!), – ist auf den meisten Südamerika-Trails die Mitführung eines eigenen Kochers nötig, da Brennholz knapp ist oder überhaupt nicht existiert. Bewährt haben sich die Kerosin oder Benzinkocher, die es in den größeren südam. Städten zu kaufen gibt. – Kochgeschirr: gibts auf den Märkten in reicher Auswahl, sowohl Töpfe, Pfannen, Teller etc. in Alu, sowie auch Tassen etc. in Plastik. Man kann sich daher gewichtsbelastende Mitnahme ab Europa sparen.

PROFILIERTE Hiking- Ausrüstung wie Zelte, Schlafsäcke, Daunenjacken etc. kann man dagegen in Südamerika nur schwierig bekommen. Zwar gibts in den Hauptstädten wie Lima – Quito – Caracas – Bogota oder Santiago de Chile Spezialgeschäfte, die über Excellentes verfügen. Wie auch die Bergsteiger- und Hikingclubs in den Landeshauptstädten.

Sind dort aber meist erheblich teurer als Europa und teils nur sehr limitierte Auswahl. Daher TIP: vorab aus Europa mitbringen! –

✱ORIENTIERUNG auf Trails: Landkarten und Kompass siehe oben! Was Infos von Einheimischen (Campesinos etc.) betrifft: berücksichtigen, daß diese in Marschstunden und vorallem ihrer eigenen, höhenangepassten Kondition denken. Und niemals in Km! Zudem besteht der "Orientierungs-Horizont" meist nur aus dem Umkreis der eigenen bäuerlichen Tätigkeit; also zum nächsten Andenmarkt, zum Nachbardorf etc.

Lieber 1o mal fragen und mehrere Leute und das "arithmetische Mittel" bilden. Trotz aller Mängel ist die Detailkarte meist zuverlässiger, wenn es sich um längere Marschstrecken handelt.

✱HUNDE: können superlästig sein, beim Durchmarschieren durch Campesino- Siedlungen. Sind aber halb so "wild" und scharf wie bei uns in Europa. Merke: mit dem Fuß aufstampfen oder ein locker nachgeworfener Stein schafft in der Regel Ruhe. Wenn kein Stein zur Hand ist, greift man nach einem vermeintlichen. –

✱ GENEHMIGUNGEN sind für einige Trails in Südamerika nötig, insbesondere, wenn sie in abgelegene und gefährliche Regionen führen oder zu archäologischen Stätten, die noch ungenügend erschlossen sind. Dies gilt derzeit für die "Ciudad Perdida" in der Sierra Santa Marta/Kolumbien und für Vilcabamba/Peru im Bergurwald unterhalb Machu Picchus. Details siehe

Länderkapitel.

Im Normalfall sind Genehmigungen für Trails in Südamerika jedoch nicht die Regel. Bei mehrtägigen und gefährlicheren Sachen empfiehlt es sich jedoch, daß man sich "abmeldet", damit gesucht wird, wenn was schief geht.

SICHERHEIT: Bergrettung mit Hubschraubern etc., wie bei uns in den europäischen Alpen gibt es nicht in Südamerika. Schwierigere und gefährlichere Sachen, insbesondere abseits der Zivilisation daher nur zu zweit machen.

Gefahren können resultieren aus schlechter oder ungenügender Ausrüstung (Schuhe, Wärmeschutz, Regenschutz, Zelt), aber auch wegen ungenügender Höhenaklimatisation, fehlenden Karten, Kompass und Höhenmetern. Gefährlich sind plötzlich aufkommende Bergnebel, die jegliche Orientierung unmöglich machen, – aber auch Unterkühlung durch Feuchtigkeit nach Regengüssen.

Wer sich den Hax bricht, ohne Partner als Rettungshilfe und im Alleingang: Prost Mahlzeit. ABHILFE: schwierige Routen immer zu zweit gehen. Vorab solide Information durch die regionalen Bergsteigerclubs, Nationalpark- Rangers und profilierte Einheimische einholen.

BERGSTEIGEN:

Bereits Humboldt war begeistert von der Schönheit der ecuadorianischen Vulkane, – heute sind es die Lufthansa- Piloten, wenn sie bei klarem Wetter den Vulkanschlund überfliegen und alle Passagiere, die am Fenster klemmen! Traumhafte Kulisse!!

Für Bergsteiger sind die südamerikanischen Anden ein Eldorado mit vielen Gipfeln der Wunschliste. Die interessantesten Gipfel dabei im Bereich Ecuadors (Avenida de los Volcanes), – in Peru (Callejon de Huaylas), –sowie im chilenisch/argentinischen Grenzgebiet runter bis Feuerland. Der Aconcagua dabei mit knapp 7.000 m der höchste des Kontinents.

Die meisten Gipfel jedoch im Schnitt um 5 - 6.000 m, – bzw. unten in Feuerland um 3.000 m (z.B. im Torres del Paine- Nationalpark/Chile). – Analog die Grenze des ewigen Schnees: in Äquatornähe bei ca. 4.700 - 4.800 m (teils auch 5.000 m). In Patagonien wälzen sich die Gletscher oft bis ins Meer runter (z.B. Laguna San Rafael/Chile, vom San Valentin).

HAUPTPROBLEME sind Akklimatisation an die dünne Luft in Höhen ab 3.000 m, zunehmend. Alljährlich gibts eine Reihe tödlicher Unfälle von Expeditionsteilnehmern, die im Leistungszwang und der Freude, in menschliche Grenzbereiche einzudringen, ihre eigenen Möglichkeiten unterschätzen.

3 - 4 Tage Aufenthalt in Höhenlagen von 2.800 - 3.500 m sind absolutes Minimum einer Akklimatisation, wer ruck-zuck von Meereshöhe (oder Europa) zur Besteigung eines 5.000-enders anreist. Oft brauchen auch gesunde Menschen mehr Tage.

Problem der südamerikanischen Andengipfel zudem, daß man meist problemlos per Auto, Jeep etc. bis in Höhen von 4.700 m raufkommt (z.B. Cotopaxi und Chimborazzo/Ecuador). Selbst mehrwöchig akklimatisierte Menschen, die sich in Höhen von 3.500 m aufgehalten haben, können in erhebliche Schwierigkeiten oberhalb 5.000 m kommen!

Vorab den Hausarzt konsultieren und auf dessen Rat hören. Sowie bei Bergsteiger-Expeditionen, die es im Angebot von Spezialveranstaltern gibt, – und mit diesen die

Problematik durchsprechen! Haben meist Oxygen- Flaschen mit dabei, denn einen Rückholdienst oder gar Bergrettung (wie in den euopäischen Alpen) gibt es in Südamerika nicht! –

Wer akklimatisiert ist, kommt im Bereich Kolumbien, Ecuador, Peru und Bolivien in der Regel auch als nicht- Bergsteiger problemlos rauf bis zur Schneegrenze. Also in Höhen von 4.7oo bis 5.ooo m. Weiterer Anstieg in den Gletscherbereich der Gipfelzonen jedoch nur mit Erfahrung im Gletschereis. Kann (abgesehen von dünner Luft) lebensgefährlich sein bei plötzlich aufkommenden Bergnebeln, die es vom Amazonas rauftreibt und die Gletscherspalten verhüllen. Niemals solo aufsteigen!

REISEGEPÄCK: da der Bergsteiger meist mit Übergepäck über den Atlantik fliegt, sollte er dies (um Zollärger oder Verspätung des Gepäcks zu vermeiden), komplett mit ins Flugzeug nehmen. Dies trotz hoher Übergepäcktarife! – Ein weiterer Vorteil, mit einem der europäischen Bergsteiger- Veranstalter zusammenzuarbeiten. Empfehlenswert unter anderem das Team des Südamerika- Experten Dr. Gatt ("Horizont Reisen/Innsbruck) und das renomierte BRD- Unternehmen "Hauser- Reisen"/München, das zu einem der Markführer im Sektor Trekking und Bergsteigen in Südamerika zählt!

Bei knapper Reisezeit wird nicht nur das Problem des Übergepäcks gelöst, sondern auch vor Ort sämtliche Transportprobleme mit Anmietung von Jeeps, Genehmigungen (z.B. für die Besteigung des Aconcagua nötig!), sondern auch höhere Sicherheit, wenn es in "Grenzbereiche" geht! Durch Know- How des Veranstalters!

Regionale Veranstalter in Südamerika siehe Länderkapitel! –

Absolut Spezialisten vorbehalten sind Extrembesteigungen wie des "Cerro Neblina" (3.o14 m) im Grenzgebiet des Amazonasbeckens zwischen Venezuela und Brasilien, wegen superschwieriger Erreichbarkeit, die in der Regel Hubschraubereinsatz ab Caracas nötig macht (Details siehe "Venezuela- Teil) – ebenso wie die Besteigung des "Cerro Autana", der 9oo m als Felsnadel aus den venezuel. Amazonas- Urwäldern rausragt und meines Wissens nach bisher noch nicht bestiegen wurde. Im Gipfelbereich gibts eine riesige Höhle mit Quergang durch den Berg. Im Inneren der Höhle Mineralien, die sonst bisher niergends auf der Welt gefunden wurden. Oder die Riesen - löcher mit Durchmessern von ca. 3oo m, eingestürzter unterirdischer Höhlen im Grenzbereich Venezuela zu Brasil Richtung BoaVista. Details siehe "Venezuela- Kapitel"! –

Die lohnendsten Regionen für Bergsteigen in Südamerika:

Veranstalter für Trekking und Bergsteigen in Europa (Auswahl):

Horizont Reisen/Club Montana
A 6o2o Innsbruck/Österreich
Amraserstr. 11o a

TAWA
B.P. 2o
F 7586o Paris Cedex 18

Hauser Reisen
Marienstr. 17
8ooo München 2

Etnotur
P.O. Box 477o
Quito/Ecuador

Von ihrem Programmangebot excellent, – aus meiner eigenen Südamerikaerfahrung! Unbedingt zu empfehlen. Wobei der Schwerpunkt auf den Andenregionen liegt, dem interessantesten Bereich für Trekking und Bergsteigen. – "Etnotur" ist vorwiegend auf Ecuador spezialisiert. Weitere Veranstalter siehe Länderkapitel!

WILD-WASSER:

An der Spitze steht PERU mit den besten "White- Waters" der Welt! Ein Sport, der vorwiegend in den USA und dort im Grand Canyon berühmt wurde: mit beteiligt das "Avon"- Gummischlauchboot und rein ins Vergnügen. Durch die schäumende Gischt von Stromschnellen. Zwischen engen Felswänden durch "Pools" und dann wieder rasant abwärts. . .

Alle Details siehe Peru- Kapitel. Gibt auch einige gute Sachen an den bolivianischen Andenhängen runter zum Amazonas. Die meisten Veranstalter operieren jedoch in Peru.

BADEN:

Die besten Stellen – mit Abstand sind ohne Frage wegen permanent warmem Wasser (Durchschnitt 24 °C, teils mehr): die KARIBIK- KÜSTEN des Kontinents (8 - 12). Venezuela und Kolumbien weitgehend mit Palmenküsten und Sandstränden. Die gemütlichsten Strandhotels dagegen im Bereich der Karibikinseln ab Trinidad/Tobago. –

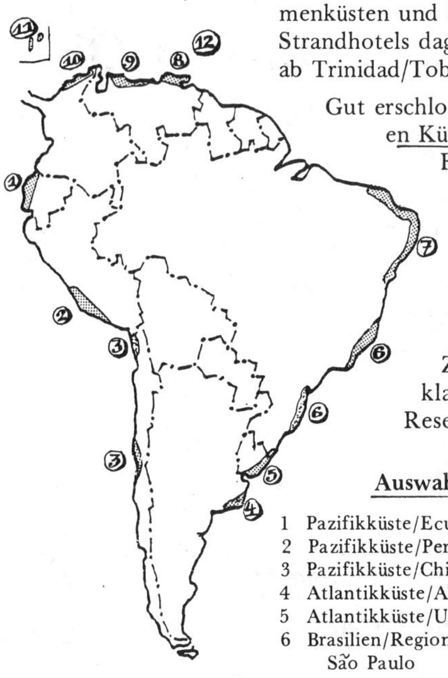

Gut erschlossen der Bereich der brasilianischen Küste. Wärmster Bereich zwischen Fortalezza und Recife/Salvador. Wobei die Badesaison zwischen Dezember und März läuft.Gilt bis runter zu den argentinischen Badestränden (Brasil: Maximum Wasser um 24 Grad, Argentinien um 22 Grad.) –

Zugleich die Monate, wo Mittelklasse bis Top- Hotels voll sind und Reservierung vorab empfehlenswert

Auswahl der interessantesten Stellen:

1 Pazifikküste/Ecuador
2 Pazifikküste/Peru
3 Pazifikküste/Chile
4 Atlantikküste/Argentinien
5 Atlantikküste/Uruguay
6 Brasilien/Region Rio-São Paulo
7 Brasilien/Nordost Küste
8 Venezuela/Region Guaira Halbinsel
9 Venezuela/Küste bis Coro
1o kolumb. Küste
11 Isla San Andres
12 Karibik- Inseln

sein kann. Wenn auch die regionalen Tourist- Büros insbesondere in den kleineren See- Bädern immer noch Zimmer (auch Privat) vermitteln können. (4 - 7)

Die PAZIFIK- KÜSTE des Kontinents hat, – abgesehen der eingezeichneten Punkte viele weitere, lohnende Stellen. Die gerasterten Stellen beziehen sich auf die Haupt- Badestellen. Generell gilt:

Bis Ecuador warm während der Monate Dez. bis März (ca. 22 - 24 ° C). Südlich zweigt der kalte Humbold- Strom aus der Antarktis in den Pazifik raus, d.h. PERU: während dieser Monate (wie auch Nordchile) mit Wassertemperaturen um 2o - 22 Grad C. . – CHILE: hat seine Sommer- Seebäder im Bereich Santiago de Chile, ± 2oo km nach Nord und Süd, wo man sich über 2o Grad Meerwasser freut und ab Ende Dez. bis Ende Febr. im Meer tummelt. Bereits Valdivia und Pto. Montt mit Pazifik- Wassertemperaturen wie bei uns in den Nordsee- Bädern. . .

THERMAL–QUELLEN: ein ganzer Schwung im Andenbereich von Venezuela bis Chile/Argentinien. Details siehe Text.Teils örtlich desolat "gefasst": traurig bis dreckig. Teils aber auch Lukratives zum Aufwärmen, Auffrischen und Relaxen, was die Unterbringungsmöglichkeiten betrifft. –

TAUCHEN:

Die interessantesten Gebiete konzentrieren sich vorwiegend auf den Raum der Karibik. Großartige Tauch- und Schnorchelgebiete im Bereich der Korallenriffs um Isla San Andres/Kolumbien aber auch in der Umgebung von Cartagena/Kolumbien (Islas del Rosario). Topgebiete auch um die Insel Tobago/Karibik, sowie den "Tobago Cays"/zwischen Insel Grenada und San Vincent/Karibik. – Isla San Roque/15o km Caracas/Venezuela vorgelagert. Alle Details siehe dort! –

SKI-FAHREN:

Zu den Topbereichen Südamerikas gehören die Skigebiete im Andenbereich Mittelchiles/Argentiniens, wo Topabfahrten existieren, die denen der europäischen Alpen an Schwierigkeitsgrad standhalten können und das Plus bringen, daß sie ihre Hochsaison während der europäischen Sommermonate besitzen.

Sowohl nordamerikanische, wie europäische Skimannschaften trainieren während dieser Zeit in Südamerika. Alle Details siehe Argentinien- und Chile- Hauptteil des Bandes!! –

PER EIGENEM AUTO

AUF DEN ERSTEN BLICK und aus europäischer Sicht die ideale Art zu reisen! Man ist unabhängiger, kann halten wo und wann man will, – beispielsweise für eine Woche einsames Baden an der brasil. Atlantikküste unter Palmen, – spart Übernachtungskosten für Hotels und das lästige Warten auf Busse und Züge. Vorallem hat man sein eigenes Heim dabei mit Tape- Recorder- Musik, gemütlichem Bett hinten und eigenem Eisschrank. Man kann im Auto kochen und eventuell noch ein Schlauchboot mit kleinem Außenborder mitnehmen! –

*** PKW–TRANSPORT auf Frachtern von Europa nach Südamerika:**

Einiges spricht dafür, den Wagen in Europa zu kaufen und nach Südamerika zu verschiffen. Man kann sich Zeit lassen, den günstigsten Wagen auszuwählen und dazu gegebenenfalls noch einen "Fachmann" mitzunehmen. Eventuell auftretende Mängel lassen sich noch in Europa bequemer und billiger reparieren bei Freunden und mit größerer Werkzeugauswahl. – Vor allem: für's Einrichten des Autos hat man die Werkzeuge wie Bohrmaschinen und Kreissägen zur Hand und weiß auch, wo man die Einbauteile wie Eisschrank, Schaumstoffmatratzen etc. billig bekommt! –

*** FRACHTER:**

Leider kein billiges Vergnügen. Im Schnitt sind rüber nach Südamerika für einen VW- Bus runde 5.000 DM bis rauf zu 8.000 DM fällig. Wer clever ist, – siehe folgende Tips! – kann sich aber einiges an Geld sparen! Unterm Strich lohnt sich die Mitnahme des eigenen Fahrzeuges aber erst ab 1/2 Jahr Südamerika- Reise, besser jedoch 1 Jahr.

* **Frachter- Know How:** ähnlich wie die Airlines in der "IATA", sind die renomierten Frachter- Reedereien in sogenannten "KONFERENZEN" zusammengeschlossen, die sich alljährlich treffen und die neuen Frachtpreise nach Südamerika festsetzen, an die sich alle Konferenz- Mitglieder halten müssen.

Die südamerikanischen Häfen sind in Gruppen aufgeteilt: Gruppe Venezuela – Nordbrasilien – Brasilien – Uruguay/Argentinien sowie Westküste/Südamerika. In der selben Gruppe der Zielhäfen haben daher alle Mitglieder die selben Preise.

Es mag sein, daß es auch bei den Konferenzteilnehmern "Schwarze Schafe" gibt, mit denen man handeln kann.(Da den einzelnen Reedern Nachteile entstehen, wenn das vorgeschriebene und zugeteilte Transportvolumen unter- bzw. überschritten wird.)Im Normalfall kann man aber mit den Konferenzteilnehmern nicht handeln.

Weiterhin gibt es die sogenannten "OUT–SIDER". Das sind Reedereien, die sich nicht an die Preise der Konferenzteilnehmer gebunden fühlen, da sie keine Mitglieder sind. Hier herscht freier Markt nach Angebot und Nachfrage. Je nach Frachtaufkommen sind bis zu 3o % billigere Frachtpreise möglich.

Kann aber auch sein, daß die Frachtkosten bei "Out- Sidern" teurer sind als bei den "Konferenzteilnehmern", wenn die Schiffe ausgebucht sind, oder der Reederei-Agent merkt, daß man sich in den Preisen nicht auskennt.

* TIP: der "Deutsche Verkehrsverlag GMBH", 2ooo Hamburg 1, Postfach 1o 16 o9 Tel.: o4o - 23 71 4o1 gibt 3 x/wöchentlich die "Deutsche Verkehrszeitung" heraus, die

DURCH SÜDAMERIKA:

jeden Samstag die Abfahrten von Frachtern ab Häfen (Hamburg, Bremen, Amsterdam, Rotterdam, Antwerpen) publiziert. Das Viertesjahresabbonement kostet ca. 7o DM.

Zunächst das Preisniveau der "Konferenzteilnehmer" durchtelefonieren und dann mit den "Out- Sidern" verhandeln! Wobei sich unter Umständen bereits schon mit den Konferenzteilnehmern interessante Rabatte ergeben können! –

★**Preise:** derzeitiges Preisniveau der "Konferenzteilnehmer" ist für brasilianische Häfen ca. 7.2oo DM (als Verschiffungshafen doppelt uninteressant, auch wegen der Carnet-Probleme, siehe Kapitel "Carnet"!), – für Montevideo/Buenos Aires (obwohl längere Seereise!) nur ca. 6.2oo DM. – Die südamerikanische Westküste derzeit am billigsten mit ca. 5.ooo DM (Kolumbien, Ecuador, Peru).

Die PREISE orientieren sich an Angebot und Nachfrage. Da derzeit viel Frachtaufkommen zwischen Brasilien und Europa läuft, ist diese "Gruppe" am teuersten.

Obige Angaben jeweils bezogen auf das neuere VW- Bus Modell (= ca. 16,5 Kubikmeter) Das alte VW- Bus Modell hat ca. 15,2 Kubikmeter. Die Frachtpreise dementsprechend billiger, wenn nach Kubikmetern berechnet wird:

In der Regel berechnen die Reedereien nach FAHRZEUG–VOLUMEN. Wobei die im KFZ- Schein angegebene Länge mit der Breite und Höhe multipliziert wird. Das Abmontieren der Stoßstangen (um die Länge zu reduzieren) bringt daher nichts.

In selteneren Fällen wird nach FAHRZEUG–GEWICHT berechnet. Das Fahrzeug wird auf die Waage gestellt, wobei das Leergewicht inkl. fester Einbauten zählt (ohne Gepäck).

Zu den Frachtkosten (in pro Kg oder pro Kubikmeter angegeben) kommen noch sogenannte "Bunker- Zuschläge" (Spritpauschalen), ebenfalls pro kg oder m2 berechnet. Sowie Papier- und Hafenkosten. Abzüglich rund 7 % des sogenannten "Währungsabschlages".

Unterm Strich ergeben sich bei den Konferenzteilnehmern dann die zu Beginn des "Preis- Kapitels" genannten Frachtkosten. Da die Preise aber in der Regel nach US $ berechnet werden, gibt es bei Auf- oder Abwertung des US entsprechende Verschiebungen, was aber ebenfalls bei den jährlichen Konferenzen mit berücksichtigt wird.

SOWOHL durch die Wahl des günstigsten Verschiffungshafen in Südamerika, – wie auch erhandelte Rabatte bei "Out- Sidern" bzw. "Schwarzen Schafen" der Konferenzteilnehmer, – lassen sich die Transportkosten des Fahrzeuges erheblich reduzieren. Wer clever ist, kann durchaus einen VW-Bustransport für ca. 4.ooo DM nach Guayaquil/Ecuador realisieren, – zudem ein relativ problemloser südamerikanischer Hafen (im Vergleich, was

beispielsweise in peruanischen Häfen läuft . . .) Doch dazu später!

Verschiffung des PKW's: auch in diesem Sektor lässt sich einiges an Geld sparen. Zunächst wieder Background- Know How:

Generell unterscheidet man zwischen REEDEREIEN (die die Schiffe betreiben), – den AGENTEN (die die Reedereien in den Häfen vertreten) und den SPEDITIONEN.

Die Reedereien verkaufen in der Regel keine Passagen für das Fahrzeug, sondern wickeln dies über ihre Agenten ab. Die auch die Ein- und Ausschiffung der Waren erledigen.

Der bequemste Weg, das Fahrzeug nach Südamerika zu verschiffen ist die SPEDITION. Und garnicht mal die schlechteste! Man übergibt das Fahrzeug der Spedition, die sämtlichen Papier- und Behördenkram sowohl in Deutschland, wie auch im südamerikanischen Zielhafen erledigt.

Die renomiertesten in Deutschland sind:

SCHENKER, vertreten in allen wichtigen BRD- Großstädten
KÜHNE & NAGEL, siehe oben, Generalbüro in Köln
NAVIS, siehe oben, Generalbüro in Hamburg
KARL GEUTHER & CO., siehe oben, Generalbüro in Bremen. Sowie weitere.

Selbige haben in fast allen südamerikanischen Häfen Vertretungen, bzw. sind dort selbst vertreten. Kleinere Speditionen arbeiten mit Kontaktagenturen in Südamerika zusammen, können eventuell billiger sein, aber die Sache geht durch mehrere Hände.

Vorteil der Verschiffung per Spedition ist, daß diese einem den Zollärger abnimmt, was insbesondere im südamerik. Zielhafen sehr von Vorteil ist. Wo die Freigabe des PKW's unter Schmiergeld nur (unerfreuliche) Randaspekte sind.

Insbesondere sind im südamerik. Hafen Profis der Spedition für die Freigabe des Fahrzeuges tätig, die die Kniffe und Tricks kennen. Wer die Sache auf eigene Faust durchzieht, hat nicht nur Sprachprobleme, sondern ist auch anfälliger gegenüber der dortigen Zollbehörden, die nicht selten die Notsituation des Gringos realisieren, der schnell an sein Fahrzeug möchte . . .

Nachteil ist der höhere Preis. Logisch, daß die Spedition für ihren Service verdienen möchte. Wer das Fahrzeug beispielsweise in München der Spedition übergibt, zahlt den Transport des Fahrzeuges per Bahn oder LKW zum Hafen. Die rund 800 - 1.000 DM dafür kann man sich sparen, indem man selbst das Fahrzeug zum Hafen fährt und dort der Spedition übergibt.

Ebenso kann man der Spedition den (billigsten) Reeder für die Verschiffung vorschreiben. Wobei der billigste aber nicht der beste sein muß; wenn der Frachter übermäßig lang bis Südamerika braucht, weil er unterwegs viele Häfen anläuft. Oder gar das Fahrzeug auf einem Minifrachter an Deck festgezurrt wird inkl. Rostanfälligkeit auf See.

ALTERNATIVE: direkt mit dem Reederei- Agenten zusammenzuarbeiten. Man fährt also das Fahrzeug zum Hafen der ausgewählten Frachterverbindung, muß aber sämtlichen Papierkram selber erledigen. Wenn der Agent freundlich ist, hilft er beim Ausfüllen der Papiere. Andernfalls ist man auf eigenes Know How angewiesen.Insbesondere auch drüben in Südamerika.

Fracht- Dauer: in der Regel ist das Fahrzeug spätestens innerhalb von 1 Monat ab Übergabe an die Spedition drüben in Südamerika. Je nach Reederei (und Stops unterwegs) dauert die Überfahrt im Schnitt zwischen 14 und 18 Tagen

PERSONEN–MITFAHRT auf Frachtern ist bei den meisten Reedereien nicht mehr möglich. Zudem auf einem Frachter auch nicht gerade ein Vergnügen, wenn sich die Sache endlos hindehnt bei vielen Zwischenstops in Häfen und teilweise mehrtägigem Warten vor der Küste, bevor der Frachter in den Hafen einlaufen kann (bis endlich Platz ist am Kai zum Be- und Entladen).

Gegen Beschädigung des Fahrzeuges oder Diebstahl von Teilen desselbigen schützt man sich statt "Augenschein" besser und bequemer durch eine Versicherung (siehe dort!)

Passagier- Schiffsverbindungen nach Südamerika: eine der letzten, noch bestehenden Passagierdampfer- Linien ist die "LINEA C" ab Genua/Italien nach Rio/Brasilien und Buenos Aires/Argentinien. Während das Schiff 1981 noch 1 mal im Monat fuhr, ist der Verkehr zwischenzeitlich drastisch zusammengestrichen auf 1 mal/Jahr. Die Reederei nutzt dabei das Schiff, wenn es nach europäischen Kreuzfahrten vorwiegend in den Weihnachtsmonaten vor Südamerikas Küsten kreuzt, um die Überfahrt mit Passagieren zu füllen.

PKW- Mitnahme möglich, liegt allerdings für die Strecke Genua/Italien nach Südamerika bei ca. 8.ooo DM (Buenos Aires) und ist daher wohl eine der teuersten Varianten der PKW- Verschiffung nach Südamerika, allerdings mit dem Vorteil, daß man das Fahrzeug selbst begleiten kann.

BRD Vertretung: "Linea C", Schillerstraße 18 - 2o, 6ooo Frankfurt/M. Tel.: (o69) – 2o9 11

Adressen wichtiger Reedereien und Agenten für den Frachtschiffverkehr:

– Calmedia Line, Genua, Tel.: oo39 - 1o 2o 1643. Bekannt als Billig- Reeder für die Strecke nach Buenos Aires und Santos.
– Lauro Line, Genua mit Verbindungen nach Venezuela, Argentinien und südamerikanische Westküste. Tel.: oo39 - 4o 28 4o 41
– Jugolinija (Agent Kuyper, van Damm und Smeer/Rotterdam) gelten als Billig-Frachtverbindung, unter anderem auch nach Südamerika.
– Ybarra- und Italian Line (Spanien und Italien), früher Tip für preisgünstigen Verkehr nach Südamerika sind eingestellt.
– Pott und Körner ist Agent für den "Out-Sider" Carex nach La Guaira/Venezuela. Tel. des Agenten in Hamburg: o4o - 28 77o, Kleine Pulverteig 17 -21, 2ooo Hamburg 1
– Reinhold Bange (Baumwoll 7, 2ooo Hamburg 11, Tel: o4o - 376 o5o) ist Agent für die "Johnson Line" (Antwerpen–südamerikanische Westküste bis Santiago/ Valparaiso), sowie für die "Polisch Ocean Line" (ebenfalls Westküste).
– Fa. Specht (Adenauerallee 52, 2ooo Hamburg 1, Tel.: o4o- 24 842o) ist Agent u.a. für die kolumbianische "Flota Mercante Gran Colombia", die an die Westküste Südamerikas fährt und die kolumbianischen, ecuadorianischen und peruanischen Häfen bedient. Berechnen nach Gewicht. Vertreten zugleich eine Reihe weiterer Reedereien (siehe Dt. Verkehrszeitung!)
– Rob. M. Sloman, (Baumwall 3, 2ooo Hamburg 11, Tel: (o4o) 36o o5o) vertritt u.a. "Montemar S.A." auf der Strecke Hamburg- Santos- Montevideo- Bs.As.
– Westcott Shipping, Brouwersvliet 21, B– 2ooo Antwerpen/Belgien vertritt u.a. die "Paraguay Line" auf der Strecke Europa – Bs. As./Argentinien und rauf nach Asuncion/Paraguay. Sowie die "S.C.C.S." und "A.C.S." nach Venezuela.
– Paul Günther GmbH + Co, (Cremon 3, 2ooo Hamburg, Tel: (o4o) 36 941) ist eine der größten Agenten für eine Vielzahl für Reedereien, die aber meist Konferenzteilnehmer sind. Unter anderem Vertretung der argentinischen ELMA, die 3 bis 4 mal im Monat nach Argentinien fährt.
– August Bolten, (Mattentwiete 8, 2ooo Hamburg 11, Tel: (o4o) 36o 11), u.a. Agent für CIAMAR/ südam. Ostküste und Trans Nave/Westküste.
– Compagnie Generale Maritime c/o Sotramat Voyages (12, Rue Godot de Mauroy, F- 75 oo9 Paris, Tel: (oo331) 266 6o 19) ist große Tip für billigen PKW- Transport nach Südamerika; der VW Bus kostet derzeit ca. 3.ooo DM ab Frankreich nach Chile, bzw. ca. 2.5oo nach Peru. Personenbegleitung soll preiswert möglich sein!

UNTERM STRICH: Dt. Verkehrszeitung besorgen, die in ihrer Sa.- Ausgabe nicht nur die jeweiligen Abfahrszeiten bringt, sondern auch insgesamt eine Liste der wichtigsten Reedereien und deren Agenten mit Adresse und Telefonnummer bringt (siehe Seite 16o!). –

TIP: wer die Verschiffung per Spedition durchführt, zahlt an diese vorab in Deutschland die Komplettkosten und spart sich insbesondere auch die teils langen Wartezeiten im südamerikanischen Hafen, bis das Fahrzeug frei ist.

Wer dagegen auf die Spedition verzichtet und direkt mit dem Agenten der Reederei zusammenarbeitet, – sollte bei der Auswahl der Frachterverbindung vorab auch klären, wie hoch die Hafengebühren, sowie die Gebühren für den dortigen Zollagenten sind. Denn der Reederei-Agent ist lediglich für die Ausschiffung des Fahrzeuges zuständig.

Den Zollkram muß man dann selbst erledigen. Oder einen Zollagenten engagieren (private Agenturen), der in der Regel nicht schlecht verdient. Horrende Kosten in Venezuela und Peru. Relativ problemlos ist derzeit Guayaquil und Manta/Ecuador, – sowie Buenos Aires/Argentinien.

Wie Leser uns bei der Ausschiffung in venezuel. Häfen berichteten: bis zu 3 Tage Wartezeit, bis das Fahrzeug frei war und runde 4oo DM. Freunde sollen angeblich 1.ooo DM gezahlt haben! –

✈ ALTERNATIVEN:

1.) **Europa nach USA**: dichte und häufige Frachterverbindungen an die Ostküste der USA, die zum Teil billiger als nach Südamerika sind. Insbesondere aber auch problemlosere Ausschiffung, wer die Sache auf eigene Faust macht. Handycap ist aber die fehlende Straßenverbindung zwischen Panama und Kolumbien:

PANAMA–PASSAGE: die wenigen Frachterverbindungen mit PKW- Transportmöglichkeit verlangen für die kurze Strecke Panama zu den kolumb. Häfen um die 1.3oo DM! In der Regel darf man das Fahrzeug nicht selbst auf dem Frachter begleiten. Peter Achermann schrieb uns hierzu: ". . . also den hinteren Teil des Busses nach allen Regeln der Kunst verrammeln und verriegeln. Der Zugang zur Kabine muß offengelassen werden und der Zündschlüssel abgegeben werden. Außerdem muß man im Hafen ein Papier unterschreiben, daß der Bus leer ist. Aber es kontrolliert niemand. Im Hafen bis zum fertigen Verladen des Wagens dabeibeiblen und beim Ankunftshafen vor dem Ausladen die Szene überwachen, ist selbstverständlich . . . . . .

Die Frachtsätze werden von fast allen Schiffslinien mit winzigen Abweichungen erhoben. Die "Panama Agency" vertritt rund 2o Schiffahrtsgesellschaften und befindet sich gleich neben dem Port's Captain Building in Balboa (US- Kanalzone).

Die Suche nach einem billigeren Schiff kann sehr nervenaufreibend sein, aber auch kostspielig werden". Peter berichtet weiter von dubiösen Agenten, die von billigeren Sachen vorschwafeln, die angeblich "ganz bald fahren", auf die man dann aber 3 bis 8 Wochen warten muß und besser die Finger weglässt. Sein Resümee: "man sitzt in Panama herum und gibt haufenweise Geld für nichts aus." –

Weitere Details siehe unser Kolumbien- Teil im Kapitel "Landbrücke von Panama"! Achtung: wenn der Frachter durch den Panama- Kanal muß, sind zusätzlich nochmal ca. 3o US $ Kanalgebühren fällig. Außerdem hohe Hafengebühren in kolumbianischen Häfen. Dazu kommen dann noch ca. 1oo US $ für den Flug pro Person, wenn man das Fahrzeug auf dem Frachter nicht begleiten kann.

Andere Leser berichteten, daß auf dem Transport von Panama nach Kolumbien das Fahrzeug sowohl in seinen Einzelteilen, wie auch Inneneinrichtung eine Art "Supermarkt" war, Klartext: einiges fehlte! Die ca. 1.3oo DM können daher nur als Grundkosten der Verschiffung gelten.

ALTERNATIVEN sind der Transport mit Propellermaschinen, Details siehe unser Kolumbienteil! – Oder die Verschiffung nach San Andres (siehe dort) und weiter nach Cartagena, – sowie die Verschiffung nach Aruba, das Venezuela vorgelagert ist und eine wöchentliche reguläre Passagier & PKW- Fähre nach Coro/Venezuela besitzt. Details siehe dort!

ALTERNATIVE zur Panama- Passage wäre, bereits in San Jose/Costa Rica bei Hapag Lloyd vorzusprechen, die gelegentlich Frachterverbindungen ab Puerto Limon direkt nach Santa Marta/Kolumbien haben. Ebenso gibt es ab Panama ca. 1 mal/Monat Frachterverbindungen nach Manta und Guayaquil/Ecuador, wo die Hafengebühren nur einen Bruchteil dessen betragen, wie in den kolumb. Häfen.

Weiterhin fährt die "CCT" (Coordinated Caribbean Transport Inc. Miami/Florida/USA alle 18 Tage von Miami mit Roll-on-Roll-off Cargoschiffen runter nach Manta und Guayaquil/Ecuador. Berechnet wird nach "cubic-feet". Ein VW- Bus hat ca. 42o cubicfeet und kostet alles inkl. runde 2.ooo DM. Adresse: CCT, P.O. Box 43o 96o, Main Post Office Miami, Fla. 33143, Tel.: oo13o5 665 9292.

Unterm Strich muß die Fahrt via USA nach Südamerika an Frachterkosten nicht teurer sein, als der Direktfrachter ab europ. Hafen nach Südamerika, – sofern man eine günstige Verbindung nach den USA rausrecherchiert. Beides zu kombinieren macht Spaß, braucht aber auch entsprechende Zusatzzeit.

2.) **Fahrzeug in den USA kaufen**:keine schlechte Idee, wer noch die USA einbauen will. Der "Blazer" (Allrad Version), eines der besten und bequemsten Fahrzeuge für den Südamerika- Trip (siehe auch Kapitel "optimale Fahrzeuge für Südamerika"!); gibt es in den USA in der kleineren 11o PS- Version für ca. 13.ooo US $, die 18o PS-Version kostet neu ca. 17.ooo US $. Aber auch jede Menge an Gebrauchtfahrzeugen.

Sowohl der "Blazer" (Chevrolet) wie auch der "Bronco" (Ford) sind in den Billigsprit-Ländern Südamerikas (Venezuela, Ecuador, Bolivia) äußerst beliebte Fahrzeuge, die relativ leicht einen Käufer finden. Gebrauchte Straßenkreuzer made in USA: Vorsicht! Schwieriger in Südamerika an den Mann zu bringen, da sich im Sektor Limosinen die Spritfreundlicheren Japaner durchgesetzt haben. – VW- Busse, sofern sie Fenster haben (Combi- Version), sind in den USA ähnlich billig wie in der BRD erhältlich. Die rundum Fenster sind für den späteren Verkauf in Südamerika wichtig, da beliebt im Einsatz als privater Schulbus-Transporter.

ANMELDUNG UND ZULASSUNG in den USA besorgt der Händler (ähnlich wie in Deutschland gegen geringe Gebühr). Kann man aber auch selber erledigen. Zeitbedarf ca. 14 Tage. Englischkenntnisse Voraussetzung. Theoretisch ist möglich, daß man mit US- Nummernschild und US- Versicherung dann den südamerikanischen Kontinent bereist. Bis das Fahrzeug verkauft wird. Siehe Kapitel "Autoverkauf in Südamerika". Versicherungs- und Zulassungsprobleme vorab mit der amerikanischen Botschaft bzw. Handelsvertretung abklären. Auch die Frage, ob mit amerikanischer Zulassung der amerik. Automobilklub das notwendige Carnet ausstellt.

Das Auto, also einen Blazer, Bronco oder VW- Combi in den USA zu kaufen, ist eine Variante, die die Frachterkosten auf die ca. 2.ooo DM der CCT (Miami- Ecuador) reduziert und zudem sich noch Reisekapital verdient im Verkauf. Die allerdings aber auch Pfiff und Know How im Verkauf in Südamerika erfordert, entsprechende Zeit und fundierte Sprachkenntnisse! Ansonsten wieder retour mit CCT ab Ecuador nach

Miami und dort verkaufen. Bei retour ca. 4.000 DM in den meisten Fällen immer noch billiger als die one-way- Verfrachtung eines Fahrzeuges ab Europa nach Südamerika mit dortigen Verkaufsproblemen.–

3.) **Autokauf in Brasilien:** der VW made "do Brasil" ist in Brasilien ähnlich billig wie bei uns in Deutschland. Womit man sich die teuren Frachtkosten nach Südamerika spart – aber gleichzeitig Behördengänge für die Zulassung, Versicherung und das Carnet einhandelt. Voraussetzung sind daher gute Portugiesisch- Kenntnisse und genügend Zeit.

Das VW- Werk ist in São Bernardo do Campo, 24 km vor São Paulo. (Tel.: 00551-432.66.22. Im Vertrieb gibts mehrere Leute, die deutsch sprechen!). Händler über ganz Brasilien verteilt, denn der VW ist dort das meistbenutzte Fahrzeug. Auch die Zeitungen sind voll von Gebrauchtwagen- Angeboten.

Beatrice und Mario Zestermann bestätigten unsere Tips zum Autokauf in Brasilien wie folgt: "grundsätzlich darf jeder Ausländer mit Tourist Visum ein Auto kaufen und damit in den Ländern herumreisen, die mit Brasilien ein Transitabkommen haben: Argentinien, Chile, Paraguay, Uruguay und natürlich Brasilien. Im Einzelfall ist folgendermaßen vorzugehen:

Zuerst zum Finanzamt (Secretaria da fazenda) gehen und sich eine CPF- Nummer geben lassen (cadastro de pessoa fisica). Dies ist eine steuerliche Anmeldung und Registrierung, ohne die man in Brasilien kein Eigentum erwerben kann. Viele Leute in Brasilien (einschließlich Beamter) wissen nicht, daß das CPF auch an Touristen ausgegeben werden kann.Deshalb muß man beim Finanzamt sehr beharrlich sein, es ist legal!

Hat man das CPF erst einmal, dann ist der Autokauf kein Problem mehr. Die Umschreibung des Automobils übernimmt ein "Despachante", mit dem alle Autohändler zusammenarbeiten. Selbst der Großteil der Brasilianer ziehen einen Despachante zur Hilfe, wenn sie Behördengänge zu machen haben, weil sonst keiner durchblickt und man lange Wartezeiten vermeiden will. Wir haben in Rio für den Despachante ca. 50 DM bezahlt.

In den brasil. Zeitschriften "Quadro Rodas" und "Auto Esporte" kann man sich über die Listenpreise von Gebrauchtwagen orientieren. Dabei ist zu beachten, daß in Rio gebrauchte VW's teurer sind als in Sao Paulo. Wenn man mit dem Auto aus Brasilien ausreisen will, muß man an der Grenze ein Dokument unterschreiben, in dem man sich verpflichtet, den Wagen wieder nach Brasilien zu bringen. Eine Kaution ist nicht zu hinterlegen.

Wir haben auch versucht, ein Carnet de Passage für die übrigen SA- Länder zu bekommen (wir wollten nach Bolivien, Peru und Ecuador). Das ist jedoch für Ausländer nur dann möglich, wenn sie eine Aufenthalts- und Arbeitsgenehmigung (carteira Modelo 19 para extranjeiros) haben. Hat man diese Genehmigung, dann muß man beim Ausreisen in die Länder ohne Transitabkommen eine Kaution (depot) in Cruzeiros hinterlegen, die man nach Ablauf eines Jahres zurückbekommt. Und das bei den gewaltigen, brasilianischen Inflationsraten. Dieser Weg ist also undiskutabel. . .

Wir beschränken uns daher darauf, die genannten Länder zu bereisen, verkaufen den Wagen dann wieder in Brasilien und machen die Andenländer per Eisenbahn/ Bus." Soweit zum Brief von Beatrice und Mario Zestermann. –

Die neuesten Bestimmungen wären vorab mit dem VW- Werk sowie dem Automobilclub do Brasil zu klären, der in Kontakt mit dem ADAC steht. Anderslautende Informationen gehen dahin, daß man die Zulassung und die brasilianische Versicherung nur dann bekommt, wenn man auch einen Wohnsitz in Brasilien nachweisen kann. Versicherung und Steuer in Brasilien billiger als BRD, Zulassungsgebühren in etwa gleich hoch. –

4.) Autokauf in anderen Ländern Südamerikas: in Peru ausprobiert, inklusiv sämtlicher interner Kontakte und bester Sprachkenntnisse. Fazit: Japaner, beispielsweise der excellente Subaru/Allrad- Limosine nur ca. 6.ooo DM teurer im Neukauf als bei uns in der BRD. Aber jede Menge an Behördenkram, der bis zur Fahrbereitsschaft in Nachbarländer rund 1 Monat dauert. Für den Normaltouristen mehr Ärger als hilfreich.

★ PAPIERE:

Internationaler Führerschein: erhältlich bei den KFZ- Stellen gegen Vorlage des nationalen Führerscheins und Passfoto. Kostet ca. 6 DM und gilt 2 Jahre. Man sollte darauf achten, daß er eine Nummer eingetragen hat, denn darauf achten viele südamerikanischen Polizisten! –

Internationaler Zulassungsschein des eingeführten Fahrzeuges. Erhältlich bei den öffentlichen KFZ- Zulassungsstellen.

Carnet: nötig für die Einreise in den einzelnen südamerikanischen Ländern. Wird vom ADAC ausgestellt und ist eine Art Passierschein für die vorübergehende, zollfreie Einfuhr eines PKW's.

ADAC- Mitglieder (die Migliedschaft kostet 54 DM/Jahr + 4 DM Aufnahmegebühr) erhalten das Carnet für 16o DM, – Nichtmitglieder für 22o,–DM. Das Carnet gibts bei allen ADAC- Geschäftsstellen und gilt für sämtliche Länder Südamerikas außer Brasilien. Dabei muß eine Kaution von 4.ooo DM hinterlegt werden. Sowie Vorlage des Reisepasses, der KFZ- Zulassungs-Papiere und einer Bescheinigung, daß der Wohnsitz innerhalb Deutschlands liegt. Insbesondere soll man darauf achten, daß im Carnet exakt die richtige Motornummer eingetragen ist, um später Ärger zu vermeiden! –

DAS CARNET besteht aus 3 Teilen: dem Stammabschnitt, – daneben der Ausreiseabschnitt, – daneben der Einreiseabschnitt. Alle 3 werden bei der Einreise im betreffendem südamerikanischen Land von der Grenzbehörde abgestempelt. Bei der Einreise behält sich die dortige Behörde den Einreiseabschnitt, – selbiges gilt bei der Ausreise für den Ausreiseabschnitt. Der 3. Coupon (Stammabschnitt) verbleibt beim Fahrzeughalter und ist wichtiges Dokument.

Bei Rückgabe des Carnets an den ausstellenden Automobilclub erhält man die Kaution zurück. Alle weiteren Details sind in der "Carnet- Broschüre" des ADAC beschrieben.

Wenn der Zeitwert des Fahrzeuges 1oo.ooo DM übersteigt, beträgt die Bürgschaft (Kaution) 6.ooo DM. – Für BRASILIEN gelten eigene Regelungen, die beim Zentralbüro des ADAC in München nachzufragen sind. Das für Brasilien gültige Carnet kann nur dort ausgestellt werden.

★ NUMMERN–SCHILD:

Es gibt 2 Möglichkeiten:

1.) man fährt mit dem Nummernschild der eigenen Nationalität rüber nach Südamerika und zahlt für die Dauer der Reise weiter die nationale Versicherung (mit der Versicherung abklären: gilt unter Umständen nicht für Südamerika!) und die nationalen Steuern für das Fahrzeug. Dafür darf man den Wagen dann wieder zollfrei nach Deutschland einführen.

2.) man fährt mit einer Zollnummer, erhältlich beim Hauptzollamt der nächsten deutschen Großstadt für ca. 1o DM. Sie berechtigt zur zollfreien Ausfuhr des Fahrzeuges innerhalb von 1o Tagen. Wer auf diesem Weg einen fabrikneuen Wagen nach Südamerika verschifft, erhält die im Kaufpreis inklusiven 14 % Mehrwertsteuer zurückerstattet. Vermutlich auch, wer sich von einer Firma einen gebrauchten Firmenwagen ersteht, die in der Rechnung die 14 % Mehrwertsteuer auswirft. Mit dem Finanzamt abklären!

Vorteil der Zollnummer: keine Steuern während der Reise. Versicherung fällt ebenfalls flach. Die Verkaufsmöglichkeiten des Fahrzeuges sind in Südamerika verständlicher weise mit einer Zollnummer ebenso gut wie mit einem nationalen Kennzeichen! Einer der Gründe, warum die meisten Südamerikafahrer mit eigenem PKW per Zollnummer fahren.

Auch wenn manche südamerikanischen Länder keine KFZ- Versicherung vorschreiben, sollte man unbedingt für den Zeitraum der Reise eine abschließen! (Siehe Kapitel "Versicherungen"!)

Wer den Wagen mit Zollnummer wieder nach Deutschland zurückbringt, zahlt Zoll. Der dürfte bei ca. 1o % des Schätzwertes des Wagens liegen, zuzüglich 14 % Mehrwertsteuer. – Die Zollnummer gibts übrigens auch für Ausländer. Wegen der Vorteile der Zollnummer, aber auch wegen den billigeren Einkaufspreisen für VW- Transporter in der BRD kaufen viele Österreicher und Schweizer zumeist ihr Fahrzeug besser in der BRD und reisen per Zollnummer. –

INTERNATIONALE VERSICHERUNGEN:

Sehr zu empfehlen bei der südamerikanischen Fahrweise: Kurven schneiden, bei Rot über die Ampel und sehr temperamentvolle Fahrweise mit Höchstgeschwindigkeiten durch Kurven, welches ein Bremsen in Notsituationen unmöglich macht. Eine KFZ- Versicherung ist in vielen Staaten nicht vorgeschrieben, bzw. nur ungenügend in Schadenssumme abgedeckt!

"American Internat. Underwriters" versichert PKW's , sofern es sich nicht um ausgewachsene Sportwagen wie Porsche, Masserati etc. handelt, ebenso keine Motorräder. Die Minimum- Versicherungsdauer für eine Haftpflichtversicherung sind 1 Monat (ca. 9o US $), das Maximum 1 Jahr (ca. 45o US $). – Eine Vollkasko-Versicherung ist ebenfalls möglich und garnicht mal so teuer: 1 Monat bei Fahrzeugwert 4.ooo US $ kostet nur ca. 15o US $, – 1 Jahr bei selbem Fahrzeugwert ca. 7oo US $.

Der Schaden wird zugleich relativ unbürokratisch geregelt. Kleinere Beträge müssen vorgestreckt werden, – größere werden direkt von dem regionalen AIU- Büro gegen Schadensübernahme- Erklärung geregelt. Einzelheiten siehe Versicherungsbestimmungen der AIU.

TIP ist der AIU- Agent "TOUR IN SURE"/Warburgstr. 16, 2ooo Hamburg 36 der nicht nur KFZ versichert, sondern auch den Fahrzeugtransport per Frachter nach Südamerika. Die Reedereien sind teils unterversichert und haften bei sogenannter "unsachgemäßer Behandlung", die vom Fahrzeugbesitzer nachgewiesen werden muß . . . Preise bei Fahrzeugwert von ca. 4.ooo US $ bei "Tour in Sure" lediglich ca. 5o US $. Weitere Versicherungen, auch zu Reisegepäck möglich!

★UNFÄLLE IN SÜDAMERIKA:

Sind trotz "heißerem Reifen" und wilderem Schneiden, wobei rechts überholt wird etc. – auf europäische Verhältnisse übertragen: relativ selten. Grund mag sein, daß jeder aufmerksamer fährt und mit Schneiden etc. rechnet, – aber auch der dünnere Verkehr auf den Überlandstraßen.

Hauptproblem ist der schlechte technische Zustand der Fahrzeuge, wo oft das Textilgewebe im Reifen sich sichtbar macht etc. Wenn's gekracht hat: kann passieren, daß die Einheimischen an den Kragen gehen, insbesondere, wenn Kinder am Unfall beteiligt waren! Es empfiehlt sich, möglichst schnell eine Polizeistation aufzusuchen! Auch bei schuldlosen Unfällen gehts sofort ab ins Gefängnis, bis der Fall geklärt ist. Das kann recht lange dauern. Sofort die Botschaft einschalten! –

★DIE STRASSEN IN SÜDAMERIKA:

Die Hauptverbindungen sind zwischenzeitlich in allen Ländern (mit Abstrichen: Bolivien) asphaltiert und zügig befahrbar. Sofern es sich nicht um Serpentinenpisten von der Küste rauf in die Anden handelt oder Pisten im Amazonas. Während Venezuela, Südbrasilien (und Nordostküste) sowie Argentinien im Bereich Pampa ein recht gut ausgebautes Straßennetz hat,– beschränkt sich ansonsten der Asphalt auf die nur nötigsten Verbindungen.

Insbesondere in den Andenländern: endlose Schotterpisten, die sich durch die Einsamkeit der grandiosen Berglandschaften schlängeln. Oft gehts links 500 m oder mehr fast senkrecht runter und rechts steil rauf. Die Pisten oft nur LKW- breit und das nächste Dorf unten schon in Sichtweite, obwohl noch rund 3 Std. zu fahren!

Szenenwechsel: Amazonas! Ebenfalls Erdpisten die Regel im tiefen Rotbraun der Amazonaserde und durch die Urwaldmauer mit herabhängenden Schlinggewächsen. Über Flüsse in Ponton- Booten. Unikum ist der brasilianische Versuch, eine Asphaltpiste zwischen Porto Velho 8oo km nach Manaus anzulegen, um von Regengüssen (und Aufweichung der Piste) unabhängig zu sein. Bei den gigantischen Entfernungen jedoch ist der harte Straßenbelag unterspült und jede Menge scharfkantiger Löcher, die die Reifen so lieben und gelegentlich mit sanftem "Zisssch" quitieren!

Die gigantischen Entfernungen und die meist dünne Besiedlung der Gebiete sind Hauptgrund für das meist aus Erd/Schotterpisten bestehende südamerikanische Straßennetz. Aber auch die riesigen Kosten im Bau und der Erhaltung der Straßen, – insbesondere im superkostspieligen Straßenbau in den Anden, wo laufend Höhenunterschiede von 1.ooo m oder mehr innerhalb von 2o - 4o km überwunden werden müssen, oder im Amazonas.

Dies (am Beispiel Peru): auf einem Gebiet der 6 fachen Größe der BRD, wo, – Lima/Hauptstadt ausgenommen, – nur rund 1o Mill. Menschen leben!!

Alle Details zum Straßenzustand, Verbindungen etc. in den jeweiligen Länderkapiteln, sowie in den Kapiteln "Allgemeine Tips" am Ende der Länderteile, wo ich auch auf Querverbindungen zu den Nachbarstaaten mit Seitenverweis eingehe.

✱ FAHRTECHNIK IN SÜDAMERIKA:

① **Schotterpisten (="ripio"):** bezeichnet auch Erdpisten. Strapazieren zwar das Fahrzeug, sind aber unumgänglich, wer in interessante Gebiete will. Sowohl bei Anden- Anstiegen, – wie auch z.B. patagonischen Pisten sowie Hochlandpisten ist Wellblech die Regel. Insbesondere die LKW's graben die Querrillen, wenn sie sich die Steigungen raufquälen, oder über Amazonas- Pisten dahin- "rauschen".
Im Interesse der Schonung des eigenen Fahrzeuges (z.B. VW- Bus) sollte man auf unnötige Zuladung verzichten, da jedes zusätzliche Kilo die wirksamen, dynamischen Kräfte erhöht, wenn das Fahrzeug ins Loch bumst. Auf den weitgehend geradlinien Schotterpisten Patagoniens wird mit Geschwindigkeiten um 8o km/h gefahren, da die Reifen in die Löcher der Bodenwellen dann nicht eindringen. Geschwindigkeit orientiert sich am Abstand der Löcher. Zugleich aber auch weniger Bodenhaftung des Fahrzeuges, insbesondere in Kurven und beim Bremsen!

Auf Anden- Schotterpisten, besonders, wenn sie sich in Serpentinen an den Hängen entlangschlängeln, sind Geschwindigkeiten von 15 - 2o km/h nicht selten die Regel. Wenn man einen ortskundigen Busfahrer nach der Entfernung zum nächsten Dorf fragt, erhält man daher oft eine Angabe in Stunden und nicht in Km.

Der längere Bremsweg auf "ripio" ist ebenso einzukalkulieren wie entgegenkommende Fahrzeuge. Auch wenn über die letzten 2o oder 3o Minuten definitiv nichts in den unübersichtlichen Kurven und schmalen Pisten entgegen kam.

Einer der Gründe, warum z.B. bolivianische Buslinien außerhalb der Regenzeit weitgehend nur nachts fahren. Das Scheinwerferlicht eventuell entgegenkommender Fahrzeuge hilft viel, Zusammenstöße in Kurven zu vermeiden. Eine der Hauptursachen für Unfälle auf Andenpisten.

Andere Ursachen sind Übermüdung. Bei teils 5 Std.-Fahrerei für 2oo km-Distanzen und härtester Arbeit am Steuer manchmal nicht zu vermeiden. Wobei ich die südamerikanischen Bus- und LKW- Fahrer bewundere! Sie sind Artisten am Steuer, mit einem Feingefühl für die Dimensionen ihrer Kiste, der Fahrfähigkeit und der Einschätzung des Straßenbelages. Ripio wird saugefährlich, wenns nieselt oder regnet, beispielsweise bei den supersteilen Abstiegen von den Andenhochgebieten in die Bergurwälder zum Amazonas. Hab mal Knochen-geschwitzt auf der Yungas- Piste von Coroico rauf nach La Paz/Bolivia. Obwohl ich einen Jeep hatte, Allrad eingeschaltet, – aber eine Nebelsuppe , nachts, Piste gerade LKW-breit, seitlich senkrecht runter. Superschmieriger Pistenbelag und eine Sicht gerade 2 m!

Während der Regenzeit in den Anden fahren die Busse am Tag. Man muß mit Bergrutschen rechnen, oder "erwachsenen" Felsbrocken hinter Kurven. Gilt generell auch für Fahrten am frühen Morgen, wenn durch Temperatur-Unterschiede sich Feuchtigkeit bildet und Gestein von den Hängen löst.

STAUB–FAHNEN: lästig, aber auf trockenem "ripio" unvermeidlich. Abhilfe ist genügender Abstand zum Vordermann (auch wegen Steinwurf!). Kamera oder sonstige empfindliche Gegenstände sollte man in eine Plastiktüte einstecken. Die abendliche Dusche säubert Fahrer und Beifahrer. Hab mal hinten einen Koffer aus dem Wagen abends gezogen, der filmreif war mit seiner Staubschicht. . . Das Fahrzeug sollte eine leistungsfähige Scheibenwischanlage haben. Insbesondere auch mehrere Ersatzscheibenwischer aus Deutschland mitbringen, denn sowas ist teuer in Südamerika. (Peruaner holen die Scheibenwischer übrigens beim Parken in Großstädten aus der Halterung raus und lagern sie im Handschuhfach, um Klau vorzubeugen!)

Die Windschutzscheibe sollte aus Verbundglas sein. Für die PATAGONIEN-PISTEN , die wegen ihren hohen Geschwindigkeiten besonders steinschlaggefährdet sind, gibts vor Ort Schutzgitter vor die Windschutzscheibe und Scheinwerfer zu kaufen inkl. raufklappbarem Gitter im Fahrerfeld, – wie der Ritter Dagobert mit seinem Visier. Ein normales (aber bitte sehr dickes) Drahtgitter, das mit Korken auf Glas- Abstand gehalten wird, tut es notfalls auch. Aber die käuflichen Gitter sind komfortabler, zumal Ersatz-Windschutzscheiben in Argentinien sehr teuer sind, bzw. für manche PKW-Modelle nur schwer erhältlich! –

REIFEN: wohl das am häufigsten benötigte Ersatzteil bei Südamerika-Trips mit eigenem Fahrzeug. Es zischt aus vielfältigen Gründen:

a) auf der Straße rumliegende Nägel oder Eisenreste. Entweder aus Holzbrücken rausge- "flogen" beim Rüberrammeln von LKW's. Oder von Fahrzeugen verloren , deren Aufbauten meist aus Holz zusammengezimmert sind. Ich habe eine orginelle Werkstatt in Coroico/ Bolivia gesehen, deren Reifenflicker ein ganzes Museum an verschieden großen und gebogenen Nägel an der Wand aufgehängt hatte.

b) Pisten mit scharfkantigem Gestein. Der Reifen erwärmt sich durch die permanente Deformation auf dem ripio und ist damit anfälliger für scharfkantig- Hochkarätiges! Ebenfalls keine Abhilfe.

c) die "baches" (sprich "batsche"), wie das im Spanischen heißt. Ist ebenfalls hochkarätig, zu Deutsch: Schlagloch. In den Asphalt/Beton-Straßen der südamerikanischen Städte durchaus die Regel.

"El Comercio", eine der Lima- Tageszeitungen veröffentlicht täglich unter der Rubrik "El bache del Dia" (das Schlagloch des Tages!) das wildeste und schlimmste Loch von Lima. In meinen mehrmonatigen Aufenthalten in Lima habe ich fantastische Sachen im Comercio durchgeblättert.

Wer Glück hat und offenes Auge besitzt, fährt drumrum. Leider geht das nicht immer, wenn mehrere "baches" nebeneinander miteinander korrespondieren. Dann gibts einen kräftigen Bums, der je nach Tiefe des "bache" auch das Lenkgestänge deformiert bzw. die Auspuffanlage antastet. . .

Die scharfkantigen Löcher in Asphalt und Beton ramponieren auch das Gewebe des Reifens. Zum Glück sind die Fahrgeschwindigkeiten auf den Andenpisten nicht hoch. Jedoch ein weiterer Grund, das eigene Fahrzeug nicht unnötig zu überladen.

Reifen werden auf die veschiedensten Arten repariert. Zunächst hat fast jedes, meist auch das kleinste Dorf einen "Gomista" (Reifen-Fachmann). Hütte, wenn's gut geht eine Maschine, die den Reifen von der Felge hebelt. Ansonsten macht das die Hacke . (Augen fest zudrücken; das tut weh, ist aber in jedem Fall wirkungsvoll!) Vorab wird in der Wasserschüssel geprüft, wo die Luft rausgeht und mit kräftiger Nadel u.ä. der Nagel etc. rausgepuhlt.

Dann wird das Loch "vulkanisiert" indem ein Flicken reinkommt, der mit dem Streichholz angezündet wird. Der Fahrzeugbesitzer steht daneben und betrachtet die Szene, wobei sich weitere Nägel finden, die demnächst zum zukünftigen "Zisssch" führen. Meist erhält der bisher "schlauchlose" Reifen dann einen Schlauch und bei ca. 1o DM in Bolivien ist die Sache erledigt.

In den größeren Provinzstädten gibts Professionelleres mit modernen Vulkanisiermaschinen. Ebenfalls billig. Nicht billig sind dagegen Neureifen, die in der Regel das Doppelte bis Dreifache wie bei uns in Europa kosten. Ein gängiges Reifenmodell (beispielsweise für VW- Käfer oder Bus) ist Voraussetzung.

Wer abgelegene Routen fährt, sollte Ersatzreifen auf dem Dach haben, – wie das auch die Südamerikaner machen. Hab mal Blut geschwitzt auf einer Route von peruan. Amazonasgebiet rauf in die Anden. Total abgelegen, kaum Siedlungen und bei Doppel- Zissch, das heißt auf 5 Std. Piste keinen Ersatzreifen mehr! –

Mit im Fahrzeug sollte ein kräftiges Holzbrett sein, – wenn man den Reifen unterwegs auf nachgiebigem Sandboden wechseln muß. Wer einen Mietwagen nimmt, sollte insbesondere die solide Funktion des Wagenhebers vor Anmieten des Fahrzeuges überprüfen!! –

AMAZONAS– "RIPIO"- PISTEN: die Problematik liegt hier vorwiegend in der Regenzeit, bzw. nach starken Regenfällen. Da das Land superflach ist, sind schnell weite Gebiete überflutet. Die bolivianische Piste von Riberalta nach Guayamerin im Grenzbereich zu Brasilien ist dann nicht mehr durchgehend befahrbar. Fahrzeuge werden per Pontonboot verladen.

Die brasilianische Transamazonica, die streckenweise durch hügelige Urwaldgebiete führt, wird in ihren "Anstiegen" so schlüpfrig, daß selbst LKW's sich trotz größerer Bodenfreiheit eingraben, weil die Reifen nicht mehr fassen. Gilt insbesondere auch für die "V 8" von Venezuela durch's Gebiet der Tafelberge im Bereich des Anstieges bei Km 88 (siehe Venezuela- Teil!) Generell aber auch für Ripio- Pisten in den Bergurwäldern zum Amazonas, wo durch Bergrutsche die Pisten oft auf Tage unbefahrbar sein können, oder durch Überflutung von Flüssen in Tälern.

② Panamericana: ein Seitenzweig geht bis Caracas/Venezuela. Innerhalb Venezuelas excellent, Asphalt und flott befahrbar.

Der Hauptzweig ist über die Landenge von Panama (Darien- Gap) geplant, teils im Bau, aber nicht fertig. Details siehe dort! – Innerhalb Kolumbiens ist die "Pana", wie sie im Volksmund heißt, zwischenzeitlich durchgehend asphaltiert und teils verbreitert. Wegen der stark gebirgigen Landschaft Kolumbiens eine Straße mit vielen Serpentinen, die Zeit braucht, – zumindest durch die Asphaltierung das Fahrzeug jedoch nicht mehr unnötig aufbraucht.

Geht durch Ecuador im landschaftlich großartigen "Valle de los Volcanes" (Tal der Vulkane) runter nach Guayaquil (Tip- Top- ausgebaut) und verläuft durch PERU und CHILE entlang der Küstenwüste, ebenfalls durchgehender Asphalt.

Dortige Durchschnittsgeschwindigkeiten von 80 - 100 km/h sind problemlos zu erreichen, da weitgehend geradlinig. Gefahren bestehen im Bereich Peru/Chile durch Sandverwehungen auf der Pana. Wer wegen Gegenverkehr in einen seitlich aufgewehten Sandberg gerät, kann übel ins Schleudern kommen!

Gefährlich auch bei Nachtfahrten, da viele Busse und LKW's vorne einäugig sind (fatal, wenn nur das rechte Scheinwerferlich funktioniert!!),– bzw. hinten oft ganz ohne Licht fahren (Gefahr von Auffahrunfällen hinter Bodenwellen!) – Merke: insbesondere LKW's beanspruchen nachts auf der Pana selbige für sich. Kraftproben enden nicht selten für den PKW-Besitzer auf dem Seitenstreifen! –
Die Pana endet in Pto. Montt /Südchile. Weiter nur per Frachter durch die großartige Fjordlandschaft nach Pta. Arenas an der Magellan- Straße, oder durch Argentinien. Details siehe dort!

③ Sandpisten: nicht die Regel in Südamerika. Obwohl vorkommend, z.B. in

Bolivien, im Chaco oder im Bereich der peruanisch/chilenischen Küstenwüste. Sandfahren macht viel Spaß, beispielsweise auf der Paracas- Halbinsel Peru, auf dort abgehärteten Sandplatten. Allerdings nicht ungefährlich, da sanft ansteigende Hänge oft abrupt hinter der Hügelkuppe abstürzen. Details siehe "Paracas- Halbinsel". Sand- Buggy- Fahren ist beliebter Sport der High- Society Perus. – Problematisch werden Sandverwehungen in größeren Höhen (beispielsweise Pass bei El Tatio/Nordchile, 4.000 m), wenn die Fahrzeug- Leistung wegen fehlendem Sauerstoff nachlässt und das Fahrzeug zusätzlich durch den Sand im Schwung gebremst wird. – Details zum Chaco und zu den Salzseen im Hochland Boliviens siehe dort! –

(4) Flußdurchfahrten: insbesondere im Andenhochland Boliviens, aber auch auf Ripio- Pisten im Hochland Nord- Chiles und Argentiniens. Die ansonsten trockenen Flüsse werden auf Nebenpisten oft in Furten durchfahren, die zur Regenzeiten anschwellen.

Sofern noch anderer Verkehr auf der Piste unterwegs ist, lässt man den LKW's den Vortritt, um die Tiefe abzuschätzen. Oder prüft selber die Tiefe, Strömung, sowie auf größere Gesteinsbrocken unter Wasser, indem man durchwatet. Der VW- Bus tendiert bei Strömung leicht dazu, umzukippen. Besondere Vorsicht bei schlammigem Untergrund!

Wenn der Motor im Fluß ausgeht, siehts mies aus! Aus diesem Grund fahren viele Südamerikaner ihre Autos rückwärts durch den Fluß, – besonders wenn der Motor mit der Elektrik vorn liegt (Bugwellen!). Verlangt aber viel Fahrgeschick und ist nicht ungefährlich wegen Kippen bei schlammigem Untergrund. Leider sind Heckmotor- Fahrzeuge für Problemdurchfahrten von Flüssen kein Tip, da der Motor ähnlich tief liegt, wie Frontmotor-Fahrzeuge.

Am besten wartet man am Fluß ein paar Stunden, bis der Wasserstand gesunken ist, – oder ein Bus oder LKW vorbei kommt, der einen gegen eine Schachtel Zigaretten etc. durchschleppt!

(5) Städte: Verkehrsampeln gibts auch in Südamerika. Besonders nachts oder in den frühen Morgenstunden sollte man auch bei GRÜN vorsichtig auf unübersichtliche Kreuzungen fahren, da die Verkehrsampel in Südamerika oft als "Information" dient und nicht "Obligation" ist.

Rechts überholen auf mehrspurigen Fahrbahnen ist üblich, ebenso Schneiden und andere Unartigkeiten, die aber den Verkehrsfluß beschleunigen, da die Südamerikaner ihr Fahrzeug mit dem 180 Grad- Blickwinkel steuern.

Ärgerlicher ist, daß beim Abbiegen auf Kreuzungen in die Kreuzung reingefahren wird, auch wenn diese komplett voll ist. Der dabeistehende Polizist hat zwar Ordnungsfunktion. Pfeifchen, Notizblock etc. Wer weiterkommen will, schiebt peu à peu die PKW- Nase in den Verkehr rein, auch wenn das Auto dann querstehend den ganzen Verkehr blockiert.

PARKEN: in den südamerikanischen Großstädten im Centro ähnliche Probleme wie bei uns in Europa. Gelb am Randstein bedeutet Parkverbot. Die Polizei ist rigoros. Eisenklammern um den Reifen oder die "grua"

(=Abschleppdienst), fast schneller zur Hand als in Europa. Nicht nur das Auto ist für runde 24 Std. weg, bis man die "multa" (Strafe) einbezahlt hat, sondern eventuell auch das eingebaute Autoradio oder sonstiges, was aber nicht aufs Konto der Polizei, sondern auf die privaten Abschleppdienste geht!– Wenn das Auto am Samstag abgeschleppt wird, wartet man unter Umständen bis Montag.

BUMPER–SCHWELLEN quer über die Straße. Die Regel in Südamerika von Venezuela bis Brasilien. Schützen Vorfahrtsstraßen, aber auch Residencial Areas. Ramponieren aber auch die Fahrzeuge. Superlangsam drüberfahren, was auch Ziel und Zweck der Schwellen ist. –

(6) Höhe: da ein Motor bekanntlich zur Verbrennung Sauerstoff braucht, sinkt die Leistung bei zunehmender Höhe. "El Tiempo", eine der führenden Tageszeitungen Kolumbiens, testet z.B. die Fahrzeuge in verschiedenen Höhenlagen.

Während ein und das selbe Fahrzeug in Bogota (ca. 2.600 m) zur Beschleunigung auf 100 km/h 20 Sek. braucht, findet dies in Melgar (ca. 350 m) in 17 Sekunden statt. Folgerichtig steht auch bei zunehmender Höhe weniger PS- Leistung zu Verfügung. Es soll Gringos gegeben haben, die auf Andenpässen aus dem überladenen VW- Bus ausgestiegen sind und nebenhergelaufen, damit die Kiste den 5.000 m- Pass schafft.

Abhilfe ist die Verstellung des Zündzeitpunktes, was jede SA.- Werkstatt besorgen kann, aber auch zu höherem Spritverbrauch führt. Ebenso hilft der Einbau einer anderen Düse (SA- Werkstatt), das Fahren im richtigen Drehbereich, sowie bei einem Normalbenzin- Motor das Beimischen von Super. Auf Super wird man meist sowieso zurückgreifen, da das südamerikanische Benzin oft schlechte Oktan- Qualität besitzt.

Mit einem nicht auf die Höhe präparierten Fahrzeug kommt man in der Regel über 4.500 m Pässe, sofern das Fahrzeug nicht überladen ist, genügend PS hat und die Reifen Bodenhaftung.

Mit präparierten Fahrzeugen (z.B. VW- Käfer in Ecuador bzw. Toyota Jeep in Bolivien) sind wir problemlos auf Pisten rauf bis 5.700 m gekommen, also unterhalb der Schneegrenze. – Die höchsten in Südamerika erreichbaren Pisten (ca. 6.200 m, eine Mine in den Anden in Nordchile) sind dagegen nur mit Spezialfahrzeugen erreichbar.

Keine Sorge: wer sich in Quito/Ecuador (2.850 m) oder z.B. La Paz/Bolivia (3.600 m) einen Mietwagen nimmt, erhält in der Regel Fahrzeuge, deren Vergaser auf die Höhe bereits eingestellt ist. Unser in Quito gemieteter Käfer zog auch oberhalb von 3.500 m ab wie die Rakete, im Rahmen dessen, was ein Käfer kann . . .

✱ WAGEN–SERVICE:

LUFTFILTER sollte man auf Staubpisten und in der peruanisch/chilenischen Wüste auf Nebenstrecken ca. alle 3 Tage reinigen. Steigert die Leistung und Lebensdauer des Motors. Es gibt vom VW- Werk einen Spezialfilter (Zyklonenfilter), der zwar die Wartungsarbeiten am Ölfilter reduziert, aber auch wesentlich mehr Öl verbraucht.

ACHS–SCHMIERUNGEN regelmäßig alle 3 Wochen überprüfen! ZÜNDKERZEN: alle 5 - 1o.ooo km wechseln, je nach Fahrzeugbeanspruchung! – ERSATZTEILE: nur das Wichtigste mitnehmen, sonst wird der Wagen zu schwer. Völliger Blödsinn: der mitgeschleppte Ersatzmotor! Besser baut man sich in Europa in den gekauften Gebrauchtwagen gleich einen neuen Motor ein. Das VW- Werk und andere Hersteller haben Listen von Ersatzteilen, die für Südamerika- Trips empfehlenswert sind.

Es lohnt sich, vor der Abreise noch einen REPARATURKURS beim ADAC, einer Reperaturwerkstatt oder einem KFZ- versierten Freund mitzumachen. Kleinigkeiten kann man dann unterwegs selber beheben! –

Literatur: empfehlenswert sind die Bücher zur Selbstreparatur des Motorbuch- Verlages Stuttgart "Jetzt helfe ich mir selbst", die es für die gängigen Fahrzeugtypen gibt,– sowie die Reihe "So wirds gemacht" vom Delius Klasing Verlag Bielefeld.

Auf den ersten Blick wirkt die "Jetzt helfe ich mir selbst"- Reihe detaillierter. Bei genauerem Durchblättern bringt die Reihe von Delius Klasing jedoch z.B. im Bereich der Fotos Tips, die man in der ersten Reihe nicht findet.

Unterm Strich: wer den großen Südamerika- Trip mit eigenem Fahrzeug macht, sollte sich zu seinem Fahrzeugtyp die Bücher beider Reihen kaufen. Allerdings sich bereits in der Heimat schon mit den Büchern am Fahrzeug einüben und parallel einen handfesten Werkstattkurs in der Praxis durchziehen. Ohne handwerkliche Vorübung und nur an Hand der Bücher möchte ich persönlich nicht z.B. den "Kupplungsgeber" an meinem Fahrzeug austauschen! –

WERKSTÄTTEN: bei VW und Mercedes Benz gibts gratis Verzeichnisse zu den autorisierten Werkstätten beider Modelle in Südamerika. Sind nicht selten drüben in Südamerika unter deutscher Leitung, was sowohl Sprachschwierigkeiten vermeidet, aber in der Regel auch Garantie für saubere Arbeit bietet.

Die Arbeitsstunde ist erheblich billiger als bei uns in Deutschland, die Ersatzteile (sofern es sich um Gängiges handelt) etwas teurer. – Die Nicht - autorisierten arbeiten meist viel billiger, und wenn man danebensteht und aufpasst, sind sie genauso exakt und dabei recht einfallsreich, was die Beschaffung von Ersatzteilen betrifft. Gerissene Kupplungsseile auf einsamen Patagonien- Pisten werden geschickt durch Elektrokabel ersetzt. Zwar nicht das Non Plus Ultra; reicht zumindest doch bis zur nächsten VW- Werkstatt.

Wenn der "Patient" ernsthaft erkrankt ist, sollte man jedoch unbedingt auf eine Vertragswerkstatt zurückgreifen, die das entsprechende Werkzeug, Know How und die Ersatzteile hat. –

Als ERSATZTEILE empfehlen wir eine Notausrüstung, die in jedem Fall aus Ersatzkeilriemen, Zündkerzen, Kupplungszug, Regler, Sicherungen, mehreren Ersatzscheibenwischern (in SA teuer!) und Reifen bestehen sollte, auch wenn man die Teile fast überall in Südamerika bekommt.

Weitere Mitnahme von (auf "ripio-Pisten") strapazierten Teilen wie Stoßdämpfer, Radlager, Kupplungsscheibe etc. empfiehlt sich nur dann, wenn man einen ausgefallenen Fahrzeugtyp mitnimmt. Es ist gewichtsbelastend, zumal man nicht weiß, welches Teil ausfallen wird und deswegen eine breite Palette an Ersatzteilen ins Auto verstauen muß, die es für den VW- Bus praktisch in allen größeren Orten und den dortigen VW- Werkstätten gibt.

Der wohl bessere Tip: statt umfangreicher Werkzeuge und Ersatzteile besser gleich mit einem gängigen Fahrzeugmodell reisen (z.B. VW- Bus)!

WAGENAUSRÜSTUNG: gute Hupe steht an erster Stelle. Man sollte sie höher verlegen (Wasser, Schlamm auf den Pisten, Flußdurchfahrten). Einige Gringos besorgen sich auf dem heimischen Autofriedhof eine LKW-Hupe, die potent Tiere verscheucht, aber auf der Straße die Einheimischen auch verzweifelt nach dem LKW suchen lässt. Zumindest: LKW- Horn erst nach Verlassen der BRD anschließen, da hier vom TÜV nicht genehmigt!

Öltermometer zur Überwachung der Motortemperatur, besonders bei älteren Fahrzeugen und längeren Fahrten durch heiße tropische Regionen. Verlängert die Lebensdauer des Motors und ist nach Gebrauchsanweisung leicht anzuschließen.

Halogen- Scheinwerfer im Umbausatz sind sehr nützliche Ausrüstung. Besonders bei Nachtfahrten, da sie durch ihre größere Lichtausbeute zu einem relaxteren Fahren im Suchen nach Bodenwellen etc. führen, – aber auch notorische Fernlichtfahrer von entgegenkommenden PKW und LKW schneller zum Abblenden bringen. Ebenso nützlich sind Nebelscheinwerfer, denn "Suppe" ist auf Andenpisten nicht selten. Die Scheinwerfer sollte man mit Schutzgittern sichern gegen Steinwurf von anderen Fahrzeugen. Tip ist auch (wie häufig von Südamerikanern praktiziert), die Verschraubungen der Scheinwerfer zuzukitten, um sich vor Diebstahl zu schützen.

Statt einem Suchscheinwerfer auf dem Dach des Fahrzeuges (Diebstahlgefahr!) empfiehlt sich die Mitnahme eines Handscheinwerfers, der seinen Strom per Stecker aus dem Zigarettenanzünder bezieht. Hat sich als sehr nützlich erwiesen bei nächtlichen Bachdurchquerungen, beim Ableuchten für Schlafstellen in freier Natur etc. etc. – Zur nächtlichen Fahrzeugreparatur gibts Taschenlampen, die man sich mit einem Straps um die Stirn schnallt (ähnlich Bergleuten) und die das Arbeiten erheblich erleichtern. – 12- Volt- Neonleuchten sind heller aber batteriestromsparend. Stirnleuchten in Expeditionsshops für ca. 35 DM, – Neonleuchten in Heimwerkershops, teils ca. 12 DM. – Gutes Innenlicht im Fahrzeug ist elementar. Unter anderem gibts die flexiblen "Kartenlese- Leuchten", die in den Zigarettenanzünder kommen, ohne den Fahrer zu stören. – Klemmbretter, wie's sie im Schreibwarenhandel gibt, sind für den Beifahrer nützlich, da die Landkarte fest auf dem Brett sitzt und bei offenem Fenster nicht flattert.–

Wagenheber: gehört (zum Glück!) zwar nicht zum täglichen Handwerkszeug sollte aber tip-top funktionieren. Da die Einschublöcher für den mechanischen Wagenheber insbesondere beim VW gern rosten, – bzw. sich generell schnell zubeulen bei Bodenkontakten des Fahrzeuges auf Pisten, – ist ein seperater, hydraulischer Wagenheber keine schlechte Idee. Nicht nur beim Reifenwechseln, sondern auch beim Rausheben des Fahrzeuges aus Löchern oder beim Aufsitzen auf Steinen.

Selbstverständlich: Abschleppseil (dehnbahr, aus Nylon!), zusammenklappbarer Spaten (wer Platz im Auto hat: besser eine solide, lange Sache mit festem Stil wegen des längeren Hebelarms!), einige Meter Elektrokabel verschiedenen Durchmessers der Litze, Isolierband und ein kleines 6/12 Volt-Glühbirnchen zur Überprüfung von Kurzschlüssen.

Es gibt Leute, die aus ihrem "Arbeitsplatz" am Lenkrad ein kleines Flugzeug- Cockpit machen mit Dutzenden von Anzeigeinstrumenten. Warum nicht, wem dies die Fahrfreude steigert! Bei Kurzschlüssen in der Fahrzeug-Elektrik steigert dies jedoch den Arbeitsaufwand bei der Fehlersuche.

Sicherheitsgurte: obwohl sie sich auch in Südamerika- PKWs befinden, sind sie dort verpöhnt. Mag sein, daß der Südamerikaner sich in Gurten unfrei fühlt, – mag sein, daß man auf Pisten- Rüttelstrecken unbequemer in Gurten fährt und auch auf Andenserpentinen- Strecken in Notsituationen nicht so schnell das Auto verlassen kann, wenns in Not seitlich runter geht.

TÜV- Vorschriften für's Anlegen gibt es in Südamerika nicht. Während ich selber in Europa bei unserem dichten Verkehr, Gefahren in Städten und den relativ hohen Überlandgeschwindigkeiten generell den Gurt anlege, – empfehle ich dies in Südamerika ebenfalls und unbedingt bei Stadtfahrten, sowie auf Überlandstrecken, die Geschwindigkeiten über 4o km/h zulassen!

Der Überland- Verkehr ist zwar erheblich dünner als in Europa und rein statistisch die Gefahr für Unfälle geringer, wenn's aber kracht, also in unübersichtlichen Kurven, bei riskanten Überholmanövern etc, – sind die Unfälle meist schwerer und der Sicherheitsgurt schützt definitiv! Auch ist das Krankentransportsystem beileibe nicht so gut wie bei uns entwickelt.
Kein ADAC- Rettungshubschrauber etc. – Tip auch: Securit- Sicherheitsscheibe für zumindest Windschutzscheibe!

Nützlich: sich für den VW (etc.) verstärkte Vorderachsen und kräftigere Stoßdämpfer einzubauen. Motor- und Getriebeblock durch starke Schutzbleche schützen. Der Aufpreis macht sich schnell bezahlt bei den vielen Km Schotterpisten!

✱ INNEN–EINRICHTUNG:

Orientiert sich an den persönlichen Bedürfnissen und insbesondere: was geplant ist! Keine Grenzen für handwerkliches Engagement! Immerhin lebt man in den 4 Buswänden 6 Monate oder mehr und will es gemütlich haben!

PRINZIPIELL: auf jedes unnötige Kilo verzichten; die Straßen in Südamerika sind meist schlecht, und man sollte das Auto vor Überbelastung schonen sofern man sich nicht ein Spezialfahrzeug wie DB- Unimog etc. zulegt.

Das heißt: Leichtbauweise. Die Schränke sollten aus Spanplatten von max. 16 mm sein, – besser Leichtbauweise in Sperrholz, welches wegen höherer Festigkeit mit dünneren mm- Daten je nach Einsatzzweck auskommt. Zusätzliche Stabilität im Selbstbau wird durch hinterleimte Leisten (Ramin etc.) erreicht.

BETT: Schaumstoff, da leicht, allerdings in den Tropen weniger angenehm für den nächtlichen Schlaf. U.U. besser, sich in einem Großmarkt eine Doppelmatratze mit Extras wie Federkern (ca. 1oo bis 15o DM), die man über die Grundstruktur legt (Spannplatte oder je nach Basteltalent: Lattenrost).

Sämtliche Verarbeitung sollte per Leim plus Nägeln erfolgen. Es ist zu berücksichtigen, daß das Fahrzeug ständigen Verwindungen unterliegt, insbesondere auf Schotterpisten, und viele hundert Km- Schüttel + Rüttelpisten durchfährt. Schlechte Verarbeitung fürhrt zu Rappeln und Quietschen der Inneneinrichtung.

WÄRMEISOLATION: elementar für Südamerika- Trips, egal ob Tropen oder Andenhochland. Die bequemste ist Steyropor (mindestens 15 mm, besser 5o mm!), welches man mit Filz Unterlagen vor Quietschen schützen kann. Gefahr in heißen Regionen: Wegschmilzen, insbesondere im Bereich der Dachisolation! Erheblich besser daher Glasfasermatten! Letztere fügen sich auch leichter den Biegungen der Fahrzeugwand an!

Die Wärmeisolation wird mit Papp- Pressplatten verkleidet, die gestrichen oder mit Kunststofftapeten verkleidet werden können. Die Baumaterialien sind gegen "Trinkgeld" billig auf dem Bau erhältlich.
Achtung: vorher alle Leitungen verlegen wie Lautsprecheranschlüsse, Innenbeleuchtung, Kabel für Diebstahlwarnung etc. –

Der Einbau einer Standheizung ist im Andenbereich nützlich bis unabdinglich je nach Höhe. Preise liegen bei ca. 1.5oo DM. Wobei Benzin- gespeiste Standheizung für Südamerika wohl die beste Wahl ist (gegenüber der Alternative Gasheizung, die abhängig von Verfügbarkeit Gas in Südamerika ist).

Einer der Marktführer im Sektor Standheizungen ist "Eberspächer" in Esslingen. Und bitte Illusionen vergessen, man könne durch Leerlauf des Fahrzeugmotors das Fahrzeug in Höhen über 3.ooo m nächtlich anwärmen! Die 1.5oo DM sind in jedem Fall eine gute Investition.

Was AIR–CONDITION im Wageninneren für die Tropen betrifft, ist das ein Thema für sich. Wer über entsprechendes Kapital verfügt: warum nicht! Viel Kühlung erhält man auch durch das Öffnen der Fahrzeugfenster während der Fahrt. Bei Stand in den Tropen und in praller Sonne kann eine Klimaanlage zu erfreulicherem Schlaf beitragen. Ansonsten können die starken Temperaturunterschiede im Fahrzeug und außerhalb zu nicht unerheblichen Erkältungskrankheiten führen. Preis für Klimaanlage um 1.5oo DM

Wegen Bodenunebenheiten sollten die Anlagen in jedem Fall im Fahrzeuginneren untergebracht sein. Der ansonsten excellente "Joker" auf VW- Basis von Westphalia hat seine Gasanlagen außerhalb zwischen Vorder- und Hinterreifen. Mag für Europa und seine Asphaltpisten o.K. sein. . .

Die Standheizung per Benzin aus dem Fahrzeugtank verbraucht pro Stunde nur ca. 1 Liter oder weniger. Dann wird's auch bullig warm im "Zimmer". Die Standheizung per Benzin vom KFZ- Tank ist für Südamerika die bessere Wahl gegenüber der Alternative Gasheizung, da man dort Probleme bekommen kann in Beschaffung Gas sowie der Gewindeanschlüsse.

EISSCHRANK: ist teuer, je nach Größe zwischen 3oo und 1.ooo DM. Es gibt verschiedene Versionen, Gas, Benzin etc. Ob sich der Luxus lohnt, unterwegs auf dem Trip ein eisgekühltes Bier oder Coke zu trinken sei dahingestellt. Die gibts auch in den diversen Stops unterwegs entlang der Piste. Wer auf Mitnahme verzichtet, spart sich für Südamerika einige Kg, die Stoßdämpfer und Reifen wie Fahrzeug schonen!

KOCHEN IM AUTO: ein Vergnügen mit Camping- Appeal in den Tropen. Nachdem Kocher das Fahrzeuggewicht nicht unnötig belasten: lohnt sich,– auch wenn man billig an der Straße auf einheimische Küche zurückgreifen kann. Zudem eine Billigversion, da es Doppelkocher für ca. 1oo bis 2oo DM in Europa gibt. Man sollte jedoch sauber die Nachfüllmöglichkeiten abprüfen. Bei Gasbetrieb sind in Europa meist 16 mm- links- Feingewinde üblich, während drüben in SA. meist amerikanische Flaschen mit 3/4 Zoll Rechtsgewinde verwendet werden. Sofern man kein Kupplungsgewinde dabei hat, eine gefährliche Sache des Gas- Umfüllens! Gut informierte Expdeitions-Shops beraten. Ansonsten Kocher erst in Südamerika kaufen.

WASCHEN/KÖRPER: ausgerüstete Wohnmobile besitzen Kunststoff- Duschkabinen mit einhängbarer Dusche. Eine angenehme Sache, insbesondere in den Tropen,aber auch an der Küste, um sich Salzwasser abzuduschen. Bei Eigenbau- Wohnmobilen ist die Billiglösung ein Haken außerhalb des Fahrzeuges (plus Wasserpumpe im Inneren des Fahrzeuges, – oder Wassertank, aufs Dach zum Duschen geschnallt). Letzteres bedeutet aber Badehose oder einsame Regionen.

WASCHEN/WÄSCHE: Globetrottertip: ein verschließbarer Plastiktank, in den Wäsche und Waschmittel kommt. Dann ca. 500 km Schotter- Serpentinenpisten fahren und anschließend die Wäsche zum Trocknen nach nochmaliger Durchspülung in einem Bach oder Fluß zum Trocknen aufhängen. Alternative sind die diversen Waschsalons in den südam. Städten.

TOILETTE: großes Thema für Wohnmobilbesitzer. Die wohl platzsparendste, leichteste und billigste Möglichkeit ist eine "Chemietoilette", die aus Schüssel plus nachzufüllender Chemikalien besteht, wie sie auch an Bord der großen Jumbos und sonstiger Jets angewandt wird.

Bei Überlandfahrten ist die Toilette kaum nötig, – kann aber im Bereich der Städte nützlich sein, wenn man von Dünnschiß geplagt ist. Mitnahme ist Entscheidungsfrage, – denn auch in Städten gibts Restaurants etc. wo man seine dringenden Erledigungen gewissermaßen erledigen kann . . .

AUTOBATTERIE: bei hohem Stromverbrauch durch Innenlampen, Tape-recorder etc. empfiehlt sich der Anschluß einer 2. Zusatzbatterie oder einer größeren Batterie. Wer längere Zeit an einem Ort stillsteht, sollte für Nach-"tankmöglichkeit" Sorge tragen. Der mitgeführte Stromgenerator (ca. 1.000 DM), zudem laut, auf Benzinbasis ist eine Sache eher für Spezialisten, die professionell für Filmaufnahmen in Südamerika tätig sind etc.
Bei größerer oder Zusatzbatterie ist zugleich stärkere Lichtmaschine nötig.

:STROMVERBRAUCH in nächtlichem Licht lässt sich durch die heute billig erhältlichen Neonlampen auf 6 oder 12 Volt- Basis reduzieren.

THEMA DACHTRÄGER: steigert die Gepäckmitnahme aber auch die Gewichtsbelastung des Fahrzeuges. Für südam. Diebe ist der Dachgepäckträger ein Leckerbissen, da man nur raufklettern muß, um die Sachen "abzuschnallen". Es gibt Solidversionen, angeschweißt, mit Vorhängeschlössern und fest montierten Blechkisten.

Bei Schotter- Erdpisten können oben leicht Bruchstellen enstehen. Abgesehen davon steigern Blechkisten auf dem Dach die Attraktion des Fahrzeuges. Zudem sind oben die Hebelkräfte größer, was zu zusätzlicher Belastung des Fahrzeuges auf schlechten Pisten führt.

Der bessere Tip: sich im Gepäck auf das Notwendige zu reduzieren und auf einen Dachgepäckträger zu verzichten.

DIEBE: einer der entscheidenden Nachteile für eigenes Auto in Südamerika. Das eigene Fahrzeug bringt in Südamerika zwar größere Flexibilität, dokumentiert aber eine Form Reichtum und ist deswegen Balast in flexiblem Reisen. Abhilfe ist nächtliches Abstellen in Wohlstandsgebieten Südamerikas also den z.B. Residencial Areas. Jedoch keine Garantie.

Abhilfe: beispielsweise Übernachtung auf Hotelparkplätzen der Mittel- oder Oberklasse Übernachtung auf Airport- Parkplätzen, die meist überwacht sind, in deutschen Schulen oder Goetheinstituten. Vor Polizeiposten oder im Bereich von Clubs.

Im Normalfall ist die Übernachtung in der Provinz weniger gefährlich, als in den Großstädten, wobei man insbesondere auf Vorabkontakte in Restaurants oder Haziendas zurückgreifen kann.

SICHERUNG des Fahrzeuges kann durch "Ultraschall"- Anlagen erfolgen, die sich bei Einbruch durch Hupen melden, bzw. durch versteckte Schalter. Die Wirkung ist unterschiedlich je nach Abstellungsort des Fahrzeuges.

Die Ultraschall- Methode ist in ihrer Technologie genial. Praktisch auch bei geöffneten Fenstern reagiert sie auf "Veränderungen" im Fahrzeuginneren. Die jedoch auch durch Fliegen oder Moskitos im Fahrzeuginneren aktiviert werden können.

Ein Alarmschutz per Bewegungssensor ist weniger empfehlenswert, da die Kinder gerne am Fahrzeug wackeln, was zwar zu Hupen führt bei entsprechendem Anschluß, aber die Batterie des Fahrzeuges leert.

Wohl probatestes Mittel ist ein versteckt angebrachter Unterbrecher- Schalter des Zündstromes (unterm Sitz, bzw. außerhalb). Oder schlichtweg das Rausnehmen des Verteilerkontakts im Zündverteiler des Fahrzeuges, sofern mechanische Zündverteilung (z.B. VW- Käfer). Mit einem Handgriff per Schraubenzieher praktizierbar und in der Hose nicht viel größer als ein Schlüsselbund. Probates Mittel auch bei Mietfahrzeugen! –

Hilft jedoch nur gegen Fahrzeugdiebstahl. Was Wertgegenstände im Fahrzeuginneren betrifft, soll es Leute geben, die ihre Kiste wie eine "Grüne Minna" vergittern. Bei analogem "Gefängnisfeeling" ist das nicht mein Geschmack. Besser: simples Fahrzeug wählen, im Inneren keine Wertgegenstände dokumentieren und vor allem Papiere, Kameras etc. rausnehmen, wenn man das Fahrzeug verlässt.

Safe im PKW: Alternative zur Sicherung von Wertsachen im Fahrzeuginneren. Wie uns Hartmut Heidenreich schrieb: "beim VW mit Durchgängen kann man auf diesem Durchgang einen Safe schweißen. Wenn man die Seitenbleche unter den Sitzen wegschneidet, hat man einen erheblich großen Stauraum für Kameras, Pässe etc. Beklebt man die ganze Sache mit Teppich und auch das Blech an den Sitzen, fällt den Leuten nie auf, daß da noch was ist. Erst recht, wenn man noch ein Kistchen oder einen Karton drüberlegt. Was nicht gesehen wird oder erkannt, reizt auch nicht zum Aufbrechen! –"

Gefahrenquelle sind auch die Klammern für die Seitenfenster im alten VW-Bully, die man flott mit stabilem Draht durch den Dichtungsgummi des Ausstellfensters öffnen kann. Der neue VW- Transporter hat sie abgeschafft. Wer noch mit dem alten reist, sollte sie unbrauchbar machen durch Verschweißung.

KASSETTENRECORDER ist für Südamerika unbedingt zu empfehlen. Oft sind die AM- Radiostationen zu weit entfernt (z.B. in der Küstenwüste/ Pazifikküste Südamerikas, bzw. im Amazonas oder den Weiten Patagoniens). Bei den oft gigantischen Entfernungen macht die Sache Spaß, hält einen wach. Aber auch zum Reinschieben südamerikanischer Kassetten, die es auf den Märkten oder in Schallplattenshops billig zu kaufen gibt.

Den Recorder bitte nicht in europäischer Image- Manier prestigegerecht montieren, sondern dezent und versteckt. Viele Gringofahrzeuge wurden wegen der Bordstereoanlage aufgebrochen . . .

LICHT im Fahrzeug: viel Strom der Bordbatterie sparen moderne Mini-Neonleuchten, die es preiswert im Handel gibt.

FENSTER: doppel- Plexiglas schützt vor Wärmebrüchen und ist für die gängigen Modelle preiswert erhältlich. Auch zum Ausstellen, damit Luft durchs Fahrzeug kommt, in den Tropen. Plexiglas hat allerdings den Nachteil, daß es bei engen Pisten durch vorbeistreichende Äste und Zweige verkratzt werden kann.

Vorhänge sind nützlich für den nächtlichen Schlaf. Was man nicht "einsehen" kann, ist für Diebe unkalkulierbar. Alternative sind die sogenannten "Spielcasino- Scheiben", die Durchsicht von innen nach außen, aber nicht in Gegenrichtung gewähren und von Luxuswohnmobilen vorwiegend im Bereich der Toilettenfenster eingesetzt werden. Meines Wissens nach derzeit nicht in der wärmeisolierenden Doppelverglasung erhältlich.

MOSKITOSCHUTZ: elementar für die Tropen. Dort braucht man nachts unbedingt zwei offene Fenster, da der Wagen sonst zu stickig schwül wird. Um den "Einflug" von Moskitos zu verhindern, kann man entweder Spezialfenster mit Drahtgittereinsatz einbauen (ca. 25o DM/Fenster), oder ganz einfach sich um die Fenster ein sogenanntes "Klettenband" kleben (erhältlich in Stoffgeschäften), auf das man abends einen Gazestoff legt, der von den vielen Häkchen des Bandes gehalten wird. Am Morgen kann er ohne Schwierigkeiten vom Klettenband wieder abgelöst werden.

Sehr bewährt hat sich ein DURCHGANG von der Fahrerabteilung in den Wohnraum, sofern man sich ein Fahrzeug mit zwei getrennten Kabinen zulegt. Bei einem kompakten Fahrzeug, z.B. gebraucht von der Bundespost ersteigert, sägt man sich diesen per Eisenstichsäge durch. Ermöglicht den Zugriff von Sachen während der Fahrt, oder um sich zum Schlafen hinten zu legen. Schwieriger wird's bei Spezialfahrzeugen, die aus Fahrerkabine und seperat, schwinggeschützt hinten aufmontierter Wohnkabine.

TIP SITZE. In VW- Modellen sicher nicht das Non- Plus Ultra an Fahrkomfort. Plastiksitze sind zwar bequem was Schmutzbeseitigung betrifft, aber sehr unbequem in den Tropen (Schwitzen) und in höheren Andenbereichen (Kälte bei frisch angeschaltetem Fahrzeug). Am besten die VW- Sitze raus und vom Schrottplatz bequemere BMW- Stoffsitze besorgen. Der Schlosser schweißt sie auf Gleitschienen im Bus. Spezielle Ausrüster wie "Westphalia" bieten Drehteller an, auf denen man den Sitz nach der Fahrt in den Innenraum umdrehen kann, gewissermaßen als Sitz zum beigestellten Tisch – und somit Platz im "Wohnraum" des Fahrzeuges spart.

Einige Nummern komfortabler sind sogenannte "Schwingsitze", die auf das Körpergewicht einstellbar sind und Stöße auf Schotter- Erdpisten abfangen. Kostenpunkt ca. 1.000 DM/Sitz. Erhältlich u.a. von Westphalia. Benötigen im Fahrzeuginneren aber entsprechende Kopffreiheit.

Ausrüster: in Teilbereichen lohnt sich der Selbstausbau. Schränke, Kochstellen, Einbaubetten etc. für die meisten gängigen Modelle gibts jedoch meist billiger von Ausrüstungszulieferern, wie "Westphalia", Postfach, 4832 Weidenbrück/Westf.
"Syro Campingeinrichtungen", R. Koch, Darmstädterstr. 63, 6101 Traisa bei Darmstadt
"Trio/Scheibl Reisemobil Center ohG", Memmingerstr. 98 s, 8960 Kempten. Besonderer Tip, was Auswahl betrifft!
"W. Tegtmeier/TECA- Campingbusse", Tannenweg 4, 3262 Auetal

Spezialausrüster für Expeditionsfahrzeuge: einer der Marktführer ist "GEO–SERVICE", Industriestraße 35, 7521 Hambrücken bei Bruchsal/Karlsruhe. Es ist definitiv excellent, was hier geleistet wird. Verarbeitung ausschließlich hochwertigster Materialien. Als Basisfahrzeug wird der DB- Unimog bevorzugt, aber auch der DB- Geländewagen. Wer Spezielles in Südamerika plant, oder aber auch bei entsprechenden Finanzen absolut Hochwertiges verlangt, ist hier bestens bedient. Herzlichen Dank für den Hinweis auf diesen Südamerikaband bei Anfragen! –

EXTRAS: egal ob VW- Bully oder Geländefahrzeuge: wer harte Trips in Südamerika plant, beispielsweise die "Transchaco", aber auch für andere Staubstrecken, sollte den Luftansaugstutzen entweder aufs Dach oder in den Innenraum verlegen. Siehe auch S. 994 sind hier viele Fahrzeuge mit Motorschaden liegengebliebenwegen superfeinsandigem Staub, insbesondere bei Fahrzeugen wie VW, die hintenliegenden Motor haben. Im folgenden auch Auszug aus einem Leserbrief von H. Heidenreich, der richtig vermerkt:

"bei den südamerikanischen Staubstrecken empfiehlt es sich, den Luftansaugstutzen ins Wageninnere (Loch durchs Blech zwischen Motorraum und Gepäckablage schneiden) zu verlegen. Da dort die Luft noch am saubersten ist.

Loch mit Gitter abdecken, damit nichts reinfällt. Kann bei guten Teerstraßen auch wieder gelöst werden, um das Ansauggeräusch zu eliminieren."
Anmerk. der Red.: unter Umständen ist die Verlegung des Luftansaugstutzens per Schlauch aufs Dach effizienter, bzw. Spezialluftfilter, die es von Expeditionsshops gibt.

AUFTEILUNG DES FAHRZEUGINNEREN: fertig ausgerüstete Wohnmobile der bekannten Marken (wie "Joker" von VW/Westphalia oder der "James Cook" von Mercedes Benz/Westphalia) können zwar – wie auch Wohnmobilbücher – zur Anregung dienen, sind aber für den Betrieb in Südamerika nicht immer die optimale Wahl.

Luxuriöser Komfort bringt auch entsprechendes Gewicht auf die Wagenachsen, und dies auf Schotterpisten mit ihren Löchern in entsprechender Wucht dynamischer Kräfte. Merke: in der Beschränkung liegt der Meister!

Die Freuden eines VW- Busses (keine schlechte Wahl für den Südamerika-Trip!) liegen in der Kompaktheit des Fahrzeuges und seiner Stabilität, – insbesondere auch seiner Schiebetür! Außen am Dach zwei Haken anschweis sen und zwei Alustangen ins Gepäck, damit man Vordach vorspannen kann. Tipp- Topp wärmeisoliert plus Eberspächer Standheizung (für Andentrips), Bett und Schrank, und die Sache stimmt!

Wer viel Gelände fahren will (breites Übungsfeld, schönste Gegenden insbesondere im Grenzbereich Bolivien/Peru/Chile siehe Texte!), besorgt sich einen DB- Geländewagen bzw. einen US- Blazer oder Bronco. Den rückwärtigen Teil hinter Fahrer- und Beifahrersitz kann man zu Notbett ausbauen. Darunter eingeschweißte Platte mit Abteilen fürs Gepäck und Extras wie Wassertank, Pumpe und Duschschlauch.

Spezialausrüster wie z.B. der excellente "Geo Service"/7521 Hambrücken (Tel.: o7255 – 47 94) helfen bei Spezialkonstruktionen für Geländefahrzeuge, wo eine Vielzahl von Punkten zu berücksichtigen sind, wie Fahrzeug-Verwindung im Gelände und entsprechender Schutz, Schwingungs- und Stoßdämpfung etc.

✱ BENZIN/TANKSTELLEN:

Normalbenzin hat meist weniger Oktan als bei uns in Europa. Daher tanken auch Fahrer von Normalb.- PKWs oft Super. Preisunterschied nicht sehr groß! – Wer in einsamen Andentankstellen nachfüllt, sollte darauf achten, daß der Indiojunge nicht versehentlich zu Diesel greift! –

Insbesondere auf einsamen Nebenstrecken in den Anden, – im Amazonas oder in Patagonien sind die Tankstellen oft sehr dünn verteilt. Daher regelmäßig nachtanken, wenn wieder ein "Sprit- Posten" kommt. Tip könnte auch sein, daß man sich von Haus aus einen größeren Tank einbauen lässt.

"KMC"/München- Gräfelfing 8o32, Bahnhofstr. 1o6 (übrigens im selben Haus wie unser Verlag!) ist Spezialist für größere Spezialtanks bis zu einem Radius von 2.ooo km!

Nicht selten ist auf einsamen Nebenstrecken die nächste Tankstelle auch "out of gasolina". Weil der Tankwagen für den Nachschub sich verspätet hat. . .

Auf Anden- Nebenpisten gibts oft in den Minisiedlungen in Indiohütten Leute, die Sprit aus dem Fass im Hof abpumpen für Notfälle. Aber meist teurer für den Extraservice. Bewährt hat sich der mitgeführte Schlauch, wenn unterwegs der Sprit ausgeht, insbesondere in Bolivien. Dabei zahlt man Sprit + Trinkgeld für den Service und nimmt den Schlauch in den Mund. Die meisten Fahrzeuge (Busse, LKW's) fahren jedoch mit Diesel, und PKW's (Benzin) sind auf Nebenstrecken Rarität! –

BRASILIEN: verlagert sich auf Grund seiner hohen Auslandsverschuldung immer mehr auf Zuckerrohr- Sprit, dem Methanol. Solche Fahrzeuge sind schnell am "süßlichen" Auspuff- Duft zu identifizieren. Wer sich in Brasilien ein Auto mietet, tut nicht schlecht daran, auf einen Methanol- Wagen zurückzugreifen! In der Miete nicht teurer, aber problemloser beim Nachtanken!

✶ OPTIMALES FAHRZEUG FÜR SÜDAMERIKA:

Den "heißen Pauschaltip" gibts fürs optimale Fahrzeug nicht! Unterschiedlich nach Ländern, den dortigen Spritkosten, und was man unterwegs an Trips plant!

1. VW- BUS: das wohl meist verwendete Fahrzeug von Europa- Gringos auf dem großen Südamerika- Trip und nicht ohne Grund! Wegen passablem Kompromiss im Volumen ist der VW- Bus billig auf der Europa- Südamerika Fähre, die in der Regel nach Volumen berechnet.

Außerdem ein seit Jahrzehnten technisch ausgereiftes und solides Fahrzeug, das in simpler Technik relativ störungsunanfällig ist. Zudem in allen südamerikanischen Ländern dicht mit Werkstätten vertreten, inklusiv Werkstatt- Know How und Ersatzteilen. Billig in Reperaturen und relativ leicht in Südamerika verkaufbar! Sowie billig im Einkauf. Gute Bodenfreiheit!

Tip für Südamerika der neue "VW- SYNCHRO" mit Allradantrieb. Kostenpunkt allerdings in der Basisversion um 32.ooo DM und noch zu neu, als daß man billig an Gebrauchtwagen käme. Im Gegensatz zu den anderen, in der Folge genannten Fahrzeugtypen hatte ich noch keine Gelegenheit, den Synchro zu testen. Beim Kauf wäre zugleich auch detailliert abzuprüfen, inwie weit der Service und die Ersatzteilbeschaffung in Südamerika garantiert ist! –

Normale VW- Busse in der Kombi- Version (rundum verglast) gibts je nach PS- Leistung um 2o - 23.ooo DM neu. Gebraucht kommt man an die Dinger bis . . . DM nach unten (billige Quelle z.B. Bundespost- Versteigerungen). Wobei ich persönlich aber lieber ein paar blaue Hunderter zulegen würde, um ein Fahrzeug mit möglichst wenig KM zu bekommen. Die Belastungen auf dem großen Südamerika- Trip sind nicht unerheblich, – was auch die Reisekasse betrifft, wenn es zu häufig unterwegs Reperaturen gibt!

Für den Wiederverkauf in Südamerika ist die Kombi- Version mit rundum-Verglasung besser, statt Kastenwagen. Die Kombis werden, insbesondere, wenn sie im Boden bereits die Löcher für Sitzverankerung besitzen, gern gekauft im Bereich der Andenländer, wo die Oberklasse privaten Busdienst für Schulkinder organisiert. Dabei genießt ein VW- Bus Made in Germany erheblich höheres Image (und Verkaufschancen) als "made in Brasil". Verkaufschancen in diesem Sektor allerdings nur, wenn das Fahrzeug einigermaßen passablen Außen- und Innenzustand besitzt! Benziner nehmen!

Nachteile des VW- Busses für den Südamerika- Trip sind die geringe Stehhöhe (von Aufbauversionen rate ich ab wegen dem Betrieb auf südam. Schotterpisten, Fahrzeugverwindung etc., – aber auch wegen schlechterer Verkaufbarkeit und teurerem Frachtertransport nach SA.).
Und das geringe Platzangebot im Fahrzeug. Selbst bei 2 Leuten wird's auf 1/2- Jahr Südamerikatrip gesehen eng im Fahrzeug. Spritverbrauch um die 14 Liter, was bei den hohen Spritpreisen und gewaltigen Entfernungen in Brasilien, Argentinien und Chile die Reisekasse belastet.

2. MERCEDES BENZ/TYP 207: verschiedene PS- Stärken und Otto- bzw. Dieselmotoren. Ausrangierte Mercedes- Transporter gibts in Dieselversion billig bei Firmen (ev. MWST- Rückvergütung/Rechnung bei Ausfuhr!), beim Roten Kreuz und der Post. Anfragen nach Auktionsterminen!

Dieselmotoren haben den Vorteil einer robusteren Motortechnik, hohe Lebenserwartung und geringeren Spritverbrauch. Sind aber auch langsamer und lauter als ihre Benzin- Brüder. Nachteile sind das relativ dünne DB-Service- Netz in Südamerika, teurere Ersatzteile und teurere Frachtkosten ab Europa wegen größerem Volumen des Fahrzeuges.

3. FORD- TRANSIT: zwar größeres Platzangebot im Fahrzeug als der VW-Bus und in der Anschaffung billiger als der DB 207. Einen europäischen Ford- Transit nach SA zu verschiffen, kann man jedoch vergessen. Wie die Ford- Fabrik/Köln mitteilte, gibt es mit einem europ. Transitmodell in Südamerika erhebliche Probleme in der Werkstatt und bei den Ersatzteilen, da die in Südamerika fahrenden Ford Transit aus US-, kannadischen oder lateinamerikanischen Produktionen stammen und nur wenig Ähnlichkeit mit den europäischen Transitmodellen haben.

Selbes gilt auch für den in Südamerika kaum oder garnicht vetretenen VW-LT- Großraumtransporter! –

4. MERCEDES BENZ–GELÄNDEWAGEN: von Konzept, Technologie und Zuverlässigkeit der "King of the road" im Sektor Geländewagen. Zwar selten in Südamerika, aber sehr beliebt im Verkauf insbesondere bei der Südamerika- High Society der Andenländer von Kolumbien bis Chile! –

Nachteile sind der hohe Anschaffungspreis (auch als Gebrauchtwagen!),– Vorteile die Fahreigenschaften. Südamerika, insbesondere die Anden im

Bereich Nordchile/Bolivien sind das Eldorado für Geländewagenfahrer; mit allen Freiheiten und aller Herausforderung an Fahrer und Fahrzeug!

Die bessere Wahl für Südamerika sind die Benzinermodelle mit 9o PS, oder das 156 PS- Einspritzermodell wegen besserer Beschleunigung und größerer Anzugskraft in Höhenlagen über 3.5oo m. Allerdings hat der Einspritzer Wartungsprobleme außerhalb der Reichweite von Servicestationen von DB-Vertretungen in Südamerika. (Prospekt der Service Stationen besorgen) –

Die kürzere Version ist geländegängiger, was den Schutz vor "Aufsitzen" betrifft, – aber auch unruhiger bei stundenlangem Pistenfahren. Und bringt auch weniger Platz fürs Gepäck. Von der Stoffdach- Version sollte man in jedem Fall wegen erhöhter Diebstahlgefahr absehen! –

MEIN VERLAG hat für Helmut Heine die Reiseplanung für eine SA- Reise (1982) mit dem DB- Geländewagen in Prototyp- Version durchgeführt. Die damaligen ersten Tests des Mercedes Benz- Geländewagens in Südamerika brachten das, als was das Fahrzeug heute gilt: hervorragend und unbedingt im harten Gelände zu empfehlen. Absolut zuverlässig und Vergnügen für jeden "off road"- Fahrer! Weiterer Vorteil sind der geringe Überhang (wichtig bei abrupten Geländeanstiegen, damit das Fahrzeug nicht aufsitzt!), aber auch die während des Fahrens zuschaltbare Allrad- Traktion.

Auf der anderen Seite ist der DB- Geländewagen hart in seiner Federung (verglichen mit Bronco oder Blazer), was Langstreckenfahrten auf südamerikanischen Schotterpisten zu einer Anstrengung macht. Nicht nur auf den in der Regel holprigen Asphalt-Straßen Südamerikas; – verstärkt dann, wenn es über 8 Std. über Anden- ripiopisten geht, wo man nur noch aussteigen und ins Bett fallen kann. Der Bronco oder Blazer erledigt dies angenehmer!

An Technologie hat man mit dem DB- Geländewagen wohl eines der modernsten Fahrzeuge der Welt! Allerdings auch eines der teuersten.

5. BRONCO (Ford) – BLAZER (Chevrolet): nach meinen Tests das optimale Fahrzeug für Südamerika, wer viel seitlich der Pisten auf Nebenstrecken fahren will, dabei Komfort braucht und im Geldbeutel auch nicht zu knapp ausgestattet ist!

Definitive Nachteile sind der hohe Spritverbrauch, der sich aber in Billig-Spritländern wie Venezuela, Ecuador oder Bolivien nicht nachteilig auswirkt. Den Betrieb des Fahrzeuges in Brasil oder Argentinien jedoch spürbar fühlen lässt. 2o - 24 Liter pro 1oo km!

In den südamerikanischen Ländern weit verbreitet und beliebt, wenn man das Fahrzeug verkaufen muß. Kostenpunkt in der BRD fast höher als DB,– in den USA aber passabel (siehe Tips/Anreise via Miami- USA!).

Gibts in Normal- und Allradversion. Letztere kann aber während des Fahrens nicht zugeschaltet werden. Hinten in der Kabine kann man Notschlafplätze (ähnlich wie beim DB- Langversion) einrichten. Wer aber die 3o - 4o.ooo DM für einen Neu- DB- oder Blazer/Bronco hinlegt, schläft in der Regel im Hotel. . .

Unterm Strich haben Blazer und Bronco 4 entscheidende Vorteile:
– günstiger Preis, wenn man in den USA kauft, – billiger Transport ab Miami/Florida nach Südamerika, siehe S. 164, – Reisekomfort mit statter

Federung und trotzdem Gelände- Fahrleistung, – günstige Wiederverkaufsmöglichkeiten in den Andenstaaten zwischen Kolumbien und Chile, aber auch in Venezuela.

Zudem kommt man in den USA günstig an passable Gebrauchtfahrzeuge wegen großem Angebot. Preise liegen um 1o.ooo DM für ein Fahrzeug, das an Km- Leistung und Zustand in die engere Wahl kommen könnte.

Voraussetzung sind allerdings: a) gute Englischkenntnisse bei Kaufverhandlungen und US- Zulassung, sowie entsprechende Cleverness, – b) genügend Zeit für den Papierkram in den USA.

6. TOYOTA–GELÄNDEWAGEN: das, was früher der Landrover war, den man gelegentlich noch in Südamerika sieht. Solide Japan- Fabrikation und recht weit in den Andenländern (insbes. Bolivien) verbreitet. Fahrkomfort lässt zu wünschen übrig, unbestritten aber die Zuverlässigkeit. In Südamerika rund 1o.ooo DM billiger als der Bronco/Blazer.

Die optimale Toyota- Version ist die Kompaktversion, wie sie auch im Angebot der La Paz/Bolivien Autovermieter ist. – Der "Suzuki LJ 8o", im Volksmund oft "Nähmaschine" bezeichnet, geistert gelegentlich durch die südamerikanische Autovermierterlandschaft. Für Kurztrips ganz nett, wegen superknappem Platz- und Gepäckangebot aber für den großen Südamerikatrip sicher kein Tip. Trotz des günstigen Kaufpreises.

"LADA": billig in BRD, sowietische Produktion, meines Wissens nur sehr dürftig in SA vertreten. Ca. 2o.ooo DM/neu in der BRD. –

7. SUBARU: eine echte Alternative zu Blazer/Bronco, wer sich übermäßige Spritkosten sparen will und sowieso das Wildcampen im Auto abgeschminkt hat (nach dem Motto: entweder gleich Wohnmobil mit allem Komfort, – oder bequemer regionales Hotel).

Eine supersolide Japan- Fabrikation, die sehr beliebt in den südamerikanischen Anden wegen seiner Zuverlässigkeit ist. Billig. Kostet in BRD nur ca. 2o.ooo DM neu in Allradversion, die man während des Fahrens zuschalten kann und zudem den Komfort einer PKW- Limosine bietet. Genügend spritzig in der 8o PS- Version. Gibts als Limosine oder in Caravan- Version, die Notcampieren ermöglicht. Spritverbrauch um 12 l/1oo km. Eigentlich der Tip, wer ein halbes oder ganzes Jahr in Südamerika reisen will, und realisiert, daß ein Wohnmobil oder voll ausgerüsteter VW- Bus unterwegs ein ganz schönes Handycap in Flexibilität sein kann . . .

DER SUBARU ist weltweit einer der erfolgreichsten PKW's mit Geländeantrieb. Ich selbst habe das Fahrzeug mit Vergnügen in Südamerika gefahen. Es ist robust , hat Anzugskraft und Spritzigkeit und den großen Vorteil der Geländezuschaltung.

Eine 1985 von Helmut Heine und Günter Hühne durchgeführte rund 1 jährige Südamerikareise verlief ohne nennenswerte Probleme. So ging der Steilanstieg der "V 8" in Südvenezuela ebenso problemlos, wie staubige Hochlandpisten in den Anden , aber auch Belastungsproben im tropischen Tiefland, ein Fahrzeug, das sich im Gelände bewährt hat unter harten Einsatzbedingungen.

Zudem ist es im Innenraum komfortabel, was mit den Sitzen beginnt und im Armaturen- Cockpit endet.

8. WOHNMOBIL: gibts jede Menge von 2 bis 3 Tonnen und mehr. Wohl der Traum für jeden "Aussteiger" vom BRD-, schweizer- oder österreichischen Leistungsstress! Man sollte ihn in allen Varianten und Ausrüstungselementen unserer Wohlstandsgesellschaft durchträumen. Alle Messen besuchen, die Inneneinrichtungen mit Farb- TV, – mehreren Eisschränken, Duschkombinationen, eingebautem und verstautem Motorbike etc. Das macht Spaß und bringt Genuß. Vorallem steigert es den Willen zum Aussteigen.

In der Südamerika- Realität ist man mit derartigen Fahrzeugen aber King of Eden und Freiwild für jegliche Formen von Diebstahl. Die goldene Fessel am Fuß, die jeglichen Reisegenuß verhindert.

* WAGEN–VERKAUF IN SÜDAMERIKA: wohl das größte Problem in der Kette zu lösender Probleme eines Südamerikatrips mit eigenem Auto ab Europa. Allerdings kleiner Trost: fast jeder hat es geschafft, der mit eigenem Fahrzeug unterwegs war. Das "wie" ist allerdings seperates Thema.

Das Hauptproblem ist der Zoll, der je nach Wagentyp bis zu 15o und 3oo % des Wagenwertes beträgt. Man muß also sowohl einen Käufer finden, der a) den geforderten Preis akzeptiert, – b) die Zahlung der Zollsumme garantiert. Excellente Spanisch oder Portugiesisch Kenntnisse sind daher zunächst die Voraussetzung.

KÄUFER finden sich durch Anzeigen in den Regionalzeitungen, bzw. durch Mundpropaganda. Je nach Fahrzeugtyp sucht man sich die entsprechenden Kontakte. Gut beispielsweise sind südamerikanische Klubs, für deren Zutritt man einen südamerikanischen Freund benötigt, der dort Mitglied ist. Deutsche Schulen, die eventuell einen Käufer vermitteln können etc. – In jedem Fall ist auch viel Zeit nötig. Im Normalfall klappt der PKW- Verkauf nicht unter 4 bis 8 Wochen, außer man hat bereits Vorabkontakte.

Als weitere Erschwernis kommen scharfe Importbestimmungen der einzelnen Länder hinzu. Wegen Devisenmangel haben zwischenzeitlich viele Länder (z.B. Ecuador, Peru, Kolumbien etc.) die Einfuhr ausländischer Fahrzeuge massiv beschränkt, bzw. verboten.
Ziel: die einheimische Assembling- Produktion zu fördern (PKW- Einzelteile kommen per "Kiste" und werden in einheimischem Fabriken mit einheimischen Arbeitskräften zusammengesetzt).

Bedeutet zwar nicht, daß man nicht trotzdem sein Fahrzeug im Lande loswird, – braucht aber Zeit. Aber im Normalfall gibts in Südamerika immer eine Lösung. Ein Fahrzeug per Carnet- Abstemplung auszuführen und im Niemandsland zwischen beiden Grenzen dem Käufer zu übergeben, gehört sicher in den illegalen Bereich. Wobei man zudem Betrug durch den Käufer riskiert . – Andererseits haben Diplomaten meist Extravergünstigungen, ebenso häufig Ausländer bei der Einfuhr von Fahrzeugen.

Egal, wie man das Fahrzeug verkauft, sollte man dringend darauf achten, daß man den Kaufpreis des Fahrzeuges nicht in US $ Blüten bekommt. Auch sind Fälle bekannt, wo legal ein Geländefahrzeug DB an einen Südamerikaner verkauft wurde, der zwar Zollzahlung garantierte (weswegen der PKW- Besitzer in Streichung des Stempels ausreisen durfte), der neue Besitzer aber seine Zollverpflichtungen nicht nachkam. Folge: Gerichts-

Streit Europa nach Südamerika mit entsprechend hohen Kosten.

Bei entsprechender Cleverness, genügend Zeit, Sprachkenntnissen und einem Fahrzeug, daß sich einigermaßen gut verkaufen lässt (z.B. VW- Bus, Mercedes Geländewagen, – beide in Andenstaaten. Oder Blazer/Bronco) lassen sich bei legalem Verkauf unter Umständen Preise erzielen, die über denen der USA oder der BRD liegen.

ALTERNATIVEN: Rückführung eines, in den USA gekauften Fahrzeuges retour in den USA. Kann als Alternative gelten, wenn nach wie vor die US-Reederei "CCT" ihre günstigen Frachtpreise zwischen Ecuador und Miami beibehält. Details siehe Seite 165! –

Oder: vor bzw. während der Reise sich einen Nachfolger suchen, der in Südamerika das Fahrzeug übernimmt und sich damit die Transportkosten von Europa nach Südamerika erspart. Aber vorab sauber die einzelnen Bestimmungen von den Botschaften erfragen, damit es bei der Überschreibung des Fahrzeuges keine Probleme gibt.

Neben dem notwendigen Papierkram dürfte das Hauptproblem sein, den Nachfolger zu finden. Wer will, kann hier in unserer hauseigenen Verlagszeitung in der Rubrik "Kleinanzeigen/Kontakte" gratis 5 oder 6 Zeilen annoncieren.

So praktisch diese Variante ist, hat sie für den Käufer den Nachteil, daß er ein Fahrzeug kauft, welches viele tausend km in Südamerika über miese Pisten gelaufen ist, ohne es vorab inspizieren zu können . . . . .

Oder: PKW- Kauf in Brasilien (Details Seite 166), wo man billig an neue und gebrauchte VW's kommt, auch VW- Bus, – der sich dort preiswert einrichten lässt. Aber jede Menge diffizilem Papierkram, der zeitaufwendig ist und gute Portugiesischkenntnisse voraussetzt. Möglichkeit des Rückverkaufes in Brasilien bei entsprechendem Zeitaufwand . . .

Als günstige Länder für den Verkauf von VW- Bus, DB- Geländewagen und Blazer/Bronco wurden bisher die Länder der Andenstaaten gehandelt, so Kolumbien – Ecuador – Peru und Bolivien. Massive Einfuhbeschränkungen (siehe oben!) erschweren bzw. verbieten derzeit jedoch den PKW- Verkauf.

Brasilien kann man vergessen. – Paraguay soll nach Berichten möglich sein, möchte ich jedoch in Frage stellen, da die Sache vermutlich illegal läuft. . .

FAZIT: wenn alle Stricke reißen und man retour nach Europa mit dem Fahrzeug zurück muß, so hat man doch bei in der Regel 1/2 - 1 Jahr Südamerikatrip per eigenem Auto und Frachtkosten retour um die 10.000 DM sich ein hohes Maß an Flexibilität vor Ort dafür eingehandelt, was sich bei 1 Jahr, 2 Personen und ca. 500 DM/ Monat für die Mitnahme eines Fahrzeuges gelohnt hat!

Hinzuzurechnen: Reperaturkosten und Sprit, – abzuziehen vielfach die Übernachtungskosten. Ein Rechenexempel, welches bei 1/2 bis 1 Jahr Südamerikatrip z.B. im VW- Bully, sofern techn. Tip- Top Zustand meist zu Gunsten der Mitnahme des Fahrzeuges ausfällt.

✶ INFO–QUELLEN VOR ORT:

vielfach excellent in Autofahrerinformation sind die einzelnen Automobil-Clubs Südamerikas! Sowohl was die Herausgabe von Straßenkartenmaterial betrifft, aber auch Infos über den Zustand der einzelnen Straßen.

Adressen siehe "Allgemeine Tips" der einzelnen Länderkapitel! –

Wer beispielsweise ADAC- Mitglied ist, kann in der Regel mit seiner Mitgliedskarte den Service der südamerikanischen Clubs nutzen. Beim argentinischen ACA gibts beispielsweise per ADAC- Mitgliedskarte auf die Hotels des ACA 15 % Rabatt.

Guter Tip sind auch Park Rangers von Nationalparks (sowie die National-Park Service- Hauptbüros), was die Region des Parks betrifft, – Straßenbau Behörden, – insbesondere aber auch Bus- und LKW Fahrer, die meist excellente Tips zu Befahrbarkeit ihrer Strecken geben können.

Ansonsten bei den Einheimischen teils sehr stark divergierende Infos (insbesondere bei Tankstellen, obwohl die's eigentlich wissen müßten) und bei Campesinos (die oft nur den näheren Umkreis ihrer Region kennen).

Entfernungen in den Anden oder auf Schotterpisten beispielsweise Patagoniens werden meist in Stunden und nicht in Km angegeben. In jedem Fall vernünftig, da 1oo km nicht gleich 1oo km sind (je nach Pistenqualität). Dabei berücksichtigen: der LKW- Fahrer taxiert die Entfernung aus seiner Sicht des langsamer fahrenden LKW's, als der Straßenkreuzerbesitzer eines Colectivos. Arithmetisches Mittel bilden. Und möglichst viele Leute fragen!!

Und bitte nicht ärgern, wenn ein Einheimischer mit absoluter Sicherheit den Weg nach A Richtung links deutet, obwohls eigentlich nach rechts abgehen müßte. Das ist in der Regel kein böser Wille, sondern einfach der Wunsch, den Gringo in seinem Infobedürfnis zu befriedigen! –

Hinweis: dieser Südamerika- Band erscheint alle 1 - 2 Jahre unter Berücksichtigung der aktuellen Veränderungen vor Ort.

Besonders wichtige Veränderungen werden vorab in unserer Hauszeitung abgedruckt, für beide Seiten Gratis und unter Namensnennung. Auswahl von unserer Seite, wobei wir uns auch Kürzungen vorbehalten. Ich freue mich über jede Zuschrift, – damit der Band weiterhin das bleibt, was er ist: handfestes Kompendium für den Südamerika- Reisenden an praktischer Information! –

Typisches Gringoproblem in Andenbussen
TRANSPORT...

SPRACHEN:

BRASILIEN:	portugiesisch	ALLE ANDEREN LÄNDER:
GUYANA:	englisch	spanisch (= Landessprache), – Indio-
SURINAM:	holländisch	sprachen in den Anden: Quechua
FR. GUYANA:	französisch	und Aymara als die beiden wichtigsten.

ENGLISCH spricht in Südamerika weitgehend nur die gebildete Mittel- und Oberschicht. Also Studenten, aber auch das Personal von Airlines, die Portiers besserer Hotels, Reiseagenturen und - Büros, sowie Souvenirshops. Radebrechend gelegentlich Indiojungen, die sich als Führer andienen sowie in Limits Taxifahrer und Händler.

In jedem Fall sollte man sich aber "vorab" der Reise einige Sprach- Grund-Kenntnisse aneignen! Nicht nur, um sich gegen Beschiss der Taxifahrer sprachfertig durchsetzen zu können, – bei Falschberechnungen in Restaurants (egal ob bewußt oder irrtümlich!), – oder sonstiger Konversation.

Sprachkenntnisse sind bei der Reise sowohl nützlich, wenn man in mißliche Situationen gerät, – aber auch, um das Land intensiver erleben zu können! Es macht einfach Spaß, wenn man sich bei einem 6 oder 8- stündigen Bus-Überlandtrip mit dem Sitznachbarn unterhalten kann, weil die Zeit schneller vergeht. Wer erstmal ein paar Grundkenntnisse hat, – kommt schnell rein auf einer 2 - 3 monatigen Reise, – einfach, weil man permanent angequatscht wird, – im Bus, Restaurant, auf dem Markt etc.

Da die Einheimischen in der Regel nix mit Englisch haben, kommt man schnell rein, weil man gezwungen ist, zu reden, auch wenn die Grammatik "knackt". Der Südamerikaner nimmt dies (im Gegensatz zum pingeligen Deutschen!) nicht übel, sondern freut sich, daß der "Gringo" ein paar Brocken Spanisch kann und hilft, wobei die Hände den Rest erledigen.–

Also rein ins kalte Wasser und vorab einen Schwung Grundbegriffe und Redewendungen anlernen!! Läuft halbsoschwer, wenn man bereits Latein, Französisch oder Italienisch gelernt hat. Viele Parallelen! –

Möglichkeiten: Sprachkurse, wie es sie gratis an der Uni gibt, bzw. gegen geringe Gebühr an den Volkshochschulen. Oder eine Lateinamerika- Kneipe besuchen bzw. Studentenheim bezügl. Kontakten und im Rahmen einer sich anbahnenden Südamerika- Freundschaft auch Sprachhilfe! –

Europa hat an seinen Unis viele südamerikanische Studenten, die sich gerne gegen Entgeld in Privatstunden einen Zusatzverdienst schaffen.
Einladungen auf Fiestas und zugleich Vor- Feeling auf Südamerika. Idee auch der Kontakt mit den deutschen Vertretungen des GOETHEINSTITUTES, welches z.B. in München und Prien/Chiemsee Sprachkurse für Südamerikaner unterhält, die sich zugleich mit Deutschen über Kontakte freuen! –

ALTERNATIVE sind Sprachkurse, wie es sie als Schnellkurs von renomierten Firmen wie Berlitz etc. gibt. Oder Heimkurse per Tonkassette, z.B. von Alfred Bauer/München, siehe Anzeige.

DER BAUER–KURS arbeitet mit der Methode des Relaxens (hier klassische Musik) und bringt in seiner Großversion (9 Kassetten a 129 DM) sicher fundierte Basiskenntniss der spanischen Sprache inkl. Perfekt und grammatikalischen Extras. Er ist preiswert gegenüber anderen Spanischkursen per Kassette. Das Sprachlernen steht und fällt jedoch darin, ob man bereit ist, die Sache durchzuziehen.

Großer Vorteil von Sprachkassetten: man kann den Zeitpunkt des Sprachlernens selber wählen, – ist also nicht auf den Besuch von Kursen zeitlich angewiesen und kann zudem den Kurs "ewig auf Tonband" ableiern, bis die Sache sprachlich und aussprachlich im Kopf sitzt. Der kleine Kurs (68,– DM) reicht für Basiswissen/Kurzurlaub.

Bauer arbeitet mit Relaxing und Meeres Rauschen, sowie zusätzlich Unterstützendem a la Klassische Musik. Wer darauf steht: sicher zusätzlich motivierend, andere mag es stören. Hauptplus der Bauer- Kassetten sehe ich jedoch im günstigen Preis.

Egal ob Bauer, Berlitz oder südamerikanische Freundin/Freund: unbedingt vorab Grundkenntnisse aneignen!

LEXICAS: es gibt vom Marktführer "Langenscheidt" den Taschenführer "JEANS". Ist zwar angenehm dünn, hat aber auch im Wortschatz massive Lücken, die vor Ort dann ärgerlich sind. Auch vom Sprachcomputer der Firma in Form eines Taschenrechners (ca. 15o DM) halte ich wenig.

Gut dagegen die kleinen Langescheidts in 1o,5 x 7 cm und Plastikcover für ca. 8 DM, die auch den Transport hinten in der Hosenrücktasche nicht übel nehmen und handfest vor Ort dienen.

Die großen Langenscheid- Lexicas sind eher für den Gebrauch zu Hause, also bei Übersetzungsarbeiten etc. Vorteil: erheblich höheres Volumen an Worten! Für die Reise sind sie aber zu dick und zu unhandlich. Beginnt beim Gewicht und endet damit, daß man sie nicht bequem in die Hosentasche reinschieben kann.

FAZIT:

1.) unbedingt vor Reisebeginn sich Grundkenntnisse aneignen!
Einmal macht Reisen mehr Spaß, wenn man sich den Leuten unterhalten kann, – zum anderen hilft Sprachwissen, um sich in schwierigen Situationen durchsetzen zu können.

2.) Wer Extremtrips vorhat, sollte endweder im entsprechenden Sprachgebiet perfekt sein, – oder als Reisepartner jemanden haben, der entsprechend gut die Sprache spricht!

3.) Ob man sich zum Sprachlernen dabei eines Schnellkurses an Uni, oder privaten Instituten bedient, – oder im Do-it-yourself Verfahren per Sprachkassette lernt, sei jedem selber überlassen.
Das Hauptproblem ist wohl der eigene innere "faule Hund"; das Füllhorn, das man abends auf den Kopf aufsetzt und morgens spricht man flüssig Spanisch, – es ist leider noch nicht erfunden . . .

4.) unbedingt ins Reisegepäck den handlichen, kleinen Langenscheidt:
passt in die Hose, kann aber nicht zumindest Grundkenntnisse in Wortwendungen und Aussprache ersetzen. Wer also gut präpaiert mit zumindest Grundkenntnissen nach Südamerika fahren will, – kommt also nicht um einen Kurzsprachkurs drumrum!

VOR ORT in Südamerika: einfach Sprachbrocken, die man kennt, ins Gespräch reinwerfen! Unter dem Motto: ausprobieren. Und laufend Gespräche suchen, auch wenns anfangs holpert und klemmt.

Der Südamerikaner im Gegensatz zum pingeligen Deutschen nimmt grammatikalische Fehler nicht krumm, sondern freut sich, daß der Gringo sich nicht arrogant auf sein Englisch versteift, sondern die Sprache probiert.

Kleines Heftchen anlegen mit Begriffen, die laufend durchs Ohr gehn, oder nötig sind in der Praxis. Ein 8- stündiger Bustrip kann unheimlich viel bringen! Aber auch permanentes Radiohören in Südamerika, Mitverfolgen von TV- Sendungen inkl. Notizen nach Lexikon in eigenem Sprachheftchen.

Nochmals: möglichst viel an Sprachkenntnis vorab nach Südamerika mitbringen. Dann gehts vor Ort und in der Praxis schneller. Dies war zumindest der Weg, wie ich mein Spanisch gelernt habe. Bueno: es soll Deutsche geben, die nach vorab- Schulung mit flüssigem Spanisch in Südamerika eintreffen. Sicherlich der beste Weg!

PORTUGIESISCH: verhält sich zum Spanischen zwar nicht wie das Deutsche zum Schweizerdeutsch, – ist jedoch weicher und vielfach ähnlich. Beispiele (in Lautschrift): Spanisch: eins = "una", Portugiesisch: "um", – "dos" – "dois", – Bier: "cerveza" – "cerveja".
Auch wenns nicht immer so simpel läuft, so ist man jedoch relativ schnell im Portugiesischen, sofern man einigermaßen flüssig Spanisch kann.

Thema für sich ist eine gewissen brasilianische Sprach- Arroganz. Auch wenn die Brasilieros bei zwar flüssigem und perfektem, – so doch langsam gesprochenen Spanisch dieses in der Regel verstehen, bestehen sie auf der Konversation im Portugiesischen.

Ein Problem, das man aber nur hat, wenn der Reisepartner Südamerikaner aus dem spanischen Sprachraum ist. Ansonsten besteht "Kulanz". –

✶ SPRACHUNTERSCHIEDE ergeben sich im spanischen Sprachraum Südamerikas. Zunächst einmal viel weicher und melodischer als das Spanisch des spanischen Mutterlandes in Europa.

Aber auch geringfügig in Begriffen. Der OBER heißt in Peru "mozo", – in Argentinien "garzón". Die TANKSTELLE in Peru "grifo", in anderen südam. Ländern " gazolina".

Wer genügend Spanisch spricht, kann auch in Aussprache die einzelnen spanisch sprechenden Länder Südamerikas unterscheiden.Zunächst einmal ist der Amazonasbereich in seiner Aussprache weicher und melodischer (egal ob Portugiesisch/Bereich Brasilien, – oder spanischer Bereich!).

Am leichtesten lassen sich jedoch die Argentinier rausfiltern, – die statt "yo" – "scho" und statt "Calle" (Lautschrift cajle) – "casche" sprechen.* Bei feinerer Sprachkenntnis kann man schnell den Ecuadorianer vom Kolumbianer, Chilenen und Peruaner rausfiltern. Die Peruaner (sofern aus Oberschicht, – ohne Sierra- Dialekt) gelten übrigens als das, was bei uns die Norddeutschen sind: das klarste Spanisch!

✶ QUETCHA/AYMARA: Indiosprachen, die über den Andenbereich, insbesondere Perus und Boliviens verbreitet sind. Basiswissen kann nützlich sein, wenn man Trails weitab der größeren Siedlungen wandert (Basisguides in Lima und La Paz erhältlich).

✶ DEUTSCH: in deutschen Kolonien Südamerikas noch praktiziert. So in der Region:

- Seengebiet Chile/Argentinien
- Südchile/Region Pto. Montt
- Paraguay/deutsche Siedlungsgebiete wie Villarica und Hohenau
- Argentinien und Südbrasilien

Ansonsten in deutschen Schulen und Clubs über den gesamten Kontinent verteilt. Ein Punkt, auf den man sich jedoch sprachlich nicht verlassen sollte.

FAZIT: kein "Verlass" auf Deutsch und Englisch! Das Anlernen von Spanisch (für die Andenländer plus Paraguay, – Uruguay und Argentinien) lohnt sich, um die Länder intensiver im Kontakt erleben zu können, - sowie sich bei eventuellen Schwierigkeiten besser durchsetzen zu können. Selbes gilt für Brasilientrips/Portugiesisch.

---

* Vorsicht "casche" in Peru bedeutet reichlich ordinär, das was bei uns in Deutsch unter "bumbsen" – "vögeln" oder "orgeln" läuft . . .

Bestehend aus GUYANA (unabhängig seit 1966), – SURINAM (selbstständig seit 1975) und FRANZ. GUYANA (franz. Übersee Provinz).

Die 3 kleinsten Staaten Südamerikas, aber heißer Tip für urwüchsiges Tropen- und Dschungelabenteuer! Schöne Palmen- bzw. Mangrovenküsten und bisher nur sehr wenig Tourismus.

Als Querverbindung zum übrigen Südamerika möglich und viel Abenteuer, aber auch oft zeit- oder kostenintensiv. Keine Pistenverbindung zu den Nachbarstaaten! –

GUYANA

An Venezuela angrenzend, aber im Flair vorwiegend karibisch. Die Hauptstadt GEORGETOWN gilt auch tagsüber als nicht ungefährlich. Das Land, das über reiche Gold- und Bauxitvorkommen verfügt, ist seit Beginn der 8o-er Jahre stark linkslastig. – Landschaftliche Höhepunkte sind die KAIETEUR- WASSERFÄLLE. Dichte Urwaldgebiete und im Süden nahe der brasilianischen Grenze weite Savannen- Inseln, begrenzt von hohen Bergketten. Venezuela erhebt Anspruch auf rund 35 % der Landesfläche.

Superdünn im Landesinneren besiedelt. Abenteurer- Routen via Lethem nach Brasil. Sowie Querverbindungen nach SURINAM.

EINREISE:

Deutsche, Schweizer und Österreicher benötigen lediglich einen gültigen Reisepass, – sowie ein Exitflugticket aus Guyana wieder raus. Gleichzeitig wird häufig das Vorweisen eines Reisekapitals von ca. 3o US $ pro Tag erwartet, wobei nach unseren Erfahrungen jedoch häufig der Einreisestempel nach Gutdünken abgedrückt wird, – was die Einreise zum Problem machen kann.

BEI EINER Einreise 1975 legten wir 1.ooo griechische Drachmen in Lethem als "Kapital" vor, – praktisch Null-Wert, da von 192o stammend. Problemlos Stempel erhalten! Andere Reisende, die per Frachter von Barbados kamen, erhielten trotz gültiger Papiere keine Einreisegegehmigung. Hick-Hack und Einschaltung des Botschafters über 2 Tage, bis die Einreise genehmigt wurde.

Nach derzeitigem Stand der Dinge soll's problemlos gehen, wer sauber und korrekt erscheint, kapitalkräftig aussieht und entweder mit der CUBANA von Ostberlin kommt, oder korrekt in Hochachtung der Guyanesen (inkl. Smaltalk) via Lethem einreist. Allerdings keine Garantie, und ärgerlich, wenn man zurück muß! –

ALTERNATIVE ist der "Transitstempel", der zur Durchreise durch Guyana berechtigt innerhalb von 2 - 3 Tagen und in der Regel problemlos abgestempelt wird. –

BOTSCHAFT Guyanas (in "Reichweite") nur in Port of Spain/Trinidad und London. Wer auf Nr.- Sicher gehen will, besorgt sich dort ein Visum (auch wenn nicht erforderlich), so doch offizieller Stempel! Guyana- Botschaft auch in Paramaribo/Surinam. –

WÄHRUNG: **GY (Guyana Dollar)**

Basis ist, trotz Linksregierung: der US- Dollar, den man in der Tasche haben muß (am besten Cash), um vorort keine Probleme zu bekommen. In Georgetown dringend Geld wechseln vor Trips ins Landesinnere! Kann später schwierig werden, – siehe auch Seite 213

KARTEN/LITERATUR:

Vor Ort schwierig zu erhalten. Wer "Spezielles" vorhat, besorgt sich Detailkarten am besten bereits in Deutschland vom Geo Center/Stuttgart, die superdetailierte US- Pilotenkarten vorrätig haben. Gilt auch für Surinam!

Georgetown:

ca. 18o.ooo E./1o m

Hauptstadt von Guyana an der Karibikküste. Hier leben rund 1/4 der gesamten Landesbevölkerung. Hat als Stadt ohne Frage oft viel Flair. Holz- und Eisenkonstruktionen aus dem Beginn dieses Jhd.s, Schachbrett-Muster und die typischen, karibischen Bretterkonstruktionen mit den ausgestellten Jalousie- Fenstern und Wellblechdächern. Nach einem Großbrand 1945 stellte man sich auf Betonbauweise (Stelzen!) um. Nach Einbruch der Dunkelheit ist gewisse Vorsicht am Platz. Diebereien und Überfälle.

Hotels: "Pegasus", direkt am Meer, ein moderner Tower mit schönem Blick auf die Stadt von der Dachterrasse! Inkl. SW- Pool und bestes der Stadt. Doppel mit AC um 4o US $. – "Park Hotel", Main Street 38, viel Flair in Kolonialbau, ca. 25 US $. – "Tower Hotel",74, Main Street. Mit SW- Pool und Restaurant, Doppel um 3o US. –

Mittelklasse sind "Belvedere"/Camp Street 234 (ca. 15 US $) und "Woodbine"/New Market Street, ca. 14 US $. – "Demico House"/Coral Street, ca. 1o US $.

Billigklasse: "Bills Guest House"/High Street 46 ist bei rund 6 US Tip, von der Lage her jedoch "kribblig". – "Auts Aggie"/Main Street 69 soll billiger, aber auch Puff- Absteige sein. – Angeblich gut: "Rima Guest House"/Middle Street, ca. 6 US. –

GUEST–HOUSES:
"Esplanade, 64 Middle Street, – "Grill", 176 Middle Street, – "Trent House", 78 Main Street und "Trio La Chalet", 5 Camp & Hadfield Sts. –
Billiger, aber auch zumeist nur ein Stahlrohrbett. –

Restaurants: die guyanesische Küche kann sich sehen lassen! Wer Scharfes mag: den "pepper pot" bestellen (wer Englisch kann, der kann sich schon in etwa vorstellen, was da in dem Topf drin ist!). Sehr lecker ist "cook up" aus Reis in Kokosnuss=milch mit Salzfleisch und frischem Gemüse. –
Einer der guyan. Ausfuhr - Artikel sind die shrimps! Bekommt man in den Restaurants billig ; auch mal gefüllte Krebse probieren: doppelt-faustgroße Krebse werden gekocht, ausgehölt und in Kokosnussmilch und anderen Ingredienzen vermischt wieder hineingefüllt! – Wegen dem Völkergemisch aus Indern, Chinesen, Euro=päern und Schwarzen entsprechend abwechslungsreiche Küche!

GUTE LOKALE: "Pegasus" : europäische Küche, – "Tower Hotel" : Amerik./

europ. Küche, mit Swimming Pool! – "Belvedere Hotel": franz./creolische Küche, angeblich jeden Abend Tanz! – " Palm Court", Main Street, – Chinesisch essen gehen im "Chinese Dragon" in der Robb St. Ecke Ave of the Republic oder im "Kwang Chou": Ecke Regent mit Camp Street. –
Creolische Küche auch bei "Doc's Creole Corner", Robb St. 46 –
Viele Snac - in's. vorwiegend in der Water Street, aber auch Robb Street. –

Post: Hauptpostamt: North Road (unsere Karte Nr./11). Offen 7.3o bis 16 Uhr.

Telefon/Telex: im "Bank of Guyana Building", North Road (unsere Karte Nr./1o). Keine "R- Gespräche" möglich!

Tourist Info: existiert, "Guyana Governement", Brickdam Höhe Smyth Street (siehe unsere Karte!), ist aber nicht sehr effizient. Schriftliche Anfragen sollen angeblich nicht beantwortet werden, eine Vertretung in Europa gibt es nicht.

Reisebüros: Gut ist "Guyana Overland Tours" des Engländers J. Dalzell, der ungemein tatkräftig ist und sich sehr gut in Guyana auskennt. Buchung und Durchführung von 1 bis 7 tägigen Trips ins Landesinnere per Flug, Geländewagen oder Kanu in die dichten Urwälder oder Savannenbereiche des Südens des Landes. Verkauf auch von Guyana- Kartenmaterial. Adresse: 38, Main Street im Park Hotel. (Soll nach neuesten Infos in 6,Ave. of the Republic umgezogen sein).

Empfehlenswert auch "Frandec Travel"/Main Street

Auto mieten: in Georgetown möglich, aber knackig teuer und zudem im Inland oft kein Sprit. Ein Risiko, das man vorab einkalkulieren sollte (eventuell mit Reservekanister fahren!). Z.B. über "Ammo", 166 W 1/2 Charlotte Street. – LINKSVERKEHR –

Banken: mehrere im Zentrum, Bereich North Street/High Street. Geöffnet von 8 bis 12 (Mo. - Fr.) und am Samstag von 8 - 11 Uhr. Es empfiehlt sich, bereits in Georgetown zu wechseln, wer Trips ins Landesinnere vorhat. Es gibt zwar Banken in den "größeren" Orten wie Linden, New Amsterdam, Corriverton und Rosignol. Dort aber allenfalls Eintausch von Cash- US Dollar möglich. Achtung: keine Bank in Lethem!!

Deutsche Vertretung: Honorarkonsul Winfried Fries, P.O. Box 1o.647 Georgetown, Tel.: 61o.89 Die frühere BRD- Botschaft ist aufgelöst.

Brickham Police Station: Karte Nr./2o für Einreiseverlängerung oder Umwandlung eines "Transit- Visums" . Aber auch für Genehmigungen zu Inlandstrips.

Strom: 11o Volt, – in Georgetown 22o Volt/Wechselstrom

Öffnungszeiten: in Georgetown 8 - 16 Uhr. Am Freitag öffnen größere Geschäfte erst um 9.3o Uhr, bleiben dann aber bis 18 Uhr offen. Sa.: bis Mittag. – Der Mittwoch ist der Tag der kürzeren Öffnungszeiten. Am Sa. in den Supermercados der Regent Street teils bis 19.3o Uhr offen.

Die Versorgungslage ist derzeit sehr schwierig. Zwar gibt es die Grundnahrungsmittel wie Brot, Milch, Reis etc. Ansonsten eine Superknappheit, z.B. in Konserven (die man benötigt, wenn man einen längeren Trip ins unbewohnte Landesinnere plant). Viele Lebensmittel und sonstige Güter kommen aus Boa Vista/Brasilien, weswegen die Air Guyana Verbindung Georgetown - Lethem oft auf Wochen ausgebucht ist.

An ARTESANIA gibts einheimisches Kunsthandwerk, wie Holzschnitzereien und Flechtarbeiten. Gute Stellen z.B. der Stabroek Markt (Karte Nr./16).

Die meisten Shops und Supermercados liegen im Bereich Ecke North mit Main Street und High Street.

Klima: Georgetown ist tropisch heiß bei ganzjährigen Durchschnitts Temperaturen um die 3o° C, in Georgetown aber einigermaßen erträglich durch Winde vom Meer, sofern man nicht in einem Basic- Hotel zusammengequetscht ist. – REGENZEIT in Guyana 2 mal pro Jahr: * Nov. bis Febr. und * April bis Juli.

Die Regengüsse dauern jedoch nicht den ganzen Tag an, sondern sind sporadisch und heftig. – Der trockene Savannengürtel um Lethem inmitten der guyanesischen Urwälder entstand durch Abschirmung der guyanesichen Bergketten.

Busse: fahren ab STABROEK–MARKET, – sowohl Stadtbusse, wie auch die wenigen Überlandverbindungen. Die Hauptverbindungen:

– Georgetown – Timehri (Airport): stündlich zwischen 5 und 19 Uhr
" New Amsterdam – Corriverton: tägl.
" Linden: tägl. mehrmals
" Parika: tägl. mehrmals

Fährschiffe: von Georgetown rüber nach Vren de Hoop, allerdings reduzierter Betrieb, seit ca. 1o km südl. von Georgetown eine Brücke über den Essequibe River eingeweiht wurde. – Ca. 1 mal/Woche eine Fähre nach Morawhanna an der Grenze zu Venezuela. Abfahrt sie he Georgetown Karte Nr. 17, teils auch ab Nr. 19.

Flüge: Alle Linienflüge ausschließlich vom rund 25 km südlich liegenden TIMHERI-AIRPORT. (Busse ca. 3o Min., Abfahrt stündl. ab Stabroek Market, ca. 1 US $, – Colectiv- Taxis ca. 4 US/Person).

* INTERNATIONALE FLÜGE: auf alle Flüge, die in Georgetown beginnen, egal ob hier oder außerhalb des Landes gekauft: 5o % Tax!! Die derzeit höchste der Welt. Daher am besten keine internat. Flüge ab Georgetown! Hinzu kommt auf internat. Flüge eine Airporttax von ca. 24 US $!

Die derzeitige Guyana- Linksregierung führte zu intensiven Kontakten mit der UDSSR via Cuba = Jets des Typs Turbolew russischer Fertigung, Flugverbindungen mit der Cubana via Havanna nach Ostberlin und Moskau.

Nach Paramaribo/Surinam gibts 2 mal/Woche Jetverbindung (Flugzeit ca. 1 Std./einfach ca. 5o US $, retour innerhalb von 21 Tagen ca. 7o US $. Es fliegen die Air Surinam und die Air Guyana (mit russischen Tupolew Jets!). Ebenfalls gibts 1 x/Woche Verbindung ab Georgetown via Cayenne/Franz. Guyana (ca. 8o US einfach) nach Belem/ Brasilien (ca. 13o US ab Georgetown einfach). –

2 mal pro Woche Georgetown nach Boa Vista/Brasilien mit Air Guyana, ca. 85 US. Billiger jedoch der Georgetown – Lethem Flug (ca. 6o US) und mit dem Bus am Bonfim/Grenze- Brasilien mit dem Bus nach Boa Vista.

* NATIONALE FLÜGE: gehen vorwiegend in den Westen des Landes, der in der Regel nicht per Straße zu erreichen ist. Also in die Diamanten- und Goldfelder der Urwälder um Imbaimadai, – nach Mahdia und in den Südwesten nach Lethem.

Spritknappheit, fehlende Flugzeuge und Piloten bei der schlechten Wirtschaftslage des Landes haben jedoch zu drastischer Einschränkung des Flugbetriebes geführt. Alle Details siehe Kapitel "Guyana- Inlandstrips"!.

AIR GUYANA: 32, Main Street (siehe Georgetown- Karte Nr./8!Flüge dringend recht-

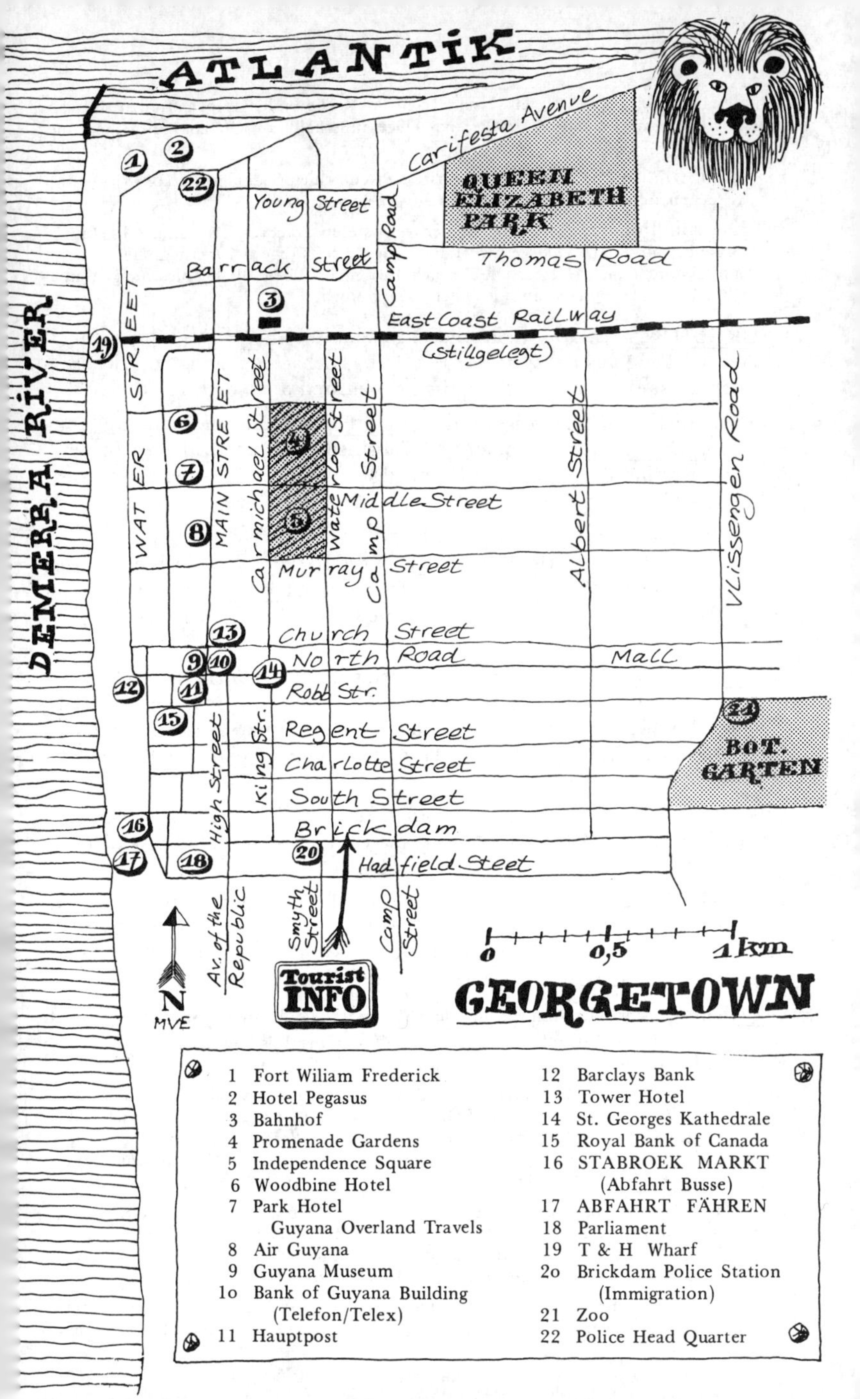

1 Fort Wiliam Frederick
2 Hotel Pegasus
3 Bahnhof
4 Promenade Gardens
5 Independence Square
6 Woodbine Hotel
7 Park Hotel
Guyana Overland Travels
8 Air Guyana
9 Guyana Museum
1o Bank of Guyana Building
(Telefon/Telex)
11 Hauptpost
12 Barclays Bank
13 Tower Hotel
14 St. Georges Kathedrale
15 Royal Bank of Canada
16 STABROEK MARKT
(Abfahrt Busse)
17 ABFAHRT FÄHREN
18 Parliament
19 T & H Wharf
2o Brickdam Police Station
(Immigration)
21 Zoo
22 Police Head Quarter

zeitig buchen und rückbestätigen lassen! Nach uns vorliegenden Informationen soll es schwierig bis unmöglich sein, Air Guyana- Flüge außerhalb von Guyana zu buchen und zu reservieren! –

Eisenbahn: in Guyana zwar eine der ersten Eisenbahnen Südamerikas (1848). Sämtliche Strecken sind jedoch für den Personenverkehr eingestellt.

Schiffsverbindungen: es gibt zwar einen verrosteten Frachter, der ca. alle 14 Tage von Barbados rüber nach Georgetown fährt. Überfahrt 2 Tage bei meist rauher See. Der Käptn nimmt mit, Wartezeit lohnt sich aber nicht. Ebenfalls für die wenigen anderen Frachterverbindungen ab oder nach Georgetown.

*GEORGETOWN ist vom Stadtbild angenehm und hat eine Reihe schöner Kolonialgebäude aus der Zeit der Engländer. Schachbrettmuster. Wichtigste Straßen sind die Main Street/High Street und die North Road.

Schöner Blick vom Obergeschoß des Hotel Pegasus auf die Stadt. Entlang der Water Street Lagerschuppen und Fabriken am Demerra River. In der Main Street eine Reihe schöner Kolonialgebäude in Holzbauweise, so das "Hotel Park", das in seinem Ambiente an Somerset Maugham erinnert. Dekkenventilatoren gegen die heiße Tropenluft und Holzveranden.

Geschäftszentrum und Herz der Stadt ist die Krezung Main Street/North Road mit Banken, Behörden und Kaufhäusern. GUYANA MUSEUM (Karte Nr./9) enthält einen Überblick über die Geschichte des Landes sowie seine Indianerstämme und ist recht interessant). –

Der STABOREK MARKT in seiner eigenwilligen Kolonialarchitektur mit breitem Uhrenturm ist Hauptmarkt von Georgetown (vorwiegend Früchte, Gemüse, Fisch und Fleisch, – teils auch Artesania) und Abfahrtsstelle der Busse. Nebenan (Karte Nr./17) Abfahrt der Fähren. Sowie das Parlament von Guyana (Kolonialbauwerk, Karte Nr./18).

Gut für Artesania auch das "Amerindian Handicraft Centre" (Lage neben Nr. 12 in unserer Karte), sowie "Guyana Crafts Co-op" Ecke Brickdam mit Av. of the Republic.

BOTANISCHER GARTEN: Vlissengen Road (Karte Nr./21) mit Zoo und reichem Querschnitt durch die Flora des Landes. Riesige Wasser Lilien, der "Kanonenbaum", ein Tropengewächs mit riesigen Kugeln, Orchideen und Fächerpalmen. Außerdem viele Tropenvögel! Besuch lohnt sich.

Geschichte: mehr oder weniger "entdeckt" wurden die dichten Urwaldgebiete durch Christoph Columbus, der auf seiner 3. Reise 1498 an der Küste entlangsegelte, das Land aber nicht erforschte.

Auf Grund der Berichte der Indianer, die den Spaniern immer wieder von den sagenhaften Goldschätzen eines ELDORADOS erzählten, startete zwischen 1595 und 1616 der Engländer Sir Walter Raleigh 3 Expeditionen in den Bereich des Unterlaufes/Rio Orinoco und heutiges Guyana, wobei er jedoch nicht Eldorado fand, – obwohl die Regionen des heutigen West- Guyanas reich an Gold in den Flüssen sind.

Zwischen 1616 und 1621 Besiedlung der Küstenbereiche durch holländische Siedler, die hier Reis, Baumwolle, Tabak und Kaffee anbauten. Sie setzten im Küstenbereich ihr Know How im Deichbau ein, – um die oft 1,5 m unterhalb des Fluß-Meeresniveaus liegenden Küstentiefländer zu schützen und Anbau zu ermöglichen.

Die Holländer konnten sich in ihren küstennahen Bereichen auch an den Flußläufen des Essequibo, Demerara und Berbica bis 1796 halten, – als die Engländer mit einer

Flotte Kriegsschiffen, von Barbados kommend – die Kolonie übernahmen. Bis auf eine kurze Periode holländischer Rückeroberung blieb Guyana bis zu seiner Unabhängigkeit 1966 in englischem Kolonialbesitz.

Von holländischem Einfluß zeugt z.B. die Architektur des Stabroek Markets, – Polder im Küstenbereich, – aber auch die meisten der rund 25o.ooo Schwarzen (= 3o % der Gesamtbevölkerung des Landes!) sind Nachfahren von Sklaven, die die Holländer ins Land brachten.

Ansonsten ist das Land jedoch weitgehend durch die 15o jährige Kolonialherschaft der Engländer geprägt, die das Land zwar in Eigennutz ausbeuteten, jedoch eine florierende Wirtschaft aufbauten und insbesondere die Ausbeutung der reichen Bodenschätze förderten.

Das Land ist reich an Diamanten- und Goldfeldern (West Guyana), –sowie an Bauxit-Vorkommen, Abbau Region Linden/Kwakwani/Mackenzie. Die guyanesischen Bauxitvorkommen stellen die drittgrößten des südamerikanischen Kontinents dar (nach Surinam und Brasilien)!

Bevölkerung: neben Schwarzen (ca. 3o %, leben vorwiegend in den am dichtesten bewohnten Küstenregionen Guyanas), – stellen Inder mit 5o % die größte Bevölkerungsgruppe. Zusammen mit Chinesen hatten sie zur Zeit der Unabhängigkeit (1966) die wichtigsten Wirtschaftsposten inne.

Seit Ende der 7o-er Jahre unter Führung des Präsidenten L. FORBES BURNHAM (regulär gewählt durch die – ärmere – schwarze Bevölkerung): – Abwendung vom Westen und Begründung eines sozialistischen Staates.

Verstaatlichung der Minen und der Privatfirmen. Angeblich sollen bereits rund 8o % der Firmen Guyanas verstaatlicht sein. Die DDR, UDSSR, Cuba und China sind die Hauptlieferanten von Know How in Entwicklungsprojekten. Die Bauxit Minen arbeiten seit ihrer Verstaatlichung mit Verlust (vorher Gewinne des Mackenzie- Konzerns!).

In Georgetown seither erhebliche Verknappung an Lebensgütern. Kaufhäuser nach dem Vorbild der DDR- Kaufhallen, wo die Leute nach gewissen Luxusgütern oft stundenlang Schlange stehen. Viele Waren überhaupt nicht erhältlich, oder superteuer durch Schwarz-Schmuggel aus Brasilien (Boa Vista). Sprit ist knapp, – die Flugverbindungen der Air Guyana mußten reduziert oder eingestellt werden; wichtigster Faktor in der Infrastruktur des Landes, das über kaum Straßen verfügt

Die Kriminalität ist in Georgetown bei zunehmender Verarmung angestiegen. Boa Vista/ Brasilien hat größere Flüchtlingskolonien ausgewanderter Guyanesen.

WARNUNG: gewisse Vorsicht angebracht in Georgetown. Zwar sollte man tagsüber nicht überängstlich sein (der krampfhaft in der Hose festgeklammerte Geldbeutel lockt eher Diebe an), – nachts jedoch dunkle Gebiete meiden! Insbesondere auch nächtliche Taxifahrten! –

Reisen in Guyana:

Kann schwierig werden, wenn AIR GUYANA - Flüge ausgebucht oder storniert sind, weil es nicht genügend Flugzeuge gibt. Landschaftlich aber oft Spitzenerlebnisse, wer abgelegenes Pionier- und Urwaldfeeling sucht!

1) GEORGETOWN ⋙➝ LETHEM/Grenze Brasilien:

Abenteuertrip rüber nach Brasilien, der das Amazonasgebiet mit der Karibikküste anbindet. Von Lethem über den Grenzfluß rüber nach Bonfim/ Brasil mit Piste und tägl. Busverbindung nach Boa Vista, das Pistenanschluß nach Manaus (tägl. Bus und Flug), – aber auch über die "V 8 Piste" Anschluß mit Venezuela/Caracas bringt.

Als Querverbindung, aber auch vom Landschaftlichen her hochinteressant! Problem sind auf guyanesischer Seite die oft oft auf Tage ausgebuchten Flüge:

* Georgetown – Lethem: tägl. außer So. mit Air Guyana, ca. 6o US $. Der Flug dauert 1 Std./1o Min. , eingesetzt sind zwischenzeitlich relativ moderne Propellermaschinen des Typs Hawker Siddley (Rolls Royce- Motoren) mit rund 42 Sitzplätzen.

  Wegen starker Buchung muß man das Ticket zunächst "open" (also ohne Sitz- und Flugtermin Reservierung) kaufen, um sich anschließend in die Warteliste eintragen zu lassen.

  Der Flug ist interessant: zunächst entlang des Demerara Rivers/Linden, dann über dichte, guyanesische Urwälder rüber in die Savanne um Lethem. Airstripe (Gras) ist im Zentrum der Minisiedlung Lethem.

* 2 mal/Woche fliegt die Maschine weiter bis Boa Vista/Brasilien. Kostenpunkt 85 US $. Spart einem das Übersetzen über den Grenzfluß bei Lethem, Zollformalitäten, die in Timehri/Guyana und Boa Vista/Brasilien schneller gehen, und insbesonders die Warterei auf den Anschlußbus ab Grenze/Bonfim. Bei den 5o % Internat. Flugtax plus 24 US $ zuzügl. Airporttax besser: G.T. nach Lethem! In Gegenrichtung ab Boa Vista (wo die Taxen flachfallen): interessanter.

LETHEM: ist ein sympatischer kleiner Ort mit verrosteten Landrovern und viel englischem Kolonialflair in der weiten Gras Steppe der südguyanesischen Gras Savanne. Die umgrenzenden Bergketten am Horizont.

Übernachtung: "Takatu Guest House", direkt beim Airstripe, geführt von einer freundlichen Schwarzen. Das kleine Haus sehr sauber, excellentes "English- Breakfast", an das ich noch gerne zurückdenke! Doppel ca. 15 US, aber nur sehr begrenzte Zahl an Betten. –

"Manari Ranch", etwa 16 km von Lethem nahe der brasil. Grenze. Eines der schönsten Hotels von Guyana, auch wegen der Ausflugsmöglichkeiten. Ein Hauch von Afrika: weite Savannenlandschaften und am Horizont die Bergkette der Guyana Highlands. Besteigung des "Schomburgh's Peak" (4 Std. Aufstieg, vorwiegend durch dichten Dschungel mit Riesenfarnen, wildem Kakao und Orchideen!) – Fischen, Safaris zu Jaguaren, Pumas und Tropenvögeln. Die Übernachtung auf der Ranch ist bei ca. 4o US $ das Doppel nicht billig, beinhaltet aber Vollpension.

"Roys Bar"/Lethem mit der Möglichkeit, die Hängematte aufzuspannen bei ca. 5 US/

DIE ABENTEUER–ZEITEN sind (leider) vorbei, – vergl. 1. Ausgabe dieses Bandes 1977, wo die "Air Guyana" von uns den "Goldenen Südamerika- Geier" für die wildeste Airline des Kontinents verliehen bekommen hatte. Damals uralte Weltkriegs Propellermaschinen mit riesigen Motoren. Campingsitze, das Gepäck in der Kabine neben den Sitzen festgezurrt. Lose Leitungen an der Wand und darunter ein mit vielen Stempeln versehenes Zertifikat, das die Flugsicherheit bestätigte!

Air Guyana hat inzwischen auf relativ moderne Hawker Siddley- Maschinen umgestellt (wie sie auch die karibische LIAT einsetzt), mit Rolls Royce- Motoren, – sowie kleine Twin Otter- Sportflugzeuge. – Für internat. Verbindungen die russischen Tupolew TU 154 Jets.

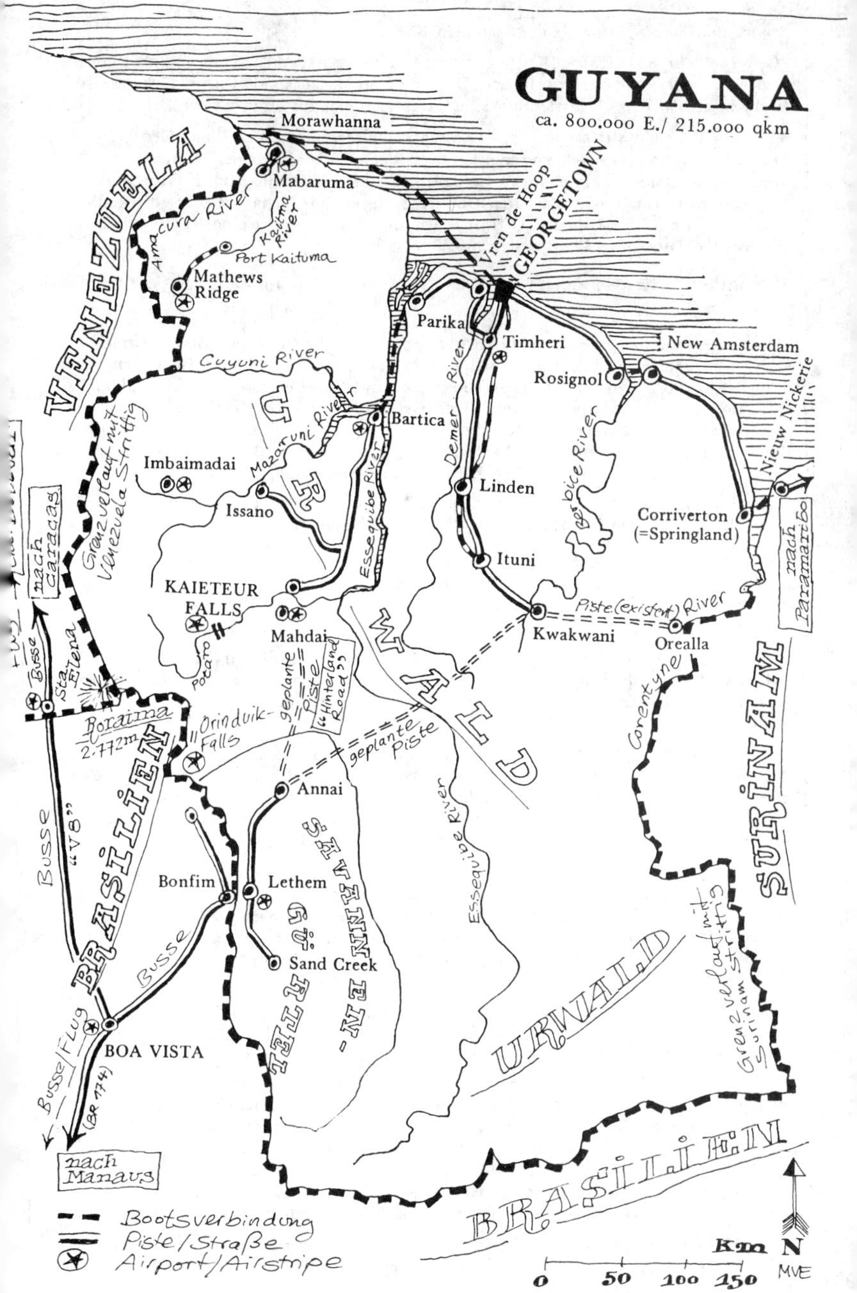
GUYANA
ca. 800.000 E./ 215.000 qkm
Morawhanna
Mabaruma
GEORGETOWN
Vren de Hoop
Amacura River
Kaituma River
Port Kaituma
Mathews Ridge
Parika
Timheri
New Amsterdam
Rosignol
Nieuw Nickerie
Cuyuni River
Mazaruni River
Bartica
Demerara River
Berbice River
Imbaimadai
Issano
Linden
Corriverton (=Springland)
Essequibe River
Ituni
KAIETEUR FALLS
Mahdai
Kwakwani
Orealla
Piste (existent) River
Potaro
geplante Piste
("Hinterland Road")
Grenzverlauf mit Venezuela strittig
VENEZUELA
nach Caracas
Busse
Sta. Elena
Roraima 2.772m
Orinduik-Falls
geplante Piste
Annai
Corentyne
SURINAM
nach Paramaribo
WALD
Busse "V8"
BRASILIEN
Bonfim
Lethem
Sand Creek
RUPUNUNI-SAVANNE
Essequibe River
URWALD
Grenzverlauf mit Surinam strittig
Busse
BOA VISTA
Busse/Flug (BR 174)
nach Manaus
BRASILIEN
Bootsverbindung
Piste/Straße
Airport/Airstripe
Km
N
0 50 100 150
MVE

Person und Drinks in der lauen Savannen Nacht! –

"Governement Rest House"/Lethem ist eigentlich Staatsbediensteten vorbehalten. Sofern nicht voll, kann man dort aber schlafen zum Vorzugspreis von ca. 3 US/Person. Einfach, aber o.K. – Privatleute vermieten in Lethem. Rumfragen. Der Ort ist mini!

Wer, von Brasilien kommend, – in Lethem keine Maschine sofort nach Georgetown bekommt, ist an Übernachtung meist billiger in Boa Vista bedient. (Keine
Wer,– von Brasilien kommend, in Lethem keine Maschine sofort nach Georgetown bekommt, ist vermutlich in Sachen Übernachtung in Boa Vista billiger bedient. Dort gibt es auch eine Air Guyana- Office; Frage allerdings, ob dort eine Reservierung für die Strecke Lethem – Georgetown möglich ist.

Gesundheit: für das Rupunnuni- Gebiet (wie die Region um Lethem heißt) ist Malaria-Prophylaxe nötig.

Ausflüge: die Savanne um Lethem mit den angrenzenden Bergen hat auf mich trotz (oder weil) vielen tausend Km in Südamerika und ungemein schönen Gegenden einen hohen Reiz ausgeübt. Ist es die Abgelegenheit und Unerschlossenheit? In jedem Fall Null touristischer Transport. Es gibt Jeep Pisten durch die Graslandschaften zu den Bergen, angeblich 2 oder 3 weitere Lodges für Guyana- Beamte ("Rest Houses") im Inneren, aber nur minimale Bevölkerungszahl. In Lethem ca. 3oo Menschen, – in der ge samten Savanne (Größe ca. Bayern!) weitere 2oo bis 3oo !

Lohnende Ausflüge gehen nach Moco Moco Village, zum Pan Lake und zum Kumu-Wasserfall. Infos über Takatu Guest House oder Manari Ranch.*

Grenzübergang nach Brasilien: kurze Distanz bis Bonfim/Brasilien, auch zu Fuß möglich. Zunächst Exitstempel vom guyanesischen Polizeiposten, dann per Kanu über den Fluß (gibt zwischenzeitlich auch Pontonverbindung für PKW's). Der Fluß ist sehr schmal, mehrere Übergänge. Die Fährleute wohnen direkt am Rio Tacuatu.

Viel Flair, als wir in der Nacht und Gegenrichtung in Bom Fin ankamen: mußten den schnarchenden Fährmann in seiner Hängematte aufwecken. Dann großartiger Sternenhimmel über der Tropennacht und tiefer Stille, während dieser uns verschlafen rüberpaddelte. . .

Auf der brasilianischen Seite gehts zunächst ca. 1oo bis 3oo m durch Gestrüpp. Dann die paar Häuser von Bonfim. Bei der Militärstation besorgt man sich den Einreise-Stempel, der nochmals in Boa Vista bei der Immigracion rückbestätigt werden muß. (Nach neuesten Infos in einem, 5 km vor Bon Fim an der Straße nach Boa Vista liegenden Militärposten der Brasilianer. In Bon Fim abchecken!)

Es gibt täglich Busse auf der rund 125 km langen Piste von Bon Fim nach Boa Vista (ca. 5 US $, 3 Std.). Resultat intensiver Warenbeschaffung aus Brasilien für Georgetown. Da viele Schmuggler unterwegs sind: intensive Kontrollen an der Grenze/guyanesische Seite bei der Einreise! – Trampen: praktisch null Chance, da auch Bon Fim nur aus wenigen Häusern besteht. Soll gelegentlich mit Militärfahrzeugen der Brasilianer nach Boa Vista möglich sein.

VON BOA VISTA/Brasilien tägliche Busverbindung über die rund 8oo km lange Amazonaspiste nach Manaus, sowie tägl. Jetflug (ca. 1 Std.). – Ebenfalls Busverbindung rauf an die venezuelanische Grenze bei Sta. Elena, die durchgeht bis Caracas/Venezuela. Heißer Tip hier der Aeropostal Flug ab Sta. Elena , alle Details siehe Boa Vista!

Es gibt Alternativ- Grenzverbindungen. z.B. über die, auf brasilianische Seite nach Nord noch weiterführende Piste rauf bis Normandia (ca. 1oo km, kein regulärer Transport) und dann anstrengender Hike rüber nach ORINDUIK (Wasserfälle, jedoch kleiner als Kaieteur!), guyanesischer Grenzort. Der einmal wöchentliche "Air Guyana" Flug ist derzeit wegen fehlendem Fluggerät jedoch gestrichen.Bei der gespannten Lage in Guyana zudem fraglich in Sachen Grenzübertritt und generellem Betreten der Region, die

* nach neuesten Infos angeblich für Trips ins Innere der Buschsavanne von Rupununi Spezialgenehmigung und nur in Georgetown erhältlich! nötig . –

Spezialgenehmigung benötigt. Im Bereich des Grenzflusses Diamantenfelder. Der "Verkehr" orientiert sich nach Lethem.

Geldwechseln: illegales Wechseln steht in Guyana unter strenger Strafe (siehe auch "Allgem. Tips"!), wird aber in Lethem praktiziert auf US - Dollar Basis, der aber auf dem Schwarzmarkt/brasil. Seite mehr bringt und noch besser in Boa Vista ist. Am guyanesischen Dollar wenig Interesse, am Cruzeiro der Brasilianer etwas mehr.

Pistenverbindung: Lethem durchgehend bis zur Küste/Georgetown gibt es de Facto nicht, auch wenn immer wieder davon gemunkelt wird.

Die TRANS–GUYANA–PISTE von Lethem nach Georgetown ist zwar seit 197o in "Planung". Sogar in der offiziellen Karte des Ministry of National Development eingezeichnet, als "Hinterland Road" bezeichnet und mit dem Vermerk versehen: "commenced on Sunday July 19th 197o, fai weather Safari 11th - 14th Dez. 1973".

Selbst Trapper und Holzfäller in Mahdai oder Einheimische in Kwakwani wissen nichts von der Existenz, wie uns auch Friedl Stary bestätigte, der 3 Wochen die Guyanas intensiv bereiste und vor Ort recherchierte. Die Fertigstellung wird wohl auch in den nächsten Jahren nicht zu erwarten sein, – einfach weil die Mittel fehlen und weil das, von Dschungel bedeckte Bergland des Inneren von Guyanas immensen straßentechnischen Aufwand erfordert.

Als PISTEN existieren: Lethem–Annai, Mahdai – Bartica; Straße Kwakwani–Georgetown (siehe unsere Guyana- Karte!)

Somit von Brasilien derzeit keine Überlandverbindung in die Guyanas via Überland!

② KAIETEUR–WASSERFÄLLE:

Großer Südamerika- Tip und an Schönheit mit den Niagara- Fällen/USA oder den Victoria Falls/Afrika vergleichbar, wenn auch kleiner.

In den dichten Urwäldern Guyanas stürzt der Potaro- River von einer Tafellandschaft über eine Felskante 245 m in die Tiefe in eine schmale Schlucht. Er bildet riesige Wasserschleier, die sich laufend verändern und in Spektralfarben leuchten.

SPEKTAKULÄRER sind meiner Ansicht nach der Iguazu- Fall/Grenze Arg.- Brasilien, sowie der Angel Fall/Venezuela und der (relativ unbekannte) Yutaje- Wasserfall, erreichbar von Pto. Ayacucho, venezuelanischer Amazonas.

Den Reiz des Kaieteur- Fall macht jedoch seine Unerschlossenheit und Abgelegenheit in dichten guyanesischen Urwaldgebieten aus.

ZU ERREICHEN: 1 mal/Woche mit der Air Guyana ab Georgetown in einem 1 1/2 stündigem Flug per Twin Otter Sportmaschine. Landet in der Nähe des Wasserfalls inkl. Überflug. Nach ca. 1 Std. retour nach Georgetown. Kostet retour ca. 1oo US $.

Problem, daß man den Flug nur schwierig ab Europa vorbuchen kann. Die Maschine fasst nur 8 Passagiere und hat zudem in Mahdai Zwischenstop, weswegen das Flugzeug u.U. voll ist. Bedeutet: Warten in Georgetown eine weitere Woche!
Wenn's klappt, aber die derzeit billigste Möglichkeit.

Überland: 3 bis 14 Tage je nach Anschluß und schwierig, auf eigene Faust zu realisieren! Angeblich Spezialgenehmigung in Georgetown/Brickdam Police Station nötig. Problem ist auch die Lebensmittelbeschaffung für den Trip, da Konserven in Georgetown knapp sind.

Nötig sind Moskitoschutz (Moskitonetz), Malariatabletten, gutes Schuhwerk und Regenschutz. Von Georgetown per täglichem Bus bzw. Fähre via Vren de Hoope nach PARIKA (ca. 2 Std./5 US $), wo es Hotels gibt, auch auf der vorgelagerten Flußinsel Leguan.

In Parika derzeit 2 mal/Woche Boot den Essequibe River flußauf nach BARTICA. Der hier verkehrende Holzkahn soll bereits 2 mal abgesoffen sein wegen Überladung. Der Trip flußauf dauert knapp 1/2 Tag, lohnt sich von Abenteuerfeeling und Landschaft, ca. 5 US $. Eine Straßenverbindung zwischen Parika und Bartica gibt es nicht.

BARTICA: Urwaldsiedlung, ca. 8.ooo E. am Rio Essequibe. Restaurants und Übernachtungsmöglichkeit z.B. "Marin" und das "Karia Hotel". Landepiste für den Air Guyana Vogel (1 mal pro Woche ab Georgetown, ca. 25 US $). Bartica ist Ausgangspunkt für die Gold- und Diamanten Schürfgebiete in den Urwäldern Nordwest Guyanas; die Piste nach Issano umgeht die Stromschnellen des Manzaruni Rivers. Sowie Piste nach Mahdia:

Eine abenteuerliche und reichlich zugewucherte Urwaldpiste geht von Bartica südlich nach MAHDIA am Rio Potaro. 2oo km und pratisch Null Verkehr, zudem während der Regenzeit schwierig zu befahren. Es soll in der Regel 2 mal/Woche Jeeps oder LKWs geben, aber kein Verlass.

MAHDIA ist ein Mininest am Rio Potaro, Endpunkt der Piste (Infos, daß sich die Piste als "Hinterland- Road" nach Annai im Savannengürtel um Lethem fortsetzt, wie teilweise auch in offiziellen Guyana- Karten eingezeichnet, – sind falsch! Siehe Vorkapitel!).

Rund 7 km vor Mahdai das "Kangaruma Guest House" als Übernachtungsmöglichkeit, sowie Airstripe für den 1 mal wöchentlichen Air Guyana Vogel ab Georgetown (ca. 35 US $ einfach, 8 Sitzplätze!) In Mahdai gilt es, ein Kanu den Rio Potaro flußauf nach Kaieteur zu finden. Schwierig, da diese Urwaldregion außer einer Handvoll Diamanten-Suchern keinerlei Siedlungen aufweist und der Fluß zudem 2 Stromschnellen/kleinere Wasserfälle besitzt, die zu Fuß per Trail umgangen werden müssen.

Nähe des Wasserfalls das Turkeit Guest House mit limitierter Übernachtungsmöglichkeit und superbasic. Dringend Moskitonetz. Keinerlei Essen. Aufstieg zum Beginn des Wasserfalls rund 3 Std., wobei die Hitze belastet.

Wegen der schwierigen Erreichbarkeit/Überland unbedingt auf den Air Guyana- Flug zurückgreifen! Wer die Sache Überland machen will, kann bei "Guyana Overland Travel"/ Georgetown buchen, ca. 3oo US/Person, aber mindestens 4 Wochen vorab!

ALTERNATIVE wäre das Chartern einer Twin Otter der Air Guyana. Kostenpunkt aber um die 5oo US $ /Person und Tag, wobei 6 - 8 Personen gemeinsam buchen müssen! Inkl. dann Kaieteur und die (kleineren) Orinduik- Wasserfälle an der brasil. Grenze, sowie Flug zum Mt. Roraima/2.772 m, Tafelberg an der Grenze Guyana/Brasil.

BESTE JAHRESZEIT zum Besuch des Kaieteur Wasserfalls: Nov. bis Febr. und April bis Juli, da der Fluß dann die größten Wassermassen wegen Regenzeit hat.

3 DIAMANTEN- UND GOLDFELDER/Nordwest- Guyana:

Angeblich zum Besuch wieder Spezialgenehmigung in Georgetown/Brickdam Police Station, Brickdam nötig. Eines der Zentren ist IMBAMADAI ("Peters Guest House", Reservierung über Guyana Overland Travel) und 2 mal/Woche mit dem Twin Otter der Air Guyana zu erreichen.

Wegen Knappheit an Air Guyana- Fluggerät sind jedoch einige Verbindungen eingestellt. Alles auf Basis von 8- sitzigen Twin Otter- Sportmaschinen.

Pro Jahr werden in Westguyana ca. 13o kg Diamanten gefördert, auch die Goldausbeute liegt nicht erheblich drüber. Diggers in Pontonbooten, die teils mit vorsintflutlichem Tauchgerät in die Flüsse absteigen, – teils moderne Schaufelradbagger. Da jede Menge der Förderung "unter der Hand" seitlich in Schmuggel abgezweigt wird, – sind weder die Digger, noch die Guyanesische Regierung an touristischem Besuch der Region interessiert.

Viele der Air Guyana- Flugverbindungen sind eingestellt bzw. "on Request", also in ihrer Realisierung offen. Infos : Timehri Airport oder Georgetown/Main Street 32.

BARTICA am Essequibe River war zunächst Einstiegspunkt der Region. Bau der Piste nach Issano, die die Stromschnellen des Mazaruni Rivers umgeht (siehe unsere Guyana-Übersichtskarte). Heute ist Bartica mit seinen ca. 8.ooo E. Zentrum der Holzfäller, Basic bis Mittelklasse Hotels siehe Vorkapitel und interessant als Abstecher ab Georgetown per Boot/Bus ins Landesinnere.

(4) GEORGETOWN ⋙→ VENEZUELA: da es derzeit keine Direktflugverbindung gibt (läuft via Trinidad, ca. 15o US plus guyanesischer 5o % Tickettax und 24 US Airporttax). Billigste Route via Lethem nach Boa Vista/ Brasilien und per V 8 nach Sta. Elena (Flug mit Aeropostal, – bzw. via V 8 nach Cd. Bolivar). Details siehe Venezuela- Teil!

Alternative: via MORAWHANNA/Guyana an der Karibik- Küste und Grenzu Venezuela.Definitiv eine Abenteuerroute, da sie intensiv von Schmugglern benutzt wird und daher Probleme für die Grenzpapiere bestehen.

Zuständig für den guyanesischen Ausreisetempel ist die "Brickdam Police Station"/Georgetown, – sowie Touristvisum (gratis) vom venezuelanischen Konsulat in Georgetown. Abklären, ob die Route derzeit legal ist, bevor man sich auf den Weg macht!

SCHIFF: 1 - 2 mal/Woche von Georgetown T&H- Wharf nach Morawhanna nähe der Grenze. Der Dampfer (supermini!) braucht um die 2o Std. entlang der Küste, Straße gibt es durchgehend nicht. Im Dampfer 2 Klassen, die erste Klasse unbedingt vorzuziehen! Ca. 12 US $.

FLUG: derzeit 1 mal/Woche mit Air Guyana (ca. 5o US $) von Georgetown/Timheri nach Marumba, das etwa 3 km von Morawhanna entfernt liegt.

Von Morawhanna fuhren bisher Schmuggler Boote rüber nach Venezuela ins Orinoco-Delta. Florian Willems und Marike Kater haben den Trip gemacht und berichten, daß er sich landschaftlich ungemein lohnt, aber Null an Komfort bringt. Damals gab es den Ausreisestempel bei der Brickdam- Police Station in Georgetown, der vom örtlichen Polizisten in Morawhanna nochmals kontrolliert wurde.
Ebenfalls ist beim venezuelanischen Konsul in Georgetown das kostenlose Venezuela-Visum nötig.

Es geht dann von Morawhanna den Waini River abwärts, parallel zum Atlantik bis zur Mündung in den Orinoco. Die Fahrt lohnt sich sehr, mit Ara- Papageien, dichtem Flußurwald und vielen bunten Tropenschmetterlingen, die über den Fluß fliegen. Im weit verästelten Orinoco Delta gehts dann flußauf bis CURIAPO. Hier Zoll der Venezuelaner. Das Mini Dorf liegt total im Orinoco Dschungel. Ab hier fährt regelmäßig ein Postboot mit Personentransport den Fluß auwärts über Barrancas nach Tucupita. Von beiden Orten Transport mit "por puestos" (Colectivo- Taxis) bzw. Bussen auf relativ gut ausgebauten Pisten wieder in die Zivilisation.
Da auch Venezuela in Einreisesachen oft superpingelig ist, – insbesondere auf derartigen Abenteurer Routen, sollte man sich unbedingt vorher absichern, bevor man den Trip ab Georgetown startet! –

(5) LINDEN/Bauxit Abbaugebiete rund 11o km südl. von Georgetown (Strasse, stündl. Busverbindung ab Stabroek Market, ca. 2 Std. Fahrzeit/5 US $) liegen die 2. größten Bauxit Abbaugebiete Südamerikas, sowie weiterverarbeitende Aluminium Industrie. Seit der Verstaatlichung der Mine im Rahmen des Guyana Sozialismus sind die Fördermengen um rund 7o % zurückgegangen.

Besichtigung der "Mackenzie- Mine/Linden nach vorheriger Rücksprache mit der Minengesellschaft möglich. Übernachtung "Mackenzie- Hotel", bei runden 25 US $ teuer, ohne Air Condition und Essen.

Wie uns Fridl Stary berichtete, ist er von Linden mit dem LKW weiter nach Kwakwani gefahren und dort mit einem Landrover der Holzfäller über eine abenteuerliche Urwaldpiste (ca. 14 Std.) nach Orallana an der Grenze zu Surinam. "Das totale Dschungel Erlebnis, völlig verwachsener Weg. Menge von Affen, Riesenschmetterlingen etc."

Der südöstliche Teil Guyanas ist praktisch unerschlossen. Die Karten verzeichnen keinerlei Siedlungen; außer Apoteri keine Airstripes und runde 4oo km südl. ab Kwakwani dichte Urwälder und Flüsse, die für den Verkehr per Boot durch zahlreiche Stromschnellen und kleinere Wasserfälle blockiert sind. Dies, aber auch die Vielfalt unterschiedlicher Baumarten, die dicht durcheinander wachsen, – machen die Holzfällerei unrentabel, die in Guyana vorwiegend im Küsten- "nahen" Bereich Mabaruma – Essequibe River – Kwakwani stattfindet.

Georgetown → Surinam:

Täglich Busse via Rosignol (Fähre über die Mündung des Berbice River) nach New Amsterdam (ca. 18.ooo E., angenehmes Stadtbild, holländische Gründung) und weiter bis zur Grenze bei CORRIVERTON (=Springland, ca. 12.ooo E.), wo die Mündung des Corentyne Rivers per Autofähre überquert wird nach Nieuw Nickerie/Surinam.

REINE Fahrzeit ca. 1/2 Tag bis zur Grenze, bzw. 1 Tag bis Paramaribo/Surinam, – sofern es an der Grenze einigermaßen flott geht. Busse auf beiden Seiten täglich, teils auch Colectivo- Taxis, Preis ca. 15 US bis zum Grenzfluß, meist aber keine durchgehende Verbindung, sondern Umsteigen in Rosignol/New Amsterdam nötig.

Übernachtung und Restaurants sowohl in New Amsterdam, wie auch Corriverton möglich. Auch die Fähren über die beiden Flüsse (Berbice und Corentyne) verkehren mehrmals täglich im Anschluß zu den Bussen.

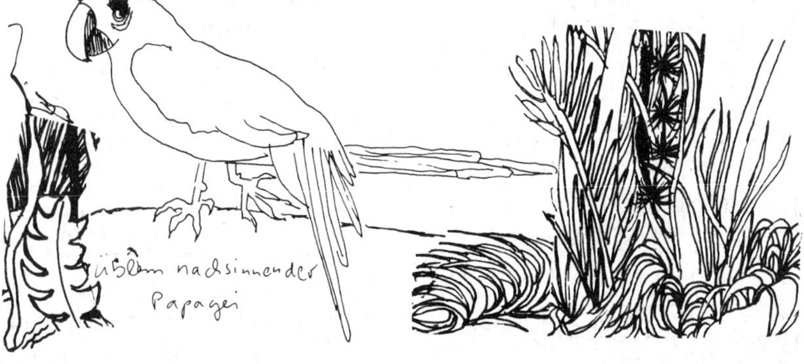

Nach uns vorliegenden Informationen soll die Grenzabfertigung am Übergang Corriverton nach Nieuw Nickerie/Surinam schleppend laufen bei sehr detailiertem Gepäckcheck. Einfuhr von Lebensmitteln nach Guyana verboten. Vor Feiertagen oder Wochenende oft "small- work" nach Vorschrift, – egal ob die Grenzgänger dann festhängen. . .

Georgetown nach Paramaribo/Surinam 2 mal/Woche mit Jets der Air Guyana und Air Surinam. Flugzeit etwas mehr als 1 Std./5o US $, – allerdings bei Abflug Georgetown plus 5o % Flugtax und den Georgetown- Airporttax auf internat. Flüge von 24 US $. In Gegenrichtung ab Paramaribo lediglich ca. 8 US $ Airporttax. –

Landschaftlich bringt die Küstenroute (die auch für PKW's durchgehend von Georgetown über Paramaribo bis Cayenne befahrbar ist), tropische Tieflandschaften, die einen mit den Anbaufeldern (oft Reis) zwar nicht vom Bushocker reißen, so doch tropisch und abgelegen sind. Daher gewisser Flair.

GUYANA
Allgem. Tips

★ **Geld/Einreise/Schmuggel:** ergänzend zum Hauptteil/Guyana- Text: – die Guyanesen sind wegen derzeitiger und sicher nicht positiver Wirtschaftslage des Landes superscharf in Sachen Devisenvergehen, Schmuggel, aber auch Schwarzmarkt.

Schwarz Dollar zu wechseln, sofern es sich um Bargeld handelt, trifft auf großes Interesse und bringt erheblich mehr an Guyana- Dollar. Ist aber definitiv illegal und wird streng bestraft! Schwarz gewechselt wird in Georgetown und auf dem wichtigsten Schmuggelübergang/Lethem nach Brasil. Am besten: Finger weg davon!!

Gleichzeitig: wer in Banken nicht US - Dollar in Bar wechselt, sondern Traveller Schecks, hat oft Probleme. Im Landesinneren meist unmöglich. Credit Cards sind oft unbekannt, – und angeblich selbst bei Buchung Air Guyana nicht akzeptiert.

★ **Transport:** siehe Georgetown! Straßen wegen der dünnen Besiedlung des Landes kaum ausgebaut. Vorwiegend Küste. Details siehe Georgetown!

Flüge: Air Guyana (Siehe Georgetown!), relativ selten, ausgenommen der Strecke nach Lethem und oft ausgebucht. Wenn es sich dann noch um eine 8- sitzige Twin Otter handelt, die die Strecke nur 1 x/Woche fliegt und ausgebucht ist, wandelt sich Reisen in Guyana zum Warten. Vorbuchung außerhalb Guyanas kann schwierig werden, bzw. unmöglich. Chaotische Situation zugleich bei den angeblich derzeitigen 5o % Flugtax auf einen Auslandsflug ab Georgetown!

Straße: LINKSVERKEHR!

★ **Tourismus:** derzeit wenig Interesse von Regierungsseite. Nicht nur, daß die Guyanesen oft außerhalb des Landes fliegen, um sich Ersatzteile für ihre Fahrzeuge zu besorgen, – Sprit knapp ist. Auch an den Grenzen superintensiver Check, egal ob Tourist oder (eventuell) schmuggelnder Einheimischer.

Kaum Hotels im Landesinneren, reduzierter Flugbetrieb etc. Andererseits außerhalb Georgetowns eine ungemein freundliche Bevölkerung, – ein

Land reich an Abenteuer, dichten Urwäldern und Erlebnissen abseits ausgetretener Pfade. – Achtung: auch das Fotographieren öffentlicher Gebäude und Behörden ist verboten. – Die Lebenskosten/Restaurant, Shop sind für Südamerika sehr hoch, weswegen Festhängen wegen fehlender z.B. Flugverbindungen teuer wird.

Gesundheit/Kleidung: tropisch heiß, das ganze Jahr über bei Temperaturen um 3o Grad, die im Küstenbereich angenehm sind bei Winden vom Meer. Hohe Luftfeuchtigkeit, das ganze Jahr über häufige Regenfälle.

Zwei Regenzeiten: Dez. bis Febr. und April bis Ende Juli. Aber auch ausserhalb dieser Jahreszeit ist mit Regen zu rechnen; guter Regenschutz.

Shorts sind ungern gesehen, da sie an die brit. Kolonialperiode erinnern. Malariaschutz bei Trips ins Landesinnere.

Feiertage: 1. Jan.(Neujahrstag), – 23. Febr. (Rep. Tag), – Ostern – Phagwah (variabel, im März), Frühlingsfest der Hindus, – 1. Mai (Tag der Arbeit), – Youman Naubi (variabel, ein moslemisches Fest zur Feier des Geburtstages von Muhammed. April/Mai). – 2. Juli (Karbibischer Tag), – 6. Aug. (Tag der Freiheit), – Diwali (variabel, Okt. oder Nov., Hindufest), – Weihnachten (25./26.12.)

Sprache: Englisch.

Strom: 11o Volt, in Georgetown 22o Volt/Wechselstrom

Öffnungszeiten: siehe Georgetown.

BOTSCHAFTEN / KONSULATE:

BRD in Guyana:

GEORGETOWN: (Konsulat), 7o Murry- &Main Streets, (P.O.Box 1o647), Tel: 61o 89

GUYANA in BRD: keine Vertretung. Die nächste ist die Botschaft Guyanas in Belgien, Avenue des Arts, 21 - 22, 1o4o Brüssel. Tel.: 23o 6o65

SURINAM

Abgesehen von einem schmalen Küstenstreifen: dichte tropische Urwälder im Landesinneren, kaum bis garnicht erschlossen, – landschaftlich großartig, insbesondere auch für Fotographen und Leute, die Tiere beobachten wollen. Für Eisenbahnfans: eine Dampflok Verbindung durch den Urwald von Onverwacht nach Brownsweg.

PARAMARIBO, die Hauptstadt hat preiswerte Transatlantik- Flugverbindungen nach Amsterdam (KLM und Air Surinam).

EINREISE:

Pass und Visum (bzw. Tourist Card = 3 Tage). Einreise mit Visum für max. 3o Tage gültig; kann in Paramaribo verlängert werden. Bezüglich der neuesten Bedingungen wo man Visum bzw. Tourist Card bekommt: Infos über die KLM (Büros in den meisten deutschen Großstädten, z.B. München, Frankfurt, Düsseldorf, Hamburg etc.), – oder vom Surinam Konsulat in Georgetown/Guyana bzw. Cayenne/Franz. Guyana.

Weiterhin ist ein Weiterflug- Ticket aus Surinam raus nötig. Meist genügt ein Flugticket in ein Nachbarland, teils aber auch retour nach Europa.

WENN es sich um ein reguläres IATA- Ticket handelt, z.B. mit "Cruzeiro do Sul" (Paramaribo – Cayenne/Franz. Guyana), vertreten in der BRD durch die "Varig" in Frankfurt, kann man dies überall gegen Geld rücktauschen! –

WÄHRUNG: **Surinam Forint**

Als die bessere Eintauschwährung gilt die DM oder der holländische Gulden. US- Dollar soll zu Tauschverlusten führen.

KARTEN: Detailkarten über das Geo Center/Stuttgart, oder via Buchhandlung, die über das Geo Center bestellen kann. In Surinam/Paramaribo sind Detailkarten schwierig zu bekommen.

✈ GRENZÜBERGANG Corriverton/Guyana ⟶ Nieuw Nickerie/Surinam

Kann, wie bereits im Vorkapitel angemerkt, sehr zeitaufwendig sein. Einmal wegen intensivem Gepäck- Check (keine Lebensmittel nach Guyana!), zum anderen wegen Feiertagen, – sodaß man teils bis zu 3 Tage für die Gesamtstrecke zwischen Georgetown und Paramaribo Überland braucht, obwohl an reiner Fahrzeit in einem Tag zu schaffen. Überfahrt/Grenzfluß: 2 Std.

NIEUW NICKERIE (ca. 25.ooo E.), Fähre über den Grenzfluß geht mehrmals täglich. Einreiseformalitäten/Surinam bei der Polizei/N. Nickerie. Der Ort hat viel Tropenflair und teils schöne, holländische Holzbau Kolonialarchitektur, aber auch jede Menge an Moskitos, einfache Hotels und Restaurants. Übernachtung in Nieuw Nickerie preislich billiger, als drüben in Corriverton. Banken zum Geldwechseln.

Verbindungen: nach Paramaribo über gut ausgebaute Küstenstraße (allerdings einige Km landein verlaufend), ca. 23o km mit mehrmals täglichen Bussen, die ca. 8 Std. brauchen, da rund 4 bis 5 größere Flüsse per Fähre oder Holzbrücke überquert werden müssen, was insbesondere bei den 2 Flüssen per Fährboot (nicht das Non Plus Ultra an Modernität!) seine Zeit braucht. Ca. 5 US $.

Oder: Flug mit der SLM, 1 - 2 mal/Tag, ca. 45 Min./1o US $. Preiswert und Tip, insbesondere zur Regenzeit! – Wer in Gegenrichtung, also Paramaribo nach Georgetown fährt: abchecken! Angeblich Ausreisestempel bereits in Paramaribo nötig, der von der Polizei nochmals in Nieuw Nickerie kontrolliert wird!

Die Strecke geht durch den besiedelten Küstenbereich Surinams. Plantagen, teils Wiesen Savannen. Tropenflair, ansonsten aber nicht zuviel Versäumnis, wenn man den SLM- Flug nimmt.

Paramaribo: ca. 16o.ooo E.

Viel holländischer Flair in der Holzarchitektur, die Stil und Phantasie besitzt, auch wenn sich im Zentrum immer mehr moderne Betonarchitektur durchsetzt. Wegen der noch weitgehend erhaltenen Kolonialarchitektur ist Paramaribo eine der schönsten Tropenstädte Südamerikas!

Tourist INFO Kerkplain 1o, soll in die Grote Combeweg 99 umgezogen sein,- gute Surinam Information, inkl. Paramaribo- Stadtplan. Für ausgefallenere Surinam- Abenteurer- Trips allerdings leider nicht immer kompetent. Besser zu "STINASU"/Jongbawstraat 1o, der Naturschutzbehörde Surinams, die in den Nationalparks Lodges zu Übernachtung unterhält, sowie Trips und Führer organisiert.

Interessante Stellen: "Oranjeplein" mit dem Governement Gebäude, einem weit ausladenden Kolonialbau, – die "Waterkant", Hauptstraße parallel am Fluß mit vielen Holzgebäuden reicher, holländischer Händler aus den vergangenen Kolonial- Jahrhunderten, – "Kerkplein ", ganz in der Nähe der Keizerstraat ist das kommerzielle Zentrum von Paramaribo mit Hauptpost, Banken, Shops etc. – "Fort Zeelandia" am Fluß wurde als Verteidigungswerk Ende des 17. Jhd.s angelegt, heute "Surinam Museum". – Präsidenten Palast neben Palm Gardens, hunderte von riesigen Königs Palmen!

Hotels: "Krasnapolsky" Domineestraat ist eines der besten, modern, mit SW- Pool und komfortablen Zimmern, Supermarket im Hause, Post, Souvenirshop etc. Air Condition,

SURINAM

ca. 460.000 E., 163.300 qkm

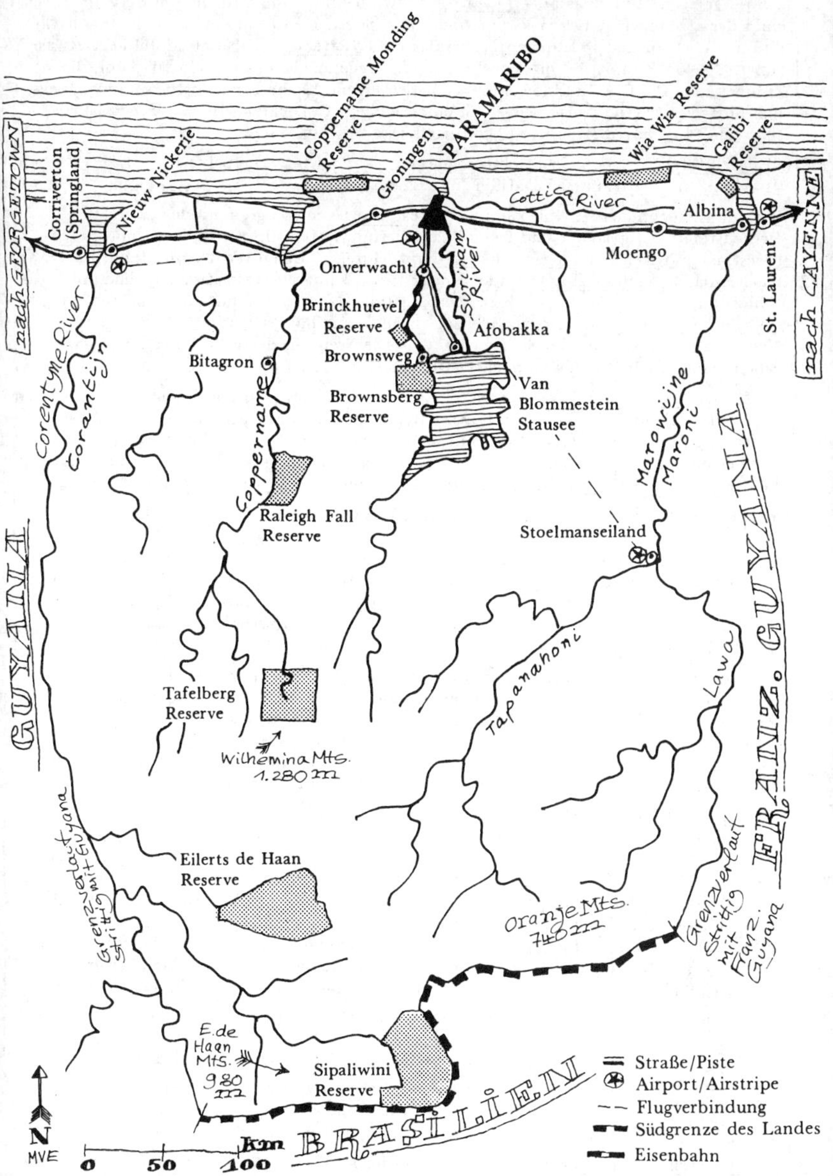

Praktisch nur ein ca. 50 - 100 km breiter Küstengürtel ist besiedelt. Der Rest Surinams undurchdringliche Urwälder. Übrigens mit knapp 1/2 Mill. E. das am dünnsten besiedelte Land Südamerikas!

zentral gelegen, Teuerklasse. – "Torarica", etwa 5 Min. vom Zentrum am Surinam River, eines der größten Hotels von Paramaribo, ein moderner Bau mit Luxuszimmern, Air Condition, SW- Pool und Spielcasino, Teuerklasse. – "River Club"/Hotel- Motel liegt etwas außerhalb von Paramaribo in Leonsberg (6 km, regelmäßig Busse), mit SW- Pool, die Zimmer mit AC. Die Bungalow Zimmer haben eigene Küche zur Selbstversorgung. Preislich Mittelklasse. Die Anlage hat auch einen kleinen Golfplatz. – In der Teuerklasse sind rund 4o - 6o US/Doppel fällig, Mittelklasse 3o - 4o US $.

"Palace Hotel"/Oranjeplain 6, zentral gelegen, ca. 25 US $ Doppel, schöne Lage! – "Kersten"/im Zentrum, ca. 25 US $ mit Essen.

Wer billiger übernachten will, kann auf Guest Houses zurückgreifen oder das YMCA, Heerenstraat: billig sauber und freundlich, allerdings oft voll. An der Kreuzung Jodenbreestraat mit Keizerstraat ein billiges Hindu- Hotel. – Einen recht guten Eindruck machte das "Johnny's Hotel" in der Keizerstaat 43 mit sauberen Zimmern und Air Condition, – "Paradies Inn" in der Maagdenstraat 18, Zimmer mit AC und Frühstück,– "N. Bechan & Son", Keizerstaat 68, zentral und gut. Billige Pensionen vorwiegend Nähe der Busabfahrt in der Heiligenstraat. – Die Preise in der Billigklasse liegen zwischen 5 und 15 US $ fürs Doppel, Pensionen und YMCA um 5 - 7 US $.

Restaurants: teils excellente creolische, aber auch chinesische und indonesische Küche! Tip sind "Orlando"/Kerkplain, preiswert für Snacks und Mittagessen, – die YMCA-Cafeteria, Heerenstraat (Frühstück, Mittagessen), – Iwan's"/Grote Hofstraat 6, einer der besten Paramaribo- Chinesen, allerdings sehr eingeführt seit Jahrzehnten und preislich mittel. – Im Centro eine Reihe preiswerter und billiger Chinesen und Indonesier! –

Flüge: der "Zanderij- Airport" liegt etwa 45 km außerhalb. "Bei der Wahl der Lage des Airports ist anscheinend die Lobby der Taxifahrer beteiligt gewesen", wie uns Walther Benser von der ZEFA- Farbbildagentur schrieb (übrigens Tip, wer Farbfotos von Surinam braucht!*), – "die Fahrt auf der schmalen Straße kostet 2o US $. Zanderij Airport ist jedoch ein ausgebauter, ehemaliger US- Luftwaffen Stützpunkt. Deutsche U- Boote kreuzten im 2. Weltkrieg vor der Küste Surinams, um Schiffe mit dem wertvollen Bauxit abzufangen."

Zwischenzeitlich kostet das von mehreren Passagieren gemeinsam benutzte Taxi um die 3o US $ pro Person!Es gibt auch einen Minibus (ca. 1 US $), der jedoch nicht bis ins Zentrum fährt. Infos über das KLM- Büro. – Das pure Taxi (also privat gemietet) ab Zanderij Airport nach Paramaribo ist sauteuer, zudem viel Beschiß, da es keine fixierten Preise gibt. Weder Taxameter, noch vorgeschriebene Preistabellen. Also reine Verhandlungssache, die vor Fahrtantritt stattfinden sollte, damit sie nicht unerfreulich endet!

INTERNATIONALE FLÜGE:
ausschließlich ab "Zanderij Airport": 4 - 5 mal/Woche je Saison nach Amsterdam/Niederlande entweder mit der KLM, die mit modernen DC 1o fliegt, – oder mit der Air Surinam, die altes DC 8 Gerät im Einsatz hat. Preislich als Südamerika- Anreise ein Tip: je nach Saison sind Retourpreise ab Amsterdam ab ca. 1.7oo DM (Holiday Tarif, gültig max. 1 Monat, 21 Tage vorab buchen, keine Umbuchungsmöglichkeit) und ab ca. 2.2oo DM (Excursion Tarif, Minimum 1o Tage, maximal 2 Monate, Umbuchen möglich) realisierbar. KLM und Air Surinam haben offiziell die selben Preise. Dabei aber erstaunlich, daß die Air Surinam trotz älterem Fluggerät und häufigeren Abflügen oft voll ist...

Adressen: KLM, vertreten in vielen deutschen Großstädten, z.B. München, Frankfurt, Düsseldorf, Hamburg etc.
KLM/Paramaribo: 9 Mr. Doctor J.C. Demiranda Straat

AIR SURINAM: in Europa: Weteringschans 178- 181, Amsterdam, Tel.: (Vorwahl Holland) – 2o.262o6o
in Paramaribo/Surinam: Malebatrumstraat 3

Die Air Surinam Flüge nach Amsterdam sind insbesondere zu Ferienterminen (Weihnachten etc.) knackig voll ausgebucht.

* ZEFA, 4ooo Düsseldorf, Schanzenstr. 2o

Mit der Air Surinam 3 mal/Woche von Paramaribo rüber nach Curacao, Venezuela vorgelagert und bei ca. 29o US $ einfach bzw. 43o US $ /Excursionticket, gültig 21 Tage eine preiswerte Querverbindung zwischen den Guyanas und Rest Südamerika. Curacao hat 2 mal/Woche eine reguläre Fährverbindung mit Coro/Venezuela (ca. 14 US $ /Person). Alle Details hierzu siehe Venezuela- Teil!

Georgetown/Guyana: 2 mal/Woche mit Air Surinam bzw. Air Guyana. Der 1 stündige Jetflug kostet ca. 5o US $ und ist trotz höherem Preis dem Überlandtrip entlang der Küste im Bus vorzuziehen. Excursion- Retourflug (21 Tage gültig) ca. 7o US $.

Cayenne/Franz. Guyana: 2 mal/Woche mit Jets der Air Surinam und der brasilianischen Cruzeiro do Sul, die bis Belem an der Amazonasmündung weiterfliegen. Ab Paramaribo bis Cayenne ca. 6o US $ (Excursion, 21 Tage ca. 85 US $), – bis Belem ca. 18o US (Excursion 21 Tage) ca. 24o US $.

Port of Spain/Trinidad: 1 mal/Woche mit KLM,18o US $, Verbindung nach Caracas und Islas Margaritas/Venezuelas. Details siehe Venezuela Kapitel. –

Die früher bestehende Air Surinam- Verbindung von Paramaribo nach Manaus/Brasilien ist derzeit eingestellt. – EXITTAX auf internat. Flüge ab Paramaribo: ca. 8 US $.

NATIONALE FLÜGE:

ab "Zorg en Hoop"- Airport am Stadtrand von Paramaribo. Derzeit tägl. 1 - 2 mal nach Nieuw Nickerie an der Grenze zu Guyana, Flugzeit ca. 45 Min./bei 1o US preiswert. – Stoelmanseiland an der Grenze zu Franz. Guyana: 3 mal/Woche, ca. 1o US $. – Washabo 1 mal/Woche. – Aircharter zu kleineren Airstripes im Dschungel des Landesinneren.

Busse: Terminal ist Heiligenweg Straat für Georgetown/Guyana. Tägl., runde 8 Std./5 US. Keine Direktbusse, Fahrzeit nur bis Nickerie an der Grenze. Gesamttrip bis Georgetown dauert 2 - 4 Tage wegen superschleppender Grenzabfertigung, insbesondere am Wochenende oder zu Feiertagen.

Saramaccastraat für Busse nach Afobakka am Van Blommestein Staudamm, tägl./ca. 3US

Busse nach Cayenne/Franz. Guyana: derzeit keine Direktbusse. Täglich häufig nach Albina an der Grenze (ca. 3 US $). Dort übersetzen über den Grenzfluß nach Erledigung der Passformalitäten, nach St. Laurent/Franz. Guyana. Fahrzeit bis zur Grenze ca. 4 - 5 Std.

Dichtes Netz an Regionalbussen in die nähere Umgebung Paramaribos (Siedlungsgebiete am Surinam River). Billig.

Taxis: teuer und keine Taxameter. Preise sind Verhandlungssache, was nicht selten zu Streit führen kann wegen den saftigen Forderungen. Besser auf die Stadtbusse zurückgreifen, bzw. Regionalbusse in die nähere Umgebung. Infos Tourist Office. –

Frachter: die niederländische KNSM verbindet Surinam mit Rotterdam/Holland, sowie mit Trinidad. Passagiermitnahme angeblich möglich, aber teuer. Adresse Paramaribo: Kroonsvlag/Waterkant 84 – BRD: über "Pott & Körner", Kleiner Pulverteich 17 -21, 2ooo Hamburg 1.

Die "Surinam Navigation Co. Ltd.", Waterkant 44, Paramaribo mit regelmäßigen Frachterverbindungen über die Karibik (Guadeloupe, Martinique, Puerto Rico) nach USA, New Orleans.

"Surinam Navigation" (SMS): hat ihren Küstenverkehr erheblich eingeschränkt, teils noch auf den Flüssen parallel zur Küste (Cottica River nach Moengo, angeblich auch vom Alcoa- Boot der Bauxitgesellschaft bedient. Paramaribo, Van't Hogerhuysstraat 55. Eine schöne Flußfahrt durch dichte Urwälder, vorbei an Buschnegerdörfern, die viel Exotik bringen).

Deutsche Vertretung: Honorarkonsul H.M.C. Bergen, in der Mr. de Mirandastraat 7 BRASILIEN: Keizerstraat 33, – GUYANA: Kerkplain 8, – VENEZUELA: Dr..S. Redmondstraat, – TRINIDAD: Dr.S. Redmondstraat.

Öffnungszeiten: Geschäfte, Beginnen ca. 7.oo oder 7.3o früh und schließen zwischen 18.oo und 20.oo Uhr. – Banken: Mo.-Fr. 7.3o bis 14.oo Uhr

BANKEN: Mo. - Fr.: 7.3o bis 12.3o, Sa. bis 12 Uhr. Einige Banken öffnen erst um 8 Uhr früh, schließen dann um 13 Uhr. Im Internat. Zanderij Airport gibt es eine kleine Geldwechselstube.

Eisenbahn: die Anlage von Eisenbahngleisen war den Kolonialherren in Surinam weniger wichtig, da sie nur den Küstenbereich besiedelten und das Landesinnere per Kanu über die vielen Flüsse preiswerter bereisten. Somit wurde nur ein rund 11o km langes Gleis von Paramaribo nach Brownsweg angelegt, das durch dichte Urwälder führt.

Personenverkehr zwar eingestellt, da der Bus heute über die Straße schneller ist. So doch touristische Trips ab Onverwacht bis Brownsweg und heißer Tips für Eisenbahnfans! Details siehe "Ausflüge ab Paramaribo"! –

GESCHICHTE: 1498 von Christoph Columbus entdeckt, der an der Küste entlang segelte, ohne das Landesinnere zu erforschen.

Erste Siedler waren eine Gruppe Holländer, die sich am Essequibe River/heutiges Guyana niederließen, gefolgt von den Engländern, die beim heutigen Paramaribo eine Festung bauten. Der dichte Urwald schloß sich schon wenige Meilen hinter der Küste, und die Flüsse waren wegen zahlreichen Stromschnellen und Kaskaden nur kompliziert zu befahren. Siedlungsgebiet der "Amerindios", der Ureinwohner. Der Name "GUYANA" ist ein amerindianischer Name und bedeutet "allseits von Wasser umgeben" (im Norden der Atlantik, und rundum die vielen Urwaldflüsse der Guyanas).

Bald rankten sich um das Innere Guyanas wilde Stories. Man munkelte von der Existenz des Königs EL DORADO, wovon die Indianer erzählten, des Goldkönigs, der seine Städte angeblich mit Gold gepflastert hätte und überreiche Schätze angehäuft. Ähnliche Geschichten erfuhren auch die Spanier bei ihren Landgängen im Bereich des heutigen Panamas und Venezuela/Kolumbiens, – weswegen mehrere Expeditionen in den Süden Anfang des 16. Jhd.'s unternommen wurden.

Im Bereich der Guyanas durch Walter Raleigh, der am 6. Febr. 1595 in Plymouth/England mit mehreren Schiffen nach Trinidad aufbrach, Entdeckung des sich permanent nachfüllenden Asphaltsees auf Trinidad und Ausrüstung der Erforschung der Urwälder Südamerikas: mit kleineren Booten den Rio Orinoco aufwärts, sowie in Bereiche des heutigen Guyanas. Die legendäre Goldstadt des El Dorado konnte Walter Raleigh nicht finden, wurde aber wegen seiner Expedition in London zum Sir geadelt. Er gilt gleichzeitig als derjenige, der das Tabakrauchen (der Indianer) in Europa eingeführt hat

Das "El Dorado", von dem die indianischen Ureinwohner den europäischen Entdeckern des 16. Jhd.'s im gesamten karibischen Küstenbereich immer wieder berichteten, – dürfte das Inkareich gewesen sein, das ab 153o von den Spaniern erobert wurde, siehe Peru- Teil!

Die Expeditionsberichte Sir Walter Raleighs führten zu englischer Besiedlung des Küstenbereiches der Guyanas. Parallel aber auch holländische Siedlungen. Streitigkeiten zwischen Engländern und Holländern wurden im VERTRAG VON BREDA (1667) unter päbstlicher Vermittlung in Form eines Tauschgeschäftes geregelt: die Engländer gaben den Holländern die Rechte ihrer Guyana- Siedlungen und erhielten dafür Neu Amsterdam (das heutige New York/USA, das bekanntlich 1653 vom Holländer Peter Styvesant gegründet worden war, – siehe Aufdruck bekannter Zigarettenmarke!)

In den folgenden rund 4oo holländischen Kolonialjahren wurden die Küsten Surinams durch Deiche, Entwässerungsgräben etc. kultiviert. Anbau von Reis, Bananen, Zuckerrohr und Zitrusfrüchten. Viele der ehemaligen, holländischen Kanäle wuchern heute zu.

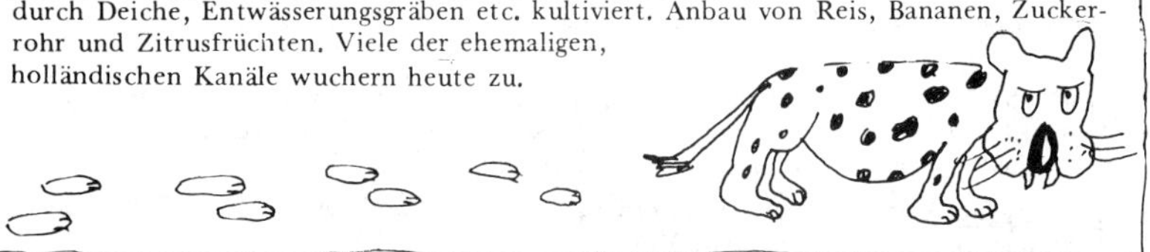

Die Reisanbaugebiete Surinams sind jedoch die größten, zusammenhängenden auf dem südamerikanischen Kontinent. 11.ooo Ha. Wie Walter Benser uns berichtete, werden die Reisfelder um Wageningen bei Nieuw Nickerie ausschließlich aus der Luft bewirtschaftet. Im Einsatz sind wendige Doppeldecker Propellermaschinen, die sowohl aus der Luft säen, wie auch Dünger ausstreuen und chemische Mittel gegen Unkraut. Flughöhe 3 - 15 m über Boden!

Zur Bewirtschaftung der Plantagen "importierten" die Holländer wie Engländer Sklaven aus Afrika. Bis zur Abschaffung der Sklaverei in Surinam (1863) verschanzten sich geflüchtete Sklaven in den Urwäldern des Landesinneren Surinams, die BUSCHNEGER.

In Ersatz zur Arbeitskräftebeschaffung (nach Aufhebung der Sklaverei) kamen Indonesier, vorwiegend von der Insel Java und Chinesen ins Land. Das heutige Surinam ist eine Vielfalt verschiedener Rassen: Mischlinge und Buschneger ca. 4o %, – Inder 37 %,– Indonesier 16 %, – Indianer 3 %, – Chinesen 2 %, Europäer 2.%. Rund 9o % der Bevölkerung Surinams lebt im Küstenstreifen.

Etwa Mitte 2o. Jhd. Entdeckung reicher Bauxitvorkommen in Surinam, dem Grundstoff zur Aluminium Herstellung. Die Vorkommen Surinams sind heute die 3. größten der Welt nach Brasilien und Guyanas. Da zur Aluminiumherstellung gewaltige Strom Energie Mengen nötig sind, wurde der Van Blommestein Staudamm südl. von Paramaribo errichtet. Verständlich auch, daß sich die Holländer relativ spät von ihrer südamerikanischen Kolonie trennen wollten:

Selbstständigkeit Surinams ab 1975, bei wirtschaftlicher Anbindung an die Niederlande. Damals garantierten die Niederlande eine Wirtschaftshilfe an Surinam per Vertrag von 1,5 Milliarden US $, eine gigantische Summe für nur ca. 1/2 Mill. E., – bis 199o.

Grund dieser Wirtschaftshilfe war zukünftige Ausbeutung der Bauxitschätze. Nach Gründung Surinams als eigenständiges Land geriet es – kaum zu vermeiden bei derartigen Bodenschätzen – in den Einfluß der Weltmächte. Am 25.Febr. 198o "Putsch der Unteroffiziere", bei dem sich DESI BOUTERSE gegen Cuba- orientierte Generäle durchsetzte. Auf innenpolitischem Druck, um an der Macht zu bleiben, schlug er aber ab März 1981 den "sozialistischen Weg" ein, in enger Anbindung an Cuba.

Als am 9. Dez. 1982 15 Oppositionsführer ermordet wurden und im Jan. 1983 die Rebellion des Bouterse- Stellvertreters niedergeschlagen wurde, wobei Major Horb im Gefängnis starb, strichen die Niederlande die mit Vertrag von 1975 garantierte Wirtschaftshilfe. Surinam hat heute Pressezensur. Die Ausbeutung der Bauxitminen sind massiv zurückgegangen, da es an Fachkräften fehlt. Bisher wichtigster Devisenbringer des Landes bei rund 8o % der Ausfuhrerlöse.

Bereits 1975 bei Unabhängigkeit Surinams wanderten viele Surinamesen nach Holland aus, um sich die niederländische Staatsangehörigkeit zu sichern (inkl. Sozialfürsorge, Renten etc.). Die Auswanderungswelle seit der Ereignisse von 1982 ist zwischenzeitlich auf rund 18o.ooo Surinamesen angestiegen, die in Holland leben. Meist hochqualifizierte Fachkräfte, die der Wirtschaft Surinams fehlen. In Holland Widerstandsbewegung gegen das Militärregim Desi Bouterse ("Rat für die Befreiung Surinams").

Umgebung Paramaribo:

Die Region bis zum Van Blommestein Staudamm ist dicht besiedelt mit tropischen Plantagen. Schöne Ausflüge.

IM SURINAM RIVER liegt das Fort Nieuw Amsterdam, – zu Kolonialzeiten ein Kanonen - bestückter Stützpunkt bei Kämpfen zwischen Holländern und Engländern, – heute Museum mit Relikten aus der holländ. Kolonialzeit, alten Fort-Kommandeur-Häusern, Böller-Kanonen, Modellen von Schiffen, die zur Kolonialzeit auf dem Surinam River fuhren und einem kleinen Zoo. Lohnt sich, mal rüber zu fahren! Zuerst von Paramaribo am Fluß entlang auf der Anton Dragtenweg (Bus) bis Leonsberg. Hier per Fähre über den Fluß. –

Mein Freund Florian Willems, der längeie Zeit als Arzt in Paramaribo gearbeitet hat, empfiehlt folgenden Ausflug ab Paramaribo (= 1 Tag): Auto mieten und über "Cola Creek" , einem Natur-Swimming Pool mit braunem Wasser weiter nach Paranam am Surinam River, etwa 1o km flußauf. Hier entlang des Flusses über Domberg (Geisterhaus am Fluß!! Schöne Tropenbäume!) zurück nach Paramaribo. Der Trip bringt recht viel von der typischen Surinam Atmosphäre: alte Plantagen-Häuser, Tropen-Feeling und -Vegetation! (Karte dazu in der Tourist Office).

Schön an Wochendenden auch ein Ausflug, wie ihn die Leute von Paramaribo machen: zuerst Drinks in der Stadt einkaufen und dann ab SMS - Steg mit dem Boot rüber über den Surinam River in den Commewijne River. Hier liegen viele Plantagen von Indonesiern, die an den Wochenenden sich zusätzliches Geld mit indon. Küche verdienen. –

★TIP für Eisenbahnfans ist die Fahrt auf dem Schmalspurgleis durch dichten Dschungel von Onverwacht zum Van Blommestein Stausee, runde 15o km landein.

Das Gleis wurde zur Jhd.- Wende von den berliner Borig Leuten verlegt, damit die Holzfäller und Goldsucher bequemer an den Oberlauf des Surinam Rivers gelangten. Heute noch fahren Wild West- Loks auf den schwankenden Gleisen und der Urwald schließt sich darüber wie ein Dom. Feuchte Urwaldluft dringt durch die offenen Fenster der Waggons, und die Mücken freuen sich über das Blut der Passagiere.

ABFAHRT: 2 mal/Woche ab Onverwacht, erreichbar per Bus ab Paramaribo, halbstündlich. Für die 13o km Strecke braucht die schnaufende Lok ca. 3 Std. Zuerst Savanne, dann gehts durch dichten Urwald. Signale gibts keine, dafür aber Holztürme mit Ausschauposten, die den Durchgang des Zuges weitermelden. Die Bahnhöfe unter Palmen haben viel Flair aus der Jhd.- Wende, bisweilen muß auch mal ein umgestürzter Urwaldriese vom Gleis gerollt werden. Eine Teil der Haltepunkte am Gleis tragen Namen wie "Berlin" und "Hanover", Visitenkarte der Bahnbauer! Brownsweg am Staudamm ist erreicht, und das Hemd klebt am Leib.

Im Brownsberg- Nationalpark gibt es Unterkunft der "STINASU"/Hauptbüro in Paramaribo, die auch Auskunft über Transport zum Nat. Park gibt. Es kann sein, daß der Zug eingestellt ist, da der Verkehr via Straße schneller geht. Der Zug dient heute nur noch vorwiegend touristischer Trips. – Häufige Busverbindung auf der Straße Paramaribo nach Afobakka am Van Blommestein Staudamm. Fahrzeit ca. 2 Std. –

★RALEIGH FALLS/VOLTZBERG RESERVE: Regenurwälder am Oberlauf des Coppername (siehe Surinam Karte!). Der Nationalpark ist für Surinam- Verhältnisse noch relativ gut erreichbar. Es gibt eine Urwald-Lodge auf der Foengoe Insel mit Airstripe für Flüge ab Paramaribo, bzw. 4 Std. per Geländefahrzeug (ca. 15 US $) nach Bitagron. Weiter flußauf per Kanu mit Außenborder durch dichte Urwälder, ca. 5 Std. flußauf.

Die Fälle selber im Form von Kaskaden über einen 4oo m- Granitblock. Infos über Transport und Unterkunft in Paramaribo.

* WIA WIA–NATURE RESERVE: an der Küste nähe Grenze zu Franz. Guyana (siehe Karte), Mangrovensümpfe , im Sand des Ufers vergraben Wasserschildkröten ihre Eier. Zum Glück zwischenzeitlich unter Naturschutz gestellt, da sowohl Besucher durch Begehen des Strandbereiches die Eier zerdrücken, als auch Einheimische Schaden anrichteten. Nur mit Spezialgenehmigung der "Stinasu" zu besichtigen, die auch Auskunft über Transport erteilt.

* GALIBI–RESERVE: an der Mündung des Grenz flusses zu Franz. Surinam. Hier leben Carib-Indios, zu erreichen per Boot ab Albina in ca. 3 Std. Fotomotive dienen als Nebenerwerb der Indianer.

* STOELMANSEILAND: eine Insel im Marowinje Grenzfluß zu Franz. Guyana. Urwald wie im Bilderbuch! Per Air Surinam 3 mal/Woche zu erreichen. Das dort liegende Guest House kann man bei Stinasu in Paramaribo vorbuchen. Gibts im Pauschalangebot: Flug, Essen, Übernachtung für ca. 7o US $ und Person. Inklusiv ist ebenfalls ein Trip in "Pirogens" (lange Kanus mit Außenbordmotoren) zu den Granhole Wasserfällen und Stromschnellen im Tapanahoni Fluß.

SURINAM ist mit nur 46o.ooo E. das am dünnsten besiedelte Land Südamerikas. Im Inneren dichte Regenwälder, die meist nur per Außenborder-Kanu zu erreichen sind und zudem häufig durch Kaskaden und Stromschnellen blockiert. Rund 95 % der Surinam Bevölkerung lebt im küstennahen Bereich; das Landesinnere einer Größe etwa der Hälfte der BRD ist von nur rund 4o.ooo Menschen bewohnt!

BUSCHNEGER: während der holländischen Kolonialzeit in die Urwälder geflüchtete schwarze Sklaven. Bis zur Aufhebung der Sklaverei (1863) verschanzten sie sich in einer Art Wehrdörfer an den größeren Flüssen des Landesinneren. Es gab, wie uns Walter Benser schrieb, regelrechte "Friedensverträge" zwischen den holländischen Sklavenfängern und den Buschnegern, die von den undurchdringlichen und geschützten Urwäldern aus intensive Partisanentätigkeit entwickelten.

Die "Bosnegers", wie sie auf Holländisch heißen, sind heute Fischer und Jäger, handeln mit Holz und haben ihre eigene Verwaltung, deren Gesetze von der Regierung respektiert werden. Die handwerkliche Geschicklichkeit der Buschneger ist bemerkenswert. Ihre einfachen Hütten sind in Art ihrer westafrikanischen Heimat gebaut.Sie gelten als die geschicktesten Kanubauer der Urwaldgebiete Südamerikas.

Die interessantesten Dörfer liegen tief im Inland. Sie sind nur mit Langbooten zu erreichen. Es ist selbstverständlich, sich beim Besuch eines Buschnegerdorfes zuerst beim Dorf- Vorsteher, dem "Capitain" zu melden. – Dörfer, die in Taxi- erreichbarer Nähe der Hauptstadt liegen und als "Sehenswürdigkeiten" für flüchtige Besucher dienen, sind längst degeneriert und ohne den eigentümlichen Reiz des Bosnegerdorp. (W. Benser).

Herzliche Bitte: während in den oben erwähnten Buschneger- "Sight Seeing"- Dörfern Nähe Paramaribo, aber auch Nähe Stoelmansisland Fotographieren üblich ist und sich die Buschneger vorab für die Touristen präparieren, Bastrock, Feuertanz und ähnlicher Klimbim, – ist in den echten Dörfern Fotographieren sehr ungern gesehen. Die Leute fühlen sich nicht als Zoo!

Das Innere Surinams ist wegen der superdünnen Besiedlung entsprechend schwierig zu erreichen. Beispielsweise der "Tafelberg- Reserve"- National-Park mit dem 1.280 m hohen Mts Wilhemina am Oberlauf des Coppername, oder die an der Grenze zu Brasilien liegenden Nationalparks.

Es gibt vereinzelt Airstripes in den dichten Urwäldern des Landesinneren, die von Sportflugzeugen Typ Cesna etc. angeflogen werden, meist auf Charterbasis (Airtaxis), oder von der Stinasu.Teils sind Spezialgenehmigungen nötig.

KÜSTE: Mangroven und entlegene Sandstrände. Das Wasser meist schlammig gelb- braun durch Sedimente, die die Urwaldflüsse rausschwemmen. Ehemalige, holländische Plantagen teils in Mangrovensümpfen versunken. Vogelparadies (u.a. Fischreiher und rote Ibisse), sowie Brutstätte von Meeres- Riesenschildkröten, die eine Größe bis 2 m erreichen und ein Gewicht bis 600 kg! Sie kommen in den Monaten März bis Juni an Land, um ihre Eier im Sand zu vergraben. "Der schwunghafte Handel mit den schmackhaften Turtle Eggs wurde von der Stinasu unterbunden", wie W. Benser berichtet, "sie hat einige der ehemaligen Räuber als Fachleute für Schildkröten zu Wächtern umfunktioniert.Sie sorgen dafür, daß die Nester entweder ungestört bleiben, oder umgebettet werden, wenn die Hochflut das Ausbrüten der Eier im warmen Sand vereitelt. Tausende von Eiern werden auch an besonders geschützte Brutstellen gebracht. Die nach 2 Monaten auskriechenden Schildkröten- Babies kommen dann in eine Sea Turtle Farm."

✈ Paramaribo ⋙ Cayenne/Franz. Guyana:

Überland realisierbar in einem Tag. Es gibt jedoch derzeit keine Direktbusse. Daher: Paramaribo bis Grenze/Albina, täglich mehrmals . Fahrzeit ca. 4 - 5 Std./3 US $. MOENGO nach 2/3 der Strecke ist wichtiges Zentrum der Bauxitförderung Surinams. Übernachtungsmöglichkeit.

ALBINA: Grenzort an der Mündung des Marowijne. Übernachtungsmöglichkeit, Restaurants und Trips zum Galibi- Reserve. Ebenfalls Flußboote den Marowijne aufwärts nach Stoelmanseiland (irregulär gemäß Transport-Aufkommen, Fahrzeit ca. 2 - 3 Tage). Grenzformalitäten Surinam in Albina, dann mit der mehrmals tägl. verkehrenden Autofähre über den Grenzfluß nach St. Laurent/Franz. Guyana (Einreiseformalitäten). Dort gibts auf den 244 km nach Cayenne (Asphalt) tägl. Busverbindung, Fahrzeit ca. 5 Std./ca. 13 US $. Sowie Colectiv- Taxis, die geringfügig teurer sind.

Flüge: Direktflüge Paramaribo – Cayenne 2 mal/Woche mit Air Surinam und Cruzeiro do Sul. Letztere fliegen weiter bis Belem/Amazonasmündung/Brasilien. Die Flugzeit bis Cayenne beträgt knapp 1 Std./ca. 60 US $.

Keine Flüge ab Paramaribo nach Albina. Ebenfalls keine Flüge ab St. Laurent nach Cayenne. Wer aber genügend Zeit hat, kann ab St. Laurent eines der Außenborder Kanus den Maroni aufwärts nach Maripasoula nehmen, einfache Übernachtungsmöglichkeit und Air Guyane- Flug (ca. 15o DM) nach Cayenne. Bisher tägl., allerdings riskant, ob noch Platz in den Minimaschinen ist und daher besser in Gegenrichtung reisen.

QUERVERBINDUNGEN Guyanas

Die GUYANAS sind per Transatlantikflug ab Europa in der Regel um DM 1.8oo,– retour erreichbar. Somit interessant als Einstiegspunkt, insbesondere bei 1 - 2 monatigen Südamerika- Rundtrips, die bessere Ausgangsbasis bieten, als beispielsweise Direktflüge nach Brasilien oder Venezuela.

Guyana- Einstiegspunkte sind:

– Georgetown: preisgünstige Transatlantikflüge ab Paris und Ostberlin mit der "Cubana". Sowie ab Barbados und Trinidad per Linienflug. Querverbindungsmöglichkeit ab Georgetown per Air Guyana Flug nach Lethem (Bus nach Boa Vista/Brasilien), bzw. Direktflug. Details siehe Seite 2o5

– Paramaribo: preisgünstige Transatlantikflüge ab Amsterdam mit der KLM und der Air Surinam. Details Seite 218

– Cayenne: preisgünstige Transatlantikflüge mit der Air France, da Inlandsflug. Details Seite 233

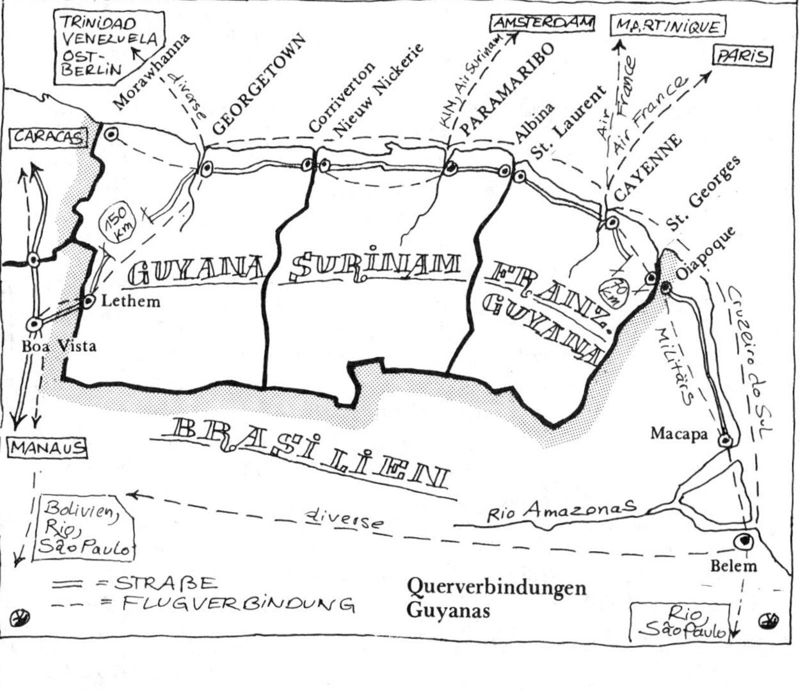

Querverbindungen Guyanas

Das günstige Cubana- Ticket ab Europa nach Georgetown (ab Paris oder Ostberlin via Cuba) hat den Vorteil, daß es 1 Jahr gilt und man die Flugtermine umbuchen kann. Angeblich sollen auch sogenannte "Gabelflüge" mit der Cubana möglich sein: also Hinflug Europa nach Georgetown, Rückflug ab Rio oder Lima nach Europa. Aber Achtung! Für jedes Flugticket, das in Georgetown beginnt (egal, ob in Georgetown oder außerhalb des Landes gekauft) sind 5o % Flugtax fällig!! Das ergibt saftige Aufpreise!

Außerdem wird bei der Einreise in Georgetown ein Flugticket aus G.T. raus verlangt. Das könnte z.B. ein Hin+Rückflugticket ab Europa mit der Cubana sein. Wer mit einem Einfachflugticket ankommt (auch Gabelflug Cubana) hat als billigstes Ticket die Strekke G.T. nach Paramaribo (ca. 5o US + Tax = 75 US). Zuzügl. ca. 24 US/Airporttax! –

SURINAM: das günstige KLM und Air Surinam- Ticket ab Amsterdam hat neben dem Preis den Vorteil, daß Surinam als Südamerika Einstieg wohl problemloser als Guyana ist, insbesondere wenn jemand das erste Mal auf großem Südamerika- Trip ist. Es hat aber den Nachteil, daß es maxim. nur 1 Monat gilt. Keine Flugtickettax, Airporttax bei Verlassen des Landes ca. 8 US $, hält sich in Grenzen.

FRANZ. GUYANA/Cayenne ist die bequemste Anreise ab Europa: mit Air France Jumbos ab Paris (= Inlandsflug!), Preis je nach Saison zwischen 1.7oo und 2.ooo DM retour. Ticket gilt 1 Jahr. Keine Taxen.

★Die GUYANAS haben keine Straßenverbindung mit dem restlichen Südamerika. Im Bereich Franz. Guyana fehlen ca. 7o km für den Pistenanschluß ans brasilianische Netz/Oiapoque. Die brasilianische BR 194 von Oiapoque nach Macapa allerdings knackig hart und oft nur mit Gelände-Fahrzeugen zu befahren, bzw. gänzlich unbefahrbar nach Regenfällen.

Im Bereich Guyana fehlen derzeit runde 15o km auf der Strecke Georgetown nach Lethem an der Grenze zu Brasilien. Auch wenn in guyanesischen Karten hier eine Pistenverbindung als "Hinterland Road" eingezeichnet ist: sie existiert nicht!

★QUERVERBINDUNGEN in den Guyanas: durchgehende Straße parallel zur Küste zwischen Georgetown, via Paramaribo/Surinam nach Cayenne/ Franz. Guyana. Dauert an reiner Fahrzeit per Bus ca. 3 Tage/36 US $. Es gibt aber keine durchgehenden Busse, sondern man steigt an der Grenze um Per Flug: 2 mal/Woche via Paramaribo, insgesamt ca. 3 Std./8o US $ ab Georgetown bis Cayenne. Hinzu kommen aber die 5o % Flugticket- Tax + ca. 24 US $ Airporttax in Georgetown!!

★GUYANAS NACH BRASILIEN: gibts einmal ab Georgetown/Guyana nach Boa Vista/Brasilien. Ca. 85 US $ (plus 5o % Tax, plus 23 US $ Airporttax = 15o US $ für den Einfachflug) und somit sauteuer (2 mal/Wo.). Billiger: tägl. mit Air Guyana nach Lethem, ein Inlandsflug, der keine Tax hat, ca. 6o US $ und per Bus ab Grenze nach Boa Vista, 3 US $.

Weiterhin ab Franz. Guyana nach Belem, 2 mal/Woche mit dem "Cruzeiro do Sul Jet". Kostet ca. 14o US $ einfach. Das 21 Tage gültige Retourflug-Ticket für ca. 19o US $.
Alternative ist der Abenteuertrip von Cayenne nach St. Georges/Grenze zu Brasilien, aber definitiv ein Abenteuerübergang. Alle Details siehe Kapitel "Franz. Guyana". – Die Direktflüge ab Cayenne nach Manaus und ab Paramaribo nach Manaus sind derzeit eingestellt.

★GUYANAS – VENEZUELA: derzeit keine Direktflüge. Gehen via Trinidad oder Barbados und sind saftig teuer. Der billigste Weg geht von Georgetown nach Lethem, Bus nach Boa Vista/Brasilien, Bus nach Sta. Elena an der venezuelanischen Grenze und dort über die V 8- Piste (landschaftlich sehr lohnend!), bzw. per Aeropostal- Propeller über die Tafelberge Südvenezuelas (heißer Tip!) retour in die Zivilisation und Busse nach Caracas. Alle Details siehe Venezuela- Teil!

Alternative: Air Surinamflug von Paramaribo nach Aruba oder Curacao (ca. 29o US/einfach bzw. 43o US $ im 21 Tage gültigen Rückflugticket), Curacao hat 2 mal/Woche eine Fährschiff- Verbindung nach Coro/Venezuela (ca. 14 US/Person). Ist zwar runde 18o US teurer, als der etwa 1 Woche dauernde Überlandtrip Paramaribo via Georgetown, Lethem, Boa Vista, Caracas- Trip, – spart aber Zeit, wer schnell eine Querverbindung in diesen Teil Südamerikas braucht. Auch Direktflüge Curacao – Maracaibo/Venezuela (ca. 6o US $ einfach). –

*GUYANAS –ECUADOR: 1 mal pro Woche ab Cayenne/Franz. Guyana mit der Air France im Direktflug. Ca. 44o US $, retour innerhalb von 21 Tagen ca. 57o US $. Cayenne bis Lima ca. 47o US $ einfach. Trotz hohem Preis ist dies wichtige Querverbindung, wer eilig vom Andenkernland in die Guyanas will, eine Strecke, die ab Cayenne bis Quito Überland um die 2 Wochen dauert und dort ca. 25o US billiger sein dürfte. Flugzeit Cayenne bis Quito ca. 3 Std.

*GUYANAS – KARIBIK: als Anreise ist die Karibik ab Europa ungemein lohnend (wer einen mehrmonatigen Südamerikatrip vorhat), wegen günstiger Flüge z.B. Paris – Guadeloupe um die 1.3oo DM und großartiger Landschaften (Vulkanbesteigung Insel St. Vincent etc. , Details siehe Text!).

Einstieg ins südamerikanische Festland jedoch billiger via Trinidad und Aeropostal- Flug nach Islas Margaritas/Venezuela, – als Trinidad oder Barbados nach Georgetown oder Cayenne. Auf der Route Karibik in die Guyanas ergeben sich kräftige Preisbelastungen (z.B. Martinique – Georgetown ca. 3oo US/einfach, bzw. ab Barbados ca. 18o US $, oder ab Trinidad ca. 15o US jeweils einfach). – Trotz nationalem Flug sind zwischen Guadeloupe und Cayenne (beides franz. Staatsgebiet!) um die 35o US $ fällig!

FAZIT: als Direkteinstieg per Transatlantikflug sind die Guyanas attraktiv bei Preisen, die derzeit etwa gleich denen nach Venezuela, Kolumbien und Brasilien liegen.

Beim Plus, daß die Guyanas viel Abenteuer und unerschlossenes Südamerika bringen. Im Anschluß an die Nachbarländer Venezuela und Brasilien Überland lohnend vom Feeling, aber zeitintensiv.

SURINAM
Allgem. Tips

Strom: 12o Volt/AC. 6o Hz.

Transport: im Rahmen der dünnen Besiedlung zugleich superdünnes Straßennetz, das sich vorwiegend auf Küstenbereiche konzentriert und diese auch nur ungenügend abdeckt. Der Flugverkehr der Air Surinam bedient zwar Amsterdam und London, – im Inland jedoch nur Nieuw Nickerie an der Grenze zu Guyana, Stoelmansisland und zwei oder 3 weitere Inlands-Flugfelder. Ansonsten Airtaxis. Straßenverkehr: Links- Verkehr.

Klima: tropisch heiß bei ganzjährigen Temperaturen um 3o Grad, teils mehr. 2 Regenzeiten: Nov. bis Februar und April bis August. Aber auch außerhalb dieser Monate häufige und kräftige Regengüsse.

Gesundheit: Malaria- Prophylaxe bei Trips ins Landesinnere. Ebenfalls erscheint ein Moskitonetz (erhältl. in Paramaribo) sehr sinnvoll, denn normale Moskito Repelantes helfen wenig. Gelbfieber Impfung derzeit nicht vorgeschrieben, aber empfehlenswert bei Inlandstrips. Ebenfalls Schutz gegen Typhus. Vorsicht bei Schwimmen in Flüssen (Elektro- Aale, giftige Rochen, Pyrannhas etc.). Die Bilharcia ist in einigen Gebieten verbreitet. Kein Leitungswasser trinken, sondern auf regional erhältliches Mineralwasser in Flaschen zurückgreifen!

Autovermietung: City Taxi, Hoogestraat 41, Paramaribo. – Intercar Rental, Dr. S. Redmondstraat 155, Paramaribo. LINKSVERKEHR!

Sprache: Holländisch ist die offizielle Landessprache, Englisch vielfach verstanden und gesprochen . Einheimischer Dialekt das "Taki Taki", englisch beeinflusst. Beispiel: "o men mi mu pai" (how many must pay). Unter den Asiaten teils ihre eigene Heimatsprache.

Öffnungszeiten: siehe Paramaribo.

Strom: 11o - 127 Volt/ 6o HZ

BOTSCHAFTEN / KONSULATE:

BRD in Surinam:

PARAMARIBO: (Konsulat), Mr. de Mirandastraat 7, (P.O.Box 11), Tel: 73o 97

Surinam in BRD: siehe Botschaft Niederlande, Strässchensweg 1o, 53oo Bonn 1.

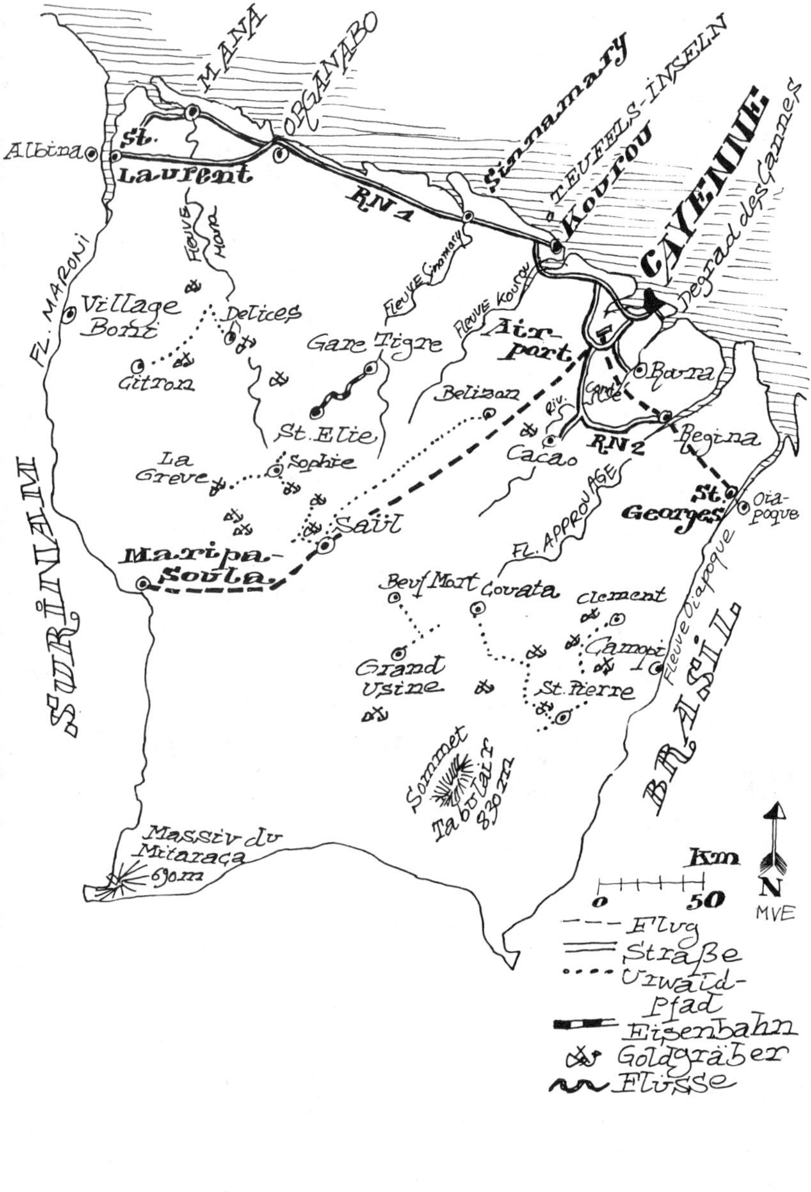

MANA
ORGANABO
Sinnamary
TEUFELS-INSELN
Kourou
CAYENNE
Degrad des Cannes
Albina
St. Laurent
RN 1
Fleuve Mana
FL. MARONI
Fleuve Sinnamary
Fleuve Kourou
Village Bonit
Delices
Citron
Gare Tigre
Air-port
Bara
St. Elie
Belizon
Cacao
RN 2
Regina
La Greve
Sophie
FL. APPROUAGE
St. Georges
Oiapoque
Saül
Maripasoula
Beuf Mort
Couata
Clement
Camopi
Grand Usine
St. Pierre
Fleuve Oiapoque
SURINAM
BRASIL
Sommet Tabulair 830 m
Massiv du Mitaraca 690 m
Km
0
50
N
MVE
Flug
Straße
Urwald-Pfad
Eisenbahn
Goldgräber
Flüsse

FRANZ. GUYANA

Französische Übersee- Provinz mit dichten Regenwäldern und leichtem Hügelland. Extrem dünn besiedelt. CAYENNE: ramschiges Bretternest in tropischer Schwüle mit Superairport, – Straßen nur an der Küste und rüber nach REGINA (geplant Fortsetzung bis St. Georges/Grenze).

KOUROU: Startrampe für Europarakete, das Weltraumzentrum kann besichtigt werden. – Ins Landesinnere nur über schmale Flüsse zwischen Urwaldriesen per Kanu. Sowie wenige Landestrips für Sportflugzeuge der Air Guyane zu Goldgräber- Lagern und Indianersiedlungen.

EINREISE: Pass/Gelbfieberimfung
Exitticket aus Fr. Guyana

Neusten Stand bei der franz. Botschaft erkunden. Derzeit ist eine Gelbfieberschutzimpfung Voraussetzung für die Einreise, – ebenso ein Flugticket aus Fr. Guyana wieder raus. Wer Überland nach Surinam oder Brasilien will, legt sich ein IATA- Flugticket zu, welches rücktauschbar oder gegen andere Flugstrecke eintauschbar ist. –

WÄHRUNG: Franz. Franc

Bester Umtausch läuft über die DM. In Cayenne und Kourou meist auch Euroschecks eintauschbar in der BNP- Bank. Achtung: keine Wechselmöglichkeit in Franc im Rochambeau- Airport von Cayenne! Die Francs schon aus Europa mitbringen.

Die Banken in Cayenne sind von 7.3o - 12 und 15 bis 17 Uhr offen, Montag bis Freitag. Keine Wechselmöglichkeit in St. Georges, eventuell wechselt dort das "Hotel Modestine" kleinere Summen.

KARTEN/BÜCHER:

"Guyane"/Carte Touristique et Routiere von IGN, 1: 5oo.ooo im Airport Shop Rochambeau Airport oder Shops Cayenne bzw. größerren Hotels ca. 9 DM. Bzw. Spezialbuchhandlungen Deutschl./Österreich/Schweiz oder IGN 136, Rue de Grenelle, 75oo7 PARIS, Seitenstraße der Champs Ellysee. Sehr detailiert und übersichtlich.

Äußerst detailierte Teilbereichskarten der Urwaldgebiete ebenfalls von IGN oder im Buchshop Cayenne/Place de Esplanade, Rue de Remire, sofern vorrätig. Preis ca. 15 DM/Karte. Für Piloten, Goldgräber und Abenteurer.

Diverse Bildbände: "La Guyane", Edit. Guy Delabergerie (ca. 55 DM), "Guyane, Amazonie Francaise", Edit. Delaroise (ca. 55 DM) – ausgezeichnet, wenn auch nur in Französisch ist "Africains de Guyane" von Jean Hurault, erschienen bei Editions Morton über Indio- Kunstgewerbe, Kanu und Hausbau und Lebensformen in Franz. Guyana. Ca. 85 DM. – "Tortues Marines de Guyane" von J. Fretey, Worldlife Found France, ca. 65 DM über die Luth- Wasserschildkröte, Edition du Leopard d'or, 11 rue du Quartre Septembre, 75oo2 Paris.

"Monuments Historiques", Architektur in den Antillen, Guyana und Reunion , ca. 25 DM.

Bester Buchshop in Cayenne: "Drugstore des Palmistre", Südseite, Rue remire. Hier auch Schallplatten und Kasetten.

SHOPS/
ÖFFNUNGSZEITEN:

DI–SA.: 9.oo–13.oo Uhr
4.oo–7.oo Uhr
MO früh zu, nachmittags einige offen (4- 7 Uhr)

LEBENSMITTELHANDEL in Cayenne weitgehend in den Händen von Vietnamesen. Viele Shops, vorallem kleinere Lebensmittelgeschäfte haben oft bis spät in die Nacht offen.

SUPERMERCADOS: am Stadtrand Richtung Montjoly. Z.B. "Prisunic", Voltaire, Ecke Rue du Dr. Gippert. Breites Warenangebot, jedoch alles relativ teuer, da aus Frankreich importiert. Käse ca. 4 DM für 2oo Gramm, Milch der Liter um die 2 DM, Mineralwasser 1 1/2 Liter ca. 1,2o DM wenn es aus Guadeloupe kommt (was auch bakteriologisch wegen kürzerem Weg günstiger ist!), Wasser aus France/Metropol. um die 2,5o DM.

Happig wird's bei Whisky (ca. 35 DM für normalen Johnny Walker), französische Rotweine ab ca. 5 DM, meist jedoch um die 1o – 15 DM. Damit erheblich teurer, als auf den Franz. Antillen (siehe unser Karibik- Band!)

16 km außerhalb von Cayenne. Fahrzeit per Taxi ca. 3o Min. Leider gibts derzeit kein anderes Transportmittel. Verlangen ca. 3o DM/Person, abends plus 5 DM.

Die Piste ist supergroß, auch Überschallmaschinen des Typs Concord können hier landen! Mit Touristbüro, Cafeterias und einer Handvoll Shops für Bücher, Souvenirs und Zeitschriften. Ansonsten angenehme tropische Hitze . . .

Internat. Flüge: Cayenne ist preiswerte Flugverbindung ab Paris mit der Air France, da Inlandsflug! Realisierbar retour für ca. 1.8oo DM für ein 1- Jahresticket (Vol Vacance), zu buchen bei jedem Air France Büro in Europa. Preiswerter Einstieg nach Paris mit ermäßigten Retour- Tickets ab BRD, Österreich und Schweiz bzw. per Zug.

Die Maschinen fliegen täglich, teils direkt ab Paris nach Cayenne. Ein angenehmer und schneller Nonstop- Transatlantikflug mit bewährtem Air France- Komfort an Bord. Ab Cayenne dann Überland via Surinam und Guyana nach Brasil oder Venezuela (Details siehe dort), – oder mit dem 2 mal/Woche verkehrenden Cruzeiro do Sul Jet nach Belem (ca. 14o US $ einfach bzw. 19o US $ retour innerhalb von 21 Tagen).

Nach Paramaribo/Surinam ca. 6o US $ einfach mit Air Surinam und Cruzeiro do Sul. Flugzeit ca. 1 Std. – gegenüber dem ca. 2o US $ teuren Überlandtrip per Bus entlang der Küste, der 1 bis 2 Tage dauert. – Die Direktverbindung nach Manaus/ Brasilien ist derzeit leider eingestellt.

Inlandsflüge: Operator ist die AIR GUYANE (Cayenne 1, Rue Lallouette/Place Palmistre. Fliegen mit meist 9- sitzigen Sportflugzeugen Urwaldstrecken ins Landesinnere:

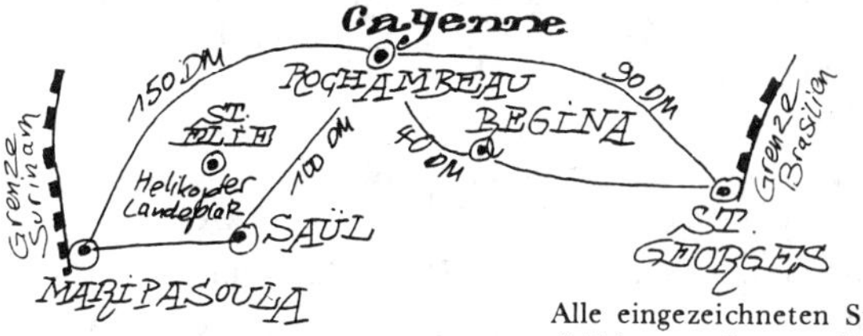

Alle eingezeichneten Strecken täglich, – sofern es die Wetterbedingungen über dem Urwald erlauben! –

Automieten:

Hertz, Avis, Jumbo Cars und Kourou Location mit Ständen im Airport, die aber einmal nicht immer besetzt sind, zum anderen häufig keine Wagen mehr haben. – PREISE liegen bei ca. 4o DM/ Tag für ein kleines Auto und ca. 5o DM/großes.

KAUTION: ca. 5oo DM, bzw. Diners oder American Express Credit Card. Bei einigen Vermietern Mindestalter 25 Jahre, Nationaler Führerschein genügt, – Preisermäßigung von 7 - 1o % bei Mieten 1 Woche oder mehr. Einige bieten den Wagen ohne Kilometerbegrenzung an.

IN CAYENNE: Jumbo Cars, 1 Place Leopold Heder
Budget, km 2,5, Route de la Madleine

IN KOUROU: Kourou Location, Hotel des Roches

OB sich das Anmieten eines Fahrzeuges lohnt, sei dahingestellt bei nur wenigen Pisten in Franz. Guyana. – Vom Preis, den das Taxi ab Airport kostet, lohnt sich die PKW- Anmietung, wer sich nur kurz in Fr. Guyana aufhält. Die umliegenden Strände um Cayenne sind schneller zu erreichen, – ebenso Kourou /Weltraumstation und Trips zu den Teufelsinseln, aber auch Cacao im Urwald.

Cayenne

27.000 E./ ca. 2o m

27.ooo Einwohner und Hauptstadt der französischen Übersee- Provinz "Guyane". Die Stadt hat viel Tropenflair, zumindest, wenn es in Kübeln gießt und auf die Wellblechdächer prasselt. Schachbrettgrundriß, – Zentrum ist die Place Palmistre mit bis zu 3o m hohen Palmen, Air France Office und einem Schwung Schuhgeschäften.

Hauptgeschäftsstraße ist die Rue de Remire/Ave. du General de Gaulle, die südlich am Place Palmistre vorbeiführt und beim Bot. Garten endet, wo das Tourist Büro liegt:

Tourist INFO

Pavillon du Tourisme- Jardin Botanique
B.P. 8o1 - F 973.o3 Cayenne Cedex/Guyane

Tel.: 31.o9.oo OFFEN: 9- 12.3o und 14.3o - 18.oo

in verwildertem Garten, schön, wenn auch recht abseits vom Schuß, die Place Palmistre wäre wohl besser. Die Mädchen im Büro kennen sich recht gut aus, Kompliment!

Ableger im Airport, allerdings nur zu großen Air France Flügen und auch hier nicht immer besetzt.

LE MUSEE LOCAL, Rue de Remire, Minikollektion alter Dokumente und Fotos, nähe Place Palmistre. OFFEN: Di, Mi, Do, Fr, Sa: 9-13⁰⁰, - So 9-12⁰⁰

Fast ebenso sehenswert ist die Feuerwehr (wichtig bei den vielen Holzhäusern!) neben Markt. Rotgestrichene Peugot- Feuerwehrautos in einem uraltem Wellblechschuppen. . .

Souvenirs & Shops: für die vorwiegend aus Frankreich stammenden Touristen gibt's Holzschnitzereien, Kleider und vergrößerte Urwaldfotos z.B. "Guy de la Alberguene", Ecke Gaulles mit Maillard Dumestre, recht passable Boutique im Hotel Montabo, – "Artesania del Sudamerika", in

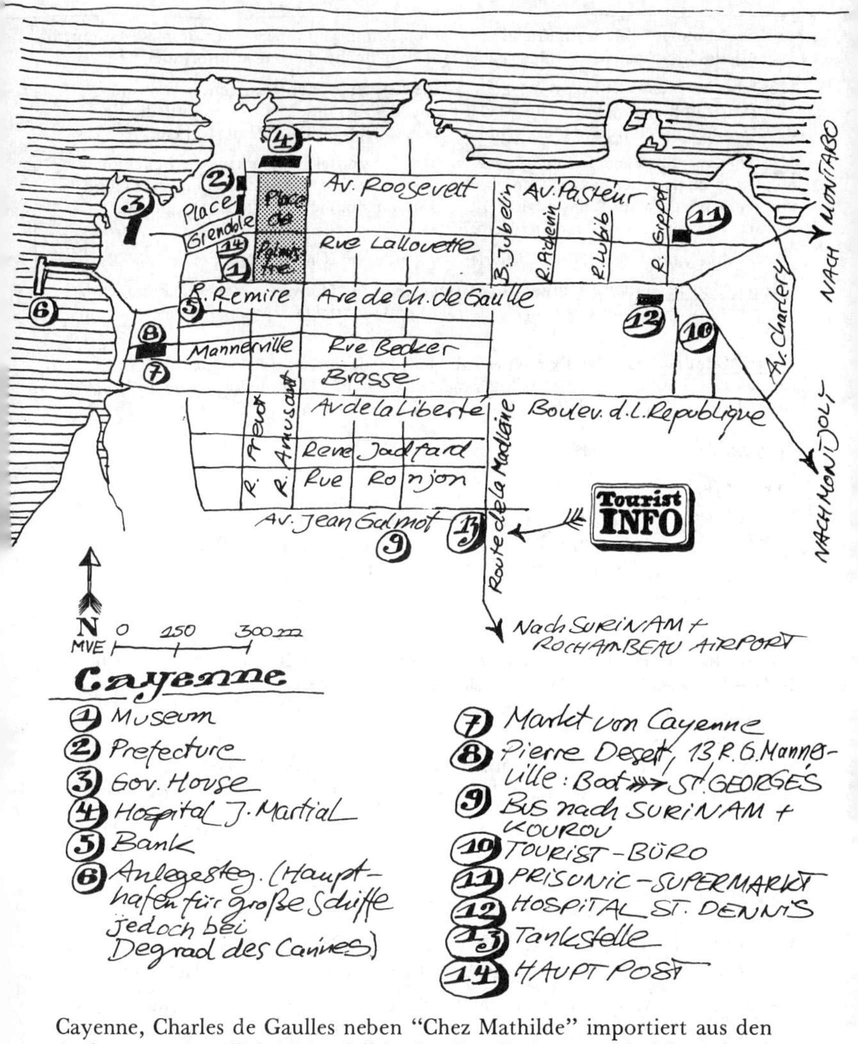

Cayenne, Charles de Gaulles neben "Chez Mathilde" importiert aus den Andenstaaten, – "L' Artesania" in der Rue F. Arago und viele weitere.

Hotels: bestes Hotel von Cayenne ist das "MONTABO" auf einem rund 6o m hohen Hügel am östlichen Stadtrand. Ca. 1 km ins Centro/Place Palmistre.

Einige Zimmer mit schönem Cayenne- Blick (z.B. Zimmer Nummer 234 bis 237), oberhalb des Hotelrestaurants, – die anderen Zimmer mit Blick auf die Buchten der Ile de Cayenne, die meisten Zimmer jedoch vom Blick mit Bäumen zugewachsen, wie das Hotel immer mehr von der Urwaldvegetation eingewuchert wird. Das gilt auch für den Hotelbetrieb. Nachts, wie wir mit der Belem- Maschine aus Brasilien ankamen, war der Portier sichtlich sauer und spuckte seinen Kaugummi zielgerecht an uns vorbei in den Papierkorb. Den Koffer (4o kg mit Infomaterial zu diesem Buch!) durften wir alleine rauf ins Zimmer schleppen. Auf den besagten Zimmernummern über dem Restaurant dagegen jedoch fantastischer Blick über Stadt und Bucht. Betten komfortabel.

Montabo hat keine Konkurrenz, und das merkt man. Doppel zwischen 1oo und 12o DM, Zimmer mit Radio und Telefon. Schön: der Blick vom Pool auf die Ile de Cayenne. 2 Tennisplätze und Helikopter Landeplatz. Disco am Weekend.

"Hotel Wayana", Place Palmistre war 'hautnaher' und erheblich billiger. Eckzimmer möglichst oben geben lassen, dann recht passabel bis auf Moskitos. Saubere Zimmer mit Bad und Dusche. Relativ laut. Die schöneren Zimmer Ri. Place. Doppel um die 6o DM, handeln soll möglich sein.

"Amazonia", modern und neu. Charles de Gaulle, 2o Zimmer, Doppel ca. 75 DM.

"Hotel Central" mit Restaurant am Ortseingang Cayenne von Flughafen kommend. Ein mehrstöckiger Betonbau, der in der Tropenfeuchtigkeit zerfällt. Weniger zu empfehlen.

"Chez Mathilde", Charles De Gaulle nähe Place Palmistre. Einfach, klein aber o.K. Doppel ca. 7o DM, – "Neptima", 21 rue Felix Eboue (13 Zimmer ca. 65 DM fürs Doppel) und "Hotel du Palais", 42 Av. du Charles de Gaulle, 9 Zimmer, ca. 7o DM

Beste: "Cric Crac" im Cayenne- Vorort Remire open-air und nicht gerade billig. – "Le Grillardin", Rue 34 rouget de l'Isle, – "Le Vietnam", 16 rue F. Eboue. – "Le Tatou" rue G. Mannerville, – "Les Amandiers", Place Auguste Horth.

Für Snacks: "Snackbar des Palmistres" unter großem Vordach in Plastiksesseln mit Blick auf Place relativ teuer für simple Sachen wie Hamburger, – Erheblich billiger ist der Vietnamese* direkt vis- a- vis vom Museum, selbe Straße, paar Schritte vom Snack Palmistre! Scharfe Würze auf Käse oder Fleisch zwischen Weißbrot. – "La Croix du Sud" in der Charles de Gaulle ist ein Restaurant mittlerer Preisklasse, o.K. und passabel , – "Cap Saint Jaques" Rue D. Gippert, mittelteuer, vietnamesische Küche, sauber.

* "Ma Kong", Ecke Ramire mit Rue Maissin

Montjolly-Halbinsel:

Lohnender Halbtagesausflug mit gemietetem PKW oder per Bus ab Marche (=Markt). Am Hügel des Montabo- Hotels vorbei, erster Strand der

"Anse de Montabo": in weitem Bogen leicht ansteigend, Gestrüpp, Palmen und auf der Anhöhe die Villen der reichen Leute aus Cayenne.
Ca. 1,8 km ockerfarbiger, feiner Sandstrand. Es geht extrem flach rein, der Boden schlickig. Bei extremer Ebbe kilometerweit in den Atlantik frei. Zu den drei Inselchen Ilets Dupont ca. 4oo m kann man dann fast zu Fuß, wenn man nicht im Boden versinken würde.

DAS BRAUNE MEERWASSER um Cayenne stammt vom Rio Amazonas! Es wird durch die tropischen Westwinde (Passat) aus der Mündung bis hinauf nach Guyana getreiben. Was also an den Füßen klebt, wenn man am Montabo rumläuft, kann u.U. von Manaus oder Santarem stammen! –

"Anse Montjoly" und "Anse Remire" ähnlich. Beliebtester Badestrand und beste Wohngegend ist jedoch der Anse de Montabo. Eine landschaftlich lohnende Straße führt um die Mgne du Mahury. mit dem Fort Diamant.

Gebaut Ende des 17. Jhd's gegen portugiesische Angriffe, ist es heute überwuchert und zwischen Bambus versteckt, eine unscheinbare Backsteinmauer.

Wandern / Mgne. du Mahury: bei der verfallenen Zuckerrohr Destille am Anse Remire die rote Erdpiste rein (Km O), – vorbei am Fußballfeld (Km o,7), zwischen Feldern und Bretterhäusern leicht ansteigend ins Landesinnere. Nach weiteren o,8 km rechter Hand eine braune Lagune, links Bananen. und Zuckerrohr. Weiter an Wassertanks (km 1.1) in spitzer Kurve um fahren: Parkplatz. Ab hier am besten zu Fuß rauf zur Lagune "LAC DU LALLOUETTE". Unser Versuch, mit dem Miet- PKW weiter ab Parkplatz raufzufahren, scheiterte in dichtem Tropengestrüpp und Sumpf, welches die Piste unbefahrbar machte! –

Zu Fuß ab Parkplatz ca. 15 MIN. Landschaftlich lohnend! –

DEGRAD DES CANNES:
der Haupthafen von Cayenne am Fleuve Mahury, da es hier genügend Tiefgang für größere Frachter gibt. Im tropischen Tiefland am Fluß ein größeres Feld für Containerdienst (CGM), sowie Verladung von Tropenhölzern. Die Hafenanlagen befinden sich in Ausbau. 13 km bis Cayenne über Asphaltstraße. –

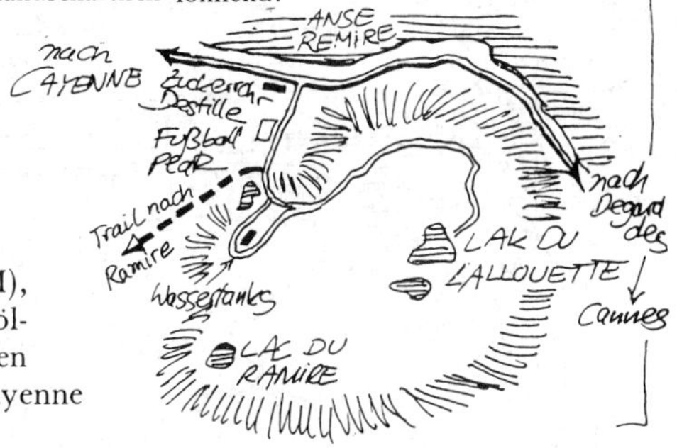

REMIRE:
Verschlafener Vorort von Cayenne. Villen und regelmäßige Busverbindung nach Cayenne. "Cric Crac"- Restaurant mit angebautem "Hotel Beauregard" (Doppel ca. 9o DM), kleiner Park mit Bungalows. Swimming Pool.

Cayenne ➳ Surinam: RN1

Die 244 km wurden erst 1954 fertiggestellt, zuvor Verbindung per langwierigem Schiff entlang der Küste. Durchgehend Asphalt.

Täglich außer Sonntag kleiner Bus (rechtzeitig vorbuchen!) ab Cayenne ca. 5.3o Uhr früh nach St. Laurent am Grenzfluß Maroni. Die Fahrt dauert 5 Std. mit Stops in den wichtigsten Siedlungen und Orten unterwegs. So z.B. Kourou.

CAYENNE: "Ruffinel", Av. Jean Galmot, siehe unsere Cayenne- Karte Nr. 9. Die Fahrt bis St. Laurent kostet ca. 45 DM/Person. Nur bis Kourou ca. 1 Std. Fahrt und ca. 1o DM.

ST. LAURENT nach Cayenne ebenfalls tägl. außer So. ca. 5.3o Uhr.

COLLECTIV TAXIS: nicht regulär. Ca. 2 Uhr nachts ab Marche/Cayenne nach St. Laurent, selbe Fahrtzeit, geringfügig teurer.

Kourou, Sitz der französischen Weltraum - Basis. Modernste Technik in tropischer Schwüle: mehrere IBM 36o/44 Computer zur Raum=schiff - Bahnberechnung bzw. zum Wiederfinden im Weltraum ver=lorengegangener Satelliten;—Radarspiegel und Anlagen zur Produktion von "Oxygene Liquide". – In unterirdischen Bunkern: das Kontrol=zentrum mit Bildschirmen und diversen Steuergeräten. Rundum der guyanesische Dschungel. –

Warum die Europäer gerade hier ihre Startrampen aufgebaut haben? Franz. Guyana wird weder von Erdbeben heimgesucht, noch von Hurricans (wie die Startrampe der Amis in Florida!), weiterhin ist kaum Strahlung bzw. Luftverschmutzung vorhanden.

Der entscheidenste Vorteil ist aber die nähere Lage am Äquator: die Startgeschwindigkeit ist hier durch schnellere Erddrehung größer.Damit wird Treibstoff gespart, was erhöhte Nutzlast ergibt.

NACH anfänglichen Fehlstarts Ende der 7o-er Jahre ist die Trägerrakete ARIANE nun technisch so weit ausgereift, daß eine profitable Zukunft bevorsteht. Das große

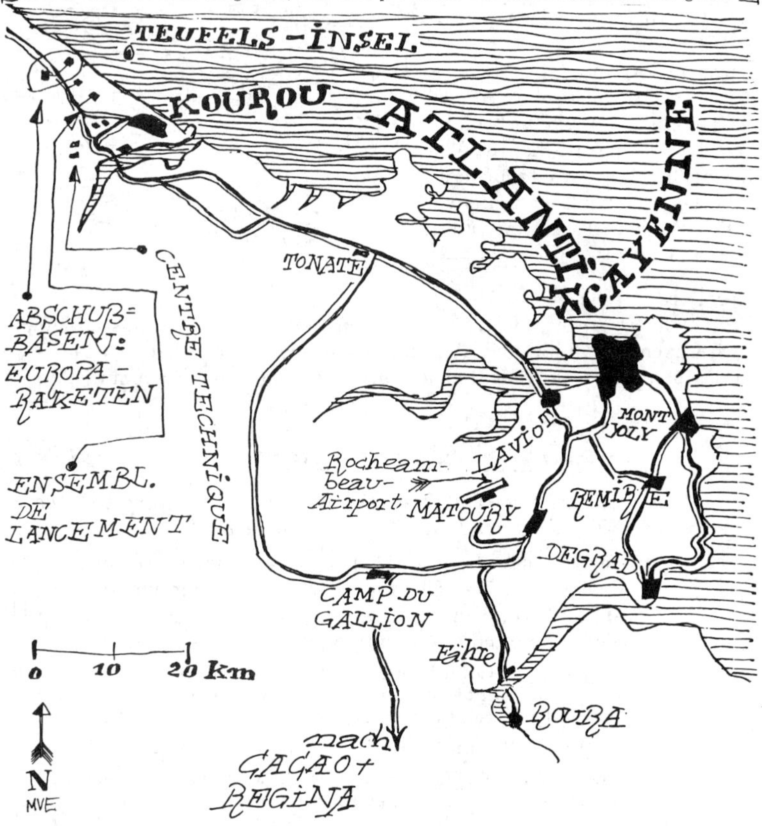

Geschäft sind die sogenannten "comsats" (Kommunikationssatelliten). Trotz hoher Abschußkosten der "comsats" in den Weltraum ist dies billiger, als der Aufbau eines vergleichbaren Kommunikationssystemes auf dem Boden.

Derzeit sind die Amerikaner (NASA) bis zu 3 Jahre mit ihrem Raketenprogramm im Rückstand, insbesondere mit der wiederverwendbaren COLOMBIA- Raumfähre. Ein Abschuß eines Satelliten auf der Colombia wird derzeit mit rund 17 Mill. US $ gehandelt, wobei es sehr schwer ist, einen Termin zu bekommen. Viele US Großfirmen schwenken daher auf die Europäer über, so General Telephone & Electronics und die Southern Pacific Communications. Ein ARIANE- Abschuß wird für rund 22 - 3o Mill US $ verkauft, Preise, die die Europäer bei der derzeitigen Marktsituation bestimmen können. Für die nächsten 3 Jahre liegen Verträge für 32 Ariane- Abschüsse vor!

ESA (European Space Agency) ist eine Gemeinschaftsfirma von 11 europäischen Ländern; die Franzosen produzieren die 1.und 3. Stufe , die Engländer liefern die Computer Software, die Hardware kommt aus Belgien. Die Deutschen (ERNO Raumfahrttechnik GmbH in Bremen) liefern die Spitze. Es geht um ein Projekt von 1 Bill. US $. Allgemein gelobt wird die relativ reibungslose Zusammenarbeit einer derartigen Vielzahl von Nationen.

Das Space Center kann besichtigt werden. Voranmeldung über TEL.: Kourou Nr. 33.44.82 (Relacions Publics): nur jeden Mittwoch von 8 - 12 Uhr Besichtigung möglich. Gezeigt werden die Abschußrampen, der Kontrollraum und Filme von früheren Ariane- Abschüssen.

Die Graphik zeigt die ARIANE 1 von 198o, die eine Nutzlast von 1.75o Kg in den Weltraum transportieren kann. Zwischenzeitlich gibt es 4 Versionen für jeden Transportzweck bis rauf zu einer Nutzlast von 4.2oo kg. Für die 9o-er Jahre ist die "Hermes" geplant, mit einer Nutzlast von 6,5 Tonnen.

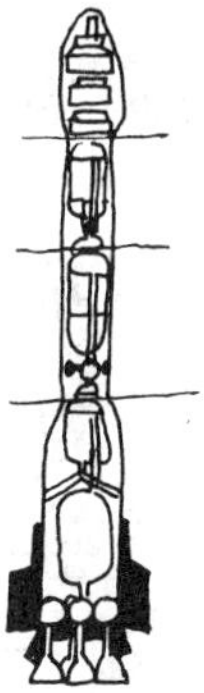

SATELLITENKAPSEL
für 1 - 2 Satelliten

3. TRÄGERSTUFE:
brennt 557 Sek.

2. TRÄGERSTUFE:
brennt 134 Sek.

1. TRÄGERSTUFE:
brennt 15o Sek.

ARIANE 1:
HÖHE: 5o m

KOUROU ist die modernste Stadt (2o.ooo E.) der Guyana- Staaten mit Kliniken, Postämtern, Restaurants und Supermärkten.

Hotels: "Hotel Les Roches", Luxushotel am Meer, das allerdings wie in Cayenne bei Ebbe kilometerweit rausgeht. Palmen, Swimming Pool und von Space Center- Gästen gern frequentiert. D.h. vor Abschüssen von ARIANE generell auf Wochen ausgebucht.

3oo m zum Ortszentrum. Segeln, Tennis. Doppel ca. 1oo DM.

"Albia", Doppel ca. 7o DM

Zwischenzeitlich haben die Americaner / NASA kräftig aufgeholt und technische Probleme in den Griff bekommen, – während das europäische Gemeinschaftsprojekt ARIANE einige Fehlstarts zu verzeichnen hatte, die insbesondere aus dem, von den Franzosen konstruierten Antriebswerk der Hauptträgerrakete resultierten. Interessant, wie sich die Sache weiter entwickelt! –

KOUROU (täglich mehrere Colectivos ab Cayenne) ist gleichzeitig Startpunkt für Trips zu den TEUFELSINSELN. Unbedingt lohnend als Abstecher ab Cayenne. und der Küste vorgelagert.

Die Inselgruppe wurde berühmt durch den Roman und Film "Papillon". Sträflingsinsel für "Hoch- Karätiges" aus Frankreich.

TEUFELS– INSEL (Ile du Diable):

ein kleines, malerisches Palmen- Eiland vor der Küste Guyanas etwa Höhe Kourou. Hierhin kam die französische Unterwelt, wenn sie sich im Dschungel bei St. Laurent bewährt hatte. Hier durften sie sich eine kleine Hütte bauen und Ziegen halten; Verbannung auf Lebenszeit!

ILE ROYAL:

Größte der drei Inseln. Täglich gibt's eine Bootsverbindung ab Kourou/Hafen ca. 7 Uhr früh je nach Tide, zurück ca. 5 oder 6 Uhr. (Sofern genügend Leute zusammen sind und das Boot nicht kaputt). Kostet ca. 35 DM/Person und lohnt sich sehr wegen verschiedener Relikte aus der Gefangenenzeit (185o - 1954!), Zellen, Wasserturm, Hospital, Kirche mit Gefangenengemälden und Häusern der Gefangenenverwaltung.

In der Inselmitte eine Auberge (ca. 2o DM/Doppel), Buchen über TEL.: 33.45.3o/Kourou. Lohnt sich nicht nur für Liebespaare, allerdings recht einsam; etwas Schönes mitnehmen auf die Insel. Mit einer Einschränkung: wenn die Franzosen in Gruppen in der Herberge logieren oder die Weltraumleute von Kourou feiern, gibt's Remidemmi.

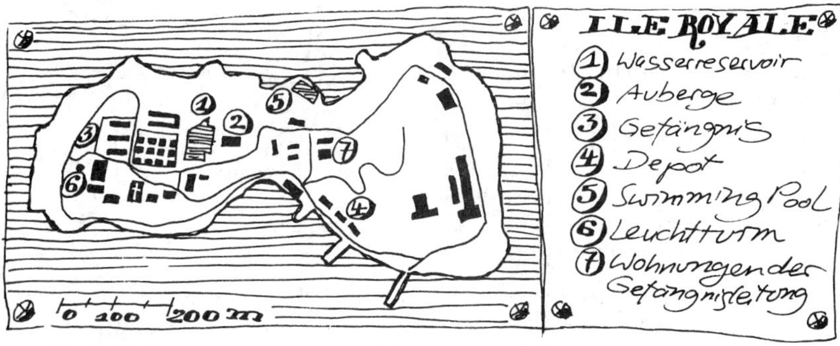

ILE SAINT JOSEPH:

Vis à vis vom Anlegesteg der Ile Royal. Mit Gefangenenzellen, die von den Tropen überwuchert sind, ebenfalls ein palmenüberwachsenes Felseneiland, von dem zu fliehen fast unmöglich war wegen starker Meeresströmungen. Die Gemeinde von Kourou hat Schutzdächer für's Campieren in der Hängematte auf der Insel errichtet.

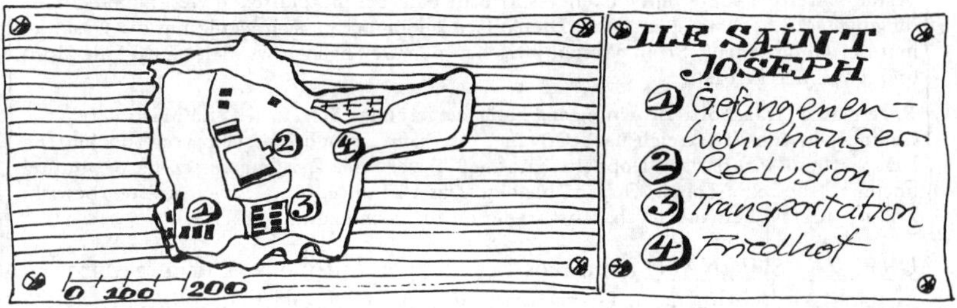

KOUROU ➤ ST. LAURENT: **RN 1**

188 km, weitgehend asphaltiert. 1 mal täglich Bus. Trampen relativ schwierig, da wenig Verkehr.

SINNAMARY: rund 2.000 Einwohner, davon viele Asiaten. Post und ein kleines Hotel der basic Klasse. Jean Roland Verderosa fährt in Außenborder- Kanus zu den Nestplätzen des SCARLET IBIS, ein rosa Flamingovogel (ca. 25 DM/Person), Vorbuchen über Office du Tourisme in Cayenne, oder direkt in Sinnamary, 39 Ave. Verderosa, Tel.: 34.50.33 bzw. 34.52.29.

Ab Sinnamary läuft der Verkehr zu den Siedlungen in Guyana- Urwald (Bereich Gare Tigre, Urwaldeisenbahngleis nach St. Elie, eine Flußquerverbindung) nur per "pirogue"/Einbaumkanu. Touristisch kann man diese Trips bei den Tour- Agencies in Cayenne (siehe Guyana- Facts am Ende des Guyana- Teils) buchen, die dann aber ca. 600- 1.000 DM/ Woche und Person kosten. J.R. Verderosa ist billiger.

MANA: (Stichpiste ab RN 1 ca. 12 km hinter Organabo Richtung St. Laurent). In den Strandbereichen um Mana liegen die Laichplätze der "Luth"- Wasserschildkröte, die zu den größten der Welt zählt und leider im Aussterben begriffen ist. Ihr Körper wird bis zu 900 kg schwer, hat Stromlinienform mit dunkelazulblauer Färbung.

Der World Life Found engagiert sich, – die Einheimischen leider weniger. Aber auch als Tourist sollte man sich bewußt sein, daß man durch Rumlaufen in Sand vergrabene Eier zertritt. Auch liegt nächtliches Blitzfotoschießen recht wenig im Interesse dieser schönen Tiere!

ST. LAURENT:

Feuchtschwüler Urwald und vis à- vis das berühmte Gefängnis, in das die französischen Top- Gangster und politisch Unbequemen siehe "Papillon-Film" abgeschoben wurden. Wer den Film und die Fluchtversuche der Gefangenen gesehen hat (die von Krokodilen und Schlangen gestoppt wurden), kann sich die Brutalität des Lagers vorstellen.

GUYANE wurde 1851 Sträflingskolonie. Napoleon III kam auf die Idee, "staatsgefährdende Personen" möglichst weit, nämlich in seine Südamerika- Kolonie Guyane abzuschieben, die 2 Dampferwochen entfernt vom franz. Mutterland lag.

Was anfangs als "moderner Strafvollzug" mit relativer Freiheit und 'kreativer' Arbeit gestaltet werden sollte, entwickelte sich recht bald bei mörderischen Gesundheitsbedingungen zu höchster Brutalität. Die Aufseher kümmerten sich wenig um die Gesundheit der Gefangenen. Streitigkeiten zwischen den Gefangenen wurden häufig mit Mord und Totschlag geregelt,

Regelmäßig transportierte ein eigens dafür eingesetztes Schiff, die "La Martiniere" die Gefangenen von Frankreich nach Guyane, insgesamt 70.000 innerhalb von 100 Jahren. Verschärfend wirkte das "Doppelte Strafmaß": wer seine Zeit abgesessen hatte, mußte nochmal die selbe Zeit in Guyana bleiben. Das Überangebot an Arbeitskräften bewirkte Löhne, die fast bei Null lagen. Was wiederum die Kriminalität förderte.

GRENZE SURINAM: mehrmals täglich per Autofähre über den Maroni nach Albina/Surinam. Grenzformalitäten Frankreich: St. Laurent, – Surinam: Albina.

FLEUVE MARONI: einer der größten und wichtigsten Flüsse der Guyanas. Zwischen St. Laurent und Maripasoula gibt's mehr als 50 Stromschnellen (je nach Jahreszeit und Wasserstand). Daher Fracht- und Personenverkehr in Einbaum- Kanus mit Außenbordmotor, die mit Seilen und per Hand durch die Stromschnellen gezogen/schoben werden.

VOLKER JANDT schrieb uns: "mit einem Frachtkanu von St. Laurent, den Maroni mit vielen Stromschnellen aufwärts nach Maripasoula. Sehr abenteuerlich mit Übernachtungen in Negerdörfern, sehr primitiv. Selbstverpflegung, Hängematte, Regenkleidung. 3 Tage hoch, 2 Tage zurück. Ab Maripasoula weiter zu Sudiana, flußaufwärts schwierig und mit Polizeipräfektur in Maripasoula abzusprechen. Auch teuer."

Die AIR GUYANE fliegt täglich zwischen Maripasoula und Cayenne. Schön zu kombinieren mit Maroni- Flußfahrt und heißer Tip. Guyana kann man eigentlich erst richtig erleben, wenn man in den Urwald reinfährt. In Maripasoula Übernachtungsmöglichkeit, – ansonsten, wie Volker Jandt schreibt in "Carbets", das sind Regenschutzdächer am Fluß im Urwald, an denen man seine Hängematte anknüpft.

Cayenne ➳ Brasilien:

via BELEM

Keine durchgehende Straßenverbindung Cayenne – Belem, obwohl nur noch rund 70 km vor der Grenze fehlen. Allerdings ist auch das brasilianische Teilstück ab Grenze bis Amapa nach Regenfällen oft für Monate nicht befahrbar.

Problemlos: der einmal pro Woche verkehrende Direktflug Cayenne–Belem mit "Cruzeiro do Sul"; rechtzeitig vorbuchen!

Abenteuerlich und mit vielen Zeitrisiken verbunden, aber sehr erlebnisreich ist die Überland- Route via Urwaldgrenze bei St. Georges.

Cayenne ➳ St. Georges: RN 2

Die Straße ist bis Regina fertig und befahrbar. Zunächst ab Cayenne über die asphaltierte Piste an der Airportabzweigung weiter bis LE GALLION. Ab hier 49 km bis CACAO, LKW-breit asphaltiert, derzeit bis zur Brücke über den Comte. Schon bald dichte Regenwälder, Vorsicht auf der Erdpiste wegen unübersichtlichen Bodenwellen und langen Bremswegen bei Schotter.

CACAO: interessanter Abstecher, ein Feldweg durch den Urwald. Teils sehr steil abschüssig. Knapp 1.ooo Einwohner, vorwiegend Asiaten. Der Urwald wird durch Brandrodung kultiviert, sehr sauberes Dorf, kleiner Polizeiposten, Fußballplatz und hier ein Restaurant, wo man eventuell in mitgebrachter Hängematte schlafen kann.

Goldgräber bei Grand Basin, ca. 1 Std. im Kanu flußauf. Der Rio Comte ist sehr kurvenreich. Kanu flußab bis Roura (ca. 3 Std.) bzw. bis Port des Cannes (4 Std.), schöne Urwaldfahrt. Der Hauptverkehr läuft heute aber über die Straße.

CACAO–REGINA: knapp 1oo km durch jungfräulichen Urwald. Erdpiste. Seit Fertigstellung Erschließung neuer Siedlungen entlang der Piste, derzeit aber so gut wie kaum existent. Es werden große Bodenschätze vermutet, die aber noch kaum genutzt sind. Trampen bis Cacao möglich, wenn auch wenig Verkehr, ab hier bis Regina schwierig, da sehr dünner Verkehr. Wer mit eigenem oder Mietwagen fährt, braucht derzeit Genehmigung von der Polizei wegen schlechtem Pistenzustand.

REGINA: momentan runde 3oo Einwohner, bei Erschließung der eventuellen Bodenschätze der Umgebung Expansion zu erwarten. Flußhafen für Kanuverbindungen auf dem Oberlauf des Fl. Approurage. Tankstelle (nicht immer Benzin!), derzeit keine Hotels, – Schlafen in der mitgebrachten Hängematte in "Carbets" oder Polizeistation. Erd/Graspiste für die Buschvögel der Air Guyane von Cayenne nach St. Georges.

Weiter nach St. Georges nur per Sportflugzeug (3o Min., ca. 4o DM, tägl. Flüge außer Sonntag).

ST. GEORGES: auch direkt mit "Air Guyana" ab Cayenne erreichbar, ca. 9o DM. Grenzort zu Brasil am Fl. Oyapoque, rund 1.ooo Einwohner mit kleinen Hotels/Restaurants der Einfachklasse, Sprit für den Außenborder der Kanus aufwärts nach Camopi.

Alternative Boot: Kaum Chancen für ein Direktboot nach Brasilien. Von Cayenne gibts aber ein Frachtboot nach St. Georges, das von Mr. Pierre Desert, 13,rue G. Monnerville beim Marche in Cayenne gemanagt wird. Abfahrten unregelmäßig nach Frachtaufkommen. Volker Jandt schrieb uns, daß bei ausgefallenem Flug Mr. Desert "hoffnungslos überlastet ist mit an die 1oo Wartenden im Büro".

Grenzübergang Franz. Guyana – Brasil:

Nach offiziellen Informationen geschlossen, obwohl das Tourist Büro in Cayenne uns bestätigte, daß mehrere Touristen den Übergang problemlos überquert haben und uns auch mehrere Leserbriefe diesbezüglich erreichten, daß die Grenze überquerbar ist.

Die Franzosen sind dabei weniger das Problem als die Brasilianer, die den Schmuggel unterbinden wollen. Wer will, schaut beim Brasil. Konsulat in Cayenne vorbei (12, Franklin Roosevelt).

Mehrmals täglich Boote über den Grenzfluß nach OIAPOQUE/Brasilien. Hier beginnen dann die Probleme: praktisch kein Transport auf der brasilianischen Piste runter nach Macapa/Belem. Zudem auf Wochen nach Regen fällen nicht passierbar. Mitflugmöglichkeiten per brasil. Maschinen sehr begrenzt; Bootsverkehr entlang der Küste bis Macapa/Belem existent, aber selten, unregelmäßig und schwierig, Mitfahrmöglichkeit zu bekommen. Somit definitiv eine Abenteurer- Verbindung. Wer auf Nr.- Sicher geht, nimmt sich den wöchentlich verkehrenden Jet der "Cruzeiro do Sul" ab Cayenne nach Belem. –

Landesinneres Guyane:

Außer der 244 km Asphaltpiste entlang der Küste zwischen St. Laurent und Cayenne (RN1) und der 12o km Urwaldpiste von Cayenne nach Regina (RN 2), sowie einer Erdpiste von Roura nach Kaw gibt es derzeit keine Straßenverbindungen ins Landesinnere.

Aller Verkehr läuft per Kanu über die Flüsse. Wichtigste Flüsse sind:

FLEUVE OIAPOQUE:

Wichtigster Hafen: ST. GEORGES. Für Kanufahrten Richtung Süd ins Indianer- und Goldgräbergebiet um Camopi ist ein Permit der Polizei nötig. CAMOPI: rund 4oo Einwohner, Funktelefon, Lebensmittelgeschäft Über den Riv. Camopi Anschluß mit Einbaumkanus zu den Goldgräbergebieten um St. Pierre und Urwaldtrail von Tampac nach Clement, – sowie im Oberlauf des Camopi über den Petit Tamouri Urwaldtrail mit Querverbindung des CHEMIN DES EMERILLONS (ca. 42 km Urwaldpfad) zum Flußsystem des Maroni. Dieser Trail im Süden Franz. Guyanas führt durch das dünnstbesiedelste Gebiet des Landes. und ist daher nicht gerade ungefährlich.

Flußauf dauert die Strecke von St. Georges bis Camopi rund 3 Tage, bei niedrigem Wasserstand aber bis zu 1 Woche. Kurz hinter St. Georges flußauf liegen über rund 15 km eine Stromschnelle nach der anderen. Parallel zum Fluß führt hier ein Urwaldgleis; Pirogue und Inhalt wird auf kleine Loren geladen und durch den Wald geschoben.

FLEUVE APPROUAGE:

Wichtigster Hafen: Regina an der RN 2. Urwaldnester im Oberlauf, von unzähligen Flußschnellen unterbrochen. Minimalster Kanuverkehr.

FLEUVE COMTE:

Wichtigster Hafen derzeit CACAO: extrem schmaler und kurvenreicher Oberlauf mit Indianersiedlungen und dichtem Urwald. Bei BELIZON beginnt ein Urwaldtrail nach SAÜL, das am Flußsystem des Maroni "hängt".

FLEUVE SINNAMARY:

Wichtigster Hafen: SINNAMARY an der RN 1 entlang der Küste. Flußhafen Gare Tigre ist Beginn eines Urwaldgleises und Querverbindung nach St. Elie mit Goldgräbersiedlungen. Länge der Strecke: 2o km, nur Warentransport per Loren, die meist per Hand geschoben werden.

FLEUVE MANA:

Ausgangspunkt Mana oder das an der RN 1 liegende Angouleme. Der sehr kurvenreiche Urwaldfluß besitzt im Mittellauf eine Reihe Indianer- und

Goldgräberdörfer. Zentrum ist DELICES mit Trail rüber zum Hügelmassiv um CITRON mit Goldgräberaktivitäten. Der Oberlauf des Fl. Mana mit vielen Stromschnellen und deswegen wenigen Siedlungen. SOPHIE mit privatem Airstripe für Sportflugzeuge ist Zentrum Goldgräberaktivitäten in Mittelguyane und Trails zu umliegenden Minen bis Saül.

FLEUVE MARONI:
einer der wichtigsten Flüsse Guyanas. Haupthafen ST. LAURENT. Relativ dichter Fracht und Personenverkehr den Maroni aufwärts bis Maripasoula mit vielen Stromschnellen. Details siehe "St. Laurent".

Flußauf dauert die Fahrt im Einbaumkanu rund 3 Tage bei hohem Wasserstand. Bei niedrigem Wasserstand werden Seitenarme befahren. Der Fluß ist dicht besiedelt von verschiedenen Indianerstämmen, aber auch weißen Siedlern. Die Dörfer befinden sich oft an den Schnittpunkten von Flußnebenarmen.

Auch wegen der täglichen Flugverbindung mit "Air Guyane" von Maripasoula nach Cayenne ist der Maroni die interessanteste Route ins Landesinnere, die sich mit relativ wenig Problemen und intensivem "Urwalderlebnis" durchführen lässt.

Wer ab Maripasoula flußauf ins Gebiet der Wayana- Indianer will, braucht eine Spezialgenehmigung der Polizei in Maripasoula.

Kanus in den Guyanas:

Man unterscheidet drei Typen:

- * das "Pirogue de charge", ein Frachtkanu mit überhöhtem Seitenaufbau und Traglast bis zu 3 Tonnen. Gefahren wird es von mindestens drei Personen: dem "motoriste", dem das Boot gehört, – dem "bossman", der vorn sitzt und balanciert, wie auch mit dem Paddel nach der Tiefe stakt und – dem "Assisten ten" der bei jeglichen Aktionen in Strudel und Stromschnelle adjutiert.
- * der "Fileuse", einer Art Schnellboot, das weniger Transportgewicht tragen kann und auf Schnelligkeit gebaut ist und
- * dem "Bicyclette", dem sogenannten Fahrrad, weil nur eine Person drin sitzt.

Gefahren werden die "Pirogues" meist per Paddel, weil Sprit teuer ist; für die Fernverbindungen wie St. Laurent — Maripasoula jedoch "Pirogues de charge" mit Außenborder. Bei Stromschnellen wird das Boot entweder mit Hand oder Seil ("cordelle") durchgeschoben und gezogen, bzw. die Waren ausgeladen und per Kopf durchgetragen.

GUYANA – FACTS:

Größe: 91.000 qkm
Einwohner: 55.924
Hauptstadt: Cayenne
Sprache: französisch und indian. Sprachen

Geschichte:

Erste Siedler zusammen mit Vincent Pizon 1500, die sich in der Gegend des heutigen Cayenne niederlassen. Die ursprünglich hier lebenden Indianer werden entweder getötet oder fliehen in die guyanesischen Urwälder, wo sie bessere Rückzugsmöglichkeiten haben, als die Indianer auf den Karibischen Inseln (vergleiche unser Karibik- Band).

Das 17 Jhd. mit Streitigkeiten zwischen Franzosen, Engländern, Spaniern und Holländern, die sich in diesem Winkel Südamerikas festsetzen wollen, zumal nicht unerhebliche Goldmengen in den Urwäldern des Landesinneren gefunden wurden.

Wiedereinmal regelte der Papst die Sache: Demerara an die Engländer (wo es auch bis zur Unabhängigkeit blieb), – Surinam an die Holländer und Franz. Guyana an die Franzosen (wobei das damalige Franz. Guyana noch das Amapa- Territorium des heutigen Brasiliens umfasste).

Erste Sklaven 165o, knapp 3o Jahre später waren bereits 7o % der Einwohner Sklaven. Die Kolonialwirtschaft blühte, und neben Baumwolle, Zuckerrohr, Kaffee, Vanille und Kakao exportierte man nicht unbeachtliche Goldschätze (17oo: 29 Zentner!)

Während der Französischen Revolution wird das neu gegründete Strafgefangenenlager (siehe "St. Laurent") zum Abschieben politisch unerwünschter Personen genutzt. Abschaffung der Sklaverei: 1848. Goldboom ab 1855 mit Förderung von mehr als 2oo Tonnen (!) zwischen 1855 und 193o gemäß offiziellen Angaben.

Seit 1948 französische Überseeprovinz mit vollen Rechten und Pflichten eines französischen Staatsbürgers. Der Lebensstandard ist höher als in den Nachbarländern, sowie mehr Schulen und bessere medizinische Versorgung, allerdings auch sehr hohe Lebenshaltungskosten. Wirtschaft: hauptsächlich Holz, aber auch Gold, Gefrierindustrie (unbedeutend) für Fisch, Shrimps, Bodenschätze: bei Kaw umfangreiche Bauxit-Vorkommen, die aber derzeit erst erschlossen werden. Tourismus spielt nur eine untergeordnete Rolle. – Viele Lebensmittel müssen (aus Frankreich) eingeführt werden.

Klima: REGENZEIT: Dez. – Juli, dabei Mai und Juni Höhepunkt und meister Regen. Die Küste mit rund 1.6oo mm/Jahr, das Landesinnere mit durchschnittlich 2.5oo mm/Jahr. "Petit été de Mars": kleiner Sommer im März.

TROCKENZEIT ist Aug. – Nov./Dez. Die Guyanesen sagen, daß man unterscheidet zwischen Regenzeit und der Zeit, in der es regnet.

TEMPERATUREN: im Durchschnitt 27° C, wobei an der Küste die Passatwinde kühlen.In jedem Fall ist es nicht so stickig heiß wie in Belem/Amazonasmündung.

Kleidung: leichte Sommersachen wie T- Shirts, die atmen und Körperfeuchtigkeit aufnehmen. Abends kann es im Urwald kühl werden

Strom: 22o Volt, auf dem Land teils auch 11o Volt

Tour- Agents: für Urwaldtrips, allerdings sehr teuer (ca. 6oo- 1.ooo DM/Person und Woche) "Somarig", 2 Place de Grenoble, – "Takari Tours", Hotel du Montabo, Route du Montabo, – "Sainte Claire", 8, rue de Remire, alle Cayenne. "J. R. Verderosa" in Sinnamary, 39 Ave. Verderosa.

Excursionen zur Teufelsinsel, Trips mit dem Kanu ins Landesinnere, zu Goldgräbern, Indianerstämmen, zum Space Center Kourou.

Kinos: in Cayenne: "El Dorado", – "Palmistres" und "Ariane", alle in der Charles de Gaulle mit Sex, King- Kong und Wildwestfilmen. Ein weiteres Kino in Kourou.

Indianerstämme in Franz. Guyane:

– * ARAWAKS: besiedelten ursprünglich die Karibischen Inseln, wo sie von den Europäern vertrieben wurden. Südl. von St. Laurent am Maroni und Seitenflüssen

– * GALIBI: Küstenstreifen nördlich von St. Laurent entlang des Maroni bis Mündung in den Atlantik und rüber nach Mana.

– * PARAMAKA: entlang Maroni zwischen Apatou und Santonia, hieran schließt sich das Gebiet der

– * DJUKA mit zentralem Dorf Grand Santi, – anschließend:

– * BONI etwa ab Dorf Papa Ichton flußauf über Maripasoula bis zur Mündung des Riv.

* Vertrag von Tordesillas: hier hatte der Papst bereits 1494 den südamerikanischen Kontinent in 2 Teile rechts und links des 5o. Breitengrades zwischen Portugal und Spanien aufgeteilt

– * Tanpock. Die Bonis gehören zu den geschicktesten Handwerkern und Bootsbauern des Guyana-Raumes.

– * WAYANAS, südlich vom Riv. Tanpock entlang der Flüsse Maroni und Litani. Unzählige Stromschnellen bei immer flacher werdendem Urwaldbach schränken weitere Verbreitung Richtung Süden ein.

– * PALIKOUR, nördlich von St. Georges zur Oyapockmündung in den Atlantik.

– * OYAMPIS und EMERILLONS: zentrales Dorf: Camopi am Oberlauf des Riv. Oyapoque. Dieses Indianergebiet dehnt sich über Nebenflüsse in brasilianische Gelände aus.

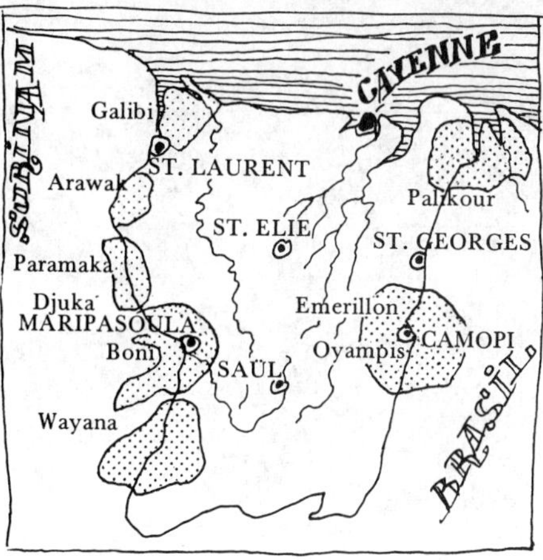

Indianerstämme in Franz. Guyana

BOTSCHAFTEN / KONSULATE:

BRD in FR. Guyana: keine Botschaft, nur Prefecture, Rue Fiedmont 973o7, Cayenne Cedex.

Frankreich in BRD: Kapellenweg 1, 53oo Bonn 2, Tel.: (o228) – 36 2o 31 -36 KONSULATE in Baden-Baden, Bremen, Düsseldorf, Frankfurt, Freiburg/-Breisgau, Hamburg, Mannheim, Köln, Mainz, München und Saarbrücken.

Frankreich in Österreich: Technikerstr. 2, 1o4o Wien, Tel.: (222) – 65 47 47 KONSULATE in Wien und Innsbruck.

Frankreich in der Schweiz: Schloßaltenstr. 46, 3oo6 Bern, Tel.: (o31) – 43 24 24. KONSULATE in Bern, Basel, Genf, Lausanne und Zürich

Eines der reichsten und am weitest entwickeltsten Länder Südamerikas, – wegen reicher Erdölfunde im See von Maracaibo (Ausbeutung seit 1917) und in den Llanos, – sowie wegen reicher Eisenerzlager bei Cd. Bolivar, Uranlager und Diamantenfunden im Süden.

Somit ausgezeichnetes Straßennetz mit vielen US- Straßenkreuzern, der überquellende Großstadtgigant CARACAS mit seinen verglasten Beton-Hochhausfingern und Abgasgestank, daß man teils statt Bier die Gasmaske bestellen möchte, – auf der anderen Seite aber eines der großen Abenteuer- und Pionierländer Südamerikas.

An der Küste zusammen mit Brasilien mit die besten STRÄNDE Südamerikas: tropische Hitze, herrlich warmes Wasser mit weiten Sandbuchten und Cocosnußpalmen, – südlich der Andenausläuferkette, die immer noch beachtliche Höhen bis zu 5ooo m erreicht (MERIDA) endlose Savanen und Llanos, die in die Urwälder Amazoniens übergehen.

Abenteuertrips in Cessna- Sportmaschinen über den Busch zu Diamanten- und Goldgräbercamps, wo der Sportflieger dann zwischen den Camps auf der Dorfhauptstraße landet, – riesige Tafelberge, an den Hängen dicht mit Urwald überwuchert (ANGEL–FALLS mit 1.ooo m die höchsten der Welt) – PTO. AYACUCHO, ein feuchtmodriges Nest am Oberlauf des Rio Orinocos, ist Ausgangspunkt für Abenteuertrips in Sportmaschinen oder per Außenborderkanu 1oo km südlich über die legendäre HUMBOLDT-ROUTE durch den venezuel. Amazonas- Urwald nach Brasil. Stellt, wohl einmalig in der Welt eine Flußverbindung zwischen den beiden größten Flußsystemen Südamerika, Amazonas und Orinoco her! – CERRO AUTANA: riesiger 8oo m sich über dem Urwald erhebender Felsfinger. Bzw. über die V 8 Abenteuertrip durch die GRAN SABANA rüber nach Boa Vista/Brasil.

Venezuela ist derzeit sehr billig durch hohe Auslandsverschuldung (mehr als 32 Milliarden US !) und Absinken des Welt-crude-oil- Preises. Kann sich aber beim nächsten Benzinpreis- Aufwärtsschub schnell wieder ändern. Daher bald rüberfahren; lohnt sich sehr!!

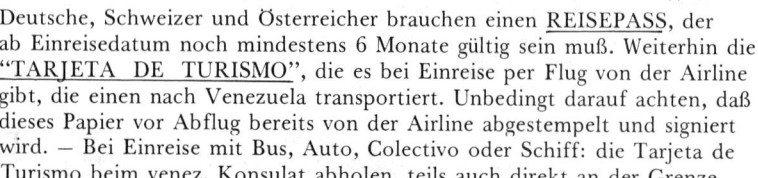

EINREISE: Pass, Tarjeta de Turismo, Ausreiseticket

Für Touristen maximal 6o Tage, nicht verlängerbar.
Wer länger bleiben will: ausreisen und wieder einreisen.

Deutsche, Schweizer und Österreicher brauchen einen REISEPASS, der ab Einreisedatum noch mindestens 6 Monate gültig sein muß. Weiterhin die "TARJETA DE TURISMO", die es bei Einreise per Flug von der Airline gibt, die einen nach Venezuela transportiert. Unbedingt darauf achten, daß dieses Papier vor Abflug bereits von der Airline abgestempelt und signiert wird. – Bei Einreise mit Bus, Auto, Colectivo oder Schiff: die Tarjeta de Turismo beim venez. Konsulat abholen, teils auch direkt an der Grenze.

Venezuelanische Konsulate in Grenznähe:

KOLUMBIEN: – Maicao, Calle 17, No. 1o - 69 – Puerto Careño: Calle Orinoco – Barranquilla: Carrera 54, No. 74 - 79, – Bogota: Av. 13, No. 1o3 - 16 – Cucuta: Ecke Av. 5 a mit Calle 15, No. 14 - 87
BRASILIEN: Boa Vista: Rua Cecilia Brasil No. 4o9
TRINIDAD: 3a, Queens Park West, Planta Baja

Weiterhin ein AUSREISETICKET aus Venezuela. Dies kann ein Flugticket z.B. auf der Strecke Caracas – Bogota oder (billiger) Maracaibo – Barranquilla sein. Je nach Interpretation des Grenzbeamten genügt häufig aber auch die Absicht, von San Antonio oder San Cristobal mit dem Colectivo rüber nach Kolumbien zu fahren, in Verbindung mit einem Rückflugticket von einem anderen, südamerikanischen Land nach Europa.

IN DEN BESTIMMUNGEN STEHT: "eine bestätigte Passage der Rückkehr oder der Fortsetzung der Reise in ein drittes Land, in dem der Einreisende seinen Wohnsitz oder Aufenthaltsgenehmigung hat".

Weiter siehe nächste Seite!

VENEZUELA–SCHNELLFINDER:

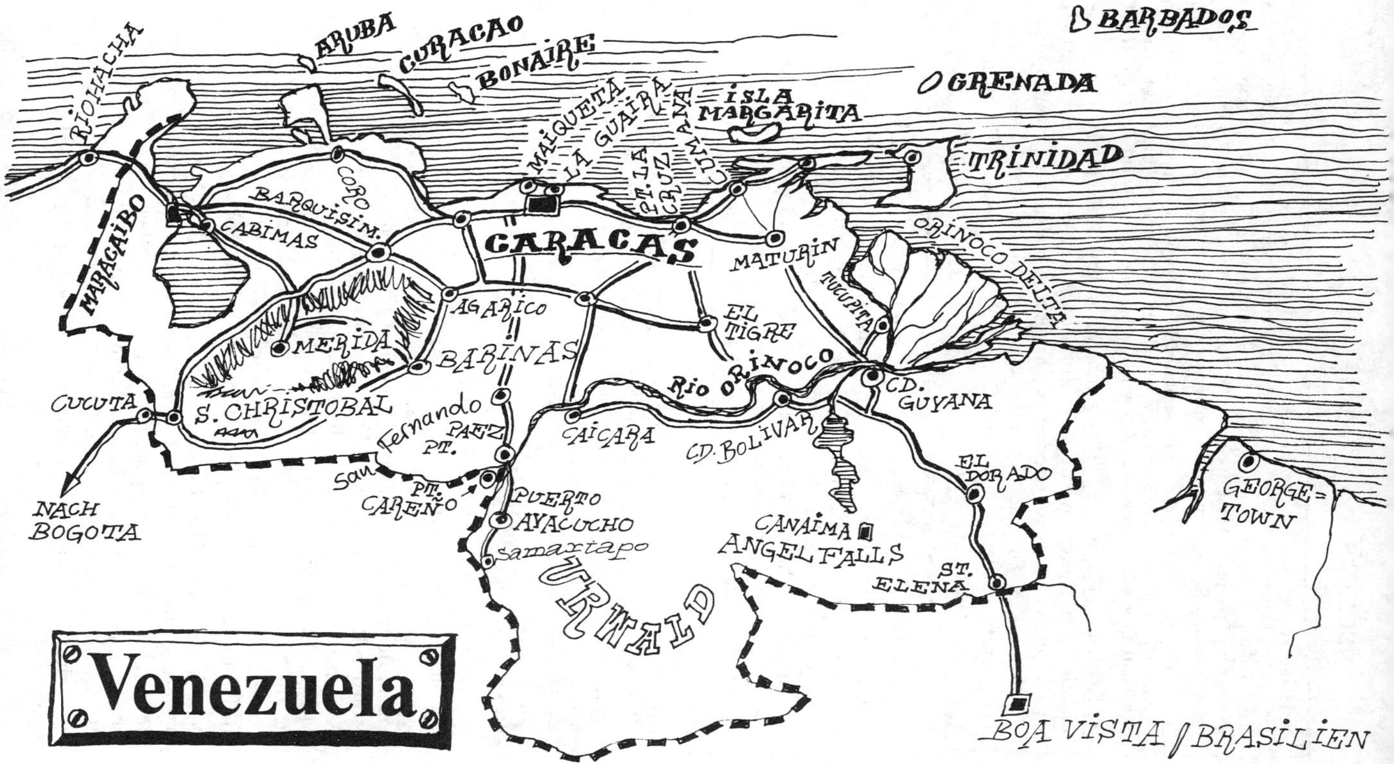

RIOHACHA
ARUBA
CURACAO
BONAIRE
BARBADOS
GRENADA
ISLA MARGARITA
TRINIDAD
MARACAIBO
CORO
BARQUISIM.
CABIMAS
MAIQUETA
LA GUAIRA
PT. LA CRUZ
CUMANA
CARACAS
MATURIN
ORINOCO DELTA
TUCUPITA
AGARICO
EL TIGRE
MERIDA
BARINAS
Rio ORINOCO
CD. GUYANA
CUCUTA
S. CHRISTOBAL
San Fernando
PT. PAEZ
CAICARA
CD. BOLIVAR
EL DORADO
GEORGE=TOWN
NACH BOGOTA
PT. CAREÑO
PUERTO AYACUCHO
samaxtapo
CANAIMA
ANGEL FALLS
ST. ELENA
URWALD
Venezuela
BOA VISTA / BRASILIEN

Nicht immer wird das Ausreise- bzw. Weiterreiseticket kontrolliert. Schwierigkeiten bei der Einreise hatten gemäß uns vorliegenden Leserberichten vorallem Reisende, die wenig kapitalkräftig aussehen. In jedem Fall beim Grenzübergang: Tip- Top angezogen, kurze Haare, kein Tramperrucksack (assoziert "Billigtourismus"), sondern Reisetasche oder seriöser Koffer. Keine Turnschuhe,-sauberes Hemd, bzw. Bluse.

Wer auf Nummer Sicher gehen will, besorgt sich ein Flugticket auf der Strecke Caracas–Bogota; kann jederzeit bei Nichtbenutzung bei der ausstellenden Airline gegen Cash zurückgetauscht werden. Aufpassen, daß unten rechts im Coupon nicht steht"no refund"!

WER sich an die Spielregeln hält: im Normalfall problemlose Venezuela-Einreise. Der Konsul in Boa Vista/Brasil (vergl. unsere 5. Auflage!) ist übrigens abgelöst. Das, vom Grenzer bei der Einreise abgestempelte Duplikat der "Tarjeta de Turismo" ist aufzubewahren und bei der Ausreise vorzulegen. Trotzdem leider immer wieder auf Nebenübergängen Probleme!

Alternative TRANSIT. Gültig 72 Stunden, selbe Voraussetzungen wie oben.

WÄHRUNG:  **venezuelanischer Bolivar**

Stabiler, als viele andere südamerikanische Währungen. Am besten tauscht man mit US $ Noten (Cash). Günstige Wechselkurse derzeit im Maiquetia Airport , in Caracas bei "Italcambio". Schwarzmarkt existiert. Mal gespannt, wie die Sache bei der neuen, sozialistischen Regierung weitergeht, auch bei der zu erwartenden Benzinpreis Steigerung. – Schweizer Franken oder DM in Caracas möglich zu tauschen, – auf dem Land schwierig.

KARTEN:

Gut: die "Maraven"- Venezuela Karte. 1 : 1 Million. Erhältlich bei (nicht allen) Maraven- Tankstellen. Mit Darstellung der Gebirgszüge. Bezüglich der Hauptstraßen: o.K., bezüglich Nebenstraßen oft als "befahrbar" eingezeichnet, die dann praktisch einen Jeep oder hochachsigen LKW benötigen.

Verbindungen:

NÖRDLICH DES RIO ORINOCO:

ein relativ dicht ausgebautes Straßennetz mit täglichen Busverbindungen auf fast allen Strecken. Der BUSTERMINAL von CARACAS gehört zu einem der größten des südamerikanischen Kontinentes!
Auf den Hauptstrecken verkehren moderne Pullman- Busse mit allem Komfort, die durchaus deutschem Standart vergleichbar sind! Von MATURIN in der Nähe von Trinidad bis SAN CRISTOBAL an der Grenze zu Kolumbien kommt ihr mit Umsteigen in Caracas in einer Nacht und einem Tag. – Ähnliche Zeiten auch auf der Strecke: RIOHACHA/kolumbianische Küste – Maracaibo – Caracas – MATURIN.

Fahrpreis: Maturin bis San Cristobal: ca. 3o - 4o DM.
Unterwegs hält der Bus alle 3 - 4 Stunden an Rasthäusern entlang der Strecke, damit sich Fahrgäste und Busfahrer strecken können, und der Rasthausbesitzer seine pampigen Maisbrötchen loswird. . .
Bezüglich Klauen (z.B. auch in Bussen) ist Venezuela relativ ungefährlich. Ich selbst habe mich nachts hinten im Pullman quergestreckt und, – die

Kamera offen auf dem Schoß, gepennt! Nachträglich gesehen: ein Leichtsinn, aber in Venezuela durchaus möglich. –

(= por puesto)

Ergänzend zu den Bussen fahren auf allen Strecken COLECTIVOS, das sind US - Straßenkreuzer, die bunt zusammengewürfelt 5 - 6 Per= sonen zu etwa dem doppelten Buspreis transportieren und etwas schnel= ler am Ziel ankommen. Zeitlich meist nur wenig Gewinn, aber in Er= wägung zu ziehen, wenn der nächste Bus erst in mehreren Stunden abfährt, oder voll ist. – Die Colectivo- Linien haben, wie die Busse eine eigene Office, und es empfiehlt sich, rechtzeitig zu buchen! –

SÜDLICH DES RIO ORINOCO:
wechselt die flache venezuelanische Savanne in dichten Amazonas - Urwald über (Gebiet um Puerto Ayacucho bis runter an die brasilian. Grenze), – vereinzelt durchsetzt von Savanneninseln ("Gran Sabana" oberhalb des Grenznestes St. Elena an der Piste nach Boa Vista/Brasilien)
Einzigste durchgehende Piste in diesem Gebiet: ab CD. GUYANA über El Dorado und St. Elena(Grenze) nach BOA VISTA/Brasilien. Busse fahren hier bis El Dorado, Rest per LKW oder Jeep an die Grenze, bzw. ein landschaftlich ganz fantastischer Aeropostal- Flug ab Cd. Guyana bis Santa Elena/Grenze.
Dann gibts noch Stichpisten ins Minengebiet oberhalb von CD. BOLIVAR, – die ANGEL–FALLS sind im Normalfall nur mit Flugzeug zu erreichen (gibt aber auch abenteuerlichen Bootstrip, bzw. außer der Regenzeit eine wilde Jeeppiste).

FLUSSFAHRTEN AUF DEM RIO ORINOCO:
möglich, aber unregelmäßige Abfahrten (da lediglich Frachtverkehr); bequemer auf jeden Fall auf der parallel zum Orinoco verlaufenden Piste von CD. GUYANA über Cd. Bolivar bis CAICARA (täglich Busse!).
Ab hier weiter per Boot oder Aeropostal- Propellerflug nach PTO. AYACUCHO im venezuelanischen Amazonas Department. (Außerhalb der Regenzeit auch über eine wilde Jeep Piste möglich).

FLÜGE IN VENEZUELA:
Dichtes Flugnetz der "Aeropostal" und der "Avensa". Fliegen die Hauptstrecken (auch nach Pto. Ayacucho ab Caracas) mit Jets, die Nebenstrecken in relativ modernen Propellermaschinen. Superbillig. 5oo km für ca. 6o DM! Ergänzend dazu auf Regionalrouten "Aeronaves del Centro" und "Savar".

Auf Grund dieser gut ausgebauten, schnellen und billigen Verbindungen quer durch Venezuela lassen sich schöne Rundtouren auf dem südamerikanischen Kontinent legen, – sowohl quer von den Andenstaaten durch Venezuela in die Guyanas und weiter an die Mündung des Rio Amazonas nach Belem, – oder VENEZUELA als Südamerika- Einstieg (bei günstigen Transatlantiktickets) und z.B. durch die Gran Sabana nach Boa Vista/ Brasilien und weiter über Manaus/Amazonas- Gebiet nach Südbrasilien, – bzw. rüber nach Bolivien. Am besten die

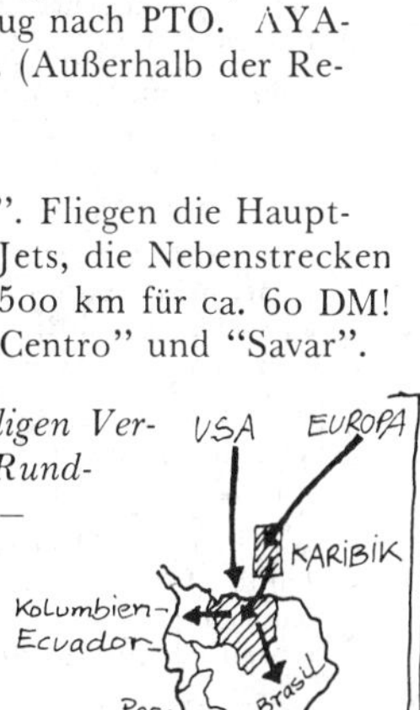

Route nach BAUSTEIN–SYSTEM zusammenstellen:

VON DER KARIBIK DURCH VENEZUELA NACH KOLUMBIEN:

Nach MARTINIQUE oder GUADELOUPE/Karibik mit dem Air- France- Jumbo für ca. 1.35o DM retour ab Paris. Das Ticket gilt 1 Jahr, bei richtiger Wahl des Flugtermins, einer der billigsten Flüge von Europa nach Südamerika! Terminumbuchung möglich, auch Flüge ab Mühlhausen! –

Abgesehen davon einer der schönsten: zunächst 8 Std.- Flug über den Atlantik und sich dann erstmal in tropischer Wärme unter Palmen räkeln und vom europäischen Stress erholen. Excellente Strände und gemütliche Plantagenhotels! Dichte Urwälder an den Inselvulkanen, Kraterlagunen und versteckte Wasserfälle, – das Wasser um 24 bis 26 Grad mit exc ellenten Schnorchelstellen (z.B. Insel Tobago bei Trinidad oder Tobago Keys auf den Grenadinen). Unterm Strich die besten Badebedingungen Südamerikas!

Dann rüber nach Venezuela und rein in's südamerikanische Abenteuer!! –

ALLE DETAILS zur Region Guadeloupe bis Trinidad in meinem 512 seitigen Karibik reiseführer/Band 2 dieser Reihe. 39.8o DM. Bezug siehe Verlagsprogramm am Ende dieses Südamerika- Bandes! Inkl. Infos zu Unterkunft, Stränden, Verbindungen etc.)

(1) **Air France:** fliegt täglich mit Jumbos ab Paris, teils auch Mühlhausen (günstiger für Süddeutsche und Schweizer) rüber in die Karibik. Zielairports sind Guadeloupe und Martinique. Kostenpunkt fürs 1- Jahresticket, wer außerhalb der Hochsaison fliegt, ca. 1.35o DM retour!! Vom Preis unschlagbar, zumal es sich um einen Linienflug handelt, den man umbuchen kann. Der günstige Preis ist möglich, da es sich um einen Inlandsflug handelt, – Guadeloupe und Martinique sind franz. Staatsgebiet.

Wobei Martinique in der Anreise zum südam. Kontinent geringfügig billiger ist, die Insel Guadeloupe aber die schöneren Urwaldlandschaften hat und zudem auf dem Weg in den Süden nach Südamerika die Insel DOMINICA, landschaftlich die schönste und unberührteste der Inselkette! –

Das Air France- Ticket nennt sich "Vol Vacance" , kann bei allen Air France- Büros in Deutschland, Schweiz und Österreich gekauft und vorgebucht werden ab Paris, oder aber in Paris selbst. Es gibt keine Vorbuchungsfristen wie z.B. bei Lufthansa- Holliday-Tickets.

Sowohl vom Preis her, aber auch an Komfort in den Air France Maschinen ein heißer Tip! Zudem sind Guadeloupe und Martinique als franz. EWG- Land und bei derzeit günstigem Wechselkurs DM zum Franz. Franc preisgünstig.

Anschluß nach TRINIDAD (tägl. mit Liat) kostet um die 4oo DM, aber jede Menge Zwischenstops erlaubt unterwegs auf den Inseln! – Der Direktflug rüber nach Caracas/Venezuela ca. 6oo DM.

Der große Vorteil des AIR FRANCE–Tickets ist der günstige Preis bei 1- Jahresgültigekeit, sowie Plus, daß man ab Guadeloupe jede Menge Zwischenstops auf den einzelnen Inseln einlegen kann.

(2) **Caribbean Airways:** zu Zeiten des Billigfliegers Freddy Laker, der Mitte der 7o-er Jahre 55 % der Airline an Anteilen besaß, – der heiße Tip für die Südamerika- Anreise. Kann heute Tip sein, wenn man günstigen Abflugtermin wählt. Kann je nach Abflugtermin und Airport bei ca. 1.35o DM zwischen Brüssel und Barbados retour liegen, gilt aber nur 45 Tage. Wenn die Maschine nicht voll werden, gelegentlich kurzfristige Spezialtarife um1.2oo DM retour. KONTAKT: "Air Charter Market"/6ooo Frankfurt, W. Leuschnerstr. 25. Tel.: (o69) – 257.327o. – Teils auch direkt nach Sta. Lucia, – sowie preisgünstige Studententarife.

(3) **Cubana:** die pro UDSSR orientierte Karibikairline bedient ab Ostberlin oder via Moskau/Prag die Karibik mit Dumpingpreisen, die retour nach BARBADOS oder TRINIDAD retour bei ca. 1.73o DM, bzw. ab Paris bei ca. 1.7ooDM liegen. Dies für ein 1 Jahresticket, das umbuchbar ist, auch Gabelflüge möglich, also hinwärts in die Karibik und retour ab Lima oder Rio! –

Der Flug geht in der Regel via Havanna/Cuba, was Anschlußwarterei bedeuten kann bzw. Zwischenstop möglich. KONTAKT: COR, Hermann Lingg Str. 13, 8ooo München 2, Tel.: (o89)–53o 431

Hinzu kommt die Anreise nach Berlin bzw. Paris, sofern man dort nicht wohnt. Vom Preis her daher die Air France nach Guadeloupe oder Martinique attraktiver. Vorteil des Cubana- Tickets allerdings die Möglichkeit von 1 Jahr gültigen "Gabelflügen" also hinwärts z.B. nach Barbados oder Trinidad und retour ab Lima/ Peru oder Rio/ Brasilien,

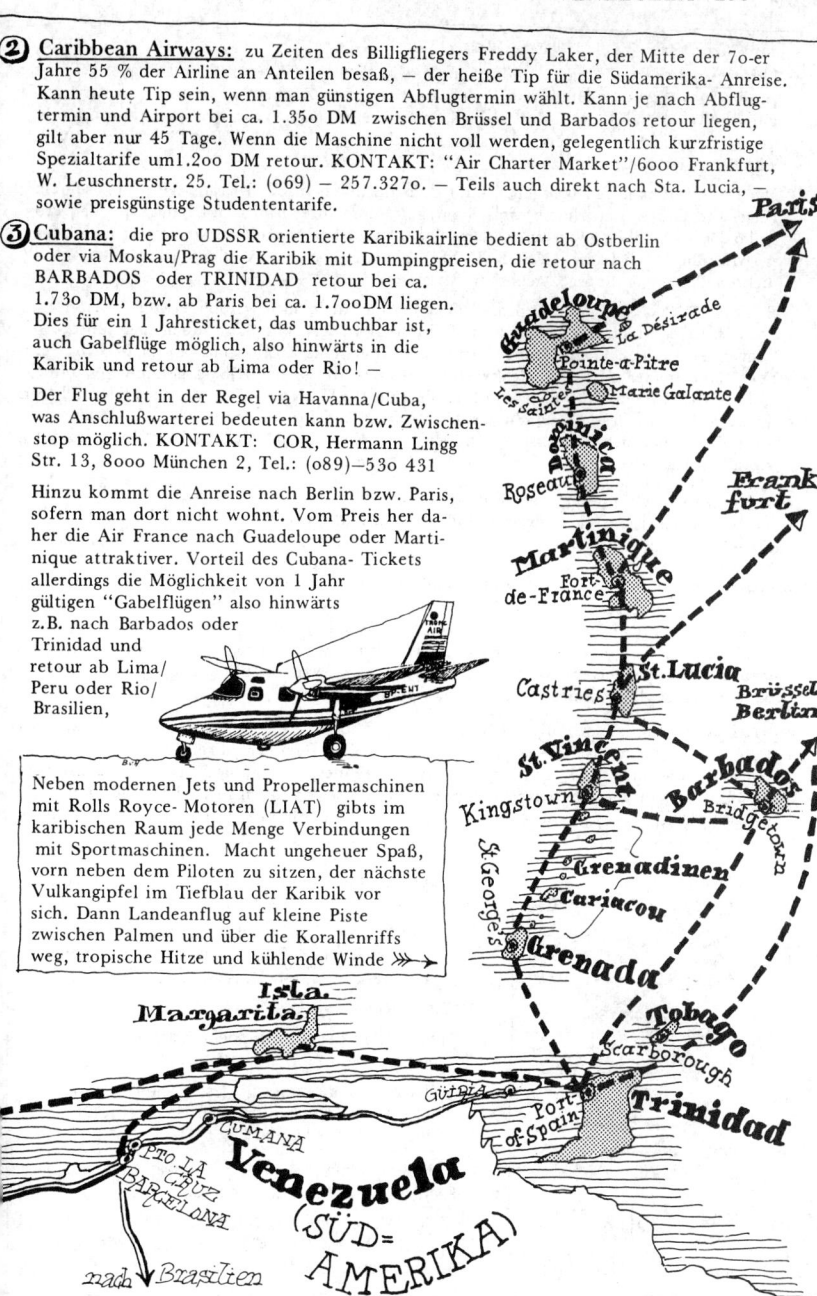

Neben modernen Jets und Propellermaschinen mit Rolls Royce- Motoren (LIAT) gibts im karibischen Raum jede Menge Verbindungen mit Sportmaschinen. Macht ungeheuer Spaß, vorn neben dem Piloten zu sitzen, der nächste Vulkangipfel im Tiefblau der Karibik vor sich. Dann Landeanflug auf kleine Piste zwischen Palmen und über die Korallenriffs weg, tropische Hitze und kühlende Winde ⋙→

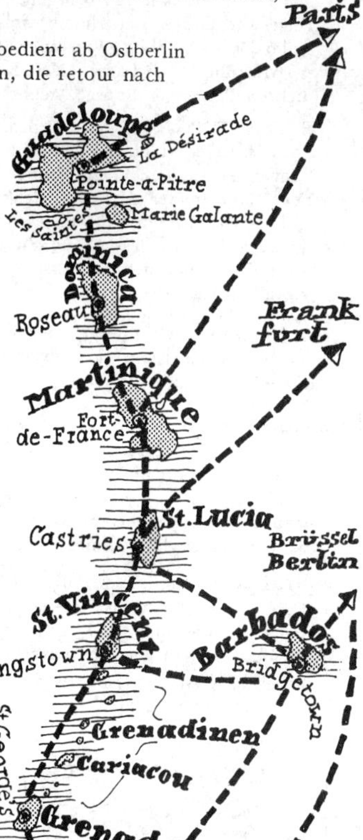

vom Meer. Rein ins badewarme Wasser!! –

✱ **Guadeloupe:** großartiger Landeanflug nach 8 Std. - Transatlantik mit dem Air France Jumbo und tropische Hitze und Düfte von der nahen Zuckerrohr- Fabrik. Im Airport gibts PKW- Vermietung. Lohnt sich, da preisgünstig, auch wenn der Inseltransport o.K. ist, der aber nicht die interessantesten Bereiche, – so Urwald- Wasserfälle um den Vulkan/Basse Terre erreicht.

Die Luxushotels liegen weitgehend auf dem flacheren Inselteil Grand Terre mit seinem Hügelland und weiten Zuckerrohr- Plantagen. Vom Inselairport gibt häufig am Tag Propellerflüge sehr billig rüber nach Marie Galant und La Desirade. Besonders lohnend der Airtrip rüber nach ILES LES SAINTES, Mini- Eiland mit excellenten Stränden, dichten Bergen und ausgezeichneten Stränden.

BASSE TERRE auf der Hauptinsel Guadeloupe mit dem urwaldbedeckten Vulkan Soufriere. Jede Menge Wasserfälle in dichten Urwäldern mit Baumriesen und runterhängenden Lianen. Es gibt einen Urwaldpool, der links Zufluß mit kaltem Bach hat und rechts mit heißer Termalquelle (wie Badewannen- Wasserhahn!)Sehr gemütliches und billiges Hotel oben am Vulkan, mit Trails zum Gipfel, Vielfalt an Moosen, Gummibaum Feldern, Lavaausflüssen und Fumarolen.Andere Transinsular Trails führen quer über Basse Terre und gehören zu den schönsten der Karibik und Südamerikas! Excellente Korallenriffs! Alle Details in meinem Karibikband!

✱ **Martinique:** ist lohnend, auch was gemütliche Plantagenhotels betrifft (z.B. "Plantacion de Leyritz), hat gute Strände und viel Karibikflair, landschaftlich lohnender jedoch Guadeloupe.

✱ **Dominica:** landschaftlich definitiv Bonbon! Unberührte Urwälder an fast senkrecht aus dem Meer aufsteigenden 1.5oo m hohen Vulkanen. Mit dichten Lianen, Farnen und Urwaldbäumen bewachsen. Die Wenigen Inselpisten gerade VW- breit, – versteckte Plantagen, als Übernachtung saugemütlich. Im Urwald smaragdgrüne Pools, in denen man baden kann und ein kochender Kratersee. Wer Natur liebt: unbedingt einbauen,– habe selten sowas schönes in Südamerika gefunden!! –

✱ **St. Lucia:** ähnlich wie die Nachbarinseln mit hohen Vulkanen und dichten Urwäldern Lohnend ist das Mietfahrzeug, um im Inselerkunden flexibler zu sein. Supergemütliche Hotels, wobei nicht das "La Toc oder das Steigenberger Cariblue gemeint ist, sondern kleinere Sachen wie am Marigot- Bay, die wie Privatpensionen in Castries nur einen Bruchteil kosten und ein Vielfaches an Flair bringen. Als Insel sehr lohnend, wenn man weiß, wo man schläft!! –

Während BARBADOS eine typische karibische Klischee - Insel ist mit wiegenden Palmen und Gold-Sandstränden, sowie Luxushotels allen Komforts: vorwiegend für Baden und Braunwerden in exotischer Um=gebung hat GRENADA oder ST. VINCENT bzw. TRINIDAD und TO=BAGO wilde Tropenlandschaften mit dichtem Dschungel, Orchideen und versteckten Wasserfällen, sowie Vulkanen und traumhaft schöne Landschaften! Die Karibik hat durchweg europäisches Preisniveau (Hotel ab 15 DM, allerdings sehr "basic" und ab 25 DM einigermaßen passabel); trotzdem kann ich jedem empfehlen, hier sich nach dem hektischen Europa einige Tage unter Palmen und Kokos=nüssen zu erholen und für den rauhen Südamerika - Trip vorzubereiten!–

★ Barbados: die Caribbean Airways, die einen aus Europa nach Barbados bringt, landet am frühen Abend auf dem "Sewell- Airport". Und die meisten Maschinen Richtung Süden (Grenada, St. Vincent, Trinidad, Venezuela) fliegen erst am nächsten Morgen.

Billige und sehr saubere Übernachtung im "Fairholm Hotel" für ca. 25 DM/Person während der Saison (ca. Dez. bis März), sonst ca. 18,– DM. Gemütlicher, tropischer Garten mit Palmen und Swimmingpool, 100 m zum Strand und bequem mit dem Bus, der vor dem Airport vorbeifährt, zu erreichen.

Für Billigübernachter: Ganz gut das Youth Hotel (nennt sich auch Yoga Center) am Accra Beach und kurz vor Bridgetown, ca. 7,– DM/Nacht. – Alles weitere, auch zu anderen preisgünstigen Hotels, aber auch Mittel- und Luxusklasse im großen KARIBIK-BAND! –

TIP: "Caribbean-Holydays"/Arnulfstr. 44, 8000 München, bietet in preisgünstigen Pauschalarrangements günstige Transatlantik-Flüge auf Linienmaschinen + günstige Hotelübernachtungen an. Sowohl im Billig- wie auch Luxussektor. Anruf lohnt sich! Spezielles Problem schildern, auch bezüglich Weiterflug nach Südamerika.

BARBADOS – TRINIDAD: Täglich mit Jets (z.B. der BWIA) oder den Propellermaschinen der LIAT, die sämtliche zwischenliegende Inseln anfliegt, ca. 100 US $ einfach. Achtung: Die einzelnen caribischen Inselrepubliken verlangen für die Einreise ein Weiterflug-Ticket. Daher vorab für den Flug ab Trinidad nach Venezuela sich bei einer IATA-Airline (z.B. Britisch Airways/Barbados oder Air France/Guadeloupe) das Ticket besorgen. – Achtung: Spezielle Bedingungen bei LIAT-Flügen, Details siehe KARIBIK-BAND!

★ St. Vincent: Eine der schönsten Inseln auf dem Trip Richtung Südamerika. Der riesige, von tropischen Urwäldern bewachsene Inselvulkan hat in seinem Innern eine Kraterlagune. Trail rauf, Details siehe KARIBIK-BAND, dort auch Tips zu preiswerten Hotels und Schnorchelgebieten an vorgelagerten Korallenriffs. – Mit Sportflugzeugen via Grenadinen oder mit dem einmal wöchentlich verkehrenden Schiff nach

★ Grenada: Landschaftlich großartig, dichte Urwälder um die Inselvulkane, versteckte Wasserfälle, gemütliche Hotels. Riesenportionen von 1,5 kg Hummer für ca. 15,– DM in Restaurants von St. Georges/Inselhauptstadt.

★ Trinidad: Südamerika vorgelagert, mit dichten Urwäldern, an den Northern Ranges und schönen Stränden, – das Bonbon liegt jedoch auf der Nachbarinsel TOBAGO (per stündlichem Flug oder einmal täglich per Schiff zu erreichen). Traumhaft schön: Schnorcheln über den Bucoo-Reef. Jede Menge Tropenfische im glasklaren Wasser und in Griffnähe (UW-Kamera mitbringen!) – Der andere große Schnorchel-Tip sind die TOBAGO-CAYS vor Palm Island in den Grenadinen, Details siehe KARIBIK-BAND!

Wer sich Übernachtungskosten auf Trinidad sparen will: PKW mieten (ca. 30,– bis 40,– DM pro Tag) und am Strand pennen. Den PKW braucht man sowieso, um flexibler reisen zu können, allerdings Vorsicht in den Industriegebieten der Insel, z.B. San Fernando oder Port of Spain, der Inselhauptstadt. – Großartig: die Steel-Bands der Insel, wo oft 50 oder mehr Mann live auf den Benzinfässern üben.

ANSONSTEN: im Airport ist eine Tourist Office, die über Hotels informiert. Heißer Tip ist das "Mt. Benedict Guest House". Herrliche Ruhe und Harmonie nach dem quirligen Port of Spain, oberhalb von Tunapuna gelegen (Serpentinenstraße. Zu Fuß über Abkürzungen ca. 1/2 Std. rauf). Kloster und Schule und herrlicher, weiter Blick über die Caroni Tiefebene und das Meer. Nur 1o Zimmer, einfach, aber sauber, wobei einige vorn rausgehen und Bad haben, die meisten aber nur gemeinsame Toilette und Waschgelegenheit auf dem Gang. –

Kolonial Architektur am Savannah-Park / Port of Spain Trinidad

Von Trinidad nach Venezuela:

Unregelmäßig fährt ein Personen/PKW- Frachter von Port of Spain rüber nach GÜIRIA auf der venezuelanischen Halbinsel Paria. Kostet runde 18o DM für Auto + 1 Person. Abfahrten je nach Frachtbedarf, manchmal auf Wochen eingestellt.
Normalerweise aber 1 x/Woche.

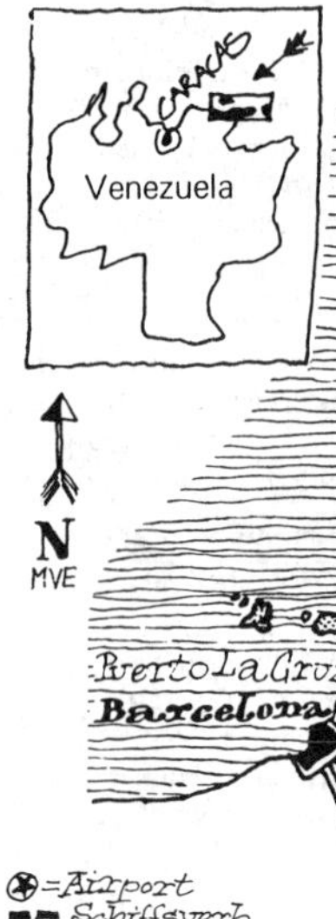

FLUG: 2 - 3 mal pro Woche mit "Aeropostal"- Jet von Trinidad/Piarco-Airport rüber nach Porlamar/Isla Margarita, Venezuela. Der knapp 4o Min.-Flug kostet one way ca. 15o DM, bis Caracas ca. 235 DM.

FRÜHZEITIG reservieren! Seit die Preise in Venezuela sehr billig geworden sind: eine sehr attraktive Urlaubsvariante für die reichen Geschäftsleute von Port of Spain. Früher flog die Aeropostal Port of Spain – Maturin, vergl. unsere frühere Südamerika- Ausgabe! Landschaftlich ein wesentlich attraktiverer Flug übers Orinoco- Delta. Kann sein, daß bei zu erwartendem "Anziehen" der Preise in Venezuela später wieder Maturin angeflogen wird.

Für Südamerika- Rundtrips via Karibik & Venezuela egal, ob Maturin oder Porlamar. Beide mit tägl. häufigen Verbindungen nach Caracas aber auch in die anderen Landesteile. Details zu "Islas Margaritas" und "Maturin" siehe dort!

WER via Guadeloupe/Karibik einsteigt und knapp mit Zeit ist: zu überlegen, ob man gleich bis Caracas durchbucht. Allerdings nicht billig: das one-way Martinique–Caracas kostet ca. 44o DM (Excursion/17 Tage ca. 6oo DM, selbst Tickets ab Guadeloupe + ca. 2o DM). Die Strecke Barbados – Caracas (täglich Flüge!) im one-way ca. 4oo DM. Bei diesen Preisen wirklich günstiger: mit Liat ab Guadeloupe bisTrinidad und dort mit dem Aeropostal rüber nach Venezuela. – TIP: innerkaribische Flugtickets in Guadeloupe oder Martinique kaufen bei derzeit sehr günstigem Franc–DM- Wechselkurs. Gilt auch für Venezuela.

Venezuela/Nordosten:

Zwischen BARCELONA und CUMANA die besten Strände Venezuelas: häufig Sandbuchten, von Palmen umstanden. Viele vorgelagerte Inseln mit optimalen Schnorchel und Tauchmöglichkeiten.

* Güiria: verschlafenes Fischernest mit viel Karibik- Flair. Hafen für das Trinidad- Boot. Braunschlammiges Orinoco- Mündungswasser. Kleinere

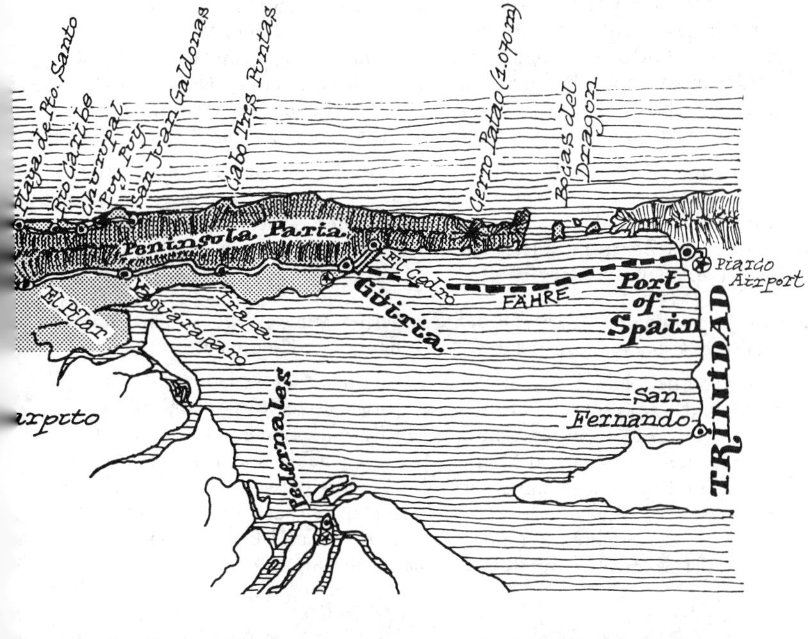

Werften für Holzboote. Die großen Zeiten für Güiria sind vorbei: bis zum Beginn der 50-er Jahre wichtiger Anlegepunkt für Transatlantikdampfer den Rio Orinoco aufwärts, – als es innerhalb Venezuelas ein nur ungenügendes Straßennetz gab und das Land per Schiff erschlossen wurde.

Viele Schmuggelboote rüber nach Trinidad, die auch Leute mitnehmen. Legal nur der, 2 Seiten vorher erwähnte Frachter, der ca. 5 Std. bis Port of Spain braucht. Infos über Abfahrten in der Capitania am Hafen! Pro Person ca. 20 US$

Übernachtung: "Hotel La Fontana"/Car. Bolivar, ca. 6 US $, – "Miramar"/Calle Yuripia Nr. 3, ca. 6 US $, – selbes Preisniveau "Oriente"/Calle Valdes Guiria und "Plaza"/Calle Bolivar Nr. 16.

Flug: Mit dem LAV- Propeller täglich von Güiria rüber ins Orinoco- Delta nach Tucupita (ca. 10 US $), sowie rüber auf die Isla Margarita (ca. 8 US $).

Bus: rund 750 km nach Caracas. Täglich Busse, ca. 16 Stunden. Via Carupano (3 Std.) und Cumana (ca. 6 Std.). Kostet bis Caracas ca. 8 US $. Besser unterwegs Stop!

Boot: Viele der kleinen Fischernester an der Paria- Halbinsel sind nur per Boot zu erreichen. Teils excellente Strände, aber keinerlei Unterkunftsmöglichkeiten. Schlafen am Strand. Es gibt sowohl reguläre Boote, die die Fischernester abfahren (ca. 50 Pfennige pro 2 Std.- Trip/Person), aber auch sogenannte "expresos" oder "rapidos", die sofort zu jeder gewünschten Stelle starten und pro Std./Boot ca. 10 US $ verlangen.

→ *Für SÜDAMERIKA–ABENTEURER: interessante Querverbindung nach Brasilien. Wer das billige Fährboot ab Trinidad nach Güiria bekommen hat: rüber mit Boot oder LAV-Propeller ins Orinoco- Delta und von dort/Tucupita per Bus nach Cd. Guayana mit Weiterfahrt/bzw. LAV-Propellerflug durch die Gran Sabana nach Brasil! Details siehe dort!*

GÜIRIA → BARCELONA: die gut asphaltierte Straße verläuft südlich der gebirgigen und dicht tropisch überwucherten Gebirgskette der Paria-Halbinsel (Fortsetzung der "Northern Ranges" von Trinidad). Dichte Urwälder, mannshohe Farne und kaum erschlossen. Trails führen rüber an die karibische Küste. Die Asphaltpiste geht durch endlose Cocosnuß- Plantagen die das ganze Jahr über geerntet werden. Parallel Cafe- und Kakao- Anbau.

✶ **Carupano:** 6 Std. per Bus ab Güiria, an der karibischen Küste. Wichtigster Kakao- Ausfuhrhafen Venezuelas, Mitte des 17. Jhd. gegründet. Viel angenehmer Provinzflair einer Karibiksiedlung bei 60.000 E. (Übernachtung: "Lilma" im Zentrum, mittel). Während der Saison Bootsverbindung rüber nach Porlamar/Isla Margarita.

✶ **Cumana:** im Jahre 1515 von den Spaniern gegründet und eine der ältesten Städte des südam. Kontinentes. Noch heute viel Kolonialatmosphäre.

Schöner Blick vom Fort San Antonio oberhalb des Zentrums auf die Stadt und das karibische Meer, sowie vorgelagerte Wüstenhalbinsel Araya. Das Fort wurde 1660 als Schutz gegen Karibik- Piraten angelegt. – Im Museo Sucre (im Consejo Municipal) alte Gemälde und Dokumente von Bolivar und Sucre. – Cumana ist mit 175.000 Einwohnern heute die zweitwichtigste Stadt an der venezuel. Nordostküste (nach Pto. La Cruz/Barcelona), auf der anderen Seite des Flußes: Markt und Geschäftsviertel. Um die Stadt: Steinwüste mit Kaktus. Die besten Strände liegen südlich.

Übernachtung: Top: "Cumanagoto", mit SW- Pool, ca. 18 US $ fürs Doppel. – "Los Bordones", moderner Betonkasten, wenig attraktiv von Optik wenn auch viel im Angebot (Cinema, TV, Drug Store, Pool etc.), ca. 2o US $. – Ein ganzer Schwung billiger Stadthotels im Zentrum, die im Bereich 4 US $ fürs Doppel liegen.

Flug: Airport am Ortseingang, Av. Universidad. Mehrmals täglich mit Avensa und Aeropostal rüber nach Porlamar (ca. 5 US $), sowie nach Maiquetia/Caracas (ca. 14 US $).

Bus: Häufig am Tag nach Caracas, ca. 6 - 7 Std., 4 US $. Sowie tägl. nach Güiria/6Std.

Schiff: während der Saison mehrmals (sonst tägl) rüber nach Porlamar/Isla Margarita. mit "Conferry". Auch PKW- Transport. Rund 5 US $ pro Person.

✶ **Araya- Halbinsel:** definitiv Wüste, hügelig mit Erhebungen im Osten bis zu knapp 6oo m. War im 16. Jhd. wichtigster Salzlieferant Venezuelas. Die Salzlagune liegt beim Dorf ARAYA (per Boot ab Cumana zu erreichen). Einsame Wüstenstrände mit vielen Muscheln und Fort aus dem 16. Jhd. Guter Sonnenschutz nötig bei glühender Hitze!

Ab Cariaco gibt es auch eine Wüstenpiste quer über die Halbinsel nach Araya, die aber nur mit Jeeps befahbar ist, knapp 1oo km. Zwischen Cariaco und Araya keinerlei Tankmöglichkeit!

Die SALZGEWINNUNG liegt heute in Händen der staatlichen ENSAL bei einer Jahresproduktion von rund 12o.ooo Tonnen. Besichtigung möglich, allerdings vor 14 Uhr. Im ENSAL- Camp kleines Guest House, das auch von Nicht-ENSAL-Angestellten benutzt werden kann, allerdings Voranmeldung bei ENSAL.

Cueva del Guacharo: riesige Tropfsteinhöhle mit Nestern des Guacharo- Vogels. Interessanter Abstecher ab Cumana ins Landesinnere.

Die Höhle war bereits den spanischen Conquistadores bekannt, wurde vom deutschen Forscher Alexander von Humboldt1799 erforscht und gilt heute als größte

Cueva del Guacharo. – GRAPHIK: Alexander von Humboldt bei wissenschaft. Arbeiten in Venezuela

bekannte Höhle Venezuelas. Ohne eigenes Auto ab CUMANA per Bus zu erreichen. Kostet ca. 2 US $ einfach. Nehmt ab Busterminal den frühesten Bus Richtung Caripe, Abfahrt gegen 7 Uhr morgens. Sagt dem Busfahrer Bescheid, daß ihr an der Höhle raus wollt. Die Höhle liegt in der Nähe der Straße. Ankunft ca. 1o Uhr. Am besten bittet ihr den selben Busfahrer, daß er euch auf der Rückfahrt an der Höhle wieder aufpickt. Er fährt in Caripe etwa gegen 14 Uhr ab und ist dann an der Höhle gegen 14.15 Uhr.

Freier Eintritt in die Höhle, aber man muß einen Führer mitnehmen, der etwa 1 - 2 US $ (nach der Führung!) in die Hand bekommt. Hat eine Funzel dabei; früher war Beleuchtung im Höhlensystem installiert, aber das Licht vertrieb viele der Guacharo-Vögel. Warme Sachen anziehen, in der Höhle ist es sehr kalt! Fotographieren (Blitz) verboten.

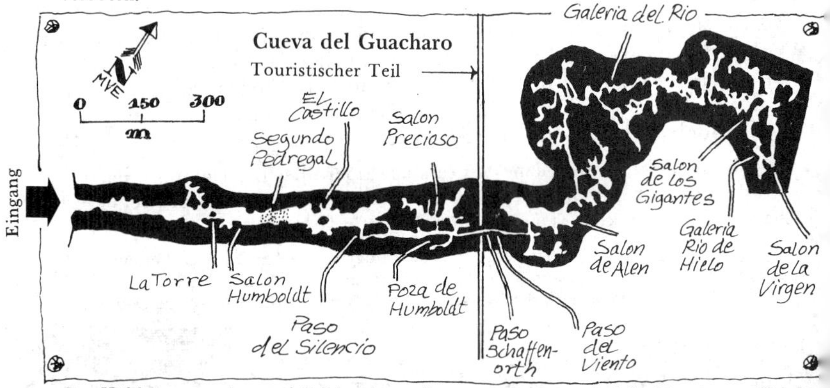

Das Höhlensystem ist rund 9,5 km lang, die ersten 1.o4o m sind für Touristen offen. Riesiger Eingang, dann durch den 75o m langen "Humboldt Tunnel". In den Tropfsteinhöhlen hausen tausende von Guacharo- Vögeln, eine Art Ölvogel, die blind sind, aber ein ausgezeichnetes Radarsystem besitzen à la Ultraschall, nach dem auch die Fledermäuse fliegen. Die Guacharos fressen eine kastanienähnliche Frucht, deren Kerne unverdaut auf den Boden fallen, und ihr lauft wie auf Kautschuk. An feuchten Stellen sprießen ganze Wiesen aus milchig weißen Gräsern aus dem Höhlenboden. Außerdem ist ein sagenhaftes Geschrei in der Höhle.

Nach mehreren Überquerungen des Wasserlaufes in dem Höhlengang und rund 3oo m ab Eingang: am La Torre vorbei, einer riesigen Stalagmittennadel, die sich bis fast zur schrägen Höhlendecke emporstreckt. Nochmals Überquerung des Wasserlaufe s und anschließend über einen steilen und schlüpfrigen Anstieg (segundo pedregal) zwischen Felsbrocken rauf zum Castillo. Durch den Paso del Silencio (Durchgang der Ruhe), – keinerlei Vogelgeschrei mehr, da diese hier nicht mehr nisten, – und einen 2oo m Gang in den hintersten, für Touristen begehbaren Teil (km 1 ab Eingang): SALON PRECIOSO mit schönen Stalagtitten und Stalagmittenformationen. Ende der tourist. Sektion.

Hier beginnt eigentlich erst der interessanteste Teil der Höhle. Der Flußlauf muß in einem Siphon durchtaucht werden (Paso Schaffenorth und Paso del Viento). Speleologische Ausrüstung notwendig (Unterwasserlampen, sowie Seil für den anschließenden Höhlenteil). Erstmals 1946 betreten. Eisig kaltes Wasser! Danach 8o m schlüpfriger Aufstieg (Seil) zum SALON DE ALEN, dem mit Abstand schönsten Teil der Höhle.

Für den touristischen Teil reichen 2 Std. Alleinreisende Frauen berichteten von Belästigungen durch die Höhlenführer im hinteren Teil. Im Ort CARIPE: einfache Unterkunftsmöglichkeit, ein kleines Museum (Museo Alejandro de Humboldt) mit alten Karten und Illustrationen des Forschers, sowie Informationen über die Cueva del Guacharo. – Der Ort liegt runde 9oo m hoch. An den Hängen der Umgebung Anbau von Zitronen, Yuca, Kaffee und Orangen. Busverbindung auch rüber nach Maturin.

✈ **Cumana »→ Puerto La Cruz/Barcelona:** 8o km, häufig am Tag Busse. Eine der interessantesten Küstenstrecken Venezuelas. Das komplette Gebiet südlich von Cumana bis Puerto La Cruz ist National- Park mit unzähligen vorgelagerten Inseln und optimalen Schnorchel und Tauchmöglichkeiten.

Teils wüstenartiges Hügelland, teils ausgezeichnete Sandstrände mit Cocosnuß- Palmen. Bester: PLAYA COLORADO, rund 3o km vor Puerto La Cruz. Am Wochenende Möglichkeit, sich hier ein Boot zu den vorgelagerten Inseln zu mieten. Camping erlaubt.

✈ **Puerto La Cruz/Barcelona:** 285.ooo Einwohner- Konglomerat, das langsam zusammenwächst. Airport: südlich von Barcelona mit mehrmals täglichen Flugverbindungen nach Porlamar/Isla Margarita, sowie nach Maiquetia/Caracas. – Der Hafen in Puerto La Cruz mit mehrmals täglichen Fährverbindungen rüber nach Isla Margarita (ca. 4 Std., 5 - 6 US $ pro Person je Klasse, auch PKW- Transport).

BARCELONA (ca. 11o.ooo E.), eine angenehme Stadt mit noch einigen Kolonialgebäuden im Zentrum – Casa Fuerte, früher Franziskaner Convento an der Hauptplaza über 1 Block. – Museo de la Tradicion, Plaza Boyaca. Gebaut 167o (eines der ältesten Gebäude der Stadt) , wurden hier im 17. Jhd. jeden Sonntag Sklavenauktionen abgehalten. Heute vorwiegend religiöse Objekte aus der Region. Interessant: die koloniale Küche. Offen tägl. – Casa de la Cultura: gut restauriertes Kolonialhaus mit Gemäldeausstellungen.

PUERTO LA CRUZ: wichtiger, venezuelanischer Erdöl- Aufuhrhafen mit Raffinerien. Die stark expandierende Stadt (derzeit ca. 175.ooo Einwohner) ist touristisch wenig interessant. Bei allen Hafenaktivitäten entwickelte sich parallel im Vorort LECHERIA eine umfangreiche Tourismus- Industrie, die durch die excellenten Wassersportmöglichkeiten auf den vorgelagerten Inseln begünstigt wurde.

Hotels: Top das "Melia" (venezuelan. Besitzer), innen Luxus, außen steril.Ac, Pools, Tennis mit Nachtbeleuchtung. Paseo Colon, 4o - 8o US $ je nach Zimmer, – "Doral Beach", moderne, von äußerer Architektur einfaltslose 2 stöckige Häuser, Doppel ca. 25 US $, Av. Am. Vespucio, – "Riviera" Paseo Colon, 8 Stock, 45 Zimmer, Doppel ca. 15 US $, – "Neptuno", selbe Preisklasse und Lage, gut. – Billigere im Ort, insbesondere auch drüben in Barcelona. Bestes hier "Barcelona" BJ. Ende 6o-er Jahre sehr zentral gelegen, ca. 8 US $ fürs Doppel und Tip! – Barcelona selber mit breiterer Palette an Billighotels als Pto. La Cruz.

Wassersport: Pto. La Cruz ist Ausgangspunkt für Tauchtrips vor den Inseln. Nachfüllung von Tanks bei "Crysa", Calle Libertad/Arismendi in Pto. La Cruz. Auch Vermietung von Ausrüstung und Tips, wo die besten Stellen sind.Beste Monate Juli bis Januar. Boote zu den Inseln ab Paseo Colon auf Stundenbasis.

Die venezuelanische Nationalstraße 9 nach CARACAS verläuft ab Barcelona zunächst an der Küste und biegt dann landein und trifft bei GUATIRE auf eine Schnellstraße die letzten Km bis Caracas. Tägl. viele Busse, die ab Barcelona runde 5 Std. bis Caracas brauchen (ca. 3 US $).

Isla Margarita:

Feriengebiet Nr. 1 für Venezuelaner innerhalb des Landes. Teils schöne Strände, so der Playa El Agua nördl. von Porlamar. Aber insgesamt kein

Vergleich zu Top- Sachen in der südl. Karibik wie z.B. TOBAGO . . .

Die MARGARITA- INSELN sind seit 197o Freihandelszone und beliebtes Wochenend- und Feriengebiet der Venezuelaner. Dementsprechend viel Rummel, – vorallem in Porlamar. Die Pullman- Busse karren jeden Tag Hunderte von Venezuelanern rüber, die dann die Koffer voll von Whisky, aber auch in Kartons TV's und Hifi- Anlagen wieder zurück aufs Festland schleifen.

PORLAMAR: Hauptort (ca. 5o.ooo Einwohner), modern, das Zentrum voll von Shops (Bereich Plaza Bolivar, Calle Igualdad bis Zamora), Restaurants und Hotels (Bereich Playa Bella Vista), der aber reichlich schmutzig. – Der Nachbarort PAMPATAR: kleiner aber nach selbem Strickmuster: Shopping + Baden. (6 km, viele Colectivoverbindungen).

LA ASUNCION ist mit nur 9.ooo Einwohnern Inselhauptstadt, hat noch einige Kolonialgebäude und Colectivoverbindungen rüber nach Porlamar.

Als beste Inselstrände gelten EL AGUA und MANZANILLO (19 km von Porlamar, Minibusverbindung), – JUANGRIEGO ist Ausweichquartier zu Porlamar/Pampatar, eine weitgestreckte Sandstrandbucht mit Fort, schattenlos, Hotels.

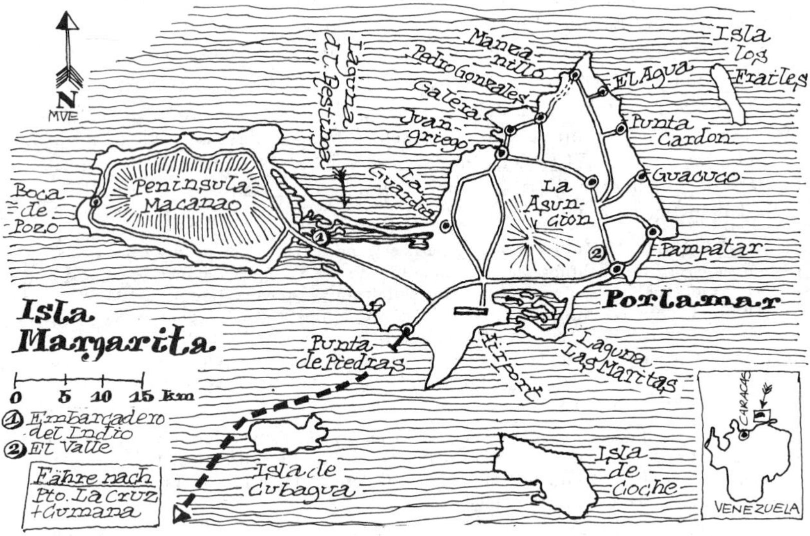

Touristische Hauptattraktion: LAGUNA LA RESTINGA, Nationalpark. Eine Meereslagune mit Mangrovenkanälen, die mit Booten befahren werden (ab Embarcacion del Indio/Straße nach Peninsula Macano).

Flüge: während der Saison, aber auch am Wochenende alle halbe bis ganze Stunde zwischen Maiquetia/Caracas und Isla Margarita. Der 5o Min. Flug kostet ca. 14 US $

Weiterhin täglich ab der Insel rüber nach Cumana, nach Barcelona, Barquisimeto, Güiria, Maturin und Tucupita. – Internat. Verbindung 2 - 3 mal/Woche mit dem

Aeropostal- Jet für ca. 45 US $ rüber nach Trinidad.

Der Aeropuerto Internacional del Caribe liegt an der Südseite der Insel bei der Laguna Las Maritas. 2o km bis Porlamar, Colectivos. Im Airport viele Auto- und Mopedvermietungen. Sollte man aber bei Besuch der Insel während der Saison oder am Wochenende über ein Reisebüro in Caracas vorbuchen!

Bus + Schiff: bis zu 6 mal am Tag eine Fähre von Puerto La Cruz nach Punta de Piedras. Die Überfahrt dauert ca. 5 Std.und kostet in der 1. Klasse ca. 6 US/Person. Unbedingt der 2. Klasse vorzuziehen (ca. 4 US $), dort katastrophisches Gequetsche! Mit Restaurant, die Toiletten reichlich braun. Der PKW kostet je nach Größe um die 1o US $. – Wer ohne PKW von oder nach Caracas will, sollte unbedingt komplett durchbuchen: Porlamar bis Busterminal Caracas ca. 9 - 1o Std./8 US $. Spart Warterei am Hafen!

Außerdem tägl. Fährschiff von Cumana nach Pto. Piedras/Islas Margaritas. Fahrzeit um die 4 Std. – Sowohl der Airport/Isla Margarita, wie auch der Fährhafen Pta. de Piedras mit laufender Colectivo- Verbindung in den Inselhauptort PORLAMAR.

ISLA DE CUBAGUA: unbewohnt. Auf der knapp 1o km langen, sehr flachen Insel legten die Spanier zu Beginn des 16. Jhd.'s ihre erste Siedlung im Inselbereich an NUEVA CADIZ, damals 6.ooo Einwohner. Wurde durch ein Seebeben 1541 zerstört, über die Ruinen kann man jetzt schnorcheln . . .

ISLA DE COCHE: von Fischern bewohnt, zu Kolonialzeiten wichtiger Perlenlieferant. – LOS FRAILES: Fischer. Gutes Schnorcheln.

CARACAS:

ca. 3,5 Mill. E./ 8oo - 1.ooo m

Hauptstadt Venezuelas mit 3,5 Mill. Einwohnern. Ansammlung von bis zu 4o- stöckigen Hochhaus- Stiften in langgestrecktem Tal. Die Verkehrsdichte ist so hoch, daß jeder PKW einen Tag in der Woche nicht fahren darf. Am Verkehrschaos hat dies wenig geändert.

Schnellstraßensystem, das sich in seinen verschlungenen Einwindungen oft in den eigenen Schwanz beißt, – zur Freude der Taxifahrer, die unter diesem Vorwand zusätzliche Umwege einbauen. Stinkender Abgas-Dampf, egal ob das Fenster offen ist, oder zu und die Air Condition arbeitet.

Transport CCS:

LA GRAN SOLUCION PARA CARACAS

(1) "Die große Lösung für Caracas", wie die Metro-Gesellschaft stolz propagiert. 1983 eingeweiht. Supermodern aus Paris mit selbem Piepsen, wenn die Türen schließen, schnell, bequem und billig. Selbe automatische Fahrkartenschlucker wie in Paris, selbe Tickets mit Magnetkarte.

Unten in den Metrogängen diverse Verbote: a) keine Zigarette, – b) kein Essen, – c) kein Rennen, – d) kein Gepäck.

Das Ticket löst man entweder durch Einwurf in Automaten oder am Schalter. Pfennigbeträge. Optimaler Streckenverlauf, der die wichtigsten Punkte des Zentrums wie La Hoyada (Busterminal), Plaza Venezuela und Sabana Grande (Hotelviertel) berührt. Daher im Normalfall jedem anderem CCS- Verkehrsmittel vorzuziehen. Mit dem kleinen Haken, daß die CCS- Metro nur bis 21 Uhr verkehrt.

② Taxis:*

Jede Menge von Taxis im Zentrum von CCS, – meist US- Schlitten quer durch alle Epochen, begonnen von barocken Engeln nach dem 2. Weltkrieg über Feudalschlitten der späten 6o-er bis zu Sparversionen der beginnenden 8o-er. Der venzeuelanische TÜV drückt anscheinend gern mal ein Auge zu, wenn die Bremsleitung über den Asphalt schleift; im Normalfall jedoch passabler, technischer Zustand.

Problem sind eher die Fahrer, die,(– angelockt von lukrativen Umsätzen in der 3,5 Mill. - Metropole)vielfach nicht aus Caracas stammen und den vielen Einfädelungen nicht gewachsen sind. So wird immer wieder rückwärts über mehrere Straßenblocks vor den Eingang des Hotels rangiert. Absicht oder Unkenntnis: das Taxameter tickt fleißig . . . Besonders ärgerlich, wenn dabei noch das Hilton- Hotel mit dem Beethovenhotel"verwechselt" wird! Der Stoßverkehr, – wenn er richtig stößt, tut für das Taxameter sein übriges.

Abgesehen davon gibt es 2 Arten von Taxis: die "LINEA" mit dem Leuchtschild auf dem Dach. Dort steht, neben Reklame zugleich der Standplatz des Taxis vermerkt, meist ein Hotel der gehobeneren Klasse. Sowie zugehörige Telefonnummer. Können auch per Telefon innerhalb ihres Gebietes herbestellt werden.

Zum anderen die "LIBRE", meist gelber Aufkleber auf der Tür. Fahren,– daher der Name, – frei in der Stadt herum und können überall (wie auch die Lineas) überall mit der Hand gestoppt werden.

Bei beiden Taxitypen sind die Fahrpreise fixiert. Meist haben sie Digital-Taxameter. Nach 2o Uhr, sowie an Sonn- und Feiertagen ca. 2 US $ pro Fahrt Aufschlag. Unbequemer, wenn das Taxi noch keinen Taxameter installiert hat: dann unbedingt vor Fahrtantritt den Preis vereinbaren!!

③ Busse:

Zu Stoßzeiten Sardinenkisten. Die Haupt- Stadtverschmutzer in Form richtiger Dampflok- Abgaswolken. Beißender, schwarzer Dieselgestank! Fahren feste Linienrouten. – Parallel dazu die "POR PUESTO" Minibusse. Teurer, die Route steht vorn oder seitlich angeschrieben. Meist Chevy- Vans für 11 - 14 Personen.

Freundlicher Weise hat CCS keine markierten Haltestellen. "Man kennt halt die Routen". Leute fragen.

④ Autovermietung:

Fürs Zentrum nicht nötig und eher hinderlich. Interessant aber für die Vororte von CCS (schöne "Circular", siehe unsere Tips!) und für die nähere

---

* 24 Std. - Taxiservice: Teletaxi (Tel. 752.91.22), allerdings zwischen 22 und 6 Uhr 2o % Aufpreis. – Generell: Beschwerden über überhöhte Taxipreise: Ministerio de Transporte y Communicaciones. Frage, ob sich der Aufwand lohnt. Das wissen auch die Taxifahrer.

Umgebung. Benzin ist geschenkt, die PKW's billig verglichen mit sonstigen Mieten in anderen Ländern.

Mindestalter: 21 Jahre – Internat. Führerschein – Pass – und nun das Haupthandikap: fast alle Vermieter verlangen die Vorlage einer Creditcard wie "Diners", "American Express" etc. Dafür aber auch keine Kaution!

Es empfiehlt sich in jedem Fall eine Vollkaskoversicherung für ca. 3 US $/Tag Aufpreis und Insassenversicherung! Wer in CCS mietet, kann ohne Aufpreis im Airport Maiquetia abgeben, – in anderen venezuelan. Städten eventuell ohne Aufpreis. Aushandeln!

Billigster Wagentyp ist der VW-Käfer (ca. 7 US $/Tag), sonst US-Schlitten für ca. 12 – aufwärts US $ je Typ. Sehr gute Erfahrungen haben wir mit "AVIS/Caracas" gemacht und können diese Firma weiterempfehlen. Meist nagelneue US-Schlitten. Av. Casanova Ecke Calle Guaicaipuro, nähe Metro-Station Chacaito. Haben auch Office im Maiquetia-Airport.

Weitere: Budget, El Rosal – Hertz: im Maiquetia Airport – Nat. Rent Car, Edificio Nacional, Av. Principal los Ruices und Maiquetia Airport. Die billigste Vermietung mit VW-Käfern sind "Volkswagen" über Tel. (o31) - 223.664.

Mit eigenem PKW oder Mietwagen in CCS: kann schwierig sein wegen den verschlungenen Einfädelungen in die Schnellstraßensysteme der CCS-Autopistas, die jedoch gut mit grünen Schildern ausgeschildert sind.

- Genaue Namenskenntnis der Stadtteile ist jedoch notwendig, da die Hinweisschilder relativ spät vor den Ausfahrten erscheinen und quirliger, sich schneidender, dichter Autoverkehr.
- Viele Einbahnstraßen, die weite Umwege verursachen, wenn man nicht die richtige Einfädelung kennt, die mehrfach gegen Orientierungs-Richtungssinn laufen.
- Straßennamen fehlen manchmal, – manchmal sind sie zu klein und hinter Bäumen bzw. Werbung versteckt.
- Besser fährt man nach Stadtplan = Block abzählen. Vorher die Stadtteilnamen einprägen, sowie Orientierungspunkte wie Plaza Venezuela, Av. Bolivar etc. – In Außenbezirken nach optischer Planerinnerung: Kurven, Straßenkreuzungen etc. fahren.
- Fahrweise: schnell, schneiden, links überholen, bei Rot über die Ampel, – aber permanent auf den anderen Fahrer eingestellt und seiner Fahrweise. Unterm Strich relativ wenig Unfälle.

Motorradfahrer sind mit äußerster Vorsicht zu genießen. Superriskante Überholmanöver bei Tempo 8o zwischen den stehenden Kolonnen auf den 6- spurigen Autopistas, Schneiden etc. Gefährlich auch für den Beifahrer im PKW, wenn dieser den Arm zum Fenster rausgelehnt hat!

Verkehrsregeln: GELB AM STRASSENRAND:= Parkverbot. PKW wird abgeschleppt. Erst rückerhältlich, wenn die "multa" (Strafe) bezahlt ist. Steht dann auf einem der Plätze der Policia Transito, die zwischen Freitag 16 Uhr und Montag früh zu ist.

ROTE AMPEL: wird sehr häufig nicht beachtet. Trotzdem: wenn ein Polizist zusieht: Schlüssel weg, Wagen abgeschleppt. Multa und beim Transito abholen.

UMDREHEN AUF AVENIDA, auch an Ampeln, Straßenkreuzungen etc. ist verboten. Man muß zum Umdrehen in eine Seitenstraße einbiegen und einen Block umfahren. Die hier fällige Multa (Strafe) ist direkt an den Polizisten zu bezahlen.

Man sagt den Venezuelanern nach, daß sie arrogant seien, was generell nicht zutrifft; mit Polizisten haben wir jedoch mehrfach schlechte Erfahrungen gemacht. Im Zweifelsfall wie rohe Eier behandeln und irgendetwas anbieten, ne' Zigarette oder so.

Stadtstruktur/Caracas:

CARACAS ist eine der modernsten Städte Südamerikas, in einem Paralleltal hinter der Karibikküste gelegen. In diesem 8oo - 1.ooo m hohen Tal zieht sich die Stadt über eine Länge von 22 km hin, eingequetscht von den Berghängen, die die Expansion der Stadt einengen. Dabei liegen die "besseren" Viertel

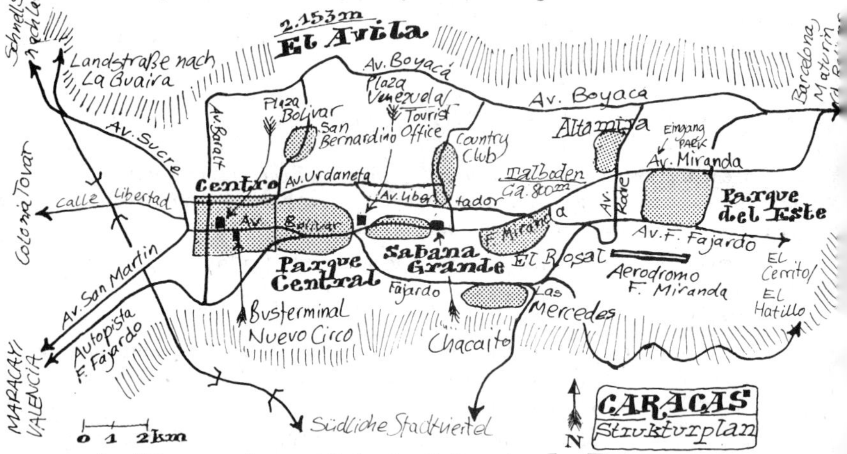

an den Hängen rechts und links des Talkessels mit teils fantastischem Blick über die Stadt und klarer, frischer Luft. Die COTA MIL (1.ooo m- Grenze = Av. Boyaca) ist Bebauungsgrenze unterhalb des EL AVILA.

Traditionelle Residencial Areas sind SAN BERNARDINO mit vielen Villen und parkähnlichen Straßen den Berg steil rauf – COUNTRY CLUB, feudal-luxuriöser Golfplatz mit superreichen Villen oberhalb Chacaito, aber bereits nach wenigen 2oo m in fast Slums übergehend. Harte Kontraste zwischen arm und reich, wie oft in Caracas.

ALTAMIRA: Residencial Area, im unteren Bereich (Plaza La Castellana) einige Restaurant- und Discobetriebe, wie auch unten in EL ROSAL und insbesondere in LA MERCED, das sich den südl. Talhang hinaufzieht.

Das "CENTRO" von Caracas im typischen, spanischen Schachbrett. Koloniales allerdings nur noch in Ausnahmefällen; die Regel sind 7 bis 1o und mehrstöckige Hochhäuser, eng bei eng zusammengestellt. Nachmittags absolut brutal dichter und hochabgasiger Verkehr. Dann wieder breite Verkehrsschneisen, so die Av. Bolivar, eine der Hauptverkehrsadern der Stadt, 8- spurig.

GESCHICHTE: Caracas wurde 1567 vom Spanier Losada gegründet (erste Siedlung bereits 1559), da das Klima hier oben in fast 1.ooo m erheblich kühler und angenehm frischer ist, als unten an der tropisch heißen Karibikküste.

In Kolonialzeiten ein Tal mit weiten Kaffee- und Kakao- Anpflanzungen; kann man sich heute kaum noch vorstellen bei dem ganzen Tal voll Beton! – 1925, als der venezuelanische Automobilclub gegründet wurde, gab es in der Stadt gerade 800 PKW's und ca. 200.000 Einwohner.

Ab Ende des 2 Weltkriegs, – bei verstärktem Welt- Erdölbedarf, sowie durch Erschließung der reichen, venez. Bodenschätze durch Straßen, – rasantes Anwachsen von rund 400.000 Einwohnern auf 3,5 Millionen innerhalb von nur 30 Jahren!

Eine Stadt, die so schnell wuchs, daß sie über sich selber hinauswuchert, weil sie sich nicht ausbreiten kann. Schnellstraßen- Schneisen bestimmen über Menschen. Zum Feierabend endlose, stockende, kriechende Lichterschlangen.

Interessantes im Centro: die Plaza Bolivar, relativ ruhige Oase im sonstigen Gequirl, mit tropischen Bäumen und der Catedrale. Gebaut 1595/1637, durch ein Erdbeben im 19. Jhd.. zerstört und 1876 rekonstruiert. Diagonal gegenüber das Capitolio, Sitz des Parlamentes; eine schneeweiße Säulen-Architektur mit klassizistischer Inspiration. In Funktion seit 1873, innen viele Palmen, Besichtigung derzeit nicht möglich. Metrostation an der Südwestecke des Capitolio. Bezügl. Museen im Centro siehe seperates Kapitel.

2 cuadras bergab über die Norte 4 das "Centro Simón Bolívar", zwei 32-Stock- Türme, unter denen die Autopista Av. Bolivar führt. Baukosten ca. 430 Mill. DM, damals eines der ersten großen Hochhausprojekte der Stadt, viele Büros von Ministerien.

PARQUE CENTRAL wird von der Autopista Av. Bolivar durchschnitten, während des Stoßverkehrs liegen bläuliche Wolken rechts und links der Schnellstraße überm Gras. . . Der nördl. Teil des Parks nennt sich Parque Los Caobos, Palmen, Springbrunnen und Wildwuchs. Liebespaare. Beim Ende der Av. Mexico die Tempelbauten des Museo de Ciencias und der Galeria Arte Nacional (siehe Museen!). – Südlich: Botanischer Garten. –

Westlich, zwischen der Av. Bolivar und der Av. Lecuna: Superbauerei! Hochhauswände 30, 40-Stock in den Himmel raufgedonnert, als ob man Wolken, Sonne und Sterne davon abhalten wollte, runterzusehen. Und dies über mehrere Blocks. In den Untergeschossen viele Shoppings, Restaurants und das, in CCS bei den Schulklassen sehr beliebte "Museo del Niño". Wie ich dann (Eingang Residenc. Anauco- Hilton) im Aufzug in den (?) 30. Stock raufgefahren bin und die Kiste oben im Wind leicht geschwankt hat (fantastischer CCS- Rundblick, aber riesige Windangriffsfläche; viel größer als bei normalen, schlanken Hochhäusern!), – habe ich, offen gestanden, ganz schön Muffe bekommen und mich schnell wieder runter-"geliftet"! La Ciudad del cemento y de las Autopistas.

Gegenüber der Betonklotz des CCS- Hilton und ebenfalls ganz in Beton der "Teresa Carreño Cultural Complex" (Theater, Konzert).

SABANA GRANDE: rund 1 km Fußgängerzone zwischen Plaza Venezuela und Chacaito mit vielen Shops, sowie in der parallen Straße Av. Casanova Restaurants, Bars und Mittelklassehotels. Auch Av. Las Acacias. Metro mitten durch, markante Stadtorientierung: Edificio Previsora, ein rund 22 Stock- Gigant, der spitz nach oben zuläuft (Ecke Av. Las Acacias mit Fußgängerzone Sabana Grande). Rauffahren mit dem Aufzug bringt bezüglich Blick wenig, Besser im Torre Capriles/Plaza Venezuela rauf ; z.B. von den

Oberlichtfenstern der Damen oder Herren- Toilette des Tourist Büros (im 7. Stock) fantastischer Rundblick!

PARQUE DEL ESTE: einer der schönsten Parks im Stadtbereich. Sauber gepflegt mit Grasflächen, künstlichen Seen (Vermietung von Ruderbooten) und einer Replica des Columbus- Segelschiffes Santa Maria, das besichtigt werden kann. Restaurant und ein Terrarium (größtes von Südamerika!). Der Haupteingang oben an der Av. F. de Miranda, nordwestliche Ecke. Hier auch das Büro des Nat. Park- Services von Venezuela mit Karten und Buchmaterial, sowie Infos über alle venezuelanischen Nationalparks.

Caracas- Stadtplan: "Nuevo Plano de Caracas" 1 : 15.ooo, in Kiosken und Liberias des Zentrums, teils auch in Hotelboutiquen. Lohnt sich in jedem Fall, auch wer nur 1 oder 2 Tage in CCS bleiben will,wegen der großen Ausdehnung der Stadt, die neben dem eigentlichen Zentrum mehrere Subzentren in den verschiedenen Stadtteilen besitzt. Aber Achtung: die Metro ist länger eingezeichnet, als sie derzeit als Strecke existiert.

CCS- Straßennamen: noch aus der Kolonialzeit stammt das Straßenbezeichnungs-System des Zentrums: nicht die Straße hat einen Namen, sondern die Straßenecke. Entsprechend die diagonale Beschriftung im Stadtplan. – In den anderen Vierteln erscheint jeweils (im Normalfall) der Name des Stadtteiles, sowie der Name der Straße im Straßenschild. – Weiterhin wird die wichtigste Straße des jeweiligen Stadtteiles oft nicht mit ihrem regulären Namen angegeben, sondern mit "Av. Principal", – oder z.B. "Av. Sabana Grande" (=wichtigste Straße im Stadtteil Sabana Grande).

Tourist INFO Einmal im Internat. Airport Maiquetia (jedoch nicht nationaler Airport!), – zum anderen in Caracas/Zentrum: Parque Central, Torre Oeste, 35. Stock! Grandioser Rundblick über Skyline der Stadt. In beiden Büros ist eine Hotelreservierung per Computer für ganz Venezuela möglich. Ansonsten klemmts aber insbesondere im Stadtbüro an Informationsfluß, der über CCS hinausgeht. –

Verbindungen ab CARACAS:

1. Flug:

Maiquetia-Airport

Nationale- wie internationale Flüge ab MAIQUETIA Airport unten am Meer. Zu erreichen über eine rund 25 km- Schnellstraße, gebührenpflichtig, mehrere Tunnels. Dauert im Normalfall 3o - 6o Min.; besonders viel Verkehr Sa. und So.- morgens runter zur Küste, wie an selben Tagen abends rauf nach CCS. TRANSPORT: Bus alle 1/2 Stunden ab CCS Hochhauskomplex Parque Central unter der Brücke. Vom Busterminal Nuevo Circo ca. 4oo m entfernt, laufend Stadtbusse über die Av. Lecuna.

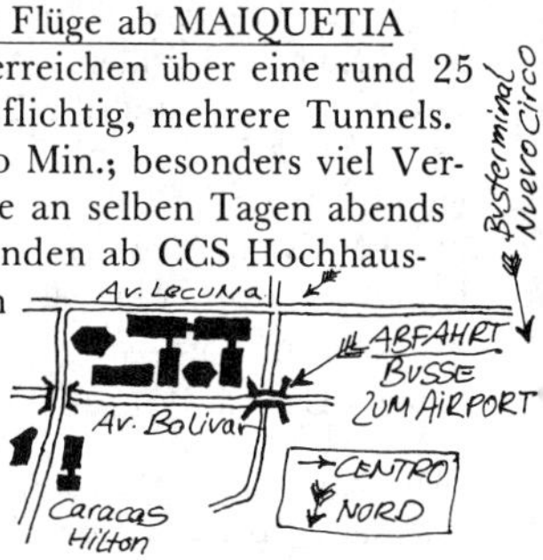

Abfahrt unten in Maiquetia:vor dem Airport. Fahrpreis ca. 1 US $. – TAXI: erheblich teurer, ca. 1o US $*, je nach Ziel im Stadtbereich. Geht nach Tabelle, die im Flughafen aushängt. – HELICOPTER: existierte sowohl nach Caracas, wie rüber zum Macuto- Hotel an der Küste. Zum Zeitpunkt unserer Recherchen nur noch zum Landeplatz zwischen Melia Macuto & Sheraton- Macuto. Ca. 15 US $.

* Nachtaufpreis ca. 80%

AIRPORT MAIQUETIA: es gibt zwei getrennte Terminals, – für nationale und für internationale Flüge, – die freundlicher Weise runde 4oo m voneinander entfernt sind. Für beide das selbe Flugfeld.

A) **Der nation. Terminal** ist ein Superding, rund 35o m lang, – links die Avensa, – rechts die Aeropostal. Ganz schöne Lauferei, wenn man keine Reservierung hat und abchecken muß, bei welcher Airline der nächste Flug geht. Gepäckwagen sind sehr rar, dafür aber große Glasmalerei- Fenster an beiden Enden des Gebäudes. Im Restaurant 1. Stock über Aeropostal ausgezeichneter "pulpo" (Polyp) für ca. 2 US $! – Diverse Carrental- Büros, aber keine Geldwechselmöglichkeit und keine Tourist Office. Dafür muß man rüber in den Internationalen Terminal.

SEHR DICHTES innervenezuelanisches Flugnetz. Die Hauptstrecken wie CCS nach Maracaibo werden 1o bis 15 mal am Tag geflogen. Ungemein billige Flugpreise in Relation zur Entfernung. So kosten die rund 5oo Flugkilometer bis Maracaibo runde 65 DM Entsprechend auch häufig ausgebucht, besonders während der Ferien (August bis Mitte September, sowie um Weihnachten und Ostern).

Für Südamerika mit die günstigsten Inlandflugtarife. Fliegen macht Spaß. Schneller bei der Größe des Landes, – wenn auch Bus noch billiger!

Der innervenezuel. Flugverkehr liegt zu rund 9o % in Händen der beiden Airlines AVENSA (vorwiegend Boeing 727) und der AEROPOSTAL (excellent, besteht seit 5o Jahren, fliegen vorwiegend mit DC 9). Tickets können im Normalfall zwischen den beiden Airlines ausgetauscht werden.

CHECK–IN: für nat. Flüge 1 Std. vor Abflug am Counter sein! Denn spätestens 3o Min. vor Abflug werden die restlichen Plätze an die Wartenden vergeben. Dies geht gemäß Nummer auf der Warteliste.

RESERVIEREN: – wenn noch Platz in der Maschine ist: zunächst zum Schalter "Informacion" und dort die Daten in den Computer geben lassen. Das Mädchen schreibt euch dann einen Zettel mit Unterschrift, wo die Reservierungsdaten draufstehen. Damit dann das Flugticket kaufen. – Reservieren geht übrigens für ganz Venezuela, also z.B. auch für eine Verbindung von Maracaibo nach Merida. Nicht aber ge wisse Propellerverbindungen, so z.B. von Cd. Bolivar nach Sta. Elena an der brasilianischen Grenze.

Wenn die Maschine schon voll ist, umgekehrt: zuerst das Ticket kaufen und damit dann zum Check- In- Schalter, um sich auf der Warteliste eintragen zu lassen. Später werden die Namen der Reihenfolge nach aufgerufen. Wenn's nicht geklappt hat, gibt's das Geld zurück.

FLUGHAFEN–TAX: für nationale Flüge ca. 1 US $. Wer in Transit ist, – also z.B. von Maracaibo kommend über CCS weiter nach Pto. Ayacucho will, zahlt für CCS keine Airporttax, muß aber für die komplette Strecke durchgecheckt sein und eine Transit-Karte vorweisen können.

Airporttax auf internat. Flüge derzeit ca. 5 US $

B) **Internat. Terminal:** ungemein dichter Flugverkehr via Caracas. Von und nach Europa mindestens täglich, oft mehrfach am Tag, – ebenso nach USA Die Maschinen fliegen meistens weiter an die südamerikanische Westküste (Colombia – Ecuador – Peru – Chile), aber auch via Amazonasgebiet (Manaus) weiter nach Sta. Cruz/Bolivien (mit LAB, 1 - 2 mal/Woche) oder Rio/Brasilien und Buenos Aires/Argentinien.

Karibik: nach Trinidad, Barbados und Guadeloupe mehrmals/Woche.

Guyanas: dünne Verbindungen. Entweder über Trinidad und dort umsteigen, oder direkt mit Air Surinam, 1 bis 2 mal/Woche nach Paramaribo.

Bei INTERNAC. FLUGTICKETS ab Venezuela keine Flugtickettax! Großes Plus für * Venezuela, denn in den meisten anderen, südamerikanischen Ländern sind 1o bis 21 % fällig, die die Tickets massiv teuer machen.

Außerdem viele Excursion- Tickets (Hin + Rückflug innerhalb von 17 bis 3o Tagen).

Caracas – Quito/Ecuador: einfach ca. 26o US $, Excursion ca. 43o US $ (3o Tage), – – Lima/Peru: ca. 44o US $ einfach, Exc. ca. 7oo US $ (17 Tage), – La Paz/Bolivia: ca. 49o US $ einfach, Exc. 74o US $ (3o Tage), – Paramaribo: einfach ca. 23o US $, Exc. ca. 35o US $ (17 Tage), – Rio/Brasilien: einfach ca. 63o US $, Exc. ca. 87o US $ (3o Tage), – Buenos Aires/Argentinien: einfach ca. 67o US $ Exc. ca.1.040US $ (3o Tage) – Curacao 72 US $, – Trinidad 98US $ (Exc. 17 Tage 155 US $) – Panama: ca. 245 US $, –

TIP: wer von Caracas nach Bogota/Kolumbien will und sich die 2 tägige Busfahrt sparen; kostet im Direktflug ca. 17o US $. Erheblich billiger wie folgt: nationalen Flug ab CCS nach San Antonio (ca. 25 US $) und ab dortigem Airport, die Taxis warten vor dem Eingang, – rüber in rund 35 Min. zum kolumbianischen Airport von Cucuta (ca. 6 US $). Weiter mit innerkolumb. Flug nach Bogota (ca. 5o US $). Zusammen nur ca. 8o US $. Zeitlich zum Direktflug nur wenig Unterschied aber viel Geldersparnis!

C) La Carloto- Airport: oben im Tal von Caracas neben Stadtteil La Merced. Der frühere Airport von CCS, als alles noch per Propeller lief. Heute ausschließlich von den Militärs genutzt, sowie vom Aeroclub de Caracas, einem der größten Sportflugzeug- Clubs der Welt! Mieten von Avionettas möglich.

"Nuevo Circo", unterhalb der Metrostation "La Hoyada". Auf dem Areal stehen gut 2oo Busse der verschiedensten Gesellschaften rum. Die Büros im ausgedehnten Terminal. Bucht rechtzeitig, denn die besten Plätze sind auf den Hauptstrecken schnell weg! –

Pro Tag werden hier im Normalfall ca. 35.ooo Passagiere abgefertigt, – an besonderen Tagen, so z.B. Aschermittwoch bis zu 5oo.ooo Passagiere!!

Busreservation ist nur persönlich möglich, – durch Kauf des Bustickets. Die Preise sind vom Staat fixiert und daher bei allen Gesellschaften gleich. Unterschiedlich nur die Qualität der Busse! –

"Piratas" heißen im Volksmund auch die Colectivolinien, die vor dem Busterminal und in den Straßen um den Busparkplatz stehen. Teils feste Abfahrtszeiten, – teils wenn das Colectivo voll ist. Sie sind etwas teurer als der Bus und kaum schneller, da die Straßen in Venezuela gut ausgebaut sind und lange, starke Steigungsstrecken wie z.B. Peru und Bolivia selten, die dem Colectivo Vorteile bringen.

CARACAS – Coro: ca. 8 Std./5 US $, – Maracaibo: ca. 1o Std./ 7 US $, – San Antonio (ca. 13 Std./8,5 US $, egal ob via Barquisimeto oder Llanos, normalerweise aber letztere schneller! – Barinas: ca. 8 Std./6 US $, – Merida (via Llanos): ca. 12 Std./8 US $, – Pto La Cruz: ca. 5 Std./4 US $, – Maturin: ca. 7 Std./6 US, – Cd. Bolivar: ca. 8 Std./7 US $, – Pto. Ordaz/San Felix/Cd. Guyana: ca. 9 Std./ 7 ,5 US $, – Tumaremo: ca. 13 - 14 Std./9 US $, – El Dorado: ca. 15 Std./ 1o US $, – Tucupita: ca. 1o Std./7 US $.

Alle oben angeführten Orte mindestens einmal tägl., meist jedoch 5 - 1o mal tägl. Die Daten für die Busverbindungen. – Colectivos (Piratas) auf den Hauptstrecken eben–

* HELICOPTER-SERVICE: im nat. Airport. Sauteuer, pro Std. 300 US$. TEL: 031-28.217

so häufig.

HOTELS/CARACAS

LUXUS:

"Tamanaco", mit Abstand derzeit bestes von Caracas. Liegt oberhalb des Residencial- und Vergnügungsviertels Las Mercedes. Riesiger Komplex am Berghang. Blick o la la über Teilbereiche von Caracas. Das Plus liegt hauptsächlich in Einrichtung und breiter Veranstaltungspalette. Mit Swimming Pool und gutem Barbeque jeden Abend. Doppel ca. 7o US $, Av. Principal, Las Mercedes.–Weiteres Plus: mehr als 5o Restaurants in der Nähe!

"Caracas Hilton", hat uns nicht überzeugt. Betonkiste inmitten Schnellstraßensystem und daher in den Zimmern der unteren Stockwerke laut. Blick auf den umliegenden Beton des Theaters, sowie des Parque Central- Hochhauskomplexes. Seit 1983 Betonbruder von 26 Stock direkt neben dem alten Hilton. Mit Pool. Doppel ca. 7o US $

"Residencias Anauco Hilton" gegenüber vom Hilton, andere Seite der Schnellstraße im Parque Central- Hochhauskomplex. Unten: Shopping, Restaurants und architektonisch interessanter Innenhof (Beton & Hängepflanzen). Von außen Hochhausfront, die erschlägt. Suites mit einem oder mehreren Schlafzimmern, Ess- und Wohnzimmer, Küche. Wird häufig von Firmen genutzt, die neue Spitzenkräfte unterbringen müssen, bis bei den Wohnraumschwierigkeiten ein Haus gefunden wurde. Teuer, Preise verschieden je nach Größe der Suite. Mit SW- Pool, Sauna etc. Parque Central.

"Holiday Inn" im Shopping Center/Las Mercedes. Mit SW- Pool, Doppel ca. 5o US $.

"Macuto Sheraton" und "Melia" unten an der Küste nähe Airport. Details siehe "Caracas/Litoral"- Text!). Alternative zu den CCS- Tophotels, bessere Sportmöglichkeiten aber größere Entfernung.

MITTEL:

Die meisten Hotels dieser Klasse liegen im Stadtteil Sabana Grande. Von der Lage her optimal, meist nur 5 - 1o Min. zur nächsten Metrostation, viele Restaurants in diesem Bereich.Aber Achtung: bei ähnlichem Preis oft sehr unterschiedliche Qualität. Insbesondere um die Av. Las Acacias oft sehr laut!

"Savoy", Av. Fco. Solano Lopez/Sabana Grande. In jedem Fall Mittelklasse- Tip wegen günstigem Preis und verkehrsgünstiger Lage zur Metro. Baujahr ca. 196o, Zimmer mittelgroß mit Bad, Tel. und TV. Gleich gegenüber billiger Stehimbiß. Doppel ca. 2o US $.

"Kursaal", Av. Casanova/Sabana Grande. Ca. 19 US $ /Doppel. Sauber, aber etwas sehr steril. Riesige Betonkiste, innen fast wie altmodischer Kursaal. An der verkehrsgünstigen, aber sehr lauten Casanova (auch die ganze Nacht durch).

"Crillon" an der Schnellstraße Av. Libertador/Ecke Las Acacias. Moderner Hochhauskasten , untere Stockwerke allerdings laut. Zimmer mit Teppich, TV, Bad, Tel. Obere Stockwerke ganz guter Blick. Doppel ca. 32 US $.

"Odeon" Las Acacias etwa Höhe Casanova. Modern, kleines Hochhaus, günstige Lage zu Metro und zu diversen Restaurants. Mit Bad und TV. Bei 14 US $ ganz günstig.

"Tanausa", Las Acacias, nähe "Odeon". Ca. 13 US $ mit Bad, der TV nochmal extra einen US. Tendenz zu laut.

"Bruno", selbe Gegend, deutlich sichtbares Hochhaus mit Leuchtreklame. Von Blick aus oberen Stockwerken ganz passabel und vom Preis, ca. 22 US $ mit Bad und TV.

"Coliseo", Av. Casanova. Kleines, zwischen anderen Hochhäusern eingeklemmtes Hotel. Bei 18 US $ und miserablem Blick sehr teuer. Viele weitere in diesem Bereich.

"Plaza Catedral" direkt an der Plaza Bolivar/Centro neben der Catedrale, die abends wie englisches Glockenspiel Bing- Bong- Bong klingelt. Tip für den, der absolut zentral logieren will bei ganz günstigem Preis- Leistungsverhältnis. Ca. 2o US $ fürs Doppel.

"Hotel Caracol" südamerikanisches Hotelunikum. Schlank wie ein Bleistift aber verdammt hoch, direkt über dem künstlichen Loch des Metroeingangs La Hoyada und nur ca. 3 Min. zu Fuß vom Busterminal Nuevo Circo entfernt. Von den vornrausgehenden

Zimmern daher fantastischer Rundblick. Ca. 9 US $.

"Hotel City", Plaza Venezuela. Gute Lage, da direkt neben Metro- Eingang. Optisch ein Schlag ins Auge neben dem Giganten des V-förmigen La Previsora- Hochhauses. Zimmer vorn raus o.K., sofern hoch genug, denn unten gibts von der Plaza viel Lärm. Zimmer hinten raus: Finger weg! Katastrophaler Blick auf grauen Hochhausbeton! Mit ca. 17 - 2o US $ ist das "City" nicht gerade billig.

"Avila", heißer Caracas- Tip bei sehr günstigem Preis. Liegt oberhalb von Caracas in der Residencial Area San Bernardino. Erstes, modernes Hotel von Caracas nach dem 2. Weltkrieg. Frische Luft durch Höhe von fast 1.ooo m, unterhalb der Av. Boyaca. Angenehme Patina ohne die Sterilität sonstiger Luxushotels. TV, Balkon, meist Blick über die Stadt. Keine Air Condition, aber in dieser Höhenlage ist es kühler als unten im Talkessel. Luft reiner, wenn auch Lärm der Stadt hier oben noch zu hören. Swimming Pool mit Restaurant und schönen Korbsesseln. Doppel ca. 16 US $! Einzigstes Problem: ohne Auto weit ab vom Schuß. Av. G. Washington/San Bernardino.

BILLIG:

"ABC", Av. Lecuna Ecke Bermudez, nähe Busterminal Nuevo Circo. Mit 1o US $ überbezahlt. Miese Lage an superlauter Straße. Unfreundlich. Backsteinkasten.

"Rio Bravo" nähe ABC, Av. Lecuna. 1o US $, schlimm! – "Myriam"/Av. las Acacias, Sabana Grande etwa 3oo m von Metro und Edif. Previsora. Ca. 7 US $ Teuer mit böse knurrendem Hund. – "Hotel Naves", Av. las Acacias Höhe Casanova (ums Eck neben Hotel Odeon): klein, gute Lage, aber preislich mit 4 US $ überbezahlt. – Weitere Billighotels um Busterminal Nuevo Circo. Häufig sauteuer bei Bruchbuden. . . Vorwiegend in der SUR 9, südl. Bustermin.

Konzentrieren sich im Stadtteil EL ROSAL (Av. Tamanaco), – in LAS MERCEDES (Straßen zwischen der Av. Principal Las Mercedes und der Av. Rio de Janeiro), sowie im Stadtteil SABANA GRANDE (Av. Las Acacias Ri. Av. Casanova). Viele weitere über die Stadt verteilt, so z.B. in Altamira, – in La Castellana, Parque Central und natürlich im Centro um die Plaza Bolivar.

PREISE: billig = ca. 2,5 US $ – mittel = ca. 4 US $ – teuer = ca. ab 8 US (jeweils für Hauptgericht, natürlich kein Lobster etc.)

"IL PADRINO" (Plaza Sur Altamira im Edif. Teatro Altamira). Sizilianisches Keller Lokal und heißer CCS- Tip, wer Action will. Unter dem Gewölbe grobe Stühle und Tische, riesiger bemalter sizilianischer Wagen, auf dem das Buffet aufgebaut ist: vollgeladen mit Salaten und Weinen. Sizilianer laufen mit Ziehharmonika- Quetschkomoden rum und spielen schnulzige, sizilianische Lieder. Polaroid- Fotographen. Essen sehr gut, Preise mittel. – "LA HOSTERIA" im Parque Central- Hochhauskomplex, Erdgeschoß nähe Rezeption des Anauco Hilton. Ganz gut auf rustikal getrimmt, die kitschigen Wandgemälde weniger. Gut für Fleischgerichte, excellente Tomatensuppe. Preise: mittel. – "LA ESTANCIA" /Av. Principal, La Castellana. Excellente Fleischgerichte, Hazienda- Ambiente. Preise mittel. – "GAZEBO"/Av. Rio de Janeiro, Ecke Calle La Trinidad (Las Mercedes). Derzeit eines der besten (und teuersten!) Restaurants von Caracas für franz. Küche. – "CEZ ANTOINE"/Calle Trinidad, Las Mercedes. Franz. Küche. Excellent die Bouillabaise des Hauses! Teuer. – "EL CHALET"/Av. Libertador im Hotel Crillon. Gute schweitzer Küche, Preise mittel bis teuer. Das mit Holzdekoration auf Almhütte getrimmte Ambiente hat uns aber weniger überzeugt. – "LA BELLE EPOQUE"/Av. Leonardo da Vinci, Edif. Century in Bello Monte.

Alteingeführtes Spitzenrestaurant für franz. Küche. Teuer. – "COTA 880" im Hilton, oberstes Stockwerk des alten Gebäudes. Kitschig rotgemusterter Teppich und relativ orginell viele Lichtpunkte wie Sterne an der Decke. Blick absolut nicht so "top" wie häufig gerühmt; Sheraton/La Paz ist top! Krawatte Vorbedingung. Preise teuer. – "TARZILANDIA"/Av. Juan Bosco im Stadtteil Altamira. Wie der Name schon sagt: für Tarzan dekoriert mit vielen, tropischen Pflanzen. Carne und Parrilladas. Preise: mittel. – "EL PORTON"/Av. Pichincha, Stadtteil El Rosal. Seit Jahren das Standartrestaurant für criollische Küche, aber auch internat. Gerichte. Abends Lifemusik. Preise mittel bis teuer. – "DA EMORE"/Centro Comercial Concresa, italienisch. Preise mittel. – "BOGAVANTE"/Av. Venezuela, El Rosal. Vorwiegend Fischgerichte (Tip:"Pescado Bogavante"), wie ein Fischerboot dekoriert. Breites Angebot an italienischen und spanischen Weinen. Preise:mittel. – "PORTO FINO"/Res. Monserrat, Plaza Sur Altamira. Ital. Küche, gute Fischgerichte, mal "Crespelle a la Valdostana" probieren. Preise: mittel. – "LA CHOZA" (Die Hütte)/Av. Tamanaco, El Rosal. Gilt als eines der besten deutschen Restaurants von Caracas. Breite Auswahl, nicht nur die obligatorischen "Schweinswürstchen mit Sauerkraut". Preise mittel. – "FRITZ UND FRANZ"/El Rosal, Av. F. de Miranda, deutsche Küche, Preise mittel.

– Excellent im Centro ist das "PLAZA MAYOR"/439 Norte, Plaza Bolivar, schräg gegenüber der Catedrale. Aber in den Comedor in den Keller runtergehen. Komplette Speisekarte nur mittags; Shrimps probieren. Mir läuft noch jetzt das Wasser im Mund zusammen! Ebenso excellente Fleischgerichte. Bei mittleren Preisen sehr zu empfehlen! – "LA ATARRAYA"/ Plaza El Venezuelano, San Jacinto, gegenüber Museo Bolivariano. Einheimische Küche, gut und billig. Centro. –

Viele billige und mittlere Restaurants und Schnellimbisse auch im Bereich der Av. Casanova/Sabana Grande. "AREPERA": 24 Std. offen, billig, – "PIZZERIA Y LA GRAN PARRILLA" paar Meter entfernt, selbe Strasse. Dampft und raucht kräftig, kühler Neon, aber viel los. Billig. – Gemütliche Bar zum Quatschen, selber Bereich Sabana Grande: "LA ARESTINGA"/Av. Sur Las Acacias, etwa Höhe Av. Casanova. Die Bar liegt unter überdachtem Holzdach, von dem al la venezuelanischer Cervecerias viele Schinken und Salami runterbaumeln. Jede Menge Flaschen. Man kann auch essen. –

Die "FUENTES DE SODA" (Sodawasserquellen) sind der venezuelanische Ausdruck für einen Kommunikationsort, wo es alles von Sprudelwasser über Banana- Split bis hin zu Essen (Hamburger, Pizzas, teils auch richtige Gerichte) gibt. Jede Menge in CCS. Zum Beispiel unten im La Previsora- Hochhaus/Sabana Grande. Essen zwischen ca. 3 und 4 US $. – Wer von Hamburgern und den lappigen Semmeln nicht lassen kann; die diversen Ketten haben sich auch über Caracas verbreitet und sind meist in den Shopping-Centers anzutreffen. Was so'n Gehackter kostet, und von einem wird man ja meist nicht satt, – dafür kann man für's selbe Geld erheblich besser in einer der Parrilladas essen, wo gemütlich ein Holzkohlengrill an den Tisch getragen wird und verschiedene Fleischstückchen brutzeln. Ein Bier dazu,– erheblich sättigender. Diverse Parrilladas in Sabana Grande, El Rosal und

Las Mercedes. –

AREPERIAS: Geschmackssache. Basis ist das Maisbrötchen, in das je nach Wahl diverse, leckere Zutaten gefüllt werden. Von Fleisch begonnen, über Käse bis zu Mini- Vogeleiern. Das ganze auf Stehimbiß- Basis, allenfalls ne Handvoll Barhocker. Dazu Expresso- Cafe oder naturgepresste Fruchtsäfte. Für 3 US $ werden derzeit 2 Leute satt, inkl. Fruchtsaft. Über die ganze Stadt verteilt, eine gute z.B. direkt gegenüber Hotel Savoy/Sabana Grande, Av. F. Solano Lopez/Ecke 2 a Avenida.

Essenszeiten: Achtung: viele Restaurants sind Mo. zu!
Mittelklasse bis gute Restaurants sind normalerweise zwischen 11.3o oder 12.oo Uhr bis 15.oo Uhr in Betrieb, –abends dann ab ca. 19.oo Uhr. Je nach Betrieb in dem Lokal dann bis ca. 24.oo Uhr oder noch tiefer in die Nacht rein. – RESERVIERUNG: bei teuren Restaurants empfehlenswert.

* Museen/Caracas:

CASA NATAL: Plaza San Jacinto (El Venezuelano) im Centro. Geburtshaus Simon Bolivars. Der große Befreier von spanischer Kolonialherrschaft wurde hier am 24. Juli 1783 geboren. Mit 12 Jahren segelte Simon Bolivar nach Spanien, um bei seinem Onkel europäische Erziehung zu erhalten.Das Sterbehaus liegt übrigens in Kolumbien, eine Hazienda nähe Santa Marta/ Karibikküste. Details siehe dort. – Besichtigung Di. - So.: 9 - 12 und 14.3o bis 17.3o Uhr.

MUSEO BOLIVARIANO: Plaza San Jacinto. Dokumente, Waffen und Sonstiges von Simon Bolivar. Offen. Di. - Fr. 9 - 12 und 14.3o bis 17.3o, am Sonntag und Samstag von 1o - 13 und 14 - 17 Uhr.

LA QUINTA ANAUCO: Kolonialkunstmuseum. Lohnt sich allein schon wegen der schönen Lage in einem tropischen Garten. Stadtteil San Bernardino (unterhalb des El Avila- Hotels!). 1797 gebaut und im Jahre 1825 vom Bolivar- Freund Marques del Toro gemietet; Simon Bolivar war hier oft zu Gast. Typisches Beispiel für ein Kolonialhaus aus der 2. Hälfte des 18. Jhd.'s, als das Tal von Caracas noch von Kaffee- und Kakao-Plantagen überzogen war. Schöne Kolonialmöbel. Offen Di. – So.: 9 - 12 und 14 - 17 Uhr. Av. Panteon/San Bernardino.

MUSEO DE CIENCIAS NATURALES: archäologische Fundstücke aus prähispanischer Zeit, sowie afrikanischer Kulturen und ausgestopfte, venezuelanische Vögel. Im 1. Stock Querschnitt zu venez. Amazonas- Indianerstämmen und Kunstgewerbe. Offen: Mo. - Sa.: 9 - 12 und 15 bis 17.3o, So.: 1o - 17 Uhr. Plaza Morelos, dort, wo die Av. Mexico um den Parque Los Caobos abbiegt. Das Museum in weißer, monströser Tempelarchitektur, wie auch das gegenüberliegende:

MUSEO DE BELLAS ARTES: venezuelan. und europäische Maler, Keramik aus dem Orient und Holzschnitzereien. Öffnungszeiten wie oben! –

MUSEO DE ARTE MODERNO: im Parque Central- Hochhaus, Eingang nähe "Resid. Anauco Hilton". Venezuelanische und ausländische Kunst, vorwiegend Plastik.

MUSEO DE LOS NIÑOS: Parque Central Hochhaus, 2. Querblock nach Res. Anauco Hilton Ri. Stadtein. ("Torre de Espejos Este"). Seit seiner Eröffnung ungemein beliebt bei Caracas- Schulklassen und jeden Tag lange Schlangen vor dem Eingang. Mehr als 1.5oo Kinder pro Tag! Auch für Erwachsene lohnend, um zu sehen, wie hier Kinder in moderne Wissenschaften eingeführt und zur thematischen Beschäftigung motiviert werden. Nach unseren Informationen für Erwachsene nur Fr./Sa./So. möglich, aber vielleicht läßt sich auch unter der Woche etwas machen unter Hinweis, daß man weitgereist von Europa kommt. Eigentlich nur während der Woche lohnend, um die Reaktion der Kinder zu beobachten! –

MUSEO DEL TRANSPORTE: hochinteressant, wenn auch klein. Leider nur Montags und Sonntags (nach anderen Informationen Mi. , Sa. und So.) offen. Vorher im Tourist Büro abchecken! Herz ist die Eisenbahnstation Caracas der Strecke CCS – Valencia mit diversen Dampfloks. Weiterhin alte Autos, ein Modell (1 : 1.ooo) vom Caracas der 3o-er Jahre, eine Zuckerrohrmühle und eine Replika der ersten Gemini- Raumkapsel. Parque del Este, Av. Fco. Miranda, Eingang kurz vor Av. La Carlota.

PLANETARIO HUMBOLDT, im Parque del Este. Vorführungen Sa. und So. bei superstarker AC. Daher Pullover mitbringen! –

LA CASONA: Kolonialhaus in üppigen tropischen Gärten, lange Zeit der Wohnsitz venezuelanischer Präsidenten. Seit 1972 vom damaligen Präsidenten Caldera zur Besichtigung freigegeben, – zu Kolonialzeiten inmitten einer riesigen Kakao- Plantage(Hazienda La Carlota), die sich bis über das heutige Flugfeld des La Carlota- Airports erstreckte.

Südl. des Museo del Transporte, Zufahrt über die Av. La Carlota. Touristen müssen sich zur Besichtigung telefonisch voranmelden, im Normalfall 2 Wochen im Voraus. Infos über das Tourist Office. Besuch lohnt sich sehr!

✱ **Caracas- Rundtour mit eigenem Auto oder Mietwagen:**
Sachen im Zentrum zu Fuß machen. Ansonsten sehr lohnend, um die Stadt in ihrer gesamten Breite zu erleben und in Viertel zu kommen, die sonst nur schwierig oder umständlich mit dem Bus zu erreichen sind.

Stadtplan unabdinglich, klemmt sich der Beifahrer aufs Knie. Heiße karibische Kasette in den PKW- Recorder, und unsere Route nur als grobe Orientierung; ansonsten viel nach eigener Nase fahren!

Vom CENTRO entweder rauf über die Av. Baralt zur AV. BOYACA, die in vielen leichtgeschwungenen Kurven am Hang des El Avila entlangführt und immer wieder fantastische Ausblicke über das Hochhäusermeer der 3,5 Mill- Metropole bringt! – Oder vorher noch Parque Los Caobos einbauen (Museen, sowie Hochhauskomplex Parque Central) und dann durch die schöne Residencial Area SAN BERNARDINO den Berg raufschwänzeln (Museo La Quinta Anauco) zur Av. Boyaca.

Diese Panorama- Avenida wird jeden Sonntag Morgen für jeglichen Autoverkehr gesperrt, um Platz für die Jogger und Rollschuhläufer zu machen; eine ausgezeichnete Idee! – Unterhalb des "Distribuidor Teleferico" die

Talstation der El Avila- Seilbahn (Details siehe "El Avila"!). Zwei Distrib. weiter (Distribuidor La Castellana) abfahren, runter über die Av. Castellana und über die 3 a Transversal rechts ab, rüber durch das Luxusviertel CARACAS COUNTRY CLUB, via Av. Principal runter nach CHACAITO.

Weiter über die Schnellstraße Av. Fco Miranda zum PARQUE DEL ESTE. (Abstecher, event. auch Museo del Transporte). Selbe Autopiste bis Abzweigung Buena Vista, rechts und unter der Autopista Fco. Fajardo durch auf die andere Seite des Tales rauf. (Av. San Francisco/= Av. Principal de Macarucay. Stetig die Hauptstraße bergauf.

In LOS NARANJES* der beste Panoramablick über das Tal von Caracas und am Horizont die Bergkette des El Avila. Seitlich Straße zu höchstem Punkt nehmen. Definitiv fantastischer Panorama- Rundblick! Am Spätnachmittag sitzen hier die Segel- Modellflieger mit Ihren Funkgurken und Flugmodellen bis 1,5 m Spannweite!

Kräftige Apartement- Bauerei, in diesem Teil mit die besten aber auch teuersten Eigentumswohnungen von CCS. Starke Expansion. Neue Residencial Areas in Los Geranios und La Trinidad. Über die Autopista Baruta runter ins Tal, wo man unterhalb des Tamanaco- Hotels in Las Mercedes landet.

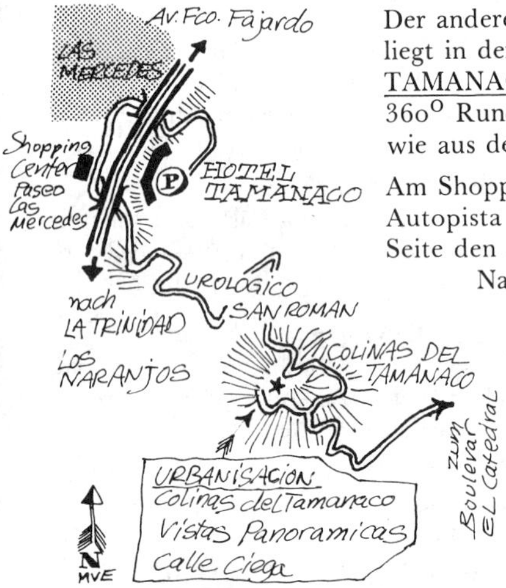

Der andere Spitzen- Aussichtspunkt von Caracas liegt in der URBANISACION COLINAS DEL TAMANACO. Unbedingt abends einbauen! Ein 36o^{O} Rundblick über das Lichtermeer der Stadt wie aus dem Flugzeug!!!

Am Shopping Center (Siehe Karte!) unter der Autopista Baruta durch und auf der anderen Seite den Berg rauf, durch Residenc. Areas. Nach Stadtplan fahren, aber im Normalfall ist bei Straßenkreuzungen oder Abzweigungen immer die Straße die richtige, die am steilsten den Berg raufführt.

Für die gesamte, hier beschriebene Rundfahrt braucht man ab Centro ca. 1/2 bis einen ganzen Tag, je nachdem, ob man unterwegs noch Museen oder Shopping Centers einbaut.

Wer Zeit hat, baut auf dem Hinweg noch oben an der Av. Boyaca den LOS CHORROS PARK ein. Die Ausfahrt "Distrib. Secubán" nehmen. Eingang unterhalb des Viaducto Los Chorros. Oder: ab Parque del Este über die Av. Los Castaños rauf, die am unteren Eingang des Parks endet.

Der Park hat dichte Vegetation und einen kleineren Wasserfall. Beliebtes Ausflugsziel am Wochenende mit kleinerem Restaurant. Offen Di. bis So. von 8 bis 17.3o Uhr, kleiner Eintritt.

* nähe EL Hatillo, nicht zu verwechseln mit den Los Naranjos bei Las Mercedes!

★ Shopping Centers/CCS: das derzeit größte ist das Centro Comercial Tamanaco* beim La Coleta Airport. Gigantisches Ding. Vom dortigen Burger King guter Blick über das Flugfeld. – Weitere: Centro Com. Chacaito, direkt an der Metrostation Chacaito. Relativ klein, aber im Innenhof gutes Cafe & Restaurant, mittags Schulmädchentreff. Gute Buchhandlung. – Centro Comerc. Parque Central beim Hilton. In den beiden Untergeschossen diverse Shops. Nichts Umwerfendes. – C.C. Paseo Las Mercedes gegenüber vom Hotel Tamanaco. Relativ groß. – Die wichtigsten Einkaufsstraßen von Caracas sind die Av. Urdaneta im Centro und die Av. Principal Sabana Grande . Eine der besten Buchhandlungen von CCS ist die "Liberia Lectura" im Shopping Center Chacaito (siehe oben). Klein, aber gute Auswahl an Venezuela- Bildbänden und Literatur.

Post Hauptpost: Av. Urdaneta, Ecke Norte 1 (= 1 Block von der Plaza Bolivar). Offen von 7 bis 22 Uhr, am Sonntag von 8 bis 22 Uhr.

Tel. Stadtgespräche per Münze in öffentl. Fernsprecher. Keine speziellen Jetons etc. nötig. – Ferngespräche nach Deutschland sind in Direktwahl möglich (oo4o), von Hotels teils direkt vom Zimmer möglich. Das Haupttel.-Büro "CANTV" ist im Centro Simon Bolivar, südl. Turm. – Intern. Auskunft: Tel.: 133, – Internat. Operator: Tel.: 122.

Geldwechsel: sehr günstige Wechselkurse bei "Italcambio". Av. Urdaneta, Ecke de Veroes/Centro und Av. Casanova, Edif. Adriatico/ Chacaito. Wechseln fast alle gängigen Währungen, auch DM.

★ El Avila (2.153 m):

Mit der Drahtseilbahn rauf: eines der schönsten Caracas- Erlebnisse! Die Talstation steht in knapp 1.ooo m Höhe an der Av. Boyaca/Av. Prinz. Maiperez. Essen mitnehmen (oben sündhaft teuer!) und oben bleiben, bis es dunkel wird! Hier oben in mehr als 2.ooo m Höhe weiter Blick über die Karibik und dann bei Anbruch der Dunkelheit das Lichtermeer im langgezogenen Talkessel: eine der faszinierensten Großstadt- Kulissen Südamerikas!

Der Seilbahnbetrieb war mehrere Jahre über eingestellt, da das Geld für neue Seile fehlte. Inzwischen sind die neuen Seile eingezogen. Die Fahrt Talstation CCS – Gipfel dauert ca. 1o Min. , von der Bergstation ein weiteres Seil runter an die Karibikküste nach Macuto. Per Seilbahn die schönste Fahrt an den Strand von CCS.

Ab CCS- Stadtteil EL TOPITO (nähe Av. Boyaca, Distribudor Baralt Norte) gibt es auch eine Jeeppiste auf den Gipfel. Im Anfangsbereich noch Betonbelag, aber hier schon so steil, daß ein normaler PKW kaum raufkommt.

Die gesamte Region wurde 1958 zum Nationalpark deklariert. Viele Trails, sowohl ab Av. Boyaca, – im Gipfelbereich, – wie auch runter an die Karibikküste durch dichte Tropenvegetation. Infos über den NAT. PARK SERVICE, die auch eine Karte bereithalten. Av. Francisco de Miranda, beim Eingang des Parque del Este (offen Mo. - Fr., 9 - 13.3o und 14.oo bis 16.3o). Hier gibt es auch das Permit, das für längere Wanderungen im El Avila- Nat. Park erforderlich ist, sofern man campieren will.

Litoral/Küste von Caracas:

Vorwiegend von regionaler Bedeutung für die Caraceños, – obwohl es in MACUTO und NAIGUATA ausgezeichnete Fischrestaurants gibt! Anschließend sehr wilder Küstenteil mit fast senkrecht ins Meer stürzenden

*zwischen Autopista Fco. Fajardo, der Av. Rio de Janeiro und La Coleta Airport

Berghängen bis LOS CARACAS.

Mikros: runter an die Küste ab Caracas/Plaza O'Leary (Av. Bolivar, Zusammentreffen mit Av. Sucre). Jede Menge an Minibussen bis La Guaira. Nach Macuto und Naiguata mehrfach am Tag, oder in La Guaira umsteigen.

Gefahren wird die CCS–La Guaira Schnellstraße bei zügig durchgedonnertem Tempo auf der stark abschüssigen und kurvenreichen Strecke. Sofern nicht hoffnungslos im Stoßverkehr zugeklemmt. Dann möchte ich in einem der hochabgasvergifteten Tunnels keinen Auffahrunfall haben und runde 15 - 2o Min. rauslaufen müssen . . .

LA GUAIRA: größter Hafen Venezuelas. Optisch kein Vergnügen, wenn man auf der Hauptstraße durchfährt, hat aber einige schöne Kolonialhäuser im Ortsinneren. – MACUTO: im alten Ortskern, der zum Teil schöne Alleen besitzt, ein ganzer Schwung kleinerer Hotels und Pensionen. Der Strand jedoch weniger gut, kahler Sand. Rund 1 km vom Ortskern entfernt die El Avila- Talstation. – CARABELLADA/ 5 km ist der modernere und mondänere Teil Macutos mit breiten Neonstraßen und den riesigen Luxuskisten des Sheraton und Melia- Hotels auf einer Ausbuchtung am Meer. Mit Hubschrauberlandeplatz, ausgezeichneten Wassersportmöglichkeiten und breitem Entertainment. Beliebt bei Airline- Crews, sowie Touristen beim Zwischenstop und Warten auf Anschlußflug. Doppel ca. 5o - 6o US $, am Wochenende oft knallvoll, wenn die Caracenos kommen.

NAIGUATA: hat uns noch am besten gefallen. Residencial Areas und ein quirliges, lebendiges Zentrum. Viele gute Restaurants. – Anschließend rund 16 km rauhe Felsküste bis Los Caracas. Die Berge steil an der Straße, die sich kurvenreich an der Küste entlangwindet. Bodenstrauchwerk mit Fingerkaktus durchsetzt. Die Meeresgischt verschmiert die Windschutzscheibe! – LOS CARACAS (Schranke am Ortseingang, rund o,3 US $ Eintritt) ist Erholungsgebiet für Arbeiter mit geringem Einkommen. Infos über die zuständige INCRET in Caracas). Tankstelle, diverse Restaurants ("Frailes", "Recreo" und weitere). Anschließend beginnt der schönste Teil der Strecke, für die man aber während der Regenzeit mit einem Geländefahrzeug oder zumindest VW- Käfer kommen sollte! Die weitere Strecke bis Chirimena führt streckenweise durch dichten Urwald, mehrere Durchquerungen von Flußläufen, dann wieder Plantagen. Fantastischer Strand: LA SABANA (ca. 37 km ab Los Caracas). Weitere ca. 12 km im USB- Parque Forestal der Universidad S. Bolivar gibts schöne Pools zum Baden mit Miniwasserfällen in dichter Tropenvegetation. – CHUSPA: Fischerdorf an geschwungenem Sandstrand mit Cocosnusspalmen. Anschließend rund 33 km landein durch Urwald, weitgehend entlang eines Flußlaufes. Anschließend, sobald die Piste wieder auf's Meer trifft noch 15 km bis HIGUEROTE, wieder in der Zivilisation einigermaßen angekommen. Schöne Sandstrände, Hotels und schnelle Asphaltstraße durchs Landesinnere nach Caracas.

FÜR die rund 11o km zwischen Los Caracas und Higuerote genügend Benzin in Reserve! Selbst in Los Caracas, der letzten Tankstelle, bevor die Piste beginnt, oft kein Sprit! Übernachten: Zelt oder Hängematte.- Asphalt bis Los Caracas und ab Higuerote.

WESTLICH von La Guaira liegt der schöne Strand CHICHERIVICHE, wie uns H. Heidenreich schrieb: "zu erreichen , wenn man von La Guaira am Flughafen vorbeifährt und der Teerstraße bis zum Ende und dann der Naturstraße bis zu derem Ende folgt. Man erreicht eine kleine Bucht, mit diversen Wochenendhäusern, aber ohne Touristenrummel. Angeblich soll von dort eine andere Naturstraße nach Colonia Tovar rauffüh????ren (ist richtig, Anmerk. der Red.). " Nicht zu verwechseln mit dem anderen Chichiriviche, nördl. von Pto Cabello und Tucacas. Details siehe dort! –

✱ Los Roques: **ca. 8o E./ 1 m**

Koralleninseln rund 15o km vor der venezuelanischen Küste. Naturschutzgebiet bei optimalen Schnorchel und Tauchmöglichkeiten. Die vielen hundert Mini- Eilande umschließen eine smaragdgrüne Lagune. Lange Sandstrände, flach, teils hügelig bei größeren Inseln mit Vegetation.

KEINE reguläre Verbindungen. Ganz selten fahren ab La Guaira Versorgungsboote. Zu erreichen per Sportflugzeug, das man sich im La Carlota- Airport/Caracas mietet (einer der Sportflugzeugclubs). Eine 4- sitzige Cesna braucht bis Los Roques ca. 45 bis 5o Min. Preis ist Verhandlungssache, zwischen ca. 8o - 15o US $ pro Flugstunde, wobei die Wartezeit auf Los Roques kostenlos ist. Rückkehr aber vor 18 Uhr in CCS. weil danach auf dem La Carlota-Airport Landeverbot besteht. – Bei sehr viel Glück kann man am Wochenende vielleicht ab La Carlota trampen. – Per Yacht braucht man ab La Guaira ca. 5 - 8 Std.

Auf der Inselgruppe gibt es keinerlei Hotels oder Restaurants. Campieren angeblich geduldet. Siedlung lediglich auf der Hauptinsel, dort wo auch die Landepiste für Flugzeuge ist. Das Dorf heißt EL CAÑON mit einer handvoll Fischer, die hauptsächlich Langusten aus dem Meer holen.

Ausflüge ab CARACAS:

Lohnende 2 - 3 Tage- Rundtour von Caracas rauf in die Berge westl. zur Deutschen- Kolonie COLONIA TOVAR und über Maracay an die Küste (Pto. Colombia) zum Baden.

✱ Colonia Tovar: **ca. 2.ooo E./1.796 m**

Bis 193o strikt von Venezuela abgekapselt, und wer eine hübsche Venezuelanerin heiratete, mußte aus der Kolonie raus! Inzwischen hat man aber begriffen, daß sich aus bayrischem Sauerkraut und Lederhosen, aus Schwarzwald- Dirndln und schlecht imitierten Fachwerkbauten dickes Geld locken lässt, – zumal die Entfernung nach Caracas günstig ist.

Ein Pseudodeutschland, was da den Venezuelanern geboten wird. Trotzdem lohnt sich Colonia Tovar zum Relaxen bei angenehm frischem Klima und würzig- reiner Luft in rund 1.8oo m Höhe. Steiles Tal mit viel Vegetation, oft die Berge morgens von Nebelwolken eingehüllt.

Hotels:

"Selva Negra": größtes. Von der Lage her schön und während der Woche sicher relaxing. Das Haupthaus in Mischung: gemütlich mit großem Kamin und kitschig: Wandgemälde a la weintrinkender Deutscher und Holzfuhrwerk im Schwarzwald. Über den Hang verteilt diverse Cabañas, sauber, große Zimmer mit Bad, allerdings ohne TV und Tel. und somit bei ca. 28 US $ für's Doppel ganz schön teuer! Beim Essen deutsche Schnulzen und Märsche, die Bedienung im obligatorischen Dirndl. Unsere American Express- Card wurde nicht genommen, stattdessen wir vorab abkassiert fürs Schlafen. Tischtennis, ein Mini- Swimming Pool und Boccia.

"Hotel Freiburg", abseits vom Schuß auf der anderen Talseite. Eigenes Auto daher empfehlenswert. Ca. 2o US $. Blick teilweise recht schön auf den Ort C.T. am Hang!

"3 Tannen", am Ortseingang von CCS kommend, gleich oberhalb der Straße. Ca. 2o US.

"Kaiserstuhl", im Centro, müde Schwarzwaldkopie, ca. 2o US $. Rund 5o m von der Kirche entfernt und auch vom Blick her weniger interessant.

"Hotel Bergland", oberhalb des Dorfes, sauber, natürlicher und nicht so aufgemotzt wie das Selva Negra. Billiger: ca. 25 US $ fürs Doppel, wobei aber Frühstück und Mittagessen inkl. ist. Cabañas im Wald oberhalb des Haupthauses.

"Alta Bavaria" noch ein Stück an der selben Straße weiter oberhalb. Einfache Holztische wie in einer bayrischen Berggaststätte, etwas teurer als "Bergland". Wieder mit Frühstück und Mittagessen inkl. im Preis.

Ausgesprochene Billigübernachtungsmöglichkeiten gibt es in Colonia Tovar nicht. Die billigsten Zimmer (oben im Ortszentrum fragen) beginnen bei ca. 1o US $ /Doppel. Billigere Übernachtungsmöglichkeiten im Nachbarort El Junquito.

Der Ort verteilt sich steil über den Hang. Hauptstraße oben beim Rathaus mit Einkaufsmöglichkeit (Lebensmittel), einer Tankstelle und einer handvoll von Souvenirgeschäften (wie sollte es anders sein: bayrische Bierkrüge und tickende Kuckucksuhren). Am Ende bei der Tankstelle dampfende Würstchenbuden und Apfel- Käsekuchen. Am Wochenende ist der "Boulevard" vollgestellt mit CCS- Straßenkreuzern und "zünftig" aufgemotzten Allrad-Jeeps.

Die Ortskirche, wenn auch mit aufgemalten Holzbalken auf "Schwarzwald" getrimmt, sieht eher aus wie eine Attrappe für einen Wildwest- Schinken. Um die Kirche morgens Gemüsemarkt; ausnahmsweise ist das Haus gegenüber der Kirche in echtem Fachwerkbau. Funktion: Andenken + Bäckerei.

Um das Remmi- Demmi schön in Action zu erleben: unbedingt am Wochenende nach C.T. Lohnt sich, zumindest für einen Nachmittag. Allerdings auch Engpässe in Übernachtung, wer nicht vorreserviert hat. Notfalls abends zurück nach CCS oder runter nach La Victoria. – Zum Relaxen besser während der Woche rauffahren! –

Pferde mieten: PARQUE MORITZ bei Hotel "3 Tannen", auf der rechten Seite der Straße Ri. Caracas

Geschichte:

Auf Grund eines Vertrages zwischen Codazzi und Martin Kassler/Endingen am Kaiserstuhl kamen die ersten Deutschen 1843, durften aber wegen einiger Pockenfälle während der Überfahrt nach Venezuela nicht in La Guaira an Land gehen. Sie landeten in Pto. Colombia nähe Choroni und brauchten rund 3 Monate rauf in die Berge, da es in den Urwäldern am Karibikhang keine Trails gab. Für lange Jahre vom übrigen Venezuela abgeschnitten, wurde erst Ende der 6o-er Jahre dieses Jhd.'s der Trail nach El Junquito durch eine Straße ersetzt.

Verbindungen:

Für die rund 1oo km ab Caracas braucht man ca. 2 Std. Aus dem Tal von CCS rauf bei teils schönem Blick auf den Großstadt Giganten. Viele Motels bis EL JUNQUITO. Später sehr kurvige Asphaltstraße, bergauf und bergab durch dichten Wald.

Minibus ab CCS/Plaza Sucre, Metrostation "Catia" (nochmals abchecken!). Täglich 4 mal bis Colonia Tovar (ca. o,8 US $), oder laufend (immer wenn das Mikro voll ist) bis El Junquito. –

Ab COLONIA TOVAR über eine 36 km- Kurvenstraße (asphaltiert) runter nach La Victoria. Mikros fahren ca. alle 4 Std. ab Colonia Tovar (oben bei Rathaus) nach La Victoria, Fahrzeit ca. 1 Std./1 US $. Abfahrt La Victoria: Calle Libertador/Av. Paez.

Klima:

Tagestemperatur C. T.: ca. 11 - 2o° C. – FEST: 19. Nov. Santa Maria/Dorfpatron.

LA VICTORIA, mittelgroße Schachbrettstadt im Talboden zwischen Plantagen, häufig Zuckerrohr. Ganz interessant ist die Plantage "Ingenio Bolivar", die besichtigt werden kann (tägl. außer Mo., 8 - 12 und 14 - 17 Uhr). Simon Bolivar lernte in seiner Jugend auf dieser Zuckerrohr- und Kakao-Hazienda Reiten. Zugang: über die Landstraße von La Victoria nach San Mateo, auf halber Strecke rechter Hand.

Häufige und schnelle Mikro- Verbindung ab La Victoria über die Autobahn nach

* Maracay: ca. 4oo.ooo E./45o m

Nach Valencia die 2. größte Stadt im Tal westl. von Caracas. Maracay expandierte in den letzten 2o Jahren kräftig, rühmt sich als "Gartenstadt Venezuelas"; zwar eine handvoll Grünanlagen, aber insgesamt eine langweilige und weitflächige Stadt, die außer dem "Museo Aeronautico" nichts Besonderes zu bieten hat.

MUSEO AERONAUTICO:
offen: Mo. - Fr. 9 - 14 Uhr (nur nach vorheriger Vereinbarung), sowie So.: 1o - 18 Uhr (ohne Ankündigung).

Für Flugzeugfans sicher sehr interessant: 26 Exponate aus der Zeit von 1918 bis 1956, aber meist aus den 3o-er und 4o-er Jahren. Unter anderem auch hübsche Hubschrauber und den "Thunderbolt P 47". Vom Flamingo, mit dem Jimmy Angel die Wasserfälle bei Canaima entdeckte, steht im Hangar eine Replika; das Orginal in Cd. Bolivar.

Die Tauben, die oben im Hangar-Dach nisten, verkleckern die Exponate ganz schön; schade für die gut restaurierten Dokumente früher Fluggeschichte!

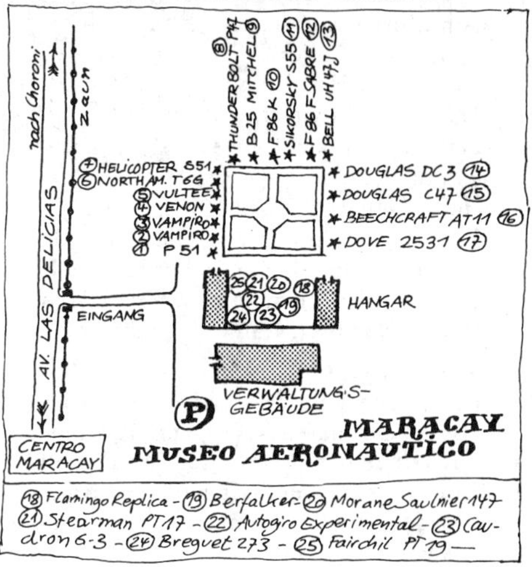

Das Museum liegt an der Av. Las Delicias/Av. Bolivar, die raus an die Karibikküste nach Choroni und Pto. Colombia führt.

Hotels:

"Hotel Pipo", 5 - Sterne, schön gelegen in abgeschlossenem Seitental, oberhalb von Maracay Ri. Choroni (ca. 1o km ab Centro/Maracay, laufend Minibusse, die vor dem Hotel halten). Bei derzeit nur ca. 28 US $ für's Doppel heißer Tip. Bei unseren Recherchen haben wir hier mehrfach logiert, excellente (mit 3 Ausrufzeichen!!!) Küche bei trotzdem noch passablen Preisen, SW- Pool und viel Ruhe im 12- Stock Hochhaus inmitten von Maracay- Residencial Areas, wo morgens der Eismann durchbimmelt. In jedem Fall besser als die lauten und hektischen CCS- Mittelklassehotels, die im selben Dreh kosten. . .

Billigere Sachen im Centro von Maracay, "Hotel Italo", blauer Hochhausturm nähe Rest China Town, Av. 6, westl. der Av. Las Delicias. Ca. 18 US $ fürs Doppel, excellentes Dachrestaurant. – "Wladimir", Av. Bolivar Este Nr. 23 - 7, ca. 1o US $, sauber, – "Bermudez", Av. Bermudez Nr. 22, mit gutem Restaurant, ca. 7 US $, – "Micotti", Av. Bermudez Sur, südl. der Plaza Bolivar, ca. 13 US $, – "Trani", Calle Almarza Ecke 19 de Abril, ca. 9 US $ für's Doppel. Noch billigere nähe Busterminal.

Maracay → karib. Küste:

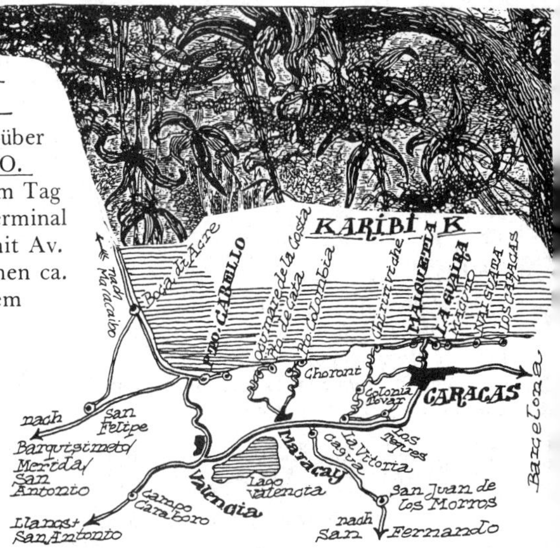

(1) Rund 5o km ab Maracay über die Küstenberge nach PTO. COLOMBIA. Mehrmals am Tag Mikros ab Maracay, Busterminal (Ecke Av. Constitucion mit Av. Fuerzas Armadas). Brauchen ca. 3 Std., – auch mit eigenem Auto nicht viel schneller, da die Asphaltstraße sehr kurvenreich ist.

Am Museo Aeronautico/Av. Las Delicias vorbei und Hotel Pipo. Dann steil in vielen Serpentinen in die Berge rauf. Je höher, desto kühler.. Schöner Blick zurück auf Maracay in der Talsenke. Nach der Passhöhe beginnt der schönste Teil der Strecke: in ewiger Kurverei durch dichten, tropischen Regenwald, mit Farnen, Lianen, Gummibäumen und riesiger Pflanzenvielfalt. Straße jedoch nicht so dicht zugewachsen wie z.B. in den Northern Ranges/Trinidad.

* Kurz vor CHORONI: rechts im Fluß schöne Badestellen mit Mini- Tobogans (natürliche Fels- Wasserrutschen. Macht viel Spaß!!). Choroní selber ist ein etwas verschlafenes Tropennest, rund 1o km vor der Küste. Die einzigste Tankstelle der Region liegt im Hinterhof des Kolonialwarengeschäftes bei der Kirche, siehe Skizze. Der Saft kommt aus dem Fass und ist etwas teurer als oben in Maracay. Aber nicht darauf verlassen, daß das Fass voll ist! – Noch ca. 3 PKW- Min. ans Meer

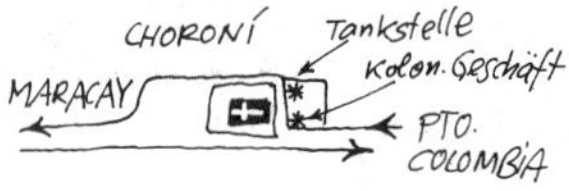

* nach PTO. COLOMBIA. Besteht aus einer handvoll Häusern. Gleich beim Ortseingang rechts: "Hotel Alemania". 1o Zimmer. Der deutsche Besitzer macht sich hier zwischen den Kokosnußpalmen seit Jahren ein schönes Leben. Doppel ca. 12 US $, am Wochenende oft voll. Ansonsten noch ein paar Basic- Herbergen im Ort, die meisten Leute schlafen aber am Strand, Hängematte etc. Das Befahren des Strandes ist aber strikt verboten!

Nichts Umwerfendes in Pto. Colombia wie Discos etc. Schlichtweg ein verwuchertes Nest an kleiner Tropenbucht, Fischerboote, ein paar Restaurants. Rechts durch eine Furt rüber zum Strand (ca. 1,5 km), nächste Bucht. Ca. 3oo m breit, feiner Sandstrand mit hohen Palmen, unter denen ein paar Kioske versteckt sind. Hohe Karibikwellen.

Motorboot- Verbindung (Fischerkanu mit Außenborder) rüber zum rund 1o km westlich liegenden CHUAO. Gibt auch eine Jeep Piste ab Pto. Colombia, die aber meist nicht befahrbar ist.

② Die andere Asphaltstraße ab MARACAY über die Berge führt nach OCUMARE DE LA COSTA mit dem Spitzenstrand BAHIA DE CATA. Ebenfalls mehrmals tägl. Mikro- Verbindung ab Busterminal Maracay. 53 km, ca. 2 Std. durch die tropischen Regenwälder des Pittier- Nationalparks.*

Angelegt wurde die Straße vom venezuelanischen Präsidenten und Diktator Juan Vicente Gomez (19o9 - 1935), der sich damit einen Fluchtweg zum Meer schaffen wollte für Notzeiten. Oben bei der Passhöhe in rund 1.13o m das "Hotel Rancho Grande". ebenfalls ein Gomez- Projekt, das jedoch bis zu seinem Tod nicht mehr fertiggestellt werden konnte. Heute teils von den Tropen überwuchert, – teils Sitz der Estanc. Biologica Rancho Grande.

✱ OCUMARE DE LA COSTA mit Tankmöglichkeit und 4 kleinen Hotels (Playa Grande, La Casona, Montemar und Chalet Suiza, alle um 7 - 12 US fürs Doppel. In der Calle Vargas). Gute Fischrestaurants in La Boca an der Mündung des Rio Ocumare ins Meer.

✱ BAHIA DE CATA (8 km von Ocumare) ist einer der besten Strände an der venezuelanischen Küste: weite Kokosnußplantage mit feinem Sandstrand. Die Cabañas am Strand werden im Normalfall nur längere Zeit, 1 oder 2 Wochen vermietet.

Zurück nach Caracas: nachdem es unten an der Küste keine Querverbindungen gibt: in jedem Fall zurück nach Maracay und von hier entweder über die Autobahn. Dauert, flott gefahren ca. 1 1/2 Std. ab Maracay. – Oder über die Landstraße via LOS TEQUES. Beliebter Wochenendausflug der Caraqueños wegen der "El Encanto"- Eisenbahn. Rest der 1894 von den Deutschen errichteten Eisenbahnstrecke Caracas - Valencia.

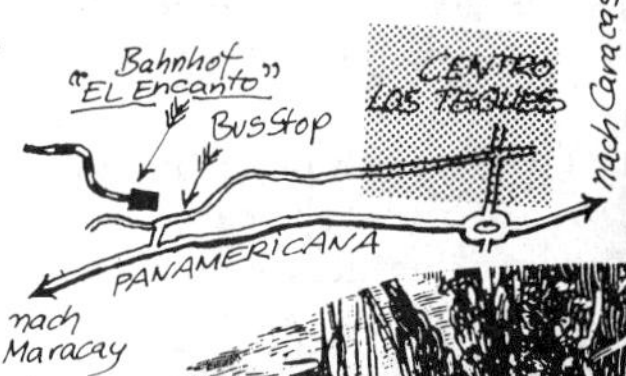

Die 8 km lange Schmalspurstrecke ist als letztes Teilstück noch für Tourismus in Betrieb. Landschaftlich eine schöne 2o Min.- Excursion, aber vom Wagenpark nichts Besonderes erwarten! Die ehemalige Dampflok mit schönen Beschlägen und Rohrwerk am Führerstand steht seitlich auf dem Abstellgleis. Gezogen werden die alten Holzwaggons von einer Diesellok. Schade! Unterhalten wird die Anlage von einem venezuelanischen Eisenbahn- Fanclub, dem leider das Geld vorn und hinten fehlt. – Die ZÜGE fahren am Wochenende 4 - 5 mal/Tag und Richtung. Bushaltestelle rund 2oo m vor dem Bahnhof mit häufiger Direktverbindung ab CCS/Nuevo Circo Busterminal. Aber vorher fragen, ob der Bus/bzw. Por Puesto bis rauf nach El Encanto fährt oder nur ins Centro von Los Teques (=ca. 3 km entfernt!).

* Der Nationalpark wurde 1937 gegründet. Beginnt westl. von Colonia Tovar und endet kurz vor Valencia. Wer also von Maracay nach Pto. Colombia fährt, durchquert ihn ebenfalls. Große Artenvielzahl, da von Meereshöhe bis rauf in 2.437 m, der höchsten Erhebung des Nationalparks. Somit viele verschiedene Klimazonen.

Weiter an die kolumbian. Grenze:
Caracas – Cucuta – Bogota

(1) Ab Caracas/Busterminal fahren ca. 8 Busse am Tag nach SAN ANTONIO an der Grenze. Wir fanden beide Routen,– verglichen mit anderen Strecken in Südamerika nicht besonders interessant, aber die Busse sind gut. Es gibt 2 Routen: a) die NORDROUTE via Barquisimeto . Zunächst über die breite, 4- spurige Autobahn bis Valencia, siehe Kapitel 2 Seiten vorher! Etwa ab der Südseite des Sees von Maracaibo dann Wechsel in schöne Urwaldlandschaften, die aber auf die Dauer wenig Abwechslung bringen. Und b) die LLANOS- ROUTE, wie oben bis Valencia und dann über die Berge runter in die Llanos- Ausläufer parallel zum Südhang der Anden via Guanare – Barinas und San Cristobal.

Beide Routen sind asphaltiert, in etwa gleich schnell mit ca. 12 - 13 Std. (8 US $), wobei aber die Busfahrer lieber die Llanos Strecke fahren.

Es gibt auch Direktbusse von Caracas gleich bis CUCUTA/Kolumbien. Spart einem die Sucherei und Warten auf das Colectivo zwischen San Antonio und Cucuta. Aber vorher sicherstellen, daß der Bus in San Antonio die Extranjeria anfährt, denn für die Ausreise ist dort ein venezuel. Exitstempel nötig. – Ab Cucuta täglich viele Busse nach Bogota, = ein weiterer Tag Busfahrerei.

(2) FLUG: mehrmals täglich mit "Avensa" und "Aeropostal" von Caracas/Maiquetia nach San Antonio , rund 1 Std. Flug. Bei dem billigen Flugpreis fragt es sich, ob man nicht besser gleich an die Grenze fliegt, statt 12 Std. im Bus eingeklemmt zu sitzen. Aber rechtzeitig buchen, denn die Flüge sind oft voll.

Vor dem SAN ANTONIO- Airport warten bereits viele Taxis, die für ca. 6 US pro Fuhre zunächst die Extranjeria in San Antonio anfahren für den Exitstempel und dann in rund 35 Min. rüber nach Cucuta/Kol. zum dortigen Airport. Ab hier mehrmals täglich Flüge nach Bogota (ca. 1 Std./5o US $). Somit gegenüber dem sauteuren Caracas–Bogota- Direktflug mehr als 23o DM gespart!

WER in Gegenrichtung von Kolumbien/Cucuta nach Venezuela fährt, wird im San Antonio- Airport kontrolliert, ob die Stempel im Pass sind. Beide Städte sind eine gemeinsame Zone ohne Grenzen; kontrolliert wird erst am Stadtrand. Ausreiseformalitäten Cucuta: siehe dort!

* San Antonio (del Tachira): ca. 439 m/6o.ooo E.

Grenzstadt in breitem, grünen Tal ohne Spezielles. Schachbrett und reger Verkehr über die 16 km Schnellstraße nach CUCUTA/Kolumbien. Die San Antonio Geschäfte sind voll mit elektronischen Artikeln, die hier in Venezuela billiger sind.

Busterminal: Primero Mayo. Tagsüber alle 1o Min. Mikros und Colectivos rüber nach Cucuta (ca. o,7 US $) zum dortigen Busterminal. Der minimale Aufpreis fürs Colectivo lohnt sich, da die meisten Busse unterwegs viele Stops machen.

Extranjeria: Calle 7, Ecke Carrera 9. Hier gibts den Ausreisestempel für Venezuela. Das Büro schließt um 18 Uhr venezuelanischer Zeit. Achtung: Zeitverschiebung zu Kolumbien: drüben ist es dann erst 17 Uhr!

Hotels: sind derzeit auf der venezuelanischen Seite viel billiger, als drüben in Cucuta. Beste Hotels sind: "Don Jorge" (Calle 9, No. 9 - 2o) und das "Neveri" (Calle 3 No. 3-11), beide um 12 US $, mit Air Condition und Privatbad. Billigere im Centro um die 5 - 7 US $. – Termalquellen im Swimming Pool des "Hotel Aguas Calientes", rund 22 km nördlich von San Antonio bei Ureña. Das Hotel hat aber nur 32 Zimmer (Doppel ca. 15 US $), daher vorher anrufen, ob Platz frei ist!

✶ San Cristobal: ca. 825 m/225.ooo E.

Provinzhauptstadt des Depart. Tachira, 5o km von der Grenze entfernt. Schöne Kolonialbauten, Hotels und viele Plazas. Die Stadt liegt auf mehreren Plateaus oberhalb des Rio Torbes. Jede Menge Busse und Por Puestos rüber nach San Antonio, Fahrzeit ca. 1 1/2 Std., Por Puestos 1 Std. – Derzeit keine Flugverbindungen, obwohl ein Airport existiert.

Touristisch bringt San Cristobal, – außer dem lohnenden Montagsmarkt in TARIBA (11 km nördlich, Marktbeginn 1o Uhr und kleiner Vorgeschmack auf die großen Andenmärkte Ecuadors, Perus und Boliviens), – nichts Interessantes. Allenfalls als Ausweichstützpunkt, wenn die Hotels in San Antonio voll sein sollten.

Interessante Alternativroute nach Kolumbien durch die Llanos: Wenig bekannt und abseits der ausgetretenen Strecken, zunächst mit dem Caracas Bus Richtung San Cristobal via Llanos- Route entlang der Andenhänge, aber bereits in BARINAS aussteigen (ca. 8 Std., 5 US $). Diverse Hotels von Basic-bis Mittelklasse.

Barinas ist ein heißes und staubiges Gauchonest und wirtschaftliches Zentrum der 5oo-km Region der kaum bewohnten Alto Llanos von Venezuela. Vom nahen Airport am Stadtrand geht 3 mal in der Woche ein moderner Aeropostal- Bimotor- Propeller runter nach GASDUALITO nähe der kolumbianischen Grenze. Flugzeit ca. 1 Std./12 US $. Von hier über eine 12 km Straße an die kolumb. Grenze und über die internat. Brücke nach ARAUCA/Kolumbien. Hotels und fast täglich Militärpropellerverbindung (Satena) nach Villavicencio und Bogota. Alle Details siehe unser kolumb. Llanos- Kapitel!

Lässt sich auch mit der, im folgenden Kapitel beschriebenen Route nach MERIDA in den venezuelanischen Anden kombinieren. Flug CCS – Merida und dann über die landschaftlich sehr lohnende Andenstrecke mit dem Bus runter nach Barinas und weiter wie oben beschrieben. ACHTUNG: viel Drogenschmuggel via Arauca, daher Vorsicht.

Abenteuerroute via venezuelanisches Amazonas Departement nach Kolumbien sind dort beschrieben. –

Venezuelanische Anden:

Schöne Landschaften, wenn mir persönlich auch der Andenteil ab dem südlichen Kolumbien, also Ecuador, Peru und Bolivien besser gefallen hat.

Top ist allerdings MERIDA mit der schneebedeckten Sierra Nevada (Pico Bolivar 5.oo7 m!), sofern die Seilbahn funktioniert und keine Wolken um die Gipfel hängen. Schöne Wanderungen im Umkreis.

Top ist auch die landschaftlich großartige Strecke von Merida nach Barinas am Rande der Alto Llanos.

FLUG: mehrmals täglich von Maiquetia/CCS nach Merida, ca. 25 US $ und 1 Std., aber rechtzeitig buchen, denn häufig voll. Weiterhin täglich von Merida nach San Antonio, ca. 1o US $, 25 Min.

BUS: mehrmals täglich, ab Caracas via Llanos- Route und bei Barinas in die Anden rauf. Ca. 13 Std./8 US $. Ab Merida täglich mehrere Busverbindungen rüber nach San Cristobal, ca. 5 Std./3,5 US $.

BARINAS ≫→ MERIDA: durch Kakao- und Kaffeeanpflanzungen rauf in die Berge. Nach 55 km ist das schön gelegene Dorf SANTO DOMINGO erreicht in bereits 2.179 m Höhe. Sehr gemütliche Ferienhotels, teils mit offenem Kamin: "Moruco", "Halcon de Oro" und "Sto. Domingo" um ca. 12 US $. Heißer Tip ist aber das 1/2 Std. oberhalb gelegene "Los Frailes", eines der orginellsten und gemütlichsten Hotels von Venezuela. In einem 1643 gebauten Kloster, mit großen Kaminen, Holzdecken, antiken Möbeln und Teppichen. Ausgezeichnete Küche.

"LOS FRAILES": Doppel ca. 2o US $ bzw. ca. 5o US $ für sogenannte Suites. Vorbuchen während der venezuel. Feriensaison, aber auch Feiertagen wie Weihnachten, Ostern etc. sehr zu empfehlen! Über das Hauptbüro der "Avensa"- Airline in Caracas. Hier gibts übrigens auch günstige Spezialangebote, die verbilligt Retourflug nach Merida, Transfer zum Hotel, Übernachtung und Essen anbieten.Somit zugleich auch schöner 2-Tagesausflug ab Caracas, – wer nicht zu längerem Rumfahren in Venezuela Zeit hat!

Das "Los Frailes" liegt bereits im Paramo, einer Hochlandschaft mit Moosen, gelb leuchtendem Paramogras und Bodengestrüpp, häufig von Wolken und Nebelschwaden bedeckt. Feuchteste Zeit ist Juni bis Oktober, – während der Paramo im März und April relativ ausgetrocknet ist. In der Nähe des Hotels beginnt ein schöner Mehrtagestrail, südlich um den 4.572 m hohen Pico Mucuñuque durch einsame Andenhochtäler und vorbei an mehreren Lagunen. Trifft westlich vom Dorf Apartaderos wieder auf die Sto. Domingo–Merida Straße. Details im Hotel, Wanderkarte aus CCS mitbringen!

Die Straße windet sich entlang des Rio Sto. Domingo weiter in die Berge rauf. Südlich der Straße der "PARQUE NACIONAL SIERRA NEVADA". Höchste Stelle der Straße 3.55o m mit Parkservice Station und dem 7- Zimmerhotel "Sierra Nevada" (ca. 11 US $, Restaurantbetrieb), sowie dem Refugio "Mucubaji". Schöner und sehr lohnender Trail, – sofern nicht nebelverhangen, – rüber zur LAGUNA NEGRA. Unter Umständen Pferde oben bei der Parkservice Station.

APARTADEROS (3.472 m): kleines Andennest, die Häuser mit Paramogras gedeckt. Hotel. Kurz vorher Abzweigung der sehr kurvenreichen Strecke über den El Aguila Pass (4.oo8 m) rüber nach Valera.Bei klarem Wetter fantastische Ausblicke!

Von Apartaderos geht die Straße stetig bergab, entlang des Rio Chama. In den rund 6o km bis Merida rund 2.ooo Höhenmeter tiefer und entsprechend immer wärmer. Vom 15 km vor Merida liegenden Dorf TABAY ein schöner Trail rauf zur Laguna Verde unterhalb des Pico Humboldt (4.943 m hoch, mit Gletscher). Zunächst über eine Jeep Piste zu einer Hütte der Park Rangers, bei der Laguna oben gibts eine Nothütte zum Übernachten.

✈ Merida: **ca. 1.624 m/115.ooo E.**

Schön unterhalb der riesigen 5.ooo-ender Gipfeln des Pico Bolivar mit ewigem Schnee. Unten im relativ warmen Tal: sehr enge und langgestreckte Stadt, teils noch mit schönen Kolonialhäusern. Die Stadt wurde 1558 von den Spaniern gegründet. Der Jet landet heute fast schon in der Nähe der

Hauptplaza und sehr aufregender, optisch spektakulärer Landeanflug!

Hauptattraktion von Merida ist die Seilbahn Fahrt knapp unterhalb des PICO BOLIVAR (5.oo7 m). Gilt als die höchste Seilbahn der Welt! Gesamtlänge 12,5 km Seil, bei 4 Etappen. Für die Strecke wird insgesamt ca. 5o Min. benötigt, – und bei ganz klarem Wetter oben umwerfend schöner Panoramarundblick, der bis tief in die venezuelanischen Llanos und bis rüber zur Sierra de Cucuy/Kolumbien (südöstl. von Bucaramanga!) reicht.

Allerdings: tip- top klares Wetter, und das ist in dieser Region selten.Im Normalfall fangen sich hier oben die Wolken der weiten Llanos, insbesondere ab frühem Nachmittag.

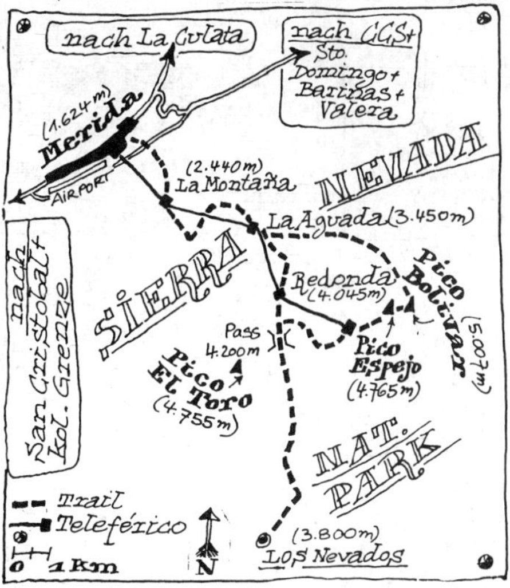

Die Seilbahn läuft von 8 Uhr bis gegen 15 Uhr, sofern nicht Wartungsarbeiten notwendig sind.

Wer wegen dieser Seilbahnfahrt nach Merida kommt, – und das ist das große Bonbon der Stadt, sollte sich vorab in CCS erkundigen, ob die Bahn in Betrieb ist! – Außerdem gute gesundheitliche Konstitution nötig, beim plötzlichen Wechsel rauf in fast 5.ooo m Höhe, es gibt aber in den einzelnen Stationen der Seilbahn für Notfälle Sauerstoff- Flaschen In der ersten Station gutes Restaurant. – Wegen Blick: beste Zeit Nov.- Juni.

TALSTATION in 1.577 m am südl. Ende der Calle 25. In rund 15 Min Fahrt gehts über die Kakao- und Kaffee Plantagen des Talbodens von Merida rauf nach LA MONTAÑA. Liegt in dichten, tropischen Berg- Regenwäldern. – Dann in rund 1o Min. mehr als 1.ooo m weiter rauf in die kalte Region des Paramo, Station LA AGUADA. Dies auf nur ca. 3 km Seil! – Die nächste Etappe: 6oo m höher auf 4.o45 m, Station REDONDA. Hier beginnt ein landschaftlich sehr lohnender 3 - Std.- Trail rüber zum Dorf Los Nevados (Basic- Unterkunft, aber Essen mitnehmen!). – Letzte Station: rund 7oo m rauf ohne jegliche Stützpfeiler frei durch die Luft auf 4.765 m beim PICO ESPEJO.

TRAIL ab Merida rauf bis zum Pico Espejo. Man muß mit 4 - 5 Tagen rechnen, sofern man nicht Teilstücke mit dem Teleferico abkürzt. Gute Höhen-Akklimatisation ist Voraussetzung, denn ab ca. 3.ooo m wirds sehr anstrengend! Kartenmaterial: Instituto Geographico in Caracas, Karte Nr. 5941. – Vom Nat. Park Service in Merida ist ein Permit nötig. Hier zugleich Infos zu günstigen Schlafstellen unterwegs wie Wasserquellen.

BERGSTEIGER: Club Andino in Merida. Postfach 66 ("Apartado"). Wenig Chance auf Antwort bei brieflicher Anfrage.

Interessante Museen in Merida: "Museo de Arte Colonial" (interessanter Querschnitt aus 16. bis 19. Jhd.'s in Gemälden, Skulptur, aber auch Möbeln Keramik und Gold- Silberarbeiten), – und das Museum im "Jardin Acuario" mit Ausstellungsstücken aus dem Farmleben in den Anden.

Nordwest-Venezuela:
Caracas → Maracaibo

Neben Merida die andere große ALTERNATIVE zur Hauptroute an die kolumbianische Grenze. – Wie auch bei Merida muß man gegenüber der Hauptroute mit einem Plus an reiner Fahrzeit im BUS von 1 - 2 Tagen rechnen. – Per FLUG fällt die Mehr- Fahrzeit kaum ins Gewicht.

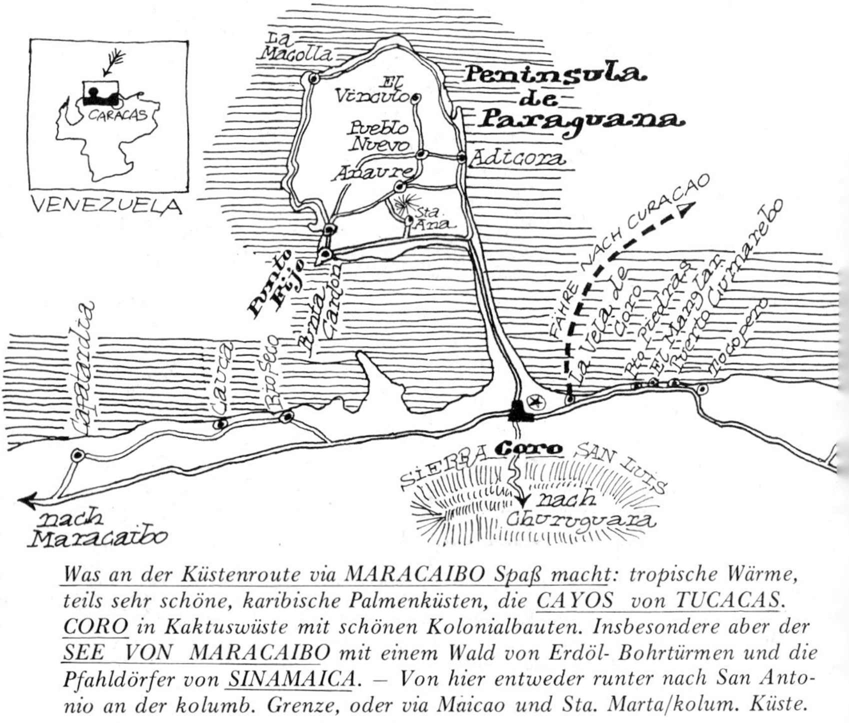

Was an der Küstenroute via MARACAIBO Spaß macht: tropische Wärme, teils sehr schöne, karibische Palmenküsten, die CAYOS von TUCACAS. CORO in Kaktuswüste mit schönen Kolonialbauten. Insbesondere aber der SEE VON MARACAIBO mit einem Wald von Erdöl- Bohrtürmen und die Pfahldörfer von SINAMAICA. – Von hier entweder runter nach San Antonio an der kolumb. Grenze, oder via Maicao und Sta. Marta/kolum. Küste.

Per FLUG: häufig am Tag Nonstop ab Maiquetia Airport in 1 Std., ca. 5o DM. Alternativ: Stopover in Coro, 1 x/Tag.

Per BUS: häufig am Tag ab"Nuevo Circo" /Busterminal Caracas. Brauchen ca. 12 Std. und fahren entweder via Barquisimeto – Carora (langweilig!) oder via Küste und Coro. Ca. 26 DM, auch Por Puestos. Die Coro- Küstenroute ist unbedingt vorzuziehen, da interessanter und bessere Zwischenstopmöglichkeiten zum Beine-Ausstrecken, Baden, gute Fischkneipen! –

★ Erster Teil bis MARACAY, wie im Vorkapitel beschrieben. Die Busse und Por Puestos benutzen die Autopista, die aber fast genauso kurvig ist, wie die alte Landstraße via Los Teques. Dafür aber zweispurig und besseres Überholen möglich. Erinnere mich noch an einen echt heißen Reifen, den wir mit unserem schwammigen Mietstraßenkreuzer hinter einem Feuerwehrauto fuhren, das uns mit Blaulicht die Straße freimachte. Speed um die 1oo km/h, hinten auf dem Trittbrett vom Feuerwehrauto die Mannschaft, festgeklammert und kräftig in die Kurven gelegt. . .

Wer's Geld hat und Zeit: den ersten Nachmittag bis Colonia Tover. Dort im "Selva Negra" übernachten und am nächsten Tag runter nach La Victoria - Maracay. Eventuell runter an die Küste nach Pto. Colombia oder Cata.

★ VALENCIA: mit mehr als 6oo.ooo Einwohnern größte Stadt westlich von Caracas. Touristisch jedoch uninteressant. Allenfalls der südlich gelegene Zoo "Autosafari Caraboro" (offen 1o - 17.3o, So.: 9 - 17 Uhr, 25 km an der Straße Ri. Llanos. Aufpassen, daß die Bären, wenn sie sich vorn auf den Autokühler setzen sollten, nicht die Windschutzscheibe mit ihrem Gewicht eindrücken!).

Die Autobahn von CCS umbiegt vor Valencia die Stadt und führt in Kurven und breitem Tal runter an die karibische Küste bei PTO. CABELLO. ★ Der 2. größte Hafen von Venezuela nach La Guaira. Als Stadt grau und trist. Ca. 9o.ooo E., mit kleinem Kolonialbereich, der aber Tendenz zum Verfall zeigt. Beste Strände im Osten, bei Isla Larga, wo sich bei 2 gesunkenen Frachtern (ein deutscher und ein italienischer im 2. Weltkrieg) interessantes submarines Leben entwickelt hat.

BAHNHOF PTO. CABELLO: moderner Terminal mit Restaurant und der "Ferrobar" (beliebter Treff der Machos von Pto. Cabello), an der Ausfalls- Straße Ri. Autobahnabzweig. Valencia, ca. 2 km vom Ortszentrum. – Die knapp 18o km Eisenbahngleis bis Barquisimeto sind einzige, heute in Venezuela noch vorhandene Passagierverbindung. Tägl. mehrmals, ca. 3 1/2 Std. in relativ modernem Triebwagen für Pfennigbeträge. Die Strecke: ganz interessant durch tropische Kultivationen,

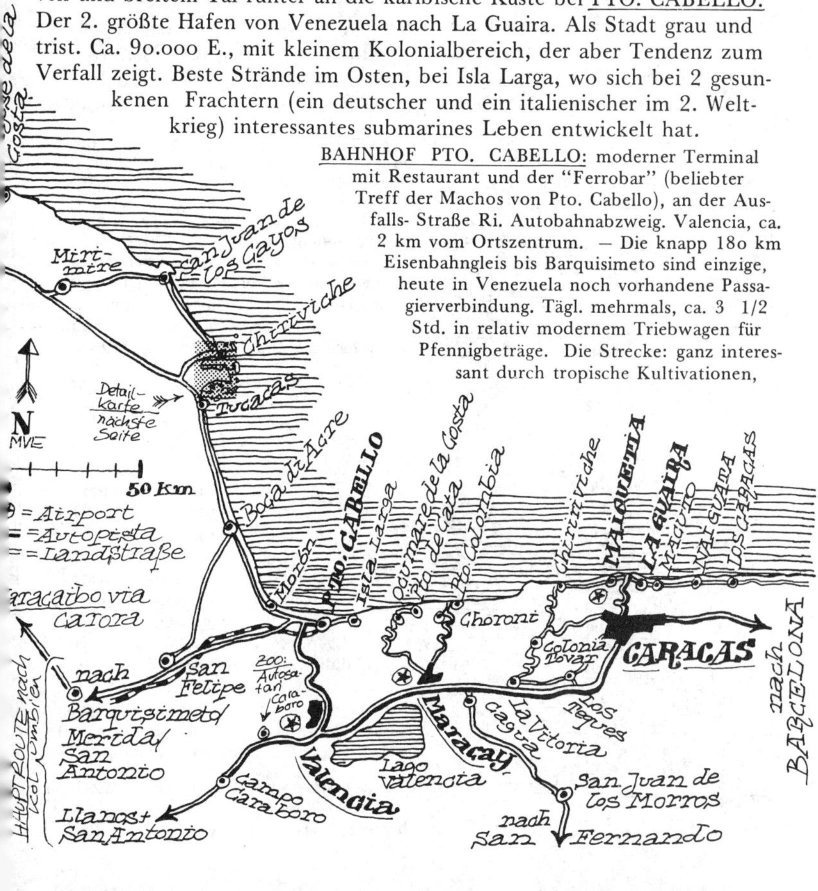

ohne jedoch Spektakuläres zu bringen wie z.B. das Gleis von Guayaquil nach Riobamba in Ecuador. –

★ PTO. CABELLO ⋙→ CORO (60 km):
relativ geradlinige Schnellstraße an der Küste entlang. Erster Teil wenig attraktiv. Lange Sandstrände ohne jegliche Vegetation, dann die riesige, dreckige Petrochemie von MORÓN (Erdölraffinerie). Vorsicht in Boca de Aroa: rechts in den Ort rein, auch wenn's nach der Maraven- Karte geradeaus weiterzugehen scheint! 10 km bis Tucacas, die Straße meist nahe der Küste durch endlose Palmenhaine. Häufig Strandrestaurants.

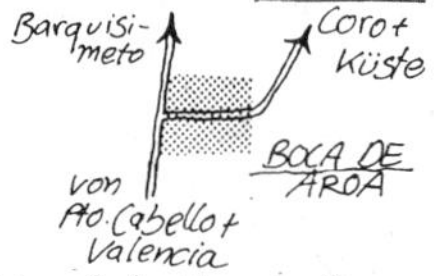

★ TUCACAS: der Ort alles andere als einladend. Staubige Schotterstraßen und 2 stöckige Häuser in flachem Küstenstreifen, – durchsetzt von Tümpeln rechts und links der Hauptstraße mit jeder Menge von Moskitos und zwar von der kleinen, penetranten Sorte! Trotzdem im Sommer jede Menge Ferienrummel; die Vorzüge liegen nördlich des Ortes:

Tucacas liegt an einer großen Meereslagune, die von vielen Kanälen durchzogen ist. Inseln mit niedrigem Buschwerk, teils Palmen, teils Mangroven. (Parque Nacional Morrocoy). Excellente Schnorchel und Tauchmöglichkeiten und diverse Bootsverbindungen während der Saison zu den Inseln.

Übernachtung: "Centro Turistico Said", an der Hauptstraße, kurz vor der Abzweigung in den Ort. Dreckig, stickig heiße Zimmer mit Ventilator. Eine LKW- Fahrer-Absteige und am Wochenende von Leuten, die im Ort kein Zimmer mehr gefunden haben. Ca. 5 (saftige!!) US $ für ein Doppel.

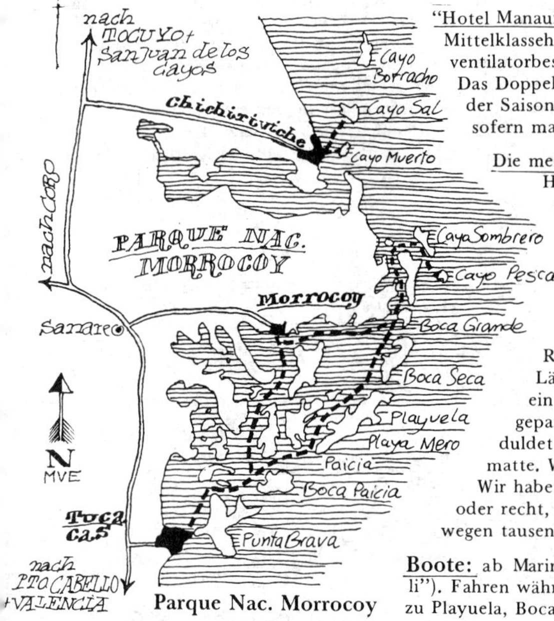

Parque Nac. Morrocoy

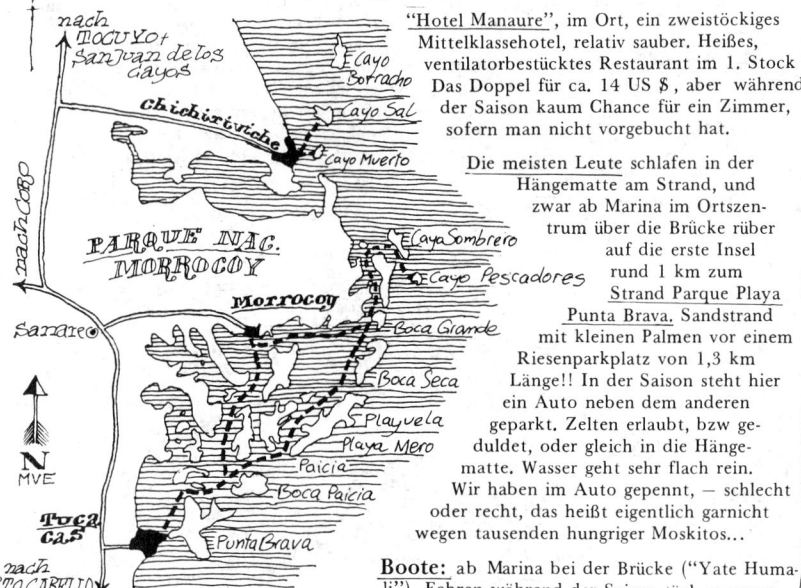

"Hotel Manaure", im Ort, ein zweistöckiges Mittelklassehotel, relativ sauber. Heißes, ventilatorbestücktes Restaurant im 1. Stock Das Doppel für ca. 14 US $, aber während der Saison kaum Chance für ein Zimmer, sofern man nicht vorgebucht hat.

Die meisten Leute schlafen in der Hängematte am Strand, und zwar ab Marina im Ortszentrum über die Brücke rüber auf die erste Insel rund 1 km zum Strand Parque Playa Punta Brava. Sandstrand mit kleinen Palmen vor einem Riesenparkplatz von 1,3 km Länge!! In der Saison steht hier ein Auto neben dem anderen geparkt. Zelten erlaubt, bzw geduldet, oder gleich in die Hängematte. Wasser geht sehr flach rein. Wir haben im Auto gepennt, – schlecht oder recht, das heißt eigentlich garnicht wegen tausenden hungriger Moskitos...

Boote: ab Marina bei der Brücke ("Yate Humali"). Fahren während der Saison tägl. morgens zu Playuela, Boca Seca, Cayo Sombrero und

und Cayo Pescadores. Vorbuchung über Hotel Manaure am Vortag möglich. Fahren am späten Nachmittag dann wieder zurück. Insbesondere die Fahrt rauf zum Cayo Sombrero lohnt sich sehr. Guten Sonnenschutz (Hut, Creme!!).

✱ CHICHIRIVICHE: über eine 23 km Stichpiste ab Abzweigung Sanare. Der Ort ist ebenso langweilig wie Tucacas, hat aber ein breiteres Zimmerangebot ("Hotel Mario", 1oo Zimmer mit SW- Pool und "Hotel La Garca" beide am Ortseingang und ca. 3oo m zum Strand. Komfortabel, ca. 18 US $) Simpler sind die beiden, direkt im Ort gelegenen Hotels "Capri" und "Venecia". Sehr lohnende Bootsüberfahrt zu den vorgelagerten Cayos Muerte und Sal, letzteres mit sehr schönem Sand & Palmenstrand, eine handvoll Hütten, die in der Saison Fisch und Drinks verkaufen. Excellente Schnorchel und Tauchmöglichkeiten an Korallenriffs.

Mit eigenem PKW schöne Strecke am Meer entlang über San Juan de los Cayos (lange Palmenstrände, wild und unkultiviert: die Cocosnüsse liegen rum) über eine gute Asphaltstraße, die bei Mirimire wieder auf die Hauptstraße trifft (Hotel "Crisbi"). Hügelland, tropische Bäume, Felder, viel Vegetation.

Die Hauptstraße von Tucacas nach Coro (18o km) ist breit ausgebaut, allerdings mit löchrigem Asphalt. Viele Bodenwellen, durch die die überladenen Por Puestos fliegen, bzw. schlingern (Ersatzreifen oben auf dem Dach festgeschnallt). Dann wieder Flachland, Hügelketten am Horizont.

Die Vegetation wird immer kümmerlicher, Krüppelbuschwerk und Bäume, im Schnitt nicht höher als 2 m. Dann Kaktus; um Coro: Wüste.

✱ Coro: ca. 1o m/9o.ooo E.

Ohne daß viel los ist: angenehm! Die Stadt dehnt sich weitflächig in die Wüste aus, – vom Meer abgeschirmt durch bis zu 5o m hohe Wander-Sanddünen ("Los Medanos"). Große venezuelanische Attraktion und Nationalpark, aber mit den riesigen Sandwüsten der peruanischen und chilenischen Küste nicht zu vergleichen.

Das Centro von Coro in kompaktem Schachbrett. Meist 1 - 2- stöckige Häuser, teils (um die Plaza San Clemente, Calle Zamora und Catedrale) schöne weiß gestrichene Kolonialhäuser aus dem 17. und 18. Jhd.

CORO wurde 1527 gegründet, eine der ersten spanischen Siedlungen auf dem südamerikanischen Kontinent. Der Bau der Catedrale wurde 1583 begonnen, ein wuchtiger Festungsbau mit Schießscharten, Zufluchtsort bei den unzähligen Piratenangriffen auf die kleine Siedlung. Reichtum kam nach Coro im 18. Jhd., als die Stadt zum Hauptlebensmittellieferanten und Ausfuhrhafen für die kargen ABC- Inseln Aruba - Curacao und Bonaire wurde. Aus dieser Zeit stammen auch die meisten Kolonialgebäude des Centros.

Besichtigen kann man die "Casa del Sol" an der Plaza San Clemente, sofern der Hausmeister da ist, – die "Casa de las Ventanas de Hierro" (Calle Zamora, Ecke Calle Colon) und die "Casa del Obispo" (Calle Zamora/Colon), in der nach Überlieferung Schätze in Geheimtunnels vergraben sein sollen. Sicher hat es im kolonialen Coro einige unterirdische Tunnels gegeben als Schutz vor Piraten. Suche per Detektor brachten in der Tat unter dieser Casa einen Tunnel, bisher jedoch noch keine Schätze.

Museo de Lucas Guillermo Castillo: Plaza San Clemente/Calle Zamora 1o. In einem Kolonialhaus aus dem 18. Jhd. mit schönem Patio. Offen: Di. bis So. 8 - 12 Uhr, Mittwoch von 16 - 19 Uhr. Möbel, Heilige und Kunstgewerbe aus der Kolonialzeit.

Tourist INFO "inturfal" (Instituto de Turismo del Estado Falcon), Zona Colonial - La Alameda, Locales 4 y 1o/Coro.

Flug: der Airport von Coro liegt nur runde 3oo m vom Ortszentrum entfernt. Täglich Jetverbindung via Barquisimeto nach Maracaibo und Maiquetia/Caracas.

Bus: Busterminal in der Av. Los Medanos nähe Mercado Municipal. Täglich nach Maracaibo, Caracas, Valencia und Barquisimeto (via Sierra San Luis, Churuguara).

Hotels: "Miranda", direkt beim Airport- Tower. Derzeit bestes von Coro und Tip wegen zentraler Lage zu Airport und Centro. Ein gelber Hotelkasten, BJ. ca. 1955. Das Doppel kostet ca. 15 US $, mit Swimming Pool im Garten. Dort jeden Sonntag Mittag schönes Barbeque, wo sich die wichtigen (und weniger wichtigen) Leute des Ortes treffen. Das Hotel ist während der Feriensaison oft ausgebucht.

"Los Medanos", sehr weit außerhalb bei den Los Medanos Dünen, die direkt hinter dem Hotel beginnen. Weiße Häuser, 2- Stock um Pool. Vegetation fehlt. Zimmer mit A.C., die aber ebenso wie das Zimmertelefon nicht unbedingt fungioniert. Ca. 17 US $. Eigenes Auto empfehlenswert. Ansonsten per Mikro ab Centro bis "Parque Exposiciones" und ca. 25o m zu Fuß.

"Hosteria Colonial" im Centro, Calle Toledo nähe Catedrale. Ca. 1o US $ und Coro-Übernachtungstip. Gegenüber Cine Miranda in der Altstadt.

"Hotel Caracas", im Centro nähe Catedrale, alte Casa mit kleinem Patio und Pflanzen. Rund um den Patio die Zimmer, Doppel ca. 12 US $. Calle Toledo Nr. 17

"Hotel/Rest. Capri", Av. Los Medanos/Zamora. Mit Patio, aber nicht ganz so schön wie das "Caracas". Doppel ca. 8 US $. – "Italia" nähe Plaza San Clemente/Centro, ganz gut und mit 5 US $ billig.

Restaurants: "La Tadca Española", Cervezeria gemütlich mit Schinken von der Decke, aber eiskalter AC. Nähe Catedrale.

"La Hispaña", gut für Mariscos, sehr einfach wenn nicht einfaltslos eingerichtet, aber stadtbekannt für gute Küche. Preise mittel. Av. Los Medanos, Höhe etwa Kreuzung der vom Airport kommenden Av. J. Camejo.

"Hosteria Colonial" 2 Häuser weiter neben Hotel Colonial, Calle Toledo/Altstadt bei der Catedrale. Mit auch abends noch heißem, da überdachtem Patio. Grob hingestellte Stühle und Tische, am Sa. und So abends Tanz. Billig bis mittel, Mo. zu.

"El Tizon", Tip für gute Steaks bei mittleren Preisen. Calle 25, Ecke Av. 1o. – Ebenfalls Tip das unter "Hotels" bereits erwähnte Sonntags-Barbeque im Hotel Miranda. Mit ca. 5 US $ (inkl. 1 Drink, Essen kann man nachfassen) sehr billig! –

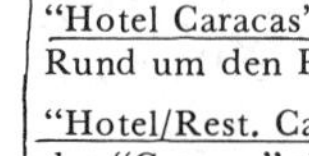

An der Landzunge rüber zur Paraguana- Halbinsel. Verschiedene Stichpisten rechts ab, sofern nicht das Wasserleitungs-Rohr im Weg ist. Wilde Karibikwellen, Sandstrand. Vorsicht vor Strömung: nur ganz nah am Ufer bleiben!! Bei zu hohem Wellengang besser nicht baden! Irrsinnige Drift parallel zum Ufer, bzw. schräg weg.

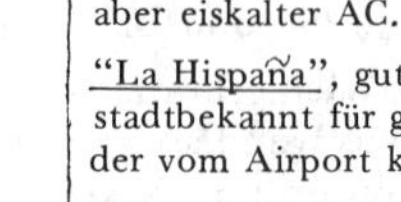

Auto- und Personenfähre nach CURACAO:
2 mal pro Woche mit "Ferrys del Caribe" ab La Vela de Coro (=Huchuaco la Vela), 1o km ab Coro Ri. Caracas. Fahren derzeit nachts ca. 22 Uhr ab, Ankunft morgens gegen 7 Uhr in Curacao. Sehr billige Überfahrt, pro Person ca. 14 US $, pro PKW hin+ rück ca. 35 US $. Die Fähre fasst rund 1.2oo Personen und ca. 15o Autos. Von Curacao günstige innerkaribische Flüge mit der "ALM", z.B. rüber zu

den niederländischen Antillen, St. Martin. Ab hier günstige Excursion- Flug Tickets nach GUADELOUPE mit der billigen Air France- Verbindung nach Paris (Details siehe Einleitungskapitel/Venezuela).

Paraguana- Halbinsel:

zu Kolonialzeiten wichtiger Piratenschlupfwinkel. Eine heiße Halbwüste, in der es so gut wie garnicht regnet. Flach, bis auf eine 800- m Erhebung bei Santa Ana. Wichtigste Stadt: PUNTO FIJO im Südwesten (70.000 E.) mit Erdölraffinerie und einer Pipeline von Maracaibo. Erdölhafen. Vom Airport "Las Piedras" tägliche Jetverbindungen nach Cumana, Maracaibo und während der Feriensaison nach Porlamar/Isla Margarita.

Im 3 km nördlich von Punta Fijo gelegenen CARIRUBANA eine riesige Gefrierfabrik für Shrimps, die nach den USA und Japan exportiert werden.

Der Rest der Insel ist äußerst dünn besiedelt. Schönste Fischersiedlung an den mehr als 300 km Küste: ADICORA/Ostküste mit vorgelagerten Korallenriffs. Tankstelle und Vermietung von Privathäusern.

CERRO SANTA ANA: Besteigung des 815 m- Nationalmonumentes von der Ortschaft Santa Ana. Schöner Rundblick. Die Besteigung dauert rund 7 Std., an den Hängen tropische Vegetation durch die Feuchtigkeit der Meereswolken. Oben ziemlich kühl und windig, warme Sachen einpacken.

ZUFAHRT ZUR PARAGUANA–HALBINSEL: ab Coro über die Av. Los Medanos durch die Sand- Wanderdünen, die bereits 3 mal frühere Straßenverläufe überdeckten und nach links verschob. Dann über die 1 - 5 km breite Landzunge (je nach Meeresstand). Rechts und links der breiten Asphaltstraße die dicken Wasserleitungsrohre, die das wertvolle Naß aus der Sierra San Luis auf die Halbinsel bringen. Nach 22 km ist die Peninsula Paraguana erreicht.

Sierra San Luis:

Südlich von Coro landein. Die Sierra wird von der asphaltierten Strecke Coro–Barquisimeto durchquert, ansonsten unwegsames Bergland. Die "Maraven"- Venezuela Straßenkarte kann man ebenso vergessen, wie Wegweiser im Gelände äußerst selten sind. Was der Jet in 25 Min. macht, dauert überland im Bus auf der 280 km Strecke mindestens 6 Stunden.

Die Sierra ist berühmt für ihre Höhlen, beste ist die "Cueva Bellard" in der Nähe von Santa Cruz de Bucaral (bei Churuguara, Hotels). Der unterirdische Flußlauf kann mit Schlauchbooten befahren werden. Diese, wie auch die anderen Höhlen sind jedoch in keiner Weise touristisch erschlossen.

CORO ⤞ MARACAIBO (260 km) durch Flachland, ohne daß viel passiert. "Por Puestos" brauchen ca. 3 Std., Busse ca. 4 Std.

Maracaibo:

ca. 10 m/1 Mill. E.

Mit mehr als 1 Mill. Einwohner die 2. größte Stadt Venezuelas und wirtschaftliches Zentrum dessen, was Venezuela reich gemacht hat: ERDÖL. Zugleich Handelszentrum einer Region von 500 km um den See, sowie reger Contrabando (Schmuggel) mit Kolumbien.

Beim Landeanflug streicht der "Aeropostal"- Jet knapp über den See und setzt in der Halbwüste südlich der Stadt auf. Irrsinnig heiß; Temperaturen von 4o Grad im Schatten sind keine Seltenheit. Maracaibo gehört zu den heißesten Gegenden der Welt! Die Taxis meist mit Air Condition, – und wenn man dann das Fenster einen Spalt öffnet, bläst es einem gegen die Haare wie ein Föhn!

Das CENTRO (zwischen Hauptplaza Baralt und Plaza Bolivar) ohne besondere Reize. Kleine Fußgängerzone und hinter dem Paseo de las Ciencias das graubraune Wasser des Sees. Boote rüber nach Altagracia.

Aber riesiger Mercado nähe Busterminal und Centro (Av 2 = Calle 1oo). Habe selten in Südamerika eine so große, überdachte Angelegenheit gesehen. Erstreckt sich über mehr als 8 cuadras! Alles, was man zum Leben braucht, von Klamotten, über Nägel, Töpfe, Schuhe etc. Teils auch gute Artesania von den Guajira- Indios wie Ledersandalen und schöne Hängematten, – und viel Schmuggelware.

Modern, amerikanisch anmutendes Viertel um Bella Vista mit viel Leuchtreklame, einem PKW- Parkturm wie Riesenrad und Shoppingcenters. Ohne aber Großstädtisches an sich zu haben. Auch die Hochhauswucherei hält sich in Grenzen.

Nördlich des Centros die Residencial Areas der Stadt. Hier das "El Lago", bestes Hotel der Stadt. Tip: wer sich für ausgefallene Architektur interessiert (venezuelanische Architekten reisen dafür extra aus CCS an!): in der Calle 64, Estrella, Rio Chico das Haus eines Arztes in Form eines Frachters. Die Bar, – ganz klar: oben in der Komandozentrale des Dampfers, der im Wasser schwimmt.

Flug: Internationaler Airport mit Verbindungen nach Kolumbien (Barranquilla), und den USA, sowie Curacao. Mit "Lacsa" nach Panama und San Jose/Costa Rica. Die Verbindungen nach USA mit "PANAM" und "Continental", sowie der venezuelanischen "Viasa".

National: Täglich nach Barquisimeto (ca. 1 Std./13 US $), – Caracas/Maiquetia (ca. 5o Min./2o US $), – Merida (1 1/2 Std. mit einem Zwischenstop/15 US $), – San Antonio (ca. 35 Min./16 US $), – Valencia (ca. 1 1/2 Std. mit Zwischenstop/2o US $).

TAXI: ins Centro ca. 7 US $ direkt. Gefahren wird nach dem Taxameter, was leider immer wieder zu nicht unerheblichen Umwegen führt. –Im Airport: verschiedene Autovermietungen, billigster ist "VW", der für einen Käfer ca. 7 US $ /Tag verlangt und ca. o,1 US pro gefahrenen Kilometer. Stadtbüro: Av. 15, Esquina 88, Edificio Zuvoca. Delicias.

Der Airport liegt rund 2o km außerhalb des Centros, zu erreichen über gut ausgebaute Schnellstraßen. Trotzdem rund 25 Min. für die Fahrt reservieren!

Bus: der Busterminal von Maracaibo liegt zentrumsnah an der Av. los Haticos/Av. Las Delicias, Calle 1oo. Das sind rund 1o b rund 1o bis 15 Min. Plaza Baralt zu Fuß.

Direktbus nach Merida tägl. , ca. 7 US $ und 7 Stunden. – Nach Caracas: besser die Route via Barquisimeto (bequemer), – obwohl die Küstenroute via Coro landschaftlich interessanter ist! – Nach San Cristobal/Grenze Kolumbien in den Anden: tägl., ca. 6 - 7 Stunden (7 US $), – mit der Linea Maicao rauf nach Maicao/Kolumbien, dauert ca. 2 Std. bis zur Grenze mit Mikrobussen, die rund 12 - 15 Personen fassen. (2 US $). Bis Rio Hacha rund 8 Std. Viel Schmuggler unterwegs und insgesamt Vorsicht angebracht!–

Taxi im Stadtbereich (auch nach Sinamaica): faire Preise mit Jose Ramon Gonzales, der seinen Standplatz vor dem Hotel El Lago hat!

Hotels: bestes: "El Lago". Schöne Lage am See in der nördl. Residencial Area. Ca. 1o Min. mit dem PKW ins Zentrum. Doppelzimmer zwischen ca. 25 US $ (alte Geb., aber garnicht schlecht und teilweise sogar Blick über den See!) und 45 US $ im neuen Hochhausturm. Mit relativ großem Swimming Pool, guten Restaurants und schönem Blick über den See nach Altagracia. – Av. 2 El Milagro.

"El Paseo", Hochhausturm ca. 2oo m vor dem El Lago. Nur Suites, die runde 4o US $ kosten. Vis a vis gibt es einen öffentlichen SW- Pool des YMCA.

"Kristof", Av. Santa Rita 68 - 48. Wie das El Lago und El Paseo mit AC, TV, Radio. Hat auch SW- Pool. Doppel ca. 25 US $. Von der Lage her allerdings nicht so schön.

"Astor", mittelgroßes Hotel, die Zimmer mit Privatbad und kalter Dusche. Bei der Maracaibo- Hitze angenehm. Doppel ca. 7 US $. Calle 78, No. 3 - H 37 in Res. Area nördl. des Centros. Busverbindung ca. 5 Min. Mehrere Restaurants im Umkreis.

"Venezia", Av. San Martin 8o - 23, 46 Zimmer, das Doppel für ca. 8 US $, kalte Privatdusche. Ganz gut in dieser Klasse. – "Cantaclaro", Calle 86 No. 4 - 15o, Doppel ca. 18 US $, – "Gran Hotel Delicias", Av. 15 Las Delicias Ecke Calle 7o, Doppel ca. 2o US $. – "Roma", Calle 86 No 3 F-76, Doppel ca. 1o US $.

Billighotels im Bereich Busterminal – Mercado – Plaza Baralt. Z.B. das "Victoria", zwar sehr zentral an der Plaza Baralt, aber ganz schön abgeramscht. Ca. 8 US $, – "Bustamente", Calle 98 No. 5 - 63 (ca. 6 US $), – "Miramar" Av. 4 Bella Vista, 81-5o für ca. 5 US $. Es gibt noch billigere, bei der Hitze aber nicht mein Geschmack in dunkelen, fensterlosen Innenzimmern.

Restaurants: "Mi Vaquita": 1. Klasse für Fleisch, in der Resid. Area Av. 3/A Ecke 5 de Julio. Preise mittel, – "Rincon Baviera": deutscher Besitzer, nähe Hotel El Lago. Gute Würstchen, manchmal deutsche Musik von Tonband, – "Meson del Mediterraneo" Av. 4 CC Costa Verde PA/38 Lado Cine. – "El Gaucho" : Parrilladas in argentinischem Stil, sehr gut und rel. billig. Av. 3 Y, No. 77 - 22, –

★SEE VON MARACAIBO: größter See des Kontinentes (2oo km Nord- Süd Entfernung, maximale Tiefe 3o m). Im flachen Wasser die Öltürme, ein recht imposantes Bild! Den besten Eindruck habt ihr wohl vom Flugzeug ("Avensa"- Flug täglich von Maracaibo nach San Antonio an der kolumb. Grenze für ca. 45 DM). Das Nachtboot an das Südende des Sees ab Maracaibo gibt es leider nicht mehr, stattdessen eine Propeller- Flugverbindung nach Sta. Barbara/San Carlos del Zulia. Links sitzen!!

Busse fahren ab Maracaibo- Terminal nach CABIMAS am Ostufer gelegen. Zunächst über die Gral. R. Urdaneta- Brücke, mit 1o km Länge eine der größten, aus Beton vorfabrizierten Brücken der Welt. Insgesamt ca. 1 Std. Fahrt für o,5 US $. Hier in Cabimas kann man die ersten Bohrtürme sehen. Besser aber: mit dem Regionalbus ab Cabimas über die Küstenautobahn 22 km südlich nach CD. OJEDA. 7o.ooo E., fast alles ist in Erdöl beschäftigt. Hotels, Restaurants.

IM SEE VON MARACAIBO liegen die reichsten Erdölvorkommen des südamerikanischen Kontinentes. 9o % des Exporterlöses Venezuelas stammen aus diesen Erdöllieferungen. Heute hat der See mehr als 7.ooo Bohrtürme, die sich über eine Fläche von mehr als 1.6oo qkm verteilen.

Erste Erdölförderung 1914 bei Mene Grande, rund 4o km südl. von Cd. Ojeda. Das Öl wurde über eine Pipeline nach San Lorenzo am See geleitet, wo es 1917 eine kleine Raffinerie gab und das Benzin anschließend in Schiffen verfrachtet wurde. Die gesamte

Seeregion war von dichten, tropischen Urwäldern umgeben, keinerlei Straßen und am Südufer Anbau von Zuckerrohr und Kakao.

Der See daher wichtiger Transportweg per Schiff, da tief in das Land hineinreichend. Bedeutenster Hafen: ENCONTRADOS (heute ein verschlafenes Tropennest, 44 km westlich von Sta. Barbara), – damals ein reicher und florierender Exporthafen der wichtigsten Transportroute Westvenezuelas. Hier endete die 1896 eröffnete Eisenbahnlinie "Gran Ferrocarril del Tachíra", die Waren aus den Anden und den Llanos nach Encontrados schaffte, wo sie auf Boote verladen und den Rio Catatumbo 5o km flußab an den See transportiert wurden.

Dort Verladung auf ausrangierte, ehemalige Missisippi- Doppelstock Raddampfer, die in einem Tag und einer Nacht über den See nach MARACAIBO paddelten. Wie Chronisten berichten: "mit reichen Salons und Essräumen ausstaffiert und Luxuskabinen an Bord." Maracaibo damals um die Jahrhundertwende ein ramschiges 15.ooo Einwohner Bretternest und Seehafen zum "Rest der Welt". Der Seetransport wurde 1952 eingestellt, als die Panamericana entlang der Andenhänge und des Südufers des Lago Maracaibo fertiggestellt wurde.

Bis 1923 Erdölförderung nur an Land, Ostufer/Höhe heutiges Cabimas bis San Lorenzo. Bei steigender Automobilproduktion und technischer Fortentwicklung zugleich erhöhter Erdölbedarf. Ab 1923 auch Förderung im See. Hier im Lago Maracaibo wurden die aquatischen Erdölfördertechniken entwickelt, die später weltweit Anwendung fanden, vom Golf von Mexico bis zu Tiefseeförderungen heutiger Tage in der Nordsee. LAGUNILLAS, runde 8 km südlich von Cd. Ojeda ist heute Förderzentrum des Sees. Die gewaltige Abpumpung des Erdöls hat zur Absenkung der Küste geführt, die heute runde 1o m unterhalb des Seespiegels liegt.

Berühmt im Seebereich der "FARO CATATUMBO" und "FARO MARACAIBO", elektrische Phönomene. Optisch wie permanente Blitze über mehrere Sekunden, die kilometerweit zu sehen sind. Bereits schon um die Jhd-Wende eine der Hauptattraktionen der Raddampfer- Überfahrt von Encontrados nach Maracaibo.

✶ MARACAIBO ⋙→ KOLUMBIEN:

Der Direktbus (mehrmals am Tag) nach Maicao/kolumb. Grenze braucht runde 2 Std. und kostet 2 US $. Hier Anschluß nach Riohacha und STA. MARTA. Wer Zeit hat, der sollte aber in SINAMAICA aussteigen und sich die Pfahldörfer ansehen. (Auch als 1- Tagesausflug ab Maracaibo). –

REGIONALBUS ab Maracaibo/Busterminal bis Pto. Cuervito bei Sinamaica. Fahrzeit ca. 1 Std. und o,5 US $. (Taxi kostet ab Maracaibo retour inkl. 2 Std. Warten pro Fahrzeug ca. 3o US $). Hier fahren Boote über die Lagune, ca. 15 Min. und 5 US $ retour für das Boot. Die Pfahlbauten stehen in schlammig braunem Wasser. Auf der Touristeninsel in der Mitte der Lagune gibt's einen Plan und Essen. Letzteres teuer und wenig! Fisch gut.

Andere Überfahrtmöglichkeit ab PTO. MARA, allerdings länger und damit das Boot teurer. Die meisten Touristen nehmen als Start Pto. Cuervito.

VON DIESEN PFAHLDÖRFERN kam der Name "Venezuela", als zu Beginn des 16. Jhd's. der spanische Eroberer Alonso de Ojeda an der Küste entlangsegelte und sich an "Klein - Venedig" erinnert fühlte. Wie man sieht: schon damals wurden die Vergleiche an den Haaren herbeigezogen, denn diese Pfahlbauten, – so "fotogen" sie im Kamerasucher sind, – haben nichts mit den venezianischen Prachtbauten des Mittelalters zu tun!

Bewohnt sind die Pfahldörfer heute von rund 5oo Indios. Betreut von Missionaren, die u.a. Schulen einrichteten. Es gibt auch eine Kirche, alles auf Pfählen. Die Häuser primitiv, aber ausgesprochen sauber, mit Hängematte und eigener Kochstelle. –

Guter Markt in GÜICHEP oben nahe der kolumb. Grenze jeden Mo. Früchte, Indianersachen, die Frauen in schönen farbigen Gewändern!

Rüber nach KOLUMBIEN: mit dem Grenzbus, in dem man zusammen mit den Guajiro- Indios sitzt, die massig schmuggeln! Besonders viele und häufige Polizeikontrollen, interessante Fahrt. Nicht vergessen: in MAICAO den Einreisestempel vom kolumbianischen D.A.S. besorgen, sonst gibt's später bei Militärkontrollen Ärger.

DIE ANDERE ROUTE NACH KOLUMBIEN führt von Maracaibo am See entlang via Ostufer und Valera, – wer noch MERIDA einbauen will. Oder via Westufer (viele km entfernt, parallel zur Gebirgskette der Sierra de Perija) nach SAN ANTONIO an der kolumb. Grenze. Geringfügig teurer, aber erheblich interessanter ist der tägliche Flug mit der "Avensa" von Maracaibo nach San Antonio.

Amazonasgebiet Venezuelas:

Ein Gebiet fast von der Größe der Bundesrepublik Deutschland, bewohnt von ca. 33.000 Menschen, – vorwiegend Indianern. Durch das venezuelanische Amazonasgebiet geht die berühmte "Humboldt- Route": der Rio Orinoco besitzt über den Rio Casiquiare eine durchgehend mit dem Boot befahrbare Flußverbindung zum Rio Amazonas!

Ab PTO. AYACUCHO in Sportflugzeug- Airtaxis Abenteuertrips zu 900m-hohen Wasserfällen im Urwald, zur Felsnadel des Cerro Autana und an die brasilianische Grenze. – Abenteuertrips nach Kolumbien via Pto. Ayacucho.

★ **Pto. Ayacucho:** **ca. 110 m/17.000 E.**

tropisch heiße Urwaldsiedlung mit braun verschwitzten Betonstraßen und großen Bäumen zum Schutz gegen Sonne und Tropengüssen. 1924 gegegründet als Bauarbeiter- Camp der Straße nach Samariapo. Diese umgeht die Stromschnellen des Rio Orinoco flußauf oberhalb von Pto. Ayacucho und ermöglicht den weiteren Warentransport tiefer in den Amazonas.

Pto. Ayacucho ist heute letzter, größerer Stütz- und Versorgungspunkt der venezuelanischen Amazonas- Urwälder. Eine Handvoll Shops an der Hauptstraße quer durch die Urwaldbedürfnisse wie Töpfe, Plastikschuhe, Transistorbatterien, Kleider, Hängematten etc. Tankstelle und Hafen, von wo die Waren auf LKW rüber nach Samariapo verladen werden.

Hitze um Durchschnitt 27 Grad, oft aber bis knapp 4o Grad, daß gerade das T-Shirt genug ist. Freundliche Bevölkerung und reger Sportflugzeug-Verkehr viele hundert km südl. und östlich.

Caracas ⋙→ Pto. Ayacucho: Tägl. mit der "Aeropostal", ein 5o Min. - Jetflug, ca. 25 US $. Links sitzen, sofern die Maschine wie bisher über die kolumb. Llanos anfliegt.

Zunächst Überquerung der Küstenkordillera, dann über weite, während der Regenzeit überschwemmte Llanos und San Fernando de Apure. Überquerung des Rio Meta mit seinen Verästelungen, links aus dem Fenster: entlang des Rio Orinoco- Oberlaufes im Landeanflug auf Pto. Ayacucho. Kurz vor der Landung: grau- ocker des Rio und schwarz abgerundete Felsen. Grüne Vegetation, aber noch nicht Urwald.

Achtung: öfters, während der Monate März bis Spetember teils erhebliche Flugverspätungen, wenn in Pto. Ayacucho "mal tiempo" (schlechtes Wetter) herscht. – Der Airport in Pto. Ayacucho liegt rund 8 km südlich. Tip Top ausgebaute Asphaltpiste parallel zum Rio Orinoco. In die Stadt nur per Taxi (ca. 4 US $ pro Fahrzeug), keine Busse. Eventuell aber Trampen auf der nahen Hauptstraße möglich

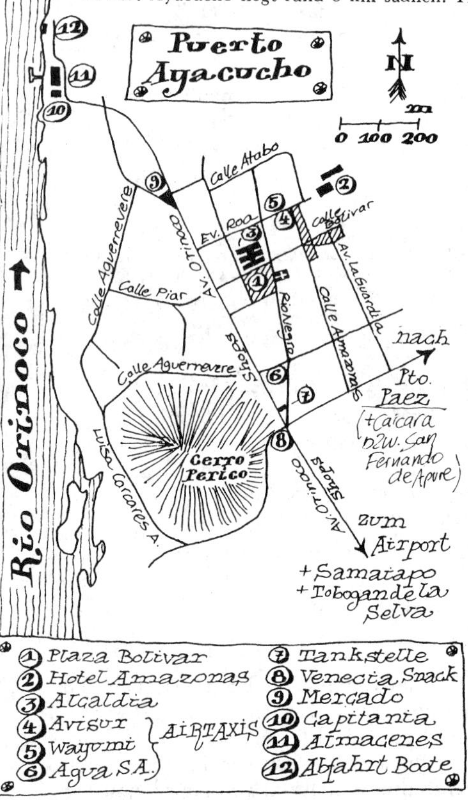

Überland: gibt es tägliche Bus und Colectivoverbindung von Caracas nach San Fernando de Apure. Ca. 8 Std., 5,5 US $. Hotels und Restaurants.

Ab San Francisco existiert eine Piste runter nach PTO. AYACUCHO, die derzeit aber nur während der Trockenzeit befahrbar ist.

Es fahren Händler mit Toyota- Pick Ups auf der Piste, die streckenweise ihre Hauptprobleme in stark sandigem Charakter hat, bei der Gefahr des Festsitzens im Sand. "Die Fähren sind", wie uns Hartmut Heidenreich schrieb, "über die Flüsse wesentlich besser, als auf der Strecke Pto. Ayacucho nach Caicara. Wenn man unterwegs aufpasst, kann man in den Tümpeln Krokodile sehen. Das größte, was wir sahen, hatte eine Länge von 4 m. Es lag in einer Gruppe von kleineren in der Nähe der Fähre über den Rio Cunavichito".

Derzeit wird an der Piste aber kräftig gebaut und asphaltiert. Unter anderem wegen einer neuen Bauxitmine auf halber Strecke und dortiger Retortenstadt BAUXIN.

Sobald die Sache fertig ist, dürfte es durchgehende Busverbindung San Francisco bis Pto. Ayacucho per Bus geben. Bis zur kompletten Fertigstellung gibts derzeit noch tägliche Luft- Colectivo- Flugverbindung mit kleineren Sportmaschinen, ca. 15 US, bzw. 3 mal/Woche mit modernen Bimotor- Propellermaschinen der Aeropostal.

Zwischen Pto. Ayacucho und Pto. Paez an der Mündung des Rio Meta in den Rio Orinoco: 1 - 2 mal tägl. Busse, die für diesen, bereits asphaltierten Streckenteil ca. 1 Std. brauchen/ 1,5 US $. Dort gibts eine Fährverbindung über den Grenzfluß nach Pto. Careno/Kolumbien, welches eine fast tägliche Flugverbindung mit der kolumb. Airline SATENA nach Villavicencio unterhalb von Bogota besitzt. Details siehe auch Seite 3o6 und 3o3, 43o.

Der **Rio Orinoco** ist flußauf nur bis Pto. Ayacucho befahrbar. Fahrzeiten flußab von Pto. Ayacucho nach Cd. Bolivar (je nach Schiffsmotor und Wasserstand: ca. 4 - 5 Tage, flußauf ca. 8 Tage. Allerdings reine Frachter und kein regulärer Personentransport.

Sogenannte "Chalanas", das sind offene Pontonfähren fahren annährend täglich ab Muelle am Fluß (siehe Karte Nr. 12) runter bis CAICARA, das eine, das ganze Jahr über befahrbare Straße rauf nach Caracas besitzt. Je nach Größe der Fähre flußab ca. 1 - 1 1/2 Tage (da kleinere Motoren, als bei den Frachtschiffen!). Es gibt zwar auch eine Piste rüber nach Caicara, die aber noch nicht (über große Strecken hinweg!) durchgehend asphaltiert ist, wie auch viele Brücken noch fehlen.

Per Chalanas: PKW- Transport nach Tonnen (1 To. ca. 4o US $), Personen sehr billig. Per Piste (ca. 3oo km): während der Trockenzeit mehrere "Companias", die mit Jeeps fahren, so z.B. "Autana". Fahrzeit, wenn keine Probleme auftreten ca. 7 - 8 Std. für 15 US $. In CAICARA per laufend verkehrender Fähre über den Rio Orinoco rüber auf die andere Seite nach CABRUTA, wo tägl. mehrere Busse in ca. 6 Std. die 477 km bis Caracas fahren.

Hartmut Heidenreich schrieb uns zur Caicara – Pto. Ayacucho Piste: "von Caicara fährt man dann ziemlich genau 12 km auf der Teerstraße in Richtung Ciudad Bolivar, wo dann ein Sandweg rechts abgeht, dem man stur folgen muß. Falls man Einheimische trifft, fragt man nach "Restaurante Maniapure", um sich die Richtigkeit des Weges bestätigen zu lassen. Und richtig, ziemlich genau nach 121 km erreicht man nach einer Steinbrücke die Hütte des freundlichen Wirtes Don Pedro, der für Limonaden aber gepfefferte Preise hat. Dort kann man unter einem Dach seine Hängematte aufspannen, denn in dieser Gegend wird noch nicht geklaut.Bis zu diesem Punkt ist die Straße ohne größere Schwierigkeiten, wenn man sie in der Trockenzeit, d.h. ca. Februar fährt.

Von Mainiapure aus kann man einen Ausflug ins Dorf "Colorado" der Panare- Indianer unternehmen. Den Weg muß man sich genau von Don Pedro erklären lassen. An der 2. Furt kam unser schweizer Freund Peter mit seinem alten VW- Bus nicht das Ufer auf der anderen Seite hoch und blieb stecken. Falls man alleine dorthin fährt, muß man unbedingt eine Handwinch und mindestens 2o m Seil haben, um sich selber rauszuziehen. Bei den Indianern lebten damals amerikanische Sprachforscher, die ein festes Haus haben. Wir spannten unsere Hängematte auf und schliefen unbehelligt.

Man muß anschließend auf jeden Fall bis Maniapure zurück." Für den weiteren Teil der Strecke bis Pto. Ayacucho empfiehlt Hartmut Heidenreich, im Convoi zu fahren, sowie einen vollen Tank und noch mindestens 5o l Reserve, "sicherheitshalber, falls man wie wir, in einem Fluß mit der tiefhängenden VW- Maschine absäuft, 4o m Abschleppseil sowie einen starken Handwinch, um das Auto von 3 sandigen Flußsteilufern zu ziehen."

Vorher abchecken: bei fortschreitendem Ausbau der Strecke u.a. durch Brückenbau wird dies zu einer Besiedlung entlang der Strecke führen, sowie Nachtankmöglichkeiten etc. Nachdem die Ausbauarbeiten aber noch nicht abgeschlossen sind, sollte man, sofern man nicht mit einem Geländefahrzeug unterwegs ist, derzeit noch mit erheblich längeren Fahrzeiten, als den für die Jeep- Colectivos (siehe oben) rechnen!

ALTERNATIVE FLUG: 3 mal in der Woche via San Fernando de Apure weiter nach Caicara und Cd. Bolivar, mit "Aeropostal"- Bimotor Propellermaschinen. Gesamtstrecke 25 US $, 4 1/2 Std. mit Zwischenstops. Bei klarem Wetter: heißer Tip für Querverbindung im Inland Venezuelas.

Hotels in Pto. Ayacucho: "Gran Hotel Amazonas", bestes in Pto. Ayacucho. Tropisch. Links wurde ein Trakt mit neuen Zimmern angebaut, die vorzuziehen sind. In jedem Fall spartanisch eingerichtet mit Privatdusche. und AC. Ca. 12 US $. Große, überdachte Terasse und ein SW- Pool unter Bäumen. Leider wird da das Waschwasser beim Putzen der Terrasse reingewischt; danach war der Pool für uns nicht mehr attraktiv. Schön angerostetes Telefon im überdachten Terrassenpatio!Essen: wenig Auswahl und o.la.la. – Billiger, nämlich um 2 - 4 US $ sind "Hotel Comercio" und "Hospedaje Elisadelia" beide in der Av. Orinoco, der Hauptstraße des Ortes, hier auch das "Hotel Tobogan". Noch billiger, aber sehr basic: "Hospedaje Internacional" in der Av. Aguerrevere No. 18. (ca. 1,5 US $).

Essen: relativ sauber und passabel große Portionen im "Hotel Amazonas". –Billig und viel: die Hühner im Venecia bei der Tankstelle (unsere Karte Nr. 8). Obwohl ich kein Hühnerfan bin: hat mir echt gut geschmeckt!

Ausflüge: Zunächst: schöner Blick vom Cerro Perico, oberhalb der Tankstelle. Blick auf Fluß und Ort. – Lohnend: der "TOBOGAN DE LA SELVA", rund 45 Min. mit dem Taxi südlich. Zunächst die Straße Richtung Samariapo fahren und bei der ausgeschilderten Abzweigung, ca. 35 km nach Pto. Ayacucho links abfahren und über Sand-Steinpiste, zunächst durch Wiese, dann Urwald, 6 km bis Tobogan. Inmitten des Urwaldes liegt hier eine rund 8o m lange Natur- Wasserrutschbahn über glattgeschliffene Steine. Macht viel Spaß und ist beliebter Wochenend- Treff. Trampen und Bus bis zur Abzweigung möglich. Danach läuft aber außerhalb des Wochenendes absolut nichts. Beim Tobogan gibts ein paar überdachte Hütten und am Wochenende Coke etc.

★ **Cerro Autana:** riesiger Felsturm, der ca. 9oo m aus dem grünen Urwaldteppich aufsteigt. Unterhalb des Gipfels führen mehrere Tunnel quer durch den Turm, mit domartigen Sälen im Inneren. Hier fanden Wissenschaftler, die sich 1971 von Helikoptern herabließen, ein neues bisher unbekanntes Gestein: "sveito". – Der Cerro ist eines der großen Naturwunder Südamerikas, allerdings kaum bekannt. Rund 8o km südl. von Pto. Ayacucho und nur per gechartertem Sportflugzeug zu erreichen. Flugzeit ca. 4o Min. retour (ca. 5o US $ für 3 Personen). Kann man im Dreiecksflug mit den Wasserfällen von Yutajé kombinieren (ca. 1 3/4 Std. in der Luft, 1oo US $).

★ **Yutajé:** Urwaldnest am Caño Atabupare mit Mini- Airstripe für die Sportflugzeuge der Pto. Ayacucho- Air Taxis. Es gibt ein kleines Camp, in dem man übernachten kann (vorher nochmal bei den Airtaxi- Piloten abchecken) und per Kanu auf dem schmalen, stark gewundenen Urwaldfluß aufwärts zu spektakulären Wasserfällen, die nach den Angelfalls bei Canaima die derzeit bekannten, 2. höchsten Venezuelas sind. Angeblich mehr als 8oo m hoch inmitten der Urwälder. Wir konnten leider selber nicht hinfliegen wegen schlechtem Wetter! Die Chartermaschine ab Pto. Ayacucho kostet retour ca. 1oo US $/3 Personen. Wesentlich billiger aber: mit dem Linien-

Estado Amazonas/Venezuela – Verkehrsverbindungen:

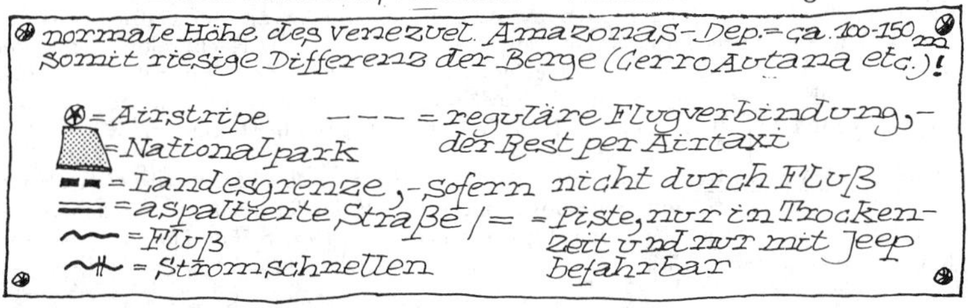

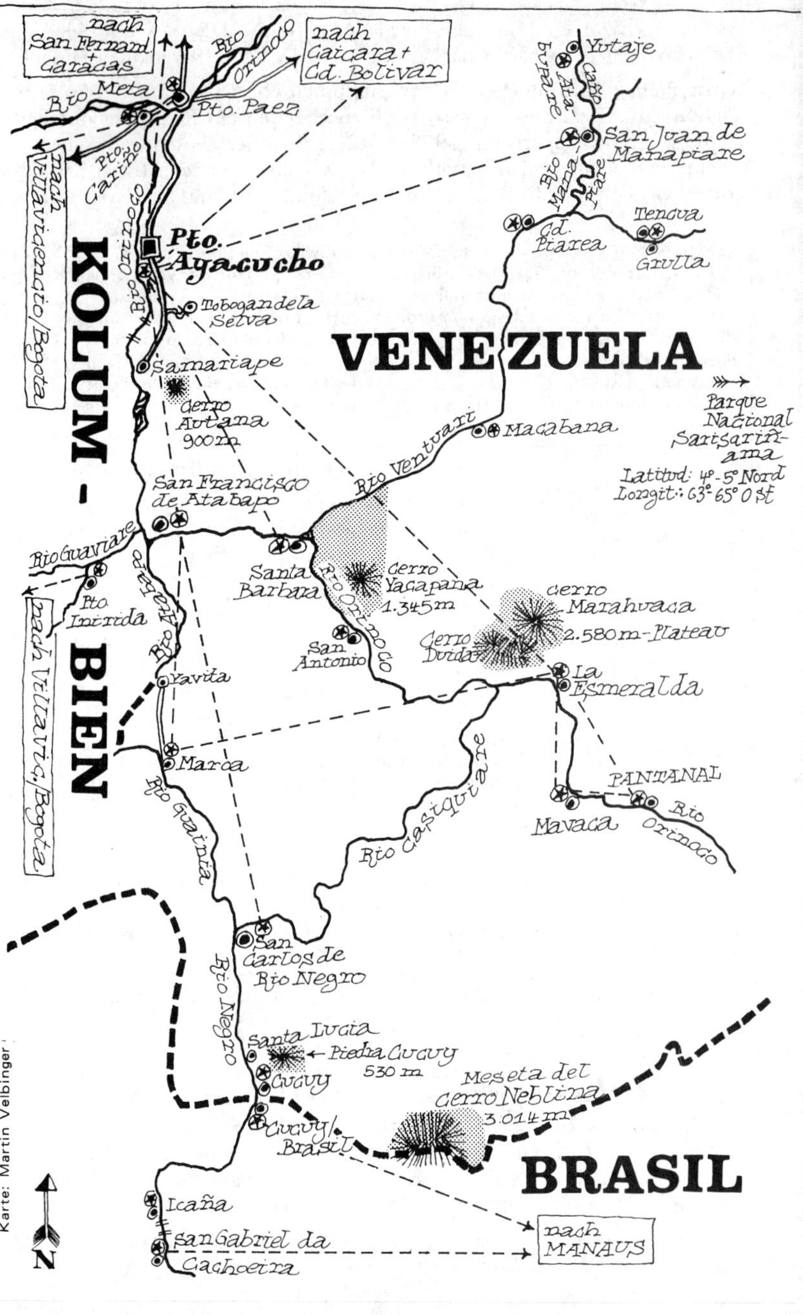
nach San Fernand. + Caracas
Rio Meta
Rio Orinoco
nach Caicara + Cd. Bolivar
Pto. Paez
Pto. Cariño
nach Villavicencio/Bogota
Rio Orinoco
Pto. Ayacucho
Tobogandela Selva
KOLUM - BIEN
VENEZUELA
Samariape
Cerro Autana 900 m
Macabana
Yutaje
Rio Ata-bapare
Caño
San Juan de Manapiare
Rio Mana-piare
Cd. Piarea
Tencua
Grulla
Parque Nacional Sarisariñama
Latitud: 4°-5° Nord
Longit.: 63°-65° Ost
Rio Ventuari
San Francisco de Atabapo
Rio Guaviare
Pto. Inirida
nach Villavic./Bogota
Rio Atabapo
Santa Barbara
Rio Orinoco
Cerro Yacapana 1.345 m
Cerro Marahuaca 2.580 m-Plateau
Cerro Duida
San Antonio
La Esmeralda
Yavita
Marca
Rio Guainia
Rio Casiquiare
PANTANAL
Mavaca
Rio Orinoco
San Carlos de Rio Negro
Rio Negro
Santa Lucia
Piedra Cucuy 530 m
Cucuy
Cucuy/Brasil
Meseta del Cerro Neblina 3.014 m
BRASIL
Icaña
San Gabriel da Cachoeira
nach MANAUS
N
Karte: Martin Velbinger

Air- Colectivo in 5o Min. rüber nach SAN JUAN DE MANAPIARE und ab hier weiter per Charter nach Yutaje (ca. 1o US $ /3 Personen,einfach)

★ Sarisariñama: Riesenlöcher im Urwaldteppich von Durchmesser 35o m und Tiefe ebenfalls ca. 35o m, – so alsob zu Urzeiten ein Riese hier durchgestapft sei. Nationalpark seit 1978. Entdeckt wurden diese gigantischen Löcher erst 1964 vom Buschpiloten Harry Gibson, erster Abstieg 1975 von Charles Brewer Carias, der auch die Tunnelsysteme des Cerro Autana erforschte.

SARISARIÑAMA liegt völlig abseits jeglicher Zivilisation auf Latitud 4° bis 5° Nord und Longitud 63° bis 65° Ost im Südzipfel Venezuelas nahe der Grenze zwischen den beiden Estados Amazonas und Bolivar, – auf 3 Tafelbergen (in Landkarten ist meist der Meseta Jaua verzeichnet). Von Pto. Ayacucho rund 2 Std. Flugzeit in einer Cesna-Maschine, die 2oo km/h fliegt. Es gibt zwar in den dichten Urwäldern um die 3 Mesetas einige Airstripes versteckt, – aber es ist fraglich, ob sich die Airtaxi- Piloten von Pto. Ayacucho zu diesem Trip überreden lassen, der bei plötzlichem Schlechtwetter-Einbruch nicht ungefährlich ist. Denn es muß ausschließlich nach optischer Orientierung (Verlauf der Flußläufe) geflogen werden.

Flugverbindungen im Estado Amazonas:

Es gibt im Moment 3 Airtaxi- Linien in Pto. Ayacucho, die meist mit kleineren 1- Motormaschinen, teils aber auch Bimotor fliegen:

– "AVISUR", – "WAYUMI" und "AGUAYSA". Die Hauptrouten, siehe auch unsere Karte/Vorseite werden im Normalfall täglich von einer der 3 Airtaxi- Linien geflogen; wenn genügend Leute sich zusammenfinden, auch zusätzliche Routen.

		einfach	Flugzeit
Pto. Ayacucho ⟶	Maroa	18 US $	1.3o Std.
	San Carlos de Rio Negro	24 US $	2 Std.
	San Fernando de Atabapo	13 US $	o,5o Std.
	San Juan de Manapiare	13 US $	o,5o Std.
	San Fernando de Apure	15 US $	1.1o Std.
	La Esmeralda *	25 US $	2 Std. (via Maroa)
	Santa Barbara *	11 US $	o,35 Min.

* sofern genügend Passagiere, sonst per Charter. Gilt auch für die Strecke La Esmeralda – Pantanal Missionsstation – Mavaca – La Esmeralda

CHARTER: je nach Airtaxi- Linie und Auslastung um die 7o US $ pro Flugstunde und Maschine (4 Sitze, somit 3 Passagiere). Größere Maschinen teurer. Dabei muß auch das leere Zurückfliegen der Maschine bezahlt werden; bezahlt wird aber immer nur die Flugstunde, nicht das Warten am Boden, sofern sich die Warterei in Grenzen hält.

Nicht geflogen wird bei schlechtem Wetter oder nach Einbruch der Nacht.

Humboldt-Route:

Spezielles Permit nötig, im Palacio del Gobernador/Pto. Ayacucho! –

Die Humboldt- Route nach MANAUS/Rio Amazonas ist nur Abenteurern mit viel Urwald- Erfahrung und -Kenntnis zu empfehlen! Zudem sehr teuer, da es auf dem Großteil der Strecke keinerlei reguläre Boots- Verkehrsverbindung gibt. Kanu und Mannschaft müssen angeheuert werden.

DASS es diese Querverbindung zwischen den beiden großen Flußsystemen RIO ORINOCO und RIO AMAZONAS gibt, war innerhalb Venezuelas seit 1744 bekannt, als der spanische Jesuiten Padre Manuel Roman diese Route befahren hatte. Es wurde aber in Europa noch 1798 von den großen Geographen entschieden abgestritten.

Für die spanischen Kolonialherren war der Handel auf dem Rio Orinoco an den Stromschnellen von Atures und Maipures (südl. des heutigen Pto. Ayacucho) zu Ende. Dahinter lag die "tierra incognita", in der, – wie wir aus Chronistenberichten wissen, – zur Wende zum 19. Jhd. gerade 26 weiße Missionare lebten.

Der große deutsche Naturforscher Alexander von Humboldt brachte auf seiner Südamerika Reise 18oo den Nachweis, daß diese Verbindung existiert. An den spanischen König George IV. schrieb er, daß über diese neue Verbindung ein wichtiger Warentransportweg laufen könne, – zwischen den portugiesischen Kolonialherren (Portugal) und den spanischen (restl. Südamerika).

Gleichzeitig empfahl er den Bau eines Kanals zwischen der damals bereits bestehenden Missionsstation YAVITA und MAROA (vergl. unsere Karte!), die den Casiquiare- Umweg um rund 7oo km abkürzen würde.

Zu einem wichtigen Waren-Transportweg konnte sich die Casiquiare- Route nie entwickeln. Der Handel der beiden Kolonialmächte konzentrierte sich fast ausschließlich auf die europäischen Absatzmärkte.

Amazonas - Jaguar, - Stich aus dem verg. Jhd.

Auch zur Kautschukzeit Amazoniens (zu Beginn dieses Jahrhunderts) liefen die Ballen nicht über den Casiquiare, sondern man baute an Stelle der Kanalidee eine Piste durch den Urwald zwischen Yavita und Maroa. –

LITERATUR: "Vom Orinoco zum Amazonas" von Alexander von Humboldt. erschienen bei F.A. Brockhaus, Wiesbaden 1974. ISBN: 3 - 7653 - o16o - 4

"Humboldt and the Cosmos" von Douglas Botting, englisch. Gut bebildertes Paperback, erschienen bei Sphere Books Ltd./London. ISBN: o 351 15362- 4

Ob sich die Humboldt- Route lohnt, sei dahingestellt. Noch heute die selbe Menge an Moskitos, wie zu Humboldts Zeiten, über die der große Forscher auf fast jeder 15. Seite klagt! Der Casiquiare nur extrem dünn besiedelt. Douglas Botting, der die Strecke 1968 befuhr, schreibt von einer Klaustrophobie der Urwaldmauer und teuflischer Insektenplage.

Tägl. Bus von Pto. Ayacucho 6o km südl. nach SAMARIAPO. Schnelle Asphaltstraße, die die Stromschnellen von Atures und Maipures umgeht. Relativ viel LKW- Verkehr, daher auch gute Trampchancen. Wer mit dem Taxi fährt, sollte sich Maipures zeigen lassen. Gewaltiger Donner der anprallenden Wassermassen auf die Granitsteinblockade im Fluß. Durch die aufsprühenden Wassermassen besonders üppige Vegetation und viele Orchideen. Bis Samariapo ca. 1 Std.

Hier gilt es, ein Motorkanu aufzutreiben, weiter flußauf, vorbei an den Grasebenen der kolumb. Llanos im 1- Tagestrip nach SAN FERNANDO

DE ATABAPO, einer Minisiedlung mit kleinen Lebensmittelgeschäften. Ca. 1.600 Einwohner, Airstripe und Handel mit Kolumbien (Pto. Inirida). Das meiste des sowieso sehr dünnen Warenverkehrs weiter flußauf läuft via Rio Atabapo nach San Carlos de Rio Negro, – und nicht via Casiquiare.

a) via Rio Atabapo: flußauf immer enger und gewundener. Bei Hochwasser kürzen die Außenborder- bestückten "curiaras" (Kanu für max. 5 To.) die Stromschleifen ab, quer durch den Wald auf engen, Lianen- behangenen Wasserstraßen. Hafen und Endpunkt ist die Mini- Missionsstation YAVITA mit einer das ganze Jahr über befahrbaren Piste rüber nach Maroa. Per LKW ca. 2 Std. Fahrt. Dort via Rio Guainia nach SAN CARLOS DE RIO NEGRO. Gesamtfahrtzeit ab Samariapo ohne Warterei auf Anschluß ca. 6 Tage flußauf.

b) via Orinoco & Casiquiare- Querverbindung: kaum Chancen für ein Direktboot; selbst die Strecke bis Santa Barbara oder La Esmeralda kann erheblich mehr Schwierigkeiten machen, als alternativ nach Yavita. Immerhin: San Francisco hat im Normalfall tägl. Flugverbindung mit San Carlos de Rio Negro bzw. Pto. Ayacucho, wenn sich auf beiden Routen über längere Zeit hinweg nichts schieben sollte. Der Mietpreis für ein Boot nach San Carlos via Casiquiare ist Verhandlungssache, aber sicher nicht billig, da der Besitzer insgesamt (retour) rund 700 Flußkm zurücklegen muß.

SAN CARLOS DE RIO NEGRO: ca. 1.500 Einwohner. Airstripe mit fast täglicher Flugverbindung mit Pto. Ayacucho. Boote den Rio Negro flußab in ca. 2 Tagen nach CUCUY an der brasilianischen Grenze. Auch hier sehr unregelmäßiger Verkehr. Notfalls ein Airtaxi chartern (ca. 60 US $ für die Maschine, 3 Personen als Passagiere). (Siehe auch Seite 1087 bis 1090!)

Permit: Achtung, wer Indianerstämme im Estado Amazonas/Venezuela besucht, d.h. auch Missionsstationen wie z.B. Pantanal, braucht eine Genehmigung der Regierung ("Permiso del Gobernador", gibts z.B. im Palacio del Gobierno/Pto. Ayacucho, Plaza Bolivar). Keine Permits für San Carlos de Rio Negro, Cucuy, Yavita, Maroa und San Fernando de Atabapo nötig!

GRENZROUTEN via Estado Amazonas:

1.) Kolumbien: a) über PTO. PAEZ am Rio Meta, mit der Fähre übersetzen nach Pto. Careño auf der kolumb. Seite. Von hier fast täglich Flugverbindung mit den Militär- Propellermaschinen der "Satena" nach Villavicencio und Bogota.

Es gibt auch eine Piste, die aber nur außerhalb der Regenzeit und nur mit Geländefahrzeugen befahrbar ist.

b) über SAN FRANCISCO de Atabapo. Dort Boot rüber auf die kolumbianische Seite, den Rio Guaviare aufwärts nach Pto. Inirida, das mehrmals in der Woche

mit "Satena" Flugverbindung nach Bogota besitzt.
Die beiden Llanos- Routen durch Kolumbien, – von uns recherchiert und erstmals 1977 publiziert,– sind interessante Alternative zur o8/15-Strecke via Anden/San Antonio. Preislich und zeitlich insbesondere via Pto Careño kein Unterschied zur Hauptroute, sofern die Satena nicht auf Tage ausgebucht ist! Bei dem Minigrenznest aber nicht Normalfall.

2.) **Brasilien:** via CUCUY, siehe Vorseite! Egal ob per Boot oder Airtaxi wird diese Abenteuerroute von Gringos nur äußerst selten bereist. Tip für Leute, die abseits ausgetretener Routen Südamerika bereisen wollen. Angeblich Militärflüge ab brasilianischer Seite, heißt ebenfalls Cucuy, – nach Manaus. Sonst ist eine mehrtägige Bootsfahrt den Rio Negro abwärts fällig,bis SAN GABRIEL DA CACHOEIRA (Hotels, Restaurants) mit 3 mal/ Woche Propellerflug in Bandeirante- Maschinen der brasilianischen "TABA" nach Manaus, das Flug- und Straßenverbindungen (auch Busse) zum restlichen Brasilien besitzt. Alle Details siehe unser Brasilien- Teil, Seite 1o88!

Estado Bolivar:

45 % der Fläche Venezuelas, aber nur 2 % der Bevölkerung des Landes leben hier. Gigantische Dimensionen: Breite rund 65o km, Länge max. 8oo km, die praktisch nur im Norden entlang des RIO ORINOCO, – sowie im Osten entlang der V 8 - Piste durch die Gran Sabana besiedelt sind.

Das Land der "TEPUIS" (Tafelberge), – am Tepui Auyan die ANGEL–WASSERFÄLLE, mit rund 1.ooo m die höchsten der Welt. – Das Land der endlosen Urwälder, der Goldgräber und Diamantensucher. Großes Venezuela- Bonbon: der "Aeropostal" - Propellerflug von Cd. Bolivar nach Sta. Elena an der brasil. Grenze, knapp über die Urwälder und an den Tafelbergen vorbei. Toi-toi-toi für klares Wetter! Dann zusammen mit dem Propellerflug von Quito/Ecuador durch die "Allee der Vulkane" nach Quenca der faszinierenste Flug des südamerikanischen Kontinentes!!

Cd. Bolivar: **ca. 19o.ooo E./6o m**

Auf einer Anhöhe oberhalb des Rio Orinoco, der sich hier durch einen Fels- Engpass von nur 3oo m zwängt, die "Angostura", wie auch die die 1764 gegründete Stadt früher hieß.

Heute Provinzhauptstadt des Riesen- Estados "Bolivar"mit einem kleinen, kolonialem Zentrum . Vom Mirador Angostura an dem Paseo La Alameda schöner Blick auf den Fluß. Links der "Piedra de Medio", ein Stein, der zur Messung der Flußhöhe von Alexander von Humboldt benutzt wurde. "Museo Correo del Orinoco", westl. des Miradors in einem schönen Kolonialhaus, in dem die ersten knapp 1oo Ausgaben der Zeitung "Correo del Orinoco" herausgegeben wurden, die als meinungsbildendes Organ eine wichtige Rolle zur Zeit der 1. Republik Venezuelas spielte, dessen Hauptstadt Cd. Bolivar von 1817 - 1821 war.

Um die Plaza Bolivar und die 3 cuadras entfernte Plaza Miranda ausgezeichnete Restaurierungsarbeiten von Kolonialgebäuden, die zur 1. Republik Bedeutung hatten, so die "Casa del Congreso de Angostura", in der am 15.2. 1819 die erste Kongress- Sitzung eröffnet wurde.

Ums Zentrum starke Stadtexpansion bis zum Airport. Sehenswert das "Museo de Arte Moderno Jesus Soto" (Av. Tachira/Av. 5 de Julio, moderne Gemälde) und das "Museo Geologico y Minero de la Guyana" (Minentechnik, in der Universität).

Busverbindungen: Caracas: mehrmals täglich, über die "Angostura" - Brücke über den Rio Orinoco. 1967 eröffnet, an der höchsten Stelle knapp 7o m. Weiter über El Tigre und V. de Pascua. Die andere Strecke via Barcelona. Fahrzeit ca. 8 Std., 6 US $, auch "por puestos". – Rüber nach Cd. Guyana in etwas mehr als 1 Std., ca. o,5 US $.

Flug: mehrmals täglich nach Maiquetia/Caracas. Ca. 22 US $, einmal tägl. rüber nach Maturin, ca. 1o US $. Außerdem folgende Bonbons:

1.) Sehr lohnender "Aeropostal" - Rundflug in Propellermaschinen runter nach Sta. Elena. Die Maschinen gehen derzeit 3 x /Woche. Vorbuchen angeblich ab Caracas nicht möglich sondern nur in Cd. Bolivar. Abflug sehr früh am Morgen und dann für nur ca. 2o US $ ein, – bei klarem Wetter fantastischer Rundflug relativ tief über den endlosen Urwäldern und den Savannen der Gran Sabana in 5 Std. mit mehreren Zwischenstops in völlig abgelegenen Siedlungen und entlang der Tafelberge des Südens Venezuelas! Unbedingt im Ticket die komplette Strecke als "o.K." eintragen lassen, auch für den Rückflug ab Sta. Elena nach Cd. Bolivar, wenn man nicht weiter nach Brasil will.

2.) "Aeropostal"- Propellerflug ins Orinoco- Delta nach TUCUPITA 2 x /Woche.

3.) Im Airtaxi zu Diamantensucher- Camps. Dazu ist ein "paseo de turismo" nötig, den es bei der Polizei im Flughafen von Cd. Bolivar gibt. Für Ausländer eventuell keine "Einreise". Die Maschinen, kleine Sportflugzeuge fliegen meist am frühen Morgen in Cd. Bolivar ab und kommen ge gen 16 Uhr zurück. Gelandet wird irgendwo im Busch auf einer kurzen Schotterpiste, die auch die Dorfstraße des Camps sein kann. Viel Abenteuer und "vor Ort" im Camp alles sauteuer, Drinks, Essen, sofern vorhanden.

CERRO BOLIVAR: riesiger Eisenerzberg, rund 85 km südlich von Ciudad Bolivar, der mit einem Eisengehalt von über 58 %, sowie Länge von 16 km und Breite von 4 km zu den reichsten Eisendeposits Südamerikas zählt. Die Reserven werden auf mehr als 4oo Mill. (!!) Tonnen geschätzt. Entdeckt wurde der Cerro Bolivar 1947 von einem Team von Geologen der der US- Steel. Verstaatlichung seit 1975. Die Arbeiter und Ingenieure leben in Ciudad Piar; eine Eisenbahn transportiert das wertvolle Mineral nach Cd. Guayana am Rio Orinoco, wo es verschifft wird. Besichtigung der Mine nach vorheriger Rücksprache bei der Minengesellschaft in Cd. Piar.

✱ ANGEL–WASSERFALL und CANAIMA:

Der höchste Wasserfall der Welt mit 1.oo5 m! Jets der venezuelanischen "Avensa" fliegen täglich von Caracas via Pto. Ordaz nach CANAIMA.

Entdeckt wurde dieser gigantische Wasserfall am 11. Nov. 1933 vom amerikanischen Buschpiloten Jimmy Angel, der in seinem 1- motorigen Flugzeug auf Suche nach Gold im Süden Venzuelas unterwegs war.

War es Desinteresse der damaligen venezuelanischen Medien, oder die Aufschneiderei Jimmy Angels, der von einem 1.600 m hohen Wasserfall sprach: zumindest schenkte man 1933 seiner Entdeckung wenig Interesse.

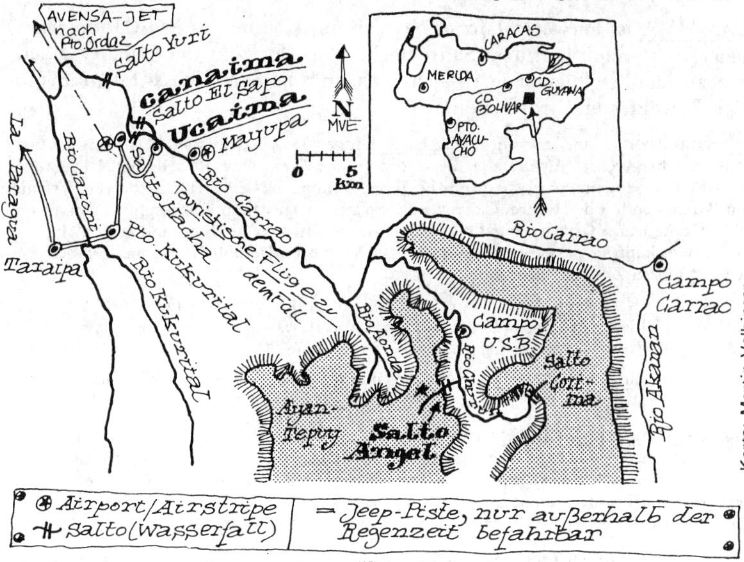

Karte: Martin Velbinger

Angeblich soll Jimmy Angel daraufhin 1935 fremde Geldgeber zur Zahlung von 25.000 US $ für ein neues Flugzeug überredet haben, indem er von faustdicken Goldklumpen oben auf dem Auyan Tepui- Hochplateau sprach. Selbiges Flugzeug steckte er bei Landung auf dem Plateau mit der Nase in den Boden und war anschließend 11 Tage von der Bildfläche verschwunden. Natürlich vorab die venezuelanischen Medien informiert, die dicke Berichte brachten.

Durchleuchtet man das Leben des JIMMY ANGEL, war es ein Mensch, der das Extreme und das Abenteuer liebte. 1899 in Springfield USA geboren, verabschiedete er sich von seinem Vater nach einem heftigen Disput als 15 Jähriger, um in Canada Pilot zu lernen. Kampfeinsätze in China, Südostasien und Südafrica. Fotos von 1933 zeigen ihn frei stehend auf der Tragfläche eines Doppeldeckers hoch in der Luft, – bei seiner Tätigkeit als Pilot für eine canadische Minengesellschaft soll er angeblich einmal einen Luftpiraten versucht haben, durch Loopings in 2.000 m Höhe loszuwerden. Von einem US- Sherif ließ er sich Handschellen in Anwesenheit der Presse anlegen, bevor er zum Flug startete.

Jimmy Angel ist heute gewissermaßen Nationalheld Venezuelas, da er eines der Naturwunder des Landes entdeckte. Seine Propellermaschine des Jahres 1933 ist in Replica und im Museo Aeronautico/Maracay zu sehen (siehe Seite 283). – Die in den Boden des Hochplateaus gebohrte 2. Maschine von 1935 kann man bei Überflug heute noch sehen, Lage ca. Stern in unserer Karte!

HEUTE zu erreichen per tägl. "Avensa"- Jetflug ab Caracas via Pto. Ordaz am Rio Orinoco. Gibts als komplettes Package von der Avensa für Flug und Übernachtung 2 Nächte in der Avensa Lodge in Canaima für ca. 80 US ab/bis Pto. Ordaz. Die Avensa- Maschine macht vor dem Landeanflug Canaima bei gutem Wetter mehere Kurven über dem Angel Fall, geht aber mit dem Jet zu flott, als daß es befriedigt . . .

CANAIMA ist ein verschlafenes Nest an der Lagune des Rio Carrao zwischen Salto Sapo und dem Salto Hacha. Am Horizont die Tafelberge Südvenezuelas. Es gibt nur eine Bar im Ort und die der Avensa- Lodge. Ansonsten Urwälder und tropische Hitze.

Übernachtung: entweder in der Avensa- Lodge (48 Zimmer, 147 Betten), Buchung nur über die Avensa- Airline, der die Lodge gehört (bzw. über Reisebüros). Die Lodge ist o.K. bei Tendenz zu etwas primitiv. Jedes Zimmer mit eigener Dusche. Für Termine am Wochenende oder während der venez. Ferien (August/September plus Termine um Weihnachten und Ostern) unbedingt langfristig vorbuchen für Flug und Hotel! Abgesehen davon kann es passieren, daß man, – wenn die Lodge voll ist, – mit fremden Leuten auf einem Zimmer untergebracht wird.

ODER: bei "Dschungel Rudi" , einem Holländer, der seit 195o in UCAIMA etwa 4 km flußauf hinter der Kaskade Salto Hacha Bungalows anbietet und als Experte der Region gilt (Kontaktadresse Caracas: Apartado 61.879, Caracas 1o6o A/Venezuela).

ODER: Flug und mit Hängematte "so probieren". Aber Achtung, es gibt u.a. auch Skorpione in der Region!!

Region Canaima/Ucaima: schönes Baden in der Lagune des Rio Carrao mit seinen Kaskaden. Man kann Ausflugsboote für 1/2 oder Ganztagestrips buchen, die flußauf am Camp vom Dschungel Rudi vorbei zur Orchideeninsel führen. Bei Caskaden wird ent weder zu Fuß rumgelaufen, oder ein Jeep wartet. Macht Spaß, wie die Region um Canaima/Ucaima auch landschaftlich viel bringt und sich lohnt.

Angel Falls: liegen runde 35 Flußkilometer aufwärts ab Canaima. Entweder per Schnellboot zu erreichen, allerdings nur während der Regenzeit, wenn der Rio Carrao genügend Wasser hat bei den diversen Untiefen. (=ca. Juni bis Nov.). Kostenpunkt ca. 15o US $ pro Person für den Trip, der retour ca. 4 Tage dauert. Problem aber, daß die Boote nur fahren, wenn sich genügend Leute zusammenfinden. Vorreservierung empfehlenswert, z.B. via AVENAS/Caracas probieren oder über Dschungel Rudi, der aber angeblich teurer sein soll.

Per Flußboot ist sicher die schönste Variante zum Angel Fall, zumal man so auch den Wasserfall in seiner Größe am imposantesten erlebt. Keine Siedlungen unterwegs, geschlafen wird in der Hängematte oder dem Zelt am Flußufer.

ODER: per Sportflugzeug. Der 45 Min.- Flug geht ab Airport Canaima, Buchungsmöglichkeit in Büro bei der Canaima- Lodge. Die Kosten belaufen sich bei runden 4o US $/ Person. Bei klarem Wetter eine fantastische Sache, – aber gute Witterungsbedingungen sind das große Problem. Flüge gehen vormittags gegen 7 oder 8 Uhr früh, da bessere Chancen! Kann aber sein, daß der Pilot durch Wolkenbänke an den 1.ooo m senkrecht abfallenden Steilwänden des Tafelberges "rangieren" muß. Bisher noch keine Unfälle und heißer Nervenkitzel. Der Wasserfall geht in engem Gischtbündel an der Steilwand runter. Oben auf dem Hochplateau kann man das Gerippe des Angelflugzeuges sehen.

Interessant ist der Flug zum Angelfall vorwiegend in der Regenzeit (Juni bis Nov.), wenn er genügend Wasser hat. Sonst nur ein dünnes Rinsal, das weder für Kamera noch persönliches Erlebnis was abgibt. Allerdings hat die Regenzeit auch den Nachteil, daß wolkenfreie Tage seltener sind . . .

Überlandpiste von Cd. Bolivar nach Canaima existiert, ist aber nur für Geländefahrzeuge möglich und extrem schwierig, auch in der Trockenzeit. Bis La Paragua via Cd. Piar auch für normale PKW's problemlos. Der Rio Paragua wird per Fähre übersetzt. Anschließend sehr abenteuerliche und schwierige Jeep- Piste, zunächst bis La Comunidad (ca. 24 km), dann querfeldein rüber zum Rio Caroni, der bei Caño Negro überquert wird. Finger weg, wer die Strecke mit normaler Limousine, Bully etc. fahren will!

Cd. Guayana: ca. 3oo.ooo E./4o m

Industrie- Konglomerat am Unterlauf des Rio Orinoco, rund 9o Min. über die Schnellstraße ab Cd. Bolivar. Aluminiumwerk, Eisenbahngleis zum Eisenerzberg Cerro Bolivar und Guri- Staudamm, der zu einem der größten Elektrizitätslieferanten des Kontinentes zählt.

Unten am Rio Orinoco umfangreiche Slums und viel Armut. Die Indios arbeiten in diversen Camps der Umgebung, um sich abends in den Kneipen vom Ortsteil SAN FELIX vollaufen zu lassen. Aggression und Überfälle nicht selten. – Drüben im Ortsteil PTO. ORDAZ auf der anderen Seite des Rio Caroni (Brücke) treffen sich die Techniker in den Bars. Stadtbild meist 2- stöckige Häuser, blau + rosa gestrichen. Sehr heiß und schwül. Draußen in den Vororten Reißbrett- Siedlungen. Touristisch definitiv garnichts zu sehen, – aber irgendwie riecht die Stadt nach Abenteuer, vielleicht auch, weil danach im Süden die Prärie und die Wildniss beginnt. . .

Airport: im Stadtteil Pto. Ordaz mit täglich mehrmals Verbindung nach Maiquetia/ Caracas (ca. 24 US $, 1 Std. Flug), – außerdem tägl. einmal im Jet der Avensa nach Canaima (ca. 4o Min./12 US $), – nach Maturin (ca. 3o Min./8 US $) und Porlamar (während der Saison, ca. 1 Std. 2o Min./15 US $).

Busse: täglich mehrmals nach Caracas (ca. 9 Std. via Cd. Bolivar), rüber nach Maturin via Fähre über den Rio Orinoco (ca. 2 Std./ 1,5 US $) und nach El Dorado an der Sta. Elena- Piste (V 8). Details siehe dort!

Orinoco- Delta: der rund 2.1oo km lange Orinoco (und damit 5. größter Strom der Welt), mündet in den Atlantik bei Trinidad in einem 2oo km breiten Delta. Mehr als 17 Hauptflußarme. Sumpfland, durchzogen von hunderten von Nebenarmen.

Wichtigste Stadt des Estado Fed. Amacuro ist TUCUPITA. Feucht heiß, excellente Straßenverbindung mit Maturin und gutes, sauberes Hotel "Barauno" (ca. 1o US fürs Doppel). Tägl. Bus und Flugverbindung, Aeropostal auch 2 mal/Woche weiter nach PERDENALES an der Mündung des Hauptflußarmes (der Propeller fliegt weiter nach La Güiria). Dichter Dschungel, diverse Indianerstämme. Postboote ab Tucupita durch Mangrovensümpfe mit reicher Tierwelt. – Ab CURLAPO Schmugglerboote rüber nach Morawhanna/Guyana.

Maturin: Provinzhauptstadt des Estado MONGAS. Weites, flaches Pionierland, sehr heiß, Rinderherden. Maturin selber wirkt wie eine US- Stadt in Arizona mit Leuchtreklame, halbhohen Hochhäusern, Shops und breiten Straßen. Touristisch ohne Reiz, aber wichtiger Ausgangspunkt zu Zeiten, als der Aeropostal Jet von TRINIDAD/Karibik nicht zu den Islas Margaritas, sondern nach Maturin flog.Breites Hotelangebot und täglich viele Busverbindungen nach Caracas (ca. 8 Std.), ebenso "por puestos" und Jetverbindungen. Die meisten Billighotels liegen in der Nähe des Busterminals. Auch Regionalbusse ab Maturin zur "Cueva del Guacharo", Details Seite 261.

Cd. Bolivar/bzw. Cd. Guayana ⋙→ Kolumbien:

Interessante Alternativroute zu o8/15- Sachen via Küste oben via Barcelona/Caracas. Per Fluß uninteressant, da schwierig, eine Passage zu finden. Es verkehren nur Frachter und diese unregelmäßig, die bis PTO. AYACUCHO ca. 8 Tage flußauf brauchen.

Interessanter: per Bus ab Cd. Bolivar. Abfahrt tägl. ziemlich früh am Morgen. Dauert bis CAICARA/Rio Orinoco ca. 8 - 9 Std.. Die Fahrt geht vorwiegend durch bewaldete Hügelgebiete (in einigem Abstand zum Rio Orinoco) mit teils schönem Blick auf die Tafelberge Südvenezuelas.Die Nebenzuflüsse des Rio Orinocos werden auf meist uralten Fähr- Pontons überquert.

CAICARA liegt im Mittelteil des Rio Orinocos. Ein kleines, tropisch heißes Kaff mit einer Handvoll von Hotels. Alternative: 3 mal pro Woche mit "Aeropostal"- Propeller quer über den Rio Orinoco nach Pto. Ayacucho. Bei klarem Wetter ein fantastischer Flug. Alle weiteren Details siehe "Pto. Ayacucho"!

VENEZUELA ➳ BRASILIEN:

Im Rahmen der "V 8 ", – einer transkontinentalen Verbindung parallel zur "Panamericana" in den Anden haben die Venezuelaner ihren Anteil bereits fertiggestellt: die Straße von CD. GUAYANA nach STA. ELENA an der brasilianischen Grenze.

Drüben auf der brasilianischen Seite 2oo km Sand-Schotterpiste bis BOA VISTA und im Anschluß rote Urwaldpiste bis MANAUS am Rio Amazonas mit Pisten bis RIO und SÃO PAULO.

Nach Fertigstellung des brasilianischen Teils zwischen Boa Vista und Manaus (vergleiche unsere 1. Ausgabe von '77) ist nunmehr über die "V8" eine Querverbindung von VENEZUELA durchs Amazonasgebiet nach Südbrasilien und Argentinien möglich.

(1) **Per PKW:** mit einem normalen Auto, auch VW- Bus im Bereich Km 88 bis oben aufs Plateau der Gran Sabana während der Regenzeit problematisch, da steiler Anstieg und schmierige, ausgewaschene Piste. Per LKW und Geländewagen das ganze Jahr über möglich.

(2) **Öffentl. Verkehrsmittel:** wer Nr.-"sicher" gehen will,

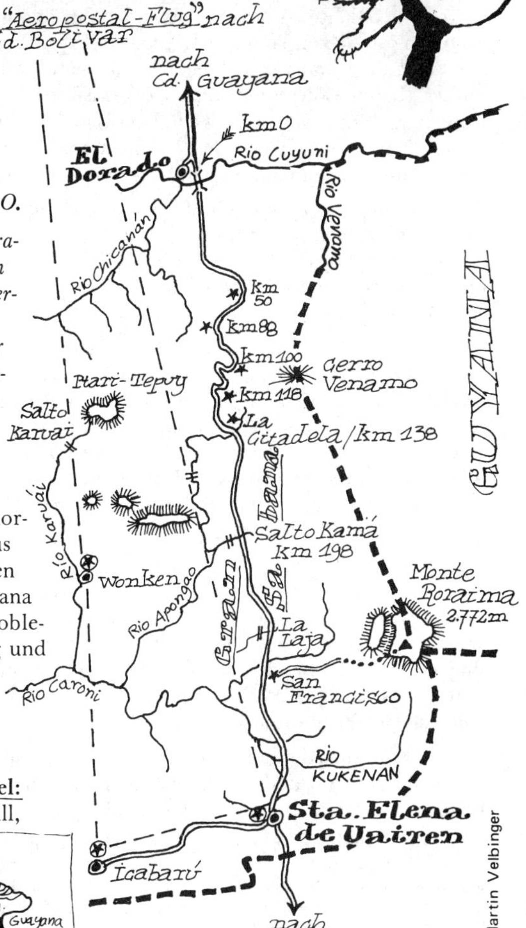

nimmt sich den 3 x/Woche verkehrenden "Aeropostal"- Propeller ab Cd. Bolivar nach Sta. Elena an der brasil. Grenze. Mit nur 2o US $ geschenkt, zudem landschaftlich fantastischer Flug! Siehe auch S. 3o8 !

"Por tierra" (über Land) abenteuerlicher und zeitlich nicht exakt kalkulierbar. Der BUS von Caracas fährt nur bis EL DORADO. Bis hier asphaltiert und Fahrzeit ca. 15 Std, einmal tägl., ca. 9 US S/. Danach "ripio" (Erdpiste) bis an die Grenze bei Sta. Elena.

EL DORADO ist ein schwülheißes, staubiges Nest am Rio Cuyuni. Die früher bestehende Bootsverbindung rüber nach Georgetown/Guyana ist leider eingestellt. Dichte, tropische Urwälder um den Ort und viel Gold! Übernachtung im "Campamento El Dorado" des Engländers Sidney Coles direkt am Fluß, heiß und teuer. Wer eine Hängematte hat, sollte lieber diese benutzen. Señor Coles unternimmt organisierte Trips in die umliegenden Urwälder im Kanu. Der interessanteste Trip geht in 1o Tagen über die Tafelberge rüber zu den Angel- Fällen und Canaima, allerdings nur, wenn genügend Leute zusammenkommen und dann ca. 25o US $ pro Person.

Auf der anderen Seite des Flusses das verfallene und einst berüchtigste Gefängnis Venezuelas, in dem auch Papillon (siehe Franz. Guyana) einige Zeit zubrachte. Heute dort nicht mehr viel zu sehen, außer ein paar Wandmalereien der Häftlinge und Wachtürme. Hier wird heute Brot gebacken.

Ab EL DORADO bis STA. ELENA an der Grenze gibts momentan keine öffentl. Verkehrsmittel. Somit nur Trampen auf einem der LKW's oder Pick- ups. Beste Stelle: an der Brücke über den Rio Cuyuni bei der militärischen Kontrollstation. G. Karrasch schrieb uns: "Sind meist recht nette Leute und sie wissen schon, was der Rucksackgringo möchte. Die Fahrt durch die Gran Sabana ist atemberaubend schön und ich habe auf einer leeren LKW- Ladeplanke die Aussicht genossen. Der warme Tropenwind bläst einem um die Nase und man hat das Gefühl von unsagbarer Freiheit. Hat allerdings den Nachteil, daß man an die brasil. Grenze wie ein Rothaut- Indianer ankommt, von der roten Piste nämlich. "

Zwischenzeitlich gabs auch eine reguläre Jeep- Verbindung eines Unternehmers aus Sta. Elena, der regelmäßig die Strecke bis El Dorado fuhr; dann wieder eingestellt und später wieder aufgenommen. Besser zunächst mit dem ungünstigsten Fall rechnen: Trampen. TIP: nur "lifts" bis Sta. Elena annehmen. Unterwegs an der Piste praktisch Null- Siedlungen; wer hier rausgesetzt wird steht an der Piste ohne Essen und Wasser!

STRECKE: zunächst aus dem Tiefland durch schwülheißen, wolkenverhangenen Bergurwald und die rote Piste schlängelt sich gut 2 LKW- Stunden hoch in die Gran Sabana. (="La Escalera").

GEPLANT wurde diese Nord- Süd- Verbindung an die brasil. Grenze bereits 193o vom damaligen Präsidenten Gomez. Allerdings wurde von einem Armee- Bautrupp erst 1963 der berühmte km 88 erreicht, wo der Steilanstieg auf das Hochplateau der Gran Sabana beginnt. Dieses wurde erst 1971 erreicht und bis 1973 die Piste über die Gran Sabana bis Sta. Elena fertiggestellt.

Guido Karrasch, der diese Strecke mehrfach befahren hat, berichtet über die Escalera: "in der Regenzeit gibts hier die meisten Probleme. An manchen Stellen ist die Piste dann wie durch einen Qui rl aufgewühlt und der "lift" endet hier zunächst im Schlamm. Schuhe und Strümpfe ausziehen und warten, bis der nächste LKW kommt und einen rauszieht! So geht die Sache weiter, bis ihr oben seid, – und dann die endlosen Weiten der Gran Sabana. Noch rund 3oo km bis Sta. Elena und gelegentlich Bretterkneipen wo's "biefe con arroz" mit gebratenen "platanos" gibt und Cerveza zum Nachspülen."

Je nach Jahreszeit und Problemen unterwegs kommt der LKW nach 1 bis 1 1/2 Tagen in STA. ELENA an. Ein nicht weniger staubiges Nest als El Dorado, dafür aber angenehmeres Gran Sabana- Klima. Letzter Ort im Süden Venezuelas und noch ca. 2o km zum brasil. Grenzposten. Für den, der weiter nach BOA VISTA/Brasilien will: bereits im Ort bis 18 Uhr den Ausreisestempel Venezuelas holen. Weiter zur Grenze lohnt sich um diese Zeit aber nicht mehr, weil der brasil. Grenzposten (eine Hütte in der Prärie!) zu dieser Zeit bereits fleißig Billard spielt und logischerweise an Pässen kein Interesse mehr hat.

In Sta. Elena einige Basic- Hotels und Stehkneipen. Man sollte im Ort die letzten Bolivar in Cerveza umwechseln, damit das Quietschen der Betten erträglicher wird! Am besten auch schon mal in den Kneipen abchecken, was am nächsten Morgen an "camiones" runter nach Boa Vista will. Bisher gab es auch einen Bus nach Boa Vista, der vor dem "Mac King"- Hotel in Sta. Elena abfuhr. Ansonsten gute Trampchancen auf den ca. 2oo km.

Wer in Gegenrichtung reist, d.h. von Brasilien kommend nach Venezuela, sollte sich unbedingt in Boa Vista die venezuel. Einreisegenehmigung, sprich "tarjeta de turismo" vom dortigen Konsul holen. In Sta. Elena dann im Ort nochmals zur Polizei und Pass abstempeln lassen, sofern der venez. Grenzposten das nicht schon erledigt hat!

BESTEIGUNG DES TAFELBERGES RORAIMA(2.81o m):
Rudolf Weißmeier schrieb uns dazu: "der höchste und einer der imposantesten Mesetas im gesamten Gebiet. Der Berg grenzt an Guyana und Brasilien. Die Fernsicht ist grandios, der Bergurwald an den steilen Flanken einmalig schön.

Ausgangspunkt ist S.FRANCISCO (6o km von Sta. Elena Richtung El Dorado). Dort mit Proviant für 5 Tage eindecken. 1oo gr. Reis/Tag und Person. Kekse, Knorr- Suppen, Fischkonserven. – Von dort auf einem Jeep-Weg bis zu einem Indianerdorf namens PARAYTEPUY (ca. 18 km, 5 Std. zu Fuß). Wasser mitnehmen, bis kurz vor dem Dorf kein Wasser!

In dem Dorf bekommt man noch Bananen und Kasava (Fladenbrot aus der Yuka Wurzel hergestellt), dann trifft man bis zum Fuß des Berges (ca. 25 km/6 Std.) keine menschliche Siedlung mehr. Wasser und Plätze zum Campieren findet man häufig. Der Weg ist durch die Richtung zum Berg gegeben. Vom Fuß des Berges steil rauf, dann über eine breite Dschungelbande auf das Plateau. Für trainierte Geher sind das vom Fuß bis zum Plateau 5 Std. Zurück bis San Francisco an der Hauptstraße: 2 Tage.

Für nicht berggewohnte Abenteurer würde ich einen Führer ab Paraytepuy empfehlen, obwohl wir den Weg ohne Probleme gefunden haben und mir auch der Abstieg unproblematisch erscheint. – ACHTUNG: der Berg ist sehr nebelgefährlich! In kürzester Zeit ist das Plateau in Nebel. Wenn ihr oben seid, findet ihr oben den Abstieg nie wieder, da das Plateau kaum Orientierungshilfen hat. TIP: macht euch beim Aufstieg Pyramiden aus Steinen, allerdings nur bei genügend geringem Abstand sinnvoll!" Ende des Textes von R. Weißmeier; ganz herzlichen Dank! Wir möchten noch hinzufügen, daß man unbedingt sehr warme Sachen mitnehmen muß. Oben auf dem Plateau bei 2.800 m eisig kalt!! Null Grad keine Seltenheit!

ICABARÚ: rund 100 km westlich über eine Piste ab Sta. Elena entlang der brasilianischen Grenze. Diamantensucher- Camp am Oberlauf des Rio Caroni mit einer Landepiste für den Aeropostal- Propeller. 1942 wurde hier ein 154 Karat (!) Diamant gefunden. Das Ding war so gigantisch, daß es in mehrere Teile gespalten wurde und trotzdem noch einer der Teile nach heutiger Umrechnung auf einer Auktion in New York knapp einer 1/2 Mill. DM brachte. – Sehr abenteuerliche Flußfahrt den Caroni abwärts nach Canaima, zwischen Tafelbergen und durch teils dichte Urwälder. Kaum besiedelt. Auf halber Strecke das ebenfalls von der Aeropostal angeflogene WONKEN.

ALLGEMEINE TIPS VENEZUELA:

✶ STROM: 110 Volt/60 Hz. In einigen Regionen auch 115 bis 230 Volt.

✶ KLIMA: Tropisch an der Küste und im Tiefland des Landesinneren. Hier herrschen Temperaturen von ca. 25 - 36° C vor. An der Küste durchaus erträglich wegen erfrischenden Brisen vom Meer. Der See von Maracaibo dagegen gehört zu den heißesten Gebieten der Welt! –
In Höhenlagen zwischen 800 und 2000 m (gemäßigte Zone; hier liegt Caracas, Colonia Tovar und viele der venezuelanischen Andenstädte) Temperaturen von 16 bis 23° C. In Lagen über 2000 m steigt die Tempe= ratur in der Regel nicht über 16°. Warme Kleidung (Pullover) besonders für abends und nachts sehr wichtig; es kann empfindlich kalt werden! –

REGENZEIT: Mai bis November, – TROCKENZEIT: Dez. bis April.

✶ ESSEN:

Excellent, was die einheimischen Fleischgerichte betrifft. In der Regel große Portionen bei Preisen um 8 - 10 DM, sofern man nicht in Luxushotels logiert. "Lomo" bestellen = Filet, – gute Parrilladas (=auf Holzkohlenfeuer neben dem Tisch gegrilltes Fleisch und Würstchen).– Sehr gut und preiswert auch Fischgerichte.

Ob einem die venez. "Arepas" schmecken, ist Ansichtssache, – besonders wenn sie an Bus- Stops serviert werden! "Aerpas" sind runde Maisbrötchen, und Nationalgericht. Entweder kommt zwischenrein Käse, oder Gemüse oder Fisch. Ich persönlich habe an den "Snack- ins" ein, mit dem Messer zerteiltes Weißbrot vorgezogen, das ähnlich wie auf Sardinien je nach Wunsch mit Käse, Schinken, Meeresfrüchten, mit Artischocken oder anderen Leckereien in Essig/Ölsauce gefüllt werden. Dazu einen Milchshake oder einen naturgepressten Tropendrink! Lecker und sättigend.

Pizzabuden gibts, z.B. in Caracas und teils garnicht schlecht, – was die sonstige südamerikanische Pizzapampe betrifft.

Venezuelanische Spezialitäten sind:

"Hallaca" : In Bananenblätter eingewickelte kleine Stückchen von Poulet=fleisch, bzw. Schweinefleisch, welches mit Oliven, Zwiebeln und anderen Zutaten gewürzt wird und mit einer Maispaste überdeckt wird. –

"El Sanchoco" eine Fleisch/Fischsuppe mit Gemüse und Wurzelgemüsen

"La Cachapa" Maistorte mit Käse gefüllt

"El Mondongo" Rindfleisch mit Rinderbauch angereichert + Gemüse und Gewürze. Kann recht interessant schmecken, wenn der Koch gut ist! –

"Empanadas" Über ganz Südamerika verbreitet: Blätterteig - ähnliche Taschen, die mit Käse oder Fleisch und Gemüse gefüllt sind.-

"El Pabellon" Gekochte "Caraotas" (schwarze Bohnen), Reis, Kochba=nanen-Schnitten und Fleischstreifen. –

An FRÜCHTEN: quer durch den Garten der Tropen: je nach Region Bananen, Papayas, Mangos, Pampelmusen, Orangen, Zitronen. Excellente und billige Drinks in der Stehkneipe orginalgepresst ("jugos").

VENEZ. NATIONALDRINKS sind "El Cocuy" = alkoholisches Agavengetränk, – "El Ponche Creme": Milch und Eier plus Zucker und Alkohol, lecker, aber stark, – "La Chicha": alkoholfrei aus Milch und Reis.

Rum und Gin sind excellent in Venezuela. Dem entsprechend viele gute Mix - Drinks! – Whisky, meist importiert und ziemlich teuer.

BIER: diverse Marken. Am meisten verbreitet sind "Polar" und "Zulia". Kommt entweder in Miniflaschen von o,2 l oder den nicht weniger überzeugenden o,33 l Abfüllungen. Auch viel in Aludosen. – "GASEOSAS" sind Coca Cola, Pepsi und das venezuelanische "Chinotto" (Zitronengeschmack). – Sowie excellente FRUCHTDRINKS orginal gepresst, nennt sich "j ugo" (Sprich Hugo!), billig, vitaminreich und erfrischend.

WEIN: in Caracas in den Supermercados aber auch guten Restaurants breites Angebot europäischer Edeltropfen, sowie Importware aus Chile und Argentinien. Gute Sachen sind sehr teuer (Flasche ab ca. 1o US $).

✶ ÜBERNACHTUNG:

Relativ breites Angebot an Hotels und zudem derzeit recht billig. Übernachtung in Mittelklassehotels um ca. 2o bis 25 DM/Doppel mit eigenem Bad, in der Billigklasse muß man mit ca. 5 - 1o DM/Doppel rechnen. Bei den beiden Airlines "Aeropostal" und "Avensa" gibts vergünstigte Pauschalangebote Flug plus gutes Mittelklassehotel für 2 oder 3 Tage, – und nicht nur nach Canaima, sondern auch Merida, Maracaibo, Coro, Islas Margaritas, Cumana etc.

Sicherlich als Tip nützlich, wer in dieser Preisklasse reisen möchte. Zu buchen in den Büros der "Avensa" und "Aeropostal".

Achtung: während der Ferienmonate August/September, aber auch an Weihnachten und Ostern kann es in Feriengebieten und in der teureren Klasse Schwierigkeiten geben, Zimmer zu finden. Dies gilt besonders für Colonia Tovar, Islas Margaritas und Region Cumana. Ich bin auch zu dieser Zeit in Venezuela gereist und es hat eigentlich immer eine Lösung gegeben in der gehobenen Mittelklasse, – wer mit eigenem Auto unterwegs ist, nicht zu spät abends in den o.g. Orten eintreffen, damit man noch Zeit hat, notfalls nach Ersatzquartier zu suchen. Oder vorab von CCS telefonisch reservieren lassen!

Probleme, die der Rucksacktourist in seinen Billigklasse- Hotels nicht hat. Befinden sich meist in der Nähe vom Busterminal der betreffenden Stadt, Details und Tips siehe Venezuela- Hauptteil! – Ontej, die nationale venezoelanische Studentenorganisation (BRD- Büro: Kaiserstr. 13, 6000 Ffm.) bietet u.a. auch preisgünstige Übernachtung in Venezuela an, hat Kontakte und Vertretungen in allen Uni- Städten des Landes, gleichzeitig günstige Transatlantikflüge und Excursionen im Lande. Ontej/Venezuela: Av. Lecuna, Nivel Bolivar, Tel.: (02) – 573.3722 Caracas.

★ **GELD:**

in Ergänzung zu Seite 252: das Einlösen von US $ - Travellerschecks kann im Landesinneren schwierig sein, bzw. unmöglich. Achtung: trotz der Funktion Canaimas/bei Angel Falls als Tourismusnest akzeptieren die Führer für die Excursionen in der Regel weder Travellerschecks noch die Plastikwährung (American Express, Diners)!

★ Feiertage: 1. Jan., – 6. Jan., – Karneval, – Ostern, – 19. April, – 1. Mai, – Christi Himmelfahrt, – 24. und 29. Juni, – 5. und 24. Juli, – 18. August, – 12. Okt., – 1. November, – 8. Dez., – 24./25. und 31. Dez. Sowie regionale Feiertage.

TRANSPORT IN VENEZUELA: (siehe auch Seite 252)

im Vergleich zu vielen anderen südamerikanischen Ländern ausgezeichnetes
① Transportnetz. Nr. 1 ist das FLUGZEUG. Einmal wegen den riesigen Entfernungen, – zum anderen wegen sehr günstigen Flugpreisen, die durch Venezuela als Erdölland mit eigenen Raffinerien bedingt sind. 500 km Fliegen = ca. 60 DM. Die Verbindungen laufen sternförmig ab Caracas. Querverbindungen gibts ab Maracaibo, sowie ab Barcelona/Maturin.

VIASA bedient ausschließlich die internationalen Strecken ab Venezuela,– die Inlandsstrecken bedienen AEROPOSTAL und AVENSA, die beide moderne Jets benutzen, – auf Nebenstrecken moderne Propellermaschinen wegen der kürzeren dortigen Landepisten. Ab Pto. Ayacucho am Rande der venezoelanischen Amazonasurwälder operieren mehrere Privatairlines mit Cessna- Sportflugzeugen, Details siehe dort!

Aeropostal bedient auf internat. Strecken ab Porlamar/Islas Margaritas die Strecke nach Trinidad/Karibik und ab Maracaibo die Strecke nach Curacao bei sehr günstigen Excursiontarifen.

2) Der BUS ist die billigere und zeitaufwendigere Alternative. Bei den ausgezeichneten Hauptverbindungsstraßen trotzdem schnelles Vorankommen. Parallel dazu die sogenannten "POR PUESTO"- Sammeltaxis auf festen Routen. Geringfügig teurer und schneller, in der Regel US- Straßenkreuzer.

3) Das SCHIFF als Personentransportmittel unbedeutend. Ausnahmen: Orinoco Delta und Amazonas- Urwälder. ("curiara = schnelles Außenbordkanu für bis zu 5 Tonnen, – "rapido" = schneller und in Stromschnellen leichter zu manövrieren, aber weniger Tragkraft, – "chalana" = Fährschiff mit der Möglichkeit von PKW- Transport. Optisch wie ein Ponton Boot).

4) Eigenes Auto/Mietwagen: ca. 4o % des venezuel. Straßennetzes sind asphaltiert, – für Südamerika ungewöhnlich hoher Anteil! Meist schnelle und breite Hauptverbindungen. Autobahnen gibt es zwischen Caracas und Valencia–Pto. Cabello an der Küste. Aber Achtung: oft kreuzen Fußgänger oder seitlich spielende Kinder! Höchstgeschwindigkeit auf der Autobahn 13o km/h. A la Südamerika wird auch bei hohen Geschwindigkeiten sehr dicht auf den Vordermann aufgefahren! – Die Orientierung bereitet manchmal einige Schwierigkeiten: Abzweigungen sind oft ohne Richtungshinweis; eben so selten Ortsnamen angegeben. Nur mit guter Karte fahren und recht viele Leute fragen, wenn man sich abseits der Hauptrouten bewegt! – Tankstellennetz außerhalb der Hauptrouten oft sehr dünn gesäht, rechtzeitig vollmachen. Sprit ist saugünstig, ca. 2o Pfennig pro Liter

AUTOVERMIETUNG: in den Großstädten wie Caracas, Maracaibo, aber auch den Feriengebieten wie Porlamar/Islas Margaritas und Cumana. Die Preise sind günstig, die Vermietung derzeit allerdings nur an Besitzer von Creditcards wie Diners oder American Express. Weitere Details siehe Seite 266.

Achtung beim Verkehrszeichen "ALCABALA". Das ist die Militärpolizei, die den Tranist auf den Straßen kontrolliert. Hier ist generelle Anhaltepflicht. Meist wird man dann weitergewunken. Wer aber ohne Anzuhalten durchbraust, kann unter Umständen das Selbstgefühl der sonst meist freundl. Militärs erheblich verletzen!

5) TRAMPEN lohnt sich auf den Hauptstrecken, die regelmäßige Busverbindung haben, in Venezuela wohl kaum bei den billigen Buspreisen. Wer die Sache als Sport und zur Kontaktaufnahme betreibt, soll angeblich in Venezuela schnell wegkommen, sofern Kleidung und Aussehen Tip- Top. Wie und Gabriele Drees und Manfred Holz begeistert berichteten, sind sie mehr als 15.ooo km kreuz und quer durch Venezuela getrampt, bei "durchschnittlichen Wartezeiten von 5 bis 15 Min.". (Anmerk. der Red.: dürfte aber nur für die Hauptverbindungen gelten. Auf Nebenrouten wie z.B. der "V 8" von Eldorado runter an die Brasilianische Grenze, wo Trampen wichtig wird, weil öffentl. Verkehr fehlt oder superdünn ist: oft Warterei von 1 bis 2 Tagen per Daumentrip!!) –

Auf abgelegenen Strecken, z.B. der "V 8" erwarten LKW- Fahrer eine Bezahlung, die vorab vereinbart werden sollte! –

GESUNDHEIT: das Leitungswasser in den wichtigsten Städten soll per Chlor präpariert und o.K. sein. Auch sonst bestehen in Venezuela wegen guter Hygienebedingungen relativ wenig Gefahren. Für Trips in den Süden des Landes z.B. Amazonas aber vorab den Tropenarzt kontaktieren! –

Verbindungen zu den Nachbarländern:

BRASILIEN: entweder via Gran Sabana- Route. LKW's und Flug an die Grenze. Somit relativ problemlos. Details siehe Seite:

Oder via Pto. Ayacucho am Oberlauf des Rio Orinoco. Weiter per sehr unregelmäßig verkehrendem Flußtransport, oder via Sportflugzeug nach CUCUY. Abenteurer- Route, da es ebenfalls hinter der Grenze nicht problemlos weitergeht. Details siehe S. 3o6

KOLUMBIEN: die Hauptroute geht via San Antonio in den Anden. Details siehe S. 286

Kann man variieren a) durch die venezuel. Anden/Merida nach S. Antonio. Siehe S. 287
b) entlang der venezuelan. Küste/Maracaibo. Siehe S. 29o

Oder via Llanos, dabei entweder über Pto. Ayacucho/Pto. Paez rüber nach Pto. Careno. Drüben weiter per Satena Militärmaschine nach Bogota. Details Seite 3o1
Alternativ über Pto. Inirida (S. 3o3), – oder Arauca (S. 287).

Oder via Küste/Maracaibo nach Sta. Marta/Kolumbien. Details siehe Seite 298

GUYANA: am bequemsten per Flug über Trinidad/Karibik. Teuer. Die passabelste Alternative geht von Cd. Bolivar/Venezuela durch die Gran Sabana rüber nach Boa Vista/ Brasilien und von hier über eine Piste an die guyanesische Grenze bei Lethem. Über den Fluß per Kanu. Die Region Lethem/Guyana soll derzeit aber Sperrgebiet sein, vergl. unsere Details im "Guyana"- Teil! Von hier gibt es Propellerflüge in der Air Guyana nach Georgetown an der Küste.

Definitiv Abenteurer- Alternativen sind a) die Route durch das venez. Orinoco- Delta und in Schmuggelbooten nach Morawhanna/Guyana und b) über den Rio Cuyuni ab El Dorado nach Georgetown.

BOTSCHAFTEN / KONSULATE:

PA = Postanschrift, – casilla = Postfach

BRD in Venezuela:

CARACAS: (Botschaft), Av San Juan Bosco ecke 3a Transversal, Altamira, Edif. Panaven, 2 Stock, (PA: Casilla 2o78), Tel.: 334 744 - 47
CIUDAD GUAYANA: (Konsulat)Mezzamina, Local 4, Av. Las Americas, Tel.: 22 72
MARACAIBO: (Konsulat), Calle 77 Nr. 3c-24, Edif. Los Cerros 8 Stock, Tel.: 912 4o6
SAN CRISTOBAL: (Konsulat), Edif. Torrevega, Carrera 8, La Concordia, Tel.: 294 o1
VALENCIA: (Konsulat), Calle 159 Nr. 1o6-36, Urb. Guapero, (PA: Apartado 3o73) Tel.: 211 948

SCHWEIZ in Venezuela:

CARACAS: (Botschaft), Av. Francisco de Miranda, Edif. Roraima Calle 1., Campo Alegre, Tel.: 334 787

ÖSTERREICH in Venezuela:

CARACAS: (Botschaft), Av. La Estancia, Edif. Las Torres, 4 Stock, Tel.: 913 888

Venezuela in BRD: Godesberger Allee 119, 53oo Bonn 2, Tel.: (o228) – 376 631
KONSULATE in Frankfurt und Hamburg
Venezuela in Österreich: Marokkanergasse 22, 1o3o Wien, Tel.: 753 219 - 2o
Venezuela in der Schweiz: Eigerstr. 71, 3ooo Bern 23, Tel.: (o31) – 453 282
KONSULAT in Genf.

Eines meiner Lieblingsländer in Südamerika wegen seiner Vielfalt und Schönheit seiner Landschaften, – seiner Musik und seiner Bevölkerung.

Tropisch heiße Karibikküsten mit der kolonialen Altstadt von CARTAGENA und Korallenriffs im glasklaren Wasser vor der Rosario Insel sowie vor den Inseln San Andres und Providencia in der Karibik!

Goldsuchercamps in den Urwäldern Nordwest- Kolumbiens und Abenteuerfahrten auf rostigen Dampfern auf dem Rio Choco. Dichte Bananenplantagen und in höheren Lagen der Anden Kaffee Plantagen, die das Land zu einem der wichtigsten Lieferanten der Welt gemacht haben. Gold- und Smaragdminen.
Ungemein schöne Andenhochtäler teils mit Kolonialdörfern und gemütlichen Hotels. Excellente Wandermöglichkeiten auf mit den schönsten Trails des Kontinents.

Die Überlandbusse schlängeln sich auf endlosen Pisten durch wildzerklüftete Andenlandschaften. Der Bus benötigt von Cucuta (im Nordosten an der venezuelanischen Grenze) bis Ipiales (im Süden an der ecuad. Grenze) runde 25 - 3o Std. für 1.7oo km. Das Flugzeug braucht für dieselben 8oo km (!) 2 - 3 Std. mit Umsteigen in Bogota.

Absolutes Bonbon ist Boyaca/nördl. von Bogota, der Hauptstadt, —mit Dörfern wie Villa de Leyva, Hotels mit viel Flair in alten Haziendas und optimalen Wandermöglichkeiten in den Bergen um Sogamoso.

Im Süden farbenprächtige Indiomärkte. Hochland- Paramo, Vulkangipfel und S. Augustin/Tierradentro mit seinen archäologischen Stätten. Abenteuertrips in Außenborderkanus durch Mangrovenküste rüber nach Ecuador!

Im Osten: die riesigen Flächen der Llanos, unerschlossene Steppenlandschaften, die zur brasilianischen Grenze hin in den Dschungel des Amazonas übergehen. Flugverbindungen mit DC 3- Propellermaschinen der SATENA nach Venezuela/Grenze und Brasilien.

WÄHRUNG: **Kolumbianischer Peso**

Schwarzmarkt existiert und bringt ca. 2o % mehr. Wechseln von US $ in Cash problemlos. – DM, SF, ÖS nur in Großstädten wie Bogota, Medellin.

EINREISE: Pass/Tarjeta de Turismo

Für Deusche, Schweizer und Österreicher wird neben einem gültigen Reisepass eine "Tarjeta de Turismo" benötigt, die es entweder an der Grenze, oder von der Kolumbien anfliegenden Airline gibt.

Berechtigt zum Aufenthalt von 15 bis max. 90 Tagen je nach Entscheidung des Grenzbeamten und kann nachträglich um 30 Tage verlängert werden. (Beim "D.A.S." in Bogota, Carrera 28 No. 18 - 42, – oder bei den D.A.S. Stellen an den Grenzorten).

Wer "korrekt" aussieht, also sauber auch in der Kleidung, sollte in der Regel keine Probleme bekommen. Ein Exit- Flugticket ist zwar Bestimmung, wird aber meist nicht kontrolliert. Sofern man ein Rückreiseticket per Flug ab Südamerika nach Europa besitzt, ist auch akzeptabel, daß man per Bus außer Landes reist. Der Check nach genügend Reisekapital (ca. 20 US pro

KOLUMBIEN–SCHNELLFINDER:

Tag) meist nur bei Travellern, die "abgebrannt" oder "verkifft" aussehen. Probleme eher in Gegenrichtung, bei der Einreise von Kolumbien nach Venezuela. Details siehe dort! –

Mit VENEZUELA bestehen "offene Grenzverbindungen", d.h. Raum z.B. Cucuta/S. Antonio ist eine Art Freiraum mit offenen Grenzverbindungen ohne Kontrolle. Kontrolliert wird erst ab Airport / bzw. Landstraßenposten außerhalb beider Städte.

VERBOTEN ist die Einfuhr von Pflanzen. Und der Export von Orginalen und Replikas praecolumbianischer Goldarbeiten, Smaragden. – Kunsthandwerkliche Gegenstände beliebig erlaubt, streng verboten aber jegliche Antiquitäten und Ausgrabungsgegenstände.

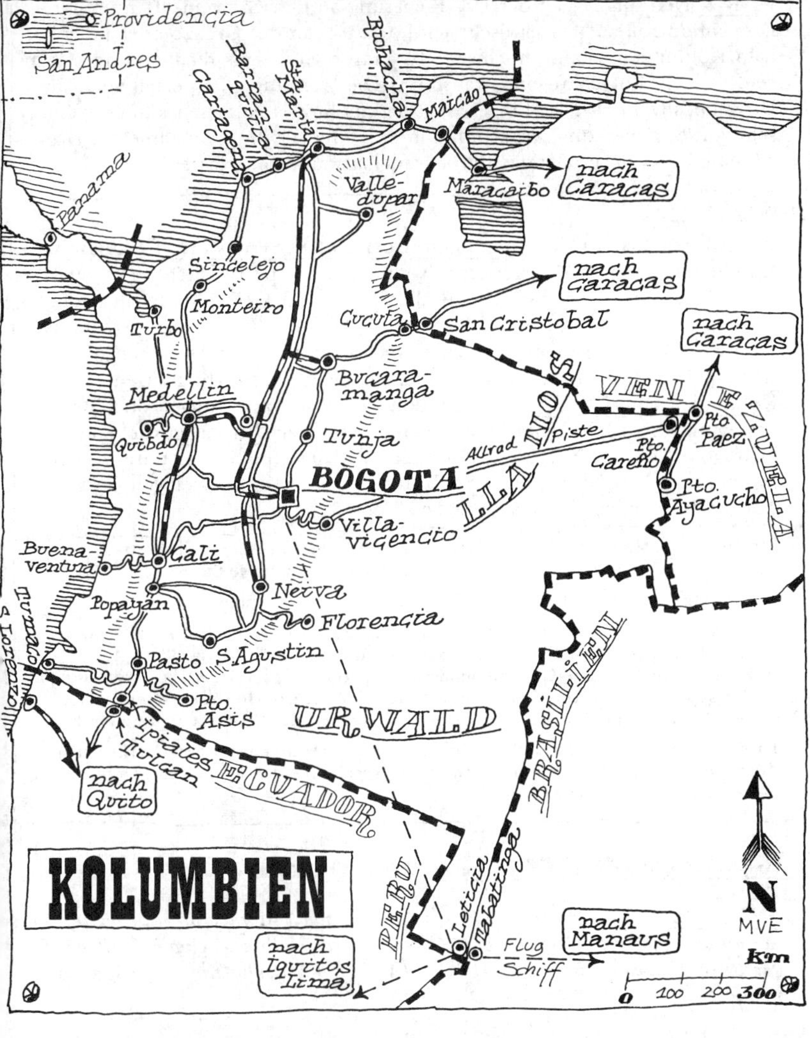

Die Touristenkarte bekommt man bei der Einreise mit dem Flugzeug von der internat. Airline, – bei der Einreise Überland am betreffenden D.A.S.- Grenzbüro. Bei optisch-nicht finanzkräftigen Reisenden stellt man sich pro Aufenthaltstag ein Kapital von ca. 3o US $ vor.

EINREISE mit PKW: Vorlage der Eigentumsurkunde des Fahrzeuges, Führerschein und Papier des TÜV, 3 Lichtbilder. Weitere Information über europ. Automobilclub.

AUSREISESTEUER: bei internationalen Flügen ab Kolumbien 15 US $ wer länger als 24 Std. sich im Land aufgehalten hat. Wer das Land auf dem Land- oder Seeweg verlässt, zahlt keine Ausreisesteuer.

WARNUNG: auf Druck der US- Regierung an den Grenzen oft intensive Drogenkontrollen. Wer erwischt wird, egal ob an der Grenze oder innerhalb Kolumbiens, kann mit bis zu 1o Jahren Gefängnis rechnen ohne Chancen, daß die Botschaft einen rausboxt! Die Warnung gilt speziell auch für Drogenbesitz in Hotels (Finger weg, bereits bloßes Anfassen kann im Beisein von Spitzeln zur Verhaftung führen!) und für die Teilnahme am Drogenschmuggel im größeren Stil: sich niemals anwerben lassen!!

KARTEN:

Recht brauchbar ist die Kolumbien- Übersichtskarte des "CNT"/kolumbianischen Tourismus Ministeriums. Nennt sich "mapa turistico de carreteras" und ist in Bogota bei CNT (Calle 28, No. 13 a - 15) und teils auch bei den regionalen Touristen- Büros der CNT erhältlich. Selbstkostenpreis: ca. 2,5o DM. Die Straßen der Karte sind auch in Bezug auf ihren Ausbaustand (Asphaltierung) in relativ aktuellem Stand. Mit Gebirgszügen. – Kolumbianische Detailkarten (insbesondere, wer Wanderungen oder Bergbesteigungen vorhat) gibts im excellent bestückten "Inst. Agustin Codazzi" in Bogota/Cra. 3o, No. 48 - 51. Details, wie man hinkommt unter "Bogota/Shopping". – Gute Gratis- Stadtpläne gibts bei den jeweiligen CNT-Tourist Infostellen, Details siehe Text! –

Stadtorientierung: fast alle größeren Städte Kolumbiens sind schachbrettartig angelegt, das heißt mehr oder weniger sich rechtwinklig schneidende Straßen.

Carrera (=Cra.) bzw. Calle (sprich "caje" = Cll.) bedeutet Straße.

Mit Ausnahme der ganz großen Straßen der Städte haben die Straßen keine Namen sondern Nummern. Adressen sehen in Kolumbien daher so aus "Cra. 22/14 - 34". Auf den ersten Blick wie Geheimnummern, – aber wenn man den Dekodierschlüssel kennt: superpraktisch. Obige Adresse bedeutet, daß die gesuchte Adresse in der Carrera 22 liegt und zwar nähe des Schnittpunktes mit der Calle 14, Hausnummer 34.

Da die Carreras und Calles durchlaufend hintereinander nummeriert sind, lassen sich Adressen sehr schnell finden und zwar in der Regel ohne daß man einen Stadtplan hat. Siehe auch unser Bogotatext! –

Einreise von Venezuela:

1 *ENTWEDER von Caracas im Bus oder Flug nach Maracaibo und weiter an die kolumbianische Grenze bei MACAO an der Halbinsel Guajira mit häufiger Busverbindung rüber nach STA. MARTA. Landschaftlich eine sehr lohnende Strecke, allerdings viel Drogenhandel.*

(2) *ODER: abenteuerlich und zeitlich nicht exakt kalkulierbar: per Bus und Flug von Caracas nach PTO. CAREÑO am Zusammenfluß Rio Orinoco mit dem Rio Meta, Grenze Kolumbien. Nötig: ca. 2 Tage, – geht auch alternativ im Direktflug Caracas – Pto. Ayacucho und Bus rauf nach Pto. PAEZ/Grenze zu Kolumbien gegenüber Pto. Careño. Details "Venezuela"!*

Auf beiden Seiten (Pto. Paez und Pto. Careño) in Hütten die Konsulate zur Regelung der Grenzpapiere. Ab kol. Seite mehrmals/Woche Propellerflüge mit der "Satena" nach Villavicencio (laufend Busse nach Bogota!). Als Querverbindung bisher weitgehend unbekannt; bringt viel vom "Südamerika- Feeling" und preislich kaum teurer als die Direktroute via Cucuta. Details siehe Seite

(3) *ODER: die direkte und schnellste Verbindung: Bus/Colectivo/Flug ab Caracas nach San Antonio/Venezuela und im Colectivo in einer 1/2 Std. rüber. Rechnet für Caracas –Bogota über Land mit 2 Tagen; wer Caracas–Grenze–Grenze–Bogota fliegt, schafft die Strecke in ca. 1/2 Tag.* ⋙

✈ San Antonio/Venezuela: Sehr bequem, wer mit dem Jet aus Caracas landet: gleich vor dem Flughafengebäude warten die Taxifahrer. Zuerst zur Extranjeria im Ort (Calle 7, Ecke Carrera 9), wo es den Ausreisestempel, bzw. in Gegenrichtung den Einreisestempel gibt. Offen bis 18 Uhr. Zeitunterschied beachten, wer drüben auf der kolumb. Seite auf Fluganschluß spekuliert: wenn es in Venezuela 18 Uhr ist, so in Kolumbien erst 17 Uhr!

Über eine schnelle, 2 spurige Autopista gehts dann ruck-zuck rüber nach CUCUTA/Kolumbien. Fahren durch, da beide Städte eine Zone. Wer ab Cucuta- Airport weiter nach Bogota fliegt: im Airporteingang das Grenzbüro der D.A.S. (Einreisestempel für Kolumbien, bzw. beim Fahren in Gegenrichtung der Ausreisestempel). Wer mit dem Bus weiter will, besorgt sich den Einreise/Ausreisestempel beim D.A.S. im Ort (Calle 17/No. 2 - 6o).

Taxi vom Airport Cucuta – Airport S. Antonio ca. 6 US $ fürs Fahrzeug inkl. Stop bei der Extranjeria in S. Antonio. Per Colectivo ca. 1,5 US $ pro Person. Fahren in Cucuta ab dortigem Busterminal ab. Noch billiger gehts per Bus, der allerdings doppelt so lang braucht, da er unterwegs viele Stops einlegt.

✈ **Cucuta/Kolumbien** **ca. 32o m/4oo.ooo E.**

Lebendige Grenzstadt, sehr warm bei Temperaturen zwischen 27 und 3o°C! Liegt in einer weiten Ebene zwischen Hügeln und Bergen. Übliches Schachbrett- Straßenmuster. Das Geschäftszentrum im Bereich um die Plaza Santander und Plaza Colon, der Busterminal etwas abseits. Ca. 9 cuadras oder 1o Min. zu laufen. Direkt daneben der Markt (täglich) mit guten Einkaufsmöglichkeiten für schöne Lederarbeiten (Tragetaschen, Gürtel und die berühmten "bolsas", ockerfarbige Gepäcktaschen.) Auch in der Av. 7 ab Busterminal in Geschäften.

Tourist INFO CNT, im Centro: Calle 1o No. o-3o, etwa 3 cuadras von der Plaza Colon entfernt. Ausgezeichneter Stadtplan mit Kurzinfos. Weiteres CNT- Büro im Cucuta- Airport Camilo Daza.

Hotels: Die meisten Hotels der Billigklasse liegen im Bereich um den Busterminal und Markt: Tip ist "Hotel Select", Av. 8a/Es. 3- 43. Kleiner, länglicher Patio, die Zimmer recht sauber. DZ ca. 4 US $. – "Pens. Emilesh" und "Hotel Zulia", beide in der Av. 8 nähe Busterminal sehr durschnittlich, – besser: "Los Rosales" und "Res. Gomez". Gehobenere Preisklasse nähe Busterminal: "Hotel Natilus", modern und sauber, mit Air Condition aber ca. 12 US $!

Die Av. 8 rauf ins Centro kommen bessere und teurere Hotels, allerdings teils mit überteuerten Preisen, "Hotel Cacique" und "Lord" mit je ca. 14 US $ trotz besserer Gegend und Komfort, nicht das Equivalent, was man im Centro selber bekommt. Mittelklasse-Tip ist das sehr zentral gelegene "Acora", Calle 1o No. 2 - 75 mit 5o Zimmern, mit AC kostet ca. 14 US $, mit Ventilator um die 1o US $. Möglichst weit oben schlafen, da weniger Verkehrslärm. – Direkt gegenüber das "Tres Delfinos", unser Standqaurtier bei unseren diesjährigen Cucuta- Recherchen. Läßt sich bis auf 1o US $ runterhandeln und ist dann ganz passabel wegen seiner zentralen Lage. Allerdings hängen die Waschbecken oft nur noch an einer Schraube, und beim Drehen am Wasserhahn drehte sich der Hahn, statt daß Wasser rauskam.Mit AC und laut. Lieber wären wir aber im Acora gelandet.

In der Teuerklasse sind Spitzentips das "El Saman" im Vorort Villa de Rosario mit SW-Pool und gemütlichen Flachbauten, preislich noch passabel. – das "Tronchala",Calle 1o Av. o, im Zentrum gelegen mit SW- Pool

TIP: Venezuela (S. Antonio) derzeit preislich viel günstiger, – und Pamplona/Colombia als Stadt gemütlicher. An der Straße Ri. Bogota.

Restaurants: "Don Pancho", Av. Tercera No. 9-21 im Centro. Ausgezeichnete Tomatensuppe und gutes Lomito. Sehr einfach eingerichtet, hat aber vorzüglich geschmeckt. Tip auch die versch. Grill- Restaurants, "5 de Julio" Av. Bogota No 0- 85, "Chef Don Eme" Straße nach Escobal, "La Pampa", Criollische Küche, Km 4 an der Straße nach S. Antonio und "La que canta", Km 3. – Mariscos bei "Taberna la Quintica" Av. 6a-No 6 - 23 – Billige bis mittelteure Chinesen: "Pekin", Calle 5 a No. 2 - 27 und "China" Av. Gran Colombia No 9E-o9

Hauptpost: Calle 3a, Av 3 y 4 (vom Staat) und Calle 13, Av 5a esqu. (Avianca-Postdienst). – **Telefon:** TELECOM: Av o Calle 1o y 11

Verbindungen/Bus: Großer Busterminal am Schnittpunkt der Av 7 mit der Diagonal Santander. Im Betonterminal mit 2 Stockwerken die Kabinen der einzelnen Busgesellschaften und Colectivolinien. Äußerst dichte Verbindung nach Bucaramanga und Bogota (bis zu 2o mal am Tag und Nacht) Fahrzeit per Bus ca. 15 Std./15 US $ bis Bogota. – Colectivo bis Bucaramanga: statt 6 Std. nur 5 Std., stündliche Abfahrten zwischen 6 Uhr früh und 2o Uhr nachts. – häufig am Tag rauf nach Ucana und Aguachica, 8 - 9 Std./ 5 US $.

Verbindungen/Flug: Moderner Airport "Camilo Daza", liegt etwa 4 km außerhalb des Centros. Taxi ca. 1,5 US $. Sehr intensiver Flugverkehr in alle Landesteile. Jets teurer als die Satena- Propellermaschinen. Nach Bogota ca. 6o US $ rund 5 mal am Tag. Links sitzen, allerdings nicht allzuviel zu sehen, da der Jet sehr hoch fliegt. Interessantester Bereich Region Sierra Nevada del Cocuy und Laguna Tota/Boyaca. Auf der rechten Seite im Flugzeug bei klarem Wetter weiter Blick über das weite Flußtal des Rio Magdalena.

Tip ist die Propellermaschine der Satena nach Bogota, die zwar wesentlich länger fliegt, da sie weite Umwege mit vielen Zwischenlandungen einleg , aber wesentlich knapper über dem Boden fliegt. Teils auch via Llanos nach Villavicencio bzw. Bogota!

Touristisch bringt Cucuta nichts Spezielles. Wer auf Anschluß warten muß: ganz lohnend der "Tobogan Acuatico" (Wasserrutschbahn) im Jardin de la Cerveza an der Autopiste nach S. Antonio im Ort Villa de Rosario.

✶ CUCUTA ⋙➤ BOGOTA:

Am bequemsten per Flugzeug über die Kordillieren, bzw. die Llanos (siehe

oben!). Der Bus braucht für die runden 62o km bis Bogota rund 15 Std.! Landschaftlich aber wegen teils wilder Bergketten sehr lohnend. Besonders im Süden in BOYACA' viele schöne Kolonialdörfer, die für Zwischenstop lohnen. Z.B. "Villa de Leiva" bei Tunja.

Ca. 75 km bis PAMPLONA, in denen die asphaltierte Panamerikana rund 2.ooo m raufklettert. Die 22.ooo E.- Stadt wurde 1549 gegründet, hat eine Reihe schöner Kolonialhäuser und viel Flair. Vom Ambiente schöne Stelle zum Übernachten, allerdings wegen der Höhe kalt. Bestes "Cariongo", Cra. 5 Calle 9 (ca. 13 US $), billiger: "El Alamo", Calle 5 No. 6 - 68 und "Montaña", Cra 6 - 8-2o, DZ ca. 8 US $.– Restaurants.

In Pamplona entscheidet es sich, ob man die Hauptstrecke nach Bogota (558 km ab Pamplona) über Bucaramanga, – oder die Nebenstrecke über Duitama und Capitanjero fährt. Peter Rubin schrieb uns hierzu: "Eine sehr interessante Variante. Man kommt in wenigen Stunden vom feucht- kalten Paramo in den glühendheißen trockenen Canyon des Rio Chicanoda. Bei schönem Wetter erblickt man die schneebedeckten Gipfel der **Sierra Nevada del Cocuy.** Diese lohnt sich auch für Nichtbergsteiger, da sie eine einzigartige Landschaft bietet. Ausgangsort sind El Cocuy und Guican, von wo man mit LKWs bis auf verschiedene Finkas fährt und dann zu Fuß oder mit dem Pferd zu einigen sehr schönen Gletscherseen gelangt."

Für Hiking in dieser Region unabdinglich die IG- Karte 137 (Ausgangspunkt Guican, in Karten oft auch als Güican bezeichnet). Wer ab El Cocuy wandert oder bergsteigt, braucht auch noch die Karte Nr. 152. Beide sind nur in Bogota beim Instituto Agustin Codazzi erhältlich und derzeit zudem nur in einer s/w- Fotokopie. –

Täglich Busverbindung ab Bogota bis Guican, ca. 14 Std., – bzw. ab Pamplona Morgenbus nehmen und meist Umsteigen in Capitannejo nötig.

Ausrüstung: für Wanderungen superwarm (Schlafsack, dicke Dau-

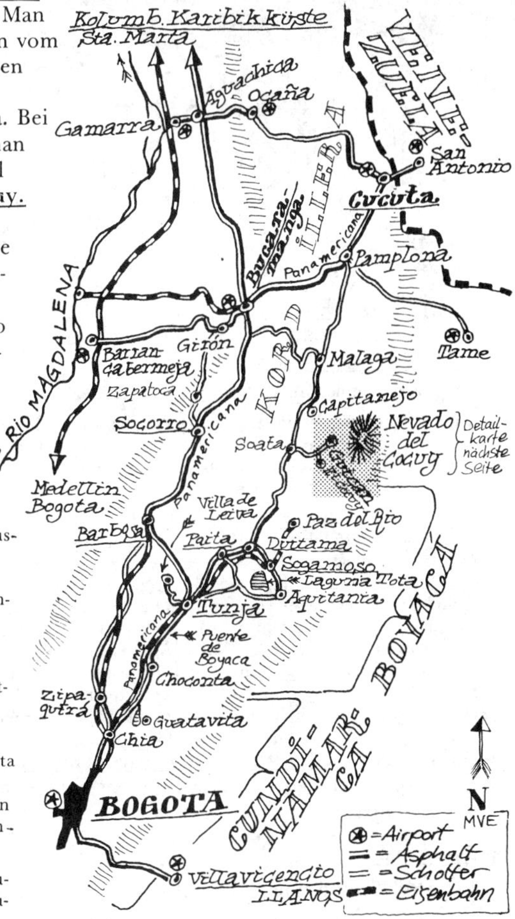

nenjacke) und guten Regenschutz. Nachts können die Temperaturen unter Null absinken, Schnee. Einkaufsmöglichkeiten für Essen in Guican und El Cocuy, in beiden Orten auch basic- Unterkunftsmöglichkeiten, allerdings ist Guican als Startpunkt für Trails günstiger

Gaskocher nötig, denn unterwegs gibts kaum Brennholz, guten Sonnenschutz (Creme

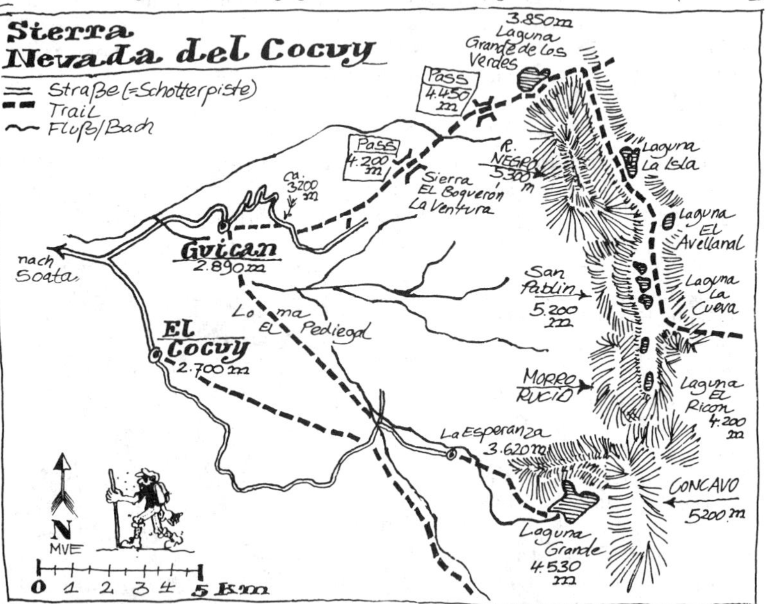

und starke Sonnenbrille). Beste Jahreszeit: Dez. - März, dabei die Monate Jan. und Feb.

Die höchsten Gipfel des Cocuy- Massivs sind über 5.ooo m und mit ewigem Eis bedeckt. Der Trail rauf zur Laguna Grande de los Verdes gilt einer der schönsten in Südamerika, vergleichbar mit den Top- Trails von Peru und Bolivia. Gute Höhenaklimatisation Voraussetzung und umfangreiche Hikingerfahrung unter krassen Klimabedingungen.

Der TRAIL ab Guican, wer hinterläuft bis zur Laguna La Cueva, dauert ca. 4 Tage retour wegen zwei sehr anstrengenden Pässen, die viel Kondition erfordern. Man muß den selben Trail wieder zurückwandern, bei der grandiosen Landschaft sicher kein Abbruch des Genusses! Der Loma el Pediegal zwischen Guican und El Cocuy ist ein relativ dicht besiedelter Berganstieg auf rund 3.6oo m mit Kleinbauern. Eine Jeeppiste schlängelt sich den Hang ab Guican rauf in ca. 3.4oo m und spart den ersten, mühsamen Anstieg, sofern man Transport findet. Ansonsten ab Guican über die Calle 6 den Hang über einen Pfad rauf, der später auf die Jeeppiste trifft. Genauer Trailverlauf in der IG-Karte 137 "El Cocuy" (1:1oo.ooo) eingezeichnet. – Ein anderer Trail führt von Guican über La Esperanca zur Laguna Grande in 4.53o m unterhalb des Eisgipfels des Concavo.

Die PANAMERICANA Pamplona–Bucaramanga, Hauptverbindung, – ist zwar asphaltiert, aber in ihren 1oo km durch gebirgiges Kordillierenland sehr zeitaufwendig.

✱ **Bucaramanga:** ca. 96o m/6oo.ooo E.

Liegt schön auf einem Hochplateau der Kordillieren. Wirtschaftszentrum für die umliegenden Kaffee- Anbaufelder, Tabak und Handelszentrum zwischen Rio Magdalena/Barrancabermeja, Santander/Kordillieren in West-Ost Achse, – sowie Bogota-Karibik Küste in Nord- Südachse. Klima: angenehm warm zwischen 22 und 27° C. Bucaramanga ist Universitätsstadt und hat den Ruf, daß hier die hübschesten Mädchen des Landes wohnen.

Tourist INFO Oficina Depart. de Turismo: Cra 19 Calle 35 und: Oficina de Informac. Turistica Camara de Comercio: Cra 19 Calle 36, – beide zentral im Centro.

Hotels: "Andino", Calle 34 Nr. 18 - 44, modern, ca. 22 US $, – "Colonial", Calle 33 No. 2o - 46, gute Mittelklasse, ca. 12 US $, – "Pilar", Calle 34 No. 24 - o9, ca. 12 US $, – "El Principe", Cra. 17 No. 37 - 69, ca. 15 US $, – "Tamana", Cra. 18 No. 3o - 31, ca. 5 US $ Noch billigere nähe Busterminal.

COUNTRY- CLUBS: "Club Comerce" und "Club Campestre". Letzterer gehört zu einem der schönsten des Landes. Es werden aber nur Mitglieder oder Freunde und Bekannte von Mitgliedern eingelassen, gelegentlich aber auch Gringos. Hier werden auch die berühmten "hormigas" (gebratene Bucaramanga- Riesenameisen) serviert, die man auch in besseren Restaurants der Stadt bekommt.

Post: (Avianca) Calle 37 No. 15 - o5 – Telefon (Telecom): Calle 36 No. 17 - 75

Verbindungen/Flug: Der Airport von Bucaramanga ("Palonegro") liegt 13 km ausserhalb der Stadt auf einem Hochplateau mit steil abstürzenden Rändern. Fantastischer Landeanflug, hinweg über die Gärten und Häuser mit SW- Pool an den Hängen. Dichte Flugverbindungen in alle Landesteile . Taxi in die Stadt ca. 4 US $, per Colectivo ca. 1,5 US $ aber pro Person.

Verbindungen/Busse: Ab Cra. 18 No. 31 - 6 (Plaza nähe Av. Quebrada Seca).Laufend Busse nach Bogota (ca. 9 - 1o Std.), nach Cucuta (ca. 6 Std.), nach Barranquilla und Sta. Marta/Karibikküste mehrmals am Tag und in die nähere Umgebung. – Colectivos von "Copetran" ab Cra.23 No. 28 -27 auf der Strecke nach Cucuta und nach Sta. Marta.

Nähere Umgebung: Lohnend ist SAN JUAN DE GIRON, 1o km an der Straße nach Barrancabermeja. Tabakanbau, erheblich tiefer gelegen und herrlich angenehme, tropische Temperaturen um 26° C. Schönes Kolonialdorf. Beliebtes Wochenendausflugsziel, Hotel "San Juan de Giron" und "Balneario Camaru Campestre" mit SW- Pool, Doppel ca. 15 US $. – Im Ort ein Religiöses Museum aus dem XVII Jhd. im Pfarrhaus.

FLORIDABLANCA, 5 km südlich an der Straße nach Bogota. Sehenswert die "Hazienda El Paragüitas" mit schönen, tropischen Gärten. Nur während der Woche offen.

ZAPATOCA (63 km südl. von Giron) mit schönem Do- und So-Markt und einer Salpeterhöhle ("Cuevada de Nitro") mit Stalagtiten. Man kommt ca. 2 km tief rein, danach Sauerstoffmangel. An den Wänden sind Kreuze und Zeichen zu sehen. Im Ort einfache Hotels.

Boyacá

★ BUCARAMANGA ⋙→ TUNJA: komplett asphaltiert, aber viele Serpentinen und Schluchten. Kurz vor San Gil: der schönste Streckenteil, wo man aus einem Tropental über steile Felsabstürze in wilde Kordillieren Landschaften rauffährt. SAN GIL: lohnender Zwischenstop wegen dem "El Gallineral"- Park am Fluß. Von den Bäumen hängen moosähnliche Lianen runter. Übernachtung "Res. Alcantuz" (ca. 8 US $), "Bella Isla" mit SW-Pool, allerdings ca. 45 US $. –Weitere 25 km bis SOCORRO, schöne Kolonialstadt in rund 1.ooo m Höhe, "Hotel Venecia", Calle 13 No. 14 - 37 und bei ca. 5 US $ relativ billig. Kleines Lokalmuseum ("Casa de la Cultura"), in der Kathedrale interessant die reichen Kristallüster.

Tunja: ca. 2.82o m/15o.ooo E.

Hauptstadt der Provinz Boyaca. Kalt, auch tagsüber wegen Wind. Am Hang raufgebaut. Grüne, kahle Hänge. Sehr schön von ruhigem Andenambiente, trotzdem lebendig. Viele spanische Kolonialhäuser, weiß, teils mit Balkons. Tunja ist Tip für kunsthistorisch Interessierte, aber zumindest mal 1 - 2 Std. rumlaufen im Bereich 1 - 3 cuadras um Hauptplaza. Tunja ist zugleich Sprungbrett für Villa de Leiva . . .

Tourist INFO An der Hauptplaza, in der "Casa del Fondador". Hilfreich und und auch für die Umgebung gut informiert!

Hotels: "Hunza" mit Abstand das beste und einzige Top- Hotel der Stadt. Moderner 12- Stockbau direkt neben dem San Francisco Kloster, 2 cuadras von der Hauptplaza. Mit SW- Pool (überdacht) und sehr gutem Restaurant. Von den meisten Zimmern fantastischer Blick über die roten Ziegelschindel- Dächern der Stadt und das Tal mit seinen grünen Andenhängen, die gleich hinter dem Ort beginnen. Herrlich, wenn man früh am Morgen gegen 5 Uhr aus dem Fenster rausblinzelt, wenn die Sonne über dem Tal aufgeht!! (Guter Blick z.B. von Zimmer 922!) Doppel kostet um die 5o US $.

"Hotel San Francisco", direkt an der Plaza, Ecke Car. 9 mit Calle 19. Eine ordentliche und saubere Herberge und insofern Tip. Die Zimmer allerdings ohne Blick auf die Plaza. Doppel mit Privatbad um 1o US, ohne um 7 US $.

"Res. Tunja", knapp daneben, Carr. 9. Die Zimmer nicht immer mit Fenster: teils per Glas in den Gang. Wenn Fenster, so oft Blick auf triste Hinterhöfe oder langweilige Hausdächer. Mit 1o US ohne Bad und 13 US mit Bad teuer.

"Hotel Suarez Rendon", Carr. 1o, No. 18 - 32 nähe Plaza. Gegenüber San Ignacio. Sehr basic und bei 12 US $ superteuer.

"Res. El Cid", Carr. 1o No. 2o - 78, direkt an der Plaza. Die Zimmer gehen zu einem kleinen Innenhof. Minifenster, sauber, allerdings mit seinen 2 Sternen von CNT reichlich überdotiert! Doppel mit Bad ca. 12 US $, ohne ca. 8 US $

"Americano", Ecke Carr. 11 mit Calle 19. Freundlich. Im 1. Stock die Zimmer rundum einen glasüberdachten Patio. Zimmer klein, aber echter Tip für gute Qualität bei ca. 6 US.

"Res. Fundador", Ecke Hauptplaza mit Calle 2o neben Tourist Office. Alle Zimmer kosten 1o US $, obwohl von sehr unterschiedlicher Qualität.Im unteren Stockwerk: stickig und düster (glasüberdachter Patio), – oberes Stockwerk besser. Die "besten" Zimmer gehen Ri. Straße, aber laut und insgesamt teuer.

"Hotel Res. Don Camillo", Hauptplaza rechts neben Casa de la Cultura. Ca. 7 US $ aber etwas düster. – "Hotel Saboy": sehr basic, Innenhof mit Blumen, ca. 7 US $ und "Hotel Lord", muffig, ohne Fenster. Die Zimmer sehr klein. ca. 8 US $, beide in der Calle 19/ Ecke Carr. 1o bei Hauptplaza.

Essen: "Restaur. El Bodegon de los Frailes" in der Kirche San Ignacio, Eingang rechts neben Kirche. Typische Boyaca- Holzdecke, sehr gute chilen. Weine und gute Küche. Tip!

"Rest. Balkon" fast neben Hotel Cid bei Hauptplaza/Carrera 1o, gemütlich, relativ klein. Innen mit Balkon und mittags knall voll, kaum Platz zu bekommen.

"El Dorado" mit hochlehnigen Holzstühlen und typ. Boyaca- Holzdecke. Eines der wenigen, die bis ca. 23 Uhr auf haben. Pizza + Pollo. Preislich passabel.

"Rest. Balcon Colonial", direkt an der Plaza, höher gelegene Seite. Vom Balkon schöner Blick über die Plaza, innen leider nur o la la eingerichtet. Küche durchschnittlich, aber schöne Stelle für einen Drink.

"Hunza- Hotel" gut, aber mittel bis ziemlich teuer. Preise um 5 US $ pro Gericht.

Warme Sachen mitbringen, nach Einbruch der Dunkelheit wirds in Tunja eisig kalt!

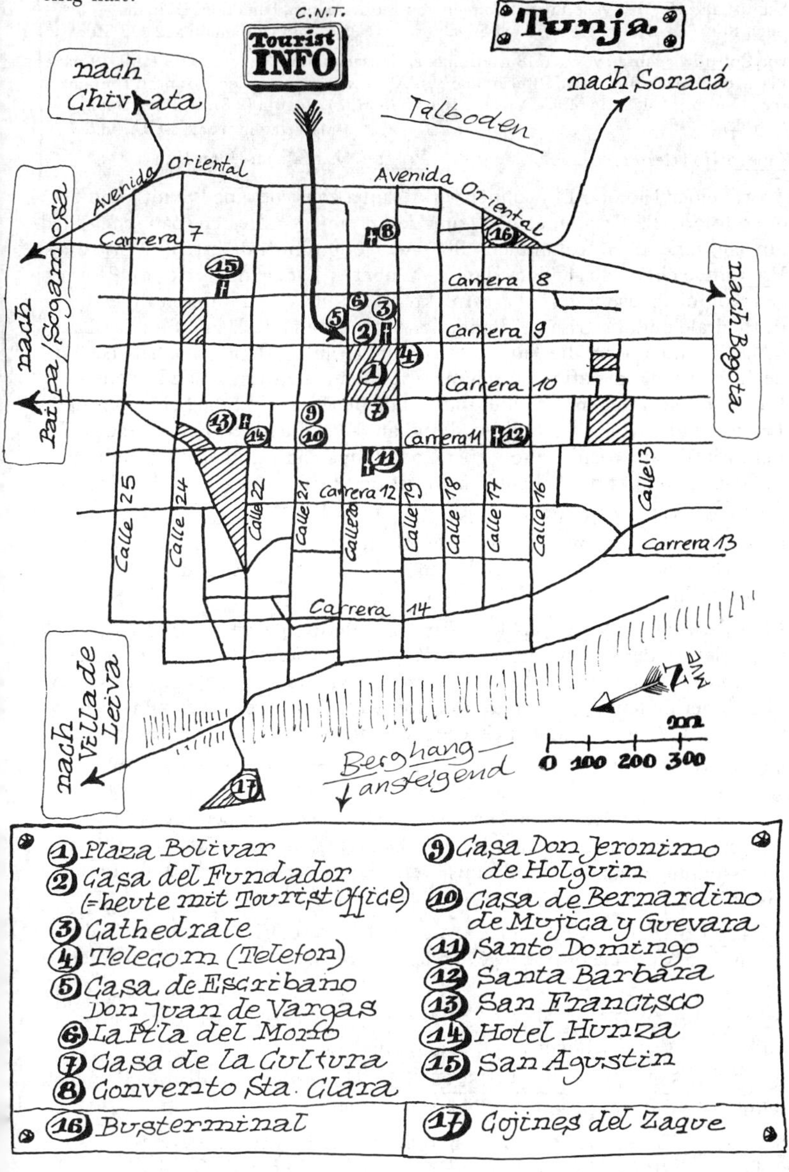

Verbindungen: der Busterminal von Tunja ist eine kleine, aber quirlige Station, fast unten im Talboden gelegen. Siehe Karte. Per Bus bis Bogotaca. 3 Std., Abfahrten im Schnitt alle 15 Min., viele Busse kommen von Bucaramanga, Paita oder Duitama. – Bus nach Bucaramanga ca. 7 Std., nach Sogamoso (via Paita und Duitama) ca. 2 1/2 Std.

Die Colectivos fahren vor dem Busterminal ab (ausgenommen "Autoboy": Calle 19 nähe Plaza, diese nach Bogota und Bucaramanga). Ab Busterminal: Colectivos nach Duitama (ca. 45 Min.), Paipa (3o Min.), Villa de Leiva (35 Min.), Bogota (2 Std.), Bucaramanga (7 Std.)
Markttag in Tunja ist Di. und Fr.

Telefon: Telecom, Plaza Bolivar – **Post:** (Avianca): im Hotel Hunza

Trotz seiner 15o.ooo Einwohner wirkt Tunja eher wie eine "Stadt" von 2o- oder 3o.ooo E. Gegründet 1539 und damit eine der ältesten spanischen Siedlungen im heutigen Kolumbien. Schöne, wohlproportionierte PLAZA BOLIVAR an leicht ansteigendem Hang. Am oberen Ende eine Kette von 2- stöckigen Kolonialhäusern mit langgestreckten Balkons, – am unteren Ende die Kathedrale und die Casa del Fundador Suarez Rendon. Heute Sitz der Casa de la Cultura, die für die Tunja- Festveranstaltung zuständig ist. Sehenswert der Säulengang im Patio und schöne Räume mit schweren Holzdecken. – Das moderne Telecomgebäude (südl. Ende der Plaza) hat die Schönheit des Platzes jedoch völlig zerstört, Ausbund an Scheußlichkeit. Es ist unbegreiflich, wie Verantwortliche so wenig Gefühl und städtebauliche Sensibilität besitzen! i- Punkt der Scheußlichkeit ist der Parabolspiegel auf dem Dach!

CASA JUAN VARGAS: Calle 2o, Ecke Plaza. Kleiner gemütlicher Innenhof mit Balkon. Unten, in den roten Steinplatten Fossilien zu sehen, Innen Fresken. Offen Mo. - Fr.: 9 - 12 und 14.3o - 17.3o, Sa,So,Feiertag: 1o- 12 und 14 - 16 Uhr.

CONVENTO SANTA CLARA (Carrera 7 zwischen Calle 19 und 2o), frisch restauriert in der Kirche mit reichem Goldaltar. Gebaut 1574. Viel Engagement in Tunja in Sachen Restaurierung von Kolonial- Casas und - Iglesias. Man ist sich der Bedeutung der Stadt bewußt, wobei sich die Zusammenarbeit zwischen CNT/Bogota und dem Geldgeber Banco de la Republica bewährt hat.

SAN IGNACIO (Cra. 9/Calle 18), auch für die Konzerte der Internat. Kulturwoche genutzt, die variabel jedes Jahr in der Zeit zwischen Mai/ Juni/Juli für eine Woche in Tunja stattfinden, wo Gruppen und Künstler aus ganz Kolumbien und den Nachbarländern kommen. Volkstänze, Gemäldeausstellungen, andine Volksmusik etc. Eines der wichtigen Kulturereignisse des Landes.

SANTA BARBARA (Cra 11 Calle 16 y 17), restauriert. Sehenswert die Sammlung klerikaler Kirchengewänder mit reichen Gold- und Silberstickereien.

SANTUARIO DE SAN LAZARO (über die Calle 22 den Berg rauf) 1587 erbaut und schöner Blick über Tunja.

IGLESIA DE SAN FRANCISCO (beim Hunza- Hotel) mit religiösem Museum (Altarbilder, Ölgemälde und Skulpturen).

Schöne Kolonialcasas: "Casa de Bernardino de Mujica y Guevara" (Cra. 11 Calles 2o y 21), – "Casa de Don Jeronimo de Holguin" (Cra 1o Calles 2o y 21)

Villa de Leiva 2.130m./ca. 6.000 E

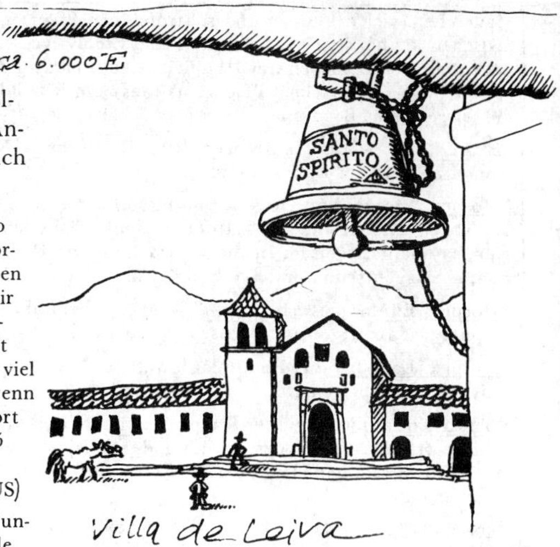

Eines meiner positivsten Kollumbien Erlebnisse in den Anden! Unbedingt lohnend, auch als Abstecher von Bogota!!

Bus: nur 2 bis 3 mal am Tag ab Tunja. Als Tagesabstecher im Normalfall nicht möglich, – abgesehen davon ist Villa de Leiva vom Flair so schön und hat von Gemütlichkeit (was ich unter Gemütlichkeit verstehe . . .) seiner "Hotels" so viel zu bieten, daß es schade wäre, wenn man nicht zumindest 1 Nacht dort bliebe! – Der Bus braucht ca. 45 Min. (ca. o,75 US $), zusätzlich gibts Colectivos (35 Min./ca. 1 US)

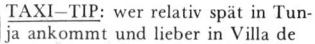

TAXI–TIP: wer relativ spät in Tunja ankommt und lieber in Villa de Leiva übernachten möchte (was sicher der bessere Tip ist!), und es fährt kein Bus oder Colectivo mehr: sehr zufrieden waren wir mit Rafael Humberto Gonzales den man u.a. über das CNT- Tourist Büro in Tunja kontaktieren kann.

Definitiv heißer Ritt mit Gonzales, die Dunkelheit hatte sich bereits über die Anden gelegt und die Scheinwerfer bohrten sich in die kargen Berghänge, Zigarettenqualm im PKW und heiße Cumbias vom Cassettenrecorder, kamen wir dann gegen 19 Uhr in Villa de Leiva an. Kalte und frische Luft, Knobbelsteine und weiße 2- stöckige Häuser. So, alsob die Zeit in Villa de Leiva stehengeblieben wäre. Nur die Autos stören, aber davon gibts nicht viele. . .

Ende 15oo gegründet und heute fast noch so wie damals. Hier leben knapp 6.ooo Leute. Musterbeispiel in Südamerika für positiven Tourismus und Restaurierung , einen Ort, in den man sich einfach nur verlieben kann!

Hotels: "Durelo", ich hasse Superlative, aber hier sind sie angebracht! Im Hazienda-Stil, oberhalb des Ortes. An Flair eines der schönsten Hotels des Kontinentes. Liegt oberhalb des Tales, langgestreckt, verwinkelt, 2 - stöckig mit breiten Veranden im ersten Stock, wo man sich abends in den Schaukelstuhl setzt (dicker Pullover nötig, denn eisig kalt!) und einfach relaxt beim Blick über den Ort und das Tal. Innen: kleine Patios und sehr gemütlicher Essraum. Die einzelnen Zimmer sind einfach und rustikal eingerichtet, dicke Schafwolldecken. Relativ klein, mit Holzjalousie am Fenster und weitem Blick über Villa de Leiva und das Tal. Enges Bad, kein Telefon. Definitiv nichts Spektakuläres, womit sich 5- Sterne Hotels des Kontinents rühmen, aber genau das, was gemütlich ist! Doppel ca. 4o US $ inkl. Frühstück. Vorbuchung in Bogota möglich: Calle 44 No. 17 - 61/Bogota. Tel.: 245.147o

"La Mesopotamia", die sogenannte "Konkurrenz" zum Durelo, ohne eine zu sein. Während das Durelo freies Ambiente oben am Hang bietet, – bringt Mesopotamia unten am Ortsrand im Tal den Flair von wirklich uralt. Zwischen saftig grünen Wiesen, Eukalyptus, Schafen etc. gelegen: himmlische Ruhe. Bringt optisch mehr als das Durelo. Herz ist eine alte Mühle: heute Restaurant, und das Wasser plätschert mitten zwischen dem Essen durch den Raum. Ein Miniraum, wo es besonders am Wochenende gesteckt voll zugeht wegen vielen Leuten aus Bogota. – In reichen Gärten mit verwinkelten

Mäuerchen, vielen Blumen und subtropischen Pflanzen liegen die einzelnen Häuser. Dazwischen kleine, steingefasste Bäche und Steinwege. "La Mesopotamia" hat nur 35 Zimmer, teils uralte Sachen mit Himmelbetten, knärzenden Holzböden etc. Doppel kostet ca. 5o US $. Über einen Pfad gehts raus zum SW- Pool. Mit groben Steinen eingefasst, ein aufgestauter Bach und entsprechend kalt. La Mesopotamia: kuschelig uralt. Herrlich zum Relaxen...

"Hosteria Candelaria", kurz nach dem Mesopotamia. Kleiner, privater und billiger, aber vom Ambiente der Zimmer ähnlich.

"Hosped. Vireyes" im Ort, ca. 1oo m von der Plaza entfernt (siehe Karte!). Mit Pflanzen überwucherter Innenhof. Roter Steinplattenboden und gemütlicher Essraum. Nicht ganz so phantasievoll im Ineinanderwuchern von Häusern und Pflanzen wie Mesopotamia, aber auch schön und viel billiger. Ca. 2o US $, Mo. - Fr. gibts 2o % Rabatt.

"Hosped. El Marques San Jorges" Kleiner Innenhof, Springbrunnen, viele Pflanzen. Das Doppel ca. 1o US $, mit 3 Essen ca. 25 US $.

"Hosped. La Villa" bei Hauptplaza. Mit ca. 8 US $ teuer für eine sehr basic- Angelegenheit (Stahlrohrbetten etc.)

"Bar la Roca" direkt an der Hauptplaza, linke Seite neben Kirche. Kein Schild an der Tür, es ist die Casa mit der rot umrandeten Tür. 7 US $, schöner Garten mit Blumen. Im 1. Stock schöner Blick über die Plaza und die roten Ziegeldächer, jedoch sehr kleine Zimmer, sauber.

"Posada Colonial" (siehe Karte), derzeit die billigste Unterkunft für ca. 2 US $. Basic. "Cabana Jequengue" : nur Langzeitvermietung, Kontakt über Tourist Büro, – "Convento La Rosita" Hospederia, ca. 1o US $. – Im Convento San Francisco keine Zimmer mehr, wurden zu Büros umgewandelt.

ACHTUNG: am Wochenende und während der Saison (= Juli + Dez + Osterwoche) oft sehr schwierig, in Villa de Leiva Zimmer zu bekommen. Viele Museen und Geschäfte am Montag zu!

Tourist INFO im Convento San Francisco. Am Montag geschlossen und am Sonntag nur vormittags offen.

PLAZA MAYOR: zentrale Plaza des Ortes und eine der schönsten in ganz Südamerika wegen ihrer Schlichtheit und Wohlproportionierung. Riesig, ca. 12.ooo qm! Zum Überqueren braucht man knapp 1 Min. zu Fuß! Mit weissen, 2 stöckigen Häusern und dunkelgrünen Balkons vor den kahlen Andenhängen. Eine Plaza, beeindruckend in ihrer Schichtheit und Wohlproportionierung. Strahlt Ruhe und Harmonie aus. Wichtig (wie im kolonialen Tunja früherer Jahrhunderte): die Plaza Architektur muß die umgebenden Bergrücken freigeben, damit die Architektur mit der Landschaft lebt und nicht gegen sie.

Villa de Leiva wurde 1572 gegründet. In der CASA DEL CONGRESO (4) wurde am 4. Okt. 1812 der erste Kongress der kolumb. Republik abgehalten. Museum, offen tägl. von 8 - 12 und 14 - 17 Uhr.

Der Ort ist heute kolumb. Nationalmonument, Tip- Top restauriert und sicher eines der schönsten Kolonialdörfer der Anden. Viel Sensibilität für Erhaltung jahrhunderte-alter Dorfarchitektur. Fast jedes Haus hat irgendeinen Schmuck, sei es ein Balkon, sei es ein Dachgiebel oder eine Türverkleidung. Sehr lebendig in seiner architektonischen Vielfalt. Kein Haus erwürgt das Nachbarhaus, sondern lebt durch die optische Relation zum Nachbarhaus und komplimentiert sich. Wer sich für Architektur interessiert oder selber Architekt ist: ein Ideenreichtum, der selbst die Anreise von Europa lohnt!

Was immer wieder fasziniert, ist die Schlichtheit, die auf jeglichen Schnick-Schnack verzichtet und damit große Persönlichkeit und Ausstrahlung erhält. Unter'm Strich ein Minidorf. Über die Calle Real de Fabrica rauf zum Durelo- Hotel. Vorbei an der REAL FABRICA (7), früher Likörfabrik, heute Telecom- Telefonzentrale. Abends stauen sich davor die Bogota- Jeeps, um per Funk mit Bogota zu telefonieren, denn nach Einbruch der Dunkelheit

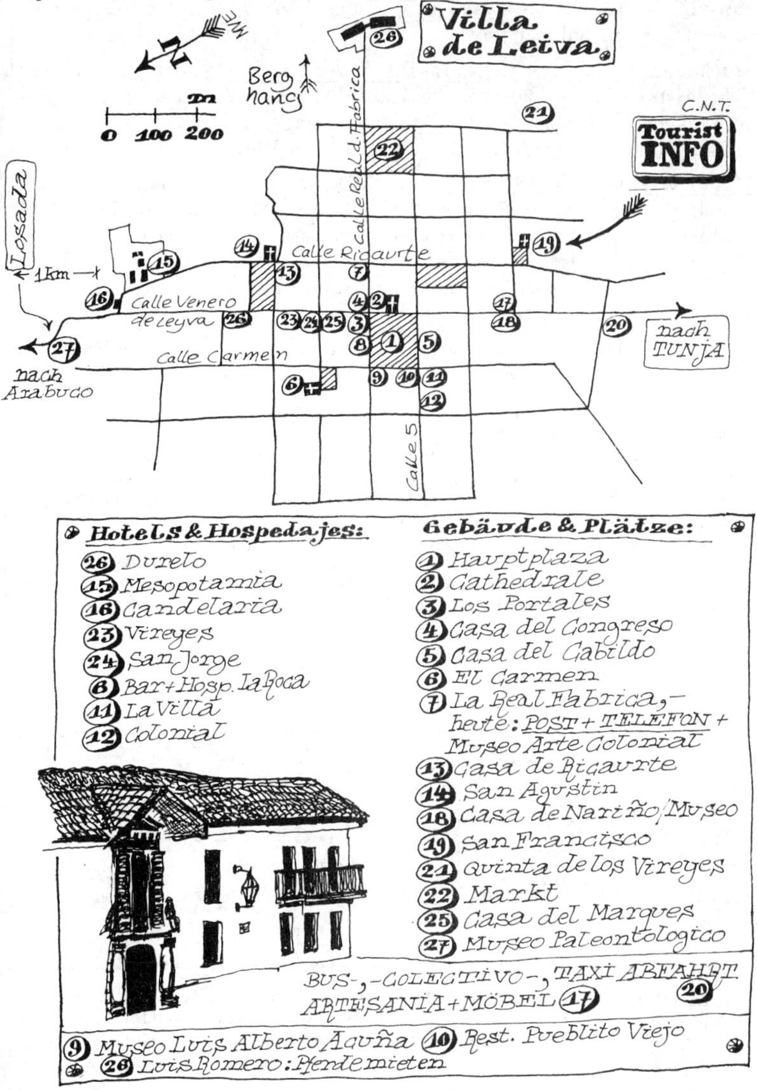

ist im Ort der Hund begraben. Gleich daneben eine Schule, wo man zum Fenster reinlugen kann. Knapp unterhalb des Durelo auf einem Sandplaza jeden Sa. Markt (Früchte, Keramik-Artesania).

An der Calle Carmen (= Car. 6a), 1 cuadra von der Plaza Mayor das MONASTERIO DE LAS CARMELITAS (El Carmen – ein Miniplaza mit grünem Rasen vor weißer Kirchenmauer) mit einem der wichtigsten Museen religiöser Kunst des Landes. Offen 1o - 12 und 14 - 17 Uhr. Am Sa. So und an Feiertagen nur am Nachmittag.

Plazuela San Agustin mit CONVENTO S. AGUSTIN (14) gemütlich und viel Ruhe mit Hibiskusbäumen. Das Kloster wurde 1572 gebaut von Augustiner Mönchen. – CASA DE RICAURTE, schräg gegenüber. Geburtshaus von San Mateo, Museum, offen 9 - 12 und 14 - 17 Uhr.

CASA DE NARIÑO (18), nähe Bus+Colectivo- Abfahrt. Kolonialhaus in optimaler Proportion von Fenster zu Wandfläche mit Balkon. Im Museum alte Dokumente und das Sterbebett Antonio Narinos, einer der Wegbereiter zu Unabhängigkeit des Landes (Geöffnet: 8 - 12, 14 - 18 Uhr), schöne Patio. Gegenüber Artesania- Geschäft mit Ponchos und Pullovern, sowie geschnitzten Schränken und Stühlen.

An der Plaza Mayor/Westseite: Museo Luis Alberto und das gemütliche Rest. Pueblito Viejo. Oben neben der Kirche: Cafe und Drogerie.

Umgebung: reich an Versteinerungen. 6 km nördlich von Villa de Leiva hat ein Bauer einen fast komplett erhaltenen Dinosaurier auf seinem Feld gefunden. Damit die Sache nicht weg, ins Museum kommt, hat er den Dinosaurier mit Beton umgossen, ein Wellblechdach darüber errichtet und verdient sich heute zusätzliche Pesos mit Eintritt. Das Alter des Dinosauriers wird auf 15o Mill. Jahre geschätzt. Regionalbus Richtung Bellamonica (ca. o,2 US $). Liegt in der Nähe des Dorfes Monquira. Da der Bus sehr selten fährt, unter Umständen besser Taxi nehmen. Preis ist Verhandlungssache, wobei aber das Argument "Schotterpiste" nicht zu stark ins Gewicht fallen sollte. So schlecht ist die nämlich nicht ... (ca. 2 US $ angemessen!) – Oder per Pferd. Gibts bei Luis Romero siehe unsere Villa de Leiva- Karte Nr. 26.

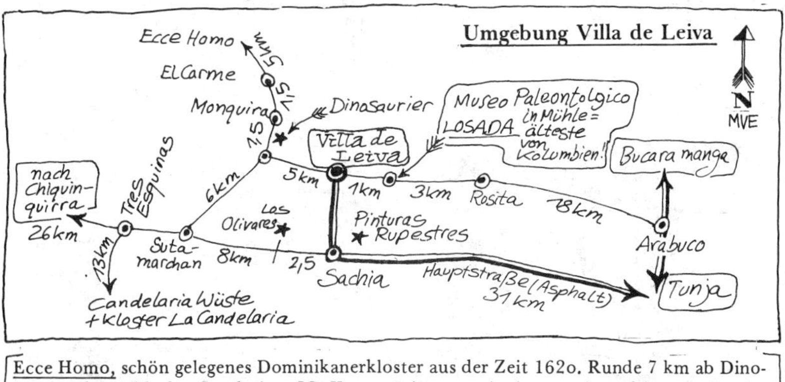

Ecce Homo, schön gelegenes Dominikanerkloster aus der Zeit 162o. Runde 7 km ab Dinosaurier über schlechte Staubpiste. IG- Karte nötig, wer mit eigenem Auto fährt, es gibt aber auch Busse ab Villa de Leiva. Übernachtung im Kloster möglich, aber sehr einfach.

Bei Sachica präcolumbianische Wandmalereien , sowie ein 3oo Jahre alter Olivenhain, der von den Spaniern angepflanzt wurde.

Lohnend, allerdings schlechte Schotterpiste: in die Candelaria- Wüste und zum gleichnamigen Kloster, das ca. 6 km südl. vom Dorf Raquira liegt. Gegründet Ende des 16. Jhds. von Augustinermönchen. Kleines Museum und Übernachtungsmöglichkeit im Parador des CNT. 6 Zimmer, billig. Wie uns Helga Schadeberg schrieb: "phantastischer Innenhof, großartige Bepflanzung und viele Gemälde außen (!) im Kreuzgang. Die Anlage des Wirtschaftsgartens ist ebenfalls ein Spaß für Gartenfreunde."

Zu Fuß ab Villa de Leiva zu erreichen ist das "Museo Paleontologico" in Losada. Man geht ab Plaza Mayor die Calle Carmen Ri. Hotel Mesopotamia uns dem Ort raus. Ca. 1 km. Das Museum mit vielen Versteinerungen von Tieren und Pflanzen ist in einer alten Mühle untergebracht, angeblich die älteste Kolumbiens. (PS.: Mühle La Mesopotamia stammt von 1568!)

✱ Tunja ⋙→ Paita ⋙→ Duitama ⋙→ Sogamoso:

Der andere lohnende Abstecher ab Tunja. Viel Spaß machen die alten Haziendas, die zu Hotels umgewandelt wurden. Sehr gemütlich, allerdings Preise um 2o - 3o US $ für ein Doppel. Und 2 lohnende Museen. Die Strecke bis Sogamoso ist durchgehend asphaltiert, dichter Bus und Colectivo- Verkehr.

PAITA (2.577 m), rund 1/2 Std. ab Tunja. Berühmt für seine Thermalquellen, sowie Wassersportmöglichkeiten auf dem Lago Sochagota (Wasserski, Water- Bikes, Ruderboote). Übernachtungstip: das gemütliche "El Porton" im Haziendastil und die "Casona El Salitre", beide ca. 3o US $. Im Ort weitere, billigere.

DUITAMA (2.56o m), runde 15 km nach Paita. Lohnt sich wegen seinem Museum mit religiöser Kunst in der Hazienda San Rafael, knapp 1o km außerhalb des Ortes: schön bemalte Holztruhen, Schränke, Altäre und klerikale Gegenstände. Übernachtungstip: die "Hosteria San Luis de Ucuenga" in Kolonialstil mit gemütlichen Zimmern und schweren Boyaca- Möbeln (Doppel ca. 2o US $) und "Punta Larga" (2o US), beide 7 km an der Strasse Duitama nach Belencito.

Tägliche BUSVERBINDUNG von Duitama über eine wüste Schotterpiste (nur kurze Teilstücke Asphalt) rauf nach GUICAN unterhalb der Nevada del Cocuy, Fahrzeit um die 1o Std., schöne Wanderungen! – Und rüber nach PAZ DEL RIO, wo mit 1oo Mill. Tonnen die reichsten Kohlereserven des südam. Kontinentes liegen. Ca. 45 km, hier gleichzeitig riesige Stahlwerke, die man gegen Voranmeldung besichtigen kann.

SOGAMOSO (2.57o m), das "Sagamuxi" der Muisca- Kultur, die zur Zeit der Ankunft der Spanier im Raum Bogota - Sogamoso lebten. Im Ort eines der wichtigsten Museen Kolumbiens mit Kunstgewerbe der Muiscas. 5 km außerhalb von Sogamoso an der Straße nach Tibosa liegt eines der schönsten Hazienda- Hotels von Boyaca, die "Hazienda Suescun". Auch wer knapp bei Reisekasse ist, sollte sich sowas mal genehmigen. Saugemütlich mit flackerndem Kaminfeuer, schöne Gärten, Vermietung von Pferden. Allerdings nur 16 Zimmer, und am Wochenende bzw. während Ferien oder Feiertagen Vorbuchung dringend nötig! (Bogota, über "Ashotelbo", Carrera 15 No. 77 - 9o, loc. 2o1/Tel.: 18o.321). Doppel kostet ca. 2o US $.

Joachim A. Kuxdorf schrieb mir, daß er sich in der Nähe von Sogamoso eine Finka gekauft hat und über Besuch freut "ich bin ein deutscher Nomade . . . und nun kolumbianischer Finkabesitzer. Und wenn eine Woche verstrichen ist, ohne daß etwas passiert, kribbelt es mir in den Fingern. . ." Auf der Hazienda darf mit angepackt werden, Ausflüge in seinem Toyota- Jeep runter in die Llanos zu Freunden von ihm, Fischen im Rio

Meta, oder andere Reisen bis runter nach Peru und Bolivia. Immer in kleineren Gruppen von 4 - 6 Leuten. Ein Versuch, die Liebe zu Südamerika anderen Leuten zu übermitteln und gemeinsam zu erleben, statt zu konsumieren. Die Sachen werden nicht vorgeplant, sondern gemeinsam abgestimmt, – wie er schrieb "was wir einfach sich entwickeln lassen wollen. . .".

Kontaktadresse: J.A. Kuxdorf, Apartado 128, Cuitiva, Sogamoso/Boyaca- Kolumbien. (Fairerweise bitte bei Anfragen 2 DM in deutschen Briefmarken beilegen). Trips von 3 - 4 Wochen ca. 1.ooo bis 1.5oo DM/Person ohne Flug. Da er nur mit kleineren Gruppen reist, ein anständiger Preis. Unklar, ob die Trips noch realisiert werden.

Von DUITAMA gibts eine 32 km Asphaltstraße runter zur LAGUNA DE TOTA, beliebtes Bogota- Ausflugsziel, insbesondere für Sportfischer. Übernachtungstip ist die "Pozo Azul" (ca. 1o US). – Zugleich gibts eine Schotterpiste ab nördl. See- Ende über die Kordillera- Kette runter in die Llanos nach Agazul und Yopal (Airstripe für den Satena- Propeller zwischen Cucuta und Villavicencio/unterhalb von Bogota). Regelm. Busse ab Sogamoso.

✱ Tunja ≫→ Bogota:

14o km, sehr gut ausgebaut und dichte Bus und Colectivoverbindung. Links der Panamericana (ca. 2o km nach Tunja) das Nationaldenkmal der Schlacht von Boyaca, wo Simon Bolivar 1819 einen entscheidenden Sieg gegen die Spanier errang. Das grüne Hügelland ist mit kurvigen Asphaltpisten planiert und oberhalb ein Panoramarestaurant, wo einsame Kellner auf die Gäste warten. Vom Busfenster aus zu sehen (links sitzen!), Stop kann man sich sparen. – Bis Villapinzon kurvige Panamericana. Danach relativ geradlinig bis Bogota und schnell. Vorwiegend durch grüne Andenhochtäler. Weitere Details unter "Umgebung von Bogota"! (Seite 357)

BUS ab Tunja braucht bis Bogota ca. 3 Std. TIP: a) den "Gacela" nehmen, da schneller und ohne Zwischenstop bis Bogota. Ca. 2 1/2 Std. – und b) ansonsten keine Busse nehmen, die von Cucuta oder Bucaramanga kommen, sondern welche von Tunja, Sogamoso oder Duitama. Denn diese müssen nicht bei den diversen Polizeiposten unterwegs stoppen und sind somit schneller! – Oder gleich das Colectivo, runde 2 Std. und nur geringfügig teurer.

ca. 2.6oo m/ 5 Mill. E

Hauptstadt Kolumbiens im Hochtal der SABANA mit ihren satt grünen Feldern, Gewächshäusern und Pappelalleen, die zu Haziendas führen.

Ein Großstadtgigant, der sich vor der Kordillera- Kette rund 3o km entlangzie Im Zentrum die Hochhausfinger, oft nic unter 3o - 4o Stock, – Avenidas im Schachbrett, die von Verkehr überquelle Beißender Dieselgestank der Busse, Gequirl von Toyotas, Renaults, schwarzen Taxis und Menschenmassen.– Eine ungemein lebendige Stadt mit ausgezei neten Einkaufsmöglichkeiten (insbesondere Lederarbeiten und Artesania),- mit excellenten Restaurants und breitem Kulturangebot (begonnen mit der berühmten Bogota- Cinematek, über Musikveranstaltungen zu Kunstgalerien und Museen).

An Architektur nur wenig Koloniales, ausgenommen Stadtteil CANDELARIA (oberhalb Plaza Bolivar), – Im Norden die Residencial Areas, – im Süden ausgedehnte Slums. Keine Großstadt Kolumbiens expandierte in den letzten 1o Jahren so stark wie Bogota, weder Medellin noch Cali oder Barranquilla. Bogota ist Wirtschafts- und Handelszentrum des Landes.

KLIMA: ewiger Frühling das ganze Jahr über solange die Sonne scheint. Morgens meist kühler, verregnetes Herbstwetter. Durchschnittstemperaturen um 14° C.

Stadtstruktur:

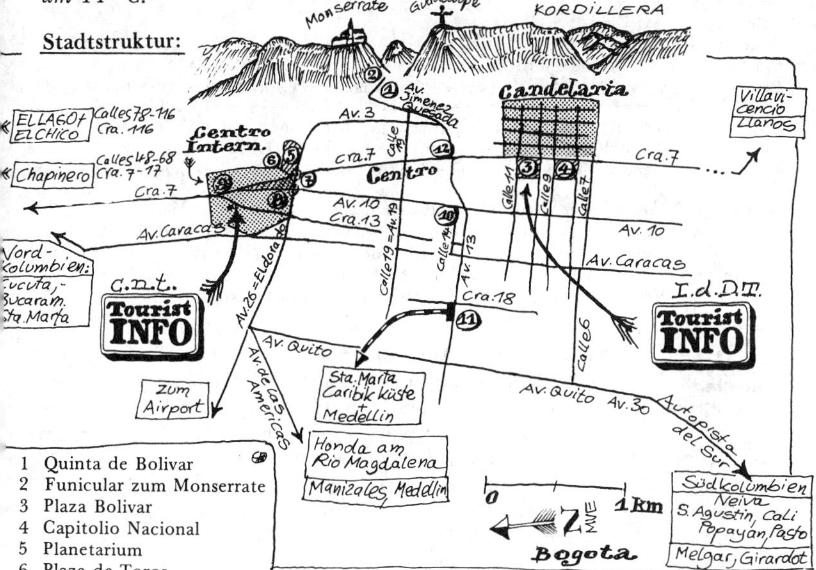

1 Quinta de Bolivar
2 Funicular zum Monserrate
3 Plaza Bolivar
4 Capitolio Nacional
5 Planetarium
6 Plaza de Toros
7 Colpatria- Hochhaus
8 Tequendama- Hotel
9 Hilton Bogota
1o Busterminal Bogota
11 Bahnhof
12 Goldmuseum

✶ **Stadtorientierung:** das Stadtzentrum ist schachbrettartig aufgeteilt. Die Straßen haben nur in den seltensten Fällen Namen, sondern meist Nummern. Auf den ersten Blick wirkt das unpersönlich und kompliziert, aber in Wirklichkeit hilft dieses Bezeichnungssystem, – auch ohne Stadtplan eine Adresse schnell zu finden durch simples Abzählen, wenn man das System kennt:

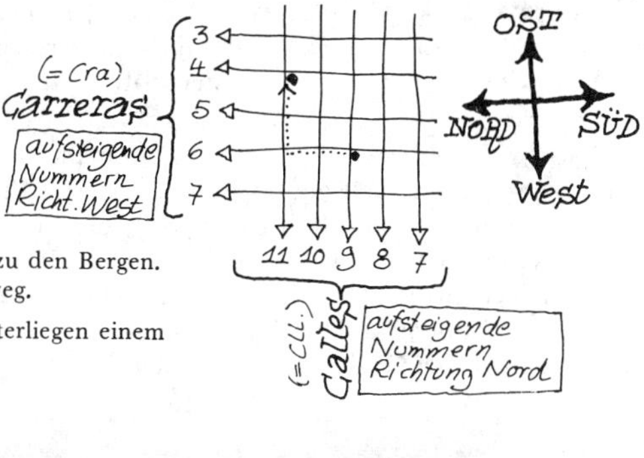

ORIENTIERUNGSPUNKT ist die Kordillera- Kette.

Die CARRERAS verlaufen parallel zu den Bergen.

Alle CALLES senkrecht von ihnen weg.

Auch die Adressenbezeichnungen unterliegen einem System. Beispiel:

ADRESSE:

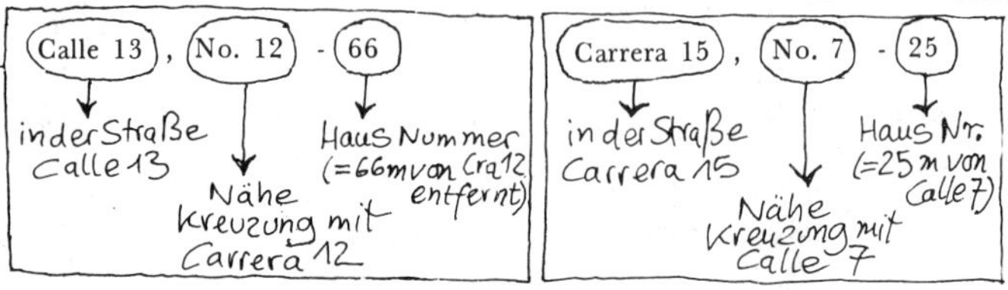

Allerdings: die großen Bogota- Straßen laufen unter dem Begriff AVENIDA, sodaß man nicht weiß, ob es sich um eine Calle (Cll.) oder eine Carrera (Cra.) handelt.

DOPPELNAMEN gibt es z.B. bei:

Calle 19 = Av. Ciudad de Lima	
Calle 26 (auch Av. 26) = Av. El Dorado	Cra 72 = Av. Boyaca
Cra 3o = Av. Cd. de Quito	Cra 14 = Av. Caracas
Calle 13 (auch Av. 13) = Av. Jimenez de Quesada	Calle 72 = Av. Chile

Noch eine Besonderheit speziell in Bogota: wegen der großen Nord- Südausdehnung wird ab Calle 1 durchnummeriert Richtung Norden (bis ca. Calle 17o), – sowie ab Calle 1 Richtung Süden: hierbei zur Unterscheidung bei der Adressangabe, Beispiel:Calle 61 S!

Stadtpläne: Derzeit der wohl beste und detailierteste ist "Plano de la ciudad de Bogota", herausgegeben vom Instituto Geografico Agustin Codazzi. Dort erhältlich, ca. 3 DM. – Bei der cnt- Touristinfo, aber auch bei der städtischen Touristinfo des Inst. Distr. de Turismo gibt es Gratispläne, die für den Normalbedarf ausreichen und z.B. im Fall von cnt den Vorteil bringen, daß die touristisch wichtigen Punkte speziell markiert sind.

Tourist INFO

Ähnlich wie auch in Argentinien gibt es in BOGOTA zwei staatliche Tourismus- Institutionen. Einmal CNT, überregional, trotz-
1.) dem mit guten Bogota- Infos. BÜROS a) im Centro im Hochhaus "Banco Cafetero", Calle 28, No. 13 a - 15/Centro Internacional. Das Büro liegt im Erdgeschoß des rund 4o-stöckigen Hochhauses. Neben Information wird hier auch eine Palette von Kolumbienbüchern verkauft. Etwas ärgerlich war, daß man für die (excellente) cnt- Kolumbien Karte als Schutzgebühr 1,3 US $ zahlen mußte. – Nebenan, praktisch: zugleich Avianca- Office + Post. Weiterhin hat cnt ein Büro im 1. Stock des El Dorado Airports.

2.) Zum anderen das städtische INST. DIST. DE TURISMO, ausschließlich für Bogota zuständig. Für Spezialfragen zu Bogota, insbesondere zu kulturellen Veranstaltungen, Hotels, Restaurants die bessere Adresse. Hauptbüro: Cra. 8 / Plaza Bolivar im Rathaus, 2. Stock (Postanschrift: Cra. 8 a No. 1o -65). Informationskioske gibt es in der Av. Jimenez/Cra 4 gegenüber dem Hotel Nueva Grenada und Continental, – in der Calle 19/Cra 5 und in der Av. 28 Ecke Cra. 1o nähe Tequendama Hotel. sowie im Airport, wo man u.a. auch Hotels reservieren kann

Geldwechseln: in den Hotels meist schlechter Kurs. Regulär: Banco de la Republica: Av. Jimenez/Cra. 7 im Centro. – Besserer Kurs in den Geldwechselstuben, z.B. bei "Imex", einmal in der Passage direkt gegenüber Hotel Hilton (Cra. 7 No. 32 - 29). Achtung in dieser Passage gibts 3 Geldwechsler, die bei mehrfachem Check jedesmal untereinander unterschiedliche Wechselkurse gaben. – "Imex" auch im El Dorado Airport. – Vorsicht bei Geldwechseln auf der Straße. Es kursiert viel Falschgeld in Bogota. Außerdem wird man beim Geldabzählen oft übers Ohr gehauen.

Post AVIANCA: Carrera 7 No. 16 - 36 im Souterrain, die zentralste und am längsten geöffnete Postannahmestelle. Offen 7 - 22 Uhr, So.: 8 - 13. (=Hauptpost). – Aber auch bei vielen anderen Avianca- Büros, z.B. im Hochhaus Banco Cafetero/Calle 28 No. 13 a - 15 (neben CNT).

Telefon/Telegramm (Telecom): Calle 23, No. 13 - 49. Das kolumbianische Telefonnetz ist gut ausgebaut, meist per Funk, allerdings ins Amazonasgebiet oft schwer durchzukommen. Direktwahl nach Europa. – Telex- und Telegrammannahme auch in der Tequendama- Passage.

GOLDMUSEUM (Museo de Oro): Hauptattraktion von Bogota, Calle 16 No 5 - 41. Offen Di. - Sa. von 9 bis 16 Uhr und So./Feiertag 9 - 12 Uhr.

Mit 23.000 Ausstellungsstücken das größte und wichtigste Museum der Welt in Sachen Gold- Kunsthandwerk. Vorwiegend Funde praecolumbianischer Kulturen der südamerikanischen Anden. Insbesondere der Muiscas, die in der Hochebene La Sabana lebten und berühmt waren für ihre Goldarbeiten von höchstem, künstlerischen Niveau. Ein Museum, das glitzert, funkelt und blitzt; Herzstück ist der Tresorraum im 3. Stock.

Vergleichbares gibts auf dem südam. Kontinent nur in Lima/Peru. Dort allerdings erheblich weniger Exponate. – Auch wer nur Zwischenlandung in Bogota macht und 3 oder 4 Std. im Airport auf Anschluß warten muß, sollte unbedingt mit dem Taxi reinfahren. Kostenpunkt ca. 6 US $ pro Richtung, Fahrzeit ca. 3o - 4o Min. je nach Tageszeit und Verkehr.

Die **INNENSTADT** von Bogota erstreckt sich zwischen dem CENTRO INTERNACIONAL beim Hotel Tequendama und der PLAZA BOLIVAR. Hauptgeschäftsstraße ist die "Septima" (Cra. 7), die quer durchläuft.

Im Gebäudekomplex des Tequendama viele Boutiquen gehobener Preisklasse, Juweliershops, Restaurants und Airline- Büros, sowie (Tip!) ein Drugstore, der auch Sa. und So, sowie abends länger offen hat. Deutsche Magazine, Bücher, Wein und Whisky, wer abends sowas noch dringend braucht!

Direkt gegenüber das Kirchlein SAN DIEGO, etwas eingeschnürt im dicken Verkehr der Avenidas und den Hochhausfingern rundum, die die Angelegenheit "überwachen". Aber innen sehr gute Artesania- Shops bei zivilen Preisen. Vorsicht vor den diversen, ambulanten Smaragdhändlern im Bereich Tequendama! Häufig hat Glas die Ehre, zum Smaragdpreis den Besitzer zu wechseln.

NATIONAL–MUSEUM (Museo Nacional), Carrera 7 No. 28 - 66 nähe Tequendama. In einem ehemaligen Gefängnis untergebracht. Unten wechselnde Ausstellungen, oben Bilder früherer Generäle, sowie das Orginal des Testamentes von Simon Bolivar.

Sala Conquista: alte Pläne, – Hochgenuß, wer sowas liebt! Unter anderem Karte von A. Codazzi. Fantastisch die relativ hohe Genauigkeit der Flußläufe, wenn man berücksichtigt, welche primitiven Vermessungsinstrumente damals zu Verfügung standen. Interessant auch eine Karte über die kolumb.

Postlinien 183o - 185o: mit Geschwindigkeitsangaben, wielang die Briefe damals brauchten, ohne Auto und ohne Flugzeug. Da werden die gewaltigen Dimensionen Kolumbiens bewußt und das für Infrastruktur schwierige, stark gebirgige Gelände. Nicht ohne Grund war die erste Fluglinie Südamerikas eine kolumbianische!

Weiterhin: Navigationsinstrumente, die berühmte Karte von A. Humboldt vom Chimborazo (siehe unser Ecuad.- Text!) im Orginal, Duell- Pistolen etc. Insgesamt ein sehr kleines Museum. Offen: Di. - Sa.: 9.3o bis 18.3o und So.: 11 - 17 Uhr. Montags zu.

PLANETARIUM: Cra. 7/Cll. 26, gegenüber Tequendama im Park. Vorführungen finden Di. - Fr. um 11, 16 und 18.15 Uhr statt, am Sa. und So.: 11.3o und 15.15 Uhr. – Im selben Gebäude dasMUSEO DE HISTORIA NATURAL . Thema ist die ungemein reiche Fauna und Flora Kolumbiens. Offen Mo. - Fr. 9 - 18 und Sa/So. 1o - 14 Uhr. – Ebenfalls im gleichen Gebäude Ausstellungen moderner Kunst aus Kolumbien und dem Ausland.

PLAZA DE TOROS: vis- a vis. Die Stierkampfarena von Bogota in rotem Backstein. Dahinter im Halbkreis moderne Hochhäuser in Backsteinverkleidung wie eine überdimensionale Arena. Während der Stierkampfsaison (Feb haben die Leute oben von den Balkons mit Fernglas Top- Blick. Gastspiele der besten Torreros von Südamerika, Mexico und Spanien.

Im Schnittpunkt der Calle 26 (autobahnähnliche Schnellpiste Ri. Airport) mit der Cra. 7 und Cra. 1o liegen die meisten der Bogota- Hochhausfinger: das gigantische Colpatria mit Hubschrauberlandeplatz auf dem Dach, das Aseg. del Valle fast noch höher, das Hochhaus der Banco Cafetero, das Hoch haus der Banco Tequendama. Alle im Schnitt 4o Stock. Architektonische Meisterleistung in Betonstahl, denn Bogota ist definitiv Erdbebengebiet.

AV. 19 (= Av. Lima) hat im Schnittpunkt mit der Cra. 7/ Richtung bergauf gute Ledergeschäfte, z.B. "Almacen el Centauro", eines der besten von Bogota bei mittleren Preisen (siehe auch "Shopping/Bogota"). – Ab Schnitt punkt Cra. 7, die Av. 19 bergab beginnen die Straßenhändler: Schuhe, Digitaluhren, Kleidung und in Kiosken antiquarische Bücher. Bis runter zur superstinkigen Av. Caracas, wo fast jedes 3. Fahrzeug ein Dieselbus ist. Die Hauptverkehrsader, die knapp das Herz des Centros umfährt.

Nr. siehe Karte nächste Seite!

AV. JIMENEZ DE QUESADA benannt nach dem Gründer Bogotas,ist die einzige Straße des Centros, die gebogen verläuft. Sie geht entlang des ehemaligen Flußlaufes Rio S. Francisco und verbindet die Talstation zum Monserrate mit dem Bahnhof. Im Schnittpunkt mit der Cra. 7: der Parque de Santander mit Goldmuseum und Avianca- Hochhaus (=Hauptpost) sowie

3 der KIRCHE SAN FRANCISCO. Älteste von Bogóta (1567), die Seitenaltäre voll von Kerzen, der Hauptaltar aus mehreren einzelnen, nebeneinander oder übereinander gestellten, fast wie ein peruan. Retablo. Überreich a

2 Gold. Auf der anderen Platzseite: "Museo de Oro"(siehe Vorseite!)

★ PLAZA BOLIVAR: zur Kolonialzeit das Herz von Bogota. Angenehm in se

ner Weitläufigkeit nach den engen Straßen des Centros. An der Ostseite die
7 Kathedrale, gebaut 1565 an der Stelle eines Muisca- Tempels. An der Südseite der Palast des kolumb. Präsidenten, der auf der Rückseite schöne Gärten be-
9 sitzt, u.a. das Türmchen des astronomischen Observatoriums, gebaut 18o2. Heute Bibliothek mit astron. und biologischen Büchern.

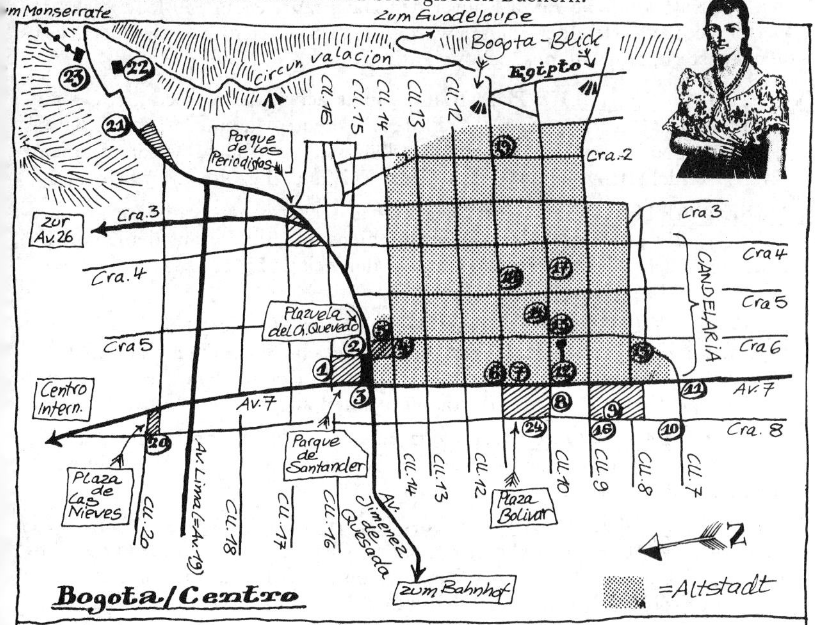

1 Edificio Avianca (=Hauptpost)
2 Goldmuseum
3 San Francisco
4 Plaz. del Ch. Quevedo
5 Museo del Cobre
6 Museo 2o de Julio
7 Kathedrale
8 Capitolio Nacional (Präsid. Palast)
9 Observat. Astronom.
1o Museo de Artes y Trad. Populares
11 La Veracruz
12 Museo de Arte Colonial und S. Ignacio
13 Palacio San Carlos
14 Teatro Colon
15 Museo Arqueologico
16 Santa Clara
17 Museo de Desarrolo Urbano
18 Casa de la Moneda
19 Universität de la Salle
2o Buchh. Buchholz
21 Artesania
22 Quinta de Bolivar
23 Talstation zum Monserrate
24 städt. Tourist Büro

0 Ecke Cra. 8/Cll. 7 das MUSEO DE ARTES Y TRAD. POPULARES, in einem ehemaligen Kloster untergebracht. Kunsthandwerk aus den einzelnen Regionen Kolumbiens. Wer sich dafür interessiert: sehr lohnend, denn Kolumbien ist reich in diesem Sektor! Gleichzeitig Restaurant und Verkauf von Artesania. (Di. - Fr.: 9.3o - 17.3o Uhr und Sa./So.: 1o - 14 Uhr)

5 ARCHÄOLOGISCHES MUSEUM (Cra. 6 - 7 - 43), neben Sogamoso das wichtigste des Landes. Guter Überblick über die verschiedenen präcolumbianischen Kulturen des Landes. Gleichzeitig viele Keramikfunde aus Mexico, Ecuador und Peru (Di. - Fr.: 1o - 17 Uhr und Sa/So.: 1o - 13 Uhr)

* Oberhalb der Plaza Bolivar: das koloniale Viertel CANDELARIA. Ein überraschender und angenehmer Kontrast zum übrigen Bogota- Centro mit seiner funktionalen und meist gesichtslosen Architektur.

Wichtigste Straßen sind die Calles 1o und 11, die sich rechts und links neben der Kathedrale ab Plaza Bolivar den Hang raufziehen. Ein lebendiges Viertel, gepflegt: viele der Häuser wurden restauriert. Gitterverzierungen vor den Fenstern, Holzbalkons, schöne Patios.

6 MUSEO 2o DE JULIO: Plaza Bolivar, links neben der Kathedrale. Gebaut Ende des 16. Jhds. ("La Casa del Florero"), heute Museum mit einer Kopie der kolumbianischen Unabhängigkeitserklärung; das Orginal wurde in einem Brand vernichtet. Dokumente aus dieser Zeit und Gemälde. Montags zu.

12 MUSEO ARTE COLONIAL: Plaza Bolivar rechts neben Kathedrale, Calle 1o. Eines der wichtigsten Museen Kolumbiens mit Bildern aus der Kolonialzeit, aber auch Skulpturen und Möbeln der Zeit 155o bis 182o. In einem Kloster der Jesuiten gebaut im 17. Jhd.

14 TEATRO COLON, Calle 1o zwischen Cra. 5 und 6: gebaut im 19. Jhd. und heute wichtigstes Theater für Oper, Ballet in Bogota. Ziemlich klein, aber schöne Architektur. Öfters auch Konzerte. Details siehe Veranstaltungsprogramme durch das städt. Touristbüro unten an der Plaza Bolivar!

13 PALACIO SAN CARLOS, schräg gegenüber. Früher Wohnsitz des Präsidenten; bereits Simon Bolivar wohnte hier. Schöner Garten und Ausstellungsstücke aus der Zeit Bolivars. Geschlossen Mo. und Di.

17 MUSEO DE DESARROLLO URBANO DE BOGOTA (Cll. 1o No. 4-21) Erste Stadtpläne der spanischen Besiedler. Klein, aber sehr lohnend zur Einführung in Bogota. Modelle von Häusern aus der Kolonialzeit, aber auch Telefone (ab 1887), Bilder von der ersten Pferdestraßenbahn (1898), Fotos von vor Jhd- Wende und wie Platz gemacht wurde für die ersten Hochhäuser. Fotos von den Erdbebenschäden 1948, wie die Septima früher aussah und Zeitungsausschnitte über das erste Auto in Bogota. Offen: Di. - Sa.: 9 - 2o Uhr, Sonntag und Feiertag: 1o - 19 Uhr.

18 CASA DE LA MONEDA: Cra. 5/Cll. 11. In einem schönen Gebäude aus dem 17. Jhd. Hier wurden die ersten Goldmünzen der Kolonie geprägt. Heute Numismatisches Museum, offen Mo. - Do. 8 - 12 und 13 - 16 Uhr.

Die Calle 1o und 11 führt weiter steil den Hang rauf. Herrlich, abends beim Einschalten der Lichter oben in frischer Luft über dem quirligen Centro der weite Blick über den Talkessel und das flimmernde Lichtermeer Bogotas. CANDELARIA und die oberhalb gelegenen Viertel La Concordia sind Studentenviertel. Optisch zwar weniger schön, aber oberhalb guter Rund-
19 blick: die Betonkiste der UNIVERSIDAD DE LA SALLE. Kleinere Stehkneipen insbesondere an der Cra. 2 und 3 rüber Richtung Av. Jimenez de Quesada. – Über die Calle del Espinito supersteil runter ins Centro, teils wieder fantastischer Blick auf Bogota.

22 QUINTA DE BOLIVAR: am Ende der Av. J. de Quesada, unterhalb des Monserrate und Guadeloupe. Die Residenz Simon Bolivars in schönem, subtropischen Garten mit vielen Kolonialmöbeln. Für die Colombianos ein Nationalmonument, für den Gringo relaxing! Im Museum sind alte Waffen, Kleidungen etc. zu sehen, die Simon Bolivar gehörten, sowie Dokumente aus dieser Zeit. In diesem Haus verbrachte der große Befreier Südamerikas von der spanischen Kolonialherrschaft schöne Stunden mit seiner großen Liebe Manuela!

★ MONSERRATE: Bogota von oben; ab Ende der Av. J. de Quesada gibts a) einen "Teleferico" (tägl. 6 - 18 Uhr) und b) einen "Funicular" (Sa., So, Feiertage bis 24 Uhr), sehr steil rauf. Kostenpunkt ca. o,4 US $. Lohnt sich sehr wegen Weitblick über Bogota abends, bzw. tagsüber bei klarem Wetter mit Blick bis zur Kordillera- Kette. Oben liegt eine Wallfahrtskirche und ein Top- Restaurant "San Isidro". Die beiden Talstationen sind unten bequem in wenigen Minuten über die Av. 19 zu erreichen. Oben sollte man sich aber besonders abends nicht zu weit von der Bergstation entfernen, da es in den vergangenen Jahren öfters Trickdiebstahl und Überfälle gegeben hat. Höhe: 3.15o m.

★ GUADELOUPE: der Nachbarberg. Zu erreichen über eine Straße, die oberhalb Candelarias von der "Circunvalacion" abbiegt (siehe unsere Karte Vorseite!). Ebenfalls schöner Blick; man sollte allerdings nicht nach Einbruch der Dunkelheit rauffahren und auch nicht zu Fuß raufgehen. Höhe: ca. 3.1oo.

★ CIRCUNVALACION: wer ein eigenes Auto hat (oder Mietauto), macht viel Spaß! Die Circunvalacion beginnt Ecke Cra. 7/Cll. 47 und führt unterhalb des Cerro Monserrate rüber zur Talstation und Quinta Bolivar weiter knapp oberhalb des Altstadtviertels Candelaria und bringt vielfach excellenten Blick über das Centro und bei gutem Wetter weit in die Sabana!

BLICK von Hochhäusern: excellent vom Obergeschoß des Hiltons (Restaurant mit kleiner Terrasse), – weiterhin vom edificio colpatria (Av. 26) und vom edificio banco cafeterro, beide im Internat. Viertel und zentraler in Bogota gelegen.

★ BOT. GARTEN: Cra. 66 A No. 56 - 84. Wurde 1783 angelegt und bietet guten Überblick über die reiche Flora Columbiens, die von Paramo- Hochlandflächen bis Llanos- und Amazonastiefländern reicht. Ungeheurer Reichtum und Vielfalt. Lohnt sich! Offen: Di. - Fr.: 9 - 11.3o und 14 - 15.3o, Sa. 1o - 17 Uhr. Vorher bei CNT nochmals abchecken! –

★ ETHNOLOGISCHES MUSEUM (Calle 34 No. 6 - 61/3. Stock). Klein, aber fein, wer sich für Indianer interessiert. Querschnitt und Übersicht über kolumbianische Indianerstämme, Riten, Waffen, Kunsthandwerk und Sozialem. Nur während der Woche offen. Öffnungszeiten bei CNT abchecken.

Hotels Bogota:

TEUER bis MITTEL:

"Hilton", schlanker Hochhausturm mit roter Klinkerverkleidung, der kürzlich einen Bruder bekommen hat. Im Internat. Viertel nähe Stierkampfarena. Optisch von außen nicht unbedingt ein Vergnügen, aber sehr komfortabel und innen wohl eines der besten Hotels von Bogota. Beheizter SW- Pool im 5. Stock und fantastischer Blick vom 41. Stock/Restaurant über Bogota. Die Zimmer sehr gut ausgestattet. Doppel ca. 6o US $ (5 Sterne), Cra. 7 No. 32 - 16

"Tequendama", Centro Internacional Cra. 1o No. 26 - 21. Das traditionelle Tophotel von Bogota allerdings etwas altmodisch. Trotzdem ein Tip wegen umfangreicher Shopping Passage. Blick von den Zimmern teils- teils, da rundum viele Hochhäuser. Doppel ca. 5o US $ (5 Sterne).

Beide Hotels sind oft ausgebucht, besonders, wenn es größere Tagungen oder Veranstaltungen in Bogota gibt. Daher am besten vorab reservieren!

"Continental", Av. Jimenez No. 4 - 16 (Parque de los Periodistas). An geschäftiger Plaza im Centro und vornraus laut! Doppel ca. 4o US $. (4 Sterne). Elegant aber altmodisch.

"Dann", Calle 19 No. 5 - 72 . Modern, zentral und zu empfehlen, wer etwas zentrales zu günstigem Preis sucht. Doppel ca. 4o US $, alle Zimmer mit Bad und TV. In der Calle 19 mit vielen Shops. – In der selben Straße das "Bacata" (Calle 19 No 5 - 2o): Luxuskiste, 4 Sterne, Doppel ca. 5o US $.

"Presidente", Calle 23 No. 9 - 45 in einer engen und lauten Straße zwischen Centro Internac. und Calle 19. Größerer Kasten, in dem oft auch Gruppenreisende einquartiert werden. Mit Hotelsafe, wie in den teureren Hotels üblich. Insgesamt nicht unbedingt mein Geschmack und mit ca. 4o US $ reichlich teuer.

"Cosmos 1oo" in der Av. 1oo No. 21 a - 41. Dem Architekten ist die Phantasie etwas in Ri. Geometrie durchgegangen. Rundbau mit scheußlich sterilem Innenhof, glasüberdacht und rundum graue Betonbalken. Der drinstehende Aufzug ist durchsichtig. Aber modern und komfortabel. Doppel ca. 45 US $ (4 Sterne). Eigenes Auto empfehlenswert, da weit außerhalb des Centros, aber gute Wohngegend. Eines der fast-Top-Hotels.

MITTEL

"San Martin", Cra. 13 No. 32 - 94, fast neben Hotel Hilton, Parallelstraße. Wer nicht ein morgendlicher Langschläfer ist (unten führt eine laute Straße entlang mit jeder Menge Bussen): Tip, da sauber und angenehm in den Zimmern (Tel. + Farbtelevision), gute Lage im Centro Internac. und preisgünstig. Doppel ca. 25 US $. Ein relativ kleines Hotel, Busverkehr wird morgens ab ca. 7.3o Uhr laut.

"Maria Isabel Bogota", Av. 33 No. 15 - o5. Alternative zum S. Martin, etwas ruhigere Zimmer, ebenfalls mit TV. Unten gutes Restaurant. In einer Residencial Area, ganz in der Nähe des S. Martin. Doppel ca. 25 US $

"Hotel del Parque", Calle 24 No. 4 - 93. Liebenswertes, altmodisches Hotel im Centro. Nicht alle Zimmer haben schönen Blick, aber ab 3. Stock einige über die Hausdächer auf den grünen Hang des Monticulo, der kurz hinter dem Hotel beginnt. Die Zimmer mit Farb- TV, Radio, Tel und Bad. Doppel ca. 25 US $, je nach Auslastung des Hotels lässt sich u.U. ein kleiner Rabatt aushandeln.

"Tundama", Calle 21 No. 8 - 81. Ebenfalls etwas in die Jahre gekommen, aber gute Zentrumslage. Ohne Spezielles. Die Zimmer mit Bad und TV, Doppel ca. 25 US $.

BILLIG

"Hotel Avenida", Calle 19 No. 5 - 98. Klein, einfach, aber sehr gute Lage. Doppel ca. 12 US $. – "Hotel Americano", Calle 23 No. 9 - 18 , Querstraße der Septima, eng und daher von Blick überhaupt nichts, aber schön zentral gelegen. Doppel ca. 2o US $. Daneben das "Hotel Ronak", ca. 19 US $.

"Hostal Turistico Jianon" Calle 14 No. 4 - 3 im Candelariaviertel. Schöne Lage, Doppel ca. 12 US $. Tip von der Lage her, wenn auch sehr einfache Übernachtung.

"Las Americas"beim Capitoli Nacional, Cra. 8 zwischen Plaza Bolivar und Sternwarte. Kolonialgebäude mit Patio und Holzbalkons. Sehr einfach, das Doppel für ca. 7 US $.– "Resid. Alemanas", Cra 16 No. 16 - 48 nähe Bahnhof. Doppel ca. 4 US $. In diesem Viertel weitere Basic- Hotels und Resid. Preisklasse 3 - 4 US $. Allerdings abends und nachts Vorsicht auf den Straßen.

Abendessen beginnt in Bogota meist gegen 2o - 21 Uhr, vorher ist in den besseren Restaurants wenig los. Nach 23 Uhr ist es oft schwierig, noch etwas zu essen zu bekommen.

PREISE: billig: ca. 2 US $, – mittel: ca. 4 US $, – teuer: ab ca. 5 - 6 US $ (jeweils für ein Fleischgericht)

"CASA VIEJA", sehr gemütlich im ehemaligen Kloser San Diego, gegenüber des Tequendama Hotels. Die Arkadengänge wurden zum Restaurant ausgebaut, der Patio: Wintergarten. Abends Kerzen auf dem Tisch und vorwiegend creolische Küche. Essen: excellent, aber für die Menge etwas überteuert. Aber eine der besten Stellen Bogotas, um einen Excurs in die einzelnen Regionalküchen des Landes zu unternehmen! Cra. 1o a No. 26 - 5o. Weitere "Casa Vieja" in der Av. Jimenez No. 3 - 73 mit Antiquitäten eingerichtet, – in der Cra. 3 No. 18 - 6o (ehemaliges Kloster) – und in der Cra. 11 No. 89 - o8. Preise: mittel bis teuer.

"REST. CLAUSTRO DE SAN AGUSTIN" im Museo Artes y Tradic. Populares (Cra. 8 a No. 7 - 21). Creolische Küche in einem Kolonialgebäude von 1733. "Chocolate Santaferreño" probieren. Insgesamt Essenstip für Bogota bei gehobenen mittleren Preisen.

"LA FONDA ANTIQUEÑA" Calle 19 No. 5 - 92. Grasdacheingang, innen auf rustikal getrimmt. Verspricht von außen recht viel, aber der Service, das Ambiente, aber auch das Essen enttäuschten uns. Eine Kette, die sich über ganz Kolumbien verbreitet hat. Preise: mittel.

"LE TOIT" im 41. Stock des Hiltons. Von Blick abends fantastisch, die Küche französisch geprägt, große Weinkarte. Preise: teuer bis sehr teuer.

"CHALET SUIZO" (Cra. 7 No. 21 - 51) im kommerziellen Centro von Bogota. Sehr gute Fondues! Allerdings die Ober mit schweizer Mützchen, was etwas deplaziert wirkt zu den südamerik. Gesichtern. Wie sichs gehört: an den Wänden Holzbalkendekoration und schweizer Wappen der einzelnen Kantone. Dazu Musik vom Band, wie James Last schweiz. Alpenländler interpretieren würde. Fleisch war excellent, die Founduesaucen teils aber nur o la la . Preise: mittel bis teuer und insgesamt (trotz Musik) ein Tip.

"CASA WIL" (Cra 8 No. 91 - 16), die Konkurrenz vom Chalet Suizo, offen Mo. bis Sa. 12 - 24 Uhr. Preise: mittel bis teuer.

"RESI BERLIN" (in der Shopping Passage des Tequendama). Auch wenn ich sehr wohl während meiner Reisen auf deutsche Küche verzichten kann: hier habe ich gerne gegessen. Essen ausgezeichnet! Zwar vom Ambiente reichlich kitschig auf BRD getrimmt, so wie man sich in Kolumbien die BRD vorstellt, mit rotkarierten Vorhängen an den Fenstern, Holzbalken an den Wänden und Decken, die Ober im obligatorischen Look a la Försterhut, und an den Wänden Lufthansa Poster. Aber mittags knallvoll. Bier vom Fass und dezente deutsche Musik. Preise: mittel.

"LA FREGATTA" gilt als bestes für Meeresfrüchte in Bogota. Täglich frisch vom Pazifik oder Karibik eingeflogen. Aber knackig teuer und, soviel ich mich erinnere, Anzug nötig. Mehrere in Bogota, z.B. Centro. Internac./

Edificio Bavaria Cra. 13 No. 27 - 98/2. Stock. Nähe Tequendama Hotel.

"EL ZAGUAN DE LAS AGUAS" (Calle 19 No. 5 - 62)Ambiente: passabel bis touristisch. In einer alten Casa , grün angestrichen. Innen an den Wänden alte Stiche. Abends Lifemusik und südam. Tänze. Creolische Küche. Preise: mittel bis teuer.

"MESON GAUCHO" (im Centro, Calle 9/No. 12 - 68), argentinisch mit Parrilladas (Fleisch auf Holzkohlegrill) und Musik. Nicht schlecht. Preise mittel. – Wer spanisch essen möchte: "LA CASA DE LA PAELLA" (nähe Chapinero, Calle 94 No. 15 - 28), Preise mittel. – "RINCON PERUANO" (Calle 85 No. 12 - 56): peruanische Küche, "ceviche limeño" probieren, roher Fisch mit leckerer Zitronensauce und Zwiebeln. Preise mittel

"LA FINCA" im Hotel "Marie Isabel Bogota" in der Res. Area nähe des Hilton. Sehr klein, fast familiäres Ambiente. Ausgezeichnete Küche. Cra. 15 No. 33 - 29. Preise mittel bis teuer. Essen hat Spaß gemacht.

"GRAN VATEL" (Calle 24 No. 5 - 97), exclusives, franz. Restaurant in alter Kolonial Casa. Preise: teuer. – "EL PUEBLITO DE YERBABUENA" rund 24 km an der Straße nach Tunja. Sehr gemütliches Land- Restaurant, kolumb. Küche, allerdings nur am So. offen. Preise: mittel.

"TIERRA COLOMBIANA" (Im Centro Intern. Tequendama, Cr. 1o No. 27 - 27. Das derzeit wohl größte Restaurant mit kolumbianischen Folklore Shows. Abends ab ca. 2o.3o Uhr (tägl.) mit den besten Gruppen des Landes, aber auch kol. Volksmusik, sowie kurze Videovorführungen über die einzelnen Landesregionen. Küche gut, aber teuer. Anzugzwang. –

"LOS SAUCES" (Cra. 11 No. 69 - 37), tägl. Folkloreshows, regionale Küche, sowie Verkaufsausstellung kolumb. Kunsthandwerk. Mittel bis teuer. Täglich ab ca. 2o.3o Uhr. – Ebenso "LAS RAMBLAS" (Av. 13 No. 79 - 9o) und "NOCHES DE COLOMBIA" (Cra. 15 N - 97 - 65). –

"ARTE Y CERVEZA No. 1" (Calle 43 No. 13 - 6o). Heinz Peter Schonowski schrieb uns hierzu "für mich die beste, gemütlichste und preiswerteste Musikkneipe in Bogota. Ständig wechselndes Musikprogramm, Folklore aus allen Teilen des Landes (Cumbia, Harfenmusik aus den Llanos) und Andenmusik aus Ecuador. Kein Eintritt! Für mich als Münchner besonders bemerkenswert: es gibt 'echte' Massen Bier, auch dunkel. Wenns unbedingt sein muß, kann man auch Halbe trinken. Die Gegend ist nachts relativ sicher. " – Weiterhin empfiehlt er: "LA TEJA CORRIDA" (wörtlich übersetzt "das weggeflogene Dachschindel", bedeutet so ungefähr, daß einem "das Blech wegfliegt", also man durchdreht.) Eine Negerkapelle spielt Freitag und Samstag Salsamusik auf, sehr gekonnt und man kann dazu tanzen. Das Ding ist etwas teuer, aber noch erschwinglich, – nur so echten bayrischen Bierdurst sollte man lieber im "Kunst+Bier" stillen. Der Laden steht in der Cra. 5 No. 27 (oberhalb der Stierkampfarena)."

"ANCA 19" (Calle 19 No. 3 - 3o)gemütliche Bar, schön zum Quatschen, grobe runde Holztische. Man sollte nach 2o Uhr kommen, laufend Musikanten, große Biere und Essen (mittel), vorwiegend von Bogotenos besucht, die zum Schwatzen kommen. Gegen ca. 23 Uhr wird dicht gemacht.

Der angeblich älteste Chinese von Bogota: Calle 19 Ecke Cra. 5, die Küche allerdings eine sehr dunkle Angelegenheit, daß wir schnell wieder gegangen sind. – Weitere Chinesen im Bereich der Plaza de Periodista und Calle 17, billig, aber meist vom Ambiente sehr einfach. – "HONG KONG" (Cra. 11 No. 92 - 51) ist einer der erfolgreichsten Chinarestaurants von Bogota. Preise mittel, Küche eingefahren, aber nicht schlecht, da der Ruf zum Halten eines mittleren Standarts verpflichtet.

HAMBURGER: haben sich wie eine Seuche leider auch auf Bogota verbreitet. Besondere Konzentration im Bereich der kommerziellen Verwaltung der Stadt/Centro Internac., zwischen Av. 26 und Hilton an der Av. 7a. Sachen wie "Wimpy" und "Burgerking", auch ein Schwung im Centro z.B. Septima, – um die man aber besser einen Bogen macht, da in Relation sauteuer. (2 Hamburger = 1 excellentes Filetsteak in einem Mittelklasse Restaurant!!). – Gute FILETS ("Lomo") haben wir z.B. im "Hotel San Martin" gegessen, Cra. 13 No. 32 - 94. Vom Ambiente wirklich nichts Besonderes, aber man ist danach satt. Im Centro von Bogota eine Reihe von solchen Möglichkeiten.-Tip ist das "Executivo" (=Menü aus Suppe, Hauptgericht, Postre und Kaffee), das praktisch in allen Mittelklasserestaurants des Centros angeboten wird und meist zugleich billiger ist als ein Einzelgericht nach Wahl. Kostenpunkt im Schnitt 2 - 3 US $. Nur Mittags!

PIZZAS: gut, aber relativ teuer ist "JENOS PIZZA" (z.B. Calle 19 No. 5 - 52). – Wenig zufrieden waren wir mit der auf Mexico getrimmten Snack-Kette "BURRITO- KING" (z.B. im Tequendama/1. Stock der Passagen): superkühles Ambiente, die den McDonalds Erfolg mit mexic. Gerichten vermischt, preislich zwar mittel liegt, aber nicht satt macht.

"CAFETERIA ROMANA" Av. J. Quesada/Ecke Cra. 6 A an der Plazuela del Quevedo nähe Goldmuseum: altmodisch, gemütlich mit viel Patina. – Gegenüber "Salsamentaria Suiza", wo's Hamburger für o,5 US gibt!

WER BILLIG essen gehen will, sollte sich entweder ein "lomo" zwischen die Zähe schieben (siehe oben!), was satt macht, oder einen Chinesen suchen (Plaza de las Periodistas, Ri. Calle 19/Av. Lima) . Basic Kneipen um den Bahnhof und Busterminal. – Die Mädchen von CNT, die wirklich keine göttliche staatliche Vergütung erhalten, empfehlen "Desayonos Tony", eine Kette, die nicht nur Frühstück anbietet. Die meisten in der Cra. 14 (=Caracas) und in Chapinerio. – Weiterhin viele billige Cafeterias in der Calle 5/ Cra. 18 - 19. Essen um 1 - 2 US $.

Transport in Bogota:

1) BUSSE: das Hauptverkehrsmittel, da es keine Metro gibt. Die blaßgelb-ockerfarbig gestrichenen mit seitlich orange sind Buslinien, die von der Stadt unterstützt werden. Sehr billig, ca. Pfennigbeträge, knallvoll und gewisse Vorsicht, wer allzu locker mit seinen Wertsachen umgeht.

Halten nach Lust und Laune und "Völle" der Kiste, meist aber an "Paradero"- Schildchen. Bestimmte Routen, bei CNT und dem städt. Inst. Dist. de Turismo Bogota (Plaza Bolivar) zu erfragen. –

Die grün gestrichenen Busse (=Busettas), teils auch blau, rot oder andere Farbe, sind Minibusse. Geringfügig teurer, aber zu Stoßzeiten ähnliches Gerangel. – Insgesamt ist Bogota verkehrsmäßig durch unzählige Buslinien ausgezeichnet erschlossen und hat sehr dichte und häufige Verbindungen. Die allerdings "Routing- Know- How" und Sprachkenntnisse verlangen, um Leute zu fragen. – Im Normalfall, da das Centro kompakt ist, kann man auf Busse verzichten. Raus nach Chapiniero: Busstop vor/nähe Hotel Hilton.

(2) TAXI: auch hier gibts 2 Typen. Am meisten verbreitet sind die kleinen, wendigen und flinken Minitaxis. Meist franz. Fabrikate wie Renault, aber auch Japaner. Schwarz angestrichen mit gelbem Dach. Seitlich aufgepinselt "Servicio Publico" und die Nummer des Taxis.

Es ist Vorschrift, daß das Taxameter ab Fahrtbeginn angestellt werden muß! Nach 2o Uhr ist ein Aufpreis von derzeit ca. o,3 US $ genehmigt, bei Fahrten in Außenbezirke zusätzlich tags wie nachts ca. 1 US $. Spezialpreise zum Airport, Infos über CNT. Im Centro reichlich Taxis und nicht immer gibts Ärger, insbesondere, wenn der Fahrer sieht, daß man perfekt Spanisch spricht und selber korrekt aber strikt ist.

PER FUNK: zu erreichen	"Telecooper" über Tel.:	77.73.oo
	"Radio Real" " "	242. 6398
	"Radio Taxi" " "	285. 76oo

Weiterhin gibts vor den größeren Hotels wie Tequendama oder Hilton etc. die Luxustaxis. Meist dickere US- Schlitten neueren oder älteren Baujahrs. Grün oder weiß angestrichen. Mit mehr Komfort und teureren Preisen.

(3) 

Eine Reihe von Autovermietern im Flughafen "El Dorado". Ansonsten hilft der Hotelportier oder das gelbe Branchenverzeichnis des Bogota- Telefonbuchs.

Während z.B. Caracas/Venezuela für den Stadtunkundigen echte Schwierigkeiten wegen den vielfältigen und komplizierten Schnellstraßeneinfädelungen bringt, ist Bogota noch relativ problemlos. Hauptproblem hier das permanente Park- Problem im Centro, der dichte Verkehr und viele Einbahnstraßen. Allerdings: wer ausschließlich für Bogota mieten möchte: Mietwagen nicht unbedingt nötig wegen vieler Taxis und guter Busverbindungen.

Für die nähere Umgebung, z.B. Boyaca sehr lohnend, – wer das Geld hat, da man unabhängiger und flexibler ist. Vermietet werden meist Franzosen wie Renault, die um die 3o US $ pro Tag kosten. Rabatte, wer eine komplette Woche mietet.

Verbindungen ab Bogota:

(1) 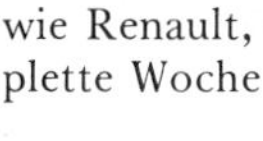

Flüge:

"EL DORADO", westlich, in der Hochebene der Sabana. Ein riesiges Ding, oben viele Shops, auch innen hinter dem Zoll für internationale Abflüge. Die zentrale Lage in Kolumbien, aber auch im internationalen Flugverkehr ist nicht zu verkennen! Jede Menge von Boeings, teils auch Jumbos auf dem Flugfeld.

Im 1. Stock: Geldwechsel; statt Restaurant leider lascher Hamburger-Snack; Telefonoffice (linker Teil, wenn man reinkommt), CNT- Tourist Office (offen 8 - 2o Uhr und So. 8 - 18 Uhr) und Office des Inst. Distr. Turismo (8 - 22 Uhr). Wer Post wegschicken will, muß am rechten Ende im Souvenir Shop die Marken kaufen (nähe Hamburger- Snack!) – Geldwechsel: im Erdgeschoß nähe Avianca- Information. Car Rentals und Gepäckaufbewahrung.

Der Hauptairport, von dem alle internationalen Verbindungen, aber auch viele der nationalen Verbindungen abgehen, – ist zu klein geworden:

PUENTE AEREO: runde 7oo m vom Hauptgebäude, Gratisbusverbindung. Derzeit nur für Avianca- Nationalflüge und nur für Destination Cali, Medellin, teils auch Barranquilla und Cucuta, Pasto... Infos über Avianca/Hauptgebäude.

Transport ins Centro von Bogota (12 km). Mehrere Möglichkeiten.

– COLECTIVO TAXI: fahren ab Eingangsbereich Airport bei ca. o,8 US $ pro Person bis ca. 21.3o Uhr ins Centro via Av. El Dorado (=Cll. 26) und über die Cra. 10.

– BUSETAS: kleiner Bus mit der Aufschrift "Viajes Consul". Kostenpunkt ca. 5 US $ pro Person. Fahren zwischen 4 und 19 Uhr ins Centro und zwar direkt bis vor das gewünschte Hotel. Dabei wird Hotel für Hotel abgefahren gemäß Passagierwünschen. Preislich somit fast so teuer wie das Taxi, wobei letzteres direkt zum gewünschten Hotel fährt und nicht unterwegs für die anderen Gäste Zwischenstop einlegt. Bei beiden Vorsicht: der Fahrer kann einen Contract mit bestimmten Hotels haben, die er besonders empfiehlt, weil er dort Provision beim Abliefern von Passagieren erhält. . .

– BUSSE: fahren bis 21 Uhr. Sehr billig, ca. o,2 US $ pro Person. Fahren über die Calle 26 und die Caracas Ri. Süden. Einige bis Usme, andere bis Germania Nähe Artesania de Colombia. (Av. 19 mit 5). Bogota- Ortskenntnisse günstig oder gute Kommunikation mit dem Busfahrer!

– TAXIS: gibts immer, wenn Flüge gehen oder kommen. Kosten das, was das Taxameter anzeigt zuzüglich ca. 4 US $. Somit je nach gefahrener Strecke ein Preis z.B. ins Centro von Bogota von ca. 6 US $ pro Taxi wohlgemerkt. Nach 2o Uhr Aufpreis. Da es viel Beschiß gegeben hat, gerade bei unkundigen Neuankömmlingen, meist zudem ohne Spanischkenntnisse, – wird nach derzeitigem Stand der Taxifahrer beim Rausfahren aus dem Flughafengelände von einem Polizisten angehalten, der dem Touristen einen Beleg reinreicht mit englischsprachiger Erläuterung der gültigen Bestimmungen. Eine gute Idee, die unnötigen Ärger vermeiden hilft. Fraglich aber, ob das auf Dauer sich durchsetzen lässt. Sicherheitshalber informiert man sich vorab bei CNT oder Avianca nach den derzeit gültigen Bestimmungen und Preisen, um nachträglichen Ärger zu vermeiden!

  Die im Airport stationierten Taxis haben auf der Tür ein Flugzeug abgebildet. Das verpflichtet den Taxifahrer nach derzeitigen Bestimmungen, eine Quittung auszustellen. Mit genauer Angabe der zurückgelegten Strecke, z.B. Airport nach Hotel . . . Wenn er dies verweigert, ist sein Preis vermutlich zu hoch.

  Weiterhin: sonstige Bogotataxis, die hinwärts Passagiere zum Airport gebracht haben. Schwarz mit gelbem Dach! Taxameter!!

  Warung: bereits im Flughafengebäude wird man häufig von Nichttaxifahrern angesprochen ("TAXI? ? "), die mit Privat PKWs Taxifahrten machen. Kann zu korrekten Preisen führen, aber auch zu Streit nach Erreichen des Zieles. Da das Airporttaxifahren für die nicht lizensierten sehr lukrativ ist (auch in Verbindung mit Hotelempfehlungen = Provision), gibt es hier häufig Beschiß.

Flugverbindungen ab Bogota:

(A) Sehr dichtes internationales Flugnetz zu allen südamerikanischen Großstädten, – so Caracas und Quito mindestens 1 mal täglich, – Quito, Lima, Santitiago de Chile, Buenos Aires, Saõ Paulo und Rio täglich. Rechtzeitig reservieren, denn je nach Veranstaltungen, Messen etc. sind die Maschinen oft voll. Zum Teil gibt's erhebliche Ermäßigungen für Hin&Rückflug (Excursion Tickets). Trotzdem sind internat. Flugverb. immer noch sauteuer.

TIPS: Billiger nach Caracas/Venezuela, indem man einen kolumb. Inlandsflug nach Cucuta nimmt, mit dem Taxi (oder Bus) rüber nach San Antonio/Venezuela fährt und dort einen billigen Inlandsflug nach Caracas. Details siehe "San Antonio/Venezuela"!

Billiger nach Quito/Ecuador: kolumbianischen Inlandsflug nach Pasto/Kolumbien. Von dort mit dem Colectivo an die Grenze/Ipiales und drüben ab Ipiales/Ecuador entweder mit der Tame nach Quito oder mit dem Colectivo. Spart ähnlich wie die Variante nach Caracas kräftig Geld. Während man aber auf der Route nach Caracas ab San Antonio mehrere Maschinen pro Tag nach Caracas bekommt, – fliegt ab Ipiales nur 1 x /Tag die Tame nach Quito. Aber die Colectivos nach Quito sind schnell und die Strecke landschaftlich sehr lohnend!! Auf beiden Strecken die Anschlüsse vorreservieren!

Billiger nach Rio oder São Paulo/Brasilien: Inlandsflug nach Leticia/Kolumbien im Amazonas. Mit dem Taxi rüber nach Tabatinga und von dort den Inlandsflug der Cruzeiro do Sul nach Rio, Sao Paulo via Manaus und Brasilia. Auch hier erheblich billiger bei dem Vorteil, daß man noch Manaus und Brasilia als "Extrabonbon" bekommt.

Sehr dichtes Flugnetz in die USA, Zentralamerika und Europa. Die schnellsten Verbindungen sind Lufthansa (via San Juan) mit Jumbo nach Frankfurt, Avianca (via San Juan oder Caracas) und Viasa (via Caracas, auch Madrid) und die Iberia (Madrid). Mit Air France teils via Karibik (Guadeloupe oder Martinique).

(B) NATIONALE VERBINDUNGEN: wegen der wirtschaftlichen Bedeutung ungemein dichtes Flugnetz sternförmig in alle Landesteile.

Barranquilla: mehrmals tägl. (ca. 78 US $), – Bucaramanga: häufig tägl. (ca. 5o US $), – Cali: sehr häufig tägl. (ca. 45 US $), – Cartagena: mehrm. tägl. (ca. 75 US $), – Cucuta: sehr häufig tägl. (ca. 6o US $), die Hauptroute nach Venezuela. Es gibt aber auch noch eine sehr interessante andere Flugroute über die kolumbian. Llanos zu günstigerem Preis für Leute, die etwas erleben wollen und Zeit haben. Nähere Details siehe "Kolumb. Llanos"! – Florencia: tägl. mit Aires und Internac. de Aviacion (ca. 33 US $) Propellermaschinen, über diese Route führt eine lohnende Alternativverbindung in den Süden Kolumbiens. Weiter tägl. mit Aires nach Pto. Asis (Abenteuer- Grenzübergang im Amazonas nach Ecuador/San Miguel. Bzw. von Florencia mit dem Bus retour, rauf in die Anden nach San Agustin (Steinfiguren , Details siehe dort!) – Leticia: tägl. (ca. 9o US $), – Manizales: tägl. (ca. 33 US $), – Medellin: tägl. mehrm. (ca. 4o US $), – Monteira: tägl. (ca. 6o US $), – Neiva: tägl. mit dem Aires Propeller (ca. 33 US $), – Pasto: tägl. mehrmals (ca. 75 US $), – Popayan: tägl. mit Propeller der Int. de Aviacion (ca. 28 US$), – San Andres: tägl. mehrmals mit San- Jets, sowie Avianca (ca. 11o US $)– Quibdo: im Choco mit dem Satena- Propeller2 - 3 mal pro Woche (ca. 45 US $) – Santa Marta: tägl. mehrmals mit Jet (ca. 82 US $), – Tumaco/Pazifikküste: Abenteuerverbindung nach Ecuador via Mangrovenküste. Jet bis Cali und ab hier Aces- Propeller nach Tumaco (tägl. , ca. 3o US $ oder Bus). Alles per Flug zusammen ca. 75 US. – Villavicencio/Ausgang für die Llanos, per Flug ca. 14 US $, zugleich aber auch schnelle und häufige Busverbindungen für Bruchteile des Aces- Propeller.

In Kolumbien heute alle Hauptrouten per Jet, sofern nicht oben "Propeller" angegeben. Die wichtigsten Airlines sind Avianca, dann San, Aces und die Aerotal (günstigere Preise, aber nicht allzuviel Destinationen). Teilweise gibts erhebliche Ermäßigungen, z.B. bei Avianca derzeit die "gelben Tickets", die aber nur für bestimmte Flugtermine gelten bzw. Stand by. Alle Details siehe unser Kapitel "Kolumbien- Allgem. Tips" am Ende des Kolumbien-Teils!

Wer viel in Kolumbien reisen möchte: unbedingt das Rundreiseticket "Conozca a Colombia" kaufen. Bei den saftigen Innerkolumbien- Flugpreisen lohnt sich dies schon bei einem einzigen Retourflug zB. nach Santa Marta an der Karibikküste. Gestaffelte Preise nach Gültigkeitsdauer und Destinationen. Details siehe "Allgem. Tips"!

SATENA, staatliche Airline, bedient abgelegene Siedlungen weit draußen in den Llanos, aber auch Routen in den Kordilleras. Sehr billig. Fliegen ausschließlich mit Propellermaschinen meist älteren Datums. Für den, der das Risiko nicht scheut: heißer Tip,– einmal vom Preis, zum anderen wegen ausgefallener Routen. – Die LLANOS–ROUTEN laufen meist ab Villavicencio, einmal an den Anden entlang via Tame, Jopal bis Cucuta, bzw. nach Arauca (Grenzort zu den Llanos Venezuelas. Arauca geht ab Bogota und kostet nur ca. 5o US $), sowie ab Villavicencio nach Pto. Careño/Abenteuerroute nach Venezuela, ca. 5o US $, Details siehe "Kolumb. Llanos"! – Direkt ab Bogota nach Tumaco/Abenteuerroute nach Ecuador, – Direkt ab Bogota via Florencia nach Leguizamo/Amazonas, Abenteuerroute in den Amazonas/Grenzübergang in den Amazonasteil Ecuadors. Alle Details siehe dort!

Bus:

Sehr regelmäßig in alle Landesteile. Da Kolumbien größtenteils aus tief zerklüfteten Andenketten besteht, ist die Busfahrt ein stundenlanges, ermüdendes Knochenschütteln auf endlosen Serpentinenstrecken.
Die Hauptstrecken sind jetzt fast durchgehend asphaltiert, was die Fahrzeiten verkürzte und den Reisekomfort erheblich verbesserte. Trotzdem immer noch sehr langwierig. Wegen der vielen Serpentinen sind viele der Straßenverbindungen Kolumbiens oft doppelt so lang an Entfernungskilometern wie die Flugrouten. (Vergl. Tabelle "Allgem. Tips"!)

Generell gibts 2 Bustypen – den"ordinario", simple Kiste mit steifen Plastiksitzen und vielen Zwischenstops, – auf den Langstrecken fahren heute jedoch fast ausschließlich die ehemals als "lujo" bezeichneten, komfortableren Busse, die bequeme Sitze haben, bessere Federung und nur wenige Zwischenstops.

BUSTERMINAL in Bogota neu, zentral zusammengefasst alle Buslinien in der Calle 14/Ecke Cra 1o im Centro zwischen Goldmuseum und Bahnhof.

1.) NORDEN: nach Cucuta sehr häufig Tag/Nacht, Fahrzeit ca. 13 - 15 Std. (ca. 15 US $), Strecke läuft über Bucaramanga (ca. 8 Std.) und Tunja (ca. 3 Std., jeweils ab Bogota). Colectivos bis Bucaramanga und zwischen Bucaram. nach Cucuta. Sparer insgesamt ca. 2 - 3 Std.

An die Karibikküste/Sta. Marta: tägl. häufig, Fahrzeit ca. 17 - 18 Std. (22 US $) Nachdem die Strecke jetzt asphaltiert ist, erheblich schneller als der Zug.

Westkordillera: nach Medellin via Manizales/Honda runde 12 Std., ca. 15 US $. Schneller gehts via Dorada/Pto Triunfo: ca. 8 Std./9 US $.
Turbo an der Landbrücke nach Panama: ca. 2o Std. ab Bogota (24 US $), – Cartagena/Karibikküste via Medellin ca. 27 Std. (32 US $) bzw. via Sta. Marta a ca. 25 Std. (3o US $).

2.) SÜDEN: nach Cali: ca. 12 Std. (14 US $), die Colectivos machen die Strekke in ca. 9 Std. – Anschluß Popayan: + 3 Std. im Bus/2 1/2 Std. im Colectivo. – Cali nach Pasto im Bus ca. 8 Std. (1o US $). – Pasto nach Ipiales im Colectivo ca. 1 Std., Bus braucht ca. 1 1/2 Std.

Bogota nach Neiva im Bus ca. 6 Std. (8 US $) im Colectivo ca. 5 Std. bzw. von Bogota bis S. Agustin ca. 12 Std. (14 US $). Alle Verbindungen mehrmals tägl.

3.) LLANOS: Bogota nach Villavicencio sehr häufig am Tag mit Bussen (ca. 3 Std./3 US $) und Colectivos (ca. 2 Std.). Weiter nach Oracue: ca. 9 Std. Ab Villavicencio gibts (nur) im verano/Sommer (=Nichtregenzeit) eine Verbindung in Jeeps der "Transp. Ganaderos del Meta" über Oracue bis Pto. Careño an der Grenze zu Venezuela, die rund 2 Tage dauert, viel Abenteuer bringt und ca. 35 US $ kostet. Gegenüber dem das ganze Jahr über verkehrenden Satena- Flug eine Ersparnis von rund 15 US $. Alle weiteren Details siehe "Llanos Kolumbien"!

Die Asphaltierung der Hauptstrecken des kolumbianischen Straßennetzes hat den Zugverbindungen endgültig den Todesstoß versetzt. Das FFCC- Waggonmaterial ist veraltet, die Gleise umsomehr und die Fahrzeiten können nicht mehr mit den Busfahrzeiten konkurrieren. Entsprechend haben sich die Zugverbindungen in Kolumbien in den letzten 8 Jahren drastisch reduziert.

BAHNHOF/Bogota in der Cra. 18/Ecke Calle 13. Ein feudaler Bau, 195o renoviert. Rund 5 traurige Schmalspurgleise, an denen sich nicht mehr viel abspielt. Ticketschalter, Schalter zum Buchen von Avianca- und Sam-Flügen, Snackbar.

BOGOTA – STA. MARTA/Karibikküste: lohnend, während der Saison (Nov./Dez./Jan.) der "Expreso Tayrona" mit Schlafwagen, Bar. Relativ schnell und bequemer als der Bus auf der selben Strecke. Vorbuchen zu empfehlen. Aber keinen "Intercity"-Komfort und -Tempo erwarten! – Die restlichen Monate des Jahres verkehrt der "Expr. Sol", der bis Sta. Marta 25 Std. braucht und erheblich weniger an Komfort bietet, aber die Möglichkeit, sich unterwegs die Beine zu vertreten, was im Bus bekanntlich Schwierigkeiten macht . . .

Preise: "Expr. Tayrona" ca. 32 US $, – ein Schlafwagenabteil (4 - 6 Personen) kostet ca. 255 DM fürs Abteil. Rechtzeitig reservieren. Wenn 4 Leute sich den Preis teilen, sind das angenehme ca. 65 DM für runde 23 Std. Eisenbahnspaß von den Anden in die tropischen Regionen entlang des Tals des Rio Magdalena mit privater Atmosphäre. Achtung: wer "normal reist" : knochenharte, steife Plastiksitze!!
Im "Expr. Sol" kostet der Spaß bis Sta. Marta ca. 27 US $ pro Person (2 mal pro Woche, kein Schlafwagen, nur Restaurant). Damit teurer und langsamer als der Bus!

BOGOTA – MEDELLIN: derzeit 2 mal pro Woche . 9 Std. bis Pto. Berrio am Rio Magdalena und am nächsten Morgen weiter mit dem Zug nach Medellin (tägl., ca. 6 Std.) Unterm Strich erheblich langsamer als der Bus, daher Einstellung der Verbindung zu erwarten.

BOGOTA– BARRANCA – BUCARAMANGA: 12 Std./12 US $ bis Barranca mit dem Zug Ri. Sta. Marta. Ab Barranca tägl. Zugverbindung rauf nach Bucaramanga in runden 3 Std. (2,5 US $). Ebenfalls nicht gerade konkurrenzfähig zum Bus.

"TREN DE LA SABANA": während die anderen Züge heute von Dieselloks gezogen werden, ist dieser Zug ab Bogota (jeden Sa. und So. ab Bogota, derzeit 9 Uhr) rein für Touristen kreiert und von Dampflok gezogen. Guter Service (Restaurant) an Bord und lohnender Wochenend- Spaß. 3 Std. wird Zwischenstop in Zipaquira eingelegt zum Besuch der Salzkathedrale (2o Min. ab Bahnhof zu Fuß), Ankunft gegen 15 Uhr in Nemocon. Zurück in Bogota gegen 18 Uhr. Kostet ca. 6 US $ retour. Rechtzeitig im Bahnhof vorbuchen!

BOGOTA Richtung Süd: ab Girardot 3 mal in der Woche ein Autoferro nach Neiva, ca. 3 US $, Fahrzeit 4 1/2 Std.

Shopping Bogota:

✶ Kunstgewerbe:

Gute Auswahl bei mittleren Preisen in den Geschäften "Artesanias de Colombia" des "ministerio de desarollo economico". Einmal im ehemaligen Kloster San Diego gegenüber des Tequendama- Hotels (Cra. 1o No. 26- 5o), weiterhin oben kurz vor der Quinta Bolivar wo die Straße zur Talstation zum Monserrate eng wird, links (Cra. 3 a No. 18 - 6o). Das 3. Geschäft der Kette liegt in der Cra. 15 - No. 95 - 74, bessere Auswahl aber in den ersten beiden: gestickte Wandteppiche mit Szenen vom Campo,-Blusen, Decken, Ponchos, kleine Modelle von kolumbianischen Überlandbussen mit Früchten oben auf dem Dach, Keramik und Schmuck. Oben in Las Aguas habe ich mir ein schönes Schachspiel mit orginell geschnitzten Figuren gekauft. Beide Geschäfte (San Diego und Las Aguas) besuchen, unterschiedliche Angebote! Preise mittel. Sind fixiert; kein Handeln.

Artesaniageschäft im Museo Artes Trad. Populares nähe Plaza Bolivar.

Tibabuyes Calle 33 No. 16 - 15 nähe Hilton. Excellente Artesania aber gehobene Preise. – "El Lago" Cra. 15 - 73 - 64. – "Tipicana" in Calle 69 No. 8 - 54 nicht billig, aber gute Sachen. – Kunstgewerbegeschäfte ums Goldmuseum. Viel Schmuck. Nicht billig, aber schöne Replikas in Gold aus dem Goldmuseum. – "Pasaje Rivas" Cra. 1o/Calle 1o nähe Plaza Bolivar. – "El Rey de la Artesania" Cra. 11 No. 67 - 2o und "El Balay" Cra. 15 No. 74-38. Zumeist teure Artesania- Geschäfte, allerdings mit überdurchschnittlich guter Auswahl an hochwertigem Kunstgewerbe aus Kolumbien.

✶ Lederarbeiten:

Kolumbien ist berühmt dafür und beliefert unter anderem den europäischen Markt. Zum Teil tragen in Bogota käufliche Lederarbeiten (z.B. Geldbörsen, Handtaschen etc.) bereits den Markennamen des europäischen Händlers, sind aber in Bogota erheblich billiger als in z.B. Paris oder Rom!

Excellent und exclusive: "Almacen el Centauro" Ecke Septima mit Calle 19. Handtaschen, Gürtel, Lederjacken, Stiefel, Geldbörsen etc. Preise mittel bis gehoben. – In der Calle 19 nebenan mehrere weitere, zum Teil billiger, aber schlechtere Qualität. – Eines der exclusivsten und teuersten Ledergeschäfte in Bogota ist "Boots & Bags", die u.a. hochwertige Diplomatenkoffer anbieten zu Preisen, die rund 5o % unter denen in Europa kosten. Unter anderem in der Shopping- Gallerie im Tequendama. – "Columbian Bags" (Cra. 15-No. 93 B - o3)– "El 7 Cueros" (Cra. 13 No. 68 - o4 Tequendama).

Lederbrieftaschen mit 7 Fächern kosten um 25 US $ im Centauro, excellente Arbeit, billiger z.B. im "Almacen Miravel" Cra. 8 No. 16 - 37 nähe der Buchhandlung Buchholz, aber schlechtere Lederqualität.

✶ Silberarbeiten:

Straßen um Cra. 6 zwischen Calles 12 und 13 und entlang der Calle 12 zwischen Carreras 6 und 7.

✶ Schuhe:

Im Centro: Septima Calle 24 - 13, in der Cra. 13/Cll. 64 - 53 und in der

Cra. 15/Cll. 7o - 1oo

★ **Buchhandlungen:**

Libr. "Buchholz" mit riesigem Baum auf der Glasfassade des Hauses, aber extrem engem Inneren. Cra. 8 Ecke Calle 2o. Leider wenig Auswahl an Guides zu Kolumbien. Man quetscht sich zwischen Glas und Regalen.

Lib. "Lerner" Av. Jimenez 4 - 35: die Buchhandlung generell zur Kultur, wie sie sich nennt und für Unibedarf. Gute Sachen, aber wenig zu Kolumbien.

"Aldina" Cra. 7 /Calle 7o - 8o. Viele englische Bücher und hilfreiche Bogotaliteratur.

★ **Straßenmärkte:**

Av (=Calle) 19, unterhalb der Kreuzung mit der Septima (Cra. 7) bergab: Bücherstände, Schallplatten, Kassetten. Selbe Straße aufwärts: Juweliershops, Leder (siehe oben!).

Av. Jimenez/Ecke Septima, bergab. Riesiger Straßenmarkt mit allem von rosafarbiger Unterwäsche über Schuhe zu Einwegrasierern etc.

★ **Shopping- Centers:**

Eines der größten von Südamerika ist das "Unicentro"im Nordteil der Stadt, Cra. 15/Av. 127. Eine gigantische Angelegenheit über rund 1/2 km. Abstecher lohnt sich; fast alle wichtigen Geschäfte von Bogota haben hier ihre Filiale, Restaurants, Sqash- Centers. Stadtbus ab Hotel Hilton.

Shopping- Passage im Tequendama- Hotel: vorwiegend sehr exclusive und teure Geschäfte. Bei weitem nicht so groß wie das Unicentro.

Stadtteil "El Lago" und "El Chico" im Norden. Viele kleine Boutiquen aber auch größere Geschäfte. Bereich Calle 72 bis Calle 1oo und Cra. 7 a bis Cra. 15.

★ **Landkarten:**

"Instituto Agustin Codazzi" Cra. 3o No. 48 - 51 im Nordteil der Stadt. Per Stadtbus zu erreichen, aber bequemer mit dem Taxi ab z.B. Hilton für runde 4 US $. Offen Mo. - Fr.: 8 - 15.2o Uhr. Wichtigste Anlaufadresse für Leute, die in Kolumbien z.B. wandern oder bergsteigen wollen. Unten an der Rezeption den Pass abgeben, im ersten Stock ausgezeichnet bestückte Landkartenabteilung des Staates. Stadtpläne für ca. o,8 US $, vierfarbig. Die Landkarten dagegen nicht immer im Orginal erhältlich ; teils gibts eine Fotokopie. Maßstäbe 1 : 1oo.ooo, 1 : 5o.ooo und 1: 25.ooo. ca. o,5 US.

Excellent die beiden Kolumbien- Atlanten, der Paperback für ca. 3 US, praktisch geschenkt mit jeder Menge Stadtplänen und geographischen Übersichten, – der gebundene "Atlas de Colombia" für ca. 3o US: Spitze aber auch schwergewichtig.

★ **Smaragde:**

9o % der Weltproduktion kommt aus Kolumbien, vorwiegend von der Mine Muzo, nördl. Bogota in der Ostkordillera. Vorsicht vor ambulanten Händlern insbesondere im Bereich vor Tequendama und in der Calle 19, die locker auf der Straße ansprechen und den grün funkelndem Edelstein aus einem Briefkouvert oder einer Zeitung auswickeln. Oft sind das wertlose Glasreplikas. Wer auf sowas "steht", besser in einem der renomierten Shops (z.B. viele in der Tequendama- Passage) kaufen! Bei echten Smaragden sind Wertkriterien die Reinheit, die Größe, die Farbe und die Leuchtkraft (=Feuer).

Nähere Umgebung Bogota:

Sehr lohnend, der Abstecher Ri. Nord nach VILLA DE LEIVA, Kolonialdorf aus dem 16. Jhd. mit gemütlichen Hotels. – Beliebtester Abstecher Ri. Süd ist MELGAR in der Tiefebene des Rio Magdalena wegen tropisch heißen Temperaturen, guten Restaurants und Hotels.

(1) NORDEN von Bogota:
über die Panamericana nach Tunja mit Abstecher nach Villa de Leiva bzw. nach Duitama/Sogamoso. Details siehe Seite 337.

FREIZEITPARK "Parque Duque" an der Panamericana, etwa 2o km nach Stadtgrenze Richtung Nord/Tunja. Links der Straße, beliebtes Ausflugsziel der Leute von Bogota am Wochenende.

Der Parque Duque gilt als einer der größten Freizeitparks Südamerikas. Replikas von Schiffen der spanischen Konquistadores, alte Propellerflugzeuge, in die man reinsteigen kann, viel Spielzeug für Kinder wie Schaukeln, Autos etc. Offen Sa. 12 - 18 Uhr und So. 1o - 19 Uhr. Soll demnächst die ganze Woche über offen sein. BUS: ab Av. Caracas in Bogota Ri. Tunja. Praktisch jeder Bus; dem Busfahrer Bescheid geben. Ist direkt links der Panamericana! –

GUATAVITA NUEVA: am Ostufer des Stausees von Tomine/Abzweigung Panamericana bei Sesquile. Der Ort wurde bei Errichtung des Stausees neu gebaut mit alten spanischen Elementen der Architektur. Wochenendausflugsziel, Restaurants.

Die Zeit in Villa de Leiva, – der Leser fühlt das sicher an meinem ausführlichen Text – gehörte mich zu meinen schönsten Erlebnissen auf meinen Kolumbienreisen. Allerdings sollte man sich die Dollar spendieren für das "Durello"- Hotel, und sicherheitshalber ab Bogota vorreservieren! –

Der andere Standartausflug ab Bogota Ri. Nord geht zur Salzkathedrale von ZIPAQUIRA. 5o km von Bogota über die Panamericana Norte, Abzweigung bei Chia. In einem Salzbergwerk wurde aus dem Salz eine Kathedrale gehauen, die rund 9.ooo Personen fasst. Alles aus Salz: die Säulen, die Altäre und die Heiligenschrein- Nischen. Früher konnte man mit dem PKW reinfahren. Durch die Erschütterungen und Auspuffgase entstanden Risse in den Säulen, die mit Stahltrossen umwickelt wurden. Heute muß man zu Fuß vom Parkplatz vor den Stollen reingehen. Die Minen wurden bereits von den Muiscas (Ureinwohner vor Ankunft der Spanier) ausgebeutet. Der Abstecher ist interessant, hat mich aber nicht vom Stuhl gehauen... Entweder per Bus, oder (angenehm!) mit dem "Tren de la Sabana" , siehe Zugverbindungen ab Bogota! –

Eine 1oo km Stichpiste führt zu den Minen von MUZO (Smaragde), die aber nur mit Regierungsgenehmigung in Bogota besichtigt werden können.

Nähere Infos über CNT/Bogota.

② SÜDEN von Bogota:

TEQUENDAMA–WASSERFÄLLE, touristisch promocioniert, rund 1oo m in tropischer Vegetation, allerdings stinkend wie eine Kloake. Nix von Romantik, wie man das gelegentlich in anderen Reiseführern liest.

MELGAR: 1o4 km ab Bogota, tropische Temperaturen bei rund 26 Grad/ 323 m . Beliebtes Ausflugszentrum ab Bogota mit Restaurants und Hotels.

Detlev Schuppan berichtet: "das Richtige für jeden, der sich vom Herbstwetter Bogotas erholen möchte. Busse ab Busterminal, während der 1 1/2 stündigen Fahrt wird das kühle Hochland langsam von der üppigen Tieflandvegetation des Magdalenatals abgelöst. Landhäuser reicher Kolumbianer an der Straße – schon wenige Straßenkilometer bedeuten hier Temperaturunterschiede von mehreren Grad, deshalb Grundstückskauf nach Klima.

Besonders an Wochenenden sind die Straßen gesäumt von Kiosken, frische Früchte werden billig angeboten, kirmesartiger Trubel für die Stadtflüchtigen aus Bogota. Am nahegelegenen Fluß kostenlose Bademöglichkeit. Im Hintergrund knallt es, alsob die Revolution ausgebrochen wäre, – der Grund ist TEJO, beliebtes Spiel der Landbevölkerung: auf einer Sandbahn, hinten erhöht, und mit einem Metallring versehen, muß ein diskusähnliches Steingeschoß möglichst in den Ring geworfen werden. Eine dort angebrachte Sprengkapsel belohnt jeden Volltreffer."

Eine 27 km- Straße führt rüber nach GIRARDOT am Rio Magdalena, Höhe 289 m und wichtiger Flußhafen. Handvoll Hotels, teils sehr guter Klasse und beliebtes Wochenendausflugsziel für Bogota. Liegt an der Straße nach Neiva/San Agustin und bietet sich als Zwischenstop- Alternative an, wer nicht im kühleren und lauten Bogota schlafen will.

HÄUFIG am Tag BUSSE nach Melgar und Girardot. Fahrzeit 1 1/2 Std. (Melgar) und knapp 2 Std. (Girardot). Mit eigenem Auto fährt man aus Bogota raus über die Av. Caracas und weiter die Calle 14, Cra. 27, die in die Autopista Sur mündet. Bzw. über die Av. Ciudad de Quito, die zur Autopista Sur wird.

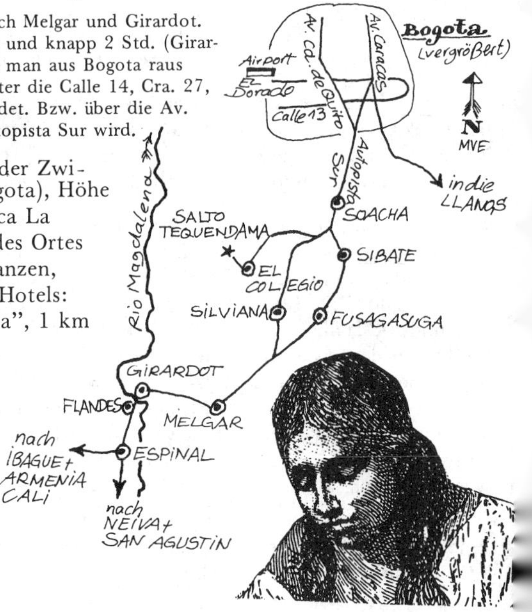

FUSAGASUGA: lohnender Zwischenstop (64 km ab Bogota), Höhe 1728 m, wegen der "Finca La Clarita" kurz außerhalb des Ortes mit vielen tropischen Pflanzen, insbesondere Orchideen. Hotels: "El Castillo" und "Manila", 1 km außerhalb des Ortes.

③ LLANOS:

Die rund 3 stündige Busfahrt runter nach Villavicencio geht landschaftlich streckenweise schön durch ein tief eingeschnittenes Andental , alle weiteren Details siehe "Llanos- Kapitel"!

Kolumbianische Karibik-Küste

Wilde, einsame Palmenstrände bei STA. MARTA und herrlich tiefblaue Karibik. – CARTAGENA mit gut erhaltenem Kolonial- Zentrum und wuchtigen Festungsmauern. – Bei Sta. Marta mehrtägige Ritte hinauf in die Sierra Nevada zu den Indianerstämmen der COGIS und ARUACOS, – Trampen auf LKW's in die Wüste der Guajira zu blendend weißen Salzlagunen und Abenteuertrips in den Dschungel von Darien zu versunkenen Conquistadores - Siedlungen. –

VERBINDUNGEN:

FLUG: mehrmals täglich Jets ab Bogota nach Sta. Marta und Barranquilla in ca. 1 Std. Flugzeit. Knackig teuer, wer kein Rundflugticket in der Tasche hat, nämlich runde 75 bis 8o US $. Die Zeiten verbilligter Propellerflüge sind vorbei.

ZUG: während der Saison fährt der "Expr. Tayrona" , der 23 Std. braucht und viel Spaß bringt, wenn man zu mehreren ist und gemeinsam ein Schlafwagenabteil nimmt. Für kolumb. Verhältnisse eine Luxuseisenbahn mit Duschen, Musik, Bars und anderen Annehmlichkeiten. Schöne Strecke durchs Tal des Rio Magdalena mit seiner Tropenvegetation. Allerdings sehr frühzeitig buchen! – Der "Expr. Sol", der das ganze Jahr über verkehrt und ca. 25 Std. braucht, ist gegenüber dem Bus weniger diskutabel. Details siehe "Bogota/Zugverbindungen"!

BUS: häufig pro Tag, Fahrzeit seit die Strecke nunmehr fast durchgehend asphaltiert ist, erheblich schneller und nunmehr nur runde 18 Std. bis Sta. Marta (23 US $). Rund 1.2oo km, erste Etappe: Bogota–Bucaramanga. Pullover zurechtlegen, denn die Nacht wird kalt! Landschaft: runter von den Anden durch gelbgrüne Weiden, rote Sandsteinfelsen und wenig reizvolle Siedlungen. Ankunft bei Morgengrauen in Bucaramanga, wer am Spätabend in Bogota startet.

Dann gehts hinaus in die weiten Ebenen des Rio Magdalena- Tals. Die Alte auf dem Nachbarsessel macht sich immer breiter, und ein etwas ungutes

Gefühl über den Fahrer, der nun schon fast 1o Std. ohne Pause durchfährt. Vorbei an Strohhütten mit verrauchten Petroleumlampen und Feldarbeitern, die am frühen Morgen mit der Machete zur Arbeit laufen. Frauen steigen in den Bus mit Gemüse und gackernden Hühnern, die unter dem Sitz oder auf dem Busdach verstaut werden.

Hinein in die endlosen Steppen des Departements Cesar. Vor einem 6oo km vorbei an Pferden, Ziegen, Zebus, Ölpalmen und vereinzelten, knorrigen Holztoren, die den Beginn einer Finka (=Farm) markieren. Rast bei gebratenen Eiern, Reis und Zeigenfleisch .

Dann wieder rasante Verfolgungsjagden mit anderen PKWs und LKWs auf der Straße, die sich endlos zum Horizont raufzieht. Neben dem Busfahrer sein "secretario" ein etwa 16- jähriger, sommersprössiger Junge, dessen Hauptaufgabe es ist, den Fahrer bei Bewußtsein zu halten und die Passagiere unterwegs einzusammeln, das Fahrgeld einzukassieren und die Gepäckstücke oben auf dem Busdach zu fixieren.

Nächster Stop mitten im MACONDO, dem Schauplatz der meisten Romane von Gabriel Marquez, des berühmtesten kolumbianischen Schriftstellers: verfallene Hütten, ewig schwangere Frauen, die Kinder zwischen streunendem Borstenvieh, die Honoratioren des Ortes aber in strahlendem Weiß; abgehärten Interessenten können hier ihre Hängematte in einem Schuppen aufknüpfen – dem Hotel. Die ersten "retenes", Zollbuden gegen den Schmuggel zwischen Venezuela und Kolumbien tauchen auf. Die letzten 1oo km an den Ausläufern der Sierra Nevada de Santa Marta mit ihrem schneebedeckten Gipfel entlang, im Tiefland durch dichte Bananenplantagen, Baumwollfelder und Tabakstauden. Heiße Tropenluft weht zum Fenster rein! Man riecht schon die Karibik!

Santa Marta

ca. 6 m / 2oo.ooo E.

Älteste europ. Siedlung auf dem südamerikanischen Festland, 1525 von dem Spanier Rodrigo de Bastidas gegründet. Die Stadt erstreckt sich von einer weitgeschwungenen Bucht ins flache Landesinnere. Das Centro freundlich, aber provinziell. Viel Verkehr; alte Häuser nur selten und etwas verfallen. Das meiste eher typisch südamerikanische Einheitsarchitektur.

Kolumbianischer Busfahrer bei seiner Abfahrt in Bogota.

Hauptgeschäftsstraße ist die Cra 5 (= "Campo Serrano") mit mehreren Banken und dem Ley-Kaufhaus. Auch die Strandpromenade (Malecon Av. Bastidas) ist nicht sonderlich aufregend: kleine Bäume vor kahlem Strand und eine Reihe kleinerer 3 stöckiger Gebäude, teils Hotels, sowie 2 Provinzdiskos. Baden ist hier weniger zu empfehlen, da stark durch die Stadt und den Hafen verschmutztes Wasser.

Hafen: 2. größter der kolumb. Karibikküste (nach Barranquilla), 6 Kais; sehr tiefe, natürliche Bucht, die durch eine 5o m hohe Felshalbinsel geschützt ist.

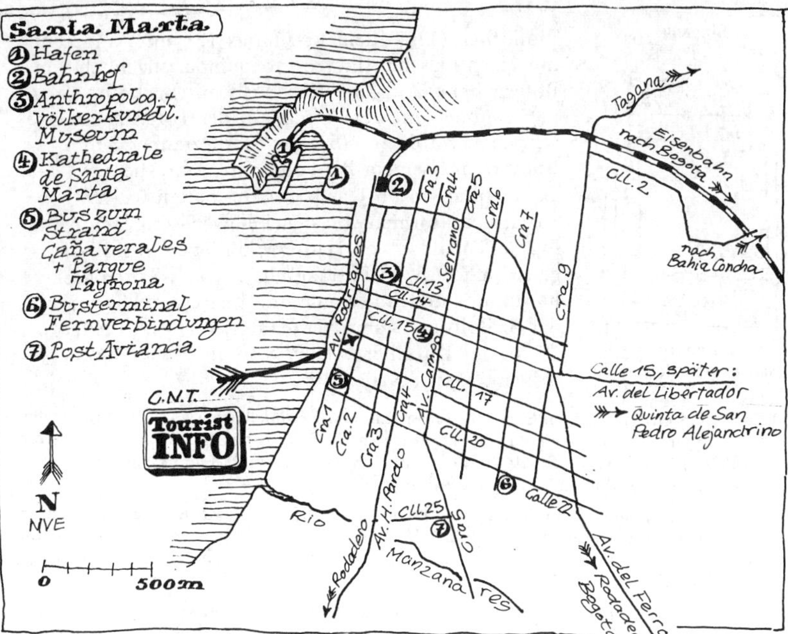

Sehenswert, wer sich für die Tayrona- Kultur interessiert: "MUSEO ANTROPOLOGICO" in der Casa de la Aduana (Cra. 2 a/Calle 13) mit Goldschmiedearbeiten dieser Kultur, Details siehe auch "Sierra Nevada de Sta. Marta"- Text.

CONVENTO DE STO. DOMINGO (Cra. 2 a No. 16 - 44), ein Kloster aus dem 17. Jhd. mit schönem Kreuzgang. Zugleich CNT-Tourist-Office. – Die KATHEDRALE (Cll. 16/Plaza Bolivar) ist eine der ältesten von Kolumbien.

HAZIENDA SAN PEDRO ALEJANDRINO: Zuckerrohrplantage von 16o9 im Südosten von Santa Marta, in der der große südamerikanische Befreiungsheld Simon Bolivar am 1o.12.183o starb. (siehe auch "Geschichte/Bogota"!)

Abgesehen davon, daß dies für Südamerikaner Nationalmonument ersten Ranges ist, macht der Besuch Spaß wegen schöner, tropischer Gartenanlage: viele Bäume, zum Teil 4oo Jahre alt, der "Saman Campana" mit riesigen, fadenartigen Luftwurzeln, die von den Ästen runterhängen (gleich nach dem Eingang links) und einem Tamarindo mit riesigem Blätterdach von ca. 4o m! Herz der Anlage ist die Hazienda mit

Selber Busfahrer, 18 Stunden später bei der Ankunft in St. Marta

Eingang

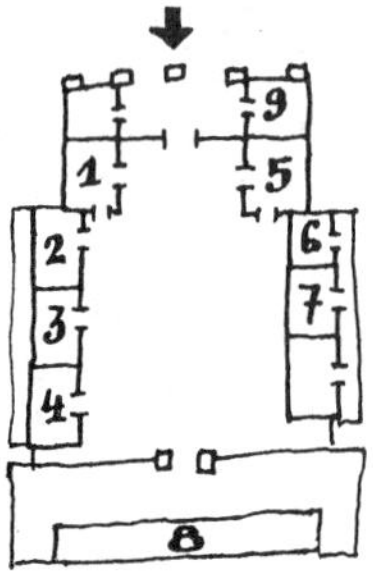

Hazienda
San Pedro Alejandrino

Bibliothek (1), – dem Esszimmer (2) unter anderem mit einer Flasche Likör de Joaquinde, angeblich von Bolivar benutzt, – der Küche (3) mit Backofen, – (4): Zimmer mit dem Tisch, wo der Totenschein geschrieben wurde, – (5): das Sterbezimmer Simon Bolivars mit seinem Bett und einer Uhr, die zur Todesstunde (1.o3 Uhr p.m.) angehalten wurde, – (6):alte Uniformen von den Leibwächtern Simon Bolivars, Gemälden von Häusern, in denen S. Bolivar gelebt hat (z.B. in Barranquilla), – (7): Totenmaske in Marmor und Bild von Maria Theresa del Toro, mit der S. Bolivar 7 Jahre verheiratet war. – (8): Pferdeställe, mit Kutsche, mit der S. Bolivar nach Santa Marta kam, – (9): Kapelle.

Nach dem entscheidenden Sieg über die spanischen Kolonialherren am 7.9.1819 an der Brücke von Boyaca nähe Tunja/Bogota war dem in Caracas/heutiges Venezuela geborenen SIMON BOLIVAR der Staatenzusammenschluß der riesigen Fläche/heutiges Venezuela–Kolumbien–Ecuador und Panama gelungen.

Die Staatsverträge wurden in Cd. Bolivar am Unterlauf des Rio Orinoco geschlossen, im heutigen Venezuela. Die neue Republik hieß GRAN COLOMBIA, erste Hauptstadt Cd. Bolivar, damals ein tropisch heißes Mininest fernab der Küsten und Hauptverkehrswege, außer Rio Orinoco. Ab 1821 wurde die Hauptstadt nach BOGOTA verlegt.

Simon Bolivar, genialer Feldherr und Koordinator der Widerstandskräfte gegen die Spanier, – hatte jedoch als erster Präsident der neugegründeten Republik wenig Erfolg. Die Streitigkeiten und Machtkämpfe zwischen den liberalen und konservativen Kräften der Republik führten zusammen mit wirtschaftlicher Schwäche schon 1829 zur Abspaltung Venezuelas und 183o Ecuadors.

Schwer an TBC erkrankt, kam er 183o nach Santa Marta; er wollte sich ab Savanilla (damaliger Hafen nähe heutigem Barranquilla) über Jamaika nach Europa einschiffen. Der nur 1,6o m große Feldherr wog bei seinem Tod nur 49 kg! Neun Tage vor seinem Tod schrieb er als Testament:

> "COLOMBIANOS"! Mis ultimos votos son por la felicidad de la patria. Si mi muerte, contribuye para que cesen los partidos y se consolide la union, ya bajare tranquillo al sepulcro" SIMON BOLIVAR

> "KOLUMBIANER' Meine letzten Wünsche sind fürdas Glück der Heimat. Wenn ich sterbe, unternehmt alles, um die Einheit der Union zu stärken, und ich kann mich ruhig in meinen Sarg niederlegen."

Seitlich der Hazienda ist eine monumentale Marmorgedenkstätte, errichtet 193o zum Simon Bolivargedenkjahr. Im Museum seitlich Fahnen der Andenstaaten, alte Waffen etc.

GEÖFFNET: tägl. 9 - 17.3o Uhr, Eintritt ca. o,7 US $. Zufahrt mit eigenem Auto über die Calle 15, die sich später Av. del Libertador nennt; nach Überquerung des Rio Manzanares (kleine Brücke) gleich in der Linkskurve rechts abzweigen, ca. 3o m. Bei der Abzweigung gibts mehrere Restaurants in grasüberdachten Hütten. Gut z.B. das "Chapultepec", Essen ca. 3,5 US.

Santa Marta erhebt den Anspruch, zusammen mit Cartagena wichtigster Badeort an der kolumb. Karibikküste zu sein. Die Aktivitäten spielen sich ca 8 km südlich an der nächsten Bucht im Stadtteil RODADERO ab, der fast ausschließlich vom Weekend- und Sommerbadebetrieb lebt.

Eine langgeschwungene, halbmondförmige Bucht, – ca. 2 km lang – mit vielen Hotels , 2 bis 3 Parallelstraßen zum Meer. Am Wochenende, insbesondere aber während der Saison (Juni/Juli/August + Dez/Jan und 4 Tage Carneval),die Hotels knallvoll und jede Menge Rummel.

Der Sandstrand (weiß-grau) ist ca. 3o m breit, Meer relativ sauber und viel Wassersportaktivitäten, besonders Wasserski mit hoch-PS-bestückten Booten. Schöne Uferpromenade, teils Palmen, teil Gummibäume, die oft so tief hängen, daß man den Kopf einziehen muß. Abends spielen in den Strandrestaurants Cumbias, herrlich warme Abendluft und Barbeques z.B. im "Sierra-Hotel" am Wochenende.

Rodadero ist relativ klein; nach ein paar Parallelstraßen die Hauptstraße Sta. Marta – Cartagena und dahinter dann die Küstenhügel mit grünem Strauchwerk, Bäumen und Kaktussen.

Bus nach Sta. Marta: zwischen 7 und 2o Uhr alle 1o bis 2o Min. , Fahrzeit etwa 1o Min. bei o,3 US $. Taxi kostet um die 3 US $ fürs Fahrzeug, keine Bootsverbindung.

Ab der MOLE in der Mitte des Rodadero- Strandes (nähe Hotel "Sierra") fahren Boote rüber zum SEE–AQUARIUM, wo man u.a. Haifische sehen kann. Am Wochenende alle 1/2 Std., zur Saison entsprechend öfters nach Bedarf.

WASSERSKI kostet um die 22 US $ für eine halbe Stunde, Tretboot gibts pro Std. bereits für ca. 3 US $, – wem's Spaß macht, kann sich selber ein Motorboot mieten, um sich draußen auf dem offenen Meer die Sonne auf den Pelz brennen zu lassen. 40-60 PS kosten um die 2o US $ pro Stunde. Alle Preise während der Saison erheblich höher! Bootsvermieter und Wasserski links von der Mole nähe Hotel Tamaca Inn.

Taxistände in EL RODADERO: 3 Stück, einmal vorm Hotel Tamaco Inn, sowie Cra. 2/Cll. 9 und Cra. 2/Cll. 6. – Kleiner Markt: Ecke Cll. 9/Cra. 3 mit Bikinis, Sonnencremes, Kosmetik, Taperecorders und T- Shirts.

Traumstrände im Bereich/Sta. Marta sind Cañaverales und Palomito. Details siehe "Nationalpark Tayrona".

Hotels:

Während der Hochsaison (Juni - Aug. + Dez/Jan und Carneval) fast aussichtslos, in Rodadero Zimmer zu bekommen, selbst in mieseren Mittelklasse- Hotels in Sta. Marta. Vorreservierung dringend nötig, denn es gibt nicht genügend Zimmer für diesen Ansturm.

Den Rest des Jahres: wer Geld hat, unbedingt Rodadero wählen! – Wer sparen will: unbedingt Sta. Marta/Stadt und mit dem Bus tagsüber raus nach Rodadero.

Teuer bis mittel:

"SIERRA"/Rodadero, direkt am Strand und cleverer Architekt. Fast alle Zimmer, auch die nach hinten liegenden haben Meeresblick a 9o^{o} , da verschachtelt versetzt angeordnet. Die Zimmer allerdings (mit s/w- TV) sind mini, der Balkon Spitze und nicht ungefährlich: über 2 Stufen gehts direkt an der Tür auf den Balkon runter, was zwar superfreien Blick aufs Meer gibt, bei Suff zu brisanten Situationen führen kann. 28 US $ und zusammen mit dem "Tamaco Inn" bestes von Rodadero. Der Aufzug (einer für 74 Zimmer) jedoch permanent und hoffnungslos überlastet. Gutes Strandrestaurant mit Life-Bands und Barbeque am Wochenende.

"TAMACO INN", niedriger als Sierra, 5 Stock, mit freiem Meeresblick, davor die breiteste Stelle des Rodadero- Strandes. Im Garten ein kleiner SW-Pool, der bei Meeresnähe aber unnötig wird. Ca. 32 US $.

"PARADOR DE MESTRE" neben Sierra, 2- stöckig. Saubere ca. 15 qm Zimmer, die sehr nüchtern eingerichtet sind, Steinboden. Das Doppel ca. 13 US mit Ventilator bzw. ca. 15 US $ mit AC, Telefon und TV. Direkt am Strand, wobei aber nicht alle Zimmer Strandblick haben.

"EL RODADERO", daneben. Sauber, aber etwas alt. Gemütlich hinter einer Steinmauer versteckt liegt der Patio mit SW-Pool und Palmen. Im Pool Steinsitze im Wasser vor einer Bar. Dahinter 3 Reihen von Zimmern, nüchtern, kein Blick aufs Meer. Doppel ca. 14 US mit Air Condition.

"CAÑAVERALES", 4 stöckig und vom Strand zurückgesetzt. Die Zimmer Richtung Meer sind im Blick meist durch ein zwischenliegendes Hochhaus verbaut. Bzw. von Bäumen oder Palmen. Doppel ca. 2o US $, zum Strand 15o Meter.

"BETOMA", Cll. 8/Ecke Strandpromenade Rodadero. Das 6-Stockwerkgebäude bringt saubere Zimmer, allerdings ohne Strandblick. Doppel ca. 18 US $.

"RESID. MANSION DEL MAR", einfach eingerichtet, die Zimmer etwas muffig, Bäume, Hinterhof. Zum Strand runde 1oo Meter. Doppel ca. 13 US $.

"HOTEL LILIOM", sauber, in der Parallelstraße (Cra. 2) zum Strand, aber nichts Spezielles. Nüchtern, 2. Wahl in 2. Reihe zum Strand bei ca. 24 US $.

"IROTAMA", 6o Bungalows etwas abseits vom Schuß an der Straße Rodadero zum Airport. Zudem mit runden 3o US $ nicht billig, aber eigene Küche. Von Kolumbianern, die Familie haben bevorzugt, da man sich selbst kochen kann.

ALLE PREISE der oben aufgeführten Rodadero- Hotels für Nachsaison. In der HS bis zu 5o % teurer!

Centro/Sta. Marta - billig:

Entlang des Malecon ("Strand"- Promenade) im Centro ein Schwung teurerer – Park– Miramar– Preisgünstiger sind "Res. El Pasajero", "Resid. Tayrona No. 1 und 2" in der Hauptstraße, aber laut, Calle 22 ca. Ecke Cra. 5, sowie weitere nähe Busterminal für die Fernverbindungen.

Verbindungen:

FLUG: tägl. mehrmals nach Bogota, Bucaramanga, Cartagena und San Andres mit Jets. Regionale Propellerverbindungen nach Valledupar und Riohacha.

Der Airport liegt knapp 2o km im Süden an der Straße nach Cartagena. Stadtbusse ins Centro von Sta. Marta und nach Rodadero, woran die Straße vorbeiführt. Mit Taxis hat es wiederholt Probleme in der Preisgestaltung gegeben. Besser vorab über den Preis im Tourist- Kiosk im Airport Infos einholen.

ZUG: moderner, nüchterner Bahnhof im Centro nähe Hafen. 2 Gleise und Endstation der Strecke von Bogota und Medellin. Ganzjährig verkehrt der "Expr. el Sol" derzeit 2 mal pro Woche bis Bogota, – ein Autoferro (Art Schienenbus) tägl. bis Barranca, – sowie ein "Tren Ordinario" (2x Woche) bis Dorada am Rio Magdalena. Kostenpunkt im "Tren Ordinario" bis Dorada ca. 12 US $, – im "Autoferro" bis Barranca ca. 14 US,– Vor dem Bahnhof steht eine Lok der "Ferrocarriles de Colombia", die leider vor sich hinrostet und innen vollgeschissen ist.

BUS: für Fernverbindungen Ecke Calle 22 mit Cra. 7. Häufige und dichte Verbindungen mit Bogota (ca. 18 Std./23 US $), – Medellin (ca. 18 Std./23 US $), – Barranquilla (ca. 1 Std. im Direktbus/2,5 US $), – Cartagena (ca. 4 Std./3,5 US $), – Riohacha (ca. 4 - 5 STd./6,5 US $, dort Anschluß an Busse an die venezuelanische Grenze/Maicao)

Alle hier genannten Strecken sind asphaltiert. Preise: für die "lujo"- Busse", auf Fernstrecken kaum noch "Ordinarios".

Tourist INFO

Das Hauptbüro der CNT liegt im Centro/Cra. 2 No. 16 - 44, siehe unsere Karte. – Zweigstelle Rodadero: Cll. 7/Ecke Cra. 3 – Sowie zu Ankünften von Flügen im Airport.

Restaurants: eins der besten in Sta. Marta: "Pan American" in der Av. Bastidas und das "El Virrey" in der Calle 17/Ecke Cra. 4. – Regionale Küche und Fisch gut im "La Terraza Marina" Cra. 1 A/No. 26 - 38. – Chinesen: "La Gran Muralla" Cra. 5, No. 23 - 77 und "Restaurante Oriental" Calle 22 No. 3 - 43. – Im Stadtteil Rodadero liegen die meisten an der Strandpromenade (z.B. La Sierra, Portofino, La Esmeralda, Karey.) Weitere in den Seiten und Parallelstraßen, teils auch einfachere und billigere Snacks. Gut war die Pizzeria in der Calle 7/Cra. 3, daneben 3 weitere Restaurants, u.a. gute Churrascos, preisgünstig.

Autovermietung: "Hertz" in der Calle 8 a No. 2 - 21/Centro Sta. Marta mit kleinen Suzuki- Geländewagen für runde 22 US $ pro Tag (pro Km ca. o,2 US $) bis zu großen Renault 18 . Während der Saison lange vorab reservieren lassen.

Nähere Umgebung:

Der Abschnitt nördöstlich von Santa Marta gehört zu den schönsten Küsten an der kolumb. Karibik! Traumstrände mit kleinen Sandbuchten und weich abgerundeten Felsen, tiefhängenden Palmen. Der PARQUE NAC. TAYRONA; schönster Strand: Cañaverales.

Bonbon, aber abenteuerlich und sehr harter Marsch ist der Trail rauf zur "ciudad perdida", der "untergegangenen Stadt" Buritaca 2oo der Tayrona-Kultur oben in der Sierra Nevada Santa Marta.

★ TAGANA: Fischernest in der nächsten größeren Bucht nördl. von Sta. Marta Busverbindung, ca. 15 Min. Es gibt ein Restaurant mit guten Fischgerichten, insbesondere auch Shrimps und Langusten (wenn die Fischer etwas mitgebracht haben) und einem kleineren Hotel "La Ballena" (12 Zimmer, ca. 1o US, in der Hochsaison ca. 18 US für ein Doppel mit Bad). Am Sandstrand viele Boote.

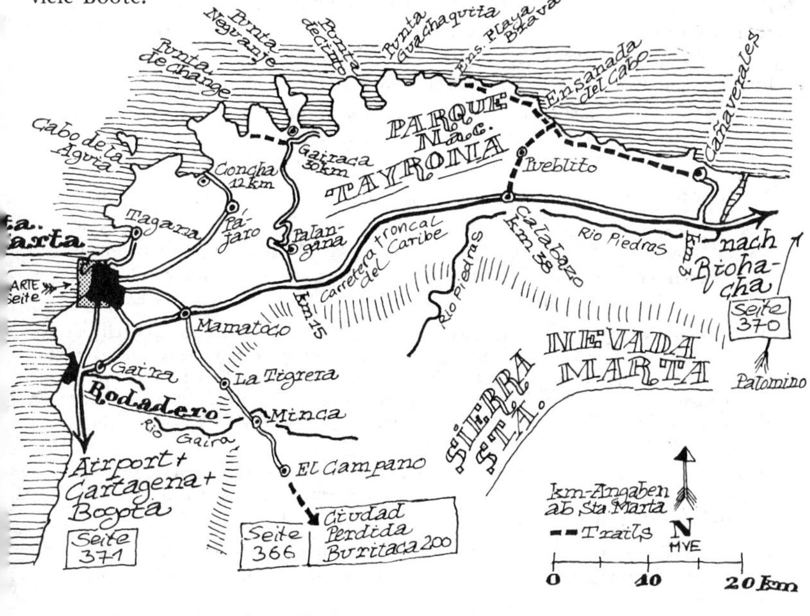

★ BUCHT LA CONCHA: 12 km von Santa Marta über eine Stichstraße. Strandbad regionaler Bedeutung, mit Korallenbänken und guten Schnorchelmöglichkeiten. Kleiner Restaurantbetrieb.

★ GAIRACA (in Karten auch mit Neguange bezeichnet): 3o km ab Sta. Marta über eine Stichstraße Zwei 3 km lange und knapp 3oo- 5oo m breite Buchten tief ins Landesinnere ziwschen Felsen. Gute Tauch- und Schnorchelmöglichkeiten, keine Rest. und Unterkunftsmöglichkeit. Eigener PKW nötig!

★ CAÑAVERALES: Traumstrand wie im Bilderbucht mit Kokosnuss- Palmen und weitem Sandband! Während der Saison fährt 1 mal tägl. ab Rodadero (ca. 1o Uhr, ab Ecke Cra. 2/Cll. 9) über Sta. Marta (Stop vor Hotel Zulia, Cra. 1 No. 2o - 23) direkt bis an den Cañaverales Strand. Fahrzeit 4o Min., retour gegen 16 Uhr. Wenig Menschen, wilde Wellen, Duschen, Essen und Getränke an der Palmenhütten Bar! Hier auch Campen möglich.

Wenns später wird: zu Fuß 4 km zur Hauptstraße landein. Bei Regen ein Abenteuer: wir erlebten hier ein Tropengewitter von ungeheurer Wucht und Gewalt: Blitze zischten waagrecht übers Meer und schlugen in den umliegenden Palmen ein, die sofort schwarz verkohlten! Von der Hauptstraße fährt ca. alle 3o Min. eine andere Buslinie nach Santa Marta zurück.

Interessant ist folgende Wanderung nach Cañaverales: Bus ab Sta. Marta Ri. Riohacha nehmen und in Calabazo aussteigen. Von hier führt ein Trail in ca. 2 Stunden Wanderung rüber nach PUEBLITO, einer Siedlung der Tayrona Kultur . Weiter in ca. 3 Std. runter ans Meer, viel Urwald und Palmenküste. Am Meer entlang rüber nach Cañaverales. Sehr heiß, Sonnenschutz!

★ Strand von PALOMINO: den Morgenbus ab Santa Marta/Busterminal Ri. Riohacha nehmen, aber schon in Palomino aussteigen. Das Dorf liegt 2o Min. vom Meer entfernt.Der Strand ist heißer Tip, denn aus der Sierra mündet hier ein glasklarer Gletscherfluß ins Meer. Man kann sich von der Strömung hinaustreiben lassen ins warme Meer. Herrliches Feeling!
Fahrzeit ab Sta. Marta ca. 1 1/2 Std., man muß aber den vollen Preis bis Riohacha von ca. 7 US $ zahlen. Die Busse verkehren von 5 bis 17 Uhr, Abfahrt alle 3o Min. Danach in weiteren, längeren Zeitabständen.

★ BURITACA 2oo, die "Ciudad Perdida" der Tayrona Kultur. Liegt hoch oben in der Sierra Santa Marta und wurde erst 1976 erforscht. Riesige Terrassenanlagen an den steilen Hängen, perfekte Weganlagen mit Steinplatten und Wände/Häuser mit Höhe bis zu fast 1o m, – insgesamt größer und perfekter als Machu Picchu/Peru von den Inkas! Siehe auch Seite 145

DIE TAYRONA–KULTUR entstand ca. 4oo n. Chr. und hatte ihre Blütezeit kurz vor der Ankunft der spanischen Conquistadores. Sie waren hervorragende Architekten im Bau ihrer Häuser (Rundbauten mit bis zu 15 m Durchmesser, Dächer aus Palmwedel), die Treppen und Türen hatten. Über Bäche bauten sie Steinbrücken,und das Wasser zur Bewässerung ihrer Felder wurde mit einem ausgeklügeltem Kanalsystem,ähnlich dem der Incas umgeleitet.

Sie verfügten, ähnlich den Incas über detailierte astronomische Kenntnisse und waren hervorragende Kunsthandwerker. Insbesondere Goldarbeiten (Halsketten, Nasen- und Ohrringe, Brustschmuck) und Keramik.

Buritaca 2oo dürfte Zentrum der Kultur gewesen sein. Zumindest ist es die größte Siedlungsgruppe, die bis heute gefunden wurde. Der Eingang zur

Stadt liegt in rund 9oo m Höhe in den Schluchten des Cerro Curea. Treppen führen rauf bis in 1.1oo m Höhe zu einer Terrassenfläche. Eingewuchert von dichten Urwäldern.

Buritaca liegt extrem abseits und ist nur sehr schwer zu erreichen. Die Archöologen (und Leute wie von Däniken, der natürlich sofort zugebissen hat!), fliegen per Helikopter.

Es gibt einen Trail. Zunächst per Regionalbus ab Santa Marta rauf nach MINCA.* 1 mal tägl., eine Art Colectivo, das etwa eine 1/2 Std. braucht. Anschließend Jeepverbindung (nach Bedarf rauf bis EL CAMPANO . Von hier zwar noch ein Stück Jeep- Piste, danach aber Hike , anstrengend wegen Höhe, tropischer Hitze und ewigem Bergauf- ab! Unbedingt nur mit Führung, denn Detailkarten gibts nicht, da militärisches Sperrgebiet. –

ORGANISIERTE TOUREN mit "TAWA"/B.P. 2o, F- 7586o Paris, Cedex 18 Frankreich, die relativ preiswerte Touren zur Ciudad Perdida anbieten, – sowie "Bienvenidos Turismo Ltda."/Av 9 a No. 118 - 71 P 2, Bogota (P.O. Box 1o2375), eine kleinere kolumbianische Firma, die in der BRD durch Marion Stephan, Hans Meisnerstr. 18 b/6384 Schmitten 3 vertreten wird. Insgesamt ein rund 4 - 5 tägiger Trip retour, superhart. –

★ Das gilt auch für **BESTEIGUNG DER SIERRA NEV. STA. MARTA:** Es gibt mehrere Aufstiegsrouten auf den schneebedeckten 5.775 m Gipfel des Pico Bolivar, bzw. seitlich vorbei, rüber nach Valledupar.Wegen der Nähe zum Meer ein gigantisches Gebirge, das seine fast 6.ooo m in nur 5o km zum Meer erreicht! Nicht ungefährlich: intensiver Drogenschmuggel!!

Der eine Aufstieg führt über die eben beschriebene Route MINCA und dauert ab hier runde 3 - 4 Tage zum Gipfel. – Die andere, und populärere Route geht ab PALOMINO entlang des Rio Palomino. Superanstrengend, wie uns Günther Sauß berichtet, Klima zunächst tropisch schwül heiß. 4 Täler rauf und runter, nachdem es zunächst weitgehend entlang des Flußbettes hinaufging. Wegen der vielen Regengüsse durch die Wolken, die sich in der Sierra fangen, sind die Trails aufgeweicht. Insgesamt runde 4 Tage ab Palomino zum Gipfel. Warme Sachen mitnehmen, denn ab 2.ooo m wirds nachts eisig kalt und feucht! Gutes Kartenwerk ist Voraussetzung, aber auch überdurchschnittliche Hiking Erfahrung.

Oben wohnen die Cogi- Indianer, ein lethargischer Stamm, der sich von den Weißen zurückgezogen hat. Die Aruaco- Indianer auf der anderen Seite des Berges. halten die Cogis für Zauberer. Stoische Ruhe und wenig Aktivitäten.

---

* auch für den Nicht- Hiker ein sehr lohnender Abstecher ab Santa Marta wegen fantastischem Panoramarundblick! Bei klarem Wetter hat man Rundblick über Santa Marta– bis Laguna Cienaga – Tiefebene des Rio Magdalena – und die schneebedeckten Gipfel der Sierra Nevada Santa Marta! – Residenciales und Restaurants in Minca.

In den schneebedeckten Bergen der Sierra Gipfel leben ihre Götter, und seit den 7o-er Jahren auch einige Hippies, die Marihuana anbauen. Das war der Stand während der Mitte der 7o-er, unserer ersten Ausgabe dieses Südamerika Bandes. Zwischenzeitlich hat sich Kolumbien zum Südamerika- Exporteur Nr. 1 in Sachen Drogen entwickelt; die Hauptanbaugebiete für Soft-Drogen liegen zwar in den Llanos (und Kokain kommt aus Peru/Bolivia), aber die Sierra Nevada de Santa Marta mit ihren unwegsamen und unkontrollierbaren Gebieten, die zugleich klimatisch excellente Anbaubedingungen bieten, – ist ebenfalls dick im Geschäft. Fremde sind daher in diesem Gebiet nur sehr ungern gesehen. Daher nicht ungefährlich.

Die andere Route geht ab VALLEDUPAR an der Südseite der Sierra. Zur Besteigung der Gipfel der Sierra Nevada de Santa Marta die günstigere Route, da Jeep-Pisten näher an die beiden Gipfel "Cristobal" (5.775 m) und "Pico Bolivar" (5.775 m) heranführen. (Infos, man käme ausschließlich nur von der Südseite auf den Gipfel, sind falsch).

Ab Valledupar, das Flugverbindungen und Busse sowohl ab Bogota wie auch ab Riohacha besitzt und ein breites Spektrum an Hotels/Restaurants – sucht man sich ein Jeep- Colectivo oder einen LKW rauf nach PUEBLO

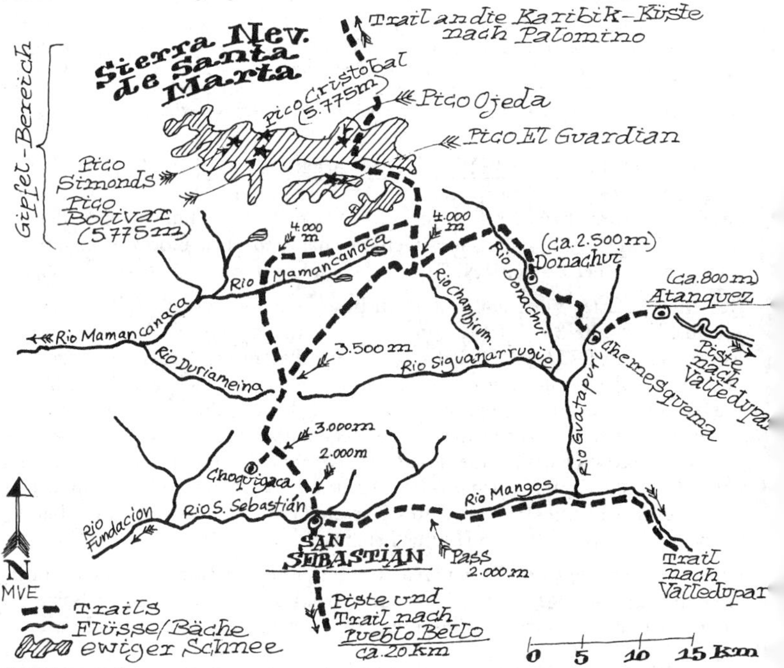

BELLO. Geht zumindest ein mal täglich, 4 Std. Fahrt über Schotterwege bergauf. Dort hat ein Deutscher eine Finka und Minitankstelle (im Dorfzentrum), mit Übernachtungsmöglichkeit im Ort. Sehr einfach, aber billig.

Am nächsten Morgen in Jeeps von Händlern rauf zum Indianerdorf der Aruacos SAN SEBASTIÁN, Fahrzeit um die 2 Std., allerdings nur sehr unsichere Chancen, mitgenommen zu werden. Wenn nix läuft mit Trampen, den Rucksack satteln und die ca. 2o km laufen. San Sebastián liegt in einem Tal an gleichnamigem Fluß und ist Zentrum der Aruaco- Indianer. Keine reguläre Übernachtungsmöglichkeit. Privat rumfragen, oder außerhalb des Ortes das Zelt aufstellen. Da man sich bereits unterhalb der 2.ooo m- Grenze befindet, wird es nachts ganz schön empfindlich kalt!

Am nächsten Morgen auf der nördlichen Seite des Tales rauf, in wenigen Kilometern rauf über 2.ooo m bis 4.ooo m. Kartenmaterial, erhältlich vom Insituto Agustin Codazzi/Bogota: Nr. 19, 2o, 26 und 27 im Maßstab 1:1oo.ooo unabdinglich. Im Trailbeginn viele Abzweigungen zu anderen Aruaco- Siedlungen, später in 3.ooo bis 4.ooo m Höhe absolute Einsamkeit unterhalb der schneebedeckten Gipfel der Sierra Nevada.

Hiker biegen ab rüber nach Donachui und Chemesquemena, wo es LKW's retour nach Valledupar gibt. Ende der passablen Piste ist ATANQUEZ. Ein harter Rundtrail, der fordert und Hiking- Erfahrung voraussetzt. Ab San Sebastián bis Atanquez ca. 3 - 4 Tage. Höhenakklimatisierung nötig, an Ausrüstung sehr warme Kleidung, Regenschutz und Kocher, da Holz zum Lagerfeuer rar ist. Genügend Essen, da ab San Sebastián praktisch kein Nachschub. Insekten- und Sonnenschutz.

Papiere: Selbst bei Besuch nur in San Sebastián im Aruaco- Gebiet braucht man eine Genehmigung vom Chef der Indianer zum Besuch, da sich dieser Indianerstamm von den Weißen generell absondert und an Kontakten wenig Interesse hat. Weiterhin ist ein Besuch bei der D.A.S. nötig und bei INDRENA. Beide vorab in Valledupar*besuchen!

Wetter: beste Monate sind Dezember bis März. Die Talregionen heiß, da 8oo bis 1.ooo Meter, oben an den Gipfelregionen bitterkalte Winde und nachts Test, ob Klamotten und Schlafsack gut ausgewählt waren.

Der Reiz von Wanderungen im Bereich der Sierra Nevada de Santa Marta liegt im Durchwandern der verschiedenen Klima- und Vegetationszonen. Von Meereshöhe bis ca. 1.ooo m Tropenvegetation mit Dornengebüsch und Kakteen; in der "Etage" bis rund 2.5oo m dichte Urwälder mit Kultivierungsflächen in Tälern und an Hängen um Siedlungen. Neben Mais und Maniok, Kartoffeln und Gemüse werden Bananen, Kaffee und Gewürze angebaut, sowie Coca und Tabak. Dies ist das Gebiet der Cogi- Indianer an den Nordhängen und der Aruacos an den Südhängen der Sierra Nevada.

Ab etwa 3.ooo bis 3.5oo m beginnen die Paramo- Hochlandregionen , hier liegen unzählige Lagunen, die vom Gletscherwasser der Sierra Nevada Gipfel gespeist werden. Der ewige Schnee beginnt ab Höhen von ca. 4.6oo m.

Gipfelbesteigungen der Sierra Nevada absolut nur für erfahrene Profis. Es hat in den vergangenen Jahren mehrere Tote gegeben. Neben dünner Luft in fast 6.ooo m Höhe sind fehlende Orientierung die Hauptprobleme. Der "Trans- Sierra Nevada- Trail", von Valledupar über San Sebastián und zwischen Pico El Guardian – Pico Ojeda durch, runter nach Palomino an der Karibikküste ist machbar, aber ungemein hart. Der Trail rüber nach Buritaca

* Bei Trails in Gegenrichtung ab Palomino: in Sta. Marta besorgen!

2oo beim Cerro Cuera gehört zum Schwierigsten in der Sierra.

Sta. Marta → Venezuela:

Santa Marta — Riohacha — Maicao/Grenze — Maracaibo/Venezuela. Dauert im Direktbus nach Maicao rund 4 - 5 Std. Schönster Teil bis Riohacha (187 km), herrliche Palmenküste, entlang den Ausläufern der Sierra Nevada de Santa Marta. Straße durchgehend asphaltiert, kurz vor der Grenze geht die Landschaft in Kakteenwüste über. Tip sind die Salzlagunen von Manaure. Busse zwischen Sta. Marta und Maicao ca. alle 1/2 Std., z.B. mit "Brasilea".

Riohacha:

Provinzhauptstadt der Guajira- Halbinsel mit ca. 65.ooo E. Staubige Stadt am Meer. Keine Spur mehr vom Reiz der Tropen, kein Wasser zum Duschen, dafür aber die ersten Indios der Guajiro:kräftig untersetzt, im Lendenschurz, das Jackett darüber. Die Frauen in bunten Burnussen. Schöner Markt direkt am Busbahnhof. Tip: Hängematten, 1o - 15 US für gestreifte aus Leinenstoff und ca. 3o US für gehäkelte aus Wolle. Viele Pensionen im Ort und ein komfortables Luxushotel ("Gimaura") am Strand, gleich östl. hinter der Mündung des Rio Rancheria.

Riohacha wurde 1545 von N. Federmann gegründet. Im 17. und 18. Jhd. war es zeitweilig so reich (intensiver Perlenhandel), daß es unter anderem auch einmal von den Piraten angegriffen wurde und dem Erdboden gleichgemacht. Heute Handelszentrum für die Guajira- Halbinsel, Export von Früchten, Fisch, Salz und Fleisch in andere Landesteile Kolumbiens, – aber auch intensiver Drogenschmuggel in die USA und daher insbesondere abends nicht ungefährlich. Bester Strand: Camarones, 2o km vor Riohacha.

Guajira- Halbinsel: nördlichste Spitze des südamerikanischen Kontinentes. Eine heiße, trockene Halbwüste, in der es allenfalls im Oktober oder November mal einen kurzen Wolkenbruch gibt, oft aber über Jahre hinweg überhaupt nicht regnet.

Bewohnt von den Guajiro- Indios, einem Nomadenstamm, der von Fischfang und Rinderzucht lebt, oder als Gastarbeiter drüben in den Erdölfeldern von Venezuela. Gipsgewinnung mit Ausfuhrhafen Portete. Interessant ist der Besuch der SALZFELDER von MANAURE. Keine Busse, nur 2 Residenciales, kaum Trinkwasser. Man stellt sich früh morgens an die Brücke, die von Riohacha hinüber in die Wüste führt. Salzhändler nehmen für wenige Pesos einen hinten auf dem LKW mit. Vorsicht, Sonnenstich! 4 Std. durch absolute Wüste, – Kakteen, Sand, dann Salz: Lagunen, in denen die Indios das Meerwasser verdunsten lassen. Zunächst kleinere Seen, – blau, grün rot schimmernde Minerale, – dann blendend weiße Salzhaufen.

MANAURE selbst, das Zentrum der Salzgewinnung: Gebirge aus Salz, hunderte von Indios, die auf den weißen Lagunen arbeiten in ihren bunten Kleidern. Schöne Fotos! Am nächsten Morgen dann entweder hinten auf einem Salzhaufen auf der Ladefläche des LKW zurück nach Riohacha, – oder per LKW rüber nach Maicao nähe der Grenze zu Venezuela.

Maicao: 12 km vor der Grenze. Viele Schmuggler, Händler und Beutelabschneider. Alles extrem teuer, auch die Unterkunft. Besser gleich rüber nach Venezuela. Mikrobusse fahren mehrmals tägl. rüber bis Maracaibo/Venezuela, Fahrzeit ca. 2 Std. Wer die Route macht, sollte aber in Sinamaica/Ven. aussteigen, Pfahldörfer in einer Lagune. Details siehe unser Venez.- Teil!

Vorab in Maicao zum venez. Konsulat wegen dem Tourist Visum; wer in Gegenrichtung von Venezuela kommt: Eingangsstempel für Kolumbien beim örtlichen D.A.S.- Posten besorgen, auch wenn man hierzu nicht aufgefordert wird. Sonst gibts später Ärger.

Warnung: Auch wenn die regelmäßigen Busüberfälle (vergl. unsere Ausgabe Stand der Dinge 1977) zwischenzeitlich auf der Strecke Sta. Marta nach Maicao abgestellt sind, so ist diese Route nach Maracaibo nicht ungefährlich. Gilt auch für Reisen tiefer in das Innere der Guajira- Halbinsel. Neben massiver Schmuggelei zwischen beiden Ländern, aber auch intensivem Drogenschmuggel rüber in die USA via Bahamas hat sich die Szene kriminalisiert und der Revolver hängt bei fraglichen Situationen reichlich locker im Gürtel. Gewisse natürliche Vorsicht, z.B. abends in Bars oder dunklen Vierteln des Ortes ist angebracht. Andererseits kann einem aber auch grundlose Überängstlichkeit den Spaß verderben an einer interessanten Querverbindung oben entlang der Karibikküste.

Überlandbus Santa Marta – Maicao + Mikro nach Maracaibo oder Sinamaica bringt allenfalls Ärger im venez. Konsulat wegen Tourist Visa, sowie jede Menge Polizeikontrollen entlang der Strecke.

Sehr lohnende Alternative ist der Flug mit Tavina nach Maicao (Propeller), entlang der Ausläufer der Sierra Nevada, tägl., allerdings nur ab Barranquilla (ca. 22 US $).

Sta. Marta → Cartagena:

Eine flott und zügig befahrbare Straßenverbindung (Asphalt), die als landschaftliche Bonbons die LAGUNA CIENAGA bringt, – und bei Barranquilla den Abstecher nach MOMPOS am Unterlauf des Rio Magdalena.

Barranquilla selber kann man sich definitiv sparen. – Der Flug (Sta. Marta nach Cartagena)–tägl.– geht so schnell, daß man kaum Zeit hat, das an Bord bestellte Bier auszutrinken. Links sitzen, wegen der Laguna Cienaga.

BUS: mehrmals tägl. ab Busterminal Santa Marta, 4 Std. bis Cartagena/ 8 US $. Zunächst entlang der Küste durch niedriges Strauchwerk mit Stengelkaktus, tropische Hitze weht zum Busfenster rein. Wer keinen Direktbus erwischt, nimmt sich den tagsüber halbstündlich verkehrenden Bus nach Barranquilla und ab dort tagsüber ca. alle 1/2 Std. Bus nach Cartagena.

CIENAGA: ca. 3o km nach Santa Marta, größere Schachbrettstadt mit meist flachen Häusern am Rande der Lagune. Aus der Luft vom Avianca Jet, der allerdings reichlich hoch fliegt, – ein riesiger See, Teil des Rio Magdalena-Mündungsdeltas, durchzogen von Wasserläufen, Inseln bizarr gebuchtet und rund verformt. Strauchvegetation und Sandflecken. Seitlich die braunen Mündungsarme des Rio Magdalena.

CIENAGA war zu Beginn des 19. Jhd's wichtigster Punkt im Handelsdreieck Barranquilla–Laguna Cienaga–Santa Marta und Bahnstation des Eisenbahngleises von Bogota entlang des Rio Magdalena an die Küste. Ausfuhr der Bananenplantagen der US- United Fruit Company, der "Yunai", wie sie bei den Einheimischen hieß, die schon bald Besitzer weiter Landflächen im Mündungsdelta des Rio Magdalena war.

Der Machteinfluß der "Yunai" ging letztlich soweit, daß derjenige, der in Armut Kredit brauchte, Haus und Hof der Yunai überschrieb, was man "Carta de esclavitud" (Sklavenbrief) nannte. Eines der wichtigsten Zentren der Yunai war das Gebiet um Cienaga, wo die Reichen in Saus und Braus lebten, die Mätressen aus London und Paris eingeschifft wurden und man sich beim "five-o-clock tea" an Pianoklängen erfreute. Der Marmor-Tempel auf der Hauptplaza in Cienaga ist Relikt aus dieser Zeit.

1928 kam es zwangsläufig zu Aufständen, die aber blutig niedergeschlagen wurden. Thema des Romans "Hundert Jahre Einsamkeit" des kolumbianischen Nobelpreisträgers Gabriel Garcia Marquez (Verlag Kiepenheuer & Wisch).

Vom 8 km entfernten ISLA DEL ROSARIO Ausflugsboote raus in die Lagune durch Kanäle zu den "Trojas de Catacas" (See Siedl., 1 Haus pro Miniinsel)

PARQUE NAC. ISLA DE SALAMANCA, rund 11 km vor Barranquilla. Vogelnaturschutzgebiet. Ab LOS COCOS an der Straße nach Barranquilla kann man auf einem Holzsteg durch die Sumpf- und Lagunenlandschaft laufen. Mangroven und Museum, sowie kleineres Restaurant.

★ Barranquilla: ca. 1 Mill. E./ 5 m

wichtigster Hafen Kolumbiens an der Karibikküste (=Haupteinfuhrhafen für Europa und USA: PKWs, Maschinen, Fertilizer), sowie Hauptausfuhrhafen einer riesigen Region, die durch den Transportweg Rio Magdalena bis rauf nach Bogota und Medellin reicht.

Ein Eisenbahngleis wurde 1983 zur Mündung des Rio Magdalena bei Toca de Ceniza fertiggestellt, wo Hafenanlagen für Großschiffe geplant sind. Der Airport von Barranquilla wurde Anfang der 80-er Jahre für Jumbos erweitert. Ebenfalls am Magdalena liegt die "Fabrica de Cementos" eine der grössten Zementfabriken Südamerikas. Abgesehen vom Karnevall von Barranquilla, der in Kolumbien berühmt ist, kann man sich die Stadt definitiv sparen. Heiß, qui rlig im Centro und von Abgasen verstunken.

Tourist INFO Airport zu Ankunft und Abflügen, – sowie im Centro die Hauptoffice der CNT: Calle 72 No. 57 - 43

POST: Cra. 45 No. 34 - 01. – TELECOM: Cra. 44 No. 38 - 26

Einkaufszentren sind der Bereich Calle 34 - 45, sowie das Gran Centro zwischen Calle 72 und 76.

Die meisten Bus-Companys gruppieren sich um nähe Paseo Bolivar. Leider kein genereller Terminal für alle Linien.

"Expr. Brasilia" auf Strecken nach Santa Marta – Riohacha – Maicao, sowie nach Cartagena – Monteria –Sincelejo ab Cra. 35 No. 44 - 63
"Coolibertador" auf der Strecke nach Cienaga–Fundacion–Valledupar ab Calle 34 No. 44 - 40
"Rapido Ochoa" auf der Strecke nach Cartagena–Medellin ab Cra. 45 B No. 33 - 01
"Copetrain" auf der Strecke Bucaramanga– Bogota ab Calle 45 No. 32-27
"Automobil Club de Colombia" : Cra. 54 No. 52 - 36 } Pkw-Colectivos, z.B. nach Cartagena
"Auto Taxis" ab Calle 38 No. 36 - 114

Die restlichen Km bis Cartagena über eine landein verlaufende Asphaltstraße, Fahrzeit ca. 2 Std. bei ca. 8 US $ im Aircondition- Bus und ca. 4 US im Normalbus ohne größere Stops. Abfahrten tagsüber alle 1/2 Std.

Rio Magdalena:

Die Zeiten der großen Missisippi- Schaufelrad Dampfer, die auf dem Rio Magdalena bis Mitte dieses Jhds. verkehrten, – sind vorbei.

Bis zu Anfang dieses Jahrhunderts war der Flußverkehr auf dem großen Strom der Hauptverkehrsweg ins Landesinnere Kolumbiens in Ermangelung adequater sonstiger Verkehrsmittel wie Eisenbahn oder guter Straßen.

Sowohl Barranquilla, – wie auch das über den Kanal El Dique erschlossene Cartagena waren Hauptausfuhrhäfen Kolumbiens an der Karibikküste und damit wichtigste Häfen des Landes vor Bau des Panamakanales(1914): die Hauptexporte liefen via Karibikküste nach Nordamerika und Europa.

Seit dem Bau guter Asphaltstrassen parallel zum Fluß in der Magdalena- Tiefebene sind letztlich auch die Frachtbewegungen auf dem Fluß rückläufig. Bei den vielen Flußkurven, Verschlingungen und gefährlichen Sandbänken, die Jahr für Jahr wandern, – ist die Straße heute der schnellere und bequemere Transportweg.

Fahrzeiten: flußauf ab Barranquilla bis GIRARDOT/unterhalb von Bogota: ca. 3 - 4 Tage/flußab: ca. 2 Tage. Passagepreis ist Verhandlungssache, wobei die Moskitos gratis sind. . .

MOMPOS:

Wer sich für Kolonialarchitektur interessiert: sehenswerter Ort am Unterlauf des Rio Magdalena, rund 2oo km Luftlinie südl. der Mündung.
1538 gegründet, bringt Mompos eine ganze Reihe von gut erhaltenen Kolonialhäusern mit schönen Portalen, Gitterwerk vor den Fenstern und Holzbalkons.

Besonders orginell: der achteckige Kirchturm der Santa Barbara mit seinem überdachtem Holzbalkon auf

srangierte Missisippi-
ampfer verkehrten bis Anfang
eses Jhd's auf dem R. Magdalena.

halber Höhe. Die Häuser meist 2- stöckig. Ohne Frage hat Mompos, das heute nur ca. 2o.ooo Einwohner besitzt, viel Tropenflair der Provinz. Übernachtung im gemütlichen "Hostal Doña Manuela", einem Kolonialhaus aus dem 17. Jhd. Weitere Residenciales im Ort, ebenso Restaurants.

BUS: 4 mal tägl. ab Cartagena/Av. Pedro de Heredia mit "Brasilia. Fahrzeit ca. 4 1/2 Std. (5 US $) bis Maganague. Hier setzt man mit dem "lancheon" über den Fluß (ca. 2o Min.) und drüben/Bodega gehts auf einer Piste mit Jeep- Colectivos in rund 1 1/2 Std. nach Mompos (ca. 3 US $). Bei Unbefahrbarkeit der Piste: Bodega–Mompos per Schiff.

FLUG: 3 mal pro Woche mit dem Bimotor- Propeller der "Tavina" ab Barranquilla direkt bis Mompos. Ca. 4o US $.

SCHIFF: regulärer Schnellbootverkehr zwischen Mompos flußauf nach Pto. Berrio (an der Piste nach Tunja/Bogota). Verkehren tägl. nach Bedarf, Fahrzeit angebl. nur 2 Tage!

LITERATUR: excellent "Mompox" von Alberto Corradine Angulo, herausgegeben von CNT und unter anderem in der Hauptoffice in Bogota erhältlich. Mit vielen s/w- Fotos, eine ausgezeichnete Studie, allerdings nur in Spanisch erhältlich.

Cartagena:

ca. 4oo.ooo E./ 2 m

Eine der schönsten Städte an der südamerikanischen Karibikküste. Wuchtige Stadtmauern aus dem 17. Jhd, enge Straßen und ein Labyrinth von Gassen mit alten Kolonialhäusern, schön geschnitzten Balkons und vielen Barock-Kirchen. Gewaltige Festungsanlagen, in denen schon "Sir" Francis Drake, Expirat seine Feste feierte.

Im Gassengewirr gibts einen Schwung gemütlicher Kneipen und Bars unter jahrhundertealten Holzdecken. Die teils tropisch verramschten Häuser wurden in vielen Fällen tip- top restauriert.

Geschichte: Cartagena wurde 15o1, also nur kurze Zeit nach der Entdeckung der "Neuen Welt" durch Chr. Columbus gegründet; erste Siedlungsanlage 1533 durch den Spanier

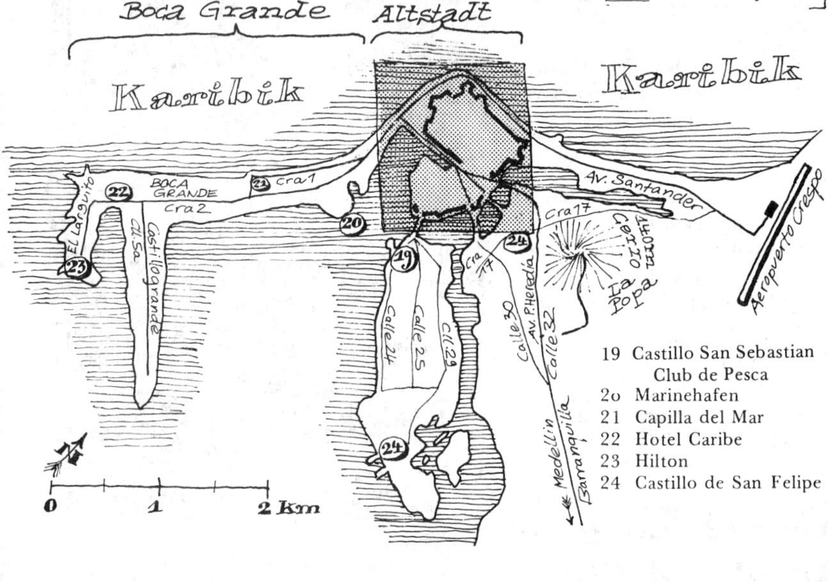

Pedro de Heredia. Seither einer der wichtigsten Stützpunkte der Spanier beim Erschließen ihrer riesigen Südamerika- Gebiete, – Ausgangspunkt für ihre Eroberungszüge und wichtiger Exporthafen an der Karibikküste für Waren, die per Fluß nach Cartagena kamen.

Cartagena war zugleich wichtigster Hafen für die Einfuhr schwarzer Sklaven aus Afrika, die auf der Plaza de los Coches angeboten wurden. In der Regel wurden die Schwarzen in den portugiesischen Westafrika- Besitztümern eingefangen und kamen in den sogenannten "tumbeiros" (Särgen) über den Atlantik, in kleinen Segelschiffen, wo sie 2oo- 3oo stückweise nebeneinander gepfercht wurden, – auf den Sklavenmarkt in Cartagena. Die Stadt war dabei die einzigste, die in den spanischen Südamerika- Besitztümern die Lizenz zum Sklavenhandel besaß.

Nach Zahlung der Zollsumme wurde ihnen vorn auf der Brust ein Stempel eingebrannt,

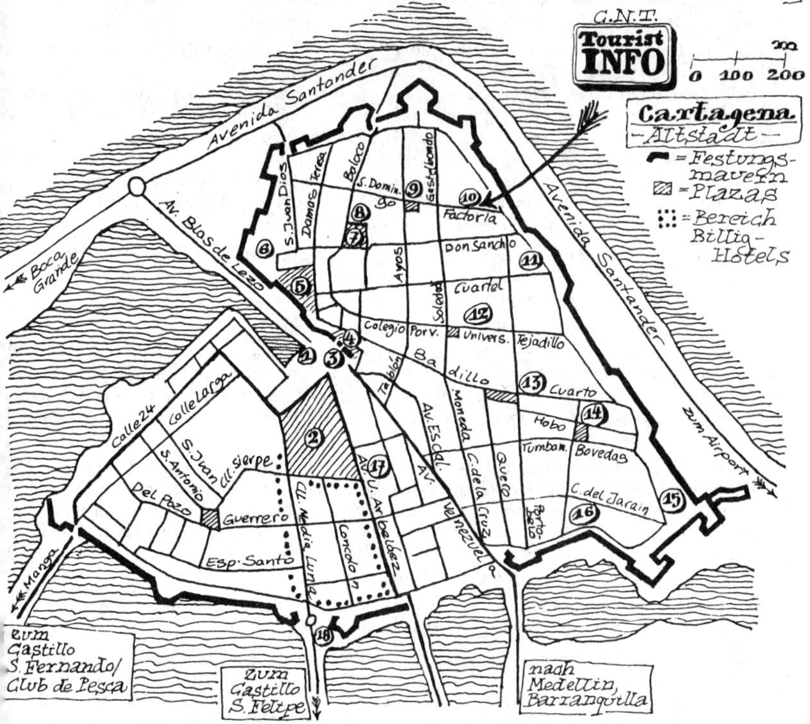

1 Muelle de los Pegasos
Abfahrt Boote nach
Boca Grande, teils aber
auch Frachter nach S. Andres
2 Parque del Centenario
3 Torre Reloj und Eingang Altstadt
4 Plaza de los Coches
5 Plaza de la Aduana
6 Plaza de S. Pedro Claver +Kirche
7 Plaza Bolivar
8 Palacio de la Inquisicion
9 Kirche und Plaza Sto. Domingo
1o Casa del Marques de Valdehoyos
und Tourist Office CNT
11 Plaza und Kirche La Merced
12 Universität
13 Parque Madrid + Sta. Torbio
14 Kirche Sta. Clara
15 Plaza de los Bovedas
16 Stierkampfarena
17 Post(Avianca)+ Telefon(Telecom)
18 Monument Zapatos Viejos

und auf dem Rücken der Name der Gesellschaft. Private Handelsgesellschaften aber auch Privatpersonen, die im Besitz dieser "königlichen Lizenz" waren, verdienten sich dumm und dämlich , da gewaltige Nachfrage an der einmal durch Pauschalsumme zu erwerbenden Gratis- Arbeitskraft bestand. Sowohl auf den Plantagen im Bereich des Rio Magdalena, Karibikküste und Region Cali bis Medellin, – aber auch im Export- "Geschäft" nach Peru, Venezuela und den Karibikinseln.

Einer der dicken Verdiener im Sklavengeschäft war der Marquis de Valdehoyos, der sich ein prächtiges Kolonial Haus in der Calle Factoria baute; restauriert, heute Sitz der CNT Tourist Office.

Ab 2. Quartal des 16. Jhd.'s lief auch der Export der superreichen Silberschätze aus der Potosi- Mine (heutiges Bolivia) über Cartagena. Die Schiffe kamen vom Istmus von Panama und wurden in Cartagena für die Transatlantiküberquerung nach Spanien umgeladen.

Bei so viel Reichtum wurde Cartagena bald Ziel intensiver Angriffe der Karibikpiraten. Die ersten Angriffe bereits Mitte des 16. Jhds. durch französische Piratenhorden (Robert Baal, Martin Corte), die mit bis zu 1.000 Söldnern ruck- zuck die Stadt einsteckten bzw. in Brand und gleichzeitig noch Lösegeld forderten, da es an effektiven Verteidigungsanlagen fehlte. Den größten Coup landete der englische Pirat (seines Zeichens "Sir")– FRANCIS DRAKE, – der mit einer Söldnertruppe 1568 nachts in die Stadt eindrang, sich dort festsetzte und frech die Lösegeldsumme von mehr als 100.000 Golddukaten, nach heutiger Rechnung mehrere Mill. DM forderte und solang Häuser in Brand steckte, bis diese ihm gewährt wurde.

Verteidigungsanlagen wurden somit dringend notwendig. Aus Italien (Bautista Antonielli) Frankreich, Holland und Spanien wurden die besten Ingenieure und Architekten angeheuert, die Cartagena einen Superfestungsbau lieferten.

Der Meeresdurchgang zwischen Boca Grande und der benachbarten Insel Tierrabomba wurde mit einer Unterwasser- Sperre aus eingerammten Pfählen verrammelt. Die Festungsanlagen auf Tierrabomba verbessert, ebenso die erste Festungsanlage San Sebastian. Hinzu kam die Superfestung SAN FELIPE, die gewaltigste Festungsanlage der Spanier auf dem südamerikanischen Kontinent. Aspekte, die die Bedeutung Cartagenas zu Kolonialzeiten dokumentieren.

Der Bau von San Felipe dauerte mehr als ein halbes Jahrhundert. Trotz der Gratisarbeitskräfte Sklaven mußte mehrfach der spanische König und der Vizekönig von Mexico angepumpt werden. Ein gigantisches Bauwerk mit Zugbrücken, Wachtürmen, unterirdischen Gängen und superdickem Mauerwerk. Wenn die Angreifer den ersten Schutzwall (Unterwasser Balustraden + Festungen) durchbrochen hatten, standen sie unter dem Kanonenfeuer der gigantischen San Felipe- Festung. . . Bau 1586 – 1721/Länge ca. 11km!

Auch das Herz Cartagenas erhielt superdicke Mauern; die Stadttore wurden um 22 Uhr versperrt und die Schlüssel dem Stadtgoverneur übergeben.

Bei der Größe und Bedeutung Cartagenas handelte es sich seit Anfang des 17. Jhd's. nicht mehr um gut organisierte "Einzelleistungen" besonders erfolgreicher Piraten-Führer, – sondern um Aktionen, die massiv von europäischen Staaten unterstützt wurden, die in Konkurrenz oder Krieg mit Spanien standen. Einer der massivsten Angriffe auf Cartagena trotz Festungsanlagen war der des englischen Piraten SIR EDWARD VERNON, der Mitte des 18. Jhds. mit knapp 30.000 Mann und mehr als 3.000 Kanonen und Geschützen die Stadt angriff und sich hier 2 Monate festsetzte, letztlich aber vertrieben werden konnte.

KANAL EL DIQUE: Querverbindung vom Rio Magdalena/Höhe Calamar – rüber in die Bahia de Cartagena. Die rund 120 km lange Verbindung wurde in der 2. Hälfte des 17. Jhds. fertiggestellt. Sinn und Zweck: direkter Warentransport vom Hauptverkehrsweg Rio Magdalena/Landesinnere bis Cartagena. Der Kanal war so groß dimensioniert, daß er auch für damalige Transatlantikschiffe benutzbar war.

1811 erklärte sich Cartagena als erste Stadt des heutigen Kolumbiens von den Spaniern

François Lolonais
-französischer
Karibik-Pirat

unabhängig. Noch vor dem Befreiungskampf Simon Bolivars (erfolgreiche Schlacht von Boyaca 1819)!

Tourist INFO

CNT: Calle de la Factoria /Casa del Marquez de Valdehoyos in der Altstadt. Die Mädchen wissen Bescheid; Kompliment! Allerdings stehen sie auch auf Air Condition, die meistens auf Hochtouren läuft. Nach der Beratung kann man meist nur noch hüstelnd wieder in die tropische Hitze raus . . . – Zweigstelle im Airport.

Post (Avianca) im Edif. Diaz/Cartagena Karte Nr. 17. Telefon (Telecom) nebenan/Edif. Mariscal

Nummern siehe Cartagena- Karte!

★ DIE ALTSTADT von Cartagena ist – bis auf ein kurzes Teilstück entlang der Calle 24 – noch wie zu Kolonialzeiten von dicken Stadtmauern eingeschlossen. Sind bis zu 13 m hoch und 2o m dick! Für sich ein gigantisches Festungswerk, das bei den laufenden Piratenangriffen dringend notwendig wurde. Die größten Bastionen an der Nord- und Westspitze der Altstadt.

"Einstieg" in die Altstadt ist wie zu Kolonialzeiten der alte HAFEN, wo 1
früher die Transatlantiksegelschiffe der Spanier ankerten, auf dem Weg rüber nach Cadiz an der Südküste Spaniens, dem Haupthafen für Südamerika. Heute liegen hier Fischerboote und gelegentlich Frachtschiffe rüber nach
San Andres . – PLAZA CENTENARIO: wichtiger Stop für die Cartagena- 2
Stadtbusse. Durch das Stadttor unter dem TORRE RELOJ (Uhrenturm) 3
in die Altstadt. Gleich hinter dem Torbogen liegt eine der schönsten Plazas 4
des alten Cartagenas, – die PLAZA DE LOS COCHES. Zu Kolonialzeiten die Stelle, wo der Sklavenmarkt stattfand. Fantastische Hausfassaden: reich gestaltet, in verschiedenen Haushöhen, die miteinander korrespondieren. Holzbalkons und das Haus mit dem "Rest. Nuevo Canton" mit weich geschwungenen Steinbalkons in bestem Kolonialbarock! Auch die Hausrückseite ist architektonisches Bonbon!

Über eine kurze Verbindung entlang der Stadtmauer rüber zur PLAZA DE 5
LA ADUANA. Ähnlich der Plaza de los Coches hat sie Arkadengänge zum Schutz gegen die intensive Tropensonne Cartagenas. Zu Kolonialzeiten lagen an dieser dreieckigen Plaza die Verwaltungsgebäude. In der Mitte eine Statue von Chr. Columbus. Auf der Seite/Stadtmauern das Museo Arte Moderno. Das ehemalige Zollgebäude (gebaut 162o) wurde u.a. mit der Unterstützung der CNT rekonstruiert, 13 Arkadenbögen, heute Rathaus.

Im Anschluß an die Plaza, insbesondere in der Calle Amargara und rüber zur Plaza Bolivar mehrere Restaurants, auch ein Supergefrierschrank- Chinese und sehr gemütliche Bars unter alten Holzdecken!

PLAZA BOLIVAR, wie in allen Städten Kolumbiens die zentrale Plaza. 7
Obligatorisch die Bolivar Statue in der Mitte; Parkanlage und an der West- 8
seite: Palacio de la Inquisicion.

[Die INQUISICION wurde in Cartagena 161o durch König Phillip III eingesetzt und war zu Kolonialzeiten wichtiges Mittel der Spanier, Umstürzlereien abzublocken. Das]

Inquisitionsgericht von Cartagena war für den Raum bis Ecuador, Venezuela, Karibik und bis rauf Zentralamerika/heutiges Nicaragua zuständig.

Parallel gab es Inquisitionsgerichte in Lima/Peru (siehe dort!) und Mexico. In den 2 Jahrhunderten bis zu seiner Abschaffung wurden in Cartagena knapp 1.000 Personen verurteilt, davon aber nur 5 erdrosselt und anschließend auf dem Scheiterhaufen verbrannt.

Das ursprüngliche Gebäude von 1610 wurde 1776 durch den heute bestehenden Palacio ersetzt, der zu den besten Beispielen der kolonialen Architektur Cartagenas zählt.

Im Inneren des Gebäudes Museum der kolonialen Folterwerkzeuge, 13 Kerker , alte Dokumente und der Gerichtssaal. Zusammen mit der Unabhängigkeitserklärung Cartagenas 1811 wurde auch die Inquisition abgeschafft, aber im Rahmen der spanischen Rückeroberung der Stadt von 1815 bis 1821 nochmals durchgeführt, bis die span. Kolonialherren dann endgültig vertrieben werden konnten. – Geöffnet: Mo. - Fr. (außer Siesta 12 - 14 Uhr), am Sa. und So. zu. Eintritt: 0,2 US $.

KATHEDRALE (Ecke Plaza Bolivar/Calle Santos de Piedra). Baubeginn 1575, aber bereits 1586 vom Piraten Sir Francis Drake weitgehend zerstört. Der Wiederaufbau geschah folgerichtig in äußerer Optik einer Festung (1612). Im Inneren schöner Holzaltar mit "pan de oro"- Überzug.

6 KIRCHE und KLOSTER SAN PEDRO CLAVER, nähe Plaza de la Aduana. Das Kloster wurde 1603 von Jesuiten gebaut und später nach dem spanischen Padre Pedro Claver umbenannt, der sich für die Sklaven einsetzte und nach Chronistenberichten angeblich erreichte, daß diese am Sonntag nicht arbeiten mußten. Einigermaßen abgesichert ist zumindest, daß Claver bei Ankunft der Sklavenschiffe im Hafen von Cartagena die total Verhungerten mit Essen versorgte und hierfür in der Stadt sammeln ging. Besichtigung: Klosterzellen; in einer die Reliquien des Padres, der im 19. Jhd. von Papst Leo XIII heilig gesprochen wurde.

Das bisher beschriebene Viertel (EL CENTRO) im Norden der Altstadt war zu Kolonialzeiten das Viertel der Reichen von Cartagena, der Regierungsbeamten in Führungspositionen, der Sklavenhändler und der Reeder.

Entsprechend hat dieser Stadtteil die reichste und interessanteste Kolonialarchitektur Cartagenas. Neben Normalfassaden immer wieder architektonische Leckerbissen, die in ihrer Schlichtheit aus ausgewogenen Proportionierung faszinieren! Die einzelnen Häuser der "nobiles" repräsentieren, ohne gegenseitig aufzutrumpfen, sondern korrespondieren miteinander. Liebe zum Detail, insbesondere im Inneren: Rundbögen zu Treppenaufgängen und feine Holzdrechselarbeiten an den Fenstern, gut ausgewogene Patios. Neben Villa de Leiva in den Anden bei Bogota und Mompos/Rio Magdalena ist Cartagena einer der lohnensten Stops im kolonialen Colombia für den der sich für Architektur interessiert.

EXCELLENT die CNT- Studie "Repertorio Formal d' Arquitectura Domestica Cartagena d' Indias–Epoca Colonial" von German Tellez und Ernesto Moure, erschienen und erhältlich bei CNT in Bogota! Auf 256 Großformatseiten Detailfotos und architektonische Skizzen zu Balkonbau, Fenstergittern, Dachbalkenkonstruktionen, Fassaden etc. mit Analyse des derzeitigen "Kolonialfundus" Cartagenas. Definitiv: Kompliment zu dieser Arbeit!!

Das südlich anschließende Altstadtviertel SAN DIEGO (bis zur Südgrenze der Stadtmauer und der Av. Venezuela) war das Viertel der Mittelklasse , – während im Stadtviertel GETSEMANI (südl. des Hafens; Begrenzung Av. Urdaneta Arbelaez) die Arbeiter und Handwerker wohnten.

Ebenfalls im El Centro- Viertel ist die PLAZA STO. DOMINGO mit gleichnamiger Kirche, älteste von Cartagena (157o - 1579). Faszinierend in Richtung Kitsch das auf der Plaza gegenüberliegende mehrstöckige Haus in Architekturmischmasch Ri. Afrika, Rundbögenfenster, kleine Balustradenbalkons. – In der Calle Sto. Domingo/Factoria (Achtung: jeder Straßenblock in Cartagena- Altstadt hat seinen eigenen Namen!) die CASA DEL MARQUEZ DE VALDEHOYOS. Einer der mächtigsten Sklavenhändler mit spanischer Lizenz des Kolonialcartagenas. Im 18. Jhd. erbaut, mit reichen Patios und excellent ausgewogener Architektur des Hausinneren. Heute Sitz des CNT. **9** **10**

STA. CLARA, Kloster (bereits San Diego- Viertel) wurde in ein Krankenhaus umgewandelt – das STA. TERESA dient heute als Polizeiquartier. Gang der Dinge, wenn die Gläubigkeit zurückgeht. . . KIRCHE STO. TORIBIO / Plaza und Parque Madrid wurde 1741 während einer Messe im Rahmen eines der vielfältigen Angriffe auf Cartagena beschossen. Eine der Kanonenkugeln donnerte durchs Kirchendach und setzte sich in einer der Säulen fest. **14** **13**

PLAZA DE LAS BOVEDAS an der Ostspitze der Stadtfestung . Zusammen mit der Nordspitze die dickste Festungspartie der Altstadtmauer. Die Gewölbe im Inneren der Stadtmauer (fertiggestellt 1796) dienten zur Kolonialzeit als Munutionskammer, sowie in den ersten Jahren der Unabhängigkeit als Gefängnis. Von CNT restauriert, heute unter den 43 Arkaden Kunstgewerbeboutiquen. **15**

Über die Calle de la Media Luna kommt man, – am Denkmal der ZAPATOS VIEJOS (alte Schuhe, zu Ehren des großen Cartagena- Poeten Carlos Lopez) – aus der Altstadt raus, in ca. 15 Min. zu Fuß zur Festung SAN FELIPE, der wuchtigsten und größten der kolonialspanischen Lateinamerika-Besitztümer von Mexico bis Argentinien. Die Festung wurde ab Anfang des 17. Jhds. nach damals modernster Festungstechnik errichtet und galt lange Zeit als uneinnehmbares Bollwerk, – auf einem 4o m hohen Hügel oberhalb der Stadt zugleich strategisch günstig zur Überwachung und Verteidigung der Buchteinfahrt gelegen. **18** **24**

Fertiggestellt 1657 und während der spanischen Kolonialzeit nur einmal, 1697 vom Franzosen De Pointis eingenommen! Selbst dem massivem Angriff des englischen Piraten und Admirals Vernon konnte die Festung widerstehen.

Besichtigung sehr interessant: unterirdische Gänge (einer soll sogar bis rüber in die Altstadt geführt haben!), Zugbrücken, riesige, unterirdische Munitionsdepots. Schöner Blick über die Altstadt. Lage: zwischen Calle 32 (=Av Heredia) und Calle 3o/Kreuzung Cra. 17.

19 Die andere Festung außerhalb der Stadtmauern war SAN SEBASTIAN, zu erreichen ab Altstadt über die Brücke in Verlängerung Calle 24. In Dimension erheblich kleiner, gebaut zwischen 1753 und 1759. Heute Sitz des Club de Pesca mit einem excellenten Fischrestaurant und schönem Blick rüber auf den langgestreckten Finger der Halbinsel Boca Grande. Wenige Meter vor der Festung dümpelt im Wasser der Lagune eine mehrstöckige Replika einer spanischen Galeone, heute als Restaurant genutzt (Details siehe dort!). –

Den besten Rundblick über Cartagena, die Altstadt, – Boca Grande, Hafen und vorgelagerte weitere Inseln hat man vom CERRO LA POPA (14o m), der über eine Stichstraße ab Av. Pedro Heredia zu erreichen ist. Oben ein Kloster, das 16o7 vom Padre Alonso de la Cruz Paredes angelegt wurde.

* Der Halbinselfinger BOCA GRANDE ist heute Residencial Area der Stadt. Hier liegen die besten Hotels und Restaurants von Cartagena. Tropische Vegetation mit Palmen, viele Villen und Hochhäuser auf schmalem Sandband, wo früher die Piraten ihre Boote auf den Strand schoben.

Hauptverkehrsader ist die AV. SAN MARTIN (=Cra. 2), die von den Stadtbussen als Einbahnstraße Ri. Halbinselspitze befahren wird. Retour gehts über die parallele Cra. 3 (=Av. Sucre).

Boca Grande

Cra. 1 = Av. Santander	Cra. 5 = Av. Girardot	Cra. 9 = Av. Juanambu
Cra. 2 = Av. San Martin	Cra. 6 = Av. Cordoba	Cra. 1o = Av. Maturin
Cra. 3 = Av. Sucre	Cra. 7 = Av Sn. Mateo	Cra. 11 = Av. Pichincho
Cra. 4 = Av. Bolivar	Cra. 8 = Av. Barbula	Cra. 12 = Av. Caraboro

Stadtbusse fahren ab Altstadt/alter Hafen - Plaza Centenario rüber nach Boca Grande. Zu Fuß sind das ca. 3o Min. ins Zentrum der Aktivitäten an der Av. San Martin. Liegen etwa zwischen Höhe Hotel Capilla del Mar und Hotel El Caribe.

Dahinter, an der Südspitze der Halbinsel (EL LAGUITO) schließt sich eine scheußlich wuchernde Hochhauskette an, – in tristestem Beton ohne jegliche Fantasie. Die teuerste Meile Cartagenas mit Condominiums, einem kleineren Casino und dem Hilton, dessen Architekt von uns eine Zitrone bekommt . . .

Boca Grande bringt Spaß, zumindest bis zum El Caribe, abends mit seinen Straßenrestaurants in der Av. San Martin. Den Rest südl. kann man sich sparen. – STRAND: kilometerlang, feinsandig grau, allerdings definitiv ohne jeglichen Schatten. Breite: bis zu 15o m.

Verbindungen ab Cartagena:

① 

Flüge:

"EL CRESPO" im Norden der Stadt, direkt am Meer. Herlicher Landeanflug, wer von Sta. Marta oder Bogota kommt: die Maschine schwebt an der flachen Sandküste mit ihren Fischerhütten über dem Meer entlang.

Die großen Airlines Kolumbiens (Avianca, Sam, Aces, Aerotal) fliegen Cartagena tägl. mit Jets an. Die Hauptrouten: rüber nach Santa Marta, sowie nach Medellin, Bogota, Cucuta. Die "Tavina"- Propeller fliegen 3 x/Woche nach Barranquilla, sowie 3 mal/Woche nach Monteira.

Mit dem Sam- Jet täglich ab Cartagena rüber auf die kolumbianische Karibikinsel SAN ANDRES. Achtung: häufig voll, da beliebte Route für Reisegesellschaften, die mit 1o oder 15 Leuten schnell die restlichen Plätze der Maschine blockieren. Daher möglichst frühzeitig reservieren! Als Alternative (wenn die Direktmaschine voll ist) bietet sich der Umweg über Barranquilla an. Bei fehlender Nachfrage kann es aber zur Stornierung des Fluges kommen. Daher vorab abchecken, bevor man sich auf den Weg nach B. macht!

TAXI in die Altstadt vom Airport kostet um die 3,5 US $ /Fahrzeug, – nach Boca Grande um 4 US $. Billiger mit dem AIRPORTBUS, der bis rüber nach Boca Grande fährt, ca. o,4 US $.– Wer sich ein Taxi nimmt, sollte vorher bei der CNT- Tourist Office im Airport vorbeischauen, um sich den derzeit gültigen Preis geben lassen. Es gibt in der Taxifahrerzunft weiße und schwarze Schafe. . .

(2) 

Bus:

Täglich laufend nach Barranquilla mit Bus oder Colectivo/ umsteigen nach Sta. Marta, sowie Direktbusse. Tägl. nach Sincelejo (ca. 4 Std./5 US $), – Monteira (ca. 5 1/2 Std./ 7 US $), – Medellin (ca. 14 Std./18 US $), – Bogota (22 Std./28 US $). Genaue Time- Tables zu den Abfahrtszeiten gibts bei der CNT- Tourist Office. Leider hat Cartagena keinen gemeinsamen Busterminal. "Rapido Duitama" fährt z.B. ab Clle. 3o No. 18 B - 63 , "Brasilia" ab Av. Pedro de Heredia Ecke Cll 32 No. 18 A- o5. Tips über CNT, auch mit welchem Stadtbus man zum Busterminal der einzelnen Linien rauskommt. –

(3) 

Schiff:

Ab altem Hafen/Altstadt etwa 2 mal in der Woche kleinere Eisenfrachtkähne rüber nach San Andres in der Karibik vor der Küste Nicaraguas. Es fahren z.B. die "Zipaquira", ein etwa 4o m langer Kahn.

Zweck: Warenversorgung der Insel (von Bier bis Mineralwasser, auch PKW- Transport und Ersatzteile.) Eventuell interessant für den, der mit eigenem PKW unterwegs ist und seine Kiste von Südamerika via San Andres nach Zentralamerika schaffen möchte (Details siehe "San Andres"!). Rein als Personen- Beförderungsmittel weniger interessant ; die Schiffspassage zuzüglich Essens- und Hotelkosten (für die Zeit des Wartens, bis die Kiste fährt) kommen fast in die Nähe des Passagepreises im Jet.

Weiterhin ab altem Hafen Regionalboote zu den Nachbarinseln wie Tierrabomba, sowie in den Kanal Dique zu kleineren Dörfern.

Der Handelshafen TERMINAL MARITIMO am Ende der Calle 29, siehe unsere Cartagena- Übersichtskarte/Nr. 24. Chancen für PKW- Transport nach Panama sind ab Barranquilla in der Regel besser! –

YACHTHAFEN: beim Club de Pesca/Castillo San Sebastian (Karte/Nr. 19!)

Hotels/Cartagena:

Während der Saison (Mitte Dez. bis Mitte April und Mitte Juni bis Ende August): Preise der Mittel- und Luxusklassehotels um 25 % teurer, als Rest der Saison. Außerdem öfters Engpässe bezügl. Unterkunftsmöglichkeit.

Luxusklasse bis teuer:

Liegen ausschließlich auf der Halbinsel BOCA GRANDE.

"Capilla del Mar" nach meinem Geschmack mit Abstand das beste von Cartagena, obwohl es nur 4 Sterne bekommen hat. Der 5. fehlt, da das Hotel direkt am Meer liegt und keine Grünfläche besitzt.

Vorgebaut an der Karibikseite der Boca Grande Halbinsel und somit weiter Rundblick über Boca Grande auf der einen Seite, und die Altstadt Cartagenas auf der anderen. Die Zimmer sind riesig, mit Balkon, Teppich, großem Bad, Tel, leider aber nur s/w- TV. Sehr gute Restaurants. Zugleich hat das Capilla del Mar den schönsten Hotel- Swimming Pool Cartagenas, oben im 22. Stock auf dem Dach mit fantastischem Rundblick vom Beckenrand auf die Stadt! Drunter Drehrestaurant. Sehr guter Service.

Bei allem Lob zwei Abstriche: 1.) sollte man für den Eisschrank im Zimmer unbedingt einen eigenen Schlüssel verlangen. – 2.) ebenfalls unbedingt am Vorabend mit der Rezeption abrechnen, wenn früh am nächsten Morgen der Weiterflug geht. . .

Doppel kostet um die 7o US $. Zentral im Bereich der Boca Grande- Aktivitäten gelegen, Cra. 1/Ecke Calle 8.Knapp 2oo Zimmer.

"Hotel El Caribe" Feudalarchitektur wie eine kleine Festung von außen. Innen sehr angenehm mit vielen Pflanzen im Innenhof und Pool auf Hügel. Ambiente ein bischen wie in US- Liebesfilmen. Im El Caribe finden übrigens auch die alljährlichen Schönheits-Wettbewerbe Kolumbiens statt. Dann ist die Kiste aber auch gerammelt voll und Vorreservierung dringend nötig.

Vom Ambiente und Flair das beste auf Boca Grande. Vom Blick her 'nett' aber nicht so spektakulär wie das Capilla in den oberen Stockwerken! Doppel ca. 65 US $. Lage: am Ende der Av. San Martin, kurz vor der Zipfelspitze El Laguito.

"Hilton Cartagena" : an der Südspitze der Boca Grande Halbinsel im Hochhaussektor El Laguito. Abgestufte Betonkiste, innen mit Boutiquen, kahle lange Gänge. Fantasielose Cafeteria "Las Chivas", die durch eine Attrappe aus Sperrholz eines Busses aufegpäppelt wurde. Ansonsten der gewohnte Hilton- Komfort in den Zimmern. Mit Tennisanlage (Flutlicht) und kahlem Strand (Sonnenschirme). Doppel ab ca. 1oo US $. 5 Sterne

"Cartagena Real" an der Cra. 1, Karibikseite, Beginn von Boca Grande. Ein riesiger, knapp 2o stöckiger, sehr dünner Hochhausfinger, der wohl den besten Blick auf die Altstadt bringt, da am nächsten gelegen. Doppel ca. 5o US $. Zwar von Kolumbianern ganz gern frequentiert, aber nicht mein Geschmack. (Malecon No. 1o - 15o)

Billigklasse:

Liegen fast ausschließlich in der Altstadt/Bereich Getsemani (zwischen Parque Centenario/Calle Media Luna/Av. Urdaneta Arbelaez, – siehe unsere Karte Cartagena/Altstadt). Da dies ein recht kleiner Bereich ist, hat man den großen Vorteil, daß man ohne große Wege die einzelnen Herbergen miteinander vergleichen kann.

Die Mühe sollte man sich auch machen. Fast ausschließlich sind das scheußliche, superdüstere und stickigheiße Bruchbuden, teils die Zimmer mit Spanplatten abgetrennt und zudem so knackig teuer, daß man oft für wenige Mark mehr auch bei knapper Reisekasse erheblich Besseres an Unterkünften in der Mittelklasse erhält. Trotzdem hier das Ergebnis unserer Recherchen:

"San Francisco" an der Plaza Centenario/Seite Media Luna. Gelbverblichener Hinterhof, ein penetrant intensives Gelb, das von 2 Palmen gedämpft wird. Die Zimmer im 1. Stock an Balkonbrüstung. Tür rein, sonst außer Bett nichts. Sehr muffig. Saftige 9 US $!

"Hotel Media Luna" an selber Plaza, Ecke Media Luna mit Av. Centenario. Düster. Die meisten Zimmer zur Straße mit durchgehendem Balkon. Stahlrohrbetten. Zwar sauber, die Zimmer aber etwas vergammelt. Tür hat immerhin Vorhängeschloß. Auch der Preis ist mit ca. 4 US $ schon eher im Bereich des Passablen und Angemessenen.

"Hotel San Felipe" an selber Av. Centenario/Ecke Av. U. Arbelaez. Preislich bereits in der Mittelklasse mit knappen 2o US $ für ein Doppel, qualitativ aber Unterklasse. Wahrscheinlich kann man sich die Preise erlauben, da das Hotel optisch im Blickfeld ab Hafen liegt. Die Zimmer haben Balkon zum Parque Centenario, der aber als wenig reizvoll nicht den Preis rechtfertigt. Mit Ventilator.

"Romar", Media Luna zwischen Av. Centenario und San Andres. Winzige Zimmerchen mit Pappe unterteilt (inkl. Löchern drin!!). Die kann man zwar mit Klopapier zustopfen, gegen die kopfhohe Zimmerdecke hilft das nicht. Einstiegsluke = Gemeinschaftsbad. Doppel für 6 US $!!

Daneben "Berlin": düstere Bruchbude. Trotzdem 1o US $, da eigenes Bad im Zimmer!

Daneben "Tropicana" , 4 US $, mit Gemeinschaftsbad, großen Zimmern (für diese Klasse!), die teils vergitterten Balkon zur Straße besitzen. An der Reception empfing uns ein Opa im Schlafanzug (um 13.3o Uhr, aber warum nicht?). Die Betten waren optisch sauber, aber die Toilette bräuchte mal wieder eine Generelreinigung!!

"Hotel Interturistica": dreckige Cucaracha- Bude mit verschimmelten Pappwänden und -Dächern. Kleinste, aber stinkende Zimmer. An der Decke ein Ventilator und in den Betten steckt der Muff des Vormieters. 7 US $!! Calle Media de Luna/Abschnitt zwischen Querstraße San Andres und Maravillas.

Hier auch "Nelsy" düstere Gitterbude. – "Hotel Hernando" mit 6 US $ eine sehr basic Absteige und das "Hotel Familiar Turistica", 7 US $ eine passable Bleibe, die bei ihrem Preis aber sehr überteuert ist! – "Resid. Valley" , 7 US $ für winzige Löcher so groß wie eine Knastzelle, aber ohne Fenster. Ventilator an der Decke kämpft gegen die Hitze, Stahlrohrbetten und kleiner Innenhof.

Etwas besser, aber auch sehr einfach eingerichtet ist das "Hotel Monterey" oben in der Calle del Mercado neben dem Teatro Colon. Ein altes, stilvolles Haus, wo das Doppel mit Privatbad 1o US $ kostet.

Der "Favoritentip", das in der Calle San Andres gelegene "Hotel Roma" entpuppte sich bei unserem Check als miese Bude, für die fast 9 US $ verlangt wurde für Zimmer, fast alle ohne Fenster und sämtlichst ohne eigenes Bad. Allerdings schöner Innenhof mit einem Vogelkäfig und schmutzigen Gemeinschaftsbädern. . .

Nach einem gestreckten Vormittag an Billigherbergen- Reserch in Getsemani (ich habe selten in Südamerika eine derartige Fülle überteuerter und supermieser Dinger auf einem Haufen erlebt!!), – haben wir uns erstmal in eine Altstadtkneipe verzogen und ein kühles Bier genehmigt.

Mittelklasse:

Man hat die Wahl zwischen Altstadt (=mitten im Geschehen) und Boca Grande (=Strand)

"Hotel Plaza Bolivar" an der gleichnamigen Plaza im Herzen der Altstadt. Einmal schöne Lage an der Plaza mit hohen, schattigen Palmen, zum anderen ein gemütliches, feudal koloniales Hotel. Die Zimmer sind zwar simpel eingerichtet, aber in jedem Fall bei gleichem Preis wie einige der überteuerten Hotels in Getsemani sicher ein Tip! Doppel ca. 15 - 2o US $ je nach Lage.

Weniger zu empfehlen das "Resid. Azteca" Calle de Lamargura nähe Plaza Aduana in der Altstadt. Kleine, dunkle, nach oben offene Pappzellen mit Ventilator. 1o US $.

In BOCA GRANDE ein ganzer Schwung billiger Residenciales (Bereich 14 - 2o US), meist in modernen Villen, sauber. D e r Tip, wer Mittelklasse will und trotzdem preisgünstig! Liegen zentral, wo was los ist. Per Stadtbus kommt man schnell in die Altstadt. LAGE: meist an der Av. 2 (San Martin) oder Av. 3 (Sucre), beide laut aber nicht penetrant. Oder in den Querverbindungen (Calles): bester Tip!

"Resid. Jenny" Cra. 3 No. 8 - 2o3. Sauber, eine einstöckige Villa mit Aufsätzen. Das Doppel kostet ca. 1o US $. Hat uns gut gefallen, allerdings nur 11 Zimmer, die für die Monate der Hauptsaison schon lange vorab ausgebucht sind.

"Resid. Astoria", Cra. 3 No. 8 - 88 gegenüber des Arabe Restaurants. Ein zweistöckiges Haus, allerdings vornraus laut, da die Straße Hauptdurchfluß des Boca Grande- Verkehrs ist. Nur 13 Zimmer, in HS oft ausgebucht. Doppel zwischen ca. 15 und 2o US $.

"Resid. Gjralda" Cra. 3 No. 7 - 166. Hat 24 Zimmer, ca. 14 US, laut, da an Hauptstraße, wenn man vornraus nimmt, die besseren Zimmer bis zu 16 US $.

"Hotel Park" Cra. 3 No. 7 - 171 Ein kleineres 4 stöckiges Hotel. Sauber. Das Doppel inkl. 3 Mahlzeiten kostet 3o US $

"Resid. El Retiro" Calle 7 No. 2 - 5o. In Querstraße zwischen der Cra. 2 und 3. Preisgünstig bei ca. 15 US $, allerdings nur 11 Zimmer.

"Hotel Colonial" an der Av. San Martin nähe Hotel Capilla del Mar. Tip bei runden 14 US $ und seiner zentralen Lage zwischen Aktivitäten und Meer. Vornraus laut.

"Succar Hotel" 3- stöckig an Av. San Martin neben Jumbo Schnellrestaurant. Mit fast 23 US etwas teuer, aber sauber und komfortabel in seiner Klasse.

Tip ist das "Playa Hotel" Av. San Martin kurz vor dem Hotel Caribe. Mit Swimming Pool und Cafeteria, und der Strand liegt gleich hinter dem Hotel. Zimmer mit Aircondition um 23 US $, mit Ventilator um 21 US $. Groß und sauber.

Anschließend das "El Dorado", ein hoher Betonfinger in den Himmel Boca Grandes. Tip für den, der nicht die 7o US $ fürs Capilla ausgeben will; ähnliche Lage, zentral im Bereich der Av. San Martin, bei einfacher eingerichteten, aber immer noch sehr komfortablen Zimmern. Strand vorm Hotel. Doppel ca. 4o US $.

DER 3. BEREICH mit Hotels und Residenciales ist die Region nähe Cartagena Airport/Stadtteil Crespo. Ebenfalls mit Strand, aber meist preisgünstiger als Boca Grande. Dorthin und ins Altstadtzentrum kommt man relativ bequem mit dem oft verkehrenden Stadtbus.

"Hotel Bella Vista" Av. Santander No. 46 - 5o. Bei 8 US $ sehr preisgünstig. Das Hotel hat Restaurantbetrieb mit einheimischer Küche. Die Zimmer mit Ventilator. Schöner Innenhof mit viel Vegetation und Tieren. Die Zimmer mit Fenster zum Innenhof. Der Strand ist gegenüber, Straße muß überquert werden. – Viel von Ausländern besucht, Amerikaner und Europäer. 32 Zimmer.

"Hotel Playa" Av. 2 No. 4 - 87 (Crespo). Mit Swimming Pool und Cafeteria. Strand liegt hinter dem Hotel. Zimmer mit Aircondition (ca. 23 US) oder Ventilator(Ca. 21 US)

"Balneario los Corales" Av. Santander (Crespo) mit privatem Strand, Cafeteria. Große Zimmer mit Ventilator, nahe des Flughafens. Garten. Doppel um 13 US $.

"Cabañas Turisticas el Guanipa" Calle 63 No. 1 - 74 (Crespo). 1o Cabañas so groß, daß für 4 Leute Platz, mit Fenster. Sehr sauber, alle mit Ventilator. Innenhof mit Bäumen, Strand nähe. Doppel ca. 11 - 13 US $.

"CLUB DE PESCA" im Castillo San Sebastian: excellent und derzeit eines der besten von Cartagena von Ambiente sowie Küche! Spezialitäten sind Meeresfrüchte. Relaxing unter Bäumen zwischen den Fort- Mauern. Blick über die Bucht abends die Bäume erleuchtet. Preise: teuer.

"EL GALEON" daneben. Replica einer Galeone aus dem 16. Jhd. Recht gut vom Ambiente gelungen. Auf dem Oberdeck Tische, die von einer Plane gegen Tropenregen geschützt sind. Angenehm frisch, weil der Wind quer übers Deck streichen kann. Essen durchschnittlich, Preise mittel bis teuer.

"RANCHO INN" auf der Insel Manga. Preise mittel bis teuer, Av. Miramar No. 49 - 5o

"REST. MARCEL" in der Casa Scandia an der Plaza Bolivar/Altstadt. Archi tektonisch ein Juwel mit Balkons, 1978 restauriert. Sehr stilvolles, schlichtes Ambiente. Preise mittel bis teuer.

"PACOS" an der Plaza Sto. Domingo/Altstadt. Sehr gemütlich in einem restaurierten Kolonialhaus. Oben riesiger, schiefhängender Balkon, darunter kleine Fenster, rostrot gestrichen. Preise sind mittel.

"BODEGON DE LA CANDELARIA" eines der langjährigen Standartrestaurants von Cartagena/Altstadt mit Ambiente. Der Restaurantbetrieb findet in einem Patio statt, der im 1. Stock von Balkons umgeben ist. Allerdings von Ambiente nicht so gelungen wie das "Marcel". Küche ist jedoch excellent, Preise mittel bis teuer. Die Bar mit Pistolen und Enterhaken aus der Kolonialzeit geschmückt. Calle las Damas, 1 Block nach Plaza Aduana.

"QUEMADO" derzeit wohl die beste Jazz- Kneipe in Cartagena. Ein räuchriges, schmales Ding unter groben, jahrhunderte-alten Deckenbalken im Herzen der Altstadt nähe Plaza Aduana. Grobe Holztische. Langgestreckte Bar, die auch den Piraten Spaß gebracht hätte. Hinter der kleinen Bühne verschiedene Blasinstrumente. Jeden Do., Fr. Sa. treten hier ab 21 Uhr die besten Jazz Bands der Region auf. Dann ist die Sache gerammelt voll und durch den Rauch kann man mit dem Messer schneiden. Hier wurden u.a. auch Szenen zu einem Marlo Brando- Film gedreht! Heißer Tip, Calle Amargura kurz nach der Plaza Aduana.

"REST. KON NAM", Chinese, gegenüber vom Quemado. Die Gerichte sind groß und üppig proportioniert, die Preise mittel. Allerdings braucht man einen dicken Pullover, denn die Air Condition läuft auf Volltouren. . .

"NAUTILUS" wird als Tip gehandelt. Av. Venezuela, dort, wo es aus der Altstadt rausgeht. Vom Ambiente sicher sehr orginell. Ein winzig kleiner Raum, vollgestopft mit Sägefischen, Schildkrötenpanzern, Schiffsluken, Ventilatoren etc. Unterm Glas der kleinen Tische gibts Schiffskarten, vorwiegend aus Holland- Regionen. Existiert seit ca. 1o Jahren. Der Ober wie ein grober Seebär und als Matrose verkleidet. Spezialität sind Mariscos, die allerdings in kleinen Portionen auf den Tisch kommen. Die mittleren Preise haben daher Tendenz zu teuer.

"DRAGON DE ORO" Altstadtchinese Av. Venezuela Höhe Einmündung der Av. Carlos Escallon. Preisgünstig bei guten Portionen.

"EL ARABE" in der Cra. 3 No. 8 - 83 in Boca Grande ist traditioneller Araber mit entsprechender Küche. Serviert im Patio bei gehobenen Preisen.

BILLIGKNEIPEN gibts im Altstadtteil Getsemani, z.B. in der Calle San Andres. Zwar wenige Pesos, aber oft viele Fliegen. Definitiv besser ist die Av. San Martin/Boca Grande:

Jede Menge von Hamburgern, Schnellsnacks und Pizzerias auf der San Martin (=Cra. 3) in Boca Grande! Bereich Querstraßen Calle 8 bis Calle 5 beim El Caribe.

Z.B. das "PRESTO" beim Capilla del Mar (Ecke Calle 8) mit günstigen Pr sen für Hamburger, allerdings wenig Auswahl. – Besser und derzeit wohl der beste Tip für Billigessen in Cartagena ist "JUMBO" (Av. San Martin Ecke Calle 6) mit breitgefächerter Auswahl. Alles von Vorspeisen, Supp zu relativ üppigen Hauptspeisen a la Cafeteria.

Unten beim El Caribe- Hotel an der Av. San Martin der Restaurantkomplex PUEBLITO (Eingang durchs Hotel El Dorado). Ein Schwung von Betrieben, die sich gegenseitig mit Musik übertönen. "Pizza Margarita" strohgedeckt mit 2 Ebenen in Holzbauwerk und Balkons zu Saison wichtiger Treff, unten Tanzfläche und viel Aktion. Besser hat uns das danebenlieger "Copacabana" gefallen, einfach und gemütlich bei billigen Preisen.

Guter Chinese mit reichhaltigen Portionen an der Ecke Av. San Martin/Cl 8 mittlere Preise.

"LA PIRAGUA" Av. San Martin/Calle 8. Straßencafe und abends viel los Life- Cumbiabands auf volle Lautstärke. Vis- a vis parken die Taxifahrer, den Arm aus dem Fenster rausgehängt und auch vom Straßencafe gegenüb nimmt man an der Show teil.

Nähere Umgebung Cartagena:

★ STRAND BOCACHICA: mit dem Boot ab "Muelle de los Pegasos"/Altstad morgens rüber. Die Überfahrt dauert ca. 45 Min. (ca.6 US retour), abends wieder zurück. Schöne Sandstrände mit Palmen. Im Fischerdorf Bocachic gutes Restaurant "Alcatraz". In d Nähe des Ortes die Festung San F nando (1753 - 1759), die von der Spaniern als Schutz der Einfahrt i die Bucht von Cartagena gebaut w de (der Meeresbereich zwischen T rabomba und Boca Grande war b reits durch eine Unterwassermaue abgeriegelt, siehe "Cart./Geschich

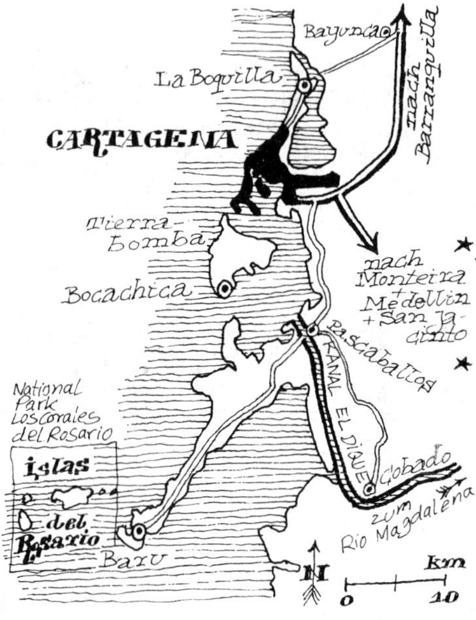

★ BOQUILLA: Fischerdorf nödl. vc Cartagena mit schönen Stränden, glasklarem Wasser und Palmen. E fache Strandrestaurants in Hütten

★ ISLAS DEL ROSARIO:
Eine Reihe kleiner und kleinster Miniinseln südlich von Cartagena. Herrlich tropisch, mit weißen Sandstränden und vorgelagerten Korallenriffs. Das Wasser so klar und transparent, daß man beim Schnorcheln glaubt, mit der Han bis auf den Boden runtergreifen zu können.

Auf der Palmen- bestandenen Hauptinsel gibts Cabañas mit Restaurantbetrieb. Die komplette Region ist kolumbianischer Unterwasser- Nationalpark.

Einer der schönsten Ausflüge ab Cartagena, vielleicht auch sogar eine der schönsten Stellen bezügl. Schnorcheln vor der südamerik. Karibikküste!

ZU ERREICHEN per Ausflgsboote ab Cartagena (1 Tag), z.B. mit "Excursiones El Pirata" , ca. 3o US $ für einen Tag, inkl. retour mit dem Boot morgens ab ca. 9 Uhr, retour gegen 18 Uhr, Drinks und Snacks auf der Insel. Bocagrande Av. San Martin No. 7 - 19. – ODER mit "Excursiones Camino Tour" Bocagrande, Av. San Martin No. 8 - 49/Loc. 4. Die Excursionen laufen zum Teil direkt rüber zu den Islas Rosario, – zum Teil ab Bocagrande zunächst durch die Bahia de Cartagena und dann den Kanal El Dique, und anschließend entlang der Insel Baru rauf nach Islas Rosario.

PRIVATE BOOTE mit starken Außenbordern können in Cartagena beim Club de Pesca gemietet werden, sind aber saftig teuer. Pro Tag und für ein 5- Personen Boot muß mit ca. 24o DM gerechnet werden, für ein 2- Personen Boot ca. 17o DM.

★ BARU, Fischernest auf der gleichnamigen Halbinsel hat gute Sandstrände mit Palmen. Zu erreichen über eine Piste ab Cartagena (Dez. - Mai), außerhalb meist nur per Boot ab Muelle de Pegasus/Cartagena. Im Ort am Strand Fischrestaurants in Stohhütten am Meer und ein Campingplatz. Man kann Fischerboote rüber nach Islas del Rosario mieten, Preis ist Verhandlungssache.

★ KANAL EL DIQUE: gebaut in der 2. Hälfte des 17. Jhd. von den Spaniern, um eine Querverbindung für den Warentransport/Hauptinnlandsweg Rio Magdalena nach Cartagena zu erhalten. Damals geniales Ingenieurwerk, die Hauptarbeitskräfte waren die Sklaven. Während des Beginns der republikanischen Epoche verkam der Kanal, wurde aber Anfang des 2o. Jhd. wieder befahrbar gemacht und dient heute dem Regionalverkehr für die Farmsiedlungen entlang des Kanals.

Wem sowas Spaß macht, kann versuchen, ab Cartagena/Muelle de Pegasus ein Boot zu bekommen, das die Region bedient. Oder ab Pasacaballos, siehe unsere Übersichtskarte. Zu erreichen mit Regionalbussen ab Cartagena.

★ SAN JACINTO: rund 1oo km ab Cartagena mit Regionalbussen. An der Straße nach Sincelejo/Medellin. Bekannt für Kunstgewerbearbeiten. Unter anderem auch schöne Hängematten.

★ MOMPOS: war zu Kolonialzeiten wichtigster Innlandsort am Rio Magdalena und "Verteiler" und Handelspunkt zwischen Küste und Innland. Aus dieser Zeit resultiert eine Fülle von Kleinkunst- Architektur, die zum Reichsten der kolumbianischen Tiefländer zählt. Heute ein verschlafenes Nest mit rund 2o.ooo E., aber eines der wichtigen Kunsthandwerks Zentren des Landes.

Ausflug macht Spaß, entweder per Bus ca. 24o km per Straße, oder per "Tavina"- Propeller. Hotels und Restaurants. Details siehe unser Kapitel "Rio Magdalena"! – Kann man via Magangue als Abstecher auf den Trip überland nach Medellin einbauen.

WER WEITERWILL, südlich nach Medellin: weiterblättern bis Seite 4o5. Sehr lohnend aber der Abstecher nach SAN ANDRES, insbesondere, wenn man mit der Avianca ein Kolumbien- Rundflugticket gekauft hat!

o - 75 m / ca. 15.ooo E.

Honey Moon Paradies für verliebte Kolumbianer und Freihandelszone für alles, – von superbilligen Zigaretten, über Whisky zu (für Sudamericanos) sehr preisgünstigen Fernsehern und Hi Fi-Anlagen.

Landschaftlich: excellente Palmenstrände und das ganze Jahr über badewannenwarmes Meer mit Korallenriffs.

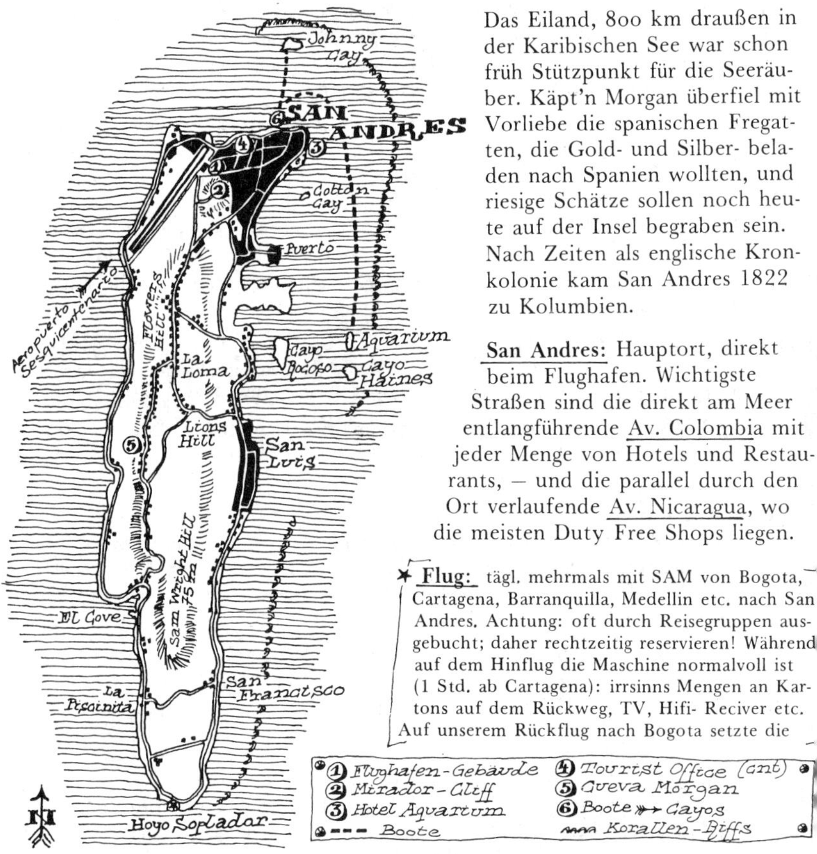

Das Eiland, 8oo km draußen in der Karibischen See war schon früh Stützpunkt für die Seeräuber. Käpt'n Morgan überfiel mit Vorliebe die spanischen Fregatten, die Gold- und Silber- beladen nach Spanien wollten, und riesige Schätze sollen noch heute auf der Insel begraben sein. Nach Zeiten als englische Kronkolonie kam San Andres 1822 zu Kolumbien.

San Andres: Hauptort, direkt beim Flughafen. Wichtigste Straßen sind die direkt am Meer entlangführende Av. Colombia mit jeder Menge von Hotels und Restaurants, – und die parallel durch den Ort verlaufende Av. Nicaragua, wo die meisten Duty Free Shops liegen.

★ Flug: tägl. mehrmals mit SAM von Bogota, Cartagena, Barranquilla, Medellin etc. nach San Andres. Achtung: oft durch Reisegruppen ausgebucht; daher rechtzeitig reservieren! Während auf dem Hinflug die Maschine normalvoll ist (1 Std. ab Cartagena): irrsinns Mengen an Kartons auf dem Rückweg, TV, Hifi- Reciver etc. Auf unserem Rückflug nach Bogota setzte die

SAM sogar einen Jet mit eigenem Transportabteil ein, und trotzdem war auch der Passagierteil der Maschine vollgestopft mit Taschen, Beuteln und Kartons, aus denen Whisky, Zigarettenstangen etc. rausragten. Kontrollen bei Ankunft nicht nur für die Kolumbianer. (Zigaretten und Whisky lohnt sich sehr, – TV und Hi Fi , von Transportproblemen abgesehen – teurer als BRD!).

Die Avianca fliegt tägl. ab Bogota nach San Andres, sowie 1 - 2 mal/Woche ab Pereira, Bucaramanga und Cali. Wer ein Avianca- Rundticket hat, kann auch die SAM- Maschiene nehmen. – Weiterhin fliegt Aerotal ab Bogota, derzeit 3 mal/Woche. Preisbeispiele: Cartagena – San Andres ca. 6o US $, Cali–San Andres ca. 85 US $ einfach.

San Andres ist zugleich Drehscheibe für billige Flüge von Südamerika nach Zentralamerika und den USA. Details siehe unsere seperate Übersicht Seite

TAXI in die Stadt bzw. zu den dort liegenden Hotels ca. 5 US $. Zu Fuß sinds nur ca. 15 Min. Man kann aber auch die wenigen Meter vom Flughafengebäude zum Meer gehen. Dort fährt ein Stadtbus vorbei.

★ **Schiff:** unregelmäßig, je nach Frachtaufkommen (aber meist 2 mal pro Woche) rüber nach Cartagena. Die Frachter brauchen ca. 2 - 3 Tage, wobei die Überfahrt oft sehr bewegt ist bei der Größe der Schiffe. Fracht: Coca Cola, Pepsi nicht zu vergessen, alle Art von Nahrung etc.

Weiterhin laufend ab San Andres Frachter nach Panama, die San Andres vorwiegend mit Möbeln, Autos, Kühlschränken, – insbesondere aber dem Duty Free Kram wie TV, Hifi, Zigaretten etc. versorgen.Abfahrten ebenfalls unregelmäßig gemäß Frachtaufkommens. Das meiste San Andres- Bier kommt übrigens aus den USA.

Für Leute, die mit eigenem Auto auf günstigen PKW- Transport zwischen Südamerika und Zentralamerika via San Andres spekulieren: zwar möglich, aber sauteuer. Für einen VW Bus muß man mit ca. 15o US $ zwischen San Andres und Panama rechnen, – sowie ab San Andres rüber nach Cartagena ca. 28o US $. Abfahrt ca. alle 14 Tage pro Richtung, wozu noch die Umsteigezeit auf San Andres kommt, die man sich aber sicher angenehm gestalten kann.

Schiffe nach Cartagena sind die Isleño, die Zipaquira, die Jonny Cay und die Don Basillo. Infos, wann die nächsten Schiffe fahren: über die Capitania an der Ostseite der Insel/Hauptort San Andres.

Nach NICARAGUA/Bluefields nur sehr selten Schiffsverkehr, obwohl nur ca. 15o km entfernt, wegen schlechter Beziehung zwischen beiden Ländern.

★ **Hotels/San Andres:** das Angebot ist am San Andres- Tourismus orientiert, der zu ca. 9o % aus mittelreichen Kolumbianern besteht, die ein Relaxen in der Karibik mit den Möglichkeiten von Duty Free- Shopping verbinden. Analog dazu hat San Andres keine superteuren Luxushotels , aber auch nur sehr wenige Billighotels. Das meiste bewegt sich in der Preisklasse 18 - 25 US $. Fast alle Hotels im Hauptort San Andres.

HOCHSAISON ist zwischen Mitte Juni und Mitte August, sowie 15. Dez. bis 15. April, wobei die Hotelpreise um ca. 25 % steigen.

Achtung: viele Bruchbuden mit überhöhten Preisen um 18 - 25 US $. Für gleichen Preis bekommt man erheblich Besseres, wie z.B. "Galaxy", "Palace" oder "Gran Hotel Int."

"Los Delfines", eines der empfehlenswertesten in der Mittelklasse. Preis- Leistungsverhältnis stimmt. 2- stöckig, direkt am Meer. Mit einem SW- Pool, kleiner Bar und dann über Stufen direkt ins lauwarme Meer. Blick auf Jonny Cay. Die Zimmer groß genug, außerdem jeweils eigener 'Comedor' (Esszimmer) mit Kochgelegenheit und Eischrank. Farb-TV und Tel. Doppel ca. 18 US $. Av. La Playa (in Verlängerung der Av. Colombia).

Gut sind "Galaxy" und "Palace", beide Av. Colon, ca. 19 US $ modern und sauber in der ersten Parallelstraße zum Meer und Av. Colombia.

Direkt an der Av. Colombia/Strand das "Grand Hotel Internac." mit Swimming Pool im

Inneren, zu empfehlen, allerdings kein TV im Zimmer und ca. 26 US $.

"Abacoa", Av. Colombia. Etwas verwohnt, trotzdem ca. 21 US $.

"Hotel Victoria Princess", Av. 2o de Julio 1a - 118. Zentral im Ort. Blick weniger schön auf tiefschwarzes Glashaus. Laute Straße. Doppel ca. 18 US $.

"Europa", 4 Stockwerke, Beton mit langen Balkons von denen man teils Blick aufs Meer hat, laute Straße, ansonsten ganz passabel bei ca. 15 US $. Av. 2o de Julio 1-101.

"Hotel Tiuna", Av. Colombia 3 - 59. Das 7-stöckige Hochhaus direkt am Meer hat vorn raus schönen Blick aufs Meer. Rezeptionstheke aus Korallen. Zwischen ca. 2o US $ im alten Teil und 22 US $ im neuen Teil.

"Calypso Beach Hotel" daneben, modern und saftige 33 US $.

"Isleño", Av. La Playa 5 - 117. Mit rund 4o US $ recht teuer für Gebotenes. Liegt zentral im Ort und hat angenehmen Innenhof mit Palmen. Alle Zimmer mit Aircondition, aber keinem TV.

Eines der besten dieser Preisklasse auf San Andres ist wohl das "Hotel Aquarium" oben hinter der Nordspitze (Av. Colombia No. 1- 19). Über die Orginalität der pilzförmigen Rundbauten im Wasser kann man streiten. Ohne Frage aber sehr komfortabel, mit ausgezeichneten Sportmöglichkeiten. Segeln, Motorboote, Wasserski und Scubadiving. Recht gemütlich und angenehm frisch das im Meer auf Pfälen stehende Restaurant "La Bruja". Doppel ca. 53 US $.

"Hotel Morgan" (Av. Nicaragua N. 1 a - 59), angenehmes Mittelklassehotel im Zentrum von San Andres/Ort mit kleinem Pool. Zum Meer ca. 2 Min. Das Doppel um 2o US $.

"Resid. Colonial" (Av. Nicaragua No. 1 - 132), saubere Zimmer mit Kachelfußboden und Ventilator. Doppel ca. 15 US $.

"Caique Tone" (Av. Colombia /Cra. 5a) ist mir knapp 15o Zimmern derzeit wohl das größte Hotel der Insel. Ein Bumerang-gebogener Bau, 9 Stockwerke. Vorn raus mit schönem Blick aufs Meer und Jonny Cay. Die Zimmer erschienen uns allerdings für die geforderten ca. 3o US S/ recht einfach eingerichtet, allerdings mit Farb- TV. Über die Straße direkt an den feinsandigen, weißen Sandstrand ins Meer.

Zur Billig- Klasse gehören: "Astor"/Av. Nicaragua- Av. Antioquia No. 2 - 74), mit Gemeinschaftsbad ca. 4,5 US $, – das"Hotel Playa" (Av. de las Americas No. 2- 129) für ca. 8 US $, – die "Resid. San Martin" (Av. Nicaragua) für ca. 4,5 US $, – "Hotel Palmera Mar" (Av. Colombia 4 - 55) ca. 4 US $, – das "Mediterraneo" (Av. Colon) ca. 8 US $, – "Las Vegas" (Av. Nicaragua) ca. 5 US $, – sowie das "Kingston", derzeit eines der billigsten auf San Andres (Av. de las Americas 2 a - 45) für runde 3 US $. Da die San Andres - Billighotels der Klasse um 5 US $ meist in Qualität nicht allzuviel variieren, am besten beim Tourist Office/Airport bei der Ankunft kurz vorbeischauen, was derzeit der beste Tip ist. WEITERE HOTELS: siehe "Inselrundfahrt"!

Das Hauptgeschehen im Ort spielt sich entlang der lebendigen Av. Colombia ab, auch Av. La Playa genannt. Rechts die Hotels und Restaurants, – links feiner Sandstrand mit Palmen, kilometerlang und im Zentrum Abfahrt der Boote rüber nach Jonny Cay und anderen, vorgelagerten Miniinseln.

Die meisten Duty Free Shops in der quer/parallel verlaufenden Av. Nicaragua , teils auch Av. Colon und kreuzende D. Blum. Öffnungszeiten rund um die Woche (Mo.- Sa.: 9 - 12 und 15 - 19 Uhr/ So.: 9 - 12 Uhr). Kolumbianer dürfen max. 3 Liter Schnaps, den es auch in den Supermercados sehr billig gibt, und max. 3 Kartons Zigaretten (a 2oo Stück) pro Person aufs Festland einführen. Auch wenn bei Gringos hier nicht ganz so geachtet wird, sollte man sich einigermaßen an die Mengen halten, um nicht später Ärger zu bekommen! US $ werden überall in den Shops in Cash akzeptiert, meist aber zu schlechterem Wechselkurs. – Gagshop ist "La Casa de las Bromas" in der Av. Colon/Edif. Hotel Internac. mit einer Fülle von Zauberartikeln, Kautschukmasken, Skelettgerippen etc. Zumindest für Besuch lohnend – Die ungemein billigen Zigaretten und Whisky- Marken lohnen sicher Vorratskauf, wobei man in mehreren Shops die Preise vergleichen sollte.

Hauptbadestrand ist die Av. Colombia, rund 1o - 3o m breiter, feiner Sandstrand mit Palmen und sehr sauberer Karibik.

JONNY KEY: vorgelagerte Miniinsel mit ausgezeichneten Sandstränden und Palmen. Das Key ist nur ca. 5oo m lang und man kann in 1o Min. rumlaufen. Umgeben mit einem Korallenriff und excellente Schnorchelmöglichkeit. Mehrmals tägl. Boote ab Av. Colombia, ca. 1o Min. Überfahrt und 2 US $. Auf der Insel Strand- Kneipen unter Palmen-geflochtenen Dächern.

HAYNES KEY: gewissermaßen ein Natur- Aquarium, das von Korallenriffs umgeben ist. An der Ostküste der Insel in der superwarmen Karibik! Es gibt mehrmals tägl. Boote ab Av. Colombia, sowie ab Hotel Aquarium. Ein Eldorado für Schnorchler!! Rund 4 US $.

WARNUNG: wie generell in der Karibik superintensive Sonne. Was in mitteleuropäischen Breiten in 1o Min. kaum irgendwelche Spuren an Farbe verursacht, – ergibt bei frisch eingeflogenen Gringos bereits die Farbe eines Hummers nach Kochen. Längere "Sonnenkontakte" (insbesondere Zeit 11 - 15 Uhr!) kann ohne Sonnenschutz zu Hitzestich etc. führen. Auch die intensive Wasserreflektion berücksichtigen!

Sport: Auch Nichtgäste vom "Aquarium" können dort Segelboote mieten (Typ Sunfish für ca. 5 US $ pro Stunde, – Windsurfbretter für ca. 5 US $. Wasserski ist teuer, ca. 35 US $ die Stunde, – ähnliche Preise für das Mieten von Motorbooten (4o- 5o PS) zum Fischen.

INSELRUNDFAHRT: mit Zwischenstops und Baden unterwegs durchaus in einem Tag möglich, wenn man sich ein Auto mietet. Die Insel ist nur ca. 13 km lang und an ihrer breitesten Stelle maxim. 4 km.

PKW–MIETEN kostet pro Tag ca. satte 4o US $ für einen VW- Käfer. Andere Modelle noch teurer! Allerdings ohne Km- Begrenzung, was aber auf dieser Miniinsel nichts zu sagen hat. Voraussetzung für die Anmiete ist der Besitz einer Credit Card wie z.B. Diners oder American Express. Da San Andres Duty Free- Zone mit supergünstigen Neuwagen-Preisen ist, – ist dieser horrend hohe Mietpreis eigentlich nur in der Gewinnsucht der Vermieter zu erklären. – Motorräder sind billiger, z.B. Suzuki FZ 5o für ca. 2o US $ pro Tag.

Vermieter: "Herbies Rentautos" Av. Colombia. Insbesondere um Weihnachten, Ostern und an allen Wochenenden erhebliche Engpässe in Verfügparkeit von Fahrzeugen.– Achtung: anscheinend gib es keinerlei Unfallversicherung auf der gesamten Insel!!

TAXI: wesentlich billiger, als der Mietwagen. In ca. 2 Std. kommt man einmal um die Insel rum, inkl. Stops und Baden = 1/2 Tag (für ca. 1o - 12 US $).

FAHRRAD: Vermietung nähe Bootsabfahrt rüber nach Jonny Key/Av. Colombia. Kostet ca. 1,2 US $ für einen Tag für ein normales, und ca. 2,4 US $ für ein Tandem. Der Tag geht von 8 - 18 Uhr, danach niemand mehr an der Vermietung.

BUS: ca. alle 1o Min. tagsüber ein Inselbus, der von Red Ground über Av. Colombia/ Av. Francisco Newball bis runter zum Fischernest Ground Road fährt. Ca. o,4 US $.

Ground Road = San Luis (siehe unsere Karte), wie viele der Inselorte oft englische Namen haben auf Grund der langjährigen englischen Vergangenheit der Insel.

Der andere regelmäßige Inselbus fährt "rauf" nach La Loma, einem langgestreckten Strassendorf auf der Hügelkette im Inselinneren. – Leider gibt es keinen Bus runter bis zur Südspitze, sodaß man auf Taxi, Mietauto oder Fahrrad angewiesen ist.

Fantastischer Rundblick über den Ort San Andres, die vorgelagerten Cayos und das hügelige Inselinnere vom EL CLIFF, einer Erhebung zwischen Airport und dem Ort. Zu Fuß in ca. 2o Min. zu erreichen, Höhe ca. 6o m.

CIRCUNVALACION, die Inselrundstraße entlang der Küste: Länge ca. 3o km. Vom Ort San Andres über die Nordspitze am Hotel Aquarium vorbei und später dem Hafen, – entlang der Ostküste. Sie ist dichter besiedelt als die Westküste und hat immer wieder schöne Sandstrände mit Palmen und glasklares Wasser.

"Hotel Bahia Marina" auf halber Strecke Ri. San Luis, liegt schön in einem Palmenhain am Meer. Relaxing, mit Tennisplätzen und gutem Wassersport- Angebot (z.B. Scubadiving an den vorgelagerten Korallen- Cays, Fischen etc.). Doppel ca. 4o US $ für gemütliche Cabanas, in denen Platz für 3 Personen mit Betten ist. (Tel.: 35.39)

Das rund 3 km südlicher gelegene "Hotel Sea Horse Inn" an der San Luis Coco Plum Bay ist mit rund 2o US $ fürs Doppel preisgünstiger. Vermietung von Schnorchel und Tauchausrüstung. (Tel.: 55.29)

"Hotel Caribbean" am südl. Ortsrand von San Luis an excellenter Sandbucht mit Palmen. Das Doppel ca. 15 US $. Tip für den, der was Preisgünstiges in der Mittelklasse sucht; der Hauptort San Andres ist per Inselbus zu erreichen. (Tel.: 69.12)

Runter in den Süden durch endlose Palmenwälder zum HOYO SOPLADOR. Sieht optisch wie ein Geysir aus; durch einen unterirdischen, engen Korallen-Tunnel drängt das Meer mit einem riesigen Knall aus einem Loch in einer Fontäne raus. Naturschauspiel, allerdings von der Windrichtung auf dem Meer abhängig, damit das Wasser auch kräftig genug in diesen Tunnel gepresst wird.

Die Westküste, die kein vorgelagertes, schützendes Korallenriff besitzt, ist generell wilder und rauher. In der geschützten Bucht El Cove das gleichnamige Hotel (mit SW- Pool, Doppel ca. 4o US $, Tel.: 58.58/6o.64, andere Zimmer um ca. 3o US $).

Kurz vor der Caleta Schooner (=Schooner Bight) geht geht ein kurzer Trail den Berg rauf durch dichte Tropenvegetation zur CUEVA MORGAN. Angeblich soll hier der Pirat Morgan seine Schätze versteckt haben, gefunden wurde jedoch nichts.

Oben beim Airport Sesquintencenario (Länge 2.5oo m, ausreichend für Jets, auch des Typs Tristar) eine Kokosnuss- Fabrik, die Öle und Seifen herstellt, sowie ein Schwung Ausflugsrestaurants.

GESCHICHTE: San Andres wurde 15o2 von Chr. Columbus auf seiner 4. Reise entdeckt. Zunächst von einer Handvoll Siedler aus Holland und Jamaika bewohnt, kam Anfang des 17. Jhds. die Miniinsel in englischen Besitz und diente als Stützpunkt für Piraten, deren wichtigster HENRY MORGAN war. Ziel: Angriffe auf die spanischen Schatzschiffe, die von Panama und Cartagena auf dem Weg nach Havanna/Cuba waren. Gewaltige Schätze kamen zusammen, man spricht von rund 1 Billion US $ nach heutigem Wert, die auf der Insel oder den vorliegenden Cayos vergraben sein sollen. . .

Zur Zeit der kolumbianischen Unabhängigkeit (ab 1821) kam San Andres zur Verwaltung an Cartagena. Wegen der Nähe zu Nicaragua erhob dieses Land Anspruch auf die Inselgruppe (inkl. Providencia und viele Mini- Cayos bis rauf knapp vor Jamaika). In einem Vertrag von 1928 wurde jedoch die Besitzzugehörigkeit zu Kolumbien vereinbart, – für dieses Land nicht unbedeutend, da damit sich das kolumbianische Seeterritorium bis tief in die Karibik vor die Küsten Zentralamerikas ausweitete.

Um die Inseln wirtschaftlich an Kolumbien zu binden, wurde eine Freihandelszone und Ferienparadies geschaffen. Aufnahme der ersten Flugverbindung in den 5o-ern. Heute leben auf der Insel knapp 3o.ooo Menschen, die vorwiegend Patois sprechen, eine Mischung aus Englisch mit Spanisch. Zu Topzeiten (Weihnachten, Ostern etc.) wächst die "Inselbevölkerung" auf bis zu 5o.ooo E., wobei es bei den Sudamericanos (nicht nur den Colombianos, sondern runter bis Peru!) als Superimage gilt, Ferien auf San Andres gemacht zu haben!

Tourist INFO Im Airport zu Ankünften von Flügen geöffnet, auch Sa. und So. Stadtbüro an der Av. Colombia beim Hotel Isleño.

Post: Avianca, Av. Duarte Blum **Telecom:** Telefon, Av. Las Americas No. 2 a - 23

Geldwechsel: Banco de la Republica in der Av. Colon. Ansonsten alle größeren Hotels, wie auch die meisten Shops US $ akzeptieren, sofern in Cash. Nicht immer gibts dort aber den günstigsten Kurs.

Konsulate: Costa Rica, Av. Colombia No. 1- 125, – Guatemala: Av. de las Americas No. 3 - 139, – Panama: Av. Atlantico No. 1a - 6o, –

Klima: Durchschnittstemperatur um 27 Grad C, das ganze Jahr über. Angenehm "gekühlt" durch die ständigen leichten Winde vom Meer. Nach Einbruch der Dunkelheit herrlich laue Tropennächte! Auch die Wassertemperaturen liegen das ganze Jahr über im Bereich ca. 24°.

Während San Andres touristisch "entdeckt ist", – ist die 1oo km nördlich in den endlosen Weiten der Karibischen See gelegene INSEL PROVIDENCIA Tip für Ferien abseits von Komfort:

Providencia:

Die nur 4 x 6 km große Insel ist stark gebirgig mit Erhebungen bis zu 6oo m Höhe. An den Hängen dichte, tropische Vegetation, teils Urwälder und Wasserfälle.

Eine Sandpiste an der Ostseite der Insel dient als Flugplatz für den SATENA-Propeller, der 4 - 5 mal in der Woche von San Andres in rund 3o Min. rüberfliegt. Ca. 35 US $ fürs Retour-Ticket.

Ansonsten Überfahrt mit kleineren Frachtschiffen, die rund 1o Std. brauchen. Die Überfahrt kann sehr stürmisch und bewegt in den kleinen Nuß-

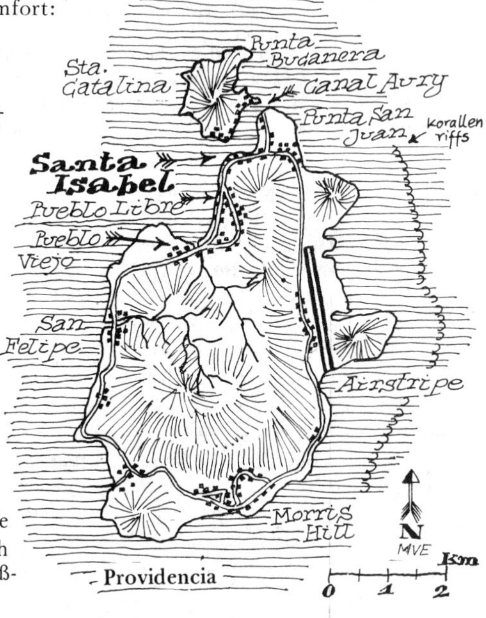

schalen sein. Abfahrten gegehn unregelmäßig je nach Frachtbedarf, Infos über die Capitania/San Andres (siehe unsere Karte!). Ca. 5 US $ pro Richtung.

Hauptort der Insel ist SANTA ISABEL an dem künstlich von Piraten errichteten Kanal zur heutigen Nachbarinsel Sta. Catalina (Kanal Aury). Übernachtung bei Privat oder in den Cabanas des "Hotel El Paraiso" und den "Cabanas del Capitan Bryan"/Bahia Agua Dulce. Ca. 8 - 12 US $.

Auf beiden Inseln leben insgesamt nur rund 4.5oo Menschen. Excellenter Fisch und Lobster saubillig in den wenigen Restaurants oder direkt ab Boot zum Selbergrillen. Excellente Schnorchelmöglichkeiten und Wanderungen in das unerschlossene Inselinnere. Eine Straße, – eher eine Piste mit wilden Schotterlöchern einmal um die Insel rum. Drüben auf Sta. Catalina ein Fort, das im 17. Jhd. von den Piraten Morgan und Aury zum Schutz ihres Stützpunktes angelegt wurde.

Landbrücke von Panama:

Kolumbien → Panama (El Tapon del Darten)

Die Fertigstellung der PANAMERICANA durch dieses Gebiet wird noch Jahre auf sich warten lassen: letztes fehlendes Teilstück der Strecke Alaska–Feuerland.

GEPLANT ist die Schließung des letzten, noch fehlenden Lochs zwischen Panama City und Turbo/Kolumbien seit 1957. Auf der panamesischen Seite hat man die Piste bis nähe Grenze runter/Gegend Yaviza fertiggestellt, sodaß derzeit noch rund 15o km fehlen

Abgesehen vom kostenintensiven Bau durch dichte Dschungelgebiete, wo auch viele Brücken nötig sind, – dürfte der derzeitige Hauptgrund für die Nichtfertigstellung eine Tierkrankheit sein, die es in Kolumbien gibt, aber generell nicht in Zentralamerika. Man befürchtet durch den Bau die Einschleppung. Solang diese Krankheit in Kolumbien nicht ausgerottet ist, wird mit Fertigstellung nicht zu rechnen sein.

Hinzu kommt, daß der Ex- und Import Kolumbiens Richtung USA billiger per Schiff läuft, als über eine Straße quer durch Zentralamerika und Mexiko. Es gibt daher vorrangigere Straßenbauprojekte für Kolumbien, z.B. die Asphaltierung des innerkolumbianischen Straßennetzes.

★ PECH, wer mit eigenem Fahrzeug rauf nach Panama will! Die wenigen Frachterverbindungen verlangen für die kurze Strecke Panama zu kolumbianischen Häfen wie Cartagena, Barranquilla und Buenaventura für einen VW- Bully um die 1.3oo DM, das sind die Basic- Kosten. Mit Hafengebühren, Warterei (Hotel!), seperatem Flug für die Passagiere etc. kommt man schnell auf ca. 2.ooo DM zu zweit. Die "Italian Line" (noch bis Mitte der 7o-er Jahre einzige, die regulären Passagier & PKW - Dienst hatte), ist leider eingestellt! Siehe auch Seite 164

Es bleibt einem somit nur langwieriges Rumlaufen und Suchen nach einem der wenigen Frachter, die diese Strecke fahren. Wer den großen 1- Jahres-Trip (Zentralamerika + Südamerika) plant, fährt wegen dem Engpass Panama besser in Nord- Südrichtung. Von Panama hat man prinzipiell mehr Auswahl: ab Balboa/Pazifikseite Frachter nach Buenaventura/Kolumbien sowie nach Ecuador (z.B. Manta), – ab Cristobal/Atlantikseite nach Cartagena, Barranquilla, teils auch Sta. Marta und Turbo.

Preislich ist dabei wenig Unterschied ob man sein Fahrzeug nach Buenaventura/Colombia oder Manta/Ecuador einschifft. Bei der generellen Normalisierung der Lage in Kolumbien sind auch die kolumb. Häfen nicht mehr so gefährlich wie Ende der 7o-er. In jedem Fall aber jede Menge Arbeit für den Zollkram, um die eigene Kiste wieder in Empfang zu nehmen. Vor dem Einschiffen aber sämtliche Wertsachen aus dem Auto, sowie Wertvolles wie Zusatzscheinwerfer etc. abschrauben, da man den PKW in der Regel nicht auf dem Frachter begleiten kann und unterwegs einiges verschwindet.

★ ALTERNATIVE: den PKW per Flugzeug nach Kolumbien. Die LAC (Lineas Aereas del Caribe) fliegt 2 x Woche mit DC 8- 54 Jets die Strecke Barranquilla – Miami/USA. Allerdings knackig teuer. Preis nach Länge des Fahrzeuges, bis 22o inches ca. 2.4oo US $, über 22o inches ca. 3.5oo US $.

[ADRESSE: LAC, Barranquilla, Calle 39 No. 41 - 31, – Bogota, Cra. 7 No. 33 - 42, – Miami, N.W. 66 Avenue and 18 Street, Building 2145 Bay C und Airport.]

Die "Aerosucre Colombia" fliegt wöchentlich mit Frachtjets bzw. Fracht-Turboprops die Strecke San Andres – Aruba (vor der venezuelanischen Küste) und hat günstigere Preise. Von Aruba gibts ein regelmäßiges Fährschiff mit Autotransport aufs südam. Festland/Coro. Details siehe dort!

[ADRESSE: AS, San Andres, Tel.: 6o.59 und 61.54 im Airport, – Aruba, Oranjestand, Dispach Air Service, Aeropuerto Princesa Beatrix. – Bogota: Aeropuerto Eldorado, Terminal de carga Internac. Bodega No. 1. Tel.: 263.656o und 263.6821]

Über diese Verbindung müßte man praktisch erst einen Frachter rüber nach San Andres finden. Und dann ist der relativ häufig verkehrende Frachter nach Cartagena/Colombia in jedem Fall billiger, als AS nach Aruba.

Es soll auch eine Reihe kleinerer, privater Airlines geben, die mit altem Propellermaterial Panama – Medellin fliegen und Motorräder sowie PKWs transportieren bei Preisen um 8oo US $ für einen VW- Bully. Wir sind diesen Informationen nachgegangen; prinzipiell denkbar, allerdings war in Kolumbien nichts davon bekannt.

★ ROUTE VIA SAN ANDRES: es gibt eine wenn auch unregelmäßige Frachterverbindung. Kostenpunkt um 45o US $, allerdings mit dem Nachteil, daß man auf San Andres auf den Anschluß warten muß. Da die Schiffe nach Frachtbedarf verkehren, kann es sein, daß man bis zu rund 2 Wochen auf San Andres festhängt. Bezüglich excellenter Bademöglichkeiten auf der Insel sicher kein Handicap, sofern man genügend Zeit hat. Details siehe "San Andres".

★ OHNE EIGENES AUTO: auf Direktfrachtern zwischen Kolumbien und Panama geht in der Regel nichts. Die Alternativroute per Frachter via San Andres dagegen nimmt Passagiere mit und ist rein an Passagepreis billiger als der Flug. Wegen der Warterei auf San Andres und den dort sehr teuren Hotels/Residenciales kommt man unterm Strich aber billiger per Direktflug.

Direktflug kostet um knapp 1oo US $ von Panama nach Medellin/Colombia und zwar für ein one-way! Knackig teuer! Die Flugzeit beträgt rund 1 Std., täglich mehrere Maschinen verschiedener Gesellschaften, auch runter bis Bogota. Die Nicht- IATA- Airlines wie z.B. die "Copa" sind dabei geringfügig billiger. Allerdings mit dem Nachteil, daß man nicht auf IATA Airlines (z.B. Avianca) umbuchen kann.

Von der "Sahsa" gibts ein günstiges Excursion Ticket nach San Andres (ca. 150 US $, gültig retour 30 Tage, – sowie one-way ca. 80 US $). Preislich aber nur interessant, wenn man sich das "Conozca Colombia"- Rundflugticket der Avianca besorgt hat (beliebiges Fliegen innerhalb Colombias, Details siehe "Allgem. Tips Colombia"). Andernfalls wird ein normales one-way San Andres nach z.B. Cartagena/Colombia fällig, ca. 100 US $!

★ BILLIGER als der Direktflug Medellin–Panama geht folgende Variante, die aber etwas Zeit braucht: Bus oder tägl. verkehrender "Aces"- Propeller ab Medellin nach TURBO am Golfo de Uraba nahe der Grenze.

Turbo: knackig heißes Tropennest am Beginn der Landzunge von Darien, der Kontinentalbrücke rauf nach Zentralamerika. Kompaktes Zentrum am Hafenbecken, rein in den Dschungel und die weitläufigen Bananenplantagen. Palmwedelhütten auf Stelzen, feuchte Schwüle. Vielleicht knapp 15.000 E., einfache Unterkünfte und Anlegeplatz für die rostigen Bananendampfer rauf nach Panama, – aber auch regionaler Boote auf den Flüssen zur panamesischen Grenze und in den NATIONAL PARK KATIOS.

Turbo lohnt sich allein als Abstecher wegen obigem Nationalpark mit Mini- Urwaldflüssen, die dicht zugewuchert sind. – Regelmäßige Cargo Boote auch auf dem Rio Atrato runter nach Quibdo. Details siehe dort!

AB TURBO tägliche Flugverbindung mit dem Propeller der ACES (ca. 12 US $) rauf nach ACANDI, wenige Km vor der Grenze an der Küste/karibische Seite. Oder eines der häufig verkehrenden (ca. 6 US $) quer über den Golfo. Nach Möglichkeit aber ein Direktboot suchen, damit man nicht in Titumate auf halber Strecke hängenbleibt.
Vorab aber in Turbo zum D.A.S. wegen Ausreisestempel!

Arcandi hat Basic- Hotels; hier sucht man sich ein Boot entlang der Küste rüber nach PUERTO OBALDIA/Panama und dortiger Grenzort. Schöne Palmenstrände und eine handvoll Basic- Residenciales. Einreisestempel.

Das Boot von Acandi nach Pto. Obaldia verkehrt allerdings nur sehr unregelmäßig und ist zudem sauteuer für die kurze Entfernung. Daher besser gleich das Gepäck satteln und über den TRAIL zwischen den beiden Orten laufen. Relativ klar ausgetreten, – teils durch Urwaldrodungen, teils mit der Machete in den Dschungel gehauen. In der Regenzeit allerdings eine streckenweise supermatschige Angelegenheit (April bis Juli/Sept. - Nov.).

Von Pto. Obaldia gibts annähernd täglich Flugverbindung rauf nach Panama City. Die Propellermaschinen sind aber oft auf Tage hinaus ausgebucht und schwierig, Platz zu bekommen. Alternative: Küstenboot via San Blas Inseln. Braucht ungefähr 3 Tage. Kombinierte Fracht/Personenboote, auf die alles von Cola/Bier bis Hühner und TV kommt,und die der Versorgung der Dörfer entlang der Küste dienen.Von daher recht häufige Abfahrten, allerdings ca. 26 US $/Person inkl. Essen. Handeln bringt nicht viel. Landschaftlich eine ungemein reizvolle Route, insbesondere im Bereich der San Blas Inseln!

Nochmals dringender Hinweis: unbedingt vorab in der "Zivilisation" sprich Turbo (oder besser Medellin) bzw. in Gegenrichtung/Panama City bei den dortigen Botschaften nach den derzeit gültigen Ein- und Ausreisebestimmungen erkundigen (Tourist Card, Visum, Flugticket für Weiterreise etc.), damit es fernab unten an der Grenze keinen Ärger gibt, wenn die Bestimmungen gewechselt haben! Gilt auch für folgende Alternativroute:

Trail nach Panama: macht ungemein Spaß und ist einer der lohnensten Urwaldtrips in Kolumbien! Allerdings gute Hiking- Erfahrung Voraussetzung!

In Turbo sucht man sich ein Regionalboot nach Sautata am Rio Atrato, wo das Hauptbüro der Park- Verwaltung des "Los Katios Nat. Park" liegt. In Relation für die Abgelegenheit des Gebietes recht viel Verbindungen, da auf dem Atrato viel Flußverkehr bis runter nach Quibdo geht. Viele Rodungen und Siedlungen entlang des Flusses. Fahrzeit bis Sautatá ca. 1/2 Tag je nach PS des Bootsmotors.

Einfache Übernachtungsmöglichkeit im Haus des Park- Service/Sautata. Die Leute können weiterhelfen für den Flußtrip nach CRISTALES, optimal natürlich, wenn man gleich ab Turbo ein Direktboot erwischt. In Cristales eine weitere Station der Leute vom Nationalpark (mit Übernachtungsmöglichkeit), die öfters per Boot nach Turbo kommen.

Die Flußfahrt von Sautatá geht zunächst den Atrato aufwärts bis zum Dorf Travesia, wo der Rio Cacarica in den Atrato mündet. Diesen flußauf bis Cristales ist absolutes Bonbon Gerade mal 2 - 3 m breit, oft durch Wasserpflanzen zugewuchert und dicht vom Dach des Urwaldes eingeschlossen.

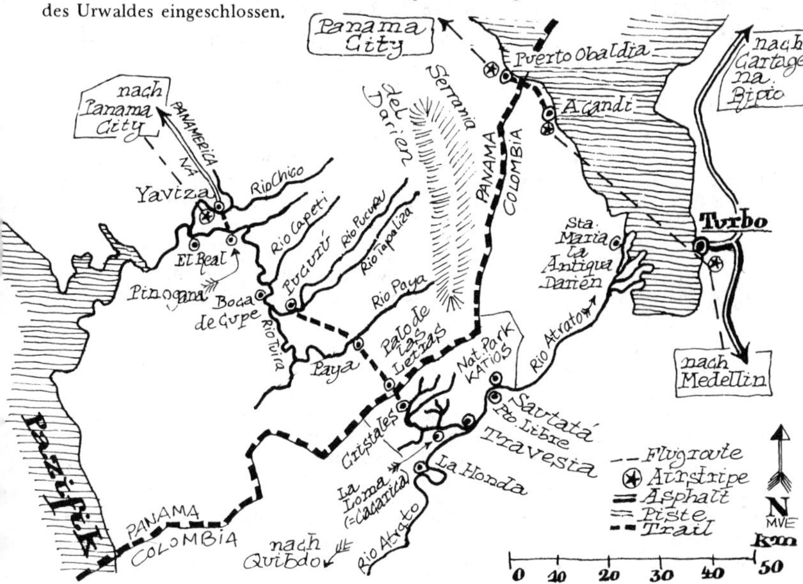

Zwar ist die Region zwischen Travesia bis Cristales besiedelt, allerdings sehr dünn, und entsprechend selten auch die Bootsverbindungen. Im Notfall muß man sich ein Boot als "expreso" mieten. In der Parkstation Cristales einfache Übernachtungsmöglichkeit. Die Parkranger informieren für den Trail rauf zur Grenze PALO DE LAS LETRAS (Übersetzung: Stamm der Buchstaben). Ursprünglich stand hier ein riesiger Baum, der übersät war mit Einkerbungen der Leute, die sich hier am Grenzübergang verewigten. Heute simpler Grenzstein mitten im dichten Urwald. Rund 12 km Trail ab Cristales, von der Grenze weitere rund 15 km bis PAYA am gleichnamigen Fluß/Panama.

KARTEN: Problem auf der Seite Kolumbiens, da detailierte Grenzkarten auch vom Instituto Geographico Agustin Codazzi/Bogota nicht an die Öffentlichkeit herausgegeben werde. Was dort erhältlich ist, sind supergrobe Übersichtskarten. Von den Panamesen soll man in Panama City Detailkarten erhalten; wenig Hilfe, wer die Sache von Kolumbien Richtung Panama läuft . . .

Beste Hilfe wohl die Parkranger von Cristales, da fast alle Leute, die rüber nach Panama gehen, hier durchkommen. Neueste Infos, auch bezüglich Begehbarkeit des Trails. Es müssen mehrere Bachläufe durchquert werden bei nicht ganz klarem Trailverlauf. Insgesamt aber relativ klarer Verlauf, da u.a. Mitte der 7o-er Jahre eine englische Expedition mit Jeeps (und Versorgung aus der Luft per Hubschrauber) die Strecke "gefahren" ist und ihn breit mit der Machete ausgeschlagen hat, wenn auch zwischenzeitlich wieder eingewuchert. Andere Expeditionen sind in den Folgejahren dem Trail mit Toyota- Geländefahrzeugen gefolgt. Insgesamt muß man zwischen Cristales und Paya mit 2 - 3 Tagen Urwaldmarsch rechnen.

PAYA: panamesische Grenzstation und Herz des Gebietes der Cuna- Indianer. Intensiver Check des Gepäcks, wobei alle Ledersachen chemisch desinfiziert werden wegen der kolumbianischen Krankheit. Kann bis zu 2 Std. dauern, gelassen hinnehmen und sich gemeinsam mit den Grenzern die Sache durch Zigaretten etc. verkürzen. Sicher kein böser Wille. Basis- Übernachtungsmöglichkeit in Paya.

Es schließt sich ein knapp 2o km Marsch an, rauf nach PUCURA am gleichnamigen Urwaldfluß. Relativ gut sichtbar, Infos von den Grenzern in Paya. Gut 1 Tag.

Hier muß man sich ein Kanu rauf nach BOCA DE CUPE suchen, die äußerst unregelmäßig fahren (Fahrzeit ca. 6 Std.), sofern man nicht bereit ist, den Aufpreis für ein "expreso" zu zahlen, das dann sofort losfährt, aber den regulären Gesamtpreis sämtlicher Leute verlangt, die aufs Boot passen.

Boca de Cupe am Rio Tuira hat schon mehr tropische Aktivität mit Mini- Kolonialwarenladen und Einfluß von Panama City. Aber immer noch suppergammelig mitten in den Tropen des Darien. Sofern man nicht vorher einen Einreisestempel für Panama bekommen hat, dringend in Boca de Cupe, um nicht später Ärger zu bekommen. Relativ häufig gibts Boote flußab nach

EL REAL (bzw. zum naheliegenden YAVIZA), Fahrzeit bis El Real ca. 1/2 Tag, wenn man ein durchgehendes Boot erwischt hat. – Alternative (wenns nicht klappt) ist ein Boot bis PINOGANA auf 2/3 der Strecke nach El Real. In Pinogana geht ein 1- Tages Trail rüber durch den Urwald nach Yaviza.

Alle 3 Orte mit Bars, Restaurants und Basic- Residenciales mit Kontakt zu Cucarachas, aber immerhin wieder in der "Zivilisation"! Yaviza hat einen kleinen Landestripe für die tägliche Propellermaschine nach Panama City und ist Endpunkt der Panamericana im derzeitigen Ausbauzustand. Außerdem Bananenboote rauf nach Balboa/Panama. Diese brauchen je nach Anlegestops unterwegs um 15 - 25 Std./ca. 9 US \$. Es ist in nächster Zeit mit Busverbindungen auf der Panamericana zu rechnen.

BESTE JAHRESZEIT für den Trail: Dezember bis März, da weniger Regen. Allerdings gibt es gegen Ende der sogenannten "Trockenzeit" in den Oberläufen der Flüsse nähe Grenze (=Wasserscheide) oft nur so wenig Wasser, daß wegen zu geringem Wasserstand der Bootsverkehr erheblich eingeschränkt werden muß. – Während der Monate des intensivsten Regens kann der Trail derartig matschig sein, daß man erheblich längere Hiking-Zeiten benötigt, bzw. gänzlich unpassierbar.

HIKING- ZEIT und KOSTEN: bei gutem Trailzustand in rund 1o - 14 Tagen zu schaffen, allerdings abhängig vom Glück, in relativ kurzer Wartezeit ein Boot für die einzelnen Flußtrips zu bekommen. Beim sehr dünnen und seltenen Kanuverkehr auf den Flüssen im Grenzbereich wird man aber oft auf die Anmietung eines "expresos" angewiesen sein, was die Gesamtkosten in die Nähe des Direktfluges per Jet von Medellin nach Panama bringt. – Führer für den schwierigsten Trailteil zwischen Cristales und Paya je nach Verhandlungsgeschick um 3o - 6o US \$.

AUSRÜSTUNG: möglichst leichtes Gepäck. Bei der tropischen Schwüle und Hitze ist jedes unnötige Kilo lästig. Gutes Schuhwerk, das vor Nässe schützt, ist Voraussetzung. Bewährt haben sich die Urwaldstiefel, wie sie auch die GI's in den Tropen benutzen, bequemer sind allerdings Sportschuhe. Regenschutz. Essen und Trinkwasser, ausreichend für den Trailabschnitt Cristales – Paya. Für Übernachtung im Urwald am besten die Hängematte, die zwischen den Bäumen gespannt wird und vor Tieren auf dem Boden schützen. Dringend Moskitonetzt drüber und Repellente.

Kolumbianische PASS–FORMALITÄTEN in Turbo. Dort dringend und unbedingt zum D.A.S., sonst gibts später Ärger! Die panamesischen in Paya hinter der Grenze. Vorab nochmals Einreiseformalitäten klären. Achtung: kein panam. Konsulat in Turbo, sowie angeblich keine Wechselmöglichkeiten von US-Dollar in columb. Pesos. Sollte zwar in kleinen "Notmengen" bei der dortigen "Aces"- Office möglich sein, besser aber vorab Pesos in Panama besorgen, wer via Panama nach Colombia reist. Selbes gilt für die panamesische Währung, wer rauf nach Panama will!

PANAMA–KOLUMBIEN mit eigenem Jeep/Toyota, Mercedes Benz Geländewagen etc. ist zwar prinzipiell möglich, was frühere Expeditionen bewiesen haben. Allerdings nur unter gigantischem Materialaufwand. Erstmals mit Fahrzeugen bewältigte die Strecke eine Expedition der britischen Armee unter Leitung Major John Blashford Snell,

Jan. bis Mai 1972 ("British Trans Americas Expedition")Die Fahrzeuge wurden mit Superaufwand zugleich aus der Luft mit Helikoptern unterstützt und brauchten mehr als 3 Monate.

Ende der 7o-er Jahre fuhr eine Gruppe Schweizer, von der Öffentlichkeit weniger beachtet, mit einem Toyota- Geländewagen die Strecke. Brauchten nach eigenen Angaben 48 Tage zwischen Panama City und Turbo. Benzinverbrauch bis zu 138 Liter auf 1oo Km. Einsatz von Seilwinden, die angeblich das Fahrzeug an "5o m tiefen und bis zu 6o - 8o Grad steilen" Hängen raufkurbelten. Tagesdurchschnitt 2 km zwischen Yaviza und Turbo, manchmal aber nur 3oo m!

Beide Expeditionen benutzten weitgehend den Verlauf des Trails (siehe Hiking!), wobei die Schweizer zwar auf einen komplett zugewucherten Trail der Britten fuhren, der mit Machete "geklärt" werden mußte, aber auf gewisse Vorbereitungen (z.B. an Steigungen) der Britten zurückgreifen konnten.

Flüge:

Südamerika → Zentralamerika:

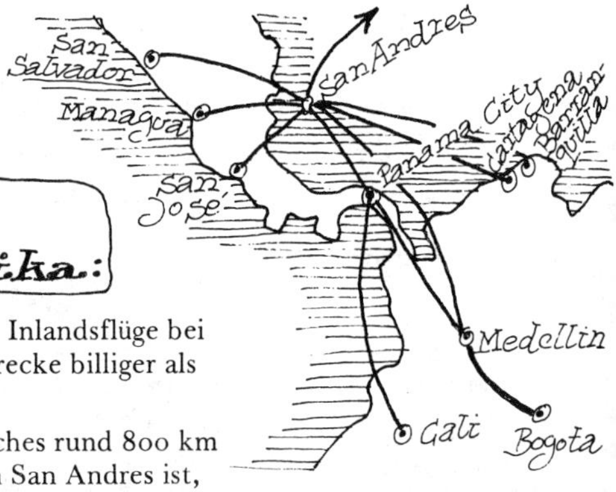

Wie generell in Südamerika sind Inlandsflüge bei gleicher, zurückgelegter Km- Strecke billiger als internationale Flüge.

Speziell bei KOLUMBIEN, welches rund 8oo km vor seinen Küsten im Besitz von San Andres ist, knapp vor Nicaragua, – kann dies zu erheblichen Einsparungen beim Fliegen führen! Man kauft sich einen Inlandsflug bis SAN ANDRES und ab dort weiter mit internationalem Flug: Preisersparnis bis zu ca. 2oo DM!

Logischer Weise klappt diese Preiseinsparung via San Andres ab nördlich San Jose (siehe unsere Karte!). Z.B. mit der "Sahsa" ab San Andres nach Tegucialpa/Honduras für ca. 1oo US $ Excursion, – nach Guatemala City für ca. 17o US $, – San Jose/Costa Rica für ca. 2oo US $und Miami für ca. 37o US, jeweils mit der Sahsa ab San Andres im Excursion, das 3o Tage gilt.

Zuzüglich Flug ab Inland/Kolumbien erheblich billiger als der Direktflug. Preislich noch interessanter wirds, wenn man sich das "Conozca Colombia"-Rundflugticket gekauft hat und im Anschluß weiter nach Zentralamerika geht.

EGAL, ob man den Trail über die Landzunge von Darien nach Panama macht, oder Rundflug siehe oben über San Andres: in jedem Fall ein interessanter Rundtrip ab Nordkolumbien über Zentralamerika!!

Bonbon in Panama sind die tropischen San Blas Inseln und natürlich die Besichtigung des Panama- Kanals, der übrigens bis Mitte der 9o-er Jahre durch einen neuen, vorallem breiteren und schleusenlosen ersetzt werden soll. Bau durch ein japanisches Konsortium. Alle Details siehe unser Band 3 "Zentralamerika".

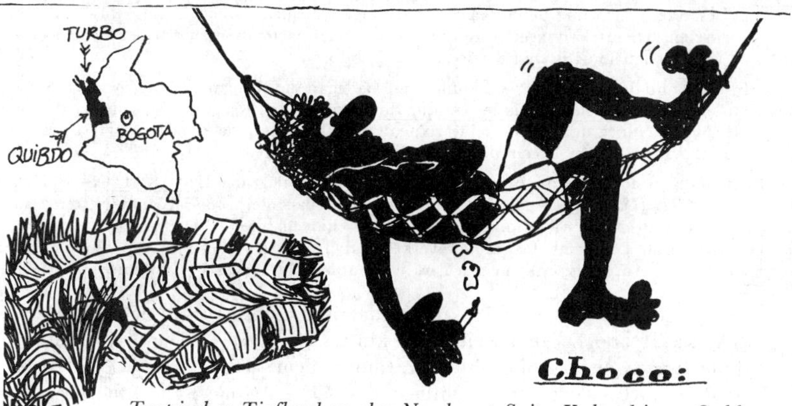

Choco:

Tropisches Tiefland an der Nordwest-Seite Kolumbiens. Goldwäscher und Trips auf eng geschlungenen Flüssen durch den Urwald. Von der Küste durch einen Bergzug abgeschirmt, der Höhen um 5oo m erreicht. Flußverbindung bis rauf nach Turbo auf dem RIO ATRATO.

Quibdo: Hauptort des Depart. Choco mit rund 65.ooo E., vorwiegend Schwarze. In bester Tradition der südam. Tropennester meist 1 bis 2 stöckige Häuser, ausgenommen einiger Verwaltungsgebäude am Fluß und des "Hotel Citara" (bestes in Quibdo, Doppel ca. 3o US $, wie uns Gerhard Heils schrieb "für die tropische Bretterbudensiedlung sehr gepflegt"). Ein Schwung billigerer, z.B. "Resid. Centenario". Gutes Essen im "Monte Carlos" bei reichlichen und billigen Portionen.

Verbindungen: entweder ab Medellin in den Anden mit dem Bus, der ca. 12 Std. braucht/1o US $ auf einer nicht asphaltierten 25o km Piste die Andenhänge runter und anschließend durchs tropische Tiefland. Gehen mehrmals täglich.

Oder mit dem "Aces" Bimotor- Propeller mehrmals täglich für ca. 2o US $ bei einer Flugzeit von rund 1 Stunde. Man kann auch 2 mal in der Woche mit der "Satena" ab Cali nach Quibdo kommen; bei deren alten Propellergeräten zwar sehr billig, aber . . .

RIO ATRATO: kleinere Frachtschiffe fahren auf dem Fluß bis Turbo. Fahrzeit um 4 - 5 Tage bei vielen Aufenthalten unterwegs an Siedlungen, wo be- und entladen wird. Kostenpunkt um 1o US $ inkl. Essen. Geschlafen wird auf den Bootsplanken oder in der Hängematte, die man sich selber mitbringt. Der Fluß ist breit, wenn auch mit endlosen Kurven – und bringt insofern zwar viel Tropenflair aber nicht das 'Urwaldabenteuer' wie auf den engen, dicht eingewucherten Nebenflüssen des Choco.

Gesamtlänge des Rio Atrato rund 5oo Flußkilometer. Ein riesiges Wassersystem mit mehr als 15o schiffbaren Nebenflüssen der Breite 5 - 3o m. Von dichter Vegetation eingewuchert. Da es in dieser Region so gut wie keine Straßen gibt, läuft der Verkehr fast ausschließlich über den Fluß. Morgens kommen die Indios, hier "cholos" genannt, in ihren Booten zum Markt in Quibdo. Reich an leckeren Tropenfrüchten und viele Fische aus dem Fluß.

Unten bei der Mündung (Golfo Uraba bei Turbo) wird der Atrato bis zu 1 km breit. Bereits zu Zeiten der spanischen Konquistadores war er wichtiger Verkehrsweg ihrer Galeonen und Erkundungsbarken auf der Suche nach Gold. In den Seitenflüssen des Atrato insbesondere Richtung Bergurwald/Andenhänge wird heute noch Gold gewaschen, von englischen Schaufelradbaggern und von kolumbianischen Abenteurern per Handsieb. Tips zu Goldsuchercamps in den Kneipen von Quibdo.

In der Nähe der westlichen Mündungsarme hat man die Ruinen einer spanischen Siedlung gefunden, "Santa Maria la Antiqua del Darien" (1513 gegründet), von der der Spanier Vasco Nunez de Balboa seine Expedition ins Landesinnere startete und als erster Weißer nach wenigen Tagen Marsch den Pazifik entdeckte.

Ebenfalls in der Nähe der Mündungsregion bei Turbo liegt der LOS KAITOS–NATIONALPARK (Details siehe unsere Trail- Infos nach Panama!). 1973 gegründet, reich an Vielfalt tropischer Vegetation, insbesondere Orchideen, aber auch Aligatoren, Jaguare. Entweder ab Turbo mit fast täglich verkehrenden Booten , oder mit dem Flußdampfer ab Quibdo. Ausgangspunkt in den Park ist Sautatá und Travesia (siehe unsere Karte!).

AB QUIBDO geht eine 75 km Urwaldpiste südlich runter nach ISTIMINA (ca. 25.000 E.) und weitere 10 km bis CONDOTO. Die Querverbindung zum zweiten großen Fluß im Choco, dem RIO SAN JUAN. Insbesondere im Umkreis der Seitenflüsse des Rio San Juan Ri. Anden liegen die reichsten Gold- und Platinvorkommen der Region. Kräftige Aktivitäten, wobei Condoto als ramschiges Tropennest der Hauptumschlagplatz ist.

Flugfeld am Ortsrand. Die regelmäßigen "Satena"- Propellerverbindungen sind wegen der zwischenzeitlich guten Piste rauf nach Quibdo gestrichen. Es gibt aber eine Reihe "Wild-West-like" Regionalairlines, die mit wüsten Uraltpropellern oder Cesna- Sportmaschinen operieren.

Derzeit gibts keine Direktpiste ab Condoto rauf in die Anden, wenn auch in Planung. Bautrupps arbeiten unten im Choco an einer Parallelen zur Panamericana oben in den Anden, – unten durch die Choco- Urwälder bis zur panamesischen Grenze.

Über die Piste Quibdo – Condoto schickte uns Gerhard Heils folgenden, ergänzenden Bericht: "Preis für die abenteuerliche Fahrt (4 Std. bis Istimina) ca. 5 US $. (Auf dem Dach mitfahren!). 4 - 5 Busse täglich. Übernachtungsmöglichkeit leider schmutzig. Kaninchenställe. Hotel Turismo direkt am Anlegeplatz der lanchas. Eine regelmäßige Verbindung auf dem Rio San Juan nach Buenaventura besteht nicht, ist aber möglich per Charter.

Weiter mit dem lancha nach Andagoya, häufige Fahrten am Tag. Dort dann mit "Transportes Progreso del Choco" = Lastwagen und Jeep nach Condoto. Gesamtfahrzeit Istimina – Condoto ca. 1 Std. Condoto ist ein feuchtschwüles Tropennest mit schlechten hygiensichen Verhältnissen. Unterkunft "Hotel Choco" einigermaßen sauber. Von Condoto lohnende Spaziergänge in den Urwald. Unbedingt Regenschutz, sehr feucht! " In der Umgebung Goldsuchercamps.

Diese Piste von QUIBDO/Rio Atrato nach ISTIMINA/Rio San Juan verbindet die beiden großen Flußsysteme des Chocos. In Diskussion steht der Bau eines 22 km langen Kanals zwischen den beiden Flußsystemen, der dann praktisch die Durchfahrt vom Atlantik zum Pazifik ermöglichen würde. Da die Straße die Sache derzeit aber zu Zufriedenheit und wesentlich billiger regelt, wird dieser Kanal wohl in näherer Zukunft nicht realisiert werden

Viel Spaß machen Urwaldtrips auf den Nebenflüssen zwischen Atrato und San Juan. Das sind meist Mini Urwaldflüsse, oft gerade 2 - 5 m breit und dicht eingewuchert. Den Führer ("baquiano" oder auch "trochador" oder "zapadero" genannt) sucht man sich in einem der Dschungelnester entlang der Piste von Quibdo nach Istimina. Preis ist Verhandlungssache, sollte aber ca. 3o US $ pro Tag nicht übersteigen für alles inkl. von Essen über Boot bis zu der zu organisierenden Übernachtung. Über die Wasserscheide zwischen den beiden Flußsysteme gehts per Dschungeltrail.

Paul Schröder, der vom Trip auf dem Rio Atrato abriet, da er "absolut nichts an Abenteuer bringt" schrieb uns: "Wer wirklich noch ein wenig Abenteuer schnuppern und den fantastisch schönen Choco- Urwald mit seiner liebenswerten und noch nicht verdorbenen Negerbevölkerung und auch Indios kennen lernen will, der könnte folgende Tour machen

Busfahrt Quibdo – Las Animas (auf der Strecke nach Istimina), viel Flair unter fast nur schwarzen Fahrgästen im Escalera- Bus (Einstieg in jeder Sitzreihe; oder aber auf dem Dach). Falls nötig, in Las Animas Schlafmöglichkeit. Von Las Animas per Auto nach Pto. Nuevo, es gibt regelmäßigen Personentransport.

Pto. Nuevo ist Ausgangsort für diesen Trip, Schlafmöglichkeit, war aber nach 11 Monaten Lateinamerika meine schlimmste Bude! Hier muß man sich 2 Führer suchen (dazu später mehr). Morgens im Dunklen gehts im schmalen Einbaum (champa) los, den die Führer mit langen Stangen (palancas) im seichten Wasser der Flüsse voranstaken.

1. Tag: Rio San Pablo – Rio Tarido bis zum Ort TARIDO. Ca. 5 Std. Dort wird das Boot deponiert und es geht zu Fuß weiter. Ca. 3- stündiger, teilweise harter Urwaldmarsch durch Flüsschen und Morast, über Bäume und Felsen, auf äußerst glitschigen Lehmpfaden mit zwischendrin steiler Steigung. Hart deswegen, weil man das Gepäck selber schleppen muß. Aber schön.

Hat man die Wasserscheide überwunden, so wird je nach Wasserstand früher oder später an einer Negerhütte wieder eine champa gemietet, und die Fahrt geht auf dem Rio Chichiburu weiter. Bei flacherem Wasser häufiges Aussteigen. Dann auf dem Rio Berreberre in die Nacht hinein bis zum Negerdorf ALMENDRO (4 - 5 Std.), dort zusammen mit Negerin auf dem Fußboden pennen.

2. Tag: fast mitten in der Nacht gehts auf dem Rio Berreberre weiter dem Sonnenaufgang entgegen. Dann in den breiteren Rio Baudo und schließlich den Rio Dubasa aufwärts bis zum Zielort CATRU, der am Zufluß des Rio Catru liegt. Nach ca. 1o Std. und der letzten Flußbiegung tut sich hier eine Bilderbuchlandschaft auf. In Catru leben die Embera Indios, die Frauen "oben ohne" , die Männer noch teilweise im Mini- Lendenschurz (taparrabo). Hier wird man nicht schlecht bestaunt, besonders wenn man noch blond ist und einen Bart hat. Es gibt auch wenige Negerhütten hier, und über die Neger bekommt man Kontakt und dann auch eine Hütte zugewiesen (Spanisch- Kenntnisse erforderlich).

Die Hütten stehen auf Pfählen und sind rundum offen, sodaß jede Aktion der Fremden genauestens verfolgt werden kann. Über Zuschauer braucht man sich nicht zu beklagen. Entsprechend gibt es nach einiger Zeit auch Kontakte zu den Emberas, die freundlich und hilfsbereit sind.

Weitere Möglichkeit: auf dem Rio Dubasa noch 2 Tagestouren flußauf bis zum Rio Solao. Dort sollen dann die letzten Embera- Hütten stehen. – Wer nicht den gleichen Weg zurück will: nur bis zum Rio Bando und von dort auf einem Lastkahn in eintägiger Fahrt an den Pazifik und bis Buenaventura.

Dieser Trip bietet so ziemlich alles: schöne Bootsfahrt ohne Motorenlärm auf den unzähligen Schlingen kleiner Flüsse mit direktem Urwaldkontakt, phantastische Landschaft, anstrengenden Urwaldmarsch, liebenswerte Choco- Bewohner, Schlafen mit Negern und Indios in ihren Hütten, eine Goldmine am Flußufer und Goldwäscher per Handsieb und ein wenig feeling von Abenteuer.

AUSRÜSTUNG: hohe Gummi- Stoff- Hallenturnschuhe und kurze Hose für den Marsch, Jeans und Pullover (wir haben nachts gefrohren), Wasserkanister und Feldflasche, Wassertabletten, Moskitonetz und Malaria- Tabletten, Repellente, Kochtopf und Lebensmittel, keinen Kocher. Hängematten für den, der nicht hart schlafen will. Sonnenschutz."

Die Führer findet man in Pto. Nuevo, Verhandlungspreis für den 5- Tagestrip liegt um 15o US $, der alles inkl. enthalten sollte, auch Verpflegung und Übernachtung. Sowie den Rückweg . Pro champa ist diese Tour nur mit 2 Leuten möglich. Wie Paul Schröder schreibt: "nach Auskunft des kolumb. Prof. Jaime Jaramillo Sanchez/Englischlehrer am Colegio Sn. Pio X in Istimina/Choco könnte man besonders günstig am Wochenende in Pto. Nuevo Indios antreffen, die von Einkäufen kommend, in ihren Ort Catru zurückkehren. Jaime (sofern dort noch tätig) gibt gerne Tips."

★ BAHIA SOLANO: wichtigster Ort an der Küste im Bereich Grenze zu Panama bis Buenaventura. Mehrmals täglich Flugverbindung mit der "Aces" von Quibdo für runde 13 US $ in Bimotor Propellern.

Heinz Peter Schonowski, der bei einer kolumbianischen Firma in Bogota arbeitet, schickte uns hierzu folgenden Bericht: " vorige Woche waren wir in Bahia Solano/Departamento Choco. Das ist was für Leute, die Urwalderlebnisse kombiniert mit Badeurlaub an sagenhaft schönen Sandstränden mit ruhigem, klaren Wasser suchen.

Hinter dem Sandstrand fängt direkt der tropische Regenwald mit Wasserfällen, einer Unzahl kleiner Flüsse und dichtester Vegetation an. Wer also gern einen Strand für sich allein hat und keinen Autolärm und Badetrubel sucht, der liegt dort richtig.

In Solano vom Flughafen zum Ort mit Bus oder Taxi in ca. 1o Min. Preis frei Schnauze, zahlt aber nicht mehr als 1 US $ pro Person.

Hotels: in Bahia Solano im Moment nur eines "Hotel Bahia". Ein zweites, größeres wird gerade gebaut. Preise fürs Zimmer einfach ca. 5 US $ pro Person, das Doppel mit WC und Dusche um 12 US $ Vollpension. In der Hochsaison (Weihnachten, Ostern und kolumb. Schulferien) um 2o US $. Die Leutchen vermieten auch eine komfortable cabaña an einem schönen Strand, selber Preis.

In "El Valle" (Bus ab Flughafen ca. 2 US, ca. 1 Std. Fahrt durch dichten Urwald) das "Hotel El Almejal" direkt an sehr schönem Sandstrand. Selbe Preise für Vollpension wie Hotel Bahia. Ohne Verpflegung ca. 13 US pro Person, machen die aber nicht gern, deswegen auch der hohe Preis.

Das Essen kann man als "rustikal" bezeichnen, nichts Besonderes. Aber anständig und große Portionen, das gilt für beide Hotels. Es gibt viel Fisch "pargo rojo", Schweinefleisch, mit Reis, Yucca und viel Zwiebel.

Es gibt in Bahia Solano noch ein Restaurant, am Ortsausgang sehr schön auf Hügel gelegen mit Aussicht auf die "Bahia". Der Besitzer, Jorge Monroy, ein Meeresbiologe, ist sehr nett, aber vielleicht hätte er sich doch lieber ganz auf seinen Beruf konzentrieren sollen. Das Gürteltier warf er,so wie es war in den Schnellkochtopf, dann zerhackte er es,und wir kauten wie wild dran rum, kriegten aber kaum was weg.
Na ja, Bier und Cola kommen unbeschadet auf den Tisch, und bei den Schweinskoteletten hat er auch nicht allzuviel kaputt gemacht. Der Spaß kostet um 3 US.

Wer ein Boot zu einsamen Stränden braucht, fragt Pele, der ist schwer in Ordnung, auch mit den Preisen. (Anmerkung der Red.: hoffentlich auch noch nach dieser Bucherwähnung!). Für einen Tagesausflug verlangte er zwischen 25 und 3o US, andere wollten um 7o US. Jorge kennt auch Indios Cholos, die in den Urwald führen. Ab "El Valle" kann man einen Ausflug zu einem Indiodorf machen. Kontakt über Hotel El Almejal. 3 Std. Kanufahrt und 1 Std. Urwaldmarsch.

Es regnet kräftig und häufig, aber Gott sei Dank vor allem nachts. Unbedingt zu empfehlen sind also "Ostfriesennerz" und Gummistiefel für den Urwaldmarsch. Malariaprophylaxe und Gelbfieberimpfung unbedingt machen.

Ansonsten gibts noch jede Menge Affen, Papageien, fliegende Fische, Schlangen, Insekten und recht freundliche Leute. Es wird kaum geklaut, nur in "El Valle" sollte man etwas aufpassen, die schwarze Bevölkerung fährt nicht gerade auf Gringos ab.

NEBEN der lebenswichtigen "Nabelschnur" des Aces- Propellers geht der übrige Verkehr ab Bahia Solano entweder per Boot entlang der Küste nach Buenaventura über den südl. gelegenen Küstenort PIZARRO (Bajo Baudo) an der Mündung des Rio Baudo, – oder per Inlandsflüsse durch den Choco-Dschungel.

Buenaventura:

Nach Möglichkeit Finger weg von Buenaventura! Größter Hafen Kolumbiens an der Pazifikküste im heißen Tiefland.

Berühmt für Überfälle Mitte der 7o-er Jahre, die nicht nur im Hafenbereich stattfanden, sondern auch in den umfangreichen Slums, die sich um die Stadt erstrecken. Wüste Schießereien, aus denen sich die Polizei besser rausgehalten hat.

Auch wenn sich die Situation zwischenzeitlich normalisiert hat, kann man sich Buenaventura definitiv sparen, – außer man erwartet seinen PKW, den man vorher in Panama eingeschifft hatte. Als einziger Pazifikhafen Kolumbiens werden über Buenaventura der gesamte Ex- und Import an die US- Westcoast abgewickelt; wie auch viele asiatische Güter, insbesondere japanische PKW's über Buenaventura ins Land kommen.

Hotels, Restaurants und ein Eisenbahngleis rauf nach Cali. Eine der ersten Strecken von Bedeutung, die in Kolumbien im 19. Jhd. verlegt wurden. Der Hauptverkehr geht jedoch heute über die Straße: 14o km Asphalt bis Cali. Viele Busse am Tag und sehr flott zu befahren. –Airport mit tägl. Jetverb. nach Cali.

WEST-KORDILLIEREN

Herz ist der RIO CAUCA zwischen der doppelten Andenkette, die insbesondere im Bereich MANIZALES eine Reihe Vulkane bringt. Landschaftlich interessant mit Hikes und 5.ooo-ender Besteigungen. Über den touristischen Reiz der Städte Medellin – Manizales – Pereira lässt sich streiten. . .

Medellin:

ca. 1.54o m / 2,2 Mill. E.

Mit 2,2 Mill. Einwohnern die 2. größte Stadt Kolumbiens. In einem Tal der West- Kordilleren/Prädikat "Stadt des ewigen Frühlings", des milden Klimas wegen. Die Frühlingswinde leicht bis stark versaut durch Industrieabgase. Große Universität (direkt im Zentrum, Kontakte in der Cafeteria), ganz nette Umgebung (grüne Hügellandschaft mit geflecktem Rindvieh), – berühmte Orchideenzucht, die per Avianca- Jumbo bis nach Frankfurt in die Fleurope- Shops geflogen werden. Tip sind auch die deutschen Konditoreien (z.B. "Astoria") mit ihren leckeren Pralinenkartons!

Tourist INFO Oficina Fomento y Turismo: Calle 57 No. 45- 119. Liegt im Zentrum nähe Av. Jorge E. Gaitan. Zweigbüro im Airport. "Turantioquia" mit Infos speziell zur Region Antioquia, in der Cra. 48 No. 58 - 11. – "Caseta de Informacion Turistica" speziell Infos zu Medellin, in der Av. La Playa Clle. 52/Ecke Cra. 49.

Post: Cra. 48 No. 5o - 76 (Avianca) **Telefon:** Telecom/Cra. 5o Ecke Cll. 49

Medellin ist eine der wichtigsten Industriestädte Kolumbiens. Fast die komplette Textilproduktion des Landes stammt von Fabriken in Medellin, hier liegen neben Bogota die wichtigsten Universitäten des Landes, – und der Smog des dichten Verkehrs im Centro macht nicht selten Probleme.

Eine Stadt, die sich touristisch nur als Sprungbrett für Trips z.B. in den Choco (Details siehe dort!) und nach Turbo/Trip nach Panama – lohnt. Allerdings auch eine Reihe interessanter Museen:

MUSEO ANTROPOLOGICA: in der Uni, geöffnet Mo. - Fr. 1o - 13 und 14 - 18 Uhr. Keramik aus der praecolumbianischen Zeit und Kulturen .

MUSEO DE CIENCIAS NATURALES: (Calle 55 No. 3o-1) Übersicht zu columbianischen Pflanzen und Tieren. U.a. mehr als 3oo ausgestopfte Tiere. Für den Privatmann geschlossen, aber gegen Voranmeldung für Gruppen zu besichtigen.

MUSEO MINERALOGICO: in der Uni, Eintritt frei. Überblick über die Mineralogie Kolumbiens.

MUSEO ETNOGRAPHICO MANUEL A. BUILES: (Cra. 81 No. 51 b - 12o)Querschnitt durch praecolumbianische Indianer Kulturen. Offen: Di. - So.: 8 - 12.3o Uhr

MUSEO FILATELICO: (Cll. 5o No. 5o- 21/19. Stock) das Briefmarkenmuseum von Medellin. Geöffnet Mo. - Fr. von 9 - 12 und von 14 - 19 Uhr.

MUSEO NACIONAL FOLCLORICO/TEJICONDOR: (Cra. 65 No. 45a-23) Tip für Leute, die sich für Kunsthandwerk interessieren. Kleidung und columb. Musikinstrumente. Eintritt frei. Wird von der Textilfabrik Tejicondor betrieben, u.a. auch Folklore Konzerte, Tänze und Puppentheater. Wegen Öffnungszeiten und Veranstaltungen in der "Caseta de Informacion Turistica" anfragen!

MUSEO DE ARTE DE MEDELLIN FRANC. A. ZEA: (Cra. 53/Ecke 52) das älteste Museum von Medellin mit Sammlung von Kunst- und Gemälden der Stadt. Offen: Di. - Sa.: 9 - 12 und 14 bis 17 Uhr.

MUSEO EL CASTILLO: (Loma de los Balsos/El Poblado) Kunstgewerbe aus Europa, z.B. Porzellan, Teppiche und Möbel,. die zu Kolonialzeiten nach Kolumbien kamen.

Die meisten Kolonialbauten Medellins wurden abgerissen. Heute eine Stadt der Hochhäuser und Geschäfte im Centro. Für südamerikan. Verhältnisse recht sauber; an der Plaza Bolivar/Herz Medellins die KATHEDRALE, die aus rund 1,2 Mill. Backsteinen gebaut wurde und wuchtigstes Bauwerk seiner Art in Südamerika ist. – Interessant ist der große BOTANISCHE GARTEN von Medellin. Cra. 52 No. 73 - 182, im Nordteil der Stadt, Busse ab Centro. Insbesondere interessant wegen breitem Querschnitt durch verschiedene Orchideenarten. – ZOO: Cra. 52 No. 2o - 63.

EINKÄUFE: breites Angebot im Centro. So in der Fußgängerzone Junin ("Centro Coltejer"), – aber auch in den Centren "San Diego" (Cll. 34 No.

43 - 56), "Oviedo" (Cra. 43A No. 65 - 15). Neben Kleidern und Haushaltsgegenständen: hochwertige Lederarbeiten, Kunstgewerbe und Schmuck.

Die wichtigsten Shopping Centren sind: "Centro Comercial Camino Real" in der Cra. 47/Calle 53 – und das "Centro Comercial El Paso" an der Av. Jorge E. Gaitan im Centro nähe Parque Bolivar.

Hotels: Die Billighotels gruppieren sich um den Busterminal Cra. 48 zwischen Calle 44 und Calle 41. Eine Gegend, die nach Einbruch der Dunkelheit nicht unbedingt "sicher" ist. Häufig haben die Billigunterkünfte einen Riegel mit Loch, in den man ein eigenes, selber mitgebrachtes Vorhängeschloß einhängen kann. – Weitere im Bereich Calle 48/Ecke Cra. 54. Preise um 5 - 1o US $ und relativ breite Auswahl. Wegen der Menge und Konkurrenz an Billighotels, ist die Qualität in der Regel besser, als z.B. in Cartagena.

Tip sind die Hotels "Commercio"/Calle 48 Ecke Cra. 54, – das "Hotel Nuevo"/Cll. 48 Ecke Cra. 54 und das "Resid. San Francisco" gegenüber dem Commercio. Lange Jahre Gringotreff.

Mittelklassehotels vorwiegend im Bereich um Parque Bolivar im Herzen von Medellin, insbesondere um Calle 54/Cra. 5o. Preisniveau zwischen 15 und 3o US $ für ein Doppel mit Privatbad. Tip sind das "Veracruz"(Cra. 5o No. 54 - 18) für runde 22 US mit Privatbad und Swimming Pool im Hotel, Suites allerdings erheblich teurer! – Und das "Normandie" (Calle 53 No. 49 - 1oo) bei angenehm großen Zimmern/Privatbad für ca. 22 US das Doppel.

Top- Hotels z.B. das "Intercontinental" (5 Sterne, Variante Las Palmas/El Poblado) und das "Nutibara" (4 Sterne, Calle 52 a No. 5o - 46). Preise um 4o - 6o US $.

Verbindungen ab Medellin:

★ **Flug:** täglich häufige Jetverbindung nach: Bogota (ca. 4o Min./35 US $), Barranquilla (ca. 1 1/2 Std, 5o US $) und Cali (ca. 4o Min./35 US $). Sowie tägl. nach: Monteira (liegt Richtung Cartagena, ca. 3o US $, Flugzeit ca. 5o Min.), nach Pereira (ca. 3o Min./25 US $) und San Andres (1 Std. 4o Min./ca. 1oo US $).

Internat. Flüge: mit Copa und Sam nach Panama, ca. 1 Std. Flugzeit/1oo US $.

Regionale Flüge: dichtes Netz mit "Aces"- Bimotor Propellermaschinen täglich nach: Bahia Solano (ca. 38 US $), – Quibdo/Choco (ca. 2o US $), – Manizales (ca. 22 US $) – Pereira (ca. 22 US $), – Armenia (ca. 3o US $) sowie nach Pto. Berrio am Rio Magdalena (ca. 2o US $). Außerdem 6 x pro Woche rüber nach Cucuta an der Grenze zu Venezuela (ca. 6o US $). – Turbo an der Landbrücke nach Panama wird täglich angeflogen (ca. 5o US $) mit Weiterflug bis an die panamesische Grenze/Acandi (zusätzliche ca. 12 US $).

Propellermaschinen der "Aires" verbinden Medellin täglich mit Neiva am Oberlauf des Rio Magdalena (ca. 5o US $) mit Verbindungen in die Urwaldgebiete Kolumbiens (z.B. Florencia und das an der ecuad. Grenze liegende Pto. Assis). Außerdem täglich Medellin nach Ibague am Rand des Rio Magdalena- Beckens (ca. 27 US $, ein fantastischer Flug entlang der Vulkankette bei Pereira/Manizales!)

★ **Bus:** Medellin hat glücklicher Weise einen eigenen Busterminal, von dem alle Fernstrekken abgehen. In sofern erübrigt sich Lauferei. Adresse: Cra. 48 No. 42 - 88, liegt südlich des Centros. Die wichtigsten Strecken ab Medellin (nach Bogota/via Honda, – nach Cartagena und Monteira, – nach Manizales/Pereira/Armenia/Ibague, – sowie runter nach Cali) sind asphaltiert. Das hat die Fahrzeiten erheblich reduziert und den Fahrkomfort verbessert. Nach Cartagena z.B. rund 14 Std./18 US $, nach Manizales knapp 4 Std./ 5 US $. Sehr häufige Abfahrten tägl.

Schotterpiste (12 Std./ca. 10 US $ und 25o km) runter in den Choco nach Quibdo. Täglich Verbindungen. – Ebenfalls Schotterpiste nach Turbo (ca. 1o Std./1o US $) mit tägl. Busverbindung. Nur das erste Stück bis Antioquia am Rio Cauca (sehr lohnender

Zwischenstop, Details siehe "Umgebung von Medellin"!) und das letzte Stück vor Turbo sind asphaltiert.

Zug: Der Bahnhof von Medellin liegt im Schnittpunkt der Cra. 52 mit Calle 44, somit einigermaßen nahe zum Busterminal. Mit Zugverbindungen läuft allerdings nicht mehr viel, seit Kolumbien seine Hauptverbindungs-Straßen asphaltiert hat. Derzeit 2 mal in der Woche nach Pto. Berrio am Rio Magdalena, 9 Std., und am nächsten Morgen weiter nach Bogota (zusätzlich ca. 6 Std.). Einstellung der Verbindung steht zu erwarten, wenn erst einmal auch die derzeitige Schotterpiste runter nach Pto. Berrio asphaltiert ist. Derzeit aber bereits per Bus via Honda oder La Dorada erheblich schneller nach Bogota.

Außerdem gibts Verbindung nach Sta. Marta an der Karibikküste. Wieder Zug nach Pto. Berrio und umsteigen in den "Autoferro" nach Sta. Marta.

Nähere Umgebung von Medellin:

FERIA DE GANADOS: riesiger Tiermarkt mit Auktionen. In die Anlage passen bis zu 15.000 Tiere! An der Autopista Norte, rund 6 km vom Centro, Stadtbusse. Wann die Auktionen stattfinden: Infos über Tourist Office.

SANTA FE DE ANTIOQUIA: einer der lohnensten Ausflüge ab Medellin. 1541 von den Spaniern gegründet und einer der besterhaltensten Kolonial-Orte Kolumbiens. Mit viel Flair und gemütlichen Hotels (z.B. "Mariscal Robledo"/Cra. 48 No. 58 - 11, mit SW- Pool, Doppel um 15 US $, recht preiswert! Oder die "Hosteria Real", ca. 18 US).

Santa Fe de Antioquia (oder kurz "Antioquia" genannt) war zur Kolonialzeit wichtige Stelle der Spanier für Goldwaschen. Bis Mitte des 19. Jhds. Provinzhauptstadt des Dep. Antioquia. Heute knapp 15.000 Einwohner.

Schöne Lage unten am Rio Cauca in 550 m Höhe und somit angenehm tropisch warm bei Temperaturen um 26 Grad! Über den Fluß geht eine riesige Hängebrücke, die 1836 gebaut wurde und so groß für damalige Transportmöglichkeiten war, daß die Einzelteile an Ort und Stelle hergestellt werden mußten. Eine riesige Spannseil- Konstruktion, die in den beiden Türmen rechts und links des Ufers verankert wurden. Gerade so breit, daß ein PKW über die Brücke passt. – Direkt bei der Brücke ein Campingplatz.

Interessant im Ort: die Catedral Basilica mit Kunstsammlung. Viele der Gassen mit Kopfsteinpflaster und schönen Häusern mit kolonialen Holzbalkons. Markttag ist Freitag und Samstag (Tropenfrüchte, Tiere etc.). Mehrmals täglich Busverbindung ab Medellin, 75 km und rund 2 1/2 Std. Fahrzeit/3 US. Liegt an der Straße nach Turbo, lohnender Zwischenstop, wer rauf zum Los Kaitos- Nationalpark oder Panama will; besser als der rauhe Nonstop- Trip nach Turbo!

JARDIN EL RANCHITO: große Orchideen Sammlung. Rund 13 km südlich von Medellin nähe Panamericana, zwischen den beiden Orten Itagüi und La Estella. – Die andere, große Orchideensammlung in der HAZIENDA FIZEBAD, rund 25 km südöstlich / Straße Ri. La Ceja. Mit rund 50.000 Stück wohl eine der größten Orchideensammlungen der Welt. Beste Jahreszeit April - Juni. Beide Orte per Bus ab Medellin zu erreichen.

LA CEJA (42 km ab Medellin) landschaftlich schön gelegen, ein Ort, der vorwiegend von Milchlandwirtschaft lebt und wie die gesamte Region Medellin versorgt. Richtung Südosten geht eine Schotterpiste über den schönen Kolonialort SANSON (Basic Residenciales) runter an den Rio Magdalena nach La Dorada. –

RIONEGRO: 4o km ab Medellin, Ausflugsort für die Leute von Medellin, mit einer handvoll Kolonialhäusern (Museo de Arte Religioso), – viel interes santer und sehr lohnend sind die 3o km über Marinilla zum PIEDRA EL PEÑOL, einem 2oo m hohen Granit- "Zuckerhut" inmitten der grünen Berg landschaft. In einer Felsspalte kommt man über Zickzack- Treppen auf die Spitze der Kuppe mit schönem Rundblick. Restaurants und Wassersportmöglichkeiten am nahegelegenen Stausee Represa del Peñol, der Medellin mit Strom versorgt.

Medellin ⋙→ Manizales: über den 2.4oo m hohen Alto de Minas gehts anschließend runter ins Tal des Rio Cauca, der bei La Pintada überquert wird. La Pintada ist bei Höhe von ca. 56o m und tropischem Klima beliebter Wochenend- Ausflugsort für Medellin mit Restaurants und Übernachtungsmöglichkeit. Schön die "Hosteria los Farollones" (DZ ca. 2o US $ mit SW-Pool). Kurz hinter dem Ort zweigt eine nur streckenweise asphaltierte Verbindung nach Manizales ab, die durch die Berge nach Manizales führt, während die Panamericana weitgehend dem Rio Cauca folgt.

Manizales: 2.15o m / ca. 3oo.ooo E.

Frisches Klima und Zentrum des kolumbianischen Kaffee- Anbaus. Meist 2 - 3 stöckige Gebäude, markantes Wahrzeichen ist die Kathedrale an der Hauptplaza Bolivar. Superspitzer Turm in Pseudogothik, schöner Rundblick von der Aussichtsplattform in ca. 1oo m Höhe. – Manizales ist ganz nett, aber wenig Aufregendes. Das Reizvolle ist seine Umgebung:

Einmalige Gelegenheit, auch für Nichtbergsteiger auf einen 5.ooo- ender zu kommen. Fragt in der Tourist Office, oder im Reisebüro "Excursiones Amistad" nach einem Jeep rauf zum:

Nevado del Ruiz: 5.4oo m, eine gletscherbedeckte Kuppe. Im Jeep gehts zunächst auf der Piste Ri. Honda in die Berge rauf, dann nach ca. 25 km (nähe Dorf Esperanza) beschilderte Abzweigung rechts bergan durch eine Mondlandschaft von erloschenen Vulkanen und graugrünem Sand hinauf zu einer Schutzhütte in 4.8oo m (bis 4.ooo m weiden die Kühe!). – Die Hütte ist recht komfortabel, sogar mit Heizung, Bar, kleinem Restaurant und Farb-TV, – sofern nicht gerade wieder der Strom ausgefallen ist. Weniger angenehm ist die Höhenkrankheit, und am besten bringt man sich unten von Manizales Pillen dagegen mit. *

Die Hütte liegt knapp unterhalb der Grenze des ewigen Schnees. Mit entsprechender Ausrüstung (und Erfahrung!) kann man am nächsten Tag rauf zum Gipfel, der einen Krater besitzt. Aus Fumaloren dampft und stinkt es; der Ruiz ist aktiv. . . Andere Besteigungen ab Schutzhütte für Bergsteiger mit Gletschererfahrung zu den daneben liegenden Vulkanen St. Isabel (5.1oo m) und Quindio (5.4oo m), die über eine Jeeppiste zur Laguna Otun zu erreichen sind. WARNUNG: Bergwacht oder ähnliches ist hier unbekannt, und wer sich hier weit weg von allem den Fuß bricht, ist aufgeschmissen.

---

* Bezüglich Trips in Höhen über 2.7oo m siehe unser Gesundheitskapitel/Höhenkrankheit im Einleitungsteil dieses Bandes!

Nevado del Ruiz: ist leider – nach rund 4oo Jahren Ruhe erneut ausgebrochen. Tips für Trails und Schutzhütte vor Ort überprüfen! –

① TRANSPORT: ab Manizales mit Mikrobussen oder Jeeps bis zur Schutzhütte regulär meist am Wochenende (ca. 5 US $ pro Person), ansonsten muß man sich einen Jeep mieten. Auch bezüglich Wochenende abhängig von Nachfrage. Fahrzeit bis zur Schutzhütte rund 2 Std. (52 km). Die Piste setzt sich fort bis zur oben erwähnten Laguna Otún (tiefgrünes Gletscherwasser) unterhalb des Vulkans Santa Isabela. Über einen Trail und La Pastora:Hike runter nach Pereira (siehe unsere Karte!). –

Für die Jeeps und Mikrobusse gibts mehrere Veranstalter, nicht nur "Exc. Amistad" in Manizales. Am besten rumfragen. Wer sich einen mieten muß, weil nicht genügend Leute zusammengekommen sind, zahlt 'expreso' , – somit ca. 2o US fürs Fahrzeug. Verhandlungssache!

KARTEN: 1 : 1oo.ooo vom Inst. Geographico Agustin Codazzi, die Nummern 2o6 (= Zufahrt ab Manizales) und Nummer 225 (=Gipfelregion Nevado del Ruiz bis Nevado Tolima). Die Blattnummern 244(und 245)decken die Anstiegsroute für die Besteigung des Nevado Tolima ab Ibague ab:

② Zur BESTEIGUNG DES TOLIMA (ab Ibague) schickte uns Georg Rubin folgenden Bericht: "Wer typischen Bergregenwald kennenlernen will und dabei einen leichten 5.ooo- ender besteigen will, dem sei der Nevado del Tolima empfohlen.

Von Ibague mit "Chira"- LKW nach El Silencio. Von dort etwa 8 - 9 Std. Fußmarsch bis an die Schneegrenze. Man steigt von 2.7oo m bis 3.8oo m durch einen Urwaldpfad. Dann folgen bis 4.5oo m Paramo. Der Gipfel ist leicht zu machen, etwa Schwierigkeitsgrad wie der Ruiz, aber etwas länger. 4 Std. vom Zeltplatz in 4.6oo m Höhe. Ungeübte sollten nicht in den Krater steigen. Wenn es jemand doch in den Fingern juckt, so werden ihm unten zwei Gesellschaft leisten, die durch Gase und Erschöpfung umgekommen sind, und noch nicht geborgen wurden.

Der 4- Tagestrip lohnt sich, da man sonst nicht so leicht Urwald in 3.6oo m Höhe sieht. Kontaktadressen für Bergsteiger in Bogota: Georg Rubin, Calle 94A 9A-1o."

Anmerkung der Red.: für die Tolima- Besteigung ist dringend Höhenaklimatisation nötig. Gipfel 5.2oo m. Warme Sachen, dicke Daunenkleidung; auch unterhalb der Schneegrenze nachts eisig kalt. Entsprechendes Schuhwerk und Gletschererfahrung. Besonders auf letzteres möchte ich dringend hinweisen! ! Siehe auch unsere Ecuadortexte: die südamerikanischen 5 und 6.ooo-ender sind supergefährlich: einmal, weil man ohne 'Superkraxelei' an Steilhängen etc. in körperliche Extrembereiche kommt,beim psychologischen Faktor des Gipfels in Sichtweite,und "sich selber beweisen zu müssen". Wenn was schief geht (Kolaps durch Höhenkrankheit oder fehlendes Know How im Gletscherbereich der Gipfel) gibt es keinerlei Rettungsdienst, weder Bergwacht, noch Hubschrauber oder Such dienst etc. Der Ofen ist dann definitiv aus.

Bis zur Schneegrenze o.k., wenn man sich vorher an die Höhe aklimatisiert hat. Weiter rauf aber nur bei entsprechender Gletschererfahrung und Ausrüstung, sowie nur in Gruppen ab 2 Personen! – Querverbindung rüber zum Nev. del Ruiz möglich.

BESTE JAHRESZEIT: Dez. bis März, aber keinerlei Garantie für wolkenfreie Gipfel. Nebel im Gipfelbereich: zusätzliches, massives Risiko, wenn jegliche Orientierung verschwindet, Schneestürme aufkommen, – bei der Gefahr, in Gletscherspalten zu stürzen.

Der Trip bis zur RUIZ- SCHUTZHÜTTE ist dagegen unproblematisch. Meist haben die Jeeps sogar Sauerstoff- Flaschen mit an Bord. Im Schneebereich gibts Ski- Aktivitäten. Die gesamte Vulkanregion bis Tolima ist National-Park. An den Hängen wächst u.a. die "Palma de Cera" (eine Palme, die bis zu 8o m hoch wird, Nationalbaum Kolumbiens). Sie ist bis in Höhe von 1.5oo m an der Vulkanseite Ri. Rio Magdalena- Tal anzutreffen.

HOTEL TERMAL EL APRISO: (auch Hotel Termales El Ruiz genannt), Termalquellen an den Hängen des Ruiz- Vulkans. Preisgünstige Übernach tung für ca. 1o US $. Jeep bzw. Mikro ab Manizales.

Hotels in Manziales: derzeit das beste ist das 3- Sterne "Las Colinas" in Nebenstraße zur Hauptplaza (Cra. 22 /Calle 2o y 21). Sehr gepflegt und komfortabel, das Doppel für ca. 4o US $. Wie uns Helga Schadenberg schrieb "kann ich sehr empfehlen, kenne es seit Jahren!" – "Hotel Europa" Av. Centenario Calle 11 No. 25 - 98: sauber, ca. 13 US $, – "Villa Kempis" an der Ausfallsstraße nach Pereira. Schöner Blick auf Manizales, das Doppel um 18 US $ mit Privatbad. – "Tama Internacional" zwischen Hauptplaza und Kirche, einfach und sauber. Doppel um 1o US $. – "Rokasol" Calle 21 No. 19 - 18 ist zwar sauber, aber laut. Doppel ca. 8 US $. – Mehrere noch billigere Hotels in den Seitenstraßen um die Hauptplaza, z.B. "Hotel Astoria" (runde 4 US, Kaninchenställe, sonst aber o.k. für einfache Ansprüche).

Verbindungen: Der AIRPORT VON MANIZALES (La Nubia) liegt östlich an der Straße nach Honda. Wegen dem gebirgigen Gelände ist er so kurz, daß er nur von Bimotor Propellermaschinen angeflogen werden kann. Wer gerne fliegt: bei klarem Wetter im Bereich der Vulkane eine fantastische Sache. "Aces" fliegt täglich rauf nach Medellin sowie nach Bogota (ca. 22 US) und nach Cali (ca. 3o US)

BUS: nach Bogota mehrmals täglich, ca. 8 Std. über die asphaltierte Straße via Honda am Rio Magdalena (1o US), – Medellin mehrmals tägl., knapp 4 Std., 5 US. – Pereira: sehr häufig am Tag über die asphaltierte 55 km Straße, rund 1 Std./1 US $. Ibague, Startpunkt für die Besteigung des Tolima wird via Pereira, Armenia erreicht.

TIP FÜR KAFFEEFREUNDE: das Versuchsgut Chinchina bei Manizales, 15 km südlich an der Straße nach Pereira. Alles über die Kaffee- Kultur auf einen Blick: freundliche Leute, das obligatorische Tässchen umsonst und noch dazu ein Säckchen roher Kaffeebohnen, wenn man will.

Nach uns vorliegenden Informationen ist derzeit aber vorab eine Genehmigung von der Zentrale in Bogota (Federac. de Cafeteros de Colombia) einzuholen.

AUS KOLUMBIEN kommt eine der besten Kaffeesorten der Welt, die "ARABICA L", zudem ist Kolumbien eines der wichtigsten Kaffeeländer der Welt. Irgendwie sollte man es einrichten, daß man mal in eine Finka (= Plantage) abbiegt.

DIE ANPFLANZUNG geschieht in verschiedenen Etappen: zuerst blüht der Kaffee Same in einer Keimungsanlage ca. 55 Tage, kommt anschließend auf eine Baumschule, bis er eine widerstandsfähige Höhe erreicht hat. Nun erst pflanzt man ihn auf einer Kaffee Plantage.

Erste Früchte kommen schon nach ca. 18 Monaten, das volle Aroma und der volle Ernteertrag ist aber, – je nach Höhenlage und Sonneneinstrahlung erst nach ca. 4 - 5 Jahren zu erwarten. Kaffee kann in Kolumbien praktisch das ganze Jahr über geerntet werden. Es gibt 2 Haupternten, die "mitaca" und 2 Nebenernten, die "traviesa". Wer durch Kolumbien fährt, kann praktisch das ganze Jahr über irgendwo einer Kaffee-Ernte zusehen. –

Nachdem man die roten Früchte gepflückt hat, kommen sie in eine "despulpadora", wo das Fruchtfleisch abgequetscht wird. In einem Gärungstank löst sich das Fruchtfleisch von den Kaffeebohnen. Dauert ca. 24 - 3o Std. Anschließend werden die braunen Bohnen mit reichlich Wasser gespült und auf Betonböden zum Trocknen ausgestreut. Zuletzt wartet noch der Kaffeesack. –

WER IN DER 2. JANUARWOCHE in Manizales ist, erlebt die "Feria de Manizales": Massenpsychose bei einem der größten Stierkämpfe der Welt in der 2o.ooo Zuschauerarena der Stadt! Wichtigstes Fest der Region, bei dem zugleich die "Kaffee- Schönheits- Königin" gewählt wird, Folklore-Aufführungen, Umzüge auf den Straßen in den alten Trachten und Wettbewerbe der besten Musikgruppen. Kurzum: jede Menge Aktivitäten!

Das Cauca Tal:

Eines der fruchtbarsten Täler Kolumbiens mit bis zu 5 (!!) Ernten pro Jahr. Schwarzer Boden mit Tabak- Feldern, Zuckerrohr, Baumwolle und tropischen Früchten. Ab 6oo m Höhenlage auch Kaffee-Plantagen. Unterwegs auf der Busfahrt nach CALI schöne Kolonialdörfchen! (Besonders gut: BUGA!) –

★ **Pereira:** größte Stadt der Region mit knapp 1/2 Mill. Einwohnern . Der in der Nähe liegende Jetairport bedient zugleich Manizales und Armenia. Bei einer Höhe von 1.4oo m angenehmes Frühlingsklima das ganze Jahr über. Wirtschaftliches Zentrum der Kaffeeanbauregion; in der Umgebung riesige Plantagen.

Eine moderne Stadt, die aber touristisch nicht für längeren Aufenthalt lohnt. Dichte Busverbindungen mit Cali, Manizales und Medellin, sowie Bogota. Eisenbahngleis nach Cali nur noch für Warentransport.

Eine Piste geht rauf, entlang des Rio Otun bis zur Siedlung LA PASTORA mit Trail zur smaragdgrünen Gletscherlagune Otun unterhalb des Vulkans Santa Isabela (Details siehe "Manizales").

★ **Armenia:** Kaffeeplantagen, moderne Stadt, die erst knapp 1oo Jahre alt ist. 1889 von einer Siedlergruppe gegründet, die auf der Suche nach Gold war,– erfuhr Armenia zu Beginn dieses Jhds. seinen großen Aufschwung als Zentrum des Kaffeeanbaus. Heute rund 25o.ooo E/1.5oo m, – wirtschaftlich wichtig für Kolumbien, touristisch jedoch weniger interessant.

Kleiner Airport; der wichtigste der Region ist jedoch Pereira. Eine asphaltierte Straße runter an den Rio Magdalena über IBAGUE (Hotels, Restaurants und Startpunkt für den Hike durch dichte Urwälder auf den Vulkan Tolima. Details siehe "Manizales"!). Der Rio Magdalena wird bei GIRARDOT überquert,und landschaftlich lohnende Strecke rauf in die Ost Kordillera nach Bogota. Details unter "Umgebung von Bogota"! Täglich häufig Busse und Colectivos.

★ **Cartago,** unten im Becken des Rio Cauca (4o km von Armenia) ist eine spanische Gründung von 154o, teils noch Kolonialgebäude. 1oo.ooo E und Wirtschaftszentrum für Tabakanbau und Rinderzucht ("Hotel Central" Cra.

6 No. 6 - 27). – Die PANAMERICANA Richtung Süden/Ecuador folgt dem Talboden des Cauca, der bis zu 3o km breit ist. Angenehm für den Zwischenstop auf dem Weg nach Cali:

★ Buga: recht gut erhaltener, spanischer Kolonialort. Gemütlich mit den Hotels "Capacari" (Cra. 14 No. 1 - 83, ca. 2o US) und "Guadalajara" (Calle 1 No. 13 - 33, ca. 22 - 27 US) beide mit SW Pool, weitere, billigere im Ort. In Buga Abzweigung einer Piste rauf in die Cordillera nach LA MESA am Beginn des LAS HERMOSAS NATIONAL PARK. Einer der weniger bekannten Nat. Parks Colombias mit großartiger Paramo- Hochlandschaft, einsamen Lagunen. Über das Valle Bonito geht ein Trail rüber die Wasserscheide und Grenze zum Dep. Tolima zum Rio Amoya. Diesen runter in tropische Tieftäler mit dichter Urwaldvegetation und klaren Bachläufen. Von Chaparral Regionalbusse runter an die Girardot–Neiva- Straße.

MANIZALES — CALI: 25o km mit tägl. sehr häufiger Bus- und Colectivo Verbindung in runden 3 Stunden. Die Strecke ist Tip- Top ausgebaut.

WER VON BOGOTA NACH ECUADOR WILL:
Der Umweg über Manizales bedeutet an reiner Fahrzeit im Bus etwa 2 Tage. (Gegenüber der Direktroute Bogota – Cali – Grenze). Insgesamt würde ich aber mit ca. 1/2 Woche (inkl. Kaffee- Finka besuchen und Vulkan El Ruiz besteigen) rechnen. Dieser Umweg ist zwar landschaftlich sehr schön und lohnend, auch wegen der Möglichkeiten unterwegs. Allerdings: wer knapp mit Zeit ist, der fährt besser andere, noch schönere Routen in Südamerika. Siehe Tips in unserem Buch! –

DIE ANDERE ROUTE von Bogota an die ecuadorianische Grenze geht über NEIVA und SAN AGUSTIN, an Fahrzeit etwas schneller und touristisch wahrscheinlich auch interessanter. – Am schnellsten aber der Direktbus ab Bogota über Cali, Popayan runter an die Grenze. Fahrzeit rund 1 Tag (mit Umsteigen). –

"Pequeña rosa,
rosa pequeña,
a veces,
diminuta y desnuda,
parece
que en una mia
cabes,
que asi voy a cerrarte
y a llevarte a mi boca . . . "
(PABLO NERUDA,
TODO EL AMOR)

Einer der schönsten Gedichtbände über Südamerika ist übrigens das Buch von Pablo Neruda: "Canto General", erschienen im spanischen "El Bardo" Verlag, Band 116. In der BRD leider nicht erhältlich. –

BOGOTA → ECUADOR

Es gibt verschiedene Strecken an die Grenze von ECUADOR, die man je nach Interesse miteinander kombinieren kann:

① DIE SCHNELLSTE STRECKE geht über Cali–Popayan–Ipiales (Grenze). Gesamtkilometer bis Grenze ca. 9oo km. Fahrzeit in Bussen ca. 22 Std. (rund 25 US $). Komplett asphaltiert. Wer Zeit sparen will, fliegt, – zumindest die Strecke Bogota–Pasto, tägl. mehrmals mit durchgehendem Flug (z.B. Avianca) in 1 Std. 4o Min. / ca. 75 US $. Den Rest bis an die Grenze per Colectivo in ca. 9o Min., die häufig fahren. Somit in einem halben Tag ab Bogota zu schaffen. . .

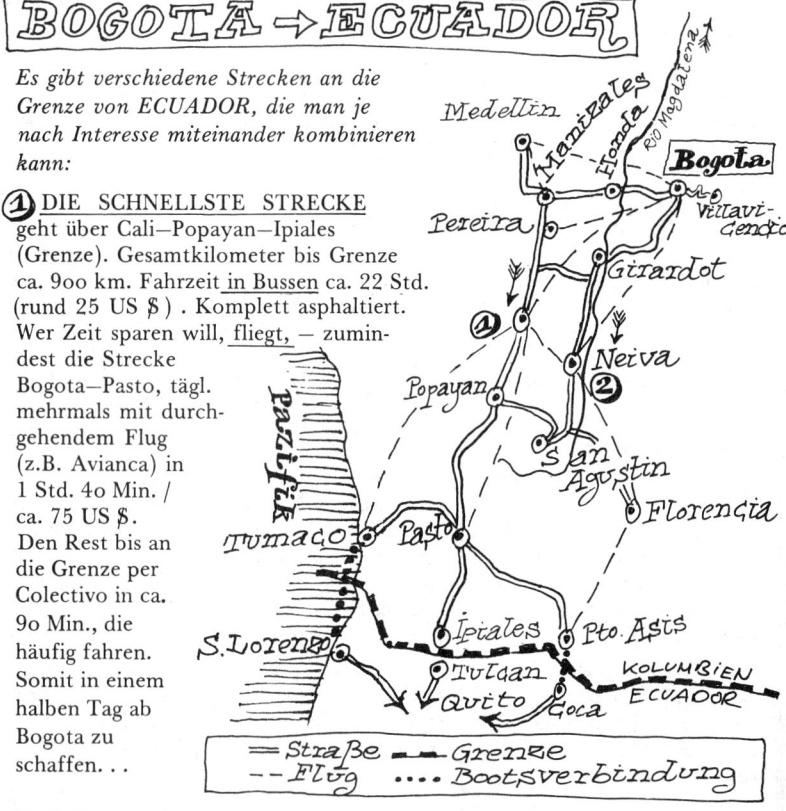

Egal ob Bus oder Flug: man sollte in jedem Fall vor 18 Uhr an der Grenze sein, die anschließend dicht macht. Übernachtung drüben in Tulcan/Ecuador erheblich billiger als Colombia!

Von Tulcan gibts auch nachts Busse und Mikros nach Quito, der Hauptstadt Ecuadors. Allerdings schade, wenn man diese Strecke nachts fährt wegen großartiger Landschaft; ein Vulkan nach dem anderen zieht am Busfenster vorbei!

Der schönste Übernachtungsstop entlang der Strecke ist ohne Frage Otavalo rund 2 Std. vor Quito! Zu schaffen, wenn man die Morgenmaschine ab Bogota nach Pasto nimmt, bzw. spätestens gegen Mittag (mit dem Bus ab Bogota) in Ipiales eintrifft.

VARIANTEN: sehr lohnend, Bogota nach Manizales und rauf zum Vulkan Nevado del Ruiz (siehe Text). Wer gerne wandert, macht den lohnenden Trail zur Gletscherlagune Otún und runter nach Pereira, Bus nach Cali.

Bei etwas mehr Zeit: Bogota nach Medellin mit Abstecher nach Antioquia, – was einmal bequem in ca. 2 1/2 Std. mit dem Regionalbus zu erreichen ist, als Stadt mehr Flair bringt und billigere Übernachtung.

Dann mit dem "Aires"- Propeller den Superflug (fantastischer Blick bei klarem Wetter über die Vulkane um Manizales) runter nach Ibague. Und von hier rauf nach El Silencio und Trail an die Schneegrenze des Vulkans Tolima zunächst durch dichte Urwälder und bei der Schneegrenze Trails links am Vulkan entlang rüber nach La Pastora mit Piste nach Pereira. Gutes Kartenmaterial Voraussetzung, Details siehe unser Text!

Bei mehr Zeit: Medellin nach Turbo an der Landenge von Panama und Trip per Boot in den Los Kaitos Nationalpark, einer der schönsten Urwaldtrips in Colombia!Details siehe "Turbo"! Über den Rio Atrato Flußverbindung in den kolumbianischen Choco/ Quibdo. Von Flußfahrten nicht das Non Plus Ultra; Flugverbindungen direkt gibt es nicht, nur via Medellin.

AB PASTO/COLOMBIA zwei Alternativen für Abenteurer: einmal runter an den Pazifik nach Tumaco (tägl. Bus oder Flug, letzterer auch direkt ab Cali mit der "Satena" oder "Aces"). Vom ramschigen und heißen Tropennest Tumaco gibts eine reguläre Kanuverbindung durch die Mangroven entlang der Pazifikküste rünter nach San Lorenzo/Ecuador. Von hier täglich Verbindung rauf in die Anden nach Ibarra an der Panamericana nach Quito.

Zum anderen eine abenteuerliche Piste ab Pasto die Andenhänge runter in den kolumbianischen Amazonasurwald nach PTO. ASIS (auch Flugverbindung). Hier gehts per Boot und Trail rüber nach Coca/Ecuador, das tägliche Bus und Flugverbindung mit Quito besitzt.

Beide Routen brauchen Zeit, wobei aber Tumaco—S. Lorenzo relativ problemlos geht, während die Strecke über Pto. Assis wegen intensivem Drogenschmuggel nicht ungefährlich ist. Alle Details siehe Text!

(2) DIE ALTERNATIVE zur Hauptroute (Bogota—Cali—Grenze) geht über Neiva und San Agustin/Tierradentro. Ich persönlich würde diese Route vorziehen; beide Orte gehören zu den interessantesten in Südkolumbien! Ab Bogota per Bus an reiner Fahrzeit rund 1 Tag mehr und preislich gleich,— aber wegen San Agustin und Tierradentro muß man insgesamt mit rund einer Woche rechnen bis Grenze. Ca. 1.1oo km. Extras, wie der Trail ab San Agustin nach Popayan verlängern entsprechend, sind aber großes Kolumbien-Bonbon.

VARIANTEN: Zeitverkürzung, wer Bogota nach Neiva fliegt (Propeller der "Aires", tägl./ca. 3o US $, Flugzeit 5o Min.) Leider kein Flug bis Nähe San Agustin. Den Rest muß man per Bus machen.Bei dem zugleich relativ hohen Flugpreis und der nötigen Warterei auf Anschluß nach San Agustin per Bus keine tiefgreifende Hilfe.

Interessanter ist folgendes: Flug Bogota nach Florencia am Rande der Amazonasurwälder. Details für Trips "tiefer rein" siehe dort. Von Florencia nimmt man sich dann einen Bus die Andenhänge rauf, wobei die Piste relativ nah an die Strecke kurz vor San Agustin mündet. In der Regenzeit allerdings oft sehr problematisch.

Lässt sich auch in Gegenrichtung fahren: also zunächst Bogota—San Agustin und runter nach Florencia. Weiter per "Aires"- Propeller nach Pto. Assis (täglich, ca. 2o US $) und entweder durch den Urwald rüber nach Coca/Ecuador, — oder ab Pto. Assis über die landschaftlich sehr lohnende Piste rauf nach PASTO. Alle Details siehe Text!

Leider ist die billige und interessante Verbindung mit "Satena"- Propellermaschinen ab Villavicencio/Llanos (unterhalb von Bogota) nach Florencia eingestellt. Eine Route, die Ende der 7o-er Jahre eine preisgünstige Alternative nach San Agustin war. Bei viel Landschaftserlebnis zwischen Llanos und Urwald . . .

★ *ZUNÄCHST DETAILS ZUR HAUPTROUTE (via Cali)* (1)

Details bis Cali siehe Vorkapitel!

Cali:

ca. 1.000 m/ knapp 2 Mill. E.

Noch Anfang des vergangenen Jahrhunderts und zu Beginn der "Republica Colombia" ein unberührtes und unbescholtenes Nest (siehe Graphik oben!)

Den großen Aufschwung brachte das Eisenbahngleis Cali–Buenaventura (eines der ersten Kolumbiens/Mitte des 19. Jhds.), das Cali und sein reiches Hochtal mit dem Exporthafen am Pazifik verband. – Heute eine der am stärksten expandierenden Städte des Landes. Ein Großstadtgigant, der sich in die Ebene hinausfrißt, Industriezentrum und die Innenstadt voll von Abgasen zwischen Hochhausfingern.

Touristisch wichtig als "Umsteiger" in den Süden des Landes, ansonsten schnell die Kurve kratzen.

Tourist Office: Cra. 3 No. 11 - 22 und im Airport. Hier gibts neben Tips u.a. eine gute Cali- Übersichtskarte gratis. Inkl. aller wichtiger Adress- Informationen. – Das städtische Informationsbüro ("Comite Proturismo") liegt in der Cra. 9 No. 15 - 33.

Telefon: Telecom, Calle 1o No. 6 - 25

Museen: "Historia Natural" in der Cra. 2 a/Oeste No. 7 - 18. Querschnitt durch die Pflanzenwelt Kolumbiens, kleine archeologische Abteilung und Archiv.– "Arte Moderna La Tertulia" Av. Colombia No. 5 Oeste 1o5. Gemälde und Bildhauerarbeiten. Mit einer Cinematec, Sitz der Bienale Americana. – "Arqueologico La Merced". Cra. 5a/ Ecke Calle 8a - 9a. Praecolumbianische Kulturen. – Im gleichen Gebäude das "Museo de Arte Colonial Religioso La Merced" mit Ausstellungsstücken aus der kirchlichen und bürgerlichen Welt der Kolonialzeit.

Bus: Alle Bus- Empresas sind im "Zeltdach"- Terminal (in Beton-Architektur) im Stadtteil San Vicente beim Rio Cali (=Rio Cauca) untergebracht. Angenehm, weil es beim Umsteigen keine langen Wege gibt. Gepäck scharf im Auge behalten und Finger weg von Drogen!

Rege Busverbindungen in alle Landesteile. Nach BOGOTA bis zu 4o mal täglich, Fahrzeit um 12 Std. (13 US $). Das Colectivo braucht um 9 Std. Durchgehend asphaltiert, aber streckenweise sehr kurvenreich. Runde 5oo km. – Weiter nach Popayan ca. 3 Std./ Bus und ca. 2 1/2 Std. per Colectivo. Durchgehend Asphalt und sehr häufige Abfahrten

– Cali nach Pasto: rund 4oo km, asphaltiert, aber in Teilstrecken sehr kurvenreich. Der Bus braucht ca. 8 Std. (1o US $) – Weiterhin mehrmals täglich von Cali nach Manizales, Medellin und nach Buenaventura am Pazifik.

Flug: der moderne Airport von Cali – "Aeropuerto Internac. Palmaseca" – liegt im Nordosten der Stadt.Fahrzeit ins Centro oder zum Busterminal runde 3o - 4o Min. Es gibt einen Bus ab Airport, der mit dem Busterminal verbindet. Infos über Taxipreise vom Tourist Office im Airport.

Sehr dichter Flugverkehr in alle Landesteile. Jets nach Bogota, Buenaventura, Medellin, Pasto. "Aires"- Propeller fliegen täglich rüber nach Neiva (ca. 5o US). – "Aces"- Propeller tägl. nach Guapi/Pazifikküste (ca. 22 US), nach Tumaco (ca. 4o US) und nach Ipiales an der Grenze zu Ecuador (ca. 38 US). Cali – Manizales kostet im täglichen "Aces"- Propeller ca. 3o US. – "Satena"- Propellermaschinen sind die billigsten runter nach Tumaco an der Pazifikküste (Startpunkt für den Trip per Boot entlang der Mangrovenküste nach Ecuador/S.Lorenzo). Fliegen 2 - 3 mal in der Woche, ebenso ab Cali nach Quibdo im Choco- Dschungel und weiter nach Bahia Solano.

Internacionale Flüge: mehrmals pro Woche mit "Avianca" und Ecuatoriana" von Cali nach Quito/Ecuador, sowie Cali – Panama City.

Zug: Derzeit nur noch Cali – Cartago im Tal des Rio Cauca. Es fährt ein Autoferro, eine Art Schienenbus, der bis Cartago runde 3 1/2 Std. braucht; länger als der Bus auf der Panamericana, aber auch billiger. Mit vielen Stops unterwegs.
Der Bahnhof von Cali neben dem Busterminal/Stadtteil San Vicente.

Übernachtung: Billig: bestes im diesem Sektor soll die "Hospedaje Bolivar" sein, ganz in der Nähe des Busterminals/Calle 25/Ecke Cra. 4 N und als Alternative die "Res. Las Americas"/Calle 25 Ecke Cra. 2 N. Wer mit knappem Reisebudget unterwegs ist, nimmt sich aber besser gleich einen Anschlußbus, die auch nachts fahren, um sich Geld zu sparen; es gibt interessantere Stellen in Südamerika als Cali.

Breites Angebot an Mittelklasse bis Luxushotels, wer geschäftlich in Cali zu tun hat. Infos über Tourist Office.

CALI ist Handelsmetropole im Süden von Kolumbien. Zuckerrohr, aber auch Kaffee (rund 15 % der Gesamtproduktion des Landes). Papierfabriken, wie auch viele der wichtigsten Zeitungen des Landes in Cali publiziert werden. – Zugleich excellente Sportstätten, so ein 6o.ooo Zuschauer- Stadium, Swimming Pools, in denen 1971 die Weltmeisterschaften stattfanden, Basketball Stadium mit rund 4.ooo Sitzen etc. – Sitz von 5 Universitäten, Bibliotheken und wichtiger Messeplatz in Kolumbien.

RIO CAUCA: knapp 1.ooo km lang. Das warme Klima in meist 1.ooo m Meereshöhe bei fruchtbaren Böden und tropischen Durchschnittstemperaturen von 26 Grad ergibt optimale Anbaubedingungen. Schon 12.ooo Jahre vor Chr. siedelten sich hier die ersten Kulturen an.

Die Spanier erschlossen das "große Tal" ab 1536 durch Don Sebastian de Belalcazar und gründeten als wichtigste Siedlungen Cali – Cartago und Buga. Große Haziendas entstanden und Zuckerrohranbau war und ist bis heute das Hauptagrarprodukt des Tals. Gemäß Statistik werden derzeit pro Jahr rund 12 Mill. Tonnen Zuckerrohr in 16 Fabriken verarbeitet. Hinzu kommt Kaffee, Lederverarbeitung, Rinderzucht, chemische Produkte, Baumwolle, Textilfabriken, Tabak etc. Eine der wichtigsten Wirtschaftszonen Kolumbiens

Cali →→ Popayan:

Die asphaltierte Panamericana verläuft zunächst im Tal des Rio Cauca und steigt dann über die Randberge rauf nach POPAYAN.

Popayan:

1.760 m ca. 160.000 E.

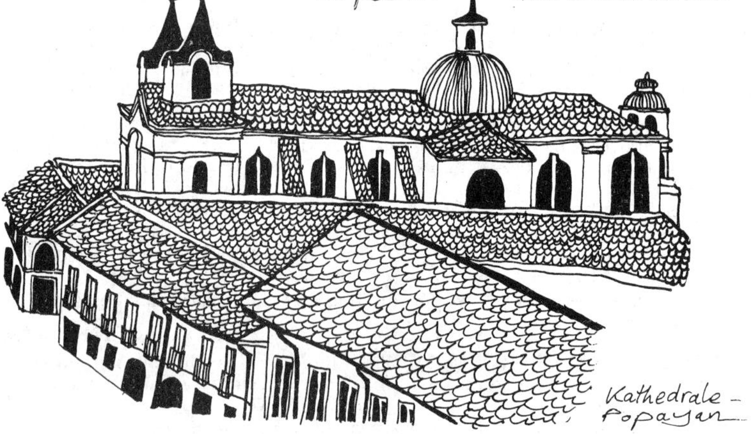

Eine der schönsten Kolonialstädte Kolumbiens, – wurde durch ein schweres Erdbeben im Dez. 1979 zerstört, von dem sich die Stadt trotz Hilfs-Fonds (in Briefmarken etc.) nur langsam erholt.Es gibt derzeit Übernachtungsmöglichkeit von teuer zu billig, Busterminal (nähe des Airports) und Tourist Office. Die meisten der Museen und Kirchen sind jedoch geschlossen. Interessanter Ausflug zum Andendorf SILVIA, – zum Purace Vulkan sowie Querverbindung per Bus nach San Agustin. Details siehe dort! –

Die PANAMERICANA (Popayan ⋙→ Pasto) ist durchgehend asphaltiert, was heute schnelles Reisen ermöglich. Fahrzeit für die knapp 300 km runde 6 bis 7 Std. per Bus (häufig am Tag). Kann allerdings zur Regenzeit nach Bergrutschen länger dauern. Die Strecke ist landschaftlich interessant. Serpentinen über 1.000 Höhenmeter, tiefe Canyons .

Pasto:

ca. 2.600 m/ 300.000 E.

hoch in den Kordillieren, und wer glaubt, daß es 150 km vom Äquator entfernt nachts nicht kalt wird, der holt sich eine saftige Erkältung! Die Nachttemperaturen liegen oft um 3° C, Basis- Hotels in der Regel nicht beheizt! –

Pasto ist wichtigste Stadt im Süden Kolumbiens, die Leute freundlich. Gemütliche Gassen und größerer Indiomarkt nähe Hauptplaza. Billige Ledertaschen und schöne Stiefel, sowie Krimskrams von Vorhängeschlössern bis Alu- Kochtöpfen. Der erste größere Markt vor Peru und Ecuador! –

Gemütliches Andenstädtchen, viele Indios. Die Stadt schmiegt sich in einer Mulde des Andenhochgebirges, rundum Vulkane bis 4.100 m.

*Hotels: die beiden derzeit besten von Pasto sind das superzentral direkt an der Hauptplaza gelegene "Hotel Agualongo"/Cra. 25 Clle. 18 esqu. Ein modernes Hochhaus, schöner Blick über die Stadt und die Andenkette mit Vulkan Galeras (Doppel ca. 30 US schöner Blick über die Stadt und die Andenkette mit Vulkan Galeras (Doppel ca. 35 US – und das "Hotel Morasurco"/Av. Los Estudiantes. Etwas außerhalb vom Centro gelegen und daher ruhiger. Doppel ca. 4o US $.

MITTELKLASSE–HOTELS sind in Pasto rar, praktisch nur das "Hotel Chambu"/Cra. 2o No. 16 - 74, zentral gelegen, Privatbad, Telefon, Doppel ca. 15 US $, sowie: 74, zentral gelegen, Privatbad, Telefon, Teppichboden.
Gut und preiswerter Tip das "Hotel Rio Mayo", bei der Abfahrt der Busse und Colectivos/Cra. 2o Nr. 17 - 12. Ein modernes, mehrstöckiges Gebäude mit sauberen Zimmern, Privatbad, Doppel ca. 1o US $. – "Hotel Zorocan"/Calle 18 No. 23 - 39, mit Privatbad, die Zimmer mit Steinfußboden, ca. 8 US $ Doppel. – "Sindagua"/Calle 2o Nr. 21 a-16 ein neues und zentralgelegenes Hotel, Doppel mit Privatbad ca. 15 US $.

BILLIG–HOTELS liegen vorwiegend im Bereich der Busabfahrten (siehe Pasto-Plan/9)
"Hotel Real", direkt bei der Busabfahrt (Calle 18, 22 - 22), Gemeinschaftsbad im Flur, die meisten Zimmer mit Fenster. Das für den Preis wohl akzeptabelste Hotel der Billigklasse (ca. 5 US/Doppel), sehr große und helle Zimmer, sauber und zentral gelegen. Unten ein Restaurant.
"Resid. Taxalia"/Calle 19, 21 - 43: in einer Passage Richtung Hinterhof gehts rechts eine schmale Treppe in den 1. Stock rauf. Zimmer trist, dunkel, muffig (fast alle ohne Fenster), nicht allzusauberes Gemeinschaftsbad. Doppel ca. 5 US $. –
"Resid. Londres"/Cra 2o direkt ums Eck bei Busstop. Es gibt 2 Hotels gleichen Namens und gleichen Besitzers, die gegenüberliegen. Die Zimmer haben Holzfußböden, sind sauber, heiße Duschen im Gang. Allerdings um die 6 US $/Doppel.
"Resid. Monserrate"/Cll. 19 Ecke Cra. 2o, direkt bei Busabfahrt: preiswert bei ca. 2 - 4 US je nach Lust und Laune des Besitzers, der diese Infos in leichtem Suff preisgab und sich auch nicht auf ein oder zwei Personen festlegen wollte. Sei es drum; die Zimmer nicht gerade das Sauberste. Unten kleines Restaurant mit Wellplastik- Dach.
"Hotel Nueva York"/Cra. 19 (Bis) No. 18 - 2o: bei rund 5 US/Doppel ein Tip: sauber,

1 Hauptplaza (Plaza Narino)
2 Edificio Aqualongo (mit Airline Büros)
3 Kathedrale
4 DAS
5 Ecuad. Konsulat
6 Telecom (Tel., Telex)
7 Avianca und Post
8 Mercado Bombona
9 Abfahrt Busse und Colectivos
1o Hotel Rio Mayo
11 Parque Infantil
12 Parque Bomboná
13 Parque Mariana
14 Uni Mariana
15 Jomao- Artesania

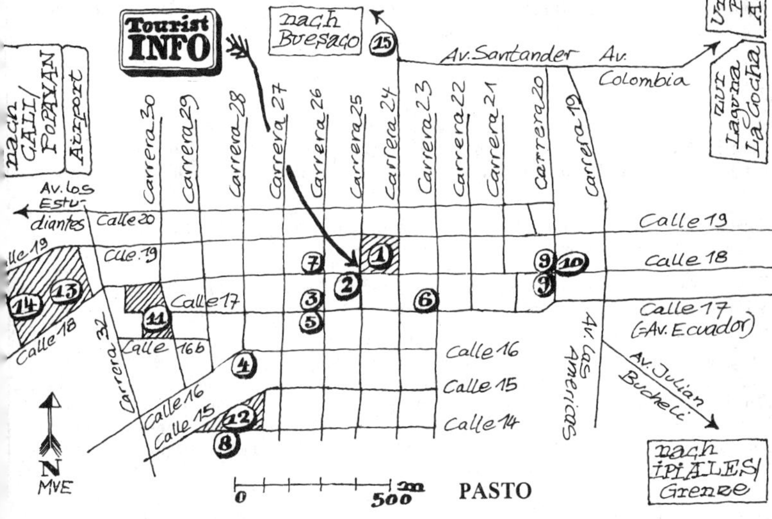

große und helle Zimmer mit Holzfußböden, Balkon. Freundlicher Besitzer. Heller Flur mit Glasdach, viele Blumen. Nähe Busabfahrten.
"Residenc. Magdalena"/Calle 19 No. 19. Zimmer zur Straße mit Fenster, aber klein. Die meisten ohne Fenster. Doppel ca. 4 US $, besser aber "Nueva York".
"Resid. El Dorado"/Calle 19, 19 - o8: 25 Zimmer, die meisten mit Fenster zur Calle. Vorsicht beim Hochgehen in den 1. Stock zur Rezeption, damit die Birne keine Beule bekommt! Doppel um 4 US.
"Hotel Mayasquer"/Av. de las Americas No. 16 - 66: Doppel um 1o US, mit eigenem Bad, helle, aber sehr kleine Zimmer mit gelb gestrichenen Wänden und hellem Linoleum Boden. Sehr langweilig eingerichtet, aber gepflegt und sauber, Fenster zur Straße.
"Hotel Winnipeg"/Av. de las Americas. Der rote Backsteinbau liegt ähnlich wie das "Mayasquer" nähe Busabfahrt (siehe Karte!), die Zimmer mit Privatbad und größer, der Preis fürs Doppel mit ca. 6 US günstiger.
"Resid. Tropicana"/Cra. 2oEcke Cll. 19 (bei Busabfahrt): Bad im Flur, heißes Wasser. Einfach, aber im Preis o.K. ca. 4 US/Doppel. Zimmer im 1. Stock nach hinten raus nehmen, haben Fenster.
"Hotel Pereira"/Cra 2o Ecke Cll. 19: Duschen im Flur mit heißem Wasser.Die Zimmer vorn raus zur Straße haben Fenster, sind aber laut (ca. 5 US/Doppel), – hinten raus ohne Fenster, Minikabuffs, ca. 2 US.
"Embajador": Cll. 19 No. 25 - 57: die Preise variieren zwischen ca. 2 und 7 US je nach Qualität des Zimmers (mit Fenster, ohne. Groß, klein etc.). Dunkler Innenhof.
"Hotel Residencias Santa Ana"/Cra. 25 No. 16 - 45, etwa 2 Block von der Hauptplaza, sauber. Doppel mit Privatbad ca. 6 US, ohne ca. 5 US. Schöne Zimmer in den oberen Stockwerken.

★ **Verbindungen:** BUSSE und COLECTIVOS fahren ab Bereich Calle 19/Cra.2o (siehe Pasto Karte /Nr.9). Täglich mehrmals via Popayan nach Cali (ca. 8 - 1o Std./1o US $). Dort in ca. 12 Std. per Bus (ca. 13 US $) bzw. per Colectivo (ca. 9 Std./16 US nach Bogota, häufig am Tag. – Pasto nach Ipiales/ecuad. Grenze per Colectivo fast stündlich, Fahrzeit ca. 1 1/2 Std./4 US, bzw. per Bus ca. 2 Std. – Nach Tumaco an der Pazifikküste: tägl. mehrmals, wegen der schlechten Piste aber ca. 12 Std. und mehr an Fahrzeit/ca. 7 US. – Nach Puerto Asis im Amazonas, tägl. mehrmals ca. 11 Std. und mehr je nach Pistenbedingungen, ca. 7 US $. –

FLÜGE: der Pasto Airport ("Aeropuerto A. Nariño") liegt rund 4o km nördlich an der Straße Ri. Cali. Per Colectivo ca. 35 Min. Fahrt/3 US. Es gibt tägl. Jetverbindung mit der Avianca via Cali (ca. 35 Min./45 US $) nach Bogota (ca. 1 1/2 Std./75 US $). Derzeit keine Direktflüge ab Pasto nach Tumaco (geht nur via Cali).

Der Landeanflug auf den Pasto- Airport ist Erlebnis für sich! Links sitzen, wer von Bogota kommt! Grandioser Landeanflug über verknitterte Berglandschaft und supertiefe Täler. Dann unter einem ein glattgebügeltes Bergplateau, das zu allen Seiten steil abfällt. Noch wenige Meter vor Beginn der Landepiste gehts gut 3oo m in die Tiefe! Und schon steht der Vogel wie auf einem gigantischen Flugzeugträger! Vom Airport gehts dann auf der sehr gut asphaltierten Straße in die Berge hoch nach Pasto, wobei es merklich kühler wird.

★ **Tourist Info:** an der Hauptplaza (siehe Pasto- Karte/Nr. 1), Calle 18 No. 25 - 25 Geöffnet Mo. bis Fr. von 8 - 12 und 14 bis 18 Uhr.

★ **Feste:** Pasto ist berühmt für sein "blanco y negro" Fest am 5./6.Jan.Am ersten Tag gibts Schuhwichse ins Gesicht, am 2. Tag wird man mit Mehl eingepudert.

★ **Sicherheit:** Warnung: neben der Hauptroute durchs Amazonasgebiet geht eine weitere Drogenschmuggelroute durch die Anden. Definitiv Finger weg von jeglichen Drogen! Es soll in der Pasto- Billighotel- Klasse Besitzer geben, die Gringos Sachen anbieten und anschließend der Polizei Bescheid geben, um sich Kopfprämie zu holen. Bevor die Polizei kommt, hat man die Chance, sich für 2oo bis 3oo US $ freizukaufen. Ebenfalls empfiehlt sich ein eigenes Vorhängeschloß. Ebenso das Zimmer vor Benutzungsbeginn exakt untersuchen und niemals mit Fremden teilen!! –

★ Essen: im Bereich der Busabfahrt gibts mehrere Billigrestaurants. Teurere im Zentrum um die Hauptplaza, z.B. im Hotel "Agualongo". Typische Gerichte sind "Cuy", gebratenes Meerschweinchen und über die ganzen Anden bis runter nach Chile verbreitet, ebenso "La Chara", eine Schweinefleischsuppe. Gutes Frühstück und billig in der Cafeteria neben dem Mercado Bomboná mit Blick auf Anden.

★ Markt: La Bomboná (Pasto Karte/ Nr. 8) mit den dicken Ecuador- Wollpullovern, wer in den eisig kalten Pastonächten und Billighotels ohne Heizung friert. "Importiert" aus Ecuador (sprich eingeschmuggelt) haben sie entsprechenden Aufpreis, und bei Weitem nicht die Auswahl wie z.B. in Otavallo/Ecuador! –

"Artesania de Colombia"/Cra. 25 No. 18 - 15 an der Hauptplaza hat gute Ledersachen und ist teilweise billiger als Bogota. – "Jomao" Cra. 24 No. 26 - 214 (siehe Karte/Nr. 15) mit Holzschnitzarbeiten.

★ Kinos: wer abends Langeweile hat, kann ins Alcazar gehen. Preiswert bei ca. 1 US für 2 Filme, meist in Englisch mit span. Untertitel. Es geht um Liebe oder harte Western, wo bei geraucht wird und nicht selten die Kippen durch den Raum schnipsen.

★ Reisebüros: "Proturna", Cra. 23 No. 18 - 42 nähe Hauptplaza. Unter Umständen Vermittlung von Jeep- Trips auf den Vulkan Galeras.

★ Ausflüge: sehr lohnend ist der Trip auf den 4.1oo m hohen, rauchenden VULKAN GALERAS; bei klarem Wetter schöner Blick über die Anden und Pasto. Nicht- Bergsteiger kommen bis zum Gipfel und geübte Bergsteiger mit Seil und festen Schuhen ins Kraterinnere zu den Fumarolen. Oben ist die Luft sehr dünn, und man kommt arg ins Schnaufen, wenn man die Höhe nicht gewohnt ist.

Taxi ab Pasto bis zur Televisionsstation, ca. 3oo m unterhalb des Gipfels. Preis ist Verhandlungssache, dürfte aber für den 1/2- tägigen Trip um die 2o - 3o US/Taxi liegen. Uns hat der Besitzer des Rio Mayo- Hotels mit seinem Geländewagen raufgefahren, der nach Lust und Laune gelegentlich Gringos gegen Entgeld mitnimmt. Ansonsten auch mal bei "Proturna" anfragen.

Oben am Gipfel weht ein eisigkalter Wind, gegen den auch dicke Wollpullis nichts helfen. Von der TV- Station noch ca. 3o Min. steil das Lavageröll rauf bis an den Kraterrand. Vorsicht, bröckelig! Wenn die Nebelschwaden um den Gipfel aufklaren: großartiger Blick über Pasto in der Talmulde und die seitlichen Kordillera- Täler. Aber auch in den Kraterschlund mit seinen dampfenden Fumarolen.

Abstieg ins Kraterinnere definitiv nur mit entsprechender Bergsteigerausrüstung. Es geht über einen 2o m Steilabsturz und hat mehrere Tote gegeben. Plötzlich aufkommende Bergnebel können jegliche Orientierung unmöglich machen.

In der TV- Station kann man sich bei Cafe aufwärmen, wobei sich der Ingenieur über Abwechslung freut, – aber nur Spanisch spricht.

LAGUNA COCHA: rund 3o km ab Pasto an der Piste nach Pto. Asis. Schön gelegen in der Andengras- Hochsteppe, glasklares Wasser und viele Forellen. Übernachtung im komfortabel eingerichteten Hotel "Guamuez" (schweizer Besitzer) am See. Doppel um 3o US mit Essen. Angelzeug kann ausgeliehen werden.

SANDONA: 5o km ab Pasto, mit Bus zu erreichen. Das Andennest ist berühmt für seine Grasflechtereien, Körbe und Panamahüte. Schöner Sonntagsmarkt, allerdings letzter Bus retour nach Pasto gegen Mittag, bzw. in einem der Basic- Hotels des Dorfes übernachten.

PASTO bringt kaum etwas, was längeren Zwischenstop lohnt (ausgenommen Galeras bei klarem Wetter). Ist aber als größte Stadt vor der ecuad. Grenze die bessere Wahl für Übernachtung, wenn man den Rutsch über die Grenze nicht rechtzeitig vor Grenzschließung 18 Uhr schafft. (Übernachtung auch in Ipiales an der Grenze möglich, dort aber der Hund abends begraben!).

Wer mit dem Avianca- 1 Monats- Rundflugticket "Conozca a Colombia" reist hat als südlichen Endpunkt Pasto mit 1 1/2 Std.- Colectivo (4 US) nach Ipiales/Grenze Ecuador in Anbindung. Die AV- Morgenmaschine ab Bogota erreicht gegen Mittag den Pasto Airport (wobei die Aussparung "Cali" keinen größeren Verlust bringt) und man per Colectivo gegen 15 Uhr die Grenze Ecuador erreicht. Rechtzeitig genüg, um mit dem ecuad. Mikrobus gegen Abend Otavalo zu erreichen, unbedingt lohnend als Zwischenstop vor QUITO. Details siehe Ecuador- Teil!

PASTO ➾ GRENZE/Ibarra: flott zu befahren, die Panamericana ausgezeichnet ausgebaut. Am besten per stündl. verkehrendem Colectivo. Fahrzeit ca. 1 1/2 Std./4 US pro Person.

★ IPIALES: 5 km vor der Grenze. Hat zwar eine Reihe von Unterkunftsmöglichkeiten und Restaurants, meist um die Hauptplaza, – bringt für Zwischenstop jedoch kaum was (außer dem 7 km außerhalb gelegenen Kloster Nuestra Señora de las Lajas, einer gothischen Kirche auf Brücke über Canyon und regionaler Walfahrtsort).

Ab Hauptplaza, bzw. 1 quadra entfernt: laufend Colectivos rüber nach Tulcan/Ecuador. Grenzformalitäten werden im Gebäude an der Grenzbrücke auf halber Strecke erledigt. Man sollte als Gringo jedoch unbedingt abklären, ob nach wie vor selbe Formalitäten gelten, denn die Einheimischen unterliegen seperaten Regelungen. Für den Trip nach Tulcan/Ecuador sind per Colectivo ca. 1 US fällig. Die Grenze schließt um 18 Uhr.Die Colectivos fahren permanent, sobald der PKW voll ist. Markttag in Ipiales: Samstag.

★ **ALTERNATIVE via Pazifikküste (Tumaco) nach Ecuador:**

Abenteuertrip, jedoch zeitlich einigermaßen problemlos zu realisieren, da es relativ häufig Außenborderkanus durch die Mangrovenküste von Tumaco nach S. Lorenzo/Ecuador gibt.

Entweder per BUS ab Pasto, der täglich mehrmals fährt, über die steilen Andenpisten aber um die 12 Std. und mehr braucht je nach Zustand der Piste. Ca. 7 US $. Wer das Avianca- Rundflugticket sich gekauft hat, ist mit dem Bus ab Pasto am billigsten bedient. – Bequemer aber per Propeller der "Satena" oder "Aces" ab Cali nach Tumaco, ca. 28 US $ /1 Std. Flugzeit, wobei die "Aces" moderneres Fluggerät einsetzt.

TUMACO: Tropennest an der kolumb. Pazifikküste mit Holzhäusern und verrosteten Wellblechdächern, auf die der Regen passelt. Die Kolumbianer sind wegen den tropischen Palmenstränden begeistert, einige Gringos fanden das Dorf aber reichlich "abgefackt". Hohe Arbeitslosigkeit, weswegen man insbesondere abends vorsichtig sein sollte. Ein ganzer Schwung Hotels meist der Billigklasse, Temperaturen um die 3o^{O} C das komplette Jahr über und tropisch schwül, das Meer Badewannen- warm!

Baden: im Bereich von Tumaco wegen Meeresverschmutzung weniger empfehlenswert. Besser: EL MORRO, der Hauptbadestrand von Tumaco, problemlos mit Regionalbussen zu erreichen. – Oder: BOCA GRANDE: der beste Strand der kolumb. Pazifikküste mit Hotels, Kokosnuss-Palmen und excellenten Sandstränden.– Wer das Geld hat, kann sich eine Sportmaschine nach San Juan chartern, ca. 2o Flugminuten nördlich an der Küste mit Robinson Crusoe Stränden und Mangroven.

BARBACOAS: per Bus zu erreichen, am Rio Telembi. Hier wird noch heute schweres Gold aus dem Flußsand gesiebt! Eines der größten Goldvorkommen Kolumbiens.Runde 6o km ab Straße Tumaco–Pasto (bzw. ca. 19o km ab Tumaco). Basic- Hotels, Restaur.

VORSICHT mit Baden in Flußwasser: viele Parasiten! –

TRIP VIA KÜSTE nach Ecuador: Ausreisestempel der DAS für Kolumbien in Tumaco beim DAS besorgen. Und im Hafen von Tumaco nach einem Außenborderkanu nach S. Lorenzo/Ec. fragen! Fahren 2 mal/Woche teils sogar täglich. Wer ein Direktboot erwischt, macht den Trip in runden 8 Std. durch Mangrovenküste und verästelte Kanäle an Inseln vorbei. Guter Regenschutz nötig, sowohl für den Rucksack, wie Passagier und dessen Wertsachen, da immer wieder der Küstenregen niederprasselt und die Sicht oft auf 2o bis 3o m begrenzt. Andere Gringos mußten unterwegs umsteigen, Fahrzeit bis S. Lorenzo 2 - 3 Tage. Andere Boote sollen sogar bis Esmeraldas/Ecuador durchfahren. Einreiseformalitäten dort; wer aber auf Nr. sicher gehen will, checkt die Sache vorab beim ecuad. Konsul in Bogota, Cali oder Pasto ab! – Weitere Details auch S.

2 BOGOTA ⋙→ ECUADOR (über San Agustin und Tierradentro):

Wesentlich interessanter als die Hauptroute (Panamericana über Cali),– und auf diese kommt man dann erst bei POPAYAN. Man muß für diesen "Umweg" (ca. 1oo km) über San Agustin und Tierradentro mit ca. 1 Woche rechnen, einfach, weil's viel zu sehen und erleben gibt, und dieser Umweg lohnt sich in jedem Fall, denn im Bergland um SAN AGUSTIN stehen Hunderte von versteinert dreinblickenden Männern rum, – weit verstreut. Ausgesprochen schöne Landschaften: grünes Hügelland, teils mit Urwäldern, Farnen und Bambus. –

TIERRADENTRO liegt eine Tagesreise mit dem Bus nördlich in der Zentralkordillera: Schächte, 5 m unter der Erde mit Begräbnistempeln, schönen Meandermustern und Dämonenköpfen an den Wänden. – Sowohl in San Agustin, alsauch in Tierradentro kann man sich einen kolumbianischen Gaul mieten, um auf Entdeckungen zu gehen, – aber allein die schöne Landschaft lohnt den Abstecher!

Bogota ⋙→ San Agustin (522 km, ca. 12 Std. im Direktbus):
Durchgehend geteert, zunächst landschaftlich schöne Strecke ab Bogota runter ins tropisch heiße Tiefland am Rio Magdalena/Girardot, beschrieben auf Seite 358 und Tip, wer die Sache bis San Agustin nicht in einem Rutsch fahren will. Viele Hotels in Landhauscharakter, teils mit Swimming Pool, allerdings nicht am Wochenende kommen, da beliebtes Ausflugsziel der Leute von Bogota.

Von Girardot gibts tägl. einen Schienenbus nach NEIVA, bez. häufig Busse über die Straße, die im Tiefland des Rio Magdalena entlang führt. Neiva (Hotels, Restaurants, ca. 2oo.ooo E.) ist wichtiges Wirtschaftszentrum und Umschlagsplatz für den Kaffee-Anbau und die Zuckerrohrfelder, lohnt aber nicht unbedingt für Zwischenstop. Hat aber gute Querverbindungen mit

Sportflugzeugen der "Aires" rüber nach Cali und runter nach Florencia im Bergurwald (beides tägl.).

In Neiva ist Halbzeit erreicht auf der Fahrt von Bogota nach San Agustin. Die Straße folgt zunächst dem Rio Magdalena und schlängelt sich dann nach Altamira (Abzweigung Piste nach Florencia) rauf ins Bergland via Pitalito (kleiner Airstripe) nach San Agustin.

Verbindungen: Wer das Avianca- Kolumbienrundflugticket gekauft hat, der hat leider keinen Anschluß nach San Agustin. Die beiden, mit dem Ticket anzufliegenden Airports, die am "nächsten" liegen sind Bogota und Cali, jeweils ca. eine 1 Tagesreise Überland entfernt von San Agustin.

Besteht also die Möglichkeit, in Bogota aus dem Ticket auszusteigen, Überland nach San Agustin, weiter nach Cali und dort wieder ins Ticket rein. Wobei einem mindestens 3 Tage, wenn nicht eine Woche des nur 1 Monat gültigen Tickets verloren gehen. Besser: das Avianca- Ticket in Bogota enden lassen (wenn man im Anschluß weiter nach Ecuador will) und den Rest Überland reisen. – Wer sich mit dem AV- Rundflugticket nur Kolumbien vorgenommen hat und ab Bogota nach Europa zurückfliegt, lässt das Rundflugticket am besten in Cali enden (Pasto und Ipiales kann man sich in diesem Fall sparen!) und fährt ab Cali Überland via Popayan nach San Agustin – Bogota.

FLUG gab es 1979 mit der "Satena" von Bogota nach Pitalito, runde 4o km vor San Agustin. Ist aber eingestellt. Derzeit gibts nur Bogota – Neiva (tägl. mit "Aires", ca. 3o US) und bringt gegenüber dem mehrmals tägl. Bus (ca. 6 Std./6 US) kaum bis keine Zeiteinsparung, da sich zum Flug noch die Fahrt raus zum Airport, die Eincheckzeit, aber auch die Anschlußwarterei in Neiva auf den San Agustin Bus zuaddieren.

BUS: ab Busterminal Bogota Calle 14/Ecke Cra. 1o mehrmals täglich direkt bis San Agustin. Fahrzeit ca. 12 Std./13 US $.

COLECTIVO: 17 US $/1o - 11 Std. mit "Taxi Exito" und "Taxi Verde" ab Bogota-Busterminal, täglich. Sollen angeblich im Hotel abholen.

San Agustin: ca. 3.ooo E/ 1.725 m

Kleines Dörfchen, in seiner Architektur ohne Spezielles. Flache, meist 1 - 2 stöckige Häuser, weiß gestrichen. Der Großteil der Bewohner lebt entweder von Landwirtschaft oder vom Tourismus (vorwiegend Kolumbianer). Restaurant, Post und Tourist- Büro, letzteres sehr hilfreich!

Unterkunft: vorwiegend Privatquartiere, Preis fürs Doppel zwischen 5 und 7 US. Bereits zur Ankunft des Busses warten Indiojungen, die sich als Gepäckträger anbieten und das angeblich "billigste und beste Quartier im Ort" wissen. Sollte man in jedem Fall selber inspizieren, bevor man zusagt. Der Ort ist so kompakt, daß zum Zimmervergleich keine großen Strecken zurückgelegt werden müssen. Direkt an der Hauptplaza das "Hotel Central" (ca. 8 US $). Weitere Preislisten beim Tourist- Office! –

Die beiden besten Hotels von San Agustin sind das "Osoguaico" und das "Yalconia", beide an der Straße zum Parque Arqueologico, ca. 1 km ab Ort. Preise fürs Doppel um 35 US inkl. Privatbad und SW- Pool im Garten. Die Gebäude im Hazeindastil, Camping im Garten möglich. – Das Tourist Büro vermittelt Übernachtung in Privathaziendas. – Im nächsten Ort, San Jose de Isnos (siehe Karte) gibts eine kleine , aber sehr gemütliche Hazienda ("Parador de Isnos") mit limitierter Übernachtungsmöglichkeit (ca. 2o US $). In San Agustin Vorsicht in Sachen Trickdiebereien (Gepäck, Taschen).

Was den Reiz von San Agustin ausmacht ist weniger der Ort, – als die ungemein schöne Umgebung: tiefgrünes Hügelland, Wiesen, oft aber Wälder, in ihrem Urzustand belassen wurden: Farne, Bambusdickichte, riesige

Bäume. Es gibt jede Menge Pferde in San Agustin zu mieten zum Ausreiten, – und im Umkreis von ca. 1o km Luftlinie mehrere hundert Steinstatuen, die häufig versteckt unter Bäumen, zugewuchert von Pflanzen, oder in Maisfeldern der Bauern stehen.

KLEINER RUNDGANG: nach dem Frühstück zu Fuß die 3 km rüber zum Parque Arqueologico. Kein Pferd im Ort aufschwatzen lassen, denn die dürfen nicht rein! Eintritt ca. o,5 US, direkt am Eingang ein kleines Museum im Gebäude der Parkverwaltung mit Keramikfunden, Karten und kulturellem Hintergrund. Geöffnet ist der Nat. Park von 8 - 18 Uhr tägl.).

Im Bereich des Parks befinden sich rund 35 Statuen bis zu 5 m Höhe, die in ihrer Ausarbeitung hohes Können der Künstler dokumentieren und vielfach an die Chavin Kultur/Peru (1.2oo v. Chr. bis 6oo n.Chr.) erinnern. Im Mesita A (siehe Karte nächste Seite!) wurden Grabhügel der S.Agustin- Kultur ausgegraben und rekonstruiert . Davor 2 Kriegerstatuen, um deren Köpfen sich Schlangen winden.

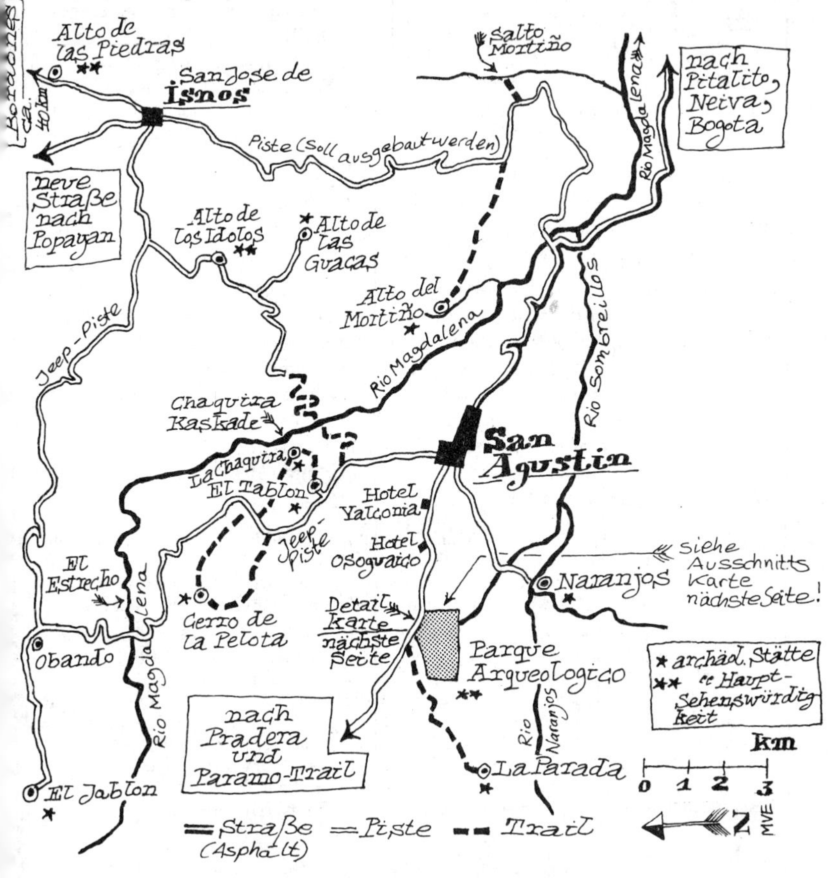

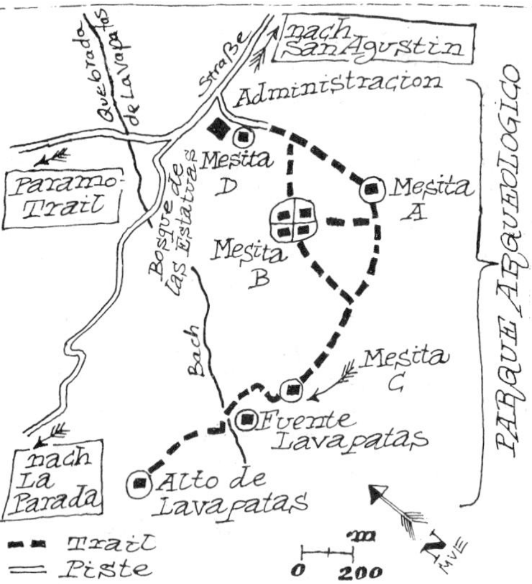

Mesita B: drei Grabhügel, davor der berühmte dreieckige Stein mit stilisiertem Kopf, der angeblich eine Sonnengottheit darstellt.

Mesita C: Gräber und Statuen, darunter die "siamesischen Zwillinge", zwei Figuren, die am Rücken zusammengewachsen sind. Figuren von Affen, die vermutlich Symbol der Fruchtbarkeit waren.

Steiler Abstieg runter ins Bachbett des Lavapata zur FUENTE DE LAVAPATAS: ein riesiger Stein, der eingekerbte Wasserrinnen, kleine Becken, aber auch Reliefs von Schlangen, Reptilien, Affen, Salamandern und Eidechsen besitzt. Er dürfte der San Agustin- Kultur als Kultzentrum gedient haben. Ein Wasserheiligtum, wie man es häufig auch im andinen Inkareich findet (z.B. bei Cajamarca, sowie Cusco/Peru).

Unten am Bach die Hütte des Aufsehers, der Drinks verkauft. Die Umleitung des Wassers ins Kultzentrum des Riesensteines ist ihm verboten. –

Alto de Lavapatas: steiler Anstieg auf der anderen Seite des Baches den Berg rauf mit grandiosem Rundblick. Lohnt sich allein deswegen, aber auch wegen Steinfiguren des "doble yo" (des doppelten ich): über dem Gesicht der Steinfigur ein zweites Gesicht, Deutung ungesichert. Eine der Vermutungen geht dahin, daß das 2. ich ein gewissermaßen ätherisches Wesen sei, in Form einer Raubtiermaske; Raubtierdarstellungen werden in San Agustin als kosmische Götter interpretiert. Andere Deutungen sprechen von einer Interpretation von Maskentänzern. Ähnliche Darstellungen z.B. auch in Alto de las Piedras bei Isnos. – Insgesamt braucht man für den Besuch des Parque Arqueologico einen halben Tag.

Geschichte: San Agustin ist in Südamerika die größte und bedeutendste Ansammlung von Steinfiguren. Über den Ursprung der Kultur rätseln die Wissenschaftler, da es wie bei allen präcolumbianischen Kulturen Südamerikas keine Geschichtsschreibung gibt. Man ist auf Funde (z.B. Grabbeigaben) und vergleichende Forschung angewiesen.

Die geschützte und von Bergzügen abgeschirmte Lage am Oberlauf des Rio Magdalena – sowie Grabfunde und Ausgestaltung der Steinfiguren könnte auf ein Kultzentrum deuten. Der Rio Magdalena war nachweislich bereits in präcolumbianischen Zeiten der Hauptverkehrsweg ins Landesinnere. Neueste Forschungen (Luis Duque Gomez) ab Beginn der 80-er Jahre datieren den Beginn der San Agustin Kultur auf 3.300 v. Chr., was die Analyse mit C 14- Radiocarbon ergab. Die, wie Gomez sie bezeichnet "Archaische Periode". Im Anschluß die "Formationsperiode" (1.000 v. Chr. bis 300 n. Chr.), die in ihrem Beginn übrigens in die Zeit der Chavin- Kultur/heut. Peru fällt, – und die Ausgestaltung der Steinfiguren beider Kulturen sind frappierend ähnlich!

Inwieweit hier tatsächlich ein Kulturaustausch stattfand, ist ungesichert. – Andere Kulturen im Andenbereich, die für ihre Steinfiguren bekannt sind z.B. die Tiwanaku- Kultur/Lago Titicaca (1.000 bis 1.300 n. Chr.), was in die Endphase der San Agustin- "Formationsperiode" fällt.

Die Leistung der San Agustin- Kultur im handwerklichen und künstlerischen Sektor ihrer Steinbearbeitung ist bei damals primitivsten Mitteln (Steinwerkzeuge) und Niveau damaliger Kulturen eine absolute Spitzenleistung. Insbesondere auch die quantitative Menge an Figuren, die in San Agustin gefunden wurden (nirgendwo bei anderen Kulturen des südamerikanischen Kontinents wurden derart viele und hochwertig bearbeitete Steinfiguren gefunden!), – lässt den Schluß zu, daß hier das Zentrum des Know Hows der Steinbearbeitung gelegen haben mußte.

Auch wenn andere wissenschaftliche Theorien eine seperate und voneinander unabhängige Parallelentwicklung behaupten, erscheint mir dies weniger plausibel, da beispielsweise in Tiwanaku oder Chavin erheblich weniger Figuren, jedoch bei gleich hohem künstlerischen Niveau gefunden wurden.

Der dritte Bereich mit Steinfigurfunden (von Mexico abgesehen) auf den Osterinseln. Während die San Agustin- Kultur Steinfiguren bis ca. 5 m Höhe fertigt, sind die Figuren auf den Osterinseln bis zu 12 m hoch. Der norwegische Forscher Thor Heyerdahl stellte die Theorie auf, daß die Osterinseln in einer Einwanderungswelle ab Südamerika/Pazifikküste besiedelt worden seien. Dies entspricht auch spanischen Chronistenberichten, die vom Inka Yupanqui berichten, der mit Balsaflößen über den Pazifik fuhr und "entlegene, einsame Inseln" erreichte. Daß dies technisch möglich ist, bewies Heyerdahl mit seiner "Kontiki- Expedition" auf orginal nachgebautem Balsafloß (Details siehe "Osterinseln"!).

Neuere Forschungen (W. Mulloy und Dr. G. Figueroa) streiten diese Theorie ab und behaupten ausschließliche Besiedlung der Osterinseln von Polynesien aus. Was aber nicht die Existenz der riesigen Steinfiguren der Osterinseln erklärt; denn in Polynesien gab es keinerlei derartige Tätigkeiten.

Nach archaischen Vorstufen begann die Blütezeit der San Agustin- Kultur rund 400 v. Chr. : Ausreifung der künstlerischen Qualität der Steinfiguren. In der Region lebten Bauern, aber auch ungewöhnlich viele Kunsthandwerker, was reiche Grabfunde dieser Epoche dokumentieren (insbes. Gold- und Kupferschmuckarbeiten, sowie Keramik). Die Häuser waren einfach, Rundbauten aus Holzstämmen mit Strohdächern, Durchmesser ca. 4 - 5 m. Steine bildeten den Ofen und zugleich Kochstelle.

Totenkult: gemäß sozialer Bedeutung im Leben wurden die Toten bestattet. Die Rückenlage war nur den Führern und Würdenträgern gestattet. Großangelegte Gräber mit Steinplatten und von Erdhügeln bedeckt. Teils auch stehend. Die soziale Unterschicht wurde in Massengräbern beerdigt, kreuzweise übereinandergestapelt.

Symbole, die in der Steinbearbeitung wiederkehren:

Adler:	wird als Symbol von Feuer, Licht und generell Macht gedeutet.	Affe:	Symbol der männlichen Zeugungskraft
Schlange:	Symbol der Kraft und der Macht.	Raubkatze/Jaguar:	ähnlich wie in der Chavin- Kultur symbolisiert er die Sonne bzw. Gottheiten.

Verschiedene Augenformen der San Agustin Figuren beachten!!

Frösche: Symbol des Regens (=Fruchtbarkeit), aber auch des Todes, der positiv gesehen wurde.

Ende der Kultur ca. 15oo n Chr., also kurz vor Ankunft der Spanier

Erforschung von San Agustin: erste Berichte liegen durch den Kapuzinerpater Juan de S. Gertrudis 1775 vor ("Maravillas de la Naturaleza"), ein Reisebericht seiner kirchlichen Mission in die Region von 1758. – 1857 besuchte der berühmte Geograph Agustin Codazzi San Agustin. – Erste fundierte Forschungen durch den Deutschen Konrad Theodor Preuss 1913/1914, – 1936/37 durch J.P. de Barradas und G.H. de Alba. Als einer der wichtigsten San Agustin- Forscher gilt Luis Duque Gomez.

Literatur: viele der in San Agustin angeboteten Heftchen kann man vergessen, da sie entweder veraltet sind bezüglich derzeitigem Forschungsstandes oder nur oberflächliche Information anbieten.

Excellent ist der Bildband "San Agustin", erschienen bei Editions Delroisse mit Text von L. Duque Gomez.

Wissenschaftl. Literatur: "Etnohistoria y arqueologia" im Band 1 der "Historia Extensa de Colombia", Bogota 1967. – "Tribus indigenas y sitios arqueologicos"/Band 2 von Duque Gomez. – "Pueblos indigenas de la Gran Colombia"/Madrid 195o-51 von Perez de Barradas. – "Excarvaciones arqueologicas en Puerto Hormiga"/Bogota 1965 von Reichel- Dolmatoff. – "Resena Arqueologica"/Bogota 1971 von Duque Gomez. – "Exploraciones Arqueologicas en San Agustin"/Bogota 1966, Duque Gomez. –

★Für die weiter vom Dorf San Agustin entfernten Fundstellen ist entweder ein JEEP oder das PFERD nötig. Beides wird im Ort vermietet. Bei Anmiete eines Gauls sollte man vorab den Zustand des Tieres abchecken: Sattel decke hochheben; leider sind die Pferde oft wund geritten.

Der GAUL ist sicher die schönere Variante. Pro Tag ca. 15 bis 2o US $. Wie uns Leser berichten, können die Pferde angeblich zwischen Profi- und Laien- Reitern unterscheiden und traben letztere an Steilabstürzen langsamer vorbei. Gleichzeitig gibts aber auch Gäule, die sich mehr fürs Gras als die Sight Seeing- Interessen des Reiters interessieren . . . Wegen mehrerer Überfälle ist zwischenzeitlich die Mitnahme eines Führers bei Anmietung eines Pferdes vorgeschrieben, der extra zu entlöhnen ist. Infos Tourist Office. Dort auch Preisliste, was Gäule und Jeep kosten dürfen.

Der JEEP ist die schnellere Variante. Unter Umständen kann man mit ihm fast alle interessanten Punkte der Region in einem Tag abklappern. Inklusiv des Parque Arqueologico. Preise sind Verhandlungssache und richten sich nach der Anzahl der besuchten Punkte. Im Schnitt ca. 15 US pro Tag und Person, bei Auslastung 6 Personen. Unbedingt bei Preisverhandlungen vorab die Anzahl der besuchten Punkte und dortige Aufenthaltsdauer abklären. Das Tourist Büro in San Agustin hat Preislisten, um Beschiß zu vermeiden. – Während der Regenzeit (Juni/Juli) sind eine Reihe von Pisten der Region oft unbefahrbar.

★ALTO DE LOS IDOLOS: wichtigste Fundstelle außerhalb des Dorfbereiches San Agustin und Besuch unbedingt lohnend! 1o Grabhügel, Sagrophage, aber auch Steinfiguren, deren größte 7 m hoch ist. Von der Anhöhe großartiger Blick. Zu erreichen entweder per Jeep ab San Agustin (26 km) via Dorf Isnos siehe Karte! Fahrzeit ca. 1 Std., wobei man einen Zwischenstop beim SALTO MORTIÑO einlegen sollte, einer rund 1oo m hohen Wasserkaskade in mehreren Stufen in dichter Vegetation.

Oder per Pferd ab San Agustin (1o km) , wobei man die Fundstellen El Tablon, La Chaquira und Cerro de la Pelota (siehe Karte) mit einbauen kann. Insgesamt per Pferd mit Abstechern und Besichtigung retour ca. 1 Tag. Begleitender Führer ist vorgeschrieben. Zu Fuß soll die Strecke gefährlich sein, da es mehrfach Überfälle gegeben hat. Der Rio Magdalena wird per Holzbrücke überquert. In der Nähe der rund 1oo m hohe Wasserfall "Cascada Chaquira" des Rio Magdalena.

Oder per Bus bis Isnos und zu Fuß die rund 4 km/Richtung nach Alto de los Idolos. Wegen seltener Abfahrten der Busse jedoch meist in einem Tag nicht zu schaffen.

★ALTO DE LAS PIEDRAS: 3o km ab San Agustin via Isnos. Auf der Anhöhe eine Reihe von Steinfiguren, excellent ausgearbeitet, Gräber. Weitere ca. 1o km an der Piste der SALTO DE BORDONES, der mit rund 2oo m Höhe als einer der schönsten Wasserfälle Kolumbiens gilt.

★EL ESTRECHO: ein Engpass, durch den sich das Wasser des Rio Magdalena- Oberlaufes quirlt. Runde 11 km per Piste ab San Agustin, per Jeep ca. 3o Min., per Pferd 1 Std.

Klima: Regenzeit ist Juni/Juli. Aber auch in den anderen Monaten öftere, jedoch meist nur kürzere Regenfälle. Sommer ist Nov. , Dez. und Jan. Tagestemperaturen um 18 Grad Warme Sachen mitbringen, denn nachts kann es kalt werden. Und Regenschutz.

Regionalbusse: nach Isnos und nach Pradera (Beginn des Paramo- Trails).

Geldwechseln: US- Dollar in Bargeld kann in San Agustin gewechselt werden. Mit Travellerschecks gibts Probleme, daher besser schon in Neiva oder Bogota tauschen!

San Agustin → Popayan:

Direktbusse fahren derzeit noch via La Plata und brauchen wegen dem Umweg ca. 11 Std./tägl., ca. 1o US $. Nach Ausbau der neuen Direktpiste von San Agustin nach Popayan via Coconuco (siehe Karte!) wird sich die Busfahrt erheblich verkürzen. Soll übrigens asphaltiert werden!

Wer genügend Zeit hat, sollte jedoch den lohnenden Umweg via TIERRA-

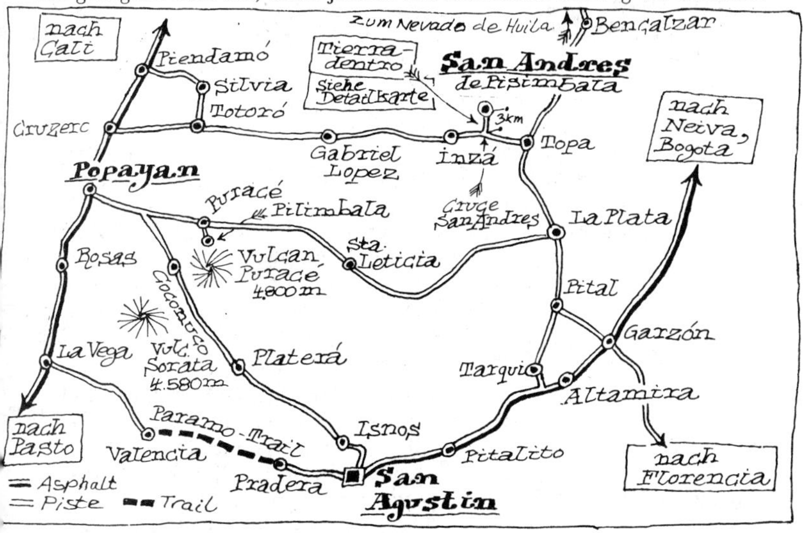

DENTRO/San Andres de Pisimbala. Fahren (ca. 7 Std./6 US $)

ACHTUNG: es gibt derzeit keine Direktbusse bis San Andres. Man sucht sich daher ab San Agustin einen Bus nach INZA; eventuell Umsteigen in La Plata nötig (dort einfache Hotels und Restaurants, aber der Hund begraben!). Dem Busfahrer Bescheid geben, daß man nach San Andres will, der einen an der Straßenabzweigung (Cruze de San Andres) rauslässt. Von hier sind es noch ca. 3 Km in den Ort, die zu Fuß zurückzulegen sind. Regionalbusse nach San Andres de Pisimbala nur zum Markttag/Mittwoch ab Inza.

Der Trip lohnt sich sowohl wegen schöner Landschaft, durch die sich die enge Schotterpiste ab La Plata schlängelt, aber insbesondere auch wegen Tierradentro. – Da man ab Fußmarsch/Wegkreuzung (El Cruce) zunächst das Museum erreicht, kann man hier den Besuch der Gräber "Segovia" und "El Duende" anhängen, um anschließend noch ca. 2o Min. in den Ort zu marschieren, Billig Unterkunfte.

San Andres de Pisimbala: **ca. 7oo E/ 1.4oo m**

Der Miniort hat ohne Frage seinen Reiz mit engen Gassen und viel Andenflair. Es gibt eine Reihe preiswerter Privatunterkünfte im Ort und Restaurants.

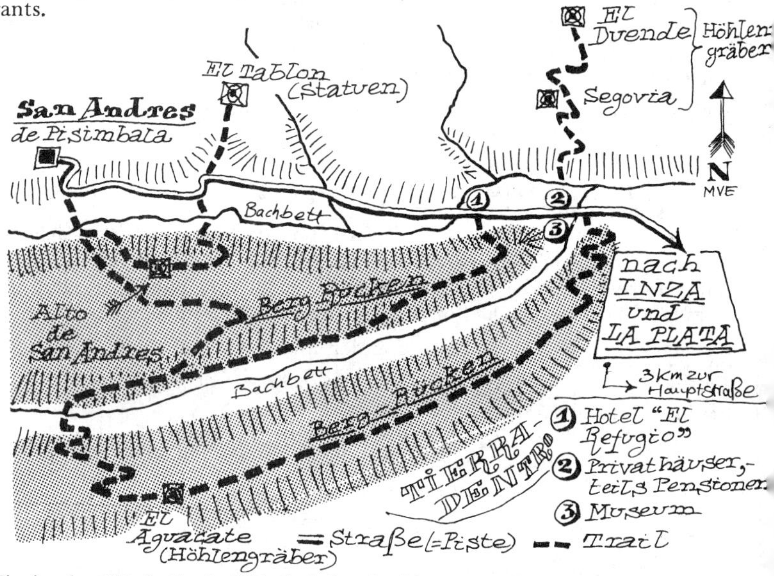

Tip ist das "Refugio de Pisimbala" nähe Museum, allerdings nur 7 Zimmer, heißes Wasser, das Doppel knapp 1o US $, mit Swimming Pool, schön gelegen! – In der Nähe des Museums eine Reihe weiterer Privatquartiere, die un um die 2 US $ kosten, z.B. "Doña Maria"(=Señora Marta de Angel), die neben preiswerter Übernachtung auch gute Küche bei fairen Preisen anbietet. – "Doña Carmen" neben dem Museum und weitere.

TIERRADENTRO lohnt sich wegen seinen Höhlen. Gehen senkrecht in den Berg rein, Wendeltreppen in den Stein gehauen. Unten tun sich die Grabkammern etwa 5 m weit auf, die Wände mit geometrischen Mustern bemalt. Sie waren angefüllt mit Urnen und Gold, das aber von Grabräubern vergangener Jahrhunderte bereits abtransportiert wurde.

Rundgang: am bequemsten sind die Höhlen von SEGOVIA und EL DUENDE zu erreichen. Nötig ist ein Eintrittsticket, das zugleich zum Besuch des Museums unten an der Straße und im Talboden berechtigt. Ca. 2o Min. Anstieg rauf nach Segovia und weitere 1o Min. bis El Duende. Eine Reihe gut erhaltener, unterirdischer Grabkammern. Sind allerdings nur teilweise elektrisch beleuchtet, weswegen man für den Tierradentro-Besuch eine Taschenlampe mitbringen sollte (gibts auf den diversen Märkten ab Bogota bis Süden!)

EL AGUACATE: ist eine zwar landschaftlich schöne, so doch harte Wanderung von ca. 2 1/2 Std. ab Museum. Zunächst den Berg (siehe Karte) steil rauf, der Trail wenig befestigt. Dann weitgehend entlang des Bergkammes. 6 Höhlengräber. Rüber nach San Andres per Serpentinen runter ins Tal, auf der anderen Hangseite wieder rauf und nach den Gräbern von ALTO DE SAN ANDRES wieder runter ins Nachbartal. Insgesamt ca. 5 - 6 Std. zu Fuß.

EL TABLON: Steinfiguren ähnlich denen von San Agustin. Zu Fuß ca. 1/2 Std. ab San Andres de Pisimbala.

Geschichte: man vermutet, daß die Erbauer der Tierradentro- Höhlen Verbindung mit der San Agustin- Kultur hatten und ein Austausch des kunsthandwerklichen Know-Hows stattfand. Insgesamt haben die Archöologen bisher rund 1oo "Hipogeos" (Grabhöhlen) freigelegt. Viele der Gräber sind noch unerforscht. So brach z.B. im Jahre 193o eine Kuh in eine Grabhöhle ein, und so wurden die Tierradentro- Höhlen in der Neuzeit entdeckt.

Über die Herkunft der Erbauer weiß man wenig. Unter Umständen, so vermuten einige Wissenschaftler, – sind die Paez- Indianer, die in der Gegend in indianischen Langhäusern leben und die sich erfolgreich gegen die Spanier zur Kolonialzeit wehren konnten, – die Nachfahren des Tierradentro Volkes. An Statuen, die in der Region gefunden wurden fand man Gebrauchsgegenstände und Sitten, die heute noch bei den Paez Indianern üblich sind, auch wenn die Indianer eine Abstammung abstreiten.

Die Blütezeit dürfte ca. 85o n. Chr. gelegen haben. Man fand hervorragende Töpferarbeiten, in denen die Asche der Toten aufbewahrt wurde. Die Keramikbehälter kamen in Vertiefungen im Höhlenboden und wurden mit Erde zugedeckt. Die Ausschmückung der Höhlenwände mit geometrischen Mustern, teils aber auch mit stilisierten Menschenfiguren ist einzigartig in Südamerika und wurde bei keiner anderen präcolumbianischen Kultur gefunden.

Märkte in der Umgebung: beginnen alle sehr früh, ca. 6 Uhr am Morgen. Entsprechend früh vor Morgengrauen auch die Abfahrt der Busse.

INZA: Samstag. – SAN ANDRES: Mittwoch. – BELCAZAR: Samstag

Pferd mieten: möglich, ca. 3 US pro Stunde. Den Gaul gut überprüfen und um den Preis handeln!

Drogen: es läuft einiges in der Region. Daher sehr vorsichtig sein, auch in freundlichen Gesprächen mit Einheimischen nichts anfassen. Mit Polizeikontrollen an der Straße ist zu rechnen.

Bus nach Popayan: an der Hauptstraße über Inza. Wann dort der Bus vorbei kommt, informiert das Museum. Fahrzeit bis Popayan etwa 4 Std./4 US $. Es gibt täglich Busse. Lohnend ist der Abstecher nach SILVIA (siehe Karte), gemütliches Andennest, schön gelegen, mit Artesanos und Unterkunftsmöglichkeit (gut z.B. das "Hotel Departamental De Turismo"/ca. 1o US $ Doppel, sowie mehrere Privatquartiere um 5 US). Mit eigenem Auto biegt man in Totoró

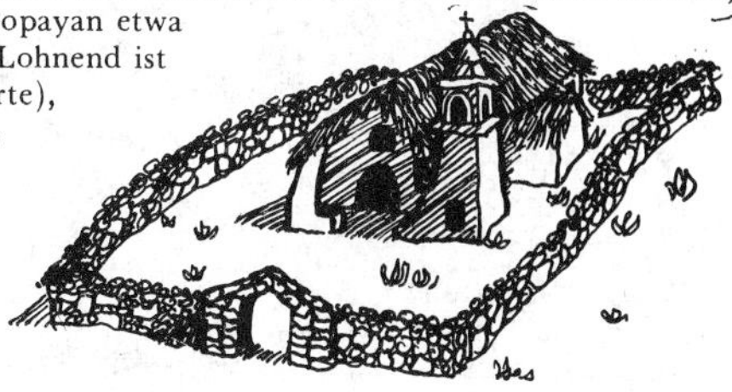

ab, noch 14 km bis Silvia. Wer per Bus reist,fährt am besten bis Popayan durch und nimmt sich dort einen Bus nach Piendamó (halbstündig, Fahrzeit 3o Min.) und dort Bus oder Taxi nach Silvia (alle Stunde, Fahrzeit ca. 3o Min.). Sehr lohnender Markt jeden Dienstag Morgen!

ALTERNATIVE nach Popayan: von Tierradentro "zurückrangieren" nach La Plata (Fahrzeit ca. 2 Std.) und dort Bus nach Popayan (tägl.) via Puracé Vulkan. Fahrzeit von La Plata bis Popayan ca. 6 Std./5 US $. Bei klarem Wetter landschaftlich sehr lohnende Strecke. Die Busse fahren täglich mehrmals.

Der Puracé- Vulkan (4.8oo m) ist auch ab Popayan zu erreichen. Nationalpark und heisse Vulkanquellen sowohl bei Pilimbala (Busse, Unterkunft), wie auch bei Coconuco (Busse 3 mal tägl., ca. 1 Std., dort kleinere Hotels der Basic- Klasse).Dabei ist Pilimbala sauberer. Aufstieg Purace nur zwischen Nov. und März, in den anderen Monaten oft Wolken und starker Regen; nicht ungefährlich!

Ritt über den Paramo:

Tip für Abenteurer ist der 3 - 4 Tagesritt hinauf in den "MACIZO COLOMBIANO", ein großartiges Paramo-Gras Hochgebiet. Hier liegen die Quellen der 4 größten Flüsse Kolumbiens, des Rio Magdalena, des Rio Caucas, das Patias und des Chaquetas. Landschaftlich einer der schönsten Abenteuerritte des südamerikanischen Kontinents! Der Anritt geht durch subtropische Täler mit teils dichter Urwaldvegetation, durch Flüsse durch (Pferd an der Leine führen und absteigen!) und durch einsame Andenhochplateaus . Bei Valencia dichte Nebelbergwälder an den Talhängen in tieferen Lagen, mit Lianen, Baumschmarotzergewächsen und Chance, Orchideen zu sehen. Gilt auch für die tieferen Lagen in den Tälern bei Pradero.

Eine zwar anstrengende und zeitaufwendige, so doch sehr lohnende Alternative zur Standard- Querverbindung von San Agustin nach Popayan per Bus.

Vorbereitungen: seit wir den Paramo- Ritt erstmalig in unserer Ausgabe 1977 empfohlen

haben, wurde er von relativ viel Gringos praktiziert (wie einer schrieb: "eines meiner schönsten Südamerika- Erlebnisse!"). Bitte: das ist subjektiv, – unterm Strich ist die Sache aber in San Agustin nicht mehr unbekannt, sodaß Reisevorbereitungen wie Anmietung von Pferden und Führern nicht mehr auf unüberwindliche Hindernisse stoßen.

Die Sache geht sowohl per PFERD, – wie auch per HIKE. Zu Fuß muß man mit etwa einem Tag mehr rechnen, je nach Kondition. Bei Anmieten von Pferden ist der Führer obligatorisch, der auch die Pferde zurückführt. Als Hike ist ebenfalls ein Führer empfehlenswert, da es zur Region derzeit kein IGM- Kartenmaterial gibt.

Die Preise für Führer, Treiber und Pferde haben kräftig angezogen, weil das Leben in Kolumbien teuer geworden ist, und immerhin ist die einheimische Mannschaft retour 6 Tage unterwegs. Es soll angeblich möglich sein, daß man Pferde und Führer in der Siedlung Quinchana bekommt (siehe Karte), wo sie billiger sind, als wenn man sich die Sache ab San Agustin durch Einheimische organisieren lässt. Über die derzeit gültigen bzw. üblichen Preise gibt die "CNT- Oficina de Turismo" in San Agustin Auskunft, die auch Adressen parat hat.

Dürften derzeit pro Führer und Tag bei ca. 1o - 15 US $ liegen, ebenfalls pro Pferd/Tag. Die Rückführung der Pferde wird mitberechnet. Das deutschsprachige "Hotel Osoguaico" in San Agustin ist ebenfalls bereit, vorab und brieflich den Trip zu organisieren. Sicher keine schlechte Idee, denn wer vor Ort und in San Agustin sich die Sache organisiert, darf nicht damit rechnen, daß er Pferde und Führer sofort findet und am nächsten Tag aufbrechen kann.

Ausrüstung: leichte Kleidung für den Teil durch die subtropischen und heißen Täler, sowie superwarme Sachen für den Hochlandteil (3.5oo m, Nächte eisig kalt!!). Regenschutz (der Plastikponcho hat sich bewährt), Sonnenschutz (Creme mit hohem Schutzfaktor, Sonnenbrille, Kopfbedeckung), Isoliermatte (fürs Schlafen auf dem Boden, egal ob in Siedlungen in Fincas oder der Dorfschule, – oder im Freien im Zelt).

Gute Schuhe, ob hier Gummistiefel das Richtige sind, möchte ich in Frage stellen, da man drin kräftig schwitzt. Besser sind moderne Leichtwanderschuhe. – ESSEN muß man sich aus San Agustin mitbringen, da es unterwegs kaum oder garnichts gibt; der Führer berät, da er sich über die Essens-Nachschubmöglichkeiten unterwegs auskennt.

MEDIZIN: eine Wundsalbe für den "Allerwertesten" ist keine schlechte Idee, wobei ich die Sache per Pferd nur denjenigen empfehlen möchte, die bereits Reitererfahrung besitzen, sonst wird der Ritt über den Paramo zum Spießrutenlauf. – Mullbinden, Pflaster etc. sowie sonstige Medikamente. Nützlich kann Insektenschutz (Moskitonetz und Salben) für die subtropischen Tieftäler sein.

Den Rucksack sollte man gegen Durchnässung mit einer Plastikplane/große Mülltüte etc. schützen, bevor er aufs Packpferd kommt. Genügend Ersatzwäsche, denn Unterkühlung nach Durchnässung kann in größeren Höhen zu massiven Erkältungskrankheiten führen!

Beste Jahreszeit: November bis Jan., da hier Regengüsse seltener sind, was aber keine Garantie ist. Regen gibts immer, deswegen ist guter Regenschutz und Ersatzkleidung im Rucksack für den Trail elementar!

Transport: Regionalbusse ab San Agustin nach PRADERA (14 km) fahren aber nicht täglich. Ansonsten Jeep mieten, ca. 12 US $ pro Fahrzeug. Die Piste geht weiter bis Quinchana (angeblich Busse), nach anderen Informationen soll sie aber zwischenzeitlich wieder als Maultierpfad zugewuchert sein.

Anschließend nur noch Trail bis VALENCIA (siehe Karte!), von wo es Regionalbusse (nicht täglich!) nach Popayan via La Vega gibt, Fahrzeit ca. 5 Std./3,5 US $.

Übernachtungsmöglichkeit: in der Finca San Antonio,

sowie in Valencia (beides super- basic, aber billig).

Zeitbedarf: per Pferd ab Quinchana in einem Tag bis zur Finca San Antonio. Am nächsten Tag über den Paramo bis Valencia. Sofern der Bus bzw. Jeep nicht bis Quinchana, sondern nur bis Pradera kommt = 1 zusätzlicher Tag ab Pradera. Plus die ca. 5 Std. per Bus/bzw. LKW ab Valencia nach Popayan, vorausgesetzt, man bekommt gleich am nächsten Morgen nach Ankunft in Valencia einen Transport nach Popayan und muß nicht warten.

Zu Fuß: 2 Tage zwischen San Antonio und Valencia, wobei eine Übernachtung im Paramo de las Papas notwendig wird (Zelt, sehr warme Sachen; Höhe ca. 3.5oo m und eisig kalt!!). Wer die Sache zu Fuß macht, läuft u.U. besser in Gegenrichtung, da man bergab leichter und schneller läuft. Fachkundige Führer sind jedoch leichter in San Agustin als in Valencia zu finden!

✶ ABENTEUER–ROUTE via kolum. Amazonasgebiet nach ECUADOR:

Interessant, allerdings nicht ungefährlich, da die Region bekannt ist für Guerilla- Tätigkeit und intensiven Drogenschmuggel.

Von Neiva gibts tägl. BUSVERBINDUNG (via Altamira, bis hierhin asphaltiert, anschließend wilde Andenpiste runter in den Amazonas/Florencia) Fahrzeit je nach Pistenzustand ca. 1 Tag. Man kann ab San Agustin auch den Bus bis Altamira nehmen (Basic- Hotels) und dort umsteigen.

Bzw. täglich Flug mit der "Aires" von Neiva nach Florencia (ca. 3o US).

Florencia (5o.ooo E.ca. 35o m) tropisch heiß, Kommerz Zentrum für die umliegenden Rinderfarmen. Der Markt im Ort groß und dreckig. Achtung: Banken wechseln keine Travellerschecks! Mehrere Hotels der Basic und unteren Mittelklasse um 5 - 1o US $. Busse auf Regionalpisten, z.B. via Pto. Rico nach San Vincente de Chaguan, sowie Flußboote, die die umliegenden Siedlungen bedienen.

Rüber nach Pto. ASIS nur per "Aires"- Sportflugzeug. Tägl., ca. 22 US $. Pto. Asis ist Grenzort mit Inmigracionsbüro der Columbianer, ramschig, tropisch heiß, Holzhütten mit Wellblechdächern und intensivem Flußverkehr und Handel, wobei insbesondere der Drogenschmuggel unter der Hand dominiert, aber auch jeglicher sonstiger Schmuggel, z.B. Zigaretten.

Hotels, Restaurants. Allerdings nur minimalste Chance, per Flußboot runter bis Leticia/Grenze Brasilien zu kommen, da der Fluß (Rio Putumayo) in seinem Oberlauf ab Pto. Asis nur während ca. 4 Monate (April bis Juni) für größere Boote befahrbar ist. Fahrzeit bei Hochwasser ca. 14 Tage.

Sowas schmuggle ich meilenweit

Weiter Richtung ECUADOR entweder per sehr lohendem Bustrip (tägl./ca. 11 Std., 7 US) über eine steile Serpentinenpiste die Andenhänge rauf nach PASTO, kann während der Regenzeit aber auch erheblich länger dauern, ist aber landschaftlich großartig! Ab Pasto stündlich Verbind. mit Ecuador via Panamericana. Fahrzeit zur Grenze 2 Std.

Oder: über eine Piste ab Pto. Asis an den Grenzfluß Rio San Miguel zum Dorf El Cangrejo. Hier gibts unregelmäßige Fluß-Kanus flußauf nach San Miguel/Grenze mit Piste nach Lago Agrio/Ecuador (Unterkunft, Busse und Flug rauf nach Quito). Details dort!

Die Llanos:

Hierher rekrutieren sich die feurigen Kampfstiere, die dann mit viel Gebrüll in der ARENA mit den hübschen Torreros kämpfen, – egal ob in Cali, Bogota oder Manizales. . .

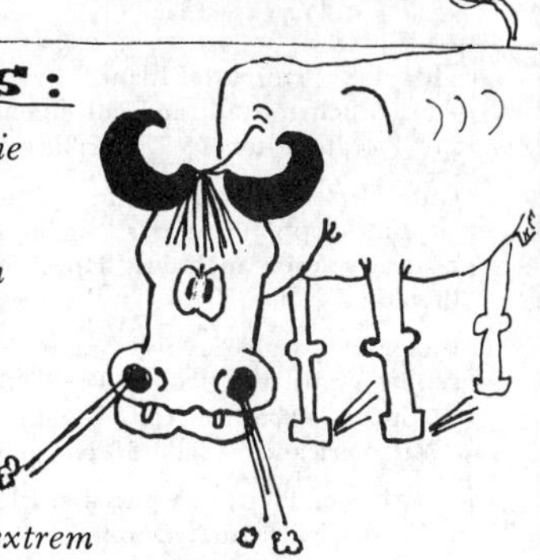

Weite GRASSTEPPEN über rund 800 km bis an die Grenzen zu Venezuela und Brasilien; extrem dünn besiedelt. Große Landreserven für Kolumbien. Hier kann man noch das echte "Marlboro" -Feeling erleben: Gras bis zum Horizont, staubige Sandpisten, reiten auf verschwitzten Gäulen, und abends am Lagerfeuer das Fleisch am Spieß drehen.

Die Leute sind gastfreundlich, und das Essen ausgezeichnet! Abends feurige Sonnenuntergänge. – Durch die Llanos gehen einige interessante Abenteuer-Verbindungen per Jeep oder Propeller rüber nach Venezuela!

Hauptverkehr in den Llanos, einem Präriegebiet der Größe der BRD, – per "Satena"- Propellerflugzeugen. Recht abenteuerliche Flüge und relativ billig. Die Maschinen fliegen zu weit abgelegenen Siedlungen, die teils nur per Flugzeug zu erreichen sind.

DIE LLANOS sind voll von kleiner und kleinster Landestrips für Sportflugzeuge, die "größeren" Siedlungen mit längeren Landepisten für Fluggerät wie C- 47, mit dem die Satena operiert. Wenn sich ein Siedler eine neue Farm in der Region anlegt, baut er zumeist als erstes eine Landepiste für sein Cessna- oder sonstiges Sportflugzeug.

Regenzeit: dauert 7 Monate, zwischen April und Oktober. Dann ist der Großteil der Llanos- Pisten, ausgenommen weniger um Villavicencio und entlang der Andenhänge unbefahrbar. Versorgung ausschließlich nur noch durch die Luft, oder langwierig per Boot über das Flußnetz.

Die meisten Flüge gehen sternförmig ab VILLAVICENCIO, dem kommerziellen Zentrum des Gebietes. Liegt 120 km unterhalb Bogotas am Rande der LLANOS.

Sehr dichte Busverbindung (ca. alle 1/2 Std. ab Bogota) über einen 3.250 m hohen Pass runter nach Villavicencio. Durchgehend asphaltiert. Busse brauchen rund 3 Std./3,5 US $, – Colectivos ("Velotax") etwa 2 Std./5 US $.

"Aces" fliegen mehrmals tägl. ab Bogota/Aeropuerto El Dorado mit zweimotorigen Twin Otter- Propellermaschinen nach Villavicencio , Flugzeit rund 30 Min./ca. 12 US. Da man noch das Rausfahren von Bogota zum Flughafen und die Zeit zum Einchecken hinzurechnen muß, ist das Colectivo schneller und billiger.

★ Villavicencio — ca. 100.000 E. / 460 m

Rinderhandel, Landwirtschaftszentrum und alljährliches "Song- Festival". Ansonsten ohne besonderen Reiz für einen längeren Aufenthalt! –

Hotels: "Hotel del Llano" Cra. 3o No. 49 - 77 ist derzeit das beste von Villavicencio. Am östlichen Stadtrand auf einem Plateau oberhalb des breiten Flußbettes. Das Doppel mit Privatbad um 35 US. Inkl. SW- Pool. (An der Straße nach Restrepo). –

Gute Mittelklassehotels (im Centro sind das "Centauros"/ Calle 38 No. 31 - o5 (ca. 2o US fürs Doppel) und das "Inambu" /Calle 37A No. 29 - 49 (ca. 25 US $). Sauber und zentral gelegen auch das "Hotel Serrania" / Calle 37 A No. 29 - 63 (ca. 13 US $ mit Privatbad) und "Tia Juana" Calle 37 No. 29 - 67 (ca. 13 US).

Billigere: "Hotel Savoy" Cra 31 No. 41 - o1 um 1o US $ in der billigeren Zimmerklasse mit Ventilator. Runde 1o US $ kosten "Hotel Rio Meta (Calle 8 No. 4A - 14), das "Ariporo" (Cra. 3o No. 37 - 36), das "Hotel Panorama" (Calle 38A No. 29-43) und das "Panamericano" (Calle 38 No. 3oA-42).

Sehr basic, aber noch passabel ist das "Carimagua" in der Cra. 3o No. 36 - 43 für ca. 5 US die Nacht und Doppel.

Hauptstraße ist die "Los Centauros", die Cra. 31/Calles 37 - 38 im Zentrum der Stadt mit vielen Geschäften und Restaurants. – Der Mercado: Calle 37A zwischen Cra. 27 und 28, Chance für Jeep- Trips mit den Händlern tiefer in die Llanos. Hier gibts auch die billigen "cumare"- Hängematten. Nötig für Trips abseits der "Hauptrouten" in den Llanos, wo es keine Residenciales mehr gibt und man für ein paar Mark bei den Llaneros in ihrer Hazienda schlafen kann.

★ **Pisten durch die Llanos:**

Villavicencio – Pto. Lopez am Rio Meta: das erste Stück asphaltiert, der Rest Ripio. Rund 9o km bis Pto. Lopez. Das ist einer der größten Flußhäfen der Llanos, wobei "groß" ein relativer Begriff ist. In jedem Fall verkehren öfters Frachter auf dem Rio Meta, teils bis an die Grenze zu Venezuela bei Pto. Careño an der Nordostspitze der kolumb. Llanos. Der Fluß ist 5oo bis 1.ooo m breit, und es dürfte in jedem Fall interessanter sein, per "Satena"- Propeller zu fliegen.

Villavicencio – Pto. Careño: ab Pto. Lopez, das auf der Strecke liegt: eine der wildesten und abenteuerlichsten Pisten Kolumbiens. Rund 8oo km ab Villavicencio. Details siehe "Abenteuerrouten nach Venezuela".

Villavicencio – Acacias – San Martin – Granada: rund 75 km bis Granada und zwischenzeitlich bis San Martin asphaltiert. Rest in der Regenzeit problematisch bis nicht- möglich. In Granada teilt sich die Piste, – einmal runter an den Rio Guaviare zur gleichnamigen Siedlung und wichtigstem Flußhafen für das Flußsystem des Guaviare. Trips per Boot oder Flugzeug (Satena) an die Grenze zu Venezuela . Schwieriger zu bereisen als die Strecke via Pto. Careño. Details siehe "Abenteuerrouten nach Venezuela".

Zum anderen ab Granada Stichpiste nach Vista Hermosa (ca. 5o km, in der Regenzeit problematisch bis unmöglich). Details siehe "Serrania de la Macareña".

Villavicencio – Yopal – Tame – Cucuta: die große "Highway" parallel der Andenhänge in den Llanos. Nur das erste Stück, 28 km bis Cumaral ist asphaltiert. Der Rest Schotter bis ripio und in der Regenzeit sehr problematisch. Entlang der Route liegen viele Siedlungen und Landepisten für Propellerflugzeuge. Zugleich aber auch Zentrum des kolumbianischen Drogenanbaus. Bei Aguazul, knapp 30 km südl. von Yopal zweigt eine

Piste rauf in die Anden nach Sogamoso. Details siehe "Trips in den Llanos".

Tame (bzw. Cucuta) – Arauca: außerhalb der Regenzeit mit geländegängigen Fahrzeugen möglich. Andernfalls Flugverbindung ab Cucuta bzw. Tame nach Arauca, das mit einer internationalen Brücke mit Venezuela verbunden ist. Details siehe "Abenteuerrouten nach Venezuela".

Ab Arauca eine Querverbindungs- Piste nach Cravo Norte am Rio Casanare. Minipioniernest mit Flußverkehr runter zum Rio Meta. Weiterbau der Piste bis zum Rio Meta geplant; in der Trockenzeit fahren die Jeeps der Farmer querfeldein runter zum Rio Meta. In der Regenzeit gehts per

Boot oder Sportflugzeug.

Orocué/Rio Meta – Cumaribo/Rio Vichada: nur während der Trockenzeit befahrbar. Ab Orocué zunächst mit der Fähre über den Rio Meta nach Porvenir auf der anderen Seite des Flußes. Dann rund 3o km retour Ri. Villavicencio nach Matepalito, wo eine Piste rüber zum Rio Vichada abzweigt. Wichtige Llanos- Querverbindung zwischen beiden Flußsystemen.

Trips in den Llanos:

(1) Region Rio Meta: interessant und relativ problemlos: Regionalbus mit "Flota Macarena" (3 x tägl.) ab Bogota über Villavicencio nach Pto. Lopez. Dort auf ein Flußboot bis Orocué (ca. 1 Tag Fahrt). Hotels in Pto. Lopez und Orocué, allerdings sehr basic. Die Fahrt auf dem Fluß geht durch Galeriewälder, häufig gerodet für Siedlungen. Ab Orocué eine nur außerhalb der Regenzeit befahrbare Piste rauf nach Pore an der Piste Yopal–Tame, – und (nur während der Monate Nov./Dez. bis ca. März) eine reguläre Verbindung in einem Ordinario- Bus der "Espreso Ganadero" tägl. retour nach Villavicencio ab Orocué (ca. 12 US für eine Strecke von 4oo km).

Andernfalls mit dem "Satena"- Propeller mehrmals pro Woche je nach Jahreszeit: Orocué nach Villavicencio.

(2) Region San Martin: zentrale Siedlerregion um Villavicencio. Laufend Regionalbusse. Schön im Bereich der Andenausläufer gelegen, mit Hotels und Ausflugsziel der Leute von Bogota bei Temperaturen um 27 Grad C.

(3) Serrania de la Macarena: Bergkette in den Llanos bis 2.5oo m Höhe, von dichten Urwäldern überwachsen. Orchideen, Lianen und Wasserfälle. Kolumbianischer Naturschutzpark, der zu den schönsten des Landes zählt, mehr als 2.5oo Tierarten, darunter Affen und Jaguare.

DER ZUGANG ist derzeit sehr schwierig. Militärisches Sperrgebiet und für Einzelreisende Sondergenehmigung nötig. Über den derzeitigen Stand informiert CNT in Bogota!

Piste ab San Martin bis VISTA HERMOSA am Hang der Serrania de la Macarenia. Bergurwald mit feuchten Nebelschwaden durch die aufsteigenden Winde über den Llanos. Urwaldwanderungen auf Pfaden für Abenteurer mit Machete.

Versteckte Wasserfälle, erreichbar über einen Pfad entlang des Rio Güejar, 5 Std. von Vista Hermosa. Eine Schotter- ripio- Piste führt nach PINALITO, sowie nach MESETAS, befahren von Jeeps der "Indrena", der Aufsichtsbehörde des Nationalparks.

Der andere Ausgangspunkt ist EL REFUGIO am Südrand der Serrania und Rio Guaviare mit Landepiste für Sportflugzeuge. Nur per Flugzeug der Indrena oder per Boot ab San Jose del Guaviare zu erreichen.

Es steht abzuwarten, wie sich die Situation in der Serrania de la Macarena weiterentwickelt. Zeitweilig war die touristische Erschließung geplant, inkl. mit dem Bau von Urwald- Lodges im Bergurwald. Sicher für den Tourismus Kolumbiens eine superattraktive Sache! –

(4) Villavicencio – Yopal: interessante Querverbindung, Regionalbusse durch Siedlerland entlang der Andenausläufer. Oder per täglichem Bimotor-Propeller der "Aces" ab Bogota – Villavicencio. Letzter kostet runde 22 US ab Villavicencio. Basic- Hotels in Yopal mit Busverbindung über eine

Piste rauf in die Anden nach Sogamoso (tägl.).

Insbesondere, weil man Sogamoso nach Yopal und Yopal nach Villavicencio täglich fahren kann, – ist dies eine interessante Alternative zur Direktverbindung in den Anden von Boyaca nach Bogota! Details siehe dort! –

(5) QUER DURCH DIE LLANOS: mit dem billigen "Satena"- Propeller lassen sich zugleich abenteuerliche Trans- Kolumbien- Verbindungen legen:

Cucuta– Bogota: die meisten Gringos, die von Caracas/Venezuela über die Grenze nach Kolumbien kommen, setzen sich in Cucuta in den Bus nach Bogota und rumpeln den Stress runter bis Bogota in ewigen Serpentinen auf und ab. – Großer Tip ist der mehrmals pro Woche verkehrende Satena-Propeller ab Cucuta für runde 35 US durch die Llanos. Ein scharfer 5 - Std.-Flug, wobei die Propellermaschine immer wieder runter geht auf kleine Graslandepisten zu Haziendasiedlungen entlang der Tame – Villavicencio- Piste.

Wer Boyaca einbauen will (den interessantesten Zwischenstop auf der Strekke zwischen Cucuta und Bogota!), fliegt lediglich bis YOPAL und nimmt den Bus rauf über die Serpentinenpiste in die Anden/Sogamoso. –

Abenteuerrouten nach Venezuela:

Die meisten Gringos benutzen die Hauptroute zwischen Venezuela und Kolumbien: über CUCUTA (=Panamericana). Auf dieser Strecke geht der Grenzverkehr weitgehend problemlos, und man kommt von Caracas nach Bogota in ca. 2 Tagen per Bus.

Durch die LLANOS führen Abenteurerrouten, – bisher völlig unbekannt und von uns recherchiert:

(A) ÜBER ARAUCA: mehrmals in der Woche billiger "Satena"- Flug ab Villavicencio bzw. Cucuta.

ARAUCA ist bekannt für regen Schmuggel zwischen Kolumbien und Venezuela. Ein Ort von rund 5.ooo E. Bestes Hotel im Ort das "Nova Park" (Cra. 2o. No. 18 - 41 mit runden 22 US), – billigere sind die "Residenc. Brasilia" (Calle 22 No. 19 -o7) für runde 8 US und "Res. Capri" (Calle 22 No. 19 - 48) im Bereich von 5 US. Restaurants. Über die internacionale Brücke rüber nach Venezuela mit Pistenverbindung bis GUADUALITO. Kleine Avionettas der Venezuelaner fliegen mehrmals pro Woche nach Barinas an den venezuelanischen Andenhängen mit Straße und tägl. Busverbindung nach Caracas! Details siehe dort!

(B) ÜBER PTO. CAREÑO: mehrmals in der Woche bis fast täglich gibt es ab Villavicencio einen Propellerflug mit der "Satena" an die Grenze zu Venezuela, wo der Rio Meta in den Rio Orinoco mündet. Die Maschine geht runter ins graubeige Flachland bei der Mündung der beiden großen Flüsse.

Pto. Careño ist ein Nest von rund 2.ooo E., Basic- Übernachtungsmöglichkeit und per Fähre rüber nach Venezuela /Pto. Paez. Asphaltpiste mit regelmäßiger Busverbindung (1 - 2 mal am Tag) nach Pto. Ayacucho/Venezuela, der nächsten größeren Siedlung, die tägliche Jetverbindung mit Caracas besitzt. Alle Details siehe unser Kapitel "venezuel. Amazonas Departement".

OHNE EIGENEN PKW: sauber vorab die Grenzpapiere vorbereiten. So am besten das für Venezuela notwendige Tourist Visum bereits in Bogota ausstellen lassen beim dortigen Konsulat. Unten ander Grenze zwei Möglichkeiten: a) superlocker Abfertigung, – b) aus Langeweile superpenible. . . (Tip: Whisky- Flasche oder Zigaretten etc.).

BUS: Villavicencio bis Orocue tägl. in der Trockenzeit (Nov./Dez bis März) mit "Expresos Ganaderos" , fahren weiter bis Pto. Careño, Fahrzeit insgesamt rund 2 Tage. Unterwegs wird in der Hängematte übernachtet.

FLUSS: es gibt Frachtboote, allerdings bis Grenze sehr unregelmäßig und selten. Der Flußverkehr konzentriert sich Richtung Villavicencio und nicht Ri. Venezuela. Entsprechend zunehmender Entfernung zu Villavicencio dünner! Passagepreis ist Verhandlungssache; für die runden 1.000 Fluß- Km mit rund 1 Woche rechnen. Insgesamt sehr langweilig und besser per Satena!!

PER EIGENEM PKW: auch während der Trockenzeit nur mit einem geländegängigem Fahrzeug zu empfehlen! Die Piste ist superschwierig, oft nur per Kompass zu fahren. Andererseits ab Pto. Careño PKW- Transport- Fähre auf die andere Seite nach Venezuela, – und dort Piste (ebenfalls nur in der "Trockenzeit" zu befahren nach San Fernando de Apure. Details zur Befahrbarkeit siehe unser Venezuela Teil!

Unterm Strich, – wer sich einen Satena- Propeller ab Villavicencio nimmt: In 1 - 2 Tagen/je nach Anschluß in Pto. Paez bis PTO. AYACUCHO/Venezuela zu schaffen. Der venezuelanische Jet verlässt derzeit, – sofern keine Tropengewitter über den Llanos lasten, gegen Mittag den Ort Ri. Caracas. Ansonsten Übernachtungsmöglichkeit in Pto. Ayacucho. – Ab Pto. Paez gibts regionale Cesna- Verbindungen nach San Fernando und dort Busse nach Caracas. Insgesamt problemlos, sobald man die Grenze überquert hat.

(C) VIA PTO. INIRIDA: wohl schwierigster und abenteuerlichster Grenzübergang nach Venezuela. PTO. INIRIDA erreicht man entweder ab/ Piste Villavicencio nach San Jose del Guaviare (mit Bus in Trockenzeit) und dort mit Flußboot den Rio Guaviare flußab. Sehr unregelmäßige Abfahrten und langwierig.

Oder per 2- 3 mal in der Woche/Satena- Propellerflug ab Villavicencio direkt bis Pto. Inirida (Basic- Herbergen). Anschließend muß man sich ein Flußboot nach S. Fernan. de Atabapo am Rio Orinoco suchen/Venezuela. Von hier tägliche Sportflugzeugverbindung nach Pto. Ayacucho (Details siehe unser Venezuela Kapitel), bzw. unregelmäßige Flußverbindungen bis SAMARIAPO, das tägl. Busverbindung auf einer Asphaltstraße nach Pto. Ayacucho besitzt.

(D) VIA MANAUS/Brasilien: aufwendig, aber nicht minder interessant: Es gibt zwar einen relativ teuren Direktflug Bogota – Manaus. Billiger ist der tägliche AV- Flug Bogota – Leticia und mit Colectivo rüber nach Tabatinga/Brasilien. Ab dortigem Airport mehrmals/Woche mit "Cruzeiro do Sul"- Jets nach Manaus. Beides sind Inlandsflüge und daher erheblich billiger als der intern. Direktflug (insbesondere auch, wenn man den kolumb. Teil bis Leticia per AV- Rundflugticket fliegt und die Cruzeiro do Sul in Tabatinga per US- Cash auf dem Schwarzmarkt wechselt.

Ab Manaus tägl. Busverbindung über eine Urwaldpiste runde 800 km bis Boa Vista und rauf zur venez. Grenze. Weiter über die V 8 nach Venezuela. Details siehe dort! –

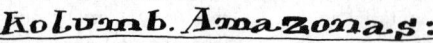

Kolumb. Amazonas:

Südlich des Rio Guaviare gehen die Llanos in die endlosen Amazonas Urwälder über. Flußgeschlinge und Urwaldteppich bis zum Horizont.

★ Leticia: ca. 1oo m/ 12.ooo E.

Im südöstlichsten Dschungelzipfel Kolumbiens am Rio Amazonas, der hier zwischen 2 und 3 km breit ist je nach Wasserstand. Leticia ist vorallem interessant für Querverbindungen im Amazonas rüber nach Brasilien und nach Peru. – Für ein Amazonas- Nest sehr "gepflegt", im Schachbrett Centro um den Hafen Betonstraßen, zweistöckige Häuser und nach Einbruch der Dunkelheit herrliche, tropische Wärme beim Stimmengewirr des Urwaldes.

Auf den Straßen fast ausschließlich brasil. PKWs, die meist gebraucht (inkl. brasil. Nummernschild) von Manaus flußauf per Frachter nach Leticia kommen. VWs und Jeeps, sowie viele Mopeds und Geländemaschinen.

Flug: täglich mit dem Avianca Jet ab Bogota. Bei runden 1oo US für ein one- way sauteuer, wer nicht das "Conozca Colombia- Ticket" hat. Herrlicher 1 1/2 Std.- Flug, zunächst aus dem Hochlandbecken von Bogota raus, über Villavicencio am Rand der Llanos und dann runter, – über dem endlosen Urwaldteppich des Amazonas Richtung Südosten. Wenn sich Wolkentürme über dem Amazonas bilden, fliegt der Pilot in Kurven herum, um Turbulenzen zu vermeiden.

AIRPORT VON LETICIA: modern, Asphaltlandepiste, ca. 2 km, diagonal zum Fluß. Nachtlandungen sind möglich. Das Dreiländereck Kolumbien–Brasilien–Peru ist gemeinsame Zollzone und hat zwischen den Grenzorten (wie auch oben z.B. in Cucuta) keine Zollkontrollen. Kontrolliert wird an den Airports bzw. D.A.S. /Polic. Federal vor Abfahrt der Boote im Hafen.

Taxis ab Leticia/Airport in die Stadt: ca. 15 Min./4 US $ pro Fahrzeug. Bzw. Taxi rüber zum Airport von Tabatinga/Brasilien: ca. 2o Min./6 US $.

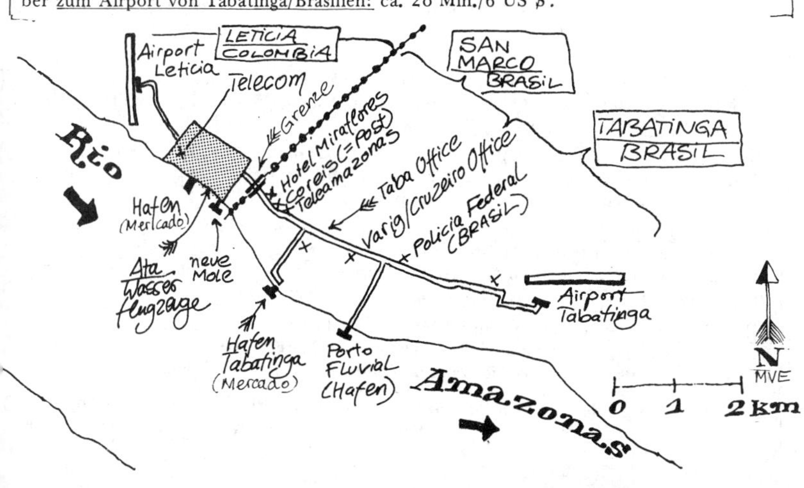

Die Aktivitäten in Leticia spielen sich mehr oder weniger um 2 Blocks im Bereich Hafen ab. Ein Schwung von Geschäften, Restaurants und Billiardsaloons, Avianca Office und Kneipe, wo man Schach spielen kann. In 10 Min. einmal rum, wenn man nicht "unterwegs" beim Bier hängenbleibt.

Bei unseren Leticia- Recherchen, auch wegen Hotels landeten wir abends bei der 2. Plaza (mit Kirche und erleuchtetem Volley- Ball- Platz) in einem Holzhaus/Ecke Seite Kirche, das hell beleuchtet war, Hängeschaukeln und tropische Pflanzen im Inneren. Mit einer Bar, die wie Rezeption aussah, und wir verlangten nach dem Besitzer. Der kam im Schlafmantel und stellte sich als "abogado" (Rechtsanwalt) vor. Ein Privathaus mit offenen Türen . .

Leticia hat privates Ambiente; wenn eine Ladung Drogen von Peru an - kommt, – so merkt man das am gestiegenen Dollar- Schwarzkurs in den Shops. Zwar hat der kolumbianische D.A.S. den Handel eingeschränkt, der jetzt vielfach über seitlich abgelegene Mininester im Urwald läuft, aber die Schaltzentralen sitzen noch in Leticia.

★ Hotels: Spaß macht das "Ticuna" am Fluß, runde 100 m von der Hauptplaza. Besitzer ist Mike Tsakikis, auf den wir noch zu sprechen kommen. Sein Verwalter ist der bärtige Gnom Ralf Heumann inkl. Bauchladen, der faustdick den Charme hinter den Ohren verpackt hat. Im Lodgestile mit überdachtem Aufenthaltsraum, offen zum SW-Pool, der in der Regel sauber ist und Rutschbahn besitzt. Rechts und links die Zimmer groß, mit Eisschrank, sauber, aber insgesamt eine etwas kahle Angelegenheit, die mehr Tropeneinwucherung benötigt.

Kommentar von Ralph: mehr Pflanzen = mehr Ungeziefer. Abends nach Lust und Laune Videos vom Amazonas, der sich vor den Cabañas in breiter Schleife entlangzieht. Doppel ca. 28 US.

"Anaconda" an der Hauptplaza. Sauber, aber Urwaldungeziefer läßt sich im Amazonas leider nicht ganz eliminieren. . . 3 Stock, von den obersten Zimmern bester Blick über den Rio Amazonas. AC und im Innenhof reichlich kleiner und kahler SW- Pool ohne jegliche Pflanzen. Das Doppel um 27 US.

"Colonial" Parallelstraße zum Fluß. Besitzer der Bruder von Mike, der aber bei einem Testflug seines Sportflugzeuges wegen fehlerhafter Reparatur tödlich über dem Rio Amazonas abstürzte (konnte sich nicht frühzeitig genug vom Gurt befreien!). Jetzt von Mike verwaltet, der durch seine Schlangenkämpfe in diversen Magazinen fast schon Monopol in Leticia besitzt. Anyhow: zusammen mit dem "Ticuna" derzeit das beste in Leticia.

Modern, innen etwas mehr Ambiente als das Ticuna, außen Pool und kaum Unterschied. Am besten beide mit Taxi abfahren (rund 150 m Distanz) und nach persönlichem Geschmack Wahl treffen. Doppel um 28 US $.

"Hotel Americano" bestes der Basic- Klasse. Holzbau, runde 9 US. – Weitere: "Residenc. Primavera" und "Residenc. Manigua" , 2 quadras von der Hauptplaza, um 5 US mit Gemeinschaftsbad. Beide in ihrer Klasse ganz passabel.

"Residencial Monserrate" : sehr basic bei runden 4 US . Wer Billighotels sucht, ist derzeit wesentlich besser bedient, wenn er rüber nach Brasil geht, z.B. im "Miraflores" oder im "Amizade", drüben im Ortsteil San Marco. Ersteres neu gebaut, beide an der Hauptstraße/siehe unsere Karte. Nur wenige Minuten von Leticia! –

WER Billighotels sucht, ist drüben in Brasil besser bedient. Auch in Bezug auf Restaurants. Mehrmals tägl. Mikro oder Jeep rüber, via San Marco nach Tabatinga. Bezüglich Komfort sind aber derzeit das Ticuana und Colonial der Tip der Region.

ACHTUNG: wegen der geringen Bettenzahl in den besseren Hotels von Leticia sollte man vorbuchen, besonders während der Monate Juli/August. Wenn dann mehrere Reisegruppen kommen, sind die wenigen Betten schnell voll.

★ Telefon: geht per Funk rauf in die Anden. Oft schwierig, Verbindung zu bekommen. Sofern man nicht vom Hotel telefoniert: Telecom liegt an der 2. Hauptplaza, siehe unsere Übersichtskarte. – TIP: für internationale Ferngespräche besser rüber zu "Teleamazonas" in San Marco/Brasil. Funktioniert besser und ist zudem billiger! (Lage siehe unsere Karte!).

★ Urwald- Action: ohne Frage "Top" ist der von griechischen Eltern geborene Amerikaner MIKE TSALICKIS. Er kämpft gegen entsprechenden Cash mit Boa Constrictor-Schlangen und Krokodilen im Wasser. Nach diversen Publikationen u.a. in Nacional Geographic (surprise, daß die solche Action- Sensationen abdrucken!) ist Mike zwischenzeitlich so berühmt: Voranmeldung nötig, da sich Mike nach dickem Cash von Top-Magazinen und Filmproduktionen lieber in Miami/Fla. als Leticia/Col. aufhält.

Mich persönlich ekeln derartige Show- Actions an. Zumindest muß man Mike Tsalickis zu gute halten, daß er damit Leticia ins touristische Rampenlicht gerückt hat.

Mehr Spaß machen Geschichten vom sympatischen Ralph Heumann abends am SW- Pool des Ticuana Hotels, – wo er erzählt, wie Mike in Florida als Hausgenossen einen Schimpansen hatte, der Mike immer beim Zähneputzen beobachtete. Der Schimpanse verlangte auch nach einer Zahnbürste und war dann ganz verdattert, als Mike sein Gebiss rausnahm, und das beim Schimpansen nicht klappte . . .

★ Trips in den Urwald: reichlich teuer (ca. 1oo bis 2oo US je nach Größe der Gruppe pro Person für 2 Tage/ 1 Nacht) sind Trips ab Ticuana- Hotel zum MONKEY ISLAND. Eine Insel im Rio Amazonas mit jeder Menge von Affen, sowie Papageien, einem Urwaldsee mit Victoria Regia etc. und auf Holzpfaden durch die Natur. Hier liegt eine 21-Zimmer Urwaldlodge. Rund 25 km flußauf, Boote werden von Ticuana- Hotel organisiert. – Weitere Trips gehen zu Indianerdörfern der Yaguas.

BILLIGER (und primitiver, was Komfort betrifft) machen das diverse einheimische Führer im Ort Leticia. Preis ist Verhandlungssache und liegt meist bei rund 5o US/Tag und Minigruppe. Gefahren wird in kleineren Booten mit Außenborder, geschlafen im Urwald in der Hängematte oder in Dörfern entlang der Seitenflüsse zum Amazonas.

Keine Tips zu speziellen Zielen; was Spaß macht, sind Trips auf den engen, dicht zugewucherten Nebenflüssen, wo die Bäume ein Dach bilden und der Fluß sich endlos durchschlängelt. Allerdings (ähnlich wie bei Iquitos/Peru) rund 5o km im Umkreis von Leticia sind besiedelt, die Flußufer häufig gerodet.

WASSERFLUGZEUGE der ATA bedienen Missionsstationen und Urwaldsiedlungen bis rauf zum Rio Putumayo. (Abfahrt nähe Ticuana- Hotel, siehe unsere Karte). Nicht billig, aber hilfreich, wer größere Sachen in der Region plant.

NATIONALPARK AMACAYACU: rund 4o km flußauf des Rio Amazonas beim Dorf Pto. Narino. Existiert auf dem Papier, ist aber touristisch so gut wie garnicht erschlossen. Dichte, tropische Regenwälder mit reicher Flora und Fauna, Affen und Kaimane, viele Urwaldvögel und riesige Wasserschildkröten. Angeblich leben hier die größten Süßwasserschildkröten der Welt.

★ Eine rund 15o km Piste durch "jungfräulichen Urwald" geht rauf nach TARAPACA am Rio Putumayo. Wenige Km hinter Leticia ist die Kiste dicht zugewuchert; per Jeep nur runde 25 km zu realisieren! Ein heißer Extremtrip zu Fuß für Extremabenteurer, für den man entsprechende Ausrüstung braucht und runde 7 Tage als Minimum.

URSPRÜNGLICH von kolumbianischen Pionierbattailons angelegt, um Leticia per Fluß an das kolumb. Flußnetz anzubinden, – verkümmert diese Urwald- Querverbindung, da sich Leticia bequemer und billiger mit Waren von Brasil versorgt. Zudem auch bequemer Personenverkehr per Flugzeug, denn der Rio Putumayo ist nur während der Regenzeit befahrbar, wenn er genügend Wasser führt. Zugleich ein endloser Flußtrip wegen tausender von Flußschlingen . . .

Die Chancen, ab Tarapaca ein Flußboot rauf nach Pto. Assis (Piste in die Anden) zu finden, sind derart minimal, daß man vor dieser Urwaldwanderung besser bei den Leuten von ATA in Leticia vorspricht, die einen Wasserflugzeug- Verkehr zu abgelegenen Missionsstationen unterhalten und auch Gringos auf Abenteuertrips gegen entsprechende US Dollar abholen. . .

Grenzverbindungen ab Leticia:

★ LETICIA geht fast nahtlos in San Marco/Tabatinga – BRASIL über. Zwar derzeit noch eine miserable Allwetterpiste, wo in der Trockenzeit die Jeeps mühsam um die tiefen Löcher kurbeln und in der Regenzeit die Reifen durchdrehen, – so doch nur wenige Minuten zum brasilianischen Airport, der 2 - 3 mal in der Woche Jetverbindung mit "Cruzeiro do Sul" nach Iquitos/Peru besitzt (die bequemste Verbindung nach Peru, Flugzeit ca. 3o Min./65 US).– Sowie annähernd täglich Jets nach Manaus/brasilianische Drehscheibe im Amazonas. Details siehe dort!

FLUGTICKETS ab Brasil kauft man derzeit besser in Brasilien bei günstigerem Kurs auf der Straße. Ersparnis gegenüber Colombia bis zu 35 %! Solang es keine tiefgreifenden politischen Veränderungen in Brasilien gibt, die auch auf das Währungsgefüge eingreifen, – ist der TRIP VIA LETICIA von den Anden nach BRASILIEN heißer Tip, allerdings unbedingt vorab den Brasil- Airpass kaufen, denn die Strecke Tabatinga – Manaus – Rio kostet derzeit per normal gekauftem Inlandsflugticket um die 35o US $. Abgesehen davon berechtigt der Brasil Airpass in seiner 21 Tage- Version zu beliebigem Fliegen auf den Inlandsstrecken der Airline (in dem Fall kommt nur die Varig/Cruzeiro do Sul in Frage, da sie als einzige derzeit Tabatinga anfliegt. Details siehe "Brasilien"!

Auch Avianca- Inlandstickets kann man auf Grund des günstigen Schwarzmarkt- Wechselkurs drüben in San Marco/Tabatinga billig bekommen. Nach uns vorliegenden Infos sollen diese aber angeblich von der Avianca nicht akzeptiert werden.

★ NACH PERU/Iquitos: entweder mit "Cruzeiro do Sul" (siehe oben!), – oder Flußfähre ab Tabatinga rüber über den Rio Amazonas nach RAMON CASTILLA/Peru. Fahren mehrmals am Tag, wegen der Breite des Flusses braucht man je nach Leistungsfähigkeit des Außenborders um 3o - 4o Min.

Die Grenzstation und Militärposten der Peruaner wurde durch ein Hochwasser Anfang der 8o-er weggeschwemmt und rund 15 km flußauf in PTO. ALEGRE wiedererichtet. Wird sicher wieder in Ramon Castilla aufgebaut; der Fährmann weiß Bescheid. Überfahrt teuer: ca. 5 US!

Von hier fliegen TANS- Wasserflugzeuge nach Iquitos. Preislich erheblich günstiger, als der internationale Jet der Cruzeiro do Sul, da einmal Inlandsflug. Zum anderen sind die TANS- Maschinen generell sehr billig (aber oft auch ausgebucht).

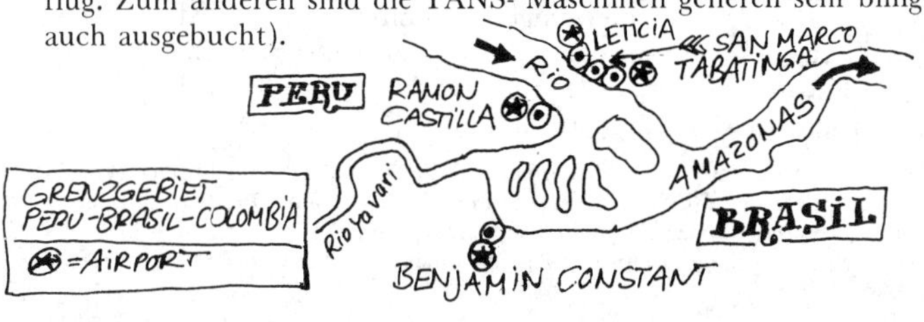

★ FLUSSVERKEHR: Boote nach Manaus im Schnitt 2 - 3 mal in der Woche. Kostet um 6o US in der Kabine bzw. ca. 25 US in der Hängematte, die man sich selber mitbringt (mehrere Shops in Tabatinga und Leticia). Essen ist im Preis inkl., aber sehr monoton. Gekocht wird mit Flußwasser, das zu mehr als Darmstörungen führen kann. . .

Fahrzeit: flußab ca. 4 - 5 Tage, rauf bis zu 8 Tagen je nach Wasserstand. Bei Niedrigwasser des Rio Amazonas sind viele Kurven zu fahren, was zusätzliche Zeit kostet. Beste Jahreszeit für den Flußtrip nach Manaus März/April/Mai, teils Juni.

Es fahren diverse Holzdoppelstockboote, neuerdings auch Eisendampfer wie z.B. die "Velinoeal", die voll von Manaus kommen und meist leer retour fahren. Die Abfahrten richten sich daher danach, wann das Schiff in Manaus voll ist, da die Fahrt mit der Strecke Manaus–Tabatinga finanziert wird.

Die Boote legen kurz in Tabatinga an und fahren dann rüber nach Benjamin Constant, wo sie mehrere Tage vor der Rückfahrt warten. Daher a) zunächst im Porto von Tabatinga die Abfahrt abchecken und b) rüber nach Benjamin Constant. Überfahrt derzeit 2 mal am Tag (ca. 2 US), die 1 1/2 bis 2 Std. dauert.

Die Flußfahrt bis Manaus ist relativ langweilig. Der Fluß sehr breit; wichtigste Siedlung unterwegs TEFE mit Basic- Hotels und Landepiste für den Cruzeiro do Sul Jet. Unterm Strich: Flug ist vorzuziehen; es gibt interessantere Flußtrips im Amazonas! –

★ FLUSSTRIPS nach Iquitos/Peru: erheblich dünner und unregelmäßigere Schiffsverbindungen. Infos über Abfahrten in der Capitania/Leticia. Der Trip, der flußab ca. 3 - 4 Tage dauert, flußauf um 6 - 7 Tage je nach Stärke des Bootsmotors und Jahreszeit, ist insgesamt langweilig, da der Fluß zu breit ist. (Selbst Iquitos kann während Hochwasserstand noch mit Ozeandampfern angefahren werden). Zudem preislich gegenüber dem TANS Wasserflugzeug ab Ramon Castilla kaum eine Ersparnis, wenn man noch sonstige Unkosten wie Wartezeit zur Abfahrt des Bootes hinzurechnet!

★ PKW- TRANSPORT: ab Tabatinga nach Manaus recht problemlos, da in Gegenrichtung auch viele PKWS nach Leticia kommen. Verhandlungssache, aber günstig. – Schwieriger wirds rauf nach Iquitos; wegen geringerer Verbindungen treibt das den Preis in die Höhe. Hinzu kommt dann noch der Transport Iquitos nach Pucallpa, erster Ort, der nach Manaus wieder eine Pistenverbindung besitzt (über die Anden an die Pazifikküste Südamerikas). Details siehe dort! –

Passformalitäten: wer fliegt, macht die Sache im Airport, Tabatinga oder Leticia. Per Boot: rechtzeitig vor Abfahrt den Einreise- bzw. Ausreisestempel besorgen. Leticia: beim D.A.S., – Brasil: bei der Policia Federal (siehe unsere Karte!). Andernfalls gibts Ärger bzw. keine Abfahrtsgenehmigung. Manche Kapitäne wollen den Ausreisestempel sehen, sonst nehmen sie nicht nach Manaus mit. – Ausreisestempel Peru: bereits in Iquitos besorgen! Aber Grenze hinweisen, daß man erst in Ramon Castilla über die Grenze geht und sicherheitshalber die neueste Reglung abchecken! –

★ MITU: im Verwaltungsgebiet Vaupes, nahe der brasilianischen Grenze. Wird 1 - 2 mal in der Woche vom "Satena"- Propellerflugzeug ab Villavicencio am Rande der Llanos angeflogen. Ansonsten definitiv abseits der Verkehrswege Kolumbiens.

Die Urwaldsiedlung von rund 2.ooo E. ist per Rio Vaupes Richtung Brasil orientiert. (Mündet in den Rio Negro/nächste größere Siedlung Cachoeiras am Rio Negro, siehe Brasil- Amazonas!). Flußauf ab Mitu kommt man in der Regenzeit, wenn der Wasserstand hoch genug ist, auf schlängeligen Miniflüssen bis CALLAMAR am Rio Unillas, mit Pistenverbindung nach SAN JOSE DEL GUAVIARE.

Unterm Strich viel Urwaldambiente, Basic- Hotels und abseits aller Formen von Tourismus in Unerschlossenheit.

Pto. Assis: 434
Florencia: 434
Abenteuertrip durch den Amazonas nach Ecuador/Coca siehe 445, 518

★ Rasierapparate:im Stecker steckt gewöhnlich 11o - 15o Volt, 6o Hz. Dabei aber Vorsicht! Häufig offene Kontakte und Schalter. Wer also nachts im Dunkeln hintastet, der spürt ein angenehmes Kitzeln in den Pfoten!! –

★ Die Kartoffel: (nur damit ihr Bescheid wisst, wenn man euch die Speisekarte reicht):

"chaucha" ist eine kleine Kartoffel, – "batata" und "camote" sind süße Kartoffeln, die in Höhenlagen bis 4ooo m sprießen. – Insgesamt dürfte es in den südamerikanischen Anden an die 6o verschiedene Kartoffelsorten geben, sodaß der kartoffelbewußte Deutsche auf diesem Gebiet einiges zu probieren hat!

"huila"
"tolima"
"puracen"
"pardapasto"
capira"
"rubi"
"tocana"
"tuguerreña"

nur um einige der wichtigsten Sorten zu nennen!

Diese Sorten kommen in den Höhenlagen von 15oo - 4ooo m vor. Jedes "Stockwerk" hat seine eigene Kartoffelsorte! –

Wer die Kartoffel das erste Mal gezüchtet hat, ist mir nicht bekannt; vermutlich die Incas. Entdeckt hat sie jedenfalls Pizzaro, der die Pflanze der spanischen Königin als "Mitbringsel" überreichte!

In Europa war die Erdfrucht lange Zeit das "Schmankerl" der Reichen, bis Friedrich der Große die Kartoffel zur Volksnahrung erhob. –

Kartoffeln kann man in Südamerika in allen Varianten angerichtet essen.

Simpelste Form ist die im Kessel über'm Feuer leicht angeröstete rohe Kartoffel, – und wer den chemisch überzüchteten Kartoffel- Einheitspamp hier in Europa gewohnt ist, der wird bei den leckeren verschiedenen Ge schmäckern der südamerikanischen K.'s wieder zum echten Kartoffelfan! –

★ TRANSPORT: etwa die Hälfte Kolumbiens, nämlich der Landesteil, in dem rund 95 % der Kolumbianer leben, – ist wild zerklüftetes Andengebirge. Von tiefen Schluchten durchzogen und mit Bergketten bis zu 6.000 m Höhe. Die Folge sind wüste Serpentinenpisten quer durchs Land, die 500 km Luftentfernung zu 900 Straßenkilometern werden lassen.

Entfernungen, die auf der Karte relativ kurz erscheinen, werden zu harten Tagestrips mit allem Nervenkitzel und sonstigem Stress.BUSFAHREN ist aber, – besonders in Kolumbien – eines der entscheidenden Südamerika-Erlebnisse, das man unbedingt (zumindest auf Teilstrecken) ausprobiert haben muß!

★ Busse: Es gibt zwei Typen: den "Ordinario", der vorwiegend regionale Strecken fährt und jede Menge Zwischenstops unterwegs einlegt. Verkehren aber teils (wie in den 70-er Jahren) immer noch auf Fernstrecken, brauchen länger, sind simpler gebaut, entsprechend stressiger–aber auch billiger.

Und die "Lujos" (=Luxus), oft zwischenzeitlich komfortable Busse mit zurücklehnbaren Sitzen und besserer Federung. Fahren heute auf allen Langstrecken und sind bei minimal teurerem Preis unbedingt den "ordinarios" vorzuziehen, wo man noch die Wahl hat.

UNABDINGLICH bei beiden Bustypen der Kasettenrecorder, der nicht nur die Fahrgäste bei Stimmung hält, sondern auch den Busfahrer bei Bewußtsein, der oft 12 Std. oder mehr Nonstop fahren muß. Ihm assistiert der sogenannte "Socius", meist ein Indiojunge, der sich in die Hierarchie raufarbeitet und nicht nur fürs Abkassieren der Passagiere zuständig ist, sondern auch für die Unterhaltung des Busfahrers bei seinem harten Job. . .

Weitere wichtige Elemente: die Christopherus- Medallie vorn am Busspiegel, Fransengehänge und alle möglichen sonstigen Extras wie Abziehbilder von Tarzan bis Che Guevara je nach politischer Einstellung des Busfahrers, – Hebel für Zusatzhupen und Totenköpfe, deren Augen rot aufleuchten, wenn der Fahrer auf die Bremse tritt . . . etc. Mit Varianten, je nach Geschmack des Busfahrers.

Sämtliche Hauptstrecken (Details siehe Text!) sind zwischenzeitlich asphaltiert, was die Fahrzeiten oft erheblich seit Mitte der 70-er verkürzt hat und zu bequemerem Fahrkomfort führte. Die Busse sind heute nach dem Flugzeug das wichtigste Verkehrsmittel des Landes.

Die meisten Großstädte haben jetzt einen gemeinsamen Busterminal für alle Buslinien (Ausnahmen!), die das frühere Rumgelaufe mit teils großen Distanzen erspart und zusätzlich Reisen im Land bequemer macht.

TIPS FÜR BUSFAHREN: rechtzeitig buchen. Ticket kaufen, wobei man gleichzeitig einen bestimmten Platz im Bus reserviert bekommt. Die Gringos erhalten (leider) oft automatisch die hinteren Plätze, wo es auf Staubpisten am meisten durchbläst bzw. auf Asphaltpisten am meisten schaukelt. Die besseren Plätze liegen in der Mitte zwischen den beiden Achsen, oder vorn, gleich hinter dem Fahrersitz, wo die Luft am frischsten ist.

Gepäck kommt unten ins Busfach. Inkl. Quittung. Allerdings keine Garantie bei Nachttrips und Zwischenstops. – Gepäck in den Bus mitnehmen bedeutet: Stolpern anderer Fahrgäste über die Rücksäcke und Gefahr, daß im nächtlich dunklen Bus andere Mitreisende eventuell quer über den Gang an den Rucksäcken fummeln oder diese anschlitzen. Muß nicht die Regel sein, – aber wenns passiert: superärgerlich, insbesondere wenn Wertsachen im Rucksack waren.

Sehr dichte Fahrthäufigkeit auf den Hauptstrecken (z.B. Bogota – Karibikküste, oder Bogota – Cucuta/Grenze Venezuela, oder Bogota – Medellin/ bzw. Cali - Pasto) mit bis zu 4o Abfahrten am Tag! Aber auch auf den Nebenstrecken kann man mit rund 2 - 3 Bussen am Tag rechnen.

Preise: Busfahren ist relativ billig. 5oo Straßen- Km kosten im "lujo" im Schnitt 1o US $. – Die Fahrzeiten liegen bei den, insbesondere im Andenbereich sehr kurvenreichen Strecken oft für 5oo km bei 1o und mehr Stunden. TIP: wer nachts fährt, dringend warme Sachen aus dem Gepäck raus und in den Bus mitnehmen. Die Strecken führen in Höhen von 2.ooo bis (Pässe) 3.5oo m Höhe, und trotz Busheizung wirds eisig kalt inkl. saftigen Erkältungen.

★ Colectivos: ergänzen auf den Hauptrouten die Busverbindungen. Sind erheblich schneller im Serpentinenbereich der Anden und können insbesondere in Kolumbien zu erheblicher Zeitersparnis führen. Entweder PKW's oder sogenannte "Busetas" (japanische Minibusse Typ Toyota etc.). Details siehe Text!

★ Zug: Kolumbien hat, – in Relation zum schwierigen Terrain – ein recht dichtes Streckennetz. Problem sind aber der miese Zustand der Gleise, die hohe Geschwindigkeiten nicht zulassen.

DIE MEISTEN STRECKEN wurden Anfang dieses Jahrhunderts gebaut. Details siehe auch Geschichtskapitel im Bogota- Teil. Sehr kostspielig waren die Strecken im Andenabstieg, z.B. von Bogota runter an den Rio Magdalena.

Es gibt 2 Hauptstrecken:

– einmal entlang des Rio Magdalena ab Neiva bis runter an die Karibikküste/Santa Marta. Zweck der Strecke: noch bis zu Beginn dieses Jhds. war der Rio Magdalena wichtigster Transportweg ins Landesinnere. Das Eisenbahngleis beschleunigte den Warentransport gegenüber dem Flußverkehr.

  Mit Stichstrecken nach Ibague und nach BOGOTA, das 2 weitere Strecken rauf nach Barbosa und nach Tunja – Sogamoso – Paz de Rio (beide Boyaca) besitzt.

  Weitere Stichstrecke ab Rio Magdalena rauf nach Bucaramanga.

– zum anderen die Strecke im Hochtal des Rio Cauca, dem anderen großen Verkehrsweg Kolumbiens. Ab (Popayan) über Cali – Cartago – Medellin und runter an den Rio Magdalena bei Puerto Berrio, wo man Anschluß an die Rio Magdalena- Strecke hat. Stichstrecken führen ins Kaffeeanbaugebiet um Armenia und Pereira. Sowie ein Gleis ab Cali an die Pazifikküste nach Buenaventura.

Seit dem Ausbau und Asphaltierung der kolumbianischen Hauptverkehrs-Straßen (Ende der 7o-er/Anfang der 8o-er) wurden viele dieser Gleise für den Personenverkehr stillgelegt. Busse auf der Straße sind schneller und bequemer.

Zugverbindungen für Personenverkehr können sich heute nur noch dort halten, wo die Gleise durch Regionen führen, die nicht oder nur ungenügend durch Busverbindungen erschlossen sind. Hier verkehren sogenannte "Autoferros", eine Art von Schienenbussen, – z.B. auf der Strecke Santa Marta nach La Dorada, bzw. rauf nach Medellin. Sowie von Girardot/Rio Magdalena nach Neiva und von Cali nach Armenia, da geradlinig und schnell.

KEINE EISENBAHN- BONBONS wie z.B. in Ecuador oder Peru, Bolivia. Weder von aufregender Streckenführung, noch bezüglich "Wildwest- Zug Garnituren". Letztere gab es noch bis Ende der 7o-er (vergl. unsere vorherige Südamerika- Ausgabe!), mit Pullman- Waggons wie in Cowboy Filmen, Holzbänken und viel tropischem Feeling...

Allenfalls interessant der "Expreso Tayrona" ab Bogota nach Santa Marta. (Nur während der Saison/ Nov. - Dez. - Jan. Vorreservieren dringend zu empfehlen, Details siehe Bogota!) Breite, rote Waggons auf Schmalspur, die rechts und links übers Fahrgestell je ca. 5o cm überstehen und mit Ketten gegen zu starkes Schwanken geschützt sind. Inklusiv eines Restaurant-Waggons und Schlafwagen. Schöner Übergang von den Anden in die tropischen Tiefländer des Rio Magdalena. –

★ **Schiffsverkehr:** Schnellboote mit Personentransport auf dem Rio Magdalena zwischen Magangue/Mompos und La Dorada. Details siehe dort!

Im Choco: regulärer Personen & Cargoverkehr auf dem Rio Atrato zwischen Quibdo und Turbo, – sowie auf den Seitenflüssen regionaler (und sehr unregelmäßiger)Verkehr meist in Kanus oder kleineren, Außenbordmotorbestückten Booten. Details siehe "Quibdo/Choco"!

Llanos: Haupthafen ist Pto. Lopez am Rio Meta. Waren und Personenverkehr flußab, meist bis Orocue. Details siehe dort.

Amazonas: wie generell im südamerikanischen Amazonas Flußboote, die sehr unregelmäßig fahren je nach Frachtbedarf und (in Kolumbien) nur selten größere Distanzen zurücklegen. Wichtige Strecken sind Pto. Assis nach Pto. Leguizamo, das eine rund 2o km Urwaldpiste rüber zum Rio Caqueta besitzt und Airstripe für die "Satena"- Versorgungsflüge. – Der Rio Vaupes (ab Mitu) nach Brasil zum Rio Negro. – Und der Rio Guaviare im Grenzbereich zwischen den kolumbianischen Llanos und Amazonas.

Pazifikküste: interessant der Trip im Außenborderkanu von TUMACO nach SAN LORENZO/Ecuador durch Mangroven. Details siehe dort! –

Internationale Häfen sind: an erster Stelle Barranquilla/Karibik, der wichtigste Ausfuhrhafen Kolumbiens nach Nordamerika und Europa, – anschließend Santa Marta und Cartagena.

An der Pazifikküste: Buenaventura unterhalb von Cali. Wichtiger Hafen vorallem für Luxusgüter aus Japan (Autos), aber auch Export- und Importhafen für die US- Westküste. Und zentralamerikanische Häfen wie Costa Rica, San Salvador, Mexico und Nicaragua.

★ **Flüge/Inland:** Kolumbien hat das älteste Flugnetz Südamerikas, – eine natürliche Folge der stark zerklüfteten Anden, wo auch die meisten Siedlungen des Landes liegen. Strecken, die der Bus in einem kompletten Tag dahinschlingert, macht das Flugzeug in 4o Min.

Für 3oo km- Flug (entspricht in den Anden ca. 5oo km Straße, wegen der vielen Serpentinen) zahlt man um die 45 US $*. Damit ist Fliegen in Kolumbien zwar teurer, als in den Nachbarländern Ecuador und Venezuela, aber immer noch billiger als bei uns in Mitteleuropa.

Die Zeiten, wo man in Kolumbien noch mit "vorsintflutlichen Propellermaschinen" flog (noch bis Mitte der 7o-er Jahre viele Airlines!), sind vorbei. Die großen Airlines des Landes, die die Hauptrouten fliegen, setzten heute ausschließlich Jets ein. Querverbindungen werden in der Regel mit modernen Propellermaschinen geflogen.

AVIANCA: ist die wichtigste und größte Airline des Landes. Fliegen mit Boeing 727-2oo und 737 zu fast allen wichtigen Städten mehrmals am Tag, dabei Luftbrücke nach Cali und nach Barranquilla stündlich. Die für Grenzverbindungen wichtigen Strecken nach Pasto (Ri. Ecuador) rund 2 mal am Tag und nach Cucuta (Ri. Venezuela) rund 3 mal tägl.

Vorbuchen ist insbesondere für die Monate Juni/Juli/August , aber auch für die Tage um Weihnachten und Ostern sehr zu empfehlen. Sowie das ganze Jahr über für die Strecke Cartagena – San Andres und Bogota – Leticia: ein oder zwei Reisegruppen, und die sonst 1/2 oder 3/4 ausgelastete Maschine ist bis auf den letzten Platz voll.

Egal ob bei der AVIANCA oder anderen kolumbianischen Airlines dringend die Bestimmung der RECONFIRMATION einhalten. D.h. auch bei "o.K." im Flugticket muß der Termin 76 Std. vor Abflug nochmals rückbestätigt werden. Sonst kann es passieren, daß man zum Airport kommt und trotz "o.K." nicht fliegen darf. – Ebenfalls einkalkulieren, daß wegen schlechten Witterungsbedingungen z.B. über dem Urwald oder in den Anden gelegentlich Flüge storniert werden müssen! –

GESCHICHTE DER AVIANCA: älteste Airline Südamerikas und 2. älteste der Welt (nach der KLM!). Gegründet am 12. Sept. 192o als "SCADTA", von einer Gruppe begeisterter Flugpioniere, der auch zwei Deutsche angehörten.

Der erste kommerzielle Flug Südamerikas ging von Barranquilla an der Karibikküste in einer Alu- verkleideten und in Deutschland gebauten Junkers F 13, mit einem Motor und Platz für 4 Leute. Das Miniflugzeug kam mit dem Schiff von Europa nach Südamerika und wurde mit dem Kran in Barranquilla ausgeladen.

Die SCADTA- Leute hatten die Junkers F 13/Wasserflugzeug- Version gewählt, da diese Maschine (revolutionär für damaligen Flugzeugbau: Alu statt Holz!) günstiger für den Betrieb in den feuchtheißen Tropen war. Die Wasserflugversion wurde gewählt, da man sich damit den Bau von Flupisten sparte.

Von Barranquilla gings entlang des Rio Magdalena flußauf nach Sichtorientierung bis Puerto Berrio. Ein Monat später, am 19. Oktober der erste Langstreckenflug über mehr als 9oo km von Barranquilla bis Girardot am Oberlauf des Rio Magdalena, für den man 2 Tage benötigte. Für damalige Zeit eine geniale Angelegenheit, die Zeitungen überschlugen sich in ihren Berichten. Denn der Schiffsverkehr auf der Strecke brauchte damals rund 1o Tage, – zugleich wichtigste Transportarterie ins Landesinnere ab Küste.

Ein Monat später neue Schlagzeilen in der Presse: SCADTA fliegt von Barranquilla bis Girardot, montiert dort die Wasserkufen gegen Autoreifen um und überfliegt in 5.2oo m Höhe die Cordillera rüber nach Bogota!

* auf Langstrecken, z.B. Bogota – Leticia (1.2oo Flugkm) mit rund 1oo US $ erheblich billiger!

Viel Publicity für die SCADTA- Leute! In den Folgejahren expandierte die Airline stark. Excellent vom Deutschen Dr. von Bauer gemanagt, wie auch die Maschinen vielfach von deutschen Technikern gewartet wurden. Bald mußten neue Flugzeuge gekauft werden, Unter anderem die "Dornier Wal" des genialen Erfinders Dornier, ebenfalls ein Wasserflugzeug, das statt der 4 Passagiere (einer Junkers F 13) gleich 1o Passagiere und 85o kg Fracht pro Flug transportieren konnte. – Für zusätzliche Publicity sorgte der damalige Präsident Kolumbiens, der sich bereits 1922 auf einem Flug der SCADTA anvertraute!

1935 legten die Flugzeuge der SCADTA bereits 1,7 Mill. Flugkilometer zurück und transportierten dabei 22.5oo Passagiere und rund 2 Mill. kg Fracht! Die Strecken waren auf weite Landesteile ausgedehnt worden, sowie Airports angelegt.

Zwei Umstände führten zur Unwandlung der SCADTA in die AVIANCA: Einmal die Tatsache, daß viele der entscheidenden Posten der SCADTA von Deutschen besetzt waren. Schon bald nach dem Kauf der ersten Dornier Wal hatte Dr. von Bauer Probeflüge von Cartagena nach Palm Beach/Florida- USA und nach Zentralamerika unternommen und sich nach Ausbau des innerkolumb. Flugnetzes um Landerechte auch in Panama bemüht. Diese wurden ihm abgeschlagen.

Zum anderen die politische Entwicklung im Hitler- Deutschland der 3o-er Jahre. Die Amerikaner waren reichlich wenig daran interessiert, daß eine, – von deutschem Management und deutschem Kapital geführte, kolumbianische Airline wie die SCADTA Landerechte in der strategisch wichtigen Kanalzone/Panama erhielt.

Aber auch ohne Landerechte befürchtete man, daß die Deutschen im Kriegsfall die SCADTA zur Invasion in Panama benutzen könnten. Bekanntlich war ja die Reichweite der Flugzeuge der 3o-er Jahre erheblich kürzer als heute, – und eine excellent mit breiter Palette von Wasserflugzeugen bestückte SCADTA in deutscher Hand war berechtigt aus amerikanischer Sicht zu gefährlich.

1931 kaufte die amerikanische PANAM 8o % der Scadta- Aktienanteile. Die Deutschen wurden ihrer Posten enthoben, – beim Nebeneffekt, daß sich für amerikanische Flugzeugfirmen ein zusätzlicher Markt auftat. Bei Modernisierung der Flotte erhielt die Scadta den amerikanischen Ford 5 ATA/B/C (dreimotoriges Landpropellerflugzeug mit riesigen Motoren an Spitze und Tragfläche), – die Clark GA 43 J (2-motoriges Flugboot) – die Skikorski S 38B (Wasserflugzeug) und die Boeing 247 D.

1939 (Beginn des 2. Weltkriegs) wurde die SCADTA in die AVIANCA umgewandelt ("Aerovias Nacionales de Colombia S.A.") bei ausschließlich kolumbianischem Personal. Sie umfasst heute rund 3o Flugzeuge, davon mehrere Jumbos, der besondere Stolz der Airline. Sie bedient auf Transatlantikrouten Europa, sowie Nordamerika, Zentralamerika und die wichtigsten Städte in Südamerika. Pro Jahr werden rund 4 Mill. Passagiere befördert.

In Kolumbien ist sie die wichtigste Airline, die die meisten Städte bedient und das dichteste Flugnetzt besitzt. Mitte der 7o-er Jahre, als die Konkurrenzairlines in Kolumbien noch ausschließlich Propellermaterial einsetzten, – war die AVIANCA die erste, die ausschließlich mit Jets flog.

WEITERE INLANDS–AIRLINES: Kommen und Gehen; viele der Linien der 7o-er Jahre wie die "Aerocondor" oder die "Urraca" gibt es nicht mehr.

Heute: SAM, grün gestrichen, Jets. Dichte Verbindungen insbesondere nach San Andres. Hier werden teilweise kombinierte Personen& Cargo Maschinen zum Abtransport der Hifi- Anlagen TV's etc. eingesetzt. Details siehe "San Andres"! – Internat. Flüge nach Panama ab Bogota, Cali und Medellin.

ACES: stark expandierende Airline, die mit Jets Typ Boeing 727 ab Bogota Cali, Cartagena, Medellin und Barranquilla operiert. Geringfügig günstigere Preise als die Avianca- Normaltickets . Teils ist sogar der Flughafenbus zwischen Centro und Airport im Flugpreis eingeschlossen. – Zugleich sehr dichtes Netz mit "Twin Otter" Propeller- Sportflugzeugen modernen Typs zu kleineren Airports im Lande. Touristisch wichtig: die Strecke Medellin nach Turbo – Arcandi an der Grenze zu Panama, sowie die Strecke Medellin nach Quibdo im Choco- Urwald, die Strecke von Cali an die ecuad. Grenze/Ipiales und Strecken von Bogota in die Llanos. Details siehe Text!

AEROTAL: fliegen mit Boeing Jets 727, himmelblaue Firmenembleme, – die wichtigsten Städte in Kolumbien an, sowie rauf nach Miami/USA. Die Preise entsprechen in etwa denen der Aces und sind billiger als das Normalticket bei Avianca. Nach der Avianca derzeit wohl das zweitdichteste Innerkolumbianische Flugnetz.

AIRES: fliegen mit 2- motorigen Sportmaschinen vorwiegend den südlichen Teil Kolumbiens ab Bogota an: so Neiva, San Vicente und Florencia am Rand der kolumbianischen Amazonasurwälder, Pto. Assis im Urwald an der Grenze zu Ecuador, aber auch Ibague, Medellin und Cali. Landschaftlich besonderes Bonbon bei wolkenklarem Himmel ist der Flug von Medellin nach Ibague, entlang der Vulkankette zwischen Nevado del Ruiz und dem Tolima. Details siehe Text!

TAVINA: vorwiegend Nordkolumbien, Bereich Barranquilla bis Maicao an der Grenze zu Venezuela, rüber nach Cartagena und runter bis Mompos und Monteira/Apartado. Equipment: 2- motorige Sportmaschinen. Details siehe Text, touristisch wichtig insbesondere der Flug Barranquilla nach Mompos am Unterlauf des Rio Magdalena und der landschaftlich interessante Flug von Barranquilla rüber nach Valledupar, entlang der schneebedeckten Gipfel der Sierra Nevada de Santa Marta.

INTERNAC. DE AVIACION: eine kleinere Airline, die DC 9- Jets einsetzt auf der täglichen Route Bogota – Popayan – Ipiales/Grenze zu Ecuador (Flugzeit 1 Std. 2o Min./ca. 6o US $), – sowie Bogota über Neiva nach Florencia (ca. 1 Std. mit dem Stop in Neiva/5o US). Die Strecke Bogota nach Valledupar am Rand der Sierra Nev. de Sta. Marta wird derzeit 4 mal in der Woche geflogen (1 Std./ca. 5o US $).

SATENA: Der Spruch, der über die Satena in Kolumbien kursiert, soll hier nicht aufgewärmt werden. Nur so viel: während der nunmehr 9 Jahre, die ich in vielen Auflagen mein Südamerika- Buch herausgegeben habe, sind mehrere Satena Maschinen abgestürzt . . .

Fliegen unter anderem mit ganz schön alten Propellermaschinen des Typs C 47 und sind insbesondere in den Llanos wichtigster Kommunikationsfaktor! So auf der Strecke an die venezuelanischen Grenze bei Pto. Careño, oder nach Pto. Inirida, nach Mitu und in die Urwaldgebiete an der ecuad. Grenze.

Außerdem im Andenbereich zwischen Cucuta/Grenze Venezuela – über kleinere Airports am Rio Magdalena. Und von Bogota über Cali in den Choco-Dschungel (Quibdo, Bahia Solano), nach Guapi und nach Tumaco an der Pazifikküste und Grenze zu Ecuador.

Ohne Frage: sehr günstige Flugpreise und viel Erlebnis aus dem Flugzeugfenster, da die Maschinen meist nur knapp über den Andenketten entlangstreichen. Alles im Detail, Straßen, Häuser, Autos etc. Ein Erlebnis, das der Jet in 8 oder 10.000 m Höhe nicht bieten kann!

Bin selber mit der Satena geflogen und werde es vermutlich zukünftig tun, wenn es sich um Abenteuerrouten handelt, die keine andere Airline bedient.

Schließlich kann auch Busfahren in den südamerikanischen Anden gefährlich sein, bei seinen Steilabstürzen und dem teils schlechten, technischen Zustand der Busse. Es passiert aber relativ selten was, – so wie die Satena 2 Motoren besitzt und in den Llanos notlanden kann. In die Satena von Villavicencio über die Urwaldgebiete nach Leticia würde ich aber persönlich nicht mehr einsteigen, ebenso wie auf Andenstrecken.

★ Kolumbien- Durchquerungen: sind natürlich im Direkt- Jet, – beispielsweise Caracas/Venezuela – Quito/Ecuador möglich. Allerdings zahlt man dafür die üblich saftigen "internationalen Tarife". Viel Geld (bis zu rund 250 DM) spart man sich, wenn man ab Grenze den nationalen Jet einer innerkolumbianischen Verbindung nimmt.

ALSO z.B. "Aeropostal" von Caracas an die kolumb. Grenze/San Antonio. Mit Bus oder Taxi rüber nach Cucuta/Kolumbien und dort in den innerkolumb. Jet über Bogota in den Süden nach Pasto oder Ipiales/Grenze zu Ecuador. Bei den sehr dichten, innerkolumbianischen Verbindungen und schnellen Jets in 1/2 bis 1/1 Tag je nach Anschluß zu schaffen, wobei man noch Zwischenstops an interessanten Punkten einlegen kann. Alle Details siehe Text!

Geht auch via Karibikküste, wobei man ab Caracas den Jet nach Maracaibo nimmt und im Anschluß das Mikro via Maicao + Bus nach Sta. Marta.

★ **Günstige Innerkolumbien- Flugtickets:** Jets der Aerotal und Aces sind derzeit rund 13 % billiger, als die regulären Avianca- Tickets auf gleicher Strekke. – Allerdings gibts bei der Avianca derzeit das sogenannte Flugticket "Pasaje Amarillo", das sich auf der Preisbasis der Konkurrenten bewegt, aber nur zu bestimmten Avianca- Abflügen gültig ist.

★ **Spezialtickets:** derzeit nur bei der Avianca und heißer Tip für Kolumbienreisen: das sogenannte Pauschalticket "PLAN CONOZCA A COLOMBIA", das zu beliebigen Flügen auf dem innerkolumbianischen Streckennetz der Avianca innerhalb von 30 Tagen ab Reiseantritt berechtigt. Kostet derzeit 224 US $ inkl. der Strecken nach San Andres und nach Leticia. Lohnt sich in jedem Fall, denn allein der Retourflug Bogota – Leticia kostet im Normalticket knapp 200 US $!

Ist das ganze Jahr über gültig, Voraussetzung: Buchung außerhalb Kolumbiens und auch der Wohnsitz außerhalb des Landes. Man kauft es als sogenanntes MCO- Ticket bei Büros der Avianca, wobei der US- Dollar Kurs nach der sogenannten "Barig- Rate" umgerechnet wird. Das ist ein IATA- Umrechnungskurs, der in etwa der Entwicklung des US Dollars folgt. Dieses MCO tauscht man in Kolumbien dann gegen die einzelnen Flugscheine der gewünschten innerkolumbianischen Strecken. Wobei man Routenverlauf und Reisetermine frei wählen kann. Einzige Bedingung: kein Airport darf 2 mal angeflogen werden, außer zum Umsteigen.

Die Flugtermine der einzelnen Teilstrecken kann man frei wählen, – entweder als "open" (offen) im Ticket eintragen lassen, – oder: besser, bereits mit o.k. reservieren lassen, wobei Terminumbuchung möglich ist. Angeblich soll auch nachträgliche Umänderung der Flugroute möglich sein.

Unterm Strich heißer Tip. Nicht nur Reisen ausschließlich in Kolumbien. Hier spart man sich endlose und zeitraubende Bustrips zu Gunsten schneller Flüge bei den weiten Entfernungen in Kolumbien. Vor Ort dann Querverbindungen oder Abstecher mit Bussen oder Regionalairlines einbauen.

Zum anderen billiger "Zubringer" bei Südamerika- Reisen, die sich über mehrere Länder erstrecken. Somit billiger innervenezuelanischer Flug von Caracas an die Grenze, ins Conozca a Colombia- Ticket einsteigen und Anschluß via Pasto (+Colectivo nach Ecuador) oder via Leticia nach Brasil.

EINSCHRÄNKUNG: für den Tarif 224 US $ ist der Transatlantikflug Europa–Südamerika mit der Avianca Bedingung. Bei den günstigen Avianca- Transatlantikpreisen kein Problem. Akzeptiert wird auch z.B. Frankfurt – Caracas (mit Gabelflug retour Bogota nach Frankfurt).Dabei kann man dann in z.B. Cucuta in das "Conozca a Colombia"-Ticket einsteigen. Von uns getestet; in Cucuta bei der dortigen Avianca wußte man nix von dem Ticket, wälzte dicke Ringbuchordner, und wir wollten schon zum Chef rauf in den ersten Stock, als dann unser MCO als korrekt akzeptiert wurde. Sicherheitshalber von Avianca/Frankfurt oder Zürich spanische Bestätigung mitgeben lassen, wer nicht ab Bogota beginnt!

Wer nicht mit Avianca über den Atlantik fliegt, zahlt + 1o1 US $.

Dann gibts noch den "PLAN COLOMBIA ILLIMITADA", der leider auf 8 Tage begrenzt ist, nicht im Juni, Juli, August und Dezember gültig ist, die Strecke nach San Andres und Leticia ausklammert und derzeit 112 US $ kostet. Wer San Andres und Leticia einbauen will, zahlt einen Aufpreis von 78 US $ und nimmt sich dann besser gleich das Ticket "Conozca a Colombia" mit 3o Tagen.

★**Airporttax:** egal, ob "Plan Conozca a Colombia" oder Normalticket: pro Abflug von einem innerkolumbianischen Airport werden im Schnitt knapp 5 US $ Airporttax fällig. Ärgerlich, aber no chance, drumrum zu kommen. Das 3o Tage- Rundflugticket kommt damit auf runde 25o oder 27o US $. Zuzüglich des jeweiligen Bustransportes von und zum Airport ab Centro der einzelnen Städte.

Unterm Strich ist das "Conozca a Colombia"- Ticket somit Rechenexempel. Lohnend ohne Frage für den, der von Venezuela oder Zentralamerika kommt und preisgünstig die Langstreckenverbindungen z.B. ab San Andres mehr oder weniger fast gratis bekommt plus jede Menge Destinationen im Land und weiter nach Ecuador oder Brasil will.

Wer aber nur wenig Zeit für Kolumbien hat, ist unter Umständen mit den normalen Linientickets (z.B. Cucuta – Bogota – Ipiales: ca. 11o US) oder Bussen besser bedient.

★**Flüge/International:** wichtigster kolumbianischer Airport mit großem Abstand ist BOGOTA. Superdichter Verkehr nach Europa, USA, Zentralamerika und zu anderen Hauptstädten Südamerikas. Alle wichtigen, internacionalen Airlines.

MEDELLIN: für Panama mit Anschluß Zentralamerika. – SAN ANDRES: für Zentralamerika und USA. – BARRANQUILLA: Für Zentralamerika, USA und Venezuela. – CALI: für Ecuador.

★**EIGENES AUTO/MIETWAGEN:** sicher nicht mehr so gefährlich wie in den 7o-er Jahren. Die Situation hat sich normalisiert, die Straßen, sofern es sich um Hauptverbindungen handelt, sind asphaltiert. Relativ dichtes Tankstellennetz.

Mietwagen gibt es in allen größeren Städten, dort oft auch am Airport. Wer wenig Zeit hat: optimal, zunächst die Langstrecken per Flugzeug und dann für die Region ein Auto mieten. Gilt speziell für die nähere Umgebung von Bogota (Trips rauf nach Boyaca!), – für Cali (Rundtrip: Popayan – San

Agustin – Tierradentro) und für Medellin. Pro Tag und Kleinwagen muß man mit rund 25 - 3o US $ rechnen + Km a ca. o,3 US. – Internationaler Führerschein. Vorsicht auf Serpentinenstrecken: es wird gern geschnitten.

Der Kolumbianische Automobilclub/Bogota hilft bei Problemen auch ADAC, ÖAMTC und Mitgliedern des schweizerischen Automobilclubs. Allerdings keinen Service wie bei uns in Mitteleuropa erwarten, mit Straßennotdienstfahrzeugen etc.

★ TAXIS: gibts in den kolumbianischen Großstädten in Hülle und Fülle. Haben in der Regel Taxameter (oft bereits mit Digitalanzeige). Von daher wenig Probleme, wenn man darauf achtet, daß bei Fahrtbeginn das Taxameter eingeschaltet wird zum gültigen Stadttarif. Infos über Spezialaufpreise von den örtlichen CNT- Büros. Siehe auch unser Bogota- Text!

Für Fernverbindungen ab Großstädten, – also z.B. ab Bogota nach Tunja/ Villa de Leiva, – sowie auf dem Land für Trips in die nähere Umgebung kann man Rabatte durch Verhandeln erreichen. Im Normalfall ist man aber mit einem Mietwagen besser bedient.

★ TRAMPEN: ist in Kolumbien nicht üblich. Wer also den Daumen an Ausfallsstraßen rausstreckt, gilt als "Exot". Zudem bei relativ dünnem Privat-PKW- Verkehr auf Langstrecken wenig Chancen. Wer sich in Kolumbien ein eigenes Auto leisten kann, der fliegt bequemer Langstrecken. . .

LKW's nehmen mit, sind allerdings recht erstaunt über den Gringo mit dem langen Daumen. Für Frauen ist Trampen abzuraten; der lange Daume wird als "Spezialservice on the road" gedeutet.

★ GRENZVERBINDUNGEN:
Die Hauptübergänge sind von 8 - 18 Uhr offen. Folgende Übergänge:

VENEZUELA:		**PANAMA:**	
Cucuta (Hauptübergang)	324	Trail (via Los Kaitos Nat. Park)	397
Maicao (Karibikküste)	37o	Boot/Flug (Acandi)	396
Auaruca (Llanos)	439		
Pto. Careño (Llanos)	439	**BRASILIEN:**	
Pto. Inirida (Abenteuerverbindung)	44o	Leticia (Urwald)	441
ECUADOR:		**PERU:**	
Ipiales (Hauptübergang)	414	Leticia (Urwald)	444
Tumaco (Pazifikküste)	414		
Pto. Assis (Urwald)	434		

Mit eigenem PKW sind nur die Hauptübergänge VENEZUELA (Cucuta und Maicao), – sowie ECUADOR (Panamericana/Ipiales) befahrbar, – sowie in der Trockenzeit für Geländefahrzeuge die Übergänge mit VENEZUELA in Arauca und Pto. Careño/Llanos.

★ ÜBERNACHTUNG: die Durchschnittspreise für ein Basic- Hotel/Residencial bewegen sich derzeit in Kolumbien bei 3 - 1o US $ fürs Doppel. Geboten wird in dieser Preisklasse in der Regel: ein Stahlrohrbett, das in Varianten quietscht und in dessen Bettwäsche vielleicht 2 oder 3 Vorschläfer gelegen waren. Bei Glück hat das Zimmer ein Fenster, das zu einem Innenhof oder Gang geht und an der Karibikküste einen Ventilator. Wir empfehlen, einen Schlafsack über der Bettwäsche auszulegen.

Während die Basic- Klasse oft überteuert ist und sich Passables nur nach langem Suchen finden lässt , – siehts in der unteren Mittelklasse erheblich besser aus, und man sollte die paar Mark drauflegen. Kostenpunkt 8 - 15 US für ein Doppel, Tip sind dabei die Privatpensionen wie z.B. in Cartagena auf der Halbinsel Boca Grande. Alle Details siehe Text.

Hotels beginnen meist ab ca. 1o US $ (sehr simple Sachen) und gehen in der Mittelklasse (inkl. Privatbad) rauf bis ca. 2o US $. Sachen, die durch besseres Ambiente und Sauberkeit "glänzen", sowie durch bessere Lage. Ab ca. 13 US auf dem Lande und ca. 15 US in der Stadt findet man passable Unterkünfte.

Gute Hotels beginnen bei ca. 2o US $ bis rauf zu 8o US $ für Luxus. Aber speziell auf dem Lande (z.B. Villa de Leiva) bekommt man für 2o-3o US ausgezeichnete und sehr gemütliche Hotels. Alle Details siehe Text! –

AUSSERHALB DER SAISON kann man handeln, aber nicht in der Luxusklasse und nicht in Basic- Hotels. Dagegen steigen die Hotelpreise in den kolumbianischen Feriengebieten wie z.B. Santa Marta/Karibik während der Saison um 25 - 3o % teils mehr. Hier ist zudem in der Mittelklasse Vorbuchung dringend zu empfehlen! Details Text! –

In Basic- Herbergen wird oft Vorabbezahlung der Übernachtung verlangt; Quittung geben lassen. In besseren Hotels bekommt man einen Abschnitt der CNT, auf dem der Name des Hotelgastes, der vereinbarte Preis und die Übernachtungsdauer geschrieben ist.

Die Hotelpreise sind von CNT kontrolliert; bei Beschwerden dorthin wenden.

★ESSEN: die kolumbianische Küche ist tropisch geprägt und phantasievoll. Je nach Region (Inland oder Küste) dominieren Fleisch oder Fisch. Außerdem excellente Süßwasser- Fischgerichte! Auswahl:

Arepas : die berühmten Maisbrötchen, wie auch von Venezuela bekannt. Aufgeschnitten und mit Fleisch oder Fisch gefüllt, ganz passabel. Ansonsten nicht mein Geschmack. . .

Chuleta: das, was bei uns unter Wienerschnitzel läuft. Paniert und je nach Qualität des Hauses zart bis Schuhsohle.

Fritanga: gebratenes Rind- oder Schweinefleisch. Speziell in der Region El Valle.

Empanadas: wie in Ecuador, gefüllte Teigtaschen mit einer leckeren Sauce aus Gemüse mit Fleischstückchen. Wird heiß serviert und wärmt schön auf; vorwiegend in den Anden Ri. Ecuador!

Lechona: Lecker! Schweinefleisch, das in den Backofen kommt, zusammen mit grünen Bohnen, Reis und Gemüse. Vorwiegend Region El Tolima.Das selbe Gericht, das in Argentinien sehr beliebt ist, wo an Stelle des Reis die Kartoffeln treten.

Viudo de Pescado: Fisch mit zarten Bananen. Garniert mit Maniok und Kartoffeln.

Lengua de arroz antioqueña: eine Rinderzunge, die mit Reis und gebratenen Bananen serviert wird. Ausgesprochen lecker! Spezialität der Region um Medellin.

Ajaco de pollo: Huhn- Geschnetzeltes mit Zwiebeln, Sahne (wenns hoch kommt und der Koch gut!), Kartoffelscheiben, Mais, Kapern und Gemüsestückchen. Kolumbianisches 08/15- Gericht, das insbesondere auch im Bereich um die Mercados gern serviert wird und in besseren Restaurants zu Perfektion gerät.

Sancocho: Gemüsesuppe. In Varianten:: "Sancocho valluno" (Region Cali), – "Sancocho de Gallina" (Gemüsesuppe mit Hühnerfleisch, dem Bananen und Maniok beigegeben sind) – "Sanchocho con espinazo" (Beigabe Schweinerücken mit Weizen/Region Boyaca).

Frijoles antiquenos : der berühmte Bohneneintopf aus der Region um Medellin. Je nach Varianten mit Fleischstückchen und kräftig mit aji gewürzt.

Mazamorra: Maissuppe (Region Boyaca)

Pititoria: die Eingeweide eines Ziegenbocks. Kommen mit Reis und Gemüse.

Hormiga de Bucaramanga: große kolumbianische Spezialität. Geröstete Riesenameisen!!

Huevos pericos: beliebtes Schnellgericht im Bereich der Märkte. Ei mit Zwiebeln und Tomaten, je nach Art des Hauses mit Fleischstückchen.

Feijoada: im Osten Kolumbiens Richtung brasil. Grenze, so z.B. auch in Leticia. Ein brasilianisches Gericht, das dort Nationalspeise ist. Ein Eintopf mit Schweinefleisch Stückchen, Gemüse, insbesondere Bohne, viel Gewürz so Pfeffer und Aji. Scharf aber lecker!

Terenera de la Llanera: Kalbfleisch, das auf offenem Feuer geröstet wurde. Mit Salzkartoffeln . Llanos.

Charapa: Schildkrötenfleisch (zum Glück ein seltenes Gericht)

Muchacho relleno: Fleisch mit Gemüse und Reis

Cabrito: Region Santander. Scharf gewürztes Ziegenfleisch mit Maniok und Arepas.

Sopa de Pichon: Suppe mit dem Fleisch von Tauben. Region Santander.

Quesillo: Weichkäse, der in Bananenblätter eingewickelt wird, ähnlich wie auch im Nachbarland Ecuador. Oft bei den Busstops von Indiojungen angeboten.

Bandeja paisa: Spezialität der Region Medellin. Bohnen, Fleisch (teils Hackfleisch), mit Reis, Avocadoscheiben, Eiern und Kochbananen, teils auch Wurststückchen!

Tamales: Fleisch, in Bananenblättern eingewickelt, wobei auch Maisquaste im Spiel ist.

Patacones ist das Synonym für gebackene Bananenscheiben, die praktisch auf jedem kolumbianischen Gericht landen.

An der KARIBIKKÜSTE dominieren Fischgerichte. Unter anderem auch Shrimps und Lobster, der allerdings recht teuer ist (obwohl reichhaltig vorhanden), da er per Kühlschiff oder Flugzeug in der Regel nach Nordamerika exportiert wird.

NACHSPEISEN: "Arequipe con brevas" : süße Nachspeise mit Feigen. – "Alfandoques" Lebkuchen/Region Antioquia. – "Bocadillo con queso": Süßigkeit aus Guavamark mit Käse. – "Cuajada con melado": Quarkspeise mit viel süßem Sirup.

★ GETRÄNKE: neben den "Gaceosas" (alles was kribbelt, von Coke bis Limo) ist das BIER der wichtigste Drink. Wie generell in Südamerika waren die deutschen Braumeister die Vorreiter. Wichtigste Marken sind unter anderem "Bavaria", – "La Aguila" – "Costena" – "Germania" – "Clausen" und "Club Colombiana". Leider gibts den kühlen Nährstoff zu häufig in den idiotischen Alu- Wegwerfdosen (o,3 Liter). Auch wenn da der obligatorische Aufdruck "mach mit beim Wegwerfen" (oder wie war das? ?) draufgedruckt ist, – so ist Umweltschutz in Colombia noch Fremdwort. Paar Pfennig mehr für Alu, transportiert sich leichter und kühlt sich schneller. Und die Natur saugt die Dosen voll Freude auf . . .

Positiver: in Bogota, Medellin etc. gibts Bierkneipen, bei denen vom Fass ausgeschenkt wird. o,5 oder 1/1 Liter bei vernünftigen Preisen. Da schlägt nicht nur das deutsche, sondern auch das kolumbianische Herz höher. Vorbildlich für Südamerika!!

WEIN aus kolumbianischer Produktion: besser Finger weg! Die excellenten chilenischen Tropfen (und noch mehr Importe aus Europa!) sind sauteuer. Wenn man die Frachtpreise und die Zölle kennt, ist die Bezeichnung "übertrieben teuer" wohl eher angemessen. Sei es drum; eine anständige Flasche nicht unter 2o DM in Restaurants.

LIKÖRGESCHÄFTE gibts in Bogota (z.B. "La Vina"/Casa de los Licores/ Av. Jimenez 5 - 85), aber auch in den anderen kolumbianischen Großstädten. Hier kommt man noch relativ preiswert an Alkoholica von Wein bis Whisky ran . Bei Preisen, die erheblich unter denen der Hotels und Restaurants liegen. Darauf achten, daß die Flasche orginalverschlossen ist! –

CAFE: wichtigster Exportartikel Kolumbiens nach Marihuanna. Hier unterscheidet man zwischen dem "TINTO" (=poor und schwarz) und dem "PERICO" (=mit Milch). Wird in teureren Restaurants in der Regel als Nachtisch gratis geliefert.

AGUAARDIENTE: Synonym für Schnaps generell in Südamerika. Bei Kolumbien als großem Zuckerrohr- Lieferanten ist die Basis Zuckerrohr/Rum. Vorsicht: egal ob pur, oder als Tropic- Mix mit tropischen Früchten. Häufig ist Kopfweh auch nach wenig Gläsern am nächsten Morgen die Regel. Wenn man selber mischt: besser ein paar Pesos mehr und nur Topmarken kaufen! – "El Canelazo" : Rum mit Zimt. Viele Varianten, wobei die beste die mit Cocosnussmilch ist, aber sehr gefährlich, da man bei gutem Mix kaum den Alkohol merkt.

JUGOS (sprich "Hugos"): Natur- Fruchtsäfte. Beim Reichtum der tropischen Früchte Kolumbiens reichhaltiges Angebot auf den Märkten und in den Restaurants an frisch gepressten Natursäften. Da merkt man mal wieder, was man hier in Europa aus der Flasche trinkt . . .

★ KLIMA: alle Zonen, je nach Höhenlage. Von tropischer Urwaldschwüle bei Temperaturen von 3o - 4o Grad, bis zu ewigem Schnee ab ca. 5.ooo m Höhe und durchschnittlichen Temperaturen von minus 8 Grad.

Die meisten, größeren Orte und Städte Kolumbiens liegen aber in den Anden in Höhenlagen, die ein angenehmes Klima haben. Vergleichbar mit dem mitteleuropäischen Frühling (tagsüber) bzw. Herbst (am Abend). Durchschnittstemperaturen der meisten Orte: tagsüber um 14 Grad, – nachts um 5 Grad.

Analog die Kleidung. Für Tropen am besten lockere T- Shirts in Baumwolle und Hosen, die atmen, statt zu klemmen. Für Frauen Rock maximal bis Knie (aber auch nicht zu knapp!). – Für Anden: Cordhosen können praktisch sein, sind aber ab 3.ooo m /bei Nachttrips in Überlandbussen verdammt kalt! Besser schon der Breitband- Cord. Insbesondere dicke Daunen-Jacken, wie sie sich auch bei Bergsteigern bewährt haben, oder unter einem normalen Dress (Bundeswehrjacke etc.) zumindest dicken Andenpullover!!

Wer hier nicht rechtzeitig vorsorgt, holt sich saftige Erkältungen! Nach Einbruch der Dunkelheit wirds in 2.7oo oder 3.ooo m lausig kalt. Warnung kann nur doppelt unterstrichen werden. Die Temperaturunterschiede zwischen Tag (Sonne) und Nacht sind kräftig.

REGENZEIT: variiert. In den Llanos geht, tiefer rein, nichts mehr in den Monaten April bis Oktober. – Für den Trip von Turbo über die Landenge von Panama rauf nach Panama City besser nicht die Monate des intensivsten Regens (da Trail versumpft), sondern Dezember bis März. Allerdings haben dann auch gegen Ende der sogenannten Trockenzeit die Urwaldflüsse den niedrigsten Wasserstand, sodaß der Flußverkehr erheblich eingeschränkt ist. – In den kolumb. Anden gelten die Monate Dez./Jan./Feb. und Juni/Juli/Aug. als die sonnenreichsten Monate mit den wenigsten Wolken, allerdings keine Garantie! –

★ **SPORT:** Wettkampfsport ist in Kolumbien gut entwickelt. Die Nation war begeistert, als bei der Tour de France einer ihrer Radsportler tagelang sich in der Spitzengruppe halten konnte. – Wichtigste Radsportveranstaltung in Colombia ist die "Vuelta a Colombia" (alljährl. März/April), die bei der kolumbianischen Geografie ohne frage fordert.

Flußüberquerung in Kolumbien – Stich aus dem verg. Jahrhundert

CALI war Mitte der 7o-er Austragungsort der Schwimmweltmeisterschaften und verfügt über excellente Sportstätten. Wegen der Vielfalt an Sportklubs gilt Cali als aktivste Stadt Kolumbiens im Sektor Sport.

Stierkampfsaison ist Dez. bis März. Eines der wichtigsten Ereignisse von Bogota, Medellin, aber auch Manizales und Sincelejo. Was in Bogota in geregelten Bahnen" sprich Stierkampfarena läuft, – artet auf dem Land, so z.B. bei Sincelejo im Norden zu deftiger Massenpsychose aus! Hier macht die gesamte Dorfjugend mit und rennt schreiend vor dem Stierbullen her! Der schnauft böse und jagt brüllend die Menge auf die Seite.

Bei diesen Dorfkämpfen hat man meist nicht das Geld, den Stier nach dem Kampf abzuschlachten, und so kommt dieser nach dem Kampf verschwitzt wieder auf die Weide! –

Wichtigster Volkssport: natürlich Fußball. – Sehr beliebt: Basketball und Volleyball. Besonders in Urwaldregionen und an der Küste: Hahnenkampf.– "Tejo", ein Spiel, bei dem mit Wurfgeschossen (z.B. Steinen) auf Platzpatronen gezielt wird. Wer trifft, dann knallts! Gesehen in Leticia, in Girardot am Rio Magdalena und in Boyaca nördl. von Bogota. Sowie in Melgar.

MODELLBAU–CLUBS: ähnlich wie in Venezuela/Caracas und Lima/Peru (siehe unsere dortigen Texte!) ist auch in Kolumbien Flugzeugmodellbau mit Fernsteuerung sehr beliebt. In der Zeitung "El Tiempo" (vom 24.9.84) ein Artikel gesehen, wo Gabriel Ferro, Präsident des Clubs Colombiano de Aeromodelismo sein neustes Modell präsentierte: eine nordamerikanische AT 6, die fast 5 m lang ist!! Und ausklappbare Reifen von Durchmesser von runden 4o cm ! Ein gigantisches Ding in Alukonstruktion, ausgerüstet für alle Kunstflugbonbons wie Looping, die Kubanische Rolle und den Inmelmann.

Logischer Weise haben die Clubs ihre eigenen Airports. In Bogota gibts derzeit 5 Clubs: – Colombiano de Aeromodelismo (Präsident Gabriel Ferro), – Club Bogotano de Aeromodelismo (Gonzalo Alfonso), – Club Osos Negros (Carlos Forero), – Club Los Zancudos (Carlo Magno Morel), – Club Los Copetones (Gustavo Mora), alle in Bogota.

Treff in Bogota und Kontakte: Templete Eucaristico und Parque de La Florida, meist an den Wochenenden, teils auch während der Woche nach Feierabend.

★HIKING: Kolumbien hat knapp 2o Nationalparks, die aber keinesfalls in ihrer Erschließung denen Nordamerikas zu vergleichen sind. Immerhin berühren sie die landschaftlich schönsten Stellen des Landes. Hier sind auch die interessantesten Trails von Kolumbien!

DIE INTERESSANTESTEN sind: Details Seite:

① – Los Kaitos an der Grenze zu Panama. Dichter Dschungel mit kleinen Urwaldflüssen, eingewuchert von Pflanzen. 52.ooo Ha. Details siehe 397

② – Isla de Salamanca, oben bei Barranquilla an der Karibikküste. Eine Region der Sumpflandschaften, Seen, Mangrovenvegetation mit Kanälen. Interessant besonders wegen dem Reichtum an Vogelarten (mehr als 15o verschiedene!). Es gibt einen Naturlehrpfad (über Stege), sowie Restaurant. Siehe 372

③ – Tayrona, östlich von Sta. Marta/Karibikküste. Ein lohnender Trail geht von der Küstenstraße Sta. Marta – Riohacha über die Berge an die Küste und El Pueblito nach Cañaverales (Parkservice und Campingplatz).Reiche Meeresfauna an den

Riffen, sowie Wasserschildkröten und mehr als 3oo verschiedene Wasservogelarten. 15 Ha. Details siehe 367

④ – Sierra Nevada de Santa Marta. Die mit Abstand höchste Erhebung im Küstenbereich Südamerikas. Von Meeresniveau gehts in rund 5o km Luftlinie rauf bis auf knapp 6.ooo m!! Entsprechend durch alle Klimazonen und - Vegetationen von dichten Urwäldern am Berghang, über Paramo- Hochland bis zum ewigen Schnee.

Landschaftlich fantastische Trails einmal ab Karibikküste/Palomino rauf und zwischen den Gipfeln durch, runter nach Valledupar. Zum anderen Trail ab Minca über Buritaca 2oo, der "Ciudad Perdida", wie sie auch genannt wird. Umfangreiche Siedlungsanlagen im Bergurwald der Tayrona Kultur. Ein ausgesprochen schwieriger Trail, den man jetzt auch organisiert bei "TAWA" in Paris, Adresse B.P. 174, F- 75227 Paris Cedex o5, Frankreich buchen kann. Telefon Paris— 262.17.15. Von Buritaca 2oo weiter rauf in die Gipfelregion und runter nach Valledupar. Beides sehr schwierig und leider kein detailiertes Kartenmaterial vom kolumbianischen Instit. Geografico Agustin Codazzi/Bogota, da Grenzbereich. TAWA ist wohl der bessere Tip, zudem preislich noch akzeptabel und fair.

Ab Valledupar gibts Trails die Südflanke rauf in Gipfelregionen. Insgesamt umfasst der Nat. Park 383.ooo Ha. Details siehe 367

⑤ – Corales del Rosario: Inselgruppe südwestl. von Cartagena im Karibischen Meer vor der Küste. Tropische Miniinseln mit optimalen Schnorchelmöglichkeiten über Korallenriffs. Details siehe 386

⑥ – Los Nevados: die Region der Vulkane Nevado del Ruiz bis Nevado Tolima, oberhalb von Manizales in der Westkordillera. Am Nevado del Ruiz gibts eine Berghütte, sowie Transport bis dorthin ab Manizales. Piste rüber zur Laguna Otun und Trail, später Piste runter nach Pereira. Abgesehen von der Höhe relativ problemlos, sofern man entsprechend warme Sachen, Essen und Trinken dabei hat. Schöner und schwieriger ist der Trail ab Ibague rauf an die Schneegrenze des Nev. Tolima. Quertrail rüber nach Pereira, schwierig, aber Kartenmaterial erhältlich. Insges. 38.ooo Ha. Alle Details 4o9

⑦ – El Cocuy, in der Ostkordillera. Die rund 5.2oo m hohe Sierra Nevada del Cocuy ist ohne Frage das interessanteste Wandergebiet in der Ostkordillera. Die Trails beginnen ab den Dörfern Guican und El Cocuy und gehen entlang der Hochtäler unterhalb des ewigen Schnees. Landschaftlich grandios, mehr als 2o Gletscherlagunen . Details 327

⑧ – Sierra La Macarena in den Llanos, südlich von Villavicencio. An Reichtum an Fauna und Flora wohl der wichtigste Naturschutzpark Kolumbiens, wissenschaftlich erforscht erst ab 194o. An den Berghängen dichte Urwälder mit Wasserfällen; die Biologen zählten bisher mehr als 2.5oo verschiedene Tierarten!! Unter andere Brillenbären, Affen, Jaguare, Riesengürteltiere und der größte Adler der Welt bei einem Gewicht von 8, 5 kg! Zeitweilig war die touristische Erschließung geplant, ist derzeit aber militärisches Sperrgebiet. Rund 1 Mill. Ha. Details 438

⑨ – Purace, im Quellgebiet der 3 wichtigsten Flüsse Kolumbiens, – des Rio Cauca, des Rio Magdalena und des Rio Caqueta/Ri. Amazonas. Für Trails hochinteressant, einmal wegen der Landschaft zwischen üppig tropischen Tälern und Paramo-Hochland, – zum anderen, da diese Trails San Agustin (interessanteste archäologische Stätte des Landes) mit Popayan (Panamericana nach Ecuador) verbinden. Zugleich Vulkane mit Thermalquellen. 83.ooo Ha. Details 432

⑩ – Amacayacu: Nationalpark am Rio Amazonas, runde 5o Flußkm aufwärts. Zu erreichen per Flußboote ab Leticia, die einigermaßen häufig bis Pto. Narino fahren. Der Nationalpark umfasst 17o.ooo Ha., und ist so gut wie überhaupt nicht touristisch erschlossen, obwohl reich an Urwaldvegetation und Tieren!

Die meisten Touristen machen Bequemeres , so die Urwaldtrips des US- Grieche Mike Tsalickis und seiner Amazonas- Flußinsel Monkey Island, wo er auch eine Lodge hat. – Details zum Nat. Park Amacayacu 443

Wichtigste Kontaktadresse ist die INDREMA in Bogota, – die nationale Parkverwaltung. Tips und Infos, auch zum grossen Problem des Transportes in die Nationalparks.

> Die INDREMA ist eigenständige Unterabteilung des kolumbianischen Wirtschaftsministeriums. Meist gibts in der nächst größeren Stadt nähe des Nat. Parks ein Büro der Indrema, – z.B. für den Nat. Park Sta. Marta in Valledupar und Santa Marta. Dort die besten Infos und bei etwas Glück auch Transport in den Nationalpark.
>
> Infos über die INDREMA- Adressen "vor Ort" über die CNT- Tourist Büros! –

★ **BERGSTEIGEN:** noch weniger entwickelt in Kolumbien als Nationalparks und Hiking. Es gibt vereinzelt örtliche Gruppen, die aber oft so klein sind, daß sie nichteinmal bei CNT bekannt sind!

Wichtigste Region mit abstand ist EL COCUY in der Ostkordilliera, – und Nev. del Ruiz.

Der VULKAN GALERAS (4.276 m), Nähe Pasto/Südkolumbien gehört zu den "leichteren Sachen", da eine Schotterpiste bis knapp unterhalb des Gipfels zu einer Fernsehstation führt. Superdünne Luft und bei klarem Wetter fantastischer Fernblick über die Täler von Pasto, bis runter zur Vulkankette Ecuadors. Eine der wenigen Chancen, in Kolumbien in Höhen über 4.000 m zu kommen, ohne Bergsteiger zu sein. In den Vulkankrater runter definitiv nur mit entsprechender Bergsteiger- Erfahrung und Ausrüstung!

Gilt auch für die GIPFELBEREICHE der Nevados Ruiz, Tolima und Sierra Nevada de Santa Marta, die absolut nur was für erfahrene Bergsteiger mit Gletschererfahrung sind. Gefährlich nicht nur wegen schnell aufkommender Nebel (=Null Orientierung), sondern auch wegen ihrer Abgelegenheit, wo es keinerlei Bergrettungsdienste gibt wie in den europäischen Alpen.

Generell liegen die großen, südamerikanischen Bergsteigerbonbons aber eher in PERU (Callejon de Huaylas, sowie Villcabamba und bei Puno), – in ECUADOR (Quito bis Riobamba), – ganz besonders in BOLIVIA (um La Paz) und in CHILE/ARGENTINIEN. Details siehe dort! –

★ **DROGEN: massive Warnung!!!** Zwar ist das kolumbianische Marihuanna das beste der Welt, aber die Polizei ist superscharf. Wer nur ein Päckchen anfasst, ist schon weg im kolumb. Knast, der absolut nicht den Komfort eines BRD- Gefängnisses besitzt!!

Einmal läuft über Kolumbien die Hauptroute des südamerikanischen Drogen Schmuggels (auch Kokain in verstärktem Umfang!) nach USA, – zum anderen befinden sich in den Llanos an den Andenabhängen und in der Sierra Nav. de Santa Marta an der Karibikküste die klimatisch besten Anbaugebiete Südamerikas!

COLOMBIAN CONNECTION: Kokain- Transport von Ecuador,Peru und Bolivia. Läuft entweder per Flugzeug, oder über Land über die Grenzübergänge Coca/Ecuador nach S. Miguel/Pto. Assis/Colombia. Andere Routen via Urwald mit derzeitiger Schaltzentrale in Leticia, wobei die Waren aber seperat seitlich durch den Urwald laufen.

Wenn neue größere Posten die Grenze passieren, merkt man das am gestiegenen Schwarzmarkt- Dollar Wechselkurs in Leticia. Entweder wird über dem Dschungel per Boot oder altem Propellerflugzeug geschmuggelt, der in seiner Weitläufigkeit und Größe kaum von der Polizei kontrollierbar ist, – oder via Llanos mit ihren hunderten von Flugfeldern.

Gemäß Berichten des "El Tiempo"/Bogota fliegen die Maschinen knapp über dem Boden wegen Radarkontrolle. Oft Abstürze, wenn bei einem Luftloch der Abstand zum Boden zu knapp wurde, – oder bei dem Alter des Fluggeräts, das meist aus der Zeit des 2. Weltkriegs stammt. Bei den dicken Gewinnen im Drogenschmuggel sind aber immer häufiger moderne Sportflugzeuge im Einsatz.

Früher kam das Cocain unverarbeitet nach Colombia. Die besten Laboratorien lagen oft in der Sabana/Hochebene von Bogota. Nach intensiven Polizeirazzien eliminiert; wie der Stoff bereits in Ecuador oder Bolivia neuerdings fertiggestellt wird. Angeblich sollen weite Regierungskreise der früheren boliv. Regierung im Drogenhandel verwickelt sein; in Lima/Peru reger Hausbau in den Residencial Areas von Leuten, bei denen Aktivitäten im Drogenhandel vermutet wird.

Sprungbrett auf dem Weg nach USA ist, – von Lage her – Kolumbien. Geht teils über kleine Airstripes am Rande der Sierra Nev. de Santa Marta, – teils über Airstripes auf der Guajira- Halbinsel, die in ihrer Größe schwer kontrollierbar ist. Die Maschinen fliege n dann entweder über die Bahamas, wo die Ware z.B. insbesondere über der Insel San Andros abgeworfen wird, wobei die Maschinen nachts knapp über dem Land fliegen und die dortigen Händler die Sachen dann in Schnellbooten an die US- Küste von Florida verschifften. – Ein anderer Weg war die Verschiffung per gekaperter Segelyachten der Karibik. Die Gewinne, wenn man sich hier als Gringo einlässt, – sind saftig. Je nach Umfang des Transportes sind 1o.ooo bis 2o.ooo US $ pro Trip das erste Verhandlungsangebot. Aber definitiv Finger weg!!!

Die Szene ist derart kommerzialisert, daß die Polizei die Hauptwege und Tricks kennt, und auch durch Spitzel von zu erwartenden Aktivitäten Bescheid weiß. Jede Menge von Tricks, – wie geschehen, wurden Babies aufgekauft, die getötet wurden, der Bauch aufgeschlitzt und mit Kokain gefüllt. Das Baby wurde dann kosmetisch aufbereitet, daß es wieder natürliche Farbe bekam und Flug nach USA.

Eine Brutalität sondersgleichen, und immer neue Tricks, denn die Gewinne sind gigantisch! Zeitweilig war der Drogenschmuggel Kolumbiens so intensiv, – wie "El Tiempo" berichtet, daß das Land über einen ungeheuren Überfluß an US- Devisen verfügt. Die Geldwäscherei kolumbianischer Drogenhändler läuft meist über Hauskauf. Dabei wird die in Realität bezahlte Kaufsumme niedriger angegeben. Anschließend wird die Immobilie zu ihrem regulären Wert wiederverkauft.

Der scheinbar erzielte Gewinn wird somit zu einem legalen Gewinn. – Ein System, das viele Varianten hat. So z.B. Einkauf in Firmenbeteiligungen, Kauf von Luxuslimosinen etc.

Auch der kleine Mann verdient sich gern was, – und zwar durch Denunziation. Päckchen anbieten, in der Hoffnung, der dumme Gringo greift zu. Dann steht oft die Polizei bereit, die gemäß Bestimmungen den Gringo ins Gefängnis abtransportiert. Das zumindest ist der reguläre Gang der Dinge. (Mit Varianten. . .) Siehe auch S. 879

Besondere Vorsicht in den Billighotels und auf den Busterminals von Pasto, Popayan, Cali und Medellin! Aber auch auf Abenteuerverbindungen! –

★ **KOLUMBIANISCHE PILZE:** gelten in der Drogenszene weltweit als die besten der Welt. Der Drogen Prophet Allen Ginsberg hat z.B. den "Yage"- Pilz, der an den östlichen Andenhängen wächst, in den 5o-ern , entdeckt und publik gemacht. Sollen speziell bei Mocoa/Südkolumbien besonders gut gedeihen und Mitte der 7o-er Jahre gab es regelrechte "Pilz- Meetings".

Mittlerweile hat die Polizei Kolumbiens auch auf sowas ein recht exaktes Augenmerk.

★ **REISEN IN KOLUMBIEN:** während Kolumbien noch Mitte der 7o-er Jahre das Image hatte, als "gefährlich" mit Trickdiebstahl und Überfällen, – hat sich die Situation derzeit sehr zum Positiven gewandelt.

Natürlich die übliche Vorsicht wie generell in Südamerika, – also kein Pfingstochse (mit Schmuck und Kamera behangen), Vorsicht in dunklen Gegenden der Großstädte, so bei Busterminals, Märkten und in ärmeren Vierteln. Siehe auch unser Kapitel im Einleitungsteil dieses Bandes!

★ **ÖFFNUNGSZEITEN:**

Behörden:	in der Regel Mo. – Fr.: 9 - 16 Uhr
Banken:	Montag bis Fr.: 9 - 15 Uhr. Außerhalb dieser Zeit in Hotels, oder am Flughafen (nur in den Großstädten wie Cali, Medellin, Bogota). Vorsicht beim Wechseln auf der Straße; nicht immer ist der Partner fair!
Geschäfte:	Mo. - Sa.: 9 - 19 Uhr. Für die kleineren Geschäfte (Lebensmittel etc.) am

Straßeneck gibts keine Ladenschlußzeiten wie bei uns. Jeder macht zu, wenns ihm Spaß macht, also oft tiefer in die Nacht rein. Teils mittags zu.

Restaurants: Frühstück: 8 - 1o Uhr. – Mittagessen: 12 - 14 Uhr. – Abendessen: in der Regel 18 bis 22 Uhr. Meist aber fängt der Betrieb erst ab 2o Uhr an und endet in den Großstädten zwischen 23 und 24 Uhr. Aber auch sehr variabel und besser rechtzeitig an den Tisch!

Folklorerestaurants (mit Shows), Nightclubs, Discos: öffnen meist gegen 2o - 2o.3o Uhr bis . . . (je nach Wochentag und Anzahl der Gäste).

★ ÖFFENTLICHE FEIERTAGE:

1. Jan., – 6. Jan., – 19. März, – Karfreitag, Ostern, Gründonnerstag,– Christi Himmelfahrt, 1. Mai (Tag der Arbeit),– 29.6. (Peter und Paul),– 2o.Juli (Tag der Unabhängigkeit),– 7.8. , – 15.8. , – 12. Okt. , – 1. Nov., 11. Nov. (Unabhängigkeitstag von Cartagena), – 8.12. sowie 25.12. (Weih=nachten). – SOWIE REGIONALE FESTE. –

★ POST:

Führend die Airline "AVIANCA", die auf Grund einer staatlichen Genehmigung in Kolumbien auch Post befördern darf.

Sicher in Südamerika ein Unikum, daß eine Airline im sonst staatlichen Postverkehr mitmischt. Und zwar nicht als gecharterter Posttransporteur, sondern mit eigenen Postämtern! Die Genehmigung geht auf die 2o- er Jahre zurück, als die Scadta, damaliger Vorläufer der Avianca vom Staat den Auftrag erhielt, einen eigenen Postdienst zu organisieren.

Damals war Kolumbien(auf Grund der Anfangsprobleme der Republik)an Infrastruktur superschlecht erschlossen; miserables Straßennetz, kaum Eisenbahnverbindungen (an denen man erst ab Jhd.- Wende baute) und der Verkehr über die Flüsse bei entsprechendem Zeitaufwand. Karibik–Bogota z.B. 1o Tage!

Zwar gibt es heute auch ein staatliches Postsystem ("Adpostal"). Die meisten Leute geben ihre Briefe, Päckchen und Pakete aber lieber der Avianca. Jede Avianca- Office für Flüge ist zugleich Postamt. Der Service ist in der Regel schnell und zuverlässig. Auch nach Europa; bei größeren Sendungen sollte man sich aber nach Spezialtarifen der Avianca erkundigen, – z.B. für Kunstgewerbe.

Sonderservice ist der "Rapidissimo", der gemäß Avianca die Zustellung der Sendung innerhalb von 24 - 72 Std. in Länder außerhalb Kolumbiens garantiert.

★ TELEFON:

Zuständig ist "Telecom" (auch für Telegramme und Telex). 1947 vom Staat gegründet. Arbeitet heute, auch innerhalb Kolumbiens meist mit Richtfunkstationen (Parabolspiegel) und kann insbesondere in abgelegene Regionen des Landes, z.B. in den Amazonas schwierig bis langwierig sein, oder schlecht verständlich. Der laufende technische Ausbau verbessert die Situation. Geplant ist unter anderem ein Nachrichtensatelit über Kolumbien.

In Notfällen, bzw. in den Llanos und Amazonasgebieten sind die örtlichen Radiostationen wichtiges Communicationsmittel, wo man auch Nachrichten an persönliche Verwandte weitergeben kann.

In den Großstädten gibts auch auf der Straße Telefone, die von einer Muschel gegen Rege n abgeschützt sind. Sonst ab Restaurants oder Hotels. Wer ab Hotelzimmer telefoniert (Inland oder internat. Verbindung), zahlt in der Regel je nach Hotel 15 - 3o % Aufschlag ans Hotel für die Vermittlung. – Von TELECOM ist Direktwahl nach Europa möglich.

★ MEDIEN:

Farbfernsehen wurde 1981 in Kolumbien eingeführt und ist nur im Bereich der Großstädte zu empfangen. US- orientiert, insbesondere in Sachen der laufenden Unterbrechung der Spielfilme von Werbespots. Wenn der Film am interessantesten wird, – darf man dann sehen, warum und weshalb gerade die "Burgerking- Hamburger" von Bogota die besten sind, und welches Waschmittel unbedingt demnächst in die Waschmaschine muß, damit die Wäsche auch wirklich weiß wird. Errungenschaften, die uns demnächst auch in der BRD bevorstehen. . .

Sehr dichtes Netz von Rundfunkanstalten, die meist in privater Hand sind.

Wichtigste Zeitungen sind der "El Espectador", – "El Tiempo", beide Bogota und die Zeitungen "El Siglo" und "La Republica", die zu den ältesten des Landes zählen. Jede Menge Regionalzeitungen. So in Cali: der "El Colombiano" und "El Mundo", – in Medellin "El Pueblo" und "Occidente". In Barranquilla: "El Heraldo" und "Diario del Caribe".

Infos über Kulturelle Veranstaltungen, Theater, Kino, Ausstellungen, aber auch zu Abfahrten von Schiffen, Befahrbarkeit von Straßen etc.

★ GESUNDHEIT:

Gewisse Vorsicht auf den Märkten mit "Essen aus dem Topf". Nicht immer optimale Hygiene beim Auswaschen des Bestecks und der Teller, aber auch in Zubereitung. Durchfall oder Schlimmeres kann, – muß aber nicht die Folge sein. An Früchten besser Schalenfrüchte, wer auf Nr. Sicher gehen will. Die Hygiene in den Restaurants ist meist o.K.

Malaria- Propylaxe kann, muß aber nicht für Urwaldtrips nötig sein. Bin in Kolumbien selber ohne diese Pillen unterwegs gewesen. Aber bitte vorher den Tropenarzt fragen! – Sowieso klar: kein Flußwasser trinken in den Llanos und im kolumb. Amazonas. Für die Urwaldgebiete empfiehlt sich guter Moskitoschutz (sofern es sowas gibt!). Die besseren Hotels in Leticia haben Moskitonetze.

Die Hygiene in den Städten ist für südam. Verhältnisse o.K. Aber besser kein Leitungswasser trinken und auch nicht zum Zähneputzen verwenden. Mineralwasser aus der Flasche! –

★ FESTE/VERANSTALTUNGEN:

wie auch die anderen südamerikanischen Länder ist Kolumbien reich an Veranstaltungen und Festen. Hier eine Auswahl der wichtigsten:

– Volksmarkt "Los Toldos de San Alejo" in Medellin. Findet am ersten Samstag jeden Monats statt. Eine Art Flohmarkt zwischen Kunsthandwerk, Antiquitäten,

Monate

Keramik, altem Ramsch, Kleidern, Schuhen bis zu Briefmarken und Möbeln. Plaza Zea/Medellin.

- Buchmesse Comfama in Medellin. Wichtigste Messe der kolumbianischen Verlage. Im Januar.

1

- Feria de Manizales. Eines der wichtigsten Feste Kolumbiens, meist 1 oder 2. Woche im Januar. Dauert 1 Woche. Unter anderem Stierkämpfe, zu denen die besten Toreros von Südamerika, Mexico und Spanien kommen, – Handwerksausstellungen (interessant die Artesania Abteilung mit gutem Querschnitt durch die Aktivitäten des Landes), – die Kaffee Schönheitskönigin wird gewählt, dabei kommen die hübschesten Mädchen aus Süd- und Zentralamerika! – Und Folklorewettbewerbe um die besten Tanz- und Musikgruppen Kolumbiens. Allein dies lohnt den Besuch, wer sich für südamerikanische Musik interessiert!

  Rechtzeitig das Hotel reservieren. Gibt nicht viel Übernachtungsmöglichkeiten in Manizales, sonst Ausweichquartier in Pereira oder Armenia, aber auch begrenzt!

- Carneval Blanco y Negro (Karneval der Weißen und Schwarzen) in Pasto, 1. Woche im Januar. Optisch ein riesigers Happening, bei dem Mehl und schwarze Schuhcreme die wichtigsten Elemente sind. Man schmiert sich an (freiwillig oder unfreiwillig auch die Passanten!).

  Background ist der Bergbau aus der Kolonialzeit, in dem vorwiegend Schwarze arbeiteten, – und die weißen Kolonialherren. Vor nix ist sicher der, der sich zu dieser Zeit in Pasto aufhält. Parallel Umzüge mit fantasievoll gestalteten Fahrzeugen. Höhepunkt ist der 6.1.

- Fiesta de Riosucio (im gleichnamigen Ort nähe Manizales, 1. Jan.- Woche). Gespielt wird die Geschichte eines Streites zwischen 2 verfeindeten Dörfern der Kolonialzeit.(Zwischen dem indianischen Dorf La Montana und dem span. Dorf Quibralomo.)

- Pubenzafeste (erste Jan. Tage) in den Dörfern des Pubenzatals bei Popayan. Tanzen, Volksmusik und viel Aguaardiente.

- Cartagena/ Stierkämpfe, meist 1. Jan. Woche

- 3 Königs Fest (1. Jan. Woche). In dem knapp 3o km südlich von Barranquilla gelegenen Ort Baranoa wird die Ankunft der Heiligen 3 Könige mit Laienspielern nachgespielt. Das ganze Dorf feiert mit. In der Nacht vom 5. zum 6. Jan. ist der Höhepunkt, mit Feuerwerk und Straßentänzen.

- Fiesta de Caiman (in Cienaga, meist letzte Jan. Woche). Eines der großen Cumbia-Feste Kolumbiens. Fast die ganze Stadt am Tanzen auf den Straßen. (nähe Santa Marta an der Laguna Cienaga).

2

- Fiesta de La Candelaria. In Cartagena, religiöses Fest mit Prozessionen. Anfang Feb., manchmal aber auch letzte Jan. Woche.

- Carneval. Der berühmteste von Kolumbien findet in Barranquilla statt. Glückliche Mischung aus tropischer Hitze, Lebenstemperament und negriden Rythmen, – kurzum jede Menge Action und heiße Cumbias! Der Carneval von Rio/Brasil ist zwar erheblich größer und berühmter, der von Port of Spain/Trinidad- Karibik der andere große Südamerikatip. Danach kommt Barranquilla.

  Beginnt 4 Tage vor Aschermittwoch mit Umzügen und die Straßen voll von Blumen. Riesige Angelegenheit und interessant vorallem wegen der Tanzgruppen (afroamerikanisch) und den fantasievollen Masken. Dann wird durchgefeiert bis Mittwoch. (Symbolisches Begräbnis des Amigo "Joselito Carnaval").

- Fiestas de la Corota. Eine Insel in der Laguna La Cocha bei Pasto/Südkolumbien. Traditionelles Fest der Campesinos mit viel Andenmusik. Auf die Insel wird mit Flößen und Booten übergesetzt. Mitte Feb.

– Festival de Musica del Caribe (wichtiges Musik- Festival /Cartagena, meist 1. März-Woche). Treffen der besten Musikgruppen aus dem Karibischen Raum. Lohnt sich sehr! 3

– Hahnenkampf- Messe in Sincelejo (südl. von Cartagena Ri. Medellin). Eine der wichtigsten Fachmessen Kolumbiens für Hahnenkampf. Unter anderem auch Wettkämpfe der besten Kämpfer des In- und Auslandes. Mein Geschmack ist der Hahnenkampf nicht, aber gute Gelegenheit, tieferen Einblick in die Materie zu bekommen und hochinteressant, die Zuschauer zu beobachten. Von daher insgesamt lohnend! Mitte März. Details zum Hahnenkampf siehe Seite

– Karwoche (variabel, März/April) am interessantesten in Popayan (verbunden mit 4
einem Internacionalen Festival der religiösen Musik) und in Mompos/Rio Magdalena (Umzüge durch die schönen Kolonialstraßen des Ortes).

– Internat. Filmfestival Cartagena (variabel, manche Jahre auch März). Zwar keine Dimensionen wie Cannes oder Venedig, – so doch gute Möglichkeit für den, der gut spanisch spricht, Überblick über neue lateinamerikanische Produktionen zu bekommen.

– Indianerfest "Verbrennung des Juden" in Quibdo/Choco. Ein heißes Wochenende unten in den Tropen des Choco, bei denen die Cholos und Cholas (letztere in Naturtracht mit naktem Oberkörper, bemalt) bei der symbolischen Verbrennung des Verräters Judas zusehen. Tänze, Alkohol.

– Fiesta der "Vallenato- Legende". In Valledupar südl. der Sierra Nev. de Santa Marta. Der "Vallenato" ist die für die Region typische Musik; Wettbewerbe und viel Ambiente! Unter anderem kommen auch viele Arauco- Indios aus der Sierra runter! Meist Ende April (26./27.), verbunden mit einer Messe für Hahnenkampf.

– Orchideenausstellung in Medellin (Variabel, Mai bis August). 5

– Tunja (Boyaca, nördl. von Bogota): Musikfestival. Jedes Jahr, aber variabel (Mai bis Juli). Eine der größten Veranstaltungen für Volksmusik aus dem Andenbereich. Details zu jeweiligem Termin über CNT/Tunja.

– Tag des Bauern (am ersten Sonntag des Juni). Ein Regionalfest in vielen Dörfern 6
Kolumbiens. Mit Tänzen und örtlichen Musikkapellen. Wer an diesem Tag mit dem Auto unterwegs ist, sollte beim intensiven Alkoholgenuß der Festteilnehmer reichlich vorsichtig auf der Straße fahren.

– Folkorefest von Neiva (meist Ende Juni) mit Wahl der Schönheitskönigin (Bambuco). Volkstänze, Umzüge, wobei unter anderem die gekrönte Königin dann auf einem Floß auf dem Rio Magdalena durch die Stadt fährt. Wichtigstes Folklorefest der Region.

– Dividivi- Fest von Riohacha (meist Anfang Juli). Name kommt von der Pflanze, 7
die auf der Guajira- Halbinsel wächst. Interessant wegen Kunstgewerbe derRegion, aber auch Tradition und viel Tänzen auf den Straßen.

– Joporo, wichtigstes Fest der Llanos in Villavicencio, meist Anfang Juli.

– Sommerfeste in und um Silvia (bei Popayan). Findet meist Mitte Juli statt und ist das Fest der Campesinos Südkolumbiens mit Vielfalt an Traditionen in Kleidung und Tänzen.

– Fiesta de Sogamoso (Boyaca, nördl. von Bogota). Neben Wahl der regionalen Schönheitskönigin gibts Kunsthandwerkausstellung und einen Wettbewerb der Modellflugzeugbauer und ihrer Maschinen. Meist Mitte Juli.

– Drachenflug- Festival auf der Hauptplaza von Villa de Leiva/Boyaca. Im Gegen- 8
satz zu seit Jahrhunderten bestehenden Festivitäten (wie z.B. dem Carneval de Riosucio) eine relativ junge Angelegenheit, aber fantastisch von Farbe: mehere Hundert Drachenbauer lassen ihre Werke aufsteigen in den kühlblauen Himmel der Anden. Für Fotographen ein Leckerbissen. Bleibt zu wünschen, daß dieses Fest

sich in Kolumbien dauerhaft etabliert! Infos über Termin von CNT Tunja oder Villa de Leiva.

- Desfile de los Silletros (Medellin (Mitte Aug.). Wichtigstes Fest von Antioquia mit großen Umzügen und tausenden von Blumen.

9

- Musikwettbewerb Paipa/Boyaca. Folclorica Andina. Termin: variabel.
- Fiesta del Sal in Manaure auf der Guajira- Halbinsel. Großes Fest der Guajiro- Indios, die dort in den Salzlagunen arbeiten.
- Posada del Contento. Großes Musikfest in Medellin, an dem die besten Trobadoure des Landes teilnehmen. (variabel, teils auch Ende August).
- Cumbiafest in El Banco am Unterlauf des Rio Magdalena. Eines der wichtigsten Musikfeste des Landes für Cumbia. (Wettbewerbe der besten Tanzgruppen und der besten Kapellen). Lohnt sich sehr! Problem ist nur die Übernachtung im kleinen El Banco. Termin: variabel, Info über CNT.

10

- Nat. Wettbewerb der Llanos Musik alljährlich (variabel) im Oktober in Acacias , rund 3o km südl. von Villavicencio in den Llanos.
- Fiesta del Santo Pacho in Quibdo (Anf. Okt.) mit Tänzen, Maskeraden und dem "Vacalocas", einem Stierkampf, wo der Stier aus Holz und Metall ist.
- Fiesta de la Raza (12. Okt.) in Guatavita de Nueva, nördl. von Bogota. Mit Regattas, Stierkämpfen, Fallschirmwettbewerben, Kunsthandwerksmesse etc.

11

- Llanos Fest in San Martin (rund 65 km südl. von Villavicencio). Eine der größten und sehenswertesten Veranstaltungen der Llanos. Es gibt Reiterwettbewerbe (die "Joperos") und Pferdedressuren ("Cuadrillas"). Sowie viel Musik und Tanz auf den Straßen. Lohnt sich!
- Wahl der kolumbianischen Schönheitskönigin im Hotel El Caribe/Cartagena (bisher immer 11.11. , zugleich dem Tag, an dem Cartagena seine Unabhängigkeit von den Spaniern feiert). Ganz Cartagena auf den Beinen, Umzüge und Tänze.
- Akordeon Fest in Sincelejo. Die Quetschkomode wurde im vergangenen Jahrhundert von den Deutschen nach Kolumbien gebracht. Sie wurde wichtiges Element in der kolumbianischen Volksmusik. Wettbewerbe.

12

- Weihnachtskrippen Ausstellung in Villa de Leiva/Boyaca.
- Aguinaldo Boyacense in Tunja/Boyaca. Großes Vorweihnachtsfest, das sich vom 15. bis zum Weihnachtstag 24. erstreckt, mit Volksmusik, Ausstellungen etc. Wohl eine der schönsten Stellen, hier oder im benachbarten Villa de Leiva die vorweihnachtlichen Tage zu verbringen!
- Zuckerrohr- Karneval, Cali. Das wohl größte Fest des Valle. Beginnt am 1. Weihnachts tag und erstreckt sich bis über Sylvester zum 3. Jan. Volksmusik, Stierkampf, Umzüge und breites Kulturangebot.

Da viele Feste in ihrem Termin variabel sind: vorab beim Tourist Office (CNT) in Bogota oder bei den regionalen CNT's erkundigen, – die meist auch die Daten für die kleineren Regionalfeste haben. Bei der Fülle an Festen und Veranstaltungen können wir in unserer Liste nur eine Auswahl der rund 4o wichtigsten Kolumbiens bringen.

★ EINKÄUFE/KUNSTGEWERBE:

Kolumbien ist excellent und wohl eines der besten Andenländer für LEDERSACHEN! Die Palette reicht von schönen Taschen ("Tulas"), über Handtaschen, Geldbeutel, Rucksacktaschen, Sattelzeug, Gürtel, bis hin zu Stiefeln und Ledersakkos.

Beste Einkaufsstellen sind die Märkte von Cucuta, Villavicencio/Llanos, Popayan, San Agustin und Pasto (teils auch Florencia). Dort ist Handeln

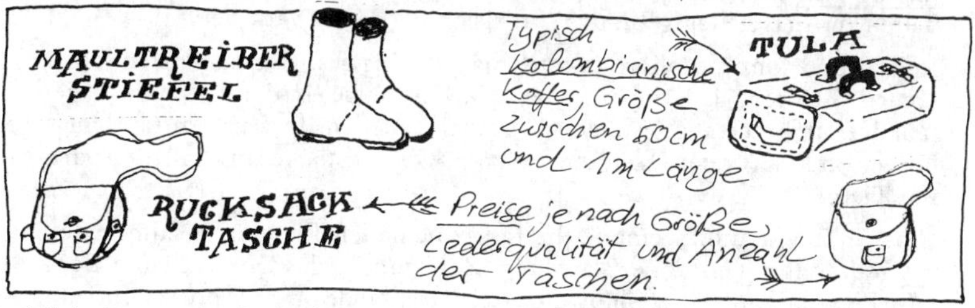

üblich. Das grobe Preisniveau sieht man in den Geschäften um den Markt (z.B. in Cucuta), wobei man auf den Märkten einen rund 1o - 2o % billigeren Preis aushandeln kann.

Gute Verarbeitungsqualität prüfen, insbesondere saubere Nähte und Lederqualität. Reservoir für die überaus reiche und schöne kolumb. Lederproduktion sind die Llanos. Die Preise richten sich nicht nur nach Größe und Lederqualität, sondern auch nach Anzahl der Taschen, – bei Stiefeln: ob ohne oder mit eingenähten Verzierungen.

Während man auf den Märkten meist gröbere Lederqualitäten bekommt (die aber gerade bei Taschen ungemein schön sein kann im ockerfarbigen Leder), gibts Hochwertiges in den Boutiquen und Shops von Bogota (z.B. Calle 19= Av. Lima), siehe unser Bogota- Text! Cali und Medellin. Tip: wer auf der Durchreise Zwischenlandung in Bogota macht, guter Shop in der Transithalle bei sehr guter Qualität und immer noch erheblich billiger als bei uns in Europa! – In Bogota gesehen: hochwertige Leder- Diplokoffer bei Boots & Bags, die bei uns das Doppelte oder Dreifache kosten würden!

HÄNGEMATTEN: beste Stellen sind Cartagena und Sta. Marta an der Karibikküste und in Villavicencio in den Llanos. Sowie Quibdo/Choco und Tumaco/Pazifikküste.

WEBEREIEN: neben den "ruanas" (Ponchos) und "mantas" (Wolldecken), die man praktisch im gesamten Andenbereich bekommt, – ist die Region Boyaca (nördl. von Bogota) in Kolumbien führend für Wandteppich Webarbeiten.

Mit die schönsten Sachen, die ich auf diesem Sektor auf meinen Südamerika- Reisen gesehen habe!

Fantasievoll aufgestickte (oder in dicken Wollfäden raushängende) Szenen aus dem Andenleben, Dorfszenen, Tiere, Kinder, Landschaften. In lebendigen Farben, wobei man aber leider von Naturfarben (vergl. Peru-Teil/ Huancayo!) abgekommen ist.

Die beste und breiteste Auswahl an Boyaca- Wandteppichen in Bogota (z.B. in den Geschäften der "Artesanias de

Colombia" oder bei "Tipicana").

KERAMIK: neben Töpferarbeiten (meist grobe, simple, naturfarbene Arbeiten für den Alltagsgebrauch) tut sich wieder Boyaca hervor:

Reiche und fantasievoll gestaltete, bemalte Figuren bis zu ganzen Dorfszenen. Figuren für Krippen, oder z.B. Holzbusse, in denen die Passagiere (aus Keramik gefertigt) sitzen, ihre Arme aus den Busfenstern raushängen lassen, oben auf dem Dach die Früchte, Gepäckstücke und mittransportierten Tiere!

Gibts in 2 Varianten: einmal die farbig bemalten Figuren, – zum anderen rot gebrannter Ton ohne Bemalung (Zentrum ist das Dorf Raquira/Boyaca), z.B. Figuren von Campesinos um den Vasenrand, oder: grober Tonfladen und darauf eine Dorfszene mit Stierkampf etc. Die grobe Darstellung (z.B. Mund einfach mit dem Messer in den noch feuchten Ton reingedrückt oder Hände eines Landarbeiters, die als grobe Pratzen runterschlappen) sind bewußtes Stilmittel.

Auf den ersten Blick gefälliger fürs Auge sind natürlich die farbig bemalten Keramikarbeiten. Beste Auswahl weniger auf den Märkten als in den Kunstgewerbegeschäften von Bogota.

HOLZSCHNITZEREIEN: die besten Artesanos sitzen wieder in Boyaca. Schöne Sachen in den Geschäften von Bogota gesehen, so ein geschnitztes Schachspiel, farbig bemalt. Leider aber auch auf den Märkten und in den Shops von Bogota viel "Auftragsarbeiten" gemäß dem Kundengeschmack.

GOLDARBEITEN: eine der führenden in Kolumbien ist die "Galeria Cano" in Bogota, die mit den Techniken der praecolumbianischen Kulturen Replikas herstellt.

SMARAGDE: Kolumbien ist führend in der Weltproduktion. Details siehe "Bogota" und Vorsicht beim Kauf von Straßenhändlern!

BOTSCHAFTEN / KONSULATE:

PA = Postanschrift, – casilla = Postfach

BRD in Kolumbien:

BOGOTA: (Botschaft) Carrera 4 No. 72 - 35, 6 Stock, Edif. Sisky ,(PA: Apartado Aereo 918o8, Tel.: 212 o5 11

BARRANQUILLA: (Konsulat) Calle 8o, No. 79 , Edif. Tealco (PA: Apartado Aereo 668, Tel.: 458 3o8

BUCARAMANGA: (Konsulat)

CALI: (Konsulat) Av. 4a Norte No. 14-1o7 Barrio Granada, (PA: Apartado 1788) Tel.: 685 361

CARTAGENA: (Konsulat) Calle 5a No. 12-76, Of. 8D (PA: Apartado 1o43) Tel.:48127

CUCUTA: (Konsulat) Calle 7 No. 4-55 (PA: Apartado 581), Tel.: 224 55

MANIZALES: (Konsulat) Calle 23 No. 22-15, Tel,: 31o oo

MEDELLIN: (Konsulat) Calle 52 No. 47-238 (PA: Apartado 51666) Tel.: 516 626

SCHWEIZ in Kolumbien:

BOGOTA: (Botschaft) Carrera 9a No. 74-o8 /11 Stock Edif. ProfinanzasTel: 255 3945

ÖSTERREICH in Kolumbien:

BOGOTA: (Botschaft) Carrera 11 No. 75-29, Tel.: 235 6628

Kolumbien in BRD: Friedrich-Wilhelm-Str. 35, 53oo Bonn 1, Tel.: 234 565
KONSULATE in München, Frankfurt, Saarbrücken, Bonn, Hamburg und Berlin
Kolumbien in Österreich: Stadiongasse 6 - 8, 1o1o Wien, Tel.: 427 146
Kolumbien in der Schweiz: Willadingweg 27, 3ooo Bern 15, Tel: 431 7oo
KONSULAT in Lausanne

Ganz herzlichen Dank an Bernard E. Drewes, der uns handfest nicht nur im Kolumbienteil mit Tips und Infos bei unseren Recherchen unterstützte.

Sein hohes touristisches Sachwissen nicht nur zu Kolumbien – hat mir viel bei meinen vor Ort- Recherchen geholfen, – aber auch die Fülle seiner Kontakte und sein Organisationstalent.

Einer der attraktivsten Andenstaaten wegen seiner Vielfalt: üppige, tropische Strände an der Pazifikküste, – farbenprächtige Indiomärkte mit besten Einkaufsmöglichkeiten und ausgezeichneter Artesania, – Amazonasfahrten in kleinen Außenborder- Kanus und im Andenbereich Eisenbahnfahrten in Wildwest- Waggons, nach denen sich jeder Filmproduzent die Finger abschleckt.

Viel Flair in den Siedlungen im Gebiet um Guayaquil im Tiefland, – sehr freundliche Bevölkerung. Landschaftlich ein großartiges Land mit den mehr als 2o Vulkanen, viele schöne Trails und großes Bonbon für Bergsteiger! Angenehm, daß alles kompakt zusammenliegt, bei sehr günstigen Preisen im Sektor Übernachtung und Transport.

Absoluter Reisehöhepunkt sind die GALAPAGOS INSELN, Vulkaneilande 1.ooo km vor der Küste Ecuadors, ein Tierparadies, wo die Vögel zutraulich auf die Hand fliegen, vorsintflutliche Iguanas, reich an Fauna und Flora. Im glasklaren Wasser kann man mit den Seehunden um die Wette tauchen. ECUADOR vereinigt fast alles für Südamerika Typische auf kleinstem Raum und ist damit eines der interessantesten Länder des Kontinents! Vielen gefiel es so gut, daß sie hier den Großteil ihrer Ferien verbrachten!

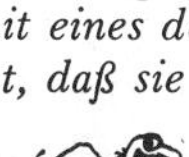

WÄHRUNG: **SUCRE**

Frei konvertierbar, d.h. man kann gegen Sucre oder andere südamerikanische Währungen US $ eintauschen ohne großen Kapitalverlust. Ecuador ist eines der wenigen südamerikanischen Länder, wo dies möglich ist. Wer also Geldnachschub aus Europa braucht, beordert diesen nach Ecuador!

EINREISE: **gültiger Pass**

Bei der Einreise gibt's an der Grenzstation zusätzlich noch ein TOURIST–VISUM, gültig für 3 Monate. Danach Verlängerung für weitere 3 Monate beim Konsul Ecuadors in Ipiales/Kolumbien oder in Tumbes/Peru möglich. – Wer weniger als 3 Monate in den Pass bekommen hat, kann dies ohne Schwierigkeiten in der Oficina de Inmigracion/Av. Republica y Amazonas/Quito verlängern lassen.

EINREISE: saubere Kleidung, wer mit dem Rucksack unterwegs ist. Der Kapitalnachweis von ca. 2o US $ pro Tag und das Rückflugticket aus »→

ECUADOR–SCHNELLFINDER:

GALAPAGOS.....

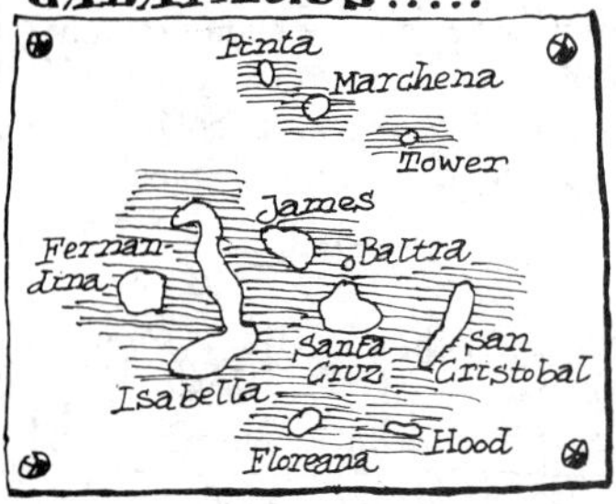

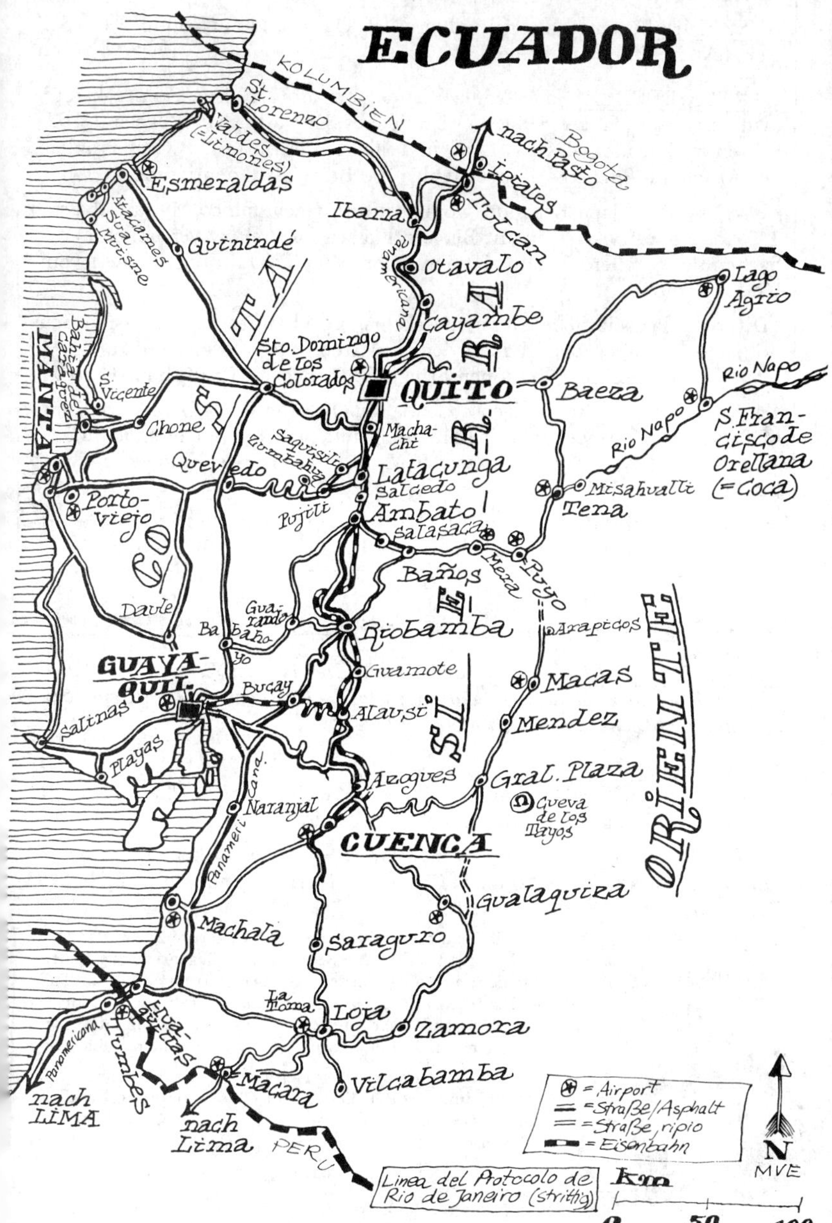
ECUADOR
KOLUMBIEN
St. Lorenzo
Valdes (=Limones)
nach Pasto
Bogota
Ipiales
Tulcan
Esmeraldas
Ibarra
Quinindé
Otavalo
Panamericana
Cayambe
Lago Agrio
Sto. Domingo de los Colorados
QUITO
Baeza
Rio Napo
S. Francisco de Orellana (=Coca)
S. Vicente
Chone
Machachi
Latacunga
Salcedo
Quevedo
Saquisili
Zumbahua
Misahualli
Tena
Porto-Viejo
Pujili
Ambato
Salasaca
Baños
Mera
Puyo
Daule
Guaranda
Babahoyo
Riobamba
Arapicos
GUAYAQUIL
Guamote
Macas
Saltinas
Bucay
Alausi
Mendez
Playas
Azogues
Gral. Plaza
Cueva de los Tayos
Naranjal
Panamericana
CUENCA
ORIENTE
Gualaquiza
Machala
Saraguro
La Toma
Loja
Zamora
Huaquillas
Tumbes
Panamericana
Vilcabamba
Macara
nach LIMA
nach Lima
PERU
= Airport
= Straße/Asphalt
= Straße, ripio
= Eisenbahn
Linea del Protocolo de Rio de Janeiro (strittig)
km
0
50
100
N
MVE

Ecuador raus wird nur in fraglichen Fällen kontrolliert.

AUSREISE: bei internationalen Flügen ab Quito und Guayaquil 5 US $. Bei Ausreise Überland keine Tax.

KARTEN/BÜCHER: den "Guia Vial del Ecuador"/Nelson Gomez kann man vergessen (ca. 2 US $). Ein handliches Schmalformat- Buch mit 16 Karten zu Ecuador, das das Land in Teilkarten aufrastert. Ewiges Problem des Anschluß- Suchens! Zudem fehlen die Berge als Orientierung.

Besser ist die "Mapa Ecuador" vom Instituto Geographico Militar, Maßstab 1 : 1.000.000, vierfarbig, mit Bergen, Flüssen und relativ verlässlich in Sachen der Straßen. Erhältlich über "Libri Mundi"/Quito oder direkt vom IGM in Quito.

"Dituris", das staatliche Fremdenverkehrsbüro in Quito hat eine neue Ecuadorkarte herausgegeben, die auf dem neuesten Stand beruht und zugleich touristische Detailinformationen bringt. Erhältlich im Diturisbüro/Quito.

Für Wanderungen, Bergsteigen etc. unabdinglich die IGM- Detailkarten im Maßstab 1 : 50.000; erhältlich allerdings nur für den Andenbereich und auch diese oft vergriffen. Adresse: IGM, Av. Colombia y Nino, offen Mo. bis Fr. 7.30 bis 15.30 Uhr.

BÜCHER: definitiv excellent ist "Libri Mundi", Juan Leon Mera, 851 Quito, mit der wohl besten Buchauswahl Ecuadors. Besuch lohnt sich!!

Einreise im Norden mit Kolumbien:

(1) *Über die PANAMERICANA in den Anden. Der Hauptübergang zwischen Kolumbien und Ecuador (Grenzorte Ipiales/Kolumbien - Tulcan/Ecuador). Auf dieser Strecke die besten Verbindungen!*

★ Ipiales/Kolumbien:

Gemütliches Andenstädtchen (Details siehe "Kolumbien"), Übernachtungsmöglichkeit, billiger aber drüben auf der ecuadorianischen Seite!

Laufend Colectivos an die Grenze, ca. 0,5 US $. Etwa 5 km, direkt bei der Grenzbrücke ist das kolumb. Grenzhaus (Stempel) und zu Fuß über die Brücke bzw. mit Colectivo oder Bus nach TULCAN/Ecuador.

GRENZFORMALITÄTEN derzeit für die Einreise nach Ecuador direkt hinter der Grenzbrücke auf der ecuadorianischen Seite. Wer in Gegenrichtung fährt, nach Kolumbien: angeblich Ausreisestempel Ecuadors schon in Tulcan an der Hauptplaza (Oficina Inmigracion). Vorab checken auch in Bezug Änderungen. – Die Grenze ist von 8 bis 18 Uhr offen; jede Menge Verkehr, da Hauptübergang zwischen den beiden Ländern.

Die Zeiten, wo der Zoll jede Menge Schmuggelgut aus Kolumbien konfiszierte (begonnen von Toilettenpapier bis Shampu, Rasierklingen etc.) sind vorbei, da Ecuador derzeit billiger als Kolumbien ist. Spezielles Augenmerk der Grenzer heute auf Drogen! –

Achtung: für Kolumbianer und Ecuadorianer besteht Regelung eines

"Taja, - da hätten wir ja dann wieder einen Vorrat..."

kleinen Grenzverkehr ohne große Kontrollen im Bereich Ipiales/Tulcan. Der große Check kommt dann später, – südl. oder nördl. an der Panamericana. Und, der Gringo muß seinen Einreise/Ausreisestempel dort dann vorweisen!

Tulcan: ca. 3o.ooo E./2.8oo m

langgestrecktes Straßendorf ohne speziellen Reiz als Ort, aber schöner Rundblick auf die umliegenden Vulkane bei klarem Wetter! In den Souvenirshops des Ortes gibts diverse Holzschnitzereien, teils auch billige Schach-Spiele mit Figuren aus tropischen Hölzern.

Übernachtung: ein ganzer Schwung in den beiden Parallelstraßen zwischen Hauptplaza und dem Busterminal. Ganz gut ist "Resid. Quito", das Doppel für runde 3 US $. Freundliche Besitzer, ein gesprächiges, älteres Ehepaar. Die Zimmer mit Holzfußboden, leicht knarrenden Betten, Tisch und Stühlen. Sehr basic, aber sauber. – Einige weitere Residenciales in Richtung Busterminal sowie direkt vis- a- vis, allerdings dort weniger sauber. – Beste im Ort: "Hostal Resid. Oasis"/1o de Agosto 329 (Doppel ca. 6 US $) und zu ähnlichem Preis das "Hostal Resid. Al Paso"/Sucre y Pichincha. – Direkt an der Grenze zu Kolumbien das "Rumichaca" (ca. 25 US $), modern, mit SW- Pool und Bowling. Gehört dem staatlichen Dituris.

Wer allerdings in der Billigklasse übernachten will, sollte nach Möglichkeit noch bis Otavalo weiterfahren (ca. 3 Std.), zum Übernachten erheblich gemütlicher und schöner als Ort.

Geldwechseln: jede Menge ambulanter Händler auf beiden Seiten der Grenze mit Diplokoffer. Spezialisiert auf Bargeld/US $, – Travellerschecks sind schwierig zu wechseln. Wer Bargeld wechselt, sollte sauber nachzählen. Beliebtester Beschiss- Trick ist ein flach liegendes und mit Gummiband umschnürtes Geldbündel an Sucres oder Pesos, welches an einer Seite durchgezählt wird.

Sofern einige Scheine in der Hälfte umgeknickt sind, ergibt dies beim Durchzählen einen fehlerhaften Betrag! –

Nähere Umgebung: die "Gruta de la Paz" ist etwas hochstilisiert von innerecuadorianischen Tourismusbüros, – sowie ausländischen Reiseführer- Büchern, die nicht "vor Ort' recherchieren, sondern abschreiben.

Ob sie sich für den ausländischen Gringo lohnt, möchte ich sehr dahingestellt sein lassen. Kleinere Höhle mit Marienfigur und Ziel für Walfahrten. Zudem schwierig zu erreichen über eine Abzweigungspiste von der Hauptstraße in üblem ripio- Schotterpisten Charakter mit teils steilen Abschüssen. Kein öffentlicher und häufiger Bustransport zur Höhle.

Transport: der Busterminal von Tulcan liegt ca. 2 km am südl. Ortsrand ab Hauptplaza. Mit Gepäck ein strammer Marsch, – gibt aber auch Stadtbusse für ca. o,1 US ab Hauptplaza (bei Reiterstandbild) rauf zu Busterminal.

Tagsüber fast stündlich Mikrobusse nach Quito. Fahrzeit ca. 5 Std./3 US $. – ALTERNATIVE ist der Flug mit TAME- Propeller ab Tulcan. Fliegen derzeit tägl. von Mo. bis Fr. ca. 11 Uhr ab Tulcan nach Quito, Flugzeit 3o Min./ca. 7 US $.

Sowohl per Flug wie Mikrobus ist die Strecke landschaftlich ein Bonbon bei klarem Wetter: jede Menge von Vulkangipfeln! Die Panamericana tiptop ausgebaut und bis Quito flott zu befahren. Alle Details siehe S. 546.

IM KANU ENTLANG DER KÜSTE:

Alternativroute zum oben beschriebenen Hauptübergang mit Kolumbien in den Anden. Sie führt entlang der Küste im Kanu durch dichte Mangroven-

sümpfe und verästelte Wasserstraßen. Oft ist sich der Bootsführer selber nicht sicher, wie es weitergeht. Heißer Tip für Abenteurer! Pasto/Kolumbien ⋙→ Ibarra/Ecuador dauert ca. 4 - 6 Tage. Hier die Details:

Auf der kolumbianischen Seite ab PASTO mit dem Bus nach TUMACO an der Küste. Täglich, die Busfahrt dauert 7 bis 14 Std., je nach Wetter, bzw. Bus- Breakdowns, da die Straße sehr schlecht ist: viele Schlaglöcher, Kurven und Staub. Man durchfährt schöne Tropenlandschaften. Alternative: Propellerflug ab Cali. Details im Kolumbienteil!

★ **Tumaco** nahe der ecuadorianischen Grenze am Pazifik ist ein abgewracktes Tropennest auf Stelzen, teils in die Mangrovensümpfe rausgebaut. Bevölkerung vorwiegend Schwarze. Graue Sandstrände. Man kann relativ billig Hütten am Strand mieten.

Ausreisestempel für die Fahrt nach Ecuador beim D.A.S. in Tumaco besorgen. Etwa 2 mal pro Woche, bei Bedarf auch tägl. fährt ein Boot rüber nach San Lorenzo/Ecuador. Straßenverbindung gibt es keine. Fragt im Hafen nach "una canoa por favor a San Lorenzo? ". Das Einbaumkanu kostet nach einigem Verhandeln um die 6 US $. Empfehlenswert: wasserdichter Plastikbeutel für Pässe, Flugtickets usw., da die Fahrt eine feuchte wird . . .

Wer ein Direktboot erwischt, braucht ca. 8 Std., sonst Umsteigen mit Übernachtung auf halber Strecke. Es geht durch ein Gewirr von Flußarmen, vorbei an Mangroveninseln und Buchten durch viele verästelte Wasserarme. Der Pazifik macht sich durch hohe Wellen bemerkbar, die über Bord schwap pen. Ab und zu kräftige Regengüsse. Alles recht abenteuerlich.

★ **St. Lorenzo/Ecuador** ist fast noch abgewrackter als Tumaco: Mäuse, Ratten und tropische Bretterbuden. Dazwischen streunende Hunde und Schlamm=löcher. Bei der Immigracion gibts den Einreisestempel.
Übernachten: zB. "Resid. Ibarra", 2 US $ fürs Doppel mit heißen Duschen, die Betten mit Moskitonetzen. Sauber, aber sehr infach. Direkt an einer total verschlammten Seitenstraße von der Plaza. – "Resid. Esmeraldas", in gleichem Stil wie "Res. Ibarra". Schwarze Kinder bieten noch einfachere Sachen (meist Privat) an. Insgesamt gibts runde 3o kleinere Residenciales im Ort, allerdings meist superbasic, Preis um 1 US $.

IN SAN LORENZO entscheidet sich der weitere Routenverlauf. Entweder rauf mit der abenteuerlichen Eisenbahn nach Ibarra (siehe Folgekapitel!), – oder entlang der Küste, nicht minder lohnend! Hier liegen die derzeit besten Strände Nordecuadors. Kilometerweite Sandstrände mit Palmen und dichten Tropen im Landesinneren. Allerdings kaum bis überhaupt nicht touristisch erschlossen!

Es gibt zwar gelegentlich Direktboote von San Lorenzo bis Esmeraldas (siehe Karte!),– in der Regel muß man aber zunächst nach LA TOLA. Fahren täglich, wenn das Außenborder Kanu voll ist (12 Personen), teils mit Zwischenstop in Limones. Überfahrt bis La Tola ca. 2 - 4 Std., wobei der Käptn hinten den Außenborder bedient und sein Compagnon vorn nach Treibholz Ausschau hält. Die Fahrt geht parallel zur Küste, die aber nicht immer zu sehen ist. Drückend heiß bei kühlender Meeresbrise und gelegentlichen Tropenschauern. Dichte tropische Vegetation auf den Inseln, die der Küste vorgelagert sind, Wasservögel und Mangrovendickicht.

In Limones zwar Übernachtungsmöglichkeit, aber jede Menge Moskitos. Übernachtung

B.V.H.
Zug
Von St. Lorenzo nach Ibarra/Anden

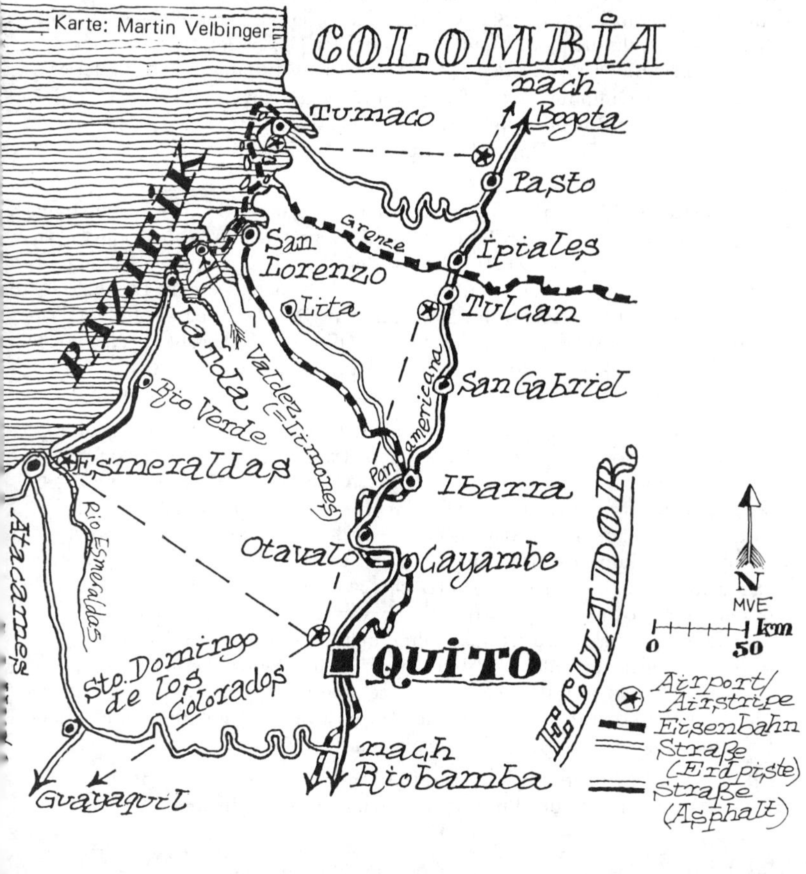
Karte: Martin Velbinger
COLOMBIA
nach Bogota
Tumaco
Pasto
Grenze
San Lorenzo
Ipiales
Tulcan
Lita
PAZIFIK
La Tola
Valdez (=Limones)
San Gabriel
Rio Verde
Panamericana
Esmeraldas
Ibarra
ECUADOR
Rio Esmeraldas
Otavalo
Cayambe
Atacames
N
MVE
km
0
50
QUITO
Sto. Domingo de los Colorados
Airport/Airstripe
Eisenbahn
Straße (Erdpiste)
Straße (Asphalt)
nach Riobamba
Guayaquil

vermeiden, sofern man nicht landein mit einem Flußboot zu den Cayapa- Indianern will (z.B. am Rio Chontaduro. Wichtigstes Cayapa- Dorf ist Borbon, flußauf ab La Tola via Rio Santiago zu erreichen. Superdichte Tropenvegetation entlang des Flußes mit Rodungen für landwirtschaftlichen Anbau. Limones ist Hauptexport Ort für Bananen, die per Boot und LKW nach Esmeraldas verfrachtet werden). –

LA TOLA hat basic- Übernachtungsmöglichkeiten sowie Busverbindung nach Esmeraldas Die Boote von San Lorenzo warten in der Regel auf den Bus bzw. in Gegenrichtung. Bus La Tola bis RIO VERDE tägl., ca. 2 Std./1 US $, teils auch bis Esmeraldas durchgehend. Es sind simple "Ranchera"- Busse, d.h. man nehme einen LKW und konstruiere hinten im Selbstbau/Holz einige Sitze, die Dach als Regenschutz haben.Beste Badestrände der Region um Rio Verde (derzeit nur wenig Übernachtungsmöglichkeit) mit kilometerlangen Sandstränden, Palmen und klarem, badewannen- warmem Meer! Mehrmals täglich Busse bis Esmeraldas/ca. 2 Std./1 US $. Abfahrtsstelle in Gegenrichtung ab Esmeraldas an der Brücke über den Rio Esmeraldas.
Von Esmeraldas tägl. außer So. ein TAME- Propellerflug nach Quito/3o Min., ca. 6 US. Bzw. sehr häufig am Tag Busverbindung nach Quito, ca. 6 - 7 Std./ca. 3 US $.

★ SAN LORENZO »→ IBARRA: definitiv Abenteuertrip mit der Dschungel Eisenbahn rauf in die Anden! Die Strecke wurde 1957 gebaut (knapp 3oo km Gleis), als man plante, San Lorenzo zum Verladehafen der Amazonas-Erdölpipeline auszubauen. Nach Verlegung der Gleise entschied man sich aber für Esmeraldas, und noch heute verkehrt auf den Schmalspurgleisen ein klappriger Omnibus, der auf geraden Strecken ein beachtliches Tempo erreicht. Da der Bus erheblich breiter ist, als die Gleise, hängt er rechts und links kräftig über. Unter dem Bus statt der Reifen: ganz schmal die Eisenbahnräder.

Der "BAHNHOF" von St. Lorenzo aus Stein, wie ein kleiner Provinzbahnhof, unter Palmen. Es fahren pro Tag 2 Busse nach Ibarra, der erste gegen 6 Uhr früh, der 2. gegen Mittag. Besser den Früh- Bus nehmen. Fahrzeit offiziell 6 - 7 Std., daraus kann aber erheblich mehr werden. Der Fahrkartenschalter macht schon um 5.3o Uhr auf. Der Andrang zu diesem Trip ist beachtlich; es soll manchmal Schlangen bis zu 2 Std. geben! Nach Möglichkeit die Fahrkarte schon am Vortag kaufen. Kostenpunkt bis Ibarra rund 2 US $ Anfangsbesetzung des Busses übrigens: 3o - 4o Schwarze.

Die Landschaft unterwegs ist großartig: dichter, tropischer Dschungel, unterbrochen von Bananenanpflanzungen. Langsam schlängelt sich das Schmalspurgleis entlang des Rio Mira die Anden rauf. Wenn die Gleise nicht richtig zusammensitzen, fliegt ihr in die Höhe und knallt bis auf's Eisen wieder runter. Wir hatten nach 3 Std. unseren ersten Breakdown: 7 Std. im Dschungel warten auf den nächsten Bus. Der ist natürlich auch schon mit 4o Schwarzen vollgequetscht, aber nach Übereinanderstapeln passen auch 8o rein . . . Auf dem Dach werden die Habseligkeiten der Schwarzen verstaut: Truthähne, Hühnerbündel, Bananenstauden und anderes. Wegen der vielen Breakdowns sind viele Schwarze mit eigenen Schienenfahrzeugen unterwegs, die sie schnell wegheben, wenn der Bus um die Ecke kommt. Von oben nach unten soll die Fahrt noch interessanter sein, weil der Bus dann einen ganz schönen Zahn drauf hat! –

Das Gleis geht von Ibarra weiter bis Quito. Personenverkehr jedoch nur noch bis Otavalo, da der Bus auf der Panamericana schneller ist.

Wenn der Zug aus San Lorenzo oft nach 19 Std. in Ibarra eintrifft, sind nicht selten bis zu 2oo Passagiere an Bord. . .
Im Bau eine Straße von Ibarra nach San Lorenzo, die zwischenzeitlich bereits Lita erreicht hat. Nach ihrer kompletten Fertigstellung besteht Gefahr der Einstellung der Zugverbindung, die sicher eine der originellsten und abenteuerlichsten in Südamerika ist.

Ibarra >>> Quito: häufig am Tag Minibusse, die die Strecke in rund 2 Std. machen/1,5 US $. Landschaftlich unheimlich schön, über karge Andenhochebenen (3 - 4.ooo m) an einer Kette schneebedeckter Vulkane vorbei. Alle Details zu Ibarra, Otavalo und Strecke siehe S. 546, 55o.

Grenzformalitäten: die Route Pasto – Tumaco – San Lorenzo hat Grenzverkehr, allerdings nur minimalst Gringos. Wer von Kolumbien kommt, besorgt sich den ersten Stempel in Pasto (bzw. Cali, sofern Flug Cali–Tumaco) bei der dortigen Polizei. Den Ausreisestempel gibts in Tumaco, den Einreisestempel in San Lorenzo. Diesen muß man jedoch nach derzeitiger Regelung noch in Ibarra bzw. in Esmeraldas bei der Polizei nachbestötigen lassen! –

③ GRENZÜBERGANG KOLUMBIEN VIA AMAZONASGEBIET:

Fast noch abenteuerlicher als der Übergang via Tumaco/Pazifikküste. Zeitbedarf ca. 4 Tage wenn alles glatt geht. Vorab Grenzformalitäten abklären!

Vorweg: diese Route ist nicht ungefährlich, da über diesen Übergang Einiges an Drogenschmuggel läuft (wie auch in der gesamten Region bis runter nähe Leticia!). Abgesehen davon ist diese Route zeitlich schwer kalkulierbar (im Gegensatz zur leichteren Route via Pazifikküste/Tumaco), – da es keine durchgehende Verbindung gibt.

Von PASTO/Kolumbien gehts zunächst über eine abenteuerliche Andenpiste steil runter in den kolumbianischen Amazonasteil nach PTO. ASIS. Kann nach längeren oder kräftigen Regenfällen Probleme machen, auch wenns in der Regel einen täglichen Bus ab Pasto bis Pto. Asis gibt.
Pto. Asis mit Basis- Hotels und Erdöl- Bohrtätigkeit in den umliegenden Urwäldern hat ebenfalls mehrmals in der Woche Flugverbindung mit dem kolumbianischen Andenhochland, nicht aber beispielsweise mit Leticia.

Von Pto. Asis sucht man sich ein Boot auf dem Grenzfluß Rio San Miguel rauf nach El Cangrejo, einem Mini Nest mit Piste rüber nach LAGO AGRIO/Ecuador, aber keinem regulären Transport. Kann sein, daß ein 3o km Fußmarsch durch den Dschungel fällig wird. Wer die Route macht,– diese Infos basieren auf Informationen von Einheimischen der Region – möchte uns bitte einen kurzen Bericht schicken.

Grenzformalitäten: den D.A.S. gibts in Pto. Asis für die kolumbianischen Ausreisepapiere. In wieweit der Grenzübergang auch für Gringos offen ist, sollte man vorab beim DAS in Bogota oder Pasto abklären, sowie die Frage, ob derzeit die Einreise von den Ecuadorianern genehmigt ist. Nach uns vorliegenden Informationen muß man sich a) beim DAS in Pasto melden, dann in Pto. Asis zur Überprüfung der Papiere, – b) in Lago Agrio bei den Ecuadorianern.

Ab LAGO AGRIO/Ecuador tägliche Busverbindung an den Anden rauf nach Quito. Ebenso gibts eine tägl. Flugverbindung in Propellermaschinen der Tame (außer So.) für 8 US/3o Min. Flug, Weitere Details siehe Seite 519.

QUITO
EN LA MITAD DEL MUNDO
It's "bompy-time"!

Tourist INFO "Dituris" im Botschaftsviertel, – Reina Victoria 514 Ecke Roca, Seitenstraße der Av. Amazonas. Das Info- Material ist, – sofern es sich um gängige Sachen handelt, passabel. Sobald es aber um ausgefallene Routen geht, knackt es aus. Sorry. . .

DIRECCION DE TURISMO DEL ECUADOR - DITURIS
Reina Victoria y Roca P.O. Box 2454
QUITO

2.850 m/ca. 800.000 E.

Mit Abstand schönste Hauptstadt aller südamerikanischen Staaten!
Wer mit dem Nachtbus aus Tulkan morgens um 4 verschlafen in Quito ankommt, der schnuppert erstmal frische Andenluft und blinzelt zum Fenster raus. Draußen schleppen die Indios riesige Lasten in kleinen Trippelschritten davon; der Tag graut über der weißen Vulkankuppe des Pichincha, und die Indios bauen in der Morgendämmerung ihre Stände für den Markt auf. Ihr packt eure Sachen, räkelt euch erst einmal nach den engen Bussitzen und sucht euch ein Hotel.
Es ist die Andenatmosphäre, die den Charme dieser Stadt ausmacht.

QUITO liegt 2850m hoch, und wer die Höhenluft nicht gewohnt ist, sollte erstmal im Hotel pennen, damit sich der Körper an die dünne dünne Luft gewöhnt. –
Quito hat ca. 800.000 Einwohner, – vorwiegend Indios. Im Norden der Stadt moderne Villenviertel mit breiten Avenidas, Parks und prunkvollen Residencias. Besonders im Botschafts - und Boutiquenviertel um die Av. Amazonas mit vielen schloßartigen Villen, die kleine Türmchen aufge=setzt haben.

Für Südamerika relativ wenig Slums; der Ölboom macht sich überall mit reger Bautätigkeit, dicken Chevy- Pickups, aber auch schnellen BMW's bemerkbar. Die derzeitige Ecuador- Regierung ist pro USA, was sich auch wirtschaftlich und für die breite Allgemeinheit positiv auswirkte: breites Warenangebot, Straßenbau, gute Schulen und Krankenhäuser.

Den reizvollsten Teil Quitos findet man in der ALTSTADT im Südwesten: viele schöne Kolonialhäuser aus weißem Stein mit prachtvoll verzierten Balkons und Fensterumrahmungen. Eine der schönsten Gassen ist die Juan de Dios Morales (trad. Name: "La Ronda") und die anderen Straßen und Plätze im Gebiet der Av. 24 de Mayo/Plaza Sto. Domingo.

Hauptplaza und Stadtzentrum: PLAZA DE INDEPENDENCIA mit dem Regierungspalast. In der Umgebung die wichtigsten Geschäfte des Centros, ebenso die Hauptpost (direkt hinter dem Palast) und das Telegraphenamt (nebenan). Die Altstadt von Quito im Schachbrett den Hang rauf, – zum Panecillo und zum Vulkan Pichincha.

CAMPESINO–MARKT auf der Plaza 24 de Mayo, jeden Mittwoch und Sa. früh von 6 - 16 Uhr. Kleider, Schuhe, Metallartikel und jeglicher Krims-Krams von Flaschenöffnern zu Schlössern, Gemüse. Marktschreier mit vorsintflutlichen Mikrophonen, die Sexyunterwäsche erfolgreich an Mann und Frau bringend. Das Geld knüllt man in der Hand zusammen und wirft es ihm zu. Das ist auch der Grund, warum mancher ecuadorianischer Geldschein kaum noch zu entziffern ist. Zuckerrohr, das in kleinen Maschinen zerkleinert wird und, von der rauhen Hülle befreit, gekaut wird. Möbel-Markt. Viele Campesinos tragen zum Teil beachtliche Lasten auf dem Rücken in winzigen Trippelschrittchen, – Lasten, die oft vom Volumen 3 mal größer als die Träger sind. Der Markt zieht sich in die Seitenstraßen rein, so die Calle Cuenca (mit überdachten Hallen) und den "Mercado Ipiales", der früher die Funktion des Schwarzmarktes hatte; wegen gestiegener columb. Preise derzeit aber unbedeutend.

Im Bereich Plaza 24 de Mayo runter zur PLAZA STO. DOMINGO viele Indios an ihren großen Alutöpfen, in denen verführerisch die "salchichas" (kleine, rote Würstchen) brutzeln! Dazu im Nachbartopf die Kartoffeln und Bratbananen. So eine komplette Mahlzeit aus der Zeitung kostet um die 80 Pfennig, daß ihr euch pumpelsatt an den Bauch fasst. Zudem wärmt das Papier die klammen Hände im novembrig- kühlen Quito nach Einbruch der Dunkelheit. – Die Plaza Sto. Domingo mit der schönen, weißen Quito-Kathedrale und vielen Arkadengängen. Südlicher Abschluß der Altstadt, bevor es über die Av. Cumanda in die Talsenke unterhalb des Panecillos geht. Die meisten Stadtbuslinien laufen über diese Plaza; daher guter Startpunkt, wer sich noch nicht so ganz mit den Routen auskennt.

PANECILLO (Das "Brötchen"): der Stadthügel von Quito. Aufstieg von der Plaza 24 de Mayo über die Garcia Moreno und Verlängerung/Treppen. Schöner Rundblick über die Altstadt, besonders am Abend, wenn die Talsenke im Lichtermeer liegt. Die kathol. Kirche hat Ende der 70-er Jahre auf dem Gipfel einenAlu- Engel errichtet, der in pikanter Körperhaltung vom Panecillo die Stadt beschützt, – arm und reich, die Bettler und Rodrigo Paz, den Geldwechsler "tambien". Mit Recht stieß der Engel nach seiner Aufstellung auf Unzufriedenheit. Einmal wegen seiner hohen Unkosten, – Gelder, die man den Armen hätte besser direkt zuwenden können, – zum anderen wendet er den Armenvierteln Quitos den Rücken zu!

Verbindungen ab Quito:

(1) Flüge:

Der "Mariscal Sucre"- Airport von Quito liegt im Stadtbereich, ca. 9 km ab Centro. Die Landebahn reicht auch für Jumbos; bei schlechtem Wetter müssen Großflugzeuge wie Jumbo und DC 10 jedoch auf den Airport von Guayaquil ausweichen. – Im Airport gibts eine Post, Restaurant, Souvenirshop und die Büros der Quito anfliegenden Airlines. Geldwechsel-Möglichkeit. Car Rentals in der Ankunftshalle der intern. Flüge, sowie vor dem Airport. –

★ Internat. Verbindungen: annähernd täglich, teils mehrmals täglich rauf nach Bogota/Kolumbien (ca. 130 US $, bzw. Retourticket/30 Tage für ca. 210 US $). An einigen Tagen der Woche auch Flüge Quito – Cali/Kolumbien. Erheblich billiger: Tame- Inlands-Flug an die Grenze bei Tulcan und per Colectivo rüber nach Ipiales. Dort weiter mit dem dem Colectivo nach Pasto und von dort den Inlandsflug nach Bogota oder Cali.

Mehrmals pro Woche, teils mehrmals täglich runter nach Lima/Peru (ca. 180 US $ einfach, bzw. im 30 Tage retour- Ticket 300 US $. Bei speziellen Reisebüros ist selbiges Retourticket als "pacto andino" für ca. 240 US $ erhältlich). Der knapp 2 stündige Flug ab Quito nach Lima ist bei klarem Wetter definitiv Spitze und gehört zu einem der schönsten Südamerikas! Zunächst aus dem Hochtal von Quito rauf, entlang der ecuadorianischen Vulkane. Je nach Pilot Chance, das die Maschine knapp über dem Kraterschlund des Cotopaxi rüberfliegt. Dann in Abkürzung über Urwaldgebiete und in Peru, der nächste Höhepunkt: entlang der Cordillera Blanca/Callejon de Huaylas. Schneebedeckte 6.000-ender Gipfel und in der Sonne blitzende Gletscherlagunen. Danach über die peruanische Küstenwüste runter nach Lima. Bester Platz im Flugzeug: links! Darauf achten, daß die Stewardess am Check- in Counter einem nicht einen Platz über den alas (Flügeln) gibt! –

Billiger ist der Trip nach Lima wie folgt: Inlandsflug mit Tame oder San nach Guayaquil (ca. 30 Min./häufig am Tag, ca. 20 US $). Dort entweder per Twin- Otter Propellermaschine nach Machala (Mo. - Sa., ca. 6 US $) und weiter bis zur Grenze/Huaquillas, oder gleich Direktbus ab Guayaquil an die peruanische Grenze, die per Colectivo überquert wird. nach Tumbes/Peru. Dort gibts fast tägl. Flüge mit Faucett oder Aeroperu nach Lima (ca. 95 US $ einfach. Infos über Abflüge von der Aeroperu- Office in Quito. Somit gegenüber dem Direktflug Quito – Lima ca. 50 US $ gespart, bzw. noch mehr, wenn man in Tumbes in den Peru- Airpass einsteigt, der für runde 200 US $ zum Fliegen auf den peruanischen Inlandsstrecken berechtigt. Details siehe Peru- Teil!

Varig fliegt mit dem Airbus 1 mal/Woche von Quito nach Rio und São Paulo. (ca. 570 US $ einfach, bzw. 700 US $ im 30 Tage- Retourticket).

TIP sind der Rundflugtarif "Circulares Andinas YE 30 C", der 30 Tage gültig ist und für die Strecke Quito – Lima – La Paz – Santiago – Caracas – Panama – Bogota – Quito 900 US $ kostet, bzw. in der billigsten Version (Quito – Bogota – Caracas – Panama – Lima – Quito) 620 US $. Infos über Reise- und Airlinesbüros.

Internat. Flugverbindungen mit Lufthansa und Jumbo 3 mal/Woche ab Quito in rund 14 Std. via Puerto Rico nach Frankfurt, – KLM nach Amsterdam, – Eastern und Ecuatoriana nach Miami/USA. Die meisten Airlines fliegen jedoch ab Guayaquil wegen leichterer Anfliegbarkeit des dortigen Airports.

★**Nationale Verbindungen:** von Quito bis zu 15 mal am Tag runter nach Guayaquil mit Jets der SAETA, TAME und SAN. Ca. 3o Min./2o US $, statt runden 7 Std. per Bus und 5 US $. – Nach Cuenca mit SAN und TAME tägl. /ca. 12 US $, 4o Min. Flugzeit in Jets und gegenüber dem Bus unbedingt lohnend, abgesehen von großartigem Flug bei klarem Wetter entlang der Vulkankette. – Manta: tägl. mit Tame- Propeller, 1o US $, 3o Min., – Loja/Südecuador: mit Tame 3 mal/Woche, ca. 1 1/2 Std. im Propeller, 15 US $. – Tulcan: tägl. außer So. mit Tame- Propeller (3o Min./6 US $).

SERVICIOS AMAZONICOS: nur mit Tame und deren Propellermaschinen. Der Flugverkehr ist zwischenzeitlich gut ausgebaut, hat seine Probleme jedoch in den Witterungsbedingungen/Amazonas und Andenbergurwäldern. Bei schlechtem Wetter gibts Flugverspätungen bzw. Stornierungen. – Quito nach Lago Agrio: tägl.außer So. (ca. 3o Min./ 8 US $), – Coca: 3 mal/Woche, ca. 8 US, 3o Min.), – Macas: 35 Min./ca. 1o US $, – Tarapoa: 45 Min./1o US $. –

GALAPAGOS–INSELN: ab Quito via Guayaquil tägl. außer So. mit Jets. Details siehe Galapagos- Inseln! –

★**Transport in die Stadt:** Taxi ist spottbillig, ca. 2 bis 4 US $ (Botschaftsviertel bzw. Altstadt) für die komplette Kiste und bietet sich somit an, wer mit viel Gepäck unterwegs ist. Zwischenzeitlich haben die Quito- Taxis ein Taxameter. – Wer die Sache billiger machen will, nimmt sich den Bus: aus dem Flughafen raus und rüber zur nahe vorbeilaufenden Straße. Hier fahren die Stadtbusse vorbei: in die Stadt Ri. links, wenn man aus dem Flughafen rauskommt! – Ab Centro/Altstadt: Plaza Sto. Domingo den Bus mit der Aufschrift "Aeropuerto" nehmen. Bzw. ab Av. Amazonas im Botschaftsviertel den Doppeldeckerbus Ri. Nord, der ebenfalls am Flughafen vorbeifährt.

Fahrzeit: ab Botschaftsviertel rund 3o Min., ab Altstadt ca. 1 Std. je nach Verkehr einkalkulieren, Zeiten fürs Taxi; der Bus plus ca. 15 %.

★**Stadtbüros** vorwiegend im Bereich der Av. Amazonas im Botschaftsviertel (z.B. die Lufthansa, KLM, Eastern, Ecuatoriana (mit die billigsten Flüge nach Panama, Mexico und Miami/New York!), Varig, Ladeco (Direktjets von Guayaquil nach Chile!), Iberia Aero Peru, Avianca, Japan Airlines, Air France, Aerolineas Argentinas, Viasa, TWA, Pan Am und Aeroflot.)

Nur die Vertretung der Icelandic (12 de Octubre 6o2 y Av. Patria), – die Alitalia (E. N. Caamano/Av. 6 de Diciembre) liegen außerhalb dieser Region.

Nationale Airlines:

ECUATORIANA: Reina Victoria/Colon
SAETA: Av. Colombia/Elizade
SAN: Av. Colon 667

TAME: mit Büros in der
– Av. Colon 1346
– Av. 1o de Agosto 239
– Av. Amazonas 3233

★**Exittax:** bei internat. Flügen ab Quito und Guayaquil: 5 US $. Zu entrichten beim Abflug vor der Zollkontrolle im Airport.

★**Ecuatoriana:** nationale Airline Ecuadors, die sich Ende der 7o-er Jahre einen guten Namen gemacht hat im Verbund einer Billigflug- Connection mit der Air Bahama via Bahamas nach Europa. Leider ist diese Verbindung zwischenzeitlich eingestellt.

Fliegen mit DC 1o und Boeing 7o7 innersüdamerikanische Strecken, sowie nach Los Angeles, Miami und New York. Günstige Excursion- Tickets.
Poppige Bemalung, die Cargo Jets goldgelb!

Gruppenbild mit Stewardess

Plaza Cumana, nähe Plaza Sto. Domingo/Altstadt. Der neue und supermoderne Busterminal fertigt fast alle Fernbusse innerhalb Ecuadors ab und liegt angenehm zentral.

Busfahren in Ecuador macht Spaß, weil die Preise billig sind, das Land kompakt und an Straßen gut ausgebaut für südamerikanische Verhältnisse. Zudem landschaftlich grandios bei der Vulkankette entlang des Sierra-Hochtals bzw. aufregende Andenabstiege runter in den ecuadorianischen Amazonas Urwald.

Verbindungen: Tulcan/Grenze zu Kolumbien: häufig am Tag mit Mikrobussen, die ca. 5 Std. brauchen/3 US $. – Otavalo: ca. 2 Std./1 US $, – Ibarra: ca. 2 1/2 Std./1,5 US$ Guayaquil: entweder via Sto. Domingo de los Colorados oder via Latacunga, ca. 7 Std./ 5 US $. – Manta/Pazifikküste: ca. 3 US $ /6 Std., – Esmeraldas: knapp 6 Std. mit Mikrobussen (ca. 3,5 US $) bzw. 7 Std. mit normalen Bussen (ca. 3 US $), – Riobamba: ca. 3 Std. in Mikrobussen, 1,5 US $, – Cuenca: derzeit ist wegen Erdrutsch ein zeitaufwendiger Umweg hinter Riobamba runter an die Küsten- Tiefebene nötig, weswegen der Trip ca. 10 Std. dauert/ca. 7 US $, – Latacunga (vor Riobamba) ca. 2 1/2 Std. im Mikrobus (ca. 1 US $), – Baños: ca 3 Std. im Direkt-Mikrobus, bzw. Umsteigen in Ambato, ca 2 US $ ab Quito. – Tena: per Bus via Baeza ca. 6 Std./ 3 US $, – Puyo: per Bus via Banos ca. 5 Std./3 US $, – Lago Agrio: ca. 1o Std./5 US. Coca: ca. 12 Std./6 US $. –

Alle obengenannten Verbindungen mehrmals täglich. Auf den Schotterpister runter ins ecuadorianische Amazonasgebiet kann es nach kräftigen Regenfällen entsprechende Verspätungen im Busverkehr geben, – auch wegen Pannen an Reifen und Motor.

③ Zug: Das Streckennetz Ecuadors stammt aus der Zeit der Jhd.-Wende. Damals gigantisches Ingenieurwerk (insbesondere was den Streckenteil Riobamba – Guayaquil betrifft). Ein gewaltiger Erdrutsch 1983 nach intensiven Regenfällen hat diesen Teil zerstört. Derzeit Wiederaufbau, aber noch nicht fertig.

Die Hochlandstrecken Ri. Nord (Otavalo) sind für den Personenverkehr stillgelegt, da per Panamericana und Bus schneller, – Quito nach Riobamba derzeit per Schienenbus, der jedoch rund 4o % länger als der Bus auf der Panamericana braucht. Die Preisersparnis von ca. o,5 US $ wiegt dies kaum auf. Der weitere Streckenteil nach Cuenca ist vom Erdrutsch derzeit verschüttet und nicht im Betrieb.

Der BAHNHOF von Quito liegt runde 1 km südlich der Altstadt (zu erreichen per Stadtbus Nr. 2 ab Plaza Sto. Domingo/Altstadt).

Die ecuadorianische Regierung plant derzeit die Vergabe einer Modernisierung des Streckennetzes inkl. Elektrifizierung. Fertigstellung Ende der 8o-er Jahre.

Guyaquil-Quito Dampflok

Solang die Strecke Guayaquil – Riobamba flachfällt ist Bonbon für Eisenbahnfans der Trip mit "Metropolitan Touring"/Quito in restaurierten Waggons plus Dampflok auf der Strecke Quito – Riobamba im Andenhochland. Zu buchen als Tour, Metropolitan Touring, Av. Amazonas 239.

Transport in Quito:

* BUSFAHREN IN QUITO: dichtes Netz mit blauen "Thomas"- Kleinbussen. Heißer Tip als Frühgymnastik, verbunden mit folgenden Vorteilen: 1.) Aufspringen im Fahren zum Aufwärmen im kalten, morgendlichen Quito! – 2.) Gebückte Haltung im Bus zur Festigung der Rückenmuskulatur. – 3.) Behebung von Kreislaufstörungen oder Verschlimmerung derselben. – 4.) Tiefes Durchatmen: angenehmer Geruch! – 5.) Massierung gewisser Körpergegenden durch extrem wirksame Wagenfederung! – 6.) Körperenger Kontakt mit hübschen Ecuadorianerinnen, – zugleich von der anderen Seite eventuell Erleichterung der Geldbörse. – 7.) Akrobatisches Abspringen vom Trainingsgerät! –

Das Training kostet ohne Rücksicht auf Entfernungen im Stadtbereich einheitlich ca. 2o Pfennig. Kinder stehen übrigens weder für ältere Leute, noch für Gringos auf! Die letzten Busse gegen 22 Uhr abends.

* TAXIS: meist Japaner wie Toyota, Datsun etc. Arbeiten in Cooperativas, wie auch die Busse. Meist vor Hotels, teuren Restaurants. Haben zwischenzeitlich Taxameter, sind sehr preiswert und in Stoßzeiten knapp und schwierig an der Straße zu bekommen. –

* AUTO–MIETEN: für Quito im Stadtbereich beim guten und dichten Busnetz nicht nötig. Zudem in der Altstadt extreme Parkplatzschwierigkeiten. Ein Miet- PKW ist für die nähere Umgebung Quitos bis Otavalo und Riobamba/Baños ebenfalls nicht nötig wegen ausgezeichneter Busverbindungen, die zudem erheblich billiger sind.

Wer jedoch ausgefallenere Sachen vorhat, bzw. Bonbons wie Cotopaxi-Vulkan, Quilotoa- Lagune bei Latacunga, Hikes und Bergsteigen benötigt den Mietwagen. Gibts in Simpelausführung a la VW- Käfer oder die komfortablere US- Version "San Remo"/Chevrolet- Kleinwagen. Ca. 15 US $ pro Tag und o,2 US pro Km bzw. ca. 4o US $ mit unbeschränkten Km.

Für Hikes und Bergsteigerei ist zur Anreise auf den Schotterpisten jedoch ein Geländewagen empfehlenswert: im Angebot der "Trooper", eine excellente Geländewagen Version made Chevrolet in Ecuador zusammengebastelt. Kostenpunkt ca. 2o US $ pro Tag bzw. mit freien Km ca. 5o US $. Selber Preis für den Blazer, der wohl die komfortabelste Reisemöglichkeit darstellt, aber meist auf Monate ausgebucht ist. Zudem auf engen Andenpisten sehr breit.

Bei Anmieten ab 1 Woche gibts 1 Tag gratis. Sicherheit: Garantiesumme bzw. Kreditkarte von Diners oder American Express. Bei Reifenpannen wird das Flicken bzw. der Kauf eines neuen Schlauches vom Vermieter ersetzt. Wer ausgefallene Trips auf Schotterpisten im Urwald Ecuadors vorhat, sollte sich jedoch 2 Ersatzreifen mitnehmen. Mit PKW- Vermieter aushandeln! –

WER knapp mit Zeit ist: sehr lohnend Miet- PKW. Ab Quito Pichincha bei klarem Wetter für Stadtrundblick und Andenkette bis Cotopaxi. Selbigen seperat per Piste bis zur Schutzhütte sowie Quilotoa- Vulkankraterlagune, die per öffentlichem Bustransport kaum bis schwierig erreichbar ist.

Inkl. Trips zu den Vulkanlagunen bei Otavalo in ca. 3 Tagen realisierbar. Mietwagenpreis teilt sich durch Anzahl der Benutzer; – Rest von Ecuador per Bus und Mikro . . .

Vermieter: Budget rent a car: Av. Colon 11 4o Ecke Juan Leon Mera sowie im Airport und im Hotel Colon. – Avis, – Hertz und Dollar.

Hotels:

"Inter Continental Quito": auf einer Anhöhe oberhalb des Botschaftsviertels mit fantastischem Blick über Quito von den oberen Stockwerken, bzw. auf die andere Seite runter ins Tal von Guapolo. Service durchschnittlich. Mit Spielcasino, SW- Pool und dem Restaurant "techo el mundo" (schöner Quito- Rundblick!). Doppel ca. 65 US $ und mein Lieblingshotel in der Luxusklasse in Quito! Unter anderem auch Tip, da es ruhig ist in seiner seitlichen Lage auf dem Hügel und trotzdem zentral und schnell per Taxi die wichtigsten Stellen Quitos erreicht werden können. – Av. 12 de Octubre 25oo .

"Colon Intern.": eines der modernsten Hotels Quitos im Botschaftsviertel. Ein 19- Stock Hochhaus, Blick allerdings nicht so gut wie Hotel Quito und selbst im 8 Stock laut vornraus vom Straßenlärm. Mit Sw- Pool, Spielcasino und guten Restaurants, die allerdings ihren Preis kosten. Frühstück geht seperat, wobei das Buffet (bis ca. 9.3o) sehr empfehlenswert ist. Das Doppel mit Privatbad und Farb-TV runde 75 US $ und damit derzeit teuerstes Hotel von Quito. Av. Amazonas Ecke Patria. –

"Alameda Real": ebenfalls wie vorgenannte Hotels 5 Sterne. Nüchterne Betonarchitektur an der Av. Amazonas, komfortabel aber Richtung Av. Amazonas laut. Der Blick lässt zu wünschen übrig, dafür die Zimmer komfortabel und billiger als das "Colon". Doppel ca. 38 US $. Av. Amazonas Ecke Roca.

"Le Chalet Suisse": 4 Sterne und berühmt geworden durch das Restaurant. Die Dollar- Gewinne wurden in einen eigenen Hotel- Trakt gesteckt, der mit viel schweizer Klischees dekoriert wurde. An der Rezeption begrüßt ein geköpftes Hirschgeweih, drumrum Kuhglocken . . . Komfortabel, Doppel ca. 4o US $, Reina Victoria Ecke Calama.

"Inca Imperial": die Lobby kitschig mit Alu und Messing- Inca- Immitation. Nicht mein Geschmack. Bogota 219/Salinas nähe Parque del Ejido und Av. 1o de Agosto. Das Doppel für ca. 17 US $

"Savoy Inn": nähe Flughafen, Doppel um die 19 US $ Yasuni 3o4.

"Embassy": Pres. Wilson 441/6 de Diciembre. Moderner, 2- stöckiger Hotelkasten, sehr gepflegt und passt wie die Faust ins Auge in die ansonsten schöne Villengegend. Doppel ca 12 US $, die Zimmer mit Heizung und Tel.

"Auca Continental" in der Altstadt, Venezuela Ecke Sucre in der Nähe der Plaza Sto. Domingo. Ca. 8 US $.

Die BILLIG–HOTELS liegen fast ausschließl. in der Altstadt von Quito:

"Gran Casino" Garcia Moreno 33o, oberhalb der Plaza 24 de Mayo in der Altstadt. Lange Jahre d e r Gringotreff in Quito. Mit mehreren Innenhöfen und Kolonialbalustraden und vom Dach schönem Blick über die Dächer der Altstadt. Kontaktbörse und Schwarzes Brett mit Partnersuche und Verkaufsangeboten. Doppel ca. 2 US $.

"Resid. Quito": Bolivar 27o/Venezuela in der Altstadt. Heißes Wasser und Dusche, 23 Zimmer, aber winzige Kämmerchen aus Holzkonstruktion und ohne Fenster, aber gut durchgeputzt. Doppel ca. 2 US $, gibt besseres. . .

"Resid. Veracruz": Av. Bolivar. Bessere und größere Zimmer als nebenan im "Quito Bad im Flur, warmes Wasser. Allerdings auch fensterlos, aber die Matratzen akzeptabler. Beim Preis handeln! Dieser wird für Gringos zuerst mal etwas höher angesetzt. Regulär sind ca. 2,3 US $.

"Hotel Roma": Rocafuerte 1331/Maldonado, Plaza Sto. Domingo. Heißes Wasser im Generalbad, was selber mal durchgespült gehörte. Die Zimmer sind fensterlose Holzkabinen, zwar sauber, aber sehr eng. Keine Gringos. Doppel ca. 2,5 US $.

"Hotel Sto. Domingo": Rocafuerte 1345/Maldonado: Generalbad mit heißem Wasser und wesentlich besser als das Roma. Ohne Fenster. Doppel ca. 4 US $.

"Hotel Caspicara" Rocafuerte 1413/Guayaquil: schönes Hotel in altem Kolonialhaus direkt an der Ecke zur Plaza Domingo. Der Besitzer hat sich Mühe gegeben mit der Einrichtung. Dunkle, schwere Balken schön abgesetzt zum weißen Putz. Im 1.Stock größerer Aufenthaltsraum mit Sesseln und TV, – außenrum die Zimmer, jeweils ca. 8 qm groß mit Balkon. Ca. 7 US $.

"Hotel Quitumba": Eugenia Espejo. Doppel ca. 8 US $. In dieser Preisklasse sicher eines der besten und annehmbarsten Hotels von Quito. An den schneeweiß geputzten Wänden geschmackvolle Dekoration mit Folkloredecken, Holzbestecken etc. Sehr saubere Zimmer, runde 12 qm groß, mit einfachem Mobiliar wie Schreibtisch, Nachtkästchen neben dem Bett, Spiegel etc. Zentral in der Mitte ein großer Aufenthaltsraum mit schweren Sesseln, Farb- TV und jeder Menge von Blumentöpfen.

"Hotel Vichenso": Olmedo 718/Guayaquil. Im 2. Stock eines alten Kolonialhauses. Der Flur vollgestopft mit Grünzeug, sehr gepflegt. Bohlenfußboden. Die Zimmer allerdings winzig und die Tür gerade mal 1,7o m hoch. Holzunterteilungen und ohne Fenster. Doppel ca. 2,5 US $.

"Hotel Viena": Flores 61o/Chile. Mit runden 12 US $ recht teuer. Mit Privatbad, Telefon und schönen, hellen Zimmern, die geräumig sind und eigenen Minibalkon besitzen. Holzfußboden. Zentral der Innnenhof mit vielen Pflanzen. Gutes Essen im Restaurant, aber ungemütlich eingerichtet.

"Hotel San Agustin": Flores 626/Chile. Das Doppel mit Privatbad ca. 8 US $, sonst ca. 4 US $. Ein wenig ungemütlich, da die Zimmerböden mit rotem Linoleum ausgelegt wurden, – sonst aber blitzeblank, als ob Mr. Propper gerade dagewesen wäre. Große, helle Zimmer, kein Telefon.

"Hotel Ecuador": Flores 65o/Chile. Knapp 2,5 US $ für winzige Zimmerchen ohne Fenster und ohne Bad. Nur kalte Gemeinschaftsduschen.

"Hostal Bethania": Juan Leon Mera 87o im Botschaftsviertel nähe Av. Amazonas. Eine Residencia in einer alten Villa mit Türmchen. Nicht alle Zimmer haben Fenster. Lange Jahre von den Peace- Corps Leuten (US- Entwicklungshelfer) bevorzugt. Zwischenzeitlich aber etwas heruntergekommen. Das Doppel zwischen 5 und 8 US $. Unten beim Eingang gibts einen Kamin und eine Art "Bar" mit Coke etc. Die Zimmer mit Privatbad.

"Guayaquil No. 1": Maldonado 3.248/Paredes nähe Plaza Sto. Domingo in der Altstadt. Große, geräumige Zimmer mit Holzböden, Doppel ca. 4 US $

Die meisten der besseren Restaurants im Bereich Botschaftsviertel um die AV. AMAZONAS. – Preise (pro Gericht) ca. bis 2 US $ (billig), – bis 4 US $ (mittel), – teuer: ab 5 US $.

"EL CONQUISTADOR" im Hotel Colon, Av. Amazonas/Patria. Excellent, exclusive und sehr teuer. – "EL TECHO DEL MUNDO" im Hotel Quito. Tip wegen fantastischem Blick über Quito, wobei die Flugzeuge oft am Fenster vorbei zum Airport runterlanden. Küche gut, teuer, Spezialitäten im Sektor Mariscos. Der Service allerdings teils zäh. – "CHALET SUISSE", Calama 312/Reina Victoria im Botschaftsviertel. Kontinentale Küche, exclusiv , sehr teuer. Eine der besten Restaurant- Adressen in Quito. Auf schweizer Alm- Ambiente gestylt, die vorgesetzte Attrappe ist Geschmackssache. . . Offen 12.3o bis 15 und 19.3o bis 24 Uhr. – "La CHOZA", Bello Horizonte 4o4. Relativ teuer, aber sehr zu empfehlen. Sauber. Verschiedene Suppen, "caldos" (de pata, de gallina), "locros" (schwere Suppen). Modern, rustikale Einrichtung.– "FLANDES", Santa Maria 431/Amazonas. Europäische Küche, Spezialität: Crepes. Die braungelbe Blumentapete etwas zu aufdringlich. Küche gut, Preise mittel. – "EL CEBICHE", 1232 Juan Leon Mera/Calama. Spezialität Meeresfrüchte. Preise mittel bis billig. – "JAIBA", Amazonas/Calama. Meeresfrüchte. Montag zu, Preise mittel. – "EXCALIBUR", Calama/J.Leon Mera. Mit dezenter Filmmusik , grün gepolsterte Sitzbänke und Stühle, rot gestreifter dicker Teppichboden und rot/gelb/braune Decke. Preise mittel bis teuer. – "EL ANZUELO", Juan Leon Mera/Cordero. Exclusive, mit dicken, brauen Teppichen und offenem Kamin. Gemütlich. Preise: teuer.– "TABERNA BAVARIA", nebenan vom El Anzuelo. Schön in einer großen Villa untergebracht mit wuchtigem Eckkamin. Der Besitzer ist Münchner und über der Theke ein Wappen vom bayr. Freistaat. Es riecht intensiv bayrisch und die Knödel rollen auf dem Teller. Preise mittel. – "LA CREPERIE", Calama 362. Tip für leckere Crepes, sowie Fruchtsäfte (insgesamt rund 35 verschiedene Sorten!). Innen viel Holz und kleiner, offener Kamin, an dem sich abends Deutsche und Amis zum Quatschen treffen. Preise: mittel. – "TARTARO", Amazonas/Veintemilla. Im obersten Stock eines Hochhauses mit schönem Quito Rundblick. Teuer. – "MARIO" (die ehemalige "fuente") hat ihren Garten wegrasiert bekommen zu Gunsten Beton und jetzt optisch eingeklemmt zwischen der schwarzen Hochhauskiste der Banco de los Andes und dem nicht weniger wuchtigem Almagro Hotel. /Av. Amazonas. Daneben ein Schwung weiterer von denen "MANOLO" meist am besten besucht ist. Preise mittel; es riecht kräftig Bratöl. . . – Ums Eck ein Schwung weiterer und zum Teil garnicht schlecht: "TRATORIA DEL VENECIANO" in Privathaus und Immitation einer Moschee. Von außen nicht schocken lassen: innen ganz orginell in Mischung altem Stuckwerk von Pseudo Moschee- Schnörkeln und relativ gemütlich mit Bildern und italienischer Musik. Koch und Besitzer stammt aus Italien, Küche ganz gut, Preise mittel bis teuer. Roca 562 y Juan Leon Mera. – "ROMA", schräg gegenüber (Roca 618 y J.L. Mera) ist Familienbetrieb, einfach eingerichtet ohne Extras, Küche preiswert. – "ARCON", gegenüber der Moschee. Ein rotbemaltes Fantasiegebäude eines Minischloßes und zu Restaurant umgewandelt. Innen ist das derzeitige, mexicanische Restaurant jedoch reichtlich geschmacklos eingerichtet mit Pseudo- Schnörkelgartenstühlen, einer Herbstwald- Tapete etc. und meist leer. – "RODELU" / Juan Leon Mera 442 y Roca, neben dem o.a. Schlößchen. Angenehm in einer Quito- Casa mit offenem Grill. Preise mittel bis billig, Gerichte jedoch durchschnittlich. – "PIZZA FARINA" / Carrion Ecke J.L.Mera. . Vom Ambiente erheblich angenehmer als das schräg gegenüberliegende "Pizza Hut" (stocknüchtern und kahl.). P. Farina im 1. Stock angenehm vom Ambiente mit Holzstühlen, große Pizzen für 2 - 4 Personen um ca. 3 US. Lecker mit viel Käse und gutem Belag. Abends oft schwierig, Platz zu finden! –

"GALERIA ARTE", Veintemilla 56o Ecke 6 de Diciembre. In schöner großer Villa die Kunstgalerie und oben im 1. Stock gemütliches Restaurant.

Nicht luxuriös, aber mitsehr privater Atmosphäre zwischen Vorhang und Grünzeug. – "MOVIDICUS"/Washington Ecke Amazonas, gut für Mariscos, Preise mittel bis teuer. – "LA RANA VERDE"/Juan Leon Mera 639: Quito Tip für preiswertes Essen. Angenehm in kleiner Villa, geführt von Spanier und seiner deutschen Frau, perfekt deutsch. Essen ist gut, sein Hobby: Frösche sammeln, in allen erotischen oder sonstigen Stellungen. Hat schon einen Glaskasten voll, der überquillt, – sowie ein originelles Handtelefon als Frosch, der nicht klingelt, sondern sich mit Quacken meldet und beim Wählen mit den Augen blinkt. Wer dem Besitzer einen originellen Frosch mitbringt, sei es in Keramik, als Karikatur oder wie sonst, bekommt den ersten Drink ("trago") gratis. Preise billig bis mittel. –

"CHIFA FAMOSO" an der Ecke Juan Leon Mera mit Av. Colon. China-Restaurant, mehrere Räume mit Teppichboden und privater Atmosphäre. Günstige Preise in Ri. billig für große Portionen. – "SHORTON GRILL STEAK- HOUSE" , Juan Leon Mera/Jose Calama. Gute, große und trotzdem billige Steaks. Ambiente: Bambus- überdachtes Balkengerüst, von dem Salamis und weiße Säcke runterbaumeln. Tip auch der "kalte Teil" neben Shorton Grill: Eis, Milch Shakes , nicht weniger gut!! – "PIZZA HUT", Calle Espejo, direkt rechts neben dem Teatro Bolivar. Pizzas, Spaghetti und Sandwichs. Lecker und billig. – "TABERNA OVITENA", Manabi/Vargas in der Altstadt von Quito. Gewölbter Keller mit roten Ziegelsteinen. Musik von Folkloregruppen. Sehr gemütlich, allerdings am Wochenende kommen, wenn die Sache in voller Action läuft und kaum noch Platz zu finden ist. – "CAFE DE LOS BALCONES" an der Plaza de Independencia im 1. Oberstock. Schöner Blick auf die Plaza und gute Churrascos. Billig. Wer Geld sparen will, nimmt das billigere "Almuerzo" (=Standart-Menü, nur mittags!). – Im Bereich Plaza Sto. Domingo nach Plaza 24 de Mayo /Altstadt viele Straßenstände, über deren kleinen Feuerchen abends die "salchichas" (rote Würstchen) brutzeln und die Kartoffeln herrlich hart braun verkrustete Schale bekommen. Vorsicht vor den Jugos (Fruchtsäften) aus dem Eimer. Die Trinkgläser werden nebenan im Wassereimer "gespült" bei jeder Menge an Bakterien & Viren- Transfer! –

In der Altstadt viele kleine einheimische Esslokale. komplettes Essen um die 2 US $ für Suppe und Hauptessen. Achtung: einige schließen hier schon um 21 Uhr. – Ansonsten schließen die Rest. zwischen 23 Uhr und 1 Uhr. Hauptessenszeiten zwischen 2o und 21 Uhr. –

PUBS: "LORD BYRON", J. Washington 611/J.L. Mera. Mischung aus einer Kopie eines engl. Pubs (mit Darts- Wurfspeeren) und amerik. Bar. – "LA REINA VICTORIA", R. Victoria/zwischen Roca und Carrion.

PEÑAS: (Life Folklore- Musik): gut ist die "PEÑA PACHA MAMA" in der J. Washington 53o/J.L. Mera. Andenmusikgruppen. Am So. und Mo. geschlossen. – "PEÑA DEL PASILLO"/J.L. Mera y Carrion, tägl. außer Montag, – "PEÑA CHUCANO"/Reina Victoria y Rodriguez, Do. - So. Beide mit Life- Musikgruppen.

Einkaufen:

★ FOLKLORE–GESCHÄFTE: für Strickwaren, Ponchos, Decken, Schmuck, Lederwaren, Amazonas- Indianerwerkzeug und - Kunstgewerbe. Quito hat im Vergleich zu anderen, südamerik. Hauptstädten ein überaus reichhaltiges Artesania- Angebot wegen reichhaltiger Produktion im "Hinterland". Auf den Märkten bekommt man die Sachen billiger, – in Quito aber mehr Auswahl an qualitativ Hochwertigem!

"Olga Fisch", viel und breite Auswahl ecuadorianischen Kunstgewerbes bei sehr hohem Geschmack. Olga Fisch, die große Dame Ecuadors in Sachen Kunstgewerbe, eine zwischenzeitlich 8o- jährige Rumänin, ist weltweit berühmt. Immer noch sehr rüstig und aktiv. Wie wir das letzte Mal zu Besuch waren, brachte der Präsident gerade ein Blumenbouquet zur Anerkennung durch einen Boten. Preise entsprechen dem hohen künstlerischen Niveau. Av. Colon 26o.

"La Bodega", excellent in Geschmack und Auswahl. Derzeit eines der besten Folkloregeschäfte von Quito. In einer Villa in der Juan Leon Mera 614/Parallelstraße zur Av. Amazonas. Auf 2 Etagen breites Angebot von Decken, Pullovern, bestickten Blusen und Kleidern, Lederarbeiten, Puppen, Wandbehänge, aber auch Möbel und Antiquitäten. Der Besitzer, John Ortman/Amerikaner, spricht auch deutsch und wirft den Laden recht locker.

"Antiguedades Amazonas", Veintimilla 847/Av. Amazonas. Bilder, Kunstgewerbe und Möbel.

"OCEPA", halbstaatliche Folklore- Organisation. Anständige Preise, sehr gepflegter Rahmen. Carrion 1336, am Rande des Botschaftsviertels. Die Straße geht von der Av. 1o de Agosto rechts ab, wenn man stadteinwärts fährt.

"Productos Andinos", 8oo Robles. Relativ preiswert. Querschnitt durch die ecuadorianische Artesania.

"Tejidos de Otavalo", 1o de Agosto 61o. Ein kleineres Geschäft, geführt von den Otavalo- Indios. Hier gibts die schönen Otavalo- Pullover, allerdings runde 5 US $ teurer als auf dem Markt in Otavalo. Weiterhin Holzschnitzereien.

"La Guaragua", Washington 614. Kleineres Geschäft nähe der Av. Amazonas. Ringe, Blusen, Wandteppiche. Bei unserem Besuch excellente Qualität bei mittleren Preisen.

"Palacio Arzobispal" Eingang vom Plaza Independencia. Altes Kolonialhaus mit großen Innenhöfen und wuchtigen Balkons im 1. und 2. Stock, die Residenz des Erzbischofs. Unten mehrere Folkloregeschäfte, sowie Jeans- Shops und Copycenter. Gewölbte Deckendurchgänge.

"La Guaragua" gute Auswahl an Musikinstrumenten, Ponchos, Pullis aber auch antiken Möbeln. Washington 614 y Leon Mera.

Schrumpfköpfe werden in Quito fabrikmäßig aus Ziegenleder hergestellt und kommen für Markbeträge in die Souvenirshops. Vielleicht ein nettes Mitbringsel für unliebsame Bekannte. . .

★BUCHHANDLUNGEN: die wohl bestbestückteste von Quito ist "Libri Mundi" in der Juan Leon Mera 851/Botschaftsviertel. Breite Auswahl an internationaler Literatur über Ecuador, teils auch Kartenmaterial, Schallplatten und Romane. Hier gibts auch diesen Südamerika- Reiseführer.

Weil der Shop gut läuft, wurde die alte Villa umfangreich ausgebaut und kräftig vergrößert. Unter anderem auch Bücher über Architektur und Abteilung mit Kinderbüchern. Enrique Grosse, ein schlacksiger Blonder, liebt tragos, Frauen, Finkas. Filiale der Buchhandlung im Hotel Colon/Av. Patria.

★ LANDKARTEN: "Instituto Geografico Militar" (IGM): Av. Colombia Ecke Paz y Miño. Offen: 7.3o bis 15.3o Uhr, Mo. - Fr. Karten von allen Provinzen Ecuadors, allerdings nicht immer erhältlich! Insbesondere was die Karten im Maßstab 1 : 25.ooo betrifft.

★SHOPPING–CENTERS: "Espiral" (=die Spirale), Av. Amazonas Ecke Washington. Geht spiralförmig rauf, mit dem Aufzug dann wieder runter. Allerdings im Angebot nichts Umwerfendes. Vorwiegend kleinere Boutiquen; ganz oben ein paar Snackbars, wo sich mittags die Schulkinder treffen. – "Iñaquito"/Av. Amazonas Ecke Estados Unidos. 2-stöckig, mittelgroß. – Als eines der größten Shoppingcenters Südamerikas gilt das neue "El Bosque"/Av. Occidental. Auch wenn es größere Shoppingcenters z.B. im brasilianischen Rio und Salvador gibt, lohnt sich der Besuch wegen Lage

und Blick auf Quito. Zu erreichen mit dem Bus "La Marina", der über die Av. 6 de Diciembre, Av. Nac. Unidos und Av. 1o de Agosto fährt bis rauf zum Shoppingcenter oben am Hang des Pichincha- Vulkans. Offen 9.3o Uhr bis 2o Uhr.

★ BERGSTEIGER–AUSRÜSTUNG/CAMPING: zunächst einmal reine Campingsachen gibts bei "FADEM- CEM" an der Panamericana Norte Km. 6,5 Weiterhin beim "Almacen Cotopaxi" in der Av. 6 de Diciembre 1557/Boquedano (gegenüber dem Ministerium Obras Publicas). Bei letzterem auch Bergsteigerausrüstungen. Kaufen auch gebrauchte Sachen. – "Yanasache"/ Almagro y Republica, für Bergsteigerausrüstung.

Bergsteigerclubs: "Nuevos Horizontes"/Garcia Moreno y Sucre, 3. Stock, sowie "Intynan", selbe Adresse. Beide nur Mi. und Fr. abends offen, – "Club San Gabriel"/= Colegio San Gabriel. Av. America y Mariona de Jesus. Nur Fr. abends offen (Clubtreffen). Die Bergsteigerclubs verstehen sich nicht als touristischen, kommeziellen Service in Form eines Reiseveranstalters. Sofern jedoch bei Excursionen Platz frei ist, können gelegentlich

STADTBUSSE IN QUITO:

No. 3: vom Panecillo über die Plaza 24 de Mayo, durch die Garcia More= no am Regierungspalast vorbei durch's Botschaftsviertel.–

No. 1 und 2: ab Plaza Santo Domingo in den Norden der Stadt über die 1o de Agosto. Der Bus mit der Aufschrift "AEROPUERTO" ab Plaza Santo Do= mingo zum Flughafen.–

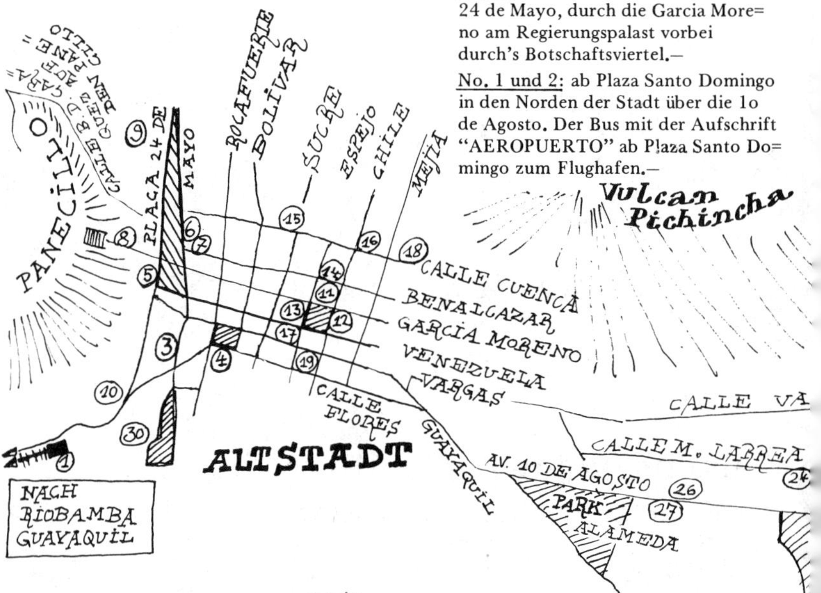

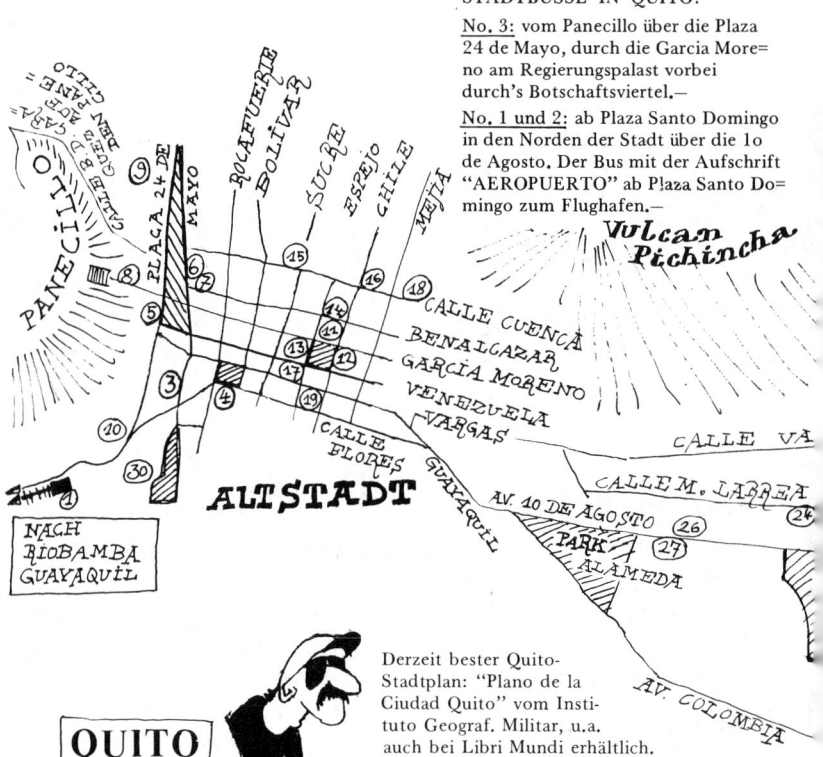

Derzeit bester Quito-Stadtplan: "Plano de la Ciudad Quito" vom Instituto Geograf. Militar, u.a. auch bei Libri Mundi erhältlich. Kleinere Pläne gratis in den Quito- Prospekten.

auch Nicht- Clubmitglieder teilnehmen. Nützlich ist der Kontakt auch für Erfahrungsaustausch bei Clubabenden.

Professioneller Veranstalter auch für Bergsteiger- Excursionen und sehr empfehlenswert ist "Etnotur"/Juan Leon Mera 1238 y L. Garcia – P.O. Box 477o, Quito/Ecuador.

★SCHALLPLATTEN: gute Auswahl bei "J.D. Feraud Guzmann" in der Guayaquil 749; in kleinerer, aber gut selektierter Auswahl auch bei "Libri Mundi", Juan Leon Mera 851.

★GELDWECHSELN: Rodrigo Paz mit günstigen Wechselkursen. Hauptbüro in der Av. Amazonas Ecke Robles. Ist zugleich der einzige, der auch am Wochenende offen hat und zwar in seinen Filialen Hotel Colon und im

INDEX:

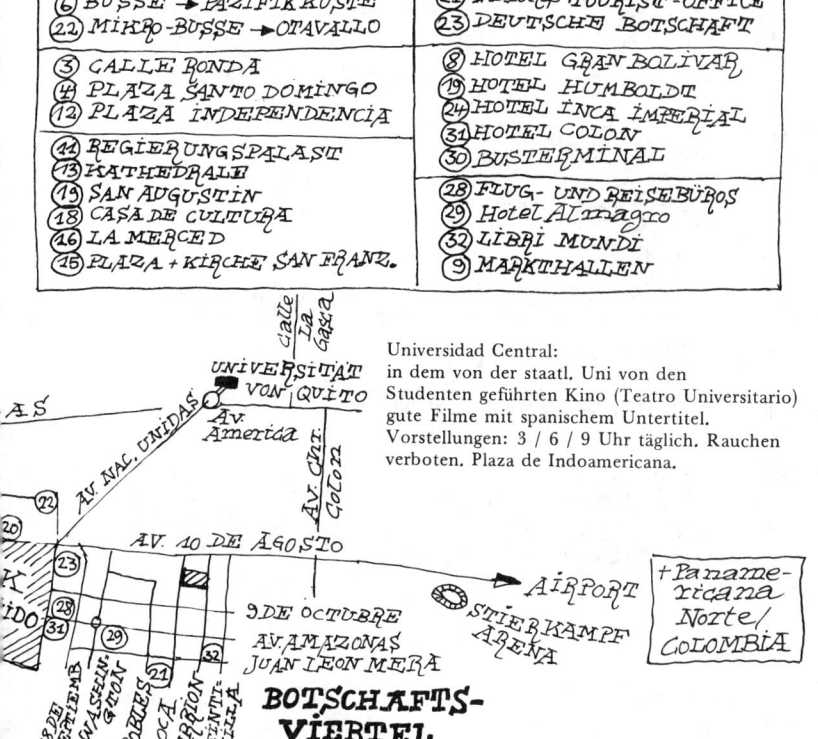

(1) BAHNHOF → RIOBAMBA/GUAYAQUIL
(5) BUSSE → AMBATO
(6) BUSSE → PAZIFIKKÜSTE
(22) MIKRO-BUSSE → OTAVALLO

(3) CALLE RONDA
(4) PLAZA SANTO DOMINGO
(12) PLAZA INDEPENDENCIA

(11) REGIERUNGSPALAST
(13) KATHEDRALE
(19) SAN AUGUSTIN
(18) CASA DE CULTURA
(16) LA MERCED
(15) PLAZA + KIRCHE SAN FRANZ.

(7) INDIO-MARKT, EBENSO AUF DER PLAZA 24 DE MAYO
(14) POST + TELEFON
(20) INMIGRATION OFFICE
(21) DITURIS-TOURIST-OFFICE
(23) DEUTSCHE BOTSCHAFT

(8) HOTEL GRAN BOLIVAR
(19) HOTEL HUMBOLDT
(24) HOTEL INCA IMPERIAL
(31) HOTEL COLON
(30) BUSTERMINAL

(28) FLUG- UND REISEBÜROS
(29) Hotel Almagro
(32) LIBRI MUNDI
(9) MARKTHALLEN

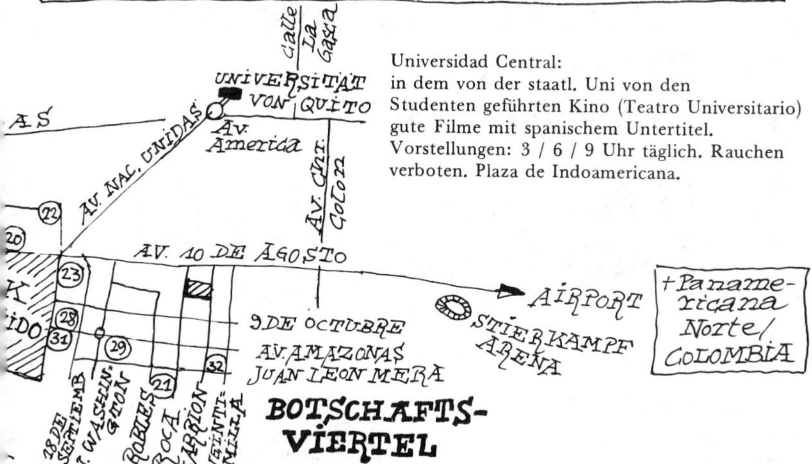

Universidad Central:
in dem von der staatl. Uni von den Studenten geführten Kino (Teatro Universitario) gute Filme mit spanischem Untertitel. Vorstellungen: 3 / 6 / 9 Uhr täglich. Rauchen verboten. Plaza de Indoamericana.

Airport. – Achtung: wer vor der Ausreise aus Ecuador noch Sucres übrig hat, sollte sie unbedingt noch in Ecuador in US $ rücktauschen; außerhalb des Landes, z.B. in peruan. Intis nur unter größeren Kursverlusten möglich!

★REISEBÜROS und –VERANSTALTER: zu den führenden gehören "Metropolitan Touring"/Amazonas 239 und "Ecuadorian Touring"/Amazonas 330. – Sehr zu empfehlen, wer Ausgefallenes und abseits der ausgetretenen Touristenrouten vorhat: "Etnotur" des Deutschen Peter Buhl/Juan Leon Mera 1238 (P.O.Box. 4770) Quito, Ecuador. Unter anderem breites Trekking und Bergsteiger- Angebot. Bringt in Auswahl wirklich die interessantesten Sachen Ecuadors. – Sehr zu empfehlen auch "Samoa Turismo"/Av. Amazonas . Newcomer mit steiler Karriere unter Leitung der sympatischen und dynamischen Mariana Almeida. Bieten u.a. die moderne Yacht "Samoa I" (BJ. 1986) für Galapagos- Trips preiswert an, sowie Urwaldtrips im Oriente Ecuadors. Anfrage lohnt sich! (Auch preisgünstige Flüge ab Quito!)–

Insbesondere Rundtrips auf den Galapagos (Details siehe dort!) sollte man bei Vorausbuchung sauber die Angebote vergleichen! Die Vorbuchung ab Quito ist (besonders zur Hauptsaison) empfehlenswert; es gibt jedoch eine Reihe schwarzer Schafe, die Mausefallen als komfortable Yachten verkaufen! – Für Urwaldtrips tiefer ins ecuad. Amazonasgebiet siehe dort! –

Für Bergsteigen und Trekking hat Dituris, das staatliche Fremdenverkehrsbüro Ecuadors, Reina Victoria 514 y Roca/Quito, c/o Jaime O. Lara V.

eine Liste der Bergführer. Damit ist jedoch lediglich das Problem des Führers, nicht jedoch das der Ausrüstung gelöst. Wer auf Nr.- Sicher gehen will, lässt sich das Problem komplett durch "Etnoturs"/Quito vorab lösen.

Kolonia-les in Quito:

Bezüglich Kolonial- Barock ist Quito eine der interessantesten Städte Lateinamerikas. Manche Kirchen quellen direkt über an goldfunkelnden Ornamenten, Säulen und Altären!

KIRCHE UND KLOSTER SAN FRANCISCO

Eine der ältesten und schönsten Kirchen Südamerikas; Plaza San Francisco. Erbaut 1535 von Franciscaner Mönchen, 5o Tage, nachdem Quito von den Spaniern gegründet wurde. Eine architektonisch sehr schön angelegte Freitreppe führt zu dem breiten Portal hinauf, und im Inneren verschwenderischer Barockstil mit üppigen goldenen Blatt - Ornamenten und 12 Statuen der Apostel, die der berühmte Caspicara (="das Pockengesicht") schnitzte. Und ein wuchtiger Hochaltar . Nebenan im Kloster Gemälde des Miguel de Santiago, des berühmtesten Künstlers der "Schule von Quito". Schaut euch im Seitenschiff der Kirche auch die schöne Zedernholzdecke an! Auch das Hauptschiff war mit so einer Decke getäfelt, die aber bei einem Erdbeben um 1758 runterpurzelte. – Schöner Klostergarten mit Kreuzgang. Angenehm ruhig im sonst hektischen Altstadtviertel! –

OFFNUNGZEITEN: San Francisco Kirche: tägl. 9 -11, 15 - 18 Uhr. Eintritt frei, ebenso das Kloster. Führer spricht spanisch.

KIRCHE LA COMPAÑIA

in der Calle Garcia Moreno, Ecke Sucre. Die Kirche mit den schönsten Ornamenten; italienischer Renaissance - Stil (siehe unser Quito - Titelbild!). Innen herscht ein dämmriges Licht und alles ist voller Goldornamente! Für 50Sucre macht euch der Küster mal kurz das Licht an! Diese Kirche muß man gesehen haben, um zu erleben, was damals zur spanischen Kolonialzeit in Südamerika "los" war! – Die vielen Kunstkleinode in Quito zogen viele Künstler an, siehe auch "escuela quiteña"! Quito war damals, – neben dem brasilianischen Ouro Preto und dem peruanischen Cusco d a s Kunstzentrum des Kontinentes!
GEÖFFNET: tägl. 9.3o bis 11 und 16 bis 18 Uhr.

SAINT AGUSTIN CONVENT

Calle Chile, Ecke Guayaquil. Hier lebte Miguel de Santiago und malte das damalige Mönchsleben. Seine Bilder und der koloniale Patio des Klosters gehören zum Schönsten, was Quito aus der damaligen Zeit zu bieten hat!
GEÖFFNET: Mo. – Sa.: 9 bis 13 und 15 bis 18 Uhr.

In Quito gibts weit über 5o Kolonialkirchen.

Museen in Quito:

MUSEO DEL BANCO CENTRAL: Archeologie und Kolonialkunst
Archeologie und Kolonialkunst (Malerei der Schule von Quito). Moderne

Kunst. Av. 1o de Agosto im Gebäude der Zentralbank (gegenüber des Bolivar- Denkmals): 5. und 6. Stock des Hauses. Eines der interessantesten Museen Ecuadors!!

GEÖFFNET: Di. - Fr. 9 bis 18 Uhr, Sa. und So.: 1o bis 17 Uhr

CASA DE LA CULTURA:

Av. 6 de Diciembro 332 am Park Ejido: einmal das Museo de Arte Moderno (zeitgenössische lateinamerikanische Malerei) und das Museo Instrumento Musicales (mit alten und seltenen Musikinstrumenten).

GEÖFFNET: Mo. - Fr. von 1o.3o bis 12.3o Uhr und 16.3o bis 18.3o

MUSEO DE ARTE COLONIAL:

Calle Cuenca, Ecke Mejia. In einem typischen Kolonialhaus aus dem 18. Jhd. Gemälde aus der Kolonialzeit und Skulpturen.

GEÖFFNET: Di. bis Fr. 1o bis 13 Uhr und 15 bis 18 Uhr. Sa. und So.: 1o bis 13 Uhr.

MUSEO OF THE ECUAD. INDIAN INSTITUT:

In der Casa de la Cultura, siehe oben! Hier Masken von Indianer Ritualen. Küchenzubehör aus dem Urwald, Indianerschmuck, Kleider und Keramik. Die Sachen stammen vorwiegend von den Auca- Indianern aus dem Gebiet zwischen Lago Agrio und Nueva Rocafuerte (siehe "Kanu- Trip auf dem Rio Napo"!)

JACINTO JIRON Y CAAMAÑO MUSEUM:

in der Av. 12 de Octubre/Patria in der Katholischen Universität von Quito. Koloniales und Archäologie von Ecuador. Lohnt sich!

GEÖFFNET: Mo. bis Fr.: 9 bis 12 und 15 bis 18 Uhr.

MENA CAAMAÑO":

Espejo zwischen Garcia Moreno und Benalcazar in der Altstadt. Von dem Haupteingang der Post raus links in die kleine Straße, die den Berg runterführt zur Plaza Independencia. Vorwiegend Kolonial- Personen in Wachs. Sowie Gebrauchsgegenstände aus der damaligen Zeit. Lustig, da kitschig.

GEÖFFNET: Di. bis Fr.: 9 bis 19 Uhr.

Post Hauptpost: 688 Benalcazar, nähe Plaza Independencia. Wer eilige Briefe hat, fährt zum Airport raus. Geht direkt aus Ecuador raus, ohne die vorherige Sortiererei in der Hauptpost. – In der Hauptpost auch die Telefonzentrale für Ferngespräche. Verbilligter Tarif zwischen 20 und 5 Uhr früh, sowie den ganzen Sonntag. (Ermäßigung rund 3o %).

✶ STADTSTRUKTUR: (siehe auch Seite 485). Kompaktes Centro in Schachbrett, die Hügelhänge zwischen Panecillo und Pichincha im Talboden rauf, an den Rändern des Kessels ziemlich steil! Ein angenehmes Centro mit viel Flair, das nach Anden "riecht" und von der UNESCO zu den 13 wichtigsten, zu schützenden Stadtzentren der Welt gerechnet wurde.

Enge Gassen, durch die sich die blauen "Thomas"- Stadtbusse quälen und viele Toyotas und Mazdas hinterher. Pitureskes mit Kolonialem und großartige Plazas in ihrer architektonischen Anlage (Plaza Sto. Domingo – San Francisco und Independencia), deprimierend aber auch abends die Gestalten, die sich ihre Wellpappe und Zeitungen unter den Arkaden auslegen bei eisiger Kälte, wenn die Sonne untergegangen ist. Brodelnde Kessel mit salchichas und potatas, die ihren Duft über die Gasse verbreiten.(Bester Überblick über die Altstadt vom PANECILLO.)

Die Av. 1o de Agosto verbindet die Altstadt mit den Residencial Areas von Quito, wo die reicheren Leute wohnen, die besseren Restaurants und Shops liegen. Insbesondere im Umkreis der Av. Amazonas (Botschaftsviertel = Stadtteil Mariscal Sucre).

Insbesondere der Teil zwischen Av. Amazonas/Av. Patria bis zum nördl. Teil der 6 de Setiembre war zu Beginn dieses Jhd's das Residencial Viertel der expandierenden Stadt. Viele Villen, teils europäisch beeinflußt, teils burgähnliche Gebäude (z.B. in der Ramon Roca). Dieses Viertel, in dem auch die wichtigsten Airline- Büros liegen, – ist heute von Hochhäusern durchwuchert; die ehemaligen Villen dazwischen fungieren als Restaurants, und der Abbruch schreitet fort. Juan Leon Mera/Ecke Washington: schwerbewachte und verriegelte sowjetische Handels- "Niederlassung". Hinter den hohen Mauern patrolieren nachts Schäferhunde...

Die Villenviertel Quitos haben sich Richtung Hügel, wo das Hotel Quito liegt und Ri. Nord verlagert. Trotz der Funktion Quitos als Hauptstadt ist die Stadt kompakt und klein. Langgestreckt im fruchtbaren Hochtal. Hier liegt die Verwaltung des Landes, aber auch des Reichtums durch Erdöl. Sonstige Geschäfte, insbesondere in der traditionellen Ausfuhr landwirtschaftlicher Exporte wie Bananen, Ananas etc., aber auch Import werden in Guyaquil an der Küste getätigt. –

★KLIMA: in Quito durchquert man praktisch täglich die 4 Jahreszeiten: morgens: kühler frischer Frühling, gegen Mittag: warmer Sommer, abends: feuchtkalter Herbst und in der Nacht kalter Winter; die Temperaturen sinken auf ca. 8° über Null. Warmer Schlafsack oder Hotel mit Heizung empfehlenswert. Diese extremen Klimaschwankungen, die bis zu 2o° C betragen können sind durch die Nähe zum Äquator (3o km!) und der Höhenlage Quitos bedingt. Schönes Wetter meist am Vormittag. –

★ FESTE: Wer das Glück hat, sich an SYLVESTER in Ecuador aufzuhalten, erlebt in Quito das größte Fest des Landes: "ano vijejo", auf den Straßen treiben sich verkleidete Gestalten rum, Clowns, uralte Indioweiber; – mit Masken verkleidete Leute, die unter anderem auch die Politiker auf den Arm nehmen. Große Puppen aus Pappmache werden auf den Straßen und Plätzen aufgestellt, mit Benzin übergossen und kurz vor 12 angezündet und verbrannt.

KARNEVAL: wurde in Ecuador gefeiert, indem man mit Wasser gefüllte Plastiktüten den ahnungslosen Passanten an den Kopf wurf. Nachdem bei diesem Brauch vielfach Luftballons verwendet wurden, die ins Auge platzten und zu Verletzungen führten, wurde dieser Brauch behördlich verboten und findet heute allenfalls noch im privaten Kreis (im Hof mit Wassereimern) statt. – An Karneval gibts 4 Tage Ferien; die meisten Leute, die das Geld dazu haben, fahren an die Pazifik- Küste.

5./6. JAN.: wichtiges Fest mit Volkstänzen und Kapellen (typ. ecuad. mit Saxophon und Hörnern), am urtümlichsten in der Altstadt, aber auch im Residencial Area. Aus anderen Ländern wie Peru und Mexico werden Volkstanzgruppen eingeladen. Von der "Casa de la Cultura" Musikveranstaltungen auf der 7 de Setiembre. In der Stierkampfarena 7 Tage lang jeden Tag eine Vorstellung (im Norden der Stadt). Die Stiere werden zum Teil bis aus Spanien eingeflogen.

★KULTURVERANSTALTUNGEN: siehe täglich in den beiden Tagszeitungen abgedruckten Listen, und zwar im "El Comercio" und im "El Tiempo". Tip für Veranstalungen ist auch das wöchentlich erscheinende "Panorama Semanal", erhältlich an den Kiosken.

Nähere Umgebung Quito:

★ZUM ÄQUATOR: per Stadtbus Nr. 3, der ab Panecillo über die Plaza 24 de Mayo fährt, Aufschrift "Mitad del Mundo". Die Fahrt dauert etwa 3o Min. und kostet um die o,3 US $. Am Äquator* dann ein großer Weltball und die Touristen freuen sich, wenn sie mit einem Fuß auf der nördlichen und dem anderen auf der südlichen Welthalbkugel stehen. An den Tagen 21. März bis 21. September gibts an dieser Stelle mittags 12 Uhr keinerlei Schatten! Im danebenliegenden Dorf kleines Museum, vollgestopft mit Indianersachen und Postamt, wos den orginalen Poststempel "mitad del mundo" auf Ansichtskarten und Briefe gibt! –

WER WILL, kann ein paar Kilometer zum Krater des Pululahua laufen. Innendrin inzwischen Vegetation, aber häufig von Nebel eingehüllt. – Der Bus zurück alle 15 Min.

★ BESTEIGUNG DES PICHINCHA–VULKANS: sehr lohnender Aufstieg für Leute, die gerne wandern. Bei gutem Wetter morgens möglichst früh aufbrechen, denn ab mittags zieht's sich oft zu. Der Pichincha ist ein erloschener Vulkankegel, der aus 5 Spitzen besteht (höchste 4.792 m), am Rande des Tals von Quito mit fantastischem Rundblick über das Tal und gutem Wetter Fernblick zu vielen, weiteren Vulkanen der Umgebung.
Es gibt eine ganze Reihe von Routen auf den Pichincha und Rundwanderungen. Die meistbegangenste geht über die ROUTE "LA CHORRERA". Die Plaza 24 de Mayo stetig den Berg auf, oder ab Plaza San Francisco über die Rocafuerte immer geradeaus rauf.

Marianne Goets, die einige Zeit in Ecuador als Entwicklungshelferin gelebt hat, schrieb uns: ". . . nach den letzten Häusern führen einige kleine Wege in Serpentinen hinauf, –

* Diese Lage wurde 1736 durch ein Forscherteam unter Leitung des franz. Mathematikers Charles de la Condamine bestimmt. Berechnungen mit modernen Messinstrumenten fanden die exakte Lage des Äquators aber runde 8 km nördlicher heraus. Die richtige Äquatorlinie kreuzt die Panamericana als, im Asphalt eingelassene Linie kurz vor CAYAMBE, mit kleinem Weltkugel- Monument seitl. der Straße zwischen den Agaven.

immer rechts halten! Es ist sehr interessant, wenn man so zwischen 5 und 6 Uhr früh den Anstieg beginnt – ganze Eselskarawanen und Campesinos kommen einem entgegen, die Gemüse in die Stadt bringen.

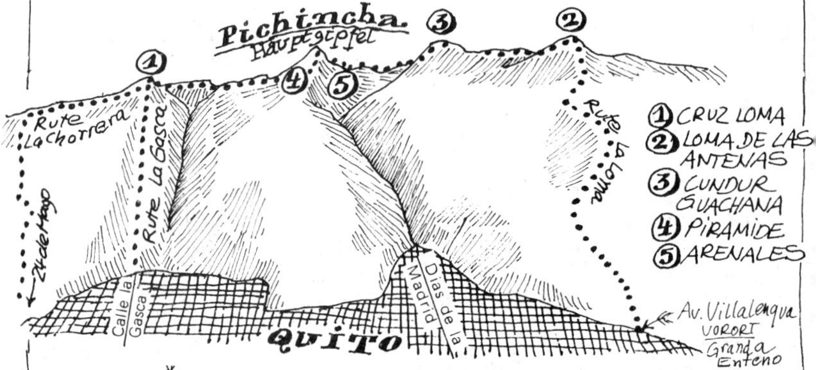

Nach 2 - 4 Std.* erreicht man den ersten "Hügel" – erkennbar an einem Monument und an den Abfallhaufen rundherum. (=Cruz Loma, Anm. der Red.) Von dort aus führt ein schmaler Pfad über das Paramo, immer auf und ab, die Hügelkette entlang.

Nach ungefähr 1 Std. hat man die Möglichkeit, entweder bis zum Hauptgipfel weiterzugehen, oder abzuzweigen und die Hügelkette weiter entlang zu gehen bis zur Fernsehstation. Von hier an der Straße entlang zurück nach Quito.

Für die Rundwanderung braucht man keine Bergsteigerfahrung, nur gute Kondition. Wenn man bis zum Gipfel will, ist wenigstens Schwindelfreiheit und Trittsicherheit erforderlich. Bei schönem Wetter unbedingt etwas zum Trinken mitnehmen, da es sehr, sehr heiß wird. Aufpassen auch vor Sonnenbrand. Gehzeit bis zu 1o Std."

Die andere ROUTE "LA GASCA" beginnt am Ende der Calle La Gasca (= rechts um die Universidad Central von Quito). Ab dem Ende der Straße stetig bergan, ca. 3 - 4 Std. bis zum Cruz Loma, siehe oben vorher. Route!

BUS: mit dem Stadtbus, Aufschrift "CHILIBULO" ab Altstadt bis zur Endstation, dann noch ca. 3 - 4 Std. bis Gipfelkette. – Bzw. mit Bus "Camal Gasca" ab Altstadt/ Calle Garcia Moreno bis Endhaltestelle.

TAXI: (oder Leihwagen): Piste führt rauf bis zur Sendestation LAS ANTENNAS. Wer zum ersten Mal in Quito ist: Warnung, bereits Höhe von Quito/Stadt hat dünne Luft. Ohne Akklimatisation sind die Aufstiegszeiten erheblich länger, wenn nicht gar gefährlich! – Das Taxi kostet je nach Verhandlungsgeschick ca. 6 US $ pro Fahrzeug und Richtung und braucht etwa 1 Std. bis zur TV- Sendestation. Bei klarem Wetter vom Pichincha fantastischer Rundblick über Quito und bis zum schneebedeckten Cotopaxi, Antisana, Cayambe und Illiniza. – Der Pichincha gilt als sehr aktiv und viele Leute in Quito haben Angst vor einem Ausbruch, der je nach Wind auch die Stadt berühren würde! –

✱ ZUM KLOSTER GUAPOLO: Stadtbus Nr. 4 zum Hotel Quito und hier über die Bergkuppe hinunter ins Tal. Das Kloster liegt sehr schön. Abstieg ca. 15 min. (rauf entsprechend mehr wegen Höhenlage Quitos!). Kleines Dorf, Kolonialkirche mit schönstem Teil: Barock Kanzel! Francisco Orellana begann hier im 16. Jhd. seine berühmte Expedition den Rio Napo & Rio

* Eher mit 3 1/2 bis 4 Std. rechnen. Anm. der Red.

Amazonas abwärts zur Mündung (vergl. unser Kapitel "Rio Amazonas"/ Brasilien!).

THERMAL–QUELLEN gibts im Paralleltal und hinter den Ostberg- Ketten des Tals von Quito: in Tingo und La Merced. Zu erreichen über eine gut ausgebaute Asphaltschnellstraße ab Quito (tägl. häufig Busse).

Lohnender, allerdings ca. 2 Std. im Bus ab Quito sind die Thermalquellen von PAPALLACTA an der Piste runter in den Oriente/Baeza. Tägl. mehrere Busse (ca. 1 US $ bis Papallacta), sodaß retour in 1 Tag möglich ist. Alle Details siehe folgende Rundtourbeschreibung in den Oriente und speziell auf Seite 521.

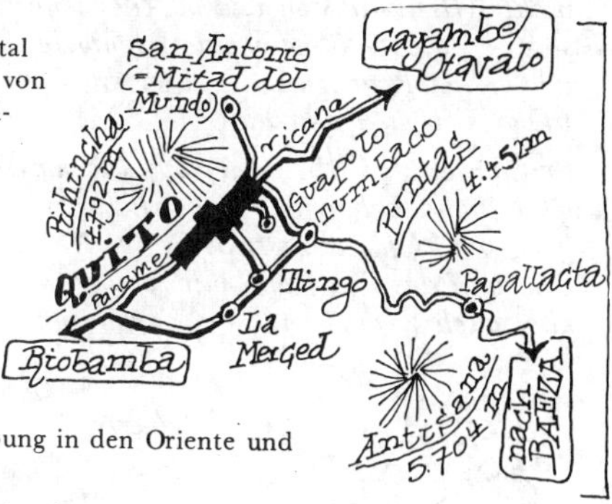

ist eines der interessantesten Reiseländer Südamerikas, – unter anderem, weil QUITO mit seiner reizvollen Kolonialatmosphäre einen idealen Stützpunkt für vielfältige AUSFLÜGE von 1 - 7 Tagen darstellt. Hier kann man sich ein gemütliches Hotel suchen, das Gepäck abstellen und je nachdem, wozu einem gerade zumute ist, Abenteuertrips in den Amazonasdschungel unternehmen, oder Wanderungen in den Anden, oder zu schönen Indiomärkten fahren, oder am warmen Pazifik baden.

Im FOLGENDEN beschreibe ich der Reihe nach:

ABENTEUERTRIP IN DEN ORIENTE

Einer der interessantesten Ausflüge von Quito führt ins tropische Tief= land des Amazonas-Beckens. Einbaumfahrt auf dem Rio Napo, einem der größten Quellflüsse des Rio Amazonas. Auf den Hauptflüssen zwar nicht Affen, die sich wie in Abenteuerfilmen von Liane zu Liane pendeln, so doch dichte Regenwälder, schwüle Amazonas- Hitze, unterbrochen von kühlenden Regengüssen – und das außenborderbestückte Einbaumkanu pflügt sich über den Fluß!

Seitlich ab viel Abenteuer auf Urwaldtrails, bzw. im Kanu über verschlungene, lianenbehangene Nebenflüsse. Reich an Tier- und Pflanzenwelt. Ausgangspunkt für Bootstrips in der Regel der Flußhafen MISAHUALLI am Oberlauf des Rio Napo mit regulären Kanuverbindungen nach COCA, – aber auch Excursionen ins Urwaldinnere.

[*FÜR FOLGENDE RUNDROUTE ab Quito braucht man ca. 1 Woche (ohne Urwaldmärsche).*]

Zuerst Mikrobus nach Baños. Fahrzeit ca. 3 Std./ 2 US $. Wer Zeit hat, sollte oben in den Anden Zwischenstops einbauen, zu Märkten bzw. zu Vulkanbesteigungen wie Cotopaxi oder Trip zur Vulkankraterlagune Quillotoa. Details siehe Kapitel "Indiomärkte in den Anden" ab S. 534 Bis Baños tip- top ausgebaut und asphaltiert.

ROUTE lässt sich auch in Gegenrichtung reisen, also Quito – Baeza . . . Macht aber via Einstieg Baños mehr Spaß, da relaxing und zudem der Flußtrip auf dem Rio Napo flußab schneller. Wer will, kann ab Coca oder Lago Agrio mit dem TAME- Propeller zurück nach Quito fliegen, ca. 3o Min. und bei 8 US $ nur rund 4 US teuer als der Bus.

Auf der Panamericana von Quito bis Baños jede Menge Übernachtungsmöglichkeiten in den einzelnen Orten, sowie häufig am Tag Mikrobusse bis Baños. Somit keine Probleme, wer zusätzliche Sachen einbaut. Auch ab Riobamba tägl. mehrmals Busse nach Baños.

Von Ambato an der Panamericana über eine gut ausgebaute Schnellstraße rauf nach SALASACA (lohnende Artesania, siehe S. 541) und anschließend in mehreren Talstufen runter nach

✶BAÑOS ca. 1.8oo m/1o.ooo E.

angenehm subtropisches Klima in engem Talkessel. Wie ein "Kochtopf" eingeschlossen von hohen Talwänden. Reiche Vegetation, über der die Amazonaswolken hängen.

Ein ruhiges Provinzstädtchen mit leicht kolonialem Touch und gemütlicher Kuratmosphäre. Am rechten Talrand Ri. Amazonas liegen die Thermalbäder direkt unterm Steilhang, von dem ein Wasserfall runterkommt.

✶**Unterkunft:** "Hotel Palace" direkt beim Wasserfall und den Thermalbädern. Sehr gemütliches Hotel im alten Stil mit Holzbohlen- Fußböden, alten Möbeln und großer Terrasse im 1. Stock. Mein Lieblingshotel in Baños. Zudem preiswert bei ca. 8 US $ fürs Doppel mit Privatbad. Daß die Tür klemmt und das Waschbecken schief hängt, sind kleine Extras, die das Hotel sympatisch machen. Das Menü untem im Restaurant ist reichhaltig und billig. –

"Hotel Sangay" vis a vis. Hat SW- Pool. Größtes von Baños, ohne klotzig zu sein. Kostet im alten Trakt ca. 12 US $, im neuen und modernen Anbau von Bungalows ca. 2o US. Es gibt Squash, Ping Pong, Tennis und den besagten SW- Pool, der allerdings nicht immer sauber ist.

"Villa Gertrudis", die Straße ab Hotel Palace aufwärts, ca. 3oo m. Das verschachtelte Gebäude steht ebenfalls schon einige Jahrzehnte. Viel Holz, Treppe mit Teppich und altmodisch (in positivem Sinn) eingerichtete Zimmer. Sehr sauber. Mit SW- Pool. Das Doppel in Vollpension ca. 33 US $.

An der Hauptplaza (1/siehe Karte!) ein Schwung billiger; wer Zimmer vornraus bekommt guter Griff: " Acapulco", – "Guayaquil" und "Agoyan". Je ca. 5 US Doppel. Unten im Erdgeschoß Restaurants. – "Hotel Americano" am Eck Hauptplaza/Straße zu Thermalbad ist größeres Gebäude, allerdings sehr basic- Übernachtung für ca. 2 US/Doppel mit Gemeinschaftsbad.

Ab Hauptplaza die Cra. 5 (= Ambato) bis rauf zur Plaza Central, siehe Karte, – sowie in der Parallelstraße Cra. 4 (=V. Rocafuerte) gibts jede Menge Billigunterkünfte. Hier konzentrieren sich die preiswerten Übernachtungsmöglichkeiten des Ortes. Auch wenn wir jede "Residencial" einzeln abgecheckt haben: läuft in der Regel auf ca. 2 - 3 US $ fürs Doppel raus, – wobei "Res. Baños" nähe Plaza Central (ca. 4 US $) auf uns den besten Eindruck gemacht hat! Ganz passabel auch "Res. Humboldt" in seiner Preisklasse.

Angenehm, daß die Billigherbergen von Baños innerhalb dieser 2 Parallelstraßen im Raum von ca. 15o m kompakt zusammenliegen. Durchchecken geht flott, auch mit dem Rucksack auf dem Buckel und 3 Blocks vom Busterminal (siehe Karte/Nr. 8). –

✶**Restaurants:** vorwiegend Hauptplaza bis Plaza Central siehe Karte. Preiswert. – Vegetarianische Küche im El Paisano (Karte/Nr. 15), Salat ist speziell präpariert. Tip insbesondere auch die leckeren Pancaces!!Billig! – An der Hauptplaza das "Restaurant Colonial" – Tip für gute Küche ist das "El Marquez" schräg gegenüber Hotel Palace sowie die beiden Hotels Palace und Sangay.

✶**Verbindungen:** ab Busterminal Baños täglich häufig mit Mikrobussen nach Ambato und Quito (ca. 3 Std./2 US $), – sowie über die asphaltierte Straße nach Riobamba (ca. 1 Std./o,5 US $). Runter in den Urwald nach Puyo (ca. 2 Std./1,5 US) und Tena (ca. 4 Std./2,5 US $) tägl. mehrmals mit kleineren Bussen, die auch nachts fahren. Schade, denn der Trip lohnt sich bei Tageslicht im engen Canyon, der sich kurz vor Shell Mera weitet zum Amazonastiefland! –

Wer ein gutes Hotel erwischt hat, – z.B. das "Palace": Baños ist angenehm zum Relaxen. Abends kuscheln im Bett . . . und morgens ein kurzes Thermalbad zum Auffrischen nach dem Frühstück. Die Luft angenehm frisch und warm, – ohne drückend heiß zu sein, wie unten im Amazonas-Tiefland.

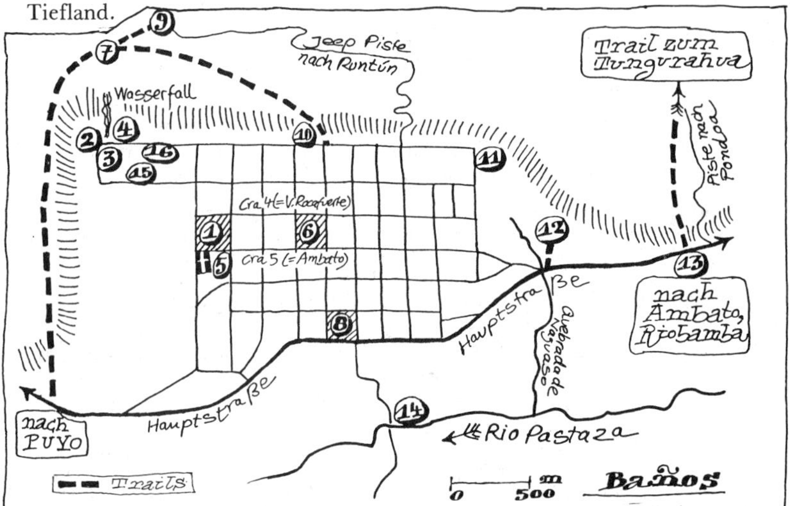

1 Hauptplaza
2 Thermalbäder
3 Hotel Sangay
4 Hotel Palace
5 Kathedrale
6 Parque Central
7 Bellavista
8 Busterminal
9 Dorf Runtún
1o Villa Gertrudis
11 Friedhof
12 Piscina El Salado
13 Checkpoint Polizei
14 Hängebrücke San Francisco
15 El Paisano
16 El Marquez

Nach Einbruch der Dunkelheit wirds jedoch schnell kühl; Pullover mitnehmen, um Erkältungen vorzubeugen!

Schöne Wanderung zum Talrand rauf zum Dorf Runtún (siehe Karte/Nr. 9). Der Aufstieg dauert ca. 2 Std. Oben beim "Bellavista" schöner Rundblick über das Tal von Baños, aber bei klarem Wetter auch auf den Tungurahua.

Trail auf den Tungurahua (5.o16 m*): einer der schönsten Vulkan-Trails von Ecuador! Allerdings sehr anstrengend, da der Einstieg bei Baños (1.8oo m!) beginnt und sehr, sehr steil rauf, Schutzhütte in 3.83o m, der Gipfel 5.o16 m*. Andererseits aber sehr interessant, da es praktisch durch alle Klimazonen geht.

Mit ca. 8 Std. ab Baños bis zur Schutzhütte rechnen; daher sehr früh in Banos aufbrechen, am besten schon beim Morgengrauen. Zunächst 2 km an der Straße Ri. Ambato rauflaufen bis zum Polizei Kontrollposten. Das ist ein kleines Betonhäuschen etwa in der Größe eines doppelten Lokus. Gegenüber auf der anderen Straßenseite den Weg zwischen den Häusern rauflaufen. Nach etwa 1oo m rechts Abzweigung und Wegweiser "Refugio Nicolas Martinez", wo der Trail den Bergkessel ansteigend beginnt.

Je nach Kondition sinds ca. 2 Std. bis zum Minidorf PONDOA in 2.475 m Höhe. Eine Handvoll Häuser. und ein Geschäft, wo es Bier und Colas gibt, sowie man sich ein Eintrittsticket kaufen muß. Pondoa ist auch über eine Piste zu erreichen (siehe Karte!), hat

* gemäß offizieller IGM- Militärkarte. Nach anderen Infos 5.o87 m

aber keinen öffentlichen Transport. Ca. 3 mal/ Woche fahren LKW's der "Cooperativa Camionetas Agayon" ab Hauptplaza Baños rauf bis Pondoa. Der Besitzer der "Resid. Patty" (2 Block vom Busterminal in Banos) vermittelt, bzw. fährt Gringos mit seinem eigenen Jeep rauf. Da die Piste schlecht ist, dauert die Fahrt ca. 45 Min., erspart aber den anstrengenden ersten Teil des Trails , bzw. 4 Km.

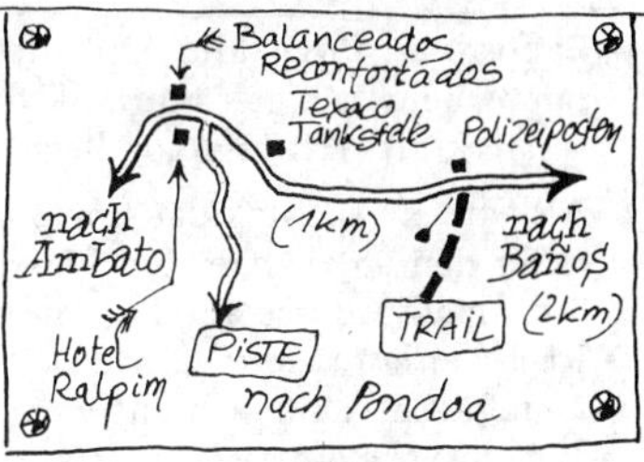

In Pondoa kann man sich Esel mieten, was beim anschließenden, sehr steilen Anstieg zum Transport des Gepäcks sehr praktisch ist. Außerdem bieten sich Einheimische als Führer an. Der anschließende Trail ist zwar weitgehend klar, aber der Führer ist billig und weiß zudem, wie er den Esel "bedient", was viel Zeit sparen kann.

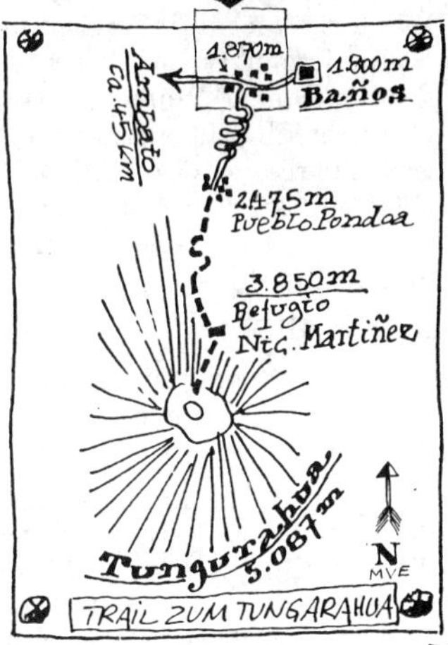

Pondoa→Schutzhütte machen die Einheimischen angeblich in 2 Std. (Hut ab und großes Kompliment). 6 Std. ist für den Gringo der realistischere Wert. Der Trail ist markiert, oft fehlt aber an entscheidenden Stellen der "Marker". Seitliche Abzweigungen enden meist schnell; zurücklaufen! Im unteren Teil gehts oft wie in "Tunneln" durch Bambus Dickichte und sonstige dichte Vegetation.

Die Schutzhütte befindet sich in 3.85o m. Sie ist nicht bewirtschaftet (kein Essen, keine Getränke!), hat aber Kochmöglichkeit. Da es keine Matratzen gibt: dicken Wärmeschutz Schlafsack mitbringen, sowie Essen und Getränke ab Baños. Quellen unterwegs selten! Gutes Schuhwerk, leichtes Gepäck, guten Sonnenschutz sowieso Voraussetzung.

"Von der Hütte", – wie uns M. Geets schrieb, – "aus dann gerade aus hinauf, über ein Lavasandfeld. Nach dem ersten Steilaufstieg ein Richtungsstein. Von da aus rechts haltend weiter rauf. Je nach Schneeverhältnissen Seil, Pickel, aber auch Steigeisen erforderlich. Der Gletscher ist verhältnismäßig leicht und einfach."

In Ergänzung: der Aufstieg bis zum Kraterrand dauert je nach Kondition ca. 5 Std. Da sich häufig gegen Mittag der Gipfel mit Amazonaswolken verzieht, sollte man möglichst früh mit dem Aufstieg beginnen. Excellente Ausrüstung sowie Kompass sind unbedingte Voraussetzungen!! Bei klarem Wetter oben grandioser Rundblick über Urwald und die schneebedeckten Berge der Andenketten.

Leider ist klares Wetter aber nicht die Regel. Meist verhüllt sich der Gipfelbereich oberhalb der Schutzhütte in Wolken. WARNUNG: der Trail bis zur Schutzhütte macht Spaß und bringt viel: bei klarem Wetter Blick z.B. rüber zum Chimborazo und Altar!,– benötigt aber genügende Höhenakklimatisation. Man sollte sich vor Besteigung mind. 1 Woche in Höhenlagen wie Quito aufgehalten haben. Weiter rauf ab Schutzhütte nur mit Führer, der sich hier oben auskennt, wenn dichte Nebelsuppe aufkommt. Der Tungurahua hat, obwohl leichtester 5.ooo-ender Ecuadors einige Tote gefordert durch Leichtsinn. –

Zeitbedarf: Baños – Schutzhütte: 1 Tag, Übernachtung. Am nächsten Tag Aufstieg zum Gipfel und retour zur Schutzhütte, sowie runter nach Baños. Abstieg geht flott.

Baños bietet sich auch als Stützpunkt für Trips zum Vulkan Altar an: mehrmals tägl. Busverbindung ab Baños/Busterminal rüber nach Riobamba über die asphaltierte Querverbindung. In Penipe aussteigen. Details siehe S. 542.

★ Baños ⋙ Puyo: die Asphaltstraße endet rund 1o km unterhalb von Baños beim riesigen Bauwerk des "Projecto Hidroelectrico Agoyan", einem Wasserkraftwerk und vor Beginn des Rio Pastaza- Canyons:

Als Strecke spektakulär (im Bus rechts sitzen!) und oft nur LKW- breit unter den überhängenden Felsen eingeschlagen! Fahrzeit bis Puyo rund 2 Std., häufig Busse am Tag, die teils aus Ambato oder Quito kommen. Rechtzeitig reservieren, ca. 1,5 US $. Wer LKW- Trampt, hinten auf der Ladefläche, kann sich auf einige Duschen gefasst machen, die per Wasserfall auf die Straße platschen . . .

Wer mit eigenem Fahrzeug unterwegs ist: vor jeder Kurve hupen. Oder nachts fahren, da sicherer wegen Licht von Scheinwerfern eventuell entgegenkommender Fahrzeuge. Die Strecke ist auch nachts sehr dicht befahren. Der Fahrstil: sehr diszipliniert. Kleinere Fahrzeuge rangieren zu Gunsten größerer retour, wenn Ausweichmöglichkeit fehlt. Wofür sich das "Gegenüber" mit kurzem Antippen der Hupe bedankt. Um an schwierigen Stellen das Rangieren zu erleichtern, blendet der seitlich Wartende die Lichter auf Standlicht.

Nach rund 6o km weitet sich der Canyon. Piste wird breit, Wellblech.

★ Shell Mera: Tor zum Urwald auf weiten, flach abfallenden Berghängen. Als Ort Wildwest mit Bretter- und Betonhäusern links der Straße. Rechts über ca. 3 km der Airport mit Flugzeug- Hangars und Airport Gebäuden.

DAS FLUGFELD ist riesig. Seitlich altes DC- 3 Weltkriegs- Fluggerät, aber auch moderne Maschinen. Keine reguläre Passagierverbindung mit Quito, aber jede Menge Avionettas für den Flugverkehr runter ins ecuad. Amazonasgebiet.

Betrieben vorwiegend von Missionaren. "Alas de Soccoro" gehört der evange lischen Missions- Zentrale/Shell Mera, – "Maria Auxiliadora" sind die Katholiken. – "TAO" und "Condor" betreibt kommerziellen Flugverkehr mit Sportmaschinen auf Airtaxi-Basis. Mitfliegen möglich. Z.B. auf der Strecke Shell Mera nach Macas. Bei klarem Wetter ein großartiger Flug zwischen Amazonasurwäldern und der Andenkette, insbesondere des Vulkankegels des Sangay. Ca. 15 US $ pro Person, wenn die 4- sitzige Cessna voll wird.

Angelegt wurde der Flughafen Anfang der 6o-er Jahre als Stützpunkt zur Erforschung der Erdölfelder im Urwald bis Lago Agrio und zum Ausbau, Versorgung etc. dieser Felder. Insgesamt gibts heute im ecuad. Urwald 52 Airstripes, teils bei Erdölcamps, teils bei Indianersiedlungen und Händlerstützpunkten.

Für das Mitfliegen in abgelegene Urwaldregionen (also nicht Strecken wie rüber nach Macas oder Lago Agrio, Coca) sind meist spezielle Genehmigungen nötig, die es beim Militärcheckposten gibt und die nur bei triftigen Gründen ausgestellt werden.

ÜBERNACHTUNGSMÖGLICHKEIT: "Hotel Esmeralditas" an der Hauptstraße und direkt gegenüber des Militärquartels. Oder unten in Puyo mit häufiger Busverbindung am Tag. – Ansonsten ist in Shell Mera der Hund begraben. Riesiges "Cinema El Dorado" sorgt für Abwechslung des Airportpersonals. . .

Nur wenige Km runter nach Puyo. Piste ist Schotter, sehr breit aber voll von Löchern, um die man rumkurvt.

★ PUYO: runde 77 km ab Baños am Urwaldrand in fruchtbarem und grünen Hügelland. Tropisch heiß, ohne aber drückend schwül zu sein wie andere Amazonasnester. Liegt ca. 95o m hoch und besteht aus einem sehr kompakten Centro, in dem sich das "Leben" abspielt (ansonsten draußen auf den

Haziendas!). 2- stöckiger Beton dominiert, einige Restaurants und Unterkunftsmöglichkeiten. Puyo ist wichtigster Ort der Region.

"Hosteria Turingia" im Centro ist derzeit die beste. Eingeklemmt zwischen zwei Verkehrsstraßen nicht gerade leise, – so doch relaxing in schwarzbraun gestrichenen Holzhäusern zwischen tropischen Gärten. Doppel ca. 1o US $. – Passable Sachen, ebenfalls Centro und laut sind "Hotel Tulcan" und "Resid. Gioconda" (ca. 5 US/Doppel). – Weitere billigere. – Es gibt Reifenflickmöglichkeit (einzige Ri. Baños und Ri. Tena!!).

Ein neues und sehr gutes Hotel befindet sich in Bau an der Straße Ri. Tena.

SOFERN man keine Verwandschaft in Puyo hat: am besten ab Baños den Bus durchbuchen bis TENA! Zwischenstop in Puyo lohnt sich nur, wenn man auf eine Avionetta ab Shell Mera nach Macas wartet. . .

VERBINDUNG nach Macas: als Piste fertig bis auf wenige Km bis zum Rio Pastaza, der mit riesiger Hängebrücke überquert wird, die derzeit ebenfalls fehlt. Daher zunächst nur per Avionetta ab Shell Mera, – obwohl viele der Buslinien bereits schon die Verbindung auf ihren Bussen aufgepinselt haben. Eine Frage der Zeit, wann die Piste durchgehend befahrbar wird.

✈ Puyo ≫→ Tena: rund 8o km, Schotter und ca. 1 1/2 mal LKW- breit. Nichts Aufregendes, aber schön durch hügeliges Urwaldland mit vielen Rodungen und Anpflanzungen. Fahrzeit im Bus ca. 2 Std., im PKW auch nicht viel schneller wegen Kurven und Löchern in der Piste.

Anbau von Zuckerrohr und Bananen. Dann wieder endlose Urwaldgebiete mit Nebelschwaden in den Hängen.

Rund 4 km vor Tena in Pto. Napo die Abzweigung der Urwaldpiste nach MISAHUALLI, dem Haupt- Flußhafen für Trips auf dem Rio Napo.

✈ TENA: Endstation des Direktbusses aus Baños, und nach 4 - 5 Std. Fahrt Gliederstrecken . . .

Ein tropisch heißes Urwaldnest, ca. 1o.ooo Einwohner/3oo m , Provinzhauptstadt und wichtigste Siedlung am Rand der endlosen Urwälder des ecuadorianischen Amazonastieflandes. Am Busterminal, einer Schotterfläche mit seitlich überdachten Restaurants und Kiosken gibts einen Schwung Billighotels.

4 Block runter zur Hauptplaza mit Kolonialwarengeschäften und weiteren Hotels/Restaurants. Tena ist mini. rundum Rodungen, Plantagen und hügeliges Urwaldland. Das Gras- Flugfeld am nördl. Stadtrand hat keine reguläre Flugverbindung und wird nur von den Sportflugzeugen der Missionare, Geologen und Erdölböhrer genutzt. Nach Sonnenuntergang tropische Hitze, Schwüle und das Zirpen der Urwaldgeräusche; gelegentlich das Surren eines Moskitos am Ohr!

✈ Unterkunft: bestes vom Ort und der Region ist das "Hotel Auca" am nördlichen Stadtrand (Abzweigung Verkehrskreisel, Ausfalls- Piste Ri. Baeza) am Fluß. Von der staatlichen Dituris ins Leben gerufen. Moderner Betonbau, 1-stöckig. Die Holzböden und die Zimmer sauber gefegt, – die Moskitoschutzgitter der Zimmer lassen mit vielen Löchern jedoch zu wünschen übrig. Disko gibts, aber nicht in Betrieb, – ebenso wie das Spielcasino, das nur auf dem Papier existiert. Dafür aber Gegacker der Hühner und schöner Blick auf den Fluß. Doppel ca. 1o US $.

"Hotel Amazonica" am Ortsausgang Ri. Baeza, ca. 5 Min. vom Busterminal. In Sachen Moskitonetze in einigen Zimmern besser. Die Zimmer aber kleiner und das Doppel ca. 5 US $.

"Resid. Alexander" direkt gegenüber Busterminal. 5 US fürs Doppel , 2- stöckiges Betongebäude und relativ sauber. –

"Resid. Enmita" schräg gegenüber Busterminal. Mit sauberem Restaurant im Erdgeschoß Vorn raus mit Privatbad keine schlechte Wahl in Tena- Relation (ca. 3 US $), – nach hinten stickig heißer Anbau mit Gemeinschaftsduschen und ca. 2 US $ das Doppel.

"Jumandi" nähe Hauptplaza und bei der Abfahrtsstelle nach Mishualli. Zimmer liegen im 1. Stock, Holzfußboden, einfach eingerichtet, aber sauber. Tip bei ca. 2 US/Doppel.

Es gibt eine Reihe weiterer Basic- Unterkünfte im Bereich der Hauptplaza, z.B. das "Hotel Amazonas"/2 Stock an Hauptplaza. Zimmer mit Fenster schräg auf die Plaza bzw. auf engen, stickigen Gang nach innen. Doppel ca. 1,5 US (Verhandlungssache!).

Auf der anderen Seite des Flusses (Brücke ab Hauptplaza) das "Hilton", Doppel ca. 2 US, sauber, aber sehr klein und das "Hostal Sumaco", mehrstöckiges Gebäude, ca. 3 US/Doppel. Abstecher zum Abchecken kann sich eventuell lohnen. . .

TENA zum Übernachten sehe ich lediglich als "Nummer- Sicher"- Tip. Insbesondere für den, der relativ spät mit dem Bus im Ort eintrifft. Man muß aber jede Menge an Moskitos und stickige Hitze in Kauf nehmen. In der Billigklasse ist MISAHUALLI besser und empfehlenswerter (letzter Bus ab Tena ca. 18 Uhr). In Misahualli zudem nur sehr begrenztes Übernachtungsangebot!

Man sollte daher die Busverbindung nach Tena so wählen, daß man spätestens gegen Mittag eintrifft, um flexibel in der Wahl zu sein. Zudem ab ca. 2o Uhr: kaum noch Chancen für warmes Essen!!! –

Komfort- Hotels: gibts weder in Tena noch in Misahualli. Nur Rio Napo flußab von den renomierten Quito- Tourorganisatoren und dort vorzubuchen. Details siehe "Misahualli"! –

Verbindungen: Tena ist "Verkehrsknotenpunkt" dieser Urwaldregion. Der Busterminal, ein Schotterplatz mit umliegenden open-air Restaurants und überdachten Kiosken bedient mehrmals tägl. Baños/Riobamba bzw. Quito – sowie auf der Nordpiste Baeza/ Quito. Rechtzeitig Platz im Bus reservieren, da viel Nachfrage!

Fahrzeiten: nach Baños ca. 4 Std./2 US $. – Quito via Baños ca. 6 Std./3 US $. – Baeza: ca. 2 Std./1,5 US $, – Quito via Baeza ca. 6 – 7 Std./4 US $.

MISAHUALLI: nicht ab Busterminal sondern ab Hauptplaza. Die Minibusse braucnen ca. 45 Min. und kosten o,5 US $. Letzter Bus gegen 18 Uhr. Danach nur Taxi, was pro Fahrzeug ca. 8 US $ kostet.

Tena ⋙→ Misahualli: 18 km Urwaldpiste, ca. 45 Min. Letzte Tankmöglichkeit am Ortsausgang Tena! Es gibt laufend Mikrobusse ab Hauptplaza/Tena. Eventuell rechts sitzen, wegen dem Fluß, der aber nur gelegentlich zu sehen ist. Fahrt kostet ca. o,5 US, weswegen Trampen sich nicht lohnt. –

Die Strecke hat uns viel Spaß gemacht. Geht durch Plantagen, Palmen, dann wieder ungerodete Urwaldgebiete. Es riecht nach "Amazonas" ohne daß der Trip in endlosen Streß ausartet.

MISAHUALLI: ist wichtigster Flußhafen der Region am breiten Rio Napo, der ab hier ganzjährig schiffbar ist. Der Ort ist mini und besteht praktisch nur aus der Plaza, um die sich eine Reihe zweistöckiger Holzhäuser gruppieren. Der Rio Napo als breiter Strom (ca. 6o m) und seitlich die klaren Wasser eines einmündenden Nebenflusses mit schönem Sandstrand. Baden macht Spaß, allerdings nicht ungefährlich, wenn man rüberschwimmt. Man muß schon ein ganz schönes Stück flußauf starten, um auf den gegenüberliegenden Felsen zuzudriften!

Übernachtung: es gibt nur wenig Zimmer in Misahualli und während der Saison in den Monaten Juli bis August kann es sein, daß alles voll ist. (Dann via Tena mit dem Mikrobus rangieren!). –

"Resid. Balcon del Napo"/Hauptplaza: sauber, machte bei unserem Check guten Eindruck und wurde auch von meheren Lesern weiterempfohlen. Zimmer liegen im 1. Stock über Restaurant, sind luftig. Blick teils auf Plaza, teils auf den Fluß über einen tropisch verrammelten Garten. Doppel mit Gemeinschaftsbad ca. 2 US. Ist Tip! –

"Resid. Posada Real"/Hauptplaza an der Ecke, wos runter zum Fluß geht. Holzgebäude, Zimmer im ersten Stock. Meist o.K., ca. 2 US/Doppel mit Gemeinschaftsbad.

"Hotel Paisano"/ca. 1o m von der Hauptplaza. Sehr sauber, alle Zimmer mit Fenster zu einem kleinen Garten, wo sich auch das excellente Restaurant "Paisano" befindet, das berühmt für seine Joghurts und Pancakes ist. Lecker!! Doppel ca. 2 US $. Sauberes Gemeinschaftsbad.

"Residenc. Sacha" von Hector Fiallos, dem langjährigen Guide für Urwaldtrips ab Misahualli. Schön in einem lichten Wäldchen an der Einmündung des Nebenflusses gelegen, ca. 4o m von Hauptplaza. Holzveranda, lichte Bauweise. Doppel ca. 2 US $.

"Etsa- Hotel" unter großem, gebogenem Wellblechdach mit Restaurant. Weitere. –

* Flußab, ca. 1 Std. per Boot das "Anaconda- Hotel" in Urwaldstil, ca. 1o US und das "Hostal Jaguar", eine Urwaldlodge mit Bungalows, zu buchen über Reisebüros in Quito. Eine touristische Sache mit "Lodge- Komfort" ähnlich denen von z.B. Iquitos/ Peru oder Leticia/Kolumbien.

★ **Urwaldtrips ab Misahualli:** je nach Zeit sind 1 - 7 Tagestrips ind die Urwälder um Misahualli im Außenborder Kanu möglich. Ist in der Regel billiger als die kommerziellen Sachen ab Iquitos/Peru oder Leticia/Kolumbien. Pro Tag muß man mit 2o – 25 US $ pro Person nach derzeitigem Stand rechnen, wobei Führer, Kanu und Essen, aber auch Schuhe (Plastikstiefel) eingeschlossen sind.

Die Zeiten, wo jeder x- beliebige Einheimische sich als Führer in den Urwald betätigen konnte, sind vorbei. Es hat in der Vergangenheit zu viele Beschwerden gegeben, wenn (zwar excellente Indianer als Führer) sich "vor Ort" im Urwald dann selbstständig machten und die Reisegruppe allein im Urwald stehen ließ, wenn sie Freunde trafen.

Es sind heute in Misahualli nur Agenturen zugelassen, deren Führer von der staatlichen Dituris geprüft werden in Kenntnis von Tier- und Pflanzenwelt, Geschichte der Indianerstämme, Lebensgewohnheiten aber auch Psychologie und Sprachkenntnissen.
Das Zulassungsdokument muß im Büro der Agentur hängen, – wie auch die Preise für die Touren genehmigungspflichtig sind und bei allen Agenturen gleich.

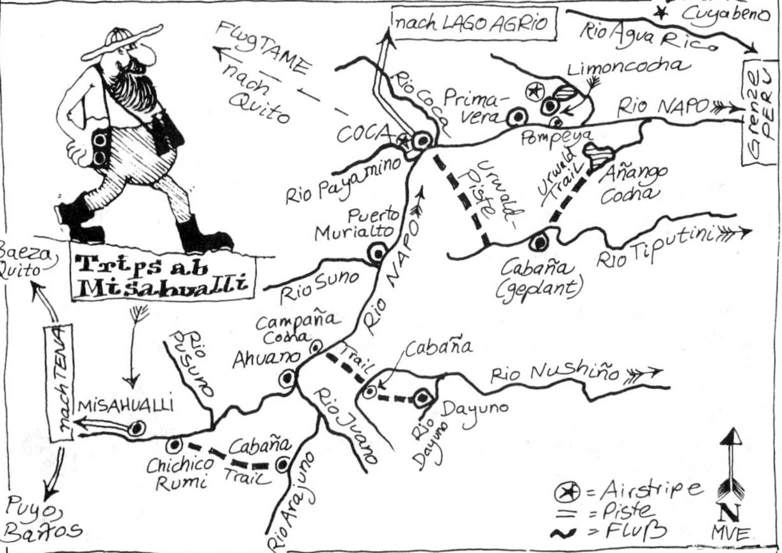

Es ist heute bei den "Cruzeiros Fluviales", wie diese Agenturen heißen, – weniger eine Frage, wer der billigere ist, sondern wer den besseren Service hat! So zumindest die Bestimmungen auf dem Papier. Da der pro Personenpreis sich auf ein komplett gefülltes Boot bezieht, welches nicht immer voll wird, besteht immer noch Einiges an Verhandlungsspielraum.

Touren: 1- Tagestrips berühren nur die nähere Umgebung, die zwar entlang des Rio Napo Galerie- Urwälder besitzt, unterbrochen von Rodungen. Möglich z.B. mit dem Kanu den Rio Napo flußab bis AHUANO (ca. 1 1/2 Std.), wo es in der Siedlung einen kleinen Zoo gibt und weiter nach Campaña Cocha in Verbindung mit einem 2 - 3 Std. Urwaldtrail und Bootsfahrt auf engem, Lianen- verranktem Nebenfluß.

Wer lieber wandert: 1 Tagestrip zunächst mit dem Boot bis Chichico Rumi, wo ein 5- stündiger Urwaldtrail rüber zum Rio Arajuno führt mit kleiner Cabaña und guten Bademöglichkeiten am Fluß mit weißem Sandstrand. Entlang des Trails weniger an Tieren zu sehen, dafür schön, was Urwaldvegetation betrifft. Viel Schlamm-Quatsche, wer sowas mag. . . Dann mit dem Boot auf dem Rio Arajuno rauf nach Ahuano und via Rio Napo retour nach Misahualli.

Mehrtagestrips gehen rüber zum Rio Nushiño, zu erreichen über einen 8 Std. Trail durch den Urwald ab Campaña Cocha zum R. Nushiño (Cabana) und weiterer 3 1/2 Std.-Trail nach Dayuno, einem Auca Dorf, von wo Excursionen in die nähere Umgebung unternommen werden. Die Region ist entwickelt in Urwaldbesiedlung, Rodungen, Landwirtschaft und kleiner Minidörfer der Indianer. Weniger für den, der Tiere sehen möchte (da von den Indianern gejagt), – als interessanter Urwaldteil für Wandern und Kontakt zu Indianersiedlungen, costumbres etc.

Der RIO TIPUTINI ist die beste Region, wer abgelegene Urwaldregionen besuchen will, die reich an Tier- und Pflanzenwelt sind und kaum bis überhaupt nicht besiedelt. Ein Trip, der ca. 5 bis 7 Tage ab Misahualli dauert. Zunächst per Boot (ca. 6 Std.) nach Coca. Weiter über eine Urwaldpiste (ca. 4o Min.) zum Rio Tiputini und dort flußab per Boot zu einer Cabana (war bei Drucklegung noch nicht in Betrieb; derzeit wird provisorisch am Fluß geschlafen). Ein Trail geht durch dichten und jungfräulichen Urwald rauf zur LAGUNA AÑANGO COCHA, die überreich ist für Affen, Vögel und zugleich Krokodile (bis 4 m Länge) hat, sowie den Hoatzin, einen prähistorischen Vogel, den es heute auf der Welt nur noch hier an der Lagune gibt.

Allerdings Achtung: Febr,/März/April sind die Zeiten des meisten Regens und für die Region Tiputino schwierig. Viel Land überfluten und Navigation auf den Urwaldflüssen schwierig.

Ein 1o- Tages Trip geht von Misahualli den Rio Napo flußab nach Nuevo Rocafuerte, der Grenzstation der Ecuadorianer und weiter in den Rio Agua Rico flußauf nach Cuyabeno und gleichnamigem Nationalpark. Anschließend weiter flußauf nach Lago Agrio.

LIMONCHOCHA an der gleichnamigen Lagune östl. von Coca: eine ehemalige Missionsstation der nordamerikanischen Linguisten, die seit ca. 195o in der Region tätig waren, jedoch von der Roldos- Regierung Ende der 7o-er Jahre des Landes verwiesen wurden. Der Ort besteht aus ca. 1.ooo Personen und zwei Sektoren: der "weiße Sektor"/ehemals von den Missionaren bewohnt, ca. 35o Häuser, heute verlassen und tropisch verfallen,– sowie "Sector Indigenas" , der Indianer. Es gibt im Ort zwei Hotels, das eine relativ passabel, das andere degeneriert. Im ehemaligen US-amerikanischen Missionssektor sind heute ecuadorianische Missionare tätig. Die ausgezeichnete Landepiste für Flugzeuge besteht nach wie vor, hat jedoch keinen Linienverkehr.

Pass: wer Urwaldtrips ab Misahualli mit Tour- Agenturen unternimmt, muß den Pass in der Capitania abstempeln lassen und dort deponieren, wenn er wieder nach Misahualli zurückkehrt. Wer lediglich den Trip per Flußkanu nach COCA macht und dort weiterfährt, muß den Pass lediglich abstempeln lassen in der Capitania, nimmt ihn aber mit.

Tour- Agenturen in Misahualli: ein ganzer Schwung an der Hauptplaza. Sehr zu empfehlen ist "FLUVIALTURS", bestehend aus Hector Fiallos, seit 9 Jahren Guide in der Region und einer der erfahrensten! Sowie Elias (8 Jahre Erfahrung) und der sympatische und aktive Pablo.

Weitere: "GUIA SELVA WILSON", – "DOUGLAS EXCURSIONES DAYUMA" und "CARLOS GUIA DE SELVA".

Prinzipielles: ein 1- Tagestrip geht relativ simpel. Also entweder Urwald- Ambiente per Außenborderkanu "genießen", – oder per Gummistiefel sich durch den Urwald "quatschen". Mehrtagestrails stellen jedoch harte Anforderungen und bringen Null- Komfort. Angefangen von plötzlichen und superintensiven Regengüssen, die einen hautnah total durchplatschen und danach zu massiven Erkältungen führen können trotz tropischer Hitze. Abhilfe: vorab Gummiponcho als Regenschutz mitbringen. Weiterhin jede Menge Moskitos und Schlafen unterwegs in der Hängematte. Essen: was der Trip bringt, – also die Angel an Flußfischen (lecker: abendliches Grillen am Lagerfeuer auf der Sandbank am Fluß!!), bzw. die Flinte . . .

Weiterhin: auch die Mehrtagestrips der Agenturen ab Misahualli basieren meist auf einem Minimum an 1o Teilnehmern. Wenn sie zusammenkommen: bunt durcheinandergewürfelt und nicht selten Probleme, wenn Schwächere mit dabei sein, die auf anstrengenden Trails "nachhängen" – oder sich später (ungerechter Weise) über "mangelnden Komfort" beschweren. –

Aucas: vorab alle Klischees vergessen, die immer wieder durch schlechte Bildbände, Taschenbücher und sonstige Bücher geistern. Ein Indianerstamm, der noch vor 3o Jahren mit Giftpfeilen am Rio Napo auf Jagd gegen weiße Siedler und Erdöl- Explorer ging. Zu Beginn des ecuad. Erdölbooms gab es mehrere blutige Zusammenstöße.

Auch wenn Agenturen in Misahualli dies versprechen: die Auca- Siedlungen, die man im Umkreis von 1 - 2 Tagen um Misahualli zu sehen bekommt, sind Siedlungen von Indianern, die sich der Zivilisation angepasst haben. Positiv zu werten die Roldos- Regierung, die die amerikanischen Linguisten des Landes verwies. Auca- Siedlungen, die nach traditionellen Stammesriten leben, – ohne Einfluß von Jeans und Transistorradio, – gibt es im Inneren des ecuadorianischen Amazonasurwalds und nicht erreichbar für Tourismus. Wir geben hier daher bewußt auch keinerlei Tips. –

TENA / MISAHUALLI ⟶ QUITO:

Der Direkt- Retourtrip geht von Tena mit tägl. Bus via Schotterpiste nach Baeza. Flott zu befahren, allerdings über einen Urwaldpass, der oft voll von Amazonaswolken hängt und Zeit braucht. (Details siehe "Tena").

Interessanter ist der Flußtrip ab MISAHUALLI mit dem Kanu (tägl.) nach COCA und von dort per Flug oder Bus nach Quito. Ca. 2 Tage:

Ab Misahualli: täglich gegen ca. 1o Uhr am Fluß Abfahrt der Einbaum-Kanus nach COCA. Reger Betrieb am Fluß. Busse und LKW's fahren runter zur Abfahrtsstelle. In der Capitania bekommt man den Ausreisestempel.

Flußab bis Coca ca. 6 - 7 Std., je nach zwischendurch angelaufener Siedlungen (flußauf ab Coca ca. 1o Std.). Das Kanu fasst ca. 12 Personen und hat hinten einen starken Außenbordermotor, den man per Stange bei Flußuntiefen rausheben kann. Warme Sachen mitnehmen und insbesondere Regenschutz, wobei sich ein Plastik- Poncho bewährt hat.

Die Fahrt macht Spaß, Galerie- Urwälder entlang des kurvenreichen Rio Napo, die von Rodungen von Siedlern unterbrochen sind. Je nach Bedarf hält das Kanu unterwegs, bzw. wenn der Propeller sich in Pflanzen oder Ästen verhakt hat, die auf dem Wasser schwimmen. Flußfahrten im Amazonasgebiet können langweilig sein. Diese Strecke hat genau die richtige Länge

COCA: auf einer Flußinsel im Zusammenfluß des Rio Napo mit dem Rio Payamino und Rio Coca. Auch "Francisco Orellana" genannt. Schläfrige Urwald- Kantons Siedlung. Ein paar Holzhütten, die am Erdölboom partipizieren. Basic- Unterkunftsmöglichkeiten im Dreh 2 US/Doppel sowie Restaurants.

Am Ortsrand gibts einen Airstripe, der 3 mal/Woche von den TAME-Propellermaschinen nach Quito angeflogen wird (ca. 3o Min./8 US $), – sowie täglich Bus über eine Urwaldpiste nach LAGO AGRIO.

Coca/Ecuador ⟶ Iquitos/Peru:

Abenteuer können auf dem Rio Napo runter bis Iquitos/Peru fahren. PRINZIPIELL zunächst abklären, ob die Grenze offen ist. Nach Grenzstreitigkeiten Anfang der 8o-er Jahre hat sich das nachbarschaftliche Verhältnis etwas "erkältet" . . .

Zuständig für Informationen in Quito sind das ecuad. Verteidigungsministerium, – sowie die peruanische Botschaft. Sicherheitshalber sollte man sich von beiden Seiten schriftliches o.K. geben lassen, um sich fernab der Zivilisation keinen Ärger einzuhandeln.

BUENO, wenns' klappt: ab Coca gibts 2 mal pro Woche ein Kanu nach NUEVO ROCAFUERTE, der Grenzstation. Fahrzeit ca. 1 Tag, aber voll von Morgengrauen bis zu Sonnenuntergang ausgefahren. Preis liegt bei ca. 5 US. Ca. 1 Std. vor Nuevo Rocafuerte ist Passkontrolle und großer Check. Hilfreich ist ein spanisch- sprachiges Permit z.B. des Verteidigungsministeriums/Quito, was Sinn und Zweck des Trips begründet. Sinnvoll sind aber auch 2 oder 3 Flaschen Whisky. . .

Andere Möglichkeit: es gibt Militärflüge nach Nuevo Rocafuerte. Mitfliegen schwierig, aber möglich. –

Die dritte Möglichkeit ist der Trip ab Coca mit eigenem Einbaum- Kanu flußab. Wie mir ein Schweizer in Quito berichtete, konnte er den Trip in 3 Tagen realisieren. Eine aber nicht ungefährliche Angelegenheit, da der Rio Napo zwischen Coca und N. Rocafuerte unzählige Seitenarme besitzt. Viele dieser münden nach vielen Fluß- Km in riesige, lianenbehangenen Urwaldlagunen. – Auf mehreren Südamerikaflügen habe ich die Region vorn beim Pilot im Cockpit überquert: definitiv ein Gewirr von Flußarmen des Rio Napo über eine Breite von ca. 4o km. Möchte mich hier nicht in eigenem Kanu durchwurschteln müssen! –

NUEVO ROCAFUERTE: Mininest im Urwald, fast ausschließlich Militärs, die sich sehr langweilen und fernab der Zivilisation Gringos gerne frisieren. Whisky on the Rocks kann die Sache "entschärfen". Voraussetzung aber auch excellente Spanischkenntnisse und alle Papiere vorab in Quito klären! Keine Übernachtungsmöglichkeiten, außer bei den Militärs.

Grenzstation der Peruaner in PANTOJA, ca. 1 Std. flußab. Entweder per Boot zu erreichen. Sofern man es per "Expres" (also quasi Taxi) mietet, wirds teuer. Ansonsten gibts einen Trail am linken Flußufer, Fußmarsch ca. 1 Tag, sehr zugewuchert und Problem, daß man mehrfach über Flüsse übersetzen muß. Ab Pantoja 1 mal/Woche eine Flugverbindung mit Wasserflugzeugen der peruan. TANS nach Iquitos.Platz für 3 - 4 Personen und entsprechend wenig Chancen für Mitflug. Flußab kaum Verkehr per Boot . . . Siehe auch S. 713.

BEI COCA beginnt das Gebiet der ecuadorianischen Erdölcamps, die zum derzeitigen Reichtum des Landes führten. Die Texaco Leute stellten 1971 die Piste Quito – Baeza – Lago Agrio/Coca fertig. Täglich Busverkehr. Wer nicht in Lago Agrio Zwischenstop machen will, sollte den Frühbus ab Coca rauf nach Quito nehmen; man fährt der aufgehenden Sonne entgegen die Anden rauf. Unheimlich schön, und manche bezeichnen die Strecke als eine der schönsten in Ecuador!

Zunächst führt die Piste durch dichten Urwald, der schon nach 1o m undurchdringlich wird, unterbrochen von Rodungen, Bambushütten auf Stelzen, – nach 84 km ist

★ LAGO AGRIO erreicht. Eine Wildwest- ähnliche Campsiedlung der Erdöl-Trupps mit Urwald- Cinema, Eisschrank in den Wohnungen der Ingenieure und TV. Daß die Region Erdöl- reich ist, war bereits vor dem 2. Weltkrieg bekannt; die Förderung lohnte sich aber erst seit Ende der 6o-er Jahre, als der Welt- Erdölpreis kräftig stieg. –

Verbindung rauf nach S. Miguel/Colombia. Viel Drogenschmuggel und von daher nicht ungefährlich. Die Piste ab Lago Agrio geht zunächst an den Grenzfluß Rio San Miguel, der beim Dorf El Congrejo erreicht wird. Hier gilt es, ein Kanu flußab nach San Miguel zu finden, welches eine Piste nach Puerto Asis besitzt (Basic- Hotels), Piste und Busverbindung rauf nach Pasto in den Anden, bzw. Flugverbindung mit Neiva. Alle Details siehe auch Seite 483 + 519.

Basic- Hotels in Lago Agrio. Tägl. mit der Tame (mo. - Fr.) in ca. 3o Min. Flug rauf nach Quito/ca. 8 US $, bzw. mehrmals tägl. Bus, der ca. 1o Std. braucht. Die ehemals von der Texaco angelegte Piste rauf nach Quito führt zunächst 113 km entlang des Rio Coca, bzw. der Erdölpipeline durchs tropische Tiefland nach BAEZA und rauf über die Andenkette nach Quito. Fahrzeit ca. 1o Std. ab Lago Agrio/4 US $.

★ **Vulkan Reventador (3.584 m):** der sehr aktive ecuadorianische Vulkan am Rande der Urwaldregion hatte seine letzte größere Eruption 1973, bei der Lavabrocken bis zu 8 m Durchmesser rausflogen und der Ascheregen durch Ostwinde so stark waren, daß sie über dem rund 1oo km entrernten Quito niedergingen.

Der Aufstieg gilt als extrem schwierig wegen dichtem Gestrüpp im unteren Bereich ab Piste (Lago Agrio – Baeza/Startpunkt Rio Reventador). IGM bietet lediglich eine 1 : 5o.ooo Karte an, die nur als grobe Orientierung gelten kann. Weitere Probleme: der Vulkangipfel gibt sich rundum des Jahres meist in Amazonaswolken, insbesondere Juni/ Juli. Als beste Monate gelten September bis Dezember, aber ohne jegliche Garantie! –

Finger weg von Besteigungen auf eigene Faust! Tip z.B. "Etnoturs/Quito". Ausrüstung: Zelt, guten Regenschutz, Kompaß und exakte Kenntnis des Trails, sowie Machete, um sich einen Weg zu bahnen. Problem ist die Hitze und Schwüle im unteren Bereich ab Hauptstraße, der schlammige untere Bereich des Aufstiegs, der insbesondere auch ans Schuhwerk extreme Anforderungen stellt. Lebensmittel und Trinkwasser für den 3- Tagestrail mitbringen! –

Aufstieg rechts von Rio Reventador zu einem Campamento. Anschließend weiter rauf über Lavafeld mit Camp vor Besteigung des Gipfels.

★ **BAEZA:** eine Minisiedlung auf schrägem Grasplateau oberhalb des Tales. Die 1 - 2 stöckigen Häuser mit kleineren tropischen Gärten. Die Haupt-Plaza besteht aus einer Grasfläche und seitlich Basketball Feld. Oben ein Minihospital. Es gibt Basic- Restaurants und einen Schwung Billighotels auf Basis ca. 3 US/Doppel mit Gemeinschaftsbad.

Verbindungen: mehrmals tägl. Quito – Baeza – Tena. Dauert ab Baeza ca. 2 Std. über eine Schotterpiste durch tropisches Hügelland. Flott befahrbar bis auf einen Urwaldpass auf halber Strecke, wo sich die Amazonaswolken stauen und je nach Zustand des Fahrzeuges nur Schritt Tempo zulassen. – Sowie mehrmals tägl nach Lago Agrio in Bussen, die von Quito kommen. –

Von BAEZA steigt die Piste in einem Andental steil rauf Richtung Quito; links sitzen! – Blick geht runter ins Tal, gelegentlich seitlich die Erdöl-Pipeline. Zwischendrin Stationen, die per Helikopter Landefeld erreicht werden können. –

PAPALLACTA: im oberen Teil des Andenanstiegs. Eine kleinere Siedlung in weitem Tal, das von bewaldeten Steilhängen eingeschlossen ist. Es gibt 2 Übernachtungsmöglichkeiten ("Su Alojamiento" ist das bessere, trotzdem basic, ca. o,8 US/Doppel).

★**Thermalquellen:** runde 8oo m an der Piste rauf ab Papallacta nach Quito, – bzw. kurz vor einer Pipeline, die die Piste überquert: rechts eine Schottersteilpiste den Berghang rauf. Mit Schild "Baños Termales". Nach ca. 8oo m ist der Scheitelpunkt des Hanges erreicht und rechts im Gebüsch dampfende Termalquellen. Eintritt gratis, – sofern die Einheimischen nicht ohne "susten" (BH) im Wasser planschen. Die Piste geht noch ca. 1 Km entlang des Stacheldrahts (Staudamm) zum Haupt- Baño Termal② welches mit Gatter und Eintrittsposten besetzt ist. Der Eintritt hält sich bei ca. o,3 US in Grenzen. Eingefasster Mini- Swimming Pool mit warmem Wasser, welches erfrischt.

Auch der Ort Papallacta hat unten im Tal Termal- Swimming Pool, dessen Wasser in Röhren von oben beschriebener Quelle kommt und sich inzwischen entsprechend abgekühlt hat.

Trail zum Antisana: der 4. größte Vulkan Ecuadors und schwierig zu erreichen, da seitlich ab. In der Regel ab Quito per Bus, der mehrmals tägl. nach Pintag fährt, einem kleinen Andennest.

Dann beginnen die Probleme! Bis zur Hazienda El Hato am Fuß des Vulkans sinds ca. 35 km über eine Piste, die nur mit Allradfahrzeugen befahrbar ist. Es gibt praktisch keinen Verkehr, wer mit einem gemieteten Geländefahrzeug ab Quito unterwegs ist, braucht ein Permit vom Bergsteigerclub in Quito, um die erste Hazienda (Pinantura) zu passieren. Der Wanderer kommt auch so durch. Weitere ca. 25 km bis zur Hazienda El Hato.

Campiermöglichkeit in ca. 4.2oo m Höhe am Fuß des Vulkans. Die Szenerie ist großartig, Lava und Paramo.

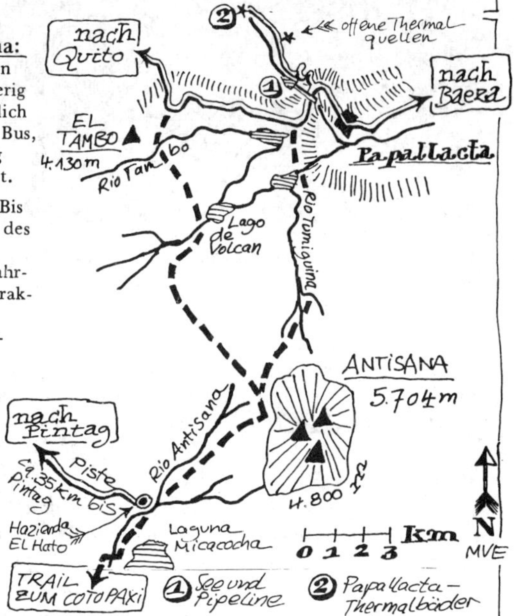

Die Besteigung des Antisana gilt als schwierig. Einmal wegen häufigem Schlechtwetter am Gipfel oberhalb der Schneegrenze (4.8oo m). Zum anderen ist er nicht ungefährlich wegen Gletscherspalten im Gipfelbereich. Organisierte Touren mit "Etnoturs"/Quito.

Von der Hazienda El Hato gibts einen Trail rüber nach Papallacta (siehe Kartenskizze). 1-2 Tage, aber hart zu wandern, da der Trailverlauf in der IGM- Karte nicht immer dem Trail vor Ort entspricht und man oft durch dichte Vegetation sich schlagen muß. Die Route via El Tambo (siehe Karte) soll leichter gehen. Kompass unabdinglich, gutes Schuhwerk und Essen für den kompletten Trail, da keine Siedlungen unterwegs. Zelt und Regenschutz. Man befindet sich im Randbereich zwischen Anden und Abhängen Richtung Amazonasurwälder, wo sich oft Wolken anschieben und Wasser ablassen. – Ab Haz. El Hato ein 2 Tagestrail Ri. Südwest rüber zum Cotopaxi. Ähnlich hart zu laufen, ebenfalls Kochgeschirr und Kocher nötig, guten Regenschutz und Zelt. Essen für 2 - 3 Tage. – IGM- Karten: "Pintag" und "Sincholagua" (1 : 5o.ooo)

Ab PAPALLACTA steigt die Piste rauf in die nächste Taletage, linker Hand ein See (siehe Karte) und dann per Serpentinen rauf in die nächste Etage. Weite Hochland- Paramogebiete, durch die sich die Schotterpiste einsam schlängelt, oft von Amazonas- Wolken eingehüllt. Nach einem 4.1oo m Pass gehts in ebenfalls mieser Feldweg- Qualität bergab. Die Schotterpiste endet derzeit bei PIFO, – allerdings befinden sich Catterpillars im Einsatz für den Neubau einer schnelleren und asphaltierten Strecke.

Rauf ins Hochtal von TUMBACO (grün, hügelig, mit Pinienalleen und das Hauptanbaugebiet für Gemüse und Früchte zur Versorgung von Quito). Per Asphaltstraße flott rauf ins Hochtal von Quito.

Baden an der Pazifiküste:

Während sich in Peru der kalte Humboldt- Strom empfindlich bemerkbar macht, – ist das Meer Ecuadors noch angenehm warm. Nach anstrengenden Busfahrten durch Kolumbien bzw. Peru und eiskalten Nächten Quitos tut's gut, sich mal für ein paar Tage in tropischer Sonne unter Palmen zu räkeln.

Uns hat Atacames gut gefallen. Hier gibts kilometerlange Sandstrände und insgesamt die beste Infrastruktur, was Übernachtungsmöglichkeiten betrifft. – Schöner (und einsamer) sind jedoch die Palmenstrände von Rio Verde im Norden bzw. der Bereich südlich, ab Muisne. Zu erreichen per Bus bzw. Kanu ab ESMERALDAS und MUISNE.

SALINAS und PLAYAS im Südwesten von Guayaquil sind mondäne Badeorte mit Hotel- Hochhäusern, Casinos und flachem, landschaftlich nicht reizvollem Hinterland. Hier trifft sich die High Society, und die Preise sind entsprechend. Wer absolute Einsamkeit sucht, sollte in das Gebiet zwischen COJIMIES und BAHIA DE CARAQUEZ fahren. Großartige Palmenstrände, die allerdings nur sehr umständlich zu erreichen sind und nur wenige, sehr einfache Unterkunftsmöglichkeiten bieten.

★ Quito »→ Esmeraldas/Pazifik:

BUS: ab Quito/Plaza 24 de Mayo, rund 2o mal täglich. Fahrzeit um die 7 Std. im Bus, ca. 2,5 US $. Am Wochenende oft Direkt-Mikrobusse nach Atacames, allerdings teuer!

FLUG: mit Tame täglich außer Sonntag ab Quito. Flugzeit ca. 3o Min./1o US $. Der Flugplatz von Esmeraldas liegt auf der anderen Seite des Flußes und hat Busverbindung über die neue Brücke ins Centro. Fahrzeit ca. 3o - 45 Min.

Per Bus schöne Fahrt. Zunächst in der Andenhochebene ab Quito nach ALOAG, Abzweigung runter in steilen Andentälern runter nach Sto. Domingo de los Colorados. Viele Kurven und großartige Szenerie. Nebel fängt sich in den Tropentälern. Dichte Vegetation, die dicken,verrosteten Rohre neben der Piste gehören zur "Transanden- Pipeline", die Erdöl von den Feldern im Urwald bei Lago Agrio zu den Raffinerieen und dem Exporthafen Esmeraldas transportieren.

Sto. Domingo de los Colorados ist nach ca. 3 Std. Busfahrt ab Quito erreicht. Aufstrebende Stadt in den tropischen Randgebieten zur Küste, derzeit ca. 7o.ooo E., Marktzentrum im nördlichen Tiefland Ecuadors. Bananenanbau und großer Markt am Sonntag. Als Stadt wenig reizvoll, staubig oder schlammig je nach Himmel. Diverse Hotels und Restaurants. Nur geringe Chance, die Cororado- Indios auf dem Markt zu sehen (typische Bemalung: roter Strich, der das Gesicht in der Mitte teilt. Die Haare mit der Saft- Paste eines Baumes rot eingedickt und wie flacher Hut zusammengepappt). Tour- Unternehmer ab Quito karren daher die Touristen raus in Colorado- Dörfer. Nicht mein Geschmack. –

Weiter auf schneller, flacher und geradliniger Asphaltstraße 85 km bis QUININDE durch ausgedehnte Bananenplantagen. Der Ort sehr reizvoll am Fluß gelegen: Urwaldidyll! Kleine Residencia beim Busstop. – Weitere 9o km durch heiße Tropenlandschaften nach

ESMERALDAS **ca. 12o.ooo E./5 m**

aufstrebende Hafenstadt seit Fertigstellung der transandinen Erdölpipeline vom Oriente (1972). Bewohner vorwiegend Schwarze, im Centro die übliche Beton- Skelett Architektur ohne jeglichen Reiz, wie auch die gesamte Stadt! Am Ortsrand Slums, nicht ungefährlich!

Obwohl der Ort für Notfälle im Centro einen ganzen Schwung von Hotels und Restaurants hat (zum Teil miese, superdüstere und dreckige Schuppen!), sollte man undbedingt die Anreise so wählen, daß man in einem Rutsch gleich weiter an einen der excellenten Strände im Süden oder Norden fährt.

Verbindungen: Quito: siehe oben, ca. 7 Std./2,5 US per Bus sehr oft am Tag. – Nach Guayaquil via Sto. Domingo de los Colorados häufig am Tag. Ebenso nach Manta und Portoviejo. –

Entlang der Küste ab Esmeraldas Ri. Nord: nach Rio Verde und La Tola an der Küste mehrmals tägl. ab Brücke über den Fluß. Fahrzeit bis Rio Verde ca. 2 Std./1 US, bis La Tola ca. 4 Std. insgesamt und 2 US $. Im Bereich von Rio Verde liegen derzeit die besten Strände im Norden Ecuadors, allerdings nur limitierte Übernachtungsmöglichkeiten. Notfalls den Frühbus ab Esmeraldas nehmen, daß man eventuell abends wieder zurückfährt, wenn es in Rio Verde keine Übernachtung mehr gibt. – Ab La Tola Anschluß per Außenborderkanus rüber nach San Lorenzo. Als Trip abenteuerlich, ca. 2 - 4 Std., wobei man das Baden in Rio Verde mit einem Rundtrip retour nach QUITO kombinieren kann: ab San Lorenzo per tägl. Schienenbus rauf nach Ibarra an der Panamericana in den Anden, Otavalo- Indiomarkt etc. Details siehe Seite

Ab Esmeraldas Ri. Süd: Atacames, der Hauptbadestrand der Region. Häufig Busse, der letzte jedoch gegen 18 Uhr. Sowie nach Muisne und Sua, siehe folgender Text!

FRACHTER: relativ viele Schiffe ab Esmeraldas/Hafen, meist aber Tankschiffe. Generell geht mit Mitfahren nocrmalerweise nichts. Infos über Abfahrten in der Capitania. Für den PKW- Transport nach USA wesentlich besser der Hafen Manta, siehe dort!

Rüber nach ATACAMES, ca. 25 km Piste ab Esmeraldas. Es geht zunächst ca. 8 km retour auf der Straße nach Quito und beim Straßenposten rechts ab. Der Bus braucht ca. 1/2 Std./o,5 US $.

ATACAMES: tropisch ramschiges Dorf mit schönem Sandstrand. Die Hochwasserkatastrophe von 1983 hat Bereiche des Strandes und viele Palmen weggeschwemmt. Die Fischerkneipen in Hütten am Meer sind aber zwischen zeitlich wieder aufgebaut. Atacames ist nach wie vor attraktiv, da nächstgelegener Strand zu Quito. Schnell zu erreichen und breites Übernachtungsangebot. Die Preise liegen bei ca. 3 - 4 US/Person, Qualität und Komfort o.K. sofern man keine Superansprüche stellt. Bezüglich Strand: nicht zu weit rausschwimmen; starke Unterwasser Strömung!

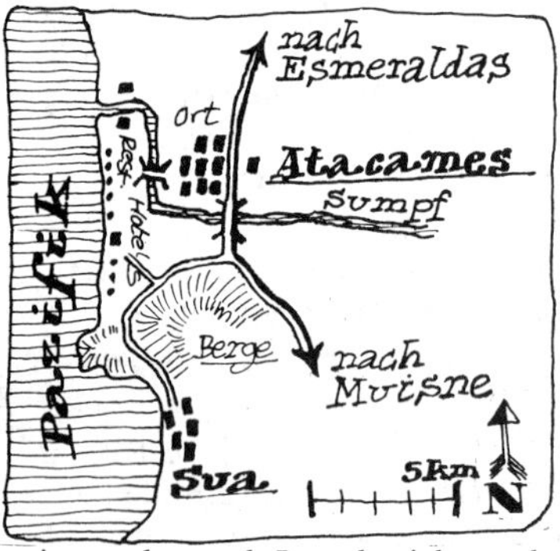

"Hotel Tahiti", Zimmer mit Moskitonetz, direkt am Strand, hat uns weniger überzeugt. Doppel ca. 8 US S. In der Hochsaison meist voll, Restaurant ok, aber Rechnung prüfen. – "Los Pelicanos" direkt am Strand, 10 Zimmer, Billig und Tip (ca. 5 US S) mit guter Küche, – "Cabañas del Sol", belgischer Besitzer, Hütten aus Bambus mit Bad und Dusche und Blick auf Palmen und türkisgrünes Meer. Gemütlicher Aufenthaltsraum. Doppel ca. 10 US S – "Las Vegas' ca. 8 US S fürs Doppel, ähnlicher Preis in den Steinbungalows des "Cabaplam". – WEITERE.

Am Strand kann man sich einen Gaul mieten, der nach Leserberichten aber immer noch genausowenig zu fressen bekommt, wie seit unserer ersten Ausgabe 1977, – sodaß er laufend Zwischenstops zum Grasknabbern braucht. Den Rückweg legt er am liebsten ohne den Reiter zurück. . .

Alternative: SUA, 5 Min. von Atacames per Bus oder eigenem PKW. Am Wochenende jede Menge Quitenos mit Geländewagen, Toyota etc. und eine Handvoll von Restaurants und Übernachtungsmöglichkeiten.

Wer sich für Muscheln interessiert: schöne 3 Std.- Wanderung ab Sua nach TONCHIGUE südlich von Sua, wo es die schönsten Muscheln Ecuadors gibt. Es fahren auch LKW's, allerdings sehr unregelmäßig und nur bei Ebbe am Strand entlang. – Schöner und einsamer Strand auch bei GALERA.

BUS- und Straßenverbindung ab Atacames oder Esmeraldas nach MUISNE. Verschlafenes Tropennest. Hier setzen die Fischer der Umgebung ihre Waren um, denn bis zum 15o km südlicheren Bahia de Caraquez gibts keinen größeren Umschlagplatz. Reger Handel mit Bananen, die landeinwärts angebaut und auf den Flüssen per Motorkanu nach Muisne gebracht werden. Einfache Herbergen und Restaurants. Bus ab Esmeraldas tägl./ca. 2 Std., 2 US $. Sehr gute Strände in der näheren Umgebung und lohnende Strecke entlang der Küste runter nach Bahia de Caraquez:

BOOT ab Muisne je nach Bedarf, meist aber mehrmals pro Woche runter nach COJIMES via Portete, was etwa auf halber Strecke liegt. Cojimes besitzt ein einfaches "Hotel" zum Übernachten und das sehr gute "Blanquita" zum Fischessen.Von hier meist tägl. LKW's runter bis SAN VICENTE (ca. 9o km). Je nach Zustand der Piste wird entweder diese benutzt, oder auf den Strand ausgewichen. Wenns ganz schlecht läuft: per Motorkanu entlang der Küste. Riesige, einsame Sandstrände, die nur den Fischern und den Möven gehören. Übernachtungsmöglichkeit (basic) unterwegs in PEDERNALES und in JAMA. San Vicente mit breitem Angebot und guten Stränden. –

Von St. Vicente gehts per Fähre über den Mündungsarm des Rio Chone nach BAHIA DE CARAQUEZ. Fischernest und Hafen zwischen hohen Kokosnuß- Palmen. Einfache Unterkünfte. Gute Sandstrände.

Zeitlich ist die Gesamtroute nicht exakt kalkulierbar. Die LKW's (teils mit selbstgezimmertem Busaufbau) machen die Strecke Cojimes – St. Vicente in rund 8 - 9 Std., wenn alles glatt geht. Problem ist, wann das Boot von Muisne nach Cojimes fährt , aber auch, ob der LKW bis runter nach St. Vicente durchfährt, oder man unterwegs umsteigen muß. Kann sein, daß man die Gesamtstrecke in 3 - 4 Tagen schafft, kann sein, daß man eine Woche braucht. . . Landschaftlich macht die Strecke viel Spaß!

Ab Bahia de Caraquez regelmäßige und mehrmals tägliche Busverbindung über Manta und Portoviejo nach GUAYAQUIL.

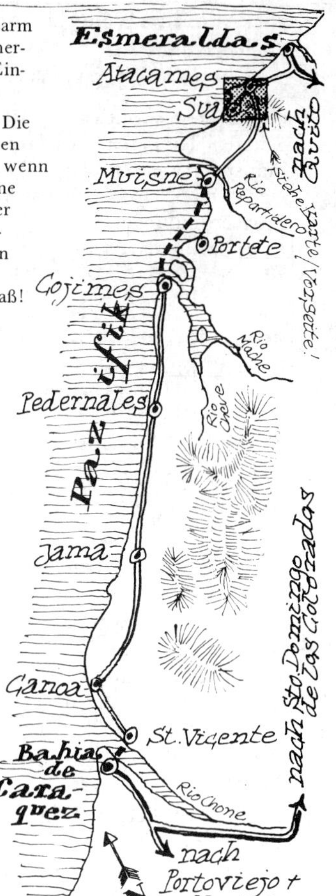

ESMERALDAS ⋙→ GUAYAQUIL:

Außer der oben beschriebenen Abenteurer-Route, für die man genügend Zeit haben sollte, – führt die HAUPTROUTE auf relativ gut ausgebauten Straßen im Küstentiefland durch Bananenplantagen 332 km bis Guayaquil.

ROUTE: Esmeraldas – Sto. Domingo de los Colorados – Quevedo – Babahoyo – Guayaquil. Täglich Busse.

Die Strecke geht zuerst 90 km zurück nach Sto. Domingo de los Colorados und biegt hier Richtung Süden nach Quevedo ab (weitere 101 km). Das Tiefland von Ecuador gilt als eines der größten Bananen-Lieferanten der Welt! QUEVEDO ist eine rummelige Stadt mit viel Atmosphäre wegen Chinesen und schmuddeligen Tropen.

AB QUEVEDO zweigt eine 177 km Piste in die Anden hinauf über Zumbagua und Pujili. Rund 8 Busse täglich, ca. 2,5 US $. Landschaftlich ist diese Piste eine der schönsten in Ecuador! Details zu Zumbagua und Pujili siehe "Andenmärkte"!

Der Bus nach GUAYAQUIL fährt geradeaus weiter, 175 km über Babahoyo. Diese Strecke ist kürzer, als die Parallelroute über Daule, allerdings auch in schlechterem Zustand: streckenweise eine sehr holprige Löcherpiste, – und der "Occidental"-Pullman kurvt in wildem zickzack um die Schlaglöcher. Es geht durch Savannen, an Mango - Bäumen vorbei und kurz vor Guayaquil durch Ananas - und Bananen-Plantagen. Kurz vor der Stadt wird der Rio Guayas über eine neuerbaute 1,5 km Brücke überquert, die für Fahrer im eigenen PKW Straßenzoll - pflichtig ist. –
Wer den Nachtbus aus Esmeraldas genommen hat, kommt bei frühem Morgengrauen in Guayaquil an; wir hatten vom Busterminal (in einem Hinterhof!) einen wilden Ritt auf der Ladefläche eines Toyota - Pickup

zum Airport, um die Militärmaschine nach GALAPAGOS zu erwischen, doch davon später . . .

Von QUEVEDO führt eine andere 16o km Stichpiste an die Küste nach

✱ **Manta,** dem zweitwichtigsten Hafen Ecuadors (nach Guayaquil) und Anlegehafen der Bananenfrachter in alle Welt. – Tunfischfang und Konservenindustrie. Viel Tropen- Buissenes. Die Strände um Manta sind recht dreckig. Der Ort (ca. 7o.ooo E.) selber sehr unattraktiv. Hotels, dichte Bus- und Flugverbindungen.

BUS: häufig am Tag nach Quito über Portoviejo, Quevedo, Santo Domingo de los Colorados. – Direkte Straßenverbindung nach Guayaquil, 156 km und häufig am Tag Busse, ca. 3 Std. – Ebenso nach CHONE 114 km und nach Bahia de Caraquez (133 km). Die Piste entlang der Küste nach SALINAS ist zwischenzeitlich fertig und verbindet viele Wochenend- und Badehäuschen reicher Ecuadorianer, wie auch Fischersiedlungen.

PORTOVIEJO (an der Straße Manta – Quevedo) lag vor ca. 2oo Jahren noch am Meer, aber die Einwohner mußten die Stadt wegen regelmäßiger Piratenüberfällen 25 km landeinwärts verlegen. Heute Kommerz- Zentrum für Tropenfrüchte.

FLÜGE: tägl. mit Tame rauf nach Quito. Flugzeit 3o Min./ca. 14 US $.

✱ **Weitere Badeorte am Pazifik von Ecuador:**
Ausgangspunkt ist hier Guayaquil: PLAYAS und das mondäne SALINAS:

✱ **Salinas:**
Schwung von Hochhäusern an weit geschwungener Sandbucht. Während der Badeort der Reichen von Guayaquil (ca. 15o km, knapp 2 Std. mit dem Bus). Weitgeschwungene Sandbucht mit ein paar Hochhäusern. Dahinter brettebenes Land; in den Lagunen wird Salz gewonnen, daher auch der Name "Salinas". Das Trinkwasser kommt in Tankwagen und ist häufig voll von Amöben. – An den Wochenenden und zur "temporada", der ecuad. Hitzeperiode in den Monaten Dezember bis April ist hier viel Rummel, die Hotels sind vielfach ausgebucht und auch die Trickdiebe von Guayaquil finden sich hier ein.

BADEN in der Bucht, das Meer ist hier ruhig. Auf der anderen Seite hohe Wellen, Haie und Luxushotels. Die Einheimischen fischen Hammerhaie und Schwertfisch, das Fleisch der armen Leute. Alljährlich Sportfischwettbewerbe. 2 Spielcasinos, um Salinas hohe Sanddünen. –

DIE MANTA – KULTUR: entlang der ecuad. Küste zwischen Salinas und Cojimes,– gilt als älteste Kultur des südamerikanischen Kontinentes, aus der die Inca - und Maya/ Atztekenkulturen hervorgegangen seien. Früheste Funde um 5ooo vor Chr, Haupt= funde aus der Zeit um 3ooo - 25oo vor Chr. Man hat, – besonders in der Gegend von Manta schöne Figuren gefunden mit einfachen, und doch sehr ausdrucksvollen Formen. "Krieger" mit breitlippigen Mündern, und Patschhänden. In den Ohren große Ringe. Schönheitsideal der Manta - Leute waren abgefeilte Zähne! – Anbau von Getreide und Tropenfrüchten; die größten Siedlungen umfassten bis zu 2ooo Leute! –

✱ **Playas:**
knapp 1oo km von Guayaquil. Das frühere Fischerdorf mit seinen Balsa-Booten hat sich schon seit einiger Zeit zunächst auf Johnson- PS-starke Außenborder und dann auf innerecuad. Badetourismus umgestellt. Hotels und Restaurants. Möglichkeit, Ferienhäuschen zu mieten. Allerdings: in der "temporada" schon auf Monate im Voraus ausgebucht! Häufige Bus-

verbindung ab Guayaquil. Fahrzeit etwas mehr als 1 Std.; geht zunächst durch schöne Flußniederungen mit tropischer Vegetation, danach durch Trockensteppe mit Kakteen.

BALSAFLÖSSE waren zu Inca- und Praeincazeiten das wichtigste Transportmittel entlang der Pazifikküste Südamerikas zwischen Ecuador und Chile.

Mehrere Balsastämme wurden mit einem Sisalhanf- Seil zusammengebunden. Der Bug in V- Form zulaufend, das Heck glatt abgeschnitten. Driftbretter, die senkrecht zwischen den Stämmen steckten und auf- bzw. abgesenkt wurden, regulierten die Fahrtrichtung, zusammen mit einem Ruderbrett an einem langen Stamm am Ende des Bootes.

Diese äußerst seetüchtigen Fahrzeuge konnten bis zu 1o Tonnen je nach Größe tragen. Vorne war ein Mast für ein Baumwollsegel, hinten bei größeren Booten eine Hütte aus Palmwedeln zum Schutz gegen Tropenregen aufgestellt. In Incazeiten diente es den Fischern, den Händlern, aber auch zum schnellen Transport von Truppen entlang der Küste.

(Siehe auch S. 145o)

Im Jahre 1947 versuchte der norwegische Forscher Thor Heyerdal die These zu erhärten, südamerikanische Kulturen an der Pazifikküste seien mit diesen Flößen bis nach Polynesien gekommen und hätten so diesen Raum besiedelt. Mit seinem "KON TIKI"- Floß brach er am 28. April 1947 in Callao/Peru auf. Mit den "guaras", den holzernen Kielschwerten regulierte er nach alter Technik die Richtung durch die entstehende Hebelwirkung zum Mast, je nachdem, ob er vorn oder hinten die Kielschwerter ins Meer runterschob. Zurückgelegt wurden mehr als 8.ooo km, wobei man Polynesien erreichte.

Bewiesen ist damit seine Theorie einer von Osten kommenden Besiedelung der Südsee nicht; 1956 fuhr der französische Forscher Eric de Bishop in Gegenrichtung, wenn auch südlicher mit einem ähnlichen Floß ab Tahiti nach Chile. Auch wenn de Bishop nach rund 194 Tagen ca. 1.6oo km vor der chilenischen Küste in einen Sturm kam und Hilfe anfunken mußte, wurde damit doch bewiesen, daß mit diesen Balsaflößen eine Überquerung auch in Gegenrichtung nach Ost früheren Völkern möglich war.

Guayaquil: 1,3 Mill. E./ 1o m

an der weit ins Land hineinreichenden Mündung des GUAYAS- FLUSSES im tropischen Tiefland Ecuadors. 1,3 Mill. Einwohner und wirtschaftliches Zentrum des Landes, – während in QUITO die Bürokratie und militärische Führungselite sitzt. Es herscht eine gewisse Rivalität zwischen beiden Städten, – vergleichbar zwischen Bayern und Preußen . . . Die Bevölkerung ist ein munteres Völkchen (heiße Cumbia- Rythmen; tropisches Klima). Vorsicht! Es wird viel geklaut, und in die Slums sollte man sich abends nicht ohne Begleiter wagen. –

Größter Hafen Ecuadors. 95 % des Imports läuft über Guayaquil, 5o % des Exportes. 1962 wurde vor den Toren der Stadt ein Überseehafen in Betrieb genommen, der als einer der modernsten und saubersten Südamerikas gilt. 2 spurige Schnellstraße mit dem Stadtzentrum, häufig Busse.

SCHIFFSVERBINDUNGEN: der Passagierdampfer der Italian Line ab Genua via Panama Kanal nach Guayaquil, der auch PKW's transportierte, ist seit Jahren eingestellt. Es fliegt sich schneller nach Südamerika und in den seltenen Ausnahmefällen, wo Touristen PKW's mitnahmen, geht dies billiger per Frachter. – Frachtertrampen möglich, aber schwierig, da die meisten Reedereien die Mitnahme aus Haftungsgründen verboten haben. Der Großteil der Verbindungen läuft rauf nach Panama, teils auch USA/Westküste. Infos in der Capitania. – Schiffsverbindung zu den Galapagos Inseln: siehe dort!

Vom SIGHT- SEEING- Standpunkt bringt Guayaquil wenig. Im Centro vorwiegend kalte Betonarchitektur, wobei sich Hochhäuser immer mehr durchsetzen. Die schönen Kolonialhäuser, die mit ihren Kolonaden und Holzjalousien der Stadt noch im vergangenen Jahrhundert koloniale Tropenatmosphäre verliehen haben, wurden bei einem Großbrand um die Jhd.- Wende fast völlig zerstört. Alte Kolonialhäuser nur noch vereinzelt, z.B. in der Rocafuerte ab Av. 9 de Octubre bis zum Stadtteil Peñas am Ende der Rocafuerte (die Rocafuerte ist die erste, größere Parallelstraße nach der Malecon am Ufer des Rio Guayas), – sowie in den Stadtrandbezirken.

Trotzdem hat Guayaquil viel Flair: wir haben in einer Schule, die in einem Holzbau untergebracht war, durch die Ritzen beim Unterricht zugesehen, und die Mestizokinder schauten mit großen Kulleraugen interessiert zu. – Zur Geschäftszeit wühlt sich im Stadtzentrum dichter Verkehr durch die Straßen. Kleine Jungen verkaufen geschäftstüchtig Zigaretten und Bonbons zu Vorzugspreisen (Schmugglerware), Schuhputzer hocken emsig wienernd in den Cafes der 9 de Octubre, der Hauptgeschäftsstraße, – die abends und am Wochenende Rennstrecke der reichen Ecuadorianos mit PKW ist. Zur Regenerierung kurzer "Hot- Dog"- Stop.

Viele Restaurants auf der Av. 9 de Octubre. Von amerikanischen Wabbel- Hamburger- Stützpunkten bis zu exclusiven Sachen. z.B. "DONVITO", Carchi 8o3/9 de Octubre. Internationale Küche, Ambiente: etwas kahl mit rotem Steinfußboden und Rundbögen, Balken unter der Decke. Mittel bis teuer, So. geschlossen. – "ANDERSON", Tulcan 81o/Durtado. Gute, französische und internat. Küche, So zu, mittel bis teuer. – "PEÑA EL RINCON FOLCLORICO", Malecon 2o8. Vorwiegend junges Publikum. Strohgedeckte Bühne und Folkloregruppen life. – "TANGO BAR/PARRILLA DE CUARTITO AZUL", Lugue 9o8/L. de Garacoa. Life Gruppen + gute parrilladas. Ein langer Raum mit rotem Steinboden, Balkendecke und weißem Verputz. Rundbogenspiegel. Offen 12 bis 3 Uhr früh.– "REST. IL FIORENTINO", Datiles/Emilio Estrada. Ein elegantes Restaurant mit dicken Gardinen, weißen Tischdecken und tiefblauen Sitzen. Essen ganz gut, abends Life- Musik. Mittel bis teuer. – Nähe Hauptpost mehrere Eiscafes mit excellenten Milchshakes.

Hotels: TOP- KLASSE: "Unihotel" am zentral gelegenen Parque Bolivar, moderner Kasten mit allen Annehmlichkeiten im Herzen von Guayaquil. Ballen/Chile. DZ. kostet ca. 4o US $. – "Continental", Chile/1o de Agosto. Eines der Top- Hotels, ca. 5o US $. – "Oro Verde", Av. 9 de Agosto/G. Moreno im Centro. Doppel ca. 5o US $. – "LA Moneda", P. Icaza/Pichincha, Parallelstraße zum Rio Guayas. Hochhausturm, Computer-Buchung und "aufregender" Teppich vor der Reception, komfortable Zimmer, teils mit Blick über den Fluß, teils über die Stadt. Ca. 5o US $. –

MITTELKLASSE: "Majestic", 9 de Octubre/Boyaca 7o9. Alle Zimmer mit AC und Tel, vorn raus zur Av. 9 de Octubre etwas laut, sehr sauber. Ca. 15 US $. – "Alexander", Lugue 11o7/P. Moncayo. Die Zimmer, sofern vorn raus, laut. Sehr hell, aber kühl eingerichtet. AC. Tel. Doppel ca. 15 US $. –

BILLIG: "Res. Comercio", Av. 9 de Octubre/Escobedo 12o7. Rotblauer Treppenaufgang in den 1. Stock und nach dem Gittertörchen die Reception. Alles andere spielt sich hinter Bretterverschlägen ab. Mieser Schuppen, ca. 3 US $. – "Londres", Av. 9 de Octubre 9o3. Eckhotel. Die Zimmer liegen im 2. Stock. Eine teilweise sehr dunkle Angelegenheit ohne Fenster, bzw. die Doppelzimmer mit Ehebett in Richtung Straße sehr laut. DZ. ca. 5 US $. – "Delicia", P. Mont. 1o5/ Agire. Zimmer mit Ventilator. Für den Preis ganz ordentlich, wenn auch einiges pflegebedürftig ist, z.B. die Vorhangstangen mal wieder richtig befestigen! Relativ helle Zimmer entweder zur Straße oder in Hinterhof. Nähe Abfahrt Transportes Pelileo. DZ ca. 4,5 US $. – "El Inca", 1o de Agosto 919. Direkt gegenüber dem Mercado. Ca. 5 US $ fürs Doppel mit Bad. Helle, große Zimmer mit Ventilator. Preis passabel für Gebotenes. – "Resid. Centro-Hotel", 1o de Agosto/St. Elena. Blaugestrichener Aufgang in den 1. Stock, wo hinter einem Drahtkäfig eine Schwarze hockt. Die Zimmer sind zwar hell, aber auch hellhörig. Entsprechende Geräusche in der Nacht. DZ. ca. 3 US $. – "Pauker", Moreno 9o2 gilt als Tip, deutscher Besitzer, sauber, DZ. ca. 8 US $, etwas abseits nähe Hügel am Rio Guayas, aber angenehmes Viertel. – "La Buena Esperanca" (Hotel zur guten Hoffnung!), das hat die Kiste wirklich nötig! Die Betten gehörten dringend mal wieder neu bezogen, winzige, fensterlose Holzkabinen mit Gitterstäben nach oben. Bogen rum, auch wenn die Leuchtschrift funkelnagelneu einläd. DZ. ca. 3 US $. – "Marco Polo", 6 de Marzo/ 748 - 95o/ 1o de Octubre. Zimmer im 1. Stock, über eine dreckige Steintreppe. Dann noch über eine Art Hühnerleiter rauf zur Reception. Mit Ventilator und Privatbad. DZ ca. 5 US $. – Weitere im Bereich Calle Chimborazo/Plaza Bolivar.

Schöner Guayaquil- Rundblick vom Edificio der Reedereien (etwa Ecke Escobedo mit P. Icaza, der Parallelstraße zur 9 de Octubre). Am Portier vorbei in den obersten Stock mit dem Lift rauf. Hier oben bei Einbruch der

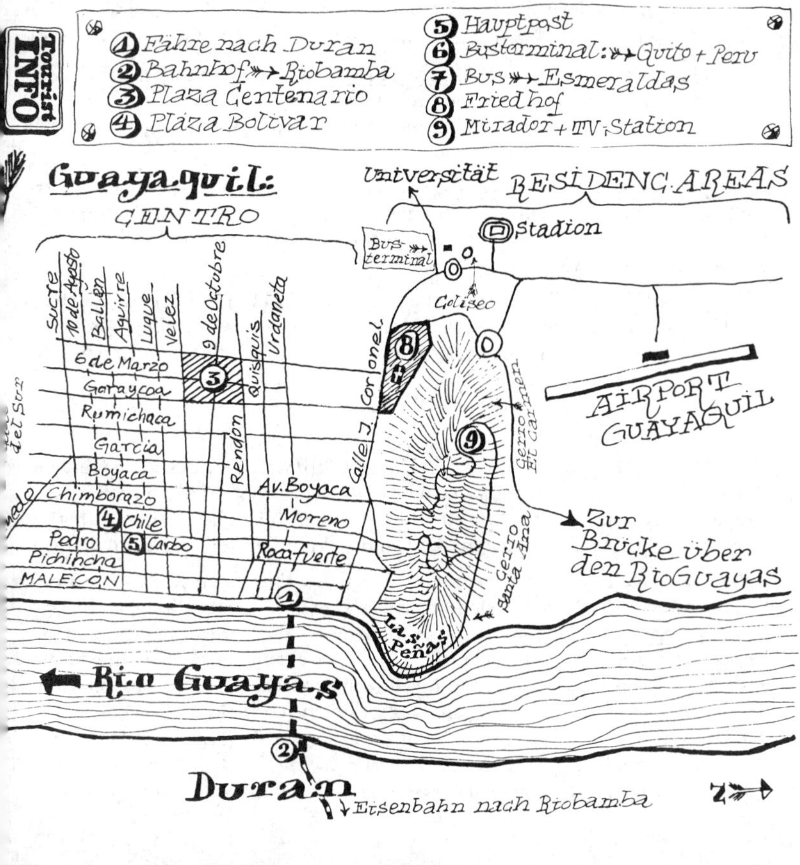

Dunkelheit ein sagenhafter Blick über die "Skyline" Guayaquils im tropischen Tiefland und breiten Guayas- Fluß.Das typische, südamerikanische Schachbrett der Stadt sieht man übrigens auch recht gut, wenn man beim Landeanflug oder Start im Propeller sitzt, – sofern nicht das Tiefland voll Wolken hängt. KLIMA: tropisch heiß- feucht. Regenzeit: Jan. - April.

Wichtigste Straßen des Zentrums: die 9 de Octubre und Seitenstraßen mit vielen Banken, Flugbüros und Geschäften. – Die 1o de Agosto und Bereich um Plaza Bolivar mit der Cathedrale. – Die Malecon (Uferstraße am Rio Guayas) mit dem Uhrenturm (Ecke 1o de Agosto) aus der Kolonialzeit. Kann am Dienstag Nachmittag bestiegen werden.

MUSEEN:

"Museo Municipal" , Ecke Sucre mit Pedro Carbo. Archäologie, Kolonialkunst und Kunstgewerbe aus Ecuador. Interessant: echte Schrumpfköpfe aus dem Amazonasgebiet. Offen: Di. - Fr.: 9 - 12 und 15 - 17 Uhr. Sa. und So.: 9 - 12 Uhr.

"Casa de la Cultura", an der Plaza Centenario (Av. 9 de Octubre 126o/Pedro Moncayo). Zu sehen: Kultsachen und Schmuck der Ureinwohner der Küste Ecuadors, z.B. schöne Nasenringe, Halsketten, Töpfe und andere Goldsachen, mit denen die Ureinwohner ihren Körper verschönten. Offen: Di. - Sa.: 8.3o bis 12.3o und 15 - 17 Uhr.

"Museo Arqueologia Francisco Huerta Rendon" in der Uni, offen Mo- Fr.:9- 11 +16- 18.

Sehenswert: das Kolonialviertel LAS PEÑAS. Wichtigste Straße: die Calle Pompilio Llona. Zu erreichen über die Malecon (siehe unsere Karte!). Oben auf dem Santa Ana- Hügel alte Kanonen aus der Kolonialzeit, mit denen sich die Stadt vor Piratenangriffen schützte.

Den MIRADOR DE LA CIUDAD erreicht man über die Calle Boyaca. Per Taxi ab Centro ca. 1,5 US $. TV/Ecuador- Funkturm und nachts schöne Aussicht auf das Lichtermeer Guayaquils und die blauen Landelichterkette des Simon Bolivar Airportes.

CEMENTARIO CENTRAL, unterhalb des Cerro El Carmen. Der Hauptfriedhof Guayaquils, sehr sehenswert mit seinen, verschiedenen weißen Tempelchen und Türmen. Die Reichen beerdigten ihre Angehörigen in Tempeln, die Mittelschicht in Türmen, die bis zu 4- Mann hoch sind. Hier reingeschoben werden die Särge in eine Art Sargbox. Viele Präsidenten ruhen im Friedhof. Calle J. Coronel.

MERCADO DEL SUR: neben den Union Club/Malecon, Ecke Av. Olmedo. Der wichtigste Lebensmittelmarkt der Stadt. Alles von Sandalen bis Fisch, Klopapier, Nägeln, Töpfen etc. Händler, die über knärzende Lautsprecher ihre Ware anpreisen. Viel Leben, die Händler kommen teils per Boot via Fluß.

Rüber nach DURAN auf der anderen Seite des Flusses entweder per billiger Personenfähre ab Malecon (siehe Karte!). Das Boot landet drüben direkt beim Bahnhof und Endpunkt des Andengleises von Quito und Riobamba. Überfahrt laufend, tagsüber, ca. o,2 US $. Direkt neben dem Bahnhof die Eisenbahn- Reperaturwerkstätte, die für Südamerika Vorbildliches geleistet hat. Verstaubte Fenster und uralte Treibriemen für die Maschinen; hier wurden in den vergangenen Jahren die alten Loks und Waggons der Guayaquil–Riobamba Strecke Tip-Top restauriert und für die Nachwelt wieder in Schuß gebracht. Leckerbissen für jeden Eisenbahnfan und großes Kompliment an

Ecuador!!

Duran ist auch über die 3,5 km- Straßenbrücke über den Rio Guayas im Norden der Stadt (durch die Residencial Areas) zu erreichen. Brückenzoll o,8 US $ für PKW's. Vorsicht, wer sich ein Taxi zum Bahnhof aufschwatzen lässt; entsprechend teuer wegen dem großen Umweg. Drüben in Duran zugleich das Gelände für die große "Feria Internacional" von Guayaquil, eine der größten Messen des Landes/1 x jährlich, Anfang bis Mitte Oktober.

Tourist INFO Malecon/Av. Olmedo. Einige Mädchen sprechen auch Englisch. Im Guayaquil- Airport kleine Zweigstelle mit Basis- Infos.

Post "Correos"/IETEL: an der Plaza Bolivar, schräg gegenüber der Catedrale, Ecke Chile mit C. Ballen.

Autofahrer: besondere Vorsicht in Guayaquil. Wie in vielen, anderen südamerikanischen Städten wird besonders in Guayaquil die rote Ampel in den verkehrsschwächeren Zeiten kaum oder garnicht beachtet. Viele Unfälle!

Größter Flughafen des Landes mit dichten Verbindungen entlang der Pazifikküste (Lima–Santiago–La Paz–Bogota), aber auch nach den USA und Europa.

Tourist- Office + Post. – VERBINDUNGEN in die Stadt per Stadtbus Nr. 2 vor dem Flughafen.

NATIONALE VERBINDUNGEN: häufig am Tag nach Quito, meist per Jet, 35 Min./ ca. 20 US $. – Cuenca: ca. 8 US $/4o Min., 2 mal am Tag außer So. – nach Manta: ca. 8 US $/3o Min., tägl. außer So. – nach Loja im Urwald: ca. 8 US $/45 Min., tägl. außer So. – nach Macara: an der Grenze zu Peru, ca. 8 US $/ 1 Std., 2 mal pro Woche, – nach Machala: tägl. außer So., ca. 7 US $/3o Min. – nach Galapagos: tägl. außer derzeit Fr. und So., Flugzeit 1 1/2 Std. mit der Tame.

Neuer BUSTERMINAL beim Coliseo an der Straße zum Flughafen, siehe unsere Karte! Es wurde definitiv Zeit, denn Guayaquil ist neben Quito wichtigster Verkehrsknotenpunkt des Landes und früher waren die Abfahrtsstellen der Buscooperativas über das gesamte Centro verteilt.

VERBINDUNGEN: mit "Aerotaxi" (Chevy- Minibusse/12 Sitzplätze) flott nach Ibarra in den Anden (ca. 9 Std./ 5 US $), Quito (ca. 7 Std./5 US $) und Esmeraldas (ca. 7 Std./4 US $). – Selbe Strecke nach Quito auch mit "Trans Micro Taxis", sowie nach Tulcan (ca. 12 Std./7 US $). – Cuenca mit Mikros "Super Taxi Cuenca" 12 mal am Tag in ca. 5 1/2 Std./3,5 US $. – Busse nach Riobamba in ca. 5 Std./2 US $, schneller, aber teurer mit dem Quito- Mikrobus, siehe oben! – Loja im Urwald per Bus in ca. 1o Std./4 US $. – Huaquillas/Grenze Peru an der Panamericana: ca. 3 US $/6 Std. im Bus. Fast stündl. Abfahrten.

GUAYAQUIL hat in Südamerika den Ruf, daß viel geklaut wird, sowie häufige Überfälle in den Randgebieten. Wir konnten dies nicht bestätigen. Trotzdem ist aber abends die übliche Vorsicht angemessen, wie allgemein in tropischen Hafenstädten. Siehe unsere Tips/Einleit. Kapitel des Bandes!

Guayaquil – Riobamba: 239 km Gleis
Riobamba – Quito: 224 km Gleis

Abenteuerfahrt mit dem Westerntrain:

Eisenbahn Guayaquil → Milagro → Riobamba:

EINE DER SCHÖNSTEN ECUADOR–FAHRTEN geht von Guayaquil ins Tiefland um MILAGRO und BUCAY. Gegen Mittag aufbrechen, Gepäck in Guayaquil lassen und den Bus der "Cooperativa Milagro" nehmen!

"COOPERATIVA MILAGRO" fährt ab neuem Busterminal. Fahrzeit bis Milagro ca. 50 Min./40 km, 0,5 US $. Zuerst über die Rio Guayas- Brücke, dann durch sumpfiges Steppenland. Zwischendrin kleine Seen, viele Tropenvögel, verknorzte Bäume, Hütten auf Pfählen. Viehzucht, Störche und Adler am Straßenrand. Dann dichtere Baumvegetation, unterbrochen von Bananen Plantagen. –

★ MILAGRO:

eine echte Westerntown, wie mans aus dem Kino kennt! Bruchbuden aus Brettern, Staubstraßen, Farmer auf Gäulen und Toyotas. Mittendurch führt auf einer Staubstraße das GLEIS! Mittendrin ein stilechter Bahnhof: drinnen tickt ein uralter Fernschreiber Morsezeichen, der "Chef" mit silberner Nickelbrille und im Raum viel altes Wildwest- Möbelzeug. Verschnörkelte Eisengitter und verwegene Eisenbahnergestalten. Draußen hocken die Indios mit großen, farbenprächtigen Hüten. Dann bimmelt eine Glocke und man hört ein immer lauteres "Sch-sch – sch-sch – schschsch, sch!", und um die Straßenbiegung zieht unter großem Gepuff der Zug ein!! Die LOK: Baujahr 1910, rot lackiert, wie im wilden Westen, mit riesigen Schein= werfern vorn am Tender, Kuhfänger- Gitterwerk und Radgeschiebe- Gestänge! Hinten dran hängen echte Pullman- Waggons, wie mans aus dem Film kennt (wo sich hinter den Rundbogenfenstern die Cowboys verschanzt haben, und in deren Holz die Pfeile der Indianer steckenbleiben!). Draußen reitet ein schußbereiter Sheriff vorbei, mit breitkrempigem Lederhut, die Pistolen rechts und links locker im Halfter! Jeder Westernfilm- Produzent würde sich hier bei der Kulisse die Finger danach abschlecken!

GUAYAQUÍL – MILAGRO – BUCAY ist derzeit der einzigste Streckenteil des Ecuadorgleises, wo noch die alten Dampfloks eingesetzt werden. Der Westerntrain kommt täglich außer Sonntag ca. 16 Uhr durch Milagro. Sonst mehrfach am Tag ein alter Bus auf Eisenbahnrädern. Aber sicherheitshalber vorab in Guayaquil- Duran abchecken!

MILAGRO besitzt herrliches Tropenklima. Handelszentrum der umliegenden Bananen- und Ananasplantagen. Eine Familie "Valdez" soll hier die Monopolstellung innehaben; das Büro der Kommunistischen Partei ist direkt vis a vis des Bahnhofes.– Unterkünfte in Milagro sehr primitiv, man fährt am Abend besser mit dem Westerntrain zurück nach Guayaquil.

Noch besser als Milagro soll der Ort BUCAY direkt an den Andenausläufern sein. (Selber nur vom Zug aus gesehen, war nicht allzuviel los). Der "echte"- Westerntrain fährt tägl. morgens die Strecke Duran bis Bucay und abends wieder zurück.

✶ GUAYAQUIL ⋙→ RIOBAMBA:

Eines der größten Ecuador-Erlebnisse! Das Schmalspurgleis klettert aus der Tiefebene von Guayaquil 356o m die Anden hinauf; zwischen Bucay und Guamote werden dabei innerhalb von 65 km Strecke, 2751 m Höhe überwunden! Das Projekt wurde bis 19o8 von verschiedensten Ländern, u.a. auch England und China realisiert – ein Wunderwerk damaliger Ingenieurkunst. Hiermit verkürzte sich die bisher 14 Tage dauernde Reise in die Anden auf 2 Tage. Noch heute rollen auf den Gleisen Waggons und Lokomotiven aus der Jahrhundertwende; Holzpullmanwagen, die mit ihren schmalen Rundbogenfenstern an Wildwestfilme erinnern, und rotlackierte Dampflokungetüme mit riesigen Hindernisräumgittern ("Kuhfängern"), Frontlaterne und bimmelndem Glöckchen auf dem Dampfkessel. Wer noch was von dieser Westernromantik erleben will, sollte sich beeilen; die ecuadorianische Regierung unterschrieb kürzlich einen Vertrag mit einem spanischen Konsortium, ihren Wagenpark zu modernisieren. Alte Dampfloks fahren nur noch auf dem Streckenteil im Küstentiefland (siehe "Milagro"). In die Anden hinauf werden die Western Waggons schon von modernen Dieselloks gezogen.

Streckenverlauf:

Vorweg leider Enttäuschung! Durch den Bergrutsch 1983 ist der Streckenteil von Bucay bis rauf in die Anden zu und kaputt. Mit dem Eisenbahn-Trip von Guayaquil nach Riobamba läuft daher derzeit nichts. Definitiv schade, denn hier hat's eines der interessantesten Gleise des Kontinents getroffen! Seit 1983 spricht man über Wiederinstandsetzung, ist sich aber nicht ganz klar, ob das Gleis völlig neu verlegt wird mit moderner Technologie und auf neuer Trasse, oder ob man die alte wieder instand setzt. Nach neusten Infos: Wiedereröffnung demnächst . . . Zunächst geht der Verkehr rauf nach Riobamba via Bus, auch das Gleis Riobamba – Cuenca ist stillgelegt.

Befahren wird nach wie vor die Strecke Guayaquil – Milagro – Bucay. Teils (siehe oben!) noch mit alten Dampfloks. Wer ansonsten auf sowas geil ist, kann bei Metropolitan Touring in Quito einen 1- Tagestrip mit den orginalen Wildwest Waggons und echter Dampflok aus der Zeit der Jhd. -

Wende ab Quito nach Riobamba buchen!

Der BAHNHOF von Guayaquil befindet sich in Duran, einem kleinen Tropennest auf der anderen Seite des Guayas Flußes und genau gegenüber des Stadtzentrums.
Regelmäßige Bootsverbindung über den Fluß ab Stadtzentrum/Malecon nähe 9 de Octubre. Auf der anderen Seite des Flußes der Bahnhof und seitlich das Ausbesserungswerk, wo mit viel Liebe aus 2 Loks eine neue und fahrtüchtige zusammengeschweißt wurde, schön lakiert. Es blutet im Herz, dass die Strecke kaputt ist!

Eisenbahntechnischer Höhepunkt des Gleises nach Riobamba die "Teufels-Nase" kurz hinter der Station Siambe, wo der Zug in Zick- Zack Rangierfahrt eine fast 3oo m hohe Felswand überwindet. Während der Zug sich bei einer Steigung von 5,5 % hinaufwand, verschwand das Dörfchen Siambe im immer engeren Canyon. Danach klettert das Gleis rauf in 3.2oo m Höhe und läuft entlang eines Vulkankegels runter in den Talkessel von Riobamba. Bueno, das ist zunächst Vergangenheit und in Hoffnung, daß man die Strecke wieder in Betrieb nimmt. Eine der schönsten Eisenbahnfahrten in Südamerika!!! –

Indiomärkte in Ecuador:

Ausgangs - Stützpunkt hierzu ist QUITO, da man die meisten der Märkte bequem in 1 - 2 Tages-Touren erreichen kann. Busverbindungen hier=zu unter "Quito"! – Die Indiomärkte Ecuadors waren bisher die schön=sten, da unverfälschtesten Südamerikas. Jeder Markt hat seine eigenen Spezialitäten bezüglich Kunstgewerbe und seine eigene Atmosphäre!

Jeder Markt hat auch seinen speziellen Tag:

Otavalo	*SA (+DI)*	*Pujili*	*SO*	*Guaranda*	*SA*
Ibarra	*SA*	*Pelileo*	*SA*	*Riobamba*	*SA (+ DI/MI)*
Quito	*MI + SA*	*Ambato*	*MO*	*Cajabamba*	*SO*
Saquisili	*DO*	*Cuenca*	*DO*	*Sangolqui*	*SO*
Latacunga	*SA (+DI)*	*Salcedo*	*DO + SO*	*Zumbahua*	*SA*

Die Märkte im Norden Ecuadors beginnen sehr früh, d.h. etwa bei Sonnenaufgang 5,3o Uhr oder 6. Wer beim Aufbauen der Stände zusehen will, – lohnt sich, – sollte schon am Vorabend rauffahren und sich im Ort in eines der Billigquartiere einmieten. Der größte Mercado Ecuadors ist RIOBAMBA.

Der von Artesania interessanteste Mercado: . . . schwierig, bei der Vielfalt und künstlerischen Phantasie (auf engem Raum!) in Ecuador. Vielleicht Otavalo? – Schön: zugleich das Ambiente auf dem Mercado. Obwohl viele Leute zusammen, eine Ruhe, unter dem glasklaren Andenlicht und den schneebedeckten Vulkanen. Es riecht, – nicht nur in der Nase!

★ SAQUISILI: ca. 2.9oo m/3.ooo E.

gemütlicher Ort, mittelgroß. Straße von der Panamericana im Andenhochtal ab Strecke Quito–Ambato, dem man ansieht, daß er nur am Markttag

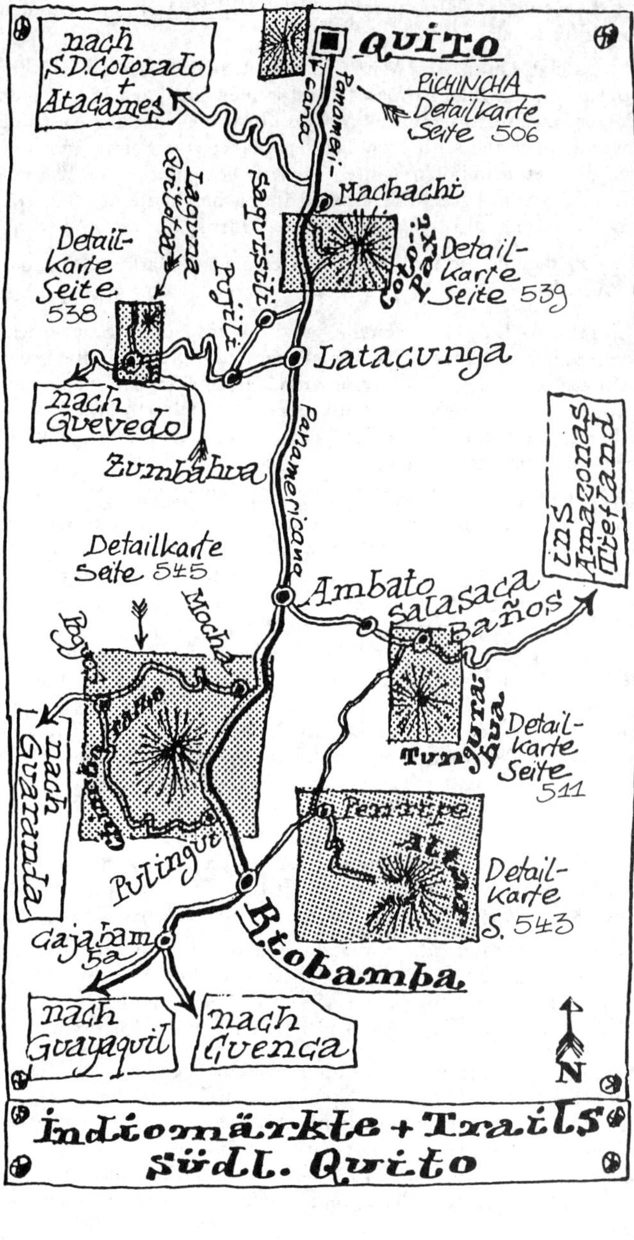
QUITO
nach S.D.Colorado + Atacames
Panamericana
PICHINCHA
Detailkarte Seite 506
Machachi
Saquisili
Laguna Quilotoa
Cotopaxi
Detailkarte Seite 539
Detailkarte Seite 538
Pujili
Latacunga
nach Quevedo
Zumbahua
Panamericana
ins Amazonas Tiefland
Detailkarte Seite 545
Ambato
Salasaca
Baños
Mocha
nach Guaranda
Tungurahua
Detailkarte Seite 511
Pulingue
Detailkarte S. 543
Cajabamba
Riobamba
nach Guayaquil
nach Cuenca
N
Indiomärkte + Trails südl. Quito

zum Leben erwacht. Hier findet am DONNERSTAG einer der schönsten Indiomärkte Ecuadors statt.

Direktbusse ab Quito zum Markt ab 5.3o Uhr früh. Knapp 1oo km ab Quito/1,5 Std. im Bus. Aufpassen und keinen Bus nach Latacunga aufschwatzen lassen. Dort muß man dann umsteigen und auf Anschluß warten, womit man den schönsten Teil des Marktes versäumt. Um 5.3o Uhr treffen die ersten Indios mit ihren in Ponchos geschnürten Warenpaketen ein. Um 7.3o Uhr erster Höhepunkt: die Sacheinkäufe der Bauern, – gegen Mittag der zweite: Broteinkauf, Früchte, Ohrring für die Frau etc.

Fast alle Plätze und die Verbindungsgassen sind zu Märkten verwandelt:
3 Hauptmärkte:

1. TEXTILMARKT bei der Kirche, wo die Busse halten: gleicher Kunst=farbenkrempel, wie ihn die Kaufhäuser verkaufen; Plastikimitationen und Unterhosen. Fajas (Leibbänder zum Verschnüren der Pakete auf dem Rücken) kauft man besser auf einem der anderen Plätze. Auf dem Textilmarkt trudeln im Laufe des Vormittags die Touristen ein, und die Preise richten sich nach ihnen.

2. MARKT MIT KLEINEREN GEBRAUCHSGEGENSTÄNDEN: der schönste Teil: hier gibt es von Schweinen, Hühnern (zu 1oer Bündeln an den Füßen zusammengeschnürt), Wolle, Brot und Gebäck, Töpferei=waren, Taschen und Seilen alles, was des Indiobauern Herz begehrt. Der Seilverkauf ist eine Attraktion für sich: eine Gasse von 3o Leuten, die ohne Unterbrechung einen Teppich von 2 m langen Seilstücken neben=einandergelegt haben, über den ihr lauft wie der Pascha von Quito. Bitte nicht mit den Füßen verhaspeln! Das gibt einen ungeheuren Tumult bei den Verkäufern! – Hier kann man auch die berühmten "Zitas" kaufen, Taschenkörbe von Design und Farbkombination wahre Kunstwerke!
Sie werden aus Feigenbastschnur zusammengeknotet, je feiner geknüpft, desto leichter und haltbarer. Größe und Qualität bestimmen den Preis. Liegt zwischen 5 und 8 US $ in Sucre umgerechnet. – Schön auch die "fajas" (gewebte Tücher, die aus Salasaca kommen), bestickt mit folkloristischen Motiven. Die Campesinos haben für die Muster ein kompliziertes Webverfahren entwickelt: zwischen den Längsfäden werden zur Unterbrechung Stöckchen eingeschoben. Einzelne Muster weben sie nachträglich ein.

Die Messerfabrikanten sitzen irgendwo dazwischen im Yogasitz und schleifen Eisenrohlinge unter schrillem Gequietsche ihrer Sicheln und Macheten. Unter Ständen brodeln in großen Alutöpfen Schweinefleisch mit Kartoffeln und Gemüse, die die Campesinos gleich daneben an Holztischen löffeln.

Campesinofrauen sitzen vor tip-top aufgebauten Bergen von Orangen und Peperonis. Getreidehaufen und Grünes für die Meerschweinchen. Zwischendrin wird auf einer Bahre ein lebensgroßer Jesus aus Gips von zwei Priestern durchgetragen. Wer das ewige Leben wünscht, spendet hier einen Sucre-Schein, der dem Jesus auf den Körper gespickt wird, und bis zum Mittag, wenn der Markt endet, ist er komplett voll von Sucre- Scheinen.

Auf dem 3. Markt werden sperrige Waren verkauft: Palmenmatten, Kartoffelsäcke, Möbel und ähnliches.

Gegen 7 Uhr früh treffen die ersten Megafon- Händler ein, die lautstark billige Unterhosen an den Mann bringen und lilaeingefärbte Plastiksandalen an die Campesinofrau. – Um 11 Uhr kommt dann meist der vollklimatisierte Touristenbus aus Quito . . . Gegen 12 Uhr allgemeines Aufbrechen.

BASIC–UNTERKÜNFTE im Ort. Besser aber die paar Km rüber nach Latacunga. Saquisili ist berühmt für seine Weihnachtsprozession! Für mich war das eines der schönsten Andenerlebnisse. Auf Pferden Kinder (die 3 heiligen Könige) um die Hauptplaza, begleitet von Anden- Blaskapellen. Gegen Abend dann, wenn die Dämmerung sich auf den Ort senkt: hunderte von Kerzen vor der Kirche und Messe. Ähnliche Fest- Organisation, – vergleiche unser Huancayo- Text /Peru und Cochabamba/Bolivia.

Viele der Saquisili- Artesania gibts auch in den Artesania- Shops von Quito, dort allerdings geringfügig bis kräftig teurer.

✱ LATACUNGA: ca. 2.85o m/16.ooo E.

direkt an der Panamericana, die hier über eine hohe Brücke den Fluß überquert. Der daneben liegende Markt am SAMSTAG (+ kleinerer am Dienstag) ist etwas lahm. Auf der Plaza oberhalb des Flusses. Normaler Krimskrams, was man halt als Campesino so zum Leben braucht, – von Schuhen über Nägel bis zu Töpfen und Früchte/Fleisch. Ersetzt die fehlenden Kaufhäuser.

Wichtig ist Latacunga als Stützpunkt für die umliegenden Märkte Saquisili und Pujili, sowie Zumbahua und die Wanderung zum Vulkankrater Quilotoa, sowie für Trips auf den Vulkan Cotopaxi.

ÜBERNACHTUNG: billig das "Hotel Costa Azul" direkt bei der Panamericana/Abzweigung nach Zumbahua und Brücke. Sehr basic, aber anständig, mit Fenstern . Unten im Comedor gutes Essen und billig. Das Doppel ca. 2 US $. – Oder der Chinese direkt daneben am Eck. Zimmer besser nicht zur Straße, da sehr laut! – Im Ort gibts bessere Übernachtungsmöglichkeit bei ca. 5 US $ ("Hotel Cotopaxi", Sanchez de Orellana Ecke P. Salcedo), wobei ich mir die Differenz aber lieber gespart habe und im Costa Azul übernachtet.

TIP: wer's Geld hat: 1o km auf der Panamericana südl. von Latacunga Ri. Riobamba: die "Hosteria Rumipamba de los Rosas". Mischung zwischen Hazienda und Motel. Geschmackvoll rustikal mit groben Holzbalken eingerichtet. Komfortabel und in den Zimmern gemütlich. Wegen Erfolg der Hazienda ist die Sache jedoch zwischenzeitlich kräftig expandiert mit leichtem Touch von Klein- US- Freizeitranch. Hat an Flair verloren aber große Areale für Reiten etc. dazugewonnen. Doppel ca. 2o US $.

✦ PUJILI: ca. 2.93o m/3.ooo E.

12 km von Latacunga an der Straße über die Andenkette runter nach Quevedo, aber noch mitten im Andenhochtal. Mit einem schönen MITTWOCHS- Markt, Beginn gegen 8 Uhr früh, Höhepunkt um 1o.3o bis 11 Uhr. Kaum Artesania und deswegen relativ wenig Touristen. Interessant: die allgemeine

Marktatmosphäre. Viele Früchte und Gemüse, Schafe, Schweine. Am oberen Rand bei der Kathedrale sitzen die Campesinos, die Nähmaschinen- Service anbieten und auf den Stufen die Schuhputzer. Dampfende Kessel mit Suppen und aufgebaute Berge von Früchten. Die Busse fahren ab Latacunga/Hotel Azul rüber nach Pujili zum Markt, mit Holzbänken zwischen dicken Campesinofrauen!! –

* ZUMBAHUA: ca. 4.ooo m/ 35o E.

Von Pujili geht die asphaltierte Straße in vielen Serpentinen den Hang rauf mit schönen Ausblicken und auf der anderen Seite entlang eines Tales in vielen Kurven. Der Campesino- Bus braucht runde 2 Std. für die knapp 35 km! (Straße: Pujili – Quevedo)

Straße läuft am linken Talrand entlang; mehrere Bewässerungskanäle und gelb verdorrtes Gras. Wahnsinnig dünne Luft, wer das nicht gewohnt ist, – die einen etwas schneller atmen lässt. Von einer Handvoll Häuser geht eine Schotterpiste 4oo m ins Dorf runter. Plaza mit vielleicht 4o oder 5o Häusern drumrum. Großer SAMSTAGS- Markt, wo vorwiegend Gemüse und Llamas gehandelt werden. Sehr klein und früher Beginn, ca. 7 Uhr, der sich bereits gegen 11 Uhr auflöst. Busse von Pujili/Latacunga. Keine Übernachtungsmöglichkeit. Oben an der Straße von Quevedo mehrmals am Tag Busse. Der letzte, passable kommt kurz vor Einbruch der Dunkelheit vorbei, – runter nach Latacunga, – den wir verpasst haben. Wenn die Sonne weg ist: eisige Kälte, wie's nicht schlimmer sein kann. Sehr dünner Verkehr und kaum Chancen für's Trampen. Irgendwann in der Nacht, meist gegen 2 Uhr früh kommt ein Bus von Quevedo rüber nach Latacunga vorbei. . .

SCHÖNE WANDERUNG ab Zumbahua zur Kraterlagune QUILOTOA. Je nach Kondition wegen der dünnen Luft um die 7 Std. retour. Von der Dorfplaza/Zumbahua gehts zunächst runter in einen kleineren Canyon auf die Gegenseite, wo der Pfad die Staub/Schotterpiste wiedertrifft, die man ab der Plaza drüben am Hang sehen kann. Auf dieser gehts dann rund 4 km entlang.

Es geht immer am linken Talrand entlang, – rechts der Blick in einen ziemlich tiefen und verästelten Erosions-Canyon, der schätzungsweise bis 13o m tief sein dürfte.

Auf der Sandpiste praktisch Null Verkehr. 1 oder 2 mal am Tag ein LKW- Colectivo von Zumbahua rüber nach Chugchilan. Danach aber definitiv Einsamkeit und Ruhe im Ohr. Rund 1 Std. zu Fuß ab Zumbahua biegt rechts bei einer strohgedeckten Campesinohütte eine Piste ab, die schon kurz danach durch einen Mini- Canyon führt, vielleicht 3o m, danach wieder rauf und über eine Paramo- Hochebene stetig bergan (immer auf dieser Piste bleiben!) und auf die Höhenzüge am Horizont zuhalten.

Sobald der Höhenzug erreicht ist (ca. 7 km ab Zumbahua) geht rechts ein kurzer Pfad auf einen Hügel rauf (=Kraterrand der Lagune). Besitzt einen Durchmesser von ca. 2 km. Der Abstieg dauert zusätzliche 1 Std., rauf 1,5 bis 2,5 Std., Höhenunterschied 3oo m. Tiefgrünes Wasser mit Einfärbung bis grau- blau/braun. Ziemlich kalt und salzig. Vulkanische Dämpfe. – TIP: gegen ein paar zusätzliche Sucre kann man eventuell den Busfahrer von Latacunga nach Zumbahua überreden, daß er einen die 7 km bis zur Lagune fährt. Spart massiv Zeit, da der Rückweg weitgehend dann bergab geht. – ZUMBAHUA bei Festen (z.B. um Weihnachten!), wenn die komplette Mannschaft voll ist, – nicht ungefährlich. Die Region gehört zu einer der ärmsten der ecuadorianischen Anden, und im Alkohol bricht viel Aggression raus.

Cotopaxi (5.897 m*/6.oo5 m)

mein Lieblingsvulkan in Ecuador, erste Begegnung auf einem Lufthansaflug von Lima nach Quito, wo der Pilot den Jet knapp über dem Krater des schlafenden Vulkanriesen hinwegflog , und nicht nur die Passagiere, sondern auch praktisch die komplette Crew am Fenster hing!

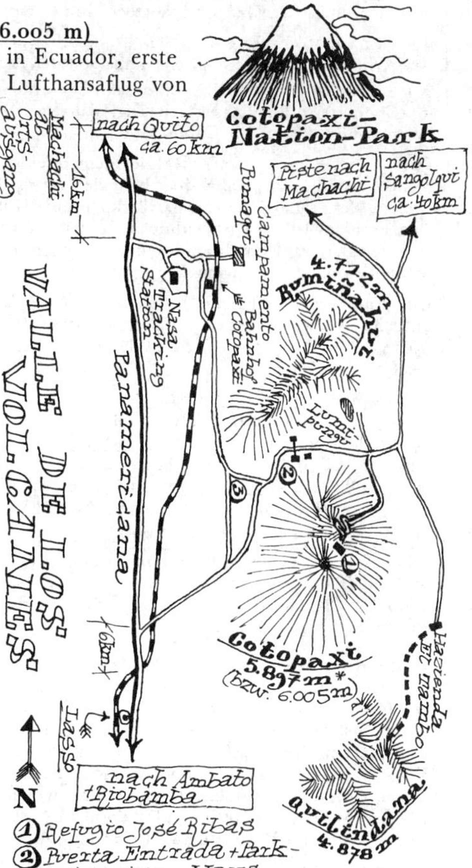

Von Quito oder Riobamba kommend, führt von der Panamericana eine Schotterpiste rauf bis auf 4.7oo m bei der Schutzhütte "Jose Ribas". Bei klarem Wetter eine fantastische Sache!! (Guter Sonnenschutz!!)

Im Gegensatz zum Illimani/Bolivia (siehe unser La Paz- Text!) gibts zur Schutzhütte Jose Ribas keinen regulären Transport.

Mikro ab Quito auf der Panamericana bis zur Abzweigung, 16 km südl. des Dorfes Machachi. Ausgeschildert "NASA und Parque Regional Cotopaxi"). Von hier,– (ebenso wie von der Abzweigung nördl. des Dorfes Lasso) sinds runde 3o km bis zur Hütte, wobei ein Höhenunterschied von mehr als 1.5oo m überwunden werden muß. Wer nicht akklimatisiert ist und Superkondition besitzt, 'wandert' rund 2 Tage rauf, wobei der schlimmste Teil die Strecke ab der Abzweigung /Hochebene Limpiopungo (ca. 3.8oo m) bis Schutzhütte (ca. 4.8oo m) ist. Per Piste, die sich am Vulkanhang raufschlängelt, sind das runde 8 km Auch bei den Abkürzungen, die der Hiker machen kann, superanstrengend wegen der Höhe!

Während der Woche praktisch Null- Trampchancen auf beiden Pisten. Relativ gute jedoch am Wochenende und bei klarem Wetter ab Abzweigung Nasa/südl. Machachi. Ausflugsverkehr ab Quito, die Fahrzeuge allerdings häufig voll, – mit dem Problem, daß die Hütte ebenfalls meist voll ist. Schlafen auch unten in der Hochebene von Lumipun-

*Gemäß Militärkarte. Gemäß Colegio San Gabriel/Quito: 6.005 m gi wegen der Höhe nachts eisig kalt!!

AM BEQUEMSTEN: klaren Tag abwarten (angebl. Monate Juni + Juli, obwohl keine Garantie und wir z.B. während der Regenzeit/Ende Dez. fantastisch klare Tage erlebten!) und VW- Käfer in Quito mieten! Ist billig, insbesondere auch kurze Strecken und superbilliges Benzin, – wenn man zu mehreren das Auto nimmt!

Panamericana durch den Ort Machachi fahren, bei klarem Wetter ist rechts der Iliniza zu sehen, links der Cotopaxi, versteckt hinter einem Bergrücken.

16 km nach Machachi großes Schild und Abzweigung "NASA + Parque Regional Cotopaxi". Eine Asphaltstraße zweigt links von der Pana ab, rauf zur

Nasa Tracking Station: kann besichtigt werden. Sehr interessant die Kontrollräume mit Computern, Bandmaschinen, Digitalanzeigen zur Steuerung von NASA- Raketen. Besichtigung: 9 - 15 Uhr, Höhe 3.565 m

Piste (Sand, teils Schotter) biegt vor dem Eisenbahngleis (Quito–Ambato–Riobamba) rechts ab und folgt parallel dem Bahngleis für ca. 300 m. Danach Überquerung des Gleises. Nach rund 7 km kleiner Parkplatz und Durchquerung eines Bachbettes, welches nach ca. 100 m wieder durchquert wird. Nach weiteren 2 km links Abzweigung steil den Berg rauf durch mannshohes Gebüsch und Strauchwerk 5 km + 2 km bis zur Schranke und Haupteingang des Nat. Parkes.

Km- Angaben nach dem Tacho unseres Miet- Käfers. In dem Bereich gibts eine Vielzahl seitlicher Abzweigungen. Generelle Orientierung: zunächst am Hang des Ruminahui (siehe unsere Karte!) entlang und dann steil den Hang zwischen diesem und dem Kegel des Cotopaxi rauf.

Sobald man den Haupt- Entrada des Nat. Parkes (siehe unsere Karte) erreicht hat (Pass vorzeigen, wird notiert), relativ problemlos. Zunächst in Serpentinen 2 km rauf bis zum Pass und dann leicht runter in die HOCHEBENE VON LUMIPUNGU mit Steppengras Lagunen und unterhalb des schneebedeckten Cotopaxi- Gipfels. Dünne Luft, ca. 3.800 m. ABZWEIGUNG in Serpentinen rauf am schiefen, völlig kahlen Hang des Cotopaxi in 4.700 m Höhe, wo die Piste endet. Zu Fuß noch 100 m zur Schutzhütte.

"SCHUTZHÜTTE JOSE RIBAS": die knapp unterhalb des ewigen Schnees liegende Hütte ist renoviert und relativ komfortabel. Der Hausmeister verkauft Drinks, Übernachtung für jeden möglich (sofern Platz, am Wochenende oft schwierig!). Wer seinen nationalen Bergsteigerausweis (Clubs BRD, Schweiz, Österreich) vorweisen kann, erhält eine geringfügige Ermäßigung.

Besteigung des Cotopaxi: Ab der Hütte sinds rund 6 - 8 Std. zum Gipfel. Definitiv nur was für Profi- Bergsteiger mit entsprechender Ausrüstung (Seil, Eiskrampen etc.). Wegen den vielen Regenfällen bzw. hoher Luftfeuchtigkeit ist der Anstieg weitgehend in den Sektor "Gletscher" einzusortieren.Die Besteigung nur zu zweit oder besser zu dritt machen; Rettungsservice wie in den österreichischen oder schweizer Alpen mit Hubschrauber etc. gibts in Ecuador nicht! Hauptproblem: die dünne Luft beim Anstieg von 4.800 m bis auf rund 6.000 m. Selbst wer sich an die Höhe von Quito mit 2.850m akklimatisiert hat, sollte zumindest vor dem Anstieg einen halben Tag in der Jose Ribas Hütte "relaxen"! Der Hüttenwart gibt Tips ab Hütte für den besten Aufstieg.

PS.: je nach "Übernachtungsaufkommen" ist der Hüttenwart entweder oben in der Jose Ribas anzutreffen, – oder unten beim "Entrada del Parque". Vorab abchecken, wer in der Hütte übernachten will, damit man nicht vor verschlossenen Türen steht.

BEI KLAREM WETTER vom Gipfel grandioser Rundblick auf mehr als 6 weitere Vulkangipfel! – Über die wahre Höhe des Cotopaxi stritt man sich längere Zeit. Die Berechnungen der verschiedenen Expeditionen ließen den Berg zwischen den Jahren 1748 und 1970 von anfangs 5751 m auf 6.005 m wachsen! –

Der Cotopaxi wurde unter anderem von Alexander Humboldt und im Jahre 1880 vom Bezwinger des Matterhorns, Edward Whymper bestiegen. – Der Cotopaxi ist einer der höchsten Vulkane der Welt, letzte Eruption 1877. – ABSTIEG ins Kraterinnere, aus dem Schwefeldämpfe steigen: 120 m. Sehr schwierig!

Übernachtung: an der Panamericana nähe Lasso Ri. Quito links ab über einen Feldweg etwa 1,5 km zur "HOSTERIA LA CIENAGA". Hat uns persönlich ungemein gut gefallen. Die letzten Meter gehts durch eine riesige Allee von Eukalyptus. Eine Hazienda mit schönem Patio, Springbrunnen, Blumen etc. Sehr relaxing, wer Ruhe sucht. Das Doppel ca. 22 US $. Über das Restaurant gehen die Meinungen auseinander. Wir zumindest waren bei unserem Besuch sehr zufrieden.

* AMBATO: 2.6oo m/ca. 8o.ooo E.

Mildes Klima, die Stadt zieht sich am Hang rauf. Architektonisch nicht unbedingt ein Juwel, aber riesiger Montags- Markt. Einer der größten in Ecuador neben Riobamba. Vorwiegend Landwirtschaftsprodukte und Tiermarkt. Artesania in begrenztem Umfang von den Otavalo und Salasaca-Indios, die zum Markt angereist kommen.

Ambato ist zu den anderen Tagen ein gemütlicher, aber etwas abwechslungsloser Ort. 1949 durch ein Erdbeben fast völlig zerstört. Ab 1o Uhr abends ist absolut nichts mehr los. Man kann sich nur noch ins Bett zum Schlafen legen, oder einsam mit den Hunden durch die Straßen laufen.

Hotels: "Hilda", Av. Miraflores, Doppel ca. 12 US $. Zwar etwas außerhalb des Centros, aber eines der besten in Ambato. – Zusammen mit dem ebenfalls in der Av. Miraflores liegenden "Hostal Miraflores" (DZ ca. 12 US $) und dem "Florida" (ca. 12 US $) Top mit 4 Sternen das "Hotel Tungarahua" (Lalama Ecke Cevallos) DZ ca. 15 US $. – Im Centro von Ambato das "Nacional" mit kräftiger Patina und altmodischen Badewannen. Bekannt für billige Menüs im Restaurant. DZ ca. 5 US $. – "Americano", ebenfalls Centro und "Vivero", ca. 3 US $. – Wer noch billiger sucht: nähe Mercado (ca. 2 US $), aber superbasic . . .

Essen: gut, aber teuer: "Hilda" und "Florida". – Eines der besten von Ambato ist das "El Alamo" im Zentrum. Sauber und sehr empfehlenswert! Spezialtip sind die Toiletten, die in tip-top- Schweizqualität entgegenstrahlen! – Tip für den Mercado: mal "cuy" probieren! Meerschweinchen für Pfennigbeträge auf Holzkohlengrill geröstet. Schmeckt in Richtung Kaninchen.

Busse: der Busterminal von Ambato liegt am Stadtrand an der Panamericana. Zu Fuß ab Stadtzentrum ca. 15 Min. Häufige Abfahrten nach Quito, Riobamba und mit Mikros runter via Salasaca nach Baños und tiefer runter in den Bergurwald.

Nachts, wenn der letzte Bus ab Ambato/Busterminal weg ist: die paar Meter rauf zur Pana laufen und relativ gute Chancen für TRAMPEN nach Quito! Wie generell in den Anden üblich, erwarten die Fahrer aber, – egal ob Toyota- Pick up oder LKW ein Trinkgeld. Beachten: Laderampe vom Pick up ist nachts eisig, eisig kalt und selbst die in Salasaca gekaufte Decke hilft nicht gegen den kalten Fahrtwind. –

Weiterhin relativ dichter Durchgangs- Busverkehr, der aus Riobamba/Cuenca und Guayaquil kommt. Stoppen aber nur, wenn noch Platz im Bus ist!

VON AMBATO führt eine Asphaltstraße über die Andenkette in den Urwald Amazoniens runter. Viele Busse und Mikros am Tag von Ambato bis Tena und Puyo:

* SALASACA:

liegt etwa 15 km ab Ambato an dieser Straße, Heimat der Salasaca- Indios, die ausgesprochen schöne Wandteppich- Webarbeiten herstellen. Etwa 2o Häuser an der Straße. Man kann beim Weben zusehen; in dem Gebäude der Cooperativa an der Hauptplaza eine Ausstellung. Aber auch in den anderen

Häusern der umliegenden Artesanos kann man kaufen. Handeln ist üblich, weswegen die Preise von Haus aus um ca. 1o % raufgesetzt werden, die man dann runterhandelt. –

Allein von der Landschaft lohnt sich der Abstecher nach Salasaca: umwerfend schön bei klarem Wetter! Gleich rechter Hand der schneebedeckte Vulkankegel des Tungurahua, der sein Haupt allerdings nicht immer freigibt. Besonders schön am Abend, wenn die untergehende Sonne die Wolken um den Gletscherbereich des Gipfels rot erglühen lassen! – (Aufstieg ab Baños; Details siehe dort!)

PELILEO:

weitere ca. 7 km. Als Ort nicht besonders attraktiv, mußte nach einem Erdbeben 1949 völlig neu aufgebaut werden und hat dabei seinen Reiz verloren. An der Hauptstraße im Ortszentrum am Samstag Markt. Vorwiegend Früchte, Haushaltswaren und was der Campesino sonst noch braucht. An Märkten gibts Interessanteres. . .

Die Straße runter ins Amazonasgebiet über Banos hat eine großartige Szenerie und ist im Kapitel "Abenteuertrips in den Oriente" beschrieben. Tief eingeschnittene Bergurwaldtäler, Wasserfälle, steile Serpentinen, Nebelschwaden an den Hängen. Lohnt sich sehr!!!

BAÑOS bietet sich in jedem Fall als Übernachtungsstop an (Details siehe Seite 5o9), egal, ob man weiter in den Urwald runterfährt, oder den Tungurahua besteigt bzw. Trekking oder Bergsteigen im Bereich des ALTAR unternimmt:

Trail zum Altar:

Gruppe von Felsgipfeln und Nadeln mit Schnee und Gletschern im Halbkreis um die Kraterlagune. Landschaftlich auch für den Hiker definitiv ein Bonbon; die Besteigung der Gipfel jedoch nur für Top- Bergsteiger!

Der höchste ist der "Obispo" (Erzbischof) mit 5.465 m, Bergsteigerbonbon ist auch die "Monja Grande" (Hauptnonne) mit 5.32o m, darum eine Gruppe von "Frailes" (Mönchen) in der Höhe von 5.ooo m, gruppiert um das "Tabernaculo" in der Mitte. Die starke Vergletscherung durch die feuchtigkeitsintensiven Wolken, die vom Amazonas kommen!

Relativ viel Regionalbusse von Baños bis Penipe auf halber Strecke nach Riobamba. Ab Penipe dann 1o km Wanderung auf einer Schotterstraße rauf nach CANDELARIA mit praktisch Null Trampmöglichkeit außer LKW's zum/bzw. vom So.- Markt in Penipe. Höhendifferenz rund 5oo m. Ab Candelaria noch ca. 1,5 km bis zur Hazienda Releche, im ersten Teil etwas schwierig, da es viele seitlich abzweigende Campesinopfade gibt (in Candelaria oder Haz. Releche Leute fragen!). Sobald man aber um den Berghang rum ist und der Blick auf den Altar frei: leicht zu finden und immer am Nordhang des Rio Blanco Tales entlang.

Gesamtzeitbedarf: ca. 2 - 3 Tage. Trailschwierigkeit: relativ leicht, bis auf das letzte Stück Kraxellei rauf zur Vulkankraterlagune (ca. 3 - 4 Std.). Ausrüstung: warme Sachen, da je nach Jahreszeit nachts die Temperaturen unter Null sinken können, gelegentlich auch Schnee. Sehr guten Sonnen- und Regenschutz! – Karten: derzeit keine Detailkarten vom Bereich des Altar von I.G.M.

Nachtrag: Banos – Penripe tagsüber häufig Busse (Ri. Riobamba). Fahrzeit bis Penripe ca. 3o Min./o,5 US. Ein Taxi durchgehend ab Banos bis Candelaria dürfte pro Fahrzeug um die 2o US kosten, aber unbedingt Preis vorab ausmachen. – Angeblich soll es neben gelegentlich zwischen Penripe und Candelaria verkehrenden LKŴ's auch möglich sein, in Penripe Einheimische mit Fahrzeug zu mieten, die für ca. 5 US $ rauffahren. Immerhin kein großes Risiko, da der Bus ab Banos nach Penripe häufig am Tag fährt und nur ca. 3o Min. braucht, also man gegebenenfalls nach Banos "zurückrangieren" kann, wenns ab Penripe rauf nach Candelaria nicht klappt.

Beste Jahreszeit angeblich Dez. bis Jan. mit den geringsten Regenfällen und besten Sichtverhältnissen. Aber leider keinerlei Garantie. Die Region um den Altar gilt als extrem regenreich. Ein weiterer Grund für guten Regenschutz auf dem Trail, – aber auch, sich einen Führer ab Candelaria zu nehmen, bzw. den Hike bei "Etnoturs" in Quito zu buchen.

Sangay: der aktive Vulkan (5.23o m) ist einer der am schwierigsten zu erreichenste Ecuadors. Bus von Riobamba nach Licto, ca. 2o km und mehrmals am Tag. Von hier aus gilt es, einen LKW nach ALAO zu finden, einem Mininest mit entsprechend nur sehr seltener LKW- Verbindung. Hier beginnt der Trail.
Insgesamt retour mit Vulkanbesteigung ca. 9 Tage! Abgesehen davon sind Pferde und Führer in Aloa zu finden, was auch seine Zeit dauert. Der Trail ist hart und schwierig (Machete) durch teils dichte Vegetation, über Passe von 4.2oo m und wieder runter zu Flüssen. Basiscamp an der Westflanke (Las Playas) in 3.6oo m Höhe. Aufstieg ein kompletter und 3 Uhr früh begonnener Tag und nicht ungefährlich bei aufkommenden Nebeln. Unterm Strich eine Sache, die man nur mit einem Trekkingveranstalter unternehmen sollte, z.B. "Etnoturs"/Quito, P.O. Box 477o Juan Leon Mera 1238 y L. Garcia.

AMBATO – RIOBAMBA:

Auf der Panamericana auf guter Teerstraße, 56 km. – Gleich hinter Ambato überfahrt ihr einen 36oo m hohen Pass mit schönem Blick über das Becken von Riobamba, – umrahmt von den schneebedeckten Vulkanen des Tungurahua, des feuerspeienden Sangay und des Chimbo= razas. –

Riobamba:

2.75o m, 9o.ooo Einwohner, – 1797 von einem Erdbeben zerstört, heute ein gemütliches Provinzstädtchen mit vielen alten Häusern und schönen Plätzen. Nachts allerdings wird es eisig kalt!! –

Früh am Morgen schaut manchmal die schneebedeckte Spitze des Chimborazos aus dem Morgennebel! Großer Markt am SAMSTAG (sowie weitere am Di. und Mi.) Einer der größten und interes-

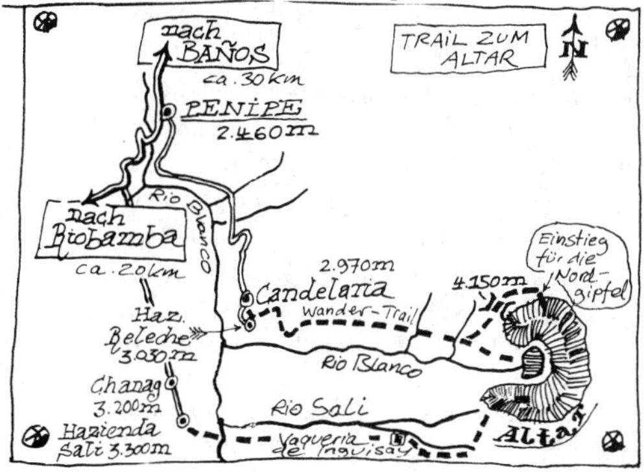

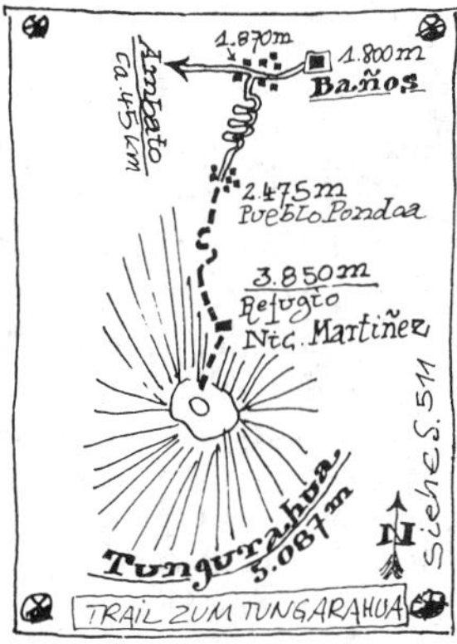

santesten von Ecuador. Campesinos in ihren hellen Ponchos, – Schweine und Llamas werden durch die Gassen gezerrt und die Waren, die die Campesinos in ihre Ponchos gepackt hatten, werden ausgebreitet. Beginn ca. 9.3o Uhr, – Höhepunkt gegen 11, um 13 Uhr löst sich dann alles auf und man geht zum Essen. Indiorestaurants unter Ständen, Gerüche, Farben!

Der Markt, der früher auf 11 verschiedenen Plätzen stattfand, wurde zusammengefasst, ist aber trotzdem noch sehr lohnend wegen seiner Größe. Er hat ein riesiges Hinterland mit der dichtesten Indiobevölkerung Ecuadors (7o %), und so kommen an diesem Tag bis zu 1o.ooo Indios zum Marktfest. An einer Stelle wird sogar "Gletschereis vom Chimborazo" verkauft!

Gutes Angebot an Artesania. Tip sind neben Ponchos, Taschen, Pullover etc. insbesondere Wollstoffe für Vorhänge. Naturfarben, vom "Llama de Borrego" (=der Schafsbock!). Nach Barra/Yard verkauft (= 84 cm x 91,5), handeln. Sehr billig. In Deutschland würde eine vergleichbare Qualität das 1o bis 15 fache kosten!

Hotels: "Hotel Galpon", Argentinos Ecke Av. Naciones Unidos, eines der besten Hotels von Riobamba, 1. Kategorie. DZ mit Privatbad und Heizung ca. 15 US $, – "Se - govia", Calle 1 ra Ecke Constituye/Espejo. Angenehmes, modernes Hotel, 5 Stock, direkt im Centro der Stadt, ca. 12 US $. – "Hostal Los Shirys", 1o de Agosto 216o, ein modernes, komfortables Hotel der 2. Categ. im Centro (nicht mit dem "Hostal Los Shiris" verwechseln!), 5 Stock, das Doppelzimmer mit Bad ca. 1o US $. – Selbe Preisklasse ist das "Hotel Humboldt", Daniel Leon Borja 3548, DZ ca. 1o US $ gemütlich und sauber. –
Billiger: "Hotel Metropolitano" Daniel Leon Borja Ecke Lavalle. Sauber, sehr gutes Essen und freundliche Besitzer. DZ ca. 4 US $, – "Metro" nähe Station Bahnhof. Billig mit runden 3 US $ fürs Doppel und seit Jahren Traditionshotel im Billigsektor. Das Essen allerdings "in üblicher Manier zu Schuhsohle zerbraten (Fleisch)", wie uns Walter Müller bissig schrieb. – "Villa Esther" am Bahnhof, mit heißen Duschen im Gemeinschaftsbad, DZ ca. 3 US $, – "Guayaquil", ebenfalls beim Bahnhof (ca. 3 US $) wie ein ganzer Schwung weiterer Billigherbergen hier liegen, z.B. "Atahualpa", "Colonial" und "Chimborazo", die alle aber Tendenz zu Lärm haben.

Verbindungen: Zug nach Guayaquil ist derzeit wegen Bergrutsch eingestellt (nur Busse!), – ebenso wie derzeit die Zugverbindung nach Cuenca eingestellt ist. Nur per Bus, der, da auch die Straße in diesem Streckenteil durch den '83- Bergrutsch stark verschüttet ist, – den weiten Umweg runter nach El Triunfo und dann wieder rauf in die Anden fährt. – Nach Quito ab Riobamba praktisch alle 1/2 Std. tagsüber mit schnellen Mikrobussen auf der flott ausgebauten Panamericana in ca 3 Std./1,5 US $, landschaftlich bei klarem Wetter ein Hochgenuß durch die "Avenida de los Volcanes"! –

Wer sich für koloniale und religiöse Kunst interessiert: Convento de Conception. Goldaltäre, Ölgemälde aus dem Riobamba des 17 und 18. Jhd.s, auch Kolonialmöbel. Führung durch die Klosterschwestern.

UMGEBUNG: 15 Min. von Riobamba , nördl. liegt das Dorf GUANO, das für Teppichwebereien berühmt ist. – GUARANDA: über eine 6o km Strasse, an der alten Panamericana Riobamba–Guayaquil. Rund 2o.ooo E. und schöne Lage auf 7 Hügeln. Markt ist am SAMSTAG. Einfache Übernachtungsmöglichkeiten, Restaurants. Wichtig unter Umständen wegen dem Trip auf den Chimborazo als Stützpunkt. Seit eine neue Straße von Riobamba runter nach Guayaquil gebaut wurde, liegt der Ort Guaranda etwas abseits vom Schuß. – CAJABAMBA: an der heutigen Straße nach Guayaquil hat seinen Markt am SONNTAG. Entfernung von Riobamba: 18 km. Bei beiden Märkten empfiehlt es sich, mit den Indios nach der "Fiesta" im Bus zurück nach Riobamba zu fahren und dort zu übernachten.

Besteigung des Chimborazo:

Mit 6.31o m der höchste Berg Ecuadors und (nach dem Aconcagua/Chile) der 2. höchste Vulkan der Welt. Der riesige Bergkegel mit seiner Gletscherspitze übte schon im vergangenen Jahrhundert eine magische Anziehung aus; der deutsche Forscher Alexander von Humboldt (siehe auch unser Text zur Casiquiare-Route/Venezuela!) fertigte eine Detailstudie über die Pflanzen in den verschiedenen Höhen des Berghanges, kam aber nicht bis zur Spitze. Erstbesteigung im Jahre 188o durch den Bezwinger des Matterhorns, Edward Whymper über die Südwestroute (2).

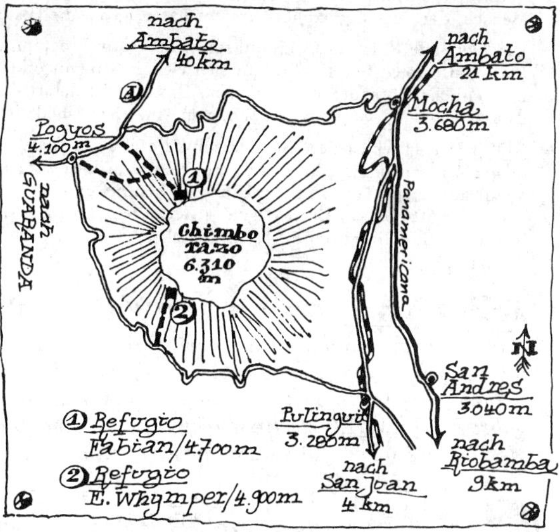

Als HIKE eine interessante Sache bis zu den beiden Schutzhütten knapp unterhalb 5.ooo m. Auf den/die Gipfel jedoch nur für geübte und entsprechend ausgerüstete Bergsteiger!

Während für das erste Teilstück bis zu den beiden Hütten dringend ausreichende Akklimatisation an die Höhe nötig ist, – Warnung mit drei Rufzeichen vor leichtsinniger Kraxellei ab Eisgrenze weiter rauf zum Gipfel!!! Jedes Jahr gibt es am Chimborazo Tote im Sektor der Möchtegern Bergsteiger! –

ZUFAHRT: Bus ab Ambato nach Guaranda, der nicht die Panamericana nimmt, sondern die in unserer Skizze eingezeichnete Route (A). Lebensmittel vorher in Ambato einkaufen, Trinkwasser mitnehmen, warme Kleidung (Daunenjacke, Schlafsack), Regenschutz. Kurz vor PUGYO arbeitet sich der Bus in eine Hochebene von ca. 4.ooo m rauf. Absolute Wüste, Staubpiste, häufig permanenter Sandsturm, der alles dunkel mit einer Staubschicht überzieht. Der Bus sucht sich seine eigene Piste.

Kürzester Anstieg ab Pass "ARENAL", rund 3 km vor Pugyo rauf zur Hütte (1), des Refugios "Fabian". Eine Minisache, in etwas desolatem Zustand. Nur Bretterboden, sonst nichts. Hier oben ist es absolut ruhig; eine Sicht wie vom Flugzeug auf die umliegenden Vulkane! Sobald die Sonne weg ist: lausig kalt!! –

Ebenfalls möglich: mit dem Bus bis PUGYO durchfahren. Eine Minisiedlung aus einer Handvoll Häusern in der Einsamkeit. Bisher hat Angel Silva Maultiere zum Gepäcktransport vermietet und bietet sich auch als Führer an. Abklären, ob die Hütte voll ist. Dann wird ein Zelt nötig! – Von Pugyo bis zur Hütte (1) ca. 8 km, bei guter Kondition ca. 4 Std. rauf und 3 Std. runter.

Kein Direktbus ab Riobamba nach Pugyos. Hier wird Umsteigen in Guaranda nötig.

Die 2. Hütte, das REFUGIO E. WHYMPER ist über eine Jeep- Piste an der Piste von Pugyos nach Pulingui zu erreichen, die knapp unterhalb der 198o errichteten Hütte endet. Wer nicht glücklicher Besitzer oder Mieter eines derartigen Fahrzeuges ist, muß ab

Pugyo oder Pulingui wandern, was je nach Kondition ca. 6 - 8 Std. dauert. Die Hütte selber ist für ecuad. Verhältnisse Tiptop und vorbildlich. Mit Betten und Küchenservice, Essen allerdings ebenso mitbringen wie Wasser! Übernachtung kostet ca. 1 US $, Infos über "Dituris"/Quito; die Hütte wurde in Zusammenarbeit mit dem ecuad. Touristministeriums errichtet.

Gipfelbesteigung/Chimborazo: der Chimborazo ist erheblich schwieriger als der Cotopaxi. Gletschererfahrung unbedingt notwendig. Schnell auftretende Wolkennebel machen Orientierung schwierig bis unmöglich. Eiskanäle und Schluchten und extrem dünne Luft. Alexander von Humboldt kam 1802 bis auf eine Höhe von 5.800 m und mußte wegen massiver Soroche umdrehen. Anfang des 19. Jhd.'s war er damit der erste Mensch, der derartige Höhen erreicht hatte. Sagen die Historiker zumindest.

Der magische Reiz des Chimborazos, – er ist im Programm vieler Spezialveranstalter (z.B. "Intertreck/Schweiz"), läßt sich vielleicht damit erklären, daß die Teilnehmer an menschliche Grenzbereiche gelangen. Die Luft ist derart dünn, daß nicht nur die Expeditionsteams des vergangenen Jhd.'s an "massiver Übelkeit und Kopfweh" litten.

ROUTE: leichter ist der Aufstieg zum Gipfel ab Refugio Fabian. Die meisten kommerziellen Unternehmer fahren aber mit Jeeps zunächst zum Refugio E. Whymper, da man somit auf knapp 5.000 m per Fahrzeug kommt und sich anstrengende Aufstiegsstunden erspart. Aufbruch ab Hütte gegen Mitternacht. Meist gegen späten Vormittag oder Mittag ist der Gipfel bei 6.310 m erreicht. Über einen Nebengipfel runter zum Refugio Fabian und Pugyo.

Märkte im Norden Ecuadors:

Nicht weniger schön, als die eben beschriebenen. Sie beginnen allerdings horrend früh, und wer morgends früh um 5 Uhr schwer aus den Federn kommt, der sollte besser schon am Vorabend von Quito mit dem Bus raufahren. OTAVALO dürfte neben Saquisili einer der interessantesten Märkte des Landes sein, – allerdings auch viele Touristen.

① ROUTE VIA CAYAMBE: die Panamericana. Durchgehend Asphalt. Landschaftlich interessante Strecke, besonders, wenn die Vulkangipfel wolkenfrei sind!

MINI–BUS: ca. 2 Std., laufend Abfahrten.
MIETWAGEN: schnell gefahren rund 1 1/2 bis 2 Std.

② ROUTE VIA SAN JOSE DE MINAS: zwar wesentlich kürzer an km. Wegen dem Straßenzustand und vielen Kurven jedoch wesentlich länger. Landschaftlich: im 1. Teil kar[g], ab San Jose sehr fruchtbar.

Fahrzeit im Mietauto ca. 4 - 5 Std. Zunächst in Quito links die Hauptstraße am Flughafen vorbeifahren, asphaltiert bis San Antonio und gut ausgebaut. (Äquatordenkmal, siehe "Quito/Umgebung") Weitere 23 km aus San Antonio raus, zunächst

über Berge, später in langen Serpentinen in ein tiefes Tal (Canyon) und auf der anderen Seite wieder hinauf. Oben das Dorf PUELLARO. 1o km nach diesem Dorf: Abzweigung links nehmen. Nach wenigen Metern: Haus mit Palmen rechts oberhalb der Straße.

SAN JOSE DE MINAS: größeres Pueblo mit weißer Kirche, paar Gassen und Kolonialwarenladen. Auf die Abzweigung siehe unsere Skizze achten! Straße den Berg rauf in Höhenlagen um 3.5oo m. Hier häufig in den Wolken, mehr oder weniger dichter Nebel. Etwa 12 km nach San Jose gibts oben auf der Passhöhe eine Wegabzweigung, markiert durch eine Stein-Pyramide. Rechts nach Otavalo. Nach weiteren 12 km trifft die Straße auf eine breite Querstraße, die rechts nach Otavalo führt.

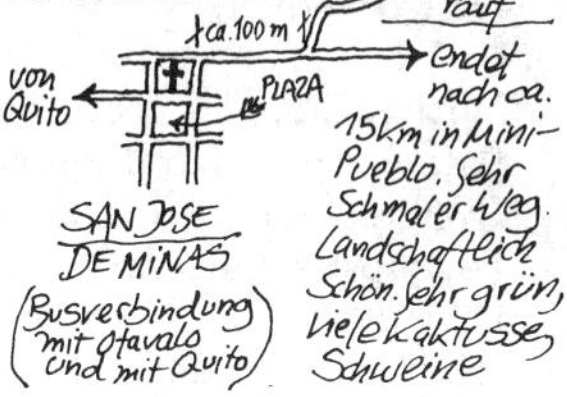

Otavalo:

2.65o m, 13.ooo E., – gemütliches kleines Örtchen mit viel Anden- Patina, teils Knobbelstein- Straßen und sauber weiß gestrichenen, 2- stöckigen Häusern in breitem Tal unterhalb des Bergkegels des 5.629 m- Vulkans Imbabura. Otavalo hat viel Ausgeglichenheit,- ideal für den, der ein paar Tage ausspannen will. Schöne Wanderungen in der näheren Umgebung.

MARKT AM SAMSTAG, sehr sehenswert! Höhepunkt 7.oo Uhr früh; man sollte aber bereits schon beim Aufbauen dabei sein, ca. 5 Uhr, – bevor der Tag über dem Tal von Otavalo graut. Campesinos mit riesigen Warenbündeln auf dem Rücken, LKW's, die Indios und deren Waren ausspucken.

Der Markt findet auf 3 verschiedenen Plätzen statt:

① Haupt- Campesino- Markt mit Früchten, Gemüse, Getreide, Mais, Salzplatten, Kleidung, Haushaltswaren etc. etc. Auf der Plaza 24 de Mayo, 1 Block von der Hauptplaza, an der Kirche vorbei. (6 - 13 Uhr)

② Plaza de Ponchos. Wollmarkt. Pullover, Schals, Wandteppiche, Webereien. 4 Block bergab von der Hauptplaza über die Calle Sucre, die an der Kathedrale vorbeiführt. (7 bis ca. 13 Uhr)

③ Tierauktion ("feria subasta ganadera"). An der Avenida Norte, wo diese auf die Panamericana mündet, am nördl. Ortsausgang von Otavalo. Sämtlicher Handel mit Tieren, angefangen von Hühnern und Hasen bis zu Llamas. (6.oo bis 9.oo Uhr)

Während die meisten anderen Anden- Indiostämme phlegmatisch in ihrer

Armut verharren, haben sich die Otavaleños in Cooperativ- Form zusammengeschlossen und bei viel Fleiß einen beachtlichen Lebensstandart erarbeitet.

Die Männer tragen weiße Plunderhosen und Blusen mit dunkelblauem Poncho, lange schwarze Zöpfe und ein Bowler. – Die Frauen mit weißen, bestickten Blusen, Ketten häufig aus Korallen oder farbigem Glas. Die Otavaleños sind gute Geschäftsleute (was man nicht nur auf dem Markt merkt, wo man hart aber fair handeln sollte. Erster Preis minus ca. 2o %), – zugleich aber auch sehr freundlich, sofern sich der Gringo/die Gringa nicht wie der reiche Onkel/die reiche Tante aus USA oder BRD aufspielen.

Reiches ARTESANIA- Angebot: zentral die berühmten Otavalo- Pullover aus dicker Schafwolle in beiger Farbe mit braunen Mustern. Geometrisch oder Tiere, Hasen, Llamas etc.,Sterne, Borten und Tierzeichnungen. Teils mit, teils ohne Kapuze. Eines der schönsten und für die Reise auch nützlichsten Südamerika- Souvenirs. (Konkurrenz aus Cuenca, wo die Pullover farbig gefertigt werden!). – Sehr schön auch die Webarbeiten nach alten, indianischen Motiven in leuchtenden Naturfarben: Vögel, Indianerfrauen und Inca-Motive. Meist in geometrischer Arbeit, Größe 4o x 4o cm in langem Streifen, wo man sich die schönsten Motive nach Wahl rausschneiden kann. Die größeren Sachen (1,2 x o,5 m) teurer und aufwendiger in Gestaltung. – Ponchos: schön als Vorhang, wenn man den Kopfausschnitt zusammennäht. Aber genau prüfen: immer häufiger wird Wolle mit Synthetik vermischt. Preise und Muster vergleichen ! – Otavalo ist zugleich für seine schönen Blusenstickereien berühmt. Preis bestimmt sich aus Muster und Arbeitsaufwand.

Auch außerhalb des Mercado gibts während der Woche eine Reihe kleinerer Geschäfte zwischen Hauptplaza und Plaza de Ponchos, die Artesania anbieten, zum Teil auch Schmuck. Otavalo ist nicht viel billiger als Quito, aber hat im Normalfall mehr Auswahl.

Übernachtung: kann (aber muß nicht!) in der Nacht von Freitag auf Samstag zum Markt schwierig sein. Otavalo ist klein und hat nur ein begrenztes Bettenangebot.

"Samaj Huasi", direkt an der Plaza de Poncho (Ecke Salinas mit M. Jaranillo).Wer aus dem Zimmer kommt, steht praktisch schon auf dem Markt. DZ. ca. 2 US $, warme Gemeinschaftsdusche. An einer Wand eine Karte von Otavalo mit allen Einzelheiten über Märkte, Hahnenkampf, Lagunen etc. Von den Zimmern teils schöner Blick auf den Imbabura. – "Pension Vaca" Calle Sucre, zwischen Plaza de Poncho und Hauptplaza. Freundliche Leute, Vulkanblick vom holzwurmangenagten Balkon und das Gepäck gut aufbewahren. Durch Vorhänge abgeteilte Schlafsäle. Sehr basic, ca. 1,5 US $. – "Colon" sehr basic, 2 Block vom Früchte/Gemüsemarkt, Ecke 31 de Octubre mit Calle Colon, – "Hotel Riviera" (Ecke Roca mit Garcia Moreno) sauber und mit ca. 2,5 US $ relativ billig ist Tip. Liegt zwischen Hauptplaza und Abfahrt der Mikrobusse nach Quito. – "Hotel Otavalo", eines der besseren Hotels im Ort, Ecke Roca J. Montalvo nähe Riviera. Doppel ca. 6 US $. – "Hostal Centenario", Pasaje Saona Ecke 31 de Octubre, ca. 4 US, - weitere im Bereich Hauptplaza bis Plaza de Ponchos. –

Gemütlich und orginell in Architektur ist das "Hotel Yamor" am Ortsausgang Ri. Pana/ nach Ibarra. 2 Stock mit rotem Ziegeldach und gemütlichem Garten, SW- Pool, der aber in der Höhe etwas kaltes Wasser hat. Ohne Frage d e r Otavalo-Übernachtungstip, wer direkt im Ort übernachten will. Nur 2o Zimmer, daher für die Nacht Fr./Sa. vorbuchen! Doppel ca. 1o US $. – Eines der schönsten Hotels im Norden Ecuadors ist das "Hotel de Cusin" in einer alten Farm am Lago San Pablo, nähe Otavalo. Gebaut im 17.

Jahrhundert, restauriert, teils noch alte Möbel, sehr gemütliche, wenn auch einfach eingerichtete Zimmer. Himmlische Ruhe und schöne Umgebung. Wir haben hier schöne Tage verbracht während unserer Recherchen, an die wir gerne zurückdenken! Nur 16 Zimmer! DZ ca. 1o US $. – "Hotel Chicapan" / Lago San Pablo. Hosteria Lago San Pablo, DZ. ca. 1o US $.

Nähere Umgebung:

Während der Woche ist OTAVALO ein verschlafenes Nest, aber mit seinem guten Übernachtungsangebot optimaler Stützpunkt für Hikes in die nähere Umgebung. (A) Laguna Cuicocha: ein Kratersee unterhalb des Cotocachi. Der See liegt in rund 3.o5o m Höhe, tiefblaues Wasser in den rund 8o m hohen Kraterrändern. Im Sommer eiskalt, im Winter oft vereist. Sportliche

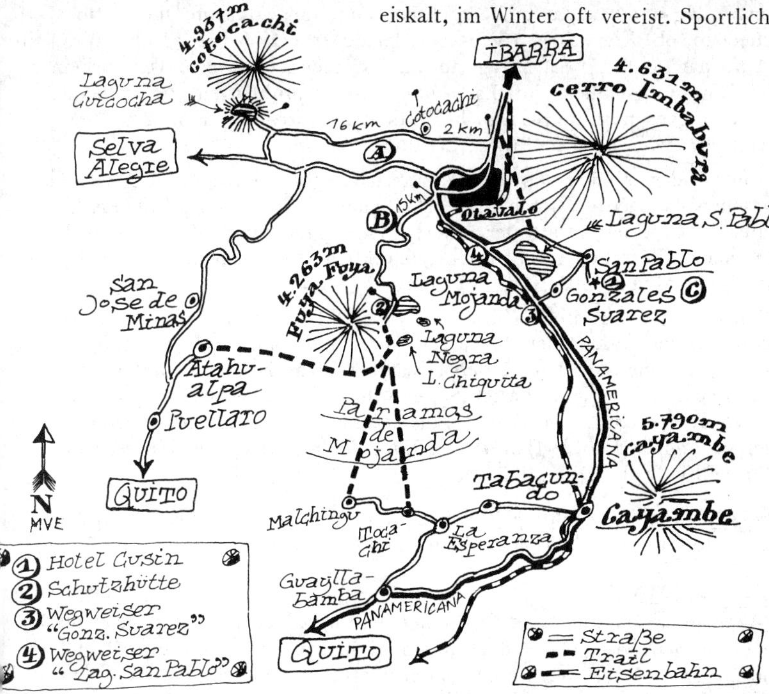

Ecuadorianer bohren sich dann Löcher ins Eis, um ins Wasser zu kommen. Herrliche Ruhe hier oben, was den Reiz ausmacht. Am Ende der Straße von Otavalo am Kratersee ein Restaurant mit schönem Blick auf den 4939 m Vulkan Cotocachi, der meist von Wolkenschwaden eingehüllt ist. Satte, tiefgrüne Vulkanhänge. In der Mitte des Kratersees zwei Inselkuppen, ehemalige Vulkanauswürfe. In Booten kann man übersetzen. – TRANSPORT: keine Busse ab Otavalo zur Lagune. Die Straße ist komplett asphaltiert: 18 km von Abzweigung Panamericana über Dorf Cotochachi (km 2/ laufend Busse) – Laguna(km 18).

(B) **Laguna Mojanda:** sehr lohnender Trail ab Otavalo, den man auch mit einem einigermaßen geländegängigen PKW (z.B. VW- Käfer) fahren kann.

Nach dem Ortseingang/Otavalo, Ri. Süd/Quito macht die Panamericana eine Rechtskurve, Pueblo. Hier Abzweigung die Berge rauf. Ripio (Erd/ Schotterpiste), gleich nach 1oo m im Dorf Abzweigung links nehmen, im Dorf den Berg rauf. Nach Regenfällen ist die Piste schwierig zu befahren wegen Auswaschungen. – Ca. 7 km nach Abzweigung Panamericana gibts eine Gabelung, die man rechts fährt. Stetig bergauf. Oben: die grünen Grashänge des FUYA FUYA (4.263 m) und die Lagune mit tiefblauem Wasser.

Die Hauptlagune Mojanda liegt in ca. 3.2oo m. Kleine Schutzhütte, in der man billig und sehr basic übernachten kann, aber vorab in Otavalo abchecken, ob offen. So gut wie keinerlei Feuerholz in dieser Höhe. Wer kein Auto hat, muß mit ca. 1 Tag rauf zu Fuß rechnen, da es praktisch keinerlei Trampmöglichkeit gibt. Essen und Trinken mitbringen, dicken Schlafsack, Regenschutz und Gaskocher! Mit dem Auto rund 1 bis 2 Std. je nach Pistenverhältnissen. (pro Richtung).

Von der Schutzhütte geht ein Trail an der rechten Lagunen Seite (Ri. Süd gesehen!) weiter am Berghang rauf zu einem Grat mit fantastischem Blick über die Lagune und auf der anderen Seite: runter ins Tal / Paramos de Mojanda. Hier oben gibts am Grat eine kleine Kuhle, in der man schön zu zweit schlafen kann!!

Trails vom Grat runter nach Malchingu und Tocachi (Piste nach La Esperanza), – sowie entlang der Hänge des Fuya Fuya rüber nach Atahualpa mit Busverbindung nach Quito. Bergab ca. 1 Tag ab Grat. Pastorales Campesino- Ecuador von seiner besten Seite! Allerdings viel Regen und Bergnebel. Guter Regenschutz und Zelt Voraussetzung. Kompass. Starker Sonnenschutz und Hut nötig. Haltet bitte Eure Zeltstellen sauber und vergrabt Eure Abfälle tief!!

(C) **Laguna San Pablo:** südl. von Otavalo an der Panamericana. Tagsüber gibts ab Otavalo alle 3o Min. Regionalbusse. Siehe auch "Hotel de Cusin"!

Ibarra:

2.25o m, ca. 55.ooo E., – ein teilweise attraktives Städtchen, gemischt Kolonialgebäude, meist jedoch mit modernen Betonverwaltungsgebäuden in 2 oder 3 Stock. Bei wolkenklarem Wetter brennt die Sonne auf den Pelz, der bald rot erstrahlt. . . Ibarra ist wirtschaftlich wichtigster Ort im Norden Ecuadors, – Markt SAMSTAG . Beginnt sehr früh gegen 5.3o, jedoch vorwiegend Haushaltswaren und Lebensmittel. Artesania: die für die Region typischen Holzschnitzereien.

nach San Lorenzo siehe S. 482

Diverse Billighotels um den Bahnhof (runter nach San Lorenzo/Pazifik), – bestes und Tip der teureren Klasse das "chorlavi". Gemütlich mit Schindel-Ziegeldach, Holzdecken und Pool. Km 2,5 Panamericana Sur. Ca. 1o US $. Im Centro das "Hostal nueva colonia" in einem alten Kolonialgebäude, ca. 6 US $, Ecke Calle Olmedo mit Grijalva. – Restaurants um die Plaza, z.B. das "La Estancia" mit weißen Struckturputz Wänden und guten comidas.

UMGEBUNG: Laguna Yahuarcocha (Quechua = Blutlagune). Hier gab es eine blutige Schlacht zwischen den Eindringlingen Incas und der Bevölkerung der Shyris. Bräunliches Wasser wegen vieler Bodensedimente. Am See ein Freizeitpark "Mundo Fantastico" mit SW- Pools, Minigolf, Rollschuhbahn, Kinderspielgeräten und Gocarts. Rund 12 km von Ibarra. Um den See führt eine Autorennpiste mit Formel 1 Wettbewerben, allerdings nur von regionaler Bedeutung.

Rauf zur kolumb. Grenze: laufend Mikrobusse, die die Hauptstrecke/Panamericana über San Gabriel – Tulcan fahren. Interessant ist die Parallelroute über El Angel: tropische Tieftäler in 1.5oo m Höhe, viele Schwarze. Die Strecke kurvenreicher und in schlechterem Zustand, aber landschaftlich lohnend. Siehe auch weitere Details S. 482.

Süd-Ecuador:

QUITO → PERU:

A) *HAUPTROUTE geht von Quito durchs "Valle de los Volcanes" nach Riobamba und runter nach Guayaquil (unbedingt mit der "Wildwest-Eisenbahn fahren!) und via Machala bei Huaquillas über die Grenze. Die schnellste Verbindung. Bis Lima ca. 2 Tage.*

B) *GRENZÜBERGANG MACARA – LA TINA: in den Anden. Ein kleinerer, weniger befahrener Nebenübergang. Man braucht zwar 1 - 2 Tage mehr Fahrzeit inkl. Stops (z.B. Cuenca), aber die Sache lohnt sich sehr wegen grandioser Landschaft!*

Beide Routen sind das ganze Jahr über befahrbar, wobei es aber auf der Andenroute über Macara während der Regenzeit (Dez. - Mai) gelegentlich wegen Bergrutschen Verspätungen geben kann. Wer die Andenroute fährt, hat die Möglichkeit, über Stichpisten (bzw. "Tame"- Propeller nach Macas) in den südlichen Urwald Ecuadors zu kommen.

1.) Grenzübergang Huaquillas – Tumbes:

Schnellster Übergang zwischen Ecuador und Peru, – im Küstentiefland Auf der ecuadorianischen Seite: schöne Tropenlandschaften mit Bananen- und Ananas- Plantagen. Viele der Dörfer sehr arm mit ausgedehnten Slums. – Ab peruanischer Seite beginnen schöne Wüstenlandschaften, die sich bis hinunter nach Chile erstrecken; Zeichn.: Else Zogbaum

die größte Wüste des südamerikanischen Kontinentes! Die Straße ist gut ausgebaut, Asphalt und relativ breit. GUAYAQUIL – LIMA: 1.565 km. TRAMPEN möglich, aber wie überall in den Andenstaaten bei den billigen Buspreisen undisskutabel.

QUITO – GUAYAQUIL:

Es gibt 3 Routen:
Entweder fährt man gleich von Quito über die Andenhänge hinunter ins ecuad. Tiefland (über St. Domingo los Colorados), badet an der Küste unter Palmen und dann durch die weiten Bananenplantagen nach Guayaquil. –

Oder: von Quito durch die Sierra (Andenmärkte, Bergbesteigung, eventuell Urwaldabstecher nach Coca, allerdings in letzter Zeit recht viel Touristen) und fahrt dann ab Riobamba mit der Wild-West - Eisenbahn nach Guayaquil.

Oder: von Quito bis Latacunga in der Sierra. Hier auf der Piste die Andenhänge runter nach Quevedo im Tiefland: landschaftlich die schönste Strecke Ecuadors aus der Sierra ins Tiefland! –

Auf allen Strecken täglich mehrere Busse. Alle Strecken sind im bis=herigen Ecuador - Text im Detail beschrieben. –

GUAYAQUIL – GRENZE (Huaquillas):

235 km. Gut ausgebaut. Häufig Busse. Fahrzeit im Bus rund 6 - 7 Std.

WER MIT EIGENEM AUTO fährt, sollte nicht versäumen, einen Zwischenstop an einer der Bananenplantagen einzulegen. Tip: Großplantage bei Naranjal. Unzählige Eisenbahngleise zwischen den Bananen, die direkt in die Kipp- Loren eingeladen werden.

HUAQUILLAS: ein wenig einladendes bis dreckiges Grenznest. Jeder sieht, daß er schnell rüberkommt. Allerdings ist drüben auch nicht viel mehr los. Ecuad. Grenzformalitäten in Huaquillas/Hauptplaza. Dann zu Fuß über die Grenzbrücke, wo die peruanischen Zöllner sitzen. Ab hier dann im Collectivo runter nach TUMBES durch Kaktuswüste, – vorbei am peruan. Airport (alle 2 Tage Jetverbindung mit Lima). Sowohl in Huaquillas, wie auch vor'm Zoll/Peru viele Geldwechsler mit ihren Diplokoffern.

Übernachtung: derzeit in Ecuador billiger, aber in Tumbes bessere Qualität. Wegen den vielen Nachtbussen aber nicht nötig. FLUG: auf der ecuad. Seite gibts tägl. (außer So.) einen billigen Propeller mit TAME ab Guayaquil bis Machala (ca. 3o Min./6 US $). In Verbindung mit einem Direktflug Quito – Guayaquil und Bus ab Machala an die Grenze ist die Gesamtstrecke in ca. 1/2 Tag zu schaffen.

Geldwechsler

QUITO – GRENZE (direkt):

Kilometerersparnis: ca. 15o auf der Direktroute: Quito – Riobamba – Naranjal – Machala – Grenze. Die Strecke ist bis auf wenige Km durchgehend asphaltiert. Täglich

Direktbusse auf der Strecke Riobamba – Machala – Grenze.

2.) Grenzübergang Macara – La Tina in den Anden:

Relativ wenig von Gringos befahren und landschaftlich großartig! Die Grenzer sollen hier noch kulanter sein, da nur ca. 4o Leute pro Tag über die Grenze gehen. –
Von Riobamba auf der Piste durch die südliche Sierra:

SÜDLICHE SIERRA:

heißer Tip für wilde Andenlandschaften. Touristisch wenig berührt. Die Fahrt bis zur peruanischen Grenze ist sehr zeitaufwendig, aber lohnend. – Cuenca, mit viel spanischer Kolonialatmosphäre. – VILLCABAMBA, das Dorf der 16o Jahre alten Indios, – SARAGURO, das Dorf der Schwarzponcho Indianer mit herrlichen, silberbeschlagenen Gürteln. Wer genügend Zeit hat, sollte über diese Route nach Peru reisen.

Riobamba – Cuenca:

ca. 7 Std. im Bus: es wird heißer Reifen gefahren! Allerdings ist die landschaftlich großartige Direktstrecke (entlang tiefer Canyons) seit den massiven Regenfällen 1983 und Bergrutschen derzeit immer noch nicht befahrbar. Auch der Zugbetrieb auf dieser Strecke ist eingestellt.

Derzeit nur per Bus (mehrmals tägl./7 - 1o Std.), der zunächst die Anden runterklettert und nach El Triunfo wieder rauf. Als Trip sehr stressig! ALTERNATIVE FLUG: von Riobamba mit dem Mikro (laufend Abfahrten, ca. 3 Std.) nach Quito zurückrangieren und dort tägl. Jetflug mit San oder Tame nach Cuenca. Großartige Sache bei klarem Wetter: die Maschine fliegt zwischen der Kette der "Allee der Vulkane", vorbei am Chimborazo, Cotopaxi, Tungarahua, Altar . . . Definitiv ein Bonbon und einer der Top-Flüge in Südamerika !!! (tägl., 4o Min/ 8 US $).

Cuenca:

ca. 2.5oo m/ 15o.ooo E.

eine der schönsten Städte der südlichen Sierra Ecuadors! Viel mediterraneer Charakter und warmes Frühlingswetter das ganze Jahr über. Es lohnt sich, hier zwei oder drei Tage zu bleiben. Am Fluß Palmen, und die Häuser in spanischer Architektur mit kleinen Balkons und Blumen in den Höfen. 1557 gegründet, heute 3. größte Stadt des Landes, Universität.

"MUSEO MUNICIPAL/REM. CRESPO TORAL" (am Rio Tomebamba, Eingang Gonzales S. Cordova 797): archäologische Funde von der Inca- Cañari- und Chordeleg- Kultur, Waffen und Schmuck. Sowie Dokumente und schöne Möbel aus der Kolonialzeit.

"MUSEO SALESIANO" in der Salesianer Schule. 1145 Padre Aguirre. Wurde berühmt durch die eigenwilligen Geschichts-Interpretationen des Padre Crespi, von dem sich auch Daeniken seine Anregungen holte. So sollen z.B. die Phoenizier vom Mittelmeer rüber nach Südamerika gesegelt und durch's Amazonasgebiet 1.ooo AC rauf ins Gebiet von Cuenca gekommen sein, was an Ausstellungsstücken belegt wird. Auf Expeditionen in den Oriente will er dort ägyptische Königsthrone sowie Kunstgegenstände sogar von Griechen und

Mesopotamiern gefunden haben! Schade, daß man den "Rumpelkammer- Mief", den das Museum Ende der 7o-er Jahre hatte, entfernte, wodurch es an Flair verloren hat . . .

"MUSEO EL CARMEN" , 533 Calle Sucre. Das 1682 gegründete Convent besitzt eine schöne Sammlung kolonialer Bilder und Möbel. Silberne Kerzenständer, klerikale Holzschnitzereien und Ölgemälde auf Kupferplatten und Glas. Interessant auch das "Consultorio del doctor", wo die Nonnen medizinisch untersucht wurden. Bitte nach der Führung (nur spanisch) kleine Spende ans Kloster.

"S. JOSE DE LA MERCED", 13o6, Calle Rafael Arizaga. Mini- Replika der Kirche und des Klosters La Merced in Quito. Im Altarbereich Votivgaben wie Silber- und Holzarme und - Beine als Dank für Genesung von Krankheiten.

"LA CATEDRAL ANTIGUA", an der Hauptplaza, 16. Jhd. (1557) und von Dituris restauriert. Vis- à- vis die neue Kathedrale in Monumentalbauweise (188o - 1968). Der Marmor kam per Schiff aus Carrara/Toscana. Bei der Statik des Riesen- Kirchenschiffs (1oo x 5o m und 4o m hoch) hatte man sich verrechnet. Wegen ungenügender Fundamente konnte der Turm nicht in geplanter Höhe errichtet werden. Insgesamt nicht unbedingt ein architektonischer Höhepunkt . . .

"EL CARMEN DE LA ASUNCION" Calle Sucre, reicher Kolonialbarock und Goldaltar. Neben der neuen Kathedrale/Hauptplaza. – "LAS CONCEPTAS" Museum im Convento La Concepcion und Kirche. Vasquez de Noboa 847. Religiöse Kunst.

MARKT: Donnerstag und Sonntag auf der Plaza 9 de Octubre. U.a. schöne Kunstgewerbesachen. Typisch für Cuenca sind die farbigen Wollpullover, bestickte Blusen und Ponchos. Viel Keramik (von San Juan) und filigrane Schmuckarbeiten (vom Dorf Chordeleg). Strohmarkt (typische Panamahüte) am Sonntag auf der Vega Muñoz und Padre Aguirre. – "Productos Andinos", die Cuenca Indianer- Cooperative hat in der Gran Colombia 874 ein Geschäft. – Legt euch am Fluß ins Gras und döst; schöne Kolonialhäuser-Front. Das ganze Cuenca ist sehr gemütlich und verschlafen! –

Hotels: bestes: "Dorado", Gran Colombia 745, 5 Sterne, bequem und modern. Alle Zimmer mit Heizung, TV und Privatbad, Tel. – Tip ist das gemütliche "Crespo" in der Cordova 725 (neben Museo Municipal) über dem Rio Tomebamba. TV, Heizung, Privatbad, viele der Zimmer mit Blick über den Fluß. Der Annex zwar billiger, aber laut zur Straße, bzw. trist innenrein. – "Hotel La Laguna", modern, rotocker Backstein auf Stelzen im Wasser. Mittlere Preise. Av. Ordenzez Lasso. –

Billig: "El Inca"Calle Torres 842, zwischen Sucre und Bolivar. Beliebt bei Gringos. Leute freundlich. – "Granada", Sucre , – "Nizza" C. Lamar und weitere. Preise um 3 US.

Flüge: täglich Quito (4o Min./12 US $), ein Spitzenflug! – Guayaquil: tägl. außer So. mit "Tame". Propeller, 4o Min./ 8 US $. – Vom Flughafen diverse Propellerverbindungen gen runter in den Oriente, teils Charter. In jedem Fall wegen den Turbulenzen über den Andenhängen Ri. Amazonas eine turbulente Angelegenheit.

Busse: Loja bis zu 6 mal tägl., ca. 6 Std., – Riobamba: tägl. häufig, ca. 6 Std., – Piste runter an die Küste/MACHALA: sehr abenteuerlich über Steilhänge. Diesmal am besten links sitzen, um die Abstürze zu sehen. Für die 15o km braucht der Bus runde 8 Std. oder mehr. Busse fahren aber häufig nachts (bequemeres Fahren, da Vorwarnung durch Scheinwerfer, wenn in den Serpentinen ein Fahrzeug entgegenkommt) . Direktbus nach Huaquillas/Grenze Peru, ca. 9 Std. – Nach Macas/Oriente: tägl., ca. 12 Std.

Umgebung Cuenca:

INCAPIRCA: einzige Incarelikte Ecuadors von Bedeutung, aber im Vergleich z.B. Machu Picchu/Peru definitiv für Nichtarchäologen nicht viel zu erwarten. Sauber aufeinandergeschichteter Rundbau, einsam in der Landschaft.

Per Zug ca. 2 Std. Ri. Riobamba bis zum Haltepunkt "Incapirca" Von dort noch eine knappe Stunde zu Fuß zu den Ruinen. Mit dem Nachmittagszug wieder retour nach Cuenca.

Alternative: Bus bis Cañar mit dem Vorteil, daß man nicht ganz so früh aus den Federn muß. Dafür aber erheblich längere Strecke (ca. 14 km) zu laufen. Man kann auch bis Tambo an der Panamericana weiterfahren und zurück zum Tambo- Haltepunkt an der Eisenbahn laufen, wo eine Piste rüber zum Incapirca- Dorf nähe Ruinen führt.

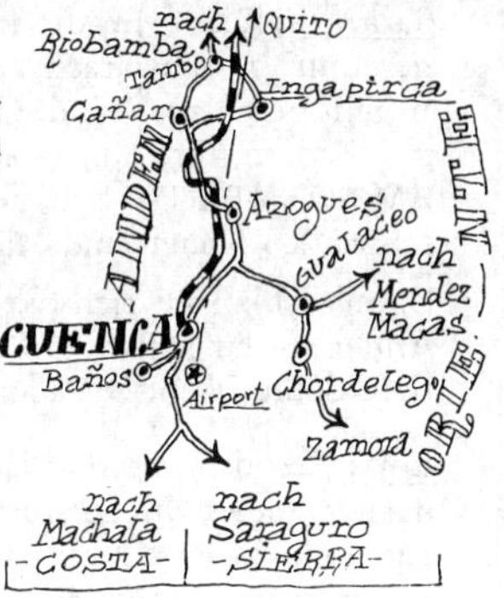

INCAPIRCA wurde im 15. Jhd. von den Incas gebaut. Riesige Felssteine, tip- top an den Kanten aufeinandersitzend und vorne glattgeschliffen. Viele der Steine wurden im 18. Jhd. zum Bau von Häusern ins nahe Dorf getragen.

BAÑOS: Thermalbäder 6 km im Südwesten von Cuenca. Leider nicht übermäßig sauber und eher von regionaler Bedeutung.

Schöner Ausflug von Cuenca nach GUALACEO, 48 km, kleines Dörfchen an der Straße runter in den Oriente/Macas. Gemütliche Plaza, wo am So. ein Markt stattfindet, schöne Landschaft mit vielen Apfelbäumen. Übernachtungsmöglichkeit im "Parador Turistico de Gualaceo", sauberes und modernes Hotel von Dituris. – In der Nähe das Dorf CHORDELEG, berühmt für seine ausgezeichnete Artesania im Sektor Schmuck (Silberarbeiten). – AZOGUES (3o km nördl. von Cuenca an der Panamericana) hat seinen Markttag am Samstag.

Abstecher Urwald/Südecuador: von Cuenca geht eine 22o km Piste über die Andenhänge runter nach MACAS. Tägl. Busverbindung, dauert wegen der schlechten und sehr kurvenreichen Piste bis zu 12 Std. (ca. 3 US $). Insbesondere in der Regenzeit ist die Piste öfters wegen Bergrutschen blockiert und wegen ihrer Schlüpfrigkeit nicht ungefährlich. Landschaftlich bringt die Strecke z.B. Quito – Lago Agrio mehr, obwohl auch Cuenca – Macas fantastische Abschnitte im Bereich des Bergurwaldes hat.

MACAS liegt fantastisch, bei klarem Wetter der schneebedeckte Sangay oberhalb in der Andenkette zu sehen. Viele Rodungen und intensive landwirtschaftliche Nutzung. Ansonsten Umschlagshafen für Waren tiefer in den Oriente. Mehrere einfache Hotels, sowie eine Landepiste für die Avro- Propellermaschinen der Tame (derzeit 2 x pro Woche, Flug ca. 35 Min. / 1o US $, aber bei schlechtem Wetter über den Anden und Oriente oft erhebliche Flugverspätungen oder Stornierungen!), – sowie mit Avionettas in den Urwald bzw. rüber nach PUYO, womit man sich den Rückweg via Cuenca spart. Piste rüber nach Puyo fast fertig bis auf wenige km und eine Brücke. Siehe auch Seite 512/513.

Bereits fertig seit einigen Jahren ist die Querverbindung von Cuenca über Gualaceo und Sigsig runter in den Bergurwald über Gualaquiza nach ZAMORA mit vielen Siedlungsprojekten entlang der Strecke, vorwiegend Orangen, Mais und Yuca. Ab Zamora Piste in die Anden, rauf nach Loja. Details siehe dort.

Hinter Cuenca bei Estacion Cumbe teilt sich die Straße:

schneller nach Peru geht's über die Anden hinunter nach Machala und bei Huaquillas über die Grenze. –

Wesentlich schöner ist aber die Schotterpiste CUENCA – LOJA, ein "Umweg" von 1 Tag an die Grenze, lohnt sich aber: einsame Andentäler, Indios sehr freundlich, wenig Touristen und schöne Dörfer. Nach einem 3.5oo m Pass und großartigem Panorama- Ausblick:

Saraguro: 2.ooo E., die Indios in schwarzen, halblangen Hosen am Knie abgeschnitten, schwarzen Ponchos und breiten Ledergürteln, die mit Silbernägeln beschlagen sind. Die Frauen: runde Hüte, die Männer: Tirolerhüte mit Federn, ihre langen schwarzen Haare zum Zopfe geflochten. –MARKT AM SONNTAG – Schöne Lage des Ortes zwischen den Bergen. Almen mit schwarzen Kühen und Mandelbäume. Im Ort einfache Unterkünfte.

Dann schlängelt sich die schmale Schotterpiste in endlosen Kurven die Anden entlang. Ewiges Rauf und Runter mit Pässen bis zu 3.ooo m und tiefe Schluchten. Die Landschaft wechselt, riesige Kakteen.

Loja: 2.2oo m, 5o.ooo E., zentraler Ort Südecuadors. Pisten in den Urwald nach Zamora, Stichpiste nach Vilcabamba und die 2oo km- Piste an die peruanische Grenze / Macara. Vom Loja- Airport gibts tägl. (außer So.) eine Flugverbindung mit dem Tamė-Propeller nach Guayaquil (ca. 45 Min./ 8 US $), die Flugpiste ist aber durch eine teuflische Zick- Zack Serpentinen-Straße mit der Stadt verbunden, – Fahrzeit 1 Std. – sodaß die Fahrt in die Stadt länger dauert, als der Flug von Guayaquil! Einfache Hotels um die Plaza, kaum Restaurants, 2 Unis und ca. 3 Kinos. Ansonsten definitiv nichts los.

Piste in den Urwald/Loja – Zamora: 2 - 3 mal täglich Busverbindung auf den 7o km. Schotter- Serpentinenstrecke und bei Regenfällen schwierig zu befahren. Üppige Tropenvegetation. ZAMORA hat rund 2.ooo E. und liegt in einem tropischen Tal in 1.3oo m Höhe. Einfaches Hotel im Zentrum.

Herbert Keuper schickte uns folgenden Bericht: "Abenteuertrip zu den Missionsstationen im Gebiet der Jivaro Indianer. Ich habe die Missionsstation Guasimi besucht und bin von dort aus weiter zu den Shuaras (= Jivaros) den Rio Nangariza hinauf nach Shaimi gefahren. Die Tour ist recht gut und es gab in Shaimi und Umgebung außer mir bisher keine Touristen. Allerdings sind die Shuaras ausnahmslos zivilisiert und Kriegsbemalung, Schrumpfköpfe, sowie Jagen mit Pfeil und Bogen gehören absolut der Vergangenheit an.

Von LOJA mit dem Bus Richtung GUALAQUIZA über Zamora. In ZUMBI (zwischen Zamora und Gualaquiza) nach insgesamt ca. 135 km aussteigen und über eine Fußgänger Hängebrücke den Rio Zamora überqueren,Kostet ca. 2 DM. Man kann auch bis Zamora fahren und dort in einen der offenen Busse mit Sitzbänken aus Holz umsteigen, die recht häufig bis Zumbi fahren.

Von Zumbi mehrmals täglich Verbindung mit offenen Kleinbussen nach CONGUIMI am Rio Nangariza. Ca. 35 km für ebenfalls 2 DM. Übrigens: in Zamora oder spätestens Zumbi mit Lebensmitteln versorgen, wenn ein längerer Urwaldtrip vorgesehen ist. Am Ufer des Rio Nangariza in Congumi sind allenfalls noch Ölsardinen- Konserven zu haben.

Von Conguimi kann man sich entweder auf die andere Uferseite übersetzen lassen und ca. 6 - 7 km durch den Urwald auf einer im Bau befindlichen Straße zur Missions Station des österreichischen Padre Ricardo nach Guasimi laufen. Dort ist man allerdings nicht auf den Besuch eingerichtet. Man wird aber sicher in der Missionsstation oder einem der Häuser ein Plätzchen für die Nacht finden, – besser wäre allerdings ein Zelt*, um unabhängiger zu sein. Der deutsch sprechende Padre betreut mit drei Missions-Schwestern seinen Missionsbereich, der das gesamte Shuara Gebiet am Rio Nangariza umfasst, – nicht nur seelsorgerisch, sondern gibt vorallem Rat und Hilfe bei der Bewältigung der wirtschaftlichen Probleme, d.h. Anbau, Absatz usw. Die Mitfahrgelegenheiten bei den Kanufahrten des Padre zu seinen Shuara Dörfern sind allerdings gering.

*Anmerk. der Red.: besser Hängematte! In jedem Fall aber Unmengen Moskitos!

Es bestehen bessere Aussichten, ca. 1 - 2 mal wöchentlich mit dem stromaufwärts fahrenden Peque- Peques nach SHAIMI mitgenommen zu werden. Vorher den Preis aushandeln. Shaimi besteht eigentlich nur aus den 2 typischen, oval gebauten Shuara Häusern und einem kleinen, aus Stein gebauten Schulhaus. Weitere 8 - 1o Shuara Häuser liegen im weiteren Umland und sind unter Führung eines einheimischen Shuara Indianers auf einem interessanten Tagesmarsch zu besuchen. Unterwegs wird ein wenig gejagd, sofern überhaupt noch Wild vorhanden ist. Unterkunftsmöglichkeit in Shaimi sind schwierig. Eventuell im noch vorhandenen alten Schulgebäude, welches nur noch als Schule für den dort eingesetzten jungen Lehrer namens Carlos , bei dem ich selbst 4 Tage wohnen durfte, benutzt wird.

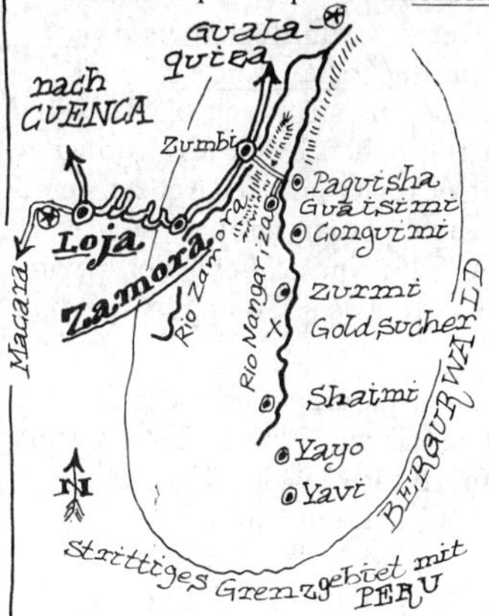

Die gesamte Shuarabevölkerung des Gebietes ist seit Jahren zivilisiert. Es wird Unmengen an "Aguardiente de Caña", einem gekauften oder auch selbst gebranntem Zuckerrohrschnaps getrunken oder auch Chicha de Yuca.

Von Shaimi aus können in Tagesetappen noch die Shuaradörfer YAYO und YAVI im strittigen Grenzgebiet zu Peru (im Quellgebiet des Rio Nangariza) besucht werden." –

Entlang der Hauptpiste ZAMORA – GUALAQUIZA, die dem Rio Zamora folgt, viele Siedlungsprojekte. Anbau tropischer Früchte, teils auch Rinderzucht. Der Fluß wird an mehreren Stellen per Fußgänger- Hängebrücken überquert, bzw. per Seil, an dem ein Korb hängt. – Ab "Las Peñas" (vergl. IGM- Karte 1 : 1.ooo ooo/Ecuador), kurz vor Gualaquiza, wo die Piste vom Fluß weg ins Seitental abbiegt, gibts eine (sehr unregelmäßig verkehrende) Bootsverbindung rüber nach MENDEZ an der Piste Cuenca – Sucua-Macas. Ab Mendez tägliche Busverbindung nach Macas, weiter per Flug nach Puyo bzw. Quito. –

Von den Airstripes Gualaquiza, insbesondere aber Macas gibts Flugverbindungen in kleinereren Sportmaschinen über den Bergurwald tiefer in den Amazonas. Vorwiegend auf Charterbasis. Die Gesamtregion ist Jivaro- Gebiet, im Grenzbereich zu Peru werden umfangreiche Erdölschätze vermutet und zudem als Grenzgebiet strittig.

Wer in dieser Region reist, sollte nicht auf die Hilfe der Missionsstationen bauen. Die Padres sehen ihre Lebensaufgabe nicht im Tourismus. Null Interesse insbesondere an dem Typ von Gringo, der sich Gratis- Kost und - Logie erhofft und am nächsten Morgen "Ausritt" im Außenborderkanu des Padre zu seinen Indianerstämmen...

Wer aber korrekt kommt, sich zwar über ein Gespräch mit dem Padre freut, ansonsten aber seinen Weg im Urwald allein sucht, – kann durchaus mit positiver Reaktion rechnen. Vielleicht sogar mit Tips.

Abstecher Loja – Vilcabamba: Per LKW- Colectivo. 4o Km südlich Loja. Ein subtropisches Paradies in einem abgeschiedenen Tal. Ca. 2.ooo Leute, die vorwiegend von Ackerbau leben. An den Talhängen werden angeblich Geheimkräuter angebaut, - so sagt man, – denn Vilcabamba ist berühmt dafür, daß ein Großteil der Bevölkerung erheblich älter wird, als der Durchschnitt in Ecuador. Der älteste Opa soll 16o Jahre alt sein (!),– ein rüstiger Mann mit langem Bart. . . Übernachtung möglich, aber sehr einfach. (im Ort)

gut: "Parador de Vilcabamba"

Schotterpiste an die peruanische Grenze:

Busse mit Cooperativa Loja ca. 8 Std., ein sehr abenteuerlicher Trip in stundenlangen Serpentinen auf Pässe und in tiefe Schluchten runter. Oft sieht man aus dem Busfenster wie aus einem Flugzeug: unter euch nichts als Wolken, und in den Löchern ganz in der Tiefe der reißende Gebirgsbach! Viele

Kakteen, Landschaft öde, aber in ihrer Wildheit beeindruckend.*

Grenze bei Macara: kleiner Ort mit dem Tower des Miniflughafens direkt an der Plaza! Übernachtung möglich, aber primitiv.** Die Grenze ist von 8 Uhr bis 18 Uhr offen, bei 2 Std. Mittagspause, die sich auch bis 15 Uhr ausdehnen kann. Da diese Grenzer wenig zu tun haben bei relativ geringem Grenzverkehr, geht die Sache entweder superlocker (weil der Grenzer gerade seit 1 Std. am Dösen ist und nicht unterbrochen werden will), – oder superpenibel (weil ihn die Langeweile plagt). Abhilfe sind jegliche Form von Kurzweil, von Gummibärchen angefangen , über hübsche Sonnenbrillen bis zu Sachen wie Taschenrechnern.

Wer mit eigenem PKW fährt: in Ecuador tanken, da erheblich billiger! FLUG: Tip, von Guayaquil 2 mal in der Woche Tame- Flug in Twin Otters rauf nach Macara (1 Std./ca. 8 US $) und somit billige Möglichkeit, schnell an die Grenze zu kommen, wobei man von Quito kommend, – neben dem Valle de los Volcanes (Trails Cotopaxi etc.) noch den Westerntrain nach Guayaquil mit einbauen kann. Maschine ist allerdings häufig voll, da sehr klein!

Ausreiseformalitäten und über die Grenzbrücke nach LA TINA/PERU. Warten auf den Bus oder LKW nach SULLANA an der Pana lohnt sich nicht, besser gleich ins Colectivo, das die Piste in ca. 3 Std. runterrauscht wie die Feuerwehr! Wüste und herrliche Sonnenuntergänge! Wer die Wahl hat: unbedingt bis Chiclayo oder noch besser bis Trujillo durchbuchen; in Sullana ist der (Wüsten-) Hund begraben.

---

* Besserer Pistenzustand auf der Strecke Loja – Catacocha – Macara. Die Parallelpiste über Gonzanama – Cariamanga in der Regenzeit oft nur mit Allradfahrzeugen

** Gute Übernachtung im Parador de Macara, modernes 2- Stöckiges Gebäude am Talrand.

<u>DIE "SCHILDKRÖTEN – INSELN"</u>: eine Gruppe von ca. 6o einsamen submarinen Vulkanen inmitten des Pazifiks, runde 1ooo km vor der Küste Ecuadors auf der Höhe des Äquators. Diese Inseln gehören zu den faszinierensten der Welt! Unbewohnte wilde und kahle Vulkanlandschaften, die mit ihrem öden Verhau von rotbraunen Lavabrocken an Bilder vom Mond erinnern, Kraterseen mit Schildkröten - Kolonien, weiße Sandbänke, auf denen Hunderte von Seelöwen- Weibchen in der Sonne dösen, während der Bulle wild grunzend im Wasser seine Runde dreht. – Andere Inseln sind dicht mit Opuntia - Kakteen bewachsen: mannshohe Stämme mit einer Haut wie Leder und riesigen stacheligen Kaktus - "Blättern". Über den Weg huschen Salamander mit roten Hälsen und von den Kakteen pickt sich der Darwin - Fink Stacheln ab, um damit Würmer aufzuspießen. Am Wasser wärmen sich Lava-Iguanas, urweltähnliche Saurier, während irgend= wo im Wasser eine Schildkröte in der Strömung paddelt und ihren Kopf rausstreckt, – und beim Frühstück beobachten euch Pelikane. –

Da die Inseln seit Jahrtausenden kaum mit Menschen in Berührung ge= kommen sind, und sich auch keine räuberischen Landsäugetiere ansiedeln konnten, kennen die Tiere keine Angst: morgens hüpfen Darwin- Finken auf die Hand, um gefüttert zu werden; bei einer Wanderung am Spät= nachmittag sahen wir eine Eule, die uns ersteinmal erstaunt in 1 m Ab= stand umhüpfte, um dann ganz zutraulich auf meine Hand zu fliegen! – Paradiesische Zustände, die, obwohl seit Ende der 6oer Jahre der Tourismus für die Inseln entdeckt wurde, hoffentlich noch lange an= dauern.

Geschichte:

Vor Jahrmillionen durch eine Reihe <u>gewaltiger Vulkaneruptionen</u> auf dem Meeresboden entstanden und aus dem Meer erwachsen, siedelten sich im Laufe der Zeit an den Hängen der erkalteten Lavamassen Leben an: durch Wind und Wellen wurden erste Samen für Gräser und andere Pflanzen herangetragen, – später folgten Insekten, Vögel und Echsen, die auf Strandgut an die Küsten getrieben wurden. Wegen der weiten Entfernung zum südamerikanischen Kontinent konnten sich nur die widerstandsfähigsten Arten erhalten. Das erklärt auch die vielen Lücken in der Tierwelt des Archipels. Aus diesen Arten entwickelten sich durch Anpassung an die speziellen Lebensbedingungen auf den Inseln gewisse Sonderformen. Viele Arten gibt es nirgendwo sonst auf der Welt! So findet man von 89 auf Galapagos brütenden Vogelarten 76 nur auf den Inseln. – Der kalte Humboldtstrom brachte aus antarktischen Gewässern

Seelöwen und Pinguine, die nun vereint neben tropischen Tierarten, wie Meerechsen, leben.

ENTDECKT wurde der Archipel 1535 durch den spanischen Bischof und Seefahrer Berlanga, der von Panama in Richtung Peru lossegelte, aber nach 7 Tagen bei völliger Windstille von starker Strömung ins of= fene Meer hinausgetrieben wurde. Sein Kommentar: "es sah aus, als ob es Steine geregnet hätte!" Keinerlei Wasser, – und so stillten die Seefahrer ihren Durst an Kakteen-Blättern.

In den folgenden Jahren dienten die Inseln in ihrer Abgeschiedenheit PIRATEN ALS SCHLUPFWINKEL. Hier fanden sie Unmengen lecke= rer Riesen-Schildkröten, die sich bequem als lebendes Vorratslager in den Laderäumen ihrer Barkel aufstapeln ließen und dort bis zu einem halben Jahr hielten. Hier konnten die Seeräuber auch ungestört ihre Beute teilen, Schiffe reparieren und auf neue Kaperzüge vorbereiten. Auf einigen Inseln, so Charles-Island und James, findet ihr in Höhlen am Strand noch heute zerbrochene Tonkrüge, die von lustigen Gelagen erzählen. – Berühmte Namen wie William Dampier, Woody Rogers u.a. verknüpfen sich mit den Inseln. Von hier wurden auch 2 erfolgreiche Raubzüge auf Guayaquil unternommen. – Auch Alexander Selkirk, das Vorbild zu Daniel Defoe's Roman "Robinson Crusoe" wurde hierhin gebracht, nachdem ihn Seeräuber von seinem Einsiedlerdasein auf der Insel Juan Fernandez vor der Küste Chiles erlöst hatten.

Zu dieser Zeit erhielten die Galapagos-Inseln ihren Beinamen "DIE VERWUNSCHENEN INSELN": die Inseln ließen sich wegen verschie= denster Strömungen und Gegenströmungen nur schwer ansteuern, zu= dem verschwanden sie häufig in Nebel, um dann an völlig anderer Stelle wieder aus dem Nebel aufzutauchen, und man vermutete, sie würden auf dem Wasser schwimmen.

Der Zeit der Seeräuber folgte die Zeit der engl. und amerik. Walfänger, die den Archipel ebenfalls zur Nahrungsauffrischung ansteuerten. Lang= sam reduzierten sich die Vorräte an Schildkröten*. . . In einer Bucht der Insel Charles installierten sie ein Wasserfass als Briefkasten, der bis heute noch in Betrieb ist und Post nach Europa u.U. innerhalb eines Monats befördern kann.

EINER DER ERSTEN SIEDLER war Patrick Wilkins, ein irischer See= fahrer, der um 1800 von seinem Schiff desertierte und einen schwung= vollen Naturalienhandel aufzog.

Um 1830 erklärte der ecuad. General Jose Villamil die Inseln zum Staats= gebiet von Ecuador und gründete auf der Insel San Christobal die erste größere Siedlung.

Zu großer Berühmtheit gelangten die Inseln 1835, als der engl. Natur= forscher und Biologe CHARLES DARWIN hier seine "Theorie der Entstehung der Arten" entwickelte (Anpassung und damit Veränderung der Arten durch unterschiedliche Lebensbedingungen), – ermöglicht

* lebend in den Schiffsbäuchen über Monate stapelbar.

durch die einzigartigen und von anderen Lebensräumen abgeschlossenen biologischen Bedingungen auf den Galapagos Inseln. (Siehe Lit.Hinweise!)

Aufgrund vieler Veröffentlichungen und Seefahrerberichte Anfang 19oo die ERSTE EINWANDERERWELLE: Zuerst Norweger, aber auch einige Deutsche, darunter die berühmten Angermeyers aus Hamburg, die zur Zeit der Hitler-Diktatur aus Abenteuerlust und Sehnsucht nach Einsamkeit, die Inseln erreichten und sich im Hochland von Santa Cruz niederließen, um Ackerbau zu betreiben.

Auf der INSEL FLORENA im Süden des Archipels Ende der 2oer Jahre äußerst mysteriöse Ereignisse: 1929 lassen sich der Berliner Arzt Dr. Ritter und seine Freundin Dora Strauch, beide Anhänger einer verschro benen Naturphilosophie, hier nieder, um sich ungestört ihrem Hobby widmen zu können. Vor ihrer Abreise lassen sie sich sämtliche Zähne ausreißen und durch ein Stahlgebiß ersetzen, welches beide abwechselnd tragen. 1932 kommt die Familie Wittmer an, die noch heute in der 3. Ge= neration auf der Insel lebt. Ganz kurze Zeit später Ankunft der Baro= ness v. Wagner ihrer beiden Liebhaber Lorenz und Phillipson, die alle drei ein utopisches Hotelprojekt für Supermillionäre auf der einsamen Insel verwirklichen wollen. Irgendwie muß es Streit gegeben haben, denn im März 1934 verschwinden auf unerklärliche Weise die Baroness und Phillipson. Lorenz bleibt verstört zurück , reist aber noch im November gleichen Jahres überhastet mit einem Norweger von der Insel ab. Die verdorrten Leichen beider Männer werden später am Strand von Marchena gefunden. Kurz darauf stirbt Dr. Ritter an einer Fischvergiftung, – recht ungewöhnlich für einen Vegetarier . . .

Die amerik. Luftwaffe errichtet im 2. Weltkrieg auf der relativ flachen Insel Baltra 2 Flugpisten für Langstreckenbomber, – jetzt Landepisten der ecuad. Luftwaffe und einzigster Versorgungsflughafen der Archipels.

HEUTE leben auf dem 7.83o qkm umfassenden Archipel ca. 5.ooo Menschen. Hauptsächlich auf der zentralen Insel SANTA CRUZ, sowie auf der Insel San Cristobal, Isabella und Floreana.Der Haupterwerb aus Landwirtschaft hat sich – insbesondere auf Sta. Cruz zwischenzeitlich auf Tourismus verschoben. Satte Preise, sowohl für teuer vom Festland importierte Sachen wie Bier etc., – aber auch einheimisch Angebautes wie Bananen, Zitrusfrüchte, Avocados etc.

Militärisch ist die Inselgruppe für Ecuador und die USA wichtig in ihrer strategischen Bedeutung der Sicherung der Pazifikseite zum Panama- Kanal.

Verbindungen:

★**Flug:** 6 mal pro Woche mit Boeing 727- Jets der TAME von Quito via Guayaquil nach BALTRA/Islas Galapagos für ca. 36o US $ retour. (Ab Guayaquil ca. 33o US $). Einheimische zahlen um die 8o US retour; der Tip, daß man sich von einem Einheimischen das Ticket kaufen lässt, klappt heute aber nicht mehr, da beim Einchecken kontrolliert wird.

Achtung: die Reisebüros in Quito und Guyaquil buchen sich kräftig in die TAME-Maschinen ein, d.h. lassen sich vorab Plätze reservieren, während die Maschine dann oft halbleer rausfliegt. Daher durchaus Chancen, im Airport kurz vor Abflug auf "stand by" Basis noch einen Platz zu bekommen, selbst wenn es vorher heißt, die Maschinen seien voll. – Die Reisebüros verkaufen in der Regel keine "Nur- Flugtickets", sondern wollen meist, daß man gleich auch noch eine Tour per Boot zwischen den Inseln mitbucht. Das kann teurer sein, als wenn man sich zu mehreren das Boot selber in Pto. Ayora/ Isla Santa Cruz selber sucht. Allerdings mit Einschränkungen, – siehe Kapitel übers Boote-Mieten in Pto. Ayora!

Die Militärs (FAE) fliegen rund 2 mal pro Woche ab Quito via Guayaquil nach Baltra mit Propellermaschinen. Kostenpunkt um die 2o US $ und Richtung. Den Piloten ist allerdings die Mitnahme von Nicht- Ecuadorianern verboten.

✈ **Boot:** es gibt mehrere Frachter ab Guayaquil rüber nach Sta. Cruz. Überfahrt dauert ca. 2 - 3 Tage. Bei hartem Seegang sollte man entsprechend seefest sein. Abfahrten unregelmäßig gemäß Frachtbedarf. Infos über die Capitania im Hafen von Guayaquil. Unter anderem fahren "El Pinguino" von Rafael Castro, "Iguana" und "La Comgal". Von Gringos wird oft der 3 fache Preis dessen gefordert, was Einheimische zahlen. Liegt bei ca. 12o US $ /Gringo und einfach. An Bord superbasic untergebracht, die Schiffe klein und vollgequetscht, Essen nix besonderes bis schlecht.

Mit Navy- Booten der TRANSNAVE (Büro in Guayaquil) läuft angeblich nichts mehr.

ZENTRALER AIRPORT auf den Galapagos Inseln ist derzeit die Insel Baltra (auch wenn ein neuer Airport auf der Insel San Cristobal geplant ist, dessen Fertigstellung jedoch noch einige Zeit dauern wird). Gringos und Einheimische werden bei der Ankunft sauber getrennt, – wobei im Empfangsgebäude für die Gringos US S 4o als Eintritt in den Galapagos Nationalpark fällig wird. Toiletten existieren, waren bisher aber geschlossen.

Vom Wind- zerzausten Airport gehts mit offiziellen Bussen zum Kanal (Gringopreis ca. o,5 US) und per Boot rüber zum gegenüberliegenden Anlegesteg/Insel Santa Cruz. (ca. o,3 US). Dort dann deftiges Gerangel um die Plätze im Bus. Wer leer ausgeht, hat noch ne' Chance auf dem Jeep oder einem der LKW's, die ebenfalls an der Mole warten. Fahrzeit um 1 Std. quer über die Insel über eine Lavapiste, die die Fahrgäste hinten auf der LKW- Ladefläche fantastisch "sonnenbräunt" in Aufwirbelung des rotbraunen Lavastaubes (ca. 5 US $), – nach Pto. Ayora, dem Hauptort der Insel Santa Cruz.

INSEL SANTA CRUZ (Indefatigable):

Wichtigste, da zentrale Insel des Archipels: ideal als Standquartier für Ausflüge, zudem sind auf dieser Insel die meisten der für Galapagos typischen Tiere zu finden. (Galapagos-Riesen-Schildkröte, Lava-Iguanas, Salamander, Pelikane, Darwin-Finken, Galapagos-Eule, Spottdrossel, Wasserschildkröten, im Hafen von Pt. Ayora: Seelöwen und Rochen, in der Tortuga Negra Bucht im Norden der Insel: jede Menge verschiedenster Haie.)
Siedlungen nur im Süden an der Küste (Pt. Ayora) und in den Highlands zu Füßen der Vulkankegel (St. Rosa und Bella Vista), dem Zentrum des Ackerbaus auf Santa Cruz.
Die Insel besteht aus einer Gruppe von im Moment erloschenen Vulkanen, die sanft zur Küste abfallen. Das Hochland liegt die meiste Zeit des Jahres in feuchtem Nebel eingehüllt.

Da der TAME- Jet, der am frühen Morgen in Quito in den Anden zu seinem 1.000 km- Trip zu den Galapagos startet und die Inselgruppe nach Zwischenstop in Guayaquil gegen Mittag auf Baltra erreicht, – ist man gegen ca. 2 Uhr in Pto. Ayora.

Pto. Ayora: 2–15 m/ ca. 3.000 E.

Kleiner Hafenort inmitten ausgedehntem Opuntia- Kaktusdickicht, mit einem der malerischsten "Häfen", die ich je auf meinen Reisen gesehen habe: auf der einen Seite von 10 m hohen Felsen begrenzt, von Kakteen und anderen tropischen Pflanzen bewachsen; im tiefgrünen Wasser schwimmen Seehunde und tauchen Pelikane. Auf den Booten (umgebaute Fischkutter, die für Ausflüge gemietet werden können) hocken eigenartige Vögel, die langgestreckt wie Bindfäden auf Fische warten; wenn sie fliegen, breiten sie ihre Flügel zu einer Spannweite von 1,30 m!

An der Mole die "NINFA- BAR", Kommunikationszentrum der Insel, wo sich abends die Galapagos- Guides und die Forscher der nahen Darwin Station zum Bier treffen (Kontakte!), ganz gute Musik, die aber irgendwie in der großartigen Natur fremd wirkt. Am Samstag öfters Inselfeste. Die Ninfa-Bar wurde in den letzten Jahren ausgebaut und erweitert und hat dadurch etwas ihren Reiz verloren.

Nebenan das "Centro Cooperation Turistico" (Bootsvermittlung; aber auch in der Ninfa- Bar), sowie die Post.

Pto. Ayora hat einen eigenen Rundfunksender, ENTEL- Telefonverbindung, Hospital und mehrere Lebensmittelgeschäfte, Restaurants. Der Ort hat sich allerdings in den letzten 5 Jahren kräftig gemausert. Viele Festland- Ecuadorianer haben sich hier niedergelassen, um im Tourismusgeschäft mitzumischen, was die Preise generell in die Höhe trieb. Nicht nur für Importiertes wie Bier, Konserven etc., sondern selbst auf der Insel angebaute Bananen und Avocados sind in der Preis - Lohn - Kette kräftig teuer geworden. Sehr zum Ärger der Einheimischen, da das Geld nicht auf der Insel bleibt.

Die Malecon (Uferstraße) führt landschaftlich schön ab Ninfa Bar am Wasser entlang (Mangroven, teils schwarzes Lava- Ufer mit Iguanas, Palmen) in 15 Min. Fußweg zur DARWIN - FORSCHUNGSSTATION am Academy-Bay. Die Forscher sind meist sehr beschäftigt, aber wer sich für Biologie interessiert, darf vielleicht mal reinriechen . . .
Biologiestudenten haben die Möglichkeit, nach Voranmeldung und sofern Platz vorhanden, in dem Gästehaus der Station für ca. 10 DM zu übernachten. Hauptattraktion: Schildkröten- Zuchtgehege. Die Tiere werden rund 1 m groß und bis zu 200 Jahre alt. Ihr Alter kann man an den Ringen im Panzer nachzählen, – übrigens die größte Schildkrötenart der Welt. – Im stationseigenen Hafen kann man Rochen und viele der Lava- Iguanas beobachten! Sie schwimmen, den Kopf aus dem Wasser erhoben, mit schlangenförmigen Bewegungen und sind sehr zutraulich. Schöner Wanderweg über die Lavabrocken Richtung Osten an der Küste entlang: Unmengen von Lava Iguanas und herrlich rote Sally Light Foot Crabs! – Lust auf Volley-Ball? Jeden Abend um 17 Uhr auf dem forschungseigenen Feld unter Opuntia- Kaktussen!

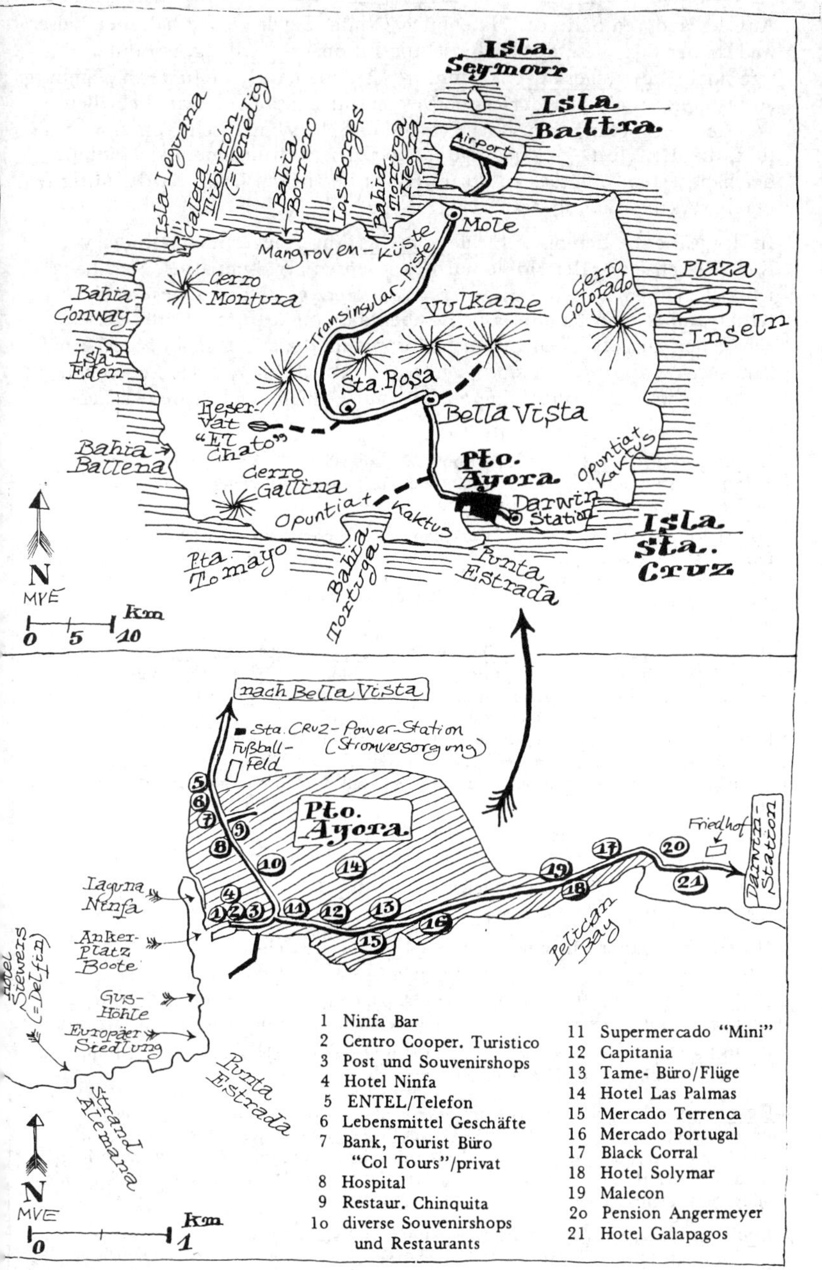

1 Ninfa Bar
2 Centro Cooper. Turistico
3 Post und Souvenirshops
4 Hotel Ninfa
5 ENTEL/Telefon
6 Lebensmittel Geschäfte
7 Bank, Tourist Büro "Col Tours"/privat
8 Hospital
9 Restaur. Chinquita
1o diverse Souvenirshops und Restaurants
11 Supermercado "Mini"
12 Capitania
13 Tame- Büro/Flüge
14 Hotel Las Palmas
15 Mercado Terrenca
16 Mercado Portugal
17 Black Corral
18 Hotel Solymar
19 Malecon
2o Pension Angermeyer
21 Hotel Galapagos

Auf der anderen Seite der Hafenbucht/Ninfa- Bar liegt oberhalb der Felsen und an der Südspitze der Halbinsel die Europäer- Siedlung, wo unter anderem auch Karl Angermeyer wohnt, der Anfang der 3o-er Jahre in Hamburg auswanderte und einer der ersten Siedler auf Santa Cruz war. Lebt heute von der Vermietung seiner Segelyachten. Sehr sympatisch, von einer Vitalität, die oft selbst 4o- zigjährige nicht haben und ungemein viel Humor der handfesten, praktischen Sorte! (Ganz herzlichen Dank für die Mithilfe bei der Aktualisierung des Galapagos- Teils!)

In der Nähe die berühmte Höhle von Gus Angermeyer, dem Bruder von Karl. Besichtigung der Höhle nur bei gegenseitiger Sympathie. Karl habe ich seit meinem ersten Kennenlernen ins Herz geschlossen wegen seiner Vitalität und seinem Humor. Gus ist ebenfalls o.K., trotz, – oder gerade wegen seinen ausgefallenen Lebensphilosophien, die sicher nicht wissenschaftlich durchzudisskutieren sind, sondern Ausdruck, daß er das Leben genießt. Er sagt: "ich bin 1.ooo Jahre alt", womit er meint: ich habe das Leben intensiv gelebt!

Unterkunft: "Hotel Galapagos" von F. Nelson. Platz für 34 Gäste in Bungalows mit Privatbad, schön am Meer gelegen nähe Darwin Station. Allerdings ca. 45 US $ das Doppel.

"Hotel Siewers" (=Delfin) vom Deutschen und früheren Leiter der Charles Darwin Station. Liegt nähe Angermeyers auf der Halbinsel und hat den derzeit einzigen Sandstrand im Bereich Pto. Ayora. Kann nur per Boot erreicht werden, ist sehr ruhig. Die Bungalows mit Privatbad, ca. 33 US $ /Doppel. Kann über Metropolitan Touring/Quito vorgebucht werden. Essen ist im Preis inkl.

Im Ort Pto. Ayora gibts eine Reihe von Billighotels eher der einfachen Pensionsklasse. Z.B. "Hotel Ninfa" gleich hinter der Bar an der Mole, – "Hotel Las Palmas"(siehe Karte!), empfehlenswert! – "Hotel Elisabeth" am Malecon, – "Hotel Gloria" und weitere, die alle im Bereich ca. 3 - 4 US $ pro Person liegen. – "Pension Angermeyer" (siehe Karte!) dürfte dabei die billigste sein, von Gus gebaut Mitte der 7o-er Jahre und jetzt von seiner, wie er sagt "exmujer" (Exfrau) weitergeführt, da er in Trennung lebt. Sehr einfach, Bettlaken kommen in die Sonne, dafür gibts aber Waschmöglichkeit und einen schattigen Garten.

Achtung: das Bettenangebot ist nicht überreichlich, insbesondere, wer zur Hochsaison (Juni – August, Dez. – Jan. und Ostern)kommt. Viel innerecuadorianischer Tourismus.

CAMPING: nur mit Spezialgenehmigung der National Park Verwaltung, die ihren Sitz kurz vor der Darwin- Station hat.

Unterkunft andere Inseln: FLOREANA: "Hotel Wittmer", 4o Betten, ca. 15 US $ inkl. Essen. Komfortabel und das Essen verdient besonderes Lob!

SAN CRISTOBAL: "Hotel Notia", einfach aber gut. Mit Privatbad ca. 5 US pro Person sowie das "Hotel Cristobal", ca. 6 US mit Essen, an Komfort und Ausstattung einfach.

ISABELA: kleine Privatpensionen – Auf den anderen Inseln keine Übernachtungsmöglichkeit, da unbewohnt. Wildzelten ist verboten.

Restaurants: inzwischen gibts eine ganze Reihe in Pto. Ayora, z.B. "Maison Chinquita" neben ENTEL- Tel.- Office, – "Black Lady" – "Solimar" von Jimmy Perez, gut, – sowie eine Pizzeria "Bamboo" aus Bambus gebaut, Wein und Pizza gut, nahe Hauptstraße bei der Bank. – "Ninfa Bar" an der Hafenmole. Die Preise sind allerdings nicht billig. Selbes gilt für Lebensmittel:

Lebensmittel- Shops: an der Hauptstraße und am Meer/Malecon. Relativ gute Auswahl im Supermercado "Mini", sowie mehrere offene , überdachte Markthallen (Fisch,

Früchte, Bananen, Avocados etc.) Eine Flasche Bier um 1 US $, eine Flasche Mineralwasser um o,5 US, die in Quito o,1 US kosten. 5 Zitronen um die o,25 US, eine Flasche chilenischer Rotwein um die 1o US $. Daher Tip: wer vom Festland auf die Galapagos Inseln fliegt, sollte sich für den Bootstrip zwischen den Inseln bereits genügend Alkohol mitbringen, sofern benötigt! Kann kräftig Geld einsparen helfen, – zumal man ja meist mit reduziertem Gepäck anreist und viele unnötige Gepäcksachen im Hotel am Festland zurückläst.

★**Geldwechseln:** zwischenzeitlich gibt es auch Geldwechselmöglichkeit in Pto. Ayora in der Banco Fomento, die bisher jedoch einen sauschlechten Kurs gab. Daher nach wie vor der Tip: sich genügend Sucres vom Festland mitbringen! Wechselmöglichkeit z.B. vor Abflug im Quito und im Guayaquil- Airport zu regulärem Ecuador- Tauschkurs.

ACHTUNG: Bootsvermieter, Restaurant- und Hotelbesitzer in Pto. Ayora geben ihre Preise oft in Sucres an, obwohl sie bereit sind, US - Dollar anzunehmen. Diese werden dann jedoch auf der Basis des schlechten Banco Fomento- Kurses getauscht. Ein weiterer Grund, warum man sich mit genügend Sucres bestücken sollte. Traveller Schecks sind angeblich in Pto. Ayora bei der TAME- Office eintauschbar, aber nur, wenn genügend Bargeld in der Kasse ist. – Die Banco Fomento ist auch in S. Cristobal vertreten. Keine Geldwechselmöglichkeit auf Floreana und in Pto. Villamil/Isla Isabella. –

★**Filme, Medizin:** bereits vom Festland mitbringen. In Pto. Ayora teuer oder nicht erhältlich.

★**Telefon:** in Pto. Ayora offiziell vom ENTEL- Büro, siehe Karte. Braucht aber seine Zeit, insbesondere auch bei Telegrammen, – weswegen viele Leute das Büro von Coltur (Karte/Nr. 7) benutzen, die per Funk mit der Hauptoffice in Quito in Verbindung stehen und dort einen Funk- Patsch nach USA oder Europa verbinden.

★**Tourist Office:** siehe Karte/Nr. 7: existiert, aber wohlgemerkt keine offizielle des ecuadorianischen Staates, sondern privat des Reiseveranstalters "Coltur", einer der größten Ecuadors. Mit entsprechenden Eigeninteressen bei Infovergabe und Vermittlung.

★**Transport zwischen den bewohnten Inseln:** auch hier hat es Entwicklung gegeben und zwar positive: der alte Holzkahn von Postdampfer ist abgeschafft. Dafür wurde ein modernes Schnellboot angeschafft, – die "ENGALA II", relativ schnell bei ca. 15 - 18 Knoten, transportiert Post und Passagiere superflott. Sta. Cruz nach San Cristobal alle 2 Tage, die Überfahrt dauert nur 4 Std./5 US $ plus o,5 US Versicherung.

Am nächsten Tag geht es retour nach Santa Cruz und weiter via Floreana nach Villamil/Isla Isabella und selber Turn retour. Das Boot fährt so, daß es Anschluß zu den TAME-Jets ab Festland hat. Eine excellente Sache für die Einheimischen, sowie nützlich für Touristen!

AUSFLÜGE ISLA STA. CRUZ:

(1) Tip ist die rund 4 stündige Wanderung (retour) zur BAHIA TORTUGA. Auf der Straße ab Pto. Ayora raus über die Piste Ri. Baltra, vorbei an der Entel- Telefon Office und dem Fußballfeld rechter Hand, bis die Straße leicht ansteigt und kurz vor der 2. "Höhe" links ab, – ein Pfad deutlich sichtbar durch das Opuntia Kaktus- Dickicht (=ca. 1o Min. ab Fußballplatz) Soll demnächst verbreitert und als leicht begehbarer Trail angelegt werden. Es geht über schwarze Lavabrocken und rostroten Sand, der Boden von silbrig glänzenden Schlingpflanzen und hellgrünen Moosen bedeckt.

Schwarzgrüne Heuschrecken sitzen auf den Steinen und den Sträuchern. Wenn man vorbeikommt, schnellen sie senkrecht in die Höhe mit viel Flügelgeklapper, die gelben Beine weit von sich gestreckt. Kleine Vögel mit silbrig weißem Bauch und spitzen Schnabel, nach ca. 1 1/2 bis 2 Std.

ist die einsame Bucht der Bahia Tortuga erreicht. Schöner Sandstrand mit tiefhängenden, verknorrten Bäumen, unter denen die Iguanas dösen. Am Wasser der Lagune Pelikane. Die Bucht ist von Mangroven umwachsen, im Wasser tauchen Schildkröten!

(2) Ein anderer Tagesausflug führt zum SCHILDKRÖTEN–RESERVAT nach El Chato. Etwas schwieriger zu finden. Am besten nimmt man den Morgen-Bus oder LKW, der von Pto. Ayora zum TAME- Jet nach Baltra fährt und steigt oben im Hochland in STA. ROSA aus. Dort bieten sich Führer zum Schildkrötenreservat an inkl. Pferd oder Esel (beide jedoch auf die Gringos trainiert und fast so langsam, wie zu Fuß). Rund 90 Min. zu Fuß auf einem Pfad. Lohnt sich. In der Regel erwischt man dann retour den LKW, der von Baltra zurückkommt. Oder man chartert sich ein Taxi ab Pto. Ayora für den Trip unter Vereinbarung, wann man wieder in Sta. Rosa abgeholt wird. –

(3) In BELLA VISTA, ebenfalls an der Transinsular Straße gibt es einen Trail zu vulkanischen Lava- Tunneln, die beim Ausfließen der Lava entstanden sind und maximal runde 1,5 km lang! (Im Hotel Nympha/Pto. Ayora gibts ein Foto zum Tunnel!). Taschenlampe elementar, Führer in Bella Vista, bzw. organisierte Touren ab Pto. Ayora.

(4) Schöne Wanderungen entlang der Vulkanhänge des Inselinneren bei Bella Vista und Sta. Rosa. Durch dichte, tropische Regenwälder. Hier oben fangen sich die pazifischen Wolken, hohe Luftfeuchtigkeit. Die Bäume von dichten Flechten und Moosen behangen!

Insbesondere Bella Vista ist Hauptanbaugebiet von Bananen, Avocados, Kaffee, Orangen und Annanas. Landwirtschaftliches Anbaugebiet, rege Bautätigkeit, aber etwas trist bei vielen, unvollendeten Häusern in Betonskeletten, die sich langsam den Hang runterwuchern Ri. Pto. Ayora.

(5) SCHÖNE STELLEN an der Nordküste der Insel, allerdings nur per Boot zu erreichen. Details siehe "Bootstrips im Galapagos- Archipel"; auch als 1- Tagestrips ab Pto. Ayora zu buchen! –

✶ BOOTE AB PTO. AYORA:

PTO. AYORA ist Ausgangspunkt für Bootstrips in den Galapagos- Inseln. Da die meisten Inseln des Archipels unbewohnt sind, kommt man um das Anmieten eines Bootes nicht rum. Ist zwar in allen Komfortklassen der Boote teuer, aber lohnt sich unbedingt!

Es gibt 3 Klassen von Booten:

1.) Luxusklasse, – entweder in Großbooten, die bis zu 100 Personen fassen, inkl. Swimmingpool an Deck, allem Komfort in den Kabinen, von Privatdusche über TV mit Videofilmen, Restaurants, Sonnendecks.

Paradebeispiel ist die M/N Buccaneer, das größte Cruise Schiff der Galapagos, Fassungsvermögen 100 Passagiere, das von Guayaquil zu den Inseln übersetzt und dort Rundtrips veranstaltet. Die Preise liegen bei ca. 1.000 US $ /Person für 7 Tage je nach Klasse. Kann auch ab Galapagos in Verbindung des Jetfluges der Tame gebucht werden. Für mich persönlich ist das zwar Superkomfort und viel Bequemlichkeit, – aber auch reichlich Distanz zur Natur. Buchung über internat. Agenturen, aber auch Veranstaltern in Quito wie Etnotur oder Condor Tours, siehe Adressenliste. –

Oder mit Luxusyachten (Motoryachten bzw. Segelyachten) wie die Schiffe der "Metropolitan Touring/Quito" – "Encantada" (rund 17 Gäste), – "Isabella" (rund 16 Gäste) – "Sta. Cruz", eine in Spanien umgebaute Luxus- Motoryacht für 9o Gäste. Nötig: "plenty money", Preise liegen ähnlich der "M/N Buccaneer", also um die 1.ooo US $ für 7 Tage und pro Person.

2.) mehr Spaß, - nach meiner persönlichen Meinung bringen, in der Teuerklasse die kleineren Luxus- Yachten /Motoryachten bzw. Motorsegelyachten, die 6 - 1o Personen fassen, individueller aber in etwa gleich schnell sind.

Heißer Tip ist die "SYMBOL" von Karl Angermeyer, der nach persönlicher Auskunft jedoch nur noch Leute mitnimmt, die er kennt, bzw. die ihm persönlich weiterempfohlen worden sind. Wegen seiner Bekanntheit ist er meist ausgebucht. Pro Tag ca. 25o US $ bis 4 Personen, wobei Essen und Drinks inkl. sind.Preis pro Tag und Boot.

"Cachelot" ist eine der schnellsten Motor- Segelyachten der Inselgruppe. Bestückt mit einem 28o PS- Diesel- Catterpillar Motor. Max. 1o Personen bei ca. 6.ooo US $ pro Yacht und Woche. – Sowie die "Orca" die max. 6 Personen fasst und ca. 4.ooo US $ /Woche und Yacht kostet. Beide Yachten können über M. Angermeyer de Larrea, Enchanted Islas Charters, P.O. Box 8928, Quito, Ecuador gebucht werden.

"Beagle III", eine komfortable und moderne Motoryacht, die zunächst von der Charles Darwin Station für wissenschaftliche Forschungsprojkete in Bauauftrag gegeben wurde, – wurde von Mr. Siewers/Hotel Delfin gekauft und für touristische Trips komfortabel umgebaut. Platz für max. 1o Personen, 4 - 5 aber eher angemessen. Sehr teuer, ca. 8.ooo US $ pro Boot und Woche.

Die "Beagle IV", das wissenschaftliche Forschungsschiff der Charles Darwin Station mit allen Einrichtungen ist gemäß Karl Angermeyer derzeit nicht zu vermieten. 4 - 5 Passagiere. Angeblich gibts jedoch Ausnahmen, wenn entsprechendes Kapital angeboten wird, was auch die Darwin Station bei ihrer Forschungsarbeit brauchen kann.

3.) umgebaute Fischerboote: derzeit die billigste Möglichkeit, auch wenn die Preise stark angezogen haben.

Die Boote kann man entweder in Quito in Reisebüros buchen, – was insbesondere zur Hochsaison (Juni - August, Dezember - Januar und um Ostern) sehr zu empfehlen ist, denn rund 75 % der Galapagos-Touristen sind derzeit Ecuadorianer!

Oder in Pto. Ayora im "Centro Cooperativo Turistico" (siehe Karte!). Die Preise sind Verhandlungssache, wobei immer pro Boot gezahlt wird, egal, wieviel Leute fahren. Die Boote fassen zwischen 6 und 12 Personen.

BACKGROUND: während noch Mitte der 7o-er Jahre Bootseigentümer auf Galapagos frei ihre Fischerboote an Touristen vermieten konnten, erließ Ende der 7o-er Jahre die ecuad. Regierung eine Bestimmung zur Modernisierung dieser Boote: Vorschrift eines Funkgerätes an Bord, gewisse Anzahl an Toiletten etc.

Wegen dieser kostspieligen Umbauten sind eine Reihe früherer Boots-Eigner aus der Bootsvermietung ausgestiegen, – Joselito z.B., der heute sich sein Geld durch eine Pension verdient, – oder Max, der Franzose, der Viehzucht und Handel mit Beton betreibt.

Andere Bootseigner ließen sich finanziell durch Reisebüros in Quito unterstützen, die sich in Gegenleistung dafür ins Bootsbusiness einkauften und auch dazu beitrugen, daß die Preise in die Höhe gingen. Denn welcher Ecuadorianer mag seine Weihnachtsferien auf Galapagos verbringen ohne Reservierung fürs Boot.

Klartext: wer per Reisebüro in Quito oder Guayaquil vorreserviert, hat wenig Chance zu Preisverhandlungen. – Wer für die 36o US $ retour nach Galapagos/Pto. Ayora fliegt, riskiert u.U., daß er kein Boot bekommt, weil die meisten bereits vorab durch die Reisebüros vermietet sind. Oder zahlt saftige Preise, wenn er ein Boot in Pto. Ayora findet, aber nicht 5 weitere Partner. Denn der Rucksacktourismus auf Galapagos ist massiv zurückgegangen wegen der hohen Flugpreise der TAME. Ecuadorianer, die sich vor Ort und auf eigene Faust ein Boot in Pto. Ayora chartern, sind selten.

Hinzu kommt, daß der Bootseigner in Pto. Ayora weiß, daß der Gringo 36o US $ für den Flug hinblättern mußte, also auf sein Boot angewiesen ist. Hinzu kommen Sprachprobleme beim Verhandeln.

Was die Reisebüros in Quito betrifft, gibts einige schwarze Schafe, die den Gringos das Blaue vom Himmel erzählen und die grünen Dollar-Scheinchen einstreichen . Und der Gringo dann in einer Mausefalle eines aufgepäppelten 12 Passagiere- 1o m langen Holzkahn, eingequetscht in 3- Stock Kojen, wo die Luft fehlt und der Diesel in die Kabine reinstinkt. . . Ebenfalls "Randaspekte" der Modernisierungspolitik.

PREISE: liegen daher zwischen ca. 15 US $ Tag und Person bis rauf zu 5o US $, je nach Saison, Buchungsquelle und Verhandlungsgeschick.

Tips: wer im Reisebüro Quito oder Guayaquil bucht, sollte sich genaue Infos über den Zustand des Bootes geben lassen. In der "Darwin" z.B. bis zu 16 Leute wie Sardinen zusammengequetscht, – die "Xavier" mit bis zu 12 Leuten, super eng und teuer. – "Pirata" ganz gut, 6 Personen. – "Pato Feo" ganz gut, 8 Passagiere, aber bei ca. 53o US $ für den 8- Tagestrip dermaßen knackig teuer, daß man fast schon mit der M/N. Buccaneer (siehe Luxusdampfer/1) besser bedient ist, wo übrigens auf "stand by"- Basis kurzfristig bis zu 5o % Rabatte zu erzielen sind, wenn das Schiff nur ungenügend ausgebucht ist.

Angelito, 1o m lang, 8 Passagiere wird für ca. 37o US $ /Person und 8 Tagestrip gehandelt, ebenfalls ein stolzer Preis, 4 Tage ca. 28o US $. Obwohl das Boot passabel ist.

ESSEN: weiterer Problempunkt. Entweder kauft man es sich in Pto. Ayora selber ein , sofern der Bootseigner damit einverstanden ist, – oder man muß einen Vorschuß für den Essenseinkauf leisten (=ca. 3o % teurer). . Fisch gibts per Angel und reichlich, Alkoholicas wie Wein und Whisky besser aus Guayaquil.

ROUTE und Stops vorab vereinbaren. . . 6 bis 12 Leute an Bord kann schön sein, aber auch zu Spannungen führen, wenn nicht die richtigen Leute zusammen sind. (Abhilfe, daß man komplett das Boot mietet, indem man sich selber das Team zusammenstellt). – Miesepetriger Kapitän: nicht minder lästig!

ALTERNATIVEN: Team von 6 Leuten in Quito zusammenstellen, per Bus nach Guayaquil (wegen billigerem TAME- Preis nach Galapagos), zur Nebensaison reisen und riskieren. In der Nachsaison reisen, da bessere Verhandlungsbasis. Notfalls, wenns nicht klappt: relativ guter Querschnitt der Tier und Pflanzenwelt auf Santa Cruz. Und Möglichkeit, einen 1- Tagestrip per Boot um die Insel zu buchen, der bei 6 Personen ca. 12 US $ /Person kostet und Plaza Island und Seymor einschließt. Die Inseln Cristobal, Floreana und Isabella per regulärem, 5,5 US teuren Versorgungsdamper, siehe Pto. Ayora- Tips.

✶ RUNDFAHRTEN IM GALAPAGOS–ARCHIPEL:

Ausgangspunkt ist Pto. Ayora/Isla Santa Cruz. Die "Kleine Rundfahrt" umrundet die Isla Sta. Cruz, rauf nach Santiago (James) Island und via Rabida (Jervis) retour nach Pto. Ayora. Zeitbedarf per umgebauter Fischkutter ca. 6 Tage.

Inklusiv Isabella (Vulkanbesteigung des Alcedo) ca. 8 Tage. –

Der "Südtrip" baut ab Pto. Ayora die Inseln Floreana (Charles Island), – Hood Island und San Cristobal ein (ca. 7 Tage im Fischkutter).

Die modernen Motorboote und Segelyachten machen beide Trips in rund 3 bis 4 Tagen. Zum einem wegen stärkerem Motor, zum anderen, weil sie auch nachts fahren können. Womit die Preisdifferenz zu den überteuerten und langsamen Fischkuttern schwindet! –

✈ KLEINE RUNDFAHRT:

Per Fischkutter ca. 6 Tage. Exakte Route und Stops vorab absprechen!!

1. TAG:

nach PLAZA – ISLAND (3 Std. Fahrt entlang der Küste von Santa Cruz): eine kleine Insel, die sanft gegen Osten ansteigt und hier senkrecht ins Meer abfällt. Bewachsen von Opuntia - Kaktus, unter denen gelb - braune Landiguanas in der Sonne dösen, bzw. an Kaktus- Blättern knabbern oder kleine Kämpfe ausführen. Sehr zutraulich; ihr könnt euch bis auf 5o cm nähern! Bitte nicht mit Bananen füttern! –
Am Landungssteg: Felsen mit Seelöwen - Kolonie. Der Bulle tummelt sich wild brüllend im Wasser, während die Weibchen spielen und sich mit ihren Schnauzen anstubsen. Dazwischen leuchtend rote "Sally-Light - Foot - Crabs", die sich aber fotoscheu schnell hinter den Felsen ver= stecken! – Am östlichen Felsabsturz: Nester von "swallow - tailed - seagulls", shearwaters und rotbebrillten Tropenvögeln. – Vogelflug!!
Im Wasser zwischen beiden Inseln: unzählige Haie, die man mit den gefangenen Fischen füttern kann!- –
PLAZA gehört zu einer der schönsten Inseln der Galapagos, – allerdings auch zu einer der am häufigsten besuchten! –

ÜBERNACHTEN: im Südkanal zwischen Baltra und Santa Cruz: herr= lich türkisgrünes, klares Wasser. Die Küste von Mangroven bewachsen! –

2. TAG:

ISLA MOSQUERA: eine kleine Sandbank mit einer größeren Seelöwen= kolonie. Gegen 8 Uhr früh liegen die meisten noch verschlafen am Strand, aneinandergekuschelt, das Seelöwenjunge dazwischen. –

5oo m weiter zur Nachbarinsel NORTH SEYMOUR, ein 1o m aus dem Meer aufragendes Basalt- und Lava - Plateau, bewachsen von gelbem Gras und den silbrig schimmernden Palo Santo Bäumen. Eine größere Kolonie von blaufüßigen Bobbies und den großen schwarzen Fregatt= vögeln zwischen leuchtend roten Moosen und den bizarren Opuntia - Kakteen. Im Gras sahen wir ein verliebtes Bobbie- Pärchen: zwei Schnäbel spießten heraus und rappelten mit lautem Geschnatter anein= aneinander. – Bei der Landung auf dem Boden strecken die Blue - foot Bobbies ihre himmelblauen entenförmigen Füße steil vor sich, um den Schwung auf einem Stein abzufangen, hüpfen mit einem großen Sprung zum nächsten Stein, um hier dann zum Stehen zu kommen. Start: watschelndes Trappeln, bis die Geschwindigkeit erreicht ist und dann die Flügel ausbreiten und sich von den Meereswinden mit kräftigem Flügelschlag in die Luft hinauftragen zu lassen. Es kann schon mal passieren, daß ein Bobbie das Startgetrappel nicht richtig hinbekommt und dann rumpelnd in den seitlichen Busch donnert! – Diese Spezies erhielt ihren Namen, weil sie wie Polizisten vor der Küste "Wache schieben" – Die Fregattvögel (ihr Name, weil sie früher die Fregatten bereits auf dem Meer begrüßten und zur Küste begleiteten) sind sehr geschickte Flugkünstler mit bis zu 1,5o m Flügelspannweite. Nester in

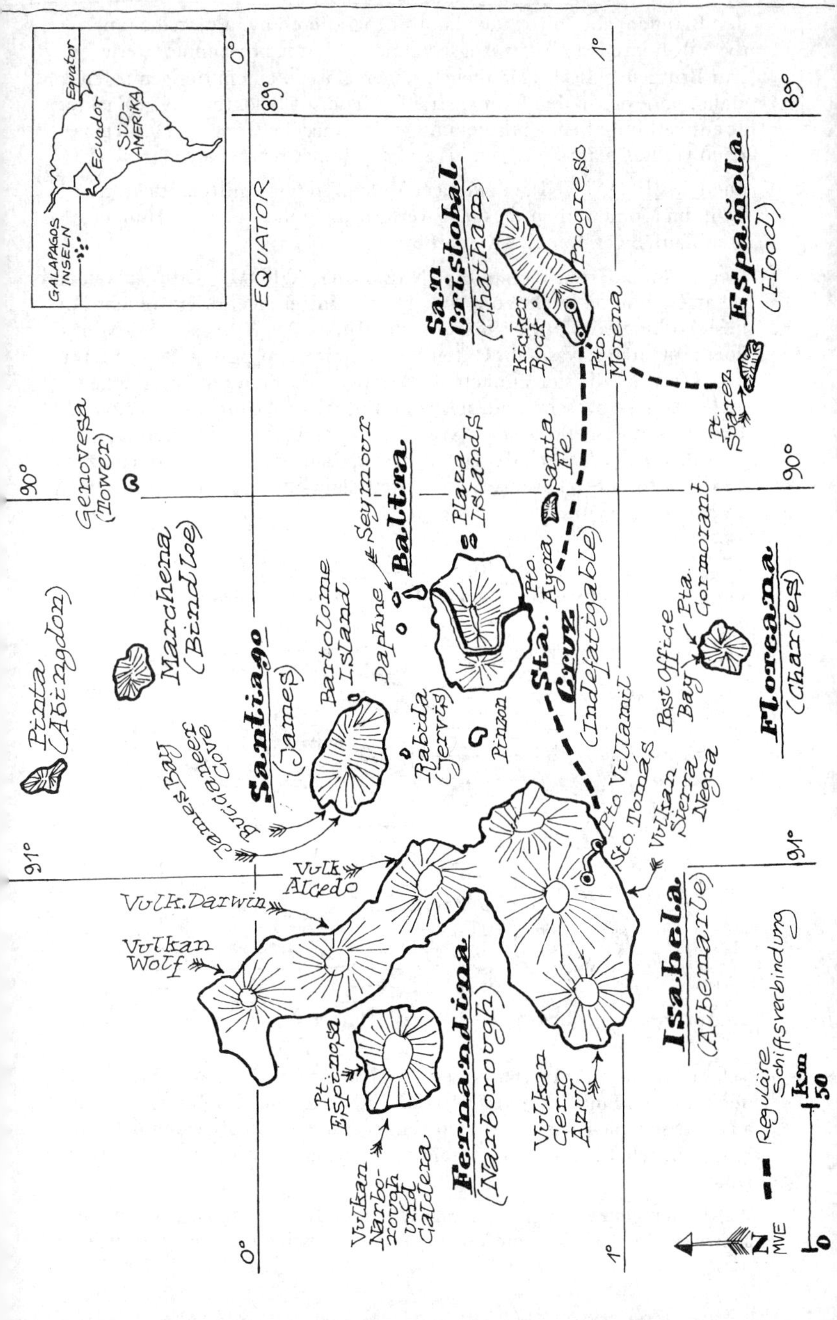
Equator
Ecuador
SÜD-AMERIKA
GALAPAGOS INSELN
EQUATOR
0°
1°
89°
90°
91°
Pinta (Abingdon)
Marchena (Bindloe)
Genovesa (Tower)
Santiago (James)
James Bay
Buccaneer Cove
Bartolome Island
Daphne
Seymour
Baltra
Plaza Islands
Santa Fe
San Cristobal (Chatham)
Kicker Rock
Pto. Moreno
Progreso
Española (Hood)
Pt. Suarez
Rabida (Jervis)
Pinzon
Sta. Cruz (Indefatigable)
Pto. Ayora
Post Office Bay
Pta. Cormorant
Floreana (Charles)
Pto Villamil
Sto. Tomás
Vulkan Sierra Negra
Vulk. Alcedo
Vulk. Darwin
Vulkan Wolf
Isabela (Albemarle)
Vulkan Cerro Azul
Pt. Espinosa
Vulkan Narborough und Caldera
Fernandina (Narborough)
Reguläre Schiffsverbindung
N
MVE
0
km 50

den Bäumen, aber bitte auch zum Fotografieren nicht zu nahe ran, da die Vögel ihre Nester aus Angst immer weiter ins Inselinnere verlegen.– Zur Brutzeit bläst das Männchen seinen Hals zu einem riesigen roten Ballon auf, der in den Sonnenstrahlen feuerrot leuchtet. Bei geglückter Brautwerbung: Schnabelspiel und weites Flügelausbreiten. Das Weibchen verliert beim Eierlegen bis zu 2o % seines Körpergewichtes! –

Die INSEL DAPHNE, ein riesiger Vulkankrater inmitten des Meeres kann im Moment nicht besucht werden, da in ihrem Krater Hunderte von blaufüßigen Bobbies Eier ausbrüten. –

Gegen Abend erreicht man die INSEL BARTOLOME. Öde Vulkanlandschaften, schöne Bucht zum Ankern mit einigen Seelöwen. Geheimtip: besteigt kurz vor der Dämmerung den Vulkankegel: Anstieg 15 Min. über rostroten Lavastaub. Unten liegen einige sehr poröse, riesige Lava= brocken rum, die sich ähnlich der Atrappen im Film mit Leichtigkeit stemmen lassen: sehr eindrucksvolle Fotos! – Unterwegs: erstarrte Rinnen von ausgeflossener Lava. Vom Gipfel bietet sich ein Blick wie über eine Mondlandschaft: Dutzende von Kraterkegeln und öde, bizarre Felder rotbrauner Lavabrocken. Unten dümpeln in der Bucht die Jachten in der Abendsonne ! –

3. TAG:

Gegenüber der Insel Bartolome auf der Insel Santiago (oder "James") kann man bei etwas Glück im Sullivan Bay die Galapagos- Pinguine

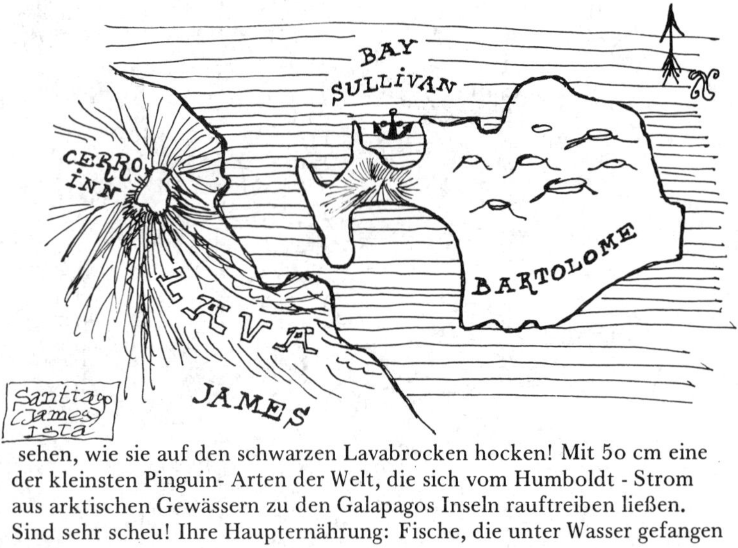

sehen, wie sie auf den schwarzen Lavabrocken hocken! Mit 5o cm eine der kleinsten Pinguin- Arten der Welt, die sich vom Humboldt - Strom aus arktischen Gewässern zu den Galapagos Inseln rauftreiben ließen. Sind sehr scheu! Ihre Haupternährung: Fische, die unter Wasser gefangen werden. –

Weiter den ganzen Tag an der relativ kargen Küste von Santiago entlang: schwarze Lava - Felder, unterbrochen von herrlich weißen Sandbuchten.

Am Horizont hohe Vulkankegel; schöne Szenerie! –

BUCCANEER–COVE/ ISLA SANTIAGO: eine kleine verschwiegene Bucht mit steil abfallender Felswand, in der sich in früheren Jahrhunderten die Piraten trafen. Wer sucht, der findet heute noch zerbrochene Keramik von wilden Gelagen. In der Nähe eine kleine Quelle mit Brackwasser, eine der wenigen Süßwasservorkommen der Galapagos - Inseln.

5 km südlich: James Bay, Ankerplatz für die einbrechende Nacht.–

4. TAG:

JAMES BAY/INSEL SANTIAGO: In der Bucht einige Seelöwen und eine ehemalige Wasserleitung aus aneinandergerückten verrosteten Blechfässern. Noch vor 1o Jahren wurde in den nahen Lagunen Salz gewonnen, heute eine Flamingo - Kolonie. – Eine von Gras überwachsene Straße führt zu einem nahen kleineren Vulkankrater (ca. 1 Std. Weg). Etwa 2oo m ab Ankerplatz zweigt von dieser breiten Straße rechts ein Pfad ab, der nach ca. 1o Min Weg durch niedriges Krüppelgestrüpp zu einer dünnen Brackwasserquelle am Fuß des Vulkankegels führt. (Zur Weg=

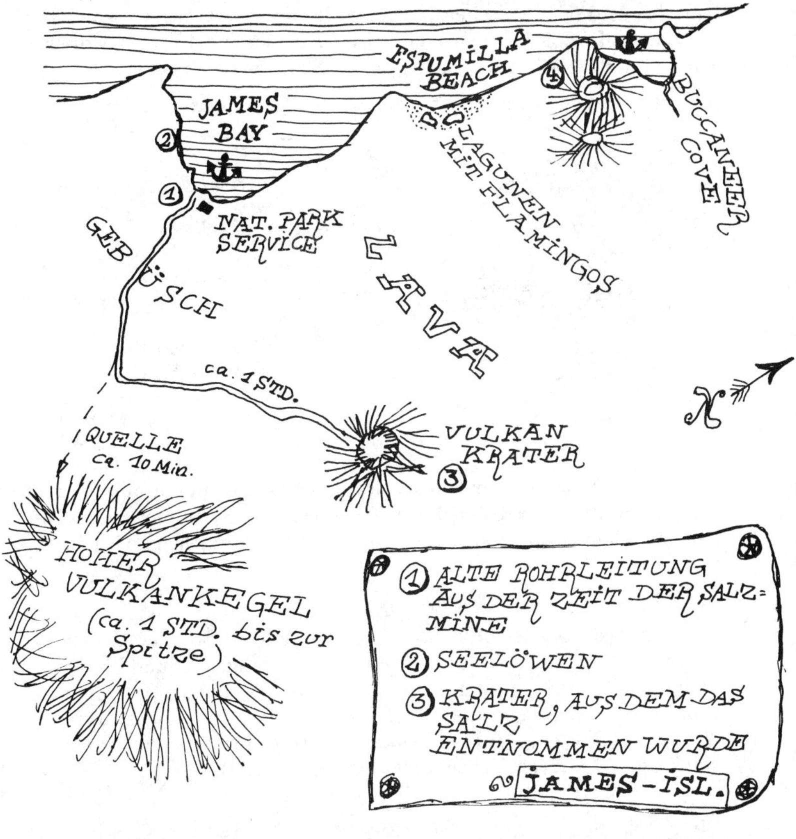

orientierung siehe auch unsere Karte!!) – Dieser Hauptvulkan kann in ca. 2 Std. bestiegen werden: oben großartiger und sehr lohnender Blick über Santiago Island, Galapagos - Adler kreisen über den Kraterrändern (Fotographieren, wenn sie auf den Bäumen sitzen in Entfernungen bis zu min. 1 m möglich!), sowie großartiger Blick rüber zur langgestreckten Nachbarinsel Isabella! Der Abstieg ist extrem schwierig wegen bröck=elnden Lavaplatten, auf denen man wie auf Glatteis zu Tal donnert, knapp an den Bäumen vorbei! Außerdem ist , glaube ich, die Besteigung des Vulkans auch von der Nat. Park - Behörde verboten! –
An den Hängen der Vulkankegel streichen Wildziegen , die sich rasch vermehren. –

5. TAG:

INSEL RABIDA (= JERVIS), Conway Bay: ein Felseneiland mit Vulkanen und relativ dichtem Bewuchs: Gestrüpp, Paleo Santo Bäume, leuchtende Moose. In der Bucht, in der ihr anlegt (Conway Bay) spielen die Seelöwen auf dem Sandstrand, – hinter dem Gebüsch eine kleine Lagune mit Flamingos und seitlich Nester von Pelikanen. Auf dem Meeresstreifen zwischen Jervis und Isabella sahen wir Tausende von Seevögeln, die sich in großen Schwärmen über dem Wasser sammel=ten, und in ihrer Mitte war das Meer von Schaum aufgewühlt.

In einer 7 stündigen Überfahrt erreicht man gegen Abend "TORTUGA

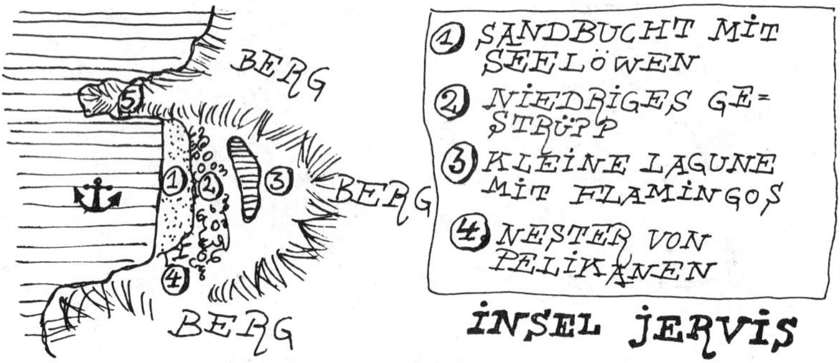

NEGRA BAY"/Insel Santa Cruz, Nordküste, – eine Bucht, in der es von Hunderten von verschiedenen Haien wimmelt: Hammerhaie, Blau=haie, die kleinen Katzenhaie etc. – Wir wünschen angenehme Nachtruhe an Bord! –

6. TAG:

Westlich an der Küste von Santa Cruz entlang. Unterwegs im CONWAY BAY: größte, auf Galapagos vorkommende Landiguanas und Wasser=schildkröten. – Kurz vor Puerto Ayora: TORTUGA BAY: schöne Sandbucht, von Mangrovengebüsch umstanden, – Lavaiguanas und Wasserschildkröten. Am Ufer Pelikane. Tortuga Bay kann auch über den Pfad ab Pt. Ayora erreicht werden (siehe dort!). –

Gegen Abend Ankunft im Hafen von Pto. Ayora: man ist tief braungebrannt und voll von Erlebnissen!

Nordküste der Insel Sta. Cruz: klappt bei der geringen PS- Zahl der meisten Fischerboote nicht in obigem Zeitplan, oder man ist superknapp mit Zeit an den vorherig angelaufenen Punkten. Bzw. 1 Tag anhängen:

BAHIA TORTUGA NEGRA (nennt sich auch Bahia Tortuga Negra): mit vielen Wasserschildkröten und Haien. – Anschließend Los Borges (Barches) mit alten Schiffsrümpfen der US- Navy Basis Galapagos zur Zeit des 2. Weltkrieges, – anschließend BAHIA BOQUERO: nicht zu besuchen, Flamingos und Schildkröten, die hier ihre Eier legen. Das ist der Grund für den Besuchsverbot des Nat. Parkes, da die Touristen die Eier im Sand zertreten können. – CALETA TIBURON (von den Einheimischen auch "Venedig" genannt, wegen vieler Kanäle landein zwischen den Mangroven. Jede Menge verschiedener Haifische! Dagmar Werner hat hier die letzten Landiguanas der Inselgruppe ausgesetzt. – ISLA EDEN: gutes Gebiet für Scubadiving.

Vergl. Lage siehe unsere Sta. Cruz Karte! Diese Punkte sind auch per seperatem 1- Tagestrip um die Insel ab Pto. Ayora zu besuchen. –

WER genügend Zeit und Geld besitzt, kann diese Tour über ISABELLA–ISLAND und FERNANDINA ausweiten. Wegen der großen Entfernungen sind jedoch für den Gesamttrip mindestens 1o Tage bei äußerst knapp be= messenen Landaufenthalten notwendig!

✱ INSEL ISABELA:

Größte der Galapagos Inseln. Besteht aus 6 riesigen bis zu 18oo m hohen Vulkankratern und rund 25oo kleineren. Zusammen mit dem Vulkan Alcedo auf der Nachbarinsel eine der AKTIVSTEN OZEANISCHEN VULKANZONEN DER WELT! –

1959 Ausbruch des Vulkans Azul/Isabella: der feuerrote Himmel war nachts noch von den entferntesten Inseln zu sehen . Die gewaltigen glühenden Lavamassen, die sich ins Meer ergossen, brachten das Wasser noch viele hundert Meter von der Küste entfernt zum Sieden! – Aufstieg interessant, aber schwierig. Zuerst durch Regenwälder, später über öde Lavahalden. –

Statt der sonst anzutreffenden Trichter - Kraterform findet man die für die Galapagos Inseln typischen "CALDERAS". Das sind breite, badewannen–ähnliche Mulden mit steilen Randwällen. Der Vulkan Sierra Negra besitzt mit 1o km (!!) Durchmesser den zweitgrößten Vulkankrater der Welt nach dem Norongoro in Kenia (12 km). – 1963 Erruption des Nebenvulkans Chico (= "der Kleine"). 1968 brach auf der Nachbarinsel Fernandina der Boden des dortigen Calderas durch, nachdem sich die darunterbefindliche flüssige Lava in den Vulkanschlund zurückgezogen hatte, – ein großartiges Naturschauspiel, – damals begleitet von laufend kleineren Vulkan - Explo= sionen! –

Im NORDEN DER INSEL ISABELLA vorwiegend karge Lavalandschaf= ten, während an den Südhängen der Sierra Negra Obst und Gemüse ange= baut werden kann. Siedlungen: PT. VILLAMIL an der Südküste, ein ver= schlafener Hafen mit ca. 45o Einwohnern, Franziskanerstation und Posten des Nat. Park Service. Übernachten bei Privat möglich. Das neue Boot

"Engala II" verbindet Pto. Villamil alle 2 - 3 Tage mit Pto. Ayora/Insel Santa Cruz in flotten 3 Std., sofern direkt angelaufen (ca. 5 US $).

Eine 17 km Piste führt ins Inselinnere nach ST. TOMÁS am Hang des Vulkans Sierra Negra. Landwirtschaft und Ackerbau für den Eigenbedarf, sowie Anbau von Kaffee. Morgens fahren LKW's rauf, die mitnehmen gegen Bezahlung. Die höher gelegenen Regionen dieses Bereiches waren 1985 die Region des großen Galapagos- Brandes, der mehrere Tage wütete und in SZ- Berichten als "Feuerwalze überrollt das Paradies" (in bester Bildzeitungs-Headline!) sensationsgeil hochstilisiert. Bei Andeutung einer eventuellen, kompletten Zerstörung des Galapagos- Tierparadieses, wie es in anderen Presseberichterstattungen angedeutet wurde.

GRUND des Brandes war eine langanhaltende Trockenheit. Der STERN stieg 'ne Nummer sensationeller ein: Headline "Naturkatastrophe/Paradies in Flammen", und weiter: "auch wenn es gelingen sollte, die Reisenschildkröten auf der brennenden Galapagosinsel Isabela zu retten, ist ein einmaliges Biotop für lange Zeit zerstört. — "Halt" schreit Hauptmann Eduardo Moncallo und fuchtelt mit den Armen . . ." und so weiter. Weiteres Zitieren möchten wir uns hier sparen.
Realität ist, daß das Feuer zwar massiv, so doch nur im Bereich des Vulkans Sierra Negra ausgebrochen war, also nur rund 2o % der Insel Isabela. Keinesfalls wütete das Feuer im gesamten Galapagosbereich, da viele hundert Km Wasser dazwischen liegen. Das Feuer wurde dann durch Einsatz kannadischer "Canadair"- Feuerlöschflugzeugen gelöscht, die knapp über dem Wasser fliegen, um den Bauch mit Wasser zu tanken.

Ab St. Tomás ein schöner Wanderpfad in ca. 2 Std. entlang der Sierra-Hänge nach ALEMANIA, einer verlassenen Siedlung zwischen wilden Orangenbäumen und Avocados, — bis 1959 ecuadorianische Sträßlingskolonie. Guides mit Pferden zu Fumeroles. Wenn es regnet, starke Dampfwolken und Nebel; Regensachen nötig.

Muro de Milagros/Siedl. Alemania:

FRÜHER muß es hier, weitab der Zivilisation wild zugegangen sein! Einfuhr von Schwerstverbrechern, die in 3 Lagern untergebracht waren, sowie der entsprechenden Aufseher vom Typ "Sado - Wärter". Über 25o Gefangene in der Blütezeit. Die Wärter hatten, weitab der Zentralregierung und vom Ozean umgeben viel Freiheit und Muße, sich einigen Zeitvertreib auszudenken. z.B. Bau der "muro de lacrimas" (Tränenmauer) nahe Pt. Villamil, dem Glanzwerk der Epoque: ein 12o m Wall in Hufeisenform, 10 - 15 m breit aus 1o m hoch sauber zusammengefügten Vulkanbrocken. Kreuze in der Umgebung markieren die harte Arbeit. — Oder: "ley de fuga" (= Menschenjagd), ein Spielchen, bei dem der Gefangene entweder gleich getötet wurde, oder im Steppengebiet verhungern oder verdursten durfte. —

Unter den Gepeinigten galt das Sprichwort: "aqui los valientes lloran y los cobardes mueren" (hier weinen die Starken und sterben die Feigen!). —

Im Jahre 1959 Aufstand einer 21 Mann - Gruppe, die sich der Waffen der überraschten Wächter bemächtigt und nach Pt. Villamil eilt, wo die Zivilbevölkerung einen Tag lang in Schrecken versetzt wird. Am selben Abend noch kapern die Außreißer mit zwei Fischerbooten eine ausländische Luxusjacht, mit der die Festlandsküste bei Esmeraldas angesteuert . Die Einheimischen begrüßen die Jacht in freudiger Erwartung auf Schmuggel - Gut, werden aber herb enttäuscht, als man sich ihrer Kanus zum Ausladen bemächtigt. In der allgemeinen Aufregung an Bord gelingt es dem rechtmäßigen Besitzer der Jacht, über Funk die Polizei zu verständigen, die die Ausreißergruppen in den Bergen stellt. Das Vorkommnis rückt den Schönheitsfehler der Insel Isabella ins Interesse der Regierung, und noch im selben Jahr wird die Gefangenenkolonie geschlossen. —

Eine der schönsten Stellen von Isabella ist TAGUS COVE an der Ost= küste, gegenüber der Insel Fernandina: ein riesiger ins Meer gesunkener Vulkan, – einseitig offen und idealer Ankerplatz für eine ganze Flotte von Schiffen. Früher Refugium der Piraten und Walfänger, die an den Fels= wänden ihre Namen eingeritzt haben und Mengen von Keramik zurück= ließen. – Nach Übersteigung eines 7o m breiten Istmusses: eine Salzwas= ser - Lagune mit Flamingos, umgeben von den aromatisch duftenden Palo Santo Bäumen. Paradiesische Ruhe ! –

Die Besteigung des VULKAN ALCEDO /Insel Isabela. Sehr lohnender 4 Std. Aufstieg ab Pto. Garcia. Wilde Esel stehen für den Transport zu Verfügung, die in Nachkommen noch aus der Zeit ecuad. Firmen stammen, die hier ca. 192o oben am Krater Schildkröten schlachteten um sie zu ver- kaufen. Etwa 1926 wurde die Schildkrötenjagd abgeschafft, während die Esel, die oben im Grashochland am Krater leben, nach wie vor zum Baden ans Meer runterkommen.

Der Aufstieg dauert ca. 4 Std. für geübte Wanderer. Oben Grasland. Der "Caldera" ein riesiger Krater mit ca. 1 km Durchmesser und 5oo m Tiefe. Fumaroles und mehrere Seen. Es gibt oben am Kraterrand eine große Kolo- nie der Galapagos- Riesenschildkröten, die runter in den Krater krabbeln, teils auf den Lava Tubes runterrutschen. Das Wasser der Seen im Krater ist warm und schwefelhaltig. Für den Besuch tagsüber ist keine Spezialgeneh- migung nötig; wer oben am Kraterrand im Zelt übernachten will, braucht spezielle Genehmigung des National Parks in Pto. Ayora/Sta. Cruz.

✶ INSEL FERNANDINA:

Unbewohnte Insel des 15oo m aus dem Meer aufsteigenden Vulkans Narborough, der einer der aktivsten Vulkane der Welt ist! –

Allein seit 1813 gab es 12 größere Eruptionen. 1946 Bildung eines riesigen Kratersees im Inneren, – 1958 wieder verschwunden auf Grund zweier durch erneute Eruptionen geschaffene Lavastraßen. 1964 Wiedererscheinen eines kleineren Sees, der sich im Jahre 1968 bei einem Absinken des Kra= terbodens um 3oo m während eines mehrere Tage dauernden Erdbebens vergrößert und heute etwa die Hälfte des Kraterinneren bedeckt. An seinen Ufern leben Schildkröten, die hier ihre Eier legen. Im Dez. 1973 erneuter, jedoch kleinerer (8 tägiger) Ausbruch, bei dem glühende Lavamassen in den See strömten und durch Sieden des Wassers zu einer erheblichen Ver= dunstung führte. Auf Grund der einfließenden Lavamassen: Hebung des Wasserspiegels um rund 5 m. Diese Eruption wurde zuerst von der Besatz= ung des amerikanischen Skylab - Raumschiffes wahrgenommen. –

Tip ist die Besteigung des KRATERRANDES: kürzester Aufstieg Nähe Cap Douglas. Zunächst durch eine Zone dünnen Baumbewuchses, Opuntia Kak- tus und Palo Santo Bäume, bewuchert mit Moosen. Ab 1.ooo m Höhe durch eine öde Landschaft von Lavafeldern mit kleinen Inseln von Farnen. In der Nähe des Kraterrandes ist die Lava so rauh und spießig, daß man bei jedem Schritt aufpassen muß. – Am Kraterrand dann in 1.5oo m Höhe überwältigend schöner Ausblick: die Wand stürzt fast senkrecht ab, und unten in der Tiefe der blaugrüne Kratersee! Die Hänge immer wieder unterbrochen von kleineren Kratern, aus denen sich die erkalteten, rot- schwarzen Lavaströme in das Innere des Hauptkraters ergießen. Der Durchmesser dieses Calderas ist so groß, daß eine Stadt wie Nürnberg darin bequem Platz hätte! Letzte Aktivitäten des Vulkans Jan/Febr. 1985, wobei sich kleinere Vulkankegel bildeten, die Dampf ablassen; schöne Wolkenbildung über dem Krater! Lavaströme ins Innere des Calderas! –

ABSTIEG ins Innere ist wegen vieler loser Steine recht gefährlich. Am besten über die Ostflanke. Unten am Ufer: Binsen, einige Galapagos Enten und Leguane. Das Wasser ist frisch und sehr warm (27° C!), stinkt aber nach Schwefel.

Wieder oben am Kraterrand führt der bequemste Weg und Abstieg ans Meer runter über die Ostflanke. Wenig Vegetation, jedoch Felder von Fladenlava. Leichter zu begehen, manchmal sackt man aber bis zum Knie durch. Unter der erstarrten Oberfläche floß flüssige Lava in Tunnels und kleineren Hohlräumen bergab. Die Kanäle haben manchmal eine Länge von mehreren hundert Metern! Weiter unten sind die oberflächlichen Lavaplatten durch Erdbeben scharfkantig zerbrochen und erschweren den Abstieg. An der Küste: Mangroven, Meeres Iguanas und Seelöwen.

Für die Besteigung des Vulkans braucht man runde 4 Tg. retour, gutes Schuhwerk (am besten Ersatzpaar), Machete, ausreichend Essen und Trinkwasser. Die Nächte in 1.5oo m Höhe können empfindlich kalt werden in Relation zur subtropischen Wärme des Küstengebietes. Nötig sind Regenschutz, Zelt, Daunenjacken und Unterwäsche in Ersatz.

Außerdem braucht man eine Spezialgenehmigung des Nationalparks und gute Führer, die die Region kennen. Was normalerweise auf den Booten an Guides an Bord ist, kennt die Galapagos - Standart Trips wie Bartolome, James Island etc., ist aber im Sektor Vulkan Alcedo/Isabela und Vulkan Narborough/Insel Fernandina unerfahren.

Beide Vulkane sind ohne Frage mit die stärksten Erlebnisse an Landschaft im Galapagos- Archipel! Unbedingt einbauen, wer für sowas einen Sinn hat. Eventuell ist der Trip preisgünstiger auch ab PUERTO VILLAMIL/ Insel Isabela mit dortigen Fischern möglich (schnell und billig ab Pto. Ayora mit dem neuen Inselboot/Engara II zu erreichen). Mir liegen aber keine Informationen derzeit vor. Wer den Trip ab Pto. Villamil macht, möchte mir bitte Infos schicken, was die Trips dort kosten! –

Der touristisch interessanteste Punkt auf Fernandina ist PUNTA ESPINOSA an der Nordküste. Mangrovendickicht, Strände von zerriebenen Muscheln und verschiedenen Vögeln wie dem "flightless Cormoran", Pinguine, Adler und eine Seelöwenkolonie. Vorallem aber eine Unmenge schwimmender Meeresiguanas, die in ihrer Masse den Eindruck urweltlichen Lebens vermitteln.

Die Inseln Isabela und Fernandina sind in der Regel nicht in den normalen Tour- Programmen der Yachtbesitzer, der Luxusboote (da deren Klientel mehr an Tieren interessiert ist und nicht an harten, anstrengenden Vulkan-Besteigungen). – Die Fischkutterbesitzer klammern es aus, da der Boots-

[*motor wegen fehlender PS zu lang zum Erreichen der Ausgangspunkte auf den Inseln braucht. –*]

✶ INSELN IM SÜDEN VON SANTA CRUZ:

Analog zur "Nordtour", wie oben beschrieben, – lässt sich eine recht interessante Round - Tour zu Inseln im Süden von Santa Cruz unterneh= men. Lässt sich gesondert ab St. Cruz in 4 - 5 Tagen durchführen, bringt aber bezügl. Vielfalt der Eindrücke (außer für Tauch - Fans und spezielle Vogel - Fans) nicht ganz so viel wie die "Plaza - Santiago" - Tour. –

1. TAG:

von Pt. Ayora/St. Cruz rüber nach FLOREANA. Ankunft am späten Nachmittag. Floreana besteht aus einer Reihe kleinerer Vulkane um den Cerro Paja (7oo m). Vorwiegend öde Brocken oder Staub - Felder, unterbrochen von Flächen mit spärlichem Bewuchs von silbrig glänzendem Bodengeranke. Vereinzelt Palo Santo Bäume. In höheren Lagen auf den fruchtbaren Lavaböden Anbau von Früchten möglich. Kleinere Siedlung an der Nordküste beim POST OFFICE BAY (ca. 4o Familien). In der Nähe am Black Beach wohnt die berühmte Senora Wittmer, die Unterkunft anbietet (ca. 15 US/Doppel mit excellentem Essen, im Preis inkl.).

Im 18 Jahrhundert installierten Walfänger am Strand der Bucht das berühmte Post - Barrel, ein Wasserfass für "do it yourself" - Postbetrieb, welcher noch heute Ansichtskarten von hier bis Europa innerhalb von 1 bis 12 Monaten befördern kann. – Eine Seelöwenkolonie auf der kleinen Insel Loberia westlich des Bays. – Eine Landrover - Piste führt hinauf ins Hochland zu Farmen.

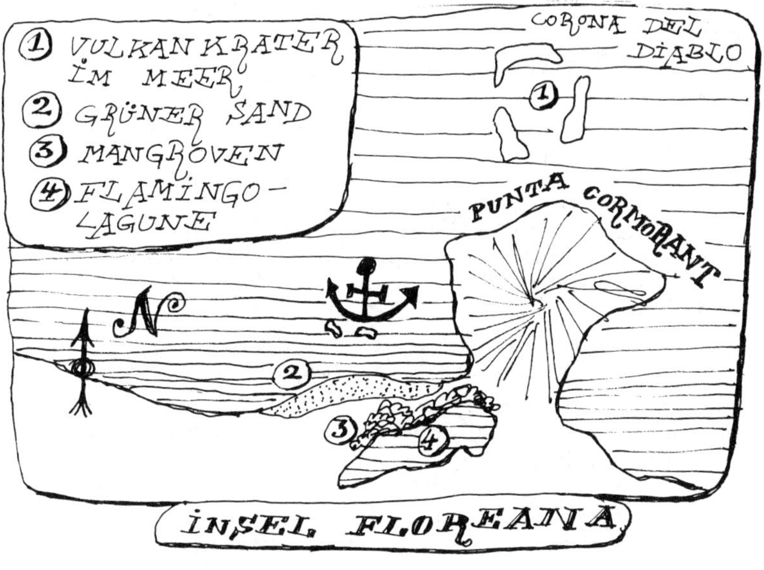

TIP ist das Schnorcheln im Kraterinneren der Insel "Corona del Diablo" bei Pta. Cormorant/Insel Floreana: ein Vulkankrater, in den das Meer eingeflossen ist. Wassertiefe je nach Tide zwischen 2 und 3 m (siehe "Galapagos- Tauchtips"). Am Rande des Kraters: Vogelnistplätze.

Westlich des Pt. Cormorant - Kaps: der Green Beach: Bucht mit grünem Sand durch das Mineral Olivine. Umstanden von Mangroven. Dahinter eine Lagune mit Flamingos. –

Cuevas Cove: Piratenschlupfwinkel. Lavafelsen mit Höhlen. –

Floreana hat eine bewegte Inselvergangenheit mit einigen Intrigen während der 2o -er Jahre, – siehe "Galapagos/Geschichte"! –

2. bzw. 3 TAG:

Überfahrt nach HOOD–ISLAND. Ankunft etwa gegen Abend. Die Über=fahrt kann recht stürmig werden. Hood Island ist der Tip für Vogellieb=haber: hier die einzige Albatross - Kolonie der Galapagos Inseln! (1o ooo Pärchen!!) Auffallende Hochzeitszeremonien: Schnabelfechten. Die Eier werden auf dem Boden ausgebrütet. – Start und Landeschwie=rigkeiten der Albatross - Vögel: lassen sich oft von den Klippen plumpsen um in die richtige Luftströmung zu gelangen, bzw. machen öfters mal Bruchlandung in den Büschen. – Ansonsten: orange- und rotfarbige See=iguanas, große Lava - Lizards, Schildkröten, Schlangen und Finken, sowie "Mocking-Birds". – Lohnend auch "Point Suarez" auf Hood: hier gibt's ein "Blowhole", ein sich verengendes Felsloch in Wasserhöhe, in das die Wellen reindrängen und zusammengepresst werden, bis das Wasser ein einer hohen Fontaine aus der oberen Öffung herausschießt. Gibt ein dumpfes Geräusch. Hier auch eine Seelöwenkolonie. –

4. bzw. 5. TAG:

Rüber nach SAN CHRISTOBAL. Überfahrt dauert ca. 6 Std. Dies ist die am dichtesten besiedelste Insel des Archipels, ca. 1 7oo Einwohner. Für Touristen weniger interessant, da Teile der Insel weitgehend kulti=viert sind. Hafenort: Pt. Baquerizo Moreno, Verwaltungszentrum der Galapagos - Inseln. Eine Reihe von Holzhäusern am Hafen. Einfache Unterkünfte. Die höheren Regionen der Insel sind dicht bewachsen. Eine Straße führt nach El Progresso im Farmgebiet: Anbau von Bana=nen und Orangen; Rinderzucht, Esel. Wilde Guyaven. – Pfad über San Joaquim Krater zum El Junco Krater mit schönem See im Inneren. In der Nähe der einzigste Bach der Galapagos Inseln. –

Kicker Rock gegenüber von Wreck Bay: 3 klotzige Felsen im Meer. Nest=platz der Fregattvögel, Masken - und Blaufuß - Bobbies.

San Christobal hat große Probleme mit den einheimischen Wild - Ziegen, - Schweinen und - Eseln, die sich rasend vermehren und als Nahrung Schildkröteneier aus dem Boden ausgegraben. –

6. bzw. 7. TAG:

SANTA FE, die Überfahrt von San Christobal dauert ca. 4 Std.–

Übersät mit weißen Lava Brocken, zwischen denen eindrucksvoll die Opuntia Kaktusbäume stehen. Palo Santo und Unmengen wilder Ziegen, die Mitte der 7o-er Jahre in einer Großaktion geschossen wurden, um weitere Verbreitung zu vermeiden.
Schöne Ankerplätze im Norden der Insel in höhlenähnlichen Buchten..
In den Gewässern der Buchten: Papageienfische, Triggerfische, Mantas und Weiß - Punkt - Haie. –
Etwa gegen Abend zurück im Hafen von Pt. Ayora/Santa Cruz. –

DIESE TOUR lässt sich variieren, so z.B. ohne San Christobal in ca. 4 Tg. ab/bis Santa Cruz möglich. – Weiterhin spart derjenige, der eine Jacht mit Ausrüstung für Nachtfahrten gemietet hat , Zeit ein, bzw. kann sich auf den einzelnen Inseln länger aufhalten. –

✱ INSELN IM ÄUßERSTEN NORDEN DES ARCHIPELS:

Ziemlich abgelegen, daher lange Anfahrten nötig. Anreisezeiten siehe Tabelle! Am interessantesten ist:

Tower Island:

Optimales Ankern im Darwin Bay, – Seelöwen, Möven, Masken- und Rotfuß - Bobbies. Im Inselinneren ein Kratersee, ca. 2o Min. zu Fuß. Wegen der großartigen Szenerie der Bucht lohnt sich der Abstecher nach Tower-Island für Leute mit etwas Zeit. –

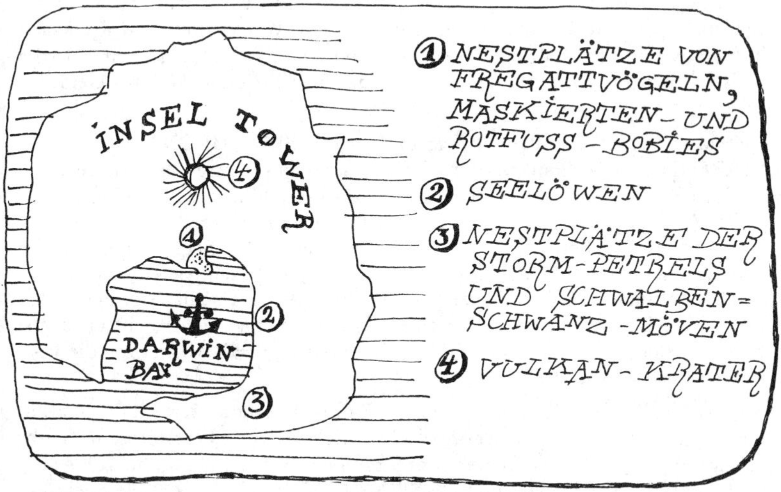

Die umgebauten Fischkutter brauchen um die 2 Tage ab Pto. Ayora pro Richtung. Grund, warum kaum einer der Gäste dieser Boote die Insel Tower anfährt. Moderne Segelyachten oder Boote mit stärkeren Motoren schaffen die Strecke in 1 Tag, wenn auch nachts gefahren wird. Oft sehr stürmige Überfahrt, da rund 7o % der Strecke übers offene Meer geht; querlaufende Meeres Strömung.

Marchena:

nördlich von Santiago (James Island) gelegen, oft stürmische Überfahrt und sehr schwierig zum Ankern. Ein Caldera- Vulkan mit fast senkrecht zum Meer abstürzenden Felswänden und vielen Klippen. Ende der 6o-er Jahre: Expedition des Darwin Institutes und Nat. Park Service per Hubschrauber. Tausende von wilden Ziegen zerstören auf der Insel die Vegetation, daher Ausrottungsprojekte. Allerdings hatten die wenigen Nat. Park- Beamten wenig Chancen gegen die Ziegenmassen. Am Kraterrand der Insel viele aktive Löcher, die stinkenden Schwefeldampf und heißes Wasser auspusten.

✱ TAUCHEN:

Sehr lohnend, – sei es, daß man nur mit Taucherbrille und Schnorchel versehen, mit den Seehunden unter und über Wasser spielt und ihren Schwimmkünsten zusieht, – sei es, daß man perfekt mit Flasche ausgerüstet tiefer absteigt.

Die Kapitäne der umgebauten Fischerboote, aber auch der Jachten haben meist Taucherbrille mit an Bord. Wer auf Nummer sicher gehen will, besorgt sich vorab in Guayaquil eine Brille. Der Preis von rund 15 DM lohnt sich und spart auch Gewicht, wer über mehrere Monate mit dem Rucksack in Südamerika unterwegs ist. Sehr lohnend auch die Mitnahme einer Unterwasserkamera, wie die kleine Minolta (ca. 25o DM) oder größeres Gerät (Nikon etc.).

OPTIMAL: im "Devils Crown"* vor Floreana (INSEL CORONA DEL DIABLO) einem Vulkankrater, in den das Meer einströmte. Wassertiefe: 2 - 3 m; Fische, Seelöwen, Korallen und Wasserschildkröten! – Außen steiler Abfall bis 6o - 7o feet: kristallklares Wasser mit excellenter Sicht selbst in 1o m Wassertiefe: Hammerhaie und Barakudas, Segelfische, Mantas, Rochen und Schwertfische (2,5o - 3 m), die nach Auskunft von Max (der früher der Tauchspezialist von Pto. Ayora war; hat sich heute ins lukrativere Betongeschäft und Viehzucht zurückgezogen), – nicht allzu gefährlich seien, da sie wegen dem Nahrungsüberfluß der Gewässer um die Inseln sowieso schon satt sind.

Weiterhin: CHAMPION ISLAND vor Floreana: schöne Korallenformationen, – die ISLA EDEN (Westküste Insel Sta. Cruz) insbesondere für Scubadiving eines der besten Gebiete des Archipels. – Für Schnorcheln: TANGUS COVE/Insel Isabela und CONWAY BAY/Insel Jervis (viele Seehunde in der Bucht, die tauchen). Insel Bartolome hat wegen ihrer Nordküste in der Bucht unterhalb des Vulkans (Sullivan Bay) oft bewegtes Wasser und ist zum Schnorcheln weniger geeignet, soll aber gut für Scubatrips sein. Plaza Islands (vor der Ostküste der Insel Sta. Cruz) wäre mir wegen der Vielzahl an Haien zu gefährlich.

* wie in einem Aquarium! Ungeheurer Fischarten Reichtum!

Haie: existieren in breiter Vielzahl. Die Gefahr soll sich aber in Grenzen halten, siehe oben! Wobei ich mich auf die Tips der Einheimischen verlassen habe, die oft runtertauchen, sei es, um Langusten raufzuholen, oder Touristen für Unterwasserfilme über Seehunde etc. zu begleiten.

Wassertemperaturen: variieren. Wärmste Monate sind Jan. bis Mai bei ca. 23 - 24 Grad, die kältesten Juli bis Ende Sept. (ca. 2o Grad). Allerdings auch starkes Nord-Südgefälle: das Wasser ist im Aug./Sept. besonders vor den südlichen Inseln wie Floreana und Hood um die 15 Grad wegen dem, aus antarktischen Gewässern kommenden Humboldt Strom (daher unbedingt Tauchanzüge!), – während es in den gleichen Monaten etwa ab Höhe Insel Sta. Cruz und nördlicher fühlbar wärmer wird. Wie wir im September im Bereich Santiago und Jervis badeten, war die Temperatur um die 23° C.

Karten: die Darwin Station hat in Zusammenarbeit mit dem Park- Service eine ozeanische Karte der Gewässer ausgearbeitet und kann für Spezialfragen sicher vor Ort Tips geben. Aber bitte keine Briefe, denn die Biologen sind wegen ihrer wissenschaftlichen Arbeit hier und sehen sich nicht als Tourismus- Service.

Scuba- Ausrüstung: Flaschen mit Kompressor gibt es bei den Yachten Orca, Sulidee, Cachelot und Encantara. Kleinere Boote leihen sich die Ausrüstung aus. Organisierte Scuba- Diving Trips veranstaltet "Enchanted Islas Charter"/P.O. Box 8928, Quito, bzw. werden vermittelt von "Etnotours" und "Samoa Turismo" u.a., Quito.

✶ ENTFERNUNGEN ZWISCHEN DEN INSELN:

Jeweils ab PTO. AYORA/ INSEL STA. CRUZ, dem zentralen Hafen des Archipels. – Die Fahrzeiten beziehen sich auf normale Boote (die umgebauten Fischkutter mit dem dort üblichen Bord- Diesel). Moderne Motor- oder Segelyachten mit hochprozentigen PS im Bauch machen die Sache 2o bis 4o % schneller! Plus weiterer Zeiteinsparung durch Nachtfahrten. Weiterhin ist die Nord- nach Süd Richtung zumeist wegen Meeresströmung langsamer.

Im Folgenden eine Übersicht der Inselnamen. Oft werden noch die historischen Namen verwendet:

OFFIZ. ECUAD. NAME:	HIST. INSELNAME:	ENTFERN. in Km: *	FAHRZEIT per Boot: *
Archipelago de Colon	Galapagos Inseln	–	–
San Christobal	Chatham	63 km	8 Std.
Isabella (Pt. Villamil)	Albermarle	9o km	8 Std.
(Tagus Cove)		24o km	2 Tage
Floreana (p. Office Bay)	Charles	6o km	6 Std.
Santiago (James Bay)	James	1o5 km	11 Std.
Bartolome	Bartolome	85 km	8 Std.
Fernandina (P, Espinosa)	Narborough	25o km	2 Tage
Española (Pt. Suarez)	Hood	95 km	1o Std.
Santa Fe	Barrington	33 km	3 Std.
Genovesa	Tower	145 km	2 Tage
Marchena	Bindloe	14o km	2 Tage
Pinta	Abington	195 km	2 Tage
Darwin	Culpepper Island	35o km	3 Tage
Plaza	Plaza	32 km	3 Std - 4 Std.
Daphne	Daphne	72 km	6 Std.
Baltra	Baltra	–	–
Seymour Norte	Seymour Norte	75 km	6 Std.
Santa Cruz	Indefatigable	–	–

* »»

* Die Zeitangaben umseitige Tabelle beziehen sich zudem auf die direkte Entfernung. Meist werden beim Besuch dazwischen liegender Inseln jedoch Umweg- Routen gefahren.

Wir haben in unseren Inselbeschreibungen die von den Einheimischen am häufigsten verwendeten Namen benutzt. (So wird z.B. für die Insel "Espanola" meist die historische Bezeichnung "Hood" verwendet). –

✱CHARLES DARWIN STATION / Insel Santa Cruz:

1959 auf Anregung des deutschen Verhaltensforschers Eibl Eibesfeldt unter der Schirmherrschaft der UNESCO gegründet. Aufgaben: Analyse und Schutz der einmaligen Tier- und Pflanzenwelt der Inseln, sowie Stützpunkt für neue Forschungsprojekte verschiedener Universitäten der Welt.

In der ersten Phase bis 1964 wurde die Station aufgebaut und zunächst einmal der Archipel analysiert in Vorkommen der Tier- und Pflanzenarten und ihre Schutzmöglichkeiten.

In der zweiten Phase (1965 - 1968) Beginn wissenschaftlicher Forschungsprojekte verschiedener Universitäten der Welt, aber auch Beginn von Schutzmaßnahmen wie Schildkrötenzucht, Schulung von Guides etc.

Dritte Phase (1968 - 1976) beschäftigte sich neben wissenschaftlichen Forschungsprojekten vorwiegend mit dem Artenschutz. Rund 5o.ooo Wildziegen wurden auf den Inseln Plaza, Jervis, Santa Fe, insbesondere aber auch auf San Cristobal ausgerottet, die vorher lebenswichtige Pflanzen abgeknabbert hatten. Zugleich wurde die touristische Infrastruktur aufgebaut: Anlegen von Naturpfaden, Schulung von Guides. 1977 wurden die Galapagos Inseln für die Allgemeinheit geöffnet, durch den regelmäßigen TAME- Linienflug ab Quito via Guayaquil (vorher waren die Inseln nur den Inselbewohnern und den Wissenschaftlern offen per FAE- Militärflug). –

Das DARWIN- INSTITUT arbeitet eng mit dem Nationalpark Service zusammen, der ebenfalls 1959 gegründet und bis 1977 ausgeweitet wurde.

✱**NATIONAL PARK SERVICE**: zuständig für die Überwachung der National Park- Bestimmungen. Hauptoffice nähe Darwin Institut/Pto. Ayora, Zweigstellen auf Isabela (Pto. Villamil) und auf San Cristobal (Pto. Morena).

Während Mitte der 7o-er Jahre der Nat. Park Service nur wenige Mitarbeiter hatte, die machtlos den ehemaligen Fischkutter Kapitänen gegenüberstanden, die häufig Besuchsverbote gefährdeter Strände und Küstenbereiche mißachteten, gibt es zwischenzeitlich 4 Schnellboote, die die Region (etwas besser) überwachen können.

Der auf 4o US $ angehobene Eintrittspreis in den Nationalpark ist zwar auf den ersten Blick ärgerlich, – so doch dringend nötig zur Abdeckung der hohen Kosten zum Schutz des weitläufigen Nationalparks. Kritik in diesem Bereich der hohen Besuchskosten der Galapagos Inseln ist daher definitiv unangebracht.

Die "Zoologische Gesellschaft von 1858" des Frankfurter Zoos unterstützt den Galapagos Nationalpark und seine Schutzmaßnahmen. Man freut sich dort sehr über Spenden auf Postscheckkonto Frankfurt/ 47-6o1, die den Vermerk "zweckgebunden Galapagos" tragen sollten und steuerlich abzugsfähig sind. Mein Verlag überweist mit gleicher Post 2oo,– DM und herzliche Bitte an meine Leser: wer eine schöne Zeit auf Galapagos hatte, sollte im Rahmen der eigenen finanziellen Möglichkeiten ebenfalls etwas überweisen. Selbst kleinere Beträge um 5o DM können ungemein viel bewirken in der Summe der Einzahlungen, wenn jeder was tut.

Herzliche Bitte auch: die Bestimmungen des Nat. Parks zu beachten. Auch heute, Mitte der 8o-er werden trotz Verbesserung der Überwachung immer wieder die Bestimmungen verletzt. Bleibt auf den festgesetzten Wegen! Stört brütende Vögel nicht. So zutraulich die Tiere in ihrer jahrhundertelangen Abgeschiedenheit vom Menschen sind (definitiv ein Paradies auf Erden!), so verlassen brütende Kormorane, Tölpel oder Fregattvögel ihr Nest, wenn sie verschreckt werden. Wobei die Eier entweder beschädigt werden, oder verlassen die Eier, die in der heißen Tropensonne des Äquatorbereiches bereits nach ca. 3o Min. ohne schützende Flügel der Mutter tot sein können.– Keine Nahrungsmittel auf die Inseln mitnehmen, da Pflanzen- Samenkerne (z.B. in Orangen etc.), aber auch enthaltene Insekten zur Veränderung der Flora führen, wie auch Samen, die sich im Schuhprofil erdverklumpt auf die Inseln übertragen.

Tiere nicht anfassen, so zutraulich sie sind. Oft kommt man bis zu 1 m oder 5o cm für Fotomotive ran (ohne Tele!!). Es wäre jedoch schade, wenn diese, auf der Welt einmalige Zutraulichkeit zwischen Tier und Mensch kaputt ging! –

Massivere Verstöße sind die Aktivitäten früherer Yachten, die sich die zutraulichen Flamingos fingen, um in der Bordküche zu braten, – weswegen ausländischen Yachten der Verkehr im Archipel verboten wurde. Sämtliche Touren im Galapagos Bereich dürfen nur mit geschulten Guides stattfinden, die sich leider, – wie auch die einheimischen Yachtveranstalter sehr oft nicht an die Bestimmungen halten,in eigener Profitgier. Wer Eigenverantwortung hat, sollte Kontra geben und Courage zeigen, indem er Verstöße dem National Park anzeigt (kurzer Brief in Englisch genügt, damit derartige Führer oder Bootskapitäne verschwinden!). Sowas hat nichts mit "Anschwärzen" zu tun, sondern ist schlichweg nötig bei der Geldgier einiger Guides, um Galapagos zu erhalten!

Interne Probleme waren und sind teilweise noch:

– ZIEGEN: fressen die Eier von Schildkröten und nagen die Vegetation an, die auf vielen Inseln sowieso recht spärlich vorhanden ist. Hinauf bis Höhen, über die Schildkröten und andere einheimische Tiere wie Iguanas nicht raufkommen. Im umfangreichen Ausrottungsprogramm bis Ende der 7o-er Jahre wurde ein Großteil der auf Galapagos lebenden und von früheren Siedlern eingeführten Wildziegen eliminiert.

– KATZEN: fressen junge Schildkröten. Einige, nur auf Galapagos vorkommenden Schildkrötenarten, so z.B. die Galapagos- Riesenschildkröte waren eine Zeitlang vom Aussterben bedroht. Als Schutzmaßnahme wurden hierfür vom Darwin Institut in eigenen Gehegen die Schildkröten vom Ausschlüpfen bis zum 2. Lebens jahr gezüchtet, bis sie in die Freiheit ausgesetzt wurden.

– HUNDE: fressen Meeres Iguanas. Viele der Einheimischen halten sich die Hunde, solang sie jung (und noch "süß" sind. Ernähren sie aber nicht richtig und treten

OPUNTIA-KAKTUS

sie zum Haus raus, sobald sie als ausgewachsene Tiere zuviel fressen . . .

Gefahren durch den Tourismus: abgesehen von vorgenannten Gefahren: die Iguanas sprechen auf Grund ihrer Organismus Reflexe auf Nahrung mit gelber Farbe an. Dabei ist die Nahrung gelber Farbe, die z.B. auf den Plaza Inseln wächst (Kaktusblätter) für die Iguanas bekömmlich, – nicht aber die Banane der Touristen und die weggeworfene gelbe Kodak- Filmschachtel, die viele Iguanas freudig verschlange n und daran krepierten.

Die Insel Daphne (nördl. von Sta. Cruz) mußte vom Nationalpark geschlossen werden weil hunderte von Touristen die dort im Kraterinneren brütenden Vögel verschreckten, die die Eier verließen. Zwischenzeitlich ist der Besuch wieder möglich, unterliegt jedoch strenger Kontrolle des Nat. Parks. Erlaubt ist der Besuch von derzeit 1o Personen/Tag,– wobei mir unklar ist, wie der Nat. Park frühere Mißstände kontrollieren will! –

Meeres- Iguanas legen ihre Eier, ähnlich der Meeresschildkröten in den Sand. Wenn Touristen drübertrampeln, gehen sie kaputt. Daher sind die wichtigsten Brutstätten für den Besuch gesperrt. Man sollte sich unbedingt daran halten. Denn Meeresiguanas gibts, wie auch Wasserschildkröten in Hülle und Fülle im Archipel zu sehen, sodaß man nicht unbedingt die Brutstätten "besichtigen" (sprich zertrampeln) muß! –

Der Besuch der Galapagos- Inseln wurde auf 12.ooo Touristen pro Jahr limitiert. Zahlen, die übrigens trotz massiver Werbung ecuadorianischer Reisebüros und rund 75 % innerecuadorianischem Tourismusses nicht erreicht wurden. – Die hohen Flugpreise nach Galapagos bremsen den Rucksacktourismus, der nach meiner Erfahrung in Südamerika oft erheblich mehr Naturschutzbewußtsein mitbringt, als die einheimischen Ecuadorianer. Erlebt: runterhacken von Opuntia als Souvenir, Aufscheuchen von brütenden Vögeln, wobei der Guide zigarettenrauchend daneben stand etc. . . . Mal gespannt, wie die Situation sich auf den Galapagos weiterentwickelt!

Literatur:

In der Darwin Station gibts eine hektographierte Aufstellung der auf Galapagos vorkommenden Vogel- und Pflanzenarten. Zugleich einen Galapagos Führer.

Zur Einführung: "Eibl Eibesfeld/"Galapagos", erschienen als DTV- Taschenbuch Nr. 720 bzw. als gebundenes Buch. Der Verhaltensforscher berichtet von seiner ersten Reise 1957 zu den Inseln. Sehr interessant und als Taschenbuch preiswert! –

Eines der schönsten Bücher zu Galapagos ist das in der amerikanischen Reihe "Sierra Club Ballantine" erschienene "Galapagos, The Flow of Wildness". Erschienen bei Kenneth Brower 1968. Existiert sowohl als großer Bildband, – wie auch als zweibändiges Taschenbuch. Die Fotos sind hervorragend!

"The Voyages of Charles Darwin", herausgegeben von der British Broadcasting Cooperation, 35 Marylebone High Street, London (ISBN: o 563 176o2 4), basierend auf einer BBC- Fernseh Serie zu den Reisen Charles Darwin/1978 mit Fotos und excellenten Texten. Allerdings sehr schwierig erhältlich.

"Charles Darwin/Reise um die Welt", erschienen in der Forscher- und Entdecker Reihe Erdmann/ Verlag Thienemanns Stuttgart. Deutsch. Tip als Backgrund Lektüre! –

"Galapagos Guide" geschrieben von zwei Guides der Charles Darwin Station/Pto. Ayora in Englisch und dort erhältlich. Ca. 15 DM, – kaum Chance, das Buch in Europa und vorab zu bekommen! –

"M. Wittmer /Postlagernd Floreana". Deutsch. Geschrieben von der berühmten Wittmer, schwierig erhältlich, erschienen bei der Büchergilde Gutenberg.

"Galapagos" von Hans D. Dossenbach, erschienen im Hallwag Verlag Stuttgart.

"Fritz Pölking/Nationalpark Galapagos", deutsch. Die rund 7o seitige 4- farb Bröschüre ist zwar im touristischen Sektor bezüglich Anreise und Bootstrips zwischen den Inseln veraltet, – bringt jedoch einen sauber verfassten biologischen Überblick. Das Kartenmaterial ähnlich dem, in unserem Südamerikaführer, wobei Pölking noch zusätzliche Karten zu abgelegenen und wenig besuchten Inseln bringt. Als biologischer Führer zum Galapagos Archipel sehr zu empfehlen. Bezug: Kilda Verlag 44o2 Greven 1, Deutschland, bzw. über den Buchhandel.

★**Klima:** obwohl die Galapagos Inseln direkt auf dem Äquator liegen, sind die dortigen Temperaturen erheblich niedriger, als die des auf ähnlicher Höhe gelegenen ecuad. Küstenstreifens. GRUND: der Archipel wird von der kalten Strömung des antarktischen Humboldt Stromes umspült.

HEISSE JAHRESZEITEN: von Januar bis April/Mai. Die Temperaturen der Luft liegen um die 3o Grad C, mit gelegentlichen Regengüssen ist zu rechnen, sowie häufigem Nieseln. Kleidung: leichte Baumwollsachen, aber auch Regenschutz.

GARUA: Mai bis ca. Dezember. Relativ kühl bei Temperaturen zwischen 15 und 2o Grad. Öfters Nebelbildung, besonders in Höhenlagen ab 3oo m. Warme Kleidung.

Lange, über mehrere Tage andauernde Regenperioden sind allerdings selten auf den Galapagos Inseln. Die Küstenregionen sind tropisch heiß: spärlicher Bewuchs, vorwiegend Kakteen und Trockenbuschwerk. Aber auch Mangroven (z.B. Sta. Cruz/Nordküste) Ab 3oo m dagegen feuchtschwüles Treibhausklime mit fruchtbaren vulkanischen Lava-Böden. Hier liegen die wenigen Anbaugebiete der Inseln. Es ist hier oben so feucht, daß alles schon nach wenigen Tagen zu schimmeln anfängt, wenn man es nicht tagtäglich verwendet!

Juni bis Sept./Oktober sind die Hauptmonate des Nebels im Berghochland (entscheidend vorallem für Wanderungen im Hochland der Insel Sta. Cruz, – bzw. bei Vulkanbesteigungen auf der Insel Isabela und Fernandina. Ansonsten für die Wahl der Reisezeit weniger elementar, da sich die Nebel vorwiegend im Bergland oberhalb 3oo m fangen). Die Küsten allerdings mit häufigeren Regenfällen.

September/Oktober sind die Monate, wo das Meer stürmiger ist. Die Monate, wo man Trips in kleineren Segel- oder Motoryachten bzw. Fischerbooten Meeresüberquerungen (z.B. Pto. Ayora nach San Cristobal, Floreana oder Isabela) meiden sollte, sofern man nicht sehr seefest ist.

Jan. bis März sind die Monate mit den meisten Sonnentagen, aber auch dem wärmsten Meer zum Baden. Luft ca. 3o Grad, Wasser je nach Süd- bzw. Nordlage zwischen 22 und 25 Grad C.

★**Kleidung/Ausrüstung:** Baumwollsachen und informelle Kleidung, auch wer Luxus-Trips mit Yachten bucht. Neben Regenschutz sind gutes Schuhwerk und starker Sonnenschutz elementar. Scharfkantige Lava bei Vulkanbesteigungen und superintensive Tropensonne, die durch die Reflektion des Wassers noch verstärkt wird. Besonders bei Bootsfahrten zwischen den Inseln dringenst alle 1 - 2 Std. neu eincremen (Sonnen-Creme von höchstem Schutzfaktor), – sonst hat man bereits am ersten Tag an Bord einen Sonnenbrand, der alle weiteren Erlebnisse verleidet!!! –
4 Tage auf den Gewässern zwischen den Inseln und braun wie ein Neger. Zudem gute Sonnenbrille nützlich!

Nachts : warme Sachen wie ecuadorianischen Wollpulli für Trips auf dem Meer. – Bzw. gute Daunenjacken bei Vulkanbesteigungen, denn in Höhen von 1.5oo m wird nachts eisig kalt!! Die Temperaturen fallen hier oben oft unter 1o Grad bei eisig kalten Winden in den ungeschützen Höhenlagen.

★**Tourismus Saison:** derzeit geprägt vom innerecuadorianischen Tourismus. Während der Monate Juni bis August, – während Weihnachten bis Febr. und um Ostern kann es sehr schwierig sein, Boote in Pto. Ayora zu mieten, sowie Unterkunft zu finden.

Gesundheit: Trinkwasser meiden und auf Mineralwasser zurückgreifen! Guter Sonnen-Schutz, siehe Vorkapitel! Die Spinnen in den Billighotels von Pto. Ayora sind zwar lästig, meines Wissens nach aber definitiv nicht giftig. Moskitos können in einigen Regionen Probleme machen, aber sind auch nicht annähernd so lästig, wie im Amazonasbereich.

Wer spezielle Medizinen braucht, sollte diese vorab vom Festland mitbringen. Im Notfall sind aber wichtige Medikamente per Funk und durch den täglichen TAME- Flug schnell rangeschafft.

ALLG. TIPS ECUADOR:

★ STROM: 11o Volt, 6o Hz. Vorsicht: Schalter und Stecker liegen öfters offen, insbesondere bei Billig- Hotels und bei Strom- beheizten Duschen!

★ FEIERTAGE/FESTE: Neujahrstag, – Karneval: Rosenmontag und Faschingsdienstag (variabel), – Ostern: Karfreitag und 1. Ostersonntag (variabel), – 1. Mai (Tag der Arbeit), – 24. Mai (Batalla de Pichincha), – 24. Juli (Geburtstag Bolivars), – 1o. August (Ausrufung der Unabhängigkeit). – 9. Okt. (Unabhängigkeit Guayaquil), – 12 Okt. (Dia de la Raza), – Allerseelen (Dia de los Difuntos, Anf. Nov.), – 3. Nov. (Unabhängigkeit Cuencas),– 6. Dez. (Gründung Quitos), – 25 Dez. (Weihnachten).

WICHTIGE FESTE sind Sylvester, wo man das alte Jahr mit verkleideten Gestalten vertreibt, aber auch Puppen in Lebensgröße auf Straßen und Plätzen verbrennt, die man aus dem Bewußtsein verbannen möchte. – Karneval: neben Verkleidungen und Tänzen auch Wasserschlachten. Luftballons mit Wasser gefüllt klatschen an die Busse, LKW's und Passanten, Wassereimer werden ausgeschüttet. Die "dias del agua" (Wassertage), wie man sie auch in Ecuador nennt. Teilweise (z.B. Oriente) auch Werfen von Mehlbeuteln. Das Wasserwerfen wurde zwar von der Regierung verboten, – siehe unser Quito- Text, findet aber immer noch in privatem Kreise und teils auch auf der Straße in der Provinz statt. – Frohnleichnahm: religiöses Fest mit Umzügen. – El Yamor (Otavalo), Erntedankfest, variabel Aug./Sept. mit Umzügen und Tänzen. –Dia de los Difuntos (Allerseelen): Ehrung der Toten an den Gräbern mit Essens und Trinkgelagen, Anf. Nov. – Weihnachten: in den Anden, z.B. Saquisili mit Umzügen, Christuskind auf Pferd, die 3 heiligen Könige, viele Kerzen vor der Kirche, wo die Messe gefeiert wird.

Bezüglich regionaler Feste: Infos von "Dituris"/Quito!

★ ÖFFNUNGSZEITEN: Geschäfte in Quito, Guayaquil und Cuenca sind im Normalfall von 9 oder 1o Uhr morgens bis 12.3o oder 13 Uhr mittags und von 14.3o oder 15 Uhr bis 18.3o/19.oo Uhr offen. Viele machen Sa.- Nachmittag zu. Gilt nicht für die Vielzahl Kleinstgeschäfte, die morgens nach dem Frühstück öffnen und nachts schließen, wenn man zu Bett geht.

Banken: 9 - 13.3o Uhr, Mo. - Fr. Ausnahmen: Wechselstuben im Airport von Quito und Guayaquil. Ansonsten wechseln die Hotels nach dem Kurs der Tageszeitung, teils mit Provision.

Behörden: Mo. - Fr.: 8 - 16.3o Uhr – Private Firmen: in der Regel Mo. - Fr. von 8.3o / 9 Uhr bis 12.3o Uhr und von 14.3o bis 18.3o Uhr.

✱ TRANSPORT: im Vergleich zu den anderen, südamerikanischen Staaten ist Ecuador klein, die Entfernungen zu interessanten Stellen sind kurz. Drei Hauptbereiche: – * das Tal der Vulkane (zwischen Tulkan/Grenze Kolumbien, über Quito bis Riobamba), bei der Tip- Top ausgebauten, asphaltierten und schnellen Panamericana und dichtem Mikrobusverkehr in wenigen Stunden in allen Punkten zu erreichen, – * Oriente östl. Quito: über landschaftlich grandiose Andenabstige ebenfalls relativ gut zu erreichen, plus Tame-Propellermaschinen, – * Pazifikküste: mehrere Pisten über die Andenhänge runter, dichter Bus bzw. Mikrobusverkehr, plus Jet- und Propellerverbindungen nach Esmeraldas, Manta, Portoviejo und besonders dicht nach Guayaquil, der kommerziellen Hauptstadt Ecuadors.

Ecuador ist Erdölland; ungemein billige Benzinpreise führen zugleich zu billigen Bus- und Flugpreisen! Reisen in Ecuador macht Spaß, selbst in entlegenere Regionen wie Cuenca, Macara und Macas im Süden des Landes.

✱ FLUG: Inlandsflüge mit der staatlichen TAME (Hauptdestinationen mit Boeing- Jets; Amazonas und Südecuador mit den Propellermaschinen der alten Tame- Garde), – dazu die "Saeta" (Boeing 727 - 1oo) zwischen Quito und Guayaquil und die "San", die zwischen Quito – Guayaquil bzw. Cuenca und zwischen Guayaquil – Manta und Cuenca operiert.

Private Sportflugzeug-Airlines operieren im Oriente, – vorwiegend ab Macas, Shell Mera (Puyo), Coca und Lago Agrio. Häufig auf Charterbasis, bzw. als Luftcolectivo, wenn sich genügend Leute finden, – zu abgelegenen Stripes im Inneren des Amazonas.

"F.A.E.", die Militärs fliegen mit relativ alten Propellermaschinen zu Stripes im Inneren des ecuad. Amazonas, z.B. auch nach Nueva Rocafuerte an der peruanischen Grenze am Rio Napo. Mitflug im Normalfall nur für Militärs, – allenfalls für Wissenschaftler, Missionare und ausländische Fernsehteams, wenn sie Promocion Ecuadors im Ausland nachweisen können. Langfristiger Kontakt vorab mit dem Verteidigungsministerium in Quito (Ministerio de Defensa) Voraussetzung. –

Missionsflüge: mit den Linguisten sind eingestellt. Ansonsten eventuell ab Shell Mera/Puyo und Macas. Details siehe dort!

Galapagos, ein ca. 1.ooo km- Flug über den Pazifik in Boeing 727 Jets der TAME tägl. außer So. ab Quito und Guayaquil. Für die Länge der Strecke relativ billig. Details siehe "Galapagos- Teil".

✱ INTERNAT. FLÜGE: dichtes Netz ab Quito und Guayaquil, die von vielen internationalen Airlines wie Lufthansa, Air France, KLM, Air Panama, Eastern, Iberia, Ladeco (Guayaquil- Santiago de Chile), Varig und Viasa angeflogen werden. Wenn ab Quito nichts läuft: schnelle 35 Min.- Jetverbindung runter nach Guayaquil.

Staatl. Airline ist die ECUATORIANA, die vorwiegend mit buntbemalten Boeing 7o7 und modernen DC 1o Langstreckenrouten via Miami nach New York, sowie nach Los Angeles via Mexico. Weiterhin Lima, Santiago, Bs. As., Rio, Bogota, Caracas, Panama und San Jose. Günstige Excursion Tarife für Hin & Rückflug innerhalb 3o Tagen.

BUSSE: dichtes und excellentes Busnetz innerhalb Ecuadors. Sehr flott im Bereich des Hochtales "Valle de los Volcanes" zwischen Tulcan – Quito– Riobamba" mit modernen Mikrobussen, meist Chevy Vans in US- Fertigung, die über hochkarätige PS- Zahlen verfügen und die Panamericana runterdonnern. – Normalbusse oder gar die Eisenbahn haben hier keine Chance. Zudem sind die Chevy- Vans immer noch ziemlich billig beim preiswerten Ecuador- Sprit.

Normalbusse: insbesondere auf den Schotterpisten runter in den Oriente und auf Langstrecken wie z.B. nach Guayaquil. Verfügen über mehr Sitzplätze und können auf dem Dach erheblich mehr zuladen, von Kartons, Koffer, über Früchte bis zu Hühnern, die an den Füßen zusammengebündelt sind. Allerdings auch weniger bequem: zur Anwendung kommt in der Regel ein Ford- LKW- Fahrgestell, auf das die ecuad. Firma "Thomas" einen Metallaufbau montiert. Die Sitze sind Plastik, weswegen man unten in den Tropen ganz schön drin schwitzt. Die Abstände zwischen den Sitzen für die größergewachsenen Gringos definitiv ungenügend, was zum Einklemmen der Knie führt, wenn der Vordermann seinen Sitz per Hebel zurückschiebt.

Die Abfahrt der Busse läuft meist superpünktlich, da oft von der Polizei kontrolliert. Die Ankunft dagegen ist variabel, – abhängig von der "Natur der Dinge" (Bergrutsche, Motordefekte etc. etc.) . Generell sollte man zu den Fahrtangaben der Busunternehmer Plus 1 - 2 Std. dazuaddieren.

Sowohl die Chevy- Vans, wie auch die Normalbusse haben in der Regel eine Watt- starke Radio- Casettenanlage an Bord, wobei die Fahrer vorwiegend heiße Cumbias und Salsa bevorzugen. Bei den anstrengenden Serpentinenpisten runter an den Pazifik bzw. ins Amazonasbecken keine schlechte "Medizin". Vorn mit von der Partie ist der "socius":

Bei dem Gedanken, Busfahrer zu werden, leuchten die Augen eines jeden Indiojungen! Die Karriere beginnt als "sozius". Das sind die Jungs, die noch im Fahren oben auf dem Dach die Hühner festschnallen und die Bananen mit der Plane zudecken.Ihre wichtigste Aufgabe ist es aber, den Busfahrer , der nach bereits 6 Std. Serpentinenkurbelei sich an die 5 Streichhölzer zwischen die Augen geklemmt hat, damit sie offen bleiben . . . , eben diesen Busfahrer bei guter Laune zu halten, – vorallem aber am Einschlafen zu hindern. – Bewährt sich nun so ein Sozius, dann wird er BUSFAHRER ! ! – Die Busfahrer sind in einer Cooperative zusammengeschlossen. Allein nur von ihrem Lohn könnten sie schlecht leben, aber durch "inter coco" – Fahrgäste (=auf dem Schemel oder Gepäckbündel im Gang fahren) , sowie durch Fahrten ins Grenzgebiet kommt dann doch was zusammen, was die Sache für alle Seiten attraktiv macht. Jetzt versteht ihr auch, warum die coco - Busgäste sich geschlossen ducken, wenn draußen eine Militärstreife vorbeikommt. Der Bus ist nämlich nur auf eine bestimmte Fahrgastzahl zugelassen, und es hat schon eine Reihe böser Busunfälle gegeben! – Wird der Fahrer mit zuviel Busgästen erwischt, so kommt der Führerschein weg. Aber es gibt einen Ersatzführerschein. Nach dem 3. Führerschein ist dann die Lizenz weg. – Eben wegen dieser "inter - coco" Fahrgäste gibt's oft ein erbittertes Rennen zwischen 2 Bussen mit aufregenden Überholmanövern in Haarnadelkurven und "speed the car up" auf den Geraden. Wer die "inter-cocos" als erster einlädt, der macht die Sucre - Scheine. Dabei steht die komplette Fahrgast - Mannschaft auf Seite ihres Fahrers und feuert ihn fanatisch an! Einige Fahrgäste allerdings hängen kotzend aus dem Busfenster. . . –

Wenn der Fahrer genügend Sucre - Scheine gemacht hat, dann kauft er einen eigenen Bus und tritt der Cooperative bei. Nun arbeitet sein ehemaliger "sozius" als Bus=fahrer für ihn. –

★ COLECTIVOS: wie auch in den anderen Andenstaaten: PKW's für bis zu 5 Personen auf festgelegten Routen. Bisher meist große US- Schlitten. Wegen geringerem Benzinverbrauch, vorallem aber billigerer Anschaffung steigt man auf kleinere Japaner wie Mazda und Toyota um. Beliebt sind auch PKW- Pickups, wo die Leute + ihre Waren hinten auf der Ladefläche sitzen.

★ ZÜGE: touristisch wichtig ist die Strecke GUAYAQUIL – RIOBAMBA: eines der großen Südamerika- Bonbons im Sektor Eisenbahnstrecken!

BAUBEGINN 1871, als man den Hafen Guayaquil mit dem Andenhochtal verbinden wollte, wo damals bereits die meisten Siedlungen lagen. Die Strecke ist zusammen mit dem peruanischen Gleis Lima – Huancayo eine der faszinierensten des Kontinentes und Meisterleistung damaliger Ingenieurkunst.

Der Gesamtkurvenradius beträgt, eisenbahntechnisch ausgedrückt mehr als 16.000 Grad, zusammen sind das aneinandergereiht fast 45 komplette Kurven! Dies auf einer effektiven Strecke von ca. 65 km, in denen der Andenanstieg durchgeführt wird, nämlich zwischen BUCAY (Höhe 297 m/km- Stein 116) und Guamote (Höhe 3.048 m/km-Stein 180). Der Kurvenradius ist oft so eng, daß er einem Durchmesser von 60,2 m entspricht!

Um diese engen Radien durchfahren zu können, wurde eine Spurbreite von 1.067 mm gewählt; im Bereich der "nariz de Diablo" (Teufelsnase) wird(ähnlich der Lima – Huancayo Strecke)im Zick- Zack Verfahren am fast senkrechten Hang raufrangiert.

Die Gesamtbaukosten waren so gigantisch, daß der Eisenbahnbau Ecuador fast in eine Finanzkrise stürzte. Zur Fertigstellung benötigte man 37 Jahre, Einweihung 1908.

WEITERE STRECKEN: Riobamba – Cuenca und Riobamba – Quito – Ibarra oben in den Anden. Wegen paralleler Asphaltstraße, auf der Busse erheblich schneller fahren, sind beide Strecken sowohl für den Personen- wie auch Warentransport unbedeutend geworden. Außerdem das Gleis an die tropische Pazifikküste: Ibarra – S. Lorenzo (Einstellung steht zu erwarten, seit parallel an einer (schnelleren) Piste gebaut wird.)

ZUGMATERIAL: 1.) der "Autoferro", eine Art Schienenbus, der bisher auf der Strecke Quito- Guayaquil eingesetzt wurde (derzeit zu wegen Bergrutsch!), – 2.) "Tren Mixto": Diesellok mit Wildwest Waggons für Passagiere und Güter, – 3.) "Autocarril", ein Ford- oder Dodge Bus, dessen Autoreifen gegen Eisenbahnräder ausgetauscht wurden.

TIP: wer von Quito nach Peru via Küste (Huaquillas) will, aber mit Guayaquil nichts am Hut hat, nimmt den Zug bis BUCAY, wo das Eisenbahngleis wieder auf die Straße Riobamba – Machala trifft und steigt dort in den Bus um.

Kann aber passieren, daß die, in Bucay durchkommenden Busse voll sind und keine Passagiere mehr annehmen! Und Bucay ist vom Zugfenster in grünem Tropental ganz nett, – als Zwischenstop in Basic- Herbergen aber sehr verlaust . . .

★ AUTO MIETEN: Carrentals gibts in Quito, Guayaquil, Manta und Cuenca. Unter anderem Vertretungen von Hertz, Avis, die ab Europa vorgebucht werden können. Ein VW- Käfer kostet pro Tag ca. 4o DM, die komplette Tankfüllung ist mit ca. 1o DM fast geschenkt und die Entfernungen oben im Andenhochtal sind kurz. Von daher vielleicht keine schlechte Idee, sich zu mehreren einen Käfer zu mieten, um an schwieriger zu erreichende Stellen zu kommen (Laguna Quilotoa, Cotopaxi, Startpunkt Trail zur Kraterlagune des Bergmassivs des Altars etc.)

Geht bei einigen Vermietern auch auf Basis unbegrenzter Km. Durchrechnen, denn Trips in den Oriente würde ich besser mit öffentlichen Bussen oder dem TAME- Propeller machen.

GESCHWINDIGKEITSBESCHRÄNKUNGEN: Städte/Ortschaften: 5o km/h, ansonsten 9o km/h.

Internationaler Führerschein. – Vorsicht in Kurven, auch bei gut ausgebauten Straßen,– nachts auf der Panamericana, wo man mit, die Straße kreuzenden Hausschweinen, Hühnern, aber auch unbeleuchteten Fahrzeugen etc. rechnen muß. – In Quito seperate Vorfahrtsregelung nach Wichtigkeit der Straße. Sich vom Autovermieter erklären lassen. – Gut den Zustand des Fahrzeuges bei Anmietung prüfen, insbesondere den Zustand der Reifen!

Bis auf einige Pisten runter in den Oriente Ecuadors, sowie im Süden des Landes sind fast alle Straßen das ganze Jahr über problemlos zu befahren, d.h. unter südamerikanischen Kriterien: also Achtung vor Schlaglöchern etc.

* TRAMPEN: an der Panamericana sowie anderen Hauptverbindungen relativ leicht, wo es dichten Verkehr gibt.* Wegen der billigen Buspreise hier aber nicht lohnend. – Wo der Wanderer aber dringend einen "lift" brauchen könnte, z.B. auf Nebenpisten zum Beginn von Trails, läuft derart garnichts an Verkehr, daß auch ein Stoßgebet zum "dios" oben in den Wolken nichts hilft, wenn die Nacht über den Anden eiskalt reinbricht.

* GRENZVERBINDUNGEN: die Hauptübergänge 8 - 18 Uhr. Folgende Übergänge:

KOLUMBIEN:		PERU:	
Tulcan/Panamericana	479	Huaquillas – Tumbes/Küste	551
S. Lorenzo – Tumaco/Pazifik	48o	Macara – La Tina/Anden	558
Lago Agrio – S. Miguel/Oriente	483,52o	Nueva Rocafuerte/Oriente	518

Wer die Kanuroute über den Rio Napo nach Iquitos/Peru plant, sollte sich mit allem nötigen Papierkram vorab in Quito versorgen, sonst gibts unten im Urwald, fernab aller behördlichen Chefs, eventuell Ärger. Im Moment steht Ecuador mit Peru wegen diverser Grenzstreitigkeiten im Oriente nicht besonders gut, sodaß die Route von den Ecuadorianern und/oder Peruanern komplett gesperrt sein kann. In jedem Fall braucht man aber von den Ecuadorianern eine Genehmigung zum Bereisen des Grenzgebietes.

* KLIMA: starke Unterschiede wegen extrem unterschiedlicher Höhenlagen.

KÜSTE und AMAZONAS: das ganze Jahr über tropisch heiß mit Temperaturen um 27 bis 3o Grad und mehr. Hohe Luftfeuchtigkeit. Das Wasser des Pazifiks macht das ganze Jahr über Spaß zum Baden. Während es im Juni bis November an der peruanischen Küste kalt und neblig ist (Humboldt-

* Fahrer erwarten Trinkgeld = ca 1/3 des regulären Buspreises.

Strom aus der Antarktis!), herrschen an der ecuad. Küste Wassertemperaturen von ca. 24 Grad, Luft um 3o Grad! Playas ist ein richtiges Schönwetter-Nest, wie uns Roger Walder bestätigte. Hauptbadesaison sind Dez. und Jan.

ANDEN: im "Valle de los Volcanes" (z.B. Quito) macht man jeden Tag praktisch 4 Jahreszeiten durch: morgens ein kühler, frischer Frühling, – gegen Mittag: warmer Sommer mit Temperaturen um 2o Grad und wegen der dünnen Höhenluft auch bei Bewölkung Gefahr von Sonnenbrand, – abends, nach Untergang der Sonne ein kühler Spät- November mit Temperaturen um 8 - 1o Grad. In größeren Höhen bis unter Null.

Da die meisten Hotels keine Heizung besitzen, empfiehlt sich vorallem in den Billighotels ein warmer Schlafsack!

Wegen der Aquatorlage gibt es keine ausgeprägten Jahreszeiten. Als "Sommer" gilt die Zeit zwischen Juni und September, da es während dieser Monate weniger regnet. "Winter" sind die restlichen, regenreicheren Monate,– unterbrochen von den "veranillos"(Anf. Nov. bis Mitte/Ende Dez.), einer Art kleinem Sommer, wie die Übersetzung aus dem Spanischen lautet, wo es nochmals tagsüber sehr warm werden kann, wenn aber auch mit Regenfällen gerechnet werden muß.

★ GESUNDHEIT: Vorsicht beim Essen auf Märkten! Wie auch in Kolumbien, Peru und Bolivien besteht vorallem hier die Gefahr von Hepatitis wegen schlechter Hygiene (Auswaschen des Trinkglases in einem Wassereimer, in dem schon den ganzen Tag gespült wird, schlecht gesäubertes Gemüse etc.)

Auch in Restaurants sollte man auf Nr. Sicher gehen und Salat, Früchte bzw. jegliches Gemüse ohne Schale liegen lassen, da dieses meist auf Märkten eingekauft wurde und nicht immer sauber geputzt wird.

Als Trinkwasser sowie zum Zähneputzen besser Mineralwasser benutzen, – nennt sich in Ecuador "Güitig" und kostet nur Pfennige.

★ MÄRKTE: Leckerbissen bezüglich schönem Kunstgewerbe, aber auch Fotomotiven. Vergleichbar, oder fast noch besser als Peru! Ausgangspunkt ist jeweils QUITO, wo früh am Morgen Busse abfahren.

Jeder Markt hat seinen eigenen Tag, – siehe unsere Tabelle und seinen eigenen Flair. Besonders aktive Campesino- Stämme wie die Otavalo- Indios oder die Indios aus Salasaca reisen jedoch bei den schnellen Pana- Verbindungen und sind auf allen Märkten anzutreffen, wo auch Gringos hingehen.

HANDELN ist üblich. Vorab wird auf den erstgenannten Preis ca. 3o bis 5o Prozent je nach Aussehen des Gringos aufgeschlagen. Runterhandeln wird als Sport angesehen, sofern der Gringo nicht unverschämte Preisangebote nennt, die die handwerkliche Arbeit nicht honorieren.

★ <u>ESSEN:</u> geprägt von den Elementen Mais, Kartoffeln, Reis als Beigaben neben der BANANE, die im Küchenleben eine ganz entscheidende Rolle spielt! Ein Null-8-fünfzehn Gericht sieht in etwa so aus: Berg Reis, links (oder rechts!!) ein paar geröstete Kartoffeln, Zwiebel und Spiegelei drüber und n' Stück Fleisch, mit dem nicht nur das Messer Probleme hat. In Varianten statt der Sohle, Teile vom Gummiadler. Muß nicht sein, in guten Restaurants oft excellente und zarte Fleischstücke.

Trotzdem liebe ich die Küche Ecuadors! Herrlich: abends von der Plaza Sto. Domingo /Quito zur 24 de Mayo rüberzulaufen. An der Straße Stände mit brutzelnden Töpfen neben flackerndem Gaslicht und für ein paar Sucre eine Tüte Kartoffeln kaufen, die herrlich braun angebrutzelt sind und intensiv schmecken, weil die Chemie zum Wachsen der Frucht nicht nötig war,– "EMPANADAS" (lecker gefüllte Teigtaschen mit Sauce, Fleischstückchen, Eiern und Gemüse), – in den Varianten "TAMALES" (Maisteig), – "HUMITAS" oder "CHOCOLANDES" (mit Zucker), – "EMPANADAS DE QUESO" (mit Käse überbackene Empanadas).

"LOCRO" ist eine Suppe mit Basis Milch + Kartoffeln + Andenkräuter und weiteren Zutaten (z.B. " de cuero", Schweinehaut), – "CALDO de . . ." Suppe z.B. mit Fleisch oder Huhn, Tomaten, Mais, Kartoffeln etc. – "QUINUA" feine Körner (ein Hochland Reis) , die gerne den Suppen beigegeben werden, – "LLAPINGACHOS" Art Pfannkuchen aus Kartoffeln mit Käse, in Achiote- Bratfett gebraten und meistens mit "HORNADO" (gebackenes Schweinefleisch) serviert. – "BONITISIMAS" Art Pfannkuchen aus diesmal Mais und Käse. – "FRITADA" gekochtes Schweinefleisch, solang, bis es trocken ist, anschließend wird es mehrere Stunden in seinem Fett geschmort, zusammen mit z.B. Empanadas gegessen. – "CEVICHE" wie generell in den Andenstaaten sehr gern und häufig gegessen: roher Fisch, über den Zitrone geträufelt wird, Zwiebeln drüber und oft mit Camote (leckere Süßkartoffel!).

An der Küste und im Amazonas spielt der FISCH auf dem Teller eine ganz entscheidende Rolle. Zudem ist die ecuad. Küste, insbes. im Bereich Muisne bis Bahia de Caraquez berühmt für Shrimps- Reichtum, die mit Sportflugzeugen nach Guayaquil und Quito geflogen werden. "LANGOSTAS" (Hummer) "LANGOSTINOS" (kleine Hummerkrabben). –

"CUY" ist das Meerschweinchen, insbesondere für die Campesinos auf den Märkten als Leckerbissen angeboten. – "CUERO" (siehe oben!) ist die knusprig geröstete Schweinehaut. – "LOMO" (auch liebevoll "Lomito" genannt) ist in Ecuador das generelle Synonym für Steaks, jedoch nicht damit zu verwechseln, was "Lomo" in Argentinien bedeutet, dort nämlich das beste und zärteste Fleischstück des Rindes. – Als Beilage (neben Kartoffeln und Reis) die wichtigste Frucht: YUCA, eine Wurzel im Geschmack zwischen Kartoffel und Schwarzwurzel. Fasrig und leicht in Richtung süß.

★ <u>GETRÄNKE</u>: "COLAS", wie sie in Ecuador heißen (=alles was kribbelt) aus der US- Küche, Made in Ecuador, z.B. Pepsi, Coca Cola . . . Billig.

BIER: gute nationale Produkte, – JUGOS (Fruchtsäfte): quer durch den tropischen Garten, excellent und lecker, naturgepresst. – WEIN: wird bis auf einen nationalen Tropfen fast ausschließlich aus Argentinien, Chile und teils auch Europa importiert und ist sehr teuer. Eine Flasche Chilene ca. 16 bis 2o DM. – MINERALWASSER: führend ist die Marke "Güitig" (Werbespruch: "un milagro de la naturaleza", wie auf der Flasche steht!)

KAFFEE: läuft prinzipiell so, heißes Wasser plus Löffel, Zucker und Nescafe Pulver. Variante: Fläschchen mit Nescafe- Konzentrat. Rein in die Tasse und heißes Wasser drüber.

✶ UNTERKUNFT: für Südamerika relativ günstige Preise und ein breites Angebot an Billighotels. Praktisch in jedem, einigermaßen wichtigen Dorf,– egal ob Costa, Anden oder Oriente gibts was zum Pennen. Qualität aber sehr unterschiedlich . Preise um 2 US $ für ein Doppel.

Mittelklasse: gute Sachen in den wichtigen Städten und Orten, begonnen von Tulcan und Ibarra bis zu Cuenca und Guayaquil. Preise ab ca. 1o US $

Oberklasse und Ausgefallenes sind rar und dünn über's Land verteilt. Natürlich in Quito, Cuenca und Guayaquil (ab ca. 2o US bis ca. 6o). – Sowie einige Bonbons wie das "Cusin", eine Hazienda am Lago San Pablo/Otavalo, das "Yamor"/Otavalo, die "Hosteria Rumipamba de los Rosas" bei Latacunga (in den Anden, zentral für viele Märkte und Trails) und das gemütliche "Crespo" in Cuenca. (1o - 2o US $ Doppel)

✶ POST/TELEFON: Briefe brauchen von Ecuador nach Europa im Schnitt 1 Woche. Etwas abkürzen kann man, wenn man sie in Quito oder Guayaquil direkt an den Flughafen zum dortigen Postamt bringt. – Telefon: geht nach Europa und USA via Satelit. Wartezeit beträgt je nach Tageszeit zwischen 1 und 2 Stunden.

✶ WANDERN UND BERGSTEIGEN IN ECUADOR: das Land der rund 2o schlafenden Vulkane dürfte für jeden Bergsteiger und Wanderer ein Leckerbissen sein!! Das Sierra- Hochlandbecken zwischen den beiden Kordillera- Ketten ist hier in Ecuador niemals breiter als 7o km, und an vielen Stellen liegen die Vulkane rechts und links des Tales nur 4o km voneinander entfernt.

Alexander von Humboldt, der große Südamerika- Forscher prägte den Begriff "AVENIDA DE LOS VOLCANES". – Landschaftlich wirklich großartig! Heißer Tip ist der Flug durch diese Vulkan- Avenida von Quito nach Quenca bei klarem Wetter. Wohl einer der schönsten Flüge Südamerikas!

Durchschnittliche Höhe der Vulkane: 5.ooo bis 6.ooo m; alle Schwierigkeits-Grade. Der CHIMBORAZO ist der höchste des Landes (6.31o m, bei Riobamba), – der COTOPAXI (6.oo5 m nach einheimischer Berechnung ist der höchste, aktive Vulkan der Welt, bei Quito), – der SANGAY (5.23o m, südöstl. Riobamba) gilt als derzeit aktivster Vulkan der Welt, – technisch der interessanteste dürfte der ILINIZA sein (5.3o5 m, vis a vis des Cotopaxi). Alle Details siehe Trekking- Beschreibungen und Bergsteigetips! –

(1) **Trails:** die interessantesten liegen im Bereich der Sierra. Meist an die Schneegrenze der Vulkane. Die derzeit beliebtesten sind zur Schutzhütte am Tungurahua, – zum Kratersee des Altar, – zu den Schutzhütten am Chimborazo, – zum Cotopaxi (meist rauf per Autostop zur Schutzhütte und gegebenenfalls Wanderung im Seitental hinter dem Ruminahui nach Machachi an der Pana), – sowie schöne Hochlandtrails im Bereich Otavalo zur Kraterlagune Cuicocha, zur Laguna San Pablo und rauf zu den Lagunen unterhalb des Fuya Fuya. – Bonbon ist auch der Trail zum Kratersee Quilotoa ab Zumbahua nähe Latacunga. Alle weiteren Details siehe Text.

AUSRÜSTUNG: wenn Übernachtung notwendig wird, sehr warme Sachen, Schlafsack, Wärmeschutzunterlage etc. In Höhen über 4.000 m nachts oft unter Null, Schnee. Regenschutz. Probleme kann die dünne Luft machen, wenn man vorher nicht genügend, akklimatisiert war, so z.B. auch für den leichten Trail rauf auf den Pichincha oberhalb Quito.

(2) **Bergsteigen:** die Grenze des ewigen Schnees liegt bei ca. 4.700 m in der Ostkordillera und bei ca. 4.800 m in der Westkordillera. Gletscherzungen ziehen sich teils, in sonnengeschützten Lagen runter bis auf 4.300 m.

Die beliebtesten Besteigungen sind der COTOPAXI, so ziemlich mit viel Abstand an der ersten Stelle, da die Anfahrt sehr bequem bis rauf zur Schutzhütte in 4.800 m ist, – dann der CHIMBORAZO, als höchster Ecuadors und markante Eisgipfelgruppe anziehend, da viele Expeditionsteilnehmer den Kitzel, in Extremsituationen zu gelangen, lieben. Die Luft in 6.300 m ist superdünn und geht an menschliche Leistungsfähigkeit, sofern man nicht das Vorabtraining eines Reinhold Messners besitzt. Eine der Hauptgefahren des Chimborazo, da bei Besteigungen in Gruppe viele Teilnehmer nicht die Courage besitzen, umzudrehen, wenn der Körper sichtlich nicht mitmacht.

Steigend in der Beliebtheitsskala ist der TUNGURAHUA bei Baños und der CAYAMBE nördl. von Quito an der Panamericana, beide mit Schutzhütte unterhalb des Schnee- Eis-Bereiches.

Ausgesprochen schwierige Gipfel sind der ALTAR und der noch tätige SANGAY, letzterer u.a. wegen sehr langwierigem Anmarsch. Bus tägl. von Riobamba zum Dorf Aloa, ca. 40 km. Von dort gibts mehrere Trails, – einer über die Hazienda Cabin, der andere über die Hazienda Eten. Details und Kartenskizze im "Guide to the Worlds Mountain" von M. R. Kelsey, siehe "Literaturliste" im allgemeinen Teil dieses Bandes. Insgesamt sollte man mit 8 bis 10 Tagen rechnen. Kleinere Geschäfte in Aloa für Lebensmittelversorgung. Besser aber sich vorab schon in Riobamba eindecken! Noch extremer ist die Anreise via Oriente von Puyo mit Kanus und Führer.

SCHUTZHÜTTEN " sind in Ecuador nicht mit den europäischen zu vergleichen", wie uns Marianne Geets schrieb, "Es gibt, Ausnahme Cotopaxi,* keine Kochgelegenheit, wenig Wasser (Schnee), auf keiner Hütte sind Matratzen, von Heizung ganz zu schweigen. Nur auf der Hütte des Cotopaxi gibts einen Kamin." Es gibt folgende Hütten:

- "Nic. Martinez", in 3.850 m am Tungurahua. Platz für ca. 10 Personen
- "Jose Ribas", in 4.800 m am Cotopaxi, Platz für ca. 60 Personen
- "Fabian" am Chimborazo in 4.700 m, reichlich desolater Zustand
- "E. Whymper" am Chimborazo in 4.900 m, Platz für 50 Leute
- "Nuevos Horizontes" in 4.750 m am Iliniza, Platz für 20 Personen
- "Refugio Cayambe" in 4.650 m Höhe am Cayambe

Insbesondere in der Hütte am Tungarahua kann es während der Saison zu Engpässen kommen. Man sollte sich daher vorab im Pueblo Pondoa, wo alle Leute durchmüssen, erkundigen, ob oben noch Platz ist.

AUSRÜSTUNG: warme Sachen, da die Temperaturen nachts in Höhen über 4.000 m unter Null sinken. Eisige Winde. Daunenschlafsack plus Wärmeschutzunterlage, auch für die Hütten. Dicke Daunenjacke, starke Sonnenschutzbrille und Creme. Äußerst intensive Sonneneinstrahlung wegen Äquatornähe, der großen Höhe und der Reflektion von Schnee und Eis. Auch bei bewölktem Himmel holt man sich sehr schnell einen massiven Sonnenbrand. – Für den Gletscherbereich ab 4.800 m Seil, Pickel und Eiskrampen. –

Für die Hütten: Feuerholz selber mitbringen, ebenso Essen und genügend Trinkwasser für den Trail. Gaskocher plus leichten Alutopf.

ALS BESTE BESTEIGUNGSMONATE gelten: Nov. bis Febr. und Juli bis September, wo man einigermaßen Chancen, aber keine Garantie hat, daß der Himmel wolkenfrei ist. Am besten sollen die Chancen (nach Infos von DITURIS) kurz vor und kurz nach Weihnachten sein.

Die Monate Oktober, März, April und Mai, sowie der Juni sind die schneereichsten, daher zum Fotographieren aus der Ferne die besten, wenn die Vulkanhänge oft bis tief runter sich in Weiß eingehüllt haben. – Juli und August sind die Monate mit den stärksten Winden, zugleich die im Gipfelbereich kältesten.

* E. Whymper und Cayambe

Da in allen Monaten des Jahres die Gefahr besteht, daß gegen Mittag die Vulkangipfel in Wolken eingehüllt sind, die es vom Amazonas herauftreibt, – beginnen alle Gipfelbesteigungen ab Schutzhütte kurz nach Mitternacht, – je nach Länge und Schwierigkeit zum Gipfel. Ab E. Whymper- Schutzhütte am Chimborazo muß man z.B. um Mitternacht los, – ab Jose Ribas am Cotopaxi gegen 1 oder 2 Uhr in der Früh.Weiterer Vorteil, daß man den,wegen der dünnen Luft sehr anstrengenden Aufstieg in den kühlen Nacht- und Morgenstunden durchführt.

Wichtigste Vulkangipfel Ecuadors –
(✳) = Nevado • = Schutzhütte

Feste Regeln für die günstigste Jahreszeit gibt es nicht, zudem an den einzelnen Vulkanen sehr unterschiedlich. Wir haben fantastische Sonnenuntergänge am Tungarahua erlebt, während manchmal morgens bereits die gesamte Vulkankette in einer Wolkensuppe eingehüllt war.

EINDRINGLICHE WARNUNG: Der Gipfelbereich ab Schneegrenze ist definitiv nur was für erfahrene Bergsteiger. Hiker: Finger weg, es hat viele Unfälle durch Leichtsinn gegeben und Bergrettung wie in den Alpen ist in Ecuador unbekannt.

Aber auch der Bergsteiger sollte selbst bei leichteren Gipfeln wie dem Cotopaxi oder dem Tungarahua nur zu zweit oder zu dritt gehen, über Gletschererfahrung verfügen , sich vorher in Quito genügend lang akklimatisiert haben und die notwendige Ausrüstung mitbringen.

Die Hauptgefahr liegt bei den leichteren Gipfeln weniger im technischen Sektor, als in plötzlichem Wetterumschwung. In der dichten Suppe von Amazonaswolken wird jegliche Orientierung unmöglich, bei der Gefahr, in Gletscherspalten abzustürzen. In den Wolken bei Temperatur-Sturz oft massive Schneestürme oder Hagel.

BERGSTEIGER–CLUBS: "Grupo Ascensionismo del Colegio S. Gabriel", Av. America 3541, Quito (Postfach - Apartado 266), – Tel.: 45.3o.22, aber nicht immer besetzt. Privater Club, nur Freitag abends offen (Clubtreffen). – "Nueos Horizontes"/Garcia Moreno y Sucre/3. Stock. – "Intynan"/selbe Adresse.
"Asociacion de Andinismo de Chimborazo", Chile 33.21/Riobamba. President ist Enrique Veloz, zugleich Bergführer und excellenter Kenner der Gipfel Altar, Chimborazo und Carihuarizo. Ebenfalls eine "non- profit" - Organsiation. Rückporto und Bearbeitungsgebühr in angemessener Höhe bei Anfragen beilegen.

VERANSTALTER: sehr zu empfehlen "Etnoturs"/Juan Leon Mera 1238 Ecke L. Garcia (P.O. Box 477o) Quito Ecuador. Sowohl für Trekking wie auch Bergbesteigungen. Spitze vom Angebot, fast alle interessanten Trails und Besteigungen im Programm. Zudem nützlich, da gleichzeitig auch das oft schwierige Transportproblem gelöst ist. Preisgünstig.

WICHTIG: sowohl für Trails wie auch Bergsteigen dringend guten Sonnenschutz!!! Superintensive Sonne wegen der Höhe der meisten Trails (über 3.5oo m). Wirkt in dieser Höhe auch bei bewölktem Himmel wie Brennglas. – Guten Regenschutz sowohl für Trails wie auch Bergbesteigungen mitnehmen. Massive Erkältungen bei Temperatur-Stürzen; häufiger Grund für schwere Unfälle, – wenn die Ersatzunterhose dann auch noch nass aus dem Rucksack kommt. – Auf vielen Trails kein Feuerholz oder schwierig zu bekommen, daher Kocher mitnehmen.Auf spärlich bewachsenen Plätzen die letzten Büsche nicht auch noch für Feuerholz verwenden!

Mit schnellem Wetterwechsel insbesondere im Bereich der Vulkane Ri. Amazonas-Anden rechnen, wenn es Wolken vom Amazonas an die Berggipfel treibt! Plötzlicher Bergnebel und dichte Regengüsse. Eigenes Zelt für Mehrtagestrails in der Regel unabdinglich. Unbedingt auch ausreichend Proviant mitnehmen, da die Regionen meist sehr dünn besiedelt sind und weder der Geier noch der Campesino zu Verfügung steht.

KARTENMATERIAL: gibts von IGM (Instituto Geographico Militar) in Quito, Av. Colombia Ecke Paz y Mino. Das Kartenwerk (1 : 5o.ooo und 1 : 25.ooo) ist selbst in Quito beim IGM nicht immer und vollständig erhältlich.

BOTSCHAFTEN / KONSULATE:

PA = Postanschrift, – casilla = Postfach

BRD in Ecuador:

QUITO: (Botschaft) Av. Patria y 9 de Octubre, Edif. Eteco 5 Stock, (PA: Casilla 537)
Tel.: 232 66o

CUENCA: (Konsulat) Calle Bolivar 9 - 26, (PA: Casilla 26), Tel.: 827 2o9

GUAYAQUIL: (Konsulat) Av. 9 de Octubre 1o9 ecke Malecon, (PA: Casilla 4721)
Tel.: 512 7oo

MANTA: (Konsulat) Carretera Quevedo-Manta, km 1, (PA: Casilla48o8)
Tel.: 611 169

SCHWEIZ in Ecuador:

QUITO: (Botschaft) Av. Amazonas y Catalina Herrera, Tel.: 241 5o4

ÖSTERREICH in Ecuador:

QUITO: (Botschaft) Av. Patria y Amazonas, Edif. Cofic 11 Stock, Tel.: 544 269

Ecuador in BRD: Koblenzer Str. 37, 53oo Bonn 2, Tel.: (o228) – 352 544
Ecuador in Österreich: Goldschmiedgasse 1o/11/24, 1o1o Wien, Tel.: 663 2o8
Ecuador in der Schweiz: Helvitiastr. 19 a, 3oo5 Bern, Tel.: (o31) – 431 755
KONSULATE in Genf, Zürich, Basel, Bern und Lugano

Weite Wüstengebiete entlang der pazifischen Küste mit Städten wie Oasen in der Sahara und vorgelagerten Guano- Inseln, auf die zur Freude der Peruanos die Guano- Vögel scheißen (=wertvoller Naturdünger!). – Pastorale Szenen in den Anden mit bunten Indiomärkten und Chichafesten, tiefen Canyons von Dimension des Grand Canyons in den USA und Eisenbahnfahrten über die höchsten Pässe der Welt (fast 5.000 m!). – Und natürlich im Zentrum des Inca- Reiches viele Relikte; Machu Picchu im feuchtheißen Bergurwald der Andenhänge faszinierend, – ebenso Cusco, die Kolonialstadt auf den Mauern der Hauptstadt des Inca- Reiches.

Abenteuertrips auf engen Flüssen der Bergurwälder und durch reißende Pongos (Fluß- Canyons), aber auch excellente Bedingungen für Trails und Trekking, sowie Bergsteigen (Cordillera Blanca/Huaraz mit smaragdgrünen Lagunen). Landschaftlich und von Archäologie ist Peru unbedingt lohnend!

WÄHRUNG: **Inti**

Nach starker Inflation des ehemaligen peruanischen Soles wurde dieser unter Abzug einiger Nullen Ende 1985 in den INTI umgewandelt.

Derzeitiger Stand: bei Banken der offizielle Kurs, – bei Casas del Cambio bis zu 35 % mehr Intis pro US $. Beide Kurse stehen in der Zeitung. Eine Situation, die sich jederzeit ändern kann. Da es praktisch jeden Tag mehr Intis pro US $ gibt, sollte man nur limitierte Quantitäten tauschen.

In Provinzstädten ebenfalls Tausch über Casas de Cambio. Für abgelegene Regionen in den Anden und den peruanischen Urwaldgebieten sollte man genügend Intis in der Tasche haben; dort besteht zwar auch Interesse am US - Dollar. Nicht immer ist aber der aktuell gültige Wechselkurs bekannt.

Travellerschecks bringen in der Regel ungünstigeren Kurs. – Kreditkarten wie Diners und American Express rechnen auf dem aktuellen Bankwechselkurs ab mit entsprechenden Verlusten gegenüber dem Kurs der Casas del Cambio! –

EINREISE: **Pass/Exitticket**

Gültiger Pass sowie Touristenkarte, die es entweder im Flugzeug oder bei der Einreise Überland an der Grenze gibt. Wird vom Grenzbeamten abgestempelt, gültig für maximal 3 Monate. Doppel verbleibt im Pass und ist bei der Ausreise vorzuzeigen.

Exitticket aus Peru raus, d.h. Rückflugticket nach Europa oder USA ist zwar Einreisevorschrift, wurde aber bei meinen vielen Reisen nach Peru der

PERU–SCHNELLFINDER:

letzten Jahre praktisch nie geprüft. Peru ist an Touristen interessiert wegen Devisen. – Beim Grenzübergang: saubere Kleidung (auch Jeans sind o.K., aber nicht zerschlissen und angeschmuddelt!), kurze, ordentliche Haare bei Männern; an "Hippies" (wie die Bezeichnung in Peru lautet) besteht wenig Interesse. –

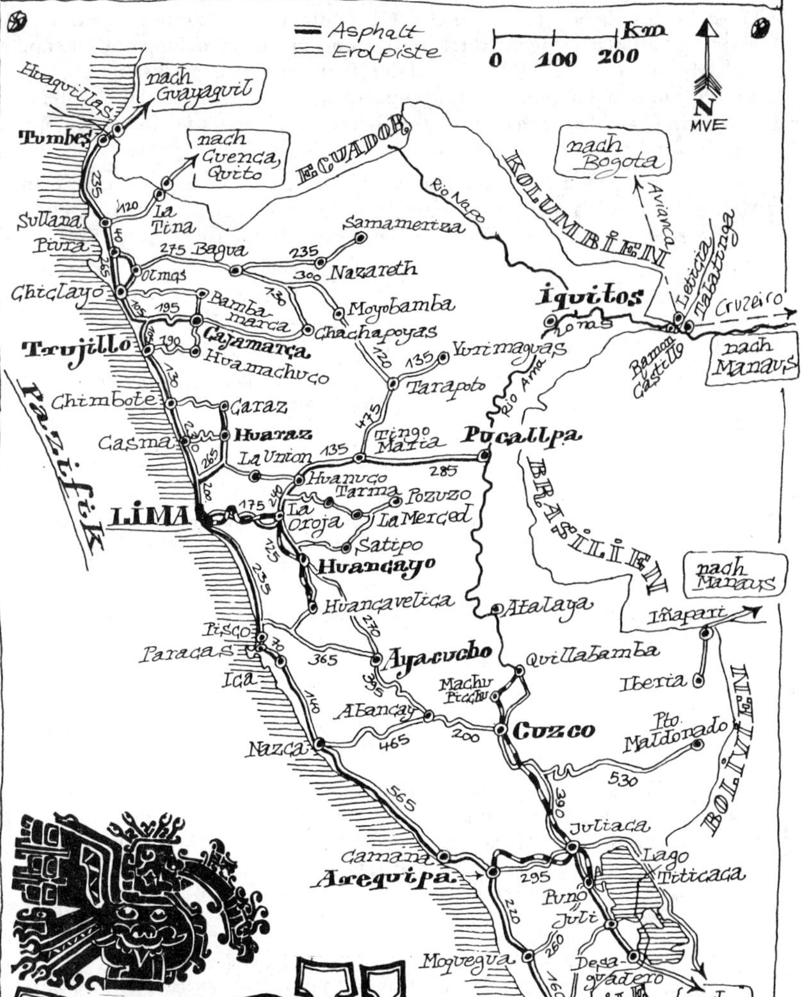

Bei Inlandsflügen intensiver Terroristencheck bei Ankunft in Lima: Gepäck muß geöffnet werden, Pass wird nach Checkliste überprüft.

KARTEN:

Derzeit beste Peru- Übersichtskarte ist die "Mapa de Carretera" von Lima 2000, herausgegeben 1984. Erhältlich bei Straßenverkäufern in der Colmena/Plaza San Martin beim Hotel Bolivar und in Buchhandlungen für knapp 10 DM. Fast komplett aktuell, was den Stand der Straßen/Pisten betrifft; mit Bergen und Flüssen. Achtung: unbedingt aufs Herausgabejahr achten. Es kursiert noch ein Schwung älterer Karten von 1975 und früher, die bezüglich Straßen total veraltet sind!

Tip: in der "Liberia Internacional"/Jr. Union, ca. 10 m von der Plaza San Martin/Lima in der Fußgängerzone gibts die selbe Karte/Stand 1984 mit Stadtplänen auf der Rückseite. Gleicher Preis wie die Lima 2000- Karte.

Ausgezeichnete Detailkarten vom "Instituto Geografico Militar" (IGM) Leider wurde das Stadtbüro an der Plaza San Martin aufgelöst. Man muß nunmehr zum Hauptbüro nähe Ministerio Industria y Turismo. Av. Aramburu 1190. Offen Mo. - Fr.: 8 - 12.30 und 13.30 bis 15.30 Uhr.

KARTENMATERIAL: 1:100.000 Erhältlich für den Küsten- und Andenbereich und sehr preiswert bei ca. 1,5 US $ pro Karte. Allerdings sind nicht alle Regionen erhältlich. Für die Grenzbereiche zu Ecuador und Bolivien/Chile ist für den Bezug eine Spezialgenehmigung nötig. Karten Richtung Amazonas bilden oft nur Teile ab (z.B. die Pozuzo- Karte), da von Satelliten aufgenommen. "Manchas" (weiße Flecken) an Stellen, wo das Land mit Wolken überzogen war. Keine 1:100.000-Karten zu Amazonas!

Touristisch wichtige Bereiche sind oft nicht abgedeckt, z.B. die Region Machu Picchu. Gibts aber in größerem Maßstab (1 : 740.000), den sogenannten "mapas Departamento", die in Genauigkeit sehr zu wünschen übrig lassen. Flußläufe und Straßen falsch eingezeichnet, – und nur zu grobem Überblick dienen.

Zugriff zu den IGM- Karten innerhalb Perus ausschließlich in Lima. Buchhandlungen im restlichen Peru führen die Karten nicht! – Wer spezielles in Peru vorhat, bei wenig Zeit vor Ort, sollte sich sein Kartenmaterial vorab in Deutschland beim Geo Center/Stuttgart besorgen. Zwar teurer (das Geo Center hat Unkosten im Kartenbezug und will schließlich auch verdienen), – so doch bequemer, da die heimische Buchhandlung die Karten übers Geo Center beziehen kann und man bereits zu Hause die Möglichkeit hat, Wanderungen und Bergbesteigungen vorplanen zu können.

TCAP (Touring y Automobilclub del Peru), Av. Cesar Vallejas im Stadtteil Lince/Lima hat gute Infos und nützliches Kartenmaterial für den Autotouristen. Tip ist die "Mapa Vial del Peru" (knapp 10 DM), aktuell in Sachen Straßenstand (also ob asphaltiert oder ripio). Die Karte ist teilweise auch in Buchhandlungen erhältlich

BÜCHER:

Aus der Vielzahl der Peru- Publikationen (meist Spanisch) sei herausgegriffen: "Manual de Arqueologia Peruana" von Federico Kauffmann Doig. Mit mehr als 800 Seiten das Standardwerk zur Archäologie Perus. Erschienen bei "Peisa"/Lima und derzeit nur in Spanisch erhältlich. Auch für den lohnend, der nur Basis- Spanisch kann wegen der Vielzahl an Illustrationen und Plänen (mehr als 1.5oo!!); erhältlich in Buchhandlungen von Lima. An dieser Stelle ganz herzlichen Dank an Federico Kauffmann Doig für Cooperation im archäologischen Sektor des Peru- Teils dieses Bandes! –

"Dokumental del Peru", eine rund 2o Bände umfassende Reihe zu den einzelnen Regionen Perus in Paperback und Spanisch, informativ. Ca. 4 DM/ Band, in Lima- Buchhandlungen.

"Historia de la Pintura Cuzqueña" von Jose de Mesa y Teresa Gisbert, 2-bändiger Bildband und Standardwerk zur Pintura Cuzquena sowie Architektur Cuzcos. In Lima in Buchhandlungen wie "Studium" erhältlich, allerdings nur mit sehr viel Glück.

"Trails of the Cordelleras Blanca & Huayhuash of Peru" von Jim Bartle, das Standardwerk für Wanderungen in der schönsten Region Perus. Englisch erhältlich gegen Voreinsendung von DM 24,60 über unseren Verlag.

"Peru Inka Region Cuzco" nennt sich das excellente Werk von Peter Frost, jetzt auch in einer deutschen Ausgabe im Stein- Verlag Kiel erschienen. DM 19,8o. Lohnt sich, allerdings nur die Cuzco- Region.

Weitere Bücher siehe Literaturverweis an den entsprechenden Textstellen des Peruteiles.

Der PERU–TEIL ist wie auch die anderen Länderkapitel dieses Bandes in Nord–Süd Richtung aufgebaut.

Der schnellere Grenzübergang von EQUADOR geht über die Panamericana entlang der Küste, – vom Guayaquil über eine tiptop ausgebaute und schnelle Asphaltstraße. Auf der equadorianischen Seite durch dichte Tropen vegetation, Bananenplantagen etc. Details siehe Seite 552 Grenzübergang bei Huaquillas/Tumbes. VORTEIL: auf beiden Seiten häufige Busverbindungen am Tag, bzw. ab Tumbes mehrmals pro Woche Jet-Verbindung nach Lima via Trujillo. Fahrzeit ca. 1 1/2 Tage per Bus. Die abenteuerlichere und zeitaufwendigere Verbindung ab Equador läuft durchs dortige Andenhochland auf wilden und endlosen Schotterserpentinenpisten von Cuenca via Loja nach Macara/Grenzübergang nach Peru, La Tina. Details zur equadorianischen Seite siehe S.

Grenzübergang Ecuador:

Ecuadorianische Grenze bei Huaquillas – Lima: 1.330 km. Über diese Strecke läuft der Hauptverkehr zwischen Ecuador und Peru. Viele Busse pro Tag. Strecke geht ausschließlich durch Wüste, – weich gewellte Sanddünen, Steingeröll, mehr oder weniger am Pazifik entlang. Die PANAMERICANA. Es gibt 2 Alternativen:

① Tumbes: ca. 40.000 E.

Vom ecuadorianischen Grenznest HUAQUILLAS über die Grenzbrücke und drüben, direkt hinter der Brücke, in Peru die Einreiseformalitäten. Ab hier per Colectivo rund 5 km am Airport vorbei durch Kakteen- Landschaft in den Ort TUMBES. Diverse Hotels, wovon das "Turistas" das beste aber auch teuerste ist. Der Ort ohne jeglichen Reiz, flache, langweilige Plaza. Historisch interessant: LA CRUZ (mit Kreuz), wo der Spanier Francisco Pizarro landete. Landein: Kanäle mit Mangroven. Wer in Tumbes hängen bleibt: passable Restaurants mit gutem Pazifikfisch. In jedem Fall aber versuchen, die Kurve zu kratzen:

22 - 24 Std. bis LIMA durchgehend mit "TEPSA", Roggero", "Sudamericano" für ca. 18 US $. Die Zeiten der Uralt- Tepsa- Busse mit hinten stinkenden Toiletten sind vorbei. Wer TEPSA bucht: Tip, 3 US $ drauflegen und "Presidencial" fahren. Absolute Luxusbusse mit Bar, Tip- Top- Kunststoff- Toilette und anderen Extras. Angeblich auch Essen bei Stops unterwegs inklusiv. – Nach Talara und Trujillo flinke COLECTIVOS (Sammeltaxis). Geringfügig teurer als der Bus; lohnt sich aber für "Kurzstrecken", da schneller.

jeden 2. bis 3. Tag mit AEROPERU zum stolzen Preis von ca. 90 US $ (!) für Ausländer. Einheimische zahlen derzeit ca. 56 US $. Immerhin: in ca. 2 Std. ist man in Lima.

Das Flugfeld liegt in der Wüste (Abzweigung von der Panamericana) nördlich von Tumbes Richtung Grenze. Von und Zu Flüge mit Colectivos sowohl nach Tumbes in den Ort rein, wie auch rauf zur Grenze.

Die PANAMERICANA geht von Tumbes gradlinig und schnell durch Kakteen und Buschgestrüpp, dann plötzlich absolute Sand- und Steinwüste. TALARA, Zentrum der peruanischen Erdölbohrungen im nördlichen Küstenbereich. Pumpenschwengel rechts und links der Panamericana. Täglich Aero Peru-Flüge runter nach Lima, ansonsten eine reichlich triste Stadt in der Wüste.

Nach TALARA: 160 km durch die Wüste entlang der Pazifikküste: durch hohe Sanddünen und entlang der Brandung des Meeres. Eine der schönsten Küstenstrecken Peru's . Der Bus braucht runde 2 Std. und stoppt öfters an kleinen Bretterbuden am Meer für kurzen Imbiss: frische Sardinen und das edele "Inca- Cola"!

Talara: ca. 80.000 Einw.

Oase in der Wüste und Zentrum der peruanischen Erdölbohrungen an der Costa. Verrostete Rohre laufen durch die Wüste, einsame Pumpschwengel im Wüstensand. Staatliche Raffinerie und Hafen. Hotels und Restaurants. Abstecher an die Küste: ca. 10 km nach CABO BLANCO, wo 1954 ein Angelweltrecord aufgestellt wurde. Frau Kimberly fischte hier einen 692 kg schweren "Black Marlin"; in späteren Jahren wurden hier Szenen zur Romanverfilmung der Hemmingway Novelle "Der alte Mann und das Meer" gedreht. Die Strandkulisse ist heute reichlich verramscht. Die "High Times" sind vorbei, – auch für die peruanische Fischerei, seit ca. Mitte der 70-er Jahre der Humboldstrom seinen Kurs ferner ab von der Küste gewendet hat. Airport mit täglicher Aeroperu Verbindung nach Lima.

Der TEPSA- Fahrer schiebt eine frische Kassette in den Recorder und donnert bei Andenflötenmusik durch die Wüste, 72 km bis SULLANA, runde 150.000 Einwohner, flaches Schachbrett ohne Besonders. Hotels und Restaurants.

Hier mündet der zweite Grenzübergang von Ecuador auf die Panamericana:

② Macara/La Tina:

Alternativ- Übergang in den Anden. Diese Piste ist im ecuadorianischen Teil recht rauh und kurvenreich, aber landschaftlich sehr schön. Details siehe "Ecuador"! – Grenzübergang: MACARA/Ecuador nach LA TINA/Peru. 135 km Schotterpiste bis Sullana an der Panamericana. LKW's (=Bus) brauchen ca. 6 Std. wegen schlechtem Zustand der Piste. Übernachtungsmöglichkeit in Macara (basic) und in Sullana ("Hotel Wilson"/Tarapaca 327 ** und "San Miguel"/Farfan 208*, freundlich, mit Dusche. Nähe Busabfahrt).

Von Sullana 40 km bis PIURA. Dichte Verbindung mit Bussen und Colectivos (ca. 45 Min.). Fast geradlinig durch die Wüste. Asphalt.

BADEN: an der Pazifikküste nur oberhalb von Piura das ganze Jahr über. Hier herschen noch tropische Wassertemperaturen, die mit dem "Corriente del Niño" aus Equatorregionen kommen.

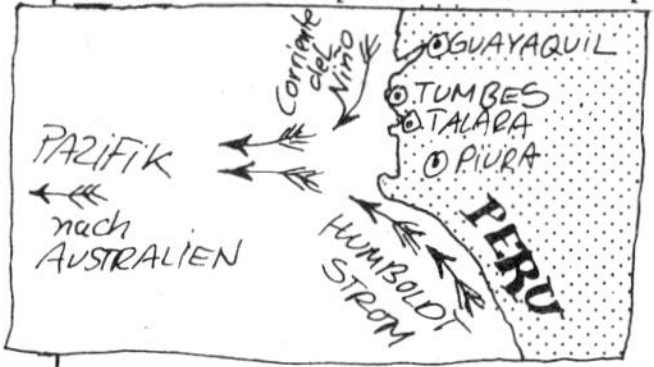

Entlang der übrigen Küste Perus der kalte Humboldt-Strom aus der Antarktis. Baden hier im Sommer (ca. Mitte Dez. – Anf. April). Die Wassertemperaturen steigen dann auf ca. 18 - 2o° C. Das sind die Monate an der COSTA Perus, in denen die Lufttemperaturen auf ca. 27 - 3o° C steigen. Die reichere Mittel- und Oberschicht zieht in ihre Sommerhäuschen in einer der vielen Pazifikbuchten der peruanischen Wüste, "La Tortuga" bei Chimbote, – "Punta Hermosa" und "Punta Negra" südlich von Lima, "Huanchaco" in der Nähe von Trujillo, um nur einige zu nennen. Die Wellenreiter packen ihre Surfbretter aus (meist Söhne und Töchter der peruanischen Oberschicht), hervorragender Surf; südl. von Lima wurden die Weltmeisterschaften ausgetragen (siehe dort!). Die Restaurants packen ihre Schutzbretter von den Fenstern. Ausgezeichneter Pazifikfisch.

PANAMERIC. NORTE

Entlang der Panamericana "Cebiche"- Bretterbuden, in denen es auch das "Inca- Cola" gibt. Großartige Wüstenlandschaften 1.ooo km bis hinunter nach Lima, Sandwüsten mit Wanderdünen, wie in der Sahara und tiefblauer Pazifik; viele Gringos halten diesen Wüstenstreifen, der sich bis tief nach Chile hineinerstreckt, für die schönste Wüste der Welt. Kilometergestresste TEPSA- Nonstop- Südamerika Fahrer fanden die Sache recht fade.

Wer mit eigenem Auto (oder Miet- PKW) fährt: Vorsicht mit den Sandverwehungen in die "Pana" rein, ebenso mit den Sandseitenstreifen; Schleudergefahr. Als Höchstgeschwindigkeit sind 1oo km/h fixiert, obwohl die Pana oft bei Asphalt und geradlinigem Verlauf mehr zulässt. Busse und LKW's beanspruchen die Straße häufig exklusiv und sind zum Ausweichen nicht bereit. Nachts mit "Einäugigen" oder "Blendern" rechnen!

Piura

ca. 29o.ooo E.

Wüstenoase, eine grüne Stadt mit üppigen Parks und einer Reihe von Kolonialgebäuden, während um die Außenbezirke der Sandsturm bläst. Neue Industrieanlagen, Bewässerungsprojekte und der Erdölhafen von Bayovar hahaben zu starker Expansion in den letzten Jahren geführt. TIP: mit die besten Milchshakes von Peru im "Berlin", Av. Grau 268, extrem groß mit riesigen Erd beeren! – PIURA liegt rund 6o km vom Meer entfernt, landein.

Hotels: "Turistas", Libertad 875, zwei cuadras von Plaza de Armas. Gemütliches, 2- stöckiges Haus, ca. 15 US $ (**), – "Vicus", Los Algarrobos (Residencialviertel von Piura, etwas außerhalb des Centros), derzeit das wohl beste (***), – "Tallan", Algarrobos (***), – sehr zu empfehlen: "Piura", Loreto 91o, – "El Sol", Sanchez Cerro 411 und "Sta. Maria", Arequipa 247, alle *** und zwischen 12 und 15 US $ mit Privatbad.

Billig: "Hispano", Calle Ica 65o, ca. 3 US $ Gemeinschaftsbad und "Terraza", Loreto 526, freundlich, bescheiden und sauber, ca. 3 US $.

Flüge: täglich mit Faucett. Stadtbüro: Tacna 642 , – und "Aeroperu", Büro Huanuco, Ecke Tacna. Flugzeit 1 Std. 2o Min. Für Ausländer ca. 85 US $.

Busse: häufig am Tag nach Lima, ca. 16 Std., ca. 13 US $ – **Colectivos:** "Comite 24" nach Lima, ca. 13 Std., jede Menge nach Chiclayo, Trujillo und Sullana.

★ AUSFLÜGE: nach PAITA, vor Jahren Hafen für Schiffe nach USA, heute nichts mehr los, absolut verschlafenes Wüstennest mit handvoll Fischerbooten.

56 km, Busse und Colectivos. Rund 1o km nördlich COLAN, Sommerbade-Strand (außerhalb der Saison: Bretter vor den Fenstern).

✶ WESENTLICH INTERESSANTER: fahrt mal in's Baumwollgebiet um den Rio Piura. Faszinierend: die Fruchtbarkeit der Flußoase inmitten endloser Sanddünen. Ursprünglich Bewässerungsanlagen nach alten Inca- Erfindungen, heute riesige Irrigationsprojekte mit dem 258 Mill. Kubikmeter fassenden Stausee San Lorenzo, Kanalsystemen, die ein ca. 2oo qkm großes Gebiet nordöstlich von Piura bewässern (Colonisacion de San Lorenzo), – sowie ein in etwa ebenso großes Gebiet in der Sechura- Wüste. Anbau: Baumwolle, Mais, Reis und Viehzucht (Zebus). Die Großhaziendas sind 1969 durch die Reforma Agraria unter Präsident Velasco verschwunden, der die Ländereien aufteilte und den Campesinos zusprach. Velasco stammte aus dieser Gegend, wie auch viele seiner engsten Mitarbeiter, so General Ibanez B. (Chiclayo).

Radikaler Rauswurf der unliebsamen "Amis" und Zuwendung zu Moskau hat der Velasco- Regierung viele Feinde gebracht wie auch finanzielle Schwierigkeiten. Hinzu kam die Abwendung des Humboldt- Stromes (Anchovietta–Reichtum); Peru war damals einer der wichtigsten Fischlieferanten der Welt.

Die Reforma Agraria des Präsidenten Velasco war in Südamerika die radikalste und tiefgreifendste. Die Haziendas der Flußoasen der peruanischen Küsten waren in Besitz einiger ganz weniger Familien.Ebenfalls wurden in den fruchtbaren Andenhochtälern die Felder an den Campesino aufgeteilt. Diese zwar positive, aber radilale und zu schnelle Veränderung scheiterte u.A. an der fehlenden Ausbildung der Campesinos.

✶ CATACAOS: 12 km von Piura (Colectivos), bekannt für sein Kunstgewerbe: Silberarbeiten, z.B. die "Dormilonas" (Schläfer), das sind große, fein gearbeitete Ohrhänger,-Halsketten, aber auch breitkrempige Schilfhüte gegen die heiße Sonne der Region (wenn nicht der Garua über der Wüste liegt). Viel Chicha- Produktion aus Mais. (Weiße Fahne auf Hausdach = hier gibts Chicha!). Tip: Restaurant "Las Tejas" excellent, typischer Küche der Reg.

✶ VICUS: ca. 6o km östlich von Piura über die Panamericana, Abzweigung nach Chulucanas. Am gleichnamigen Berg Vicus wurde 1963 eine der ältesten Kulturen Perus gefunden (2oo v. Chr.); in meist 1o m tiefen Gräbern viele Keramikfunde, heute die besten Stücke im Museum Lima.

✶ HUANCABAMBA: rund 2oo km von Piura in den Bergen nahe der ecuadorianischen Grenze. 1.953 m/ knapp 6.ooo Einwohner, Basic- Hotels. Wegen sehr schlechter Piste nach Huancabamba dauert der Trip runde 1o Std.

Die schöne Lage des Ortes, kolonialer Charakter und Startpunkt für Trips zu Hochlandlagunen können den Ausflug lohnend machen für Leute, die viel Zeit haben und am besten auch noch einen Geländewagen. Ansonsten Möglichkeit, Maultiere zu mieten. LAGUNA LAS HUARINGAS: Heilwasser; Quacksalber machen dickes Geld mit halluzinogen Drogen, so dem "Huachuma"- Kaktus.

✶ BAYOVAR: Erdölhafen am Pazifik, Endpunkt der großen Pipeline aus den peruanischen Amazonasgebieten nähe der ecuadorianischen Grenze.

Wegen dieser Erdölfunde gab es bereits 2 Kriege zwischen Peru und Ecuador: 1945 und 1981, die beide zu Ungunsten Ecuadors ausgingen. Fördermenge in gesamt- Peru imJahre

1981: 2oo.ooo Barrels/Tag: bei weitem nur Bruchteile der Menge des südamerikanischen Marktführers Venezuela, – so doch Deckung des peruan. Eigenbedarfes bei derzeit 3o % Export (=wichtige Devisen!). Quelle: "Business Week", 13. April 1981.

Peru war übrigens das erste Land Südamerikas, das erfolgreich Erdöl bohrte: 1863, Region Talara! Wurde aber sehr schnell von Venezuela überholt. – Bis 1958 waren die Erdölfelder um Talara die einzigsten Quellen des Landes, die angezapft waren. Die Existenz von Lagern im Amazonas war zwar seit 1938 bekannt, lohnte sich damals aber wegen zu hohen Förderkosten und zu niedrigem Weltmarktpreis nicht

Erschließung von Urwaldquellen in Peru seit 1973. Zur Zeit der Velasco- Regierung: Bau der Amazonas- Pipeline, existenzielle Voraussetzung zum Abtransport. Ab 1978 ist Peru selbstversorgend. Die derzeit bekannten Lager reichen bei gleichbleibendem Verbrauch noch ca. 1o Jahre. Der Benzinverbrauch ist jedoch in den letzten Jahren sprunghaft gestiegen. Gleichzeitig verschwinden, – bei aller Tüchtigkeit einheimischer KFZ- Mechaniker, die benzinfressenden US- Schlitten immer mehr zu Gunsten sparsamer Japaner.

In der Sechura- Wüste zugleich reiche Lager an Phosphaten, die zur Düngung verwendet werden.

WEITER IN RICHTUNG SÜDEN:

Auf der Panamericana, die im gesamten Bereich ausgezeichnet ausgebaut ist. Ihr sitzt gemütlich im Bus, der Tape- Recorder spielt peruanische Indiomusik und draußen zieht die Wüste vorbei . . . Papierfetzen und Plastiktüten weht es aus den Städten heraus, und in die Berge steht eingraviert: "Viva el Peru"! –

Die neue Panamericana geht quer durch die Sechura- Wüste und kürzt um ca. 3/4 Std.- Fahrzeit nach CHICLAYO ab. Die alte Pana macht einen grossen Bogen Richtung Ost. In OLMOS, ca. 2oo km nach Piura zweigt eine Schotterpiste in die Berge ab, rüber in den Amazonas. Derzeit Hauptverbindung im Norden Perus, da ein "nur" 2.144 m- Pass überquert werden muß, der ABRA PORCULLA. Über diese Piste läuft die Busverbindung Chiclayo-Tarapoto, eine der wichtigsten Querverbindungen zwischen dem bevölkerungsreichen Westen (=Costa und Sierra), der aber ernährungsarm ist und den reichen Anbaugebieten der Amazonas- Randbereiche/peruanische Bergurwälder.* Ein rauher Bustrip, der je nach Regenfällen, Bergrutschen und technischen Pannen ab ca. 2o Std. dauert. Weiter bis Tarapoto (ca. 32 - 4o Std.).

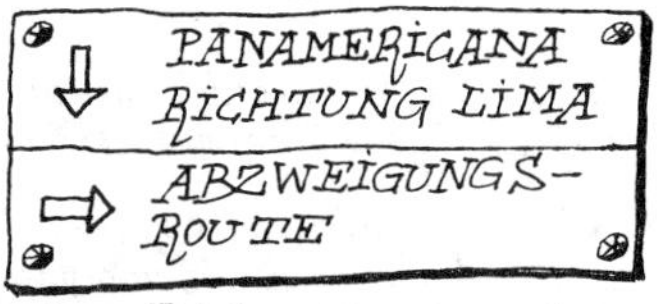

Knotenpunkte sind BAGUA (245 km ab Olmos/7 - 12 Std. im Bus je nach Pistenzustand), Basic Hotels, derzeit knapp 1o.ooo E., Expansion zu erwarten, – JAEN (21o km ab Olmos/7 - 11 Std. Bus), Basic- Hotels, über eine ca. 12o km Piste nach SAN IGNACIO nähe der ecuador. Grenze.

Von JAEN 7o Urwald- Km nach NAZARETH am Rio Marañon. Baracken und Militär, Vorposten der peruan. Zivilisation im Aguarunas Gebiet, einem Indianerstamm, der noch vor kurzem Schrumpfköpfe herstellte und nur teils "Interesse" an Filmprojekten talentierter, deutscher Regiseure (Herzog) zeigte (Geld = dringend nötige Medizin etc.: ja, – Zerstörung der Kultur

* die andere Hauptverbindung zwischen Costa und Amazonas: LIMA–LA OROYA – HUANUCO – PUCALLPA. Details siehe dort!

durch die Pseudo- Errungenschaften der Weißen: nein!). Peruanische Militär-Bataillons haben den Urwaldpfad für Jeeps und geländegängige LKW's bis nach SARAMERIZA/Rio Marañon (ca. 17o km) vorangetrieben. Land- und Erdölerschließungen standen dabei im Vordergrund. – Kanu & Bootverbindung auf dem Rio Marañon bis IQUITOS, allerdings sehr unregelmäßig.

Knapp vor BAGUA Abzweigung einer Piste parallel zu den Andenhängen nach CHACHAPOYAS (Airstripe, Hotels), – bzw. nach MOYOBAMBA und TARAPOTO mit Verbindung über TINGO MARIA nach Lima. Details hierzu siehe Seite 626/694. Bus- und Flugverbindungen. –

Chiclayo:

ca. 34o.ooo E.

ohne Reiz für längeren Aufenthalt. Zentraler Handelsplatz für Baumwolle, für Reis (=1. Stelle in Peru) und Zucker (=2. Stelle). Eine Wüstenoase, die sich über 5o km von Morrope bis runter nach Mocupe erstreckt.

Zugleich eines der größten Bewässerungsprojekte Perus, erstellt mit deutscher Entwicklungshilfe. Helmut Schmidt hat selber die Anlagen besucht. Amazonaswasser, wird hier in mehreren Tunneln in die Wüste/Costa umgeleitet. – Genial in Konzept und Ausführung, wenn auch kostspielig im Bau von Kanälen, Sperren zur Wasserregulierung und Reservoirs (Tinajones, 32o.ooo.ooo m^2)

Hotels: "Turista" (***), Av. F. Villaroel 115, ca. 2o US $ für's Doppel, zu empfehlen, auch wenn diesmal etwas außerhalb. – Gut: "Hostal Obby", Fc. Cabrera Ecke Larco Herrera, ca. 15 US $ mit Privatbad, – "Inca", Av. Luis Gonzales 622, neu, ca. 15 US,– "El Sol", Elias Aguirre 115, alle ***- Sterne.

Billig: "Monaco", Pedro Ruiz Gallo 983, ca. 5 US $, – "Americano", Balta 1169, ca. 6 US $, – "Europa", E. Aguirre 466 ca. 8 US $. – Ein Schwung weiterer in der Av. Baltra, so das "Madrid", – "Berlin", – "Astoria" (nicht so gut), – "Adriatico", alle um die 3 US $. Ab Av. Balta und Nebenstraßen: Abfahrt vieler Busse und Colectivos!

Tourist Office: Av. Saenz Peña

Flüge: Täglich mit "Aeroperu", Stadtbüro: Elias Aguirre 38o und "Faucett", Büro: Ecke Bolognesi mit Cuglievan nach Lima. Flug 1 Stunde, Ausländer zahlen ca. 75 US $.

Der "Aeroperu" - Flug geht derzeit über ROJIA im Urwald und dauert entsprechend länger wegen Umwegstrecke und Zwischenstop. – Faucett fliegt ab Chiclayo nach Piura. Flugpläne ändern sich laufend, daher in den Büros abchecken. Airport: ca. 2 km ab Centro.

Die Militärs fliegen ab Chiclayo rüber in den Urwald »→ "Grupo 8"; ebenso nach Lima.

Busse: Dichter Verkehr auf der Panamerikana nach LIMA (täglich viele Busse, 76o km, ca. 13 Std., 1o US $), – sowie nach PIURA (ca. 3 Std., 3 US $), Talara und Tumbes (542 km, ca. 8- 9 Std.). Colectivos schneller (ca. 1o Std. nach Lima) und teurer.

CAJAMARCA: täglich, ca. 7 Std. und 6 US $ /Bus, sowie Colectivos (ca. 5 Std.). Die schnellste Strecke geht zunächst über Panamerikana Richt. Süden und beim Dorf Guadeloupe Abzweigung in die Anden. Durchgehend asphaltiert. – Alternativstrecke über Chota, Bambamarca: Schotter, ebenfalls Busse, aber erheblich länger.

Urwald: nach CHACHAPOYAS mehrmals pro Woche Busse über Olmos, ca. 2o Std. und mehr je nach Piste, – oder, landschaftlich schöner über Cajamarca. Dort umsteigen und erheblich längere Fahrzeit, insgesamt ca. 2 Tage je nach Pistenzustand.

MUSEO BRÜNNING: in Lambayaque, 1o km nördlich von Chiclayo. Eine der wichtigsten Archäologischen Sammlungen in Nordperu. In den modernen Museumsgebäuden mehr als 1.4oo Stücke aus der Mochica-, Vicus- und

Lambayaque- Kultur. Vorwiegend Huacos, Silber- und Goldarbeiten, Werkzeuge und Mumien von Chimu- Menschen. Die Sammlung stammt vom deutschen Kaufmann Brünning, der sich viele Jahre seines Lebens mit der Erforschung dieser Kulturen beschäftigte. "Huaqueros"(Grabräuber) haben Ende der 3o- er Jahre in der Lambayaque- Region besonders gewütet und dabei u.a. auch Bulldozzer eingesetzt! – Colectivos ab Plazuela E.Aguirre/Chiclayo

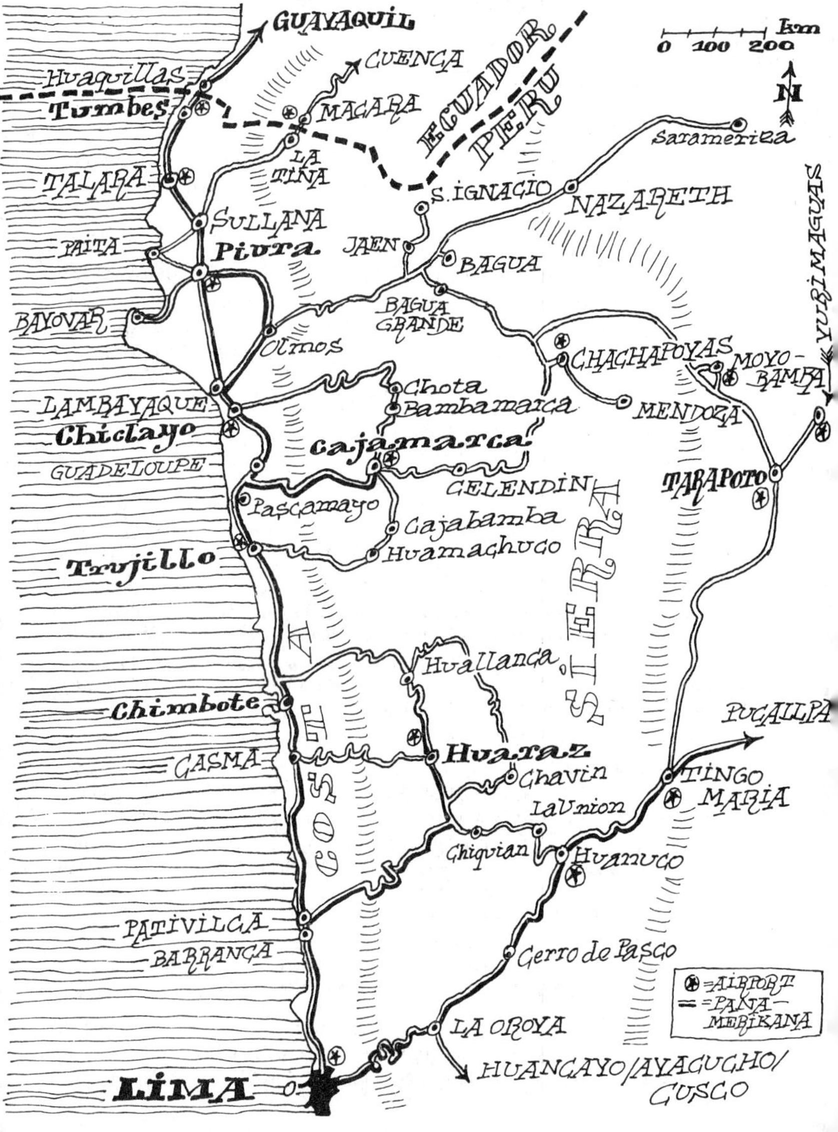

✱ STRÄNDE: Eten (19 km) und Pto. Pimentel (11 km), Monsefu (11 km) und Santa Rosa (16 km) mit Strandrestaurants ("chinguirito de guitarra" Trockenfisch mit Salz, Zwiebel und Zitrone, – "El chilcano": Fischsuppe und "La Tortilla de Raya" (Fisch=Raya mit Tang). Colectivo ab Chiclayo. Häufig ab Av. Balta!

✱ PETROGLIFO DEL CERRO MULATO: präcolumb. Felszeichnungen im

b. w.

ECUADOR → LIMA
ALTERNATIVEN

Eine der Hauptstrecken im Andenbereich für Gringos, was einmal damit zusammenhängt, daß beide Länder, zusammen mit Bolivien zu den interessantesten auf der Pazifikseite des Kontinentes gehören, – zum anderen, weil es in beide günstige Transatlantikflüge gibt.

✱ **DIREKTFLUG:** annähernd täglich ab Guayaquil und ab Quito nach Lima. Plus: eine Busfahrt von rund 2 Tagen wird auf 2- Std. Flug reduziert, – Minus: teuer. Einfach bis Guayaquil ca. 175 US $ (in Peru gekauft) und ca. 16o US $ (in Ecuador gekauft). Bis Quito: ca. + 3o US $. – Insbesondere bei klarem Wetter ein Superflug, einer der schönsten in Südamerika über die Vulkane Ecuadors und die Gletscherseen um Huaraz (Wer Quito–Lima fliegt!). Auf beiden Strecken gibt's günstige "Excursion- Tickets": ca. 3oo US $ retour innerhalb von 3o Tagen.

✱ **DIREKTBUS:** 36 Std. bis Quito mit Spitzenbussen der "Tepsa" (Bar und Toilette, superbequem). An der Grenze wartet der Anschlußbus. Ca. 45 US $ bis Quito. Ca. 4o US $ bis Guayaquil. – Alternative:

✱ **BUS:** in Peru bis zur Grenze und drüben selber den Anschlußbus suchen: = ein paar Stunden eventuell warten. Gespart runde 2o US $. Zeit: bis Guayaquil somit rund 2 Tage, nach Quito einen weiteren, wobei man den attraktiven Zug bis Riobamba nimmt. Plus: neben Geldersparnis diverse Zwischenstops. Im Normalfall steigt man früh in Guayaquil in den Bus an die peruan. Grenze, die gegen Mittag erreicht wird. Drüben in den Bus Ri. Lima bis Trujillo (Ankunft gegen Mitternacht je nach Busanschluß. Wenn man Pech hat, geht der Bus ab Tumbes erst am Abend und man kommt in Trujillo gegen Morgengrauen an, – je nach Trip frisch oder mit Streichhölzern zwischen den Augen = im Hotel erst mal auspennen).

Trujillo ist bester Zwischenstop auf dem Wüstentrip nach Lima, da Halbzeit und interessante Sachen wie "Chan- Chan". Im nächsten Rutsch dann bis Lima. Alternativ, wenn genügend Zeit: unbedingt den Abstecher ab Chimbote rauf in den Callejon de Huaylas nach Huaraz in fantastischer Bergkulisse, optimal für Trails, Gletscherlagunen und Chavin mit interessanter Archäologie; zurück (täglich mehrere Busse) nach Pativilca–Lima, oder Trip über La Union – Huanuco.

✱ **ALTERNATIVEN:** Wer den Trip nach Guayaquil "schnell" braucht, aber nicht 175 US $ hinblättern will, bucht "Aeroperu" oder "Faucett' nach Tumbes ab Lima: = knapp 9o US $. 2 Std., über die Grenze und per Bus (= ca. 6 Std. nach Guayaquil) – Oder: runde 85 US $ nach Piura, dort per Bus nach Sullana und weiter an die Grenze bei La Tina/Macara. Drüben Bus oder Propeller nach Cuenca – Quito.

URWALD–UMWEGE: Direkt nach Ecuador via Urwald geht nicht (außer dem extrem zeitaufwendigen Trip via Iquitos – Rio Napo – Coca – Quito, der zudem wegen Steitigkeiten zwischen Ecuador und Peru u.U. nicht bereisbar sein kann). – Alternativen: in OLMOS "aussteigen" und rüber die Andenkette nach Chachapoyas im Bergurwald. Weiter nach Tarapoto – Tingo Maria nach Lima. – Geht auch über Cajamarca (ab Chiclayo oder Trujillo) nach Celendin und Chachapoyas. Abenteuerliche und landschaftlich sehr reizvolle Route (unbedingt Stop in Cuelap! Details siehe "Cajamarca"!)

Flußbett des Rio Chancay und in der Umgebung von Chongoyape: Figuren von Tieren, Vögeln, Lissards und Wölfen, wie auch Sonne und Mond.

EL AVE DE OYOTUN: mit "Empr. de Transp. San Juan" ab J. Cuglievan Cda. 14/Chiclayo. Ein rund 60 m langer und 80 m breiter, in den Cerro del Aguila eingravierter Vogel mit rundem Kopf und kurzem Schnabel, nach Ost orientiert. An der Straße nach Zaña und Cayalti. Abzweigung km 733 von Panamericana. Das Alter des Vogels wird auf runde 4.000 Jahre geschätzt.

Feste/Chiclayo: Wichtig: "Campeonato Intern. de Peleas de Gallos" am 30. August. Riesiger Hahnenkampf- Wettbewerb im Coliseo Punta Roja, 8. cuadra de Manuel Maria Zarga/Chiclayo.

18. April: "Creacion de la Provincia de Chiclayo", Wettkämpfe, Feuerwerke zur Gründung der Provinz Chiclayo.

12 - 24 Juli: "Fiesta del Niño del Milagro de Eten": religiöses Fest zur wundersamen Erscheinung des Jesuskind in einer Hostie am 22. Juli 1649 in der Kapelle von Eten. Dort auch das Fest.

25. Juli – 7 August: Peregrinacion und Feria de la Cruz de Motupe (ca. 80 km nördl. von Chiclayo). Wichtigstes Fest in Nordperu. Folklore, Hahnenkämpfe, Sportwettbewerbe und kirchliche Prozessionen.

26. Juli – 29. Juli: "Fexticum en Monsefu", 30 km von Chiclayo (Colectivos), mit touristischer Feria (Messe) und Artesania speziell aus Monsefu. Verkauf, auch Bebidas (mehr als 48 verschiedene Chicha- Sorten!)

2. - 9. Dez.: "Feria Agropecuaria Artesanal Nacional": 2 km von Chiclayo an der Strasse nach Pomalca im "Campo Ferial de Chiclayo". Kunstreitpferde, wofür Chiclayo berühmt in Peru ist! Silberarbeiten, landwirt. Erzeugnisse, Maschinen etc.

1. Dez.- Woche: "Semana Turistica de Chiclayo": Schönheitswettbewerbe, Stierkampf, Motocross- Rennen, Hahnenkampf etc. Besonders interessant: "carreras caballo de totora" (Wettkampf der Seepferdchen, das sind die für die peruan. Küste berühmten Schilfboote der Fischer, siehe auch "Trujillo"!).

3. - 12. Dez.: "Feria del Rotary Club" auf dem Campo Ferial in der Stadt Chiclayo, Av. Leonardo Ortiz. Ausstellung von Industrieprodukten, Kunstgewerbe. Sowie Musik-Wettbewerbe, Filme etc.

ABSTECHER IN DIE ANDEN AB CHICLAYO:

330 km ab Chiclayo in die Anden nach Cajamarca. Die ersten 60 km bis Chongoyape gehen einigermaßen zügig durch Flußoasen (Asphalt). Danach Beginn einer wilden Schotterpiste in die Anden rauf über Chota nach Bam-

bamarca (Busse ab Chiclayo, ca. 2o Std.). Ab hier schönster Streckenteil: über 4.ooo m hohe Andenpässe und durch tiefe Canyons. (Busse).

Erheblich schneller ist die durchgehende Asphaltstraße ab Chiclayo via Panamerikana, Abzweigung bei Guadalupe rauf nach Cajamarca. Tägl. Bus, ca. 7 Std. bzw. Colectivo ca. 6 Std. In etwa gleiche Fahrzeit ab Trujillo. – Flug derzeit 2 mal pro Woche ab Trujillo nach Cajamarca (2o Min./ca. 2o US $) bzw. Lima (ca. 9o Min./65 US $) mit "Aeroperu". Verspätungen oder Flugstornierung einkalkulieren wegen schlechtem Wetter in den Anden.

Cajamarca: 2.75o m / ca. 6o.ooo E.

Kolonialstadt, in der 1532 das spanische Goldsucher- Heer Pizarros den Inca-Führer Atahualpa fing. Gegenüber der Kirche San Francisco/Hauptplaza in der Gasse Amalia Puga könnt ihr den Raum sehen, den Atahualpa bis zur ausgestreckten Hand einmal mit Gold und zweimal mit Silber anfüllen ließ, um sein Leben freizukaufen. Trotzdem wurde er 9 Monate später ermordet.

Erstes Zusammentreffen zwischen ATAHUALPA und den SPANIERN in Cajamarca.

Eroberung Perus:

IN DER LITERATUR wird immer wieder betont, welche großartige Leistung Pizarros es war, mit nur 168 Soldaten den Inca Atahualpa zu überwältigen, der zu diesem Zeitpunkt nach Chronistenberichten zwischen 3o und 8o.ooo kampferprobte Soldaten um sich hatte und in der Hochebene von Cajamarca lagerte. Dabei wird aber vergessen, daß Pizarro dem Heer Atahualpas waffentechnisch haushoch überlegen war.

In 2 Erkundigungsexpeditionen hatte Pizarro von Panama aus die Pazifikküste Richtung Süden abgesegelt und war mehrfach im Gebiet des heutigen Ecuador und Kolumbien an Land gegangen. Auch Atahualpa hatte von der Ankunft "weißer, bärtiger Männer" durch Boten erfahren, war derzeit aber zu sehr in eigene, innere Machtkämpfe mit seinem Stiefbruder Huascar verwickelt, den er bei Cusco besiegte.

In den frühen Morgenstunden des 15. Nov. 1532 gelangte die kleine Schar der Spanier, 62 Reiter, 1o5 Fußsoldaten, ein Priester und ein Dolmetscher an den Rand des Talkessels von Cajamarca. Sicher ist den Spaniern beim Anblick der riesigen Zeltstadt Atahualpas am Ostrand des Tales bei den "Baños del Inca" das Herz durch die Rüstung in die Hose gerutscht. Boten und Geschenke wurden ausgetauscht und beide Seiten taxierten die Situation. Atahualpa fühlte sich relativ sicher wegen seiner Übermacht , war erstaunt

WAFFEN DER SPANIER

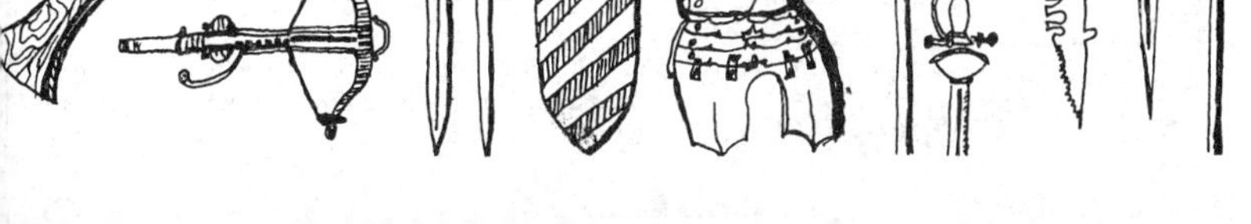

über die Pferde der Spanier und durfte auch mal auf einem reiten (die Inkas kannten keine Pferde, nur Lamas, die max. 5o kg tragen konnten und somit keinen Krieger). Dabei realisierte Atahualpa vermutlich nicht den gewaltigen Bewegungsvorteil eines Reiters im Kampf. Er riegelte den Talausgang ab und glaubte somit, die weißen Männer in seiner Hand. – Der 15. November vergeht, Atahualpa übernachtet in seiner Zeltstadt bei den "baños", die Spanier in Cajamarca, sichtlich nervös. Francisco PIZARRO beschließt eine List: am nächsten Morgen läd er Atahualpa ein, ihn in Cajamarca auf der Hauptplaza zu besuchen (dahinter steckte die Idee, daß auf der kleinen Plaza nur ein sehr geringer Teil des Heeres Atahualpas Platz hätte).

ATAHUALPA bereits gefangen und von einer spanischen Wache (=guardia) bewacht.

Der Inka fühlt sich bei der Übermacht seiner Soldaten sicher und kommt mit 6.000 Mann durch die engen Gassenöffnungen auf die Plaza. Diese werden von den Gewehrkugeln niedergemäht, die Leichen türmen sich von Säbelstichen durchbohrt und der erstaunte Inka wird mehr oder weniger gekidnappt, indem seinen Sänftenträgern die Hände abgeschlagen werden. Spanische Fußsoldaten tragen die Sänfte samt Inka schnell weg.

Damit ist der Herscher eines Riesenreiches(von mehr als 4.000 km vom heutigen Quito bis tief rein nach Chile)in den Händen einer kleinen Truppe spanischer Abenteurer.

Weitere Taktik der Spanier, – wie übrigens auch bei der Eroberung Mexicos erfolgreich angewandt: den Führer nicht zu töten, sondern lediglich aus seiner Machtposition zu eliminieren um sich mit seiner Hilfe selber an die Spitze der Hierarchie zu stellen.

Aus Angst um sein Leben befiehlt Atahualpa seinen Unterführern, nichts gegen die Spanier zu unternehmen. Er hofft, daß die weißen Männer sein Land verlassen würden, sobald sie Gold und Silber erhalten hätten und schickt Boten in alle Landesteile, um seine Schätze zusammenzuschaffen.

SPANIER zechen mit Inka-Führern (Links), während die anderen zu Dienern degradiert sind

In den folgenden Monaten treffen auf Lama- Rücken nach heutiger Rechnung mehr als 32 Mill. DM* in Cajamarca ein. Die Kunstgegenstände werden ab Mai bis Juli 1533 eingeschmolzen und nach Spanien eingeschifft. Pizarro behält sich den Löwenanteil ein.

Atahulapa wird nur wenige Tage nach dem Auslaufen der Schiffe, am 26. Juli 1533 in Cajamarca durch Erdrosseln ermordet. Die Spanier denken keinesfalls an Rückzug bei dem Reichtum der Anden- Minen und haben Angst, Atahualpa könne das Volk gegen sie aufwiegeln. In Hohn christlicher Nächstenliebe wird Atahualpa vor seinem Tod noch gezwungen, den christlichen Glauben anzunehmen. Dann wird der Strick um seinen Hals angezogen.

Mit den Ereignissen in Cajamarca begann die Eroberung des westlichen Südamerikas; erster Zusammenprall zweier Weltkulturen, – die Europas, die auf den Kulturen wie Mesopotamien, Ägypten, Griechen-

* reiner Metallwert. Die Angaben schwanken jedoch bis zu 62 Mill. DM, und einiges ist sicher "unterm Tisch" gelaufen, um nicht zu viel Steuern an die spanische Krone zahlen zu müssen.

land und Rom basierte, – und die des Inka- Reiches, das sich in einem machtpolitischen Vakuum, geschützt von Amazonasurwäldern und Pazifik entwickeln konnte und auf wichtige Kulturen wie Chavin, Chimu, Mochica, Nasca und Paracas sich stützte. Sieger wie so häufig in Weltauseinandersetzungen: der technisch- militärisch Überlegene.

So kannten die Europäer den Wagen und das Pferd (Kommunikation und Warentransport schneller) gegenüber Chasqui- Läufern bei den Inkas, – waren im Schiffbau und Navigation haushoch überlegen,bei erstem Transatlantik- Know How, – hatten perfekteres Schrift und Rechensystem (Inkas: Knotenschnüre und Schriftzeichen), sowie "kürzlich" die Schriftvervielfältigung (Buchdruck) erfunden. Wichtigeste Vorteile im militärischen Bereich: Schwarzpulver und Gewehr/Kanonen, Armbrust, Rüstung, Pferd.

Die Kriegsbeute von Cajamarca dürfte die größte der Weltgeschichte gewesen sein, insbesondere, nimmt man die anschließende Ausbeutung der Minen (z.B. POTOSI) hinzu. Die Metallwerte, die nach Spanien flossen, führten dort zum sogenannten "Goldenen 16. Jhd." und bewirkten gleichzeitig eine verstärkte Nachfrage nach Luxusgütern, die von der unterentwickelten spanischen Industrie nicht befriedigt werden konnte. Ausländische Firmen (Frankreich, England, Deutschland) sprangen ein, wie auch der gewaltige Wertmetall- Zufluß zu starker Inflation in Spanien führte. Hinzu kamen teure Kriege in Europa; unterm Strich waren die großen Handelshäuser des übrigen Europas die wahren Nutznießer.

Unterwerfung der Indianer:

"MITA" = unbezahlte Zwangsarbeit in Straßenbau, öffentl. Bauten, hauptsächlich aber Minenarbeit. Konnte vom Vizekönig in Peru bestimmt werden. In Theorie mußte jeder arbeitsfähige Indianer 1 Jahr a 16o Arbeitstagen und 7 Std. Mita ableisten. In der Praxis hielt man sich jedoch wenig daran; 1o.ooo ende starben insbesondere in Bergwerken.

"CASTIGO" = zu Tode Peitschen. Häufig bei Aufständen angewandt: Als Faustregel galt: pro Tötung eines Weißen 1oo Indianer. Ansonsten zur Abschreckung: Landverbrennung oder Abschlagen von Händen oder Füßen. Deportation von Männern, die Frauen unter die Spanier verteilt.

Das spanische Vizekönigreich Peru erstreckte sich von TUMBES bis Mitte heutiges Chile inkl. heutige Boliviengebiete. (1542 – 1821). Zur ersten Transatlantik- Überquerung des Christoph Columbus und Navigationsschwierigkeiten vergl. ausführliche Texte in unserem Band "SÜDL. KARIBIK"/Velbinger, – Details zur Erschließung der Potosi-Mine, der wichtigsten und reichhaltigsten im Vizekönigreich siehe Potosi- Text dieses Buches, – Ausgezeichnet, allerdings nur in Englisch: "The Conquest of the Incas" von John Hemming, erschienen bei "Abacus"/Sphere Books Ltd., P.O. Box 11, Falmouth, Cornwall - England.

Wer mehr als nur Peru- Abhaken will und Erlebnisse wie Sight Seeing abklappern, sollte sich den Erdmann- Band "EROBERUNG VON PERU" besorgen, der authentische Berichte von Mitreisenden Pizarros enthält, 28 DM, Bezug über unseren Verlag, Porto inkl.

CAJAMARCA ist heute ein verschlafenes Provinznest, in dem um 21 Uhr die Bürgersteige raufgeklappt werden. Schöne Lage in üppig grünem Anden-
(4) hochtal und angenehm frische Luft. – "Cuarto del Rescate" (Calle Amalia Puga bei Plaza): garnicht sicher, ob dies der Raum war, den Atahualpa mit Gold und Silber anfüllen ließ. Besichtigung des kahlen Raumes bei knapp

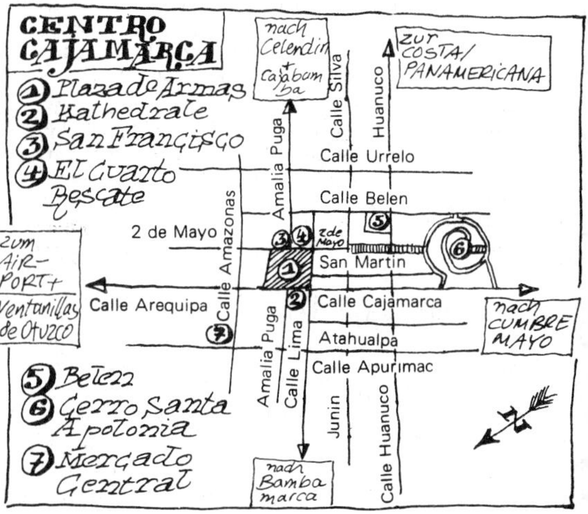

1 US $ reichlich teure Impression! – Schräg gegenüber, selbe Gasse die Kir-
(3) che San Francisco mit schöner Steinmetzfassade und reichem Kolonialbarockaltar. Katakomben und kleines Museum mit Kolonialgemälden. 1. cua-
(5) dra rechts: Calle Belen die gleichnamige Kirche; reichgestaltete Fassade, innen Tendenz zu Kitsch. – Lohnend: von der Hauptplaza über die San Martin
(6) auf den Cerro Santa Apolonia! Von hier der schönste Blick über die Stadt und Tal. Pre- Inka und Inka Ruinen, insbesondere ein Steinsitz "El Trono del Inca". Geht auch über Calle Belen; PKW: ab Calle Cajamarca. – Plaza
(1)(2) de Armas mit Kathedrale (18. Jhd., ohne Glockenturm). Gebaut mit Vulkanlava, innen Altar mit Pan de Oro. – Schöne Kolonial- Portale: "Casa del Conde de Uceda": Ecke Calle Lima mit Apurimac, – "Casa de Don Toribio Casanova", Calle J. Calves 928, – "Casa del Conde de Santisteban", Calle Junin 1132, – "Casa de los Bernal", Calle Cajamarca 528. – Der
(7) "Mercado Central" liegt Ecke Amazonas/Apurimac.

Hotels: "Hotel Turista", Jr. Lima 773, sehr zu empfehlen, wer das Geld hat, ca. 13 US für's Doppel mit Bad und Nacht. Zentral gelegen. – Billiger die beiden Hostals: "Delfort" (Jr. Apurimac 851) und "Cajamarca" (2 de Mayo 311) in einem alten, restaurierten Cajamarca- Haus zu Füßen des Cerro Sta. Apolonia. Sehr zu empfehlen. Beide mit Privat-Bad ca. 8 US $ Doppel und Nacht. Heißes Wasser. –

Billig: "Jusovi", ein *-Hostal, Amazonas 637 mit 23 Zimmer, Doppel ca. 6 US $, –in der Nähe: "Hostal Amazonas" *, Amazonas 528, zu empfehlen, ca. 4 US $, – "Casablanca", 2 de Mayo446 soll besser geworden sein, kostet jetzt allerdings auch ca. 6 US $ für's Doppel; nicht unbedingt optimale Preis- Leistungsrelation. – "Sucre", A. Puga 811, gut, ca. 5 US $, – ebenso "Plaza", Jr. Amalia Puga 669, ca. 6 US $. – "San Francisco", Calle Belen, ca. 6 US $ fürs Doppel, – viele weitere um Bereich Hauptplaza. ACHTUNG: abchecken, ob Wasser geht und bei teureren Hotels, ob Heizung vorhanden. Nachts kanns in Cajamarca ganz schön kalt werden, wenn man keinen Schlafsack mit dabei hat.

Restaurants: "El Arlequin", "Le Cumbe" und "La Taberna", alle Plaza de Armas, die besten für gutes und relativ billiges Essen in Cajamarca. – "El Rescate" gut für die Cajamarca Spezialität "cuy con papas" (Meerschweinchen mit Kartoffeln).

Tourist Info: Conjunto Monumental Belen, Calle Belen (siehe unsere Karte Nr. 5)

Transport: BUSSE: täglich nach Chiclayo und Trujillo (auch Colectivos). Details siehe "Abstecher in die Anden nach Cajamarca", 5 Seiten vorher! – Ebenfalls täglich nach Bambamarca und Cajabamba. Details siehe dort! – Die Route nach Chachapoyas ist unter "Abstecher in den Urwald ab Cajamarca" beschrieben.

Die meisten Busse fahren ab 2 de Mayo und Amalia Puga, auch Colectivos. Die TEPSA-Busse derzeit ab Atahualpa.

FLÜGE: mit "Aeroperu" derzeit 2 mal pro Woche über Trujillo nach Lima (ca. 9o Min/ 65 US $). Der Airport von Cajamarca liegt runde 5 km außerhalb an der Straße nach Ventanillas de Otuzco. Stadtoffice "Aeroperu": Jr. Amalia Puga 525. Wegen der Lage von Cajamarca in einem Andenhochtal kann es aus Witterungsgründen öfters Verspätungen oder komplette Flugstornierungen geben.

STRASSEN–KM: (in ca. ab Cajamarca) – Pacasmayo an der Panamericana(durchgehend Asphalt): 18o km, – Bambamarca (Schotter): 117 km, – Cajabamba (Schotter): 127 km, – Celendin(Schotter): 1o7 km), – Chachapoyas (Schotter): 334 km, – Lima (durchgehend Asphalt, via Pacasmayo): 861 km

Museen: "Arqueologico", Univ. de Cajamarca, Jr. Arequipa 268, – "Museo de Arte Colonial": im Convento San Francisco, Plaza de Armas Ecke Amalia Puga.

Feste: Carneval: (variabel, Feb./März), Umzüge, Verkleidung, Wahl der Carnevalskönigin, teils sind auch, wie in den Anden üblich, Wasserbeutel im Spiel, die auf Zuschauer geworfen werden. – Corpus Christi (variabel, meist Ende Juni): Prozessionen, viele Campesinos kommen aus den umliegenden Dörfern. – Semana Turistica (letzte Woche des August, kann sich ändern) mit vielen, kulturellen Veranstaltungen. Musik, Kunst, aber auch landwirtschaftliche Ausstellungen.

Umgebung von Cajamarca:

Für mich Hauptgrund für Abstecher nach Cajamarca. Schöne Wanderungen am Talrand; meist auch per Bus zu erreichen. Beste Zeit: Regenzeit, wenn das Tal satt grün ist. Gute Hikes ab Cumbe Mayo. (Siehe auch Karte auf der nächsten Seite!)

* BAÑOS DEL INKA (6 km), halbstündlich Busse ab Hauptplaza/Cajamarca. Körperwarme Thermalquellen, in denen sich der Inka Atahualpa von Kampfwunden auskuriert haben soll, heute in recht sauberem Badehaus gefasst, Kachelwannen, Eintritt ca. o,4 US $. Allein aus diesem Aspekt lohnender Abstecher, wer die Nacht in einem Basic- Hotel in Cajamarca verbracht hat. Das Wasser hat direkt an der Quelle 7o° C, kühlt sich aber bis zum Badebecken entsprechend ab.Direkt hinter den Baños Forellenzuchtbecken.

* VENTANILLAS DE OTUZCO: (8 km) über die Straße zum Airport. Minibusse halbstündlich ab 2 de Mayo. In Vulkanstein gehauene Fenster mit dahinterliegenden Räumen im Berg. Von der Urbevölkerung des Cajamarca Tales angelegt. Grabstätten.

✶ LA COLLPA: (11 km) landwirtschaftliche Cooperativa mit der Besonderheit, daß die Holsteiner Kühe (schwarz- weiß) gegen späten Nachmittag, ca. 16 Uhr mit ihren Namen gerufen werden, einzeln aus ihrer Herde kommen und in den entsprechenden Stall laufen. Kuhzucht, zusammen mit Milch und Käse sind Haupterwerb der Cajamarca- Hochfläche.

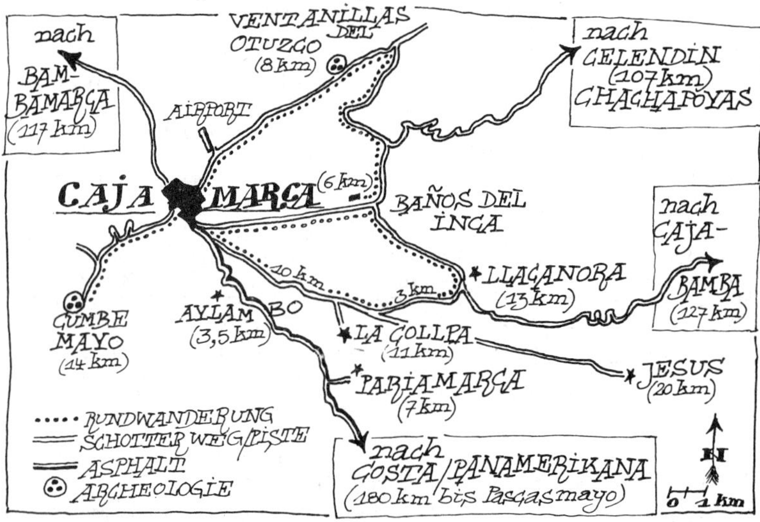

✶ CUMBE MAYO: Prä- Inka- Wasserkanäle, Felszeichnungen und ein versteinerter Wald. Per Taxi über einen 2o km- Feldweg möglich, Beginn in Verlängerung der Jiron Cajamarca und wenig Chancen zum Trampen, da so gut wie kein Verkehr. – Oder zu Fuß 14 km über einen Trail, der beim Cerro Santa Apolonia beginnt und weitgehend die Pistenserpentinen senkrecht den Berg rauf abkürzt. Ca. 2 - 3 Std., Wanderung lohnt sich wegen schönem Ausblick auf das Tal von Cajamarca, viel pastoralem Campesino-Leben in den Anden, – zugleich aber anstrengend für den, der die Höhe nicht gewohnt ist. Es geht ziemlich senkrecht rauf auf 3.5oo m.

Bei den Präinkaruinen der "versteinerte Park"(Los Frailones). Die durch Regen ausgewaschenen Lavasäulen haben bei Phantasie menschliche Gesichter. Cumbe Mayo war ein Heiligtum der "Qasamarkas", der Ureinwohner des Tals, die hier in 3.5oo m Höhe Wasserkanäle in rechtwinkligem Zick-Zack Tip-Top in den Fels einschnitten, mehrere Km lang, teils in Tunnels durch den Berg geführt, hier Felsgravuren in geometrischen Mustern und Chavin- Kultureinfluß (siehe auch Callejon de Huaylas/Huaraz). Unklar sind die Bedeutung dieser Wasserkanal- Architekturen, insbesondere des für damalige Zeiten genialen Aquäduktes, da das Tal von Cajamarca gut mit Wasserläufen bewässert ist. Die Vermutungen reichen von "Abbremsung des Wasserstromes, um Gold zum Absetzen zu bringen" bis "religiöse Anlage eines eventuellen Wasserkultes". Taschenlampe mitbringen, wer fotographieren will: den Blitz. Einer der lohnensten Ausflüge ab Cajamarca!

INTERESSANTER HIKE von Cumbe Mayo an die asphaltierte Piste Cajamarca nach Panamericana. In der IGM- Karte 15 f ist der Trailverlauf eingezeichnet, Basis für den Hike. Es gibt 2 Alternativen: der schönere Hike von Cumbe Mayo über Chetilla (2.79om) nach San Pablo (2.365 m, dazwischen liegt ein 2.95o m Pass) und ab hier Bus täglich am frühen Morgen nach CHILETE an der Asphaltpiste an die Küste (viele Busse). Eine 3 Tageswanderung ab Cumbe Mayo bis San Pablo, die wegen ihrer relativ geringen Höhenlage außer in Cumbe Mayo kein Zelt braucht, nur Schlafsack und zwischen Bäumen aufgespannten Regenschutz. Genügend Frischwasser in Bächen und Flüssen, schöne Landschaft! Beachten: die IGM- Karte verzeichnet nicht alle Zick- Zack- Umwege an den Berghängen. Daher an Km nicht zu knapp kalkulieren.

Alternative: Cumbe Mayo Richtung Chetilla hiken und nach Pass (3.6oo m) links nach Magdalena (1.4oo m) an der Asphaltpiste an die Costa. Erheblich kürzer, ca. 2 Tage, aber landschaftlich nicht äquivalent zum Trail nach San Pablo.

Cajamarca → Trujillo:

Mit "Aeroperu" 2 mal pro Woche in einem 2o Min.- Hupf zwischen Cajamarca und Trujillo. Mit Flugstornierungen wegen schlechtem Wetter ist ebenso zu rechnen, wie die Maschine auch nur limitierten Platz hat, um in Cajamarca starten und landen zu können. – Der Bus braucht auf der Strecke via Pascamayo ca. 7 Std./täglich.

Alternative ist das tägl. Colectivo nach CAJABAMBA, 4 - 5 Std./ca. 7 US $. Die gemütliche Kleinstadt mit viel kolonialem Flair hat Basic- Hotels und Restaurants. Schöner Trail runter nach Coina, siehe Seite 637.
Sowie tägl. Bus rüber nach HUAMACHUCO, einem gemütlichen, wenn auch sehr provinziellem Andennest. Fahrzeit Bus ca. 3 Std./2 US $. Basic- Herbergen, Restaurants. Von hier gibts Busse runter nach Trujillo über eine wilde Andenschotterpiste, die ca. 9 Std. benötigt.

Gran Pajaten: Huamachuco ist Ausgangspunkt zu den Praeinca- Ruinen von GRAN PAJATEN im Bergurwald nähe des Rio Maranon. Entdeckt 1963 vom Bürgermeister des kleinen Dorfes Pataz bei der Suche nach neuen Anbaufeldern, von Senor Carlos Torrealva. Auch wenn wesentlich spätere Forschungsexpeditionen für sich den Ruhm beanspruchten: die ersten wissenschaftlichen Forschungen durch Victor Pimentel, Architekt und Peruaner während der Belaunde- Regierung. Ein Team der englischen BBC flog 1965 mit Helikoptern der peruanischen Luftwaffe nach Gran Pajaten, um die Ruinenstadt im Bergurwald zu erforschen und filmen.

Gran Pajaten ist extrem schwierig zu erreichen: notwendig ein 4 Tagestrail über ca. 1oo km ab Ende der Piste/Dorf Pataz. Neben Kuelap (bei Chachapoyas) und Vilcabamba (nähe Machu Picchu) ist es die wichtigste archäologische Fundstelle im peruanischen Bergurwald und allein wegen landschaftlicher Szenerie lohnend!

Von Huamachuco in den Anden geht eine rund 15o km- Erdpiste in vielen Serpentinen runter an den Rio Maranon, die während der Trockenzeit einigermaßen gut befahrbar ist und ca. 1 Tag dauert. Es gibt bis PATAZ, dem Ausgangspunkt für den Trail nach Gran Pajaten keinerlei Busse sondern nur "Camiones" (LKW's für Waren und Personen), die unregelmäßig fahren. Der LKW- Trip endet meist unten am Rio Maranon/Dorf Chagual, von wo ein Pfad rauf zum Dorf Pataz geht (ca. 4 Std. zu laufen, steil in Serpentinen die Maranon- Hänge rauf). In PATAZ Basic- Unterkunftsmöglichkeit. Hier unbedingt Führer und Maultiere besorgen, denn der Trail nach Gran Pajaten ist sehr schwer zu finden; unten im Bergurwald Machete nötig. Nach jeder Regenzeit schließen sich die Pfade schnell! Tip von Frederico Kauffmann Doig, , der als wichtigster peruanischer Archäologe hier mehrfach im Rahmen seiner Forschungsarbeit unterwegs war!

AUSRÜSTUNG: Kompass, Zelt, warme Sachen, denn es geht über Höhen mehr als 4.000 m sowie Essen für 8 - 9 Tage. Unterwegs keinerlei Siedlungen, was den Trail zusätzlich erschwert, nicht nur in Sachen Orientierung! Fast tagelang sieht man keinen Menschen! Karten: IGM 16 h (Pataz) endet bei Los Alisos. Der Anschluß, Karte 16 i ist derzeit nicht existent. Da die Peruaner derzeit eine Piste von Huamachuco und nördlich von Chagual am Rio Jolache entlang rüber nach Pte. Santa Marta und weiter nach Juanjui planen, die derzeit per Helikopter aus der Luft vermessen wird, existiert ein "Croquis" (eine Skizze) im Ministerio de Transportes y Comunicaciones/Lima. Bearbeitet wird die Piste und deren Streckenverlauf von Edgar Yanez, der auch bei IGM bekannt ist. Eventuell ist diese Karte in Lima als Fotokopie erhältlich, die auch den Teil des Trails nach Gran Pajaten abbildet.

Zunächst geht es ab Pataz 2 Tage in die Berge rauf, via Los Alisos (siehe Karte!), bis die "Puerta del Monte", der Rand zum Bergurwald erreicht ist. Ab hier weitere 2 bis 3 Tage bei viel rauf und runter über Bergkuppen und in Bergurwaldtäler rein. Nur Teilstrecken sind ehemaliger Incatrail; das Meiste schwer zu finden und dicht zugewuchert!

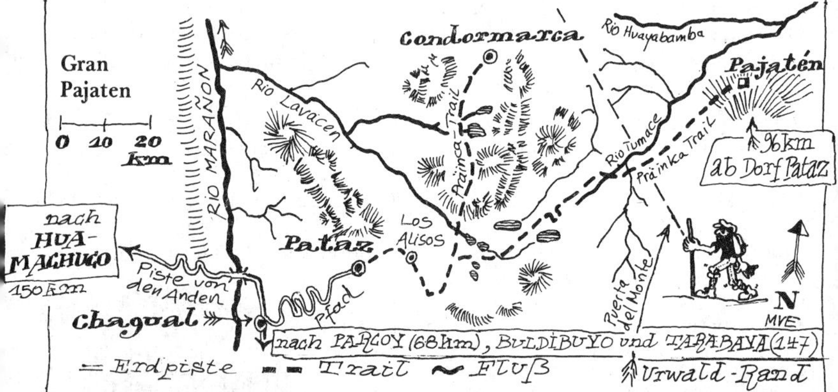

Die Ruinenstadt von Gran Pajaten liegt auf mehreren Terrassen am Berghang und ist dicht vom Urwald zugewuchert, der trotz Freischlagens mit der Machete schnell wieder zuwuchert. Die Häuserkonstruktionen aus dunklen Steinplatten (Schiefer). Einige davon weisen menschliche, mythische Figuren auf, Köpfe und Figuren, sitzend, die derzeit als gebährende Mütter gedeutet werden (noch nicht gesichert!); sitzend, sehen aus, als geben sie sich die Hände.

Gran Pajaten liegt in 2.800 m Höhe, angelegt ca. 1.000 bis 1.400 n. Chr. vermutlich von Kulturen der Chachapoyas, die aus dem Hochland in die Bergurwälder runterkamen, um nach neuen Siedlungsgebieten zu suchen, dort aber nicht lange blieben wegen der Kurzlebigkeit der Böden und Anbaubedingungen.

Frederico Kauffmann Doig entdeckte weniger als 1 Std. zu Fuß von den Ruinen entfernt LOS PINCHUDOS: turmartige Totenhäuser, die in kleinen Nischen in die Felswand eingebaut sind. (1980). Besonderheit sind Holzfiguren, die aus einem Baumstamm geschnitzt wurden und in Form eines Klappmechanismusses an den Türmen runterhängen. Einmalig in Südamerika und bisher an keiner anderen Stelle entdeckt. Faszinierend auch die gute Erhaltung der Figuren seit mehr als 500 Jahren! – Wissenschaftliche Erforschung und Analyse ist derzeit noch nicht abgeschlossen, wie auch die Region weitere Funde verspricht. Sie ist eine der abgelegensten Perus.

★ Der Rio Marañon ist beliebt bei Wildwasserfahrern wegen seiner Pongos und Stromschnellen. Einer der interessantesten Flüsse Perus! Guter Einstieg ("put in") ist das Dorf CHAGUAL (siehe oben, Pistenverbindung ab Huamachuco), da ab hier der Fluß weitgehend "leichter" befahrbar ist (bis zum Dorf BALSAS an der Piste Cajamarca–Chachapoyas ca. 1 Tag via Fluß), trotzdem in den Pongos (enge Flußcanyons) nach CORRAL QUEMADO erhebliche Schwierigkeiten und nur für Profis! Kann man über Lazlo Berty, der als einer der erfahrensten White Water- Kenner der peruanischen Bergurwaldflüsse gilt, buchen: "Andes Whitewater + Amazonas Expeditions", 31o Grand View, ERIE/PA 165o8 - USA, siehe auch "Rio Apurimac" und "Rio Urubamba" in unserem Ayacucho- und Cusco- Teil.

Im "South American Explorers Magazin" No. 2 ein Bericht von John Wasson ("First down the Marañon") über einen 1- Monatstrip von RONDOS ("put-in" nähe La Union bei Huanuco) flußab bis Nazareth, an dem auch Lazslo Berty teilgenommen hat. Die Magazin- Nummer ist erhältlich von unserem Verlag gegen Vorabeinsendung 6,– DM (Porto inkl. BRD, Schweiz, Österreich).

Von CHAGUAL gibts noch eine Piste weitgehend parallel zum Rio Marañon runde 1oo km südlich nach PARACOY und weitere 18o km bis HUACRACHUCO, welches oberhalb des Rio Marañon liegt und einen Trail runter an den Fluß besitzt. Derzeit gibts jedoch noch keine Pistenverbindung über die Bergkette rüber zur MARGINAL DE LA SELVA (Tarapoto ≫→ Tingo Maria). Alte Goldgräbergebiete um Buldibuyo, Parcoy, sowie Pataz.

URWALDTRIPS AB CAJAMARCA:

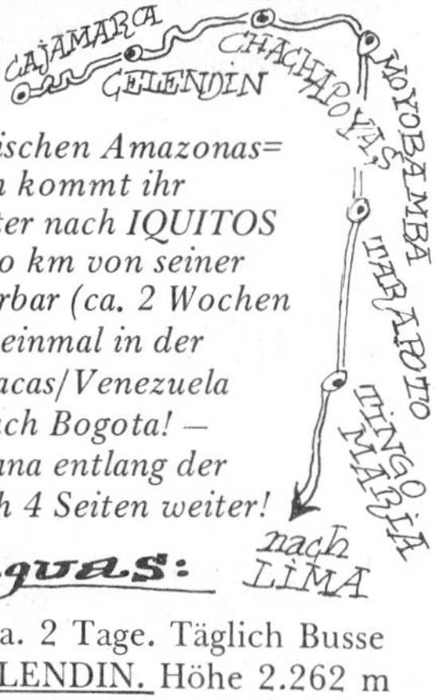

Cajamarca ist Startpunkt für eine der wichtigsten Pisten in den nördlichen Teil des peruanischen Amazonas=dschungels. Über zum Teil sehr abenteuerliche Pisten kommt ihr in Verbindung mit Buschflügen relativ schnell hinunter nach IQUITOS am Rio Amazonas. Der große Strom ist hier, ca. 3ooo km von seiner Mündung entfernt, noch von Ozean Dampfern befahrbar (ca. 2 Wochen bis zur Mündung bei Macapa), aber auch mindestens einmal in der Woche Flugverbindung rein nach Brasilien, nach Caracas/Venezuela bzw. durch den kolumbianischen Amazonas - Teil nach Bogota! – Wer wissen will, wie's weiter geht auf der Panamericana entlang der peruanischen Küste, – nach LIMA, der blättert gleich 4 Seiten weiter!

Cajamarca ≫→ Yurimaguas:

Piste jetzt durchgehend fertig. In der Trockenzeit ca. 2 Tage. Täglich Busse und Colectivos (ca. 4 Std.) auf den 1o7 km bis CELENDIN. Höhe 2.262 m und rund 1o.ooo Einwohner. Hotel: bestes das "Hostal J. Galves" in der 2 de Mayo 42o und "Maxmar" relativ einfach, aber eigenes Bad und ruhig zwischen Plaza und Markt gelegen, billiger. Hahnenkampf gibt's nicht jeden

Abend sondern nur einmal in der Woche. Im Ort Tankstelle und Automechaniker, der einfache Reperaturen durchführen kann, insbesondere auch Reifenflicken, ansonsten improvisiert! –

Die nächsten rund 23o km bis CHACHAPOYAS dauern in der "Trockenzeit" ca. 16 Std., nach Regenfällen wegen aufgeweichter Piste und Bergrutschen aber entsprechend mehr, wenn nicht gar unbefahrbare Piste. Vorab in Cajamarca abchecken, wie oft die Busse gehen. Nach derzeitigen Infos nur 2 mal pro Woche! Ergänzend auch LKW's und PKW- Pickups, wo man hinten auf der Ladefläche runter in den Urwald "reitet" inkl. Regengüssen und allem drumrum.

Landschaftlich aber eine großartige Piste! Zunächst steil runter an den Berghängen zum Rio Marañon nach BALSAS am Fluß. In 56 km Piste werden mehr als 2.ooo- Höhenmeter runtergefahren!Braucht entsprechend viele Serpentinen, knapp in den Fels gehauen. Mit eigenem Fahrzeug vor jeder Kurve dringend hupen!

BALSAS: eine Oase zwischen den Bergen, unten mit hohen Kaktussen bewachsen, Avocadobäumen, Bananen und Mangos. Nur Basic- Übernachtung bei Privat; bessere Übernachtungsmöglichkeit im davorliegenden Celendin!

Balsas ist angenehm warm bei 82o m Höhe. Auf der anderen Seite des Flusses gehts steil wieder rauf über einen 4.2oo m Pass vor LEIMEBAMBA (89 km nach Balsas). Extrem schmale Piste und nur außerhalb der Regenzeit zu empfehlen, da gefährlich. Landschaftlich großartig. In Leimebamba Übernachtungsmöglichkeit basic bzw. in der Polizeistation.

Weitere runde 9o km Bergurwaldpiste und grandiose Szenerie nach

✱ Chachapoyas ca. 2.3oo m/18.ooo E.

Provinzhauptstadt des Departemento Amazonas in einem Tropental zwischen Bergketten. Wegen intensiver Drogenaktivitäten, aber auch subversive politischer Aktivitäten der Region wird der Pass von der P.I.P. kontrolliert, trotzdem freundlich. Orchideen im Mai; die ganzen Berghänge voll! "Mini-Cafe" an der Hauptplaza mit gutem Kuchen. Wegen der Höhe im November viele Wolken und Wetter: wie im Flugzeug, das von Lima durch die Garua- Nebel in die Anden raufstößt.

Hotels: "Amazonas" und "Los Andes", beide leicht gehobene Basic- Klasse um 3 US $. Weitere im Ortszentrum.

Verbindungen: Bus 2 mal/Woche ab Cajamarca in ca. 2o Std., sofern die Pistenbedingungen dies zulassen. Mit "Empr. Diaz". Besser sind die Pistenverbindungen via Bagua – Olmos – Chiclayo, ca. 3 mal/Woche, – sowie über die fertiggestellte Piste nach Rioja/Moyobamba mit Anschluß nach Tarapoto an der "Marginal de la Selva".

FLUG: 1 mal/Woche mit Aeroperu nach Chiclayo an der Küste, ein 3o Min.- Flug für ca. 4o US $. Die "Faucett" klammert derzeit Chachapoyas im Flugplan aus. –

Tourist Office: Jr. Amazonas 825

CHACHAPOYAS lohnt sich hauptsächlich wegen der Ruinen von KUELAP 35 km beim Ort TINGO an der Piste rauf nach Cajamarca. Es gibt regionalen Transport; wer von Cajamarca kommt, steigt am besten bereits in

Tingo aus, welches 2 Basic- Übernachtungsmöglichkeiten hat.

Es lohnt sich, zu den Ruinen einen Führer zu nehmen, da sonst schwierig zu finden. Spätestens um 1o Uhr früh los, der Aufstieg dauert je nach Kondition um die 3 1/2 Std. Es geht von ca. 1.8oo m/Tingo stetig bergan rauf in ca. 3.ooo m Höhe. Wegmarkierungen existieren, Fahrzeug empfehlenswert! Teils dichtes Gestrüpp, tropisch zugewuchert, besonders nach der Regenzeit. Je höher desdo kühler; warme Sachen für den Trip mitnehmen!

Die Anlage ist von Szenerie und Architektur faszinierend! Erstellt aus riesigen Steinblöcken bis zu 15 m hohen Mauern, dicht überwuchert von regengesättigter Vegetation. Palmen, riesige, zerfallene Bäume, Moose auf den Stämmen grün bis dunkelviolett. Von Flair am besten während der Regenzeit. Angelegt wurde Kuelap zwischen 5oo und 1.ooo n. Chr., damals von ca. 2.ooo Personen bewohnt. Die Archäologen vermuten, daß es sich um eine Kultstätte gehandelt hat. Es gibt einen Wärter, der gegen Trinkgeld die Übernachtung im Gelände genehmigt. Essen, Regenschutz (d.h. Zelt oder Plastikplane) und Getränke mitbringen! –

WIE FREDERICO KAUFFMANN DOIG berichtet, hat er in der Region Chachapoyas Sagrophage an Felshängen entdeckt, in Felsnieschen, die nur mit Bergsteigerausrüstung erreicht werden konnten. Die Sagrophage sind 2,4o m hoch und enthielten Mumien, die an die Figuren auf den Osterinseln erinnern!! Die genaue Fundstelle wird derzeit von den Archäologen nicht preisgegeben, da die Fundstelle noch nicht komplett erforscht ist und man Grabräuber befürchtet. (Vergl. auch Geo Magazin Nr. 12/84).–

Ab CHACHAPOYAS Busse die 225 km Urwaldpiste im Umweg rüber nach Rioja und weiter nach MOYOBAMBA, der Provinzhauptstadt des Departements San Martin. Höhe ca. 86o m/14.ooo E. Bestes Hotel das neue “Hotel de Turistas”, ein größerer Komplex mit Swimmingpools (ca. 16 US $ Doppel), sowie ein Schwung Billighotels im Ort, eines der besten ist das “Cobos”/Pedro Canga 4o4 (ca. 6 US $), gut auch das “Albricias”/ A. de Alvarado 1o66 (Doppel ca. 8 US $). – Thermalquellen am Ortsrand.

Moyobamba wird 2 mal/Woche von der Aeroperu mit kleineren Fokker F 28- Jets angeflogen ab Lima (ca. 7o US/1 Std. 1o Min.), Maschine fliegt weiter nach Chiclayo an der Küste.

Tägl. Colectivos und LKW’s auf der 12o km- Urwaldpiste rüber nach Tarapoto. Fahrzeit je nach Pistenzustand 3 Std. und mehr, ca. 5 US $.

Tarapoto: **ca. 44.ooo E./264 m**

ist die größte und sich am schnellesten entwickelnde Stadt der Region. Übliche Amazonas- Doppelstock- Betonbauweise der Häuser im Centro, Holzhäuser am Stadtrand und tropische Hitze. Tarapoto selbst bringt nichts Spezielles, ist aber wichtiger Wirtschafts- und Verkehrsknotenpunkt.

Hotels: bestes das “Hotel de Turistas”/Jr. Pablo Cruz, ein moderner Hotelkomplex mit SW- Pool, die Zimmer freundlich mit grobem Backstein. Doppel ca. 25 US $, auch Nicht- Gäste dürfen angeblich den SW- Pool benutzen. –

Im Zentrum: “Edison”/Jr. Jimenez Pimentel 177, ein 3- Sternehostal, sehr gut, das Doppel ca. 15 US $. – “Brasilia”/Martinez de Compagnon, Doppel ca. 5 US $, – “Juan Alonso”/Pedro de Urzua 3o9, ca 4 US $. Weitere, die meist im Bereich um die

Hauptplaza de Armas liegen in den Straßen J. Pimentel, A. Grau bzw. Jr. Sto. Toribio. Dort auch die meisten Restaurants. Tarapoto ist klein.

Verbindungen: FLUG: täglich mit Aeroperu und Faucett ab Lima, Flugzeit 1 Std./ ca. 6o US $. – Maschinen fliegen weiter nach Iquitos, Yurimaguas und Chiclayo, jedoch nur an einigen Tagen der Woche.

Es gibt mehrere kleine Airtaxi- Gesellschaften (z.B. "Iberico"), die mit Sportflugzeugen (ein- oder 2- motorig) für Flüge in der Region gechartert werden können. Allerdings nicht billig, sofern sich nicht genügend Leute zusammenfinden.

Tägliche BUS- bzw. CAMIONETA–VERBINDUNG im Raum Rioja – Moyobamba – Tarapoto – Yurimaguas. Die Kisten verkehren täglich, sind aber von Pistenverwaschungen wegen Tropenregen, Bergrutschen und technischen Defekten abhängig. Man kann also mit "Anschluß" rechnen, sollte aber über zeitliche Reserve verfügen.

Tourist Office: Calle Pedro de Urzua 129/2. Stock. –

★Von Tarapoto über eine 14o km Piste nach YURIMAGUAS (sehr Regensensibel!). Täglich Colectivos und LKW's, die ca. 6 Std. brauchen (6 US), kann während der Regenzeit aber bis zu 1o Std. und mehr dauern. Dann besser per Flug (derzeit mit Faucett 2 mal/Woche, ein 15 Min.- Flug, bzw. mit Cesna- Airtaxis). –

Yurimaguas, 182 m/ca. 24.ooo E. - Siedlung und wichtiger Flußhafen am Rio Huallaga mit annähernd wöchentlicher Bootsverbindung nach Iquitos. Es gibt Direktboote, die flußab ca. 3 Tage brauchen (ca. 1o US an Deck). Ob sich dieser Trip auf dem breiten und trägen Fluß jedoch lohnt, sei dahingestellt. Besser: der "Aeroperu"- Jet, der in 35 Min. rüberjumpt und Durchfall wie Langeweile vermeidet. Derzeit 2 mal/Woche, allerdings ist nach kräftigen Regenfällen in Yurimaguas mit Flugstornierung zu rechnen, da der dortige Airport aus einer Erdpiste besteht. – Yurimaguas hat Basic-Hotels und Restaurants. Details zu Iquitos siehe Seite 7o1.

★Von Tarapoto über die "Marginal de la Selva" (siehe auch "Peru/Allgem. Tips"!) entlang des Rio Huallaga nach TINGO MARIA. Pionierleistung im peruanischen Selva- Pistenbau unter Engagement des früheren Präsidenten Belaunde Terry, die zur Erschließung fruchtbarer Andenrandgebiete verhalf.

Interessante Strecke durch teils dichte Urwälder am Rand von Tälern, teils Rodungen für Anbau. Busse fahren bis Tocache (ca. 5 Std./6 US $, auch Colectivos). Weiter bis Tingo Maria ca. 5 Std./6 US $. Fahrzeiten können sich während der Regenzeit verdoppeln, bzw. Piste unbefahrbar.
Die Strecke hat 4 größere Brücken, wobei die Brücke südl. von Juanjuy 1983 zerstört wurde; derzeit dort Autofähre über den Fluß in Betrieb.

Tips zu Flußfahrten auf dem Rio Huallaga siehe Seite 694. Tingo Maria hat tägliche Flugverbindung mit Aeroperu nach Lima, sowie tägliche Busverbindung sowohl nach Lima, – wie auch nach Pucallpa.

DIE STRECKE ab Cajamarca via nördl. Bergurwaldgebiete Perus (Chachapoyas, Tarapoto etc.) kann man bei genügend Zeit als Parallel- Alternative zur Küste runter nach Lima einbauen. Beim Plus von Sachen wie CUELAP, aber auch viel Urwaldfeeling!

Doch nun wieder zurück zur PANAMARICANA, Richtung LIMA:

50 m / 400.000 E

Trujillo:

COSTA

Lohnenster Zwischenstop auf der COSTA–ROUTE ab Grenze Ecuador nach Lima, wer nicht Non-Stop 20 - 24 Std. durch die Wüste durchhetzen will. In der Nähe des Meeres, flach gebaut mit viel Kolonialflair im Centro, den typischen Gittervorbauten und Geruch von Pazifik und Marisco.

Kolonial-Fenster/Trujillo

TRUJILLO, an der Panamericana, 2. größte Stadt Perus und Wüstenoase mit mehr als 400.000 Einwohnern. Koloniales mit modernen Beton- 3 Stock Bauten. Ausgangspunkt für CHAN CHAN, nach Machu Picchu die archäologisch bedeutenste Fundstelle Peru's, – allerdings vom Wüstensand eingeweht.

CHAN CHAN: ca. 5 km außerhalb von Trujillo; es fahren häufig Mikros ab Av. Mansiche/Av. España in rund 10 Min. rüber. Paar Pfennige. Fragt nach dem Mikro nach "Huanchaco"; in Chan Chan aussteigen.

Das ausgedehnte Ruinenviertel von Chan Chan umfasst 20 qkm (!) und liegt direkt am nördlichen Stadtrand von Trujillo am Pazifik; die Straße nach Huanchaco führt mitten durch: heute pfeift der Wüstensand um die Grundmauern riesiger Paläste und schleift an den schönen Reliefen. Zu sehen sind Borten aus hüpfenden Pazifikfischen, Vögeln (siehe Graphik: Pelicanos!) und sich schlängelnden Schlangen, allessamt Kultsymbole:

Die CHIMU–KULTUR (ca. 1.000 bis 1.450 n.Chr.)
deren Hauptstadt Chan Chan war, erstreckte sich in ihrer Blütezeit entlang

Chan-Chan/Trujillo

der gesamten peruanischen Küste von Tumbes im Norden bis nach Paramonga. Sie unterhielten einen regen Schiffsverkehr auf dem Pazifik mit kräftigen Flößen aus Balsaholz*, auf die ein Segel gesetzt wurde.

Chan Chan besaß ein perfektes Wasserzuleitungssystem mit Kanälen und Äquadukten, blühenden Gärten inmitten der peruanischen Wüste, riesigen Palästen und einem umfangreichen Hafen für die Balsaflöße, – vorallem aber Goldschätze in solchen Mengen, daß die gierigen Spanier und Schatzräuber große Kulleraugen bekamen beim Anblick! Spätere Schatzsucher leitete einfach einen Fluß um, – gegen einen der Paläste. **

Die Archäologen berichten, daß Chan Chan von Größe, Perfektion der Architektur, aber auch von Schönheit und Vielfalt der Wandreliefe um vieles die mesopotamischen Städte (Babylon etc.) am Tigris (Kleinasien) und die Wüstenstädte im russischen und chinesischen Turkestan übertroffen haben mußten!

Der MONDKULT spielte bei den Chimu eine wichtige Rolle: = Herr des Alls. Hunde erfüllten eine Totem- Funktion: wenn der Hund in dunkelen Nächten winselte und heulte, dann hielt er mit dem Mond Zwiesprache! Als dann die INKAS ca. 1.45o n. Chr die CHIMUS in ihr Reich einbezogen (die Inkas verehrten die Sonne!), da war bei Sonnenfinsternissen der Beweis erbracht, wer der wahre Herr am Firmament ist.

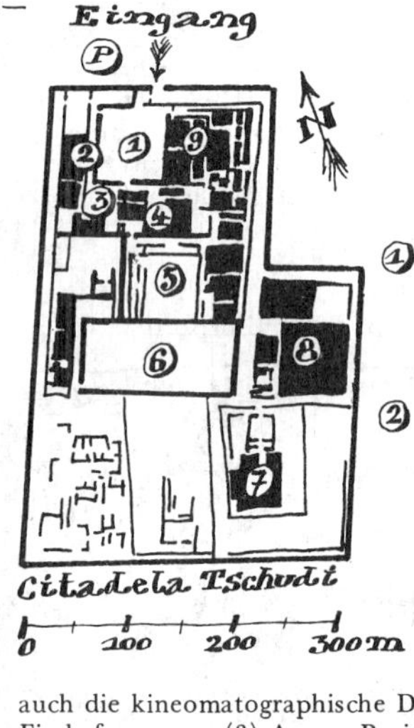

DEN Busfahrer fragen, wo man aussteigen muß. Großes Schild und Wegweiser "Chan Chan". Von der asphaltierten Straße sind's über einen Schotter/Sandweg noch ca. 1,5 km durch die Chimu- Anlagen zur restaurierten TSCHUDI–CITADELLE.

Am Parkplatz vor Haupteingang links kleiner Kiosk, der Ansichtskarten und Replikas verkauft. Durch das
(1) Eingangstor auf den (1) ZEREMONIENPLATZ. Von der Größe vermutet man diesen Zweck, ohne daß archäologische Beweise vorhanden sind. Die Wände der Adobemauern sind komplett restauriert. Gemäß Nähe zum Pazifik viele Fische und Vögel. Teils ori-
(2) ginaltreu, teils geometrisch stilisiert. Siehe auch (2) mit Ornamenten und Borten an den bis zu 13 m hohen Mauern. Häufig Pelikane, die, wie auch in Japan, – von den Chimus zum Heranbringen der Fische dressiert worden sein sollen.

Interessant, daß sich die Tierdarstellungen sowohl in (1) wie (2) nie komplett gleichen. Man vermutet, daß mehrere Künstler an der Arbeit waren. Was von der Größe der Anlage durchaus naheliegt. Interessant auch die kineomatographische Darstellung der Bewegungsabläufe eines Pelicano beim
(3)(4) Fischefangen. – (3) Anexo Residencial, – (4) die "Adoratorios" (Zeremoniensäle), da man viele Idol- ähnliche Figuren an den Wänden fand. Über einen weiteren Zeremonien-
(5)(6) Platz (5) wegen Größe zur ZISTERNE (6) Wasserfassung. Heute ist das riesige Becken mit Totora- Gras bewachsen; unterirdische Zuleitungen sind noch nicht gefunden.

* Thor Heyerdahl. – ** Die gefundenen Schätze waren beachtlich! Zur Ankunft der Spanier war Chan Chan bereits verlassen, da die Inkas runde 6o - 8o Jahre vorher die Chimus in ihr Reich "übernommen" hatten, d.h. getötet oder deportiert. Insbesondere im Sektor Kunsthandwerk (Gold- und Silberarbeiten) wie auch Ausschmückung von Architektur waren die Chimus den Inkas überlegen und wurden in Cusco und anderen wichtigen Städten der Inkas eingesetzt.

→ b.w.

Bei der Eroberung der Chimu Hauptstadt Chan Chan (ca. 5o - 1oo.ooo E.!) hatten die Inkas u.a. die Bewässerungskanäle der Oase gekappt; optimaler Belagerungs- Kniff; sicher senkte dies unter anderem auch den Wasserspiegel der Zisterne.

7 (7) dieser Teil der Zitadelle könnte ein Friedhof gewesen sein, da man hier besonders
viel Schmuck (Grabbeigaben?) fand. Weitgehend von spanischen Grabräubern einge-
8 schmolzen. Nach anderer Theorie ein Deposito. – (8) Sector Militar, in anderen Theorien
Lagerhallen. – (9) Halle der 24 Nischen. Ein Platz mit rundum 24 Sitzkabinen, oben
mit Bambus abgedeckt, die derart gute Akustik haben, daß man quer rüber geflüsterte
Worte mithören kann.

Die AUSSENWÄNDE der bis zu 12, teils 15 m hohen Chimu- Palast Abgrenzungen haben sämtlichen Erdbeben der Costa standgehalten; schwerste Beschädigungen riefen die 7-tägigen Regenfälle des Jahres 1925 hervor.

ÖFFUNGSZEITEN/CITADELA TSCHUDI: 9.oo – 16.oo Uhr. Es empfiehlt sich der Besuch am Vormittag, da nachmittags häufig kräftige Winde vom Pazifik, die mit Sand vermischt sind. Leute dürfen in Tschudi je nach Laune des Wächters bis ca. 17 Uhr rumlaufen. Am Eingangstor "Guides:", die sich lohnen, wenn sie Englisch oder eigene Sprache sprechen.

WARNUNG: nach verschiedenen Leser Infos kann es gefährlich sein, von Tschudi an den Pazifik zu laufen wegen Überfällen. Von hier Möglichkeit, in ca. 1 Std. entlang des Strandes nach Buenos Aires rüberlaufen und mit dem Mikro zurück nach Trujillo.

* MUSEO CASINELLI: im Keller der Petroperu- Tankstelle (nennt sich "Grifo

b.W. →

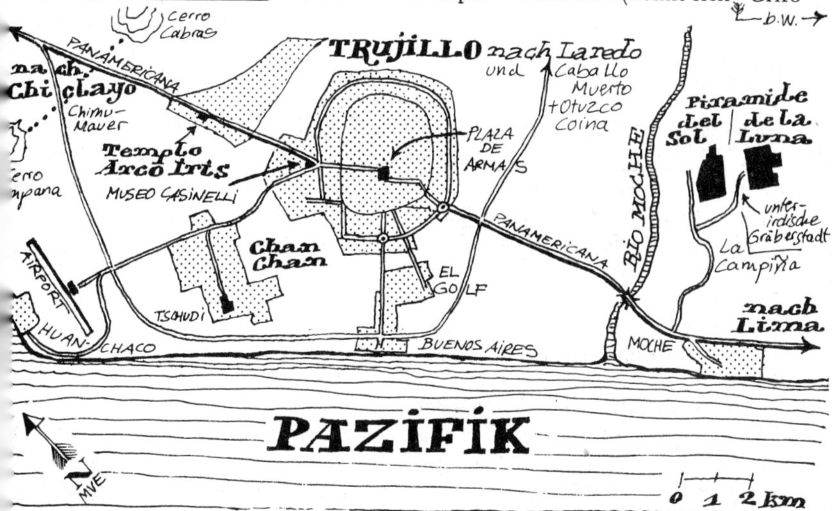

Die Ausbeutung der Chimu- Schätze setzte Mitte bis Ende des 16. Jhd.'s ein; so soll gemäß Archivberichten der Gründer von Trujillo, Martin de Estete 1535 Schätze von mehr als 3oo.ooo US $ in Chan Chan gefunden haben, – Garcia Gutierrez de Toledo soll in den Jahren 155o bis 1556 mehr als 8oo.ooo US $ aus Chan Chan geholt haben. Weitere zwischen 159o und Mitte des 19.Jhd.'s. Excarvacion war leicht bei Sandböden und leichter Adobebauweise.

Es gibt Theorien, daß die Gerüchte von den "riesigen Gold- und Silberschätzen", die die Spanier in Panama hörten und die sie zur Eroberung des Südamerikanischen Kontinentes motivierten, – nicht die Inka- Schätze, sondern die der CHIMUS waren. Liegt nahe, da die Chimus, – im Gegensatz zu den Inkas als Küstenbewohner Seefahrt betrieben.

Casinelli") Ecke Av. Moche/Panamericana, dort wo die Straße Richtung Huanchaco und Chan Chan abzweigt. Eine ungewöhnliche Privatsammlung von Vasen der Mochica und Chimu- Kultur (teils auch Nasca, Paracas). Besuch lohnt sich sehr, auch wenn nur ein einziger kleiner Raum. Faszinierend: der Ausdrucksreichtum in den Gesichtern der Mochica- Vasen! Im Museum gleichzeitig eine kleine Abteilung mit pornographischen Darstellungen.

* TEMPLO ARCO IRIS: An der Panamericana im Ortsteil La Esperanza (Bus ab Grifo Casinelli, oder zu Fuß). Nennt sich auch "Huaca del Dragon", ein komplett restaurierter Tempel von 55 x 59 m Abmessung, der vermutlich ein Heiligtum für Regen und Ackerbau war. In den Lehmmauern Fresken von Tieren und Soldaten. Beste Zeit für Farben: mittags; fürs Fotographieren der Fresken jedoch vormittags oder am Nachmittag wegen Schatten. Offen bis 17 Uhr. Daneben ein kleines Minimuseum. (Mikro ab Av. Mansiche/Av. España)
Offen: 9-12 und 14-17 Uhr

* PEDRO PUERTA–GALLERY: sehr lohnend, kurz vor Huaca del Dragon, linke Seite Pana, km 564. In Trujillo häufig kopiert, aber nie an Qualität erreicht: Holzdruck Abbildungen von Fresken aus Chan Chan auf Zuckerrohr-Papier, allerdings mit ca. 30 US $ für mittelgroße Drucke nicht billig.

* PIRAMIDE DEL SOL und PIRAMIDE DE LA LUNA: zwei riesige Pyramiden aus Millionen von Adobesteinen*, zur Mochica- Zeit errichtet und von den Chimus weiterverwendet. Wegen dieser Menge an Steinen hat der Bau vermutlich mehr als 100 Jahre gedauert. In beiden: Eingänge und unterirdische Labyrinthe, allerdings gefährlich wegen Einsturzgefahr, sowie tiefer drin kein genügendes Oxygen wie Möglichkeit, Schlangen anzutreffen. Im Eingangsbereich der Luna- Pyramide haben wir goldhaltigen Sand gefunden.

Zwischen beiden Pyramiden ein Chimu- Gräberfeld. Von vielen Grabungen der Huaceros: viele Keramikscherben. Von den bis zu 100 m hohen Pyramiden schöner Blick über das Moche- Tal nach Trujillo und Pazifik. BUS: ab Mercado Majorista, Calle Jose Galvez häufig. Aufpassen, daß man nicht im Ort Moche landet; nach "Campiña de Moche" fragen. 12 km, Busse ca. alle 1/2 Stunde, wenn genügend Leute häufiger.

* CABALLO MUERTO (11 km landein, siehe Karte/Vorseite!), gebaut ca. 1.000 v. Chr. mit mayaähnlichen Masken, Katzenköpfen und Friesen.

TRUJILLO, eine 1534- Gründung der spanischen Konquistadores. Schönes Centro innerhalb der ringförmigen Av. España, auf der zu Kolonialzeiten eine Stadtmauer zum Schutz vor Piraten verlief.

PLAZA DE ARMAS, in unseren "Top- Ten": 3. schönste Plaza Perus, nach Cusco und Arequipa, wegen Weitläufigkeit und weiß gestrichenen Kolonialgebäuden, die mit braunen Holzbalkons verziert sind. Im Schachbrett des Centros viele Kolonial- Casas reicher Familien, in deren Besitz die Flußoasen des Norte waren und die mit der Reforma Agraria '69 enteignet wurden. Heute vielfach Banken.

Hotels: "El Golf" mit **** Sternen in der besten Wohngegend Trujillos: EL GOLF. Bevorzugt von peruan. Managern und der Upper Class. Preise liegen für's Doppel bei ca. 45 US mit SW- Pool. Unter'm Strich: steriles, modernes Hotel nach Vorbild von US- Hotelketten.

* heute Außenwände von den Regengüssen des Jahres 1925 in Rinnen ausgewaschen.

– "Hotel de Turista", Plaza de Armas. Von außen adrettes Kolonialgebäude mit Holzbalkons und Kolonialambiente. Hat ** Sterne, innen: Aufenthaltsräume mit Flair, Zimmer teils fantasielos himmel-himmelblau gestrichen, Privatbad. Blick teils in Blumeninnenhof, teils weniger angenehm. Von Preis- Relation aber guter Tip, u.a. da zentral : ca. 13 US $.

ZWEI größere Gruppen von HOTELS in Trujillo: – A) teuer im Bereich 13 US $, vorwiegend von Comerciantes benutzt, – B) mittel 4 - 5 US $/Doppel bis billig: 2 - 3 US $, häufig so basic, daß man sie nicht weiterempfehlen kann.

Auf zentrale Lage achten! Alles spielt sich innerhalb der Av. España ab.

A) teuer: – "Chan Chan", Sindi Roca 31o: modern, sauber gepflegt mit großen Zimmern. Günstig bei ca. 7 US $ Doppel, ***-Sternen und Privatbad. – "Opt Gar" (***) Ecke Gamera mit Grau 595. Modernes Betonhaus, hoch und laut, da viel Comerz in der Straße. Im Vergleich mit "Hotel de Turistas" mehr Komfort, dabei aber H. Turistas mehr Ambiente und gleich teuer. – "Hotel Turismo", Gamarra 747: im Geschäftszentrum, 3 - stöckig. Hinter der Lobby ein Patio mit Trauben und Art Gallery. Die Gemälde mit Tendenz zum Kitsch. Fast alle Zimmer zum Innenhof, der von Betonarchitektur etwas "trocken" ist. Zimmer sauber, mit Teppich, Bad und großen Betten. Bei 11 US $ eher Tip für Geschäftsleute. – "Hotel Continental", Gamarra 6 cuadra: 14 US $ Doppel mit Privatbad. Teuer, in Passage mit vielen Lederboutiquen. – "Hostal Voggi", Ayacucho 632, ein 6- stöckiger Betonbau, von den Zimmern der obersten Stockwerke schöner Blick über die Stadt, allerdings mit ca. 12 US $ pro Doppel/Privatbad nicht gerade billig. – "San Martin", C. S. Martin 745, mit runden 15 US $ Doppel teuer. 4- Stockwerke, modern, Privatbad. –

B) mittel bis billig: "San Jose", Grau 515. Ein Betonhochhaus mit 4 Stock. Die Zimmer groß und einigermaßen sauber. Oben Blick über Stadt. Brasilianische Dusche; insgesamt untere Mittelklasse. Ca. 7 US $ für's Doppel. – "Hostal Royal", Sinchi Roca 1138. Außerhalb des Stadtringes. Doppel mit Privatbad ca. 7 US $, im Baño Comun ca. 6 US $. – "Americano", Pizarro 764. Eine pseudofeudale Kiste mit auf "Marmor" angestrichenen Säulen, 2 Patios, – sauber und zu empfehlen, da gute Preis- Relation zu Gebotenem. Viele Gringos. Doppel mit Privatbad ca. 5 US $, ohne ca. 3,5 US $. – "Premier", Gamarra 631, Hotel fängt im 3. Stock an bis 5. Stock. Große Zimmer mit kleinem Bad. Sauber. 12 Zimmer mit Blick Richtung Meer (Schiffe und Stadt). Sofern kein Küstennebel. Heißer Tip, da billig und sauber. Nachteil: laut, da im Bereich Gamarra, die insbesondere in diesem Bereich viele Disco- Shops hat. Von Ruhe wohl das "Americano" besser. – "Palermo" reichlich abseits, Ric. Palmo 25o. Ca. 5 US $. – "Hostal Las Vegas", Espana 1511. Ganz gut, mod. 3 Stock, allerdings an der lauten und stark befahrenen Av. Espana. 5 cuadras zur Plaza und 3 zur Colectivo- Abfahrt. – "Hostal Acapulco", Gamarra 679. Bei ca. 5 US $, – die meisten Zimmer gehen Richtung eines scheußlichen Innenhofes, weniger zu empfehlen. –

DEFINITIV BASICO sind "Hostal Lima", Ayacucho und das danebenliegende "Central" (ca. 2,5 US $) a la Gang mit rechts und links Eingang zu Basicbuden. Muy simple! Nur für abgebrannte Travellers. Gilt auch für "Hostal Peru" Ayacucho 972 und "Paris".

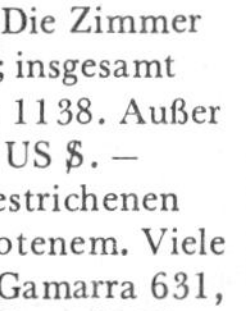

"Pizzeria Demarco", Pizarro 727 nähe Plaza. Derzeit eines der beliebtesten "Treffs" und Restaurants von Trujillo. Gute Torten, Pizzas, Essen und größere Espresso Maschine. – "Romano", paar Häuser weiter, kleiner. – "ABC" San Martin 497, 1 cuadra von der Plaza. Der Besitzer hat zugkräftig oben auf dem Dach ein Huhn mit Coka Cola- Flasche montiert. Innen sehr einfach eingerichtet, aber gute Hühner vom offenen Feuer. Mittel bis billig. – "Cardumen", erste cuadra Salaverry, in Trujillo bekannt für Fisch. Bei unserem Check aber etwas zu viel Fliegen und sehr einfache Einrichtung. Besser zu Morillas nach Buenos Aires/Strand. Details siehe dort! – "Chinchorro", 1. cuadra Junin, Mariscos.– "Gallo Rojo" neben Hotel Gar Opt in Calle Grau. Chinese. – Billiger: "Chifa Oriental", Calle Gamarra. – "24 horas", Gamarra, 24 Stunden offen. – Excellent, allerdings klein und abseits in Res. Area "Golf" die Pizzeria "San

Remo", Av. Husares de Junin 3. cuadra. – Für "cebiche": "El Pescadito" in der Calle Moche. – "El Chacarer o", Prol. Union 225o für criollische Küche a la Froschschenkel etc. – "El Cuatero", Av. Huascar de Junin für Parrilladas und Pizzas. – "Oasis" gut für Frühstück, gegenüber Opt Gar-Hotel, Ecke Gamarra/Grau. – Bestes für Mariscos und schön vom Ambiente: "Morillas" direkt am Strand vom Badeort Buenos Aires. Lohnt sich, mit dem Mikro rauszufahren. Bretterbude am Meer zwischen Sand und Pazifik. Sehr einfach eingerichtet, aber meist frische cebiche, Muscheln etc. Herrlich relaxing. Stories von Überfällen sind Übertreibungen von Leuten, die nicht "vor Ort" recherchiert haben, denn der Busstop ist direkt vor dem Restaurant. Auch außerhalb der Saison offen (mittags).

Verbindungen: FLUG: täglich mit Jets der "Aeroperu" und "Faucett" nach Lima, ein 5o Min. Flug (ca. 53 US $). – Die "Aeroperu" hat derzeit 2 mal in der Woche eine zusätzlichen Flug, der von Lima kommend in Juanjui (Selvas) Zwischenstop macht, – "Faucett" fliegt 3 mal/Woche Lima – Tarapoto – Trujillo und "Aeroperu" 2 mal in der Woche von Trujillo nach Cajamarca. Achtung, die Connections können sich ändern!

OFFICE/Stadtbüros: "Aeroperu": Jr. Junin 537, – "Faucett":Jr. Pizarro 532

BUS: täglich sehr häufig mit verschiedenen Gesellschaften nach LIMA, so z.B. mit "Tepsa", "Roggero", "Panamericana" und weiteren. Ca. 8 - 1o Std. je nach Anzahl der Zwischenstops unterwegs, ca. 8 US $. Viele der Busse fahren nachts, sodaß sie gegen Morgen in Lima ankommen. – Colectivos auf selber Strecke in ca. 7 Std. (z.B. mit "Expreso Victoria" ab Jr. Pizarro 46o oder "Comite 42" ab Md. Orbegozo 329).

Wer flott nach CHIMBOTE will (Einstieg für Andentrip nach Huaraz): mit "Comite Chimbote" ab Av. Espana 223o; machen die 11o km in etwas mehr als einer Stunde. Geht aber auch mit einem der vielen Busse Ri. Lima, die fast alle in Chimbote stoppen.

Nach CHICLAYO: häufig am Tag Busse, ca. 3 Std. oder mit jeder Menge Colectivos, di meist ab Av. Espana, Ecke Av. Mansiche losfahren.

Nach CAJAMARCA: Bus und Colectivoverkehr verläuft hauptsächlich via Panamericana bis Abzweigung nähe Pacasmayo. Der Bus (tägl.) braucht ca. 7 Std., ca. 3 US $. Das Colectivo ca. 6 Std. ca. 5 US $ (tägl.) Wer via HUAMACHUCO fahren will: mit "Transp. Ruiz" ab Colon 537 und "Antisuyo" in der Colon 583. Von Huamachuco Abstecher-Möglichkeit nach Gran Pajaten, siehe unsere Beschreibung!

Nach TARAPOTO im Urwald mit "Chinchaisuyo" (Terminal Gonzales Prada 337, die Tickets werden in der Bolivar 72o verkauft. Abchecken, ob inzwischen beides zusammengelegt worden ist). Ein rauher 36 Std. und mehr- Trip, der zunächst die Pana Ri. Nord bis Olmos verläuft und hier über die Andenkette via Bagua, Moyobamba wieder Ri. Süden. Kostet ca. 16 US $ und kann bei schlechten Pistenverhältnissen sich erhebli zeitlich verlängern, bzw. storniert werden. – Die andere Route in den Urwald verläuft über Cajamarca – Celendin – Chachapoyas (dort beschrieben!), dauert wesentlich länge und ist unserer Meinung nach landschaftlich viel schöner.

Von Trujillo über die Panamerikana Richtung Nord: Chiclayo – Piura – Sullana – Talara – Tumbes: mehrere Busse tägl., teils tags, teils nachts. Bis an die Grenze sind's ca. 1 Std., 8 US $. Am bequemsten sind die "Presidencial" von Tepsa, supermodern, ca. 12 US

Tourist INFO Jr. Independencia 5o9, fast direkt an der Plaza de Armas/Ecke Hotel de Turistas. Recht gutes Material, speziell Pläne. Helfen auch bei Busproblemen; fast alle Gesellschaften sind über's gesamte Centro vertreut! –

Post Hauptpost und Telegrafenamt (Tel/Tlx):Ecke Bolognesi, Independenci

Die Konquistadores Pizarro und Almagro

Casas Virreinales y Republicanas: vor der Reforma Agraria lebten hier die reichsten Familien der nördlichen Costa, die Alleinherren über km- weite Flußoasengebiete waren. Der Reichtum baute sich seit Kolonialzeit auf, reiche künstlerische Gestaltung der CASAS (Häuser) war Prestige. Sehenswert:

- CASA MAYORAZGO (Pizarro 314), Ende des XVI- Jhd.'s mit korinthischen Säulen, heute Kunstgewerbe- und numismatische Ausstellung. Großer Patio, schön getäfelte Decken und typische Trujillo- Fenstergitterarbeiten.
- CASA URQUEAGA (Pizarro 446), Plaza de Armas, heute Banco Central de Reserva. Ausstellung von Huacos (Vasen), Kolonialmöbeln und Silberkunstgewerbe. Simon Bolivar, el Libertador de Sudamerica lebte hier einige Jahre.
- CASA BRACAMONTE (Independencia 442), Plaza de Armas, Epoche Virreinales, heute Banco Central Hipotecario del Peru. Großes Holzportal im Trujillo Stil und fein gearbeitete Schmiedeeisengitter vor Fenstern.
- CASA DEL MARISCAL ORBEGOSO (Orbegoso 553), aus XVIII Jhd. Innen schöner Patio und Holzgalerie. Kolonialmöbel.
- PALACIO ITURREGUI (Pizarro 668): XIX Jhd. , eine Casa im italienischen Renaissance-Stil, 2 piso, heute Club Central, Besichtigung möglich. Häufig Ausstellungen.
- CASA GANOZA (6. cuadra Jr. Independencia), Ende des XVIII Jhd.'s , befindet sich derzeit in Restauration und dürfte bei Drucklegung dieses Bandes wieder zu besichtigen sein.

Museen/Trujillo: – "CASINELLI", siehe unser Chan Chan Text. – "MUSEO ARQUEOLOGICO" der Uni Trujillo, Jr. Bolivar 446, Arbeiten in Keramik, Metall, Stoff und Holz aus Epochen Präinka. Lohnenstes in Trujillo! – "MUSEO ZOOLOGICA", S. Martin 326 – "COLECCION GANOZA" in gleichnamiger Casa, Pizarro 426.

Plantagen in der Flußoase: "COOPERATIVA CARTAVIO" (43 km, Colectivos ab Av. Espana), Papier aus Zuckerrohrbagasse, – "CASA GRANDE" (49 km, Colectivos), "LAREDO" (1o km, Colectivos) und weitere.

BUENOS AIRES: am bequemsten und schnellsten zu erreichender Strand. Laufend Mikros ab Pasaje San Augustin/Mercado Central. Ca. 2o Min. Fahrzeit. Bus stoppt direkt am Strand (Rest. Morillas). Sandige Wüste und hohe Wellen. Hotel "Buenos Aires" direkt am Pazifik.

HUANCHACO: 15 km von Trujillo. Betrieb nur im peruanischen Sommer. Dann machen die Restaurants und Hotels auf ("Sol y Mar", im Ort und "Hostal Belmonte" am Ortseingang, paar Meter zum Strand, Garten). Außerhalb der Saison: verschlafenes Wüsten-Fischernest mit den "Caballitos de Totora" (Schilfboote). MIKROS: ab Av. Mansiche.

PUERTO CHICAMA, 76 km nordöstl. von Trujillo, beliebt im Sommer bei der peruanischen Oberschicht wegen optimalen Wellenreiten- Möglichkeiten. Bus: "El Milagro" auf der Route Trujillo – Razuni – Pto. Chicama (1 Std. 3o Min.)

Klima: Durch Pazifiknähe ausgeglichenes Klima, Feb. 26° C, Juli 14° C. Die Stadt des "ewigen Frühlings", wie sie die Peruanos nennen.

Feste: "Festival de la Marinera" (variabel, Januar). Die Marinera gehört zu den wichtigsten Tänzen Perus (Costa) und die Radiostationen, die "Crioll o" spielen, sind voll davon, wie auch die Peñas von Lima (siehe dort). Mitreißender Rythmus, wenn auch von Melodie Schematas wiederholend. Zu diesem Festival kommen die besten Tänzer aus ganz Peru; wichtigste Competition und allein vom Ambiente unbedingt lohnend!! – "Carneval" (Feb., variabel) – 2o. - 23. September: "Festival Intern. de la Primavera". Eines der größten und interessantesten Feste des Nordens/Costa Perus. Stierkämpfe, zu denen die besten Toreros aus Mexico , Südamerika und Spanien eingeflogen werden, Hahnenkämpfe in der Super arena "Coliseo de Gallos", Umzüge und Folklorewettbe -

werbe. Besonders interessant: das Wettrennen der "Caballitos de Totora", der Totora-Pferdchen (schmale, bis zu 5 m lange Totora- Schilfboote, auf denen die Fischer in den Pazifik rausreiten wie schon zu Mochica- Zeiten).

Rechtzeitig Hotel reservieren. Meist auf Monate ausgebucht. Die Tourist Office hilft bei der Vermittlung von Privatquartieren.

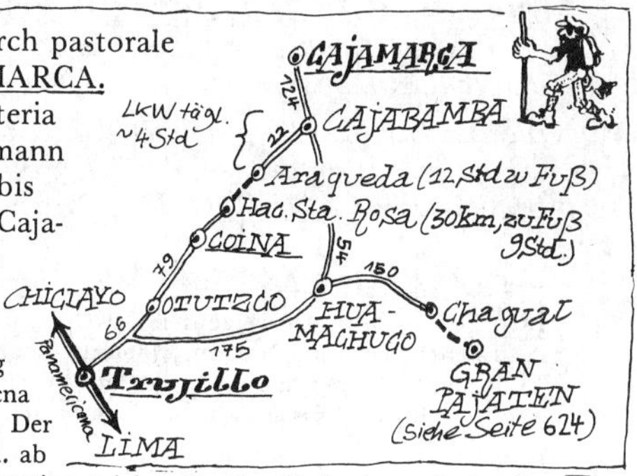

➪ Schöner Hike in den Anden: durch pastorale Andenlandschaften nach CAJAMARCA. Geht über COINA, wo die "Hosteria el Sol" des Deutschen Dr. Kaufmann liegt. Ab hier ein 2- Tages Hike bis Araqueda mit Verbindung nach Cajamarca. Karte: IGM 16 g/Otuzco

BUS: täglich ab Trujillo mit "Empr. Otuzco" in rund 2 1/2 Std., die 66 km bis OTUZCO, einer Andensiedlung in 2.635 m ("Pension Comercio", Tacna 434) und"Pension Kovacs", Grau 83). Der Bus fährt weiter bis COINA, ca. 8 Std. ab Trujillo, 145 km wegen schmaler, serpentinenreicher Straße. Abchecken, ob der Bus der Hosteria noch fährt, der nur rund 5 Std. braucht.

COINA: wurde berühmt durch die "Hosteria el Sol" und Tip unter der Rucksack- Conquista, die hier zum Relaxen rauffuhr. Angenehmes Klima in 1.800 m Höhe, viel Sonne, Tischtennisplatten, kleiner zum Pool aufgestauter Bergbach und Pferde zum Reiten. Am Sonntag Mini Markt der Campesinos im Dorf.

Dr. Kaufmann finanzierte sich mit den Einnahmen aus der Hosteria ein Andenhospital im Dorf, Medizinstudenten können helfen gegen Gratis- Essen & Wohnen. Ein Rauhbein, der Worte nicht lange prüfte, sondern sie ausspuckte, wie sie ihm in den Sinn kamen. "Fest steht für mich aber", wie Fritz Feder uns schrieb, "daß der Arzt hier harte und gute Arbeit leistet". Dr. Kaufmann lebt nicht mehr. Die Töchter führen die Hosteria weiter, wie auch das Hospital Andino weiterläuft.

Wie die Hosteria jetzt ist, wissen wir nicht (schreibt uns bitte!), Tatsache ist jedoch, daß sie guter Zwischenstop ist auf der Weiterreise nach Cajamarca. Von Coina ein befahrbarer Trail rund 30 km zur HAZIENDA SANTA ROSA in einem Tal aufwärts. Dauert zu Fuß ca. 9 Std. Private Übernachtungsmöglichkeit in der Hazienda. Besitzer kommt öfters runter nach Coina, Mitfahrt möglich, Infos in Hosteria el Sol.

Von der Hazienda über einen Trail, der nicht unter 12 Std. zu schaffen ist, rüber zum Andennest ARAQUEDA. Sehr harter Marsch, gleich am Anfang gehts steil rauf, Essen und Trinken einpacken, unterwegs keinerlei Siedlungen. Dafür aber herrliche Berglandschaft. In Araqueda schlafen beim Dorfpolizisten oder Bürgermeister am Boden. Einmal am Tag ein LKW rüber nach CAJABAMBA (22 km, ca. 4 Std.). Landschaftlich faszinierende Strecke, u.a. über einen 4.000 m Pass.

Für den HIKE: warme Sachen einpacken, Regenschutz. Wegen der Höhenlage empfiehlt sich vorherige Aklimatisierung. Eventuell in Gegenrichtung laufen. Vielen Dank an Fritz Feder, der ergänzende Infos zuschickte und u.a. hinweist, daß man in Coina Pferde zum Tragen des Gepäcks bekommt. Trailzeiten knapp kalkuliert.

In Cajabamba bestes Hotel "Flores" an der Plaza de Armas, Doppel ca. 4 US $ mit grossen, sauberen Zimmern und eigener Toilette, aber keine Dusche. Im Ort schöner Sonntags-Markt. Bus nach Cajamarca tägl. ca. 7 Std., bzw. Colectivos in ca. 4 - 5 Std. Ebenfalls täglich Bus rüber nach Huamachuco (3 Std., "Hotel La Libertad", Doppel ca. 2,5 US $). Von Huamachuco Piste runter an den Rio Marañon mit Hike nach Gran Pajatén, Details siehe Seite 624.

Von CAJAMARCA Verbindungen zurück an die Costa, bzw. in den Urwald.

WEITER AUF DER PANAMERICANA in Richtung Süden; wer im Direktbus aus Tumbes nach Lima sitzt, der fährt das folgende Stück nachts und schlummert tief, – wenn das Klo nicht stinkt.

Die Landschaft: Wüste, immer Wüste. Der Busfahrer vorn stiert in die Dunkelheit hinaus, in die sich die Scheinwerferkegel bohren. – Die nächste größere Oase ist CHIMBOTE.

Trujillo → Chimbote: 131 km

Pto. Salaverry: Abzweigung in MOCHE, kurz nach Trujillo. Einer der wichtigsten Pazifikhäfen Perus im Norden. Moderne Kaianlagen und gebührenpflichtige Asphaltpiste In den Hafen selber kann man nur mit Spezialgenehmigung. 8 km ab Moche; es stinkt immer mehr nach Fisch, je näher man nach Pto. Salaverry kommt.

Viru: 46 km nach Trujillo, Abzweigung von der Pana, 3 km. Die meisten Funde dieser (1oo v. Chr.) ist in den Museen von Lima und Trujillo. Besuch der verfallenen Adobe-Häuser daher vermutlich nur für Archäologen interessant. – Man sagt, daß sich vom Namen "Viru" der Name PERU ableitet.

Weiter durch riesige Sichel- Sanddünen, Steinwüsten, die PANA relativ weit vom Pazifik entfernt. Nicht zu viele Möglichkeiten, auf den 131 km bis Chimbote, nach meiner Erinnerung nur an der Stelle, wo die Pana den Rio Viru überquert. Stop für die Nonsto Panamericana- Longdistance Busse zur Essensaufnahme. Hier gibt's übrigens auch die leckeren "KING–KONGS" von Trujillo. Gebäck mit Zwischenlagen von Honig, Rosinen Marmelade und "Manjar Blanco", teuflisch süß.

Kurz vor CHIMBOTE wird die Flußoase des Rio Santa durchquert, die sich runde 5o km Richtung Anden raufzieht, dann durch den modernen Tunnel "De Coishco" rüber ins Wüstenbecken der Stadt Chimbote.

Chimbote: ca. 27o.ooo Einwohne

Einer der wenigen natürlichen Häfen entlang der Küste, – zugleich einer d größten Fischereihäfen Peru's. Graue Betonhäuser in der Wüste, tiefblaues Meer in der Bucht, begrenzt von den grauen vorgelagerten Inseln. Über de ganzen Stadt intensiver Fischgestank der Fischmehl- Fabriken im Süden.

Nach Abwanderung des Anchoveta- Fischreichtums, der bis Ende der 6o-e Jahre Peru zum 2. wichtigsten Weltexporteur für Fisch machte, stagnierte die rasche Entwicklung Chimbotes. Das 1970 Erdbeben von Huaraz zerstö te zugleich fast die komplette Stadt, heute moderne Beton- Skelett Bauwe se mit großen Slumgebieten. Extremer Bevölke rungszuzug aus unterentwickelten Andenregion und stärkste Stadtexpansion in Peru!

Parallel zur Fischindustrie wurde von Siderperu ein riesiges Stahlwerk aufgebaut, in dem heute mehr als 5.ooo Personen arbeiten. Das Eisenerz kommt von den Minen von MARCONA (4o km sü lich von Nasca, bzw. rund 77o km via Schiff bis Chimbote). Grund: potente Stromversorgung durch ein Kraftwerk im Cañon de Pata/Rio Santa.

Die Hafenanlagen, mehr als 2o Fischfabriken und Siderperu haben zu einer derartigen Verschmutzung der Bucht geführt, daß, – populär ausgedrückt das Wasser mehr als 6 - 6o mal dreckiger als eine Toilette ist. Baden strickt verboten.

Die PANA geht an verschiedenen Reifenflickshops, Restaurants rein und trifft nähe "Hotel de Turista" die Bucht. Hier die Terminals der großen Costa- Buslinien wie Mercado. Die hiervon abgehende (parallel zum Meer) Av. Pardo (sehr steril und breit), sowie die anschließende Leon. Prado sind die Hauptverkehrsstraßen, in denen, wie Querstraßen sich der Comerz abspielt; Restaurants und bessere Hotels. Alles kompakt zu Fuß zu erreichen.

Hotels: Modern und im Geschäftszentrum: "Presidente", Leon. Prado 54o, derzeit wohl bestes in Chimbote, mittel große Zimmer mit geräumigem Privatbad und Dusche, teils zur Straße, teils in sehr engen Innenhof. Oben vom Dach guter Rundblick über die Bucht und Stadt! Doppel ca. 13 US $. – "Hotel de Turista" , ein weiß gestrichener Palast am Meer. Wer in die Richtung Zimmer hat: hunderte von angerosteten Fischkuttern und freier Blick auf Meer und vorgelagerte Inseln, wobei die Nase aber meist nicht immer so zufrieden ist, wie das Auge. Ca. 13 US $ /Doppel mit Privatbad. –

PASSABEL in der Mittelklasse: "Venus"/L. Prado 673 mit ca. 6 US $ fürs Doppel. Leser empfehlen: "Augusto"/Calle E. Aguirre 265, warme Duschen, sogar mit Lokuspapier (angekettet!). – Gut: "San Felipe", J. Pardo (die breite Avenida), ca. 8 US $ mit eigenem Bad. – "Riviera"/E. Aguirre etwas ramschig mit dekadentem Lift. Ca. 9 US.

ca. 6 US$

Die BILLIG–HOTELS spiegeln eher die Realität von Chimbote wieder. Sehr basic. Düstere, oft sehr unhygienische Löcher, um die man besser einen Bogen macht, wenn man sich die Übernachtung in Chimbote sparen kann. Selbst für Rattenfallen noch stolze Preise! Liegen meist in "Gepäckweite" zu Busstop. Somit auch nahe zum Centro.

Essen: das "Presidente" sauber, aber supersterile Plastik- Cafeteria. Teuer. – Das "Riviera", in einem US- Guide hochgelobt, entpuppte sich bei unserem Check als supersteril im obersten Stock des Gebäudes. Der Ober war intensiv in Tam Tam per Telefon mit seiner Freundin verwickelt, das Lokal absolut leer und die Toilette stinkig. – Wir haben dann (sehr gut und wesentlich billiger!) nebenan im "Mollejtas"/E. Aguirre 373 gegessen; kleiner Snack mit excellent gewürzten Hühnern. Mr. Wienerwald kann sich hier ein Vorbild nehmen. Der halbe Adler für ca. o,7 US $! –"Los Ferroles" und "Los Portales", beide in der J. Bolognesi. – "Los Pinos" im Vivero Forestal/Panamericana gut, auf rustikal im Park getrimmt und nicht gerade billig. Essen: mittel.

✶ FISCHFABRIKEN: vorwiegend im Süden, ca. 1o - 15 km ab Hotel de Turista an der Calle 27 de Octubre. Drecklaken und verrostete Boote. Der Fisch direkt vom Meer über Stege in die Hallen, wo er in Konservendosen für den US- Bürger verpackt wird oder zu Mehl zerrieben.

✶ SIDERPERU: nördlich des Centros am Meer. Die Öfen und Verarbeitung kann besichtigt werden (8- 13 Uhr/15.3o bis 18.3o). Gelände so groß, daß Communication mit PKW nötig. Anmeldung in Lima in der Zentrale ca. 3 Tage vor Besichtigung nötig, Av. Tacna 543/11. Stock.

✶ VIVERO FORESTAL: schönste Stelle von Chimbote. Großer Park mit hohen Bäumen an der Panamericana. Minigolfplatz, künstlicher See und Schmalspur Eisenbahn für die vielen Schulklassen, die sich hier von der Wüste und den Slums erholen. Für Eisenbahnfans: beim Eingang steht die Dampflok, die bis zum Erdbeben von 197o die Strecke Chimbote – Huallanca fuhr. Speziell für die Strecke konzipiert: Tender mit viel Platz für Wasser und wenig für Kohlen, da nur 13o km langes Gleis. Große Handbremshebel für das steil ansteigende Streckenstück bis Huallanca und recht kleiner "Kuhfänger": = kaum Tierhaltung im Santatal wie auch wenig Vegetation. Gebaut 1913 von "Baldwin Lokomotive Works"/Philadelphia USA.

Das Gleis der "Santa Railways" wurde vom Erdbeben 197o weitgehend zerstört, die Schienen wie Spaghetti zerknotet bzw. von Bergrutschen verschüttet. Wiederherstellung des Gleises lohnte sich nicht, da in Huallanca "Bahnhof" ist: steil ansteigendes Tal und Streckenführung durch den "Cañon del Pato" sicher extrem teuer. Heute eine, insbesondere im Cañon spektakuläre Straßenpiste.

WER CHIMBOTE ⟶ LIMA direkt entlang der Küste fährt, bis Seite 658 weiterblättern. Einer der lohnensten Abstecher von der Costa in die Anden jedoch zum:

⇨ CALLEJON DE HUAYLAS *

*Gilt unter Kennern Südamerikas als eines der schönsten Täler der Anden! Das Haupttal verläuft parallel zur Küste, begrenzt von der kahl- kargen Cordillera Negra und zur Amazonas Seite von der Cordillera Blanca mit ihren großartigen 6.ooo-ender schneebedeckten riesigen Gipfeln.***

Dazwischen liegen tiefblaue, smaragdgrüne Lagunen, einsame Grashochebenen, auf denen die "Puya Raimondi"- Riesenkaktusse wachsen, – das Gebiet des "HUASCARAN–NATIONALPARKS".

Die Indios nennen es "Tal der Adler"; hier oben verlaufen einige der schönsten TRAILS Südamerikas. Wer einmal bei klarem Wetter auf dem Linienflug von Lima nach Quito/Ecuador über den Nationalpark geflogen ist, kann sich vorstellen, was für ein schönes Leben die Adler haben, wenn sie hier oben um die Gipfel kreisen.

Hauptort ist HUARAZ. Zentraler Ausgangsort für die Bergsteiger und Hiker. Gute Hotels und Restaurants. Eine Piste führt um die Cordillera Blanca mit Busverbindungen. – Archäologisch interessant: CHAVIN. – Inkatrail wie auch Piste rüber nach LA UNION mit Anschluß in den Anden (ohne den Umweg über Lima!) nach HUANCAYO – CUSCO!

HUARAZ:

3.o52 m/ ca. 5o.ooo E.

Großartige Lage zwischen den schnee- und eisbedeckten Berggipfeln. Der Ort nach Erdbeben 197o komplett neu aufgebaut. Moderne Häuser. Die Plaza de Armas noch etwas steril und ohne Patina; Hauptleben spielt sich im Bereich AV. RAIMONDI /AV. FITZCARRALD ab, wo auch die meisten Busse abfahren. Hier (Ecke Raimondi/Jr. de la Cruz) der tägl. Markt. Huaraz ist Hauptort und wirtschaftliches Zentrum für die Region.

*sprich: "Kajé-chón de Huaylas" /** HUASCARAN: 6.768 m

Hotels/Huaraz: Vorwiegend in 3 Regionen: die meisten der Billighotels liegen im Bereich der Bus Abfahrten/Mercado: (B) – die nächste Gruppe um die Hauptplaza und bergauf: (C).

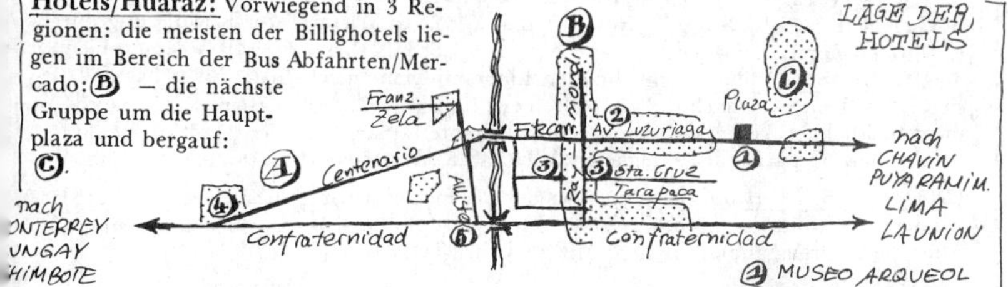

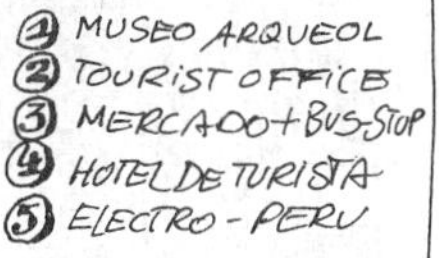

✶ Die 3. Gruppe (A) jenseits der Brücke Richtung Monterrey. Hier das beste Hotel von Huaraz: "Turista". Zwar 1o Min. zum Centro, aber lohnt sich! Das gemütlichste Hotel von Huaraz mit dem besten und freiesten Blick auf die Bergkulisse. Modern und sauber, ohne steril zu sein. Außen grober Fels, innen teils Holzdecken. Die Zimmer groß, Bad, Tel. Unbedingt Zimmer Ri. Huascaran nehmen!Gemütlicher Comedor. Doppel ca. 2o US $. – "Turistas de Monterrey" im Vorort Monterrey. Old Fashion Hotel, was die "Kiste" sympatisch macht, Sterne aber unserer Ansicht nach nicht unbedingt gerechtfertigt. Großes Plus: Pool mit warmem Thermalwasser, abends dampfts kräftig (ø im Becken ca. 33° C). Doppel ca. 14 US $. Bus nach Huaraz. Relaxing ruhig. – "Hostal los Pinos", Seb. Alliste am Fluß, wie eine kleine Festung. Preis ist mit ca. 5 US $ für's Doppel (Privatbad) relativ günstig. – "Janett", Av. Centenario 1o2, direkt an der Brücke hinter Busabfahrten. Anständiger Preis (ca. 1o US $) für Gebotenes. Privathaus, innen Bad, Zimmer sauber und freundlich. – "Colomba", Francisco de Zela 21o, gepflegter Innenhof mit vielen Vogelkäfigen. Allerdings relativ teuer mit ca. 2o US $ für's Doppel, daher nicht unbedingt Tip.

Gruppe (B): Huaraz hat mehr Zimmer als Touristen. Daher versuchen zu handeln. Auch in der Saison steht viel leer. Insbesondere in der Mittelklasse, die in diesem Bereich liegt, sehr häufig unrealistische Preise. Handeln, immer wieder und vergleichen.

"Raymondi", Raymondi 82o. Zentral aber bestimmt kein Gringotreff, da zu teuer. Die Lady will zunächst ca. 1o US $, lässt aber mit sich handeln. 5 US $ wäre realistischer Preis. – "Hostal Huaraz" in der Av. Luzuriaga 529, nähe Tourist Office. Zwar relativ sauber, aber teuer. Teils dunkle Zimmer mit Fenster zum Hinterhof, trotzdem ca. 1o US $ (mit eigenem Bad)/ca. 7 US $ (Gemeinschaftsbad). Bestes Zimmer noch das, vorn raus zur Straße. Nicht unser Tip! – "Barcelona" Raymondi 612 sehr zentral, die Zimmer einfach mit Steinboden (teils auch Holz), spartanisch mit Stahlrohrbett und Gemeinschaftsdusche; trotz relativ hohem Preis von ca. 6 US $ Gringotreff. Heißer Tip, wer sparen will: oben im Dachstock gibts einen Schlafsaal mit Holzboden, wo jeder seinen Schlafsack ausbreiten kann (ca. 1 US $) und fantastischer Rundblick. Hier oben hat auch Don Pepe sein Büro, der Bergsteigerausrüstung vermietet und Touren organisiert. Im Schlafsaal auf's Gepäck aufpassen, bzw. nichts Wertvolles zurücklassen; nicht alle Gringos sind so ehrlich, wie die meisten der Peruanos! –

"Catalonia", Raymondi , nebenan. Mit heißem Wasser (Privatbad), die Zimmer mit Linoleum Boden, etwas größere Betten als im "Barcelona", sauber aber teuer: ca. 1o US $!! – "Tabaris", Raymondi 827: derzeit Tip von Preis–Qualität Relation. Ca. 3 US $ für's Doppel (Gem. Bad), allerdings auch entsprechend simpel eingerichtet. – "Los Andes", Tarapaco 316: einfach aber gut. Bei Busabfahrt Condor de Chavin. – "San Isidro" in der Raymondi/Confraternidad, ca. 4 US $ basic und etwas abseits in wenig attraktiver Gegend. – "Wlucar", Confrat./Tarapaca, ca. 4 US $ sehr absic. – "Alpamayo" in der Confraternidad, 4 cuadras zum Centro. Eine saubere Villa in wenig attraktiver Gegend. Warmes Wasser und zu empfehlen, wem die Umgebung nichts ausmacht. – "Los Portales", Raymondi 9o3: sauber, 2 cuadras vom Centro. Ein moderner Bau ohne spezielles Ambiente. Vom Preis (ca. 1o US $ mit Privatbad) zu empfehlen, wer Mittelklasse sucht.

Gruppe (C): "El Pazifico" Av. Luzuriaga 63o nähe Plaza de Armas. Die Zimmer sind mittel, auch bezüglich Größe. Privatbad mit heißem Wasser. Blick meist in engen Hinterhof. Derzeit ca. 14 US $! – "Hostal Tumi", Av. San Martin/Tafur Pardo, ein größeres (4- Stock -Hotel) Neugebäude. Kann bei ca. 6 US $ in dieser Preisklasse empfohlen werden. – "Hostal Andino" (heißt bei den Einheimischen auch "Chalet Swiss" gemäß Besitzer). Jr. Pedro Cochachin 357. Auf einem Hügel oberhalb von Huaraz. Kleineres Hotel mit gemütlichem Aufenthaltsraum, jedoch, – sofern man nicht den Stadtbus benutzt, ca. 2o Min. bergauf (bei Höhenlage) ab Plaza de Armas. Preislich ähnlich "Turistas".

UNTER'M STRICH bin ich immer wieder bei meinen Huaraz- Besuchen ins "Turistas" gegangen, obwohl ich eigentlich sonst lieber spare, wenn sich die Möglichkeit ergibt. Aber die Mehrausgabe lohnt sich! Mikros vom "Turistas" zum Centro.

RESTAURANTS Huaraz

"Tabaris", Ecke Raymondi/Fitzgerraldo. Mit permanent plärrendem TV. Die Preise mittel, die Gerichte jedoch sehr unterschiedlicher Qualität. Spaghetti kamen mit laschen, zähen Fleischstückchen, "Lomo Apanado" war recht gut, da weichgeklopft. – Besser: "Ebony 76" (Raymondi 618, ums Eck) mit ausgezeichneten "Truchas", kommen z.B. aus der Laguna Tuctu. Freundlicher und Preise günstiger. – "Pizza Italia", Av. Centenario 3o1 A, – "La Familia", Chinese in der Av. Luzuriaga 431, auch intern. Küche. Preise mittel, ebenso Küche. – "La Contana", Luzuriaga 632: Plastikkitsch mit Details wie Tische aus Marmor Immitation und Plastiken von Frauen, die die Lampe tragen. Essen und Preise jedoch gut. – "Lidos", Luzuriaga 4o6 (nach Plaza de Armas) sehr zu empfehlen für Frühstück! (Offen 8.oo bis 19 Uhr mit 2 Std. Mittagspause). "El Palomar" bei Plaza de Armas: Peña.

Tourist INFO

Av. Luzuriaga 459, ganz in der Nähe der zentralen Kreuzung Luzuriaga mit Raymondi. Hinweisschild in den Arkaden. Freundlich und zumeist gutes Infomaterial.

"Museo Regional de Ancash" an der Plaza de Armas. Keramik aus dem Gebiet des Callejon de Huaylas, insbesondere von der RECUAY–KULTUR (ca. 2oo v. Chr. bis 7oo n. Chr.), lohnend insbesondere wegen den großen Monolithenteilen im Garten hinter dem Museum. Meist menschliche Gesichter, ähneln den Funden in Gran Pajaten und Chavin. – Offen: Dienstag bis Sonntag 8 - 13 und 16 - 18 Uhr.

Verbindungen:

FLUG: Airport 25 km nördlich der Stadt beim Dorf ANTA. Kann von den Fokker- Jets der Aeroperu angeflogen werden. Die Flugverbindung Lima – Anta ist jedoch eingestellt.

BUS: es gibt 3 Routen von der Küste nach Huaraz, die alle täglich mit Bussen befahren werden:

1.) CHIMBOTE ⟶ HUALLANCA ⟶ CARAS ⟶ HUARAZ: ca. 24o km
Es fahren Busse der "Expr. Moreno" und "Soledad" mehrmals täglich, die runde 8 - 1o Stunden brauchen, ca. 5 US $. Asphaltiert: Caraz – Huaraz.

2.) CASMA ⟶ HUARAZ: ca. 15o km
Busse "Moreno" und "Chinchasuyo", ca. 6 Std. (4 US $) bis Casma und ca. 7 S bis Chimbote. Täglich. Asphaltiert zwischen Casma und Chimbote.

3.) HUARAZ ⟶ PATIVILCA ⟶ LIMA: ca. 21o km bis Pativilca, 4o8 bis Lima
viele Busse täglich, die auf der durchgehend asphaltierten Strecke, die gut ausgebaut ist, bis Lima ca. 8 Std. brauchen. Der Preis variert zwischen ca. 4 - 6 US $ je nach Bustyp. Ausgezeichnete Busse haben z.B. "Expreso Ancash" und "Huaraz". Lohnt sich die paar Mark draufzulegen, insbesondere, wenn man nachts f

Ebenso Colectivos auf dieser Strecke, die ca. 6 - 7 Std. brauchen (Comite 11) und ca. 1o US $ kosten.

* DIE SCHNELLSTE Verbindung nach Huaraz vom NORDEN geht über die Panamericana bis CASMA (geradliniger Verlauf, Asphalt) und reduziert die Schotterpiste mit Andenserpentinen auf runde 12o km vor Huaraz. Busse ("Chinchasuyo") brauchen ab Trujillo ca. 8 1/2 Std. (ca. 7,5 US $, mehrmals pro Woche). Archäologisch interessant: SECHIN bei Casma (Hotels) . Details siehe Text "Chimbote – Lima".

* LANDSCHAFTLICH interessanter ist die Route Chimbote – Huallanca – Caras – Huaras. Dauert ca. 2 - 3 Std. länger je nach Pistenzustand. Fahrt nur bis CARAS! Am nächsten Morgen die Bonbons des Callejon wie Laguna "Paron" und "Llanganuco" einbauen. Dichter Bus- und Colectivo- Verkehr zwischen Caras und Huaras.

Streckenbeschreibung: "eine mörderische, aber atemberaubende" Strecke, wie uns Joachim Schmitz zu Recht schrieb, "linke Seite* im Bus nehmen, da bessere Aussicht". Höhenpunkt dieser Piste ist die Fahrt durch den "CAÑON DEL PATO", eine gigantische Felskerbe, die an den spektakulärsten Stellen runde 2oo m tief runter geht bei einer Breite von 1o - 2o m und weitere ca. 7oo m senkrecht nach oben raufgeht. Somit 9oo m senkrechte Felswand, in deren Mitte sich die Straße durch unzählige Tunnels durchzieht.

Was man beim "Colca Cañon" (siehe Arequipa!) nur von oben sehen kann, – außer man ist ein Super- Wildwasserfahrer wie die Polacos, ist im Cañon del Pato "hautnah" mittendrin zu erleben. Eine der spektakulärsten Pisten in Peru!

Allerdings mittags durch den Cañon (weil dann die Sonne einigermaßen in die Spalte leuchtet), was nur mit dem Morgenbus ab Caras Ri. Chimbote möglich ist. Unbedingt bei der Petroperu- Hängebrücke aussteigen und runterschauen!

Nach dem tiefsten Teil des Canons nähe Caras wird das Tal laufend breiter. Ri. Chimbote: HUALLANCA, Ende des aufregensten Teiles des Tales. In Serpentinen runter in ein Dreieckstal (ca. 3oo x 5oo m), grün in grauer Felswüste. Ein Campamento der Electro-Peru und Ende des Eisenbahngleises von Chimbote. Das Gleis ist noch im Straßenasphalt zu sehen; die Siedlung hat definitiv Probleme mit fehlender Abwechslung in der Einöde.

Nach ca. 6oo m der Ort HUALLANCA: ein tristes Adobe- Nest in der Felswüste der steilen Berghänge. Definitiv "nothing"! Gleis demontiert, Straßenpiste verläuft teils auf der alten Eisenbahntrasse, die durch das '7o- Erdbeben zerstört wurde, teils auf der anderen Talseite. Kurz nach Huallanca ist bergab links noch die alte Bahnstation zu sehen, die heute als Lagerhalle benutzt wird.

Gebäude werden jetzt seitlich umfahren. Die Talhänge des RIO SANTA absolut ohne jegliche Vegetation. Nakter Fels mit "Kohle- Ausblutungen"= schwarze Ausflüsse am Hang. Knallharte Wellblechpiste, die unseren Reservereifen demolierte. Relativ geradliniger Pistenverlauf am Hang, der Geschwindigkeiten von 6o - 8o km/h ermöglicht. Alternative: entweder langsam und Karosserie- Killer, – oder schnell und Reifenkiller.

YURACMARCA: rechter Talhang mit grünen Anbauterrassen ca. 5oo m oberhalb des Rio Santa. Abzweigung nach Pomobamba. Piste folgt in leichten Kurven dem Talverlauf. Hinter Tablones wird das Tal breiter und bei Vinzos grüner. 1 Std. bis Costa. Die Dörfer sehr einfach, einstöckige Häuser, graubraun Adobe. Bei SANTA auf die Panamericana und ca. 8 km bis Chimbote. Zuckerrohrfelder und heiße, trockene Luft.

WER in Gegenrichtung ab Chimbote fährt: reichlich stressig bis zum Cañon del Pato und dann meist auch kurz gegen Abend. Das Kraftwerk im Cañon kann nach unseren Informationen nicht besichtigt werden, obwohl sehr interessant. Lange Stollen mit Eisenbahngleisen. Versorgt die Stahlindustrie von Chimbote und daher von Militär bewacht.

HUARAS ⟫→ Richtung Süden (Lima/Huancayo) gibts drei Alternativen: flott über die durchgehend asphaltierte Strecke Huaras – Pativilca (an der Küste) – Lima, die dicht von Bussen und Colectivos befahren ist. Wer den Trip ab Huaras nach Chavin gemacht hat, versäumt landschaftlich nicht zu viel, wenn man die Strecke in der Nacht fährt: im Andenteil karge Berglandschaften, an der Costa Wüste wechselnd mit Wüstenoasen. Archäologisches wie "Paramonga" siehe unser Costa- Text. – Alternative: SECHIN über Casma zu erreichen. Ab hier häufig Busse nach Lima. – Huaraz über La Union nach Huanuco siehe dort!

* Richtung CHIMBOTE ⟫→ CARAS

Umgebung von Huaraz:

1 WILCAWAIN: Abzweigung runde 4oo m nach "Hotel de Turistas" von der Straße nach Monterrey. Hier beginnt ein Schotterweg, der nach ca. 5 km die Ruinen erreicht. Steinhäuser der Abmessung von ca. 1o x 15 m aus groben Felsbrocken , Fenster und Türen. Stammt aus der Zeit von ca. 9oo n. Chr., etwa der Zeit, als die Wari- Kultur (Ayacucho) in die Region Callejon kam. Höhe 3.4oo m, mit PKW/Taxi zu erreichen. Runde 8oo m später das heutige Dorf Ichicwilcawain.

VON WILCAWAIN über eine Schotterpiste (ca. 2o km) zur LAGUNA LLACA unterhalb der schneebedeckten Gipfel des Valluna Raju (5.625 m) und des Rimarima (5.254 m). Die Lagune selber weniger lohnend, fantastisch aber die Bergkulisse! Ein Trail führt rüber zum Dorf PITEC mit Schotterpiste zurück nach Huaraz.

2 CHAVIN DE HUANTAR: Präinca- Ruinen in Paralleltal zum Callejon, von Archäologie, aber auch Landschaft unbedingt lohnend. Ein 1 - 2 Tages-Trip ab Huaraz. Taschenlampe mitbringen; es gibt unterirdische Gänge und Labyrinte zu erforschen, die nur teilweise erleuchtet sind.

BUS: "Condor de Chavin" und "Huascaran" täglich ab Av. Tarapaca/Huaraz, aber Fahrzeit für die 11o km ca. 6 Stunden. (ca. 3 US $) Somit Übernachtung in Chavin nötig. Auch weil am selben Tag kein Bus mehr zurück nach Huaras geht.

TOUR: mehrere Veranstalter ab Huaraz. Fahren in Mikrobussen, bzw. per Taxi. Kostet retour um die 1o US $ /Person mit Führung in Chavin. Kompletter Tag nötig.

EIGENES AUTO/MIET–PKW: wir haben Huaraz – Chavin mit "heißen Reifen" in ca. 2 1/2 Std. geschafft. Besser aber 3 - 3 1/2 Std. ansetzen pro Richtung.

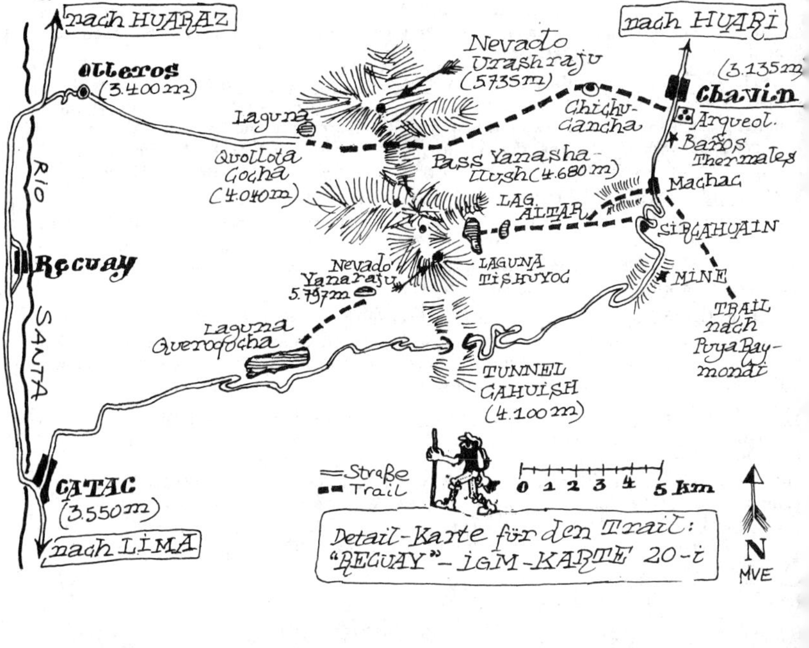

Huaras ↠ Catac: 36 km über ausgezeichnet ausgebaute Asphaltstraße. Ca. 3o Min. Im Ort ausgeschilderte Abzweigung, spitzwinklig zurück durchs Dorf Catac. Straßendorf mit elektr. Straßenbeleuchtung, Adobehäusern und viel Eukalyptus. Bis Chavin weitere ca. 7o km Schotter über Pampa stetig bergan an der Laguna Queroqocha vorbei durch den Cahuish- Tunnel, der grob in den Fels geschlagen ist. Im peruan. Winter hier oft Schneefall!

Gleich hinter dem Tunnel: in vielen Serpentinen runter über mehrere Talstufen an einer Kohlemine vorbei. Piste kommt an Felshängen ca. 300 - 4oo m oberhalb des Rio Mosna raus, rüber nach Jircahuain* und in Serpentinen runter ins Tal.

TRAIL: zur Laguna Tishuyoc. Fantastisch unterhalb des 5.797 m hohen Nevado Yanaraju gelegen. Eine harte Wanderung wegen Höhendifferenz. Ab Jircahuain erspart man sich steilen Aufstieg. Sonst im Dorf MACHAC Trailbeginn, ca. 4oo m hinter dem Ort in Richtung Catac bei Bach: rein in deutlich sichtbaren Canon und steil rauf von ca. 3.14o m (Machac) auf ca. 4.ooo m (Laguna Tishuyoc) Trotz nur ca. 5,5 km Traillänge rauf mindestens 3 - 4 Std.

Ab MACHAC (Basic- Restaurant mit Übernachtungsmöglichkeit) ca. 5 km bzw. 1o Min. im Auto bis Chavin. Die Straße läuft am linken Flußufer entlang durch fruchtbare Terrassenabaugebiete mit viel Eukalyptusbäumen. Wer nicht den kompletten Trail ab Olleros nach Chavin laufen will: lohnt sich, in Machac auszusteigen und den letzten Teil bis Chavin zu laufen. Ca. 1 km vor Chavin: BAÑOS TERMALES, in kleinem Dorf mit Schild gekennzeichnet. Steil an den Fluß runter. Unten bereits sichtbar. Viel Eukalyptus, heiß, klein.

✶ Chavin de Huantar: **ca. 3.135 m**

Heute ein Minidorf mit ein paar hundert Einwohnern, die von Landwirtschaft, Lamazucht und Tourismus leben, – ca. 1.2oo v. Chr. bis 6oo n. Chr. wichtigste Kultur der südamerikanischen Anden. Ungeklärt ist jedoch, ob Chavin das Zentrum war. Verfeinerung einer monumentalen Architektur. Verehrt wurde der "Piscoruna Pumapasimin", ein Mischwesen aus Mensch, Vogel und Raumkatze. Die heutige Ruinenstadt Chavin war zu damaligen Zeiten eine Kultstätte größeren Umfangs und bestand aus mehreren, pyramidenförmigen Palästen, die von Gängen und Kammern durchzogen waren. An den Wänden Kriegerköpfe und Schlangen.

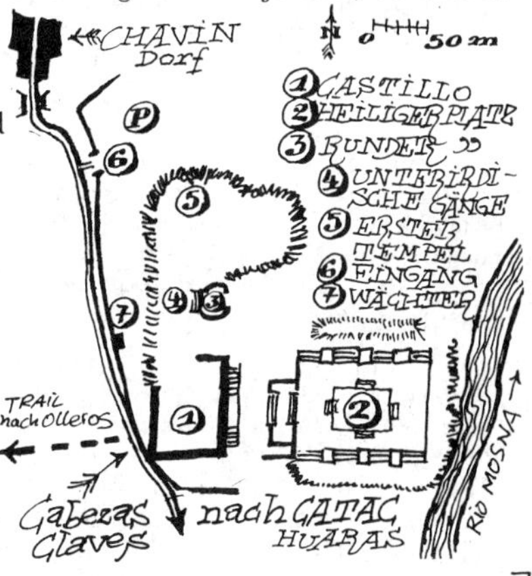

Vom Eingang ⑥ mit Parkplatz und kleinem Kiosk für Cokes zum 1. Tempel (Templo Temprano), der weitgehend mit Erde überdeckt ist und bei ⑤ Tunneleingänge besitzt, die aber weitgehend mit Gittern verschlossen sind. Es geht bis zu 7 Stockwerke unter die Erde. – ④ Las Galerias, unterirdisches Gangsystem (ca. 8o cm breit!) mit vielen "Cabezas Claves" (aus Granit geschlagene Köpfe mit Zapfen, der in die Wand gesetzt wurde).

* in Karten auch als "SIRCAHUAIN" verzeichnet.

Länge der Gänge zusammen ca. 4o m, meist beleuchtet durch einen Stromgenerator, der beim Wärterhaus steht. Im Zentrum der Gänge der "LANZON", ein 4,53 m hoher Granitstein, Herz des Heiligtums. Zeigt menschliche Züge, vermischt mit Raubtierelementen: aus dem Mund lange Zähne und an Händen wie Füßen lange Krallen. Die Augbrauen sind je 2 Schlangen, wie auch die Haare. Große Nasenlöcher, wie bei Chavin- Darstellungen typisch und Augen wie von Vögeln.

Oben im Stein Einkerbungen wie Kanäle. Hier könnte das Blut von Besiegten runtergelaufen sein, die im Tempel geopfert wurden. Eine Theorie, die aber ebenso wenig gesichert ist wie die Vermutung, daß die Chavin- Priester nach Sternbestimmung die Aussaat des Getreides bestimmten. –

CHAVIN war erste peruanische Hochkultur, die sich übergreifend in der Blütezeit von nördlich Cajamarca bis runde 65o km südlich zum heutigen ICA und PARACAS erstreckte. – Erste elementare Forschungen durch den Deutschen Dr. Middendorf in den 8o-er Jahren des vergangenen Jhds., der die Bedeutung von Chavin erkannte und dieses in einem 3 - bändigen Werk (1893 - 1895) beschrieb. Fundierte Forschung 198o - 83 durch Frederico Kauffmann Doig in Finanzierung der VW- Stiftung.

(3) Runder Platz: fein in Steinplatten eingravierte Darstellungen von Raubtiergöttern, gehört zum Templo Temprano wie auch Las Galerias.

(1) El Castillo: größer, höher (ca. 14 m) und kompakter. Die Wände pyramidenförmig abgestuft. Auffällig die feine Steinarbeit: viele "Cabezas Clavas", wovon einige nach Lima ins Museum kamen, andere jedoch in die unterirdischen Gänge deponiert wurden als Schutz gegen Wetter. Viele wurden jedoch schlichtweg von der Unwetter- und Erdschwemmung 1945 in den Fluß unauffindlich abgetrieben.

Der Palast (El Castillo) hat bei Abmessungen von 75 x 72 m ebenfalls unterirdische Gänge und Tunnelsysteme, die jedoch weitgehend mit Gittern verschlossen sind. Richtung (2) Heiliger Platz. Von Größe und Konzeption könnte er für Zeremonien gebaut worden sein, insbesondere, da Stufen zu erhöhten Aussichts- Tribünen an den Seiten führen.

— Chavin —

Zwei der großartigsten Monoliten von Chavin sind heute im Museum von Lima: der "Estela Raimondi", eine 1.95 x o.76 m Figur des "Piscoruna Pumapasimin", siehe oben! – Und der "Obelisco Tello", zu sehen im Museo Antropologico, Plaza Bolivar/Lima. Wichtigste Chavin- Publikation ist Kauffmann Doig/"Corpus und Ikonographia der Monolithen von Chavin" mit genauer Beschreibung von rund 5oo Steinrelieffs, erschienen im Deutschen Archäologischen Institut Bonn.

CHAVIN: offen Mo. - Sa.: 8 - 12 und 13 - 16 Uhr. Samstag von 9 - 12 Uhr und 14 - 16 Uhr. Nach Berichten von Reisenden zieht sich die Mittagszeit öfters länger als geplant hin. Dann kräftig ans Tor klopfen. TIP: wer nach der schlechten Piste Probleme mit den Autoreifen hat: der Museumswärter kümmert sich drum bei fairen Preisen. Außerdem bietet er sehr gut nachgefertigte "Cabezas Clavas" für billiges Geld an, Kostenpunkt um 15 US $ für ein 6o cm- Ding, was sich schön in die eigene Hauswand einpflanzen lässt, aber entsprechende Transportprobleme mit sich bringt. Seefracht nach Europa ist billig, sofern man den Transport bis Lima organisiert! –

★ **Unterkunft Chavin:** bestes: "Albuerge de Turista", ca. 1 km außerhalb an der Straße nach Huari nördlich des Dorfes. Sauber, die Zimmer mit Parkett Fußboden, Steinwände und Bad. In den Wiesen des nördl. Dorfrandes gelegen. Sehr sauber und familiär, allerdings auch ca. 18 US $. Wenn's nicht ganz dumm läuft: sollte immer möglich sein, hier Platz zu bekommen, da die meisten Travellers Billigeres suchen:

"Monte Carlo" an Hauptplaza, runde 1o Min. von den Chavin- Ruinen. Wohl noch bestes der 3 Basic- Möglichkeiten in Chavin, wenn auch Patio mit Mehlsäcken und Mais; die Zimmer bei Glück Ri. Plaza und mit ca. 4 US $ nicht gerade billig! – "Hostal El Inca" ebenfalls Plaza. Neben der Municipalidad. Typischer Sierra Innenhof: stinkt nach Schweinen und Hühnern. Flechtmatten an der Decke. Ca. 2,5 US $ (!). – "Gantu"/Plaza, in etwa selber Preis und etwas besser.

Selbes gilt auch für die RESTAURANTS von Chavin, die absolut nicht so gut sind, wie das ein deutscher Peru- Guide behauptet. Meist eine Katastrophe!!

Transport: 2 mal in der Woche mit "Condor de Chavin" in runden 7 Std. oder mehr bis Piscobamba. Auf halber Strecke Huari, welches tägl. angefahren wird. Es gibt sogar einen Direktbus von Chavin nach Lima, der aber Minimum 1o Std. braucht und relativ altes Material verwendet. Besser über Huaraz retour!

Trail: Huaraz ≫→ Chavin: 2 - 3 Tage

Beliebte "Connection", die aber landschaftlich nicht das bietet, was andere "Callejon"- Trails könne. Höhenlage: 3.2oo - 4.7oo m. Schwierigkeit: leicht bis mittel, wenn man von Olleros Richtung Chavin läuft.

Bus/Colectivo ab Huaraz (häufig am Tag) bis zur Abzweigung Olleros an der asphaltierten Huaras – Recuay Piste. Es fahren aber auch Pick- ups ab Mercado bis Olleros, was einem die Lauferei den Berg rauf erspart. – Die befahrbare Piste setzt sich weitere ca. 13 km bis zur Laguna Collotaccocha fort, befahrbar in der Trockenzeit (sowie Regenzeit mit Geländewagen), aber so gut wie o- Chance für Transport, da dieser nicht existiert. Ebenso ist es fraglich, ob bei dem Pistenzustand ein Taxi bis zur Laguna fährt.

Der weitere Trail Ri. Chavin kommt direkt bei der Laguna raus und ist nur schwer zu verfehlen. Nach der IGM "2o - i" (Recuay) laufen. Über einen Pass zwischen dem Nevado Tuctu und Nevado Verdeccocha rüber ins Tal von Chavin; Trail folgt ab Chichu Cancha dem Bachlauf des Huachesca. Insgesamt ca. 37 km ab Olleros bis Chavin de Huantar.

PUYA RAIMONDI: 3

Riesenkaktusse an einem steinigen Berghang in rund 4.4oo m Höhe südlich von Recuay. Die Puya Raimondi gibt es nur noch an ganz wenigen Stellen der südamerikanischen Anden, sie ist vom Aussterben bedroht.

Die Pflanze erreicht eine Höhe bis zu 12 m und blüht nur alle 3 - 4 Jahre. Die Blüte beginnt meist im Juli im unteren Teil des Stengels, Farbe: gelb, weißgrün oder ganz selten (z.B. 1969 bei einer P.R.- Gruppe im Dep. Junin beobachtet): blau. Grund vermutlich verschiedene Böden.

Früher mußten weite Andengebiete mit Puya Raimondis bedeckt gewesen sein, was man daraus schließt, daß die heute noch existierenden P.R.- Gruppen weit auseinanderliegen zwischen Zentral-Peru und Nord-Bolivien.

Hauptgrund für die Ausrottung sind die Campesinos. Da es hier in 4.ooo m Höhe keine Bäume gibt, werden die Stengel der Puyas für Tür- und Fensterstöcke benutzt. Dazu brennen sie die Pflanzen an, um Blätter zu entfernen und den Stengel auszutrocknen.

Jede Puya hat rund 1o.ooo Samen, die aber nur in der relativ kurzen Periode von ca. 6 Monaten keimfähig sind. Junge Puyas sind ganz selten. Hinzu kommt, daß dem Campesino anderer Brennstoff fehlt und weiterhin, daß sich seine Tiere im stachligen Unterteil der Pflanze verfangen können.

Man überlegt, wie man diese herrliche Pflanze, die bis zu 1oo Jahre alt werden kann, retten könnte. Versuche mit Schutzmauern gegen sich am Boden ausbreitendes Feuer sind fehlgeschlagen. Die Mauern provozierten die Campesinos, daß sie gerade diese Pflanzen als erste verbrannten. – Andere Überlegungen, Campesinos aus den wenigen Stellen, wo es heute noch Puyas gibt, auszusiedeln, sind ebenso illusorisch wie der Versuch, die Campesinos zu erziehen.

Ihren Namen haben die Puyas von dem berühmten italienischen Naturforscher Antonio Raymondi, 1826 in Mailand geboren, der erste wissenschaftliche Beschreibungen von Loreto und Ancash lieferte. Wichtigstes Werk: "El Peru" (Lima 1874 - 1880, 3 Bände) und ein Kartenwerk über Peru, das er aber aus gesundheitlichen Gründen nicht beenden konnte. Nach ihm wurde auch der 1,95 m hohe, in Chavin gefundene "Estela Raimondi" benannt, der heute in Lima ausgestellt ist.

ZU ERREICHEN: eigenes Auto/Mietwagen von Huaras über Recuay und Catac, rund 6 km nach dem Dorf Catac macht die Asphaltstraße eine spitze Rechtskurve über den Fluß. (Pachacoto). Gleich am Fluß links Abzweigung eines Schotterweges, der weitere ca. 13 km Richtung Ost im Tal entlangläuft zum Wachposten CARPA. Dahinter die Puyas. Insges. 54 km ab Huaras.

Ohne eigenes Auto: häufig Busse auf der Asphaltstraße, in Pachacoto aussteigen. Danach nur minimalste Chancen auf Transport. Oberhalb von Carpa gibt es zwei kleine Minen; eventuell mit dem LKW der Arbeiter. Ebenso fährt ab Huaras ein Bus durch's Gebiet der Puyas weiter nach La Union. Oder mit einer Tour ab Huaras (z.B. "Ancash Tours"), allerdings teuer.

Trail: Puya Raimondi ⟶ Chavin **2 - 3 Tage**

Landschaftlich sehr lohnend. Mittelschwer. Es geht über Höhen zwischen ca. 3.400 und 4.900 m. Genügend Wasser- und Campier-Möglichkeiten unterwegs. Von CARPA links ins Tal der Quebrada Raria rauf und zwischen den Nevados Raria und Murrorajo durch (Pass ca. 4.900 m). Danach stetig bergab mit schönen Ausblicken auf die eisbedeckte Pongos Gruppe. Bei Machac (Basic- Restaurant und Unterkunftsmöglichkeit) wird nach ca. 27 Trail- km die Straße nach Chavin erreicht (weitere 8 km).

Karte: IGM "20- i" (Recuay) – Die Bonbons dieses Trails: Nev. Pongos, der Abstieg runter zum Rio Mosna bei Machac und schönes Talstück bis Chavin. In der Quebrada Raria: Vicuñas (Edel- Lamas!).

4 PUNTA CALLAN: Pass (4.320 m, 30 km von Huaras) mit fantastischem Panoramarundblick über die schneebedeckte Kette der Cordillera Blanca. Liegt an der Piste Huaras – Casma. Um den Panorama Rundblick zu haben, genügen schon wenige km; nicht nötig, bis zum Pass rauf!

5 

mehrere Termalquellen in der Umgebung von Huaras: 1 km vor Chavin (siehe dort!), – MONTERREY: laufend Mikros ab Huaras in ca. 15 Min. Fahrer Bescheid geben für "Hotel Turistas" und ca. 400 m den Berg rauflaufen. Größerer und relativ sauberer Pool im Hotel. – CHANCOS: 32 km nördl. von Huaras. Bus bis zur Abzweigung in Macara. Ab hier noch ca. 4 km über einen gebührenpflichtigen Feldweg, der recht schön am Fluß entlang zu den Quellen führt. Miniort mit kleinem Restaurant (La Chosita), einem mittelmäßig sauberen Badehaus, sowie der Gag: gegenüber im Fels kleine Holztüren, hinter denen es kräftig rausdampft.

Weitere ca. 40 m flußaufwärts ein Loch, aus dem es heiß rausbrodelt und zu dem der Indiojunge, der sich für diese Führung Soles erwünscht, erklärt, es sei 150° C. heiß, was aber etwas übertrieben ist.

[Der Mikro- Bus für Monterrey und Macara (wie auch Yungay und Caras) fährt in Huaras ab Brücke (Fitzcarrald) neben der PIP ab.]

6

LAGUNA LLANGANUCO: einer der schönsten Trips im Callejon: türkisgrüne Gletscherlagunen zwischen Huascaran (6.768 m) und Huandoy (6.395 m). Spektakulär: der Trail von Llanganuco rüber nach Sta. Cruz/Caras!

Häufig Busse und Colectivos ab Brücke/Huaras bei der PIP nach Yungay. Fahrzeit für die 56 km bis Yungay auf der ausgezeichnet ausgebauten und

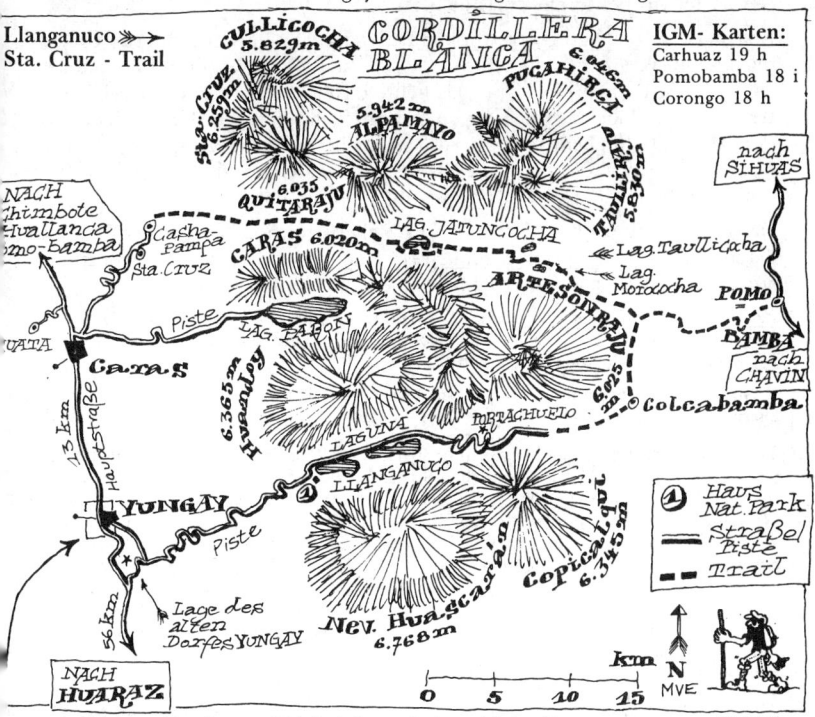

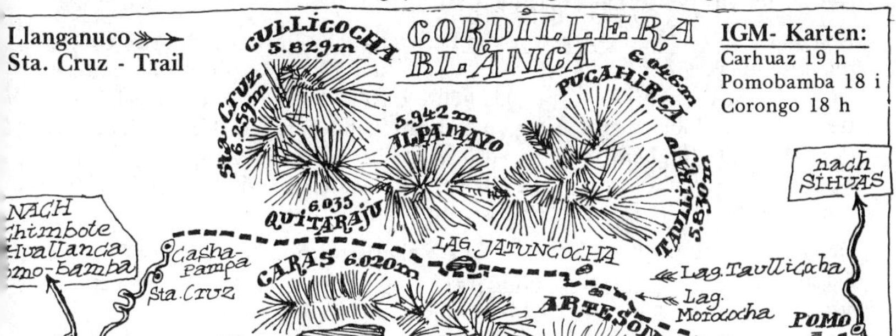

asphaltierten Straße ca. 3/4 Std. je nach Anzahl der Stops unterwegs. (1 US). Bei klarem Wetter und wolkenfreiem Himmel eine fantastische Fahrt, die immer wieder den Blick auf die schneebedeckte Cordillera Blanca freigibt.

YUNGAY: das heute 2.000 E. umfassende Dorf erlangte traurige Berühmtheit am 31. Mai 1970, als um 15.23 Uhr durch ein schweres Erdbeben, das man noch mehr als 350 km südlich in Lima kräftig fühlen konnte,— die Eis und Steinmassen vom Huandoy und Huascaran abstürzen ließ, die in die Laguna Llanganuco brachen Diese schwappte über und die Wasser- und Gesteinsmassen wälzten sich innerhalb von Minuten talab. In kürzester Zeit war das Tal und Yungay mit

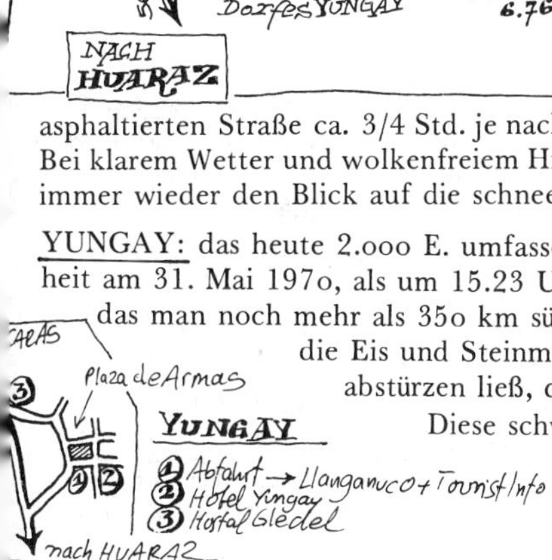

mehr als 3o.ooo Tonnen Eis, Schnee und Steinen bedeckt, Dicke der Schicht ca. 1o m!! In den Adobe Gassen wurden die auf die Straße rennenden Leute von einstürzenden Mauern eingequetscht. Nur rund 7o - 8o Menschen überlebten, die schnell auf den höher gelegenen Friedhof rannten. Einer der Überlebenden: der Besitzer der Busgesellschaft "Empr. Cribillero S.A.", der gerade bei der Tankstelle war. Sein Bus wurde auf der Haupt-Plaza zusammengequetscht.-Und die Kinder, die sich in der Nachmittagsvorstellung eines Zirkus befanden, der sein Zelt auf dem Hügel aufgeschlagen hatte, wo heute die Christus Statue steht.

Eine der größten Naturkatastrophen Perus der letzten Jahrhunderte. Umfangreiche Hilfsaktionen aus aller Welt. Wer nach Yungay kommt, überquert das Verwüstungsfeld, bevor er das heutige Neu- Yungay erreicht: ein breiter Talausfluß übersät mit riesigen Felsbrocken, die nach dem Abschmelzen des Eises übrigblieben, teils bis zu 3 m hoch! Von der Plaza/Yungay blieben nur die Palmen übrig, die ebenfalls langsam absterben, da das Eis ihre Wurzeln abgetötet hat. Das Gelände ist mit Kreuzen übersät.

Das heutige Yungay ist eine moderne Rekonstruktion mit steriler Plaza, an deren Eck " Montanistas Caminantes" eine Tourist- Info mit Vermittlung von Pickups rauf zur Laguna Llanganuca hat.

YUNGAY

* **Hotels:** "Hostal Yungay" am Eck der Plaza, recht sauber, ca. 3 US $ für's Doppel und "Hostal Gledel" an der Straße zurück zur Hauptstraße im Callejon, ca. 35o m von der Plaza, ca. 3 US $ ebenfalls recht sauber.

* **Restaurants:** mehrere um die Plaza, so "Las Rosas" und "El Portal". Es gibt eine Pharmacia und kleinen Mercado. Die meisten Busse und Colectivos fahren ab Hauptplaza.

* **Transport zur Laguna Llanganuco:** bei etwas Glück früh am Morgen mit den Leuten, die für Electroperu zur seismischen Sicherung arbeiten (siehe "Allgem. Tips Callejon"!), oder für den Nationalpark arbeiten (Hütte bei Beginn der Laguna). – Ansonsten: Mit dem Pickup der "Montanistas Caminantes" ab Hauptplaza. Fährt, sobald das Auto voll ist: pro Person ca. 4 US $ retour bis Llanganuco. Planen, den Trip bis Portachuelo auszudehnen, von wo man den besten Panoramablick hat. Reine Fahrzeit retour bis Llanganuco: ca. 2 1/2 Std., wobei ein ca. 2o Min. Stop an der Lagune inkl. ist. – Wer sofort losfahren will, auch wenn der Pickup nicht voll ist, zahlt "Expreso" (mitfahrende Personen teilen sich in den Preis, der erzielt würde, wenn das Pickup voll wäre = 1o Leute!!). Nachdem die Caminantes jedoch derzeit nicht voll ausgelastet sind, läßt sich bei Verhandlungsgeschick ein günstigerer Preis erreichen.

Über die Straßenpiste (ca. 26 km ab Yungay) rauf zur ersten Lagune. Wer zu Fuß laufen will, kann Abkürzungen der Serpentinen nehmen, sollte aber genügend Zeit (= ca. 1 Tag) einkalkulieren, da runde 1.2oo Höhendifferenz zu überwinden sind. Trampchancen auf der Piste minimal. *

An der ersten Lagune (rechts großer Schotter- Einfluß vom Huascaran vom Erdbeben 197o) eine Hütte des Nationalparks, in der man übernachten kann. Voranmeldung bei der Hauptoffice in Huaras, siehe unsere generellen Callejon- Tips! Viele Mücken vom nahen Wald um Seeufer!

Entlang des 2. Sees geht es kurz über den Talboden, dann an der rechten Talseite steil in Serpentinen rauf bis zum Pass PORTACHUELO (ca. 4.738 m), wo derzeit die Piste endet. Wer diesen Teil zu Fuß macht, kann mit ca. 5 Std. ab 1.Laguna rechnen, da mehr als 9oo Höhenmeter zu bewältigen sind

* außer Transport wie Nat. Park, Electroperu und "Caminantes"

Ab hier fantastischer Panoramablick und Trailbeginn nach Sta. Cruz.

✱ **Trail: Llanganuco ⋙→ Sta. Cruz/Caras:** 5 - 10 Tage

Einer der schönsten, wenn auch schwierigsten Trails der Cordillera Blanca. Die ca. 66 km Trail sind je nach Kondition in 5 - 10 Tagen zu schaffen, wobei insbesondere die Anstiege Zeit brauchen, was sich auf die gesamte Trail- Zeit auswirkt. Fantastisches Panorama auf die höchsten und schönsten Berggipfel der Cordillera Blanca wie Huandoy, Huascaran und Alpamayo. Höhenverlauf des Trails zwischen ca. 3.850 m (Laguna Llanganuco) und ca. 4.750 m an den beiden Pässen Portachuelo und La Union.

COLCABAMBA, eine kleine Campesino- Siedlung wird nach einem ca. 12 km langen Abstieg vom Pass Portachuelo erreicht und hat verschiedene Unterkunftsmöglichkeiten bei Privat. Nachdem der Trail zwischenzeitlich jedoch recht beliebt bei Hikern sind, haben die Campesinos sich an "international" üblichen Tarifen bei Essen und Schlaf angepasst.

Anschließend ein ca. 1.300 m Anstieg von Colcabamba rauf zur Passhöhe La Union in ca. 20 km Trail. Etwa auf halber Strecke Abzweigung eines Trails nach POMOBAMBA (basic Hotels und Restaurants an der Straßenpiste, die nach Chavin führt, Busse).

Vom La Union Pass noch ca. 28 km bergab bis CASHAPAMPA. Ab hier Piste bis Caras mit vermutlich ca. 6 Uhr früh verkehrendem LKW, allerdings sehr unsicher. Übernachtung und Essen in Sta. Cruz, wobei man die Abkürzungen der Piste läuft und ca. 1/2 der Strecke spart.

Karten: IGM "Carhuaz" 19- h für den Trailbeginn ab Llanganuco, dann den Anschluß "Pomobamba" 18- i und weiter auf "Corongo" 18- h, wobei der Trail wieder auf der "Carhuaz"- Karte landet. Diese Strecke ist absolut nur mit gutem Kartenmaterial der IGM (siehe oben) und Trailguide zu laufen, siehe "Jim Bartle/Trails of the Cordillera Blanca", 24,80 DM, englisch, erhältlich über unseren Verlag.

Von Punta La Union kann man bei klarem Wetter bis Chimbote an der Küste sehen. – Es ist geplant, die Llanganuco- Piste bis Yanama und weiter bis zum Anschluß der bereits bestehenden Piste Pomobamba – Huari fortzusetzen. Fertigstellung noch ungewiss.

✱ LAGUNA PARON: das andere Bonbon des Callejon. Unterhalb der eis- **7**
bedeckten Gipfel des Huandoy und Caraz. Zu erreichen über eine schlechte Schotterpiste ca. 30 km ab Caras. Im Normalfall warten auf der Plaza von Caras Pickups, die für ca. 4 US $ pro Person rauffahren. Retour sind runde 5 Stunden nötig, inkl. des Aufenthalts oben an der Lagune. Lohnt sich unbedingt, wenn die Berge wolkenklar sind!!

✱ CAÑON DEL PATO: eine riesige Felskerbe, die rund 20 km nördlich **8**
von Caras beginnt und sich bis Huallanca (km 39) erstreckt. An den spektakulärsten Stellen gehts runde 200 m runter und ca. 700 m rauf; in der Mitte die Straße durch Tunnels in fast senkrechtem Fels. Die Schlucht gerade 20 - 30 m breit! Wer nicht mit dem Bus ab Caras (mehrere pro Tag) sowie-

so nach Chimbote fährt: lohnt sich, zumindest ab Caras die 2o km bis zur Hängebrücke in der Schlucht zu fahren, wo Elektroperu mit einem Tunnel das Wasser für's Kraftwerk in Huallanca abzweigt. Wenn genügend Leute sich finden: Pickup- Trip ab Caras, retour ca. 4 Std. und bei ca. 4 US $ pro Person als Minimum in etwa gleich teuer, wie der reguläre Bustrip runter nach Chimbote!

Caras: ca. 2.34o m/knapp 1o.ooo E.

Größter Ort am nördlichen Ende des Callejons, schöne Plaza mit Palmen,- von der Kathedrale sind nach dem '7o-er Erdbeben nur die Türme übrig geblieben. – Einfache Hotels ("La Suiza Peruana" mit gemütlichem Innenhof, heißes Wasser nur am Morgen/Jr. San Martin, – "Caras"/Jr. Sucre 13o5 –"Pens. Paron", gut, Jr. Melchor 241, "Pens. Cafatal", alle um 3 - 5 US $ für's Doppel) und Restaurants. Alle Nähe Plaza.

Direktbusverbindung nach Lima, häufig Busse und Colectivos nach Huaras, sowie mehrmals tägl. via Huallanca nach Chimbote. Lohnend: ab Plaza rauf zum Dorf HUATA in der Cord. Negra (1 Std.) mit fantastischem Blick!

Bergsteigen & Hikes im Callejon:

(1) Beste Jahreszeit für Trails und Bergsteigen: Juni-August, maximal Mai bis September. Außerhalb dieser Monate "epoca de lluvias" (Regen und Berge häufiger in Wolken). Für TRAILS: sofern sie über 4.5oo m führen: während der Monate Dez. – März oft Schneestürme. Die TAGE dauern von ca. 6 - 18.3o Uhr je nach Saison. Die Sonne geht wie in Äquatornähe üblich, flott unter, ohne einem lange Zeit zu lassen für die Schlafplatzsuche. Danach rapid kalt!! – Die Ostseite der Cordillera Blanca häufiger mit Wolken, die es vom Amazonasbecken rauftreibt und die früheren Eintritt der Dunkelheit bewirken. – Im gesamten Cordillera Blanca- Bereich muß man auch während der Monate Mai - Sept. mit Regenschauern rechnen.

(2) KARTEN: gutes Kartenwerk von "IGM" (Instituto Geografico Militar) im Maßstab 1 : 1oo.ooo, die auch die Trails verzeichnen. Unabdinglich für Hikes, auch wenn Straßenverläufe sich verändert haben durch Neukonstruktion. Hält sich jedoch in Grenzen, da auch die peruan. Staatskasse limitiert ist. ACHTUNG: auch Trails öfters ungenau eingezeichnet! Karten IGM/ 1: 1oo.ooo nur in Lima Av. Aramburu 119o erhältlich. Sorry: kein Kartenverkauf über unseren Verlag, da die Arbeits- und Portokosten bei weitem den Direktverkaufspreis in Lima übersteigen würden. Bei etwas Glück in den Spezialshops in Deutschland/Österreich und Schweiz, siehe Adressenliste am Anfang dieses Buches! Die IGM 1:400.000 (ANCASH): unbrauchbar, da veraltet!

(3) LITERATUR: zwei Standardwerke: für den Bergsteiger "Yuraq Janka/ Cordilleras Blanca and Rosko" von John F. Ricker, Preis für das knapp 2oo Seiten- Opus liegt bei rund 6o DM. Inklusiv 4 Detailkarten zu Bergen und Trails, auch vom Hiker zu verwenden. – Für den Hiker: "Trails of the Cordillera Blanca & Huayhuash of Peru" von Jim Bartle. Definitiv un-

b.w. >>>

verzichtbar, wer in der Region wandern will. Jim hat nach eigenen Angaben mehr als 1.ooo km- Trail in der Cordillera beschrieben, sauber gegliedert mit einer Karte, nach der auch Tourist Office und Nationalpark- Leute arbeiten. Jim Bartle ist anerkannte Autorität auf diesem Sektor. Da der Band wegen hoher Spezifikation sonst nur schwer im Buchhandel erhältlich ist, haben wir ihn als Sonder- Leserservice in unseren Vertrieb aufgenommen; vollgepackt mit Infos zu Übernachtung, Verbindungen in der Region, mehr als 25 Trailbeschreibungen, Detailkarten. Englisch. 24,8o DM.

(4) TOUR–ORGANISATOREN: sind in den vergangenen Jahren wie die Pilze aus dem Boden geschossen. Flott 5o US $ und mehr pro Fuhre (Taxi) sich nach Chavin zu verdienen und ein paar Worte über die Ruinen abzugeben, – dies hat einige Unternehmer aus Lima angezogen. Die besten werden sich halten. Auswahl:

- "Ancash Tours" im Hotel Turistas und in der Franc. Zela 21o nähe Plaza/Huaras
- "Montanistas Caminantes", Av. Raymondi 622/Huaras, spezialisiert für Trekking, Bergsteigen und Tours. Organisieren Träger, Führer, Maultiere sowie Bergsteigerausrüstung.
- "Pyramid Adventures", Av. Americas 33o/Huaras, geleitet von den Morales-Brüdern, die zu den erfahrensten Bergsteigern der Region zählen

Weitere in Huaras, die am Tourismus- Kuchen teilhaben wollen und teils auch gute Arbeit leisten, teils aber zu Reinfällen geführt haben, wenn die versprochenen Esel etc. nicht wie versprochen zur Stelle standen.

(5) AUTO–MIETEN: "Avis", Av. Raymondi 866 in Huaras. Die knapp 2o US $ pro Tag für einen VW- Käfer oder vergleichbaren Wagen halten sich noch in Grenzen. Teuer wird's jedoch durch die o,18 US $ pro Km. Bei langen Km- Entfernungen im Callejon und guter Bus/Colectivo Verbindung eine wenig interessante Alternative.

(6) NATIONALPARK: 1975 gegründet und soll das Zentrum der Cordillera Blanca vor Zerstörung schützen. Inklusiv Sachen wie "Puya Raimondi", "Llanganuco" und "Paron". Leider reichen finanzielle und personelle Möglichkeiten nicht aus, ein Gebiet von fast 18o km Länge und unwegsamen Gelände von mehr als 35 Gipfeln, die höher als 6.ooo m sind, ausreichend zu schützen.

Jeder, der hier wandert, sollte Eigenverantwortung üben:

* Nicht verbrennbare Abfälle tief vergraben oder mitnehmen
* Eigenen Kocher mitbringen, statt das wenige existierende Brennmaterial zu vergeuden (bzw. wichtige Vegetation zu zerstören!)
* Fischen in den Lagunen und Jagen verboten
* Pflanzen unbeschädigt lassen, zur Vorbereitung von Nachtlagern den Boden nicht verändern. Das Leben für Pflanzen in Höhen über 4.ooo m ist hart; beim Ausreißen von Pflanzen sind nach kräftigen Regenfällen schnell die Böden und Nachbarpflanzen wegschwemmt!
* Ingemmet- Schutzhütten, die meist offen stehen, so verlassen, wie man sie vorgefunden hat! Jim Bartle beschwert sich zu Recht, daß in einer Hütte der Tisch als Feuerholz verwendet wurde.

✱ INGEMMET: (Instituto Geologico Minero y Metalurgico), Jr. Huaylas 143 in Huaras ist zuständig für den Schutz der Bevölkerung des Callejons nach der Naturkatastrophe von 197o. Seismologische Stationen, Bau von Pisten zu den Gletscherlagunen der Cordillera Blanca und Beobachtung der Eis-Gletscher. Man hofft, unter anderem durch Absenkung des Wasserspiegels dieser Lagunen (z.B. Paron bei Caras) das Risiko zu senken.

* MINISTERIO DE AGRICULTURA: Av. Las Americas/Huaras, zugleich Sitz des National Parks. Infos für ausgefallene Trails und eventuell Transport- Vermittlung zu Hütten, wo Beamte des Nat. Parks sitzen.

* ELECTROPERU: Confraternidad/Ecke Alliste in Huaras. Arbeiten mit Ingemmet zusammen, wobei Electroperu weitgehend die Sicherung des ungestörten Wasserzuflusses zu seinem Großkraftwerk in Huallanca hat. Von beiden wurden viele der Pistenzufahrten zu den Gletscherlagunen und die Hütten gebaut.

* **Flußtrips auf dem Rio Santa:**

Professionelle Flußtrips mit "Setours", Lima/Jr. de la Union 1o11. Nördlich von Caras einsteigen (3 km oberhalb) und im Cañon del Pato nicht befahrbar. Logisch, wer die Sache vor Ort sieht! "Put in" wieder in Huallanca mit Rapids der Stufe 3-5 flußab. Ein Trip, der im Schlauchboot ungemein Spaß bringt. Allerdings nur für Profis!! –

Cordillera Blanca
Amazonas - Seite

Derzeit superharte Pisten- und Busbedingungen: die Cordillera Blanca kann durchgehend umfahren werden aber auf Kosten eines Serpentinen/Schotterstress:

* HUARAZ – PISCOBAMBA: schneller über die Nordumfahrungsroute mit "Callejon de Huaylas" 2 mal pro Woche (rechtzeitig Sitzplatz besorgen!), ca. 5 US $, 16 Std. und mehr, je nach Pistenzustand, Regen, aber auch eventueller Pannen des von der Strecke ramponierten Busses. 34o km, wovon nur bis Caras asphaltiert ist (7o km). Anschließend durch den Canon del Pato und bei Yucamarca die Abzweigung.

  Zusätzliche Busse (2 mal pro Woche) von Chimbote mit "Expr. Marino" nach Piscobamba. Fahrzeit ca. 14 Std. via Yucamarca.

  Die Südroute via Chavin dauert ab Huaras (295 km bis Piscobamba, davon nur 35 km Asphalt bis Catac) an reiner Fahrzeit ca. 18 - 2o Std., wobei es aber keinen Direktbus ab Huaras gibt; Umsteigen in Huari oder San Luis mit gegebenenfalls Warten 2 - 3 Tage.

* HUARAZ – CORONGO: 17o km, davon 7o Asphalt. Ebenfalls mit "Callejon de Huaylas", 2 mal pro Woche, ca. 4 US $. Route zunächst wie nach Piscobamba über Caras – Canon del Pato und ca. 15 km nach Yucamarca bei Tres Cruzes links über eine wilde Serpentinenpiste rauf in die Berge. Insgesamt ca. 6 - 7 Std.

* HUARAZ – HUARI: täglich mit "Condor de Chavin" und "Transp.

Huascaran" in ca. 7 Std. für die 154 km, die bis auf 35 km aus Schotter bestehen. Ab Huari 2 mal/Woche mit "Condor San Martin" die 141 km bis Piscobamba. Parallel LKW's, die aber unregelmäßig nach Bedarf fahren. Sehr schlechte Piste, insbesondere zwischen San Luis und Piscobamba. (Km- Angaben nach Autom. Club/Peru)

Es wird jedoch für Piscobamba in jedem Fall die Nordroute empfohlen. Wer mit eigenem AUTO fährt: Benzin sauteuer wegen der abgeschiedenen Lage; meist aus dem Benzinfass mit Schlauch abgezapft. Häufig nachtanken, damit der Tank immer mindestens 1/2 voll bleibt; sehr selten Tankmöglichkeiten. Unbedingt sauberen Ersatzreifen dabeihaben, besser 2.

Unterkunftsmöglichkeit gibt es in folgenden Orten: (Chavin: siehe dort!)

PISCOBAMBA:	– "Hostal San Pedro"/Jr. S. Pedro 3o5
POMABAMBA:	– "Hs. Andino"/Jr. Huamachuco 616, – "Pension Americo"/Jr. Peru 3o5, – "Pension Pomabamba"/Calle Pasos Varela
SAN LUIS:	– "Hostal Rotta"/Jr. Fitzcarrald 6oo
HUARI:	– "Hostal El Sol"/Plaza de Armas, – "Pension Ideal"/Ramon Castilla
SIHUAS:	– "Hotel Santa Rosa", Av. 28 de Julio 139, – "Pens. Sihuas"/Av. 28 de Julio

Fast ausschließlich Basic- Hospedajes, die um die 1 - 2 US $ pro Nacht kosten. Angenehmste Siedlung der Ostroute ist das, in 3.ooo m Höhe gelegene POMABAMBA, ein provinzielles Nest in grünem Tal, ca. 2.5oo Einwohner, Restaurants. In der Nähe Termalquellen. Ausgangspunkt für Trails rüber nach Caras, Laguna Paron und Llanganuco. Details siehe Jim Bartle!– 23 km nach Piscobamba. Zusätzlich zum "Callejon"- Bus:LKW- Verbindung. (ca. 1 Std.)

Runde 2o km nördlich von Piscobamba an der Piste nach Yuracmarca geht beim Pass Palo Seco (3.78o m) eine Jeep- Piste (und Trail) in die Cordillera Blanca zu den Hochland Lagunen von Pumaqocha und Weqruchocha * (hier Abzweigung eines Trails entlang des Rio Collota nach Yuracmarca. IGM- Karte "Corongo"/18- h), bzw. ab Laguna Weqruqocha Trail zu den, unterhalb des Alpamayo gelegenen Lagunen Safuna. Der Alpamayo wurde anlässlich einer Bergsteiger- Convencion in München zum schönsten Berg der Welt gewählt! Details zum Trail im Jim Bartle.

CORONGO, 3.2oo m und runde 3.ooo Einwohner mit Basic- Hotels und Restaurants ist Ausgangspunkt zu den Lagunen im Rosko- Massiv, das sich nördlich der Cordillera Blanca anschließt. Mehr als 4o größere Lagunen, die meist in Höhen von über 4.ooo m liegen. Details zu diesem schwer zugänglichen und kaum bewohnten Gebiet: IGM- Karte "Pallasca"/ 17- h. Wer hier Trails oder Besteigungen macht: wir freuen uns über detailierte Zuschriften. Keine Pistenverbindung nach Huamachuco!

CHACAS: nähe San Luis, Huari. Ausgangspunkt für einen Trail rüber zu den Banos Termales von Chancos. Ein landschaftlich lohnender Trail zwischen den 6.ooo - dern des Copa und Tocllaraju. Beschrieben im Jim Bartle. Eine für Jeeps befahrbare Piste setzt sich über Chancos, Vicos entlang der Quebrada Honda Richtung Passhöhe (5.3oo m/Portachuelo) fort und soll bis Chacas fertiggestellt werden. Bei Drucklegung dieses Bandes fehlten noch 3o km bis

* in der IGM-Karte "Huecrocha" bezeichnet.

Chacas. Nach Fertigstellung erhebliche Verkürzung der Nord/Süd- Umfahrung nach Piscobamba! – Keine Hotels in Chacas (kann sich nach Fertigstellung der Piste ändern!), LKW nach San Luis, hier Übernachtungs- und Transportmöglichkeit.

INKA–TRAIL: von dem 4.ooo km langen Straßensystem der Inkas in den Zentral-Anden (Pasto/Colombia bis Santiago de Chile) verläuft ein besonders gut erhaltenes Teilstück zwischen Pomabamba und Piscobamba, sowie ab Huari über Huanuco Viejo (La Union) nach Huarautambo (nördl. Cerro Pasco). Dieser Trail ist in den IGM- Karten als "Camino Incaico" gestrichelt eingezeichnet. Inwieweit es sich aber lohnt, z.B. von Huari nach La Union zu hiken, was runde 8o km sein dürften und landschaftlich nicht das bringt, wie z.B. der Nicht- Inkatrail bei der Laguna Llanganuco, oder der an Szenerie fantastische, wenn auch häufig begangene Inkatrail nach Machu Picchu (Details siehe dort!), – sei dahingestellt.

Huaras ⟶ Huanuco:

Interessante und wenig bekannte Connection, die eine Querverbindung in den Anden herstellt, – rüber nach HUANCAYO oder runter in den Urwald (Tingo Maria/Pucallpa), ohne daß der Umweg nach Lima notwendig wird.

Derzeit gib es leider keinen Direktbus von Huaras nach Huanuco. Umsteigen in La Union (Hotels) nötig. Wer von Huaras Richtung Huanuco will, hat 2 Alternativen: Entweder mit dem Bus "Empr. Virgen del Carmen" ab Av. Raymondi beim Markt (Höhe Hotel Lucar), der 3 mal pro Woche rüber nach CHIQUIAN fährt, ca. 3 US $ und 4 Std. Fahrt. Oder LKW suchen. Chiquian hat Basic- Hotels und Restaurants und 3 mal in der Woche den "Tubsa"- Bus rüber die 1o4 km nach La Union, der aus Lima kommt und bis La Union ca. 7 Std. braucht. ①

LA UNION: Siedlung mit rund 3.ooo Einwohnern, einfachen Hotels und sogar Mini- Cinema. Von hier täglich Bus "Empr. Chucaro" in rund 8 - 9 Std. (ca. 5 US $) nach Huanuco. – Interessant: Huanuco Veijo, eine rund 1 x 1 km grosse Inkasiedlung auf einem Hochplateau oberhalb La Union. Über einen steil ansteigenden Pfad in rund 1 Std. mit Pferd, bzw. 2 Std. zu Fuß zu erreichen ab La Union. Allein die Plaza umfasst 5oo x 2oo m!

FÜR ARCHÄOLOGIE–FANS: TANTAMAYO, ab La Union ein rund 11 Std.(!!) dauernder Bustrip für nur 78 km mit "Emp. Salazar" 2 mal/Woche und nur während der Trockenzeit (Juni - Sept.) zu befahren. 27 Komplexe im Tal, aus der archäologischen Frühgeschichte Perus. Privatunterkunft im Ort Tantamayo bei Cristian Ocana. Wichtigster Fund La Fortaleza de Susupillo. Lit.: "Boletin de Lima"/Nr. 1o/1981, S. 31

Die andere ALTERNATIVE nur in Gegenrichtung fahren wegen Verbindungsrisiko: Huanuco ⟶ La Union wie gehabt mit "Empr. Chucaro". Ab La Union annähernd täglich entweder mit "Tubsa" oder "Empr. Salazar", die via "Puya Raimondi" (siehe unser Text/Umgebung von Huaras!) fahren, ② eine landschaftlich sehr reizvolle Route durch "unverbrauchte, wundervolle Flußlandschaft", wie uns Peter Traxler schrieb. Runde 15 km hinter dem Minenort Huallanca geht es über einen 4.ooo m Pass (Cerro Yanahash Allash) die Quebr. Tunacancha runter und in spitzem Winkel zurück in die Quebr. Pichcarara. Die Schotterpiste durchquert den Nat. Park bei den Puya Raimondis (Carpa/Posten der Park- Rangers) und trifft bei PACHACOTO auf die asphaltierte Huaras – Pativilca Straße. Hier aussteigen und gute Chancen, einen "lift " oder ein Colectivo nach Huaras (43 km) zu bekommen, sofern man nicht tief in der Nacht ankommt. Der Bus biegt ab Richtung Pativilca. (La Union – Pachacoto: ca. 5 - 6 Std.)

Darin liegt das Problem dieser Verbindung, wenn man in Gegenrichtung Huaras – La Union fährt: nicht kalkulierbar bei den alten Bussen, wann Tubsa oder Salazar in Pachacoto durchkommt und ob im Bus noch Platz ist. Und die Nächte hier oben sind knackig kalt ohne Möglichkeit, sich ein Feuer zum Wärmen anzumachen. Peter Traxler schrieb uns, daß er hier auf der Strecke nach La Union einen LKW bis Huallanca erwischt hat, dort in einer der Wellblechhütten der Minenarbeiter für 1/2 US $ übernachtet und am nächsten Morgen mit einer Art Mixto (halb Camion/halb Bus) bis La Union gefahren ist. "Achtung: die ganze Route ist touristisch noch völlig unberührt, das Reisen ist deshalb sehr anstrengend, lohnt sich aber sehr!"

Wer diese Route mit eigenem PKW fährt: empfehlenswert, sich IGM- Detail Karten vorher anzuschaffen, "La Union"/2o- j, – "Huanuco"/2o- k, zumindest jedoch die "Recuay"/2o- i, um nach Huallanca in der Bergeinsamkeit die richtige Abzweigung nach Carpa zu erwischen. Verkehr ist superdünn, daher rechtzeitig Benzin nachtanken und gutes Reifenmaterial!

Cordillera Huayhuash: Südliche Verlängerung der Cordillera Blanca mit Gipfeln meist zwischen 5.5oo und 6.3oo m (Yerupaja höchster mit 6.634). Weiteres Trekking und Bergsteigerparadies, das jedoch insbesondere im Trekking viel Vorerfahrung voraussetzt. Ausgangspunkt CHIQUIAN (Hostal San Miguel und Pens. Inca). Der Rundtrip um die C. Huayhuash sind rund 17o - 185 km (!), beschrieben im "Jim Bartle" mit Höhenlage zwischen ca. 275o und 5.ooo m und insgesamt mehr als 6.ooo Höhenmeter Anstiegen! – Anderer Ein/Ausstiegspunkt: CAJATAMBO (Basic- Hotels), das mit einer 143 km Piste (Busse) runter nach Pativilca verbunden ist.

LETZTES STÜCK DER PANAMERICANA NACH LIMA:

⇩ Chimbote → Lima: 422 km

Die Pana verlässt Chimbote parallel zur Bucht, wo die Fischverarbeitungsfabriken liegen, die sich aber hinter flachen Betonhäusern verbergen. Wer eigenes Auto hat, sollte die Straße am Meer fahren: interessant, mal in eine Fabrik reinzuschauen! Viele der nußschalenförmigen Boote stammen von cubanischen Werften.

Nach einer Landzunge und absoluter Sandwüste rechts der Airport mit Asphalt, derzeit aber nur vom Militär oder Privatmaschinen benutzt. Weitere 22 km rechts und von der Pana zu sehen: die weite Bucht LA TORTUGA mit Sommerhäusern und tiefblauem Meer in gelber Sandwüste. Hübsch, aber im Winter alles verriegelt. Die Pana biegt tiefer ins Land ein und erreicht 56 km nach Chimbote:

Casma: ca. 13.ooo E.

in Baumwollfeldern. Kleiner Ort mit langweiliger Plaza und Mercado. Stop lohnt sich nur wegen SECHIN:* superblutrünstige Kriegsdarstellungen an einem Tempel mit Granitplatten. Rund 3oo Figuren, die fast ausschließlich Krieger zeigen: teils mit Schwertschlag bereits halbiert, teils noch "kampfbereit" mit böse blekkenden Zähnen. Häufig Köpfe (in Profil, selten frontal). Die Tempelmauer besteht aus 2 Teilen, bei der Treppe gut zu sehen: die innere Mauer die ältere und ohne Gravur. Sechin wurde erst 1937 entdeckt. Förderung der Ausgrabungen seit dem Peru- Besuch des früheren Bundeskanzlers Schmidt mit VW- Stiftungsmitteln.

*ca. 1.500 v.Chr.

Transport: 7 km von Casma/Plaza. Entweder Taxi ab Plaza, die uns jedoch verrieten, daß sie sich 3 US $ hierfür vorstellen inkl. 1o Min. Warten in Sechin. – Wer Trampen will: auf der Pana Richtung Süden (Lima) geht relativ gut, da viel Verkehr, 5 km durch Baumwollfelder bis zur ausgeschilderten Abzweigung "Huaraz/Sechin". Von der Abzweigung sind's noch 2 km zu den Ruinen. Ausgeschildert.

Übernachtung: bestes in Casma: "el Farol", schön in Garten gelegen, Doppel mit Privatdusche ca. 6 US $, das zugehörige Restaurant allerdings etwas teuer. – An der Plaza nähe Pana ein billiges Hostal (oberhalb der Bar Madleine), ca. 1,8 US $ aber auch sehr basic.

Verbindungen: Chimbote: häufig Busse, 56 km, ca. 3/4 Std. – Lima: 366 km, Bus ca. 5 - 6 Std. (je nachdem, ob Non- Stop), Colectivos knapp 5 Std., – Huaras: 15o km, wovon derzeit die ersten ca. 4o km asphaltiert sind. Wildester Teil der Strecke zwischen Pariacoto und dem Pass Callan, wo in weniger als 8o km in Schotterserpentinen mehr als 3.ooo Höhenmeter überwunden werden. Täglich Busse, die ca. 6 - 7 Std. brauchen. Nach Möglichkeit so fahren, daß man den Pass noch bei Tag erlebt: fantastischer Blick auf die Cordillera Blanca!

AB CASMA noch 366 km auf der Panamerikana bis LIMA. Zwischenstop lohnt sich allenfalls in Paramonga (Chimu- Festung links an der Pana, 5 km vor Pativilca), sofern man mit eigenem Auto unterwegs ist. Ansonsten Wüste, Flußoasen und wenig attraktive Provinznester.

CASMA ➳ PATIVILCA: 172 km Wüste, Wüste. Gerade Strecken mit leichten Kurven, die sich mit einem Schnitt von 8o km/h fahren lassen, teils starker Wind vom Pazifik, der Sandfahnen über die Pana weht.

Lange Anstiege von Meereshöhe kontinuierlich auf 3oo/4oo m, dann wieder runter. 5 km vor Pativilca am Beginn der Flußoase: "PARAMONGA" (direkt links an der Pana). Gut erhaltener Chimu- Festungsbau in gelben

*Nach Kauffmann Doig keine blutrünstige Kriegsdarstellungen, sondern Darstellungen von Menschenopfern (für bessere Ernten, wenn das Wasser in der Flußoase ausblieb). Vgl. "Kauffmann Doig, Sechin, Ensayo de Igonografia Arqueologica". Arqueologicas No. 18, Lima, Museo Nacional de Arqueologica y Antropologica, 1979.

Adobesteinen, südlicher Vorposten gegen den Ansturm der Inkas. Hier wurden die Chimus Ende des 15. Jhd. vom Inka Tupac Yupanqui besiegt und ins Inka- Reich "aufgenommen". Von oben Blick über die Zuckerrohrfelder und Pazifik. Östlich der Festung: Gräberfeld.

Weitere 2 km: Abzweigung der Asphaltstrecke nach Huaras. – PATIVILCA: Straßendorf ohne jeglichen Reiz. Basic- Hotels und Busverbindung über eine 143 km Schotterpiste nach Cajatambo (Siehe "Cord. Huayhuash"!). Die Zuckerrohrfelder (viele Cooperativas, können besichtigt werden), erstrecken sich über rund 2o Min. Busfahrt bis südl. von Supé mit kurzer Unterbrechung. Wichtigster Ort: BARRANCA (ca. 8 km nach Pativilca), das "Hs. Chavin" bestes Hotel, an der Pana, die mitten durch den Ort führt. Viele Geschäfte und grün/blau gestrichene flache Häuser mit 3 x so hohen TV- Antennen. Der Fernverkehr geht um den Ort. Hafen ist Supé.

Dann wieder hinein in die gelbe Sand & Stein Wüste. HUACHO (bestes Hotel "Centenario", ca. 1o US $, guter Chinese: "La Pagoda") lohnt sich für zeitlich limitierte Südamerika- Trips ohne eigenes Auto ebenso wenig, wie die südlich gelegenen Salzlagunen "Salinas" (versch. Farben durch Kristallablagerungen). – Eine 293 km Schotterpiste führt nördl. von Huacho rauf in die Anden nach Cerro de Pasco. Termalbad CHURIN (Km 111, Basic- Hotels). Landschaftlich lohnend ist der Abstecher von Churin, 65 km nördlich zur MINA RAURA über die Abzweigung bei Oyon. In rund 4.65o m Höhe gelegen, Hochland Lagunen. Eigener PKW nötig oder zeitraubender Trip mit den Minen- LKW's. Keine Hospedaje, eventuell Unterkunft bei Minen- Office.

CHANCAY: unattraktives Straßendorf, 76 km vor Lima. In der Nähe das Gräberfeld der Chancay- Kultur (1.1oo - 1.4oo n. Chr.) mit gespenstiger Szenerie: alles durchgewühlt von den "Huaqueros" (Grabräuber), bevor und während die Archäologen da waren. Tonscherben, Stoffreste und Schädel im Wüstensand. Die Gräber sind weitgehend ausgeräumt; die besten Stücke, die nicht "unter der Hand gegen US $" weiterwanderten, sind heute im Privatmuseum "Amano" in Lima/Miraflores. Die Chancay- Tejidos gehören zu dem höchstentwickeltstem und schönsten, was Präinca- Kulturen in Peru zu bieten haben (außer Paracas!).

DIE IN CHANCAY auf der Straße angebotenen "angeblich echten" Chancay- Puppen, wie auch in Lima/Av. Nic. de Pierola sind zu 99 % Replicas, die aus alten, eingelagerten oder mit Chemikalien künstlich gealterten Stoffen hergestellt werden. Zahlt nur den angemessenen Preis für heutige Artesania- Arbeit, auch wenn der Händler hoch und heilig versichert, daß er die Puppe kürzlich aus dem Grab rausgeholt hat! Die Gräber sind weitgehend ausgeräumt. Abgesehen davon ist die Ausfuhr von archäologischen Stücken verboten und schwer bestraft. Stichprobenkontrollen im Lima- Airport wie an Straßengrenzen! (Siehe auch "Allgem. Tips"!)

DIE LETZTEN 6o km (kurz nach Chancay) über kurvenreiche Autobahn. Die Küste ist steil geworden und wie bei einem Schuttberg sinkt der total kahle Hang wie Sand ins Meer hinunter, wobei sich die Straße irgendwo oben in 1oo m Höhe entlangschlängelt und ihr einen guten Blick auf den tiefblauen Pazifik habt! Irgendwie freuen sich alle im Bus schon auf LIMA!

LIMA:

Hauptstadt Perus/ ca. 6 Mill. Einwohner
2 - 1oo m

Zuerst einmal ziemlich viel Verkehr. So etwa wie in einer deutschen Großstadt zum Stoßverkehr, – nur daß statt der VW's vorwiegend US- Straßenkreuzer und die japanischen Toyota- und Mazda- Flitzer flitzen, sofern sie flitzen können. Das Ganze eher ein stinkender Brei, und eure TEPSA- Kiste mittendrin.

Verbindungen ab Lima

Das Nest der TEPSA - Busse liegt im Zentrum der Stadt/Paseo de la Republica, ca. 1o Min. zu Fuß ins Centro/Plaza San Martin. Ein quirliges, 1- stöckiges Haus gegenüber dem Sheraton. Campesinos steigen über Gepäckbündel, die Babys hinten im Poncho eingeschnürt und hektische Lautsprecherdurchsagen für die nächsten Busse in alle Teile Perus.

WIE IN PERU üblich, gibt's auch in Lima keinen gemeinsamen Busterminal für alle Gesellschaften. Die einzelnen Abfahrtsterminal liegen jedoch fast alle im Dreieck der Straßen: Paseo de la Republica – Av. Nic. de Pierola – Av. Grau, maximal 1,5 km Entfernung. In jedem Fall bei schwerem Gepäck aber Taxi empfehlenswert.

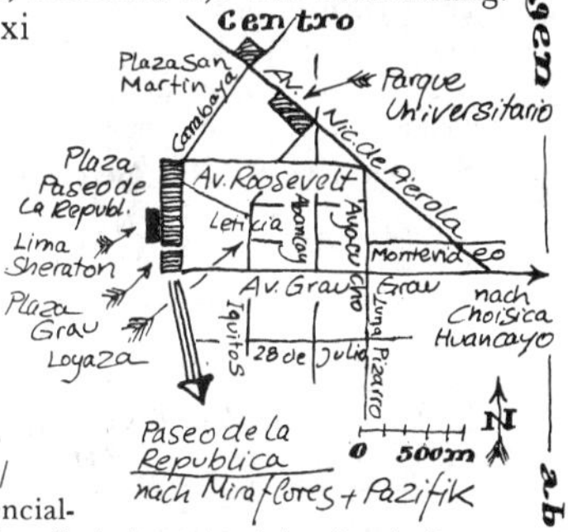

Busterminals/Verbindungen:

* TEPSA: Paseo de la Republica, etwa Höhe Av. Roosevelt. Die Zeiten der Uralt- Greyhound- Busse mit stinkenden Toiletten, die aus den USA aufgekauft wurden, sind vorbei. Heute gehört TEPSA zu einer der größten und modernsten Busflotten Perus.

  Mehrmals täglich auf der Pana rauf bis Tumbes/ Grenze Ecuador (ca.22 - 24 Std./18 US $). Empfehlenswert, – auch auf der Südroute bis Tacna/ Grenze Chile (ca. 26 Std., 2o US $) die "Presidencial- Busse", supermodern, zugleich schneller, da weniger Zwischenstops! An Bord: Bar, Toilette, Musikanlage und wesentlich bequemere Sitze. Aufpreis ca. 3 - 4 US $, lohnt sich unbedingt. – Weiterhin: täglich nach Cajamarca (ca. 16 - 17 Std./12 US $) und Huanuco – Tingo Maria – Pucallpa (ca. 22 Std. und mehr je Pistenverhältnisse, 14 US) TEPSA- International: siehe "Internat. Verbindungen ab Lima"!

* Terminal: "ROGGERO" und "MORALES MORALITOS": moderner Betonterminal in der Av. Nic. de Pierola, kurz vor Kreuzung mit Av. Grau. Es gibt außerdem eine Buchungsoffice in der Av. Grau/Ecke Plaza Grau.

  ROGGERO , die Ende der 7o-er Jahre in Peru berühmt waren für donnernde Auspuffe, haben nunmehr weitgehend Tip-Top neue Superbusse, teils noch ältere, jedoch passable Kisten. Fahren: Lima – Tumbes und Lima – Tacna. Fahrzeiten und Preise wie die Tepsa- Busse.

Bus ab Lima

MORALES MORALITOS ist wichtigste Company auf der Strecke Lima – Arequipa– Puno/Lago Titicaca – La Paz. Die Busse gemäß miserabler Anden- Schotterpisten entsprechend gestreßt. Der Trip bis Arequipa dauert ca. 18 Std., bis Puno ca. 32 Std./ ca. 15 US $. Komfortabler auf dem Trip zum Titicacasee: entweder das schnellere und bequemere Colectivo bis Arequipa (oder Tepsa/Roggero- Bus) und Zug oder Flug nach Juliaca nähe Puno. – Morales M. fährt auf anderer Route: Lima – Nasca – Abancay – Cusco (tägl. ca. 4o Std. und mehr, ca. 24 US $). Teurer, aber erheblich bequemer: Flug Lima–Cusco in ca. 1 Std. und Zug nach Puno /Titicacasee. Eine andere Morales Moralitos- Route geht: Lima – Arequipa – Juliaca – Cusco.

* Terminal: "ORMEÑO", – "CONTINENTAL", – "ANCASH" und "CHINCHANO": Loyaza 187. Ebenfalls modern dekorierter Busterminal.

ORMEÑO gehört zu den Top- Buscompanies Perus und fährt Lima – Pisco – Nasca– Arequipa – Tacna, sowie internat. Strecken in Cooperation mit Chilenen (bis Santiago de Chile und Buenos Aires) mit modernem Busmaterial des Typs Volvo und Marco Polo. Bequem, allerdings keine Toiletten an Bord. Adresse: Carlos Zavala 177.

CONTINENTAL fährt Pana Norte bis Talara, – CHINCHANO regionalstrecken bis Cañete und Chincha. – Excellent und Tip für Trips Lima nach Huaras: die Superbusse der Company "ANCASH"!

* "SUDAMERICANO" ab Jr. Montevideo 618, – täglich auf der Strecke nach Arequipa, nach Tumbes und nach Huancayo. Busmaterial derzeit nicht so modern wie bei Roggero, Tepsa und Ormeno.

* "CRUZ DE CHAPON", ab Jr. Montevideo 8o9 nähe Kreuzung mit Nic. de Pierola fahren bis Sullana/Pana- Norte. Bei unserem Check: Superbusse des Typs Marco Polo.. Sehr zu empfehlen. Anschluß ab Chiclayo mit älteren Bussen nach Bagua, Jaen, Chachapoyas/Bergurwald.

* "TRANSP. SAN CRISTOBAL", ab Montevideo 893. Strecke: Lima – Arequipa – Juliaca – Puno, bzw. Cusco. Fahren häufig nachts. Material nicht so modern wie Tepsa, Ormeño und Roggero.

* "JACANTAYA" ab Nic. de Pierola 1631 (ca. Kreuzung mit Av. Grau). Fahren mit relativ neuen Bussen des Typs "Pegasso" über Arequipa nach Puno. Täglich. Weitere Connection: Lima – Cabanaconde/Colca Canyon (Tägl., ca. 16 US $).

* "INTERSA", Av. Nic. Pierola 1635, tägl. nach Huaras.

* "ORELLANA" ab Av. Nic. Pierola 1635 mit Bussen Typ Volvo, Marco Polo und Scania von Lima über die Anden nach Pucallpa. (ca. 24 Std./ ca. 14 US $. Weiterhin: Lima – Tarma (ca. 7 Std./6 US $) und La Merced (ca. 11 Std./8 US $).

* "CONDOR DE CHAVIN", ab Montevideo 1o39. Strecke Lima – Chavin (ca. 13 Std., 7 US $, 5 mal pro Woche), – Huari (ca. 15 Std.) – Piscobamba (ca. 13 US $ ca. 24 Std. und 2 mal pro Woche), weiter nach Pomobamba (ca. 25 Std., 2 x Wo.) Andere Route: Lima – Llamellin, ca. 19 Std./12 US $, 2 x Woche. Busmaterial entsprechend vorwiegendem Betrieb auf Schotterpisten erheblich gestreßt!

* "EL TROME", ab Montevideo 841 nach Huaras. Alternative, wenn die anderen Huaras- Busse voll sein sollten.Täglich 3 mal, fahren bis Caras. Ältere Busse, jedoch noch passabel.

* "CALLEJON DE HUAYLAS S.A.", ab Jr. Leticia 626. Täglich nach Huaras und weiter bis Caras. Ebenso nach Pomobamba (2 x Woche), Corongo (2 x Woche) und Piscobamba (2 x Woche) ab Lima. Busmaterial: Volvo mit Spuren des vorwiegenden Betriebs auf Schotterpisten.

* "TUBSA": ab Leticia 633. Auf den Strecken: Lima – Pativilca – Chiquian und Lima – La Union (directo über Patchacoto, Puya Raimondi). Details siehe "Callejon de Huaylas").

* "SALAZAR", Jr. Ayacucho 1o4o. Auf den Strecken: Lima – La Union – Llata (via Pativilca), sowie Lima – La Union – Tantamayo (Details siehe "Callejon de

Bus ab Lima

Huaylas"). Busmaterial bei beiden Companies erheblich schottergestreßt, aber wichtig für die Querverbindung von Huaras nach Huanuco!

* "LOS ANDES", Av. 28 de Julio 24o5: Strecke Lima – Tarma – Oxapampa. Täglich, ca. 15 Std./8 US $ .Schottergestreßter Volvo. Auch Lima – Satipo.
* "LA PERLA", Av. 28 de Julio 1529, Strecke Lima – Pucallpa.
* "LEON DE HUANUCO", 28 de Julio 15, Strecke Lima – Pucallpa., beide täglich.
* "HIDALGO", Av. Bausate Ecke Meza. Strecke Lima – Cusco (Via Nasca, 3 mal pro Woche, ca. 2 Tage Fahrt, 22 US $). Das Busmaterial spiegelt die vielen 1.ooo km Schotter wieder. Trotz allem gehört "Hidalgo" aber zu einer der wichtigsten Companies Perus auf Strecken der südlichen Sierra.
* "TRANSP. CHANCHAMAYO", Luna Pizarro 453 (südl. Verlängerung der Ayacucho über die Kreuzung Av. Grau hinaus). Von Lima nach Tarma (ca. 8 Std., 5 US $) und weiter nach La Merced (ca. 9 Std./7 US $) und San Ramon. Täglich. Erheblich bequemer ist der rund 1- stündige Propellerflug mit "SASA" ab Lima nach San Ramon, Details siehe "Flugverbind. ab Lima", da insbesondere auch die Busstrecke wenig landschaftl. Faszinierendes bietet und zwischen Tarma und San Ramon gefährlich ist.
* "ETUCSA", Av. Grau bei Plaza Grau: Strecke Lima – Huancayo, täglich, ca. 8 Std./5 US $, durchgehend Asphalt. Fahren häufig bei Nacht.

ABFAHRTSZEITEN wechseln laufend und lagen auch in den vergangenen Jahren (wegen Desorganisation im Tourismus- Ministerium) nicht im Tourist- Office vor.

Es bleibt einem somit nichts anderes, als von Office zu Office zu laufen. Wenn man Glück hat, – wie z.B. bei Ziel Huaras/Callejon liegen die betreffenden Buscompanies einigermaßen nahe zusammen (Bereich Jr. Leticia). Ärgerlich wird die Sache, wenn man z.B. mit Tepsa in Lima ankommt (Paseo de La Republica) und mit Ponce de Leon nach Pucallpa weiterwill. Dann wird rund 2o Min. strammer Marsch mit schwerem Gepäck fällig.

Es ist unverständlich, warum die Stadt Lima nicht einen Häuserblock abrasiert und nach dem Vorbild fast aller anderer, südamerikanischer Städte einen gemeinsamen Busterminal errichtet. Bei rund 6 Mill. Einwohnern und derzeit chaotischen Verkehrsverhältnissen sicher angebracht.

Colectivos

Colectivos:

Schneller und bequemer als der Bus. US- Straßenkreuzer für max. 5 Personen. Vorwiegend auf der Panamericana: Trujillo (ca. 7 Std.), – Piura (ca. 13 Std.), – Arequipa (ca. 15 Std.) mit Anschluß- Colectivo nach Puno. Abfahrt ab Plaza Universitario. Täglich mehrmals.

Comite 11 ab Jr. Leticia ca. Ecke Abancay täglich nach Huaras (ca. 6 Std.), mehrmals täglich.

Comite 12 ab Jr. Montevideo 736 nähe Ecke Ayacucho täglich auf der Route Huanuco – Tingo Maria – Pucallpa. Ebenso nach Ayacucho.

Comite 12, Jr. Cotabamba, etwa Roosevelt täglich über Trujillo nach Cajamarca (ca. 12 Std.). Comite 14, Jr. Leticia63o, nach Huaraz.

Comite 3, Jr. Montevideo, nähe Ecke Loyaza täglich nach Pisco (= paar

km vor Paracas). Fahren, sobald Colectivo voll ist. Ca. 3 1/2 Std.
Comite 16, Plaza Universitario: tägl. nach Huacho.

Internat. Busverb. ab Lima

Internationale Busverbindungen:

"TEPSA" ab Jr. Aljovin 159 (ums Eck, Tepsa- Office an der Plaza de la Republica). Wöchentlich 1 - 2 mal auf den Strecken: Lima – Santiago de Chile (ca. 3 Tage, 14o US $, wobei die Übernachtung in Tacna inkl. ist, die nächste Nacht wird durchgefahren), – weiterhin: Lima – Quito/Ecuador (2 Tage, ca. 45 US $, bis Guayaquil ca. 4o US $). Lima – Bogota/Kolumbien: ca. 3 1/2 Tage, 14o US $ und Lima – Caracas/Kolumbien: ca. 7 Tage, 18o US $, Übernachtung, sofern nicht durchgefahren wird, auf Kosten des Passagiers.

"ORMEÑO" ab Loyaza 187. 1 mal pro Woche nach Santiago de Chile (ca. 12o US $) und weiter nach Buenos Aires über Mendoza (ca. 2oo US $. Fahrzeit ist mit 4 Tagen angegeben, wobei eine Übernachtung in Tacna im Preis inkl. ist. Der Rest wird durchgestochen, Tag und Nacht.

Daß solche Gewalt Trips bis Bogota, Caracas oder Buenos Aires ein Superstreß sind, braucht nicht betont zu werden. – Eine interessante Alternative sind die Internat. Verbindungen dagegen auf den Strecken bis Guayaquil bzw. Santiago de Chile, da erheblich billiger als der Flug. Eingesetzt wird bestes Busmaterial, bei Tepsa z.B. der "Presidencial", der bis an die Grenze fährt. Drüben gehts weiter mit ähnlich guten Bussen der Chilenen bzw. Ecuadorianer. Weiterer Vorteil: hinter der Grenze keine Warterei, bis der nächste Anschlußbus fährt, zudem Stops unterwegs auf Minimum reduziert.

" – " – Flüge

Der Airport "Jorge Chavez Intern." liegt etwa 16 km nördlich des Centros in der Wüste. Verbindung mit (meist VW-Bus)- Colectivos ab Av. Nicolas Pierola vor dem Hotel "Gran Bolivar" bei Plaza San Martin. Je nach Stoßverkehr dauert die Fahrt zwischen 3o und 5o Minuten.

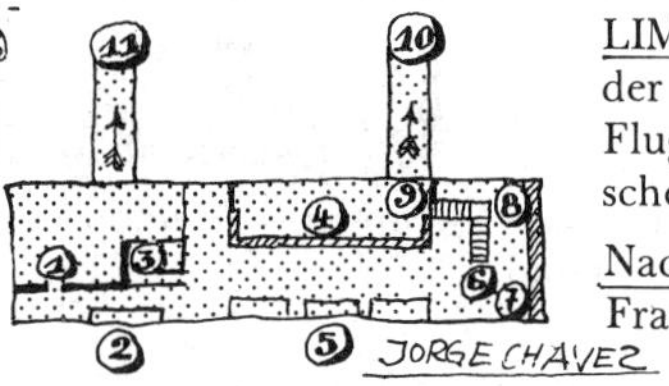

1 Zoll und Ausgang Internat. Flüge
2 Car- Rentals, Geldwechsel
3 Zoll und Eingang Internat. Flüge
4 Check- in für internat. Flüge
5 Kioske (Bücher 3 Souvenirs)
6 Treppe zum Restaurant
7 Check-in Aeroperu/Nat. Flüge
8 Check-in Faucett/Nat. Flüge
9 Eingang nationale Flüge
1o Gates für nat. Flüge
11 Gates für internat. Flüge

LIMA ist wichtigster und größter Airport an der südamerikanischen Pazifikküste. Dichte Flugfrequenz zu den anderen südamerikanischen Staaten, Zentralamerika und USA.

Nach Europa: via Ecuador – Puerto Rico – Frankfurt mit Lufthansa. Iberia fliegt via Caracas nach Madrid. Viasa nach Madrid, Frankfurt und Rom. Air France via Ecuador nach Paris. Mit der KLM via Ecuador und Aruba nach Amsterdam. Mit Air Paracuay nach Frankfurt. Bei allen Airlines gibts günstige Spezialtickets, sowohl nach Europa als auch im Andenbereich ("Pacto Andino").

Flüge ab Lima

* Die Flugbüros fast aller Linien, die Lima anfliegen, liegen in der Av. Nicolas de Pierola, der Hauptgeschäftsstraße Limas; nähe Plaza San Martin.
* Aeroflot, Cubana und Aerocondor im Tiefgeschoß des Sheraton/Plaza de la Republica.
* Aeroperu: Plaza San Martin, – Faucett: Plaza San Martin im Hotel Bolivar.
* Auf allen, in PERU gekauften internationalen Flugtickets liegt eine mehr als 2o- prozentige Steuer, die die Tickets sauteuer macht. Eine sicherlich nicht Tourismus- fördernde Politik. Auf nationale Flugtickets liegen derzeit knapp 1o % Steuer, wobei hinzukommt, daß der Señor Turista fast 4o % mehr für's selbe Ticket zahlt, wie der Einheimische! Damit's nicht ganz so auffällt, sind im "Traffico" die Preise für die Einheimischen in Intis und die für Touristen in US S angegeben.

  Bleibt nur zu hoffen, daß diese Regelung recht bald wieder abgeschafft wird. Derzeit einzigste Möglichkeit: alle innerhalb Perus benötigten Flugtickets,wie Tickets aus Peru raus: außerhalb des Landes kaufen. Besonders günstig im Moment: Bolivien.
* Günstige Retour- Tickets bei Iberia, Lufthansa, Air France derzeit um ca. 3.ooo DM (inkl. Tax), meist auf feste Flugtermine fixiert und 3 Monate gültig.
* Billigere Sachen (auch one-ways) bei z.B. "Setours"/Belen 1o11- Plaza San Martin, "TAWA", Av. Nic.. de Pierola 672, Officiana 502, "Viamerica", Av. Nic. de Pierola 672, oficina 4o1

DICHTES NATIONALES FLUGNETZ: in den Händen der privaten "Faucett", die mit DC 8 und Boeing 727 fliegen – und der staatlichen "Aero Peru" (fliegen mit Fokker F 28 und Boeing 727- Jets, sowie einige Urwaldstrecken mit Fokker F 27 Propellermaschinen).Unbedingt rechtzeitig buchen, insbesondere vor Ferienterminen! –

TÄGLICH auf folgenden Strecken: Cusco (mehrmals), – Iquitos (mehrmals), – Trujillo, – Chiclayo, – Ayacucho, – Pto. Maldonado (via Cusco), – Arequipa, – Juliaca nahe Lago Titicaca (via Arequipa), – Tacna (Grenze Chile), täglich und Tumbes (Grenze zu Ecuador), mehrmals pro Woche, – Tarapoto, Pucallpa, – Huanuco.

"SASA" bedient den Raum um San Ramon bis Pucallpa. 2 x Woche von Lima nach San Ramon (ca. 22 US $) – Satipo (ca. 23 US $) bis Atalaya. Die Anden werden mit einem Bi- Motor überflogen, der Sauerstoff kommt aus der Maske; keine Unfälle auf der Strecke bekannt. Unten im Bergurwald mit Cesna 4o2 und 2o6. Office: im Airport/Jorge Chavez.

"AEROCONDOR": Charterflüge mit Bimotormaschinen/Propeller ab Lima, z.B. rauf nach Nasca, – sowie mit Sportflugzeugen über den Nasca- Linien. Office: Sheraton Hotel/Tiefgeschoß, Paseo de la Republica.

"AEROICA": Charterflüge mit Propellermaschinen ab Lima und Nasca, sowie Ica. Ebenfalls Flüge über den Nasca- Linien. Office: Av. Colmena677, Of. 1o2 nähe Lufthansabüro. –

"GRUPO 8" : die Militärs. Nehmen auch Privatpersonen mit. Günstiger als Faucett und Aerocondor, jedoch seltenere Flüge und sehr "militärischer" Komfort an Bord. Z.B. nach Chiclayo, hauptsächlich jedoch Urwaldstrecken.

ZÜGE ab Lima: täglich außer Sonntag ab Estacion Desamparados rauf nach Huancayo. Alle Details siehe Seite 69o/726.

In LIMA ist das Klima gar nicht prima. 13o m Höhenlage und häufige Bodennebel (die "GARUA") verschleiern die 6 Mill. Hauptstadt. Die Garua entsteht durch die Diskrepanz verschiedener Temperaturentwicklungen über Wüste und Meer. Morgens erwärmt sich die Luft über den Wüstengebieten schneller und steigt auf ca. 3oo - 4oo m, wo sie sich mit der kühlen Meeres luft (antarktischer Humboldtstrom) vermischt und zu großen Nebelschwaden kondensiert.

"Garua" gibt's besonders in den Monaten JUNI – OCT. , obwohl ich oft im August und September viele wolkenfreie Tage erlebt habe. So gut wie nie bei Garua Regen, – allenfalls feinster Nieselschleier. Die Limeñer holen dann ihre Scheibenwischblätter aus dem Handschuhfach raus, wo sie normalerweise deponiert sind, damit sie beim Parken nicht "versehentlich" verschwinden.

Besonders schon, wenn man aus den Anden, beispielsweise von Huancayo mit dem Nachtbus die Serpentinen durch sternenklare Nacht nach Lima runter fahrt, und dort dann beim Morgengrauen durch dichten Nebel zur Endhaltestelle im Marktviertel kommt, wo die Indios gerade ihre Waren für den Tag aufbauen! –

Temperaturen:

SOMMER:	(Jan. – März):	26 - 3o °C	HERBST:	(März – Juni):	15 - 28 °C
WINTER:	(Juni – Sept.):	1o - 15 °C	WINTER:	(Sept. - Dez.):	15 - 19 °C

Höchste Feuchtigkeit im Winter. "Garua" siehe Vorkapitel. Trotz Tagestemperaturen im Winter um die 15 - 19 Grad sollte man einen Pullover dabei haben, denn abends nach Sonnenuntergang wird's kalt in Lima.

Stadtstruktur/Lima:

LIMA ist heute wichtigste Großstadt an der Pazifikküste Südamerikas. Mit kompaktem Centro in spanischem Schachbrett, aber nur noch wenig "Kolonialem", allenfalls Casas und Gebäude aus der republ. Epoche. Quirlig und lebendig, mit engen Straßen, deren Abgasbelastung vielfach erheblich über dem Erträglichen liegt. Hier liegen die meisten Hotels , Airline- Büros und Verwaltungen der Firmen Perus, sowie Busterminals.

Parallel dazu hat sich ein zweites "Centro" entwickelt im Herzen der Stadtteile MIRAFLORES und SAN ISIDRO um die Plaza bei "Av. Diagonal" (wie bei den Limeños genannt), – Shoppingcentros und Boutiquen bis runter "El Suche"/Av. La Paz, vermischt mit reichen Villenvierteln.

Reine Wohngebiete reicherer Leute von Lima: südwestlich, von San Isidro bis Chacarilla del Estanque (Luxusrestaurant "Pabellón de Caza" und "Goldmuseum"). Residencial Areas bis La Molina.

"BARRANCO" an der Pazifikküste zusammen mit "CHORRILLOS" am südlichen Ende der Pazifik- Bucht von Lima, die rund 4o m graugelb ins Meer abstürzt. Barranco war um die Jhd.- Wende Künstlerviertel mit vielen Casas aus der Jhd.- Wende. Gute Folklore- Lokale ("Peñas").

"PUEBLO LIBRE", Museumsviertel Ri. Callao/Hafen und Airport. In der Nähe Messegelände und Zoo. Flach, eher 1 - 2 stöckig bebaute Wohnviertel, Mittelschicht. In grauer Wüste, übergehend in Slums. Insbesondere Richtung Flughafen.

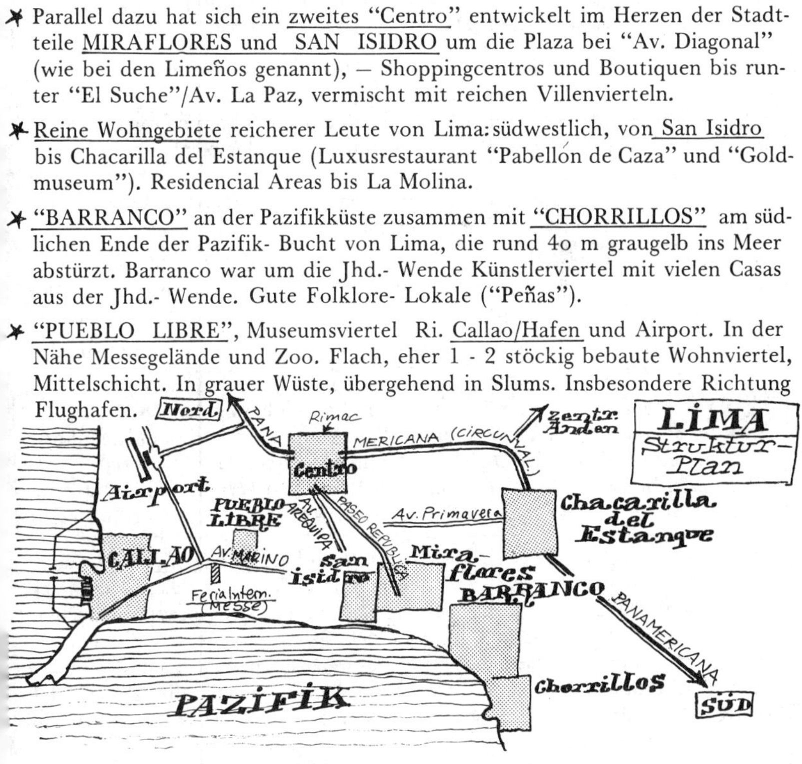

1. LIMA/Centro:

GESCHICHTE: Lima, – eine Gründung Pizarros aus dem Jahre 1535 war zu Kolonialzeiten eine der reichsten und einflußreichsten Städte der Andenregionen und der West-Küste des südamerikanischen Kontinentes, die CIUDAD DE LOS REYES wie alte Karten sie verzeichnen, – Sitz des spanischen Vizekönigs, Uni ab 1552 und erste Druckerei ab Ende des selben Jhd.'s, damals in Südamerika absolut "revolutionär" in einer Region, in der nur ca. 6o Jahre vorher die Inkas mit Knotenschnüren kommunizierten.

Ihren Namen bekam die Stadt durch ein Mißverständnis der Spanier: die Einheimischen bezeichneten den Fluß, an dem die Stadt liegt mit Rimac, woraus bei den Spaniern "Limac" wurde. – Viel Reichtum und prächtige Villen und Paläste, denn der Silbertransportweg von der Potosi- Mine (heutiges Bolivia), die Spanien zu einem der reichsten Länder Europas machte, ging über Lima und wurde hier nach Panama eingeschifft.

Ende des 17. Jhd.'s Bau einer Stadtmauer, weil auch die Piraten sich für die Stadt interessierten. Diverse Erdbeben ließen die kolonialen Prachtvillen zusammenstürzen, das schwerste: 1746, bei dem mehr als 6.ooo Menschen starben.Die meisten "alten" Bauten des heutigen Centros stammen aus der "Republ. Epoche" ab Befreiung durch San Martin von der spanischen Kolonialherschaft (1821).

Das heutige Lima ist ein stark expandierender Koloss, der jedes Jahr um rund 2oo.ooo E. wächst, vorwiegend Campesinos, die aus der Sierra kommen in Hoffnung auf bessere Verdienste. Umfangreiche "Pueblos Jovenes" (Slums) mit Adobe und Wellblechhütten in der Wüste um die längst zubetonierte Oase. 5. größte Hauptstadt Südamerikas, in der ca. 1/3 aller Peruanos leben, sämtliche Ministerien und alle wichtigen Firmen liegen.

1 PLAZA SAN MARTIN: zentrale Plaza, über die ein Großteil des Centro-Verkehrs läuft. Wohlproportioniert mit feudalen Gebäuden der Jhd.- Wende, insbesondere das "Hotel Bolivar", das zu den Top- 5 Sterne Hotels Peru gehört (vielen Dank für Unterstützung an Sñr. Bauer, der hier langjähriger Manager war). – Schräg gegenüber die ewig flimmernde Aero Peru- Reklame, wie auch der gesamte Platz abends "ver- neont" ist. Treff und Diskussionspunkt in der Mitte am Reiterdenkmal.

Quer rüber kreuzt die AV. NIC. DE. PIEROLA (im Volksmund auch "Colmena" genannt) mit seinen Airline- Büros. Hier sitzen die touristischen Strassenverkäufer (alles von Quena über Tarantel zu kitschigen Urwald- Ölbildern).

Senkrecht kreuzt die Plaza die JR. UNION, am Aeroperu- Gebäude vorbei:

Tourist INFO in der Jr. Union 1o66, nur wenige Schritte von der Plaza San Martin kommend, rechter Hand durch ein feudales Kolonial-Portal durch's Restaurant "Tambo de Oro" in einem Innenhof. Kompliment verdienen die Mädchen, die hier arbeiten. Absolut sattelfest, das Material, insbesondere zu Busverbindungen aber sehr veraltet.–Pläne, übliches Prospekt Material und gelegentlich auch Gratis- Poster.(8 - 18 Uhr/Mo. - Fr.)

In Gegenrichtung (am Hotel Bolivar vorbei) verbindet die JR. UNION als Fußgängerzone mit der Plaza de Armas. Hin und Her von Zulassung und Verbot von ambulanten Händlern. Insbesondere zur Zeit der (sorry!) Deutschenschwemme der Jahre 1979/8o gabs hier viel "Sauerkraut" und "Schweinswürstchen". Shopping- Passagen mit Hamburger- Schnellimbissen, Boutiquen
15 Schuhgeschäften. – Auf halber Strecke zur Plaza de Armas: die KIRCHE LA MERCED. Schöne Barockfassade, deren Steine teils als Balast der kolonialen

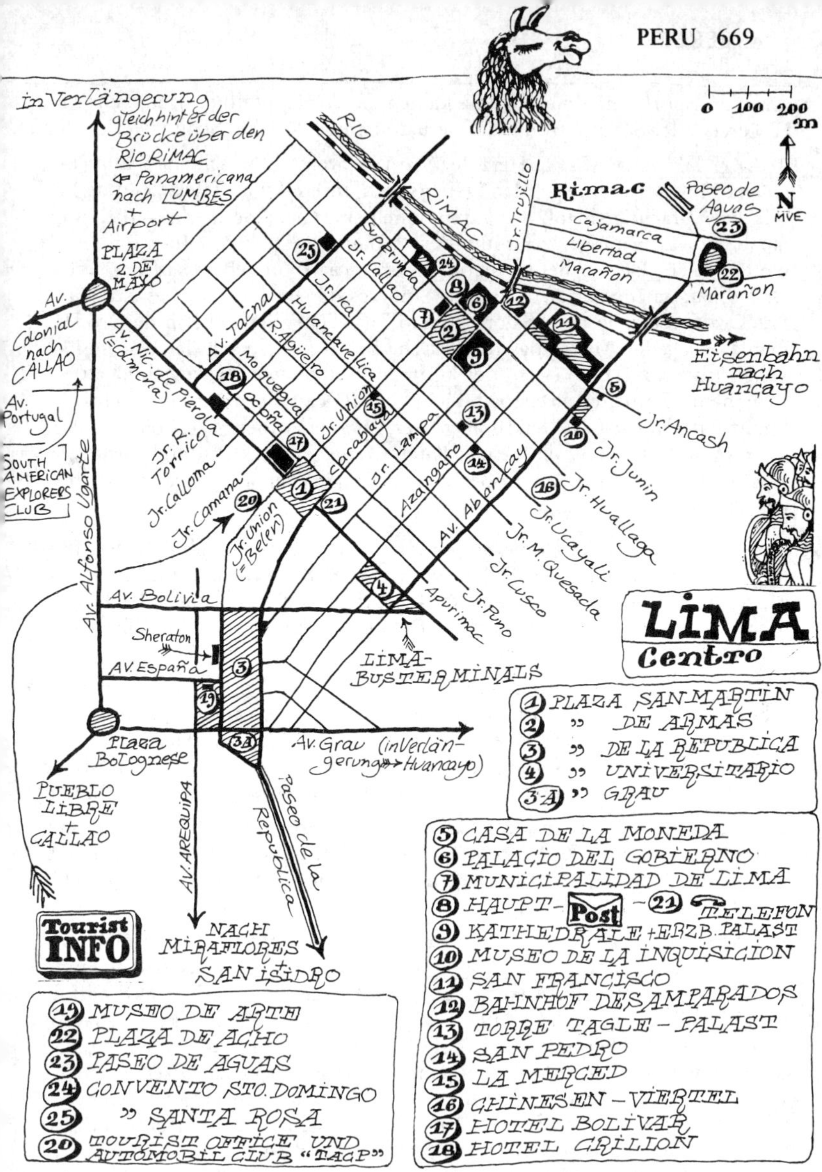

Beste Lima- Detailkarten: a) im Lima- Telefonbuch (unter Umständen gratis!), ist sehr detailliert mit sämtlichen Straßenangaben! Und b) die Karte "Lima 2000", die sämtliche Buslinien eingezeichnet hat. In Buchshops im Centro.

Peru- Kartenmaterial: nicht von den Straßenhändlern in der Colmena, sondern entweder von "I.G.M."/Av. Aramburu 1190 im Stadtteil San Isidro. Oder beim TCAP (Automobil- und Touringclub Peru)/ Av. Cesar Vallejas im Stadtteil Lince.

Silbertransportschiffe aus Panama kamen, innen Hauptaltar mit der Virgen de la Merced, der Schutpatronin der peruan. Armee. Reiches Schnitzwerk &Plata

2 PLAZA DE ARMAS, das Herz der Stadt, – architektonisch ein Schmuckstück . Mit der "Municipalidad" (siehe auch unsere Lima- Titelzeichnung) mit ihren prächtigen Holzvorbauten; innen eine Gemäldegalerie, – die Municipalidad wurde übrigens erst in unserem Jahrhundert in den 4o-er Jahren ge-
6 baut. – Der "Palacio del Gobierno" wurde ca. 1939 gebaut auf den alten Grundmauern des Pizarro- Palastes. Inneres derzeit nicht zu besichtigen. Prachtvolle Säle, so der "Salon Dorado" mit Spiegeln und Pan de Oro. Vor dem Palast jeden Mittag das touristische Schnick- Schnack der Wachablö-
9 sung (kurz vor 1 Uhr). – In der "Catedral" kann man den angeblichen Leichnahm Francisco Pizarros besichtigen. (Gleich nach Eingang rechts, hinter Gittern ein Glas- Sakrophag. Der Wächter öffnet gegen Eintritt das Gitter und lässt einen rein). Erste Kirche Limas, mehrfach durch Erdbeben zerstört und anschließend größer und umfangreicher wiedererrichtet.Schönes Chorgestühl. (P. Noguera/1623)

12 Rechts am Palacio del Gobierno vorbei, ca. 1oo m zu Bahnhof DESAMPARADOS, dem Bahnhof für Huancayo. Schönes Bauwerk aus Zeit Ende vergangenes Jhd., als man das Gleis in die Anden rauf legte. Eines der kostspieligsten Bahn- Projekte Südamerikas. Details zu Abfahrten siehe "Lima – Huancayo"- Streckenbeschreibung.

11 SAN FRANCISCO: Barockkirche und Kloster aus dem 17. Jhd. , sehr lohnend, die Katakomben zu besuchen. Enge Gänge, vollgestopft mit Bergen von Knochen und Schädeln. Unterirdische Gänge zum Palacio del Gobierno und zu Privatcasas, derzeit aber nicht begehbar. Katacomben offen: tägl. 9.3o - 12.oo Uhr und 15.oo - 18.oo Uhr. (Achtung, kann sich ändern!)

Die Katakomben wurden bis 18o8 benutzt. Interessant, daß die Toten in ihren Knochen nach Körperteilen sortiert wurden. – Kloster: Kacheln aus Sevilla/Spanien (162o), Kolonialgemälde. Kirche: Zedernholz- Chorgestühle (1673), derzeit in Restauration.

5 JR. ANCASH: mehrere Kolonialcasas, so z.B. "TRECE DE LA MONEDA", heute Luxusrestaurant und "CASA DE PILATOS" (gegenüber San Francisco). – Über die Av. Abancay und Rio Rimac rüber nach dem Stadtteil
22 RIMAC. "Plaza de Acho", älteste Stierkampfarena Südamerikas. Gebaut 1766; vorher fanden die Stierkämpfe auf der Plaza de Armas statt, die abgeriegelt wurde (dem ersten Stierkampf 154o schaute Pizarro selber zu!). Dann wurde die Sache aber doch zu gefährlich, als mehrfach Stiere entwischten und durch die Straßen von Lima peesten. Plaza de Acho umfasste in der Anfangszeit 6.ooo Sitzplätze und wurde später mehrfach erweitert. Saison ist Oktober und sehr lohnend wegen dem ganzen "Drum- Rum" zuzusehen! Unten in der Arena kleines Museum und Restaurant.

Rimac war zu Beginn der Kolonialzeiten reichstes Stadtviertel, heute Viertel
23 der armen Leute. Die einstige Flanier - Allee "Paseo de Aguas": verkommen. Eingehüllt vom Hopfenduft der dahinter liegenden Brauerei (Besicht. mögl.) Quirligstes Zentrum von Rimac: die Jr. Trujillo (zu erreichen von der Plaza de Acho über die Jr. Cajamarca) . Zurück ins Centro über die Puente de Pie-

dras, die direkt zum Bahnhof Desamparados führt.

Siehe Karte Vorseite!

Ausgedehnte Marktviertel auch am Rio Rimac/Höhe Brücke Av. Abancay bei Plaza de Acho. Zieht sich die gesamte Abancay als Straßenverkauf bis runter ins Bus- Viertel/Plaza Universitario. Stangenchampoo, rosa Unterwäsche für die Cholas, Koffer (Bereich Busterminals) etc., etc.

MUSEO DE INQUISICION (Plaza Bolivar, im Volksmund auch "Plaza 10
de la Inquisicion"). Hier kann man die schauerlichen Werkzeuge der Inquisicion bei bei lebensgroßen Figuren sehen. Die Foltermethoden kamen aus Europa und wurden auch in den Südamerika- Provinzen als Machtmittel eingesetzt. Einführung um das Jahr 1569, Abschaffung erst 182o. Im selben Gebäude sitzt heute der Senat. – Angenehmer: die "Bomberos", die Feuerwehr, gleich nebenan. Hier steht auch eine alte Spritze, wohl restauriert: ein rotes Ford- Feuerwehrauto, Baujahr ca. 191o!

DAS CHINESENVIERTEL liegt ca. 1oo m entfernt, in Verlängerung der 16
Jr. Ucayali/Av. Abancay. Zur Zeit der Devisenbeschränkungen Mitte der 7oer Jahre saßen hier in dunklen Hinterzimmerchen schlitzäugige, gelbe Gestalten und fingerten aus US- Dollar Scheinen peruanische Soles- Lappen.

Im Chinesenviertel alle Art von glitzerndem Krimskrams und Plastikspielzeug aus Hongkong. In den Geschäften chinesische Gewürze und an den Ständen draußen Bonbons, Schuhwichse, Haarwaschmittel in kleinen Plastikbeuteln für ein paar Pfennige und ein riesiges chinesisches Tor mit rotem Hausdrachen! – Das Ganze spielt sich allerdings nur über 1 - 2 Häuserblocks ab, – damit ihr euch nicht zu viel erwartet. Die hier ansässigen Chinesen sind übrigens Nachkommen des Trupps, der um die Jahrhundertwende nach Peru geholt wurde zum Bau der Eisenbahnlinie in die Anden nach Huancayo.

TORRE TAGLE PALAST: Jr. Ucayali zwischen Querstraßen Azangaro 13
und Lampa. Stammt von 1735 und hat einen der schönsten Kolonialbalkons von Lima. Andalusischer Stil. Heute Außenministerium. Nur der Patio kann besucht werden (Kutsche/Balustraden). –

SAN PEDRO: Azangaro/Ecke Ucayali. Barockkirche aus der Zeit 14
1638 (Jesuiten), die sich bei robuster Bauweise bis heute erhalten hat. Besonderes interessant wegen reicher "Pano de Oro" Ausstattung des Altars und Seitenschiffe. In Architektur koloniale Mini- Kopie von St. Peter/Rom.

SANTO DOMINGO: Superunda, 1 Block nach Plaza de Armas. Insbe- 24
sondere lohnend wegen Kloster mit schönen spanischen Kacheln, die das Leben des Heiligen Sto. Domingo darstellen. Schöner Patio und im Haupt-Saal Kasettendecke.

SANTA ROSA: Cuadra 1 Av. Tacna (Kreuzung mit Jr. Callao). Heute 25
Sitz der Dominikaner Padres, die sich für Missionierung in den peruanischen Selvas verdient gemacht haben, insbesondere im Sektor Schulen und ärztliche Versorgung. Das Kloster wurde berühmt durch die heilige Sta. Rosa, die als Wundertätige von den ärmeren Limenos schwer verehrt wird.

Literatur: wer sich für Kolonialarchitektur im Centro interessiert: "Boletin de Lima"/ Nr. 18– 1981 "Tres Vistas al Damero de Pizarro"/Fieldwork zu noch erhaltenen Details der kolonialen Architektur in Lima von Tomas Gmo. Santillana Cantella. Editorial Los Pinos/Casilla 5147 – Lima 18 Peru. Spanisch.

② Miraflores/San Isidro/Barranco: COSTA VERDE

* Mal nach Miraflores fahren, Centro des modernen Limas. MIKRO ab Jr. Quilca/Plaza San Martin. Abfahrt laufend, sobald das Mikro voll ist. Die Fahrt geht über die schöne Av. Arequipa mit hohen Palmen und vielen Villen. Aussteigen am "Ovalo"/Parque Diagonal im Herzen von Miraflores. Viele Straßencafes und Restaurants, sowie Shops, insbesondere im Bereich Larco und Seitenstraßen, bis runter Av. A. Benavides. Top- Wohngebiete sind an der Malecon de la Reserva oberhalb der Pazifikküste, – sowie die Villenviertel, übergehend nach SAN ISIDRO mit dem "Bosque El Olivar" (Park mit Olivenbäumen, die teils noch von der Pizarro- Truppe stammen sollen), dem Lima- Golf Club und einem Riesen- Huaco, der Adobepyramide "Pan de Azucar". Viele Parks und teuerste Wohngegend von Lima.

* COSTA VERDE nennt sich die Pazifik- Küste unterhalb Miraflores, San Isidro bis Barranco und Herradura, – zu Deutsch: "grüne Küste". Das Plateau, auf dem Lima liegt, fällt hier rund 4o m in gelb- grauem Sandstein senkrecht runter an den Pazifik bei schmalem Strandstreifen. Von "grün" nicht viel los.

Unten eine Schnellpiste, Autoflaniererei und Wackersteine gegen die Pazifik Wellen. Viele Kioske (Fisch/Snacks), aus denen herbe Frauengestalten rausspringen und zum Stop winken. Arbeitsfeld der besten Transvestiten von Lima. In Hochsaison (Jan. - März) viel Aktion mit Sonnenschirmen, voll von Leuten, – außerhalb trist, graudiesiger Pazifik wenn die Garua über Lima liegt. Zum Baden in jedem Fall besser: Strände südl. Limas. Details siehe dort! – Am südlichen Ende der Luxus- Privatclub "Regatas", Eintritt
* nur für Mitglieder. – Die Straße umfährt die Halbinsel zur nächsten Bucht: HERRADURA. Lohnt sich, mit dem Bus rüberzufahren, kleine Sandbucht mit mehreren Restaurants.

* BARRANCO schließt sich südl. Miraflores an. Um die Jhd.- Wende Künstlerviertel mit vielen, noch erhaltenen alten Casas. Teils noch die alten Strassenbahngleise zu sehen. Gute Peñas (z.B. an der Puente de los Suspiros), Luxusvillen und Appartement- Hochhäuser oberhalb der Pazifikküste. Vermischt mit einfachen, typisch Limeñer- Vorortsiedlungen, zweistöckig an breiter Straße in Betonarchitektur.

UM LIMA ZU ERLEBEN, sollte man mehr als nur das Centro sehen! Ausgezeichnete Stadtbus- Verbindungen, wenn auch in veraltetem Material. Tips über Routen im Tourist- Office und in der Karte "LIMA–2.ooo".

TIP: bei klarem Wetter fantastischer Rundblick über die Stadt bis zum Pazifik und vorgelagerte Insel San Lorenzo vom Hochhaus der "Banco Continental"/Av. Republica de Panama/Höhe Av. Javier Prado. Seriöses Aussehen Voraussetzung, damit der Portier unten sicher ist, daß man "geschäftlich" oben in einem der Luxus- Büros einen "Termin" hat.

Shopping Lima:

① BÜCHER: "ABC" ist Spezialist insbesondere auch für Importe ausl. Titel.
- Colmena 689, vorwiegend Reiseführer und Bildbände zu Peru
- Ecke Av. Diagonal mit Av. J. Pardo in Miraflores beim Cine Pazifico
- im Centro Com. "Todos", Paseo de la Republica/San Isidro

"STUDIUM", die Konkurrenz mit ausgezeichneter und breiter Auswahl spanisch- sprachiger Fachbücher, teils auch internat. Literatur.
- Colmena 626, schräg gegenüber Hotel Crillon.
- an Plaza Francia (Camana 943), nähe Plaza San Martin, Hauptshop.
- Av. Larco 72o in Miraflores

"LIBERIA ALEMANA", ein kleines Geschäft, das fast ausschließlich deutsche Bücher und Zeitschriften führt. Vorwiegend Romane und Magazine. In Miraflores/ Diez Canseco 266/Passaje Shell nähe Ovalo.

"EPOCA", Av. Larco 11oo in Miraflores und Jr. Union 1o72/Centro neben Tourist Office. Internat. Bücher, Reiseführer und Magazine.

"LIBERIA INTERNAC. DEL PERU", Jiron de la Union 879 direkt bei der Plaza San Martin, Ri. Plaza de Armas. Klein aber gute Auswahl.

Unser "SÜDAMERIKA–FÜHRER" ist bei "ABC" erhältlich, teils auch bei den anderen beiden Ketten, die im Nachbezug ausländischer Bücher etwas träger sind. Wer spezielle spanische Titel sucht: möglichst alle angegebenen Adressen aufsuchen, denn die Nachbestellerei ist in Peru nicht so perfekt organisiert, wie in Deutschland.

② SCHALLPLATTEN: breiteste Auswahl an Folklore- Platten natürlich in Lima. Vorher anhören ist üblich, wobei aber die Schallplattenspieler nicht die besten sind und die Platten häufig verkratzt. Nach Anhören möglichst orginalverpackte Platte geben lassen, sofern vorhanden.
- Shops in der Jr. Union zwischen Plaza San Martin und Pl. de Armas in den Passagen.
- Shops in Miraflores, vorwiegend Av. J. Larco nähe Ovalo
- in den Supermärkten von Lima wie "Oeschle", "Scala" und "Sears", wo man mit Spezialkarten Rabatte bekommt. Gegens Verkratzen sind die Platten durch Einschweißen geschützt.

SHOPPING–CENTERS: interessant, um den Warenquerschnitt des Landes kennenzulernen, aber auch um Leute zu beobachten.
- "Centro Comercial Camino Real", nagelneu, in San Isidro, Av. Camino Real/Ecke Choquehuanca. Mehrstöckiger Riesenbau, gratis Parkplatz. Rund 40 Boutiquen. Interessant ist der große Bingo-Salon im 1. Stock. Einer der größten von Lima. Für Spanischanfänger gute Gelegenheit die Zahlen zu lernen.
- "Centro Com. Todos" an der Av. Paseo de la Republica, Höhe Puente Corpac/San Isidro. Mehrere Großmärkte wie "Oechsle", vermischt mit Hamburger- Snacks und Boutiquen.
- "GALAX" in Chacarilla del Estangue, für Normaltouristen etwas abgelegen, Ri. Goldmuseum für reg. Residencial Areas.
- Shopping Center "Av. Marina" gegenüber Messe und Parque Leyendas. Größerer Komplex mit Supermarkt, Discoshops und Boutiquen.

④ LEDER: unverarbeitet in der Jr. Union/Centro Höhe Azangaro, teils auch mehrere Schuhgeschäfte. Bei derzeitigem Soles zu US $ - Wechselkurs lohnt es sich aber, noch bis Argentinien oder Bolivien zu warten, wer noch rüberfährt.

Leder verarbeitet: excellent die beiden Luxusshops "Pedro Diaz"/Jr. Union 4o9 und "Ibañez"/Esperanza 28o in Miraflores. Weitere im Centro um Jr. Union, –die meiste Auswahl jedoch in Miraflores um Av. Larco und Seitenstraßen.

(5) BOUTIQUEN: einmal im Centro, vorwiegend in den Passagen der Jr. Union. Mehr Auswahl aber in Miraflores, insbesondere Av. Larco und Seitenstraßen. Exclusiv und teuer sind die Boutiquen im Bereich "EL SUCHE"/Calle La Paz/Consuelo.

Auch wer nicht kaufen will, sollte unbedingt mal vorbeischauen! Der Architekt hat hier inmitten einer modernen Betonarchitektur sowas wie ein "Wildwest- Filmdorf" erstellt. Verschachtelte Holz- Steinhäuser mit Balustraden, Vorbauten, Balkons, holzwurmzerfressenen Balken, Pflanzengeranke, alles mit Stil. Der Erfolg beweist sich in Kopie- Passagen, die sich im Umkreis ansiedelten, so z.B. "LOS DUEDES"/ Av. Benavides 563.

(6) JEANS: wer neue braucht, oder Feincordhosen: entweder im Centro in den Passagen um Jr. Union Ri. Plaza de Armas, – oder Miraflores um Ovalo und Seitenstraßen südlich, bzw. in den Shopping- Centers. – Jeans von der Fabrik: Miraflores, Calle Esperanza.

(7) SOUVENIRS: im Centro vorwiegend Av. Nic. de Pierola (Colmena) , insbesondere Silberarbeiten und Felle; verlangen aber häufig knackige Touristenpreise. Parallel dazu Straßenmarkt (handeln üblich!) mit Kürbisschnitzereien, Quena- Flöten, Ponchos etc. – Excellentes Kunstgewerbegeschäft ist "Huamanqaqa"/Jr. Union 1o41 gegenüber der Tourist Office. Allerdings nicht billig. – Weitere in den Passagen bis Plaza San Martin, so in der Passage der Tourist Office (Jr. Union 1o66) und in der Passage Jr. Union 1o3o. – Hotel Sheraton/Paseo de la Republica (durch die Hotelhalle rein, im Tiefgeschoß). – Zwei ausgezeichnete, wenn auch teure in der El Suche-Passage/Miraflores (La Paz/Diez Canseco), – "Silviana Prints" in der N. de Pierola nähe Plaza San Martin für Batikarbeiten, recht berühmt aber zugleich auch sehr teuer! – "Eppa Peru" in der Jr. Union 1o66, die Hauptverkaufsstelle aber in San Isidro, Av. Orrantia 61o in schönem Villenviertel. Eine staatliche Verkaufsorganisation von Kunstgewerbe aus der Sierra. Preise höher als auf den Märkten, aber noch passabel. Die Auswahl: gelegentlich recht schöne Sachen zwischen kunstgewerblicher Massenproduktion.

Wer vor seinem Rückflug noch "Mitbringsel" braucht, die er vorher noch nicht auf einem der Märkte in den Anden eingekauft hat: beste Adresse "Mercado do Indio" in der Av. Marino, Straße Ri. Callao und Airport. Taxifahrer kennen sich aus, auch Tourist Office kann sagen, welcher Bus hinfährt. Eine Gruppe von mehreren Open-Air- Mercados, die täglich bis nach Einbruch der Dunkelheit offen sind und so ziemlich alles von Ponchos bis Schmuck verkaufen. Handeln!

(8) SILBERARBEITEN/SCHMUCK: Die teuersten und besten: "San Augustin" Prolong. La Mar 373 im Stadtteil La Victoria, – "Camusso S.A." in der Av. Colonial 679,– "Casa Welsh S.A.", Jr. Union 498, – "Casa Mas" in der Jr. Union 814 und "Murguia S.A." in der Jr. Union 553. (Auswahl)

(9) STRASSENMÄRKTE: unzählige; es soll übrigens in Lima mehr als 25o.ooo Strassenverkäufer geben, ambulante Händler, die auf dem Boden ihre Waren ausbreiten und sich mit der Zwischengewinn Spanne ihr Leben verdienen. Die Sache ist wohlorganisiert, und bestimmte Straßenzüge sind für die selbe Warenart "reserviert": So z.B. die ALFONSO UGARTE für TV- Antennen, – die GRAU für Schuhe, – die ABANCAY für Koffer, – die CAILLOMA für alte Münzen, – OVALO/Miraflores am Wochenende für Bilder, teils auch Fotos und gute Karrikaturisten.

Um's Stadion/Av. Paseo de la Republica: Blumenmarkt. – AV. NIC. DE PIEROLA (=COLMENA) ab Plaza San Martin: diverse Verkäufer mit Sachen für Touristen a la Panflöten, Lederarbeiten, Landkarten, Puppen und kitschigen Amazonasbildern.

(10) Noch ein TIP: der "South American Explorers Club" hat sein Lima- Büro in der Av. Portugal 146 nahe der Alfonso Ugarte. Offen Mo. - Fr. 9.3o bis 17.3o Uhr. Auch Nichtmitglieder haben Zutritt, der Club bringt neben heißer Insiderinformation auch eine Palette an Landkarten und Büchern und kann als Kontaktbörse gelten, wer Ausgefallenes in Peru und Südamerika vorhat.

③ Callao:

Hafen von Lima. Interessant "La Punta", der westlichste Zipfel (=Endstation des Callao- Busses), insbesondere am Wochenende, wenn hier viel Ausflugs-Verkehr los ist. "Anticuchos"- Stände (Herz auf Spieß gebraten!).

Callao kann man mit dem Besuch von Pueblo Libre kombinieren (siehe Museen von Lima!) und bei genügend Zeit noch in den PARQUE DE LEYENDAS/Av. Marino, dem Botanischen Garten und Zoo von Lima, gegenüber dem Messegelände. Querschnitt durch Fauna und Flora der 3 Zonen Perus: Costa, Sierra und Selva; der Affe im dreckigen Käfig war sehr frustriert und onanierte durch die Gitterstäbe. Interessant: das 1- motorige Wasserflugzeug, das in der 1. Hälfte dieses Jhd.'s zur Erforschung und Kartographierung der peruanischen Urwälder diente.

Hauptattraktion der alljährlichen Lima- Messe (gegenüber) ist übrigens der deutsche Stand mit bayrischem Bier, hübschen Mädchen im Dirndl und Schuhplattlern!

MUSEEN

Busverbindungen im Tourist Office fragen. Öfters Änderungen und teils schwierig zu finden.

Auch, wer sonst "Museums- Muffel" ist: unbedingt lohnt sich "Museo Arqueologico" (Querschnitt durch peruan. Geschichte) das "Goldmuseum" in Monterrico, sowie "Larco Herrera" und "Amano". (Privatsammlungen).

MUSEO NACIONAL DE ANTROPOLOGIA Y ARQUEOLOGIA:
Plaza Bolivar (cuadra 22, Av. Brasil) im Stadtteil Pueblo Libre

Wichtigstes Museum von Lima und Besuch fast schon Obligation. Zu sehen Querschnitt durch die verschiedenen Präinca- Kulturen, bunte Stoffe und Webereien, Keramik der einzelnen Kulturen, Mumien, Kunstgewerbe, Inka-Zeit.Sehr interessant und Voraussetzung, wenn man später im Land archäologische Stätten besucht, deren wichtigsten Funde (z.B. Chavin: Obelisk Raimondi) hier im Museo Nacional untergebracht sind.

OFFEN: Dienstag bis Sonntag, von 1o – 18 Uhr.

MUSEO RAFAEL LARCO HERRERA:
Av. Bolivar 1515, Pueblo Libre, in der Nähe des Museo Nacional

Scharf! Scharf! Eine charmante Peruanerin führt durch die Zimmer. Es beginnt ganz harmlos mit Keramiken, und den Rest wird die Peruanerin erklären . . . (Privatmuseum, Schwerpunkt Mochica- Kultur, aber auch Nazca, Chimu und Inca).

OFFEN: Montag bis Samstag 9 - 13 und 15 bis 18 Uhr. Sonntag und Feiertage, von 9 bis 13 Uhr.

MUSEO DE ORO DEL PERU:
Coleccion de Sr. M. Mujica Gallo, Av. Angamos Este (Ende) in Monterrico

Wie der Name schon sagt: Gold. Privatsammlung des früheren Peru- Botschafters in Spanien, Señor Gallo. Liegt in einem weitläufigen Park am südlichen Stadtrand in der Residencial Area Monterrico. Im Erdgeschoß: Gewehre und Lanzen, Armreife und Rüstungen der span. Kolonialherren. Im Keller der Hauptteil der Ausstellung mit reichem Schmuck und Kunstgewerbe aus Inka und Präinka Zeit. Sehr lohnend, wenn auch nicht so groß wie das Goldmuseum in Bogota.

OFFEN: während der Woche 12 bis 19Uhr,

MUSEO AMANO:
Retiro 16o, Miraflores

Privatmuseum und wichtigstes für Funde aus Chancay (Stoffe, Puppen), aber auch interessante Moche- Keramik. Vorher Termin für Besuch vereinbaren, Tel.: 41 - 29.o9

MUSEO NACIONAL DE ARTE:
Paseo Colon 125 nähe Lima- Sheraton

Hier findet man einen representativen Querschnitt durch die peruanische Geschichte, vorallem schöne Kolonialgemälde. Diesbezüglich 2. wichtigste Galerie Perus nach Cusco. Lohnt sich.

OFFEN: Dienstag bis Sonntag: 9 bis 18 Uhr.

MUSEO DE ARTE ITALIANO:
Av. Paseo de la Republica gegenüber Museo Nac. de Arte

Interessant für Spezialisten und Liebhaber italienischer Renaissance. Die Ausstellungsstücke wurden von der ital. Kolonie in Peru gestiftet. Erwähnung verdient auch das schöne Gebäude, das eher wie ein Tempel aussieht, Flachdach mit Balustraden und Wandgemälden.

OFFEN: Dienstag bis Freitag von 9.3o - 2o Uhr.

MUSEO DE HISTORIA NATURAL:
gehört zur Uni, Av. Arenales 125o

Tiere und Pflanzen. Querschnitt durch Peru.

OFFEN: Montag bis Freitag, 8 bis 15.3o Uhr.

MUSEO NACIONAL DE CULTURA PERUANA:
Av. Alfonso Ugarte 65o , nähe Plaza Dos de Mayo

Indiokleider; schöne Muster und Farben, Kürbisschnitzereien, Keramik.

OFFEN: Montag bis Freitag 1o bis 17 Uhr und Samstag 9 bis 17 Uhr

MUSEO HISTORICO MILITAR:
Fortaleza del Real Felipe - Callao

Draußen in Callao, dem Hafen von Lima und zwar im Fort. Bus mit Aufschrift "Callao" ab Plaza San Martin. – Ein deftiges Sammelsurium militärischer und ziviler Sachen. Pistolen, Waffen, Bilder von Schlachten etc. Vom Turm schöner Blick über den Hafen von Callao.

OFFEN: Montag bis Freitag von 9 - 14 Uhr.

WEITERE MUSEEN: siehe Text "Centro"! Hier besonders lohnend das "Museo de la Inquisicion" in der Jr. Junin 548 bei der Av. Abancay und der "Torre Tagle" Palast/Jr. Ucayali (3. cuadra).

Archäologisches außerhalb von Lima:

PACHACAMAC: Sonnenheiligtum der Incas in der Wüste am Pazifik. Pachacamac war ihr Schutzgott und wurde bei wichtigen Entscheidungen befragt, ähnlich wie bei den Griechen das Heiligtum in Delfi. Pizarro trug bei der Erstürmung der Festung riesige Goldschätze davon. Zu erreichen: 31 km auf der Panamericana Sur und Abzweigung links Ri. Dorf Lurin. Gleich links an der Panamericana ist der riesige Erdhügel, der in seiner Größe imponiert. Von oben schöner Blick über das breite Band der Pazifikküste mit den riesigen, anrollenden Wellen. Am Eingang zur Tempelruine ein kleines Museum. Pachacamac ist auch per Bus zu erreichen: Linienbus nach Pachacamac ab Plaza Catalina. Liegt runde 6 Blocks von der Plaza San Martin entfernt Richtung Parque Universitario, über diesen die Nic. Pierola hinaus und halblinks in die Calle Inambari.

PURUCHUCO: auf dem Weg nach Chosica an der Carretera Central. 7,5 km nach Lima. Zu sehen: Reste einer Lehmziegelstadt mit Gängen und Häusern. Kleines Museum nebenan. – Zu erreichen per Mikrobus ab Parque Universitario/Av. Nic. de Pierola.

CAJAMARQILLA: an der selben Straße, 12 km nach Lima, hier zweigt eine Piste links ab, ca. 4,7 km (auf den Wegweiser "Zona Arqueologica" achten). War vor Ankunft der Spanier eine ziemlich große Stadt in Lehmziegelarchitektur, durch deren Überreste heute der Wüstenwind bläst.

Alle 3 Ruinen sind etwas enttäuschend für den, der Machu Picchu in den Anden erlebt hat, einfach weil nicht mehr viel steht, lohnt sich aber für den, der etwas Zeit hat und sich für Archäologie interessiert. Für den "Background" empfehlen wir hier den sehr nützlichen DuMont "Südamerika" von Helfritz.

Transport in Lima:

Die Busse sind teils recht modern, teils aber auch stinkende dröhnende Uraltkisten und zur Stoßzeit voll wie die Sardinendose! (Inkl. Dieben). Fahren häufig ab Plaza San Martin und seinen Seitenstraßen (z.B. Bus nach Miraflores zur deutschen Botschaft ab Jiron de Junin, südl. der Plaza). Sehr billig. – Ansonsten: Colectivos, die feste Routen fahren, meist US- Straßenkreuzer, die bis zu 8 Personen fassen. Fahrpreise ähnlich denen der Busse.

Wer mit dem normalen Taxi fährt, sollte schon vor Fahrtantritt den Preis ausmachen, da die Taxameter, wenn überhaupt vorhanden, meist nicht in Betrieb sind und es sonst nach Fahrtende Streit mit dem Fahrer gibt. Preise hier knapp unter den europäischen! – "Um den Preis handeln" ist allgemein üblich bei Taxis. Bezüglich Colectivos orientiert man sich daran, was die Einheimischen zahlen.

Im Lima Stadtplan "Lima 2000" sind die einzelnen Bus- und Colectivolinien eingezeichnet. Erhältlich in Buchhandlungen und bei Straßenhändlern

CAR–RENTAL: gibts einen ganzen Schwung im Airport, sowie Stadtbüros.

Post entweder postlagernd an die Botschaft (Adresse siehe "Allgemeine Tips/Peru" am Ende des Peru- Kapitels, oder postlagernd an die Hauptpost Lima ("poste restante"/Lima): liegt in der Jr. Union, ums Eck, 100 m von

Weiter Seite 680!

STRASSEN–DOPPELNAMEN: LIMA

Existieren im Centro, wobei beide Namen in der Regel bekannt und verwendet werden.

Garcilasco de Vega = Wilson
Av. Nic. de Pierola = Colmena
Union = Belen
Carabaya = Wiese

Die Straßen in den Außenbezirken oft zusammen mit dem Namen des Bezirkes, was das Auffinden der betreffenden Adresse erleichtert. –

der Plaza de Armas. Adresse: Conde de Superunda, -poste restante-, Correo Central de Lima. – Im Haus mit schöner Glasgalerie auch ein Briefmarkenmuseum!

TELEFON: für Ferngespräche (larga distancia): in der Carabaya/ Ecke Nic. Pierola (genau an der Plaza San Martin, gegenüber Hotel Bolivar).

TELEGRAM: Lampa 677 – TELEX: Bolivia 347 (beim Hotel Sheraton)

Auslandsgespräche gehen zwischenzeitlich via Satellit und nicht mehr über's Telefonfräulein.Daher nur kurze oder keine Wartezeiten (außer zu Stoßzeiten wie Weihnachten, Neujahr etc.). Wer vom Hotelzimmer aus telefoniert, zahlt Aufpreis.

TELEFONIEREN innerhalb Limas: zwischenzeitlich gibts Telefone auf der Straße, die mit einem "Rin", einer Spezialmünze gefüttert werden, die es an Kiosken zu kaufen gibt. Ansonsten in Restaurants und Pharmacias; dort allerdings teurer.

TELEFONIEREN innerhalb Perus: geht derzeit ebenfalls wie die internationalen Verbindungen über Handvermittlung und kann einige Zeit dauern. Daher am besten vom Hotel aus anmelden, weil man dann auf dem Bett etwas relaxen kann bis das Gespräch kommt. Preise entsprechen in etwa innerdeutscher Ferngespräche.

Geldwechseln:

Die Zeiten, wo man nur in der Banco de la Nacion Geld wechseln konnte (und zu mieserablem Kurs) sind vorbei. Viele Geldwechselstuben im Centro, insbesondere Plaza San Martin/Colmena. Wenn man grössere Summen zu wechseln hat, lohnt es sich, rumzuschauen. Oft steht an der Kasse von Restaurants im Centro oder in Souvenirshops ein Schild, daß der Besitzer am Geldwechseln interessiert ist, – mit seinem Kursangebot. Wie der gerade offiziell gültige Kurs steht (zum Vergleich), steht in der Zeitung, oder sieht man an einer Bank. (Diese Leute wollen aber nur "Cash")

Wechseln am Wochende: im Airport (nur tagsüber!), oder bei einer dieser Stellen, Restaurants etc. im Centro.

HOTELS Lima

① SPITZENKLASSEN: "Gran Bolivar"/PLaza San Martin, ein Bauwerk in feudalem Stil der Jahrhundertwende im Zentrum der Stadt. Traditionshotel mit viel Flair, excellenter Küche, messingbeschlagenen verschnörkelten Griffen und gut geführtem Personal. Ohne Frage Tip für den, der 5- Sterne logieren möchte und nicht sterilen US- Kram will.

"Sheraton"/ Paseo de la Republica, nicht ganz so zentral wie das Bolivar. doch noch in Griffweite. 5 Sterne- Luxushotel, 2o- Stock, von oben weiter Blick über's Centro und Residencial Areas. Hier oben liegen die Suites, in einer haben wir 39 Spiegel gezählt, überm Bett, rechts und links etc. Absolut Top in Service und Ausstattung, aber nach unserem Geschmack etwas steril.

"Crillon"/Av. Nic. de Pierola 589 nähe Plaza San Martin, 22 Stock ebenfalls 5 Sterne. Oben der Skyroom mit schönem Blick über Lima.

"Cesars"/La Paz Ecke Diez Canseco in Miraflores. Modernes Hochhaus im Zentrum des Boutiquenviertels von Miraflores (ganz in der Nähe die El Suche- Galerie) und sehr zu empfehlen. Nach unserem Geschmack neben dem Bolivar bezüglich Ambiente derzeit bestes der Top- 5 Star Hotels von Lima. Sehr gemütliche Zimmer mit geschnitzten Holzbetten, Holzbalkendecke und Retablos. Zimmer in oberen Stockwerken wegen Blick nehmen!

"El Pueblo Hotel", außerhalb Limas südöstlich. Ein originaltreu nachgebautes Andendorf als Hotel mit Plazas, Swimming Pools, Tennisplätzen und ausgedehnten Gartenanlagen. Sehr orginell und luxuriös. Optimal für den, der relaxen will. Runde 3o Min. mit dem Taxi ins Centro und ca. 4o Min. zum Airport. 5 Sterne. Tel.: 35.o777/Lima.

Die hier genannten Hotels kosten für's Doppelzimmer um die 65 bis 1oo US $ je nach Lage des Zimmers und Hotel. Günstig: "Gran Bolivar" und "El Pueblo Hotel"

② MITTEL BIS TEUER: "El Plaza"/Av. Nic. de Pierola 85o fast Plaza San Martin. Ein modernes Hotel bei ca. 4o US $ Doppel passabeler Preis, allerdings laut. – "Res. San Francisco", schön gelegen gegenüber der Kirche San Francisco, ein Kolonialgebäude modern restauriert, Teppichböden, Privatbad, ca. 35 US $ fürs Doppel, – "Country Club"/Los Eukalyptos in der Residencial Area San Isidro nähe Golfclub. Früher exquisites Luxushotel, in dem die Limeñer Paare zu ihrer ersten Hochzeitsnacht abstiegen. Heute mit Patina, trotzdem: Sw.- Pool, Tennisplätze und relaxing bei passablem Preis. Ca. 45 US $. – "El Condado Miraflores"/Alcanfores 465, ein 4- Sterne Hotel, ca. 5o US $. Die Zimmer haben TV- Farbfernseher. Direkt an der El Suche Passage. Teuer, aber sein Geld wert. – "Ariosto"/La Paz 769 hat mich weniger überzeugt. Zwar 4- Sterne, aber graubraun verglaster Einheitsbetonbau. – "Hostal Regina" / Dos de Mayo 1421 in San Isidro. Moderne Villa in spanischem Stil, angenehm in Residencial Area, 5o Betten mit Privatbad und Tel. , ca. 35 US $.

③ MITTEL RICHT. BILLIG: "Maury"/Jr. Ucayali im Centro, 2o1. Das 1oo Zimmer-Hotel mit Jhd.- Wende Flair bringt bei ca. 3o US $ für's Doppel mit Privatbad einen guten Kompromis bei nur ca. 1 Block Entfernung zur Plaza de Armas. – "Claridge"/Cailloma 437 ist ein älteres Hotel mit Charme und Aufzug, ebenfalls zentral, 2 Sterne weniger und ca. 2o US $ fürs Doppel. – "Alcazar"/Jr. Camana 564, Centro, Doppel mit Privat-Bad ca. 3o US $. – "Continental"/Jr. Puno 196, Centro und "Savoy"/Jr. Cailloma 224 beide Doppel mit Privatbad ca. 3o US $ jeweils in der Klasse 3 Sterne, wie auch das "Columbus" in der Av. Arequipa 1421, dieses allerdings mit Tendenz zu Lärm, da an Hauptausfallsstraße vom Centro nach Miraflores. (Laufend Colectivos ins Centro und nach Miraflores). – "Pension Pablo W. See", Besitzer schrieb uns, daß er günstige Doppelzimmer vermietet, Pension in kleinem Park, Besucher vorwiegend Techniker und Geschäftsleute, insbes. auch von deutschen Firmen. Spricht Deutsch. Ca. 28 US $ für's Doppelzimmer. Adresse: Parque Hernan Velarde 72, Tel.:24.6352, Casilla 3779.

"Pension Alemana" in der Av. Arequipa 46o4. Besitzer ist Herr Fischer, im Schwabenländle geboren und recht patent. Doppel ca. 25 US $. – Gut das "La Castellana", ein 3 Sterne Resid. in Miraflores nähe El Suche für günstigen Doppelzimmerpreis von ca. 27 US $. (Grimaldo del Solar 222, Miraflores), – "Hotel Polonia"/Av. Panamericana 6599 im Stadtteil San Antonio und somit etwas ab vom Schuß. Hotel ist o.k. mit Tendenz zum Kitsch , imposant ist die Riesen- Funkantenne der Polen auf dem Dach des Hauses! Doppel ca. 25 US $. – "Hostal Res. Del Sol"/Jr. Ica 388 im Centro gegenüber Teatro Municipial, zu empfehlen, aber laut, ca. 18 US $ Doppel mit Bad, – "Hotel Wilson", Jr. Chancay 639 im Centro, gut, ca. 18 US $ für das Doppel mit Bad. –

④ BILLIG: Gringotreff war für viele Jahre das "Europa" in der Jr. Ancash/Plaza San Francisco im Zentrum (nur runde 3oo m vom Bahnhof nach Huancayo entfernt). Wer im Gran Casino in Quito "logierte" traf sich dann in Lima im Europa wieder, – inkl. aller Annehmlichkeiten wie heißer Duschen, Wäschewaschen und Schwarzes Brett für Nachrichten und Kontakte. Die Zimmerqualität sehr unterschiedlich, die besten Zimmer Richtung Plaza mit Fenster: dann ein Tip, – nicht jedoch, wenn man (wie die meisten Zimmer) etwas ohne Fenster am Innenhof bekommt. Das Doppel kostet derzeit, egal welches Zimmer immer ca. 6 US $. – Wenig Alternativen: "Hostal La Merced" in der Jr. Union 636: oberhalb von Jeans Shops im obersten Geschoß. Sehr basic, teils mit Bretterverschlägen und unfreundliche 'Reception'. Kostet pro Person ca. 2,3 US $ in Gemeinschaftszimmern, d.h. man wird mit fremden Gästen im Zimmer zusammengewürfelt, bis alle Betten des Zimmers voll sind. – "Hostal Union"/Jr. Union, kurz vor Plaza de Armas, Eingang durch die ABC- Passage in Hinterhof, der insbesondere abends nicht sehr einladend ist. Ca. 2,3 US $ /Person. – "Pension Belem"/Jr. Union 1o49 sehr basic, ca. 2,4 US $ /Person, – "Richmond"/Jr. Union 7o6, basic, die Meinungen differieren, preislich ähnlich wie die bisherigen. – "Comercio" in der Carabaya gegenüber Gov. Palast und ca. 2o m vom Bahnhof nach Huancayo entfernt. Bei ca. 5 US $ für ein Doppel den anderen Basic- Hotels preislich angepasst, aber auch hier für Gebotenes ganz schön teuer! Immerhin: Lage optimal, gelegentlich heißes Wasser. – "Pazifico" knapp daneben, Carabaya, in etwa selber Preis. – "San Christobal" /Jr. Ancash nähe Kreuzung mit Av. Abancay. Basic, ca. 5 US $ /Doppel. – "Leticia"/Jr. Leticia 618 im Viertel der Busterminals. Wer hier abends saumüde ankommt, zahlt hier in etwa das selbe, wie in den vorgenannten Schuppen bei ähnlicher Qualität. – "Machu Picchu"/Cailloma233, basic und bei ca. 5 US $ /Doppel recht teuer. – "Roma"/Jr. Ica 326, etwas besser und ca. 8 US $.

Ralph Nimmann schickte uns den Tip "Hostal Barranco". Er schrieb: "Zimmer mit Doppelbett ab ca. 6 US $ (=jetzt ca. 1o US $), 1/2 Std. vom Hotel Sheraton mit der Express Buslinie B. Wenn man von den Billigabsteigen die Nase voll hat. Künstler- und Edelflippieatmosphäre, 1oo m lange Treppe zum Strand runter, kl. Swimming Pool. Wird von einem unheimlich vitalen deutschen Ingenieur geleitet. Adresse: Malecon Osma 1o4, Lima 4 (Barranco), Tel.: 67.17.53" (Vorher abchecken per Tel., damit man nicht eventuell umsonst rausfährt!). – "YMCA"/Av. Larco 1247 in Miraflores ist ein weiterer Billigtip, ca. 3,5 US pro Person (der YMCA im Centro, Jr. Carabaya nimmt keine Nicht-Mitglieder!) –

RESTAURANTS Lima

PREISE (pro Gericht für durchschnittliche Sachen, Carne etc.)
Billig: ca. 2 - 4 US $, – Mittel: ca. 6 - 1o US $, – Teuer ab ca. 1o US

"Las Trece Monedas"/Jr. Ancash 536 bei Kreuzung mit der Av. Abancay. Excellente Gerichte in stilvollem Kolonialhaus (ca. 25o Jahre alt!). Gemütlich mit altem Mobiliar und Gemälden. Sehr zu empfehlen, Preise mittel bis teuer. – "Tambo de Oro"/Jr. Union 1o66, gut und teuer, allerdings etwas zugig im Durchgang zum Tourist Office. – "Hotel Gran Bolivar"/Plaza San Martin: excellent und sehr zu empfehlen, teuer.– "Skyroom"/Hotel Crillon, Av. Nic. de Pierola im 2o. Stock. Beliebt bei limener Geschäftsleuten wegen "repräsentativem Blick", Schlips und Anzug sind Vorschrift, Häufig abends Lifebands. Teuer. – "El Suche" in der gleichnamigen Passage (La Paz 646/Miraflores) und das gegenüberl. "El Otro Carlin" sind heißer Tip vom Ambiente. 1977 von Intrav/USA als bestes Restaurant Südamerikas gekürt, verdient Empfehlung immer noch!! Sehr gemütlich, mit großer Salatbar in Mauernische mit Blumengeranke, schöne Bar und gemütliches Sitzen. Nachdem ich selber Architektur studiert habe, bin ich einfach begeistert von der Arbeit des Architekten, der stilvolles Ambiente originell verpackte.-Essen bringt Genuß, teuer, aber lohnt sich! Allerd. sind die "Pisco Sour" nicht mehr das, was sie Ende der 7o-er Jahre waren. Damals arbeitete im "Otro Carlin" Aquiles Condori, der Erfinder des Pisco Sour. – "Granja Azul" im Hotel El Pueblo. Vom Ambiente excellent und sehr zu empfehlen. Vorsicht allerdings in der Bar trotz origineller Drinks! Teuer. – "Chalet Swiss"/Colmena nähe Plaza San Martin. Häufig in Reiseführern empfohlen, hat uns jedoch enttäuscht. Teuer. – "Costa Verde" am Pazifik, unterhalb der Steilküste von Miraflores. Exclusiv und teuer. Rustikal mit Pflanzen direkt am Pazifik, die Preise aber etwas überhöht. – Excellent: "El Pabellon de Caza" neben dem Goldmuseum, gleicher Besitzer. Zusammen mit "Carlin" das Top- Restaurant von Lima. Gebaut vom selben Architekten, der die Einkaufszone El Suche in Miraflores erdachte. Auf Safari getrimmt, aber mit Stil. Offene Longe an tropischem Garten mit kleinem Wasserfall. Mit Bar und Disco. Teuer, aber excellent! – "Vivaldi" am Ovalo in Miraflores. Kleines Restaurant auf "italienisch" getrimmt. Lima- Treff der Schickeria, teuer. Filiale im Untergeschoß des roten Hochhauses der Banco Continental an der Av. Rep. Panama/Ecke Av. Jav. Prado. Sauber, empfehlenswert. Preise: mittel bis teuer. – "Rest. 1900"/Passage Jr. Union 1030 nähe Plaza San Martin/Centro. Stilvolle Colonial- Casa. Preise mittel, insbes. Menü. Abends Musik. –

"Lung Fung", Chinese nahe Paseo de la Republica/Ecke Limatambo 3165 und Banco Continental Hochhaus. Einer der größten Chinesen von Lima. Sehenswert wegen umfangreicher China- Dekoration mit Gärten, Brückchen und Wasserfällen, jedoch nicht unbedingt der beste Chinese von Lima. Die Preise mittel bis teuer. – "Los Condes de San Isidro", gegenüber der Kirche Virgen de Pilar im Stadtteil San Isidro. In Kolonialstil mit franz. Möbeln und Kolonialbildern. Schöner Patio, im Sommer benutzt. Gut und teuer. – "Jose Antonio" hinter der russischen Botschaft. Kolonialstil mit groben Holzbalken. Einheimische Küche, excellent für "chicharon", teuer.– "La Caleta"/Jr. Derteano 125, excellent für Fischragout. – "Todo Fresco"/ Miguel Dasso 116 für Fisch, mittel bis teuer . – Mehrere Straßenrestaurants in Miraflores an der Av. Diagonal und Av. Larco, die beide am "Ovalo" beginnen. So das "Bavaria" (deutsch- peruanische Gerichte/Av. Diagonal), – die "Pizzeria" Ecke Av. Diagonal mit Cas. Lainez (322), Pseudo- Holzschuppen dekoriert, Preise mittel, – "Rincon Gaucho" im Parque Salazar in Miraflores für Steaks. Mittel bis teuer. – Originell zum Probieren, wer gerade in Miraflores ist: "Rincon Chami", ein kleines Snack-Stil Restaurant von einer älteren Limeñierin, die ausschließlich Lima- Spezialitäten anbietet Esperanza 154, (Nähe Ovalo/Miraflores) Preise: mittel.-

Gute Grillgerichte in "La Tranquero"/Av. San Jose Pardo, Miraflores, teuer, – "La Correta"/Av. Rivera Navarrete, San Isidro , Architekt der Sohn des früheren Präsidenten Velasco, grob rustikal mit Eisenbahnschwellen, Holztischen und Exposicion von Antiquitäten. Großes Salatbuffet und excellent in Sachen Carne. Teuer, aber lohnt sich! – "El Otro Guacho"/Av. Republica de Panama/Miraflores. –

"Rosa Nautica": heißer Tip vom Ambiente. Ein dem Jhd.- Wende Stil nachkopiertes Stelzbauwerk im Pazifik, der Küste vorgelagert. Innen viel tropischer Flair, Korbstühle, verschiedene Stockwerke. Allerdings auch abends gerammelt voll, mit langen Wartezeiten an der Bar, bis ein Tisch frei wird. Essen ist excellent und teuer. Av. Costa Verde, die als Schnellstraße vom Ovalo/Centro in Miraflores runter an den Pazifik führt und dort links abbiegt, um am Meer entlang weiterzuführen.

An der Av. Costa Verde zugleich eine Reihe weiterer Strandrestaurants und Snacks. Beliebte Rennstrecke für abendliche Trips. Eines der Restaurants hat sich Transvestiten engagiert, die an der Straße kräftig winken, was den Umsatz nicht unerheblich anhob! Straße endet in CORILLOS (Strandrestaurants, sowie Straße durch Tunnel wieder rauf nach Barranco, einem der ältesten Vorort- Stadtteile Limas, gebaut um die Jhd.- Wende mit einer Reihe guter

Peñas. Details siehe "Peñas"!). –

BILLIG–RESTAURANTS: vorwiegend im Centro in den Passagen um die Plaza San Martin/Jr. Union, – sowie das "El Cordano" (direkt gegenüber dem Bahnhof nach Huancayo). Stilvoll alt, mit Theke und Dekoration zur Jhrd.- Wende, viel Patina. – Billige Chinesen zwischen dem Bahnhof und Plaza San Francisco. –.Mehrere.Snacks an der Plaza San Martin – Excellente "Anticuchos" (Rinderherzen auf Spieß) in Callao.

Peñas:

Typisch für Lima, entsprechend unseren Kleinkunstbühnen. Besuch sehr lohnend, insbesondere am Wochenende, da man hier viel von der "Volks-Seele" mitbekommt; von schmalzigen, verstaubten Operettenstars, die das Wort "Peru" wie Wackersteine am Meer rollen, – über spritzig, mitreißenden "Marinero" zu Negro- Folkloregruppen. Durchschnittliches bis Excellentes!

Walzes, stark rytmisierte Marineros, die mit viel "Alma" mitreißend und pathetisch präsentiert werden. Es gibt Edel- Peñas, wo sich die Schickeria trifft, so derzeit z.B. "Karamanduka"/Av. Benavides Ecke ca. Av. La Paz. Am Wochenende schwierig, Platz zu bekommen, – und "echte Peñas", wo die Stars bei Pisco und Cerveza angehimmelt werden und die Lieder mit Inbrunst nachgesungen werden. Derzeit z.B. im "El Chalan" in der Av. Panama, eine kleine Privatcasa nähe Pazifikküste. Passen ca. 2oo Leute rein, am Wochenende vollgerammelt, im Scheinwerferlicht in der Mitte gold- und silberglitzernde Cantantes, der Raum mehr oder weniger total besoffen , dazwischen die Polaroid- Profis, die mit viel Gestik andauernd ihre Sofortbildchen loswerden wollen. Der Besitzer der Peña andauernd am Mikro, die Hände voll von Servietten- Notizen a la "Air Force- Pilot Bermudez grüßt alle im Saal anwesenden Air Force- Fans" und "dreifaches Hallo für die tapferen Air Force- Hubschrauberpiloten". Egal, was auf der Bühne abläuft, – der "Alcatraz " (Negro-Tanz mit Kerzen zu der Angebeteten) oder herzhafter Marinera mit Sänger, der ewig Probleme mit der Schmalzlocke hat, die ihm bei den 'intensivsten' Stellen auf die Nase rutscht: komplettes Glück. – Insbesondere auch, wenn Lieder wie " tengo el orgullo de ser Peruano " vorkommen.

Die derzeit besten "Peñas" wechseln laufend. Per Tour kommt man meist in o8/15- Peñas, wichtig daher, Infos von Einheimischen zu bekommen.

"Peña Puente de los Suspiros" in Barranco. Wochenende 22 - 3 Uhr. Relativ klein, mit schmalen Tischchen. Allgemeiner Liebling waren die inzwischen leider verstorbenen "Limenita y Ascoy". Die beide sangen schon seit 4o Jahren. Als wir kamen: sie in rauschend rosa- durchsichtigem Kleid, beide ca. 1,45 m groß. – "Eloisa Angulo" singt ebenfalls seit 4o Jahren. Sehr scharf: "Teresa Palomino", eine dunkelhaarige Peruanerin, die afro- peruanische Musik bringt.

Gut sind die kleine "La Estacion de Barranco" in der Av. Osma/Barranco. An den Wänden Fotos aus der republikanischen Zeit Limas. Es gibt kleinere Sachen zu Essen, sowie am Wochenende Life- Musik. Hier sind die besten Chancen, Raymond Thevenot zu hören, einem in Lima ansässigen Schweizer, der als einer der besten, ausländischen Quena- Interpreten peruanischer Andenmusik gilt. Umwerfend schön, wenn Thevenot auf seiner Quena die Brandenburgischen Konzerte bläst, – mit einer Sensibilität und Wärme, die nur die rauhe Quena bringt. Südamerikanische Lebensfreude und Leichtigkeit, aber auch Melancholie – verbunden mit dem Reichtum "Europäischem", der Musik von J.S. Bach.

"Trattoria Don Vito"/gegenüber Cine San Antonio, Av. Benavides in Miraflores. Es gibt "pastos" und Musik am Wochenende Life ab ca. 2o Uhr.

Feste/Veranstaltungen:

STIERKAMPFSAISON ist ab Oktober ca. 1 Monat, jedes Wochenende. Hierzu kommen die besten Toreros Südamerikas, sowie Mexicos und aus Spanien. Karten, nicht billig von der Office in der Huancavelica 344. Besuch lohnt sich unbedingt wegen gesamtem Drum- Rum.

HAHNENKAMPF: Arenen in Lima im Bereich der Busterminals, so z.B. in der Calle Sandia 15o, jeden Mittwoch, Freitag, Samstag und Sonntag ca. 2o.3o Uhr. Sowie im Coliseo de Gallo/Pachacamac am Wochenende, siehe dort. Bus ab Plaza Catalina.

PFERDERENNEN: Lima hat einen großen Rennplatz, der an der Circunva - lacion der Pana liegt. Showbühne der High Society von Lima. Infos über Veranstaltungen im Tourist Office.

MODELLFLIEGEN: am südlichen Stadtrand im Stadtteil Villas, nahe des Schnittpunktes der alten mit der neuen Panamericana Sur. Hobby der peruanische Mittelklasse. Eigener Airport, jeden Samstag und Sonntag. Das Fluggerät stammt meist aus Miami/USA. Macht Spaß, zuzusehen!

FESTE: siehe "Allgemeine Tips/Peru" am Ende des Peru- Kapitels.

Die Saison beginnt Mitte bis Ende Dezember und endet ca. Ende März. High Life, wie auch die Ministerien und sonstigen Behörden früher schließen; die Temperaturen steigen auf bis zu 32° Luft (Wasser 18 - 22° C), und die Strände an der Pazifikküste sind voll. Insbesondere die Strände in Stadtnähe.

MIRAFLORES kann man vergessen, zu dreckig, – HERRADURA geht, Details siehe "Lima- Text"! Die besseren Strände liegen jedoch südlich von Lima, wo die reichen Leute ihre Ferienhäuser haben: * PACHACAMAC (km 28) flach und schnurgerade mit Schilf- Strandkiosken, – * EL SILENCIO an Steilküste ohne Villen, beliebt bei den Surfern, – * PUNTA HERMOSA: wichtige Bucht mit massivem Wellengang. Hier haben der frühere Präsident, wie sonstige Persönlichkeiten Ferienvillen. Stocköde Wüste, Bucht ca. 1 km breit, mit Restaurant (excellenter Fisch), Bus ab Lima, Plaza Catalina, 41 km, über Küstenautobahn. – * PUNTA NEGRA, km 44, flach zum Beach von der Pana, optisch und vom Baden nicht ganz so schön wie Punta Hermosa, – * PUNTA ROCA, km 45, heißer Tip für Surfer.

Busse ab Sta. Catalina Plaza zu den Stränden im Süden Limas, also Pachacamac, Lurin und Pto. Hermosa.

Im Norden: ANCON: früher Badeort am Pazifik der High Society. Heute Fischerort mit Hochhäusern, dreckig durch Meeresströmung vom Lima-Hafen Callao. – PUNTA SALINAS (km 46 nähe Huacho)Schilfhütten mit Fisch- Gerichten.

SURFEN: jedes Jahr Ende Feb. Wettbewerbe am "Punta Rocas". Gordo Barreda gehört zu den besten Surfern Perus, wie auch Felipe Pomar und Pollo Arrarte, dem Mitinhaber vom "El otro Carlin". Surf - Boards in Lima sind sauteuer. Bis zu 8.ooo DM. Beser aus Europa mitbringen. Weitere Infos über "El Otro Carlin".

Bequem: die meisten haben eine Office im Airport. Preise vergleichen, teils Sonderangebote. Unterm Strich sind aber im Schnitt ca. 2o US $ pro Tag und VW- Käfer fällig + Km- Geld (ca. o,2 US $) zuzüglich Extra-Versicherungen. Bei den weiten Entfernungen in Peru fragt es sich, ob man nicht besser nach z.B. Cusco fliegt und dort sich seperat für ein paar Tage einen Wagen mietet, wenn man unabhängig sein will.

Ausflüge:

Die meisten Gringos benutzen LIMA als Sprungbrett in den Süden via Küste, – in die Anden (via Huancayo- Eisenbahn). – oder in den Urwald (via Bustrip nach Pucallpa/Flug Iquitos). Besucht wird das Lima Centro, das quirling, stinkig voll von Verkehr ist, aber auch Einiges an Attraktionen bietet. – Unbedingt in die Residencial Areas wie Miraflores und San Isidro besuchen. Interessant: per Stadtbus zur Av. Republica/Hochhaus Banco de Continental mit Blick über die Metropole, die sich am Horizont im Dunst zergeht, – aber auch: durch Barranco zu laufen, am Steilhang oberhalb des Pazifik und Chorrillos. Peñas am Wochenende und das Museo Nacional/ Plaza Bolivar. Bus nach Callao mit seinen Anticucho- Ständen macht ebenso Spaß, wie der Ausflug mit dem Stadtbus (ab Plaza Sta. Catalina) nach Pachacamac mit seiner Inkafestung oberhalb des Pazifik.

* Sehr lohnend, wer die Pazifikküste nicht in die Perurundfahrt einbaut: 1- Tagestrip nach PARACAS mit dortiger Übernachtung. Tägl. laufend Busse ab Lima in ca. 3 - 4 Std. Sehr gemütlich zur Übernachtung das "Hotel Paracas" am Meer in einer Wüstenoase. Boote raus zur vorgelagerten Inselgruppe Ballestras. Alle Details siehe S. (Unterm Strich: 2-Tagestrip

* Nasca- Wüstenlinien: per Bus ab Lima ca. 8 Std., aber auch in ca. 1 Std. per "Aero Condor" ab Lima mit Propellermaschinen zu erreichen. Pro Person ca. 2oo US retour in 1 Tag, inkl. Überfliegen der Wüstenlinien. Weitere Details siehe S. (Lässt sich Überland für ca. 4o US inkl. des Fluges über den Wüstenlinien realisieren, braucht dann aber 2 - 3 Tage). –

* CHOSICA: Wochenend- Erholungsgebiet oberhalb Limas und seiner "Garua"- Nebelwolken. Von daher günstiges Klima und Sonne. Es gibt Basic- Hotels, sowie dichte Bus und Mikro- Verbindung ab Lima (Fahrzeit ca. 3o - 45 Min./1,5 US $). Chosica bringt zwar nichts Spezielles, ist aber

CABO BLANCO
IQUITOS
ANCASH
HUANCAYO
MADRE DE DIOS
LIMA
CUZCO
NAZCA
TITICACA
AREQUIPA

relaxing am Wochenende und lässt sich realisieren ab spätem Sa.- oder So.-Vormittag; retour am selben Abend.

* MARCAHUASI: in den Anden oberhalb Chosicas und berühmt für seine Felsformationen, die bei Phantasie an menschliche Figuren erinnern.

Ab LIMA mit dem Zug (tägl., ca. 4o km) oder Bus/Colectivo rauf nach CHOSICA, in knapp 1.ooo m Höhe. Hotels, Restaurants. Ab hier Transport suchen rauf durchs Sta. Eulalia Tal bis SAN PEDRO DE CASTA (3.15o m). Per LKW ca. 3 1/2 Std., in eigenem PKW entsprechend schneller, allerdings Straße sehr schmal und kurvenreich. Ab San Pedro Esel mieten, ansonsten zu Fuß rauf aufs Plateau von Marcahuasi, an Km ca. 5, wegen rund 8oo Höhenmetern aber erhebliche Kraxelei bei dünner Luft. KARTE: IGM/24 j- Choisica.

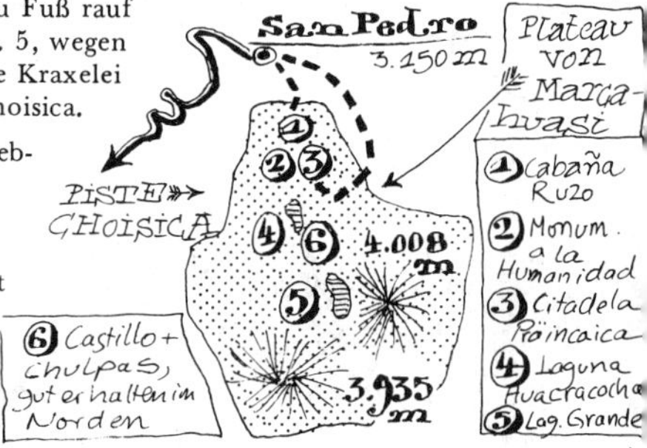

Oben in knapp 4.ooo m Höhe Luft erheblich dünn. Bei Phantasie viele Tiere und menschliche Gesichter. Wer hier oben übernachten will, —(besonders schön an Vollmondnächten!)— warme Sachen mit bringen. Lausig kalt!!

Lit.: "Boletin de Lima/16-17-18/81, San Pedro de Casta en el Valle Santa Eulalia"/F. Villiger.

Nach neuesten Infos soll es 3 mal/Woche (Di., Do., Sa.) Transport rauf nach San Pedro de Casta geben. Ab Chosica/Jiron Libertad, 2. Block beim Parque Echenique gegenüber Cine Chosica, Abfahrt gegen 9 Uhr. Aber nochmals gegenchecken; kann sich ändern! Fahrzeit ca. 4 Std./ca. 3 US $.

In San Pedro de Casta gibts 2 Basic- Unterkünfte: "Albergue Don Miguel" und "Hotel Huayrona Comunal", beide um die 2 US/Doppel, supereinfach ausgerüstet. Gemeinschaftsbad.Warmen Schlafsack mitnehmen, da es nachts in dieser Höhe kalt wird!

Zum Problem kann auch die Soroche (Höhenkrankheit) werden, wer nicht akklimatisiert ist. Der dann u.U. notwendige schnelle Rücktransport wird schwierig, da es nur seltene öffentl. Verkehrsverbindung retour nach Chosica gibt! — San Pedro de Casta hat einfache Restaurants, eher Campesino Hütten.

Da sich Marcahausi auch bei den Limeños rumgesprochen hat, — ist das Mieten eines Esels nicht schwierig, führt aber bei Gringos oft zu überhöhten Preisen. Angemessen wären ca. 3 US/Esel und Tag, — für den Gringo aber schwierig zu erreichen.

Der Aufstieg von San Pedro de Casta bis zur Hütte D. Ruzo dauert auf der Direktroute für akklimatisierte Sportler ca. 2 Std.,ansonsten 3 - 4 Std. Abwärts in ca. 2 Std. oder 1 1/2 Std. zu schaffen. Unbedingt vorab die IGM- Detailkarte (siehe oben) besorgen!! Leider hat Marcahuasi auch Drogenkonsumenten, sowie einheimische Diebe angezogen und ist nicht mehr ungefährlich. Besuch per Gruppe empfehlenswert.

Wer die Sache in eigenem Auto oder Mietwagen macht (empfehlenswert, auch da sich der Preis teilt!), zahlt Eintritt von rund 5 US. Auto kann man beim Polizeiposten in San Pedro abstellen.

Lit.: "Marcahuasi, mito y realidad", ein ca. 14o seitiges Paperback, sehr detailiert, aber leider nur in Spanisch und schwierig in Lima erhältlich. Bei"Studium"probieren!

* Huancayo: problemloser 2- Tagestrip ab Lima retour, der sich insbesondere am Wochenende zu So.- Markt von Huancayo lohnt: Samstag per sehr lohnendem Zug rauf nach Huancayo, Übernachtung. So.-früh der Markt und abends mit dem Nachtbus retour nach Lima, — sofern man nicht noch Trips in die nähere Umgebung von Huancayo plant. Alle Details

siehe Seite 726. . ACHTUNG: sowohl Zug, wie Bus und Hotels (Billig-Klasse) sind reichlich voll zum Markt. Daher besser vorher ankommen und die Umgebung noch einbauen, Details siehe unser Huancayo- Text.

Lohnende Alternative ist die auf S. 715 beschriebene Variante: Lima – Tarma – La Merced – Satipo – Huancayo.

PERUANISCHER URWALD

Hier lässt sich noch Einiges an Abenteuer erleben! Pisten über Andenpässe steil runter über 4.000- Höhenmeter in die Dunst- vernebelten Bergurwälder, Bergrutsche, die den Trip auf Tage verzögern. – Dichte Regengüsse mit Pennen unter der Plastikplane hinten auf dem LKW.

Mini- Siedlungen an reißenden Urwaldflüssen, wo aus dem Benzinfass abgezapft wird, – Kanu- Trips auf engen, vom Urwald eingewucherten Flußarmen in den Bergurwäldern an den Andenhängen, – Flußtrips durch "Pongos" (eng eingeschnittene Flußcanyons) und vieles mehr, inkl. Spinnen und Cucarachas. . .

Der 08/15- Gringo- Trip geht per Bus von Lima über die Andenketten runter - via Tingo Maria/Huanuco nach Pucallpa. Landschaftlich sicher lohnend, aber stressig im Nonstop. Wir beschreiben Seitenrouten z.B. via San Ramon/La Merced. – Möglichkeiten per Buschflugzeugen im Berg-Urwald, – sowie Trips per Wasserflugzeugen im Amazonas- Tiefland.

Jede Menge Variationsmöglichkeiten, je nach Zeit. Ähnlich wie im Anden-Hochland ist PERU auch im Sektor Amazonas- Urwälder eines der lohnensten Länder Südamerikas.

Mit die besten Wildwasser- Flußtrips der Welt per "Avon"- Schlauchboote und organisierten Tours (siehe "Sport"/Allgem. Peru- Tips!), – sehr lohnende TRAILS. – In den Bergurwäldern unterhalb Machu Picchus unerschlossene Inka- Ruinenstädte.

Abenteuerrouten durch den peruanischen Urwald nach BRASILIEN und BOLIVIEN. Ebenfalls beschrieben: Querverbindungen durch den Urwald nach Kolumbien. Alle Details siehe folgender Text!

Wir teilen den peruanischen Amazonas- Teil auf in:

1.) NÖRDLICHER TEIL: siehe "Abstecher von der Panamericana". Pisten von Olmos an der Panamericana, bzw. ab Cajamarca in den Anden. Dort im Detail beschrieben. Pistenendpunkt ist Yurimaguas am Rio Huallaga. Über Moyobamba geht eine durchgehend fertiggestellte Piste weiter nach Tarapoto – Tingo Maria mit Anschluß nach Lima und Pucallpa. Detailes siehe Seite 625

2.) SÜDLICHER TEIL: Piste ab Oropesa (bei Cusco) nach Pto. Maldonado Von hier Verbindungen rüber in den bolivianischen und brasilianischen Amazonas- Teil. Details siehe "Cusco". – Sowie eine Piste nach Sandia im Bergurwald nahe boliv. Grenze (Goldwäscher). Details siehe "Lago Titicaca"! Details siehe Seite 789, 793, 798, 814.

3.) MITTLERER TEIL: Piste ab La Oroya über Cerro de Pasco nach Pucallpa am Rio Ucayali mit Schiffs- und Flugverbindungen nach Iquitos. Im folgenden unter ① beschrieben. – Sowie eine weitere Piste von La Oroya über Tarma nach La Merced mit Anschluß Ri. Pucallpa bzw. rauf über Satipo nach Huancayo. Details im folgenden Text unter ②

① ZENTRALE PISTE ÜBER DIE ANDENKETTE IN DEN URWALD UM PUCALLPA:

Parallel Route via S. Ramon s.S. 715

LIMA ⋙→ PUCALLPA am Rio Ucayali: harte 85o km. Die Piste ist bis La Oroya asphaltiert, danach teils wilder Schotter, teils Asphalt. Der Direktbus braucht zwischen 25 und 28 Std., großartiger Übergang von karger Andenlandschaft in die üppig tropische Amazonas- Urwaldvegetation! 2.ooo m-tiefe Canyons und um Pucallpa viel Pionieratmosphäre.

Busse: täglich mit "Tepsa", La Perla", "Orellana" und "Leon de Huanuco". Allerdings fahren nicht alle Busse durch bis Pucallpa. Bei ca. 25 - 28 Std. Fahrzeit Non-Stop unter Normalbedingungen (Regenzeit bis zu 35 Std.) ist sowieso ein Zwischenstop empfehlenswert. Dabei bieten sich HUANUCO (gemütliches Andenstädtchen) und TINGO MARIA an, letzteres von Klima (Höhe 672 m!) wesentlich angenehmer. Abfahrtsstellen in Lima siehe unser Lima- Text "Busverbindungen". Fahrpreis bis Pucallpa ca. 14 US $.

Wer irgendeinen Streckenteil zwischen Lima und Tingo Maria nachts "absolviert": unbedingt warme Sachen aus dem Rucksack mit in den Bus nehmen: trotz Busheizung wirds eisig kalt!

Colectivos: direkte Colectivos bis Pucallpa gibt es nicht. Entweder in Huanuco oder in Tingo Maria umsteigen. Wesentlich teurer als der Bus, ca. 1o US $ bis Huanuco, aber insbesondere in diesem Streckenteil auch wesentlich bequemer. Bei dem steilen Andenaufstieg Lima – La Oroya (Höhe Pass 3.843 m!) ist der US- Straßenkreuzer mit seinen satten PS natürlich dem Bus total überlegen, und auch über die Schotterpisten bis Huanuco fährt's sich's in der US- Schaukelsänfte etwas bequemer (ca. 9 - 1o Std. ab Lima). – Huanuco nach Tingo Maria ist teuer (ca. 4,5 US $, 2 - 3 Std.). Bis Pucallpa nochmal ca. 6 - 7 Std. Es fahren "Comite No. 12"/Lima ab Jr. Montevideo 763 mehrmals täglich, trotzdem rechtzeitig Platz reservieren lassen.

Flug: Lima – Pucallpa täglich, ca. 55 US $. Alternativen: Lima – Huanuco oder Lima – Tingo Maria, derzeit täglich, entweder mit Aero Peru oder mit Faucett, ca. 4o US $ und Rest per Bus/Colectivo. Beim Plus, daß man Zeit spart, aber trotzdem von der Strecke zumindest zum Teil etwas sieht. Lima – Tingo Maria: 4o Min., bzw. Huanuco

35 Min. Achtung: häufig Flugstornierungen, wenn der Talkessel von Huanuco voll von Wolken liegt! –

Zug: Prinzipiell möglich: in den Zug Lima Richtung Huancayo einsteigen (tägl.) und in LA OROYA aussteigen, – aber in der Praxis nicht zu empfehlen. Das scheußliche Nest (Minen) liegt in 3.725 m Höhe, hat definitiv nur Basic- Hotels (ohne Heizung= knackig kalt!!!), wo man u.U. auf den Anschlußbus nach Huanucu warten muß. Details zum Zug siehe unser Text "Lima – Huancayo".

★ STRECKE: von Lima entlang des Eisenbahngleises stetig bergauf, durch den Vorort Chaclacayo zum Wochenend- Resort CHOSICA(ab Lima Stadtrand ca. 3o Min.), warm: die Sonne bricht durch den "Colchon de nubes", die Garuanebel, unten am Fluß grüne Vegetation, darüber grau-ocker Steinwüste der Berghänge. Hier liegen die Clubs der Lima- High Society wie "Regat as" "El Bosque" (mit SW- Pool, nur für Mitglieder), Internate, Villen und Ferien häuser. Das Centro von Chosica: hohe Baumallee und sehr schöne Plaza mit Palmen, meist Karussels für Kinder. Ca. 3o m ab Plaza Ri. La Oroya, 1. Seitenstraße rechts ab: "Hotel Res. Chosica", alte Holzveranda, liegt oberhalb des Marktes, Blick auf Tal und Ort. Schön relaxing als Ausflug, wer Lima satt hat und mit Sonne aufwachen will (ca. 6 US $ /Doppel mit Privatbad bzw. ca. 4 US $ /Gemeinschaftsbad). Laufend Bus- und Colectivoverkehr mit Lima/Centro!

Die Straße steigt steil entlang des Flusses rauf, links das große Wasserkraftwerk, das zu großem Prozentsatz Lima mit Strom versorgt. – MATUCANA: kleines Betonhäusernest in engem Tal, teils Bretterhäuser. Bahnstation. Wir sind nach nur 38 km ab Chosica (Höhe 85o m) bereits in 2.389 m! Die ausgezeichnet asphaltierte, aber sehr steile und kurvenreiche Straße folgt weitgehend dem Eisenbahngleis, das unter- und überquert wird. Nachts ist hier der "Teufel los": dichtester LKW- und Busverkehr, da Einfädelung von Lima in sämtliche Anden & Urwaldstrecken der Centralanden Perus. Bergab mit Käfer fantastisch wie auf Achterbahn zu fahren, wenn auch gefährlich.

ABRA ANTICONA, der höchste Pass, 4.843 m, kurzer Schotterteil, nachts superkalt und dünne Luft generell, wer unakklimatisiert aus Lima kommt. Karg, häufig Schnee, kleine Lagune, danach fantastischer Blick auf größere tiefblaue bis smaragdgrüne Lagune (Farbe wechselt mit Tageszeit und Sonnen einstrahlung!), dann stetig bergab über mittelgute bis miese Piste nach

La Oroya: 3.725 m / ca. 4o.ooo E.

Ein tristes Straßendorf, 3 - 4 km lang, durch das ewig Schwerlaster und Fernbusse donnern, – mehrere Automechaniker, Restaurants. Beherscht von Industrie (Kupfer- und Bleischmelzwerk), mit den typischen Minero-Häusern: langgestreckt und in Reihe. VW- Bus- Comites verbinden den Ort; das Centro um den Bahnhof. Kleiner Vorplatz wo die Mikros für Huancayo warten (für Leute, die von Cerro de Pasco/Huanuco kommen), Stände mit Früchten und Essen. In diesem Bereich mehrere Basic- Hotels und Stop der Fernbusse nach Tarma/La Merced, Cerro de Pasco und Lima.

Lima: 174 km (fast komplett Asphalt), – Tarma: 55 km (die bessere Piste geht zunächst Ri. Cerro de Pasco, nach 22 km Abzweigung und Asphalt bis Tarma), – Huancayo: 125 km, durchgehend Asphalt und schnell, – Huanuco: 24o km, Schotter, jedoch geplant und teils auch für Asphalt vorbereitet.

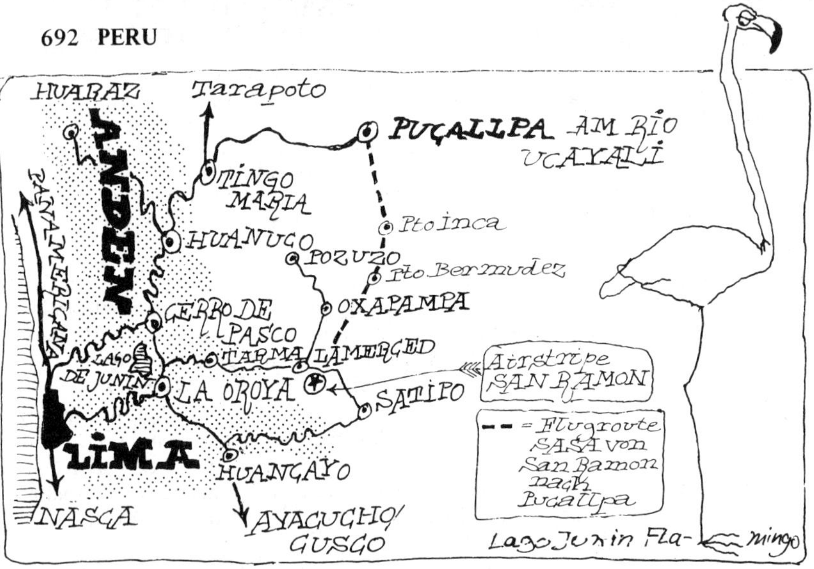

Egal, ob man von Lima nach Pucallpa will, oder von Huaras/Callejon de Huaylas direkt nach Huancayo: unter allen Umständen Umsteigen in La Oroya vermeiden. Trist und in den heizungslosen Hotels bei 3.725 m nachts eisig kalt! Zugverbindung La Oroya – Cerro de Pasco, aber Bus bequemer und schneller. Auch tagsüber eiskalt!!

Es geht durch karge Hochlandschaften, kaum Vegetation am Boden, leichte Hügel und 4.5oo- ter. Andengipfel, rechts an der Junin- Lagune vorbei.
Hier oben fand 1824 die entscheidende Befreiungsschlacht gegen die Spanier statt (Denkmal). Der See ist berühmt für seine Flamingos und die leckeren Junin- Frösche. – JUNIN, Indiosiedlung mit den typischen Lehmhäusern und Strohdächern, Departem. Zentrale, Campesino- LKW's zu den umliegenden Dörfern.

* CERRO DE PASCO, eine der wichtigsten Minenstädte der Zentral-Anden, ca. 7o.ooo E., 4.4oo m ist Endpunkt des Schmalspurgleises aus Lima. Höchste Kohlenmine der Welt, Edelmetalle wie Silber, Gold, Kupfer und Zinn. Eine Reihe von Hotels, von denen "Santa Rosa", Calle Libertad 269, noch das beste ist. Restaurants.

Der weitere Streckenteil ist gut ausgebaut, wenn auch nicht asphaltiert. In rund 1o7 km Serpentinen gehts 2.5oo m tiefer nach Huanuco. Landschaftlich interessant, während der Regenzeit aber durch Bergrutsche teils problematisch. Viel "Panorama".

Huanuco: 1.9oo m / ca. 6o.ooo E.

1.9oo m, es weht eine angenehm warme Luft, – Zuckerrohranbau. Schöner So. - Markt. Huanuco ist eine Universitätsstadt und Bischofssitz. Dadurch ein relativ gepflegtes Städtchen, wie uns Eduard Huber schrieb. Empfehlenswert ist der Besuch des "Museo Sciencies Naturales" an der Plaza Leoncio Prado (geöffnet 8 - 12 und 16 - 18 Uhr). Es ist 1947 von einem Herren

Wenzel (deutsche Vorfahren) eingerichtet worden und wird auch von ihm heute noch betreut.

Zeigt einen großen Teil der Tierwelt Perus vor allem Amazonasgebiet. Spezialität sind sogenante Tierphänomene (siamesische Zwillinge) wie Schafe mit 3 Augen oder 8 Beinen, Ratten, Schweinchen etc. in ähnlicher Form und Embryos in Marmeladengläser (1 bis 5 Monate alt). Hat sie in ganz Peru gesammelt (Unfälle schwangerer Frauen). Eintritt o,3 US (nimmt aber gern eine kleine Spende). Freut sich über deutsche Münzen für seine Fremdgeldsammlung.

Tempelruinen von Cotosh liegen 3 km außerhalb der Stadt an der Straße nach La Union, Alter ca. 4.2oo Jahre, mit den "Manos Cruzados" (gekreuzte Hände) als Relief an einer Wand. – Flugfeld Huanuco: 8 km südlich, Taxi/Bus.

Hotels: "Hotel de Turistas", gemütlich, direkt an der Plaza de Armas, Doppel mit Privatbad ca. 12 US $, – "Real Hotel"/Plaza de Armas, 4 Sterne, ca. 12 US $, – "Hotel Cusco" in der Jr. Huanuco616 nähe Markt, empfehlenswert, ca. 7 US $, – gegenüber: "Hotel International", Jr. Huanuco 611, sehr schöne und saubere Zimmer, ca. 4 US $, – "Europa", Jr. Huallayco 826, – "Victoria", Jr. Huallayco 749, "Imperial", Jr. Huanuco 581, alle um die 5 US $ fürs Doppel. Viele weitere.

Restaurants: "El Iman", Prado 675 , "Las Palmeras", "Venecia"/Dos de Mayo und weit

Flüge: Aeroperu derzeit täglich nach Lima, ca. 4o US $, 35 Min. Flug. Office: D. Beraun 64o nähe Plaza. –**Tourist Office:** Jr. 28 de Julio/Plaza de Armas

Bus/Colectivo: beide täglich nach Lima. Der Bus braucht ca. 12 - 14 Std., das Colectivo ca. 9 - 1o Std. via Cerro de Pasco, La Oroya. – ALTERNATIV–STRECKEN von Lima nach Huanuco: (1) Lima über die Panamericana Norte Richtung Huacho, jedoch 19 km nach Chancay Abzweigung rechts nach Sayan – Churin nehmen. Weiter über Yanahuanca – Ambo nach Huanuco. Soll ausgebaut werden, Teilstücke bereits asphaltiert und dann schnellste Route nach Huanuco. Derzeit über diese Route keine Direktbusse, Später nach Fertigstellung eine Zeitersparnig von 2 - 3 Stunden! Landschaftlich lohnend, insbesondere Bereich Oyon/Mina Raura mit Hoch landlagunen. – derzeit aber ohne eigenes nes Auto sehr kompliziert wegen Anschlüssen.

(2) Lima – Canta (1o5 km, davon rund 65 km asphaltiert. Bus braucht ca. 4 - 5 Std. "Empr. Canteño" ab San Ramon 151/153 in Lima/Stadtteil Rimac sowie mit "Transportes Canta" ab Franz. Pizarro 646. Canta hat einfache Hotels, Höhe ca. 3.83o m bei rund 3.ooo Einwohnern, landschaftlich schön gelegen. Von hier in ca. 8 Std. mit LKWs rüber nach Cerro de Pasco über wilde Andenpiste (ca. 17o km). Höchste Stelle der La Viuda Pass, 4.5oo m. Interessant, wer mit eigenem Auto fährt: ca. 115 km nach Canta der "Bosque de Piedras de Huayllay". Jedoch nicht mit Marcahuasi zu vergleichen.

(3) Lima via Sta. Eulalia Tal (wegen Marcahuasi, siehe unser Text "Ausflüge ab Lima"!) Das Problem ist hier der schlechte öffentl. Transport. Die Piste geht über San Pedro de Casta (=Beginn des Trails nach Marcahuasi) weiter die Anden rauf, um nach ca. 45 km wieder auf die asphaltierte Lima - La Oroya Straße zu treffen.Nur für Leute mit eigenem Fahrzeug und während der Regenzeit problematisch.

HUANUCO ⋙→ HUARAS, eine sehr interessante Anden- Querverbindung (wer Huaras im Callejon de Huaylas macht und nicht über Umweg Lima sondern direkt durch die Anden reisen will): Täglich Busse, jedoch Umsteigen in La Union (Hotels, Restaurants) nötig. Detailiert in unserem Kapitel Huaras/"Strecke Huaras – Huanuco" beschrieben.

✦ HUANUCO ⋙→ TINGO MARIA: 1o8 km, landschaftlich sehr lohnende Strecke, es geht zunächst nach Überquerung des Rio Huallaga rauf über den Cerro Carpish, der in 2.54o m Höhe in Tunnel durchquert wird und dann in Serpentinen runter auf 672 m/Tingo Maria in üppig tropischem Bergurwald mit vielen Rodungen an den Talhängen. Bus: ca. 4 Std., Colectivo ca.

2 - 3 Std., beide mehrmals täglich. – Die Region hat zwar Trails rüber nach POZUZO in den Bergurwäldern der Cordillera Yanachaga, die jedoch nicht ungefährlich sind, da Huanuco bis (insbesondere) Tingo Maria als eines der Hauptanbaugebiete für Coca gilt, – mit intensivem Cocain-Schmuggel. Fremde fernab der Hauptpiste sind hier sehr ungern gesehen.

Tingo Maria:

672 m / ca. 25.ooo E.

Tropisches Amazonas- Klima und häufige Regengüsse. Liegt direkt an den äußersten Andenhängen, den "Cejas de Selva" (Augbrauen der Regenwälder) vor der 6.ooo km Amazonastiefebene.

Lohnt sich, hier wegen Klima einen Zwischenstop einzulegen, um sich vom Stress des 1- tägigen Bustrips von Lima über die Anden zu erholen. Dabei unbedingt die paar Mark drauflegen und ins "Hotel de Turistas". Relaxing mit offenen Bungalows in Holzbauweise und schönem Garten. (ca. 1o US $ fürs Doppel mit Bad).

WEITERE im Ort, allerdings basic- Standart. Passabel sind "Royal", Av. Benavides 214 und "Viena", Tulumayo 252, beide ca. 5 US $, – billiger (ca. 2,5 US $) "Cusco" in der Av. Raimondi 671 und "Raimondi", Av. Raimondi 344. – RESTAURANTS: "Rex", früher ein Tip, damals von Schweizerin geführt. Seit dem Tod ihres Mannes lebt sie jedoch in Lima. – mehrere Chinesen um Plaza – FLÜGE: täglich mit Aeroperu oder Faucett nach Lima, sowie ca. 3 mal pro Woche Tingo Maria – Tarapoto. Häufig ausgebucht; bei Regen Flugstornierungen. Office Aero Peru: Monzon 227, – Faucett: Av. Raimondi.

Touristisch bringt Tingo Maria außer gutem Klima wenig. "Cueva de Lechuzas", eine Höhle 2o km von T.M. (Taxi) hat Stalagtiten, hält aber keinerlei Vergleich mit großen europäischen Höhlen stand. –

Starke Expansion des Ortes in den nächsten Jahren zu erwarten durch die Fertigstellung der "Marginal"- Piste, rauf nach Tarapoto und somit Erschliessung neuer und fruchtbarer Anbaugebiete: Kakao, Kaffee, Bananen, Mais, Orangen etc., – heute bereits aber verdrängt durch den lukrativeren Coca-Anbau, dessen Hauptumschlagsplatz Tingo Maria ist. Siehe auch unsere Kapitel "Marginal" und "Coca" am Ende des Peru- Teils.

Tingo Maria »→ Tarapoto: Durchgehend bis Tarapoto fertiggestellt, Busse, sofern nicht in der Regenzeit blockiert. Seither hat sich der Schiffverkehr auf dem Rio Huallaga stark reduziert. Tingo Maria – Tocache mit "La Perla" - Bus ca. 5 Std., in Regenzeit bis zu 1o Std. und 156 km. Cargo- Frachtschiffe brauchen hier (mit starkem Motor) ca. 8 Std. bis Janjui, sonst 2 Tage, – der Bus für die 154 km Piste ca. weitere 5 Std. in der Trockenzeit. JANJUI mit Hotels/Restaurants und Airstripe, der derzeit 2 mal pro Woche Flugverbindung mit Aero Peru nach Lima bzw. Trujillo und Tarapoto erhält, aber häufig ausgebucht ist.

Boot (unregelmäßig) von Janjui nach Shapata. Sehr abenteuerlich und gefährlich wegen Stromschnellen, aber bester Teil der Strecke. Ca. 13 Std. Oder per Colectivo via Straße in ca. 5 Std. /Trockenzeit. Shapata (in Karten auch "Shapaja") ist der Hafen von TARAPOTO, der wichtigsten Siedlung der Region mit Jet- Airport (tägl. Verb. mit Lima und anderen Orten/Selvas, Costa). Schlechte Straßenpiste nach Yurimaguas, hier größerer Flußhafen für IQUITOS. Den Flußtrip kann man sich aber sparen, da langweilig und der Fluß zu breit. Weitere Details siehe Seite 627.

WEITER VON TINGO MARIA NACH PUCALLPA: 254 km; es geht zunächst über einen 1.6oo m- Pass und kurz danach durch einen Canyon, dessen Wände fast 2.000 m senkrecht aufsteigen: eine der schönsten Stellen der Fahrt. Riesige Dschungelfarne, Wasserfälle und in den Bäumen Nester von Webervögeln. Der "Boqueron del Padre Abad", benannt nach einem Franziscaner Padre, der diesen Durchgang zum Amazonas Tiefland 1757 entdeckte. Eröffnung der Piste bis Pucallpa: 1943.

Der Streckenabschnitt von T.M. bis Pucallpa dauert per Bus ca. 7 - 8 Std., per Colectivo ca. 6 - 7 Std. , – während der Regenzeit länger. Von der gesamten Strecke sind 150 km derzeit mit Asphalt, der aber durch Regenunterwaschungen teils mit scharfkantigen Löchern versehen ist. Je nach Frische versucht der Busfahrer drumrumzu kurven, um sich lästige Reifenwechselei zu ersparen. Derzeit keine Flüge von T.M. nach Pucallpa. Nach der Schlucht fast geradlinig flach durch den Urwald, der von Rodungen unterbrochen ist.

Runde 70 km vor Pucallpa biegt rechts eine Piste ab, – nach TOURNAVISTA (tägl. Verbindung ab Pucallpa). Von Tournavista regelmäßig Flußboote aber auch "Sahsa"- Sportflugzeuge nach Pto. Inka am Rio Pachitea. Alternativroute ab Lima via San Ramon/La Merced – Pto. Bermudez, – beschrieben Seite

Pucallpa:

330 m / ca. 100.000 E.

Wichtigster Flußhafen Perus im Amazonasbecken, der Straßenanschluß an die Anden und Costa besitzt. Dieser Umstand hat Pucallpa zu starker Expansion in den vergangenen Jahren verholfen: schwimmende Holz- Sägewerke, die "San Juan"- Cervezeria, die fast den kompletten Peru- Urwald mit ihrem Dosen-oder Flaschenbier versorgt, Missionsstationen, Radio und TV-Sender und "TANS"- Wasserflugzeug - Terminal (Militärs).

An der "Oberfläche" ist Pucallpa das liebenswürdige Wildwest- Nest geblieben: zwar sind die Hauptstraßen des Centros zwischenzeitlich asphaltiert,– so erstickt doch in den Vororten alles im roten Amazonasstaub, wenns trocken ist, bzw. versinkt in Schlammquatsche nach Regengüssen. Am Fluß: die breiten, schlammigen Wassermassen des Rio Ucayali. Holz- Doppelstock Boote haben hier festgemacht, Indianer kommen mit Peque- Peque- Kanus und bringen aus umliegenden Urwald- Siedlungen Früchte zur Versorgung der Stadt. Gleich hinter den Hütten beginnt der dichte Urwald.

GEPLANT ist auf der anderen Seite des Flusses eine 200 km Piste durch die Urwälder an die brasilianische Grenze bei BOQUEIRÃO DA ESPERANCA. Fertig bereits rund 70 km Urwaldpiste im Grenzbereich bis Abujao. Rest fehlt. Dieser Pistenteil ist letztes, noch fehlendes Teilstück einer 6.400 km Verbindungspiste* durch die endlosen Urwälder Amazoniens vom Atlantik zum Pazifik. (João Pessoa/Brasilien bei Recife – über Imperatriz – Puerto Velho – Rio Branco – Boq. da Esperanca (5.500 km, bereits fertig) und dem peruanischen Teil Pucallpa – Lima (bzw. später noch direkter via Tingo Maria und Shihuas/nähe Huaras – Chimbote).

Immense technische Probleme des Straßenbaus im flachen Urwald (unzählige Überquerungen von Flußläufen und während der Regenzeit weite km überschwemmt). Fraglich, wann die Sache bei derzeitiger Ebbe in der peruan. Staatskasse fertiggestellt wird.

Nach unseren Recherchen soll es aber mehrmals im Monat kleinere Sportmaschinen geben, die von Pucallpa rüber nach Cruzeiro do Sul/Brasil fliegen und Passagiere mit-

* TRANSAMAZONICA

nehmen. CRUZEIRO DO SUL/Brasilien ist mit häufigen Jet- Verbindungen mit dem Rest Brasiliens angebunden. Details siehe "Brasilien"- Teil! Sofern es klappt ab Pucallpa rüber nach Cruzeiro do Sul, ist der Trip nicht billig. Wer die Sache schafft: wir freuen uns über Infos! –

Ansonsten: bequemer nach Brasilien von Pucallpa mit täglichem, innerperuanischem Jet nach IQUITOS. Dort 2 mal/Woche Jetflugverbindung (ca. 65 US $ einfach nach Tabatinga/Brasilien, das regelmäßige Jetverbindung via Manaus mit dem restlichen Brasilien besitzt. –

PUCALLPA ist heute eine der wichtigsten Pionierstädte im peruanischen Urwald. Umfangreiche Kolonisations- Projekte in der Umgebung und rasch wachsende Holzhüttensiedlung. – Tip für Leute, die von den peruanischen Anden mal schnell ins Amazonasgebiet schnuppern wollen; noch kein Massentourismus im Sinne Iquitos, – schöne Flußfahrten in den Rio Tamayo und seine Seitenarme mit traumhaft schönen Stellen: tiefbraunem Wasser und die Urwaldriesen von Lianen, Schlingpflanzen und Orchideen bewachsen, die sich über einem wie ein Dom schließen.

Es handelt sich um ein Gebiet in der Größe der BRD, in dem nur 3 größere Siedlungen der Weißen existieren: IQUITOS – PUCALLPA und TINGO MARIA. Der "Rest" ist undurchdringlicher Urwald, durchzogen vom ewigen "Geschlinge" der Flüsse. Haupttransportmittel ist das Boot, – teils noch mit "peque- peque" (=Tack Tack vom Motor)- Eintakter Motoren bestückt ist. Immer mehr setzt sich aber der 7o - 9o PS- starke und wesentlich schnellere Johnson oder Yamaha- Außenborder durch.

Hotels: Bestes im Ort: "Turistas"/Jr. San Martin 552 mit SW- Pool, aber relativ teuer: ca. 2o US $ für's Doppel . Für ein paar Mark mehr kann man viel schöner an der Laguna Yarinacocha übernachten. – "Mercedes"/Raimondi 61o kostet mit Privatbad ca. 15 US $, typische Absteige für reichere Händler inkl. Aircondition. – Ansonsten ein Schwung billigerer Absteigen im Centro von Pucallpa, wer Geld sparen muß, so z.B. "Hostal Peru"/Raimondi 639 (ca. 7 US $), relativ gute Zimmer mit Ventilator und Bano, verschiedene Klassen, Handeln möglich, – "Amazonas"/Crnl. Portillo 729 für ca. 1o US $, sowie weiterer, noch billigerer und noch weniger befriedigenderer Hotels im Ortszentrum.

Fazit: Frust, weil Pucallpa im Centro definitiv stickig und unattraktiv zum Übernachten ist. Wenn Pucallpa: nur an der Laguna Yarinacocha übernachten! Hier hat man das Urwaldfeeling, für das man runde 24 Std. im Bus gehockt ist. Eine größere Flußlagune im Urwald bei Pucallpa. Umstanden von Galeriewäldern, – herrlich die Sonnenaufgänge über dem See, wenn das Wasser noch feucht von Amazonasnebeln hängt und die Vögel aufwachen. Offener LKW- Bus ab Centro/Pucallpa nach PTO. CALLAO am See.

Hier kann man sich "peque- peque"- Boote mieten. Excellent ist die Urwaldlodge des Amerikaners Nixon "LA BRISA" (ca. 2o Min. per Boot über den See) inmitten der Regenwälder. Doppel kostet um die 25 US $ und lohnt sich unbedingt! Von vielen Gringos wurde bestätigt, daß "La Brisa" gut und freundlich ist, insbesondere einen fairen Preis darstellt. Direkt am See. Möglichkeit von Excursionen in den Urwald.

Auf der anderen Seite des Sees die "La Cabaña" des Deuschen Señor Maulhardt, der hier seit rund 2o Jahren lebt und unter anderem auch Expeditionen in den Urwald veranstaltet. Doppel in der Cabaña ca. 26 US $.

Wer billiger übernachten will: "Los Delfines" in Pto. Callao an der Laguna Yarinacocha (wie uns Annelene Pundt schrieb: "sehr einfache Unterkunft für Leute, die sich die Cabaña nicht leisten können, aber trotzdem die Stimmung an der Lagune genießen wollen. Wir fanden es dort viel schöner, als in Pucallpa direkt"). Doppel kostet um die 6 US $ und ist, wie wir meinen, etwas teuer für das Gebotene. Aber immerhin die bessere

Wahl, wer billig übernachten will. Ebenfalls in Pto. Callao am See das "Los Pescadores", ähnlicher "Komfort" und Preisklasse.

Restaurants: mehrere in Pucallpa/Centro, sowie einfache in Pto. Callao. – "La Brisa" an der Laguna Yarinacocha gilt als derzeit bestes, allerdings nicht billig. Auch Nicht-Hotelgäste dürfen das Restaurant benutzen; schön als Ausflug mit dem Boot von Pto. Callao über die Laguna, auch um im Anschluß ans Mittagessen einen relaxing- Nachmittag im Urwald zu verbringen. – "La Cabaña"/Lag. Yarinacocha bedient im Restaurant nur Hotelgäste. – "El Gordito", gutes Essen bei zivilen Preisen, – "Gran Pariso" mit schönem Blick, Essen weniger ein Tip. – "El Cuahurrou", gute Küche, preiswert. –

Flüge: tägl. mit "Aeroperu" direkt ab Lima (ca. 1 Std./5o US $), sowie 5 mal/Wo. zwischen Pucallpa und Iquitos (ca. 1 Std./5o US $). "Faucett" ist zwar im derzeit uns vorliegenden "Trafico" mit mit Pucallpa- Flügen eingetragen, soll den Flugverkehr aber demnächst wieder aufnehmen.

(Bus ca. 0,4 US, – Taxi 5 US)

Der asphaltierte Jet- Airport liegt rund 2o Min. mit dem Auto außerhalb der Stadt. OFFICES: "Aeroperu": Crnl. Portillo 753 – "Faucett": Jr. 7 de Julio 861

SAHSA: fliegen mit kleinen Cesna- Sportflugzeugen via Tournavista, Pto. Inca, Pto. Bermudez nach San Ramon. Heißer Tip für Abenteuer- Routen im peruanischen Urwald. Diese Route ist Parallelverbindung nach Lima zur Hauptroute via Tingo Maria. Alle Details siehe S. 717 OFFICE/Pucallpa: 9 de Diciembre 558.

GRUPO 8: ebenfalls heißer Tip für Querverbindungen Pucallpa nach Pto. Maldonado in Hercules- Militär- Propellermaschinen. Sehr billig, fliegen derzeit 14- tägig diese Route bis rauf nach Inapari an der Grenze zu Brasilien. Alle Details siehe S. 719 und S. 8o2

TANS: ebenfalls heißer Tip, wer von Pucallpa nach Iquitos will. Militärs, die mit kleinen

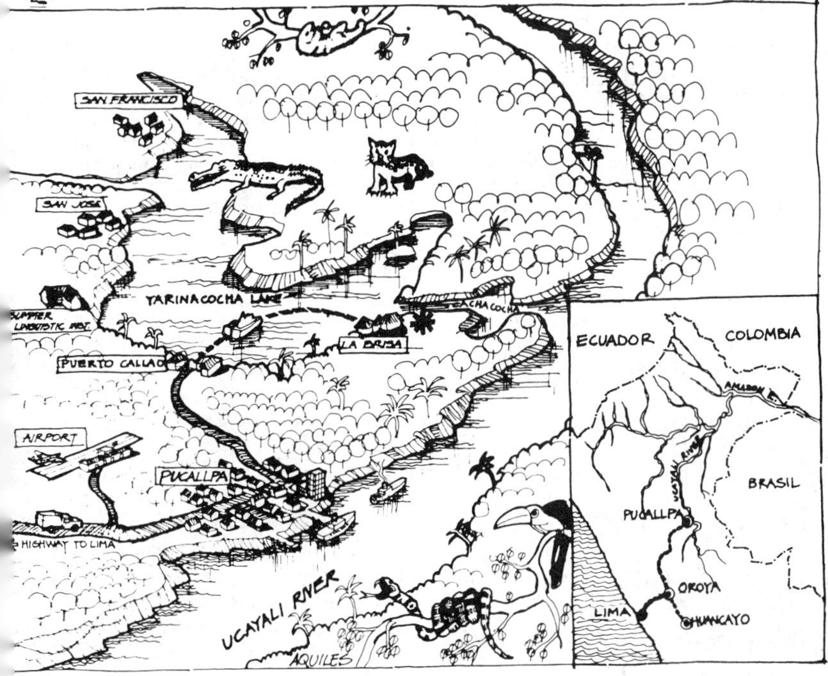

Wasserflugzeugen diese Route entlang des Rio Ucayali knapp über dem Urwald nach Iquitos fliegen und unterwegs jede Menge Stops in den Urwaldsiedlungen einlegen. Preislich in etwa wie der "Aeroperu"- Jet Direktflug, aber zeitlich erheblich länger, ca. 1/2 Tag bis Iquitos. Die Cesnas sind aber immer recht ausgebucht, da nur 5 Leute reinpassen. Abflug ab Laguna Yarinacocha. – OFFICE/Pucallpa: San Martin 595

Bus/Colectivos: tägl. mehrmals Busse direkt bis Lima (25 bis 28 Std., teils mehr bei schlechten Pistenbedingungen im Andenbereich/Bergurwald/ca. 14 US $). Beschrieben im Vorkapitel! Der landschaftl. schönste Streckenteil ist Huanuco – Tingo Maria – Abra Boqueron del Padre Abad, den man nach Möglichkeit bei Tag fahren sollte!

Tourist INFO 2 de Mayo 121. Informativ und freundlich,–wenn auch nicht in allen Belangen kompetent.

✱ LAGUNA YARINACOCHA: ein ehemaliger Flußarm des Rio Ucayali. Westlich liegen die Shibibo- Dörfer San Francisco und, durch einen engen Kanal schön zu erreichen: Nuevo Destino. Allerdings, wie für Pucallpa und Iquitos typisch: total auf Tourismus getrimmt. Für die schon lange im Einzugsbereich der Zivilisation lebenden Shibibos ist der Artesania- Verkauf lukrativer, als irgend ein schlecht bezahlten Job in der Bierfabrik oder dem Sägewerk.

Verkaufen Keramik (schöne, geometrische Muster), "flechas" (Pfeil und Bogen), Blasrohre und "remos", sowie Ketten aus Früchten mit Pirannhas-Zähnen. Die mit Naturfarben bemalten Stoffe sind saubere kunstgewerbliche Arbeiten. Weniger angenehm empfinde ich das "zu Verfügungstellen" der Privatsphäre (Busen, Baby, Haus) gegen Cash bei Fotos.

COLLECTIVO– PEQUE PEQUES ab Pto. Callao/Yarinacocha. Oder sich zu mehreren ein Boot als "expreso" mieten (=Taxi). Preise dann Verhandlungssache. Bis Nuevo Destino ca. 1/2 Std. Schön auch die Fahrt von Pto. Callao über die Laguna Yarinacocha durch einen Kanal zur Coshiba Cocha. Eduard Huber schrieb uns hierzu: "Der Kanal ist 4 - 8 m schmal, häufig durch umgestürzte Bäume und Geäst auf eine ganz schmale Fahrrinne begrenzt, manchmal mit Schlingpflanzen zugewachsen, durch die es nur mit viel Schwung durchgeht. Hier hat man das Gefühl mitten im Urwald zu sein. Unter den Bäumen schwimmen die Indianer in ihren Nußschalen auf der Jagd nach Fischen, die sie mit dem Dreizack stechen. Riesige bunte Schmetterlinge und herrliche Vögel. Durch den Kanal fährt man ca. 1 1/2 Std. mit dem Peque Peque."

Die Peque- Peque- Besitzer/Pto. Callao kennen auch Stellen in der Nähe von der Lagune wo man nachts Krokodile an Urwald- Tümpeln sehen kann: ca. 1/2 Std. über den See und über die Cabaña Maulhardt senkrecht in den Urwald, ca. 2o Min. zu laufen. Besonders schön, abends mit Boot auf der Lagune zu fahren (Motor aus) und den Urwaldgeräuschen zu lauschen.

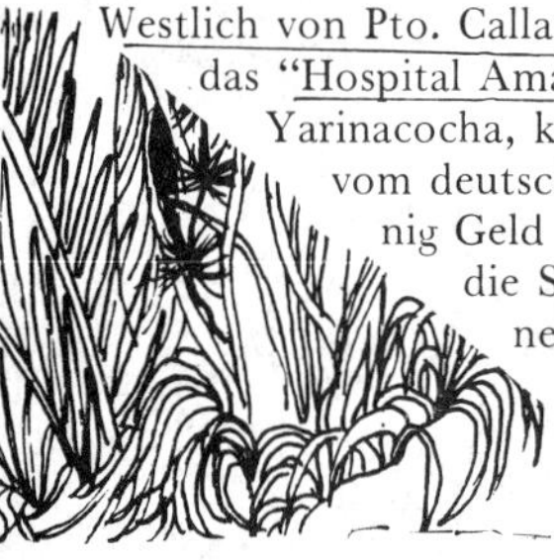

Westlich von Pto. Callao das Landegebiet der "Tans"- Wasserflugzeuge und das "Hospital Amazonico Dr. Albert Schweizer" (an der Straße nach Yarinacocha, kurz vor dem See). Gegründet vor rund 25 Jahren vom deutschen Arzt Dr. Binder, um den Indianern, die nur wenig Geld haben, medizinisch zu helfen. Bald entwickelte sich die Sache, unterstützt durch ausländische Spenden, zu einem 1oo- Betten Hospital mit ausgezeichneter Urwaldchirurgie. Dr. Binder arbeitet hier nicht mehr, weiter geführt durch ein schwedisches Hilfswerk. –
Am Hafen, nahe der Peque-Peque- Abfahrt meh -

rere, einfachere Restaurants. –

Wer tiefer in den Urwald will: mehrere Führer in Pucallpa. Komfortabel in größeren Booten mit "La Brisa", allerdings auch nicht billig. Verlangen, ähnlich Maulhardt mit seiner "Mamuri" um die 18o US $ /Person für 3 - 4 Tage, alles inkl., außer Getränken. Diese Boote haben aber Duschen an Bord, bessere Schlafgelegenheiten und relativ breite Palette an Essen und Getränken.

Wesentlich billiger (ca. 15 - 2o US $ /Tag) die einheimischen Führer, die mit einfacheren Booten (meist ohne Regendach) in den Urwald tuckern. Entscheidend dabei: a) Boot und Motor o.K., – b) exakt Tour- Umfang vereinbaren, wie auch vorab den Preis, – c) wenn "heiße Sachen" wie Besuch bei angeblich wilden Indianerstämmen etc. versprochen werden: vorab Vorsicht! Die gibt es definitiv nicht im Umkreis von 3 - 4 Tagesreisen ab Pucallpa. Zugleich keine falschen Erwartungen! Das Schöne an solchen Trips sind Fahrten durch schmale Amazonasnebenflüsse mit viel Urwald-Vegetation. Tiere nur bei viel Glück zu sehen, die grüne Mauer ist zu dicht. Wichtig, daß sich der Führer auskennt und schön zeigen kann. Es gibt eine spezielle Lianensorte, schlägt man sie mit der Machete auf, so tropft glasklares Wasser raus, das ihr trinken könnt. Wer Glück hat, sieht Blattschneider-Ameisen, die mit äußerster Präzision sich messerscharf Stücke rausschneiden, die sie dann zum Einwickeln ihrer Larven verwenden. Es gibt Dornenbäume, die wie überdimensionale Rosenstile aussehen und den Kanonenbaum mit riesigen schwarzen Böllerschuß-Kugeln, die man in Festungskanonen reinschieben könnte.

Die Indianerdörfer liegen auf einer kleinen Anhöhe am Fluß, um bei Hochwasser geschützt zu sein. Unten spielen die Kinder am Fluß, und am Ufer die Einbäume festgezurrt. Der Indianer hält sich heute ein Benzinfass in seiner Hütte und fährt peque- peque- Außenborder, trägt selbstverständlich Hosenträger und die japanischen Transistor-Radios bringen ihm die neuesten Hits, wie die quäkenden "Osmond- Brothers" in seine Hütte. Zur Jagd benutzt er aber noch seine Paddel und Bogen, denn die tuckernde Technik würde ihm die Affen und andere Jagdbeute vertreiben!

An einen guten, einheimischen Führer zu kommen, ist gewissermaßen auch Glückssache, da Angaben über "gute Routen" nur schwer überprüfbar sind. Gut soll "Pablito" sein, Yarinacocha, Bootseigner, zusammen mit seinen beiden Guides Mauro und Sixto, ist auch über seinen Freund Jose Matos Grijalva zu kontaktieren, spricht englisch. Herbert Keuper, der uns auch von anderen Teilen Südamerikas ausgezeichnete Infos zuschickte, war mit "Pablito" sehr zufrieden: "nach Rückkehr aus dem Dschungel, der übrigens alles Interessante an Krokodilen, Delfinen, Pyrannhas, Tucanen und sonstigen Vögeln sowie Affen bietet, sowohl Hochurwald mit Riesenbäumen, als auch in undurchdringlichem Dickicht, welches nur mit der Machete bis zum Bauch im Wasser zu betreten ist, kann man erneut bis zur Rückreise kostenlos bei Pablo wohnen, der für die Nacht in seinem Haus Moskitonetze bereithält."

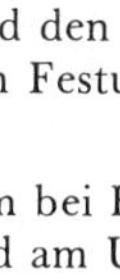

INDIANER-PADDEL ermöglicht das besonders leise Eintauchen ins Wasser! –

Wie uns Connor Nixon schrieb, der lange Jahre in Pucallpa gelebt hat, sollte man sehr vorsichtig sein, sich Flußtrips von Straßenhändlern in Pucallpa vermitteln zu lassen. Es gibt einige Gauner; unbedingt die Sache nur mit dem Bootsbesitzer selber aushandeln! "Preis pro Boot und Führer/Tag liegen um 2o US $", wie uns

Connor Nixon schrieb, "gute Trips flußab in den Rio Aquatia und Rio Calleria. Karten und Liste von guten Führern gibts in der La Brisa- Lodge gratis, auch wenn die Lodge selber Flußtrips veranstaltet." (Wie Connor Nixon uns berichtete, plante er, die Lodge zu verkaufen; weiß nicht, wie die Situation jetzt steht.) "Nicht empfehlenswert ist es, Boote im Hafen von Pucallpa anzumieten. Wie in allen größeren Häfen gibts viele Diebe. Am besten, sich Boote für Trips in der Laguna Yarinacocha besorgen."

Wilhelm Kuhnz schrieb uns, daß er mit Rafael Vasquez Fasanando/Lag. Yarinacocha in San Francisco/Dorf an der Lagune sehr zufrieden war. "Für Leute, die wirklich Kontakt mit den Einheimischen suchen, in ihren Dörfern leben wollen (also auch ohne Komfort!). Man wohnt im Dorf, geht mit den Leuten zum Fischen und Jagen und bekommt einen ziemlich "untouristischen" Eindruck vom Urwald. Ich habe das eine Woche lang genossen." Wie er weiter schreibt, seiner Ansicht nach besser, als die typischen Gringo- Excursionen auf Teuerbasis. (Rafael Vasquez ist ab Pto. Callao mit einem der peque- peques über die Lagune in ca. 45 Min. nach San Francisco zu erreichen). –

Señor Maulhardt/"La Cabaña" ist bekannt für Extremtrips ab Pucallpa (nicht gemeint die Mamuri- Trips!), so ab Pucallpa nach Ayacucho, die dann aber auch um die 10.000 DM pro Person ab Frankfurt und retour kosten. Infos über "La Cabaña"/Casilla 43, Pucallpa - Peru. Er dürfte als einer der besten Kenner der Region zählen. Bei Anfragen bitte auf unseren Führer verweisen! –

✱ GOLDWASCHEN AM RIO PACHITEA: wie uns Fred Wagner und Otakar Lukac berichteten: lohnender Trip ab Pucallpa. Seit dem Erdbeben von 1972 gibts hier wieder einige Körnchen, und etwa 100 Leute sind im Bergurwald an der Arbeit. – Bus von Pucallpa nach Tournavista (ca. 3 Std.) Geht an einigen Tagen der Woche auch mit der Cesna- Sportflugzeugmaschine der Sahsa, sowie per Flußboot, wegen der Breite des Flusses jedoch weniger interessant. Die Piste durch den Urwald ist in relativ gutem Zustand. Ab Tournavista tägl. "peque- peques" flußauf nach PTO. INKA (auch direkt per "Sahsa"), eine Pioniersiedlung im Bergurwald von ca. 3.000 E., Basishotels (bestes das von Jose Mataush).

In Pto. Inka Führer suchen (Jose Mataush ist behilflich), rüber zum Rio Negro. Ein 3 - 4 Tages Trail über die Berge und Höhen von rund 900 m, durch dichte Bergurwälder. Da es weder detailierte IGM- Karten zur Region gibt, sowie die Region nicht ungefährlich ist, – sind der Führer unabdinglich! Moskitoschutz, Hängematte und Essen. Viel Gold bleibt zwar im Teller nicht liegen, so doch sehr abenteuerlich als Trip in definitiv abgelegene Bergurwaldregionen Südamerikas!

GEPLANT ist die Pistenverbindung Pto. Inka nach Pto. Bermudez durch die dichten Bergurwälder und teilweise bereits fertiggestellt. Vorerst gehts per Außenborderkanu auf den engen Urwaldflüssen. Heißer Tip für den, der Abenteuer sucht und auf Komfort verzichten kann. Alle Details siehe Seite 719.

Pucallpa →→ Iquitos: via Fluß 990 km

Obwohl ich sonst sehr auf "Flußtrips" (im Bergurwald) stehe: unbedingt per Flugzeug machen (= 1 Std.). Pucallpa →→ Iquitos per Fluß ist stinklangweilig, weil der Fluß im Schnitt 1 - 3 km breit ist. Eintönig bei runden 5 Tagen flußab, breit schlammiges Wasser und die Ufer oft von Siedlern gerodet. Der Trip dauert ewig lang, ohne daß etwas passiert.

ABFAHRTEN: unregelmäßig je nach Frachtgut, im Schnitt aber rund 2 x/Woche. Im Einsatz vorwiegend die typischen Amazonas- Doppelstock- Holzboote, wo unter Deck die Hängematte festgezurrt wird, der Kasettenrecorder plärrt und nachts die Moskitos plagen. Tips für gute "Repellantes" sind reichlich sinnlos. Am besten mit Petroleum einschmieren (und nicht rauchen!!) oder Moskitonetz drüber!

Der Preis liegt je nach Verhandlungsgeschick um 3o US $, Essen inkl., wobei der Fisch aus dem Fluß excellent ist, ansonsten aber mit Flußwasser gekocht wird, was bei dem nicht resistenten Gringo oft zu erheblichen Magenverstimmungen bis schwereren Darmerkrankungen führt. Auch aus diesem Aspekt der Flug vorzuziehen!

Flußauf dauert der Trip rund 1 Woche. Es läuft Einiges an Drogenschmuggel. Für den Trip ist Genehmigung der PIP/Pucallpa nötig.

Keine Straße nach IQUITOS. Wer mit dem PKW weiter nach Brasil will, hat relativ gute wenn auch teure Chancen der Verschieffung bis Leticia/Kolumbien (Piste nach Tabatinga/Brasilien) und dort nach Manaus (Anschluß ans Amazonas- Pistensystem). Allerdings jede Menge Papierkram. Ein Trip, der rein an Fahrzeit Pucallpa bis Manaus ca. 2 Wo. dauert, wegen Warterei aber um 1 Monat plus/minus und daher uninteressant ist!

Flußtrips in den südamerik. Bergurwäldern (Kolumbien bis Bolivien) sind ungemein lohnend. Die Rio Ucayali- Strecke von Pucallpa bis Iquitos geht geht jedoch durchs Amazonas- Tiefland. TIP sind die "Tans"- Wasserflugzeuge, die die Strecke mit vielen Zwischenstops in kleinen Flußsiedlungen bis Iquitos in rund 1/2 Tag machen. Details siehe "Pucallpa"!

FLUSS- TRIPS den Rio Ucayali aufwärts nach Atalaya und Machu Picchu siehe S. 721.

Iquitos:

ca. 17o.ooo E./ 1oo- 12o m

Größte Siedlung Perus im Amazonastiefland, die ein Gebiet von Urwäldern größer als die BRD wirtschaftlich versorgt. Zugleich beliebtester und wichtigster Touristenort für kommerzielle und komfortable Urwalderlebnisse.

Herrlich, wenn der Jet die "Ciudad de Iquitos" anfliegt: weites Geschlinge des Rio Amazonas, der in der Sonne glitzert und dichter Urwaldteppich. Wer vom kühlen Lima kommt: schnell auf die Flughafen-Toilette und das Unterhemd ausziehen! Herrlich intensive Tropenluft und Durchschnittstemperaturen in Iquitos um die 28° C.

DER FLUGHAFEN liegt ca. 1o km außerhalb. TAXI verlangt für die rund 2o - 3o Min. ins Centro ca. 4 US $ und ist zu empfehlen, wer sich Umsteigen ersparen will. – BUS: direkt vor Airport, ein LKW, auf den hinten eine Holzkabine aufgesetzt wurde. Kostet ca. o,2 US $ bis zum Mercado. Hier Umsteigen in anderen Bus zur Plaza de Armas. – Gratis ist der Bus zum Luxushotel "Amazonas S.A.", das an der Flughafenstraße auf halber Strecke ins Centro liegt. Hier Umsteigen in den anderen Hotelbus, der stündlich runter zur Plaza de Armas fährt. Details Siehe Seite 712.

IQUITOS ist eine lebendige Stadt. Das Zentrum an einer breiten Biegung des Amazonas auf einer Anhöhe über dem Fluß. Gegründet von Jesuiten-Padres 1754 und für mehr als 1 Jahrhundert unbedeutende Siedlung in den endlosen Urwäldern Amazoniens, bis der Kautschuk- Boom (Ende 19. Jhd.) auch den peruanischen Amazonasteil erfasste. Rasante Expansion, Bau von Luxushotels, so dem "Malecon Palace Hotel" (Calle Putumayo am Fluß, neben Hotel Turistas). Die Kacheln wurden aus Sevilla/Spanien importiert und High Life der Kautschuk- Barone, die hier rauschende Feste feierten und Sahra Bernard für Opernaufführungen in diesem Hotel aus Frankreich importierten. Schmutzige Wäsche kam übrigens mit den Kautschuk- Transatlantik- Schiffen (die bis nach Iquitos rauffahren konnten) nach Frankreich zum Waschen, da der Ucayali “zu dreckig” war.

Ein anderer Kautschuk- Baron importierte sich von der Pariser Weltausstellung von 1886 einen Pavillon aus Eisen, den Eiffel gebaut hatte, ließ ihn zerlegen und nach Iquitos verschiffen (Ecke Putumayo/Plaza de Armas). Am Malecon, der Uferpromenade vor dem heutigen Hotel de Turistas, promenierten damals hübsche Frauen mit breiten, fransigen Sonnenschirmen, und die Barone fest in Anzug und Schlips trotz Hitze verpackt. Weitere Details zur Kautschukzeit siehe Text zu Manaus/Brasilien und Pto. Velho/Brasilienteil dieses Bandes! –

Gegen 1918 Zusammenbruch der Kautschukimperien durch billigere Gewinnung auf asiatischen Plantagen und anschließend synthetischer Herstellung. Erste Erdölfunde 1935 (Ganso Azul); Förderung lohnte sich ab Ende der 60-er Jahre, als Ölpreise stiegen (Urwald- Explotation wesentlich teurer, als die “leicht” erreichbaren Erdölfelder z.B. in Saudi Arabia). Raffinerie bei der Mündung des Rio Nanay in den Ucayali.

Wichtige Einnahmequelle zugleich aus Barbasco* (für Herstellung von Insektiziden), Tierexport, der gewaltige Dimensionen Ende der 60- er Jahre annahm (Kaimane für Taschen, Affen für Tierversuche in den USA, Fische für Aquarien, Vögel etc.) jetzt stark eingeschränkt: Export nur mit staatlicher Genehmigung, wie auch exotische Tiere nur mit Sondergenehmigung auf den Tisch von Iquitos- Restaurants kommen dürfen. Bestimmungen werden aber häufig umgangen. – Export von Tropenhölzern.

Heute ist Iquitos wichtigste Stadt im peruanischen Urwald, Expansion nicht so stark wie Manaus und Belem. Derzeit 1 Hochhaus im Bau; Erdöl und Touristen bringen Leben in die Stadt ohne boomig zu wirken.

Asphaltierte Straßen im Zentrum und moderne Beton Geschäftshäuser, rundum Slums in Bretterhütten. Iquitos hat keine Straßenverbindungen mit den peruanischen Anden, bzw. dem Küstenstreifen und Lima. Versorgung der Stadt per Düsenjet und über den Fluß. Eigene Fernseh- Station und moderne Kliniken; dichter Autoverkehr im Zentrum. Die Straßen verlaufen sich nach einigen Kilometern im Urwald.

STADTSTRUKTUR: Zentrum zwischen Plaza de Armas und Plaza 28 de Julio, Hauptgeschäftsstraße ist die verbindende Jr. Lima, auch Prospero

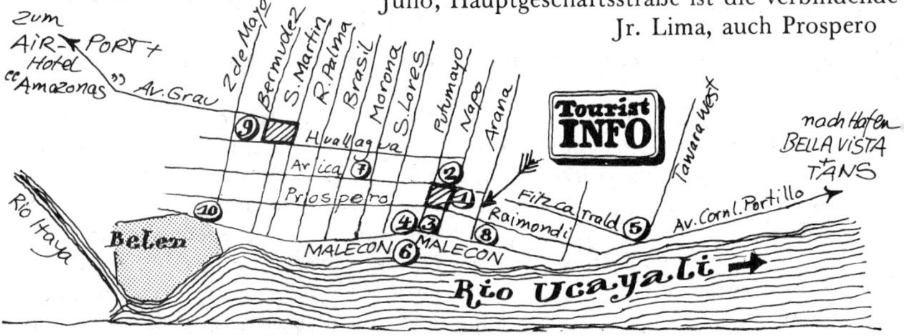

* Pflanzenwurzel, von den Indianern als Pfeilgift verwendet

genannt. Hier, wie auch in den Seitenstraßen viele der Billig- und Mittelklasse Hotels. Die Plaza de Armas früher gemütlich mit vielen Pomarasa- Bäumen, die aber Ende der 7o-er Jahre abgeschlagen wurden, weil sich hier jeden Abend tausende von Golondrina- Vögeln mit teuflich lautem Geschrei niederließen und Dreck machten. – Über die Calle Putumayo (Büros von Tour Agenten und Urwald Lodges, sowie Souvenirshops) an den Fluß zur Malecon, der ehemaligen Flanierpromenade aus der Kautschukzeit. Steinbalustraden, Bäume und kleines Restaurant mit schönem Blick über den breiten Fluß (ca. 5oo m). Das Ufer gegenüber gehört zur Insel Padre, die mehrfach von Ucayali- Flußarmen durchzogen ist. Alle zusammengezählt dürfte der Rio Amazonas hier bei Iquitos ca. 2 km breit sein.

ENTFERNUNG zum Atlantik (Mündung bei Belem) noch 3.7oo km (!) bei einem Gefälle von nur 1oo m! Rauf zur Quelle 1.77o km. Der Rio Amazonas kann mit Ozeanschiffen bis rauf nach Iquitos be fahren werden, was ihn zum wichtigsten peruanischen Ausfuhrhafen (neben Callao/Pazifikküste =langer Umweg durch Panama- Kanal) nach Europa und Nordamerika/Westküste machte. Zugleich intensiver Handel mit Brasilien. Viel Schmuggelgut so TV, Kassettenrecorder etc. von Manaus.

Pedro Isla ist im Winter, denn sich die Wassermassen nach den Regenfällen der Anden im Amazonastiefland stauen, teilweise überflutet, wie auch der Malecon teils, so flußab ca. 15o m vom Hotel de Turistas abgespült ist; die Häuser direkt am 3o m- Abhang.

Museo Amazonico (=Museo Municipal), Ecke Tavara West mit Fitzcarrald. In pessima conservacion. Ramschig, in vielen Aquarien war nur noch eine diffuse Brühe, gelegentlich ein einsamer Fisch. Die ausgestopften Urwaldvögel und Aligatoren von Motten und Urwaldinsekten durchsetzt und im Begriff zu zerbröseln.

Tourist Office: Calle Loreto 277, Altos. Sowie im Airport zu Flügen

Post ("Correo"): Calle Arica Ecke Morona. ENTEL, das Telefonbüro in der Arica, schräg gegenüber der Post, ein neueres Gebäude

Autovermietung: "Budget Rent A Car", Putumayo 139, fast an der Ecke Malecon. Vermieten VW- Käfer, Suzuki- Jeeps und Ford. Kein Km- Geld, pro Tag um 45 US $.

BELEN: ärmster Stadtteil von Iquitos, Bretterhütten auf Stelzen unten im Flußbett des Rio Amazonas (unterhalb des Mercado), teils die Hütten auf Flößen, denn wenn der Fluß in der Zeit Jan. – Juni steigt, steht alles unter Wasser. Deprimierend, daß die peruanischen Iquitos- Prospekte dies als Sight- Seeing präsentieren. (Orginalton Prospekt: "ein typisch malerisches Gelände in Iquitos."). Die Realität sieht anders aus: ungenügende Hygiene, Ratten, Dreck. Was die "Pueblos Jovenes" für Lima sind, ist Belen für Iquitos: billigster Wohn-Grund, da Hälfte des Jahres unter Wasser. Hier wohnen die Leute, die aus den Selvas kommen in Hoffnung auf bessere Lebenschancen in der Großstadt.

Absolut nichts von dem Blabla, was schlechte Reiseführer schreiben ("Venedig Perus").

1. Plaza de Armas
2. Office Fawcett
3. Hotel Turistas
4. ehemaliges Hotel Malecon Palace
5. Museo Municip.
6. Touristen -Boote
7. Post + Telefon
8. Capitania
9. Plaza 28 de Julio
10. Mercado

IQUITOS

Am Ufer festgezurrt: ein Gewimmel von Flußbooten und Kanus, die Gemüse und Fisch von den umliegenden Urwaldsiedlungen nach Iquitos bringen. Wird oben in den düsteren Markthallen und - Straßen auf der Anhöhe verkauft. Durch die Nase zieht sich die breite Geruchsskala des Amazonas und auf dem Fischmarkt gibt's Prachtsexemplare von Amazonas- Fischen zu sehen. Gewaltige Dimensionen, bis zu 4 m lang (der "Paiche"), Kanus tuk - kern mit Außenbordern oder peque-peque über den Fluß zu Siedlungen.

Hotels: "Hotel Amazonas" an der Straße zum Airport. Mit 5 Sternen das derzeit am höchsten quotierte. Wird von einer Firmengruppe verwaltet, der u.a. auch eine der grössten Brauereien und Banken Perus angehören. Als Hotel definitiv luftiger als die lauten und stickigen Stadthotels im Centro. Dorthin gibts einen stündlichen Hotelbus (gratis). Der 1 - 2 stöckige Flachbau in freier, grüner Landschaft, Bäume, SW- Pool, Diskothek. Küche ist gut, die Zimmer mit Teppich, Bad, Tel. und AC. Av. Aviacion/Km 2,5. Das Doppel kostet ca. 50 US $.

"Hotel de Turistas"/Malecon Taparaca, direkt am Rio Amazonas in bester Stadtlage. Tip: unbedingt Suite nehmen, die vorn raus zum Fluß geht (herrliche Sonnenaufgänge!), ca. 25 US $, die anderen Zimmer hinten raus zu Seitenstraßen (passabel) oder in Innenhof (schlecht!): ca. 18 US $. Sauber, Komfort mittel, Privatbad.

"Safari"/Napo 118, neben "Turistas", zentral gelegen. Ein modernes Gebäude. Teil der Zimmer geht schräg mit Blick auf Amazonas. Als Dekoration Indianer- Flechas. Auch Zimmer zu engem Innenhof, aber mit Pflanzen. Insgesamt gemütlich. Mit Privatbad ca 20 US $. 3 Sterne.

"Hotel Ambassador"/Pevas 260, sauber, Privatbad, aber Zimmer fast ausschließlich in scheußlichen Innenhof. Weniger zu empfehlen. Ca. 20 US $.

"Pascana"/Pevas 133, zentral. Kleine Zimmer mit Bad, 30 m vom Fluß, sauber aber einfach eingerichtet und relativ teuer bei ca. 10 US $ fürs Doppel.

"Loreto"/Prospero 311, sauber, ca. 8 US $ fürs Doppel mit Bad, allerdings an der lauten Hauptgeschäftsstraße von Iquitos. Klimaanlage kostet extra. – "Peru" schräg gegenüber und geringfügig billiger. Ganz gut. – "Europa"/Brasil 222, Seitenstraße zur Prospero, dort der Eingang, das Hotel aber direkt am Eck, somit Zimmer teils zur lauten Prospero. Ein größeres Betonhaus, schönste Zimmer in den oberen Stockwerken. Typisches Hotel der Amazonas- Mittelklasse, geweißelte Betonwände, einfach eingerichtet. Allerdings Vorsicht: kein Zimmer Ri. Innenhof nehmen: hier steht eine riesige Air Condition Maschine, die nachts höllischen Lärm macht!! Ca. 13 US $ mit Ventilator bzw. 16 US $ mit AC. Wer Privatbad nimmt: ca. 25 % teurer. Preis recht teuer in Relation zu Gebotenem. –

"Hostal Maynas"/Prospero 392 für den satten Preis von 8 US $ für ein Doppel mit Gemeinschaftsbad, etwas einfach eingerichtet. – "Hostal Isabel"/Brasil 174, Seitenstraße der Prospero, ca. 8 US $ mit Gemeinschaftsbad, – "Lima"/Prospero 549, ca. 6 US $. –

BILLIG und superbasic: "Internacional"/Prospero 835, – "Tarapaca"/Malecon 320 (3 US

ALLE hier genannten Hotels (außer "Amazonas *****") im Bereich Plaza de Armas bis Plaza 28 de Julio, somit im kommerziellen Bereich des Centros. Hier übernachten die Händler und Comerciantes. Relativ hohes Preisniveau ist auf die zentrale Stellung der Stadt im Riesendepartment Loreto zurückzuführen: nur hier werden die Geschäfte abgewickelt.

AMAZONAS–LODGES: siehe seperates Kapitel.

Excellent "Don Giovanni"/Putumayo bei Plaza de Armas: Amazonas- Spezialitäten. Preise mittel bis teuer. – "El Meson"/Napo, die Parallelstraße, "Chonta" probieren: Salat aus Palmenherzen mit Salatsoße angemacht, Amazonasfische, Preise mittel. – "La Barca"/Fitzcarrald, 1. Block ab Plaza de Armas, Amazonasspezialitäten, Preise mittel, – "O Nanay"/Prospero 4. Block ab Plaza de Armas. Viele Jahre bekannt für gute Küche, was zu Abflachen geführt hat, – "Turistas"/Malecon: gut, aber teuer. – "Tropical", das Lieblingsrestaurant des deutschen Filmers Werner Herzog ("Fitzcarraldo"), wenn er in Iquitos weilt. Open- Air und excellente Küche, mittel bis teuer. – "Maloca"/Malecon, direkt unterhalb des "Hotel Turistas": Superlage am Rio mit fantastischem Blick über den Fluß, Essen jedoch weniger empfehlenswert. Gut für Drinks und Relaxen! –

"Shupihui", Spezialitätenrestaurant für regionale Küche inkl ausgefallener Amazonas- Tiere. Außerhalb der Stadt, am besten per Taxi. Mittel. – "Heladeria La Favorita", gegenüber Rest. Oh Nanay in der Prospero : excellent für Milch- Shakes und Eis! – "Jugos al Paso Apollo 11" nebenan, Snack-Typ mit guten Kuchen und sehr guten Fruchtdrinks! (Prospero 463), – Mehrere "Chifas" (Chinesen), so an der Plaza 28 de Julio, aber nicht in den Chifa an der Plaza de Armas: teuer! –

Frühstück: "Cafeteria Lima" an der Plaza de Armas, – "Apollo 11"/Prospero und "Cafe Expreso"/Prospero 2. Block.

Shops: "Liberia Mosquera"/Prospero 268: bei unserem Besuch keinerlei Kartenmaterial, noch Bücher zu Iquitos. Eine größere Buchhandlung & Schreibwarengeschäft, runde 4o Jahre alt, schade! – ARTESANIA: Indianersachen verkauft der Shop im 1. cuadra (zwischen Rio und Plaza), sowie "Eppa", die staatliche Organisation in der Prospero 35o. Derzeit keine zu großen Hoffnungen auf Schlangenhäute, Tierfelle etc., da verboten. Und ich bin auch ganz froh drüber! Nach superintensivem Einsatz von derartigem Export mit Großraumjets nach Miami ist der nähere Urwald von Ausrottung bedroht! –

TRANSPORT IN IQUITOS:

a) TAXIS: VW- Käfer oder Japaner. Vorab Preis vereinbaren!
b) MOPED–TAXIS: ganz luxuriös mit Sitzbank für 2 Leute hinten und 2 Reifen, – vorn das ganz normale Moped angeschweißt. Billiger als Taxi.
c) BUSSE: LKW mit Holzaufbauten, offen und luftig.

HAUPTROUTEN: Flughafen – Mercado
Mercado – Plaza de Armas – Vorort Puchana
Puchana – Bellavista (Flußhafen am Rio Nanay für Fluß-Colectivos)

Umgebung von Iquitos:

✱ LAGUNA QUISTACOCHA: 16 km via Piste/Sand durch gerodeten Urwald mit vereinzelten Riesenbäumen, in denen die Nester von Webervögeln hängen. Am bequemsten mit Taxi zu erreichen, sonst per LKW ab Calle Abtao, Ecke Aguirre (liegt Nähe Plaza 28 de Julio). Am See: Fischzuchtanstalt und See dicht vom Urwald zugewuchert. Klein und kein Vergleich mit Laguna Yarinacocha in Pucallpa! –

✱ RIO NANAY: sehr lohnender Abstecher ab Iquitos. Bus ab Plaza de Armas nach Puchana, hier Bus nach BELLA VISTA, dem Flußhafen von Iquitos am Rio Nanay. Fahrzeit insges. ca. 3o - 4o Min. mit Warterei für Umsteigen. Hier liegt der Terminal für die "TANS"- Wasserflugzeuge (Flugverkehr bis Pucallpa im Süden und Pantoja/Grenze zu Ecuador wie Ramon Castilla/Brasilien.) Zugleich Abfahrt der Fluß - Colectivos in die Umgebung.

Ramschiger "Parkplatz" auf Lehmhügel oberhalb des Flusses, rechts eine Reihe von Bretterhütten, so das Restaurant des "Huerequeque J. Boherques" der im Herzog- Film (Fitzcarraldo) den Koch spielte, Filmplakat an der Wand.

Laufend Boote auf die andere Seite des Flusses (ca. 350 m breit), wo die "Nariño" des echten Fitzcarraldo liegt, 2 Decks verrostet, der Schiffsrumpf teils offen, Reeling verrostet. Geplant und teils bereits fertig: eine Piste rüber zur Petro- Peru- Raffinerie am Rio Amazonas.

FLUSS–COLECTIVOS: laufend ab Bellavista/Porto den Rio Nanay runter, hinein in die Mündung in den Rio Amazonas (ca. 1 Std. Fahrt), vorbei an einer Navy Station und Holzsägewerk. Stop bei der Anlegestelle der Petro Peru/Bario Florida. (So.- Markt, Kioske für Drinks.). Von hier Rückfahrt mit anderem Flußcolectivo nach Bellavista bzw. via Rio Amazonas nach Porto Chamal/Vorort von Iquitos (Bus ins Centro).

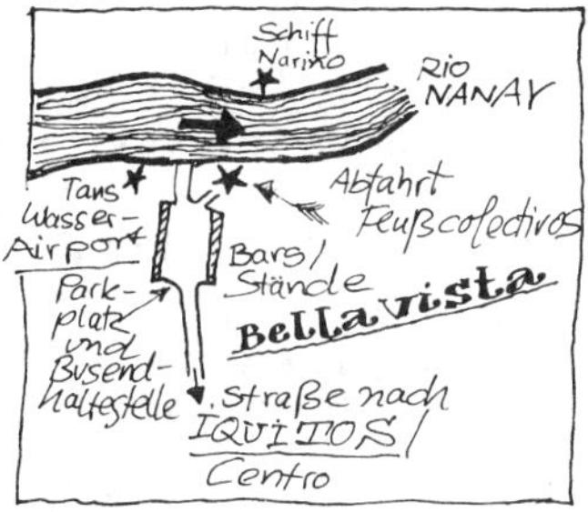

ANDERER lohnender Flußtrip: den Rio Nanay aufwärts, Flußcolectivos zum Dorf Manacamiri (ca. 20 Min.), sauber mit Holzhäusern entlang Dorfstraße; Guter Einblick um die nähere Umgebung von Iquitos und das Leben der "Ribereños" (Flußbewohner) kennenzulernen. Dörfer meist überhöht auf Anhöhe über Fluß (Regenzeit!), Häuser Holz (fast nie Stein), mit Schilf/bzw. Palmenblättern gedeckt), seltenWellblech. Wenn das Dorf wohlhabend ist: Straßenlaternen, TV und Eisschränke (mit Kerosen betrieben). Die einheimsichen Guides erklären Pflanzen, "toronja" das Zitronengras: beim Zerreiben zwischen den Fingern Geruch wie Zitrone, wird als Tee verwendet, – "Aguajes"- Palmen: die Früchte für Drinks, das Palmfiber für Grasmatten und Wände."Retama", ein Strauch, dessen Blätter bei den Ribereños als Heilmittel gegen Hepatitis gelten. – Manacamiri ist ein vorbildlich sauberes Dorf, mit kleiner Dorfschule: "Großraum" und uralte Schulbänke mit allen Klassen durchgemischt, die sich gegenseitig beeinflussen. Weiter urwaldeinwärts, rechts eine erfrischende Lagune und später Farm mit Zuckerrohrpresse.

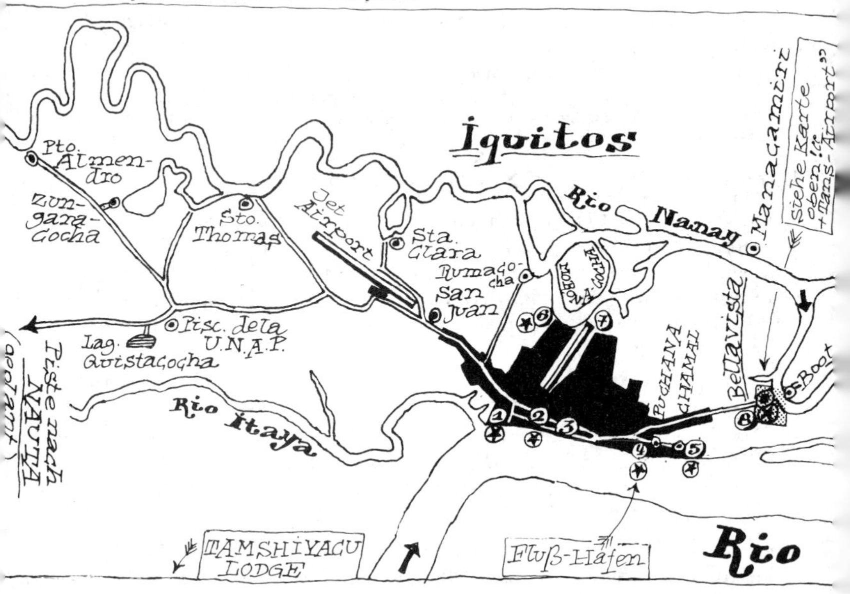

RIO MOMÓN: einer der schönsten Flüsse in näherer Umgebung von Iquitos: dicht von Regenwald verhangen mit unzähligen Biegungen, der Flußlauf gerade 2o-3o m breit. Flußcolectivos ab Bella Vista rauf zum Dorf LORIS, aber abchecken, wann wieder ein Boot zurück. Hier liegen auch die beiden Urwald- Lodges "Amazon- Camp" und "Amazon Village".

SCHÖNER RUNDTRIP: Flußcolectivo ab Bellavista nach Sta. Clara, bzw. wenn möglich bis Sto. Thomas. Insbesondere in Sta. Clara am Wochenende viel Rummel: bei tiefem Wasserstand: Baden an Flußsandstränden des Rio Nanay, Restaurants (=Kioske open air), LKW- Verbindung (wenn voll) nach Iquitos. Dort Abfahrt in Gegenrichtung ab Ecke Abtao mit Aguirre. Rund 13 km Piste, die nähe Airport vorbeigeht.

VON LAGUNA QUISTACOCHA: zu Fuß ca. 1 - 2 Std. an den Rio Itaya über Pfad. (Leute in Quistacocha fragen!). Hier am Fluß 2 oder 3 Häuser und warten, bis das Flußcolectivo vorbeikommt. Fahrt nach Porto Belen.

INDIANA: rund 3 Std. per Flußcolectivo ab Porto Chamal/Iquitos den Rio Amazonas flußab. Im Dorf zwar Basic- Hotel, aber so schlimm, daß man besser draußen schläft. Missionsstützpunkt, angenehmes Ribereno- Dorf freundliche Leute. Kein "Lodge"- Tourismus.Schöner Amazonas- Trip, wer weder Long- Distance nach Pucallpa will und trotzdem den Fluß erleben. Früh starten und abchecken, ob Rückfahrt am gleichen Tag möglich. Breit graubraune Amazonas- Wassermassen, Treibholz

Boot - Fernverbindungen:
(2) nähe Hotel de Turistas Anschlagtafel mit Abfahrten
(3) Capitania
(4) Muele Flotante: nur internationale Verbindungen

(2) Malecon/Hot. Turistas
(7) ehemaliger Airport

Fluß- Colectivos: (Bootsverbindungen) ab (*):
(1) Porto de Belem
(2) Plaza de Armas + Hotel de Turistas: nur tourist. Motorboot - Trips
(5) Porto Chamal für Rio Amazonas
(8) Porto Bellavista für Rio Nanay + Nebenflüsse
(6) Morona Cocha: nur bei Hochwasser

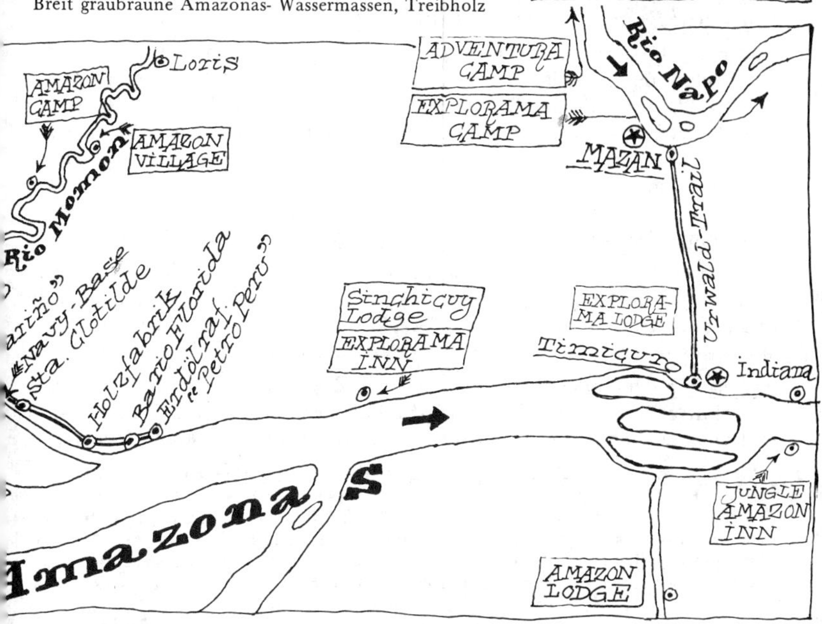

und schwimmenden Pflanzeninseln. Die Ufer von Hochwasser abgebröckelt, viele Plantagen. – Flußauf dauert der Trip bis zu 6 Std. bis Iquitos, da starke Strömung.

TIMICURO (kurz vor Indiana) ist Anlegestelle mit Urwaldtrail rüber zum Rio Napo. Von den Einheimischen in den Dschungel geschlagen, zu Beginn klar zu erkennen, später diffus mit Verzweigungen. Dieser Trail nach MAZAN am Rio Napo kürzt eine gewaltige Flußschleife des Rio Napo ab. Zu Fuß angeblich in 2 Std. zu "schaffen", per Fluß den Umweg in ca. 1 - 3 Tagen je nach "Anschluß", der in jedem Fall minimal sein dürfte. Haben wir nicht gemacht, der Trail soll sich nach Infos aus Iquitos lohnen, da Primär- Urwald; freuen uns über Infos! Wer aber den Trip via Rio Napo an die ecaud. Grenze machen will, findet vermutlich eher ab Hafen/Iquitos Boote rauf zur Grenze.

MORONA COCHA: ehemaliger Flußarm des Rio Nanay, heute eine Lagune. Bei Hochwasser fahren Fluß- Colectivoboote bis Laguna Moronacocha (Jan. - März), da näher zu Iquitos gelegen. Bus (Mikro "Circulacion") ab Iquitos, bzw. LKW ab Abtao/Aguirre.

Swimming Pool: "Hotel Amazonas S.A." nähe Airport. – Im Fluß: am beliebtesten: Sta. Clara und Sto. Thomas am Rio Nanay. Viel Aktivitäten am Wochenende. Beste Monate: September bis Oktober, wenn die Sandbänke des Flusses bei Niedrigwasserstand freiliegen. – Laguna Quistacocha: abchecken, wie's derzeit mit Piranhas steht, zeitweilig o.K., zeitweilig ziemlich "überbevölkert"! – Ulrich Lehnert schreibt, daß ihm Pto. Almendro recht gut gefallen hat.

✶ URWALD–LODGES um Iquitos:

Um Iquitos breitestes Angebot im peruanischen Amazonas- Urwald. Meist nach selbem Muster gestrickt: rustikales Holzgebäude im Regenwald nahe Fluß, gute Urwaldküche, domestizierte Tiere (Affen, Papageien etc.) in der Lodge und Excursionen in den Urwald per Boot oder zu Fuß.

Vielen Dank an die Manager der diversen Lodges, die uns rausgefahren haben, sodaß uns Vergleich möglich ist. Prinzipiell folgendes: Lodge lohnt sich für "Urwald- Erleben"/1 oder 2 Tage, bzw. zum Relaxen: länger. Aber allen "Mist" vergessen, der in Tourismus- Prospekten steht wie "Abenteuer" "wilde Tiere" etc. – Auf einer Lodge übernachten: herrlich, den Urwald zu "riechen", mittendrin zu schlafen und die Tierstimmen zu hören, – nachts im Einbaum bei Mondschein in den Fluß rauszupaddeln bei intensiv warmer Tropenluft. Das ist der echte Reiz der Lodges.

Touristisches Tam Tam, wie Besuche bei angeblich "echt wilden Indianerstämmen" kann man sich ersparen. Ein Touristen Zirkus ähnlich dem Lederhosen Tam Tam im Münchner Hofbräuhaus für Amis und Franzosen. Wer auf sowas reinfällt und sich danach drüber ärgert, ist selber schuld!

Entfernung der Lodge zu Iquitos ist nicht gleich "intensiverem Urwalderlebnis". Entscheidend die Ausstattungsqualität der Lodge, Lage, Management und Qualität der Führer (ob sie recht viel Interessantes erklären können).

✶ **"Amazon Village"**: die jüngste der Amazonas- Lodges. Schöne Lage auf Flußhochufer des Rio Momon, einem Seitenarm des Rio Amazonas, der gerade 15 m breit ist und sich in dichten Flußschlingen durch den Urwald zieht. Es macht viel Spaß, nachts im Kanu raus in den Fluß zu paddeln und den Urwaldgeräuschen zu lauschen. Pro Hütte gibts ein bequemes Doppelbett der Qualität wie im "Hotel Amazonas"/Iquitos, also keine Primitivliegen! Weiterer Vorteil ist die schnelle Erreichbarkeit der Lodge zu

Iquitos. Im Einsatz sind 15o PS- bestückte Gleitboote sowie die für den Amazonas üblichen "pamacari" Boote (schilfüberdachte, langgestreckte Boote mit Außenbordmotor, langsamer, aber auch gemütlicher). Zu buchen ist die Lodge über das "Hotel Amazonas" in Iquitos, bzw. über die zentrale Reservierung Lima/Miguel Dasso 167 (Hotel S.A.). –

✶ "Amazonas Sinchicuy Lodge": rund 1 1/2 Std. mit dem Boot flußab Rio Amazonas. Sauber mit Amazonasmaterialien errichtete Häuser, die Betten mit Moskitonetzen. Buchung in Iquitos über Malecon Tarapaca, – in Lima: Jr. Cailloma 714, Of. 5o5

✶ "Amazon Camp"/ Rio Momon, kurz vor "Amazon Village". Besitzer ein schlacksiger Amerikaner, der seit rund 1 Jahrzehnt im Geschäft ist. Die Lodge liegt auf Anhöhe oberhalb des Flusses und hat bereits Patina. Inklusiv Vor- und Nachteilen. Klienten vorwiegend Amerikaner, die per "Faucett"– Flug Miami- Iquitos einfliegen.

✶ "Amazon Lodge" / 36 km von Iquitos via Rio Amazonas und dann in den Seitenfluß Yanayacu. Fahrzeit flußab ca. 1 1/2 Std., flußauf ca. 2 1/2 Std., fahren auch mit schnellem Motorboot, das über die Amazonaswellen hüpft (ca. 1/2 Std. schneller). Dann gehts in den fast schnurgeraden Yanayacu- Fluß mit schwarzem Wasser. Die Lodge liegt schön oberhalb des Flusses im Urwald. Mehrere große, palmengedeckte offene Häuser, Hängematten . Der gut erzogene Affe war für unseren Besuch mit Persil o. ähnlichem gewaschen und duftete angenehm. Liebt üppige Haarfrisuren. – "Matilde", das Roncoso-Schwein begrüßt die Touristen an der Anlegestelle, der Affe heißt "Valentin", der Guide (excellent!!) "Paul" spricht Deutsch, Spanisch, Englisch und Italienisch so gut, wie er schielt! Die Lodge hat viel Patina, da sie seit knapp 2o Jahren existiert. Bevorzugte Lodge für Tour- Operators wie die deutsche "TUI" etc. Gemütlicher Essraum open air mit Stein-Wasserfilter "Cheavins". Eisschrank mit Kerosin; Gemüse/Salat und Besteck chemisch gereinigt. –Die Hütten basic mit Moskito- Hängestoffschutz, so wie es der Forscher Faucett sicher damals auch verwendet hat.

Wenn auch vom Yanayacu- Fluß weniger interessant, so doch gute Urwaldumgebung mit Riesenbäumen.

✱ "Explorama" / mit 4 Lodges im Geschäft inkl. Wasserflugzeugen, die die Entfernungen zu reduzieren helfen. Relativ teuer, obere Preisklasse, aber gut organisiert, fast schon zu viel (nach festem Fahrplan!). Tip für Trips mit spezialisiertem Interesse auf Amazonas-Fauna und - Flora!

"Explorama Inn" am Rio Amazonas flußab nach Petro Peru- Raffinerie für Leute, die nicht lange fahren wollen. Komfortabel, das palmenüberdachte Flußboot für den Trip von Iquitos nach Expl. Inn weniger.

"Explorama Lodge", die Haupt- Cabaña des Unternehmens gegenüber der Yanamono Insel im Rio Amazonas, rund 8o km flußab ab Iquitos. Fahrzeit 3 - 5 Std. je nach Bootstyp, bzw. ob flußauf oder flußab gefahren wird. Kann auch per eigenem Wasserflugzeug in rund 2o Min. ab Iquitos erreicht werden, allerdings dann saftig teuer.

"Explorama Camp"/ für intensiveres Urwaldfeeling, runde 16o Flußkm am Rio Napo, sowie das ca. 3oo Fluß-Km entfernte "Adventura Camp"(ca. 1.85o US $ pro Person bei Buchung 2 Personen inkl. Flugtransport eine Strecke und 9/1o Tage) und somit absoluter Spitzenreiter bezügl. Preis.

✱ "Jungle Amazon Inn"/recht preisgünstig in Verbindung mit Komfort. An einem Seitenarm des Rio Amazonas, flußab der Abzweigung "Amazon Lodge" gelegen. Somit ca. 2 Std. flußab- Anreise und ca. 3 Std.- flußauf Rückreise nach Iquitos.

✱ "Tamshiyacu Lodge" / rund 9o km den Rio Amazonas flußauf und in den Seitenfluß Rio Tamshiyacu rein. Preise: mittel.

BUCHUNGS–ADRESSE:

AMAZON VILLAGE: Iquitos, Hotel Amazonas, – Lima: Miguel Dasso 167
AMAZON CAMP: Iquitos, Putumayo 196, – Lima: Nic. de Pierola 677/Of. 13
AMAZON LODGE: Iquitos: Putumayo 165, – Lima: Rufino Torrico 889/Of. 3o2
EXPLORAMA: Iquitos: Putumayo 15o, – Lima: Camana 851/Of. 15o1
JUNGLE AMAZONAS INN: Iquitos: Yavari 311, – Lima: G. de la Vega 732/Of. 4o1
TAMSHIYACU LODGE: Iquitos: Putumayo 184, – Lima: Quilca 3o1/Of. 7
AMAZONAS SINCHICUY LODGE, Paseos Amazonicos, Cailloma 714/Lima- Peru

PREISE: liegen im Schnitt zwischen 3o und 9o US $ /Tag und Person, wobei Essen und Transport (Boot) zur Lodge inkl. ist. Große Sachen, wie die 6oo km retour, teils mit Wasserflugzeug zum Explorama Camp erheblich teurer.

Wer vorbucht, wird meist am Flughafen abgeholt. Dazu aber Morgenmaschine aus Lima nehmen, denn die Boote zu den einzelnen Lodges starten meist gegen 9 Uhr. –

IQUITOS- JAIME: ambulanter Makler in Sachen "Urwald- Lodges". Wartet meist am Airport zur Ankunft von Flügen. Beratung ist kostenlos, da er % von den Lodges erhält.Mit Nachname Wagner spricht er fließend Deutsch. Uns hat er fundiert und gut beraten mit viel Sachwissen. Besteht zu hoffen, daß er von jeder Agentur die gleichen Prozente erhält, damit die Beratung objektiv bleibt. Kennt ansonsten viele Tips zu Iquitos, u.a. auch, wo man billig Privat wohnen kann.

URWALDFLÜGE: mit den Wasserflugzeugen der "Explorama". Buchen im Büro Putumayo 15o. Abflug Rio Amazonas, Höhe Hotel Turistas, auf der anderen Seite bei Padre Isla. Aber sehr teuer: 1/2 Std. Rundflug über Iquitos ca. 8o US $ /Person bei 2 Leuten.

MOTORBOOTE mieten: an der Anlegestelle direkt unterhalb Hotel Turistas. Teuer, ca. 15 US $ pro Stunde und Boot.Handeln möglich.

Unterm Strich bringen die Urwaldlodges relativ viel an "Einschnuppern" in den Urwald, – wer knapp bei Zeit ist und auch keine Superabenteuer auf Minimal- Komfortbasis eingehen will. –

HAHNENKAMPF: gibts auch in Iquitos und zwar in der Putumayo, 5. Block. Holzhaus, Bretterverschalungen. Seitlich eine Kneipe unter dem Holzgerüst der Zuschauerränge. Kleine Arena mit ca. 15 m Durchmesser. Hinten die Holzkäfige mit den gackernden Hähne. Jeden Sonntag ab 2o Uhr Veranstaltung. "Coliseo de Gallos".

Moderner Jet- Airport, ca. 6 km außerhalb
Verbindungen siehe Beginn des Iquitos-Teils!

Flüge:

Flüge ab Iquitos: täglich Lima (ca. 1 1/2 Std., ca. 75 US $), ebenso tägl. außer So. nach Pucallpa. – Aeroperu fliegt derzeit 4 mal pro Woche rüber nach Yurimaguas, – Faucett 2 mal/Woche nach Tarapoto.

OFFICE: Aeroperu: Calle Prospero 248, – Faucett: Plaza de Armas

Militärmaschinen der "Grupo 8" (Office Calle Loreto, cuadra 2) derzeit 2 mal pro Woche in Hercules- Propeller nach Lima zur Hälfte des Preises der Faucett bzw. Aeroperu. Flugzeit rund 1 Std. länger. – Abchecken: Flüge mit "Grupo 8" von Iquitos nach Pucallpa–Atalaya – Sepahua (Rio Ucayali) nach Pto. Maldonado und weiter an die brasil. Grenze nach Inapari.

"TANS / 42", Wasserflugzeuge ab Rio Nanay/Bella Vista mit dichtem Flugnetz auf Urwald Routen, allerdings häufig ausgebucht. So an die ecuad. Grenze bei Pantoja, – an die Grenze zu Colombia(Peneya), – nach Pucallpa und nach Ramon Castilla/Grenze Colombia & Brasil. OFFICE: Sarg. Lores Block 2

HELICOPTER, vorwiegend zu Erdölcamps eingesetzt, kann man auch zu Sight- Seeing-Foto- oder Filmtrips mieten. Sauteuer. ca. 6oo US $/Std. für bis zu 5 Personen. Contact: Hotel Amazonas.

Flüge/International: 3 mal pro Woche mit Faucett von Iquitos im Direktflug nach Miami/USA. Günstige Excursion- Tickets, die um 5oo US $ liegen. Ab Peru erheblich teurer, als in Gegenrichtung wegen hoher, peruan. Tax auf Auslandsflüge.

"CRUZEIRO DO SUL", die brasilianische Airline fliegt derzeit 2 mal pro Woche mit modernen Jets rüber nach Tabatinga und weiter nach Manaus. Einfach ca. 65 US $ bis Tabatinga (Excursion ca. 12o US $). Von Tabatinga per Colectivo rüber nach LETICIA/ Colombia mit tägl. Jetflug (billig) nach Bogota, der Hauptstadt Columbias. OFFICE der Cruzeiro do Sul: Putumayo 188.

"AERONAVE" nur Transportflüge ab Iquitos nach Miami. Die wohl größte Airline Perus in dieser Sparte. Kenne aber niemand, der Mitfliegen geschafft hat!

✶ Iquitos → Ecuador:

Definitiv ein Abenteuertrip und nur Leuten zu empfehlen, die über umfangreiche Urwald- Reiseerfahrung verfügen. Zudem unsicher, ob die Grenze derzeit passierbar ist für Gringos nach den Grenzstreitigkeiten zwischen Ecuador und Peru.

Zwei Möglichkeiten: Boot ab Iquitos. Sehr unregelmäßig den Rio Napo rauf Dauert je nach Jahreszeit rund 5 - 7 Tage flußab, bzw. ca. 7 - 1o Tage flußauf, wobei es unsicher ist, ob man ein Direktboot ab Iquitos bekommt.
Grenze bei PANTOJA. Eine Mini- Urwaldsiedlung mit Militärs, einer Hand-

voll Hütten. Keine reguläre Übernachtungsmöglichkeit! Polizei fragen oder die Einheimischen.Das 1 x pro Woche verkehrende TANS- Wasserflugzeug ab Bellavista/nähe Iquitos (siehe Karte) landet im Fluß und ist Alternative zum Bootstrip den Rio Napo aufwärts.

Problem der TANS- Maschine: derzeit nur 1 x pro Woche und eine Mini-Maschine, die oft voll ist. Was zu erheblichen Problemen führen kann, wenn man an der Grenze nicht durchkommt und nach Iquitos zurück muß.

Problem per Boot über den Rio Napo: es ist schwierig, ein durchgehendes Boot ab Iquitos bis Pantoja/Grenze zu bekommen. Wegen superdünner Besiedlung in diesen Urwaldgebieten gehen die Boote unregelmäßig und oft nur auf Teilstrecken. Das kann zu mehrtägigem bis 1- oder mehrwöchentlichem Festhängen unterwegs führen. (Weitere Details S. 519)

NACH unseren Recherchen in Iquitos gibts derzeit eine Form "kleinen Grenzverkehr" zwischen Pantoja/Peru und Nueva Rocafuerte/Ecuador. Angeblich Samstag Permit für die Militärs, So: für Privatpersonen.Kann sich jederzeit ändern!

In jedem Fall: einer der abgelegensten Grenzübergänge Südamerikas mit allen Problemen. Wer diese Route plant, sollte sich vorab exakt in Iquitos bezüglich derzeitiger Regelungen erkundigen. Gute Spanisch- Kenntnise Voraussetzung, um sich bei eventuellen Problemen durchsetzen zu können. Flasche Whisky oder Stange Zigaretten.

Zuständig für Infos ist die Militärkommandatur an der Malecon im ehemaligen "Malecon Palace Hotel", direkt neben Hotel de Turistas/Calle Putumayo- Iquitos. Es kann sein, daß die Militärs oben in Pantoja die Notsituation eines Gringos wegen fehlendem Rücktransport per TANS nach Iquitos ausnutzen. Aber auch vorab die derzeitig gültigen Einreiseformalitäten via Pantoja nach Ecuador abchecken!!

Pantoja nach Nueva Rocafuerte entweder per superteurem Colectivo- Kanu oder Urwaldtrail. Dort gibt es unregelmäßige Militärtransporte per Flug nach Coca, bzw. Kanus.

Erheblich schneller und bequemer ab IQUITOS nach Ecuador ist der "Cruzeiro do Sul"-Flug von Iquitos nach Leticia/Kolumbien, tägl. Flug nach Bogota (ca. 1oo US) und per Bus/Flug an die ecuad. Grenze in den Anden. Oder Flug: Iquitos nach Nordperu/Küste und Bus nach Ecuador.

*Iquitos » → Brasilien (+Kolumbien):

Problemlos mit dem 2 x wöchentl. fliegenden "Cruzeiro do Sul"- Jet nach Tabatinga (ca. 65 US, 3o Min.). – Billiger mit "TANS" nach RAMON CASTILLA im Dreiländereck Peru- Brasil- Colombia. Garnisions Siedlung am Hochufer des sich hier stark vergabelnden Rio Amazonas.Überfahrt nach Leticia/Kolumb. (allerdings teuer, ca. 5 US $!). Von Leticia tägl. Jetverbindung nach Bogota, bzw. vom ca. 4 km entfernten Tabatinga/auf der brasil. Seite Anschluß mit Jets ans brasilianische Flugnetz. Übernachtung derzeit am billigsten in Tabatinga. Weitere Details siehe Seite

Den Bootstrip von Iquitos via Rio Amazonas flußab nach Leticia sollte man sich sparen (ca. 65o Fluß- Kilometer). Ist langweilig auf dem breiten Fluß. Fahrzeit je nach Größe des Bootes und Stärke des Motors, bzw. Fluß- Stand: 3 - 4 Tage flußab. "Amazon Camp"/Iquitos hat sich ein neues und luxuriöses Schnellboot gekauft, das die Strecke in 1 Tag macht, allerdings als "Tour" und relativ teuer. – Weitere Details siehe Seite 444,445, 1o86 – auch zum PKW - Transport Iquitos nach Leticia auf Flußbooten.

② REGION: TARMA

LA MERCED — SAN RAMON — SATIPO — PTO. BERMUDES

Landschaftlich schöne BERGURWALD–GEBIETE, touristisch noch wenig berührt. Pozuzo: Nachfahren von Tirolern, wie auch Oxapampa.

Über SAN RAMON: Alternativstrecke nach Pucallpa via Urwaldroute Pto. Bermudez, – sowie andere Alternativstrecke nach HUANCAYO via Satipo.

LIMA ⋙ TARMA (229 km):

fast komplett asphaltiert, bis auf wenige km oben am Anticona Pass und runde 22 km nach La Oroya bis zur Abzweigung nach TARMA.

Bis La Oroya siehe Seite 69o! Ab hier 2 Strecken runter nach Tarma, die neuere ist erheblich schneller, da besser ausgebaut: 22 km ab La Oroya zunächst Ri. Cerro de Pasco, dann asphaltierte Abzweigung rechts nehmen, über eine karge Hochebene mit Ichu- Gras und Pass. Danach steil in Serpentinen runter über mehrere Etagen (jeweils im Talboden Dorf mit Feldern), die nächste Etage rund 3oo m tiefer.

Siehe auch "URWALD-DETAILKARTE", 2 Seiten weiter!

Tarma: 3.o51 m/38.ooo E.

Angenehmes Andenstädtchen , beliebt bei den Limenos zu Relaxen wegen Klima in geschützter Tallage. Der Ort selber jedoch ohne "Spezielles", aber bester Zwischenstop auf dem Weg in die Bergurwälder zwischen San Ramon und Satipo. Schachbrettstraßen zwischen dem Ortseingang beim Hotel de Turistas (zugleich bester Übernachtungstip für Tarma!) undPlaza de Armas.

Hotels: "Turistas" am Stadtrand zwischen Eukalyptus. Comedor (Essraum) mit den typisch Enturperu- beflissenen, weißbekleideten Mozos (Obern), zweistöckiges Gebäude, Zimmer **groß**, sauber, Privatbad und ruhig. Doppel ca. 12 US $. – Billiger: "Hotel Vargas", 2 de Mayo, Seitengasse von Plaza de Armas, sauber und sehr zu empfehlen. Ca. 6 US $ fürs Doppel mit Privatbad, – "Hostal Dorado", Huanuco 488 nähe Markt, somit rund 1 Block von der Plaza, passabel aber mit ca. 4,5 US $ nicht billig, – "Hostal Central", Huanuco 614 neben Radio Tarma, passabel bis einfach, kostet für's Doppel ca. 4 US $, – "Hostal America", Huanuco 343, ca. 4 US $, – "Ritz", Huanuco 322, ebenfalls Marktviertel, – "Cordova", Amazonas 393, beide passabel bis basic.

Busse: täglich mit "Orellano" und "Hidalgo" von Lima nach Tarma, ca. 6 - 7 Std., ca. 4,5 US $. Hidalgo fährt von Tarma rüber nach Huancayo (ca.3 Std./2 US $)– Die Busse von "Expr. Lobato" ab Calle Amazonas(rund 5 Min. zu Fuß ab Plaza) runter die abenteuerliche Piste nach La Merced. Busse sehen entsprechend Piste aus. Täglich, fahren weiter bis SATIPO! (ca. 6 Std. gemäß Lobato- Office, kann sich aber hinziehen!). Schneller die Colectivos ab Calle Paucartambo/Ecke Huancavelica- Huanuco, die die wilde Schotterpiste runter bis La Merced in ca. 2 Std. machen. Täglich.

Piste quer rüber nach Jauja/Verbindung Huancayo. Busse und Colectivos.

Höhle von Tarma: nach Bericht der Einheimischen längste Höhle Südamerikas, was aber in Lokalpatriotismus etwas übertrieben ist. Die Höhle von HUACAPO (auch "Guaguapo" genannt), an der alten Straße nach La Oroya, ist rund 2 km tief und bis zu 2o m hoch. Sie hat unterirdische Seen und Flußläufe, was ihren Reiz ausmacht. Mit Normalausrüstung kommt man ca. 1oo m rein, weiter nur mit Spezialausrüstung.

Wie Otakar Lukac berichtet: Colectivo ab Tarma zum Pueblo Palcamayo. Sehr klein, ca. 1,5 Std. Fahrt, an der Straße nach Junin. Von der Straße noch ca. 1oo m bergauf zum Höhleneingang. Hier lebt Modesto Castro mit seiner Familie. Haben Ausrüstung für den Besuch der Höhle (Helme mit Licht, Leitern, Seile und Strickleitern.)Wer tief in die Höhle eindringen will, braucht Spezialausrüstung wie Sauerstoff- Flaschen etc., Dauer ca. 2 Tage!

Wir haben die Höhle selber nicht besucht. Nach Auskunft von Einheimischen und O.Lukac erreicht man nach ca. 1oo m (relativ relativ reizlos, Stalaktiten und Stalagmiten) einen Absturz von etwa 7o m in die Tiefe, der per Hängeleitern bewältigt wird.Unten Wasser bis zum Knie, später bis zur Brust. Temperatur um die 12 Grad C.! Später gibts Stellen zum Campen seitlich am Fluß in der Höhle. Viele Tropfsteine, weiß, sehr groß! Die meiste Zeit gehts durchs Wasser. Schlauchboot nützlich, derzeit bei M. Castro nicht erhältlich.

Der unterirdische Fluß macht viele Kurven, teils superschmal, teils breit. Rund 1 km ab Höhleneingang ist der Punkt erreicht, der nur per Scuba- Equipment weiter besucht werden kann. (Angeblich Durchtauchen von ca. 2 Min. eines engen Ganges, unter Wasser) zu einem unterirdischen Saal. Tiefer rein nur mit Sauerstoff-Flaschen, wie auch der Rest der Höhle unerforscht sein soll. Beste Zeit angebl. Sept. bis Nov.

Ostern: Tarma ist in Peru berühmt für seine schöne Osterprozession, bei der tausende von Blumen auf den Straßen ausgebreitet werden. (Hotels meist ausgebucht).

Nun folgt der interessanteste Teil der Strecke; zunächst zügig bergab im Tal, gut asphaltiert bis PALCA. Ca. 1o km hinter dem Dorf endet der Teerbelag: eine Schotterpiste, die sich bald an fast senkrechten Talwänden "runterserpentiert" mit Flugzeug- Panorama vom Busfenster. Links sitzen! Innerhalb von nur 45 km bis SAN RAMON läuft der Bus mehr als 2.ooo Höhenmeter runter, es wird heiß, dichte, tropische Vegetation und in den Fels geschlagene Piste. Die letzten Km im Tal vor San Ramon breit asphaltiert und flott. Gesamtfahrzeit Tarma – San Ramon ca. 1 Std./PKW und ca. 2 Std./Bus, sofern die Piste o.K. ist, d.h. außerhalb der Regenzeit.

San Ramon (825 m/ca. 8.ooo E.) am Rande der Andenhänge. Die Piste führt direkt auf die Plaza de Armas. Viele Anpflanzungen in breitem Tal und passable Hotels (bestes "Conquistador", moderner Neubau, ca. 7 US $; in gleicher Straße "Colon" und "Gran Hostal" , ca. 3 US $). An der Plaza rechts über den Fluß, auf der anderen Seite auf einem Hügelplateau der AIRSTRIPE von San Ramon, wo eine der größten Luft- Colectivo- Airlines von Peru sitzt: die SASA Flugrouten:

1969 gegründet, derzeit 13 Flugzeuge, davon die meisten Cesna (die nur äußerst kurze Landestrecken benötigen), – sowie 2 Bimotor- Propellermaschinen für den Flug über die Anden nach Lima, sowie für Fernstrecken nach Atalaya via Satipo.

Fliegen nach:

Atalaya	Sepahua	Pozuzo	Izcozacin
Oventeni	Pichanaqui	Liobera	Comparachimas
Sepa	Pt. Ocapa	Pt. Victoria	San Juan
Satipo	Pt. Bermudez	Oxapampa	San Pedro

sowie nach PUCALLPA (3 mal pro Woche), nach PT. INCA, YUYA PICHIS und TOURNAVISTA. – Die Landepisten zumeist irgendwo am Fluß. Weiter geht's mit dem Einbaum - Kanu. –

DIE FLUGZEUGE: meist Cesna Typ 4o2 und 2o6 (5- 8 Sitze), Einstieg zwischen den Tragflügel. Vorn hantiert der Pilot, neben dem ihr sitzen könnt, und alles beobachten; Kleines Mikro für den Sprechfunk- Verkehr, Künstlicher Horizont , um festzustellen, ob man steigt oder sinkt, Speed-Messer (meist um 2oo km/Std.!) und diverser Kleinkram. Hinter euch gackern die Hühner, die die Farmer mit ins Flugzeug genommen haben, Yuca - Früchte und andere Habseligkeiten wie Ersatzteile für die Urwald-Hazienda. Unter euch die endlosen Wälder der Amazonas - Randgebiete; der Pilot hat auf seinen Knien die Busch - Karte ausgebreitet und fliegt nach Kompass.–

SOFERN die Urwald- Landepisten nicht per "Linienflug" angeflogen werden (=regulär nach Flugplan), kann man sich zu mehreren für die anderen Landepisten eine Cesna mieten.

LIMA–SAN RAMON: derzeit 1 - 2 mal in der Woche, ein rund 1 stündiger Flug im 28-sitzigen "Aviocar" Bimotorpropeller (ca. 22 US $), der einem viel Zeit spart im Gegensatz zum rund 8 - 1o stündigen Bustrip über die Anden.

SASA–OFFICE in Lima im Airport (neueste Flugpläne!). – Die Militärs (GRUPO 8) fliegen 2 mal im Monat mit Buffalo- Propellermaschinen die Route Lima – San Ramon – Satipo – Atalaya – Sepahua – Pucallpa. Preise ähnlich wie bei SASA.

Vom SAN RAMON- Flugfeld (Länge 1.ooo m, asphaltiert) gehen Colectivos zur Plaza de Armas von San Ramon und zur Plaza von La Merced. Das ehemalige "Hotel de Turistas"/ San Ramon, das direkt neben dem Flugfeld liegt, ist jetzt in den Besitz der "FAP" (Fuerza Aerea Peruana) übergegangen.

Laufend Colectivos von San Ramon über die asphaltierten 1o km rüber nach ★ La Merced (75o m/ca. 1o.ooo E.). Der kompakte Ort liegt auf einem Hügelplateau links neben der Straße mit zwei Auffahrten, wo in mittelalterlicher Manier Straßenzoll für den Besuch des Ortes mit PKW kassiert wird.

Das Leben konzentriert sich um die baumbestandene kleine Plaza (Rest., Hotels, Abfahrt von Bussen und Colectivos). Beide Orte, San Ramon und La Merced laufen vielfach auch unter dem Namen "Chanchamayo", wenn man in Lima nach Busverbindung fragt! Lohnen sich kaum für längeren Aufenthalt, aber angenehmes Klima mit Temperaturen um die 3o° C das ganze Jahr über und reiche Anbaufelder in der Umgebung: Kaffee-, Kakao, Ananas- und Orangenplantagen. Wichtig, da Verkehrsknotenpunkt sowohl Ri. Oxapampa & Pozuzo wie auch rüber nach Satipo.

Hotels: "San Felipe", 2 de Mayo nähe Plaza, sehr basic, ca. 3 US $, – ebenso "Hostal Lima" und "El Chuncho", alle nähe Plaza. – Besser: "Hotel Santa Rosa" bei Plaza und "Cristiana", Tarma 258, sowie "Cosmos", Pierola Ecke Passuni. – Das, direkt an der Plaza liegende "Gran Hotel La Merced"/Tarma 576 mit rund 3 US $ ok. und Tip;, die Zimmer teils mit Blick auf Plaza. – Als bestes Hotel in den beiden Orten erschien uns das "Conquistador" drüben in San Ramon. Welcher der beiden Orte besser ist, wer in der Billigklasse pennen will, ist schwer zu sagen. In beiden wird nach Einbruch der Dunkelheit ziemlich schnell der Bürgersteig hochgeklappt.

Busse/Colectivos: Lima: mehrmals tägl., ca. 8 - 1o Std./ 8 US $, – Tarma: am besten de schnellsten und bequemsten per Colectivo. Mehrmals tägl., ca. 1 Std./2,5 US $ Satipo: täglich über interessante Urwald & Kolonisationsstrecke im Anfang entlang des Rio Perene, ca. 4 Std./4,5 US $ per Colectivo (und dem Bus vorzuziehen). – Pozuzo: via Oxapampa. Bus braucht für die 161 km runde 7 Std. und mehr. Bequemer mit der 2 mal/Woche verkehrenden SASA- Cesna (ca. 45 Min Flug/16 US $). – Huancayo: täglich Busse, sowohl Route via Tarma, alsauch via Satipo, dort dann umsteigen.

(1) Der Trip rüber nach OXAPAMPA – POZUZO ist beschwerlich und langwierig, streckenweise aber landschaftlich sehr schön. Durchgehend Schotter/Erdpiste durch üppige, tropische Vegetation entlang des Rio Chanchamayo. 15 km nach La Merced rechts Abzweigung nach SATIPO über neue Stahlbrücke (Details zu dieser Route später!). Auf den nächsten 66 km steigt die Straße auf 1.78o m. Wer früh am Morgen in La Merced startet, kann eventuell bis Pozuzo am selben Tag durchkommen, Umsteigen aber in Oxapampa nötig.

* Oxapampa (ca. 6.ooo E.) lebt vorwiegend von Landwirtschaft und Holz-Buissenes. Basic- Hotels und Restaurants. Airstripe am Rande des Ortes, wird aber derzeit nicht von der "Sahsa" angeflogen und ist per "Air" nur durch Anmieten einer kompletten Cesna (4 Sitze) zu erreichen. – Busse/LKW oder Colectivo täglich nach Bedarf. ın der Regel 2 mal/Tag rüber nach Pozuzo über eine wilde Erdpiste durch abgelegene Bergurwälder mit teils Rodungen von Siedlern. In der Regenzeit (Dez. - März) ist die Piste oft nicht passierbar, bzw. man kann auf Tage festhängen oder keinen Rücktransport ab Pozuzo via Piste bekommen.

TIP: Oxapampa ist auch im Direktbus ab Lima ("Empr. Los Andes") zu erreichen, ein allerdings superharter und langwieriger Trip, den man besser in San Ramon oder La Merced unterbricht.

* Pozuzo: Siedlung von Nachkommen von Tirolern und Rheinländern, die Mitte des vergangenen Jhd's von der damaligen Regierung in dieses entlegene Bergtal geholt wurden (inkl. eines Versprechens des Baus einer Strassenverbindung, die aber erst vor ca. 1o Jahren mit deutscher und österreichischer Finanzhilfe gebaut wurde). Gegründet 1859 und schon ein eigenartiges Gefühl, so weit weg von Europa plötzlich blonde und blauäugige Kinder zu sehen, wie kantige und typische Tiroler Bergbauern. Mit ungeheurem Fleiß wurden die Berghänge gerodet. Der Ort teils in alpenländischer Architektur.

Unterkunft: es gibt 2 Hotels. Das bessere liegt am Ortsrand nähe des Airstripes für die "Sahsa"- Cesna- Maschinen aus San Ramon: "Hostal Tirol", bei 6 US das Doppel relativ teuer, mit Privatbad und das Haus in tyroler Stil erbaut. Nachteil allerdings, daß man ca. 1 Std. in den Ort laufen muß. – Im Ort selber gibts das einfache "Hostal Maldonado", sehr sauber, 2 US $, Gemeinschaftsbad. Beide haben Restaurantbetrieb, das "Hostal Maldonado" gleichzeitig einen aufgestauten Bach als Natur- SW- Pool.

Die Cesna- Sportmaschine der "Sahsa" macht Pozuzo in der Regel 2 mal in der Woche regulär, ein sehr lohnender Flug, wer auf Szenerie und Abenteuer aus ist. Allerdings bei schlechten Witterungsverhältnissen sehr häufig aus Sicherheitsgründen Flugstornierungen!

GEPLANT ist zwar eine Pistenverbindung von Pozuzo rüber nach Tomayrica (ca. 9o Km Piste), wegen hoher Baukosten und schwierigem Gelände jedoch seit Jahren nicht in Angriff genommen. Es ist Teilstück der "Marginal de la Selva", der Piste entlang der Anden- Bergurwälder im Amazonas von Kolumbien nach Bolivien (siehe "Allgemeine Infos/Peru" am Ende dieses Peru- Teiles!).

Als Trail möglich. Dauert ca. 4 Tage, hat aber ab Tomayrica superschlechten Anschluß nach Huanuco. Besser ein existierender Trail direkt von Pozuzo nach Huanuco, der aber nicht ungefährlich sein soll wegen Drogenschmuggel. –

Ein anderer Trail führt von POZUZO über die Cordillera Yanachaga rüber an den Rio Pachitea. Ca. 4 Tage harter Marsch. Es geht über hohe Pässe, unterwegs kaum Siedlungen, landschaftlich ungemein lohnend mit teils fantastischen Panoramablicken! Allerdings als Trail sehr schwierig zu finden.

"Otakar Lukac"/Peruvian Expedition bietet diesen Trail für runde 5o US/Tag und Person an. Vom Preis her absolut fair, wenn man sonstige Abenteuertreckings vergleicht.

Kontakt über "Peruvian Expeditions", 141 N.E. 3rd Ave. /Suite 111o

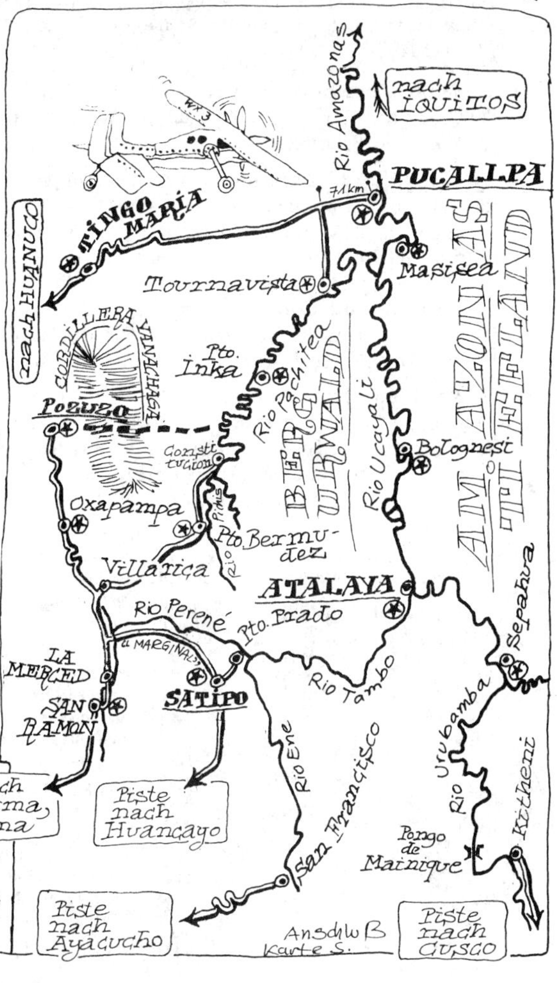

Miami/Fla. 33.132/USA. – Otakar Lukac hat mich zwar im Verlag persönlich besucht und die Details seines Trails vorgelegt, – ist aber leider seit rund 1/2 Jahr brieflich in Miami nicht mehr erreichbar, da keinerlei Antwort kommt. Daher unklar, ob er den Trail noch anbietet.

Wer den Trail auf eigene Faust macht: mit Bitte um Nachricht und Infos. Nach uns vorliegenden Infos soll es sehr schwierig sein, in POZUZO Führer und Tiere (für Gepäck) zu bekommen. Noch schwieriger: Detailkarten zur Region von IGM/Lima, was den Hike erschwert, bzw. gefährlich machen kann, wegen vielfältiger Verzweigungen unterwegs.

Der Rio Pachitea wird am 3. Hikingtag erreicht, wo es Hütten am Fluß gibt und unreregelmäßigem Außenborder- Kanuverkehr nach PTO. INKA durch dichten Bergurwald. Fantastische Flußfahrt, da der Fluß hier noch ganz schmal ist und das "Amazonas-Feeling" bringt, was man unten im Tiefland nicht mehr findet. Ab PTO. INKA (Basic Hotels)gibts sowohl Fluß- Peque- Peques runter nach TOURNAVISTA (Piste nach Pucallpa mit tägl. Colectivos auf der Straße), sowie Cesna- Flugverbindung, – beide nach PUCALLPA.

Ohne oben beschriebenem Hike von Pozuzo zum Rio Pachitea ist ab POZUZO der Rücktrip fällig, außer man chartert sich eine Cesna nach Ptc Inka am Rio Pachitea.

(2) ALTERNATIVE: fertiggestellt ist eine Piste von Villarica (auf halber Strecke zwischen La Merced und Oxapampa), - rüber nach Pto. Bermudez. Hat nunmehr tägliche Verbindung, sofern die Regenzeit die Piste nicht unbefahrbar macht (Colectivos, ca. 8 Std. ab San Ramon/La Merced). Ein abenteuerlicher Trip, der aber viel an Bergurwald- Feeling bringt. Kurz hinter Villarica wird die Cordillera Azul in einem Pass überquert ("Abra Chivis"). Danach runter in die Bergurwälder. Die runden 8 Std. für insgesamt nur c 9o km ab La Merced sprechen für sich!

In Pto. Bermudez Basic- Übernachtung möglich. Weiterer Pistenausbau in Planung, bzw. Realisierung. Die Piste ist derzeit bis Constitucion fertig un soll rauf bis Pto. Inka, Tournavista geführt werden. Solang noch nicht fer wird die Strecke per Fluß mit unregelmäßig verkehrenden Fluß- Colectiv bedient, sowie mit den Cesnas der "Sahsa".

DIE STRECKE via Pto. Bermudez ist zugleich interessante Alternativroute zum o8 Standarttrip der meisten Gringos von Lima nach Pucallpa. Macht Spaß, da sie im Ge satz zur Hauptroute via Tingo Maria, durch einsame und oft unerschlossene Gebiete Bergurwaldes führt, – ist aber zeitlich nicht exakt vorkalkulierbar.

Zunächst ab Lima mit dem Bus nach San R mon/La Merced (ca. 8 - 1o Std./8 US $, tä mehrere Busse; eventuell Zwischenstop in T ma einlegen!). Wer knapp mit Zeit ist, kann auch mit der "Sahsa" von Lima nach San R mon fliegen.

Von San Ramon entweder mit dem Sportfl zeug der Sahsa rüber nach Pto. Bermudez. Flugzeit ca. 1/2 Std., ca. 11 US $ und gro artiger Flug über den Bergurwäldern! Oder mit dem Pick-up- Colectivo über die oben beschriebene Piste San Ramon – La Merced – Villarica – Pto. Bermudez, ca. 8 Std.

Bootsverkehr im Bergurwald

Ab Pto. Bermudez gibts etwa 2 mal/Woche ein "deslizador" (Kanu mit Motor), das teilweise bis runter nach Pucallpa, teils jedoch nur bis Pto. Inka fährt.Je nach Stärke des Motors beträgt die Fahrzeit von Pto. Bermudez bis Pto. Inka auf dem eng verschlungenen Rio Pichis rund 1 - 2 Tage. Dicht wuchernde Urwaldvegetation und landschaftlich definitiv ein Bonbon! Regenkleidung unabdinglich, ebenso Ersatzkleidung, die regengeschützt im Rucksack verstaut werden muß.

Die Boote fahren ab Pto. Bermudez nur während regenreichen Monate, da der Fluß bei Pto. Bermudez noch ungenügende Wassertiefe hat. Wenn der Wasserstand nicht ausreicht: per Colectivo über die Piste Ri. Concepcion und dort weiter per Boot. Infos in Pto. Bermudez. Ebenfalls per "Sahsa"- Flug zwischen Pto. Bermudez und Pto. Inka möglich, 3 mal/Woche, ein fantastischer 1 1/2 Std. Flug knapp über den dichten Bergurwäldern für 17 US $.

PTO. INKA (ca. 3.000 E.) hat ebenfalls Basic- Hotels. Gut ist die Herberge des Tschechen Jose Mataush, der auch Führer zu den naheliegenden Goldwäscherregionen besorgt. (Details siehe "Pucallpa- Text"!). Ab Pto. Inka tägl. "peque- peque"- Außenborderkanus nach TOURNAVISTA (Fahrzeit je nach Stärke des Motors 1/2 bis 1 Tag). Dort gibts täglich über eine Piste Verbindung nach Pucallpa. Ebenfalls gibts "Sahsa"- Flugverbindung von Pto. Inka nach Pucallpa. Die Sache per Fluß zu machen, ist weniger lohnend, da der Fluß bereits zu breit ist.

Wer den Trip macht: wir freuen uns über ergänzende Infos! – ACHTUNG: ab Pozuzo gibts außer dem bereits angeführten Trail rüber zum Rio Pachitea (unbedingt Führer mitnehmen, da das IGM- Kartenmaterial nicht ausreicht!), – keine andere Verbindung. Die "Sahsa" unterhält derzeit keine reguläre Flugverbindung zwischen Pozuzo und Pto. Inka. Somit nur per gemieteter, kompletter Cesna- Maschine möglich. Das wird teuer, wenn sich nicht 3 Passagiere einfinden.

(3) Flußtrip via Rio Perene und Rio Ucayali nach Pucallpa:

Joachim Hofmann ist die Strecke gefahren; man braucht aber genügend Zeit. Einstieg: ist SAN RAMON (per Bus oder Flugzeug). Der Fluß aber für Flöße und Faltboote noch nicht geeignet, da zu reißend.

Landschaftlich fantastisch für den Flußtrip der Rio Perene (siehe unsere Streckenbeschreibung San Ramon – Satipo!). Oder per Bus bzw. Sahsa rüber nach SATIPO. Hier ist eine Piste derzeit 15 km vor PUERTO PRADO angekommen (dürfte bald fertig sein!), dem wichtigsten Hafen am Rio Tambo (= in Fortsetzung der Rio Ucayali — Pucallpa/flußab. Bzw. der Rio Ene/flußauf mit (sehr unregelmäßigen und meist nicht durchgehenden)Kanu- Verbindungen zum Flußhafen SAN FRANCISCO mit Piste/Bussen rauf in die Anden nach Ayacucho.

In PTO. PRADO nur limitierte Essensversorgung, besser aus Satipo mitbringen. Unregelmäßige Bootsverbindung (fahrende Händler) in Canoas, rund 12 m lang, die bis zu 25 Leute fassen. Mit 2 Motoren wegen teilweise sehr starker Strömung. Der Fluß ist breit und hat nicht mehr den Reiz wie z.B. der Oberlauf des Rio Pachitea (siehe Vorseite!).

Unterwegs in Urwaldsiedlungen: Yuca, Bananen und Papaya wie andere Tropenfrüchte. – Reis und Bohnen, Konserven etc. dagegen schwierig zu bekommen und besser mitbringen. Gute Chancen für Flußfisch, den es im Überfluß gibt (starke Nylonschnur oder Draht). Trinkwasser: Katadyn Filter. Gegen die "Matablancas" (Moskitoschwärme, die nachts und am frühen Morgen über den Sandbänken liegen) hilft, – wenn überhaupt nur eine Kerosin Lampe, Jeans und dickes Hemd. Es geht durchs Gebiet der CAMPA-Indianer, die, wie Joachim berichtet, insbesondere für Medikamente sehr dankbar sind (Augenkrankheiten, Rheuma, Durchfall, viele Brandverletzungen!). Schlafen, außerhalb der Regenzeit auf Sandbänken, leichtes Zelt oder Plane mitbringen. Wasserfestes Feuerzeug. Viele weitere Tips zu Urwald- Flußfahrten: siehe "Peru/Allgem. Tips".

ATALAYA: wichtigste Urwaldsiedlung für einen Umkreis von 600 km im Amazonas-Tiefland. Liegt am Zusammenfluß des Rio Tambo mit dem Rio Urubamba (bezüglich des sehr lohnenden Flußtrips auf dem Rio Urubamba von Cusco/Quillabamba- Kitheni durch den Pongo de Mainique siehe Seite 79o.)

Atalaya hat 2 Basic- Hotels ("De Sousa" an der Plaza de Armas und "Esperanca"), Restaurants und eine Landepiste für Flugzeuge. Diese allerdings ca. 2o Min. zu Fuß vom Centro entfernt, kein Transport.

Täglich kleinere Propellermaschinen der "Aquilla" nach Satipo, bzw. 2 bis 3 mal mit der "Sahsa" via Satipo von San Ramon. Somit auch erreichbar, wer den Trip nicht per Fluß machen will. – Ebenfalls gibts ca. 2 mal im Monat eine Flugverbindung mit den kräftigen Herkules- Propellerflugzeuge n der Militärs (Grupo 8) via Pucallpa – Atalaya– nach Pto. Maldonado und weiter nach Inapari an der Grenze zu Brasilien. Ebenfalls großes Bonbon für Abenteurer- Querverbindungen im Amazonas- Tiefland Perus!!

Die Strecke Atalaya – Pucallpa wird mehrmals pro Woche beflogen. Alles Propeller-Maschinen und frühzeitig buchen! Bei Tropengewittern gibts Flugverschiebungen bzw. Stornierungen. Dies oft auf mehrere Tage.

Ab Atalaya sporadische Flußboot Verbindungen runter Ri. Pucallpa. Der Fluß ist bereits sehr breit; das stärkere Erlebnis vermutlich im Dschungelpropeller!

Nächste größere Siedlung ist BOLOGNESI (ca. 3o Leute), viele Flußverzweigungen. Ab MASISEA (häufige peque-peques nach Pucallpa) der Fluß definitiv uninteressant, da bereits zu breit. Joachim Hoffmann, der den Trip ab Pto. Prado mit dem Faltboot gefahren ist, weist darauf hin, daß man wegen der Breite des Flusses und dem starken Strömungsdrucks der Wassermassen schon ca. 1 km vor Erreichen des Ortes sich entscheiden muß, auf welcher Stromseite man zum Anlegen will. Später geht nichts mehr mit "quer- Rüberpaddeln"! Satipo – Pucallpa via Fluß ca. 7 bis 14 Tage.

WARNUNG vor unüberlegten Urwaldtrips per Kanu/Faltboot etc. , ohne daß umfangreiche Kenntnis zu Ernährung (Urwaldfrüchte/Fische) vorhanden ist, medizinische Vorsorgemaßnahmen etc. – Leute wie Joachim Hoffmann oder Fred Wagner (Trip den Rio Urubamba runter) haben vorher längere Zeit im Urwald gelebt. Man reist total abseits der ausgetretenen Touristenrouten. Wenn was schief geht, ist man völlig auf sich selber angewiesen (und auf das Know How). Auch nicht glauben: nur 2 oder 3 Tage warten, und schon hat man das peque- peque den Rio runter von Pto. Prado nach Atalaya.

Die Strecke per Urwald- Sportmaschinen braucht zwar Zeit in Reserve, ist aber sicher lohnend, wer auf Komfort verzichten kann und interessant als Alternative zum Direkttrip Lima – Tingo Maria – Pucallpa!

SAN RAMON/ LA MERCED ➳ SATIPO ➳ HUANCAYO:

Landschaftlich sehr lohnende Alternativ- Route zum ausgetretenen Direkttrip ab Lima nach Huancayo.

Bus ab La Merced (tägl., bequemer das tägliche Colectivo, das ca. 4 Std, braucht mit diversen Stops unterwegs). Wir haben im VW- Käfer die Strecke in rund 2 1/2 Std. geschafft, dies allerdings bei "superheißem" Reifen, der dann auf der Piste rauf nach Huancayo ausstieg (= "pssst" und flach!).

Zunächst am Rio Chanchamayo links bergab durch viel tropische Vegetation bis zur Brücke über den Fluß und Beginn der "MARGINAL" - PISTE nach Satipo. Gut in Schuß, mittelbreit, Schotter und Bodenrippen. Wer Bus oder Colectivo nach Satipo fährt: links sitzen!

Anfangs entlang des Rio Perené fantastische Szenerie: hohe, bewaldet Berge, dazwischen schmal der Fluß. Öfters unten Sandbänke, wo lange Kanus liegen. Hütten auf Pfählen. Früher Campa- Indianergebiet, jetzt "integriert". Mehrere Siedlungen rechts und links des Flusses, per Seil und Transportbrett verbunden. Mit der Hand zieht man sich am Seil rüber oder eine Seilwinde ist auf der Plattform instaliert.

Seit Bau der "Marginal" parallel zum Fluß hat sich der Flußverkehr über Long- Distance praktisch auf Null reduziert; Fortbewegung auf der Straße schneller. Die Boote verkehren praktisch nur noch in die Nachbardörfer, bzw. schmale Seitenflüsse, die in den Rio Perené münden. Wer viel Zeit hat, bzw. eigenen PKW, kann ab PTO. IPOQUI/Dorf direkt an der Marginal mit gemietetem Motorboot schöne Flußstrecke (ca. 1 1/2 Std.) zu Wasserfällen/ Kaskaden fahren.

Größter Ort ist PICHANAQUI, etwa auf halber Strecke zwischen San Ramon und Satipo. Mit Basic- Hotel am Ortseingang Ri. La Merced und Tankstelle. Das Straßendorf jedoch ohne jeglichen Reiz. Kurz danach biegt die Marginal landein rüber nach Satipo durch Hügelland.

✱ Satipo: 775 m/ca. 7.000 E.

Von Hügeln umgeben, Straßen in Quadrat mit Hauptleben um die Plaza de Armas und Mercado (1 Block Ri. Fluß). Tropisch heiß und auch abends viel Leben! Zentraler und wichtigster Ort mit vielen Siedlungsprojekten der Umgebung und wichtigem Airstripe nähe Plaza, über den tagsüber permanent die Cesna- Minipropellerflugzeuge rüber in die Urwaldgebiete fliegen.

Hotels: "Majestic", bestes im Ort, direkt an der Plaza. Sauber. Am schönsten die Zimmer mit Fenster vorn raus Richtung Plaza, aber morgens ab ca. 7.30 Uhr recht laut. Für das Doppelzimmer mit Privatbad ca. 10 US $. – "Hostal Palmero" am Mercado: sehr basic, ca. 4 US $ und teuer, – "Hostal Central"/Calle Girasola nähe Plaza ist absolut nicht bestes im Ort, wie ein deutscher Peru- Guide empfiehlt. Superbasic, trotzdem ca. 4 US $ Doppel. – "Hostal Huancayo" an der Straße zum Airfield", etwa 5 Min. zu Fuß von der Plaza. Passabel, ca. 4 US $.

Restaurants: mehrere um die Plaza und Markt. Erstaunlich viele davon Chinesen. Bestes ist das "Chaval" /Plaza nähe Taxistand, weitere "Chifa los Delices" und "Chifa Oriental". Cebiches gibts in der "Cebicheria y Picanteria Sabor a Norte" neben dem Central-Hotel. Eis und Drinks im "Gotes Cafe"/Plaza. Haben auch eigene Espresso- Maschine, was von unschätzbarem Vorteil ist. – "Cafe/Bar Azul" ist bestes für eine solide Frühstücks- Basis im Magen.

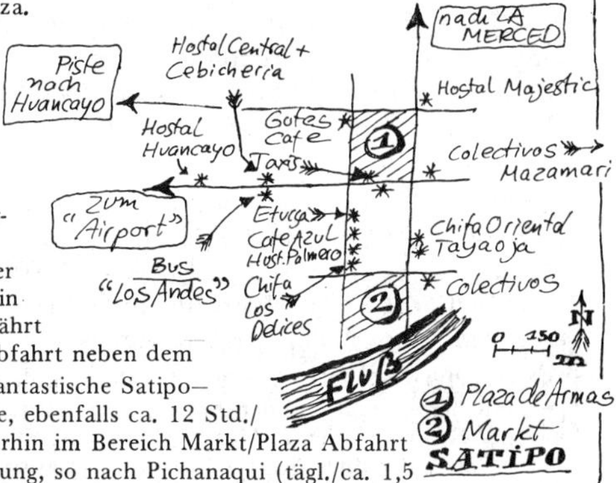

Busse/Colectivos:
Mit Bus "Tayacaja" tägl. via La Merced (ca. 2,5 US $) nach Tarma (ca. 3,5 US $) und Huancayo. Ein rauher Trip von ca. 12 Std. , insbesondere in der Regenzeit. – Optisch "direkt" fährt "ETUCSA"/Bus nach Huancayo (Abfahrt neben dem Cafe Azul) über die landschaftlich fantastische Satipo– Conception – Huancayo- Direktpiste, ebenfalls ca. 12 Std./ beide täglich. (ca. 5 US $). Weiterhin im Bereich Markt/Plaza Abfahrt von Colectivos in die nähere Umgebung, so nach Pichanaqui (tägl./ca. 1,5 US $) und Mazamari (tägl. ca. 1 US $). – Die Urwaldpiste rüber nach PTO. PRADO ist wichtigstes Straßenprojekt im Bereich Satipo, da sie schnellen Warentransport- Anschluß an das peruan. Amazonasflußsystem (Atalaya/Pucallpa) herstellt; bisher liefen die Transporte auf dem Fluß, der kurz vor Pto. Prado durch einen 2 km Pongo läuft. Piste seit vielen Jahren im Bau und kurz vor Pto. Prado. Fertigstellung inkl. Colectivo-Verbindung demnächst zu erwarten!

Flüge: etwa 8 Min. zu Fluß von der Plaza. Eine Gras & Sand- Landepiste, lang genug für die Hercules- Propeller der Grupo 8 und des Bimotors der SASA. Die Aeronautic ist derzeit in einem Armee- Zelt seitlich der Piste untergebracht. Das Flughafengebäude ein Holzschuppen sympathisch zwischen Tropenbäumen.

"FAB"/Grupo 8 fliegen 2 x /Monat: Lima – San Ramon – Satipo – Atalaya – Sepa – Sepahua – Pucallpa.

"AGUILA" (Hauptoffice Lima/Paseo de La Republica 3295) täglich nach Atalaya (ca. 1/2 Std. Flug, 11 US $) und nach Pucallpa (ca. 1 1/2 Std., 22 US $). Ebenso Flugzeug- Mieten möglich/ca. 1oo US $ pro geflogene Stunde und Maschine (= 5 Personen), Warten inkl.

"SASA" : Regionalflüge auf Charterbasis, sowie mehrmals /Woche rüber nach Atalaya, Maschine kommt von San Ramon/ teils Lima. – "ALAS DE ESPERANZA", Cesna-Propellermaschinen der Missionare, rege Aktivitäten ab Satipo, Mitfliegen leider behördlich verboten. – Keine Linienflüge von Satipo nach Huancayo.

Satipo ➳ Huancayo: 231 km

Der 231 km Feldweg geht zunächst in 4 Std. - Anstieg zwischen tropischer Vegetation am Fluß entlang. Landschaftlich teilweise großartige Strecke mit vielen Schmetterlingen, mehrere, kleinere Siedlungen, in denen es "Coke" und Benzin aus Fässern gibt. Sehr dünner Verkehr, ausser den 2 Bussen pro Tag so gut wie kaum PKW's oder LKW's, da Piste zu schmal und kurvenreich.

Etwa Km 64: Brücke, links Wasserfall mit Pool. Enges Bergtal mit dichter Vegetation. Ewige Serpentinen immer weiter rauf in höhere Etagen, was der Fluß ruck- zuck per Wasserfall erledigt.

Etwa nach 6 - 8 Std. wird die Passhöhe erreicht: Felsen, mit rotbraunen Moosen bewachsen, oben gelbverdorrtes Gras und Lagune, die je nach Lichteinfall grauoliv bis tiefblaue Farbe zeigt. Schneidendkühler Wind zum Fenster rein, daß man sich den Pullover bis zum Hals zuzieht. Herrliche Farbkontraste. Gipfel der Berge teils schneebedeckt. Bezüglich Fahrerei aber erst Halbzeit. Was folgt: endlose Serpentinenkurverei an Andentieftälern, – fantastische Panoramarundblicke, superschmale Schotterpiste, die sich irgend wo 5oo - 7oo m oberhalb des Talbodens an steilen Hängen entlangwindet. Dörfer in Sichtweite am Hang, aber meist erst nach 1- stündiger Kurverei um Seitentäler zu erreichen.

Panorama über Anden- 5.ooo- ender. Ab COMAS (Mini- Mini- Dorf/Benzin vom Fass) wieder mehr Leute, Schafe/Lamas, Hunde und Häuser, aber die Strecke nimmt einfach kein Ende. – Trifft bei SAN ANTONIO DE OCOPA/CONCEPTION auf die asphaltierte Lima – Huancayo Straße. Noch ca. 15 Min. bis Huancayo, alle atmen auf!

DIE SATIPO–HUANCAYO–PISTE gehört zu den schönsten Strecken zwischen dem peruanischen Urwald und den Anden, da sie nicht so breit und bequem ausgebaut ist wie z.B. Huanuco – Tingo Maria. Sie verläuft weitgehend auf dem alten Franciscaner-Padres- Trail, der Ende des 17. Jhd's von der Missionsschule San Antonio de Ocopa runter in den Urwald geschlagen wurde und lässt noch von den Schwierigkeiten des Pistenbaus in diesem steilen und unwegsamen Gelände spüren!

BUSSE brauchen auf dem Papier ca. 12 Std. (dehnt sich in der Realität auf ca. 15 Std. und mehr, je Jahreszeit aus). Höchster Pass: 4.2oo m beim Dorf COMAS. Während der Monate Dez. – März d.h. in Regenzeit häufig Schwierigkeiten und problematisch, da viele Bäche und Flußläufe "roh", also auf dem Bach/Flußbett durchquert werden.

Außerdem realisieren: wenn der Bus im Laufe des Vormittags in Satipo startet, sieht man allenfalls den Teil bis Bereich Passhöhe bei Tageslicht. Garnicht so schlecht, denn den Teil danach würde ich ein 2. Mal mit eigenem PKW nur bei Nacht fahren, da superschmal und kurvenreich; dies besonders attraktiv bei entgegenkommenden Fahrzeugen, wenns rechts 5oo m fast senkrecht runter geht! Nachts durch Scheinwerferlicht besser abzutaxieren, ob in Kurven was entgegenkommt!

Wir haben mit VW- Käfer Satipo »→Huancayo in 8 - 9 Std. gefahren. Stop nur zum Auftanken vom Fass, bzw. für menschliche Bedürfnisse. – UNTERM STRICH: lohnend!!!

PERUAN. - ANDEN SÜDÖSTL. VON LIMA

Lima »→ Cusco:

Am bequemsten: per Flug (ca. 1 Std./ 82 US $ mit "Aero-Peru" oder "Faucett"- Jet, mehrmals täglich ab Lima.

Bus direkt: entweder über Pisco oder Nasca, ein harter Schotter-Trip, da nur der Panamericana- Teil an der Küste asphaltiert ist. 2 - 4 Tage Nonstop. Ersparnis: runde 6o US $.

Entweder als "SÜDSCHLEIFE", die die interessantesten Gebiete der peruanischen Sierra und Costa berührt (ca. 2 - 3 Wochen per Bus, inkl. Stops): wer wieder zurück nach Lima muß, – oder als Verbindung nach BOLIVIA.

Die landschaftlich interessanteste Verbindung ab LIMA nach Cusco geht durch die Anden.

LIMA »→ NASCA »→ CUSCO: derzeit die schnellste Direktverbindung ab Lima, die zunächst die Panamericana bis Nasca folgt (Asphalt), um dann auf die Schotterpiste in die Anden über Abancay abzubiegen. 3 mal in der Woche mit "Hidalgo" (ca. 2o US $, 2 Tage, wenn die Piste o.K. ist.) – 1.14o km.
In der peruanischen Regenzeit (Dez. bis März) sind alle 3 Routen oft mit längeren Fahrzeiten verbunden. Siehe Seite 85o

LIMA – PISCO – AYACUCHO – ABANCAY – CUSCO: an Km in etwa gleichlang, aber an Fahrzeit bei guter Piste rund 6 - 8 Std. länger, da der Andenstreckenteil mit Schotter und Serpentinen länger ist. Durchgehender Busverkehr derzeit kräftig reduziert wegen Terroristen- Aktivitäten im Raum Ayacucho. Wer nach Cusco will, zie ht die Strecke über Nasca vor, die Ayacucho umgeht. Siehe Seite 84o.

LIMA – HUANCAYO – AYACUCHO – CUSCO: die bisher "klassische" Gringoroute. Derzeit keine durchgehenden Busse. Umsteigen in Huancayo und Ayacucho. Landschaftlich die mit Abstand interessanteste Route. Im folgenden beschrieben. Wer Angst vor Ayacucho hat (ich persönlich habe keine; was man sieht: allenfalls gepanzerte Fahrzeuge* zum Schutz der Bevölkerung, und schade, daß Ayacucho, das eine der schönsten und interessantesten Andenstädte Perus ist, vom Tourismus ausgeklammert wird), – der sollte zumindest HUANCAYO machen, einmal wegen der Eisenbahnfahrt, – zum anderen wegen Markt, Lage und Umgebung! Notfalls nachts nach dem Markt zurück mit dem Nachtbus, der gegen Abend Huancayo verlässt und in den frühen Morgenstunden wieder in Lima eintrifft.– Interessante Alternativroute: von Lima über die Anden nach Tarma und weiter durch den Bergurwald nach SATIPO. Von hier tägl. Busverbindung rauf nach Huancayo. Im Vorkapitel beschrieben!
Achtung: auf allen 3 Routen kann es während der peruan. Regenzeit (Dez. - März) zu längeren Fahrzeiten kommen!(Lima–Huancayo dagegen problemlos, da asphaltiert).

FLUG: mehrmals tägl. Lima – Cusco direkt, ca. 82 US $ einfach, 1 Std. Ebenfalls tägl. Flüge nach Ayacucho, sowie zwischen Ayacucho und Cusco. Weiterhin tägl. Lima – Arequipa – Cusco. Dringend rechtzeitig reservieren zu Ferienterminen aber auch zur Hochsaison Juni bis Sept.

LIMA ⟶ HUANCAYO ⟶ AYACUCHO ⟶ CUSCO (1.17o km)

Eine der schönsten Andenstrecken Perus: bis HUANCAYO entweder per Bus (mehrmals tägl.) oder, lohnender per Zug. Höchste Normalspurstrecke der Welt, die innerhalb weniger Km rauf auf 4.7oo m klettert!

Lima ⟶ Huancayo: 298 km per Straße, – 314 km/Eisenbahn, – ca. 9Std.

BUS: ca. 8-9 Std.,4 US S tägl. ZUG: 9 Std./4 US S tägl. außer So. COLECTIVO: 5Std/6U
Unbedingt per Zug! Das Gleis, von Chinesen um die Jhd.- Wende gebaut, überwindet in 2oo km Strecke einen Höhenunterschied von 4.7oo m!! Aufregender Streckenverlauf am Steilhang der Andenkette, – Abfahrt "Ferrocarril Central" hinter dem Regierungspalast an der Plaza de Armas. Wenige Schritte entfernt vom Trampertreff "Hotel Europa" entfernt. Das Eisenbahngebäude in altem, viktorianischen Stil.

ABFAHRT: tägl. außer So., morgens früh gegen 7 Uhr. Bis Huancayo ca. 9 Std.. Besonders für den Samstag- Zug unbedingt vorbuchen! Die 1. Klasse ca. 4 US $. Beide Klassen mit gepolsterten Sitzen, die 2. Klasse aber meist

Eisenbahnbau: die "LA OROYA"- Linie war eines der teuersten Bahn- Projekte Perus. Baubeginn Mitte des vergangenen Jahrhunderts. Das "Stanford Compendium", bearbeitet von dem damals noch jugendlichen, – später berühmten Naturforscher H.W. Bates, dessen Orginalausgabe von 1885 ich durch Zufall in der Toscana ausgegraben habe (war total fasziniert in der Lektüre des damaligen Erforschungs- und Entwicklungsstandes Südamerikas) beschreibt die La Oroya- Linie als "superteuer", und im Kartenmaterial bis fast Passhöhe damals bereits fertiggestellt eingezeichnet. Die Arequipa–Puno- Linie ist bereits eingezeichnet, Cusco noch nicht mit Puno verbunden!

Technische Meisterleistung, wie auch Bates in seinem geograph. Werk anmerkt. Mehr als 1oo Tunnels und Brückenwerke, – Zickzack- Gleisrangiererei an steilsten Andenhängen rauf. Dies alles ohne moderne Catterpillars, Sprengtechniken und Kräne. Das benzinbetriebene "Schnaufmobil" gabs damals auch noch nicht. Ingenieur der Amerikaner Henry Meiggs, wichtigste Arbeiter: tausende von Chinesen, deren Nachkommen heute weitgehend die "Chifa" - Restaurants von Peru betreiben.

* Situation kann sich verändern. Vorab abchecken!

gerappelt voll. Vorsicht: es wird in beiden Klassen insbesondere auf der Passhöhe geklaut, da die meisten Gringos wegen der dünnen Luft in Schlaf verfallen. Zug führt Speisewagen mit sich in Südamerika- üblicher Qualität.

DIE STRECKE ist gut in Schuß. Leider keine Dampfloks mehr, und das Fahren auf dem Dach ist verboten. Beste Plätze auf der linken Seite in Fahrtrichtung wegen Sicht. Ab CHOSICA klettert das Gleis am Steilhang hinauf, und der Zug rangiert zick-zack, um die Höhe zu überwinden. Die Luft wird schnell kühler und frischer. Das Tal entschwindet in der Tiefe. Mittagessen, Höhe der einzelnen Stationen auf der Fahrkarte.

Dann dem Schaffner zuzwinkern und bei offener Tür die grandiose Sicht genießen! Abenteuerliche Brücken mit Holzplanken über tiefe Schluchten und viele Tunnels. Die Vegetation wird kärger, – bei Zwischenstops bevölkern Indios in Ponchos aus Lamawolle den Zug mit riesigen Gepäckbündeln. Die Luft superdünn.

Bei Km 1o6 steigt ein älterer Mann in weißem Kittel und mit Blasebalg zu. Sehr gesprächig. Das ist der "Arzt". Er hilft, wenn jemand die dünne Luft nicht verträgt und pumpt Sauerstoff in die Lungen. – Im Tunnel zwischen Ticlio und Galera ist der höchste Punkt erreicht, 4.782 m! Fast an der Schneegrenze. Karge Steinwüste – Km 173. Dann geht es sanft abwärts, durch grüne Hochlandsteppe, an Lagunen vorbei ins Bergbaugebiet von LA OROYA (Km 188), Blei- und Kupferminen. (siehe auch S. 691)

Vegetation zunehmend dichter: saftig grüne Weiden, Baumalleen und Sträucher in der Hochebene von Huancayo. Hirten am Lagerfeuer, Kinder die spielen, Schweine an Pflöcken angebunden und am Horizont leicht gewellte und zum Teil schneebedeckte Berge. Klima wie in Deutschland,– die Nächte aber wesentlich kälter. HUANCAYO ist gegen 16.3o Uhr erreicht.

Huancayo:

3.259 m/ ca. 2oo.ooo E.

Zentraler Handelsplatz für die mittlere Andenregion Perus mit einem der größten und interessantesten Märkte Südamerikas (am Sonntag!). Beginn gegen 7 Uhr morgends; der Markt erstreckt sich 2 km entlang der Av. Huancavelica und den Seitengassen: Wollsachen wie Ponchos, Pullover und Decken, holzgeschnitzte Ringe und Löffel, – die Huancayo- Spezialität: feinst geschnitze Kürbisse mit Indiomotiven, – aber auch Sachen aus dem Indio Alltag wie Plastikschüsseln, Socken, Hosen und ähnliches.Wir haben uns hier neue Jeans gekauft, aber irgendwie hält das Zeug drüben nicht, und 14 Tage später im brasil. Urwald brachen bereits die Nähte und der Stoff.

DIE GANZE WOCHE ÜBER: – * "MERCADO MODELO" zwischen Cajamarca und Ferrocarril: Essen, Kleider, Gemüse, Töpfe, Löffel etc., – tägl. – * "MERCADO ARTESANAL" neben Hotel de Turista: Ponchos, Pullover etc. klein. – *"MERCADO MAYORISTA" zwischen Prol. Calle Ica und Cajamarca, neben der Igl. Inmaculada: alles zu kaufen, jedoch in größeren Quantitäten, für Leute, die eigenen Shop haben.

Tourist INFO Jiron Ancash 415, – etwa 1oo m von der Hauptplaza entfernt, in der Seitenstraße, die beim Rest. Olimpico einmündet. Zwischen den Läden rein und im Innenhof die Treppe rauf.

Hotels/Huancayo: "Turistas"/3- Sterne, an der Plaza Huamanmarca. Öfters mit festlichem Abendessen bei urugayischem Harfenspieler; ein älteres Gebäude mit angenehmer Patina. Nicht alle Zimmer jedoch mit optimalem Blick. Zentral gelegen. Doppel mit Privatbad ca. 13 US $. – "Kija": modernes Hochhaus an der Plaza de la Constitucion, zentralst. Doppel mit PB: ca. 13 US $. – "Presidente", ebenfalls, wie auch "Kija" mit 3 Sternen, Calle Real 1138. Hochhaus, die oberen Stockwerke nehmen, damit Blick über die Hausdächer und Tal. Unten laut. Lobby steril, Zimmer sauber. Eines der besten Huancayo- Hotels, ohne jedoch etwas Besonderes zu sein, ca. 13 US $ mit Privatbad; wer das Zimmer mit Teppich nimmt: teurer. – "Mirador": der Huancayo- Tip, wer teurer logieren will: Av. Taylor 1438 auf dem Cerrito de la Libertad oberhalb der Stadt. 8 Zimmer gehen nach vorn raus mit fantastischem Blick über Huancayo. Rest nach innen, aber leider selber Preis. Aber mehrere Terrassen mit fantastischem Rundblick, herrlich am Abend: violetter Schleier über Huancayo mit den Lichtern der Stadt. Wechselt in intensives Orange, wenn die Sonne untergeht. Herrliche Ruhe!! Mit Cafeteria und Bar, freundlicher Besitzer. Wer sicher gehen will, ruft ab Bahnhof an (Tel.: 23.4o.51). Der Stadtbus hält vor'm Hotel (Comite Nr. 1).

HOTELS/MITTEL: "Confort", Jr. Ancash 279, passabel ähnlich wie das "Prince", aber etwas mehr basic. Zentral gelegen. Ca. 5 US $. – "Prince", Calle Calixto 578, von uns seit 1977 empfohlen. Gilt bei Nachcheck immer noch. Zentral gelegen zwischen Hauptplaza und Busterminals. Doppel mit Privatbad um 5 US $ bis 4,5 US $ je nach Stockwerk. Modern und relativ sauber. – "Los Angeles", Av. Real 245, vielfach in guides empfohlen, jedoch nicht unser Geschmack. Wir fanden den Preis von ca. 5,3 US $ ohne Privatbad etwas überhöht, mit Bad ca. 6 US $. Eine alte Casa, die nahe Bahnhof liegt und vermutlich auf Bequemlichkeit der Eisenbahngringos spekuliert. – "Palermo", Pl. Constitucion: Schwamm drüber. . . , – "Ferrocarril", Av. Giraldez 34o nähe Bahnhof: sehr basic! – "Universal" ebenfalls nähe Bahnhof. Altes Haus, düster, aber billig: ca. 2 US $ mit Gemeinschaftsbad. – "San Miguel", Calle Real 1383: ca. 2 US $, basic.– "Roma", Jr. Loreto 447, sehr basic, dafür billig. Duschen und WC's mangelhaft. Kostet ca. 3 US $ für's Doppel ohne Privatbad, Duschen seperat. Somit nicht billig! – "Baldeon" in der Amazonas 543 für ca. 3,5 US $ nicht gerade ein Tip bei Schlaflöchern, aber warmer Dusche.

HOTELS/BILLIG: "Lima"/Jr. Lima 333, sehr basic, knapp 2 US $, – ebenso "Dani", Giraldez 486. Weitere im Bereich Calle Real (Hauptstraße), die sich vom Bahnhof runter zur Hauptplaza zieht, sowie Nebenstraßen. . Bessere jedoch siehe oben!

TIP: wer außerhalb von Huancayo schlafen will (gute Colectivo- Verbindung): "Convento de Ocopa", siehe "Umgebung von Huancayo"!, – sowie "Hotel Huaychulo" an der Abzweigungspiste von Concepcion nach Ocopa. Mehr bei Peruanos bekannt, deutscher Gerente und alemanisches Spitzgiebelhaus. Relaxing, nicht nur für Familien mit Kindern. (ca.13 US $ mit Privatbad). Häufig tägl. Busverbindung ab Huancayo.

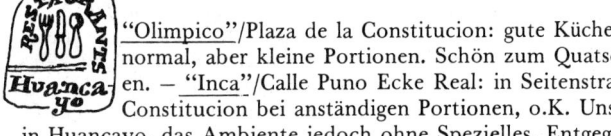

"Olimpico"/Plaza de la Constitucion: gute Küche, sauber, Preise normal, aber kleine Portionen. Schön zum Quatschen und Relaxen. – "Inca"/Calle Puno Ecke Real: in Seitenstraße von Plaza d.l. Constitucion bei anständigen Portionen, o.K. Unser Stammlokal in Huancayo, das Ambiente jedoch ohne Spezielles. Entgegen anderslautenden Infos nicht "veget. Rest.". Preise mittel bis billig (in Relation zu Portionen, die auf den Tisch kommen). – "Huarancayo"/Jr. Libertad 246. Typisches aus der Region und "Picanteria Turistica". – "Huanca Huasi"/ Real, Ecke Tambo: regionale Küche, mittlere Preise. – "El Milosky" in der Uruguay, Ecke L. Torres, – "Salon"/Av. Giraldez 224: unter anderem gute Puddings. Preise mittel. – "Kantuta"/Mariscal Castilla 1678, – "133" eine Cafeteria neben Hotel Kija/Plaza Constitucion: voll und fettig, ähnlich

"Oscar"/Real bei Plaza Constitucion. – Chifa: "Mandarin" gilt als einer der besten Chinesen von Huancayo: Giraldez, Ecke Amazonas. Preise mittel.

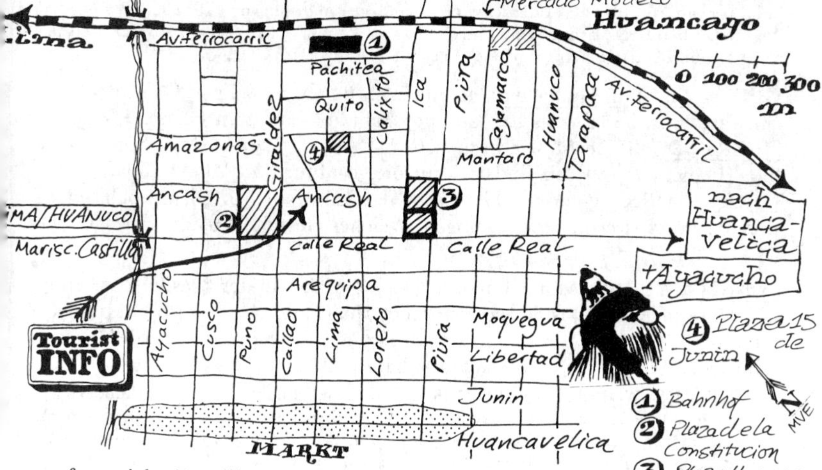

umfangreiche Detailkarte bei Tourist Office gratis.

Bus/Colectivos: "Comite 3o"(Colectivos) tägl. nach Lima, ca. 6Std. 1o US $, – "Sudamericano" (Busse) tägl. nach Lima, ca. 6 US $, – ebenso mit "Etucsa". – Nach TARMA: mit "Comite 3" ab Giraldez 251 in ca. 2 1/2 Std. - 3 Std. (ca. 3 US $, tägl.), – Nach SATIPO: "Los Andes" ab Calle Real 235 tägl. via Tarma (ca. 12 Std. gemäß Angabe der Buscompany, sind aber mit mehr Std. zu rechnen. Ca. 5 US $), mit selber Buslinie nach Oxapampa (3 x pro Woche, ca. 6 US $, 12 und mehr Stunden). Ebenso Direktbusse ab Huancayo über Abzweigung Ocopa direkt runter in den Urwald. Brauchen auf dem Fahrplan ca. 12 Std., in Realität auf dem landschaftl. sehr lohnenden "Feldweg" (Details siehe Vorkapitel!) um die 15 und mehr Stunden. /Nach Lima: weitere ab Calle Calixto!

"Empresa Romero", ab Tarapaca 499 fährt mit Volvo- Bussen die Strecke Huancayo – La Oroya – Cerro de Pasco – Huanuco – Pucallpa direkt. Fahrzeit angeblich 24 Std., tägl., bis Tingo Maria ca. 18 Std., bis Huanuco ca. 12 Std.

"Arellano" ab Tarapaca 391: täglich nach Cerro de Pasco (ca. 3 US $). Weitere zwischen Plaza Constitucion und Bahnhof (sowohl Busse wie Colectivos).

Nach AYACUCHO: derzeit mit "Centro Andino" (ab Calle Real, die Straße noch ca. 3oo m weiter als Plaza Huamanmarca), mit Volvo- Bussen 3 mal in der Woche, ca. 12 - 15 Std., fahren nur nachts. – Ebenso nachts mit "Transportes Ayacucho" ab Calle Real, tägl., ca. 5 US $. Sowie weiter nach Andahuaylas (ca. 2o - 24 Std./1o US $ ab Huancayo). Nach Lima 7 mal täglich.

Zug: täglich außer Sonntag nach Lima. Ca. 9 - 1o Std./4 US $. Zwar etwas langsamer als der Bus, dafür aber bequemer und billiger. Landschaftlich zudem faszinierend und im aufregendstem Streckenteil in Zick- Zack Rangiererei an Andensteilhängen runter! – Nach Huancavelicatägl. außer So. ein "Autovagon", eine Art Schienenbus, der ca. 7 Std. braucht und 3 US kostet. Abfahrt "Ferrocarril/Estacion Chilca. Das "Huancavelica - Gleis" ist Endpunkt der zur Jhd.- Wende geplanten Inneranden- Querverbindung von Lima via Huancayo nach Cusco und wurde wegen Schwierigkeit der Streckenführung, tiefer Andentäler, aber auch wegen fehlendem Kapital nie realisiert. Insbesondere als seit ca. 2o-er Jahren unseres Jhd's das Auto den Zug als Haupttransportmittel ablöste. Die Strecke nach Huancavelica realisiert der Bus per Straße heute schneller als der Autovagon auf dem Gleis, was zusätzlich den Gleisbetrieb reduziert! –

Flug: der Flughafen von Huancayo ist seit schon Jahrzehnten in Planung, aber derzeit nie fertiggestellt. Es geht halt bequemer und billiger für den Staats Säkel per Bus oder Zug ab Lima rauf nach Huancayo. Derzeit im Betrieb ein kleiner Airstripe nähe Jauja (ca. 4o Min. per Bus oder Taxi ab Huancayo) und nur von gecharterten Sportflugzeugen benutzt. Da diese aus Lima bzw. San Ramon ("Sahsa") angefordert werden müssen, sind derartige Trips horrend teuer! –

SEHENSWERT in Huancayo: nehmt euch den Mikro- Bus "Comite 1", fährt ab Plaza de la Constitucion über Bahnhof rauf zum CERRITO DE LA LIBERTAD (alle 1o Min. zwischen 6 und 21 Uhr). Von hier schöner Blick über Huancayo, bzw. ab Endstation/Colegio Militar 3o Min. Fußweg nach TORRE TORRE (schon bald zu sehen!): Türme bis ca. 15 m hoch, entstanden durch Regenauswaschungen. Weiches Gestein. Busfahrer fragen wegen Trail ab Endstation.

KUNSTGEWERBE: sehr lohnend: "Kamaq Maki" in der Brasilia 2oo. Shop und Museum von Kunstgewerbe in einer Huancayo- Casa am Stadtrand. Geleitet von Francisca Meyer, die sich große Verdienste in der Förderung einheimischer Färbetechniken erworben hat.

NATÜRLICHE WOLLFÄRBETECHNIKEN, von den Campesinos seit Jahrhunderten verwendet, die leider im Zuge "moderner" Kunstfarben immer mehr verdrängt werden. Excellent hierzu der Band "Tintes Naturales" von Hugo Zumbühl (Huancayo 1979), eines der besten Bücher zu diesem Thema: seitlich naturgefärbte Wollfäden an die Seiten angeknüpft; wenn man die entsprechende Farbe aufschlägt: innen in kleinen Tütchen die entsprechenden Pilze, Pflanzen oder Mineralien, sowie Färbetechnik, die diese Farbe ergeben.

Herausgegeben von "Kamaq Maki" und nur mit sehr, sehr viel Glück und nur innerhalb Perus zu erwerben. Eines der schönsten Bücher, die ich auf meinen Reisen entdeckte!

Anerkannte Autorität auf dem Gebiet der Naturfarben in Deutschland ist die in Nebel/ Insel Amrum lebende Gretel Fieler ("Farben aus der Natur"/Verlag M.& H. Schaper, Hannover, ISBN: 3 - 7944 - oo99 - 2) , die selber enge Kontakte nach Huancayo hat.

Kamaq Maki ist mit dem Bus Nr. 6 zu erreichen, der vor dem Restaurant Olimpico/Plaza de la Constitucion stoppt. Busfahrer fragen wegen Stelle wo man aussteigen muß. Von hier noch ca. 2oo m in die Brasilia rein, unscheinbare Steinmauer mit Glocke, links an der Straße, bevor sie tief in Bachbett runtergeht.

Weitere Stellen mit Kunstgewerbe in Huancayo (wenn sich der Tourismus in Huancayo wegen Angst vor Ayacucho weiter reduziert, besteht Gefahr, daß einige schließen werden): – "Cooperativa 3 de Octubre", hauptsächlich "tejidos" (Webarbeiten), Calle Ancash/Ecke Piura nähe Hotel de Turistas. – "Galeria Tahuantinsuyo" neben "Los Andes" in der Calle Real bei Ig. La Merced. – "Artesania del Centro"/Real 187, kleiner Shop vorwiegend mit Miniatur- Artesania. – Vergl. auch "Umgebung von Huancayo"! –

Umgebung von Huancayo:

Lohnend, – wer eigenes Auto hat. Aber auch mit Nahverkehrs- Mikros ganz gut zu erreichen. Pastorale Landschaften und reiche Folklore.

✶ Cochas Chico und Grande : die Hauptdörfer, in denen die Kürbis- Schnitzer wohnen. 11 km, Bus fährt ab Calle Ica, etwa Höhe Calle Quito. Beide sind

Straßendörfer zwischen Eukalyptus in Adobebauweise. Wer mit eigenem Auto fährt: über die Av. Ayacucho unter der Eisenbahn durch, weiter über die Av. Sol, die stetig bergauf nach rund 5 km sich teilt: geradeaus folgt sie rechts einem Bachlauf (Rio Sullcas)* zu einem 5.000 m- Cumbre (Pass) mit fantastischem Rundblick über das Tal. Bzw.: links über die schmale Betonbrücke über den Bach: auf der anderen Seite Cochas Chico und kurz danach Cochas Grande. "Groß" ist das Dorf allenfalls in Huancayo- Relation zu anderen Dörfern. Macht aber Spaß, in Hinterhof reinzugehen und Leuten beim Schnitzen zuzusehen. (Siehe auch "Kürbisschnitzereien" im Kapitel Allgem. Tips/Peru!)

*ca. 1½ Std. über befestigte Schotterpiste

Parallel zur Asphaltstraße nach La Oroya/Lima: CAJAS (früher berühmt für seine Artesanos, in Hüten aus Lama- Wolle, heute nur noch 3 -4 Artesanos tätig. Die meisten Leute arbeiten jetzt in der Herstellung von Adobe-Ziegeln), – HUALHUAS (Artesanos für Teppiche, Pullover, Handschuhe etc.), – CONCEPCION (Milchfarm) und Abzweigung einer Schotterpiste über HUAYCHULO (gutes Hotel, siehe Huancayo- Hotel- Tips!) nach:

✶ **Convento de Santa Rosa de Ocopa:** das Kloster, das heute zwischen hohen Eukalyptusbäumen versteckt liegt, wurde vor 250 Jahren von Franciscaner Mönchen gegründet, die hier ihre Missionare für die Tätigkeit im Amazonasurwald ausbildeten. Mit einer der berühmtesten Bibliotheken Perus! Übernachtung im Kloster gegen geringes Entgeld möglich. Kein Direktbus von Huancayo: zunächst nach Concepcion, dort umsteigen.

Über OCOPA läuft die Piste runter in den Urwald nach Satipo, die vielfach dem alten Missionarspfad folgt. – Vorsicht: wer mit eigenem PKW von Huaychulo kommt: kurz nach Ortseingang Ocopa mitten in der Straße aufgebrochene Kanalisation. Kann bei der Dunkelheit (natürlich keine Straßenbeleuchtung) unangenehm enden. Weiß nicht, ob zwischenzeitlich schon wieder zugeflickt. Vermutlich nicht.

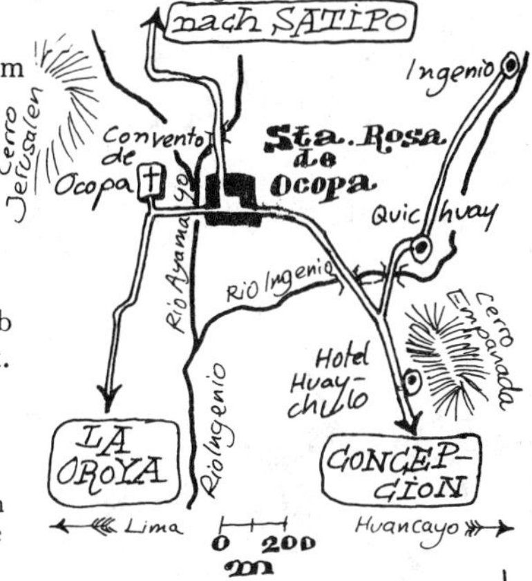

DAS KLOSTER kann tägl. bis auf Dienstag von 9 - 12 und 15 - 17 Uhr besichtigt werden. Im Museum Tiere aus dem Urwald, alte Karten und Dokumente. Interessant das Bild am Ende des Raumes: zeigt Missionare, die aus dem Urwald nicht mehr zurückgekehrt sind. – Die Padres, die euch führen, zeigen euch in der Pinakothek ein Bild einer Madonna, die so gemalt ist, daß sie einen aus jedem Blickwinkel ansieht. – LIT.: "El Valle del Mantaro", erschienen bei "Edit. Los Pinos"/Cas. 5147 in Lima 18- Peru. Spanisch.

INGENIO: ca. 3 km ab Convento de Ocopa. Fischzucht Teiche für "truchas" und "Hosteria de Avila", wo es excellente, frische Fischgerichte gibt. Mit billiger Übernachtungsmöglichkeit (3 Zimmer). Busverb. ab Concepcion.

✶ **Jauja:** hat uns weniger überzeugt. Spanische Gründung von Pizarro 1533, war für 2 Jahre die Hauptstadt. Heute flache, 2- stöckige Schachbrettsiedlung um Plaza, alles quadratisch. 3 Hotels der unteren Mittelklasse, Markt am Mittwoch und Sonntag. Laufend Busse von Huancayo ab Calle Calixto, ca. Ecke Amazonas . Colectivos (ca. 45 Min. Fahrt!) ab Calle Loreto ca. Ecke Calle Real. Ca. 1 US $. – Schnellstraße macht Bogen um Jauja.

Interessant (wer Zeit hat): die Masken- Holzschnitzer von MOLINOS (ca. 7 km ab Jauja, Bus), die für Folklorefeste der gesamten Region fertigen.

LAGUNA DE PACA: etwas karge Hochlandlagune, die sich eines Hotels erfreut. Ca. 3 km von Jauja.

★ **Sapallanga (6 km) – Pucara (14 km):** lohnt sich als kurzer Abstecher ab Huancayo wegen schönem Blick übers Tal, – Sapallanga unbedingt wegen seinem Fest am 8. September (siehe "Feste"!). In Pucara im Rathaus ein kleines Museum mit Waffen aus dem 1882- Krieg gegen die Chilenen. Schöner Di. - Markt, vorwiegend landwirtsch. Güter, aber auch Sombreros aus Lama- Wolle. – Durchgehend Asphalt, viele Busse und Colectivos.

★ **Arqu. Waricocha (4 km):** Ruinen aus der Zeit der Wari- Kultur (siehe "Ayacucho") ganz in der Nähe des Dorfes. An Hauptplaza kleines Museum.

★ **Pilcomayo**: Vorort von Huancayo mit vielen Restaurants; insbes. am Wochenende viel Betrieb. Weiter über CHUPACA (lohnender, wenn auch sehr kleiner Sa. - Markt mit viel Ambiente), weiter über AHUAC und von hier noch zur Laguna NAHUINPUQUIO (3 km), oberhalb die Ruinen Arwaturo.

CHONGOS BAJO (22 km von Huancayo) ist zusammen mit San Jeronimo

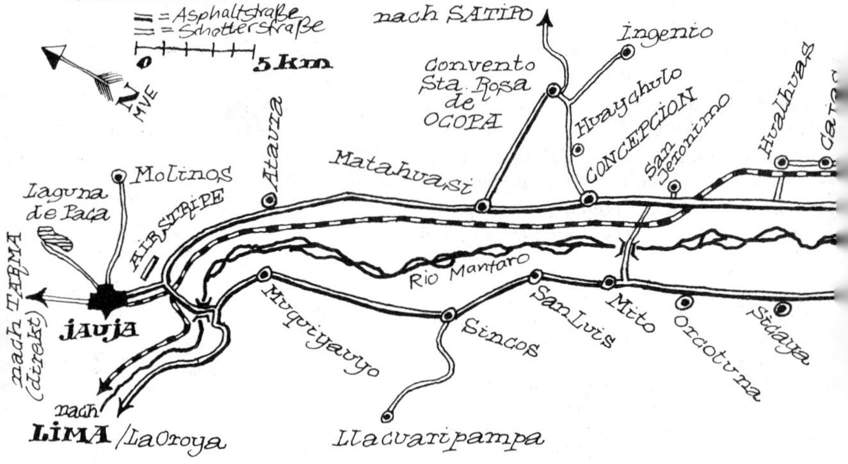

ältestes Dorf des Mantaro- Tales. In der Kirche (monum. nacional) schöner Barockaltar und Bilder aus der Cusquener Schule, allerdings dringend Restauration nötig. Auf der Dorfplaza, wie auch in den Katakomben der Kapelle del Copon während der Kolonialzeit Inquisition. Dorf liegt hoch über dem Tal, – Name "Bajo" (unten) nur, weil der andere Ortsteil noch wesentlich höher in den Bergen liegt, zu erreichen über enge Schotterserpentinen.

Transport im Valle del Mantaro:

Bei Festen (siehe nächste Seite!) und zum Markttag: viele Extrabusse!

MARGEN IZQUIERDA:

COCHAS: Jr. Ica zwischen Mantaro und Quito
SAN AUGUSTIN DE CAJAS: Jr. Mantaro, zwischen Ica und Huamanmarca
HUALHUAS: Calle Amazonas/Ecke Piura
SAN JERONIMO DE TUNAN: Plaza 15 de Junio
CONCEPCION: Calle Calixto, zwischen Quito und Amazonas. Ab Concepcion Busse nach Ocopa und Ingenio
JAUJA: Bus: ab Calle Calixto/Ecke Amazonas. Ca halbstündlich (o,5 US $)
Colectivo: ab Calle Loreto/Ecke Ancash. Ca. alle 45 Min. (1 US $)
SAPALLANGA: Bus und Colectivos ab Av. Ferrocarril/Ecke Huanuco gegenüber dem Mercado
PUCARA: Av. Ferrocarril/Ecke Huanuco

MARGEN DERECHA:

WARI WILKA: Av. Ferrocarril/nähe Ecke Mantaro
PILCOMAYO und CHUPACA: Bus ab Iglesia Inmaculada, Calle Mantaro
HUAYAO: Bus nach Chupaca nehmen und in Abzweigung aussteigen. Danach zu Fuß oder LKW- Trampen.

Detailkarten zur Region:

IGM (Inst. Geografico Militar) 1 : 1oo.ooo, "Huancayo" Blatt 25-m und "Jauja", Blatt 24-m.

Märkte im Tal von Huancayo:

MONTAG: Huayucachi
DIENSTAG: Pucara, Viques
MITTWOCH: Jauja, San Jeronimo
DONNERSTAG: Sapallanga
FREITAG: Ahuac, Chongo Bajo
SAMSTAG: Chupaca
SONNTAG: Huancayo, Jauja, Concepcion

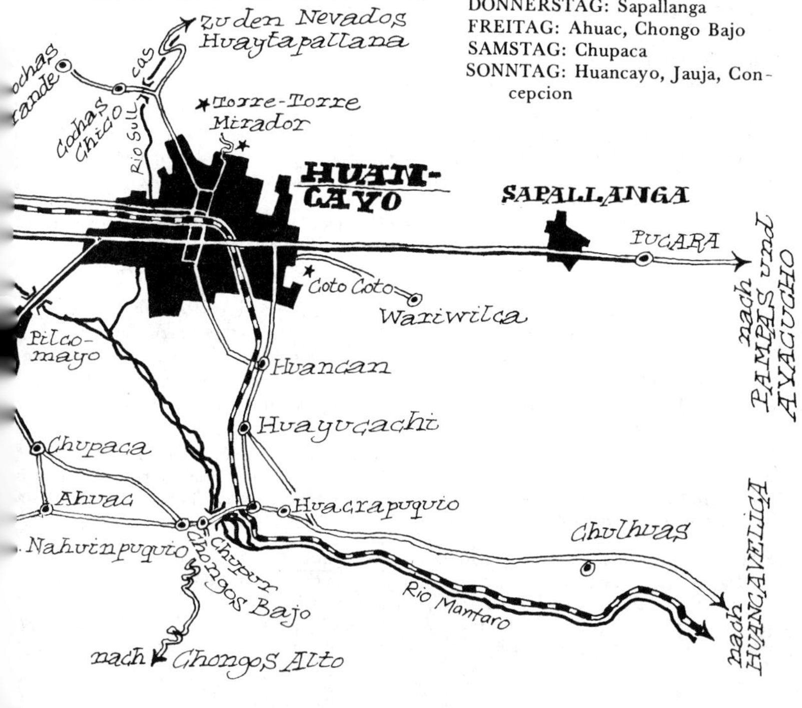

SICAYA: schöne Kirche mit Barock- Altar, ebenfalls Nation. Monument.

OBSERVATORIO GEOFISICO: von Chupaca 3 - 4 km, aussteigen an Abzweigung nach Chupaca. Kann besichtigt werden. Vorwiegend seismologische Beobachtungen zur Erdbebenvorwarnung für ganz Peru.

Feste und Festivals:

Das Tal von Huancayo ist reich an Fest- Aktivitäten. Irgendwo findet fast immer eines statt, und wo, das erfahrt ihr im Huancayo- Tourist Office. Schlafen in Huancayo und mit Bussen/LKW zum Fest. Entfernungen sind kurz! Hier die interessantesten:

8. Sept./"Virgen de Cocharcas" in Sapallanga: eines der interessantesten Feste in Peru! Gefeiert wird auf einem Hügel oberhalb des Dorfes, weil zu viele Campesinos kommen. Non- Stop- Busverbindung ab Huancayo.

Spiel: ein Campesino hat sich als der Inka Atahualpa verkleidet und wird auf einem Brett hereingetragen. Er kommt mit seinen "pallas" (Frauen; der Inka lebte wie in Arabien mit vielen Frauen zusammen), – seinen "coyas" (Virgen del Sol = Nonnen, die nur für den Sonnengott lebten) und den "mamacos" (Diener). Während die pallas und coyas sehr elegant gekleidet sind, kommen die Mamacos in armer Kleidung mit Schuhen aus Lammfell, lange Haare.

Die andere Gruppe sind als Spanier verkleidet: Uniformen, Lanzen, Sonnenbrillen (für die Campesinos Synonym der Spanier, da diese damals Brillen hatten, was für die Inkas eine absolute Novität war!).

Spanier fangen Atahulapa mit Lanzen, Begleiter des Inkas rennen weg um das Gold zu verstecken : Löcher in den Boden.

Musik: Tambor, Cornetas (Stierhörner), viele "Conjuntos" (Orchester). Selbes Fest auch in den Dörfern Orcotuna (2o km) und Apata (25 km), aber viel kleiner.

16. - 22. August/"San Roque" in San Jeronimo de Tunan: dauert 6 Tage, wobei der wichtigste Tag der 16.8. ist. San Roque ist der Ortsheilige, ein Arzt, daher viele Pilger, die in der Kirche um Heilung verschiedener Krankheiten bitten.Zur Aufführung: 2 Tänze, die CHONGINADA (siehe "Concepcion") und LOS AVELINOS: Background: 1882 kämpften die Chilenen gegen die Peruaner und waren bereits bis Lima/Miraflores vorgedrungen, wo sie den peruan. Führer Andres Avelino Cacares besiegt hatten. Dieser war nach Ayacucho geflohen, um ein Heer von 4.ooo Mann aufzustellen und schickte als superarm verkleidete Campesinos (Los Avelinos, wie sie später genannt wurden) den Chilenen entgegen, um deren Kampfstärke und Taktik auszuspionieren. Dabei nahm er an, daß man in diesen "armen Leuten" keine Spione vermuten würde. – Entscheidungsschlacht am 9. Juli 1882 bei San Jeronimo, in der Avelino Cacares die Chilenen entgültig besiegte.

Tanz: die Avelinos, verkleidet in grauschwarzen Kleidern mit langen Stoffbänder- Resten, – in der Mitte Avelino Caceres (zu erkennen am besonders hohen Hut und rotweißem Band quer über den Oberkörper).

Viele Musikanten. Jeder kann mittanzen. Rund 2o - 25 Avelinos, jeder hat eine "quipe" (Stofftuch), aus dem sie cuy- Fleisch (Meerschweinchen) herausholen und an die Umstehenden verschenken. – Weiteres Fest in San Jeronimo am 3o. Sept. ("La Fiesta San Jeronimo"), dauert ca. 8 Tage, Patronatsfest.

8. Dez./"Fiesta la Purisima Concepcion"/Concepcion: eines der großen Feste im Tal von Huancayo. Die Campesinos kommen in verstaubten LKW's aus den Bergen, der Priester celebriert die Messe bei vielen Kerzen vor dem Marienbild, anschließend Prozession. Danach gehts auf der Hauptplaza "rund"! Getanzt wird der "CHONGINADA", – eine Persiflage auf die Spanier. Einige Campesinos sind mit Sonnenbrillen, wei-

ten Pluderhosen und Stiefeln als Spanier verkleidet ("spanische"- Frauen: rote Perükken!), – andere spielen die Campesinos, dritte die Tierwelt (hüpfen rum und blöcken wie Schafe). Viel Action, Lamas werden mit Ponchos behängt und Coca gefüttert, damit sie auch voll am Fest teilhaben können, schließlich gehört das Lama mit zur Campesino- Familie (vergl. unser Kapitel "Lama- Hirten"/Bolivia- Allgem. Teil).

Musik: Bandas mit Violine, Harfen und Saxofon (=europ. Instrumente, stilgerecht zur Chonginada). – Ähnliches Fest, ebenfalls zur Virgen de la Inm. Concepcion in TARMA.

1. - 3. Jan./"La Huaconada de Mito"/Mito: ein Fest, das nahtlos von den Sylvesterfeierlichkeiten übergeht. Der "HUACONADA" (Bürgermeister früherer Zeiten) wird von 6 - 8 Männern gespielt, die große Holzmasken tragen. Peitschen symbolisieren die Autorität des Huaconada, wobei die Peitsche öfters in Richtung Zuschauer ausrutscht. Moral des Dorfes.

Musik: Tamborin und Violine. Um 24 Uhr Raketen, dann Tanz bis 3 Uhr nachts, danach läuft wegen Suff nicht mehr viel. Vivanderos (Stände mit Campesino- Snacks und scharfen Drinks)

Semana Santa/Huancayo (variabel): ebenfalls eines der großen Feste des Tales. Findet ca. Ende April/Anf. Mai statt. Wie üblich: Beginn mit Messe und Prozession, wichtigster Tag der Donnerstag, wo in der Kathedrale der Hauptaltar üppig mit Blumen geschmückt ist. – Freitag: am Morgen wählt der Erzbischof von Huancayo 12 Kinder aus armen Familien, denen er symbolisch die Füße wäscht und sie küsst (=12 Apostel). Nachts: Kreuzigung, Umzug durch die Straßen. – Samstag/24 Uhr: "Missa de Gallo", danach Prozession über die Straßen, die mit Blumen bedeckt sind. Hauptblume ist die "Sumay-Chuncho", die in den Bergen um Huancayo wächst.

Die "Semana Santa" von Huancayo wird von der Gruppe "Caballeros del Santo Sepulcro" organisiert. Die Mitglieder wurden vom Erzbischof ausgewählt nach den Kriterien * Moral, * lange, gute Ehe, etc. An den Straßen viele Vivanderas. Verkaufen u.a. "Ponche", ein Getränk aus Wasser, Agua Ardiente de Cana (Rum), Canela (Zimt), Mani Cosido und Ajonjoli. Alles vermischt in großem Topf, superscharf. Leute trinken Ponche warm. Zu essen: picarones, Süßigkeiten, pan de mais mit sehr süßer souce. Beides sehr typisch für die Semana Santa von Huancayo.

"Semana Turistica"/Huancayo: variabel, 1 mal im Jahr. Dauert 6 Tage. Mit verschiedenen Artesanos der einzelnen Regionen des Tales. Abends Volkstanzgruppen. Eintritt gratis. Infos über Datum und Ablauf vom Huancayo- Tourist Office.

25. - 31. Juli/"Fiestas Patrias"/Llauris: (Campo de Llauris, 2 km außerhalb von Huancayo). Größte, landwirtschaftliche Messe des Tales. Insofern sehr interessant, da man hier Campesinos, Handel und Ambiente beobachten kann. Tierprämierungen, Maschinen, aber auch Musikkapellen und Penas Criollas. Nachts Raketenwerk.

Fast alle weiteren Feste (ca. 5 - 1o pro Monat!) sind "Patronats- Fiestas" zu Ehren und Anlass des Dorfheiligen. Somit haben die Campesinos in dem, auf den ersten Blick etwas "provinziell" anmutendem Tal immer irgendwo Abwechslung.
Fast jedes Dorf hat seine eigene Fiesta, die auf lange Sicht vorbereitet wird. Organisiert von den "MAYORDOMOS". Je nach Größe des Festes gibt es 2 - 4 Mayordomos. Es ist eine Ehre, Mayordomo zu werden. Werden 1 Jahr im Voraus gewählt. Organisieren das Fest und bezahlen. Daher stammen sie meist aus reichen und einflußreichen Familien des Dorfes. Andere, einflußreiche Leute steuern in Naturalien gratis zum Fest bei: z.B. Bier, 2 Stiere, Früchte etc. Der Mayordomo erhält Hilfe von seinen Freunden; je besser das Fest wird, desdo größer der anschließende Prestige des Mayordomo!

Die Mayordomos bezahlen die Messe, die unabdinglich zu jedem Fest gehört, – bezahlen die Dekoration des Festplatzes, der meist Hauptplaza im Dorf ist, – zahlen für ca. 5o Fässer Chicha (bei einem mittelgroßen Fest). Den Rest des Chicha- Bedarfes schenken Freunde, bezw. bezahlen die Campesinos bei den "Vivanderas" (Stände um die Plaza).

Die "CAPORALES": sind Führer der Musikkapelle ("bandera") und der "Bailantes" (Tänzer (pro Kapelle ca. 3o). Vorgeübt für das Fest wird privat, denn jede Kapelle muß sich ein spezielles Lied ausdenken, das bis zum Fest geheim ist. Die Caporales sind, – entgegen zu den Mayordomos eine permanente Institution, – wie ein Verein 4o - 5o Mitglieder, Präsident, Vizepräsident etc.

MUSIKANTEN werden gemietet. Für die Gruppe "Tupac Amaru" von Huancayo zahlt man z.B. derzeit ca. 1.ooo US $ für 8 Tage, wobei aber voll aufgespielt wird, – egal wie voll die Musikanten und das Dorf sind!!

Ein kleineres Dorffest (= 1 - 3 Tage) benötigt 1 Caporal, – 1 Mayordomo und ein Orchester. Ein größeres Dorffest braucht mindestens 3 Caporales, 3 Mayordomos und 3 Orchester, die dann auch auf verschiedenen Plazas durcheinanderspielen. Klar, daß mittelmäßige "bandas" erheblich billiger sind, wobei der "Agua Ardiente" dann auch häufiger Fehltöne durch's Saxo pustet oder hustet, je nach alkoholisiertem Zustand des musicante.

FEST–ABLAUF: erster Tag: normalerweise die Messe, die ca. 2 Std. dauert, danach Prozession durchs Dorf. Alles noch relativ klar in Durchblick, was sich aber im anschließendem Tanz ändert. (bis ca. 16 Uhr) . Am späten Nachmittag bereiten die Mayordomos die "Fiesta de Toro" (Stierkampf) vor, die am nächsten Tag stattfindet.

Gegen späten Nachmittag Tanz auf Hauptplaza bei Musik der bandas bis in die Nacht rein ca. 4 Uhr früh (plus/minus je nach Alkoholverträglichkeit). Zum Schlafen bleibt wenig Zeit, denn gegen 6 Uhr früh schießen die Mayordomos Raketen in die Luft, um die Leute aufzuwecken.

2. Tag: die Mayordomos besuchen sich am Morgen gegenseitig zum Essen. Als Frühstück häufig "Mondongo" (Mais mit Fleisch vom Huhn, teils Rind,– in jedem Fall aber sehr scharf!) + Schnaps aus Zuckerrohr.Beim Frühstück sind auch die Musicantes anwesend, die sich für den kommenden Tag stärken.

Gegen 14 Uhr die "FIESTA DEL TORO" (Stierkampf), die zu jeder Fiesta Andina gehört. Am Dorfrand ist ein ca. 2o m Durchmesser umfassendes Areal mit Holzbalken abgegrenzt, an dem die Zuschauer stehen (mit Agua Ardiente). Die Stierkämpfer absolut keine Profis; jeder kann sich profilieren. Ziehen sich die Jacke aus = "rotes" Tuch für den Stier, auch wenn graues Futter. Nachdem rund um die Arena kräftig gesoffen wird, sind auch die "Stierkämpfer" nicht ohne. Der Stier wird nicht getötet (seltene Ausnahme), – eher kann es passieren, daß der besoffene Kämpfer erheblich lädiert wird. Böse Zungen behaupten, die "Fiesta del Toro" war gut, wenn der Torero stirbt. . .

Dauert ca. 3 - 4 Std. Anschließend Tanz auf der Hauptplaza. Essen in den "Vivanderas" Hier gibts Chicha und "Quemao" (Mischung aus Rum, Tee, Cocablättern, Zimt und Gewürznelken). Nennen die Campesinos auch "El Callientito" da sehr heiß serviert und superscharf! – Am frühen Abend geht die Kapelle zusammen mit den Caporales zu den Mayordomos zum Essen ("Privataudienz", bei der das Volk nicht anwesend sein darf, ansonsten nur die Tänzer und allenfalls die nähere Verwandschaft). Dauert bis ca. 22 Uhr, danach großer Tanz und Besäufnis auf der Hauptplaza bis zum nächsten Morgen, wo die Sache wieder selben Lauf wie am Vortag nimmt.

Huancavelica: 3.7oo m/ca. 22.ooo E.

Minenstadt, – als Abstecher von Huancayo nicht unbedingt interessant, außer man hat das Spezialgebiet Geologie oder Mineralogie, – bzw. will von Huancavelica runter an die Küste/Pisco, Nasca. Die Stadt liegt in ca. 3.7oo m Höhe, Hotels, Restaurants. Busverbindung mit Huancayo inkl. Autovagon auf der Schiene.

Hotels: Bestes: "Turistas" an der Plaza de Armas (***), – "Hotel Peru" in der Chavez 115 passabel.- **Bank:** "Banco de la Nacion", Calle Moquegua 234 **Restaurants:** "El Ganso de Oro", Toledo 283, – "Fidel", Munoz 3o4 (Chifa, durchschnittlich) und ganz gut "Joy", Calle Toledo 23o

Huancayo → Ayacucho:

Die landschaftlich schönere Strecke über Izcuchaca – Mayoc entlang des Rio Mantaro ist vor einigen Jahren durch einen riesigen Bergrutsch nähe Marisc. Carcares zerstört worden und seither nicht mehr rekonstruiert.

Der Verkehr läuft jetzt über die landschaftl. insgesamt langweiligere Route via PAMPAS – TUCUJASA – MAYOC durch einsame Hochlandschaften, teils auch Kakteen. Die meisten Busse fahren nachts, man versäumt nicht viel. Fahrzeit um 12 Std. (warme Sachen in den Bus mitnehmen, wegen Höhe eiskalt!) – Colectivos nur als "expreso" (komplettes Colectivo mieten, ca. 17o US $ für die Kiste! Ca. 6 - 7 Std.)

Ayacucho:

2.75o m/ca. 7o.ooo E.

Alte Kolonialstadt mit viel spanischen Barockkirchen und Atmosphäre, leider aber absolut nicht mehr " muy tranquilo" (ruhig),Seit Anfang der 8o- er Jahre Zentrum der Terroristenbewegung Perus, die sich hauptsächlich auf den Raum Ayacucho - Huancavelica konzentriert. Die Regierung hat den Ausnahmezustand ausgerufen und die allgemeine Schutzgarantie (Polizei) aufgehoben. Auch wenn's nicht täglich kracht: massiver Rückgang des Ayacucho- Tourismusses; alle Angaben zu Ayacucho daher unter dem Vorbehalt besonders rascher Änderungen. Wer nach Ayacucho will, vorab in Lima die Situation abchecken.

Airport: tägl. mit "Aero Peru", bzw. derzeit 3 mal pro Woche mit "Faucett" von Lima, ein 35 Min.- Flug, ca. 43 US $ – Die "Aero- Peru" Maschine fliegt derzeit täglich weiter nach Cusco (4o Min.- Flug, ca. 75 US $!)

Vor dem Flughafen fährt ein Bus in die Stadt bis Plaza de Armas. Paar Pfennige. Oder teures Taxi. Nachdem der Stadtbus eine große Schleife fährt, auch geeignet für billigen Stadtüberblick.

Bus: tägl. rüber nach Huancayo, ca. 12 Std. und mehr, je nach Pistenverhältnissen, ca. 5 US $. – Ayacucho nach Cusco: rauher, aber landschaftlich sehr lohnender Trip. mehrmals in der Woche. Bus braucht für die rund 6oo km 24 - 37 Std., ca. 13 US $. Busmaterial entsprechend gestresst von der Schotterpiste. – Ayacucho an die Küste/Pisco und weiter nach Lima mit "Ormeno" mehrmals/Woche. Die 356 Schotter- km bis an die Küste dauern ca. 15 Std. und mehr, je Piste, der Rest über die asphaltierte Panamericana bis Lima geht flott, ca. 3 - 4 Std.

Hotels: Bestes "Turistas", Plaza de Armas, Ecke Av. 9 de Diciembre, 12 US $ für's Doppel mit Bad, lasst euch ein Zimmer Richtung Plaza geben, mit großer Balkon- Terrasse vor dem Zimmer und schönerem Blick als die anderen Zimmer, die entweder in die laute Av. 9 de Diciembre (Gasse mit viel Verkehr!) oder in den Innenhof gehen. – "Santa Rosa"/Calle Lima 166: schöner Innenhof mit Restaur. Betrieb, ca. 5 US $ fürs Doppel. – "Colmena", Calle Cusco 14o, ca. 4 US $ fürs Doppel. – "Colonial", G. de la Vega 252 vom Deutschen Paul Ph. Traeger geleitet. 2oo Jahre altes Kolonialhaus. Weitere im Bereich der Plaza.

Tourist INFO Calle Asamblea No. 138, – Tel.: 51.o37

Ayacucho- Spezialität sind die "RETABLOS", Altarkästen aus Holz, 25 - 6o cm hoch und 5 - 1o cm breite Pinienholzkästen mit vielen, buten Tonfiguren. Im oberen Stockwerk wohnen die Heiligen, meist 5 an der Zahl, z.B. St. Johannes, der Schutzpatron der Schafe, – darunter die Angehörigen der Familie und die Dorfbewohner wie Lamahirten, Musikanten, Hunde und ähnliches. Schönes und dekoratives Peru- Souvenir: hergestellt werden die Figuren aus einer Mischung aus gekochten Kartoffeln und Gips, – in Formen gepresst, getrocknet und anschließend mit Lack bunt bemalt. Bedeutung: früher rituelle Funktion, heute mehr dekorativ; – es gibt herrliche Stücke, die ganze Indiofeste in 5 und mehr Stockwerken zeigen! –

UMGEBUNG/AYACUCHO:

Lohnend: zum Töpferdorf QUINUA, 37 km über Asphaltstraße, ein Dörfchen mit kleiner Kolonialkirche, strohbedeckten Lehmhäusern zwischen Getreidefeldern, Lamas und verdorrtem Andenhochland. Berühmt für seine Keramikarbeiten (Kirchen bis zu 1 m hoch fein ausgearbeitet, Stiere und Kühe, Figuren). Man kann direkt bei den Artesanos kaufen. Im Ort: "Museo de Sitio de Quinua" (offen Di- Sa.) mit Fundstücken der Schlacht von Ayacucho, einer der Befreiungskämpfe gegen die Spanier. Zu sehen: das Zimmer, in denen die Spanier die Kapitulation unterschrieben.

1 km hinter dem Dorf Ri. San Francisco: Schlacht von Ayacucho (9.12. 1824), wichtigste und letzte Schlacht gegen die Spanier. Denkmal: größter und höchster Obelisk von Südamerika, 1974 errichtet vom damaligen Präsidenten Velasco (Reforma Agraria).

Transport: ab Grifo (=Tankstelle) Chacon, nach Rondell de la Magdalena/Ayacucho, von wo die Busse und Mikros Richtung San Francisco, Tambo und San Miguel abgehen. Fahren alle über Quinua.

An der Strecke: MUYURIÑA (12 km ab Ayacucho): viele Obstbäume, da warmes Klima und geschützte Lage am Zusammenfluß der beiden Flüsse Rio Yucaes und Rio Huatatas, – PIQUIMACHAY (bei Pacaycasa, 17 km) nach Kauffmann Doig menschl. Funde von 2o.ooo v. Chr.), – WARI: 3o Min. von Ayacucho, 22 km. Zentrum der Wari- Kultur (6oo- 1.ooo n. Chr.), entstanden aus den Kulturen von Nasca und Tiwanacu. Erstreckte sich in der Blütezeit von Lambayaque (Costa Norte) und Cajamarca (Sierra) bis Arequipa (Costa Sur) und Cusco (Sierra). Von den Waris übernahmen die Inkas wichtiges Know How in Wirtschaft, – Kunstgewerbe, polit. Organisation, Administartion und kult. Zeremonien. Das Archeologische Gelände liegt in der Nähe des heutigen Dorfes Wari (über die Brücke!), zu sehen: u.a. unterirdische Tunnel, rechteckige und quadratische, teils auch kreisförmige Zimmer, unterird. Tempel. Wände bis zu 1o m hoch.

Bus: täglich, sofern es die Piste erlaubt, die rund 19o km über den 3.814 m hohen Abra Tapuna runter in den Bergurwald bei SAN FRANCISCO am Rio Ene/Apurimac. Urwald hafen mit sporadischen Einbaumverbindungen nach Puerto Prado/Satipo (siehe dort!).. Piste setzt sich noch ca. 22 km entlang des Flusses bis PICHARI fort. – ca. 10 Std. –

Ayacucho → Cusco:

Eine der schönsten und abenteuerlichsten Andenstrecken Südamerikas, allerdings auch sehr anstrengend! Der Bus braucht für die rund 6oo km Schotter & Serpentinenpiste ca. 24 - 37 Std.. Meist nur 1 Fahrer, der die Serpentinen total übermüdet hinunterleiert; tiefe Canyons von Schönheit des Grand Canyons, 4.ooo m hohe Pässe, tief unten im Nebel 2.ooo m Schluchten, dann wieder Hochebenen mit Kakteen- Wildwestlandschaften, und man sieht unten in der Tiefe die Lichter eines Ortes, den man aber bei ewiger Serpentinenkurbelei erst nach 6 Std. erreicht, und dann geht es schon wieder den nächsten 5.ooo- ender Pass hinauf.

Noch erlebnisreicher: Trampen auf LKW's, oben auf den Waren großartiger Panorama- Rundblick; man sitzt hinten auf der Ladefläche eingequetscht zwischen Campesinos und Orangen. Aber unbedingt warme Sachen mitnehmen, Ponchos und Decken, denn nachts wirds eisig kalt! Wegen Mitfahrgelegenheit in Ayacucho auf dem "LKW- Bahnhof" nachfragen! –

DED- Entwicklungshelfer haben die Strecke während der Regenzeit getestet und berichten, daß es zwischen Dez. und Mai für LKW's und Busse sehr problematisch wird, Fahrzeiten bis zu 1 Woche! –

Wers bequem will, fliegt mit dem täglichen "Aeroperu"- Jet rüber nach Cusco. 4o Min. Flug, unter einem die tiefzerklüfteten Täler mit den Anbauterrassen der Campesinos, kleine Dörfer, herrlich tiefblaue bis dunkelgrüne Seen. Darüber die riesigen bis zu 6.ooo m hohen Gipfel der Anden.

Cusco:

3.4oo m/ ca. 175.ooo E.

herrliche Lage in einem Anden=hochtal, – ehemalige Hauptstadt des Inca - Reiches, viel Kolonial=spanisches, enge Kopfsteingassen mit Lamas, – und viele Gringos! Trotzdem lohnt es sich, min=destens eine Woche zu bleiben, und wer einmal dort war, der hat viel Sehnsucht !!!

Nach Möglichkeit die Zeit Juni bis September meiden, da dies bisher die Hauptmonate für den Cusco- Tourismus waren. – Klare Luft und aufregende Landung, da die Maschine in dem engen Tal relativ wenig Platz für den Lande-

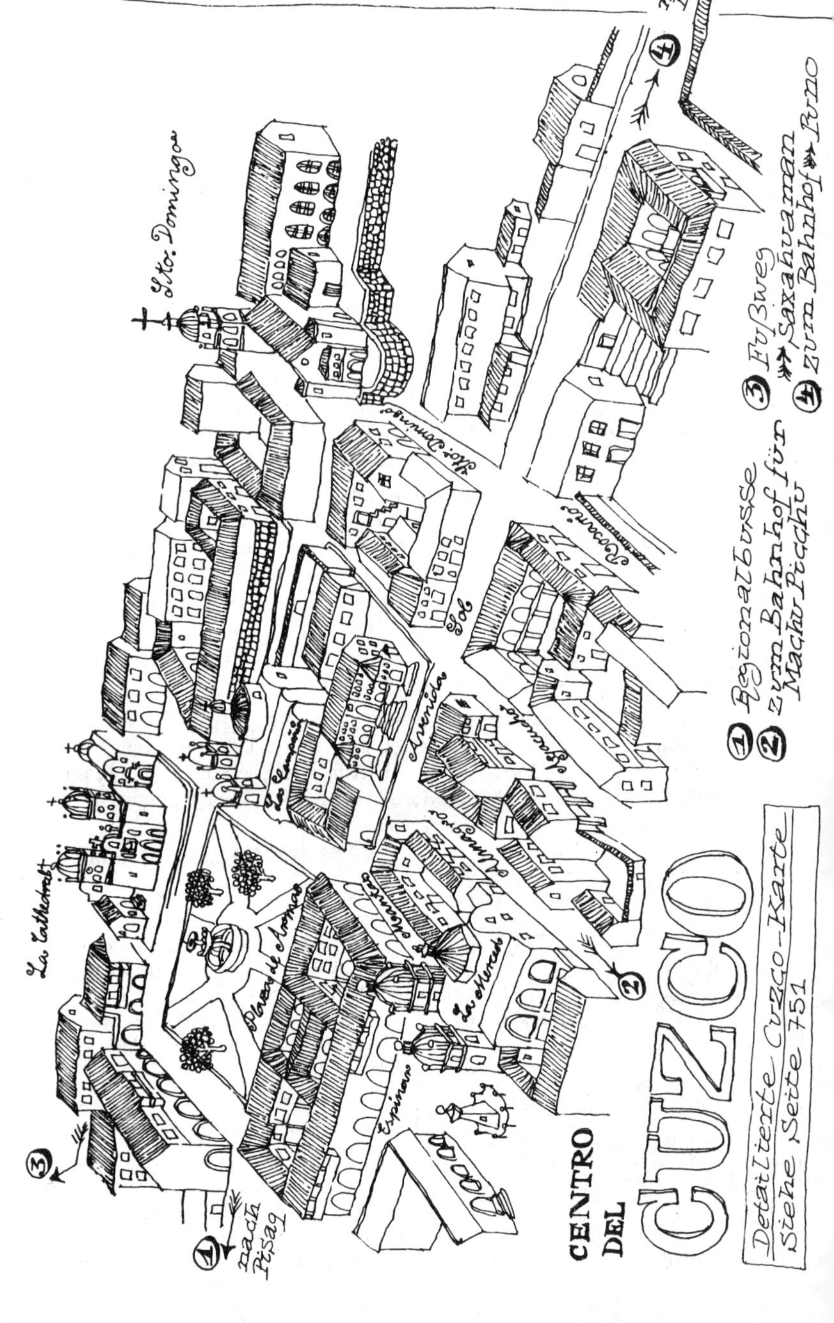
Sto. Domingo
Plaza de Armas
Espinar
La Merced
Mantas
Almagro
Avenida
Sol
Rosario
Ayacucho
nach Pisaq
nach Puno
CENTRO DEL CUZCO
Detaillierte Cuzco-Karte siehe Seite 751
1 Regionalbusse
2 zum Bahnhof für Machu Picchu
3 Fußweg → Saxahuaman
4 zum Bahnhof → Puno

anflug hat: sie kurvt eng um die Berge hinunter auf die Piste. Moderner Airport mit Tourist Office.

Verbindungen

★**Flüge:** 5 - 6 mal tägl. in beide Richtungen mit Boeing 727- Jets der "Aeroperu" und "Faucett" zwischen Lima und Cusco (ca. 82 US $, 1 Std.). Fliegen 2 mal tägl. weiter nach Pto. Maldonado (ca. 35 Min./36 US $). Faucett plant eine internationale Verbindung mit Jets von Cusco nach Rio Branco/Brasilien- Amazonasgebiet. Die Regierungsgenehmigungen liegen bereits vor. –

Cusco – Arequipa tägl. (35 Min./ca. 4o US $), Cusco – Ayacucho tägl. (4o Min./ca. 36 US $). – Die bolivianische LAB fliegt 2 mal/Woche von Cusco rüber nach La Paz. Der 5o Min. - Flug ist bei klarem Wetter zwar landschaftlich grandios (links sitzen!), bei seinen rund 1oo US $ fürs Einfachticket allerdings nicht billig. Retourflugtickets (3o Tage) gibts für ca. 15o US $. Wesentlich billiger wirds, wenn man in Gegenrichtung ab La Paz fliegt und dort das Ticket kauft, da dann die hohe peruan. Flug-Ticketsteuer flach fällt.

Bei allen Flügen nach Cusco ist mit Flugstornierungen bzw. Verspätungen wegen schlechten Wetterbedingungen im Hochtal von Cusco zu rechnen. Deswegen auch bei Rückflügen nach Lima bei dortigen Anschlußflügen genügend Reservezeit mit einplanen! Wegen besseren Wetterbedingungen in Cusco am Vormittag sind die meisten Starts und Landungen während dieser Tageszeit.

Bei Pto. Maldonado- Flügen können zusätzliche Wetterprobleme über dem Urwald hinzukommen. Wer auf Nr.- Sicher gehen will, meidet daher zudem das Einbuchen in eine aus Pto. Maldonado kommende Maschine für den Rückflug nach Lima.

Probleme auf den Lima- Cusco- Flügen sind leider immer wieder die Reservierungen, aber auch verlustig gegangenes Gepäck. Gegen ersteres hilft möglichst frühzeitiger Ticketkauf (insbesondere vor den Schulferien!) mit o.K.- im Ticket für die Strecke, sowie gleichzeitige Reservierung bereits vorab des Rückfluges. Gegen verloren gegangenes Gepäck hilft eigentlich nur, daß man sämtliche Wertsachen mit ins Handgepäck nimmt. . .

"Grupo ocho" (8) hat ca. alle 2 Wochen mit Herkules-Propellern Flüge von Lima nach Cusco (ca. 4o US $), die weiter in die Urwaldgebiete Pto. Maldonado gehen. Jedermann kann mitfliegen, allerdings unsicher in den Abflugterminen. Infos bei "grupo ocho" im Lima-und im Cusco- Airport. – Sofern der Lima- Rückflug bei Faucett und Aeroperu ausgebucht ist, gibts noch eine geringe Chance, daß man bei einem der Cusco- Reisebüros ein Ticket- o.K. bekommt, wenn einer ihrer Pauschalrundtrip- Gäste abgesprungen ist. ACHTUNG: auch bei o.K. im Ticket ist reconfirmacion (Rückbestätigung des Fluges 72 Std. vor Abflug bei der Airline) dringend notwendig. Auch sollte man möglichst frühzeitig , d.h. ca. 1 1/2 Std. vor Abflug im Airport beim Flugschalter erscheinen, da rund 3o Min. vor Abflug (manchmal auch früher) die nicht erschienenen o.K.- Passagiere aus der Flugliste zu Gunsten der Personen der Warteliste rausgeworfen werden. Angeblich soll Ticketkauf im Airport nicht möglich sein.

Im Airport begrüßen die Indios mit diversen Hotel- Angeboten; teils sogar der Transfer inbegriffen. Der normale Stadtbus in den Ort kostet jedoch nur Pfennigbeträge, und besser fährt man mit dem Bus, um sich im Ort dann selbst das gemütlichste Hotel aussuchen zu können. Der mit "T Tio Aeropuerto" beschriftete Bus fährt via Plaza de Armas.

Verbindungen ab Cusco:
Eisenbahn:

Lageplan der beiden Bahnhöfe siehe folgende Seite! ⇨

1.) vom Bahnhof SAN PEDRO beim Indiomarkt fahren die Züge auf der Stichstrecke in den Bergurwald hinunter nach MACHU PICCHU, sowie weiter bis Quillabamba. Abfahrten tägl. Details siehe "Machu Picchu"! –

2.) vom Bahnhof ESTACION FERROCARRIL DEL SUR tägl. außer So. Züge via Altiplano zum TITICACASEE/Puno und bis runter an den Pazifik nach AREQUIPA.

Alle Details siehe "Cusco – Puno" sowie bei "Arequipa/Verbindungen". S. 805 + 826

Busse: täglich mehrere nach PUNO und AREQUIPA. 387 km bis Puno am Lago Titicaca, ca. 9 - 10 Std. Eine fast ausschließliche Erd- Schotterpiste, die das Fahren nicht gerade zum Vergnügen macht und während der Monate der Regenzeit (ca. Dez. bis April) auch zu Fahrzeitverzögerungen führen kann. Ca. 6 US $, damit in etwa gleichteuer mit dem Zug, der vorzuziehen ist, weil man sich dort die Füße ausstrecken kann. Wenn beide, Zug und Bus voll sind, gibts als Alternative das Colectivo Cusco – Juliaca. Die schnellste wenn auch teuerste Überlandvariante. Ab Juliaca laufend Regionalcolectivos rüber nach Puno.

Überland- Direktverbindung Cusco - La Paz mit "Transturino", die zunächst auf den Zug bis Puno als die bequemere Variante zurückgreifen und dann ab Puno einen Bus bis La Paz einsetzen. Allerdings bei ca. 80 US $ knackig teuer, auch wenn der Bus Bordbar besitzt und Essen, sowie Übernachtung in Puno inkl. ist. Fahrzeit 2 Tage. Dann lieber die 20 US $ für den LAB- Direktflug drauflegen. Abgesehen davon gibt es Überland erheblich interessantere und vorallem billigere Varianten! Details siehe dort! –

LIMA – CUSCO:
Dauert per Direktbus ca. 2 - 5 Tage, ca. 24 US $ (je nach Route meist im Dreh von 1.200 km +/- 100 km) und ist superstressig, wer sich die Sache in einem Rutsch vorgenommen hat. Einer der Gründe, warum rund 80 % der Cusco- Reisenden per Flugzeug kommen. Die Panamericana ab Lima Richtung Süden, – ebenso Lima- Huancayo in den Anden geht superflott wegen Asphaltierung und gutem Ausbau. Danach aber endlose Serpentinen- Schotterpisten rüber nach Cusco, die sich endlos in die Länge dehnen. Nich nur Reifenpannen, auch Motorschäden, Bergrutsche etc. können die Reise verlängern. . .

1.) Lima – Huancayo (flott per Bus, häufig am Tag. Oder lohnend landschaftlich mit dem langsamer fahrenden Zug. Zugleich höchstes Normalspurgleis der Welt. Details siehe dort). = der 1. Reisetag. Huancayo lohnt sich am Markttag, ist ansonsten ein verschlafenes Andennest, allerdings mit schöner Umgebung. Am nächsten Tag dann rüber nach Ayacucho. Landschaftlich grandiose Strecke; Busse fahren allerdings leider meist nachts. Im Anschluß die 1 - 2 oder mehrtägige Fahrt von Ayacucho nach Cusco. Eine der stärksten Landschaftserlebnisse in den peruan. Anden, aber extrem hart. Insgesamt 3 - 6 Tage, zur Regenzeit oft mehr.

2.) Lima – Pisco – Ayacucho – Andahuaylas – Cusco. 2 - 3 Tage im Direktbus. Asphaltiert bis Pisco via Panamericana. Danach endlose Andenschotterpisten, die ungemein schlauchen. Die meisten Lima- Cusco Direktbusse meiden jedoch die Route (wegen der Region Ayacucho) und nehmen lieber die Route (3).

3.) Lima – Nasca – Cusco: neben Route (1) die wohl empfehlenswerteste Direktverbindung nach Cusco. Zwar wüster Schotter ab Nasca die Anden rauf bis Cusco, – so doch bequem auf der Pana bis Nasca. 2 - 3 Tage im Direktrutsch.* Den Trip sollte man mit Zwischenstop a) Paracas- Halbinsel und b) Nasca unterbrechen. Details siehe dort! Um sich dann den harten Schotteranstiegen in die Anden, runter in Täler und wieder rauf, Haare und Zähne tief eingestaubt, hinzugeben. . . . Insgesamt mit

* Lima–Cusco

den Zwischenstops in Paracas und Nasca knapp eine Woche. Bei der Genugtuung, sich einige US $ gegenüber dem Direktflug eingespart zu haben, die man dann in die gemütlichen und bequemen Hotels von Nasca und Paracas investieren kann. Zudem landschaftlich grandiose Strecke zwischen Nasca und Cusco die Anden rauf!

4.) Reisealternative: Bus ab Lima via Paracas – Nasca nach AREQUIPA, das sich als Stadt und wegen seiner Umgebung ungemein lohnt. (Alle Details siehe dort!). Zudem auf der durchgehend asphaltierten Panamericana entlang der Küste dichte und häufig tägl. Busverbindungen (bis Nasca ca. 8 Std., – weitere 8 Std. bis Arequipa).

In Arequipa dann mit dem tägl. "Aeroperu"- Jet rüber in 35 Min./4o US $ nach Cusco. Eine Alternative, die zudem noch unterm Strich runde 2o US $ billiger ist, als der Lima – Cusco Direktflug bei viel Erlebnis unterwegs.

Eine Variante, die bequem die interessantesten Punkte der südperuanischen Pazifikküste einbaut + Cusco, ohne daß ewig lange, stressige Andenpisten fällig werden, die trotz aller landschaftlicher Schönheiten ermüden, wenn man sie ähnlich wo anders schon in den südam. Anden erlebt hat. Von Cusco dann per Zug nach Puno/Lago Titicaca und rüber nach La Paz/Bolivia.

REGIONALBUSSE ab Cusco siehe "Umgebung Cusco".

HOTELS:

Sowohl im Cusco- Airport, – wie auch im Puno- Cusco Zug sind jede Menge an "Schleppern" am Werk, die das angeblich beste, billigste und bequemste Zimmer anbieten. Muß zwar nicht sein, daß ihre "Tips" schlecht sind. Da bekanntlich aber die überteuerten Hotels, – oder schlecht gelegene, minderqualitative (die deswegen auch weniger ausgelastet sind), die höheren Provisionen an die Schlepper auswerfen können: Empfehlung, sich besser persönlich umzusehen.

Das CENTRO von Cusco ist klein. Die meisten Hotels liegen im Umkreis von 5 Min. zu Fuß um die Hauptplaza de Armas und die Av. Sol.

✶Luxus:

Zur 5- Sterne- Topklasse zählt das "LIBERTADOR"/San Agustin 4oo. Manager ist Señor Bauer, der früher das Gran Bolivar in Lima leitete. Im ehemaligen Palast des Conquistadors Pizzaro /16. Jhd. , tip top restauriert und superkomfortabel. Der Teuer-Tip von Cusco bei ca. 7o US $ das Doppel. Reservierung ist auch in Lima über die dortige Vertretung in der Las Begonias 441/San Isidro möglich. Tel.: 42o166 Telex: 21o71

"PICOAGA"/Sta. Teresa 344, im Kolonialmaison des Marquis de Picoaga/17. Jhd. Ebenfalls stilvoll mit Möbeln und Gemälden eingerichtet, 4 Sterne, ca. 6o US $.

"El DORADO INN"/Av. Sol 395. 4 Sterne , ca. 5o US $, mit beheiztem SW- Pool.

"SAVOY"/Av. Sol 954 nähe Bahnhof nach Puno. Traditionshotel, das seit mehr als ein dutzend Jahren die Cusco- Pauschaltouristen bedient. Restaurant im Oberstock mit jeder Menge geschnitzter Trauben von der Decke und die Bar voll von Flaschen. Essen soll gut sein. Doppel ca. 5o US $, sofern man nicht per Pauschaltrip ankommt.

"HOTEL CUZCO"/Heladeros 15o, nähe Hauptplaza. Das frühere Enturperu- Hotel wurde abgegeben. Mitte der 7o-er Jahre eines der führenden von Cusco (sowohl in Bettenzahl, alsauch Komfort), besitzt es ein gemütliches Kaminfeuer und Bar, wo auch Nichtgäste Pisco schlürfen können. Doppel ca. 4o US, nicht mehr Luxusklasse. –

✶Mittel:

"TAMBO"/Ayacucho 235 stellte bei Doppel ca. 37 US uns nicht gerade zufrieden. – "CONQUISTADOR"/Santa Catalina 149, stellt sich runde 30 US $ vor, die außerhalb der HS aber kräftig heruntergehandelt werden könnten.

"ALHAMBRA"/Av. Sol 965 . Das Essen im Hotel hat uns zwar weniger überzeugt, ansonsten für die Übernachtung modern und komfortabel, sowie ca. 35 US $ fürs Doppel.

"WIRACOCHA"/Mantas 114. Sauber, mit Zentralheizung und Privatbad, ca. 22 US $ fürs Doppelzimmer.

"SAN AGUSTIN"/S. Agustin 39o. Orginell rustikal mit Rundbögen eingerichtet in Lobby und Bar. Die Zimmer jedoch zwar sauber (mit Privatbad), aber recht simpel und bei runden 35 US $ nicht gerade billig.

"GARCILASO"/Garcilaso 233 . Macht außerhalb der HS faire Preise bei ca. 15 US fürs Doppel. Alle Zimmer mit Privatbad, schöner Innenhof, aber Zimmer mit Fenster verlangen!Heißes Wasser.

"HOTEL IMPERIO"/nähe Bahnhof nach Machu Picchu. Kleine, aber saubere Zimmer und Blumeninnenhof, ca. 18 US $. Als Tip o.K.

"AMBASSADOR"/Av. Tullumayo 44o. Lieblingstip vieler Schlepper. Zwar sauber, mit Heizung und Privatbad, aber reichlich teuer. Außerhalb der Saison geht Runterhandeln.

"LOS MARQUESES"/Garcilazo 256, schönes Kolonialgebäude aus dem 16. Jhd. mit Innenhof, Blumen und holzgeschnitzten Balustraden. Die Zimmer teils mit Privatbad und dann bei runden 14 US $ kein schlechter Tip wegen dem schönen Innenhof und Ambiente. Die billigeren (Gemeinschaftsbad) dagegen teils sogar ohne Fenster und in der HS angeblich bis zu 1o US $ im Angebot, etwas überteuert!

"OLLANTA"/Av. Sol 346. Modern, das Doppel mit eigenem Bad um die 13 US $.

"Leonhards Lodge"/Pardo 821, ca. 1o US Doppel mit Frühstück. Preise variieren nach Angebot und Nachfrage. Vorteil ist die familiäre Atmosphäre, allerdings etwas abseits vom Centro (ca. 1o Min. zu Fuß, in Parallelstraße zum Savoy). Frühstück: ovaler Gemeinschaftstisch, recht gemütlich. Die Zimmer sauber, aber nichts Besonderes. Gemeinschaftsbad.Was die Betten betrifft: dezent benutzen! – Interessant sind die Urwaldtrips, die das Besitzerehepaar veranstaltet. Sie haben am Alto Madre de Dios eine Urwaldlodge.

"LORETO"/Loreto 115. Nette Besitzer, sauber. Inkamauern in einigen Zimmern.Fast an der Plaza de Armas. Vernünftige Preise bei ca. 1o US $, aber nur knapp 1o Zimmer und daher meist voll.

"VIRREY"/Portal Comercio 165 an der Plaza de Armas. Zwar klein, aber sauber und empfehlenswert, mit Privatbad. Ca. 16 US $ Doppel.

"ESPINAR"/Espinar 142. Doppel mit Privatbad ca. 15 US $. Sowie viele weitere dieser Preisklasse zwischen 1o und 3o US $.

Wegen der Fülle an Mittelklassehotels bestimmen in Cusco Angebot und Nachfrage die Preise. Diese werden in der HS (ca. Juni, Juli, Aug., Sept.) angehoben. Außerhalb der Saison ist es durchaus möglich, in guten Hotels (3 Sterne) um den Hotelpreis zu handeln. Nicht selten Rabatte um bis zu 5o % möglich je nach Ausgangs- Level und Auslastung des betreffenden Hotels.

Bei kleinen Hotels z.B. "Loreto", die nur 9 Zimmer haben und bei relativ günstigen Preisen praktisch das ganze Jahr ausgelastet sind, läuft natürlich nichts. Gute Chancen dagegen bei größeren Hotels mit entsprechender Bettenzahl.

Entscheidendes Kriterium neben permanent warmem Wasser aus der Privatdusche sind zugleich auch die Frage nach der Existenz einer Heizung, denn die Nächte von Cusco können kühl werden!

✱Billig bis Basic- Klasse:

"BOLIVAR"/die Procuradores (links von der Catedral) rauf, etwa 8o m und am Ende links etwa 15 m. Das "Bolivar" ist nunmehr seit runden 15 Jahren Tramper- und Rucksacktreff der Billigstklasse (pro Bett ca. 2 US, wobei meist 2 Bettten im Zimmer stehen). Einzelreisende werden mit anderen im Zimmer zusammengewürfelt.

Toiletten sind nach wie vor dreckig, man kann im Hof Wäsche waschen, aber immer wieder verschwinden "schöne Stücke" wegen unehrlichen, anderen Rucksacklern. Nach wie vor ist das Bolivar aber Kontaktbörse in Cusco, auch um Partner für den Inkatrail zu finden. Leider auch häufige Drogenrazzien.

"QUISACAPATA 25o"/im Stadtteil oberhalb der Kathedrale, gleichnamige Straße. Ein Residencial, das nur halboffiziell läuft (und deswegen im Tourist Büro nicht unbedingt bekannt ist; daher seitlich kleines Kärtchen). Aber schöner Stadtblick mit der Möglichkeit, die Küche zu benutzen und wurde uns mehrfach empfohlen. Der Charakter ließe sich grob mit Jugendherberge beschreiben. Ca. 2 US $ pro Person.

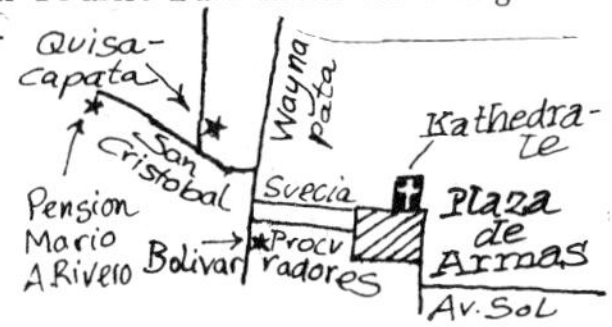

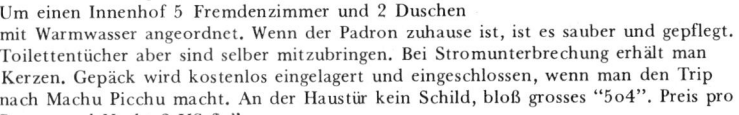

"PENSION MARIO A. RIVERO"/Calle Suecia 5o4 Wie uns Paul Vogt schrieb"Dies ist eine Privatpension. Um einen Innenhof 5 Fremdenzimmer und 2 Duschen mit Warmwasser angeordnet. Wenn der Padron zuhause ist, ist es sauber und gepflegt. Toilettentücher aber sind selber mitzubringen. Bei Stromunterbrechung erhält man Kerzen. Gepäck wird kostenlos eingelagert und eingeschlossen, wenn man den Trip nach Machu Picchu macht. An der Haustür kein Schild, bloß grosses "5o4". Preis pro Person und Nacht 2 US $."

Es gibt in Cusco jede Menge weiterer dieser Minipensionen mit 5 oder 6 Zimmern, die in keiner Liste des Tourist Office erscheinen, da sie zum Teil auch nicht dem Tourist-Ministerium gemeldet sind. Kontakte über Indios, die sie im Zug von Puno, im Airport oder an der Hauptplaza den Gringos anbieten.

Nicht selten sind sie "lieb"- geführt, sauber wenn auch einfach und billig. Vorallem abseits der gängigen Drogenhotels der Billigklasse, wobei der Besitzer sauber selektiert,– was auch vor lästigen Drogenrazzien schützt. Oft keine schlechte Alternative, aber "vor Ort" die Sache ansehen, denn die Schlepper bieten auch Super- Ramsch an!

Zu den gängigeren, derzeitigen Billighotels von Cusco zählen das "DIPLOMAT"/Calle Tigre 129, das Doppel um 4 US, – das "ZAMALLOA"/Garcilazo 296 und das "HOSTAL ARQUEOLOGO"/Calle Ladrillos 425,San Cristobal. Jeweils ca. 2 US pro Person in 2- 3 Bettzimmern, die ihre Gäste zusammenwürfeln und Gemeinschaftsbad anbieten. Auch das "COLONIAL PALACE" in der Kera 27o.

"HOTEL PALERMO"/San Agustin 287. Standarttip in der Billigklasse und zentral. Es gibt heiße Gemeinschaftsduschen, das Bett pro Person um 2 US $.

"HOSTAL FAMILAR"/Calle Saphy 661, sauber, schöner Innenhof und heiße Gemeinschaftsduschen für ca. 2 US/Person, ebenso wie im naheliegenden "PENS. SAPHY"/ Calle Saphy 833. Gepäckunterstellung bei M.P.- Trips möglich.

"SAN CRISTOBAL"/Quisca Pata 242 ist ebenfalls Tip bei heißen Gemeinschaftsduschen und Küchenbenutzung. Etwa 2 Block von der Hauptplaza. 2 US /Person.

"RAYMI"/Av. Pardo 954 , sauber bei ca. 8 US $ das Doppel mit Privatbad, – ähnliche Preisklasse mit Privatbad auch das "HOSTAL SANTA CATALINA"/Ancha Santa Catalina 366, das unten in der "Lobby" einen TV hat und das "TAMBO REAL"/ Belen 588 (ca. 1o US mit Privatbad). – "SAN BLAS"/Cuesta San Blas 526 ist bei ca. 6 US $ Doppel mit Privatbad preiswert, aber sehr einfach und simpel in Ausstattung. Einige Zimmer haben schönen Blick.– "PLATEROS"/Calle Plateros 34o hat schönen, kolonialen Patio und heiße Gemeinschaftsduschen. Die Doppelzimmer mit Privatbad kosten um die 7 US $.

Als wichtigste Stadt, aber auch wichtigstes Touristenziel in den peruan. Anden hat CUSCO ein breites Angebot an Restaurants Snackbars und Cafes, die zum Teil recht gemütlich in den alten Kolonialhäusern untergebracht sind.

PREISE: pro Gericht ohne Getränke ca. 2 - 3 US (BILLIG),– 4 - 5 US $ (MITTEL) und ab ca. 6 US (TEUER).

"ROMA"/Plaza de Armas gilt einschlägig als Essenstip, hat uns aber nicht

VIREI I CONTRATOS CÕSEJO
INCAP RAUTI INCAPAC
APO GUAMAN CHAUA EX.mo S.r DUQUE
chicchi ranpa
yncap

so gut gefallen, weil die Atmosphäre reichlich steril ist (weiße Tischdecken, beflissene Ober. Teils auch mühsam, bis das Essen endlich auf dem Tisch ist!). Preise mittel, reiche Auswahl an Gerichten. – "CHEF VICTOR"/ Plaza de Armas, neben "Roma". Preise mittel. – "SUMAK"/Calle Mantas 113, gute internat. und einheimische Küche, Preise mittel. – "PICCOLO"/ Plaza de Armas: gemütliche Atmosphäre an der Hufeisenbar mit viel südamerikanischer Musik und Blick über die Plaza. Abends dann Gringo- Treff von Cusco; Drinks: "pisco sour" probieren, das peruan. Nationalgetränk, lecker! – "AYLLU"/Plaza de Armas (Portal Carnes 2o3) Tip für excellente Kuchen, Fruchtdrinks und selbstgemachte Fruchtjoghurts, sowie Tip fürs Frühstück. – "MESON DE ESPADEROS"/Calle Espaderos (westl. Ecke der Plaza de Armas), excellente Fleischgerichte bei mittleren Preisen. – "TRATTORIA ADRIANO"/Av. Sol nähe Hauptplaza de Armas. Nicht nur ital. Sachen, sondern auch excellente einheimische Gerichte. Sehr zu empfehlen, Preise mittel. Zum Nachtisch gute Kuchen. Auch Tip für Frühstück. – "TUMI"/Portal Belen 111, Hauptplaza de Armas. Hatte sehr gute Steaks und Filet Mignon zu anständigen Preisen. – "PATITI"/Portal de Carrizos 27o (Plaza de Armas), die Pizzas allerdings mit reichlich viel pampigem Teig. Fleischgerichte sollen besser sein. Preis: mittel. – Preisgünstig sind "LA POSADA"/Ecke Procuradores mit Plaza de Armas und das "RATUN RUMIYOQ"/Plazoleta Triunfo (ca. 3oo m die Calle Triunfo ab Plaza de Armas den Berg rauf). – "EL TRUCO"/Plaza de Regocijo (1 Block von der Hauptplaza Ri. Bahnhof nach M. Picchu) mit guter Küche bei billig bis mittleren Preisen und abends Folkloreshows (seperate Gebühr). –

"REST. LA GRAN ESQUINA"/Almagro 171. gute Pizzen und Lasagna zu zivilen, mittleren Preisen. Aber auch Fleischgerichte. – "MONACO"/ Ecke Almagro mit San Bernardo: Snackbar und Cevicheria (roher Fisch mit Zwiebel) ist preisgünstig und empfehlenswert. –

Vegetarische Küche: "HOTEL LOS MARQUESES"/Garcilazo 256 und "GOVINDA"/Espaderos, letzteres von eingewanderten Hare Krishna- Anhängern gegründet. Mein Fall ist die "veget. Küche" zumindest in Cusco nicht, da das Blattwerk eventuell auch vom Cuscomarkt kommen könnte, und mit den hygienischen Verhältnissen steht es dort nicht zum Besten! Das "Hotel Los Marqueses" ist ansonsten aber ein Tip für gemütliches Frühstück in schönem Kolonialhaus. – "Govinda" backt Spezialbrot, das sich viele Tage hält und daher insbesondere sich für den mehrtäg. Inkatrail anbietet. – "BUCARO"/Av. Sol Ecke Sto. Domingo, gut und billig! –

"PIZZA CHEZ MAGGIE"/Procuradores , ital. Küche, insbesondere Pizzas. Billig. – "ALGORABINA"/am Ende der Gasse Procuradores, mit "cebiche" etc. bei billigen Snackbar- Preisen. – "COMEDOR NACIONAL"/Calle Afligidos (verbindet die Av. Sol mit der Loreto; 1. Querstraße nach der Plaza de Armas Ri. Airport) gilt als Billigtip preiswerten Mittagessens. Im 1. Stock, Hausnr. 118. – "LE PARIS"/Plaza de Armas mit leckeren Fruchtsäften und preisgünstigem Frühstück, wie auch Pfannkuchen und Spaghetti- Gerichten. Tips sind nicht nur die hausgemachten Fruchtjoghurts, sondern auch die excellenten Apfelkuchen! – Die von der Plaza de Armas abgehende CALLE PROCURADORES hat eine Reihe von Gringo- Snack- und Musikkneipen, z.B. "El Retabilio"/Procuradores 44.

QUINTAS: Gartenlokale (ähnlich wie in La Paz/Bolivien), wo auf offenem Holzkohlengrill Fleisch und Würstchen gegrillt werden. An schönen Sonnentagen angenehm relaxend. Liegen vorwiegend am Stadtrand von Cusco. Die bekanntesten sind : "ZARATE"/Chihuampata 763, – "EULALIA"/Choquechaca 384. Mit welchem Stadtbus man rausfährt, sagt das Tourist Office in Cusco. Die Preise mittel.

KNEIPEN/RESTAURANTS mit abendlicher Life- Folkloremusik: sind das "El Truco"/Plaza de Regocijo. – "Taberna Chatuchay"/Plaza de Armas 253 rustikal mit viel Ambiente und guten Gruppen, – "Los Castellanos"/Plaza de Armas und "Centro Cosqo"/Av Sol, Höhe ca. Bahnhof für Puno. Teils sehr gemütlich eingerichtet in alten Kolonialhäusern mit rustikalen Tischen. Teils gibts zur Musik regionale Küche, teils nur Snacks, Bier und Drinks. In jedem Fall 1 oder 2 US Unkostenbeteiligung für die Gruppen in Aufschlag für Essen oder Drinks.

DISCOS: "Abraxas"/Herrajes 171 Plaza de Armas im 1. Stock über dem "Piccolo". Geht je nach "Andrang" bis ca. 3 Uhr früh und ist nicht gerade billig. – "El Muki"/ Santa Catalina gegenüber Hotel Conquistador.

CERVEZA CUZQUEÑA zählt zu den besten Bieren Perus. Gebraut mit quellfrischem Hochlandwasser der Anden und bis runter nach Lima etc. "exportiert". Besichtigung der Cervezeria am Stadtrand von Cusco ist nach Voranmeldung und in Gruppen möglich. Selbstverständlich wird dabei nicht nur die Braukunst "besichtigt", sondern auch getrunken . . .

Tourist INFO Im Cusco- Airport und an der Plaza de Armas neben der Kirche La Compania. Gute Infos bezüglich Unterkunft in Cusco und Regionalbus- Verbindungen in die Umgebung. – An Infoprospekten jedoch äußerst mager. Allenfalls eine hektographierte Cusco- Karte, die zugleich auch die Inkamauern eingetragen hat. Und eine Karte vom Inka-Trail. Erheblich besser und genauer ist jedoch diejenige des "South American Explorer- Clubs"/Lima, Details siehe "Inka Trail ".

IM TOURISTOFFICE gibts auch das PAUSCHAL- EINTRITTS- TICKET (1o US $) für rund 14 Museen und archäolog. Stätten in Cusco, sowie der näheren Umgebung (inkl Ollantaytambo, Pisac, Saxahuaman, Tambo Machay, Q'enco). Leider ist das Lösen von seperaten Einzeltickets nicht möglich. Studenten erhalten gegen Vorlage eines gültigen Studentenausweises Rabatt. Machu Picchu ist im Pauschaleintritts Ticket nicht drin.

Post Av. Sol 386, Höhe ca. Bahnhof nach Puno. Die Fülle ausländischer Reisender, die in Cusco Post (postlagernd) erwarten, soll des öfteren die dort tätigen Mädchen überfordert haben bei den ausländischen Namen; "Sch" in Peru z.B. nicht bekannt. Um die Postflut zu "regulieren", wurde zeitweilig auch nach Mann – Frau aussortiert, so wird zumindest berichtet. Sich nicht ärgern, sondern notfalls beim Suchen mithelfen! –

ENTEL/PERU (Ferngespräche): wer sich die aufpreisbehafteten Telefonate ab Hotel sparen will, geht zum ENTEL- Telefonamt, schräg gegenüber der Post, Av. Sol 382. Die Wartezeiten für's Zustandekommen des Gespräches nach Europa haben sich drastisch verkürzt, seit die Sache im Selbstwählferngespräch via Satelit läuft.

GELDWECHSEL: nach derzeitigem Stand der Dinge ist in Cusco der US - Dollar als Bargeldnote erheblich beliebter, als die einheimische Währung. Mit US- Bargeld lassen sich teils günstigere Übernachtungs- oder sonstigen Preisen erzielen. Umtauschkurs gemäß Tageskurs der Zeitung. Bei der prekären Finanzlage des Landes sind jedoch Einschränkungen im freien Umtausch von US $ zu erwarten. –

CUSCO * : 3.4oo m, und wer diese Höhe nicht gewohnt ist, dem wird zunächst die "Soroche" (Höhenkrankheit) etwas zu schaffen machen. Erst einmal im Hotel pennen, ein schönes Buch lesen und keinen Alkohol trinken. Wenn sich die roten Blutkörperchen an die dünne Höhenluft gewöhnt haben, dann kann man wie die Indios auch die Berge schnell raufsteigen. – TEMPERATUREN: in Cusco tagsüber warm, daß man oft im Hemd rumlaufen kann. Wird aber ruckzuck eisig kalt nach Sonnenuntergang; dringend warmen Wollpulli oder Bergsteigerjacke ins Gepäck, damit nicht eine saftige Erkältung die weitere Reise blockiert.

Nachts Temperaturen um 6° C., die kältesten Monate sind Mai bis August

Cusco

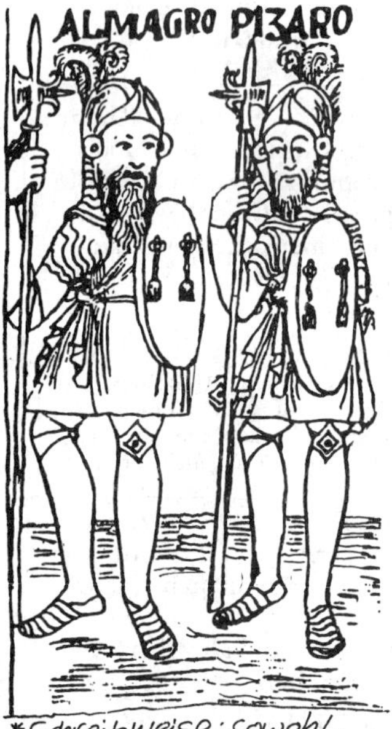

*Schreibweise: sowohl "CUSCO", -wie "CUZCO"

Plätze:

1 Plaza de Armas
13 Plaza Regocijo
15 Plaza San Francisco
28 Plaza San Blas
3o Limac Pampa Chico
35 Limac Pampa Grande
39 Callejon de Siete Culebras
41 Plaza Nazarenas

Kirchen:

2 Kathedrale
6 San Antonio Abad
7 Monasterio de las Nazarenas
11 La Compania
16 San Francisco und Conv. S. Franc.
17 La Merced (und Convento)
19 San Pedro
21 Santa Catalina
27 San Blas
4o San Cristobal

Gebäude:

8 Casa Almirante
9 Palacio Inca Roca
12 Palacio Inca Yupanqui
13 Cabildo
14 Casa Garcilaso
23 Palacio Inca Wayna Capac
38 Templo del Sol
39 Casa Serpientes
42 Casa de los cuatro Bustos

Transport:

2o Bahnhof für Machu Picchu und Quillabamba/Bergurwald
32 Bahnhof für Puno und Arequipa

3 Ormeño- Bus
24 Hidalgo- Bus
25 Morales Moral. - Bus
3o LKW's nach Pto. Maldonado/Urwald
33 Unacha und Vilcanota-Bus
34 San Cristobal- Bus
36 Carmen Alto Bus
37 Busse nach Pisaq, Ollantaytambo etc.

26 AEROPERU
29 FAUCETT

Märkte:

18 Mercado Central
29 Mercado Artesanal

4 TOURIST–OFFICE
31 POST

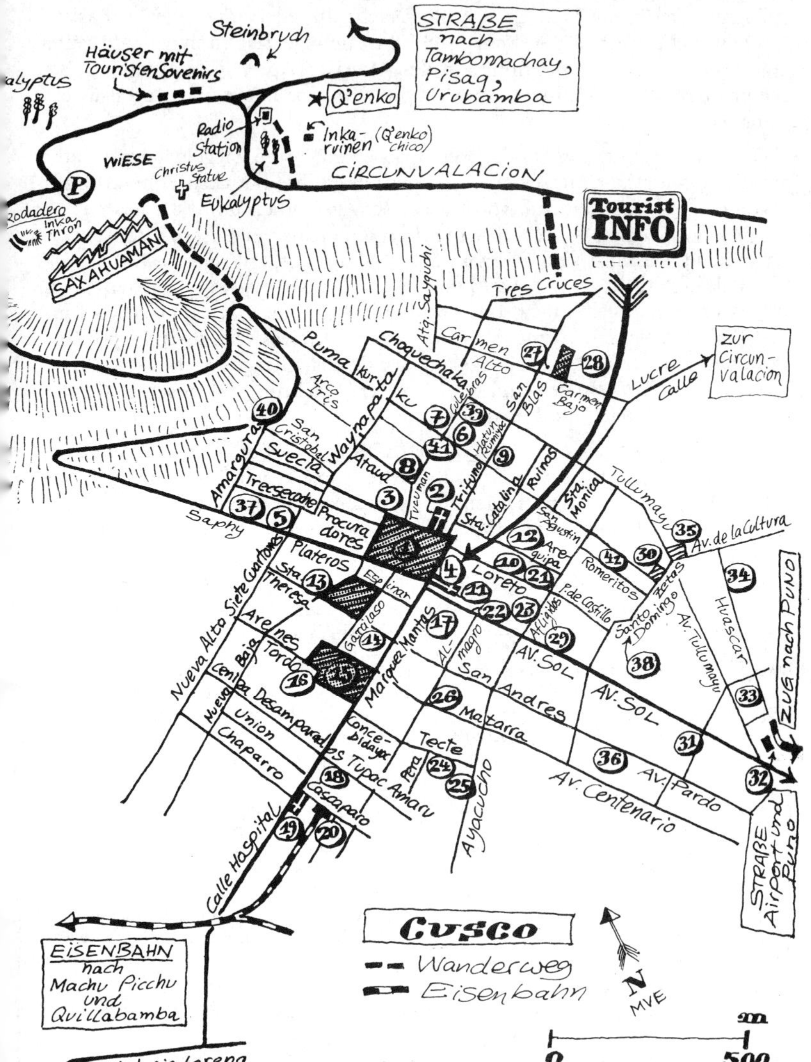

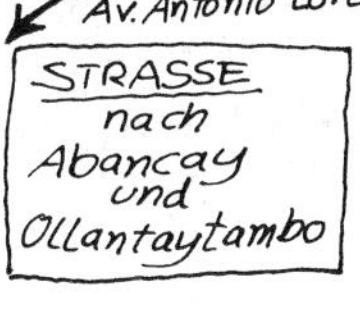

Museen:

5 Archäol. Museum
8 Museo Historico Regional
9 Museo Arte Religioso
14 Museo Historico Nacional
22 Arte Popular

Im Tourist Office gibts eine Cusco- Karte mit den Inkamauern eingetragen.–

Tip: excellent ist das Buch von Peter Frost “Peru, Inka Region Cusco”, 19,8o DM, erschienen im Stein Verlag Kiel.

teils mit Temp. um Null Grad in der Nacht. In jedem Fall (wer in Basic-Hotels nächtigt): warmen Schlafsack! Als die regenreichsten Monate gelten Jan./Febr., – relativ viel Sonne in den Monaten April bis September, aber keine Garantie. Auch hier sind wolkenverhangene Berge und Regengüsse möglich. . .

Nr. siehe Stadtplan!

Die Außenbezirke von Cusco: Lehmhäuser mit roten Ziegeldächern, und in die Busse reingequetscht die Campesinos in ihren bunten Ponchos und Wollmützen. Das Zentrum von Cusco: sehr gemütlich um die Plaza de Armas mit kleinen Gässchen, wuchtigen Kolonialsteinhäusern auf alten Inkamauern. Einige sind so exakt ineinandergefügt, daß man selbst mit der Rasierklinge nicht dazwischen kommt. Die Häuser von Cusco haben zumeist ungemein gemütliche Innenhöfe mit Arkadengängen und vielen Blumen. Viel Altiplano- Atmosphäre trotz der Gringos. Abends spielen Indiogruppen auf der Plaza de Armas auf der Quena, Gringos in verstaubten Südamerika- VW- Bussen und Globetrotter- Erfahrungsaustausch in den Kneipen, z.B. der Calle Procuradores.

18 Sehr lohnend ist der tägliche INDIOMARKT beim Bahnhof San Pedro. Beginnt morgens ca. 6 Uhr früh. Extreme Vorsicht vor Taschendieben. Der Markt lohnt sich weniger wegen der Artesania (Indiopullover etc. teuer!), aber ausgezeichnete Süßigkeiten, z.B. Blätterteigringe in Sirup gebacken. An Alpaca- Sachen wesentlich bessere Auswahl auf dem kleinen Chinche-ron- Markt am Sonntag und auf dem teureren Pisaq- Markt (So.), Details
29 unter "Umgebung von Cusco". – sowie auf dem "Mercado Artesanal "/Av. Sol/Cusco und in den Artesaniashops um die Hauptplaza.

Geschichte: das Tal von Cusco und der Titicacasee gilt als das Zentrum der Inka-Kultur. 3o km südöstlich von Cusco sollen in einer Höhle dem Mythos nach die vier Kinder des Sonnengottes der Inkas ans Tageslicht gekrabbelt sein und Cusco als ihren Wohnsitz erkoren haben. Der Vater hatte ihnen nämlich einen goldenen Stab mitgegeben, und wo dieser in die Erde versank, dort sollte die Hauptstadt des Inka- Reiches aufgebaut werden.

Genaueres über die Anfangszeit der Inkas weiß man nur aus mythologischen Weitererzählungen (Inka- Großmutter an Inka- Enkel); der erste Inkaherrscher hieß MANCO CAPAC (125o), – geschichtlich durch die Chronistenberichte der spanischen Eroberer ist die Existenz von PACHACUTEC (1438 - 1471) nachgewiesen. Er war der größte Feldherr der Inkas; in den rund 3o Jahren seiner Regierung erweiterte er in vielen Feldzügen das Staatsgebiet um die 2o fache Größe und baute das Kommunikationssystem aus (siehe Seite 78o). Zur Zeit seines Todes erstreckte sich das Inkareich bis hinauf nach Ecuador und bis runter nach Chile.

Der Zeitpunkt der Aussaat des Getreides wurde nach einem kompliziertem Stern-Beobachtungssystem ermittelt und ein perfektes Bewässerungssystem entlang der tiefzerklüfteten Anden sorgte für reiche Ernten.

Dies zu einer Zeit, als in Europa Dürer seine Hasen malte und Leonardo da Vinchi seine Mona Lisa, allerdings Europa auch wesentlich weiter entwickelt war, –auf der Basis des Phoenizierreiches, Mesopotamiens, Griechenlands, Roms etc. Sowohl in Schrift, in Waffentechnologie (Feuerwaffen), im Verkehrswesen (Straßen, Fuhrwerke, Handel). Insbesondere auch in der Seefahrt, mit – den Inkas erheblich überlegenen Schiffen und Navigationskunst (die Inkas operierten damals zur gleichen Zeit noch mit Balsaflößen und Binsenschiffen).

Ein Zusammenprall unterschiedlicher Entwicklungen auf dem europ. und dem südamerikanischen Kontinent, zunächst noch durch den Atlantik getrennt.

Basierend auf hochentwickelten Frühkulturen Südamerikas (die jedoch nur regionalen Einfluß hatten), vereinigten die Inkaherrscher zwischen 125o und 149o mehr als 4oo Stämme zu einem Reich, das sich bei der Ankunft der spanischen Konquistadores über mehr als 5.ooo km Nord- Süd erstreckte. Ein gigantisches Imperium für damalige, südamerikanische Verhältnisse, superstraff von den Inka Herrschern geführt, die das Know How der einverleibten Stämme in den Staat integrierten.

CUSCO war die Hauptstadt, in dem der Inka lebte, der seine Infos dank perfektem System von Stafettenläufern aus dem mehr als 1.8oo km entfernten QUITO innerhalb von ca. 5 Tagen empfing. Die Stadt war überaus reich an Palästen, feudalen Casas. In Cusco sollen um 149o um die 1oo.ooo Menschen gelebt haben, für damalige Verhältnisse eine gigantische Zahl (vergl. London/Rom je ca. 1o.ooo E.!)

Die Armee des Inka Herrschers umfasste damals ca. 2oo.ooo Mann, supertrainiert, – auch wenn es keinerlei größere Feinde mehr gab, da das Inkareich um 149o den komplett bedeutsamen Andenraum abdeckte. Östlich trennten die Amazonastiefländer den Rest Südamerikas. Überheblichkeit oder Ignoranz? Als die "weißen, bärtigen Männer" (die Spanier) ab 1492 an den Küsten der Karibik landeten und in den Folgejahren ihre Expeditionen immer weiter Richtung Süd nach der Suche der großen Schätze ausdehnten, – hatten die Inkas zunächst wenig Angst im Bewußtsein ihrer Überlegenheit.

1532: nach 2 Erkundungsexpeditionen gelangt der Spanier PIZARRO mit einer Mini-Mannschaft von 168 Soldaten nach CAJAMARCA, wo gerade der Inka ATAHUALPA mit einem Heer von ca. 3o - 7o.ooo Mann residierte. Dieser wußte zwar von der Ankunft der 168 Spanier, sah aber keinerlei Grund zur Angst, indem er kurzerhand das Tal abriegelte. Der pfiffige Pizarro lud Atahualpa zu einem "Treffen" auf der Haupt-Plaza in Cajamarca ein. Bei der minimalen Größe der Plaza konnte sich die zahlenmäßige Übermacht der Inkatruppen nicht entwickeln. Sehr wohl aber die kleine Truppe der Spanier mit ihren Feuerwaffen und Pferden, die schnell Atahualpa gefangen nahmen.

Das stark autoritär vom Inkaherrscher geführte Reich hatte damit seinen Führer verloren. Aus Angst um sein Leben und in der Hoffnung, sich mit Gold freikaufen zu können, verbat er zugleich seinen Unterführern jegliche Aktivitäten. Es war somit nur noch eine Frage der Zeit, daß sich die Spanier den Rest des Reiches einverleibten.

1533: Eroberung der Hauptstadt CUSCO, wobei Führer und Truppen des Inkareiches in die Bergurwälder östlich der Cordillera Vilcabamba flüchteten, bzw. mit den Spaniern kooperierten. Zerstörung und Ausbeutung Cuscos, sowie Neubegründung.

Zwar war Cusco zu Kolonialzeiten wichtige Verwaltungsstadt der Spanier im Andenbereich, – die Führungsrolle übernahm jedoch ab ca. 1535 das verkehrsgünstiger am Pazifik gelegene LIMA. Eine der letzten Festungen der Inkas fiel 1572 mit ESPIRITU PAMPA im Bergurwald. Die sogenannten "Vilcabamba Incas". Details siehe Seite 788.

Plaza de Armas

Das kolonialspanische Cusco ab 1533 ist vielfach auf die alten Inkamauern der Stadt aufgebaut. Die KATHEDRALE/Plaza de Armas ruht auf der Basis eines Palastes des Inka Viracocha. Für die Errichtung benötigten die Spanier mehr als 1oo Jahre (1559 - 1654). Obwohl die Türme mehr als 3o m hoch sind, wirkt die Kathedrale wuchtig und breit wegen ihrer riesigen Grundfläche von 86 x 46 m. Im linken Turm die größte Glocke Südamerikas, die man angeblich bei günstigem Wind mehr als 35 km weit hören soll. Zum Bau der Kathedrale wurden unter anderem auch Steine von der Inkafestung Saxahuamán und von Rumi Colca (35 km südl. Cusco) geholt. 2

Im Inneren rund 4oo Gemälde der "Escuela Cuzqueña", sowie reich geschnitztes Chorgestühl und Altäre (Zedernholz, mit "pan de oro", Blattgold oder Silber überzogen). In einem Seitenaltar der "Señor de los Temblores", (temblor = Erdbeben), der Schutzpatron von Cusco. Eine Christusfigur, die mit Blumen behangen an Ostern in Umzügen durch die Straßen getragen wird. Besichtigung der Kathedrale entweder durch das Hauptportal, oder wenn geschlossen via der rechts angebauten, kleineren Kirche TRIUNFO. Keine schlechte Idee, sich an eine Führung anzuhängen.

Escuela Cuzqueña: Mitte des 16., mit Höhepunkt 17./18. Jhd. entwickelte sich in Cusco die bedeutenste Stilrichtung in der südamerikanischen Malerei der Kolonialzeit: die "Escuela Cuzqueña"

Nachdem die Spanier das Land von den Inkas erobert hatten und die ersten Kirchen gebaut, – kamen Mitte des 16. Jhds. Künstler aus Europa, die europäische Gemälde mitbrachten und die einheimischen Künstlern die in Europa bereits hoch entwickelten Maltechniken lehrten. Als einer der wichtigsten gilt der italienische Jesuit BERNARDO BITTI (1548 geboren), der 1575 nach Lima kam und als der "Vater der Escuela Cuzqueña" gilt, sowie MATEO P. DE ALESSIO.

Die einheimischen Künstler erwiesen sich als geschickte Schüler. Zunächst wurde kräftig kopiert nach italienischen und flämischen Gemälden. Das kolonialspanische Vizekönigreich, insbesondere Lima, Potosi etc. hatte ungeheuren Bedarf an Gemälden, und es galt als Prestige bei den Adeligen und reichen Händlern, ein Gemälde der "Escuela Cuzqueña" in der Wohnung hängen zu haben, – wie auch Kirchen, Klöster etc. ausgeschmückt werden mußten.

Wegen der meist sehr hohen Qualität dieser Gemäldekopien entwickelte sich Cusco Anfang des 17. Jhds. zum Zentrum des Kunstbetriebes. Es gab regelrechte Mal- Großbetriebe, die Gemälde in Massen lieferten, teils sogar mit eigenem Vertriebs- Management!

Mit wachsendem Erfolg und Selbstbewußtsein entwickelte sich daraus der eigenständige "Estilo Escuela Cuzqueña", der die europäischen Elemente mit der kreativen Phantasie der Indio- oder Mestizokünstler verband.

Die Motive sind in der Regel religiös. (Jungfrau Maria, Christus, Missionare etc.) Auf naturgerechte Proportionierung wird weniger Wert gelegt; größer kommt, was wichtiger ist: beispielsweise Maria groß auf Minipferd. Die "Figura Central"(zentrale Figur) ist oft umrankt mit Ornamenten, Engeln, Bäumen oder Landschaften.

Die Verehrung drückt sich oft in überreichen Ornamenten der Gewänder aus. Aus den europäischen Gesichtern der Firguren werden Mestizogesichter. Typisch für die Escuela Cuzquena ist auch die reiche Verwendung von Gold. Entweder auf die Leinwand aufgetragen als Blätterornamente ("estofado"), oder teils sogar als gehämmerte Goldplättchen als Gewand den Figuren angezogen.

Einer der wichtigsten Mestizo- Künstler ist der 1611 am Stadtrand von Cusco in San Sebastian geborene DIEGO QUISPE TITO. Zugleich aber auch eine Fülle anonymer Künstler von höchster Qualität.

Die Bilder wurden bis runter nach Potosi(heutig. Bolivia) und Tucuman (heut. Argentinien) verkauft. Gemäß Reparaz sollen zur Blüte der industriellen Bildergroßproduktion in Cusco z.B. im Mai 1754 dem Maler Mauricio Garcia y Delgado 212 Bilder auf einen Schlag in Auftrag gegeben worden sein. Fertigzustellen in 3 Monaten. Im Juli 1754 soll Don Gabriel del Rincon sogar von den Malern Mauricio Garcia und Pedro Nolasco Lara 423 Bilder (!!) fertigzustellen innerhalb von 7 Monaten geordert haben! Somit ein monatliches Pensum von 60 Bildern pro Monat, = 2 Bilder pro Tag! Verständlich, daß bei derart massivem Leistungsdruck die Qualität ganz schön litt und die Ideen sich zwar gekonnt, so doch klischeehaft wiederholten. Auch wenn ein Heer von "Ghost-Painters" für den Meister am Werke waren.

Zum Glück standen nicht alle Künstler unter derartigem Leistungsdruck. –

★Während die Cusco- Kathedrale zwar die meisten Bilder ausstellt, sind die schöneren Sachen jedoch im "MUSEO ARTE RELIGIOSO"/Calle Hatun Rumiyoc zu finden (ca. 15o m die Triunfo rechts neben der Kathedrale den Berg rauf), – sowie in den Conventos von Cusco (insbesondere im Kloster Sta. Catalina, La Merced und Sta. Clara).

*Dies gilt auch für die CUSCO–MURALES (Wandmalereien, siehe oben!)

*Leckerbissen sind die Kirche von Chinchero (rund 3o km nördl. von Cusco) und die Kirche von Andahuaylillas (ca. 3o km südöstl. an der Straße Cusco- Puno).

*LITERATUR: das beste, mir bekannte Werk zur "Escuela Cuzqueña" ist die 2- bändige "Historia d'la pintura Cuzqueña" von Jose de Mesa y Teresa Gisbert, erschienen bei Fundacion Augusto N. Wiese, Banco Wiese Ltdo. Lima, 1982. Allerdings nur in spanisch, reich bebildert, eventuell bei "Studium" in Lima zu bekommen.

LA COMPAÑIA/Plaza de Armas, Baubeginn 1571. Optisch von außen in Architektur der "kleinere Bruder" der Kathedrale: schmaler in ihrer Front, so doch ähnliches Konzept.* Der Bau wurde von den Jesuiten durchgeführt, die sich von Anbeginn vorgenommen hatten, eine schönere Kirche zu erreichten, als die zeitlich parallel gebaute Kathedrale. **4**

Eine Rivalität, die bis zu den Ohren des Pope in Rom gelangte. Fertigstellung erst (nach teilweiser Zerstörung durch das Erdbeben von 165o) im Jahre 1668. Reich geschnitzte und mit Gold überzogene Altäre und Gemälder der "Escuela Cuzqueña", die unter anderem Szenen aus dem Leben des Jesuiten- Orden Gründes Ignacio Loyola zeigen. Interessant ist auch das Gemälde der Hochzeit der Incaprinzessin Dona Beatrice Clara Sayri Tupac mit dem spanischen Governeur Martin Garcia de Loyola. Eine der Mischehen, die in der Anfangszeit des spanischen Kolonialreiches geschlossen wurden, um den Machteinfluß der Spanier zu festigen.

La Compañia hat einen der schönsten Altäre Südamerikas (was die großen Kirchen betrifft): viel Gold, aber wohl proportioniert und nicht aufdringlich. Besonders die Proportionierung der Seitenaltäre hat mich begeistert. Das angrenzende Jesuiten- Convento ist heute Sitz der Universität von Cusco.

Rundgang 1

Der oberhalb der Kathedrale gelegene Stadtteil ist reich an kolonialem Ambiente mit engen Gassen, in der Basis oft Inka- Mauerwerk (z.B. in der Hatun Rumiyoc), auf das der kolonialspanische Oberstock aufgesetzt wurde. Teils aber auch den Inkamauern ähnliches Mauerwerk, das in der Zeit direkt nach der Eroberung durch die Spanier von einheimischen Handwerkern errichtet wurde, die im Auftrag der Spanier die Stadt aufbauten.

ZU ERKENNEN u.a. daran, daß die verwendeten Steine unterschiedliche Farbe haben, oder daran, daß die Steine eingemeißelte Motive tragen (z.B. Schlangen/Calle Culebras, die von der Plaza Nazarenas (41) rauf zur Choquechaka läuft).

Schöner Rundgang über die Calle Tucuman (links der Kathedrale/Plaza de Armas) den Berg rauf, – vorbei an der CASA ALMIRANTE (17. Jhd., leider im Oberbau durch das Erdbeben von 195o zerstört; stand hielt der inkaische Unterbau des Gebäudes. So doch mit Geldern der UNESCO restauriert). Sitz des "Museo Historico Regional". **8**

---

* allerdings erheblich reichhaltiger in der Gestaltung des Eingangsportales, das übrigens in seiner Form und seinem Aufbau den des Hauptaltars der Kirche wiederholt. La Compañia ist zudem innen reicher ausgestattet und gilt als schönste Kirche von Cusco.

41 Weitere ca. 50 m bergan die PLAZA NAZARENAS mit der gleich-
7 namigen Kirche und Convento (16. Jhd., Schule für Indiomädchen)
6 und der gegenüberliegenden Kirche SAN ANTONIO ABAD (Schnitzwerk und Gemälde der Escuela Cuzqueña), wurde restauriert. Die angrenzenden Gebäude sollen zu einem 800- Betten Luxushotel in kolonialem Ambiente ausgebaut werden. San Antonio Abad war der frühere Sitz der Cusco- Universität.

39 CALLEJON DE SIETE CULEBRAS (die Gasse der 7- Schlangen), beginnt bei der Plaza Nazarenas, bergauf und enthält Mauerwerk aus der Zeit kurz nach der spanischen Eroberung Cuscos, das mit Motiven von Schlangen verziert ist. (Casa de las Serpientes)

27 KIRCHE SAN BLAS: über die Calle San Blas weiter bergauf zur gleich-
28 namigen Plaza, die gemütliches Kolonialflair ausstrahlt. Im Umkreis haben sich Artesanos mit ihren Geschäften angesiedelt, Holzschnitzer, die mit Blattgold überzogene Bilderrahmen verkaufen, oft mit sauber gemalten Replikas* aus der Epoche der "Escuela Cuzqueña", oder excellenten eigenen Gemälden, die in ihrer Lockerheit und Lebendigkeit begeistern und trotz ihrer hohen Qualität preislich sich im Rahmen bewegen! Aber auch reich geschnitzte und mit Blattgold überzogene Rahmen für Spiegel.

San Blas/Cusco

San Blas: diese von außen unscheinbare Kirche birgt in ihrem Innern eine der schönsten Kanzeln der Anden: überreiches Schnitzwerk aus Zedernholz. Der Künstler dieses Meisterwerkes ist nicht bekannt. Der Legende nach soll es ein Indio gewesen sein, der von der Lepra geheilt aus Dank in 4-jähriger Arbeit erstellte. Alte Kirchendokumente von 1696 notieren zwar, daß San Blas eine neue Kanzel erhalten hätte, – erwähnen aber nicht den Namen des Künstlers.

Die aus Adobesteinen (Lehm- luftgetrocknet) gebaute Kirche enthält mehrere Gemälde, die sich mit religiösen Aktivitäten von San Blas beschäftigen. Die wenige Jahre nach der spanischen Cusco-Gründung gebaute Kirche wurde sowohl beim Erdbeben 1650, sowie beim Erdbeben 1950 kräftig zerstört, aber wieder aufgebaut. Auch in der Sakri stei schönes Zedernholz- Schnitzwerk.

9 CALLE HATUN RUMIYOC: erreicht man über die Calle San Blas, ein Block bergab und hat eine der längsten und perfektesten Inkamauern von

* wer sich hier ein Gemälde kauft, sollte sich vom Geschäft eine Kaufquittung geben lassen, die neben dem Preis auch das Motiv und den Künstler nennt. Um bei der Ausreise aus Peru dem Zoll nachweisen zu können, daß es sich hier um ein Gemälde aus der heutigen Zeit handelt, denn der Export antiker Sachen aus Peru ist unter Strafe verboten.

Zu beachten ist auch, daß z.B. der deutsche Zoll bei der Einreise "Mitbringsel" im Warenwert von nur 100 DM/Person zollfrei gestattet. Bei der Einreise gibts bei Bildern immer wieder Probleme, – auch wenn sie billig vor Ort eingekauft wurden, – stuft sie der Zoll oft höher im Wert ein, wenn keine eindeutige Kaufquittung vorliegt.

Cusco. Die Gesteinsblöcke sind bis zu 1 x 1 m groß, konvex (nach außen gewölbt) sehr fein bearbeitet. Das wuchtige Mauerwerk ist mit einer derartigen Präzision aufeinandergesetzt, daß nicht einmal eine Rasierklinge dazwischen passt. Dies bei den primitiven Steinbearbeitungs- Werkzeugen der Inkas. Erstaunlich auch, wie die Inkas solche Blöcke heranschaffen und aufbauen konnten, obwohl sie weder Hebel noch Flaschenzug, weder Wagen noch Rad kannten!

Glanzstück der Hatun Rumiyoc ist der berühmte Stein mit den 12 Ecken. Weil's sich mit den Nachbarsteinen so ergeben hat, mußten 12 Ecken her. Einen Stein mit 4 Ecken passgenau in Rasierklingenqualität zu den Nachbarsteinen mit Primitivwerkzeugen zu bearbeiten, ist schon ein Kunstwerk für sich. Dann aber gleich 12 Ecken, wo alle Winkel passgenau stimmen: definitives Kompliment.

Sowas hat natürlich einiges an Deutungsversuchen provoziert: eine These lautet, die 12 Ecken symbolisieren die 12 Monate des Jahres. Eher wahrscheinlich ist jedoch die simplere Deutung, daß einfach diese Steinmetz-Künstler sich ihrer eigenen Fertigkeit freuten und "mal was Besonderes" einbauen wollten.

Dieser 12- eckige Stein ist jedoch nicht der Rekord; der peruan. Wissenschaftler Dr. Victor Angles Vargas fand in den Ruinen von Torontoy einen Stein mit sage und schreibe 44 Ecken!!

Oberhalb Kopfhöhe sitzt auf dem Inka Mauerwerk kolonialspanisches, das in den diversen Erdbeben der vergangenen rund 500 Jahre mehrfach durchgerüttelt und teils zerstört wurde, während am Inkamauerwerk praktisch keinerlei Schaden entstand.

Die Mauer diente u.a. dem Palast des INKA ROCA (der 6. der Inkas), später zu Kolonialzeiten wurde die prächtige Casa der Marquisen Rocafuerte und Buenavista draufgesetzt, in der dann der Bischof von Cusco
residierte. Heute: "MUSEO ARTE RELIGIOSO", eines der lohnensten 9
Museen von Cusco wegen reichen Bildern der "Escuela Cuzqueña". Die Madonnenbilder teils mit Gewändern aus reich besticktem Textilgewebe, den Gemälden angeheftet. Zugleich herrlich geschnitzte Betten mit goldeingewebten Mustern in ihren Decken.(Ecke Hatun Rumiyoc mit Palacio).

Rundgang 2

Das reichhaltigste Angebot an Inkamauerwerk liegt im Bereich südöstlich der Plaza de Armas (hektographierten Cusco- Plan vom Tourist Office besorgen, der alle Inkamauern eingetragen hat!), – z.B. in der CALLE 10
LORETO, die links der La Compania- Kirche beginnt.

Das Mauerwerk rechter Hand der Calle Loreto gehört zum Palast des Inka Huayna Kapac (11. Inka). Links Inkamauern, in deren Bereich das
Kloster mit Kirche STA. CATALINA steht, Eingang über die parallel 21
verlaufende Calle Arequipa. Mit vielen Bildern der "Escuela Cuzqueña", aber auch Wandmalereien und riesige Orgel. Mit Museum, Besuch lohnt!

CORICANCHA: Pampa del Castillo Ecke Calle Santo Domingo. Bemerkenswert der tip- top gefertigte, kreisrunde Vorbau. Sowohl in perfekter

Kurvenlinie, wie auch perfektem Blockwerk der Steine. Zu Inkazeiten war Corincancha der Tempel der Sonne, in dem rund 4.ooo Priester tätig gewesen sein sollen und astronomische Sternbeobachtungen stattfanden.Die ersten spanischen Konquistadores fanden reiche Goldschätze.

38 Über den Ruinen wurde das KLOSTER SANTO DOMINGO errichtet; das Erdbeben von 195o legte Teile der alten Inkakonstruktion frei, die weitgehend restauriert wurde. Im Rahmen der Führung wird erläutert, was authentisch und was rekonstruiert wurde am Mauerwerk.

Weiteres Inka- Mauerwerk in der Calle San Agustin. Mit der CASA DE
41 LOS QUATRO BUSTOS. Das Kolonialhaus (S. Agustin 4oo) wurde zu einem Luxushotel der 5- Sterneklasse umgebaut ("Hotel Libertador").

Rundgang 3

17 In den westlichen Teil des Centros ab Plaza de Armas, – vorwiegend mit Kolonialem: LA MERCED (Calle Mantas, 1 Block von der Hauptplaza de Armas). Eine der ältesten Kirchen Perus, 1536 begründet. Kirche und Kloster mit interessanten Gemälden aus der Kolonialzeit. In der Kirchengruft sowohl Sagrophag des Halbbruders von Francisco Pizarro (Gonzales), wie auch Vater und Sohn Almagro. Das Kloster kann besichtigt werden. Wichtigstes Ausstellungsstück ist der Hostienschrein, der rund 1 m hoch ist und mit tausenden von Diamanten, Perlen, Smaragden etc. verziert ist. – Interessant auch die Kloster- Bibliothek mit rund 17.ooo Büchern aus der kolonialspanischen Epoche.

13 PLAZA REGOCIJO mit dem Cabildo, dem früheren Rathaus der Stadt (Arkadenkonstruktion) und dem aus dem 2o. Jhd. stammenden "Hotel de Turistas", das von der staatlichen Hotelkette verkauft wurde und heute als "Hotel Cusco" firmiert. –

14 CASA GARCILASO: Kolonial- Casa, heute Archiv des Instituto National
15 Cultural, – PLAZA SAN FRANCISCO: mit gleichnamigem Kloster und Kirche. Bedeckt flächenmäßig eines der größten Areale des Stadtzentrums, was Kirchen und Conventos betrifft . Die Gestaltung ist jedoch, verglichen mit z.B. La Compania ernüchternd. – SANTA CLARA (Calle Santa Clara, nähe Markt und Bahnhof nach Machu Picchu) hat excellente Wandmalereien und Gemälde der Es. Cuzqueña.

5

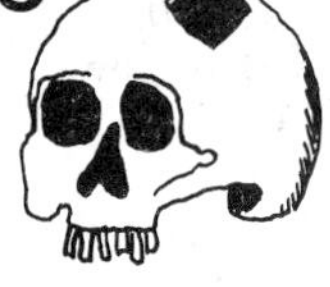

MUSEO ARCHEOLOGICO DE CUZCO: Calle Tigre Nähe Plaza Armas: Mumien aus der Inca - Zeit, Vasen und Vor - Incaische Steine. Sehr klein; lohnt sich aber sehr! Die Incas praktizierten übrigens echte Gehirnoperationen, bei denen Vierecke aus dem Schädel gestemmt wurden, damit der böse Geist dem Schädel entströmen konnte. Die Operierten überlebten meist. –

Eines der lohnensten Museen von Cusco, das man unbedingt mit "einbauen" sollte!

INCA – MEDIZIN: hochentwickelt und ideale Verbindung aus mystisch - psychischer und praktischer Heilung durch Naturheilkräuter. Wunden konnten keimfrei gehalten werden, Beine amputiert werden und Zähne plombiert. Neben Zauberformeln kannten die Ärzte bereits die wichtigsten Mittel der modernen Homöopathie. An eigenen Inca - Unis wurden die Mediziner ausgebildet, – meist Söhne aus dem Inca - Adel.

Der CUSCO–MERCADO ist interessant, beim Bahnhof nach Machu Picchu. An Märkten gibts aber sicher Interessanteres in den südamerikan. Anden.

Warnung: jede Menge Trickdiebstahl sowohl auf dem Bahnhof im dichten Gedränge vor der Abfahrt nach Machu Picchu, – wie auch dem Bahnhof nach Puno, sowie dem Cusco- Mercado.

Buchhandlungen: Calle Mantas 191. Neben spanischen Büchern auch einige wenige Paperbacks in Englisch und Deutsch für die ausländischen Touristen, sowie Zeitschriften.

Kunstgewerbe: Cusco ist eines der Zentren Perus für hochwertige Textilarbeiten. Ponchos, Mantas (Decken), Pullover, Chulpas (Indiowollmützen) etc. Der Mercado beim San Pedro- Bahnhof dürfte billiger sein, als die Märkte in Pisaq oder Chincheron (beide am So.).

Überhöhte Preise sind auf allen 3 Märkten möglich, wenn man sich nicht auskennt. Daher Tip: sich zunächst in den diversen Souvenirshops von Cusco (um Plaza de Armas) im Groben am Preisniveau orientieren, um auf den Märkten dann entsprechend in seriösem Rahmen dann zu handeln! Man sagt, daß in Sachen hochwertiger Qualität die Auswahl in den Souvenirshops von Cusco die beste sei, da die Besitzer ihre Kontakte haben. Muß aber nicht sein.

Leider werden naturgefärbte Stoffe immer seltener. Gute Auswahl bei Victor M. Pancheo/ Calle Sta. Clara 5o1, oben beim San Pedro Bahnhof und Markt. Kennt sich sehr gut in den Motiven der Ponchos aus. Pferde, Sterne, Streifen sind Symbole für Beruf, Reichtum und soz. Stand des Ponchoträgers.

Schöne Kerzen, cq. 3o - 5o cm lang mit Gravur und Bemalung bei Estanislao F. Palomito, Tupac Amaru 191, direkt beim Markt. Relativ billig und schöne Dekoration!

Pan de Oro: billige Talleres in der Calle Choquechaca. Spiegel (Durchmesser ca. 35 cm) mit echt vergoldetem Rahmen. Oder oben bei der Kirche San Blas, wo sich eine Künstlerszene etabliert hat. Holzschnitzer für die Rahmen und Maler für Bilder. Sehr lohnend, aber Handeln dringend nötig!

Gute Artesania- Shops im Bereich der Hauptplaza und Seitengassen. Vor ambulanten Händlern wird gewarnt. Sie bieten oft angeblich echt Antikes an, das allenfalls Patina besitzt und ansonsten überteuert ist, wenn man nicht sachkundig zu Handeln versteht.

Transport: ist gut (wenn man genügend Zeit hat) in die Region um Cusco. Praktisch mehrmals täglich Busse nach Tambo Machay, Pisaq, Urubamba etc. Allerdings nicht immer am gleichen Tag Rücktransport gesichert.

Wer also sehr knapp mit Zeit ist, kann auf eine der vielen Tours- Agenturen in Cusco zurückgreifen, die z.B. den Rundtrip Tambomachay – Pisaq – Urubamba – Ollantaytambo für ca. 1o - 15 US $ in einem Tagestrip durchführen. Mein persönlicher Geschmack ist das nicht, in der Busgruppe die archäologischen Sight Seeing Sachen "abzuhaken". Da sie aus mehr als nur den (vom Führer präsentierten) Steinen bestehen. Umgebung, Rumsitzen, Relaxen und Landschaftsambiente zu genießen, – sind für mich wesentliche Punkte meines eigenen Reisens.

Trotzdem: wer knapp mit Zeit ist und nicht auf eine organisierte Tour zurückgreifen möchte, hat die Wahl: a) TAXI (supergenau vorab im Tourist Office die gültigen Preise abchecken! Nicht selten werden hier Touristen über's Ohr gehauen!), – oder b) sich einen MIETWAGEN nehmen. Mehrere Vermieter in Cusco, und keine schlechte Idee, wer genügend Geld hat, bzw. zu mehreren reist, um auch zeitlich flexibel zu sein!

Vorsicht, wer in Cusco mit eigenem Auto fährt: einige Straßen enden unvermittelt und ohne jegliche Vorwarnung in steile Treppenabgänge!!

Ausgefallenes: sowohl der reiche Cusco- Tourismus, wie auch seine ungemein lohnende Umgebung hat zu einer Vielzahl von Abenteuer- Tours und Expeditionen geführt.

Z.B. Wildwassertrips im Schlauchboot auf dem Rio Urubamba, – organisierte Trekking-

Touren in der sehr lohnden Cordilliera Vilcamamba, aber auch Befahrung des Pongo de Mainique (siehe unser seperater Text!), – Bergsteiger Expeditionen und Trekking zu abgelegenen Dörfern mit Wollweberei.

Sympatisch: "Tambo Treks"/Kontakt über Vicki Weeds, 521o 12 th NE Seattle Wn 981o5 USA, einer Gruppe junger Amerikaner, die sich in der Cusco- Region niederließen und mit Kind und Kegel Ausgefallenes anbieten.

"HIRCA"/eine der führenden Abenteuer- und Trekking Organisationen in Peru. Kontakt über P.O. Box 513o Lima 18, Peru. Office in Cusco in der Garcilaso 23o

"EXPLORANDES"/in Cusco mit Office in der Procuradores (Seitenstraße ab Plaza de Armas). Groß, aber nicht billig in ihren Programmen.

SEÑOR LEONARD, liebevoll oft auch "Lennie" genannt. Der Amerikaner, der seit Jahrzehnten in Cusco lebt, verheiratet mit einer Peruana, unternimmt Excursionen in den Bergurwald, u.a. zu seiner Urwaldlodge. Details über sein Hotel in Cusco.

"SETOURS"/Jr. de la Union1o11 in Lima. Spezialist für Abenteuertrips.

CUSCO nur aus dem Sight- Seeing- Aspekt zu besuchen, ist sicher einseitig. Was Spaß macht, ist der Flair dieser sicher interessantesten und vielseitigsten Stadt in den südamerikanischen Anden!

Einfach durch die Gassen rumbummeln, Flair schnuppern, in Kneipen rumhängen, relaxen und genießen. Tagestrips in die nähere Umgebung einschieben, um im Anschluß wieder zu relaxen. Gerade die Vielfalt der Möglichkeiten in und um Cusco macht den Reiz dieser Stadt aus!

Reiseplanung: bei superknapper Reisezeit sind 2 Tage das Minimum. Akklimatisation, Flair schnuppern, nähere Umgebung wie Saxahuaman, sowie die wichtigsten Gassen und Museen. Plus der obligatorische 1- Tagestrip nach Machu Picchu. Befriedigt aber nicht, da diese 3 Tage viel an Interessantem offen lassen.

1 Woche in Reiseplanung für Cusco ist vernünftiger, bringt aber bei dem damit verbundenem "tieferen Reinschnuppern" unweigerlich das Bedürfnis nach einer weiteren Cusco Woche!Sachen wie Inka- Trail, Schlauchboot- Wildwassertrips, umfangreichere Hikes in die weitere Umgebung und in den Bergurwald noch nicht eingeschlossen.

nähere Umgebung:

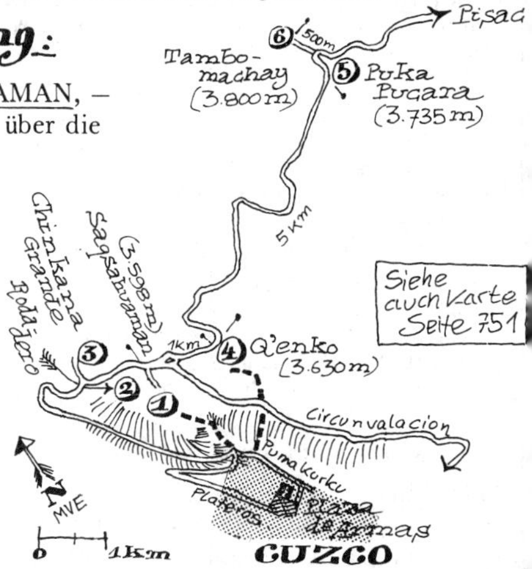

(1) Unbedingt lohnend ist SAXAHUAMAN, – einmal wegen dem schönen Blick über die Stadt Cusco, – zum anderen wegen der gigantischen Steinarchitektur.

Zu FUSS entweder über die Calle Arco Iris ab Plaza de Armas (siehe Cusco- Stadtplan), oder die Steintreppen rauf zum Kloster und der Kirche SAN CRISTOBAL (reiche Wandmalereien, angrenzend der Incapalast Colcampata des Manco Kapac mit excellenter Steinbearbeitung!)

Trifft auf die asphaltierte Straße rauf nach Saxahuaman, die man bei der Serpentinenspitzkehre (siehe unsere Cusco- Karte!) verlässt, wo ein Fußweg im steil nach oben verlaufenden Tal aufwärts beginnt. Zwar problemlos zu begehen, aber (insbes. bei der Höhenlage) anstrengend.

Kurz bevor man das Hochplateau erreicht, seitlich eine Christusfigur, die ca. 1945 von Juden gestiftet wurde, die sich damals in Cusco ansiedelten. Stellt verkleinerte Replica der Christusfigur von Rio/Brasil dar. – Insgesamt ab Plaza de Armas bis Saxahuaman ca. 3o - 4o Min. zu Fuß je nach Kondition beim Anstieg.

SAXAHUAMAN* besitzt ein gigantisches Mauerwerk; ein dreifacher Ring aus Zyklopenmauern einer Länge von mehr als 6oo m, – excellent aneinandergefügte Steine, deren größte 9 m hoch, 5 m breit und 4 m dick sind = ca. 35o Tonnen!! Gigantische Steinbrocken, wie aneinandergestapelte Eisenbahnwaggons. Und dies bei einer Perfektion oft in Rasierklingen- Qualität!

Der Grund dieses gewaltigsten Inkawerkes ist wissenschaftlich nicht gesichert. Die einen Theorien sprechen von einem Festungswerk der Inkas, um ihre Hauptstadt in ihrer Bergflanke und im Kampf gegen die Chancas zu schützen.Andere Theorien vermuten ein Heiligtum oder einen militärischen Zeremonienplatz.

Mysterium ist auch, wie die Inkas, die weder Rad kannten, noch Zugtiere wie z.B. das Pferd, diese gewaltigen Steine transportieren konnten. Insbesondere, wie sie derart millimetergenau die Steine bearbeiten konnten und im Anschluß aufrichten.

Für die Theorie eines Festungswerkes spricht die Tatsache, daß die ersten Spanier gemäß Chronistenberichten im Inneren Saxahuamans mehrere Festungstürme fanden und Bauwerke, die der Unterbringung von Garnisonen dienten, sowie unterirdische Verbindungsgänge zwischen den einzelnen Festungstürmen, die heute zerstört sind. Dagegen spricht, daß die Inkas kaum Feinde hatten und die Errichtung dieses Bauwerkes bei ihren primitiven Steinbearbeitungswerkzeugen rund 5o - 7o Jahre gedauert haben dürfte bei Beteiligung von 2o - 3o.ooo Arbeitern.

Für die Theorie eines religiösen Heiligtums spricht die Tatsache der Existenz sogenannter "Chica-Kanäle" im Mauerwerk, das angeblich zum Genuß der vor dem Bauwerk versammelter Quechuas gedient haben solle.

Auch die Bearbeitung dieser gigantischen Steine in fugenexaktem Verbund ist ungesichert. Während die Saxahuaman- Fremdenführer gern von einer Urwaldpflanze sprechen, gehen neuere Forschungen davon aus, daß die Felsbrocken durch Eintreiben von Holzpflöcken abgespalten wurden, indem Wasser aufgegoßen wurde, was zum Austreiben der Holzpflöcke und Abspalten der Felsbrocken geführt hatte. . .

EINTRITT/SAXAHUAMAN mit der "1o US $ - Pauschalkarte"; es soll seitliche Schleichwege in Umgehung des Eintritts geben. Indios mit Panflöte oder rangetriebenen Lamas sorgen für gute Fotomotive, lassen sich dies aber auch in Münze honorieren.

* unterschiedliche Schreibweisen, z.B. auch "Sacsayhuaman", – ähnlich wie auch "Q'enco" oft "Kenco" oder "Quenco" geschrieben wird, da es im Quechua keine festen Regeln gibt. Gilt auch für "Pisac", – "Ollantaytambo" etc.

②RODADERO: wird vielfach als "Inka- Thron" deklariert, wo der Inkaherrscher gesessen haben soll zur Beobachtung seines Truppenaufmarsches auf dem Hochplateau vor Saxahuaman. In der Tat sauber gefertigte Steinsitze. Zugleich im vulkanischen Gestein die sogenannten Rutschbahnen der Indiojungen. Macht Spaß!

③CHINKANA GRANDE: ein Fels von rund 3 m Höhe, Opferaltar, wie berichtet wird. Enthält ein Labyrinth von Felsgängen, die gesperrt wurden, nachdem einige Touristen sich hierein verirrten.

Alljährlich am 24. Juni ist das kleine Hochplateau vor der Mauer von Saxahuaman Schauplatz des riesigen "Inti Raymi"- Festes (Details siehe "Feste in der Cusco- Region")

Durch zahlreiche Kanäle konnte Saxahuaman mit Trinkwasser versorgt werden. Die Zick- Zack geführte Basismauer (die Anhänger der Festungs Theorie sehen darin ein weiteres Indiz, ähnlich wie ja auch unsere europäischen Stadtmauern des Mittelalters spitze Vorsprünge hatten, um die Anlage besser verteidigen zu können), – mißt eine Höhe von 5 Metern. Darüber 2 weitere, kleinere Mauern. Von den 3 Türmen waren 2 rechteckig, einer rund. Die spanischen Chronisten berichten, daß es unterirdische Kammern gegeben haben solle, in die sich der Inka- Herrscher hätte verstecken können bei eventueller Angriffsgefahr.

Alles leichtere "Gestein" wurde von den Spaniern nach ihrer Eroberung Cuscos abgetragen und zum Bau z.B. der Kathedrale verwendet. Einige der verbliebenen Grundmauer-Reste im Inneren von Saxahuaman zeigen typische Formen von Häusern, andere werden von Anhängern der Festungstheorie als Getreidespeicher gedeutet. Sofern dies zutrifft, hätten von der Größe dieser Gebäude gewaltige Getreidemengen eingelagert werden können.

Fremdenführer zeigen die sogenannten "Glockensteine", hohle Steine, die bei den angeblichen Inkafesten vor Saxahuaman mit kleinen Gesteinsbrocken angeschlagen wurden und wie Glocken tönten. Die Anhänger der Zeremonien- Theorie verweisen zugleich auch auf die sauber in den Stein auf der Spitze des Rodadero- Hügels gemeißelten Sitze. Zumindest von ihrer Lage her der optimalste Platz, Inkafeste oder Truppenparaden zu beobachten, – wegen ihrer Ungeschütztheit jedoch ganz sicher kein günstiger Punkt für den Inkaherrscher, seine Truppen gegen eventuell angreifende Feide zu befehligen.

Gebaut wurde Saxahuaman ab ca. 1450 unter dem Inka Pachacutec, allerdings nur ungenügend gesichert. Als erster spanischer Chronist berichtet Pedro Sancho (1634) über Saxahuaman, die Spanier seien gewaltig beeindruckt gewesen von der gigantischen Anlage, wobei er ausdrücklich von einer "Festung" spricht: "viele Spanier, die Saxahuaman gesehen haben und die in der Lombardei und anderen fremden Königreichen waren, sagen, daß sie niemals vorher ein anderes Bauwerk wie diese Festung gesehen hätten, noch dermaßen sichere Verteidigungsanlagen. Saxahuaman könne leicht an die 5.000 spanische Soldaten fassen."

Das Problem der Deutung vieler Inkabauten liegt darin, daß die Spanier nach ihrer Ankunft bemüht waren, das Inkareich möglichst komplett zu zerstören, um jegliches nochmalige Aufkeimen dieses damals mächtigsten Reiches auf dem südam. Kontinent zu verhindern.

Egal welche Theorie für Saxahuaman zutrifft; vermutlich beide. Denn auch wenn die Inkas keine echten, großen Feinde mehr hatten, da sie letztlich die komplette Anden-Region vom heutigen Quito bis südl. Santiago de Chile beherrschten, so waren sie doch excellente Strategen. Warum sollten sie daher nicht eine Präventiv- Festung anlegen (Lage wohlgemerkt am strategisch wundesten Punkt oberhalb Cuscos), – die zudem den Prestigewert der Macht der Inkaherrscher z.B. durch Truppenparaden vor Saxahuaman erheblich steigert.

Der gewaltige Aufwand zur Errichtung des Bauwerks mag uns heute erstaunen und zu anderen Deutungsmöglichkeiten auffordern. Hat es aber bei den Hochkulturen früherer Völker oft gegeben, vergl. z.B. Pyramiden in Ägypten! Daß Saxahuaman bei seiner Gigantomanie gleichzeitig auch Festen oder Zeremonien gedient haben mag, ist bei der gewaltigen Kulisse sicher nicht von der Hand zu weisen.

Nach Zerstörung des oberen und "leichter gebauten" Teils von Saxahuaman durch die span. Conquistadores überwucherte die Szenerie und wurde erst in den 3o-er Jahren dieses Jhds. wieder freigelegt.

(4) Rund 1 km über die Asphaltstraße rüber nach Q'ENCO. Wird als Opferplatz gedeutet, wegen seiner Zick- Zackrinnen in einem Felsbrocken. Durch die Rinnen soll Blut gelaufen sein, in Inneren Gänge mit Sitzen und Steinbearbeitungen, die als Altäre gedeutet werden.

Die Region Saxahuaman/Q'enco ist in ihrem Gestein reich an unterirdischen Höhlen und Gängen. Die unterirdischen Gang- Partien von Q'enco sind mit Sicherheit von Menschen bearbeitet worden; in anderen Höhlen sollen gemäß erster spanischer Chronistenberichte die Unterführer der Inka- Herrscher mumifiziert bestattet worden sein. Bei reichen Gold-Grabbeigaben.

Nördlich nähe des Q'enco- Steines ein kleineres Amphietheater. Diesen Vormittags- Trip ab Cusco (nach einem spät begonnenen Frühstück) kann man entweder im Anschluß retour runter nach Cusco in die Stadt laufen. Es geht (siehe unser Cusco- Stadtplan) über Wiesen und durch Eukalyptus-Wäldchen runter zur Circunvalacion und landet nach Querfeldein via Campesinopfad in der Region Plaza San Blas im oberen Teil der Stadt. Hat mir persönlich viel Spaß gemacht, insbesondere, wenn man nicht in einer Touristenhorde oder dem stressigen, das Sight Seeing- abhakenden Taxi sitzt. Sich Zeit lassen, ins Eukalyptuswäldchen setzen und Meditieren, oder den fantastischen Blick ab Saxahuaman auf Cusco genießen.

Wer will, kann zu Fuß auch ab Q'enco rüber nach Puca Pucara (5) und Tambo Machay (6) laufen. Auf der Asphaltstraße nur minimals Verkehr und daher kaum Trampchancen, 5 km, es gibt Abkürzungen.

Zu Fuß ist das retour inkl. Besichtigungen ein kompletter Tag. Lohnt sich zwar landschaftlich, aber es gibt schönere Wanderungen in der Region Cusco. Daher besser: Bus ab Cusco/Calle Saphi nach Pisac und in Puca Pucara aussteigen, um die Sache dann retour bergab zu laufen. Höhenlage immerhin um 3.5oo (Circunvalacion) bis 3.8oo m (Tambo Machay).

(5) PUCA PUCARA: auf Terassen Inca- Steinhäuser, Türme und Treppengänge. Soll der Verteidigung des Zugangspfades nach Cusco gedient haben. Andere Theorien sprechen von einem simplen "tambo" (Raststätte), was wohl der Bedeutung Puca Pucaras eher nahekommt, denn für ein Verteidigungswerk sind die Bauwerke zu klein. Rund 5oo m rüber nach

(6) TAMBO MACHAY: die Inka-Badeanstalt. Hier rasteten müde Stafettenläufer und badeten im türkisblauen Quellwasser, das unterirdisch aus einer Mauer hervorschießt. Die sauber gefassten Badebecken sollen nach einigen Theorien jedoch ein Wasserheiligtum gewesen sein, andere Theorien sprechen von einem Wochenend- Sitz des Inkas. Beides nicht gesichert.

Umgebung von Cusco:

Die beliebtesten Excursionen ab CUSCO sind die Sonntags- Indiomärkte von Chinchero und Pisac, – sowie natürlich Machu Picchu. Lässt sich zu Rundtrips zusammenfassen, Details siehe dort! Jedoch jede Menge weiterer, lohnender Sachen !! –

★ CHINCHERO: lohnt sich für den allsonntäglichen Indiomarkt. Zwar touristisch längst entdeckt, so doch immer wieder gute Artesania bei gehobenen Preisen. Handeln (aber bitte fair und bei sauberer Preiskenntnis) ist üblich.

Die Fahrzeit nach Chinchero hat sich seit Neubau einer Straße auf ca. 1/2 Std. reduziert. (LKW's und Busse). Der Markt beginnt zwischen 9 und 1o Uhr früh, vorwiegend landwirtschaftliche Produkte. Sehr lohend ist die von außen unscheinbare Kirche, die in ihrem Inneren zu einer der kunsthistorisch lohnerdsten der Region zählt. Achtung, wer per LKW nach Chinchero zum Markt fährt, sollte mit dem Gepäck vorsichtig sein. Öfters Trickdiebstahl durch Aufschlitzen der Tasche, Rucksack etc.Ab Chinchero eine neue Straße runter nach Urubamba mit zwar nicht häufiger, so doch tägl. existierende Busverbindung . Grund für den Ausbau der Straße ab Cusco ist einmal die Förderung neuer Siedlungen in den sehr fruchtbaren Bergurwaldtälern unterhalb Quillabambas,– zum anderen der neue, in Planung befindliche intern. Airport auf dem Hochplateau oberhalb Chinchero, der nach seiner Fertigstellung zu einem risikoloseren Landeanflug beitragen wird.

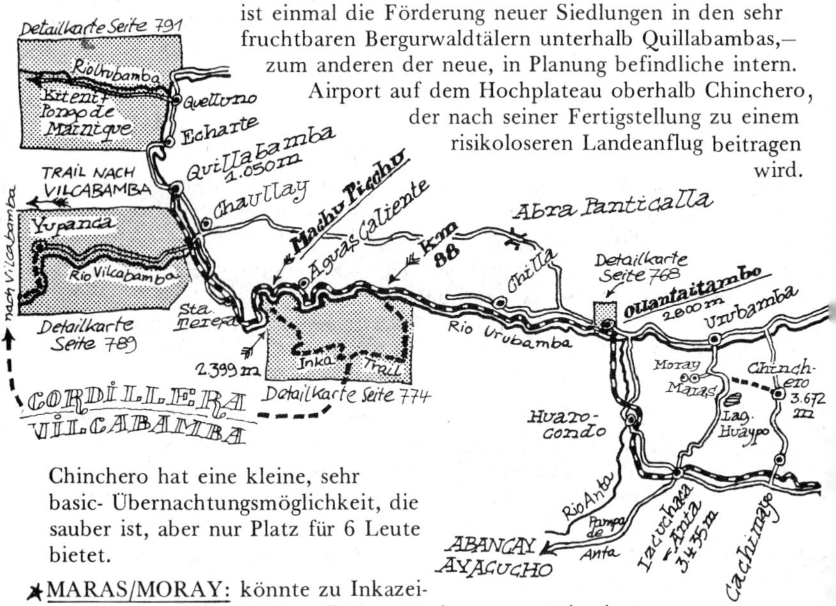

Chinchero hat eine kleine, sehr basic- Übernachtungsmöglichkeit, die sauber ist, aber nur Platz für 6 Leute bietet.

★ MARAS/MORAY: könnte zu Inkazeiten eine Art "Gewächshaus" ohne Dach gewesen sein: in trichterförmigen Mulden sammelte sich Wasser in kleineren Seen (Durchmesser ca. 3o - 4o m), das nicht ablaufen konnte und sich tagsüber durch die Sonneneinstrahlung so stark erwärmte, daß es wie eine Warmwasserheizung die umliegenden Anbauterrassen "heizte". Dadurch wird der Anbau von z.B. Mais in einer Höhenlage von 3.5oo m möglich. Als Theorie nicht gesichert, so zeigen doch Keramikfunde der Region, daß die Moroy- Terrassen bereits von praeincaischen Kulturen genutzt wurden.

MOROY ist sehr schwer zu erreichen. Es gibt zwar einen Bus ab Cusco nach Maras, der aber gegen Abend dort eintrifft und in Maras keinerlei Übernachtungsmöglichkeit. Abchecken, ob Veränderung! Ansonsten Zelt mitnehmen oder Mietwagen ab Cusco.

★VALLE SAGRADO (Heiliges Tal/Rio Urubamba): eine der Schlüsselregionen der Inkas in der näheren Umgebung ihrer Hauptstadt. Superfruchtbar und zudem wichtiger Ausgangspunkt für Inkatrails in die Regionen der Bergurwälder des Reiches:

★PISAC: lohnt sich wegen seinem Indiomarkt am Sonntag, der dann entsprechend voll von Touristen ist, – sowie wegen Inkaruinen und excellentem Inka- Terrassenbau in einer steilen Andenschlucht.

32 km ab Cusco über die durchgehend asphaltierte Straße via Saxahuaman, Q'enco und Puca Pucara. Täglich mehrere Busse, am Sonntag zum Markt ab ca. 6 Uhr bis 7 Uhr fast alle 1o Min. , 1 US $ .Achtung: auch während der Woche fahren nicht alle Busse weiter bis Urubamba, Ollantaytambo. Vorab mit dem Fahrer klären!

Der Markt ist zwischenzeitlich sehr touristisch. Das Angebot ist ähnlich dem von Cusco (auch von den Preisen) und orientiert sich an der Nachfrage. Ausgefallenes oder echt Antikes wie 5o- Jahre alte Ponchos etc. findet man nur noch bei sehr viel Glück, da die Absatzchancen im zentraler gelegenen Cusco erheblich besser sind, und auch die Indios inzwischen die möglichen Preise kennen.

Der Markt beginnt bereits nach Morgengrauen, – allerdings nur für die Campesinos mit ihrem Handel von Früchten, Gemüse, Tieren, Töpfen etc. –

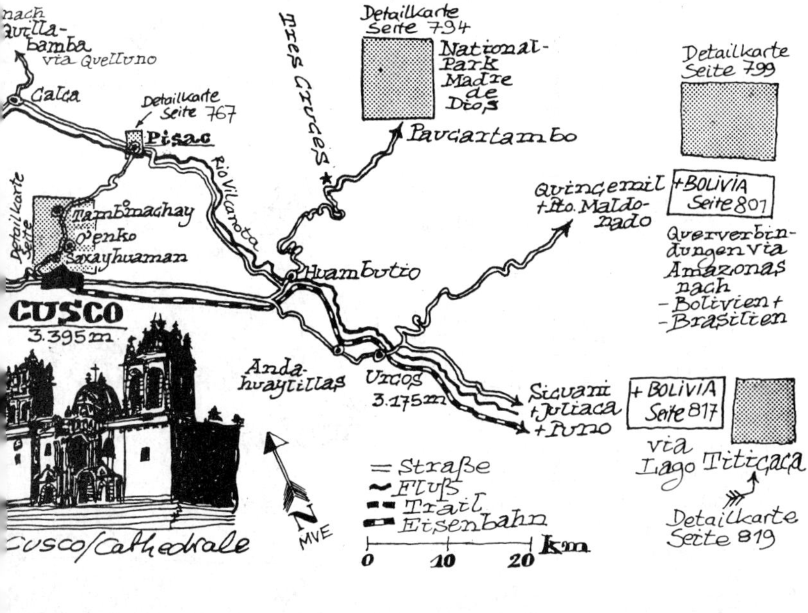

Die Artesania- Händler haben sich zwischenzeitlich darauf eingependelt, daß die Haupttouristenströme erst gegen 9 oder 1o Uhr früh eintreffen; warum auch früher den Stand aufmachen?

Trotz allem Tourismus hat Pisac noch viel Flair im Campesinoteil des Marktes. Was den Artesania- Teil betrifft, sollte man die handelsüblichen Preise jedoch genau kennen, auch Wollqualitäten etc. Sonst wird der Kauf teuer. Entsprechend vieler Touristen ist die Auswahl jedoch breit. Handeln ist üblich, sollte sich jedoch in fairem Rahmen bewegen. Ende des Marktes gegen 12 Uhr mittags.

ÜBERNACHTUNG: "Chongo Chico", etwa 1 km außerhalb des Ortes, geführt von einem deutschsprachigen Ungarn, verheiratet mit einer Engländerin. Beide sehr freundlich; die Herberge außergewöhnlich von ihrer Anlage in einer 2oo Jahre alten Hazienda und gemütlich in ihrer Einrichtung mit kolonialen Zedernholzbetten. Vermietung von Pferden. Licht in den Zimmern gibts allerdings nur abends. Wer sich rasieren möchte am Morgen per "Elektrischem" hat ebenso wenig Chance, wie derjenige, der tagsüber das Radio oder den Casettenrecorder in die Dose schiebt.

Die Preise variieren gemäß Nachfrage zwischen ca. 12 und 4 US $ fürs Doppel. Ohne Frage als Unterkunft romantisch, wenn man bereit ist, Abstriche in Sachen Komfort zu machen.

Im Ort Pisac gibts nur basic- Unterkunft: das "Roma", das eigentlich nur den Vorteil hat, als Übernachtungsmöglichkeit in Pisac zu existieren. Blick reinwerfen und überlegen ob man nicht besser nach Cusco zurückfährt, was flott geht und am nächsten Morgen dann Verbindung via Pisac nach Urubamba oder Ollantaytambo besitzt. . .

Einfache RESTAURANTS im Ort. –

Pisac ist sich seiner Touristenattraktion bewußt. Deswegen eröffnet der Bürgermeister des Ortes am Sonntag früh nach der Messe den Markt in Verbindung mit bunten Trachten zur Freude der Japs, Amis und Alemanes, wobei sich auch Kodak und Agfa freut . . . Wer wo anders in den Anden einen Markt erlebt hat, kann durchaus auch unter der Woche eintreffen.

Sehr lohnend sind die Inka- Ruinen von Pisac. Eintritt mit dem Pauschalticket aus Cusco (siehe "Tourist-Info!)

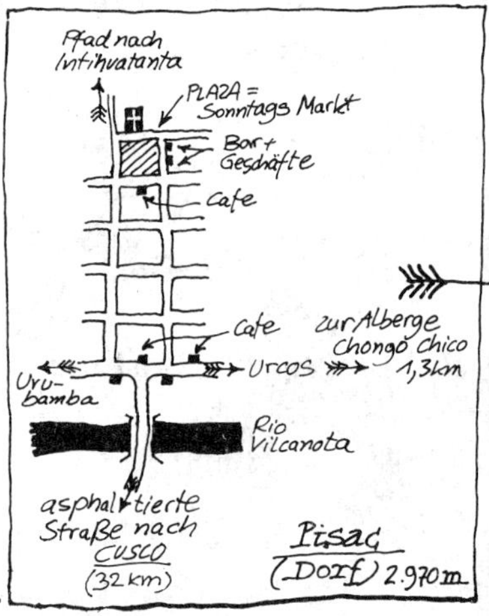

Auch wenn es einen Feldweg rauf gibt, lohnt sich der Anstieg zu Fuß ab Hauptplaza. Liegen rund 3oo m oberhalb des Ortes, was bei der Höhenlage Atem und Kondition benötigt und rund 1 Std. bergan dauert.

Zentrum der Anlagen ist INTIHUATANA (auch "Intiwatana" geschrieben), vermutlich ein Heiligtum und sakraler Bezirk der gesamten Anlagen, die sich über viele qkm erstrecken.

Der gleichnamige Stein im Zentrum der Anlage diente astronomischen Bestimmungen und ist vergleichbar mit dem von Machu Picchu. Mit ihm wurde der Zeitpunkt der Aussaat bestimmt.

Beim Eingang befinden sich Bäder, die von Wasserkanälen gespeist werden. Die gesamte Architektur ist, auch in der feinen Ausarbeitung der Mauern, in perfektem, kissenförmigen Mauerwerk, das fugengenau "sitzt", excellenter als die von Machu Picchu. Die umfangreichen Anbauterrassen der Inkas steigen mehrere hundert Meter an den Hängen rauf. Schöner Blick auf das Tal des Rio Vilcanota/Urubamba.

Die Fahrt von PISAC nach OLLANTAYTAMBO auf der asphaltierten Strasse macht Spaß und lohnt sich landschaftlich. Täglich mehrere Minibusse, die von Cusco kommen, ab Pisac 35 km bis Urubamba bzw. 55 km bis Ollantaytambo. Flott zu befahren durch pastoral grüne Landschaften ent-

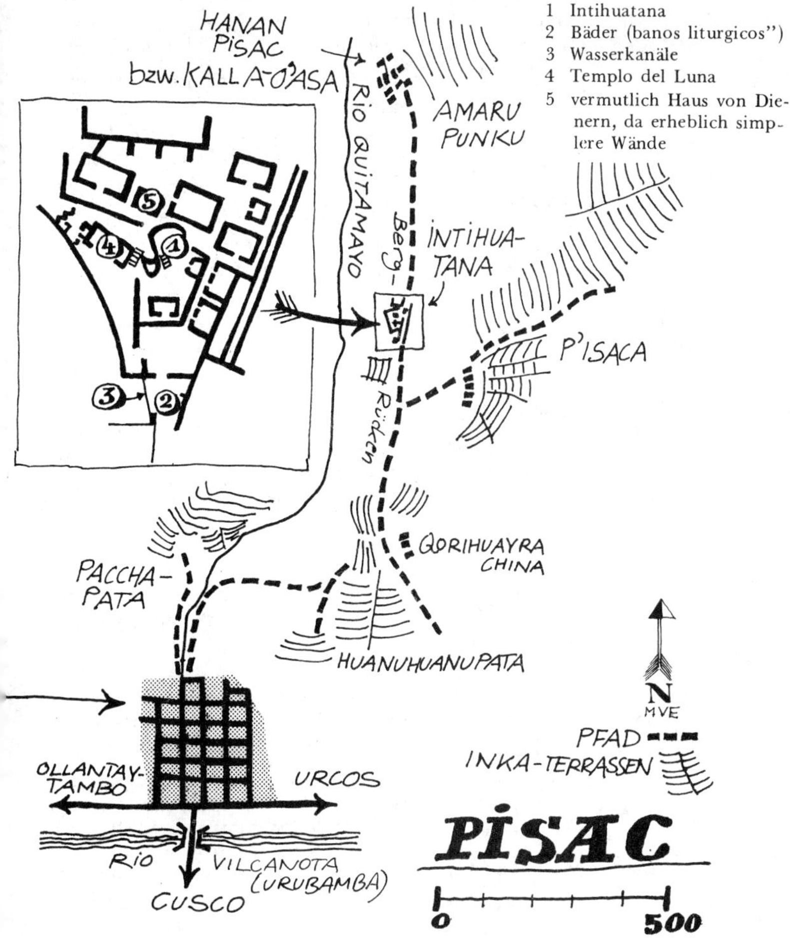

lang des Flusses, an den Berghängen Anbauterrassen.

★ CALCA: 18 km nach Pisac ist wichtigste Siedlung im Tal neben Ollantaytambo und Urubamba. Mehere Übernachtungsmöglichkeiten, Restaurants und Abzweigung einer wilden Schotter/Erdpiste runter in die Bergurwälder bei Quillabamba via Quelluno.

★ URUBAMBA: das verschlafene Nest hat eine handvoll an Basic- Hotels (wer billig übernachten will, fährt besser rüber nach Ollantaytambo!), – bringt aber im Komfort- Sektor die derzeit beiden besten Hotels des Tals: "Hotel de Turistas", sauber, preislich o.K. und das "Hostal Naranjachayoc" (teuer, aber Tip) mit Kolonialmöbeln, schönem Patio und SW- Pool.–Eine neue Straße führt über das Hochplateau bei Chinchero rüber nach Cusco (tägl. Busse, Strecke bei klarem Wetter landschaftlich großartig mit der schneebedeckten Kette der Cordillera Vilcabamba!), – 21 km bis:

★ OLLANTAYTAMBO: zwar nicht weniger verschlafen am Abend, so doch interessante Inka- Ruinen oberhalb des Ortes und Bahnstation des Zuges von Cusco runter nach Machu Picchu im Bergurwald.

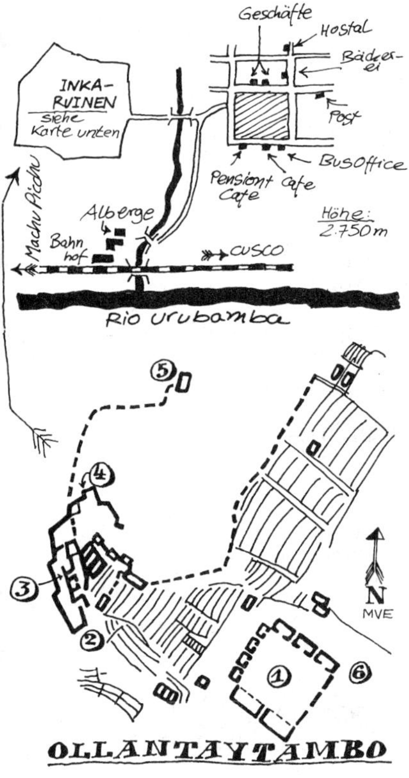

1 Eingangsplatz 4 Verteidigungsmauern
2 Templo del Sol 5 Intihuatana
3 Gebäude 6 Baño de Ñusta

Keine schlechte Idee, den obligatorischen Machu Picchu- Trip via Pisac/Ollantaytambo auszudehnen. Recht problemlos durch die gute Busverbindung ab Cusco. Erster Tag am Morgen rüber nach Pisac, Besuch der Incaruinen und mit dem Mittagsbus nach Ollantaytambo. Besichtigung, relaxen und am nächsten Morgen mit dem Indiozug nach Machu Picchu. Weiterer Vorteil: der Indiozug passiert gegen 8 Uhr früh Ollantaytambo; man muß daher nicht so früh aufstehen!

Ollantaytambo ist relativ klein und hat viele Inkamauern im Dorfzentrum. Beherrscht von gewaltigem Festungsbauwerk der Inkas am westl. Ortsrand.

"TAMBO" (genauer "tampu") entstammt der Quechua- Sprache und bedeutet soviel wie "Militär- Stützpunkt". Es ging bei den Inkas die Sage von dem Feldherrn Ollantay, der sich hoffnungslos in eine hübsche Inkaprinzessin verliebte, diese aber nicht heiraten durfte, weil er nicht ihrem Stand entstammte. So blieb ihm nichts anderes, als sie heimlich in der Nacht auf sein Lama zu rauben und mit ihr in die Berge zu verschwinden.

Selbstverständlich wurde er bestraft, aber Dichter des Inkareiches widmeten ihm ein Drama, – übrigends das einzige Inka- Drama, uns überliefert ist. – Ollantaytambo wurde zur Regierung des Inka Pachacutec (146o) an dieser strategisch wichtigen Stelle als Festung angelegt, als Schutz gegen die Antis-Urwaldindianer, zwar eine zahlenmäßig kleine Gruppe, die aber immer wieder der Region durch Angriffe Ärger bereitete. Warum die Anlage zur Ankunft der Spanier in Teilbereichen 1536 immer noch unfertig war (– viele unbearbeitete oder halbfertige Steinbrocken liegen rum!)– ist unklar.

Die Grasterrassen ziehen sich am steilen Hang bis kurz unterhalb des Berggipfels rauf. Die Indios pflügen heute noch hier mit ihren Ochsen und bauen wie zu alten Zeiten Mais und Gemüse an. Man kann die raffinierte Inka-Architektur bewundern: die Rasenstreifen besitzen eine geringe Neigung, daß eine Bewässerung möglich wird, gehalten wird das Erdreich am steilen Hang durch die übliche perfekte Mauerkonstruktion. Wasser kommt aus Zuleitungen in Steinrinnen oder Erdgräben. Aus dem Mauerwerk stehen Trittstufen hervor und zu oberst, – wie in vielen Quechua- Siedlungen des Inkareiches: der "INTIHUATANA". Mit Hilfe eines hineingehauenen "Gnomon" und den Krümmungen und Linien des Steinblockes konnten exakte Berechnungen der Sonnen- und Sternenbahnen durchgeführt werden. (Wahrscheinlich wurden über die Linien des Steines die Sterne angepeilt!).

Faszinierend sind in Ollantaytambo auch die 6 Monolithen aus Granit auf der obersten Etage der Festung, ganz hoch oben am Berghang. Jeder dieser Brocken wiegt um die 5o (!) Tonnen, und der nächste Steinbruch, woher sie stammen, liegt ca. 6 km von der Festung entfernt. Und zwar auf der anderen Seite des Flußes, unten im Tal. Es ist den Wissenschaftlern völlig unerklärlich, wie die Inkas diese Trümmer über den Fluß, den steilen Hang hinauftransportieren konnten. Ein Steinbruch oberhalb des heutigen Standpunktes kommt nicht in Frage, weil es hier oben diese Granitsorte nicht gibt! –

UNTERKUNFT: direkt beim Bahnhof liegt das "Albergue", von Kanadiern und Amerikanern geführt. Gilt seit Jahrzehnten als Tip. Einfach und orginell (Toilette besteht aus einem Balken in luftiger Höhe über einem Bach!). Allerdings mit dem Nachteil, daß es oft voll ist. Angeblich sollen die Typen jetzt ihre Unterkunft an Pauschaltouristen weitervermieten und Individualrucksackler nur noch in Notfällen aufnehmen.

Im Ort, billiger und mehr basic ist "Hostal Tambo", ca. 2 US Doppel und "Pension Bahia" an der Hauptplaza. – Restaurants. – Pferde vermietet das "Hostal El Tambo".

Machu Picchu:

Inka- Stadt im nebelverhangenen Bergurwald. Trotz der Touristen einer der großen Südamerika- Höhepunkte! TIP: am Sonntag runterfahren! Dann sind nämlich die meisten Touristen auf dem Indiomarkt von Pisac! –

Je nach Route dauert der Trip 1 bis 7 Tage. Gepäck in Cusco im Hotel lassen, Essen einpacken, Schlafsack und warme Pullover, falls man plant, mehrere Tage zu bleiben und – den Fotoapparat.

WER MIT eigenem Fahrzeug in Cusco ist: es gibt bisher noch keine Direktpiste nach Machu Picchu und man muß einen ca. 25o km Umweg über Ollantaytambo–Huayopata – Santa Teresa im Urubamba- Tal fahren. Hier steigt man in den morgendlichen Zug ca. 7 km bis Machu Picchu. Abgesehen von der Klaugefahr in Sta. Teresa und dem riesigen Umweg: die Zugfahrt nach Machu Picchu ist so schön, daß es schade wäre, sie nicht zu erleben.

Besser: Fahrzeug in Ollantaytambo abzustellen (Parkplatz gegenüber der Polizei, ca. 1 US $ pro Tag. Gilt als relativ sicher). –

CUSCO → MACHU PICCHU: 112 km Eisenbahngleis entlang des Rio Urubamba hinunter in den Urwald. Abfahrt Cusco: beim Indiomarkt, "Estacion San Pedro". Es gibt täglich 3 Züge:

1.) TOURISTENZUG: Abfahrt derzeit morgens 7 Uhr (bei Bedarf wird noch ein zweiter eingesetzt), ca. 2o US $ retour, inkl. des Bustransportes von der Bahnstation rauf zu den Ruinen und Eintritt. Studenten erhalten Ermäßigung (ca. 15 US $). Nur Zug (also ohne Eintritt und Bus) kostet ca. 9 US $ retour. Im Einsatz sind für südam. Verhältnisse relativ moderne Triebwagen, die die Strecke Non- Stop in ca. 3 1/2 Std. schaffen. Ankunft Machu Picchu gegen 1o.3o Uhr, zurück um 15.2o Uhr, Ankunft Cusco gegen 19 Uhr.

2.) INDIOZUG: Abfahrt Cusco tägl. 6 Uhr früh. Ein zweiter fährt gegen 14 Uhr. Kostet in der 1. Klasse nur ca. 2 US $ pro Richtung. Der Zug besteht aus normalen Eisenbahnwaggons rumän. Fertigung, wird von einer kräftigen Diesellok gezogen und ist fast immer knallvoll. Fahrzeit bis Machu Picchu ca. 4 1/2 Std., da der Zug unterwegs an allen Haltepunkten stoppt (Zug fährt weiter bis Quillabamba). Retour ab Machu Picchu ca. 8.3o Uhr früh und 14.2o Uhr.

Tips: das Ticket, egal ob Touristen- oder Indiozug, unbedingt schon am Vortag kaufen, da die Züge sehr voll sind. Dabei wird auch der Sitzplatz reserviert, was im Preis inklusiv ist. Für den Indiozug empfiehlt sich die 1. Klasse. – Sitzplatz: unbedingt links in Fahrtrichtung nehmen wegen besserem Blick!!

Ob besser Touristenzug oder Indiozug, ist Geschmacksfrage (sprich Komfort). Mir persönlich ist der Indiozug lieber, wenn man erstmal seinen Platz am Fenster bekommen hat, da die Strecke einfach landschaftlich grandios ist, also auch bei der 1 Std. mehr an Fahrzeit nicht langweilig wird. Und im Indiozug erheblich mehr los ist, mehr zu sehen und zu erleben, auch was die Stops mitEin- und Aussteigen unterwegs betrifft.

ACHTUNG: was landläufig noch unter "Machu Picchu" von den Gringos bezeichnet wird, hat die Eisenbahngesellschaft in "Puente Ruinas" umgetauft.
Wer am Schalter ein Ticket bis "Machu Picchu" verlangt, bekommt die Fahrkarte nur bis zu dem einige Km vorher liegenden Aguas Calientes.

Selbstverständlich kann man für den Indiozug auch Einfach- Tickets kaufen, aber aufpassen, daß einem nicht "versehentlich" ein Retourticket angedreht wird, was in letzter Zeit öfters vorgekommen sein soll. Auch den Bustrip von der Bahnstation rauf zu den Ruinen kann man separat vor Ort kaufen. Kostet ca. 1,3 US $ pro Richtung.

Die Peruaner haben sich zwei neue Triebwagen zugelegt, den "Autovagón A und B", die die Strecke nunmehr ab Cusco in knapp 3 Std. zurücklegen. Dabei hat man die Variante: entweder Cusco – Machu Picchu (Puente Ruinas) per Autovagón, – oder Bus bis Ollantaytambo und dort mit dem Autovagón. Details und Preise am Bahnhof.Neue Fahrpläne ermöglichen längeren Aufenthalt in Machu Picchu, mit dem Autovagón A z.B. runde 1o Std. in M.P., – bzw. mit dem Autovagón B (Bus bis Ollantaytambo) Vorteil, daß man die dortigen Ruinen mit besichtigen kann und dann nur noch rund 1 Std. bis Machu Picchu fährt.Für Leute mit wenig Zeit sicher ein Tip.

WARNUNG: insbesondere für den INDIOZUG sollte man möglichst frühzeitig am Bahnhof sein, da trotz Reservierung meist ein Gerangel um die Plätze geht. 1 Std. vorher kann nicht schaden. VORSICHT auch in Bezug diversem Trickdiebstahl im Gedränge des Bahnhofs und im Zug selber, wo unbewacht seitlich abgestelltes Gepäck des öfteren mit Messer aufgeschlitzt wurde, um an Wertsachen zu kommen. Besonders gefährdet ist die Zugpassage der Zick- Zack- Rangiererei rauf aus dem Tal von Cusco (weil Diebe hier bequem abspringen können), sowie in den Tunnels im Urubambatal, wenns dunkel im Waggon wird, sofern die Beleuchtung ausfällt.

GEPÄCK kann am Eingang der Machu Picchu- Ruinen gegen Quittung abgegeben werden, nicht jedoch unten in der Bahnstation im Tal.

DER BAHNHOF von Cusco ist, besonders vor der Abfahrt des Indiozuges morgens gequetscht voll. Die Strecke: zuerst zick- zack aus dem Tal hinaus mit schönem Blick auf Cusco, dann typische Sierra Landschaften, sehr malerische Hochebenen mit Ackerbau und Schafen. Ab und zu Indios. Nach Ollantaytambo wird das Tal eng: reißender Flußlauf des Rio Urubamba, an dem entlang das Gleis führt. Schneebedeckte Berggipfel; die Luft wird immer feuchter und riecht sehr tropisch. Urwaldvegetation! –

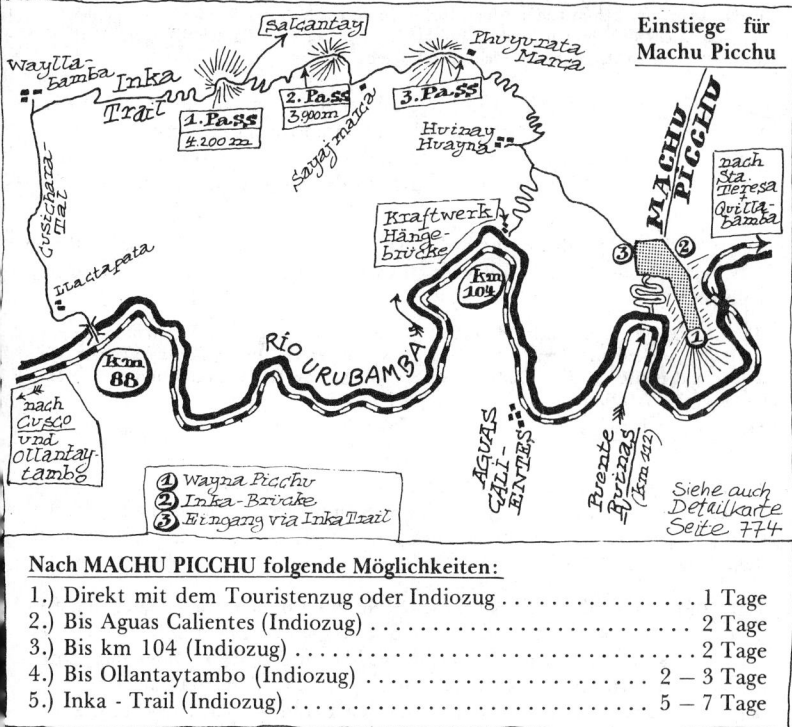

Nach MACHU PICCHU folgende Möglichkeiten:

1.) Direkt mit dem Touristenzug oder Indiozug .... 1 Tage
2.) Bis Aguas Calientes (Indiozug) .... 2 Tage
3.) Bis km 104 (Indiozug) .... 2 Tage
4.) Bis Ollantaytambo (Indiozug) .... 2 – 3 Tage
5.) Inka - Trail (Indiozug) .... 5 – 7 Tage

IN JEDEM FALL sollte man wenn möglich, vor den Touristenhorden in Machu Picchu sein! Wenn erstmal die Massen durchs Gelände streichen, geht viel von der Atmosphäre kaputt. Ich habe mich seitlich ab vor einem Haus auf den weichen Grasteppich gelegt und wurde praktisch jede Minute mit einem "Whau! Wonderfull!!" abgelichtet. –

KLAPPT praktisch nur, wenn man via Inkatrail (oder Variante Km 1o4), – oder mit dem Indiozug von Quillabamba kommt, der gegen 8.3o Uhr in Puente Ruinas eintrifft.

Der offizielle Bustransport rauf zu den Ruinen beginnt erst zur Ankunft der ersten Züge aus Cusco. Zudem erhält man den Eintritt ins Ruinengelände zum Erleben des großartigen Sonnenaufgangs nur mit Sondergenehmigung aus Cusco, bzw. gegen Trinkgeld vor Ort und vorab.

① DER NORMALTOURIST fährt durch bis "Puente Ruinas". Das Tal ist extrem eng und die Berge steigen seitlich fast 4oo m auf. Noch keine Inka-Siedlung zu sehen, aber es riecht sehr intensiv nach Urwald. Alles freut sich auf Machu Picchu und hechtet in die bereitstehenden, silbrigen Alu- All-sicht Busse. Diese bringen jeweils einen Schwung bei heftigem Kamera-Klacken die steilen Serpentinen rauf bis zu dem Sattel.

RAUFLAUFEN über einen senkrecht raufführenden Pfad ist sehr anstrengend bei der feuchten Urwaldluft dauert raufwärts ca. 1 bis 1 1/2 Std., runter ca. 3o Min. bis 1 Std. je nach Schuhwerk. Der Bus kostet pro Person und Richtung ca. 1,3 US $. Die Neckermann Touristen haben leider (siehe vorherige Ausgabe dieses Bandes!) ihre geplante Seilbahn nicht bekommen, – dafür soll es jetzt die angekündigte Helikopter- Verbindung vom Cusco Airport bis Machu Picchu geben!

② BIS AGUAS CALIENTES (2 Tage und mehr): man nimmt den Indiozug ab Cusco (Variante: Indiozug ab Ollantaytambo) und erreicht nach gemütlichem Entlang- Zuckeln im Urubamba Tal gegen Mittag Aguas Calientes.Eine kleine Ansiedlung im Bergurwald des Urubamba Tals mit 4o° C heißen Quellen.

Aguas Calientes ist der Standard- Einstieg für die meisten Rucksack- Reisenden nach Machu Picchu. Billig durch den Indiozug und schöne Lage im Talboden.

UNTERKUNFT: es hat sich bei großer Nachfrage inzwischen einiges getan an Unterkunftsmöglichkeiten: Einmal wurde eine 2oo - Betten (!!) Jugendherberge gebaut, die sauber und preisgünstig ist. Zudem gibts eine Reihe von Residenciales und Restaurants im Ort. Übernachtung im Dreh von ca. 2 US $.

THERMALQUELLEN: angenehm warm, allerdings Umgebung nicht allzu sauber. Wer abends badet, braucht Taschenlampe, da es kein Licht gibt.

Knapp 2 km entlang des Rio Urubamba bis "Puente Ruinas", wo man entweder zu Fuß rauflaufen muß, um den schönen Sonnenaufgang zu erleben (weil die regulären Busse erst später fahren), oder man lässt sich Zeit mit dem Frühstück.

③ KM 1o4: ist Problemfall. An dieser Stelle kommt man rüber über den Rio Urubamba und kann in rund 1 1/2 Std. bergan rauf zum letzten Teil des Inka Trails kommen. Das Großartige an Machu Picchu ist nicht nur seine Anlage, sondern insbesondere auch seine Lage auf dem Bergsattel hoch über dem engen, gewundenen Tal und den Bergurwäldern. Insofern sehr lohnend, zumindest den letzten Teil des Inka Trails zu machen, wer nicht für den kompletten Zeit hat. Der Pfad ab Km 1o4 trifft nähe Huinay Huayna auf den Trail. Insgesamt ab Km 1o4 bis Machu Picchu ca. 1/2 Tag.

Nach neuesten Infos soll dieser Trail nicht mehr möglich sein, da Militärposten das dortige Kraftwerk schützen und niemand mehr passieren lassen.

Vorab in Cusco beim Tourist Office abklären!

(4) BIS OLLANTAYTAMBO: als Variante gut, wer genügend Zeit hat. Kann man kombinieren mit Pisac, alle Details siehe Seite 765.

(5) INKA–TRAIL: rund 35 km durch großartige Natur nach Machu Picchu auf dem ursprünglichen Inkapfad. Zwar gibts jede Menge weiterer lohnende Inkapfade in Südamerika, aber die Attraktivität des Inka-Trails nach Machu Picchu steht so hoch im Kurs (auch durch viele Publikationen in Magazinen), daß bis zu 5.ooo Hiker pro Jahr den Trail machen.

Vorweg herzliche Bitte: supersauber mit Müll umgehen! Zeitweilig konnte man den Pfad dem Müll seitlich nachlaufen, weil viele Hiker nur an ihr Vergnügen dachten und sich einen Dreck um die Umwelt kümmerten. Wer Konserven, Plastiktüten etc. dabei hat, hat diese tief zu vergraben. Die eigene Scheiße verrottet schnell und düngt, – Plastik leider nicht!

★ **Karten:** es gibt zwar Hektographiertes vom Cusco- Tourist Büro. Die beste ist jedoch mit Abstand die vom "South American Explorers Club"/Lima, Av. Portugal 146, Maßstab 1 : 25.ooo, die sowohl Kilometer und Wanderdauer zwischen den einzelnen Punkten eingetragen hat, wie auch exakte Höhenlinien, Camping- und Unterkunftsmöglichkeiten, Gebäude Ruinen etc. Herzliche Bitte: keine Anfragen an unsern Verlag. Die Karte ist einzig nur vom SAE- Club in Lima erhältlich und dürfte auch nicht von den Kartenvertriebsorganisationen wie Geo Center etc. erhältlich sein. Daher Abstecher in Lima vorab einplanen! (IGM- Militärkarten zur Region nicht erhältlich!)

★ **Ausrüstung:** der Inka- Trail ist keine Sandalen- Leichtwanderung. Immerhin gehts über mehrere Pässe der Höhe über 4.ooo m mit steilen Anstiegen aus tropischen Tieftälern. Ausgenommen Llactapata und Wayllabamba (1. Tagesetappe) gibt es an den folgenden Tagen keine menschliche Siedlung. Daher weder Essens- Nachschub noch Hilfe, wenn der Knöchel oder mehr kaputt geht.

Zunächst: möglichst wenig Gepäck mitnehmen, um sich nicht unnötig bei den anstrengenden Anstiegen zu belasten. Existenziell: warmer Schlafsack und dicke Bergsteiger-Jacken, da es nachts, insbesondere in größeren Höhen eisig kalt wird. Zelt ist nötig, zur Not tuts eine Plastikplane, die man auf dem Markt von Cusco bekommt, Plastikband und Seile, um die Sache an Bäumen oder Felsen festzuzurren. Ist aber garantiert nicht das Optimum, wenn Schlechtwetter mit Winden aufkommt!

Wer keines der bequemen Leichtzelte mit dabei hat, die sich auch auf anderen, südamerikanischen Trails bewähren (Gewicht um 2 kg!), kann sich ein Zelt bei Sigui Tours in Cusco, Portales 124 ausliehen. Ärgerlich aber, wenn die wenigen Zelte vergriffen sind!

Ähnlich wie warme Kleidung und excellentes Zelt ist auch Regenschutz unabdinglich. Es hat in den letzten Jahren mehrere schwere Unfälle gegeben, weil Hiker durchnässt sich durch Feuchtigkeit massiv unterkühlten. Auch genügend Ersatzkleidung, warme Baumwoll- Unterwäsche, Ersatzhosen etc. mitnehmen. Oft keine Garantie, daß die Sachen schnell trocknen: in den tropischen Tieftälern wegen hoher Luftfeuchtigkeit und in den höher gelegenen Bergregionen wegen häufiger Regenfälle der Wolken, die sich an den Hängen ausregnen.

Gutes Schuhwerk mit griffigen Sohlen ist superwichtig. Der Trail ist in keiner Weise präpariert, da die Inkas, die ihn anlegten, schon seit fast einem halben Jahrtausend weg vom Fenster sind, – und die Campesinos ihn nicht benötigen, da sie im Bereich des "Inka- Trails" keinerlei Siedlungen haben. Somit nach Regenfällen superschlüpfrige Steinstufen, abgebröckelt nach 5oo Jahren! Bergrutsche machten Teil- Passagen schwierig, bzw. erfordern Umwege.(Bitte keine Turnschuhe, sondern leichte Wanderschuhe!)

Orientierung: auch wenn der Dreck seitlich des Trails in einer Großaktion der SAE-

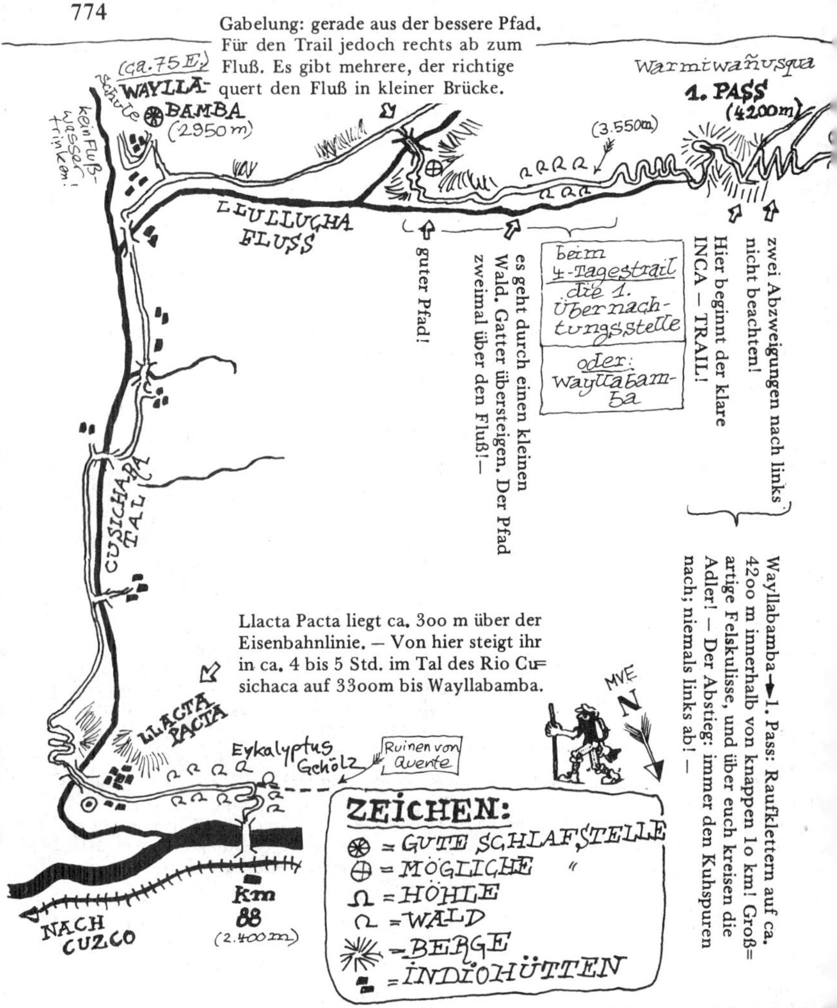
Gabelung: gerade aus der bessere Pfad. Für den Trail jedoch rechts ab zum Fluß. Es gibt mehrere, der richtige quert den Fluß in kleiner Brücke.
(ca. 75 E.)
WAYLLA-BAMBA
(2950 m)
Schule
kein Flußwasser trinken!
Warmiwañusqua
1. PASS
(4200 m)
(3.550 m)
LLULLUCHA FLUSS
guter Pfad!
es geht durch einen kleinen Wald. Gatter übersteigen. Der Pfad zweimal über den Fluß! –
beim 4-Tagestrail die 1. Übernachtungsstelle
oder: Wayllabamba
zwei Abzweigungen nach links nicht beachten! Hier beginnt der klare INCA – TRAIL!
Wayllabamba → 1. Pass: Raufklettern auf ca. 42oo m innerhalb von knappen 1o km! Groß= artige Felskulisse, und über euch kreisen die Adler! – Der Abstieg: immer den Kuhspuren nach; niemals links ab! –
CUSICHACA TAL
Llacta Pacta liegt ca. 3oo m über der Eisenbahnlinie. – Von hier steigt ihr in ca. 4 bis 5 Std. im Tal des Rio Cu= sichaca auf 33oom bis Wayllabamba.
LLACTA PACTA
Eykalyptus Gehölz
Ruinen von Quente
MVE
N
ZEICHEN:
= GUTE SCHLAFSTELLE
= MÖGLICHE "
= HÖHLE
= WALD
= BERGE
= INDIOHÜTTEN
Km 88
(2.400 m)
NACH CUZCO

Leute Anfang der 8o-er Jahre weggeräumt wurde, wird er (leider!) wohl bald wieder sich seitlich sammeln. Kompass ist nützlich in Verbindung mit der SAE- Karte, – eine Trillerpfeife keine schlechte Idee, um sich bei aufkommenden Bergnebeln gegenseitig zu verständigen.

Essen/Kochgeschirr: in der Höhe funktionieren Gaskocher nicht gut, besser Benzin- ode Kerosin Kocher. Gibts von diversen Ausrüstungsshops in Europa in excellenter Qualität, die auch beraten, welcher Kocher der beste ist. Wassersichere Streichhölzer sowie Taschengasfeuerzeug, das sich im Flammenauswurf regulieren lässt. Schweizermesser für diverse Extraprobleme, Taschenlampe. Töpfe, Teller etc. gibts auf dem Cusco-Markt in Alu (leicht), Teller und Becher in Plastik billig.

Da es unterwegs keinerlei Essensnachschub nach Wallaybamba gibt(und dort auch nur für Notfälle!), ist alles mitzukarren. Schönwetter- Hiker greifen zu Konserven, die

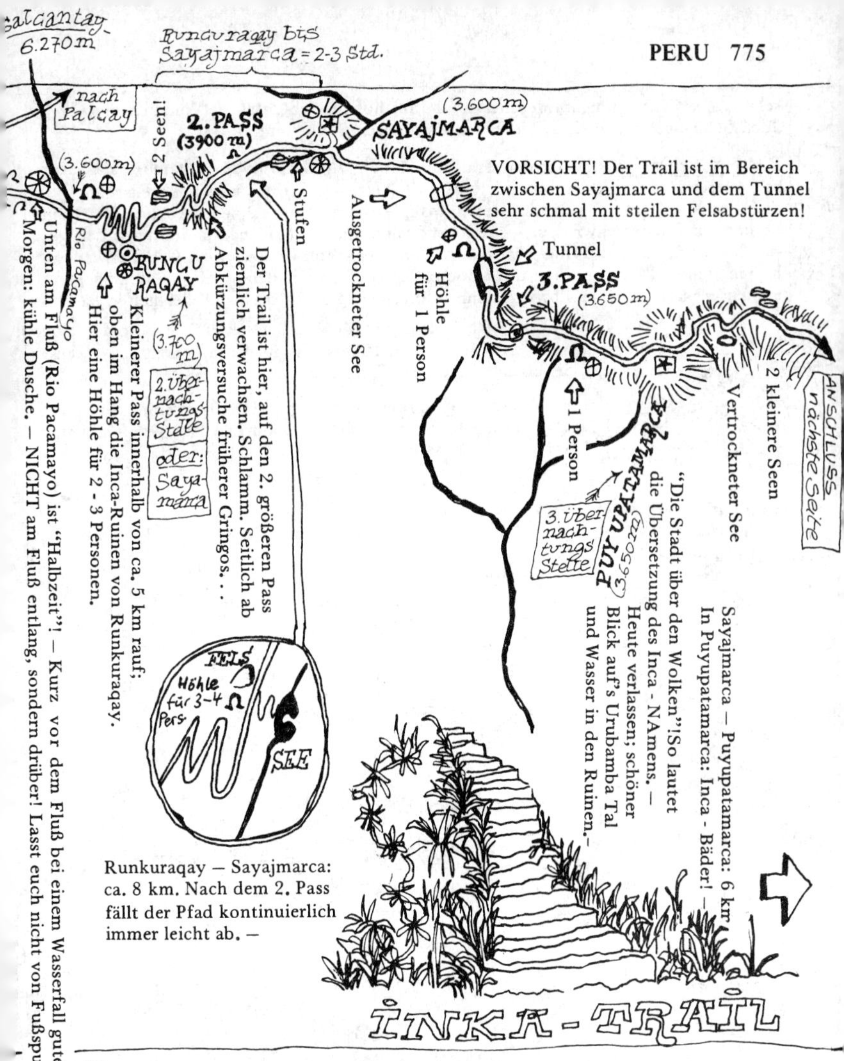
Salcantay 6.270 m
Runcuraqay bis Sayajmarca = 2-3 Std.
nach Palcay
2. PASS (3900 m)
2 Seen!
(3.600 m)
SAYAJMARCA
(3.600 m)
VORSICHT! Der Trail ist im Bereich zwischen Sayajmarca und dem Tunnel sehr schmal mit steilen Felsabstürzen!
Rio Pacamayo
RUNGU RAQAY
(3.700 m)
2. Übernachtungs Stelle
oder: Sayamarca
Unten am Fluß (Rio Pacamayo) ist "Halbzeit"! – Kurz vor dem Fluß bei einem Wasserfall gute Biwak - Stelle. Am nächsten Morgen: kühle Dusche. – NICHT am Fluß entlang, sondern drüber! Lasst euch nicht von Fußspuren verlaufener Gringos irritieren!
Kleinerer Pass innerhalb von ca. 5 km rauf; oben im Hang die Inca-Ruinen von Runkuraqay. Hier eine Höhle für 2 - 3 Personen.
Der Trail ist hier, auf den 2. größeren Pass ziemlich verwachsen. Schlamm. Seitlich ab Abkürzungsversuche früherer Gringos. . .
Stufen
Ausgetrockneter See
Höhle für 1 Person
Tunnel
3. PASS
(3.650 m)
1 Person
FELS
Höhle für 3-4 Pers.
SEE
3. Übernachtungs Stelle
PUYUPATAMARCA
(3.650 m)
2 kleinere Seen
Vertrockneter See
ANSCHLUSS nächste Seite
Sayajmarca – Puyupatamarca: 6 km
In Puyupatamarca: Inca - Bäder! –
"Die Stadt über den Wolken"! So lautet die Übersetzung des Inca - NAmens. – Heute verlassen; schöner Blick auf's Urubamba Tal und Wasser in den Ruinen.–
Runkuraqay – Sayajmarca: ca. 8 km. Nach dem 2. Pass fällt der Pfad kontinuierlich immer leicht ab. –
ÎNKA - TRAÎL

sowohl den Rucksack, wie auch die Landschaft belasten. Besser stellt man sich eine individuelle "Küche" zusammen, Haferflocken, Reis, Nudeln, Trockenfrüchte (die es auch auf dem Markt von Cusco gibt!), Langzeitbrot (bei "Govinda"/Calle Esperados in Cusco), Pulvermilch, Pulvercafe etc., denn Trinkwasser gibts entlang des Trails genügend. Wasserkanister mitbringen! Weiterhin Reis, einige Früchte mit Vitaminen und an Dosennahrung nur das nötigste (Fisch und die eiserne Rindfleisch- Ration). Mehrere Tafeln Schokolade, je nach Geschmack. Gute Einkaufsmöglichkeit für Lebensmittel in Cusco im "El Chinto"- Supermercado bei der Plaza de Armas.

Ein bequemer Rucksack ist für den Trail ebenfalls elementar. Gegen Regen lässt er sich mit einer übergestülpten Plastiktüte schützen, die es auf dem Cusco Markt gibt.

Medizin: das Übliche, sowie Insektenstift, aber auch Höhenpillen (gibts in Cusco in den Farmacias), Aspirin und Antibiotikas. Da die Sonne in Höhen über ca. 2.5oo m sehr intensiv ist: Sonnenbrille und Creme mit hohem Schutzfaktor. Nützlich sind auch Schirmmütze, sowie After Sun Lotion gegen Sonnenbrand.

↑ANSCHLUSS vorherige Seite!

Beste Jahreszeit: sind für den Trail die Monate April bis Ende September, da außerhalb dieser Monate in der peruan. Regenzeit (Okt. - März) mit kalten Regenschauern, dichtem Nebel und in größeren Höhen Schneeschauern zu rechnen ist. Auch die Orientierung wird dann schwieriger, – andererseits berichten Gringos, die in dieser Zeit gewandert sind, daß die Landschaft dann besonders schön ist, wenn die Nebelschwaden in den steilen Tälern und um die 5.000-ender Gipfel aufreißen! Viele mußten aber umkehren; kein falscher Ehrgeiz, denn in dieser Region ist niemand, der helfen kann.

In den Tälern fällt die Dunkelheit sehr plötzlich. Daher schon frühzeitig den Übernachtungsplatz suchen! Die meisten Hikers sind in den Monaten Juli/August unterwegs, die als die Regen- sichersten gelten.

Ripp- offs: der massive Inkatrail- Tourismus der vergangenen Jahre hat auch Diebe auf den Plan gerufen. Mit unerfreulichen "Ereignissen"

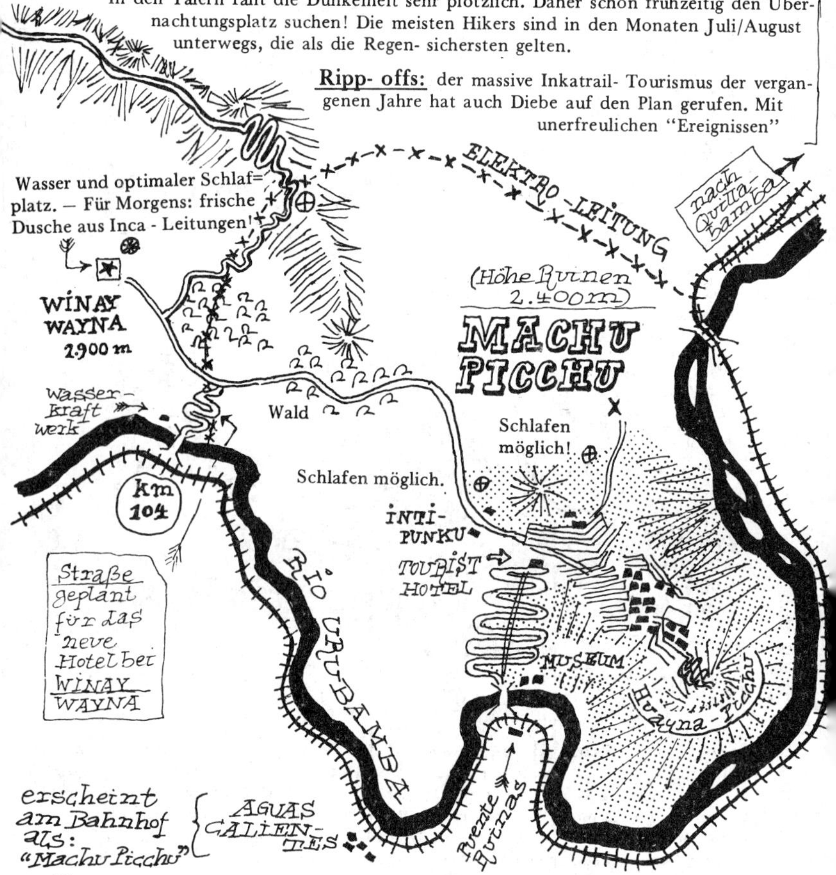

muß man (wegen der Bequemlichkeit der Diebe) jedoch nur vorwiegend in bewohnten Gebieten des Trails rechnen.

DIE REGION wurde gleichzeitig zum Nationalpark erklärt. Eintritt nach Überquerung der Brücke/Km 88 fällig. Derzeit rund 5 US $. Nach dem Boom der "Inkatrail- Touristen" anfangs der 80-er Jahre überlegte man zunächst, pro Jahr nur ein bestimmtes Quantum an Hikern reinzulassen. Der damals starke Anstieg des US $ - Wechselkurs hat zunächst mal den Rucksacktourismus drastisch reduziert. Bleibt abzuwarten, wie die Situation sich zukünftig entwickelt.

In Diskussion ist folgende Regulierung: 1.) Anmeldung in Cusco bei Vergabe von Nummern (=Warteliste), – 2.)Vorschriften, daß man sowohl eigenes Zelt vorweisen muß, wie auch Kocher; offenes Feuer verboten, welches häufig bisher in den Ruinen-Dörfern unterwegs angezündet wurde und dort Schaden anrichtete, – 3.) Anhebung der Eintrittsgebühr auf ca. 1o US $, die die Kosten zur Verwaltung und Instandhaltung des Trails abdecken soll.

Trail- Dauer: in der Regel sind 4 Tage anzusetzen. Es gibt zwar supersportliche Gringos, die (auch in Leistungszwang) die Sache in 3 Tagen machen. Im Grunde schade, denn der Trail soll Genuß sein und kein Leistungsbeweis. Bei schlechtem Wetter, auch was das mitgeführte Essen betrifft: sollte man mit rund 6 Tagen maxim. rechnen. Leserzuschriften wiesen mehrfach darauf hin, daß man das Flußwasser (insbes. bei Wayllabamba) desinfizieren sollte!

Zeitdauer (grob für normal trainierten Hiker):
Km 88 bis Wayllabamba: ca. 5 Std.
Wayllabamba bis Pass 1: ca. 6 Std.
Pass 1 bis Rio Pancamayo: ca. 1 Std.
Rio Pancamayo bis Sayamarca: ca. 3 Std.
Sayamarca bis Putupatamarca: ca. 3 Std.
Putupatamarca bis Winay Wayna: ca. 3 1/2 Std.
Winay Wayna bis Machu Picchu: ca. 2 Std.

Das sind wohlgemerkt Durchschnittszahlen, die der akklimatisierte Hiker erreichen kann, wobei der Problemfall an den Pässen liegt, die bei ihren starken Anstiegen in großer Höhe unterschiedliche Wegzeiten ergeben.

Abweichungen auch bei schlechten Witterungsbedingungen!! –

Besonders der erste Teil mit dem Anstieg auf den 1. Pass (4.2oo m) ist für Ungeübte oder wenig Akklimatisierte sehr anstrengend. Oben wirds eisig kalt, einer der Gründe, warum man einen Kocher dabei haben sollte, um etwas Warmes in den Bauch zu bekommen. Hier oben versagen nach mehreren Berichten von Lesern meist auch die Gaskocher (wegen dünner Luft). Und was an Benzinkochern in Cusco erhältlich ist, das ist meist Schwergewichtig! Daher hochqualifizierte und leichtere Kocher bereits aus Europa mitbringen!

Die Etappenplanung sollte man so einrichten, daß man möglichst früh in Machu Picchu ankommt, einmal wegen dem großartigen Sonnenaufgang, zum anderen, um vor den Touristenhorden dort zu sein!

Viele Gringos bauen im Anschluß gern Aguas Calientes ein, um sich nach dem anstrengenden Trail im Anschluß in den dortigen heißen Thermalquellen waschen zu können. Keine schlechte Idee, zumal es dort auch billige Übernachtungsmöglichkeit gibt!

Wer gerne hikt, kann den Inkatrail auch ab Bahnstation Ollantaytambo oder Chalca (vor Km 88) ausdehnen, was ein Plus von ca. 2 Tagen bedeutet, weitgehend am Fluß entlang geht. Meine Meinung: die schöne Landschaft im engen Tal sieht man auch vom Indiozug, und die 2 Tage sollte man auf dem Südamerika- Trip lieber in einen anderen, zusätzlichen Hike investieren.

DER TRAIL: mit dem Früh- Indiozug ab Cusco, der gegen 9 Uhr bei Km 88 eintrifft. Da der Zug hier nur sehr kurz hält, sollte man entweder dem Zugschaffner Bescheid geben, oder die Km- Steine entlang des Gleises beobachten. Weiter: siehe unsere Karte! –

Als erster Übernachtungsplatz (beim 4- Tagestrail) bietet sich die Region am Rio Llullucha (auch "Lluljucha") an, wobei man 11 km ab Eisenbahn-Stop Km88 zurückgelegt hat, bzw. runde 7oo bis 8oo m sich höher befindet. Unbedingt Wasser in die mitgeführten Kanister füllen für den Anstieg am nächsten Morgen auf den 1. und höchsten Pass des Trails, den Warmiwañusqua Pass (4.2oo m). Bei klarem Wetter grandioser Panorama- Rundblick rüber zum 6.27o m hohen, vergletscherten Salcantay, der der höchste Gipfel in der Cordilera Vilcamaba- Kette ist und rüber zum Veronica (5.777 m), dem höchsten Gipfel der Urubamba- Kette.

Der Aufstieg ab Wayllabamba zur Passhöhe ca. 6 Std.,-ab Llullucha ca. 2 - 4 Std., je nach am Vorabend gewähltem Lagerplatz. Der Abstieg von der Passhöhe runter ins tropische Tiefland des Rio Pancamayo ca. 1 Std..

Für die 2. Übernachtung bietet sich Runcuraqay (Inkaruinen, Höhe ca. 3.7oo m) an, die sich in etwa 1 Std. ab Rio Pancamayo erreichen lassen. Bei den Ruinen gibts eine kleine Quelle, die fast das ganze Jahr über fließt.

Am Morgen des 3. Tages gehts innerhalb von ca. 2,2 km Trail ziemlich steil rauf über den 2. Pass (3.9oo m), der anstrengt wegen der dünnen Luft, aber oben bei klarem Wetter einen grandiosen Rundblick bringt. Womit der härteste und anstrengendste Teil des Trails geschafft wäre! Der Rest geht fast stetig bergab, bringt teilweise gute Inkaarbeit in Erstellung des Trails per Treppen, Tunnels etc., sowie reiche Vegetation und macht viel Spaß. Als Übernachtung bietet sich an:

Alternativ für die 2. Übernachtung: SAYAJMARCA (auch "Sayacmarca):

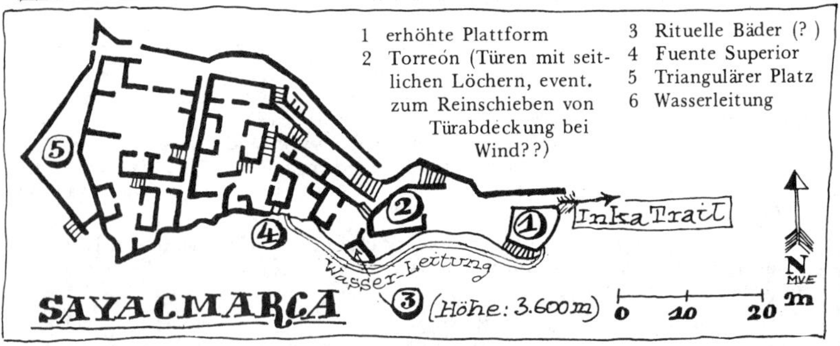

Die Wasserleitung ist leider nicht mehr in Funktion. Erforscht wurde Sayacmarca 1915 von Hiram Bingham (Machu Picchu!), sowie 1941 von Paul Fegos. Man vermutet, daß es sich um ein kleineres Verteidigungsbauwerk ge handelt haben muß, da in der näheren Umgebung keine wichtigen Anbauterrassen etc. für Landwirtschaft gefunden wurden. Das enge System der Sayacmarcagassen und ihr "Labyrinth" weist ein perfektes Konstruktions-Schema auf. Es ist die erste der drei bedeutenden Inkaruinen entlang des Trails. Archäologische Forschungen noch nicht abgeschlossen.

Der Trail besitzt in der Folge streckenweise sauberes Inka- Steinstufen-Bauwerk, sowie einen natürlichen Tunnel, der von den Inkas verbreitert wurde. Leicht ansteigend und schöner Ausblick aufs Urubambatal! Vom Rio Pancamayo sind es ca. 6 Std. Hike über einen "kleineren" 3. Pass, der mit seinen rund 3.65o m trotzdem etwas belastet rüber zur

3. Übernachtungsstelle (und wohl schönste des Trails!): PHUYUPATA-MARCA (auch "Puyupatamarca", – in Übersetzung "oberhalb der Wolken")

Der Trail führt direkt durch die Inkasiedlung, die über viele Anbauterrassen verfügt und sich damals selbstversorgt haben dürfte. Am westlichen, oberhalb der Siedlung gelegenen Talrand gibt es 3 kleinere Höhlen.

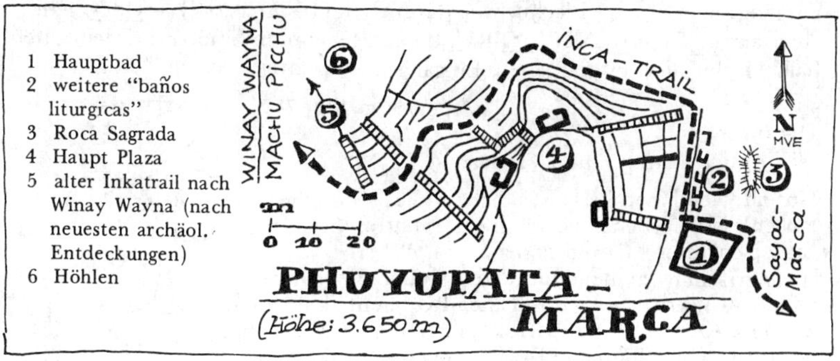

Oberhalb der Anlage die Plattform (4), die von Menschenhand planiert wurde. Der heutige Inka- Trail passiert die unbewohnte Ruinenstadt wie eingezeichnet. Neuere Forschungen entdeckten den orginalen Trail gemäß (5).

Kurz außerhalb wird der erste Blick auf die Inkaruinen von Machu Picchu frei, die noch weit entfernt und unterhalb liegt. Nach knapp 3 km wird die Hochspannungsleitung erreicht, die vom Staudamm Sta. Teresa über den Bergrücken runter an den Rio Urubamba führt; steiler weiterer Serpentinenabstieg runter mit Abzweigung zu den Inkaruinen von Winay Wayna. (Insgesamt ab Phuyupatamarca ca. 3 1/2 Std.). Weiter bis Machu Picchu ca. 2 Std. über leicht und flach begehbaren Trail. Ankunft somit ohne längeren Stop in Winay Wayna in Machu Picchu im Lauf des Nachmittages.

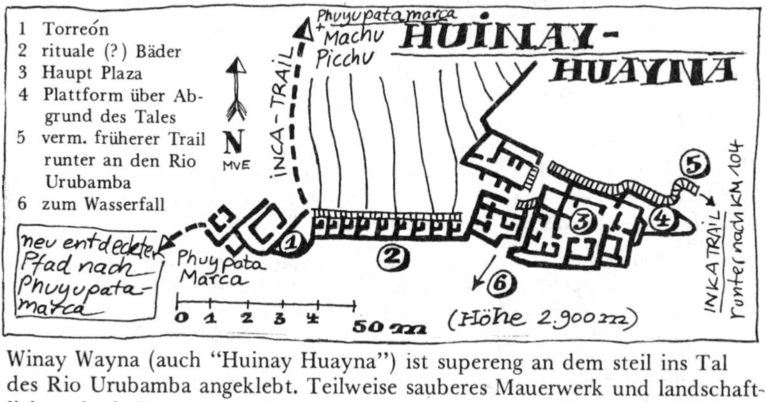

Winay Wayna (auch "Huinay Huayna") ist supereng an dem steil ins Tal des Rio Urubamba angeklebt. Teilweise sauberes Mauerwerk und landschaftlich spektakulär gelegen. Bisher noch wenig Tourismus. Das in der Nähe gebaute Top-Hotel wird jedoch auch Straße ab Km 1o4/Rio Urubamba nach sich ziehen und vermutlich auch den Pfad (bisher ca. 2 Std.) rüber nach Machu Picchu als bequemen Fußweg ausbauen.

Alternative ist die Übernachtung in Winay Wayna, was einen superkurzen

Trip am 4. Tag bedeutet(und einen zusätzlichen auf dem Inkatrail), der den Wanderer aber am darauffolgenden Tag superfrüh und vor Ankunft der Touristen nach Machu Picchu bringt! Inklusiv des Erlebnisses des Sonnenaufgangs über Machu Picchu, was definitiv fantastisch ist!!! – Oder man läuft am 4. Tag bis INTI PUNKU, dem sogenannten Sonnentor, dem oberhalb Machu Picchus gelegenen Eingang und nächtigt hier im Zelt.

Machu Picchu Seite 782.

Die Incas
(siehe auch "Cuzco" und "Titicacasee")

Hut ab, wenn man liest, was damals alles schon "ge=laufen" ist! (Nebenan übrigens ein ermatteter Stafettenläufer!) Grundtendenz der cleveren Incaherrscher war, die umliegenden Stämme zur frei=willigen Unterwerfung unter Inca-Regiment zu über=zeugen . Argument: das perfekte Organisationssystem der Incas. Unbedeutende Dörfchen anderer Stämme erblühten unter den Incas schon nach kurzer Zeit in Wohlstand und Reichtum. Und wenn das auf frei=williger Basis nicht klappte, wurden einfach Truppen nachgeschoben! –

DAS STRASSENSYSTEM der Incas erstreckte sich in der Blütezeit kurz vor der Eroberung durch Pizzaro von Cuzco bis hinauf nach Quito/Ecuador und südlich bis tief hinein ins heutige Chile. Insgesamt ca. 30.000 km-Inca - Pfade über tiefzerklüftete Andenketten, durch 2000 m tiefe Schluchten, reißende Flüsse und weite Altiplano - Hochebenen. Frischer Pazifik - Fisch konnte so innerhalb von 2 Tagen auf den Tisch des Inca - Herrschers in CUZCO gelangen! Die "Nordsee" – Frischfisch - Vertriebskette würde sich am Ohr kratzen, wenn sie das um 1400 n. Chr. im alten Germanien zuwege bringen müsste! –
Gut durchtrainierte Stafettenläufer sorgten für reibungslosen Transport; sie mussten jeweils ca. 3km über die Berge rennen zum nächsten "tampu" (= Versorgungsstation), wo schon der ausgeruhte nächste Inca - Läufer wartete! Nachrichten aus Quito konnten somit innerhalb von 5 Tagen nach Cuzco gelangen. – Ebenso waren Truppenverschiebungen in ent=legene Teile des Reiches ohne Schwierigkeiten und Zeitverlust möglich; die Grundvoraussetzungen, ein derart umfassendes Land trotz zerklüfteter Oberfläche zusammenzuhalten! – Aber auch Pizarro freute sich! –

Da man Räder nicht kannte, gingen die Pfade im Landesinneren senkrecht über die Bergkuppen, – à la Luftlinie. Flüsse wurden mit raffinierten Hängebrücken - Konstruktionen überquert: rechts und links ein Stein = haufen, über den ein Seil aus Agavenfasern gespannt war. Speziellen Brücken - Ingenieuren oblag die technische Wartung (alle 2 Jahre Austausch der Seile!). Eine der größten Inca - Hängebrücken war die über den Rio Apurimac bei Curahuasi: Spannweite über 36 m und Männerarm - dicke

INKA – SCHRIFTZEICHEN

Agavenseile. Die Spanier hatten viel Angst, wie sie mit ihren Pferden um 1530 rübertrappelten, denn die Angelegenheit hoch über der Schlucht schwankte kräftig!

Diese Hängebrücke war noch bis 1864 in Betrieb; der große englische Reisende George Squir berichtet darüber. Die Hängebrücke bei Huichiri über den Rio Apurimac ist heute noch im Betrieb und wird von den Indios alle 2 Jahre in einem großen Fest erneuert. Alle Details siehe Seite 795!

Der INKATRAIL vom Km 88 bis Machu Picchu ist zwar ein landschaftlich besonders schönes Teilstück, – aber als Seitenzweig vom Haupttrail Nord- West für das damalige Reich nur weniger bedeutend. Er dürfte zur Zeit angelegt worden sein, als nach 1533 die Inkas von Cusco in die Bergurwälder bei der Cordilera Vilcamaba flüchteten, als Verbindungsweg runter in den Bergurwald. Allerdings sind die an seiner Strecke liegenden Inka Siedlungen/Festungen wie Sayacmarca, Phuyupatamarca und Huinay Huayna (erstmals erforscht vom Entdecker Machu Picchus, Hiram Bingham 1915, sowie von Paul Fejos 1941) für die Wissenschaftler von besonderer Bedeutung, da sie nicht von spanischer Siedlungstätigkeit überdeckt wurden

Da viele der Inkatrail- Hiker dort Steine runterbrechen, bzw. Lagerfeuer direkt an dem Mauerwerk anlegen, sind dringend protektive Maßnahmen nötig zur archäologischen Erforschung, bevor die Sache komplett zerstört ist.

Ein besonders gut erhaltenes Teilstück des andinen Haupttrails von Quito nach Cusco liegt im Bereich Pomabamba bis Huarautambo (ca. 80 km), alle Details siehe Seite 647!

Für Hikes besonders lohnende weitere Inkatrail- Abschnitte im Bereich des heutigen Boliviens nähe La Paz (Details Seite 657) und im Bereich Macusani nach Sandia, siehe Seite 815

Die Parallelstrecke zum Pfad in den Anden führte entlang der Pazifikküste durch die Wüste. Dieser war ca. 7 m breit, damit sich die Heere bequem bewegen konnten, denn an der Küste waren wegen flacher Landschaft erheblich höhere "Reisegeschwindigkeiten" möglich. Teilweise war dieser Verkehrsweg sauber mit Steinplatten gepflastert. Stichpfade verbanden die Andenpiste mit der "Pazifik- Schnellroute".

Das INCA–BEWÄSSERUNGS–SYSTEM, ein Phänomen, das man noch heute bewundern kann! Die Kanäle ziehen sich entlang der Andentäler Perus und Ecuadors und sind heute noch in Betrieb. Raffinierte Kanäle, teils in Stein gefasst, teilweise per Tunnel durch Bergvorsprünge geführt, versorgten die Anbauterrassen, sowie Siedlungen und Festungsbauten. Vielfältige Beispiele excellenter "Wasser- Architektur", z.B. in Cajamarca/heut. Peru, – elementar (neben der excellenten Infrastruktur!) für den Wohlstand im Reich. Die zahlreichen, in Stein gefassten "Bäder" in den archäologischen Siedlungen verführten die Wissenschaft immer wieder zu Deutungen, daß es sich dort um religiöse Bäder gehandelt haben müsse (Wasserheiligtümer). Bei der wirtschaftlichen Bedeutung des Wassers durchaus möglich, – bei der Fülle derartiger "religiöser Bäder" gehen andere Forschungen und Theorien davon aus, daß dem Wasser als wichtigstem "Lebens- Spender" in den kargen Andentälern hohe Bedeutung zugemessen wurde, die Bäder jedoch der breiten Allgemeinheit zur Erfrischung dienten. . .

KNOTENSCHNÜRE, die “Quipus”, wie sie die Spanier nannten (Schnüre des Teufels). An einem Hauptwollfaden waren senkrechte Zusatzfäden angeknüpft, die in verschiedenen Abständen Knoten verschiedener Art trugen. Eine Art “inkaischer Rechenschieber”. Mit diesen Schnüren wurde der komplizierte Verwaltungs-Apparat abgewickelt! Im Inkareich war die “Null” bekannt, elementar für “modernes” Rechnen!

SCHRIFTZEICHEN: der spanische Zeichner Guaman Poma de Ayala, der die ersten spanischen Conquistadores nach Südamerika begleitete, zeigt in seinen Graphiken immer wieder bei Darstellungen von Inkas und Quechuas reiche Schriftzeichen auf ihren Kleidern.

Die Wissenschaftler sind dabei, die Inka-Schrift zu entziffern, die es zweifelsohne bei einem derart hoch entwickeltem Volk gegeben haben mußte. Momentaner Stand der Forschung: es gab Zeichensymbole ähnlich der Schrift der Ägypter, die nach Wortgruppen zusammengesetzt wurden. Die vorwiegend geometrischen Zeichen fand man auf Trinkbechern und gewebten Stoffen.

LIT.: “La Escritura de los Incas” von William Burns Glynn, erschienen im “Boletin de Lima” Nr. 12 - 13 - 14 (May, Juli, Sept. 1981), Editorial Los Pinos E.I.R.L., Casilla 5147, Lima 18/ Peru.

“Introducion al estudio de la Escritura de los Inkas” von Victoria de la Jara. Erschienen bei “Inide Ediciones Previas/Lima Peru.

“El sistema contable de los Incas” von Carlos Radicati di Primeglio, bezüglich der Inka-Knotenschnüre, erschienen bei Liberia Studium, Lima, Peru.

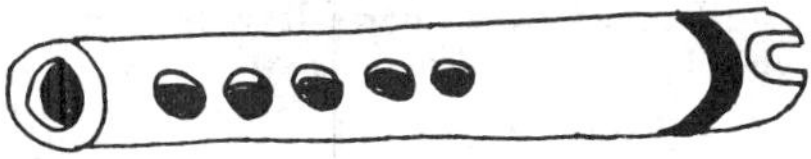

MACHU PICCHU

Inkafestung und Stadt, – großartig gelegen auf einem Bergsattel hoch über dem Canyon des Rio Urubamba. Überragt vom spitzen Kegel des Huayna Picchu, und rundum hohe Bergketten, die vom Nebel eingehüllt sind. Eine der gewaltigsten Szenerien des südamerikanischen Kontinents!

Der Tip, vor Ankunft der Touristenherden in Machu Picchu zu sein, ist bei den derzeitigen Zugfahrplänen praktisch nur realisierbar, wenn man sich entweder am Vorabend in einem der Basic- Hotels im ca. 2 km entfernten Aguas Calientes einquartiert (oder im komfortablen “Hotel de Turistas”, oben bei den Ruinen), – oder mit dem Frühzug aus Quillabamba kommt.

Die beiden Züge aus Cusco, – der Indiozug und der Touristen- Schienenbus, treffen beide gegen 1o Uhr an der Bahnstation "Puente Ruinas" unten im Tal ein. Danach beginnt kräftiges Geschiebe und Gedränge für die silbrigen Mini- Alubusse rauf zu den Ruinen.

Man kann auch zu Fuß rauflaufen, dauert aber bergan ca. 1 1/2 Std. und lohnt sich nicht, trotz der ca. 1,3 US $ für den Bus und pro Richtung. Bergab gehts in ca. 1/2 Std.

Unten beim Bahnhof gibts im Tal bei der Brücke ein kleines Museum, das Fundstücke von Machu Picchu ausstellt, Teppiche, Keramik, sowie Schmetterlinge der Region, aber leider etwas ungepflegt ist und nicht unbedingt lohnt.

WER billig übernachten will, läuft rüber die knapp 2 km nach Aguas Calientes (Pfad entlang des Bahngleises) mit zwischenzeitlich breitem Angebot sowie heißen Quellen. Oder nimmt den Zug die 2 Std. runter nach Quillabamba im Bergurwald unterhalb von Machu Picchu, Details siehe dort!

Das staatliche Unternehmen "ENTURPERU" hat sein Touristenhotel oben beim Eingang zu den Machu Picchu Ruinen erneuert. Kann als Tip gelten, wer hier oben mit Komfort übernachten will. Gemütliche Zimmer mit fantastischem Blick über das tiefe und kurvige Tal, die zuckerhutgeformten Berggipfel und die auftreibenden Abendnebel über dem Bergurwald. Fantastische Stille, wenn der ganze MP- Rummel sich gegen 15.3o Uhr verzogen hat. Allenfalls steht nur noch die Bar zu Verfügung. Doppel um 55 US $ mit Privatbad. Vorbuchung bei "Enturperu"/Plaza San Martin 965 dringend erforderlich, geht auch per Telex von jedem anderen Enturperu- Hotel der Kette. Insbesondere in den Monaten Juni bis August, da das Hotel nur wenige Zimmer hat, die dann auf Monate ausgebucht sind.

Ein neues Touristenhotel befindet sich in Bau bei den Huinay Huayna- Ruinen.

Wildcampen im Gelände der Ruinen verboten, – ist derzeit aber erlaubt z.B. unten am Rio Urubamba. Sowie in den Bergen oberhalb Machu Picchus, da dort nicht kontrollierbar. Bezüglich eventueller, nächtlicher "Gäste", die an Geld interessiert sind, würde ich persönlich in der M.P.- Region jedoch entweder ein Campament gut im Busch versteckt bevorzugen, oder eines der Basic- Hotels in Aguas Calientes.

Die Alu- Minibusse landen oben direkt vor dem Tourist Hotel, das tagsüber den Tourismus mit offener Cafeteria bedient. EINTRITT: ca. 5 US $ (für Studenten mit gültigem Ausweis ca. 2 US $.) Gilt für max. 2 Tage. Geöffnet ist das Gelände von ca. 7 Uhr bis 17 Uhr. Gepäck kann am Eingang abgegeben werden. Essen, aber auch Drinks in der Cafeteria vom Tourist-Hotel sehr teuer, besser aus Cusco mitbringen!

Geschichte: nach der Eroberung Cuscos (1533) durch Pizarro und einer blutigen Rebellion (1536) durch den INKA MANCO (Sohn des Inka Huayna Capac), bei der Cusco in Flammen aufging, – konnten sich die Spanier jedoch durchsetzen und Inka Manco flüchtete mit seinen Truppen in die Bergurwälder an der Cordillera Vilcabamba. Dort gründete er in meist undurchdringlichem Dschungel einen Urwald- Inkastaat in bester Guerilla- Manier, die "Vilcabamba" getauft wurde.

Die Siedlungen lagen meist weit oberhalb an den steilen Berghängen, waren selbstversorgend durch umfangreiche Anbauterrassen und benötigten wegen ihrer ausgezeichneten, versteckten Lage im Urwald weit oberhalb der Täler keine Festungsanlagen. (Vergl. z.B. Machu Picchu, das excellenten Einblick ins Tal bringt, ohne daß man vom Tal unten die Inkasiedlung sehen konnte!)

Von diesen Siedlungen wurden immer wieder Angriffe auf die Spanier gestartet und diesen erhebliche Verluste zugefügt,– mit anschließendem schnellen Rückzug in die undurchdringlichen Bergurwälder.

Da die Inkas auch erhebliche Gold- und Silberschätze mit in die Bergurwälder genommen hatten, – bestand bei den Spaniern doppeltes Interesse , diesen Urwaldstaat zu zerstören. Hauptstadt dieses Urwaldstaates war (gemäß Chronistenberichten) VILCABAMBA, das die Spanier zwar bereits 1539 zerstören konnten, allerdings dabei den Inka und seine Schätze nicht fassen konnten.

Nachfolgende Inkas konnten sich bis zur endgültigen Zerstörung Vilcabambas im Jahre 1572 behaupten. In einer großangelegten Expedition des Jahres 1572 unter Hurtado de Arbieto gelangten die Spanier mit umfangreichen Truppen bis Vilcabamba, fanden die Siedlung durch Brand zerstört und kurz darauf den letzten der "Vilcabamba-Inkas" im Urwald (Tupac Amaru I), der in flottem Verfahren in Cusco hingerichtet wurde.

Damit war die Gefahr der Bergurwald- Inkas ausgeschaltet und für die Spanier die Sache erledigt. Im Bereich Vilcabambas gründeten sie mehrere spanische Siedlungen, da es Goldminen gab, die aber ca. 17. Jhd. erschöpft waren, – und die wenigen Chronistenberichte zu dieser Zeit (auch das rund 1.ooo Seiten dicke Werk des Augustiner Paters CALANCHA, sowie anderer Missionare, die der Tupac Amari I Vorgänger, der Inka Titu Cusi in seinem Reich aufnahm) – wanderten in die Archive des spanischen Sevilla und Madrid. Als wichtige Quelle für neuzeitliche Forschungen nach "Vilcabamba" gilt auch Baltasar de Ocampo, der ca. 154o Vilcabamba beschrieb.

Im Rahmen der Südamerika- Forschungstätigkeit (Ende 19./Anfang 2o. Jhd) rückte die Frage nach der "CIUDAD PERDIDA" – dieser letzten Hauptstadt des Inka Urwaldreiches in den Vordergrund. Die Frage nach den Inkaschätzen, die diese mit in die Urwälder nahmen, beschäftigt noch heute die Schatzsucher.

Ende des 19. Jhd's startete J. Núñez, Präfekt der Region Apurimac eine Expedition nach CHOQUEQUIRAU (siehe unsere Karte Seite 789) am Rio Apurimac, rund 1.ooo m oberhalb des Flusses in den Berghängen gelegen. Eine Siedlung der Vilcabamba- Inkas, in der rund 15.ooo Menschen gelebt haben sollen und die Ende des 19. Jhd's als die Hauptstadt (also das alte "Vilcabamba") angesehen wurde.

Schätze wurden nicht gefunden, wie auch exaktere Analyse damaliger Chronistenberichte Choquequirau als Hauptstadt des Urwald- Inkastaates ausschalten. Um nach Choquequirau zu kommen, baute Núñez damals eine Hängebrücke über den reißenden Rio Apurimac.

19o9 kam der damals ca. 23- jährige Amerikaner HIRAM BINGHAM im Rahmen einer Forschungsreise "auf den Spuren Simon Bolivars" in die Region und besuchte mit Núñez die Inkaruinenstadt Choquequirau.

Bingham war sichtlich begeistert; in seinem Buch "Lost City of the Inkas" schreibt er wörtlich "Leute fragen mich oft, wie es kam, daß ich Machu Picchu entdeckte. Ich hatte den Wunsch, mich zu qualifizieren, Südamerikanische Geschichte zu lehren . . ."

Bei einem Vortrag in der New Yorker YALE–UNIVERSITY begeisterte er die Zuhörer mit seinen Choquequirau-- Schilderungen, daß diese ihm eine Expedition finanzierten, die Bingham 1911 zum zweiten Mal nach Peru führte.

In Forscherdrang und mit viel Glück entdeckte er zunächst MACHU PICCHU (24.7. 1911), wobei ihn Einheimische von der Existenz dieser Ruinen informierten. Die Erforschung überließ er seinen Expeditionsteilnehmern (die sich durch das dicht tropisch überwucherte Gelände "wühlten") und drang tiefer den Rio Urubamba abwärts.

In nur wenigen Wochen entdeckte er VITCOS oberhalb des Rio Vilcabamba und kurz darauf ESPIRITU PAMPA, wo er zwar begeistert war, daß der dort lebende Haziendero aus orginalen Inkagefäßen trank. Das dicht tropisch überwucherte Ruinengelände wurde fotographiert, aber Bingham verzichtete auf tiefgreifendere Forschungen, da er diesen Ruinen keine übermäßige Bedeutung beimaß.

Nach seiner Rückkehr in New York deklarierte er Machu Picchu als das "Vilcabamba", die Hauptstadt des Urwald- Inkareiches. Eine Theorie, die ihm wissenschaftliche Anerkennung und Ruhm brachte; er war letztlich in den USA Senator, – die aber heute nachweislich falsch ist. Weder fand man in Machu Picchu Brandspuren(siehe Zerstörung Vilcabambas, 1572!), – noch decken sich bei exakter Analyse aller Chronistenberichte die geographischen Angaben mit Machu Picchu!

In einer mir vorliegenden spanischen Ausgabe seines Werkes "La Ciudad Perdida" von 1953 spricht Bingham noch von "Vilcabamba, das wir heute Machu Picchu nennen". Später hat er sich von dieser Theorie distanziert.

194o/41 detailierte Forschungsarbeiten in Machu Picchu durch Paul Fejos, wobei rund 9oo Mann beteiligt waren. Paul Fejos kommt zum Schluß, daß es sich um ein Verteidigungsbauwerk in Machu Picchu gehandelt haben müsse. Eine Theorie, die zwar nicht bewiesen ist, so doch plausibel erscheint bei der Superlage oberhalb des Urubamba-Canyons!

Wichtiges Argument der Anhänger Binghams (Machu Picchu = Vilcabamba) sind die in Machu Picchu gefundenen Gräber, wobei rund 17o Toten nur 3o männliche Skelette gefunden wurden. Da der Inkaherrscher über viele Frauen verfügen durfte, wird hieraus die Inkahauptstadt gefolgert. – Sowie die streckenweise superperfekte Steinbau-Architektur Machu Picchus, die in ihrem Umfang z.B. der von VITCOS überlegen ist.

Da Machu Picchu jedoch erheblich strategisch wichtiger liegt, – am Eingang des Hauptales zu den Bergurwaldgebieten (Vitcos in einem Seitental des Rio Urubambas!), ist diese Argumentation nicht unbedingt schlüssig.

1964 Expedition des Amerikaners GENE SAVOY nach Espiritu Pampa. In umfassender Arbeit wurden große Teile der Urwaldvegetation Espiritu Pampas beseitigt. Zu Tage kam eine riesige Urwaldsiedlung von mehr als 1oo Häusern und 5o - 6o wichtige Gebäude über ein riesiges Areal. Weitere Expeditionen 1965.

Vieles spricht dafür, daß ESPIRITU PAMPA die letzte Hauptstadt der Inkas war: sowohl fast identische Geographie mit den Chronistenberichten. Seine Größe, seine Lage, die auch für die Anlage einer Urwaldhauptstadt günstig war wegen schneller Erreichbarkeit der Flußsysteme Rio Apurimac und Rio Cusureni (beide schiffbar, runter in tiefere Urwaldregionen des Amazonas!) Auch die Chronistenschilderungen der Hurtado de Arbieto- Expedition zur Zerstörung "Vilcabambas" 1572 deuten eher auf Espiritu Pampa, als auf Machu Picchu oder Vitcos oder Ququequirau.

Verständlicherweise hat man daher nach den Forschungsergebnissen Gene Savoys in Peru zunächst dessen Ergebnisse versucht, zu unterdrücken, um "huaqueros" (Grabräuber, Schatzdiebe) abzuhalten. Auch heute ist es sehr schwierig, ESPIRITU PAMPA zu besuchen (Details siehe Seite 789).

Trotz der seither verstrichenen rund 2o Jahre ist kaum etwas in archäologischer Erforschung geschehen, da es an Geldern fehlt. Eine UNESCO, die sich Cusco annimmt, sollte sich dringend um Espiritu Pampa kümmern, bevor die wichtigsten Stücke weg sind, – ähnlich wie z.B. PARACAS an der Pazifikküste Perus ausgeräubert wird, weil nichts an archäologischer Unterstützung passiert!! –

Literatur: (Auswahl): "John Hemming/The Conquest of the Incas", erschienen bei Abacus, Sphere Books Ltd., 3o/32 Grays Inn Road LONDON WC1X8JL. Englisch und bei seinen excellent recherchierten rund 65o Seiten wohl eines der Standardwerke zu den Inkas. Populärwissenschaftlich geschrieben ohne den Leser zu überfordern. Lektüre macht Spaß, wer sich intensiv für die Inkas interessiert! –

"Hiram Bingham/Lost City of the Incas", erschienen bei Atheneum in 11. Auflage/ 1975. Das Paperback in Englisch dürfte interessant sein als Lektüre, wie Bingham an die Sache ranging, – auch wenn es in seinen Theorien überholt ist.

"Antisuyo"/Gene Savoy, englisch, zur Ausgrabung von Espiritu Pampa. Erschienen bei Simon & Schuster, New York 197o.

Interessant ist auch, daß der Inkatrail (wie sich das für Guerilla- Tätigkeit gehört!), nicht durchs Tal des Rio Urubamba führt, sondern seitlich parallel durch die Berge und über Pässe. Er setzt sich übrigens ab Machu Picchu fort, durch die Berge entlang der Nordost-Hänge der Cordillera Vilcabamba nach Victos am Rio Vilcabamba. Diesen Trail wanderte übrigens Bingham 1911 bei seiner Forschungsexpedition. Die auf der Vorseite erwähnte Ausgabe seines Buches von 1953 zeigt Fotos von diesem Trailabschnitt, die in der englischsprachigen 11. Ausgabe von 1975 nicht mehr erscheinen.

Egal, welche der Theorien nun zutrifft: MACHU PICCHU ist von allen, bisher gefundenen Inkaruinenstädte im Bergurwald die mit Abstand faszinierenste in ihrer Lage!

Fantastisch, wenn Nebelschschwaden aus dem Amazonastiefland die steilen Hänge des Rio Urubamba raufklettern. Wenn während der peruanischen Regenzeit dicke Wolken über dem Canyon hängen, dann sprießen überall aus den Hängen die Orchideen. "Alturas de Machu Picchu" heißt eines der schönsten Gedichte des chilenischen Dichters Pablo Neruda. Machu Picchu, meint er, sind nicht nur die Ruinen und die Natur, sondern auch die Musik der Indios. Und die Gruppe "Los Calchakis" beginnt eines ihrer Lieder ("Canciones de Machu Picchu") mit kräftigem Regengeprassel auf das Strohdach einer Indiohütte, Campesinos kommen mit ihren Llamas angetrappelt, und drinnen auf dem Stroh hockt ein Indio und bläst rauhe Flötentöne auf seiner Siku. – Setzt Euch mal auf den höchsten Hügel über dem Sattel bei der strohgedeckten Hütte und stellt Euch vor, wie die Inkas unten auf der Ballwiese in ihren bunten Ponchos spielten, wie Incaschönheiten vor den Hütten saßen und sich ihre schwarzen Haare kämmten. Dazwischen Priester und Höflinge in ihren goldenen Gewändern, und vom gegenüberliegenden steilen Huayna Picchu kraxelte behende ein Bote runter!

DER PFAD AUF DEN HUAYNA PICCHU ist heute noch begehbar, allerdings nur völlig schwindelfreien Gringos zu empfehlen. Aufstieg ca. 1 Std., kurz vor dem Gipfel gabelt sich der Weg, der rechte ist der leichtere, – Abstieg ca. 3o Min. Es geht in 6o°-Neigung sehr steil rauf über wacklige Steinplatten, und der Fels stürzt seitlich fast 4oo m tief in den Canyon. Bei Regen nicht ungefährlich! Oben in knapp 3.ooo m Höhe grandioser Blick über die Anlage. Man fühlt sich wie der Condor, der Anden- Aasgeier und ist den Inka- Gottheiten ziemlich nahe!

Doch dann bimmelt unten in der Tiefe der Zug aus Cusco, und der Schwall von Touristen ergießt sich über den Sattel. Geplapper von "marvelous",– buntgescheckte Cowboy- Hüte, und die Wächter schwingen ihren Knüppel! Kommentar meines Freudes Carl aus Wien: "dann kann man praktisch nur noch ins Cafehaus (=Tourist- Hotel) Cafe trinken gehen, übrigens der beste Cafe in ganz Peru." Apro pos "Cafehaus": es lohnt sich, die Eintragungen im Gästebuch zu lesen! –

Machu Picchu war in 3 Bezirke unterteilt: der TEMPELBEZIRK, um den Hügel neben der Ballwiese. Hier wurden mit dem "Intihuatana" Bestimmungen der Sonnenbahnen durcgeführt, – das PALASTVIERTEL und das einfache WOHNVIERTEL. – In den oberen Bezirken findet ihr in Stein geritzte Zick - Zack - Linien zur Ableitung von Lama=blut bei kultischen Opferhandlungen; die gesamte Stadt war von perfekt durchdachten Wasserleitungen durchzogen, sodaß auch der einfache Handwerker sein Morgenbad nehmen konnte. Die Häuser weisen vielfach die für die Incas typische Trapez - Form auf; als Dächer spannte man starke Lianen oder Agavenseile, über die Urwald-Blätter kamen, bzw. Holzbalken. Auch in Machu Picchu findet man die perfekte Mauerpräzisionsarbeit; die Incas hatten zur Bearbeitung übrigens nur Stein oder Bronzewerkzeuge. Die Steine haben eine kissenförmige Oberfläche; Fugen sind betont. Das gibt den Häusern eine ungeheure Plastizität und Lebendigkeit. Was mich aber am meisten fasziniert hat, ist die Vielfalt in der verschachtelten Stadtaufteilung, Treppenstraßen, gebogene Hausmauern, kleine Vorhöfe , verschiedene Niveaulagen und ineinander versetzte Hausgrundpläne.

Wer sich für archäologische Details interessiert, schließt sich am besten einer Führung an. Die hier gegebenen Infos sind aber, was den wissenschaftlichen Wert betrifft, oft ähnlich "die Phantasie anregend" spekulativ, wie obige "Ballwiesen- Bilder". Oder man legt sich "A Walking Tour of Machu Picchu" von Pedro Sueldo Nava (erhältl. in Cusco) zu. Schöner Blick auf die Anlage auch vom INTI PUNKU, dem Eingangstor zu Beginn des Inka-Trails. – Lohnend auch der rund 2 Std. Trail rüber nach Winay Wayna, sofern man genügend Zeit hat (Details siehe "Inkatrail"!)

Tiefer in die Bergurwälder: sowie weitere Ausflüge ab Cusco

QUILLABAMBA sowohl als "Rangierpunkt", um frühzeitig nach Machu Picchu zu kommen, bei viel tropischen Flair einer Übernachtung im Ort,– oder für den Trip den Rio Urubamba abwärts durch den PONGO DE MAIÑIQUE (Abenteuertrip durch den peruan. Amazonas nach Pucallpa!).

Das wenige Km vor Quillabamba gelegene CHAULLAY dient als Ausgangspunkt für Abenteuer- Hikes nach Vilcabamba.

(1) QUILLABAMBA: der 2 mal tägl. Indiozug ab Cusco fährt nach Machu Picchu weiter entlang des Rio Urubamba- Tals runter bis Quillabamba (ca. 2 Std. Fahrt ab Machu Picchu). Diese wichtigste Ausgangsstadt vor den endlosen Weiten der Bergurwälder und Amazonas- Tiefländer liegt eng im Tal eingeschlossen in ca. 1.050 m Höhe. Von der Bahnstation ca. 2 km bergauf zum Ort. (Colectivo oder Taxi). Rund 25.000 E. und etwa 1 US ab M.P.! Schöne Plaza, in der großen Markthalle und ringsum reger Handel. Großes Angebot an allen möglichen Früchten, z.B. Mangos, Avocados, Papayas, Bananen und Annanas für wenige Pfennige.

Wer den 6 Uhr- Morgenzug ab Cusco nimmt, erreicht Quillabamba gegen 12 oder 1 Uhr mittags. "Der Nachmittag", wie uns Herbert Keuper schrieb, "reicht aus, um sich an den bunten Pflanzen, Blumen und Bäumen zu erfreuen, um am nächsten Morgen um 5.30 Uhr mit dem ersten Zug nach Machu Picchu zurückzufahren. Ankunft dort um ca. 8 Uhr. Die Fahrt in den überfüllten Wagen ist wieder ein Erlebnis für sich und übersteigt die Atmosphäre der Hinfahrt bei weitem. Die Indios befördern riesige Gepäckballen, Kartons und Bananenstauden."

In Quillabamba gibts eine Reihe unterer Mittelklasse bis Basic- Hotels bei vernünftigen Preisen. Mehrere Restaurants. Der Trip zum Pongo de Mainique/Pucallpa siehe (4).

QUILLABAMBA kann auch per Straße erreicht werden, eine abenteuerliche Schotterpiste, die kurz nach Ollantaytambo über die Berge und hohen Pass sich bei Chaullay wieder mit dem Rio Urubamba trifft und entlang des Flusses nach Quillabamba führt. Es gibt LKW- Transport; der Zug im Tal des Rio Urubamba ist bequemer.

② CHAULLAY ist Ausgangspunkt für den retour ca. 6 Tage dauden Trip nach VILCABAMBA, der vermutlich letzten Hauptstadt des Inkareiches in den Bergurwäldern (siehe auch Seite 783!) Landschaftlich sicher ein Bonbon, auch vom Abenteuerfeeling. Aber Spezialgenehmigung zum Besuch nötig, da Vilcabamba noch zu wenig erforscht ist und man Grabräuber befürchtet.

Kontakt: "Instituto Nacional de Cultura", Calle San Andres/Cusco. Nach uns vorliegenden Berichten werden etwa 8o % der Anträge abgeschlagen. Eventuelle Chancen für nachweislich wissenschaftliche Expeditionen, wobei ein Schreiben der heimischen Universität in Europa helfen kann.

Ab CHAULLAY an der Eisenbahn Machu Picchu – Quillabamba fahren tägl. LKW's im Tal des Rio Vilcabamba rauf bis YUPANCA. Fahrzeit rund 4 Std., kann in der Regenzeit aber auch wesentlich länger dauern. 1 mal/Woche gibts einen LKW bis HUANCALLA, ansonsten muß man das Stück laufen, da praktisch keinerlei Verkehr.

In Puquiura wird das Permit des Inst. Nac. de Clutura vom örtlichen Polizeiposten kontrolliert. Die Ruinen von VICTOS (auch Rosapampa genannt) liegen noch außerhalb des Genehmigungsbereiches. An FÜHRER kommt man in Yupanca und in Huancalla; sind auch nötig, da das Ruinengelände von Vilcabamba stark überwuchert ist. Der Preis für den Führer liegt (Verhandlungssache bei 5 - 1o US/Tag, Maulesel für Gepäcktransport nochmal ca. 3 US $ pro Tag). Retour sind ab Huancalla mit ca. 4 Tagen zu rechnen, Ausrüstung wie für den Inkatrail. Insbesondere auch Zelt, Regenschutz und Essen!

Von Espiritu Pampa gibt es einen Trail entlang des Rio Cusireni nach KITENI, sowie gelegentlich Boote auf dem Fluß. Zu Fuß soll der Trail angeblich 2 Tage zwischen Esp. Pampa und Kiteni dauern. Keinerlei Unterkunftsmöglichkeit. Ab Kiteni regelmäßiger LKW- Verkehr rauf nach Quillabamba.

Kartenmaterial: ungenügend ist die IGM- Militärkarte 1 : 747.ooo zum Departement Cusco. Sie enthält zwar die Flußläufe des Rio Urubamba und des Rio Cusireni, besitzt aber nicht unerhebliche Fehler im Bereich Vilcabamba/Espiritu Pampa. Detailiertes Kartenmaterial existiert nicht.

③ CHOQUEQUIRAU: noch schwieriger zu erreichen. Regionalbus bis Abancay ab Cusco täglich. Weiter über eine ca. 5 - 7 stündige wilde Erdpiste nach Cachora per sporadischer LKW's. Im Ort soll es angeblich möglich sein, Führer und Maultiere runter an den tief eingeschnittenen Canyon des Rio Apurimac zu bekommen, der mit einer Agaven- Hängebrücke überquert wird. Etwa 1.ooo m oberhalb die ehemalige Inkasiedlung Choquequira. Ein äußerst umfangreiches Areal weit oben am steilen Berghang.

Der Trail rüber nach Huancacalla gilt als sehr schwierig wegen hoher Pässe und praktisch nicht existierender Besiedlung entlang dieses rund 3- Tages-Hike. Ebenfalls kein detailiertes Kartenmaterial erhältlich. Im Angebot der Hiking- Veranstalter "Hirka" und "Explorandes" (Lima- Peru), in Verbindung mit Espiritu Pampa.

④ Machu Picchu ⋙ PUCALLPA über den Rio Urubamba:
Ein Extrem- Trip, absolut nur für urwalderfahrene "Waldläufer" , da es kei-

Das Problem für den Vilcabamba- Trail sind fehlende Detailkarten der IGM. Daher unbedingt Führer mitnehmen! –

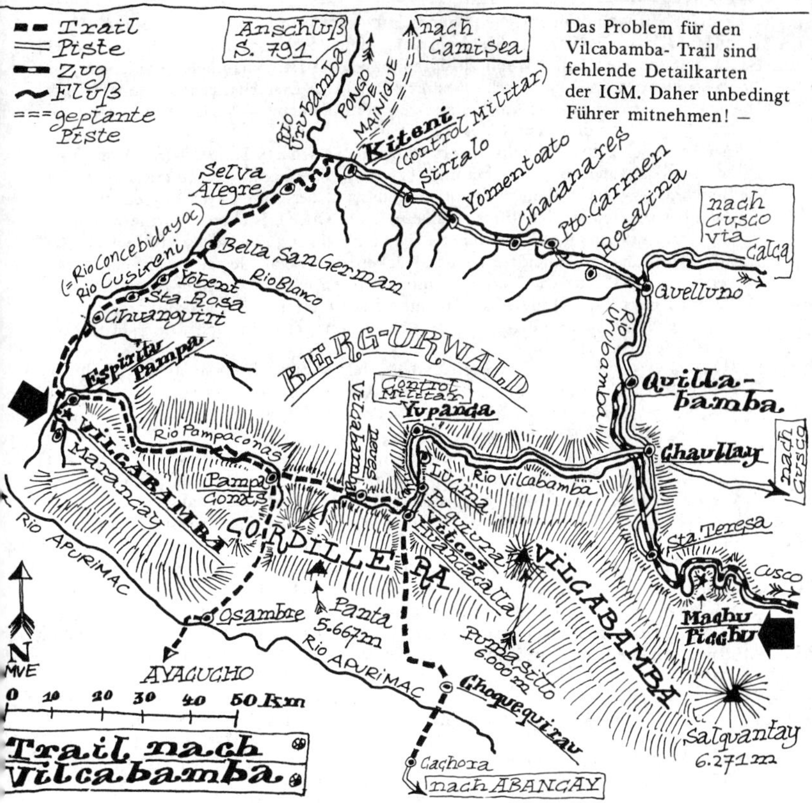

nerlei regulären Transport gibt, und unterhalb von Kiteni (siehe Karte!) in den dichten Bergurwäldern und dem späteren Amazonastiefland außer wenigen Indianerstämmen kaum Menschen leben. Siedlungen oft über 100 oder 200 km voneinander entfernt! Fred Wagner dürfte einer der ersten, weißen Gringos gewesen sein, der die Route auf eigene Faust gemacht hat. Hier sein Bericht:

AUSRÜSTUNG: Kochgeschirr (leichten Alu-Kochtopf)und Trinkbecher. Man isst besser aus dem Kochtopf, um Gewicht zu sparen! – Besteck, Taschenlampe,– wasserfestes Feuerzeug, gut in Plastik verpacken. Es gibt Streichhölzer, die wasser= unempfindlich sind! Zusätzlich aber unbedingt ein Feuerzeug, welches eine höhere Flamme erzeugt und auch bei Wind und kräftigem Regen eure Feuerstelle ent= zündet! – ESSEN: tropenfeste Schokolade. Gibt es in Cuzco, - besteht aus speziel= len Zusatzmitteln, die auch bei größerer Wärme das Schmelzen verhindern!– Reis, Haferflocken, Milchpulver und Süßstoff aus Europa (in Südamerika nur schwer erhältlich; Gewichtersparnis!). Hafer am Morgen ist kräftig und füllt den Magen! Tagsüber sollte man nicht zu viel essen, denn das macht müde für die harten Urwald-Märsche oder das anstrengende Arbeiten am Steuer des Balsa - Floßes!!– Salz, Kaffee, Tee und Gewürze. – Unterwegs gibts bei den Indianern Hühner zu kaufen, Eier und Früchte aus dem Urwald wie "Yuca", eine weiße Kartoffel-

Wurzel. Fische könnt ihr euch abends kurz vor Einbruch der Dämmerung selbst angeln. Dazu ein kräftiges Stahlseil, denn viele der Amazonas - Fische besitzen äußerst scharfe Zähne! Wenn ein Pirannha an der Leine baumelt: garnicht mal so schlecht: schmeckt fleischig, - aber schnell den Kiefer ausrenken, sonst beißt euch das Tier mit seinen rasiermesserscharfen Zähnen , – auch wenn es schon seit 2 oder 3 Stunden im Trockenen liegt! –
Andere Fische: der "Sabalo" (starken Draht, da scharfe Zähne. Wird bis zu 3 m lang!), der "Sanguro", der "Mamuri"(1 m lang, flach, d.h. ca. 2o cm dick und fleischig!). – Die Indianer fischen entweder mit der Angel, oder mit einem Netz, das quer über einen Nebenfluss gespannt wird. Oder mit einem Wurfnetz.– Weiterhin braucht ihr eine Machete, die man billig am Urwald-Randgebiet kaufen könnt und in eine Scheide zwischen Rücken und Metall-Gestell des Rucksackes verstaut. – Als Rucksack ist am bequemsten der übliche Tramper-Alugestell–Plastik-Rucksack. – Eine Wasserflasche und Tabletten zur Wasserdesinfektion.– Ein Gaskocher ist unnötiges Gewicht; übt schon mal in Europa, wie man trotz Regen Feuer anschürt!
MEDIZIN: Antibiotika; fiebersenkende Mittel, Grippe-Mittel, etwas gegen Schmerzen, gegen Durchfall: Kohletabletten, ebenso etwas gegen Verstopfung.– Binden, Pflaster, Jod, Sonnencreme. Impfungen gegen Thetanus und Gelbfieber sind ebenso empfehlenswert, wie Malaria- Tabletten. –
KLEIDUNG: Ihr durchfahrt von Cuzco in den Anden : Höhen zwischen 3ooo m und ca. 2oo m über dem Meer (Urwälder des Amazonas - Beckens), daher: sowohl warme Sachen, d.h. ein Pullover, als auch leichtes Baumwoll- Hemd für den feucht-schwülen Dschungel. – Kräftige Schuhe, die gut sitzen, denn sonst gibt's Blasen, und durch die bekommt man diverse Parasiten ins Blut!– Hut gegen Sonnenstich und Regenschutz. Dabei empfiehlt sich aber nicht das leichte Kunststoff - Zeug, das zu leicht reißt, wenn man an einem Baum- oder Ast-Stumpf hängen bleibt; besser: ein US - Armee-Poncho, denn dieser ist kräftig mit Gummi beschichtet und hat zudem Druckknöpfe, sodaß man aus 2 Ponchos ein Regendach zusammenknüpfen kann. Erhältlich in Expeditionsshops in Europa für ca. 25 DM Mit den Ösen im Poncho kann man ein ZELT machen. Nylon Seil mitnehmen! – Als Taschenmesser empfiehlt sich eines des Typs Schweizermesser. Neben mehreren Klingen ist für 4o DM auch Minisäge dabei, die Äste bis zu 4 cm durchteilen kann. –

VON CUSCO am frühen Morgen 6 Uhr mit dem Indiozug bis Quillabamba (Hotels, Restaurants), wo es nunmehr nicht nur LKW's, sondern angeblich auch tägliche Busse (ca. 6 - 7 Std./1,5 US $) runter nach KITENI gibt. Sicherheitshalber in Cusco oder Quillabamba bei der örtlichen Polizeistation erkundigen, ob Spezialgenehmigung für den weiteren Trip nötig ist!

Kiteni soll zwischenzeitlich auch Basic- Hotels haben, sowie simple Restaurants. Ein Mininest am Rio Urubamba und einem Drahtseil mit Kabine für die Überquerung des Flusses. Der schläfrige Ort, der noch 1976 aus ca. 3o Hütten bestand, ist zwar noch nicht "erwacht", wird aber Expansion erfahren, wenn die in Planung befindliche Piste runter nach Camisea in Angriff genommen wird, die neue Besiedlungs- Projekte erschließen soll.

Beste Chancen für ein Motorboot- Kanu durch den "Pongo de Mainique" flußab zur Zeit des Tiefwassers (Mai bis Okt.). Außerhalb dieser Zeit wird der "Pongo", landschaftlicher Höhepunkt des Trips, zu Fuß durch die Berge in einen wilden Urwald- Trail umgangen.

BOOTE ab Kiteni sehr sporadisch und mit Warterei in Kiteni verbunden. Der Trip bis zu einer Holzfällersiedlung vor dem Pongo per Normalboot kostet ca. 5 US $ pro Person, sofern das Boot den Pongo passieren kann.

Wer sich ein "expreso" - Boot mietet (expreso- Boot = man zahlt für das komplette

Boot, egal wieviel Leute mitfahren) dürfte um die 3o - 4o US $ je nach Verhandlungsgeschick hinblättern. Garnicht mal ein schlechter Preis, wenn das Boot durch den Pongo fährt, und was einen sonst an Schwierigkeiten erwarten würde. Zumal das Boot dann auch umgehend losfährt, wenn es die Wasserbedingungen im Pongo zulassen.

Abenteurer mit eigenem "Avon"- Schlauchboot sollten den Trip durch den Pongo nur während Niedrigwasser machen, – und auch dann nur, wenn sie über genügend Wild-Wassererfahrung verfügen. Sehr gefährlich! (Auch, da der starke Außenbordmotor fehlt, den die normalen Boote durch den Pongo besitzen!!)

PONGO DE MAIÑIQUE, die schwierigste Stelle des Trips runter nach Pucallpa. Eine Flußenge mit gefährlichen Stromschnellen. Das Ufer tritt bis auf 3 m an den Fluß und steigt ca. 5oo m senkrecht hoch! Die Einheimischen laufen meist zu Fuß um diese Gefahrenstelle, denn es hat schon einige tödliche Unfälle im Fluß gegeben. Mitten im Engpass stehen Felsen im Weg mit gefährlichen Unterwasser- Strudeln. Die Chance, einen Einheimischen in Kiteni zu finden, der einen bis hinter den Engpass nimmt, ist gering.Wer nicht das Schnellboot chartert (ca. 2 Tage bis hinter den Engpass), der wartet erstmal 4 Tage und landet mit Umsteigen in ca. 5 weiteren Tagen an einer Holzfällersiedlung kurz vor dem Engpass. Von hier führt ein Urwaldpfad über die Berge hinter die Stromschnellen. Unbedingt einen einheimischen Führer mitzunehmen (ca. 25 US, 1 Tag Gewaltmarsch).

Der Pfad ist ziemlich zugewuchert und nur schwer zu finden. Es geht von 3oo m Höhe am Fluß, hinauf in die Berge über 9oo m Höhe: bei der tropischen Schwüle und dem schmierigen Urwaldboden mit dem Gestrüpp und Lianengeranke erfordert das viel Kondition! Extrem leichtes Gepäck sehr von Vorteil. Warnung, den Pfad alleine zu machen. Abgesehen davon sind die ca. 12 US (wenn man zu zweit ist!) nicht die Welt, und der Führer kennt die diversen Giftschlange n. –

Hinter der Flußenge ein Machiguenga- Dorf mit ca. 2o Hütten am Ufer. Reines Indianer- Dorf, auch der Lehrer ist ein Indianer. Hier kann man sich ein Balsa- Floß kaufen: 9o cm breit und ca. 3 m lang. Kostenpunkt um die 1o US. Die extrem leichten Balsahölzer, sowie die Floßform haben sich auf dem Fluß recht gut bewährt. Das Gepäck schnallt man in der

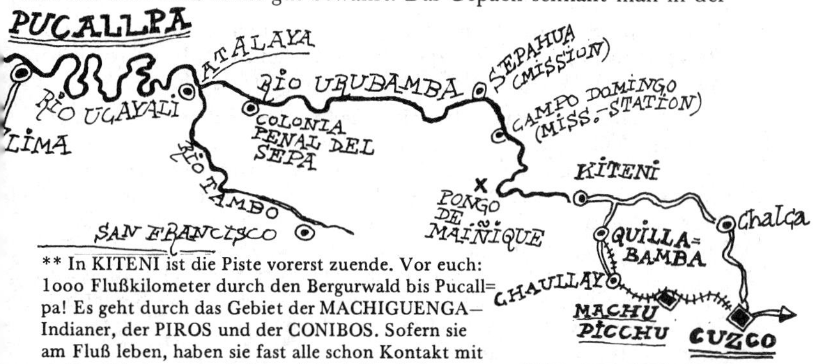

** In KITENI ist die Piste vorerst zuende. Vor euch: 1ooo Flußkilometer durch den Bergurwald bis Pucall=pa! Es geht durch das Gebiet der MACHIGUENGA–Indianer, der PIROS und der CONIBOS. Sofern sie am Fluß leben, haben sie fast alle schon Kontakt mit weißen Missionaren gehabt. – * Nach Entdeckung neuer INCA–RUINENSTÄDTE bei Espiritu Pampa: scharfe Polizeikontrollen in QUILLABAMBA! –

Mitte fest, eingewickelt in die wasserdichten Ponchos. Vorne setzt sich einer und beobachtet die Strömung, hinten sitzt der Kräftigere und steuert mit dem Paddel.

Man muß damit rechnen, daß es öfters wie aus Kübeln gießt und man kaum 2o m tief in den Fluß sehen kann. Weiterhin saugt sich das Balsaholz voll Wasser und muß alle 2 bis 3 Tage zum Trocknen auf eine Sandbank. Man sitzt also in jedem Fall, wenn man flußab paddelt, mit dem Hintern im Wasser bei einer Temperatur von 2o° C! –

Der fluß hier etwa 2o bis 5o m breit, richtig schön durch Urwald, wie man sich ihn vorstellt. Öfters fliegen ganze Schwärme von 2o Ara- Papageien über den Fluß (blaugelbe und rotgrüne Färbung), – riesige Bäume, übersät von Orchideen, 4m hohe Binsen am Ufer. Landschaftlich unheimlich schön, aber sehr gefährlich wegen Stromschnellen hinter Flußbiegungen und wegen den Unterwasserwirbeln, die durch Baumstämme und Steine unter Wasser erzeugt werden und bei der braunen Brühe des Wassers nicht zu erkennen sind. Auch geübte Wildwasserkanuten aus Europa tun sich hier recht hart. Ertrinken oder Schädelbasisbruch ist durchaus drin . Aber wer den Urwald liebt: die Fahrt ist unheimlich schön!

FLUSSAB gelegentlich Indianerhütten oder Mestizen, sowie 2 Missionsstationen. In der ersten, "Malaquiato" sehr kühler Empfang, da der Missionar schon mal gestrandete und mittellose Gringos aufnehmen mußte, die sich dann durchfraßen. Dann kommt "Campo Domingo". Mit kleinem Airstripe für Cesna- Flugzeuge und Sprechfunk in die Zivilisation.

Fred Wagner hat sich hier ein Flugzeug bestellt, da die Zeit nach 2 1/2 Wochen ab Cusco knapp wurde. Zu bezahlen sind Hin+Rückflug der Maschine. Kostet pro Flugstunde ca. 6o - 9o US $. Platz für 3 Leute plus Gepäck in der einmotorigen Cesna-Version. An Hand dieser Daten kann man sich den ungefähren Zeitbedarf ausrechnen. In der peruanischen Regenzeit ist die Strecke nicht möglich, da der Fluß anschwillt und die Stromschnellen zu gefährlich werden, – besonders im Oberlauf. Fred mußte, weil ihn im September vorzeitig kräftige Regenfälle überraschten, eine Strecke vor den Stromschnellen des Pongo de Mainique 6 Tage zu Fuß am Fluß entlang wandern (kein Kanu, und dem Siedler im Urwald, wo er wartete, war das Benzinfass für sein peque-peque vom Wasser weggeschwemmt worden). –
Blasen an den Füßen durch die Stiefel, und durch die Wunden waren Amöben in die Füße gekrochen: angeschwollen auf ca. 25 cm Dicke!! –

WEITER FLUSSAB: die nächste Missionsstation mit Airstripe und Sprechfunk ist Sepahua. Danach kommt "Colonia Penal de Sepa", eine Strafgefangenen-Kolonie am Rio Urubamba. Hierhin werden lebenslänglich Verurteilte verbannt, und ein Militärposten flußauf und flußab passt auf, daß niemand entwischt! (Airstripe für kleinere Propellermaschinen).

ATALAYA an der Mündung des Rio Tambo ist eine kleinere Dschungel-Siedlung der Weißen, ca. 3oo Hütten im Urwald, Rodungen, Viehzucht und Tropenfrüchte. 2 Basic- Hotels und Restaurants. Angeflogen täglich von kleineren Regional- Cesna- Maschinen aus Satipo, sowie dem Hercules-Militärpropeller ca. alle 1 - 2 Wochen von Pucallpa bzw. nach Pto. Maldonado. Es ist also möglich, daß man hier aussteigt, denn der weitere Flußverlauf bis Pucallpa ist landschaftlich nicht mehr so reizvoll (Fluß bis zu 2 km breit und oft beidseitig gerodet). Auf diesem Flußteil gibt es bereits relativ häufigen "peque- peque" - Kanu- Colectivo- Flußverkehr.
Details zu Atalaya siehe Seite 721

Tip: wer nicht über genügend Spanisch-Kentnisse verfügt (die für den Trip ebenso unabdinglich sind, – wie auch Know How und Voraberfahrungen in abgelegenen, südameri kanischen Urwaldregionen), – der PONGO DE MAIÑIQUE ist im Tourprogramm von zwei kleineren Trekking Organisationen Perus:

"Rio Bravo S.A.", Portal Commercio 187, Plaza de Armas, Cusco
"Tambo Treks", Vicki Weeds, 521o 12 th NE, Seattle, Wn 98.1o5, USA

Vorteil: bei relativ günstigem Preis (was sonst Abenteuer- Touren in Südamerika kosten) braucht man sich nicht um die Boote kümmern und hat zu Pauschalpreis auch Führer dabei, ohne mit Einheimischen lang verhandeln oder rumsuchen zu müssen.

Kostet im 3- Tagestrip Kiteni bis Sepahua mit "Rio Bravo SA." runde 15o US $ pro Person, wobei der Transport und Essen inkl. sind, das Zelt ca. 25 US extra kostet. Der Retourtrip ca. 225 US . Zeit: einfach ca. 3 Tage, retour ca. 7 Tage, – allerdings nur in den Monaten Mai bis Sept./Okt. Wer einfach fährt, hat die Chance, ab Sepahua mit dem Sportflugzeug retour in die Zivilisation zu fliegen, was aber entweder mit Wartezeit verbunden ist, oder massiven Aufpreis kostet, wenn ein seperates Flugzeug per Funk angefordert werden muß.

Teilnahme an diesen Trips kann nicht kurzfristig in Cusco gebucht werden (da die Veranstalter sehr klein sind und nur fahren, wenn genügend Leute zusammenkommen),– sondern muß schriftlich ab Europa vorab organisiert werden!

NEUESTE INFOS für Reisende auf eigene Faust: angeblich soll es jetzt (zwar sehr sporadische), so doch existierende "peque- peque"- Verbindung hinter dem Pongo de Mainique flußab geben. – Die in Planung befindliche Piste nach Camisea umgeht den Pongo landein und trifft auf den Rio Urubamba bei Malaquiato (siehe Text!). Das wird nach Fertigstellung zweifelsfrei erhebliche Veränderungen in der Region ergeben, – insbesondere in neuen Siedlungsprojekten. Camisea hat Airstripe und soll später Kreuzungspunkt mit der geplanten "Marginal de la Selva" (Urwaldpiste entlang der Andenhänge im peruan. Urwald)sein. Airstripe. Wer die Route macht: wir freuen uns über Leserzuschriften!

(5) NATIONALPARK MADRE DE DIOS: die Fahrt von Cusco runter in die Bergurwälder ist landschaftlich grandios! Eine wilde Erdpiste über einen ca. 4.ooo m hohen Andenpass, danach supersteil in Serpentinen runter in die tropischen Bergurwälder.

Die Piste tangiert den Nationalpark außerhalb und endet kurz hinter Shintuya (Bootsverkehr nach Manu; dort Airstripe, aber regelmäßiger Flugverkehr nach Manu eingestellt). –

Für den Besuch des Nationalparks benötigt man Spezialgenehmigung vom "Ministerio de Agricultura" in Lima. Wird nur an Wissenschaftler vergeben; zudem ist der Besuch des Nationalparks nicht ungefährlich, da es in den vergangenen Jahren dort mehrfach tödliche Unfälle bei Überfällen der im Nationalpark lebenden Indianerstämme auf Weiße gegeben hat. Keinerlei regulärer Transport auf den Flüssen. Kurz hinter dem "Park-Eingang"/ Pakitsa zwei wissenschaftliche Forschungsstationen. Reiche Fauna und Flora, wie sonst selten in Vielfalt im tropischen Südamerika!

Transport: ca. 3 mal pro Woche mit LKW's ab Cusco über die Piste runter nach PAUCARTAMBO. Nur wenige LKW's fahren weiter bis Shintuya. Ein Trip, der bis Paucartambo zwischen 6 und 24 Std. je nach Pistenverhältnissen dauert, aber sich allein bis Paucartambo wegen der grandiosen Landschaft lohnt.

In Paucartambo (ca. 2.9oo m) gibts ein Basic- Hotel und Restaurants. Ein gemütliches Campesino- Städtchen am Rand der Anden zu den Bergurwäldern, relaxing und schöne Hikes in die nähere Umgebung.

TRES CRUCES (ca. 53 km weiter Ri. Bergurwälder. Abzweigung von der Piste ca. 15

km) ist berühmt für seine optische Illusion eines 3- fachen Sonnenuntergangs (wegen atmosphärischer Reflektionen), insbesondere bei klarem Wetter in den Monaten Juni/Juli/August. Etwa 3 Std. Fahrzeit im LKW von Paucartambo. Wer am Schauspiel teilnehmen will, mietet sich am besten ein Auto in Cusco, – wegen der schwierigen Erreichbarkeit des Ortes. Fantastisch auch die Sonnenaufgänge zwischen den Bergkonstellationen und den Wolken, die aus den Selvas aufsteigen! –

Regionale und unregelmäßig verkehrende LKW'S mit Personenmitnahme weiter runter in die Bergurwälder via Pilcopata nach SHINTUYA. Letzter Zivilisationsposten vor den Urwäldern (Basic- Hotel, Restaurant). Angeblich gibts alle 1 - 2 Wochen Boote von Händlern und Goldsuchern via Manu nach Puerto Maldonado, – aber selten durchge-

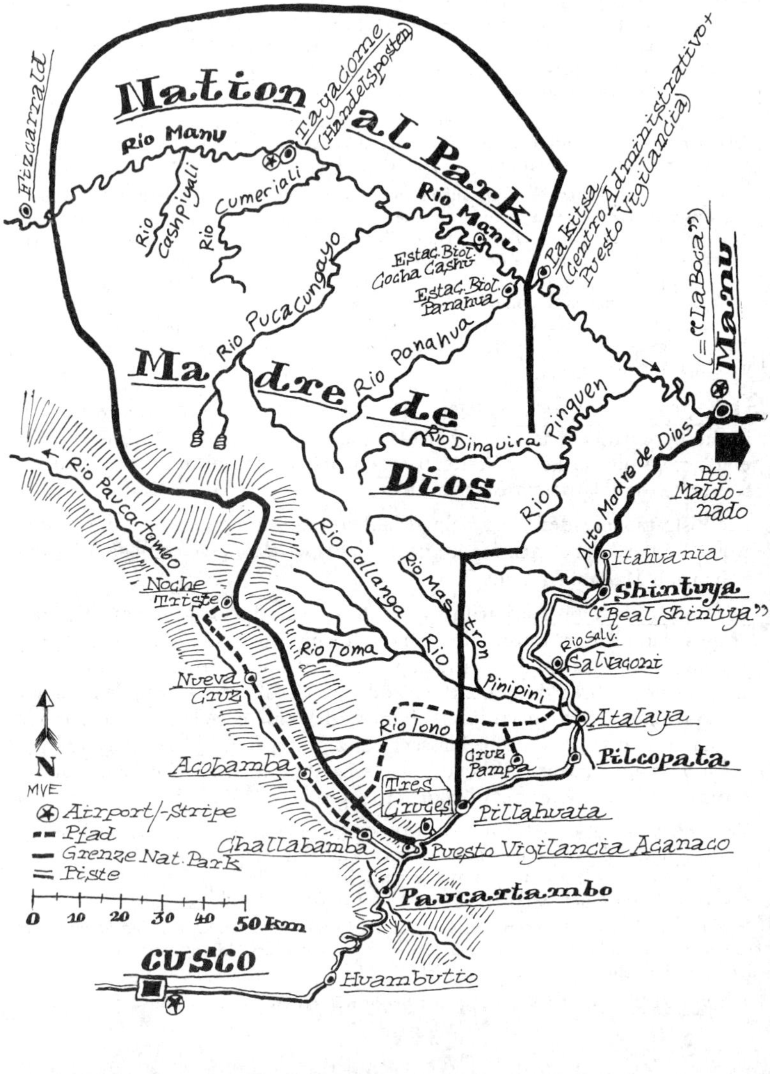

hend. Preise sind Verhandlungssache, sofern es sich um ein "expreso" handelt.Wer diesen Trip schafft: wir freuen uns über Leserzuschrift mit detailierten Infos! –

COSHA CASHU: biologische Forschungsstation im Nationalpark. Eine handvoll Hütten oberhalb des Flusses, wo keinerlei Interesse an "abenteuer-hungrigen" Explorers besteht, ebenfalls keinerlei Verpflegungs- oder Unterkunftsmöglichkeiten.

Die Region Madre de Dios ist im Bereich des Nationalparks (1,5 Mill. Ha.) bei derzeitigem Stand der Dinge definitiv keine Region, selbst für urwalderfahrene Abenteurer. – Das Bereisen des Randbereiches Shintuya–Manu–Pto. Maldonado ist zwar etwas "problemloser", – sollte jedoch nur von Gringos mit viel Zeit und viel Erfahrung in Sachen "selvas" angegangen werden . . . (Pto. Maldonado siehe Seite 800)

Organisierte Tours gibts bei "Leonhard"/Cusco, P.O. Box 559, die zwei Urwaldlodges bei Paucartambo und Pilcopata besitzen. Nicht billig, aber interessant, wer abseits "organisiertem Pauschaltourismus" deratige Regionen erleben will. –

(6) INKA- HÄNGEBRÜCKEN: zur Zeit der Inkaherrschaft elementar zur Überquerung reißender Andenflüsse in tief eingeschnittenen Canyons. Gefertigt mit Agaven- Pflanzenfasern, – schwankende Angelegenheit. Im heutigen Peru selten, da die Verkehrswege für PKW's und LKW's entweder Beton/Eisenbrücken besitzen, – oder Ponton- Fähren. Nur wenige dieser schwankenden Agaven- Seilbrücken sind heute noch in Betrieb. Herbert Keuper schrieb uns hierzu:

"Die Inkabrücke bei Huinchiri ist sicher Geheimtip, denn außer einem Fernsehteam und einigen Illustrierten- Redakteuren waren

Zeitgenössische Darstellung von Poma de Ayala
INKA-BRÜCKE über den Rio Apurimac

in den letzten Jahren nur eine Handvoll Touristen an diesem, aus der Inkazeit überlieferten Brückenschlag über den Apurimac. Wir haben lange gesucht und gefragt, aber die Brücke ist in der gesamten Umgebung sowohl bei Einheimischen, als auch unter den Touristen unbekannt. Der beste Weg dorthin:

Direkte Busverbindung (Cusco – Yanacoa mit "Transp. San Cristobal" oder mit dem Bus oder Zug Ri. Lago Titicaca). Von Cusco bis Combopata fahren = ca. 9o km. Von dort weiter mit dem Bus oder LKW 22 km nach YANAOCA. Dort primitive Übernachtungsmöglichkeit in kleiner Pension mit Restaurant unmittelbar an der "Plaza". Freundliche Familie, die uns wegen der Kälte abends im Schlafraum mit ca. 6 Betten zu einer Coca-Party eingeladen hatte. Wir mußten kräftig Blätter und Asche kauen, aber viel wärmer wurde es uns dadurch nicht.

Von Yanaoca aus ist die Weiterfahrt bis zur "Puente del Inca" sehr schwierig. Es gibt keine regelmäßige Verbindung, auch nicht mit LKW's. Wir haben uns einen der wenigen in Yanaoca vorhandenen Wagen mit Fahrer angeheuert und mußten für die rund 24 km ca. 9o DM zahlen.Trotzdem sehr lohnend und einer der Höhepunkte unserer SA.- Reise. Mit etwas mehr Zeit und Geduld gehts bestimmt billiger, z.B. als Mitfahrer auf einem LKW. Besser noch: in Yanaoca Pferde und Guia besorgen und den Trip in ca. 2 Tagen auf dem Pferderücken machen. Das dürfte ein optimales Erlebnis werden!

Die während der Regenzeit grausam zugerichtete Piste führt über Orte, die nur in der IGM Karte 29 t verzeichnet sind; für den Busverkehr ungeeignet! Über Puca Puca, Ccankaylle, Quehue und Omayo bis kurz vor Huinchiri liegt rechter Hand ca. 15o Höhenmeter unterhalb der Straße die aus Grasseilen geflochtene Hängebrücke und läßt einem das Herz schon bei ihrem Anblick höher schlagen. Unser Gefährt war ca. 3 km vorher im Schlamm stecken geblieben und wir mußten die letzen Km laufen. Die Brücke wird alle 2 Jahre im Januar von den in Quehue und Huinchiri lebenden Indios (verbunden mit einem feucht- fröhlichem Fest) erneuert und machte für uns ein Jahr nach der letzten Erneuerung einen durchaus noch vertrauenswürdigen Eindruck.

Sie wird aus Seilen des Ichu- Grases nach jahrhundertealter Überlieferung gefertigt."

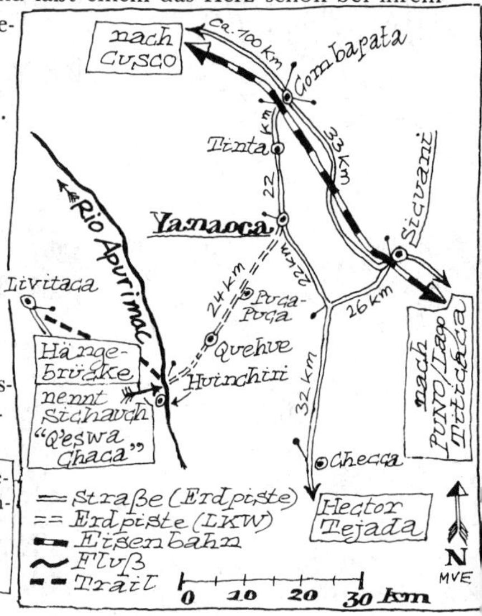

(ANMERKUNG DER RED.: Verankerungspunkte der über den Fluß gespannten Seile sind jeweils zwei Steinfundamente auf beiden Seiten des Flusses. Die Frauen sind beim Erstellen der kleineren Seile tätig, die senkrecht zu den tragenden Hauptseilen als Schutz gegen Runterfallen gespannt werden.

Die Männer fertigen die armdicken, tragenden Hauptseile, die insgesamt zum Überspannen der 2o m langen Brücke eine Länge von ca. 15o m besitzen (3 Basis- Seile, miteinander verknüpft, auf denen man geht – und 2 Seile in Brusthöhe zum Festhalten beim Überqueren der schwankenden Gras- Seil Brücke!)

Die Fertigung dieser relativ kleinen und nur 2o m langen Seilbrücke (nennt sich auch "Q'eswa Chaca") dauert ca. 1 - 2 Wochen. Größere Brücken mit Spannweiten bis zu 4o oder 5o m bis zu 1 Jahr. Zu Inkazeiten waren die Einheimischen zum Bau und zur Instandhaltung dieser Brücken bestimmt. Eine der größten war die nahe der heutigen Straße Cusco – Abancay gelegene Brücke über den Rio Apurimac (siehe Graphik Vorseite!), die noch bis 1864 in Betrieb war. Der große englische Reisende Squier berichtet darüber. Dort wurden die für größere Spannweiten stabileren Agavenseile verwendet, und man kann noch die Aufhängepfosten sehen. Auf der anderen Seite führt ein 2oo m langer Inca- Tunnel an die Schlucht runter, mit Sitzbänken zum Ausruhen im Inneren und Löchern im Fels zur Beleuchtung des Stollens.

Für das Inkareich waren diese Agaven- oder Ichuseil- Hängebrücken elementar für die Infrastruktur des Reiches und ihre "Chasqui"- Stafettenläufer. Das Rad kannte man damals nicht; von daher reichten diese schwankenden Fußgängerbrücken für den Verkehr und die Nachrichtenübermittlung aus, um die steilen Canyons zu überwinden.

Die "Q'ESWA CHACA"- BRÜCKE ist übrigens auch in dem excellenten Inkaband des National Geographic Magazins abgebildet ("The Incredible Incas"/S. 161 ff), erhältlich bei Nat. Geograph. Magazin, Washington DC./USA für ca. 1o US $.

Wie Herbert Keuper uns weiter schrieb ". . . wir schwankten mehrmals von der einen zur anderen Flußseite, ca. 2o m über den reißenden Rio Apurimac. Allerdings trauten die uns begleitenden Indios den Baukünsten nach jahrhunderte alten Konstruktionsweisen nicht so recht und haben die Brücke nur wenige Meter weit für ein Erinnerungsfoto betreten. (=Carñhue)

Auf dem Weg von Yanaoca zur Brücke gibts bei Quehue in KARAÑAHUI eine Grotte, in der noch eine Anzahl von Uhus leben. Leider stand sie bei unserer Excursion unter Wasser, dürfte aber außerhalb der Regenzeit noch einen Abstecher wert sein. Als Führer für die Grotte steht Señor Donato Madueño zu Verfügung. Er wohnt in einem langgestreckten Haus unmittelbar an der Straße bei Karanahui und ist nicht zu verfehlen. Unbedingt neue Batterien für die Taschenlampe mitnehmen." –

Hinter der Hängebrücke beginnt ein Trail rüber nach Livitaca, der den ca. 175 km Umweg von Huinchiri via Yanaoca per Straße abkürzt, die bei superschlechten Pistenbedingungen und sehr dünnem Verkehr mit Umsteigen für die Indios zwischen 2 bis 4 Tage dauert Dies dürfte wohl der Grund sein, warum die "Q'eswa Chaca"- Hängebrücke als eine der wenigen, letzten noch von den Indios in Stand gehalten wird.

(7) STEIN VON SAIHUITE: ein rund 3 m breiter, runder Stein, der an seiner Oberfläche mit Reliefs von Tieren, Häusern und Ornamenten überzogen ist. Optisch ein Bonbon und definitive Meisterleistung der Künstler der Inkaepoche in seiner Vielfalt der Darstellung. Dies bei primitivsten Werkzeugen während des Inka- Reiches.

Liegt nahe der Straße Cusco - Abancay, etwa 17o km ab Cusco und runde 25 km nach dem Ort Curahuasi. Die Bewohner des gleichnamigen Ortes Saihuite können zum Stein führen. Leider haben zwischenzeitlich einheimische "Souvenir- Lieferanten" den Saihuite- Stein mit dem Meißel bearbeitet und einige besonders schöne Partien "rausgestemmt".

(8) ANDAHUAYLAS: knapp 4o km ab Cusco an der Straße Ri. Puno, lohnt sich als Abstecher von Cusco wegen seiner Kirche, die bei reichem Schnitzwerk, pan de oro und Gemälden der Escuela Cuzqueña zum Schönsten der Region zählt! Häufig am Tag Regionalbusse ab Cusco.

Urwaldtrips via PTO. MALDONADO

Region der Goldwäscher am Rande der Bergurwälder, – sowie Pioniergebiete in den tropischen Urwald- Tiefländern bei PTO. MALDONADO.

Pto. Maldonado ist Ausgangspunkt für Abenteuertrips durch den Urwald rüber nach Bolivien und Brasilien, – quasi als Parallelroute zum augetretenen Standard- Trip der meisten Gringos via Anden von Cusco nach La Paz/Bolivien.

Der Goldboom unten im Gebiet Quincemil bis Pto. Maldonado hat zwar streckenweise zu einer Verbreiterung der Piste Cusco ⋙→ Pto. Maldonado geführt, ein Abenteuer ist sie immer noch!

Transport: wegen der saumiserablen Pistenbedingungen die steilen Andenhänge runter, gibt es derzeit nur LKW- Transport. Abfahrt mehrmals pro Woche ab Plaza Limac Pampa/Cusco. Die LKW's haben vorn eine Aufschrift ihres Zieles, denn nicht alle fahren durch bis Pto. Maldonado.

Preis: hinten auf der Ladefläche (neben, zwischen oder auf den Waren) kostet ca. 12 US $ bis Pto. Maldonado, – vorn im Führerhaus ca. 15 US $. Da Regengüsse beim Abstieg in die tropisch feuchten Bergurwälder die Regel sind (nicht nur während der Regenzeit!!), empfiehlt sich entweder die Mitnahme eines wasserdichten Plastikponchos, oder der Aufpreis für den "Ritt" vorn im Fahrerhaus.

Fahrzeit: ca. 2 Tage, wobei die Betonung auf "ca." liegt! Kann aber auch 5 Tage für die rund 532 km dauern, wie uns Ralph Niemann schrieb: "wir sind Ende Dezember von Cusco nach Maldonado gefahren (Anfang der Regenzeit) und haben 5 Tage und Nächte gebraucht. War recht abenteuerlich! Nach Pass in Gletscherhöhe (fast 5.ooo m): Abstieg in den Urwald. Die morschen Holzbrücken waren kurz vor dem Zusammenbrechen."

Stops nur zum Essen zwischendrin, bzw. zum LKW- Reparieren. Die Piste ist in miserabelstem Zustand. Staubig und eiskalt oben in Passhöhe, schlammig schmierig beim Abstieg runter in die Bergurwälder, wobei es oft mehrere hundert Meter seitlich senkrecht runter geht. Bergrutsche nach kräftigen Regenfällen blockieren oft die Piste, wie auch umgestürzte Bäume. Dafür entschädigt aber eine landschaftlich grandiose Szenerie! Geschlafen wird hinten auf der Ladefläche unter der Plane oder vorn im Führerhaus. Wer will, kann den Trip in Quincemil unterbrechen (Details siehe Streckenbeschreibung!)

EIGENES AUTO: wenn überhaupt, dann nur Allrad plus Seilwinde. Allerdings gibt es derzeit ab Pto. Maldonado noch keine durchgehende Piste, weder rüber nach Brasilien, noch nach Bolivien. Für den Grenzübergang Iñapari/Brasilien fehlen noch rund 15o km.

ALTERNATIVE: via Andenpiste Cusco – Shintuya hat LKW- Transport bis Shintuya. Weiter per Flußkanu mit Außenborder via Manu (ca. 3oo E.) und von dort Kanu nach Pto. Maldonado. Beide Flußverbindungen ohne regelmäßigen Verkehr und meist nicht durchgehend (Details siehe S.). Alternative: Boot ab Manu bis Labirinto suchen; ab hier gibts 2 mal tägl. Busverbindung (2 Std.) mit Pto. Maldonado.

FLUG: Cusco – Pto. Maldonado täglich mit Jets der Aeroperu und Faucett. Ca. 3o Min

36 US $ einfach. Bei kräftigen Regenfällen oder Gewittern in Pto. Maldonado kann es zu Flugverspätungen oder - Stornierungen kommen.
Die "Grupo ocho" , die Militärs fliegen mit Hercules- Propellermaschinen ab Lima via Cusco nach Pto. Maldonado. Ca. 5o % billiger als die Jets der Aeroperu/Faucett.

DIE STRECKE: neben Regenschutz für den Ritt auf dem LKW auch warme Sachen einpacken! Von Cusco biegt die Erdpiste nach knapp 5o km in Urcos ab, rauf zum 4.85o m hohen Hualla Hualla-Pass, der einer der höchsten , von regulärem Verkehr benutzten Pässe Südamerikas sein dürfte! Danach gehts supersteil runter, die Piste eng an fast senkrechte Hänge geklebt. Nebel steigt in dichten Schwaden aus den Bergurwaldtälern rauf. Die Tachonadel des LKW zittert, aber auch insgeheim der Gringo, der neben dem Stoppelbart- Fahrer Platz genommen hat!

Tiger aus dem Madre de Dios Gebiet (Nach einer Skizze von Dominikaner Missionaren)

Marcapata hat heiße Thermalquellen, u.U. Stop, um sich zu erfrischen. Halbzeit, was die Km betrifft, ist in QUINCEMIL erreicht. Bietet sich an zum Zwischenstop. Im Ort zwar der Hund begraben, aber mit

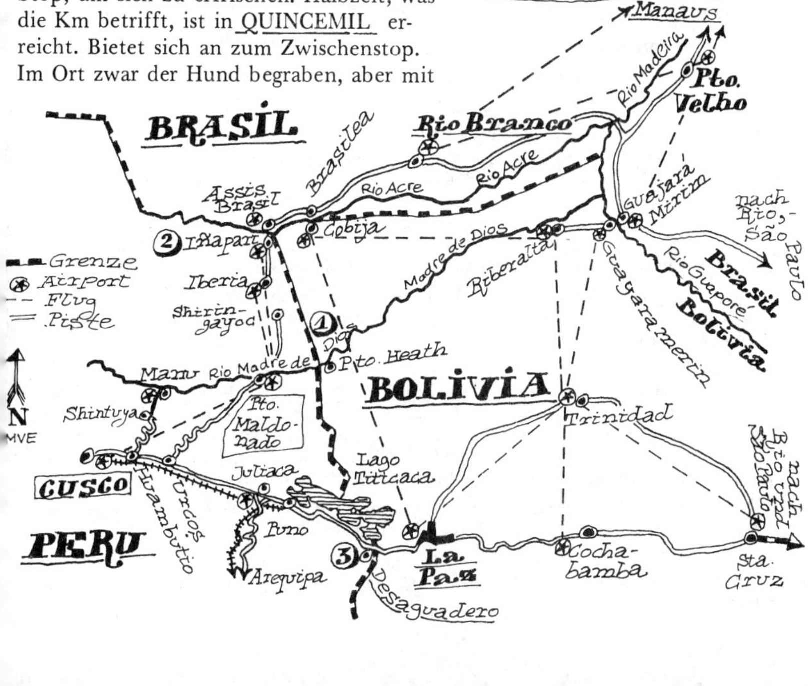

einem recht gemütlichen Hotel ("Araza"), wo man auch Wäsche waschen und gut essen kann. Strom gibts bis 1o Uhr abends; danach nur noch Mücken.

Quincemil hat einen Airstripe, der mitten durch den Ort geht für Propellerflugzeuge. Die frühere Flugverbindung der Aeroperu und Faucett nach Cusco und Pto. Maldonado ist jedoch eingestellt. Täglich mehrere LKW's runter nach Maldonado, ringsum viel Urwald.

Im folgenden Streckenabschnitt sehr steil runter zum Rio Inambari und insbesondere nach Regengüssen sehr problematisch; rund 1oo km bis Santa Rosa/Pto. Carlos. Die restlichen knapp 15o km bis Pto. Maldonado: tropische Hitze, dichter Urwald, immer wieder von Plantagen seitlich der Piste gerodet und relativ flott zu befahren.

Pto. Maldonado: ca. 25o m/8.ooo E.

Gegründet 19o2 und wichtigste Siedlung im Madre de Dios- Gebiet, expandierte Pto. Maldonado seit Beginn der 8o-er Jahre stark wegen des Gold-Booms der Umgebung. Es ist ein teures Pflaster geworden, auch wenn die Lebensmittel von den umliegenden Plantagen kommen und der Fisch aus dem Fluß.

Das neue Bankgebäude der "Banco de la Nacion" an der Hauptplaza dokumentiert die wirtschaftliche Expansion. Ansonsten ist Pto. Maldonado superheiß mit Temperaturen zwischen 3o und 4o° C im Schatten, die jedoch während der Monate Juni bis Sept. oft schlagartig in Bereiche von 2 bis 8 Grad absinken können, wegen kalter Fallwinde aus den Anden.

Sofern es nicht regnet: Staubstraßen. Schon wenige Blocks hinter der Hauptplaza Wellblechhütten aus Brettern, Holzkneipen und die Jeeps der Farmer.

Unterkunft: nicht gerade billig, selbst in der Klasse der Basic- Hotels. "Hotel Moderno" gilt als eines der billigsten (ca. 8 US) und saubersten der Billigklasse, mit echtem Moskito- Baldachin über'm Bett. Billinhurst 559. – "Hotel Oriental", ebenfalls zu empfehlen, – "Hotel Chavez"/Leon Velarde 444, zwar billig, aber nicht ganz sauber. – "Hotel Central" – "Hostal Wilson"/G. Prada 255 gute Mittelklasse. Wegen der vielen Goldwäscher und Händler, die nach Pto. Maldonado kommen, besteht oft ein Engpass an Betten in der Billig- bis Mittelklasse, was auch die Preise in die Höhe getrieben hat.

"Hotel de Turistas", schöne Lage oberhalb des Rio Tambopata im Ort, mit Holzveranda (schöne Sonnenuntergänge), sauber, mit Privatbad, 16 Zimmer, ca. 2o US $ Reservierung über "Enturperu".

Was die Preise betrifft: der Teuerklasse (ca. 5o US/Nacht und Doppel) gehören die beiden Urwaldlodges an: "Cusco Amazon Lodge", runde 45 Min. am Unterlauf des Madre de Dios per Boot (Buchung Lima, Av. Arequipa 4964, Cusco: Calle Procuradores 48), – und der "Explorers Inn" am Rio Tambopata (3 Std. per Boot). Gilt als Tip wegen hoher Vielfalt an Fauna und Flora. (Vorbuchung Lima: Garcilazo de la Vega 1334). Beide Lodges veranstalten Expeditionen per Boot tiefer in den Urwald. –

Restaurants: als bestes gilt derzeit "Juanito" an der Plaza de Armas. Sauber, angenehme Atmosphäre und riesige Beefsteaks zu zivilen Preisen.

Tip: mal "Torta Helada" (Eistorte probieren, wie uns Ralph Niemann schrieb, - "schmeckt bei der Hitze wirklich gut. Auch der Saft der roten Palmschuppenfrüchte (aguaje)".

"Patarashca" ist gegrillter Fisch, zusammen mit Bananen serviert. Es gibt zugleich eine Reihe excellenter, exotischer Fruchtdrinks aus Urwaldpflanzen, die man oft nicht einmal im Lexikon findet.

Airport: der neue Airport von Pto. Maldonado liegt rund 3o Min. (Busse) außerhalb der Stadt und besitzt eine asphaltierte Runway. Täglich mehrere Jetflüge der Aeroperu und Faucett nach Lima via Cusco. Ca. 3o Min./36 US nach Cusco, bzw. ca. 2 Std./ knapp 1oo US.

"Grupo ocho" fliegen rund 2 mal im Monat rüber nach Lima. Ebenfalls 2 mal/Monat von Pto. Maldonado via Sepahua, Atalaya nach Pucallpa, ein definitiv heißer Flug in den Herkules Propellermaschinen, die knapp über dem Urwald fliegen!! Weiterhin 2 x/ Monat via Iberia nach Iñapari an der Grenze zu Brasilien.
Faucett plant eine neue Jetverbindung von Pto. Maldonado nach Rio Branco/Brasilien.

Ausflüge: lohnend der 1- Tagesausflug zu den Goldwäschern. Am Mercado fahren 3 mal/tägl. Busse die Piste rauf nach Labyrinto (2 Std., ca. o,8 US). Dort gibts ein Basic- Hotel und den Hafen, von wo aus die Goldwäscher abfahren. Wer genügend Zeit hat, nimmt das Sammelboot gegen Mittag, das billig flußauf zu den Stränden der Goldwäscher fährt. Rückfahrt allerdings erst am nächsten Tag.

Oder von Labyrinto per Fähre über den Fluß. Dort ca. 5 Min. durch den Urwald zu modernen Goldwaschanlagen mit Planierraupe, Schaufelradbagger. Retour nach Pto. Maldonado mit Bus oder LKW am Mittag bzw. Nachmittag.

Mazuko (ca. 171 km ab Pto. Maldonado an der Piste nach Cusco) ist Zentrum der Goldwäscherei. In der Banco de Minero sowie in den Kneipen wird fast ausschließlich mit Goldstaub bezahlt. Ein Feeling, wie in Wildwest Filmen, nicht selten hängt der Revolver schief am Gürtel. Vom Flair definitiv heiß. Infos über Transport in Pto. Maldonado! –

Tourist Office:
Jr. Loreto 148, Pto. Maldonado

QUERVERBINDUNGEN:

Pto. Maldonado ist Ausgangspunkt für Abenteuerverbindungen rüber nach Brasilien und Bolivien. Während man früher die Passformalitäten an der Grenze erledigte, ist derzeit der Ausreisestempel bei der Immigracion in Pto. Maldonado fällig. Auch abklären, vorab, was sich derzeit die Bolivianer und Brasilianer wünschen!

Es gibt 2 Hauptrouten (vergl. Karte Vorseite!), die beide genügend zeitlichen Spielraum benötigen. Und das kann in Pto. Maldonado teuer werden beim hohen Preisniveau des Ortes!

1 Von Pto. Maldonado nach Bolivien:
via Rio Madre de Dios. Straßenverbindung ist geplant; dies seit Jahren und immer noch nicht fertiggestellt, weil's an Geld fehlt, obwohl nur rund 1oo km Urwaldpiste offen sind.

In der Capitania von Pto. Maldonado im Hafen nachfragen. Ca. alle 7 bis 14 Tage fahren Außenborder- bestückte Einbaumkanus von Händlern rüber nach Bolivien. Fahrzeit bis RIBERALTA/Bolivien, das Flugverbindung mit der "Außenwelt" besitzt, ca. 4 Tage. Aber großer Glücksfall, wenn man ein Direktboot erwischt.

Die Regel ist eher ein Boot bis zur Grenze (Puerto Prado/Pto. Health), verbunden mit Warterei auf Anschluß . Kurz hinter Pto. Health liegt die Urwaldsiedlung Chive, die von den Bolivianern mit einer Urwaldpiste rauf nach Cobija verbunden wird (es fehlen derzeit nur noch knapp 5 km), ab

Cobija häufige Flugverbindung mit La Paz, aber auch Bootsverbindung über den Grenzfluß zur brasil. Seite nach Brasilea mit tägl. Busverbindung nach Rio Branco (siehe Karte).

Der Rio Madre de Dios verbreitert sich auf der bolivianischen Seite erheblich und erreicht bei Riberalta eine Breite von beachtlichem 1 km! Flußboote des Typs Amazonas- Doppelstock- Dampfers mit ausgespannten Hängematten an Bord. Ein Trip, der zwar viel vom Gefühl des definitiven Südamerika- Abenteuers bringt, – aber selbst beim Glücksfall eines Direkt-Bootes auf 4 Tagen langweilig wird, weil der Fluß zu breit ist.

GEPLANT: Urwaldpiste von Pto. Maldonado via Pto. Health, Chive nach Cobija. Derzeit fertig: ca. 3o km von Pto. Maldonado bis Enpalme, – sowie fast komplett: Chive bis Cobija. Sobald die noch fehlenden, dazwischenliegenden ca. 1oo km fertig sind, wäre damit Anschluß des peruanischen Straßennetzes, also ab Pazifikküste via Bolivia und brasilianischem Amazonas- Straßennetzes zum Atlantik möglich! –

② von Pto. Maldonado nach Brasilien:

Ebenfalls an durchgehender Piste derzeit unkomplett. Zwischenzeitlich fertig sind rund 86 km Pto. Maldonado nach Shiringayoc am Rio Manuripe. Es fehlen rund 15o km rüber nach Iberia, wo eine Urwaldpiste beginnt, 7o km rauf an die brasil. Grenze bei Iñapari.

ZWAR behauptet Andreas Bender in "Salidas del Sol"/Ausg. Nr. 14/1985, die Strecke komplett mit einem Convoi von 7 Landrovern und Sponsorschaft einer Zigaretten- sowie Autofirma bewältigt zu haben. Erstaunlicher Weise gibt dieser Bericht jedoch für den Streckenteil Shiringayoc–Iberia keinerlei Infos! Augenwäscherei oder waren hier Hubschrauber im Einsatz?

Für den Autofahrer ist die Route derzeit nicht machbar. Für den Rucksack-geschulterten Abenteuer- Reisenden jedoch heißer Tip!

Von uns 1977 erstmalig recherchiert und publiziert, wurde diese Route zwischenzeitlich von mehreren Gringos realisiert. Tip als Querverbindung innerhalb der Urwaldgebiete im Dreiländereck Peru–Bolivien–Brasilien!

Die "bequemere" Variante geht mit dem 2 mal im Monat verkehrenden "Grupo ocho"- Militärpropeller von Pto. Maldonado nach IÑAPARI. Flugzeit ca. 1 Std., ca. 15 US. Das Flugfeld liegt ca. 5 km außerhalb des Ortes, zu Fuß rund 1 Std. in den Ort. Nach starken, tropischen Regenfällen sind Landungen nicht möglich und führen zu Flugstornierungen, obwohl die Herkules ein Minimum an Start- und Landepiste braucht.

IBERIA wird derzeit nicht mehr von Aeroperu oder Faucett angeflogen. Damals in den 7o-er Jahren (vergl. frühere Ausgaben dieses Bandes!) war dies Alternativtip nach Iñapari. Eine Siedlung von ca. 5o Häusern inkl. Missionar und Kirche. Es gibt einen Urwaldpfad 7o km rauf nach Iñapari, nach der Regenzeit fast zugewuchert.
Kann zwar auch von Geländefahrzeugen befahren werden, aber kaum Chance einer Mitnahme, da es praktisch keinerlei Verkehr gibt. Gibt aber Airtaxia ab Pto. Maldonado

G. Karrasch berichtet: "nachdem ich den Direktflug mit Grupo Ocho verpasst habe, flog ich nach Iberia. Ein absolut verschnarchtes Nest, immerhin Nachfassen von Coke und Dosennahrung möglich. Die Piste mag für Geländefahrzeuge oder Mopeds befahrbar sein. Jedoch praktisch Null- Chance für einen "lift". Also schulterte ich meinen Rucksack.

Problem ist, daß man die ersten rund 4o km bis zur ersten Siedlung entlang der Piste in einem Rutsch wandern muß, wenn man nicht auf dem Boden im Urwald schlafen will, was nicht ungefährlich ist wegen Tieren. Ca. beim km 43 eine Siedlerfamilie wo ich abends meine Hängematte aufspannen konnte. Am nächsten Morgen sehr früh raus und gegen Abend Iñapari mit Blasen an den Füßen erreicht . . ."

IÑAPARI: Minisiedlung von rund 2oo Einwohnern am Grenzfluß Rio Acre zu Brasilien, der zwar ca. 8o m breit ist, aber in der Trockenzeit durchgewatet werden kann (Gepäck auf den Kopf, Wassertiefe ca. bis Brusthöhe!) Vorab mit Einheimischen abchecken; während der Regenzeit unter Umständen gefährlich wegen Strömung, Überquerung dann per Boot! –

Auf der anderen Seite liegt ASSIS BRASIL, ebenfalls Militärposten, diesmal der Brasilianer. Mit Flugfeld , allerdings ohne regulären Flugverkehr. Allenfalls Avionettas der Militärs bzw. auf Charterbasis bestellter aus Rio Branco (teuer!).

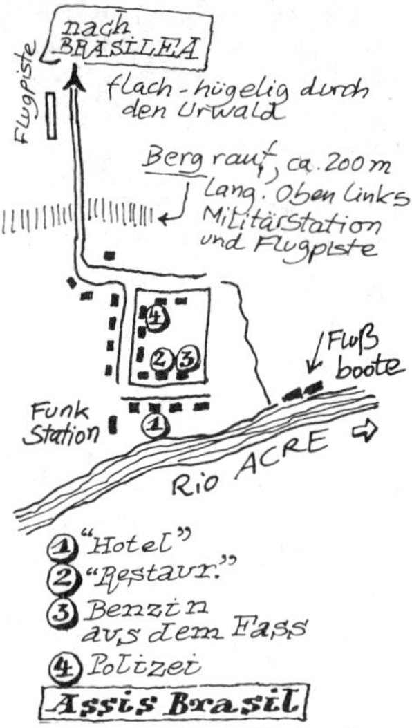

Im Ort gibts ein Basic-Hotel(Holzhütte, Wellblechdach) und gegenüber ein Restaurant (Reis und Bohnen oder Bohnen + Reis + Bananen).

ACHTUNG: wie bereits hingewiesen, unbedingt schon den peruan. Ausreisestempel in Pto. Maldonado besorgen. An der Grenze muß man zwar in Iñapari und in Assis Brasil zur örtlichen Polizei, um sich zu registrieren. Wer aber ohne den Pto. Maldonado- Stempel kommt, wird wieder zurückgewiesen!

Auch sollte man bereits in Pto. Maldonado Cruzeiros eintauschen; keine Wechselmöglichkeit, weder in Iñapari, noch Assis Brasil, noch in Brasilea!

PISTE nach BRASILEA (ca. 11o km), hügelig durch Urwald. Flußüberquerungen per rübergelegter Baumstämme, sehr schwierig zu befahren; auf den dicken runden Baumstämmen rutschen die Reifen leicht seitlich ab. Die Piste soll allerdings komplett ausgebaut werden und verbreitert. Amerikanische Forschungssateliten (Landsat) haben das Acre-Departement als superfruchtbar identifiziert, weswegen die Brasilianer sehr am Ausbau der Straßen interessiert sind.

Derzeit gibts nur (mehrmals pro Woche) LKW- Verkehr. Fahrzeit von Assis Brasil nach Brasilea ca. 3 Std./8 US $. Während der Regenzeit (Dez. - März) kann es passieren, daß man mehrere Tage bis zu einer Woche in Assis Brasil festhängt, weil nichts mehr läuft. Transport eventuell dann per Boot auf dem Rio Acre.

BRASILEA ist erheblich größer als Assis Brasil. Mehrere Hotels, Restaurants, ca. 2.ooo E., aber expandierend. Per Boot kommt man auf die andere Flußseite nach COBIJA/Bolivien (ca. 6.ooo E.), das häufige Flugverbindung mit LAB- Propellermaschinen sowohl nach La Paz, alsauch in andere Regionen Boliviens besitzt. Damit ist eine Querverbindung von Cusco via Pto. Maldonado durch den Amazonasurwald nach Bolivien möglich.

Von Brasilea zugleich täglich Busse (ca. 5 Std./3 US $) nach Rio Branco/ Brasilien, der mit Abstand größten Stadt der Region. Derzeit ca. 9o.ooo E. Jet Airport mit Verbindungen in alle Landesteile Brasiliens. Wer will, kann hier z.B. in den "Brasil- Airpass" einsteigen, der z.B. für 33o US $ zu beliebigem Fliegen innerhalb von 21 Tagen in Brasilien berechtigt, einen also bis runter nach Rio, São Paulo oder zu den Iguazú- Wasserfällen an der argentinischen Grenze bringt.

JEDE MENGE Routen- Kombinationsmöglichkeiten! Wer beispielsweise einen der billigen Transatlantikflüge ab Europa retour nach Lima/Peru genommen hat, könnte sich die große Südschleife wie folgt legen: Lima – Nasca – Arequipa – Cusco und via Pto. Maldonado nach Rio Branco/Brasilien. Dort ins " Brasil- Airpass- Ticket" (21 Tage die interessantesten Ecken von Brasilien), in Foz de Iguazú aussteigen und über Nord-Argentinien nach Bolivien rein, wobei sich die Bonbons wie die ehemalige spanische Silbermine Potosi und der Lago Titicaca mit einbauen lassen. Retour nach Lima. Zeitbedarf mindestens 2, besser aber 3 Monate.

Die selbe Route, jedoch ohne Brasilien: ab Brasilea rüber nach Cobija/Bolivien und mit der LAB runter nach Sta. Cruz/Bolivien fliegen. Dort mit dem Zug nach Corumba und weiter ab brasil. Seite bis Campo Grande. Dort gibts eine Zugverbindung runter an die paraguayische Grenze/Ponta Porã mit Bus/Flug nach Asuncion und rüber nach Iguazú Wasserfälle. Weiter wie oben beschrieben.

AB RIO BRANCO gibts zugleich tägliche Busverbindungen nach Porto Velho mit Anschluß z.B. nach Manaus und weiter rauf zur venezuelanischen Grenze, bzw. runter nach Rio, São Paulo etc. Alle Details siehe unsere Brasilien- Texte ! (3) Via Titicacasee: siehe folgendes Kapitel!

Eine Vielzahl interessanter Routen- Kombinationsmöglichkeiten. Derzeit aber noch mit dem Handycap des zeitlichen Nadelöhr "Iñapari", – solang es noch nicht die durchgehende Piste ab Pto. Maldonado gibt und solang Faucett noch nicht seinen Direktflug Pto. Maldonado–Rio Branco hat.

In eigener Sache :

Es liegt in der Natur der Dinge, daß bei der Fülle an konkreter Information, die dieses Buch enthält, sich im Laufe eines Jahres einiges ändern kann.

Deshalb bitten wir um Mitteilung von Abweichungen. Wer uns ansonsten irgendwelche ausgefallenen Tips wie neue Routen, schöne Hotels mit viel Atmosphäre oder ähnliches schickt, wird bei der Neuausgabe dieses Buches namentlich zitiert.

Bitte schreibt uns, wir freuen uns über jeden brauchbaren Tip, weil wir es wichtig finden, daß man nicht irgend ein blödes Laberbuch, wie leider viele Reiseführer mit sich schleppt, sondern etwas, was wirklich nützlich und hilfreich ist! –

VERLAG MARTIN VELBINGER
Bahnhofstr. 1o6
8o32 Gräfelfing/München

Cusco ⟶ Puno: Lago Titicaca

Hauptverbindung von Cusco zum LAGO TITICACA, wobei der bequemere Zug vorzuziehen ist dem Bus oder Colectivo über die Wellblech- Erdpiste.

1) ZUG: täglich außer So. ab Cusco/Estacion Ferrocarril del Sur" in Verlängerung ab Plaza de Armas der Av. Sol. Diese läuft man ca. 8oo m leicht bergab, links der Eingang durch ein Gitter- Hoftor. Älteres Gebäude.

FAHRZEIT: runde 1o Std. für die 387 km Gleis, aber relaxing, wenn man einen guten Fensterplatz in der 1. Klasse bekommen hat. Ca. 7 US in der ersten Klasse, der Buffet-Waggon kostet Aufpreis (Vorteil, daß man direkt an der Quelle sitzt, aber der Schaffner kommt mit dem Bier und Coke sowieso durch den Zug).

Rumänische Waggons, wo sich jeweils 4 Personen auf 2-er Bänken gegenübersitzen und man eine genügend große Tischablage dazwischen hat, um Schach spielen zu können, Briefe zu schreiben oder ähnliches. . .

In Juliaca, kurz vor Puno werden die von Cusco kommenden Waggons an den Zug aus Arequipa angekoppelt. Abfahrt Cusco morgends ca. 8 oder 9 Uhr (je nach Fahrplan),– Ankunft Puno gegen Einbruch der Dunkelheit.

Es empfiehlt sich insbesondere zur Zeit Juli bis Sept. vorab das Ticket zu kaufen, wobei auch der Sitzplatz reserviert ist.Tours- Gruppen füllen schnell die Plätze.

2) BUS: Alternative, aber sehr staubig und ein ebenfalls ca. 1o stündiger, harter Trip, jedoch über Wellblech und ohne die Möglichkeit, sich im Zug die
3) Füße vertreten zu können. Ähnlicher Preis wie der Zug. – Oder per COLECTIVO (bis Juliaca, z.B. mit "Comite 22" ab Tullumayo 496/Cusco oder "Comite Ruinas", freundlicher Name!) Fahrzeit hier angeblich um 6 Std., kann aber wegen schlechtem Zustand der Piste ähnliche Fahrzeiten wie der Zug ergeben bei Preisen um 12 US $.

4) FLUG: 1 mal pro Woche mit Jets der LAB ab Cusco (ca. 1oo US einfach), aber nur direkt bis La Paz/Bolivia. Für Leute mit wenig Zeit. Puno kann man sich eventuell noch aussparen, da es als Ort relativ wenig bringt, – sehr jedoch die Umgebung und der Überlandtrip bis La Paz wegen seiner Landschaft! Andererseits der Flug bei klarem Wetter großartiges Erlebnis! In Gegenrichtung (ab La Paz) billiger, weil die hohe peruanische Tax (21%) wegfällt.

★STRECKE: aus den Vororten von Cusco mit seinen grauen Lehmhütten hinaus in unheimlich malerische Andenlandschaften: ein weites Hochgebirgstal mit verdorrtem Gras, vereinzelten Kühen und Indios in ihren bunten Ponchos, die auf einsamen Pfaden in die Berge laufen, Herden von Lamas und Pecunias an der Strecke, dunkelgrüne Lagunen und am Horizont die schneebedeckten Vulkane. Macht viel Spaß, die Waggontür aufzumachen und sich auf's Trittbrett zu setzen, – auch wenn der Zugschaffner dies nicht mag (nicht ungefährlich, wenn die Waggons gegeneinander rückken bei den Gleisanstiegen). Die warme Andensonne zu genießen und zu meditieren. . . Manchmal kriecht der Zug so langsam den Berg rauf, daß man fast nebenher rennen könnte! Es geht durch sumpfige Gebiete und die Kühe stehen im Wasser und saufen, dann wieder durch karge Hochlandschaften und bunte Indio- LKWs kriechen über Schotterpisten, weite Staublandschaften hinter sich lassend. In den "Bahnhöfen" eine Mischung aus Wild-West mit Anden; das einsame Gleis zwischen Grasstoppeln raus, einspurig zum Horizont und Campesinos, die "hugos" verkaufen, Fruchtsäfte, – ihre Gepäckbündel in den Zug verladen. Wir haben Schach gespielt am Tisch und den Tag relaxt und genossen, während die Landschaft draußen vorbeizieht. Mittags gibts "comida" und die ganze Zeit wenn man will, ein Bier vom Zugkellner. Für mich eine der schönsten Einsenbahnfahrten Perus, – zwar nicht so spektakulär, wie der steile Andenanstieg des Gleises Lima nach Huancayo, so doch unheimlich relaxing! Vielleicht auch, weils uns unheimlich gut ging!! –

COMBAPATA ist Ausgangspunkt für den Trip zur Inka- Hängebrücke bei Yanaoca (Details siehe S. 795, wer den Zug nimmt, hat aber keine Übernachtungsmöglichkeit außer superbasic- Hotel; daher besser per Direktbus ab Cusco).

SICUANI (3.548 m, ca. 15.000 E.) ist größter Ort an der Strecke bis Juliaca. Bekannt für gute Textilarbeiten und Lamafell- Nähereien. Viel Handelei auf dem Bahnsteig mit Fellteppichen etc. Im Ort gibts einfachere Hotels (z.B. "Mollendo" und "Raqchi", ca. 5 US/Doppel) und Restaurants. Guter Sonntagsmarkt bei billigeren Preisen als Cusco, sofern man die handelsüblichen Preise kennt und zu Handeln versteht. In der Umgebung gibts interessante Trails zur Cordillera Vilcanota, die teils auch im Programm der Trekkingveranstalter von Lima sind. Sowie Inkaruinen.

AGUAS CALIENTES, kleine Bahnstation mit kurzem Stop: in der Nähe liegen rund 40 Grad heiße vulkanische Quellen, die die Campesinos zeigen; Übernachtung nur bei Privat.

BEI LA RAYA ist der höchste Punkt der Strecke erreicht: 4.300 m. Die Diesellok hat viel Schwierigkeit, den Pass raufzukriechen, Landschaft grandios und viele Lamas seitlich des Gleises. Wir haben Gringos mit Rucksack gesehen, die in einer kleinen Station ausstiegen, um Hikes in die Umgebung zu machen. Schlafen nur privat bei den Campesinos.

JULIACA (3.820 m/ca. 60.000 E.)ist wichtiger Verkehrsknotenpunkt, kurz vor Puno am Lago Titicaca. Der von Cusco kommende Zug wird hier entweder an den von Arequipa kommenden angekoppelt, oder man muß umsteigen. In jedem Fall rund 2 Std. Zwischenstop im Bahnhof; insbes. wenn der Arequipa- Zug Verspätung hat. (Manchmal gehts auch nach ca. 30 Min. weiter Ri. Puno).

Während des Zwischenstops jede Menge Händler im Bahnhof, die Alpaca-Pullies und zusammengenähte Fellteppiche anbieten. Der Freitagsmarkt von Juliaca gilt als Tip wegen reichhaltigem Angebot. Da die Händler aber auch zum Zug kommen (bzw. nach Puno), ist die Frage eher, daß man das derzeit gültige Preisniveau kennt, um zu einem günstigen Einkauf zu kommen.

Verbindungen: tägl. mit Aeroperu im Jet runter nach Arequipa. Bei klarem Wetter ein großartiger Flug, der sich lohnt und Zeit gegenüber dem Zug/Bus einspart. Details zu Bus- und Zugverbindungen siehe Seite 826!

Von der Plaza de Armas/Juliaca laufend Colectivos die wenigen Km rüber nach Puno.

Alternative für Leute, die wegen Überfüllung des Cusco- Puno Zuges den Bus nehmen mußten.

Tourist- Info/Juliaca: Jr. Dos de Mayo 215

Juliaca selber lohnt nicht für Zwischenstop. Wer im Zug sitzt, weiter nach Puno: dieser ruckt kurz, um den Campesinos und Händlern ein Zeichen zu geben. Dann beginnt der schönste Teil der Strecke, die 4o km bis Puno: sehr flaches Hochland mit Bergketten am Horizont, kleine Seen und Teiche entlang des Bahndammes. (Beste Seite: links sitzen!). Irrsinnig klare Luft und kräftige Farben. In dem leuchtenden Wasser Schilf: Ausläufer des höchsten Sees der Welt. Das Gleis schlängelt sich zwischen durch. Puno ist bei Abenddämmerung erreicht, eine Lehmhütten-Siedlung an einem Berghang zum Titicacasee.

Vorsicht: besonders im Zug wird viel geklaut. Gepäck immer in Sichtweite. Wer unterwegs bei Zwischenstops aussteigt, sollte einen Reisepartner haben, der währenddessen aufs Gepäck aufpasst.

Puno
Lago Titicaca

ca. 35.ooo E. / 3.83o m – 3.88o m

Uns hat's gut gefallen, schöne Lage in der Bucht und die "Titicacasee-Atmosphäre", die irgendwie über der ganzen Stadt liegt. Auch wenn viele Gringos Puno als herb und farblos empfanden.

PUNO ist wichtigste Stadt für die peruanische Seite des Lagos. Bedient zusammen mit Juliaca kommerziell das Gebiet der Bergurwälder bis Pto. Maldonado und der Anden bis zur chilenischen Grenze.

Eisigkalte Nächte (Schlafsack in Billighotels elementar); tagsüber warm, oft bei "Hemd- Qualität". Sehr lohnende Umgebung. Puno ist in der Regel für SA- Gringos mit wenig Zeit ein 1- Tagesstop plus Trips zur Umgebung.

Hotels:

Da es nachts eisig kalt wird und die Billighotels keine Heizung besitzen, braucht man guten und wärmenden Schlafsack. In dieser Klasse auch nach der Funktion der warmen Duschen fragen, bzw. nachchecken, – die oft nur sporadisch funktionieren.

In der Billigklasse gibt's 2 Regionen (A) nähe Bahnhof bis Mercado, – (B) im Bereich zwischen Plaza Pino und Plaza de Armas (siehe unsere Puno- Karte!)

(A)

"Hostal Europa", A. Ugarte 11o, ein 4- Stockwerk- Betonhaus direkt an Mercado und Nähe Busabfahrt Ri. La Paz. Sauber, zentral. Große Fenster, meist ab 18 Uhr warmes Wasser, oben Blick über Puno. Gringotreff und zu empfehlen, – allerdings haben die Preise angezogen und bei ca. 6 US $ für's Doppel eine gehobene Billigklasse. Liegt direkt beim Indio- Mercadoviertel!

"Hostal Central"/Tacna 269, mit seinen ca. 5 US $ zu teuer für Gebotenes. Sehr basic in seiner Ausstattung und Komfort. Zweistöckig, mit Balkon. Altes Haus.

"Hotel Ferrocarril", direkt gegenüber dem Bahnhof. Dies mag eventuell die hohen Preise erklären, die bei ca. 11 US mit Privatbad liegen und ca. 5 US für Zimmer mit Gemeinschaftsbad. Ein "Hotel" von 8o- jähriger Tradition.

"Hotel Turino"/Libertad 126. Doppel mit Gemeinschaftsbad ca. 3 US $. Ein größeres Hotel, relativ sauber und vom Preis o.K.

"Hostal Internacional"/Libertad 161. Mit 3 Sternen quotiert, wofür ich offengestanden einige Piscos brauche! Ca. 11 US mit Privatbad. Zimmer waren bei unserem Check etwas dreckig. Vorteil jedoch die zentrale Lage zu den Busabfahrten nach La Paz. Ab ca. 2. oder 3. Stock Blick über die Stadt. Schön: der oberste Stock mit Glas Gallerie und Zimmern mit Baño Comun, Blick über Puno und den Lago (ca. 5 US $. Bestes Zimmer Nr. 4o1, ein Eckzimmer, wegen Blick!).

"Hotel Extra", Moquegua 124 bei 4 US $ relativ teuer, – einen Bogen um "Hotel Puno", Moquegua 173 beim Mercado: dreckig, durchhängende Stahlrohrbetten, dunkel. – "Roma" (Libertad 115) sehr basic, ca. 3 US $ – "Venecia" (Tacna 225): 1- stöckige casas mit Wellblech, sehr basic, ca. 2,5 US $.

BESTES (mit Abstand) der Billigstklasse von Puno das "Colon" in 29o Tacna, ca. 2,5 US $ für's Doppel mit Baño Comun. Die Zimmer teils zur Straße mit kleinen Minibalkons, teils in den Innenhof, wo's auch einen Comedor gibt. Der PUNO–TIP für die Billigstklasse, allerdings während der Saison häufig voll, da allgemein als Billigtip bekannt. Die Toiletten: "con mucho gusto" . . .

"Hostal Lima" (Tacna nähe Ugarte), 4 Stockwerke, Beton, große Fenster. Vorn raus mit Privatbad und bei ca. 8 US $ relativ teuer, Auch von den obersten Stockwerken nur teilweise Blick auf See. Hinten (in einen Innenhof gehen die Zimmer mit Baño Comun (ca. 4 US $), sauber.

(B) BILLIGHOTELS im Zentrum zwischen Plaza Pino und Plaza de Armas:

"Monterrey", Jr. Lima 447 A: Vorsicht in Reception für große Leute: ein Betonbalken hängt ziemlich tief querüber. Die Zimmer in sehr unterschiedlicher Qualität. Ca. 4,5 US $ (Bano Comun) für Bruchbude oder passabler Simpelunterkunft. Sauber. Doppel mit Privatbad kostet um die 8 US $

"Hostel Nesther", Calle Deustua 268: zu empfehlen, allerdings ca. 6,5 US $ für Zimmer mit Baño Comun!

"Hotel Colonial", 347 Jr. Lima, freundlicher Innenhof, kleine Zimmer, etwas dunkel, aber sauber und empfehlenswert. Ca. 3 US $

2.) MITTEL–HOTELS:

"Ferrocaril" beim Bahnhof (siehe Billighotels) wegen zentraler Lage. Mit Privatbad ca. 11 US $, 2 Sterne und mehr als 5o Zimmer..

"Hostal Italia", 2 Sterne, Jr. Teodoro Valcarcel, zentral genug und eines der besten Mittelklassehotels/Hostals von Puno bei ca. 11 US $ und Privatbad.

"Turistas", – das alte, A. Ugarte 255, soviel Jahre:so viel Patina. Große Kiste zw. Bahnhof und Hafen. Wer "Turistas" will, geht besser in's "Esteves"!

"Internacional" siehe "Billighotels". Mit Bad nicht unbedingt ein Tip.
"Tambo Titicaca", sehr zu empfehlen, allerdings 17 km Ri. Juli (Taxi,Bus). Schön am See gelegen, ruhig und relaxing. Sehr gutes Restaurant. Ca. 2o US $ Doppel mit Bad. Bootstrips vom Anlegesteg.

3.) TEUER:

Wer's Geld hat, – ohne Frage nur ein Tip:"Hotel Esteves". 5- Sterne- Superhotel mit fantastischem Blick vom Bett durch großes Fenster auf See, – speziell Schilfgürtel der Uros- Region, Sonnenuntergänge. Excellenter Service, sehr gute Küche im Hotelrestaurant, – mit einem Nachteil: liegt auf einer Insel, ca. 3 km von Puno- Centro entfernt und nur per Taxi zu erreichen. Aber wer das Geld hat, die ca. 5o US $ pro Nacht/Doppel zu bezahlen, dem machen die ca. 2,5 US $ pro Taxitrip sicher nichts aus. Zentrale Buchung über "Hotel de Turistas"- Kette in Lima, Av. Javier Prado 1358, oder jedes andere Hotel de Turistas.

"Restaurant Isla", Jr. Oquendo 752 : eines der billigsten und besten in Puno. Desayuno und Almuerzo, Fleisch und sehr gute "truchas" vom See. Gringotreff. – Gut bei mittleren Preisen: "El Lago" (Av. Los Incas s/n). – "El Chalan", Paje. Grau 146. – "Ambassador" (Jr. Lima 347): billig aber Fliegen. "Interna-

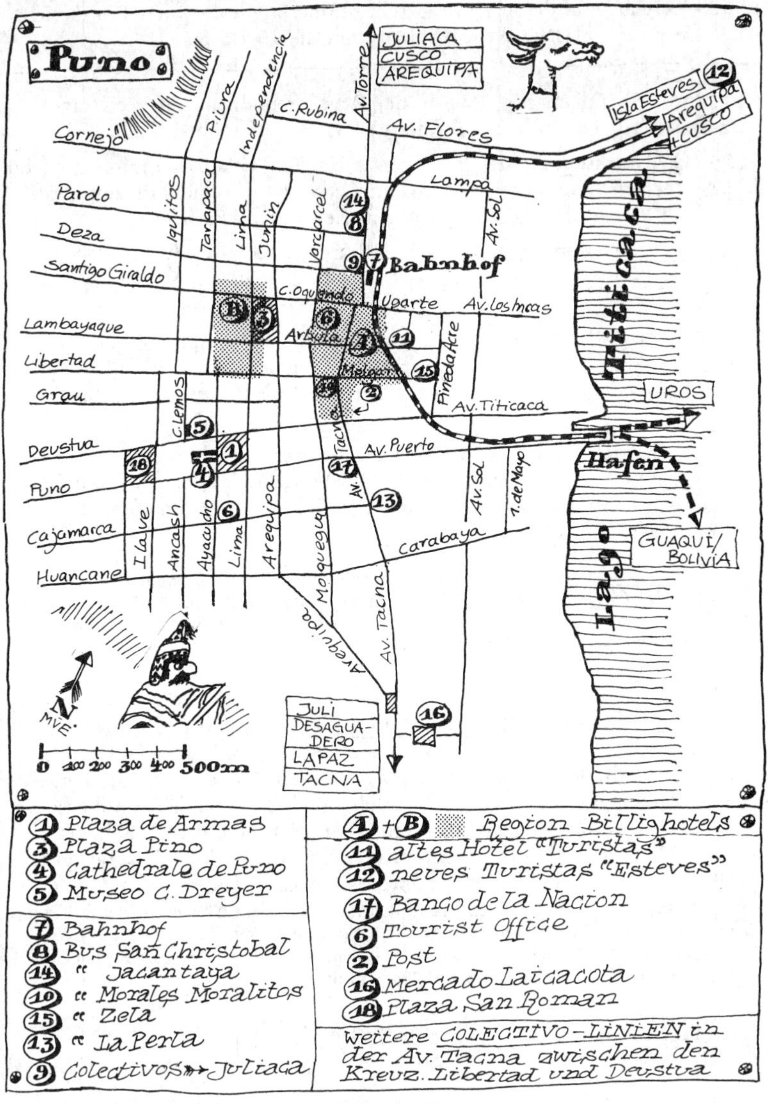

tional", Jiron Libertad 161 und "Ismer's", Jr. Lima 385. Lecker: die Titicacasee- "Cebiches": Fisch aus dem See mit scharfem Zitronensaft angemacht (Pinten ums Zentrum und bei der Busstation). – Wir warnen, in den Kiosken am Hafen zu essen; Wurmbekanntschaft und Schlimmeres kann sich nach dem Genuß ergeben, da die Hygiene minimal ist.

Teuer, aber excellent ist das Restaurant des Hotels "Esteves". Schöne Keramik- Artesania an der Wand und sehr aufmerksamer Service. Pro Gericht ca. 7 US $, die Flasche Wein (Chilene) um die 15 US $.

Tourist INFO Jr. Cajamarca 527. In der Regel freundlich, hilfsbereit und zur Region gut informiert.

Geldwechseln bei der Banco de la Nacion: Ecke Grau mit Ayacucho Den erheblich besseren Kurs auf US $ - Bargeld gibts derzeit aber bei Privat, also Hotelreceptionen, Restaurants Farmacias etc.

Post: Jr. Moquegua, 2 Block. Offen Mo. - Sa.: 8 - 12, 14 - 18 Uhr
Telefon: Jr. Ayacucho 12o, offen 7 - 22 Uhr

MERCADO CENTRAL, Av. Titicaca/Tacna beim Bahnhof. Täglich. Zieht sich in die Seitenstraßen und entlang der Eisenbahn. Kioske und auf dem Boden ausgebreitet die Waren; wenn der Zug kommt, wird alles schnell weggeräumt.

Neben Gebrauchsgütern wie Schlosser, Nägel etc., Kleidern und Schuhen: ARTESANIA hauptsächlich im Bereich Calle Cahuide, Ecke Alfonso Ugarte. Wollsachen von Ponchos und Pullovern zu Schals und Strümpfen, aber auch schöne Fell- Bettdecken .

STRASSENHÄNDLER kommen auch zum Zug für Cusco und Arequipa mit ihren Sachen. – SHOPS: "La Sirena", Jr. Deustua 576 mit recht gutem Geschmack ausgewählt, aber meist teurer als auf dem Markt. – WER Zeit hat, fährt mit einem der Colectivos (ab Bahnhof, ca. 1,5 US $) rüber nach Juliaca, Zentrum der peruanischen Alpaca- und Lama- Wollsachen- Produktion. Großer Mercado, nahe Bahnhof, Fahrzeit ca. 1 Std. über Asphalt.

MUSEO MUNICIPAL CARLOS DREYER, Jr. Conde de Lemos 289, 1 cuadra von der Plaza de Armas bergauf, in Fortsetzung (siehe Karte!). Ehemals Privatmuseum, nach dem Tod des Besitzers an die Stadt übergegangen. Klein, aber interessant: Precolobianisches (Keramik, Textilien) der Nasca-, Chimu- und Paracas- Kulturen, – aus der Kolonialzeit Silberarbeiten, Bilder, Waffen und Münzen, – Republikanisches: Möbel, Bilder und große Sammlung von Textilkunstgewerbe der Campesinos.

OFFEN: Mo. – Fr.: 8 - 12.3o und 14.oo - 17.3o Uhr, – am Wochenende geschlossen, Besuch für größere Gruppen nach Voranmeldung jedoch möglich.
Der Sohn, Augusto Dreyer Costa führt das gegenüberliegende Kunstgewerbegeschäft "La Sirena", das zu den 1o besten des Altiplanos zählt. –

MUSEO ARTE POPULAR, Calle Deza 257: Folklore, Textilkunstgewerbe und Keramik.

LOHNEND, wer Zeit hat: zur Halbinsel Esteves raustrampen. Mit einem Damm mit dem Festland verbunden, rund 1oo m hoch. Schöner Rundblick auf Schilfgürtel mit Wasserstraßen für die Boote, – auf der anderen Seite Panorama- Rundblick auf Puno in der Bucht.

Verbindungen ab Puno siehe S. 817, 826. Feste/Region Puno siehe S. 816

Abstecher ab Puno:

PUNO bietet sich an sowohl als Ausgangspunkt rüber nach Bolivien (siehe unser seperates Kapitel!), – wie auch für Trips mit Booten raus in den See.

Die Atmosphäre über dem See und das Licht haben mich immer wieder begeistert bei meinen verschiedenen Besuchen der Region. Der Lago Titicaca ist eines der faszinierensten Gebiete der südamerikanischen Anden! (Siehe auch boliv. Teil des Lago Titicaca!). – Die Armut der Region und ihrer Bewohner bedrückt jedoch.

★ UROS: ca. 15 - 2o km (je nach Insel) - Boot

Standardausflug, den fast jeder Puno- Besucher macht. Schwimmende Schilf inseln im Nordwestzipfel des Lago Titicaca. Rund 3 Std. retour von Puno/ Hafen mit dem Motorboot (ca. 3 US/Person), Abfahrt morgens ca. 9 Uhr. Weitere Boote gegen Mittag.

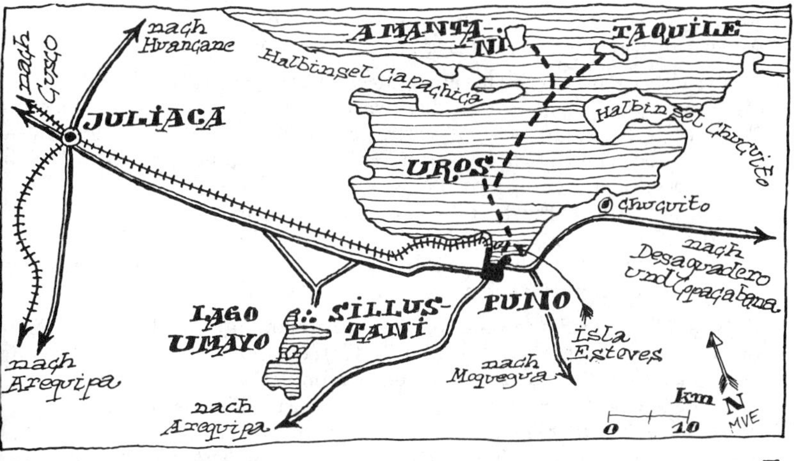

WAS mich bereits bei meinem ersten Besuch vor 8 Jahren deprimiert hat: der Kontrast Armut gegen Fotogeilheit der Touristen! Die Motorbootfahrer donnerten mit vollem Karacho gegen die Schilfinseln, daß diese erzitterten, und die Bewohner sich mit dem Arm gegen die Fotographierwut der Touristen verbargen. Wir haben in früheren Ausgaben dieses Südamerika- Bandes kritisch berichtet! Die Situation hat sich zwischenzeitlich "touristisch" eingependelt.

Wie uns Dr. P. Vogt schrieb: "offenbar haben sich die Uros gewehrt, denn die Boote tuckern jetzt ganz langsam an die Inseln ran, wo ein "Landungssteg" aus festem Binsenwerk steht . . . Kinder betteln furchtbar. Tip: ca. 1o Bananen mitnehmen. Diese haben die Kinder gern, und ich finde es besser als Süßigkeiten (Karies!). Gefragt sind auch Schreibutensilien". – Noch besser Geld, da die Leute sehr arm sind!!

Die UROS, – einer der ältesten Stämme der Altiplanoregion gibt es seit ca. 1955 nicht mehr. Ihre Legenden berichten, daß Manco Capac von ihnen abstamme, – ihr Blut sei schwarz, wodurch es den Körper resitent mache gegen die permanente Feuchtigkeit des Titicacasees auf den Schilfinseln, – insbesondere, wenn sich in kalten Winternächten die Titicacasee- Nebel über die Schilfbereiche legen. Das schwarze Blut schütze zugleich auch vor Lungenentzündungen. . .

Die heutigen Bewohner der Hauptinseln, Mischlinge zwischen Uros und Aymaras haben verstanden, die Touristen- Ströme in Geld umzumünzen, um ihre Armut zu lindern. Für Fotos wird "propina" (Trinkgeld) erwartet, wie auch Geschenke; außerdem gibts Kunstgewerbe zu kaufen.

Insgesamt ist der Ausflug lohnend, da die Bootsfahrt schön ist (starken Sonnenschutz mitnehmen!), es geht durch lange Schilf- Kanäle bei gleißendem Licht über dem See. Von den rund 4o Schilfinseln werden die 3 grössten besucht. Auf einer gibts sogar einen schwankenden Fußballplatz; die reicheren Häuser haben jetzt in der Sonne blitzende Wellblechdächer. Wer will, probiert "tortora": Schilfstengel wird aus dem Wasser gezogen und der untere Teil gegessen. Schmeckt wie eine Mischung aus altem Spargel mit Chamgignons aus der Dose. . .

✶ ISLA TAQUILE: ca. 36 km per Boot ab Puno

Alternative zum Uros- Trip und insbesondere in der "Alternativ-Szene" sehr beliebt: Felsinsel am Eingang zur Bucht von Puno.

Da die Insel (außer mit dem sauteuren "Expreso-Boot") nicht in einem Tag "zu machen" ist, selektiert dies den Eiligtouristen vom "mochilero" (Rucksackler). Diverse Gringos haben sich in die Insel verliebt; in Puno berichten die Einheimischen von der "Gringa Swiza", die seit 2 Jahren auf der Insel lebt und die peruanische Zeitung "La Prensa" publizierte 1981 einen Artikel über Taquile, in der zu lesen stand, wie eine 'Gringa Americana' einen Jungen von Taquile heiraten wollte, was der 'Rat der Alten' dazu meinte (Verbesserung der Rasse) und wie die Sache dann platzte, weil der Junge letztlich doch nichts mehr von der Americana wollte.

TAQUILE hat nur Sinn, wenn man drüben übernachtet (Privat, ca. 1 US) Das Boot geht morgens ca. 9 Uhr ab Hafen/Puno, kostet ca. 4 US $,– "schon auf dem Boot beginnen die einheimischen Männer zu stricken" (Dr. Vogt), eine Tatsache, die insbesondere innerhalb der Alternativ- Szene sich sicher sehr auf Sympathie stützt. Es muß jedoch betont werden, daß die Leute von Taquile im Lago- Bereich als die besten Textil- Artesanos gelten: komplizierte, vielfältige Muster, sehr schwierig zu stricken und von großer, künstlerischer Fantasie!

Vom LANDUNGSSTEG/Taquile auf der windgeschützten Seite gehts in zunächst ca. 2oo m bergauf - Kletterei zum Dorf. Auf der gesamten Insel leben rund 1.5oo Leute, die sich hauptsächlich mit Schaf- und Lama-Zucht (Wolle!) und Artesania ernähren. Als Erziehungsprämisse gilt: Touristen zu akzeptieren, ohne sich selber zu verändern ("La Prensa"),–

ein schönes Vorhaben, das wohl auch sehr von der Art von Leuten abhängt, die da als Touristen im Boot ankommen.

Die meisten Leserbriefe, die wir diesbezüglich erhielten, sprachen sehr positiv von den Tagen auf Taquili , der Freundlichkeit der Leute und der

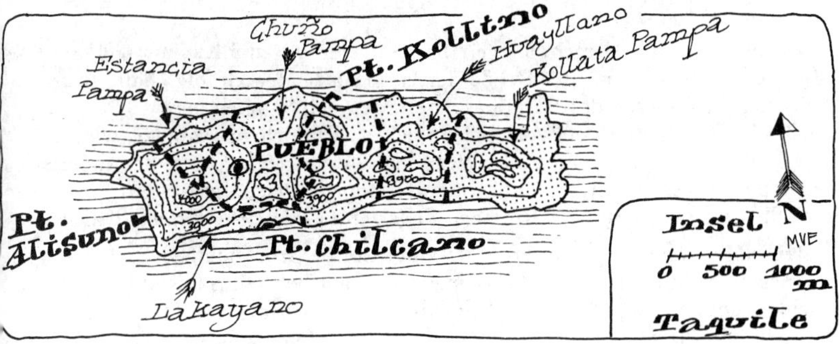

schönen Landschaft (Anbauterassen und fantastischer Blick rüber auf die schneebedeckten 6.ooo-ender auf der anderen Seite des Sees).

Nachdem inzwischen aber bereits rund 6o % der Inselbewohner in touristische Aktivitäten verwickelt sind (derzeit noch keine Polizei), fahren immer mehr Gringos rüber nach ISLA AMANTANI ,- vis à vis, ebenfalls an Eingang zu Puno- Bucht, – ca. 1 Std. längere Fahrzeit ab Puno . Insgesamt ähnlich zu Taquile. Auf beiden Inseln kleine Restaurants.

WICHTIGSTE FESTE AUF TAQUILE:
"La Virgen de la Candelaria" (2. Febr.) und "San Juan" (24. Juni). Die Musik der Taquilenos gilt als eine der reichsten und vielfältigsten der Altiplanoregion. Zentrale Rolle spielt dabei die SIKU (zusammengebundene, verschieden lange Schilfrohre).

★ BEGRÄBNISTÜRME VON SILLUSTANI ca. 31 km ab Puno

Totenstätte aus präcolumbianischer und Inca- Zeit in den Hügeln nahe Puno, – fantastisch über dem Umayo- See gelegen. Am schönsten ist der Besuch kurz vor Sonnenuntergang. Deshalb am besten mit dem Frühboot den Uro- Trip machen, kurze Zeit für Mittagessen und dann nach Sillustani.

TRANSPORT: entweder mit TAXI, kostet für die komplette Kiste ca. 13 US $, was sich durch die Anzahl der Passagiere teilt und man ist unabhängig bezügl. Zeit.

Oder per TOUR: "E.T.T.- Sillustani" (PKW), Jr. Tacna 445 und "E.T.T. Tranextur" (Bus), Plaza de Armas. Beidc pro Person ca. 3 US $. Fahrzeit pro Richtung ca. 3o Min. inkl. ca. 1 Stunde in Sillustani.

Zunächst gehts über die asphaltierte Straße ca. 17 km von Puno Ri. Juliaca. Abzweigung links und weitere ca. 14 km bis zum See. Zu Fuß vom Parkplatz rauf auf die Halbinsel.

Hier stehen rund 15 Türme mit Höhen bis zu 12 m, Begräbnisstätten wohlhabender Persönlichkeiten aus dem Inkastaat, aber auch früherer Kulturen (z.b. Tiwanaku). Gemäß Chronistenberichten erster Spanier im Lagobereich wurden meist 15 - 2o Lamas geschlachtet, zudem einige der Lieblingsfrauen des Toten, – der Rest der Gefolgschaft kam lebendig in den Turm. Dann wurde zugemauert. Gedanke: die Dienerschaft, wie auch seine Lieblingsfrauen sollten dem Toten auch in seinem nächsten Leben zu Verfügung stehen.

Die quadratisch und rechteckigen Türme haben bis zu 5 Kammern übereinander, entsprechend der Größe der zu bestattenden Gefolgschaft. In den Nischen im Inneren der "Chulpas" befinden sich Mumien in Hockstellung. Das Mauerwerk, besonders im Kuppelbau ist präzis wie in Cusco und Machu Picchu millimetergenau aufeinandergepasst. Bei anderen Chulpas, – vermutlich Totentürme zweitrangiger Persönlichkeiten: gröbere (=billigere) Bauweise, wobei offene Fugen mit Erde zugeschmiert wurden.

CHULPAS sind im gesamten Meseta del Collao (Hochlandbecken um Lago Titicaca) zu finden, wobei die Gringos aber am liebsten Sillustani wegen seiner schönen Lage besuchen. Viele der Türme wurden von "huaqueros" (Grabräubern) geknackt, einer der Gründe, warum nicht alle Türme bezüglich Bauzeit zugehöriger Kultur zu bestimmen sind. (ca. 1.ooo - 1.55o n. Chr.)

Keine Restaurants, Eintritt ca. 1 US $, wobei man auch das Minimuseum besuchen kann. Weitere Chulpas auf der Insel im Lago Umayo. – Der See weist übrigens die selben Fische wie der Lago Titicaca auf, ein weiteres Argument für die Theorie, daß früher der gesamte Meseta mit einem riesigen Meer bedeckt sein mußte. (Siehe auch unser Tiwanaku- Text!)

WEITERE CHULPAS: "Parque Arqueologico de Cutimbo", 25 km ab Puno, nur mit Taxi. Auf einem Plateau gelegen, Türme wieder teils aus bearbeiteten, teils aus natürlichen Steinen. Eingang war an der Nordost- Seite des Plateaus, im tieferen Teil: runde und quadratische Strukturen, sowie Grundmauern von Häusern. (an Straße Puno → Moquegua)

* ZUM GOLDWASCHEN/ RIO TAMBOPATA:

in den Bergurwäldern nahe der peruanisch- bolivianischen Grenze, – eines der abgelegensten und von Touristen am wenigsten berührtesten Gebiete.

Zunächst mit dem Colectivo nach Juliaca. Ab hier per Bus bzw. Lkw über Huacane am Nordufer des Lago Titicaca und wilde Piste (Schotter, nur während Trockenzeit) über zweifache Andenkette hinunter in den Bergurwald nach SANDIA, Provinzhauptstadt, 3.o32 m, rund 2.5oo Einwohner. Angenehmes Tropental mit viel Vegetation, Basic- Unterkunft, Restaurant.

Für die 229 km ab Juliaca braucht der Bus runde 1o Std. (je nach auftretenden Schwierigkeiten, Regen, Bergrutsche etc.). Ab Sandia weitere 74 km per Colectivos, Pick-Ups bis SAN JUAN DEL OROam Rio Tambopata. Intensive Goldwäscherei in der gesamten Region, sowie Möglichkeit, per Fluß nach Pt. Maldonado zu kommen. Luisa Mosczywski vom Southameric. Expl. Club/Lima hat den Trip Anf. '82 gemacht (Schlauchboot, fantastisch, aber knüppeldick angeschwollene Füße von Moskitostichen . . .)

★ PROV. CARABAYA und RIO INAMBARI:

EINE ANDERE QUERVERBINDUNG zwischen Puno/Titicacasee und Pt. Maldonado/ Selvas führt über Azangaro, ca. 11o km ab Puno. Zunächst mit dem Colectivo ab Puno Bahnhof rüber nach Juliaca. Dort tägl. Busverbindung nach Azangaro. Die 3.86o m hoch gelegene Provinzhauptstadt hat einfache Hotels und Restaurants. In der Nähe:Puya Raimondis (vergl. unser Huaraz- Text!) und das 33 km entfernte PUCARA (zweitwichtigste archäologische Funde nach Sillustani. Halbunterirdische Tempel und bedeutende Vasenfunde. Von der Optik aber bei weitem nicht so spektakulär wie Sillustani).

Von AZANGARO eine harte 13o km Schotterpiste rüber nach Macusani , mit 4.33om eine der höchsten, größeren Siedlungen Perus (rund 4.ooo E.). Basic- Hotels und Restaurants. Über Macusani lief ein Seitenzweig der Incastraße nach Sandia, einer der Quellen, aus dem die Incas ihre Goldschätze besorgten. Dieser Seitenzweig ist über weite Strecken noch "gut im Schuß", teils gepflastert, durch seitliche Kanäle entwässert und von den Campesinos benutzt.

Um Macusani schöne Landschaft mit den schnee- und eisbedeckten 5.5oo- 6.ooo-endern der Cord. Carabaya; eine Piste führt rüber nach Sta. Rosa an der Puno- Cusco- Eisenbahnstrecke.

Ab MACUSANI wilde Piste runter ins tropische Tal des Rio Sangaban mit Haziendas und Goldwäschercamps. Derzeitiges Ende der Piste: Lanlacuni Bajo mit regelmäßiger Kanuverbindung zur Stelle, wo die Cusco- Quinzemil- Pt. Maldonado Piste per Fähre über den Rio Inambari geht. (Anschluß Cusco und nach Pt. Maldonado per regelmäßig verkehrendem LKW, außerhalb der Regenzeit).

Der Rio Sangaban ist, besonders im Lauf oberhalb von Lanlacuni Bajo sehr schwierig zu befahren wegen vieler Stromschnellen und bituminöser Felsbrocken im Flußlauf. Wegen des hoch-goldhaltigen Flußsandes (Indio-Cooperativas!) jedoch sehr dichter Flußverkehr in Relation zu anderen Urwaldflüssen der Selva Alta Perus.

Bei seiner Mündung in den Rio Inambari hat er jedoch bereits rund 1oo m Breite.

An anderer Stelle im Buch hatte ich bereits darauf hingewiesen, daß die schönsten Amazonas- Flußfahrten sich im Bergurwald ("Ceja de Selva") abspielen. Für beide, die San Juan del Oro- und die Inambari- Route sollte man jedoch viel Zeit haben und improvisieren können. Sicherlich keine Route für o8/15- Touristen!

Wer Zeit hat und Südamerika- Abenteuer sucht: mit Macusani und Sandia schöne Rundtouren im Bergurwald. Die Alternative zur normalen Touristenroute von Puno nach Cusco im Zug.

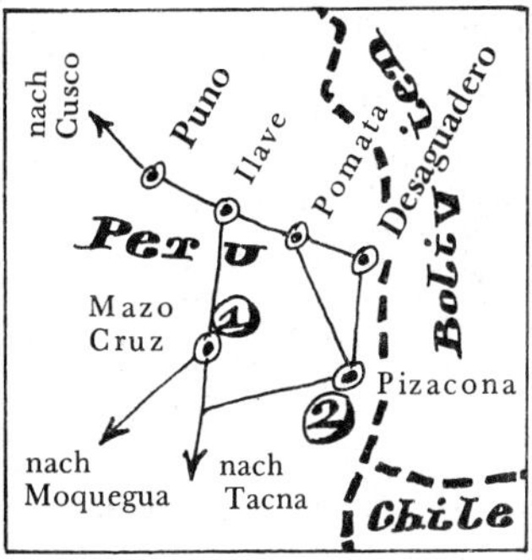

★ FELS – ZEICHNUNGEN:

Leider nur kompliziert zu erreichen, in der Andenkette südl. vom Lago. Achtung: keine Hotels!

Im Dep. Puno einmal im Dorf CHICHILLAPI (Bus von Illave/Lago Titicaca nach Tacna. Nach 83 km im Dorf Mazo Cruz aussteigen). Die Zeichnungen an einem rund 25 m breiten Felsbrocken. Alter wird auf ca. 9 - 1o.ooo Jahre geschätzt.

Zum anderen in einer Höhle bei PIZACOMA, rund 1oo km südlich von Desaguadero über eine miserable Schotter- Andenpiste zu erreichen. In der Höhle Abbildungen von wilden Tieren, Tanzszenen und Jagdskizzen.

Monate

FIESTAS der Puno- Region:

Sehr lohnend: Indiobus in die Dörfer der Umgebung zu Indiofesten. Irgendwo ist immer was los, Infos über's Tourist Office/Puno.

2 –*"Fiesta de la Candelaria"/Puno (2. Feb.), eines der wichtigsten Feste
der Region mit viel Kena- Altiplanomusik, Chicha und Maskentänzen, z.B.
dem "Diablada " (Teufelstanz, u.a. mit riesigen Masken wie Oruro/Bolivia,
siehe unsere Graphik im Bolivia- Teil!), große Umzüge in den Straßen von
Puno. Die Virgen de la Candelabria ist die Schutzpatronin von Puno, –
wird auch auf der Insel Taquile gefeiert (3 Tage). – * dieses Puno-Fest
geht über in "Octavia" (variabel, meist um den 1o. - 14. Feb.) mit Musik-
Wettbewerben und Volkstänzen. Puno. – * Karneval (variabel, gesamtes
5 Depart. Puno), – * "Festividad de la Cruz" Puno mit der Feria de la Ala-
sitas. Verkauf von Mini- Kunstgewerbe, 3. Mai. – *"Fiesta de la Cruz",
selber Tag, jedoch in Huacane: auf einem Platz von 1 km Durchmesser
versammeln sich mehr als 2.ooo Campesinos. Wird ebenfalls auf der Insel
Taquile gefeiert. – * am 15. Mai wird auf Taquile schon wieder gefeiert:
"San Isidro Labrador" mit Volkstänzen, 2 Tage. – * Putina, Prov. Azangaro. San Antonio de Padua. Mit dem 'Kaperazgo', Kunstreiten, die Leute
6 als Spanier verkleidet, 13 Juni, Festivitäten über mehrere Tage. – *"Alta-
reros", - die Taquileños feiern schon wieder, 2 Tage. Volksmusik. – * San
Pedro: zu Ehren des Patrons der Fischer im 2o km von Puno entfernten
Dorf Ichu. Volkstänze und Umzüge. Wird auch in Vilquechico in der Pro-
7 vinz Huancane am selben Tag gefeiert (29. Juni). – "San Juan Bautista",
24. Juni, im gesamten Departement, der "Tag des Campesino". Womit wir
im Juli wären: –* 16. Juli in Pucara das Fest "Nuestra Señ. del Carmen",
verbunden mit einer Feria, wo's auch Keramik- Kunstgewerbe zu kaufen
gibt. – * am 25. gehts in Pomata rund: das Fest des Heiligen Jakobs
(Fiesta del Santiago) mit Umzügen, Maskentänzen Musik und Alkohol.
Ebenfalls am selben Tag in Lampa, Huancane, Isla Taquile und Santiago
8 de Pupuja gefeiert. – * "El Niño de Praga" , Capachica, 6. August, –
* 5.–8.8. riesiges Fest in Copacabana auf der bolivianischen Seite des
Titicacasees (siehe unser Bolivienteil). – * "San Bernardo" in Azangaro.–
* "Nuestra Señora de la Asuncion" religiöses Fest mit Umzügen, Tänzen
und Feria in Yunguyo an der peruanisch-bolivianischen Grenze, in Azanga-
ro und Pichancani, 15. August, – * "La Octava" in Rosaspata mit Messe,
Umzug und Tänzen, 22. August. – * Ayaviri feiert "Nuestra Senora de la
9 Alta Gracia" mit Prozessionen und Tänzen, 8. Sept. – * am 14.Sept.
wird in Moho und Santiago de Pupuja gefeiert. Wieder religiöser Anlass,
in Moho mit Umzügen auf dem Titicacasee. – * "La Natividad de la
Virgen" in Acora, das Patronatsfest des Dorfes, 15. Sept. – * 24. Sept.:
"Nuestra S. d.l. Mercedes" in Juliaca. Fiesta Patronal, verbunden mit
Regionalmesse und Prozession. – * "San Miguel Arcangel" in Ilave am
29. Sept. – * am selben Tag in Conima (haben selben Patron). –* 30.

Sept. ist Patronatsfest in Asillo. – * "Nuestra Señora del Rosario", Patronatsfest in Pomata, Chucuito und Acora am ersten So. des Okt., – **10**
* San Francisco de Borja wird am 1o. Okt. in Yunguyo gefeiert, ein relativ großes Fest in Einzugsregion bis Oruro/Bolivia. – * Puno: Semana de Puno (1. - 7.Okt.). Interessantester Tag (neben Umzügen, Messe etc.) ist der 5. , wenn ab Hafen Puno die 'Evocacion de la salida de Manco Capac y Mama Ocllo' gefeiert wird (Reminiszenz an die beiden Ur- Incas, die gemäß Sage der Uros vom Lago abstammen sollen). Der 4. - 9. Tag mit großer Landwirtschaftsmesse auf dem Campo Ferial Universidad.– Am 5. Tänze im Stadion von Puno. Eine Art Folkloreshow mit Volksfest, interessant! – * "San Andres Apostol" am 3o. Nov. nähe Sillustani. **11**
im Dorf Atuncolla, – * Santa Barbara, 4. Dez. – * 7 - θ Dez. im Ort **12**
Juli: Feria und Fest mit Folkloretänzen, ebenso am 8. Dezember in Lampa, Macusani, Paucarcella und Nuna. – * "Santa Lucia" in Macari (13. Dez.), Patronatsfest, – * "La Navidad de Nuesto Señor" in Azangaro (25.12.), berühmt für sein besonders schönes Spiel der Geburt Jesu.

> Die meisten Feste sind "Patronats Feste", d.h. der Schutzheilige der Stadt/des Dorfes wird gefeiert: Figur aus Kirche herausgeholt, Umzüge, Volkstänze, meist in abgezirkeltem Bereich Stierkämpfe, wo jeder mitmachen kann. Viel Sauferei.
>
> Das "Loch" zwischen Mitte Feb. und 5. (siehe vorherige Seite) erklärt sich durch den religiösen Charakter der meisten Feste,und die von der Kirche dem Campesino aufgezwungene Fastenzeit. –

Puno → La Paz:

> **Zeitverschiebung beachten!**
> **Wenn's in Peru 17 Uhr ist, zeigt die Uhr in Bolivia: 18 Uhr!**

Standardverbindung und schnellste ist die Route via OSTUFER/Lago Titicaca. Per Direktbus ("Morales Moralitos") runde 13 US S/ 9 Std., bzw. per Colectivo täglich bis La Paz. Die schnellste Variante, beim Vorteil, daß die Sache tagsüber stattfindet. Bei klarem Wetter großartig, insbesondere im Altiplano- Abschnitt Desaguadero – La Paz.

In Kombination via COPACABANA: preislich billiger, tägl. Verbindungen, allerdings an reiner Fahrzeit ca. 2 Tage.

SCHIFF: die zur Jhd.- Wende in England gebauten Dampfschiffe der peruanischen Eisenbahngesellschaft bringen zwar viel Nostalgie- Romantik, verlassen aber Puno nach Einbruch der Dunkelheit, um das andere See-Ende/ Guaqui am frühen nächsten Morgen zu erreichen. Anschluß nach La Paz, welches im Laufe des Vormittags erreicht wird. Vorteil: fast so schnell wie der Direktbus und eine Übernachtung gespart. Kostenpunkt 2. Klasse (ohne Kabine) ca. 7 US $,– 1. Klasse mit Bett ca. 18 US $ bis La Paz.

Für Leute mit wenig Zeit, aber Kapital: die Buchung einer "Tour", die tagsüber den See per Gleitkufenboot ("Crillon- Tours") oder einem Katamaran ("Transturino"), oder einem kleinen Luftkissenboot ("Toni- Tours") *überqueren. Vorteil: 8 - 1o Stunden, wobei fast alle interessanten Punkte eingebaut sind (z.B. Isla del Sol, Copacabana etc.);- ein Trip, der mit öffentlichen Verkehrsmitteln 2 - 4 Tage dauert. Kostenpunkt allerdings zwischen 5o und 13o US $ (Essen und Führungen inkl.). –*

Für Abenteurer mit genügend Zeit: OSTUFER. Ein Trip, der wegen schlechter Verkehrsbedingungen zwischen 2 und 4 Tagen bis La Paz dauert.

per Schiff von Puno über den See nach Guaqui/bolivian. Seite mit Anschluß nach La Paz. Der Dampfer wartet auf den Zuganschluß von Cusco bzw. Arequipa. Abfahrt Puno derzeit Mittwoch 2o Uhr (1 x/Woche). Sofern der Dampfer wie bisher nachts den See überquert (rund 11 - 12 Std.), hat das zwar den Vorteil, daß man sich eine Hotelübernachtung spart; vom See sieht man dann allerdings nichts. Schade!

VIEL SÜDAMERIKA–ROMANTIK: die Dampfer "El Inca" und "Ollanta" wurden um die Jahrhundertwende in Leeds/England gebaut und schaukelten über den Atlantik nach Mollendo/Peru. Hier zerlegte man die Dinger wieder komplett und transportierte die Einzelteile mit der Arequipa- Puno- Eisenbahn auf den Altiplano zum See.

H.J. Zinner schrieb uns: "Die Ollanta ist liebevoll gepflegt mit blanken Bullaugen aus Messing und Petroleumlampen in kardanischer Aufhängung. Ein Leckerbissen für Fans der guten alten Dampfmaschinenzeit!! Ebenso die Maschine des Schiffes, die man durch die Luken im Deck sehen kann, die dampfgetriebenen Ladekräne und die Werkstatt am Kai, in der eine Dampfmaschine über ein Gewirr von Transmissions Riemen Werkzeugmaschinen unserer Altvorderen antreiben. Irgendwo habe ich dort auch noch ein Telefon gesehen mit getrenntem Hörer und Sprecher, das seinen Strom aus riesigen Zinkbatterien in Glasgefäßen bezog. Man glaubt, sich zur Jahrhundertwende zurückversetzt."

Preis: Puno–La Paz in der 1. Klasse ca. 18 US $ (mit Schlafen in Kabinen an Bord. Peter Hasler berichtet "obwohl ich mit einer Bekannten ein 2- Bett- Abteil der 1. Klasse buchte, sollten wir mit einem weiteren Paar die 5- qm Kabine teilen. Erst nach langem Hin und Her gab der 'Steward' eine weitere Kabine frei."), – in der 2. Klasse ca. 7 US $ (Holzbänke und viel Campesinoleben. Achtung! Es wird geklaut, Pässe und Geld unters Kopfkissen!). Essen ist in der 1. Klasse inkl. (Peter Hasler: "es gab trockenes Gebäck, Sparrationen von Butter und Marmelade, dazu eine Tasse Kaffee" zum Frühstück)

Passformalitäten: am Vortag zum bolivianischen Konsul in Puno und Touristenkarte besorgen, die peruanischen Ausreiseformalitäten am Kai. Rechtzeitig vor Abfahrt des Schiffes da sein, insbesondere, wenn man eine Schlafkabine/1. Klasse gebucht hat. Die Tickets gibts bei ENAFER im Bahnhof Puno. PS.: der Trip derzeit in Gegenrichtung La Paz – Puno ca. 4o % billiger!

Guaqui wird gegen 7 Uhr früh erreicht (Passkontrolle), von wo es mit einem bolivianischen Schienenbus in ca. 2 1/2 Std. nach La Paz geht. In Tiwanaku wird ein 2o Min. Stop eingelegt, der die Besichtigung der Ruinen im Eilschritt ermöglicht. Gepäck im Zug sichern! Wer mehr Zeit für Tiwanaku möchte, kombiniert mit dem mehrmals tägl. verkehrenden Regionalbus von/bis La Paz.

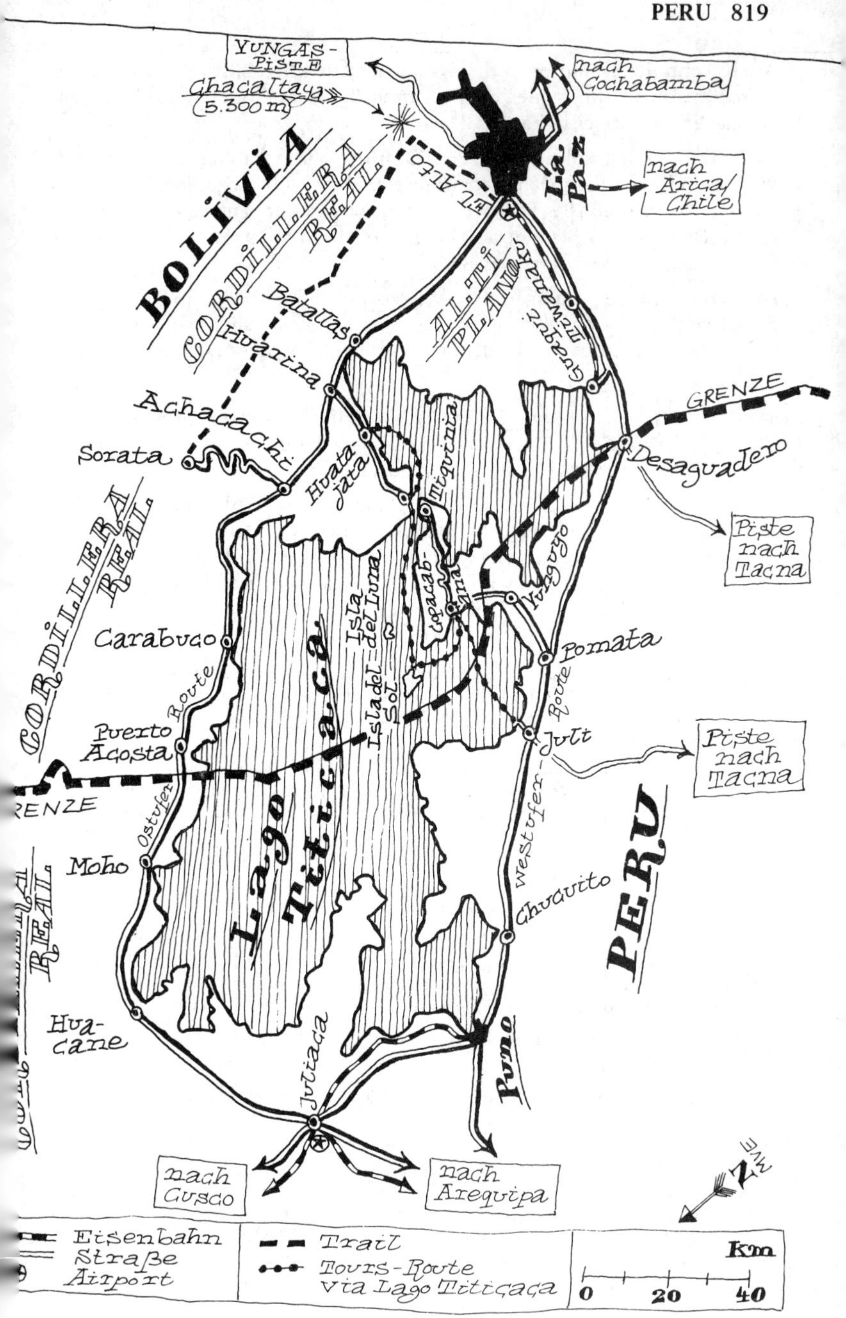
YUNGAS-PISTE
Chacaltaya (5.300 m)
nach Cochabamba
BOLIVIA
CORDILLERA REAL
El Alto
La Paz
nach Arica/Chile
ALTIPLANO
Batallas
Guaqui Tiwanaku
Huarina
Achacachi
GRENZE
Sorata
Huatajata
Tiquina
Desaguadero
Piste nach Tacna
Copacabana
Isla del Luna
Yunguyo
Carabuco
Pomata
Isla del Sol
Route
Puerto Acosta
Juli
Piste nach Tacna
GRENZE
Lago Titicaca
Ostufer
Westufer-Route
PERU
Moho
Chucuito
Huacane
Juliaca
Puno
nach Cusco
nach Arequipa
Eisenbahn
Straße
Airport
Trail
Tours-Route via Lago Titicaca
Km
0
20
40

Auch wenn der Dampfer in der Nacht über den See fährt: fantastisch bei klarem Sternenhimmel hier oben in rund 3.8oo m Höhe! Warme Sachen einpacken, nachts eisig kalt an Deck!!

Ein Trip, der sich lohnt, wer statt Komfort authentisches Feeling der Jhd. Wende und damaliger Dampfschiffahrt erleben will! Abgesehen davon: der landschaftlich schönste Teil der Strecke (wegen der schneebedeckten Cordillera Real- Kette) beginnt ab Guaqui. Insofern kein Nachteil zum Direktbus entlang des Westufers des Sees.

Der Puno–Guaqui- Dampfer ist übrigens mit 3.8oo m die höchste Passagier-Schiffsverbindung der Welt über einen See. Zugleich sind es die wohl ältesten Passagierdampfer der Welt, die heute noch in Einsatz sind.

(2) 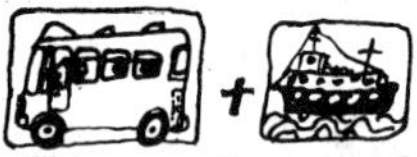

Per "Tours": wohl definitiv Kontrastprogramm zum Guaqui- Dampfer. Trotzdem keine schlechte Idee, wer knapp mit Zeit ist, aber genügend US- Dollar in der Tasche hat.

Praktisch in einem zwar sehr früh begonnenen Tag (Abfahrt gegen 6 Uhr) wird der komplette See eingebaut inkl. Sachen wie "Isla del Sol", Besichtigung von Copacabana, – Sachen, die sonst mit öffentl. Verkehrsmitteln 2 - 3 Tage dauern würden. Hat aber auch seinen Preis: pro Person zwischen 5o und 13o US $ (je nach Veranstalter), wobei neben dem Transport auch Essen und Führungen inkl. sind.

* CRILLON–TOURS ist führend im Bereich Lago Titicaca. Gegründet 1959 und Kompliment an die Organisation. Damals wurde eine eigene Infrastruktur im Bereich des Lago aufgebaut: Häfen, Restaurants, Tip-Top- Funkverbindung zu den eingesetzten Bussen und Schiffen:

Zunächst geht es von Puno nach Juli per Bus. Dort in ein Gleitkufen Boot, das über den See nach Copacabana/Bolivia rauscht (Stadtbesichtigung), – dann weiter zur Isla del Sol und nach Huatajata (Mittagessen). Dann in rund 1 1/2 Std. nach La Paz per Bus.

Alle Boote der Crillon Tours haben Toiletten an Bord, ein nicht zu unterschätzender Faktor beim "Inka- Quickstepp". Bei unserem Test: die Guides freundlich und perfekt in Englisch und Spanisch, die Führungen allerdings etwas zu knapp an Infos. Die Organisation verlief perfekt!

Vorteil zugleich, daß man in Puno (bzw. in Gegenrichtung: in La Paz) im Hotel per Bus abgeholt wird. Ein Trip, der nicht nur Puno–La Paz in rund 1/2 Tag erledigt, sondern zugleich fast alle wichtigen Punkte anläuft und viel Spaß macht!

Preis: ca. 13o US $ pro Person. Agentur Puno: Jr. Lambayaque 175, – in La Paz: Av. Camacho No. 1223 .

* TRANSTURIN: statt Gleitkufenbooten ein geräumiger Katamaran mit Bar, Restaurant und weiter, offener Fläche zum Rausgehen an die "frische Luft". Ist wesentlich geräumiger, allerdings auch nicht so schnell über's Wasser.

Die Strecke: Puno – Juli – Pomata – Copacabana wird per Bus gefahren(Kirchenbesichtigungen, der Bus mit Toilette). In Copacabana Stadtbesichtigung, Passformalitäten und Mittagessen. Weiter per Katamaran zur ISLA DEL SOL mit Kurzaufenthalt und weiter durch die Straße von Taquina nach HUATAJATA. Ab hier per Bus nach La Paz. Der Gesamttrip ist bei ca. 5o US $ preislich günstig.

Buchung: Puno: Av. Tacna 2o1.-La Paz: Av. Camacho 1321 P.o.Box 5311

TONY TOURS: operieren mit kleinen Luftkissenbooten (die "Hovercrafts", die in größerer Version z.B. auch den Kanal nach England überqueren). Ähnliche Routen wie "Transturin" und "Crillon Tours". – Ca. 6o US $ pro Person.

Buchungsadresse Puno: Jr. Lambayaque 175, – La Paz: Yanacocha 3oo

(3)

Bus via Westufer/Lago Titicaca:

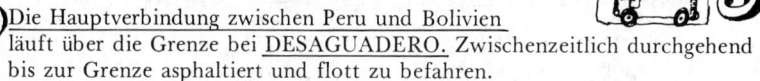

a) Die Hauptverbindung zwischen Peru und Bolivien läuft über die Grenze bei DESAGUADERO. Zwischenzeitlich durchgehend bis zur Grenze asphaltiert und flott zu befahren.

Bus: tägl. mit "Morales Moralitos", Abfahrt Puno gegenüber dem Hotel Europa/Jr. Tacna 3o8. Dauert ca. 9 Std./13 US $. Nach neuesten Infos nur 3 mal pro Woche. Spart Grenz- Anschlußprobleme. Ansonsten: tägl. mit Colectivos von Puno bis Desaguadero, Fahrzeit ca. 3 Std./5 US. Zu Fuß über die Grenze und ab anderer Seite mehrmals tägl. Bus- bzw. Colectivoverbindung nach La Paz, schneller und billiger.

ACHTUNG bezüglich Zeitverschiebung: wenn es in Peru 17 Uhr ist, zeigt die boliv. Uhr bereits 18 Uhr, und dann machen die Zöllner den Übergang dicht. Basic- Übernachtungsmöglichkeiten in Desaguadero, wo aber bezüglich "Abwechslung" der Hund begraben ist!!

Ab boliv. Seite immer noch Schotterpiste, die stark staubt (beste Seite im Bus/Colectivo: links!), so doch flach und geradlinig über den Altiplano nach La Paz führt.

Grenzformalitäten sowohl für Ausreisestempel Peru, wie Einreisestempel Bolivien in Desaguadero. –

b) ALTERNATIVE: via Copacabana. Braucht an reiner Fahrzeit rund 1 Tag mehr, ist billiger, als der "Morales Moralitos"- Direktbus und landschaftlich lohnender!

Täglich mehrere Busse bzw. Colectivos bis YUNGUYO, dem Grenzort zu Bolivia. Ca. 3 US per Bus/3 Std., bzw. "Colectivo Comite 2" ab Jr. Tacna Ecke Libertad in ca. 2 1/2 Std., ca. 4 US.

In Yunguyo sollte man unbedingt vor Beginn der Mittagspause eintreffen, die dort ca. 3 Std. dauert. Ab boliv. Seite per Bus oder Colectivo in rund 3o Min. nach Copacabana am Lago. Die Grenzformalitäten für Peru und Bolivia finden am Grenzübergang statt.

Eine Reihe von Übernachtungsmöglichkeiten in Copacabana (siehe unser Bolivia- Text!), sowie Ausflüge zur Isla del Sol (Basic- Übernachtung, aber sehr lohnend!!). Alle Details im Bolivia- Teil! Von Copacabana täglich mehrere Busse nach La Paz via "Estrecho de Taquina", der per Boot übergesetzt wird.

Wer "Billigklasse" reist, also mit wenig Geld, aber genügend Zeit, – der fährt in der Regel via Copacabana. Der zusätzliche Abstecher zur Isla del Sol ist mit ca. 1 bis 2 Tagen einzukalkulieren. Ab Huatajata gibts Abstechermöglichkeiten zur Insel Suriqui (1 Tag), ebenfalls Abstecher nach Sorata möglich , relaxing in der Cordillera Real. Alle Details siehe Bolivia-Teil. Eine Route, die man bis auf ca. 1 Woche ausdehnen kann und die sich unbedingt lohnt. – Die reinen Fahrkosten via Copacabana ab Puno bis La Paz liegen bei ca. 7 US $.

STRECKE: zunächst ab Puno nur die ersten 21 km entlang des Sees bis

Lago Titicaca
peruanische Seite

Höchster See der Welt, der regulären Passagier- und Frachtverkehr hat. 3.810 m. Der See, der im Nord- und im Südteil dicht mit Totora- Schilf überwachsen ist (herrlich vom Flugzeug, Lima – La Paz: stufenloser Übergang von Land in See!), ist im Ostteil bis zu ca. 300 m tief. Seine durchschnittliche Wassertemperatur von ca. 10° C beeinflusst das gesamte Hochlandbecken (Meseta del Collao) und schafft zusammen mit fruchtbaren Böden günstige Anbaubedingungen für Mais, Quinua, aber auch für Schaf- und Lama- Zucht.

Verschiedene Anzeichen (Fisch- und Muschelversteinerungen, Salzgehalt des Wassers) sprechen dafür, daß die gesamte Region ein früherer Ozean war, der in der Erdfrühgeschichte innerhalb von 200 Mill. Jahren durch das Aneinanderschieben der Erdplatten fast 4.000 m in die Höhe gehoben wurde. Zu dieser Zeit habe es im Altiplano (Hochlandbecken vom Lago Titicaca bis Salar de Uyuni) zwei große Seen gegeben: den "Lago Ballivian" (mit Zentrum des heutigen Lago Titicaca), – und den "Lago Michin", der das Gebiet Patacamayo (südl. von La Paz) über Oruro/Lago Popo bis zu den Salzfeldern von Uyuni bedeckte.

Das Absinken des Wasserspiegels beider Seen ist nicht geklärt und wird in geologischen Veränderungen vermutet. An der tiefsten Stelle des Lago Michin enstanden die Salzfelder des Salar Uyuni (Salz in diesen Mengen wohl kaum möglich, wenn es sich nicht um ein ehemaliges, "versickertes" Meer handeln würde).

Die guten, klimatischen Lebensbedingungen haben schon früh das Entstehen menschlicher Siedlungen im Altiplanobereich begünstigt. Die derzeit umfangreichsten Steinzeitfunde und Wandmalereien (ca. 9 - 10.000 v.Chr.) auf dem südamerikan. Kontinent wurden in den Anden unterhalb des Lago Titicaca gefunden (Chichillapi und Pizacoma, – siehe "Puno/Umgebung"!).

Eine der bedeutensten Kulturen der Region war die TIWANAKU–KULTUR (ab ca. 500 n.Chr.), deren Entwicklung und politisch/wirtschaftlicher Einfluß durch die Existenz damaliger, noch existierender Wasserverbindungswege zwischen den verbleibenden Restseen gefördert worden sein könnte. –

Bezüglich der Binsenschilfboote, die noch heute im 20. Jhd. bei den Uros/peruanische Seite (nähe Puno) bzw. auf der boliv. Seite (Insel Suriqui) im

Einsatz sind, gibt es diverse Theorien. Da Frühkulturen z.B. am Tschadsee/ Afrika ähnliche Binsenboote benutzten (oder wie Hans Bausenhardt uns hinwies: auf Sardinien in den Lagunen von Cabras und S'Guiesta bei Oristano. Heute nur noch bei Festen benutzt, – "is fassonis = Binsen), – führte dies zu zum Teil "gewagten" Theorien.

So überquerte z.B. der renomierte Wissenschaftler Thor Heyerdahl mit nachgebautem Titicaca- Binsenboot von Afrika den Atlantik, um den Nachweis zu bringen, daß der Titicacasee von Kulturen des afrik. Tschad-Sees besiedelt sein könnte. Siehe auch Seite 89o.

In allen Ehren sonstiger Leistungen Thor Heyerdahls: wohl eher wahrscheinlich ist, daß hier räumlich getrennte Parallelentwicklungen stattfanden. Zumal sich die Binsen zum Bootsbau anbieten, ohne daß hier gleich ein "Kulturaustausch" über den Atlantik stattfinden muß. . .

Der LAGO TITICACA bedeckt eine Fläche von ca. 8.3oo qkm, das sind das rund 14 fache des Bodensees. Länge ca. 2oo km, Breite bis zu 3o km.

Kälteste Monate sind Mai bis August, wobei es besonders im Juli gelegentlich Frost und Schnee geben kann; – der "wärmste" Monat ist der November. Tagsüber kann es, sofern man nicht im Schatten von Häusern läuft, angenehm warm sein. Nach Sonnenuntergang wird's schnell eisig kalt: dicker Pullover oder Dauenjacke!

Wegen dem kalten Wind im Altiplano sind die Häuser der hier lebenden Aymara- Indios meist ohne Fenster gebaut. Die Tür in Ri. Ost. Sehr simpel eingerichtet, man schläft auf dem Boden auf Lama- Fellen. Wände aus Adobe- Steinen, das Dach mit Ichu- Gras gedeckt, wobei sich aber immer mehr die in der Sonne glänzenden Wellblechdächer durchsetzen.

Die Region ist dicht bevölkert, zuzüglich rund 6 Mill. Schafen (=1/2 von Peru!). Rinderzucht, Landwirtschaft. Anbau an den Hängen bis ca. 4.1oo m. Der See ist reich an Fischen und, – siehe unser Bolivia- Teil: Riesen-Fröschen!!

Landschaftlich schöne Strecken sind die a) Hauptroute PUNO→ LA PAZ entlang des Westufers, was Dörfer und Seeblick unterwegs betrifft. – b) die Ostuferstrecke via Moho, die jedoch nur dünnen Verkehr besitzt und daher zeitaufwendig ist (schöne Trails im Bereich der Cordillera Real) c) via Copacabana. Die wohl lohnenste Route im Lago- Bereich!

★ Chuiquito. Sehr lohnend das dortige "Hotel Tambo Titicaca": saubere Mittelklasse, schön am schilfbewachsenen See gelegen mit Anlegesteg und Möglichkeit zu Bootsausflügen. Ist heißer Tip zum Relaxen, wer die grauen Puno- Hotels nicht mag. Doppel ca. 15 US und seinen Preis wert. Inkl. eines empfehlenswerten Restaurants.

Auf der Plaza in Chuicuito eine Sonnenuhr, im See ein "trucha"- Zuchtbecken, sowie in der Nähe die 15 x 2o m Inkaruinen von Inka Uyo. Deutlich möchten wir uns von der Bemerkung eines deutschen Peru- Reiseführers distanzieren, der sagt, daß im Museum "alte Tonscherben fast zur

Selbstbedienung" rumliegen! –

Nach Chucuito kürzt die Asphaltpiste geradlinig Seebuchten ab. Gelbes Ichu- Gras und die graubraunen Adobehäuser der Aymara- Campesinos; wegen des eiskalten Altiplano- Windes haben die Häuser keinerlei Fenster, die Tür Richtung Ost. Die Dächer jetzt fast ausschließlich mit silbrig in der Sonne glänzendem Wellblech, da länger haltbar als das früher verwendete Ichu- Gras. Geschlafen wird trotz der nächtlichen Saukälte auf Lama- Fellen auf dem Boden. Langsam auch hier, – eine Preisfrage bei der Armut der Campesinos: Holzbetten vom Mercado in Puno/Juli etc.

JULI schön oberhalb einer Bucht des Lago Titicaca gelegen. Lohnt sich für Zwischenstop wegen der Kirche "San Juan de Letran" (Mestizo- Barock), die in ein Museum mit Kolonialgemälden umgewandelt wurde.

ENDE des 16., Anfang des 17. Jhd.'s war Juli Trainingszentrum der Jesuitenmönche, die hier für ihren Einsatz in den Urwäldern Perus, sowie für Paraguay und Los Mojos/ Bolivia vorbereitet wurden.

Reichtum und Fülle an Kolonialgemälden der "Escuela Cusquena" und Italienern. Die Peruaner habe eine Schule für Restauration alter Bilder in Juli eingerichtet, San Juan de Letran ist erstes Ergebnis. – Weitere Kirchen im "Mestizo-Barock" aus der Jesuitenzeit: "San Pedro" an der Plaza de Armas von Juli mit reichem Barockaltar, – und die beiden, etwas zerfallenen Kirchen "La Asuncion" (von Stufen schöner Panoramarundblick über den See, Zerstörung durch Blitzschaden, für die Restaurierung fehlt das Geld) und "Santa Cruz" (das Kirchendach teils eingestürzt, schöner Jesuitenfriedhof mit Titicacarundblick und excellenter künstlerischer Ausarbeitung des Kirchenportales).

Häufige Bus- und Colectivo- Verbindung zwischen Puno und Juli. Ebenso rüber nach Yunguyo und Desaguadero. Von daher wenig "Anschluß"- Probleme bei Zwischenstop. Ansonsten ist in Juli wenig los, Restaurants für Hunger, ohne Spezielles und Übernachtungsmöglichkeit: "Hot. de Turistas" (ca. 13 US $ Doppel), "Los Treboles" (Plaza de Armas, ca. 2 US $).

Von JULI 25 km rübe r nach **POMATA**, am See entlang. Wenn die Kühe bis zum Bauch im Titicaca- Wasser stehen: nicht unbedingt, weil sie überschwänglichen Durst haben, sondern, um die leckeren Pflanzenteile zu fressen . . .

Pomata, wichtig wegen der Kirche "Santiago" mit transparenten Steinen und Mestizo- Stil im Eingangsportal. 2 Hostals zum Übernachten, wenn die Zeit knapp wird. Achtung, Grenze macht schon 17 Uhr zu!

DESAGUADERO: muffiges Grenznest mit Erdpisten in seinen Straßen und einer Handvoll Basic-Hotels, für den Notfall, wenn die Grenze bereits zu ist und man auf den Anschluß am nächsten Tag nach La Paz warten muß. Achtung: Fr. - Markt im Ort; dann sind meist die wenigen Hotelbetten im Ort voll. – Übernachtungsalternative (Basic-Hotels) im Nachbarort Juli.

4 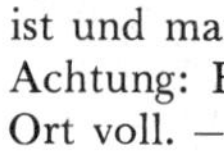

BUS/ OSTUFER, Titicacasee:

Von uns erstmals 1977 publiziert, damals als Verbindungsmöglichkeit mit

Bolivien so gut wie unbekannt. Die landschaftlich sehr lohnende Route hat keine durchgehende Busverbindung. Herbert Keuper schickte uns folgenden Bericht:

STRECKE:
Juliaca (3.825 m) – Huancane (3.825 m) – Moho (3.9oo m) – peruanisch/bolivianische Grenze (ca. 3.9oo m) – Puerto Acosta (3.833 m)

Sehr interessante Strecke, besonders wegen Fahrt durch die Nordausläufer des Titicacasees von Juliaca nach Huancane (= 57 km, ca. 2 US $) entweder mit der Busgesellschaft "Empr. de Transportes Ponce" oder direkt bis Moho (tägl.), mit "Emp. de Transportes Moho", vorbei an Schweinen und Kühen, die bis zum Bauch im Wasser waten zwischen verschiedensten Arten von Wasservögeln. Huancane – Moho= 39 km, ca. 2 US $.

Ausreisestempel in Huancane oder Moho geben lassen. An der Grenzstation zwischen Peru und Bolivien keine Möglichkeit mehr. In Moho gibts Übernachtungsmöglichkeit, aber keine regelmäßige Verbindung zur Grenze. Man ist auf LKW- Mitfahrt ca. 2 - 3 mal in der Woche angewiesen. 23 km bis zur peruanischen Grenzstation in einer verlassenen Hazienda, dann ca. 1o km durch Niemandsland bis zur bolivian. Grenze. Dort keine Grenzstation, sondern erst 15 km weiter in Pto. Acosta, aber angenehm zu laufen, – immer in ca. 3.8oo - 4.ooo m über NN. Bei schwerem Gepäck sehr anstrengend wegen der Höhenlage. Genügend Flüssigkeit mitnehmen, da unterwegs keine Versorgungsmöglichkeit.

In Pto. Acosta sofort bei der Migracion melden und Einreisestempel besorgen. Preiswerte Übernachtungsmöglichkeit in kleinen Pensionen. Am nächsten Morgen kann es um 5.3o Uhr (Abfahrtszeit kann sich ändern) mit dem Bus nach La Paz weitergehen. Achtung: Uhr um 1 Stunde vorstellen, sonst verpasst man den Bus, – wie wir, und muß entweder bis zum nächsten Morgen warten oder mit Glück einen LKW erwischen. Die Fahrt entlang der Ostseite des Titicacasees ist sehr eindrucksvoll, aber leider bekommt man die schneebedeckten 6.ooo-ender erst bei Achachani zu Gesicht.

Geldwechseln in Pto. Acosta und in Moho bzw. Huancane schwierig, even. bei Privat, – besser aber schon vorher in der Bank in La Paz oder Puno. Pto. Acosta hat Termalbäder, die über einen Hike (Leute fragen!) zu erreichen sind. Auf der weiteren Strecke nach La Paz schöne Abstecher nach Sorata (Sommerfrische an den Berghängen runter zur Selva Alta), zu den Incaruinen von Iskanwaya, von Huatajata zur Isla del Paco, bzw. Copacabana zur Isla del Sol. Alle Details hierzu in unserem Bolivien-Teil "Titicacasee".

Noch ein Tip zur Grenzüberquerung: in MOHO jeden Sonntag Feria, auf der neben Essen etc. auch Transistorradios verkauft werden (Schmuggelware vom Urwald, Peru/Brasil, Manaus). Daher ist So. der beste Tag für die Grenzüberquerung, weil Leute von beiden Seiten, Peru & Bolivia nach Moho kommen. Mitfahrmöglichkeit nach PKW/LKW- Nummernschildern fragen.

Michael Goss und Megan Ross/USA, die mehr als 1 Jahr in Südamerika mit Rucksack (teils auch Fahrrad) unterwegs waren, haben diesen Teil zu Fuß gemacht. Ab Moho unten am See entlang (in peruan. T.A.C.- Karten als "Conima" eingezeichnet; dort Bootsverb. rüber zur Insel Soto!), – das Dorf auf der boliv. Seite: Oruillo. Landschaftlich faszinierende Strecke mit Blick auf den tiefblauen See. Sandpiste. Ob diese "Grenzüberquerung" legal ist, sei dahingestellt. In jedem Fall Passformalitäten in Moho und Pto. Acosta erledigen. Siehe auch Seite 891.

Puno ⋙→ Pazifikküste:

Vom WESTUFER des Lago Titicaca ein Schwung an Trans- Andenpisten runter an die Pazifikküste. Die Hauptroute läuft über AREQUIPA (Zug und Straße),– andere nach Moquegua und Tacna. Damit lassen sich Rundtouren zurück nach Lima, bzw weiter Ri. Süden durch CHILE zusammenbauen.

Allerdings schade, wenn BOLIVIEN damit flachfällt, eines der interessantesten Länder des südamerikanischen Kontinentes!

Es gibt 4 PISTEN. Ausgangspunkt ist Puno.

1.) PUNO – Ilave – Mazo Cruz – Tarata – Tacna:
eine 372 km Strecke, davon nur die ersten 58 km bis Ilave asphaltiert, der Rest "tierra", aber o.k. Täglich Busse ("Emp. Lacustre", ab Puno Av. Sol, ca. 13 Std.)

2.) PUNO – Abra Chaquijarani (4.600 m) – Humaijalso – Moquegua:
eine 217 km Schotter- Serpentinen- Sandpiste. Täglich Busse ("Emp. Melgar", ab Puno Av. Titicaca), rund 12 Std.

3.) DESAGUADERO – Capazoa (Piste trifft hier auf die Ilave–Tacna Verbindung) – Tacna:
Der erste 152 km Pistenteil bis Capazoa ist sehr schlecht. Nur in Trockenzeit zu befahren. Keine Busse bis Capazoa.

4.) PUNO – Juliaca (auch direkt über "Abkürzung" hinterm Umayo- See)– Paty – Arequipa. Die Hauptverbindung vom Lago Titicaca zur Costa.

PUNO ⋙→ AREQUIPA:

★ Am schnellsten per Flug: "Aero Peru" täglich vom Airport Juliaca nach Arequipa, ein 25 Min. - Jump; bei klarem Wetter fantastischer Blick über kargen Altiplano und Andengipfel, zuletzt Misti- Vulkan bei Arequipa.

Hinzu kommen noch die ca. 1/2 Std. Colectivo- Fahrt zum Airport/Juliaca ab Puno, sowie die Zeit fürs Einchecken und die Taxifahrt in Arequipa in die Stadt. Alles zusammen ca. 3 Std./Flugpreis ca. 28 US $. Achtung: Maschinen sind oft und schnell ausgebucht! Vor dem Airport Juliaca warten dann Colectivofahrer für den Überlandtrip runter nach Arequipa für die Leute, die keinen Platz in der Maschine gefunden haben.

★ COLECTIVOS (Sammeltaxis) ab Puno in ca. 8 Std. bis Arequipa. Z.B. "Sur Peruano, Nr. 22", Calle Tacna 368. Täglich, ca. 11 US $ pro Person. Die Piste: Schotter, aber o.k. und relativ schnell. Wer kein Colectivo ab Puno bekommen hat, kann es ab Juliaca probieren: Colectivo ab Puno, vorm Bahnhof nach Juliaca. Fahren permanent, sobald voll, ca. 1,5 US $. Ab Juliaca dichterer Verkehr nach Arequipa.

★ BUSSE: mehrere tägl. , "San Christobal" (Av. Torre/ etwa Ecke Calle Ramos), "Morales Moralitos" (Jr. Tacna 308), "Jacantaya" (Jr. Melgar), Fahrzeit ca. 11 Std. , ca. 6 US $.

★ ZUG: unbedingt dem Bus vorzuziehen aus verschiedenen Gründen: einmal kann man im Zug rumlaufen, sich die Beine ausstrecken und einen Drink im Restaurant Waggon nehmen. Außerdem gibt's in der 1. Klasse bequeme

Sitze mit viel Platz für die Füße (in jedem Fall mehr als im Bus) und einen großen Tisch, wo man lesen, schreiben oder Schachspielen kann.

Außerdem staubts weniger. Wenn der Lokführer die Waggons "laufen lässt", geht die Strecke bergab in ca. 7 - 8 Std., damit gleichschnell wie das unbequemere Colectivo und wesentlich schneller als der Bus. Wegen relativ geradlinigem Streckenverlauf sind oft Geschwindigkeiten von 50 - 60 km/h problemlos zu fahren.

Preise und Abfahrten: derzeit täglich ein Nachtzug ab Puno, der im frühen Morgengrauen Arequipa erreicht. Der Zug hat Heizung, was nachts sehr wichtig ist (Höhe 4.500 m!), aber sicherheitshalber warme Sachen mitbringen; wenn die Heizung nicht funktioniert, wirds knüppelkalt! Gepäck sichern, Wertsachen untern Kopf beim Schlafen. Vorteil des Nachtzuges: 1 Hotelübernachtung gespart, – Nachteil: man sieht nichts von der Landschaft. – Weiterhin gibts derzeit 3 mal/Woche einen Tageszug, der Puno gegen 8 Uhr früh verlässt und Arequipa gegen 16 Uhr erreicht. Preis in der 1. Klasse ca 5 US $. Der Aufpreis von ca. 1,5 US $ für Pullman lohnt sich!

Die Strecke:

Das Puno – Arequipa- Gleis gehört zu den landschaftlich weniger interessanten Strecken südamerikanischer Eisenbahnen. O.K.: wer nur einmal im Leben nach Südamerika kommt und hier nur die Puno–Arequipa- Strecke macht: fantastisch, der Übergang von gelbem Altiplano- Ichugras zu graukahler Kaktuswüste um Arequipa.

Dies aber rund 8 Std. ohne Abwechslung in kargen Andenhochtälern: schön daß man im bequemen Polstersessel der 1. Klasse sich zurücklehnen kann, ab und zu ein Bier vom Zugkellner holen , relaxen und sich die Füße vertreten, statt im Bus eingeklemmt sitzen.

WARTESAAL PUNO: knärzender Holzboden, kleines Gitterfenster für die Tickets. Nach langer Rangiererei gehts dann irgendwann gegen 8 Uhr früh los.

Zunächst am Lago Titicaca entlang, Schilf und Sumpf, später trifft der Zug parallel auf die Puno- Juliaca- Asphaltpiste und macht Rennen mit den PKW's: wegen schnurgeradem Verlauf des Gleises keinerlei Probleme: JULIACA/"Hauptbahnhof", viele schwarze Gleise zwischen gelbem Gras. Die Apfelsinen-, Zeitungs- und Alpaca- Verkäufer kommen zu den Waggons, während draußen rangiert wird: der Zug wird in 'Cusco' und 'Arequipa' zerteilt.

Rucken der Waggons = Rangieren. 3 malige Bahnhofsglocke = "Auf gehts!". Durch Juliaca- Straßen und Märkte und Vororte hinaus in den gelbverdorrten Altiplano mit blauen Bergen am Horizont. Links ab in Seitental, Bahnstation "Cabanillas" mit hohen Eukalyptusbäumen und vielen Campesinos mit Fahrrädern, Staubstraßen. Tal wird enger, ca. 200 - 300 m,entlang des Flusses, flacher Talboden.

"Santa Lucia", nach 30 Min.: mit großem Sa.- Mercado. Grell leuchtende Acrylfarben in Ponchos, links Kirche. Das "Hotel Santa Lucia" direkt am Bahnhof, eine Bretterhütte wie im Wilden Westen. Adobehäuser mit Wellblech, die in der Sonne glänzen.

Nun gehts im Tal, – immer kargere Vegetation, bergauf, Ichugras, bei "Saracoche", einem einsamen Haltepunkt im Hochland kurzer Stop, weiterer Trip von 1 Std. bis "Puriguana" hier oben eiskalt, manchmal während Mai - Okt. Schneestürme, eine einsame Lagune, – höchste Stelle des Gleises bei "Cruzeiro Alto" (4.476 m), Hütte als Bahnstation, danach abwärts: total flache Ebene mit grauem Steinboden, Horizont in ca. 20 - 30 km Entfernung. . .

Aus Ichu- Gras- Hochebenen werden graue Steinwüsten mit Kaktussen, rund 30 Min. nach Cruz Alto erster Blick auf Misti- Vulkano. Egal, wieviel Dosenbier der Zugkellner bringt: Misti bleibt in Greifweite, ohne näher zu kommen. Die graue Steinwüste bleibt Steinwüste, auch wenn die Quantität der Kaktusse zunimmt, – der Zugkellner bringt wieder 'n Bier oder 'Coke, – die rumänischen Waggons schaukeln durch die Steine, während der Misti grüßt. Das Spiel dauert rund 3 Stunden, aus Kaktussen werden

Stangenkaktusse und die Gringos hängen in den Polstern verschlafen.

1 Std. vor Arequipa wird's wieder interessant. Das Gleis biegt sich entlang tief eingeschnittener Canyons, graukarg, Wasserauswaschungen. Unten erstes Grün!! YURA, kurz vor Arequipa mit bewässerten Terassen in der Wüste, Cementfabrik weniger attraktiv: verstaubt komplette Bahnstation grau. . . (Palmen, Häuser, Autos und Leute).

Das Gleis (Leute freuen sich, daß der Trip langsam zu Ende geht) biegt nun in grossen Schleifen um Einschnitte in Wüste. Der Zugkellner kramt die umliegenden Flaschen zusammen; – AREQUIPA: in Talsenke zwischen Bergketten und Vulkanen.

Grüne Felder, Fabriken, endlich wieder Häuser, Leben, Autos nach all der Wüsteneinsamkeit. Viel Hupen der Diesellok vorn, da das Gleis teils auf Straßen führt, bzw. diese überquert. BAHNHOF AREQUIPA: Knochen zusammensammeln, Gepäck und per Taxi ins Centro.

✱ Eigener PKW: ab Puno entweder über die Direkt- Schotterpiste, die bei Tincopaica auf die Juliaca – Arequipa- Piste trifft. An Km in etwa gleich lang, wie der "optische" Umweg über Juliaca. Hier aber ca. 44 km Asphalt, daher besser über Juliaca fahren!

Arequipa: 2.329 m / knapp 1/2 Mill. E.

Die "CIUDAD BLANCA", – weiße Stadt in 2.329 m, umrahmt von den sehr pittoresken Vulkankegeln des Misti, des Chachani und des Pichu- Pichu, alle um die 6.000 m hoch.

Die Häuser der Stadt wurden vielfach aus der weißen Vulkanlava (=Sillar) erbaut. Viele Bauten aus der Kolonialzeit: schmale Fenster mit Schmiedeeisengittern und Flachdächern. Innenhöfe mit Blumen. Arequipa ist zusammen mit Trujillo schönste Stadt der peruanischen Costa!

1540 von Diego de Almagro (dem "Miteroberer" neben Pizarro) gegründet an Stelle einer wichtigen Kreuzung von 2 Inka- Wegen: der Cusco–Chile und der Costa-Strecke.
Wegen gutem Klima und fruchtbarem Flußtal des Rio Chili entwickelte sich die spanische Gründung gut und schnell. Bewährtes Schachbrett- Muster und die leichten Sillar- Steine, einmal günstig bei Erdbeben, zum anderen leicht mit dem Meißel für künstlerische Motive zu bearbeiten.

AREQUIPA ist heute wichtigstes peruanisches Wirtschaftszentrum im Süden des Landes und hat zugleich seinen Charme bewahren können. Zentrum: PLAZA DE ARMAS, wohlproportioniert mit zweistöckigen Kolonial- Arkaden an den drei Seiten der Plaza, – die vierte die etwas wuchtige Kathedrale. (Kleines Detail: weil die Plaza Richtung Kathedrale ansteigt, sind die Arkaden pro Bogen um 1/2 m angehoben, was der Plaza zusammen mit der schönen Gartenanlage in der Mitte viel Leichtigkeit verleiht.)

Zugleich sind die Arkadengänge so vorgesetzt, daß man von ihnen in die

Straßen einschauen kann. Wenn Misti und Chachani frei sind: fantastische Sache!

Bester Mestizo- Barock mit fein ausgearbeiteter Sillar- Fassade die Kirche <u>"LA COMPANIA DE JESUS"</u> (Plaza de Armas/Calle Sto. Domingo). Bauzeit : 1595 – 1698. So solide gebaut, daß sie seither allen Erdbeben standhielt, lediglich geringfügige Rekonstruktion bei den Türmen. Besonders schön ist der Besuch während der Abendmesse: draußen gerade dunkel geworden, die Kirchentüren stehen weit offen und drinnen die Pracht des Goldaltares! Sehenswert auch die "Ignaciuskapelle", im Kirchen schiff vorn links: ehemalige Sakristei, da früher Schule für Prister, die in im Urwald missionieren sollten. Über und über mit Planzenornamenten bemalt, dazwischen Papageien und Tukane

(unsere Arequipa- Karte Nr. 12) –

in leuchtenden Farben: Compania de Jesus war im 17. Jhd. Trainingszentrum für missionarische Tätigkeit im Urwald. In der Vorsakristei Bilder aus der Cusqueñer Schule. – Besuch der Kirchenkuppel werktags möglich. Schönes Seitenportal in der Calle Thomas.

Nummern analog denen der Arequipa- Karte

GESCHÄFTSZENTRUM um Plaza de Armas (ca. 1 cuadra), sowie bis zur Calle Pierola runter zum MERCADO. Die Juan de Dios 2o6 mit Galeria Colonial (Shops, Records, Schuhe) in schönem Sillar- Stil, – Ecke Juan de Dios/Consuelo: "Supermercado Las Americas" breite Auswahl von Käse, Gemüse zu Alkoholischem. Auch So. - Abend offen (gutes Arequipa-Marzipan und Rum aus der Region).

Das Mercado- Viertel um Alto de la Luna/Pierola mit Parallelhandel zu den Shops: von Gemüse über Unterwäsche und Schuhe zu riesigen Mengen, zu Hause kopierter Schallplatten auf Kassette. Alles spielt sich mehr oder weniger sauber auf der Straße ab, – breite Geruchsskala von angenehmen Kräuter- Düften zu Abfallgestank in der Gosse. Hasen knabbern am Gras und Schweine quiecken, dazwischen quetschen sich Toyota- Pickups und LKW's. Aufbruch ca. 18 Uhr. Täglich.

[In der Calle Peru, z.B. zwischen Camillo und Sto. Domingo sind noch die alten Straßenbahngleise zu sehen. Vor 2o Jahren hatte die Stadt diese Einrichtung, die sich heute viele Leute wegen starker Luftverschmutzung dieses Viertels zurückwünschen.]

KOLONIALES in Sillar- Architektur vorwiegend hinter Kathedrale, nordwestlich bis Selva Alegre und Rio Chili (vergl. unsere Karte!). Sehenswert:
3 "Casa Ugarteche"* (Plan: Nr. 3, Calle San Francisco, bei Plaza de Armas), im 18. Jhd. von den Jesuiten gebaut, heute Bank, schöner Innenhof, – hinter der Kathedrale Passage rüber zur Calle Sta. Catalina mit Kunst- und Souve-
4 nirboutiquen, sowie Restaurants. – "Casa Irriberry" (Plan Nr. 4, Calle Sta.
6 Catalina) heute Teil der Uni. – "Casa del Moral", eines der besten Beispiele von kolonialen Häusern Arequipas mit Familienwappen in Sillar-Portal des früheren Besitzers. Heute Museum (offen 9.oo – 12.3o Uhr) und Ban-
5 co Industrial. – Kirche "San Augustin", in 2. Hälfte des 17. Jhd.'s gebaut, schöne Sillar- Fassade (Karte Nr. 5, San Augustin, Ecke Sucre Bolivar). –
10 "Casa Goyenche" , heute ebenfalls eine Bank (Banco de Reserva), Ecke La Merced mit Palacio Viejo, vormittags offen zu Besichtigung: zwei Zim-
11 mer mit Kolonialmöbeln eingerichtet (Karte Nr. 1o), – "La Merced"- Kirche . Baubeginn 16o7, eine der ältesten Kirchen von Arequipa. Fein ausgearbeitetes Sillar- Portal, im 17. Jhd. durch Erdbeben teils zerstört und bis 174o rekonstruiert, wie im Portal vermerkt. Schöner Pan de Oro- Altar. (Calle La Merced, 3 cuadra, unsere Karte Nr. 11). –

7 Am interessantesten ist aber das KLOSTER STA. CATALINA, Eingang Calle Sta. Catalina 3o1, 2 cuadras nördl. vom Plaza de Armas. Riesiger Komplex (vergl. unsere Graphik am Beginn des Arequipa- Textes!), der sich zwischen Ugarte und Zela erstreckt.

Das Kloster gehörte im 16. und 17. Jhd. zu den " feinsten Sachen", die die katholische Kirche im spanischen Weltreich für Frauen zu bieten hatte, die ihr Leben und Körper komplett Gott widmen wollten. Verschachtelte

* auch "Casa Ricketts" und "Casa Tristan del Pozo" genannt!

Blumeninnenhöfe, Arkadengänge mit Wandmalereien, Kopfsteingassen und viele Nonnenzellen. Jede Nonne hatte ihr eigenes Haus mit Hausangestellten (muchelachas); nur Töchter der besten Familien Catalaniens hatten Zutritt zum Kloster. Zu sehen: komplette Einrichtung, Küchen, Beetstuben, Möbel etc. Eine eigene Stadt in der Stadt Arequipa! Lohnt sich sehr!!

Offen: 9.oo – 16.oo Uhr (Einlass.- offen bis 17 Uhr), morgens meist klassische Musik. Wegen Fülle und Vielfalt beliebtes Background- Setting für Modeaufnahmen! Ausführliche Erläuterungen in mehreren Sprachen.

GEGRÜNDET wurde Sta. Catalina 158o und im späten 16., Beginn des 17. Jhd.'s erweitert. Durch die Abgeschiedenheit (Kontakt, wie in mittelalterlichen Klöstern üblich durch Gitter oder Drehkreuz) konnte es seinen Flair bewahren. In "Hochzeiten" lebten hier bis zu fast 5oo Nonnen fromm nach Testament. Für die Allgemeinheit seit 197o geöffnet. –

SAN FRANCISCO: am Ende der Calle San Francisco. Viel Harmonie in Plaza-Architektur. Kirche in weißem Sillar- Lava. Die Jacaranda- Bäume blühen im August blaulilla. Gegenüber die "Casa del Fierro" aus Anfang des 19. Jhd.'s, heute Kunstgewerbezentrum. (9)

Im Norden wird die Plaza durch den "Tercera Orden" begrenzt, links ca. 2oo m zur Pte. Grau (schöne Fotomotive auf Vulkane) bzw. anschließend das älteste Stadtviertel von Arequipa: SAN LAZARO. (8)

VISTA ALEGRE: über die Jerusalen, Park mit schönem Blick über die Stadt. Beliebt am Wochenende für Familien, weils unterhalb einen Spielplatz gibt, – und am Abend für Liebespaare wegen dem schönen Blick über die Stadt. Hier oben das "Hotel de Turista" und die Villenviertel reicher Arequipeñer. (13) (14)

STADT–RUNDTOUR:

mit dem "Vallecito"- Bus ab Plaza de Armas. Zur ersten Übersicht interessant bei billigem Stadttarif. Fährt über Jerusalen und San Juan de Dios. Im Bus bleiben, bis man wieder zum Startpunkt zurückkommt. –

Fernverbindungen ab Arequipa: siehe Seite 843!

YANAHUARA: Vorort auf der anderen Seite des Rio Chili. Die gleichnamige Kirche Meisterwerk in Sillar- Steinmetzkunst. Vom selben Platz ("Mirador de Yanahuara") fantastischer Rundblick über die Stadt. Per Bus "Yanahuara" ab Plaza de Armas. Alle Details unter "Umgebung von Arequipa", 3 Seiten weiter! (15) (16)

Vom Ministerio de Turismo: La Merced 117, rund 1oo m von Plaza de Armas. Das Mädchen unten rechts in der viel zu kleinen Office war Tip- Top fit! Kompliment!

Parallel gibt's noch Infos von der "Guardia Civil", 24- Std. Service, Calle Jerusalen 315. Sehr freundlich, allerdings nicht so fit wie La Merced 117.

Während ich diese Zeilen schreibe, – kurz vor Weihnachten, treibt es hier in München dichte Schneeschwaden vor'm Fenster vorbei, Kinder fahren unten im Park Schlitten, und ich hab ziemlich Sehnsucht nach Südamerika!

HOTELS AREQUIPA

1.) Top:

"Hotel de Turistas", ohne Frage und mit Abstand für uns das beste Hotel von Arequipa, – auch wenn das "Portal" mehr Sterne hat. Grund: erheblich gemütlicher, schön in Selva Alegre gelegen. Ein Hotel mit Atmosphäre, – ca. 194o gebaut mit gepflegtem Garten, Swimming Pool und großer, offener Terrasse. Wer das Geld hat: nur "Turistas"! Doppel ca. 25 US $.

"Hotel Portal", Plaza de Armas. An Sternen derzeit "bestes" Hotel, knackig teuer, die meisten Zimmer mit scheußlichem Blick in Innenhof- Löcher mit Beton. Oben auf dem Dach ein Mini-mini- Pool, der bei unserem Besuch sehr verdreckt war. Das einzig positive: die Bar im 1. Stock in Arkaden mit Blick auf Plaza. Aber das kann man auch besuchen, ohne Hotelgast zu sein. Doppel kostet ca. 4o US $

"Hotel Jerusalen", Calle Jerusalen 581, kurz vor Selva Alegre. Ein modernes Hotel ohne Spezielles, aber sauber. Doppel mit Teppich und Dusche ca. 15 US $

"International" im Mercadoviertel, – laut und stinkig. Mit eigener Dusche Doppel ca. 13 US $ und relativ teuer für Gebotenes. Pierola 333

"Viza", Peru 2o2, modern, o.k. für's Doppel ca. 13 US $. Von peruanischen Geschäftsreisenden bevorzugt. 3- Sterne, Privatbad. TV unten in der Lobby. Schön gegenüber Kirche Sto. Domingo

"Hotel Presidente", Pierola 2o7, 3 Sterne, modern, Geschäftsleute, Doppel ca. 15 US $

"Hotel Cismar", HR mit 3 Sternen, Moral 1o7, Doppel ca. 15 US $

[Das "Molino Blanco", eine ehemalige Mühle am Rio Chili zu Hostal umgebaut, gibt es leider nicht mehr.]

2.) Mittel:

Sehr zu empfehlen: "Hostal Bolivar", 2o2 Calle Bolivar. Von außen ein gemütlicher Kolonialbau in Sillar mit Schmiedeeisengitter. Die Zimmer sind meist groß, jedoch ohne speziellen Blick. Plus: gute, zentrale Lage in schönem Kolonialviertel Arequipas vor Sta. Katalina. Doppel ca. 1o US $

"Hostal Grau", Puente Grau 1o6: ebenfalls Sillar- Kolonialhaus, mit vielen Pflanzen geschmückt, fast noch angenehmer als "Bolivar". In jedem Fall mit ca. 8 US $ (inkl. Bad) und ca. 3 US $ (Gemeinschaftsbad) günstiger, wenn auch simpler.

3.) Mittel – Billig:

"Hostal Mirador", Plaza de Armas 1o2. Höchstes Haus an Plaza nach Kathedrale. Von der Dachterrasse schöner Rundblick über Stadt, Hügelkette und 3 Vulkane. Heißer Tip die Zimmer für's Doppel ca. 6 US $, einfach, aber sauber. Wenn auch von Blick nicht so gut wie Terrasse! –

"Residencial Guzman", Jerusalen 4o8, freundlich, Sillar- Architektur, kleiner Innenhof. Das Doppel ca. 5 US $, allerdings ohne Privatbad.

"Hostal Excelsior", Mercaderes 1o6, bei Plaza de Armas. Quite well, ein altes Haus von 1929 mit hohen Zimmern. Das Plus ist hier die zentrale Lage bei passablem Preis. Das Doppel ca. 6 US $ inkl. Privatbad. (Ohne ca. 5 US $, Doppel).

"Hostal Europa", direkt beim Bahnhof: sauteure Bude, Leute unfreundlich und ins Centro einiges zu laufen. . . Eine alte Villa, die zu Mehrbett- Zimmern umgebaut wurde und für's Doppel den stolzen Preis von ca. 1o US $ kostet. Wer noch fit genug ist, sollte ins Centro laufen. Lohnt sich!

4.) Billig:

Ist in Arequipa Problem für sich. Was an Soles billig auf dem Papier erscheint, sind die letzten Löcher im Mercadobereich. Um die meisten würde ich auch bei leerem Geldbeutel einen Bogen machen:

"Hotel Lira" Juan de Dios 2o9: blau gestrichen und kühle Atmosphäre. In Bezug auf Preis aber noch passabel. Doppel mit Gemeinschaftsbad ca. 4 US $

"Hostal Imperial", Juan de Dios 21o: ein verwinkeltes Ganggewirr und Innenhöfe. Die Zimmer mit Bad bei fast 7 US $ absolut überbezahlt. Dunkelgrau und mieser Blick. Auch mit Gemeinschaftsbad (ca. 5,5 US $) düster und überbezahlt.

"Hostal Royal", Juan de Dios 3oo a, verwinkelte Dreckkiste mit sehr basic- Zimmern. Enge Stahlrohrbetten, bedrückend. Etwas mehr überzeugt der Blick vom Dach des Hauses, wenn's dunkel geworden ist und die Stadt im Lichtermeer daliegt. Doppel ca. 4,5 US $ mit Gemeinschaftsbad

"San Francisco", J. de Dios 314 A: wie Gefängnis. Meiste Zimmer ohne Fenster. Stahlrohrbett und trotzdem ca. 4,5 U S $ bei Gemeinschaftsbad.

"Hostal Comercio", 1o2 Consuelo. Ca. 3,5 US $, sehr basic und stinkig. Nähe Mercado.

"San Ramon", Tristan 1oo: Doppel ohne Bad ca. 4 US $. Achtung: scharfe Beton-Kante bei Treppenaufgang, die den Schädel erheblich verletzen kann. Oben sehr basic: Bretterverschläge.

"City- Hotel": Consuelo 211: leichter Toilettengestank liegt im großen Innenhof des sehr unattraktiven Hotels. Doppel ohne Bad ca. 4 US $! Zu teuer.

"Hotel Tito", Peru 1o58, eines der besten der Billighotels. Sauber, meist große Fenster,– oben im 1. Stock offene TerrasseDie Gäste meist zufrieden, es gibt heißes Wasser in Gemeinschaftsduschen. Doppel ca. 5 US $.

"Hostal Pacifico" (Alto de la Luna 236), ca. 3 US $ sehr basic und laut. Mitten im Mercadoviertel. Tendenz zu Dreck. –

"Bonanza", Jerusalen 114, nähe Plaza de Armas. Relativ billig und gut. Spaghettis, Pastas, Fleisch und gute Fischgerichte. An den Wänden Touluse Lautrec- Posters nachgemalt. – "Plaza Grill Room", 133 Portal de San Augustin. Sehr zu empfehlen! Gehört einer Schweizerin, alles von Sandwich zu Tee und Kaffee. – Gute Salteñas morgens im Cafe gegenüber Hauptpost, Calle Moral. – "Dolce Vita" an Plaza de Armas. Gute Milchshakes, aber relativ teuer. – "Parrilladas El Portal", Plaza de Armas, unten im Tiefgeschoß des El Portal- Hotels. Sehr gut für Fleischgerichte, Preise mittel. Mit Espressomaschine! – "Monaco", Mercaderes 224: Snackbarstil mit viel abgewetzter Patina. Preise bei Gerichten mittel bis billig (Touristenmenü). – "Chez Niño" (San Francisco 125), viel zitiert und empfohlen, hat uns überhaupt nicht überzeugt. Die Preise leicht überhöht, die Gerichte durchschnittlich und das Ambiente phantasielos. – "La Vie Clair" in der Passage hinter der Kathedrale: vegetarisch, kleines Zimmer mit Pflanzen, gemütlich. Zu essen gibt's Joghurt, Suppen, Salate. Schön auch, einfach um zu relaxen bei einer Tasse Tee! – "Quin Que" Rest. ebenfalls sehr zu empfehlen. Gegenüber Kloster Sta. Catalina 3o2. Gemütlich, Grill, Klassische Musik. Offen 17 - 23 Uhr, Mo. bis Sa. –

"Rico Pollo", Av. Guyeneche 229. Drive In, nur Hühner, – "Chu Sam", Sto Domingo 1o6 (Chinese), – "La Choperia" an der Straße zum Airport, relativ teuer.

Billig im Centro: in näheren Umgebung von Mercado, z.B. "Rinconcito de Munich", Juan de Dios 221. Kleiner Essraum, sehr simpel, daneben "Los 7 Sabores" . Gut für Kuchen und selbstgemachte Eiscreme: der Jugoslawe Lovro Bukovac mit "Mercaderes Pastry Shop", 325 Mercaderes.

PICANTERIAS: typische Arequipa- Restaurants. Spielt sich meist im Freien ab, in Patio oder Garten des Hauses. Daher nur tagsüber. Bei gutem und ganzjährig warmen Arequipa- Klima eine herrliche Sache. Informal.

"La Fonda el Sol" an der Straße zum Flughafen, Yanahuara, – "El Sol de Mayo", Jerusalen 1o3 (Achtung die Jerusalen in Yanahuara; führt in der Nähe des Miradors vorbei), – "Rest. Folklorico" Av. Pumacahua 62o bzw. anderer Eingang Villa Hermosa 514. an der Straße zum Flughafen und Eisenbahngleis Puno in der Nähe von "La Fonda del Sol". Billiger als Fonda. Hat uns besser gefallen, da informaler. Ein Garten mit Lama, überdachte Sitzplätze und Musik. Preise mittel bis billig.

DIE KÜCHE AREQUIPAS ist in ganz Peru berühmt. Viel Fisch und Muscheln vom nahen Pazifik. Insbesondere "Camarones" (Shrimps), Vorsicht bei "Picante de Camarones", kann sehr scharf sein! Sehr gerne esse ich in Arequipa: "Machas": weiße Muscheln rund 4 cm groß, roh gegessen mit Zwiebeln und viel darübergeträufelter Zitrone.

Die "Chupes" (Suppen) sind ebenfalls Arequipa- Spezialität. Entweder in Mischung verschiedener Meeresfrüchte, Muschelfleisch, Fisch und Camarones, oder zusammen mit Kartoffeln, Fleisch und Gemüse.

"Adobo"* kann teuflisch scharf sein. Gulasch, das meist am frühen So.- Vormittag gegessen wird. Danach kippt man einen doppelten Anis-Schnaps zur besseren Verdauung. "Rocoto Relleno": gefüllte Paprika, – "Ocopa a la Arequipeña", typisches Arequipa-Gericht, in Geschmack ähnlich der 'Papa Huancaina', jedoch mit zerriebenen Erdnüssen. Berühmt in ganz Peru: das Arequipa- Marzipan und die Schokoladen und Toffies von "La Iberica". Gut auch der Anislikör "Anis Najar".

Beliebte Ausflugslokale für's Wochenende in Tiabaya, Tingo und Sabandia.

Umgebung von Arequipa:

Nicht nur wegen der Stadt lohnt sich AREQUIPA, – vorallem wegen der Umgebung: in der Nähe Termalquellen, schöne Dörfer und Vulkanbesteigungen, – in der weiteren Umgebung: der mehr als 1.2oo m tiefe Colca-Canyon, die Felszeichnungen von Toro Muerte, ein Tal mit mehr als 6o erloschenen Vulkanen und interessante Flußoasen sowie Küstenwüste.

1 Yanahuara – Cayma – La Recoleta:

Vorort von Arequipa, schöne Rundtour, die man in ca. 1/2 Tag machen kann. Bus ab Plaza de Armas, Aufschrift "Yanahuara" für Pfennigbetrag. Schöner aber, wer Zeit hat: zu Fuß, ca. 3o - 4o Min., man kann unterwegs noch das Kloster "La Recoleta" oder Sta. Catalina einbauen.

Von der Plaza über die Puente Bolognesi (älteste Brücke Arequipas, 1575), gleich hinter dem Fluß rechts in die Recoleta, ca. 1o Min. zum Kloster:

Das CLAUSTRO DE LA RECOLETA wurde 1648 von Franziskaner Padres gegründet, die im peruanischen Amazonasgebiet missionierten. Das Kloster bei weitem nicht so umfangreich wie St. Catalina, so doch lohnend wegen dem "MUSEO AMAZONICO": kleine Sammlung von Shibibo- Keramik aus der Pucallpa- Region, Schlangen in Glas konserviert, bzw. ausgestopft, Vampire, ein versteinerter Menschenkopf (ca. 1oo.ooo Jahre alt), ausgestopfte Aligatoren, Paiche (=Amazonasfisch) und Campa- Kleider. In der Pinakothek Bild von Inquisition.

Eingang für Touristen: Ronda de la Recoleta 1oo. Offen 9 – 13 Uhr.

*Tip von Herbert Keuper: "unbedingt Sonntag morgens ab 6°° im Stadtteil CAYMA "Adobo" essen". (liegt bei Yanahua

Weiter zur Av. Ejercito (Pte. Grau), die links rauflaufen bis zur Calle Lima: rechts. Nach ca. 4 Querstraßen: MIRADOR DE YANAHUARA, einer der schönsten Rundblicke über Arequipa und die umgebenden Vulkane! Die stille Plaza mit Palmen und der schönen Kirche Yanahuara (Turm in simpelster Bauweise: Sillarstein auf Stein gemauert, links daneben das Eingangsportal überreich mit Ornamenten: Sillar- Meißelkunst in Perfektion!)
Wem die Gegend gefällt: relaxing in Residencial Fernandez, Calle Quezada, unterhalb der Plaza. Doppel ca. 12 US $.

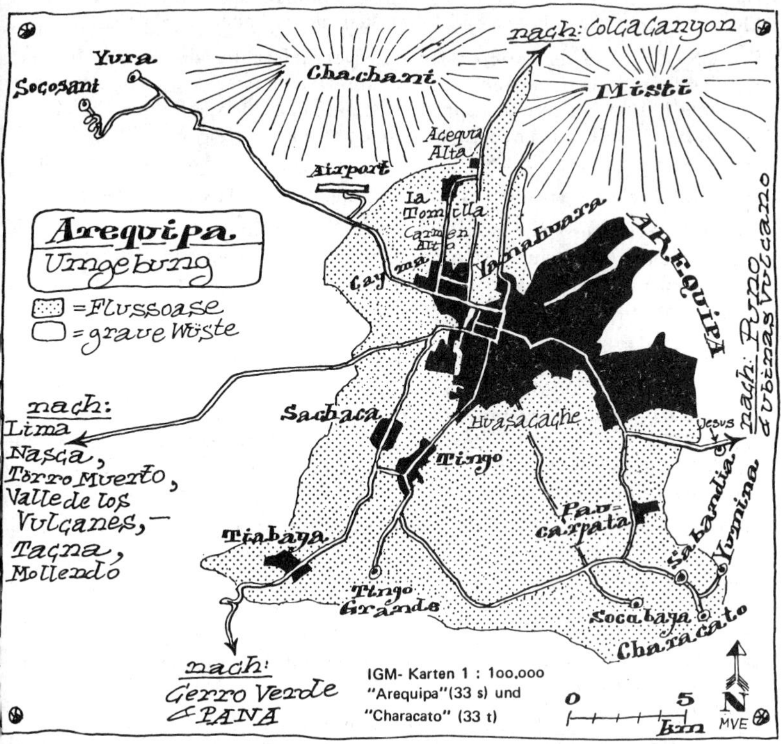

Busverbindung von Yanahuara nach Cayma sowie Carmen Alto und La Tomillo am Fuß des Chachani- Vulkans. Ländliche Gegenden mit viel Reiz und fantastischem Rundblick. Geringfügig weiter oben liegt das Dorf Acequia Alta mit einem Inca- Bewässerungskanal, der von den Spaniern erweitert wurde. Die Schotterstraße führt weiter bergan, zwischen Chachani und Misti durch, Richtung Cabanaconde (siehe "Trip zum Colca Canyon"!).

Yura – Socosani: **2**

Termalquellen, ca. 3o km über die Av. Ejercito am Flughafen vorbei durch die Wüste. Zementfabrik, danach in einer Schlucht das kleine Dorf YURA:

ein kleiner Grünstreifen inmitten grau- beiger Wüste.

Per ZUG möglich, Yura ist Bahnstation (vergleiche unsere Streckenbeschreibung Puno–Arequipa!), dauert aber ca. 1 Std. weil der Zug einige Umwege fährt, während die Strasse in Einschnitten relativ gerade durch das wellige Wüstenland führt. Asphalt bis Yura.

BUS: Aufschrift "Yura", ab Calle San Juan de Dios/Ecke Alto de Luna, ca. alle 2 Std Fahrzeit ca. 3o Min., ca. o,5 US $.

Übernachtung in Yura: "Hotel de Turistas", ca. 1o US $ für's Doppel mit kleinem Garten, in dem u.a. Kinderspielgeräte stehen und kleinem Pool. Die Baños Termales in der Nähe, Rumschwimmen ist nicht möglich, da zu klein. YURA wegen Termalbad lohnt sich nicht, - eher wegen Wüstentrip...

SOCOSANI: einer der größten Mineralwasserlieferanten der Region füllt seine Flaschen in einer kleinen Schlucht inmitten tiefster Wüste. Besichtigung möglich, bei vorheriger Rücksprache: "Compañia Socosani", Av. Ejercito in Arequipa. Ansonsten schwierig zu erreichen, nur mit eigenem PKW.

Keine Busverbindung, nur Mineralwasser- LKW's und Taxi. Ca. 1o km ab Yura, Abzweigung vor dem Ort beim Zementwerk. Ausgeschildert.

Auf einer Schotterstraße gehts durch öde Bergwüste, gelegentlich Kaktusse, Staub, Sand, rote Steine. Dann in vielen Serpentinen in eine Schlucht runter: unten rauschendes Wasser inmitten der Wüste, Palmen und ein paar Häuser. Straßensperre vor Ortsbeginn.

3 Tingo – Sachaca – Tiabaya:

Bus: "Tingo" ab La Merced, ca. o,2 US $, Fahrzeit 15 Min bis Tingo. Schöne Fahrt durch fruchtbare Felder vor Arequipa. Der Ort, mit einem kleinen See, ist beliebt bei den Arequipeños für Wochenendausflüge. Vivanderos (kl. Stände) verkaufen "buñuelos" (süße Camote, in der Pfanne in Mehl gebacken) und "anticuchos".

Sachaca mit dem interessanten "Palacio Quinta de Goyenche" (bei Tourist Office fragen, ob Besichtigung möglich), – TIABAYA: ebenfalls beliebter Weekend- Erholungsort mit Restaurants ("La Palizada", – "Los Cipreses"). Am 6. Jan. hier das große Fest "Sacudida de los Perales". Viele Eukalyptusbäume. Mit eigenem Auto kann man Route (4) anhängen, Verbindung über Tingo; wer mit dem Bus unterwegs ist, fährt bequemer zunächst zurück nach Arequipa.

LA MANSION DEL FUNDADOR, im Arequipa- Vorort Huasacache: gut restaurierte Kolonialcasa aus dem XVI.- Jhd. , inkl. Einrichtung. Lohnt sich, ist derzeit aber etwas schwierig zu erreichen. Ri. Tingo, vor Tingo Abzweigung, nur per Taxi, 7 km.

4 Paucarpata – Sabandia – Yumina – Characato:

ZEIT: ein Nachmittag

Ein Ausflug, der uns (zumindest nach Sabandia) viel Freude gemacht hat; keine landschaftliche "Sensationen" a la Colca - Canyon, und trotzdem! Es geht durch grüne Flußoasen inmitten der grauen Küstenwüste, kleine Dörfer und über allem der Misti.

Die Präinca- Ruinen von Paucarpata kann man 'überspringen' , wenn man nicht gerade absoluter Archäologie- Freak ist, – SABANDIA : schön gelegen in grünen Wiesen unterhalb des Misti. Lohnend: die Mühle von Sabandia: offen 9 - 17 Uhr. 1785 konstruiert in robustem Arequipeñer- Stil, rund 15 Min. von Ortszentrum.

In vergangenen Jahrhunderten hatten die reichen Arequipener- Familien hier ihre Landhäuser mit angeschlossener Landwirtschaft (Felder durch Irrigacion von Bächen bewässert). Heute ist Sabandia, wie auch Nachbardörfer beliebter Wochenendausflug mit vielen Restaurants.

YUMINA: mit hunderten von Incaterrassen, heute noch in Benutzung und wie ein Amphietheater ums Dorf. Das ganze Jahr über ist Ernte möglich wegen den guten klimatischen Bedingungen der Flußoase. – In Characato Geomagnetische und Telesismische Station der Uni San Augustin!Arequipa, wie auch die Amis hier eine Sateliten- Tracking- Station haben.

Busverbindung ab Arequipa über Paucarpata, Sabandia bis Characato. (1 Std. Fahrzeit, ca. 0,7 US $). Wer will, kann auf dem Rückweg noch JESUS einbauen (Thermalbad), die Becken allerdings so klein, daß richtiges Schwimmen nicht möglich. An der Straße Arequipa – Puno, 8 km nach Arequipa.

IGM- KARTE: 33 t (Characato)
ZEIT: unter Einsatz von Taxi ca. 2 Tage, egal ob via Aguada Blanca oder via Cachamarca

5

Vulkanbesteigung: Misti (5.821 m)

17,55 km Luftlinie von Plaza de Armas/Arequipa und 3.490 m höher. Was sich in Zahlen angenehm liest, ist "vor Ort" Hechelei, da über 4.000 m die Luft reichlich dünn wird.

Bernhard Brack schrieb uns dazu: "man muß sich warm einkleiden mit Mütze, Handschuhen etc., denn der Nachtaufstieg ist verdammt kalt!

Wir fuhren morgens (Arequipa ab 7 Uhr) 2 Std. mit einem Taxi bis AGUADA BLANCA, ein Wasserkraftwerk auf 3.250 m Höhe (ein Bus fährt dorthin nicht!). Von dort gings zu Fuß weiter über Sand und Asche bis zum Übernachtungsstützpunkt MONTE BLANCO (4.800 m). Hier sind Steine zu einer Schutzmauer aufgeschichtet, damit der Wind das Zelt nicht wegbläst. Von Aguada Blanca bis Monte Blanco brauchten wir 5 1/2 Std. . Wir schlugen das Zelt auf und warteten auf den Sonnenuntergang.

Sobald die Sonne verschwunden war, wurde es eiskalt. Wir verkrochen uns, – reichlich bekleidet mit Pullovern etc. – ins Zelt und in den Schlafsack. Bald brach ein Sturm los, der das Zelt ganz ordentlich durchschüttelte. Am nächsten Morgen machten wir uns um 2.30 Uhr auf den Weiterweg. Das Zelt und in ihm die Rucksäcke ließen wir stehen.

Mit der Taschenlampe bewaffnet, suchten wir einen Weg durch die Nacht. Es war bitter kalt. Wir gingen langsam und machten immer wieder, - später alle 20 Schritte – eine Pause, damit wir mit der Puste zurechtkamen. Als wir gegen 9 Uhr, also nach 6 1/2 Std. auf dem Gipfel standen, hatten sich die Anstrengungen gelohnt. Der Ausblick auf den Krater, auf Arequipa und überhaupt rundum war faszinierend!

Der Abstieg über Sand, Asche und Geröll ging sehr flott und strengte überhaupt nicht an. Bereits nach 50 Min. (!!) waren wir bei unserem Zelt und weiteren 2 Stunden in Aguada Blanca, wo uns das bestellte Taxi abholte. "

Bernhard empfielt Mitnahme eines Führers (Pablo Masias, Av. Luna Pizarro 871 oder Senor Arce, Quinta Romana 206). Wir konnten beide nicht testen, ansonsten empfiehlt sich der "Club de Andinismo de Arequipa."*

WICHTIG: unsere Recherchen in Arequipa haben ergeben, daß derzeit die Direktroute über Aguada Blanca nur mit Spezialgenehmigung möglich ist,

*Santo Domingo 416/Arequipa – oder "Guias de Montañas", Quinta Romaña 206

da militärische Sperrzone (Permission: bei den Militärbehörden/Arequipa).

Alternative: Taxi von Arequipa nach Cachamarca (2 Std.). Von hier rund 1o Std. rauf durch Asche, Sand und Sonne nach Camp Monte Blanco. Vom Camp rechnen die Experten vom Club Andino mit ca. 7 Std. Insofern hat Bernhard Brack mit 6 1/2 Std. einen ausgezeichneten Schnitt gemacht. Abwärts bis Camp ca. 1 Std. – bis Cachamarca ca. 3 Std. Gute Höhenakklimatisation unbedingt Voraussetzung!!

IGM- KARTE: 33 u (Ichuña)
mit Taxi in einem Tag möglich
Aufstieg ca. 3 Std. - runter 1 Std.

6 Besteigung Vulkan Ubinas (5.638 m)

besonders attraktiv, wegen ausgeprägtem Vulkankrater oben in der Spitze, dort liegt eine tiefgrüne Lagune! Mit zwei Haken: langwierigere Anreise als z.B. Misti und schlechte Piste, die die Taxipreise in die Höhe treibt.

Zunächst Piste Arequipa – Puno, 64 km bis zur Abzweigung beim Salzsee Laguna Salinas, rechts Richtung UBINAS- Pueblo. Bis zur Abzweigung passabler Schotter, was danach kommt: runde 75 km Piste in derzeit so miesem Zustand, daß man dafür bis zu 6 Std. braucht. Aber landschaftlich fantastisch, entlang der Ausläufer des Vulkan- Riesens!

Bei der Laguna Piscocha (ca. 75 km ab Abzweigung) Aufstiegsmöglichkeit. Die Laguna liegt bereits in rund 5.ooo m Höhe! Daher ist man in rund 3 Std. oben, sofern man vorab über Höhenakklimatisation verfügt. (Auch aus gesundh. Gründen ähnlich wie beim Misti unbedingt nötig!). Taxifahrer kann warten. Der Abstieg in ca. 45 Min. - 1 Std.

Der Ubinas ist der einzigste, noch aktive Vulkan der Kette Südperus. Besteigung (wie auch bei Misti) leicht. Was beim Misti der Rundblick, ist beim Ubinas die landschaftliche Szenerie.

IGM- KARTE: 32 s (Chivay) + 33 r + 32 r
Auf eigene Faust und Bus mindestens
2 Tage, – per Tour: 1 Tag

7 Colca - Canyon:

Einer der lohnensten Trips ab Arequipa; – der Canyon, dessen Bergwände teils bis zu 3.ooo m aufsteigen, gilt als einer der tiefsten von Nord- und Südamerika. Bequemster "Einblick" am Cruz bei der Flußkurve Chacclla zwischen Cabanaconde und Pinchollo: hier gehts mehr als 1.2oo m fast senkrecht runter!

DER COLCA–CANYON wurde 1929 erstmals erwähnt vom Nordamerikaner George Johnson, – intensivere Erforschungen durch den spanisch- Peruaner Dr. Reparaz Mitte der 5o- er Jahre, der erste Luftaufnahmen anfertigte, Messungen zu Flußgeschwindigkeit und - Temperatur anstellte und Teile des Canyons erstmals entdeckte.

Zwischen dem 12. Mai und 14. Juni 1981 wurde der rund 8o km lange Canyon erstmals von einem Team polnischer Studenten per Kajak bzw. Schlauchboot befahren,– den "POLACOS". Ihr Durchschnittsalter 28 Jahre, Studium Uni Krakau, – Einstieg in den Fluß bei Cabanaconde, nachdem die Strecke zuvor aus der Luft mit Sportflugzeugen der "Aerocondor" abgecheckt wurde.

Die ersten 44 Fluß- Km bis CANO dauerten 11 Tage; 3o % der Strecke mußten zu Fuß um die Stromschnellen zurückgelegt werden. Zugleich ging ein Schlauchboot kaputt, "not navigable" der Kommentar der Polen.

CANO– ANDAMAYO: extrem schwer, aber befahrbar, einige Stromschnellen der Klasse 5 - 6! Zugleich der tiefste Teil des Canyons. ANDAMAYO– CORIRE: der leichtere Teil des Flußtrips. Die Polacos schlagen vor, hier Kanu- und Kajak- Wettbewerbe durchzuführen.

Alle weiteren Details: "In Kayak through Peru"/Whitewater Guide by the Polish Expe-

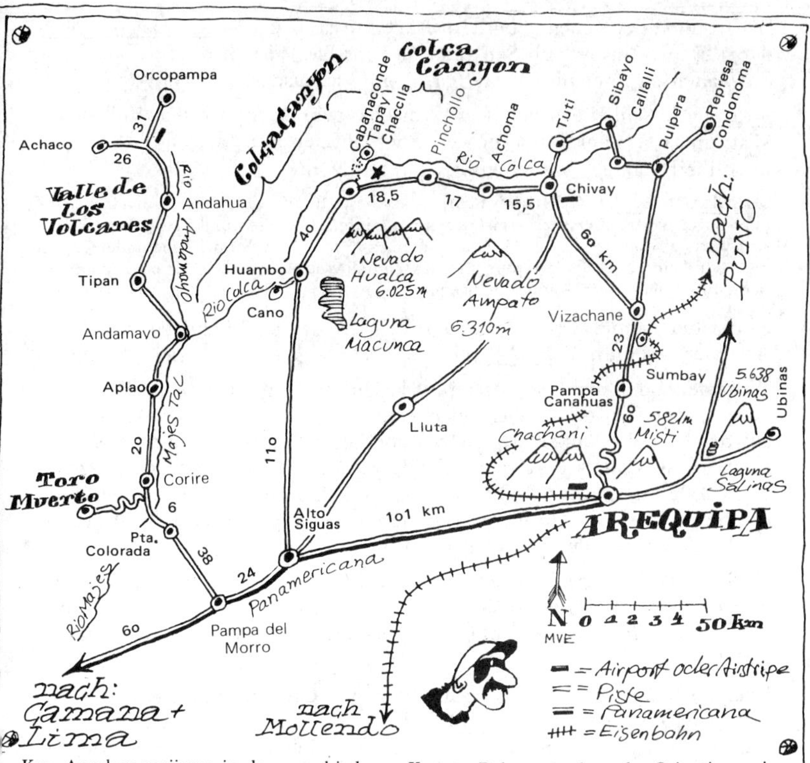

Km- Angaben variieren in den verschiedenen Karten. Daher nur als grobe Orientierung!

dition Canoandes, Verlag Embajada del Viajero S.A. , erhältlich eventuell in Buchhandlungen in Lima. Ansonsten über "South American Explorers Club"/Av. Portugal 146, Lima- Peru. Englisch, ca. 2o DM.

Organisierte Schlauchboot- Trips auf dem Colca: "Peruvian Adventure Travel", Jr. Ocona 18o, piso 4, Lima/Peru, sowie "Setours"/Jr. de la Union 1o11/Lima- Peru.

VERBINDUNG/BUS: rund 2oo km über die Nordostroute/Chivay und runde 25o km über die Südroute/HUAMBO. Die meisten fahren über die Nordwestroute, die zugleich landschaftlich schöner ist.

Wer's eilig hat, bucht in einem Reisebüro von Arequipa eine Tour, – retour in einem sehr früh begonnenen Tag möglich, wenn's unterwegs wegen schlechten Straßen keine Pannen gibt. Das reicht aber nur für Blitzbesuch- und kostet zudem zwischen 4o und 6o US $. Wenig Zeit = viele Km,und führt notgedrungen zum Abhaken.

Besser der wesentlich billigere Indiobus, tägl. "Chasqui"- Bus ab Arequipa/ Pampita de Zeballos 219 (Stadtteil Antiquilla, Stadtbus ab Plaza de Armas mit gleichnam. Aufschrift), Abfahrt frühmorgens, ca. 6 Uhr. Braucht bis

Cabanaconde zwischen 7 und 1o Stunden/ ca. 6 US $. Alternative Colectivo ("Expr. Chivay", ab San Juan de Dios 357) macht die Strecke in 4 - 5 Std., allerdings nur bis Chivay (ca. 7 US $), Anschluß-Colectivo nötig.

Strecke: ausschließlich Schotter. Zunächst gehts zwischen den Vulkanen Misti und Chachani durch, in vielen Serpentinen rauf, danach fast geradlinig durch Pampa, bretteben bis zum Horizont .

CHACHANI–BESTEIGUNG: ab Cabreria an dieser Piste (ca. KM 24), nur für erfahrene Bergsteiger wegen Gletscherbereich oben am Gipfel. Steigeisen und Seil erforderlich. Raufwärts ab Calabria in ca. 19 Std., runter ca. 6 Std. Es soll noch eine andere Route geben, die eine Besteigung retour inkl. Autoanfahrt ab Arequipa in einem Tag ermöglicht. Infos beim Club Andino in Arequipa.

Hinter der Pampa Canahuas kreuzt die Piste das Eisenbahngleis der Strecke Arequipa – Puno. SUMBAY mit Felszeichnungen, Details siehe Route 1o.

Einsame Andenhochlandschaften, gelegentlich Lama- Herden, selten Dörfer. Nach Vizcachani geht's über einen 4.8oo m Pass mit schönen Ausblicken auf den Nevado Ampato (6.31o m) und gegen frühen Nachmittag ist das Provinznest CHIVAY erreicht. 3.636 m, mit Basic- Hotels, Restaurants, Tankstelle und außerhalb des Ortes einer 1.2oo m- Piste für kleinere Sportflugzeuge. Busse und Colectivos in die Umgebung, so nach Callalli (Termalbad), Sibayo und Pinchalto am Rio Colca.

Noch runde 5o km bis Cabanaconde. Die Piste führt schön oberhalb des Colca, der sich nach Achoma verengt und tief zwischen den Bergen durchzieht. Bei klarem Wetter fantastisches Panorama schneebedeckter Andengipfel.

Dem Busfahrer Bescheid geben und kurz vor Cabanaconde aussteigen. Nennt sich "Chacclla" bzw. "Cruz del Condor", einfach nach "vista Colca Canyon" fragen, Busfahrer kennt sich aus! Von hier sind's ca. 5 Min. zu Fuß an den Canyon, der mehr als 1.2oo m senkrecht abstürzt. Wer den Morgenbus von Arequipa genommen hat, dürfte kurz vor Sonnenuntergang hier sein, wenn's unterwegs keine Pannen gegeben hat.

Vom Cruz del Condor in ca. 3o Min. zu Fuß ins Dorf CABANACONDE. 3.29o m, verschlafenes Nest ohne Tourismus. Bei der Kirche/Plaza de Armas gibt's eine Basic- Unterkunft, wo man vermutlich auch den Busfahrer und seinen Sozius wiedertrifft. Wenn's dunkel wird: Kerze.

Von Cabanaconde führt ein Trail runter an den Fluß und per Brücke rüber nach TAPAY, Ausgangspunkt für schöne Wanderungen.

Bus entweder am nächsten Morgen zurück nach Arequipa, oder über HUAMBO an die Panamericana (Anschluß Toro Muerte & Valle de los Vulcanes). Ab Huambo auch eine sehr zeitraubende und langwierige Verbindung nach CANO am Colca, Einstieg bzw. Versorgungsstützpunkt für Flußtrips.

Kartenmaterial: Achtung: das verfügbare Kartenmaterial von IGM (1 : 1oo.ooo) ist bezüglich Straßen total veraltet. Statt die Karten unverändert 1985 nachzudrucken, hätte man zumindest die wichtigsten Straßen, z.B. im Bereich Cabanaconde – Chivay – Huambo nachtragen sollen! Ansonsten nützlich was Höhenzüge, Flüsse und Berge betrifft.

Wer nur per Bus nach Cabanaconde fährt, braucht allenfalls die IGM 32 s (Chivay), die den

Bereich Chivay bis Cabanaconde enthält. Die IGM 32 r (Huambo) schließt sich links an und zeigt den Bereich des Colca Canyons bis zur Hazienda Andamayo (ebenfalls total veraltet, was Straßen betrifft!), – die IGM 33 r (Aplao) zeigt den Flußteil flußab nach Haz. Andamayo.

Flüge: "Aerocondor" und "Aeroica" hat leider die Rundflüge ab Arequipa über den Colca- Canyon eingestellt, da es zu wenig Nachfrage gab. Man müßte also das Sportflugzeug ab Stützpunkt Nasca oder Ica an der Küste bestellen, was wegen einer Luftlinienentfernung von ca. 4oo km ab Nazca entsprechend teuer Wird. Nach neuesten Infos aber wie der mit Aerocondor. möglich.

IGM- KARTE: 33 r (Aplao)
ZEIT: 1 Tag

Toro Muerto (Felszeichnungen) 8

In der Wüste nördlich von Camana; eindrucksvoll und zudem bequem zu erreichen. Fast die gesamte Strecke ist asphaltiert, pro Richtung ca. 17o km, in Taxi bzw. Mietwagen ca. 2 1/2 Std.

Bus: erheblich billiger als Tours ab Arequipa, die bis zu 7o US $ pro Person verlangen. Der Bus kostet retour ca. 6 US $. Täglich fahren "Empr. Transportes Delgado" (ab Juan de Dios, fast Ecke Salaverry/Arequipa) und "Transp. San Antonio" (Ecke San Martin mit Tristan). Abfahrt morgens, Fahrzeit ca. 3 Std. pro Richtung.

Dem Busfahrer Bescheid geben und kurz vor dem Dorf Coire aussteigen. Von hier zu Fuß rüber zu den Felszeichnungen. Das Tourist Office in Arequipa hat eine Karte über den Wegverlauf. Ansonsten IGM- Karte 33 r (Aplao), allerdings wieder im Sektor Straßen ungenau. Abzuklären wäre auch, ob man mit dem Nachmittagsbus wieder zurück nach Arequipa kommt!

Die Petroglyphen zeigen in naiver Darstellung Tiere, Personen und geometrische Figuren. Eingeritzt in vulkanische Gesteinsbrocken, die von einer Eruption des Coropuna oder des Chachani vor rund 5o Mill. Jahren auf einem Gebiet von 3,8 km Länge und 25o m Breite ausgestreut wurden. Das Alter der Zeichnungen schätzen die Wissenschaftler auf 3 - 4.ooo Jahre. Toro Muerto ist die reichste Petroglyphen- Fundstelle, die derzeit auf dem südamerikanischen Kontinent bekannt ist. Besuch lohnt sich. Genügend zu Essen und Trinken mitbringen. Mittags wirds in der Wüste knüppelheiß; derzeit noch keinerlei touristische Infrastruktur! –

IGM- KARTE: 31 r (Orcopampa)
ZEIT: per Bus 1 - 2 Tage. Erheblich besser ist das Überfliegen in gechartertem Sportflugzeug der Aeroica oder Aerocondor

Valle de los Volcanes 9

im Boden eines Tales mehr als 6o erloschene Vulkankegel. Am besten aus der Luft zu erleben! Wegen der Entfernung von mehr als 6oo km retour ab Arequipa ist der Trip per organisierter Tour Überland sehr teuer.

Auf eigene Faust: Bus "Transportes Delgado" ab Arequipa, San Juan de Dios, Fahrzeit 5 - 6 Std., ca. 8 US $ bis zum Dorf Andagua. Mini- Mini, Übernachtung bei Privat versuchen. Vom Dorf sind's ca. 1 km zu den nächsten Vulkanen, die in einer Kaktuswüste stehen. Höhe 5o - 6o m.

Während sich der Trip rauf zum Colca Canyon auch per Bus, d.h. ohne Sportflugzeug unbedingt lohnt, – sollte man den Besuch des Valle de los Volcanes nur per gechartertem Flugzeug unternehmen. "Flugtauglichkeit" aber Voraussetzung, da es jede Menge Turbulenz hat, die die Maschine in der Luft tanzen lässt. Siehe auch Kapitel "Flugverb. ab Arequipa"! –

IGM- KARTE: 32 t (Challalli)
ZEIT: 1 Tag im Optimalfall

10 Felszeichnungen von Sumbay:

Bahnstation Sumbay am Gleis Arequipa – Puno bei Km 114. Das Dorf liegt an den Nordausläufern des Vulkan Misti in 4.127 m Höhe. Vom Eisen bahn Haltepunkt sind's noch runde 2o Min. zu Fuß bis zur Höhle, in der mehr als 4oo Zeichnungen zu sehen sind. Das Alter wird per Radiocarbon-Methode auf runde 6 - 8.ooo Jahre bestimmt. Leider hat einheimischer Vandalismus jedoch Einiges der Zeichnungen zerstört.

DAS PROBLEM ist die Erreichbarkeit: möglich, mit dem 3 mal/Woche verkehrenden Tageszug ab Arequipa rauf Ri. Puno bis Sumbay. Der Haltepunkt wird nach ca. 3 Std. erreicht, also kurz vor Mittag. Retour per Zug läuft nichts, da der Nachtzug erst gegen 3 Uhr in der Nacht durchkommt. Daher vorab in Arequipa abchecken, wann der Chivay – Arequipa Bus Sumbay passiert. Jedoch keine Garantie, daß man mitfahren kann, wenn der Bus voll ist. Und SUMBAY in der Nacht ist teuflisch kalt wegen der Höhe. . .

Die Strecke raufwärts per Zug nach Sumbay macht viel Spaß: schöne Fahrt um den Chachani Vulkan rum (bergauf links sitzen!), Blick in tiefe Schluchten, später Kaktus-wüste. – ALTERNATIVE: per "Chivay"- Bus oder (besser, da schneller) - Colectivo ab Arequipa rauf nach Sumbay und per Tageszug retour nach Arequipa. Wer will, kann in YURA aussteigen (Routenbeschreibung 2), im Hotel de Turistas übernachten und am nächsten Morgen per Bus nach Arequipa, um sich den seperaten Ausflug nach Yura und Zeit zu sparen. –

11 Küste und Flußoasen

Mollendo, lange Jahre Hafen, heute von Matarani abgelöst und Seebad für die Arequipa- Region in den Sommermonaten Dez bis Anfang März. Ab 28 de Julio 1o2/Arequipa Colectivos ("Expreso Flecha"), die die Strecke in rund 2 Std. machen.(Der Zug braucht bis zu 5 Std. und fährt nur noch Cargo.) Im Bereich um Mollendo: 35 km feiner Wüstensand- Strand.

Meistbesuchtester Strand ist die Playa von Mollendo unterhalb eines Castillos (de Forga) mit Spitzfenstern und Zinnen, am Strand Vivendas mit Essen und Bebidas. – Mit eigenem PKW oder Tour ab Arequipa kann man rüber zum Tal des Rio Tambo (Zuckerrohr, teils auch Reisanbau) und über die Pana zurück nach Arequipa.

★ Tours- Agenturen: wer knapp mit Zeit ist, aber über genügend Geld verfügt, kann die oben beschriebenen Trips auch per Tour - Agentur in Arequipa buchen. Vorteil: daß die Anschlüsse klappen, – Nachteil der meist erheblich höhere Preis.

– "Holleys Unusual Excursionen", geführt von einem braven English- Man. Seine Office ist ein Landrover, der vor dem Sta. Catalina Kloster geparkt ist, wenn Holley nicht gerade einen Trip macht. Ansonsten wird die Sache vom Schlafzimmerbett aus gemanagt: Tel.: 22.44.25 von 17 bis 7 Uhr früh.

– "Continental Tours", Calle Jerusalen 4o2 B, besteht seit vielen Jahren, ist zuverlässig und preisgünstig.

– "Transcontinental", Sta. Catalina 12o, ebenfalls empfehlenswert.

Die PREISE liegen bei ca. 3o - 5o US $ Person für einen 1- Tagestrip, Sprit fürs Fahrzeug inkl., sofern 6 Leute zusammenkommen. Bei weniger Personen wirds entsprechend teurer.

★ **Klima:** das ganze Jahr über angenehme Temperaturen tagsüber um 22° C, – nach Sonnenuntergang um die 6° C (Winter) bis 12° C (Sommer). Extrem seltene Regenfälle (AREQUIPA). Beste Zeit für freien Misti, Chachani etc. sind die Monate August bis September, wobei es aber auch während dieser Monate "verhangene" Tage geben kann.

Verschneiter Mistigipfel beste Chance: Juni bis Okt./Nov. , für die Besteigung beste Monate April/Mai bis Juni. –

Für Trips nach Cabanaconde, Colca Canyon, sowie Ciudades de los Volcanes: August bis Ende Oktober, danach wegen Regenzeit Straßenzustand schlecht und u.U. längere Fahrzeiten als angegeben. Für Flüge in diese Region: selbe Zeit, Start am besten morgens, da meist wolkenfreier und weniger Wind. Flughöhe: 14.ooo Fuß, Canyon ca. 1o.ooo Fuß

★ **Feste/Arequipa:**

Die beiden wichtigsten: OSTERN: in Cayma und Yanahuara wird die Puppe des Judas verbrannt, alte Tradition daher von der Kirche akzeptiert.

AREQUIPA–WOCHE (15 - 22. August) Anlaß Stadtgründung 15.8.154o durch Spanier. Am 15. Umzüge über Plaza de Armas und durch San Juan de Dios (13 - 19 Uhr), nachts Feuerwerk und Folkloregruppen.

★ **Kunstgewerbe:**

Lederarbeiten, Sillar, Silber, sowie Artesania wie z.B. Juliaca- Pullover, Ponchos etc. Shops konzentrieren sich in Calle Sta. Catarina zwischen Plaza und Kloster , in der Passage hinter der Kathedrale, sowie bei Plaza San Francisco,wie auch Mercaderes.

Antiquitätenshops in Calle Santa Catarina, sowie "Casa Secchi",Mercaderes und "Assoc. de Artesanos Arequipa"

Verbindungen: ab Arequipa

Flughafen:

ca. 1o km außerhalb an der Straße nach Yura. Am besten Taxi (ca. 2 US $), da der Bus auf der Hauptstraße vor dem Flughafen vorbeifährt und man mit Gepäck noch ca. 1o Min. laufen muß.

Neues Gebäude in schöner Sillar- Architektur, innen Marmorböden.

AEROPERU und FAUCETT täglich nach Lima. Ca. 1 Std.15 Min./ca. 75 US $. Vergleichbar zum Bus via Panamericana/Küste (= ca. 19 Std.) sicher die bessere Wahl, wer knapp mit Zeit ist und keinen Stop in Nasca einlegen will.

Um eine, – gelegentlich in Reiseführern geäußerte Fehlinformation zu korrigieren: die Nasca- Wüstenlinien sind vom Aeroperu oder Faucett- Jet kaum oder garnicht zu sehen! Einmal fliegt der Jet in ca. 6 - 8.ooo m Höhe (weswegen die Nasca- Linien auf Mm-Größe zusammenschrumpfen), – zum anderen liegt über der Küste oft der Garua-Küstennebel, der in dieser Höhe die Wüstenlinien in Bodennebel verschleiert. –

AEROPERU fliegt derzeit täglich von Arequipa nach Juliaca, sowie Cusco. (Arequipa nach Cusco ca. 4o US $, – Arequipa nach Juliaca ca. 25 US $). Bei klarem Wetter eine grandiose Sache, zudem erhebliche Zeitersparnis, wer Peru unter Zeitdruck erleben muß. –

"AEROCONDOR" und "AEROICA" haben leider als Charterairlines für Trips mit Sportflugzeugen ihren Stützpunkt in Arequipa eingestellt. Alternative ist der Sportflugzeug- Club Arequipa (Kontakte im Airport!).

Anmiete ab Ica oder Nasca nötig, ein insgesamt ca. 5 Std. - Flug, der sich trotz hoher Charterkosten bei 3 oder 5 Leuten lohnen kann, wer knapp mit Zeit ist. Preise sind Verhandlungssache und dürften bei ca. 25o - 3oo US $/Person liegen.(Strecke: Nasca – Arequipa – Colca Canyon – Valle de los Volcanes – Nasca).

Busse/Colectivos/Zug: siehe entsprechende Streckenbeschreibung!

Lima → Tacna: /chilen. Grenze
Panamericana-Sur/

Rund 1.3oo km bis an die Grenze. Eine breite Asphaltpiste durch endlose Wüste: die "PANA- SUR". Lima – Pisco – Nasca – Arequipa – Moquegua – Tacna/Grenze. Die Schnellverbindung nach Chile. Bringt aber außer Arequipa (siehe Vorkapitel!), – Nasca (Wüstenlinien) und der Paracashalbinsel bei weitem nicht so viel an Interessantem wie die Parallelroute durch die Anden. Von PARACAS lohnender Bootstrip rüber zu Guano- Inseln! –

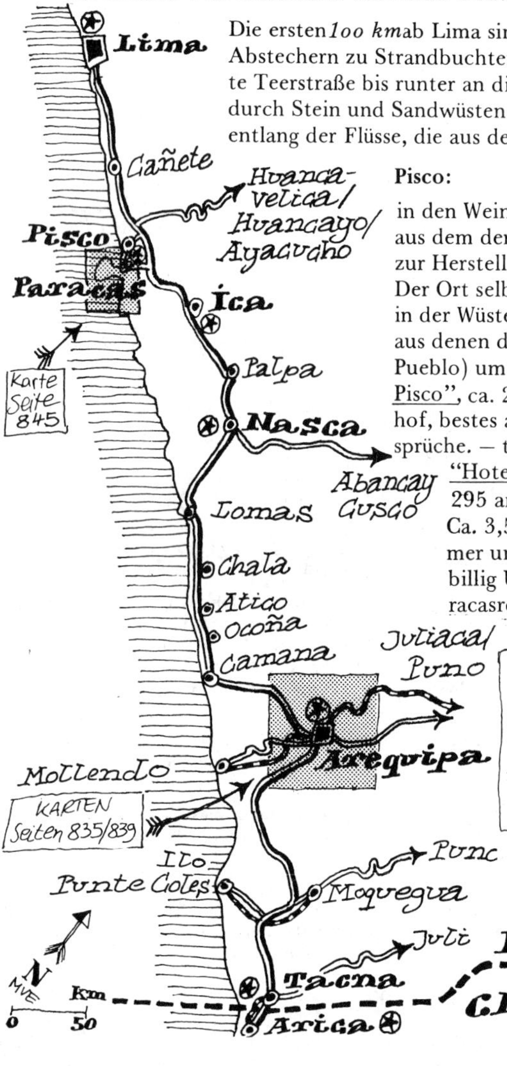

Die ersten *1oo km* ab Lima sind gut ausgebaute Autobahn mi Abstechern zu Strandbuchten am Pazifik, dann gut ausgebau te Teerstraße bis runter an die Grenze. Es geht vorwiegend durch Stein und Sandwüsten, unterbrochen von Wüstenoasen entlang der Flüsse, die aus den Anden kommen.

Pisco: **ca. 15 m/ 75.ooo E**

in den Weingärten wird der Stoff angebaut aus dem der "Pisco- Sour" ist. Einige Detai zur Herstellung siehe "Peru/Allgem. Tips". Der Ort selber wenig attraktiv: Schachbret in der Wüste, meist 1- bis 2- stöckige Häuse aus denen die TV- Antennen wachsen (Pisc Pueblo) um die Plaza de Armas. Hier "Hos Pisco", ca. 2 US $ Doppel mit kleinem Inn hof, bestes am Platz für durchschnittliche A sprüche. – teurer, aber frische Meeresbrise "Hotel Portofino"/Demetrio Mirand 295 am Meer/Pisco- Porto am Malec Ca. 3,5 US $, saubere, freundliche Zi mer und derzeit wohl bester Tip für billig Übernachtung in der Pisco- Paracasregion. – Wer billigeres sucht: i Ort (ca. 2 US $/Doppel).

Transport ab Lima: häufig am T Busse direkt bis Pisco/Ort. Ca. 2 US Fahrzeit 2 1/2 Std. Achtung: keinen durchgehenden Bus nach z.B. Ica o Nasca, da dieser unter Umständen nicht in den Ort reinfährt; von der Straßenkreuzung bis in den Ort ca. 6 Km!

Vorsicht vor Händlern, die un "viel Angst vor Polizei" angeb echte Ausgrabungsstücke für t

= Panamerica
= Seitenpist
⊛ Airport, b
(Nasca) Airst

Geld anbieten. Den Vogel schoß dabei ein angeblich "echter Paracas - Tomahawk" ab, der so diletantisch gefertigt war, daß der Holzstil noch nach frischer Beize roch und die angeklebten Federn vom nebenan gerade verzehrten Huhn stammten, welches noch Farbe bekommen hatte. – Auf Export wirklich echter Grabfunde aus Peru raus stehen empfindliche Strafen. –

Von PISCO/Plaza Busse bzw. Mikros rüber nach Paracas, 12 km, ansonsten per Taxi. Zunächst vom Pisco/Porto am Meer entlang, Fischmarkt, auch kleinere Haie gesehen! Später in Sichtweite paralell zum Meer, am Militärairport vorbei, landschaftlich schön mit Blick auf die Paracas-Halbinsel.

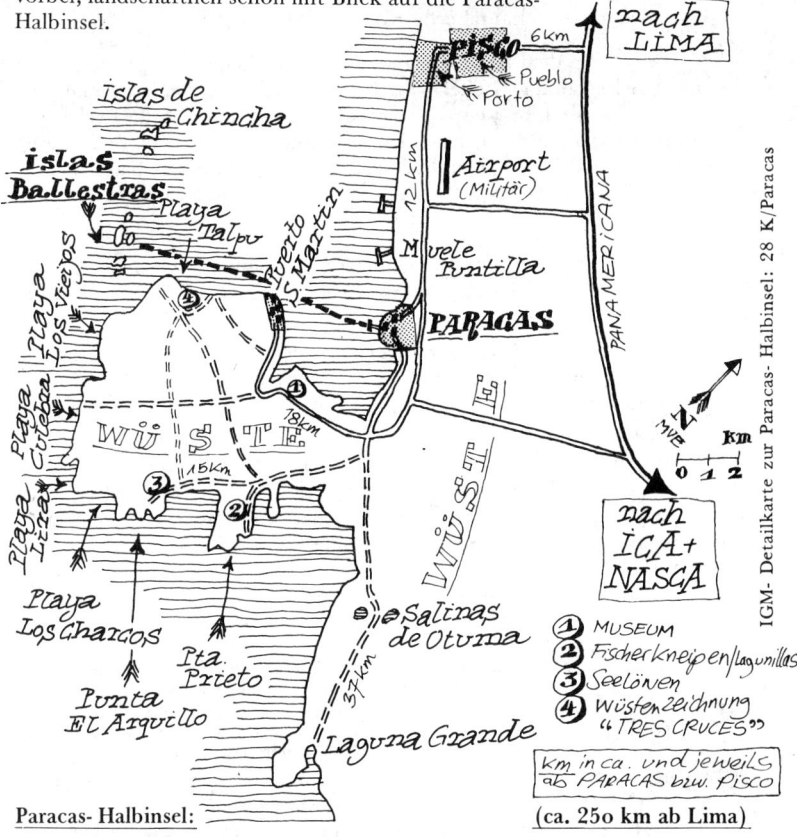

IGM- Detailkarte zur Paracas- Halbinsel: 28 K/Paracas

Paracas- Halbinsel: **(ca. 25o km ab Lima)**

sehr lohnend! Ab Lima in eigenem/bzw. Mietwagen in ca. 2 1/2 Std. zu erreichen über die schnelle und gut ausgebaute "Pana", die zwischenzeitlich bis Cañete als Autobahn ausgebaut ist. Danach schnelle Landstraße durch die Wüste; Vorsicht in den Ortsdurchfahrten in den Flußoasen. – Paracas ist beliebter Naherholungsort für die reichen Limeñer; fantastisches Hotel, das allem in Pisco vorzuziehen ist: "HOTEL PARACAS", direkt am Meer auf einer grünen, palmenbewachsenen Halbinsel. Rundum: tief bis leuchtendhellblauer Pazifik und die grellgelb leuchtende Wüste. Viel Ambiente. Einzelne Häuser in Gartenanlagen, weitläufiges Restaurant mit großen Glasfenstern zum Meer. Kleiner SW-Pool, Tennis sowie Tischtennis, Minigolf und Wasser ski. Doppel je nach Zimmer zwischen ca. 25 und 30 US $, an Feiertagen, über Neujahr etc. kaum Chance, Zimmer ohne Vorreservierung zu bekommen (Tel.: Lima: 46 48 65)

Billiger: "Hostal Mirador", an der Straße, auf einem Hügel. Alle Zimmer vorn raus mit Blick aufs Meer und die Halbinsel. Die Zimmer allerdings sehr einfach eingerichtet und keinerlei Vergleich mit Hotel Paracas. Doppel ca. 7 US.

Oder die 76 km rüberfahren nach Ica, Hotel las Dunas !

BADEN vor dem Hotel verboten, hauptsächlich wegen Stachelrochen Schönste Badestellen zwischen Lagonillas (Karte, Nr. 2 und Nr. 3) verschiedene Buchten. Im peruan. Sommer (Dez. – März) ist hier recht viel los, insbesondere an den Wochenenden. Kein Bus, Trampen müßte aber am Wochenende möglich sein. Zum Baden sind dabei die Buchten nach Lagunilla las wesentlich schöner. Essen (herrlich frischer Fisch!) und Drinks nur in Lagunillas.

✶ **Bootstrip zu den Islas Ballestras:** nach unserer Meinung, – wie auch verschiedener Leserzuschriften der Hauptgrund, warum unbedingt STOP in Paracas, wenn man Nasca oder Arequipa unterwegs ist.

Abfahrt gegen 8 Uhr ab Hotel Paracas, retour gegen 11 Uhr. Kostet knapp 5 US $, unbedingt am Vorabend an der Reception/Hotel Paracas buchen. Auch für Nicht- Hotelgäste möglich.

Ab Steg/Hotel mit der Yacht "Flamingo", vorbei an der Paracas- Wüstenzeichnung "Tres Cruzes" , einem riesigen Kandelaber, über dessen Bedeutung die Wissenschaftler rätseln. Raus aufs offene Meer, wo ca. 15 km vorgelagert die ISLAS BALLESTRAS liegen. Felseilande mit Stegen, die an Seilen herabhängen, um die Schiffe mit dem Guano bèladen zu können, den Exkrementen der gleichnamigen Vögel.Der peruanische Guano gehört zu dem höchstwertigsten Naturdünger der Welt; ca. 4o - 5o Mann an Land um die Fladen abzuhacken.

Guano:

Bereits Alexander von Humboldt schickte von seiner Südamerika- Expedition Guano- Proben nach Deutschland, die dort 18o2 analysiert wurden. Von Liebig wies erstmalig auf den hohen Düngwert hin, insbesondere bei Kartoffelanbau. Exportiert wurde Guano seit 1841, – zwischen 1842 und 1879 rund 1o Millionen Tonnen! Dabei gehörten die Ballestra und Chincha Inseln zu den wichtigsten Eilanden für Guano vor der peruan. Küste.

Abbau im vergangenen Jahrhundert vorwiegend durch chinesische Arbeitskräfte. Mit den Einkünften aus Guano wurde unter andererem auch der kostspielige Eisenbahnbau der Strecke Lima – Huancayo finanziert. Über-"Produktion", sowie Überangebot aus Afrika und Saudi Arabien ließen gegen Ende des 19. Jahrhunderts die Weltmarktpreise rapid sinken. Parallel schaffte sich Peru durch verstärkten Salpeterabbau, der auch als Fertilizer Verwendung findet (Raum Iquique – Antofagasta/heutiges Nord Chile) eigene Konkurrenz.

Seit kräftigem Rückgang der Anchovetta- Fischbestände vor der peruan. Küste, die zur

Haupternährung der Guano- Vögel gehört, zugleich entsprechender Guano- Rückgang (Mitte der 7o-er Jahre dieses Jhds.). Siehe auch Seite 14o1

In den Bays der Inseln, teils unter riesigen Felstoren faul die Seelöwen und Pelikane. Schöne Durchblicke durch ausgehöhlte Naturtunnel und auf die andere Seite der Insel. Die Inseln sind von Riesenwellen umbrandet, auf denenen das Boot wie eine Nußschale tanzt. An die Seelöwen kommt man ganz nah ran, die Inseln dürfen jedoch nicht betreten werden. – Guter Sonnenschutz dringend erforderlich! Superintensive Sonne, die zudem noch vom Meer reflektiert wird. Sonnenbrandgefahr auch bei bewölktem Himmel. Der Bootstrip geht im Normalfall nur am Vormittag, da nachmittags meist zu windiges Meer!

PARACAS–HALBINSEL: das Befahren des hügeligen Wüsteneilandes mit dem Auto hat uns viel Spaß gemacht. Von der 18 km langen Asphaltstraße rüber nach SAN MARTIN (Hafen, Betreten nur mit Genehmigung), zweigen mehrfach Querfeldeinpisten ab, so rüber nach Pta. Prieto (Fischerkneipen). Seelöwen bei Punta Arquillo, die tief unten in einer Felseinkerbung im Meer rülpsen und gröhlen. – Wer ohne Piste querfeldein fährt (relativ problemlos, da hartkrustige Wüstenoberfläche*): aufpassen, oft hinter sanft ansteigenden Hügeln gehts supersenkrecht runter. Fahrspuren sind keine Garantie. Gefährlich bez. Orientierung kann auch plötzlich vom Meer aufkommender Küstennebel sein, der ruck- zuck alles einschließt (Warten, zur Sicherheit wegen Felsabstürzen zum Meer, bis der Nebel wieder weg ist.)

An der Straße nach San Martin kleines Museum, das direkt über Paracas-Gräbern errichtet wurde (Paracas Kultur, ca. 7oo v.Chr bis 3oo n.Chr. Der peruanische Archäologe Julio C. Tello fand hier 1929 Mumiengräber mit ausgesprochen fein gearbeiteten "mantas" (Totentücher) aus Wolle mit reichen Mustern und Farbgestaltung).

Tambo Colorado: mit die besterhaltensten Präincaruinen an der peruanischen Küste. Im Nat. Museum/Lima- Pueblo Libre hängt eine Darstellung von Tambo Colorado, sodaß man sich vorab ein Bild machen kann, ob sich der Abstecher lohnt. 48 km von der Pana, an der Piste Pisco – Huancavelica. Wer auf öffentliche Busse angewiesen ist: tägl. Busse ab Pisco die 48 km bis Humay (Fahrzeit ca. 1 Std./o,5 US), z.B. mit der "Oropesa" ab Calle Comercio/con 4 in Pisco). Von Humay bis Tambo Colorado sinds noch ca. 1o km. Die Straße rauf nach Huancavelica (tägl. Busse) passiert direkt quer durch das Ruinengelände. Ingesamt mit öffentl. Transport (Bussen) schwierig in 1 Tag zu realisieren!

Ica:

ca. 4oo m/ 13o.ooo E.

76 km von Paracas. Ganz gemütliches Städtchen, aber nicht viel los. Interessant jedoch das "Museo Regional", Prol. Ayabaca zwischen Plaza und Hotel de Turistas. Klein, aber gut sortiert und präsentiert. Stoffe und Keramik aus der Nasca- Paracas- Region, aber auch Schädeldeformationen und Trepanie. – "Museo Dr. Cabrera", Plaza de Armas (tausende von Steinen mit Zeichnungen von Raumfahrern etc.). Ob die Stücke echt sind, ist die eine Frage, – die andere Seite: auch wenn unecht, so doch breiter und origineller Querschnitt durch die einheimische Kunsthandwerkerszene. In jedem Fall Pflichtbesuch für v. Däniken- Fans!

* teils auch Sandverwehungen

Transport: häufig am Tag mit verschiedenen Buslinien nach Lima (ca. 3 Std./3 US $), bzw. ab Ica nach Nasca (ca. 2 Std./ 1 US $). Der Busterminal liegt nähe Hauptplaza im Ortszentrum von Ica. Dort in knappem Umkreis die wichtigsten Buslinien eng zusammen.

Hotels: " Las Dunas"trotz nur 3 Sternen meiner Ansicht nach das schönste Hotel an der peruanischen Küste! Zwischen den Sanddünen von Ica gelegen, in Gärten, mit Golf-anlage, Blumen und Teichen. Weiße, 2- stöckige Bungalows, sehr komfortabel mit großen Zimmern und Privatbad, Swimming Pool und jeder Menge an Sportmöglichkeiten (Ping-Pong, Tennis, Reiten, Volley Ball, Fronton, Golf, Sapo etc.).

Optimal zum Relaxen, aber auch als Zwischenstop auf dem Weg nach Nasca, um den harten Trip in einem Tag und einer Nacht angenehm zu unterbrechen. Abgesehen davon hat Ica fast das ganze Jahr über Sonne bei Temperaturen um 25 bis 3o Grad, was natürlich besonders im Pool zum Relaxen Spaß macht!

Vom Airstripe hinter den Dünen (ca. 1oo m, schöner Ica- Rundblick!) und dortigem Landefeld gibts Flüge mit der Aerocondor und Aeroica nach Nasca (ca. 8o US/Person), was einem den stressigen Trip per Bus durch die Wüste runter nach Nasca erspart.

Doppel im Hotel ca. 4o US $; wer dieses Buch vorzeigt, bekommt 1o % Rabatt. Unterm Strich sehr zu empfehlen. Allerdings Tip: vor Sonnenuntergang unbedingt die Zimmertür zu und Moskitoschutz einschalten! Hilft und vertreibt die Moskitos.

"Hotel Turistas"/ Ica liegt am nördlichen Stadtausgang, ein moderner und komfortabler Flachbau mit dem Vorteil eines größeren Swimming-Pools als "Las Dunas", aber in Architektur erheblich steriler und einfallsloser, sowie kleineren Gärten. Dafür aber auch billiger bei ca. 12 US $ fürs Doppel. Tip ist das große Sonntags-Büffet, wo neben Reis, Erbsen und Gemüse Mengen auch jede Menge Muscheln, Meeresfrüchte und Scampis "aufliegen", Das Ganze für ca. 4 US $ bei unlimitierten Nachbedienen.

Billige Hotels im Zentrum: "Hotel Colon" an der Hauptplaza, ein alterwürdiges Hotel, das als Plus in den Zimmern zur Plaza einen schönen Blick bringt, ansonsten aber verwohnt ist. Doppel ca. 5 US $. –

Weitere vorwiegend in der Calle Independencia (Parallelstraße hinter Hotel Colon), in der Clle. Callao und beim Busterminal/ Calle Lambayaque und in der Clle. Castrovireyna, siehe Karte!

Gute Mittelklasse ist das "Siesta"/ Calle Independencia, modern, mehrstöckig. Zimmer mit Teppich ca. 1o US, ohne ca. 8 US fürs Doppelzimmer.

Auf selber Straßenhöhe ein ganzer Schwung Billighotels, meist sehr basic mit düsterem Gang und Kabuff. z.B. das "Hostal Royal", das "Hostal Aleph" und das "Hostal Europa", alle ca. 1,5 US fürs Doppel. Auch das danebenliegende "Hostal Ica" (ca. 1,5 US) gehört definitiv der Basic- Klasse an, ebenso wie das "Hostal Diaz". (3- Stock, etwas düster!)

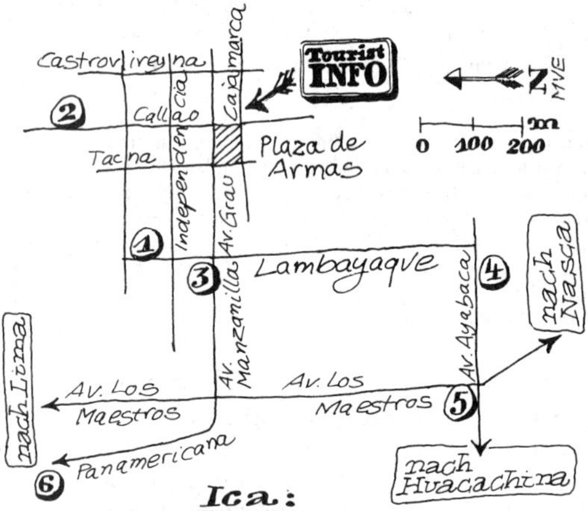

Ica:

1 Busabfahrt/Fernbusse
2 Mercado Modelo
3 Universität
4 Museo Regional
5 Hotel de Turistas
6 Hotel Las Dunas

Gut: "Hostal Silmar"/Calle Independencia Ecke Castrovireyna. Doppel ca. 7 US, fünfstöckig, modern und gut. Weitere im Umkreis! –

Tourist- Info: Calle Cajamarca 17o nähe Plaza de Armas, siehe Karte! –

Viñedos (Weingüter): aus der Region Ica kommen die besten Weine Perus. Können inkl. Weinproben besichtigt werden: "Ocucaje" – "Vista Alegre" und "Tacama". Dies sind die führenden Marken. Am bequemsten zu erreichen ist "Vista Alegre" und zwar mit dem Mikro "Comatran" No. 15 ab Hotel de Turistas. Besuch Mo. - Freitag.

LAGUNA HUACACHINA: 4 km, riesige Sanddünen wie aus dem Bilderbuch! Höhe vielleicht 15o - 2oo m, richtig schön aufgeweht mit leichtem Schwung und Lagunenkessel eines schwefelhaltigen Sees im Kern der kreisrunden Sanddüne, – Durchmesser See ca. 6oo m. Braunes Wasser, rundum Palmen und ein Schwung von Häusern am See. Das Wasser, das aus einem unterirdischen Vulkanarm raufstieg und in den 5o-ern bis 6o-ern noch medizinal- Kraft hatte, sank in seinem Wasserspiegel permanent ab und wird zwischenzeitlich durch einen Wasserkanal von unterirdischen Brunnen gespeist zur Erhaltung einer der schönsten Dünenlandschaften an der peruanischen Küste.

Bus: alle 1/2 Std. tagsüber, Fahrzeit ca. 2o Min.Endstation direkt bei der Lagune.– Mit eigenem Fahrzeug: Abzweigung ab Hotel de Turistas, siehe Karte!

Unterkunft: "Gran Hotel Salvatierra", 4o Betten, alle mit Privatbad. Das hübsche Thermalhotel hat seine besten Jahre passiert, weite Veranda zur Lagune , die Zimmer zwar sauber, aber sehr einfach eingerichtet. Doppel ca. 5 US $. Unter Umständen Ica-Übernachtungsalternative wegen der leichten Erreichbarkeit ab Ortszentrum. Das Besteigen der Sanddünen macht viel Spaß, strengt aber sehr an.

WEITERE 14o km bis Nasca, – zunächst durch die Flußoase von Ica (Baumwolle und Weinreben). Das Wasser für die Wüstenoase kommt wie vielfach in Peru über einen Stollen durch die Andenkette aus dem wasserreicheren Einzugsbereich des Amazonasbeckens und zwar aus dem Andenhochland/Laguna Choclococha und Orococha.

Dann weite Sand- und Steinwüsten. Kurze "grün- Abwechslung" in der Palpa- Flußoase, Straßendorf und wieder rauf in die Wüste. Die letzten 3o km vor Nasca (ab El Ingenio) durch die brettebene PAMPA- COLORADA, Steinwüste. Die Panamericana führt mitten durch durch die berühmten Nasca- Wüstenlinien, die allerdings vom Busfenster aus nur schwer oder garnicht zu sehen sind.

Nasca: ca. 6oo m/ 27.ooo E.

kleine Kolonialstadt, in der sich sicher auch v. Dänikens Astronauten aus dem Weltall wohlgefühlt hätten. Ihre Start- und Landebahnen liegen 15 - 3o km vor dem Ort, so wie sich das für einen betriebsamen Airport gehört! Orginaltext v. Däniken: ". . .hatte der Countdown schon begonnen und wußten die 'Engel' davon? " untersuchte er in den Jahren 1966/67 die Frage "hatten unsere Vorfahren Besuch aus dem Weltall" (Nur

STARTPISTE FÜR PILOTEN, DIE PISCO SAUER GETRUNKEN HABEN...

⇦ Nazca-Scharrbild in der Wüste. Unser Deutungstip für Dänikens neues Buch! ⇨

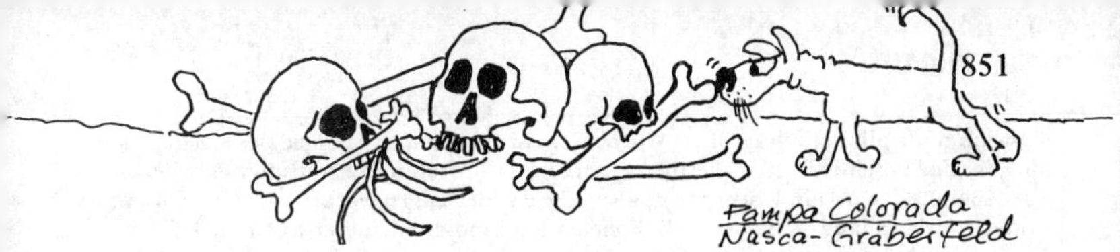

gut, daß er im Flugzeug, in dem er damals saß, nicht versehentlich eine der Astronatuen- Landepisten ansteuerte, denn diese sind mit Felsbrocken übersät! Aber sicherlich war damalige Raumfahrttechnik perfekter als die heutige Flugtechnik. Wir hoffen, mit unseren Zeichnungen noch einige neue Deutungsaspekte beizusteuern!) – Wissenschaftlich fundiert beschäftigt sich seit rund 3o Jahren die Deutsche MARIA REICHE mit dem Phänomen der Nasca- Linien. Sie ist zwischenzeitlich eine Legende ihrer selbst geworden, – vom peruanischen Staat geehrt und kostenloser Aufenthalt im "Hotel de Turistas"/Nasca. Wo sie leider auch touristisches Fotoobjekt geworden ist. Zumindest hat sie weltweit Anerkennung ihrer langjährigen Arbeit in der Wüste, National Geographic, Geo- Magazin etc.

PERUANISCHE ERDZEICHNUNGEN/ NAZCA:

Hunderte von geraden Linien, einige bis zu 1o km lang, Flächen und Dreiecke bis zu 1 km breit, sowie ein knappes Dutzend Tierfiguren in einem Wüstengebiet etwa 1o km nördlich des Ortes Nazca.
Entdeckt von Dr. Paul Kosok 1939 / Long Island University, New York. Dr. Kosok ver=mutete damals, daß es sich um Astronomie - Instrumente einer prä-inkaischen Kultur handeln müsse, nachdem er beobachtet hatte, daß die Sonne an einem Sonnwend - Tag genau hinter einigen dieser geraden Linien unterging. Im Grunde eigentlich auch garnicht mal so abwegig, nachdem auch die Incas als Nachfolger dieser Kultur sich mit Sonnenbahn - Bestimmungen befassten. Bei einigen der Linien ist diese Theorie heute gesichert.
Faszinierend, das System zu erkennen, nach dem der Zeitpunkt der Sonnwende zu be=stimmen (und nach diesem Zeitpunkt wurde die Aussaat des Getreides bestimmt!): basierend auf der Erfahrung, daß die Sonne jeden Tag ein kleines Stückchen weiter Richtung Ost, bzw. West aufging, bzw. unterging. Der am weitesten entfernte Punkt nach rechts oder links war der Zeitpunkt der Sonnwende. Ähnliche Linien kennzeich=neten auch den Verlauf des Mondes und bestimmter Sterne am Firmament. Kreuzungs=linien verbanden den Lauf verschiedener Sterne miteinander.
Erstaunlich auch, wie die damalige Kultur Tierfiguren in den riesigen Abmessungen von mehreren hundert Metern auf dem Boden mit derartiger Exaktheit zeichnen konnten daß sie sich aus der Luft zu einem homogenen Gebilde zusammensetzen! Frau Reiche, die sich lange mit diesem Problem beschäftigte, vermutet, daß erst einmal auf dem Erdboden eine kleine Zeichnung angefertigt wurde, die dann mit einem festgesetzten

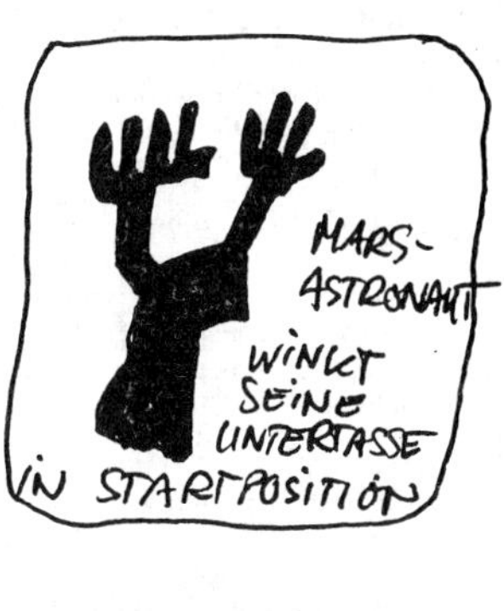

Maßstab multipliziert, vergrößert wurde. Als Längeneinheit fand sie bei vielen Zeich=nungen die Maßeinheit 26 m immer wieder vor. – Weitere Vermutung: naheliegend als Maßeinheit wäre ein Körpermaß, also z.B. das der ausgestreckten Arme: 1,3o m. Und dieses Maß fand sie dann auch in vielen Kreisradien kleinerer Figuren. Teilt man 1,3o m durch 5, so erhält man 26 cm , in etwa die Länge eines Fußes. Erstaunlicher Weise sind diese Konstruktionsregeln in vielen Figuren bis ins Detail befolgt.

DATIERUNG: wahrscheinlich zwischen 5. Jhd. v. Chr. und 13. Jhd. n. Chr. Die Radio-Karbon - Methode ermittelte bei einem Holzpflock 525 n. Chr. ± 8o Jahre. Da man aber heute durch perfektere Berechnungsmöglichkeiten die exakten Sonnen=laufbahnen kennt und auch auf frühere Jahrhunderte zurückberechnen kann, lässt sich an einigen der Nazca - Sonnenlinien das genaue Herstellungsdatum berech=nen.

TECHNIK : Die Steine dieser Wüstengegend bekommen durch Oxydation eine bräunliche Farbe. Schiebt man sie beiseite, so erscheint ein gut kontrastierender gelblicher Untergrund. – Gerade Linien wurden durch das Spannen von Seilen bzw. Peilen zweier Steine erreicht, hinter die deckungsgleich der dritte Steinhaufen gelegt wurde.

Die NAZCA - FIGUREN sind , wenn man mittendurch fährt, nur schwer zu erkennen. Die Panamerikana führt z.B. mitten durch eine Figur hindurch, die aber kaum wahrzu=nehmen ist. Erst aus dem Flugzeug habt ihr den Überblick. –

Die Nazca - Linien, die ein komplettes Jahrtausend überstanden hatten (hier in dieser Wüste regnet es so gut wie nie und es weht auch nur selten Wind) sind seit den 6oer Jahren in einem rapiden Zerstörungsprozess begriffen, seit die Touristen durchs Ge=lände trampeln und Landrover - Reifenspuren die historischen Linien durchkreuzen.

Die von der Regierung nunmehr eingesetzten Wächter sind jedoch so unterbezahlt, – daß sie, wie wir das z.B. am Turm an der Panamericana feststellen konnten, ohne lan-ge Überredungsversuche von Touristen gegen Geld sofort das Betreten der Linien er-laubten. – Klimaveränderungen, die in den letzten Jahren öfters zu leichtem Niesel-regen führten, tragen übriges bei zur Zerstörung der Linien, die 2 Jahrtausende überdauerten.

Flüge: unbedingt lohnend. Die Linien und Zeichnungen sind nur aus der Luft richtig zu sehen. Eines der interessantesten Erlebnisse an der peruani-schen Costa. Ab Airstripe/Nasca, tägl., ca. 4o US $ /Person für 45 Min. Geflogen wird mit Sportmaschinen des Typs Cesna und Piper. Beste Zeit: am frühen Vormittag oder späten Nachmittag. Mittags gibt es durch aufstei-gende große Hitze über der Wüste Luftturbulenzen.

ES FLIEGEN: "Aerocondor", die mit dem Nasca- Flugtourismus begonnen haben, – sowie "Aeroica". Mit beiden Airlines auch Flüge ab Lima möglich, sowie ab Ica- Air-stripe, aber entsprechend teurer beim Vorteil, daß man sich die zeitaufwendige Anreise Überland erspart. Kostenpunkt für den 1- Tagestrip ab Lima ca. 2oo US $ /Person, – ab Ica ca. 8o US $ für ca. 1 1/2 Std. Jeweils, sofern sich genügend Leute für den Flug finden, der entweder in 1- motorigen Cesnas oder 2- motorigen Maschinen statt-findet. Viel Gefahr zum Notlanden gibts nicht, da permanent die Panamericana sich unten anbietet. . .

AB NASCA: der billigste Trip über den Nasca- Wüstenlinien. Der rund 45 Min.- Flug kostet ca. 4o US $ Person. Der Airstripe liegt am Ortsausgang Vista Alegre (ab Centro Nasca per Stadtbus zu erreichen, dann noch ca. 3oo m zum Flugfeld). – Mit "Aeroica" günstiges Package: Bus oder PKW bis Nasca, Übernachtung im komfortab-len Hotel "La Maison Suisse" direkt am Flugfeld mit SW- Pool und Tennisfeldern und am nächsten Tag Überflug der Linien und Nasca/Ort- Besichtigung, retour nach Lima.

Literatur: Maria Reiche "Geheimnis der Wüste", 92 Seiten mit zahlreichen Fotos, Skizzen und 3- sprachiger Erläuterung (deutsch, englisch und spanisch). Erhältlich im

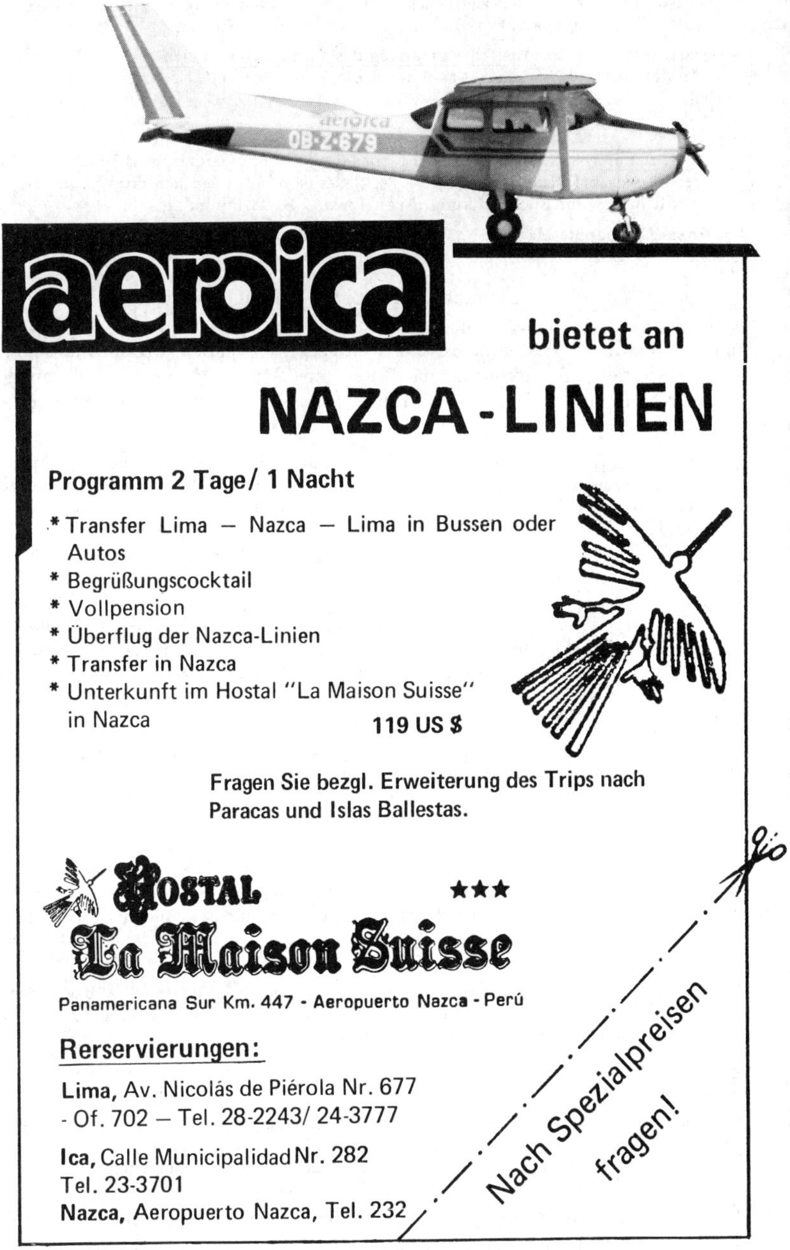
aeroica
OB-Z-679
aeroica
bietet an
NAZCA-LINIEN
Programm 2 Tage/ 1 Nacht
* Transfer Lima – Nazca – Lima in Bussen oder Autos
* Begrüßungscocktail
* Vollpension
* Überflug der Nazca-Linien
* Transfer in Nazca
* Unterkunft im Hostal "La Maison Suisse" in Nazca
119 US $
Fragen Sie bezgl. Erweiterung des Trips nach Paracas und Islas Ballestas.
Hostal ***
La Maison Suisse
Panamericana Sur Km. 447 - Aeropuerto Nazca - Perú
Rerservierungen:
Lima, Av. Nicolás de Piérola Nr. 677 - Of. 702 – Tel. 28-2243/ 24-3777
Ica, Calle Municipalidad Nr. 282 Tel. 23-3701
Nazca, Aeropuerto Nazca, Tel. 232
Nach Spezialpreisen fragen!

Nasca- Hotel de Turistas, bei viel Glück auch in Lima- Buchhandlungen. In Deutschland über den Selbstverlag Maria Reiche, Lutzweg 9, 7000 Stuttgart 80.

Ausgezeichnet auch der Ausstellungskatalog des "Kunstraum München e.v.", Nikolaistr. 15, 8000 München 40 zu einer Ausstellung, die 1974 stattfand. Unsicher, ob nicht vergriffen.

"Geo- Magazin"/Nr. 7/1977, Gunner + Jahr, Hamburg

"The Nazca Lines/A New Perspective on their Origin and Meaning" von Johan Reinhard, erschienen bei "Los Pinos"/Lima- Peru, Casilla 5147. Eventuell direkt vom Verlag erhältlich, bzw. in Buchhandlungen von Lima, z.B. "Studium".

"National Geographic Magazin"/Mai 1975 – 17 th and M. Streets N.W. Washington D.C. 20036 - USA

Der Ort NASCA ist kompakt. Alles spielt sich auf den wenigen hundert Metern zwischen Ortseingang (von Ica kommend) mit dem Hotel de Turistas und der Plaza de Armas ab. In den wenigen Querstraßen um die Plaza die Abfahrtsstellen der Panamericana- Busse. Im "Museo Municipalidad" an der Plaza kleine, aber lohnende Sammlung von Nasca- Funden, vorwiegend Keramik.

Hotels: "Turistas" am Ortseingang, von Ica kommend. Eine Oase in der Oase, sehr gemütlich mit großem Swimmingpool im Innenhof, der weiße Arkadengänge rundum besitzt, Palmen und viele Tropenblumen. Mein Lieblingshotel südl. von Lima Richtung Grenze/Chile! Doppel ca. 16 US $. Zimmer einfach eingerichtet, mit Privatbad.

"Montecarlo", Jr. Callao 123, am Ortseingang gegenüber Tankstelle und Nähe Turistas. Moderner Bau, aber nicht so viel Ambiente. Ca. 14 US $.

"Central" an der Plaza de Armas. Sehr basic. Gegenüber der Morales Moralitos Busstation, ca. 3,5 US $. – "Oropeza", Bolognesi 725, 1 cuadra von der Plaza. Freundliche Besitzer, aber simpel bis basic. Ca. 3 US $. – "Pension Roman", Plaza de Armas. – "Hostal Nasca", Calle Lima 438, mit Pflanzen freundlich eingerichtet und relativ sauber. Eins der besten Hotels dieser BasicKlasse in Nasca. Ca. 3 US $. – "Royal", Lima 350, sehr basic. Ca. 2,5 US $.

"El Bordo", direkt am Flugfeld, im Besitz der "Aerocondor", Bungalows ca. 15 US $ das Doppel, – sowie das danebenliegende "Hostal La Maison Suisse" der "Aeroica": sehr sauber, gemütliche Doppelbettzimmer mit Privatbad und größerer Gartenanlage, SW- Pool und Tennis, ca. 15 US $ das Doppel.

Nasca- Artesania: die Nasca- Kultur ist berühmt für farben- und ornamentreiche Keramik. Es gibt einen ganzen Schwung hochprofilierter Künstler im Ort, die die Sache sehr naturgetreu herzustellen verstehen und teuer als "Orginal" verkaufen. Einmal belasten diese Pseudo- Orginale unnötig den Geldbeutel, – zum anderen kann es im Lima- Airport bei der Ausreise Ärger geben (u.a. Gefängnis!), da der Export echter antiquer Stücke streng verboten ist und die Plagiate verdammt gut gemacht sind!! –

Verbindungen: täglich mehrmals per Bus nach Lima, ca. 8 Std./8 US $ bzw. nach Ica ca. 3 Std./3 US $. Schneller beide Städte per mehrmals tägl. verkehrendem Colectivo, – gilt ebenfalls runter nach Arequipa. Details siehe Folgetext!

Keine regulären Flugverbindungen. Per Charter mit "Aeroica" und "Aerocondor" möglich. Details siehe Lima. – Abfahrt der Busse und Colectivos ab Hauptplaza/Nasca.

Ab Nasca tägl. über eine wilde Schotterpiste mit Bussen rauf in die Anden nach Cusco. Fahrzeiten liegen ab Nasca bei ca. 35 Std., ca. 20 US $. Bequemer ist der Trip ab Nasca runter nach Arequipa und hier per Zug nach Cusco bzw. per Flug nach Juliaca und weiter per Zug. Details siehe dort! –

Abgesehen von den Nasca- Wüstenlinien (beste Zeit: morgends und abends wegen Schatten!) auch das Gräberfeld von Carhuachi:

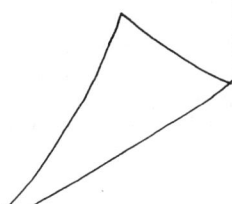

GRÄBERFELD VON CARHUACHI: interessant, wer mit eigenem Auto unterwegs ist, andernfalls nur mit teurem Taxi. Mehrere Wege: am leichtesten : die Panamericana Ri. Ica fahren, rund 3oo m nach dem Maria Reiche-Turm links ab und ca. 15 km durch die Pampa: erste Siedlung (ca. 5 Häuser und ca. 1o weitere Hütten) schöner Dorfplatz mit Bäumen. Ist das Dorf Carhuachi. Liegt in einer grünen Senke (ca. 3 km breit und 2o km lang). Auf der anderen Seite in Wüste: das Gräberfeld. Hunderte von Löchern, vom Wind voll Sand verweht. Armknochen, verblichene Schädelteile (Kiefer, Schädelplatten etc.). Sehr gelegentlich Stoffetzen, Bänder und Haare. Das Interessante haben die Grabräumer schon weggeschafft.

IGM- Karten: "Palpa"/3o m
"Nasca"/3o n

Nasca → Arequipa:

566 km. Wer Wüste mag: teils großartige Stellen: weite, rote Sand- Steinflächen, am Horizont die Ausläufer der Anden im Dunst. Steine bis zum Horizont, – einmal ein kleiner Canyon, von Sand zugeweht. Verschiedene Färbung des Sandes je nach Tageszeit. Öfters die Straße von hohen Sanddünen halb eingeweht, – teils Sand wie Schnee (im Scheinwerferlicht bei Nachtfahrten).

Zwischendrin 3o km Sandbays, völlig einsam. Hohe Wellen. CHALA: mit Tourist- Hotel auf Anhöhe am Meer, dann wieder Wüste. Endlose km-Kurbelei, die auf die Dauer monoton wird. CAMANA "Hotel de Turistas" an der Hauptstraße von Nasca nach Arequipa. Passabelstes Hotel im Ort, morgens fanden wir viele Cucarachas auf der Terrasse. (ca. 5 - 6 Std. im VW- Käfer ab Nasca).

Bis Arequipa sinds noch ca. 18o km, Straße biegt kurz hinter Cumana in die Berge hinauf, Wüstenhochplateau 5oo - 7oo m. Die Luft flimmert über dem Asphalt der Pana. Oftüber 15 km schnurgerade auf die Berge am Horizont zu. Arequipa ist nach ca. 3 Std. (PKW- Fahrzeiten) erreicht.
DETAILS ZU AREQUIPA und Umgebung siehe Seite 828 bis 843.

Arequipa → Tacna:

366 km. Die Panamericana ausschließlich durchs Landesinnere. Langweilig. Wer eigenes Auto hat, kann den Umweg (+ 63 km) über Mollendo fahren, Details unter "Arequipa/Umgebung",und durch die Flußoase des Rio Tambo bei La Curva wieder zurück auf die Pana. – MOQUEGUA (1.437 m/ 3o.ooo E.) mit semitropischem Klima, Anbau von Früchten und Weintrauben. Täglich Busverbindung über die Erdpiste rauf an den Titicacasee, ca. 12 Std. und mehr. Hotels in Moquegua: bestes das "Turistas" , rund 3 km auf Hügelplateau, andere Talseite mit schönem Blick. Modern. Weitere billigere im Ort um die Plaza. – TOQUEPALA, größte Kupfermine Perus, mit Eisenbahnverbindung an den Pazifik zum Ausfuhrhafen ILO. Hotel de Turistas am Meer. Ilo besitz eine große Meerwasserentsalzungsanlage und modern ausgerüstete Kupferschmelze. – Ab Moquegua stinklangweilig und die Panamericana oft über 1o oder 2o km schnurgerade durch die Wüste bis

Tacna:

ca. 568 m/ 9o.ooo E.

letzte Stadt vor der chilenischen Grenze. In breiter Flußoase, in die die Panamericana runterbiegt. – Lohnend: das Eisenbahnmuseum (im Bahnhof Tacna), das 1977 eröffnet wurde und neben alten Dampfloks und Wildwestwaggons vorallem für die Schiene umgebaute Oldtimer- PKW's zeigt. Alte Konstruktions- und Streckenpläne des Eisenbahnbaus in Peru, aber auch riesige Drehbänke zum Schneiden von Eisenbahnrädern. Die Oldtimers können für ca. 5o US $ /Tag gemietet werden, so für die Fahrt nach Arica.*

Ansonsten nichts los in Tacna. Wer nach Chile will: schnell rüber. Tacna lohnt sich nicht für längeren Aufenthalt und etwas mehr los in Arica mit seinen Strand- Snacks und Restaurants am Meer.

Hotels: bestes das "Turistas"/Av. Bolognesi, mit Swimming Pool. Ca. 22 US $ fürs Doppel, – "Emperador", San Martin 558, Parallelstraße (2 cuadras) zur Bolognesi, liegt ca. bei Plaza de Armas. Hochhaus, wohl eines der besten der moderneren Hotels von Tacna. Teppichboden und heißes Wasser.Doppel ca. 15 US $. – "Gran Hotel"/San Martin 561. Andere Alternative zum Turistas, da moderner, wenn auch nicht so weitläufig und mit Garten wie Turistas. Doppel ca. 18 US $. – "Premier"/Bolognesi 8o4, Hochhaus mit Lift und Privatbad, sauber, preislich ähnlich dem Emperador. – "Lima"/ Plaza de Armas, ca. 8 US $. – "Internacional"/28 de Julio 146, Doppel ca. 13 US $.

Bei den Billig- Hotels sehr gut das "Hostal La Gruta"/San Martin 142, sauber, mit Gemeinschaftsbad ca. 5 US $. Weitere im Bereich San Martin und Calle Zela (parallel, die nächste nach San Martin).

Verbindungen: täglich mehrmals Tacna – Arequipa – Nasca – Lima mit den Langstreckenbussen der Tepsa, Ormeno etc. 24 - 26 Std. In jedem Fall aber Zwischenstop in Arequipa zum Erholen und wegen Arequipa empfehlenswert! Gilt auch für die Colectivoverbindung (tägl.), die ca. 4 Std. einspart.

Tacna – Titicacasee: einmal die 372 km Piste nach Puno, via Tarata–Mazo Cruz, die bei Ilave an den See trifft und ab hier noch 58 km Asphalt, der komplette Rest derzeit Schotter. Täglich Busse ("Empr. Lacustre"), dauert ca. 11 Std. und mehr. – Zum anderen via Moquegua ("Empr. Lacustre"), dauert rund 1o - 12 Std. bis Moquegua/ Schotter, danach via Panamericana bis Tacna.

Die Direktpiste Tacna – Desaguadero/Lago Titicaca an der Grenze zu Bolivien (Tacna– Tarata – Capazo – Pizacoma – Desaguadero) ca. 152 km : schmal, Schotter und zeitaufwendig. Derzeit keine Busse.

Geplant ist der durchgehende Asphaltausbau der Strecke Tacna – Palca –/Grenze zu Bolivien – Charana – Viacha – La Paz, die derzeit bis kurz vor Palca asphaltiert ist und nach ihrer Fertigstellung die Hauptverbindung von Lima nach La Paz darstellen wird

Flug: täglich nach Arequipa und Lima. Kostet bis Lima ca. 9o US $, bis Arequipa ca. 56 US $. Der Airport liegt runde 5 km außerhalb an der Straße nach Arica.

OFFICE: "Aeroperu": Ayacucho 84, – "Faucett": Apurimac 2o1

Tourist INFO: Av. Bolognesi 2o88. – Der peruanische Automobilclub TACP sitzt in der Av. 2 de Mayo 55, Tel.: 3o48

---

* weitere Eisenbahnmuseen in Südamerika: – São Paulo/Brasilien, – Caracas/Venezuela, – ein kleineres in Recife und Curitiba, beide Brasilien, – Buenos Aires/Argentinien.

Weitere, nicht offizielle z.B. Bahnausbesserungswerk Sucre/Bolivien sowie Pto. Velho/ Brasilien/Amazonas. Schöne Dampfloks z.B. auch in Duran- Guayaquil/Ecuador im dortigen Ausbesserungswerk. Viele weitere Beispiele siehe Text dieses Bandes! –

TACNA ⟶ CHILE: **55 km**

1.) per Colectivo am schnellsten und bequemsten. Fahren ab Av. Bolognesi vor dem Hotel de Turistas ab. Ca. 3o Min. bis Arica + Grenzformalitäten

2.) per Bus: Abfahrt, wenn voll. Ab Av. Bolognesi, um's Eck bei Hotel de Turistas. Fahrzeit ca. 4o Min. + Grenzformalitäten.

3.) per Zug: Fahrzeit 1 1/2 Std. jedoch billigste Variante. Derzeit 1 x tägl. Eine Art Dieseltriebwagen der FFCC Tacna – Arica

Passformalitäten: Achtung, wer Bus/Colectivo fährt: nicht alle stoppen an der Grenze, da Peruaner und Chilenen eigenen Bestimmungen unterliegen. Vorher abklären, ob der Fahrer wartet; für Gringos längere Formalitäten an der Grenze notwendig.

ZUG: zunächst in Tacna zur Offic. Immigracion, Av. Arequipa gehen. Erklären, daß die Einreise per Zug. Geben Exitstempel (vorher Zugticket besorgen, damit Ausreisedatum (=Stempeldatum) identisch!). Dana ch beharren, daß Stempel in Pass!!
In Arica: Entrance- Stempel in der Bahnstation (Imm. Office direkt gegenüber!)
EIGENER PKW: direkt an der Grenze.

Während das Colectivo mit ca. 1o US $ teuerste Variante ist, – Bus ca. 5 US $, kostet der Zug um die 4 US $. Wüstenstrecke. Der Bahnhof Tacna: gelb gestrichener Wellblechbau, innen grün/Holz, in der Boleteria große Fotos von der Eisenbahnstrecke. Museum.

Geldwechsler in Tacna vor Hotel de Turistas/Av. Bolognesi. – Beachten: beim Grenzübertritt von Chile nach Peru sind keinerlei Gemüse/Früchte erlaubt (wegen der "Mosca Azul"/Nordchile). Wir konnten jedoch bei unseren Grenzübertritten keinerlei Kontrollen beobachten. –

Lima ⟶ Chile
Alternativen

Wer viel Zeit und wenig Reisekapital hat, macht die Strecke komplett "Überland". Ansonsten zumindest Teilstrecken per Flugzeug; vor euch liegen rund 3.3oo km Panamericana permanent durch Wüste, und dies bis kurz vor Santiago de Chile!

✱ **DIREKTFLUG:** günstige Excursiontickets ab Lima bis Santiago de Chile, Flugzeit ca. 3 Std., retour ca. 49o US $ (min. 1o Tage, max. 3o Tage).

✱ **DIREKTBUS:** braucht 3 Tage und 3 Nächte und ist bei vergleichbaren retour ca. 28o US $ preislich keine Alternative, da es einem sowieso gut tut, unterwegs einen Stop bei der Länge der Strecke einzulegen. Somit: mehrere regionale Busse statt einem internationalen ist unterm Strich in jedem Fall billiger.

✱ **KOMBINIEREN: BUS & FLUG:** erscheint mir bei der Route nach Santiago de Chile das optimalste! Je nach Interessen würde ich dabei auf der peruan. Seite unbedingt Nasca und Arequipa einbauen, – auf der chilenischen Seite bei genügend Zeit den Abstecher ab Antofagasta rauf zu den Tatio- Geysiren, ansonsten ab Arica/Grenze bis Santiago de Chile durchfliegen! Die interessantesten Stellen in Chile liegen südl. von Santiago (z.B. Lake- Distrikt R. Argentinien bei Pto. Montt und Valdivia, sowie die Route durch die Fjorde runter nach Feuerland!)

Peruanische Seite: die größte Zeiteinsparung langwieriger Wüstenbustrips ist die Strecke Lima – Arequipa (ca. 1 Std. 1o Min.), wobei aber Nasca flachfällt. Bitte keine Illusionen, – auch wenn das manchmal in Büchern steht: die Wüstenlinien kann man (auch bei klarem Wetter) nicht vom Jet sehen, weil dieser in Höhen zwischen 6 und 8.ooo m fliegt. Außerdem hat der Jet rund 8oo km/h "drauf". Lima – Arequipa: mehrmals tägl., Arequipa – Tacna derzeit 1 mal tägl. mit Aeroperu.

Bus: der interessantere Teil: Lima – Nasca – Arequipa, da häufig nähe Pazifik. Selbst Nasca–Arequipa kann man nachts machen, ohne groß was zu versäumen, den Teil bis Tacna sowieso.

Lima → Bolivien
Alternativen

Während bei der Strecke Lima – Santiago der Fall klar ist, gibts nach Bolivien viele Varianten.

DIREKTFLUG: mit ca. 16o US $ für's Einfach Ticket (inkl. peruan. Tax) sauteuer bis La Paz! Flugzeit rund 1 1/2 Std.

ALTERNATIVEN VIA TITICACASEE: die Hauptgringoroute, da sie die interessantesten Punkte einschließt. Geht entweder ab Lima über Huancayo, Ayacucho und Cusco (landschaftlich lohnend, aber zeitaufreibend), – oder: via Nasca – Cusco (schnellste Überland- Variante nach Cusco mit der Möglichkeit, die Nasca- Wüstenlinien mit einzubauen!). Wer knapp mit Zeit ist, fliegt direkt nach Cusco.

Variante über Arequipa: Flug oder Bus bis Arequipa. Dann weiter an den Titicacasee (Zug/Flug) oder rüber nach Cusco.
Ab Cusco jetzt 2 mal/Woche per Direktflug nach La Paz, ca. 8o US $.

ALTERNATIVE VIA TACNA: hier über die Grenze nach Chile/Arica und von dort mit dem Zug (oder Flug) rauf nach La Paz. Alle Details zu Fahrzeiten und Preisen im Text!

Allgemeine Tips
Peru

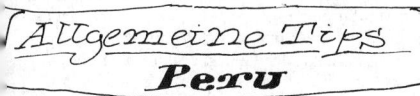

GELD: (siehe auch erste Seite des Peruteils!) . Nach hochinflationärem Kurs des "peruan. Soles" wurde dieser unter Abstrich von 3 Nullen in den INTI umgewandelt. Derzeit ist Schwarzmarkt geduldet und bringt auf der Basis von US $- in Bargeld erheblich mehr als der offizielle Kurs. Bei Trips in abgelegene Gebiete jedoch genügend Bündel an Intis einpacken, da nicht immer der offizielle Wechselkurs bekannt ist.

FEIERTAGE/FESTE:

1.1. (Neujahr), – 27.3. (variabel, Semana Santa), – Gründonnerstag/Ostern, – 1. Mai (Dia del Trabajo), – 24.6. (halbtags, Dia del Campesino), – 29. Juni (Dia del San Pablo y San Pedro), – 28. bis 3o. Juni (Fiestas Patrias), – 3o.7. (Dia de Santa Rosa de Lima), – 8.August (Combate de Angamos), – 1. Nov. (Dia de los Santos), – 8.Dez. (Inmaculada Concepcion), – 25.12. (Weihnachten).

Details zu Regionalfesten siehe einzelne Peru- Kapitel!

STROM: in der Regel 22o Volt bei 6o Hz. Leider passen in die Steckdosen nur unsere Flachstecker, wie sie an Rasierern und Radios sind. In kleineren Andennestern kommt der Strom oft aus einem Generator, der gegen 11 oder 12 Uhr nachts abgeschaltet wird, – gilt auch für Amazonas.

FLÜGE:

bei den gewaltigen Entfernungen des Landes wichtigster Kommunikations-Faktor. Lima – Arequipa per Bus z.B. ca. 15 Std., per Flug 1 Std. Noch gravierender sind Strecken in die Anden, Lima – Cusco per Bus ca. 2 - 3 Tage, per Flug ca. 1 Std.

Der Flugverkehr liegt fast ausschließlich in den Händen von 2 Airlines: der staatlichen AEROPERU , die nicht nur Inlandsstrecken dicht bedient, sondern auch internat. Strecken innerhalb Südamerikas und rauf nach USA. – Sowie die FAUCETT, der ältesten Airline Perus, gegründet 1928, in Privathänden, aktiv und zuverlässig. Fliegen international auf der Route Lima – Cayman Islands (Karibik) mit Anschluß nach Miami/USA.

Peru- Rundflugticket: erhältlich nur für Nicht- Peruaner und großer Tip für den Peru-Touristen! Erhältlich sowohl für die Inlandsstrecken der AEROPERU wie auch der FAUCETT.

Der Aeroperu- Airpass ist 3o Tage gültig, nennt sich "Visite Peru". Kostenpunkt 25o US $ für beliebiges Fliegen, wobei Strecken nicht doppelt geflogen werden dürfen. Die AEROPERU hat zwar dichteres Inlandsflugnetz als die FAUCETT. Viele Destinationen werden jedoch nur 1 bis 2 mal/Woche angeflogen, z.B. Chachapoyas (für den Besuch von Kuelap), sodaß man dort dann 1 Woche für den Retourflug festhängen würde.

FAUCETT: bietet a) ein Paket von Flugcoupons an (siehe Anzeige nächste Seite) zum Preis von 18o US $, – und b) für 25o US $ ein pauschales Rundflugticket zu beliebigem Fliegen auf Inlandsstrecken, wobei jede Stadt nur einmal angeflogen werden darf, ausgenommen Lima zum Umsteigen. Gültig 6o Tage ab Flugbeginn. Somit kein schlechter Tip für Peru- Trips, – insbesondere wegen der Länge der Gültigkeit des Tickets, – aber auch, weil die Faucett praktisch alle wichtigen Punkte in Peru anfliegt, sowie zur Grenze Ecuadors und Chiles.

Man kann somit nahe Grenze aus dem Ticket aussteigen, um Nachbarländer anzubinden. Achtung: das Faucett- Rundflugticket kann nachträglich nicht mehr geändert werden und muß vorab gekauft werden. Daher sollte man sich alle existierenden Faucett-Strecken im Ticket eintragen lassen (egal ob man später einen Teil der Strecken verfallen lässt!). Die einzelnen Flugtermine sind zeitlich umbuchbar (siehe oben), sodaß man weitgehend flexibel ist, da alle Strecken sternförmig ab Lima beginnen.

Buchungsadresse BRD: Faucett- Vertretung Adalbertstr. 44 - 48, 6ooo Frankfurt/M., wo auch die aktuellen Flugpläne der Faucett vorliegen, sodaß man die Route planen kann.

"SAHSA": wichtigste Airline für kleinere Siedlungen im peruan. Urwald Bergurwaldregionen San Ramon bis Pucallpa und Sepahua. Fliegen mit kleineren Sportmaschinen (Typ Cessna), die nur minimale Start- und Landepisten benötigen und viel an "echtem" Südamerikaflair bringen.

"GRUPO 8", Militärs, fliegen mit "Buffalos" (Hercules Propeller). Entlang der Küste bis Trujillo, sowie viele Urwaldstrecken zwischen Iquitos und Pto. Maldonado, Inapari. Mitfliegen ist möglich und erheblich billiger als die Aeroperu- und Faucett- Jets, allerdings auf vielen Strecken nur alle 1 bis 2 Wochen. Die Buchungsbüros meist in den angeflogenen Airports.

"TANS" (heißt auch "Grupo 42"), ebenfalls Militär, fliegen mit einmotorigen Wasserflugzeugen auf Urwaldstrecken um die beiden zentralen Airports Iquitos (Ortsteil Bella Vista am Rio Nanay) und Pucallpa (Laguna Yarinacocha). Billig, viel Erlebnis und meist ausgebucht.

Weder "TANS" noch "GRUPO 8" (sprich "grupo ocho") kann man vorab ab Europa reservieren.Mitfliegen zum Teil sogar nur auf "stand- by"- Basis!

"IBERICO" eine der kleinen Cessna- Sportflugzeug- Airlines, die regional ab Tarapoto im nördl. Amazonas- Bergurwald Perus operiert. Ebenfalls keine Vorabbuchung ab Europa möglich.

"AEROCONDOR": entstanden aus Sight- Seeing- Flügen über den Nasca-Wüstenlinien. Entwickelte sich stark während der Tourismus- Boom Jahre Ende der 7o-er und verfügt zwischenzeitlich über eine beachtliche Flotte an Sportflugzeugen (Mono- und Bimotormaschinen). Können ab Europa vorgebucht werden und auch dringend zu empfehlen, wer größere Trips, z.B. ab Lima via Paracas – Nasca nach Colca Canyon/Arequipa und rauf nach Cusco vorhat: Tel.: Peru + Lima + 32.9o.5o/Telex: CP 25.65o

"AEROICA": ebenfalls im Raum Ica- Nasca tätig. Vorabbuchung ab Europa möglich und nützlich: Tel.: Peru + Lima + 28.2243/Telex: CP 25353.

INTERNAT. FLÜGE: ab Lima, dem wichtigsten Airport an der südamerik. Pazifikküste. Details siehe dort! Für internat. Flüge ab Lima 1o US $ Exit-Tax, sofern das Ticket nicht in Peru gekauft wurde! –

FLUGVERSPÄTUNGEN: sind auf Inlandsflügen durchaus "drin". Aeroperu und Faucett werden dafür häufig kritisiert; Hauptgrund sind meist schlechte

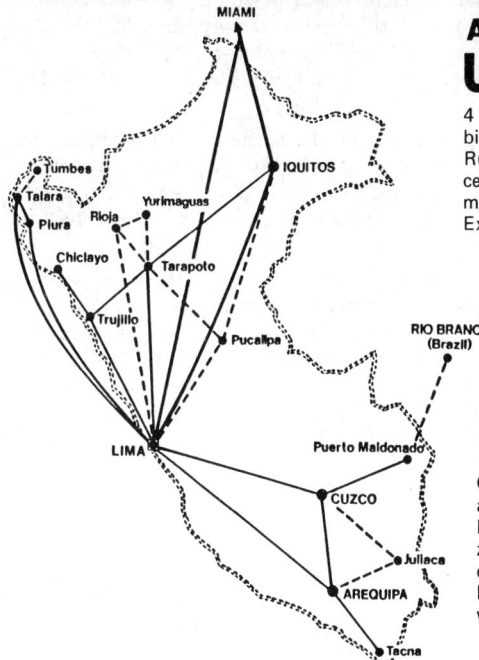

Wetterlage über den Anden. Auch wenn die Jets mit Radar full- equiped sind, will man jegliches Risiko ausschalten. Mir persönlich ist eine Verspätung zehnmal lieber, als irgendein Crash gegen eine Bergwand. Klar, daß sich durch eine Verspätung zugleich eine Verschiebung der weiteren Flugpläne das Tages ergibt, da die betreffende Maschine aus Rentabilitätsgründen mehrere innerperuan. Strecken am Tag fliegt.

Anschlußflüge nicht zu knapp planen. Und die Sache relaxed nehmen, wie die Peruaner, die realisieren, daß sie selbst bei 3 Std. Verspätung immer noch erheblich schneller und bequemer am Ziel sind, als per Bus. Faucett ist, - zu Recht! stolz darauf, in den nunmehr 60 Jahren ihres Bestehens keinen einzigen Unfall gehabt zu haben.

VERLUST von Gepäck: ein anderes Thema, bei dem Kritik angebracht ist. Abhilfe: Wertsachen wie Kamera, Dokumente etc. prinzipiell ins Handgepäck, das man mit in die Kabine nimmt. Und beim Abgeben der anderen Sachen darauf achten, daß der richtige Destinations- Anhänger ans Gepäck kommt. Wenns trotzdem schief geht: ich bin selber mal auf dem Lima-Airport in den Ladebauch des Jets gestiegen, um mein Köfferchen (mit wichtigen Recherchnotizen zu diesem Buch!) persönlich zu suchen. Muß aber ruck zuck gehen, bevor der Officer, der das Flugfeld bewacht, was merkt!

RESERVIERUNG: bei Faucett auch für Rückflug möglich. Insbesondere vor peruan. Ferienterminen sehr zu empfehlen. Beachten: Reconfirmacion (Flugdatums- Rückbestätigung) 24 Std. vor Flug, sonst u.U. Streichung der Reservation. Lasst euch genügend Zeit zum Einchecken. Es soll auch vorgekommen sein, daß Maschinen bereits vor geplantem Abflugtermin starten, wenn größere Schlechtwetterlagen zu erwarten sind.

★ BUSSE: dichter Verkehr auf der Pana (Tumbes – Lima – Tacna) mit zum Teil modernstem Fuhrpark. Die Zeiten der stinkenden Tepsa- Busse, Baujahr 1950/ehemalige Greyhound Busse aus den USA sind weitgehend vorbei, wenn auch diese Busse von weniger wichtigen Companies noch regional eingesetzt werden. Buspark verschiedener Gesellschaften auf gleicher Strecke vorab vergleichen, bevor man sich das Busticket kauft. Die besten sind derzeit: TEPSA, – ORMEÑO, – ROGGERO und weitere, siehe Text.

Bezüglich Andenpisten (bis auf wenige Ausnahmen Schotter!) entsprechend ramponierte Busse mit klappernden Fenstern, dröhnenden Auspuff etc. Gilt hier generell bei allen Companies, egal ob Morales Moralitos, Hidalgo etc.*

Verkehr konzentriert sich sternförmig auf LIMA; somit haben selbst Mini-Dörfer wie Cabanaconde (Colca Canyon) oder Chiquian (Ancash) mehrmals pro Woche Busverbindung nach Lima, jedoch nicht oder nur selten Verbindung zur nächstliegenden, größeren Stadt der Region. Details siehe Text!

BUSTERMINALS, wie sie sonst in den anderen südamerikanischen Städten üblich (und sehr praktisch) sind, gibt es in Peru meist nicht. Bei kleineren Orten kein Problem (z.B. Huaraz/Callejon de Huaylas), da kurze Entfernungen zwischen den einzelnen Busabfahrtsstellen, ärgerlich dagegen insbesondere Lima!!

* nicht hinten sitzen, staubt mehr!

✱ COLECTIVOS: ergänzen auf den Hauptstrecken die Busverbindungen beim Vorteil, auf Langstrecken bequemer und schneller zu sein. Meist 1o - 15 % schneller am Ziel und rund 5o % teurer. Verwenden meist US- Schlitten, die auf schlechten Straßen weicher, wenn auch schwammiger liegen.

✱ CAMIONETAS: Pick-ups vom Typ Toyota, Datsun etc., insbesondere auf Andennebenstrecken. Aber auch Urwaldpisten. Mit Holzpritsche hinten, wo 1o - 15 Leute, sowie Hühner und Bananen eingeladen sind. Schön wegen "open- air" (sofern es nicht tritscht!), – Nachteile sind Bodenwellen die zu harter Berührung mit dem Sitzbrett führen, sowie Fliegen und Sand bei Fahrtwind in die Augen. Vorn beim Fahrer in der Kabine sitzen kostet Aufpreis.

✱ CAMIONES: (LKW), das traditionelle Transportmittel der Campesinos zu den Märkten. Person reist mit den Waren, die auf den Märkten verkauft werden sollen. Entsprechend Routen und Abfahrtszeiten. Ein rauher und langsamer Transportweg, wenn auch hautnaher Kontakt mit Landschaft und Mentalität. Abfahrt: meist nähe Mercado. Vorwiegend in Anden und Bergurwald Regionen.

✱ EIGENES AUTO/MIETAUTO:

a) Auf der **Panamericana** entlang der Pazifikküste: gut ausgebaut, strecken -- weise verbreitert. Geradliniger Verlauf, schnell . Geschwindigkeiten von 8o km/h im Durchschnitt (= Tempo 8o - 12o) sind durchaus möglich.

Die "Pana", wie sie im Volksmund heißt, teilt sich auf in die C.P.N. (Panamericana Norte) und die C.P.S. (Panamericana Sur) und ist Hauptverkehrsachse für schnelle Nord- Süd- Verbindungen in Peru, von der die Pisten in die Anden abzweigen. Rund 6o km nördl. und südl. von Lima sind "Autobahn", ebenso die Umgehungsstraße um Lima, die "Circumvalacion", – ansonsten in der Regel mitten durch die Städte und Dörfer durch. Bis auf die Autobahnstücken: gebührenfrei.

PANA/nachts: ebenso dicht befahren, wie am Tag. Inklusiv der Einaugen und Blender. LKW's oft mit wahren Lichtbatterien, kann aber auch sein, daß hinten garnichts mehr leuchtet. Besondere Vorsicht daher, wenn man eine Hügelkuppe überfährt, danach einem ein Blender entgegenkommt, sodaß man ein nicht beleuchtetes Fahrzeug vor einem nicht sieht.

Wie wir häufig feststellen konnten: bei schmalen Pana- Stellen hat prinzipiell der stärkere (LKW/Bus etc.) Vorfahrt; Schleudergefahr auf dem steinigen und sandigen Seitenstreifen. Vorsicht auch vor Sandeinwehungen in die Pana. Entweder "floppt" der PKW lässig rüber, oder es kann zum Schleudern kommen.– Relativ dichtes Tankstellennetz (=zugleich meist mit Restaurants und Snacks verbunden), jedoch sicherheitshalber immer für ca. 1oo km Benzin- Reserve im Tank. Es gibt "Löcher", siehe Text!

b) wichtigste Stichpisten ab Pana in die Anden:
– 178 km nach Cajamarca, durchgehend asphaltiert
– 148 km ab Casma nach Huaraz, bis auf die ersten derzeit knapp 4o km Asphalt der Rest komplett Schotter
– 2o1 km ab Pativilca nach Huaraz: komplett Asphalt und schnell

– 298 km ab Lima über La Oroya nach Huancayo, die Haupt- und wichtigste "Einstiegspiste" in die Anden. Bis auf wenige km bei der Passhöhe Asphalt. Schnell zu befahren, inkl. aller Extras wie Soroche, da es innerhalb weniger km von Meereshöhe auf fast 5.000 m geht. Insbesondere nachts superdicht von Schwer-LKW's und unzähligen Bussen befahren, die häufig viele Stunden Anden- Schotterpisten hinter sich haben Ri. Lima. Auf der einen Seite: intensives Autofahr- Feeling wie sonst kaum auf der Welt (in permanenten Kurven stetig steil bergab mehr als 4.000 m runter nach Lima, wie in der Achterbahn!), – auf der anderen Seite insbesondere nachts teils superbrutal wegen Stress und Aggression von LKW und Bussen. Die "Carretera Central".
– 336 km ab Pisco nach Ayacucho. Schotter.
– 661 km ab Nasca nach Cusco. Schotter und wichtigste Verbindung zwischen Lima und Cusco, der größten Stadt in den peruanischen Anden.
– 294 km ab Arequipa nach Puno am Lago Titicaca. Schotter.

c) **Die "Longitudinal de la Sierra"**: geplant als durchgehende Verbindung vom Lago Titicaca bis zur ecuador. Grenze bei Macara in den Anden, parallel zur Panamericana an der Küste.

Bereits heute könnt ihr von Puno am Titicacasee hinauf über Cuzco – Huancayo– weiter auf der 'Pucallpa - Piste' bis Huanuco, hier links ab ins Santa Tal bis Huallanca fahren: landschaftlich eine der schönsten Strecken Südamerikas!! Für diese rund 2000 km lange Strecke (Schotter, Serpentinen, Canyons und Altiplano) muß man im eigenem Auto Ca. 2 Woche reine Fahrzeit rechnen, – mit öffentlichen Verkehrs – mitteln entsprechend länger (kalkuliert mit ca. 1 1/2 bis 2 Wochen!). – Oberhalb von Huallanca gehts noch runde 80 km weiter bis Corongo, dann fehlt aber ein ca. 140 km Anschlußstück durch tiefe Schluchten an das Pistensystem in den Anden um Cajamarca. Es bleibt euch also nichts anderes, als ab Huallanca an die Küste runter (Chimbote) und bei Trujillo wieder rauf. Alle diese Strecken sind in unserem Peru - Teil beschrieben! –

IM NORDEN der peruan. Anden fehlen hinter Cajamarca, etwa ab Cutervo weitere 450 Km bis an die ecuad. Grenze bei Vado Grande. Teilstücke sind bereits fertig, die aber momentan wenig nutzen. Ihr müsst praktisch ab Chimbote, bzw. Chiclayo auf der Panamerikana Richtung Norden bis Sullana, und hier auf der Piste an die Grenze zu Ecuador in den Anden.

SCHNEESTÜRME in den Anden sind keine Seltenheit. Besonders in Höhenlagen über 3800 m. Allerdings bleibt die weiße Pracht tagsüber nicht lang liegen. Besondere Vorsicht bei Nachtfahrten: Steinschlaggefahr! –

d) **Stichpisten von den Anden in den Urwald**: diverse. Die wichtigste ist die La Oroya – Huanuco – Tingo Maria – Pucallpa Piste, die bald durchgehend asphaltiert sein wird und Hauptverbindung in die riesigen peruanischen Urwaldgebiete herstellt. Ab Pucallpa: noch fehlendes ca. 200 km- Teilstück zum Anschluß an das brasil. Amazonas- Pistensystem.

Die andere Stichpiste geht von Cusco runter nach Pto. Maldonado, wo noch ca. 150 km bis Iberia fehlen, das eine bereits bestehende Piste nach Iñapari/Grenze Brasilien besitzt, dort Anschluß an das bras. Amazonas- Pistensystem.

Wichtig zugleich die Olmos – Bagua – Chachapoyas –Moyobamba – (Yurimaguas) – Tarapoto- Piste, die von der Pana- Norte (nähe Chiclayo) abzweigt und weite Bergurwald- sowie Amazonasgebiete erschließt.

Zentral- Peruanischer Bergurwald: Piste ab La Oroya via Tarma nach San Ramon/La Merced; rüber nach Satipo und Pozuzo. Reiches Pionierland. Alle Details siehe Text!

C.M.S. = Carretera Marginal Sur/Norte

e) Marginal de la Selva: Mamutprojekt einer südamerikanischen Nord- Süd- Verbindung in der Region der Bergurwälder entlang der Andenhänge von Sta. Cruz/Bolivia, über Peru, Ecuador bis Venezuela. Über weite Teilstrecken bereits als Piste fertig.

1965 vom damaligen Präsidenten Belaunde Terry intiiert. Eines der großen Pionierprojekte Südamerikas, vergleichbar mit der brasil. Erschließung des Amazonasbeckens durch Transamazonica und Seitenpisten. Inklusiv aller Vorteile (neuer Siedlungsraum, Erschließung reicher Bodenschätze und Energieen der Natur), sowie Nachteile (Zerstörung der Natur, Eliminierung von Indianerstämmen).

Als Idee: in dieser Andenkurve von Venezuela bis Bolivien überreiche Energie- Vorräte durch unzählige Flüsse,- in dieser Kurve Geothermica, – reiche Erdölfunde(Orinoco, Llanos/Colombia, Lago Agrio/Ecuador), – Gasfelder (Sta. Cruz/Bolivia). Das "Anfiteatro Andino", wie es Belaunde präsentiert. Ohne Frage verbindet diese Piste nach ihrer Fertigstellung diverse Stichpisten von den Anden in die Bergurwälder, erleichtert Warenaustausch, insbesondere aber Abtransport der leicht verderblichen Waren wie Früchte, Fleisch etc. Zugleich Querverbindungsstraße mit diversen Zuflüssen zum Amazonasbecken.

Geplanter Streckenverlauf der "MARGINAL" in Peru: Pto. Pardo/Pto. Heath- Grenze Bolivia →Pto Maldonado (in Planung) →Inambari (fertig) →Manu →Fitzcarrald →Mazamari (nähe Satipo), das derzeit größte, noch fehlende Loch,→Satipo (fertig) →La Merced →Pozuo (fertig, intensive Kolonisationsprojekte, siehe unser Text!),→ anschließend fehlen ca. 9o km bis Tomayrica , ab hier Piste durchgehend fertig bis fast an die ecuad. Grenze (Tingo Maria – Tarapoto – Bagua – San Ignacio, welches rund 2o km vor der Grenze liegt).

Von den rund 1.4oo km zwischen San Ignacio und Pto. Pardo somit rund 1.ooo km in Peru bereits fertig und zumindest, was die Wirtschaft des Landes betrifft, sehr effizient. Kaum Aktivitäten jedoch in Ecuador, welches mit Peru in Grenzstreitigkeiten liegt (reiche Erdölfelder im Grenzbereich/Amazonas) und wenig Interesse an einer Straßenverbindung zeigt, die auch strategisch genutzt werden könnte. – In Bolivien Teilstrecken fertig, so z.B. Sta. Cruz bis fast Pto. Villaroel. Hier jedoch massive Geldprobleme zur Konstruktion derart aufwendiger Urwaldpisten. Man ist froh, TRINIDAD per Piste an La Paz (via Unduavi - Coroico) und an Sta. Cruz angeschlossen zu haben, eine Piste, die nur außerhalb der Regenzeit einigermaßen durchgehend befahrbar ist. Details siehe unser Bolivien- Text!

FAHREN AUF PERUAN. ANDENSTRECKEN: insbesondere auf Nebenstrecken selten Tankstellen. Mindestens für die nächsten 2oo km Benzin im Tank. In kleineren Dörfern Tanken vom Benzinfass. Großes Parallelproblem die Reifen, die nach tausenden scharfkantiger Schottersteine irgendwann mit "pffff" das Handtuch werfen. Zweiter Reservereifen (siehe unsere Pistenbeschreibung Satipo – Huancayo!) sicher kein schlechter Tip!

Busse fahren derartige Nebenstrecken am liebsten in der Nacht, wegen unzähliger Kurven um Precipicios (Steilabstürzen), da man per Licht besser sieht, ob jemand entgegenkommt und somit schneller fahren kann.

Unser peruanischer Käfer hat sich für Recherchen in den Anden perfekt be-

währt, da a) Bodenfreiheit und b) robust. Wer mit vollbeladenem VW- Bus in Höhen über 4.ooo m fährt, muß mit massivem Leistungsverlust wegen dünner Luft rechnen. Insbesondere, wenn die Kiste Übergewicht hat.
Ab ca. 3.5oo m Höhe bringt ein normal eingestellter Motor nur noch ca. 4o % seiner ursprünglichen Leistung. Werkstätten können aber Veränderungen vornehmen, die den Motor wieder einigermaßen fit, aber auch wesentlich durstiger machen.

Reifenreperaturen: gute Vulkanisatoren in den Hauptorten der Anden wie Huancayo und Ayacucho, Cusco und Cajamarca. Ansonsten Demontage des Reifens per Pickel und Vulkanisation mit Streichholz. Siehe auch "Bolivia"!

KARTEN: sehr bewährt haben sich die kleinen "TACP"- Straßenkarten des peruan. Automobilclubs, die bezügl. Straßenzustand auf relativ aktuellem Stand sind! Der TACP hat kleine Office in der Jr. Union 1o66/Lima.

- Carr. Afirmada = präparierte Schotterstraße
- Carr. Sin Afirmada = wohl befahrbar, jedoch ohne Präparation
- Carr. Carrozable = zwar nicht "Querfeldein", doch für Geländefahrzeug, und vorsichtig für den Bodenfreiheit besitzenden VW etc.
- Carr. Pavimentada = mit Asphalt

EISENBAHN: sämtliche, heute noch verbliebenen 4 Hauptstrecken sind touristisch wichtig:

(zugleich höchste Normalspur der Welt!)

- LIMA nach HUANCAYO: eine der höchsten Eisenbahnstrecken der Welt (max. 4.78o m). Am 2. Jan. 187o Baubeginn. Verzögerung der Fertigstellung durch den Krieg mit Chile, fertig 19o6. Damals ein technisches Wunderwerk mit 7 Zick- Zacks (Rangieren am Bergsteilhang, um Höhe zu gewinnen), 6o Tunnels und 45 Brücken. Details Seite 691, 726.

  Bus von Lima nach Huancayo schneller, der Zug aber interessanter. Stichstrecken von La Oroya nach Cerro de Pasco, sowie von Huancayo nach Huancavelica.

  Cruzero Alto/höchste Stelle: 4.478 m
- AREQUIPA nach PUNO: auch hier der Bus/das Colectivo geringfügig schneller, – der Zug aber bequemer. Details Seite 826.

  La Raya/höchste Stelle 4.314 m
- CUSCO nach PUNO: dem parallel verkehrenden Bus/Colectivo vorzuziehen. Bei Juliaca, kurz vor Puno trifft das Gleis von Arequipa auf diese Strecke, Details siehe Seite 8o5

  höchste Stelle "nur" ca. 3.5oo m
- CUSCO nach MACHU PICCHU: landschaftlich sehr lohnende Strecke, nur per Zug möglich (oder Inka- Trail). Details Seite 77o.

Die Eisenbahnstrecke von Chimbote nach Huallanca ist durch das Erdbeben von 197o zerstört und nicht wieder aufgebaut worden, da unrentabel. – Die Strecke von Arequipa an die Pazifikküste/Mollendo ist für den Passagierverkehr ebenfalls eingestellt. – Industriegleis von den Kupferminen Toquepala/Südperu nach Ilo/Pazifikhafen, sowie in den Flußoasen von Trujillo und Pativilca, jedoch nur zum Abtransport von Zuckerrohr.

INTERNAT. VERBINDUNGEN: 1.) ab Puno über den Titicacasee nach Guaqui (mit Anschluß nach La Paz), Schiff, Details Seite 818!
2.) Tacna – Arica/Chile, Details Seite 858!

Relativ moderne Waggons, die meist aus Rumänien stammen, Baujahr ab ca. 196o. Vorn ausschließlich Dieselloks. Es gibt 2 Klassen:

2. Klasse: die Klasse der Campesinos, enger, voller und ca. 25 - 3o % billiger (die billigste Art zu reisen in Peru, außer LKW), und

1. Klasse: vorzuziehen, da mehr Platz, sofern nicht Hochsaison, – wenn auch gleiche Sitze. Aufs Gepäck muß man in beiden Klassen aufpassen.

Pullman: spezieller Aufpreis. Gibts z.B. auf der Strecke von Puno nach Arequipa und nach Cusco in der 1. Klasse: nur 1 Sitz pro Person und keine durchgehende Doppelbank. Sitz zurückklappbar. Mit Tischen.

Buffet: ebenfalls Aufpreis; auf beiden Strecken wie "Pullman". Der Restaurantwaggon, in dem man sich während der gesamten Strecke aufhalten kann.

Schlafwagen: nur auf den Strecken Cusco – Arequipa und Puno – Arequipa. Ist rund 1oo Jahre alt, wurde 1982 renoviert. Sicherlich die bequemste "Eisenbahn- Klasse", allerdings in etwa so teuer wie der Flug. Pro Schlafwagenabteil 2 Betten.

Tickets: prinzipiell sicherer, sich das Ticket 1 oder 2 Tage vorab zu kaufen, besonders vor Feiertagen, vor Markttagen (z.B. dem Huancayo So.- Markt). Gilt auf für die Monate der Gringo- Reisesaison (ca. Juli bis Anf. Sept.),insbesondere auf den Strecken Cusco nach Machu Picchu und Cusco nach Puno. Im Normalfall aber auch noch 1 bis 2 Std. vor Zugabfahrt möglich.

Die 1. Klasse in jedem Fall vorzuziehen, da bequemer und meist nur ca. 5 DM Unterschied. Essen auch außerhalb des Buffetwaggons: belegte Brötchen; mittags "carne con aroz ", Fleisch mit Reis, wobei das obenaufliegende Ei nicht anders kann, als weich zu sein, – das "carne" jedoch die Kaumuskeln trainiert. Obenauf Zwiebel + Tomaten: das Einheitsgericht der peruan. Eisenbahnköche . Wird im Korb durch die Waggons getragen, wie auch Bier und Colas. Wer früher Nachschub braucht, geht selber in den Buffetwaggon.

Soroche (Höhenkrankheit) kann insbesondere auf der Strecke Lima nach Huancayo Probleme machen. Höchste Stelle 4.78o m, danach jedoch stetig bergab: La Oroya nach ca. 1 1/2 Std. Fahrt auf 3.725 m und Huancayo auf 3.259 m. Im Zug der "Medizinmann" mit Oxygen Maske und Flasche.

Aufs Gepäck aufpassen, insbesondere in dichtgedrängt vollen Bahnhöfen vor Zugabfahrt und in vollen Zügen. – Keine Heizung in den Waggons, wer einen Nachtzug nimmt, und eisig kalt oberhalb 3.ooo m!

TRAMPEN: entlang der Panamericana und Hauptstrecken wie z.B. Lima– Huancayo prinzipiell möglich, jedoch unrentabel bei den günstigen Bus und Zugpreisen. Außerdem verlangen LKW- Fahrer rund 1/3 des Buspreises für die Mitnahme. Privat- PKW's, die Langstrecken, z.B. Lima – Cusco fahren, sind äußerst selten, da die peruan. Mittel- und Oberschicht, die sich einen eigenen PKW leisten kann, lieber fliegt.

In den Anden auch auf Hauptstrecken wie Ayacucho – Cusco dünner Verkehr. Mit der Chance, daß man unterwegs irgendwo in einem kleinen Pueblo hängenbleibt, wo's kein Restaurant oder Übernachtungsmöglichkeit gibt.

Wer trotzdem die Pana trampt: nur an Tankstellen außerhalb in der Wüste absetzen lassen. In Städten oder Siedlungen zu viel Regionalverkehr. Wer in den Anden trampt: sicherstellen, daß der Trip in einer Provinzstadt endet, wo's Hotels/Pensionen gibt.

AUTOMIETEN: in den wichtigsten, peruanischen Städten möglich, z.B. in Trujillo, Cajamarca, Huaras, Huancayo, Cusco, Arequipa, Puno, Iquitos .

Am besten VW- Käfer wegen Bodenfreiheit oder Japaner. Kostet im Schnitt pro Tag 5o DM + gefahrener Km und somit teuer, wenn man Langstrecken fährt. Rabatte bei Anmiete 1 Woche oder mehr.

WERS Geld hat: Vorteil der Flexibilität, z.B. bei Rundroute Lima – Huaras mit diversen Abstechern in die Cordillera Blanca, – weiter nach Trujillo und retour nach Lima.

Nicht lohnend dagegen ab Lima nach Cusco wegen miserabler Andenpisten; besser: per Flug nach Cusco und dort Mietwagen für Umgebung. Ebenfalls lohnend in Arequipa, wer knapp mit Zeit ist und die Umgebung ohne Warterei auf örtliche Anschlüsse entdecken will. Eventuell auch für den Paracas- Nasca- Trip.

Nötig: internationaler Führerschein, Mindestalter oft 25 Jahre. Kaution oder Kreditcard wie "Diners", "American Express". Internat. Firmen wie Avis, Budget, Hertz (Vorbuchung ab Europa möglich) sowie nationale.

INTERNAT. VERBINDUNGEN:

Lima — Ecuador 6o8
" — Chile 858
" — Bolivien 817
Iquitos – Ecuador 712
" —Brasilien 713
Pto. Maldonado — Brasilien 8o2
" — Bolivien 8o1

PERU — BRASILIEN:

EINE VERBINDUNGSPISTE VON PERU INS BRASIL. AMAZONAS-GEBIET gibt es bisher nicht und wird es in den nächsten 5 bis 1o Jahren auch nicht geben, – auch wenn das über Pucallpa/Peru nach Cruzeiro do Sul und von Pto. Maldonado/Peru nach Iñapari geplant ist.

BEIDE fehldenden Teilstücks sind jeweils nur ca. 2oo km lang. – Eine Einschiffung eures PKW's, die praktisch nur von Pucallpa nach Manaus/Brasilien möglich wäre, ist teuer. Bessere Chancen und billiger ab Bolivien über Gujara Mirim, siehe dort! Reguläre Straßenverbindungen mit Brasilien gibts erst unten in Argentinien, sowie ab Venezuela über Cd. Bolivar.

OHNE EIGENES AUTO: 4 Möglichkeiten:

1.) Cusco – Pto. Maldonado (Piste/Flug) – Riberalta/Bolivien (Boot, unregelmäßig) – Guajara Mirim/Brasilien (Bus/Flug): abenteuerlich.

2.) Cusco – Pto. Maldonado (Piste/Flug) – Iñapari (Flug): abenteuerlich.

3.) Pucallpa – Cruzeiro do Sul/Brasilien (gechartertes Sportflugzeug): teuer und unsicher zwischen Puc. und Cruz., danach aber dichtes Jet-Netz in den Rest Brasiliens. Auch Amazonaspisten.

4.) Iquitos – Manaus/Brasilien: im Flugzeug interessant, aber teuer. Per Frachter auf dem Rio Amazonas flußab: es gibt interessantere Flußfahrten!

Alle Routen sind im Text beschrieben!

✱ BESTE REISEZEIT IN PERU:

Klimatisch: Juni bis September. Dann sind die meisten Pisten in den Anden trocken, besser befahrbar und die Busfahrzeiten kürzer. Bei den Flügen in diesen Monaten die besten Chancen für eine wolkenfreie Andenkette: fantastisch!! Z.B. Flug von Arequipa an den Vulkanen vorbei rauf nach Juliaca oder Cusco. Über Lima in diesen Monaten jedoch Garua. (siehe Lima!)

SIERRA: Juni, Juli, August, teils auch September. Sommer, wärmere Temperaturen, wenns auch nach Untergang der Sonne ruckzuck ziemlich kalt wird. – Regenzeit in der Sierra: Monate ab Ende Nov. bis Anfang April. Nur selten Dauerregen über mehrere Tage, und die Andentäler saftig grün; an den Hängen von Machu Picchu blühen Orchideen! Die meisten Straßen der Sierra sind auch in der Regenzeit befahrbar, allerdings Gefahr von Bergrutschen, die die Piste blockieren und lange Verzögerungen im Busplan verursachen schlammige Pisten (=langsameres Fahrtempo). Gelegentlich eingestürzte Brücken durch angeschwollene Flüsse. Verspätungen im Flugverkehr.

COSTA: das ganze Jahr über, jedoch zum Baden die Monate Dez. - März. Pazifik dann ca. 2o^{o} C warm, Luft bis zu 3o^{o} C. Der "verano" (Sommer) mit den Schulferien und verkürzten Bürozeiten der Behörden. Man trifft sich am Meer, die Wochenendhäuser werden aufgeschlossen und die Strandrestaurants in den Buchten wie La Tortuga oder Punta Negra. Die Costa meist wolkenfrei. – "Garua" vorwiegend in den Wintermonaten (invierno), bei denen die Lufttemperaturen auf ca. 14° C sinken: Juni - Sept., jedoch auch hier öfters wolkenfreie Tage. Nennt sich in Trujillo "chirapa".

SELVA: generell beste Monate Juni, Juli, August, teils September mit geringeren Niederschlägen (trotzdem deftige Regengüsse, die jedoch nicht lange anhalten. Beste Zeit für Urwaldlodges: Mai bis Sept., sonst Hochwasserüberschwemmungen. – In der Regenzeit (ca. Ende Nov. – April) öfters Flugstornierungen, aber per Boot auf kleineren Nebenflüssen besser, da mehr Wasser über Flußuntiefen. Temperaturen Ø ca. 3o^{o} C, heißester Monat: Okt.

Die Sonne geht, gemäß Äquatornähe, – egal ob Winter oder Sommer, imme gegen 6 Uhr früh auf und gegen 6 nachmittags unter. Und dies ruckzuck, wichtig für Hiker, die sich rechtzeitig ein Nachtlager suchen sollten. Keine längere Dämmerung, wie bei uns in Europa. In maximal 2o Min. ist die Sache gelaufen. –

✱ WANDERN/BERGSTEIGEN:

Neben Bolivien und Ecuador eines der lohnendsten Länder Südamerikas. Für Hiking insbesondere Region Cordillera Blanca/Huaras, Lago Titicaca, Region Ayacucho, Cusco und Region Cajamarca–Cajabamba. Interessant auch die Trails ab Pozuzo zum Rio Pachitea mit anschließender Flußfahrt. Alle Details siehe Text. Tips zu Ausrüstung siehe Einleitungskapitel dieses Bandes!

KOMMERZIELL ORGANISIERTES HIKING in Peru: "Setours", Plaza San Martin/ Jr. de la Union 1o11, Lima Peru, – bzw. "TAWA", Av. Nic. Pierola 672/of. 5o2, Lima

Für Bergsteigen: insbesondere die Cordillera Blanca/Huaras, deren Gipfel zu den Top- Bonbons Südamerikas zählen. Aber auch Cord. Carabaya (Macusani ist hierzu der Ausgangsort, nordwestl. Puno) und die Cord. Vilcabamba (Cusco). – Zu den "leichten" Gipfeln und bei klarem Wetter fantastischer Blick, gehören die Arequipa- Vulkane Misti und Ubinas. Details siehe dort!

PERUANISCHER ANDINISMUS beschränkt sich, – ähnlich wie in Bolivien und Ecuador auf eine sehr kleine Gruppe Aktiver. Kontaktadressen:

– Direcc. de Andinismo del Ministerio de Educaccion s/o Estado Nacional, Puerta 29/Lima
– Club Andinistas Cordillera Blanca, Jr. Huaylas 143, Huaras- Peru
– Montanistas y Caminantes, Av. Raymondi 622, 2 piso, Huaras - Peru
– Pyramid Adventures S.C.R. Ltda., Av. las Americas 33o, Cas. 25, Huaras - Peru

Vermieten teilweise auch Ausrüstung, bzw. organisieren Führer.

Kommerzielle Bergsteigerreisen nach Peru ab Deutschland: "Hauser Excursionen", Neuhauserstr. 1, 8ooo München 2 und "Schuster Sportreisen", Rosenstr. 3, 8ooo Mü. 2
Österreich: "Horizont Reisen", Amraserstr. 11o a, A - 6o2o Innsbruck.

WILDWASSER–FAHRTEN:

Peru hat mit die besten "Whitewaters" der Welt! Rio Urubamba, Apruimac, Huallaga und Marañon: Richtung Amazonastiefland und der Rio Colca Ri. Pazifik. Entspringen an der Schneegrenze/4.8oo m, interessantester Teil zwischen ca. 3.ooo und 1.5oo m mit vielen Kaskaden, Pools und Pongos (tiefe Canyons, die sich der Fluß zwischen steilen Bergwänden eingegraben hat). Allein der Rio Marañon hat 12 Pongos!

Kommerzielle Wildwasserfahrten hauptsächlich auf dem Rio Urubamba/Cusco, der im Oberlauf auch Rio Vilcanota heißt und zwischen dem Ort Urubamba und Quillabamba auf weniger als 1oo km Flußlänge mehr als 2.ooo m Gefälle hat.

ORGANISATOREN: "Andes Whitewater + Amazon Expedition", 31o W. Grandview Blvd. , Erie, PA 165o8/USA mit Laslo Berty, der (zusammen mit Tom Jackson vom

South American Explorers Club/Lima) als einer der erfahrensten Whitewater Experten Perus gelten darf. – Weitere: "Mayuk"/Cusco, – "Explorandes"/Lima und Cusco.

KARTEN: IGM, erhältlich in Lima, Av. Aramburu 119o im Stadtteil San Isidro. Jedoch nicht alle Gebiete sind abgedeckt! Ansonsten Lansat- Satellitenfotos (über IGM) und Luftfotos von SAN, in der Las Palmas im Ortsteil Barranco/Lima.

BÜCHER: bestes "In Kayak Through Peru, Whitewater Guide" von der polnischen Canoandes- Expedition mit diversem Kartenmaterial (Span./Engl.), herausgegeben von Embajada del Viajero S.A., Casilla 2118, Lima 1, Peru. Teils auch in den Buchhandlungen in Lima und Cusco.

Im Heft Nr. 1 des South American Explorers Magazin ein Artikel über die Befahrung des Rio Urubamba, – in Nr. 2 Artikel über Befahrung des Rio Marañon, – in Nr. 4 zum Bau eines Balsafloßes (Flußunterläufe). Bezug für 6 DM (Porto inkl. in BRD, Schweiz und Österreich)/pro Heft gegen Voreinsendung per Verr. Scheck an unseren Verlag.

BESTE JAHRESZEIT: generell meist für die oberen Sektionen die Zeit des Hochwassers (ca. Dez. - März), – für mittlere Sektionen: Niedrigwasser, – für Pongos: mittlerer Wasserstand. WARNUNG: die peruanischen Whitewaters sollten nur bei genauer Kenntnis des befahrenen Flusses, seiner Schwierigkeiten und derzeitigen Veränderungen (z.B. neue Stromschnellen durch Bergrutsche) befahren werden. Stromschnellen bis zu Grad 6, des höchsten der internat. Norm. Zugleich mehrere Todesfälle wegen Überschätzung des eigenen sportlichen Könnens.

LANDSCHAFTLICH: großartig die mittlere Sektion: Übergang in dichte Bergurwälder, die allerdings auch bei den diversen "Portages" (Tragen des Bootes um unbefahrbare Stellen) erhebliche Schwierigkeiten bringen wegen steiler Flußufer, dichter Vegetation und meist fehlender Trails.

Teilstrecken der mittleren Sektion, so z.B. ab Quillabamba bis Pongo de Maiñique können bei günstigem Wasserstand auch mit dem Außenbordkanu befahren werden, Details siehe unser Text: "Machu Picchu – Pucallpa".

✱ FLUSSFAHRTEN–AMAZONASTIEFLAND:

Ab dem Übergang von Bergurwäldern ins Tiefland des Amazonas, also z.B. auf dem Rio Pachitea, auf dem Rio Marañon/Teilstrecken, Rio Tambo + Rio Apurimac/San Francisco läuft der Hauptverkehr zwischen den sehr weit verstreuten Dörfern via Fluß. Sehr unregelmäßige Abfahrten und zeitlich nicht vorplanbar.

BOOTE: a) Balsa- Floß. Bau siehe South American Explorers Magazin Nr. 4. Schlecht manövrierbar, gefährlich unter Umständen wegen Flußuntiefen, Flußblockierungen.

b) peque-peque. Langes Einbaumkanu, meist 1o - 15 m lang mit 2 Zylindermotor am Ende, dessen Schiffsschraube an langer Stange hängt, die bei Flußuntiefen herausgehoben werden kann. Langsam, aber billigstes und Haupttransportmittel im Urwald. Alles vom Coke & Benzin bis Hühnern und Eiern. Abfahrten unregelmäßig nach Bedarf.

c) delizador: Kanu mit starkem Außenbordmotor, meist 4o - 6o PS. Schnell, teuer. Meist von Holzfällfirmen eingesetzt.

d) Flußboote. Hauptsächlich auf Unterläufen, wenn der Fluß breit und träge geworden ist. Fahren in der Regenzeit weiter rauf, sonst Höhe Ucayali/Atalaya.

✱ ÜBERNACHTUNG:

Auch in kleineren Orten, – ausgenommen Mini- Campesinopueblos, gibt es irgendeine Pension oder sonstige Herberge. Angebot gemäß örtlicher Bedürfnisse. Z.B.: wo Markt, sicher auch Übernachtungsmöglichkeit.

Preise haben im Rahmen der stark gestiegenen, peruanischen Lebenshaltungskosten kräftig auch bei den Billighotels angezogen. Die Zeiten, wie während der Militärregierung Velasco/Bermudez, wo man im Billighotel für 1 oder 2 DM/Person und Nacht pennen konnte, sind vorbei. Heute ca. 2 - 4 US $ für ein Doppel, Gemeinschaftsbad. Lima liegt bei 4 - 6 US $.

Gerade bei Billighotels besondere Vorsicht vor offenen Stromkontakten, die oft ganz nah von Wasser/Duschen etc. liegen. Dem deutschen TÜV würden die Haare zu Berge stehen! Lage: meist nähe Bahnhof, Busabfahrt oder Markt. Lohnt sich, zu vergleichen. Für selben Preis oft wesentlich bessere Qualität, wenn nicht direkt gegenüber Bahnhof. . .

Wer länger bleibt, d.h. 1 Woche oder mehr, kann Preis runterhandeln, ebenso in Orten mit Billigherbergen- Überangebot (z.B. derzeit Huaras oder Huancayo außerhalb Markttag). Abchecken, ob die Tax bereits im Preis inklusiv ist ("impuesto inclusivo"?) . Alle Details im Buchtext!

Mittelklasse ist breit gestreckt und endet bei meist recht passablen, modernen Beton-Struktur- Hotels mit Teppich und Privatbad. Die "Absteige" der Comerciantes, der Händler. Preise je nach Größe der Stadt zwischen 7 und 2o US $ fürs Doppel. Lage: Zentrum, meist bessere Viertel.

Guter Tip: die diversen "Hotels de Turistas" des peruanischen Staates, die relativ viel Komfort und gute Lage (meist Plaza de Armas!) bei relativ günstigem Preis anbieten. Ca. 1o - 15 US $ /Doppel. Details siehe Text! Allerdings kann es hier einige "Flops" geben, z.B. das "Turistas de Camana", welche aber meist an private Unternehmer vermietet sind. – Teuer und Ausnahme das 5- Sterne "Turistas" auf der Halbinsel Las Esteves/Puno oder "Turistas/Machu Picchu" direkt beim Ruinengelände. Vorteil bei der "Turistas"- Hotelkette: man kann per Telex des Hotels bereits für das nächste vorbuchen! Adresse: Av. Javier Prado 1358/Lima-Peru.

Oberklasse: vorwiegend in den Hauptorten wie Trujillo, Arequipa, Cusco, Lima etc. Absolute Top- Hotels, die der internat. Spitzenklasse genügen. Details in unseren Texten. Übernachtung 6o - 1oo US $ /Doppel.

KLASSIZIFIERUNGEN:	
Hotels (H):	mehr als 5o Zimmer, Kathegorie 1 - 5 Sterne
Hotel Residenciales (HR):	siehe oben, aber ohne Restaurants
Hostales (HS)	mehr als 12 Zimmer, weniger als 5o Zimmer (1 - 3 Sterne)
Hostales Residenciales (HsR):	siehe Hostales, aber ohne Restaurant
Hostales einfacheren Komforts (HsTB):	nur Übernachtung, Toilette, Administration
Pensiones (P)	11 oder weniger Zimmer (1 - 3 Sterne)
Pensionen einfachen Komforts 1 Stern (PTB):	nur Übernachtung, Toil., Admin.

Preise und Klassifizierung müssen angeschlagen sein mit Stempel der örtlichen Behörde. Reklamationen über die örtliche Tourismus Behörde, die weiterhilft. Die Residenciales und Hostales (mit selber Menge an Sternen) können häufig wesentlich komfortabler und gemütlicher sein, bei billigerem Preis, als vergleichbare Hotels. Liegen aber meist etwas außerhalb (in besserer Lage, z.B. Residencial Areas).

CAMPING: außer bei Trekking nicht zu empfehlen. In Peru nicht üblich und in der Nähe von größeren Städten (z.B. am Pazifikstrand) nicht ungefährlich. – JUGENDHERBERGEN nur in Lima.

✱ ESSEN/RESTAURANTS:

Die peruanische Küche hat viele Spezialitäten zu bieten, die ausgezeichnet schmecken. Was aber in den Basic- Restaurants und Kneipen um Märkte und Busabfahrtsstellen serviert wird, ist meist Einheitsküche: "papas con carne" (Kartoffeln mit Fleisch, – Variation "con arroz"/Reis, oder "con pollo"/Huhn), – was oberflächlich reisende Peru- Autoren dazu verführte, die Küche als langweilig zu beschreiben.

TYPISCHE PERUAN. GERICHTE:

"Papas a la Huancaina".....	Gelbe Kartoffeln in Gewürzen und cremiger Käsesoße.
"Causa Limeña".........	Zerdrückte Kartoffeln mit frischem Käse, Skampis und gebackenem Fisch, Avocados, Gewürze und Zwiebeln.
"Cebiche de Corvina"......	In Zitronensaft marnierte Fische mit Zwiebeln und Chili Achtung: sehr scharf! Dazu gibt's Süßkartoffeln (mmmm! Mir läuft das Wasser im Mund zusammen!)
"Conchitas a la Criolla".....	Kamm - Muscheln mit Zweibel, Tomate und Chili-Dressing
"Escabeche de Pescado"....	Gebratener Fisch marniert in einer würzigen Zwiebelsoße mit Oliven und in Scheiben geschnittene Eier. Kalt serviert.
"Caldillo de Huevo"........	Klare Suppe mit Ei
"Sopa de Gallina"	Hühnersuppe
"Chupe de Mariscos"......	Meeresfrüchte mit Kartoffeln, Eiern, Milch, frischem Käse und Chili.
"Pollo Saltado a la Criolla"...	Gebratenes Huhn nach peruanischer Art
"Lomo Saltado"..........	Gebratene Fleischstückchen mit Tomaten, Zwiebeln und Bratkartoffeln und Reis. Eines der am häufigsten servierten Gerichte in Peru, und wenn der Koch gut ist, schmeckt das sehr lecker!!

"Anticuchos". . . . . . . Über offenem Feuer gegrillte Rinder/Schweineherzen
"Churrasco a la Chorrillana": ein Steak mit Reis und Zwiebelsouce.
"Sachavaca" . . . . über offenem Feuer oder Holzkohlengrill geröstetes Tapirfleisch. Bekommt ihr vorallem im Urwald, aber auch in Lima in den teureren Lokalen.
"Seco de Cabrito con Frijoles, Arroz": Lammfleisch mit Chilli, Reis, Bohnen und "Tomalitos Verdes" (grüner Mais)
"Conchitas a la Parmesana": frische Muscheln mit Parmesankäse überbacken und Butter
"Chupe de Camarones": Shrimps und Fisch mit Reis, Bohnen, Milch und Ei in leckerer Suppe. Die Camarones meist "ungehäutet": mit Fingern rausholen und abhäuten. Zum Essen Gabel (für Kartoffeln in der Suppe) und Löffel nötig. Variert jedoch.
"Parihuela" . . . . .Alle Arten von Mariscos (Muscheln, Polyp, caracol etc.)
"Arroz con Pato" . . . .Ente (=Pato) mit Zwiebeln, Knoblauch, Pfeffer, Petersilie, gelbem Chilli und Reis
"Trucha" . . . . Forelle, vorwiegend in Andenregionen nähe Lagunen, so z.B. in Huaras. Kommt paniert oder mit Soßen.
"Palmitos" . . . . Palmenherzen, Urwald oder bessere Lima- Restaurants. Entweder als Spaghetti fein als Salat geschnitten mit Öl und Essig, oder zusammen mit Schinken ("Palmitos con jamon")
"Palta rellena" . . . . . .Gefüllte Avocados
"Quinua Enmerengada": Quinua (eine Art Hochlandreis) ohne Kochen, mit Milch oder Sahne, Zucker mit Vanille, Zimt und Salz
"Inchic Hapi" . . . . . . Mani, Maismehl, Zwiebeln, Knoblauch, Han, Yucawurzel, Zapallo Frucht, Salz
"Crema de Chonta". . Suppe aus dem Herzen der Palmen
"Picadillos de Paiche" Paiche (Amazonas- Großfisch) mit Tomaten, Eiern, Kartoffeln, Zwiebeln, Knoblauch und Pfeffer
"Bunelos de Yuca". . . mit der Yuca- Wurzel, Zucker, Eiern, Salz, Butter, Puderzucker. Wird mit Sirup aus Zucker, Orangen, Lemon- Schalen (über Feuer bis zähflüssigkeit erhitzt) über die Yucawurzeln gegossen.
"Cuy picante" . . . . . .Pikantes Meerschweinchen. Vorwiegend Andenregionen.

Preise bewegen sich derzeit bei ca. 1 US $ /pro Gericht in einfacher Kneipe nähe Markt bis zu ca. 5 - 1o US $ gutes Restaurant/Lima. Ohne Getränke, Extras und Tax.Bei besonderen Gerichten wie z.B. Scampis entsprechend teurer.

Italienische Küche nur sehr selten (z.B. Arequipa, Lima), auf Pizza spezialisiert, Lasagna etc., die man aber besser in Deutschland oder Italien genießt. Ausgezeichnet: die zahlreichen Chinesen, deren Restaurants meist zu den Billigadressen für gute Küche zählen (Ausnahmen die Luxus- Show Restaurants wie "Lung Fung" mit chinesischer Gartenkulisse/Lima).

Die Kartoffel ist eine Erfindung der Incas, – von Pizzaro 1526 nach Europa importiert. Der Kartoffelkäfer dazu stammt aus den USA. Heute gibt's in Peru rund 5o (!) verschiedene Kartoffelsorten.

Pisco sour
(oder wie die Gringos sagen: "Pisco sauer")

Das peruanische Nationalgetränk. Rezept für 8 Personen: 2 Gläser Pisco, – 1 Glas "Jarabe de Goma", – 1/4 Glas frisch gepresster Zitronensaft.
Dies in den Mixer. Hinzu 8 - 1o große Eiswürfel. Durch den Mixer zerhaken lassen. Während der Mischung: Eiweiß eingeben. 1 Ei, wer viel Schaum will: 2 Eier. Erfinder des Pisco- sour ist angeblich der Barmixer, der jetzt im "El

orto Carlin" mixt. Ein ausgezeichnetes Getränk, und wer einmal davon gekostet hat, kann nicht mehr lassen!

Grundlage ist die Weintraube aus dem Pisco Gebiet. Durch spezielles Verfahren auf 4o % Alkoholgehalt gebracht. 4 Kg. Trauben ergeben ca 1/2 Liter Pisco. Gut: "Ocucaje","Zarate"/Ica. Vorsicht vor Billigmarken!

GETRÄNKE:

Bier: wichtigstes, alkoholisches Getränk in Peru. Meist deutsche Vorfahren begründeten die derzeitigen Brauereien. Bier oft chemisch gestützt, was sich u.a. "tropicalisada" nennt. Die bekanntesten und größten liegen in Trujillo, Lima/Callao, Arequipa und Cusco. Insbesondere letzteres hat in Peru besonders guten Ruf, da aus klarem Hochlandwasser gebraut. Zu erwähnen noch die "San Juan"- Brauerei von Pucallpa, die weite Urwaldregionen versorgt und leider ärgerlicherweise vorwiegend Aludosen benutzt.

Wein: einmal um Ica, zum anderen um Tacna. Vorwiegend Rotweine; gut ist der "Gran Tinto Reserva Especial Tacama" aus Ica, aber auch die Weine "Ocucaje" und "Vista Alegre" beide aus Ica.

Gaseosas: (Alles, was kribbelt). Coca Cola (Fanta etc.) ist schwer im Rennen, inkl. aller Extras wie großer Schilder für Restaurants und Werbung ("La chispa de la vida" = das (bitte mit dem Finger schnackeln!) des Lebens!!) – Großer, innerperuanischer Konkurrent ist das in Farbe und Geschmack künstliche "Inca Cola", jedoch sehr beliebt. Sowie regionale Kribbelsachen. Dazu gehört auch "Agua Mineral"/Mineralwasser, z.B. das nähe Arequipa aus der Mineralquelle stammende "Socosani".

Jugos: excellent, – wie in allen südamerikanischen Ländern. Naturgepresste Fruchtsäfte aller Art, die einem einmal wieder zeigen, wie sowas schmeckt, wenn es nicht aus sogenanntem Fruchtsaftkonzentrat geboren wurde. Excellent auch die diversen "Milch- Shakes", die ebenfalls tropische Früchte zur Basis haben. Billig und allem vorzuziehen!

Chicha: alkoholisches Getränk aus Mais; Fermentation wurde früher durch Speichel erreicht, heute durch chemische Beigaben. (Siehe auch Bolivien/ Allgemeine Tips). "Chicha Morada" : aus dunkelem Mais.

Kaffee: trotz großer Anbaugebiete in Peru eine Enttäuschung. Derzeit noch am meisten verbreitet ist der Aufguß- Kaffee aus der Pulverdose. Ähnlich Ecuador: Kaffee- "Sirup" + heißes, darübergegossenes Wasser. In den größeren Orten jedoch in Rest. Espresso- Maschinen mit Cafe a la Brasil!

GESUNDHEIT:

Wasser aus dem Wasserhahn der meisten Großstädte, insbesondere Lima stinkt massiv nach Chlor. Unbedingt Mineralwasser benutzen, auch zum Zäh putzen. Insbesondere auf kleinen Dörfern: Wasser präparieren.- Essen: nicht auf Mercados oder an Straßenständen. Gemüse: nur Gekochtes, Früchte: nur Schalenfrüchte. Wo viele Fliegen: besser nicht essen. Typhusgefahr. Campesinos sind erheblich widerstandsfähiger und daher nicht Vorbild.

Soroche: wo möglich, langsam an die Höhe gewöhnen. Details siehe Einleitungskapitel des Bandes. – Bei Fahrten in den Urwald: die übliche

Amazonas- Prophylaxen, siehe Einleitung. Besonders, wer Extrem- Routen unternimmt, wie sie z.T. in meinem Buch beschrieben sind, sollte sich unbedingt nach Rückkehr von einem Tropenarzt untersuchen lassen!

✱ DIEBE:

Wer mit umgehängter Kamera und sonstigen, blitzenden Wertsachen behängt wie ein "Duty- Free- Shop" rumläuft, ist selber schuld! Wenn: so vorwiegend Trickdiebstahl. Prädestiniert sind volle Bahnhöfe vor Zugabfahrt, sardinengequetschte Mikros und Busse, – aber auch Hotels: Wertsachen nicht offen rumliegen lassen sondern mitnehmen. Bewaffnete Überfälle sind für Peru nicht die Regel.

✱ KOKA (und Drogen):

(Wie schwülstige Peru - Bücher schrieben: "damit der Indio sein hartes Los leichter ertragen kann, kaut er Koka. Nun fühlt er keinen Hunger nicht und arbeitet mehr . . .) –

Das Koka - Blatt sieht aus wie Lorbeer, und den "Kauer" erkennt man an der dicken Backe und den braunen Zähnen. Koka wird so gekaut: aus mehreren Blättern gut mit Spucke durchfeuchtet eine Kugel formen im Mund, dann Quinna - Asche (Getreidesorte) hinterher, und das Rausch=mittel wird frei. Es geht auch Zigarettenasche. Man kann aus den Blättern auch einen herzanregenden Tee brauen, der gegen Höhenkrankheit helfen soll. – Die Kokakauerei ist über den gesamten Andenbereich verbreitet.

SEIT KOKAIN in den Industriestaaten wie USA und Deutschland/Frankreich wieder Mode wurde, ist der Schmuggel massiv gestiegen. Während gemäß einem FAZ- Artikel vom 29.1o.8o im Jahre 1974 nur runde 2o.ooo Tonnen Cocablätter in Peru und vorwiegend zum Eigenbedarf geernet wurden, – stieg der Anbau bis 198o auf 4o.ooo To. Heute dürfte er bei einem Vielfachen liegen! Davon gingen nach FAZ rund 1o.ooo To. an den einheimischen Markt (Hochland Campesinos), an die pharmazeutische Industrie und an einen Getränkehersteller, dessen Chemikern es Anfang des 2o. Jhds. gelang,das Koka zu eliminieren, sodaß nur noch die Geschmacksstoffe bleiben.

Der "Rest", damals angeblich 3o.ooo To. wanderte in den Schwarzmarkt, Basis zur Kokainherstellung, Marktwert um die 5oo bis 75o Mill. US $ und gewaltige Deviseneinnahme für Peru, allerdings nicht den Staat. "Export" via Amazonasflußsystem nach Kolumbien bzw. in kleineren Sportflugzeugen, an deren Stelle häufig bereits die auf dem Weltmarkt billig zu erwerbenden DC 3 (und ähnliche) - 2. Weltkriegspropeller getreten sind. Auf Druck der US- Regierung Einschreiten der peruanischen Polizei inkl. regionaler Verbrennungsaktionen, die jedoch bei den tausenden von möglichen Anbautälern an den Osthängen der Anden wenig ausrichten können. Als eines der Coca- Maffia gilt TINGO MARIA (Anbauregion Janjui bis Huanuco), – die Region Jaen bis Chachapoyas und die Bergurwälder unterhalb Machu Picchus (Quillabamba bis San Miguel).

Der Drogenhandel hat zwischenzeitlich (nicht nur in Peru, sondern auch Bolivien und Kolumbien) riesige Dimensionen angenommen. Trotz hoher Inflation und Geldknappheit hat Lima rege Bautätigkeit in den Villenvororten, wobei man munkelt, daß die Bauherrn im "Narcotrafico" (Drogenhandel) engagiert seien. Und wenn die peruanische Airline Faucett eine Flugverbindung 3 mal/Woche ab Lima via Cayman Islands/Karibik nach Miami eingerichtet hat, einem Steuer- und Geldparadies, – so hat dies nicht nur seinen Grund darin, daß die Peruaner der reicheren Schicht ihr Geld lieber in US $ als Intis anlegen . . .

Cokablätter (wie auch Cocatee) sind in den peruanischen Anden frei erhältlich. Definitiv aber Finger weg von jeglicher Form von Drogen; nicht nur im Lima- Airport bei der

Ausreise wird kontrolliert! Siehe auch unser Drogenkapitel im Kolumbienteil, Seite 464.

✱ Verkauf von archäologischen Stücken:

Bei der Füllen von verschiedenen hochentwickelten Kulturen, die in Peru lebten und bisher nur zum Teil erforscht sind, sind die harten Strafen der peruanischen Regierung bei Export verständlich. Auch hier: Finger weg!

NEBEN den professionellen Grabräubern sind viele "Copiadores" (Kopierer) am Werk, die in, für den Laien absoluter Perfektion Replikas erstellen, wobei scheinbar echte, alte Farbtöne bei Keramik verwendet werden; alte Stoffe für Munecas. Keramiken werden vor dem Verkauf leicht eingestaubt, daß sie vor dem Käufer blankgerieben werden können. Je perfekter die Replika, desdo höher der Preis (und dümmer der Käufer), aber auch riskanter der Grenzübergang

✱ Kürbis- Kunst: 

Typisch für Peru: KÜRBISSCHNITZEREIEN (siehe auch "Huancayo-Markt"!) . Der Kürbis gedeiht auf den Feldern der Flußoasen in der peruanischen Küstenwüste und wurde früher von den Campesinos als Haushaltsgefäße benutzt: Schüsseln für Salz und Zucker, mit Deckelchen, – Dosen für Butter und Vorratsgefäße für Maisbier, Wasser und Milch. –

Die Kürbisse sind meist mit kunstvollen Schnitzereien verziert, looerte von Indios zwischen Andengesträuch, einer pennt im Gras im Maisbierrausch, einer küsst seine Frau, eine Gruppe pflügt den Acker, eine Indio-Schöne macht sich noch schöner, während ein feuriger Indio im Cral mit einem Stier kämpft und unter Ständen Chicha-Fässer aufgebaut, ein Stier knabbert am spärlichen Andengras, und wenn ihr den Kürbis schüttelt, rascheln die Samenkerne drinnen! –

An der Küste gibt's Riesenkürbisse ("Mate") mit Durchmessern bis zu einem Meter. Die Indios fahren damit zum Fischfang, bzw. befestigen ihre Netze daran. Und die Frauen waschen darin ihre Wäsche (ca. 1 mal im Monat!)

RITZTECHNIK: könnte man auf dem Huancayo-Markt beobachten: das Motiv wird mit Bleistift vorgezeichnet, dann mit Metall-Schnitzmessern eingeritzt und die Kerben werden mit Säuren bearbeitet: Schwefelsäure ergibt eine dunklere Linie, – Salzsäure orangerote Linien und Salpetersäure: gelbliche Färbung.

BOTSCHAFTEN / KONSULATE:

PA = Postanschrift, – casilla = Postfach

BRD in Peru:

LIMA: (Botschaft) Av. Arequipa 42o2, Miraflores (PA: Apartado 51o9) Tel: 457 o33
AREQUIPA: (Konsulat) Tacna y Arica 156, (PA: Casila 26o), Tel.: 576 6
CUSCO: (Konsulat) Av. Tulumayo 874, (PA: Casilla 778), Tel.: 2374
PIURA: (Konsulat) Casilla 1o6,

SCHWEIZ in Peru:

LIMA: (Botschaft) ,Av. Salaverry 324o, Tel.: 624 o9o

ÖSTERREICH in Peru:

LIMA: Av. Central 643, Edif. de Las Naciones 5 Stock, Tel.: 22o 467

Peru in BRD: Mozartstr. 34, 53oo Bonn 1, Tel.: (o228) – 638 o12
KONSULATE in Berlin, Frankfurt, Stuttgart, Bremen, Hamburg, Hannover und Düsseldorf

Peru in Österreich: Gottfried-Keller- Gasse 2/8, 1o3o Wien, Tel.: 757 486

Peru in der Schweiz: Spitalackerstr. 2o a, 3o13 Bern, Tel: (o31) – 418 359
KONSULATE in Genf, Zürich, Basel, Lausanne, Lugano, Luzern und Schaffhausen.

Das Land für Abenteurer! Unerschlossene Dschungelgebiete mit Flußfahrten, Pionieratmosphäre in den Savannen- Siedlungen, Goldwaschen in den Flüssen der Andenhänge und weiter, einsamer Altiplano, durch den Staubpisten in ewigen Serpentinen führen, bzw. Wildwest- Eisenbahngleise. Farbenprächtige Indiomärkte, aber auch Armut und Unerschlossenheit, obwohl reich an Bodenschätzen.

BOLIVIEN ist zugleich optimal für Trekking (Inka- Trails zwischen Hochland Lagunen und den schneebedeckten 6.ooo-endern der Cordillera Real bei La Paz, – aber auch sehr lohnende Trails runter in die Bergurwälder der YUNGAS). Optimal zugleich für Bergsteigen, Details siehe Text!

Bei UYUNI riesige Salzseen, die vom einsamen La Paz – Antofagasta Eisenbahngleis tangiert bzw. durchquert werden, – POTOSI mit den ehemaligen spanischen Silberminen (heute Zinn- Abbau; Einstieg in den total zerlöcherten Berg möglich!), zugleich unterirdische Gänge zwischen den Kirchen der Stadt, der Münzpräge und der Privathäuser der damaligen Minenbesitzer, – eine Art Flucht- und Verschiebegänge. . .

Die "Coca- Dollares" (Neureiche durch Kokain- Schmuggel) spielen heute neben den Minenmanagern (trotz Verstaatlichung) eine wichtige Rolle im boliv. Wirtschaftsleben, – wobei Sportflugzeuge und ausgediente DC 3 und anderes Propellergerät den Abtransport durch unbewohnte Llanos- und Urwaldgebiete Richtung USA besorgen.

LAB, die staatl. Airline fliegt mit modernen Boeing- Jets, die 1o Std. Bustrips auf 3o Min.- Flüge reduzieren. In Ergänzung Urwald- Airlines von regionaler Bedeutung und die offizielle Airline von Potosi, die "Aeroimperial". Sowie die Militär- Propellermaschinen der TAM.

BOLIVIEN: das Land der mehr als 15o Präsidenten seit Gründung. Reiche Erdöl- und Gasfunde bei SANTA CRUZ am Rande des Chaco, Abenteuerpisten rüber nach Paraguay, sowie Eisenbahngleise nach Brasilien und Argentinien. Tip für Eisenbahnfans: in Sucre stehen im Bahndepot auf Eisenbahnbetrieb umgebaute PKW's, die man mieten kann!!

SUCRE: relaxing- kolonial die ehemalige Hauptstadt mit schönen Indiomärkten in der näheren Umgebung. – Lohnend: YUNGAS- TRIPS mit gerade LKW- breiten Pisten an Steilabstürzen runter in die Bergurwälder, eingehüllt von Wolken und Blick wie vom Flugzeug! Interessante Abenteuerverbindungen rüber nach Peru und Brasilien.

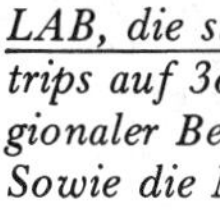

EINREISE:

"Tarjeta de Turismo", die es bei den boliv. Grenzen kostenlos gibt, – bzw. bei der Fluglinie, die Bolivien anfliegt. Sie berech-

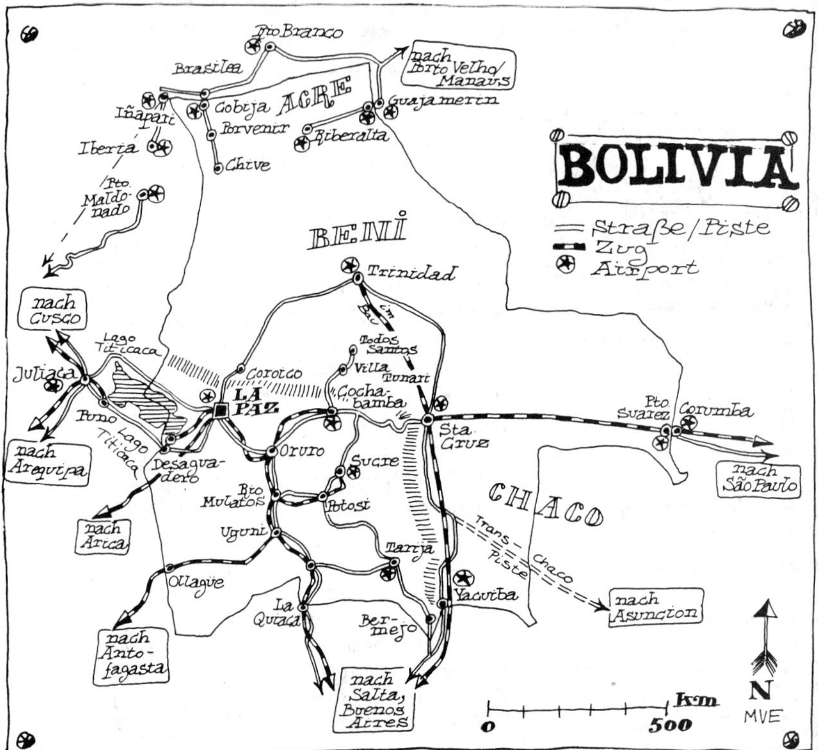

BOLIVIEN–SCHNELLFINDER:

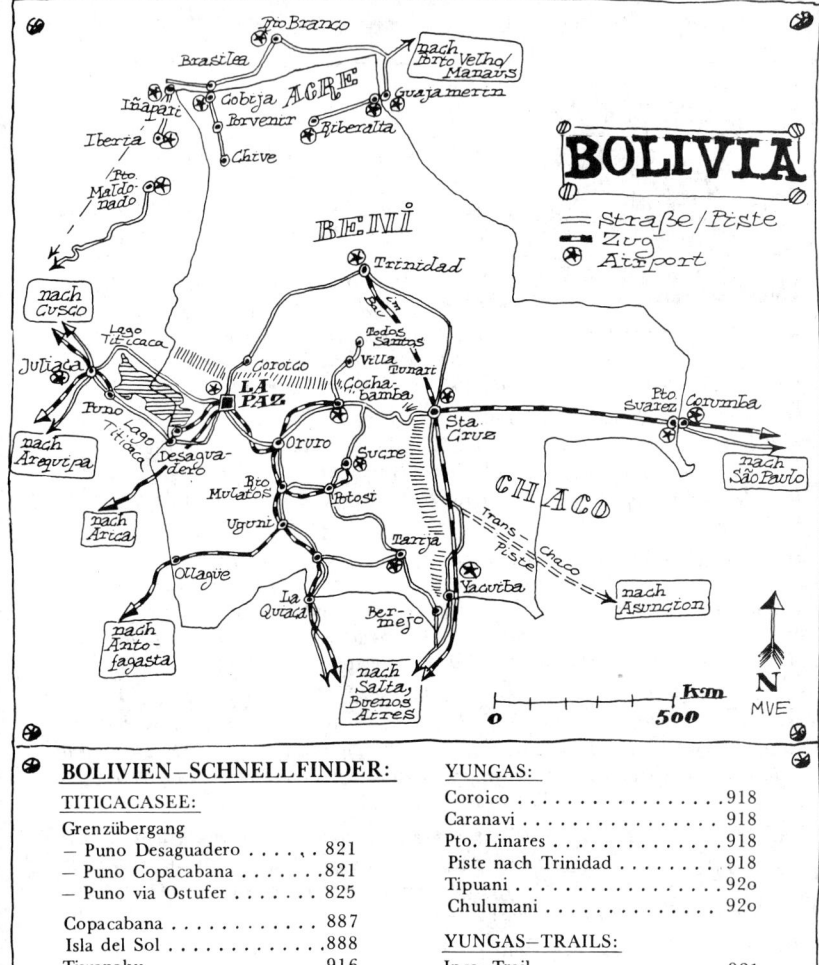

tigt zu einem Aufenthalt von max. 3o Tagen; kann bei der "Migracion"/ La Paz, Av. Acre verlängert werden. Arbeiten in Bolivia ohne Sondergenehmigung nicht möglich.

Deutsche, Schweizer, Österreicher benötigen einen gültigen Reisepass. Wer optisch nicht "optimal" aussieht, – worunter die Grenzer lange Haare bei Männern, ausgelatschte Jeans etc. verstehen, kann damit rechnen, daß er nach Kapitalnachweis pro Tag gefragt wird (= ca. 1o - 15 US $ pro Tag).

VON TITICACASEE- ÜBERGÄNGEN, aber auch von abgelegenen Urwaldübergängen an der Grenze zu Brasilien wird gelegentlich von Problemen berichtet, – wie man uns in La Paz berichtete: "die Leute sind recht frustriert vom einsamen Leben und brauchen deswegen Schmiergelder . . ." Sofern sich diese in Grenzen halten, ist das sicher wesentlich bequemer, als sich mit den Leuten rumzustreiten. 2o US $ sollten genügen, aber dezent überreicht, im Pass oder auf dem Grenzertisch.

Andernfalls mit der "Policia Turismo" (Tel.: 36.7441/La Paz) oder Anruf beim Ministerio Interior/Subsecretaria de Inmigracion winken. Ich selber hatte nie Probleme, auch bei abgelegenen Übergängen und kann Probleme bei Grenzübergängen nicht bestätigen. Wer gut Spanisch spricht und die "Wichtigkeit" des dortigen Grenzbeamten honoriert, dürfte in der Regel keine Probleme haben.

boliv. Peso

WÄHRUNG:

Die massive Inflation vergangener Jahre, die bis zu 2.ooo % /Jahr erreichte, führte zu entsprechendem Schwarzmarkt, der bis zu 5o % mehr für US $ in Cash auf dem SW- Markt brachte.

Durch eine Freigabe des US $, d.h. jeder kann sein Geld in US $ auf der Bank anlegen, wurde zunächst der, das Land schädigende SW- Kurs abgeschafft, sodaß man derzeit praktisch auf Banken fast den selben Betrag bekommt, wie auf dem SW- Markt oder bei den "Casas de Cambio".

Eine Situation, die sich aber jederzeit wieder ändern kann. Daher vorab abchecken bezüglich neuer Situation.

Anderes Problem im Rahmen der gigantischen Inflationsrate sind die Mini-

Geldscheine. Vielfach gabs eine Plastiktüte voll von Geldscheinen, wenn man 2oo oder 3oo US $ in Cash wechselte. Tip: sauber nachzählen!!

ACHTUNG: sofern zukünftig sich wieder ein SW- Marktkurs in Bolivien entwickelt, wird bei Zahlung per "Kreditcard" (z.B. Diners, American Express etc.) aber auch Travellerschecks auf der Basis des offiziellen Bank-Wechselkurses abgerechnet.Dies führte in den vergangenen Jahren zu massiven Verlusten für den Reisenden.

LITERATUR/ KARTEN:

"Mapa Vial de Bolivia", Übersichtskarte mit kartographischer Kennung der Höhenlagen und Straßen, – jedoch ohne Eisenbahngleise. Optisch eine schöne Sache auf den ersten Blick, – unterwegs aber ärgerlich, da das Papier der Karte schon nach wenigen Tagen Reisens an den Knicken in Stücke zerbröselt. 1:2.5oo.ooo , Shops in La Paz, sowie Provinz. Herausgeber: "Servicio Nacional de Caminos"/1982. Auf der Rückseite ein brauchbarer La Paz- Stadtplan. Bolivia- Karte bezüglich Straßen relativ aktuell.

Detailierter sind die Karten del Instituto Geografico Militar, 1:25o.ooo reicht aus für grobflächiges Reisen, – wer Trekking macht, besorgt sich: 1 : 5o.ooo , allerdings nicht für die gesamte Region erhältlich. Teils auch in einfarbiger Fotokopie, wenn die Karten ausgegangen sind, was Lesen recht schwierig macht.

Gut bestückte IGM- Office jetzt im Edificio Camara de Comercio, 1. Stock Av. Mariscal Santa Cruz/Ecke Colombia im Zentrum von La Paz.
Auf dem Land kann Kartenbeschaffung schwierig sein; daher vorsorgen!

Bücher, – sofern nicht im Bolivia- Text erwähnt:

"Monumentos de Bolivia"/Mesa- Gisbert, im Eigenverlag/La Paz erschienen.Knapp 2oo Seiten, Spanisch mit vielen Fotos über wichtigste und interessanteste Bauwerke Boliviens aus Kolonialzeit wie Neuzeit.

"Iconografia"/Teresa Gisbert, ebenfalls Selbstverlag (P.O. Box 195, La Paz), ansonsten schwierig zu finden, – Kunstquerschnitt durch Bolivia. Beide Bände sehr zu empfehlen, wer Spanisch lesen kann!

"Ciudades Bolivianas" von Wolfgang Schoop, in Spanisch, erschienen bei Los Amigos del Libro, La Paz/Cochabamba. Stadtentwicklung von La Paz und anderer boliv. Städte.

"Bolivia Magica", Hugo Boero Rojo, hochauflagig gedruckte fast 6oo- seitige Bolivia-Schwarte, die in verschiedenen Cover- Farben kursiert. Spanisch. Deckt, – ohne Frage Bolivia breitflächig mit Elementen einer Enzyklopedy ab und bietet viel Wissenswertes, ufert jedoch oft in üppiger Unübersichtlichkeit aus.

"Historia de Bolivia en Imagenes", ebenso wie die "Historia grafica de Bolivia" beliebt bei den bolivianischen Schulkindern. Wissenswertes zu Bolivia mit orginellen Graphiken verpackt, besonders beim 2. Band. Zeichner ist Clovis Diaz. Schwierig zu bekommen.

TIP für Bergsteiger ist der "Guide to the Worlds Mountains" vonMichael R. Kelsey, Bezug über den Buchhandel oder Kelsey Publishing Co., 31o East 95o South Springville UTAH – USA 84663. Bezugsbedingungen (siehe EL).

Grenzübergang Peru/Titicacasee:

Die verschiedenen Möglichkeiten sind im Peru- Teil (Seite 818) ausführlich beschrieben. Alle Details sowie Karte dort!

1.) Schiff: Puno–Guaqui, ab hier Bus/Zug Details siehe Seite 818

2.) Tours, Bus bis Juli oder Copacabana, ab hier Schiff, Reststrecke Bus. Details siehe Seite 82o

3.) Bus: direkt über Desaguadero (ca. 9 Std.), . Details siehe Seite 821

4.) Bus: über Copacabana, siehe folgender Text!

5.) Bus: über Moho – Pt. Acosta, siehe folgender Text!

ZEITVERSCHIEBUNG BEACHTEN! Wenn's in Bolivia 18.oo Uhr ist, zeigen die peruanischen Uhren 17 Uhr. / Puno–La Paz je nach Route: 1-2Tg.

PUNO ⤚→ COPACABANA ⤚→ LA PAZ:

Eine der schönsten Titicacasee- Routen wegen Landschaft und Abstecher-Möglichkeiten. Bis Copacabana im Peru- Teil beschrieben. Reine Fahrzeit ca. 12 Std. Puno bis La Paz, aber Übernachtung in Copacabana nötig.

Copacabana: 3.812 m

Von der Lage zwischen zwei braunen Felshügeln* und Blick auf See fantastisch! Der Ort selber allerdings außer Plaza und Kathedrale etwas miefig. Wichtigstes Ereignis: das Fest der Virgen von Copacabana (dann gehts rund), zugleich wichtigster Wallfahrtsort neben Quillacollo/Cochabamba in Bolivia!

KATHEDRALE: an Plaza, Baubeginn 158o. Ein Architekturmischmasch verschiedenster Stile, in späteren Bauphasen wurden sogar Steine von Tiwanaku mitverwendet.

Ob einem die Kirche gefällt, sei dahingestellt. Wichtig jedoch die "Virgen"-Figur, die in einem Glaskasten in der Mitte eines üppigen Pan de Oro- Altares sitzt und nachweislich schon viele Wunder seit 158o vollbracht hat. Sie ist Schutzpatronin von Bolivia. Replikas u.a. auch in Brasilien, die ebenfalls wundertätige " Virgen de Copacabana" (Rio de Janeiro)

Im Museum links neben Hauptaltar viele Votivgaben für Wundertätigkeit, so Arme und Beine (wenn's in diesen Bereichen Probleme gab), – je nach Reichtum des Geheilten in Gold oder Holz. Das Museum ist nur werktags und nur am Vormittag offen. Eine milde Gabe kann die Tür aber auch am Nachmittag öffnen. Votivtafeln auch außen an den Säulen des Tempels. –

Tip: ab 5. August jedes Jahr großes Fest zu Ehren der Virgen. Beginnt mit Messe und Umzügen. Mehrere tausend Campesinos kommen aus Peru und Bolivia, – viel Chicha und Musik. Lamas werden mit Blut rot beschmiert und Wollfäden behängt. Sie dürfen Cocablätter essen und das schönste Lama wird begraben (= Fruchtbarkeits-Mythos). Besitzer neuer Autos und LKW's bringen ihre Fahrzeuge, damit der Priester sie weiht. Zunächst gibt's für die Kirche ein dickes Bündel Peso- Scheine, – dann für's Auto viel Schmuck und Konfetti. – Tanzen zu Indioflötenmusik bis zum Umfallen und Sauferei bis zum Exzess. Das Ganze dauert 3 Tage.

* auf einem "EL HORCA DEL INCA", H-förmig zusammengestellte Steine, – vermutlich Sternen-Observatorium

Hotels in Copacabana: Billighotels um die Plaza, in Seitenstraßen neben Kirche und in Straße Richtung Hafen. Achtung:zur Fiesta "Virgen de Copacabana" Anf. August schwierig, Zimmer zu finden, zugleich wesentlich höhere Zimmerpreise!

"Patria" an Plaza schräg gegenüber der Kirche, unten mit passablem Restaurant, die Zimmer an Innenhof, Stahlrohrbetten, Doppel ca. 1,5 US $, – "Titicaca", in Straße, die links neben Kathedrale vorbeiführt, sehr enge Zimmer, ca. 1,5 US $, – selbe Straße, ums Eck: "Aloj. Cochabamba", Bad dreckig, sehr basic, ca. 1,2 US $, – besser, selbe Straße: "Illimani", allerdings düster, ca. 1 US $, – "Hotel Playa" extrem simpel, selbes gilt auch für "Aloj. Antofagasta", Parallelstraße zu Plaza Ri. Hafen, ca. 1 US $, – "Litoral" an Plaza, passabel, aber simpel, ca. 1,2 US $, – "San Jose" bei ca. 4 US $ für gebotenes recht teuer, empfehlenswert jedoch das danebenliegende "Ambassador", 2 - stöckig, recht schöner Patio, sauber, aber Zimmer einfach eingerichtet. Doppel ca. 3,5 US $ (Straße zum Hafen, beginnend bei Plazaseite, die Kathedrale gegenüberliegt). In diesem Winkel noch ein Schwung weiterer Billighotels.

Top- Hotels gibt's nicht in Copacabana. Als "bestes" gilt das "Prefectural", eine wenig attraktive Kiste mit heruntergebröckeltem Putz, die von außen wie eine Fabrik aussieht. Die Zimmer mit Privatdusche, aus der jedoch nur kaltes Wasser kommt, bei ca. 6 US $ teuer, – allerdings Seeblick,als wohl einzigstes Hotel von Copacabana.

Bus: ab Plaza, Richtung Yunguyo und La Paz. Hier auch die Taxis. Wer mit eigenem PKW Kommt: derzeit keine richtige Tankstelle in Copacabana. Benzin gibts aus dem Faß,das einige LEute in ihrer Wohnung stehen haben, so z.B. neben Litoral Gasse Berg runter,ca. 3o m. Kann sein, daß niemand zuhause ist, dann hängt man fest! Uns hat ein Yunguyo-Busfahrer per Mund und Schlauch ausgeholfen gegen kräftigen Pesosaufpreis. Wer von La Paz im Mietwagen kommt: besser genügend Sprit für Rückfahrt mitbringen. Retour von La Paz in 1 Tag mit dem Mietwagen ist möglich, aber früh starten, da die Fähre über die Meeresenge von Taquina um 21 Uhr Feierabend macht!

Isla del Sol:

Schöner Ausflug. Auf eigene Faust: Boot am Hafen mieten, Überfahrt dauert rund 2 Std. je nach PS des Bootsmotors. Auf der Insel leben heute rund 2oo Familien in 2 Dörfern, in einem Übernachtungsmöglichkeit in basic- Aloj. und Essen. Ein karges, ca. 2oo m hohes Eiland mit alten Incaterrassen, die heute noch kultiviert werden, Eukalyptusbäume am kleinen Hafen und die Quelle des Jungbrunnens. Süßwasser, das nach unbestätigter Theorie vom Illampu (6.8oo m) durch unterirdischen Kanal auf die Insel kommen soll . "Vilcocaivia", Incakirche, rund 2o Min. ab Anlegesteg,mit Raum unter Erde.

Wegen weitem Panoramablick über Lago und die schneebedeckte Bergkette de Cordillera Real lohnt es sich sehr, auf der Isla del Sol zu übernachten. Herrlich Ruhe, wenn das einmal am Tag anlegende Hydrofoil von Crillon Tours wiede am Horizont verschwunden ist und fantastische Sonnenuntergänge über dem See. – Die gegenüberliegende ISLA DE LUNA dagegen ist heute nur noch von wenigen Menschen bewohnt. Keine Unterkunftsmöglichkeiten. Zu erreichen per gemietetem Boot ab Hafen/Copacabana.

Beide Inseln gelten der Legende nach als Ursprung des Incareiches. Manco Kapac und Mama Ocllo sollen von der Isla del Sol abstammen, wie es auch Theorien gibt, daß die Incas nach Ankunft der spanischen Eroberer ihre Goldschätze im Lago versenkt hätten.

Allerdings: auch dem franz. Forscher Jaques Cousteau ist es nicht gelungen, die Schätze zu finden. Expedition 1969, Froschtaucher und ein U-Boot mit Greifzangen. Die Einheimischen erinnern sich, daß viele Campesinos glaubten, als die Froschmänner in ihren roten Anzügen dem Wasser entstiegen,– die Incas wären wieder auferstanden.

Was die Forscher in den grauschlammigen Wassern fanden: ungeheure Mengen von Riesen-Wasserfröschen (Länge ausgestreckt bis zu ca. 0,80 m!). Nachdem man die Tiere essen kann, laufen derzeit umfangreiche Studien zur Erschließung dieser Nahrungsvorräte.

Hautfarbe weiß, einige grau, andere gelb, jeweils mit schwarzen Punkten. Zu finden an Orten mit klarem Wasser, größere Frösche lassen sich leichter fangen, da schwerfälliger, Nahrung: Plankton und kleine Fische. Hochrechnungen ergaben allein auf der bolivianischen Seite des Sees an die 12 - 15 Millionen Frösche, und die Biochemiker stellten hochqualitative Proteinwerte fest.

Weitere Funde der Cousteau- Expedition: in der Nähe der Isla del Sol viele archäologische Stücke, so Vasen und kleinere Goldarbeiten, die heute im Tiwanaku Museum/La Paz ausgestellt sind.

Andere Forscher fanden bei Puerto Acosta (Nordost-Ufer, nahe peruan. boliv. Grenze) Unterwasser Straßenzüge, siehe "Misterios y Secretos de America"/F.B. Kirbus, Edit. La Barca Grafica, Buenos Aires/Argentinia

Copacabana ⋙→ La Paz:

160 km, davon das erste Stück bis zur Straße von Tiquina Schotter. Täglich Busse, ca. 3 US S , 31/2 Std.. Es geht zunächst in vielen Kurven über die bergige Halbinsel, was Zeit kostet, aber viele großartige Ausblicke Anbauterrassen, wenig Vegetation. Wer mit eigenem PKW fährt: vor Kurven hupen und lange Bremswege auf Schotter einkalkulieren. Straße ist relativ schmal und zumindest am Wochenende recht dicht befahren.

ESTRECHO DE TIQUINA: rund 800 m breite Wasserstraße, die den nördlichen Hauptteil des Lago Titicaca mit dem durchschnittlich 5 m tiefen, südlichen Anhängsel verbindet. Überfahrt den ganzen Tag über, wenn nicht zu hohe Wellen durchtreiben. Es fahren Holzpontonboote, auf die zwei PKW oder 1 Bus bzw. LKW passen. Hinten ein Yamaha oder Johnson- Außenbordmotor, der die ganze Sache über den See schaukelt. Tagsüber ca. 1 US$ pro PKW, nach 18 Uhr 1,5 US $. Nach 21 Uhr nicht mehr möglich, oder noch teurer, da Rücksprache mit der Capitania nötig. Vorsicht: Boys sitzen mit MG's vor Eingang. Alles stockfinster und herrliche Überfahrt, wobei der Himmel Richtung La Paz über'm See gelb ist von Straßenlichtern.

Auf beiden Seiten Snacks bei Ponton Abfahrt, jedoch keine Unterkunft und keine Tankstelle. Benzin eventuell bei Privat aus dem Fass.

Auf der anderen Seite begrüßt eine Asphaltstraße, die sich weitgehend geradlinig bis La Paz fortsetzt und Geschwindigkeiten um die 100 km/h zulässt.

HUATAJATA: lohnender Stop, – einmal wegen frischen "truchas" vom See,-

zum anderen wegen Bootsausflügen zu den Inseln Suriqui (= Isla Paco), nach Taquiri und Insel Patiri. Berühmt wurde besonders die Insel Suriqui, da 4 ihrer Bewohner zusammen mit dem norwegischen Forscher Thor Heyerdahl Ende der 6o- er Jahre ein Schilfboot konstruierten, mit dem der Atlantik von Afrika nach Südamerika überquert wurde.

THOR HEYERDAHL wollte die geschichtliche Verbindung zwischen Afrika und dem Titicacasee nachweisen: die Binsenboote des Titicacasees weisen die selbe Konstruktion auf, wie die Boote des Tschadsees in Afrika. Von daher, so Heyerdahl könnte Kulturzusammenhang bestehen, konkret: afrikanische Kulturen "per Schilfboot" nach Südamerika gekommen sein.

Eine reichlich gewagte Theorie, denn am Anfang dieser abenteuerlichen Reise steht die Wüstendurchquerung der Sahara vom Tschad zur westafr. Küste, dann mehrere tausend Km Atlantik mit querwehenden Passatwinden, nautisch nicht unproblematisch für damalige, nur in Binnenseeschiffahrt erfahrene Völker. Zu guter Letzt noch mehrere tausend Km Amazonasurwald- Durchquerung inkl. Aufstieg in die Anden. Viel naheliegender doch die getrennte, von einander unabhängige Entwicklung des Schilfbootes auf beiden Kontinenten, – wie selbst in Neuzeit häufig bahnbrechende Entwicklungen parallel gemacht wurden (vergl. Automobil: Benz in Deutschland und Siegfried Marcus/Österreich).

Sei es drum: es ging um den technischen Nachweis, daß die Überquerung im Binsenboot möglich ist. Mit von der Partie die 4 Suriqueños: die Brüder Limachi und Paulino Esteban, perfekte Schilfbootbauer, die mit Heyerdahl nach Ägypten flogen und dort ein übergroßes Boot zusammenbauten. Das Ding ging bei der 1. Atlantik- Überquerung promt baden und sackte mitten auf dem Atlantik samt Forscher, Funkgerät und Manschaft ab. Die Binsen hatten sich vorzeitig mit Wasser vollgesogen. Der 2. Versuch klappte. – Details im Buch "RA II"/Thor Heyerdahl.

Auf Suriqui heute Museum und Modell der Ra II. Ein interessanter Abstecher, der uns auch wegen der Überfahrt viel Spaß gemacht hat (guter Sonnenschutz!). Kleinere Motorboote ab Huatajata, meist morgens, da ruhigeres Wasser, pro Person ca. 4 US $, ca. 1/2 Tag retour inkl. Aufenthalt.

Taquiri und Pariti sind ruhigere Inseln, letztere mit Incaruinen.

Gutes Essen ("Truchas") in Huatajata im "El Dorado", Besitzer hat auch eine kleine Pension direkt am See. Weitere entlang des Sees. zB. "Rest. Inti Raim

BASIS: Totora- Schilf, das in diesem Teil des Sees, aber auch oben bei Puno reichlich wächst. Durch übermäßiges "Ausrupfen" allerdings bereits erhebliche Reduzierung der Schilfgürtel.

Der BAU eines Bootes dauert 1o - 15 Tage. Kostenpunkt umgerechnet ca. 25 US $. Verwendet werden nur Natur- Materialien, keinerlei

Schilfbootbau in Ägypten (Relief)

Nylonfäden etc. Zunächst werden durch Ineinanderschieben von Schilfstengeln 2 Würste gebildet, die sich an den beiden Enden verjüngen. Obenauf ein zweiter Wulst.

Tragfähigkeit: 2 Personen. Haltbarkeit: 6 - 8 Monate, wobei das Boot immer im Wasser liegen muß, sonst werden die Schilfstengel brüchig.

Daß sich die Schilfboote über Jahrtausende bis heute erhalten haben, mag an ihrer preisgünstigen Herstellung liegen und, – wie die Einheimischen betonen: weil sie sehr sicher sind: "wenn ein Totora- Boot umkippt, kann es anschließend weitersegeln, – ein Motorboot nicht".*

Wassertemperatur im See übrigens: 2 - 6° C im Winter und ca. 1o bis max. 14 ° C im Sommer (=Nov. – März). Einer der Gründe, warum nur die wenigsten Aymara- Indios schwimmen können.

Huatajata hat einen eigenen, kleinen Yachthafen für die reichen Leute aus La Paz, – Crillon Tours seine Werft und Hafen für die Hydrofoils. Mehrere Busse pro Tag nach La Paz, sowie rund 2 nach Copacabana.

Kurz vor HUANCANE das "Hotel Titicaca", bestes Hotel in diesem Bereich des Sees. Wer das Geld hat, sollte besser hier, als in La Paz übernachten: 1/3 der Übernachtungspreise vergleichbarer Hotels in La Paz, zudem relaxing und gute Küche. Doppel ca. 1o US $ inkl. Heizung und TV, der mit Parabolantenne empfängt (angeblich auch brasil. TV- Stationen!). Sehr schöner Seeblick, Kinderspielplätze, Katamaran für Trips nach Suriqui, Tischtennis und andere Abwechslungen. Wer von La Paz kommt: im Hotel Libertador erkundigen; ab hier 4 mal pro Woche Hotelbus (ca. o,4 US $). Oder mit regulärem Bus. Busfahrer Bescheid geben, von der Straße noch ca. 3o m.

Nach HUANCANE kommt nochmals ein Bonbon (bei klarem Wetter): die Straße geht nah an der Königskordillere entlang: Kette schneebedeckter 6.ooo-ender, die flach in den Altiplano übergeht mit gelbverdorrtem Gras. Flotte Fahrt und schon ist EL ALTO erreicht, die Vorortviertel von La Paz, grauverstaubte Lehmhütten und die ausgedehnten Flughafenanlagen. Wer am frühen Morgen hier durchfährt: jede Menge uralter Propellervögel des Typs DC 3, frisch bemalt, – von diversen Cargo-Airlines, die irgendwann im Laufe des Vormittags abheben. Wegen der langwierigen bolivianischen Schotterpisten läuft vieles durch die Luft. El Alto ist zugleich mit 4.1oo m höchster Zivilflughafen der Welt vor der grandiosen Kulisse des Illimani, des Huayna Picchu und Illampu.

PUNO ⋙ MOHO ⋙ PTO. ACOSTA ⋙ LA PAZ:

Siehe auch Peru S. 825

Alternativroute entlang des Nordostufers des Lago Titicaca. Alle Details zu Transport auf dieser Route im peruan. Titicacateil. Basic- Hotels sowie Grenzformalitäten in Pto. Acosta.** Von hier lohnender Abstecher zur Ruinenstadt ISKANWAYNA, allerdings erhebliche Transportprobleme, wenn man nicht eigenes Fahrzeug hat: Abzweigung 25 km südl. beim Dorf Escoma über eine wilde Schotterpiste über Chuma runter zum auf 2.6oo m liegenden Dorf AUCAPATA. Von hier führt ein ca. 5 km Trail nach Iskanwayna (1.7oo m), das grandios in Berglandschaft oberhalb des Rio Llika liegt. Viele Hauswände noch erhalten, grob aufeinandergeschichtete Felsbrocken. Wie die spanischen Konquistadoren kamen, war Iskanwayna bereits verlassen. (Lit.: "Iskanwayna" von H. Boero Rojo, erschienen bei Los Amigos del Libro/La Paz- Cochabamba).

Das Gebiet nahe der peruanischen Grenze gehört zu einem der unerschlos-

* Hauptgrund natürlich die große Armut der Indios. / ** Pto. Acosta ⋙ La Paz : 193 km

sensten Boliviens. Mehrere Pistenprojekte runter in den Bergurwald, so z.B. nach APOLO, – derzeit aber aus Geldmangel nicht realisiert und nur per Trail oder aus der Luft mit dem TAM- Militärpropeller zu erreichen.

In dem Grenzgebiet in 4 - 5.000 m viele Lagunen und schöner Trail parallel zum Altiplano in der Cordillera nach La Paz, allerdings Schwierigkeit bei Kartenbeschaffung, da es sich um Grenzgebiet handelt und deswegen nur sehr grobflächige Karten erhältlich sind.

CALLAWAYS:

Ein Indiostamm, der wegen Unerschlossenheit der Region (LKW- Trip nach La Paz: 10 - 16 Stunden, nur 5 von 15 Siedlungen sind per Straße zu erreichen, in der gesamten Region nur 4 Fahrzeuge!) ursprüngliche Riten, Ackergeräte, Anbau und Medizin aus Inca- und Vorincazeit erhalten hat. Von daher hochinteressant für die Wissenschaft, um Naturmethoden, die in historischen Aufzeichungen nicht mehr erhalten sind , auf heutige Zeiten transferieren zu können.

Wissenschaftl. Forschungsprojekte seit 1979 unter Beteiligung verschiedener deutscher Professoren. Anstoß zu den Forschungen gaben Prof. Dr. W. Lauer/Uni Bonn und Prof. P. Seibert/Uni München.

Der Stamm bewohnt ein Gebiet in 2.500 bis 4.500 m Höhe, welches innerhalb von 2 Tagen zu Fuß zu durchwandern ist, somit breite Nahrungsversorgung, die weitgehende Autonomie garantierte. Für Studien interessant: Technik der Terassierung steiler Bergflanken, – Bewässerungssysteme, Lamamist- Düngung, Gefrierverfahren zur Konservierung von Knollenfrüchten. Hochinteressant zugleich Naturmedizin. So haben die Callaways rund 1.000 Medikamente, u.a. Heilpflanzen, die in Wirkung denen von Chinin, Aspirin und Penizillin ähnlich sind! – Vergl. "Bolivia/Aleman", La Paz, Nr. III/81

Von PTO. ACOSTA Ri. La Paz lohnender Abstecher ab Dorf ACHACACHI (ca. 100 km ab Pto. Acosta) nach SORATA. Sommerfrische, vergleichbar mit Coroico an den Andenabhängen (2.679 m), Hotel Prefectural sowie billigere Privatunterkünfte.* Tägl. Bus nach La Paz (147 km)

Die Pto. Acosta- Schotterpiste trifft bei ACHACACHI auf die Asphaltstrasse nach La Paz. Wer eigenen PKW dabei hat, kann Abstecher zu diversen Kordillera- Lagunen (Zongo, Laguna Tuni etc.) machen, ansonsten wegen dünnem Verkehr besser ab La Paz (Details siehe dort!).

PUNO ⋙→ DESAGUADERO ⋙→ LA PAZ:

Die Hauptroute mit Direktverbindung (ca. 8 Std.). Diverse Schmuggelei, so gab's mal unterwegs im Bus eine heftige Detonation wie MG- Feuer, weil versehentlich Carneval- Kracher, die unter'm Sitz versteckt waren, durch eine Zigarettenkippe entzündet wurden, – und Busfahrer werden nervös, wenn der Grenzer die Radkappen abklopft. Die Steaks in den Grenzrestaurants sind etwas fade und ähnliches, wie es an Hauptgrenzen zwischen südamerikanischen Staaten üblich ist. Von Gringos mit längeren Haaren und Südamerika- strapazierter Jeans verlangen die Grenzer öfters Kapitalnachweis (pro Aufenthaltstag runde 10 US $) und Exitticket.

Auf der bolivianischen Seite beginnt eine staubige Schotterpiste bis EL ALTO/La Paz; ödes, braun- gelbes Land, bretteben und der Bus zieht die Staubfahne hinter sich, während der Kasettenrecorder plärrt. Und dann plötzlich unten in der Tiefe in einem riesigen Talkessel das Häuser-

* "Prefectural" (mit SW- Pool), – "Resid. Sorata" mit schönem Garten, Blumen und alten Möbeln.

Gewirr von La Paz! Indiolehmhütten an den "Kraterrändern" und moderne Hochhäuser an den Schachbrett- Avenidas im Zentrum. Besonders schön gegen Abend, wenn man mit dem Morales- Moralitos- Bus aus Puno kommt: der ganze Kessel voll von Lichtern.

La Paz:

ca. 1 Mill. E. (inkl. Satelitenstädte)

Höchste Großstadt der Welt mit viel Indioflair (5o % der Bewohner sind Campesinos, umfangreiche Mercado - Viertel!), – 3.632 m Plaza Murillo im Centro. Über dem Häusermeer des Tales: der schneebedeckte Bergkoloss des Illimani, glasklare Luft wegen der Höhe und viel Leben!*

Ab El Alto/4.1oo m über eine neue Autobahn in rund 15 Min. flotter Fahrt mehr als 5oo- Höhenmeter runter ins Centro bei Plaza SAN FRANCISCO. Rechts sitzen wegen Panoramablick über Stadt und Illimani!

Der BAU der Autobahn, – noch Mitte der 7o-er Jahre ging's über eine kurvenreiche Landstraße rauf zum Airport, Fahrzeit ca. 45 Min. – führte fast zu einem Regierungssturz. Mit dem Bau war ein US- Konsortium beauftragt, das die Piste zu saftigem Preis planierte, obwohl es keinerlei Tunnels, Brücken und sonstige Extras gibt. So kann man heute mit Fußgängern, Schafen, Lamas und ähnlichem rechnen. Benützung gebührenpflichtig, jedoch nur Pfennigbeträge.

Stadtstruktur/La Paz:

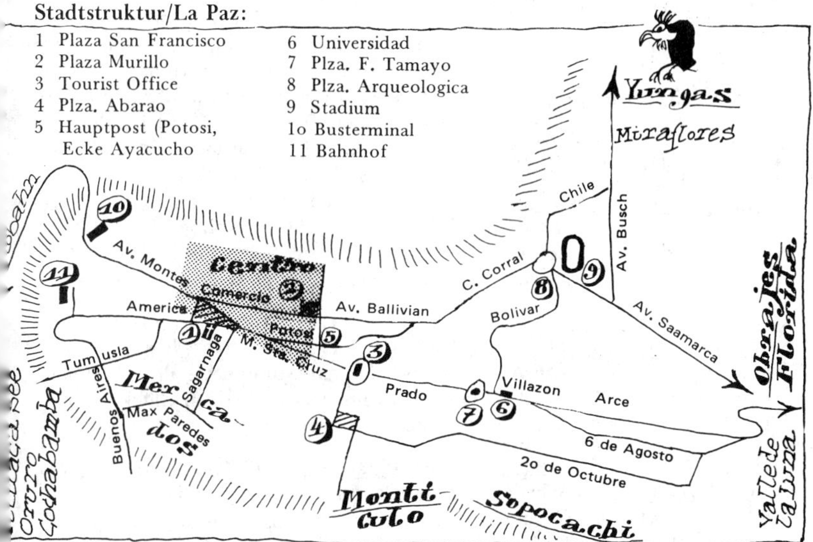

Ca.- Höhenwerte der einzelnen Stadtteile von La Paz:

El Alto:	4.1oo m	insgesamt rund 8oo m Höhendifferenz!
Plaza Murillo:	3.632 m	
Prado: 3.56o -	3.5oo m	
Obrajes:	3.35o m	
Calacoto:	3.3oo m	
Florida	3.3oo m	

Entsprechend wärmerem Klima je tiefere Wohnlage leben in den oberen Lagen des Kessels, sowie El Alto die ärmeren Leute, – das CENTRO in der mittleren Höhenlage um Prado und die reichen Leute in den Villenvierteln von Florida und Catacoto.

✱ PLAZA SAN FRANCISCO: geschäftig und Ausgangspunkt: links (von El Alto kommend) ins kommerzielle Centro, – rechts über steile Gassen rauf ins Indio- und Mercadoviertel. Schöne Kathedrale, älteste von La Paz und eine der wenigen Kolonialrelikte. Über den Turm erzählt man, daß er vor ca. 18 Jahren abgetragen wurde, weil man in den Gemäuern spanische Goldschätze vermutete, die sich aber nicht fanden.

✱ INDIOMÄRKTE: um die Plaza San Francisco bis hinauf zum Bahnhof und Av. Buenos Aires. Die Straßenmercados von La Paz gehören zu den größten* in ganz Südamerika. In den Markthallen/oberhalb Plaza San Francisco im diffusen Glühbirnenlicht: Früchte, Flechtkörbe, , Gewürze und viel Atmosphäre. In den Seitenstraßen Stände, eine Gasse nur für Blumen, die andere mit schwarz aus USA "importierter" Kosmetik. – Obstmarkt , oben beim Bahnhof. Beste Zeit früh morgens 6 - 7 Uhr, buntes Treiben: die Indiofrauen in ihren "tongos", Filzhüten. Jeder Stamm hat seinen eigenen Hut: für La Paz in schwarzer Farbe, für Oruro: kastanienbraun, für Copacabana: schneeweiß in Zylinderform.

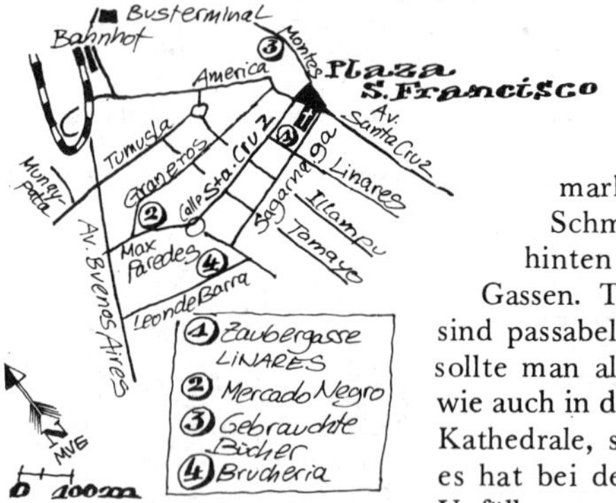

An der Plaza San Francisco, rechts neben der Kathedrale: "Mercado Artesanal", Folkloremarkt: Gürtel, Ponchos, Bongos und Schmuck. Der Eingang ist markiert, – hinten im Innenhof: ca. 2o Stände, enge Gassen. Tägl. offen, auch Sonntag. Preise sind passabel im Vergleich zu Märkten. Diese sollte man allerdings kennen und handeln, – wie auch in der Calle Sagarnaga (Links neben Kathedrale, steil den Berg rauf und Vorsicht, es hat bei den engen Fußwegen schon öfters Unfälle gegeben, wenn vollbesetzten Bussen bei der steilabführenden Gasse die Bremsen ausgefallen sind!). Hier diverse Artesania- Shops und mehrere Galerien, täglich offen, teils auch Sonntag.

Die Calle Sagarnaga, in veralteten Reiseführern oft noch als "Zaubergasse" angeboten, ist sehr touristisch. Hier kann der Neckermann Lama-Embryos abfotographieren (gegen Aufpreis); werden auf Grund eines alten Aberglaubens in die vier Ecken des Hauses eingemauert und sollen Glück bringen. Der Campesino geht aber lieber in die Calle Leon de Barra.

Der touristische Mercado (Sagarnaga/Linares) geht fließend in den Campesino- Mercado über. Wie den meisten Gringos wegen den stei – len Gassen hier die Puste ausgeht. Die Straßen- Märkte liegen zugleich verkehrsgünstig an den Hängen des La Paz- Kessels zu Bahnhof und Busterminal, wo die "Cholitas" und "Cholos" vom Altiplano ankommen. – In verschiedenen Gassen: Schlösser, Nägel, rosa Chola- Unterwäsche und silbrigglänzendes Plastikschuhwerk, Stoffe, Blusen etc.

Wichtigste Straßen: Calle Sta. Cruz ab Plaza S. FRancisco bis zum Rondel Max Paredes, diese aufwärts bis zur Av. Buenos Aires, sowie Calle Isaac Ta-

*Hängt mit hohem Prozentsatz an Indiobevölkerung, - aber auch Lage von La Paz in Altiplano zusammen mayo, Tumusla und Illampu und Querstraßen.

Mercado Negro: Max Paredes, Eingang gegenüber Hotel "Lluvia del Oro". Gassengewirr fast schon wie im orientalischen Souk: hier gibts viel Geschmuggeltes von Levishosen aus Argentinien, über Hemden, Waschmittel, Ohrringe und Kosmetik. Der Mercado Negro, – wie auch parallele Straßenmärkte konnte bei günstigen Preisen so viel Erfolg verbuchen, daß er zwischenzeitlich sich zu einer ernsthaften Konkurrenz zu den Shops des Centros entwickelte und auch von der Mittelschicht besucht wird.

Im Bereich Av. Buenos Aires diverse Spezialmärkte für Campesinobedarf: aufgeteilt, – Straße mit Schuhen, Straße mit Möbeln, eine für Parfums, andere für Plastikwaren wie Schüsseln, Teller, Kanister etc. – Interessant: der Mercado mit "Brujeria"/Calle Leon de Barra. Pülverchen und Kräuter gegen Krankheit und bösen Blick. Fotographieren strikt verboten, da dies schwerwiegend in die Wirkung der Brujeria eingreift! – Calle Los Andes und Nataniel Aguirre: Geschäfte für Masken und Verkleidungen für Feste. – und: "MIAMICITO" der Schmuggelmarkt für TV und Casettenrecorder (nach Miami/USA, dem Gateway Nordamerikas für die südam. Staaten). Die Waren, sofern geschmuggelt, kommen derzeit jedoch hauptsächlich vom Duty-Freeport Manaus/brasil. Amazonasgebiet. Jeden Mittwoch und Samstag.

★ KOMMERZIELLES ZENTRUM: zwischen Plaza San Francisco, – Plaza Murillo und Prado. Die Welt der Banken, Shops, des Palastes des Staatspräsidenten und der Alcaldia (=Rathaus). Hier liegen die meisten Hotels der Billig- bis gehobenen Mittelklasse, viele Restaurants sowie auch die meisten Reisebüros und Airline- Agenturen.

Calle Comercio ist Fußgängerzone (ab oberhalb Plaza San Francisco bis Plaza Murillo) mit Sitzbänkchen und einigen Häusern aus Jhd.- Wende, z.B. Ecke Calle Sanjines/Comercio: heute Kaufhaus, architekt. Leckerbissen u.a. wegen großer, schmiedeeiserner Vorbauten, die früher vermutlich Markise trugen.

Was waagrecht in Talrichtung geht, läuft sich angenehm, – die senkrecht im Schachbrettmuster raufgehenden Straßen gehen jedoch verdammt senkrecht: die Bürgersteige sind mit Meißel aufgerauht, bei Regen ganz schön rutschig, und die hübschen Bolivianas mit ihren Stöckelschuhabsätzen haben manchmal ganz schön Probleme. Weniger angenehm ist auch der dichte Stoßverkehr, der beim Anfahren am steilen Berg dichten Abgas rausdrückt.

Koloniales im Centro nur selten; das meiste ist Mischarchitektur ab 2o-er Jahre, sowie die aus dem Boden wuchernden Betonfinger der Hochhäuser. Wegen der Tallage wird der Platz knapp im Centro. – Die "Alcaldia", ⋙

Wie die SPANIER 1548 auf der Suche nach den Gold- und Silberschätzen der Inkas durch die Region kamen, gab's oben im Bereich des heutigen El Alto eine kleine Siedlung, Sie hatten die Sache schnell durchschaut und verlegten ihre erste Siedlung unten in den Talkessel: statt dünner Luft und eiskalten Winden – annehmbare Bedingungen.

Nach Entdeckung der potenten Potosi- Silberminen, die Kriege und Palastleben der spanischen Könige finanzierten, – war LA PAZ wichtiger Knotenpunkt beim Transport der Wertmetalle zum Ausschiffungshafen LIMA an der Pazifikküste. Heute ist La Paz trotz offizieller Hauptstadt SUCRE wichtigste Stadt Boliviens, in der alle Ministerien und Behörden (außer Supreme Court) liegen, sowie 90 % der internationalen Geschäfte getätigt werden. Komerziell zweitwichtigste Stadt ist STA. CRUZ, – danach folgt COCHABAMBA wegen Landwirtschaft und Zugang zu den Selvas.

Calle Juan M. Mercado/Ayacucho: Gebäude aus der Zeit der Jhd.- Wende mit Turm, an dem jede Menge Lautsprecher hängen, davor 2 Pinien und viele Toyota- Jeeps, die der Alcaldia gehören.*

Bücher: "Los Amigos del Libro", rund 20 m von Alcaldia in der Calle M. Mercado, Nr. 1315, eine der besten Buchhandlungen von La Paz (Kette in ganz Bolivia), deutscher Besitzer . Guter Querschnitt über derzeit erhältliche Bolivia- Literatur, hauptsächlich in Spanisch, teils Englisch. Hier gibt's auch in beschränktem Umfang deutsche Taschenbücher, sowie dieses SÜDAMERIKA–HANDBUCH. Weitere Filialen in La Paz: im Sheraton- Hotel, im Hotel Plaza, in der Av. 16 de Julio (Prado) und oben im El Alto-Airport.

Post von der Alcaldia den Berg rauf (Calle Ayacucho, Ecke Potosi) das Hauptpostamt von La Paz: CORREO. Hier kommen die postlagernden Sendungen an, wenn nicht anders auf dem Umschlag vermerkt. Post ab La Paz nach Europa ist relativ sicher, jedoch besser per "Certificado" schicken, nur unwesentlich teurer. Der Luftpostbrief nach Deutschland braucht im Schnitt 1 Woche. Alternative: Postamt oben im El Alto- Airport.

Von der Hauptpost noch ein cuadra den Berg rauf: Plaza Murillo, – relaxing, wenn's nicht gerade wieder Präsidentenwechsel gibt; mit dem Regierungspalast, vor dem Militär oder Polizei mit MG's flaniert und Kathedrale. Einer der ereignisreichsten Plazas von La Paz.

So ließ 1868 der damalige Präsident Gral. Mariano Melgarejo anläßlich eines Besuches des Präsidenten von Brasilien seine Soldaten über eine Seitenstraße immer wieder über die Plaza marschieren, um die Größe seiner Armee zu demonstrieren. – 21. Juni 1946: vom Laternenpfahl vor dem Palast hängt Präsident Gualberto Villaroel, in den Straßen mehr als 2.000 Leichen; – Bolivien ist reich an Revolutionen, die hauptsächlich in La Paz ausgetragen werden und ihren Ausgang an der Plaza nehmen.

Die Fülle an Präsidenten, – seit Staatsgründung mehr als 150, ist signifikant für die Manipulierbarkeit und das Phlegma des Volkes. Die Schulkinder lernen, daß die Rückständigkeit des an Bodenschätzen so reichen Landes auf den schnellen Präsidentenwechsel zurückzuführen ist; im Schnitt ergab sich pro Präsident ca. 1 - 2 Jahre Regierungszeit, – von Präsidenten wie Banzer (7 Jahre) abgesehen. Da bei Wechsel meist auch die gesamte Führungsmanschaft in den verschiedenen Ministerien ausgetauscht wird (Spezi- Wirtschaft), lassen sich auf dieser Basis keine Entwicklungsprogramme durchziehen. Korruption ist ein anderer Grund für die boliv. Rückständigkeit.

Plaza Murillo/Ecke Comercio: das Museo Nacional de Arte (siehe "Museen"). Koloniales: von der Plaza Murillo nochmals 1 cuadra raufsteigen in die Calle Indaburu und diese links zur Calle Jaen. Hier liegen mehrere Museen, kann man aber auch mit Besuch einer Peña am Abend kombinieren. Die Calle Pisagua ist eine der steilsten Gassen des Centros. Einen vollbesetzten Toyota- Jeep (ca. 2 Tonnen) hier runterzufahren, kann zu angenehmem Kitzeln in Magengegend führen.

Auch hier wieder: Limits in Stadtentwicklung, die in Konzept bei spani-

---

* LA PAZ ist das Eldorado für Allrad-Fans! In keiner Großstadt der Welt habe ich soviel Geländefahrzeuge gesehen. Klar, daß auch die Behördenfahrzeuge Allrad sind!

scher Gründung stimmte (wärmerer Talkessel), aber keinerlei Expansion zulässt. Vom Talboden (Av. M. Sta. Cruz/Prado) gehts steil die Hänge rauf!

✱ **PRADO:** wichtigster "Flaniergürtel" der Stadt. Mit dem Top-Hotel "Plaza" diversen Straßencafes und Restaurants an Prado und Seitenstraßen. Hier liegt auch ein Schwung der Airline-Vertretungen. An Grünstreifen in Mitte Wechsel-Märkte. Allerdings nichts "Umwerfendes" erwarten; das Schönste ist der schneebedeckte Illimani über der Szene.

✱ **SOPOCACHI:** reines Wohnviertel, gute Lage, oberhalb der 2o de Octubre. Von der Plaza Abaroa (Verteidigungsministerium, umliegend Hochhäuser mit Luxus-Appartements) über die Pedro Zalazar rauf zum MONTICULO-HÜGEL: beliebt bei bolivian. Liebespaaren, weils abends zwischen den Bäumen so schön dunkel ist und der Blick auf die Stadt stimuliert. Zunächst mit dem PKW eine Runde um's Denkmal, dann seitlich neben der Kirche und Uhr in den Park: zwischen den Bäumen das Lichtermeer der Stadt. Seitlich rechts, direkt unterhalb des Hügels ein Stundenhotel, – verkehrsgünstig angelegt.

✱ Den schöneren La Paz Blick abends jedoch vom Stadtteil **MIRAFLORES:** Av. del Ejercito/Cerro Laikakota. – Herz von Miraflores: das Stadion, das 55.ooo Personen fasst und außer Fußballfeld eine Tartan-Piste für die Athleten besitzt. Bei einer Höhe von ca. 3.7oo m dürfte das La Paz-Stadion höchstes dieser Dimensionen der Welt sein.

DIE HÖHE ist echtes Problem bei inner-südamerikanischen Fußballspielen. (z.B. wenn eine Gastmannschaft aus Rio kommt, das auf Meereshöhe liegt.). Die Spitzensportler wenden dabei folgenden Trick an: entweder Anreise ca. 2 Std. vor Spielanpfiff (da sich Höhe angeblich erst ca. 6 Std. nach Ankunft auswirkt), – oder Ankunft 1 Woche früher, um sich zu akklimatisieren. Unter'm Strich ist aber "Strongest", der Fußballclub von La Paz meist die erfolgreichsten Mannschaften des Landes.

Vor dem Stadion, – recht geschickt, da Abgase bekanntlich nach unten sinken und Stein angreifen: – in einer Bodensenke Relikte aus Tiwanaku. Open-Air-Museum in Wolken von Monodioxyd des stark frequentierten Rondells. Zum Umquartieren fehlt das Geld.

Hauptverkehrsader des, weitgehend von reicheren Leuten bewohnten Miraflores ist die Av. German Busch (Präsident von 1937 – 1939).

Piscina Olimpica in Alto Obrajes/Av. B. Saavedra, angelegt aus Prestige-Gründen, da alle südamerikan. Großstädte ein Hallenbad der olympischen Abmessungen für Wettkämpfe besaßen, nur La Paz nicht. Großes Muschel-Dach, schön beim Anflug aus zu sehen, wenn man von Cochabamba kommt. Die Acrylglas-Fensterfront verschwand nach Installation während einer Militärregierung komplett;* – das Stadion wird leider derzeit ausschließlich für Wettkämpfe benutzt. Teurer Luxus vis-à-vis der Indioviertel.

✱ **OBRAJES** und **FLORIDA:** Villenviertel, eine Talkesselstufe tiefer auf ca. 3.3oo m. Ausgangspunkt für Trips ins "Valle de la Luna" und nach

✱ "Palca"/Incatrail. Details siehe dort. Das klimatisch günstige **CALACOTO**, Anhängsel an Florida, hat viele "Open Air"-Gartenrestaurants, Details

* Man witzelt in La Paz, daß die Militärs das graubraune Acrylglas für ihre Sonnen-Brillen benötigt hätten, – was natürlich absolut nicht stimmt!

siehe "Restaurants/La Paz"! –

"Instituto Boliviano Turismo" (IBT), Glaskasten im Prado, etwa Höhe Calle Loayza. Offen: Mo.- Fr.: 8.3o bis 12.oo und 14.oo bis 18.3o Uhr, Samstag: 9.3o bis 12 Uhr. Relativ gutes Infomaterial. Die Mädchen mehrsprachig. – Weitere Office oben im Airport.

Tourist INFO LA PAZ

"Instituto Geographico Militar" (IGM) für detailierte Landkarten jetzt in Neubau des Edificio Camara de Comercio, nur wenige Schritte von Tourist Office (Av. M. Sta. Cruz/Ecke Colombia). Offen tägl. 8.3o - 12.oo und 14.3o bis 18.oo Uhr (Mo.–Fr.), oben 1. Stock.

Calle Ayacucho zwischen Calle Mercado und Sta. Cruz, in etwa nähe Alcaldia. Der Supertower an Hochhaus hat im Untergeschoß Telefon- und Telexvermittlung. In den meisten Fällen billiger, als vom Hotel- Telefon. – Telefonate nach Peru fast so teuer wie nach Europa!

ENTEL

HOTELS LA PAZ

Die meisten Hotels liegen im Bereich des kommerziellen Centros. – Billighotels teils auch im Mercadoviertel, – Luxushotels teils auch in Verlängerung des Prados/ Ave. Arce.

Teuer:

"Sheraton", Ave. Arce s/n., zusammen mit "Plaza"/Prado derzeit bestes von La Paz. Die Preise liegen bei ca. 8o - 9o US $ Doppel, wobei das Plaza zentraler liegt, das Sheraton jedoch nach meinem Geschmack in den nach Südost gehenden Zimmern den schöneren Blick auf den Illimani hat. Fantastisch! Für den TV im Zimmer muß man allerdings 5 US $ /Nacht seperat draufzahlen, ein Service, der beim hohen Zimmerpreis eingentlich inkl. sein sollte! – "Crillon" (Plaza Isabel la Catolica) liegt am weitesten entfernt vom Prado, war vor dem Bau von Plaza und Sheraton bestes und hat derzeit etwas Patina bei zwei Sternen weniger, trotzdem aber saftigen Preisen, – "Libertador", im C. Obispo Cardenas 1421, 5 Sterne und runde 35 US $.

Mittel:

Heißer Tip: "Hotel Gloria", sofern derzeitiger Preis von ca. 35 US $ beibehalten wird. Wohl die Zimmer nicht ganz so groß wie Sheraton, dafür ist im Preis aber ein S/W- Fernseher in jedem Zimmer inkl., Heizung, dicker Teppich, Telefon, Bad und gemütliche Zimmer. Außerdem superzentral zwischen Plaza San Francisco und Plaza Murillo gelegen. Hochhaus mit 15 Stock, oben vom Dachrestaurant schöner Blick auf das Lichtermeer von La Paz und gute Küche. Calle Potosi/Ecke Sanjines. – "Hotel Sucre"/ Prado zwar zentral gelegen, aber nach meiner Ansicht kein guter "value": vorn raus gibts nur "Suites" und die kosten um die 4o US, – auch für die wenig attraktiven Zimmer hinten raus immer noch 35 US / . Saftige Preise für ein altes Haus. –"Hotel Copacabana"/Prado (16 de Julio) 18o2 für 3 Sterne Hotel und Lage billig mit ca. 18 US $ Doppel (Privatbad), allerdings kann es auch passieren, daß die Fensterscheibe des Zimmers zerbrochen ist und nachts eiskalter Wind reinpfeift. – "España" gegenüber Uni, in der 6 de Agosto 2o74, daher von Lage nicht so günstig, wie viele billigere direkt im Centro. Von außen eine Feudalvilla im Stil der NS- Architektur mit ewig langem Treppenaufgang. Zimmer mittel bis simpel, Doppel ca. 9 US.- "Res. Claudio", Av. Villazon 1965 an Plaza am Ende des Prado, hat uns gut gefallen. Mittelklasse- Pension, sauber, mit warmer Dusche. Einfach eingerichtet und bei ca. 10 US / fairer Preis. Wer mit Gemeinschaftsbad nimmt, zahlt für's Doppel ca. 8 US / , – "Resid. La Estancia", Calle Mexico 1559 (1.Parallelstraße zum Prado), empfehlenswert, da zentral und sauber. Einfach eingerichtete Zimmer, Doppel ca. 10 US$. – "Hotel Sagarnaga" sehr zentral, Calle Sagarnaga 326, ca. Ecke Linares und 200 m von Plaza San Francisco. Sauberes Hotel, Doppel ca. 10 US$ mit Privatbad (bzw. ca. 8 US$ ohne).

Billig:

meist im kommerziellen Centro (=KC), Vorteil: kurze Wege, – oder drüben an gegenüberliegendem Talhang im Indiomarktviertel (=IM).

"Viena", Calle Loayza 420 (KC): älteres Haus, innen mit viel Wien- Patina und feudalem Salon, zugleich Restaurant. Innenhof und simpel eingerichtete Zimmer. Mit Privatbad ca. 9 US $. mit Gemeinschaftsbad ca. 4 US $ für's Doppel. – "Neumann" gleich daneben, eine Spur mehr basic, Doppel ohne Bad ca. 7 US$, in der Kneipe neben Reception (sehr basic) sitzen mittags viele Polizisten in Uniform von gegenüberliegenden Guardia Nacional mit schwarzen Stahlhelmen. Wie aus NS - Film! – "Bulgaro", Calle Colon 3570 (KC): etwas steril, aber relativ sauber, Doppel ohne Bad ca. 4 US $. – "Yanacocha", Calle Yanacocha 540 (KC): von außen schön renovierte Casa mit braun-gold-Borten um Fenster, 1 cuadra von Plaza Murillo. Derzeit mit Privatbad ca. 9 US $. – "Hostel Austria", Yanacocha 531 (KC): sehr basic mit düsterem Eingang und losen Stromkabeln. Es geht die Treppe rauf, oben etwas freundlicher. Die meisten Zimmer allerdings ohne Fenster (ausnahme: einige große Zimmer zur Straße), Doppel ohne Bad ca. 6 US $, war bisher bei Rucksacklern beliebt. – "Hotel Torino" Calle Socabaya 457 bei Plaza Murillo (KC): sehr zu empfehlen. Altes Haus von 1804/1909 mit großem Innenhof und Säulengang. Zimmer meist geräumig, schade daß der Innenhof zwischenzeitlich mit Wellplexiglas überdacht ist (gegen Regen). Trotzdem mag ich das Torino lieber als preislich vergleichbare, die enger und düsterer sind. Essen im Torino leider nicht mehr das, was es früher war. (Zahnstocher mitbestellen). Doppel ca. 4 US $ "Hotel Italia", Manco Kapac 303 (IM) nähe Bahnhof war lange Zeit Ausweichquartier zum Trampertreff "Torino", tendierte dann zeitweilig zu Dreck, soll derzeit aber wieder etwas besser sein. Abchecken, Doppel ca. 6 US $. – "Hotel Tumusla", Calle Tumusla 580 (IM): dreckig, nicht zu empfehlen. – "Los Andes", Manco Capac 364 (IM), ca. 5 US $, – "Illampu", Calle Illampu 635 (IM): recht klein, basic aber passabel, warme Duschen, Doppel ca. 4 US $.– "Rosario", Calle Illampu 704 (IM): ca. 4 US $. – viele weitere in diesem Bereich. Empfehlenswert das neue "Milton", von höchsten Etagen schöner Blick über La Paz.–

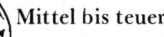

Mittel bis teuer

"JONTUE", nennt sich hochtrabend auch "El Palacio del Fondue" Ave del Ejercito 1124 (Miraflores nähe Estadio) : bestes derzeit für Fondue. In Privatcasa, Tische mit Tischtuch, Glasplatte drüber. Ambiente: dunkel bis schmiedeeisen. Passable Preise, störend lediglich die gelben Straßenlaternen zum Fenster rein. – "Rest. SUIZA" (Av. Arce, schräg gegenüber Hotel Sheraton), grauer Eingang, dann kommt ein Raum mit Zermatt- Postern und anderem Pseudokram, aber relat. gemütlicher Bar mit Pickel und Seil an der Wand. Deutsch- schweizer Küche, Gäste: viele Deutsche, gemischt mit Bolivianern. Preise saftig. – "DON ROBERTO", (Vincenti/Victor Sanjinez in Sopocache): alles tiefrot, von Tischdecke über Teppich, Blümchentapete, Gardinen, Stuhl (und bei entsprechender Anrede auch der Ober). Von Dekoration und Essen nicht mein Geschmack. – "EL FAROL" (Belisario Salinas/Ecuador in Sopochache), eines der besten von La Paz für Mariscos. Der Leuchtturm am Eingang ebenso imposant, wie das Schiffsmodell, das ein Nichtseemann gebaut haben muß wegen orgineller Anbringung der Rettungsboote. Excellente Vorspeisen, gute Saucen. Bei Camarones allerdings recht kleine Portionen, besser Fisch vom Lago Titicaca bestellen! Preise mittel. – "SHERATON–SKYROOM", im gleichnamigen Hotel, 15 Stock. Nennt sich höchstes Gourmet- Restaurant der Welt. Blick durch die Glasfenster auf das Lichtermeer von La Paz. Essen gut, Preise mittel bis teuer. Das Restaurant unten im 1. Stock des Sheraton hat uns dagegen überhaupt nicht überzeugt. Besser bis 19 Uhr warten! – "CLUB ALEMAN" (Calle Bravo, hinter Prado), Zutritt nur für Mitglieder; wer Deutscher ist und anständig gekleidet, hat jedoch Chance, auch so reinzukommen. Hier treffen sich die La Paz- Deutschen und quatschen über's Geschäft. Deutsche Küche; schon ein komisches Gefühl, wenn ein Campesino Leberknödel mit Sauerkraut serviert! – "HOTEL PLAZA"/ Prado, oben im 15 Stock Rest. Uprama, ebenfalls mit fantastischem Blick wie auf Sterne (=Berghang mit Lichtern). Orginell: den linken der drei Aufzüge schräg in der Ecke, nehmen: durch's Glas beim Rauffahren guter Blick auf Prado! Preise: teuer. Oben zugleich Bar, Fr. bis So. mit Disco.

Um den PRADO hat sich sowas wie ein "Gaumenvergnügungszentrum" der Mittel- und Oberklasse gebildet. Häufig in alten Casas, die zwischen den Hochhäusern noch verblieben sind. Von Optik oft besser als für den Taste. So z.B. "El BISTROT"/Prado: exclusiv teuer mit Kerzen, – in der Kellerkneipe "DON QUICHOTE" fast ausschließlich Männer, – "MUNICH" (Seitenstraße Calle Campero 23) sehr kleiner Raum, dem 'Donisl' in München nachempfunden, Mini, verraucht, viele Deutsche, nur der Mozo passt nicht ins Ambiente; – "PRENSA" (C. Campero) häufig gelobt, hat uns überhaupt nicht überzeugt.

"CEZ PIERRE" (Calle Potosi 132o/Centro) : rundum außergewöhnlich. Eingehüllt in rote Sonnenuntergangstapete sitzt man an wackligen Tischen. Ein simples Churrasco hat bei uns eine 3/4 Std. gebraucht, bis es zu unserem Tisch fand, war dann aber auch sehr lecker. Preise mittel. – "DA FRANCISCO" (Av. Arce 2372) für den, der wieder Pizza zwischen die Zähne braucht. Teures Vergnügen. – "CIRCULO ITALIANO" (Av. 6 de Agosto 25) italienisch, Preise mittel. – "MASCARON" (Calle Aspiazu 637): typische Küche von Potosi, sehr scharf. In Privatcasa, Preise mittel. – "RINCON PERUANO" (Calle Ecuador in Sopocache): Treff der Bolivo-Peruaner. Entsprechende Küche, u.a. auch 'Papa Huancaina', Preise mittel.– "NEIRA" gegenüber Pena Neira, Calle Sagarnaga, gut und preiswert. –

Billig

"CONFITERIA ELIS" (Av. 16 de Julio/Prado, gegenüber Tourist-Office-Kiosk): gute Frühstücke, rel. sauber, billige Mittagessen. Viele Gringos. – "RAYITO DE LUNA" (Comercio 1o72 fast Plaza Murillo): für Snacks im alten Stil. Mit Expresso Maschine. Gute Pastas! Billig. – "MARLIN" (Potosi/Socabaya) : billig. Lomos, Pollos, gelegentlich Enten. Snack im alten Stil. "CENTRO COMERCIAL CRISTAL" (Calle Yanacocha) Shopping Center mit Boutiquen über 3 Stock. Klar, daß in diesem Konzept die Hamburger nicht fehlen dürfen. Etwa Höhe Potosi. Billig. – "CLUB LA PAZ" großes Cafehaus im alten Stil. Plaza Obelisco/Av. M. Sta. Cruz/Camacho. Hat uns gut gefallen. Zum Essen mittags von Leuten besucht, die in den umliegenden Büros arbeiten. Billig. – "VERONA"(Av. Mcal. Sta. Cruz/Colon): ein Kellerlokal, immer voll. Expresso- Maschine, Bier, Hamburger, Milchshakes, sehr gute Lomos! Billig. – "TOKYO" (Prado neben Copacabana- Hotel): Besitzer Japaner. In La Paz sehr bekannt für "Saltenas". Isst man zwischen 1o und 12 Uhr (vor Mittagessen). Knusperkruste, in der eine Sauce mit Fleisch, Kartoffeln, Yuca und Gewürzen eingepackt ist. Vorsicht beim Reinbeißen! Billig. – "Rest. TABLITAS" (=kleine Tische), Av. M. Sta. Cruz 1283. Parilladas. Sehr billig und einfach. Kleiner Raum. Man muß warten, bis Tisch frei wird. – Noch ein heißer Tip für die Leute, die vom Hamburger nicht lassen können: gegenüber der Uni gibt's die nach unseren Recherchen billigsten von La Paz: "SNACK–SHOP" (Av.Arce 2o12). Kleiner, verräucherter Raum, wo man sich gegenseitig auf die Füße tritt beim Warten, bis der kleine Rotbraune braungebraten ist. Gute Milchshakes. – "LAS VELAS" (Av. Simon Bolivar) , Spezialität von La Paz auf dem Weg nach Miraflores. Fast die ganze Nacht offen bis zum frühen Morgengrauen: in Innenhof Stände, auf denen Hühnerbeine brutzeln, Anticuchos, Sandwich de Chola (Weißbrotscheibe mit Fleisch vom Schwein, Zwiebeln, Tomaten und Souce). Sehr beliebt bei den Bolivianos, besonders nach Fest, wenn andere Restaurants zu sind.

"HOTEL TURINO" nicht mehr zu empfehlen, was Restaurant betrifft.

Sehr durchschnittlich geworden, aber auch billig. Hotel dagegen o.K. – "Rest. PAULA" (Potosi 1246), billige Lomos, ansonsten Kuchen, Sandwichs, Jugos, Pastas. Zum Ratschen. Billig. – "HOTEL COPACABANA" Prado: mittags sich in die Sonne setzen, Bierchen trinken und Leute beobachten. – Der in der Nähe liegende "SNACK KARIN" im Hotel Sucre (Prado 1636) ist teuer bei kleinen Portionen und daher nicht zu empfehlen. – "MAX BIEBER" fehlt noch. Gehört zu La Paz seit Jahren, wie der Illimani. Altes Haus , wo's günstig Essen und Snacks gibt. Außerdem berühmt für gutes Eis. Av. 2o de Octubre 2o8o. – CHINESEN, wie auch in Peru, meist preisgünstig und sehr süüüß. Wer das mag, o.k. Mehrere im Bereich Prado, sowie in den Residencial Areas. Nennen sich "Chifas". –

Quintas:

Gartenlokale, meist in Privathaus- ähnlichen Gebäuden, unten in Cotacota. (Mit Mikro ca. 3o Min. ab Prado). Nur Sa. und So.- Mittag und nachmittags offen. Schön zum Relaxen. Preise mittel.

"LA PERGOLA" (Calle 3o, Cotacota), von Hauptstraße rechts, 1 1/2 cuadras. Eine der besten Quintas. – "LOS LOBOS" (Tupac Katari 15, Aranjues, Cotacota): Parriadas, offen, draußen essen, – "ITUCAS" (Av. Prinzipial, Cotacota) und weitere. Die Quintas sind sehr beliebt bei den Leuten von La Paz. Man kommt mit den Kindern und Verwandschaft; bei 3.3oo m schön warm unten in Cotacota, wenn die Sonne scheint!

PEÑAS:

Lokale mit bolivianischer Andenmusik life, mit Cuecas, Panflöte, Bongo und Charango. Je nach Peña die ganze Woche bzw. Mi.– So. oder nur Wochenende, ab ca. 8 oder 9 Uhr abends bis . . . (ca. 12.oo oder 1.oo Uhr), je nach Lust und Laune. Auswahl:

Galeria Neira: Altiplanoluft vermischt mit der von Touristenbussen. Schade: Restaurant auf der einen Seite, Pena auf der anderen: wie Show. Eine der bekanntesten Penas von La Paz. Gute Gruppen. Beliebt in La Paz, da gute Kontaktmöglichkeiten mit Gringos und Gringas. – Calle Sagarnaga 171, nähe Plaza San Francisco.

Los Escudos: Ambiente erinnerte uns an Hofbräuhaus in München: lange Holztische in Keller. Touristen mit Bier, vorne Bühne. Recht gute Gruppen.– Av. M. Sta. Cruz 12oo.

International: im Keller. Mischung aus Nightclub mit "Einsame Herzen". Internat. Popmusik mit Quenas. Nicht mein Geschmack. – Calle Ayacucho 2o6/Camacho.

Peña Wara: klein, gemütlich. In gut renovierter altem Haus. Reservieren am Wochenende nötig, da nur wenige Tische. Mit Restaurant nebenan. – Calle Murillo 1o4o, nähe Calle Sagarnaga.

Peña Marka Tambo: schön gelegen in der Kolonialgasse Calle Jaen 71o. Großer Raum, sauber, gemütlich. Derzeit eine der besten wegen Lage und Räumlichkeit.

Folklore- Musik life in Rundfunk: Tip von Ralf Nimmann: "Statt in einem Restaurant Life Folklore zu "genießen", wartet lieber bis Sonntag und geht kurz nach 18 Uhr zu Radio Mendez/Av. 6 de Agosto. Neben Musik ist auch der Life- Sendebetrieb der Radiostation faszinierend. Während sich die Musiker mit ihren Instrumenten durch den verstopften Saal zur Bühne drängeln und der Intendant das Publikum zu beruhigen versucht, sagt der Ansager was an dem einzigen Mikrofon vorne an - das ganze Chaos geht über den Sender."

Wir sind im Rahmen unserer Bolivienrecherchen auch diesem Tip nachgegangen: in der Tat heißer Tip! Radio Mendez ist allerdings zu (jetzt ein Chifa- Restaurant). Dafür gibts Life- Sendungen im RADIO PROGRESO, Calle Camacho neben Lloyd-Office. Sonntag ab 18 Uhr. Conjuntos life über Sender.

MUSEEN / LA PAZ:

Museo Nacional de Arte" an der Plaza Murillo/Ecke Comercio, – geöffnet Di. - Sa.: 9 - 11.45 und 14 - 17.45 sowie So.: 1o.3o - 18.3o Uhr. Schönes Gebäude, Casa de los Condes de Arana (1775/1887). Gemälde aus der Kolonialzeit, herrlich geschnitzte Türen aus Zedernholz und Renaissance Innenhof. Insgesamt jedoch kein Vergleich mit der "Casa de la Moneda" in Potosi.

"Museo Nacional de Etnografia y Folklore" Calle Ingavi, Ecke Sanjines, – geöffnet Di. - Sa.: 9.3o - 12 und 14.3o - 18.3o Uhr.
Ein kleines Museum nähe Plaza Murillo mit Überblick über die bolivianische Volkskunst: Masken der Teufelstänzer, indianische Musikinstrumente und Trachten. Sehenswert als "Background" für Indiomärkte und Feste.

"Mineralogico" in der Banco Minero, Calle Comercio/Ecke Colon, ebenfalls in der Nähe Plaza Murillo. Geöffnet: Mo. - Fr.: 1o - 12 und 14 - 16 Uhr. Ausstellung von Mineralien. Ist die wichtigste Bank für die Ausbeutung von Bodenschätzen in Bolivia.

Calle Jaen: schöne Kolonialgasse, ca. 2oo m lang. Restauriert. Am bequemsten ab Plaza Murillo über die Calle Sucre, – bzw. ab Plaza San Francisco über die Calle Pichincha (Treppen). Hier oben 3 Museen:

"Casa Murillo" Schönes Beispiel für Kolonialarchitektur, Calle Jaen.
Viel Mobiliar aus der Kolonialzeit, aber auch indianische Zauber- und Heilkräuter mit Erklärung zu ihrer Verwendung. Geöffnet: Di. - Sa. von 9 - 11 und 14 - 17.45, So.: 1o - 12 Uhr.

"Museo Costumbrista" Calle Sucre/Ecke Jaen Geöffnet: wie Casa Murillo. Stadtmuseum über Gebräuche und Traditionen seit der Gründung von La Paz. Keramik und Skulptur.

"Del Litoral" Adresse und Öffnungszeiten wie "Costumbristas". Bilder und Kampfgeräte vom Pazifik- Krieg.

"Museo Arqueol. Tiwanaku" Zusammen mit "Etnografica" eines der interessantesten Museen von La Paz. C. Frederico Zuazo/Ecke Tiwanaku. Nähe Prado. Überblick über die Tiwanaku- Kultur (siehe Ausflüge ab La Paz). Interessant: Schädel mit quadratischen Öffnungen: präzise Gehirnoperationen . Einige Schädel zeigen auch längliche Verformungen: erreicht durch Zusammenpressen des Schädels mit Brettern in früher Kindheit (=Schönheitsideal), – Indianerschmuck, Krüge, Gefäße.

Freilichtmuseum Tiwanaku/La Paz: im Rondell vor dem Fußball- Stadion. Die schönsten Statuen und Steine aus dem Ort Tiwanaku, 5o km außerhalb von La Paz. Der Monolit Bennet ragt 7,3o m aus der Abgaswolke raus.

GELDWECHSELN:

Mehrere "Cambios", die in etwa im Kurs gleich liegen.

Cambio Carceres Hotel Gloria Potosi/J. Sanjines	Sudamer Ltda. Colon 256, nähe Camacho	La Paz Av. 16 de Julio/ Ecke Campero	Sowie Straßen- Geldwechsler – AV. CAMACHO– Höhe Colon, die entweder aus dem Aktenkoffer oder dem Auto tauschen.
Exprinter Ltda. Av. M. Sta. Cruz/Ecke Loayza	America Ltda. Ayacucho 222 nähe Alcaldia		

VORSICHT ist beim Abzählen der Geldscheine geboten: speziell bei den Straßen- Geldwechslern. Die paar Pfennig besseren Kurs, die man hier mehr bekommt, können schnell zu erheblichem Verlust werden.

Geldwechseln ansonsten in größeren Hotels, allerdings meist zu schlechterem Kurs.

Transport in La Paz. Bolivia

1.) COLECTIVO–TAXIS: meist japan. PKW's, Typ Mazda, Toyota etc. Erkennbar am roten Nummernschild. Hand rausstrecken und Ziel nennen. Der erste, der ins Taxi einsteigt, bestimmt die Route; spätere Passagiere, deren Fahrziel auf der selben Strecke liegt, dürfen miteinsteigen, bis die Kiste voll ist. Andernfalls beim nächsten Taxi versuchen.

Der konkurrenzlos günstige Preis (Einheitstarif im gesamten Stadtbereich) und die gute Transportmöglichkeit hinten im Kofferraum haben die Collectiv- Taxis zum wichtigsten Verkehrsmittel in La Paz gemacht. Beste Chancen: entlang der Hauptverkehrsadern, siehe unser La Paz- Strukturplan!

2.) TRUFFIS: ebenfalls PKWs, die aber im Gegensatz zu den Colectivotaxis feste Routen abfahren, so z.B. Pl. S. Francisco – Obrajes. Auf langen Strecken billiger als die Colectivotaxis.

3.) MIKROS: Kleinbusse, die ebenfalls auf fixierten Routen fahren. Billiger als die Truffis, aber Gepäckprobleme. Die Minibusse tragen außen Buchstaben oder Nummern: die entsprechenden Strecken stehen im Tel.-Buch von La Paz. Seitlich über'm Fenster: Knopf zum Klingeln, bevor man aussteigen will. Bezahlt wird beim Einsteigen.

4.) TOURISTENTAXIS ("Remisse"). Teuer, dafür aber wie ein mitteleuropäisches Taxi ausschließlich für Mieter des Taxis. Sie warten vor teuren Hotels, Preise knapp unter mitteleurop. Niveau. Kräftig handeln.

5.) MIETWAGEN: ist möglich, insbesondere auch geländegängige Jeeps, Toyotas etc, – aber kein billiger Spaß! Alle Details siehe Seite 926

Transport ab La Paz:

BUSTERMINAL und BAHNHOF liegen günstig nahe zusammen, – zu Fuß ca. 3 Min., bzw. zur zentralen Plaza San Francisco ca. 5 Min. bergab.

Fernbusse fahren ab BUSTERMINAL, Plaza Antofagasta am Ende der Av. Montes nähe Bahnhof. – Regionalbusse innerhalb des Departamentes La Paz (z.B. nach Coroico, Copacabana und Sorata) ab verschiedenen, in der Stadt verteilten Stellen:

Fernbusse: mehrmals täglich nach ORURO (ca. 3 Std., 3,5 US S und 229 km), – COCHABAMBA (ca. 10 Std., 9 US S und 390 km), – STA. CRUZ (ca. 22 Std., 18 US S und 894 km). Die gesamte Strecke ist bis auf kurze Ausnahmen durchgehend asphaltiert

Ab La Paz mindestens 1 Bus pro Tag nach: POTOSI (ca. 12 Std., 12 US S und 559 SUCRE (18 Std. über Potosi und ca. 20 Std. über Cochabamba, 728 km bzw. 761 km, 18 US S), – TARIJA (ca. 24 Std., 25 US S und 935 km).

Dies sind die offiziellen Angaben vom Tourist Büro. Man sollte von Haus aus noch ca. 10 % an Fahrzeit zurechnen, Probleme mit der Straße (Regengüsse) und der Bustechnik nicht eingerechnet. Auch die Km- Angaben gehen in Bolivia nicht so exakt wie bei uns.

Regionalbusse: häufig am Tag über TIWANAKU (2 Std.) nach DESAGUADERO/ Grenze Peru (ca. 4 Std., 114 km) über eine Schotterpiste. Busgesellschaft "Ingavi" ab Av. Manco Kapac im Indiomarktviertel, nähe Bahnhof. Ab hier auch 1 mal tägl. nach GUAQUI (ca. 3 Std., 91 km). COPACABANA: ab Busterminal und ab C. Tumusla 506

Nach SORATA: mit Colectivos der Gesellschaft "Perla del Illampu", Calle Tumusla 500, fast täglich, , bzw. mit der Konkurrenz "Col. Gonzales-Gonzalitos", selbe Adresse. Tickets verkauft die Zapateria/Casa Angelica.

YUNGAS/Coroico, Caranavi, Tipuani siehe unser "Yungas"- Text! PUERTO ACOSTA: LKW und Colectivos ab 'La Cancha del Tejar' (bei Friedhof, Mikrobus Nr. N nehmen!). Alle weiteren, so z.B. nach PALCA(Inka- Trail) siehe dort!

Bus von La Paz nach Puno/Peru: "Morales Moralitos", tägl. bzw. 3 mal/Woche, ca. 9 Std./13 US $. Details und weitere Alternativen siehe Seite 821

Bus von La Paz nach Arica/Chile: 2 mal/Woche mit "Transp. Litoral", ca. 17 Std./12 US $. Siehe auch Seite 1393

Oben in der brettebenen Hochfläche; fantastische Landeanflüge. Von "Platz" auch für Jumbos keinerlei Problem.

Rund 12 km runter ins Centro. Wer mit LAB fliegt, kann den kostenlosen LAB- Bus benutzen. (In Gegenrichtung ab LAB- Office/Av. Camacho.) Ansonsten nur das Taxi, das entweder als "expresso" fährt, wobei der/die Passagiere komplett alle 4 Sitze bezahlen müssen, – oder als "Colectiv- Taxi": Fahrer wartet, bis die Kiste voll ist. Egal, wohin im Centro: immer selber Preis. Der Flughafenpolizist sagt den derzeit gültigen. Gepäck, sofern keine Unmengen, ist im Preis inklusiv. Nach 22 Uhr allerdings 50 % teurerer Fahrpreis. Fahrzeit bis Plaza San Francisco ca. 15 - 20 Min., danach je nach Verkehr.

Bus: mikro "Z" ab Plaza San Francisco/Av. Montes. Fährt zwar nach El Alto rauf, aber nicht in den Flughafen rein. Ab Eingangstor sind's noch ca. 7oo m. Ob sich der Aufwand mit schwerem Gepäck lohnt, ist die Frage.

INTERNATIONALE FLUGE: Ca. 45 DM Airporttax bei Flügen ins Ausland.

ARICA/Chile: 2 - 3 mal pro Woche mit Lan Chile und LAB. Einfach ca. 85 US S. Ein saftiger Preis für einen rund 4o Min. - Flug. Die Maschine fliegt weiter nach SANTIAGO DE CHILE (ca. 185 US $ bzw. Excursion ca. 3oo US $). Billiger gehts nach Arica per Zug oder Bus, allerdings 1 Tag. – Nach CUSCO/PERU: 2 mal pro Woche mit dem Jet der LAB, bei klarem Wetter ein großartiger 5o Min.- Flug, ca. 8o US $, rechts sitzen. Noch schöner allerdings der Überland- Trip via Bus oder Schiff über den Lago Titicaca (2 Tage, der erste Tag bis Puno, der 2. bis Cusco). – LIMA/PERU: fast tägl. ca. 17o US $ einfach mit versch. Airlines (LAB, Aeroperu, Eastern). Bei klarem Wetter eine großartige Sache, die allerdings um die 16o US $ einfach kostet. (Rechts sitzen!). Billiger: nach Lima kann man sich runde 5o US $ sparen, wenn man den Streckenteil La Paz – Puno Überland macht (sowieso lohnender, 1 Tag) und dann ab Juliaca fliegt. – Über Arica/Chile (Colectivo nach Tacna/Peru) und ab Tacna nach Lima fliegen kommt preislich aufs Gleiche wie der Direktflug La Paz – Lima.– Preisgünstige Alternative für den Trip durch Peru: der Peru- Airpass, den es bei "Aeroperu" (Einstieg Juliaca oder Tacna) und bei der "Faucett" (Einstieg Arequipa oder Tacna) gibt. Details siehe "Peru"! –

RIO, BUENOS AIRES, ASUNCION wird in der Regel über Santa Cruz/Bolivien (Zwischenstop) geflogen. QUITO, BOGOTA, PANAMA läuft über La Paz – Lima. MIAMI entweder über Lima/Peru oder mit der LAB via Santa Cruz – Manaus bzw. Caracas. Jeweils 3 - 5 mal/Woche.

MANAUS kann preisgünstiger, allerdings auch zeitaufwendiger wie folgt erreicht werden: innerboliv. Flug nach Guajaramerin/brasil. Grenze und mit dem Boot auf die brasil. Seite. Dort gibts tägl. Busverbindung via Porto Velho nach Manaus. Insgesamt je nach Flugverbindung bis GM. ca. 2 - 3 Tage.– RIO und SÃO PAULO ist erheblich günstiger, wenn man den Bus nach Sta. Cruz/Bolivien (bzw. Flug nimmt) und dort mit dem Zug via Corumba/brasil. Grenze nach Sao Paulo fährt, bzw. in Corumba in den Brasil-Airpass einsteigt. Alle Details siehe dort! –

Lufthansa fliegt 2 mal/Woche von La Paz via Lima/Peru nach Frankfurt. Günstige Excursion- Tarife auch auf innersüdamerikanischen Strecken, so nach Asuncion/Paraguay, nach Rio und São Paulo/Brasilien, Bogota/Kolumbien und Caracas/Venezuela.

NATIONALE FLÜGE:

Lloyd Aereo Boliviano fliegt die meisten Strecken mit modernen Boeing- Jets, auch nach Trinidad im Beni- Tiefland. Lediglich Urwaldnester, die meist nur kürzere Gras-Landepisten haben, aber auch abgelegene Andennester werden mit Fokker F 27 Propellermaschinen angeflogen.

Man sollte diese Flüge möglichst rechtzeitig buchen. Insbesondere vor Festivitäten aber auch Feiertagen kann es schwierig sein, Platz in der Maschine zu bekommen. In La Paz (siehe oben!) ist der Gratis- Bustransport vom LAB- Stadtbüro zum El Alto- Airport inklusiv! –

"TAM", die Militärs fliegen mit Propellermaschinen und bedienen abgelegenere Anden- und Urwaldnester. Dringend vorbuchen. – Bliebe noch die "Aero Imperial", die Airline der Stadt Potosi, Unikum, denn der Airport von Potosi ist bis heute nicht ausgebaut und kann von dieser Airline nicht angeflogen werden. (Strecken: Sucre nach Sta. Cruz und Tarija, sowie La Paz)

Ob sich der LAB- Bolivien- Airpass lohnt, der bisher für ca. 1oo US $ angeboten wurde (gültig 1 Monat auf dem Inlandsnetz der LAB), ist Kalkulationsfrage. Bisher kam man an die regulären Einfachflugtickets billiger per Schwarzmarkt, der derzeit aber aufgehoben ist. –

LAB- Inlandstrecken: mehrmals täglich nach Cochabamba (ca. 60 US $), – Sta. Cruz (ca. 125 US $), – Sucre (ca.70 US $), – Tarija: entweder direkt (1 mal Woche) oder via Sucre, – Trinidad: tägl. entweder direkt oder via Cochabamba. – Cobija an der Grenze zu Brasilien ist mit dem LAB- Propeller (ab Trinidad) teuer, da Umweg geflogen wird und mit dem Direkt- Propeller der TAM billiger. Weitere Strecken siehe Text!

Exakte Preisangaben zu Flügen innerhalb Boliviens sind kaum möglich. Konkret: bei Redaktionsschluß dieses Bandes gilt der Bankwechselkurs fast identisch dem Kurs der Casa de Cambios und des SW- Marktes. Während es z.B. 1983 auf dem SW- Markt das fast 3 fache an boliv. Pesos pro US $ gab, was natürlich entsprechend die Flugtickets verbilligte. Daß es bei dem fast gleichen Bank zu SW- Markt Kurs bleibt in Zukunft, möchte ich eigentlich in Frage stellen. . .

Immerhin beträgt die Inflationsrate Boliviens derzeit ca. 2.000 %. Dies pro Jahr! Daher vorab erkunden, wie die Situation sich entwickelt.
Kontaktadresse LAB/in der BRD: Am Wiesenhüttenplatz 26, 6000 Frankf.
Tel.: (069) – 23 23 31

Eisenbahn:

Bolivien hat ein relativ dichtes Gleisnetz, welches zwar meist aus der Zeit der Jhd.- Wende stammt, aber wegen schlechtem Ausbau der Straßen durchaus dem Bus auf vielen Strecken konkurrieren kann.
Abgesehen davon wurden die Waggons modernisiert (meist aus FIAT- Produktionen Argentiniens, gezogen von Dieselloks) und auf vielen Strecken schneller und bequemer als der Überlandbus. Außerdem kann man sich im Zug die Beine vertreten, es staubt weniger und der Zug hat meist einen Restaurantwaggon.

✶ **Bahnhof:** in der Av. Manco Kapac beim Indiomarkt, ca. 300 m von der Plaza San Francisco bergauf. Siehe La Paz Kartenskizze der Region um San Francisco! Derzeit gibt es keine Schlafwaggons. Auch der Fan nostalgischen Eisenbahngerätes wie Loks und Wildwestwaggons wird in La Paz enttäuscht sein. (Besser z.B. Sucre!)

✶ **Strecken ab La Paz:** nach Cochabamba via Oruro tägl. mit "Ferrobus" einer Art Schienenbus, der ca. 9 Std. braucht und damit geringfügig schneller als der Bus auf der Straße ist. Ca. 8 US $, der seltener verkehrende Normalzug ist billiger, braucht aber länger. Achtung: nach anderen Infos soll der Zugverkehr auf 3 mal/Woche reduziert worden sein.

Nach Oruro: tägl. ca. 4 Std./4 US $. Züge fahren weiter (allerdings nicht tägl.) nach Uyuni am gleichn. Salzsee (Gleis weiter nach Antofagasta/Chile), – nach Villazon/ Grenze Argentinien und via Potosi nach Sucre.

Nach Potosi: derzeit 2 - 3 mal/Woche. Schneller per Schienenbus, in der Regel ist aber ein Normalzug mit Waggons im Einsatz (auch Restaurantwaggon, nicht aber Schlafwagen). Fahrzeit ca. 17 Std./7 US $, – bis Sucre insgesamt ca. 24 Std./10 US $.

Nach Guaqui am Lago Titicaca gibts sogenannte "Autovagones", eine Art Schienenbus, der den Lago Titicacasee- Dampfer nach Puno/Peru über den See bedient und anschlußgerecht zur Abfahrt des Schiffes den See erreicht. Details siehe Seite

Uyuni am gleichnamigen Salzsee im südlichen Andenhochland wird mit dem internat. Zug nach Antofagasta/Chile bedient, – bzw. mit dem Zug via Rio Mulatos an die Grenze Argentiniens.Details siehe folgendes Kapitel "Internat. Zugverbindungen ab La Paz".

Die Zugtickets kann man 1 Tag vorab kaufen, wobei auch der Sitzplatz mitreserviert ist. Abfahrtszeiten und die Häufigkeit der Verbindungen ändern sich sehr oft, daher vorab checken! Platzreservierung ist in jedem Fall empfehlenswert!

Rüber nach Santa Cruz im Tiefland Ostboliviens gibt es keine Gleisverbindung, dort aber ein Gleis an die brasil. Grenze (Corumba), sowie an die argentinische Grenze (Yacuiba). Details siehe "Santa Cruz". In den Plänen der Eisenbahnbauer existiert zwar die Verbindung (Sucre – Santa Cruz), wurde in Teilbereichen bereits terrassiert, aber nie fertiggestellt.

Tip für Eisenbahnfans ist das Reperaturwerk in Sucre, wo neben ca. 5 Dampfloks auch eine handvoll auf Schiene umgebauter PKW's BJ. ca. 193o/4o rumstehen, Details siehe dort, – aber auch die Plantage Carabaya bei Potosi (Details siehe dort/"Umgebung von Potosi"), wo wir einen Band aus der Jhd.- Wende in der dortigen Bibilothek fanden, der über den damaligen Ausbaustand der boliv. Eisenbahnen berichtet inkl. vieler Fotos zu Lok- und Waggonmaterial der damaligen Zeit und zu Bauarbeiten an boliv. Gleisen!

✈Internat. Zugverbindungen ab La Paz:

1.) LA PAZ ⋙➤ ARICA/CHILE: 45o km, höchste Stelle 4.25o m ! Es gibt einen Normalzug mit Wildwest Waggons (ohne Heizung, nachts saukalt in der Höhe!!) und einen Schienenbus. Ersterer braucht ca. 2o Std., der Schienenbus ca. 1o Std./17 US.

Die Abfahrtszeiten und Häufigkeiten wechseln. Zeitweilig war der Schienenbus eingestellt und der Normalzug fuhr nur 1 mal/Monat. Derzeit gibts angeblich 2 mal/Wo. den Schienenbus. Passformalitäten vorab für die Ausreise Bolivien und Einreise Chile in La Paz erledigen. Wo, sagt die Eisenbahngesellschaft. An der Grenze werden die Papiere nur kontrolliert.

Die Verbindung ist oft auf Wochen ausgebucht. Alternative ist der 2 mal/Woche fahrende Bus der "Transp. Litoral", ca. 17 Std./12 US $, der den Grenzübergang im Lauca Nat. Park nimmt. Beide Strecken, das Gleis und die Piste sind landschaftlich lohnend mit großartigen Vulkanlandschaften. Im Zug jede Menge Schmuggler, was den Grenzübergang bei intensiven Kontrollen verzögert.Arica ist wichtigster Hafen Boliviens neben Antofagasta, was zusätzlich den "Warenaustausch" fördert.

Wenn alle Stricke reißen oder man knapp mit Zeit ist: Lan Chile- oder LAB- Direktflug La Paz – Arica 2 - 3 mal/Woche und 85 US $ fürs Einfachticket. Flugzeit ca. 4o Min. und bei klarem Wetter ein Bonbon! –

2.) LA PAZ ⋙➤ CALAMA/CHILE: 1.2oo km, offizielle Fahrzeit 26 Std./ca. 2o US $ Die Fahrzeit entwickelt sich meist aber länger.

Der Zug fährt derzeit 1 mal/Woche, ein Trip, der sich sehr lohnt als Querverbindung zwischen beiden Ländern, insbesondere aber auch wegen der Fülle interessanter Zwischenstops! Auf der boliv. Seite beispielsweise Potosi mit seinen ehemaligen spanischen Silberminen, Sucre etc. – auf der chilenischen Calama und Atacameswüste, Details siehe unten.

Die Sache Nonstop "durchzuknallen" ist sowieso unerfreulich und sehr stressig, da der Zug u.a. wieder keine Heizung hat und man "gerändert" in Calama ankommt!

Von Uyuni dann entlang des großen Salzsees (teilweise führt das Gleis auch durch) an die chilenische Grenze bei Olagüe. Wegen der Höhe eisig kalt, insbesondere wenn der Zug den Grenzposten nachts erreicht.

Hier wird nach ca. 2 stündiger Rangiererei und Pass- Blätterns das Umsteigen in den chilenischen Zug fällig, nicht minder abenteuerlich wegen altem Waggon- Material und jeder Menge an Schmugglern auf der Strecke.

Auch hier Ein- und Ausreiseformalitäten bereits vorab in La Paz! Die Strecke endet in CALAMA/Chile (Hotels, Restaurants, Details siehe dort!). Die restlichen Gleis- Km bis Antofagasta an der Pazifikküste macht der Bus schneller (asphaltiert), auch wenn das Gleis für Warentransport (Mineralien z.B. auch der Chuquicamata-Mine) nach wie vor in Benutzung ist.

Calama lohnt sich sehr für Zwischenstop für Ausflüge in die Atacames- Wüste und zu den El Tatio- Geysiren im Hochland bei den Grenzvulkanen. Details siehe Chile-

Für die Route sollte man vorab an die Höhe aklimatisiert sein, denn im Gegensatz zu anderen Transandengleisen Südamerikas an die Pazifikküste führt das Gleis nicht kurzfristig über 1 - 2 Std., sondern lange über Höhen im Bereich von 4.ooo m. Wer nicht aklimatisiert ist, kann daher übele Soroche (Höhenkrankheit) bekommen. Unbedingt warme Kleidung mitnehmen!!

3.) LA PAZ ⋙ BUENOS AIRES/ARGENTINIEN:
es gibt zwar ein durchgehendes Gleis, der Zug wird aber an der boliv./argent. Grenze gewechselt. Insgesamt dauert die Strecke runde 3 Tage, wenn auf der boliv. Seite alles glatt geht. Während der Regenzeit öfters auf der boliv. Seite Gleisunterspülungen und damit lange Verspätungen. In dem Fall auf Busverbindungen zurückgreifen.

Kostenpunkt La Paz bis argent. Grenze bei Villazon: ca. 1o US $ /rund 1 Tag Fahrt. Der boliv. Zug hat keinen Schlafwagen und keine Heizung, aber Restaurantwaggon für Drinks. Die Strecke geht via Oruro – Uyuni; Zwischenstops bieten sich an, um die Fahrt weniger stressig zu gestalten (Abstecher Potosi oder Sucre).
Derzeit wird La Paz – Villazon 4 mal/Woche bedient, kann sich ändern!

Landschaftlich ist die Strecke teilweise interessant: vom Altiplano- Dach der Anden runter in Canyons bei der argent. Grenze. Oben riesige Salzseen, rostbraune bis grüne Hügel durch Mineralien.

Ab argentinischer Seite: komfortablere Züge. Schlafwagen nehmen, um die restlichen 2.ooo km bis Buenos Aires bequemer durchzustehen. Alle Details siehe Argentinien-Teil! Lohnende Zwischenstops auf der arg. Seite: Salta, Cordoba.

4.) LA PAZ ⋙ BRASILIEN: läuft per Zug nicht direkt, da der Streckenteil Sucre nach Santa Cruz nicht fertiggestellt wurde. Daher Zug: La Paz – Cochabamba ca. 9 Std. und ab dort tägl. mehrmals Busverbindung nach Santa Cruz. Ab hier Gleis rüber nach Corumba/Grenze Brasilien. Alle Details siehe Santa Cruz! –

UMGEBUNG LA PAZ

★ Goldwaschen am Rio Tipuani:

Bus ("Flota Yungena") ab La Paz tägl. runter nach Guanay in den Yungas (ca. 12 Std./8 US, bei guten Pistenbedingungen). Ab hier ebenfalls tägl. mit dem Jeep- Colectivo (fährt, sobald die Kiste voll ist) die 3o Km rüber nach Tipuani. Dauert ca. 4 Std., kann aber auch bis zu 1 Tag dauern. Der bequeme TAM- Militärflug La Paz – Tipuani ist derzeit leider eingestellt. TIPUANI liegt in angenehmer Amazonasschwüle nach den kalten La Paz Nächten. Mehrere Basic- Hotels, wos auch Tips zu den besten Goldwaschplätzen gibt. – In Tipuani selber wird heute maschinell nach Gold ge sucht, teils mit abenteuerlicher Tauchausrüstung im Fluß, teils in Minen (z.B. beim Flugfeld). Die besseren Stellen sind jedoch flußauf, wo es auch einen Trail retour in die Anden gibt via Sorata (siehe S. 925)

Die YUNGAS generell sind großer Ausflugstip ab La Paz. Details ab Seite 917

YUNGAS - GOLDWASCHEN...

Valle de la Luna (Mondtal): — **Obrajes/Catacoto/Florida**

schöner Halbtagesausflug ab La Paz. Ein Tal mit bizarren Steinformationen Säulen wie in Tropfsteinhöhlen, Zapfen und Türmen, teils von Kakteen bewachsen. Besonders schön gegen Abend, wenn die untergehende Sonne die Steine dunkelrot bis hellbraun färbt.

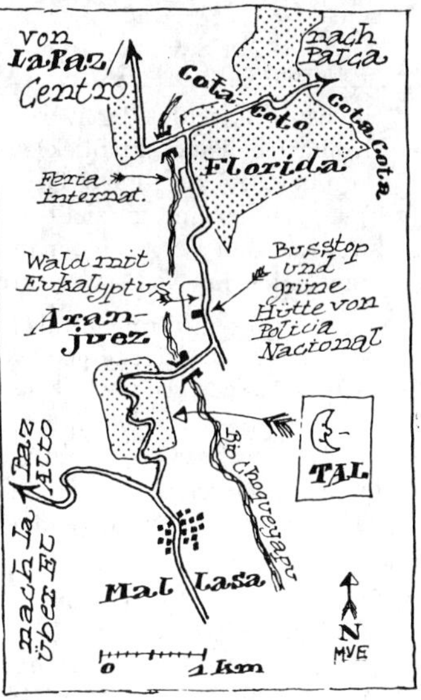

MIKRO 13o fährt ab Prado , aber Achtung! Das eine nur bis Aranjuez (siehe unsere Karte), das andere durch's Mondtal durch bis zum Dorf Mallasa. Lohnend: den Teil dazwischen zu laufen. Kurz vor Mallasa: großes Kakteenfeld.

FAHRT macht auch deswegen Spaß, weil man vom Centro (1. Talkessel, ca. 3.6oo m) runter in den 2. Talkessel (ca. 3.3oo m) mit den Villenvororten Calacoto und Florida kommt. Mit "Quintas" (siehe Restaurant- Tips) oder Besteigung der "Muela del Diablo" kombinieren.

Zunächst über die Av. 6 de Agosto stetig bergab. Bei der ersten S- Kurve links der Präsidentenpalast (auf dem Dach Hubschrauberlandeplatz) und gegenüber Militär- Garnison. Dann steil runter, vorbei am Denkmal des EL EKEKHO (Aymarischer Gott der Fruchtbarkeit und des Reichtums, als kleiner Händler mit allerlei guten Sachen behängt.*)

Einmal kann man von Mallasa über eine Schotterpiste (über Achocalla) und El Alto zurück nach La Paz (am besten eigenes Auto oder Mietwagen), – oder interessante Besteigung der "Muela del Diablo":

Muela del Diablo:

Markante Felsnadel (ca. 3.9oo m) in der Erosionslandschaft. Von Mallasa Aufstieg möglich, zunächst muß man aber in Ortsmitte über Trail tief runter ins Tal des Rio Choqueyapu und auf anderer Seite wieder steil rauf. Wegen dünner Luft und Höhe daher besser ab COTA–COTA. Bus ab Brücke im Ortsteil Florida/Calacoto den Berg rauf. Trail beginnt etwa beim "Patio Azul"- Restaurant (Leute fragen!). Von hier nach "Fluß"- Durchquerung ca. 2 Std. bis zu kleinem Dorf am Fuß der Nadel. Schöne Wanderung mit vielen Ausblicken auf das Häusermeer von La Paz. Letzte Besteigung der Nadel nur für erfahrene Bergsteiger mit Seil.

* eine alte Legende von La Paz erzählt, daß es eine Zeit gegeben hätte, als es in der Stadt absolut nichts zu essen und zu trinken gegeben hätte. Da sei ein kleiner Mann gekommen, hätte mitten in der Nacht an den Häusern geklingelt und jedem etwas geschenkt.

Heute existieren viele Nachbildungen des EL EKEKHO, der über und über mit Sachen behängt ist, von Töpfen, Säcken, Schuhen, Panflöte, Wassereimer zu Besen und Auto etc. Er bringt Glück rundum, allerdings nur, wenn man ihn geschenkt bekommt.

Bis zum Berg ohne Probleme, da er immer deutlich vor einem steht, auch wenn die Trails sich in der Erosionslandschaft verlaufen. Die beiden "Bergsteiger" in unserer Illustration übrigens keine echten, sondern zwei Felsen. Rundwanderung Cota Cota – Muela del Diablo – Mallasa in ca. 1 Tag möglich. Vorher abchecken, wann das letzte Mikro zurück nach La Paz geht!

✶ Skifahren am Chacaltaya:

Höchstes Skigebiet der Welt in 5.3oo m Höhe!! Saison: Dez. – Mai. Großartiger Panoramablick auf die schneebedeckte Bergkette der Königskordillere bis zum Lago Titicaca, weite Altiplano- Flächen und La Paz im Talkessel. Ab und zu zieht eine einsame Propellermaschine der TAM etc. zwischen den Bergen rüber in die Yungas und Urwald. Lohnt sich unbedingt, auch für Nicht- Skifahrer!

Sonnenbrille mitbringen und sicherheitshalber auch "Coramina"- Pillen gegen Höhe. Die Strecke geht von La Paz via Autopista über EL ALTO, nach Zahlstelle rechts abbiegen Ri. Copacabana und nach Tankstelle, –ca. 5oo m nach Ende der Autopista wieder rechts in die Av. L. Rosas durch die Adobehäuser der Satelittenstädte. Immer geradeaus, ca. 2 km. Im späteren Dorfbereich schöner Blick in den Talkessel von La Paz mit tausenden von Häusern. Friedhof (kleine, ca. 5o cm hohe Häuschen).

Ab Friedhof ca. 2,5 km: Elektrizitäts- Umspannwerk, links vorbei. Hier wird Strom aus den Yungas für La Paz umgespannt. Weitere 2,7 km: Abzweigung und Hauptpiste nehmen. Es geht leicht ansteigend durch Ichu- Gras. Ca. 1o,5 km ab Friedhof markierte Abzweigung: rechts rauf zum Chacaltaya,– links geradeaus nach ZONGO (siehe späterer Text!).

Weiter: zunächst flott geradeaus bergauf über Schotter, dann Serpentinen durch rotbraune Steinplatten, scharfkantig wie Dachschindeln. Die Reifen des Mietautos lieben das, und die Luft wird dünn. Bis zur Skihütte des Club Andino ohne Probleme; während der Monate Dez. – Mai nach Schneefällen allerdings 4-weel empfehlenswert.

Oben in 5.3oo m schmaler Parkplatz auf Grat oberhalb des Observatoriums der Uni von La Paz. Hier liegt die Hütte des CLUB ANDINO, relativ geräumig, in der Mitte offene Feuerstelle, etwas stinkige Toiletten unten, fantastischer Ess- Saal (Panoramablick), oben die Schlafstellen.

Alternativen/Transport:

MIET–PKW schafft Flexibilität. Man kann mit Zongo kombinieren und nicht zu teuer, wenn man sich die Allrad- Kiste (meist Toyota) zu mehreren teilt. – TAXI: teuer, aber trotzdem günstige Alternative, da man sich den Miet- Papierkram spart. Handeln und vorab exakt die Fahrtziele fixieren.

CLUB ANDINO/ Calle Mexico 1638, La Paz.
Parallelstraße zu Prado, etwa Höhe Hotel Sucre. Fahren mit Kleinbussen am Wochenende rauf, Ticket ca. 5 US $ /Person, rechtzeitig reservieren. Hier gibts auch Skistiefel, Ski und Stöcke auszuleihen, komplett ca. 1o US $ /Tag. Allerdings nur wenige Größen.

Oben: Firnschnee. Abfahrt: mittlere Schwierigkeit, – von Luftproblemen abgesehen. Der Schlepplift wird von einem Chrevolet- Motor mit Gangschaltung betrieben. Im 3. Gang rast man schneller bergauf, als danach auf den Skiern bergab. Der Skiliftpass ist zwar relativ billig (ca. 5 US S), dafür aber nur ein Skilift, der zudem nur eine Höhe von ca. 35o m überwindet. "Ski- Saison" ist von Dez. bis Mai.

Der Club Andino/La Paz gibt Tips für weitere Skitouren in der Königskordillera, die allerdings weder mit Skiliften noch mit Unterkunftsmöglichkeiten erschlossen sind und auch bei Unfällen keinerlei Hilfe bieten. Zudem ist zur Zeit der besten Schneeverhältnisse (Dez. - März) die Anfahrt schwierig, (Mietwagen, bzw. Taxi), weil dies zugleich auch die Regenzeit ist, die in tieferen Lagen die Pisten schwierig befahrbar macht.

Übernachtung Chacaltaya- Hütte:
Schlafsack mitbringen, geschlafen wird auf dem Boden. Die Sache vorab mit dem "Club Andino" absprechen, da die Hütte außerhalb der Saison bzw. während der Woche nicht immer bewirtet ist. Und essen selber mitbringen, da Küche oben schlecht!.

Für die Übernachtung ist in jedem Fall genügende vorherige Höhenaklimatisation nötig; bei ihrer Höhe von ca. 5.3oo m kanns sonst zu übeler Soroche kommen, ohne daß schneller "Abtransport" z.B. per Taxi in tiefere Höhenlagen nachts gewährleistet werden kann!

Wer höhenaklimatisiert ist, dagegen bei klarem Wetter großartiges Erlebnis! Insbesondere bei klarem Wetter, wenn morgends die Sonne aufgeht und der Blick bei glasklarer Luft weit über den Lago Titicaca See reicht. Einer der ganz großen La Paz- Ausflugstips!!

Es gibt nur ganz wenige Stellen in Südamerika, wo Berghütten ähnliche landschaftlich grandiose Ausblicke bieten, – z.B. die Hütte am Vulkan Osorno/Chile bei Pto. Montt, oder die Hütte am Cerro Catedral oberhalb von Bariloche/Argentinien.

ZUM GIPFEL: ab Clubhaus entlang des Grats rauf. Auch für Nicht- Bergsteiger möglich, Problem nur die dünne Luft; wer nicht akklimatisiert ist, muß alle 2o m anhalten. Erst oben beim 1. Gipfel richtiger Rundblick!

Dann geht's ca. 1oo m runter und wieder rauf zum 2. Gipfel mit Fernblick in die Yungas bei klarem Wetter.

Zu Fuß kann man ab Chacaltaya via Observatorio (deutlicher Trail) runter nach MILLUNI nähe Zongo Lake. Gleichzeitig Ausgangspunkt für Trekking nach Laguna Tuni und Condoriri Gruppe. Zu Fuß dürfte man, – flott marschiert und bergab, Milluni in ca. 1 Std. erreicht haben. Bergauf in ca. 3 - 4 Std. (nur für Akklimatisierte!). IGM- Karte: "La Paz/Norte" 5944 I

Huayna Potosi / Laguna Zongo:

Einer der meistbestiegenen Berge Bolivias wegen Schönheit und Panorama. Auch für Nicht- Bergsteiger ist die Laguna Zongo zu Füßen des Eisklotzes des Huayna Potosi sehr lohnend, allerdings Miet- Jeep notwenig, oder Taxi.

Anfahrt siehe "Chacaltaya", bei Abzweigung links (siehe vorherige Seite!). Es geht rund 1o km über gut befahrbare Schotterpiste zum Minendorf MILLUNI (kurz davor auf Anhöhe: Altiplano- Friedhof mit kleinen Häuschen. Wirkt von Ferne wie richtiges Dorf). In Milluni keine Restaurants, keine Unterkunftsmöglichkeit. Unten Seen, teils blutrot, wenn Mineralien durch Rohre eingeleitet werden. Piste gerade durchs Dorf durch und weitere 1o km zur ZONGO–LAGUNA. Herrlich eisblau bis türkisgrüne Gletcherlagune unterhalb des Eisgipfels des Huayna Potosi. Stausee, seitlich Hütte des Wächters. Kalter Gebirgsbach.

BESTEIGUNG nur für Bergsteiger mit Erfahrung. Hauptproblem neben Eis die dünne Luft in Höhenlagen zwischen rund 4.3oo m und 6.o88 m/Gipfel. Über Staudamm, danach am Kanal entlang ca. 3o Min. weiterer Staudamm. Hiernach klarer Beginn des

Weges unterhalb schwarzer Felswand und oberhalb des Schotterfeldes zum Gletscher (Steigeisen, Seil). Dann Felswand, 1oo m. Gipfel: 2., hintenliegender Berg mit Gletscherspalte, die umgangen werden muß. Für die Besteigung retour muß man mit ca. 1 1/2 Tagen rechnen. IGM- Karte 5945 II. Oben fantastischer Rundblick über Lago Titicaca!

Bis zum Gletscher dagegen als Hochland- Hike (mit guten Wanderschuhen) möglich. Rund 2 Std. bergauf, Strecke siehe oben. Der Gletscher mit Höhlen, jedoch Vorsicht vor Eisabbrüchen. Schönes Panorama! –

Das ZONGO–TAL ist sehr wenig erschlossen. Kaum Verkehr, Benzin vorab für Rückweg mittanken. Ab Staudamm/Zongo Laguna geht's von 4.264 steil runter in Serpentinen innerhalb von 45 km bis CAHUA auf 1.15o m. Endpunkt der derzeitigen Piste. Weiter per TRAIL oberhalb des Rio Zongo in die Urwaldgebiete um Caranavi. Details Seite 925

✱ Laguna Tuni/ Condoriri- Massiv:

Einsame Altiplano- Landschaften im Bereich der Ausläufer der Cordillera Real. So gut wie kein Verkehr. Daher: Miet- Jeep/Taxi oder Hiking. – Ab Milluni: durch den Minenort runter in die Talebene; nicht markiert, aber klar zu sehen, – führt auf der anderen Talseite dort über Berge.

Rund 8 km nach Milluni der 1. Hügel- "Pass", mit Kreuz markiert. Ab hier weitere Aufstiegsmöglichkeit zum Huayna Potosi über Grat (Seil und Eiskrampen nötig, ca. 1 Tag), sowie zum links daneben liegenden 5.52o m- Maria Lloco. IGM- Karte "Milluni" 5945 II.

Die Schotterpiste verläuft weiter, rechts oberhalb eines kahlen Talkessels, nach 1,5 km (ab 1. "Pass") links Abzweigung (= nach Zinn- Mine) geradeaus weiter an Talhang entlang, ca. 5 km zu 2. "Pass", den die Piste diagonal überquert. Jeep- Spuren führen ab Passhöhe rechts rauf: fantastischer Rundblick von Huayna Potosi bis Condoriri- Gruppe. Tuni Lake jedoch nicht zu sehen. Himmlische Ruhe, keinerlei Vegetation hier oben.

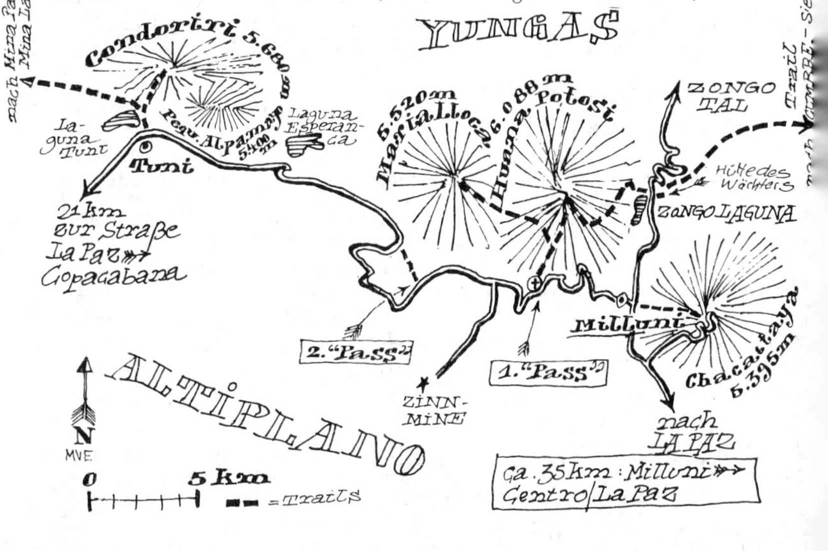

Die Schotterpiste nach Tuni führt in weitem Bogen ab Pass links am Bergrand in Serpentinen ins Tal runter. Ein Trail ab Pass kürzt senkrecht den Berg runter ins Tal zur Jeepspur ca. 3 km ab.

TUNI: Minidorf mit Jeep Piste ca. 4 km Richtung Condori- Massiv. Ab hier Möglichkeit der Besteigung des "Pequeno Alpamayo" (ca. 5.4oo m) und des Condori (ca. 5.68o m). Benötigte IGM- Karten: 5945 I - IV.

Die Region, die sich auch ohne "krönenden Abschluß" einer Gipfelbesteigung sehr für den Nichtbergsteiger lohnt (einsame Berghochlandschaften vor der beeindruckenden Bergkette der Königskordillera) hat allerdings praktisch keinerlei öffentlichen Transport. Man ist also auf einen, in La Paz gemieteten Toyota- Geländewagen oder teures Taxi angewiesen.

✱ Mina Natividad / 6- Seen Wanderung:

Wieder Transportproblem. In Tourist Office/La Paz fragen. Die Minen Palcoco und La Navidad werden mit LKW's versorgt, die auch Personen mitnehmen. Ein Trail geht von TUNI unterhalb des Condoriri rüber nach Mina Palcoco; aber auch über Asphaltpiste La Paz ⋙➤ Copacabana, Abzweigung (nach ca. 3o km/Centro) rechts Ri. Palcoco zu erreichen (ab Dorf Cancha) und durch's Linco Tal, ca. 3o km ab Abzweigung. Entlang drei schöner Cordillera- Seen. Von Palcoco gehts über einen Jeep- Trail rauf zur Mina Fabulosa und rüber zur Mina Natividad. Zurück durch's Hichucota Tal , ca. 4o km ab Mina Natividad bis Cancha. – Es existiert jedoch ein Trail ab Mina Natividad entlang der Ausläufer der Cordilliera über viele Hochland-Lagunen bis zur boliv./peruanischen Grenze nördl. von Pto. Acosta. Megan Ross und Michael Goss recherchieren derzeit. Wir hoffen, daß der Bericht noch rechtzeitig vor Redaktionsschluß bei uns eintrifft und werden ihn dann am Ende des Bolivia- Teiles abdrucken. Hat geklappt, Infos S. 1oo4

✱ Region Titicacasee:

Als Abstecher ab La Paz definitiv lohnend!! Wer nicht von Peru kommend via COPACABANA gefahren ist und etwas Zeit in La Paz hat, – sollte diesen Abstecher unbedingt einbauen! Geht als 1- Tagestrip, besser aber 2-3 Tage!

Bis Copacabana sinds ab La Paz ca. 16o km, die Strecke ist bis zum Estrecho asphaltiert. Täglich Busse, ca. 3 US $. Sehr lohnend ist der Zwischenstop in HUATAJATA etwa auf halber Strecke, wo man morgends eintreffen sollte und per Boot rüber zu den Inseln SUQUIRI fahren sollte, die berühmt sind wegen ihres Schilfbootbaues. Der norwegische Forscher Thor Heyerdahl besorgte sich hier Know How zur Erhärtung seiner These, da? Südamerika u.U. von afrikanischen Kulturen via Atlantik besiedelt worden sein könnte. Details Seite

Ab Copacabana sehr lohnend Bootstrips rüber zur ISLA DEL SOL. Details siehe Seite 888

Den Abstecher zum Lago kann man mit Trips nach SORATA kombinieren, sowie Trails in die Yungas. Siehe dort!

Tiwanaku*:

Ca. 6o km ab El Alto Ri Desaguadero. Überreste einer der größten Kulturen des Altiplanos. Allerdings nur etwas für den vorgebildeten Archäologie-Fan, denn die meisten Steine sind schon abtransportiert. Die größeren Statuen kamen ins Museum nach La Paz, der Rest wurde in den Schotteruntergrund der Guaqui- Eisenbahnstrecke verarbeitet. Vereinzelt kann man auch schöne Meißelarbeiten in den umliegenden Dörfern in den Hütten eingemauert sehen. Die Kathedrale von Copacabana besteht aus Tiwanaku-Material, wie auch die Kathedrale von La Paz.

Bus: mehrmals täglich ab Av. Manco Kapac 445 ("Autolineas Ingavi"), rund 5 mal täglich, Fahrzeit ca. 2 Std., somit in einem Tag mit öffentlichen Verkehrsmitteln möglich. Die Ruinenstätten liegen nah der Eisenbahn nach Guaqui und der Piste nach Desaguadero, sodaß man sie in den Trip nach PUNO/PERU einbauen kann.

Vor rund 15.ooo Jahren war der Altiplano zwischen heutigem Peru und Bolivien in der Region Puno bis Uyuni von einem riesigen See bedeckt. Um ca. 1o.ooo v. Chr. senkte sich der Wasserspiegel und bildete die beiden Großseen "Lago Ballivian" (=Rest heutiger Lago Titicaca) und dem "Lago Michin" (= ca. Oruro/Lago Popo bis Salzfelder Uyuni). Siehe auch S. 822

Die TIWANAKU- KULTUR hatte ihren Höhepunkt um 1.ooo bis 1.3oo n. Chr.und beeinflusste andere Kulturen der Anden.
Heute sieht man in Tiwanaku das Sonnentor, einen rund 3 x 4 m Steinblock mit feingemeißelter Figurendarstellung. Man vermutet, daß er aufgerichtet wurde, indem in die Löcher rechts und links der Tür Pfähle eingesteckt wurden, über die Seile liefen. – Die Wissenschaftler streiten sich über den Antransport der Steine. Die einen vermuten das Unterlegen von runden Baumstämmen, die den Steinen untergelegt wurden, um sie ziehen zu können. Andere weisen darauf hin, daß der Lago Titicaca früher höheren Wasserstand gehabt hatte und die Steine eventuell per Schiff das heutige Gelände erreichten.

Wer Tiwanaku besucht, sollte über Background verfügen oder besser gleich eine Tour buchen mit englischem oder deutschen Führer. An Literatur gut "Tiwanaku" von Mariano Baptista, dem bolivianischen Minister für Erziehung und Kultur (1969/7o), erschienen bei Plata Publishing Ltd. in Chur/Schweiz und bei Amigos del Libro in La Paz erhältlich.

* in Bolivien übliche Schreibweise. Deutsche Publikationen schreiben oft "Tiahuanaco"

Die YUNGAS

LA PAZ ⋙➤ CARANAVI PISTE:

Eine der schönsten Strecken Boliviens! Durch alle Vegetationszonen hinunter in den Urwald. Auf der 1oo km Piste wird ein Höhenunterschied von 3ooo m überwunden. Großartiges Panorama, vorallem, wenn ihr hinten auf einem LKW runter= reitet! – Lohnt sich auch für den, der nicht mit dem Flußboot tiefer in den Dschungel will. Ein 2 - 7 Tage- Abstecher ab La Paz.

Bus: "Flota Yunguena" ab Avenida de las Americas/Villa Fatima in geradliniger Verlängerung der Av. Busch/Miraflores. Zu erreichen per Mikro B- K- X, sicherheitshalber wegen zwischenzeitlichen Veränderungen nochmals bei Tourist- Office abchecken.

Bis COROICO 96 km, per Bus ca. 5 Stunden.* – bis CARANAVI 164 km, ca. 7 1/2 Std. – bis PUERTO LINARES 242 km, ca. 1o Std. (Hafen für Urwaldflußfahrten nach Riberalta. – GUANAY 253 km, ca. 12 Std. (Ausgangspunkt für Tipuani/Gold waschen). Fahrpreise: z.B. Coroico ca. 3 US S, nach Pto. Linares ca. 5 US $.

LKW: Das Tourist Office von La Paz möchte echt keine Infos geben, da die Sache gefährlich ist. Intensivstes "Yungas"- Abenteuer, da die Piste an senkrechter Felswand oft gerade LKW- breit ist, wobei die Reifen mm- exakt am 5oo- m Abgrund laufen. Uneingeschränktes Kompliment an die LKW- Fahrer! Ab "Transito"/oberhalb Miraflores. Billigster Transport und geringe Unfallhäufigkeit in Relation zu Gefährlichkeit!

Taxi: Teurer Touristenpaß für ca. 3o US S/ Fahrzeug nach Coroico, ca. 4 Std.. Wenn der Taxifahrer übernachten muß, entsprechender Aufpreis. Bei Vorteil: flexiblerer Fotostops und wendigeres Fahrzeug.

Warm anziehen, denn es geht über einen 4.65o m hohen Pass! Die Piste verläuft auf einem Lama- Karawane Pfad, über den im vorherigen Jhd. die Coca- Blätter aus den Yungas in den Altiplano hinauftransportiert wurden. Heute asphaltiert über den Pass bis ca. Unduavi und flott befahrbar.

Dann gehts in atemberaubenden Serpentinen die steilen Andenhänge hinunter, an tiefeingeschnittenen Felsabstürzen vorbei, und nach ca. 2o km Piste ist man schon 1.ooo m tieger! Hier beginnt das Gebiet der NEBEL WÄLDER: tief eingeschnittene Schluchten, überzogen von dichten und üppigen Wäldern mit Moosen, Flechten und Farnen, die zum Teil Mannshöhe erreichen. Die Feuchtigkeit über den Dschungelgebieten kondensiert in diesen Höhen und hüllt die Täler in Nebelwolken.

Während der Regenzeit viele kleine Wasserfälle; – bester Blick LINKS! Nach weiteren 3o km Piste ist man in den Höhen der "TIERRA TEMPLA–DA" (=gemäßigte Zone): erste Bananenanpflanzungen in 2.ooo m Höhe, Orangenhaine und Cafe- Plantagen. Die Siedlungen: Holz- und Stein-Hütten mit verrostetem Wellblech oder Pflanzendächern. Es wird merklich wärmer:

*FAHRZEITEN unter normalen Bedingungen. Nach Regen etc. erheblich länger!

das Gebiet der YUNGAS beginnt. – Unten auf einem kleinen Bergsattel sieht man den kleinen Ort COROICO.

✱ Coroico:

1.75o m, Abzweigung unten im Tal beim LKW- und Busfahrerstop "Yolosa" Übernachtungstip ist das "Hotel Prefectural" auf Bergvorsprung mit fantastischem Rundblick. Sehr sauber, allerdings fließt das Wasser gelegentlich in den Swimming- Pool statt in die Toilette. Doppel ca. 1o US S inkl. 3 Mahlzeiten. Das Dorf: relaxing, ohne daß viel los ist. Angenehm von Lage und Klima, tropisch aber frisch. – "Lluvia de Oro" ist Billigtip für Übernachtung. Ca. 2o m von Plaza. Sauber mit Mini- Pool. Zimmer ca. 4 US S.

Die DIREKT–BUSSE La Paz nach Coroico fahren bis rauf zur Plaza/Coroico. Häufig ausgebucht, während es in den Hotels auch am Wochenende (sofern nicht verlängertes) immer Zimmer geben sollte. Ansonsten: Bus La Paz – Caranavi. Stoppt unten in Yolosa. Rauf nach Coroico ca. 7 km. Zur Ankunft warten unten oft Moped- Taxis.

An den umliegenden Hängen viele Orangen- und Zitronenbäume. – Von Yolosa eine ca. 7o km - Piste entlang des Flusses und ca. 4 Std./Jeep nach CARANAVI. Teils an steilen Felsabstürzen, teils unten am Fluß.

✱ Caranavi:

6oo m, eine kleine, lebendige Siedlung in flachem Flußtal mit staubigen Schachbrett- Straßen. Tor zum Urwald und viel Handel. Eine Landepiste führt quer durch den Ort, derzeit aber auch für Avionettas nicht benutzbar.

Ein ganzer Schwung Billig-Hotels. Meist sehr basic. "Bestes" das Prefectural. War bei unserem Check bis oben voll mit Soldaten. Hinter Flugpiste unten am Fluß. – "Universo" bei Busstop/Hauptstraße. Von außen verstaubt, innen mit Patio. Doppel sehr basic kostet ca. 3 US S. Die Zimmer: dunkle Löcher, das Bad noch dunkler. – "Hotel Avendia" schräg gegenüber, – "Aloj. Porvenir", passablel, Hauptstraße,

Tankstelle, Reifenreperatur und Busverbindungen in die Umgebung. Nach Guanay tägl., ca. 4 Std./20 US S mit "Flota Yungena" ab Hauptstraße. Nach Pto. Linares mit "Flota Yungeña" derzeit ca. 2-mal pro Woche bis tägl. je nach Pistenzustand und Regenzeit. Ca. 5 Std. Während Coroico sich lohnt zum Relaxen, sollte man Caranavi nur als Startpunkt für Urwald- und Yungas- Trips nehmen.

✱ Pto. Linares:

ca. 3oo m hoch, Yungas- Hafen für die bolivianischen Urwaldgebiete. Ein paar Bretterhütten, Staubstraßen, durch die die Hunde schleichen, um an Abfällen zu knabbern und tropische Schwüle! Ab und zu ein "kleiner" Regenguß, der die Straßen in Schlammpfützen verwandelt. Hier legen die Außenborder- Kanus an, die bei hohem Flußstand in ca. 12 Std. den Alto Beni flußab bis RURRENABAQUE fahren(Airstripe für Propellerflüge nach La Paz/ Basic-Hotels). Ab hier Amazonas- Hausboote bis Riberalta. Achtung: Boot bis Rurrenabaque rel. problemlos, aber nur 1x/Wo. Flug retour nach L.Paz.

✱ Caranavi ⋙ Trinidad Piste: befahrbar Nov. – März

in der Trockenzeit durchgehend bis Trinidad befahrbar. Wichtiges Pistenprojekt der Bolivianer, da es weite, – bisher unerschlossene Bergurwaldgebiete sowie Savannen bis Trinidad erschließt. LKW bis San Borja, welches auch

Flugverbindung mit La Paz und Trinidad besitzt/Hotels und Restaurants, wenn's nicht mehr weitergehen sollte. Abenteuer- Strecke, für die man etwas Zeit- Reserven besitzen sollte. Alle Details siehe Seite 97o

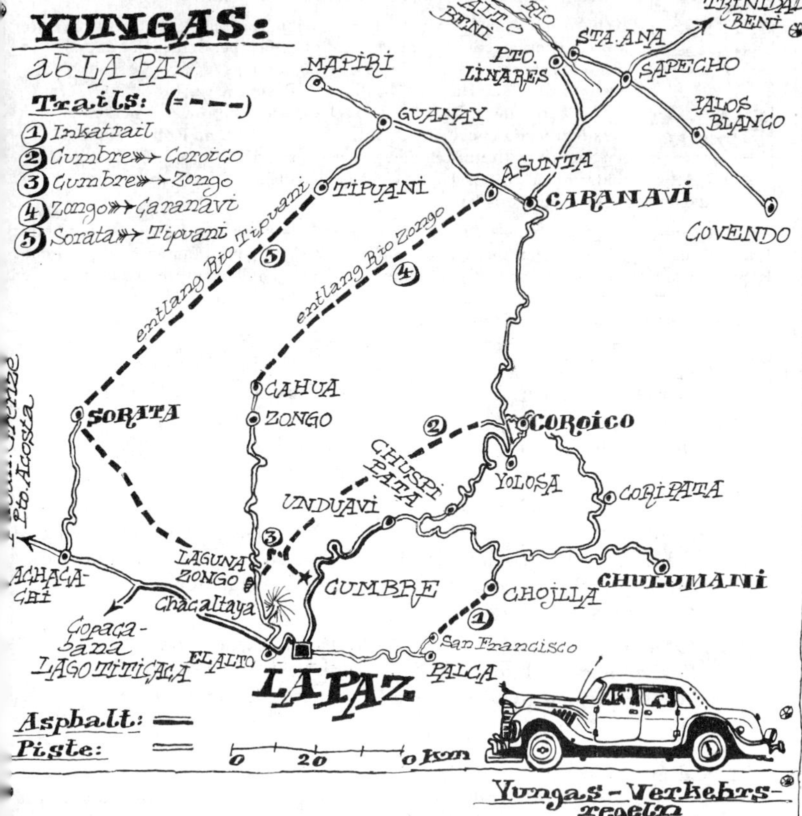

Yungas - Verkehrsregeln

Vorfahrt: hat der Bergauffahrende. Der Bergabfahrende muß notfalls zurückrangieren.

Ausweichen: Insbesondere zwischen Unduavi und Yolosa, aber auch zwischen Yolosa und Caranavi gehts oft links 5oo- 1.ooo m senkrecht runter und rechts ebenso senkrecht rauf. Die Piste an diesen Stellen gerade LKW- breit, absolut keine Reserve. Daher: sehr langsam an solche Kurven ranfahren und immer hupen! Längeren Bremsweg auf Schotter oder Sand berücksichtigen.

entweder:

Die LKW- und Busfahrer sind äußerst rücksichtsvoll; Autofahren macht hier zwischen Himmel und Schlucht ausgesprochen Spaß, wird zur Millimeter- Arbeit und man hilft sich gegenseitig. – Praktisch: Kurven sind meist breiter und aus dem Fels gesprengt.

oder:

Vorschrift: der Bergauffahrende bleibt bei Ausweichmanövern stehen und zwar LINKS!! Dies hat einen simplen Grund: der Platz kann bis auf den letzten Millimeter ausgenutzt werden, da der Fahrer jetzt an Straßenrand. Wer das erste Mal Yungas- Pisten fährt, dem werden diese "Yungas"- Verkehrsre-

Keine Garantie, nochmals mit Polizei abklären !!

geln gegen den "Strich" laufen, – ähnlich Ankunft in Dover/England und links-Verkehr.

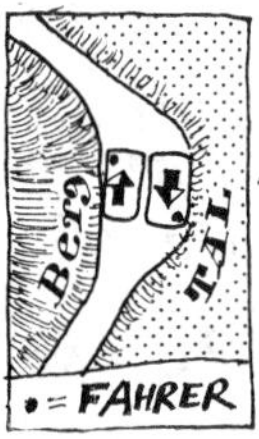

Sie sind aber recht praktisch, wie seitliche Skizze beweist!
SONST: prinzipiell ganz rechts fahren. Vor Kurven hupen! Sehr langsam fahren (= ca. 2o - 3o km/h), in engen Stellen Schritt.

Benzin: gibt's in Coroico und Caranavi in Tanstellen, aber oft auch unterwegs in Brettersiedlungen. Hier aus Benzinfass per Schlauch mit dem Mund abgesaugt = ca. alle 3o - 5o km. Allerdings nicht verlässlich, ob a) Besitzer gerade zu Hause, – b) die 3 - 4 Fässer (je ca. 15o - 2oo l) leer. LKW- Fahrer meist Diesel, Busse selten, wie auch privater Verkehr. Kalkulieren, daß bei bergauf, sehr steil und höherem Rollwiderstand wegen Sand- Schotterpiste mehr Benzin durch den Vergaser fließt. Wir wären fast im Nebel nachts irgendwo vor Unduavi hängengeblieben. Wenig angenehm, wenn das Fahrzeug keine Wagenheizung hat!

Reifenreperaturen: Problem für sich. Nägel insbesondere in Holzbrücken. In den tiefprofiligen Reifen von Jeeps setzen sie sich fest und bohren sich irgendwann unterwegs durch. Reperatur in Coroico und Caranavi. Verwendet wird meist ein Pickel (breite Seite), um den Reifen aus der Felge rauszuhauen. Anschließend mit Flicken (Feuer) zugeklebt. Primitiv, billig und effizient. Unbedingt Ersatzreifen!!

Tipuani:

Goldgräbernest im steilen Tal des Rio Tipuani, rund 7o km ab Caranavi. Bus tägl. ab Caranavi nach Guanay (ca. 4 Std.), ab hier mit Jeep- Colectivo rauf ins Tal des Rio Tipuani. Kann bei schlechten Straßenverhältnissen bis zu 1 Tag dauern, normalerweise aber ca. 3 Std.

Tipuani hat Hotels und Restaurants. Exploriert wird mit Sieb, teils per Taucher mit antikem Gerät, teils in Minen. Der Airstripe parallel zum Fluß für die TAM- Propellermaschine ist derzeit in desolatem Zustand und wird nicht angeflogen. Einer der Gründe: die gefährliche Landung im schmalen Tal, das oft von Wolken verhangen ist.

TRAIL von Tipuani rauf nach SORATA (Details siehe "trails"). Geplant ist die Fortsetzung der Piste von Guanay bis Apolo und weiter in den peruanischen Bergurwald (die "Marginal"), was aber wegen Geldmangel noch einige Jahre dauern wird.

Chulumani:

1.75o m Höhe und Alternative zu Coroico wegen mildem Klima und fantastischer Bergkulisse. Auch hier gute Hotels ("San Bernardo" mit Pool) in den Bergurwäldern der Yungas. Anbau: Kaffee, vorallem aber Coca. Aus diesem Grund Kontrollen an der Piste nach La Paz, vorallem in Unduavi. Je nach derzeitiger Regierung und Druck der USA ist die Piste nachts ab ca. 21 Uhr bis ca. 6 Uhr früh ab Unduavi bis "Transito"/Eingang La Paz zu. Abchecken bezüglich derzeitiger Situation. 6 mal pro Woche BUS ab Chulumani nach La Paz, ca. 6 Std. bei guter Piste und ca. 2 US S.

Rückfahrt ≫ LA PAZ:

Mit eigenem Jeep: volltanken in Coroico bzw. Yolosa und Berggipfel beobachten! Wenn sie voll Wolken hängen, kann der Abendtrip anstrengend werden.

Steil rauf ab Yolosa; die Piste wird eng. Bei SONNE: Ausblicke wie vom

Flugzeug, – bei NEBEL: rauf in die Wolken, rein und wie in des Teufels Waschküche. Graue Wand, in die sich die Scheinwerfer bohren. Grau und hinter den Pflanzen am Pistenrand: ruckzuck runter. Am besten Allrad rein!

YUNGAS – TRAILS:

Wegen landschaftlicher Schönheit sehr lohnend, wer gern wandert. Teils alte Inca- Pfade, – teils Trails, die die heutigen Campesinos laufen, um sich die Bus-und LKW- Pesos zu sparen.

INKA–TRAIL:* derzeit beliebtester der Trails von den Anden in die Yungas. Dauert 2 Tage von La Paz bis Chulumani bzw. nach La Paz zurück, wenn man gut akklimatisiert ist (Trail läuft von 4.75o m auf 2.7oo m runter) und es auf den Yungas- Pisten keine Busverspätungen gibt.

Nötig: warmer Schlafsack, Regenschutz, kleines Zelt, Kocher und Essen für 1 Nacht.

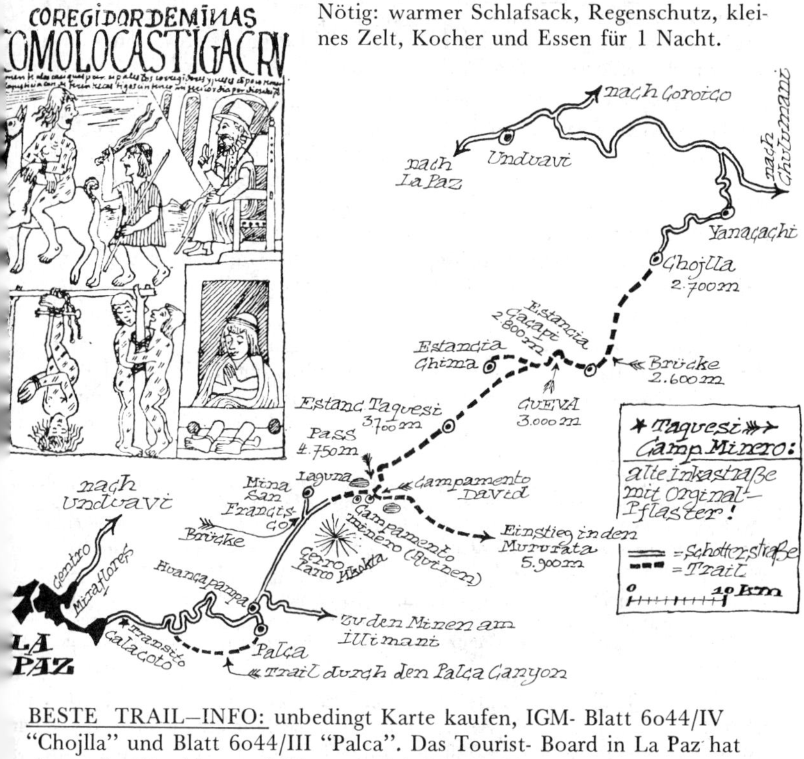

BESTE TRAIL–INFO: unbedingt Karte kaufen, IGM- Blatt 6o44/IV "Chojlla" und Blatt 6o44/III "Palca". Das Tourist- Board in La Paz hat eine grobe Wegskizze auf "Saugpost" hektographiert.

* Auch "Takesi- Trail" genannt. – Die Illustration in der Trail- Karte zeigt, – aus dem 16. Jhd. stammend harte Bestrafungen an Indios, die brutal von den Spaniern in Minen eingesetzt wurden.

Colectivo ab La Paz/Plaza Belzu bzw. ab Calle Lara nach PALCA. Das am frühesten fahrende (Infos über Tourist Office) nehmen, = ca. 6 Uhr morgens, wegen "Anschluß" nach MIna San Francisco.

ALTERNATIVEN: * LKW, ab Plaza Belzu, bzw. ab "Transito"/Stadtrand La Paz. Zu erreichen per Mikro 21 ab Centro nach Calacoto, Cotacota. Hier versuchen zu trampen.
* Wanderung durch den Palca- Canyon. Später beschrieben.

Die Schotterpiste ab "Transito" geht in ewigen Serpentinen durch kahle Berglandschaft. Das Colectivo braucht für die 2o km ab Transito ca. 1 Std. Kurz vor Palca aussteigen. Eine handvoll Häuser, nennt sich "HUANCA–PAMPA" an der Abzweigung rauf zur Mina San Francisco.

Wer Glück hat, erwischt hier einen LKW talauf zur Mina. Fahrzeit ca. 1/2 Std., allerdings sehr unsichere Chancen. Zu Fuß sind die 9 km bei guter Kondition in ca. 2 1/2 Std. zu schaffen. Abzweigungspunkt ist eine Brücke über den Rio Choquekkota: links geht's zur Mina San Francisco. Rechts laufen, noch rund 1,5 Std. bis zum Pass (Cumbre), dem höchsten Punkt des Trails (4.75o m). Schöner Rundblick über die Cordillera Real und Yungas, sofern nicht nebelverhangen. Warme Sachen: eiskalter Wind!!

Rechts ein verlassenes Minencamp und Beginn des besterhaltenen Teiles des Trails: vielfach Steinstufen mit seitlicher Regenentwässerung. Perfekte Technik, rund 5oo Jahre alt. Man ist sich übrigens nicht sicher, ob der Trail aus der Inka- oder Vor- Inkazeit stammt. Vom Camp rund 7oo m rechts an der Laguna Loro Kheri entlang zum Campamento Minero David, wo sich der Trail teilt: rechts ein schmaler Llama- Pfad rauf zum Mururata (5.9oo m, retour ca. 2 - 3 Tage. Eiskrampen und Seil für Gipfelbesteigung nötig, IGM- Karte 6o44/IV). Links der breitere Taquesi- Trail.

Läuft rüber zur Estancia Taquesi, die in rund 2 Std. erreicht ist und folgt weitgehend dem gleichnamigen Fluß ständig bergab. Nach weiteren rund 6 Std. ist Chojlla/2.7oo m erreicht. Von hier Bus und LKW nach La Paz, dauert im Normalfall ca. 6 Std., am Vorabend reservieren! Übernachtungs- und Essensmöglichkeit in Chojlla, sowie im rund 2 km weiter bergab liegenden YANACACHI. Beide basic.

HANS JÜRGEN ZINNER, der für uns den Trail getestet hat, schrieb uns abschließend: "Der Reiz der Wanderung liegt darin, daß man von den vegetationslosen Hochgebirgen (Passhöhe über 4.7oo m!) über die Mattenregion in die steilen Yungas mit ihren Orchideen, Schmetterlingen und Kolibris kommt. Von den YUNGAS kommt man am 2. Tag per Anhalter über Unduavi wieder zurück nach La Paz" (oder nach Coroico!)

Wem die Sache Spaß gemacht hat, steigt an der Unduavi – La Paz- Straße in "Cumbre" aus und hängt noch einen weiteren Trail an: entweder runter nach Coroico durchs Tal des Huarinilla, – oder läuft ab Cumbre rüber zur Laguna Zongo & Chacaltaya. Alle Trail im Text beschrieben!

Der Taquesi- Trail (Inka Trail) ist, – wer wenig Zeit hat, auch in 1 Tag zu schaffen bei entsprechender Wanderkondition. Voraussetzung allerdings, man läßt sich in einem ca. 4 Uhr früh begonnenen Tag von La Paz mit dem Taxi bis zum Trailbeginn fahren und abends in Chojlla wieder abholen.

★ Palca Canyon:

Kann man mit dem Taquesi- Trail kombinieren, oder seperat in einem reichlichen halben Tag ab La Paz laufen. Bus bis Palca (rund 2 km ab Huancapampa runter ins fruchtbare Tal mit viel Eukalyptusbäumen und Anbauterrassen). Das Dorf selber hat wenig Reize, aber den Ruhm, daß der boliv. Unabhängigkeitskämpfer Pedro Murillo hier geboren wurde.

Von der Plaza über Schotterstraße noch ca. 2 km runter an den Canyon. Tief ausgewaschene Sandstein- Brocken, – ähnlich den Tropfkerzen in Liedermacher- Kneipen. Farbe: rot bis ocker. Früher führte die Direktpiste Palca – La Paz während der Trockenzeit direkt über's Flußbett des Canyons (Piste 1606). Nach Bergrutsch jetzt nur noch zu Fuß möglich. Trail: rund 2 km im Canyon, dann bei Bergvorsprung in zickzack Trail rauf, da der Fluß an dieser Stelle nicht mehr begehbar ist. Ca. 2 Std. zur Piste La Paz – Palca, die oberhalb des "Transito" erreicht wird.

CUMBRE ⋙➤ COROICO: 3 - 4 Tage ab La Paz auf einem zumeist ausgezeichnet erhaltenen Präinka- Trail, Teilstrecken wieder gepflastert. Nötig: Kocher, Essen, warmer Schlafsack und Zelt. Höhe: von ca. 4.850 m bis auf 1.750 m (Coroico).

BESTE TRAILINFOS: IGM- Karten "Milluni" Blatt 5945/II und "Unduavi' Blatt 6045/ III Wenn letzteres wieder nur in Fotokopie da ist, sollte man sich von den IGM- Leuten den Trail nachzeichnen lassen!

Bus, LKW oder Trampen ab Av. de las Americas (Verlängerung Av. Busch), der Abfahrtsstelle für die Yungas. Relativ viel Verkehr, daher auch gute Trampchancen oben beim "Transito". Man ist flott oben am Pass, da die Strecke breit ausgebaut und asphaltiert ist. Bei der Christusstatue aussteigen und rechts am See vorbei auf Cerro Kalini halten, der an seiner linken Flanke in einem rund 4.850 m Pass passiert wird. Bis zum Dorf Achura* sind's ab Cumbre ca. 4 1/2 Std., wenn man akklimatisiert ist und flott auf den Pass raufkommt. Während der Monate Dez. bis Mai kommt's oben am Pass oft zu Schneestürmen, aber auch während der restl. Monate eiskalt!

Entlang des Rio Chucura ständig bergab zum Dorf Choro (heißt auch Villa Loa), welches in rund 6 Std. erreicht ist. In diesem Teil des Trails das besterhaltene Stück teils "gepflastert". Wer früh in La Paz gestartet ist und unterwegs gut vorangekommen, legt hier die erste Nacht ein. Gute Zeltstellen in der Umgebung des Ortes, der unterhalb der Baumgrenze liegt.

Am nächsten Morgen rüber zum Rio Huarinilla. Üppige Vegetation in engem Tal; es ist warm geworden, viele Schmetterlinge. Es geht über Hängebrücken. Der Trail: weniger deutlich, allerdings Verlaufen schwierig, da man seitlich in der dichten Vegetation steckenbleiben würde. Irgendwo unterwegs Nachtlager suchen und am nächsten Morgen runter zum Dorf CHAIRO, rund 1.000 m hoch gelegen, Orangen, kleiner Shop. Hier beginnt eine Piste, allerdings sehr dünner bis garkein Verkehr. Notfalls ca. 6 STd. runter nach YOLOSA laufen, an der Hauptpiste La Paz – Coroico. Weiter: siehe unser "Yungas"- Text/"Coroico".

Ähnlich wie der "Taquesi- Trail" bringt dieser Trail den Abstieg von kahlem Hochland (bei klarem Wetter fantastischer Rundblick vom 4.850 m- Pass!)

*nennt sich auch "Chuchura"

in üppig, tropische Vegetationszonen. In jedem Fall früh in La Paz starten, um bis zum Abend unterhalb der Baumgrenze zu kommen (Dorf Choro)!

(3) CUMBRE ⋙➤ LAGUNA ZONGO/CHACLATAYA: landschaftlich sehr lohnender Trail, der weitgehend in Höhen zwischen 4.3oo und 4.8oo m verläuft. Fanatstisch zwischen den schneebedeckten 5,5 und 6.ooo-endern der Cordillera Real durch, vorbei an Hochlandlagunen, – wenn die ganze Sache nicht in Nebel oder Schneestürme eingehüllt ist.

Beste Monate: Ende Mai bis November. Nötig: warme Sachen, superdicker Schlafsack, Zelt, Kocher und genügend Essen für den gesamten Trail. Benötigte Zeit: rund 3 - 4 Tage, je nach Akklimatisation (4 Pässe um 4.8oo m!)

BESTE TRAILINFOS: IGM- Karte "Milluni", Blatt 5945/II

Anreise: bis Cumbre (siehe Trailbeschreibung 2) und weiter bis zum Dorf Achura. Kurz vor Ortsbeginn biegt links ein Trail entlang des Hanges des Cerro Allkha Kkota und Cerro Waca Kunca ab, umrundet diesen und steigt auf einen Pass von ca. 4.1oo m und führt durch ein Hochtal über Estancia Sanja Pampa zwischen dem Cerro Matilde und dem Cerro Telata durch, nächster Pass (ca. 4.79o m). Links werden zwei Lagunen passiert. Achtung: rund 7oo m nach der 2. Lagune: Weggabelung und links in spitzem Winkel zurücklaufen.

Weitere 7oo m ab Weggabelung mehrere Lagunen, schön zu Füßen des Cerro Telata gelegen. Zur "Abwechslung" nach 2 km noch ein Pass (ca. 4.88o m) zwischen den Gipfeln Cerro Chekapa und Cerro Japu Japuni. Nach Passhöhe biegt der Trail links zurück und verläuft oberhalb des tiefen Tales des Rio Zongo zur gleichnamigen Lagune unterhalb des eisbedeckten Bergklotzes Huayna Potosi.

AB LAGUNA ZONGO: sehr lohnender Hochland- Hike rauf zum Gletscherbeginn des Huayna Potosi, beschrieben in unserem "Zongo"- Kapitel unter "Umgebung von La Paz!

Am Staudamm der Laguna Haus des Wächters und Technikers. Kein Essen, kein Trinken, so gut wie keine Transportmöglichkeit, – um nicht zu sagen: extrem dünner Verkehr!

Möglichkeiten: – sehr eventuell LKW der Gesellschaft, die die Generatoren der verschiedenen Staudämme des Zongotales betreibt, – ebenfalls sehr eventuell LKW ab Milluni (rund 5 km ab Laguna), – andere,"reizvolle"Alternative: raufkraxeln auf den Chacaltaya, rund 1.ooo Höhendifferenzmeter, bei guter Kondition ca. 3 - 4 Std. Hier oben Übernachtungsmöglichkeit in der Hütte des Club Andino, Essen und viele Transportmöglichkeiten, besonders am Wochenende zurück nach La Paz.

Unter'm Strich wegen dem erheblichen Transport- Manko nach Zongo Laguna sollte man ernsthaft überlegen, den Trip in Gegenrichtung laufen, d.h. bequem von La Paz rauf mit "Club Andino" zur Hütte, hier übernachten und am nächsten Morgen runter nach Zongo, was in rund 1 Std. möglich is

Wegen der großen Höhe, vieler Pässe und Saukälte ist dieser Trail nur etwas für erfahrene Hiker, die zugleich gut akklimatisiert sind!

ZONGO TAL ⋙→ CARANAVI PISTE: Extremtrip, nur für erfahrene Hiker, – hauptsächlich wegen Länge und Lebensmittelversorgung. Rund 15o km im Tropental des Rio Zongo zum Rio Alto Beni. Hinzu kommt das Transportproblem* ans Ende der Zongo- Piste. Derzeitiger Pistenendpunkt im Dorf CAHUA, rund 45 km ab Staudamm Laguna Zongo. Cahua liegt in rund 1.15o m, damit ergeben sich Höhenlagen zwischen 1.15o und rund 4oo m.

BESTE TRAILINFOS: IGM- Karten: "La Paz/ Norte", Blatt 5944/I, – "Milluni", Blatt 5945/II, – "Zongo", Blatt 5945/ I sowie Blatt 6o46/III. Tiefer im Urwald existiert nur gröberes Kartenwerk, Maßstab 1 : 25o.ooo

SORATA ⋙→ TIPUANI: Sehr lohnender Trail vom rund 2.7oo m hoch gelegenen Sorata über Cordillera- Pässe runter ins tropische Tiefland um Tipuani , mit dem Bonbon, daß in dieser Region Gold gewaschen wird. Geübte Hiker laufen dcn Trail in rund 6 - 8 Tagen, lässt sich aber um rund 2 Tage reduzieren, wenn man ab Unutuluni (oberhalb Tipuani, Pistenendpunkt) einen Jeep mietet.

IGM- KARTEN: die sonst von uns zitierten 1 : 5o.ooo - Kartenwerke gibt es über diese Region noch nicht. Daher muß man nach einer groben 4- Farbenkarte über das Departement "La Paz" laufen.

Transport nach SORATA ohne Problem. Colectivos der Fa. "La Perla del Illampu" ab Calle Tumusla Nr. 5oo/Ecke Isac Tamayo und der Fa. "Gonzales Gonzalitos", Calle Tumusla Nr. 5oo fast täglich. Der Ort liegt sehr schön zwischen hohen, schneebedeckten Cordillera- Gipfeln und hat günstiges Klima. Mehrere Hotels, Restaurants und Geschäfte für Essen.

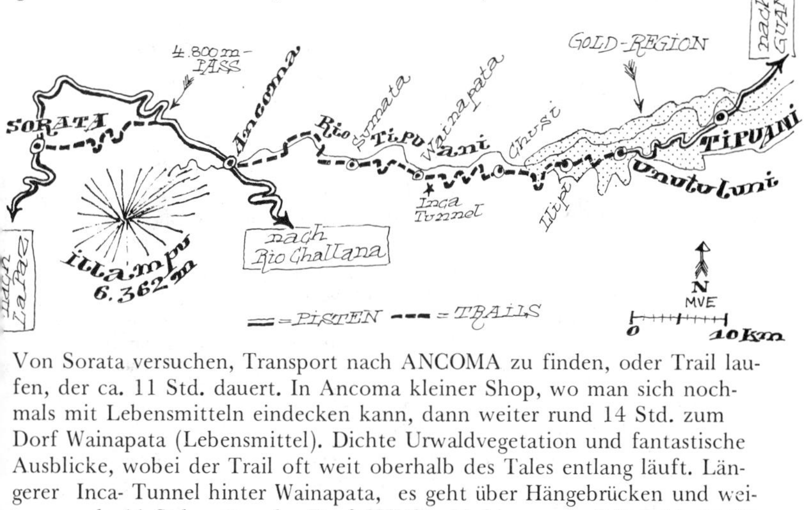

Von Sorata versuchen, Transport nach ANCOMA zu finden, oder Trail laufen, der ca. 11 Std. dauert. In Ancoma kleiner Shop, wo man sich nochmals mit Lebensmitteln eindecken kann, dann weiter rund 14 Std. zum Dorf Wainapata (Lebensmittel). Dichte Urwaldvegetation und fantastische Ausblicke, wobei der Trail oft weit oberhalb des Tales entlang läuft. Längerer Inca- Tunnel hinter Wainapata, es geht über Hängebrücken und weitere runde 11 Std. später das Dorf CHUSI. Ab hier runde 9 Std. bis LLIPI,

*Jeeps von Farmern der Region

Beginn der Goldwäscher- Aktivitäten. Rund 8 Std. bis UNUTULUNI (basic-Pensionen, Restaurants), nach Tipuani 2. wichtigster Goldsucher- Ort der Region. Jeeps runter nach Tipuani über wilde Piste, besonders nach tropischen Regengüssen, die den schmalen Pfad "einseifen", zu Fuß rund 9 Std.

GOLD wird seit der Zeit der Inkas in der Region gewaschen. Heute wird in Tipuani von der "Banco Minero de Bolivia" ca. 8 US $ pro Gramm 24/Karat gezahlt. Eine Studie des "Fondo Minera" hat für die Region 4 gr. pro 1 m^2 hochgerechnet. Artikel in bolivianischen Zeitungen, so z.B. am 4.8.82 im "Meridiano" schüren das Goldfieber, und viele Leute in La Paz überlegen bei der schlechten, derzeitigen Wirtschaftslage, ihre Firma aufzugeben und unten in der tropischen Schwüle Tipuanis das Sieb zu schwingen.

Noch etwas aus der Statistik: pro Jahr werden in der Tipuani- Region 6 Mill. Flaschen Bier getrunken. Die Bierbrauer haben in Tipuani ihre Mine gefunden.

Jeep nach Guanay tägl., ca. 4 Std. Ab hier Bus "Flota Yungeña" nach La Paz, ca. 12 Std. (bei schlechter Piste mehr!). Oder schöne Flußfahrt ab Pto. Linares nach Rurrenabaque und mit dem TAM-Propeller zurück nach La Paz.

WICHTIGER TIP: zwar häufige Flußfahrt von Pto. Linares nach Rurrenabaque und dort Basic- Unterkunft, – aber derzeit nur 1 mal/Woche TAM- Flug retour nach La Paz. Daher dringend vorab Platz reservieren und Reservetag einkalkulieren, wenn die Maschine wegen schlechtem Wetter über dem Urwald nicht fliegen kann, – u.U. auch 2-3 Tage!

Weitere Yungas- Pisten und - Infos:
siehe unser "COCHABAMBA"- Text, Seite: 934
sowie " "STA. CRUZ" - Text, Seite: 981

Mietbedingungen siehe Seite 1.ooo

Ob sich für die "nähere Umgebung" von LA PAZ (in südamerikanischen Dimensionen 1 bis 2 Tagestrips) das Anmieten eines Fahrzeuges lohnt, – also für den Bereich der oben beschriebenen Ostkordillera am Lago Titicaca und der Yungas, – sei dahingestellt.

Sachen wie Coroico in den Yungas aber auch Sorata in der Kordillera sind mit öffentlichen Bussen bequemer und billiger zu erreichen, für ausgefallenere Sachen kann das Mietauto jedoch sehr nützlich sein.

Mehrere Autovermieter in La Paz. Der Tag kostet ca. 3o US $, zuzüglich Km- Geld. Vermietet werden japanische PKW's, sowie Geländefahrzeuge wie der Toyota. Hinzu kommt derzeit eine Kautionssumme von ca. 1.ooo US $, derzeit der absolute Südamerika- Spitzenwert bei Autoanmiete!

* KOLLA MOTORS LTDA., Rent a Car, Rosendo Gutierrez 5o2. Derzeit der wohl größte Autovermieter von La Paz in Sachen Geländefahrzeuge. Und die braucht man, wenn man Ausgefallenes abseits der Hauptpisten unternehmen will. Wir waren mit unserem dort gemieteten Toyota- Geländefahrzeug sehr zufrieden – die 4 Reifenpannen während 1 Woche sind eher den Pisten zuzuschreiben: Nägel in Holzbrücken, bzw. von LKW- Holzbeplankung.Bohrt sich in die Reifen, bis es dann irgendwann zischt!

  Der Reifenflicker am Ortseingang von Coroico hat originelle Sammlung an der Wand, alle Arten von Nägeln, krumm, spitz, lang kurz etc. Außerdem gelegentlich verlorene Autonummern, die es billig als Souvenir gibt! –

* HERTZ RENT A CAR, Büro im Sheraton/La Paz. Meist Limosinen der Japs.

* INTERNAT. RENT A CAR, Fred. Zuazo 1942/Ecke Bat. Colorados.

Hochebene von 4000 m Höhe; im Osten und Westen durch die gewal= tige Vulkankette der Kordillieren begrenzt. Herrlich klares Licht, Lama= herden, Salzseen und schöne Kolonialstädte in den ehemals spanischen Silberminengebieten Oruro, Potosi und Sucre. Die Indios saufen gerne Chicha- Schnaps; die Eisenbahnen sind die höchsten und abenteuer= lichsten der Welt. – Im Winter Temperaturen von – 2o° C!

Cochabamba: 2.57o m/ 3oo.ooo E.

Schön in einer Talsenke gelegen. Gemütliche Atmosphäre und am Mittwoch und Samstag einer der größten und interessantesten Märkte Boliviens. Zieht sich über mehrere Plazas und Straßen um den Bahnhof. Nach Verkaufsgegenständen aufgeteilt: rechts neben dem Bahnhof (Calle Juan Velarde) Kleider und Hosen, – links auf großer Plaza Gemüse, Früchte, sowie seitlich z.B. mehr als 4o Nähmaschinen, wenn dem Campesino die Schuhe kaputt gehen. Vor dem Bahnhof täglicher kleinerer Markt mit festen, überdachten Ständen. Alles von Plastikwaren über Kordhosen, Schuhe, Schallplatten, Chola- Sachen (wie Super-B.H.'s und riesige Röcke und Blusen in Synthetik.)

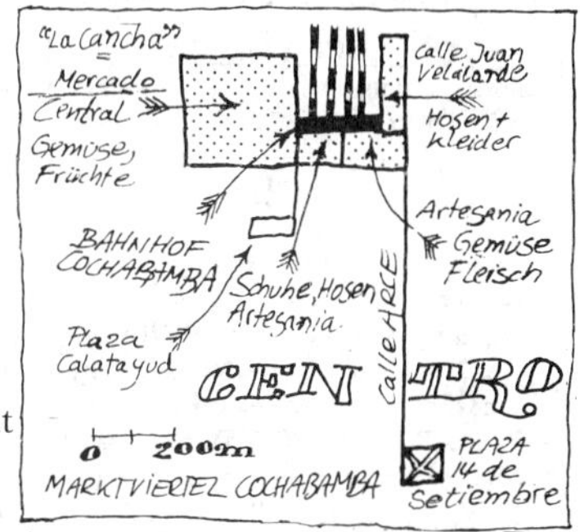

Relativ wenig Artesania. Pullover, Ponchos, kleine Sachen wie Minihüte in Gips getränkt und die schönen Cochabamba- Puppen: aus Wolle gestrickt, mit den beiden Püppchenkindern unterhalb des Gürtels. Lassen sich als Beutel verwenden.

Tourist INFO unter den Arkaden der Hauptplaza, 14 de Setiembre. Wenn noch Señor Salazar an der "Regierung" ist, viele Grüße! Ohne Frage Persönlichkeit von Cochabamba. Fährt als Privat- PKW einen LKW und hat in Quillacollo eine Radiostation. Seine Mädchen wissen Tip- Top Bescheid!

Post "Correo Central", Ayacucho/Heroinas

"Exprinter" und "Southam. Cooperation", beide Plaza 14 de Septiembre/Oeste

GRÖSSE DES MARKTES unter anderem wegen sehr fruchtbarem Tal, in dem die Stadt liegt,mit viel Ackerbau, – sowie guten Straßenverbindungen runter in den "CHAPARE" an den Andenhängen und Beginn der Llanos und Urwäldern des Beni: viele Tropenfrüchte.

COCHABAMBA ist angenehm relaxing bei Durchschnittstemperaturen um die 18° C nach kalten La Paz- Nächten. Das Centro in südamerikanischem Schachbrett, meist 2-stöckige Häuser und schmale Straßen. Ungewöhnlich viele Hamburger- Snacks.

Hauptplaza ist die "14 de Setiembre" mit schöner Arkadenarchitektur, z.B. "Pharmacia Boliviana" neben der Kathedrale; abends Beleuchtung. Teils bis zu 35 m hohe Palmen und viele subtropische Pflanzen.

Über die Calle España (Snacks), 2 cuadras zur AV. HEROINAS mit Kinos und Restaurants, Bereich 25 de Mayo. Buchshop "Los Amigos del Libro" von Werner Guttentag, wie sich in Cochabamba viele weitere Exil- Deutsche niedergelassen haben. –

In der UNIVERSITÄT, Av. de Quendo, Ecke Sucre: Kontakte. Hier auch ein kleines Archäologisches Museum. PLAZA COLON: mit Teichen und einem "Schwung" Tropenpflanzen; Beginn der "Av. Ballivian" , einer breiten Avenida, die im Bereich T. Vargas Openair- Straßencafes und - Restaurants hat. Hinter dem Rio Rocha die Villenviertel der Reichen.

HOTELS

1.) Teuer:

"AMBASSADOR"/ Calle España 349. Eines der Top- Hotels des Centros, ca. 2 Min. zu Fuß zur Plaza Prinzipial. Freundliche Mädchen in der Reception, oben schöner Blick über's Tal und TV. Sehr zu empfehlen. Ca. 4o US $ Doppel mit Privatbad und Telefon.

"HOTEL COCHABAMBA"/Plaza U. Anze, etwas außerhalb (Taxi fällig) mit Swimming Pool, sowie Tennisplatz. Doppel ca. 38 US S. – "CAPITOL"/Colombia 415, modern, o.k., Doppel ca. 35 US S. ·

2.) Mittel bis Billig:

"GRAN HOTEL LAS VEGAS"/E. Arce 354, modern, zentral, o-la-la, ca. 15 US S, – besser: "HOTEL BOSTON"/25 de Mayo 167, modern und offen gebaut, seitlich über Hintereingang von Geschäftsstraße, ca. 20 US S mit Privatbad. – "COLON"/Plaza Colon 945, schöne Lage, allerdings wegen Verkehr sind die vom Blick schöneren Zimmer Ri. Plaza laut. Ein älteres Gebäude mit betoniertem, kleineren Innenhof und ähnlich alten Möbeln. Doppel mit Bad ca. 18 US S, ohne ca. 17 US S. – "HOSTAL DORIA"/ Pasaj. Tomsich 882, Doppel ca. 15 US S, – "RES. IDEAL" /Espana 329, sehr zu empfehlen. Etwas Patina, aber sauber und Flair. Doppel ca. 10 US S, – "RES. OLLANTAY "/Babtista 211: sauber, Innenhof mit Bananenstauden und Gummibaum, etwas "zu betoniert". Die Zimmer unterschiedlich, meist Stahlrohrbetten und Duschen des Typs "Brasilia" mit teils offenen Kontakten. Doppel mit ca. 7 US S relativ teuer, wenn auch sauber. – "RES. FAMILIAR"/25 de Mayo, Ecke Sucre 554. Einfaches, älteres Haus mit Innenhof. Doppel ohne Bad ca. 15 US S. – "RES BUENOS AIRES", 25 de Mayo 329 nähe Plaza Colon: typisches, einfaches Cochabamba-Hotel mit schmalem Innenhof, an dem rechts und links die Zimmer liegen. Sauber, allerdings nicht billig mit ca. 6 US S/Gemeinschaftsbad bzw. ca. 7 US S / Privatbad. – "ALOJ, ELDORADO", 25 de Mayo 1034 direkt beim Mercado. Entsprechend die Klienten: Händler, Bauern etc. Hauptsächlich Bolivianos. Langgestreckter, überdachter Innenhof, Wäsche an Seilen aufgehängt, seitlich Shop mit Coke etc. Zimmer mit Fenster zum Innenhof, rel. sauber, 2 - stöckig, ohne Bad ca. 5 US S. – "RES. SALVADOR" 42o I. Montes, um's Eck vom "El Dorado" beim Mercado. Doppel ohne Bad ca. 5 US S. – "RES. ESCOBAR", Nat. Aguirre 213 nähe Hauptplatz, Rel. sauber, heißes Wasser, ca. 5 US S (Gem. Bad), – "ALOJ. LA PLATA", Arce 342, ganz nah an Plaza. Sehr düster, abera auch billig. Ca 4 US S. Besser o,5 US S drauflegen und paar Schritte weiter in's "ALOJ. IMPERIAL" Arce 382, älteres Haus, steil über Treppe rauf. Oben altverglastem Dach. Restaurant (basic), seitlich die Zimmer. Ca. 4 US S Doppel ohne Privatbad. – "RES. BOLIVIA", Aroma 158 und "RES. LOPEZ", beide zwischen Mercado und Hauptplaza, basic, ca. 4 US S. – "ALOJ. COCHABAMBA", Calle Nat. Aguirre 585, sehr zu empfehlen, wenn der Service nicht nachlässt: sauber, heißes Wasser und zentral gelegen.– –

ACHTUNG: vor und während des Festes von Quillacollo sind die Billig- bis Mittelhotels absolut voll. Engpässe auch in den Tophotels!

"Las Palmeras" (Lanza 5825) für Parrillada gelobt, hat uns aber nicht sonderlich überzeugt. Viel Rauch, da neben jedem Tischchen ein Holzkohlegrill qualmt. – "Pizzeria Don Corleone" (España 35o schräg gegenüber Hotel "Ambassador"): lasche Pizzas und teuer für wenig Schinkenauflage und lappigen Boden. – Die besten Restaurants liegen am Prado (= Av. Ballivian, beginnend bei Plaza Colon, etwa Mittelteil des Prado). Meist gemütliche Straßenlokale: Tische und Stühle auf breitem Bürgersteig, der Mittelstreifen mit subtropischen Bäumen und Grünanlage. "EL PRADO" (Prado 533o) excellent. Lomo Silpancho : Riesenfleischstücke tellergroß, ganz dünn, darunter Reis, drüber Ei und Kartoffeln. Preise mittel. – Ein ganzer Schwung weiterer drumrum, so "Savarin", "Ballivian", "Don Chivas", "Las Vegas". "LA CASONA" (Prado) Cafeteria mit Peña (Fr., Sa., So. 21 Uhr) schön in Kolonialpatio. Hier auch Galeria del Arte. – "GALERIA EL CRIPONES" (Plaza Colon Ri. Prado): Boutiquen, Restaurant, hinten um Baum gebaut. – "BURGER'S HOUSE" Calle Espana nähe Plaza. Angenehm mit kleinem Schindeldach über Hamburgerbrutzelei. Billig. – "TEA–ROOM" (Rest. + Discothek, Av. Heroinas 464): stockdunkle Provinzangelegenheit zumindest in der Disco: zwar Blick nach draußen vom 7 Stock, aber innen absolut nichts zu sehen, nur der Bums aus der Musikbox. – "DONUTS" (25 de Mayo, etwa Höhe Bolivar): am Rauhputz klebten Ketchup- Reste, an der Wand ein Poster von einem Kind, dem der Fotograph einen Spaghetti- Teller übergekippt hat. Das Ganze in grellem Neon und die Preise rund 2 - 3 mal so teuer wie bei "Burgers House". Scheußlich! – "EL PAHUICHI" (25 de Mayo 127) bei Hotel Bolivar. Ein 'Salon de Te' in Hinterhof,auf Bambus getrimmt, aber trotzdem ganz gemütlich. – "KARPELLES" (Calle G. Acha, direkt 3o m von Plaza)von freundlichen, älteren Dame geleitet, die kaum noch hören kann; die Tochter "übersetzt". Gut für Frühstück, gelegentlich auch schweizer Torten! – "NAPOLI" excellente Tomatensuppe, Calle Sucre. – Heladeria "ESPAÑA" (Ecke Espana mit Heroinas) ausgezeichnetes Eis! Erst ab 11 Uhr und nur bis 22 Uhr offen. – Kuchen: "LOS ESCUDOS" (25 de Mayo 1o8, bei Cinemas ca. Av. Heroinas), – "BAR CHOP COMERCIO" (Av. Heroinas 571) , eine der typischen "Cacho"- Bars von Cochabamba, ein Würfelspiel, das mit einer Leidenschaft in ganz Bolivien (und Peru) gespielt wird. Spielregeln sind am Ende des Bolivien- Teiles dieses Buches abgedruckt! Dazu trinkt man Bier, und immer wieder kommen die Losverkäufer durch's Lokal. Besonderheit dieser Chopera ist die Zapfmaschine: schöne Keramiksäule mit Zinkarmaturen, die, wie uns der derzeitige Besitzer stolz erzählte, vor rund 40 - 5o Jahren der damalige Besitzer dieser Chopera von Deutschland mit nach Bolivien brachte. Viele Grüße an Jorge Salazar und Dank für den schönen Abend!

"Taquina" heißt das Bier von Cochabamba. Die Brauerei ist eine deutsche Gründung von 1895. Ein ausgezeichneter Gerstensaft, weich, mit Kordillera- Wasser gebraut!

Shops: ARTESANIA: "Fotram", gut für Alpacasachen, allerdings nicht billig. Eine Cooperativa in der Ayachucho Ecke Heroinas gegenüber dem Postamt. – "Andea" in der Jordan 4o2o, – "Amerindia" San Martin 6o68, – "Procan" (Promocion de Produccion Campesina"), ebenfalls eine Cooperativa von Indios. Verkauf von Alpaca- Sakkos, elegant und Keramik. Sowie weitere (Info durch Tourist Office). – ANTIQUITÄTEN: "Renacimiento del Arte Colonial" in der España nähe Hotel Ambassador. Gesehen: alte Schreibmaschinen, Bügeleisen, Schränke, Münzen und Bilder nach alten Kolonialgemälden kopiert. In selber Straße weitere kleinere Antiquitäten-Shops. Preise waren günstig; man muß allerdings den derzeitigen Marktwert in Bolivien kennen und entsprechend handeln können.

BADEN Auch das geht in Cochabamba, mehrere "Piscinas". Günstigste Monate Dez. bis März. "Club Social", Calle Mexico/ Plaza Colon in Cochabamba. Nichtmitglieder zahlen etwas mehr, ca. o,5 US. "Don Gerardo", Av. Blanca Galindo, km 8 (Piscina + Sauna), sowie "El Paraiso", selbe Straße, Km. 1o. und "San Juan de Dios", km 13.

"Piscina De Los Cisne": schön gelegen in einem Landhaus, Av. Blanco Km 13. Viel Vegetation, gemütlich mit Tischen und Restaurant. Es gibt einen kleinen Pool und eine Sauna. Am billigsten zu erreichen: Bus nach Quillacollo und von hier mit dem Taxi. – Siehe auch "Umgebung von Cochabamba"! –

Verbindungen ab COCHABAMBA:

Für bolivianische Verhältnisse ausgezeichnete Straßen-, Zug- und Flugverbindungen. Nicht ohne Grund: COCHABAMBA ist zusammen mit Sta. Cruz 2. wichtigste Stadt Boliviens.

1.) Bus:

TERMINAL: Av. Ayacucho nahe Bahnhof und Mercado für Fernstrecken.

Häufig am Tag nach La Paz. Für die runden 39o km auf der Direktroute braucht der Bus runde 10 Std., ca. 9 US . Bis auf kurze Ausnahmen durchgehend asphaltiert. – Nach Oruro über Abstecher- Piste ab Coihuasi, ca. 6,5 Std. und 4 US S. Mehrmals am Tag. – Sta. Cruz ab Cochabamba über weitgehend asphaltierte Piste in ca. 12 Std. und ca. 8 US S. Mehrmals tägl. und landschaftlich interessante Fahrt.

Sucre: zunächst Asphaltstraße Ri. Sta. Cruz, bei Epizana Abzweigung und Schotter Richtung Süden. Ca. 1o Std. und 8 US $. Mehrmals am Tag. Regionalbusse siehe "Umgebung von Cochabamba"!

Bus+Zug-Fahrzeiten nach offiz. Angaben zunächst ca. +10%, – ohne Pannen!

2.) Zug:

Ausgezeichnete Verbindung nach La Paz mit dem "Ferrobus". Geringfügig schneller als der Bus/Straße und in etwa gleichteuer. Täglich. Fährt über Oruro. Hier umsteigen für die Strecke nach * Antofagasta/Chile, – * Potosi und Sucre (Per "Tren Expres und Ferrobus" bequemer als Bus/Straße, zeitlich nur wenig Unterschied), – * Villazon/Grenze zu Argentinien mit Anschluß nach Buenos Aires. Tickets rechtzeitig kaufen. Für den bequemen "Ferrobus" oft ausverkauft!

3.) Flug:

AIRPORT 2 km außerhalb, mit Mikro "B" ab Plaza 14 de Setiembre, Ecke Baptista alle ca. 1o Min. tagsüber (vorher gegenchecken, ob Veränderung!). Kostet Pfennigbeträge, – oder mit dem Taxi. – Wer einen LAB- Flug gebucht hat, kann kostenlos mit dem LAB- Bus raus zum Airport.

Ausgezeichnete Flugverbindungen nach La Paz und Sta. Cruz: mehrmals am Tag. Sowie runter nach Trinidad/Beni: fast täglich mit Boeing Jet. Nach Sucre fast täglich, teils weiter nach Tarija.

TAM, die Militärs fliegen mit "Fokker F 27"- Turboprops nach La Paz und Sta. Cruz, teils mit Anschluß nach Pto. Suarez an der boliv./brasil. Grenze, – runter nach Tarija mit Anschluß an die Grenze nach Argentinia (Yacuiba) und in den Urwald. Flugplan kann sich ändern.

"AERO IMPERIAL" ab Cochabamba mit Propellermaschinen nach Sucre. Anschluß derzeit mit Bus der Airline über die Piste nach Potosi (=schnellste Verbindung) solang Airport in Potosi noch nicht fertig.

ADRESSEN:
"LAB": Ayacucho/Heroinas bei Post, rund 8o m von Hauptplaza
"TAM" Av. Heroinas zwischen Junin und Hamiraya
"LINEAS AEREAS CANEDO" (Propellerflüge nach Trinidad) Av. Heroinas
"AERO IMPERIAL", Av. Heroinas 3838, Ecke Baptista

Fliegen über BOLIVIEN macht Spaß und verkürzt zudem langwierige Anreisezeiten über Land.

Cochabamba ⋙➤ La Paz:

Rechts sitzen! Aus der Hochebene über Hügelketten entlang der Kordillera. Schönster Teil des knapp 3o Min. - Fluges: kurz vor La Paz. Schneebedeckte Gipfel, Gletscher und Lagunen. Der Illimani als riesiger Klotz. Die Maschine fliegt dann über den Talkessel ein zum Airport auf dem Altiplano. Weiche Kordilleren und am Horizont der Lago Titicaca. Beste Tageszeit: der Nachmittagsflug. Daumen drücken, daß wolkenfrei!!

Sucre ⋙➤ Cochabamba:

Hohe Bergketten, karg, weite Flußtäler mit Schotter und Sand. Im Sommer weitgehend ausgetrocknet, teils kreuzweiser Verlauf der Bergketten. – Stark gefaltet. Nach knapp 3o Min. Flug sinkt die Boeing runter in die fruchtbare Ebene von Cochabamba.

Cochabamba ⋙➤ Sta. Cruz:

Links sitzen wegen Blick in die Yungas! Zunächst raus aus der Hochebene von Cochabamba. Die Maschine folgt weitgehend dem schmalen Asphaltband der Piste unten. Links die Andenkette mit "Einblick" in die steilen, dicht von Urwald bedeckten Yungas Hänge. Eingeschnitten, tief und kurvenreich die Bergflüsse und bei klarem Wetter weiter Blick in die Beni- Llanos! Fantastisch! Weiter Ausflug flach über die Tiefebene von Sta. Cruz und Landung in tropischer Hitze. –

Schöner Ausblick über Cochabamba vom COLINA DE SAN SEBASTIAN ab Av. Aroma nähe Bahnhof und Busterminal. Weg beginnt bei der Plaza San Sebastian, ca. 15 Min. zur Hügelkuppe.

Tal von Cochabamba:

Lohnende Ausflüge in der fruchtbaren Hochebene mit Dörfern (Märkte), – in weiterer Umgebung: Fußstapfen von Dinosauriern, Höhlen, Thermalquellen und Inca- Ruinen. Wichtigster Ort:

✶ Quillacollo:

13 km von Cochabamba über gradlinige Asphaltstraße. Laufend Busse und Mikros ab Plaza Guzman Quiton, Fahrzeit ca. 15 Min.

Während des Jahres über ein verschlafenes Nest,- am 15. August hier jedoch eines der größten Feste Boliviens: "VIRGEN DE LA URCUPINA".

Der Heiligen werden erstaunliche Kräfte in Bezug auf 'Sicherung des eigenen Wohlstandes und der Gesundheit' zugeschrieben. Daher riesige Pilgerströme jedes Jahr nach Quillacollo. Mitte August brechen mehr als 200.000 Leute aus allen Regionen in das kleine Dorf, das inzwischen wohlpräpariert ist und daran entsprechend verdient.

Die Sache fungioniert so: die Jungfrau gibt einen Kredit in Form eines Granitbrockens, den man sich per ausgeliehenem Pickel vom Berg unterhalb der Kirche schlagen muß. Je größer der Granit- Brocken, desdo größer der Kredit. Man nimmt ihn mit nach Hause, runter in den Beni, – nach La Paz, Tarija oder wo man wohnt. Damit hat man von der Jungfrau Geld geliehen und muß dieses im darauffolgenden Jahr zurückzahlen. Inkl. Zins entsprechend des "Glücks" finanzieller Art, das man erlebt hat.

Kompliment an die Katholische Kirche, die sich damit nicht nur die Pilgerzahl im folgenden Jahr multipliziert. Selbstverständlich darf der "Zins" nicht in Steinen, sondern muß in Handfestem, also z.B. Juwelen oder Geld zurückbezahlt werden, und zwar direkt in das Kirchensäckl von Quillacollo!

Der "ausgeliehene" Granitstein muß auch zurück nach Quillacollo, worüber die "LAB" (staatl. Airline) zwar wegen permanentem Übergepäck flucht, sich aber zugleich über den regen Passagierverkehr freut und entsprechend viele Zusatzmaschinen einsetzt.

ABLAUF DES FESTES: 14. August, Beginn. Viele Leute pilgern die 13 km ab Cochabamba nach Quillacollo. Hier um 13 Uhr die "CORRIDO" (Rundweg) 3 - 4 Std. Gruppen tanzen, so z.B. die "Diablada" von Oruro und andere Folkloretänze. Abends Musik und an vielen Ständen Essen, sowie Chicha und Verkauf von Artesania.

15. August: Prozession der Virgen ab ca. 15 Uhr durch den Ort. Kommt ca. 18 Uhr wieder in die Kirche zurück. Leute bringen ihre "Zinsen" in den Säckl der Kirche. Priester segnet. – 16. August: früh ab ca. 6 Uhr Pilgerweg rauf zum Berg. Entlang der Strecke Verkäufer mit kleinen Modellen von Häusern, Autos, Tieren etc. Man kauft diese, entsprechend den Wünschen für's nächste Jahr. Das Automodell ist Symbol für den neuen Datsun- Pickup, den man sich im folgenden Jahr anschaffen möchte. Das Modell wird mit Chicha getauft ("chajlla"). – CHICHA wird vor dem Fest von den Bewohnern von Quillacollo in großen Mengen produziert. Dabei sind die Zeiten, wo man mit Spucke fermentierte, vorbei. Vergleiche auch unser Sucre- Text!

Übernachtung in Cochabamba, sofern noch Platz (unbedingt vorbuchen!),– die meisten schlafen jedoch im Freien.

✶ Thermalbad von Liriuni:

rund 8 km von Quillacollo. Das Wasser hat ca. 47° C, – das Hotel um die 100 Jahre. Zwar schön gelegen und sauber, aber dringend Reperaturen nöti

Übernachtung 8 US $. Außerdem neues Hotel Prefectural. Zu erreichen per Taxi ab Quillacollo.

✶ Thermalbad von La Torre:
ca. 3o km von Quillacollo an der Straße nach Oruro. Wegen Lage lohnend.

✶ Patiño- Palast:
Hazienda Pairumani, rund 2o km ab Cochabamba über Quillacollo. Feudale Villa des Zink- Königs und Milliardärs Simon I. Patiño. Gebaut ca. 1925 im Stilmischmasch französischen Einflusses (einige Zimmer in Luis XV und Luis XVI- Stil), der Billiard- Salon mit Elementen der Alhambra de Granada die Galerie mit einer Kopie der Decke der Bibliothek des Vatikans.
1964 hat der Minenkönig die Villa an die Salesianer geschenkt . Geöffnet tägl. bis ca. 17 Uhr (vorher abchecken!), sowie kulturelle Veranstaltungen.

ZU ERREICHEN am besten mit Mikro nach Quillacollo und ab hier weiter per Taxi. Wer Zeit hat kann mit EL PASO kombinieren. Hier die Kirche "Santiago" mit vielen alten religiösen Büchern von 1574. Fast 2 m dicke Mauern und schöner Altar mit Silber und Gold. Der Ort war in vorkolonialer Zeit Inca- Stop auf dem Camino Sta. Cruz – La Paz – Cusco. "Tupuyan" (von den Incas gebaut): Reste in Nähe des heutigen Friedhofs. Entweder zurück nach Quillacollo oder über Tiquipaya zurück nach Cochabamba.

Klima im Tal:
WINTER: (um o°C) früh morgens, – bis zu ca. 2o°C in den ersten Nachmittagsstunden.

FRÜHLING:	Ende Sept. – Ende Dez.	ca. 14 - 26° C
SOMMER:	Ende Dez. – Mitte März	ca. 18 - 3o° C
HERBST:	Mitte März – Ende Mai	ca. 16 - 27° C

Bei fruchtbaren Böden und gleichbleibend gutem Klima das ganze Jahr über gehört das Tal von Cochabamba zu einem der wichtigsten Getreide- und Früchtelieferant Boliviens.

✶ Weitere Umgebung:
runde 48 km nach CLIZA mit großem Sonntagsmarkt, Tauschgeschäfte in Früchten und Fleisch. Gute Keramiksachen. Bus tägl. ca. alle 3o Min., einer der größten Mercados der Region nach Cochabamba. Fahrzeit ca. 1 Std.

runde 55 km nach ARANI, mit dem PKW ca. 1 1/2 Std. Fahrt, Mikros ab Honduras y San Martin (abchecken, eventuell jetzt in Busterminal!), tägl.,– "besonders interessante Kirche", wie uns Frau Dr. Pieske schrieb. Mit Holzaltar und auf die Wand hinter dem Altar gemalten Bildern. Keine Übernachtungsmöglichkeit; beim Priester fragen, wo man "privat" pennen kann. Die Region ist berühmt für gute Keramikarbeiten, schöne Plaza. Kirche stammt von 1743 und hat außergewöhnlich hohen Glockenturm.

runde 14o km nach TOTORA, interessant. War in der Kolonialzeit wichtiger als Cochabamba. Der Bus von Cochabamba nach Sucre fährt hier durch; zunächst Asphaltpiste bis "Cruze Epizana", dann Abzweigung/Schotterpiste 11 km bis Totora. Heute etwas dekadent und provinziell.

runde 145 km nach INCALLACTA, mehr oder weniger restaurierte Incafestung. Für Archäologiefans interessant. Gebaut eventuell von dem Inca Tupac Yupanqui 146o - 147o. Zentrales Gebäude 81 x 27 m, sowie viele Getreidesilos . Nähe POCONA, zu erreichen über Piste Ri. Sta. Cruz und Abzweigung bei Monte Punco.

TOROTORO im Nordteil des Dep. Potosi . In der Nähe Reste von Fußstapfen von Dinosauriern (4o x 4o cm, Eindrucktiefe 2o cm, 8o Mill. Jahre alt). Sowie Höhlen mit Tiefen von 3oo-5oom. Wegen schwieriger Erreichbarkeit eigenes Auto nötig: Von Cochabamba über Cliza und weiter Anzaldo, Lavina. Insgesamt runde 18o km, allerdings extrem schlechte Erdpiste.

Chaparé:

Bergurwälder an den Andenhängen, – "Einstieg" für Abenteuertrips im Kanu und Hausboot, bzw. TAM- Propeller in die weiten Llanos- und Selva-Gebiete Boliviens zur brasilianischen Grenze.

Ausgezeichnete Asphaltpiste von Cochabamba über einen 3.8oo m Pass runter in die steilen Yungas- Täler. Tägl. Bus ab Terminal/Cochabamba nach Villa Tunari und Pto. Villaroel, ca. 8 Std. wenn die "Technik" mitmacht. Rechtzeitig reservieren! Runde 2o km nach Cochabamba der Pass, dann hinunter in den Bergurwald mit Farnen, Orchideen und Nebelwäldern Bis Villa Tunari 158 km,Höhe 298 m! Fahrzeit ca. 4 Std. ab Cochabamba.

Hotels/Villa Tunari:
"S. Mateo", derzeit an Firma vermietet, – "Sumique", zu empfehlen, wie uns Peter Hasler schrieb. Mit Swimming Pool, Garten , billig. – "Hotel Los Posas", 2 km bei Villa Tunari, Piscina. Sowie weitere Pensionen im Ort.

Weiter durch's Tiefland, – viele Plantagen, Asphalt bis CHIMORE, dann "Ripio" bis PTO. VILLAROEL (9o km ab V. Tunari, ca. 4 Std.), dem Urwaldhafen des Chapare. Basic- Hotels. Boote nach Trinidad, während der Trockenzeit 5 - 6 Tage (eventuell länger vor Flußbänken), – ansonsten (Nov. – Mai) ca. 3 Tage. Abfahrten nach Frachtbedarf. Im Normalfall, – auch wegen guter Asphaltpiste reger Warenaustausch: RUNTER: Bierkisten, Öl, Zucker, Mehl, Spaghettis, – RAUF: Kastanien, Reis, Holz, Fisch, Leder (Krokodil), Kautschuk, trop. Früchte, Bananen.

Von Pto. Villaroel zugleich Schnellboot- Verbindung rüber nach Pto. Grether mit Pistenanschluß nach Sta. Cruz. Details siehe dort!

Oruro:

3.7oo m, ca. 3 Std. mit dem Schienenbus ab La Paz. Eisige Nächte und kahle Landschaften: Sanddünen und Felshügel. Viele Bergwerke in der Umgebung mit Silber, Wolfram und Zinn. – ORURO ist berühmt für sein Teufelstanzfest am Samstag vor Aschermittwoch: farbenprächtige Kostüme und die riesigen Teufelsmasken (siehe Zeichnung) mit eingebauten Spiegeln und Ornamenten. Indiomusik und Tanz.

Gespielt wird eine alte Indiosage: vor Urzeiten wollte der Teufel die Stadt durch eine Riesenschlange, einen Condor (Anden- Aasgeier!) und einen überdimensionalen Frosch zerstören. Eine Armee von Ameisen konnte dieses Getier aber noch rechtzeitig vor den Toren der Stadt vernichten, und die Riesenschlange verkroch sich in die Silberminen. Aus Angst vor Stolleneinstürzen bringen die Indios ihre Opfergaben in Form von Zigaretten und Chicha. – Oruro war zur Zeit der Ausbeutung der Minen durch die Spanier

Maske der Teufelstänzer – Karneval/Oruro

die zweitgrößte und reichste Stadt Boliviens. * Heute ist Oruro eiskalt (Jahresdurchschnitt 9,3° C, oft jedoch unter 0° C!), langweiliges Schachbrett, Eisenbahnknotenpunkt der Andengleise nach La Paz/Potosi, Argentinien und Chile. Airstripe existiert, wird aber nur von Privatmaschinen angeflogen. Zentrum der umliegenden Minen.

Hotels: "Plaza" (Plaza 1o de Febrero) bestes mit 2 Sternen, zusammen mit "Hostal Osber" (Murguia 893). – "Repostero" (Sucre 37o), 1 Stern, zusammen mit dem weniger empfehlenswerten "Prefectural" (Aldana/Ecke Pagador nähe Bahnhof). – Billiger: "Ideal A" (Bolivar 386), empfehlenswert, allerdings laut. Die meisten Billig-Hotels im Bereich um Bahnhof zwischen Markt und Calle Bolivar. So "Res. Pagador" (Calle Ayacucho), keine Heizung! "Res. Ayacucho" (Ayac. 339) und "Res. Scala" (Ayac. 334) und weitere. Achtung: während Karneval alle Hotels ausgebucht!!

Tourist Office: Plaza 1o de Febrero

Restaurants: "Suiza" (6 de Octubre, Ecke Bolivar), – "Gordo's" Pizza (Pagador, Ecke Montecinos), – "Confiteria Chic" (Bolivar/Ecke 6 de Octubre) und weitere.

UMGEBUNG VON ORURO:

Die Panamericana verläuft zwischen Oruro, Potosi und Sucre auf den Spuren des Silbertransport- Pfades der Spanier. Die reichen Minen des Landes machten Bolivien zur wichtigsten Finanz- Nachschubquelle für die spanischen Fregatten, während dann zwischen den Inseln der Karibik die bärtigen Seeräuber-Gestalten in ihren Barken säbelrasselnd auf die Werte warteten.

Auch im bolivianischen Altiplano sammelte sich bald einiges Gesindel, um die Bergwerke fest in die Hand zu nehmen. Motto: Indio schuftet unter Tag bei Luftfeuchtigkeiten von fast 95 % und dem Hungerlohn von vielleicht 3 DM/Tag, – Brocken fliegen um die Ohren und oft

* Zum Vergleich: POTOSI zum Höhepunkt (ca. 167o): 16o.ooo Einwohner, – ORURO: (ca. 169o): 75.ooo Einwohner, – La Paz und Sucre 169o jeweils nur ca. 8.ooo Einwohner! Selbst 179o hatten beide Städte jeweils nicht mehr als 2o.ooo E.

stürzt ein schlechtgesicherter Gang zusammen. Temperaturen unter Tage oft 6o° C, während draußen bei über 4.000 m Höhe die Temperaturen nachts nicht selten unter 2o° C - sinken. Diverse Revolutionen in Bolivien ranken sich um das Geschehen, allein zwischen 1944 und 1977: 11 Putsche.

✶ Viele MINEN in der Umgebung. Tip: zu den Zinnminen von CATAVI! Von Oruro mit dem Bus bis Llallagua, dann in der Camionetta bis Catavi. Rotbraune Altiplano- Erde, Lamas, klare Luft und intensive Farben. Das Dorf besteht aus verstreuten Steinhäusern, kleine Fenster, gelbockerfarbene Strohdächer. Die Männer in den Indio- Wollkappen. Viel Armut. Die Kinder springen bei der Ankunft auf die Camionetta. Schlafen kann man bei Voranmeldung in der Verwaltung. Sie organisiert auch eine Besichtigungsfahrt in die Mine. Die Stollen führen 2.ooo m tief rein, Hitze, Staub, Dreck! Lebens- und Arbeitsbedingungen sehr miserabel , Staublunge und eine Lebenserwartung von ca. 35 Jahren! Die Zinnmine von Catavi ist eine von vielen in Bolivien, größer und wichtiger die von Potosi, Details dort!

✶ Täglich Bus von Llallagua über Macha nach Sucre. Ein rauher und endlos währender Trip über schlechte Schotterpisten. Fast schneller ist der Umweg via Potosi, entlang des Lago Poopo. Siehe "Piste Oruro–Potosi".

✶ LANDSCHAFTLICH und ethnologisch sehr interessante Fahrt ab Oruro durch einsamen Altiplano mit Sand- und Salzwüsten zu den CHIPAYAS. Eines der abgelegensten und unerschlossensten Gebiete Boliviens nahe der chilenischen Grenze. Rund 3oo km südwestlich von Oruro über Pisten, für die man besser einen Geländewagen aus La Paz sich mietet.

Sehr schlechte Verkehrsverbindungen. Ansonsten versuchen, in Oruro einen LKW nach Escara zu finden (ca. 12 Std.). Ab hier vermutlich nur zu Fuß weiter zum Dorf CHIPAYA (25 km) am See Coipasa, Teil eines riesigen, während der Trockenzeit weitgehend ausgetrockneten Salzsees. Glasklare Altiplano- Luft in 4.000 m Höhe, die 5o km entfernten Andengipfel flimmern in der Luft. Nachts bitterkalt, keinerlei Hotels/Pensionen in der Gegend, weder in Escara noch in Chipaya.

Der DORFVORSTEHER von Chipaya kassiert angeblich 5 US $ pro Besucher, was man ihm nicht übelnehmen sollte, da die Leute bitterarm sind. Vermittlung von Privatunterkunft in einem der Chipaya- Adobe- Rundhäusern.

Lebensunterhalt: durch Salzverkauf an fahrende Händler, die bis auf die Märkte von Tarabuco, Sucre und Cochabamba kommen, – sehr beschränkter Ackerbau bei Böden, die bei 4.000 m Höhe oft gefroren sind. Ichu Gras fürs Hausdach, Säulenkakteen für Türstöcke und Hausdächer, sowie der "tola" Strauch für Brennstoff.

Wichtige Nahrungsbeschaffung ist die Flamingo- Jagd. (Sowie mehrere Eulenarten und Andengans). Gejagt wird mit der "Bola" einer Art Wurfschleuder ähnlich der Gauchos von Argentinien. Die "Bola" umschlingt dabei den Hals des Vogels, daß er durch's Gewicht abstürzt; getötet wird er durch Abreißen des Halses.

Die Schwierigkeiten der Erreichbarkeit dieses Gebietes haben es derzeit vor zerstörendem "Sight- Seeing"- Tourismus bewahrt. Wer die beschwerliche Anreise und die noch unkomfortablere Unterbringung "vor Ort" in Kauf nimmt, – gehört meist zu der Klasse Reisender, die für das Gebiet nicht von Schaden sind.

Die Orte Escara und Sabaya sind Warenumschlags- Märkte für die Region. An der Piste "6o1" gelegen, die über die Andenketten runter in die chilenische Wüste führt. Wer mit eigenem PKW die Strecke fährt (nur Trockenzeit; erhebliche Orientierungsschwierigkeiten wegen permanent in Sandwüste verzweigender Pisten- Spuren), sollte zuvor in La Paz oder Oruro Pass- und Wagenformalitäten klären!

FAST noch extremer ist der Trip in den südwestlichsten Zipfel Boliviens, eingeschlossen von hohen Andengipfeln und den Grenzen Chiles und Argentiniens. (Als Tour auch bei "Tawa", siehe S. 1oo5!)

RUNDE 4oo km südwestlich von Uyuni über absolut "basic"- Schotterpisten zur Laguna Colorada, umrahmt von 6.ooo-endern der bolivianischen und chilenischen Anden. Eigener, oder Miet- Geländewagen nötig. Rund 12 Std. ab Uyuni, bei der Unbewohntheit der Gegend nicht ungefährlich bei Fahrzeugpannen! Zugleich viele abzweigende Seitenpisten (Lama- Triebpfade, bzw. Pisten zu kleineren Minen).

Nur mit Kompass, guten IGM- Detailkarten (SF 19- 7, SF 19- 11, SF 19- 12, SF 19- 8, Maßstab 1 : 25o.ooo) und kompetentem Führer. Nahrung für retour und Sicherheitsreserve und am besten Standheizung im Fahrzeug.

PISTE: LA PAZ ⋙➤ ANTOFAGASTA/CHILE:

Extrem abenteuerlich und schwer zu befahren. Während der Trockenzeit möglich, – auch für VW- Busse, allerdings gute "Schlechtpisten"- Erfahrung nötig in Steuerung des Fahrzeuges, sowie gute Orientierung und gute Kartenkenntnis. – Während der Monate Dez. – März abzuraten.

IGM–KARTEN: SF 19- 4 ("Uyuni"), SF 19 - 3 und SF 19- 7

DIE PISTE beginnt im Ort Uyuni. Hotels, Restaurants, Versorgung mit Lebensmitteln und Trinkwasser (Tanks), sowie Benzin. Den Ort Richtung Süd verlassen, ca. 1,4 km ab Plaza wird das Eisenbahngleis der Strecke Uyuni – Villazon überquert. Piste verläuft in leichter Süd- West- Abweichung; ca. 24 km ab Plaza/Uyuni vor Cerro Tinajani Abzweigung. Rechts fahren. Nach weiteren 23 km wird die Siedlung "Corregidores" erreicht, Höhe 3.76o m. Piste verläuft zunächst in Hügelland runde 1o km Ri. Süd, um dann scharf rechts abzubiegen (5 km) und den (ausgetrockneten) Rio Grande zu überqueren. Vorher testen, sonst ist der Trip hier zu Ende!

Weitere 2o km geradlinig West mit leichter Nordabweichung nach RIO GRANDE/ Haltepunkt an dem Eisenbahngleis.Die Piste folgt weitgehend dem Eisenbahngleis südlich, in Umgehung von Salzsümpfen und erreicht nach ca. 54 km die Siedlung JULACA (Km variieren auf dem Tacho je nach gewählter Pistenspur!) –

Die Piste umbiegt nun mehrere ausgetrocknete Salzseen (Trockenzeit) südlich, um anschließend Ri. Nord das Eisenbahngleis zu kreuzen und nach rund 6o km die Siedlung SAN JUAN zu erreichen. Nach weiteren runden 7o km und Durchquerung von Salzseen ist CHICUANA erreicht (Kontrolle). Nunmehr folgt die Durchquerung des Salzsees von Chiguana mit vielen, parallel- zweigenden Spuren. Exakte Km- Angabe daher auch hier nicht möglich, so doch runde 33 km bis ABAROA, dem bolivianischen Grenzposten vor der Grenze bei OLLAGUE (weitere 2 km).

HAUPTSCHWIERIGKEIT: wie aus dem Text bereits zu ersehen: viele Parallelpisten, Durchfahrten durch Salzseen und nur sehr dünne Besiedlung (Pannen, Benzin, Essen).

Wir haben mit den Leuten von "Servico Nacional de Caminos" in La Paz, dem Straßenbauamt Boliviens gesprochen bezüglich dieser unter "75oo" laufenden Piste. Auskunft: nach Möglichkeit mit Allrad fahren. Kaum Siedlungen, daher ab Uyuni Benzin für Gesamtstrecke inkl. Reserve! Ersatzreifen bei Pannen! REGENZEIT ist zwischen Anf. Dez. bis Anf. März, wobei wegen Luftzustand mehr Salz aus dem Boden kommt und der Untergrund weniger kompakt ist. Aus diesem Grund viele seitlich abzweigende Parallel-Pisten!

Die "75oo" ist Hauptstrecke der dort lebenden Leute. Verläuft weitgehend auf Hügeln seitlich des Salar Uyuni und "Flüssen". Problem, diese zu umgehen. Notfalls Umweg fahren nach Kompass. Bei Pannen vermutlich niemand, der hilft!

Die Uyuni–Olagüe Piste entlang der Salzseen ist landschaftlich ungemein schön. Man sollte sie aber mit eigenem Fahrzeug nur im Konvoi von 2 Fahrzeugen fahren, denn es gibt unterwegs praktisch auf den ca. 24o km bis zur Grenze keine Reperaturmöglichkeit, nur minimalsten Verkehr. Dies bei schwieriger Piste, die das Fahrzeug beansprucht.

Sandleitern bzw. aufs Wagendach geschnallte Bretter sind ebenso unabdinglich, wie genügend Sprit in den Tank. Beachten, daß das Fahrzeug in der Höhe um 4.ooo m – aber auch auf Sandpisten wesentlich mehr Sprit verbraucht. Zusätzlicher Sprit ist auch in Reserve mitzunehmen für Fälle, wo man sich verfährt. (Für Notfälle: eventuell in den durchfahrenen Dörfern (siehe oben!) Sprit aus dem Fass, bzw. ab Haltepunkt Rio Grande mit dem Zug und Kanister retour in die "Zivilisation" /Uyuni).

Weiterer Tip: Strecke unbedingt zur Zeit absoluter Trockenheit fahren und nicht von der Piste abweichen; die Salzkruste ist brüchig und darunter befindet sich nicht selten Salzschlamm.

EIN + AUSREISE: Militärposten bei Ollagüe (=Abaroa), vorher jedoch Papiere abchecken in La Paz, auch in Absicherung der Einreise/Chile (bei der chil. Botschaft La Paz!). – Ab chilen. Seite gibts eine Piste runter nach CALAMA, wobei die Benzinversorgung fürs Fahrzeug über 45o km nicht gesichert ist! Ab Calama Asphalt bis zum Pazifik/Antofagasta.

PER ZUG ist die Strecke problemlos, das ganze Jahr über befahren. Landschafttlich eine der reizvollsten Routen vom Altiplano an den Pazifik, – insbesondere auch im chilen. Teil (grandiose Vulkanlandschaften!). Alle Details zur Zugverbindung, aber auch der lohnenden Abstecher ab Calama/ Chile in die Atacames Wüste siehe Seite 14o5
Für den Zug dringend warme Sachen mitnehmen, nachts eisig kalt!!

ORURO ⋙➤ POTOSI: (33o km)

Schotter/ripio, aber für boliv. Verhältnisse gut ausgebaut . Entsprechend viel LKW- Verkehr. Tägl. mehrmals Busverbindung; man sollte jedoch in Oruro rechtzeitig buchen, da Busse häufig voll. Die Straße, die bis Challapata weitgehend parallel zum Bahngleis entlang des Lago Poopo führt, verlässt hier die Strecke und windet sich in die Berge. ZUG fast schneller!

UYUNIN ⋙➤ TUPITZA⋙➤ VILLAZON: (211 km/3o2 km)

Busse und LKW's, aber wenig Verkehr. Während der Regenzeit kann's schwierig werden wegen diverser Flußdurchfahrten. Zunächst rund 1oo km durch sandiges Hochland, Ausläufer des Lago Uyunin, dann kurvenreich in die Berge. Atocha mit Tankstelle, ebenso Tupiza (Basic- Hotels/Restaurants). Auch auf den folgenden 91 km bis Villazon/Grenze Argentinien mehrere Flußdurchfahrten mit sandigem Untergrund. ALTERNATIVE: Zug.

Potosi:

3.9oo m, warme Pullover, da eisig kalt, auch am Tage. Viel Koloniales aus der Zeit der spanischen Konquistadores: Barockkirchen und schöne Plazas! Eine der interessantesten Städte Boliviens. Beherrscht wird das Stadtbild vom "Cerro Rico", dem berühmten Silberberg. Hier warteten um 15oo die reichsten Silbervorkommen der Welt auf die Spanier. Man sagt, daß sie mit den damaligen Silbervorräten eine Brücke nach Spanien hätten bauen können! Heute ist der Berg zerlöchert und seine Silbervorkommen völlig erschöpft. Dafür beutet man seit Anfang dieses Jhd.'s Zinn aus. Besichtigung der Stollen möglich: vorher Termin mit der Minengesellschaft "Comibol" ausmachen, Büro oben am Eingang der Mine. Bereits ca. 8 Uhr da sein, Führung beginnt gegen 9 Uhr, aber nur jeweils 15 Personen.

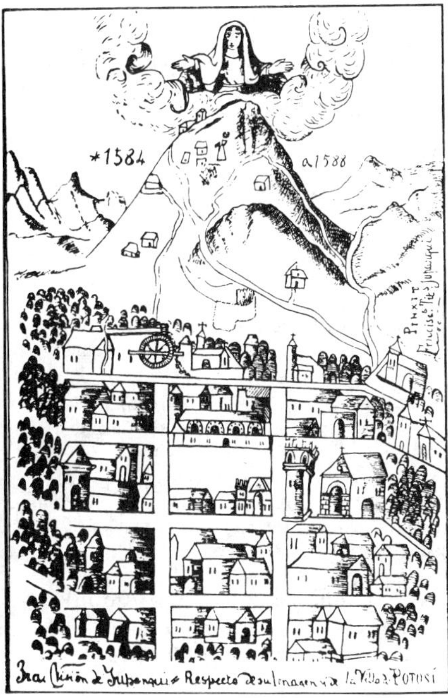

Der Besuch der "Comibol"- Mine, (es gibt noch weitere im Cerro Rico, aber die staatliche "Comibol" ist die größte), – gehörte auf unseren vielen Südamerika- Reisen zu einem der Schlüsselerlebnisse.

TRANSPORT ZUR MINE:
ca. 2 km, morgens Mikro- Bus "A" auf der Strecke Ferrocarril – Plaza Central – über die meisten Hotels. Oder Taxi. Fahrzeit ca. 15 Min. ab Plaza.

Am Eingang gibt's nach dem Kauf des Tickets (ca. o,5 US $) Plastikmäntel, Schutzhelm mit Lampe und Stiefel. Dann geht's ins Innere. 3 Std. im Dauerlauf, anstrengend. Höhe, Temperaturwechsel und Luftfeuchtigkeit. Der Führer erklärt (in Spanisch) den Bau, Stollenvortrieb und Geräte. Schmale Gänge, dann tiefe Abstürze mit Treppen seitlich an bis zu 3o m- hohen Hallen runter. Gewirr von Querstollen (es soll rund 9.ooo Stollengänge im Berg geben!).

In die tieferen Stockwerke (bis zu 15!) dürfen die Besucher jedoch nicht runter, wie man auch Minenarbeitern nicht bei der Arbeit zusehen darf

(Gründe liegen auf der Hand). Dies um falschen Erwartungen vorzubeugen. Zu sehen: Lorenbetrieb, Aufzugsstation, Strom- und Oxygenversorgung, Reperaturstation und 1. Hilfsstation (rund 1 schwererer Unfall alle 1o Tage und ca. 2 tödliche pro Jahr). Die Außentemperatur liegt bei durchschnittlich 5° C, im Berg ca. 37° C, teils 2° C, teils auch bis zu 5o° C.

Derzeit arbeiten rund 15.ooo Leute im Berg. "Comibol" wurde bei der Verstaatlichung der Minen 1953 gegründet. Davor waren diese im weitgehend alleinigen Besitz von nur 3 Familien: Hoschel, Patiño und Aramayo. Lebenserwartung des Minenarbeiters rund 35 Jahre. Wenn er 5o - 55 wird, gibt's Altersversorgung von "Comibol". Viele Kinder sind daher die wichtigste "Lebensversicherung" der Minenarbeiterfamilien; der jüngste schafft das Geld ran; häufig 16 jährige Kinder arbeiten in den Bergstollen.

Geschichte:

POTOSI wurde ca. 1545 gegründet. Keine exakte Angaben; als "Gründung" datiert man den Beginn der spanischen Explotation der Silberminen.

Die Geschichte erzählt, daß die Spanier nach Entdeckung der riesigen Inka- Goldschätze 1538 zu den Minen von PORCO/Gegend Uyunin, Kordillera kamen und von riesigen Silberschätzen bei Potosi hörten. Entdeckt wurden diese der Legende nach wie folgt: Ein Indio hütete Llamas im Bereich der heutigen Stadt. Eines kam ihm abhanden, worauf er am Berg rumstieg, um es wiederzufinden. Und weil es nachts sehr kalt war, machte er sich ein Feuer an, wobei er schmelzendes Silber am Boden laufen sah.

Die ersten Minen wurden von ihm und seinem Compadre angelegt. Die Frauen beider Companons gerieten jedoch in Streit, worauf aus Rache einer der beiden Männer den Spaniern die reichen Silberschätze verriet. (Siehe Gemälde in der Casa da la Moneda!)

POTOSI expandierte sehr schnell. Innerhalb von nur 2o Jahren wuchs der Ort auf mehr als 8o.ooo Einwohner und hatten Mitte des 17. Jhd.'s bereits 16o.ooo Einwohner. Größer als Paris, Rom und London. Wer clever war, schiffte sich von Europa nach Südamerika ein und wurde dort meist Millionär. Die Arbeitskräfte waren damals bereits Indios der Aymara und Ketchuas, die an die dünne Luft gewohnt waren und unter brutalen Bedingungen unter Tag schuften durften, während die weißen Herren in Saus und Braus lebten. Nach Archivberichten sollen die Feierlichkeiten anlässlich der Krönung des Königs Phillip II mehr als 3,5 Mill. DM verschlungen haben.

Prachtvolle Kirchen wurden in der Hochland- Einöde gebaut, mehr als 4o, die heute weitgehend verfallen (in einer angeblich Kino, eine andere wurde zum Einlagern von Mehl verwendet!), – neben den Künstlern kam der Vergnügungsbetrieb; so zählte man 1579 mehr als 1.2oo Prostituierte und Berufsspieler. Maultiere brachten Porzellan und Seide, wie Gewürze über einsame Andenpfade und trugen auf dem Rückweg die reichen Silberschätze zu den Häfen am Pazifik. Genaue Zahlen liegen nicht vor, so weisen die Buchführungen rund 18 Mill. DM Silber* auf, die vom Cerro Rico nach Spanien verschifft wurden, – in Wirklichkeit waren es jedoch wesentlich mehr, da auch damals vieles "unter der Hand" lief.

Die Werte dienten dem spanischen Königshaus zur Kriegsführung in Europa, aber auch zur Begleichung hoher Verschuldungen an Deutschland, Frankreich und England. Dort als Basis beginnender Industrialisierung Ende des 18., Beginn des 19. Jhd.'s.

Als die Silberadern versiegten, versank die Stadt in Unbedeutsamkeit; 1825 ca. 7.ooo E. Während der Silberausbeutung sollen mehr als 8 Mill. Indios gestorben sein, – an Unfällen in den Minen, an Unterernährung und an den hochgiftigen Quecksilberdämpfen, die damals zur Aufbereitung und Abschmelzung des Silbers verwendet wurden.

KOLONIALES IN POTOSI: Stadt steigt vom Bahnhof (ca. 3.79o m) stetig an (Plaza Central = 14 de Noviembre, ca. 3.99o m), obere Stadtviertel bei Pistenbeginn zur Mina (ca. 4.1oo m/Brücke zum Cerro Potosi).

* nach damaligem Geldwert. Heute Vielfaches!

Viele enge Gassen, oft so eng, daß man sich quer rüber die Hand reichen könnte. Nicht gerade, sondern mit leichten Biegungen: Schutz gegen Kälte und Wind! – Über den Straßen dominiert der "Cerro Rico"; glasklare Hochlandluft, dünn, daß einem das Laufen schwerfällt. Viele der Kolonialhäuser mit Gittern vor den Fenstern: in der Kolonialzeit gab es Rivalität zwischen den "echten" Spaniern und den "Vicuñas" (Mischlinge zwischen Spaniern und Indios), womit man jüngfäuliche Mädchen vor Anbandelversuchen schützen wollte.

Hauseingänge oft über's Eck mit 2 Türen. Typisch für Potosi, z.B. Calle Periodista/Ecke La Paz. Mode in der Kolonialzeit. – Die Häuser: Reichtum und Größe des Besitzers zeigte sich nicht in Stockwerken, sondern Anzahl

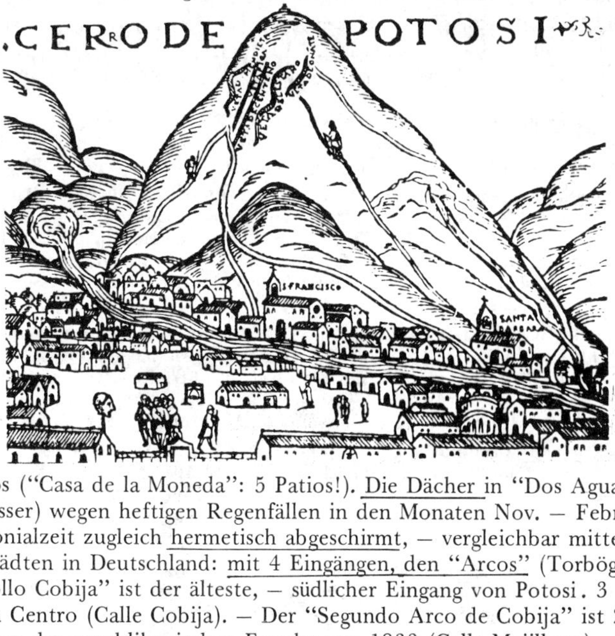

zeitgenössische Darstellung

der Patios ("Casa de la Moneda": 5 Patios!). Die Dächer in "Dos Aguas" (= 2- Wasser) wegen heftigen Regenfällen in den Monaten Nov. – Febr.. Zur Kolonialzeit zugleich hermetisch abgeschirmt, – vergleichbar mittelalterlichen Städten in Deutschland: mit 4 Eingängen, den "Arcos" (Torbögen). "El Arcollo Cobija" ist der älteste, – südlicher Eingang von Potosi. 3 cuadras vom Centro (Calle Cobija). – Der "Segundo Arco de Cobija" ist 2. ältester aus der republikanischen Epoche von 1833 (Calle Mejillone). – "El Arco San Roque", nördlicher Eingang. Campesinos durften damals nur mit Sondergenehmigung in die Stadt; Schutzmaßnahme und Prestige der damals reichsten Metropole der Anden!

Die kolonialen MINENHERREN bauten sich prestigegemäße Representationsbauten: so folgende Casas:

- "CONDE DE CARMA"/ 34o Chuquisaca, aus 18. Jhd. Portal in Steinsäulen, weinrebenumrankte Ornamente in Steinmetzarbeit. In der Mitte Familienwappen.
- "CASA DE ANTONIO LOPEZ DE QUIROGA", zu seiner Zeit einer der reichsten Minenbesitzern (166o); brachte das Mercurium (Quecksilber) aus Peru nach Potosi zum Separieren des Silbers vom Gestein. Einer der reichsten Mineros von Potosi. Das Portal der Casa in feiner Steinmetzarbeit. Oben mit dem Familienwappen. Calle Lanza.

– "CASA DE MARQUEZ DE QUIROZ"/Calle Lanza 8. Ebenfalls superreicher und einflußreicher Minero von Potosi. Man sagte "despuez diós viene Quiróz" (nach Gott kommt Señor Quiroz). Aktiv im Kirchenbau.
– "CASA DE LOS MARQUEZES DE SANTA MARIA DE OTAVI"/heute Banco Nacional de Bolivia, Calle Junin. Gebaut 175o. Schöne Fassade mit Salomonic- Säulen. Wappen gestützt von Löwen.
– "CASA DE LA HORCA"/ C. Bolivar, Ecke La Paz. Gestützt von 2 Säulen ein Kolonialbalkon.
– "CASA PARROQUIAL DE SAN ROQUE"/Calle Bustillos 585, Ende des 17. Jhd.s offene Kapelle, – und weitere.

Tourist INFO Hauptoffice: Edificio Camara de Mineria/2. Stock, Calle Quijarro, Seitenstraße zur Hauptplaza. –

Kleiner Kiosk zugleich am oberen Ende der Hauptplaza, ca. Ecke Calle Hoyos/Alonso Ibanez; offen Mo. - Fr. und Sa. bis zum Mittag. Gute generelle Infos und Details zu Umgebung. Grober Stadtplan.

Hotels Potosi

HOTELS: konzentrieren sich auf's CENTRO: Heizung ist wichtiges Element nach dem man primär fragen sollte, – sofern man nicht einen warmen Bergsteiger-Schlafsack mit im Reisegepäck hat. Billighotels im Bereich Bahnhof bis Plaza 14 de Nov.

"Centenario", absolut nicht mehr das "Non-Plus-Ultra", obwohl Superpalast nähe Uni und Centro- Rand. Die Zimmer supergroß und entsprechend kalt. Insgesamt auch desolat. Bestes derzeit: das kleine "Colonial", ca. 2o Schritte von Hauptplaza(Calle Hoyos 8), jedes Zimmer mit kleinem Elektroofen, Bad und Dusche. Gemütlich und bester Tip für gehobene Klasse in Potosi. Übernachtung/Doppel hält sich bei ca. 1o US $ in Grenzen, allerdings auch häufig ausgebucht!

"Turista", Calle Lanza, Alternative zum "Colonial", Heizung und warme Duschen (gegenchecken!), ca. 8 US $. – "San Antonio" nähe Centenario mit Garage, passabel, – "Santa Maria", Av. Serrudo 244, mit Privatbad, gut. Besitzer ist Arzt, zugleich Garage. Doppel ca. 7 US $. – "America", Calle Cochabamba 38. Doppel mit Privatbad und Frühstück ca. 7 US $, sauber, – "Hispaño", C. Mattos 62, ähnlich "America". –

"Hotel Central"/Calle Bustillo, hat uns bei letzter Inspektion nicht überzeugt, – besser "Res. Sumaj"/Calle Fortunato Guimiel 1o, beide um 4 US $. – "San Andres" zwar zentral, aber mit eigener Disco und daher laut! (Av. Camacho 238). – "Copacabana" trotz mehrfach in Reiseführern empfohlen, nicht zu empfehlen. (Av. Serrundo 319). – "Ferrocarril" /Av. Villazon 159 . beliebt bei Gringos, aber basic und billig. Passabel.

Warnung vor "Potosi" (Av. Universitaria 3o), "Tupac Katari" (Plza. el Minero 7o5) etwas außerhalb, aber passabel. – "Tumusla" ebenfalls eines der Basic- Hotels (um 1- 2 US $) liegt nähe Busterminal/Potosi, zugleich ca. 15 - 2o Min. bis Centro.

RESTAURANTS Potosi "Skyroom", höchstes Restaurant von Südamerika mit mehr als 4.ooo m. Calle Bolivar bei Mercado Central und nähe Plaza Central. Tagsüber schöner Blick über Casa de la Moneda auf Cerro Rico. Preise mittel. Derzeit Potosi- Tip. –

"El Meson", an Hauptplaza, allerdings leider nicht genügend beschriftet, sodaß man leicht dran vorbeigeht. Der 25- jährige Besitzer (!) hat die Möbel selber gezimmert. Essen war bei unserem Check ausgezeichnet bei mittleren Preisen. Speziell zu empfehlen: Lasagne und Chateaubriand.

"The Rabbit"/Sucre 4o, klein, sehr gute Donuts. lecker. – "Salteñas Mendoza"/Calle Bustillo Ecke 1o de Noviembre (Hauptplaza) gelten derzeit als beste

Salteñas von Potosi. Nur am Vormittag. – "Criollo"/Calle Bolivar empfehlenswert für gutes Essen in angemessener Relation zu Pesos. – "Sumac Orko" C. Quijarro 46 nähe Hauptplaza: billig. – Typische Potosi- Gerichte: "Fritango" (carne chancho mit viel Aji und chunio), – bei etwas Glück: "Ckatu Chupe Mais" mit "Llullucha", Algen von den Lagunen um Potosi – die Potosi- Salteñas sind beliebt, da a) scharf und b) billig: "Imma Sumac"/Calle Bustillo 87, – "Hispaño"/C. Mattos 6o und "Mendoza"/Calle Bustillo Ecke 1o de Noviembre.

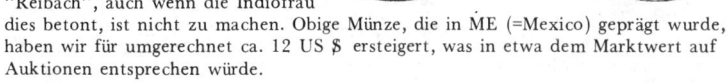

Spanische Silbermünzen:

Seitlich abgebildet: 8 REAL geprägt 18o5, wie man sie bei etwas Glück auf dem Markt von Potosi aus alten "Schatzkisten" kaufen kann. Allerdings Achtung: die Händler, – und wenns eine alte Indiofrau ist, kennen den Marktwert. Großer "Reibach", auch wenn die Indiofrau dies betont, ist nicht zu machen. Obige Münze, die in ME (=Mexico) geprägt wurde, haben wir für umgerechnet ca. 12 US $ ersteigert, was in etwa dem Marktwert auf Auktionen entsprechen würde.

Mal davon abgesehen, sind die alten Münzen ein schönes Südamerika- Souvenir!

Casa de la Moneda:

3. älteste Münzpräge der Neuen Welt (die erste war ab 1535 in Mexico, übrigens bis 1732 in Privatbetrieb!, – die zweite in Lima/Peru). POTOSI ab 1572 an Stelle der heutigen "Casa de Justicia". Wegen reger Aktivitäten wurde sie zu klein, sodaß man die heutige am 8. Nov. des Jahres 1773 einweihen konnte.

Solider Steinbau ohne äußere Extras außer feingemeißeltem Eingangstor/ Calle Ayacucho, nur wenige Schritte von Hauptplaza. Heute eines der interessantesten Museen Boliviens. Offen Mo. bis So. : 9 - 12 und 14 bis 17 Uhr.

IM INNEREN: viele Kolonialgemälde, an Quantität und Qualität interessanter als La Paz/ Museo Nacional de Arte. Im Zuge der reichen Silberfunde kamen damals viele Künstler nach Potosi. Zugleich Arte Criollo (kopieren optisch die europäischen Techniken ohne technisches Know-How zu kennen: auf Blechplatten, da Leinwand- Präparierung teils noch unbekannt.) Farben: häufig Mischung aus Mineralien mit Fäkalien, – wie die Führerin erklärt (leider meist nur in Spanisch!), – da man auch hier europäisches Mischungs-Know How nicht kannte und dies die Farben intensiv machte.

Die "Virgen de las Mercedes": anonym, einzigstes Bild, wo Indiogesicht erscheint. Links cherubiner Engel.-Mehrere Säle mit Kolonialgemälden und Leckerbissen für kunstgeschichtlich Interessierte!In letztem Raum Glasvitrinen mit Wachsfiguren vom Jesuskind und Minisachen wie Tassen, Hunde, Porzellanfiguren, teils Silbervasen. – Viele Malereinen vonMelchor Perez Holguin (Ende 16oo), Analphabeth, lernte seinen Namen schreiben, damit seine Bilder nicht verwechselt werden. Typisch: überdimensionale Hände. Werk: rund 1oo Bilder, davon ca. 5o in Potosi. (Rest Sucre und La Paz). – "Virgen de Sabaya" von Luis Nino, XVIII- Jahrhundert: Mestizokunst und Perfektion in Filigran! – "La Magdalena" von Herrera/ 18. Jhd.: hübsche Frau in Bluse, die einen aus jedem Blickwinkel ansieht!

Worauf die Führerin im 1. Stock besonders hinweisen wird: "La Virgen Maria y el Cerro Rico"/XVII Jahrhundert, anonym. Das Gemälde zeigt den Silberberg gemäß damaliger Regeln als Kleid der Jungfrau Maria (Bilder durften damals nur Religiöses zeigen!).

Als Basis, – wie's sich gehört: links der Papst und rechts der spanische König entsprechend groß. Der letzte Inka nimmt nur 1/3 des Papstes ein,- – die Minenarbeiter sind noch unbedeutender in abgebildeter Größe. Dieses Gemälde erzählt zugleich die Entdeckungslegende. Rechts von der Königskrone der Indio, dem die Lamas davongelaufen sind (vergl. unser Text, Geschichte Potosi!), oben, halblinks von Jungfrau Maria das entfachte Feuer sowie kleinere Öfen am Berg, aus denen Silber rauskommt. Die Spanier sind symbolisch auf Pferd dargestellt, Novität für die damaligen Indiobewohner der Region. Links vom Berg: Sonne und rechts der Mond. Oben im linken Bildrand: JESUS und rechts GOTT, drunter Engel.

ERDGESCHOSS: unten beim Eingang hinter Gitter eine kleine Lok, die als erste 1892 die neue Eisenbahnstrecke nach Arica/Pazifikküste fuhr. Schlüssel zur wirtschaftlichen Erschließung der Minenregion der boliv. Kordillera bei damals steigendem ZINN- Welt Bedarf. Ca. 1911 war das Eisenbahngleis bis Potosi fertig!

Dann geht's in den numismatischen Teil: die ehemalige Münzpräge. Orginal die Decken- und Fußbodenbalken, die (beachte große Raumbreite!) damals auf den Schultern aus tieferen Talregionen nach Potosi getragen wurden. Größerer Saal mit Ausstellung der Münzprägungen, dann die Münzpressen, Geldkisten (für Transport nach Spanien), – Heizräume zum Schmelzen des Silbers (verwendet wurden zum Anheizen Büsche und Llama- Kot!), mehr als 2.ooo Sklaven waren hier tätig, die im Dach der Casa lebten und von Aufsehern (siehe Treppen und Dachluken) beaufsichtigt wurden.

Weitere Räume zeigen Waffen im Chaco- Krieg und Möbel aus der Kolonialzeit. Insgesamt sollte man sich für den Besuch der "Casa de la Moneda" mind. 1/2 Tag Zeit nehmen. Die Führer/-innen freuen sich, – mich hat's nicht gewundert, fast mehr als über Bol. Pesos über ausgefallene andere Münzen.

WICHTIGER TIP: für den Besuch der Casa de la Moneda extrem warm anziehen. Wegen den dicken Mauern ist's drinnen eiskalt wie in der Gefriertruhe!

* Convento San Francisco:

Calle Nogales, Ecke Tarija, rund 2 cuadras bergauf ab Hauptplaza. Lohnt sich besonders wegen Blick vom Kirchendach ("Mirador"); den Priester mit Schlüssel suchen, was auch zu normalen Tageszeiten nicht einfach sein kann.

Dann geht's über einen extrem engen Gang den Turm rauf und über die Kuppeldächer auf die Spitze. – San Francisco (gebaut Anfang 18. Jhd.) besitzt schöne Mestizobarock- Fassade (Weinrebenornamente in Stein).

Unterirdisches Tunnelsystem: Potosi besitzt im Untergrund diverse Geheimgänge. Einer beginnt z.B. unter den beiden Eisenplatten im vorderen Kirchenschiff von San Francisco. Lange Zeit wußte man nichts von der Existenz dieser Gänge: so benutzten die San Francisco- Padres dieses Loch zur Lagerung von Wein. Danach war der Tunnelbeginn von Wasser überflutet und mit Schlamm und Erde verdeckt.

Dieser Gang verläuft von San Francisco (gebückt Gehen oder teils Kriechen) rüber zur Kathedrale, weiter zur Kirche San Augustin und zur Casa de la Moneda, – angeblich auch zu den diversen Privathäusern der damaligen reichen Minenbesitzern, wie Casa Quiroz, Carma und Ortiz. Beachte die Verquickung zwischen Kirche und wirtschaftlich einflußreichen Persönlichkeiten des kolonialen Potosi!

Angelegt ab Mitte des 16. Jahrhunderts in Folge der hohen Silbergewinne in Potosi und damit verbundenen, unsicheren Lebensverhältnissen. Auch in diesem Jahrhundert war zu Beginn nichts bewiesen; die älteren Potosinos munkelten von der Existenz, – die "Cronica Potosina"* berichtete, ohne daß Beweise da waren und die katholische Kirche vertuschte nicht ohne Grund.

FUNKTION: einmal Erleichterung der Kommunikation zwischen Nonnen und Padres (man fand seit Erforschung der Gänge jede Menge Phoeten), – zum anderen besaß die

* von Modesto Omiste. 2 Bände, erschienen bei "EL SIGLO" Calle Linares 99/Potosi

katholische Kirche zu Kolonialzeiten viel Power und politischen Einfluß. So dienten die Gänge als Versteck und Fluchtgang. (z.B. flüchteten die spanischen Machthaber während der Unabhängigkeitskämpfe unter Alfonso de Ibañez in die Kirche San Augustin, wurden draußen belagert in Hoffnung auf Aushungerung, — tauchten aber 3o Tage später in La Paz zum Erstaunen der Unabhängigkeitskämpfer wieder auf!), — zum letzten: bequemer Friedhof, wie man in den Gängen große Knochenhaufen fand.

San Augustin:

Restaurierung des hinteren Kirchenschiffs derzeit in Planung. Die Ecke Calle Bolivar mit Quijarro liegende Kirche wird religiös nur im vorderen Teil ge-

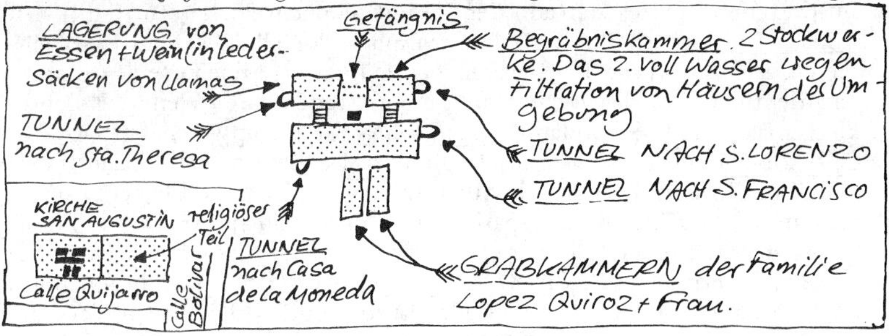

nutzt. Der hintere war zerstört; ca. 192o riß ein Franciscaner Padre das Dach ab, da angeblich baufällig, und der gesamte Boden war mit Bauschutt bedeckt und für Excarvationen unzugänglich. Die "Cronica Potosina" berichtet von nur 2 Gruften im Boden der Kirche (die der Familie Quiroz). Ausgrabungen Anfang der 8o-er Jahre ergaben jedoch mehrere Kellerräume neben den Quiroz- Grabkammern. Eine wurde anscheinend zur Lagerung von Lebensmitteln und Wein (in Llama- Säcken) für Belagerungszeiten benutzt, eine anderer mit Verwendungszweck Geheimgefängnis, sowie mehrere Tunnelbeginne zu diversen Nachbarkirchen und der Casa de la Moneda.

Gleichzeitig fand man im Betonboden der Kirche oberhalb der Quiroz- Kammer Knochenreste und Stoffteile von Kleidern, was darauf schließen lässt, daß die Quiroz- Kammern von Grabräubern geknackt wurden. Inwieweit der Franciscaner Padre beteiligt war, ist ungeklärt. Tatsache ist jedoch, daß er anschließend aufs Campo ging und mit erheblichen Geldmitteln rund 15o Schulen gründete. Grabräuber hin wie her; sollte er einer gewesen sein, hat er zumindest das Geld im Rahmen christlicher Nächstenliebe angelegt.

Derzeitige Pläne: San Augustin zu restaurieren und die Geheimgänge für die Allgemeinheit zugänglich zu machen. Oben Museum mit religiösen Bildern. Ob sich diese Pläne realisieren lassen, wird von Kapitalbeschaffung abhängen.

Convento Sta. Teresa:

Beherbergt Kleinod an Kolonialgemälden; sehr lohnend für den, der sich dafür interessiert. Ansonsten fehlt's an Geld; die Zimmerdecken teils mit Tropfflecken von Regenwasser. Nur noch wenige Nonnen im einst so berühmten Kloster, das vor rund 3oo Jahren gegründet wurde. In einem Raum Folterinstrumente wie Bluse mit Drahtsplittern und Kreuz mit Dornen, wenn damalige Nonnen glaubten, sich bestrafen zu müssen, weil sie nicht nach Gott und Jesus gelebt hatten. – Im Patio schöner Manzana- Baum. Calle Chichas, etwa Höhe Calle Ayacucho. Links die Kirche Sta. Theresa, die teilweise als Almacen für Caritas- Lieferungen genutzt wird, daneben der Eingang zum Kloster. Anläuten muß man aber eine Tür weiter rechts, wo es im Innenhof ein Fenster mit Holzdrehkreuz gibt.

[Am 26. Juli 1684 Erlaubnis für Conventgründung. 1685 erste Nonnen im Kloster. Die erste Chefin war Maria Josefa de Jesus, die von Lima kam, um den Konvent zu gründen.]

✱ Weitere Sehenswürdigkeiten/Potosi: Kirche "San Lorenzo" (Calle Bustillo direkt hinter Mercado Central mit schönem Portal (16. Jhd.), – "Museo Universitario" (Av. el Maestro) mit Kolonialbildern und Fossilien Tieren. Die Uni wurde 1973 gegründet, Hauptzweig Mineningenieur und Fachrichtung Geologie. Derzeit rund 5.000 Studenten. – Weitere Kolonialkirchen siehe IBT- Stadtplan! – Calle Bolivar ist "Hauptgeschäftsstraße", Calle Bustillo gilt als längste Straße Boliviens: aus Potosi raus, Landstraße und als Calle Bustillo wieder in Sucre rein! – In der Calle Challanta sitzen die Automechaniker, Reifenreparierer und Ersatzteilhändler. Passaje Boulevard ab Hauptplaza rüber zur C. Bolivar mit Cine- Ankündigungen, Shops und Pharmacias. – MERCADO CENTRAL liegt Ecke Bustillo mit Bolivar; relativ sauber und auf der Seite Calle Oruro: 2 oder 3 Stände mit Verkauf von alten Münzen. Für Artesania zum Mini- Plaza Cornelio Saavedra (über die Calle Sucre). Hier mehrere Stände, teils mit interessanten Wollsachen, jedoch sehr begrenztes Angebot. Die Campesinos tragen die hohen SOMBREROS, wie sie auch in den spanischen Regionen Madrid und Cataluña benutzt werden, junge Mädchen dabei helle Farben, Verheiratete und Witwen: schwarz. Die PONCHOS sind in dunklen Farben gehalten, – entsprechend der Haupterwerbstätigkeit in Minen.

POTOSI ist kompakt. Daher alles im Centro am besten zu Fuß. Und warmen Pullover vom Hotel mitnehmen.

✱ Feste:

[KARNEVAL (Ende Feb./Anf. März). Am Donnerstag 2 Wochen vor Karneval ist das Fest der "COMADRES", der Frauen. Sie dekorieren absolut alles, was mit "la" beginnt ("la cuchara"/Löffel, "la Casa"/Haus), von Möbeln bis zur Hifi Anlage. mit Konfetti und Luftschlangen. Auf dem Markt und den Hauptplätzen wird getanzt. ♀ + ♂

1 Woche später, ebenfalls Donnerstag ist das Fest der "COMPADRES", der Männer. Dekoriert wird alles mit "el" beginnende (z.B. "el caro"/Auto, "el tocadisco"/Schallplattenspieler). Man zieht in Gruppen rauf zu den Mineneingängen, wo mit viel Alkohol gefeiert wird und der Boden getauft ("chajlla"). Am frühen Nachmittag Prozession in die Stadt mit Statuen ("Tatakacha") und Kirchen teils in Schreibtischgröße ("Maquetas"), in denen der Teufel sitzt. Die Männer sind vielfach verkleidet. Auf den Hauptplätzen Tanz. ♀ + ♂

Den Karnevalstag (Dienstag) beginnen die Männer oben bei der Mine, wobei der Minenbesitzer bzw. Comibol ein "lama blanca" (weißes Lama) zu Verfügung stellt, das getötet wird. Mit dem Blut werden Eingang und gefährliche Stellen in der Mine getränkt. Das Fleisch isst man, Knochen, Wolle und Kopf werden verbrannt als Geschenk an "TIO" (=der Onkel, was Teufel bedeutet). Gewissermaßen als heidnisches Opfer, damit er bezüglich Minenunglücken sich zurückhält. Der "vertebras"- Knochen (Oberknochen) wird nach Abnagen jedoch nicht zurückgegeben, sondern an gefährlichen Stellen der Mine oder an Stellen, wo man sich eine besonders reiche Ader erhofft, versteckt. Wenn] sich im Laufe der Zeit dort dann besonders viel Schimmel ansetzt, bedeutet dies besonders viel Glück für die Mineros. Der Rest des Tages vergeht mit Tänzen, wobei viele Kapellen spielen. Natürlich jede Menge Sauferei und abends Raketen.

"CHUTILLOS", ein 3 - Tagesfest im Dorf La Puerta del Diablo, rund 13 km von Potosi Richtung Palca. Die Straße geht hier durch einen kurzen, aber engen Canyon, der naturgemäß öfters Bergrutsche aufweist. An der engsten Stelle, EL CAÑADON gibts auf der anderen Seite des Baches im Felsabsturz eine kleine Höhle mit dem Heiligenbild des San Ignacio de Loyola.

Die Sage erzählt, daß zur Kolonialzeit mehrere Menschen durch Bergrutsche umgekommen seien. Dies wurde der Boshaftigkeit von SUPAY (=Ketchuawort für Teufel) zugeschrieben, worauf die Spanier zusammen mit San Ignacio de Loyola Richtung Canyon aufgebrochen seien. Aus Wut hätte der Teufel den Canyon zusammenstürzen lassen wollen, aber San Ignacio hätte ihn so eingeschüchtert, daß sich der Teufel schleunigst in Ermangelung eines anderen Fluchtweges in den Berg verzogen hätte (= in besagte Minihöhle). Sage hin wie her; sehr groß war der Teufel in jedem Fall nicht.

Hier in großartiger Szenerie zwischen kahlen Canyonwänden, – wie auch im nahen Dorf jedes Jahr großes Fest.

UMGEBUNG VON POTOSI:

1) TARAPAYA lohnt sich. Thermalquellen, rund 25 km von Potosi. Schön für morgendlichen Abstecher nach kalten Potosi- Nächten; bacherlwarm bis dampfend heiß auf Grasplateau gelegen. Taxi nehmen oder Tour *. Wenn der Fahrer seine Kiste auf dem Schotter laufen lässt: ca. 3o Min. **

WER im Taxi sitzt, sich über Barrio San Benito fahren lassen. Dies ist das Stadtviertel von Potosi, wo die "Schwarz"- Mineros vom Wohnzimmerboden sich in den Untergrund graben, weil sie direkt auf "Estaño" (Zinn) sitzen. Gelegentlich gibts eine Detonation und nachts wird der Abraumschutt weggeschafft. Offiziell ist dies verboten, da alles, was sich unterhalb der Erdoberfläche befindet, dem Staat gehört, somit COMIBOL.

Aber da gibts immer ein Hintertürchen: die Schwarzmineros verkaufen an Cooperativas oder Leute, die bei Comibol in Pacht arbeiten.

Weiter gehts über Ortsausgang Ri. Piste nach Oruro. Stetig bergab, das erste Stück eine der reichsten Straßen Boliviens, da glitzernd und funkelnd von Mineralien (soll demnächst asphaltiert werden). Interessante Diagonalschichtung der Berghänge durch Auswaschungen. Kurz vor dem Transito- Posten rechts Kapelle. In Mauerresten der Rest des Aquaductes für die koloniale Mineralien- Selektion in San Antonio (5 km ab Potosi).

Kurz danach durch den Canyon del Diablo (siehe "Feste/Potosi") und anschließend durch breiter werdendes Flußtal . Der ganze Fluß ist umgewühlt; riesige Steinhaufen, zwischen denen eine schwimmende "Draga"operiert (Schürfschiff; der Flußboden reich mit Estaño durchsetzt).

TARAPAYA: Minidorf ohne Unterkunft. Zur Thermalquelle noch runde 2 km, links rauf aufs Plateau. Schotterpiste in Abzweigung von der Oruro- Piste. Zu Fuß gibts Abkürzungen. Oben 3 Seen, der erste eine tiefgrüne Vulkankraterlagune mit ca. 1oo m Durchmesser, die mit 7o° C heißem Wasser gespeist wird. Durch Luftabkühlung am Rand angenehm warm! Seitlich verfallene Häuser. Das Wasser wird in einem Kanal runter geleitet. Wadenhohes Dornengestrüpp und Ichugras, nach 2oo m kleinerer Pool (ca. 15 m Ø) mit heiß dampfendem Wasser, das Gras außenrum mit Mineralablagerungen bedeckt; es zischt und blubbert. Hier kann man sich sein Frühstücksei kochen; Draht

* "Hidalgo Tours/Potosi ** Normaltempo bei Reifenschonung: ca. 45 Min.

mitbringen und kreuzweise um's Ei. Dann reinhängen. – Weitere 1oo m zum BAÑO DEL INCA am Plateaurand. Größe 1o x 15 m mit seitlichem Steinrand. Hierhin kam vor rund 5oo Jahren der Inca Huaina Kapac von Cusco, um sich ein Hautleiden auszukurieren.

Das Wasser geht über ein Rohr runter zum Swimming Pool von Tarapaya, der mit seinen olympischen Abmessungen etwas verlassen und übergroß neben dem Dorf liegt.– Trampen nach Tarapaya auf der relativ gut befahrenen Oruro- Piste möglich; danach jedoch der Anstieg aufs Plateau; fragt sich, ob sich insgesamt der Aufwand lohnt bei günstigem Taxipreis von ca. 5 US $ pro Kiste retour.

(2) MIRAFLORES/Thermalbad aus Kolonialzeit im Dorf. Kleines Becken sowie Hotel (abchecken, wann offen!). Temperatur an Quelle ca. 6o° C. Öffentlicher Transport ab Potosi: ein selten verkehrender LKW, daher besser per Taxi. Rund 3 km von Tarapaya.

(3) PALCA: ca. 2o km von Potosi, Abzweigung links hinter Canyon del Diablo. Hier entstand mit russischer Hilfe eine der größten Mineralaufbereitungsanlagen der Welt. Das Potosigestein kommt mit einem Mineralgehalt von 3o - 5o % und wird auf ca. 8o % purifiziert. Anschließend im "Vinto- Werk" (7 km bei Oruro) auf runde 9o %. Von der Straße aus allerdings nicht viel zu sehen. – Im weiteren Tal (sehr karg, jedoch unten am Fluß Felder) mehrere Plantagen, lohnend "Cayara". In Privatbesitz, mit schönen Kolonialmöbeln, alten Büchern und Deckengemälden. Gebaut 19. Jhd. von Minenbesitzer, auch heute in Privatbesitz. Besichtigung mit "Hidalgo Tours" möglich, wie auch Übernachtung. Viel ländliches Relaxen! –

(4) CHAQUI: 26 km die Piste Ri. Sucre, hier Abzweigung rechts weitere 11 km. Im Dorf ein kleines Hotel mit Swimming Pool, das von einer stark eisenhaltigen 41° C- Quelle gespeist wird. Restaurant.

(5) CERRO RICO (in der Potosi/Sucre IGM- Karte SE 2Q 13 als "Cerro Potosi" bezeichnet) besteht aus 2 Gipfeln: dem Cerro Grande mit einer Büste Simon Bolivars. Der große Freiheitskämpfer war damals mit Pferden raufgeritten und hat die Fahne eingepflanzt. 4.824 m. Und dem "Cerro Chico" mit einer Kapelle. Der Aufstieg wird durch die Minenpisten erleichtert; ob er allerdings wesentlich mehr an "Überblick" von oben bringt, sei dahingestellt. – CERRO KARI KARI auf der anderen Seite des Tales mit künstlichen Stauseen, die von den Spaniern angelegt wurden, um auch in Trockenzeiten genügend Wasser für Minen und Purifikation zu besitzen. Etwas triste Landschaft, da sehr kahl. Der Berg soll reiche Silberadern besitzen und ist "Reserva Nacional" für Notzeiten und spätere Exploration.

Reisebüro: Hidalgo Tours, Junin No. 9, Casilla 31o, Tel.: 222 87 - 267 4o
Sympathischer Besitzer, der voll Ideen steckt. Operiert derzeit im Raum Potosi und Sucre aber auch Sachen wie die Hazienda Cayara, siehe oben!

Verbindungen
ab Potosi

BUSTERMINAL, von dem sämtliche Fernverbindungen abgehen: nach La Paz (ca. 12 Std.), Oruro (ca. 8 Std.), Cochabamba (ca. 7 Std.), Villazon (ca. 12 Std. je nach Piste), Tupiza (ca. 9 Std.), Llallagua und Tarija (ca. 13 Std.) jeweils mindestens 1 mal täglich, La Paz jedoch bis zu 6 mal.

BAHNHOF: nach La Paz ist der Ferrobus dem Bus auf der Straße vorzuziehen, weil man sich unterwegs die Füße vertreten kann. Fahrzeit in etwa gleich. – Dies gilt auch für die Strecke nach La Paz, sofern man sich nicht ein Taxi mietet.

FLUGHAFEN: seit vielen Jahren in Planung, aber bisher noch nicht fertiggestellt. Lage: im Tal der Piste nach Sucre, ca. 7 km außerhalb. Die Armee hat die Piste planiert, und eine eigene Airline von Potosi besteht bereits, die "Aero Imperial de Potosi". Besteht abzuwarten, was die Zukunft bringt.

Potosi → Sucre:

Solang der POTOSI- AIRPORT noch nicht fertig ist, verläuft die schnellste Verbindung nach Potosi über den Airport von Sucre + Überlandtrip. Der dauert im Minimalfall (Taxi) 3 - 4 Std., – im Bus wie Ferrobus ca. 5 - 6 Std. und im Tren- Mixto bis zu 1o Stunden.

174 km: ZUGGLEIS Potosi — Sucre
17o km: STRASSE

Trotz zunächst auf der Karte erheblichem Umweg der Straße sind beide Routen in etwa gleich.

A) Zug: insgesamt wohl sicherer. In jedem Fall bequemer als der Bus. Die Zugstrecke näher an der Luftlinie Sucre – Potosi; wegen vielen Kurven, um Höhe zu gewinnen (Sucre nach Po.: ca. 1.000 m!) aber insgesamt gleich lang. Wir beschreiben Fahrtrichtung Sucre – Potosi; links sitzen meist günstiger, obwohl häufig auch rechts schöner Blick. Fahrzeit: ca. 5 Std., 2 US $

Aus dem Tal von Sucre raus, nach ca. 2o Min. rechts das Schloß La Glorieta zwischen Eukalyptus.

In engen Tälern seitlich am Hang kurvenreich rauf über Hügelkette rüber ins breite Tal des Pilcomayo. In Trockenzeit breites Kiesbett, wird per Brücke überquert. Dieser Streckenteil während Regenzeit wohl attraktiver. In Kurven und Kehren die Berge rauf. Pass vor Potosi, danach durch Pampa relativ gerade runter nach Potosi. Bahnstation ca. 3.8oo m, Ort bis ca. 4.1oo m

Noch ein Bonbon: nach Angaben der Stationsleitung in Sucre soll es angeblich möglich sein, sich zu mehreren einen der alten US- Straßenkreuzer zu mieten, die, BJ 193o auf Eisenbahngleisen fahren und in der Eisenbahnwerkstätte, Station EL TEJAR (4 km nach Sucre) rumstehen. Leckerbissen, – wenn's klappt, für Eisenbahnfans!!

B) Bus/Taxi: Sand, Schotter, Steine. Der Zubringerbus der Fluglinie "Aero Imperial" soll die Strecke am schnellsten machen (ca. 4 - 5 Std.). Mitfahren möglich, wenn noch Platz ist; Fluggäste ab Sucre haben Vortritt. Ansonsten tägl. Verbindung ab Busterminal/Potosi. Ca. 5 - 6 Std., 2 US $.

Aus Potosi nordwestlich über die Calle Bustillo raus. Nach 3 km rechts der "Complejo Metalurgico de Karachupanka": Zinn, Silber und Bleiselektion. Mit deutscher (Klöckner) und belgischer Hilfe gebaut. Hoher Kamin. Piste verläuft zunächst weitgehend parallel zum Eisenbahngleis und trennt sich beim Dorf BETANZOS.

Schönster Teil: "BALCONCILLO", ein Steilabsturz von 1.000 m runter an den Rio Tanana mit großartigem Panorama, – etwa bei "Halbzeit" der Strecke. Nach weiteren 5 km das Dorf Otunyo mit Snacks an der Straße.

Der Pilcomayo wird über eine riesige Hängebrücke überquert, gebaut in der republikanischen Epoche mit vier Türmen wie bei Ritterburgen. 16 km vor Sucre trifft die Piste bei YOTALA wieder auf das Eisenbahngleis. Achtung: wer mit eigenem PKW fährt: an Ortseingang Sucre eine Kaserne; Geschwindigkeitsbeschränkung auf 1o oder 15 km/h exakt beachten. Die Taxifahrer haben gehörigen Respekt vor den Boys mit MG!

TAXI: naturgemäß schneller und bequemer als der Bus. Kostet ca. 25 US $ für's Fahrzeug (inkl. notwendiger Retourfahrt), allerdings Verhandlungssache. Als gute Taxifahrer zu empfehlen, – auch für Trips in die Umgebung:

Potosi: Sr. Gabino Flores, Tel.: 26.987 Potosi, oder Plaza 1o de Noviembre
Hat meist eine extrem schmale Sonnenbrille auf wie Rocker oder Elvis. Fährt einen US- Schlitten mit Kennzeichen 93oo

Sucre: Sr. Cardenio Molina Villavicencio, Tel.: 21.913 oder 23.595 Sucre
Sehr sympatisch, optisch in Richtung George Brassens, allerdings schmaler im Gesicht. War lange Zeit Lokführer bei der boliv. Eisenbahn, daher auch guter Draht zur Ausbesserungswerkstatt El Tejar. Fährt einen Toyota (oder Mazda), weiß, Kennzeichen 5887 und kommt meist zu Flügen an den Airport Sucre. In seinem Auto eine Plakette: "Viva Bolivia, la Patria"!

WANDERN: schöner 1o- Tagestrip zwischen Potosi und Sucre. Infos von Hildalgo- Tours/Potosi. Schön stelle ich mir auch Schlauchboot Trips auf dem Rio Pilcomayo vor. Zug bis Estacion Higueras (kurz vor Brücke über den Fluß) und rüber nach Sotomayor oder Uyuni, beide mit Pisten an die Straße nach Tarabuco verbunden. Warmes Klima, da tief eingeschnitten! Gut zum Angeln! Weitere Details siehe "Tarabuco".

Sucre:

ca. 8o.ooo E. / 2.79o m

In den zentralen Kordilleren, kompakt und sehr ruhig wie relaxing. Verfassungsmäßige Hauptstadt. Bekannt als die "CIUDAD BLANCA", sauberste Stadt Boliviens, weil die Häuser jedes Jahr frisch weiß getüncht werden und die Straßen blank gefegt.

Viele alte Patrizierhäuser mit blumengeschmückten Innenhöfen und Säulengängen. In der Casa de la Libertad/Hauptplaza wurde am 6.8.1825 die Unabhängigkeitserklärung Boliviens unterzeichnet. – Schöne Parks mit subtropischen Pflanzen; das Klima ist mild und angenehm. Wärmste Monate sind November und Dezember. SUCRE hat so richtig den Charakter einer Hauptstadt kurz nach der Unabhängigkeit. Lange Zeit von der Außenwelt abgeschnitten durch seine Lage inmitten zerklüfteter Kordillerenketten, bis um die Jahrhundertwende der Eisenbahnbau die Stadt mit Potosi und La Paz verband.

Tourist INFO Calle Potosi/102 Ecke San Alberto, ca. 30 m von der Plaza Central, die Straße bei der Kathedrale rein, bergauf. Im Airport gibt's leider kein Office. – Direktor Jaime Toro mit Magda

Bustillo (Secretary) excellent an Ideen und Kreativität. Einer der besten Direktoren, die ich in Südamerika getroffen habe. Sollte er nicht mehr dort sein: heißer Tip für jedes südamerikanische Land, das einen Top- Manager in Sachen Tourismus sucht!

Post Calle Argentina bei Plaza 25 de Mayo   ENTEL: España/Urcullo

SEHENSWÜRDIGKEITEN: Hauptplaza ist die 25 de Mayo, tip- topgepflegt mit subtropischen Bäumen, alten Eisenguß- Springbrunnen und am Denkmal zwei Leos mit blankgewetztem Popo, weil die Kinder gern drauf reiten. Die Leos kommen übrigens aus Paris. An jedem Eck der obligatorische Zeitschriften und Zigarettenkiosk, – angenehm relaxing, wie die ganze Stadt. An der tieferliegenden Nordwestseite neben dem Hotel Colonial die CASA DE LA LIBERTAD mit schönem Patio. Heute Museum mit alten Dokumenten (Plan von Sucre, 1777), Gewehren und Granaten der Spanier. Besonders interessant: diverse Orden (buntschillernd wie die Vielzahl von Präsidenten), Kleider derselben und Spazierstöcke, wie auch die Pistole von Gral. Ballivian. Im Hauptraum (schöne spanische Kasettendecke) wurde die Unabhängigkeitserklärung Boliviens unterzeichnet. – PREFEKTURA am nördlichen Eck der Plaza mit reich gestalteter Fassade, war bis 1899 der Palacio de Gobierno (Präsidentenpalast). – Selbe Platzseite: KATHEDRALE mit außergewöhnlichem Glockenturm, 4 Stock, jeweils sich verjüngend, Balustradengeländer, auf deren jeweiligen Ecken je einer der 12 Apostel steht. Ockerbeiger Sandstein. Gebaut wurde die Kathedrale im 17. Jhd., innen reicher Goldaltar mit der Virgen de Guadeloupe (große Prozession am 8.9.). Lohnend auch das "MUSEO DE LA IGLESIA", Eingang Calle Nicolas Ortiz 61 (links neben Glockenturm): viele Kolonialgemälde, Silberschalen, Schnitzereien etc. Offen: Mo. – Fr. 1o - 12 und 15 - 17 Uhr, Sa: 1o- 12.

Von der Plaza 25 de Mayo über die Calle N. Ortiz zwei cuadras rüber zur LA MERCED/Plaza Cochabamba (Kolonialgemälde), schräg gegenüber die Kirche und Convento FELIPE NERI (Ende 18. Jhd.). Vom Dach der Kirche schöner Blick über die Stadt: an Tür zum Convento klopfen, heute Schule. Offen für Besichtigung Mo. - Fr.: 16 - 17 Uhr. – Ums Eck, in der Calle Azarduy bergauf zwei schöne Kolonialcasas: Ruck Uriburu (Ecke Bolivar) und Casa Caviedes Padillla Gantier (Ecke Potosi).

LA RECOLETA: Kirche und Convento mit schönem Blick über Sucre. Am besten über die Calle Almirante Grau ab Plaza bergauf, vorbei an SAN LAZARO (1539)mit offener Arkadenmauer. La Recoleta, Kloster und Museum mit Kolonialbildern und Münzsammlung, offen Mo. - Fr.: 9 - 11.3o und 14.o bis 17.3o Uhr. Im Patio große Zeder, unter der Bolivar saß. Vor dem Kloster Plaza mit Säulengang. Schön, wenn man hinläuft und zwischen den Säulen zunächst die Berge erscheinen, dann Stadt in Talkessel, von Hügeln eingerahmt. – Wenn man durch Sucre geht, fallen immer wieder dichte Gewächse an Stromkabeln quer über die Straße auf: die "Clava Aereo", eine Flugnelke, die sich stark an den Kabeln festklammert, sehr zum Ärger der Strom und Telefon- Company, wenn's oft im Telefon "knackt". Gelbe Blüten während der Regenzeit.

Von der Plaza 25 de Mayo am Hotel Colonial vorbei in die Calle Arce. Nach einer cuadra: SAN FRANCISCO. Eine der schönsten Kirchen von Sucre, gebaut 1581 mit zwei, verschieden hohen Glockentürmen, links die "Revolutions Glocke" mit Grünspan und kaputt: vor Freude über die Unabhängigkeit ist sie so stark geläutet worden, daß sie einen Riss bekam. Innen: sehr schönes Satteldach mit goldenen Pfeilspitzen. Das Kirchenschiff flach gehalten und schlicht in Kontrast zu goldenem Altarbereich im Halbdunkel. Reiche Ausstattung, aber nicht pompös. – MERCADO von Sucre/Calle Ravelo sehr sauber, Tip Top. Fast ausschließlich Lebensmittel. Über die C. Ravelo runter zur Plaza DE OBELISC vor dem Suprem Court von Bolivia, dem Teatro G. Mariscal de Ayacucho und Museo de Anatomia Humana y Patologica (Mo. – Fr.: 8.3o - 12 und 14 bis 18 Uhr). Anschließend der Parque BOLIVAR runter zum Bahnhof mit Kinderspielplatz und in Mitte eine Nachbildung des Eifelturms in "Mini" mit Wendeltreppe. Unten beim Bahnhof sind die Hecken kunstvoll in Einbuchtungen um Bänke geschnitten. Provinzielles, aber angenehm. Der Bahnhof jedoch in scheußlicher Architektur der 2o - er Jahre, seitlich der Sucre- Tennis Club.

SUCRE ist kompakt und kann bequem in einem Tag "erwandert" werden. Mit vielen, schönen Kolonialwohnhäusern, so z.B. Calle Argentina 65: reiche Stukkaturverzierungen und Schmiedeeisenbalkons (bei Plaza).

Museen: Neben bereits angeführter "Casa de la Libertad" und "Museo de la Cathedral" lohnen sich die in der Uni zusammengefassten Museen: Calle Bolivar 698: "COLONIAL CHARCAS": eines der wichtigsten des Landes zu Kolonialgeschichte. 22 Räume, – das "ANTROPOLOGICO" mit Ausstellungsgegenständen zu Archäologie, Etnologie und Folklore. – "ARTE MODERNO" die besten Maler aus dem Departement Chuquisaca und übrigen Südamerika. Sowie Charangos vom Meister Mauro Nunez.

UNI: gegründet 1624 (!), Eingang Calle Estudiantes mit Ayacucho nahe Hauptplaza. Mehr als 4o % der Leute von Sucre sind Studenten, – eigentlich die Studentenstadt von Bolivien. Trotzdem sind nach 22 Uhr sämtliche Bürgersteige hochgeklappt und an Discos und ähnlichen Vergnügungen läuft wenig. 98 % der Studenten sind Bolivianer.

WETTER: wärmste Monate sind Oktober bis März bei max. Temperaturen um die 26° C (tagsüber), – kalt: Mai bis August, hierbei Juni und Juli. Regenreich (in Anführungszeichen!) sind Nov. bis März, manchmal April.

Hotels:

TOP: "HOSTAL COLONIAL" an Hauptplaza 25 de Mayo, allerdings recht klein und daher meist voll. Die Zimmer mit Privatbad und Tel., aber nicht TV. Der steht unten, kann aber für's Zimmer ausgeliehen werden. Schönste Zimmer gehen Richtung Plaza, die anderen in den Innenpatio, der überdacht ist. (ca. 22 US S), – ebenfalls excellent das "HOSTAL LOS PINOS", Colon Ecke Rene Moreno in einem neu gebauten Haus und Stil einer Tip- Top sauberen deutschen Familienpernsion. Holzböden, großes, freundliches Bad gekachelt. Heißer Tip und absolut zu empfehlen, auch wenn ca. 10 Min. zu Fuß ins Centro. Ansonsten billiges Taxi. Vom Frühstücksraum Blick über Dächer und Teil von Sucre. Angenehm ruhig. Ca. 18 US S. – Das "HOSTAL SUCRE" Calle Bustillo 113 rund 1 cuadra von Plaza. Tiptopsauber, die Zimmer zu Kolonialinnenhof, der etwas dunkel ist. Mit Teppich, Privatbad und Tel. Kleines Restaurant. Ca. 12 US S. – "MUNICIPIAL" beim Bahnhof (Calle Venezuela 1052): ein moderner Flachbau, der etwas in die Jahre gekommen ist. Zimmer sauber mit Dusche, ca. 10 US S.

MITTEL

"GRAN HOTEL", Calle Arce 61, Sauber, wenn einfach eingerichtet und in den "Jahren", so doch sehr beliebt bei den boliv. Mittelbudge-Reisenden. Zentral gelegen, nur 1 cuadra von Hauptplaza. Ca. 11 US S. – "LONDRES" in der Nähe des Bahnhofes Av. Venezuela (H. Siles) 949. Ein großer Kasten, relativ alt, die Zimmer waren bei unserem Check aber sauber, mit Holzfußboden, Stahlrohrbett und Fenster raus in großen Innenhof, in dem sich aber nicht viel abspielte. Mit Privatbad ca. 14 US S, ohne ca. 11.

Weitere Mittelklasse-Hotels vorwiegend in den Parallelstraßen Calle Ravelo: beginnt am Parque Bolivar/oberes Ende (das untere: der Bahnhof), verläuft über Markt und heißt dann Calle S. Alberto, – sowie der Parallelstraße Calle Avenales (ab Parque Bolivar zur Hauptplaza 25 de Mayo).

GRINGOTREFF sind das "BOLIVIA", Calle Alberto 42, mit 2 Innenhöfen und kleinem Desayuno-Raum. Sauber und heiße Duschen, ca. 8 US S, – sowie das schräg gegenüber liegende und billigere "ORIENTAL", C. Alberto 43, sauber, ca. 8 US S. Selbe Preisklasse: "LA PLATA" nahe Markt, Calle Ravelo 32, einfache Zimmer, kleiner Innenhof, sauber, ca. 4 US S, aber mehr basic als "Bolivia". – "EL TURISTA", Calle Ravelo 118, eng, düster mit Tendenz zu Dreck, ca. 3 US S, – "ALOJ. POTOSI", Calle Ravelo 228 begrüßt mit dicker, breiter Palme im Innenhof, geklagt wird aber über schlechte Waschgelegenheit und alter Klos. Vielleicht kann sich der Besitzer mal drum kümmern. "ALOJ. SAN FRANCISCO"' Ancieto ARce 191, rund 2 cuadras von Hauptplaza kann als Tip gelten, insbesondere, wenn man eines der beiden obersten Zimmer erwischt, derzeit tragen sie die Nummern 13 und 14: kanpp über den Dächern der Stadt. Unten ein ver; winkelter Innenhof mit Treppchen, gemütlich und mittelmäßig sauber. Doppel ca. 4 US S. – "AUSTRIA" beim Busterminal, (empfehlenswert) und das "CENTRAL", aber Frage, ob man nicht besser zentraler wohnt, um später in Sucre kürzere Wege zu haben. Beide um die 4 US S.

"REST. PLAZA" am oberen Ende der 25 de Mayo, die Treppen rauf, 1. Stock mit Balkon und schönem Blick über die Plaza. – Daneben: "LAS VEGAS" Tip für Eis und kleine Snacks excellente Milchshakes! Mit Stereomusik (Indio- mit Pop), originell: beide Lautsprecher eng zusammen. – Snack "PALET" direkt neben Hostal Colonial, Hauptplaza mit guten Hamburgern (beide nebeneinander liegenden Snacks gehören selbem Besitzer) und Milchshakes. – "PISO CERO", Calle N. Ortiz 38, nähe Hauptplaza, geleitet von einer älteren Lady, die excellente Milchshakes zu mixen versteht. Der Mozo (Ober) war an den Ärmeln etwas dreckig und hatte hinten einen riesigen Riss, aber das soll dem Essensgenuß keinen Abbruch tun! – "GRAND HOTEL", Calle Arce bei Plaza: nur 1 Menü, das ruckzuck aus dem Küchenfenster rauskommt, viel ist und sehr billig. Wenn das Fleisch mal zwischen den Zähnen steckenbleibt, sollte man ein Auge zudrücken. Bei unserem Besuch hatte 1 Ober sämtliche 16 vollbe-

PONCHO-MUSTER der umliegenden Dörfer. Jeweils in Ausschnitt, aber immer gleiche Größe. – TARABUCO   POTOLO

setzte Tische voll im Griff. Lange Diskussionen über Getränke gibts dann aber nicht. An den Wänden alte, kolorierte Stiche vom Palastleben früherer Jahrhunderte. – "EL ZAGUAN", Calle Azurduy 3o, 2 cuadras von Plaza bei Kathedrale über Calle N. Ortiz. in Kolonialhaus, daher von Ambiente angenehm. Einzigstes in Sucre mit Fondue. Preise mittel, – "EL SOLAR", Bolivar 8oo, kleines Kolonialstil Restaurant. So. zu. Gut. – "EL SOL", Calle Colon 423: bestes für einheimische Küche, billig und beliebt bei den Gringos. – "LAS BAJAS", bestes für "Chorrizos". Der Name, weil die Besitzer besonders klein sind. Calle Loa 761. – "AYLLU", Calle Ravelo 242 Comida Nacional, sehr gutes Essen. Besitzer hat Kochbuch über Nationalgerichte Boliviens geschrieben. In Kolonialstil, offen: Fr., Sa. und So. – "HAWAI", Hühner, einfach, Calle Calvo 74, – "LANCHES SAMBURA" gut zum Frühstücken ab 8 Uhr, da an der Hauptplaza noch alles zu! Calle Ravelo 6/Mercado Central. – "Night Fever" Plaza Juan Frias de Herran: einfach, aber gutes Essen. War früher Kino, am Wochenende öfters Peña.

PROBLEM von Sucre: ab 22 Uhr ist alles dicht. Ebenso muß man mittags pünktlich essen, d.h. zwischen 12 und 14 Uhr, sonst bleibt der Magen leer. Für Notfälle: nachmittags bei etwas Glück: "Las Vegas" mit Snacks. Sowie nach 22 Uhr bis "media noche": (so heißt auch der kleine Snack) in der Calle Junin zwischen Arenales und Ravelo: Bier, Hamburger und TV.

"PUB" ist beliebt bei jungen Leuten, eine Mischung aus Bar (mit "Darts") und Snack mit Musik. Calle España bei Plaza. Wer auf "Chifa" nicht verzichten kann: "LA PUERTA DEL DRAGON", Calle Ravelo, Ecke Arce.

Umgebung von Sucre:

Lohnend: der Sonntagsmarkt von TARABUCO. Weitere Dörfer mit reicher Artesania, allerdings meist nur sehr kompliziert zu erreichen (eigener Jeep oder langwieriger LKW- Trip), von daher vom Tourismus der "Abhaksorte" verschont.

* **Tarabuco:** 3.23o m

Sonntag früh aufstehen und rüber nach Tarabuco durch gelb verdorrtes Ichugras und Hochlanddörfchen. Der Markt von Tarabuco gilt als einer der schönsten von Bolivien! Campesinos unter schwarzen Lederhelmen mit Glasperlen und Wollfäden geschmückt. Hosen und Ponchos aus grobem Leinen mit farbigen Wollfäden. Die Kokablätter werden in kleinen Beuteln mit gewebten Pferden aufbewahrt. Neben Lebensmitteln relativ viel Artesania (hauptsächlich Ponchos, Bänder, Hüte, teils auch Charangos). Der Markt

CANDELARIA
auf weiß: rote Pferdchen + Blumen

CALCHA
einheitlicher Grundton mit Musterstreifen

und das Dorf mit seinen Knobbelsteinen und einstöckigen Häusern allerdings sehr mini. So. viele Touristen; während der Woche ein verschlafenes Nest. – Bus bzw. LKW brauchen für die 65 km ab Sucre ca. 3 Std., das Taxi (ca. 15 US $ retour inkl. 3 Std. Warten) knappe 2 Std. pro Richtung. Nachdem der Bus am So. nicht fährt, muß man entweder am Vorabend rüber nach Tarabuco. Busabfahrt Calle Calvo/ Zona El Guereo (mit Mikro ab Mercado Central rauffahren) und in Tarabuco übernachten: 2 kleine Hotels, wovon das an der Plaza das bessere ist. ("Prefectural"). – Oder mit dem LKW ab Ortsausgang Sucre, Ende der Calle Calvo mit LKW trampen, macht viel Spaß, braucht aber guten Sonnenschutz. Fahren ab ca. 6.3o, danach ca. alle 1/2 Std. je nach Bedarf. – Eisenbahn ist eingestellt.

STRECKE: landschaftlich lohnend durch Hochebenen mit mehreren Pueblitos: 5 - 1o Häuser aus Adobeziegeln, Lama Herden, Eukalyptus . Die Piste ist breit, mit viel Wellblech. Öfters sieht man Bäume, deren Äste abgesägt wurden und nunmehr als Almacen für Maisblätter dienen, damit die Tiere diese wichtigen Vorräte für regenlose Zeiten nicht vorab wegessen. Jedes Haus hat seinen eigenen Backofen. Angeheizt wird mit Eukalypusholz und Zweigen. Teils auch mit getrocknetem Kaktus.

BEI der Abzweigung LAVADERO, rund 5o km nach Sucre geht rechts eine Jeep- Schotterpiste runter an den Rio Pilcomayo zum Dorf SOTOMAYOR. In Höhe von 1.1oo m sehr heiß und viele Finkas oberhalb des Flusses. Aus diesem Bereich bezieht die Sucre und Tarabuco Region Trauben, Früchte und Caña Hueca, eine Schilfart, die zum Decken der Adobe-Häuser verwandt wird. (Piste 2475)

Eine weitere PISTE an den Rio Pilcomayo zweigt rund 4 km vor Tarabuco beim letzten Pass (Abra Carretas; man kann Tarabuco schon im Tal liegen sehen) ab, eigentlich mehr ein Eselstrail. Der Pilcomayo ist von diesem Pass bereits am Horizont zu sehen, zugleich schönes Gebirgspanorama! (Piste 247o, Endpunkt Dorf Uyuni/Rio Pilcomayo)

TARABUCO ist berühmt für seine Trachten. Die schwarzen Hüte ("monteros") sind Persiflage auf die Lederhelme der spanischen Soldaten der Konquista. An Festtagen tragen die Männer schwarze Wollsakos, darüber "uncus" (kleine, bis zur Armbeuge reichende Ponchos). Als Hose: schwarze, sehr breite Wollkleider, aus denen eine weiße Unterhose in ca. 3o cm- Saum hervorschaut. Als Wadenschutz: farbig gewebte Socken, die jedoch nur bis zu den Knöcheln reichen. Die Füße früher in Ledersandalen, heute Autoreifen, wobei an Festtagen die dickeren LKW- Reifen verwendet werden. – Musikinstrumente: die 8o cm langen "pincoios"- Flöten aus Bambus und die rund 1 m langen "tocoros", ein Bambusrohr aus dem Oriente,

POCOATA
euchtende Farben, Blumen Tiere

MACHA
ruhige Grundfarbe mit geom. Streifen

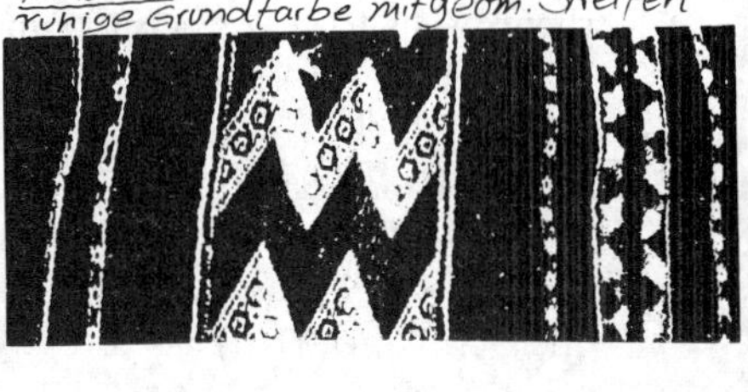

die am oberen Ende mit Wachs verschlossen ist und mit nach hinten geleg tem Kopf geblasen wird. Sehr dumpfer Ton; die Musik monoton, begleite vom Klingeln der Glocken, die am breiten Ledergürtel angebracht sind. – Die Frauen in ähnlicher Tracht, jedoch mit weißem, flachem Hut, der zu den Seiten nach oben gewölbt ist. Viele Stickereien und Staniolpapierverzierung. Tücher um den Hals ("panuletas") zum Tanzen.

Wichtigstes Fest: Karneval von Tarabuco (2. Sonntag im März), "Pujllay". Ein Riesenfest, zu dem Sonderzüge aus La Paz bestellt werden und das a sonsten stillgelegte Gleis befahren.* – Noch ein Tip: die Tarabuco- Feria a

"TOCORO" Ostersonntag lohnt sich nicht, da nur wenig Campesinos kommen; die meisten sind auf der Feria von Sucre, die ab Ostern 1 Woche dauert. –

Keine Verbindung von Tarabuco nach Potosi; zurück nach Sucre. – Von TARABUCO schlechte Piste rüber in den Chaco, über Monteagudo (Basichotels, angenehme Stadt). Auf halber STrecke Abzweigung nach Villa Serano, wo alljährlich ein Musikfestival am 28./29.12. abgehalten wird. Landschaftlich lohnende, aber sehr zeitraubende Schotterpiste. Die Tarabuco–Monteagudo- Piste setzt sich fort bis Camiri und kann während der Regenzeit wegen mehrerer Flußdurchfahrten sehr schwierig sein. Camiri (Hotels) hat über Piste Flugverbindung mit "TAM" an die argentinische Grenze und nach Sta. Cruz, sowie Eisenbahnverbindung.

EISENBAHN: zur Verbindung der, um die Jhd. - Wende angelegten Andengleise mit de Netz Brasiliens und Argentiniens wurde 1943 eine "Commixta" gebildet mit Unterstützung Brasiliens und Argentiniens. Förderung während der Peron- Regierung. Fertig in di sem Projekt das Gleis bis Tarabuco, – komplette Terrassierung inkl. Brücken, Bergeinschnitten, runde weitere 8o km bis Sopachullo. Es schließt sich ein leicht zu bebauendes Plateau an. Der Rest bis zum Anschluß an die fertige Sta. Cruz – Yacuiba Strecke ist in Plänen komplett konstruiert. Ein franz. Konsortium prüfte und empfahl, das Projekt wegen Unrentabilität abzubrechen. Jetzt zerfallen die bereits vorbereiteten Anlager

Weitere Details zu dieser Verbindung siehe: "PISTE: SUCRE → BOYUIBE

✱ Potolo:

Dorf, 6o km von Sucre, 3.o75 m, berühmt für Tejidos- Artesania. Muster in reicher Phantasie: Drachen, Vögel, Löwen, Affen, Pferde etc. (pro Poncho c. 4 - 5 Monate Arbeit!). Anreise durch schöne Landschaften, allerdings nicht ohne Probleme, da 2 Flüsse durchquert werden müssen ohne Brücke. Große Fest um den 15. August (1 Woche lang). Anreise: LKW nach Punilla (Richtung Ravelo), hier umsteigen Richtung Chaunaca – Potolo. Insgesamt muß man mit ca. 11 Std. ab Sucre rechnen. Schlafen in der Schule.

✱ Talula:

Baños Termales, sehr warm. Nur per Jeep. 4 Std. Fahrt, Fluß durchqueren, schöne Landschaften. Straße ist saumiserabel, gerade PKW- breit. Kein Hote im Dorf. Miniwasserfall, der sich auf anderen Bach trifft: kalt/warm.

✱ Ravelo:

an der Piste Sucre – Oruro über Llallagua, 65 km, ca. 3 Std. Fahrt. Schöne Strecke, das Dorf berühmt für Pullover und Stoffe. Höhe 3.217 m, Basic- Hotel. LKW's ab Sucre, Av. Hernando Siles, Ecke Tarapacay, sowie Colectivos

* mehr als 1.000 Tänzer. Gefeiert wird die Unabhängigkeit von den Spaniern.

selber Stelle täglich.

KUNSTGEWERBE "vor Ort" zu kaufen, kann schwierig sein. In Potolo: Frage, ob Produkt fertig, bzw. Künstler gerade in Potolo. – Mercados gibts in Potolo, Candelaria und Pocoata keine. Bequemer, wenn auch teurer daher: in SUCRE zu Señora Maxima, Calle Junin 411, die Ponchos und Tejidos der Region vorrätig hat. Privathaus. Anläuten. Sehr engagiert zugleich "ACL" (Accion Cultural Loyola).

AUTOVERMIETUNG: Sucre/Av. Hernando Siles 958: vorwiegend Jeeps der Marke Toyota zu günstigeren Preisen als La Paz. Rechtzeitig reservieren, da einzigste Vermietung in Sucre, die nicht zu viele Wagen hat.

KARTEN: IGM "Sucre", SE 2Q 13 und IGM: SE 2 Q- 9, Maßstab 1: 25o.ooo. Höhenlinien und Flüsse deutlich, jedoch nicht alle Dörfer eingetragen. Bei IBT/Sucre gibts eine Karte, die sich "Mapa de Excursion" nennt, selber Maßstab und teilweise exakter ist.

La Glorieta:
Pittoreskes Schloß an der Strecke nach Potosi, ca. 1o km. Wer Schlösser in Deutschland oder Frankreich besichtigt hat, wird enttäuscht sein von der billigen Kopie; in Südamerika wirkt es aber erstaunlich und unerwartet. Heute Militärschule. Kann nicht besichtigt werden. Gebaut: 2. Hälfte 19. Jhd.

El Tejar:
Eisenbahnwerkstätte. 4 km (per Gleis) und ca. 2 km per Straße vom Centro Sucre. Offiziell nicht unbedingt "besuchbar", nach Rücksprache mit dem Leiter jedoch möglich. Zu sehen: neben alten Dampfloks: ein alter Bus, Typ "Wayne", BJ. ca. 1932 mit 25 Sitzen, umgebaut für Schienenverkehr, seit 1981 nicht mehr im Passagierverkehr, – PKW "Inter", BJ. 1939, befuhr die Strecken nach Rio Mulato und Oruro, noch im Schuß; kann gemietet werden. – ein "week" BJ ca. 194o, herrlich bombastischer US- Straßenkreuzer. Gelbgrün mit riesigem Kuhfänger. Leider fehlen die Ersatzteile. – Gilt auch für Mercedes Bus auf Eisenbahnrädern, der verstaubt, wie alter Dodge mit deutschem Koppel- Fahrgestell, einem 12o PS- LKW, umgebaut für Eisenbahn-Betrieb und weitere Raritäten. Schade, daß die Leute in El Tejar nicht wissen, welche Kostbarkeiten sie da rumstehen haben. Immer wieder darauf ansprechen!! – Mieten möglich; Bonbon z.B. nach Tarabuco oder Potosi, wenn man sich zu mehreren den Preis teilt für den PKW!

Höhle von Patatoloyo:
Nach Angaben von Wissenschaftlern eine der interessantesten Südamerikas wegen Fülle von Höhlenmalereien. Leider weder von IBT noch bezügl. Transportmöglichkeiten erschlossen. Ebenso keinerlei Promocion. Typisch.

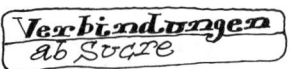

Verbindungen ab Sucre

Flugzeug: fast täglich mit LAB- Boeing 727 nach Cochabamba (ca. 3o Min.) und somit nach La Paz, Trinidad und Sta. Cruz. Beschreibung des Fluges siehe "Cochabamba"). Teils auch Direktflug, was die Anschlußwarterei in Cochabamba erspart. – Nach Tarija derzeit 4 mal pro Woche, Flugzeit ca. ca. 35 Min. In Tarija Verbindung in Propellermaschinen der LAB und TAM nach Boyuibe, Camiri und Yacuiba an der Grenze zu Argentinien.

"Aerea Imperial" fliegt mit Propellermaschinen nach La Paz und Sta. Cruz.

Der FLUGHAFEN VON SUCRE liegt runde 6 km außerhalb des Centros. Das grün gestrichene Gebäude ist angenehm aber mini. Wenn die Mittagsmaschine von La Paz Richtung Tarija Zwischenstop in Sucre macht, gehen die Piloten und Stewardessen oben ins Restaurant im 1. Stock. Weitergeflogen wird erst, wenn die Crew satt ist. – Taxi ins Centro, bzw. gratis für LAB- Fluggäste der Firmenbus.

BÜROS: LAB: Calle Bustillo 121 - 127 LAI: Plaza 25 de Mayo 4

(2) Busse: *Busterminal: Av. O. Gutierrez, rund 8oo m von der Hauptplaza, weils aber anstrengend den Berg raufgeht, nimmt man sich lieber ein Mikro (Mikro "A" vor Mercado Central, – oder Truffi "3" ab N. Ortiz/Audiencia, oder Colectivo "2" vor Mercado Central).

Nach Potosi tägl., siehe "Sucre – Potosi"- Streckenbeschreibung, – nach La Paz via Potosi tägl., ca. 2o Std., ab Oruro Asphalt, oder via Cochabamba ca. 37o km bis Cochabamba und runde 12 Std. tägl., hier umsteigen. – Tarija via Tupiza runde 67o km und harte 22 Std. und mehr, 1 mal pro Woche, bzw. via Camargo ca. 55o km, knapp 2o Std., 1 mal pro Woche, bzw. via Potosi tägl.,an reiner Fahrzeit gleichlang mit Vorteil, daß man noch Potosi einbauen kann. – Monteagudo runde 32o km und 4 mal pro Woche, 12 Std. wenn die Piste in gutem Zustand ist. Camiri ca. 2o Std. Santa Cruz geht via Epizana, danach Asphalt. tägl. ca. 61o km und 22 - 24 Stunden. – Unterm Strich nimmt man bei den Fernstrecken und derzeit günstigen LAB- Flugpreisen besser den Jet.

(3) Zug:*Bahnhof am unteren Ende des Parque Bolivar; ins Centro ca. 15 bis 2o Min. zu Fuß. Es gibt nur eine, befahrene Strecke: Potosi – Rio Mulatos. Hier Nordgleis nach Oruro – La Paz und Südgleis nach Antofagasta/Chile bzw. Villazon/Argentinien. Unbedingt Tren Rapido oder Ferrobus nehmen.

La Paz per Zug in etwa gleich schnell wie der Bus. Beim Vorteil, daß man sich die Füße vertreten kann. Leider kein Schlafwagen.– Uyuni am Salar de Uyuni derzeit 2 mal/Woche per "tren mixto", eine fast 2o Std.- Angelegenheit. Uyuni ist als Umsteige- Ort am Salzsee sicher interessanter als Rio Mulatos, wenn auch in beiden Orten der Hund begraben ist. Dafür ist Rio Mulatos schneller erreicht mit dem La Paz- Ferrobus. Beide Orte haben Basic- Hotels.

Wer nach Villazon/Grenze Argentinien will: in jedem Fall zu empfehlen: Flug nach Tarija und Bus an die Grenze.

Pisten ab Sucre:

✶ SUCRE ⟶ STA. CRUZ:

241 km bis Epizana. Staub, Canyons, hohe Pässe und Flußdurchfahrten. In den Monaten Dezember bis Mai problematisch: oft kann man mehrere Tage warten, bis der Fluß kleiner geworden ist. In Epizana rechts ab nach Santa Cruz: recht gut ausgebaute Strecke, weitere 374 km Asphalt, das ganze Jahr über ohne Probleme befahrbar.

---

* Wie mehrfach hingewiesen: alle angegebenen Fahrzeiten sind Idealwerte, wenn alles glatt läuft. Die Zeiten werden jedoch meist überzogen, – a) wegen Pannen, – b) wegen schlechten Pistenverhältnissen. – Siehe auch Bolivien - "Allgemeine Tips".

SUCRE ⋙→ BOYUIBE: (und weiter nach Paraguay bzw. Argentinien)

Sehr abenteuerliche Piste und atemberaubende Landschaftseindrücke. Es fahren vereinzelt Busse bis Camiri, aber wer an die argentinische Grenze bei Yacuiba will, der fährt schneller über Tarija (oder fliegt/Propelleranschluß bis Yacuiba). Die Sucre – Boyuibe Piste ist eine das ganze Jahr über befahrbare Allwetterpiste, die aber erhebliche Anforderungen an den Fahrer stellt. Im eigenen Auto, wenn alles glatt geht: 2 Tage, Schlafen eingerechnet und die Tatsache, daß der Busfahrer die Strecke halt schneller fährt, weil er sie kennt. Zunächst über Tarabuco bis Padilla (19o km, ca. 7 Stunden), dann weitere 6 Std. (133 km) bis Monteagudo. Sandstrecken, Serpentinen und Flußdurchfahrten. Großartige Kordillerenkette, dann tropische Vegetation unten an den Flüssen. Monteagudo liegt 1.138 m hoch. Ein gemütliches Nest und Hotels. Schlechte Pistenausschilderung: im Zweifelsfall lieber warten und vorbeifahrende LKW's fragen. Weitere 15o km bis Camiri, Airstripe für Propeller (Verbindungen nach Tarija und Sta. Cruz) an der Eisenbahnstrecke Sta. Cruz – Yacuiba. Erdölbohrungen in der Umgebung und Militärkaserne. Hotels. Das letzte Stück der Piste bis Boyuibe ist recht selten befahren und kann, – vorallem in der Regenzeit erhebliche Probleme bringen: mehrere Flußdurchfahrten, die nur bei niedrigem Wasserstand passierbar sind. Zudem Sandverwehungen; man ist schon voll im Gran Chaco, und die Straße sinkt auf den 1oo km von Camiri bis Boyuibe nur rund 3 Meter. Wenn alles glatt geht: im eigenen Auto rund 2 Std. Details zu Chaco-Durchquerung nach PARAGUAY siehe "Gran Chaco"- Text! Zur Sucre – Boyuibe- Strecke siehe auch unser "Tarabuco"/Text bei Sucre.

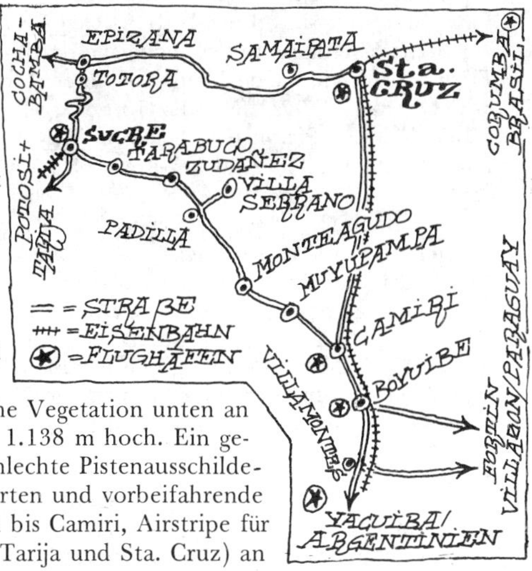

SUCRE ⋙→ POTOSI: detailiert bei Potosi beschrieben. Siehe dort!

Tarija:

ca. 5o.ooo E./ 1.924 m

Lohnt sich wegen Ambiente und Klima; bei 1.924 m angenehm warm, südlich der Stadt beim Flughafen Weingärten, im Norden kleinere Wasserfälle. Im breiten Flußtal des Rio Erquis und Guadalquivir gelegen und starker, argentinischer Einfluß (z.B. in Musik oder in Spielen wie "la taba"). Ich mag TARIJA sehr gern, obwohl es an Sight Seeing nichts Spezielles bietet.

Grosser AIRPORT im Süden. Herrlich, wenn der LAB- Jet nach kargen Andenketten in das fruchtbare Tal einschwebt, unter Euch Tomatitas, ein enger Felseinschnitt mit tiefgrünem Wasser. Starke Erosion der Böden. Am schönsten ist Tarija während der Monate Dez. - März, wenn alles grün ist.

Die AV. AMERICAS entlang des Guadalquivir umgrenzt die Stadt. Eukalyptusallee, 4 - spurig. Im Fluß werden auf den Schotterbänken LKW's gewaschen. Das Centro mit Schachbrettstraßen, meist 2 - 3 stöckige Häuser, – markant: CASA DORADA mit 22 Silberengeln auf dem Dach al la New York/Freiheitsstatue in Mini, auch die Mauern silber gestrichen. Soll Casa de la Cultura werden, früher im Besitz von Moises Navajes (Calle Ingavi, Ecke Gral. Trigo). – Der MERCADO CENTRAL (Bolivar/Sucre) im Herz der Stadt, überdacht mit Ständen für Früchte und Gemüse, Fleisch und Fisch. – Wer eine neue Jeans "hecho en Argentinia" braucht: günstig im MERCADO NEGRO (Mendez/15 de Abril), offen bis zum Einbruch der Dunkelheit. – Schönster Blick vom MIRADOR, Aufgang bei der Cabaña Prefectural (Av. Americas bei Brücke St. Martin) oder direkt bei der Kirche San Juan. Oben eine Christusstatue zwischen Eukalyptuswäldchen und schöner Blick über die ockerverstaubten Ziegeldächer der Stadt. (Nach derzeitiger Bestimmung sind bei Hausneubauten Wellblechdächer verboten). Am Stadtrand: das Castillo de Moises mit blauweiß gestrichenen Türmen und Kegelspitzen (BJ. 19o7/Calle Bolivar, nähe Parque Bolivar).

Tourist INFO

Calle General Trigo 883, ganz in der Nähe des Mercado Central. Information zu Transport, Hotels und Umgebung. Hier gibts zugleich einen Tarija- Stadtplan.

Hotels:

"Prefectural" derzeit wohl bestes, an der Av. Americas, 3 stöckig mit Alterserscheinungen. Trotzdem: genügend große Zimmer, Bad und Balkon. Unten Pool in Gras ohne Bäume. 10 Min. zu Fuß ins Centro bzw. 2 Min. mit dem Taxi. Doppel ca. 12 US S. – Äquivalent im Centro/Hauptplaza ist das "Victoria" (La Madrid/Sucre) mit Vorteil der zentralen Lage und Nachteil: eng in Gasse, daher auch heißer und laut. DZ ca. 14 US S.

"Hotel Sucre"/Calle Sucre 770, passabel, ca. 8 US S für's Doppel mit Privatbad und ca. 3 US S mit Gemeinschaftsbad. – "Max"/Av. Potosi Ecke Junin 930, selbe Preisklasse.

"Res. Bolivar"/Calle Bolivar 256 mit heißer Gemeinschaftsdusche, ca. 5 US S, – ähnlicher Preis bei "Res. Zeballos"/Calle Sucre 966 und "Londres"/Daniel Campos 1083 "America"/Calle Bolivar 1171 hat uns weniger überzeugt. Oben angeführte sind in ihren jeweiligen Klasse unserer Ansicht nach die besten. –

RESTAURANTS Tarija

"CABAÑA DON PEPE" (= El Gringo Limon) im Hinterhof eines Privathauses, recht gemütlich mit Bambus und Holzdecke. Filet bei unserem Besuch ausgezeichnet! Preise o.K. Eines der besten in Tarija. Tägl. außer So- Nachmittag. Av. las Americas/ D. Campos. – "CABAÑA DON PEPE" am Flußbett des Rio Guadalquivir, angenehmes Ambiente. Musik. Preise mittel und zu empfehlen Blick über Fluß und Berge. Stadtteil El Tejar. – "CABAÑA PREFECTURAL" an Straße Richtung San Lorenzo. Hat uns weniger überzeugt. – "BARRIO MOLINO", = "El Coliseo de Gallio". Nicht erschrecken! Durch eine Blechtüre in einen Hinterhof mit Bäumen und Adobehütten. Links das Coliseo für Hahnenkampf, eine Arena mit ca. 4 m Durchmesser, Bänke im Kreis, seitlich die Kästen mit den Kampfhähnen. Einige sitzen oben im Baum. (Hahnenkampf jeden Sa. 15 Uhr und So. 9/1o Uhr morgens). Essen: wir bekamen excellent gewürzten, offen gegrillten Fisch. Calle 15 de Abril/

Sevilla. Auch abends. Typisches Spiel (vor dem Essen) ist "juego de la taba" mit dem Rückgratknochen eines Stieres, der geworfen wird und mit der richtigen Seite zum Liegen kommen muß. Der beste Fisch kommt übrigens vom Rio Pilcomayo. – Vorsicht vor Essen auf dem Markt: Teller und Gläser werden häufig in der Sauce eines Plastikeimers gewaschen, worauf Durchfall ziemlich sicher ist. – Wer auf Hamburger steht: "SNACK TEVE" bei Plaza Calle Sucre 622, in Ruckzuckverfahren mit viel Fett und Ketchup. Olala und billig. – "LA OPERA" sehr simples Restaurant, Calle Sucre 476, aber ausgezeichnete Salteñas, – "EL GRILLO", Tomalitos, direkt oberhalb der Flußenge, gemütlich und gute Küche. Sehr zu empfehlen.

Umgebung von Tarija:

Schöne Umgebung; obwohl eigenes Auto die Sache wesentlich erleichtert,

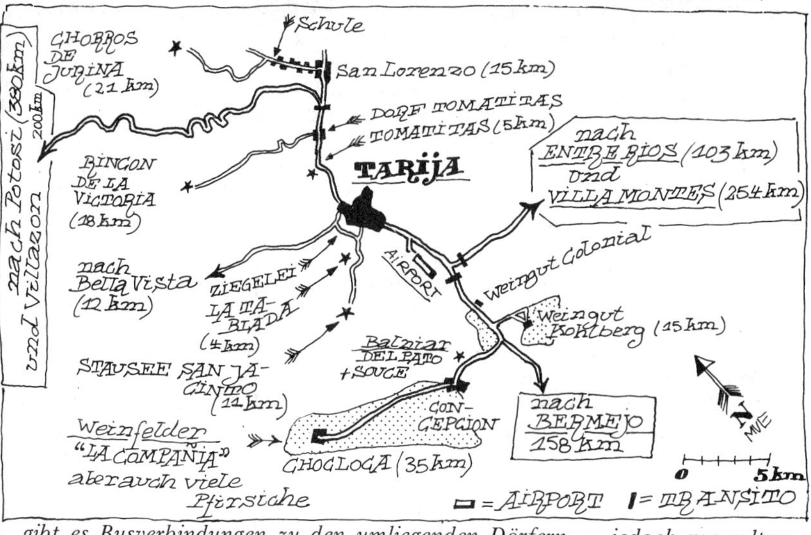

gibt es Busverbindungen zu den umliegenden Dörfern, – jedoch nur selten. Alternative: Taxi. Für schlechte Pisten allerdings u.U. schwer aufzutreiben.

1) Tomatitas – San Lorenzo: Bus ab Av. Domingo Paz (Ende). Asphaltiert bis zur Brücke. Viel Erosion. Straße geht durch Bergeinschnitt 5 km nach Tarija. Hier der Zusammenfluß des Guadalquivir und Erquis, die sich in S- Kurve eng durch den Fels winden. Während der Regenzeit voll und starke Strömung. Beliebt bei den Kindern, die sich in Autoreifen durchtreiben lassen. Seitlich ein kleiner Park, über Hängebrücke zu erreichen, Picknickstelle schön zwischen Bäumen. Tomatitos ist der Hauptbadestrand von Tarija, seitlich bei Brücke ein kleines, aber gutes Restaurant ("El Grillo") mit schönem Blick auf den Fluß und blaue Berge am Horizont. Spezialitäten: "Misquincho" und "El Doradito" (Kleinfische, ca. 5 - 8 cm), sowie ein Flußkrebs (ca. 5 - 7 cm), die gegrillt werden. Lecker mit Zitrone!!Offen im

Sommer 1o - 1 Uhr nachts und beliebter Ausflugsort.

Weiter nach San Lorenzo, 15 km ab Tarija. Plantagen im Tal zwischen dem Fluß und der Straße. Hauptsehenswürdigkeit im Minidorf: "CASA DEL MOTO MENDEZ", dem großen Freiheitskämpfer, der mit einer Schar von rund 1.ooo Campesinos erfolgreich die Spanier in der Schlacht von La Tablada* vertrieb. Unten Museum (Revolver, großer Pflug, Steigbügel und Sporen von Moto Mendez, sowie 2 schöne Schlösser), – oben über schmale und steile Treppe rauf 2 kleine Betten und vom Balkon schöner Blick über den Campo. Damals noch nicht zugebaut und man konnte sehen, wenn Feinde anrückten. Keine Hotels und Restaurants in San Lorenzo. Der Bus fährt häufig am Tag rüber nach Tarija.

*15.4.1817: Unabhängigkeit Region Tarija noch vor Gesamtbolivien (6.8.1825)

(2) **Wasserfälle "Chorros de Jurina"**: sehr schlechte, aber landschaftlich lohnende Jeep- Piste, teils durch den Rio Erquis. Zu Fuß: bei Casa Moto Mendez links in Gasse. Langes Straßendorf, Adobeshäuser wechseln ab mit Feldern, Kaktus und Bäumen. In der Trockenzeit karg wie Griechenland auf der Pelo ponnes. Nach ca. 1,5 km und Dorfende links nach Schule Calama Abzweigung nehmen, kurze Zeit später durch den Rio per Furt und auf anderer Seite mehr oder weniger am Fluß entlang. Ziegen, Steinfelder und "Pirguas", das sind mit Steinmäuerchen eingegrenzte Tiergehege meist um Baum rumgebaut. Typisch fürs Tal: der "Churqui", kleiner Dornenbaum mit dunkelgelben Blüten im Frühling (Juni- Sept.). Bis zu den Fällen ca. 6 km ab SAN LORENZO.

Die beiden Wasserfälle, der "Chorro Blanco" und "- Negro" während der Regenzeit mit viel Gischt an steiler Felswand; unten Pools, aber saukalt zum Baden. Kann man bereits von weitem sehen und nicht zu verfehlen.

(3) **Rincon de la Victoria:** 18 km ab Tarija, bei gutem Pistenzustand ca. 6o Minuten pro Ri. im PKW. Derzeit aber miserabler Zustand und ca. 1 1/2 Std. Abzweigung vor San Lorenzo durch den Rio Erquis, danach weitgehend parallel zum Fluß. Interessante Landschaft. Kein Bus/LKW, nur zu Fuß. Im "Rincon" reiche Pflanzen und schmaler Bach mit klarem Wasser. Beste Zeit natürlich, wenn es etwas regnet im Tal, d.h. gelegentlich während der Monate Jan. - März. Hauptproblem: Transport; ab Abzweigung sind's ca. 2o km retour zu Fuß, und ob ein Taxi die schlechte Piste fahren will, ist sehr fraglich.

(4) **Ziegeleien – La Tablada – Stausee San Jacinto**: über den Rio Guadalquivir, Höhe 15 de Abril und Brücke über den Fluß. An den Erosionshängen Ziegeleien, danach (3 km) auf dem Plateau mit vereinzelten Bäumen der Ort der historischen Schlacht gegen die Spanier: LA TABLADA.

Lohnendes FEST: "RODEO DE CHAPACO" (16.4., abchecken ob verändertes Datum) in Erinnerung an die Schlacht, veranstaltet von IBT. Beginnt mit Messe, dann Pferderennen, Folklore und Zapateo- Wettbewerbe (Tanz).

Typische Tarija- Instrumente: die "ERKE", die meist zu Sylvester, Carneval gespielt wird. – Ab Ostern: GEIGE bis Fest San Lorenzo am 1o.8.: "CAÑA". Angeblich mögen die Campesinos diese Instrumente nicht außerhalb dieser Zeiten spielen. Es soll Unglück bringen.

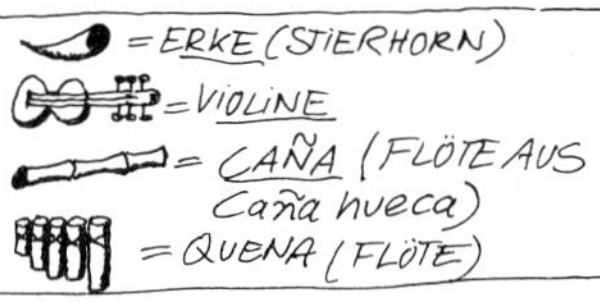

Das Projekt "Represa San Jacinto" staut mit einer 45 m hohen Mauer, die nur rund 1o m breit sein muß, weil der Fluß sich hier durch einen engen Felsgang quetscht, einen 7oo HA- See auf; die Kraftwerke liefern mehr als 7.ooo KW. Vom wirtschaftlichen Aspekt natürlich interessant, – wer jedoch die fruchtbaren Felder gesehen hat, die unter dem Stausee verschwunden sind (und die Landschaft um Tarija hat davon nicht zu reichlich zu bieten!), ist erstaunt, wenn nicht sauer. Argument der Elektriker: Strom spart Benzin, welches bisher zur Stromerzeugung benutzt wurde.

5) Weinanbaugebiete: optimales Klima, Flußschwemmböden und sonnenreich. Im Süden Tarijas. Die wichtigsten Weine: "COLONIAL" von Don Luis Arce Tores, ein weicher Rotwein in Geschmack zwischen ital. Bardolino und franz. Bordeaux. Ausgezeichnet zu Pilcomayo- Fischgerichten, – der "ARANJUEZ" (Don Milton Castillanes)schwererer, vollrunder Rotwein Richtung Bordeaux, jedoch gröber, sowie höherer Alkoholgehalt. Und der "KOHLBERG" (Don Julio Kohlberg e HIJOS) vorwiegend Weißweine in Richtung ital. Importe a la Suave, trinkbar und recht beliebt in Bolivien. An excellente Edeltropfen aus Frankreich und Italien kommen sie nicht ran. Distribution in ganz Bolivien per LKW über Rüttelstrecken. Ob das dem Wein bekommt, sei dahingestellt. Sicherlich hilft die Chemie als Korsett.

KOHLBERG dürfte von Distribution der Größte sein. Eine Finka zwischen Kaktus und Buschsteppe mit 2 Hallen in L- Form. Rund 1o Tanks a 1oo.ooo Liter. Bewirtschaftet und gemanagt vom Vater Kohlberg und seinen 5 Söhnen, die typisch deutsch aussehen; aus dem Mund kommt aber nur noch Spanisch. Jaime Kohlberg der "Gerente Tecnico" war oft in der BRD, um neue Methoden zu studieren. Großvater Kohlberg stammt aus Hamburg.

Die Kohlbergs waren die ersten mit Weinanbau in Tarija und haben gewissermaßen Pionierarbeit geleistet. Die Aufbereitung wird vor Ort erklärt. Besonders stolz ist Jaime auf die neue Computer- Bewässerungsanlage, die aus Südafrika stammt.

Voranmeldung Tarija (wobei eventuell auch Transport organisiert werden kann): "Kohlberg": 15 de Abril 259/Tel.: 29.88, "Colonial": Calle Ingen. 648

Die Trauben stammen, – sofern nicht vor der Haustür angebaut wie bei "Kohlberg" aus dem:

6) Tal Rio Camacho: Abzweigung von der Asphaltpiste nach Bermejo Richtung Conception fahren. Über Berge/Hügel runter an den Fluß mit Brücke: EL ANCON. Hier 2 Balniarios (Del Pato und Sauce), beliebt bei den Tarijeños am Wochenende, wenn während der Regenzeit der Fluß Wasser hat.

Conception: Dorf; wenn weiße Tücher über Stuhl vor Hauseingang liegen: hier gibts frisches Brot; excellent! – Schöner Streckenteil nach Conception: entlang des Rio Cumacho mit vielen Pfirsichbäumen (Blüte August), Weinfeldern, abgeteilt durch Baumreihen. Breites Flußtal, eingerahmt von Bergen. Weinfelder von "La Compania" (25 km), Dorf Chocloca (35 km). Bis hier täglich Bus ab Tarija/Av. Domingo Paz/Ende Tarija.

Feste:

"Fiesta de la Uva" (beweglich, März), das Fest der Traube mit Umzügen und Weinkönigin, sowie Ausstellung. Dauert 3 Tage, – "Ostern" (beweglich, April), besonders schön in San Lorenzo ; die Campesinos fertigen aus Bambus- Stöcken Bögen, die dicht mit

Blumen umflochten sind, so u.a. die Rosa Pasqua. Tänze zur Fidelmusik. – "Fiesta civica" von Tarija 15.4. und am 16.4. "Rodeo Chapaco" oben auf dem Plateau von Tablada (siehe dort!), – "Fiesta de San Lorenzo" (1o. Aug.) mit Messe, Prozession und Folkloretänzen zur Musik der Cana. Im Dorf San Lorenzo, – "Fiesta San Roque", eines der interessantesten Feste, am 1. Sonntag im September. Findet in Tarija hinter der Kirche San Roque statt (Calle Ancha, die auch Calle Cochabamba heißt, da viel Chicha- Verkauf) . Nach der Messe wird der Heilige (für die Armen) in Prozession durch die Straße getragen, den Hunden viele bunte Konfettischnitzel an die Haare geklebt. Fest dauert 8 Tage. – "Fiesta de la Virgen de Guadelupe" (im Dorf Entre Rios, 1o9 km von Tarija, 1. Sonntag im Oktober, siehe dort!).

Literatur: "Tarija canta su folklore" von Maurio Molina Balza, Spanisch. Mit Liedtexten. nur in Spanisch, erschienen 1977. In Liberias von Tarija schwer zu bekommen, eventuell direkt beim Autor (bei IBT fragen!) oder in Bibliothek.

Museum: "Museo Universitario", Calle Gral. Trigo, Ecke Virgilio Lema. Interessant: Fossilienfunde. Nach einer Theorie war das Tal von Tarija zu Urzeiten von einem großen See bedeckt, der abfloß, als sich das Wasser bei "Angosto" (zw. Rio Guadalquivir und Rio Grande de Tarija) einen Ausgang schaffte. Wurde 1982 von einer japan. Forschergruppe untersucht.

"Convento de San Francisco" (Calle La Madrid/Daniel Campos), gegründet 16o6 und bedeckte früher 4 Blocks. Die Missionare des Klosters waren die ersten, die christlichen Einfluß in den Chaco brachten (Literatur: "Historia de las Misiones Franciscanas de Tarija entre Chiriguanos" von Padre Manuel Mingo de la Concepcion, 2 Tomos, erschienen in der Klosterdruckerei, dort auch erhältlich. In Spanisch.)

Interessant: die Bibliothek des Klosters: ca. 1o.ooo Bände, teils von 15oo und 16oo. Angeblich eine der wichtigsten alten Bibliotheken, vorwiegend religiöse Literatur in 2 Zimmern mit blauem Sternenhimmel auf die Decke gemalt. Voranmelden!

TRANSPORT: ab TARIJA

* Der BUSTERMINAL liegt in der Av. las Americas (El Tejar) . Mit Tourist Office, das jedoch nur zu Stoßzeiten besetzt ist. Restaurant und unten die Kioske der Busgesellschaften. Offene Bauweise, auf Säulen. Alle Fahrzeit- Angaben Minimalwerte bei gutem Pistenzustand und keinen Pannen des Busses.

BERMEJO: 185 km, ca.8 Std. und 5 US S, täglich. – YACUIBA an der argentinischen Grenze: 326 km, ca 12 Std. ca. 6 US S, – VILLA MONTES: 254 km, ca. 11 Std. und 5 US S, 4 mal pro Woche. – VILLAZON: 200 km, ca. 8 Std. 5 US S. – POTOSI: ca. 380 km, 13 Std. 7 US S. (Anschluß nach La Paz und Sucre, Details siehe Potosi!).

* AIRPORT: Derzeit 4 mal pro Woche nach Sucre und einmal direkt nach La Paz sowie nach Santa Cruz. mit Boeing 727 Jets. der LAB. Ergänzend mit Propellermaschinen der LAI nach Sucre – Fokker F 27- Propeller der LAB fliegen zwischen Tarija und Boyuibe, Camiri nach Sta. Cruz. – Die Militäres (TAM) ebenfalls mit F 27 Propeller von Tarija nach Sta. Cruz, Sucre und Yacuiba. Da sich diese Propellerverbindungen recht häufig ändern: Infos von den Büros der Airlines in Tarija:

LAB: Calle Ingavi 236
LAI: Calle Sucre 629
TAM: Calle Bolivar 552

Derzeit sehr günstige Flugpreise. Bei den langwierigen Pisten um Tarija, die zudem bei schlechten Verhältnissen (Anstieg von Flüssen, Bergrutsche etc.) erheblich längere, als angegebene Fahrzeiten ergeben: unter Umständen Flug besser!

Ganz besonderen Dank an Don Arthuro Lemo für seine Hilfe im Tarija-Teil und die schöne Zeit zusammen!

Pisten ab Tarija:

Wegen der nahen Lage Tarijas zur argentinischen Grenze: wichtig für die Warenverbindung. Allerdings sehr gebirgiges Land, viele Flüsse, die häufig "roh" durchquert werden müssen und bei rutschigem Boden und Wasserströmung nicht ungefährlich sein können während der regenreicheren Monate Dez. - März. Landschaftlich sehr lohnend, aber zeitaufreibend!

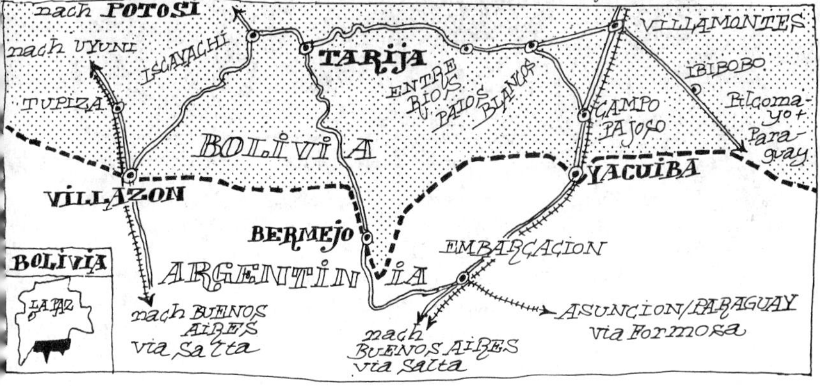

TARIJA ⋙→ VILLAMONTES (bzw. Yacuiba):

Relativ gut befahren, 254 km bis Villamontes, in 11 Stunden zu schaffen. Bis Entre Rios sind's ca. 4 - 5 Std. (1o3 km) Höhe ca. 1.1oo m, daher angenehm warmes bis heißes Klima . Der Ort liegt auf einem Plateau, das 2 Flüsse umfließen, viel Vegetation und gute Böden. Einfache Hotels, Tankstelle. Wichtigstes Fest: "Virgen de la Guadelupe" (1. Sonntag im Oktober) mit Umzügen und Darstellung einer Schlacht zwischen den "Chiriguanos" und "Madacos" in farbenprächtigen Kostümen. – Rund 8o km bis zum Dorf Palos Blancos, wo sich die Piste teilt: ca. 7o km bis Villamontes bzw. ca. 8o km bis Campo Pajosa an der Piste nach Yacuiba/Grenze zu Argentinien. (38o m Höhe), Übernachtungsmöglichkeiten.

TARIJA ⋙→ BERMEJO:

185 km und im Bus ca. 8 Stunden. Die ersten 55 km sind asphaltiert, danach Schotter. Höhenlage zwischen knapp 2.ooo m und 1.o1o m/Bermejo. Basic- Hotels und Tankstelle. Im Sommer steigen die Temperaturen bis zu 4o° C. Mit dem Colectivo- Taxi an die bolivianische Immigracion, dann per Boot über den Grenzfluß Bermejo auf die argentinische Seite. Bus alle 2 Std. zur nächsten, größeren Stadt Argentiniens: Oran. Hier Verbindungen nach Salta und Embarcacion.

TARIJA ⋙→ VILLAZON:

Runde 8 - 9 Std. auf Schotterpiste (2oo km) durch eine der schönsten Andenlandschaften des Kontinentes: rotbraune bis grün schimmernde Erde und Fels. Die Strecke ist relativ gut ausgebaut und steigt von 1.924 m (Tarija) auf 3.443 m (Villazon) an der argentinischen Grenze, Hotels, Airport.

Zusammen mit dem peruan. Urwald eines der interessantesten Gebiete Südamerikas in Bezug "Regenwälder" und "Abenteuer". Dichte, tropische Dschungel, teils Bergurwald, teils flaches Amazonasbecken. Flußtrips im "peque- peque" Einbaum, später per Amazonas- Doppelstock- Flußdampfer, der langsam über die endlosen Flußschlingen tuckert. Hängematte kaufen (ca. 2o DM) und Leute nach Haken fragen. – PISTEN: derzeit nur La Paz – Yungas– Trinidad und Sta. Cruz – Trinidad; den Großteil des Jahres nicht befahrbar, EISENBAHN von Sta. Cruz nach Trinidad im Bau, – der Großteil des Warentransportes läuft immer noch über den Fluß. Bzw. durch die Luft in Propellern der TAM und LAB, – Fleisch aus dem Beni in DC 3.

Die Regenwälder und Savannen bedecken 3/4 der Fläche Boliviens (=BRD) Großartige Erlebnisse vom Flugzeug: riesiger Dschungelteppich bis zum Horizont und endlose Flußschlingen. NASA- Satelittenaufnahmen weisen diese Bereiche als reiche Böden auf (z.B. Pando!). Große Reserven für die Bolivianer, aber Problem, die Altiplano- und Andenbevölkerung aus diesen Regionen zum Umzug zu bewegen!

Durch den boliv. Urwald führen ROUTEN NACH BRASIL und PERU, die Amazonasdurchquerungen von La Paz/Bolivien an die karibischen Küsten von Venezuela, Colombia und Guyana ermöglichen!

VERBINDUNGEN: ANDEN — URWALD:

A) Straßen:

Der boliv. Urwald ist vom dichtbevölkerten Altiplano fast völlig abgeschnitten. Es gibt nur 2 Pisten die 5.ooo m Andenhänge hinab, über die sich der gesamte Verkehr abwickelt:

1.) La Paz – Coroico – Caranavi – Sta. Ana bzw. Piste nach Trinidad

Bis CARANAVI täglich Busse und LKW's. Details siehe "Yungas/La Paz". Hier muß man sich einen LKW für San Borja suchen, unregelmäßig je nach Pistenzustand. Oder direkt nach San Borja fliegen, was derzeit nur ab La Paz mit "LAB" und "TAM"- Propeller geht. Der "Airstripe" von Caranavi ist nicht benutzbar. Einfache "Pensionen" in San Borja und per LKW (Fleisch/Holztransport) nach San Ignacio, ca. 8 - 1o Std. in der Trockenzeit. Regenzeit:häufig unbefahrbar. Landschaft: Pampa und

Selva. Flußüberquerungen per Fähre. Von San Ignacio (Basic-Hotel) sind es ca. 3 - 4 Std. mit täglichem Bus (sofern Piste in Regenzeit nicht blockiert ist) nach TRINIDAD. Viel Landrodungen entlang der Piste; eines der Pioniergebiete Südamerikas und Einstieg Boliviens in Erschließung reicher Bergurwald- und Amazonas- Tiefgebiete.

Ab STA. ANA und PTO. LINARES Flußverbindungen nach Riberalta; Details siehe "Flußverbindungen/Boliv. Urwald".

2.) Cochabamba – Villa Tunari – Todos Santos bzw. Villaroel

Durchgehend asphaltiert bis Tunari (Basic- Hotels), anschließend Schotter und Schlamm. Kolonisierte Gebiete am Rande der Bergurwälder. Todos Santos, insbesondere aber Pto. Villaroel sind Flußhäfen mit wichtiger Funktion des Warentransportes zwischen Amazonas- Tiefland und Anden Boliviens. Details zu Flußfahrten, insbesondere auch Bootstrip rüber nach Pto. Grether siehe dort!

Eine weitere Piste (bis Yapacani Asphalt) führt von Sta. Cruz um die Andenausläufer bis Pto. Grether. Gut befahrbar. Busse. Höhenlage 4oo bis 2oo m . Details siehe "Sta. Cruz", wie auch für die nur zeitweilig befahrbare, neue Piste Sta. Cruz — Trinidad.

Pisten oben im Pando um Cobija zu umliegenden Haziendas und Siedlungen. Derzeit kein Anschluß an das sonstige, boliv. Pistensystem, weder nach Riberalta, noch Caranavi. Wohl aber gute Verbindung zum brasil. Amazonassystem: Manaus, Belem und Brasilia, wie auch Caracas/Venezuela. Details siehe "Cobija", "Guayaramerin" und "Trinidad".

Weitere Pisten sind in Planung, teils auch in Bau, so Escoma (bei Pto. Acosta/Lago Titicaca) über die Andenketten runter nach Apollo, – eine weitere von Rurrenabaque rauf nach Riberalta, die den "Pando" an den Altiplano anschließen soll. Wegen derzeitiger Ebbe in der boliv. Staatskasse wird die Fertigstellung noch einige Jahre dauern.

B) Flüge:

schnellste und bequemste Verbindung in den Urwald und die bolivianischen Llanos. Fast täglich per Jet der "LAB" ab La Paz, Cochabamba und Sta. Cruz nach TRINIDAD. Flugzeit ca. 3o - 4o Min.

Die kleineren Llanos- und Urwaldpisten nur per Propeller der "LAB". der "TAM" und privater Linien wie "Canedo". Erstere fliegen mit relativ modernem Material wie Fokker F 27, letztere mit Exoten-Doppelrumpf- Libellen und Weltkriegs- DC 3.Die Flugpisten sind dabei oft Gras- und Schlammfelder, was einen aber nicht beunruhigen sollte. Sie werden seit Jahren von den, im Terrain erfahrenen Piloten angeflogen; entscheidend ist die Flugkenntnis der Piloten und der technische Zustand der Maschinen.

ANGEFLOGEN werden derzeit: Apollo, – Rurrenabaque (Basic- Hotels und Ausgangspunkt für Flußtrips auf dem Beni nach Riberalta), – San Borja und San Ignacio (an der Piste La Paz - Caranavi - Trinidad), – Magdalena, San Joaquin, Sta. Ana und San Ramon im mittleren Urwald/Llanos- Gürtel, – sowie Cobija und Riberalta im Pando.

Flugbedingungen: bei schlechtem Wetter (Tropenregen- und Gewitter) fliegen die Maschinen aus Sicherheitsgründen nicht. Daher zeitlich nicht zu knapp planen. Die mit Jets angeflogenen Asphaltairports Trinidad und Guayaramerin sind etwas unabhängiger, sofern nicht Gewitter in der Luft hängen.

c) Flußtransport:

nachdem die La Paz- und Sta. Cruz- Pisten nach Trinidad immer noch nur Teile des Jahres zu befahren sind und Warentransport per Flugzeug teuer, – läuft derzeit der Hauptwarenverkehr weitgehend über den Fluß. Die wichtigsten Häfen und Flüsse sind:

Rio Mamore/Rio Ichilo:

Hafen: Pto. Villaroel (mit Anschlußpiste in die Anden nach Cochabamba). Hauptflußverbindung in den Beni, Abfahrten unregelmäßig nach Frachtaufkommen und Jahreszeit. Das heißt: zwischen alle 2 Tage und alle 2 Wochen.

Der ungemein kurvenreiche Mamore (ca. 47o Fluß- Km zwischen Pto. Villaroel und Trinidad) dauert flußab in der Regenzeit ab 4 Tagen und mehr/Trockenzeit ab 6 Tage. Flußauf Regenzeit ab 5 Tage, Trockenzeit ab 7 Tage.

Von Trinidad bis Guayaramerin sind es weitere ca. 84o Fluß-Km, ebenso kurvenreich. Dünnerer Warenverkehr und Abfahrthäufigkeiten. Nach Warenaufkommen ca. alle 1o - 15 Tage. Flußauf/Regenzeit ab 8 Tage, Trockenzeit ab 9 Tage, – flußab in der Regenzeit ab 5 Tage, Trockenzeit ab 6 Tage. Der Personenfahrpreis auf beiden Strecken liegt bei ca. 1o US $. Inklusiv ist dabei das Essen (in Flußwasser gekochte Hühner und Reis), – vom Preis her ist das Flugzeug billiger, wenn man die Hotelübernachtung im Abfahrtshafen, bis das Schiff losgeht, mitkalkuliert.

Literatur: excellent, wenn auch in Spanisch ist "El Rio Mamore" von Raul Monje Roca, erschienen im "Instituto boliviano de cultura"/La Paz, 1977.

Der RIO MAMORE hat "Wasserverbindung" mit dem anderen großen Fluß Boliviens dem Rio Beni, ist aber in diesem Bereich,Guayaramerin bis Riberalta wegen diverser Stromschnellen nicht schiffbar. Die Waren laufen über die Urwaldpiste GM. –Riberalta. Siehe "Riberalta"- Text.

Rio Beni:

Häfen: vorwiegend Pto. Linares, auch Sta. Ana (Pistenverbindung nach La Paz).Auch hier: Cargoboote alle 2 - 14 Tage je nach Frachtaufkommen und Befahrbarkeit des Flusses. Der ALTO BENI (zwischen Pto. Linares bis Rurrenabaque) wird dabei mit meist "peque-peque"- Kanus oder mit Jamaha- PS-starken Außenbordern befahren. Ab Rurrenabaque ist Verkehr in größeren Flußbooten möglich.

Der interessantere Teil nach unserer Ansicht: bis Rurrenabaque (inkl. des landschaftlich fantastischen "Abstieges" per Piste/Bus in die Yungas. Zurück na ch La Paz per Propeller!). Was danach kommt: breites, nicht enden wollendes Flußgeschlinge wie auch auf dem Rio Mamore bis Guayaramerin.

RIBERALTA ist in diesem Flußsystem Schlüsselpunkt. Befahrbare Flußverbindungen über den RIO MADRE DE DIOS nach Peru/Puerto Maldonado und über den RIO TAHUAMANU nach Porvenir (mit Piste nach Cobija an der brasilianischen Grenze), im Fall der Riberalta – Porvenir Verbindung in jedem Fall Propeller-Maschine durch die Luft nehmen! Details zu beiden Flüssen siehe "Riberalta".

Rio Ichilo/Oberlauf:

Viel Spaß hat uns der Trip auf dem Oberlauf des Rio Ichilo von Pto Villaroel/Endpunkt der Piste von Cochabamba nach Pto. Grether/Endpunkt der Piste nach Sta. Cruz gemacht. Beide Häfen sind per Bus zu erreichen. Die Fahrt auf dem Fluß in Außenborderkanus durch Stromschnellen am Rande der Bergurwälder. Ebenfalls unregelmäßige Abfahrten. Wer genügend Zeit hat, um auf die Abfahrt des Schiffes zu warten und auf Komfort unterwegs verzichten kann: heißer Tip und wesentlich interessanter auf der Reise von LA PAZ über COCHABAMBA nach STA. CRUZ, als die Straße in den Anden! Details siehe "Cochabamba/Umgebung" und "Sta Cruz".

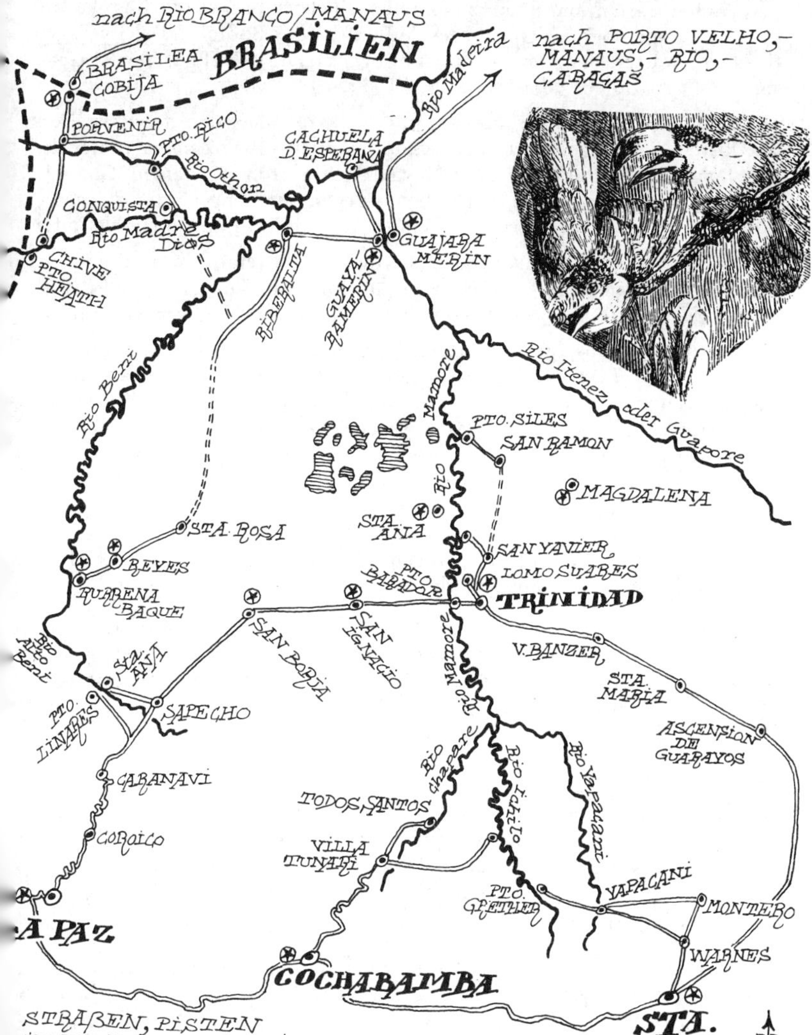

Sämtliche FAHRZEITEN sind nicht exakt vorausbestimmbar. Der Kapitän des Cargo- Dampfers wird sie etwas unterspielen, – wie man sich mit ihm auch über den Fahrpreis etwas länger unterhalten sollte.

Besonders in der Trockenzeit gibt's häufig Sandbänke im Fluß, die wie eine natürliche Barriere wirken. Davor 5 - 1o Flußboote, die auf Regen oben in den Anden warten, um drüberzukommen. Zugleich ändert der Fluß laufend seinen Verlauf, bei der Gefahr des Auflaufens der Boote. – Die Regenzeit (höchster Wasserstand Dez. – April) bringt verstärkt Treibgut bei der Gefahr des Verstopfens vom Propeller.

Die Boote: Amazonashausboote, doppelstockig, vollgeladen mit Reissäcken, Bierkisten, Benzinfässern, Konstruktionsmaterialien wie Zement runter in den Beni und Pando. Raufwärts: Urwaldfrüchte, Holz, Kastanien, Gummi etc. – Geschlafen wird auf den Säcken oder in der Hängematte. Gelegentlich auch Kajüten, die aber stickig und heiß sind. Moskitos oben wie unten.

Essen: nach Möglichkeit Mineralwasser und Konserven mitbringen, um Durchfall zu vermeiden. Gekocht wird an Bord mit Flußwasser und die Küche ist, abgesehen von leckerem Flußfisch nicht sehr abwechslungsreich.

Soweit zu den Trips auf den Flüssen Boliviens, wenn sie 1oo m und mehr erreicht haben. Leckerbissen wie Schaufelraddampfer sind leider ausrangiert, und die Hauptflüsse wie Beni und Mamore sind weitgehend "zivilisiert" mit Rodungen entlang des Ufers. Das Abenteuer beginnt auf den kleinsten Nebenflüssen im Bereich des Bergurwaldes mit mauerartigem Dschungel rechts und links des Flusses, steilen Bergwänden und nachts Übernachtung auf einer Sandbank am Fluß und Lagerfeuer. Hier verkehren die "peque-peque" Außenbordkanus, teils bereits mit starken US- Außenbordern bestückt. Diese Trips haben uns viel mehr Spaß gemacht als die trägen Hausbootfahrten, die das Ufer als ewig schmalen, gleichen Streifen entlangziehen lassen.

UNTER'M STRICH: Flußtrips im Bergurwald lohnen sich. Ansonsten am besten per Propeller tiefer zur brasilianischen Grenze. Derzeit wichtigste Siedlung in dieser Riesenregion ist TRINIDAD; bei starker Expansion von Cobija und Guayaramerin.

Trinidad:

ca. 3o.ooo E. / 236 m

Starke Expansion in den letzten 7 Jahren wegen zentraler Lage in den Beni-Llanos, neuen Pistenverbindungen von La Paz und Sta. Cruz, der "Hauptver kehrsader Mamore" und geplantem Eisenbahnbau von Sta. Cruz.

Verwaltungszentrum für ein Gebiet der Hälfte der BRD, mit tropischen Temperaturen um 27° C und derzeit noch meist 1- 2 stöckigen Häusern.

Großartiger Flug mit LAB von Cochabamba in den Anden 4 mal pro Woche euer Boeing Düsenjet zischt fast senkrecht aus dem Becken von Cochabamba auf dem Altiplano und lässt sich über die Andenhänge hinabsinken in das Urwaldgebiet: unter euch ein riesiger, undurchdringlicher Dschungelteppich, durch den sich die Flüsse in endlosen Schlingen winden. Bei Regenzeit kürzen sie sich oft ihre Schlingen ab, und zurück bleiben unzählige Halbmondbögen von toten Flußarmen, die in der Sonne glänzen. Ab und zu vereinzelte Haziendas, die nur per Buschflugzeug über beiliegende Graspiste erreichbar sind, oder mit langwierigen Flußfahrten. – Der Jet schwebt über den

Häusern von Trinidad auf die Asphaltpiste runter, und satte, tropische Luft, wenn die Stewardess die Tür aufdrückt.

Airport: Hauptverbindung für die Stadt mit der Umwelt, solang die Eisenbahn Trinidad noch nicht erreicht hat und auch die beiden Pisten nach La Paz und nach Sta. Cruz auch in Trockenzeit nicht immer befahrbar sind. Hat Asphalt-Landepiste.

"LAB" fast täglich nach La Paz, Cochabamba und Sta. Cruz im Jet. Neue Connection nach Guayaramerin. Ansonsten die lohnende Propellerverbindung über San Borja – Rurrenabaque rauf nach La Paz. Zeitlich länger und Flug unruhiger, aber bei Zwischenlandungen mehr Urwaldflair. – "TAM", die Militärs ergänzen, – "CANEDO" mit meist älteren Maschinen, dafür aber zu Siedlungen wie Magdalena, die die Siedler sonst nur in tagelangen Flußfahrten erreichen könnten. In REGENZEIT z.T. bis zu 4 Tagen Abflugverspätung!

Möglichkeit "Cesna" zu mieten. Nicht billig. Im Airport fragen. Die Zeiten, wo man mit dem Dauem "Flugzeug- Trampen" konnte zu kleinen Haziendas sind leider vorbei. Dazu ist der Airport zu groß geworden. Eventuell aber durch Kontakte im Ort, so dem feudalen "Ganadero-Hotel".

Stadtbüros: LAB: Calle Sta. Cruz/Ecke La Paz, rund 2 cuadras von Hauptplaza.
TAM: Calle Sta. Cruz
CANEDO: vertreten durch "Garza Tours Ltda." Av. 6 de Agosto 787 an der Hauptplaza, hinterm Schuhgeschäft, schräg gegenüber Hotel Ganadero.

Moped- oder PKW- Taxi ins Centro, bzw. mit dem (aber wenn voll, schnell weg!) LAB- Bus gratis. 1o Min. Es gibt in ganz Trinidad derzeit nur ca. 1o - 15 PKW- Taxis; das meiste sind Mopeds, die zwischen dem Lenker das Schild "Taxi" eingeklemmt haben, teils auch kein Schild. Haupt- "Abfahrt" am Schuhgeschäft/Hauptplaza. Vermieten auch ihre Kisten für ca. 2 US $ die Stunde. Nötig Lizenz vom "Transito". Was man kaputt macht, muß man zahlen. Vermieten auf Vertrauensbasis, kein Papierkram. Gut für Trips in die nähere Umgebung.

Tourist INFO

Calle Nicolas, 1. cuadra von Plaza Richtung Mercado. In einer Privatcasa. Durchfragen. An der Decke ein Ventilator, der die Hitze verteilt. Dünnes Trinidad-Heftchen und handvoll Infos.

Hotels:

Ohne Frage und derzeit bestes: "Hotel Ganadero", zugleich im Moment höchstes Gebäude von Trinidad. Oben Leuchtreklame für "Paceña- Bier" (Glas füllt sich mit Neonleuchte und leert sich. . .), von weitem von den Llanos sichtbar. Irgendwie eine sehr unreale Sache, wenn man aus der Einöde, z.B. von einer Flußfahrt auf dem Rio Ibare zurück nach Trinidad kommt. Sei es drum. Wer's Geld hat: unbedingt nur ins "Ganadero". Übernachtung ca. 15 US $, Privatbad, Teppich, Telefon, ab ca. 3 Stock schöner Blick über die Dächer. Oben im 5. Stock Restaurant und auf dem Dach kleiner Swimming Pool mit weitem Blick übers flache Land: Savanne, Waldgebiete und rotbraune Pisten; wenn ein PKW kommt, staubt der Horizont. – Zimmer mit TV, allerdings hellhörig. Av. 6 de Agosto bei Hauptplaza.

"La Hosteria" mit vielen Moskitos, Cabaña- Stil, ca. 4 cuadras von Hauptplaza. In der Mitte ein Restaurant mit Ziegelboden und Pampas-Gras gedeckt. Ambiente schön, das Essen jedoch nur mittel. Doppel ca. 15 US S (statt AC nur Ventilator, was gesünder ist: ca. 10 US S). – Bei weiterer Entwicklung Trinidads werden in Zukunft mehr Hotels dieser Preisklasse hinzukommen.

BILLIG BIS BASIC: alle 1 - 3 cuadras von der Hauptplaza: alle um die 5 - 6 US S für das Doppel / Gemeinschaftsbad: "Beni- Hotel"/ 6 de Agosto mit Innenhof, Pflanzen und Zimmer zu diesem Innenhof, – "Res. Brasilia" gegenüber Ganadero, unfreundlich und wenig attraktiver Innenhof, – "Yacuma" neben Beni-Hotel, – "Oriental" 18 de Nov. 519, billig, passabel und einfach, – gilt auch für "Trinidad"/Calle 18 de Nov. 445.

Weniger erfreulich: "Alb. Almacen" bei Mercado: düster und dreckig, – Zu empfehlen: "Palermo" / 6 de Agosto 676: klein und relativ sauber, sowie "18 de Nov." in der 6 de Agosto neben Palermo mit großem Innenhof, der gepflastert ist. Schlafen auch in Hängematten openair möglich. Als Regendach Schilfschutz.

Restaurants: bestes das "Ganadero" oben im 5. Stock. Excellente Palmitos und butterweiche Filets. Preise mittel bis teuer. – Billigere um Hauptplaza. Fleisch kommt meist in sehr großen Portionen, ebenso excellent für Amazonasfisch.

Das CENTRO von Trinidad ist sehr kompakt und tropisch provinziell. Die Häuser 1- 2 stöckig, mit überdachten Bürgersteigen gegen Regen und Sonne. Ziegeldächer, Innenhöfe mit Palmen und Tropenpflanzen. Die Hauptplaza abends 1/2 7 Uhr bis ca. 8 voll mit Mopeds mit Licht wie Wespenschwarm. In den Shops: Importe aus Brasil und USA. Das "Geschäftsleben" spielt sich hauptsächlich in der 6 de Agosto und 2- 3 Querstraßen ab. MERCADO: im Lebensmittelteil: unhygienisch, – im Kleiderteil: stickig, modrig, überdacht. Selbst Caranavi ist da besser! Viele KINOS; angenehme Abwechslung in langweiligen Tropennächten, ansonsten ist in Trinidad abends nicht viel los.

Beni ist das Viehzucht Departement Boliviens. Rund 1/2 Million Rinder und Kühe gegenüber ca. 15o.ooo Einwohnern auf einer Fläche, in der in Deutschland ca. 3o Millionen Einwohner leben würden. Pionierland, dessen Entwicklung bisher an den fehlenden Verkehrsverbindungen scheiterte. Nach 1 Woche flußauf Transport ist das Fleisch kaputt.

Die Transporte laufen daher weitgehend per Flugzeug, meist alte DC 3, Convaris C 44o und anderem Material aus US- Beständen der Zeit um 4o bis 5o. Was den Maschinen an technischem Equipment fehlt, gleichen die Piloten und Mechaniker aus!

Standquartier meist La Paz/El Alto und Cochabamba. In beiden Fällen gehts zunächst durch einen Pass in die Yungas. Bei Nebel wird nach Uhr und Tachogeschwindigkeit geflogen. Über den Urwäldern und Llanos des Beni geht's dann nach Karte, die auf dem Knie liegt, wobei die Flußläufe "abgezählt" werden. Keine leichte Sache, weil diese permanent ihren Lauf ändern, und man kann diesen Fleischpiloten nur uneingeschränkte Bewunderung schenken!

Irgendwo dann runter auf eine Graspiste bei der Hazienda. Unten warten schon die Arbeiter mit den Rindern, die einen gezielten Stoß zwischen die Hörner bekommen und "warm" in die Maschine getragen werden. Zwischenzeitlich checkt der Mechaniker den Motor, der unterwegs übermäßig Öl verbrauchte. Die Kompression wird mit Weinkorken gecheckt: wenn er nicht rausfliegt, ist keine da!

Viele Grüße an meinen Freund Xaver, der mehrere Jahre diese Strecken geflogen ist.

BOLIVIEN ist dabei, den Beni zu erschließen. Anfang waren die Pisten von La Paz und Sta. Cruz nach Trinidad. Nächster Schritt: Bau der Eisenbahnstrecke von Sta. Cruz, die zügig vorangetrieben wird mit argentinischer Hilfe. Parallel: Erweiterung der Hazienda-Pisten in der näheren Umgebung von Trinidad. Fernziel: Pistenanschluß an den Raum ur Magdalena und San Ramon und nach Möglichkeit rauf nach Guayaramerin.

Umgebung:

Interessant, mit dem offenen "Pickup" rüber nach PTO. BARADOR zu fahren, dem Versorgungshafen Trinidads am Rio Mamore. Abfahrt: von der Hauptplaza zum Markt laufen und hier über Brücke, dann noch ca. 25o m: hier stehen die Camionettas. 17 km bis Pto. Barador, zunächst schnurgerade in ca. 1o - 15 Min. auf dem Holzbrett: die Sonne oder den Regen und die Moskitos ins Gesicht bis ALMACEN am Rio Ibare, über den es per Ponton geht (Leute ziehen das Ponton am Seil rüber). Dann kurvig durch Baumvegetation, kleine Seen, weitere 15 Min. bis PTO. BARADOR: auf Böschung oberhalb des breiten Rio Mamore, der sich in großer Kurve schwerfällig vorbeizieht. In Trockenzeit ca. 1o m an Fluß runter. Die Frachtkähne werden mit LKW's wie folgt ausgeladen: Seil unten um Benzinfass angebunden, sowie hinten an den LKW. Dieser fährt los und das Fass schleift den Hang rauf. – Umliegend mehrere Fischrestaurants unter Schilfdach, Cokes und eventuell Zigaretten. Bei Trockenzeit gegenüber Sandbänke zum Baden (mit Motorkanu rüber). Die Trinidad – San Borja – La Paz- Piste geht ca. 2oo m flußab per Fähre rüber. Hier wäre auch die Stelle, wo man seinen PKW für Verschiffung Pto. Villaroel oder Guayaramerin ein- oder ausläd. Siehe auch"Bolivia/Allgem. Tips"für Fahrer in eigenem PKW.

Keine Hotels in Pto. Barador. Dazu ist Trinidad zu nah! Abfahrten nach Bedarf und der ist ca. alle 3o bis 4o Min., wenn die Camionetta voll ist.

PTO. SUAREZ: 1o km, mit Villa des boliv. Kautschukbarons, die heute zu Militärkaserne zweckentfremdet ist. Hier liegt auch das Schiff des Barons, früher das Nonplusultra an Luxus, heute in tropischer Destruktion. Daneben Schaufelraddampfer unter Rostbefall. –

Am besten Taxi mieten und vorab Preis inkl. Warten ausmachen. Schön ist ein Bootstrip ab Pto. Suarez auf dem ca. 3o m breiten Rio Ibare rauf nach CHUCHINI (ca. 3 US $ retour), dauert ca. 2 Std. retour und ist über Abzweigungskanal nur während der Monate ca. August bis April möglich. Mehr über den Kautschukbaron siehe "Riberalta"!

Pisten ab Trinidad:

Abfahrt der Fahrzeuge: Brücke hinter Markt (siehe Fahrt nach Pto. Barrador). Wer Abenteuer sucht und auf Komfort verzichten kann: lohnend, allerdings auch in der Trockenzeit häufig nicht durchgehend befahrbar. Vorab checken und eventuell Rest per TAM oder LAB- Propeller durch die Luft.

TRINIDAD »→ LA PAZ: täglich Bus (sofern Piste o.K.) bis San Ignacio. Ca. 3 Std. und mehr. Hier gibts Basic Hotels. Weiter per Camionetta oder LKW nach San Borja mit Airstripe und LAB/TAM- Propeller, Basic Hotels und (bei entsprechender Piste) Transport nach Sapecho - Caranavi. Ab hier täglich Bus nach La Paz durch die Yungas. Details siehe dort. Gesamt-Km: 610, komplett befahrbar nur: April bis Okt. –

TRINIDAD »→ STA. CRUZ: derzeit nur LKW's und Camionettas. Schlimmster Pistenteil zwischen Villa Banzer und Sta. Maria. Häufig unbefahrbar. Die von Trinidad abfahrenden LKW's gehen meist bis Sta. Cruz durch.

Literatur: "Reliquias de Moxos" von Rogers Becerra Casanovas, herausgegeben zusammen mit der Municipalidad de La Paz, Adresse: Dir. General de Cultura, La Paz – Post Box 5881. Spanisch, Viel Background über die Bewohner der Region, insbesondere Feste, Tänze etc. Der Band soll ausverkauft sein und angeblich nicht mehr nachgedruckt

LANDKAUF: Die Beni- Flachebene erstreckt sich von den Andenrändern 1.5oo km bis zum Amazonasurwaldgürtel im Pando Gebiet nahe der brasilianischen Grenze. Durchschnittliche Höhe über dem Atlantik 26o m: Urwälder, durchsetzt mit Termiten-Llanos, feuchtem Schwemmland, riesigen Seen (Laguna Huatunas und Rogaguado nähe San Joaquin), endlos sich windenden Flüssen und weitem Grasland.

Bei den sintflutartigen Güssen der Regenzeit ist ein Großteil des Gebietes unter Wasser, denn die Wasserfluten können bei dem geringen Gefälle zum Atlantik (2oo m bei einer Entfernung von über 4.ooo km !!!) nicht schnell genug abfließen. Die weitverstreuten Hazienda- Besitzer sitzen dann auf ihrer Farm fest, sofern die Graslandepiste für die Cesna nicht auf einem "LOMO" (Hügel) liegt.

Das Gebiet ist sehr fruchtbar, aber von Infrastruktur katastrophal schlecht erschlossen. Wer sich hier niederlassen will, als Farmer oder ähnliches: Freunde von mir haben sich im Beni Department 10 Ha. Land gekauft. Kostenpunkt 500 DM! Allerdings ist die Farm nur per Flußboot in 3 Tagen von Trinidad zu erreichen. Vielen Dank für diverse Leseranfragen von "Aussteigern": Infos zu Landkauf im Ministerio de Agricultura in La Paz. Weitere, u.U. günstigere Alternativen: entlang der neuen Piste Caranavi – Trinidad, im Tiefland nördlich von Sta. Cruz und um Villa Tunari.

Pando:

brasilian. Grenze

Dichter Urwaldteppich, durchzogen von Flußläufen. Gelegentlich kleine Spots von "Chacos" (Brandrodungen). – LAB und die Militärs fliegen in Propellern nach RIBERALTA ab Trinidad. Bequemer ist jedoch der Jet-Flug zum neuen Airport GUAYARAMERIN (Straßenverbindung durch den Urwald nach Riberalta).

Riberalta:

ca. 18.ooo E. / 218 m

Verschlafenes Tropennest am Zusammenfluß des Rio Beni mit dem Rio Madre de Dios. Bedeutung während des Kautschukbooms als Hauptsammelhafen des Pando Gebietes. Jetzt verfällt es langsam in Provinzialität. Rote Amazonas- Sandstraßen im Schachbrett , viele Mopedtaxis (angeblich 6oo!) und weitläufig angelegt. Vom Flugfeld sind's zu Fuß ca. 2o Min. ins Centro, einer, mit Ziegelsteinen bepfalsterten Straße, paar Shops und LAB- Office.

Eine Parallelstraße weiter die Hauptplaza, reichlich verlassen, mit Farmacias und Alcaldia. Danach noch ca. 13o m zum Fluß: der Strom ist hier in der Trockenzeit ca. 1/2 bis 3/4 km breit, graubraune Wassermassen. Auf der anderen Seite riesige Sandbänke vor der grünen Urwaldmauer. Verdammt schwül und feucht, der Schweiß rinnt von der Stirn! Zum Fluß geht's in der Trockenzeit per Steilufer ca. 4o m runter, unten die Hausboote, – in den Monaten Dez. – Feb.: Fluß ca. 1,5 km breit und nur 15 m runter.

Der Malecon (Uferpromenade) in breiter Allee und Denkmal für Senor Suarez (1851 - 194o), damals reichster Kautschuk baron dieses Teiles des Amazonas (siehe "Cachuela Suarez"!) und ein eisernes Dampfschiff, die "Tahuamanu". Rechts über einen Fußweg runter an den "Porto" von Riberalta. Ein paar Holzhütten mit Coke- Drinks und Batterie- Schallplattenspieler. Hübsche, schwarzhaarige Töchter,– von La Paz importiertes Bier und

*

WIE KOMMT DER DELFIN IN'S SÜSSWASSER? ?

Das war ungefähr in der Zeit, als in Europa die Saurier durch die Sümpfe Ostfries= lands stiegen, um sich makrobiotisch zu ernähren. Genau zu dieser Zeit stand im

gelegentlich Gringos, die hier rumhängen und auf ein Schiff nach Pto. Maldonado/Peru oder nach Rurrenabaque/Rio Beni warten.

Hotels/Riberalta:

Gemäß heutiger Bedeutung des Ortes keine breite Palette. Beste sind "TROPICAL" und "NOR ESTE", beide Centro, ca. 10 US S Doppel mit Privatbad. Nicht Luxus des Ganadero/Trinidad erwarten. Billiger: "Julita" ca. 5 US S ohne Privatbad.

Essen: "Matufia" nähe Plaza und LAB- Office, sowie mehrere um die Hauptplaza.

Ausflüge: Interessant an Riberalta: der Flair (zur Kautschukzeit wichtigste Metropole im bolivianischen Tiefland), – an Sight Seeing wenig. Wer will, kann mit "Hotel Tropical" (der Partner ist ein Schweizer!) rüber nach Tumichuca/3o km per Landweg oder Motorboot. Hier, in der ehemaligen Missionsstation am Ufer einer Lagune Übernachtung im Urwald nebst WC . Hier steht ein Motorboot und ein Hausboot zu Verfügung, in dem man auch irgendwo auf Urwaldfluß übernachten kann. Per Jeep alles inkl. ca. 20 $ pro Person und Nacht.

Monte Libano, 16o km über die unfertige Piste nach Rurrenabaque, ebenfalls per "Tropical Hotel", allerdings reichlich teuer. Minimum 3 Tage = 4oo US $ bei 2 Personen. Inklusiv Fischen auf Urwaldflüssen, Ausritt in Pampa/Tropenwald, Besuch von Kautschuk-Plantagen und Indianersiedlungen. Billiger, wenn sich eine größere Gruppe bildet.

"Cachuela Suarez" Stromschnellen im Unterlauf des Rio Beni, kurz vor der Mündung in den Rio Madeira. Nennt sich auch Cachuela Esperanca, Sitz des Kautschukbarons Suarez. Per Flußboot mit starkem Außenborder ca. 8 Std. flußab und ca. 18 Std. flußauf wegen starker Strömung. Das schlägt sich auf den Spritverbrauch und Preis. Unter Umständen billiger über die Piste ab Guayaramerin zu erreichen. Details daher siehe dort!

Die Pando - Urwälder:

Riberalta ist Ausgangspunkt für Abenteuer- Trips in den Pando Dschungel zu den Kautschuk Zapfern. Hier findet ihr feuchtheißen Urwald mit riesigen Bäumen, die mit Moosen bewachsen sind, von denen die Lianen baumeln, tiefgrüne Nebenflüsse, dicht zugewachsen, so wie man sich Urwald im Bilderbuch vorstellt!

Abfahrt der Transport- Boote ab Riberalta/Capitania am Fluß erfragen! Konserven, Hängematte mitnehmen, kein Flußwasser trinken. Ansonsten Mineralwasser und per Machete Früchte vom Baum holen. Nachts schlaft ihr irgendwo bei einem Zapfer im Urwald unter einem, aus Palmwedeln geflochten Dach. Diese Fahrten sind nichts für den komfortbewußten Neckermann Touristen und lassen sich auch nicht auf festen Routen planen.

Kautschuk Boom im Pando- und Acre- Territorium:

Das war zwischen 188o und 192o, – und damals war hier schwer was los! Europa und Amerika hatten gerade das Auto und die Elektrizität erfunden und benötigten dringend größere Mengen für Kabelisolation und Autoreifen. Im Pando und Acre- Dschungeldickicht wächst die "Hevea Brasiliensis", eine Art Gummibaum größerer Dimension,

"bueno, – tenemos tiempo"
b.w.

Amazonas - Gebiet das Wasser bis an die Füße der Anden= hänge und Delfin-Pärchen schwammen munter um die Wette.

aus deren Stamm man den weißen Kautschuksaft abzapfte. Tausende von Abenteurern strömten damals, – wie zur Zeit des Goldrausches in Alaska, in dieses Gebiet, ungeachtet der Gefahren und Tropenkrankheiten.

Die Gummibäume waren nur unter gefahrvollen Flußfahrten mit dem Kanu zu erreichen. Hier lauerten Vogelspinnen und Pirannhas auf die Seringeiros, und im Dickicht, durch das sie sich per Machete einen Pfad schlagen mußte, die Jaguare und Schlangen. Die "Padrones", denen die weiße Ware abgeliefert werden mußte, fuhren währenddessen in weißen Anzügen auf den Amazonas- Doppelstockbooten zwischen den Urwaldsammelnestern und der Gummi- Metropole Manaus am Rio Amazonas. Bislang ein schmuddeliges Indianerdorf, wurde Manaus praktisch über Nacht zu einer Großstadt inmitten des Dschungels, – mit elektrischer Beleuchtung (noch vor Paris und London!), eigener Oper, in der der berühmte Caruso sang, prächtigen Villen und Bordells, in denen die Gummisammler ihren Gewinn umsetzten, um aus der Trostlosigkeit des Dschungels zu entfliehen. Siehe auch "Manaus"

Brasilien hatte in weiser Voraussicht Bolivien im Acre- Krieg sein Territorium abgehandelt gegen den Bau einer Dschungeleisenbahn, 36o km von Guayaramerin nach Porto Velho. Entlang des Rio Mamore/Madeira, der in diesem Bereich wegen zahlreicher Stromschnellen den Abtransport bolivianischer Kautschukballen erheblich verzögerte, da die Ballen vor den Rapids jeweils aus den Booten geladen, über Land transportiert und danach wieder eingeladen werden mußten. Ein Vorgang, der bis Pto. Velho im Schnitt 2 Wochen benötigte. Details zu diesem Gleis, das noch bis ca. 1972 in Betrieb war im Brasilien- Teil unter "Porto Velho".

RIBERALTA wurde 1894 aus wirtschaftlichen und handelstechnischen Gründen am Zusammenfluß des Rio Beni und Madre Dios gegründet. Noch heute wird im Bereich bis COBIJA Kautschuk geerntet, wenn auch in kleinerem Umfang. Abfahrt der Kautschuk- Transportboote ab Capitania/Hafen. Interessant zugleich die Kautschuk- Verarbeitungsfabrik, runde 2 km flußab ab Captinania/Riberalta. Zu erreichen per Moped Taxi.

Piste Riberalta → Guayaramerin:

Eine Urwaldschneise, die vor ca. 2o Jahren angelegt wurde, um schnelleren Verkehr zwischen dem Flußsystem Beni & Madre de Dios und dem Mamore zu gewährleisten. Heute im Normalfall mit Pickup ca. 2 Std., Bus ca. 3 Std., – während der Regenzeit bis zu 1 Tag. Rund 1oo km.

* BUS: jeweils 1 mal pro Tag ab Nähe Hotel Tropical sowie ab nähe Plaza.
* CAMIONETTA: der schnellste und bequemste Weg, – wenn's unterwegs keine Pannen gibt. Abfahrt ab Parador (hinfahren per Mopedtaxi, zu Fuß relativ weit!). Fahren permanent wenn Kiste voll, jedoch meist zw. früh und mittags, da die Besitzer abends wieder in Riberalta zurück sein wollen. Vorne in der Führerkabine etwas teurer, dafür keine Moskitos und eventuel

FORTSETZUNG:

Doch als sich das Meer wieder auf den heutigen Küsten - Verlauf zurückzog, da lagen die Delfine noch schnarchend in den Salzwassertümpeln und mußten sich notge=drungen auf Süßwasser umstellen . . .

Musik. Hinten auf querliegendem Holzbrett quer durch die Luft, aber besser den "Amazonas" in der Nase.

Schnurgerade durch den Urwald. Eine rotbraune Piste durch die hohe Urwaldmauer, bei Trockenzeit ohne weiteres mit 1oo km/h. Rund 5 km nach Ortsende: Repr. El Prado: ein Badesee, am Wochenende gut frequentiert. In der Nähe Militär. Mit Cabaña und Drinks. – Danach gelegentlich Rodungen für Siedlungen. Über kleinere Flüsse per Holzbrücke. Der RIO YATA, ca. 1oo m breiter Urwaldfluß in Trockenzeit per Fähre. Ein Ponton, das seitlich geschoben wird. Auf der anderen Seite gibts Bambusstände, einer davon hat sogar Eisschrank! Flußfisch und Coke.

Kurz vor diesem Fluß ist auch die Stelle des großen "desvio" (Umleitung) bei Regenzeit, wenn der Fluß ansteigt. Bis zu 6 verschiedene PKW's und manchmal 3 km zu Fuß zum nächsten Fluß; der letzte Rest bis GM. per Boot = insges. 1 Tag Fahrt. – Kurz vor GM, rechts wieder Badestelle und Weekend- Treff inkl. Gummi- Schwimmreifen. Ein Minifluß, aber schön zwischen den Bäumen gelegen.

Guayaramerin:

Urwaldnest an der brasilianischen Grenze, das seine "Unschuld" durch die breite Jet- Flugpiste verloren hat. Die weitere Entwicklung bleibt abzuwarten. Die LAB plant, den Airport als Zwischenstop für Flüge nach São Paulo einzubauen. Das "Relaxing- Tropical" ist dann sicher weg, – wie neue Hotels hinzukommen werden. Berichtet uns bitte für Neuausgaben!

Hotels: alle Bereich Hauptplaza, Airport und Flußhafen, ein Bereich von ca. 5oo x 5oo m. "Litoral" schöner Innenhof mit Tropenpflanzen und Hängematten für Siesta. Einfach eingerichtet, das Doppel ca. 5 US S. Beim Airport. – Schräg gegenüber: "Res. Sta.Ana",ähnlicher Preis. – "San Carlos" bei Policia, ca. 8 US S Doppel mit Ventilator, Privatbad und Telefon.–"San Pablo" ist zu Drucklegung bestes in GM., Änderungen werden sich nach stallation des Jet-Airports zweifelsohne geben. Doppel ca. 10 US S, eine 3-stöckige Kiste in Nähe Hauptplaza und Hafen. Mit Mini-Swimming Pool in engem Garten. Hat uns vom Ambiente nicht unbedingt überzeugt. "Hot. Plaza" an Hauptplaza, passabel, ca. 4 US S.

Unterm Strich derzeit auf der bolivianischen Seite erheblich billiger zum Übernachten und Essen.

Nach Brasilien:

Vom Airport ca. 1o Min. zu Fuß zur Hauptplaza von GM und dann noch ca. 15o m runter zum Fluß. Hier gibts 2 Restaurants (basic) mit rotierenden Ventilatoren und per Stufen runter an den Fluß, wo die Boote nach BRASIL warten. Abfahrt tagsüber permanent, wenn das Boot "einigermaßen" voll ist; das sind längere Kanus mit überdachter Schilfdecke (ca. 10 US S). Daneben warten offene Schnellboote mit hoch-PS-Motoren, die ca. 1,5 US S kosten und die Strecke statt ca. 15 Min. in 10 Min. machen. Wer sie per "Expresso" nimmt (komplettes Boot), teuer: ca. 2 US S. Die Abfahrten sind so häufig, daß sich Warten lohnt..

Es gibt auch eine PKW- Fähre. Auf Grund Abkommen Brasil/Bolivia ist der PKW- Transport kostenlos! – Wer nur zum Besuch der brasil. Seite rüberwill, braucht derzeit keine Passformalitäten zu erledigen. Bei Weiterreise nach Porto Velho, Manaus etc. jedoch unbedingt Einreisestempel bei der Policia Federal neben Kathedrale, ca. 2oo m vom Hafen über die 15 de Nov.

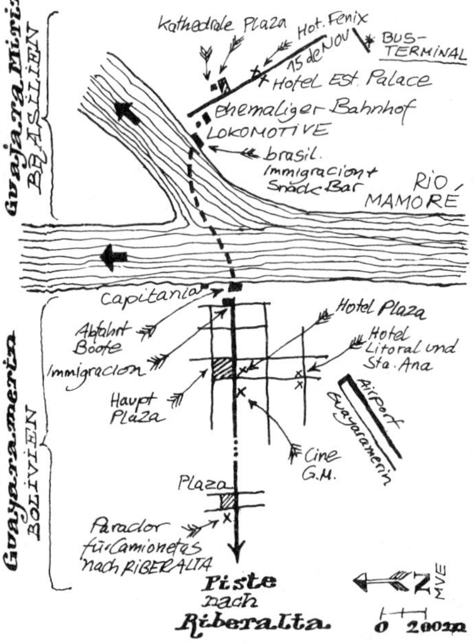

GUAJARA MIRIM/Brasilien: nach nur 15 Min. Überfahrt statt boliv. Walzer aus dem Radio heiße Sambas, — statt roten Staubpisten: Asphalt,— PKW's statt Mopedtaxis. Hier: Bier aus La Paz und Spanisch, dort "Antarktica" und astreines Amazonas Portugiesisch. Man merkt, man ist beim "reichen Nachbarn", was sich leider auch in gewisser Arroganz gegenüber den bolivianischen Besuchern ausdrückt.

Fast alle Waren für die boliv. Seite kommen aus Brasilien; Austausch: Drinks und Benzin, das in Bolivia wesentlich billiger ist. DETAILS zu Guajara Mirim siehe unser Amazonastext! Ab hier ausgezeichnete Bus- und Flugverbindungen, sowie Straßenpisten rauf nach Manaus mit Anschluß bis Caracas/Venezuela und Georgetown/Guyana (Rest per Flug!). G.M. ist einer der wichtigsten Durchgangspunkte für Südamerika Nord- Süd- Durchquerungen, über die sich schöne Rundtouren zwischen den Andenstaaten und Brasilien legen lassen. Details im Amazonas- Kapitel/Brasilien.

Schiffsverbindungen: ab Guayaramerin/Bolivien

Den Rio Mamore flußab nicht möglich wegen zahlreicher Stromschnellen und kleineren Wasserfällen. — Flußauf über den Mamore bis Trinidad Verbindungen mit Cargo- Booten weiter bis Pto. Villaroel an den Andenhängen (Piste nach Cochabamba). PKW- Transport ist möglich bis Guayaramirin. Kostenpunkt derzeit ca. 1oo US $, somit per eigenem Auto von bolivian. Anden ins brasilian. Amazonasgebiet. Allerdings sehr unregelmäßige Abfahrten. Wer kein eigenes Auto dabei hat, fliegt besser! — Nach Riberalta nur per Piste; der Fluß ist hier durch mehrere Stromschnellen blockiert für durchgehenden Flußverkehr.

Ausflüge ab Guayaramerin/Bolivien:

Über eine 7o km Piste durch dichte Urwälder nach CACHUELA SUAREZ (in Karten auch "Cachuela Esperanza") am Unterlauf des Rio Beni. Heute ein unbedeutendes Dorf, — um die Jahrhundertwende Hauptsitz und Schaltzentrale des Kautschukkönigs Nicolas Suarez, der von hier den gesamten Handel des Pando und Acre kontrollierte.

Damals eine Luxussiedlung in der Unwegsamkeit Amazoniens, mit elektrischem Licht, eigenem Opernhaus, Zeitung, — einer der besten Kliniken und dem ersten Rolls Royce Boliviens. Der RIO BENI hat hier, kurz vor der Mündung in den Rio Madera mehrere Strom schnellen, die Boote nicht passieren ließen und die Flußsysteme des Madre de Dios/Beni von denen des Mamore und Madera unterbrachen. Suarez ließ hier ein 2 km Eisenbahngleis durch den Urwald legen, importierte eine Dampflok aus Berlin von den Borsig- Werken und kassierte somit Maut für praktisch jeden Ballen Kautschuk, der den Raum Pando Acre Richtung Manaus verließ.

Zu seiner Zeit einer der reichsten und mächtigsten Männer Boliviens, zusammen mit dem Zinnkönig Simon Patiño, bekannt für seine Brutalität und Härte. Im ACRE–KRIEG kämpften seine urwalderfahrenen Arbeiter gegen die Brasilianer. Bei den Friedensverhandlungen war Suarez sicher nicht unmaßgeblich beteiligt, die an Brasilien das Acre-Territorium abtraten und dafür den Bau der GM. – Pto. Velho Eisenbahn einhandelten: für Suarez ohne Frage eine Gewinnsteigerung. Er war es auch, der die ersten Metallschiffe in der Region einführte und Handel mit Paranüssen und Kastanien aufbaute.

Heute noch zu sehen: die vor sich hinrostende Borsig-Lok, das Opernhaus. Über den Rio Beni in ca. 18 Std. flußauf nach Riberalta. Es soll ein kleines Hotel in C. Suarez geben.

Cobija:

ca. 28o m/ 7.ooo E.

An der Grenze zu Brasilien im äußersten Nordwesten des Pando- Dschungels. Zu erreichen von La Paz per direkten TAM- Propellerflug (billiger, als LAB, die derzeit nur den Umweg über Trinidad fliegen), sowie ab G.M./Propeller.

Der Ort hat ca. 6.ooo Einwohner, Pharmacie und Bank, sowie Hotels (bestes das "Hotel Pando"/6 de Febrero, – "Cocodrillo"/Av. Fernandez, – Basic: "24 de Septiembre (Av. 9 de Febrero) und "Barbecho"(Av. Tcnl. Cornejo).

Per BOOT über den Fluß nach Brasilien/Ort BRASILEA mit Straßenanschluß nach Rio Branco und Pto. Velho (täglich Busse, sofern es die Piste erlaubt) und nach Assis Brasil mit Grenzverbindung Peru/weiter nach Cusco. Details siehe unser Brasilien--Amazonastext!

Die nähere Umgebung von Cobija ist per Pisten gut erschlossen: viele Farmen im Urwald; 2o km Piste nach Porvenir/Rio Tahuamanu, wird derzeit fortgeführt bis Pto. Heath/Cive am Rio Madre de Dios. Damit fehlen dann nach Fertigstellung nur noch wenige Km im peruanischen Teil bis Pto, Maldonado, von wo eine Piste in die Anden nach Cusco bereits existiert. Derzeit dieses Stück per Boot bis Pto. Maldonado!

Fertig, allerdings nur bei gutem Zustand befahrbar sind die 23o km bis PORTO RICO am Rio Manuripi, der per Ponton überquert wird; setzt sich fort bis CONQUISTA am Rio Madre des Dios und befindet sich derzeit in Bau/Planung zum Rio Beni und weiter durchs Tiefland nach Rurrenabaque. Fertigstellung bei der derzeitigen Ebbe in der boliv. Staatskasse ungewiss. Reger Schmuggelhandel zwischen Bolivien und Brasilien: Lebensmittel, Getränke, Cokain, Industrieprodukte und Luxusartikel.

GRENZVERBINDUNGEN (nach Brasilien und Peru):

1.) Hauptübergang und am bequemsten in den brasilianischen Amazonas: via Guayaramerin. In Bolivien bis knapp an die Grenze (ca. 250 m zu Fuß), drüben in Brasil ausgezeichnete und tägliche Busverbindung nach Porto Velho. Sowie ca. alle 2 Tage Flug.

2.) Via Cobija: Anreise entweder Flug oder (sehr schwer realisierbar, da zu geringer Verkehr!) von Riberalta Boot nach Porvenir und LKW- Trip 20 km nach Cobija. Ab brasil. Seite tägl. Bus über Rio Branco nach Pto. Velho. Details siehe Brasilien- Teil!

3.) nach PERU: wenig bekannt und von uns 1977 erstmalig publiziert: es ist möglich, durch den Urwald rüber nach Peru zu kommen, ohne wieder zurück nach La Paz zu müssen. Allerdings eine Route für Abenteurer, die zeitlich nicht zu knapp angesetzt werden sollte:

a) von Cobija rüber nach Brasilea und ab hier mit Bus nach Assis Brasil, dort per Kanu über den Grenzfluß nach Iñapari. Hier 2 mal im Monat Militärpropeller nach Pto. Maldonado mit annähernd täglichem Anschluß durch die Luft nach Cusco. Wegen dem Problem Iñapari – Pto. Maldonado besser in Gegenrichtung reisen! Details siehe Peru und Brasilien- Teil unter den entsprechenden Orten!

b) von Riberalta über den Rio Madre de Dios nach Pto. Maldonado. Ob es dieser Flußtrip "bringt" (flußauf ca. 5 - 7 Tage), sei dahingestellt. In jedem Fall ist dieser "Fluß- Verkehrsweg" eine der Hauptrouten für die regionalen Händler, die trotzdem 2 - 14 Tage Warterei in Pto. Maldonado oder in Riberalta bedeuten kann. Papierkram muß man in diesen beiden Orten erledigen. An der Grenze bei Pto. Heath nur Kontrolle.

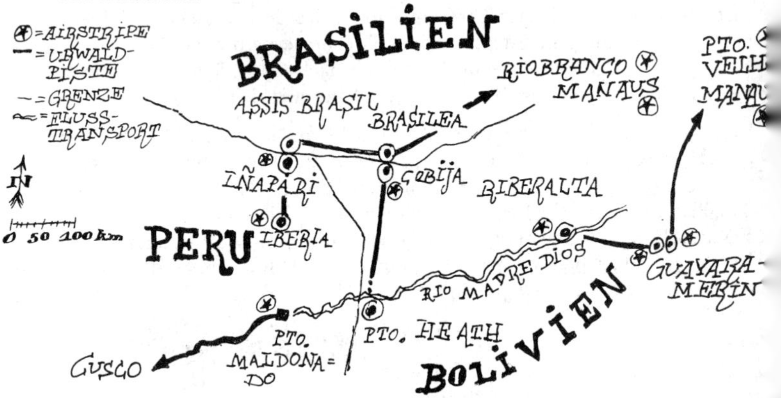

Synthetischer Gummi wird mit Erdöl hergestellt. Bei gestiegenen Erdölpre[i]sen erfährt die Nachfrage nach Naturkautschuk derzeit wieder Aufschwung. Gleichzeitig stellten die amerikanischen "Landsat"-- Satelitten im Raum Par[an]do mit die besten Anbauböden des Amazonas fest, – zusammen mit Acre. Im Bereich nördl. Riberalta zugleich reiche Edelstein- Funde.

DER GRAN-CHACO

Neben PANDO und BENI das 3. große Entwicklungsgebiet Boliviens: Etwa auf der Höhe von Sta. Cruz gehen Llanos und Urwald in eine trockenheiße Savanne mit Knüppelbuschwerk und Palmeninseln über. Erdölfunde, Eisenlager, sowie Zuckerrohr und Reisplantagen. Sehr dünne Besiedelung, aber auf Grund der reichen Bodenschätze ist eine große Entwicklung in den nächsten Jahren zu erwarten.

Sta. Cruz:

437 m/ derzeit ca. 300.000 E.

Im Tiefland am Rande des Andenabhangs und Beginn des Gran Chacos, einer riesigen Trockenbuschsteppe, die sich bis weit hinein nach Paraguay erstreckt. – Stark expandierendes Handelszentrum, ist in den letzten 5 Jahren auf fast das Doppelte angewachsen und heute nach La Paz wirtschaftlich 2. wichtigste Stadt Boliviens.

Flair: viele Chevy- Pickups, Broncos, Blazers und Toyotas, - heiße Straßen mit 1- stöckigen Häusern, der Fußweg unten mit Arkaden überdacht gegen Sonne und Regen. Auf den Ziegeldächern oft Kaktusse; der permanente Wind in den Monaten Juli- September weht Sand und Erde auf die Dächer, Nährboden für die Pflanzen.

Zentraler Platz: die 24 DE SETIEMBRE mit der scheußlichen Backstein-Kathedrale, die als Orientierungspunkt dient, da Richtung Nord. Der Rest: Schachbrett- Straßen umrahmt mit den "Anillos" (=Ringstraßen). Außen: die Wohnviertel, teils mit Luxusvillen, so z.B. nähe Hotel Taijbos, deren Besitzer meist entweder in Erdöl, oder Viehhandel oder Cocain (= die "Cocadollares") engagiert sind. Im 1. Anillo/Parque Bolivar z.B. eines der Cocain-Schmuggelflugzeuge, das vor ca. 15 Jahren auf dem Sta. Cruz- Airport von der Polizei gestoppt wurde, aber zunächst mehrere Jahre auf dem Airport stehen blieb , da die Cocain- Piloten oft eine Bombe mit an Bord haben, um bei Polizei- Check in die Luft zu gehen und Beweismittel zu vernichten.

Als nichts dergleichen passierte, kam die Maschine an den Anillo und ist heute eine Kinderbibliothek. – Andere Orientierungspunkte in der Architekten- Reißbrett- Stadt: Christusfigur: hier gehts ab nach Warnes und Montero, wichtige Landwirtschaftssiedlungen in näherer Umgebung. – La Carreta: ein Eselskarren, wie er früher im Chaco als Transportmittel üblich war; am 1. Anillo: über die C. Sucre ins Centro/Plaza 24 de Setiembre.

Tourist INFO Calle Rene Moreno/Ecke Suarez de Figueroa 215 im Edificio de Chazal, nähe Hauptplaza. Die Sekretary Angelita de Gamboa mit viel Background- Wissen. Unten im selben Haus: LAB- Office.

Hauptsächlich um Hauptplaza Ambulante Händler. Gut abzählen!

Post Junin 146: Zentralpostamt
TEL (ENTEL): Warnes 88

Hotels/Sta. Cruz:

3 TOP- HOTELS derzeit in Sta. Cruz: das mit 5 Sternen quotierte "LOS TAJIBOS", ein moderner 3- stöckiger Bau um Gartenanlagen mit SW.- Pool , die Zimmer groß mit dickem Teppich und TV/Privatbad und Tel., Doppel ca. 8o US $ pro Nacht. – Dann das sehr zu empfehlende "LA QUINTA": luxuriöse Appartements mit Kochgelegenheit, TV. Unten Sitzgruppe, oben über Treppe rauf in die Schlafräume, zentrale Air Condition. Jedes Haus hat eigene Einfahrt zum Abstellen des PKW's. Innen im Patio: SW-Pool, sowie Konferenzraum mit Betamax- Videoanlage etc. Kostenpunkt pro Appartement ca. 70 US S/Nacht = 1 - 4 Personen. – "HOTEL CORTEZ" derzeit das 3. beste von Sta. Cruz, ein Hotel im alten Stil. 2-stöckige Hausreihen zwischen dichten Bäumen, Zimmer relativ groß. SW-Pool und Restaurant. Jedes Zimmer hat schmale Veranda, abends viel Vogelgezwitscher in den Bäumen. Doppel ca. 33 US S. Ins Centro zu Fuß ca. 20 Min., liegt am 2. Stadtring.

MITTELKLASSE: ganzer Schwung, meist um 2o - 25 US $ Doppel im Centro. "HOTEL ASTURIAS"/Moldes 154, Cabañas zwischen Bäumen. Ambiente zwischen "passabel" und "Flair". Die Betten mit Holzlattenrost, Fenster meist mit Moskitogittern, die Duschen leider Brasilianisch" (=offene Kontakte!). Mit relativ großem, aber weniger einladenden SW- Pool. Achtung: Zimmer sehr unterschiedlich in Qualität. Abchecken! Zum Centro ca. 15 Min. Doppel je nach Zimmer zwischen ca. 25 und 28 US $ und daher teils das "Cortez" besser. – "HOTEL INTERNATIONAL" / Calle Colon 437, neues Hotel, nach Schema "F" gebaut, Zimmer mittelgroß, aber mit großem Plus: 5 Stockwerke hoch und derzeit in den oberen Stocks über den Dächern von Sta. Cruz! Ganz oben Restaurant. Preislich passabel mit ca. 12 US $ Doppel bei sauberen Zimmern, wenn auch einfach eingerichtet. Ca. 1o Min. zu Fuß zur Hauptplaza. – "HOTEL BOLIVIA"/Calle Libertad 365, sauber, mit Bad, allerdings bei ca. 22 US S recht teuer, ohne etwas Spezielles zu bieten. Langweiliger Innenhof. – "SIESTA HOTEL"/Calle Vallegrande 17, kleine Zimmer, teils aber mit schönem Blick, sauber. Aber Vorsicht: einige Zi. ohne Fenster und trotzdem gleich teuer! Doppel ca. 10 US S. – "HOTEL COLONIAL"/Calle Bs. As. 57, empfehlenswert, relativ zentral, sauber, die Zimmer mit AC. Tel. und Teppich, Privatbad. In der Lobby TV mit Videoanlage, Doppel ca. 18 US S. – "HOTEL FLORIDA" Calle 21 de Mayo 2o9: nicht mein Fall. Ziemlich heruntergekommen. Mit Privatbad ca. 8 US S. – "HOTEL LA PAZ" /Calle La Paz 63, sauber, kleiner Innenhof mit Pflanzen und ganz nah an Hauptplaza. Das Doppelzimmer mit Privatbad ca. 8 US S (AC), ohne Aircondition ca. 6 US S.– "HOTEL ROMA"/Calle 24 de Set. 53o: sauber, aber relativ steril und teuer: ca. 1o US S mit Tel., Privatbad und AC. – Ebenfalls steril: "DENIS"/ Av. vaca Diez 19, ca. 8 US S AC/Privatbad. Mehr Ambiente im "Colonial" für ähnlichen Preis.

BILLIGHOTELS: über das ganze Centro verstreut, sowie einige beim Ferrocarril und beim Busterminal. Diese allerdings sehr basic und Preis/Qualität- Relation ungünstiger als im Centro. (= 1 - 4 cuadras vom Hauptplaza).

Wegen Hitze in Sta. Cruz kann luftige Bauweise, Schatten im Patio bzw. Ventilator im Zimmer wichtig sein! Air Condition = Erkältung. Vorsicht!

"BOLIVAR"/Calle Sucre 131, ca. 3 Min. von Hauptplaza hat uns in dieser Klasse am besten gefallen, ist gemütlich, sauber und meist voll. Innenhof schön mit Pflanzen. Das Doppelzimmer mit Frühstück und Gemeinschaftsbad ca. 4 US S. – "ORIENTE"/Calle Junin 362: 1-stöckig, Innenhof teils überdacht, o la la sauber und ca. 4 US S, – das "COPACABANA"/Junin 217: ca. 4 US S mit schmalem Innenhof: rechts und links Balkons, passabel. Mit Privatbad teurer. – "FERROCARRIL" nähe Bahnhof, teuer bei ca. 4 US S für eine ramschige 2-Stockbude.–Billig und gut: "SUAREZ"/Ballivian149

"LA PASCANA" an Plaza 24 de Set. am Eck unter Bäumen bei der Kathedrale. Schön zum Relaxen. Snacks, Bier und bekannt für gute Eiscremes. – "CLUB SOCIAL"/Hauptplaza, rechts neben Kathedrale. Alter Säulenschuppen, frisch geweisselt. Oben im 1. Stock Billardtische und Drinks. Unten Mittag+ Abendessen/auch oben an Veranda. Große Fleischstücke und relativ billig. Draußen am Eingang steht: nur für socios (=Mitglieder), anscheinend aber flexibel und auch für Gringos! – "REST. HOTEL COLONIAL"/C. Bs. As. 57. Sauber, Preise mittel. Zu empfehlen. – "REST. im HOTEL LA PAZ": C. La Paz 67: gemütlich mit vielen Pflanzen. Zentral., Preise mittel. – "EL PATIO PEKIN"/Hauptplaza, Ecke Beni 3o7: Chinese, empfehlenswert. – Wer Chinesisch mag, gut auch "EL MANDARIN"/ Av. Irala 673 und "CHINA YUNNAN"/Quirraro 636 (nach Empfehlung von Einheimischen!). – "LA FLORESCA"/Calle Velarde 136 sehr teuer, intern. Küche, – daneben "Whiskeria Piano Bar". – Orginell: "Whiskeria La Cueva del Raton" (Calle La Riva) mit vielen Spinnetzen, beide nur für Drinks abends. – "FLOR DE LA CANELA", peruan. Besitzer und-Gerichte. Preise mittel, Sa. + So. abends Show, – "LOS PATOS"/Straße nach Cochabamba, km 2: typ. Küche mit Yucca, Reis, Platano und Salat, billig.– Billige Snacks in der Calle Ayacucho ab Hauptplaza. – "85" in der Calle Bolivar 85 , Restaurant mittlere Preise, – Gute Salteñas in "SALTEÑAS POTOSINAS"/Calle Aroma 375. Ein sehr simpel eingerichtetes Lokal, billig.

Exclusiv und teuer: "Hotel Los Tajibos" und im "Complejo Viva Maria"/ bei Busterminal: eine überdachte Veranstaltungsmuschel mit Shows von Popstars wie J. Iglesias etc., Schönheitswettbewerben, – einer Disko und dem Luxusrest. "MEDIEVAL" (Essen 2 Personen um die 15 US $/Marisco aus Chile per Flugzeug) – Billig und viel Ambiente in den offenen Grill-

Ständen am Fluß hinter Bot. Garten. Details dazu siehe "Ausflüge/Sta. Cruz".

Frage, ob sich Automieten lohnt bei guten Verkehrsverbindungen in die nähere Umgebung. Auch innerhalb von Sta. Cruz gibts ein gutes MIKROBUS- NETZ; die meisten passieren in der ersten Parallelstraße zur Plaza, rechts und links an der Kathedrale vorbei. – Wer sich trotzdem ein Auto mieten will:

* "Internat. Rent A Car"/Av. Mons. Ribero/Ecke D' Orbigny 2oo, Preise derzeit für Jeep/Tag ca. 1o US $ + km -Gebühr, oder für PKW: ca 8 US $
* "Oscar Crespo"/Av. M. Ribero 96, ähnliche Preise

Achtung: nicht alle Car- Rentals von Sta. Cruz haben Lizenz. Kann bei Unfall Ärger geben. Außerdem gut den techn. Zustand des Fahrzeuges abchecken, wenn man ausgefallenere Trips machen will, wo über lange Strecken dann keine Werkstatt zu erwarten ist, wie z.B. Trip zu Missiones.

Saunas: gibts mehrere in Sta. Cruz. Bei Drucklegung galten als die besten: "STA. CRUZ"/Av. S. Arana Ende 2. Anillo und "SAUNA MIAMI"/Tarapaca 9o/Ecke Barr. Militar. Eintritt: billig. Infos über neuesten Stand: Tourist Office.

Ob Sich STA. CRUZ lohnt, sei dahingestellt. Vom Flair sicher, vom Sightseeing weniger. Viele Gringos kommen in die Stadt, weil hier die TRANS–SÜDAMERIKA–ROUTEN durchführen: a) La Paz nach Brasilien via Corumba und weiter nach Sao Paulo/Rio. – b) La Paz, aber auch Caracas/ Manaus–Beni und weiter nach Argentinien via Yacuiba, – c) Chaco- Trips nach Paraguay.

Sightseeing und Ausflüge ab Sta. Cruz:

(1) STADT: lohnend, aber nicht unbedingt nötig: der ZOO von Sta. Cruz. Liegt am 3. Anillo, offen tägl. von 9 Uhr bis ca. 19 Uhr. In der Nähe des Hotels Los Tajibos. Schön: die Tiere haben relativ viel Freiheit. Zu sehen: Leoparden aus der Region. Tukane vom Amazonastiefland, Ameisenbären, Kondore und mehrere Tapire. Im Zoo ein Restaurant.

(2) BOTANISCHER GARTEN: am 3. Anillo, nähe Messegelände. Großzügig angelegt mit Fahrstraßen, die zum Fluß führen. Dornenbäume, der "Taborachi", Flaschenbaum wegen seiner Früchte- Form, Blumen weniger. Beim Fluß das Restaurant: "EL PIRAI", berühmt für gute "Patos" , "Chicharron", "Empanadas" besonders am Wochenende. In der Mitte des Gartens steht ein Dornenbaum und mehrere Pressen. – Links ab an den Fluß über eine ca. 2oo m Sandpiste zu den "LAS CABAÑAS DE PIRAI", Holzstände, teils mit Wellblech, teils mit Schilf überdeckt gegen Regen. Hier wird auf offenenem Feuer "EL SONSO" gegrillt, Spezialität von Sta. Cruz: Yuca + Käse um einen Stecken gewickelt und über Feuer miteinander verschmolzen. Oder "PACUMUTO": Fleisch und Yuca abwechselnd vermischt, sehr lecker. Zwischen dem Rauch und quieckenden Schweinen:Holzbänke; Coke und Bier aus dem Eisschrank, der irgendwo schief auf dem Sand steht und von Generator gespeist wird. –

Wer kein Taxi nehmen will: mit dem MICRO NR. 4, nähe Hauptplaza. Fahrer Bescheid geben. Dann noch ca. 1o - 15 Min. zu Fuß durch den Bot. Garten. – CAMPING ist zwischen den Büschen möglich und von Sta. Cruz- Klimabedingungen auch ganz angenehm. Was die Einheimischen dazu sagen, ist eine andere Frage. Shop für Campingsachen in Sta. Cruz: "El Cazador"/Calle 24 de Set., ca. Nr. 15o. Gegenüber Banco Pop. del Per. Sehr teuer. Sachen besser selber mitbringen.

(3) MERCADO DOS POZOS: Hauptmarkt von Sta. Cruz. Ca. 4 + 4 cuadras ab Hauptplaza, Calle Suarez Arana. Einzugsgebiet Sierra und Tiefland, von daher interessante Misch-

ung. Artesania wenig bis garnicht. Hauptsächlich das, was die Leute brauchen: von Töpfen bis Schuhe, von Röcken bis Hüte. Alles unter Wellblechdächern gegen Sonne und Regen, sehr sauber im Vergleich zu diversen Altiplanomärkten; auch Fortalessa und Belem/Brasil könnten sich hier ein Vorbild nehmen! – Interessant war für uns der Markt, weil es in einer kleinen Ecke einen Stand mit Papageien und Affen gibt, allerdings in horribler Käfighaltung. An anderer Stelle unter Glühbirnen: in Stangen gepresster Tabak für's Pfeiferauchen und Koffer in Fell. Für Leder- Artesania (Sta. Cruz ist berühmt dafür) besser die Shops im Centro. Derzeit mit guter Auswahl:

* Calle 24 de Setiembre 431, sowie Calle Libertad bis C. Sta. Barbara, – kleine Auswahl, aber gut: Calle Independencia nähe Plaza 24 de Set. – in der "Boutique Ecuestre"/Calle Sucre 141, ca. 2 cuadras von Hauptplaza alles, was der Reiter braucht, vom Stiefel zum Sattel. Kleiner Shop undteuer.
* "Artesania La Alpaco", Sucre 175, kleiner Shop mit guter Auswahl an Andenprodukten in Woll und Alpaca- Sachen. Preise durchschnittlich.

(4) EL PALMAR: Sanddünenlandschaft, ca. 15 km südlich von Sta. Cruz mit mehreren Lagunen. Problem des Transportes; an Wochenenden beliebter Picknickspot, daher Autostop versuchen, zunächst ab Av. Santo Dumont Richtung Rafin. Palma Sola, danach Abzweigung zu den bis zu 3o m hohen Sanddünen (ca. 7 km). Hier kein Essen/keine Drinks.

Weitere Umgebung:

(5) SAMAIPATA: eine der wichtigsten archäologischen Fundstellen Boliviens, 125 km von Sta. Cruz an der Straße nach Cochabamba. Im Dorf Samaipata Basicunterkunft ("El Turista") sowie ein neues, modernes Bungalowhotel und Archäologisches Museum. Zu den Ruinen über eine Abzweigungspiste ca. 4 km rauf. Die vom Regen und den Jahrhunderten verwaschene Festung erstreckt sich über ein Gebiet von 12.ooo qm^2. Das Alter wird auf ca. 8oo - 1.ooo v. Chr. datiert. Lit.: "El Fuerte Preincaico de Samaipata" von H.B. Rojo und O.R.Sundt, erschienen bei Editorial Los Amigos del Libro/La Paz–Cochabamba. Nur Spanisch. – Bus ab Sta. Cruz/Busterminal, Fahrzeit ca. 3 Std.

(6) BALNIARIO ESPEJILLOS: 43 km von Sta. Cruz Richtung Cochabamba. Die ersten 26 km asphaltiert, dann Abzweigung Ri. Nord und 17 km ripio. Der Rio Piray wird in einer Furt durchquert, in Regenzeit nicht möglich. In der Übergangszeit zur Trockenzeit nur mit Geländefahrzeug.

14 natürliche Pools im Fels ausgewaschen (1o - 12 m Durchmesser, Tiefe 2 - 3 m!) und mehrere Wasserfälle bis zu 2o m Höhe. Sehr klares Wasser und viel tropische Vegetation. Die Schönheit der Landschaft hat diese Stelle zu einem beliebten Wochenendausflug für die Leute von Sta. Cruz gemacht. Allerdings keine Übernachtungsmöglichkeit, derzeit kein Restaurant und keine Drinks. IBT plant, die Region touristisch zu erschließen.

(7) ANGOSTURA: 6o km an der Straße nach Cochabamba. In der nähe der Transito- Stelle mündet ein kalter und ein ca. 23 Grad warmer Bach zusammen. Beliebte Stelle für Wochenendausflug. In Kiosken oben an der Hauptstraße Snacks (=Maiskolben etc.) und Drinks.

(8) YAPACANI und MISSIONES: siehe seperate Kapitel im folgenden Text.

Verbindungen:
ab Sta. Cruz

Im Airport: TOURIST OFFICE

* **Flug:** neuer Airport "VIRU–VIRU", 8 km nördlich der Stadt an der Strasse nach Yapacani. Zwischenzeitlich der 3. Airport von Sta. Cruz im Rahmen der starken Expansion. Täglich nationale Flüge über Cochabamba nach La Paz mit Anschluß Sucre, Tarija. Ebenso fast täglich nach Trinidad. Per Propeller (LAB und TAM) in den Beni, zu den Missiones, an die brasil. Grenze bei Pto. Suarez/Corumba und entlang der Strecke nach Yacuiba/Argentinien.

Internat. Flüge: mit der LAB via Manaus und Caracas nach Miami/USA, – via Asuncion/Paraguay nach Buenos Aires und São Paulo, sowie über La Paz nach Lima/Peru. – "Aerolineas Argentinas" fliegt ab Sta. Cruz via Salta nach Buenos Aires. – "Cruzeiro do Sul" direkt nach São Paulo und Rio. – "Air Paraguay" via Asuncion nach Bs.As. und Rio. Häufig günstige Excursion-tickets; so kostet z.B. Asuncion derzeit ca. 14o US $ retour, Bs.As. ca. 29o US $ bei Möglichkeit von 2 Stops unterwegs (z.B. in Salta und Cordoba).

STADTBÜROS: STA. CRUZ

Aerolinas Argentinas: Plaza 24 de Setiembre/2. Stock	Lloyd Aereo Boliviano: Calle Warnes Ecke Chuquisaca
Cruzeiro do Sul: Suarez de Figueroa 142	TAM: Independencia 113
Air Paraguay: Rene Moreno 3o9	Charter von Avionettas: siehe Branchenverzeichnis!

Wer eine Cesna etc. mieten möchte für Trips zu den umliegenden Haziendas: jede Menge von Aerotaxis, Berechnung nach Flugstunde, nicht gerade billig!

✱ Bus: sämtliche Verbindungen ab modernem Terminal* im Südwesten der Stadt: 1. Anillo/Ecke Av. Irala mit Canoto. Zu Fuß zur Hauptplaza ca. 15 - 2o Min. bzw. per Mikrobus.

Mehrmals täglich nach Cochabamba. Für die 500 km fast durchgehend aspaltierte Strasse braucht der Bus im Schnitt 10 - 12 Std. (ca. 8 US S). Hier Anschluß nach Oruro und La Paz. Derzeit nur eine Buscompany ab Sta. Cruz direkt bis La Paz (ca. 24 Std.), sonst Umsteigen in Cochabamba, was dem Sitzfleisch auch besser tut. – Nach Sucre 4 mal pro Woche (ca. 18 Std.): zunächst Asphalt bis rund 12o km vor Cochabamba. Hier, im Ort Cruz Epizana, Abzweigung nach Sucre; Schotter. – Nach Tarija kein Direktbus. Entweder über Sucre, oder bequemer mit der Eisenbahn bis Villa Montes und von hier mit dem Bus nach Tarija. – Auf allen Fernstrecken jedoch bei derzeitig günstigen Flugpreisen besser den LAB- Jet nehmen!

Auch der Bus- Nahverkehr z.B. nach Yapacani und Montero ab Busterminal. Häufig am Tag. Details siehe entsprechende Textstelle!

✱ Zug: reichlich provinzieller Bahnhof, der eher an irgendeinen Haltepunkt in der Prärie erinnert, als der Bedeutung von Sta. Cruz gleichkommt: derzeit in der Cap. N. Arrien nähe des 1. Anillo/Av. Argentino. Mikrobusse und Taxis ins Centro, das zu Fuß ca. 2o Min. entfernt liegt. Soll verlegt werden, rund 5oo m entfernt ans Ende der Av. Brasil/2. Anillo.

Alle Details siehe Kapitel: "Grenzverbindungen ab Sta. Cruz".

Stadtpläne/Landkarten: ein sehr brauchbarer Sta. Cruz Stadtplan ist "Plano Regulador", herausgegeben vom Comite Departamental de Obras Publicas, erhältlich in den Liberias im Centro. Ca. 2 - 3 DM.– Für die nähere Umgebung bis Yapacani: "Santa Cruz de la Sierra" von IGM, Maßstab 1 : 25o.ooo Blatt SE 2o-6 Serie H 531. Vermutlich nur bei IGM in La Paz erhältlich.

Buchhandlung: Ein "Los Amigos del Libro"- Ableger in der Calle Rene Moreno 26, zu dem bei unserem Besuch aber nicht das breite Angebot an Büchern wie z.B. La Paz oder Cochabamba durchgedrungen war. Ein paar Romane und viele Schulbücher. . .

Baden: Wer nicht an den Rio Yapacani oder nach Espejillos fahren will, kann auch als Nichtgast gegen kleine "Eintrittsgebühr" im Pool des Hotel Asturias/Calle Molde 154

* mit Tourist Office. Um's Eck vom Busterminal: Cinema, um sich Zeit zu vertreiben

baden. Die Pools vom "Tajibos" und "La Quinta" nur für Hotelgäste.

Sport: "Club Las Palmas" (5oo Mitglieder) kann auch von Nichtmitgliedern gegen geringe Gebühr benutzt werden. 4 x Tennis, 1 x Squash, Gymnastik und ein 19 hole Golfplatz. Liegt am Km 1 der Straße nach Cochabamba. – Infos über Jagen und Fischen in der Region: "Club de Caza y Pesca", Av. Sta. Cruz 1o24.

Klima: Herrlich warm nach kalten Altiplano- Nächten! Trotz Temperaturen zwischen 26 und 3o° C angenehm frisch durch ständige Winde aus dem Chaco, dem "SUARZO", der in den Monaten Juli bis September teils so stark sein kann, wie bei uns an der Nordsee an sehr windigen Tagen. – Kälteste Monate sind Mai bis August mit Tagestemperaturen zwischen morgens ca. 18° C und am frühen Nachmittag ca. 25° C.

Schöne Sonnenuntergänge über der Savanne und Chaco. Mal ins Restaurant vom Hotel "International"/Calle Colon 437 gehen mit Rundblick über die Stadt und hoffentlich immer noch gleichbleibend guter Küche!

Feste: wichtigstes: der CARNEVAL (beweglich/Feb. - März); sehr lebendig bei Einfluß Hitze und Nähe zu Brasilien (=Lebensfreude!). Am Sa. vor Carneval: der "Corso": Umzüge, Paraden und Tanz durch die Straßen bis in den nächsten Morgen. Zieht sich hin bis Aschermittwoch; die Leute kommen mit ihren Pickups, teils auch Pferden bis aus Regionen wie San Xavier und San Ramon/Missiones.

OSTERN: besonders schön in San Ignacio de Velasco/Missiones. Prozessionen mit Masken und Musikkapellen der Chiquitos- Indianer. – SAN FRANCISCO XAVIER (3. Dezember) im gleichnamigen Ort/Missiones. Indios mit farbigen Kostümen aus Federn. Volk-Volkstänze die die Kämpfe der Missiones gegen die Portugiesen darstellen.Patronatsfest des Ortes. – 8 DIA DE LA PURISIMA CONCEPCION (8. Dez.) : Patronatsfest in der den Orten Concepcion, Comarapa, Portachuelo, Pucara, Quirusillas und Cotoca. Am grössten in Conception.

Sta. Cruz – Yapacani – Pto. Grether:

Erstes, bereits fertiggestelltes Teilstück einer Urwaldpiste entlang der Andenhänge, – 128 km bis Yapacani und weitere 6o km bis Pto. Grether. Die Strecke lohnt sich sehr, vorallem wegen der Möglichkeiten abenteuerlicher Dschungelfahrten auf Nebenflüssen, die hier im Randgebiet der Andenabhänge schmaler und wilder sind als im brasil. Amazonas- Tiefland.

Wer Zeit hat, kommt ab Pto. Grether im Einbaum- Kanu mit Außenbordmotor nach Pto. Villaroel und über Piste weiter nach Cochabamba.

Bus: entweder direkt nach Yapacani (häufig am Tag ab Busterminal Sta. Cruz, Fahrzeit ca. 2 Std., 1 US S), oder nach Montero (sehr häufig am Tag ab Busterminal) und hier umsteigen nach Yapacani.

MONTERO: rund 45 km nördlich von Sta. Cruz und Handelszentrum eines reichen Landwirtschaftsgebietes. Anbau von Wolle, Zucker, Reis. Besichtigung der Zuckerrohrfabrik/Montero möglich nach vorheriger Anmeldung (in Sta. Cruz, derzeitige Adresse: Calle Irala/Ecke Cochabamba), jedoch während der Ernte Aug. bis Mitte Nov. meist keine Genehmigung. – Einfache Hotels in Montero um Hauptplaza. Stark im Reisbau: die japanische Kolonie Okinawa, nordwestl. von Montero.

BUENA VISTA: rund 4o km nach Montero. Basic- Übernachtungsmöglichkeit an der Plaza in Alojam. Beliebter Wochenendausflug der Cruzeños: ca. 5 km vom Dorf südwestlich über eine Piste an den Rio Surutu. Badestelle zwischen viel Urwaldvegetation. Kioske mit Getränken.

Südlich von Buena Vista: der PARQUE NACIONAL DE AMBORO zwischen dem

Fluß Surutu und dem Cerro Ambato (1.471 m). Subtropische Urwälder und bei viel Feuchtigkeit Orchideen und Bromelaide (Schmarotzergewächse an den Bäumen), Lianen und Schlingpflanzen. Noch 9o % der Region unberührt, die Flüsse oft in engen Canyons, kleine Kaskaden und reiche Tierwelt. Holzfällen ist verboten. Landschaftlich fantastisch, aber so gut wie garnicht erschlossen.

YAPACANI: Urwaldsiedlung am,hier bereits 1oo m breiten Rio Yapacani. Basic- Hotels und gute Fischrestaurants unter Schilfdächern am Fluß. Bei der guten Asphaltstraße bis Yapacani beliebt für Wochenendausflüge.

Der Fluß wird per Brücke überquert, eine der größten Boliviens. Kaum noch Warenverkehr ab Ort Yapacani nach Trinidad, seit Fertigstellung der neuen Eisenbahnstrecke und der schwimmenden Docks rund 55 km flußab.

Ausflugstrips in Kanus auf dem Hauptfluß kann man sich sparen. Viel Spaß machen aber nächtliche Trips auf den engen Nebenflüssen, die dicht mit Lianen verhangen sind. Tips und Transportvermittlung über Don Pedro!

Die weitere PISTE bis PTO. GRETHER (ripio) mit Camioneta- Transport, allerdings während der Regenzeit problematisch zu befahren. Bei normalen Bedingungen ca. 1 Tag. Der Urwaldhafen Pto. Grether hat Basic- Hotels und - Restaurants. Bei etwas Glück Außenborderkanu über den wilden und kurvenreichen Rio Ichilo in ca. 1 Tag bis PTO. VILLAROEL an der Piste nach Cochabamba in den Anden. Dieser Flußtrip dürfte einer der lohnensten im boliv. Amazonasrandgebiet sein! Regenzeit: ca. Dez. bis Mitte Mai.

Sta. Cruz → Trinidad:

Neben fast täglichem Flug mit LAB (Jet, ca. 3o Min.) existiert auch eine Piste, die allerdings in Teilstrecken selbst während der Trockenzeit häufig nicht befahrbar ist. Wenn's glatt geht: Fahrzeit ca. 1 Tag:

PISTE: LKW's durchgehend bis Trinidad, die hauptsächlich Holz und Lebensmittel transportieren. Oder per Bus (tägl. wenn die Piste es erlaubt) ab Busterminal/Sta. Cruz rauf nach ASCENCION DE GUARAYOS; die ersten km bis Okinawa asphaltiert, danach ripio. Hauptort der Region mit 3 Basic- Hotels um die Plaza, knapp 4.ooo Einwohnern und 3oo km von Sta. Cruz entfernt. Danach weiter per LKW, schlimmstes Stück ab S. Maria bis etwa Villa Banzer.

EISENBAHN: befindet sich derzeit im Bau und hat den Rio Yapacani erreicht. Bis zum Rio Yapacani bereits tägl. Zugverkehr. Abwechselnd ein Tag ein Tren Mixto (ca. 6 Std. wegen vieler Stops), am nächsten Tag der Autocarril (ca. 3 Std.)

1987 soll der erste Zug in Trinidad einfahren; gebaut wird das technisch schwierige Urwaldgleis von einem argentinisch/bolivianischem Konsortium. Gesamtlänge 296 km. Man erhofft sich verstärkte wirtschaftliche Expansion der reichen Beni- Pando Region und die Argentinier Anbindung der Amazonas- Region mit der des Rio Plata, den beiden größten Flußsysteme Südamerikas.

Nach Auskunft des leitenden Ingenieurs in Sta. Cruz läuft das Projekt bis auf eine Überschwemmung problemlos. Im Einsatz modernster Maschinenpark. Trotzdem ist es fraglich, wann das Gleis bis Trinidad fertig ist, da die Staatskassen von Bolivien und Argentinien absolut leer sind.

Sta. Cruz → Misionen:

Reiches Farmland im östlichsten Zipfel Boliviens nahe der Grenze zu Brasilien. Von den Jesuiten ab Ende des 17. Jhd.'s besiedelt und kultiviert, flaches bis hügeliges Land mit Savanneninseln.

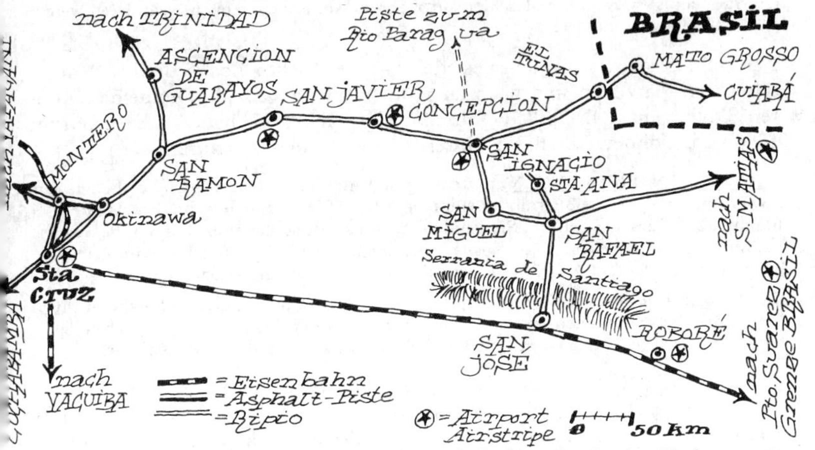

Es handelt sich um ein Gebiet von der mehrfachen Größe des Freistaates Bayern, nördlich der Bahnlinie Sta. Cruz – Pto. Suarez, mehr oder weniger fest in der Hand der Missionare. Weite Sand- Gras- Savannen, vereinzelt durchsetzt von Palmeninseln, Gauchos und Rinderherden. Im Norden schließt sich der "Monte Grande" (=großer Urwald) an. Lest mal als Einführung den "Bolivien Report I" vom Bischof Antonio Eduardo Bösl, einem waschechten Bayern, erhältlich bei den Franziskaner Mönchen in München 22, Sankt Anna Straße 19. Sehr lieb geschrieben; so wie ein Missionar die Savanne sieht!

Bus: Bei Befahrbarkeit der Piste ca. alle 2 Tage ab Sta. Cruz/Busterminal über Montero nach CONCEPCION. Fahrzeit ca. 11 Std., wenn alles glatt geht, ca. 6 US S.

Zug: täglich nach SAN JOSE. Fahrzeit je nach Zugtyp ("tren mixto" oder "Ferrobus") zwischen ca. 1 Tag und 4 - 5 Std. ganzjährig.

Von San Jose täglich, wenn die Piste es erlaubt, LKW's und Datsun- Pickups über die Serrania de Santiago nach San Rafael und weiter nach

SAN IGNACIO. Von hier ebenfalls täglich bei guter Piste rüber nach CONCEPCION*.

Flug: Macht viel Spaß in Fokker F 27 Propellermaschinen über den Savannen. Derzeit je 3 mal/Woche mit "LAB" oder "TAM" ab Sta. Cruz Airport in runden 45 Min. rüber zu den Graslandepisten von Concepcion oder San Ignacio. (Ca. 6,5 US $).

In die Maschine passen ca. 3o Leute, daher rechtzeitig reservieren. Bei Unbefahrbarkeit der Straßenpisten kann die Maschine auf mehrere Abflüge ausgebucht sein, bzw. werden Zusatzflüge eingesetzt.

Das Gebiet ist extrem dünn besiedelt, – wie Bischof Bösl schreibt: "Die schönsten Plätzchen sind noch lange nicht alle vergeben". Die beiden größ-
* ten Siedlungen CONCEPCION und SAN IGNACIO haben derzeit je rund 3.ooo Einwohner. Mit Basic- Hotels und einfachen Restaurants.

DIE ERSTEN SIEDLUNGEN in der Region Chiquitos, wie das Gebiet zwischen San Javier und San Jose heißt, wurden von den JESUITEN gegründet, die damals ihren Hauptsitz in Paraguay hatten. Sie lehnten die Ausbeutung der Indios durch die Spanier (z.B. in Minenzwangsarbeit) ab, leisteten wertvolle Hilfe bei Vermittlung von Anbautechniken und halfen, Angriffe der brasilianischen Bandeirantes abzuschlagen.

Ihr Nonkonformismus, der im Prinzip immer die Indios unterstützte und dabei nicht selten die wirtschaftlichen und politischen Interessen der Spanier verletzte, führte letztlich 1767 zu ihrem Hinauswurf aus sämtlichen spanischen Südamerika Kolonien.

Siehe auch S. 1331

JESUITENKIRCHEN: Chiquitos ist berühmt dafür; wichtigster Architekt war Padre Martin Schmid, 1694 in Baar/Schweiz geboren und seit 173o in Chiquitos tätig. Er förderte einheimische Talente in Musik, organisierte Werkstätten für Kunsthandwerk (Malerei und Holzschnitzerei) . Seine erste Kirche: in San Javier (1749 - 53), später Concepcion (1753 - 56) und San Miguel (zusammen mit Padre Messner). Kein pompöser Kolonialbarock wie in Ouro Preto/Brasil bei aller Leichtigkeit. Was in Chiquitos fasziniert: die Schlichtheit bei Phantasie in Details. Flache, dreischiffige Holzkirchen mit reichem Schnitzwerk, gestützt von Toscanischen Säulen. Wer sich für Kunst interessiert: Abstecher unbedingt lohnend! San Rafael wurde Anfang der 7o-er Jahre restauriert, – Concepcion in seiner Restaurierung 1982 fertiggestellt. Man arbeitete dabei nach alten Plänen und nach Briefen des Padre Schmid an seine Familie; angeregt wurde die Concepcion- Restaurierung u.a. durch Padre Bösl (siehe Vorseite!), Architekt: Hans Roth. Nach UNESCO heute mit die wichtigsten Jesuiten- Kirchenbauten in Südamerika.

Von SAN IGNACIO führt eine, nur während der Trockenzeit und nur mit Jeeps oder LKW's befahrbare Piste rauf ins Kautschukgebiet um den Rio Paragua; Mitfahren möglich, aber nur zu empfehlen, wenn gleichzeitig die Unterkunft gesichert ist (bei Farmern in Hängematte). Die andere Piste von S. Ignacio an die brasil. Grenze bei Hazienda El Tunas siehe "Grenzverbindungen mit Brasilien". – SAN JOSE an der Eisenbahnstrecke Sta. Cruz – Pto Suarez siehe dort!

1951 wurde das Gebiet der Chiquitos- Missionen durch ein päpstliches Dekret den bayrischen Franziskanern zur Betreuung übergeben. Die Padres, die meist aus Bayern stammen, leisten dort ganze Arbeit im sozialen und landwirtschaftlichen Bereich und sind als Stütze und Motor der Region kaum noch wegzudenken!

TOSCANISCHE SÄULE / Chiquitos

* TROCKENZEIT ist ca. Juli bis Oktober. Speziell die Strecke zwischen San Rafael und San Miguel ist während der Monate Jan. - Juni sehr schwer bis garnicht befahrbar.

Grenzverbindungen:
STA. CRUZ → BRASILIEN

①**EISENBAHN**: auf dem 651 km Gleis nach Pto Suarez/Quijarro- Grenze zu Brasilien verkehren 4 verschiedene Zugtypen; Abfahrt täglich, jeweils anderer Zugtyp:

1.) FERROBUS: der schnellste. Ca. 14 Std. (und mehr) bis an die Grenze. Eine Art Schienenbus, der oft schon mehrere Tage im Voraus ausgebucht ist.
2.) TREN RAPIDO: ca. 19 Std. und mehr
3.) TREN DE PASSAJEROS: ca. 2o Std. und mehr
4.) TREN MIXTO: ca. 26 Std. und mehr; gemischt: Passagierwaggons und Güter zugwagen, u.a. auch für PKW- Transport

Die Normalzüge (2 - 4) unterscheiden sich hauptsächlich durch die Anzahl ihrer Stops unterwegs. Alle mit 1. Klasse und 2. Klasse- Waggons, Restaurantwagen (Resopaltische). Es empfiehlt sich, 1. Klasse zu buchen da bequemere Sitze, wenn auch mit Plastik überzogen. Vorne eine Diesellok, die die Angelegenheit langsam in Bewegung setzt.

Bonbon: mit von der Partie ist ein Speisewagen von 193o mit messingbeschlagenen Ventilatoren, Becherhaltern und schweren, feudalen Ledersitzen. Ein Gefühl wie der Pascha! Wurde zur Zeit unserer Recherchen gerade in Robore restauriert. Wo er jetzt eingesetzt wird, im Bahnhof fragen! (Vermutlich im Tren Rapido). – Schlafwagen gibt's derzeit leider nicht. – Beschaffung der Tickets kann unter Umständen ein Problem sein. Oft nicht am Schalter zu haben, während vor dem Bahnhof Schwarzhändler zu doppeltem Preis anbieten. Eventuell auch in Reisebüros in der Stadt! Fahrpreis: um die 8 US S je nach Zugtyp und am Bahnhofschalter gekauft. Aufs Gepäck aufpassen, es wird öfters geklaut! .

DIE ERST MITTE dieses Jhd's fertiggestellten Strecken Sta. Cruz – Brasilien und Sta. Cruz – Argentinien haben entscheidend zur Entwicklung von Santa Cruz beigetragen, sind aber auch zugleich wirtschaftlich sehr wichtig für den Handel des Landes mit seinen Nachbarländern. Der Export und Import Boliviens mit diesen Ländern läuft hauptsächlich über die Schiene in Ermangelung guter Pistenverbindungen.

Strecke: hier gehen die Meinungen in den Leserbriefen, die wir erhalten haben, sehr auseinander (was wohl auch mit dem gewählten Zugtyp und Fahrzeit zusammenhängen mag). Von "langweilig" bis "viel Flair". Weitgehend absolut flacher Streckenverlauf durch Savannen, dann wieder tropische Waldgebiete. SAN JOSE: ca. 4.ooo Einwohner, Basic- Hotels ist erster wichtiger Stop Richtung Brasil. Schöne Jesuitenkirche in Steinbauweise. Ab hier Pisten in die Chiquitos- Missionen, sowie in der Nähe eine Höhle: "Sete Cuevas", deren Gänge kein Ende haben, was zur Legende führte, daß die Höhle angeblich bis Venezuela führe. In der Höhle eine Lagune mit Fischen. Rund 2,5 km von San Jose. – Landschaftlich schön: die "Serrania de Santiago", rund 9oo m hoch mit viel Vegetation und Wasserfällen.

Station AGUAS CALLIENTES: rund 3o km vor Robore. Die Bahnstation nennt sich "El Hervor", hier stoppt nur der Tren Mixto. Ganz in der Nähe des Dorfes ein See (ca. 2 Ha.) mit 15 - 2o° C warmem Termalwasser, an einigen Stellen sogar bis 4o° C. Kristallklar. Man plant touristische Erschliessung, insbesondere für den finanzkräftigen, brasilian. Tourismus. Derzeit aber kein Hotel. Schlafen eventuell in der Hazienda, zu der der See gehört. *

ROBORÉ: ca. 4.000 Einwohner, Basic- Hotels/ Restaurants. Zwischen Robore und San Jose planen die Bolivianer, einen Nationalpark anzulegen. Anregung durch Prof. Dr. H. Jungius/Uni Kiel wegen Vielfalt an klimatischen Regionen (trockenheißer, steriler Chaco bis tropisch feuchte Llanos- Sumpfgebiete Richtung Beni/Mamore.) Damit Vielzahl an Pflanzen. Derzeitige Schädigung durch Brandrodungen der Haziendas und kommerzielle Jagd.

PTO SUAREZ: wichtigster, boliv. Ort in Grenznähe, ca. 5.000 Einwohner (gegenüber rund 250.000 in Corumba/Brasilien!). Elektrizität und teils auch das Trinkwasser kommt aus Brasilien. Basic- Hotels, die erheblich billiger sind als die, drüben in Corumba. Eine, nur in der Trockenzeit befahrbare Piste von El Carmen rauf (50 km) nach LAGUNA LA GAIBA mit reichen Diamantenfunden, absolute Abenteuerregion, Moskitos, keine Hotels und viel "traffico" zwischen Brasil und Bolivia. – 36 km südlich von Pto Suarez: Eisenreservate von MUTUN. Piste setzt sich fort bis PUERTO BUSCH am Rio Paraguay; Flußhafenanlagen im Bau.

DICHTER TAXI- UND COLECTIVO- VERKEHR zwischen Bolivien/Pto Suarez und Corumba. Ein- und Ausreiseformalitäten nicht vergessen. Wegen starker Schmuggel- Aktivitäten werden auch Gringos öfters mehr als normal kontrolliert. Beide Orte, Pto Suarez und Corumba sind alles andere als attraktiv.

ALTERNATIVEN: lohnender "Umweg" über die Chiquitos- Missionen und in San Jose in den Zug. Aber genügend Zeit nötig. Eventuell mit LAB & TAM- Flügen kombinieren.

Derzeit 1 mal pro Woche Direktflug mit der TAM von Sta. Cruz in rund 1 Std. nach Pto. Suarez, ca. 12 US $.

Ab CORUMBA in ca. 1 Tag bis São Paulo (Zug, auch Schlafwagen), ebenso Busse und Flugverbindungen. Bus ist schneller, Zug aber bequemer.

② PISTEN: Ab Sta. Cruz existiert eine Parallelpiste zum Eisenbahngleis, die allerdings nur bis Pozo el Tigre eventuell auch bis San Jose in der Trockenzeit einigermaßen gut befahrbar ist. Allrad empfehlenswert. Nach Angaben der Straßenbaubehörde in La Paz: befahrbar bis Pto. Suarez in den Monaten Juli bis Sept./Okt. mit Allrad, eventuell auch ohne. Schlecht: Nov. bis Feb. teils auch Mai, je nach Regenfällen. Kaum Wartung der Piste, aber relativ viel Estancias.

Wer mit eigenem Auto unterwegs ist: empfehlenswert, die Kiste in Sta. Cruz auf die Eisenbahn zu verladen. Kostet nach derzeitigem Umrechnungs-Kurs ca. 130 US $ pro "plancha" (=Flachwaggon), auf den 3 PKW's passen. Sollten sich also 3 PKW- Fahrer finden, sehr preisgünstig. Denn die anderen Straßenpisten rüber nach Brasilien führen in riesigem Umweg um Paraguay rum, – benzinmäßig keinerlei Vergleich!

Verladung: in Huarachaci bei Sta. Cruz. Rund 20 km über Piste. Abfahrten 2 mal in der Woche, vorher Passformalitäten in Sta. Cruz; Buchung 1 - 2 Tage vor Abfahrt in Estacion de Ferrocarril/Sta. Cruz. Ausreisepapiere noch-

* "El Portón", riesiger Granit Turm an der Eisenbahn, zw. San Jose u. Robore

mals in Pto. Suarez erledigen.

ALTERNATIVE: von Sta. Cruz eine Piste durch die Missionen via San Ignacio nach Est. El Tunas. Bis San Ignacio passabel (hier volltanken!), danach eine 3 - 4 m breite Piste, die selten gewartet wird, allerdings relativ flach verläuft über Bella Esperanca – San Diego nach El Tunes/Grenze. Von hier gute Verbindungen in Brasilien nach Cuiaba. Der boliv. Teil nur in der Trockenzeit.

Weiterhin: von SAN RAFAEL/Chiquitos- Missionen Basic- Piste rüber nach San Matias, ca. 2.ooo Einwohner, Grenze zu Brasilien (mit gutem Pistenanschluß auf brasil. Seite nach Cuiaba). Runde 725 km von Sta. Cruz bis San Matias und insbesondere im Teil San Rafael bis San Matias sehr problematisch. Kartenmaterial: IGM: SE 21 - 1 und SE 21 - 2!

San Matias wird auch 1 mal pro Woche mit dem TAM- Propeller ab Sta. Cruz erreicht

Grenzverbindungen:
STA. CRUZ → ARGENTINIEN

1) EISENBAHN: täglich Verbindung nach YACUIBA/Grenze. Der Ferrobus braucht ca. 1o Std., der Tren Rapido ca. 16 Std. und der Tren Mixto ca. 22 Std. In jedem Fall ist Zug dem Bus vorzuziehen. Das 535 km Gleis verläuft relativ geradlinig und flach durch zumeist vegetationsarme Landschaften. Der Restaurant- Waggon ist daher angenehme Abwechslung. Ca. 5 US $ je nach Zugklasse. Anschluß ab Grenze nach Buenos Aires. Derzeit ist es billiger, sich das Ticket bis zur Grenze zu lösen, und drüben neues Ticket bis Bs. As. Hotels und Restaurants an der Grenze. Yacuiba ist aber sehr farblos! Verbindungen per Bus ab Villa Montes nach Tarija. Details siehe Tarija!

2) FLUG: die wesentlich bequemere Alternative Richtung Argentinien und Tarija. LAB ab Sta. Cruz direkt nach Tarija bzw. über Cochabamba. Ebenso mit Propeller der LAB und TAM nach Yacuiba, ca. 1o US $.

3) PISTE: in jedem Fall wesentlich besser befahrbar, als Sta. Cruz - Pto. Suarez. Verläuft weitgehend parallel zum Gleis und das ganze Jahr über befahrbar, außer nach Regenfällen.

[ERDÖLFUNDE: bei Camiri, bei Los Montes (nähe Villa Montes) und nördlich von Sta. Cruz. Erforschung derzeit in den Banados del Izozog(zwischen Boyuibe und San Jose). Die Funde haben Bolivien autonom von Einfuhren gemacht, in geringem Maße auch Export. – Einer der Gründe für die häufige Propellerverbindung nach Camiri von Sta. Cruz und von Tarija!]

Grenzverbindungen:
STA. CRUZ → PARAGUAY

1) EISENBAHN: keine. Nur Umweg: Sta. Cruz – Yacuiba – Asuncion.

2) FLÜGE: günstige Excursion- Tickets ab Airport Sta. Cruz nach Asuncion mit "LAB" und "Air Paraguay" (ca. 14o US $ retour). Mehrmals pro Wo.

3) TRANS–CHACO–PISTE: vorweg: ohne eigenes Fahrzeug praktisch nicht

realisierbar, da es keinen öffentlichen Transport gibt und der LKW- Verkehr minimalst ist. Man kann derzeit mit ca. 3o Fahrzeugen pro 6 Monate rechnen. Wer's trotzdem probieren will: Zug von Sta. Cruz bis Camiri oder Boyuibe (beide mit Basic- Hotels) und dort zum Polizei- und Militärposten gehen und um Nachricht bitten, sobald jemand rüberfährt . . .

Aber auch mit eigenem Fahrzeug eine abenteuerliche, wenn nicht gefährliche Sache. Erwin Decker und Dorit Kempf, die die Strecke mit einem VW-Bully gefahren sind, berichteten uns:

Vorbereitungen: die Chaco- Durchquerung ist nur während der Trockenzeit/Juli- Aug. - Sept. zu empfehlen. Eine vorwiegend Sandpiste, mit Ton gemischt, die nach Regenfällen wie Schmierseife die Reifen durchdrehen lässt. Und unbedingt im Konvoi fahren, da es auf viele hundert km keine Siedlungen gibt, die bei Pannen helfen können.

NÖTIG sind Kompass, Bretter (ca. 2 m lang, zum Rausfahren bei Einsandungen. Zusatzbrett zum Unterlegen für Wagenheber nicht vergessen!). – Guter Wagenheber, am besten ein hydraulischer! , – Benzinkanister mit Gesamtfassungsvermögen für die doppelte Strecke zwischen Boyuibe und Mariscal Estigarriba, da man weite Strecken im 1. Gang fahren muß, was erheblich höheren Spritverbrauch bedeutet und zudem auch Reserve braucht, falls man umdrehen muß.– Genügend Essen und Trinkwasser für den Fall, daß man mehrere Tage festsitzt (1 Tag Regen bedeutet 1 Tag Warterei plus 1 weiterer Tag, bis der Sand wieder einigermaßen trocken wird). – Schneeketten sollen sich bewährt haben und besser wirken als Allrad. – Jede Menge an Reifenflickzeug und Know How. Die Dornen werden von den Vorderrädern aufgewirbelt und spießen sich in die Hinterräder. – Genügend Ersatzteile. – Bei schweren Fahrzeugen hilft die Seilwinde zum Rausziehen meist wenig, da es an kräftigen Bäumen fehlt, bzw. diese zu weit entfernt stehen.

Am aller wichtigsten ist die Präparation des Luftfilters. Der Chaco- Staub ist extrem fein und hat schon viele Motoren zerstört. Luftfilter entweder innen montieren, oder mit Schlauch vorn und aufs Dach in Ansaugung legen. Im VW- Bully saugt der Luftfilter die Luft aus dem Motorraum an, der hinten liegt und wo's am meisten staubt. Empfehlenswert zudem Pyton- Wüstenfilter. – Genügend Motorenöl.

Schwierigkeiten: im Bereich Bolivien das Hügelland auf der Strecke Sta. Cruz entlang des Eisenbahngleises bis Boyuibe, Sandpiste, die in ihren Anstiegen Schwierigkeiten bereiten kann. – Auf der Chaco- Piste ab Boyuibe bis Grenze: die Vielzahl seitlich verzweigender Pistenspuren und damit schwierig in Orientierung. Wie mir Erwin Decker sagte "bin nach Gefühl gefahren und zur Grenze gelangt . . ."

Schwierigkeiten auch die Militärs in Boyuibe, aber insbesondere an der Grenze; Kontrollen sollte man positiv sehen. Superdetailiertes Durchblättern von Pass und lange Untersuchungen des Fahrzeuges sind nicht böser Wille, sondern resultieren schlichtweg aus der Langeweile der Grenzer, die sich freuen, wenn endlich mal jemand durchkommt und Abwechslung bringt. Mit den Leuten schwatzen und sie akzeptieren. Abgesehen davon können sie wertvolle Infos liefern, was unterwegs auf der Piste los ist! –

Schwierigkeiten technischer Natur sind die tiefen, von den LKW's im Sand eingegrabenen Fahrspuren, in die der Bully seitlich einsackt und über die Ölwanne scheuert, bis das Auto festsitzt. Die Glitschigkeit der Piste nach Regenfällen, – aber auch plötzlich auftretender Fließsand, in den das Fahrzeug ruckzuck absackt bis zur Wanne und man die Kiste umständlich wieder per Brett und Wagenheber raushebeln muß.

Die Strecke: Infos und Km- Angaben ab Santa Cruz

Km o ab Santa Cruz Straße Ri. Cochabamba und bei Km 1 links ab, Sandpiste und die Abzweigung schwierig zu finden, keine Ausschilderung. Folgt links des Eisenbahngleises (nach Yacuiba).

Km 37 Pension (Bier, Wasser) und gegenüber Restaurant ("El Paraiso")

Km 51 Ort Zanja Honda, Bahnstation
Km 7o Benzinstation und Bahnstation "Estac. Ing. Mora". Pension "Tunari" u.a.
Km 94 Bahnstation Florida. Eine "tranca" (Straßenkontrollposten, Straßengebühr), kurz danach eine Eisenbahnbrücke, die eigentlich nur für die Benutzung des Zuges freigegeben ist. Die Autos müssen die Flußdurchfahrt nehmen, sofern oben ein Polizist Wache schiebt. Ansonsten fahren auch LKWs über die Eisenbahnbrücke und die Gleise.
Km 128 Ort Abapo mit tranca, Restaurant und gebührenpflichtiger Bahnbrücke. Nach der Brücke Restaurant "El Chaco" und Benzinstation. Weitere Pensionen in Tatarenda (Km 162) und Ipita (Km 193)
Km 192 Gutierrez (Hotel) und in der Regel Ende des 1. Tages.
Km 285 Camiri, der erste größere Ort seit Santa Cruz, ca. 3o.ooo E. Unbedingt an der Plaza Prinzipal zur Polizei und Stempel in den Pass hauen lassen. Am Samstag ist das Büro zu. Auf dem Markt viel Schmuggelware aus Argentinien und relativ gut für letzte Einkäufe vor dem Beginn des Trips durch den Chaco.
An der Stadtausfahrt viele trancas
Km 348 Boyuibe: Carnet austragen lassen. Letzte Benzinstation vor Mariscal Estigarriba Paraguay. 2 Hotels (basic mit 4- Bettzimmern), kleineres Geschäft. Für den Pass erhält man Ausreisestempel, alle Papiere werden kontrolliert, was den kom pletten Nachmittag dauern kann.Militärs freundlich, aber sehr detailiert in ihrer Arbeit.
Km 375 Hazienda
Km 5o4 PTO. MIL. VILLAZON, die bolivianische Grenzstation. Für die letzten ca. 13o km bis Grenzposten Villazon muß man, wenns gut geht, mit ca. 8 Std. rechnen. Kann aber auch erheblich länger dauern, wenns Regen gibt. Auf dieser Strecke jede Menge seitlich abzweigender Parallelspuren im Chaco, die sich durch das Dornengestrüpp und Knüppelbuschwerk ziehen aber gleiches Ziel des Grenzpostens haben.
Die Grenzer freuen sich meist sehr über die Abwechslung, sind freundlich und bearbeiten die Papiere sehr intensiv, weil endlich mal was los ist. Wasser kommt aus Tanks, Vorsicht, kein Trinkwasser!
Km 5o5 Eisenturm, der die Grenze markiert, rot angestrichen.
Km 5o7 Militärstation Paraguays. Nur Pass zeigen, kurz danach
Km 519 zweite Kontrolle mit intensiverem Check von Fahrzeug und Pässen, die offizielle Grenzstation der Paraguayos, in den Karten als GRAL . EUGENIO A. GARAY eingetragen. Der Name von Fahrer und Passagieren des Fahrzeuges wird in Liste eingetragen.
Km 545 Estancia Establicemento Carnagero Puablin Zoezoe. Bis hier sehr schlechte Sandpiste, die viel Ausgraben und nur langsames Vorankommen des Fahrzeuges ermöglicht.
Km 551 Nuevo Asuncion. Militärposten, Leute freundlich. Tranca.
Km 615 Tranca, wo Name und PKW- Nummer eingetragen wird.
Km 624 Piste wird besser, – Km 711 Militärkontrolle
Km 76o MARISCAL ESTIGARIBIA. Wieder einigermaßen zurück in der Zivilisation (wenn auch noch tief im Chaco!). Größerer Militärposten, Garnison. Hier wird das Auto und das Gepäck intensiv kontrolliert (wegen Schmuggelsachen), die Pässe und das Carnet abgestempelt. Es gibt Benzin (aus 2oo Liter- Tanks rausgepumpt), eine kleine Pension, sowie eine Missionsstation.

Erwin Decker und Dorit Kempf haben für die Strecke von Sta. Cruz/Bolivien bis Mariscal Estigarribia zur Trockenzeit ca. 5 Tage gebraucht. Soll nicht als Orientierung gelten, da die Fahrzeiten variabel sind. Unter Umständen kommt man mit einem Geländefahrzeug Typ Mercedes Benz oder dem Unimog schneller durch, bzw. nach Regenfällen auch erheblich langsamer. LKWs sollen die Strecke ab Boyuibe bis M. Estigarribia in bis zu 2 1/2 Tagen erledigen.

Ab M. Estigarribia noch runde 5o km Erdpiste, aber relativ gut zu befahren bis zur Abzweigung /Filadelfia, wo eine Tip- Top ausgebaute Asphaltstraße nach Asuncion beginnt, die durchaus mit Geschwindigkeiten von 1oo km/h befahren werden kann und ab Abzweigung ca. 7 Std. bis Asuncion dauert. Alle Details siehe S. 1245

BOLIVIEN
ALLGEMEINE TIPS

* **Feiertage:**
1. Jan., Karneval (variabel), Ostern (variabel), 1. Mai, 1. Juni, Fronleichnahm, 16. Juli (La Paz), 5. bis 7. August, 12.Okt., 2. Nov., 25. Dez. sowie regionale Feiertage.

* **Strom:**
22o Volt, 5o Hz. In La Paz teils auch 11o Volt, jeweils Wechselspannung.

* **Flüge/Inland:**
LLOYD AEREO BOLIVIANO, die bolivianische Luftlinie fliegt mit modernen Boeing 727 Düsenjets über dem Altiplano, sowie nach Trinidad und Guayaramerin. Zu kleineren Urwaldsiedlungen mit Propellermaschinen. Die Flugpreise ungemein billig. L.A.B.- Office in allen angeflogenen Städten und Urwaldsiedlungen; wichtig: rechtzeitig buchen, insbesondere während der Hauptreisezeit (Weihnachten, Ostern und mehrere, hintereinanderliegende Feiertage), aber auch zu Regionalfesten wie z.B. "Virgen de Urcupiña" bei Cochabamba, für die dann Zusatzmaschinen eingesetzt werden.

Im Altiplano ist die L.A.B. relativ pünktlich, – im Urwald kann es öfters kräftige Verspätungen geben, besonders bei Tropengewittern und während der Regenzeit, wenn die Graslandepisten unter Wasser stehen.

LAB- Story: deutschstämmige Bolivianos wie der Ingenieur Hans Grether hatten entscheidenden Einfluß auch im Sektor der ersten Airline von Bolivien. Die LAB wurde am 13. Sept. 1925 gegründet; am 15. Sept. flog die erste Alu- Junkers F 13 auf den Airstripe von Cochabamba.

Das, über Straßen nur schwer und langwierig zugängliche Bergland von Bolivien führte zu rascher Entwicklung der Airline, die heute marktführend in Bolivien ist und über ein dichtes Flugnetz zu den südamerikanischen Hauptstädten und nach Miami/USA verfügt.

Bolivien- Rundflugticket: für beliebiges Fliegen auf Inlandsstrecken der LAB innerhalb Boliviens, allerdings keine Strecke doppelt (nur zum Umsteigen). Kostet 99 US $ und gilt 3o Tage. Verkauf nur außerhalb Boliviens und nur an Nicht- Bolivianer.

Hat allerdings einen Haken: Bedingung ist, daß man gleichzeitig einen internat. Flug mit der LAB nach Bolivien kauft. Kann auch Strecke Asuncion oder Lima/Peru nach La Paz sein. Allerdings fahren die meisten Leute lieber Überland nach Bolivien, beispielsweise von Cusco/Peru nach La Paz mit Zug/Schif, da erheblich billiger als der Flug.

TAM: die Militärs fliegen mit Propellermaschinen auf Andenstrecken und in den Urwald. Mitflug auch für Nichtbolivianos möglich. Büros in den angeflogenen Städten.

LINEA AEREA IMPERIAL, Hauptsitz Potosi, fliegen mit Propellermaschinen zwischen La Paz, Sucre, Tarija und Sta. Cruz. Ergänzung zum LAB- und TAM- Flugnetz. Büros in angeflogenen Städten.

LINEAS AEREAS CANEDO: Propeller zwischen Cochabamba und Urwald-siedlungen. Fliegen mit DC 3 und ähnlichem Material.

Weiterhin eine Reihe von PRIVAT–AIRLINES, die hauptsächlich den Luft-Transport von Waren ab La Paz und Cochabamba in Urwaldregionen besorgen, sowie AIRTAXIS (La Paz, Cochabamba und Sta. Cruz). Mitflug ist Verhandlungssache; Adresse im Branchenverzeichnis.

✈ **Flüge/Ausland:**

Internationale Airports sind: LA PAZ, – STA. CRUZ und TARIJA. Wichtigster, ohne Frage: La Paz mit dichten Verbindungen nach Lima/Peru (täglich) mit Weiterflug bzw. Anschluß Süd- und Zentralamerika, USA und Europa. Der Airport kann problemlos wegen breiter Altiplano Hochebene auch von den großen Lufthansa- Jumbos angeflogen werden (2 x Woche nach Frankfurt). Weiterhin 3 mal/Woche via Arica nach Santiago de Chile, sowie fast täglich (teils Direktflug, teils Zwischenstop in Sta. Cruz) nach Buenos Aires und São Paulo/Rio. Nach Asuncion teils direkt ab La Paz, teils via Sta. Cruz, mehrmals pro Woche.

STA CRUZ, der zweitwichtigste Airport des Landes mit dichten, teils täglichen Verbindungen nach Brasilien (Rio und São Paulo), Paraguay (Asuncion) und Argentinien (Salta, Buenos Aires). Die LAB unterhält auch hier eine interessante Transamazonas- Connection via Manaus, Caracas nach Miami/USA. (Günstige Excursion- Tickets!)
Siehe auch Tips unter La Paz und Sta. Cruz/Flugverbindungen!

✈ **Busverbindungen:**

Wie auch in den anderen südamerikanischen Ländern spielt der Busverkehr in Bolivien die wichtigste Rolle im Überlandverkehr. Beachten: Ticket möglichst früh kaufen, dabei wird auch der Sitzplatz reserviert. Spätestens 1/2 Std. vor Abfahrt dasein; es kann da schon mal die Überraschung geben, daß der Bus vor seiner geplanten Abfahrt losrappelt!

Während der Trockenzeit fahren die Fernbusse häufig in der Nacht (einmal weil man Licht für die Kurven hat und besser sieht, ob jemand entgegenkommt, – zum anderen, weil die Reifen dann weniger heiß werden). In der Regenzeit dagegen meist am Tage, da glitschige Pistenstellen besser zu erkennen sind und Flußdurchfahrten besser zu passieren. Gilt nur für Altiplano-Pisten; nicht für die asphaltierten Strecken La Paz – Cochabamba – Sta. Cruz und die sehr schwierig zu befahrene Yungas- Strecke: La Paz – Caranavi.

Die "optisch kürzere" Strecke (auf der Landkarte) muß nicht immer die schnellste sein (Beispiel Oruro – Sucre: via Llallagua wohl auf der Karte und nach Km erheblich kürzer, an Fahrzeit aber erheblich länger wegen unzähliger Kurven, Busbreiter Piste und vielen Stops). Es gibt viele Bolivien-Pisten, auf denen der Bus nur Durchschnittsgeschwindigkeiten von 1o - 15 km/h erreicht (und dann bereits schon zu schnell um die Abgründe rumgekurvt!). Zu sämtlichen, angegebenen Fahrzeiten sind noch ca. 1o - 15 % hinzuzuaddieren wegen Pannen technischer Natur, Bergrutschen, kein Sprit mehr im Tank, oder was sonst noch passieren kann.

In sämtlichen größeren Städten Busterminals, sodaß man bequem vergleichen kann ohne lange Wege. In den Dörfern liegt sowieso alles nah zusammen. Angenehm im Vergleich zum "unorganisierten" Peru!

✶ LKW- Verbindungen:

Auf Nebenstrecken. Zweck: Campesino transportiert sich selbst und seine Waren. Im Altiplano kühl und den Winden ausgesetzt,– runter in die Yungas der absolute Nervenkitzel. Vom Preis fast so teuer wie Bus beim Plus des absoluten Panoramas und Minus der Erkältung. Abfahrten immer Nähe des Mercados!

✶ Taxis:

Bei derzeit günstigem Preisniveau in Bolivien: interessante Alternative, wenn man's eilig hat oder zu mehreren ist. Kann dann in die Nähe des Buspreises kommen! Handeln vorab unbedingt notwenig. Tips zum derzeit gültigen Preis geben "Außenstehende" bzw. einheimische Mitpassagiere.

Trotzallem abchecken: a) Taxifahrer nicht zu übermüdet, – b) Kiste ok. in Reifen, Bremsen etc., – c) wenn möglich: US- Kiste, da weicher über den Schotter. Radio im Auto: positiv für Fahrer und Beifahrer.

"Expreso" bedeutet, Preis pro Fahrzeug, egal wieviel Leute drin. Wenn irgendwo ein Fahrzeug rumsteht (egal ob Pickup, Kanu etc.), wird der Fahrer meist zunächst den "expreso"- Preis nennen, da er davon ausgeht, daß es der Gringo eilig hat; expreso = Kiste startet sofort.

✶ Eisenbahn:

in Bolivien echte Alternative zum Bus. Seit modernes Wagenmaterial,-Bau in Argentinien (FIAT) eingesetzt wird: häufig genausoschnell oder schneller wie der Bus beim Vorteil, daß man sich die Füße vertreten kann und im Restaurant- Waggon einen heben. Essen führt leider (steckt die Nase mal in die "Bordküche"!) zu Dünnschiß. Toiletten an Bord, meist Tip- Top in Alu.

Weiterer Vorteil: im Zug staubt's nicht so viel; geklaut wird in etwa ebensoviel wie im Bus. Gewisse Vorsicht ist angebracht. In jedem Fall immer per 1. Klasse fahren: bessere Sitze. Das Panorama ist fantastisch; man unterscheidet zwischen "Ferrobus" , einer Art Schienenbus, – dem "Tren Rapido", ebenfalls passabel, da schnell und wenige Stops. Bogen um den "Tren Mixto" (Passagierwaggons und Güter), der bei jedem Schaf anhält und im Regelfall doppelt so lang braucht. Schlafwagen gibts derzeit im innerboliv. Verkehr keine mehr. Siehe auch Texte La Paz und Sucre!

"POLTRONA" = Holzbank mit Schaumstoff und Plastik überzogen. Dabei sind 2 Sitze zusammen. Nicht verstellbar.

"PULLMANN" = Einzelsitz, seitlich mit Kopfstützen und separat nach hinten klappbar. Genügend Beinfreiheit, auch für große Gringos.

Ein ehemaliger ENFE- Lokführer gab uns folgende Infos: die Gleise sind 1 m- breit, angelegt meist um die Jahrhundertwende, als wohl der Zug, das Auto aber noch nicht richtig entwickelt war. Die damaligen Ingenieure haben sich gegenseitig übertrumpft, durch unwegsames Andenhochland mit tief eingeschnittenen Tälern Gleise zu legen, die sich in endlosen Kurven um die Hänge schlingen. Bolivien hat dabei in unwegsamem Andengelände die Meisterleistung abgegeben und das umfangreichste Streckennetz.

"Indusi", die automatische Zugüberwachung ist natürlich fremd, wie auch diffiziele Signalanlagen und ähnliches. In der Lok gibts keinen Tacho; der Führer checkt die Sache nach dem "Tack-Tack" der Gleisstoße: geht das Tack-Tack schneller, fährt der Zug auch schneller. Kurven werden nach Gefühl und Erfahrung gefahren.

Seitlich zum Gleis das Telefon: wenn's eine Panne gibt, hat der Lokführer eine Stange, die er in die Drähte einhängt = Telefonverbindung. Die 6 m rechts und links des Gleises gehören der Eisenbahnverwaltung. Wer trotzdem mit seinen Lamas oder Schafen reinläuft, ist selber Schuld. Lok vorne mit Fängern gegen Steine und Tiere.

Jeden Morgen läuft ein Gleiswächter die Strecke mit Hund und Lampe ab.Telefonisch wird das o.K. durchgegeben (Steine, Absenkungen, Erdrutsche etc.).

Die AUTOCARRILES, umgebaute US- Straßenkreuzer, meist Baujahr 1930/40 fuhren auf den boliv. Gleisen bis ca. 1979 und verstauben jetzt in den Reperaturwerkstätten der ENFE. Wer für sowas etwas übrig hat: immer wieder nachhaken! Damit diese Raritäten nicht auf den Schrott kommen. Es ist möglich, die Autocarriles zu mieten wie ein Taxi. Viel Abenteuer; Bremse ist das Lenkrad! Anlaufstellen: Sucre und La Paz! Siehe auch unser Sucre- Text!

Entscheidend für die Wirtschaft Boliviens waren die Gleisverbindungen über die Andenketten an den Pazifik (La Paz nach Arica und nach Antofagasta durch die Salzwüste), nach Argentinien (La Paz – Villazon und Sta. Cruz – Yacuiba) und nach Brasil (Sta. Cruz – Pto. Suarez/Corumba, weiter nach São Paulo). Ganzjährig ist hier Waren- und Personentransport gesichert durch Strecken, die mit dem PKW kaum oder garnicht befahrbar sind. Neubaustrecke: Sta. Cruz – Trinidad.

Das boliv. Gleisnetz besteht aus dem "Red Occidental" (2.189 km) und dem "Red Oriental" (1.222 km zuzüglich Neubau nach Trinidad). Dazwischen liegen ca. 300 km, die in Plänen fertig sind, teils auch terrassiert, aber wohl nie fertiggestellt werden. Siehe auch unser "Tarabuco"- Text!

ACHTUNG: nachts keine Zugheizung in den Waggons. Daher warme Sachen mitbringen, da die Gleise oft in 4 - 5.000 m Höhe führen.

Autotouristen in Bolivien:

Bei der Einreise gibt's an der Grenze ein "Hoja de Ruta" und die "Libreta de Ciruclacion". Unterwegs: dauernd Kontrollen der beiden Papiere! Die Straße ist mit einer Schranke oder kleinen Kette gesperrt und der Posten hockt daneben in einer Hütte. Das Land ist in Teilstrecken aufgeteilt, z.B. peruanische Grenze bis La Paz. Jeweils neue "Hoja de Ruta" fällig, die man an der Kontrollstelle kauft, wobei auch die Wagendaten notiert werden. Was auf den ersten Blick ungemein lästig ist, geht insgesamt doch recht flott über die Bühne. Die Polizei wünscht sich damit besseren Überblick über den Personen und Warenverkehr im insgesamt sehr unübersichtlichen und dünn besiedelten Land. Die "Wegzölle" halten sich glücklicherweise in Grenze und sind Mark-Beträge. Damit wird die Straßenerhaltung finanziert.

Diese Kontrollstellen befinden sich immer an den Stadträndern an den Ausfallsstraßen.Nachts, wenn die Polizisten schlafen, hängt entweder die Kette unten, – oder, wenn man Pech hat oben und fest mit Schloß verriegelt. Erinnere mich noch an die Nacht in Copacabana/Lago Titicaca nach dem großen Augustfest. Alles besoffen durch die Straßen, großer Vollmond über den Gassen und eisig kalt. Kettchen oben und Police ausgeflogen. Hinter unserem Toyota Jeep ein knallvoller Bus (in doppelter Wortbedeutung!) Irgendwann dann nach rund einer Stunde der Polizist, der echte Mühe hatte, seine Stempel auf die richtige Stelle zu drücken. Wobei ihm der komplette Bus half.

Details zu typisch bolivianischen "Jokers" wie Flußdurchfahrten, Sandpisten etc. siehe Einleitung dieses Bandes!

✱ Automieten:
Car- Rentals in La Paz, Cochabamba, Sucre und Sta. Cruz. (Im Urwald: Mopedvermietung). Mietpreise nicht gerade billig im Vergleich zu öffentlichem Transport (Flug, Bus), aber doch billiger als z.B. Peru. Lästig: der Papierkram:

1.) Papier, welche Routen geplant sind (nötig die schriftliche Genehmigung des Vermieters). Wird gelegentlich vom Straßenposten überprüft.
2.) Irgendein Identitätspapier verbleibt beim Vermieter. Pass natürlich nicht akzeptabel. Irgendetwas wie Bibliotheksausweis etc. mit Foto und schönem Stempel bereithalten!
3.) Garantiesumme 1000 US $. Gibts zurück, wenn der Wagen o.k. wieder zurückkommt. Wer mit Diners oder American Express- Card bezahlt: ohne.
4.) Internat. Führerschein oder "Licencia Temporal", erhältlich vom "Transito" gegen Vorlage des Nat. Führerscheines.
5.) Mietvertragskopie reicht für Polizeikontrolle
6.) Verlängerung nur nach persönlicher Rücksprache mit Autovermieter möglich (in den meisten Fällen).

Vermietet werden meist Japaner oder Jeeps. Bei "Kolla Motors Ltda"/La Paz z.B. für ca. 25 US $ pro Tag erhältlich. Angenehm für Trips in die Kordillera oder die Yungas. – BENZIN ist saubillig. Im Sommer 1982 gab's einen Liter Super für 8 Pesos. Nach damaligem Umrechnungskurs somit fast 20 Liter für 2,5 DM. Die Zeiten sind vorbei, trotzdem immer noch konkurrenzlos günstig in Südamerika!

AUTOFAHRER: meist rücksichtsvoller, als in Peru, besonders auf gefährlichen Strecken wie in die Yungas runter. Trotzdem Vorsicht vor LKW- Fahrern; große Wagen sind schlechter zu bremsen auf Schotter, schwerer zu lenken, da größerer Überhang hinten und höherer Wagenschwerpunkt. Vorsicht auch vor schlecht ausgeleuchteten Fahrzeugen (Einäugige). Wer mal in eine Reifenflickwerkstatt geschaut hat, hat sicherlich mehr Respekt vor entgegenkommenden Fahrzeugen. Erstaunlich, wie wenig passiert, obwohl oft der Stoff im Reifen bereits ausgefranst ist!!

TANKEN: egal ob Altiplano oder Urwaldpisten: immer möglichst oft. Das Tankstellennetz ist recht dünn, – entsprechend der Besiedelung des Landes. Wenn der Sprit ausgeht: oft in Dörfern aus dem Fass, oder unterwegs per Schlauch aus anderem Fahrzeug. Reservekanister für abgelegene Strecken zu empfehlen.

Details zu den speziellen YUNGAS–VERKEHRSREGELN siehe dort!

95 % der boliv. Straßen sind "ripio" (=Schotter, Sand, Schlamm etc.).
Asphalt: La Paz – Tiquina (nähe Copacabana/Lago Titicaca)
La Paz – Cochabamba –Sta. Cruz (mit kurzen Schotter- Etappen)
Cochabamba – Villa Tunari und Sta. Cruz – Yapacani "
La Paz – Unduavi/Yungas, der Rest katastrophaler "ripio" mit Felssteilabstürzen. That's derzeit all!

Verbindungen mit den Nachbarstaaten (Autotouristen):

1 nach PERU: über Desaguadero und Copacabana. Beide Strecken gut das ganze Jahr über befahrbar. Landschaftlich schöner: Copacabana. Sowie eine 3. Piste entlang am Ostufer des Lago Titicaca über Pto. Acosta.

2 nach CHILE: von La Paz via Charaña/Grenze nach Arica. In Regenzeit problematisch.–Sehr abenteuerlich ist die Durchquerung des großen Salzsees von Uyuni, Grenze Ollagüe mit landschaftlich großartiger Strecke im chilenischen Teil entlang der Vulkankette über Calama nach Antofagasta. In Trockenzeit möglich, aber schwierig . Details im Text. – Die Hauptverbindung Bolivien nach Chile läuft über Peru/Lago Titicaca mit Pisten ab Puno, Ilave und Desaguadero. Details im Peru- Teil.

3 nach ARGENTINIEN: Hauptverbindung via Villazon, Parallelübergänge: Bermejo und Yacuiba. Details siehe unser Süd- Bolivien- Text! Befahrbar das ganze Jahr über mit Handikaps in Südbolivien (Flußdurchfahrten!)

4 nach BRASILIEN: gut befahrbare Pisten nur über den Superumweg Argentinien. Alternativen: von Sta. Cruz eine miserable Piste entlang des Eisenbahngleises nach Pto. Suarez/Corumba. Weiterhin ab Sta. Cruz über Concepcion, San Ignacio/Missionen nach Est. El Tuñas, sowie nach San Matias. Beide Grenze Brasil. Danach relativ gute Pisten in Brasilien. Details siehe "Missionen" – Ins Amazonasgebiet derzeit keine durchgehende Straßenverbindung im bolivianischen Teil. Möglich: von La Paz nach Trinidad (nur Trockenzeit und viel Handikaps!) oder: gut befahrbar: Cochabamba – Pto. Villaroel. In beiden Flußhäfen Verschiffung des Autos auf dem Mamore bis Guayaramerin/ Grenze Brasilien. Kostenpunkt ab Trinidad ca. 80 US $, ab Pto. Villaroel ca. 160 US $. Man kann bis zu 2 Wochen Wartezeit rechnen, bis ein Schiff geht. Ab G.M. kostenlose Fähre über den Grenzfluß nach Brasilien und im Anschluß excellente Pisten (im Vergleich zu Bolivia) im Amazonas, rauf bis Venezuela und runter bis Rio/São Paulo. – Von G.M. zugleich Piste durch den brasil. Amazonas an die peruan. Grenze. Drüben fehlen derzeit aber noch ca. 100 km für den Anschluß einer bestehenden Piste nach Cusco. In Planung. Derzeit läuft aber absolut nichts, außer man mietet sich eine "Hercules".

5 nach PARAGUAY: durch den Chaco. Siehe "Sta. Cruz→Paraguay".

Flußfahrten: Details siehe "Bolivianischer Urwald".

Unterkunft:

Top- Hotels (5 Sterne) nur in La Paz und Sta. Cruz. Ansonsten aber in den größeren Städten viele saubere Hotels der gehobenen Mittelklasse, in denen es sich angenehm schläft, ich denke an's "Ambassador" in Cochabamba, an's "Ganadero" in Trinidad und an's "Colonial" in Sucre. – Weniger erfreulich: die staatliche "Prefectural"- Kette, die sich teils in desolatem Zustand befindet und um die man nur einen Bogen machen kann (z.B. "Centenario" in Potosi). Erfreuliche Ausnahme: "Prefectural Coroico" in den Yungas. Große, kühle Kiste, aber gut gepflegt und fantastischer Ausblick! – Doppel in 5-Sterne: um 70 US S, für derzeitige Verhältnisse in Bolivien überteuert und meist unterbelegt. – Doppel Mittelklasse: um die 20 - 25 US S. Gutes Equivalent, bei dem häufig neben Bad auch ein TV dabei ist. Checken, ob Heizung inkl.!

Billigklasse: machen 80 % der boliv. Hotelbetten aus. Wie in Südamerika üblich: mit simpelster Einrichtung, Stahlbett, Holz oder Steinfußboden und meist kleinem Fenster zu Innenhof. Angenehm der Preis, der für's Doppel um die 4 - 6 US S liegt.

Essen/Trinken:
In Hotels und (größere Städte) Restaurants im Normalfall gut. Basiert auf Fleisch (vorwiegend aus dem Beni- Tiefland) und Fisch: excellent die "truchas" (Titicacasee- Forellen/Raum La Paz), Meeresfrüchte aus Chile und Peru importiert, sowie Flußfisch vom Beni und Rio Pilcomayo.

Mit von der Partie: Kartoffeln (wovon es 50 verschiedene Sorten gibt!), die "chuño": eine Trockenkartoffel aus Andenhochregionen, eingefroren und anschließend gekocht, – die "camote": Süßkartoffel mit bräunlicher Farbe sind wichtigste Vertreter. Weiterhin Reis und die zarte, mehlige Yuca- Wurzel, die geschmacklich Nähe Kartoffel liegt.

Die bolivianische Küche verzichtet auf Extravaganzen à la France mit diffizil abgestimmten Saucen. Sie ist einfach, reichlich und sättigend. Fleisch, wenn man Glück hat, insbesondere an der Quelle im Beni oder Sta. Cruz in zarten, üppigen Portionen, mit gedünsteten Zwiebeln und Tomaten belegt, oder im Snackstil mit drübergegebenem Spiegelei und Reis, wobei häufig zur Ketchup- Flasche gegriffen wird. ("Lomo Montado"): "Lomo" ist dabei die zarteste Fleischversion. Wenn "Lomo" auf der Speisekarte steht, ist jedoch, speziell in einfacheren Restaurants nicht immer garantiert, daß auch "Lomo" serviert wird und nicht schlechtere Fleischpartien, die zwischen den Zähnen steckenbleiben. Excellent die beiden Fondue- Restaurants von La Paz: "Chalet Swiss" und "Palacio del Fondue".

Bolivianische Spezialitäten sind die "Salteñas", in eine Teigtasche eingepackt Kartoffeln,Suppe und Fleischstückchen*, mittelscharf. Wird heiß ab ca. 10 Uhr bis ca. 12 oder 13 Uhr serviert. Das Essen der armen Leute, billig und sehr sättigend. – "Chancao": Huhn mit scharfer Gewürzsauce, – "Tamales": Zwiebeln und Tomatensalat mit Mehl vermischt, eingehüllt von Maisblättern. – "Chicharon": in Scheiben geschnittenes, gekochtes Schweinefleisch, wird zusammen mit "choclo" (gekochter oder gegrillter Maiskolben) gegessen. – "Picante de gallina": scharf gewürztes Huhn mit Tomaten und Reis. – "Pacumutu": Fleischstückchen am Spieß, gegrillt. Meist Rindfleisch.– "Sandwich de Chola": hauptsächlich auf Märkten und an Ständen: in Brötchen eingeklemmte Schweinefleischscheibe, garniert mit Zwiebel oder Gurke.

* auch mit "Pollo" (=Huhn) oder Lama – Fleisch

Man isst es gerne mit Maiskolben oder "chuño". – Reiches Spektrum an Maiskolben: in Farben weiß, rot, gelb und dunkelviolett. – "Cebiche" ist roher Fisch mit Zitronensaft und Zwiebeln. Pikant und erfrischend. Hauptsächlich Lago Titicaca, nähe größerer Altiplanoflüssen wie Rio Pilcomayo und im Urwald. – Ein Kapitel für sich sind die excellenten Beni- und Pandofische, der größte: "Peiche". (2 - 3 m!)

BIER: ausgezeichnet. Einmal, weil die Gründer bayrische Brauereimeister waren, zum anderen, weil im Altiplano glasklares Hochlandwasser verwendet wird. Zu den besten gehören "Taquiña" und "Astra"(Tarija). "El Inca" ist ein dunkles, süßes Bier, nur in kleinen Flaschen. Größte Brauerei dürfte die von La Paz sein (an der Einfahrt, Altiplano- Autobahn ins Centro!).

WEIN: National: aus Tarija. Details siehe dort. Erheblich teurer, aber auch besser sind die Chilenen, bei denen in Bolivia eine Flasche ca. 4 - 5 US $ im Restaurant oder Hotel kostet. Siehe auch Tarija Seite 963.

CHICHA: das "Hausgetränk" des Campesino. Cochabamba gilt aus Geburtsstadt dieses Getränkes, das aus Gärung von Mais ("Chicha de mait") oder Trauben ("Chicha de uva") gewonnen wird.

HERSTELLUNG: früher (und auf dem Lande heute) Fermentation durch Kauen von kleineren Bällchen im Mund. Die Fermentation bewirkt die Spucke. Früher stellten die Dorfbewohner einen Topf vor die Tür: Zeichen, hier gibts was zu essen. Als "Bezahlung" mußte der Campesino danach dann Kauen. Die Bällchen wurden anschließend in die Sonne gelegt und waren nach 1 - 2 Tagen hart und trocken, die "MUCOS". Kann man beliebig aufheben, ein bis zwei Jahre. Durchmesser ca. 2 - 3 cm.

Für 3oo - 4oo Liter Chicha braucht man ca. 1oo kg Mucos. Diese werden gekocht und mit Honig aus "Mel de Caña" vermischt ("chancaca"). Die entstehende Paste wird nach Abkühlung mit den Händen durchgewalkt. Nennt sich AROPE. Vermischung mit Wasser und stehenlassen für ca. 2 Tage. Satz sinkt nach unten und wird an die Schweine abgefüttert; oben CHICHA.

Mund- Fermentation ist heute verboten, wenn auch noch häufig praktiziert. Ansonsten per chemischer Ferment- Beigabe. Chichaherstellung teils bereits in fabrikmäßiger Großproduktion, teils, wenn ein Fest ansteht, von Familien in größerem Rahmen.

FRÜCHTE: weite Palette von Orangen zu Mangos, Bananen, Cocosnüssen etc. Kommen meist per LKW aus den Yungas. In diesem Zusammenhang auch die excellenten "JUGOS" (orginalgepresste Fruchtsäfte), fernab von "Nectar" und ähnlichen beschönigenden Titeln: absolut 1oo % Natur!!

In einfacheren Restaurants kann man zwischen "comida" (nach Speisekarte) und "cena" (Menü des Tages) wählen. Letzteres ohne Wahlmöglichkeit, mit Suppe, Hauptspeise und Nachtisch, teils auch Fruchtsaft oder Lima und erheblich billiger als "comida". – Vorsicht vor Essen auf Märkten!

Gesundheit:

Kein Leitungswasser trinken oder zum Zähneputzen verwenden. Mineralwasser aus Flaschen. Zu Essen: siehe Vorkapitel! – Die Höhenkrankheit macht vielen zu schaffen, wenn man zu plötzlich (Flugzeug) vom Urwald oder von der Pazifikküste in den Altiplano kommt: langsam gehen, die ersten Tage sich im Bett ausruhen, wenig essen und keinen Alkohol. In Apotheken Pillen gegen "SOROCHE" (wie Höhenkrankheit auf Spanisch heißt), z.B.

"coramina". Gegebenenfalls zum Arzt. Wer extreme Bergtouren plant: kein Superehrgeiz, sondern auf mittleren Höhen (ca. 2.7oo - 3.5oo m) ca. 1 Woche akklimatisieren! – Immer etwas Warmes mitnehmen, denn sobald die Sonne untergeht, wird es eisig kalt auf dem Altiplano.

✶ Klima:

ALTIPLANO: eisige Nächte; Temperaturen teils unter 0° C mit Schnee, der tagsüber wegtaut. Tagsüber um die 1o° C bei nicht bewölktem Himmel in Höhen über 3.ooo m. Warme Pullover auf den Märkten um die 15 - 2o DM, oder Daunen- Mäntel, wer Trekking über 4.ooo m Höhe plant.

YUNGAS: Bergurwälder an den Andenhängen. Je nach Höhenlage bis zu 25° C (ca. 1.5oo m). Viel Regen, daher entsprechenden Schutz.

URWALD: feuchtheiß um die 3o° C. Angenehm nach den kalten Altiplanonächten. Leichte Baumwollhemden und Regenschutz.

✶ Regenzeit:

Dezember bis Mai. Dann sind im Hochland viele Flußdurchfahrten schwierig zu durchqueren wegen angestiegenem Wasser und stärkerer Strömung. Andenpisten schlüpfriger, wie es bei Urwaldflügen Verspätungen geben kann Bolivien ist aber durchaus auch in diesen Monaten bereisbar. Beste Reisezeit für Hochland jedoch Mai - Oktober. Auch für Bergsteigen.

✶ Trekking:

Interessanteste Gebiete ab La Paz in die Cordillera Real und runter in die Yungas. Im Detail beschrieben. Inzwischen ist auch der langersehnte Brief von Mike Goss und Megan Ross eingetroffen (siehe Seite 915): Trail von Mina Natividad quer über Cordillera zur peruan Grenze. Wir drucken hier in Auszügen ab:

". . . ich muß Dich enttäuschen, aber wir haben den Trail nicht bis zur peruan. Grenze machen können. Aber es ist uns gelungen, bis SORATA zu kommen entlang der Cordillera Real. Die Cordillera Apolobamba muß bis zum nächsten Jahr warten.

Die einzigste Karte, die wir unterwegs benutzt haben, war die große Fotokarte des Department of La Paz (erhältlich bei IGM/La Paz, Av. Prado). Die südl. Sektion ist die einzigste, die für den Trail nötig ist, aber man ist gezwungen, alle 3 Karten zu kaufen. Leider fehlen in der Karte wichtige Details, aber sie ist besser als garnichts. Ebe so nützlich ist der Cordillera Real- Guide (R. Pecher/W. Schmiemann, Anm. der Red.) bis ca. Paso Calzado, was kurz südlich vor Sorata liegt.

Von TUNI nach SORATA haben wir 11 sehr lange, harte Wandertage gebraucht. Über Hügelzüge und runter in immens tiefe Bergtäler. Wir waren nie tiefer als 4.2oo - 4.4oo m über die gesamte Strecke. Was den Hike sehr langsam macht mit Vollgepäck. Wir sahen nie irgendwelche Leute, außer sehr selten Schäfer. Aber viele Lamas und Pferde, etc.

Die einzigste Etappe, wo wir auf Trails wanderten, war zwischen LINCO TAL und HICHUCOTA TAL. Das war ein Maultierpfad, der gut im Cordillera- Guide beschrieben ist. Der Pass rüber zur MINA FABULOSA (eine fast verlassene Zinn- Mine) ist absolut spektakulär. Zwischen und über Eisgletscher, vorbei an riesigen Gebirgstürmen, kann bei schlechtem Wetter gefährlich sein, weil der Trail nahe der Passhöhe verschwindet, aber ansonsten angenehm für schönes Wandern.

Wir konnten ein paar Basic- Supplies (gemeint vermutl. Essen, Anm. der Red.)kaufen, aber jeder, der diesen Hike macht, sollte nicht hierauf zählen und alles vorab mittransportieren, inkl. Gas für den Kocher ab La Paz.

Zwischen HUICHUCOTA und PASO CALZADO ist das Terrain etwas leichter, die Täler mehr rund und die Ausblicke mehr spektakulär (wenn keine Nebel!), sobald man zum ILLAMPU- MASSIV kommt.

Dort gibt es einen schönen Gletschersee genau am Fuß des Illampu, SAN FRANCISCO genannt. Dort excellentes "trout" (Forellen)- Angeln, aber etwas vorsichtig mit den Einheimischen (mehr bevölkert hier), die etwas mehr aggressiv sind als in anderen Gebieten des Trails. Später hörten wir, daß der gesamte Achacachi- Distrikt bekannt ist für gewisse Gereiztheit der Einheimischen).

Nach Umgehung des Fußes des Illampu hat man einen fantastischen Blick auf die gesamte Cordillera, raus zum Lago Titicaca, den Altiplano und bis rein nach Peru.

Vom Fuß des Berges ist es eine lange Tageswanderung bergab nach SORATA. Auf dem Trail wieder angekommen durch kultivierte Felder und Eukalyptushaine, die fast tropisch anmuten. Nach rund 1o Tagen ohne Bäume wieder gelbe Pampa!

Jeder, der diesen Trail macht, sollte eine adäquate High-Altitude- Campingausrüstung mit dabei haben, inklusiv Regenschutz. Eisaxt oder Krampen nicht nötig. Es war uns möglich, unsere Gasvorräte für den Kocher zu strecken, indem wir jede Nacht Feuer mit Tier-Exkrementen machen konnten, die getrocknet waren. Wenn sie trocken sind, brennen sie gut. Allerdings, obwohl wir den Hike in der Trockenzeit gemacht haben, gab es verschiedentlich Regen und Schnee.

Auf unserem Hike sahen wir verschiedentlich andere Hikes, die uns sehr attraktiv erschienen. So gibt es von der MINA FABULOSA einen Trail, der dem Kamm folgt und über andere Minen an die Ostseite der Cordillera führt. Er geht über ANCOMA nach SORATA. Die Landschaft ist recht unterschiedlich zur Strecke Linco- Tal – Hichucota- Tal. Beim Nachteil, daß hier auf der Ostseite die Strecke oft von Nebeln eingehüllt ist, die von den Yungas raufgeblasen werden.

Weiterhin gibts eine Rundroute um den ILLAMPU von Sorata rauf nach ANCOMA zu einem Ort, der COCOYO heißt über den PASO CALZADO (spektakulär!) zur Altiplano-Seite und zurück nach Sorata. Vermutlich bei gutem Wetter 1 Woche, aber wie gesagt: die Ostseite hat ihre Nebeltücken.

Ein Plus von der von uns gelaufenen Route nach Sorata: bei Verletzungen oder fortgesetzt schlechtem Wetter kommt man in einem 1- Tagesmarsch runter an die Piste La Paz – Achacachi.

Wir haben dann noch ein paar Hikes nördlich von Sorata gemacht. Das Land ist wesentlich tiefer und völlig besiedelt und daher nicht so aufregend. Ich vermute, daß der beste Access (Anmarsch) ab Escoma beginnt, um in der Apolobamba- Kette zu wandern. Insgesamt meine ich, daß ich den von uns gewanderten Cordillera- Hike empfehlen kann. Er war einer der wirklichen Höhepunkte unserer 2 Jahre in Südamerika! . . ."

Bolivien hat ohne Frage mit die interessantesten Trekking- und Bergsteige-Regionen des Kontinents (neben Peru, Ecuador und in Teilbereichen Kolumbien). Hauptproblem ist die Höhenaklimatisation, da die Trails um LA PAZ weitgehend in Höhen um 4.000 m verlaufen, bzw. Pässe bis 5.000 m erreichen.
Von Peru kommend, hat man meist Vorab- Aklimatisation im Bereich Cusco, Puno und Höhen von 3.500 bis 4.000 m, auch wenn Anstiege auf den boliv. Trails hart sind und wegen dünner Luft Mühe machen.

Viel Spaß machen TRAILS durch die sogenannte "Königskordillere" (Ost-Cordillera) am Lago Titicaca mit grandiosen Ausblicken auf den See bei klarem Wetter und Abstieg in die Täler der YUNGAS mit ihren Bergurwäldern. Tips ab Seite 913 sowie ab Seite 921.

AUSRÜSTUNG: gutes Schuhwerk; im Hochland gehts meist über karge Schotter- und Steinfelder. Warme Kleidung, da nachts die Temperaturen oft unter Null sinken und eisige Winde durch die Hochtäler blasen. Zelt und Kälteschlafsack unabdinglich, da die Region nur sehr dünn besiedelt ist und man nicht immer auf Unterkunft unterwegs rechnen kann. Kompass und Kartenmaterial von IGM/La Paz . Regenschutz, Sonnenschutz. Auch bei bewölktem Himmel wegen der Höhe schnell massiver Sonnenbrand. Kocher, Medikamente, Essen.

Ausgenommen Chacaltaya gibt es keine Schutzhütten. Für Campieren im Freien nur selten Windschutz, – für Kochen kaum Holz. Und wenn, dann bitte Finger weg, da Holz in dieser Höhe knapp ist. Für tiefere Lagen in den Yungas- Tälern: oft feucht; weiteres Argument für das Mitführen eines Kochers.

BESTE JAHRESZEIT: generell Mitte Mai bis Mitte August mit den beständigsten Witterungsbedingungen, allerdings keine Garantie. Häufig hüllen, von den Yungas aufsteigende Nebel die Hochtäler innerhalb von 15 oder 20 Min. dicht ein, sodaß man sich nur noch auf Kompass und den Verlauf von Bachläufen verlassen kann und daran orientieren.

Informationsquellen unterwegs sind rar, da nur dünn besiedelt, aber auch die dort lebenden Campesinos meist nur ihre nähere Umge bung kennen.

✱ **Bergsteigen:**

die Fülle der 5- und 6.000-ender im Bereich von La Paz verlockt und gehört vielfach zu den Spitzengipfeln Südamerikas! Leicht zu erreichen, da Jeep- Pisten oft in 4.5oo oder 5.ooo m Höhe raufführen, in der Regel aber keinen öffentlichen Transport besitzen. Taxi (schwierig, wegen schlechten Pistenbedingungen) oder Mietfahrzeug ab La Paz (Geländefahrzeuge wie Toyota etc.)

Die weiteren 5oo bis 1.ooo- Höhenmeter Anstieg sind jedoch nicht zu unterschätzen. Wegen der Höhe dauern sie erheblich mehr als entsprechende Höhenmeter in den europäischen Alpen!

Die meisten Unfälle in den bolivianischen Gipfeln weniger wegen Schwierigkeit der Besteigung (Gletschererfahrung und - Ausrüstung erforderlich!), – sondern wegen Überschätzung der eigenen Leistung und fehlender Akklimatisierung an die Höhe. Daher dringende Warnung und sich vorab in geringeren Höhen oder leicht mit PKW- zu erreichende wie Chacaltaya testen!

Abgesehen davon ändern sich die Gletscherverhältnisse praktisch jährlich; bei aufkommenden Yungasnebeln: Null- Orientierung in Sachen Gletscherspalten und massive Winde im Gipfelbereich!!

Skifahren:

der Chacaltaya hat seinen Reiz eher im Attribut der "hochsten Skipiste der Welt" (ca. 5.3oo m). Ansonsten ist die Königskordillera bei La Paz völlig unerschlossen und besitzt weder Skilifts noch Bergrettung. Saison geht von April bis Mai, ansonsten die Gletscher oft verharscht und nicht ungefährlich. Hauptproblem immer die Anreise und in der Regel ohne öffentlichen Transport.

Trekking- Organisationen:

Wegen dem Problem der Anreise, aber auch schwieriger Orientierung unterwegs ist für Leute mit limitierter Zeit ein guter Tip die "TAWA". Besteht seit 1976 und ist neben "Etnoturs"/Ecuador eine der führenden Trekking- und Bergsteigeorganisationen Südamerikas.

Excellentes Programm in Auswahl der Routen und in Realisierung!! Zugleich sehr preisgünstig! Spezialisiert in Bergsteigen, Trekking und ausgefallenen Touren wie die Durchquerung des Uyuni- Salzsees, Jeep- Trips zur Laguna Colorada, Illimani- und Illampu- Besteigungen, Skibergtouren in der Königskordillera und Tail von Tuni nach Sorata (siehe Vorseite!). Zugleich günstige Flugvermittlung ab Europa!

Kontakte: La Paz, 7o1 Calle Rosendo Gutierez, – Paris: BP 2o, – 7586o Paris Cedex 18. Katalog anfordern! Lohnt sich, bitte dabei auf unseren Südamerika- Führer hinweisen, eventuell gibts Rabatt!
TAWA hat in Bolivien Pionierarbeit geleistet in Ausbildung einheimischer Bergführer. Sehr zu empfehlen, wer Bolivien abseits präparierter Touristen-Klischees mit Indio- Folklore Tam Tam erleben will!

Charangos:

Eines der wichtigsten Instrumente der Musik Boliviens, – "el instrumento del alegria" (der Freude). Vorwiegend Täler südlich von Sucre und Tiefländer. Verbreitung bis Kolumbien und Argentinien. Beste Stellen zum Kauf:
* LA PAZ, – * ORURO, – * SUCRE. Beim Kauf beachten:

- Klang und Resonanz des Korpus
- Stahlsaiten, Abstände der Stege
- Gürteltierpanzer - Korpus ist häufig Feuchtigkeits- und Temperatur-anfälliger als ein Holzkorpus, obwohl es auch hier gute Qualität gibt
- fester Sitz der Saitenspanner

Charangokurse in Sucre im "Centro cultural Masis"; einer der Professoren baute auch die Gruppe "Los Masis" auf, die zu einer der besten und berühmtesten Boliviens zählt. – Charango- Fabrik in Sucre: Anacleto Torricc in der Calle Gregorio Reynolds 73. La Paz: Av. Illimani, Pasaje Levy 25

PA = Postanschrift, — casilla = Postfach

BRD in Bolivien: **BOTSCHAFTEN / KONSULATE:**

LA PAZ: (Botschaft), Av. Arce 2395 (PA: Casilla 5265), Tel.: 351 98o
COCHABAMBA: (Konsulat), Calle Espana Nr. N-o149 (PA: Casilla 174), Tel.: 255 29
ORURO: (Konsulat), Adolf Mier ecke Soria Calvarro (PA: Casilla 256), Tel.: 5o2 2o
SANTA CRUZ: (Konsulat), Buenos Aires ecke Canoto (PA: Casilla 37o), Tel.:445 69
SUCRE: (Konsulat), Calle Arenales 215-219 (PA: Casilla 2o8), Tel.: 1862

SCHWEIZ in Bolivien:

LA PAZ: (Botschaft), Av. 16 de Julio 1616, Edif. Petrolero 6, Tel.: 353 o91

ÖSTERREICH in Bolivien

LA PAZ: Av. 16 de Julio 1616, Edif. Petrolero 7 Stock, Tel.: 326 6o1

Bolivien in BRD: Konstantinstr. 16, 53oo Bonn, Tel.: 362 o38
Bolivien in Österreich: Doblhoffgasse 3/6, 1o1o Wien, Tel.: 431 493
Bolivien in der Schweiz: Paradeplatz 4, 8oo1 Zürich, Tel.: 211 81 27

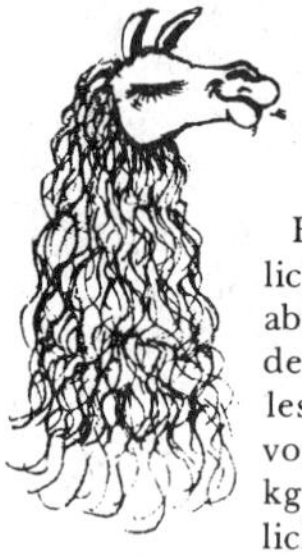

* Die Llameros:

Ungefähr im Mai, wenn die Nächte im Altiplano eisigkalt werden, die Temperaturen fast jede Nacht unter 0° C. gehen und die Böden gefriere gehen die Llameros (Lamahirten) auf die Reise. Die Lamafrauen bleiben z Hause, weil sie Kinder erwarten und sowieso nicht gerne reisen, – die männ lichen Lamas werden beladen mit Decken, Fellen, Hausrat wie Kochgeschirr, aber auch Handelsgütern. Die Llamero- Hütte kann offen zurückgelassen werd den; es klaut niemand, weil die Llameros auch "brucheria" betreiben (Zukun lesen, Heilung mit Kräutern etc.) und derjenige, der klauen würde, Angst hätt vom beklauten Llamero verhext zu werden. – Jedes Lama kann bis zu ca. 5o kg tragen, das sind 2 Salzblöcke a 2o Libras. Pro Familie reisen rund 15o mä liche Lamas.

Vor der Abreise werden den Lamas nochmal die Haare geschnitten (=Reisekapital, zud hätte ein langhaariges, vollgeregnetes Lama zusätzliches Gewicht zu tragen, was die Tra portfähigkeit des Tieres reduzieren würde). Die Reise dauert ca. 5 Monate und führt üb 5oo km! Route je nach Llamero verschieden; Llameros, die bei Oruro wohnen reisen runde 24o km runter in die Gegend von Tarabuco, andere von der Gegend La Paz in c Yungas. Den Weg bestimmt die Tradition. Übernachtungsplatz (=Jara), wo Eltern und Großeltern übernachtet haben, egal ob bei Erreichen des Platzes erst 15 km oder 3o k zurückgelegt worden sind. Meist in der Nähe von Wasser und windgeschützt. Die Lama werden abgeladen und die Sachen wie eine Wand als Windschutz aufgebaut. Sobald di Lamas frei sind von Gepäck, laufen sie weg, kommen aber bei Einbruch der Dunkelhe zum Llamero zurück und schlafen in engem Kreis um die Llamero- Familie, um diese wärmen. Für den Llamero sind seine Lamas Teil der Familie. Er schlägt sie nie und ihnen nicht. Allenfalls Peitschenknall. –

SÜDAM. MUSIKINSTR.

Die Siku: Wichtigstes Instrument: eine Panflöte aus Schilfrohr, die wie eine Flasche angeblasen wird. Kann nur einen Teilbereich der Töne spie= len, sodaß für ein Orchester mehrere Spieler nötig sind. Der eine Spieler übernimmt das Thema des vorhergehenden Siku - Spielers! Besonders schön, wenn wie z.B. in Liedern der boliv. Gruppe "Inti Illimani" die Töne überbla= sen werden, welches dem Instrument ein rauhes Hauchen gibt! –

Von der Siku gibt es viele Varianten; die Incas stellten sie auch aus Ton her; heute verwendet man meist "Choccila" - Schilf. Die Siku heißt in Bolivien "Zampoña". – Parallel zur "Siku" besteht die "Kena" aus einem einzigen Schilfrohr mit Mundstück und Löchern für die einzelnen Töne. Varianten sind die "tarka" (siehe Abbildung "Machu Picchu") mit Schnitzarbeiten im Holz-Korpus , die "kenacho" , ähnlich der "Kena" im Klang und die "anata".

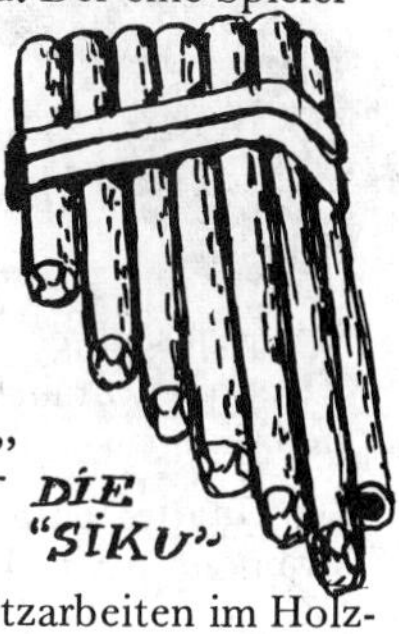

DIE "SIKU"

Bombo: tiefe Basstrommel. Rythmisches Begleitinstrument mit krummen Schlägeln geschlagen. Heißt vielfach auch "Huancara". Verschiedenes Korpusvolumen gibt verschiedene Klangtiefen. Snärender Klang wird durch drübergelegte Binsen oder Schnarr - Hölzchen erzeugt. Manchmal auch durch Tier - Innereien, die über das untere Fell der Bombo gespannt sind.

"Pututu": Stierhörner, die einen Klang haben wie ihr Name und wie Trompeten geblasen werden. Vielfach Schnitzereien im Horn; die "Putu= tutus" von Tarija/Bolivia sind auf lange rote Schilfrohre aufgesetzt. –

Die "Charango": aus einem Gürteltier - Panzer, über das Saiten gespannt sind. (5 Doppelsaiten). Klang: ähnlich einer spanischen Mandoline. – Variante: "El Triple" aus Kolumbien mit 3 Saiten. – Die meisten boli= vianischen Charangos kommen aus Oruro, sowie von Sucre und von Ai= quile, einem kleinen Dorf außerhalb von Cochabamba. – Mauro Nuñez galt als einer der besten und berühmtesten Charango- Spieler Boliviens. (Lebt nicht mehr). – Während man früher zur Saitenbespannung Katzengedärme ver= wendete, sind die Charangas heute vor= wiegend mit Nylon - Saiten bespannt.

Die Charango wird in der indianischen Musik erst seit der Zeit der spanischen Conquistadores verwendet und ent= stand in Anlehnung an die Mandoline.

"BOMBO"

"ANATA"

Die **"Rontador"**: Panflöte aus Bambusstückchen, die wie eine Flasche mit breitgezogenen Lippen schräg angeblasen wird. Im Klang ähnlich der " Siku". –

"Maracas": rythmisches Begleitinstrument aus "totuma" - Früchten (oder anderen, je nach Region), die zuerst getrocknet und dann mit Samen gefüllt werden. Ergibt ein rasselndes Geräusch, – ähnlich den europäischen Baby- Rasseln. –

Die **"Bajones"**: übergroße "Zampoñas" aus Holz, die von den Spielern senkrecht gehalten und angeblasen werden. Klanglich voller als die Zamponas. Brauchen spezielle Mundstücke, die in die Holzrohre eingeschoben sind. –

Die Gitarre: Zusammen mit der Kena und den Bombos wichtigstes Instrument der Andenmusik. Vielfach von der Charango begleitet. –

Die Harfe: typisch für Paraguay und Uruguay. Tritt in der Musik der Andenstaaten sehr selten auf. –

"Violin Chapaco": eine Spezialität von Tarija. Eine Mini - Violine, deren Saitenzahl variert; einige haben nur 3 Saiten! –

ÜBER BRASILIANISCHE INSTRUMENTE siehe Brasilien! –

INDIO – TÄNZE:

Der **"Huayno"**: Quechua-Sprache, bedeutet Tanz. Verbreitet über die gesammten Anden mit dem Hauptinstrument "Kena". –

Der **"bandenita"**, einer der beliebtesten Tänze in Argentinien, wichtigstes Instrument die Harfe! – "adentro" bedeutet: jetzt beginnt der Tanz! Jauchzer unterbrechen die Musik und der Flötist legt sich voll "in's Zeug"! – "segunda": nocheinmal!! Pfeifen auf den Fingern unterstreicht die Freude! "Ah, mi corrientes pora": "Ach mein liebes Corrientes, dort, wo ich dich kennengelernt habe . . . " , so beginnt ein Tanz aus Argentinien. – **"Bomba"** heißt ein rythmischer Tanz, in dem die Bombas vorherschen. – "Sancocho e guesito" heißt ein **"Guasa" -Tanz:** "Kochen und Scherzen": der Eintopf hat ein paar Knochen drin, – oder lieber Eintopf mit Fisch? ? Im Refrain wird erzählt von einer Holden, die den Sänger krank vor Sehnsucht macht, immer wenn sie ihm hübsche Sachen erzählt! –

Der **"bailecito"** wird wie der **"charango"** in Paaren getanzt. DIe Um=stehenden klatschen den Tanzenden zu, und die Paare schwenken ihre Taschentücher. "segunda"!! "nocheinmal!! –

Ihr müsst einfach mal so ein Indiofest in einem kleinen Andendörfchen mit erlebt haben, – die Freude mit der man lebt und tanzt! Zurück in Deutschland kann man sich dann nur noch über die Steifheit und Ver=schlossenheit wundern. Der Südamerikaner in Deutschland fühlt sich etwa so, wie der griechische Kneipenbesitzer, den ich vorgestern in Lon=don fragte, ob er sich in England wohlfühle, und der entschieden den Kopf schüttelte! –

Wer länger in Südamerika gelebt hat, wird an sich beglückt einige Veränderungen feststellen! Es ist die südamerikanische Mentalität, die der europäischen total verschieden ist! Es beginnt im freundlich gegrin=sten "Manjana" (= der Zug fährt leider nicht heute, sondern erst über=morgen, worauf der Europäer durchzudrehen beginnt, weil er seine Termine nicht einhalten kann . . .) und endet im freudigen Feste - feiern, während die Geschäftspost liegenbleibt für Tage . . .

Die **"Güiro"** ist ein ebenfalls weit in der südam. Musik verbreitetes Instrument: eine Kalabasse, deren Oberseite mit Kerben versehen wurde, auf der im Rythmus drübergeschrabbt wird mit einem Holz=stil. – am Titicacasee könnt ihr öfters auch "Kenas" aus den Federn der Condors sehen, des südam. Aasgeiers.

Der "Carnevalito", ein Karnevals-Tanz, der über die Andenstaaten weit verbreitet ist und regional leichte Varianten zeigt. –

"Yaravi" ist eine Indio - Tanz - Ballade. "El Condor pasa" (der Con=dor zieht vorbei) heißt eine der bekanntesten "Yaravi"-Balladen, – leider hier in Europa grauenhaft verfremdet und ewig durchgedudelt. Sie handelt von den Revolten der Tupac-Amaru - Indianern gegen die Kolonialherschaft der Spanier. Die Inkas mussten gleich des Condors, der von ihnen als Symbol der Freiheit verehrt wurde, den Spaniern weichen. Die Orginalversion des Liedes beginnt mit dem Vorspiel zweier "Charangos"; die Hauptmelodie übernehmen 2 Kenas. –

Der **"cueca"** ist einer der beliebtesten Tän=ze in Bolivien, – in Bedeutung etwa wie der "Tango" in Argentinien. Entstanden aus Einflüssen der spanischen Kolonial=herren Die Kastagnetten sind durch die Taschentücher der

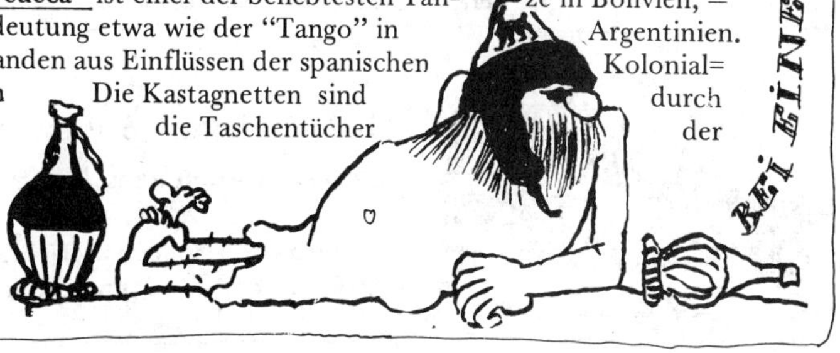

Tanzenden ersetzt. Heute über alle Andenstaaten verbreitet ; es tanzt nur ein Paar in der Mitte, während alle Umstehenden dazu klatschen. –

Typisch bolivianisch ist auch der **"Villancios"**, an Weihnachten gespielt: die Musik ist fröhlich, und verkleidetet Tanzende ziehen von Haus zu Haus. Instrumente: Rythmus: aus Bierflaschen, ein Harmonium und eine wassergefüllte Blechkanne, die angeblasen wird. (die "parjarillo").–

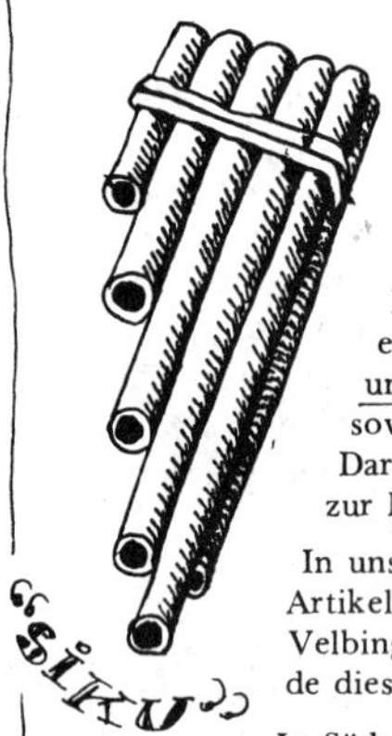

Der "diablada" ist eine Spezialität von Oruro/Bolivien: die Tänzer sind mit kunstvollen Masken , die bunt be= malt und mit vielen Spiegeln versehen sind, maskiert. Details zur Bedeutung dieses Tanzes siehe "Oruro"! –

Literatur: excellent sind die beiden Bücher des Marburger Musikjournalisten und Konzertveranstalters Claus Schreiner: einmal der Band "Musica Latina. Musikfolklore zwischen Kuba und Feuerland", erschienen bei Fischer als Taschenbuch 2973,– sowie das, im kleinen Musikverlag Tropical Music GmbH, 61oo Darmstadt erschienene Taschenbuch "Musica Popular Brasileira" zur Musik Brasiliens.

In unserem Karibikreiseführer (Band 2/Velbinger Reiseführer) ist ein Artikel von Claus Schreiner zur Musik der Karibik abgedruckt. Verlag Velbinger, München- Gräfelfing, Bezug siehe Verlagsprogramm am Ende dieses Bandes!

In Südamerika selbst bekommt man in dortigen Buchhandlungen, aber auch auf Märkten oft kleinere Broschüren mit Schulen, beispielsweise wie man Kena oder das Charango zu spielen lernt. Für spätere Ausgaben dieses Südamerika Bandes ist ein ausführliches Kapitel geplant. Wir sind am Materialsammeln und freuen uns auch über Leserzuschriften, wer Tips oder interessante Literatur gefunden hat!

Südam. Musik life in Südamerika: auf Festen (siehe Tips in den einzelnen Ländertexten!), sowie in den Andenstaaten in sogenannten "Penas" . Tips hierzu in den Länderkapiteln mit Auswahl der besten. Wie vieles in Südamerika läuft die Sache oft spontan, d.h. auch in normalen, kleineren Restaurants kramt oft jemand eine Gitarre etc. raus und es wird zusammen gefeiert. Vielfach meine schönsten Erlebnisse in Südamerika!

Da viele Südamerikaner in Europa leben , entweder im Exil, oder zum Studium oder wegen besserer Arbeits- Verdienstmöglichkeiten. Kontakte: Universitäten, aber auch in den Life- Musikkneipen, wie es sie in den Großstädten gibt, z.B. "La Cumbia" von Gabriel, Kolumbianer, der seit mehr als 1o Jahren in München lebt. Tip zum "Südamerika- Reinschnüppern" vor dem großen Trip, bzw. nach Rückkehr, um Sehnsüchte warm zu halten. Adressen siehe einzelne Stadtzeitungen!

BRASILIEN

Brasilianische LEBENSFREUDE in Bossa Nova- und Samba- Rythmen: eines der schönsten Reiseländer Südamerikas wegen dem Temperament der Brasilianer, ihrer Musik und Freundlichkeit! –

Brasilien hat die besten STRÄNDE Südamerikas, – insbesondere im Bereich der Nordostküste (Salvador do Bahia bis Fortaleza): endlose Sandküsten, Palmen bestanden, durch die die Meeresbrise fächelt mit excellenten Strandkneipen und Restaurants. Definitiv Hochgenuß, das Leben zu geniessen und TIP: ab Salvador oder Recife (preisgünstige Transatlantikflüge ab Europa): Mietwagen nehmen, um flexibel zu sein! Die Wassertemperaturen steigen im brasilianischen Sommer (Dez. - März) hier bis zu 25° C.

Brasilien: Kontinent im Kontinent. Die Nord-Süd wie auch West-Ost Ausdehnung bis zu jeweils 4.000 Km!!

Excellent durch Flugverbindungen erschlossen (TIP: der "Brasil- Air Pass"!) und weitgehend gut bis sehr gut für südamerik. Verhältnisse per Bus. Der Zug, trotz Existenz von kolonialen Gleisen spielt untergeordnete Rolle.

Alle Details zu Verbindungen siehe folgender Brasilien- Text!

Excellente Strände auch im Bereich Rio bis Santos (unterhalb von São Paulo) mit zahlreichen tropischen Buchten und vorgelagerten Inseln. Tip: Angra dos Reis und das koloniale Pariti sowie die Tropeninsel Ilha Bella. Im Süden endlose Sandstrände bis zur Grenze Uruguays bei guter Infrastruktur in Verbindungen und Unterkunft. –

RIO DE JANEIRO als ehemalige Hauptstadt faszinierend mit seiner Stadt kulisse, weiten Sandstränden und Bergketten. Schönste Stadt Südamerikas! Hohe Surfwellen, während sich abends der Dunst vom Meer über die weiten Sandbuchten und Berge legt und sich in den Straßen die Aktivitäten entwickeln, Rio ist die mit Abstand lebensfreudigste und lebendigste Stadt Südamerikas. – SÃO PAULO ist die industrielle "Hauptstadt" des Landes, eine Metropolis mit rund 12 Millionen Einwohnern, größte Stadt Südamerikas und an Dimensionen der Einwohner vergleichbar mit New York.

BRASILIA, Retorten Hauptstadt des Landes, in Architektur und Weitläufigkeit faszinierend, – Abenteuertrips am Rio Araguaia und im Gran Pantanal nahe der boliv. Grenze, – endlose Inlandsgebiete und Pionierland.

SALVADOR DO BAHIA: an Kolonialarchitektur und Flair schönste Stadt Brasiliens, zugleich in der näheren Umgebung excellente Strände (siehe oben!). Eine Region, die man unbedingt in jeden Brasilien- Trip einbauen sollte! – Sehr lohnend für Kolonialbarock auch OURO PRETO im Estado Minas Gerais auf der Strecke nach Belo Horizonte.

AMAZONAS–GEBIET: auch hier hat Brasilien den größten Anteil des südamerikanischen Kontinents (allerdings keine Bergurwaldgebiete, – vom äußerst schwer erreichbaren Grenzgebiet zu Venezuela abgesehen!).

Gigantische Erschließungsprojekte wie der TRANSAMAZONICA, runde 400 km südlich, parallel zum Rio Amazonas, – der "V 8" in Süd- Nord-Richtung rauf und via MANAUS durchgehend befahrbar bis Caracas/Venezuela, – ebenso ist es möglich, per Bus ab boliv. Grenze/Gujaramerin das Amazonasgebiet rauf an die Karibikküste zu durchqueren.

Jede Menge Tips im Brasilienteil zu sämtlichen Hauptpisten des Amazonasgebietes, zu Flußverbindungen und Flügen (auch mit Buschairlines!). Sowohl ab Santarem, wie auch Maraba kann man mit Sportflugzeugen zu Goldgräbercamps fliegen, die "Serra Pelada" ein einziger zerlöcherter Berg und derzeit reichster Goldfund im Amazonas.

Gefälle des Rio Amazonas ab peruan./kolumbianischer Grenze/Tabatinga bis zur Mündung ca. 5.000 Flußkm abwärts nur ca. 200 Höhenmeter. Zur Regenzeit sind riesige Bereiche überschwemmt mit parallelen Flußarmen über hunderte von Km! Grandios aus dem Flugzeug, welches mit 900 km/h dahindüst und die Wälder kein Ende nehmen! Grandios auch die Amazonas-Mündung, wo das Meer noch nach runden 200 km schlammig braun ist von den Fluten der Flüsse aus den Anden. Die braunen Wassermassen treiben rauf bis in die Guyanas! Großes Erlebnis: die ANGOSTURAS kurz vor Belem. Bei OBIDOS verengt sich der Strom und hat eine Tiefe von 60 m! Wassermassen, die kein anderer Fluß der Welt bringt. Allein die 7 wichtigsten Zuflüsse des Amazonas bringen jeweils ein Vielfaches der Wassermassen des Rheins bei seiner Mündung. Der Tucurui- Staudamm (Rio Tocantins) besitzt eine Wasserstaulänge von mehr als 200 km und gilt als einer der größten der Welt. Die Stromausbeute dient vorwiegend der Region SERRA DO CARAJAS bei Maraba, die derzeit reichsten Bodenschatz-Funde im brasil. Amazonas. Eines der größten Aluminium und Eisenerz-Lager der Welt.

Die IGUAZU–WASSERFÄLLE im Süden des Landes an der Grenze zu Argentinien sind großes Brasilien- Bonbon und gelten als schönste der Welt! In einen engen Canyon stürtzen mehr als 275 Wasserfälle, oft mehr als 100 m hoch zwischen dichter Tropenvegetation.

SÜD–BRASILIEN mit großen Regionen deutschstämmiger Siedler so bei Blumenau und Sta. Catarina. Großartige Sandstrände Richtung Uruguay.

REISEN IN BRASILIEN:

Bei den gigantischen Ausdehnungen des Landes, aber auch seiner Vielfalt und Schönheit lässt sich BRASILIEN nicht auf einem Kurztrip konsumieren. Allenfalls möglich: "Anschnuppern", Geschmack bekommen und in das Land verlieben . . .

Die Verkehrsverbindungen sind für südamerikanische Verhältnisse ausgezeichnet, die Überland- Busse komfortabel, breites Netz an Hotels. Gute Flugverbindungen auch in entlegene Ecken des Landes.

Wer Querverbindungen von Nachbarländern nach Brasilien reist, braucht mindestens 3 Wochen und kann allenfalls die wichtigsten Punkte wie Rio, Brasilia, Manaus und Iguazu einbauen. Selbst 3 Monate dürften für die interessantesten Punkte und intensives Erleben des Landes nicht ausreichen!

Wer knapp mit Zeit ist: unbedingt auf den "BRASIL–AIRPASS" (siehe Seite 12o8) zurückgreifen. Ist unterm Strich preiswerter bei ca. 33o US als seperat eingekaufte Einzelflugtickets im Lande, selbst wenn man diese per US $ - Cash auf dem Schwarzmarkt in Cruzeiros tauscht und kauft.

Das Problem: das Ticket gilt 21 Tage, – ungenügend an Zeit. Die alte Gretchenfrage am Telefon hier im Verlag, wenn Leser anrufen ("was kann man in 21 Tagen Brasilien einbauen? "). Klappt nicht, wenn die Sache nicht zu einem Superstreß und Konsumterror ausarten soll. Allein für Rio braucht man mindestens 4 Tage, für Iguazu 2; inkl. Fluganschlüsse sind die 21 Tage des Airpass schnell weg. –

TIP: beispielsweise beim Einstieg per Transatlantikflug nach Recife zunächst mit öffentlichen Verkehrsmitteln oder Mietwagen die Nordostküste (Zeitbedarf ca. 2 Wochen) und dann in den Brasil- Airpass, aus dem man beispielsweise auch in Iguazu "aussteigen" kann, um Argentinien, Paraguay oder die Andenstaaten anzubinden. Entsprechende Variationen gemäß Text.

BRASILIEN–EINSTIEGE:

Die Zeiten, wo man ca. 3.ooo DM retour ab Europa nach Brasilien zahlte, sind glücklicher Weise vorbei. Verbunden mit billigen innerbrasilianischen Transportpreisen und Unterkunft ist das Land ungemein preiswert. Der Retourflug nach Brasilien ab ca. 2.ooo DM. Details siehe Einleitungskapitel dieses Bandes "Transatlantikflüge"! –

Mögliche Einstige ab Europa: BELEM (Air France ab Paris)
RECIFE (Charter ab BRD, z.B. mit Medico Reisen/Baden Baden)
RIO: diverse Angebote

Interessant auch das preisgünstige Air France Ticket ab Paris nach Cayenne mit wöchentlicher Jetverbindung der Cruzeiro do Sul nach Belem, sowie diverse Europa — Peru/Lima Retourflugverbindungen (wer für Südamerika mehr Zeit hat und Anden mit Brasilien verbinden will). Geht z.B. via Iquitos/Peru, via Cusco/Peru oder Bolivien nach Brasilien.

Die Brasilien- Reiseplanung orientiert sich daher zunächst am günstigsten

BRASILIEN–SCHNELLFINDER:

Transatlantik- Flug und wohin dieser "mündet". Insbesondere die preisgünstigen LTU- Flüge sind meist zeitgebunden und werden teuer, wenn man mehr als 3 Wochen bleibt. Siehe auch Tips Seite 12o6 bis1213.

KARTEN/BÜCHER:

"Mapa Rodoviario do Brasil", Escala 1 : 6.ooo.ooo Erhältlich in allen größeren Buchhandlungen Brasiliens. Recht brauchbar, allerdings im Amazonasgebiet Fehler! –

Wesentlich besser und eigentlich der Tip für Brasilien ist der "Guia Quadro

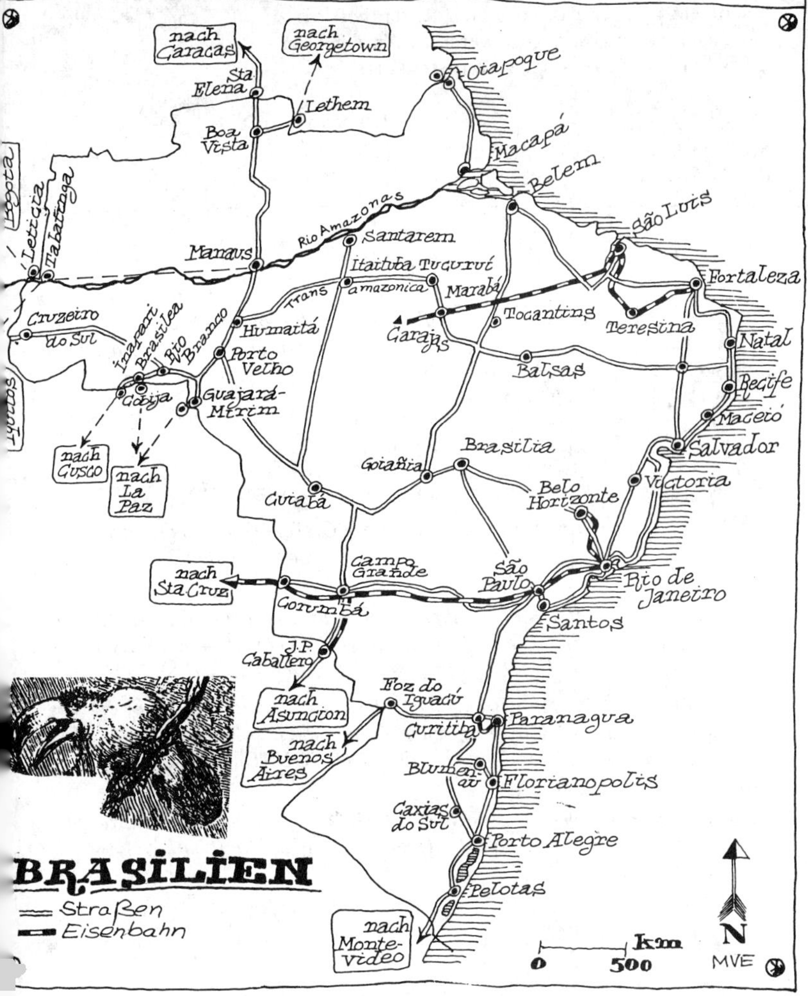

Rodas do Brasil", eine Art brasilianischer Michelin mit vielen Hotel- und Restauranttips. Mit den Stadtplänen aller größeren brasilianischen Städte, insbesondere im Buch aber beigegeben eine Brasilienkarte, die bezüglich Aktualität auch der Straßen die derzeit wohl beste sein dürfte.
Der "Quadro Rodas" (ca. 1o DM) ist in Europa nicht erhältlich, dafür aber in Brasilien an fast jedem Kiosk der größeren Städte, auch in den Airport-Shops.

EINREISE: **Pass, Touristenkarte**

Für deutsche, schweizer und österreichische Touristen reicht ein gültiger Pass für einen Aufenthalt bis zu 9o Tagen (kann verlängert werden). An der Grenze gibts bei der Einreise eine Touristenkarte.

WÄHRUNG: **Cruzado**

Stark inflationär. Daran hat auch der neue "Cruzado" nichts geändert, der durch Abstreichen von 3 Nullen aus dem "Cruzeiro" entstand.

BRASILIEN:

Im Folgenden beschreibe ich, – wie auch allgemein in diesem Buch praktiziert, – Brasilien von seinen Nordteilen Richtung Süden:

Zunächst das Amazonasgebiet, aufgeteilt

1.) PISTEN . . . .
2.) FLUSS–SYSTEME . . . .
3.) FLUG–VERBINDUNGEN . . . .

Im Anschluß dann die NORD–OSTKÜSTE Brasiliens von Belem runter nach Salvador do Bahia und weiter bis RIO.

Ein Kapitel über Inlandrouten und die Gebiete OURO PRETO – BRASILIA – CURITIBA – BANANAL – und Mato Grosso schließen sich an.

Ab SAO PAULO dann Richtung Süden des Landes, – sowohl entlang der Küste zur uruguayischen Grenze, – wie auch Inlandsrouten an die bolivianische Grenze sowie nach FOZ DO IGUACU/Wasserfälle, argentinisch- paraguayische Grenze.

Für alle Details siehe unser SCHNELLFINDER am Beginn des Brasilien-Teils, – ansonsten Index am Ende dieses Bandes benutzen!

Beste Jahreszeit: Juni bis Dez., – Teilstrecken der Transamazonika sind nur während dieser Monate befahrbar!

AMAZONAS

Größter Tropenwald der Erde mit einer Flächenausdehnung fast vom Umfang Kanadas: die wenigen größeren Siedlungen waren bisher nur per Boot auf den umfangreichen Flußsystemen und per Buschflugzeug erreichbar. Seit Ende der 60 er Jahre gigantische Straßenprojekte der brasilianischen Regierung zur Kolonisation des Dschungels und Er= schließung der reichen Bodenschätze, sowie der militärischen Sicherung.

1 TRANSAMAZONICA, GENANNT 'TRANSAMARGURA'

TIP für Leute, die "Abenteuer" suchen, – streckenweise nur LKW-Verbindung (hinten auf der Ladefläche mitfahren), in Dodge- oder Chevy-Pickups. SANTAREM – BELEM jetzt aber mit regelmäßigen Busverbindungen. Transamazonica: um die Weite des Landes zu erleben (Amazonas hat Größe von 1/3 der USA!), neue Siedlungsprojekte, Landerschließung etc.

Für den Normaltouristen ist der Trip uninteressant beim eintönigen, tagelangen Geradeaus auf der roten Lehmpiste durch die Mauer des Urwaldes.

2000 km durch die dichten tropischen Regenwälder zwischen Humaita und Estreito. Über 7 größere Flüsse per Fähre, über rund 50 kleinere per Brücken, durch weite Sumpfgebiete, in denen es von Moskitos wimmelt und die Malariamücke brütet, - eines der Mamutprojekte der bras. Straßenbaugesellschaft DNER und seit 1974 mit Lastwagen be= fahrbar. Brasilianische Journalisten haben die Strecke als die 'Transtrau= rigkeit' beschrieben: endlose Weite, Einsamkeit, Löcher und Schlamm, kilometerlange Bodenrippen, die auch die besten Autos zerstören, Natur= schönheiten, Prostitution und Elend der Siedler. Lastwagenfahrer, die die Route befahren haben, sollen sich geweigert haben, sie ein zweites Mal zu befahren! Auf der Strecke Humaita - Altamira rund 2 Fahrzeuge pro Tag, danach jedoch relativ dichter Verkehr mit ca. 15o Fahrzeugen wegen diverser Bau- und Erschließungsprojekte (Xingu- Staudamm, dem Carajas- Minienprojekt bei Estreito und Tucurui Staudamm).

Trampen mit LKW's möglich, aber je nach Jahreszeit mit mindestens 5 - 1o Tagen rechnen für den kompliziertesten Streckenteil Humaitá nach Marabá, – kann bei guten Pistenverhältnissen aber auch in 3 bis 4 Tagen realisiert werden.

Busse: ab Porto Velho bis Humaita problemlos mit dem tägl. Bus Pto. Velho–Manaus. Anschließend sehr schlechte Transamazonica- Piste durch Hügelland mit schlüpfrigen Anstiegen nach Regenfällen. Es gibt Busverbindungen, – sofern es die Piste zulässt bis JACARAREACANGA, angeblich tägl., aber vom Pistenzustand abhängig und im Optimalfall ca. 24 Std./17 US $ zwischen Humaita und Jacararecanga. Ansonsten wird auf LKW's ausgewichen, die nach zu starken Regenfällen aber auch festhängen . . .

Wenn nix mehr läuft, springen Buschairlines ein, – wie die Strecke zwischenzeitlich auch recht gute Flugverbindungen u.a. mit der regionalen TABA (Propellermaschinen) besitzt.

Ab Jacarlacanga gibts ebenfalls Busservice (sofern es die Piste zulässt!) bis Itaituba, die Fahrzeit im Optimalfall 1 Tag (bis zu 3 oder mehr, wobei der Fahrer nach freier Wahl unterwegs seinen notwendigen Schlaf hält. . .) Das Abenteuer ist vorgeplant und man sollte genügend Zeit in Reserve haben.

Itaituba – Maraba , halbwegs wieder in der Zivilisation (sprich umfangreiche Minenprojekte, die größten und lukrativsten im Amazonasbereich!) hat ebenfalls Busverbindung, wenn es die Piste zulässt, ca. 18 US $ und im Optimalfall ca. 1 Tag. Ab Maraba gute Verbindung mit BELEM/Amazonasmündung, tägl. siehe dort! –

Mit eigenem PKW: genügend Reservebenzin (sprich Kanister), denn die Benzinversorgung klappt immer noch nicht oft über 1.ooo km! Ebenfalls sind Reperaturwerkstätten rar d.h. 2 Reservereifen, Auto nicht überladen wegen Stoßdämpern und in der Zeit Juni bis Dez. fahren, da dann bessere Pistenbedingungen. Wer nicht gerade mit Allradfahrzeug fährt und auf Abenteuer aus ist, sollte sich überlegen, ob er nicht besser das Fahrzeug auf der Strecke Belem – Manaus aufs Schiff verläd; ca. 25o - 3oo US $.

Auch wenn sich Journalisten nach Einweihung der "Transamazonica" 1973 fragten, ob sich der 18 Milliarden DM Bauaufwand und weitere, jährliche Unterhaltskosten von 15 Mill. DM lohnen: er hat sich gelohnt in der Erschließung gigantischer und neuer Gebiete Brasiliens und Bodenschätzen.

Die Bauxit- Eisenerz und Kohlelager um Carajas sind so gigantisch, daß sie langfristig Brasilien mit den dringend benötigten Devisen versorgen können, weitere wichtige Funde, so auch die größten Goldlager Südamerikas!

Daß aber auch viel falsch gemacht wurde, steht außer Frage: Korruption bei der Landverteilung, rigorose Landrodung bei nur dünner Humusschicht des Urwaldes, der bereits im 2. oder 3. Jahr nach Rodung unfruchtbar ist und von Überschwemmungen weggetragen wird, Bestechung und Fälschung bei der Parzellenvergabe, fehlende Versorgung mit Saatgut, Lebensmitteln und Landwirtschaftsmaschinen etc. Viele der zugezogenen Siedler aus den Slums des Nordostens, Rios und São Paulos leben heute im Amazonas in größerem Elend als zuvor in ihren Slums. Gesundheitsfürsorge klappt nicht, Schwärme von Mücken, ungesunde feuchttropische Schwüle und rund 6o neue, bisher noch nicht bekannte Virusarten. Prostitution und Alkoholismus blühen! – (Siehe auch Seite 1o44)

Humaitá an der BR 316 (Porto Velho – Manaus) mit Schnittpunkt Trans-

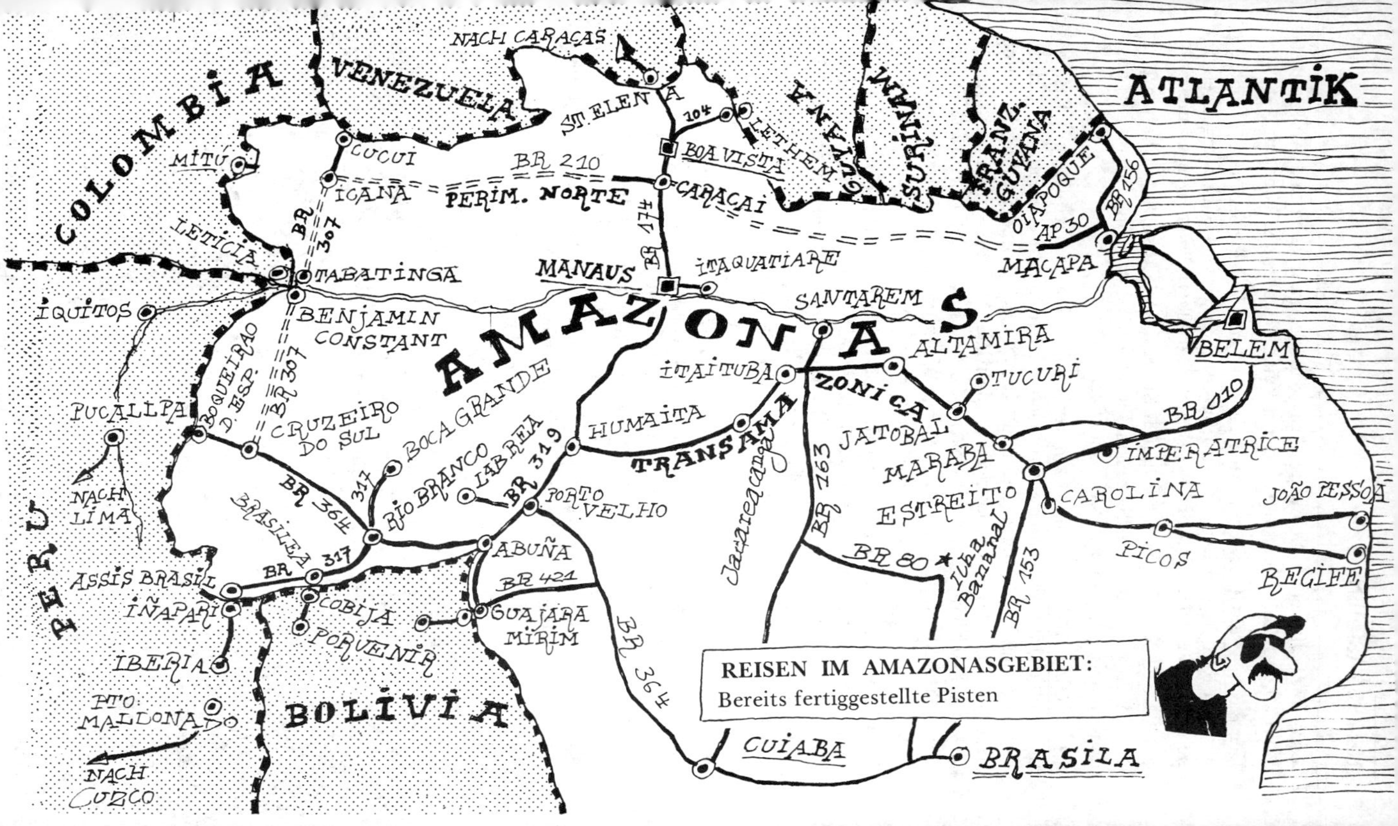

REISEN IM AMAZONASGEBIET:
Bereits fertiggestellte Pisten

amazonica hat einen Schwung Basic- Hotels, Tankstelle und Werkstätten. Volltanken, denn über rund 6oo km keine Nachtankmöglichkeit!

Der RIO ARIPUCENA wird bei Km 31o mit Fähre überquert. Danach wird die Region des Lago Paraiso durchfahren, jede Menge Dschungeltümpel, die bei Regenfällen die Transamazonica überschwemmen können.

RIO SUCURUNDI: nächste Fähre, bei KM 5o2, kostenlos, Überfahrt ca. 1o Min.Auf der anderen Seite des Flusses Benzinstation, die notfalls aus dem Benzinfass pumpt, sofern nicht leer.

JACAREACANGA: rund 1o km seitlich der Transamazonica mit Basichotel und Stützpunkt, da es keine durchgehenden Busse bis Itaituba gibt. Hat sich zwar als Bretterhüttensiedlung "gemausert", trotzdem aber der Hund begraben!Quer- Busverbindungen an den Rio Amazonas nach Santarem, sowie auf der Transamazonica nach Maraba, sowie kleiner Airport für die Taba- Propellermaschinen. Jede Menge Moskitos, aber auch gute Goldgräber-Camps, die per Buschflugzeug erreicht werden.

Im Folgenden Pistenteil mit eigenem Fahrzeug extreme Vorsicht! Sehr hügeliges Gelände und die Transamazonica gerade LKW- breit! Ewiges auf und ab bei Steigungen bis zu 15 % (!!). Die Einheimischen nennen das "Tobogan o Montanha Russa" (=russische Berge!). Bei Regenfällen extrem schlüpfrig, was selbst Allradfahrzeuge zum Aufgeben zwingt.

2oo km bis CACRAS: aus dem ehemaligen Bauarbeiterlager wurde eine stattliche Siedlung mit Kneipen etc. Malariagefahr wegen Sümpfen! – Kurz vor Itaituba wird die Piste besser. Durch den Bau der Transamazonica wuchs ITAITUBA von 2.ooo E. (1968) auf runde 2o.ooo E. Einfache Hotels und Restaurants. Mindest einmal tägl. gibts einen Buschflug in die nähere Umgebung. Mineralien, Holz, Kastanien und Kautschuk werden per Boot abtransportiert, – Goldfunde per Flugzeug. Autowerkstätten und Tankstelle Tägl. Busse nach Santarem und Belem, sowie Maraba.

Über den RIO TAPAJOS per Fähre. Der Fluß ist runde 3 km breit. Ab hier in allen größeren Siedlungen Benzin. Nach 3o km: Kreuzung mit der fertigen 21o km- Piste nach Santarem am Rio Amazonas (tägl. Busse) und der 3.6oo km- Piste nach Cuiaba, in Zusammenarbeit zwischen Militär-Battailons und FUNAI- Indianerbehörde 1977 fertiggestellt, befahrbar außerhalb der Regenzeit. (BR 165, siehe Seite 1o41)

Altamira:

25.ooo E., große Urwaldkolonisierungsprojekte der Regierung. Missionsstation für umliegende Indianersiedlungen, einfache Hotels, Restaurants. Wie auch in anderen Amazonassiedlungen viele Probleme mit Alkoholismus.

ALTAMIRA hat tägliche (außer So.) Flugverbindungen in Propellermaschinen der "Taba" nach Santarem (ca. 5o US $), nach Manaus (ca. 12o US $) und Belem (ca. 65 US $). Das Flugfeld, eingeschnitten in den Urwald, liegt 8 km außerhalb (Taxi).

SCHIFFSVERBINDUNGEN: unregelmäßige Cargo-Passagier- Hausboote ab dem ca. 5o km entfernt liegenden Porto de Victoria (Schotterstraße, Busse) nach Belem, Macapa und Santarem.

BUSTERMINAL: Av. Perimetral. Nach Belem, Itaituba, Maraba und Santarem (55o km, 14 - 2o Std., ca. 25 US $).

Die Fähre über den Rio Xingu:

runde 6o km nach Altamira wird bei Favania der Rio Xingu überquert, der hier 5 km breit ist. Die Fähre transportiert pro Tag runde 15o Fahrzeuge auf die andere Seite, abhängig von Regenzeit. Auf der anderen Seite beginnt eine sehr schlechte Wellblechpiste, die dem Wagen den Rest gibt! Rund 5oo km Urwaldschneise bis

Marabá,

stark expandierende Urwaldmetropole am Rio Tocantins, derzeit 41.ooo Einwohner und Schlüsselpunkt für die ehrgeizigen Amazonas- Explorationsprojekte der Brasilianer im Bereich Serra dos Carajas/Tucurui Staudamm. Hier, wie auch bei der Mündung des Rio Xingu in den Amazonas (Almeirim Deposits) wurden die drittgrößten Bauxit- Lager der Welt entdeckt, das Material aus dem Aluminium gewonnen wird. Verarbeitungsstätten sind bei Belem (Albras/Alunorte) und östlich von São Luis geplant, –

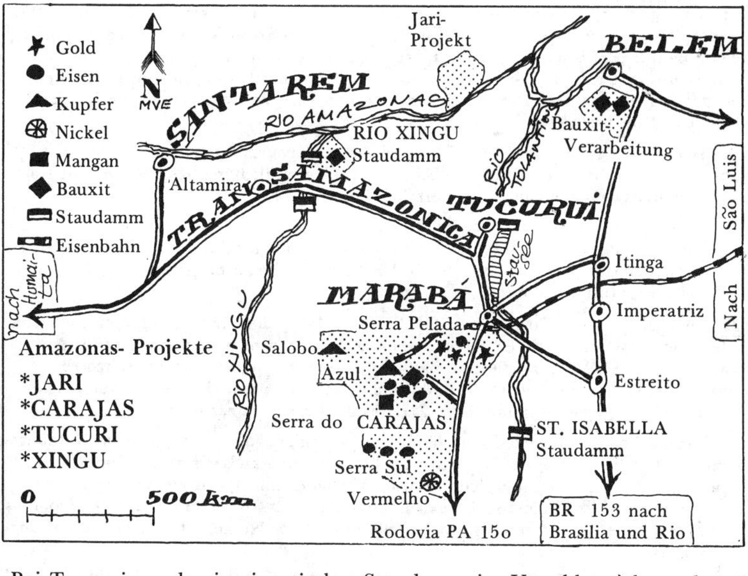

Bei Tucurui wurde ein gigantischer Staudamm im Urwald errichtet, der den nötigen Strom zur Aluminiumgewinnung aus Bauxit liefert und die weiteren Minenprojekte des Bereiches mit Elektrizität versorgt: so wurde bei Serra do Carajas eines der größten Eisenerz- Lager unter dem Amazonasurwald entdeckt, das bei hochwertiger Qualität die Welt weitere 4oo (!) Jahre mit diesen Mineral versorgen soll! (Gemäß Bericht "Times"/25.1.82)

MARABÁ mit Hotels, Restaurants, Autowerkstätten. Der Flughafen ca. 3 km vom Zentrum mit Jet- Verbindungen nach Belem, Imperatriz und Manaus. Ab hier Connectionen in alle Landesteile. "Taba" versorgt mit Propellermaschinen täglich umliegende Urwald- Landepisten.

BUSVERBINDUNGEN täglich ab Maraba mit "Transbrasil" über die Transamazonica nach Santarem und über BRo1o nach Belem. Mit Umsteigen in Estreito täglich nach Brasilia. Ebenso täglich auf Schotterpiste nach Tucuri.

SCHIFF: der Staudammbau auch des St. Isabella- Damms (siehe Karte/Vorseite) hat den Schiffverkehr auf dem Rio Tocantins reduziert. In wieweit noch Boote flußauf nach Estreito sowie unregelmäßig auf dem Rio Araguaia verkehren, wäre vor Ort abzuklären.

Tucurui:

8o km nördlich von Maraba über die BR 422. Derzeit wichtigstes Industrieprojekt der Brasilianer im Amazonas. Der Staudamm besitzt eine Höhe von 122 m und wird nach Fertigstellung 45.ooo KW produzieren und zweitgrößtes Wasserkraftwerk des Landes (nach Itaipu bei Foz do Iguaçú) sein und zu den größten der Welt zählen.

TUCURUI–DAMM: Baubeginn 1975. Damals zählte das Dorf Velha Tucurui knappe 3.ooo Einwohner, die von Fischfang, Ackerbau und Holzfällen im Urwald lebten. Die Transamazonica war gerade fertiggestellt worden, und Prospektoren hatten umfangreiche Bauxit und Eisenerzlager entdeckt. "Als wir kamen, gab es garnichts hier. Es kostete uns fast 3 Jahre, nur um eine Art von Basis zu schaffen, die wir benötigten, um das Projekt in Bewegung zu bringen" sagt der Chefingeneur von Tucurui, Erico Bittencourt de Freitas

Der Hauptteil der Gesamt-Konstruktionskosten des Tucurui-Staudamm ging in die Erstellung einer Infrastruktur an Straßen, Airport sowie Erschließung des Terrains mit Häusern, Schulen, Krankenhäusern Busterminal etc.

Das Material kam teils mit schweren Herkules- Propellermaschinen aus der Luft, teils per Schleppkähnen über den Rio Tucurui, teils über die Transamazonica, die wegen Schmierseifen- Charakter nur außerhalb der Regenzeit befahrbar ist, also während der 7 Monate Juni bis Dezember.

Der Tucurui- Strom versorgt seit Mitte der 8o-er Jahre die Aluminiumhütten südl. von Belem, bei São Luis sowie Barcarena nahe der Amazonasmündung. Nach voller Ausflutung des Staubeckens wird die Stromausbeute so groß sein, daß sie zusätzlich runde 5 Prozent des Gesamtstromverbrauchs Brasilien abdecken wird. Dies bei, – auf Fläche des Stausees bezogen, – minimalster Zerstörung der Amazonasurwälder!

Problematischer sind jedoch die ausländischen Beteiligungen und vergebenen Nutzungsrechte. Mit Nebenkosten der Infrastruktur kostete der Staudamm runde 99o Mill. DM! Gigantische Dimensionen, bei denen Brasilien (wiedereinmal) auf ausländische "Hilfe" angewiesen war: die holländische Shell Gruppe baute das Aluminiumwerk bei Sao Luis, – ein japanisches Konsortium ist an Erstellung weiterer Werke beteiligt in Verbindung mit brasilianischen Firmen.

Brasilien, das derzeit Aluminium exportiert, erhofft sich durch diese Projekte Autonomie im Sektor Aluminium. Hauptsächlich sollen mit den erhofften Exporterlösen das hohe Auslandsdefizit und die - Verschuldung aufgefangen werden.

Heftig kritisiert wird jedoch, daß die Regierung ausländischen Firmen zum Teil erhebliche Strompreisvergünstigungen aus Tucurui- Strom gewähren wird, die die einheimische Aluminiumindustrie benachteiligt und teilweise zollfreien Einfuhr von Maschinen genehmigt, statt der brasilianischen Maschinenindustrie neue Aufträge zuzuführen.

TUCURUI: mehrere Hotels, Busverbindung mit Maraba und Belem (täglich, ca. 13 Std./15 US $, Boa Esperanca) und Jet-Flug "Vasp" nach Belem (ca. 36 US $), – Brasilia (ca. 14o US $) und "Taba"- Propeller.

Carajas:

runde 6o km südlich von Maraba, entwickelt sich derzeit zu einem der wichtigsten Minengebiete des Amazonas. Die Eisenerzlager wurden per Hubschrauber 1967 in einem rund 9oo m hohen Hügelland entdeckt, das von dichtem Urwald überwuchert ist. Als die Geologen per Strickleiter in den Regenwald runterstiegen, fanden sie den phänomenalen Eisengehalt von 66 %. Die Eisenberge sind bis zu 4oo m "dick" und liegen unglücklicherweise in einem nur relativ kleinem Bereich von ca. 2.7oo qkm kompakt zusammen, sodaß durch die Erschließung dieser Mineralvorkommen nur "geringes" Abholzen notwendig wird. Geplant und im Bau ist eine rund 9oo km Eisenbahnstre ke hervorragender Qualität (nicht zu vergleichen mit der Eisenholperstrecke Teresina - São Luis!) zu Hafen und Aluminiumverarbeitung bei Sao Luis. Die Strecke führt über Maraba und dürfte mit ausländischem Kapital und Interesse an Ausbeutung schnell fertiggestellt sein.

In der Nähe (SERRA PELADA) fand man Gold, vermutete Quantität runde 1oo Tonnen! Ein Treck von 2o.ooo Garimpeiros (Goldsuchern) setzte aus allen Teilen Brasiliens ein, die meist in Trupps von 2o bis 3o für den Claimbesitzern arbeiten bei primitivsten Arbeitsbedingungen. Der 'Goldberg' ist von Terassen durchlöchert, verbunden mit Holzleitern, reichstes Goldfeld Brasiliens bei derzeitiger Jahresausbeute von rund 12.ooo kg. Durchschnittlich verdient der angestellte Garimpeiro um die 3o - 5o DM/Tag, sofern ihm nicht der "große Klumpen" durch die Finger rutscht, die Claimbesitzer dagegen werden mehrfache Millionäre und fliegen derzeit mit Lufttaxis nach Serrq Pelada ein, wobei die "Cessnas" und "Bandeirantes (= brasil. Sportflugzeugproduktion) mitten im Dorf landet; unten zwischen den Wild-West Bretterhütten drückt einer auf eine lautstarke Hupe und die Goldgräber springen auf die Seite. Ein amseisengleiches Riesenloch, wo heute an die 8o.ooo Goldgräber im Schlamm buddeln, der Abraumschutt wird über primitive Leitern weggetragen. Mit dem Spuk ist bald Ende, wenn moderne Maschinen anrücken, gemäß Planung der Regierung.

Im Umfeld wurden gleichzeitig riesige Kupferlager gefunden, die ab Ende der 8o-er Jahre den brasilianischen Eigenbedarf decken sollen. –

Estreito:

Knotenpunkt der Transamazonica mit Belem–Brasilia–Asphaltpiste. Einfache Hotels. Urwaldstadt mit Flußhafen. Regelmäßiger Busritt auf einer Allwetterpiste durch dichten Dschungel die 8oo km bis PICOS. Man sitzt gute 2 Tage eingequetscht zwischen Amazonassiedlern, und die Pappkoffer der Indianer füllen sich mit dem Dreck der Piste. Nicht nur hier, sondern auf der gesamten Piste kann es passieren, daß der Busfahrer anhält in einer der Bretterhüttensiedlungen, alle Leute aus dem Bus wirft, um sich in Ruhe seiner Geliebten zu widmen, die hier draußen in der Einsamkeit lebt.

Die Siedlungen entlang der Piste im Pionierstil: Saloon- Bars mit Schwingtüren. Draußen passt der Sheriff auf, die Pistole griffbereit am Gürtel. PICOS am Rande des Urwalds mit modernen Air Condition Hotels. Die letzten Km bis zur Küste sind asphaltiert, dichter Verkehr.

Endpunkt der Transamazonica ist JOÃO PESSOA. Details siehe "Ostküste".

BR. 119/236

In den Westen führt die TRANSAMAZONICA von Humaita noch um weitere 1.8oo Km- Schneise bis an die peruanische Grenze (die BR 119) /BR 236 Piste über Cruzeiro do Sul (ca. 12.ooo E./Hotels, Restaurants, Jetflug der gleichnam. Airline mehrmals/Wo. ab Pto. Velho). Ab peruan. Seite derzeit keine Piste und keine Boote zum 2oo km entfernten Pucallpa/Peru am Rio Ucayali. Allerdings: 1 - 2 mal/Monat fliegt eine kleinere Sportmaschine einer peruan. Urwaldgesellschaft zwischen Curuzeiro do Sul nach Pucallpa. Details siehe "Pucallpa/Peru". Ab hier gibts eine Piste über die Anden an den Pazifik! –

Wenn die Peruaner mit ihren Planierraupen diese letzte Urwaldbarriere durchschnitten haben, wird , ist der Kontinent durch's Amazonasgebiet quer befahrbar auf durchgehender Piste! Eine gewaltige Pionierleistung, – auch im Zeitalter der Catterpillars und Helikopters!

An Pioniergeist und Erschließung riesiger, unerschlossener Gebiete vergleichbar mit dem Bau der amerikanischen Transkontinental- Eisenbahn New York – San Francisco in den USA des vergangenen Jahrhunderts.

Entlang der neuen Verkehrsverbindung Gründung von Siedlungen: den Bahn/Straßenbauern folgen die Spekulanten, wie M.v. Conta in der SZ schrieb: " ein schlammbedeckter Landrover bringt weitere Gäste mit Schaftstiefeln, Schußwaffen am Gürtel, Strohhüten auf dem Kopf. Das sind Leute, die auf einen Schlag 15o.ooo, 25o.ooo Hektar Land kaufen."

Das Hektar Land kostet derzeit im Schnitt o,5o DM ; das Katasteramt in Cuiaba mußte von der Regierung geschlossen werden, weil Land mehrfach verkauft wurde. Häufig regeln MG-'s und geheuerte "Pistoleiros" die Angelegenheit, – wie M.v. Conta schreibt, ist der Sheriff machtlos, vorallem, weil seine Ganoven beim Transport in die viele km- entfernte Gerichts- Provinzstadt "immer an einem bestimmten Fluß" flüchten.

Geologische Recherchen per Hubschrauber lassen die Vermutung zu, daß gewaltige Bodenschätze ruhen,und der Pistenbau ließ den Wert des umliegenden Landes um ein Vielfaches steigen! –

Mit der Fertigstellung der letzten , fehlenden Teilstrecke zwischen Boa Esperanca und Pucallpa wird noch einige Jahre zu rechnen sein. Auf peruanischer Seite besteht derzeit nur geringes Interesse, da einmal die Urwaldstreckenführung extrem kostspielig ist wegen Überquerung diverser, breiter Flüsse, – und zum anderen brasilianische Influenz in Peru befürchtet wird. Es gibt aber heute bereits über zwei weitere Stichpisten eine Möglichkeit, das AMAZONASGEBIET vom peruanischen Pazifik bis brasil. Atlantikküste per Urwaldbusse zu durchqueren! Wir haben recherchiert und bereits 1977 Verbindungen gefunden, die unseres Wissens nach nicht vorher veröffentlicht wurden und auch weitgehend den Tourismus Büros der südamerikanischen Staaten unbekannt sind:

2) VOM PAZIFIK ZUM ATLANTIK durch's Amazonasgebiet: BR 317

Ohne eigenes Auto heute bereits möglich! LIMA – RECIFE in ca. 2 - 3 Wochen; wer öfters Flüge über dem Urwald dazwischenschaltet, schafft die Strecke schneller, – bei Flußfahrten entsprechend länger. Alle Details hierzu in den Beschreibungen der entsprechenden Teilstrecken! – Sehr wichtig: die übliche Amazonas- Gesundheits- Prophylaxen! –

*VON PERU: über IÑAPARI, einem Urwaldnest an der Grenze zu Brasilien Wie man dahin kommt, steht im Peru- Teil/S. 802. Diese Route, die zeit-

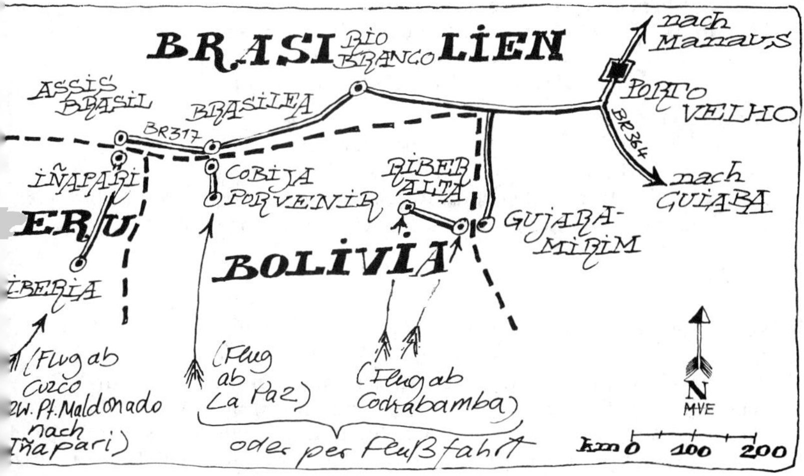

lich nicht zu knapp kalkuliert werden sollte, fährt man am besten in Richtung Peru – Brasilien: für die Anbindung des brasil. Amazonas- Pistennetzes an das peruanische fehlen derzeit noch ca. 150 km Piste. Man muß daher von Pto. Maldonado/Peru nach Iñapari/Grenze fliegen. Und hier gibts derzeit nur eine Militär- Propellermaschine ("Grupo Ocho"), die lediglich 2 Mal im Monat fliegt. Verspätungen oder Flugstornierungen sind durchaus drin. Wer also in Gegenrichtung und von Brasilien kommend, die Strecke reist und die Maschine verpasst, schaut dumm aus der Wäsche. Außerdem kann man die Grupo Ocho ab Brasilien nicht vorbuchen!

(In Planung: Direktflugverbindung mit Jets der peruan. "Faucett" zwischen Rio Branco/Brasilien und Pto. Maldonado/Peru).

Vorerst bleibt jedoch nur die Möglichkeit via IÑAPARI. Der Pass ist unbedingt schon in Pto. Maldonado bei der dortigen Immigracion abzustempeln. An der Grenze wird nur kontrolliert; wer ohne den Stempel ankommt, darf wieder zurück.Auch Cruzeiros bereits aus Pto. Maldonado mitbringen!

Die Landepiste von Iñapari (Gras) liegt rund 5 km außerhalb des Ortes, sehr heiß, unterwegs Farmen. Zuerst zur Polizei, die am Fluß liegt. Dann rüber nach Brasilien:

ASIS BRASIL, auf der bras. Seite ist ein typisches Bretterhütten- Grenz Nest und Ausgangspunkt einer 11o km Urwaldpiste nach Brasilea. (Grenzkontrolle bei der örtlichen Policia in Assis Brasil nicht vergessen!!)

Es fahren Camionettas und Kautschuk- LKW's nach Bedarf, in der Regel aber fast täglich, sofern es der Zustand der Piste erlaubt. Abfahrt sehr früh am Morgen, Fahrzeit ca. 3 Std./8 US $. Am besten orientiert man sich daran, was die anderen zahlen. Großartige Fahrt, mit Volldampf die Gänge rein, – eine Sand- und Erdpiste, die wie eine Achterbahn rauf und runter geht. Unterwegs werden Kautschukballen auf den LKW geladen, 5o - 5o kg Ballen. Die Leute sind sehr arm, aber freundlich und freuen sich über kleinere Geschenke. Richtung Brasilea immer mehr Brandrodungen entlang der Piste in die Urwaldmauer, mit Gemüse und Fruchtanbau, Bananen etc. An den tiefsten Stellen durchquert die BR 317 kleinere Flußläufe in Furten und ist daher während der Regenzeit häufig nicht befahrbar (Dez. bis März).

Der Verkehr läuft dann entweder überhaupt nicht, oder über den Fluß (Rio Acre). Kleinere Boote, Fahrzeit ca. 2 Tage/8 US $. Während der Regenzeit sind Wartezeiten von 1 Woche durchaus möglich, Piste wird aber ausgebaut und verbessert, – was dieses Übel dann abstellen wird.

Brasileia:

mit gepflasterten Straßen (Zentrum),ca. 2.ooo Einwohnern. Nach den verschlafenen Grenznestern Iñapari und Assis Brasil recht viel "Aktivität" im Ort. 2 kleine Hotels "Fronteira" und "Hospidaria" wovon das erste geringfügig besser und teurer ist, beide aber sehr basic. In der "Hospidaria" Dusche mit Schöpfkanne. Dollar - Wechseln eventuell im größeren Lebensmittelgeschäft, sonst drüben in Cobija/Bolivia, hier allerdings sehr schlechter Kurs. (Nach Cobija per Fähre über den Fluß, das Fluganschluß mit La Paz besitzt. Details siehe "Bolivianischer Urwald"/Bolivienteil dieses Buches!).

Von Brasileia fahren täglich Busse der "Empr. Ribeiro" rüber nach Rio Branco. Ca. 6 Std. und 3 US $, wobei der Stehplatz genausoviel kostet wie der Sitzplatz. Das erste 1/4 der Strecke Staub/Sandpiste, danach Asphalt bis Rio Branco. Bei den Fähren unterwegs sitzen die Trickspieler, und wenn die Kiste drüben ist, ist fast der ganze Bus arm!

Vielen Dank an Karl Dummler, Michael Prosinger, Erwin Decker, Werner Roth und Guido Karrasch, die diese Route zu verschiedenen Jahreszeiten befahren und uns Berichte hierzu geschickt haben!

Rio Branco:

Hauptort der brasilianischen Acre- Provinz, nur 135 m über dem Meeresspiegel, obwohl noch runde 2.4oo km Luftlinie vom Atlantik entfernt. Die Acre- Urwälder waren zur Jahrhundertwende reichster Kautschuk-Lieferant Brasiliens. 1882 wurde Rio Branco als Hafen und Umschlagplatz der Kautschuk- Transporte gegründet; der Transport lief damals ausschließlich über den Fluß.

Nach einer verschlafenen 1. Hälfte dieses Jahrhunderts (Erfindung der billigeren, syntethischen Gummiherstellung) erwachte der Ort seit Mitte der 7o-er Jahre zu neuem Boom. NASA- Sateliten hatten entdeckt, daß die Acre- Böden zu den fruchtbarsten des gesamten Amazonasbereiches gehören. Rio Branco verzeichnet starke Zuwachsraten durch Siedlerströme aus dem Süden. RIO BRANCO hat derzeit 9o.ooo Einwohner, mehrere Banken, von denen aber keine US $ wechselt, ein modernes Zentrum. Warnung: für den Trip Rio Branco-Inapari guten Malariaschutz.!

Wer von Peru/Inapari oder Cobija/Bolivia eingereist ist, muß sich einen weiteren Immigrationstempel geben lassen (bzw. Exitstempel bei Gegenrichtung): etwas außerhalb im Regierungsgebäude nahe Hospital (durchfragen!) Mittags zwischen 12 und 15 Uhr zu.

HOTELS: "Inacio Palace", moderne Glasfront, 3 stöckig, sauber mit Restaurant, Rua Barbosa 81, – "Rio Branco", Rua Barbosa 193 und "Chui", Rua Barbosa 285, alle Zentrum .

RESTAURANTS: sehr zu empfehlen die beiden Churrascarias, die eine liegt an der Ausfallsstraße nach Porto Velho , die andere "Oscar" in der Rua Floriano Peixto 452. Riesenportionen zu relativ günstigen Preisen, – "Inacio Palace" - Restaurant Rua Barbosa 81 bei Einheimischen recht beliebt, aber etwas sterile Atmosphäre. Sauber. –

FLUGHAFEN liegt ca. 2 km außerhalb. Täglich Jet- Verbindungen mit Manaus (ca. 11o US $), – Porto Velho (ca. 6o US $), – Cuiaba (ca. 12o US $), mit Umsteigen restliches Brasilien. Cruzeiro do Sul wird einmal pro Woche angeflogen (ca. 7o US $).

BUSSE ab Rodoviario mit der Gesellschaft "Viacão Rondonia" täglich nach Porto Velho. Der Trip dauert runde 14 Stunden und kostet ca. 12 US $. 36o km, der Großteil rote Sandpiste durch den Urwald. Zwischenstation ist ABUNA; es geht über eine steile Piste an den Rio Mamore runter. Unten Fähre, oft Wartezeiten bis zu 2 Stunden. Die selbe Gesellschaft fährt nach Gujara Mirim an der bolivianischen Grenze. Relativ moderne Busse und rote Staubpiste. Landschaftlich sehr lohnend, ca. 12 Std. ab Rio Branco,ohne Warten eingerechnet in Abuna.

Bei kräftigen Tropengüssen kann es auf den Pisten um Rio Branco zu erheblichen Verspätungen bzw. Verschiebungen der geplanten Busverbindungen kommen.

Porto Velho – Humaita (ca. 16o km):

eine gut asphaltierte Piste. Ab Porto Velho fahren mehrmals täglich Busse der "Andorinha", die ca. 4 Stunden brauchen. In Humaita einfache Hotels und Restaurants. Hier beginnt der eigentliche Hauptteil der "TRANSAMAZONICA", Details siehe Seite . Humaita bis Itaituba dürfte die meisten Schwierigkeiten bereiten, aber auch das größte Abenteuer bringen.

Die andere, wesentlich schnellere und zeitlich etwas sicherere Route von den Andenstaaten ins brasilianische Amazonasgebiet führt durch BOLIVIA.

Siehe Karte Seite 969

La Paz ⟶ Porto Velho ist in minimal 3 Tagen zu schaffen, wenn Tropenregen keinen Strich durch die Rechnung machen und die innerbolivianischen Flüge mit "o.K." im Ticket vorgebucht sind. Man fährt mit der Eisenbahn von La Paz nach Cochabamba (1. Tag), fliegt hier mit der L.A.B.-Maschine über Trinidad nach Gujaramirim am Rio Mamore. Mit dem Boot über den Fluß und Nachtbus nach Porto Velho (2. bzw. 3 Tag je Anschluß)

Varianten: Flug bis Cobija/Bolivien und mit dem Boot übersetzen nach Brasilien. Hier Bus über die brasilianische BR 317 nach Porto Velho wie oben beschrieben, ca. 2 - 3 Tage.

Weitere Alternativen: Bus ab La Paz oder Cochabamba in den Anden hinunter in die boliv. Yungas und hier mit dem Flußboot an die brasilianische Grenze. Beschrieben im Bolivienteil dieses Bandes! –

(3) AMAZONAS NORD–SÜD– DURCHQUERUNGEN:

Heißer Tip und von uns erstmals 1977 publiziert: Nach dem momentanen Stand der Pistenfertigstellung und anderer Verkehrsverbindungen kann man das Amazonasgebiet von den Anden (z.B. Peru oder Bolivien) bis an die Karibische Küste in rund 7 Tagen und für ca. 3oo bis 7oo DM durchqueren, je nach Anzahl der dazwischengeschalteten Flüge.

Damit wird eine SÜDAMERIKA–RUNDREISE durch die interessantesten und vielseitigsten Gebiete des Kontinents möglich bei benötigter Zeit von mindestens 2, besser aber 3 Monaten:

*viele preisgünstige Transatlantikflüge ab Europa entweder in die Karibik oder nach Venezuela. Details siehe Einleitungsteil/"Anreise"! Schön als Einstieg: zunächst in der Karibik die ersten Tage relaxen. Dann durch die Andenstaaten: Kolumbien, Ecuador, Peru und Bolivien, – und von La Paz durch's Amazonasgebiet an die karibische Küste Venezuelas retour nach Europa. **

Wer Zeit hat, baut diese Route über Belem/Amazonasmündung und die Guyanas aus. Je nach Verkehrsmittel zusätzlich ca. 2 - 3 Wochen mehr.

* EINSTIEG, d.h. Transatlantikflugroute wählt man je nach günstigstem Angebot. So z.B. derzeit günstige "Vol Vacance"- Tickets mit Linienflügen der Air France ab Paris in die Karibik/Insel Martinique. Dürften bei ca. 1.3oo DM retour (Vor/Nachsaison) derzeit der wohl günstigste Flug nach Südamerika sein. Zwar kommt noch das Flugticket Martinique/Karibik – Venezuela hinzu, – trotzdem aber unterm Strich immer noch billiger oder zumindest gleichteuer als der günstigste Flug retour ab Europa nach Peru, Ecuador oder Brasilien. Für's in etwa selbe Geld erhält man somit ein "Mehr" an Südamerika und hat gleichzeitig einen relaxing- Einstieg unter Palmen auf kleinen Karibikinseln. Weitere Details siehe Seite 254.

Guayaramerin/Bolivien:

alle Details im Bolivienteil (Seite 978). Mit dem Motor- Kanu über den Grenzfluß Rio Mamore. Die Boote fahren immer, wenn sie voll sind, d.h. ca. alle 1o bis 15 Min. Der brasilianische Grenzort heißt:

Guajara Mirim/Brasilien:

kleiner, verschlafener Tropenort mit Betonstraßen, vielen VW's und dem ersten brasilianischen Bier. Das ist auch nötig bei der saftigen Hitze. Mehrere Restaurants; nach 9 Uhr abends nur noch Fernsehen in heißer Tropennacht beim Surren der Insekten . . .

IMMIGRATIONS OFFICE linker Hand, gleich beim Bootsanlegesteg, ein moderner Flachbau. Unbedingt hier den brasilianischen Einreise Stempel besorgen, sofern man ab G.M. weiterreisen will.

Direkt am Fluß der ehemalige Bahnhof für das berühmte Urwaldgleis rauf nach Porto Velho (siehe nächste Seite!) mit einer blau gestrichenen Lok, die 1936 von der Berliner Maschinenbau gefertigt wurde. Wer sich für Eisenbahnen interessiert: wesentlich mehr steht in Porto Velho am Fluß rum!

2 Hotels (das "Fenix" und das "Mini Estrela Palace") an der Hauptstraße vom Fluß in den Ort rauf. Beide sauber und um die 12 US $. Die bessere Wahl als drüben in Bolivien, dortige Hotels aber billiger.

DIE BUSSTATION von "Viacão Rondoñia" liegt etwa 1oo m von beiden Hotels entfernt in der nächsten Parallelstraße. 3 Busse am Tag nach Porto Velho, der eine am frühen Morgen, einer am Mittag und einer gegen ca. 22 Uhr. Die Fahrt dauert 6 Std. und kostet ca. 7 US $.
Rechtzeitig buchen, sonst ist der Bus voll. Die Busse sind supermodern, mit allen Schikanen wie Toilette etc. Schöne Strecke durch dichte Urwälder auf der roten Sand/Erdpiste. Weitgehend werden die ehemaligen Brücken der Eisenbahn nach Pto. Velho vom Bus benutzt. – Abuña auf halber Strecke ist Umsteigepunkt für die (täglichen) Busse rüber nach Rio Branco.

EISENBAHN: leider eingestellt. Weiteres siehe "Porto Velho"!

FLÜGE: Buspiste, ca. 2 km außerhalb des Ortes. "Taba" fliegt täglich außer So. nach Porto Velho, ein 45 Min.- Flug, der runde 35 US $ kostet.

Porto Velho:

14o.ooo Einwohner, in weiter Urwaldlichtung am Rio Madeira, der sich schon 1.ooo km vor seiner Mündung in den Rio Amazonas in beachtlicher Breite und in einem trägen Bogen durch die expandierende Pionierstadt zieht Hausboote sind unten am schlammigen Flußufer angemacht, und wer Freude hat, der kann sich in ca. 5 Tagen für runde 3o US $ nach Manaus über die schlammigen Fluten in der Hängematte schaukeln . Die CAPITA–NIA liegt in der Av. 7 de Setembre am Fluß. Infos über das, was sich demnächst auf dem Fluß so alles tut.

SEIT voller Funktion der Asphaltstraße nach Manaus läuft der Hauptverkehr nunmehr über die erheblich schnellere Straße. Für Flußfahrten sind die Monate September bis März die günstigsten, da dann durch höhere Regenfälle der Fluß mehr Wasser führt und ein Engpass unterwegs besser befahren werden kann. –

In der CAPITANIA müßt man sich in eine Liste eintragen lassen und von der POLICIA FEDERAL (estr. do aeropuerto, ca. 2 km außerhalb) nach Vorzeigen des Passes ein Passierpapier besorgen, das "visto". – Etwa 24 Std. vorher ist es möglich, die voraussichtliche Abfahrtszeit des Schiffes zu erfahren. Manche Boote mit Kabinen, die meisten aber mit Haken für die Hängematte. Dringend Moskito- Vorsorge! Kein Flußwasser trinken oder zum Zähneputzen verwenden! Darmerkrankungen sind recht häufig, wegen unhygienischer Essenszubereitung an Bord.

Die Strecke per Fluß bringt relativ wenig, weil dieser schon ziemlich breit ist; wir empfehlen die wesentlich schnellere und billigere Busfahrt über Humaita! –

Am Fluß: ein herrlich tropisch verrottetes Lagergelände mit dem Bahnhof der berühmten **Kautschuk – Dschungelstrecke nach Guajara Mirim**: 36o km Schmalspur - Gleis durch dichtesten Urwald, Lianengehänge, über Urwald-Bäche und -Flüsse: das Gleis der **Madeira–Mamore–Railway**!! Gebaut zur Zeit des Kautschuk - Booms um die Jahrhundertwende. Der Abtransport der Ballen aus den ertragreichen Urwaldgebieten des PANDO und ACRE - TERRITORIUMS dauerte damals auf den Strömen Rio Madeira / Rio Mamore wegen zahlreicher Stromschnellen 5 Monate. Daher beschloß man 19o7 den Bau der Urwald – Bahnlinie; in gewisser Weise auch "Bezahlung" an Bolivien für den abgenommenen kautschukreichen Acre - Dschungel. Bau unter mörderischen Tropenbedingungen, als "TODESLINIE" in die brasilianische Geschichte eingegangen: das Gleis führt über 3oo km durch Sümpfe, in denen Malaria- und Gelbfiebermücken brüten, durch undurchdringliche Urwalddickichte, mit Schlangen, Jaguaren und Parasiten; plötzliche tropische Regengüsse setzten in kürzester Zeit alles unter Wasser und ließen die geschlagene Streckenschneise schnell wieder zuwuchern; zwischendurch blutige Indianerschlachten. Die Bauarbeiter starben weg wie die Fliegen. Alle 1o m Gleis ein Toter! –
Betrieb noch bis 1972 mit alten Dampfloks aus der Jahrhundertwende und morschen Holzwaggons, die in 1o Stunden durch den Urwald holperten. – Nach Fertigstellung einer Straßenpiste, die die Eisenbahnbrücken benutzt, wurde die Strecke leider geschlossen. Der BUS von Guajara Mirim braucht heute 6 Stunden, – moderne Busse mit Liegesitzen und im Rhytmus aufleuchtenden Sitznummern, Samba-Musik aus dem Taperecorder, draußen die rote Sandpiste und dichter Urwald mit Orchideen und Brüllaffen! –

Geht in Porto Velho an den Fluß: zwischen rotrostigen Lagerschuppen: einer der alten Kautschuk - Züge, und im Bahnhof ein kleines Eisenbahnmuseum. Alberto de Sales Carvalho, einer der pensionierten Bahnhofsdirektoren, ein würdiger Herr mit Bart, wird euch alte Bahnhofsmöbel zeigen, die viel Pionieratmosphäre ausstrahlen, Lok-Chronometer, Streckenpläne und ähnliches. Wer Portugiesisch versteht, kann sich von ihm viele Abenteuer erzählen lassen, die sich damals entlang der Strecke ereignet haben! Draußen im umliegenden Gelände stehen noch 25 weitere Loks rum und verrosten in der tropischen Schwüle. –

TIP: im Justizgebäude beim Eisenbahnmuseum (gleich beim Hafenein=

gang rechts): im 1. Stock schöne Glasmalereien zum Bau der Kautschuk-Linie! **News aus Porto Velho:**

jedes Wochenende wird die Eisenbahn wieder in Bewegung gesetzt, wenn genügend Leute da sind, und fährt einige Km in den Urwald. Sehr lohnend für den, der was für alte Eisenbahnen übrig hat!

Für Amazonas - Verhältnisse bietet Porto Velho erstaunlich viel Zivili=sation und Komfort; wer in eigenem Auto unterwegs ist, findet hier viele VW - Werkstätten und Tankstellen, – und die beste Nachrichten=börse soll das "Cafe Santos" sein! –

PISTENENTFERNUNGEN:
nach BRASILIA: 2654 km, – nach GUAJARA MIRIM: 343 km, – nach RIO BRANCO: 5o6 km, – nach MANAUS: 823 km und nach CUJABA: 151o km.
Auf allen Pisten verkehren Busse! –

BUSSE:
Der Busterminal liegt am Stadtrand (ca. 3 km bis zum Zentrum; Trampen möglich), an der Av. 7 de Setembre. Schräg gegenüber ein ziemlich mieses Hotel, das ich nur im Notstand frequentieren würde. –

Die Busse der Viacão Motta fahren mehrmals täglich nach Humaitá (4 Std.), nach São Paulo einmal pro Tag (dauert ca. 4 Tage bis 1 Woche, je nach Pistenverhältnissen im Matto Grosso). Unterwegs liegen Cuiaba und eine Reihe von Pioniernestern mit großer Zukunft (umfangreiche Goldschätze werden in Rondonia vermutet!), – ein anderer "Goldschatz" ist Ivandette in Jaru, die zu grüßen mich Guido Karrasch gebeten hat. Ja,ja, immer diese langen Busfahrten. (Eigentlich können wir hier keine Grüße durchgeben, aber in diesem Fall muß eine Ausnahme gemacht werden . . .) –

Nun zurück zu Bussen: Porto Velho–Manaus: 16 Std., mehrere Busse täglich auf Asphaltstraße mit Andorinha und Solturs. Trotzdem sehr anzuraten, ein oder 2 Tage vorher ins Büro der Busgesellschaft und Ticket kaufen, wie sich den Platz im Bus reservieren zu lassen. ca. 1o US $.

Porto Velho – Rio Branco: tägl. mit "Viacão Rondônia" 14 Std., 12 US $, nach Gujara Mirim mehrmals tägl., ca. 6 Std. 7 US $.

FLÜGE:
Der Airport mit moderner und langer Beton- Piste, liegt ca. 7 km außerhalb. Täglich mit Jets nach Cuiaba (ca. 12o US $), nach Manaus (ca. 85 US $, ein Flug von einer Stunde gegenüber den 16 des Busses), nach Rio Branco (ca. 6o US $, 1 Std.) "Taba" fliegt mit Propeller auf Regionalstrecken, so Gujara Mirim und Costa Marques an der Grenze zu Bolivien (Gujara Mirim tägl. außer So, ca. 5o US $), entlang der BR 364 nach Cuiaba, so z.B. Vilhena und Pimenta Bueno.

HOTELS: "Selton Porto Velho", bestes mit Swimming Pool, Av. Carlos Gomes, ca. 3o US $. – "Floresta", Almirante Baroso im Zentrum, ca. 25 US $, – Billiger: "Vitoria", Av. D.Q. Caixas 745, mit Privatbad und gutem Restaurant im Haus, 12 US, – "Guapore PalaceAv. Campos Sales (Zentrum), – billig aber sehr basic: Schwung bei altem Eisenbahnhof.

Porto Velho ⋙→ Manaus: BR 319

Bis Manaus durchgehend asphaltiert, 878 km. Allerdings werden Teile durch Überschwemmungen immer wieder unterhöhlt und immer wieder Brücken eingerissen. Seit Nov. '75 mit Bussen befahrbar. Wichtiger

Schritt der Regierung zur Erschließung des mittleren und nördlichen Amazonasbereiches bis rauf nach den reichen Savannen von Boa Vista, einem Gebiet so groß wie Mitteleuropa, das praktisch nur über die Cuiaba–Pt. Velho–Manaus–Boa Vista Piste bedient wird.

Die Busfahrt ab Porto Velho dauert rund 1 Tag, wenn die Strecke o.K. ist. Es geht durch flaches bis leicht welliges Gelände, das von dichtem Urwald überwuchert ist. Rund 3o größere Brücken und 5 Flüsse, die mit Fähren überquert werden. Der letzte Fluß ist der Rio Amazonas, der hier bei Manaus eine Breite von 5 km (!) besitzt.

Die 823 km bis Manaus sind normalerweise das ganze Jahr über ohne Probleme zu befahren. Wer aber knapp mit der Zeit ist, der erkundigt sich vorher in Porto Velho bei der DNER (Straßenbauamt, Telefonbuch) und muß notfalls fliegen (täglich mit "Vasp" und "Cruzeiro"- Jets für ca. 85 US $)

Für die Fahrt im eigenen PKW wird nach Porto Velho, bei Humaita und vor Manaus (bevor der Fluß überquert wird) ein Polizeiposten passiert, bei dem Fahrzeug und Daten in eine Liste eingetragen werden. Hier auch Infos über den jeweiligen Straßenzustand. Es ist zu empfehlen, sich an ein anderes Fahrzeug im Konvoi anzuhängen, sowie Reservekanister für die gesamte Strecke mitzunehmen. Auf rund 65o km keinerlei größere Siedlungen, Reperaturwerkstätten etc. –

Manaus:
Moderne Großstadt mit Hochhäusern und stinkenden Autoschlangen in den Straßen. Beschrieben unter "Amazonas-Flußfahrten", siehe Seite 1o79

BR 174 Manaus ⋙➤ Boa Vista:

Die Piste rauf nach Boa Vista nahe der venezuelanischen Grenze wurde bereits Anfang der 7o-er Jahre begonnen, konnte jedoch über viele Jahre nicht fertiggestellt werden, weil die Indianer erfolgreich ihr Land verteidigten und dem Weißen Mann Giftpfeile rüberpusteten. Die brasilianischen Catterpillars blieben etwa in der Mitte der 7oo- km Verbindung in den Sümpfen stecken. Es handelte sich um ein völlig jungfräuliches Gebiet der dreifachen Größe der BRD!

Bereits in unserer 1. Ausgabe dieses Bandes hatten wir hierüber berichtet: die Piste endete rund 3oo km nördlich von Manaus und der Rest war ein für PKW nicht befahrbarer Dschungelpfad aus dem Jahre 1894. Wer das Gebiet aus der Luft erlebt, kann sich eine Vorstellung machen von der gewaltigen Dimension "Natur" , mit der die Militär- Pioniere kämpften. Der Transportverkehr lief damals ausschließlich über den Rio Branco, und so mancher autofahrende Gringo mußte ein dickes Trinkgeld bezahlen damit der Fährmann bei Ankunft seine Kiste auch auslud.

Die Indianer konnten ihr Land so erfolgreich verteidigen, daß die Straßenbauer einen 15o km Umweg um ihr Gebiet einschlagen mußten.

BUS Die Allwetter- Wellblechpiste durch den Urwald ist nunmehr durchgehend befahrbar. Täglich 2 Busse pro Richtung; möglichst frühzeitig buchen, da immer recht voll. Es fahren ab Rodoviario/Manaus "Soltur" und "Ando ha". Fahrzeit, wenn alles gut geht, kein Achsenbruch, Motorschaden oder Straßenwegspülung rund 16 Stunden, 9 US $. Abfahrt gegen Mitternacht.

Entscheidend, daß der Bus noch vor Einbruch der Dunkelheit an den Rio Branco zur Fähre kommt. Danach geht der Fährmann schlafen und die Busfahrgäste müssen im heißen Bus auf den Sonnenaufgang warten.

G. Karrasch schrieb uns "Zweimal bin ich die Strecke Boa Vista – Manaus mit dem Bus gefahren und immer ging die Scheißkarre ca. 1 Std. vor Manaus pleite!" Gleichzeitig weist er darauf hin, daß es sich entlang der BR 174 recht gut trampen lässt: in Manaus "sagt man einfach dem letzten Kontrollposten der Policia Federal, dort wo die Straße sich zweigt und in rote Allwetterpiste übergeht, daß man einen Camion sucht, der bis B.V. fährt. Dann stellt man den Rucksack bei ihnen ab und geht Billard spielen oder ein Stückchen weiter zu einem schönen Fluß baden. Kommt dann ein LKW, der noch ein Plätzchen irgendwo frei hat, rennt man schnell zum Kontrollposten und bittet freundlichst um Mitfahrgelegenheit. Unterwegs an den Pistenrestaurants kann man dann für 3 US Bife Frango com Arros essen".

Zwischen Manaus und Caracai leichtes Hügelland, die Pistenschneise rund 7o m breit in der hohen Urwaldmauer, teils Brandrodungen. Interessantestes Stück ist die Strecke Caracai – Boa Vista: Übergang von den Amazonasregenwäldern in die phantastischen Weiten der Savanne um Boa Vista! Nachdem der Bus von Boa Vista nach Manaus diese Strecke nachts fährt, kann man sich in den Regionalbus nach Caracai setzen und steigt hier in den B.V.–Manausbus. Allerdings hierfür rechtzeitig Platz reservieren lassen, – wie Guido Karrasch anmerkt, "wenn man nicht, wie ich, 13 Stunden auf der Motorhaube sitzen will und sich diese noch mit anderen teilen muß."

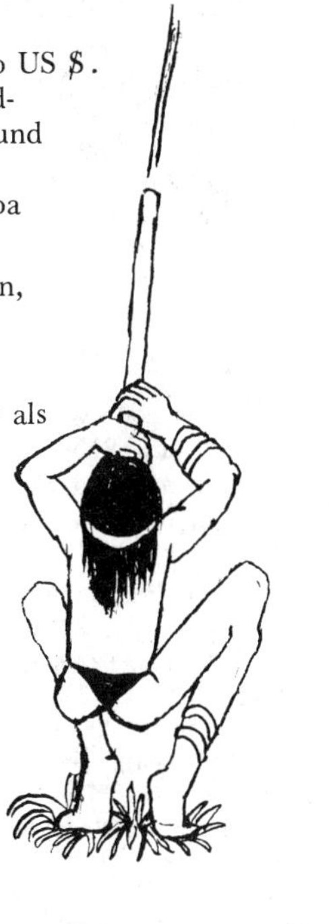

FLIEGEN: täglich mit "Cruzeiro do Sul" für runde 7o US $. Bei klarem Wetter großartiges Erlebnis im Jet über endlosen Wäldern, – nichts als Bäume bis zum Horizont und in der Sonne glitzernde Flüsse. Nur einmal unter euch die Baustelle der Perimetral Norte und die Manaus–Boa Vista Schneise.

Kurz vor Boa Vista: hohe, dicht bewaldete Bergkuppen, hinter denen das Land in Savanne übergeht . . .

Boa Vista:

7o.ooo Einwohner, innerhalb von 7 Jahren auf mehr als das Doppelte angewachsen. Hauptort des Territoriums RORAIMA, – Hinterland mit großer Zukunft! Ein weites, leeres Savannenland mit sanften Hügeln am Horizont, die zur venezuelanischen Grenze bis auf 1.4oo m steigen.

Hotels: Recht komfortabel und derzeit bestes Hotel im Ort das "Tropical Boa Vista", pca. Centro Civil (an der Straße vom Flughafen), Doppelzimmer um die 5o US $. Bei einfacheren Ansprüchen "Eusebio's", Rua Cecilia Brasil. Eines der preisgünstigsten Hotels , daher viele Globetrotter dürfte das "Brasil" sein, Rua Benjamin Constant. Zimmer muffig und nicht besonders sauber. Das gilt auch für die

Toiletten, Duschen und den Innenhof. Dort kann man auch Wäsche waschen und trocknen. Vorsicht, es wird geklaut. – "Hotel Universo", Zimmer muffig, Ventilator, aber reges Tierleben, Dusche im Zimmer. Beide Hotels mit Haken für die Hängematte: a) luftiger und b) billiger. Weitere Billighotels in diesem Bereich.

Bier ist teuer in Boa Vista, – mehrere Kneipen um prca Centro Civil, wo die venezuelanischen LKW- Fahrer ihr letztes Bier trinken, bevor sie zum 800 km- Trip über die Grand Sabana nach Cd. Guyana oder Cd. Bolivar aufbrechen.

Boa Vista hat einen recht hohen Lebensstandart, aber es ist absolut nichts los. Die Bevölkerung säuft viel und gern. Herrlich laue Tropennächte auf dem ausgesessenen Sofa vom "Brasil- Hotel"; der Fernseher flimmerte vor sich hin, und gegenüber gab's für uns 2 Stunden Missionsprogramm in der Kirche mit ekstatischem "Halleluja". Viele Guyanesen, die wegen derzeitiger politischer Situation aus Georgetown nach Brasil geflüchtet sind. Boa Vista, 1926 gegründet, hat breite Straßen, relativ wenig Slums. Brasilianische Pioniertypen aus der Savanne mit ihren staubüberzogenen Pickups. In der Umgebung Richtung venez. und guyanesischer Grenze wurden reichste Bodenschätze gefunden, siehe auch Superbrücke über den Rio Branco, hinter dem derzeit ein Feldweg weiterführt!

AN DIE KARIBIK – KÜSTE:

Von BOA VISTA gibt's 2 Möglichkeiten:

(1) entweder über Venezuela, eine durchgehende Piste bis Caracas und in Cd. Guyana oder Maturin Flüge mit "Aeropostal" nach BARBADOS/Karibik zum billigen "Caribbean" - Flug zurück nach Europa, –

(2) oder: über Guyana, sehr viel Abenteuer, aber auch teurer, wenn ihr nach Barbados wollt. –

Auf beiden Routen: 2 Tage im Optimalfall von Boa Vista nach Barbados.

(1) Boa Vista → Venezuela: (BR 174)

Die BR 401: von Boa Vista 200 km an die Grenze Venezuelas. Fertig eine Schotter- bzw. Sandpiste durch weite, einsame Savannen=landschaften, dann in leichten Kurven durch Halburwald mit wilden Bananen hinauf ins Bergland bei der Grenze.

Bus: derzeit 2 mal pro Woche Busverbindung über die BR 174 vom Boa Vista Rodoviario in runden 7 Std. nach Sta. Elena/Venezuela. Ca. 10 US $.

Trampen: Es fahren "pickups" von Farmern zu umliegenden Fazendas, die hinten auf der Ladefläche Leute mitnehmen. 30 bis 50 Fahrzeuge pro Tag und damit keine schlechten Chancen. Unterwegs wird bei Coke- Hütten gestoppt. Dies sind auch die besten Punkte, um weiter zu trampen.

Relativ häufig und dichter Verkehr per Holztransporter von Brasilien nach Venezuela. Allerdings dürfen die Fahrer meist keine Passagiere mitnehmen, bzw. fahren bereits zu zweit (zum Abwechseln), sodaß vorn in dem Fahrerhaus oft kein Platz mehr ist. Fahrzeit Boa Vista – Cd. Bolivar ca. 24 Std. Nonstop mit Coke &Bierpausen.

Dritte Trampmöglichkeit: reichere Venezuelaner, die in US- Schlitten oder pickups kommen, um Samen oder andere, landwritschaftliche Naturalien zu verkaufen, bzw. 'duty free- shopping' in Manaus hinter sich haben.

Grenze: Formalitäten auf der brasilianischen Seite: eine kleinere Betonhütte, einsam auf einem Hügel gelegen. Nach offizieller Bestimmung gibt's hier den Aus/Einreisestempel. Nachdem aber öfters Leute die 2oo km zurück nach Boa Vista geschickt worden sind, empfiehlt es sich, sicherheitshalber in Boa Vista vor Abfahrt mal kurz bei der "Policia Federal" vorbeizusehen, um o.K. zu erhalten (Name des leitenden Officers notieren). –

VENEZUELA: machte in den vergangenen Jahren öfters Ärger bei langhaarigen Reisenden, Rucksacktouristen und sonstigen Leuten, die nicht Tip-Top aussehen. Insbesondere bei Grenzübergängen, die "weit ab vom Schuß" liegen. Andererseits hat der Grenzverkehr nach Fertigstellung der neuen Manaus–Boa Vista- Piste erheblich zugenommen wodurch sich die Verhältnisse normalisierten.

Generell gilt: für Deutsche kein Visum nötig, sondern eine Tourist Card. Diese ist gratis. Erhältlich entweder an der Grenze oder beim Konsul in Boa Vista. In manchen Fällen wird das Vorweisen von rund 2o US $ /Tag des Aufenthaltes in Venezuela verlangt,

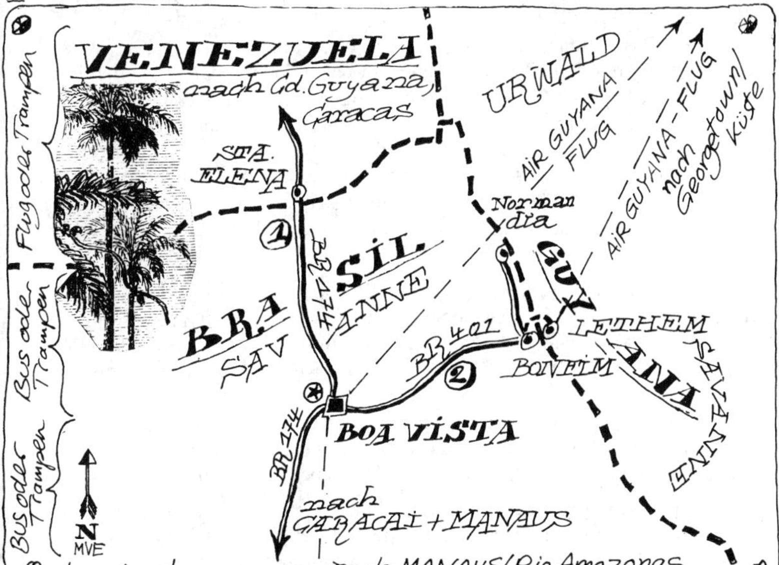

sowie ein gültiges Flugticket aus Venezuela raus nach Europa oder den USA (auch möglich z.B. Kolumbien – USA).

Notfalls 72 Stunden- Transit"Visum" beantragen, das man in größeren, venezuelanischen Städten verlängern kann.

In jedem Fall; zuerst ins Konsulat Boa Vista und abklären, wo Ausstellung der Papiere gewünscht wird. Wer will, klärt die Sache bereits im Venezuela- Konsulat von Rio oder São Paulo ab. Kein Konsulat in Manaus! – In Gegenrichtung, also Venezuela nach Boa Vista relativ problemlos. Die Oficina de Imigracion in St. Elena/Venezuela liegt am

[Ende des Ortes bei einziger Tankstelle. Bei der Ausreise hier Exitstempel.]

Sta. Elena/Venezuela:
Grenzort Venezuela. Ab hier gehts nur per Jeep weiter, keine Busverbindung. Nach Mitfahrmöglichkeit in Restaurants fragen. Es gibt zwischenzeitlich einen kommerziellen Unternehmer, der bis El Dorado fährt, wo reguläre Busse fahren, rauf nach Cd. Bolivar und Caracas. Trampmöglichkeiten ab Sta. Elena bis El Dorado nach verschiedenen Leserberichten schlecht, eventuell LKW's. Kontakt in Sta. Elena- Restaurants.– Tip ist der "Aeropostal- Flug" Sta. Elena nach Cd. Bolivar/3 mal Woche, für ca. 2o US $ fast geschenkt und bei klarem Wetter heißer Tip beim Flug zwischen den Tafelbergen. Weitere Details siehe Venezuela- Teil!

Die Venezuela- Verbindung an die südamerikanische Karibikküste und retour in die Zivilisation ist die derzeit bequemere und Sachen Grenze leichtere. Die andere geht via:

(2) Boa Vista ≫→ Guyana: (BR 401)

Von Boa Vista führt eine ca. 125 km Piste durch die Savanne an die Grenze Guyanas. Der brasilianische Grenzort heißt BONFIM, der guayanesische LETHEM. Zwischenzeitlich gibts tägliche Busverbindung, die ca. 5 US $ kostet und ca. 3 Std. dauert. Kaum Chancen zum Trampen, da die Grenzregion noch zu dünn besiedelt ist. Der Rio Branco wird mit riesiger Brücke am Ortsrand von Boa Vista überquert. Danach beginnt die Piste nach Bonfim. Wer trotzdem trampen versuchen will: keinesfalls einen Lift für halbe Strecke akzeptieren, sonst bleibt man mitten im Busch hängen. . .

Grenzformalitäten bei den Militärs in Bonfim für die Brasilienausreise bzw. (in Gegenrichtung) Einreise. Sicherheitshalber aber in Boa Vista bei der Inmigracion abchecken! – Per Kanu über den Grenzfluß und guayanesische Einreiseformalitäten. Seit "pro- Cuba- Rutsch" Guyanas kann, aber muß nicht die Einreise problematisch sein. Der Stempel des Grenzbeamtens nach Gutdünken, Aussehen des Touristen etc. , – aber auch intensiver Schmuggel von Brasilien nach Guayana wegen dortigem Warenengpass, was zu intensivem Check in Lethem des Gepäcks führen kann. –

Ab Lethem/Guyana gibts einen täglichen "Air Guyana"- Flug direkt bis Georgetown der Hauptstadt des Landes an der Karibikküste. Flugzeit ca. 1 Std. 1o Min./6o US $. Es kann passieren, daß man wegen starker Buchung keinen Platz in der Maschine bekommt und in Lethem festhängt. Von Georgetown teure Flüge in die Karibik (z.B. nach Barbados), da auf jeden Flug eine 5o % Flugtax plus Airporttax von 24 US $ geknallt werden. (Via Venezuela wesentlich billiger nach z.B. Trinidad/Karibik!!). – Weiterhin gibts tägl. Busverbindung ab Georgetown nach Surinam und Franz. Guyana.

Andere Alternative ab Boa Vista/Brasilien: 2 mal/Woche ein Direktflug im Air Guyana- Propeller nach Georgetown. Kostenpunkt 85 US $. Alle Details siehe "Guyana"- Teil!

Weitere Pisten im Amazonasgebiet

BR 156

führt von Macapa an der Amazonasmündung hinauf bis an die Grenze von FRANZÖSISCH GUYANA (Oiapoque). Eine 71o km Erdpiste durch hügeligen Urwald, die regelmäßig nur bis Amapa (km 35o) befahrbar ist. Der Rest je nach vorhergegangenen Tropengüssen, Pistenverwaschungen etc. Hauptsächlich strategische Bedeutung, aber auch viele Bodenschätze!

Busse nur zwischen Macapa und Porto Grande (an der Abzweigung der Eisenbahn zu den Minen von Serra do Navio). Die restlichen Pisten Km nur per LKW- Trampen, wobei dünner Verkehr bis Amapa/Ort existiert und der Rest der Strecke (34o km) fast ausschließlich nur von Militär-LKW's der Garnison in Oiapoque befahren wird, – sofern befahrbar. Wegen dünner Besiedlung und hohen Kosten kann es nach Pistenzerstörung durch Regengüsse oft Monate dauern, bis diese wieder befahrbar ist.

SOFERN die BR 156 durchgehend befahrbar ist(– war z.B. Jan 82 der Fall) dauert der Trip in eigenem Auto 2 Tage Nonstop. Zu AMAPA/Ort: keine Flüge, weder nach Macapa, noch nach Oiapoque. Ca. 2 mal pro 14 Tage, unregelmäßig kommt das Macapa–Oiapoque Boot vorbei, das Zwischenstop in Amapa/Ort macht. Außerdem soll es, wie uns Herbert Schmidt schrieb, der seit 3o Jahren in Brasilien lebt und das Gebiet recht gut kennt, Schmuggeltransportschiffe zwischen Amapa und Cayenne/Guyana geben, die Buffalofleisch für die Franzosen bringen. Mitfahrt allerdings sehr fraglich, da die Seeleute genügend Probleme mit Zoll etc. haben.

Infos über derzeitige Befahrbarkeit der BR 156 beim DNER- Straßenbauamt in Macapa. Man sollte sich allerdings gleich einen hohen Officer geben lassen, da in der breiten Allgemeinheit die Ansicht kursiert, die BR 156 sei nie fertiggestellt worden.

OIAPOQUE, Urwalddorf mit ca. 1.ooo Einwohnern am Rio Oiapoque, umfangreiches Militär, das sich stinklangweilt. Per Kanu über den Grenzfluß, ca. 2 US $ nach St. Georges/Franz. Guyana. Gemäß Regulations hat die franz. Immigracion a) Gelbfieberimpfung und b) Flugticket aus Franz. Guyana raus zu kontrollieren, – Hauptproblem dieses Grenzüberganges ist jedoch intensiver Schmuggel in beide Richtungen, weswegen der Übergang mehrfach völlig geschlossen wurde.

Ab St. Georges/Fr. Guyana gibts derzeit noch keinen Pistenanschluß mit Cayenne (erst bis Regina fertig!), aber täglichen Flug in kleineren Sportmaschinen. Details siehe "Französisch Guyana".

Alternative Flug: rund 3 mal/Woche gibts mit "TABA"- Propellermaschinen Flüge ab Belem (ca. 1oo US $) und ab Macapa (ca. 65 US $) Flüge nach Oiapoque an die Grenze. Allerdings sind die Maschinen, wie uns Herbert Schmidt schrieb "immer total ausverkauft in beide Richtungen, denn die brasilianische Grenzgarnision hat Vorzugspassagen und die Flüge dauerbelegt. Mit Schmiergeldern für die Vertretung in Oiapoque und Macapa habe ich trotzdem nach 2 - tägiger Wartezeit ein Ticket bekommen".

Nachdem aber allein der Flug von St. Georges nach Cayenne ca. 3o US $ kostet, plus Taba von Belem nach Oiapoque ca. 1oo US $ (= ca. 13o US $), – fliegt man inkl. aller Ersparnis von Buchungsärger, Grenzproblemen und Anschluß bequemer mit dem 2 mal wöchentlich verkehrendem "Cruzeiro do Sul" - Direktjet Belem – Cayenne (ca. 14o US $ einfach), Flugzeit ca. 1 Std.

Alternative Boot: fast noch abenteuerlicher als der Trip Überland. Nach Infos in Belem gibt es 3 mal/Monat ein Boot ab Belem/Porto São Benedito nach Oiapoque, das ca. 3 - 4 Tage braucht und um die 3o US $ kostet. Essen ist im Preis inkl. aber sehr basic, Schlafen in der Hängematte an Deck, Moskitos inkl.

Dr. Reisfelder schickte uns ergänzende Infos zu Herbert Schmidt: "der Buschflug nach Macapa/Oiapoque ist häufig auf Wochen ausgebucht, weil Leute in Oiapoque, meist Militärs in Macapa einkaufen wollen. . . . Wenn man warten muß auf eine Verbindung (in Oiapoque) empfiehlt es sich, in St. Georges zu bleiben. Die brasilianische Seite ist teurer und schlechter"

Weiterhin gibt es ein nach Bedarf verkehrendes Cargo/Passagierboot ab St. Georges, Grenze nach Cayenne. Ist erheblich billiger als der Flug und spart zudem das teure Taxi, das ab Cayenne- Airport in die Stadt nötig wird. Allerdings sehr unregelmäßig, und ich möchte in keinem der beiden Grenznester auf Tage festhänge n . . .
Weitere Details siehe "Franz. Guyana"- Teil! –

Per Bus: nach neuesten Informationen wurde die BR 156- Piste zwischenzeitlich verbessert und hat sowohl nach Amapa wie auch Calcoene tägl. Busse ab Macapa, die je nach Pistenverhältnissen ca. 6 - 7 Std. brauchen (ca. 8 US $). Ab Calcoene gibts 3 mal pro Woche einen Bus an die Grenze/Oiapoque, 6 US $, allerdings nur, wenn die Piste es zulässt (schwierig in der Regenzeit Jan. - April). – Weiterhin fährt 2 mal/Monat ab Macapa ein Regierungsboot entlang der Küste , welches sehr unkomfortabel ist, je nach Zwischenstops ca. 2 Tage braucht und per Hängematte an Deck ca. 15 US $ kostet.

Egal ob Überland oder per Boot: abchecken, ob Malariapropylaxe notwendig ist. Jede Menge Sumpfgebiete! Sowohl Oiapoque wie auch St. Georges hat Basic- Herbergen zur Übernachtung. Nördl. von Calcoene/Brasilien gibts mehrere Goldgräber Felder. An Abenteuer bringt die Strecke sicher viel, – sofern man genügend Zeit hat. Wer das günstige Air France "Paris–Cayenne/Franz. Guyana"- 1- Jahresticket sich zum Südamerika Einstieg zugelegt hat (siehe Seite 233), ist aber meist mit dem Cayenne–Belem Direktflug der "Cruzeiro do Sul" besser bedient! –

AP30

Macapa ≫→ Jari:

33o km Erd/Sandpiste zum Urwaldprojekt des US- Milliardärs Daniel Ludwig. Mitte der 6o-er Jahre kaufte er hier am Rio Jari für 3 Mill. US $ ein Gebiet der Größe fast von Schleswig Holstein, um eine schnellwüchsige eine schnellwüchsige Piniensorte anzupflanzen, die Supergewinne in der Papierherstellung ergeben sollte.

Nach Presseberichten wurden Milliarden US $ in schwimmende Papierfabriken investiert, in Siedlungen für 1o.ooo Arbeiter inkl. Schulen, Krankenhäuser, 8.ooo km Urwaldstraßen, 15 Flughäfen und 75 km Eisenbahngleis. Verkauf am 25.1.82 im Palacio Planalto/Brasilia an ein brasilianisches Firmenkonsortium. Jari gescheitert oder cleverer Schachzug?

Serra do Navio:

umfangreiche Manganschätze, die nördlich von Macapá in Tagebau gefördert werden. Hügeliges Urwaldgebiet und 194 km Eisenbahngleis nach Porto Santana (Ausfuhrhafen). Mitfahrt nur mit Autorisation der Minengesellschaft möglich: "Minercão da Serra do Navio" (ICOM). Ob dieser Trip in die Urwälder des Landesinneren zu nebelverhangenen Minen interessant ist, sei jedem selbst überlassen.
Vorab mit der Minengesellschaft die Übernachtungsmöglichkeit in Serra do Navio absprechen! –

Macapá:

relativ moderne Provinzhauptstadt des Amapá Territoriums (14o.ooo E., 9o.ooo leben davon in Macapá). Hochhäuser, Hauptstraßen asphaltiert, wirtschaftliches Zentrum und Verwaltung einer Region der Größe von Belgien + Holand, die hauptsächlich aus Urwäldern, teils Rodungen (Buffalos) besteht. Macapa besitzt Interesse als Ausgangspunkt für Trips in der Amapa- Region, ist feuchtschwül und extrem heiß. Altes Fort (Fortaleza de Sao Jose de Macapa, 1764/74), bester Strand ist der da Fazendinha, 16 km außerhalb, Flußstrand am Rio Amazonas.

Vom Hafen regionale Boote (Holzflußboote) entlang der Sumpfküste bis Amapa/Ort, selten nach Calcoene, sowie Oiapoque, jedoch 2 mal pro Woche ab Porto de Santana nach Belem. Details über diese lohnende Flußfahrt siehe Belem!

Der Hauptflußverkehr läuft wegen günstigerer Lage ab Belem, vergleiche auch Gründungszahlen beider Städte: Belem: 1616, Macapa: 1856, der Zeit, als die großen Forscher wie Wallace und Bates begannen, über Seitenflüsse des Rio Amazonas das Landesinnere zu entdecken.

HOTELS: bestes das neue "Novotel"/Av. Amazonas am Wasser. Zimmer mit Privatbad, TV, Tel. und Radio. Diverse Sportmöglichkeiten wie Tennis, Volley Ball etc. Weitere: "Amapaense"/Av. Tiradentes, – "Mercurio"/R. Candido Mendes und "Palace"/R. Cora de Carvalho. Basic- Hotels und Restaurants.

FLUG: tägl. Jet nach Belem, ca. 45 US $, ein interessanter 4o Min.- Flug bei klarem Wetter über die Marajol- Insel. – Mit Taba per Propeller rauf nach Oiapoque an der Grenze zu Franz. Guyana. Details siehe Vorkapitel! –

EISENBAHN: 28 km zum Hafen (Porto de Santana), interessant wegen großer Anlagen zur Verschiffung (Mine Serra do Navio) und Holz (umliegende Urwälder). Gibt auch häufig tägl. Busverbindung zum Hafen. – Das 194 km lange Eisenbahngleis Macapa nach Serra do Navio hat ca. 3 mal/Woche Zugverbindung (Cargo + Passagiere), Mitfahrt nur mit Genehmigung der Minengesellschaft. Siehe oben! –

Perimetral Norte: BR 210

Mammutprojekt im Norden: 3.9oo km Piste im Bau durch jungfräuliche Gebiete, in denen nur Indianer leben und reiche Bodenschätze vermutet werden. Derzeit ist jedoch der Bau weitgehend gestoppt wegen fehlenden Mitteln. Die Fortführung vollzieht sich schleppend, da nur noch Militär-Battailone arbeiten, nicht jedoch private Firmen. Es fehlt an Geld bei der derzeitig schlechten Wirtschaftslage Brasiliens. Streckenführung: von Macapa an der Amazonasmündung entlang der 3 Guyanas über Caracai (Kreuzung mit der BR 174- Piste von Manaus) und weiter entlang der Südgrenze Venezuelas nach SAN GABRIEL DA CACHOEIRA am Oberlauf des Rio Negro. Bereits fertig sind kürzere Verbindungen im Bereich San Gabriel da Cachoeira, sowie runde 5oo km um Caracai und die ersten ca. 25o km ab Macapá.

Das 9. Millitärbattailon baut seit 1982 an einer 1.8oo Piste von San Gabriel da Chacoeira über Benjamin Constant/Tabatinga (am Rio Amazonas, Grenze zum 3 Ländereck mit Peru und Kolumbien) bis hinunter nach CRUZEIRO DO SUL an der fertigen BR 364. Damit schließt sich der Pistenring im Amazonasgebiet und der Kolonisierung dieser riesigen Gebiete steht nichts mehr im Wege.

In den Urwaldgebieten Amazoniens vermuten die Brasilianer mindestens 4 Mill. Tonnen Eisenerz, Gold, Zinn, Diamanten, Uran und die größten Erdöllager der Welt. "RADAM" (Brasilien) betreibt zusammen mit ausländischen Firmen seit 1966 moderne Schatzsuche im Hubschrauber (über Strickleitern steigen die Geologen in den Urwald und entnehmen Bodenproben). Gewaltige Bodenschätze wurden bereits gefunden (siehe Carajas!), weitere sind bereits entdeckt, aber noch nicht erschlossen, da es an Infrastruktur (Straßen) fehlt.

Die TRANSAMAZONICA (1974 eröffnet) dient keinesfalls, wie häufig falsch berichtet,– dem schnelleren Warentransport gegenüber "früherem Verkehrsweg Rio Amazonas". Nicht umsonst verläuft die Transamazonica viele hundert Km südlich des großen Stroms. Die Transamazonica erschließt abgelegene Bereiche und berührt insbesondere in ihrer nach Nord ausgebuchteten Kurve die wichtigsten, derzeit bekannten Minen des Amazonas! – Ähnlich auch der Verlauf der geplanten "Perimetral Norte" entlang der Guyana und Venezuela- Grenzen.

Andere Pisten, – z.B. die BR 316 von Porto Velho nach Manaus und in Weiterführung als BR 174 rauf nach Boa Vista nahe Grenze zu Venezuela dienen der Süd- Nord-Erschließung des Amazonasraumes (als Flußtrip via Rio Madeira/Rio Branco = ca. 3 Wochen, per Bus heute ca. 2 Tage!), sowie der Anbindung Brasiliens und des Amazonas-Raumes an Venezuela und den Karibikbereich des südam. Kontinentes.
Diese Piste nach Boa Vista bindet gleichzeitig den landwirtschaftlich reichen Savannengürtel um Boa Vista an den Rest Brasiliens, sowie reiche Bodenschätze nahe der Grenze zu Guyana! –

Andere Amazonaspisten, beispielsweise die BR 364 (Rio Branco nach Cruzeiro do Sul) erschließen ab Transamazonica das ACRE- TERRITORIUM, welches von Lansat-Satelitten als eines der fruchtbarsten Gebiete des südam. Kontinentes entdeckt wurde.

Ähnlich auch die BR 317 von Rio Branco entlang der Nordgrenze Boliviens und Perus nach Brasilea und Asis Brasil, die in diesem Bereich Brasilien an die Nachbarstaaten anbinden.

DASS BRASILIEN seine Bodenschätze im Amazonas nutzt (Carajas, Xingu etc.) ist sicher legitim. Durch den Tucurui- Staudamm werden allenfalls o,ool % der Amazonasurwälder zertört bei hoher Stromeffizienz zur Aluminiumgewinnung aus den Carajas-Bauxitminen (die zu den reichsten des Landes zählen und dem Land in seinen Devisenproblemen helfen).

DASS BRASILIEN in der Landerschließung zu Agrarprojekten entlang der neuen Pisten große Fehler gemacht hat, steht außer Frage und wird heute auch von der Regierung zugegeben. Ausgenommen des äußerst fruchtbaren Acre- Territoriums und des Savannengürtels um Boa Vista sind zumeist die Amazonasregionen für Rodungen zur Landwirtschaft bald nach 1 oder 2 Jahren unfruchtbar.

Die Humusdecke ist zu dünn und wird nach Abrodung der Bäume schnell bei Hochwasser weggeflutet. Run der größten Nation Südamerikas auf eines der letzten, unerschlossenen Gebiete der Welt. Täglich werden allein 3 Millionen Bäume gefällt, wobei nur ein Bruchteil finanziell interessant ist, da es sich um Mischwälder handelt (=Luxushölzer wie Mahaghoni etc.). Der Rest mag regional verwertbar sein, aber wegen hoher Transportkosten ohne Gewinne auf den Weltmärkten.

Abrodung zugleich zur Landgewinnung (Rinderfarmen, z.B. des VW- Werkes Brasil) etc. Gebiete, die wegen Dünne der Böden und ihrer relativen Unfruchtbarkeit schon nach kurzer Zeit verlassen werden zu Gunsten neuer Rodungen, – vielfach auch Brandrodungen.

Eine beginnende Kahlrodung der letzten Lunge der Welt. Gemäß Wissenschaftlern kommt rund 5o % des Sauerstoffs der Welt aus dem Amazonasbereich (Photosyntese der Bäume). Wenn die Abholzung aus Profitgier in selbem Maße weitergeht, wie bisher, dürfte das Amazonasgebiet nach Hochrechnungen bis zum Jahr 2.ooo glattrasiert sein!

Gemäß Untersuchungen haben die seit 1972 z.B. in Iquitos/Peru registrierten Hochwasserstände erheblich zugenommen, die Niedrigwasserstände sind jedoch gleichgeblieben. Dies bedeutet, daß bei zunehmender Abholzung erheblich mehr Regenwasser per Fluß aus den Anden abfließt als früher.

Somit werden fruchtbare Böden wegen fehlendem Wurzelwerk, das wie ein Schwamm wirkt, von den Flüssen ins Meer geschwemmt. Weiterhin werden Böden, die derzeit noch bewachsen sind, wegen höherem Wasserstand überschwemmt und häufig durch die Wassermassen "abgeholzt".

Bei Untersuchungen wiesen die Wissenschaftler darauf hin, daß die Bäume das Wasser aufsaugen und in die Baumkronen transportieren, wo es verdampft. Fehlen Bäume, reduziert sich die Luftfeuchtigkeit, die sich letztlich auch auf die Böden auswirkt.

Abgesehen davon wird sich bei fortschreitender Abholzung eine erhebliche Klimaveränderung zu erwarten sein.

Die TRANSAMAZONICA zog massiv Siedler aus unterentwickelten Gebieten Brasiliens an, die in großen Trecks ins Land zogen. Landverkauf durch Korruption und Großunternehmer, die mit entsprechendem Kapital das Land an Arme verteilten, d.h. diese ausnutzten in Minimallöhnen. Sich aber auch nicht um Regulationen der Regierung kümmerten.

Mißernten in Abholzungsprojekten (Böden waren nach 2 oder 3 Ernten unfruchtbar),– gaben offiziellen Stellen zu denken. Forderungen wurden laut, statt Urwald für Rindfleisch zu roden, Gewinne aus dem Fischreichtum der Flüsse zu ziehen. Bleibt zu hoffen, daß Vernunft sich gegenüber Profit durchsetzt. Denn nur so wird sich über lange Zeit Profit aus der Amazonasregion ziehen lassen! –

(5) VERBINDUNGSPISTEN: AMAZONAS ≫→ SÜDBRASILIEN

BR 364: die früher abenteuerliche, schlammige und langwierige Erdpiste von Porto Velho nach CUIABÁ wurde zwischenzeitlich asphaltiert. Täglich Busse, die für die 1.5oo km ca. 24 Std. brauchen (3o US $, oft superkomfortabel mit Bar und Bordtoilette!). Auch LKW- Trampen geht recht gut.

Als Strecke landschaftlich grandios. Durch Urwälder, Rodungen für Siedlungen und weite Berganstiege. Viele Siedlungen im Wildwest- Stil mit Bretter-Saloons, aber auch eine Reihe stark expandierender Städte, die oft von einer Ausgangsbasis 1o.ooo E. sich innerhalb weniger Jahre vervier- oder fünffachen.

Die BR 364 ist wichtigste Zufahrtsstraße der großen Siedlertrecks aus den Großräumen São Paulo und Rio in die Pioniergebiete Matto Grossos und des Amazonas. In den vergangenen 1o Jahren hat es riesige Einwanderer-Ströme gegeben, die nach wie vor anhalten, da die Region reich ist. Im Gegensatz zum Amazonasgebiet: – im Bergland nicht unfruchtbar; zudem fanden Geologen reiche Bodenschätze.

✶ CUIABÁ: ca. 17o.ooo E./168 m

Ausgangspunkt der Prospektorentätigkeit in den Urwäldern des Matto Grosso, – heute eine moderne Großstadt mit mehr als 17o.ooo E., Hochhäusern und komfortablen Hotels. Die Stadt bringt vom Sight Seeing-Punkt praktisch nichts, ist aber Schaltzentrale zur Erschließung der Region, für den Reisenden Umsteigepunkt mit guten Verkehrsverbindungen.

Hotels: derzeit keine Top- Hotels, aber gute gehobene Mittelklasse, die in der Regel über AC und TV im Zimmer verfügt. Air Condition ist wegen den tropischen Temperaturen Cuiabas nötig (obwohl ich sie ablehne, da sie zu Erkältung führt), der TV Standard in der brasil. Mittelklasse. Tel., Radio und Privatbad.

Zur gehobenen Mittelklasse gehören das "Aurea Palace"/Av. Gen. Melo 63 im Centro, mit SW- Pool, Tip auch wegen angenehmen Zimmern, – das relativ teure "Santa Rosa

Palace"/Av. G. Vargas 6oo (Centro) mit SW- Pool, – das "Excelsior"/Av. G. Vargas 46 (Centro), Preise liegen um 3o - 4o US $ fürs Doppel mit Privatbad.

Billiger sind das empfehlenswerte "Fenicia"/Av. G. Vargas 296 mit TV und Privatbad, ca. 2o US $, – das "Bandeirantes"/Av. Cor. Escolastico etwas außerhalb des Centros, – "Mato Grosso"/R. Comandante Costa 2522 weitere.

Billighotels im Bereich des Busterminals um 5 bis 1o US/Doppel.

Restaurants: jede Menge im Centro um die Praca da Republica und Seitenstraßen. Gut sind die Hotel- Restaurants des "Aurea Palace" und des "Excelsior". Für Fisch das "Flutuante"/R. Sarita Baracat, – Churrascos:: "Majestic"/Av. J. Gomes Monteiro Sobrinho 59, "Recanto do Bosque"/Rua Candido Mariano im Centro und "Maria Fumaca Praca da Bandeira. – Chinesisch: "Hong Kong"/Rua Gen. Valle 639.

Verbindungen: AIRPORT (Marechal Rondon) mit häufig wöchentlichen Jetverbindungen nach Rio, Sao Paulo, Campo Grande, Brasilia und Porto Velho. Teils direkt, teils mit Umsteigen. Es gibt Airtaxis.

BUSTERMINAL: Av. Mar. Rondon, ca. 3 km ab Centro/Stadtbusse. Tägl. Busse auf den 1.5oo km rauf nach Porto Velho (ca. 24 Std./3o US $) mit Anschluß nach Manaus am Rio Amazonas bzw. Rio Branco nahe Grenze Bolivia/Peru, – nach Campo Grande tägl. mit komfortablen Bussen, ca. 7 Std. für die 72o km- Strecke/8 US $. Von Campo Grande gibts tägliche Bus- und Zugverbindung nach CORUMBAan der boliv. Grenze mit Zugverbindung nach Sta. Cruz/Bolivien (Details siehe dort!), sowie ab Campo Grande Zugverbindung nach Ponta Porã an der Grenze zu Paraguay mit anschließender tägl. Busverbindung durch Nordost- Paraguay nach Asuncion, Details siehe Paraguay!

Rio (ca. 26 Std.) und Sao Paulo (ca. 28 Std.) mit täglichen Direktbussen ab Cuiaba, ein Trip, der trotz durchgehendem Asphalt aber entsprechend schlaucht im Nonstop (ca. 25 US $) und den man je nach Route des Busses in Brasilia oder Belo Horizonte (Minas Gerais, Details siehe dort) unterbrechen sollte. Sowohl Brasilia, wie auch Minas Gerais sind Punkte, die sich als Zwischenstop auf jedem Brasilientrip lohnen!

Auch wer sich nicht den Brasil- Airpass zugelegt hat: abklären, inwieweit sich das Einschalten von Flügen ab Cuiaba lohnt wegen den gigantischen Entfernungen, wo unterwegs an landschaftlicher Abwechslung relativ wenig passiert und sich die Stunden dahinschleppen . . .

Alternative nach Rio: Bus Cuiaba nach Campo Grande und dort in den Schlafwagen nach Sao Paulo. Bequem als Nachtrip, aber ganz sicher billiger pe r Brasil- Airpass.

Cuiaba– Santarem am Rio Amazonas (BR 163) wird derzeit asphaltiert. Details dort!

Tourist Info: verschiedene private Agenturen im Bereich Praca da Republica.
Post: Praca da Republica – **Telefon:** Rua Barao de Melgacao 3964

Ausflüge: Thermalquellen (4o° C) mit Pools rund 9o km von Cuiaba an der Straße nach Rondonopolis, zu erreichen mit Tour- Agenturen in Cuiaba. – Champada dos Guimares ist schöner 7o km Trip mit Kaskaden und Wasserfällen im Bergland um Cuiaba. Es gibt kleinere Felscanyons und Bergformationen, wohl interessantester Ausflug in der Region, Champada selbst ein unberührtes Dorf mit schöner Kirche, 1779 und öffentlichem SW- Pool.

Querverbindungen nach Bolivien: die bequemste Route führt ab Cuiaba per Bus runter nach Campo Grande und rüber nach CORUMBA. – Abenteuerroute: von Cuiaba per tägl. Bus rüber nach CACARES (ca. 2oo km). Die 7o.ooo E Grenzsiedlung hat definitiv Pioniercharakter, Basic- Hotels und Restaurants und liegt am Rio Paraguai. D.h. am A. der Welt was auch Geldwechselmöglichkeiten betrifft.

Es gibt unregelmäßige Boote auf dem Rio Paraguai runter nach CORUMBA (ca. 2 Tg.) Definitiv ein Abenteuertrip. Nach uns vorliegenden Infos ist die Mitnahme von Passagieren nicht erlaubt, was sich aber gegen Schmiergeld regeln lässt. Infos über Abfahrtszeiten in der Capitania von Cacares. am Fluß. Wer in Cacares festhängt, um auf Abfahrt des Bootes zu warten: definitiv der Hund begraben und nix los!! Der Bus von Cuiaba braucht bis Cacares ca. 6 Std./4 US $.

Andere Abenteuerroute: ab Cacares per Piste rein nach Nordost- Bolivien/Grenzort SAN MATIAS. Ein Mininest von ca. 2.ooo E., aber regionalen Militärflug- Verbindungen nach Santa Cruz. Das brasil. Streckennetz berührt diesen Zipfel Boliviens, was die Bolivianer nicht gerade erfreut, da sie diesen abgelegenen Zipfel ihres Landes wegen fehlender Devisen per Straße nicht genügend bedienen können.

Grenzformalitäten für den Trip sind ein Problem. Angeblich Ausreisestempel in Cacares, Einreisestempel in San Matias für Bolivien. Gibt aber jede Menge Probleme angeblich nötiger Visas, die ihren Preis kosten. . . Entgegen falscher anderer Informationen kann man die boliv. TAM- Militärflüge ab San Matias nach Santa Cruz nicht vorab reservieren. Was diesen Grenztrip zusätzlich erschwert. Es gibt weiterhin eine Jeep- Piste ab San Matias nach Santa Cruz, die aber gemäß Infos von Entwicklungshelfern, die in der Region arbeiteten, den Großteil des Jahres nicht befahrbar ist. –

CUIABÁ wurde 1719 von den "Bandeirantes" gegründet, schon damals Stützpunkt für Goldexpeditionen in die Urwälder. Man spricht von Goldklumpen, die es bei stärkeren Regenfällen in Cuiaba unter der Kirche in die Hauptavenida spült. – Cuiaba liegt praktisch auf der Wasserscheide: alle Flüsse nördlich der Stadt münden in den Rio Amazonas und alle südlich in den Rio Parana. Zugleich liegt Cuiaba im geographischen Mittelpunkt des südamerikan. Kontinents!

✱ PANTANAL: riesiges Überschwemmungsgebiet entlang der bolivianischen Grenze (Fläche = ca. Größe Bayerns!!). Teile sind Nationalpark, reich an Tieren, die ihre Brutzeit zur Zeit des Niedrigwassers haben (Juli bis Anf. Okt.), die Flußufer geben weite Sandstrände. Das Hochwasser beginnt ab ca. Nov. bis Ende März.

Wer sich für Tiere interessiert, eines der interessantesten Gebiete Brasiliens. Allerdings nur schwer zu erreichen. Es gibt Tours, die man ab Cuiaba buchen kann, – und die TRANS–PANTANAL–PISTE, die von Cuiabá den Pantanal nach Corumba an der Grenze zu Bolivien durchquert. Allerdings kaum öffentlicher Verkehr.Reguläre Busverbindung ab Cuiabá bis Poconé (ca. 72 km). Ab hier nur noch Glück per LKW- Stop versuchen. Es gibt mehrere "Posadas" (Simpel- Lodges) im Pantanal, Infos von Tour- Veranstaltern in Cuiabá. Sind aber sauteuer im organisierten Trip ab Cuiaba, der pro Person und Tag nicht selten 1oo US $ kostet. Alternativen: Mietwagen ab Cuiaba (mehrere Vermieter, siehe Tel.- Buch!) und die Posada vorbuchen! – Oder: Flug von Cuiabá nach Corumba quer über den Pantanal; während der Regenzeit großartiges Erlebnis, wenn sich die vielen Mulden des Hügellandes mit Seen füllen und zwischendurch zahlreiche Flußläufe schlängeln. Einer der Top- Flüge über dem südam. Kontinent, ca. 2o US $.

✱ DIE BR 165: Cuiaba ⋙→ Santarem am Rio Amazonas. Seit Sommer 1976 fertig, eine 1.78o km Piste durch völlig jungfräulichen Urwald. 2 Pionier-Bataillone bauten daran 6 Jahre. Kostenpunkt runde 155 Mill. DM! Langsam entwickeln sich Siedlungsprojekte entlang der Piste und man ist dabei, Teilstrecken zu asphaltieren.

✱ DIE BR 153: von Belem an der Mündung des Rio Amazonas in den Atlantik bis runter nach Brasilia. 2.000 km, fertig und weitgehend asphaltiert. Dichter Verkehr, es fahren tägl. Busse, ein rauher 40- Std. Ritt für runde 45 US; den "Leito"- Bus nehmen. Macht die Sache in ca. 32 - 34 Std., ist bequemer, allerdings auch doppelt so teuer.

Rio Amazonas

Francisco de Orellana 1542

Hauptverkehr im Amazonasgebiet nach wie vor via Fluß. Gewaltige Dimensionen! Länge des Rio Amazonas, des längsten und wasserreichsten Stromes der Welt: 6.500 km, das entspricht der Entfernung Nordkap bis Mauretanien; und noch bis Iquitos/Peru, 3.500 km von der Mündung entfernt, ist er mit Ozeandampfern befahrbar. –

Durchschnittliche Breite 3 km, an vielen Stellen inkl. zahlreicher Seitenarme aber bis zu 60 km! Tiefe bei Obidos (nähe Santarem) 60 m bei einer dortigen Flußbreite von 18 km. Gefälle auf den rund 5.000 km ab Pucallpa Peru bis Mündung nur 250 m! Das führt bei stärkeren tropischen Regengüssen zu gewaltigen Überschwemmungen. 1953 sollen sich die Wassermassen 29 m über dem Meeresspiegel gestaut haben! Noch 200 km im Ozean schmeckt das Wasser des Meeres süß! 1.100 Nebenflüsse; 7 davon sind wesentlich größer als der Rhein. Auf fast allen fahren die typischen Amazonas Doppelstockboote: kleinere Frachtkähne mit Holzaufbauten und Haken für die Hängematte.

Temperaturen um die 35° C, sehr schwül und viele Moskitos. Malariagefahr. Vorsicht mit Essen an Bord, welches mit Flußwasser gekocht wird. Daher Darminfektion meist nicht zu vermeiden. Plastikkanister mitnehmen, um Trinkwasser zu sterilisieren.

Im folgenden Text die wichtigsten Flüsse – sowie Städte wie BELEM und SANTAREM – MANAUS.

"POROROCA" nennen die Brasilianer den Zusammenstoß der Amazonas-Wassermassen im Mündungsbereich im Atlantik. Gigantisches Naturschauspiel aus der Luft, wie die schlammig braunen Wassermassen des Rio Amazonas auf die Atlantikwellen prallen und sich 50 bis 100 km ins Meer schieben. Der Zusammenprall ist noch kilometerweit zu hören. Dabei entstehen Wellenberge bis 40 m Höhe!

Leider gibts weder Linienflüge (der Belem– Macapa- Flug geht quer über die Marajo- Insel), noch Bootsverbindungen. Wer filmen oder fotographieren will, ist somit auf Aircharter einer Cessna ab Belem angewiesen! –

Belem:

ca. 800.000 E./0 - 5 m

Die mit Abstand größte und wichtigste Stadt im Mündungsbereich des Rio

Amazonas. Regionaler, aber auch internationaler Handel. Ausgangspunkt zur Erschließung wichtiger Minengebiete wie Carajas, Verkehrs- und Handelszentrum. Das Centro mit tropisch angeramschten modernen Betongebäuden. Viel Flair am Fluß mit rausgebauten Stegen (Shell- Benzinfässer für die Flußboote). Die "Baia de Guajara ist hier knapp 1 km breit. Dahinter nach grünbewaldeten Inseln die Amazonasmündung mit ca. 5 km Breite.

BELEM ist größte Stadt der Amazonas- Region und Haupt Ausfuhrhafen. Tropengüsse wie unter ausgekippten Bierfässern, – Hochhäuser die von der Feuchtigkeit angeschimmelt mit knärzenden Aufzügen funktionieren. Breite Boulevards mit Magueiras Bäumen, die Schatten spenden in der heißen Luft. Temperaturen zwischen 25 und 3o° C, im August bis zu 35° C und 96 % Luftfeuchtigkeit.

Kaum Tourismus: typische Amazonasstadt. Händler, Farmer und Fischer aus den Nachbarsiedlungen am 'Fluß' kommen, um sich ihre Sachen reparieren zu lassen, Töpfe und Besteck einzukaufen. Hauptverkehr nach wie vor läuft über den Fluß in doppelstöckigen Hausbooten. Eine Reihe von Märkten entlang des Flusses und Mini- Portos (Häfen), wovon der wichtigste und bekannteste der VER–O–PESO /Av. Castilho Franco ist. Amazonashandel vermischt mit faulender Feuchtigkeit und stinkenden Hafenmarktvierteln.

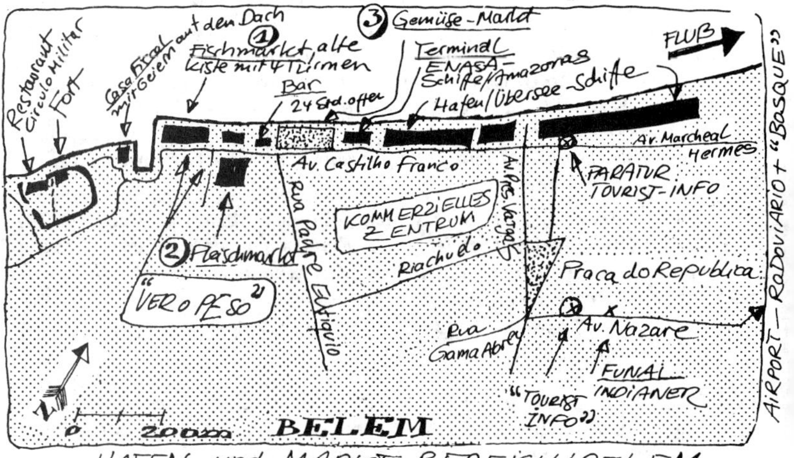

HAFEN und MARKT BEREICH/BELEM

Die HITZE und FEUCHTIGKEIT, aber auch Negligenz der Einheimischen hat Belem den Ruf als eine der dreckigsten Städte Brasiliens gebracht, – was zumindest für den Hafen/Marktbereich zutrifft. Die Einheimischen werfen ihre nichtverkauften Apfelsinen, Bananen etc. wie auch Schuhkartons und Flechtkörbe in den Straßengraben, der trotz knapp 1o cm- Wassertiefe und häufiger Tropengüsse grau-undurchsichtig ist und wie eine Kloake stinkt.

Von unserem Belem- Recherch-Standquartier "Vero o Peso- Hotel" haben wir nachts die Ratten zwischen den Abfällen gesehen, obwohl die Municipialidad Aufräumkomandos entlang der Av. Castilho Franco schickt. Wir warnen vor Essen im Marktbereich, – auch wenn der Fleisch/Fischmarkt relativ frei von Fliegen und Abfällen ist! –

Mercado/ "Ver-o-Peso": Hauptmarkt von Belem am Fluß. Die ersten Händler kommen ca. 4 Uhr und bauen ihre Waren auf. Bis ca. 17/18 Uhr. Hauptaktivitäten aber zwischen 6 und 12 Uhr vormittags.

Souvenirs, wie manche Reiseführer schreiben, also Schlangenhäute etc. gibt es in diesem Bereich nicht. Reiner Gemüse/Fisch & Fleischmarkt.

–(2) MERCADO MUNICIPIAL: alte Eisenkonstruktion aus Jhd.- wendezeit. Nur Fleisch, mittelalterliche Käfige für die einzelnen Stände. Erstaunlich sauber.

–(1) MERCADO VER–O–PESO: einstöckiger Bau am Fluß, mit vier Türmchen an jedem Eck und Wahrzeichen von Belem. Hier wird ausschließlich Amazonasfisch verkauft. Sehr lohnend, da interessanter Querschnitt. Außen: viel Gemüse und Macumba- Sachen in diversen Ständen, Profiuhrmacher schrauben Chronometer auseinander, Apotheken und Essens- Stände (Vorsicht!). Hygienisch katastrophal: Hafenbucht links am Ver-o-Peso: eine Müllgrube von Flechtkörben und verschimmeltem Obst. Barbarischer Gestank in dem die Holzboote liegen. Alles andere als das "malerische Belem"!

–(3) GEMÜSEMARKT: Av. Castilho Franco, neben Veo-o- Peso. Quer durch den Garten inkl. Ratten. In den Seitenstraßen alles, was man im Amazonas braucht: vom Gaskocherkopf über Plastik-Schuhe, zu Fischernetze ("Casa Santos", Trav. Occident. do Mercado 9) Spiegeln, Kämmen, Kleidern und Hosen.

Tourist INFO

Airport: derzeit keine Tourist Infostelle

Stadt: a) "DETUR" (Departemento do Municipio, die offizielle Tourist Office der Stadt Belem): Av. Nazare 231, in einer "Villa" unweit der Praca do Republica. Mädchen zwar recht freundlich, aber kaum Material und nicht sattelfest.

b) "PARATUR" ebenfalls "offiziell" und besser mit Infos ausgestattet, wenn auch nicht perfekt. Praca Kennedy am Hafen, wo die Av. Pres. Vargas auf die Castilho Franco trifft, rechts über den grünen Platz ca. 25o m. Wo der Platz schmaler wird, zwischen den Bäumen ein zweistöckiges Haus = Paratur. Besitzen ein Boot, mit dem am Wochenende Excursionen auf dem Amazonas durchgeführt werden.

c) "CIATUR", Praca de la Republ./Av. Pres. Vargas, gegenüber vom Hotel Grao Para . Private Tours- Agency, die auch generelle Infos weitergibt. Besitzer Österreicher, der mit Boliviana verheiratet ist.

Stadt/Rodoviario: Infostand der "DETUR". Teils Infos, teils Vermutungen. Very poor! –

BELEM

Das kommerzielle Zentrum von BELEM liegt im Bereich Ver-o-Peso und Praca do Republica sowie Seitenstraßen. Dabei im Hafenbereich hauptsächlich Haushaltswaren, Türbeschläge, Plastikschuhe, Alutöpfe und Fischer

Zubehör wie Netze, Angeln etc. Hängematten. In der João Alfredo Diskoshops, Kleider und Schuhgeschäfte, – in der Präs. Vargas eine Reihe von Artesania-Shops mit Durchschnittlichem wie Indianerköpfe in Holz geschnitzt, viel Kitsch, aber auch Pülverchen und Parfume aus Amazonas-Pflanzen. Keramik und Schmuck.

ZENTRALER PRACA des Zentrums von Belem ist PRACA DO REPUBLICA, eine Grünanlage mit dem Teatro do Paz, sowie dem bisher wichtigsten Zentrumshotel "Grão Para" und neuer Luxusherberge "Hilton".

Bis auf MERCADO (Ver-O-Peso) relativ sauber in diesem Viertel. Einige interessante Bauwerke aus Zeit der Jahrhundertwende, als Belem Boom als Haupt- Kautschuk-Exporteur der Amazonas Region erlebte (siehe Manaus!): der Fleisch und Fisch-Markt in alter Eisenkonstruktion, die trotz Tropenfeuchtigkeit bis heute überdauert hat, – "Paris N'America" Praca Barao de Guayara, ein altes Magazin in Paris&Belem-Stil mit Uhrentürmchen und großer, weitgeschwungener Eisendoppeltreppe in schwerem Gußeisen aus Zeit des Kautschukbooms. – "Bradesco- Haus", Rua 15 de Novembre/Travessa Campos Salles: braune Jugendstilkacheln, – "Teatro da Paz"/ Praca do Republica in griech.- römischem 'Freistil' kurz vor Jahrhundertwende zur Zeit des Kautschukbooms gebaut. Bietet 93o Leuten Platz. Davor schöner Eisen-Musikpavillon sowie an der Av. Pres. Vargas kleiner Kiosk in Jhd.- Wendestil , die "Bar do Parque", architektonisches Kleinod. Links daneben:: "Museu Comercial", gegenüber Hotel Grao Para, architektonisch bedeutend, jedoch nur noch für Office der Ciaturs (Siehe "Tourist Infos/Belem"); die dünnen Bretter dienen einer Experimentalbühne zum Üben: gelegentlich wackeln die Neonröhren bedenklich zwischen kräftigen Ventilatoren. . .

"Manuel Pinto"- Hochhaus an Praca do Republica, eines der höchsten Skyskrappers von Belem. Guter Rundblick; bevor man durch die Marmor- verkleidete Eingangshalle zum Aufzug geht, sollte man sich den Bau jedoch von 'hinten' ansehen, Av. Nazare: grau bis schwarz von Tropenfeuchtigkeit verschimmelt. Bisher lief der Aufzug ohne Probleme. –

Ebenfalls in diesem Viertel zwischen Ver-o-Peso: "Nuestra Senhora das Merces", eine der ältesten Kirchen von Belem. 164o, Praca Visconde do Rio Branco. Von Feuchtigkeit verwitterter Barockbau in schöner Achsenproportionierung. Auf Dach und am Turm grüne Hängepflanzen: der Amazonas nimmt sich Architektur zurück! De r Konvent durch Dachstuhlbrand in Ruinen.

Der älteste Stadtkern von Belem bei FORTE DO CASTELLO.

BELEM wurde im Jahr 1616 von den Portugiesen gegründet (Francisco Caldeira Castelo Branco), um die Amazonasurwälder zu erschließen und französische Eindringlinge aus dem Gebiet des heutigen Franz. Guyanas von den in portugiesischer Hand befindlichen Küsten Brasiliens fernzuhalten.

Francisco Branco kam mit 3 Schiffen und rund 15o Mann, Details über die Größe und Umfang des Amazonasflußsystemes waren damals noch völlig im Unklaren. Bau einer Palisadenfestung an Stelle des heutigen Forte do Castello wegen gutem Überblick über den Fluß. 1858 Konstruktion in Stein, wie heute über Ver-o-Peso Mercado zu sehen, 1864 Installation moderner, schwenkbarer Kanonen a la Manchester-Patent.

Das Fort kann besichtigt werden, Zugang über Praca Frei Caetano Brandão ein ruhiger Platz mit hochgewachsenem Gras und alten Bäumen. Zwei größere Kirchen, – die schönere die St. Alexandre: Brasilbarock von 1818, geschlossen wegen Restauration, die andere die Kathedrale von Belem.

Im Forte: Restaurant Circulo Militar (siehe Restaurants) und vorne mit schönem umd wegen stetigem Wind kühlem Blick über Ver-o-Peso* ein Coke&Cerveza-Restaurant (Eintritt per Fixsumme, die 'abgetrunken' werden kann) oder oben bei den Kanonen gratis sitzen.

Schöner Blick auf den Fluß, der träge vorbeischwimmt. Flußboote, sehr relaxing. –

Im Bereich hinter Forte do Castelo ältester Belem- Stadtteil. Früher fuhr in der Rua Dr. Assis eine Tropenstraßenbahn (die Gleise kann man noch zwischen dem Kopfsteinpflaster sehen!) – heute Regionalbusse mit Mono-Dioxyd und Dreck. Lohnend der 'Südtrip' in Belem, – am besten den ersten Teil zu Fuß. Diverse Flußmercados:

① – PORTO SÃO BETRADAO, Praca do Carmo Dom Bosco. stiller Praca, VW- Taxis stehen rum. Eingang ist ein gelb gestrichenes Haus mit Bar und Benzinfässern. Über den Bettersteg zwischen Mercado an den Fluß, wo die Hausboote anmachen.

② – MERCADO DO SOL: in Sichtweite zu Sao Betradao. Hauptmercado von Belem für "carne do sol" . Durch Minimercado auf Steg an den Fluß. Rechts und links "carne do sol" in großen Stapeln wie Säcke aufeinandergeschichtet.

③ – PORTO SÃO BENEDITO: bei Ende Rua Mundurucus. Wichtiger 'Hafen' für Flußboote nach Macapa und Oiapoque an der Grenze zu Franz. Guyana.

④ – PORTO DA BALSA: Av. Quintino Bocaiuva, wichtiger Abfahrtshafen für Flußboote und Mercado.

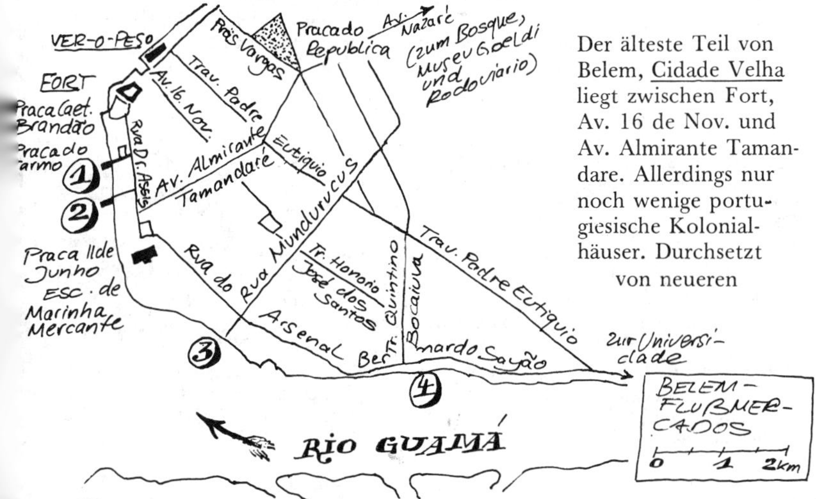

Der älteste Teil von Belem, Cidade Velha liegt zwischen Fort, Av. 16 de Nov. und Av. Almirante Tamandare. Allerdings nur noch wenige portugiesische Kolonialhäuser. Durchsetzt von neueren

Geier, Müll & Co. Geier sitzen besonders gern auf Casa Fiscal!

Betonbauten. Es gibt einen Stadtbus, der durch die Rua Dr. Assis beim Fort entlang dieser Portos über die Av. Bernardo Sayoa bis zur Universidade fährt. Interessante Strecke, Holzlager für Amazonashandel, kleinere Reparaturstellen für Flußboote, Stege. Der Bus fährt allerdings die meiste Strecke nicht direkt am Fluß, sondern zwischen den Holzhütten der Slums dieses Teiles von Belem. (Beginnen kurz hinter Esc. Marinha Mercante).

Der Rio Guama (beim Fort Mündung in Rio Amazonas) ist hier bei der Universidade sehr schmal, auf der anderen Seite beginnt der Amazonas-Urwald (Excursionen mit Ciaturs/Praca do Republica). Igarapé (=schmale Kanäle durch den Urwald mit runterhängenden Lianen und dichter Vegetation. Fahren mit kleineren Holzbooten durch, für 3 1/2 Std. allerdings ca. 13 US $ /Person, nicht gerade billig.

Stadtteil NAZARE: ab Praca do Republica über die mit Magueiras Bäumen bestanden (Stadtbusse) zum "Museu Goeldi" und weiter über die Av. Almirante Barroso am Rodoviario vorbei zum "Bosque" im Stadtteil Marco.

Av. Almirante Barroso

Bosque: zu erreichen mit Bus "Aeroclub" und "Souza", hier wurde ein Teil des ursprünglichen Amazonasurwaldes in der Stadt belassen: hohe Baumriesen mit Brettwurzeln, Bambus etc., dazwischen ein kleiner Teich mit Meerjungfrau im Stil der Jahrhundertwende. Nicht zu viel erwarten, ausgetretene Sandwege und ziemlich verramscht. Für Tropenpflanzen ist "Museu Goeldi" bestimmt interessanter, – Spaß macht der "Bosque" aber am Wochenende, wenn die Leute zum Relaxen kommen; Stände am Teich, wo kleine Gasherde stehen mit großen Essenstöpfen, – vorallem aber am Eingang ein kleiner Zoo. Affen und Tapir dürfen öfters aus dem Käfig raus und im Bosque frei rumlaufen (das Tapir stampft dann durch den Teich zur Meernixe).

Av. Magalhães Barata

Museu Goeldi: um die Jahrhundertwende angelegt: Park mit Querschnitt durch Amazonas- Vegetation und Zoo. Zu sehen: Victoria Regia, Elektroaale, Tiger & Co in leider erheblich zu kleinen Käfigen, schöne Bambusgruppe.

Der Park ist geringfügig besser gepflegt als 'Bosque' und urwüchsiger. Einige der Urwaldriesen, so der Suhaumeira (gegenüber Aquarium) sind bis zu 5o m hoch und um die 1oo Jahre alt, riesige Brettwurzeln.

In einem Museum im Park Ausstellung von verschiedenen Amazonashölzern, versteinerte Fische, Bandwürmer in Formalin, – Indianersachen wie Waffen, Medizinmannkleider, Federn und Armreifen, – eine Riesenspinne mit 2o cm- Armen!! Interessant sind links vom Eingang Querschnitte durch den "Caules"- Baum, sowie ein anderer Baum, der aus Einzelstücken wie Ästen wie das Tragkabel einer Seilbahn zusammengedreht sind.

Museu Goeldi ist wie Bosque ein beliebtes Ausflugsziel am Wochenende. Beide mit Eintritt (Pfennigbeträge)
Viele Grüße an den Peixe Boi (in Freibecken vor Aquarium), der aussieht wie Mischung aus Fisch mit Borstenvieh. . .

Querschnitt durch Caules Ba

Basilica de Nossa Senhora de Nazaré: (1852, fertig 19o9) gilt als interessanteste Kirche neueren Baudatums in Belem. Av. Nazaré, ca. 25o m vor Museu Goeldi. Kopiert wurde S. Paulo in Rom, die Innenwände mit Marmor. Gebaut von Geldüberfluß aus Zeit des Kautschukbooms.

A = HAFENBEREICH & VER–O–PESO
zentral aber dreckig
B = AV. PRES. VARGAS
zentral, wichtigste Geschäftsstraße von Belem
Laut, wenn das Zimmer vorn rausgeht!
C = RODOVIARIO
D = CENTRO, SEITENSTRASSEN
E = SONSTIGE LAGE

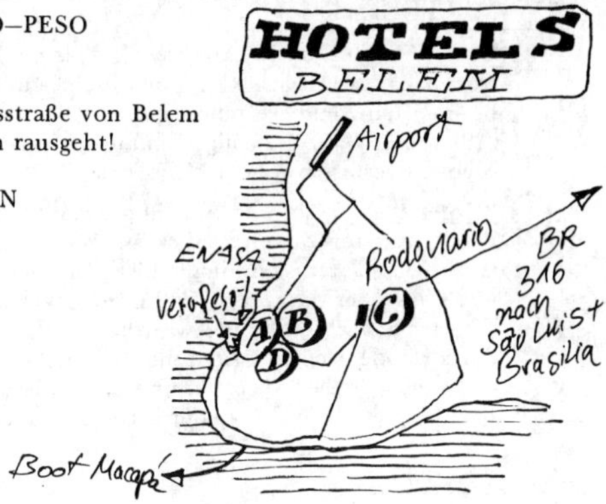

1.) BILLIGHOTELS:

Hafen, Av. Castilho Franca, vis a vis vom ENASA-Terminal, aber so basic, daß auch dem abgebrannten Traveller nicht zu empfehlen:

(A) "Hotel Grajau", Doppel ca. 5 US $, daneben "Dos Viajantes", "Canto do Rio" (Hausnummer 548) und "São Jorge" (5o6). Um's Eck in der Trav. Industria 17 das "Transamazonico": sehr basic, kleiner Gang, rechts und links Bretterverschläge, und wenn man sich auf den Stuhl stellt, kann man zum Nachbarn reinsehen. Alle um die 4 - 6 US $ für's Doppel

(B) Besser: 5 DM pro Person drauflegen und in einigermaßen passables Hotel im Sektor "Budget". Trotzdem noch basic.
"Hotel Central", Av. Pres. Vargas 29o, altes Haus, Zimmer hoch, basic aber meiste o.k. 8 - 18 US $ Doppel je nach Ausstattung, wobei die teureren Aircondition und Privatbad, die billi geren Ventilator und Gemeinschaftsbad haben.
"Hotel Avenida", Av. Pres. Vargas 4o4, ähnlich wie "Central", nebenan 8 - 15 US $ für's Doppel je nach Ventilator oder Air Condition.

(C) Rodoviario : im näheren Umfeld eine Reihe günstiger Hotels. Für's selbe Geld etwas bessere Qualität, allerdings nicht bei allen hier liegenden Hotels. Ins Zentrum von Belem per Stadtbus (alle 3 Min.) zu fahren ca. 8 Min

Hotel Terminus, Av. Jose Malcher 2953 sowie das im selben Haus liegende "Hotel Terminal" relativ sauber mit preiswertem Restaurant. Zwischen 8 und 15 US $ (Ventilator bzw. AC und Privatbad), passabel und in jedem Fall besser, als vergleichbare Hotels im Zentrum, – "Diplomata Hotel" in ersten Straße hinter Rodoviario, Leuchtreklame. Außen modern und sauber, innen etwas düstere Gänge, Zimmer aber TipTop mit TV (!), Eisschrank und Privatbad. Für den Preis absolut empfehlenswert im Vergleich zu Zentrumshotels! Aber sich Zimmer nach hinten raus geben lassen, wen die Busse vom Rodoviario stören! Schön: im Zimmer Haken für die Hängematte! Doppel ca. 13 US $.
"Akemi", Av. Ceara 81: basic bis stinkig, 7 US $, – "Panorama" Av. Ceara, sehr basic, 5 US $, ohne Bad aber mit Ventilator, – "Litoral Palace", basic, 7 US $, – sowie weitere.

(D) In der Trav. Frutuoso Guimaraes ein Schwung von Basic- Hotels, in Qualität geringfügig über Hafen- Niveau (A)

"Hotel Victoria Regia" (Doppel mit Ventilator) ca. 8 US $, – "Hotel Fortaleza" ca. 7 US $ und noch etwas mehr basic "Palacio das Musas" (5 US $)

Um's Eck in der Padre Prudencio 56 das "Sao Geraldo", ein verschimmelter höherer Bau (oben Blick) zwischen ca. 8 (Gemeinschaftsbad) bis 15 US $.

2.) MITTEL:

(B) "Hotel Milano" in der Av. Pres. Vargas bei Praca do Republica. Schmales Hochhaus, ca. 15 Stock. Vorne unten: laut wegen Praca, hinten ab ca. 3. Stock bei meisten Zimmern schöner Blick über Dächer von Belem bis Fluß. Mit Privatbad ca. 18 US $, einige Zimmer ab ca. 15 US $. Wegen zentraler Lage empfehlenswertes Hotel der Mittelklasse.

(A) "Hotel Ver-o-Peso", Av. Castilho Franco nähe Mercado. 4 Stockwerke. Sauber, für die meisten Zimmer (Blick auf Wand) allerdings bei 18 US $ /Doppel zu teuer. Das Hotel ist in dieser Liste nur wegen Zimmer 3o1 (4. Stock vorn raus mit Blick über die weite Flußbiegung, Ver-o-Peso Mercado und Hafen) angeführt. Zimmer hat 5 Betten und wird für ca. 2o US $ komplett mit TV abgegeben, allerdings Handeln nötig!! Achtung: bei allem schönen Blick: Zimmer ist sehr laut, da unten Bar 24 Std. offen und permanent Betrieb u.a. auch Taxifahrer, die nachts tanken; ab ca. 4 oder 5 Gequietsche der Marktkarren.

3.) TEUER:

"Belem Hilton" neu und derzeit wohl bestes Hotel der Stadt. Praca do Republica, Doppel ca. 85 US $. –'Seltom Belem", Av. Julio Cesar 1777 ganz in der Nähe des Airportes und damit extrem weit außerhalb. Moderner, flacher Bau mit Swimming Pool (ca. 45 US $), – "Novotel", Av. Bernardo Sayao 48o4, mitten zwischen Slums ein häßlicher Betonbau, die Eingangsfenster mit nur einseitig durchsichtigem Goldglas (natürlich kann man nur von innen nach außen, nicht umgedreht sehen!!), grün bealgter Swimming Pool, Moskitos vom Fluß. Die Sache wie die Faust ins Auge (Slums) gesetzt. Sauteuer. –

"Equatorian Palace", Av. Braz de Aguilar 612 , ca. 65 US $, im Zentrum, aber nicht superzentral gelegen, – "Grao Para", Praca do Republica, bisher eines der wichtigsten Hotels für Geschäftsreisende, da absolut zentral gelegen. Hochhaus mit rund 2o Stock, sauber, Blick, Zimmer aber klein, ca. 3o US $, mit Annex hinten raus und superengen Zimmern (ca. 1o US $). – "Sagres" am Rodoviario, sauberes und empfehlenswertes Hotel, ca. 25 US $ (Av. Governador Jose Malcher 2972, – "Regente", selbe Straße, jedoch näher an Zentrum: Av. Gouv. J. Malcher 432: sehr zu empfehlen, sauber, modern, zwischen 2o zu ca. 35 US $.

"Central" (Av. Pres. Vargas, Ecke Rua 24 de Setembro im gleichnamigen Hotel): sehr beliebt bei Einheimischen wie Touristen. Gute Küche mit relativ großen Portionen und breiter Auswahl. Der etwas altmodische Speisesaal hat große Ventilatoren an der Decke und rauchverqualmte "Gemälde" an der Wand. Preise billig ("Contrafilet encebohlado" probieren, Filet mit Zwiebeln und Reis, wer Süßes mag: "puding de leite". Churrasco kommt am Spieß, aller= dings nicht so gut wie in richtiger Churrascaria!), – in den Seitenstraßen des Kommerz. Viertels, z.B. Rua Gaspar kleinere Snacks, – Vorsicht vor den Essensständen im Hafen & Mercado, wie auch an den Wohnwagenständen in der Av. Castilho Franco nähe Enasa-Haus: Abfälle und Spülwasser aus Schlauch in dreckigen Straßengraben, Ratten. –

"Circulo Militar" im Fort bei Ver-o-Peso, Eingang Praca Frei Caetano Brandao. Luftig mit Blick über Fluß, Preise mittel bis teuer. Sehr gut "Filet a la Circulo Militar", die "Camaroes a la Baiana" dagegen in lasch- mehliger Souce. – "La em Casa" in kleinerer Villa, Av. Govern.

Jose Malcher, teuer aber gute Regionalküche. – "Augustus" Av. Almirante Barroso 493 Richtung Flughafen, eines der besten und teuersten Lokale von Belem. – Verschiedene Churrascarias (ca. 5 US $ für "rodizio", Essen vom Spieß soviel man will): "Tucuruvi", an der BR 316, km 3 (relativ weit außerhalb, Taxi), gilt als eine der besten von Belem, – näher im Zentrum "Samambaia" Praca Kennedy, – "Linda Cap" nähe "Tucuruvi" (Taxi!). – Japanisch: "Miako", C. Rufino 82 und "Hakata", Dr. Morais 294/Nazare. Beide in Preisen mittel.

13 km ins Zentrum — Bus/ Taxi

Internationaler Airport, im Urwald nördlich des Zentrums von Belem. Wer rechts sitzt, hat beim Landeanflug besten Blick auf die Stadt (sofern die Maschine wie meist üblich über den Rio Guama anfliegt). Moderne Airport- Halle mit Wellblechdach; bei Tropenregen trommelt es so laut, daß man kaum sein eigenes Wort verstehen kann!

Kein Tourist- Büro. – Autorental, Souvenirshops (u.a. Belem- Stadtplan).

FLÜGE/INNERBRASIL: — JET

mehrmals täglich auf der Küstenroute: Belem – Sao Luis – Fortaleza – Recife – Salvador do Baia – Rio. (Belem – Salvador ca. 22o US $. TIP: für diesen Preis kann man auf allen oben verzeichneten Städten Zwischenstop einlegen, ohne Aufpreis zu zahlen! Obwohl die Städte nicht auf einer geraden Linie liegen. Routenkonstruktion nennt sich beim Mädchen am Flugschalter 65o. Wer jedoch in Teresina und Joao Pessoa einen Stop macht, zahlt Aufpreis.)

mehrmals täglich Belem – Brasilia. Beachten: wer Umweg fliegt , zahlt erheblich mehr! Preislich günstigste Route ist 475 (ca. 15o US $)

mehrmals täglich Belem – Santarem – Manaus. Ca. 13o US $. Zwischenstops ohne Aufpreis in Santarem (Route 355) oder/und Altamira (Route 38o) möglich.

mehrmals täglich Belem – Macapa (ca. 45 US $)

[Alle genannten Daten für Jetflüge mit "Varig", Cruzeiro", "Transbrasil" oder "Vasp". Wer mit einer der Propellerlinien ("taba", "Votec" etc.) fliegt zahlt mehr und fliegt auch erheblich länger .]

FLÜGE/REGIONAL: — PROPELLER

mit "Taba" zu kleineren Siedlungen entlang Rio Amazonas, Nebenflüssen und Transamazonica . Ebenso 3 mal pro Woche Belem – Macapa – Oiapoque/Grenze zu Französisch Guyana (ca. 9o US $!)–

mit "Votec" zu kleineren Siedlungen im Interior an der Strecke Belem – Brasilia.

INTERNATIONAL: — JET

"Cruzeiro do Sul" fliegt 2 mal/Woche die Strecke Belem – Cayenne/Franz. Guyana direkt in 1 1/2 Std.Die derzeit bequemste Route rauf in die Guyanas. Geht auch Überland (siehe Seite 1o41), aber zeitlich schwer kalkulierbar inkl. der guten Chance, unterwegs bzw. an der Grenze festzuhängen.

Belem – Cayenne einfach ca. 14o US, das 21 Tage gültige Excursion Retourticket für ca. 19o US $. Maschine fliegt weiter nach Paramaribo/Surinam (einfach ab Belem ca. 18o US, Exc. ca. 24o US). Ab Cayenne preisgünstige Transatlantikflüge mit der Air France nach Paris, Details siehe Cayenne! – (Andere internat. Flugverbindungen von Brasilien rauf in die Guyanas nur auf der Strecke Boa Vista/Brasil – Georgetown!)

Belem – Paris mit der Varig mit der Varig, allerdings ca. 1.25o US $ einfach
Belem – Miami mit der Varig, ca. 62o US $ einfach

AIRPORT ≫→ STADT:

Taxi: organisiert per Cooperativa mit fixierten Preisen. Ins Zentrum kostet ca. 5 US $. Ab Stadt mit normalem Taxi und Taxameter ca. 3 US. Allerdings fahren nicht alle Taxis zu diesem Preis, sondern wollen vorab pauschal 5 US $ fixieren.

Bus: umständlich mit Gepäck über Vorplatz. Hier kommt ein normaler Stadtbus vorbei. Aufschrift "Soccoro". Fährt für ca. 5o Pfennig ins Zentrum/Praca do Republica.

Av. Ceara/Av. Almirante Barroso. Ziemlich zentral für den Stadtbereich von Belem gelegen, – jedoch vom Zentrum runde 4 km entfernt. Kompakter Terminal mit viel Verkehrsbewegung. Schlüsselpunkt für die rund 3.3oo km bis Rio, die 2.1oo km bis Brasilia und die "nur" ca. 1.9oo km (größtenteils Schotter) via Transamazonica nach Santarem am Rio Amazonas.

Die Reisenden kommen entsprechend gestresst im Belem- Terminal an und werden vermutlich gleich in die umliegenden Hotelbetten fallen, – Details siehe unsere Hotelaufstellung.

Im Terminal eine sehr uninformierte Tourist-Info-Stelle. Selbes gilt auch für das DNER- Straßenbauamt. Gepäckaufgabe möglich, wichtig für Trips an Belem- Umgebungsstrände. – Snackbar und Drinks hinten rechts Ri. Busabfahrt.

BELEM nach	Comercial Preise in US $	Leito	Fahrtzeit ca bei guter Piste	Gesellschaft
Brasilia	25 US S	5o US $	36 Std/Leito 32	Transbrasil
Estreito	7 US S	––	12 1/2 Std.	"
Imperatriz	6 US S	––	1o Std.	"
Rio	35 US S	––	6o - 8o Std.	"
Belo Horizonte	25 US S	––	45 - 5o Std.	"
São Luis	1o US S	2o US $	12 Std.	"
Maraba	12 US S	––	14 Std.	"
Santarem	3o US S	––	56 Std.	"

✱ BELEM–SANTAREM/Rio Amazonas: asphaltiert ist nur das erste Drittel bis Maraba. Hier Beginn der "Transamazonica". Regenzeit ist Jan. – Juli, die Transamazonica geht hier durch Hügelland mit schlüpfrigen Anstiegen, feuchte Erde und Wegspülungen der Piste durch Tropengüsse. Nach Angaben der "Transbrasil" in Belem dauert die Strecke während der Regenzeit bis maximal 66 Stunden (= ca. 3 Tage!) oder länger bei sonstigen

Komplikationen. Die Buslinie empfiehlt, Tickets ca. 2 Tage vorher zu kaufen, wobei gleichzeitig der Sitzplatz im Bus reserviert wird.

BELEM–RIO läuft meist über Brasilia. Durchgehend Asphalt. Wegen Länge der Strecke sind durchaus nicht unerhebliche Verspätungen drin. Alternative: BELEM–TERESINA (ca. 14 Std.) – PICOS – JUAZEIRO am Rio São Francisco (ca. 3o Std.) – FEIRA SANTANA (ca. 37 Std.). Durchgehend Asphalt. Die Strecke kürzt den Küstenzipfel von Fortaleza/Recife ab, der aber zum schönsten Teil dieser Strecke gehört.

BELEM – RECIFE: mit "Boa Esperanca" täglich via Teresina – Juazeiro do Norte (ca. 28 Std.) – Recife (ca. 36 Std.) . Fortaleza wird durch Umsteigen in Teresina, nicht in São Luis am schnellsten erreicht. Als Stadt ist jedoch São Luis interessanter.

BELEM – TUCURUI: täglich mit "Boa Esperanca", 13 Std., ca. 7 US $.

AB RODOVIARIO in die Stadt:
auf der Hauptstraße vor Terminal Bus mit Aufschrift "Arcenao" oder "Canudos". Fährt über Praca do Republica zum Ver-o-Peso.

Am Wochenende ist das heiße Belem ziemlich leer; die Leute sind am Strand. Bester auf MOSQUEIRO, – bei SOURE/Insel Marajol, – MARUDA und SALINOPOLIS.

Mosqueiro Island:

Gepäck im Busterminal abgeben, bis auf Hängematte, Badehose und Zahnpasta! Dann nehmt ihr den Bus (ca. 2 US $, 76 km), insgesamt runde 1 1/2 Std. Fahrzeit. Eine kleine Insel mit dichtem Tropendschungel und schönen, sauberen Flußstränden; spannt außerhalb des Ortes zwischen Palmen eure Hängematte auf und genießt bei leichtem Schaukeln die Ur=waldatmosphäre. Billige Märkte im Ort Mosqueiro mit Tropenfrüchten und Fisch, am Strand Lagerfeuer und brutzeln.

Die Insel hat ausgezeichnete Sandstrände (Ariramba , Farol , do Bispo, Chapeau Virado und Marau) und entwickelt sich immer mehr zum Weekend Resort für reichere Leute aus Belem mit Villen, Restaurantbetrieb und Hotels. Am Wochenende die meisten Zimmer voll .

Mutubira: Av. Beira Mar — Chapel Virado: Pca. Abelardo Condin
Ilha Bela: Av. 16 de Novembro 4o6

Soure:

82 km, nur per Schiff bzw. per Lufttaxi zu erreichen. Details siehe "Marajol- Insel".

Hotel Soure: 4 a Rua Soure
Fazenda Jilva: Reserv . Belem Tel.222 7736
Pousada Marajo: Reserv. Belem Tel. 223 31oo

Maruda:

am Atlantik, 179 km ab Belem. Per Bus ab Rodoviario, Fahrzeit ca. 3 Std. Maruda ist ein kleines Fischernest mit Familienpension. Per Boot (3o Min) übersetzen zur Insel Algodoal.

Salinopolis:

tägl. 5 Busse pro Richtung ab Rodoviario/Belem. Gute Straße, ca. 4 US $, 4 Std. Fahrt. Salinopolis selber mit mehreren Hotels ("Solar" bestes auf der Insel – basic sind "Hifi", Salinopolis") und Restaurants. Bester Strand: Atalaia mit weißem Sand soweit das Auge reicht.

Marajol Insel:

Kleines "Inselchen" von der Größe der Schweiz in der Rio Amazonas-Mündung. Savannen bis zum Horizont, Fazendas und Rinderzucht, wilde Büffelherden. Marajol ist kaum erschlossen und auch den Einheimischen von Belem kaum bekannt.

Größte Flußinsel der Welt mit riesigen Nahrungsreserven. Außer einer Straße von Soure nach Cachoeira und einer wilden Piste quer über die Insel von Pta. de Piedras nach Afua gibt es keine weiteren Straßen; der Hauptverkehr läuft über die vielen Flüsse, von denen die Insel durchzogen ist.

"Camping im Amazonas", aus einem alten, englischen Geographie- Kompendium

Östlicher Inselteil: weite Überschwemmungsgebiete während der Regenzeit, die von Jan. – März dauert, – Westen: dichte Amazonasurwälder mit Kaimanen und Pirannhas. Die Manaus- Belem- Schiffsroute führt hier durch und hat mit den "Breves" die schönste Passage: Affenhorden, extrem schmaler Fluß und viel Urwaldflair.

SOURE: ist Hauptort der Insel mit ca. 11.000 Einwohnern, zwei einfachen Hotels, Restaurants und 1 mal wöchentlicher ENASA- Schiffsverbindung ab Belem (ab Sa. 14 Uhr, ca. 5 Std. Überfahrt, zurück So. Abend) Lohnender Ausflug; schöne Strände der "Pesqueiro" mit Coconut- Palmen und der "Joanes". 5 km außerhalb des Ortes eine kleine Landepiste für Sportflugzeuge (beim Pesqueiro- Strand). Das Lufttaxi braucht ca. 3o - 4o Min. Preis Verhandlungssache.

ABENTEURER können sich in Belem (Porto do Sol oder Porto São Bertradao) ein Boot chartern und ins Flußnetz westl. Marajolgebiet fahren. Ornithologen finden viele Vogelarten, die bisher noch nicht katalogisiert sind.

BELEM–MACAPA via Marajol: Boot ab Porto São Bertradao nach Pta. de Pedras. Einfache Familienpension, Hängematte mitbringen. Die Überfahrt dauert ca. 3 Std. und kostet Markbeträge. Auf der Piste nach Afua keine Busse und nur sehr geringer LKW- Verkehr. Als signifikante Information mag dienen: wer von Belem nach Afua will, nehmen die Einheimischen meist das Boot, das durch die Breves oder außen rum, Atlantikseite nach Afua fährt und 36 - 4o Std. braucht. Von Afua Boote nach Macapa.

Erheblich schneller und bequemer ist natürlich das Direktboot von Belem nach Macapa, Details siehe Seite 1o53.

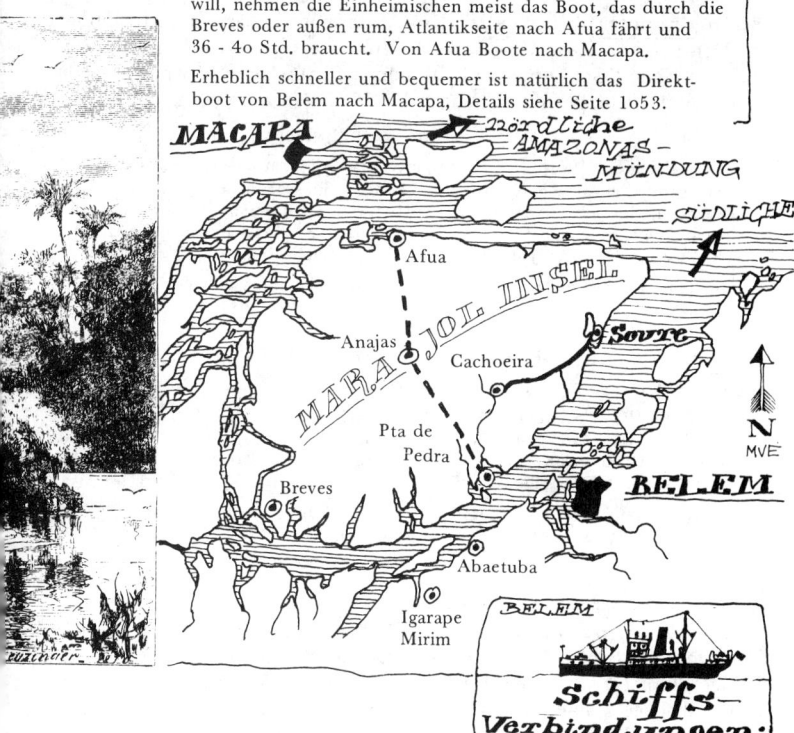

Aus obiger Karte des Amazonas- Mündungsgebietes wird ersichtlich, warum gerade Belem und nicht Macapa zum Haupthaten für Ein und Ausfuhr der gesamten Amazonasregion (größer als die USA!!) wurde: der südliche Mündungsarm ist breiter und die Strecke via Breves/Belem weist weniger Verästelungen auf als Macapa mit seinen Tausenden von Flußinseln.

Somit leichter zu navigieren und weniger Gefahr des Auflaufens auf Flußuntiefen.

✱ Regionalboote (ein bis zweistöckige Hausboote aus Holz. Eingerichtet für Personen und Cargotransport. Personen schlafen meist in mitgebrachter Hängematte unter Deck). Abfahrt an den verschiedenen Regional- Portos, siehe unsere Karte Seite 1o53

Ein bis mehrmals pro Woche ab Belem nach:

* Cachoeira do Arari, – * Pta de Pedra, beide Ilha Marajol, – * Abaetuba und Cameta, südlich von Belem an der Mündung des Rio Tocantis in den Rio Amazonas, – * Igarape- Mirim, südlich von Abaetuba, – * Breves, – * Oeiras do Para nähe Breves, – * Macapa.

✱ Cargodampfer ab Belem den Rio Amazonas aufwärts und Seitenflüsse. Den Kapitänen ist jedoch meist Mitnahme verboten, sodaß sich mit oder ohne "Geld" meist nichts schiebt. Infos über Abfahrten in der Capitania; die größten Chancen bei kleineren Schiffen.

Abfahrt vom Hafen/Av. Castilho Franco nach:

die meisten Schiffe Rio Amazonas aufwärts bis Manaus, – einige bis Leticia. Wewenige bis Pucallpa. – Nach Bedarf ab Belem über Macapa nach Paramaribo/ Surinam, ein kleinerer Dampfer, der Holz und Medicamente transportiert, aber nicht in Cayenne anlegt. – Versorgungsschiff für Militärs in Oiapoque/Grenze zu Guyana, das meist jedoch nur bis Macapa (nicht Belem) läuft. –

Nach Fortaleza/Recife nur selten Cargoschiffe; der Hauptverkehr läuft über die Straße. –

✱ ENASA unterhält ab Belem/Hafen Av. Castilho Franco Frachtverbindungen mit Personenmitnahme nach:

TUCURI (Rio Tocantis), – VITORIA (Rio Xingu), – ITAITUBA (Rio Tapajos),– MOSQUEIRO (Rio Mosqueiro), – SOURE (Marajol), – FORTALEZA (Nordostküste oberhalb von Recife), – PORTO VELHO (Rio Madeira), – RIO BRANCO (Rio Acre), – TABATINGA (Rio Solimoes) und RECIFE (Nordostküste).

Abfahrt gemäß Frachtaufkommen, daher sehr unregelmäßig. Infos vom ENASA-Büro am Praca Kennedy/Ecke Av. Pres. Vargas.

Belem ⋙→ Macapa:

per Boot 2 mal pro Woche ab Porto São Benedito/Belem. Landschaftlich eine sehr lohnende Strecke, die durch den Urwald der Breves- Kanäle führt. Unzählige Flußläufe und Seen. Der englische Naturforscher und Reisende Alfred Russel Wallace * hat bei seinen Amazonas Reisen der Jahre 1848 – 1852 mit Erstaunen festgestellt, daß sich die Tide des Meeres durch die Breves-Kanäle noch rund 7oo km flußauf bei Obidos/Rio Amazonas bemerkbar macht und dort erstaunlicherweise kein Salzwasser zu schmecken ist. Daher vermutete er, daß das Salzwasser der vermeintlichen Meeres-Tidewelle sich am Boden des Rio Amazonas aufwärts bewegen würde, da ja schwerer als Süßwasser.

Diese Vermutung ist natürlich nicht richtig. Vielmehr staut die Flut des Meeres die andrängenden Amazonas- Wassermassen, sodaß der Fluß im

* Alfred Russel Wallace "A narrative of Travels on the Amazon and Negro", Reprint von Dover Publications, New York, ISBN: o- 486 - 228o3-7

Mündungsbereich regelmäßig analog zum Meer steigt und fällt.

Die kleineren Flußboote ab São Benedito brauchen ca. 3 Tage bis Macapa, Hafen Poro de Santana bei Macapá (Bus, Eisenbahn) und fahren fast ausschließlich durch die Breves. Die andere Route führt an der Atlantikseite der Marajol- Insel entlang, Mangrovenküste. Die schnellere Strecke, für die das 2 mal im Monat verkehrende ENASA Boot (Abfahrt Av. Castilho Franco) runde 2 Tage braucht.

Hängematte kaufen, Mineralwasser besser in Flaschen mitnehmen. An Deck ist es erheblich frischer, als unter Deck in der teureren "Camarote", aber auch mehr Moskitos.

Rio Amazonas aufwärts

Leider nicht annähernd so gut, wie zu erwarten . . . Der Fluß ist meist so breit, daß man das andere Ufer nicht sieht. Affen, Jaguare, Schlangen etc. sind im dichten Dschungel und unsichtbar. Die Boote: extrem voll; feuchte tropische Schwüle, Schwärme von Moskitos und langweiliges Essen. Amazonas- Flußfahrten, wie man sie aus Abenteuerfilmen kennt, unter Lianengehängen, dichtem grünen Blattwerk mit Orchideen, vor denen die Kolibris schwirren, das findet man nur auf den Oberläufen der Amazonas-Nebenflüsse, so auf dem Rio Napo/Ecuador (z.B. Seite 514 oder z.B. 72o), den Flüssen im bolivianischen Urwald (z.B. Seite 988) und im kolumbiani – schen Urwald.

Trotzdem: eine Flußfahrt ist der billigste Weg, ins Innere des Amazo= nasgebietes zu kommen. Der One–way–Flug bis Manaus kostet über 28o DM, und die Transamazonica Piste ist nicht das ganze Jahr über durchgehend befahrbar. Die 1.6oo Flußkilometer bis Manaus kosten in der 3. Klasse runde 12o DM.

ENASA, die brasil. Staatsreederei, eine der größten Binnenschiffslinien der Welt (24 ooo Flußkilometer!) fahren jeden FR 22.oo Uhr ab Belem flußaufwärts bis Manaus mit Passagierdampfern. – Flußauf dauert's 5 Tage, dann 4 Tage Aufent= halt in Manaus. Zurück jeden SA 2o.oo Uhr und 3 Tage bis Belem. –

UNBEDINGT VORBUCHEN! Besonders in der 3. Klasse ist's sehr voll. Die Einheimischen benutzen fast ausschließlich die 3. Klasse . Ticketoffice der ENASA ist das Hauptgebäude Av. Pres. Vargas 41, am Hafen, älteres Haus am Beginn der Präs. Vargas.

Luxuskabine inkl. Aircondition und eigener Toilette im Zimmer kostet den stolzen Preis von ca. 22o US $ und ist damit erheblich teurer als der Flug. Normale Kabinen um die 17o US $ (2 Betten) bis ca. 13o US $ (4 Betten), alle Preise zwischen Belem und Manaus. Reisen per Kabine ist o.K. bezüglich Sauberkeit, eigener Restaurantbereich, Essen im Preis inkl. –

Rio Amazonas

Decksklasse: Nach unseren Recherchen in Belem und Manaus sind Infos falsch, daß Ausländer nur in der Decksklasse reisen dürften, wenn Sie eine "Genehmigung" ihres Konsulates hätten. (Der Konsul stöhnt schon!) In Realität mag es sein, daß einige Büros der ENASA versucht haben, teurere Tickets loszuwerden.

In der Decksklasse reist man in der Hängematte, ca. 45 US $ bis Manaus. Extrem voll; ca. 1o Toiletten für 3oo Leute. Dementsprechend quillt die S. fast zur Tür raus. . . Duschen für die Decksgemeinschaft. 3 Mahlzeiten pro Tag eingeschlossen. Anstellen und Teller hinhalten! Essen: o la la bis langweilig. Reis- Bohnengemisch. Ihr könnt euch bei den Stops an Land Zusatz einkaufen. Aber Vorsicht: das Schiff legt ohne Vorwarnung wieder ab! (Wenn der Käpt'n gerade den Finger am Zipp-Öffner der Alubierdose hat, statt am Knopf der Hupe).

In Belem oder Manaus vor der Abreise eine Hängematte kaufen. Es gibt schöne aus mehrfarbigem Baumwollstoff. Sehr bequem, mit seitlichen Fransengehängen für rund 18 DM. Unbedingt: Malariaschutz, Mückenstift (zumindest psychologische Hilfe) und sehr wichtig: Sonnencreme! Gepäck im Auge behalten. Die beiden ENASA- Schiffe "M/S Agosto Montenegro" und "M/S Lobo d' Almada" fassen 398 Passagiere, 98 davon in Kabinen, 3oo in Hängematten.

Flußabwärts fahren die Schiffe übrigens in der Mitte des Stromes, um die maximale Strömung auszunutzen, während man flußauf nahe des Ufers steuert. Diese Fahrt ist daher interessanter.

FAHRTZEITEN	flußauf	flußab
Belem—Breves	ca. 1 Tag	ca. 3/4 Tag
Belem—Santarem	ca. 2 1/2 Tg.	ca. 1 1/2 Tg.
Belem—Manaus	ca. 5 Tage	ca. 3 Tage

Die ABFAHRT des Schiffes in Belem ist ein großes Erlebnis, mit viel Action verbunden. Es gibt einen eigenen Terminal am Hafen (Av. Castilho Franco neben Gemüsemarkt, siehe unsere Karte im Belem- Teil!). Ein Terminal wie von den Rodoviarios gewohnt, mit Restaurants, Bars, Ticketschaltern und ungeheuren Mengen von Leuten, die meist schon am frühen Nachmittag (teils sogar schon Morgen kommen), um sich rechtzeitig einen günstigen Platz zu reservieren für die Hängematte. Draußen fließt breit der Strom vorbei. Das Schiff ein riesiger Pott mit mehreren Etagen, Musikgedudel über Lautsprecher. Alles fiebert auf den großen Trip, immerhin wird man die nächsten 5 Tage auf dem Fluß verbringen.

BELEM—SANTAREM: interessant ist der Zeit/Preisvergleich Bus zu Schiff. Die Strecke wird ja auch von "Transbrasil" täglich mit Bussen befahren, die den großen Umweg über Estreito – Maraba – Transamazonica fahren. (Siehe auch "Rodoviario Belem!). Der Bus braucht im Vergleich zum flußauf fahrenden ENASA- Dampfer rund 1/2 Tag weniger, vorausgesetzt auf der Transamazonica geht alles glatt, – und ist zum flußab fahrenden Schiff langsamer, wenn auch nicht viel. Preislich liegt er um ca. 15 US $ teurer, wobei es bei der ENASA etwas zwischen die Zähne gibt und per Bus man sich dies extra kaufen muß.

Belem – Gurupa:

das schönste Stück der Rio Amazonas-Fahrt: Passage auf schmalen Fluß=läufen zwischen Hunderten von Dschungelinseln, in denen Affenhorden schnatternd von Liane zu Liane schwingen; im dunkelbraunen Wasser Alligatoren, die beim Schiffslärm aber schnell wegtauchen. Indianer paddeln in ihren Kanus vorbei; am Dschungelufer Palmwedel-gedeckte Hütten auf Stelzen. Nach 2oo km tritt man auf den Haupt-Mündungsarm des Amazonas, der hier von Inseln, unterteilt eine Breite von 5o km be=sitzt. Bei MONTE ALEGRE : Tafelberge, die sich aus dem Flachurwald erheben.

Santarem, 1oo.ooo E./ca. 2o m (!)

größte Urwaldsiedlung auf dem Weg nach Manaus, 73o km von Belem. Kolonisationsprojekte der brasilianischen Regierung. Derzeit rund 1oo.ooo Einwohner am Zusammenfluß des grünen Wassers des Rio Tapajos mit den gelbbraunen Fluten des Rio Amazonas. Piste bis Itaituba an der Transamazonica. Tägl. Busverbindung. Weiterhin eine 2.ooo km Urwaldpiste bis Cuiaba.

BUSSE: täglich Belem mit "Transbrasil" via Maraba (in der Nähe Minengebiet der Serra dos Carajas und dem Goldgräber Berg Serra Pelada, Details siehe unser Text!). Ebenso täglich Busse nach Brasilia und Sao Paulo/Rio, die bei Estreito auf die BR 153 abbiegen. Zumindest bis Estreito ein Knochentrip.

FLÜGE: täglich per Jet nach Belem und Manaus, einmal pro Woche nach Altamira. Per "Taba"- Propeller häufige Flugverbindungen zu umliegenden Urwaldsiedlungen entlang der Transamazonica, nach Porto Trombetas am Rio Trombetas und Parintins am Rio Amazonas.

SCHIFFE: neben ENASA häufige Flußboote pro Woche nach Manaus. Ebenso relativ gute Verbindungen per Fluß nach Obidos, Monte Alegre und Parintins.

HOTELS: "Hotel Tropical", bestes in Santarem, mit Swimming Pool, zugleich teuerstes. "Santarem Palace", Av. Rua Barbosa, "Nova Olinda", Av. Adriano Pimentel. – Vorsicht: die Billighotels (nähe Anlegestelle der ENASA) sehr basic, öfters mit Flöhen.

Das Zentrum von Santarem, vorallem am Fluß mit kleineren Kolonialhäusern aus der Zeit der Portugiesen. Schön sind Ausflüge mit dem Boot zum Zusammenfluß des Rio Tapajos mit Amazonas. Wie später bei Manaus

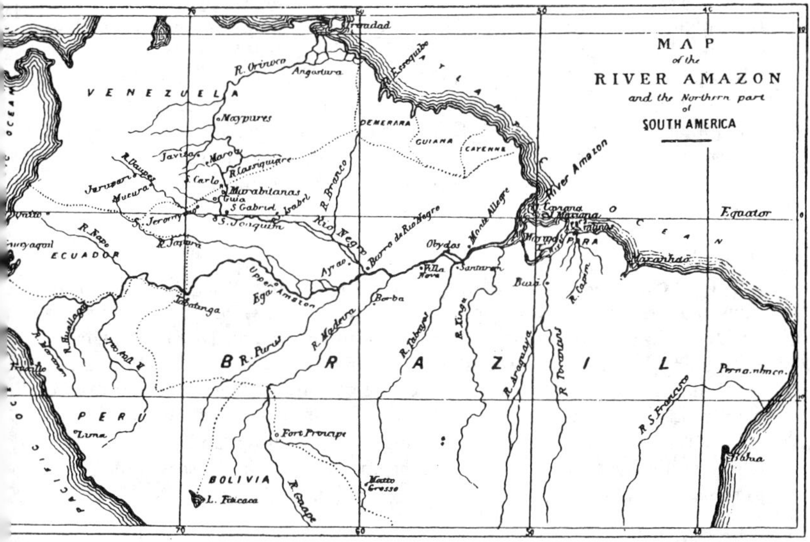

KARTE vom Amazonas Bereich aus dem vergangenen Jahrhundert, zur Zeit, als Humboldt die Amazonas–Orinoco- Verbindung entdeckt hatte (Sehr exakter Flußverlauf eingezeichnet!). Interessant, mit heutigen Karten zu vergleichen. Die Entdecker hatten die Unterläufe besidelt und trieben Handel: Biegungen vom Rio Amazonas und Negro ⋙→

(Zufluß des Rio Negro) laufen beide Flüsse über Kilometer nebenher, bis sich beide Farben mischen. Kleine Inseln im Fluß, in den Seitenarmen Igarapes (enge Flußkanäle, von Lianen behangen) und Seen (aus Zeiten des Amazonas- Hochwassers). Schönster: der Maica, 15 Min per Boot ab Santarem.

Ausflüge ab Santarem: Fortlândia in Belterra, ca. 60 km ab Santarem an der BR 163 von Santarem zur Transamazonica. Henry Ford hatte hier für sein Automobilwerk 1927 eine Kautschuk- Plantage in den Urwald gerodet Eines der ersten, ausländischen Amazonas- Großprojekte: insgesamt mehr als 50.000 Acre umfassendes Gelände mit Hospitals, Schulen und rund 3 1/2 Millionen aus den Philippines importierter Kautschukbäume, von denen sich der Autokönig bessere Ernteergebnisse als von den Amazonas-Kautschukpflanzen erhoffte.

Bis zum Ende des 2. Weltkrieges investierte Ford mehr als 19 Mill. US $, aber die erhofften Profite aus Gummi für seine Autoreifen blieben aus, u.a. auch, weil die Bäume zu nah zusammenstanden und von einer für's Amazonasgebiet typischen Krankheit befallen wurden. Wie auch seinerzeit in Jari (siehe unser Text!) verkaufte Ford, Erlös ca. 250.000 US $, an die Brasilianer, die derzeit mit ca. 10 % der möglichen Kapazität produzieren.

Fordlândia liegt heute urwaldüberwuchert, vor sich hinrostend. Interessante Episode aus der Kautschuk- Spätepisode Amazoniens. Der Urwald holt sich zurück, was man ihm genommen hat.

Zu den Goldgräberfeldern im Bereich Tapajos/Rio Xingu per Airtaxi. Eine nicht gerade billige Angelegenheit, aber sehr viel Abenteuer. Gelandet wird auf relativ kleinen Gras/Sand- Stripes, die in den Urwald eingeschnitten sind. Die "Garimpeiros" (Goldschürfer) haben beim Waschen rechts im Gürtel den Revolver, weil das Gebiet nicht ungefährlich ist wegen Indianern. Die Maschine fliegt zunächst am Rio Tapajos entlang, der im Amazonasbereich für die besten Flußstrände berühmt ist: strahlend weiße Sandbänke im grünen Fluß, sofern Niedrigstand (Mai - Sept.)

AIRTAXIS: "Aquila", "Itaituba" im Airport, bzw. Stadtoffice.

Obidos **ca. 18.000 E./37 m (!)**

ist die nächste, größere Siedlung und wird mit dem "ENASA"- Dampfer meist nachts passiert. Hier verengt sich der Strom wieder, und wer nachts an Deck sitzt, kann die schwarze Urwaldmauer sehen. Der Fluß glänzt silbrig im Mondlicht! – Bei allen Nachteilen: eine Fahrt auf dem Amazonas hat ihre großartigen Eindrücke: die gewaltigen Dimensionen: oft glaubt man, tagelang auf dem Ozean zu fahren, bis sich der Dschungel zeigt. Farbenprächtige Riesenschmetterlinge fliegen an Deck, Erlebnisse mit den Indianern in der Hängematte – Decksklasse: Sonnenuntergänge und großartiger Tropen-Sternenhimmel!

---

sind o.K. , die Kartendetails der Oberläufe, so des Rio Napo, Ucayali und Uaupes stützten sich jedoch auf Infos und Handskizzen von Trappern, Indianern und Missionaren und weisen Fehler auf, wie auch die Umrisse von Südamerika leicht deformiert sind. Barra de Rio Negro ist das heutige Manaus.

15 km vor Manaus treffen die Wassermassen des Rio Amazonas auf die schwarzen Wasser des Rio Negro und laufen 6 km nebeneinanderher, bis sich beide Flüsse farblich vereinigt haben.

MANAUS:

ca. 700.000 E./40 m (!!)

Wir flogen im Düsenjet von Porto Velho, leicht beschwingt, denn auf dem 800 km Flug über die Urwaldflächen gibt's jede Menge Whisky kostenlos. Und plötzlich am Horizont das breite Schlangenband des Rio Amazonas: Unser Jet holpert in die tieferen Luftzonen hinunter, die Flügelspitzen wackeln, Konturen werden sichtbar: Flußboote, Häuser auf Stelzen, Urwaldlichtungen und auf der anderen Seite des 3 km breiten trägen Stroms inmitten des riesigen Urwalds ein Gewirr von Hochhäusern und Straßenschluchten. Rumpelnd landet der Düsen=

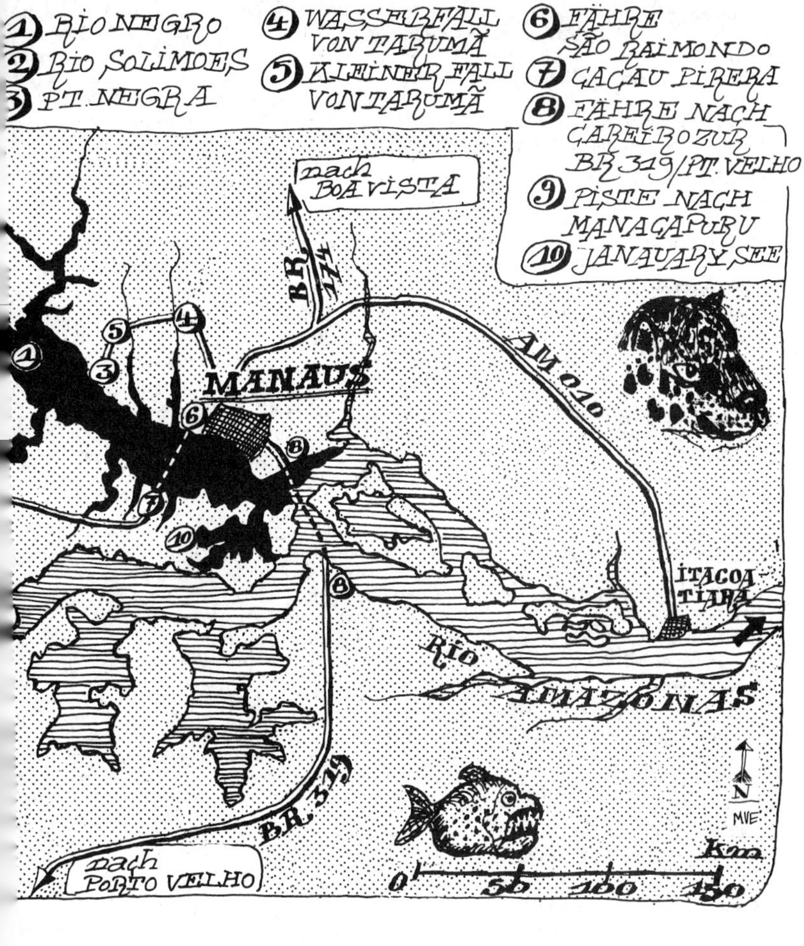

jet. Der "Eduardo Gomes"- Airport gehört zu einem der modernsten von Brasilien. "Tubes", die sich an den Düsenjet legen zum Aussteigen.

Der Airport hat eine 3,5 km Landepiste, die im Notfall auch die Überschall- Concord der Air France zwischen Paris und Rio landen lässt. Dichter innerbrasilianischer, wie auch internationaler Flugverkehr:

Internat. Flüge:

MANAUS als Urwaldmetropole ist Drehscheibe im Amazonas. Vergleichsweise excellente internationale Verbindungen zu den Nachbarstaaten, die auch dem Reisenden nützlich sein können. Aber abklären; häufig ist eine Kombination (z.B. Flug bis zur Grenze + Taxi rüber + Flug) günstiger und zeitlich kaum aufwendiger.

KOLUMBIEN: Bogota, 1 mal/Woche, ca. 25o US $. Alternative: Cruzeiro do Sul- Flug 2 mal/Woche nach Tabatinga an der kolumb. Grenze und mit Taxi rüber (5 km) nach Leticia/Kolumbien. Hier gibts tägl. Flugverbindung mit den Avianca- Jets nach Bogota. Mit ca. 1oo US $ teuer, zusammen mit dem Tabatinga- Flug ca. 2oo US $, aber ca. 5o US eingespart. Oder: ab Leticia in den Kolumbien- Airpass einsteigen, der zu 3o Tagen Fliegen auf innerkolumb. Strecken berechtigt und bei ca. 23o US $ sehr preiswert ist. Details siehe Kolumbien/allgem. Tips!

PERU: ab Manaus kein Direktflug nach Lima, der Hauptstadt. Aber 2 mal/Woche mit Cruzeiro do Sul ab Manaus nach Iquitos (ca. 23o US $). Dort mehrmals tägl. Jets nach Lima. Alternative: Inlandsflug mit der Cruzeiro nach Tabatinga (ca. 1oo US). Dort rüber auf die peruanische Seite mit eventueller Chance, den Militärflug der Tans nach Iquitos zu bekommen, der erheblich billiger ist. Details siehe "Leticia/Kolumbien" und "Tabatinga/Brasilien"!

TIP: wer sich den Brasil- Airpass von der Varig/Cruzeiro do Sul gekauft hat (21 Tage/ 33o US $), kommt damit bis Tabatinga und kann in den kolumb. Airpass einsteigen, bzw. zahlt lediglich ca. 8o US $ bis Iquitos/Peru zum Einstieg in den peruanischen Airpass. –

BOLIVIEN: 2 mal pro Woche mit der LAB, ca. 18o US $. Dort Anschluß mehrfach tägl. nach La Paz per Inlandsflug bzw. per Bus. Alternative: täglicher Bus ab Manaus nach Gujaramerim an der boliv. Grenze mit Inlandsflugverbindung der LAB nach Sta. Cruz bzw. La Paz. Geht auch per Inlandsflug/Brasilien bis Grenze und spart ca. 1oo US, sofern man nicht den Brasil- Airpass hat! –

VENEZUELA: 3 mal/Woche, ca. 36o US $ im Direktflug. Alternative, aber zeitaufwendig: Bus ab Manaus tägl. rauf nach Boa Vista (oder Flug; geht auch per Varig/Cruzeiro-do Sul Airpass). Dort Bus an die venezuelanische Grenze bei Sta. Elena und über die V 8 rauf nach Cd. Guayana/Cd. Bolivar mit Busanschluß nach Caracas. Oder ab Sta. Elena/Grenze mit dem sehr lohnenden Aeropostal- Propeller nach Cd. Bolivar. Als Strecke landschaftlich ungemein lohnend. Einige Gringos haben sie als eine der schönsten Südamerikas bezeichnet! Aber 3 - 7 Tage je Verkehrsmittel nötig. Details siehe entsprechende Textstellen! –

GUYANA: kein Direktflug. Geht nur via Jet ab Manaus nach Boa Vista plus Air- Guyana Flug via Lethem nach Georgetown. Kostenpunkt ca. 2oo US $. Alternativen: entweder per Bus (tägl.) ab Manaus nach Boa Vista und rüber an die Grenze nach Lethem, ca. 3o US plus Lethem – Georgetown ca. 6o US. Bequemer und schneller ist der Flug bis Boa Vista, inkl. im Brasil Airpass der Varig/Cruzeiro do Sul.

SURINAM: leider sind derzeit die Direktflüge ab Manaus einge stellt. Geht nur zeitaufwenig via Georgetown/Guyana oder Cayenne/Franz. Guayana. Siehe dort!

FRANZ. GUAYANA: leider hat die Air France ihre Direktverbindung ab Paris via Cayenne nach Manaus und Lima eingestellt. Läuft daher momentan nur via Belem/

Brasilien und ab dort 2 mal/Woche rauf nach Cayenne. Ohne Brasil- Airpass, der in Belem endet, ein teurer Spaß ab Manaus! –

Inlandsflüge ab Manaus:

Superdichtes Netz mit mehrmals täglichen Flügen via Brasilia oder direkt nach Rio und Sao Paulo, –rüber via Santarem nach Belem an der Amazonasmündung (Anschluß entlang der Nordostküste Brasiliens via Fortaleza, Salvador nach Rio), – aber auch nach Porto Velho nähe Grenze Bolivien, Cuiaba und Tabatinga an der Grenze Kolumbiens.

Preisbeispiele: Boa Vista/nähe Grenze Venezuela ca. 7o US/tägl. mit Cruz. do Sul
Belem/Amazonasmündung: mehrmals tägl. per Jet, ca. 12o US
Brasilia mehrmals tägl. per Jet, ca. 18o US $
Tabatinga/Grenze Kolumbien: 2 mal/Woche, ca. 1oo US $
Rio: mehrmals tägl./Jet und ca. 3oo US $

Einige Airlines geben auf Jet- Nachtflüge ca. 3o % Rabatt. Die bessere Wahl ist jedoch der Brasil- Airpass – siehe Allgem. Tips/Brasilien!

Regionalairlines wie TABA bedienen Strecken zu kleineren Siedlungen im brasilianischen Amazonasbereich. Details siehe entsprechende Textstellen.

Manaus- Zollbestimmungen: da Manaus innerhalb Brasilien eine Freihandelszone ist bei (für Brasilianern lukrativen) billigen Einkaufsbedingungen für Luxusartikel von Kosmetik über Hifi- Anlagen zu Fernsehern, Außenbordermotoren etc. ausländischem Importes, – hat der Airport strenge Zollkontrollen.

FOLGE: für alle Flüge, auch Inlandsflüge 2 Std. vor Abflug im Airport sein! Es gibt eine ausführliche Gepäckkontrolle, die jedoch meist für Nicht- Brasilianer weitgehend unproblematisch ist.

Beim Anflug nach Manaus teilt die Stewardess die "Declaracao de Bagagem" aus, ein mehrsprachiges Papier, auf dem man die eingeführten Waren angibt. Empfehlenswert, auch die Marke der mitgeführten Kamera anzugeben, damits bei der Ausreise keine Probleme gibt.

Die Freihandelszone MANAUS wurde Ende der 6o-er Jahre installiert, um den innerbrasilianischen Tourismus nach Manaus zu fördern. Ankurbelung der Wirtschaft, die zugleich der Erschließung der umliegenden Gebiete dient.

Ein Konzept, das funktioniert: die Manaus- Jets sind voll von brasilianischen Duty- Free- Shoppern, die Urwald- Urlaub mit dem Kauf einer Hifi- Anlage kombinieren. Für den Touristen jedoch kaum interessant: zwar sind die Geräte wesentlich billiger als im sonstigen Brasilien, so doch überteuert gegenüber Billig- Shops in Europa.

Verbindungen ab Airport/Manaus: stündlich fährt ein Stadtbus ab Airport zwischen 5 und 24 Uhr. Abfahrt Stadt: Ecke Itamarco mit Av. 7 de Setembro. Bei ca. o,2 US billig, fährt am Busterminal vorbei. Dem Busfahrer Bescheid geben!

Taxi: im Airport gibts einen Taxistand, der ein Pauschalticket ausstellt für ca. 1 US $. Wird im Taxi eingelöst und berechtigt zur Fahrt zu jedem beliebigen Punkt in Manaus. Keinerlei Aufpreise für Gepäck, Nachtfahrten etc.

Autovermietung: es gibt zwar diverse Vermieter im Airport. Aber Frage, ob sich das lohnt bei den guten Busverbindungen im Manaus- Stadtbereich.

Geldwechseln: im Tiefgeschoß des Eduardo Gomez- Airports und 24 Std. offen. In der Stadt am Hafen, Rua Tamandare/Ecke des Platzes mit der Manaus- Kathedrale. Offen 9 - 15 Uhr außer Sa, So. und Feiertage.

Da Bastera- Airport: der 2. Airport von Manaus, allerdings reiner Sportflughafen. Sämtliche Linienflüge gehen ab "Eduardo Gomez".

Zeitverschiebung: MEZ: – 4 Std., sowie minus 1 Std. zum Rest Brasiliens außer Acre/Rio Branco (= + 1 Std.). Wenn es also in Manaus 11 Uhr ist: in Rio bereits 12^{00}

"Estrada Torquato Tapajos", – relativ moderner Busterminal im nördlichen Stadtrandgebiet Manaus.

Stadtbus ab Manaus/Zentrum, Rua Itamarco Ecke Av. 7 de Setembro (Hafen, bei der Manaus- Kathedrale). Man nimmt den Stadtbus siehe oben zum Airport und gibt dem Busfahrer Bescheid, daß man am Rodoviario raus will. Der Airportbus passiert den Busterminal.

★ Verbindungen:

Manaus ⋙➤ Boa Vista: täglich 2 Busse mit "Andorinha" und "Soltur" über die Amazonaspiste BR 174. Ein heißer Reifen durch endlose Urwälder mit nur selten Besiedelung. Die Busse brauchen ca. 16 Std., bei Regenfällen und Pannen unterwegs entsprechend mehr. Ca. 9 US $. Streckenbeschreibung siehe Seite 1o36

Manaus ⋙➤ Porto Velho: tägl. mit "Soltur" und "Andorinha" über die asphaltierte BR 319. Hat aber jede Menge an Asphalt- messerscharfen Bruchkanten an entstandenen Löchern, worüber sich die Reifen von Soltur etc., eniger aber der Busfahrer und die Passagiere freuen, wenns pfeift . . .

Die Strecke wird mit ca. 17 Std. kalkuliert, kann aber je nach Problemen unterwegs entsprechend mehr dauern. Ca. 1o US $ .Streckenbeschreibung siehe Seite 1o35

Der RIO AMAZONAS wird per Fähre überquert (Ponta da Careiro). Die Überfahrt dauert ca. 3o Min. und berührt die Stelle, wo der Rio Amazonas mit dem Rio Negro zusammenfließt. Etwa 4o km nach Manaus Ri. Porto Velho ein See mit vielen Victoria Regias; den Busfahrer fragen, ob er für Foto kurz anhält, sofern keine Nachtfahrt, was für die Strecke ab Manaus die Regel ist.

FÜR BEIDE VERBINDUNGEN sehr zu empfehlen, bereits bei Ankunft in Manaus die Weiterfahrt zu reservieren, da die Strecken stark frequentiert und oft ausgebucht sind! –

★ Regionalverbindungen:

Manaus ⋙➤ Itacoatiara: tägl. mehrere Busse, 266 km, asphaltiert durch Urwald und Rodungen, landschaftlich interessant. Die Busse brauchen ca. 4 Std./3,5 US $. Bei KM 4 die Colonia Japonesa. Schöne Kombination wie folgt:

Die Strecke Manaus – Itacoatiara per Hausboot flußab, durch "Encontro das Aguas" (Zusammenfluß Rio Negro/Solimoes), vorbei an Flußinseln mit dichtem Urwald. Dann wieder breiter Fluß, Plantagen etc. Fahrzeit flußab ca. 1o Std. Tägl. fahren mehrere Flußboote ab Manaus die Strecke. Macht Spaß, da sich die Strecke nicht endlos in die Länge dehnt, wie z.B. der Trip flußab bis zur Amazonasmündung/Belem. –

Itacoatiara hat mehrere einfache Hotels in der Preisklasse um 5 - 1o US, wer Übernachtung braucht. Ansonsten retour per Bus oder Propellerflug.

Manaus ⋙➤ Manacapuri: ebenfalls lohnender Ausflug ab Manaus durch weitgehend kolonisierte Urwaldgebiete.

Mit dem Stadtbus ab Praca do Matriz, Banco do Brasil bei der Kathedrale nach Sao Raimundo. Hier fährt eine Fähre über den Fluß (stündlich zwischen 7 und 19 bzw. So. 22 Uhr, retour zwischen 6 und 18/ So. 2o Uhr) nach CACAU PIRERA auf der anderen Seite des Rio Negro. Bei klarem Wetter (kein Niesel oder Regen) kann man das gelbe Steilufer von Cacau sehen.

Hier fährt der Bus nach MANACAPURI (6 Std.), 5o.ooo Einwohner. Entlang der Straße Plantagen von Pfeffer, Obst und Gemüse sowie Bananen. Die asphaltierte 8o km Straße AM 7o führt nahe am Rio Solimoes entlang, interessante Fischerdörfer.

Nähe Manacapuri: Wasserkaskaden von "Cachoeira Paricatuba", allerdings nur März bis September. In den anderen Monatensind die Fälle weg wegen zu wenig Wasser.

Tourist INFO Die staatliche "Emamtur" hat ihr Büro im Airport, – sowie in der Rua Taruma/Ecke Praca 24 de Octubre, Centro. Seit 1o Jahren hat sich hier kaum was geändert. Ein Schwung von Vierfarbprospekten und ein Ventilator, der die Hitze raustreibt. Die dort arbeitenden Mädchen sind "mais- o- menos" am Service interessiert. Vorsicht beim Überqueren der Straße vor der Hauptoffice/Rua Taruma: VW's uns sonstige Kisten kratzen recht heiße Reifen um die Kurve und haben schon manchem Touristen zu einem "beherztem" Sprung ins Tourist- Office verholfen.

Privat: "Selvatur"/im Hotel "Amazonas", Rua Guilherme Moreira im Zentrum. Sprechen fließend Englisch und sind in ihren Infos meist breitflächiger und zuverlässiger. Wollen aber auch ihre Urwald- Excursionen verkaufen (warum nicht?) was sich aber bei Fragen nach der Schwierigkeit von Routen in Infos a la "gefährlich auf eigene Faust" niederschlagen kann . . .

"DNER", die Straßenbaubehörde des Amazonas. Nützlich für Infos über die Befahrbarkeit ausgefallener oder in Planung befindlicher Pisten.
Infos: "Dep. Nacional de Estradas"/BR 174, km 3

MANAUS: ist heute Freihandelszone: in der Innenstadt ein Hifi- Shop neben dem anderen mit japanischen Taperecordern, Recivern, TV's, Kameras aber auch Johnson- Außenbordermotoren. Die Waren kommen per Hochseefrachter via Rio Amazonas. Beliebt bei den Brasilianern als Ausflugszentrum inkl. brasil. Exotik. Shopping in diesen Shops lohnt sich für den ausländischen Touristen jedoch weniger. Teuer und saftige Zollprozente am Airport; Polizei kontrolliert kräftig! –

KAUTSCHUKBOOM erlebte Manaus zur Jahrhundertwende, als Tausende von Abenteurern in die Dschungelgebiete um den Rio Acre strömten, – ähnlich dem Goldrausch in Alaska, um hier der "Hevea Brasiliansis" den begehrten Kautschuksaft abzuzapfen. Manaus, bislang ein schmuddeliges Indianernest, entwickelte sich wegen seiner zentralen Flußlage rasch zum Hauptumschlagplatz inmitten des Amazonasdschungels mit elektrischer Straßenbeleuchtung nach Paris und London, eigener Oper, in der der berühmte Caruso sang, prächtigen Villen und intensiven Bordell- Aktivitäten. High- Life in Tropenschwüle, Luxus, Intrigen und Gier nach Reichtum.

Der französische Wissenschaftler CHARLES MARIE DE LA CONDAMINE hatte bereits 1743 bei Reisen im Amazonasgebiet gesehen, daß die Indianer den Saft des wildwachsenden Kautschukbaumes anzapften, wie auch erste portugiesische Siedler die zähe Masse für Schuhe benutzten.

Es dauerte jedoch bis 1831, bis McIntosh auf die Idee kam, hieraus einen wasserdichten Gummimantel zu fertigen, der weltweit ein riesiger Erfolg wurde; die Erfindungen häuften sich: der erste Radiergummi (Joseph Priestley) , erste Gummischuhe in den USA, die unter dem Namen "golden slippers" liefen, aber in Verarbeitung noch erhebliche Mängel aufwiesen. Im Sommer wurden sie weich und klebrig, im Winter zäh und brüchig.

Entscheidende Ausreifung durch den Amerikaner CHARLES GOODYEAR und den Engländer THOMAS HANCOCK, die im letzten Drittel des vergangenen Jahrhunderts entdeckten, daß Kautschuk durch "Rösten" über Feuer und Schwefeldämpfen das ganze Jahr über geschmeidig bleibt. Parallel dazu wurde von CHARLES DUNLOP der pneumatische Autoreifen erfunden (1888), – eine der wichtigsten und revolutionierendsten Erfindungen im Sektor "Fortbewegung" seit 2.000 Jahren, vom Automobil abgesehen. Eine Erfindung, die sich notgedrungen aus der Automobilerfindung ergeben hatte.

Dem Siegeszug des "Stinkmobils" folgte logischer Weise ein ungeheurer Bedarf an Gummi für die Autoreifen (pro "Stinky" 5 Stück). Die syntethische Gummiherstellung war noch nicht erfunden.

Das Land gehörte dem "PATRON", der den Arbeitern die "Konzession" zum Zapfen gab und sie mit Kleidung, Macheten, Moskitonetzen und Essen versorgte. Im Grunde waren sie Leibeigene der Kautschuk- Barone, die tagsüber die weitverstreuten Bäume anzapfen mußten und nachts den gewonnenen Saft über Feuer zu Ballen verarbeiteten.

Seuchen, Unterernährung und Urwaldkrankheiten wie Malaria, Gelbfieber und Tuberkulose von der ewigen Feuchtigkeit, – auf der anderen Seite totale Abhängigkeit: so konnten die Zapfer ohne ihre Einwilligung wie Maschinen von einem Baron zum anderen weitergegeben werden. Antisklavengesetze, die damals bereits seit vielen Jahrzehnten in Peru, Kolumbien und Brasil existierten, fanden bei den gigantischen Gewinnen zur Zeit der Amazonas- Jahrhundertwende keinerlei Anwendung.

MANAUS wurde 1850 gegründet und erlebte im Zuge der Erfindung des Gummimantels und Automobils boomartigen Aufstieg, Höhepunkt 1910. Es floß so viel Geld in die Urwaldmetropole, daß man sich alle technischen Neuerungen leistete, so z.B. eine der ersten elektrischen Straßenbahnen, die vom Hafen auf 26 km Schiene über Oper in die Vororte führte, und die dreckige Wäsche wurde gemäß Archivaufzeichnungen per Schoner aus Prestige nach Paris geschickt.

Auf die Ausfuhr des Gummibaumsamens stand Todesstrafe. Amazonien war einzigstes Erntegebiet der Welt. Trotzdem gelang es 1876 dem cleveren Engländer HENRY WICKHAM, den Samen in ausgestopften Krokodilen außer Landes zu schmuggeln. In den Londoner Kew's Garden wurden die Samen zu Bäumen großgepäppelt und wirtschaftlicher in Großplantagen der engl. Asienkolonien angesiedelt. Ein Prozess, der mehrere Jahrzehnte dauerte. So exportierte Manaus noch 1910 38.000 Tonnen (Asien 8.000), zwei Jahre später Asien aber bereits 28.000 und 1915 mehr als 70.000.

Derartig massive Konkurrenz ließ die Weltmarktpreise fallen. Parallel wurde die synthetische Gummiherstellung erfunden und die glänzende Urwaldmetropole verfiel wieder in totale Provinzialität.

siehe Karte

HEUTE IST MANAUS dank der Freihandelszone große Touristenattraktion und teuerste Stadt Brasiliens. Zugleich wichtigster Sammelhafen der riesigen Amazonasregion inkl. Bolivien, Peru und Kolumbien: tropische Edelhölzer, Kakao und Kautschuk für die innerbrasil. Gummiproduktion, Kräuter und Paranüsse. 650.000 Einwohner und dichter Verkehr in den Straßen; wir zählten im Restaurant beim "cerveja" von 31 PKW's allein 30 VW's. Oft ganze Schlangen von gelben VW- Käfer Taxis, alsob gerade eine Käfer Rallye läuft, – vorallem nachts höllisches Tempo, bei rot über die Ampel, jedoch vorher gut abgecheckt.

CENTRO: zwischen Av. 7 de Setembro/Leov. Coehlo und Hafen mit vorwiegend Fußgängerzone und Touristenshops von Ray Ban bis Sony.

1 Schwimmende Docks
2 Alfândega (=Zollhaus)
3 Abfahrt Stadtbusse + AIRPORT-BUS
4 Banco do Brasil + Telegraph
5 Kathedrale von Manaus / Praca da Matriz
6 Capitania
7 Zentral Markt
8 Praca da Saudade
9 Theater von Manaus
10 TOURIST OFFICE
11 HAFEN FLUßBOOTE RIO AMAZONAS
13 ENASA-Office für Rio Amazonas Verbindungen
15 Prça da Policia
16 Prça Dos Remedios
17 HOTEL MONACO
ZUM AIRPORT
ZUM AIRPORT & RODOVIARIO
Manaus
Centro
Av. Taruma
Doutor Machado
Silva Ramos
L. Malcher
L. Malcher
Ramos Ferreira
Ferreira
1o de Julho
Jose Clemente
Marinho
Av Sete de Setembro
Av. Epam. Itamarca
Getulho Vargas
Joaquim Nabuco
J. Pedrosa
Visconde Porto
Duque de Caixas
General Glicerio
Leovegildo Coelho
Joaquim Nabuco
Rio Negro

siehe Karte

In diesem Bereich, – vorwiegend in der Rua Guilherme Moreira vorwiegend Airline- Büros und Vertretungen für Flugreservierungen (vergl. unser Kapitel “Manaus- Airline- Adressen”!).

5 PRCA. DO MATRIZ mit der Manaus- Kathedrale, die uns in moderner Bauweise (außer Weihrauch in Tropenhitze) wenig überzeugt hat. Interessant: vor dem Eingang vom Treppenaufgang eingefasst ein tropischer Zoo, in dem die Vögel frei rumfliegen dürfen, und mit Drähten oben abgesichert.

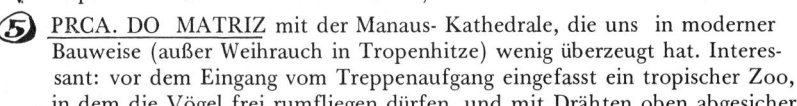

Praca do Matriz, auf der rechten Seite (wenn man Richtunf Fluß schaut/gegenüber Banco do Brasil). Die Busse sind beschildert. Billig, von daher relativ uninteressant, sich ein Auto zu mieten. Abfahrtstelle zieht sich bis rüber vor die Kathedrale. Excellente Verbindungen auch zu den Flußstränden.

Fernverbindungen ab Rodoviario/T. Tapajos, zu erreichen per Flughafen-Bus, der auch von der Praca do Matriz abfährt.

2 ALFANDEGA: eines der Relikte aus der Kautschukzeit. Die Steine kamen aus Schottland per Schiffsballast. Gebaut 19o8 von der englischen “Manaos Harbour Ltd.”, gelb angestrichen und gut im Schuß für das Alter von rund 8o Jahren Tropenfeuchtigkeit. Präfabrizierte Bauteile, – damals revolutionär für Hausbau, wie vieles im Kautschukmanaus der Jahrhundertwende. Schottischer Luxusimport, der zu spät kam. Heute Zollbehörde des Hafens von Manaus mit schönem Treppenaufgang. Kann besichtigt werden.

1 SCHWIMMENDE DOCKS: Betonkai von ca. 15o m Länge im Rio Negro, der auf Stahlpontons schwimmt. Der Rio Negro steigt gemäß Regenzeiten im Amazonasgebiet bis zu 2o m. Gebaut 19o2 ebenfalls von der Manaus Harbour, – damals technisches Wunderwerk. Somit war das Anlegen von Ocean- Linern in Manaus möglich. Die M.H.- Ltd. war eine der Tochtergesellschaften der englischen “Booth- Line”, die seit Mitte des vergangenen Jahrhunderts Manaus und das peruanische Iquitos mit Überseeschiffen anläuft und zeitweilig die Konzession für den gesamten Hafenbetrieb erhielt. Anfang des 2o. Jhd.'s wurde der Hafenbetrieb verstaatlicht.

7 MERCADO MUNICIPIAL: Rua dos Bares, – beste Zeit morgens zwischen 6 und 11 Uhr, wenn die Boote aus umliegenden Siedlungen im Urwald einlaufen und die meisten Marktaktivitäten sich entwickeln. Gebaut 1882 – 19o6 im Zuge des Geldüberflusses durch Kautschuk. Architektonisches Denkmal der europäischen Jahrhundertwende- Bauweise: Eisenkonstruktionen, die der Amazonas- Feuchtigkeit relativ gut widerstanden haben und schöne Glasfenster an der Nord- und Südseite. Allerdings auch penetranter, stinkender Toilettengeruch und Aasgeier auf den Häusern wo's zur Anlegestelle der Fischer runtergeht.

1978 wurde der Mercado restauriert und Richtung Fluß ein Restaurant eingebaut.

Rechts vom Mercado (wenn man Richtung Fluß schaut): die “Estacionamento Urbano Terminal Turismo" mit Abfahrt der Touristen- Flußboote. Details siehe "Excursions".

16 Die an der "Alfandega" vorbeiführende Marques Sta Cruz und die Rua F. Peixoto bilden eine kleine Praca mit Touristencafes, Hängemattenshops für Amazonas- Flußtrips und dem Betonkasten des "Amazonas- Hotels", der städtebaulich wenig geschickt ins Zentrum von Manaus reingesetzt ist.

An der Praca, die sich zugleich an der Rua G. Moreira anpasst, Stände, die vorwiegend Spielzeug (leider Plastik & Hongkong-Ware) verkaufen für die Leute, die aus dem Urwald zum "Shopping" per Flußboot kommen. Siehe auch "Flußfahrten auf dem Rio Amazonas & Nebenflüssen

17 Entlang der Rua G. Moreira und Seitenstraßen Duty Free- Shopping für die brasilianischen Jet-Setter, – über die Rua Miranda Leao und die Rua dos Bares in den Teil von Manaus, wo die Leute vom "Fluß" einkaufen: Hängematten- Geschäfte, Alutöpfe, Besteck, Messer und Macheten in den Seitengassen. Zentraler Platz entlang der Leovegilio Coehlo mit den Gleisen der ehemaligen Manaus- Straßenbahn zur Oper.

TEATRO AMAZONAS/Praça São Sebastiao: sehenswert, – monumentaler Bau der Kautschukbarone mit dem Jahrhundertwende- Mief und eindrucksvollem Bühnenvorhang.

GEBAUT 1896 zur Zeit des Kautschukbooms, – das Material, vorwiegend Eisen und Backsteine kam per Schiff aus Europa. Das architektonische Vorbild ist die Pariser Oper. Zum Prestige des Reichtums von Manaus gehörte ein prächtiges Opernhaus, das das Stadtbild beherrschte wie ein Aushängeschild.

Bauzeit 17 Jahre. Damals 38o Lampen auf die Bühne, steuerbar über 12o Regler, – für damalige Verhältnisse eine der modernsten Anlagen der Welt. Die Kuppel aus präfabrizierten Eisenteilen, die aus dem Elsass kamen.

Opernraum: rund auf die Bühne geöffnet, 4 Stockwerke mit rotem Plusch besetzten Eisenbalustraden, auf den oberen Rängen ganz schön stickig. Von der Decke ein schwerer Eisenleuchter im Jahrhundertwende Stil mit weißen Glasnelken. Das Orchester ist heute bis zu 3 m hydraulisch absenkbar. Der Vorhang zeigt als Motiv Encontre dos Aguas (Zusammenfluß von Rio Negro mit Solimoes, dichten Urwald und Wassernixen).

Salão Nobre: Wandelhalle für die Pause, 1899 fertiggestellt. Sammlung europäischer Kunstwerke wie Murano- Glaslüster, französische Spiegel, die so angeordnet sind, daß ein größerer Raum vorgetäuscht wird, – Bilder vom Amazonas und Parkettfußboden, über den man in Filzpantinen schlürft.

Die Hauptaufgänge in Marmor aus Carrara. Rest Eisenwendeltreppen mit kunstvollen Schnörkeln. Vom Frontbalkon hatte früher die Kautschuk- High Society Superblick über das Lichtermeer der Stadt zum träg dahinfließenden Rio Negro, als die Oper noch nicht von Hochhäusern zugemauert war.

Das Theater wurde 1974 restauriert, hat rund 7oo Sitze und wird heute nur sehr selten und unregelmäßig für Theateraufführungen und Balett benutzt.
Für Besucher offen tägl. zwischen 11 und 17 Uhr, Sa.: 12 - 17 Uhr, So.: zu.

PRAÇA SÃO SEBASTIAO: Denkmal- Figur hält 4 Schiffe in der Hand (Asien, Afrika, Amerika und Europa). Die Wellenlinien der Pflastersteine des Platzes sollen symbolisch an den Rio Amazonas erinnern.

Der Bereich um das Theater war um die Jahrhundertwende beste Wohngend von Manaus. Zum Teil sind noch schön verzierte alte Häuser erhalten, interessant ist auch der Zaun des Hauses Nr. 164 in der Rua Costa Azevedo: Freigehege für das zu groß geratene Auto des Besitzers.

(8) PRACA DO SAUDADE: früher einer der schönsten Plätze der Stadt mit den Villen der Kautschukbarone, heute zerbaut mit modernem Beton. Grünfläche und Spielplatz mit einer alten DC 3- Propellermaschine der "Cruzeiro do Sul", die von einem Polizisten "bewacht" wird. Kann am Sonntag innen besichtigt werden: recht lohnend wegen altem Cockpit und Camping- ähnlicher Bestuhlung. So flog man in den 5o-er Jahren über die Urwälder Amazoniens.

Wenn man schon in der Gegend ist: von der Dachterasse des Hotel "Mona-
(17) co" (Restaurant) mit der beste Rundblick über Stadt und Fluß (Ecke Rua Silva Ramos/ Av. Epam. Itamarca).

(14) MUSEO DO INDIO: Ecke 7 de Setembro mit Rua Duque Caixas: Indianersachen aus dem Gebiet um den Rio Negro und Seitenflüssen. Das Museum wurde 1952 von einer Nonne des Salesiana- Ordens gegründet. Der Orden hat eine Missionsstation am Rio Negro bei Tucanos.

Zu sehen: Musikinstrumente, Masken, Waffen und Begräbnisrituale, Artesania von verschiedensten Indianerstämmen des Amazonasgebietes, Replicas vom Hausbau im Urwald, Keramik sowie Fisch und Jagdgeräte.

Geöffnet: Di. – Sa.: 8 - 11 und 14 - 17 Uhr. Beim Museum ein relativ gutes Artesania- Geschäft mit Indianerarbeiten

Praca da Policia

(15) MUSEO NUMISMATICO: Rua Martins 485 mit einer Sammlung Münzen und alter Südamerika- Dokumente. (Mo.–Sa.: 13 - 17 und So: 8 - 12 Uhr)

MUSEO INSTITUTO E GEOGRAPHICO ETNOLOGICO AMAZONAS
Rua Bernardo Ramos 117 nähe Praca Pedro II. Indianersachen, Waffen und Schmuck, sowie eine größere Insektenkollektion.
Geöffnet Di. – Sa.: 9 - 11 Uhr

ZOOLOGICO DO "CIGS": interessantester Zoo von Manaus. Die Tiere wurden von brasilianischen Soldaten gefangen, die im Urwald trainieren. Breiter Querschnitt durch die Amazonas- Fauna. Zu erreichen entweder per Taxi oder per Bus "Compensa" oder "São Jorge" ab Av. Epaminondas, gegenüber vom Colegio Militar.

beste Zeit: September bis März, da Niedrigwasser und die Flußufer mehr Sandstrand. Für die Wasserkaskaden von Taruma und Paricatuba gilt jedoch März bis September.

Zu allen gehen Stadtbusse. Bequem zu erreichen, – allerdings am Wochenende meist sehr voll. Das ganze Jahr über schön warmes Wasser um 25° C.

Strände von Manaus: Siehe auch Karte Seite 1o67

1.) Praia da Ponta Negra :
am Rio Negro ca. 18 km ab Zentrum. Bus ab Praca da Matriz (Av. Epaminondas), Busschild "Ponta Negra". Werktags alle 2o Min., So. alle 1o Min. Fahrzeit ca. 3o Min. (o,25 US $)

Der Hauptbadestrand am Rio Negro. Mit einer Bar (Hotel Tropical, allerdings teuer). Nähe Praia das "Centro Turistico Flutante" von Selvatours. Schwimmendes Touristentamtam inkl. Souvenirs.

2.) Cascata do Tarumã:
ca. 15 km ab Manaus/Zentrum. Bus ab Praca da Matriz mit "Soltur-Bus" werktags alle 2o Min,, So. alle 1o Min.

Ein natürlicher Pool mit Kaskade. Warmes Wasser. Beste Jahreszeit: September bis März, – später zu viel Wasser. Kleine Bar.

3.) Ponte da Bolivia:
3o Min. von Manaus. Bus: "Soltur" ab Praca da Matriz, werktags alle 2o Minuten, So. alle 1o Min. –Rund 35 km ab Manaus/Centro.

Flußstrand, der häufig dem Ponta Negra vorgezogen wird, aber am Wochenende kaum weniger voll ist.

4.) Praia do Cacau Pirera:
Bus ab Praca da Matriz nach "Sao Raimundo" (westl. Stadtteil von Manaus) und hier mit der Fähre rüber nach Cacau Pirera. Lohnend u.a. wegen der Flußfahrt und Blick auf Manaus.

5.) Praia Dourada:
23 km ab Manaus/Centro. Bus ab Praca da Matriz.

6.) Lago Sao Salvador:
schwimmende Cabaña im Lago São Salvador. Per "tours" ab Hotel Tropical

Nach Infos der Mädchen vom Tourist Board (bei Discos ändern sich Infos natürlich besonders schnell) sind derzeit die beliebtesten in Manaus:

"Rio Negro Clube", Av. Epaminondas s/n (Tel.: 2341951)
"Ideal Clube", Av. Eduardo Ribeiro c/Morsenihor Continho (Centro)

Wer Lust auf ROLLSCHULAUFEN HAT: "Don Paco" Restaurant für Pizzen mit Flipper und großer Rollschuhbahn. Rua Tapajos, Ecke Ramos Fereira.

Billige Restaurants im Sektor Hafen/Flußboote (Av. Joaquim Nabuco), meist mit guten Fisch- Fleisch- und Spaghettigerichten. – Chinesisch: "Mandarim", Rua Monsenhor Coutinho 49o und "China", Av. Getulho Vargas 1127. Preise mittel. – Japanisch: "Miako" Rua Sao Luiz 23o und "Suzuran", Av. Boulevard Amazonas 1683, – Pizzas & Italienisches: "Dinola" in der Av. Ayrao allerdings nicht billig, – Churrascaria (ca. 8 DM für Fleischessen ohne Limit, "rodizio" bestellen): "Roda Viva" in der Av. Ajuricaba 1oo5 und "Gaucho" in der Av. Castelo 2oo9. – "Gabriela", Dachrestaurant im 13 Stock vom Hotel Monaco. Oben kleiner SW-Pool mit Spitzenblick über Manaus. Essen mittel bis teuer, gute Fischgerichte. – "Piramore" im Mercado Municipial: sicherlich guter Blick auf den Fluß, wenn auch die Kulisse der Geier stört, Preise mittel. – "Pinguin", Praca do Congresso, eine Choperia, bei jüngeren Leuten beliebt. – "175", Snack in Dr. Moreira 175. Sauber und "snackgemütlich".

HOTELS MANAUS

"Hotel Tropical" von Varig & Cruzeiro do Sul. Luxushotel ca. 2o km außerhalb der Stadt mit dem Vorteil des Urwaldes um's Hotel, großem SW- Pool und Flußstrand in der Nähe. Ca. 15 Min. mit dem Taxi zum Airport, – Nachteil: Entfernung ins Stadtzentrum. Doppel zwischen 75 und 1oo US $.

"Hotel Amazonas", Praca Adalberto Valle, zentral bei Hafen und Shopping Zone. Moderner Kasten, steril aber komfortabel. Mit SW- Pool. Eines der besten Hotels im Zentrum. Doppel ca. 55 US $.

"Ana Cassia Palace", Rua dos Andradas 14, gegenüber "Amazonas" Etwas älter, mehr Patina und billiger. Doppel ca. 5o US $.

"Hotel Lider", im Centro, extrem laut wegen 7 de Setembro. Absolut im Verkehrszentrum. Moderner Betonklotz, Doppel zwischen ca. 28 und 35 US $.

"Aquarius" in Fußgängerzone nähe "Amazonas". Modern und zentral gelegen. Doppel ca. 3o bis 45 US $ je nach Zimmer.

"Palace Hotel", 7 de Setembro, gegenüber Manaus- Kathedrale. Blick auf Hafen meist von Bäumen verstellt. Älteres Hotel mit Manaus- Patina. Angenehm bis auf Straßenlärm. Doppel ca. 2o US $.

"Hotel Regente" bei Kirche Nossa Senhora dos Remedios. Ein kleineres, modernes Hotel ganz in der Nähe des Hafens für die Flußboote, sowie genügend zentral gelegen. Doppel ca. 2o US $.

"Hotel Monaco", Rua Silva Ramos, 13 stöckig. Die Zimmer vorne raus Richtung Fluß (= selbe Seite wie Hoteleingang) haben sagenhaften Blick über Stadt und Fluß, allerdings Preise vorher fixieren. Selbst DeLuxe Zimmer sind phantasielos bis simpel eingerichtet. Ansonsten sauber und o.K. Gutes Restaurant im Dach mit Panoramablick. Ca. 2o Min. zu Fuß ins Zentrum zum Hafen (bzw. Bus) und ca. 5 Min. zu Fuß zum Tourist Office. Doppel zwischen ca. 3o und 4o US $.

"Libano Palace Hotel", Seitenstraße von 7 de Setembro bei Kathedrale. Freistehendes 6 stöckiges Haus mit meist Blick, Zimmer simpel. Ca. 26 US $.

"San Pedro Palace Hotel", 4 stöckig, modern, Rua Rui Barbosa 166 nähe Praca da Policia. Zu empfehlen, ca. 23 US $ bis 25 US $. In der Nähe:

"Hotel Solimao", Rua Dr. Moreira 119, modern und o.K., Doppel ca. 25 US $

"Hotel Central", 3 stöckiges, kleineres Hotel, modern. Ca. 23 US $. R.Dr. Moreira 216

"Hotel Rio Mar", in der Fußgängerzone, Rua Guilherme Moreira 325, Doppel ca. 2o US mit Air Condition. Billiger, dh. ca. 15 US $ mit Ventilator.

"Hotel Lord", Rua Marcilio Dias 217/225. Doppel zwischen 32 und 37 US $. Die meisten Zimmer mit TV. Oben Restaurant mit Panoramablick.

Wegen Duty-free- Shopping- Tourismus gibt es in Manaus unverhältnismäßig viele Mittelklasse- Hotels der Preisklasse 25 – 35 US $, die fast aus-

schließlich im Bereich Hafen bis Oper liegen. Vorsicht vor Taxifahrern! Sie arbeiten häufig mit den Hotels zusammen, die die höchsten "Schlepp-Gelder" für's Gäste- Abliefern zahlen. Und diese sind meist in Relation zu Gebotenem schlecht.

Ausgesprochene BILLIGHOTELS liegen logischerweise in Flußhafen- Nähe, – also im Bereich Rua Joaquim Nabuco (z.B. "Hotel Aurora", Rua J. Nabuco 13o. Einige der Zimmer mit schönem Blick auf den Flußhafen!), in der Rua Miranda Leao nähe Praca dos Remedios (z.B. "Sayonara", sehr einfaches Hotel, typisch für Amazonas- Flußtraveller. Altes Haus. Kochmöglichkeit).

Amazonas-Karte vom deutschen Kartograph Theodor de Bry, im Jahre 1592

Encontre dos Aguas: (Zusammenfluß Rio Negro mit Rio Solimoes)

sollte man sich unbedingt ansehen. Der Zusammenfluß der Wassermassen des Rio Negro in den Rio Solimoes spielt sich ungefähr 17 km flußab von Manaus ab: der Rio Negro, der aus den nördlichen Regionen des Amazonasgebietes kommt, führt viele Humusablagerungen und Pflanzenreste mit sich, die ihm die Farbe von sehr starkem schwarzen Tee geben. Der Rio Solimoes (=Rio Amazonas dagegen hat schlammig gelbe Farbe. Die sich hier zusammendrängenden Wassermassen sind so gewaltig, daß sich die verschiedenen Farben der beiden Flüsse erst nach ca. 1o km miteinander vermengt haben!

Als Grund gibt man verschiedene Erklärungen: verschiedene Strömungsgeschwindigkeiten und Wasserzusammensetzung wie auch verschiedene Wassertemperatur beider Flüsse.

Rio Solimoes: Geschwindigkeit durchschn. 4 - 6 km/h, – Wassertemperatur: ca. 22° C
Rio Negro: " " ca. 2 km/h " " 28° C

Am bequemsten und teuersten ist der Zusammenfluß per Touristenboot zu erreichen. Fahren täglich ab Mercado Municipial gegen 8 Uhr los und kommen (bei der kleinen Tour) mittags zurück. Kostet ca. 12 US $.

Alternative, wie Rudolf Weißmeier uns schrieb: "mit dem Bus ab lokalem Busterminal am Hafen (Prca. da Matriz) nach CEASA, von dort zu Fuß ca. 5oo m bis zur Anlegestelle des Fährschiffes rüber nach Careiro. Es verkehren ab Anlegestelle Ceasa kleine Motorboote zu den umliegenden Farmen. Fahrpreis: falls verlangt (meist), unbedingt handeln! "

Bei der Überfahrt wird der Zusammenfluß genau durchquert. Viele 'Troncos' (Zweigstücke) und schwimmende Pflanzeninseln. Wer Glück hat, kann Flußdelfine sehen.

✱ Auch die Ceasa–Careiro- Fähre geht mitten durch Encontre dos Aguas, wer von/nach Porto Velho will.

✱ Weitere Alternative ist die lohnende Flußfahrt von Manaus nach Itacoatiara. – FLUG: optimal bei klarem Wetter zu sehen auf dem Flug Manaus–Brasilia oder Manaus – Belem. Rechtzeitig die Stewardess fragen, welche Seite im Flugzeug!

Kautschuk- Fabriken:

Eine liegt ganz in der Nähe des Museo do Indio, die "Usina Hevea de Beneficiamento de Borracha", Rua Duque de Caixas 38. Wie in alten Manaus- Tagen bringen die "Seringueiros" (Zapfer) ihre Ballen . Ein 2o kg Ballen bringt ca. 2o US $. Verarbeitet wird der Rohkautschuk mit altertümlichem Gerät; allein deswegen lohnt sich der Besuch. Vorher anmelden!

Weitere Fabriken: "Latex Beneficiamento de Borracha", Av. Joaquim Nabuco 1446/Manaus und "Rubertex do Amazonas Comercio Industria" in der Rua Quintino Bocaiuva 1o62 in Manacapuru.

Kunstgewerbe Manaus:

Trotz der zentralen Lage inmitten von "Indianerland" relativ wenig im Angebot, was damit zusammenhängen mag, daß der Manaus Tourist mehr an TV's als an "flechas" (Pfeil und Bogen) und mehr an Taschenrechnern als an "remos" (Indianerpaddel) interessiert ist.

Trotzdem: in verschiedenen Shops Bodenmatten aus Urwaldpflanzen (meist Palmenfasern), – Figuren und Keramik, jedoch "farbloser" (im übertragenen Sinn) verglichen mit Pucallpa/Peru und Leticia/Kolumbien.

SHOPS IN MANAUS: (teils sehr touristisch). Das beste war "Loja do Museo do Indio", Av. Sete de Setembro im gleichnamigen Museum, – "Artesanato" unterhalb des Teatro Amazonas in Treppenaufgang Ostseite. Mini Mini. – "Cenart", Praca Chile, – "Feria Indio" nähe Praca Sao Sebastiao in Av. Ribeiro. Mehrere Händler haben sich zusammengeschlossen in verschiedenen Ständen. – "Beija Flor", Rua Quintino Bocaiuva 224.

Urwaldtrips ab Manaus:

Abfahrt der Boote Karte NR 11

Den speziellen Reiz von Manaus als Großstadt inmitten des Amazonas-Dschungels erlebt ihr erst bei einem Trip in die nähere Umgebung. TIP: schnappt euch morgens 3.3o Uhr am Hafen das Milchboot und fahrt zu den Farmen im umliegenden Urwald. – Oder ab Porto dos Remedios mit Flußbooten zu den näheren Indianersiedlungen.

Abfahrt: Rodoviario

Eine 17o km Piste durch den Urwald (asphaltiert) führt nach ITACOATI–ARA. Täglich Busse, Details siehe "Busverbindungen ab Manaus"

Abfahrt der Boote Karte NR 7

Touristenagenturen: Trips für Leute mit wenig Zeit: z.B. "Selvatours" Praca Adalberto Vale S/N, Hotel Amazonas: Ausflüge zu einem schwimmenden Hotel am Rio Negro mit Swimming Pool, zum "sunset on an Amazon Lake" (Tour No. 5) , – nächtlichen Kanutrips zu Krokodilen (Tour No. 4T) und anderes. Preise um 15 US $ aufwärts. Flugblätter in allen besseren Hotels! – "Amazon Explorers" (Rua Marcilio Dias) soll billiger sein, – weitere "Bradesco" (Rua Guilherme Moreira 351), – "Lucia Tours" (Av. Eduardo Ribeiro s/n Centro).

Über Touristen- Agenturen kann man geteilter Meinung sein, – wenn die fotogierige Meute dann geschlossen im Kanu hockt! Trotzdem meine ich, daß es sich lohnt, 2o oder 3o DM auf den Tisch zu legen und sich im Kanu durch schmale Urwald Nebenflüsse zu Victoria Regia Pflanzen paddeln zu lassen, – sofern man nicht einen ausgiebigeren Abenteuertrip im boliv. oder peruanischen Urwald eingeplant hat. –

Deutlich distanzieren wir uns jedoch von "heißen" Sachen wie "Crocodile Hunt" (8o US $ / Person). "Transamazonas Turismo Ltda" bietet 2 Tage Dschungeltraining mit den Jungs von der C.I.G.S. (brasilianische Armee). Der 2 Tagestrip kostet 15o US $ pro Person, wobei Uniform gestellt wird und unterwegs Pirannhas gefangen und über'm Lagerfeuer zerlegt. "Leaving Headquarter", so der Orginalprospekt- Text, "the adventure begins by driving in a jeep along the Manaus–Itacoatiara highway". . .

Die Menge nicht- lizensierter "Abenteurer", die sich und ihr Außenborderkanu für 1oo US $ den Tag und Person anbieten und unter'm Tisch als "Geheimtip" weitergereicht werden, sind ein Manaus- typisches Problem für sich. Die Spitzenverdiener haben den Sprung in deutsche Zeitschriften geschafft und sind vielfach perfekte Schauspieler in Sachen Abenteuer. Von Wasserkämpfen mit Boa Constrictor bis zu streikenden Außenbordern. Der nasse deutsche Zahnarzt kommt aber meist heil nach Manaus zurück die Kiste voll heißer Schmalfilmszenen (vorausgesetzt, er hatte den wasserdichten Alukoffer dabei).

Das echte Abenteuer ist nicht käuflich. Wir verzichten daher auf Adressennennungen. Vom offiziellen Tourist- Büro werden sie ebenfalls nicht weitergegeben wegen diverser "Re- kla mationen".

Schiffs-Verbindungen:

Haupttransport im Bereich des oberen Amazonas und Nebenflüssen immer noch per Boot. Waren + Personen. Abfahrten unregelmäßig je nach Frachtaufkommen der Strecke und Wasserstand.

Wasserstand Amazonasgebiet:

Abhängig von zwei Faktoren: 1.) Regenzeit in den Anden (Dez–März) — für die Flüsse, die in den Anden entspringen. Trotzdem ist Dez. der Monat des niedrigsten Wasserstandes in Manaus (weil das Wasser noch nicht da ist, denn das sind mehrere tausend Kilometer!) und 2.) Regenzeiten im Amazonas- Tieflandbecken:

Nördliches Amazonasgebiet: Regenzeit März bis Juli, Höhepunkt ca. Juni
Südliches Amazonasgebiet: Regenzeit Dezember bis Mai, Höhepunkt ca. Dez/Jan.

Also zwischen nördlichem und südlichem Amazonasgebiet fast exakt verschoben. Nachdem aber die Regenzeit in den Anden und die Zeit, die das Wasser "abwärts" braucht, noch hinzukommt, ergeben sich je nach Fluß- Einzugsbereich Varianten:

RIO SOLIMOES: Hochstand Nov – Juli wegen Regenfällen in den Anden, der die Wassermassen aus dem nördlichen und südlichen Amazonasgebiet von Andenregionen aufnimmt. Vergleiche Karte Vorseite!

Flußhafen/ Manaus:

Porto dos Remedios östlich von Praca da Matriz und Capitania. Um Dez/ Jan., wenn der Fluß niedrig steht: über eine steile Betonrampe runter an den Fluß. Hier eine Grasinsel, tief zerfurcht von LKW- Spuren, die Bier & Coke- Kisten zu den doppelstöckigen Holzbooten bringen. Die Hausboote sind aufs Ufer raufgeschoben, mit Seilen verzurrt. Wippende Bretter rauf in die Boote, über die Bier und TV's balanciert werden, die Lautsprecher von der Hafenstraße quäcken Samba und Pop. Oben auf den Booten bei der Kabine für den "Käpt'n" die Destinationen, unter Deck schaukeln die ersten schon in der Hängematte. Nachts werden am Fluß große Feuer entzündet, um die Abfälle zu verbrennen.

Bei Hochwasser im Juni/Juli sind die Doppelstock-Boote an der Hafenstraße festgezurrt. Das wippende Brett, das schon manchen beschwipsten Amazona Traveller in die braunen Fluten geflippt hat, ist dasselbe.

Vorbereitungen für Flußtrips:

1.) Hängematte, – unabdinglich für jeden Trip. Gibt's in den verschiedenen Shops am Hafen. Rua Miranda und Seitenstraßen. Handelspreis liegt um die 17 DM, wobei dichtere Stoffwebart höheren Preis bedingt. Bommeln sind immer dabei und der Baumwollstoff hilft vor Schwitzen.

2.) Moskitoschutz: relativ wirkungslos (siehe auch "Belem"!) und eher von psychologischer Wirkung. In jedem Fall Malaria- Propylaxe. Die Capitania bzw. Deutsche Botschaft kann Infos geben über besonders gefährdete Gebiete. Auf den meisten Flüssen jedoch Überangst unnötig.

3.) Gesundheit: kein Flußwasser trinken, – auch wenn die Einheimischen mit robusteren Mägen (und kürzerer Lebensdauer) dies vertragen. Leider werden die Speisen an Bord auch mit Flußwasser zubereitet. Verschiedene Leserbriefe haben uns erreicht, daß nach Flußfahrten erhebliche Darmstörungen auftraten. Unterschätzt die Gefahren nicht und

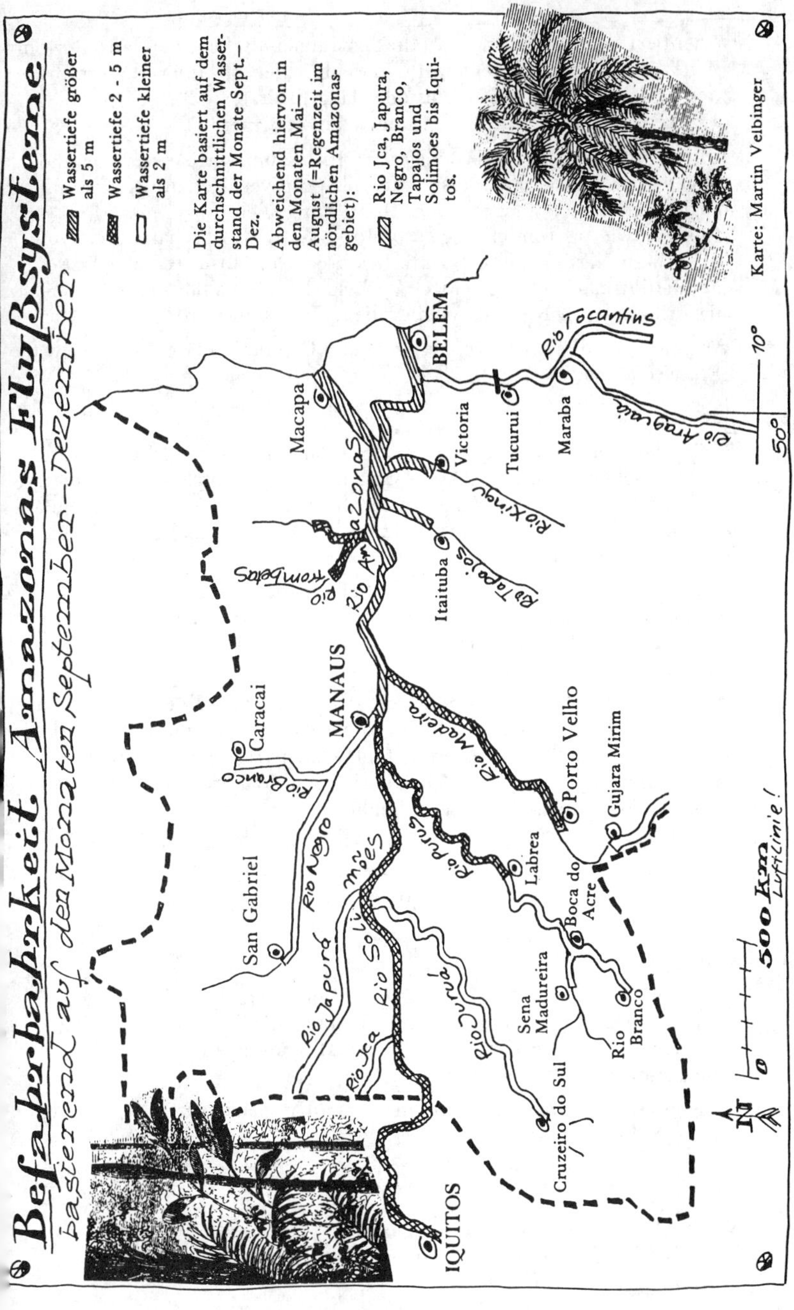
Befahrbarkeit Amazonas Flußsysteme
basierend auf den Monaten September-Dezember
Wassertiefe größer als 5 m
Wassertiefe 2 - 5 m
Wassertiefe kleiner als 2 m
Die Karte basiert auf dem durchschnittlichen Wasserstand der Monate Sept.—Dez.
Abweichend hiervon in den Monaten Mai—August (=Regenzeit im nördlichen Amazonasgebiet):
Rio Jca, Japura, Negro, Branco, Tapajos und Solimoes bis Iquitos.
IQUITOS
Cruzeiro do Sul
Sena Madureira
Rio Branco
Boca do Acre
Labrea
Gujara Mirim
Porto Velho
San Gabriel
Caracai
MANAUS
Itaituba
Macapa
Victoria
Tucurui
Maraba
BELEM
Rio Jca
Rio Japurá
Rio Solimoes
Rio Juruá
Rio Purus
Rio Negro
Rio Branco
Rio Madeira
Rio Trombetas
Rio Amazonas
Rio Tapajos
Rio Xingu
Rio Tocantins
Rio Araguaia
500 Km Luftlinie!
N
50°
10°
Karte: Martin Velbinger

orientiert euch vorallem nicht an den Einheimischen, die "aus Gewohnheit" erheblich mehr vertragen . Zu empfehlen a) Mineralwasser aus der Flasche, b) nur Gekochtes oder lang Erhitztes, d.h. keinen Salat, Früchte nur, wenn mit Schale und selber geöffnet.

4.) Ein mehrtägiger/bzw. 1- wöchiger Flußtrip kann extrem stimulierend oder langweilig sein. Voraussetzung für positiven Verlauf a) Kontakt zu Einheimischen an Bord, d.h. Basis- Sprachkenntnisse und Mini-Lexicon wie pantomimische Inspiration, – b) Gesellschaftsspiele von Schach zu Karten + interessante Lektüre, – c) Musik (Gitarre besser als Radio) machen langweiliges Vorbeiziehen von Flußufer kurzweilig. Alkohol von Bier bis Agua Ardiente gibt's an Bord.

5.) Ausreise aus Manaus (Freeport) zuvor in Capitania klären. Gilt auch für Einreise/Manaus.

✗ Flußboote:

Typische Amazonas- Holzboote, 15 - 2o m lang, mit 1 bis 3 Stock Aufbauten und Dieselmotor; die Fracht: Naturalien, Tropenhölzer und Baumaterialien. Ihr schaukelt in der Hängematte, während das Boot langsam flußauf tuckert. Essen an Bord: Reis mit Bohnen, Fisch, manchmal auch Fleisch. Morgens: Kaffee und Bisquit.

Abfahrt nicht nach Fahrplan, sondern Frachtbedarf. Am besten zum Hafen gehen und per Brett rüber quer von Boot zu Boot. Destinationen stehen über dem Kapitänshaus angeschrieben, – Abfahrtszeiten vom Bordpersonal nachfragen.

Nachts wird per Scheinwerfer gefahren, der drehbar über dem Kapitän angebracht ist. Gefährlich sind nicht nur die "baixios" (Flußuntiefen, – besonders nach Regenfällen, wenn der Fluß seinen Lauf ändert), sondern auch schwimmende Pflanzeninseln, die sich mit dem Propeller verquirlen. Nennen sich bezeichnenderweise "piranheiros".

Bei zu großem Risiko zurrt das Boot nachts am Ufer fest und wartet auf's erste Tageslicht für die Weiterfahrt. Besonders problematisch die Flußinselwelt des Rio Negro oberhalb von Manaus.

✗ Frachter:

Alternative zum Flußboot. Ozeandampfer können ja den Rio Amazonas bis hinauf nach Iquitos/Peru befahren. Mitfahrtmöglichkeiten allerdings sehr unsicher, da bei größeren Reedereien Mitnahme von Personen aus Haftungsgründen verboten ist.

Infos über Abfahrten in der Capitania, unsere Manaus- Karte Nr. 6 bzw. direkt beim Büro der Reedereien:

"ENASA"	Rua Marechal Deodoro 61
"JONASA"	Km 6, Estrada Pta. Negra
"NAVESON"	Av. G. Vargas 872
"PAULO PEREIRA":	Praca Oswaldo Cruz 21
"SELVATUR"	Prca. Adalberto Vale

"BOOTH BRASIL"	Pca. 15 de Novembro 11
"LOIDE BRASILEIRO"	Rua Marechal Deodoro 156
"NETUMAR"	Rua Marechal Deodoro 156

Rio Amazonas abwärts bis (zur Mündung) → Belem

Mit dem wöchentlichen Passagier- Dampfer der ENASA ab Alfandega (Manaus- Karte Nr. 2). Das Buchungsbüro liegt direkt vis-a-vis in der Seitenstraße Rua Marechal Deodoro 61, ein kleines, blaues Haus hinter dem direkt am Hafen liegenden, markten Hochhaus mit grünschwarzen Fenstern.

INFOS, daß Touristen nur in der ersten Klasse reisen dürfen und für 3. Klasse Sondergenehmigung der Botschaft brauchen, wurden uns weder vom Tourist Board noch von ENASA selbst bestätigt. Es muß sich dabei um Sonderfälle gehandelt haben, wo der Ticket- Verkäufer der ENASA Zusatzverdienst verschaffen wollte.

Alle Details zu ENASA- Flußtrips unter "BELEM".

Flußboote fahren ab Manaus täglich bis Itacoatiara (1o Std.), bzw. 1 - 2 mal pro Woche bis Santarem (ca. 2 Tage, mit "Empresa de Navegacao de Maio Ltda.", Rua Isabel 183,Manaus). Hier Umsteigen in ebenfalls unregelmäßig verkehrende Flußboote nach Belem, bzw. Flug oder Bus übder die Transamazonica.

Rio Amazonas aufwärts bis (Rio Solimoes) → Iquitos/Peru

per Flußboot: 2 - 3 mal/Woche bis LETICIA/TABATINGA an der brasilianisch- kolumbianischen Grenze. Flußauf ca. 7 Tage, flußab 4 - 5.

Es fahren sowohl die üblichen Amazonas- Doppelstock- Holzboote, aber auch neuerdings moderne Eisenfrachter, die die Strecke geringfügig schneller machen. Hauptproblem sind jedoch auf dem Fluß treibende Hölzer, Buschwerk etc.Beste Monate sind März bis Mai, teils Juni. Boote fahren meist bis Tabatinga welches mit Leticia/Kolumbien mit kurzer Straßenpiste verbunden ist. Kostenpunkt an Deck ca. 25 US $, in der Kabine ca. 6o US $. – Der Flug auf selber Strecke (Manaus–Tabatinga) ca. 85 US $ mit "Cruzeiro do Sul" Jets, dauert aber nur 2 Std. Zwischenstop meist in TEFE auf halber Strecke an die Grenze.

★ TEFE, Urwaldnest am Oberlauf des Solimoes mit Handelsfunktion für die umliegenden Urwaldgebiete, Hospital und kleinem Hotel ("15 de Junho". Lopez besorgt Fleisch für's Hospital und macht Touristentrips. In der Umgebung große Brasil- Nut- Plantagen.

Der Flughafen liegt ca. 6 km außerhalb des Ortes, "eine Strapaze in der glühenden Hitze zu Fuß dorthin", wie uns Margit Mittnik schrieb, "aber vielleicht ist jemand im "Hotel 15 de Junho", der einen VW besitzt. Es gibt immer Bankangestellte, Ärzte, die nach Tefe versetzt werden und so ein Vehikl haben. Autos können ja nur innerhalb des Ortes verwendet werden, da es keine Straßen nach außen gibt. Gegenwert für Benzin kann mit

einer Einladung zum Bier, welches dort allerdings auch nicht billig ist (ca. 3 DM pro Liter) bezahlt werden."
Tefe wird täglich (außer So.) mit TABA- Propeller und 2 mal/Woche mit Cruzeiro do Sul Jets (ca. 55 US $) angeflogen.

✱TABATINGA: Grenzort langgestreckt am Fluß und direkt übergehend in das benachbarte Leticia/Kolumbien. Hotels, Restaurants derzeit in Tabatinga wesentlich billiger. Auch das Telefonieren geht ab Tabatinga für Gespräche nach Europa wesentlich billiger. Zwischen beiden Orten halbstündlich bis stündl. Busverbindung. Leticia ist kompakter und bringt (etwas) mehr an Abwechslung. Alle Details zu beiden Orten siehe Seite

Flüge: ab dem modernen und asphaltierten TABATINGA- ARIRPORT gibts 2 mal/ Woche den Cruzeiro do Sul- Jet, der die Strecke Manaus–Tabatinga– Iquitos/Peru fliegt. Nach Manaus ca. 1oo US $, nach Iquitos/Peru ca. 5o US $.

Ab ebenfalls modernem und asphaltiertem LETICIA- AIRPORT täglich Flüge mit der Avianca rauf nach Bogota. Kostet allerdings satte 1oo US $.

An Flugtickets kommt man wesentlich billiger, wenn man den günstigen Schwarzmarkt, allerdings nur für US $ in Cash in beiden Orten nutzt. Noch günstiger: den Brasil- Air Pass mit dem kolumbianischen "Conozca a Colombia"- Rundflugticket anzubinden!

RAMON- CASTILLA/Peru- Seite des 3- Länderecks hat einen kleinen Gras- Airstripe für die Tans- Propellermaschine nach Iquitos, die zwar wesentlich billiger als der Cruzeiro do Sul- Jet ist, aber schwierig im Voraus zu buchen und oft voll. Militärs haben Vorrang. Details zu den Grenzverbindungen im 3- Ländereck siehe Seite

Schiff: während die Strecke Manaus – Tabatinga relativ dicht befahren ist, wird der Verkehr rauf nach Iquitos/Peru dünner. Durchgehende Schiffe ab Manaus selten. Beide Capitanias (von Tabatinga und Leticia) probieren. Hausboote, aber auch Pontonfrachter, die auch PKW's transportieren. Die 65o Fluß- Km dauern flußab je nach Wasserstand 3 - 4 Tage, flußauf ca. 6 Tage. Bringt relativ wenig Abwechslung; inkl. Warterei aufs Boot ist man im "Cruzeiro do Sul"- Jet meist billiger und bequemer, der die Sache in ca. 1 Std. macht. – Amazon Camp/Iquitos hat sich ein modernes Schnellboot zugelegt, das den Trip flußab in einem Tag macht, flußauf ca. 2 Tage. Fahren je nach Bedarf alle 1 bis 2 Wochen.

Eigener PKW: von Manaus nach Tabatinga relativ oft möglich. Auf den modernen Eisenfrachtern ca. alle 1 bis 2 Wochen, Kostenpunkt nach Auskunft der Capitania in Manaus ca. 23o US $ für einen VW- Bully oder vergleichbare Größe.

Tabatinga oder Leticia nach Iquitos/Peru ca. 2oo US $. Wartezeit kann 2 Wochen dauern ohne Garantie, da die Doppelstock- Hausboote keine PKW's verladen können. Ab Iquitos weitere Verladung nötig, nach Pucallpa (99o Flußkm). Es gibt eine Reihe von Pontonbooten, die aber nur unregelmäßig gemäß Frachtbedarf fahren. Ab Pucallpa dann wieder Piste über die Anden an den Pazifik.

Unterm Strich ein Trip, der ab Manaus bis Pucallpa ca. 1 Monat dauert und fürs Fahrzeug an die 6oo - 8oo US $ kostet, von eventuellen Schmiergeldern an der Grenze abgesehen. Von daher für PKW- Fahrer relativ uninteressant. Besser ab Manaus die "V 8" rauf nach Venezuela und über die Anden runter nach Peru! – Oder den Südtrip via Paraguay, Argentinien, Chile. Details siehe dort!

Geldwechseln: Tabatinga und Leticia abhängig von Drogenschmuggel. Wenn gerade wieder eine Ladung Cocain oder gleicher Rohstoff den grenznahen Bereich passiert, geht der Kurs rauf. Allerdings nur für US- Cash. In jedem Fall durch die Bank günstige Kurse. Massive Schwierigkeiten gibts jedoch mit Travellerschecks, die angeblich allenfalls in kleinen Mengen im Tabatinga- Airport bei "Amazon Jungle Tours" getauscht werden und mit kräftigem Verlust.– Euroschecks eventuell im "Hotel Ticuna"; nach Ralph fragen!

Übernachtung: in Tabatinga derzeit billiger als drüben in Leticia/Kolumbien. Auf beiden Seiten der Grenze passable Sachen. Die Übernachtungsmöglichkeiten auf der brasilianischen Seite etwas simpler in Ausstattung, aber durchweg sauber (was der Amazonas bietet). Brasil. Seite kostet ca. 5 - 1o US $ das Doppel, sofern schwarz gewechselt. Die kolumbianische Seite/Leticia hat im "Hotel Ticuna" SW- Pool.

Grenzformalitäten: sogenannt "offene Grenze" zwischen beiden Ländern. Das heißt, man kann die Grenze ohne Formalitäten passieren. Kontrolliert wird bei Ein- und Ausreise im Airport oder bei Abfahrt des Schiffes. Unbedingt auf entsprechende Stempel im Pass achten, sonst gibts später Ärger.

Urwald- Excursionen: auf der kolumbianischen Seite bessere Möglichkeiten. Details siehe Seite

Rio Negro/Rio Branco → Caracai/Boa Vista

Die Zeiten sind (zum Glück) vorbei, wo der Fährmann dem Gringo mit eigenem PKW dicke US $ Päckchen abnahm, weil die BR 174 nach Boa Vista & Venezuela noch nicht fertig war.

Die Fertigstellung der Urwaldpiste hat den Flußverkehr nach Caracai erheblich zurückgehen lassen. Der Waren und Personentransport ist einfach erheblich schneller via Straße. Daher kaum Abfahrten auf dem Fluß.

Rio Negro → São Gabriel

Vorwiegend Holztransportboote. Infos zu Abfahrten in der Capitania/Manaus oder beim Sägewerk, etwa 3 km außerhalb von Manaus flußauf. Hier werden die Boote entladen. In unregelmäßigen Abständen auch Flußboote ab Hafen Manaus (Karte/Nr. 11) flußauf bis Sao Gabriel da Cachoeira.

DAS ERSTE STÜCK flußauf ab Manaus ist das schwierigste wegen unzähliger Inseln und Untiefen im Strom. Bei Hochwasser des schneller fließenden Rio Solimoes drücken die Wassermassen, die nicht schnell genug abfließen können, in das Flußsystem des Rio Negro und bewegen den Rio Negro, "flußauf" zu schwimmen. Ein Umstand, den schon im vergangenen Jahrhundert die englischen Amazonas- Forscher Bates und Wallace erstaunt hatte.

Weite Landstriche sind überschwemmt; die Bäume ragen aus den Wassermassen auf. Irgendwo, ca. 8o km flußauf "steht" der Strom, weil sich die abwärts fließenden Massen des Rio Negro gegen die aufwärts fließenden Solimoes- Massen stauen.

Der RIO NEGRO hat zugleich nachweislich die wenigsten Moskitos im Amazonasbereich. 1967 führte Caroll M. Williams von der Harvard University Studien im Bereich des Rio Negro durch, die ergaben, daß die alljährlichen Negro- Überschwemmungen in diesem Bereich bestimmte Pflanzen und Pflanzensäfte dem Fluß zuführen, die chemisch die Fortpflanzung von Insekten verhindert.

Runde 72o km flußauf schafft der Guyana Schild (Granit) Flußbarrieren und Kaskaden wie Stromschnellen, die Befahren des Rio Negro oberhalb von San Gabriel da Cachoeira schwierig bis unmöglich zu befahren. In diesem Bereich gibts Urwaldpisten, die insbesondere zum Abtransport von Holz angelegt wurden.

Wer Glück hat, bekommt einen durchgehenden Dampfer ab Manaus bis unterhalb der "Cachoeiras" (Stromschnellen), Fahrzeit flußauf ca. 1 Woche und trotz reduziertem Moskito- Anfall super durchstochen! Landschaftlich sind die ersten ca. 15o km lohnend, wenn sich das Hausboot durch eine endlose Inselwelt im Strom pflügt. Je nach Wasserstand wird nachts durchgefahren mit Suchscheinwerfer nach Treibholz im Fluß oder muß angelegt werden.

SÃO GABRIEL DA CACHOEIRA: Urwaldnest im Flachland zwischen Venezuela und Kolumbien. Der Rio Negro besitzt hier noch mehrere hundert Meter Breite. Graue Felsbrocken am Ufer, schwüle Urwaldhitze und eine alte portugiesische Festung von 1761. Einfaches Hotel "Quirino" sowie Restaurants.

Flughafen ca. 14 km vom Ort, 3 mal pro Woche mit dem "Taba"- Propeller ab Manaus, ein 2 1/2 Std.- Flug für ca. 11o US / .

IÇAÑA: derzeit Urwaldnest, später eingebunden in das Pistensystem der Brasilianer im nördl. Amazonas, – in Planung a) eine Piste rüber nach MITÚ/Kolumbien (BR 8o), welches mit der "Satena" Propellerflüge nach Bogota besitzt, – b) angeblich fertig die BR 3o7 an die venezuelanische Grenze bei Cucui/El Carmen.

Grenzverbindung mit Venezuela via Cucui: wohl einer der abenteuerlichsten und schwierigsten Grenzübergänge im Amazonasbereich. CUCUI ist ein Mininest mit Militär-Garnison. Gelegentlich und bei Glück Mitflugmöglichkeit in Militärtransportern ab Manaus nach Cucui/Grenze. Ansonsten kleinere Frachtschiffe auf dem Rio Negro nach Bedarf und zeitlich nicht kalkulierbar.

Anderes Problem ist der völlig abseits vom Schuß liegende Grenzübergang, wo man leicht Willkürakten ausgesetzt ist (sprich Schmiergelder etc.). Man sollte sich daher bereits in Manaus bei kompetenter Stelle , d.h. Leuten, die aus der Region kommen, erkundigen über die derzeitigen Grenzregelungen und Transportmöglichkeiten im Grenzbereich. Auch zur brasil. Inmigracion in Manaus, sowie zurm venez. Konsulat, ob die Grenze offen ist. U.U. sind Ausreisestempel Brasilien bereits in Manaus nötig, sowie Einreisepapiere vom venez. Konsulat/Manaus.

Die Venezuelaner sind generell an ihren Grenzen bekannt, selbst den Hauptübergängen, – daß sie bei Einreise gern Probleme machen. Dies gilt natürlich verstärkt für derart abgelegene Grenzübergänge.

Daher, aber auch wegen der schlechten Transportbedingungen ab venezuelan. Seite den Trip besser in Gegenrichtung machen. Venez. Grenzort heißt CUCUY (in brasil. Karten oft auch als "El Carmen" eingetragen.) Der Ort ist Militärposten mit einer Handvoll Häuser und kleinem Airstripe. Nähe Fluß ein 53o m hoher Felsklotz (Piedra del Cucuy), zugleich Nationalpark.

Keine reguläre Flugverbindung rauf nach PTO. AYACUCHO (nächster größerer Ort wieder in der Zivilisation). Per Funk muß von einer der Charterairlines in Pto. Ayacucho eine Cessna angefordert werden. Die Flugstunde kostet derzeit ca. 7o US / (3 Passagiere + Pilot), es dürften (da die Maschine retour zu bezahlen ist) ca. 5 - 6 Flugstunden anfallen! Wer Glück hat, kann sich an einen Linienflug Pto. Ayacucho nach San Carlos de Rio Negro anhängen und muß die Maschine dann nur noch für die Strecke Cucuy-San Carlos (ca. 1 1/2 Std. retour) chartern. Ausführliche Details siehe Seite 3o4

Als Querverbindungsroute ungemein reizvoll auch wegen Sachen wie CERRO AUTANA (eine 9oo m hohe Felsnadel südöstl. von Pto. Ayacucho, die senkrecht aus dem Urwald aufsteigt) und den rund 1.ooo m hohen Wasserfällen im Urwald bei Yutaje.

Ab Pto. Ayacucho dann tägliche Jetflugverbindung nach Caracas, der Hauptstadt Venezuelas, sowie Abenteuerverbindungen durch die kolumbianischen Llanos nach Bogota.

Über den RIO NEGRO führt zugleich die berühmte HUMBOLDT–STRECKE. Im vergangenen Jahrhundert bestätigte hier der deutsche Wissenschaftler Alexander von Humboldt, daß über den Rio Casiquiare eine Querverbindung zwischen Rio Amazonas und Rio Orinoco existiert. Großes Naturwunder und einmalig auf der Welt, daß 2 Flußsysteme nicht durch eine Wasserscheide getrennt, sondern ineinander verbunden sind.

3o. März 188o: Aufbruch der Expedition im heutigen San Fernando de Apure/Venezuela. Am 1o. Mai , also rund 1 1/2 Monate später in aufreibender Fahrt ist das Ziel der Expedition erreicht: Abzweigung des CASIQUIARE, "so breit wie der Rhein", wie Humboldt notiert. 27o km zum Rio Negro und damit Anschluß an's Amazonas- Flußsystem!

Die Rio Negro – Casiquiare – Orinoco Route ist heute eine der schwierigsten Abenteuerrouten des Amazonasbereiches. Kaum bis keine Siedlungen entlang des Flusses, Trinkwasser und Lebensmittelprobleme, Stromverästelungen. Da die Route praktisch nie durchgehend befahren wird, ist es zugleich schwierig, einen Führer zu finden.

Da es auf dem Rio Casiquiare zugleich durch entlegenes Indianerland geht, ist ein spezielles Permit in Pto. Ayacucho nötig, welches es nur dort gibt (beim Palacio del Gobernador). Der Preis fürs Boot ist Verhandlungssache; immerhin muß der Bootsbesitzer runde 7oo km retour fahren, daher sicher nicht billig. Wer den Trip macht, sollte unbedingt über umfangreiche Urwalderfahrung verfügen. Nach neuesten Infos soll die Casiquiare- Route derzeit gesperrt sein. Alle weiteren Details siehe Seite 3o4

Pico da Neblina: mit 3.o14 m der höchste Berg Brasiliens, eines Landes, das sich sonst maximal 2oo m im Schnitt erhebt. Über diesen gigantischen Tafelberg geht die Grenze Brasilien/Venezuela. Die Hänge mit dichten Urwäldern bedeckt. Der Name "Nebelgipfel" kommt nicht von ungefähr; hier stauen sich die Amazonaswolken. Ist auf der venezuelanischen Seite ein Nationalpark, aber außer einer Helikopterexpedition praktisch sonst nie vom Menschen betreten wegen seiner Unerreichbarkeit.

Alexander von Humboldt mit 26 Jahren

Alexander von Humboldt: geboren in Berlin am 14.9.1769 war einer der wichtigsten Naturforscher inSüdamerika. Seine Expeditionsreise 1799 bis 18o4 brachte ihn zusammen mit dem franz. Botaniker A. BONPLAND ins Gebiet des heutigen Venezuelas, Kolumbiens, Brasiliens, Ecuadors und Perus.

18oo erforschte er die Querverbindung zwischen Amazonas und Orinoco, um Forschungen im heutigen Cuba anzuschließen. 18o1 Überfahrt nach Cartagena/ heutiges Kolumbien und 52 tägige Reise auf dem Rio Magdalena. Besteigung des Vulkans Puracé sowie verschiedener Vulkane im heutigen Ecuador (Cotopaxi, Antisana, Pichincha) und am 23.6.8o2 des Chimborazos, wo er die 6.ooo m- Marke erreicht und den damaligen Höhenweltrekord aufstellt, den Gipfel aber wegen widriger Witterungsbedingungen nicht erreicht.

Die weitere Reise führt ihn über Cajamarca und Trujillo nach Lima/Peru, wo er sich am 5.12.18o2 nach Acapulco, heutiges Mexico einschifft, das er bis 18o4 bereist und erforscht.

In Peru regt er die Nutzung des GUANOS (Mist der Guanovögeln) zum Einsatz als Naturdünger an, welches dem Land später nach Gründung der Republik 1821 nicht unerhebliche Gewinne brachte. Gleichzeitig entdeckte er die kalte Meeresströmung aus der Antarktis entlang der Pazifikküste des heutigen Chiles und Perus, die später nach ihm benannt wurde (Humboldt- Strom).

Am 3.8.18o4 Rückkehr in Europa/Bordeaux- Frankreich. Hier lebte er bis 1827 vorwiegend in Paris, wo er ein 36- bändiges, naturgeschichtliches Werk verfasste ("Voyage aux regions equinoxiales du nouveau continent"/18o5 - 34), was für damalige Forschung richtungsweisend war. In Auswertung und Reisegepäck seiner 5- jährigen Süd- und Zentralamerikareise: Skizzen, Zeichnungen, Tagebücher, Karten und mehr als 6o.ooo Pflanzen. Viele davon, ca. 3.5oo Arten waren damals in Europa noch nicht bekannt.

Siehe auch Seite 3o5.

Vorlesungen in Berlin (1827-28) und spätere Reisen ab 1829 brachten ihn über Moskau bis zur chines. Grenze.
Alexander Humboldt starb 9o- jährig. Viele der deutschen Schulen in den Andenländern Südamerikas sind heute nach seinem Namen benannt.

Rio Japurá:

Je nach Frachtaufkommen und Wasserstand pro Woche 1 bis 2 Boote nach VILLA BITTENCOURT an der Grenze zu Kolumbien. Ab hier regelmäßige Frachtverbindungen mit der kolumbianischen Schiffslinie "Compania Nac. de Navegacion Navenal" flußauf zu Urwaldsiedlungen am Rande der kolumbianischen Anden. Der Rio Japurá heißt auf kolumb. Seite Rio

Caquetá und schlängelt sich in endlosen Flußkurven durchs Urwaldtiefland.

Per Flug (Avianca- Jet / Bogota nach Leticia bei klarem Wetter gut zu sehen), definitiv eine Sache, die man besser per Jet macht. Zumal der Fluß relativ breit ist und daher wenig Abwechslung bringt. Achtung: Region ist intensiv Malaria- gefährdet!

Rio Jca:

Unregelmäßiger und relativ seltener Fracht/Personenverkehr auf dem Rio Jca, der vorwiegend von der kolumbianischen "Navenal" (Adresse siehe Manaus!) betrieben wird, die den, im kolumbianischen Teil heißenden Rio Putumayo befährt. Bei La Tagua und Pt. Leguizama in Kolumbien nährern sich Rio Putumayo und Rio Japurá(=Rio Caquetá) auf 25 km und sind mit einer Urwaldpiste verbunden. Ab hier Propellerflugverbindung mehrmals pro Woche mit den kolumbianischen Anden.

Unbedingt vorher die Einreise - Formalitäten für Kolumbien in Manaus beim kol. Konsulat klären; die Route wird selten von Ausländern be= fahren, und daher wissen die Zöllner an der Grenze nicht so recht Bescheid. Am besten lasst ihr euch vom kolumb. Konsul in Manaus eine Passier - Bestätigung geben; sonst hängt man im Urwald an der Grenze fest! –

Rio Purus:

Flußboote bis BOCA DO ACRE an der Piste nach Humaita und Rio Branco. Extrem kurvenreicher Fluß mit entsprechend langen Fahrtzeiten: flußauf Manaus–Boca do Acre ca. 1o Tage, flußab ca. 6 Tage. Das Urwaldnest hat regelmäßige Taba- Propellerverbindung mit Rio Branco und Manaus.

Rio Madeira:

Seit Fertigstellung der BR 316 zwischen Porto Velho und Manaus ist der Flußverkehr auf ein unbedeutendes Minimum zusammengeschrumpft. Was flußauf ca. 8 Tage dauert, macht der LKW in 24 Std.

Zwischen Porto Velho und Gujara Mirim ist der Fluß wegen zahlreicher Stromschnellen nicht befahrbar, – ab G.M. flußauf in den Monaten Sept. bis März mit Wassertiefen um die 1,5 bis 2 m.

FLUGVERBIND. AMAZONAS

An Hand der nebenstehenden Karte kann man in etwa die Flughäufigkeit abschätzen. "TABA"- Propeller ist im Schnitt ca. 20 % teurer und bis zu 100 % langsamer als Jets auf selben Strecken. Zwischen den Hauptorten (quadratische Markierung) verkehren JETS, ansonsten meist kleinere Propellermaschinen, für die man – wenn möglich, unbedingt vorbuchen sollte! –

Die eingetragenen Zahlen beziehen sich auf Flughäufigkeit pro Woche. –

Neben diesen Haupt- Linien verkehren noch kleinere Maschinen von Buschgesellschaften, Farmern, Minencamps und Missionsflugzeuge. Weiterhin Kuriermaschinen der Militärs. Bei einiger Cleverness ist es möglich, hier mitzufliegen. Sehr billig, allerdings mit dem Handicap seltener und unregelmäßiger Abflüge.

"FORCA AEREA BRASILIERA" (=F.A.B.): nötig ein Empfehlungsschreiben, das die Notwendigkeit des Mitfliegens dokumentiert. Kann von einer Botschaft, Universität oder brasilianischer Autorität kommen, sollte in Portugiesisch abgefasst sein – und landet nach bisheriger Erfahrung (auch Leserberichte!) nicht selten ungelesen im Papierkorb.

Es fragt sich, ob der Aufwand sich lohnt, was die Hauptstrecken wie z.B. Manaus – Tabatinga oder Manaus – Belem betrifft. Wenn man tagelangen Aufwand hat, vorzusprechen, Papiere anzufertigen und zu Warten (bei Hotel und Essenskosten), da die Maschinen nicht täglich fliegen.

Kann sich aber auf ausgefallenen Strecken lohnen, wie z.B. Manaus – Cucui/Grenze zu Venezuela oder Manaus – Villa Bittencourt/Grenze zu Kolumbien, wenn man dort Spezielles vorhat. Gilt auch für die Überland schwierig zu realisierende Strecke Belem–Oiapoque/Grenze zu Franz. Guyana, – sowie zu FUNAI- Indianerreservaten. Für letztere aber zusätzlich Genehmigung von FUNAI in Belem oder Manaus nötig! –

Die F.A.B. fliegt auch teure Fernstrecken wie z.B. Manaus – Caracas/Venezuela oder Manaus – Bogota/Kolumbien. Diese jedoch entsprechend selten.

Brasil- Airpass: wer sich das Amazonasgebiet intensiver vorknöpfen will, also mehr als Manaus machen will, sollte sich den Brasil- Airpass von der VARIG/CRUZEIRO DO SUL zulegen, die in diesem Bereich das dichteste Streckennetz haben. Fliegen folgende Orte an: – Boa Vista – Manaus – Santarem – Belem – Porto Velho – Cruzeiro do Sul – Tabatinga (zum Austeigen aus dem Ticket und Einstieg in den Kolumbien-Airpass) – Rio Branco (für den Abenteuertrip nach Bolivien und Peru).
Das Ticket macht sich allein im Amazonas bereits nach 3 oder 4 Flügen bezahlt.

FLIEGEN über dem Amazonasgebiet kann bei klarem Wetter großartig sein: endlose Urwaldgebiete, über die der Jet dahindüst, – Flußgeschlinge, einsame Pisten und weitverzweigte Seitenarme bis zum Horizont der Wasserläufe.

Aber auch zeitaufreibend, – insbesondere bei Propellerverbindungen, wenn die kleineren Gras- Landepisten wegen tropischen Gewittern Landungen nicht erlauben und Verbindungen auf Stunden oder Tage verhindern.

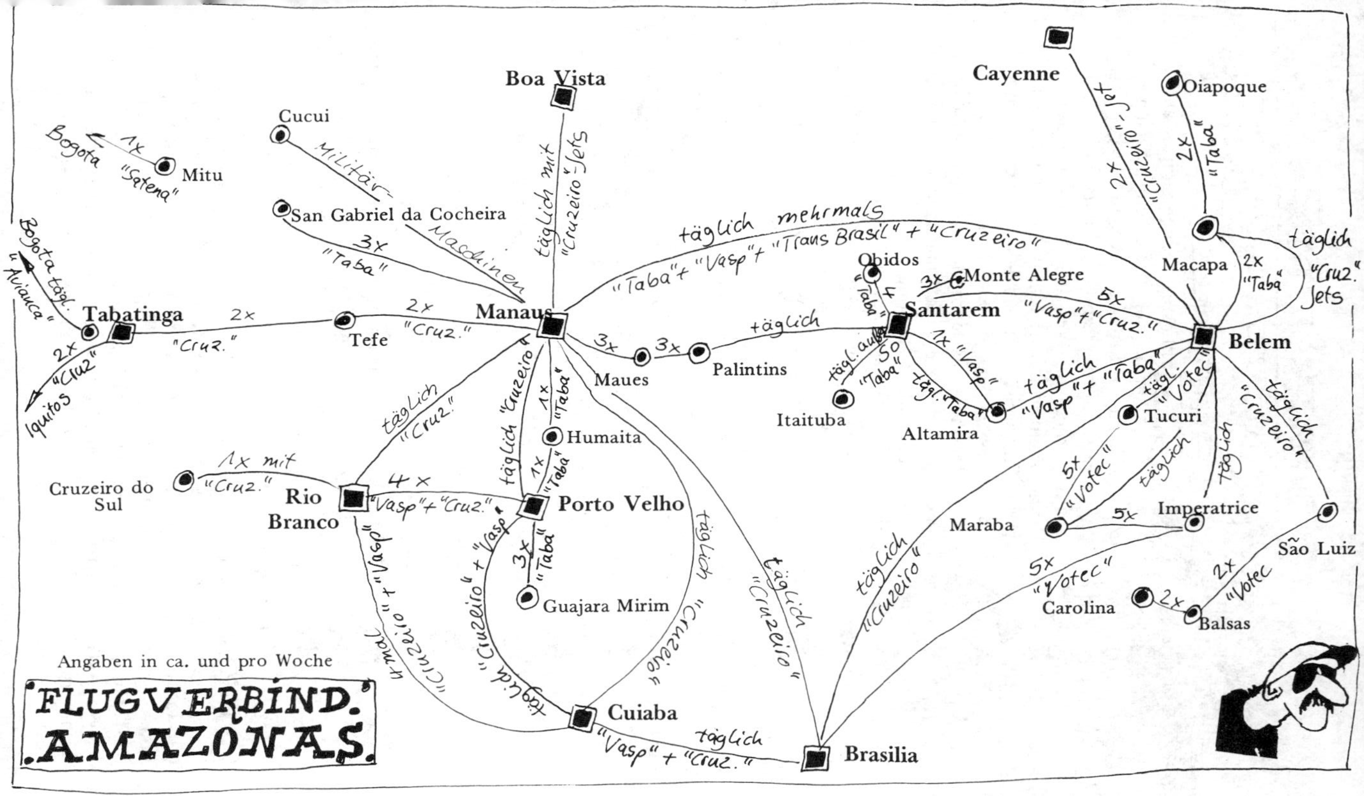
FLUGVERBIND. AMAZONAS
Angaben in ca. und pro Woche
Boa Vista
Cayenne
Oiapoque
Cucui
Mitu
Bogota
1x "Satena"
Militär-
San Gabriel da Cocheira
Maschinen
3x "Taba"
täglich mit "Cruzeiro"-Jets
2x "Cruzeiro"-Jet
2x "Taba"
Macapa
2x "Taba"
täglich "Cruz." Jets
Bogota tägl. "Avianca"
Tabatinga
2x "Cruz"
Iquitos
2x "Cruz."
Tefe
2x "Cruz."
Manaus
täglich mehrmals "Taba" + "Vasp" + "Trans Brasil" + "Cruzeiro"
Obidos
4 "Taba"
3x Monte Alegre
Santarem
5x "Vasp" + "Cruz."
Belem
3x
Maues
3x
Palintins
täglich
tägl. außer So "Taba"
Itaituba
1x "Vasp"
tägl. "Taba"
Altamira
täglich "Vasp" + "Taba"
tägl. "Votec"
Tucuri
täglich "Cruzeiro"
täglich
Cruzeiro do Sul
1x mit "Cruz."
Rio Branco
täglich "Cruz."
täglich "Cruzeiro"
1x "Taba"
Humaita
1x "Taba"
4 x "Vasp" + "Cruz."
Porto Velho
3x "Taba"
Guajara Mirim
täglich "Cruzeiro" + "Vasp"
4 mal "Cruzeiro" + "Vasp"
täglich "Cruzeiro"
täglich "Cruzeiro"
5x "Votec"
täglich
Maraba
5x
Imperatrice
São Luiz
täglich "Cruzeiro"
5x "Votec"
2x "Votec"
Carolina
2x
Balsas
Cuiaba
täglich "Vasp" + "Cruz."
Brasilia

BELEM

KÜSTE & LANDES=INNERES

Transport:

(1) Bus: billigstes Verkehrsmittel auf allen, in der Karte schwarz eingezeichneten Strecken. Wegen der gewaltigen Entfernungen sind die Fahrzeiten allerdings erheblich! Wer den "Leito" (teurer und komfortabler!) nimmt, kommt nahe an die Flugpreise ran. – Nicht asphaltiert und damit extrem harte Busritte sind die Strecken ab hinter Picos bis Humaita (Transamazonika), sowie in der Karte nicht eingezeichnete Querverbindungen per Regionalbusse, – abhängig in Fahrtzeiten von Regenfällen. Auf allen eingezeichneten Strecken bis auf Transamazonika zwischen Santarem und Humaita und Macapa–Oiapoque tägliche Busverbindung. Sämtliche Details zu Fahrtzeiten Preisen und Pistenbeschaffenheit an den entsprechenden Textstellen. –

BELEM-SÃO LUIS:	12 Std 833 km
SÃO LUIS-FORTALEZA:	20 Std. 1076 km
FORTALEZA-RECIFE:	12 Std. 799 km
RECIFE-SALVADOR:	14 (Leito)/20 (Com.) 833 km

Km- Angaben nach "Quadro Rodas"

(2) Zug: für Personentransport unbedeutend. Die meisten Strecken sind für Personentransport eingestellt, Wo noch Züge verkehren: uraltes Waggon-Material ohne Flair und Komfort bei erheblich längeren Fahrtzeiten als der Bus. Details im Text! –

(3) Flug: täglich mehrere Jets auf der Strecke: Belem – Sao Luis– Teresina – Fortaleza – Natal – Recife – Maceio – Aracaju – Salvador, die 12 Std.- Busritte auf bequeme 45 Min.- Trips bei günstigen Preisen reduzieren, allerdings bei "on Bord" servierten Coke Drinks die Entfernungen und den Flair der zurückgelegte n Strecke nicht fühlen lassen. – Kleine Airlines mit Sportflugzeugen versorgen Routen ins Landesinnere wie zu Städten am Rio São Francisco und im Sertão.

SALVADOR

Vom tropisch feuchtschwülen BELEM 3.594 km nach SALVADOR DO BAHIA, dem beliebtesten Ferienort der Brasilianer an der Nordostküste Brasiliens.

Etwa ab TERESINA (Urwald-Eisenbahngleis!) gehen die Amazonas-Urwälder in Sertão- Steppe über, – zwischen FORTALEZA und SALVADOR mit die besten Strände Südamerikas (außer Rio- Santos), mit hohen Dünen, palmenbestandenen, kilometerlangen Sandstränden, versteckten Buchten und Fischernestern.

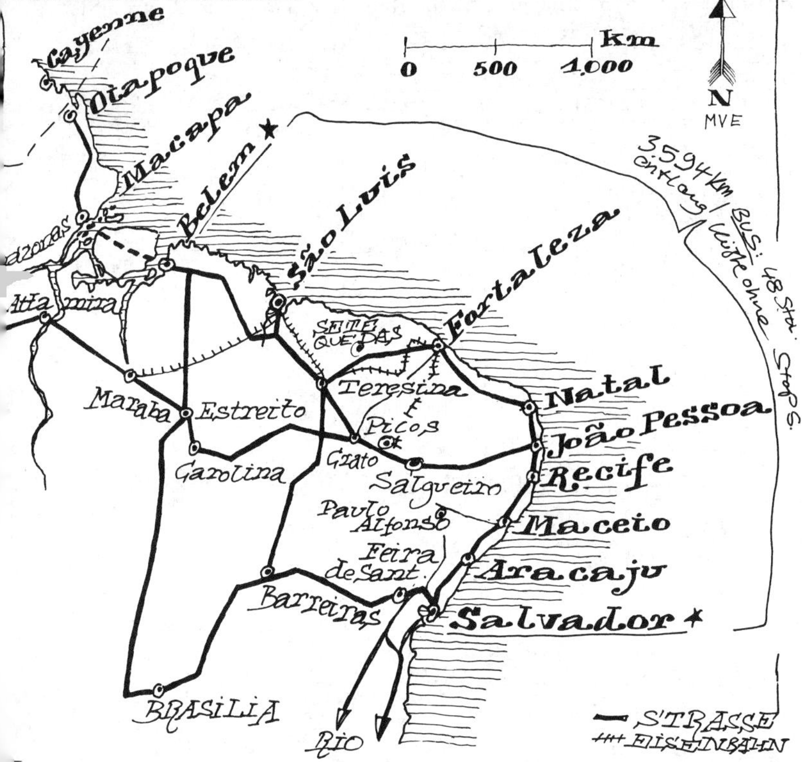

Die Hauptorte wie Fortaleza, Recife und Natal nur als "Ausgangspunkt": mit Regionalbussen zu, wie die Einheimischen sagen "Naturstränden"; billige Familienpensionen.

Belem ⋙→ São Luis:

Die 833 km (nur Bus oder Flug) gehen weitgehend durch dichten Urwald, gelegentlich Rodungen für Plantagen. Der Bus (mehrere pro Tag) braucht runde 12 Stunden, das Flugzeug (ebenfalls mehrere/Tag) rund 1 Std.

São Luis:

200.000 E.

Alte Gründung von französischen Abenteurern aus der Zeit von 1612; lieg auf einer Insel vor der Küste. Rundum dichter Tropenwald und häufig die Regengüsse der Äquatorregion. Im Altstadtteil noch viel Koloniales: es stehen noch viele Häuser reicher Kaufleute aus dem 18. Jhd mit den typischen schmiedeeisernen Balkons und schönen Kachelwänden. Das meiste jedoch ganz schön verfallen und vergammelt. Die Bauxit- und Eisenerzvorkommen und die Eisenbahnstrecke Maraba→São Luis bringen Schwung in das Tropennest . Koloniales dient als "Verpackung" für moderne Neubauten; erster Anfang: das Villa Rica- Luxushotel im Zentrum der Altstadt.

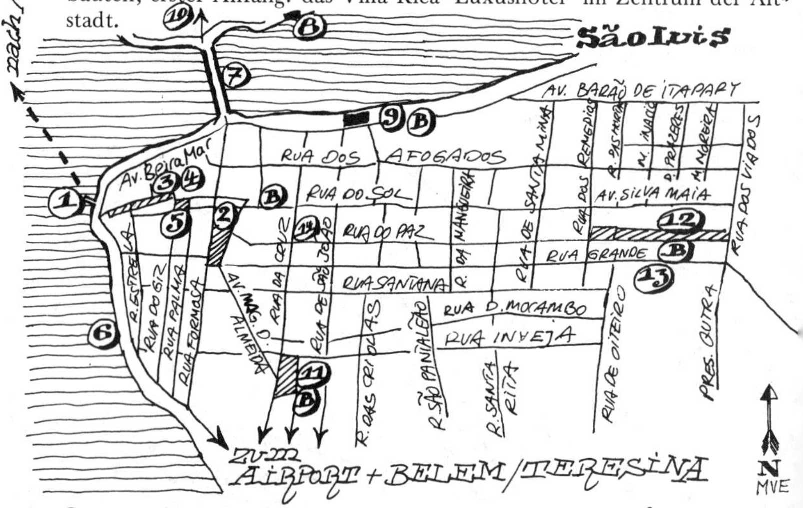

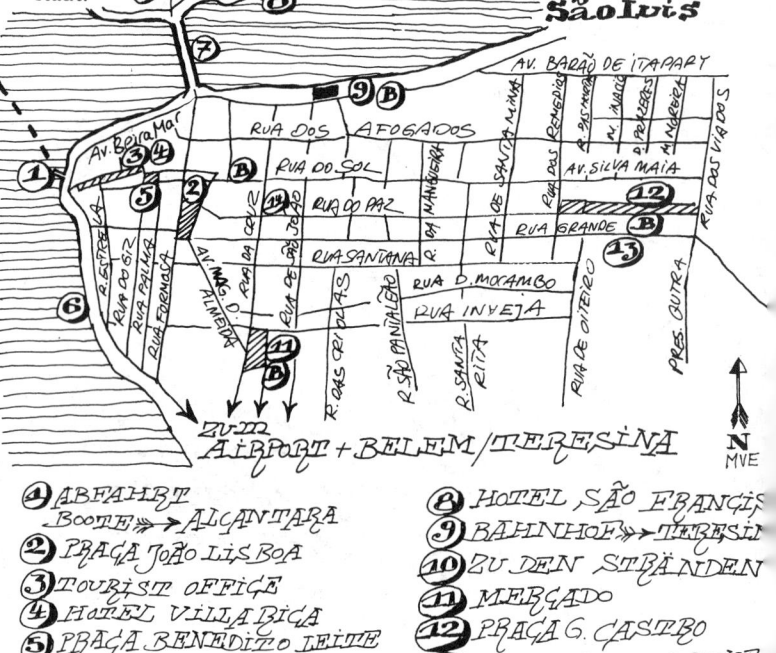

1. ABFAHRT BOOTE → ALCANTARA
2. PRACA JOÃO LISBOA
3. TOURIST OFFICE
4. HOTEL VILLA RICA
5. PRACA BENEDITO LEITE
6. FISCH-HAFEN
7. BRÜCKE
8. HOTEL SÃO FRANCIS
9. BAHNHOF → TERESI
10. ZU DEN STRÄNDEN
11. MERCADO
12. PRACA G. CASTRO
13. COLLEGIO MARANHE
14. MUSEO ESTADO

Vom Fluß/Atlantik geht die Stadt ca. 3o m rauf; zentrale Plätze der Altstadt: Dom Pedro mit der Prefektur, dem Palacio Governo (Kolonialarchitektur mit prächtigem Garten oberhalb des Flusses), der

Tourist INFO siehe Karte Nr. 3, – Praca Dom Pedro, Ecke Largo Ribeiro e Alcantara, in einem alten Kolonialhaus aus dem Jahr 1698 ("C da Camara e Cadeira"). Prospekte und relativ gute Basis- Infos.

Airport: besetzt zu Ankunft von Flügen.

Am Ende Prca. Dom Pedro, links: das neue "Villa Rica", Absteige der Prospectoren und Amazonas- Speculanten aus USA. Die Luxus- Suiten + Swimming Pool sind in die Altstadthäuser eingebaut; an der Bar werden die Maranho- und Amazonas- Geschäfte getätigt.

PRACA BENEDITO LEITE: (Karte Nr. 5) zentraler Platz der Altstadt mit Reiterdenkmal; relaxing bei der Schwüle von Sao Luis. Koloniales vorwiegend in den Seitenstraßen so Rua da Palma, da Ladeira, aber auch Rua do Sol und Rua Grande.

PRACA JOÃO LISBOA: Coke & Würstchenstände in der Mitte, Koloniales mit Beton- Neuem gemischt am Rand. Von hier geht die M. de Almeida zum MERCADO (Nr. 11/Karte) und die Rue do Sol, beide mit Strassenmärkten (BH's bis Plastikschuhe).

PRACA GOMES DE CASTRO: östliches Ende des Zentrums von Sao Luis , Abfahrt für Regionalbusse, Coke- Buden und Grills. Die Haupt-Geschäftsstraße von São Luis ist die Rua Grande. Sehenswert: das "Eden-Cinema", Baujahr 1919: schwarze Eisenengel halten Lampen, alter Film-Palast aus der Frühzeit des Kinos.

HOTELS & PENSIONEN:

"Villa Rica": bestes Hotel im Stadtzentrum, modern, im interessantesten Teil der Stadt gelegen (bei Praca Benedito Leite). TV, Dusche (ohne Elektrokabel über'm Wasser), Eisschrank, Radio und Telefon. Großer runder Pool im Garten. Vorn raus Bilck ab ca. 2. Stock auf Fluß und Atlantikmündung (Alcantara am Horizont, schmaler Uferstreifen). Doppel ca. 65 US $.

"Grande Hotel Sao Francisco", über die Brücke auf der anderen Seite des Flusses, Adresse: Conjunto Sao Francisco. Modern, mit Swimming Pool und Blick auf Sao Luis. Doppel ca. 35 US $.

"Quadro Rodas" am Praia Calhau, ca. 12 km außerhalb. Luxushotel, Doppel ca. 65 US

"Hotel Central", Praca Benedito Leite: älteres Haus, passabel, zentral gelegen im interessantesten Teil der Stadt. Zimmerqualität allerdings unterschiedlich! Doppel ca. 2o US bei Gemeinschaftsbad und ca. 25 US $ mit eigenem Bad.

"Pousada Solar do Carmo", am lebendigen Praca Joao Lisboa neben Kirche Convento do Carmo. Ca. 25 US $ inkl. TV+Bad+Aircondition. Sehr einfach. Die wenigsten Zimmer zum Platz (6), der Rest (2o) hinten raus oder in enge Seitenstraßen. Teuer für Gebotenes.

"Hotel Lord", Praca Benedito Leite (Rua Joaquim Tavora 258), Doppel ca. 15 US $ ohne Bad und ca. 17 US $ mit Bad. Vorn raus zum Platz geben lassen!

"Hotel Nazaro", Rua Joaquim Tavora 34o, sehr einfach und billig. Doppel ca. 7 US $

"Hotel Alianca" Rua da Palma Ecke Praca Bendito Leite. Einfaches Hotel . Doppelzimmer mit Frühstück kostet ca. 11 US $.

In der Rua da Palma gibts noch einen Schwung weitere Billighotels von recht unterschiedlicher Qualität: Lusitano Hotel (zwischen 6 und 13 US $), – Grande Hotel (ca. 3,5 US $, incl. Frühstück), – Hotel Guarani (leicht angeschimmelte Kolonialvilla, auf dem Dach wächst Gras, feucht und weniger zu empfehlen), – JUGENDHERBERGE Rua 7 de Setembro 340, Übernachtung kostet ca. 3 US $

"SOLAR DO RIBEIRÃO", Rua Isaac Martins 141 bei Fonte do Ribeirão. Angenehme Atmosphäre in altem Kolonialhaus, gute regionale Küche bei angehobenen, aber angemessenen Preisen. Ein kleines, schwarzes Pferd mit Unterrock tanzt im Wind. Stühle so hoch, daß die Ober Schwierigkeiten haben, zwischendurch zu laufen. Beliebt bei Einheimischen, abends Lifemusik. Sonntag zu, ebenso ab 23 Uhr. – "BASE DO GERMANO", Av. Wenceslau Bra's. Spezialität Fischgerichte. Bis 2 Uhr offen. Gute Küche, angehobene Preise. – "DOS ARCOS" im Villa Rica Hotel. Exclusiv in Preisen. Kalt wie ein Eisschrank. Metallplatten von der Decke wie im Tonstudio, Wände Backstein. Buffet o.K., Fisch ("Camarao a la Vila Rica") , das Spezialgericht des Hauses war sehr durchschnittlich. Wenig Shrimps und viel mehlige Souce. Teuer.– "TERRACO ITALIA" neben Maratur- Touristbüro, Av. Pedro II, 2o6. Pizzas, Spaghetti, Fleischgerichte. Blick auf Fluß und Atlantikmündung. O.K.– "LUSITANO", Praca Benedito Leite, billig für Fleich und Fisch. Einfach eingerichtet. – "CASA DA PEIXADA", Rua Deputado J. Henrique 257, – "PEIXARIA CARAJAS", Av. Marechal Castelo Branco 287 im Hotel São Francisco. Billig: "Hotel Central" und "Lusitano", beide Prca. B. Leite.

Verbindungen:

BUSSE: Teresina (häuig täglich, ca. 3 US $), – Fortaleza (3 mal tägl., ca. 1o US $), – Belem (mehrmals täglich, ca. 1o US $), – Imperatriz/Transamazonica (täglich, ca. 9 US $), – Brasilia (via Imperatriz, täglich, ca. 3o US $).

EISENBAHN: 3 mal pro Woche fährt ein Passagierzug auf der Urwaldstrecke bis Teresina und braucht ca. 16 Std. (in Corotata 2o Min. Stop für Essen). Abfahrt Praca Gomes de Sousa (unsere Karte Nr. 9). Ca. 450km bis Teresina. Hier Anschluß nach Fortaleza

Der Bus braucht zum Vergleich nur 8 Stunden. Warum die Eisenbahn trotzdem noch in Betrieb ist, liegt daran, daß sie durch's Interior von Maranho fährt und viele Dörfer berührt, die nur per Eisenbahn erreicht werden können. Die Züge sind daher auch sehr voll.

Neu gebaut wird ein Urwaldgleis von São Luis nach Maraba und weiter zum Minengebiet bei Carajas. Die Gleise werden moderner Technik entsprechen und daher die Züge erheblich schneller fahren.

FLUG: täglich nach Belem und Teresina – Fortaleza mit Jets der "Cruzeiro do Sul" und "Vasp". Aerotaxis können zu Urwaldpisten gemietet werden, Büros im Flughafen. Weiterhin fliegen Linien- Propellermaschinen der VOTEC auf Urwaldstrecken ab São Luis nach Imperatriz – Maraba – bis Brasilia.

Der Flughafen von São Luis liegt 15 km außerhalb. Taxis verlangen pauschal ca. 8 US. Bus zum Flughafen 30 Pfennig. Ab Rua do Sol/Praca João Lisboa, Aufschrift: "SÃO CRISTOVÃO"

AUTOVERMIETUNG: "Localizå Av. Getulio Vargas 2414 und "Remove" im Vila Rica Hotel. Beide haben auch ein Büro im Flughafen, das jedoch nicht immer besetzt ist.

BADEN Die besten Strände sind: ** Calhau, 12 km, Bus ab Ferroviario, Praca de Sousa (unsere São Luis- Karte Nr. 9), – ** Ponta d'Areia, 1o km, Bus ab Ferroviario, mit den Ruinen eines alten Forts (Santo Antonio, gebaut 1691) am Strand und dem Restaurant "Tia Maria". Schöner Panoramablick auf São Luis, – ** Aracaji gilt als einer der schönsten Strände der Umgebung . Sandstrände mit hohen Dünen, Fischerhütten und ein Leuchtturm. Bus ab Mercado, unsere São Luis Karte Nr. 11. Am Strand Bar/Rest. "Ricardao" mit Spezialität Camarao, nur am Wochenende offen,– ** Olho d' Agua, 12 km, Bus ab Praca Av. Gomes de Castro (S.L.- Karte Nr. 12), beliebter Strand mit Dünen und Bars am Meer. Der davor liegende * São Marcos- Strand (8 km, Bus ab Praca Av. Gomes de Castro) gilt als gefährlich, hat ein Fort und die Sommerresidenz des Governadors von Maranhão.

SCHÖNE KIRCHEN IN SÃO LUIS:

Lohnt sich, da reiche Kolonialausstattung, teils aber in desolat- verfallenem Zustand: "Catedral da Se" am Ende Prca. Pedro II (Mitte 18. Jhd.) mit Goldaltar. Auf der Seite Prca. Benedito Leite unten kleinere Kunstgewerbe- und Indioshops, – "Santana", Rua Santana Ecke Rua da Cruz (18. Jhd.), – "Sao Joao", Rua Sao Joao. Ziemlich viele Wände haben beträchtliche Außenneigung, 2 Türme, jedoch nur einer mit Glocke wie üblich. Gebaut 1665, Restauration 1934, – "Santo Antonio" Kapelle der Seefahrer, Beco do Seminario, – "do Desterro", Prca. Desterro, einzigste Kolonialkirche in Brasilien, die byzantinische Stilelemente besitzt (Anfang 17. Jhd.), – "Largo do Carmo", Prca. Joao Lisboa: schönes Architektur- Ensemble aus Kolonialzeit, der Convento do Carmo, gebaut 1627 von Franziskaner Padres, seit 1838 Liceu Maranhense, heute teils Hotel und Restaurant, teils Kirche.

KOLONIALES IN SÃO LUIS:

"Palacio dos Leoes", Prca. Pedro II. Sitz des Governo do Estado, schöner Palast oberhalb des Flusses mit Basis eines alten französischen Forts. (1776) Neoklassizistischer Stil. Kann am Mittwoch und am Freitag zwischen 16 und 18 Uhr besichtigt werden, – "Largo do Ribeirao" Kolonialensembel hinter Vila Rica Hotel mit Quelleinfassung (1796). – Kolonialhäuser (teils schöne Verkachelung in portugiesischem Stil als Schutz gegen Feuchtigkeit und Regen) vorwiegend in Rua Palma, T. da Ladeira, sowie den von Prca. Joao Lisboa ausgehenden Straßen Rua do Sol, da Paz und Rua Grande wie Querstraßen. –

MUSEEN IN SÃO LUIS:

"Historico do Maranhao", Rua do Sol 3o2 mit Sakralkunst, Kolonialmöbeln, Gemälden Münzsammlung und alten Dokumenten vom Maranhao- Staat.

"Do Negro", Rua Jacinto Maia 43 mit Dokumenten und Gegenständen aus der Sklavenzeit.

Alcantara:

Schöner Ausflug nach ALCANTARA auf der anderen Seite der Flußmündung. Portugiesische Gründung von 1637, heute ein "Museum". Straßen aus der Glanzzeit der Portugiesen und Franzosen, tropisch verfallene Kolonialhäuser und Kirchen. Heute ca. 1.6oo Einwohner und 53 km Luftlinie von Sao Luis entfernt.

Boot: täglich morgends je nach Tide ca. 8 Uhr ab Sao Luis (unsere Karte, Nr. 1). Der "Terminal" mit 2 Coke & Cerveja- Buden unterhalb Prca Pedro II. Die Überfahrt in Holzbooten dauert ca. 1 1/2 Std. und kostet ca. 2 US $ pro Richtung. Zurück nach Sao Luis ca. 15 Uhr je nach Tide.

In Alcantara gibts 2 Hotels ("Hotel Caravela", Rua Silva Maia 314, ca. 1o US $ für's Doppel und die "Pousada do Imperador" an Hauptpraca da

Matriz, Doppel ca. 8 US $ mit Frühstück, bzw. ca. 28 US $), wie G. Karasch uns schrieb: schön zum Relaxen nach dem rauen Bustrip von Belem. Außerdem liegen die Hotels mit rund 1o US unter'm Schnitt von São Luis.

Wer will, kann auch mit einer der Airtaxi- Agenturen von São Luis rüberfliegen. (1o Min.) Hinzu kommt aber die Anreise zum Tirical- Airport und das Problem des Transportes vom Alcantara- Flugfeld 1 km zur Stadt, sodaß man allein zeitlich wohl nur minimal spart gegenüber dem Relaxing-Bootstrip über die Mündungsbucht.

NORDOSTEN:

Eines der ärmsten, zugleich aber bezügl. Küsten reichsten und schönsten Gebiete Brasiliens. Das ganze Jahr über "bacherlwarmes" Atlantikwasser, Palmenküsten mit hohen Sanddünen und noch relativ sauber.

São Luis »→ Fortaleza:

Der Verkehr läuft fast ausschließlich über TERESINA, da die Küstenpiste über Paranaibo aus Schotter besteht und sehr zeitaufreibend ist.
São Luis »→Teresina: durchgehend Asphalt, der Bus braucht ca. 8 Std. für den Urwaldtrip. Ab hier runde 12 Std. bis Fortaleza (durchgehend Asphalt) bzw. direkt nach Salvador do Bahia über die BR 316 via Juazeiro am São Francisco.

Teresina:

Derzeit knapp 35o.ooo Einwohner, flach und heiß entlang des Rio Paranaibo. Wichtig als kommerzielles Zentrum für ein Weiden- und Steppengebiet zwischen Urwald und Sertão der Größe von England, Schottland und Wales.

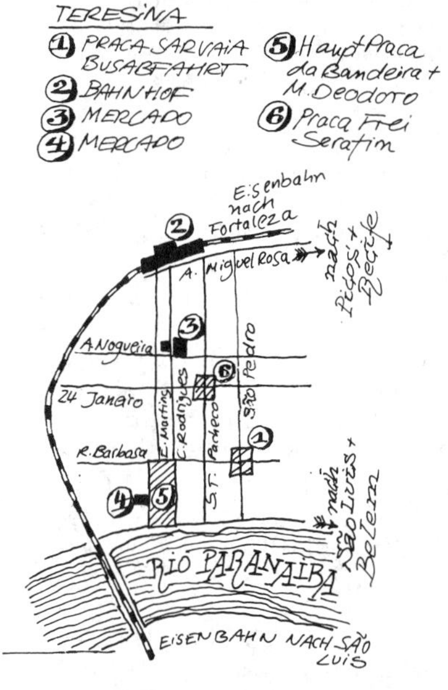

Hotels: "Luxor do Piaui" am Hauptplatz M. Deodoro, eins der besten Hotels der Stadt, Zimmer mit Tel., TV, Eisschrank etc. Teuer, ca. 35 US $ – Billig: "Lord", A. Mendes und "Central", 13 de Maio.

Eisenbahn: Av. Miguel Rosa

Busse: Av. Pedro Freitas

Die Strecke nach Fortaleza ist landschaftlich ungemein reizvoll; die Eisenbahn fährt einen riesigen S- förmigen Umweg über Crateus (17 Std. bis Fortaleza), – der Bus fährt einigermaßen direkt (ca. 12 Std.) über die BR 222 und den "SETE CIDADES NATIONALPARK": Felsformationen, von der Natur geschaffen, die an menschliche Figuren erinnern. Alte Inschriften, die derzeit nur teils erforscht sind. Theorien vermuten, daß sie von den Phoeniziern stammen könnten, obwohl dies viel Vertrauen in die Hochseetüchtigkeit der Boote darstellt und bis herige Erkentnisse über die Entdeckung der "Neuen Welt" komplett modifizieren würde.

EINES DER WICHTIGSTEN Bücher zu dieser Theorie ist Karl Schwenhagen. Das Buch war lange Zeit verschollen, nachdem das letzte Exemplar in der Bibliothek von Teresina gestohlen wurde. Per Zufall wurden jedoch die Druckplatten gefunden und der Band in Rio nachgedruckt. Trotzdem noch eine Rarität; Walter Schmidt, langjähriger Leiter der deutschen Entwicklungshelfer in Recife, heute "Pousada Casa Forte" hat ein Exemplar. Vielen Dank auch in diesem Zusammenhang für Tips und Infos zu diesem Teil von Brasilien! –

Im Bereich von "Sete Cidades" gibts zwei Hotels, – eines vom Staat, der Forstverwaltung gehörig. Sehr billig, Übernachtung aber maximal 3 Tage möglich, – das andere "Hotel Facenda do Cidades", 18 Zimmer, Verleih von Fahrrädern und Pferden. Ausgangspunkt für Sete Cidades ist der Ort PIRIPIRI an der BR 222. Von hier rund 2o km zum Park (Taxi).

Paranaiba:

Asphaltierte Stichstraße (regelmäßig Busverbindung) von Piripiri an die Küste. Paranaiba hat rund 2o.ooo Einwohner und lebt von Fischerei und Landwirtschaft. Basic- Hotels "Trevao" und "Daniel", die zugleich als Restaurant fungieren. Propellerairport für Lokallinien. In der Nähe steht noch der Landemast für den Zeppelin, der Anfang dieses Jahrhunderts den Atlantik überquerte und bei Paranaiba das erste Mal den südam. Kontinent berührte.

Ubajara- Nationalpark:

Hotels im Ort Ubajara. Die Tropfsteinhöhle (ca. 5 km vom Ortszentrum) ist von 8 - 16 Uhr geöffnet.

riesige Höhlensysteme an der BR 222, rund 65 km ab Sete Cidades Richtung Fortaleza. Nationalpark, jetzt mit Seilbahnen ausgebaut.

Bei TIANGUA geht die Passtraße steil rauf mit schönem Weitblick.

Fortaleza:

Siedlungs- Gigant im Nordosten von Brasilien: mehr als 1 Million Menschen. Über den Reiz der Stadt kann man geteilter Meinung sein.

Weder malerische Altstadt noch lohnende Strände im Stadtbereich. Das Zentrum von Fortaleza ist ein einziger Markt. Straßenverkäufer, laute Musik aus Lautsprechern, ein Shop neben dem anderen mit rosa Unterwäsche, lila Plastiksandalen, Hängematten (Cerá ist Hauptproduzent von Stoffhängematten, – je dichter gewebt, desdo bessere Qualität. Ca. 3 - 8 US $). Gute Ledersachen wie Sandalen, zugleich Stroharbeiten und FUNAI-Sachen (Amazonas- Artesania von Indianern), Klöppelarbeiten von Sertão-Bewohnern.

Vorallem aber, was der Campesino aus der Umgebung braucht!

FORTALEZA ist, – von Bundesstaatengrenzen abgesehen, wichtigste Stadt in einem Bereich der Größe:

- São Luis: 1.o76 km
- Teresina: 626 km
- Recife: 8oo km

→ In diesem Bereich nichts anderes Wichtiges an größeren Städten = ein Bereich der Größe von fast BRD & Frankreich zusammen!!

Rein kommerzielles Zentrum im Bereich: PRCA. DE SE – CONDE D' EU – PRCA. JOSE DE ALENCAR – FERROVIARIO.

="Mercado Publico"

MERCADO ist Mo. – Sa. zwischen Conde d'Eu und General Bezerril. Hauptmarkt für Essen um Prca. de Se für Essen stinkt wie Teufel. Fliegen kreisen um's Fleisch. Sanitäres wie Hygiene katastrophal. Viele Leute mit Krankheiten. Der Prca. de Se mit einer absolut scheußlichen Kathedrale, Baujahr 1978/38. Hut ab und Kompliment für den "genialen" Architekten!

Tourist INFO Rua Senador Pompeu 35o nähe Bahnhof. Ineffizient. Im ehemaligen Gefängnis "Casa de Detencao" (185o/66).

Was in Recife orginell ist und von Architektur interessant, – und in Natal lohnend wegen Blick über Strände, – ist in Fortaleza billige Kopie: Auch hier ist das Tourist Office im Gefängnis. Hohe Mauern und lange Gänge, wo die 'Artesanatos' hocken.

KUNSTGEWERBE:* häuptsächlich Klöppelarbeiten, Blusen, sowie Krimskrams a la Kugelschreiber mit Lederhut, Sandgläser etc. BESSER: durch den Mercado laufen und hier suchen! – ="MERCADO CENTRAL"

Das GEFÄNGNIS ist lohenend a) wegen Museum (offen 8 - 12 und 14 - 18 Uhr, SA.: 8 - 12 Uhr, SO zu.) Zu sehen interessante Votivgaben als Dank für Genesung, so eine Sammlung von Füßen, Armen und auch Busen aus Holz aus Caninde, der größten Walfahrtsorte der Umgebung. – Bewundern kann man auch Padre Cicero Romão Batista (1844 - 1934), der mit Bändchen (Exvotiv) und vielen Fotos von Personen die danken, behängt ist. – Weiterhin Blechspielzeug, Sandarbeiten in Glas, wo das faszinierendste Exponat ein kitschiges Gemälde des Gesichtes vom Papst ist.. Kompliment an den Künstler, was man mit Sand alles machen kann!! – Typische Cowboyhüte aus Juazeiro do Norte, alte Waffen und Steigeisen, Gürtel, Sättel und ein Orginal eines JANGADAS mit mittelalterlichen Fischerwerkzeugen (Anker =Holzkreuz mit Stein, Feldflasche= aus grobem Holzblock geschnitzt).
Ein kleines, aber höchst lohnendes Museum, oben im Haupttrakt, 1. Stock.

b) wegen Restaurant "Malu" im Gefängnisinnenhof.
Essen gut, Preise mittel, allerdings wie in ganz Fortaleza viele Fliegen.

Beste Einkaufsmöglichkeiten für Ledersachen, speziell Sandalen und Halbschuhe in der Conde d' Eu. Handeln ist auf den Straßenmärkten bis Praca Jose Alencar üblich. Vielfach wird gleich von Anfang an ein gewisser Prozentsatz aufgeschlagen, denn man danach in Form eines "Sportes" runterhandeln muß. Insgesamt relativ günstige Preise in Fortaleza wegen großem Angebot und großer Konkurrenz.

Hotels:

Zwei Hotelgebiete, – einmal entlang des PRAIA IRACEMA, der sich zwischen Centro und Hafen erstreckt (entsprechend nicht unbedingt Top- sauber!), – zum anderen im ZENTRUM zwischen Ferroviario (Schwung von Billighotels) und Praca Ferreira (teure Stadthotels).

"Imperial Othon Palace", Av. Pres. Kennedy 25oo ,Meireles. Am Iracema ca. Mitte. Luxushotel, zur Othon- Palace Kette gehörig, TV etc. Doppel ca. 55 bis 8o US $ je nach Zimmer.

"Hotel Beira Mar", Av. Pres. Kennedy 313o, Doppel ca. 5o US $, – "Colonial Praia Rua Barao de Arcati, ebenfalls Meireles- Distrikt, Doppel ca. 6o US $. Alle mit TV, Swimming Pool etc.

* von Artesania bringt Fortaleza nichts Neues, wer Natal, Recife oder Bahia kennt.

"Hotel Iracema Placa", Av. Pres. Kennedy 746. Eine verschachtelte alte Kiste an mehr oder weniger verdrecktem Strand, in der der Schimmel und die Hitze wohnt. Zwei Typen von Zimmern: nach innen in Luftschächte, die nachts von Aircondition- Generatoren dröhnen, – und nach außen mit einem Bett Baujahr vermutlich 192o, in dem man sich besser nicht umdreht. Der innere "Spaß" kostet ca. 2o US $, der äußere ca 25 US $. Nachdem das Hotel bei Airport- Taxifahrern als "Tip" sehr beliebt ist (vermutlich holt sich der Taxifahrer beim Portier Belohnung), sei darauf hingewiesen.

"Savanah", Prca. do Ferreira. Modernes Hochhaus im Herzen des Zentrums. Von den Zimmern der oberen Stockwerke guter Rundblick über die Stadt. Beliebt bei Geschäftsleuten, aber auch Touristen. Doppel (TV, Bar etc.) ca. 35 US $.

"Excelsior", Rua Guilherme Rocha/Zentrum nähe "Savanah". Ein altes Hotel mit Vergangenheit und Tradition. Feudale Zimmer, zumindest die teureren. Doppel zwischen 2o und 3o US $.

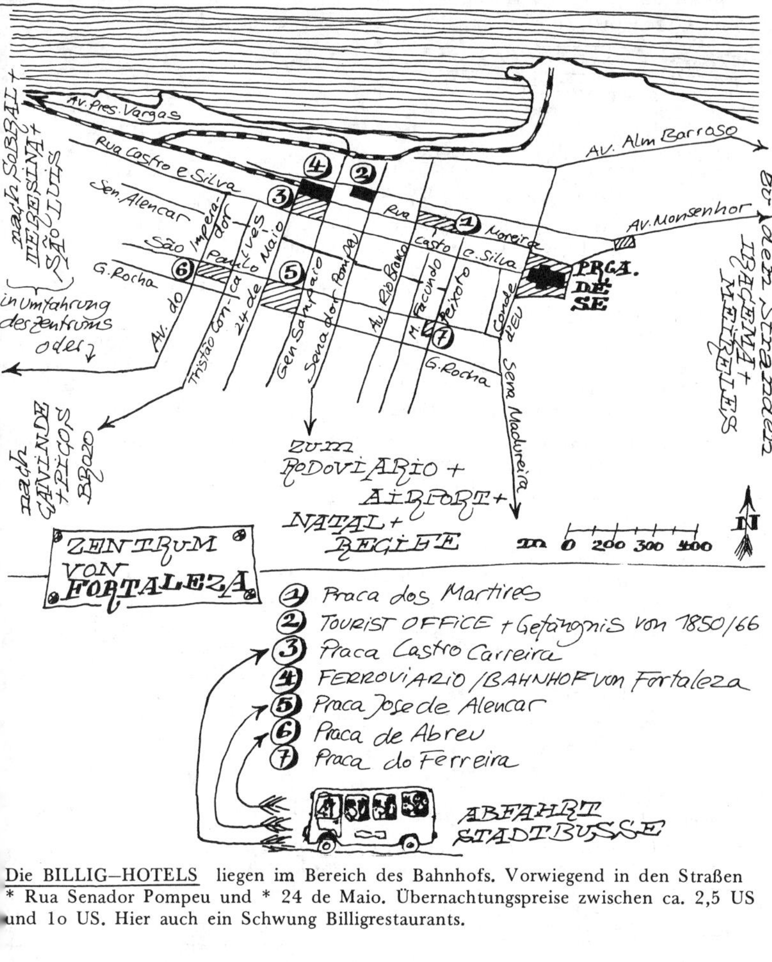

Die BILLIG–HOTELS liegen im Bereich des Bahnhofs. Vorwiegend in den Straßen * Rua Senador Pompeu und * 24 de Maio. Übernachtungspreise zwischen ca. 2,5 US und 1o US. Hier auch ein Schwung Billigrestaurants.

"Sandras", sehr exclusiv und teuer, Av. Eng. Luis Vieira am Praia do Futuro, - "Trapiche", Av. Pres. Kennedy 3956, internat. Küche + Fisch/Langusten, teuer, abends mit Lifemusik. – "Nautico", Av. da Abolicao, excellent für Fisch. Mittlere Preise. – "Lido", Av. Pres. Kennedy 8o1, internat. + regionale Küche, Preise mittel, – Hauptausflugsgebiet ist Av. Pres. Kennedy im Bereich MEIRELES. Hier auch jede Menge Fisch- und sonstiger Restaurants. – "Bier Haus", Av. Desembargador Moreira 8o1 für gute Churrascos, – "Kury" im Zentrum, Rua Sen. Pompeu 459, Preise mitte Filet a portuguesa probieren! – "Belas Artes" Av. Pres. Kennedy 4492, Fisch und internat. Küche. Bis 4 Uhr früh offen. Preise mittel.– "Malu" im Gefängnis. Touristisch, Preise mittel, aber gute Küche.

Verbindungen: ab Fortaleza

Flughafen:

Pinto Martins/ ca. 9 km ins Centro
Tourist Office nicht immer besetzt (auch wenn 3 Flüge mit ca. 5oo Leuten ankc men.) Mehrere Car- Rentals.

Dichter Flugverkehr auf der Strecke Rio–Salvador – Recife – mit Endpunkt Fortaleza. Die Stadt ist recht beliebt für innerbrasilianischen Ferienverkehr, daher währe der Ferienzeit rechtzeitig reservieren. – 2 mal tägl. Fortaleza – São Luis–Belem m Anschluß ins Amazonasgebiet (Santarem/Manaus). – Einmal tägl. Jetverbindung nac Teresina, ein ca. 4o Min. Flug.

TAXI: in Fortaleza viel Verdruß, insbesondere ab Airport. In Fortaleza gilt nicht das eingeschaltete Taxameter, sondern ein zusätzlicher Betrag gemäß einer Liste, di der Fahrer unter'm Sitz vorkramtAuf dem Weg vom Airport zeigen freundliche Ta: fahrer dem Neuling noch große Außenbezirke, damit die Zähluhr schön tickt.

Auch die Leute vom Tourist Office zahlen immer verschiedene Preise auf der selbe Strecke; Kommentar "Die Prefektur konnte das Problem noch nicht lösen..."

BUS ab Airport zum Prca Jose de Alencar. Ca. 2o Pfennig. Alle 1o Min.

Rodoviario:

Estacao Rodoviario Joao Tome/Av. Borges de Melo.
Eine moderne Kiste mit Tourist Office, die ebenfalls nicht immer besetzt ist.
BUS ab Rodoviario ins Zentrum nach Prca. Jose de Alencar.

Nach Feira de Santana mit "Viacao Itapemirim", ca. 2o Std. Semileito, ca. 13 US
" Brasilia " "Ipu Brasilia", ca. 56 Std. , ca. 35 US $
" João Pessoa " "Viacao Nordeste", ca. 1o Std., ca. 7 US $
" Recife " "Expr. de Luxo", ca. 12 Std., ca. 8 US $
" São Luis " "Expr. de Luxo", ca. 18 - 2o Std., ca. 1o US $

Viele weitere Connections.

Ferroviario:

Estacao Ferroviaria João Felipe/Praca Castro Carreiro.

Tempelähnlicher Eingang und großes Gedränge vor Zugabfahrt vor Eingangsgitter. 188o gebaut: schwarze Tafel mit goldenen Buchstaben vor Biletteria.Es gibt zwei Strecken:

– NORTE. Endpunkt Teresina (mit Umsteigen nach São Luis)

zwei Abfahrten pro Woche. Ca. 17 Std. bis Teresina, kann sich aber um einige Stunden bei Gleis- oder sonstigen Problemen verschieben.
Fortaleza – Teresina: 738 km (Cratheus ca. 600 km).

Kostet in der teuersten Klasse ca. 4 US $, in der billigsten ca. 2,5 US $, damit erheblich billiger, als der Bus.

– SUL:
588 km bis Juazeiro do Norte bzw. ca. 610 km bis Crato, dem Endpunkt dieser Strecke (ca. 17 Std., 2 mal pro Woche, ca. 4 - 9 US $).

Der WAGENPARK: alte Kisten ohne jeglichen Eisenbahnreiz. Innen Polstersessel mit, entsprechend höherer Klasse mehr Ohrenpolster. POLTRONA, die beste Klasse ist am leersten und hat angeblich Air Condition. Mit von der Partie ist eine düstere, Uraltküche mit Henkeltöpfen. Das Wichtigste für einen 1 Nacht & 1 Tag- Trip fehlt: ein Schlafwagen!

Der Zug ist billigstes Fortbewegungsmittel nach São Luis und ins Landesinnere/Juazeiro do Norte. Falsch ist jedoch die Information, – wie ein englischer Guide über Südamerika publizierte, es sei möglich, von Fortaleza per Zug nach Uruguay zu gelangen. Zu viele Eisenbahngleise dazwischen sind für Personenverkehr stillgelegt.

Beste Strände im Bereich Fortaleza: * Do Futuro (8 km) mit Dünen, – der im Stadtbereich gelegene Iracema sehr durchschnittlich, allerdings auch viel los, da Hauptbadestrand. Nahes Zentrum der Stadt mit Abwässern und auf der anderen Seite die Hafenanlagen machen Baden nicht sehr attraktiv. – Superstrände außerhalb der Stadt, so Richtung Südost an der Strecke nach Mossoro.

STADTBUSSE:

→ AIRPORT: ab Prca. Jose Alencar
→ PRAIA DO IRACEMA: Pr.ca. de Se
→ PRAIA DO FUTURO: Prca. Castro Carreira
→ ESTAC. RODOVIARIO: Prca. José Alencar

Ausflüge ab Fortaleza:

Lohnend in die SERRA DE BATURITE. Warme Sachen mitnehmen, abends wirds in den Bergen kühl. Zu den blauen Bergen am Horizont im Landesinneren, die sich bis zu rund 1.000 m erheben. Entweder per Regionalbus oder per Zug

Anbau Bananen, Cafe je nach Höhenlage. MARANGUAPE (ca. 40 km landein ab Fortaleza, 1 Std. im Bus) ist ein kleines Agrarnest zwischen Zuckerrohrfeldern und Bananen noch im Tiefland. In der Nähe Kaskaden, die kleine Becken zum Baden bilden (20 Min zu Fuß), bzw. mit Taxi eine Zuckerrohrmühle (5 km). Kleines Hotel.

BATURITE: an der Eisenbahnstrecke Fortaleza – Crato, rund 105 km ab Fortaleza am Rand des PICO ALTO (1.100 m) ist ein gemütliches Kolonialstädtchen, gegründet Mitte des 18. Jhd.'s. Es gibt einfache Hotels und Restaurants. Schön zum Relaxen.

Fortaleza → Natal: **ca. 540 km**

Die Küstenstraße (CE 004) sehr lohnend knapp entlang der Atlantikküste mit Dünen und Fischerdörfern (Jangadas). Regionalbusse, kleine Hotels.

Der Direktbus fährt jedoch die asphaltierte BR 304, die mehrere 10 km landein, teils bis zu 100 km vom Meer entfernt verläuft.

Über die CE oo4 von Fortaleza durch Vorortsiedlungen 2o km nach AQUIRAS, der ehemaligen Hauptstadt des Bundesstaates Cera. Gegründet Ende des 17. Jhd's hat der heute relativ unbedeutende Ort viele Kolonialhäuser, wie auch CASCAVEL (weitere 32 km, schöne Strände in der Umgebung, so Aguas Belas, Praia Capaiga und Praia de Barra Nova).

BEBERIBE , ca. 73 km ab Fortaleza ("Pousada Morro Blanco") ist Busstop und hat Spitzenstrände in der Umgebung, so den Morro Blanco : Felsformationen mit weißem Sandstrand. Unterbringung sehr einfach, aber in den Restaurants frischer Fisch und bei etwas mehr als eine Stunde Bustrip echte Alternative zum Übernachten und Relaxen zu Fortaleza.

Jangadas:

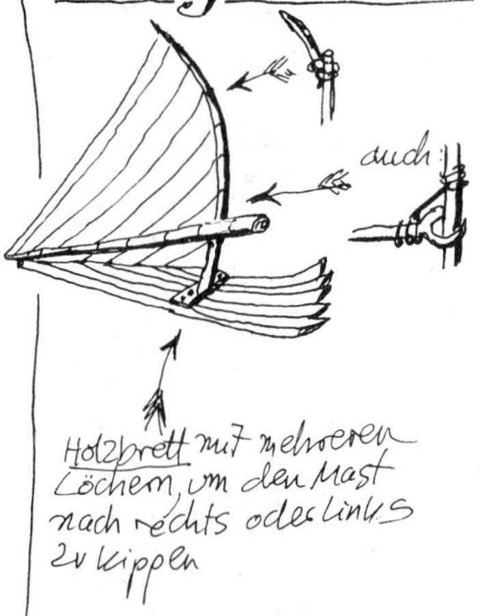
auch:
Holzbrett mit mehreren Löchern, um den Mast nach rechts oder links zu kippen

BALSAHOLZ–FLÖSSE aus ca. 7 Stämmen, die mit Querbalken oder Naturfasern (Sisal oder Palmbast) zusammengefügt sind. Es wird keinerlei Eisenverbindungen verwandt, welches das Holz durch Rost morsch machen könnte.

Ein auf den ersten Blick äußerst gebrechliches Gefährt, das sich aber über Jahrhunderte bewährt hat, da es bei minimalem Tiefgang gut über die vorgelagerten Riffs wegkommt. Verbreitet im Gebiet der Strände zwischen Fortaleza und Recife.

Das weiche Holz des "Pau de Jangada" kann bequem bearbeitet werden, da sehr weich. Bei gleichzeitigem Nachteil, daß es sich schnell mit Wasser vollsaugt und vor Benutzung gut getrocknet sein muß. Danach kann man gut 2 Tage und Nächte auf dem Meer fahren, bis das Holz wieder zu schwer wird.

Diese Art des Fischens verwandten bereits die Ureinwohner, als die portugiesischen Eroberer kamen. (Vergleiche auch Balsaflöße an der Pazifikküste Südamerikas, Ecuador & Peru!). Die Dreieckssegel brachten die Portugiesen aus dem Mittelmeer mit.

* JANGADA DE ALTO sind die großen Floße, die sich bis außer Sichtweite des Ufers bewegen und mehrere Tage auf See bleiben können ("jangada de Dormida" Boote, wo man mehr oder weniger unbequem auch schlafen kann!)
* JANGADA –PAQUETE, die kleinere Version mit zumeist 6 Balsa- Stämmen. Kürzer und nur in Küstennähe benutzt
* JANGADA –BOTE, Miniversion für 1- Mannbetrieb. Länge 4 m. Gibt es in zwei Versionen: "bote a velha" (mit Segel) und "bote de remo" (mit Ruder)

Die "Unterbringung" auf dem Floß ist primitivst: der Steuermann und Kapitän sitzt auf einer kleinen Holzbank. Zum Landen bzw. über Riffs wird das Schwert hochgezogen und Segel "gestrichen". Navigation läuft meist in Primitivstufe, vergl. S. 67 unseres Karibikbandes nach den 3 Lookouts.

Die JANGADEIROS sind meist sehr arm, weil sie dem System der Fischergilde zunächst eine Abgabe zahlen müssen und weiterhin zum Eintragen in die örtliche Jangadeiro-Liste (+ Steuern) verpflichtet sind. Das Wirtschaftssystem schreibt die Fischpreise vor und die sind eher zu Gunsten der Zwischenhändler als der Fischer.

Gefischt wird meist mit Leine. Der Ertrag ist, – auch in fischreichen Gebieten, – naturgemäß beschränkt. Zusatzverdienste durch a) Fisch- Wurfnetze , – b) Fischfang in Flüssen (so Krebse in Mangrovengebieten der Flußmündungen in den Atlantik), – c) in Ausnahmefällen Landwirtschaft, so Coconuts und Bananen.

Die Balsaflöße müssen alle 2 Jahre erneuert werden, da das Balsaholz verrottet. Da der Balsaholzbestand in Küstennähe laufend zurückgeht, werden die Entfernungen immer größer, die die Fischer zum Beschaffen neuer Stämme zurücklegen müssen.

Abgesehen davon ist der kommerzielle Hochseefischfang mit modernen Schiffen natürlich wesentlich ertragreicher als der Minibetrieb auf vier bis sieben Balsastämmen. Massive Konkurrenz, die die Jangadeiros nur noch mehr in die Armut treibt.

Aracati: ca. 2o.ooo E.

125 km bis Fortaleza und ca. 9o km bis Mossoro. Provinznest ca. 1o km vom Meer entfernt, schön zwischen Dünen gelegen und bekannt wegen seinen Klöppelarbeiten. Vor dem ersten Weltkrieg landete hier JUNKERS mit seinem Wasserflugzeug auf der Transatlantiküberquerung nach Rio. Beim Weiterflug stürzte er tödlich ab. Er ist im örtlichen Friedhof begraben. Über eine 1o km Stichpiste ans Meer nach MAJOLANDIA mit riesigen Dünen und Sandsteinfelsen. Fischerdorf, Jangadas und kleine Palmhütten mit frischen Fischgerichten. Einfache Hotels in Aracati.

Mossoro: ca. 12.ooo E.

berühmt für seine Salinen und heißen Quellen, die aus 1.ooo m Tiefe mit Temperaturen von 6o - 7o° C raussprudeln. Mehr regional bekannt und in ausländischen Publikationen unerwähnt. "Hotel Termas de Mossoro" an der BR 3o4 am Ortsrand ist beste Übernachtungsmöglichkeit mit Farb- TV, Tennis und anderen innerbrasilianischen Annehmlichkeiten. Billighotels im Ort. Restaurants.

RIO GRANDE DO NORTE

NATAL:

ca. 38o.ooo E.

mit schönen Stränden in der Umgebung. Ein verschlafenes Provinznest, das einen Superairport besitzt (diente den Amerikanern im 2. Weltkrieg als Luftbrücken- Stützpunkt gegen die Deutschen in Afrika) und einem Raketen- Testgelände der Brasilianer im Süden.

Tip- Top asphaltierte Straßen, die auf einen sehr aktiven jungen Governeur zurückzuführen sind. Hauptgeschäftsstraße ist die Rio Branco, die parallel zum Rio Potengi führt; an der Mündung liegt Hafen und Forte dos Reis Magos, eine alte portugiesische Festung.

Hotels: "Ducal", Av. Rio Branco 634, ein 16- stöckiger Rundhochhausbau. Bestes Hotel im Zentrum, in den oberen Stockwerken Tropfflecken an der Decke, in der Lobby schönes Sandgemälde (Strände, Früchte, Landschaften) und weniger attraktive Reception Mit SW- Pool im 2 Stock und von Dachterasse guter Rundblick über Natal und Fluß. Night- Club. Die Zimmer mit kleinem TV, Eisschrank, Bad, Telefon. Doppel je nach Höhe des Stockwerkes zwischen ca. 3o und 38 US $

"Reis Magos" am Strand, Av. Pres. Cafe Filhos. Flachgestrecktes, 3- stöckiges Gebäude Direkt am Meer (Straße führt dazwischen). Hat Besitzer gewechselt, was man an Lobby und Zustand der Zimmer sieht. Insgesamt aber o.K., wenn auch teuer: Doppel ca. 4o US $.

"Othon Hotel", Rua Santo Antonio, nähe Ducal Hotel. An einer kleinen Plaza gelegen. Doppel ca. 35 US $.

"Sambabura", Rua Prof. Zuza 263. Modern, sauber, mit Garage im Hof. Hat uns sehr überzeugt in Preis zu Komfort- Relation, wenn auch nicht Blick wie Ducal- Hotel. Das Doppel ca. 3o US $.

"Tirol", Rua Alencar 133o. Trister, blauer Kasten, abseits von Stränden und Zentrum. Mit ca. 24 US $ für's Doppel (AC, Tel und Bad) recht teuer.

* MITTEL bis BILLIG, nähe Rodoviario:

Zu Fuß und mit schwerem Gepäck eine ganz schöne Ecke. Es gibt nichts "gleich vis-à-vis" vom Busterminal.
"Natal Palace", passabel, Rua Amaro Barreto 1224, Doppel ca. 12 US $. In der Nähe "São Francisco", Rua Pres. Quaresma/Ecke Pres. Bandeira ist ein 5- stöckiger Bau, mit rund 14 US $ relativ teuer und meist von Fernreisenden benutzt, die sich zwischen zwei Connections aufs Ohr legen wollen.

* MITTEL bis BILLIG, Zentrum:

Lage vorwiegend Rio Branco und Seitenstraßen, sowie am Ferroviario. An diesen Punkten geht der Stadtbus zum Strand, sowie zum Flughafen und Rodoviario durch. Ebenfalls in diesem Bereich die meisten Restaurants.

"Fenice Hotel", 586 Rio Branco, an der Stelle, wo die "Oberstadt" (Cidade Alta) über einen kleinen Hügel zum Stadtteil des Hafens (Ribeira) abfällt. Einfaches Hotel, Zimmer o.K., teils mit schönem Blick zum Fluß. Frühstück oben im 4. Stock. Doppel inkl Frühstück ca. 1o US $ (Air Cond.) bzw. ca. 7 US $ (Ventilator).

"Hotel Rua Santo Antonio", R. S. Antonio 724. Sauber, einfache Zimmer, ca. 7 US $. fürs Doppel mit Ventilator.

"Grand Hotel", nähe Ferroviario und altem Busterminal. Gelber Rundbau, in der Lobby viele Fotos von früheren Governeuren der Region. Hotel mit Tradition aus der Zeit, als die Eisenbahn noch das wichtigste Transportmittel in Rio Grande do Norte war. Doppel ca. 8 US $ mit Frühstück und AC. Sonst ca. 5 US $ (Ventilator). Passables Billig - hotel relativ nah zum Strand (Busverbindung).

"Caico", Rua Prinz. Isabel 735/Zentrum. Sauber. Parallelstraße zu Rio Branco. Doppel ca. 5 US $. Zu empfehlen im Sektor Billighotels, wenn auch sehr einfach.

"Natal", Rio Branco 745. Sehr kleine Zimmer, meist in dunklen Hinterhof. Doppel ca. 7 US $.

"Hotel Bom Jesus", Rio Branco 374, einfach und simpel, aber zentral. Doppel ca. 7 US
Vis a vis "Hotel Recife", Rio Branco , ähnlicher Einfachststandart, Doppel ca. 7 US $.

"Casa Grande", R. Prinz. Isabel 529 ist ein echter Tip für billig aber sauber. Doppel ca. 1o US $. Im Zentrum nähe Eisenbahnhof gelegen.

TIP: wer nach langen Bustrips relaxen will: "Casa de Hospedaje" am Pt. Negra- Strand, ca. 15 km südl. von Natal. In Gartenanlagen oberhalb des Strandes mit vielen Blumen und tropischen Bäumen. Große Veranda, wo man schön abends relaxen kann bei Sonnenuntergang. Doppel kostet ca. 23 US $ mit Air Condition bzw. ca. 21 US $ Ventilator. Mit Kochgelegenheit ca. 32 US $.

"Casa Grande", Zentrum, Rua Prinz. Isabel 529 sauber und relativ billig. Einheimische Küche. – "Peixada da Comadre" am Fischmarkt, R. Sao Joao 1. Ein unscheinbares Fischerhaus, einstöckig mit excellenter Küche bei anständigen Preisen. – Mit di berühmtesten "Carne do Sol" Restaurants in ganz Brasil sind "Do Mariñho"(R. Arajal 267) und "Do Lira" (R. Pereira Simoes), beide im Stadtteil Rocas bei Fischmarkt und Hafen. – "Vila Velha" im ehemaligen Gefängnis eines der besten Restaurants mit Superblick über den Praia do Meio. Luftig frisch und angenehmes Ambiente. Mittlere Preise. In der Ecke steht ein Piano; wer Lust hat, kann spielen! – "Rampa",* Rua Coronel Flaminio, – "do Bosque" im Parque Alencar (Straße von Hotel Tirol), bei Einheimischen beliebt, – "Augustus" am Pt. Negra Strand, auf exclusiv getrimmt, hat uns weniger überzeugt. An der Straße oberhalb des Strandes, teuer. – "Xique-Xique", Av. P. Afonso Pena, teuer, exclusiv, – "Los Pampas" und "A Carreta", sowie "Fandangho" sind Churrascerias an der Straße nach Pt. Negra. Rodizhio (=soviel Fleisch wie reinpasst) für ca. 5 US wir haben allerdings besseres Fleisch zwischen den Zähnen gehabt. Besser: "Toca do Chicao", Av. H.d. Fonseca 14oo. – "Casa de Mae", Trav. P.Afonso im Stadtteil Petropolis heiß zu empfehlen für "gallina a cabidela", ein berühmtes Lokal an der Nordostküste! – "Nemesio" gute und relativ billige Küche Spaniens, Av. Rio Branco 728, – Am Hauptstrand do Meio ein Schwung von Restaurants, Pizzas und Snacks, gut für den schnellen Hunger zwischen Sonne und Meer.

Billigessen auch an den verschiedenen Ständen am Pt. Negra- Strand, in der "Casa da Almacão" in Natal, Rua Teodora und im "Ponta Frio" in der Av. Rio Branco.

NATAL ist Insidertip bei Brasilianern, die den Baderummel und die Preise von Bahia, Recife und (in Klammer) Fortaleza satt haben. Die Hotels sind während der Monate Januar, Februar, März, – Juni (Messe) und Ende November/Dezember recht voll. Regen: Mai + Juni, allerdings sehr gering!

BADEN

DO MEIO, Hauptbadestrand. Ca. 2 - 3 km feiner Sand mit vorgelagerten Felsen, die bei Ebbe einen riesigen Pool bilden. Stadtbus fährt alle paar Minuten ab Zentrum (Rio Branco, + Ferroviario) zum Strand. Asphaltierte Strandstraße Cafe Filho zwischen Dünen und Meer. Links das FORTE DOS REIS MAGOS , von den Portugiesen 1598 errichtet, um die Stadt gegen Angriffe der Franzosen und Holländer zu schützen. Innen restauriert; kann besichtigt werden, Zugang über Damm.

Der Stadtbus hat seine Endstation bei Reis Magos- Hotel. Wer billiger am Strand übernachten will: "Hotel Inty Playa Hotel" (mit großem Ventilator kosten die einfach eingerichteten Zimmer ca. 15 US $). –

Nächster Strand ist der AREIA PRETA mit vielen, schwarzen Felsen. Zum Baden weniger geeignet bis auf letztes kleines Stückchen beim Farol, eine kleine 8o m- Sandbucht. (Hotel Areia Preta, Doppel mit Bad ca. 12 US)

LEUCHTTURM "Farol da M. Luisa", oberhalb des gleichnamigen Strandes, der sich gleich an den Areia Preta anschließt. Zu Fuß über die Dünen rauf, bzw. mit dem PKW hinten rum, über die Rua Papa Joao XXIII zum Fußballplatz, links rum und gleich danach Eingangstor. Schottersandpiste.

öner Blick auf Fluß und gegenüberliegende Dünen. 150m. von Fischmarkt

DER LEUCHTTURM ist ca. 15o m über'm Meer, bzw. knapp 4o m hoch. Fantastischer Rundblick auf Teile von Natal und die Strände. Leuchtturmwärter fragen, ob er aufschließt und Kindern für's Raufführen Trinkgeld geben. Orginell die Treppe, die in 1 m Abstand von der Wand in Turmmitte mit zwei Mäuerchen raufführt. Adrett rot gestrichen.

✱ PONTA NEGRA, einer der besten Strände der näheren Umgebung von Natal. Ca. 2 km feiner Sandstrand. Hohe Dünen bis zu 4o m über Felsbasis. Bäume, Vegetation, Palmen und Villen.

Busse ab Natal, alter Busterminal (vis a vis Ferroviario) ca. 3o Min. und o,4 US $ bzw. für Normalbus ca. o,2 U S $. 14 km.

Am Wochenende viel los. Tische unter Zeltplanen und Bier aus der Eiskiste. Fische und Fleisch gegrillt. Hohe Wellen bei genügend Wind. Sehr schön! – "Moro du Careca" ist eine Stelle im Berg mit offenem Sand. Kinder rutschen auf Brettern runter. (Südseite des Strandes).

✱ PIRANGI DO NORTE E DO SUL: rund 25 km von Natal per Bus ab altem Busterminal. Sanddünen. Palmen.

✱ REDINHA: auf der anderen Seite der Flußmündung gegenüber des Fischhafens. Zu erreichen über die Brücke de Igapo, 6 km ab Zentrum. Hohe Dünen, Fischer.

✱ PRAIA DE GENIPABU: ca. 3o km nördlich von Natal. Nach Auskunft von Einheimischen bester Strand mit hohen Dünen. Bus ab Natal, alter Busterminal beim Ferroviario. Fahrtzeit ca. 1 Stunde. Am Strand: "Bar do Pedro": ausgezeichnet Carne do Sol! Wie Afrika! In den Dünen eingesandete Palmen, tiefblaues Meer.

Restaurants. Beliebtes Ausflugsgebiet. Bananen, Mangos. Bootsverleih.

✱ LAGOA DO EXTREMOZ: Süßwasserlagune nördlich von Natal an der Eisenbahnstrecke. (Station Extremoz), – schöner ist jedoch die südlich von Natal gelegene LAGOA BON FIM: grüntransparentes Wasser. Schön zum Baden. Zwei Bars. Verbindung: Bus ab Natal, 45 km.

Tourist INFO "Centro de Turismo", Rua Aberdal de Figueiredo. Oberhalb des Praia do Meio gelegen im ehemaligen Gefängnis. Hier auch mehrere Kunstgewerbe- Shops mit schönen Lederarbeiten (Zigarettenetuis, Hüte), Strohflechtereien und Sandgläser. Klöppelarbeiten.

Verbindungen:
ab NATAL

✱ **Flughafen:**
sehr groß, da US- Air Force- Base im 2. Weltkrieg gegen Deutsche in Afrik. Modernes, kleineres Airport Gebäude mit Bar, Restaurant, Tourist Office und zwei Car rentals ("DuDu" und "Remove")

Täglich Jets nach Fortaleza und Recife mit Anschluß in alle Landesteile. "Nordeste" fliegt mit Propellermaschinen Regionalstrecken, so ab Natal via Campina Grande nach Recife (teurer als der schnellere Jet- Direktflug!)

BUS: ab Airport in die Stadt ca. alle Stunden. Fährt über die Rio Branco und Ferroviario zum Praia do Meio (Reis Magos Hotel). Ca. 1 US $ in die Stadt.

TAXI: ab Airport nach Einheitstarif in die Stadt, ca. 4 US $ pro Fahrzeug. Nach Pt. Negra, welches etwa gleichweit entfernt ist vom Flughafen, se lber Preis.

Rodoviario:

Av. Caitao Mar/Ecke Coronel Estevao. Neuer Busterminal, steril und reichlich groß für Busbewegungen. Es gibt einen Tourist- Office- Ableger, der nicht immer besetzt ist, Bar und viele TV- Kameras.

Natal – Brasilia: ca. 6o Std., knapp 4o US $, – Fortaleza: ca. 9 Std., mehrmals tägl., ca. 4,5 US $, – Recife: ca. 5 Std., mehrmals tägl. ca. 3 US $. Weitere Verbindungen.

STADTBUS: ab Rodoviario – Ribeira über Zentrum zum Ferroviario. Weiter bis an den Praia do Meio. Alle 3o Min., ca. 2o Pfennig.

Eisenbahn:

Tipp-Topp sauberes Bahnhofsgebäude nähe Hafen. In Betrieb sind noch die Strecken Natal – Extremoz (täglich mehrmals, sehr lohnende Strecke zur Lagune!) weiter nur 1 mal pro Woche bis Macau (242 km) an der Atlantikküste nördlich von Natal. Macau ist sonst nur per sehr schlechter Schotterpiste zu erreichen.

Barreira do Inferno:

Raketenabschußbasis der Brasilianer. In abgezäuntem Gelände stehen 6 Rampen für Raketen bis zu 15 m. Besichtigung möglich: Anmeldung 24 Std. vorher im Hotel Ducal Palace bzw. Tel. Nr. 222.46.12

Anständige Kleidung erfoderlich, worunter kein Anzug, wohl aber auch keine dreckig- zerschlissene Jeans zu verstehen ist. Per Taxi oder Bus (Richtung Pirangi; Busfahrer Bescheid geben. Fährt direkt vor Eingangstor vorbei!).

GEZEIGT wird u.a. ein 2o Min.- Film des Abschusses der ersten Rakete sowie der Kontrollraum. Barreira do Inferno war das erste Abschußgelände auf dem südamerikanischen Kontinent, worauf die Brasilianer stolz sind. Die erste "fugete" wurde am 15.1.65 gezündet. Seither wurden mehr als 2.ooo Raketen abgeschossen. Der größere Weltraum-Bahnhof auf dem südamerikanischen Kontinent ist jedoch KOUROU/Franz. Guyana. Details siehe dort! –

Marina Reserch Institut (UFRN):

am Praia Areia Preto. Montag bis Freitag 8 - 17 Uhr mit 3 Std. Mittagspause. Meeresforschung.

Museu Camara Cascudo:

Av. Salgado Filho. Offen Montag bis Freitag 8 - 16 Uhr mit einer Mittagspause von 1o - 14 Uhr. Sehenswertes Natal- Museum, das zu einem der bedeutensten der Nordostküste zählt, wenn auch relativ klein. Fossilien, Tierknochen und sonstige Funde im Staat Rio Grande do Norte.

FISCHMARKT: 8 - 6 Uhr täglich, Fischerboote kommen ca. 5 Uhr früh. Jangadas. Bretterhütten, sowie in der Nähe Restaurant "Rampa".

Besten DANK an Jose Heleno da Silva aus Natal, der uns mit Tips und Rundfahren speziell im Natal- Teil sehr unterstützte.

NATAL ⋙➤ RECIFE:

rund 300 km Asphalt, landschaftlich interessant. Stichpisten an's Meer zu Fischersiedlungen und häufig Traumstrände. 184 km bis

João Pessoa:

Rund 300.000 Einwohner und Hauptstadt des Staates Paraiba. Eine weitgehend moderne Wirtschaftsmetropole ohne speziellen Reiz, ausgenommen kilometerlange, vorgelagerte Sandstrände und das sehenswerte Kloster "Convento São Francisco" am gleichnamigen Platz. Rokkokostil, Klosterkreuzgang und ein lohnendes Religiöses Museum mit Bildern und Möbeln aus der Kolonialzeit.

Hafen ist CABEDELO, 10 km entfernt an der Mündung des Rio Paraibo in den Atlantik. BESTE STRÄNDE: ** Tambau. Hier liegt das futuristische "Tambau- Hotel" am Meer in Form einer Weltraumstation, – ** Manaira, 8 km im Norden und der ** Cabo Branco, 11 km. Mit einem Leuchtturm, der den östlichsten Punkt des südamerikanischen Kontinents markiert. Restaurants.

JOÃO PESSOA ist zugleich Endpunkt der ca. 6.000 km Ost- West Verbindung quer über den südamerikanischen Kontinent an seiner breitesten Stelle. Bekannt in seinem brasilianischen Hauptstück als die "TRANSAMAZONICA". Alle Details siehe Seite 1021, ff. Busse ab Joao Pessoa bis Estreito im Amazonasurwald, ein 800 km Busritt (tägl. Busse), der ca. 1 Tag dauert. Die Regenwälder Amazoniens beginnen etwa kurz vor Picos (siehe unsere Amazonas- Karte/Seite 1023!)

RECIFE: PERNAMBUCO

STADTPLAN besorgen! Am Kiosken im Zentrum bzw. in Flughafen - Boutique.

Bedeutenste Stadt im Norden Brasiliens mit ausgezeichneten Stränden im Stadtbereich und der näheren Umgebung. RECIFE ist wichtiger Ausfuhrhafen. Hochhäuser und schöne Residential Areas aus der späten Kolonialzeit. Auch umfassende Slums.

Unbedingt Abstecher nach OLINDA!

RECIFE hat heute rund 1,3 Millionen Einwohner, mit Außenbezirken knapp 2 Millionen. Auf den Straßen rund 6.600 orangegestrichene VW-Taxis, die in Haufen auf Fahrgäste warten. Der Vergleich "Venedig Brasiliens" (bei nur 3 Flüssen) ist wohl etwas an den Haaren herbeigezogen.

Das ZENTRUM teilt sich in 3 Bereiche:

a) "RECIFE": ein größeres Felsriff. Hier erste Siedlung (1537) durch die Portugiesen. Später (1629) erste Verteidigungsanlage (Fort Brum) durch die Holländer. Heute: Hafen, Banken und Nuttenvierte

b) "SÃO ANTONIO" und "SÃO JOSE": durch Fluß abgetrennter Landarm. Das geschäftliche Zentrum der Stadt mit Shops, Fußgängerzonen, großem Mercado und Bahnhof wie altem Busterminal. Hier ein Schwung Billighotels und die "Casa Cultura" im ehemaligen Gefängnis. Dieser Ortsteil ist durch Brücken verbunden mit "Recife" un

c) "BOA VISTA": Geschäftsviertel, billige Restaurants und Hotels bei Rua do Hospicio/Imperatriz mit Querstraßen, sowie 7 de Setembro und Rua da Saudade.

Dahinter die Residencial Areas GRACAS und ESPINHEIRO, heute teuerste Wohngegend der Stadt mit reichen Villen, u.a. in Kolonialstil, besonders in der Rua Barbosa (von Museu Azucar ins Zentrum) bei:

PONTE VOCHA = alte Straßenbahnhaltestelle in Jahrhundertwendestil

sowie bei PONTE VOCHA/R. Barbosa eine LUXUSVILLA in Kolonialstil, die sich gleich über mehrere Querstraßen erstreckt. Besitzer: Bastista da Silva. Eine traditionsreiche Bankier- und Industriellenfamilie. Haus inkl. Kirche (für die Tochter, wenn sie heiratet!)

Südlich des Zentrums liegen die modernen Wohnviertel des BOA VIAGEM-Strandes mit "Hochhaus- Skyline" einer kleinen Abbildung des Copacabana Strandes in Rio. Ausgezeichnete Sandstrände, Coconut- Stände (sich für 80 Pfennig eine Coconut aufschlagen lassen und mit Strohhalm austrinken. Herrlich erfrischend. Danach mit Schalenkratzer ausschaben für's weiche Nußfleisch!). Holzschnitzer stellen ihre Sachen an der Strandstraße aus, Restaurants und viel los. Hier die besten Hotels der Stadt. Boutiquen und das Recife- Shopping Center (etwa 1/3 vom Salvador- Shopping Center. Interessant: die "Trailer"- Eisbahn!). Minibus ab Prca. Boa Viagem.

Geschichte:

1537 gründeten die Portugiesen im heutigen Vorort OLINDA die erste Siedlung, — dies nur knappe 40 Jahre nach der Entdeckung des Lateinamerikanischen Kontinents durch Kolumbus. In unserem Band "Südl. Karibik" ausführliche Details über die damaligen Schwierigkeiten der Navigation bei Transatlantik- Überquerungen mit wahren Nußschalen von Schiffen.

Das reiche Land verlockte die Holländer zur Inbesitznahme (1630 — 1654). Zugleich aber imens hohe Kosten für Straßenbau, Hafenanlagen etc., die die Holländer auf die Plantagenbesitzer durch Steuern abwälzen wollten, welches letztlich zu Revolution und "Rauswurf" 1654 der holländischen Kolonialherren führte.

In den anschließenden Jahrzehnten entwickelte sich PERNAMBUCO mit Hauptstadt Recife zum reichsten Zuckerrohrproduzenten Brasiliens. Reiche Kolonialbauten, wie auch dichtes Eisenbahnnetz. Zu den hohen Profiten trugen hauptsächlich die kostenlosen Arbeitskräfte schwarzer Sklaven bei, die (Raum Recife) aus dem Gebiet des heutigen Nigerias übergeschifft wurden. Recife — Afrika ist eine der kürzesten Entfernungen bei günstigen Passatwinden auf dieser Strecke.

Seit ca. Mitte vergangenen Jahrhunderts erheblicher Rückgang der Zuckerrohrabsätze durch verschärfte Weltmarkt- Konkurrenz.

Tourist INFO

"Empetur" im Rodoviario und im Flughafen, sowie Hauptoffice: M. J. Alencar 404/Recife. Offen: Mo.—Fr.: 8 - 12 und 14 - 18 Uhr. Zimmernachweis, fungioniert recht gut im Airport (Bildnachweis der Hotels + Quittung für's Hotel, die Preis garantiert!). Auskunft über Busverbindungen/Hotels in nähere Umgebung.

Hotels: Die besseren Hotels am BOA VIAGEM: "Savaroni", Av. Boa Viagem 3772 bei Posto 4. Modernes Hotel, 1981 "eingeweiht", luxuriös und unter Boa Viagem- Hotels gutes Preis- Leistungsverhältnis. TV, Bad, große Fenster, die meisten mit Blick auf Strand, der nur von der Straße getrennt, direkt vor der Haustür liegt. Im 2. Stock Swimming Pool. Empfehlenswert, wenn der Preis bleibt: ca. 4o US $.

"Recife Othon", Av. Boa Viagem 3722 bei Posto 4. Neben Savaroni. Eines der höchsten Hochhäuser an der Av. Boa Viagem, ca. 18 Stockwerke. Oben: Minipool, eher mit Badewanne zu vergleichen. Und kühle Bar, abends mit life- Musik, die zu Erkältung tendiert. Weiter Rundblick über Recife. Trotzdem: während ich Othon/Rio weiterempfehlen kann, bin ich von Othon/Recife enttäuscht. Teuer: ca. 45 US $ für's Doppel.

"Hotel Casa Grande", Av. Cons. Aguiar/Rua Cel. Sergio Cardon. Früher ein Freudenhaus, – womit der jetzige Hotelbesitzer kokettiert. Zimmer mini, auf "rustikal" getrimmt. Wenn der Koffer noch im Zimmer steht, wird's eng! Mit TV trotzdem ca. 35 US $. Relativ teuer an lauter Straße, ca. 25o m zum Strand.

"Sea View", von Holländer, der sich an der Rua dos Navigantes 1o1 mehrere Häuser gemietet hat und dick Geld macht. Zimmer unterschiedlich in Qualität. 16 - 2o US $ für's Doppel. Ca. 15o m zum Strand.

"Hotel Galicia", Rua Jeqitinhonha 3o1. Gehört Spanier, der mit Marmortreppe und Pappverkleidung brilliert; die Zimmer eher muffig und simpel und weniger überzeugend. Doppel trotzdem ca. 15 US $.

"2oo Milhas", Av. Boa Viagem, 864 nähe Posto 1. Direkt am Strand gelegen. Kleineres Haus, mit ca. 15 US $ für's Doppel o.k.

ZENTRUM/"BOA VISTA":

"Hotel Parque", Rua do Hospicio, Ecke Imperatriz. Sehr einfach, oben China- Restaurant. Doppel ca. 6 US $ (Ventilator).

"Hotel America", um die Ecke an Praca Marcel Pinheiro. Einfach bis mittel bezüglich Zimmerqualität (Doppel ca. 15 US $) – beide Hotels jedoch "mitten im Geschehen", d.h. viele Geschäfte, billige Restaurants vis- a- vis Hotel Parque.

INSEL STO. ANTONIO:

"Hotel Avenida", Rua Siqueridos Campos/Av. Martins de Barros 292, im Zentrum am Fluß gelegen. Mit Uraltaufzug neben Portier und wertvollen beschrifteten Spiegeln. Einfach, passabel und empfehlenswert in der Gruppe Billighotels. Doppel ca. 6 US $.

"Hotel 4 de Octubro", Floriano Peixoto 141, vis- à- vis des Gefängnisses (Kulturzentrum) am großen Platz. Ein siebenstöckiges modernes Haus. Von oben schöner Blick auf Recife. Allerdings nicht ganz billig. Doppel mit Privatbad und TV ca. 3o US $

"Hotel Nassau", Largo do Rosario 253, sauber, zentral. Doppel ca. 2o US $

"Hotel Rigor", Praca 17, Zentrum, zwischen Mercado und Prca. São Pedro. Basic. ca. 6 US $ incl. Frühstück. Gemeinschaftsbad. "Hotel Palacio", Concordia 148, Doppel ca. 1o US $ incl. Frühstück und eigenes Bad im Zimmer.

IM BEREICH des alten Busbahnhofes Santa Rita gibts jede Menge Billigsthotels. In den meisten, die vielfach absolute Drecklöcher sind, würde ich auch bei schmalem Portemonaie nicht pennen, wegen ausgeprägter Tierwelt. "Cheap and clean" trifft absolut nicht zu. Sehr dunkle Gegend, ein ganzer Schwung billigster Hotels (4 – 5 US $). "Hospedaje Esmeraldas" gehört noch zu den besseren (8 – 14 US $).

RESIDENTIAL AREA CASA FORTE:

"Pousada Casa Forte" sehr zu empfehlen. Villa in Residencial Area mit kleinerem Garten. Tip Top sauber, große Zimmer und Bäder, mit TV. Sehr gemütlich, private Atmosphäre. Küche: ausgezeichnet und billig. Die Pousada Casa Forte wird von einem Deutschen geleitet, der mehr als 30 Jahre in Brasilien lebte und dort u.a. für den Deutschen Entwicklungsdienst Projekte durchführte. Ganz in der Nähe des Zuckerrohrmuseums. Außerdem fährt schräg gegenüber der Bus ins Zentrum, aber auch nach Olinda

Die Zimmer kosten zwischen ca. 2o und 3o US $. Sehr zu empfehlen, allerdings ist die Pousada immer recht voll besetzt, da beliebt bei Botschaftsangehörigen und dt.Technikern. Av. 17 Agosto 735

Teilen sich in Recife in zwei Gruppen: * einmal versteckt in Residencial Areas, z.B. Magdalena, Gracas und Espinheiro, – zum anderen * im Bereich Boa Viagem.

1. RESIDENCIAL AREAS (bessere Restaurants pro Gericht zwischen ca. 5 und 6 US $): "Mandala" in Kolonialvilla, gemütlich verwinkelte kleine Räume, Garten. Vorwiegend junge Leute aus Mittel- und Oberschicht. Der Wirt war früher Mathematikprofessor, mit einer Amerikanerin verheiratet. 2 – 3 x in der Woche Lifemusik. Rua 12 do Octobre 15. – "Tempora", Rua Armelia 470: Japaner (ohne Schuhe ausziehen). Einfach eingerichtet. Mal "Refreicao Japanese" probieren (= roher Fisch) und "Teppa de Filet" (Filet Mignon). Anständige Preise, sauber. – "Cantinho do Camões" Quarentae Oito 478. Rotes Haus. Ausgezeichnet für Carne do Sol (Stockfisch). Einfahrt rein, hinten unter Dach und Pflanzen einfache Plastikstühle und am Wochenende knüppelvoll. Roher Stockfisch heißt "Bacalhau" (ca. 8 US $, also nicht grad billig). – "Xaxim", Rua Alvares de Azevedo 232. Kleines Haus, Essen ok, Preise relativ teuer. – "Ilha de Kos" Praca Osvaldo Cruz 333. Links neben dem Zentralkrankenhaus und der Ärztevereinigung. Open air. Hier verkehren Ärzte bzw. Besucher vom Theater vis- à- vis. Bekannt für Shrimps. Preise mittel. – "Serido" Rua Jose Osorio 270. Eins der berühmtesten Restaurants von ganz Brasilien für Carne do Sol (Filiale in Natal, siehe unter Nataltext). Mittelteuer. – "Leite", Praca Joaquim Nabuco 147 beim Club Nautico. Einfach eingerichtet aber sehr gut. In der Nähe vom Museu do Azucar. Seit langem sehr populär in Recife, regionale und internationale Küche. – "Galo do Oro", Zentrum, Rua Gamboa do Carno 83 (regional und portugiesisch) – "Buraco de Otilia", Rua da Aurora 1231. Regionalküche, gegenüber Post. – "Casa da Italia", F. Vieira 73, Boa Vista (Centro). Am Wochenende abends mit Lifemusik. Italiener. Caneloni und Spaghetti etc. Seafood.

2. BOA VIAGEM (bessere Restaurants pro Gericht ca. 5 – 6 US $): "Maxime", Av. Com. Morais 21 (am Beginn des Boa Viagem Strandes wenn man vom Zentrum kommt). Einfache Bretterhütte, offen, Ventilatoren an der Decke. Empfehlenswert für Fisch, Preise mittel bis billig. Maxime steht seit Ende des 2. Weltkrieges hier, als der Boa Viagem Strand noch voll von Bretterhütten, Palmen und US- Army- Baracken war. Später wurden im Maxime Separees eingerichtet für die Zuckerrohr- Barone, wenn sie mit ihren Geliebten kamen und nicht gesehen werden wollten. – "Lobster", Av. Boa Viagem 2612, Nähe Posto 1. Meeresfrüchte gut. Mittel bis teuer. – "O Barill" (das Faß), auf alt- rustikal gemacht. Pferdeposter und unnötige Dekkenbalken. Preise entsprechend angehoben. Ungefähr beim Posto 3. – "Casa Grande und Senzala", Av. Cons. Aquiar, 5000. Dunkel, die Bar mit roten Lampen und Pferdesatteln als Sitz. Die als "Sklavinnen" verkleideten Bedienungen (Perversität) sind in diesem Dress nunmehr abgeschafft. Gehobene Preise. – "Costa Brava" Barao de Souza Leao 698. Empfehlenswert,

sauber. Die Preise mittel bis billig. Küche: regional und international. – "Golden Dragon" Chinese schräg gegenüber. Sauber und billig. Nr. 691 – "Canton" Rua Jao Paes 123, Chinese ok. – "Lacador" Visc. de Jequitinhoha 138, Boa Viagem. Ziemlich groß und bekannt für gute Churrascos. Ambiente durchschnittlich. Do, Fr, Sa Lifemusik. Bier vom Faß. Preise ok, fürs "rodizio" (Fleisch essen unbegrenzt) ca. 5 US $. – "Churrascaria Recanto Gaucho", Av. Comercial 5443. Gut und geringfügig billiger als Lacador. – "Rubayat" im Hotel Domar. Rua Barao de Souza Leao 451. Sehr exclusiv und steril. Teuer. – "La Paella", Av. Boa Viagem 2: spanisch. – "Lapihu" Praca Boa Viagem, direkt in der Mitte. Am Wochenende, während auf dem Platz ein Flohmarkt stattfindet, schön zum Biertrinken, Spaghetti und andere Kleinigkeiten. Preise mittel.

BILLIGE/CENTRO: vorwiegend in den Seitenstraßen der Fußgängerzone zwischen Gefängnis und Praca Sto. Antonio, – sowie über die Brücke Da Boa Vista, geradeaus weiter, ca. 200 m über die Rua Imperatitz: Praca M. Pinheiro und ums Eck do Hospicio. ("Maremoto", zu deutsch "das Seebeben", gelbes Schild, ist ein Snack, flott geführt und billig, wo's Reis mit Fleisch bzw. Spaghetti & Filet für 2 oder 3 US $ gibt.)

Zentrum:

Am meisten "los" bezüglich Shops, Straßenmusikanten, Ständen etc. ist auf der Insel "Recifé". CASA CULTURA, beim Bahnhof. Sehr originell: in ehemaligem Gefängnis, Tip- Top- restauriert, mit grünen Eisenrundgängen in 3 Stockwerken an den Wänden seitlich umlaufend, schöne Architektur. In den ehemaligen Zellen sitzen Kunstgewerbe- Verkäufer; schöne Arbeiten. In den obersten Stockwerken Kulturbetrieb: Ballettgruppen, Theater etc.

Schräg gegenüber der BAHNHOF (Details siehe Verbindungen ab Recife). Links im Bahnhofsgebäude sehenswert, wenn auch klein, das "MUSEU DO TREM" (Eintritt frei): alte Loklaternen, Ticketkästen und Werkzeuge für den ersten Eisenbahnbau (primitivst: Sägen und Bohrer!): erstaunlich, was damals durchs Land gelegt wurde. Recife– São Francisco war die erste Eisenbahnstrecke in Pernambuco (1858 Einweihung des 1. Teilstückes) und die zweite Brasiliens! Draußen im Bahnhof große Wildwestlok, schön farbig restauriert.

Our Lady of Conception, Recife

Am Praca da Independencia, dem zentralen Platz der Insel die Sto. Antonio- Kirche, brasilianischer Kolonialbarock (1753), oben Kanonen, um das Wasser vom Dach abzulassen. Stände von Straßenverkäufern, dichter Verkehr und in der Rua 1 de Marco das Zeitungsgebäude des DIARIO DE PERNAMBUCO, der ältesten Zeitung des südamerikanischen Kontinents, 1825 gegründet. Ein altes Haus mit vielen Verzierungen und einem Türmchen mit Glocke.

CAPELA DOURADA, Rua D. Barreto, ca. 2oo m von Prca. Independencia im Convento São Francisco gehört zu den kunstgeschichtlich bedeutensten Kirchen Brasiliens. Eingang über dir Rua Imperador. Geöffnet: Mo.–Fr.: 8 – 11.3o und 14 - 17 Uhr, Samstags: 8 - 11.3o Uhr.

Die Nordspitze der "Recife" - Insel mit Gartenanlagen und dem Teatro St. Isabel sowie Palast des Pernambuco- Governeurs.

Südlich von Prca. Independencia SÃO PEDRO DOS CLERIGOS , an der Trav. São Pedro, die vom geschäftigen Platz vor dem Convento do Carmo (Marktschreier, Busverkehr, Hochhäuser) ausgeht. São Pedro dos Clerigos (1782) besitzt eine sauber ausgearbeitete Fassade in port. Kolonialstil und innen schöne Schnitzarbeiten. – MERCADO DE SÃO JOSE: Früchte, Gemüse, Kleider etc., in geringem Umfang auch Kunstgewerbe. Hauptmarkt von Recife. Zieht sich in die Seitenstraßen hinein bis zum alten Busterminal Santa Rita.

PATIO SÃO PEDRO mit Musikanten, Boutiquen, Cafes!

Museu do Azucar:

Stadtteil Casa Forte
Bus ab Centro

Av. 17 de Agosto 2187, Casa Forte
geöffnet 11.00 – 17.00 Uhr, So und Feiertag 13.00 – 17.00 Uhr

Lohnender Querschnitt durch die Zuckerrohrgeschichte Pernambucos. Zu sehen: Sklavenhand- und Fusschellen. Einsatz von Wasserkraft und Ochsen zum Zuckerrohr mahlen, alte Dokumente. Besonders interessant, – nicht nur für Grafiker, ist eine Sammlung von Rumflaschen und phantasievollen Etiketten. Originell eine zerquetschte Flasche mit Aufkleber eines Besoffenen. Keramik von Caruaru: Arztszenen mit blutigen Operationen, wo Gedärme rausgezogen werden, bohrende Zahnärzte, – alles in Keramik nachgebildet.

Museu do Homen do Nordeste (Antropologisches Museum):

selbes Gebäude und selbe Öffnungszeiten wie Museu do Azucar. Querschnitt von erster Besiedlung Pernambucos zu Indianerwaffen, Schmuck, Türschlössern, Kachelmustern, Lampen in orginellen Formen und alten Telefonen.

Balsaflöße, Boote und Jangadas sowie Kugelhüte aus dem Sertão, Holzschnitzereien und Folklore.

Francisco Ribeiro Pinta Guimaraes:

altes Kolonialhaus gegenüber vom Museu do Azucar, gebaut 1874. Eine alte Feudalvilla mit vielen Bildern alter Köpfe bezüglich Joaquin Nabuco (1849 – 1910) . Interessant: eine Zeitung vom Samstag 6. September 1890 auf Stoff gedruckt!

Museu do Estado:

Stadtteil Gracas
Bus ab Centro

Rua Barbosa 96o
GeöffnetDi. – So.: 9 - 17 Uhr
alte Bilder, Dokumente, Waffen und Möbel aus der Kolonialzeit Pernambucos. In einem alten Haus aus dem 19. Jhd., besonders wegen Landschaftsmalereien lohnend, die den Flair des vergangenen Jahrhunderts in Pernam-

buco eingefangen haben.

BADEN

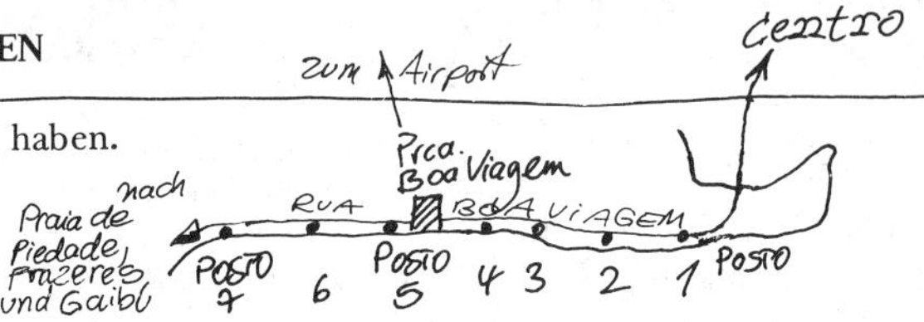

** BOA VIAGEM, bester im Stadtbereich. Wo früher Palmen, Bretterhütten und US- Army- Baracken standen: heute die Hochhaus- Skyline von Recifes bestem, modernstem Wohnviertel. Gleich hinter der Küstenstraße runde 8 km durchgehend feiner Sandstrand, Palmen und ca. alle 15o m eine Hütte, wo's Coconuts aufgeschlagen zum Ausschlürfen gibt. Dahinter Hotels, Restaurants, Boutiquen in Seiten-und Parallelstraßen.

Zentraler Platz: PRACA BOA VIAGEM mit Flohmarkt jeden Sa und So. Der Boa Viagem ist in Postos (Türmchen am Strand) aufgeteilt, nach denen man sich schneller orientieren kann: Posto 1 am Anfang des Strandes etwa beim "Maxim", Posto 5 beim Prca Boa Viagem.

Der Strand ist von einem durchgehenden Felsriff geschützt, das ca. 5o m vor dem Ufer liegt. Bei Ebbe bildet es einen natürlichen Pool; das Wasser wärmt sich gleichzeitig während der Monate Dez – März bis auf ca. 27° C auf. Später bei aufkommender Flut (erste Welle über Felsriff) kühler.

Zum Baden und Relaxen ist Recife in jedem Fall besser als Salvador do Bahia! – ** PRAIA FARINHA/PRAIA DO FAROL, beide in Olinda, nördlich von Recife. Letzterer mit Pool, wieder durch vorgelagerte Riffs. Zwischen beiden liegen unzählige Restaurants am Meer. Abends schöner Blick auf das Lichtermeer von Recife. Am Wochenende Hauptausflugsziel von Recife. Busse ab Centro. Weitere Strände: siehe "Umgebung von Recife"

Verbindungen: ab Recife

✈ Flughafen:

"Guararapes", 11 km vom Centro bzw. ca. 2 km vom Boa Viagem. Dichtes Flugnetz mit mehreren Abflügen pro Tag mit Jets nach Natal, Fortaleza, Sao Luis, Belem (Anschluß Amazonas/Manaus), sowie nach Aracaju, Salvador, Rio (Anschluß in Salvador nach Brasilia und Landesinnerem).

Propellermaschinen der "Nordeste" fliegen tägl. außer Sonntag von Recife nach Paulo Alfonso und Petrolina, sowie ab Recife über Campina Grande nach Natal.

Recife ist gleichzeitig internat. Airport: "TAP", die Portugiesen fliegen nach Lissabon und – LTU, die Deutschen nach Düsseldorf und München!!

BUS ab Airport tagsüber alle 1o Min. via Boa Viagem ins Centro. Ca. 3o Pfennige.

TAXI: weiße Taxis erheblich teurer als rot-orange. Walter Schmid schrieb uns "Taxis in Recife. Eine Gruppe am Flughafen hat nun das Monopol (es sind grosse Wagen, hell gestrichen). Man geht besser über den Vorplatz des Flughafengebäudes weg zur Hauptstraße und nimmt sich eines der vorbeifahrenden Volkswagen-Taxis", die erheblich billiger sind.

Rodoviario:

Mit dem supermodernen Terminal am Stadtrand hat sich der Governeur ein Denkmal gesetzt. Nachdem derzeit rund 2o.ooo Passagiere Fernbusse ab Recife benutzen, verdienen die Taxifahrer wieder besser für den Transport vom Rodoviario in die Stadt und die Passagiere zahlen oft mehr, als für den Bustrip.

RECIFE ➳ Rio im Leito (ca. 5o US $) und Semileito (ca. 35 US $) mehrmals täglich, 42 Stunden via Salvador do Bahia. Durchgehend asphaltiert

➳ Brasilia, ein rauher Trip von 52 Std. und mehr gegenüber knapp 2 Std. im Flugzeug. Zunächst Apshalt bis Salvador, dann landein via Barreiras, nur teilweise Asphalt. Täglich mit "Itapemirim", ca. 35 US

➳ Salvador do Bahia (ca. 14 Std.) mehrmals täglich ca. 1o US $ Semileito

➳ Natal, asphaltiert via BR 1o1, vielmals täglich, Zwischenstop in João Pessoa. 5 Std., ca. 3 US $

➳ Belem am schnellsten via Teresina. Ein rauher 4o Stunden- Trip, auch wenn durchgehend Asphalt. Ca. 25 US $ im Conv., täglich, bzw. entlang der Küstenroute, Natal–Fortaleza mit Umsteigen in Fortaleza. Ca. 6o Std., bzw. Übernachtung in Fortaleza.

Täglich nach Juazeiro/Petrolina (ca. 6 US $), nach Picos (ca. 5 US $)$) und Paulo Alfonso (ca. 5 US $, Leito ca. 1o US $).

Ferroviario:

Die großen Zeiten der "Great Western Railway" in Pernambuco sind vorbei. Die Dimension des Bahnhofes im Zentrum von Recife läßt früheren Personenverkehr erahnen.

AB RECIFE:	a) nach Salguero	6o7 km	ca. 2 - 3 US $ je nach Klasse	15 Std.!
	b) nach Maceio	348 km	ca. 1 - 1,5 US " " "	7 Std.!

sowie Vorortstrecke täglich nach Jabotao und nach São Lorenco. Falsch ist die Information, es gäbe eine Eisenbahnverbindung nach Natal. Die Gleise liegen noch, sind aber seit langen Jahren nicht mehr für Personenverkehr benutzt, da schneller per Bus.

Olinda: ①

AUSFLÜGE AB RECIFE

Gemütliches Kolonialnest* vor den Toren von Recife, auf Hügeln gelegen mit teils phantastischem Blick, Palmen und vielen erhaltenen Kolonialhäusern.

BUS: ab Boa Viagem, Cons. Aguiar und Prca. Boa Viagem mit Aufschrift "Olinda"
" Centro: Rua Jiqueirs Campos mit Aufschrift "Piedad Olinda", 11 km

Zufahrt von Recife über eine 6 spurige Schnellstraße. Olinda kann man bequem zu Fuß machen. Mietwagen wegen kleinen Entfernungen, aber auch schlechten Parkmöglichkeiten in den engen Gassen eher hinderlich.

Lohnend: die Klosterkirche SÃO BENTO (ungemein ausgewogener Brasil-Barock. 1582, restauriert 1761. Mit schönem Goldaltar und Deckengemälden), – über die Rua São Bento und deren Verlängerung, die Rua Bernardo Vieira de Melo zum MERCADO DA RIBEIRA. War früher Sklavenmarkt für die Funktion Olindas als Umschlagplatz für den Weiterverkauf an Fazendas im Landesinneren. Heute Kunstgewerbegeschäfte und Galerien. MUSEU DE ARTE CONTEMPORANEA, Rua 13 de Maio, Parallelstraße

* das Zentrum zwischen São Bento, Academia Gertrudes und Kloster São Francisco. Der Rest: moderner Großstadt Vorort, teils auch mit Slums.

zur Bernardo Vieira.(offen Di.–Fr. 8 - 18 Uhr, Sa. und So. 13 - 18 Uhr).

Bereits vom Mercado zu sehen: ACADEMIA STA. GERTRUDES auf dem höchsten Hügel des Ortes: von hier oben fantastischer Rundblick über Olinda, Küste und Recife. Besonders schön kurz vor Eindruch der Dämmerung: flimmerndes Lichtermeer der Stadt Recife, eisblaues Wasser und Dunst über dem Meer am Horizont, Palmen und vor dem Hafen Recifes deutlich zu sehen das vorgelagerte Riff. Die Akademie ist heute Mädchen- Internat; interessant die danebenstehende Kirche MISERICORDIA.

Auf der Anhöhe weiter über die Rua Bispo ("Tapetes Olinda": exclusives Wandteppichgeschäft, grob gewebt, hat uns in Farbgebung weniger überzeugt. Schön aber die große Kolonialveranda des Hauses!), vorbei am MUSEU DE ARTE SACRA: eines der interessantesten Museen des Nordeste. Populärkunst, Gemälde aus der Barockzeit, Kirchenkunst sowie periodische Ausstellungen. Gut präsentiert, sehr lohnend! Geöffnet Di. – So.: 1o - 18 Uhr.

Am Ende der Rua Bispo (ca. 3oo m) öffnet sich ein kleinerer Platz (Alto da Se) mit Ständen, Holzbänken und kleinen Kiosken, wo Essen über Holzkohlefeuern brutzelt. Besonders am Wochenende viel los und schöner Blick. Das bei diesem Platz liegende PALACIO EPISCOPAL war erstes Episkopal Brasiliens, von Jesuitischen Priestern gegründet. Hohe Imperial-Palmen, rund 4o m und 2oo Jahre alt! Am Ende des Prca da Se liegt die Kirche DA SE, die gebaut 1535 bei der Gründung Olindas, die älteste Kirche des Nordeste Brasiliens ist. Die Straße weiter in Verlängerung, aber auf gleicher Hügelhöhe bleibend, kommt man nach ca. 3oo m oberhalb des CONVENTO SÃO FRANCISCO (fantastischer Blick über die roten Ziegeldächer, Palmen und Meer.).Gebaut 1585, erster Convento der Franciscaner in Brasilien. Schöne Holzschnitzereien und portugiesische Kacheln. Besonders schön die im Convento gelegenen Kapellen "das Neves" und "São Roque".

Der eben beschriebene Rundgang von SÃO BENTO bis SÃO FRANCISCO verläuft weitgehend auf der Höhe eines U- förmigen Hügels, der sich zum Meer hin öffnet und als zentralen Platz den PRACA DO CARMO mit gleichnamiger Kirche einschließt.

Am Wochenende von Glühlampen- Lichterketten erleuchtet. In dem Park vor der Kirche Holzbänke und über offenen Holzkohle oder Gasfeuern Suppen, gebratene Hühnerbeine, Fleisch mit Reis etc. Im "Centro de Arte Popular", Prca. do Carmo jeden Fr., Sa. und So. Abend Volksmusik.

STRÄNDE OLINDA: beste sind Praia do Farol (ab Prca. do Carmo über die am Meer entlangführende Rua do Sol, ein Restaurant nach dem anderen!) und der Praia do Farinha beim Hotel Quadro Rodas (ca. 5 km ab Prca. do Carmo, Stadtbus). Siehe auch Seite

WER RECIFE besucht, sollte unbedingt einen Abstecher nach Olinda machen. Am Wochenende ist am meisten los. – Ansonsten: rund 25o.ooo Einwohner (!!), Tourismus und Plastikindustrie, Düngemittel, Textilien.

Insel Itamarca:

(2)

Paradiesinsel mit Palmen und langen Sandstränden, 41 km nördlich von Olinda. Itamarca ist beliebtes Ausflugsgebiet am Wochenende. Zugleich ist hier eine Sträflingskolonie stationiert (ein Polizeiposten kontrolliert am Damm, der die Insel mit dem Festland verbindet). Die Sträflinge dürfen auf der Insel frei rumlaufen, betätigen sich mit Ackerbau bzw. Schnitzereien. Keine Zuchthauskleidung, nur Nummern. Am Wochenende darf die Freundin zu Besuch kommen, eine Art moderner Strafvollzug, wobei es ihnen im "Zuchthaus" vielfach besser als in der Freiheit geht! Wer die Freundin heiratet, bekommt übrigens 1/2 der Strafe erlassen. Die Flucht verhindern Mangrovensümpfe und Haifische um die Insel.

BUS ab Recife und Olinda zum Ort Itamarca an der Ostküste (=Atlantikseite) der Insel. Fahrzeit knapp eine Stunde. Hier gibts ein einfaches Hotel, jedoch nicht unbedingt zu empfehlen. An Stränden wesentlich schöner und am Wochenende weniger überlaufen: der Strand vor dem holländischen FORT ORANGE (163o), 4 km südl. vom Hauptort Itamarca. (Strandrestaurants). Wie Walter Schmid erzählte, vermutete er hier aus früheren Jahrhunderte Kolonialsachen. Tatsächlich wurden nur knapp 3 cm unter'm Sand kleine Tabakpfeifchen, ein goldenes Kreuz und andere Sachen aus der Kolonialzeit gefunden! – Beste Zeit für klares Wasser: März–Sept.

Im Inselinneren Ruinen von Sklavengütern und die älteste Zuckerrohr-Raffinerie Brasiliens. – Auf dem Weg von Recife nach Itamarca, kurz vor Beginn des Dammes auf dem Festland das lohnende Kolonialstädtchen IGARASSU (knapp 4o.ooo E.), das ebenfalls wie die Altstadt von Olinda unter Denkmalsschutz steht.

Caruaru

FAGENDA NOVA

(3)

Der Bus braucht ca. 2 Std., bzw. per Eisenbahn. 135 km ab Recife, landein. Wird öfters als einer der "besten" Märkte Brasiliens bezeichnet (Mi. und Hauptmarkt Sa., 6 - 16 Uhr). Lebensmittel, Keramik, Lehmfiguren, Ledersachen und Flechtarbeiten. Aber auch auf Trödelmarkt alte Uhren, Gewehre etc. Nachdem das meiste aber auch in Recife (z.B. Casa da Cultura) in den Handel kommt, ist die Frage, ob sich die 4 Std.- retour-Fahrt wegen dem Markt lohnt. Wegen der Landschaft sicher.

HOTELS: bestes: "Hotel do Sol" an der BR 1o4/BR 132, billigere im Ort ("Agreste", Rua Mestre Pedro, – "Centenario", Rua 7 de Setembro) . RESTAURANTS: gut: "Hotel do Sol" mit Blick, am Ortseingang, bzw. "Mae Amara" in der Rua São Paulo,billig.

FACENDA NOVA mit dem größten Open Air Theater der Welt, – 1 km entfernt in NOVA JERUSALEM. Besonders lohnend am Wochenende vor Ostern. Dann finden dort nämlich die brasilianischen Passionsspiele statt. Man spielt auf 12 verschiedenen Bühnen und die Tausende von Zuschauern die aus aller Welt kommen, wandern mit den Schauspielern von Bühne zu Bühne mit..

ORGANISIERTE AUSFLÜGE ab Recife, bzw. mit öffentlichem Bus nach Caruaru und dort weiter per "Combi" nach Fazenda Nova, ca. 5o km durchgehend Asphalt. Abfahrt, wenn der "Combi" voll ist. Das Theaterfest dauert 5 Tage ab Gründonnerstag gemäß Ablauf in der Bibel. Die Theater- Stadt ist von einer 3 m dicken und 7 m hohen Mauer mit Stadttoren umgeben, Gelände 7o.ooo m^2. Nachbildung von Tempeln und Gebäuden. Der "Sound" wird mit mehr als 2oo Lautsprechern, die über's Gelände verteilt sind, übertragen.

Während der anderen Monate des Jahres werden andere Theaterstücke vorgetragen, aber auch Musikveranstaltungen. So spielten hier Gilberto Gil, Vinicius und andere berühmte brasilianische Künstler. Veranstaltungs- Infos über "Empetur" in Recife, M. J. Alencar 4o4, Boa Vista.

HOTELS IN FACENDA NOVA:
"Grande Hotel" und "Pousada dos Sete Segredos", beste, sowie "Fazenda Nova". Zu Festspielzeiten sind sie aber absolut voll und auf Monate im Voraus ausgebucht, verständlich, da ca. 5o.ooo Leute im Schnitt kommen und der Ort unbedeutende Größe besitzt. Kontakt: Rua Tupinquin 5419, Santa Amaro Recife/PE

Die meisten schlafen im Zelt/Nova Jerusalem. Ein weiterer Reiz der Festspiele. Warme Sachen mitnehmen, da kühle Nächte: 61o m Höhe.

LOHNENDE RUNDFAHRT ab Recife (ca. 1 Tag mit eigenem oder Miet-PKW): von Recife über Caruaru und Nova Jerusalem. Nach einem Mittagessen weiter nach Taquaratinga do Norte (2 Hotels, auf Anhöhe, schöner Rundblick über Küstenebene, Kaffeepflanzungen und Baumwolle) »→ Limeiro (Schwesternorden, Handarbeiten Decken) »→ Recife. Einblick in die nähere Umgebung Recifes. Mit öffentlichen Verkehrsmitteln möglich, jedoch wegen Anschlüssen 2 Tage. Übernachtungsmöglichkeit in allen genannten Orten. –

4 Garanhuns:

Das kühle,* in ca. 9oo m Höhe liegende Garanhuns (24o km westlich ab Recife) ist beliebter Ausflugs- und Ferienort der Leute von Recife in den heißen Sommermonaten. Mehrere Mineralquellen in der näheren Umgebung, die für Recife in Flaschen abgefüllt werden, rund 7o.ooo* Einwohner, Restaurants.

HOTELS: "Tavares Correia", Av. Rui Barbosa 296 mit großem Swimming-Pool in Park, Tennis und andere Sportmöglichkeiten, mittel bis teuer. – "Monte Sinai" mit schönem Blick am Ende der Rui Barbosa und "Petropolis" im Ortszentrum, billig.

Ob sich Garanhuns für einen speziellen Trip ab Recife lohnt, sei dahingestellt. Es liegt jedoch an der BR 423 von Recife nach Paulo Alfonso etwa auf halber Strecke und bietet sich dazu als Zwischenstop zum Relaxen an. Täglich Busse ab Recife.

5 Trifuno:

45o km ab Recife an der BR 232 (Recife »→ Teresina) mit Stichpiste 18 km ab Serra Talhada. TRIFUNO liegt in rund 1.ooo m Höhe, eine Gartenstadt in der sonst trockenen Sertão. Durchschnittstemperaturen um 18° C, Anbau von Cafe und Bananen an den Hängen und in den Tälern der Serra de Borborema. Übernachtungsmöglichkeit im Hotel "Santa Elisabeth", das den katholischen Schwestern gehört, zum Teil Deutsche, die damit ein Waisenhaus unterhalten.

---

* Durchschnittstemperaturen: 19° C , – während der Saison bis zu 9o.ooo Einwohner!

BUS: täglich mit Recife und Teresina nach Serra Talhada. Hier umsteigen in den Regionalbus nach Trifuno.

Strände im Süden:
GAIBU/CABO/PORTO DE GALINHAS (6)

Die schönsten Strände der Umgebung von RECIFE liegen im Süden. Zu erreichen mit Regionalbussen ab Rodoviario.

Die besten: * GAIBU (3o km) mit Palmen, hoher Brandung, Sandstränden - in die große schwarze Rundfelsen verstreut sind. Zu erreichen ab Recife mit dem Bus nach Cabo (rund 4o km) an der BR 1o1, alle 3o Min. Von hier 15 km Stichpiste nach Gaibu (Bus 2 - 3 mal täglich, am Wochenende öfters). Schöne Strände im Bereich des Fischerdorfes Gaibu: "Praia Itapoama" und Praia das Pedras" (Felsformationen). Schöne Wanderung um den Landvorsprung Richtung Süden zum * "SÃO AGOSTINHO" beim Fischerdorf Suape: eine enge Bucht mit weißen Sandsteinfelsen und optimalen Tauch/Schnorchelmöglichkeiten. Wurde durch die Anlage eines Tankerhafens jedoch leider völlig versaut.

* PORTO DE GALINHAS, rund 75 km südlich von Recife, Busse ab Rodoviario/Recife: ein Paradies für Schnorchler. Das vorderste Riff hält die Brandung ab. Im wild zerklüfteten Riff dahinter kann man im warmen Wasser herrlich Fische, Korallen und Algen beobachten. Offizieller Campingplatz der "Empetur"/Recife. Palmen und Fischerhütten mit Strandrestaurants. Jangadas.

* SÃO JOSE, rund 1oo km ab Recife (Busse), größerer Ort an der Küste mit mehreren Hotels und guten Restaurants, z.B. "Hotel do Frances" am Praia (gehört Franzosen, einfach und relativ billig, zudem gute Fischgerichte). Bestes Hotel "Pousada Carolina" (ca. 25 US $) am Strand. Beste Strände: * COROA GRANDE im Ortsbereich und der 8 km südlich gelegene * MANGUE (Fischerdorf). 28 km südlich von São Jose liegt an der Küste und BR 1o1 * MARAGOJI. Restaurant am Meer mit 2 oder 3 Zimmern, ein verschlafenes Fischernest mit Traumstränden.

BESTEN DANK im Recife- Teil an Walter Schmidt, der seit vielen Jahren in Recife wohnt und mit uns die Restaurants durchcheckte, wie auch Infos zu dem Bereich nördlich Recifes beisteuerte, – an Hans Jürgen Zinner, der 7 Jahre in Recife wohnte, sowie an Jean Marc Guillod und Guido Karrasch.

RECIFE ➳ MACEIO ➳ ARACAJU ➳ SALVADOR DO BAHIA

833 km über die BR 1o1. Traumstrände, die Abstecher lohnen! Täglich mehrere Busse bzw. Flüge runter nach SALVADOR/Bundesstaat Bahia. Der Bus braucht für die Asphaltstraße entlang der Küste runde 14 Stunden (ca. 1o US $), – der Flug ca. 1 Std. (ca. 5o US $).

Die Strecke führt durch zum Teil umwerfend schöne Landschaften, Cocospalmen, Sanddünen, vorbei an kleinen Fischernestern. Markttag ist hier zumeist der Sonntag: auf dem Gehsteig werden Matten ausgebreitet, auf die man die Cocosnüsse kunstvoll stapelt, – farbig schillernde Tropenfische, Früchte, Kleider und Schmuck. Das Meer wechselt von türkisblau zu tiefblau. Dann geht's wieder durch endlose Zuckerrohrplantagen.

Vom Bundesstaat Pernambuco (Hauptstadt Recife) geht's rüber nach Alogoas. Der Küstenteil Pernambucos dieser Strecke siehe vorherige Seite! Grenze beider Bundesstaaten ist der Fischerort SÃO JOSE. Kurz hinter Maragoji biegt die BR 1o1 von der Küste landein ab und trifft erst knapp 3o km vor Maceio wieder auf die Küste. Fahrtzeit Recife – Maceio im Direktbus runde 4 Stunden.

Es lohnt sich, in MACEIO (25o.ooo E.) einen Zwischenstop einzulegen. Die Stadt hat viel Kolonialatmosphäre und liegt inmitten einer Meereslagune, die zu einer der schönsten Brasiliens zählt!

HOTELS: ein ganzer Schwung Billighotels um den Rodoviario. Im Schnitt 5 - 1o US $ für's Doppel. "Aber winzige Räume, kein Fenster, Toilette und Dusche schmutzig" wie G. Karrasch schreibt. – Top: "Luxor" am Strand, Duque de Caixas, mit schönem Blick und Swimming Pool, ebenso "Beira Mar", Duque de Caixas, – "Beiriz", im Zentrum, Hotel für Geschäftsleute, Rua João Pessoa 29o, mittel bis teuer, – "California", Rua Barao de Penedo 33 (Zentrum), beide haben gute Restaurants, – Billig: "Dormitorio", Semhor do Bomfin, geführt von Padres, – "Parque", mit ausgezeichnetem Restaurant, Praca D. Pedro II (Zentrum).

RESTAURANTS: "Recanto" gute internat. Küche, Av. Dr. Artur Juqua, – "Bar das Ostras", Rua Cruzeiro do Sul 487: ausgezeichnete Fischgerichte, – "Trapiche", Av. Siqueira Campos: gute Churrasceria, – "Dragao", Chinese, Duque de Caixas

Fahrt mal mit dem Boot über die Lagune; Abfahrt ab Trapiche Kai in der Nähe des "Rei Pele" - Fußballstadions. Ziel z.B. "Marechal Deodoro", die ehemalige Hauptstadt des Alagoas Bundesstaates, eine alte portugie= sische Gründung. Hieß ursprünglich Santa Maria Magdalena da Lagoa do Sul und wurde umgetauft in den heutigen Namen zu Ehren des ersten Präsidenten des brasil. Staates. Einige schöne Kolonialbauten, sowie das Geburtshaus des ersten Präsidenten. – Ein andeerer schöner Eintagesausflug führt nach PENDEO am São Francisco, einer alten Siedlung von 1535 mit schöner Flußkulisse. Busse ab Maceio.

Schöne Strände der Umgebung sind: PAJURCA BEACH, ca. 15 Min. mit dem Bus, einer der beliebtesten Strände der Leute von Maceio, oder SETE COQUEIROS (die 7 Palmen, ca. 5 km ab Zentrum, Busse), PONTA VERDE (ca. 6 km, Busse) und weitere (alle eben genannten im Norden), – als schönster gilt der "PRATAGI" , 19 km im Süden mit einem Natur-Pool, der durch eine Kette Korallenriffe vom offenen Meer geschützt ist.

MAÇEIO

BUSTERMINAL: Rua Barao Atalaia.
Mehrmals täglich nach Recife und Salvador. Weitere: Caruaru und Paulo Alfonso

EISENBAHN: Rua Barao de Andaia, nähe des Praia do Sobral. Für Personenverkehr ist noch in Betrieb die Strecke nach Recife, die allerdings einen kräftigen Umweg übe Landesinnere einschlägt. Schneller in jedem Fall der Bus auf der BR 1o1

FLUGHAFEN: dos Palmares, ca. 25 km außerhalb. Täglich Jet- Verbindung mit Recife und Salvador do Bahia.

ARACAJU: 355 km vor Salvador bzw. 493 km nach Recife. Wichtigster Hafen zwischen Recife und Salvador, insbesondere auch, nachdem Erdöl vor der Küste entdeckt wurde. Industrie/ Wirtschaft: Zuckerrohr, Kakao, Reis, Salz und Gemüseanbau. Knapp 3oo.ooo Einwohner, Hotels, Restaurants. Interessant in der Umgebung: die ehemalige Hauptstadt von Sergipe: SÃO CRISTOVAO, ca. 25 km südlich mit Kolonialhäusern. Einfache Hotels/Restaurants.

Die BR 1o1 führt zwischen ARACAJU und SALVADOR weit von der Küste entfernt durchs Landesinnere, via Alagoinas. Landwirtschaft: vorwiegend Zuckerrohr.

ALTERNATIVE:
Recife ≫→ Salvador via Paulo Alfonso:

Erheblich länger, staubiger und stressiger, aber interessanter Einblick ins Landesinnere. Die ehemalig fantastischen Wasserfälle sind seit Bau des Staudammes zu einem Minimum reduziert.

PER BUS: stressig, da viel "ripio". Täglich ab Recife nach Paulo Alfonso über die asphaltierte BR 423 1o- Std.- Trip, sowie ab Paulo Alfonso nach Salvador weitere 1o Std. (435 km), zu 6o % Schotterpiste, ebenfalls täglich Busse. Insgesamt ca. 1o US $. Wer die Strecke per Bus macht, sollte einen Stop in Garanhuns einlegen, siehe 3 Seiten vorher!

PER FLUG: erheblich bequemer: 2 mal pro Woche mit "Varig Cruzeiro do Sul"- Jet , knapp 3o Min. zwischen Recife und P. Alfonso sowie weitere 3o Min. nach Salvador. Zeit für Stopover 1 Tag in Paulo Alfonso, welches ausreicht. Insgesamt ca. 5o US.

Paulo Alfonso:

6o.ooo Einwohner, Flughafen knapp 6 km außerhalb. Die Fälle selber sind ca. 9o m hoch und zur Zeit der Regenfälle (Jan – Feb.) empfehlenswert, da seit dem Bau des Kraftwerkes der Großteil des Wassers seitlich durch die Turbinen abgezweigt wird.

1. KRAFTWERK war die 26 km von Paulo Alfonso entfernte Usina Delmiro Gouveia, 1913 mit einer Leistung von 4o KW. Zwischenzeitlich bringen die verschiedenen Turbinen eine Leistung von 5 Millionen KW (!). Sie unterstehen der CHESF (Companhia Hidroelectrica do São Francisco). Zur Besichtigung ist eine Genehmigung nötig, die man in der Av. Getuilo Vargas erhält.

HOTELS:
"Grande Hotel de Paulo Alfonso", direkt an den Fällen/Kraftwerk, bestes Hotel, – sowie "Belvedere", Av. Andre Falcao, "Palace- Hotel", Av. A. Falcao, beide Zentrum. Billig sind "Guadalajara (Av. Landulfo Alves) und "São Francisco"Av. G. Vargas.

Der **Rio São Francisco** auch "Chico", wie ihn die Flußbewohner liebevoll nennen, gehört mit 2.8oo km zu den größeren Strömen Brasiliens. Bis vor kurzem verkehrten alte Missisipi- Schaufelraddampfer, die mit Holz "gefüttert" wurden. Zweistöckige Auf-

CARRANCAS
Gallions-
Figuren
auf São Francisco-
Schiffen, die durch ihre
Fratzenhaftigkeit vor allen
Widernissen beschützen
sollen.
Eine kolleletion ist im
Museum von JUAZEIRO
zu sehen.

bauten mit umlaufender Reeling, eine Kombination aus Transportschiff für alles, was entlang des Flusses benötigt wird (von Post bis Baustoffen) und was entlang des Flusses produziert wird (von Mais bis großen Zuckerblöcken). Die Passagiere dazwischen, drüber bzw. in der Hängematte oder beim Bier mit dem Kapitän.

Juazeiro: war bis zum Bau des SOBRANDINHO–STAUDAMMES Endpunkt der Reise auf dem Rio São Francisco wegen anschließender Stromschnellen und Wasserfälle auf dem Unterlauf.

5o.ooo Einwohner, Flugverbindung tägl. mit dem "Nordeste"–Propellerflugzeug, das auf der anderen Seite des Flusses in Petrolina auf kurzer Sandpiste landet. Ebenso täglich Busverbindung über die 5o4 km Asphaltpiste nach Salvador do Bahia, – per Schotter/Asphalt nach Recife und per Asphaltpiste (BR 4o7) nach Teresina–Belem.

HOTELS: "Grande Hotel de Juazeiro" am Fluß, ein moderner Betonkasten mit Swimming Pool, Rua Jose Petitinga, – "Vitoria", Prca. Dr. Jose Inacio, geringfügig billiger, ebenfalls modernes Hochhaus im Zentrum, sowie ein Schwung Billig- Hospedajes (Bandeirante, São Francisco, Central, Santa Rita und weitere).

Am Fluß, Prca. Imaculada Conceicao liegt der 185o gebaute Schaufelraddampfer "Saldanha Marinho", der zu einem Restaurant umgewandelt wurde.

"Museu do São Francisco" an der Prca. da Imaculada Conceicão mit Fotos und Objekten aus der São Francisco- Region, auch "Carrancas".

Orginal "Carrancas" von São Francisco- Schiffen sind wohl kaum noch erhältlich, auch wenn brasilianische Reiseführer davon schreiben. Die einheimischen Künstler sind aber sehr aktiv. Bei den bis zu 2 m hohen Figuren (die es übrigens auch in den Touristengebieten zwischen Salvador und Fortaleza an den Badestränden zu kaufen gibt), stellt sich hauptsächlich das Transportproblem. Schöne Wohnungsdekoration (Eingang!). Die Preise liegen zwischen ca. 4 US (ca. 35 cm) bis zu 3o - 6o US für die mannshohe 1,8 m-Figur. Handeln üblich.

Schiffsverkehr auf dem São Francisco:

2 - 3 mal pro Monat zwischen Juazeiro/Sobrandinho und Pirapoa, 1.3oo km flußauf im Staat Minas Gerais. Fahrtzeit flußauf ca. 1o Tage, flußab ca. 5 Tage. Kostet mit Essen in der 1. Klasse rund 5o US $, ein stolzer Preis, den sich die Einheimischen nicht leisten können, die zahlen in der 3. Klasse (empfehlenswerter!) ca. 15 US $.

Infos und Buchung: Juazeiro: Rua Jose Petitinga (beim Hotel de Juazeiro)
Pirapoa: Av. Sao Francisco 1517
Rio de Janeiro: Rua Santa Luzia 799
Belo Horizonte: Av. Andradas 367

Lago Sobrandinho:

Einer der größten Stauseen der Welt mit einer Länge von 3oo km und einer Breite bis zu 4o km! Ob sich derartige "Gigantismen" für die Bewohner positiv ausgewirkt haben bleibt dahingestellt. In jedem Fall gibt's viel Strom.

Bei der Größe des Stausees (=hohe Wellen) können die bisherigen Mark- Twain- Raddampfer auf dieser Strecke nicht mehr verkehren und wurden eingestellt.

XIQUE–XIQUE am Beginn des Stausees (Hospedajes, Restaurants) ist Handelsnest mit guter Asphaltpiste nach Salvador via Feira de Santana. In der Nähe wurden kürzlich

Höhlen entdeckt ("Moro de Chapea"); unterirdische Wasserläufe, in die man per Boot reinfahren kann.

BOM JESUS DA LAPA: ca. 3oo km flußauf ab Xique Xique ist berühmter Wallfahrtsort. Der 2o.ooo Einwohner- Ort empfängt pro Jahr an die 1oo.ooo Gläubige, die bis zu 1 Monat nach B.J. de Lapa unterwegs sind und für diverse Probleme Lösung erhoffen. Hier gibt's a) ein wundertätiges Jesusbild, sowie b) ein zu einem Heiligtum ausgebautes religiöses Zentrum "gruta Nossa Senhora de Soledade". Übernachtung "Pousada da Lapa", Airstripe für Propellermaschinen aus Brasilia und Salvador, Busverbindung nach Salvador.

LENCOIS* an der BR 242, die von Salvador kommend, auf der Strecke nach Brasilia bei Ibotirama den Sao Francisco kreuzt, ist ein angenehmes Städtchen mit 5o.ooo E., das in knapp 5oo m Höhe gelegen, im 18. Jhd. wichtiges Diamantengräber- Gebiet war. Angenehm zum Relaxen beim Long- Distance- Trip Salvador — Brasilia: "Pousada de Lencois", Rua Nossa Senhora das Vitorias. Billige Hospedajes im Centro.

Sehenswert in der näheren Umgebung: ** Glass Cachoeira (25 km), der höchste Wasserfall Brasiliens mit 4oo m.

PIRAPORA: Endpunkt der São Francisco- Fahrt; hier im Oberlauf kurz vor Pirapora hat der Kapitän bei Niedrigwasser einige Mühe mit seinem Schiff bei diversen Untiefen und Unterwasserfelsen. 4o.ooo Einwohner, Straßen- und Flugverbindung nach Belo Horizonte. 375 km per Straße.

Hotel: "Canoeiros" ist bestes des Ortes und veranstaltet jeden Samstag (bei genügend Leuten) Fahrten mit einem alten São Francisco- Schaufelraddampfer. Billighotels und Restaurants im Ortszentrum.

*Chapada Diamantina

Salvador-do-Bahia:

Estado Bahia 1.300.000 E.

Wird von vielen als eine der schönsten Städte Brasiliens bezeichnet und das nicht zu Unrecht! Viel schwarzes "Feeling", schöne Kolonial- Gassen und - Kirchen und traumhaft schöne Bays und Inseln in der Bucht von Salvador da Bahia.

Auf einem Hügel oberhalb der Bay "Todos os Santos" gelegen, besteht das Zentrum Salvadors aus 2 Stadtteilen: der Oberstadt mit über hundert Kolonialkirchen und Kapellen und vor Abbruch geschützten Gassen, – und der Unterstadt am Hafen mit regem Markttreiben.

SALVADOR DO BAHIA, 15oo von den Portugiesen gegründet, war über 2 Jahrhunderte Hauptstadt Brasiliens (1549 – 1763). Der Reichtum des Nordeste (Zuckerrohr), sowie Gold und Diamanten von den Minen im Süden machten den Naturhafen zum wichtigsten der Ostküste des Kontinentes. Auf dem Handelsdreieck Europa – Afrika – Brasilien – Nordamerika – Europa (vergleiche unser Karibik- Band Seite 83) transportierten die Handels-Segelschiffe zunächst billige Industriegüter nach Afrika, luden dort Sklaven nach Brasilien (vorwiegend für Zuckerrohr- Anbau). Pelourinho/ Salvador war im 17. Jhd. einer der wichtigsten Sklavenmärkte, – eingeladen wurden in die Schiffe Zuckerrohr, Gold und Diamanten, die teils direkt nach Europa verschifft, teils (Zucker) auf nordamerikanischen Märkten verkauft wurden. Dabei wurden die Segelfrachter anschließend mit nordamerikanischer Baumwolle und Tabak für den Transatlantiktrip nach Europa beladen. Die Rundtour dauerte im Schnitt 3 Monate.

Der Reichtum aus diesen Handelskontakten ging nicht an Salvador vorbei: teuerste Kacheln wurden inkl. Handwerkern zum "an der Wand- Fixieren" aus Portugal importiert (vergl. São Francisco!), golddüberladene Kirchen und reichverzierte Handelshäuser vorwiegend im Bereich der Altstadt, Pelourinho und Seitengassen.

Tourist INFO Die Hauptoffice beim Prca de Se ist ausgezeichnet bestückt, – sowohl mit Infomaterial und Daten, wie auch mit qualifizierten Mitarbeitern. – Enttäuschend dagegen die unfreundlichen 'Girls' vom Busterminal, die uns gegenüber nur sehr widerwillig und spröde mit Infos rausrückten. – Airport- Tourist Info war o.K. Nachdem alle Info- Filialen von "Bahiatursa" denselben, fotokopierten Plastikordner mit Infodaten unterm Tisch haben, der gut durchgearbeitet ist, dürfte Info- Beschaffung in Salvador do Bahia keine größeren Probleme aufwerfen.

Postanschrift: "Bahiatursa", Prca de Se, 4o.ooo Salvador- Bahia - Brasil

SALVADOR DO BAHIA ist derzeit eines der beliebtesten Feriengebiete der Brasilianer und es kursiert in Brasil folgendes Bonmot: wenn ein Brasilianer wenig Geld hat, so macht er in Uruguay Urlaub, – hat er mittelmäßig Geld, fährt er nach Europa, – und wenn er viel Geld hat, so räkelt er sich an einem der Strände von Bahia!

Haupt- Tourismusmonate sind Jan + Febr. Dann sind die Strände von Barra bis Rio Vermelho knallvoll, abends schieben sich stinkende Autokolonnen durch die Seitengassen, die Strandkneipen sind voll mit Bikini- und Tanga-Mädchen und hübschen Brasilieiros, aufgepäppelte VW- Buggies, Bands beim Barra- Leuchtturm open- air. Echt viel los und Aktion!

Zu dieser Zeit auch definitiv Engpässe bei Hotels! Allerdings nicht auf Stadthotels und Billigherbergen bezogen.

Defintiv gehört Salvador do Bahia auch zu den faszinierendsten Städten Brasiliens (zusammen mit RIO!). Herrlich, wenn der Jet draußen auf der Piste zwischen den Dünen landet. Baianas teilen die grünen Bändchen aus, die Glück bringen, wenn man sie in die Hosentasche schiebt oder um den Arm knüpft. Dann den Arm locker aus dem Bus (oder Taxi-)Fenster raushängen lassen: tropisch heiße Luft und auf der Av. Mangabeira (auch Av. Oceanica genannt) mit hohen Palmen und Dünen am Meer entlang ins

Zentrum:

* UNTERSTADT ("Cidade Baixa"): um den 'Saveiro'- Hafen (= kleinere Segelboote, die zwischenzeitlich alle mit Motor ausgerüstet sind, in der Baia fischen bzw. Touristen transportieren). Dieser Teil von Salvador hat sich zu einem stickigen, abgas- grauen Bezirk entwickelt, aus dem die Hochhäuser zwischenzeitlich wie Pilze so hoch gesprossen sind, daß sie fast den Level der Oberstadt erreicht haben.

Zentraler Platz: Prca Visc de Cairu mit dem "MERCADO MODELO" am alten Hafen. Ist das "Souvenirhaus" von Salvador, wo jeder hinrennt, ein umfangreicher, doppelstöckiger Holzschuppen, der erstaunlicherweise noch nicht abgebrannt ist, obwohl jeder mit Zigarette durchrennt. Vollgequetscht mit Artesania von 'künstlerisch' über 'Folklore' zu 'Kitsch'. Samba- Pfeifen aus Holz, gehäkelte Hängematten (ca. 2o DM, einfache Ausführung), – Holzschnitzereien aus Palisander, die "Figa" (Hand mit eingeklemmtem Daumen = Glücksbringer der Brasilianer) in allen Materialversionen von Holz über Elfenbein zu Gold, – vorallem aber viele interessante Textil- und Lederarbeiten. Silberanhänger, Schmuck, Bilder und Berimbao (eine Kalabasse am Bogen), Muschelohrringe, Ketten, Edelsteine etc.

Bei allem Rummel ist der 'MM' die wohl umfangreichste Auswahl an Artesania in Salvador mit dem Vorteil extremem Konkurrenzkampfes (=Handeln), – und Nachteil des zu eng gequetschten Angebotes (Überfülle stresst).

Unten: Bebidas- Stände wie Kabinen mit verschiedenem Hochprozentigem. Sowie zwei Restaurants, wobei das im ersten Stock mehr frische Luft bietet, während das untere zu Dreck tendiert.

KUNSTGEWERBE–SACHEN IN SALVADOR:

- Mercado Modelo (große Auswahl) Tägl. 8 - 18 Uhr, So. nur bis 12 Uhr
- Prca . Castro Alves (oberhalb des Mercado Modelo in Oberstadt), Rua da Barroquinha: offene Stände, vorwiegend Ledersachen, so schöne Sandalen und Taschen. Preislich meist geringfügig günstiger als Mercado Modelo (nach Handeln), aber wesentlich weniger Auswahl. Tägl. bis ca. 18 Uhr
- Prca. Quinze Novembro vor der Salvador Kathedrale,Terreiro de Jesus . Kleinkram von Berimbao bis Ketten und Ledersachen. Ein kleinerer Straßenmarkt.
- Traves S. Pires bei Campo Grande

SHOPS:
- bei Convento Carmo am Largo do Carmo und in der vorbeiführenden Rua do Carmo sehr touristisch, teils interessante Sachen, teils Kitsch
- Rua Alfredo Brito
- Airport
- Stände im Untergeschoß des Iguatemi- Shopping Centers, aber touristisch (das Shoppingcenter liegt direkt vis a vis vom Rodoviario
- für Boutiquen: Stadtteil Barra in den Parallelstraßen zur Av. Pres. Vargas.
- Instituto Maua, Av. 7 de Setembro beim Platz Largo do Porto da Barra. Keramik, Holzarbeiten, Ledertaschen, Schuhe, Häkelarbeiten und Kleider. (9-12+14-18)
- SENAC, bahianisches Kulturzentrum mit Gemäldegalerie, Fotoausstellungen etc. Pelourinho. Siehe dort!
- Kunstgalerien: vorwiegend Stadtteile Barra, Graca, teils auch Rio Vermelho

Direkt beim Mercado Modelo steht die berühmte Salvador- Plastik, von der die Einheimischen sagen, sie sei das Abbild des Hintern ihres Bürgermeisters. Daneben, selber Platz ein Swimming- Pool zwischen den beiden Straßenfahrbahnen, in den jeder reinkann (inkl. Folgen).

Rüber zum "São Marcelo Forte" in der Hafenbucht. Sich ein Saveiro-Boot mieten im Saveiro- Hafen, direkt neben Mercado Modelo.

SUPERMASSIVER Rundbau aus dem Anfang des 17. Jhd. zum Schutz der Stadt gegenüber der Seeseite, die Mauern teils mehr als 1 Meter dick. Überfahrt teuer und innen relativ wenig zu sehen.

Auf dem Vorplatz vor dem Mercado Modelo treten, zumeist abends zwischen 2o und 21 Uhr "Capoeira"- Tänzer auf. Das "Bahiatursa" empfiehlt jedoch, offizielle Veranstaltungen, so z.B. im "Senac", Pelourinho zu besuchen (Eintritt ca. 1 US $), da die Capoeira- Tänzer vor dem MM häufig Touristen nach Fotoschießen bis zu 1o US $ abgerissen hätten und bei Zahlungsunwilligkeit mit der Kamera verschwunden wären.

Der "CAPOEIRA" - TANZ ist ein Kampfspiel der Neger, – eingeführt von Neger=sklaven der Bantus zu Kolonialzeiten, welches auf den ersten Blick scheinbar Karate - ähnlich mit höchster Körperbeherrschung eine Selbstverteidigungsart ohne Waffen darstellt. Begleitet von monotonen Rythmen auf der "Berimbau" , einer Ka=labasse oder Kokosnuss, über die per Bogen eine Saite gespannt ist, die mit einem Holzstock angeschlagen wird. Der eigene Körper dient zusätzlich zur Kokosnuss als Resonanz - Körper. Der Rythmus steigert sich während des fiktiv durchgeführten Kampfes zu atemberaubendem Tempo. –

Siehe auch Karte ②

Die Unterstadt verbindet ein 7o m Aufzug mit der Oberstadt, – der berühmte "ELEVADOR LACERDA" (Bj. 193o): Mercado Modelo zum Praca Tome de Souza. Vom Geländer hier oben fantastischer Blick über die Bucht von Salvador, Schiffe und bei klarem Wetter Ilha de Itaparica. Parallel hierzu gibt's zwischen Unter und Oberstadt zwei an Seilen raufgezogene Kabelbahnen: * "Plano Inclinado do Goncalves" zwischen Prca de Se/Oberstadt und Rua F. Goncalves/Unterstadt. Sie existiert seit 1874 und die A

* "Pilar Inclinado", die zwischen Rua do Carmo/Oberstadt und Rua do Pilar /Unterstadt verkehrt. B

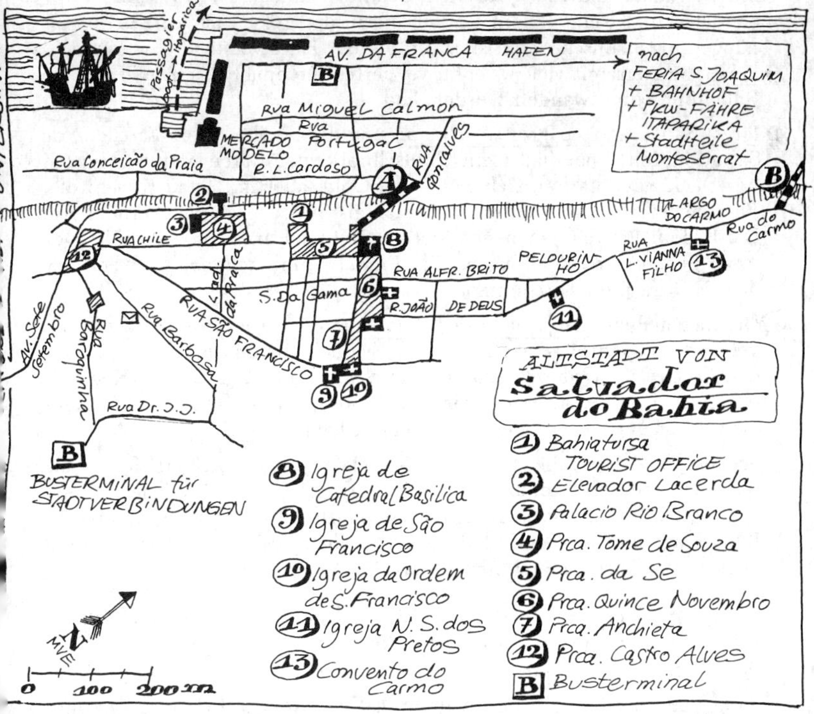

✱ OBERSTADT ("Cidade Alta") Zentrum und Herz des kolonialen Salvador. Die vielen, reich verzierten Häuser und mehr als 3oo Barockkirchen zeugen vom Reichtum vergangener Jahrhunderte, – schimmeln allerdings auch mit abbröckelndem Putz vor sich hin.

Prca. Castro Alves: Ende der 7 de Setembro, die die Altstadt mit den fashionable- Vororten Barra und Gracas verbindet. Rechts über Stufen in der Rua Barroquinha tägl. Straßenmarkt mit guten Ledersachen und Schmuck (Ketten und Ohranhängern aus Muscheln).

Rua Chile ist Hauptgeschäftsstraße des Zentrums. Zwischen Prca. C.Alves und Prca. Tome de Souza. Hier die monumentale Architektur des Palacio Rio Branco auf Säulen über dem Steilabhang zur Unterstadt (=Rathaus).

5 Prca de Se: bisheriger Busterminal für Stadtverbindungen. Schöne Glasüberdachungen auf den Warteinseln. Seit Verlegung zumindest positiv die "Entgasung" des Platzes. – Um's Eck der Prca. Quince Novembro, dritter Schwerpunkt des Altstadtzentrums. Hier liegt die (weniger) attraktive Cathedrale von Salvador und die beiden hübschen Kolonialkirchen S. Pedro dos Clerigos und da Ordem 3. de São Domingo. Jeweils mit einem Glockenturm und lebendig gestalteter Fassade im Brasil- Barock.Tägl. Flohmarkt mit Berimbao und Flechtarbeiten, Schmuck und Brasil- Souvenirs a la Sandalen und Keramik. Im Restaurant an der Ecke Rua Alfr. Brito hängen brasilianische Touristen rum, – der Platz verlängert sich zum Prca. Anchieta mit vielen, schön verzierten Kolonialhäusern, die teils in Billighotels umgewandelt worden sind.

9 Igreja São Francisco/Prca. Ãnchieta: eine der berühmtesten Kirchen von Salvador. Innen überhäuft mit Goldschnörkeln, Altären und üppig wuchernder Deckendekoration. Geblendet von Gold, aber im Detail Kitsch: die Figuren schlecht ausgearbeitet. Säulen als Stützen, überwuchernder Altar. Die Kolonialherren haben sich hier ein Denkmal im fernen Brasilien gesetzt. Sehenswert: der Eingang São Francisco mit schönen Deckengemälden: Kontrast zur Kirche und attraktiver.

10 Direkt daneben: Igreja da Ordem São Francisco. Die Fassade wurde in vergangenen Jahrhunderten zugegipst; Mönche brauchten fast 8 Jahre, um die Details wieder rauszuschaben. Beginnt mit Eingang aus Kachelresten. Am interessantesten: die Innenhöfe mit portugiesischen Kacheln, die inkl. Handwerkern über den Atlantik kamen.

Szenen vor dem Erdbeben in Lissabon (1755), einzige Überlieferung auf der Welt und von Krönungsszenen in Portugal (1729). Die Kacheln in Delfter Farben kamen in Kiste über den Atlantik, in Art Puzzle inkl. Bildvorlage und wurden in Salvador von portugiesischen Künstlern zusammengesetzt. Nicht immer stimmt das Puzzle.

PELOURINHO das Herz der Altstadt zwischen Prca. Quinze Novembro und Prca. do Carmo ; – nach UNESCO wichtigstes Kolonial- Ensemble der Welt.

Vom Platz der Salvador- Cathedrale (Quinze Nov.) gehts über die Kopfstein- holprige Rua Alfr. Brito (in der definitiv Diverses restauriert wird) den Hügel runter zum Prca. Pelourinho, meistfotographiertes Motiv Salvadors. Eine Fülle hübscher Kolonialbauten mit der attraktiven Igreja N. S. dos Pretos. Das Kulturinstitut "Senac" hat sich daneben etabliert; hier gibts auch excellente Milchshakes, wobei die Hand aber permanent die Fliegen verscheuchen muß.

Über die Rua L. Vianna Filho (viele Kolonialhäuser!) rauf zum Largo do Carmo mit gleichnamigem Convento.

13 Museo do Carmo: Sakrales aus Kirchen wie Heilige mit Heiligenschein, Kirchenstühle und typisch: lange Glaskästen mit Geldscheinen aller Währungen. . . Interessant bei den Scheinen: viele wertlose Sachen wie Klopapiergroße 5oo- Rubelscheine. Ein 1o- DM- Schein ist auch dabei und dürfte wertbeständiger sein. Bei der Kasse gibt's

Mini- Figuren von Heiligen, die definitiv Glück bringen, wenn man sie in die Hosentasche schiebt.

Vor dem Convento alte Kolonialhaus- Fassaden wie Theaterkulissen! Schön für Fotos. Die Rua do Carmo endet am Prca. Barao de Trifuno, auch Largo do St. Antonio genannt. Das alte Fort wird heute innen zum Basketball- Spielen genutzt; vom Platz schöner Blick über die Todos os Santos Bucht.

PELOURINHO ist der schönste Teil der Altstadt und zugleich ältester (Prca. Quince Setembro bis Largo do Carmo). Die optimale Lage auf den Hügeln oberhalb der Bucht Todos os Santos ergibt bei vielen Häusern Superblicke; das hügelige Gelände,- zugleich lebendige Straßenführung und "Ladeiras". Hier arbeiten Architekten, Ärzte und Sozialarbeiter an der Erhaltung des Stadtkernes, der derzeit morbid zerbröckelt und von Slums durchsetzt ist. Der Neubau von Hochhäusern (Campo Grande bis Barra) ist billiger als die kostspielige Renovierung von 200 - 300 Jahre alten Häusern. Derzeitige Situation: a) touristisch fördernd ohne größere Investitionen, – b) VW- Taxis kratzen sich die "Schwänze" an den Stein-Ecken der engen Gassen ab, – c) Hoffnung auf UNESCO- Founds bei weiterem Verfall der vom Regen der Jahrhunderte grau bis schwarz mit Moos überwachsenen Wände. . .

Stadtstruktur/neuere Viertel:

etwa seit Jahrhundertwende expandierte Salvador stark, wobei die neueren Stadtviertel GRACAS und BARRA entstanden. Hauptverbindungsstraße ist die 7 de Setembro, sowie eine Schnellstraße, die sich zwischen den Hügeln der Halbinsel rüber nach RIO VERMELHO schlängelt.

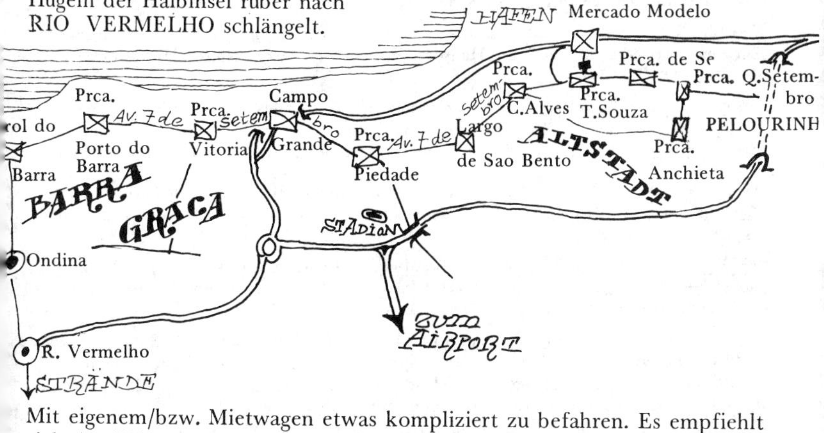

Mit eigenem/bzw. Mietwagen etwas kompliziert zu befahren. Es empfiehlt sich der "Planta de Salvador"/Street Map- Stadtplan, den die Mädchen vom Bahiatursa unter'm Tisch zum Verkauf bereitliegen haben (ca. 1,5 US $). Zeigt die Einflechtungen, z.B. am komplizierten Punkt Campo Grande genauer als der "Quadro Rodas"- Salvador- Plan.

Mit öffentlichen Verkehrsmitteln (Stadtbussen) relativ problemlos: einmal Verbindung zwischen Altstadt und Schlüsselpunkt CAMPO GRANDE. Ab hier weiter nach Barra und Gracas, teils auch direkt.

BARRA ist das, was Schwabing für München und Copacabana für Rio ist. Jede Menge Beach- Rummel im brasilianischen Sommer(Nov.–Mai). Viele Restaurants, Residencial Areas in Seitenstraßen, die im Sommer von PKW überquellen, – GRACAS, inland auf der Salvador- Halbinselspitze mit Hochhäusern exclusiver Wohnviertel für alles, was Geld hat und "in" ist,– in Kontrast zu Slumvierteln am Rande Salvadors.

An lauen Dezember- Abenden ist kaum Durchkommen mit dem PKW, insbesondere, wenn irgendwo am Strand eine Pop- Band spielt. Exponiertester Punkt: FORTE DA BARRA mit Maritimem Museum (siehe "Museen"!)

Die Küstenstraße(Av. Pres. Vargas) zieht sich durch die Badeorte Ondina und Rio Vermelho mit Luxushotels und o-la-la- Stränden.

HOTELS
SALVADOR DO BAHIA

1.) Billighotels:

★ Größtenteils im Bereich vom PRACA DE SE/ALTSTADT.
"Ilheus", Lad. do Praca bei Hauptplatz Tome de Souza: sehr simpel, depressiv und dreckig. Doppel ca. 5 US $.

"Chile", Rua Chile 7, schöne Fassade, 3 stöckig. Absolut Top sind die Zimmer in Richtung Bucht mit sagenhaftem Blick auf Mercado Modelo (z.B. Zimmer 1o3). Die Dusche mit Fenster, daß man beim Duschen runter in die Bucht schauen kann! Hier das Doppel ca. 15 US $. Billigere Zimmer gehen in Seitenstraßen oder auf die laute Rua Chile und kosten runde 1o US $.

"Maridina" Av. 7 de Setembro 29 nähe Prca. C. Alves. Sehr sauber, die Zimmer allerdings entweder auf die laute Hauptstraße oder in einen düsteren Hinterhof. Dafür ca. 1o US $.

★ PRCA. ANCHIETA ist guter Schlüsselpunkt für Billighotels: zentral und relativ ruhig.
"Colon" Nr. 2o: sauber, Kacheln und Gringotreff. Ca. 5 US $
"Solar Francisco" und "Imperio" am selben Platz bei ähnlichem Komfort und Preis.

★ MERCADO MODELO: direkt neben Elevador Ladera liegen die beiden Billigsthotels "Continental" und "Modelo" (jeweils ca. 5 US $ für's Doppel, allerdings sehr simpel bis dreckig.

★ PRCA. DE SE und Seitenstraßen: "Benificia" sehr basic (ca. 4 US $), – "Gloria" ebenso, – "Center": relativ neu und gut in Schuß. Empfehlenswert, Doppel ca. 8 US $, Rua Monte Alverne.

★ INNENSTADT (Prca. de Se bis Campo Grande): "Grenada", Av. 7 de Setembro: die Zimmer sauber, Gemeinschaftstoilette. Nähe Prca. de Piedade an der stark befahrenen 7 de Setembre. ca. 6 US $ für's Doppel und für Preis o.k. Zu Fuß ca. 15 Min in die Altstadt bzw. Stadtbus auf der 7 de Setembre.

"Acacia" (Eduardo Gomes, eine Seitenstraße zur 7 de Setembro) nähe Prca. Castro Alves. Das oberhalb eines Cinemas gelegene Hotel ist sauber, große Zimmer mit Bad und teils Blick über Todos os Santos- Bucht. Doppel ca. 12 US $.

"Campo Velho" (Av. Joana Angelica 93), Doppel ca. 6 US $ sauber, einige Zimmer jedoch zu düsterem, schlauchigen Innenhof. Insgesamt mais o menos.

"Guadelajara" (Lad. St. Rita) kostet Doppel ca. 8 US $. Ein Betonklotz mit Uralt-Lift, großen, aber düsteren Zimmern inkl. Bad uns Frühstück. Etwas abseits.

★ NÄHE BAHNHOF: hier gibt's einen ganzen Schwung Billighotels kompakt zusammen aus den Zeiten, als noch die Eisenbahnstrecke nach Rio beim Transport mitmischte. Nachdem die Strecke nunmehr eingestellt ist, die Hotels aber noch stehen, machte die Konkurrenz günstige Preise. Intern unter Brasilianern bekannt und Tip für Billigschlafen. Schnelle Stadtbusverbindung ins Zentrum, die Lage allerdings bezüglich Umgebung etwas trist:

*RUA ARTUR CATRAMBI: "Brasil- Hotel" (ca. 4 US $), – "Miramar-Hotel" (ca. 6 US $), – "Novoplano- Hotel" ca. 7 US $, sauber, eines der besten im Bereich des Bahnhofes.–

*RUA NILO PECANHA: "Calcada" ca. 4 US $ mit Gemeinschaftsbad, einigermaßen sauber, – "Aratu", ca. 5 US $ basic, – "Gonzales" hat uns weniger überzeugt, – sowie weitere Hotels in der Seitenstraße Rua Barao de Cotjipe um 6 US $.

2.) Mittel bis teuer:

"Baia os Todos Santos", ein 8- stöckiges Hochhaus am Berg zum Hafen. Leider die meisten Zimmer ohne Hafenblick, teils sogar düster auf andere Hochhäuser oder graue Nachbarwand. Die Zimmer klein, mit eigenem Bad. Doppel ca. 25 US $. Plus: zentrale Lage bei sauberem Zimmer. Wer Glück hat und ein Zimmer mit passablem Blick erwischt: o.K.

"Pousada do Carmo" im westlichen Teil des ehemaligen Nonnenklosters stilvoll hergerichtet. Die Zimmer mit Bad und TV, gemütliche, hohe Holzgänge. Hat das, wovon früher die Nonnen träumten: Swimmingpool im ehemaligen Wandelgang sowie Lift. Der Blick von den Zimmern verschieden: von engen Pelourinho- Gassen zu weitläufigem Salvadorblick über rote Hausdächer. Doppel zwischen 3o und 4o US $.

"Grand Hotel da Barra", Av. 7 de Setembro bei Largo do Porto da Barra. Vorn raus: Superblick auf Meer und Insel Itaparica bei klarem Wetter. Hinten: auf stark befahrene Straße. Für Jan/Febr. monatelang vorbuchen und wenig Chancen bei spontanem Vorbeischaun. Doppel ca. 35 US $. Insgesamt zu empfehlen.

"Vilha Vela", sauber. Av. 7 de Setembro. Kein besonderer Blick und laute Straße. Doppel ca. 3o US $.

"Hotel da Bahia", Campo Grande. Altehrwürdiges Traditionshotel mit viel Flair. Gemütliche Bars, große Gobelins an den Wänden, weiträumige Zimmer und Swimming-Pool. Sehr zu empfehlen, wer alte Hoteltradition sucht. Doppel ca. 4o US $.

"Pelourinho" Rua Alfredo Brito 2o. Feudal- hergerichteter Eingang, die Zimmer simpler und nicht immer mit Blick! In der Altstadt/Pelourinho gelegen. Die Unterstadt ist hier durch Hochhäuser verbaut. Doppel ca. 15 US $.

"Palace", Rua Chile/Altstadt. Ein älterer Hotelpalast bei relativ teurem Zimmerpreis. Doppel ca. 28 US $. Oben Blick.

"São Jose", Rua Rosario/7 de Setembro. Große Zimmer, sauber, in kleinerer Seitenstraße gelegen nähe Zentrum. Doppel ca. 18 US $.

"Hotel do Farol", modernes Hotel im Strandbereich Barra. Teils laut, Doppel ca. 35 US

3.) Exclusiv:

"Mediterrane" im Badevorort Rio Vermelho. Superteuer (ca. 7o – 15o US $ pro Nacht). War trotzdem im Jan. komplett ausgebucht! – "Bahia Othon Palace" Av. Pres. Vargas/Ondina: ca. 13o US $, – "Quadro Rodas" weitab vom Schuß im Badeort Itapoa beim Airport. Luxuskiste auf Rustikal. Doppel kostet zwischen 8o und 15o US $. 1,5 km zum Strand bei mehrmals tägl. kostenlosem Transport. In die Stadt sind's ca. 2o Min. mit dem Taxi.

Zwischen BARRA und RIO VERMELHO (bis Pitatuba) gibts einen ganzen Schwung weiterer Hotels der gehobenen bis teuren Preisklasse, die uns aber nicht überzeugt haben; im Gegenteil eher an spanische Costa- Brava- Hotelbetonkästen erinnert haben. Den Vogel schießt ein Hotel in Rio Vermelho ab, das rundum mit knapp 3 m Abstand von zwei Straßen umfahren wird und trotzdem im Jan. komplett voll war!!

Billig: ca. 2 - 3 US $, – Mittel: ca. 4 - 5 US $,– Teuer: ab ca. 5 US $ pro Gericht, auch Shrimps.

RESTAURANTS Bahia

"Casa Gamboa", Rua Gamboa de Cima, Nähe Campo Grande. Eine Villa oberhalb des Meeres. Excellent für Fisch- und Fleischgerichte, einheimische Küche. Ambiente: exclusiv bis familiär. Akzeptieren DC. Preise mittel bis teuer. – "Senac", Largo do Pelourinho/Altstadt. Für ca. 4 US $ Essen*, soviel's Spaß macht aus Töpfen der Hotelschule. – "Agda", Rua Orlando Moscoso 1 (Boca do Rio), bahianische Küche, abends Lifemusik, Preise mittel bis teuer, – "Iemanja", Av. Otavio Mangabeira, Einrichtung rustikal, gute einheimische Küche, – im Mercado Modelo: besseres Restaurant oben wegen Blick, bahianische Küche, Preise mittel, – "Uauá", Av. O. Mangabeira 46 im Stadtteil Itapoa. Spezialität 'Cabra Tatu' (Wildziege) a la Nordestina-Küche. Preise: mittel bis billig. – "Le Mignon", Rua Marques de Leao 475 im Stadtteil Barra. Schick, mit vielen Spiegeln und Pflanzen. Sehr exclusiv und teuer, aber gut für Fleisch und Franz. Küche. Breites Angebot an ausl. Weinen, – "Tiffany's", Rua Barao de Sergy 37, Porto da Barra. Teuer. Mit Empfangsraum für Drinks vor Essen. Franz. Küche. – CHURRASCARIAS: "Alex", Jard. Iracema, Piata. Gut und relativ billig, – "O Tche", Largo de Amaralina, Stadtteil Amaralina. Verschiedene Arten von Salaten. – "Rincão Gaucho", Av. Amaralina 74/Amaralina. – "Roda Viva", excellent, Av. O. Mangabeira, direkt am Meer. – CHINESISCH: "Tong Fong", Av. Joana Angelica 1o1, einer der besten Chinesen in Salvador, billig, – "Yan Ping", Alm. Marquese de Leao 4o , exclusiv, – "Shangrila", Rua Belo Horizonte 164 (Barra), – "San Mei", Rua Almirante Marques de Leao 64 (Barra). – SPANISCH: "Clube Espanol" Av. Pres. Vargas 1464 (Barra) mit Blick zum Meer, Preise mittel bis teuer, – "Dom Velasquez" Rua Direita Piedade 28. Simpel eingerichtet, billig, aber gute Küche. – FRANZÖSISCH: "Chez Bernard" Rua Gamboa de Cima (nähe Campo Grande). Exclusiv, teuer. – "Chez Bouillon" Av. 7 de Setembro 3244 (Barra). Schöner Blick, abends Musik, teuer, – "Le Saint Honore" im obersten Stockwerk des Hotel Meridien mit Superblick, kühler Aircondition , teuer (Rio Vermelho). – INTERNATIONAL: "Baby Beef" Av. Antonio Carlos Magahlaes beim Rodoviario. Als Fleisch kommen nur ganz junge Kälber auf den Tisch. Teuer. – "Iate Clube da Bahia", Av. 7 de Setembro 3252, sehr elegant, seperater Eingang zum Restaurant über Lift. – "Lampião" im Othon Palace Hotel, Av. Pres. Vargas 2456 sehr teuer. – "Solar do Unhao" Av. Contorno (Gamboa) sehr teuer und schön eingerichtet. Mit Piano und Lifemusik. – ITALIENISCH: "Bella Napoli" Rua Nova de São Bento 194 (São Bento), relativ billig, 'Filet Parmesano' probieren, – "Don Chulipa", 7 de Setembro 279, – "Giovanni" Av. Pres. Vargas 84, – "Pizzaiola" Prca. Gen. Osorio 81, – "Zucca" Av. Amaralina 44 (Amaralina). – FISCH: "Bargão", Rua P. Lote 18 + 19 (Armacao)

* afro- brasilianische Gerichte

sehr simpel eingerichtet , Preise mittel, Montag zu, – "Byblos" Rua Barao de Sergi 156 (Barra), exclusives Restaurant, das von außen etwas betagt aussieht, aber ausgezeichnetes Essen bringt. Teuer, – "Frutos do Mar", Rua Marques de Leao 56 (Barra). Teuer. – "Praiano" O. Mangabeira s/n, simpel, gut und billig. – "Ondina", Alto de Ondina, oben beim Zoo. Vor allem am Wochenende sehr voll, wie auch während der Ferienmonate. Mit Blick auf Buchten, jedoch nicht umwerfend. Mittelteuer. – Sehr schön vom Blick besonders abends auf die Lichter von Salvador ist das "Pinguin" im Stadtteil Boa Viagem. Sehr einfach eingerichtet, direkt am Meer. Preise mittel wie auch Essen. – "Canto da Sereia", direkt daneben. – Einen ganzen Schwung guter Fischrestaurants direkt am Meer in Itapoa (Stadtbus ab Zentrum), so das "Quiosque de Janaina" und "Sereia de Itapoa". PORTUGIESISCH: "A Portuguesa", Av. 7 de Setembro 699, einfacher eingerichtet, mal "Bacalhou a Gomes de Sa" probieren, mit Reis, Kartoffeln, Zwiebeln und Ei. Preise mittel bis billig, einfacher eingerichtet, abends Lifemusik. – "Clube Portugues", Av. O. Mangabeira. – BARS: "Berro d'Agua", Rua Barão de Sergy 16o. Filets ca. 8 DM, es kommen drei verschiedene Fleischsorten. Man sitzt schön oben im 1. Stock unter'm Dach und hebt sich sein Bierchen. . .,– "Bilhostre", Rua Almirante Baroso 96 (R. Vermelho) deutscher Besitzer, der u.a. Kassler mit Sauerkraut und Schweinebraten serviert, – "Bistro do Luis", Rua Conselheiro Pedro Luis 369 (Rio Vermelho) . Abends mit Life- Guitarre, bzw. Klavier oder Gesang. Gute Filets. Preise mittel bis billig. , – "Canoa" Rua Fonte do Boi 216 , nur Drinks. Tanzen. – "Ovagão", R. Almirante Baroso 315 (R. Vermelho) Besitzer wieder ein Deutscher, der aber vorwiegend mexicanische Gerichte anbietet. Der Clou: das Lokal ist ein ausrangierter, alter Eisenbahnwaggon. Davor Piste zum Tanzen. Jeden Donnerstag Musica Nordestina life.

Ausgesprochene BILLIGRESTAURANTS liegen vorwiegend im Bereich Praca de Se/Altstadt. Sowie im Umkreis des Ferroviario.

Derzeit beliebteste sind: "Bual Amour" (Av. Otavio Mangabeira s/n), – "Hippopotamus", Av. Pres. Vargas 2456 (Othon Palace Hotel), – "Regine's" im Hotel Meridien" (Rio Vermelho), – "Clouse Up", Drinks, R. Fernando Luz 12.

ALLE mit Stadtbussen ab Centro zu erreichen.
Aufschrift z.B. "Barra" bzw. "Itapoa".
Sehr lohnend wegen Szenerie einmal entlang der Küste nach Itapoa zu fahren

** PORTO DA BARRA: viel Rummel in der Saison Jan/Feb. mit Restaurants und total überlastetem Polizisten auf der Praca abends. Ein sehr schmaler Sandstrand, auf dem sich alles hautnah quetscht mit Blick auf das kleine Forte Santa Maria. An Sonntagen den Strand besser meiden. Porto da Barra ist von der Lage ein sehr hübscher Strand.

** FAROL DA BARRA: äußerstes Ende der Salvador- Landzunge. Wegen starker Meeresströmung gefährlich. Der Leuchtturm ist auf das Forte

Santo Antonio gesetzt, das heute ein sehenswertes hydrographisches Museum beherbergt. Sehr aktive Hafenpromenade und interessante Hinterstraßen parallel zum Strand mit Boutiquen und Restaurants wie Bars.

** ONDINA: beim Hotel Othon, eingerahmt mit Felsen. Gilt als einer der besten Strände im nahen Stadtbereich, wenn uns auch die wilderen Palmenstrände von Piata besser gefallen haben. Jede Menge Restaurants in der näheren Umgebung. Im Sommer entsprechender Rummel u.a. auch wegen der Menge an Hotels in diesem Bereich.

** RIO VERMELHO: schöner Minimarkt mit Gemüse und Früchten. Zum Baden allerdings weniger gut, Felsen und kaum Sand. Die meisten bleiben daher im Hotel- Swimmingpool. Viele Restaurants.

** AMARALINA: enger Sandstrand zwischen Straße und Meer. Hotels, Restaurants. Geht über in PITUBA.

*** PIATA: hohe, wilde Coconut- Palmen mit Sandstrand,etwas ramschig.

*** ITAPOA: ehemaliges Fischernest mit einem ganzen Schwung guter Fischrestaurants, Palmen, Hotel und gutem Sandstrand. Gut zum Windsurfen! – Rund 5oo m landein liegt die LAGOA DO ABAETE, ein Süßwassersee mit schönen Sanddünen. Vorallem an Wochenenden von vielen Bahianern bevorzugt.

CAMPING: von "Bahiatursa" 1,5 km vom Ortszentrum Itapoa entfernt am Praia Flamengo, der schön von weißen Sanddünen umgeben ist. (Weitere, teils sehr gute Campingmöglichkeiten auf der Insel Itaparica in der Bucht Todos os Santos, die bequem mit dem Boot ab Mercado Modelo zu erreichen ist. Details siehe dort!)

Nicht campieren würde ich an den Stränden zwischen Itapoa und Amaralina, auch wenn dies teilweise erlaubt ist.

Während sich das Hauptstrandleben brasilianischer Urlauber hauptsächlich im Bereich BARRA bis AMARALINA abspielt, sind die schönsten Strände außerhalb, – entlang der ESTRADA DO COCO, die hinter'm Airport beginnt und sich rund 5o km bis rauf nach Farol de Gracia d'Avilla hinzieht. Sauberer und natürlicher. Regionalbusverbindung, einfache Unterkunftsmöglichkeiten in Dorfherbergen bzw. bei Privat.

Verbindungen
ab Salvador do Bahia

Av. Antonio Carlos Magalhaes s/n

An der Schnellstraße zum Airport bei Iguatemi-Shopping Center. Supermoderner Terminal, unten Cafeteria und Infostand der Bahiatursa. Zeitschriftenshops und permanentes Kommen und Gehen von Bussen. Über Brücke rüber zum Iguatemi Shopping Center (wer auf den Bus warten muß). Inkl. Kino und Hamburger- Snackins.

Tägl. Belem (ca. 4o - 5o Std., ca. 5o US $ im Normalbus), Route via Teresina, durchgehend Asphalt, – Brasilia (ca. 36 Std., ca. 28 US $ im Normal und ca. 5o US $ im Leito), Großteil derzeit nicht asphaltiert,* daher rauher Ritt. Zu überlegen, ob man sich nicht in's Flugzeug setzt, das die Strecke in rund 1 Std. macht. – Fortaleza (ca. 2o Std

* neueste Infos aus Brasilien: Lücken schließen sich, da aktive Bautätigkeit.

Std. via Teresina, ca. 27 US $ Normal, ca. 5o US $ im Leito), durchgehend Asphalt,– interessanter ist jedoch die Küstenstrecke über Aracaju – Recife – João Pessoa – Natal nach Fortaleza, die man mit Zwischenstops fahren sollte. Details siehe Text! –

São Paulo (ca. 4o Std. via BR 116, ca. 4o US $ bzw. 8o im Leito), – Rio (ca. 32 Std. ca. 38/75 US $), wer Zeit hat, setzt sich nicht in den Direktbus nach Rio bzw. São Paulo, sondern nimmt sich die Fähre nach Itaparica (Autofähre ab São Joaquim/Bahia). Ab Fährhafen/Itaparica fährt ein Regionalbus über Nazare – Valenca – Itabuna. Details zu dieser Route siehe unser Text. Hier in den Direktbus nach Rio.

Paulo Alfonso (Wasserfälle, Rio São Francisco, bzw. Kraftwerk), ein rauher 12 - 15 Std.- Trip über Land per Bus, denn nur das erste Viertel der Strecke ist asphaltiert. (ca. 8 US $). Erheblich schneller, fast tägl. (außer So.) mit dem Regionalpropeller.– Xique- Xique, ebenfalls Rio São Francisco, jedoch rund 7oo km flußauf . Durchgehend asphaltiert, ca. 1o Std. und 1o US $. Einstieg zu Flußfahrten nach Pirapoa mit Busanschluß nach Belo Horizonte (Ausgangspunkt für Ouro Preto, Details siehe unser Text unter "São Francisco" und "Ouro Preto"!), Alternative zum Direktbus nach Belo Horizonte ab Bahia (ca. 23 Std., ca. 28 US $ im Normalbus, knapp 5o US $ im Leito).

Feria Santana: sehr häufig am Tag über Schnellstraße, ca. 2 Std, ca. 2 US $.– Regional Busse im Bereich Todos os Santos z.B. mehrmals tägl. nach São Felix, hier mit Umsteigen nach Cachoeira. – Nazare und Jaguaripe via Autofähre nach Itaparica, ab hier Fährstation warten die Busse für Anschluß, Umrundung des Todos os Santos möglich, Details siehe Text. – Ebenso Regionalbusse ab Rodoviario auf der "Estrada do Coco".

Verbindung: Rodoviario ⋙→ Centro/Bahia: teuer per Taxi, die direkt vor dem Rodoviario warten (ca. 5 km nach z.B. Mercado Modelo), – außer man will zum nahegelegenen Amaralina, Pitatuba oder Rio Vermelho- Strand.

STADTBUS ebenfalls vor Rodoviario ins Centro, erheblich billiger und laufende Abfahrten! Fahren zum neuen Terminal DA LAPPA. Hier steigt man um in Busse zum entsprechenden Stadtteil. POSITIV in Salvador: seitlich am Buseinstieg ist die Route abgedruckt. Bezahlt wird im Bus. Meist sehr voll.

Es gibt sogenannte "Circular- Busse" die die Hauptrouten abfahren, z.B. Praca da Se/ Altstadt nach Campo Grande, dem Schlüsselpunkt für die Stadtteile Barra und Graca, wie Ondina. Hier gehts weiter.

Die vier Schlüsselpunkte im Salvador- Stadtbusverkehr sind * DA LAPPA,– * PRCA. DA SE, – * CAMPO GRANDE und * AV. FRANCA. Von hier schlüsselt sich der Verbindungsverkehr auf.

Wer's einmal "gepackt hat", kommt mit öffentlichen Verkehrsmitteln relativ problemlos durch Salvador und spart sich gegenüber Taxi- oder Mietwagen-Alternative viel Geld.

Die AV. FRANCA in der Unterstadt/Hafen, siehe unsere Karte ist Busabfahrt für Verbindungen nur für die Unterstadt, sowie nach * Ferroviario, – * Bonfim-Halbinsel bis Ribeira. Bequem vom Praca da Se/Oberstadt zu erreichen: paar Meter zu Fuß zum Elevador Lacerda. Runter und über Mercado Modelo zur Busabfahrt Av. Franca.

Verbindung: Rodoviario ⋙→ Airport: direkt. Bzw. ab DA LAPPA alle 45 Min. ca. 1 US $. Fahrzeit über die Schnellstraße ca. 3o - 5o Min., einige Busse fahren jedoch über die Atlantik- Küste und diverse Badeorte. Dauert ca. 1 - 1 1/3 Std.

Zwischen den weißen Dünen bei Itapoa. Die vom Innland kommenden Maschinen fliegen entlang der "Skyline" von Salvador: links sitzen! (So z.B. auf dem Flug Brasilia – Salvador!).

28 km ins Zentrum. BUSVERBINDUNG alle ca. 45 Min., fahren über die landschaftlich wesentlich schönere Route entlang der Atlantikküste via Itapoa – Rio Vermelho. –

TAXIS: Cooperativa im Airport mit fixierten Preisen die bei ca. 7 US $ pro Fahrzeug liegen, egal, wohin in Salvador.

im FLUGHAFEN "2 de Julho", der sich zwischen weißen Dünen entlangzieht: viel provinzielles Flair mit angenehmem Ambiente. Hier wurde unnötige Prestige- Sucht mal ausgeklammert; das Gebäude ist funktional und exakt dimensioniert, obwohl Bahia Transatlantik- Flugverbindungen aus Portugal empfängt, ebenso Paris und Frankfurt.

Mehrere Car- Rental mit Ständen. Neben Avis und Hertz ist die wichtigste lokale Agentur "Localiza". "Happy- Driving": unser "Brasilia" donnerte nach kurzer Zeit auf 2 statt 4 Zylindern. . . Und einen freundlichen Grüß an das Mädchen auf dem Parkplatz vor'm Airport, die uns den Absperrbalken mit voller Wucht auf's Autodach donnern wollte, weil sie vermutlich Trinkgeld erwartete . . .

Flugverbindung National:

Dichtes Flugnetz in alle Landesteile. HAUPTSTRECKEN:

* Salvador – Recife – Natal – Fortaleza – Sao Luis – Belem
  täglich mehrmals in Jets der "Varig Cruzeiro", der "Vasp", "Transbrasil". Wer sich ein Ticket bis Belem kauft, kann gemäß Routenkonstruktion 65o (wird im Ticket eingetragen) ohne Aufpreis Zwischenstop auf allen, oben angegebenen Orten einlegen. Und erhält dabei den Langstreckenrabatt.

  Ab Belem: Anschluß nach Santarem und Manaus.Lässt sich ebenfalls mit der Routenkonstruktion 65o fliegen. Preisgünstig sind auch die Nachtflüge ("Voos Economicos"), die es nach Recife und nach Rio gibt, fixiert auf bestimmte Abflugtermine in der Nacht.

* Salvador – Rio – São Paulo – Porto Alegre
  täglich mehrmals Jets der "Varig Cruzeiro", der "Vasp", "Transbrasil". Zwischenstop gemäß Routenkonstruktion 65o möglich, ebenso günstige Nachtflüge nach Rio, aber ohne Zwischenstopmöglichkeit.

* Salvador – Brasilia, mehrmals täglich mit Anschluß Goiania, Campo Grande, Cuiaba, sowie rüber nach Sao Paulo und Rio.

Ebenso dichtes Flugnetz auf NEBENSTRECKEN:

Es fliegen Propellermaschinen der "Nordeste" über Jacobina – Barra – Barreias nach Brasilia (allerdings teurer, als der Direktjet!), mit selber Linie ebenfalls nach Ilheus an der Küste südl. Salvadors, sowie ab Salvador via Jaquire – Lapa (Rio Sao Francisco) – Barreiras. Eine andere Route der "Nordeste" geht von Salvador über Bonfim nach Petrolina (São Francisco, andere Flußseite, gegenüber Juazeiro) und runter nach Paulo Alfonso – Recife.

Die Flugstrecken der "Nordeste" unterhalten zumeist Querverbindungen, die entweder per Straße nur über große Umwege per Bus zu erreichen sind, oder aber überland aus schlechten, zeitraubenden Schotterpisten bestehen. Flugverkehr Mo.– Samstag.

Flugverbindungen International:

Jets der AIR PARAGUAY fliegen dreimal pro Woche nach Asuncion/Paraguay (ca. 33o US $ einfach), – nach Frankfurt 2 mal pro Woche ca. 1.75o US $ für ein 6o Tage gültiges Hin & Rückflugticket, – Lissabon mit TAP einmal pro Woche sowie Madrid mit "AIR PARAGUAY" (2 mal Woche) beides jeweils ca. 1.45o US $ für ein 6o Tage gültiges Hin & Rückticket bzw. einfach ca. 97o US $.– Paris mit Jets der "Varig Cruzeiro" 1 mal pro Woche (einfach ca. 1.7oo US $, Hin & Rück innerhalb von 6o Tagen ca. 1.73o US $).

ZUG ab Salvador

Largo da Calcada
Unterstadt bei Mercado São Joaquim

Der Tip- Top hergerichtete Bahnhof, über den früher der Hauptverkehr in den Süden, so Rio und Belo Horizonte lief, liegt jetzt ruhig und verlassen da. Die teils veralteten und kurvenreichen Gleise nach Rio können Personenverkehr nicht so schnell abwickeln, wie der Bus.

Für PERSONENVERKEHR in Betrieb folgende Strecken:

- Alagoinhas (ca. 4 Std.)
- Candeiras (ca. 1 Std.)
- Paripe (interessante Strecke durch die Vororte Salvadors, mehrmals täglich für Pfennigbeträge!)

Das existierende Gleis Richtung Süden über Cachoeira, Castro Alves, das nach Rio führt, ist nur noch im Güterverkehr in Betrieb. Ausnahme ein kurzes Teilstück: Bus bis IACU, hier fährt ein Tren Mixto bis Monte Azul. – Ebenso nicht mehr in Betrieb ist die Strecke nach Nazare.

BISHER beschrieben: Altstadt von Salvador und die neueren Stadtteile mit Stränden bis Itapoa. – An den Bahnhof schließt sich die Halbinsel von MONTE SERRAT und BONFIM an. Schöner Blick auf's Zentrum von Salvador und zwei, für's religiöse Leben Salvadors sehr wichtige Kirchen:

Stadtbus ab Av. Franca (nähe Merc. Modelo) und vor Ferroviario zur

Igreja da Boa Viagem:

schön proportionierte Kirche aus Anfang des 18. Jhd.'s in Brasil- Barock von Franciscanern. Hier residiert die Schutzpratronin der Seefahrer , die "Nossa Senhora do Monserrate", die jedesmal um den Jahreswechsel rausgekramt wird und in prächtiger Prozession über's Meer fährt:

DAS FEST dauert 3 Tage: 3o./31. 12/1.1. Begleitet, von allem, was ein Boot besitzt oder ein Boot mieten konnte. Mit dabei an Bord: Musikkapellen und jede Menge Alkohol. Die Sache macht den Einheimischen so viel Spaß, daß bereits bei der diesjährigen Prozession der Handel für's nächste Jahr vereinigt wird. Am 3o. startet die Sache, indem man irgendwo raus in die Bucht fährt, auf einsamen Sandstränden der Inseln anlegt, bzw. sich mit den Besatzungen der Nachbarboote zuprostet, wobei die Musik aufspielt und getanzt wird. Die VIRGIN wird am 1.1. rausgeholt und vom Hafen unter feierlicher Begleitung nach Boa Viagem zurückgefahren, wo sie an Strand getragen wird. Tausende von Menschen warten hier und begrüßen sie bereits im Wasser, bevor sie über Land wieder in die Kirche zurückkommt.

Ein Boot zu mieten kostet ca. 4oo US $ für die 3 Tage, wobei rund 3o - 4o Leute an, Bord passen (Geschlafen wird irgendwo am Strand, wenn überhaupt). Adressen: z.B. A. Gouveira E Turismo, Rua Miguel Calmon 555 oder Kontik Franstur, Prca. da Inglaterra 2 oder Remundi, Rua da Grecia o8. Dies sind jedoch kommerzielle Tour- Organisatoren, die vermutlich die Situation ausnutzen, daß die Boote bereits auf's nächste Jahr ausgebucht sind und noch höhere Preise verlangen.

Außerhalb dieser Festivitäten ist Boa Viagem ein gemütlicher, "relaxing" Platz mit Würstchenständen, Palmen und Restaurants am Strand entlang der Av. Luis Tarquinio. (Baden hier, wie auch vor Bonfim wegen Dreck der Stadt und der naheliegenden Industrie weniger zu empfehlen!).*

Igreja do Bonfim:
auf einer Anhöhe oberhalb der Halbinsel mit schöner Anfahrt und Ausblicken (vor allem abends, wenn das Zentrum Salvadors in Lichtern liegt!), dies auf der Anfahrt via Rua Plinio de Lima. Die Kirche dürfte wichtigster Votiv- Ort Salvadors sein. Bei Problemen gesundheitlicher, finanzieller, amouröser oder sonstiger Natur gibt man eine Votivgabe, die in vielen Fällen gemäß Volksmeinung zu Wundern geführt hat.

Igreja Bonfim darf zum Zentrum afrokatholischer Religiosität Salvadors gezählt werden. Wichtigstes Fest: am 2. oder 3. Sonntag im Januar, abhängig von Ostern. Wann, entscheidet der Parroco (Priester) von Bonfim:

Das wichtigste FEST von Salvador, in der Kirche zugleich der Hauptheilige der Stadt. Die Kirche ist dann von tausenden von Glühbirnen außen geschmückt (muß Unmenge an Energie verbrauchen!) und der Vorplatz, auf dem viele Stände mit Essen und religiösen Sachen wie Kerzen etc. aufgebaut sind, ist blendend hell, – heller als im TV- Studio!

Die Prozession, die stark vom Candomble- Kult durchdrungen ist, beginnt am Mercado Modelo, morgends ca. 1o Uhr. Es wird jede Menge Bier getrunken und bahianische Frauen in weißen Kleidern tragen Töpfe mit Wasser, in denen Blumen stecken nach Bonfim, die dort bei Samba über den Eingangs- Treppenstufen ausgekippt werden. Rein darf nichts, da von der katholischen Kirche nicht genehmigt. Dieses Candomble- Fest findet am Freitag vor dem Hauptfest statt. Das Ausgießen der Eimer mit den Blumen soll viel Glück für's kommende Jahr bringen. –

Candomble–Kult: afrikanischer Kult mit Zentrum Salvador do Bahia. Extase spielt hier, wie auch im Macumba von Rio und Süden Brasiliens eine wichtige Rolle, wobei der Candomble jedoch als "reinerer Kult" gilt. (Vergl. Kapitel "Macumba"!).

Die vom Tourist Büro Salvador vermittelten "Candomble"- Kultstätten "Terreiro Pilao de Prata" (Rua Tomaz Gonzaga 325 Alto do Cuxunde) und "Terreiro Sociedade Fieis de Sao Bartolomeu (Ladeira Manoel Bonfim 35, Engenho Velho da Federacao) finden 2 mal pro Woche statt, meist Do und So, nicht jedoch ab Karneval bis ca. 2 Wochen vor Ostern. Die meisten Candomble- Feste jedoch in den Monaten Sept./Okt./Nov.

Wer die Möglichkeit hat, versucht durch Einheimische auf kleinere Candomble-Feste mitgenommen zu werden, die ursprünglicher sind. In Salvador mit seiner vorwiegend aus Mestizen und Schwarzen bestehenden Bevölkerung soll es mehr als 6oo Candomble- Stätten geben! Bitte die Sache nicht als 'Touristenspektakel' zu sehen, verboten Film, Fotos und Bermudas , bzw. Bikinis. Logisch.

Hinter "Candomble" steckt eine tiefe Gläubigkeit an die Wirkung; von daher sind die von Hotelportiers vermittelten Adressen meist oberflächliches Touristen- Tam-Tam,– wie auch Blitzgewitter oder gar 1.oooWatt- Filmleuchten echte Candomble-Veranstaltungen kaputt machen. Echter Candomble (wie auch Macumba) findet zwischen der Waschmaschine und dem TV statt!

2. Feb.: großes Macumba- Fest am Praia de Santana/Rio Vermelho mit mehreren tausenden von Teilnehmern. Viel Aktion! Kommen aus weiten Teilen des Nordeste zusammen! –

Carneval von Bahia: ist zwar kleiner als der von Rio, zugleich aber auch schöner und lebendiger. Man beschränkt sich nicht so sehr auf's "auf der Tribüne sitzen und zusehen". Salvador ist dann knallvoll und es kann schwierig werden, Unterkunft zu finden. Zu dieser Zeit auch erhebliche Schwierigkeiten bei Platzbeschaffung innerbra-

* Wer hier trotzdem baden will: Umziehen am Strand nicht erlaubt! Einheimische holen unter Umständen die Polizei!

silianischer Flugverbindungen von und nach Bahia wie auch Busconnections.

Märkte: "Modelo", Unterstadt, siehe dort. – "FERIA SÃO JOAQUIM" zwischen Mercado Modelo und Ferroviario. Eine recht düstere und dreckige Angelegenheit, besonders abends, wenn aufgeräumt wird. Uns erstaunt, daß aus diesem Mercado nicht mehr Krankheiten resultieren. Eng zusammengesteckte Stände auf dreckigem Erdboden. Gemüse, Früchte, teils auch Keramik und Artesania. Hierin meist billiger als M. Modelo!

Museen/Salvador do Bahia:

***Museu de Arte Sacra im Convento das Carmelitas Descalcas, Rua do Sodre Bilder und Skulpturen aus dem Bahia vergangener Jahrhunderte. Eines der wichtigsten Museen der Stadt.

***MUSEU CARLOS COSTA PINTO, Av. Sete de Setembro 2.49o Leckerbissen für kunsthistorisch Interessierte. Sammlung des Privatmannes C. Pinto mit Schmuck, Wandteppichen, Leuchtern und Porzellan in kleinerer Villa.

***MUSEU WANDERLY PINHO (auch "Museu do Reconcavo" genannt!) an der BR 324 Richt. Feira Santana, ca. 18 km Überblick über das politische und ökonomische Leben der Provinz; besonders interessant ist der Teil über Brasiliens 16. Jahrhundert mit einer Zuckerrohr-Mühle und alten Herrenhäusern. Bus nach Candeiras nehmen und Fahrer fragen!

***MUSEU DE ARTE DA BAHIA: in einem alten Kolonialhaus, Av. Joana Angelica 198, Stadtteil Nazare. Alte Möbel, chinesisches Porzelan etc.

***MUSEU ARTE MODERNA im SOLAR DO UNHAO, einem Kolonialtrakt oberhalb des Meeres, Av. do Contorno. Während der Saison 2 mal pro Woche "Som & Luz", Infos Bahiatursa!

** MUSEU DO ESTADO, Pelourinho zeigt breiten Querschnitt durch Candomble-Kultriten und Instrumente und dürfte diesbezüglich eines der bedeutensten Brasiliens sein.

***MUSEU DO CARMO: siehe "Convento do Carmo"!

* INSTITUTO HISTORICO E GEOGRAPHICO DA BAHIA, Av. 7 de Setembro 84 a: alte Waffen, Dokumente, Sammlung von Münzen, Mineralien aus der Region und Bibliothek.

✶ Av. 7 de Setembro 18o9: Goethe Institut

Vielen Dank für mehrere Leserbrief- Hinweise: das "Goethe- Institut"/Bahia ist in der Tat gute Anlaufadresse, um sich mal wieder den "Spiegel" oder "Stern" zu Gemüte zu führen. Das Bahia- Goetheinstitut ist zugleich in Brasilien berühmt für seine besonderen Aktivitäten im Sektor Kulturveranstaltungen, - dem ein besonders reges künstlerisches Leben der Stadt entgegenkommt.-Viele der berühmtesten Komponisten und Musiker Brasiliens sind hier in Bahia "groß"geworden: so João Gilberto, Gilberto Gil und Maria Bethania.

RECONCAVO:

Eigener Wirtschaftsraum um BAIA OS TODOS SANTOS mit reicher Vergangenheit, schönen Kolonialstädten und ausgezeichneten Stränden bei mehr als 3o größeren Inseln. Es lohnt sich, zumindest 1 oder 2 Tage mit Mietwagen oder öffentl. Bussen im Reconcavo zu fahren!

VERKEHR läuft teils per Schiff über die Bucht, teils außenrum per guter

Busverbindungen. Häufigkeit gut, mit eigenem Fahrzeug ist man aber felxibler. Fährpreise über die Bucht billig!

Insel Itaparica

BADEN

RECONCAVO

BAIA OS TODOS SANTOS

Haupt- Ausflugsort für Salvador am Wochenende. An der Ostküste (Salvador gegenüberliegend) schöne Sandstrände mit Palmen. Das Wasser jedoch nicht immer sauber, d.h. öfters mal zwischen den Beinen eine Plastiktüte von Salvador oder wenn's härter kommt 'ne Unterhose oder ein BH.

Passagierboot: ab Hafen/Mercado Modelo Mo.–Sa.: 6 mal tägl. ca. 4o Min. Überfahrt, sonntags häufiger. Kostet ca. o,75 US $, sonntags 1 US $ pro Richtung. Direkt an den Strand von MAR GRANDE/Itaparica, der der am dichtesten besuchte am Wochenende ist.

Autofähre (inkl. Passagiere): ab Fährhafen São Joaquim rüber nach Bom Despachio. Überfahrt 4o Min. wobei an Bord unten eine stickige Bar ist und oben die Leute in TV- Sesseln vor der Glotze hängen. Draußen: schöner Blick auf die "Skyline" von Salvador, gilt auch für das Passagierboot.

Der PKW inkl. Fahrer kostet ca. 3 US $, ansonsten pro Person ca. o,75 US $, an Sonn- und Feiertagen ca. 1 US $. Abfahrten ca. stündlich in beide Richtungen. In São Joaquim/Salvador jede Menge VW- Taxis, – in BOM DESPACHIO kleinerer Busterminal mit Restaurant und Regionalverbindungen nach:

- NAZARE : 1o mal täglich, ca. 1 US $
- SAN ANTONIO: 6 mal täglich, ca. 1,5 US $
- SALINAS: 1 mal täglich, ca. 1 US $
- VALENCA: 1 mal täglich, ca. 2,5 US $

Weiterhin ab Terminal häufig am Tag Busconnection nach Itaparica/Ort, sowie in den Süden der Insel über Mar Grande, Barra do Gil.

Wer die Tour mit eigenem oder Mietwagen macht: wenn irgendwie möglich nicht Sonntag früh Ri. Itaparica und So. abends Ri. Salvador: kilometerlange Schlangen; man wartet bis zu 3 Fähren, bis man mit der Kiste drauf ist, wobei Souvenirshops (Stände) und Coke-Vertreiber die Zeit zu Cruzeiros machen.

Passagierboot: ab Hafen/Mercado Modelo nach Itaparica/Ort an der Nordspitze der Insel. 1 - 2 mal pro Tag. Der Dampfer fährt weiter nach Bom Jesus.

Itaparica:

Ort. Ca. 6.ooo Einwohner, saubere Straßen und gemütliche, kleine Gärten. Jan/Febr.: Badeort, ansonsten recht still. Von Wochenenden abgesehen. Unter'm Strich ist in Itaparica jedoch wenig los.

Hotels: "Grand Hotel" deftig teuer für Gebotenes (ca. 4o US $), Baujahr dürfte ca. Ende der 5o-er gewesen sein, und seither hat sich nichts Umwerfendes im Hotel getan (außer Schimmelflecken). Zumindest: der Speisesaal hat eine riesige Kiste, die eiskalte Luft um die Ober in den Raum bläst und die Gäste zum Hüsteln zwischen dem Bier reizt. – 1oo m zum Strand, so gut wie kein Schatten und bei Ebbe einiges zum Laufen, bis man ans Wasser kommt.

"Centro de Treiramento da Lideres", langgestrecktes, zweistöckiges Haus, Garten mit Bananenstauden und Palmen. Einfache Unterkunft, bei ca. 25 US $ inkl. 3 Mahlzeiten.

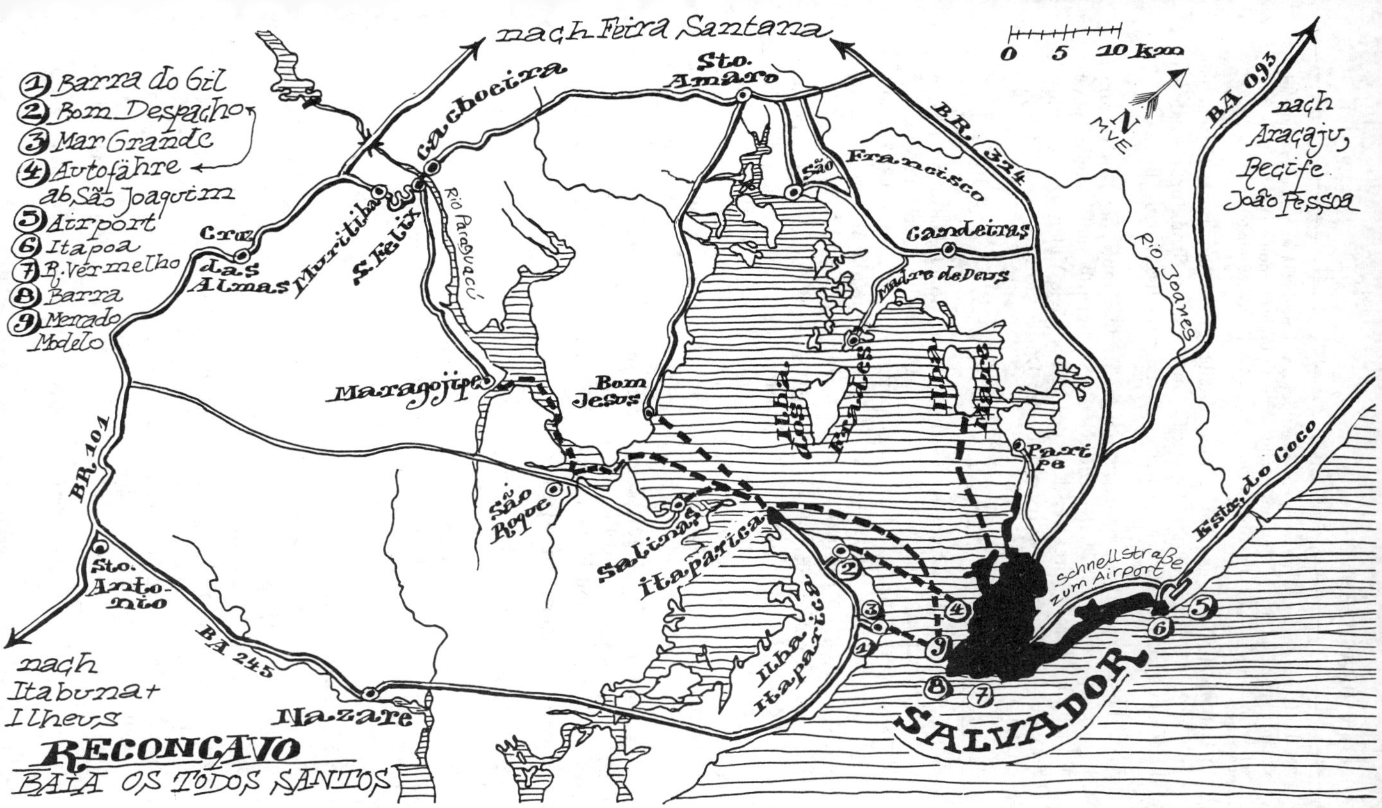

RECONCAVO
BAIA OS TODOS SANTOS
1 Barra do Gil
2 Bom Despacho
3 Mar Grande
4 Autofähre ab São Joaquim
5 Airport
6 Itapoa
7 R. Vermelho
8 Barra
9 Mercado Modelo
0 5 10 km
N
MVE
nach Feira Santana
nach Aracaju, Recife, João Pessoa
nach Itabuna + Ilheus
BA 093
BR. 324
BR. 101
BA 245
Sto. Amaro
Cachoeira
São Francisco
Candeiras
Madre de Deus
Rio Joanes
Rio Paraguaçú
Cruz das Almas
Muritiba
S. Felix
Maragojipe
Bom Jesus
São Roque
Salinas
Itaparica
Ilha Itaparica
Ilha dos Frades
Ilha Maré
Pari pe
Estr. do Coco
Schnellstraße zum Airport
Sto. Antonio
Nazare
SALVADOR

"Hotel Icaria" neben dem Fort, ein zweistöckiger Bau direkt an der Uferstraße im Ortszentrum. Hat uns am besten gefallen. Oben durchlaufende Veranda. Teils mit schönem Blick auf die Ilha dos Frades. Ca. 2o US $ inkl. Frühstück. ums Eck: Fahrradverleih!

In Itaparica gibt's sogar eine Mineralquelle*, die direkt in die Flasche gefüllt wird "Aguas Minerais Itaparica" am Ende der Strandpromenade nähe Restaurant do Solar. – Weiteres Restaurant direkt beim Fort.

Von Itaparica gut ausgebaute und asphaltierte Straße über Abzweigung Bom Despachio nach MAR GRANDE (Stichpiste); auch möglich über asphaltierte Straße direkt entlang des Meers (viele Villen und Restaurants, Strandbetrieb in Saison), trifft bei Bom Despachio wieder auf die Hauptstraße.

Mar Grande:

– absolut nicht "unspoiled" und "in the middle of Africa"! – (Uraltinfos!)

Anlegestelle des Personenschiffes ab Mercado Modelo/Salvador. Flache Häuser zwischen Bäumen, teils Palmen. Übernachtung im "Parque Turismo Vera Cruz" möglich, jedoch extrem simpel, ca. 5 US $ und 3o m zur Anlegestelle. – Besser und passabel ist "Pousada Arco Iris", landein im Ort und etwas vertrocknetem Garten, Doppel ca. 2o US $.

Der Badebetrieb spielt sich auf durchgehendem Sandstrand ab, mit Blick auf die Stadtkulisse von Salvador. Während die Asphaltstraße (nach Nazare) mehrere km landeinwärts parallel zur Ostküste von Itaparica läuft, kann man direkt am Strand schön zu Fuß laufen; zwischendrin mehrere Möglichkeiten, wild zu campieren; wird während der Saison allgemein praktiziert. Viele Wochenendhäuschen der reicheren Leute von Salvador.

Stichpisten von der Hauptstraße zu Siedlungen am Meer, so z.B. BARRA DO GIL: schön zum Baden, ca. 8oo m von der Hauptstraße und Bus-Stop. Kleinere Häuser und Hütten zwischen Palmen, Coke- Bars, Essen.

Je weiter südlicher, desto einsamer.

ENTWEDER MIT DEM BOOT über die Bucht zurück nach Salvador, oder schöne Rundtour im Reconcavo. Mit Mietwagen in einem Tag möglich, wenn man bereits früh startet, – per öffentlichen Verkehrsmitteln (Bus & Schiff) ca. 2 Tage. Übernachtung unterwegs möglich. Am schönsten in CACHOEIRA.

Nazare:

ca. 61 km ab Fährhafen Bom Despachio bzw. rund 1 Std. mit dem Bus. Per Brücke von Itaparica ans Festland (Mangroven) und anschließend durch leichtes Hügelland, das erst kurz vor NAZARE kultiviert ist.

Das am Rio Jaguaripe liegende Kolonialstädtchen ist angenehm zu Relaxen, aber absolut nichts los außer kleinerem, recht sauberen Markt ("caxixis"- Minikeramikfiguren), einer uralten Lokomotive im verlassenen Bahnhof am Fluß (Strecke ist stillgelegt) und einem ganz passablen Hotel am Fluß, dem "Rey Longo", Doppel ca. 17 US $ mit luftigem Aufenthalts-

* einzigste Mineralquelle Brasiliens in Küstennähe!

raum in ehemaliger Scheune, schön dekoriert und Blick über Fluß. –Billigere Übernachtung im Hotel "Colombo", basic, ca. 8 US $ Doppel, unten Restaurant.

Nazare ⋙→ S. Antonio de Jesus: durch kultiviertes Hügelland. Langweilig auf die Dauer. Straße Asphalt.Dies gilt auch für's folgende Stück nach Muritiba und weiter nach S. Felix/Cachoeira, ausgenommen letztem Stück, wo die Straße in Serpentinen runter an den Fluß führt; schöner Ausblick.

S.Felix/Cachoeira: ca. 28.ooo E.

einer der schönsten Orte des Reconcavo, – wegen reicher Kolonialbauten. Das heute recht verschlafene Provinznest zieht sich entlang des träg-grün hinfließenden Rio Paraguacu, eng eingeklemmt zwischen hohe Hügelrücken.

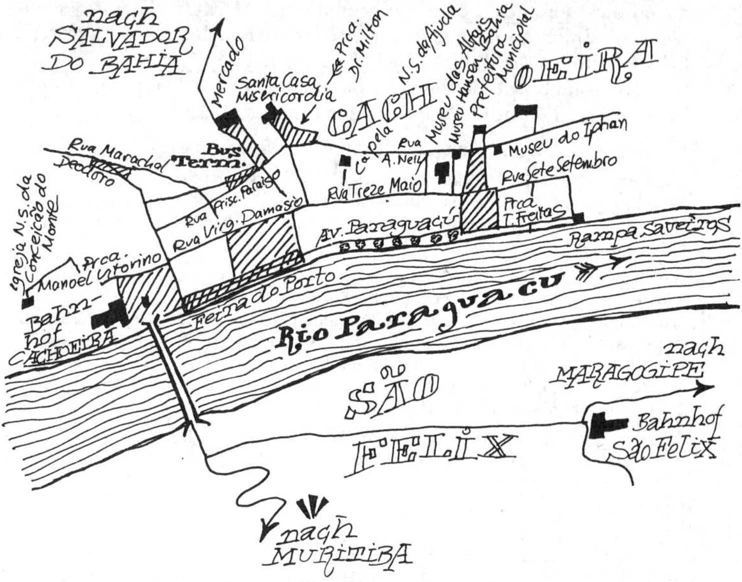

SÃO FELIX mit Tip- Top- Eisenbahnstation (nur noch Güter) . Seitlich vor dem Schuppen steht eine alte Dampflok, – und über eine 365 m Eisenbahnbrücke (zwischendrin Bohlen für PKW, gemeinsam genutzt, eine Ampel regelt den Einbahnverkehr) rüber auf die andere Seite des Flusses nach CACHOEIRA.

GEGRÜNDET im 16. Jhd. als Handelsposten zwischen Baia os Todos Santos (Zufahrt der Frachtkähne über den Fluß) und dem Landesinneren. Höhepunkt Ende des 19. Jhd. als die reichen Plantagenbesitzer nach Cachoeira flüchteten vor Verfolgungen des Generals de Melo. Damals gabs im Ort angeblich mehr als 14o Tageszeitungen!

Der Bahnhof von Cachoeira liegt direkt am Ende der Brücke. Feudales, aber fast vergammeltes und zerfallenes Portal, hinter dem sich Gras und verstaubte Pulman- Waggons verstecken.

Das Eisenbahngleis führt auf der Straße, wie im Wildwestfilm. Wenn mal n' Zug nach Rio durchkommt, geh'n die Leute auf den Büergersteig.

Der Ort Cachoeira mit vielen, ehemals reichen Pflanzern gehörenden Häusern, – meist zweistöckig mit schönen Verzierungen, aus denen aber oft oben Büsche rauswachsen. Faszinierend an Cachoeira: den ehemaligen Reichtum des Ortes zu spüren: riesiger Bahnhof, der heute in den Tropen dahingammelt und verwuchert wie im Dornröschenschlaf, – viele, ehemals prachtvolle Häuser, die zerfallen, weil das Geld fehlt. Die Eisenbahnbrücke stammt von 1885. Die Eisenteile wurden vorfabriziert aus England per Schiff über den Atlantik nach Cachoeira importiert.

PRCA. MANOEL VITORINO: vor Bahnhof Cachoeira mit einsamer Texaco- Zapfsäule in der Mitte. Über Stufen unten am Fluß und Av. Paraguacu die "Feira do Porto", wöchentlicher Markt mit Kunstgewerbe und Gemüse, Früchte und handgemachten Zigarren. Früher wichtigster Platz neben Bahnhof der PRCA. TEIXEIRA D. FREITAS nahe Anlegestelle der Saveiros- Flußboote. Mit hohen Bäumen und dem klapprigen Columbus-Hotel mit seinen hohen Jalousiefenstern am Fluß.

Der Platz verlängert sich zur "Prefeitura Municipial"/Prca. da Aclamacão.

Museen: **Das Alfais, Rua Ana Nery (Koloniales und kirchliche Kunst), – "Hansen Bahia", Rua A. Nery 7 (Ausstellung mit Werken des Deutsch- Bahianers), – * "Do Iphan", Rua A. Nery (Kolonialmöbel), alle im Bereich Prca. da Aclamacao, Richtung Prca. Dr. Milton.

Kirchen: "Santa Casa da Misericordia", Prca. Dr. Milton (schöner, klar gegliederter Klosterbau mit Kirche und gemütlichem Klostergarten. 1734), – "Capela da Ajuda" Largo da Ajuda (älteste Kirche von Cachoeira, 1595 - 1606), – "Igreja Matriz de N.S. do Rosario", Rua A. Nery, nähe Prca. da Aclamacao (beim Mueu das Alfaias, portugiesische Kacheln mit Szenen aus der Bibel. 1693- 1754), – "Igr. N.S. da Conceicao do Monte", hinterm Bahnhof Cachoeira, (1795), – "Igr. da Ordem Terceira do Carmo" Prca. Nossa Senhora do Rosario (18. Jhd.).

Schöne Kolonialhäuser: besonders Rua Ana Nery, – Rua Benjamin Constant, – 7 de Setembro, – Rua Treze de Maio und A. Milton.

Rua Prisco Paraiso, beim Mercado Municipial

täglich Busverbindung nach Salvador do Bahia, – Candeiras, – Cruz das Almas, Feira Santana, – Maragojipe, – Muritiba, – Santo Amaro.

Als eines der besten gilt "Gruta Azul" beim Bahnhof Cachoeira, von außen ein etwas düsterer Schuppen. Überraschen lassen! – billig: "Hotel Columbus" Prca. T. Freitas.

Hotels: "Columbus Hotel", Prca. T. d. Freitas am Fluß. 4- stöckiges, älteres Haus. Zimmer sehr einfach, teils aber mit schönem Blick entweder auf Prca. oder Fluß Unten Restaurant. Doppel ca. 6 US $. – "Cabana Roi Thomas", selbe Prca. Doppel ca. 12 US $, sauber. Gegenüber das Restaurant des Hotels. – "Pousada do Guerreiro" 13 de Maio, Zimmer sehr sauber, Doppel ca. 1o US $, nähe Prca. T. d. Freitas.– "Pousada Recanto de Oxum", Rua 25 de Junho, No. 12, sauber, ca. 1o US $.

Schöne Rundtour ab Cachoeira:

Der Bus braucht über die BA o26 ab Cachoeira nach Salvador ca. 1 1/2 Std. Wesentlich schöner ist aber folgende Rundtour: Bus ab Cachoeira nach MARAGOGIPE (ca. 22 km). Kolonialhäuser und Billighotel. Ab hier tägl. ein Boot der "Compania Navegacao Bahiana" nach Salvador do Bahia. Die Überfahrt dauert ca. 3 1/2 Std. (ca. 2 US / pro Strecke). Zunächst auf dem Rio Paraguacu nach Sao Roque (Werften der Petrobras), noch mal kurz Anlegen in Paraguacu (ev. auch Itaparica/Ort), dann in die Bucht Todos os Santos rüber nach Salvador do Bahia (Mercado Modelo).

Cachoeira ⋙→ Salvador (Via BA o26):

Durch Farmland, ohne "Umwerfendes" nach ST. AMARO, Provinzstadt ("Pousada Coronel" am Hauptpraca, ca. 12 US $, billiger "Hotel Familiar" und "Arco Iris") und nach weiteren ca. 2o km auf die Schnellstraße von F. Santana nach Salvador.

Tägl. mehrere Busse zwischen Cachoeira nach Salvador, rund 125 km, 1 1/2 Std. Keine Eisenbahnverbindung.

ABSTECHER VON ST. AMARO nach São Francisco do Conde (Zuckerrohrmühlen) und nach MADRE DE DEUS (mit Petrobras- Erdölterminal. Hier wird das im Hinterland von Bahia geförderte Erdöl verschifft. Busse ab Santo Amaro).

Weitere Schiffsverbindungen ab Salvador: (vergleiche Karte Seite 1145)

2.) ILHA MARE: täglich ab Largo da Ribeira/Cais de Ribeira auf der Bonfim- Halbinsel. Die Überfahrt (mehrmals tägl., ca. o,8 US $) dauert ca. 45 Min. Die Insel, die landschaftlich streckenweise sehr schön ist, hat viele Sandbuchten, teils mit Restaurants. Abchecken, ob Rückfahrt am selben Tag möglich.

3.) ILHA DOS FRADES: Traumstrände, gehören zu den 1o schönsten Brasiliens! Z.B. Praia da Enseada und Ponta da Nossa Senhora (gegenüber Itaparica/Ort). Im hügeligen Inselinneren mehrere Wasserfälle. Die Insel soll ihren Namen entweder von 2 Franziskaner- Padres erhalten haben, die die Insel christianisieren sollten, oder aber von 2 Padres, die hier Schiffbruch erlitten. – Nur Fischerdörfer und derzeit leider keine reguläre Schiffsverbindung; die Fischer kommen mit ihren eigenen Booten nach Itaparica oder Salvador. (Mal nachchecken: eventuell über Umweg: Salvador–Salinas da Margarida möglich!). –

4.) SALINAS DA MARGARIDA: tägl. ab Mercado Modelo, ca. 2 Std. Überfahrt, ca. 1 US $, Sonntag ca. 1,2 US $ pro Richtung. In der Nähe liegt der schöne Strand "Barra do Paraguacu", der jedoch mit dem Salvador-Maragojipe- Boot (Zwischenstop Paraguacu) erreicht wird. Die Werft in São Roque hat sich negativ auf die Wasserqualität des Strandes ausgewirkt. –

5.) BOM JESUS: tägl. ab Mercado Modelo, Überfahrt ca. 2 Std., meist mit Zwischenstop in Itaparica/Ort (ca. 1,2 US $). Strände: Praia da Fazenda.

Feira Santana: ca. 23o.ooo E.

liegt 11o km landein ab Salvador über eine autobahnähnlich ausgebaute Schnellstraße. Häufig am Tag Busverbindung. Feira Santana ist Zentrum der Rinderzucht und des Handels der weiten Weidegebiete rundum. Hier zugleich einer der größten Viehzuchtmärkte des Landes. Der Montags-Mercado lockt eine Menge Touristenbusse (die Insassen verlaufen sich zum Glück in der Größe des Marktes), ansonsten ist Feira Santana eine trocken-heiße, unattraktive Stadt.

"Feira Livre": Kunstgewerbe und Souvenirs im Centro de Abastecimento (tägl.), – "Mercado de Arte" im ehemaligen Marktgebäude (Mercado antigo), tägl., – die Sternwarte "Observatorio Astronomico", Rua da Barra (Voranmeldung notwendig!), – "Museu Regional", Av. G. Costa: Exponate über Leben und Bewohner des Sertao.

Salvador → Rio:

Rund 1.7oo km zwischen Salvador und Rio über die BR 1o1, die schneller ist, zudem die Möglichkeit für Zwischenstops am Meer bietet. Nonstop im Direktbus rund 32 Std., (ca. 12 US $ im Normalbus).

Alternative: über die BR 116 und in G. Valdadares auf die BR 381 nach Belo Horizonte und OURO PRETO einbauen.

PER FLUG: 2 1/2 Std., kostet mit dem günstigen Nachtflugtarif ca. 75 US $.

Mit der EISENBAHN: keine durchgehende Verbindung ab Salvador. Nur Teilstrecken bei extrem langsamen Zuggeschwindigkeiten.

SCHIFF: interessante, aber extrem zeitraubende Alternative: ab Salvador mit dem Bus nach Xique Xique und hier mit dem Flußboot auf dem Rio São Francisco nach Pirapoa. Ab hier weiter nach Belo Horizonte. Details unter "São Francisco"! –

BUS/BR 1o1: wer Zeit hat, interessante Variante der BR 1o1: ab Salvador mit dem Schiff rüber nach Bom Despacho und hier vom Bus/Schiff- Terminal in den Bus nach Nazare. (im Detail beschrieben unter "Reconcavo"!). Von hier mit dem Bus nach **VALENCIA,** rund 4o km südl. am Meer, geschützt durch die vorgelagerte Insel de Tinhare.

Übernachtung: mehrere Billighotels, von denen "Rio Una" (Rua M. Barrinha) das beste sein dürfte, – weitere: "Guaibim" (Prca. Independencia), – "Universal" (R.M. de Herval), – "Valencia" (Rua G. Concalves).
Restaurants: "Da Hora" (R.M. Filho 42), – "Macuele" (R. G. Concalves) und weitere.

Der Bus hält direkt am Saveiros- Hafen. Vis- à- vis der Mercado. Zum Baden: bester Strand: 2o km nördlich der "Guaibim". Bootsverbindung zu den Inseln de Tinhare (schöner Strand sowie ein Fort von 163o und Leuchtturm, Überfahrt ca. 1,5 Std.) und nach Cairu (Kolonialbauten im Brasilbarock). – 3 km außerhalb von Valencia in Alto de São Roque die Ruinen der ersten Textilfabrik Brasiliens (1844). –

Vom Flugfeld am Ortsrand soll es Verbindungen in zweimotorigen Sportmaschinen nach Salvador geben, sicherlich eine interessante Strecke über Baia Todos os Santos.

BUS ab Valencia über Itabuna nach **ILHEUS.** Lebendige Stadt mit mehr als 7o.ooo E. am Meer und landschaftlich lohnende Fahrt. Cacao-, Zuckerrohr- und Gummiplantagen bei Itabuna. Obwohl Itabuna erheblich größer ist (ca. 12o.ooo E., mehr als 25 Hotels), sollte man besser in Ilheus übernachten wegen Bademöglichkeit und Restaurants.

In der Umgebung ausgezeichnete Sandstrände mit Palmen, sehr schöne Felsbarrieren. Stadtbusverbindung.

Hotels: "Ilheus Praia" (Prca. D. Eduardo), bestes in der Stadt mit Farb-TV im Zimmer, mittelteuer, – "Pontal Praia" (Av. Lomanto Junior 1385), – "Britania Hotel" (Rua 28 de Junho 16), beide mittel bis billig, – "Barravento Hotel" am Strand do Malhado, Rua N. Sra. das Gracas 265.
Restaurants: "Os Velhos Marinheiros" (Av. 2 de Julho 19o) mit Spezialität Meeresfrüchte. Gut und nicht gerade billig, – "Luanda Beira Bahia" (Av. Soares Lopes) Regionalspezialitäten, – "Moqueca de Ouro" (Rua da Frente), schön gelegen im Vorort Sao Francisco am Strand bei Spezialität Meeresfrüchte. Viele weitere. Am Praca Dom Eduardo schräg gegenüber des Hochhauses des Ilheus Praia liegt die Bar "Vesuvio", beliebter Treff unter Vordach mit Blick auf das, was sich auf der Praca tut und Basilica. Vom Bier bis Meeresfrüchte.

Schön an Ilheus: die hohe Basilica mit ihren beiden Spitztürmen und Mischmaschbaustil an der Hauptpraca; direkt davor breiter Sandstrand mit Bäumen, Restaurants (z.B. der beliebte Velhos Marinheiros) . Von Blick und zentraler Lage sicherlich bestes Hotel das "Ilheus Praia"!

Über die Av. Lomanto Junior und Brücke rüber zum Praia do Pontal, zu dem parallel hinter Häusern eine Landepiste für Sportmaschinen (Regional- Linien nach Belo Horizonte, Salvador, Vitoria und Rio) gelegt wurde.

BUS: tägl. zur BR 1o1 Richtung Süden (Sao Mateus, Vitoria, Rio). Wer Zeit hat: schöner Zwischenstop in **PORTO SEGURO**, Mininest von ca. 6.ooo Einwohner am Atlantik, das berühmt wurde, da hier am 24.4.15oo der Seefahrer und Entdecker Pedro Alvares Cabral zum ersten Mal brasilianischen Boden betrat.

DIE EXPEDITION stach Ende Feb. 15oo von Lisboa/Portugal in See. Nach der Entdeckung der Neuen Welt (Transatlantik-Überquerung des Chr. Columbus, Entdeckung der Karibischen

Schiff aus der Flotte Cabrals

Erste Europäer in Brasil

Inseln (1492) und der zentralam. Küste) hatte der Papst bereits den neuentdeckten Teil der Erde politisch aufgeteilt: alles Land rechts des ca. 5o. Längengrades sollte Portugal gehören, – alles links davon an Spanien. Dies wurde durch den Vertrag von Tordesillas 1494 lediglich geringfügig westlich verschoben, so doch bekräftigt. Tiefgreifender Einschnitt in die Entwicklung Südamerikas bis zum heutigen Tage: alle Staaten westl. des 5o. Längengrades sind von spanischer Sprache und Kultur geprägt, alle östlich von portugiesischer.

Parallel zu den Entdeckungen des Columbus (1492 – 15o4) hatte der Portugiese Vasco da Gama erstmals auf dem Seeweg bei Umfahrung der afrik. Küste und Kap Horn Indien erreicht*, – nicht unproblematisch in Bezug auf Navigation, da etwa auf der Höhe des heutigen Dakars die Winde nicht mehr parallel zur Küste, sondern in den Atlantik rüber in die Karibik wehen (=Columbus- Route).

Er versorgte Cabral mit nautischen Informationen, – am 22. März passierte Cabral die Capverdischen Inseln, passierte die widrigen Winde auf Äquatorhöhe, wo die Passatwinde der nördl. und der südl. Halbkugel aufeinandertreffen und teils westwärts treiben, teils zur afr. Küste zurück. Auf viele Stunden keinen einzigen Knoten Geschwindigkeit!

Cabral und Vasco da Gama hatten dies vorhergesehen, – wobei Zeit (und Nahrungs- Haltbarmachung) wichtigster Faktor dieser Expedition waren, die übrigens fast 2 Monate dauerte, bis die Seeleute wieder Land unter den Füßen hatten. Dabei kam sehr zu Hilfe, daß Vasco da Gama von arabischen Seeleuten ein Verfahren mitgebracht hatte, Trinkwasser in Spezialtanks ohne Leck über lange Zeit haltbar zu transportieren.

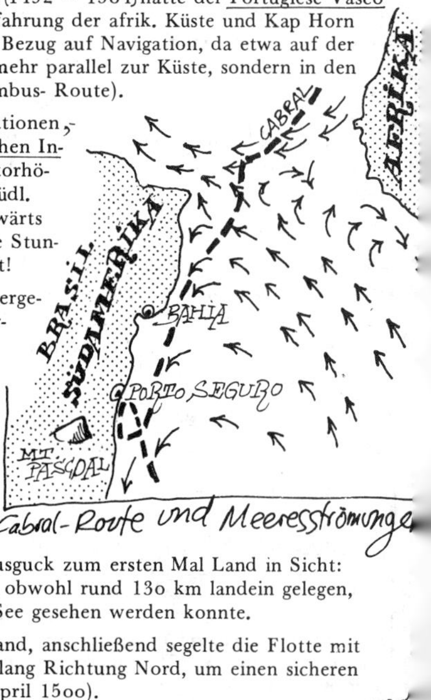

Cabral-Route und Meeresströmunge

Am 22. April 15oo hatte der Matrose im Ausguck zum ersten Mal Land in Sicht: den rund 533 m hohen Mt. PASCOAL, der, obwohl rund 13o km landein gelegen, und Erdkrümmung bereits relativ weit auf See gesehen werden konnte.

Wohl ging man in Beibooten hier kurz an Land, anschließend segelte die Flotte mit ihren 11 Schiffen aber nah an der Küste entlang Richtung Nord, um einen sicheren Hafen zu suchen: PORTO SEGURO (24. April 15oo).

PORTO SEGURO (sicher wegen vorgelagerten Riffs) hat außergewöhnlich viele Hotels** in Relation zur Größe des Ortes, ausgezeichnete Strände und ist bei Brasilianern** sehr beliebt als Bade- und Ferienort. CIDADE ALTA: rund 4o m oberhalb des Flusses und Strandes mit dem historischen Denkmal zur "Ehren" Cabrals auf Hauptpraca Pedro Campos Tourinho,– hier oben Kolonialbauten, kleines Museum und Leuchtturm. – UNTEN: ein Schwung von Strandrestaurants, Cinema (am Prca. Antonio C. Magalhaes), und Autofähre über den Rio Buranhen Ri. Arraial D'Ajuda. STRÄNDE: ** da Cidade (im Ort), – *** Mundau (5 km), – Itapera (7 km), – Rio dos Mangues (8 km), – Coroa Vermelha (16 km), alle nördlich. Sowie d'Ajuda mit der Fähre im Süden. Am Coroa Vermelha wurde die erste portugiesische Messe in Brasilien gehalten. Schlichtes Holzkreuz.

Hotels: "Velha Branca" , Cidade Alta mit schönem Blick über Fluß, Doppel ca. 2o US
"Praia Hotel" , bestes von Pt. Seguro am Strand, BR 367, km 65, Doppel ca. 28 - 35

* 1499 ** vorwiegend jüngere Leute, die meisten Hotels aus "Billigklasse".

US $, – "Pousada Casa Azul", R. 15 de Novembro 11, billig, wie auch "Pousada Inaia" Av. G. Vargas 7o, "Pousada do Cais" (Av. Portugal 382), – "Rio Mar", Prca. Inaia 12 und weitere. –

Restaurants: "Preto Velho" Prca. Inaia 12 und Prca. Bandeira, – "Cruz da Malta", Av. G. Vargas 358, – alle ausgezeichnet für Fisch, Preise mittel. Teurer "Arrastao", Rua Assis Chateaubriand 67. Weitere entlang der Strände.

MT. PASCOAL, ein kegelformiger Berg in Nac. Park, südl. von Porto Seguro. Umgebung recht verlassen. Besteigung nicht unbedingt lohnend.–

CABO FRIO: Seebad in flachem Küstenstreifen, rund 15o km vor RIO. Flache, meist 1 stöckige Häuser, ein ganzer Schwung an Hotel und Pensionen. Die rund 3o.ooo E. leben vorwiegend vom Fremdenverkehr. Während der brasil. Sommermonate (Weihn. bis März) ist es schwierig, Zimmer zu bekommen. Mich persönlich hat Cabo Frio nicht besonders überzeugt. Der Ort ist langweilig, allerdings viele Moskitos und etwas monoton mit seinen grauen, flachen Sanddünen. Wenn sich während der Hochsison mehr im Ort "bewegt", mag die Sache interessanter sein. (Bus mehrmals tägl. nach Rio, ca. 2 1/2 Std./3 US S).

Wesentlich interessanter: der Küstenteil kurz vor Rio: die Strände nördl. von NITEROI, mit vielen Sandbuchten zwischen hohen Küstenbergen und viel mehr Flair! Niteroi ist zu erreichen ab Rio/Praca 15 de Novembro per Schiff über die Bucht, bzw. die umliegenden Strände "Cidade Itaipu" (schöner Rio- Blick, sauberer, kleiner Strand mit Restaurants) oder "Jarujuba" (schön, mit kleinem Fischerhafen, Blick über Bucht) mit Bussen ab Niteroi oder Rio/Regionalbusterminalan der Praca Maua.

In eigener Sache:

Es liegt in der Natur der Dinge, daß bei der Fülle an konkreter Information, die dieses Buch enthält, sich im Laufe eines Jahres einiges ändern kann.

Deshalb bitten wir um Mitteilung von Abweichungen. Wer uns ansonsten irgendwelche ausgefallenen Tips wie neue Routen, schöne Hotels mit viel Atmosphäre oder ähnliches schickt, wird bei der Neuausgabe dieses Buches namentlich zitiert.

Bitte schreibt uns, wir freuen uns über jeden brauchbaren Tip, weil wir es wichtig finden, daß man nicht irgend ein blödes Laberbuch, wie leider viele Reiseführer mit sich schleppt, sondern etwas, was wirklich nützlich und hilfreich ist! –

VERLAG
MARTIN
VELBINGER

Bahnhofstr. 1o6
8o32 Gräfelfing/München

MACUMBA

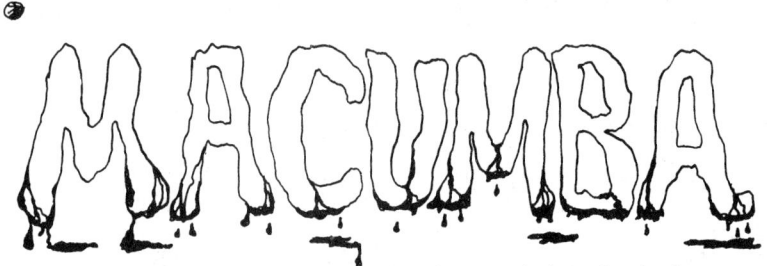

NICHT WUNDERN, wenn plötzlich mitten auf einer Straßenkreuzung in Rio oder Sao Paulo eine brennende Kerze zusammen mit einer Flasche Wein stehen und alle Autos brav drumrum fahren! Das hängt mit "MACUM=BA" zusammen, einer der wichtigsten "Religionen" Brasiliens. Kenner der "Szene" behaupten in vorsichtigen Schätzungen, daß rund ein Drittel der 100 Millionen - Bevölkerung Brasiliens an Macumba und die vielen Parallel - Kulte glaubt.

Zelebriert wird zwischen der Waschmaschine und dem Fernseher, – häu=fig auch an geheimgehaltenen Plätzen am Meer. Wo Ärzte und Sozialpoli=tiker versagen, da hilft "Macumba"! 8. Dezember 1975: 8000 Omnibusse und über 70 000 PKW's bewegen sich aus São Paulo Richtung Meer: voll von Macumba - Anhängern! Vom rythmischen "Bong" der Bongotrommeln lässt man sich so lang=sam in Trance trommeln. Die Szene ist gespen=stisch! Bankdirektoren stöhnen neben Arbeitern, und "Pamba Gira", die Schutzpatronin der Prostituierten hat einige Mädchen in bel=lende Hunde verwan=delt, die wild schnüffelnd auf dem Boden herumknurren. Mitge=brachte Perlhühner werden über Macum=ba - Neulingen geköpft; die allgemeine Stimmung am Strand schwankt zwischen Campingplatz/Karne=val und Ekstase! –

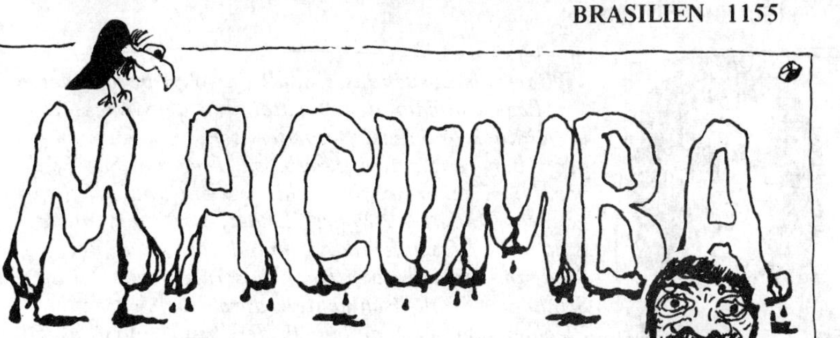

Resümee am nächsten Morgen: 200 Kinder fehlen, und neben 7 Toten verzeichnet man unzählige Diebstähle. . . Die Zeitung "Estado de São Paulo" ermahnte damals die katholische Kirche, sich mehr um die seelsorgerische Bekämpfung dieser neuen brasilianischen Religion zu kümmern und weniger um Sozialpolitik.* – Trotz allem: "Macumba", der reinere "Candomble", der aus Dahome/Afrika stammende "Xango", der "Batuque" , der "Umbanda" und die anderen verbreiten sich immer mehr in Brasilien. Allein in Rio gibt es über 600 amtlich registrierte "Kult - Zubehör" - Geschäfte, in denen Geheimkräuterchen, Muschelamulette und Widderzähne verkauft werden. Die Verbreitung der Macumba - Kulte ist durchaus logisch und hat ihre Parallelen in Europa im zunehmenden Interesse an Astrologie: die Technisierung und damit verbundene Sterilisierung des alltäglichen Lebens bedingt ein zunehmendes Verlangen nach Mystik. Irgendwie auch verständlich, daß der Büroangestellte, der tagtäglich in irgendeinem vollklimatisierten Bürozimmer in einem Hochhaus von Sao Paulo arbeitet, das Bedürfnis hat, nach Feierabend sich von einer "Mãe de Santo"(Heiligenmutter) in sexuellen und anderen Problemen helfen zu lassen. Die Funktion ist ähnlich der beim Fußballspiel, wenn der Angestellte unter 100 000 anderen Zuschauern im Stadion sitzt, wo unten der Nationalheld Pelé auf dem Rasen den Ball tritt. – Problematisch wird es, wenn einfache Arbeiter in vollem Glauben an Macumba ihre letzten Cruzeiros zusammenkratzen, um den "Göttern" Damast zu kaufen, die sie vor Krankheiten erretten sollen, anstatt Medizin für die Kinder. Wenn sie Macumba - Medien hohe Cruzeiro - Rechnungen blechen und sich dafür für Monate in Schulden stürzen. – Die "Szene" beginnt sich zu kommerzialisieren: neonerleuchtete Säle, in denen die "Heiligen" an den Wänden sitzen. Der Macumba - Gläubige kauft sich am Eingang einen ganzen Block von Gutscheinen, die ihn für die Beratung der einzelnen Heiligen berechtigen und wird per Lautsprecher aufgerufen. –

WER "MACUMBA" erleben will, fragt einfach den Hotel - Portier. Ganz egal, ob in Rio, Sao Paulo, Salvador oder in Porto Alegre. Allerdings aufpassen, daß man nicht in eine Touristen-Macumba gerät!- Hauptfest ist einmal zur Jahreswende, aber auch zwischen dem 1. und dem 2. Februar. Je nach Region und Kult verschieden. –

* gemäß M. von Conta, SZ vom 30. Dez. 1975 / Nr. 299

ca. 5,1 Mill. E.

Vielfach als die schönste Stadt der Welt bezeichnet! Die Lage zwischen den Buchten und dem Zuckerhut ist wirklich grandios! Besonders schön, wenn man gegen Abend auf einem innerbrasil. Flug von Sao Paulo vor dem Zuckerhut eine Schleife zieht und auf dem "Santos Dumont- Airport" landet! Die Stadtkulisse ist wirklich faszinierend, während das Innere der Stadt immer mehr von Hochhäusern verbaut wird. Stinkende Straßenschluchten, durch die sich endlose Blechlawinen auch außerhalb der "rush-hours" wälzen. Um die Stadt weite "Favela"- Barackenviertel.

Trotz allem ist RIO eine der schönsten und erlebenswertesten Städte des südamerikanischen Kontinentes. Die "Cariocas" (Einwohner von Rio) sind berühmt für ihre Lebensfreude und -Temperament; die Strände gehören zu den schönsten des Kontinentes! Herrlich tropische Wärme, schon wenn man aus dem Flugzeug aussteigt!

Stadtstruktur:

★ COPACABANA: einer der exclusivsten Stadtteile Rios; die Monatsmieten für "flats" mit Buchtblick beginnen ab ca. 3.000 DM. Berühmt aus vielen Filmen, ich erinnere an "Notorius" von Alfred Hitchcock. Auch der berümte britische Posträuber Ronald Biggs hat sich hierhin gerettet und durch Heirat einer hübschen Brasilianerin vor dem Zugriff der englischen Scottland Yard- Leute entzogen.

Copacabana hat nach Pressemeldungen zu Stoßzeiten (= Wochenende während der Badesaison Mitte Dez. bis März) pro Strand- qm rund 2,5 hübsche Brasilianerinnen. Quadratmeterberechnungen hin wie her, während der Bademonate spielt sich hier einiges ab, – die Mädchen in hübschen Tangas und die brasil. Männer für die Touristinnen nicht minder attraktiv. Da in diesem Bereich die teuersten Rio- Hotels liegen: auch Einiges an Semiprofessionellem unterwegs, – entweder auf der Basis "schöner Tage mit Essen und Hotel", oder gegen Geld. Vorher abklären. Leider auch "Einiges" an Trickdieben, sodaß man nicht mit Wertsachen runter an den Strand sollte!

Breite des Strandes: 30 - 50 m je nach Meeresstand, Länge knapp 4 km in leichtem Schwung ab "Morros" (Felskuppen) des Zuckerhutes bis runter zur Halbinsel zwischen Copacabana und dem anschließenden IPANEMA. Fantastischer Blick oben vom 30. Stock des "Rio Othon Palace" in der Mitte des Strandes; oben kleiner SW- Pool und Bar und grandiose Rundsicht auf den Atlantik und die Morros! – Fantastisch auch der Blick von der Cafe- Terrasse des "Rio Palace- Hotels" am Ende der Bucht Ri. Ipanema (Eingang über Aufzug, rechts neben Hoteleingang!). In beiden Hotels aber Tip- Top- Aussehen Voraussetzung, sonst wird man nicht bedient.

Beim Baden am Copacabana (und auch Ipanema)- Strand Vorsicht. Sehr starke Wellen, optimal für Surfer, aber zugleich jedes Jahr mehrere Tote durch unvorsichtige Badende, die sich zu weit reinwagen.

Entlang des Strandes die AV. ATLANTICA, vielspurig und selbst nachts um 4 Uhr früh noch dicht befahren. 1904 gebaut mit schönen Mosaikstrei-

Bucht von Rio de Janeiro rüber Richtung Niteroi – Stich verg. Jahrhundert fen in Form der Meereswellen, – als der Bereich Copacabana durch den Bau eines Tunnels rüber nach Botafogo an das Centro angebunden wurde. In den 4o-er Jahren Errichtung der meist 12 - 15 stöckigen Skyline entlang der Av. Atlantica, heute teuerste Wohngegend der Stadt.In den parallel zum Strand verlaufenden Av. Copacabana und Rua Barata Ribeiro massiv dichter Verkehr, Shops, teils Boutiquen, allerdings nichts, was einen vom Stuhl haut. Auch Kaufhäuser wie C & A, big surprise! Dahinter beginnen die Morros, die Copacabana vom Centro und Flamengo abschirmen.

✱ IPANEMA: hinter einer Felskuppe beim "Rio Palace", – der nächste Atlantikstrand Rios. Vorwiegend junge Leute. Jogger, die auch rüber, die 4 km Copacabana ablaufen. Volleyball Spieler, wie auch drüben am Copacabana. Fantastische Fotomotive, wenn abends die Sonne bei den Morros über dem Meer untergeht und graue Schleier sich über den Strand legen.

In den Parallelstraßen zum Strand viele exclusiv- Boutiquen und Kunstgalerien. Zieht sich bis ca. Praca Grecia hin, im Anschluß der LEBLON-Strand. Busse ab Centro/Rio, Praca Maua via Copacabana und Ipanema bis Leblon (entsprechende Aufschrift vorn im Fenster!).

HIPPIE–MARKT auf der Praca General Osorio, direkt bei Beginn Ipanema nach Copacabana. Jeden Sonntag von 9 bis 18 Uhr. Eine Art brasilianischer Flohmarkt mit open-air- Porträtisten, Verkauf von Kleinkunsthandwerk wie Schmuck, Lederarbeiten, aber auch Secondhand- Kleidern und ausrangierten Klein- Antiquitäten. Touristisch und teuer. Handeln üblich und notwendig.

✱ Nach weiteren Bergvorsprüngen die Praias DA GAVEA und DA TIJUCA. Letzterer erstreckt sich über mehr als 18 km Ri. West, der längste und wohl sauberste Stadtstrand Rios, obwohl sich auch hier pollution bemerkbar macht. Eines der Hauptexpansionsgebiete der Stadt, die aus ihren
✱ Nähten kracht. Inlandlagunen und die Satelitenstadt BAIXADA im Stil brasilianischer Reißbrettarchitekten, die vorwiegend gelernt haben, den Rapidographen am Lineal des Zeichenbretts entlang zu führen. Während heute im Stadtteil Copacabana rund 5o.ooo Einwohner leben, – wurde der Bereich Tijuca - Baixada für eine 1/2 Mill. konzipiert. Bei der hohen Qualität des Terrains (km- lange Sandstrände und optisch attraktive Inland Lagunen): höchst gewinnträchtige Immobilienprojekte.

✱ Das CENTRO von RIO erstreckt sich zwischen der Praça Maua im Norden, wo ausgedehnte, graudreckige Hafenviertel beginnen, – über die zentrale Praça 15 de Noviembre (Abfahrt der Fährboote rüber nach Niteroi und Ilha Paqueta), – bis runter zum Parque Flamengo und Santos DuMont Airport. Der Bereich der portugiesischen Stadtgründung des Jahres 15o1.

Heute während der Woche vollgestopfte, benzingeschwängerte Hochhaus-Schluchten mit den Banken, Shops, Büros und Offices. Um die Jahrhundertwende wurden zwei gewaltige Schneisen geschlagen, – die 5o m breite Av.Presidente Vargas, die den Verkehr aus Rio rausspuckt, egal ob nach São Paulo, Belo Horizonte oder Salvador do Bahia. Und im rechten Winkel dazu die rund 4o m breite Av. Rio Branco. Parallel dazu die Av. Pres. A. Carlos. Trotz Straßenbreite fühlt man sich von den Hochhausgiganten erdrückt.

Das Rio- Centro hat mich bei meinen diversen Aufenthalten nie so richtig gereizt, obwohl es eine Reihe interessanter Shops bringt und viele Museen. Letztere lohnend, – siehe unser seperates Kapitel!

STADTENTWICKLUNG: 15o1 von den Portugiesen entdeckt, die die Bucht für die Mündung eines großen Flusses hielten, – daher der Name "Rio de Janeiro" (Fluß des Januars). Da man aber nicht das Gold und andere Edelsteine fand, von dem das Europa des 16. Jhd.'s träumte, entwickelten sich größere portugiesische Siedlungen zunächst oben im Nordosten (Salvador do Bahia), wo Zuckerrohr angebaut wurde, das damals erhebliche Gewinne brachte.

Somit setzten sich hier französische Siedler fest, die erst in der 2. Hälfte des 16. Jhd.s vertrieben werden konnten. Die dichten Urwälder an den Bergen um Rio und die Sumpfgebiete an der Küste ließen nur eine langsame Stadtentwicklung durch die Portugiesen zu Im Gegensatz zu den Spaniern,drüben in den Regionen der Anden und der Pazifikküste waren die portugiesischen Siedler den einheimischen Indianerfrauen und später den schwarzen Frauen sehr aufgeschlossen, was zu mischblütigen "Caboclos" führte.

Zentrum der Siedlung: um den Morro do Castelo/heutiges Stadtzentrum. Der excellente Naturhafen Rios führte im 17. Jhd. zu starker Stadtexpansion. Export von Zuckerrohr, ab 1695 und Entdeckung der reichen Minen von MINAS GERAIS gewaltiger Sklavenbedarf und Rio als Hauptimporthafen. 175o Bau eines Aquäduktes zur Trinkwasserversorgung, – das Zentrum nunmehr weitgehend Steinhäuser, wenn auch viele Straßen bei starken Tropengüssen in Schlamm versanken. Immerhin bereits rund 1oo.ooo Einwohner, eine beachtliche Zahl auch im Vergleich zur Größe damaliger, wichtiger Städte in Europa.

Kämpfe auf dem europäischen Festland zwischen Napoleon und Portugal führten zur Flucht des damaligen portug. Prinzregenten Joao VI. nach Rio, wo er 18o8 begeisternd empfangen wurde und viel zur wirtschaftlichen und kulturellen Expansion der Stadt unternahm. Öffnung des Handels mit England (Import engl. Luxusgüter, Export brasil. Rohstoffe), – Anlage des botan. Gartens, von Wanderwegen im Tijuca- Wald, Theater, Museen, Observatorium, – Einladungen an bedeutende Wissenschaftler wie Charles Darwin und den Geologen Louis Agassiz. Darwin schrieb über Rio, daß diese portugiesische Gründung für ihn eine der schönsten und wichtigsten auf dem südam. Kontinent sei, Stiche aus dieser Zeit zeigen Rio als schöne, üppig tropisch überwucherte Stadt.

Nach dem Tod João VI. wurde (1831) sein 14 jähriger Sohn als DOM PEDRO II zum Kaiser eingesetzt. Ausbau der Stadt. Ab 1858 Eisenbahn in die Vororte, ab 1864 Kanalisation, ab 1874 erste Telegraphenleitung nach London. Rio mit bereits mehr als 1/4 Mill. Einwohner. – 1889 Ausrufung zur Republik, Dom Pedro II geht ins Exil.

Die Stadt expandiert weiter und die bisher einsamen Palmenstrände am Copacabana und Ipanema werden durch einen Tunnel zwischen Botafogo und Copacabana erschlossen. 19o4 Anlage der Av. Atlantica am Copacabana- Strand und der Av. Rio Branco, einer riesigen Straßenschlucht im Centro, bei der viele Hektar alter Kolonialgebäude fallen. 19o6 wird die elektrische Straßenbeleuchtung eingeführt. Bereits zur Jhd.- Wende hatte Rio bereits 1/2 Mill. Einwohner, 192o sind es 1 Million.

196o bereits 3 Millionen und Ende der 7o-er Jahre → 5 Millionen! Diese gewaltigen Zuwachsraten sind zunächst auf Einwandererwellen in der ersten Hälfte dieses Jhd.'s aus Europa und später insbesondere aus den Dürregebieten des Nordosten Brasiliens zurückzuführen. Analog dazu bilden sich gewaltige "favela"- Gebiete, Elendsviertel an den Hängen der Rio Berge, der Morros, die teils bis zu 1 Mill. Einwohner haben und eigenen Bürgermeister.

Südlich vom Centro der Stadtteil FLAMENGO. Eine mehr- Km- Sandstrand-Bucht, allerdings so von den Hafenaktivitäten Rios verschmutzt, daß man sich die Sache besser von außen ansieht. Aber schöne Grünanlagen; im Nordteil beim Santos DuMont Airport das "Museu de Arte Moderna" (nach einem Brand 1978, bei dem unschätzbare Werte verloren gingen, heute nur noch Wanderausstellungen), – sowie ein Kriegerdenkmal zu Ehren der Gefallenen des 2. Weltkrieges. In der Nähe eine Ministartpiste für die Rio- Mo-

dellflieger. Starts und Landungen vorwiegend am Wochenende, sehr sehenswert!
Parallel zum Strand und Park die Rio- Stadtautobahn, vielspurig mit diversen Einfädelungen und Kleeblättern, insbesondere vor dem Santos Dumont. Runter zum PRAIA DO BOTAFOGO, Yachthafen von Rio unterhalb der Kulisse des Zuckerhutes. Aufzweigung der Schnellautobahn einmal durch den Tunnel rüber nach Copacabana, – zum anderen in den Stadtteil URCA und zum PRAIA VERMELHA, wo die Talstation der Zuckerhut- Seilbahn liegt.

* ZUCKERHUT: das Wahrzeichen von Rio. Rauf per Seilbahn in 2 Etappen. Die Talstation liegt am Ende der Av. Pasteur, kurz vor der Praia Vermelha.

BETRIEB: tägl. 8 - 22 Uhr. Die erste Etappe geht auf den rund 22o m hohen Morro da Urca. Restaurant, Museum (Details siehe dort!). Dann freischwebend rüber auf den 396 m hohen Morro Pão de Azucar/Zuckerhut. Kostet retour ca. 2 US $. –Auf der Station/Morro da Urca gibts jeden Sa. Show und Disco im dortigen Restaurant. Von der Optik eine fantastische Sache. Außerdem derzeit jeden Mo. Samba- Show, ca. 6 US $.

Bus rüber nach Copacabana: Nr. 512 ab Ecke Av. Pasteur/Osorio de Almeida, rund 15o m von der Praca bei der Talstation. – Bus rüber ins Centro: Nr. 1o7, selbe Kreuzung. – PRAIA VERMELHA: rund 25o m breit und 35 m/Sand. Eingeschlossen von den Morros da Urca und da Uruba. – Auf der Praca ein Bronzedenkmal Chopins, der grün verregnet, in sich hineindenkt. Breite Bäume, bevors zum Strand runtergeht.

* CORCOVADO: der andere, große Rio- Rundblick und fast noch besser als der Zuckerhut, da höherer und komplexerer Rundblick. Ein 71o m hoher Morro, auf dem die 38 m- Christusstatue Rio beschützt. Umwerfender Rundblick, – besonders wenn Nebelschleier am frühen Morgen über der Stadt liegen, oder abends, wenn die Sonne über den Buchten mit den vielen Bergkegeln untergeht.

BUS ab Praca 15 Novembro mit der Aufschrift "Cosmo Velho" und bei der Talstation der Zahnradbahn aussteigen. Der Fahrer weiß Bescheid. Laufende Abfahrten der Zahnradbahn bis Sonnenuntergang. Das 3,5 km Gleis wurde 1884 eröffnet und schlängelt sich landschaftlich schön durch dichte, tropische Wälder den Morro rauf, bis knapp unterhalb des Gipfels. Hier liegen auch die Parkplätze, wer mit eigenem PKW oder Taxi rauffährt.

TIP: schöne Halbtages- Wanderung ab Zahnradbahnstation "Painairas" (=auf halber Strecke) durch den "Parque Nacional da Tijuca" rüber nach Alto da Boa Vista (Busverbindung retour ins Centro von Rio). –

Wer mit der Zahnradbahn fährt, sollte, bevor er in der Talstation einsteigt, zunächst noch rund 13o m die Hauptstraße rauflaufen, rechterhand die Largo do Botocario, eines der meistfotographierten Kolonial- Ensembles Rio

Wer per Taxi fährt (Vorsicht vor Preisüberforderung; vorher in seriöser Quelle abchecken, was momentan der reguläre Retourpreis ist!): Abstecher zum Morro Mirante Dona Marta: direkt oberhalb eines der größten favelas von Rio. Angeblich 1 Mill. Einwohner!

* TIJUCA–WALD, zugleich Nationalpark an den Hängen des Corcovado. Schöne subtropische Vegetation in Höhen zwischen 5oo und 1ooo m auf der der Bucht abgewandten Seite des Corcovado. Nehmt ab Tijuca -

NR. 223 ab tv. Americas/Barra di Tijuca

Strand einen Bus rauf nach "Alto da Boa Vista". In der Nähe liegen die "Taunay- Kaskaden", die "Paulo und Virginia- Höhlen" und der "Das Fadas See". Eines der beliebtesten Wochenend- Ausflugsgebiete mit vielen Restaurants im Bergurwald, der diesen Teil der Morros bedeckt. Eigenes oder Mietauto günstig, zu Fuß aber auch möglich; schöne Wanderungen!

Von Alto da Boa Vista Busverbindung rüber ins Stadtzentrum Rios (Flamengo). Aber auch 2 schöne Urwaldstraßen durch den Nationalpark: – einmal via "Estrada Redentor" rüber zum Corcovado, – zum anderen über die "Estrada da Vista Chinesa" runter zum Botanischen Garten. Letztere passiert etwa auf halber Strecke den Aussichtspunkt VISTA CHINESA. Zu Zeit Dom Pedros II. eine Teeplantage, die von Chinesen betrieben wurde. Weiter Panoramablick über die Rio- Strände Ipanema, Copacabana und Zuckerhut.

✶ BOTANISCHER GARTEN: bei der Lagoa Rodrigo de Freitas, unterhalb des Corcovado. Eine der schönsten und umfassensten Sammlungen tropischer Pflanzen in Brasilien, eingeschlossen verschiedene Palmen und Orchideen Arten. U.a. auch eine 3o m hohe Allee von Königspalmen und die berühmte Victoria Regia. Geöffnet 8 - 18 Uhr. Zu erreichen mit dem Bus Nr. 117 ab Centro/Av. Rio Branco, oder ab Flamengo mit Bus Nr. 1o4.

✶ ZOO: interessante Vogel- und Reptiliensammlung aus den Urwäldern Brasiliens. Adresse: Quinta da Boa Vista, offen tägl. 8 - 18 Uhr Liegt oben im Norden Rios im Stadtteil São Cristovão. Metro- Station São Cristovão. Lohnt sich allein wegen dem riesigen Park, der früher der Herscherfamilie gehörte.

✶ SANTA TERESA: oberhalb des Centros von Rio auf einem Bergrücken. Teils noch schöne Kolonialarchitektur. Zu erreichen mit der Straßenbahn, der "bonde", Abfahrt wenige Meter von der Metro Station "Carioca". Der erste Teil der Strecke läuft über das ehemalige Rio- Aquädukt "de Carioca". Lohnend: das Museu Chacara do Ceu (siehe "Rio Museen"!); von den oberen Teilen Sta. Teresas schöner Rundblick über die Bucht von Rio.

PARQUE DA CIDADE: oberhalb des Stadtteiles Gavea und Nähe Botanischer Garten. Zu erreichen über die Auto Estrada Lagoa Barra und im Anschluß Estr. Sta. Marinha. Eine riesige Parkanlage unterhalb des "Vista Chinesa" (siehe Tijuca- Wald!) mit dem lohnenden Stadtmuseum (Details siehe Museen!).

PAQUETA INSEL: nennt sich auch die "Liebesinsel" oder "Fahrradinsel". In der Bucht von Rio, zu erreichen mit dem Dampfer ab Praca 15 de Novembro. Überfahrt rund 1 Std./1 US $. Die Mininsel ist überzogen mit Villen und Ferienhäusern, die sich in tropischen Gärten verstecken. Teils fantastische Ausblicke auf die bizarre Felsnadelküste des Festlandes. 2 oder 3 Mittelklassehotels, allerdings nur mit begrenzter Unterbringungsmöglichkeit.

Gleich beim Hafen kann man sich Farräder mieten, vorwiegend Tandems. Markbeträge für einen Tag. Ein sehr lohnender 1- Tagesausflug ab Rio, wenn man einen netten Partner dabei hat. Relaxing und keinerlei Autos auf der Insel. Baden, – obwohl theoretisch möglich, so doch wegen starker Verschmutzung der Bucht durch Tanker weniger attraktiv.

Weitere lohnende Rio- Ausflüge: nach Petropolis, sowie Angra dos Reis und Parati. Details siehe "Umgebung von Rio"!

Tourist INFO "Flumitur" (Empresa de Turismo do Estado do Rio), zuständig für die Region Rio. In der Rua do Carmo Nr. 27/12. Stock, im Centro von Rio gelegen. ← Nähe Av. Rio Branco/Centro

"Riotur", in der Rua São Jose Nr. 9o, 11 Stock ist speziell für die Stadt Rio zuständig. Mit einem 24 Std.- Telefonservice über Nr. 58o.8o.oo, auch in Englisch. – Infokioske im Busterminal und in der Zuckerhut- Talstation.

"Embratur" (Empresa Brasileira de Turismo), zuständig für Infos zu Gesamt-Brasilien. Rua Mariz e Barros, 13, Praca da Bandeira.

Stadtpläne Rio: sehr brauchbar ist die "mapa turistico" der Riotur, die allerdings ca. o,3 US $ kostet. Nur die "wichtigen" Stadtteile zwischen Hafen und Ipanema. – Excellent der Rio- Stadtplan im Rioführer der Quadro Rodas- Leute. Eine Art brasil. Michelin zu Hotels und Restaurants im allen Vor- und Nachteilen der s/w- Katalogisierung in Gabeln und Kochmützen. Preiswert für ca. 2 US $ an Kiosken in dem Busterminal, den beiden Airport und auf der Straße in Kiosken. – Hier gibt es auch den "Guia Schäffer", ein seit Jahren bewährtes Stadtplanwerk, das allerdings die wertvolle Information zu Bergen (siehe Riotur und Quadro rodas) ausklammert. Ca. 2 US.

VERBINDUNGEN AB RIO:

Flüge:

(1.) **Internat. Airport "do Galeão":** fast 95% sämtlicher Flüge, sowohl international, wie auch nationale Jet- Flüge laufen über diesen supermodernen Airport, der auf der Insel do Governador im Norden der Bucht von Rio liegt. 3- stöckiges Airportgebäude in leichtem Halbkreis. Unten: Ankunft, – Mitte: Abflüge, – oben: Restaurants und Shops, sowie Post und Telefon.

Transport ins Zentrum, sowie zum "Santos Dumont Airport": alle 3o Min. per sogenanntem "Refrigerão" (=Eisschrank, wegen starker AC). Aufpassen: der eine Refrigerão fährt nur rüber zum Santos Dumont, – der andere fährt via Zentrum (inkl. Busterminal und Praca Maua) rüber nach Copacabana und Ipanema/Leblon. Steht außen auf dem Bus. Fahrpreis um die o,5 US $. Fahrer Bescheid geben, wo man aussteigen will. Hält vor dem gewünschten Hotel, sofern dies an der Route liegt.

Teurer sind die RADIOTAXIS (Blau oder rot), die nach Fixtarifen je Rio- Zone fahren. Copacabana als eine Zone und z.B. ca. 15 US $. Lassen sich in Gegenrichtung ab Rio zum Airport bestellen. Preis jeweils pro Taxi.

FAHRZEIT: Bus bzw. Taxi ins Zentrum außerhalb des Stoßverkehrs ca. 3o Min.

(2.) **Santos Dumont Airport:** auf einer Halbinsel zwischen dem Rio-Centro und dem Flamengo- Stadtteil. Gilt als der zentralste Großstadtairport der Welt. Gebaut in den 5o-er Jahren dieses Jahrhunderts. Hier landen heute nur noch die Propellermaschinen der Rio– São Paulo Luftbrücke, sowie einige, wenige Maschinen in die nähere Umgebung Rios.

Ein Leckerbissen sind die beiden Wandgemälde in der Haupthalle, rechts der Flugverkehr um 193o mit Doppeldecker- Propellern, – links dicke Propellerzigarren a la DC 3, Mechaniker etc., Stand der Dinge zur Zeit des

Airportbaus. Eine schöne und luftige Architektur mit Säulen und offenem Durchblick auf das Rollfeld.

Transport: a) per gelbe Stadttaxis, die nach Taxameter fahren und billiger sind als b) die blauen und roten Radiotaxis. Diese fahren nach Fixtarifen pro Taxi und Stadtteil. Sind vorher am Schalter in der Flughafenhalle zu be zahlen. Wie das Mädchen hinter dem Schalter argumentiert: unter Umständen doch billiger als die "gelben", da frei von Beschiß. – c) der "Refrigerao", der cal alle 1/2 Std. tagsüber vorbeikommt und via Praca Maua + Busterminal nach dem internat. Airport transportiert, bzw. runter n nach Copacabana und Ipanema/Leblon. – d) über den Parkplatz vor dem Flughafen rüber zur Metrostation "Cinelandia", rund 5 - 7 Min. zu Fuß. Achtung: die Rio- Metro verkehrt nicht am Sonntag!

① **Busterminal "Novo Rio":** für Gesamtbrasilien und alle Auslandsverbindungen. Av. Rod. Alves/Av. F. Bicalho. Liegt zwar etwas ausserhalb des Zentrums, im Hafenwinkel und runde 6oo m vom Bahnhof entfernt, – hat aber laufend alle 1/2 Std. Verbindung mit den "Refrigerao"- Bussen ins Centrum, nach Copacabana, Ipanema/Leblon und zum internat. Airport.

Moderner, 2- stöckiger Busterminal. Oben die Fahrkartenschalter der einzelnen Buslinien, sowie Stehcafes und Snacks. Unten Abfahrt der Busse, sowie ein Tourist- Büro.

São Paulo: häufig am Tag via Inlandautobahn, ca. 6 Std./2,5 US, – Curitiba: ca. 1o Std 6 US $, – Pto. Alegre: ca. 26 Std./9 US $, – Pelotas: ca. 31 Std./12 US $, – Recife: ca. 46 Std./35 US, – Fortaleza: ca. 48 Std./4o US, – Brasilia: ca. 19 Std./13 US, – Ouro Preto: ca. 8 Std./5,5 US $, – Belo Horizonte: ca. 7 Std./5 US, – Angra dos Reis: ca. 3 Std./1,5 US $, – Paraty: ca. 4 Std./2 US $, – Foz do Iguacu: ca. 24 Std./ 17 US $, – Asuncion/Paraguay: ca. 3o Std./2o US $. – Buenos Aires/Argentinien: ca. 42 Std./5o US $.

② **Mariano Procopio:** der 2. Busterminal von Rio liegt an der Praça Maua. Nur für regionalen Busverkehr im Großraum Rio.

RFFSA **Eisenbahn:** "Estac. Central Dom Pedro II"/Praca Cristiano Otoni, nähe Metro- Station "Estacao Central". Ein monströser Turmbau aus der Jhd.- Wende zur Blütezeit der brasilianischen Eisenbahnen. Heute läuft außer regem Vorortverkehr leider nicht mehr viel:

tägl. nach São Paulo, der tagsüber verkehrende Zug mit jeder Menge Stops unterwegs, besser Finger davon! Der Nachtzug braucht 9 1/2 Std. (gegenüber ca. 6 Std. Bus) und verkehrt derzeit nur noch 3 x/Woche. Je nach Zugklasse bis zu 15 US $. – Belo Horizonte 2 mal pro Woche, Fahrzeit 12 1/2 Std. (gegenüber Bus7 Std.!), ebenfalls viel teurer. – Weitere Reduzierungen im Zugfahrplan zu erwarten.

Der Bahnhofsturm soll übrigens (Fahrstuhl) werktags zwischen 8 und 17 Uhr zu besichtigen sein. Wegen der Höhe interessanter Rundblick! Eingang zum Aufzug: linke Bahnhofs Seite, wenn man in der Haupthalle vor den Gleisen steht.

Boote ab Rio:

Ab Praca 15 de Novembro fahren häufig am Tag Boote rüber zur Ilha Paqueta und rüber nach Niteroi auf der anderen Seite der Bucht.

Es gibt auch Hoovercrafts. Per PKW nach Niteroi aber erheblich schneller über die 15 km Brücke, die zugleich durch ihre Höhe am Scheitelpunkt einen schönen Panoramarundblick auf Rio bringt (häufig am Tag Busse rüber nach Niteroi!)

Transport in Rio:

✶ STADTBUSSE: Zielrichtung vorn angeschrieben. Billig und meist sehr voll. Hinten einsteigen und bezahlen, zum Fahrer vorkämpfen und rechtzeitig vorn wieder raus. Viel Körperkontakt im positiven und negativem Sinne.

AUSGEZEICHNETES Netz an Stadtbus- Linien. Fast jede touristisch interessante Stelle in Rio kann per Bus erreicht werden, kostet nur Pfennigbeträge. Am besten bei der Infostelle der "RIO- TUR" fragen nach der Bus Nr. Teils auch in unserem Text angegeben, aber Achtung: kann sich ändern! – Wichtige Busknotenpunkte sind die Praca 15 de Novembro und die Praca Maua im Centro, – und unten in Copacabana die Av. Copacabana (Einbahnstraße, für Ri. Centro + Flamengo), bzw. die Ribeiro Barata (Einbahnstraße Ri. Ipanema), – drüben in Ipanema die Visconde Piraja.

✶ REFRIGERÃOS: zu deutsch "Eisschränke". Luxusbusse für die Oberschicht mit bequemen Polstersitzen, schwarz verdunkelten Fenstern und teils sogar TV, in jedem Fall aber leises Radiogedudel. Weniger Zwischenstops, aber nur unwesentlich schneller bei der Rio- Verkehrsdichte. Neben den beiden Routen ab Internat. Airport und DuMont- Airport gibt es mit den Firmen "São Conrado" und "Real" noch eine ganze Stange weiterer Routen quer durch Rio, die meist ab Terminal Av. Erasmo Braga/Ecke Quitanda, nähe Av. Rio Branco/Centro beginnen. – Vorsicht vor Erkältungen durch die starke und eiskalte AC.

✶ METRO: neu und effizient, allerdings derzeit nur kurze Strecke: Botafogo–Centro (jedoch nicht Praca 15 Novembro!) – Central Bahnhof – Maracana Stadium – Vorort Maria da Graca. Eine weitere Linie ab Estac. Central nach Est. Tijuca. Funktion der Metro nur Mo. - Sa. von 6 Uhr früh bis 23 Uhr. Sonntag kein Betrieb, außer es gibt ein großes Fußballspiel!

✶ TAXIS: die normalen Taxis heißen "common". Gelb, meist VW- Käfer oder die nächst größere Version VW do Brasil, die sich "Brasilia" nennt. Alle haben ein Taxameter, wobei einige noch nach der alten Einstellung laufen. Darauf addiert sich dann nach Liste ein Extrapreis. Andere Taxameter laufen bereits schon nach der neuen Einstellung und hier hat die Extraaufpreisliste nichts mehr zu tun. Dies ist Punkt 1 der Rio-Taxiärgernisse!

Hinzu kommt, daß einige Taxifahrer selbstgebastelte Listen unterm Sitz vorkramen. – Weiterhin gibt es 2 Tarife, die im Taxameter mit Nr. 1 – Nr. 2 erscheinen. Der erste gilt tagsüber und im Stadtbereich, der zweite abends, sowie Sa. und So., sowie außerhalb, aber auch rauf zum Corcovado, aber erst bei Eintritt in den Tijuca- Nationalpark (= letztes Stück der

Strecke rauf zum Corcovado, beim Eingang "Entrada dos Caboclos, siehe Quadro Rodas Stadtplan von Rio!).

✶ TRANSCOOPASS (rot mit Silberstreifen) und COOTRAMO (blau mit weissem Streifen, jeweils in Gürtellinie) : Spezialtaxis, größere und komfortablere PKW's auf Fixpreis- Basis. Stationiert in den beiden Airports und in den Luxushotels von Rio. Können aber per Funk von jedem Hotelportier herbeitelefoniert werden. 24 Std. Service.

Hotels/Rio:

Breites Angebot, allerdings zum Carneval kaum Zimmer zu bekommen, ohne Vorreservierung und dann erheblich teurer!

Mit wenigen Ausnahmen liegen die Mittelklasse und Top- Hotels von Rio im Süden, im Stadtteil COPACABANA und IPANEMA. Die teuersten und besten vorn am Strand, ansonsten in "2. und 3. Reihe" im Inneren dieser Hochhaus- durchsetzten Stadtviertel. Letztere ziemlich laut wegen dichtem Verkehr und trotzdem noch relativ teuer.

Achtung: bei den Mittelklasse und Luxushotels die Wertsachen nicht offen im Zimmer liegen lassen, sondern in den Hotelsafe, sofern vorhanden. Auch an den Stränden sollte man vorsichtig sein.

Achtung: wer die Hotelrechnung mit Creditkarte (Diners, American Express etc.) bezahlt, wird auf Grund des regulären Bankwechselkurses abgerechnet. Nach unserer Information nehmen viele Hotels auch Cash- US $ zum regulären Schwarzkurs. Dadurch werden die Übernachtungskosten erheblich billiger, die im folgenden auf Bankwechsel-Rate angegeben sind.

LUXUS: vorwiegend am Copacabana und Ipanema: excellent das "Rio Othon Palace" in der Mitte der Copacab.- Bucht (Av. Atlantica 3264), 3o Stock mit Pool oben auf dem Dach und fantastischem Rundblick über Bucht, Zuckerhut und vorgelagerte Inseln. Die Zimmer, Standard gehen rechts und links raus. Allerdings Strandblick ab ca. 8 Stock (links) und ca. 13. Stock (rechts) wegen den Nachbarhäusern (ca. 75 US $). Die Superiors gehen direkt nach vorne (ca. 95 US $). Beide gemütlich eingerichtet mit großen Holzjalousien vor den Fenstern, Balkon und TV. Absolutes Plus ist auch der sympatische Marcio de Oliveiro unten an der Reception, der fließend Deutsch spricht! – "Rio Palace" am Ende der Copacabana- Bucht. Sehr luxuriös mit Marmor, teuren Teppichen und alten Möbeln. Eigenes Shopping Center im Haus. Der SW- Pool im Innenhof zwischen hohen Hauswänden allerdings weniger attraktiv. Dafür schöne Terrasse mit Rio- Copacabana Rundblick und Glasaufzug, rechts neben dem Hoteleingang, für jedermann benutzbar und heißer Tip! Doppel kostet ab ca. 13o US $. – "Meridien", Ostseite der Bucht. Ein schwarzverglaster Hochhausbau der bekannten Hotelkette. Gute franz. Restaurants, Doppel ab ca. 9o US $. – "Sheraton", Av. Niemeyer 121/Leblon). Vorn raus Strand; hinten raus, insbesondere in den unteren Stockwerken laut wegen der vorbeiführenden Av. Niemeyer, die Ipanema/Leblon mit Tijuca verbindet. Vorteil: Strandaktivitäten und Tennisplätze. – "Intercontinental Rio" , Av. Pref. Mendes de Morais 222, am Strand von Sao Conrado. Mit Tennisplätzen, gemütlich funktional eingerichtete Zimmer. Preise ähnlich wie "Sheraton" (ca. 9o US $). –

MITTEL: "Copacabana Palace", Av. Atlantica 17o2 , alter Feudal Luxuspalast am Copacabana Strand. Der Sw- Pool mitelgroß zwischen 1o stöckigen Häusern, allerdings Bäume Doppel ca. 6o US $. – "Hotel Excelsior" Av. Atlantica 18oo. Hochhaus, alter Stil ohne Superluxus, aber am Strand (über die Straße). Doppel mit Strandblick ca. 45 US $ bzw. in Seitenstraße ca. 25 US $ und damit Tip. – "Arpoador Inn", Rua F. Otaviano direkt am Beginn des Ipanemastrandes. Vorn raus laut, hinten (langgestrecktes 6- Stock Haus) Strand Ipanema. Kleine Lobby mit Kunstausstellung. Doppel zw. 25 und 4o US $ – "Savoy Othon" an der lauten Av. Copacabana 995, 1. Querstraße nach Strand mit massiv dichtem Verkehr. Zimmer mittelmäßig groß, aber unbedingt in Hinterhof nehmen wegen geringerem Lärm. Ca. 4o - 5o US $. – "Trocadero", Av. Atlantica 2o64, das Hotel, in dem sich zunächst der engl. Posträuber Ronald Biggs einquartiert haben soll, als er noch Geld hatte. Sicherlich keine schlechte Wahl. Modern, die De Luxe- Zimmer mit Strandblick, ca. 4o US $, sonst ca. 35 US $. – "Aeroporto- Hotel", ein guter Mittelklassetip für den, der nicht zuviel ausgeben will, trotzdem aber ein komfortables Zimmer mit Farb- TV will. Av. Beira Mar 28o, fast vis a vis des alten DuMont- Airportes und somit schön zentral, ohne direkt in einer der engen und lauten Straßen des Centros zu liegen. Einige der Zimmer mit Buchtblick auf Corcovado. Doppel ca. 25 - 3o US $.– "Castro Alves", mit 3o - 4o US $ fürs Doppel relativ teuer, da in der lauten Verkehrsstraße Av. Copacabana (Nr. 552), der ersten Parallelstraße zum Strand Copacabana gelegen. Zimmer mit TV, ebenso wie das rund 3 Straßen vom Copacabana Strand entfernt liegende "Bandeirantes Othon" (Rua Barata Ribeiro 548). Ca. 33 - 4o US $ fürs Doppel. – "Ambassador" (Rua Senator Dantas 25) nähe Metrostation "Cinelandia" und dem Santos DuMont- Airport im Centro. Ende der 4o-er Jahre gebaut, verkehrsgünstige Lage, aber die vornrausgehenden Zimmer laut. Doppel ca. 3o US $. – "Novo Mundo" am Praia Flamengo 2o. Rund 2oo Zimmer, BJ Anfang 5o-er, teils Blick auf Zuckerhut. Mit TV, Doppel ca. 2o - 25 US $. –

BILLIG–HOTELS: liegen vorwiegend im Centro (um Praça Maua/z.B. am Largo Sta. Rita, 3 Min. zu Fuß von der Igr. da Candelaria entfernt) und im Bereich Flamengo/Gloria. Vorteil: meist verkehrsgünstig in der Nähe einer Metrostation gelegen. Allerdings: Baden am Flamengo - Strand wegen hoher Wasserverschmutzung nicht zu empfehlen. Rüber nach Copacabana oder Ipanema , die per Metro noch nicht erreicht sind, – dauert per Stadtbus im Stoßverkehr bis zu 1 Std. inmitten des Verkehrspuffs.

"Hotel Monte Castello", C. Mendes 2o1- 222. Mit Privatbad ca. 7 US $, – "Hotel Alameda", selbe Straße Nr. 118, Doppel mit Privatbad kostet ca. 8 US $ – "Opera" in der 2. Parallelstraße Sta. Amaro 75 kostet mit Privatbad ca. 8 US $, mit Gemeinschaftsbad ca. 4 US $. Alle drei Hotels im Stadtteil Gloria und nur wenige Schritte von der Metro-Station Gloria entfernt. – "Hotel Ingles" in der S. Martins 2o, nur wenige Schritte von der Metrostation "Catete" entfernt. Doppel mit Privatbad ca. 14 US $ "Hotel Araju" direkt an der Praca vor dem Bahnhof Dom Pedro II. Ganz passabel, über eine sehr enge und steile Stiege rauf, die Zimmer klein, einfach eingerichtet, aber noch o.k. Doppel ca. 8 US $. Im Umfeld eine Reihe weiterer, sehr basic- Hotels, die vielfach als Puffabsteiger zu fungieren scheinen.

Wer sparen muß, der geht in die Jugendherberge, die ganz in der Nähe des Santos Du-Mont Airports liegt. Adresse: Casa do Estudiante, Rua Santa Luzia. Pro Person 1,5 US und Nacht.

ÜBERNACHTUNG IM CAMPINGBUS: generell am Copacabana (Parkflächen vor den Hochhaäusern an der Av. Atlantica) und am Ipanema möglich, allerdings die ganze Nacht über laut und durch Straßenbeleuchtung hell. Ansonsten: Campingplatz Tijuca-Strand. (Barra da Tijuca/Av. Sernamubetiba 32oo)–Vom Blick her optimal oben auf dem Parkplatz am Corcovado, allerdings beobachten, wie sich die Situation nach Einbruch der Dunkelheit entwickelt und notfalls den Standplatz wechseln. Vorsicht im Tijuca- Wald; es hat mehrfach Überfälle gegeben.

AUSSERHALB VON RIO: Tip ist die "Fazenda São João" Postanschrift: Casilla Postal im Landesinneren, viel Vegetation und erfrischend kühles Klima (ca. 1.1oo m). Ein Doppelzimmer für ca. 3o US $ /Nacht mit Pension. Es gibt einen kleinen SW- Pool mit Wasser von einem aufgestautem Bach, eine Sauna. Außerdem kann man Pferde für ca. 7 US $ die Stunde mieten. Wer rauf will, sollte vorher anrufen, der Besitzer Sr. Jorge Galuppi spricht allerdings nur Portugiesisch. Dann Bus ab Rod. Novo Rio nach Novo Friburgo nehmen. Ca. alle 1/2 Std. und Fahrzeit rund 2 1/2 Std. Z.B. mit Empr. Milyno. Bis zum Dorf Gallipi fahren, rund 4 km vor N. Friburgo. Dort holen Fazenda- Leut ab. Noch 11 km bis zur Fazenda. Aber alles vorher telef. vereinbaren, auch den Übernachtungspreis mit Pension.

PREISE: billig: ca. 1 - 2 US $, – mittel: ca. 3 - 5 US $, – teuer: ab ca. 6 US $ jeweils für durchschnittliches Hauptgericht.

"CHURRASCARIA JARDIM", Rua Rep. do Peru 225 im Stadtteil Copacabana. Viel frequentiert von Rio- Deutschen und Airline-Crews. In einem überdachten Innenhof. Große Portionen bei mittleren Preisen. Seit vielen Jahren ein Tip! – "CHURR. VICINIUS", Av. Copacabana 1144. Ambiente rustikal in Stein & Holz. Das von uns bestellte Filet war leider zäh wie eine Schuhsohle. Preise mittel bis teuer. – "ATLANTIS" im 4. Stock des "Hotel Rio Palace"/Av. Atlantica. Teuer und exclusiv. Flechtstühle, großes Buffet mit Blumen arrangiert. Tip ist das davorliegende Cafe auf der Terasse mit Panoramarundblick über Copacabana und Meer. Der Zuckerhut wirkt aus diesem Blickwinkel abends wie ein Indianer mit großer, langer Nase (auf seinem Hinterkopf frecherweise die Seilbahn!) – "VA - RANDA", ein kleineres Restaurant, gemütlich mit viel Holz. Rua Teixeira de Melo/Ecke Rua Visconde de Piraja im Stadtteil Ipanema. Preise billig bis mittel. Schön, um sich hier zum Unterhalten zusammenzusetzen. – Super teure und excellente französische Restaurants sind das "LE BEC F", Av. Copacabana 178 a bei Praca Bermadelli. Gilt als eines der besten französischen Restaurants von Rio. Ambiente aber etwas sehr steril und nobel bei Spiegeln und kahlen Wänden. – Das "MICHEL", Rua F. Mendes 25, Sonntag zu, – das "SAINT HONORE" im Hotel Meridien, 37. Stock, Av. Atlantica 1o2o und das "OURO VERDE" im gleichnamigen Hotel, Av. Atlantica 1456, alle im Stadtteil Copacabana. – "LA TOUR", Rua Santa Luzia 651/Centro. Im 34. Stock eines Geschäftsgebäudes. Dreht sich, somit beim Essen schöner Ausblick auf den Zuckerhut, Flamengo und Corcovado. Teuer. – "ANTONIO'S", Av. E. Pessoa 1244/Ipanema. Mit schönem Blick auf die Lagune R. de Freitas und angenehmen Ambiente mit Holzwänden und Weinregalen. Excellent das Filet de Paris. Preise mittel bis teuer. – "HELSINGOR", Av. San Martin 983/Leblon. Nur abends offen, 17 - 1 Uhr. Sonntags zu. Gut ist das Filet Mignon, parallel auch Snacks. Billig bis mittel. – "LUCAS" am Strand von Copacabana (Av. Atlantica 3744) dürfte eines der am längsten bestehenden Restaurants von Rio sein. Überdachte Terasse, gute Küche. Preise mittel. – "LAMAS", R. Marques de Abrantes 18/ Flamengo. Sorry, ist noch älter als das "Lucas", nämlich 1o9 Jahre! Die Patina hat der guten portugiesischen Küche keinen Abbruch getan. Preise mittel. – "ORIENTO", R. Bolivar 64/Copacabana. Chinese mit großen Portionen und billigen Preisen. – Appetit an japanischer Küche und Ambiente? "AKASÁKA", Av. Copacabana 1391/Copacabana. Schuhe ausziehen und sich auf den Boden an einen der flachen Tische setzen. Küche gut, wenn auch die japanischen Namen der Gerichte Probleme beim Bestellen bringen. Den Ober fragen nach Empfehlung. Preise billig bis mittel. – "RINCÃO GAUCHO", R. Marques de Valenca 83/Stadtteil Tijuca. Offen tägl. von 11 bis 2 Uhr nachts. Mit brasilianischer Musik,-Tanzfläche, wenn die Gäste in Schwung sind und guten Steaks, Churrascos, Lomos etc. Echt ein Tip bei mittleren Preisen! – "O PIRATA" (der Pirat!) entsprechend auch die Ober verkleidet, die schwarze Augenbinde fehlt aber, da man bekanntlich mit einem Auge die Entfernungen nicht so gut abschätzen kann. Optischer Schnick- Schnack, aber nicht schlecht. Preise mittel. Rua Carlos Gois/Leblon. – "ALBA MAR", Praca 15 Novembro/Centro. Spezialist für Meeresfrüchte, oft nach Stil Salvador do Bahias zubereitet. Lecker! Die Preise je nach Gericht mittel (bis teuer: Lobster!). Eines der Rio- Traditionsrestaurants. Sonntags geschlossen. – "FLORENTINO", San Martin 1277/Leblon. Tägl. bis ca. 3 Uhr nachts. Gut "peixe a provencal" (Fisch auf provencalisch). Preise mittel. – "GROTTAMARE", R. Gomes Cameiro Ipanema. Italienische Küche, Preise mittel. – "CHALE", R. da Matriz 54/ Botafogo. Sehr angenehme Atmosphäre, bahianische Küche. Abends Life-Musik. Tip. Preise mittel mit Tendenz zu teuer. – "MARIO", Av. A. de Paiva/Leblon. Tägl. von 19 bis . . . 4 Uhr je nach Bedürfnis der Gäste. Musik und sehr gute Küche. Probieren: "escalope de filet a parmigiana" Gut auch für Meeresfrüchte. Preise mittel bis teuer. – "TUPAN", im Centro, R. M. Veiga 3o. Portugiesische Küche und gute Meeresfrüchte. Mittel bis teuer. Achtung: Sa. + So zu, sonst nur zwischen 11 und 15.3o Uhr offen! – "MOSTEIRO", Rua São Bento im Centro von Rio. Vorwiegend portugiesische Küche hoher Qualität. Fisch und Fleischgerichte. Gute Auswahl an Weinen. Preise mittel, Sa. + So. geschlossen, ansonsten nur mittags offen, wie die meisten der Rio- Restaurants des Centros, die hauptsächlich den Geschäftsleuten dienen. – "NINO", R. Visconde de Inhaumá 95/Centro, offen bis ca. 22 Uhr. Abends Piano- Lifemusik. Tip ist "filet baixo". Preise mittel. – "LA TASTEVIN", Av. Pres. A. Carlos 58. Schöner Blick, im 12. Stock. Küche: ital. und franz. Preise angehobene Mittelklasse. Offen nur mittags während der Woche, außer Sa. und So. zu. – "LA FLORESTA" oben im Nat. Park Tijuca/Alto da Boa Vista. Estrada Barao do Bom Retiro. Schön wegen Ambiente und Lage in einem Landhaus. mit großer Veranda. PKW nötig. Preise mittel. – "OS ESQUILOS" ebenfalls Nat. Park Tijuca, Estrada Escragnolle/Alto da Boa Vista. Landhaus aus dem XIX. Jhd. Mit Garten. Gute Küche aber Preise mittel bis teuer. Spezialität: "camarão ão curry". – "LE VIET- NAM", Av. A. de Mello Franco in Leblon. Tägl. von 12 mittags bis 1 Uhr nachts. Bei billigen bis mittleren Preisen gute vietnamesische Küche. Kleiner Garten. – "LE CHALET SUISSE", R. Xavier da Silveira 112/Copacabana. Klar, daß auch die Schweizer in Rio restaurantarisch vertreten sind. Fondue etc. Preise mittel bis angehoben. – "CASA DA SUICA", R. C. Mendes 157/ Gloria. Etwas teurer, ähnliche Qualität. – "LAGOA CHARLIE" R. M. Quiteira 136/Lagoa, somit Region Ipanema. Mexikanisch mit lateinamerikanischer Lifemusik am Abend. Wenn die richtigen Gäste zusammen sind, kann das einen schönen Abend geben. Angenehmes Ambiente des Restaurants, die Preise mittel. Offen tägl. bis ca. 2 Uhr. – Afrikanisch: "AFRICANO" in der Rua Lopes Quinta 173 beim Botanischen Garten. Billig.

Typische BILLIG–RESTAURANTS liegen in Rio im Bereich Gloria, teils auch Centro. Stil: "Lanchonette". Eine Art Schnellimbiss, der sich zum Glück nicht ausschließlich auf den Hamburger- Fraß konzentriert. Gute Lanchonettes auch in den Shopping- Centers, – so im "RIO SUL", kurz vor dem Tunnel zwischen Botafogo und Copacabana (Av. L. Sodré), wo ich zwischen meinen Rio- Recherchen ausgezeichnet Spaghetti für ca. 2 DM gegessen habe, – im SHOPPING CENTER RIO PALACE, im Tiefgeschoß, Copacabana, Eingang Av. Copacabana/Ecke Otaviano. Weitere drüben in Ipanema, sowie in den beiden Hauptstraßen von Copacabana (Av. Copacabana und B. Ribeiro).

Tip ist die "Confitera Colombo"- Kette. Z.B. Av. Copacabana Ecke Rua Barão do Ipanema: Bonbons, Schokolade, Pralinen. Cafe und Kuchen. Relaxing und gut zum Ratschen, wie man hier in Bayern sagt. . .

Über die ganze Stadt verteilt, auch Copacabana und Ipanema, so dort z.B. Ecke Rua Teixeira de Melo/Rua Visc. de Piraja: die Rio- FRUCHTPRESSER. Billige "sucos" und "vitaminas", wie das in Brasilien heißt; rund 2o verschiedene Tropenfrüchte. Billig. Das Glas für o,8 bis 1 DM!

Museen/Rio:

← Metrostation: São Cristovão

NATIONAL–MUSEUM , Quinta da Boa Vista, São Cristovão. Offen Di. - S.: 12- 16.45 Angeblich mehr als 1 Mill. Exponate. Querschnitt durch brasilianische Botanik, Tierwelt, Archäologie, Ethnologie (breite Palette an Amazonas- Exponaten!), sowie ein Meteorit (Bendego), angeblich größter, der auf die Erde niederging. Historische Dokumente und besonders schön: große Ausstellung tropischer intensiv leuchtender Schmetterlinge!

MUSEU HISTORICO NACIONAL: Praça Marechal Ancora (=zwischen Praca 15 de Novembro und Santos DuMont Airport. Offen: Di.- Fr.: 11 - 17 Uhr, sowie Sa./So.: von 14 - 17 Uhr. Eines der wichtigsten brasilianischen Museen, insbesondere wegen einer riesigen Sammlung von Manuskripten und Büchern. Ausstellungsstücke aus der Zeit der kolonialen Gründung des Landes bis Beginn der republik. Zeit.

MUSEU DA REPUBLICA, Rua do Catete 179 (Flamengo). Offen: Di. - Fr.: 12 - 18 Uhr und Sa./So.: 15 - 18 Uhr. – Früher Government- Sitz bis 196o, als Rio den Status als Hauptstadt Brasiliens an Brasilia abgab. Alte Möbel, Gemälde und Waffen wie auch Dokumente aus der republ. Zeit. Metrostation: Catete

MUSEU DO PALACIO DO ITAMARATI, Av. Marchel Floriano 196 (Centro), offen Sa./So. von 11 - 17 Uhr. – Der neoklassizistische Palast (1852 gebaut) enthält heute in 21 Sälen Werke brasilianischer, wie ausländischer Künstler. Zugleich Porzellan und Möbel aus der franz. und portugiesischen Kolonialzeit.

MUSEU DA CIDADE, Santa Marina, im Park da Cidade Gavea. Offen Di. - Fr. von 13 - 17 Uhr, sowie Sa/So.: 11 - 17 Uhr. Das Stadtmuseum von Rio mit Dokumenten und Exponaten zur Stadtentwicklung. Bus nach Barra da Tijuca, Fahrer Bescheid geben und vorher aussteigen.

MUSEU CHACARA DO CEU, Rua Murtinho 93 im Stadtteil Santa Tereza.Offen von Di. - Sa.: 14 - 17 Uhr, So.: 11 bis 17 Uhr. – Brasilianische und ausländische Maler, Möbel und Kunsthandwerk aus der Kolonialzeit. Per "bonde" ab Metrostation Carioca

MUSEU DO INDIO: Rua da Palmeiras 55 (Botafogo). Offen: Mo. - Fr. 1o - 17 Uhr Neu eröffnet. Sehr interessante Ausstellung über die Indianerstämme des Amazonasgebietes. Zugleich umfangreiches Archiv mit Fotos und Büchern. Metro: Botafogo + Laufen!

MUSEU DA ACADEMIA POLICIA, Rua Frei Caneca 162 (Centro), offen Mo.- Fr. von 8 - 17 Uhr. Ausstellung brasilianischer Hilfsmittel zur Polizeiarbeit.

MUSEU DE FARMACIA: Rua Santa Luzia (Centro) wer sich für sowas interessiert, recht interessant: alte Apothekeneinrichtung und Gläser.

MUSEU ANTONIO DE OLIVEIRA: auf dem ersten Morro, dem Morro Urca auf dem Weg der Seilbahn rüber zum Zuckerhut. Mehr als 1.ooo Holzschnitzereien mit Darstellungen des Lebens in Brasilien zur Kolonialzeit, sowie des Carnevals. Offen tägl. von 9 - 22.

MUSEU AEROSPACIAL: Av. Mar. Fontenelle 2ooo. Ausstellung von Flugzeugen und wichtigstes "Museum" dieser Art in Südamerika, zusammen mit Maracay/Venezuela. Geöffnet Di. - Fr. von 9 - 16 Uhr, Sa. + So.: 1o - 17 Uhr.

MUSEU NAVAL E OCEANOGRAFICO: Praca 15 de Novembro/Centro. Offen tägl. von 12 - 16.45 Uhr. Ausstellung zur Geschichte der brasilianischen Marine, Dokumente zu Seeschlachten vergangener Jahrhunderte, Fotos, Modelle und Orginale.

SEHR NÜTZLICH für Rio- Museumsbesuche ist der Stadtplan der "Rio-Tur", der sämtliche Museen bereits eingetragen hat und lange Sucherei erspart!

Shopping Rio:

Entweder im CENTRO, Bereich Av. Rio Branco bis Av. Pres. A. Carlos und Nebenstraßen. – Oder Stadtteil COPACABANA, Bereich Av. Copacabana und R. Barata mit Nebenstraßen. – Die besten Boutiquen in IPANEMA, Bereich Visconde de Piraja. – SHOPPINGCENTERS: sehr umfangreich und gute Auswahl im "Rio Sul" /Av. L. Sodre vor dem Tunnel nach Copacabana. Ein riesiger, mehrstöckiger Kasten mit an der Front aufleuchtenden Blöcken und Parkhaus. – Das Shopping Center im "Rio Palace- Hotel", Ecke Av. Copacabana und F. Otaviano besitzt mehrere Kunstgalerien und gute Möglichkeiten für Kleinkunsthandwerk mit brasilianischen Steinen, so z.B. das "Moreno". Edelsteine, Schmuck, aber auch Billigeres wie Löffel aus Silber mit schönen Steinen im Griff, pollierte braune und blaue Stein-Aschenbecher, Ohrringe etc. Relativ preiswert. Im 1. Stock Indianerkunsthandwerk sowie brasil. Holzschnitzereien. Wer sich in Rio eine Wohnung nehmen will und einrichten: excellent das "Tok- Stok" im selben Shopping Center, Möbel a la "Ikea" bei hochwertiger Qualität. – Ein riesiges Shopping Center wurde in São Conrado eröffnet. Nennt sich "Fashon Mill". Von uns bisher nicht abgecheckt, aber nach Fotos eine gigantische Sache im Rahmen "Reißbrett- architektonischer Hochhausfinger- Tätigkeit. . "

Tip, – wenn auch sehr touristisch ist der sogenannte "Hippie- Markt" jeden Sonntag im Stadtteil Ipanema/Praca Gral. Osorio mit Kleinhandwerk und Secondhand- Verkäufen. Ebenso die "Feria de São Sebastião" auf der Praca 15 de Novembro im Centro. Jeden Samstag, von Umfang kleiner. –

Macumba- Artikel um die Praca Tiradentes/Centro. Macumba- Opfer selber haben wir an vielen "Ecken" Rios beobachtet. So in Form von Fleisch-Stückchen- Opfer, die mit Kerzen umstellt waren, – abends am Copacabana Strand. (Wer Macumba- Veranstaltungen sehen will: Hotelportier fragen, aber Achtung, daß man nicht in touristischen Nepp reinrutscht. Fotos unerwünscht!). –

Lederarbeiten: berühmt in Brasilien ist das "Artigos em Couro", Ecke Av. Copacabana mit Rua F. Mendez. Ein relativ kleiner Shop mit Taschen, Satteln, Stiefeln, "Puffs" und Brieftaschen. Gehobene Preise. Wer später durch Brasilien reist, findet selbe Artikel auf dem Land erheblich billiger!

Lederartikel wie auch Reisetaschen und sogenannte Samsonite- Diplokoffer auch im Shopping- Center des "Rio Palace"/Copacabana. Wie man uns dort offenherzig erklärte: sogenannte Raubproduktionen made in Brasil bei Preisen a la USA! Von Qualität keine schlechte Sache!!

EDELSTEINE: Señor Hans Stern, deutschstämmig, ist einer der großen

Brasilien- Einwanderer, die dicke Karriere machten. Heute um die 5o, - kontrolliert er rund 9o % der brasilianischen Edelsteinausfuhr und ist in fast allen Luxushotels des südamerikanischen Kontinentes mit Juwelier-Shops vertreten. Wer sich in einem der Rio- Luxushotels einquartiert, erhält automatisch im Zimmer eine Einladung des Sñr. Stern, seine Fertigungsstätten per Gratis- Taxi zu besuchen. Der unverbindliche Besuch ist sicher eine interessante Sache. Av. Rio Branco 173, Mo. - Fr. zu normalen Geschäftszeiten. – Konkurrent ist "Amsterdam & Sauer", die ebenfalls kräftig expandieren und zum Besuch einladen.

"ZITRIN" (Rua Bs. As. 11o, sowie Av. Atlantica 1536/Copacabana und Rua Visconde de Piraja/Ipanema) ist der Rio- Spezialist für Arbeiten in Rosenholz. Nicht gerade billig, aber künstlerisch hochwertige Arbeiten!

BUCHHANDLUNGEN: "Kosmos", Av. Atlantica 17o2, – "Fundacão IBGE", Av. Franklin Roosevelt 146/Centro (Geographisches), – "Entrelivros", Igo. do Machado 26 / Catete mit verschiedenen Zweigstellen.

OLDTIMER: jeden 2. Sonntag des Monats zwischen 16 und 19 Uhr auf der Praca NS. Auxiliadora im Stadtteil Leblon.

BRASIL. MUSIKINSTRUMENTE wie die typische "Quica" bei "Ao Bandolim de Ouro" in der Av. Marechal Floriano 52. Ebenso gute brasilianische Schallplatten.

Sport/Rio:

FUSSBALL: steht an erster Stelle. Wer Zeit hat, sollte unbedingt ein Spiel im "Maracanã- Stadion" besuchen (Metro- Station "Maracanã"). Mit rund 2oo.ooo Sitzplätzen eines der größten Fußballstadien der Welt. Faszinierend die Massenpsychose! Die Fans sind im Stadion nach Mannschaften streng getrennt. Was bei uns die Trompeten sind: hier die Quicas und Trommeln. Irrsinniger Sound, wenn 2oo.ooo Leute "mitspielen"!

COPPER: so nennt sich das Jogging in Brasilien. Sehr beliebt am Ipanema und Copacabana- Strand. Ebenso oben im Tijuca- National Park.

DRACHENFLIEGEN: vorwiegend am Pedra Bonita oberhalb des Stadtteiles Gavea. Landung: Pepino Strand/São Conrado. Wird seit 1974 praktiziert, – derzeit noch eine kleine Gruppe.

SURFING: bester Strand ist der "Arpoador" am Beginn des Ipanema. Wird aber sowohl am Copacabana, wie auch Ipanema praktiziert. Surfschulen: "Barão"/Av. A. Lombardi 8oo (Barra da Tijuca), – "Bob Nick", Estr. da Gavea 698.

SPORTFLUGZEUG–SCHULEN: "Aeroclube de Nova Iguaçú" , Av. R. da Silveira 1585 (Nova Iguaçú), – "Skylab", Aeroporto Santos Dumont, – "Aeroclube do Brasil", Av. Alvorada 2541.

SCHLITTSCHUH–LAUFEN: im Shopping- Center "Barra", Av. das Americas 4666 im Stadtteil Barra da Tijuca.

SQUASH: einmal in der Rua Couto Fernandes 21o, – zum anderen in der Rua Barão de Mesquita 448.

PFERDERENNEN: Lagoa Rodrigo de Freitas. Jeden Sonntag 14 Uhr.–Das wichtigste Rennen Brasiliens findet am 1. Sonntag des August statt.

TENNIS: neben den Plätzen der Hotels "Sheraton" und "Internacional" weitere, zumeist private Clubplätze. Infos über "Rio- Tur".

Carneval/Rio:

Dauert 4 Tage, – genauergenommen 4 Nächte, und viele "Cariocas" fliehen in ihre Sommerhäuschen auf's Land. Teuerster Tribünenplatz ca. 25o DM; man sollte sich rechtzeitig von Freunden in Rio oder über die brasilianische Botschaft in Europa Karten besorgen lassen. Gilt ver= stärkt auch für die Bälle im "Hotel Nacional", – im "Clube Monte Li= bano", – "Hotel Gloria"– "Canecao" und "Clube Sirio e Libanes".

Von Farbenpracht und Lebensfreude tatsächlich einer der schönsten Carnevals der Welt (neben Trinidad). Bewegt sich zwischen Kommerz (Touristenspektakel,sowie Renomierparkett für reiche Brasilianer) und echter Lebensfreude der Tanzenden, die vielfach das ganze Jahr über nur auf den Carneval hinleben.

SAMBA–SCHULEN ("Escolas de samba"): rund 1o bedeutende in Rio, die das ganze Jahr über proben. Etwa alle 2 Wochen: Veranstaltungen, bei denen ihr zusehen könnt. Jede Gruppe hat ihren eigenen Carneval-Samba - song, und das Lied der besten Gruppe wird dann der "hit" im kommenden Jahr, welcher immer wieder im Radio zu hören ist.

EM CIMA DA HORA R. Zeferino da Costa 556 (Cavalcanti)
INDEPENDENTE DE PADRE MIGUEL R. Ana Neri 154o (Padre Miguel)
IMPERATRIZ LEOPOLDINENSE R. Prof. Lace (Ramos)
IMPERIO SERRANO Av. Min. Edgar Romero 114 (Madureira)
MANGUEIRA Rua Visc. de Niteroi 1o 82 (Mangueira)
PORTELA Av. Arruda Camara (Madueira)
SALGUEIRO Rua Maxwell 174 (Vila Isabel)
UNIAO DA ILHA DO GOVERNADOR Ilha do Governador
UNIDOS DE LUCAS Rua Fereira (Cidade Nova)
UNIDOS DE SAO CARLOS Rua Marques de Sapucai (Cidade Nova)
UNIDOS DE VILA ISABEL Rua Bar de Sao Francisco 236 (Vila Isabel)

DER CARNEVAL beginnt am Samstag. Glück, wer einen Tribünenplatz bekommen hat! Paradestraßen: AV. PRES. VARGAS und RIO BRANCO. Jede Sambaschule mit rund 2ooo Teilnehmern! In den Nebenstraßen könnt ihr euch einer Sambagruppe anschließen, während man auf der Präs. Vargas weitgehend passiv auf der Tribüne zusieht. – Achtung: der Rio Carneval ist zugleich auch das Fest der Diebe!

Post Rio- Hauptpost: Rua 1 de Marco 64, nähe Av. Präs. Vargas.

Rio-Umgebung:

★ Lohnend: **Petropolis,** 66 km von Rio in knapp 1.ooo m Höhe. Wegen dem frischen und angenehmen Klima beliebter Wochenend- Ausflugsort der reicheren Schicht von Rio. Zugleich aber auch umfangreiche Textilindustrie. Ab Rio- Busterminal "Novo Rio" alle 1o - 3o Min. Busse, sowie Airconditionbusse ab Rio/Av. Nilo Pecanha 26/Centro. – Neben vielen Hotels, teils gemütliche Kisten aus der Jhd. - Wende und Restaurants ist in Petropolis besonders sehenswert das "Museu Imperial" im Park und ehemaligen Palast des brasil. Herschers Dom Pedro II., der die heute knapp 15o.ooo E. umfassende Stadt 1843 als Sommer- Residenz begründete.

✶ Teresopolis: 95 km direkt von Rio, bzw. 12o km via Petropolis. Nähe des landschaftlich schönen Nationalparks Serra dos Orgaos. Die ausgefallenen Formen (Felsfinger, – auch von Paqueta- Insel aus zu sehen!) haben diesen Nationalpark berühmt gemacht. Höchster ist der "Dedo de Deus" (Gottesfinger) mit 1.693 m. In der Nähe von Teresopolis Campingplätze, sowie im Nationalpark beliebtes Terrain für brasilianische Kletterer.

✶ Küste nördl. von Rio: Details siehe Seite 1153

✶ Küste südl. von Rio: Landschaftlich sehr schön der Bereich um Angra dos Reis und Pariti. Details siehe Seite 1187

IM FOLGENDEN beschreibe ich zunächst die Route ab RIO via Belo Horizonte + Ouro Preto nach BRASILIA. – Wer weiter in den Süden will, kann überblättern, obwohl diese Punkte auch als sehr lohnender Abstecher einzubauen sind!

MINAS GERAIS

Einer der schönsten brasil. Bundesstaaten im Landesinneren. Bewaldete Hügellandschaft mit Bergspitzen bis zu 25oo m (Agulhas Negras), – Tätigkeitsfeld der "bandeirantes", bärtiger Pioniergestalten, die hier im 17./18. Jahrhundert Unmengen Gold fanden! OURO PRETO, die da= malige Hauptstadt Brasiliens gehörte zu den größten Städten von Süd- und Nordamerika. Gleichzeitig auch die schönsten BAROCK–KIRCHEN der Welt! "Die Heiterkeit des Barock", wie der Kunsthistoriker sagt, mischt sich hier mit südamerikanischer Lebensfreude!

BUS: häufig am Tag ab Rio nach Belo Horizonte (ca. 7 Std./5 US $), wie auch nach Ouro Preto (ca. 8 Std./5,5 US $). Zugverbindung nur noch nach

Belo Horizonte und hier nur 2 x/Woche. Braucht 12 - 13 Std., hat aber einen Schlafwagen, der aber unterm Strich fast schon so teuer ist wie der:

FLUG: Luftbrücke, Abflüge ca. alle 3o - 6o Min. je nach Tageszeit. Die Flugzeit beträgt knapp 1 Std./ca. 24 US $.

Belo Horizonte:

ist Hauptstadt der Region mit rund 1,6 Mill. Einwohnern. Zusammen mit São Paulo die am schnellsten wachsende Stadt Brasiliens. Wirtschaftszentrum der Region mit Handel von a) Mais, Bohnen und Knoblauch, – b) Tee, Reis und Orangen, – c) Kaffee, Zucker und Tabak. Sehenswert ist hier die Niemeyer- Kirche im Stadtteil "Pampulha", die in ihren modernen Formen den katholischen Klerus derart geschockt hat, daß er selbige lange Zeit nicht einweihen wollte.

HOTELS (Auswahl):
"Othon Palace", Av. A. Pena 1o5o, derzeit bestes von Belo Horizonte, Doppel ca. 55 US $ – "Del Rey", Praca Alfonso Arinos 6o , ca. 3o US $, – "Normandy", R. Tamoios 212 im Centro, ca. 3o US $. – "Brasil Palace", Rua dos Carijos 269/Centro, Doppel ca. 15 US $, – "Amazonas", Av. Amazonas 12o/Centro, ca. 12 US $. – "Nacional", R. Sao Paulo 53o.
BILLIGER: "Sur Americano", Av. Amazonas 5o, – "São Miguel", Rua Tupinambas 643, – São Brento", Rua Guarani 438. Preisklasse ca. 6 US $ fürs Doppel bis maximal 8 US $. Noch billigere im Bereich des Busterminals.

BUSBAHNHOF: Praça Rio Branco, – EISENBAHN: Praça Rui Barbosa
Der Flughafen "Pampluhas Lagas Santa" liegt 9 km außerhalb. Täglich Flüge nach Rio de Janeiro (Luftbrücke!), São Paulo, Brasilia und anderen Städten.

Ouro Preto:

heute ein gemütliches Kolonialstädtchen auf einem Hügel gebaut. Rund 3o.ooo Einwohner, vorwiegend Textilarbeiter und Mineros. – Sehr lohnend, sich hier ein paar Tage niederzulassen! Durch die Höhe von 1.ooo m über dem Meer angenehm frisches Klima.

Viele der engen Gassen haben Kopfsteinpflaster und die Häuser schöne Balkons. In Ouro Preto stehen 13 der schönsten Barockkirchen Brasiliens! "São Francisco de Assis" und "Carmo- Iglesia" sind die berühmtesten. Hier hat Antonio Franc. Lisboa mitgewirkt, bekannt als der "Bucklige" ("O ALEIJADINHO"), den man als einen der größten Barock- Bildhauer und Architekten der Welt bezeichnen kann.

O ALEIJADINHO , ein Mulatte wurde 173o geboren und verlor als 4o-Jähriger Zehen und Finger durch die Lepra. Seine Lebensgeschichte ist sehr tragisch. Nach seiner Lepra - Erkrankung muß er so häßlich gewesen sein, daß die Leute einen Schreck bekamen, wenn er ihnen auf der Straße begegnete. Daher steckte er seinen Kopf in einen Sack, in den er Sehschlitze für die Augen geschnitten hatte. Um zu arbeiten, ließ er sich an seine Arme den Meißel bzw. Pinsel mit einem Strumpf anbinden.

Museum: sehr sehenswert das "Museu de Mineralogia", Praca Tiradentes 2o geöffnet 12 - 17 Uhr und das "Museu dos Inconfidentes" Praca Tirandentes Di - So. von 12 - 17 Uhr. – Weitere Einzelheiten im "Ouro Preto"- Heftchen, das es beim Tourist Büro (selber Platz) gibt. – Wer die alten Goldminen besichtigen will: 3 km außerhalb im Dist. de Passagem de Mariana. 9 Uhr/18 Uhr. Es geht 315 m in den Berg rein. Sehr lohnend!

Zu OSTERN große Umzüge in Ouro Preto. Fast noch interessanter: die

"Semana do Folclore" 15 - 22 . August und die "Semana da Cidade": 1. - 8. Juli, wo sich viele junge Leute in Ouro Preto treffen!Beide Monate sind Winter für Brasilien; warme Pullover mitbringen wegen Höhenlage!

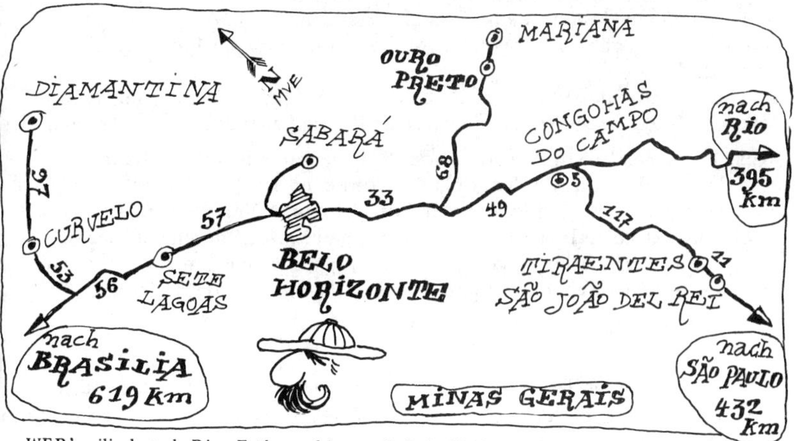

WER's eilig hat ab Rio: Frühmaschine nach Belo Horizonte und Bus rüber nach Ouro Preto. (Bus braucht ca. 2 STd.). Abends retour nach Rio. Allerdings Achtung: die meisten Kirchen haben nur vormittags offen. Daher besser schon am Vorabend rüberfliegen und in Ouro Preto übernachten !

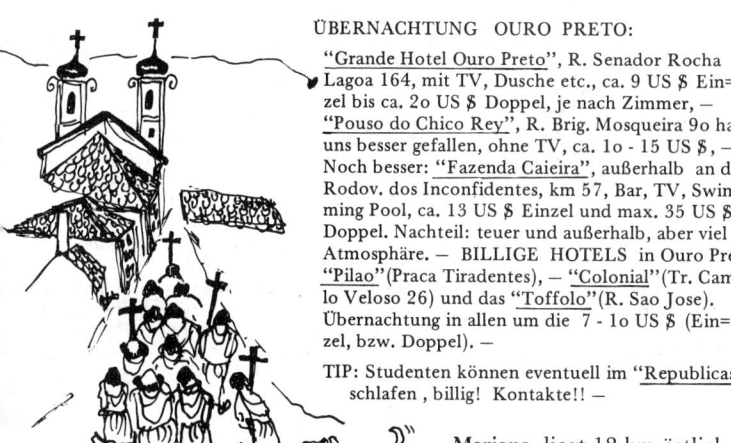

ÜBERNACHTUNG OURO PRETO:

"Grande Hotel Ouro Preto", R. Senador Rocha Lagoa 164, mit TV, Dusche etc., ca. 9 US $ Ein=zel bis ca. 2o US $ Doppel, je nach Zimmer, – "Pouso do Chico Rey", R. Brig. Mosqueira 9o hat uns besser gefallen, ohne TV, ca. 1o - 15 US $, – Noch besser: "Fazenda Caieira", außerhalb an der Rodov. dos Inconfidentes, km 57, Bar, TV, Swim=ming Pool, ca. 13 US $ Einzel und max. 35 US $ Doppel. Nachteil: teuer und außerhalb, aber viel Atmosphäre. – BILLIGE HOTELS in Ouro Preto: "Pilao"(Praca Tiradentes), – "Colonial"(Tr. Cami=lo Veloso 26) und das "Toffolo"(R. Sao Jose). Übernachtung in allen um die 7 - 1o US $ (Ein=zel, bzw. Doppel). –

TIP: Studenten können eventuell im "Republicas" schlafen , billig! Kontakte!! –

Mariana liegt 12 km östlich von Ouro Preto; Busse ca. 3o Min., 1 DM. Ebenfalls eine alte Minenstadt mit Barock- Werken von Aleijadinho; viel Atmos=phäre in alten Kolonialgassen. Lohnt sich! – Einfache Hotels. –

Congonhas do Campo , ca. 8o Km ab Ouro Preto, Busse. Hübsches Ko=lonialstädtchen aus der Zeit der Gold-Mineros; Werke von Aleijadinho.

Übernachten: "Colonial" (Pca. Basilica), "Freitas"(R. Mal. Floriano 69), beide um die 7 US $, Einzel und Doppel, also egal, wieviel im Zimmer.–

Sabara: 42 ooo E., ebenfalls aus der Gold-Zeit mit schönen Kolonialhäu= sern und einem Goldmuseum , Rua de Intendencia , geöffnet 12 - 17 Uhr von Di. - So. – Sabara ist bequem von Belo Horizonte per Bus zu errei= chen, 29 Km. –
Früher bedeutende Minenstadt für Gold, so wird heute vorwiegend Eisen aus den Minen geschürft. Geologen schätzen die Lager auf 25 Mil. Tonnen!

Nova Lima, ca. 3o Km südöstlich von B. Horizonte mit Kolonialbauten und der tiefsten Mine des Kontinentes. Wurde im 19. Jhd. von einer britischen Gesellschaft angelegt; der Schacht führt 25oo m tief in die Erde. Die extremen Hitzegrade in diesen Tiefen werden durch ein spezi= elles Kühlsystem erträglich gemacht. Besichtigung möglich, jedoch mit gewissen Schwierigkeiten verbunden. – Die schöne Lage des Ortes und viele Kolonialrelikte lohnen einen Besuch, sofern man etwas Zeit hat.

Diamantina:

Knapp 3oo Km von Belo Horizonte entfernt (der Bus braucht ca. 5 Std.). Diamantina früher bedeutenstes Diamanten - Fundgebiet Brasiliens; von Kolonial - Flair wohl die schönste Stadt Brasiliens! –

HOTELS: Bestes ist wohl das "Tijuco", Rua Macau do Meio 211 (7 US $), – weiter= hin: "Dalia", Praca JK 13 und "Grande Hotel" passabel. (6 US $).

MUSEUM: Diamantenmuseum: Fördermethoden. Adresse: R. Direita, geöffnet: Di. - Sa.: 9 - 12 und 13 - 18 Uhr. So.: 9 - 12, 14 - 16 Uhr.

ESSEN: Recht gut in der Churrascaria "Chica da Silva", Praca JK 13 beim Dalia-Hotel.

Geschichte Minas Gerais: Der heutige brasil. Estado Minas Gerais hat fast die Größe Frankreichs. Gewaltige Expansion der Siedlungen, als hier im 17. Jhd. Gold entdeckt wurde. Ein Einwanderungs Boom wie damals in Alaska. Als die Goldvorräte, die per Minen zu Ende gingen kam das Diamantenzeitalter des 18. Jhd. Beide prägten den Reichtum der Orte des Herzens von Minas Gerais so Ouro Preto (schwarzes Gold). Die prächtigen Barockkirchen und Kolonialhäuser waren Ausdruck damaligen Reichtums. Ouro Preto selber Hauptstadt des Estados von 1721 - 1897. Heute ist der Estado einer der wichtigsten Eisenerzlieferanten Brasiliens. Seit 1933 ist Ouro Preto Nationalmonument und wurde 198o von der UNESCO zum Weltkulturdenkmal in selber Stufe wie das italienische Venedig erhoben. Erhebliche Gefahr der Zerstörung durch Luftverschmutzung, aber auch durch Bergrutsche bei Regengüssen bei den von Stollen zerlöcherten Bergen und nicht unerheblicher Schaden durch Kunstdiebstahl, – in einer Stadt, die 1981 angeblich nur 4o Polizisten gehabt haben soll. Gleich hinter Ouro Preto liegt ein riesiges Aluminiumwerk, das schneidende Giftwolken rüberschickt. Sie enthalten Spuren von Zink, Barium und Strontium, die an den Farben der Barockkirchen fressen.

Belo Horizonte→Brasilia:

Rund 7oo km Asphalt. Nicht mehr so dicht befahren, wie das erste Stück von Rio nach Belo Horizonte, – aber fast der gesamte Fern- LKW- und Busverkehr ins Innere der riesigen, nordbrasilianischen Gebiete, insbesondere Amazonas und Mato Grosso laufen über BRASILIA. Ein gigantischer Kontinent im Kontinent, in den mehr als Europa passt! Anfangs viel Grünland hinter Belo Horizonte, später die "Serrado", eine Mischung zwischen grünem Weideland und Trockenwald. Der BUS braucht rund 1o Std., – das FLUGZEUG ca. 1 Std.

Brasilia:

Hauptstadt Brasiliens seit 196o (zuvor: RIO). Gründer und Architekt J. Kubitschek, damals Präsident von Brasilien, – geboren in Diamantina, der sich hier ein Denkmal setzte.

*Brasilianisches Superprojekt, konzipiert und vollendet innerhalb von nur 1o Jahren * – Bei aller Kritik im Ausland: von der Idee her gut durchdacht! Das brasilianische Küstengebiet war seit Kolonialzeiten dicht besiedelt und wirtschaftlich verknüpft. Aber für die wirtschaftliche Erschließung des Landesinneren und seiner gewaltigen, unerschlossenen Bodenschätze und seines landwirtschaftlichen Reichtums fehlte ein zentraler Ausgangspunkt.*

ARCHITEKTUR: Oscar Niemeyer und Lucio Costa. Dem Stadtbild liegt ein Flugzeug zu Grunde. Die Tragflächen werden von der über 25o m breiten EIXO CENTRAL gebildet. Insgesamt 8 km lang. In der Schnauze des Superjets liegen aufgereiht die elf Blocks der Ministerien. Im Cockpit: die beiden Hochhäuser des National- Kongresses. Vom TV- Tower in der Heckflosse guter Überblick über die Stadtkonzeption.

Weite Grünflächen zwischen den einzelnen Gebäuden sollen dem Stadtbild Luft und Freiheit verschaffen, ein architektonischer Gedanke, den schon der berühmte franz. Architekt Le Corbusier beim Bau seines Hochhauses in Marseille in den 3o er Jahren äußerte: statt vieler niedriger Häuser, die die gesamte Stadtoberfläche bedecken: Hochhäuser, die der gleichen Menge "Mensch" Wohnraum bieten, aber viel Grünfläche aus dem Fenster sehen lassen. (der moderne Städtebau in Europa und den USA verzichtet auf die Grünfreiräume weitgehend und erreicht somit eine Steigerung des pro-Quadratmeter-Lebensraum = Steigerung des pro-Qm-Gewinnes).

Konkret ist BRASILIA heute die Stadt der langen Wege. Das Klima ist dank der Höhenlage von knapp 12oo m angenehm frisch (verglichen mit der Schwüle, die häufig auf der alten Hauptstadt Rio lastet), die Luft= feuchtigkeit niedrig, kann aber in den trockenen Monaten des Jahres Werte wie in der Sahara erreichen! Während des brasil. Sommers (= die europäischen Wintermonate) kommt es öfters zu heftigen Regenfällen, da= her Regensachen mitbringen. Für die Nächte in Brasilia: warme Pullover.

Tourist INFO Einmal im Brasilia- Airport/Untergeschoß, gut bestückt, hilfreich und informativ. – Zum anderen im Rodoviario im Herzen von Brasilia. Daten zu Hotels, Restaurants, Verbindungen und Ausflügen im Umkreis des Estado Fed. Brasilia und Umgebung.

* Reine Bauzeit der wichtigsten Gebäude nur 3 Jahre, eine erstaunliche Leistung, be= denkt man, daß Baumaschinen und - Material weit entfernt in diese Wildnis gebracht werden mußten! –

Flug: ohne Problem als 1 - Tagesausflug ab Rio möglich. Luftbrücke mit vielen Abflügen pro Tag. Ca. 4o US $, Flugzeit 1 1/2 Std. – Ebenso gibt es von Belo Horizonte eine Luftbrücke, Flugzeit 1 Std., 3o US $.

Ansonsten relativ dichtes Verbindungsnetz in alle Landesteile, Manaus, Belem, Cuiaba, Curitiba, Fortaleza, Goiania, Imperatriz (3 mal/Woche), Salvador do Bahia, São Paulo. Alle Destinationen täglich bis auf Imperatriz.

Der AIRPORT liegt rund 6 km außerhalb. Schöner Landeanflug entlang der Skyline von Brasilia! Modernes Gebäude mit Tourist Office, Autovermietung und Gepäckschließfächern. Die brasil. Indianerbehörde "FUNAI" hat hier einen interessanten Shop mit Artesania- Arbeiten der Amazonas- Indianer. – Von der Flughafenterrasse abends schöner Blick auf die Lichterkette Brasilias!

TRANSPORT in die Stadt: tagsüber ca. alle 2o - 3o Min. Busverbindung (ca. o,4 US $) über Rodoferraria ins Centro von Brasilia zum dortigen Rodoviario im Zentrum der beiden Hauptachsen der Stadt.

Bus: es gibt in Brasilia zwei Terminals. Der eine, – oben beim Bahnhof ist zuständig für die Langstreckenverbindungen, – der andere, am Schnittpunkt der beiden Brasilia-Hauptachsen ist zuständig für die Stadt- Verbindungen wie Strecken in die nähere Umgebung.

Rio: ca. 19 Std./13 US $ täglich mehrmals. Geht via Belo Horizonte, – Anapolis (2o x am Tag), – Belem (5 mal am Tag, asphaltiert, ca. 2o Std.), – Cuiaba (2 mal/tägl., ca. 25 - 27 Std.), geht via Goiania, viele zusätzliche Busse am Tag, ca. 2 - 3 Std., – Salvador do Bahia (3 x tägl., 35 Std., jetzt fast durchgehend asphaltiert), diverse Anschlüsse an die Nordostküste Brasiliens, Fortaleza, Natal, Recife, São Luis, – São Paulo (11 mal tägl., ca. 2o Std.), – sowie in die nähere Umgebung. So fährt z.B. die Empr. St. Antonio rüber nach São Francisco am gleichnamigen Fluß (Schiffsverbindungen siehe unser Kapitel "São Francisco"!)

–RODOFERROVIARIA–

Zug: moderner Terminal, ursprünglich für expandierenden Eisenbahnverkehr konzipiert. Steht derzeit aber weitgehend mit Güterwagen, – sofern überhaupt, – voll. Brasilien hat sich hauptsächlich auf den Ausbau der Straßen konzentriert; das Gleismaterial wurde nicht oder nur ungenügen modernisiert und die Fahrzeiten im Personenverkehr können nicht mit denen der Busse konkurrieren. Bisher: nur Brasilia–São Paulo in 22 Std., fraglich, ob nicht auch schon eingestellt.

Der gesamte Bahnhof ist durchsetzt von Buscompany- Büros. Durch eine Unterführung gehts zu den einzelnen Abfahrtsstellen der Busse. Optisch von außen ein Bahnhof,innen aber mehr Rodoviario.

Häufige Stadtbusverbindung vom "Rodoferroviaria" rüber zum Airport und ins Centro.

Die ausgesprochen guten Verkehrsverbindungen ab Brasilia ergeben sich aus seiner zentralen Lage in Brasilien:

STRASSENENTFERNUNGEN AB BRASILIA:

Goiania	21o km	Cuiaba	1134 km
Sao Paulo	1o12 km	Belo Horizonte	74o km
Rio	12o4 km	Vitoria	1281 km
Curitiba	142o km	Salvador	1543 km
Porto Alegre	213o km	Belem	2141 km
Recife	2318 km	Fortaleza	2692 km

ZUM VERGLEICH: die größte, in Deutschland vorkommende Entfernung zwischen kommerziellen Zentren: Hamburg – München: ca. 8oo Km. Da werden einem die Dimensionen bewußt, in denen man in Brasilien operiert! – Gleichzeitig zeigt die Tabelle auch die günstige, da relativ zentrale Lage von Brasilia, berücksichtigt man, daß als Endziel nicht nur die Küste, sondern auch die Gebiete um Cuiaba/ Porto Velho ökonomisch genutzt und besiedelt werden sollen. –

BRASILIA: die wichtigsten Gebäude lassen sich in einem Tag besuchen (z.B. Frühflug ab Rio und am späten Nachmittag zurück). Wer die Stadt aber im Konzept erleben will, sollte sich 2 Tage Zeit lassen.

a) TOURS: jede Menge und teuer! Dabei werden meist nur die wichtigsten Gebäude und meist nur von außen besichtigt. Das Geld kann man sich sparen; fast jedes Brasilia- Hotel hat übrigens seine eigene Tour, womit die Übernachtungsgebühren aufgebessert werden. . .

b) auf eigene Faust: geht ohne Probleme, da alles Interessante in Brasilia kompakt zusammen liegt. Ab dem Rodoviario im Centro und Schnittpunkt der beiden Brasilia- Hauptachsen per Bus Nr. 131, der die Haupt- Gebäude abfährt. Pfennigbeträge.

c) optimal, wer 2 Tage oder länger in Brasilia bleiben will: ab Airport einen VW- Käfer mieten. Rund 8 US $ pro Tag + km. Bringt absolute Flexibilität auch in Bezug Essen-Gehen, und das liegt in Brasilia weit außerhalb bzw. entfernt, wenn man höhere Ansprüche stellt.

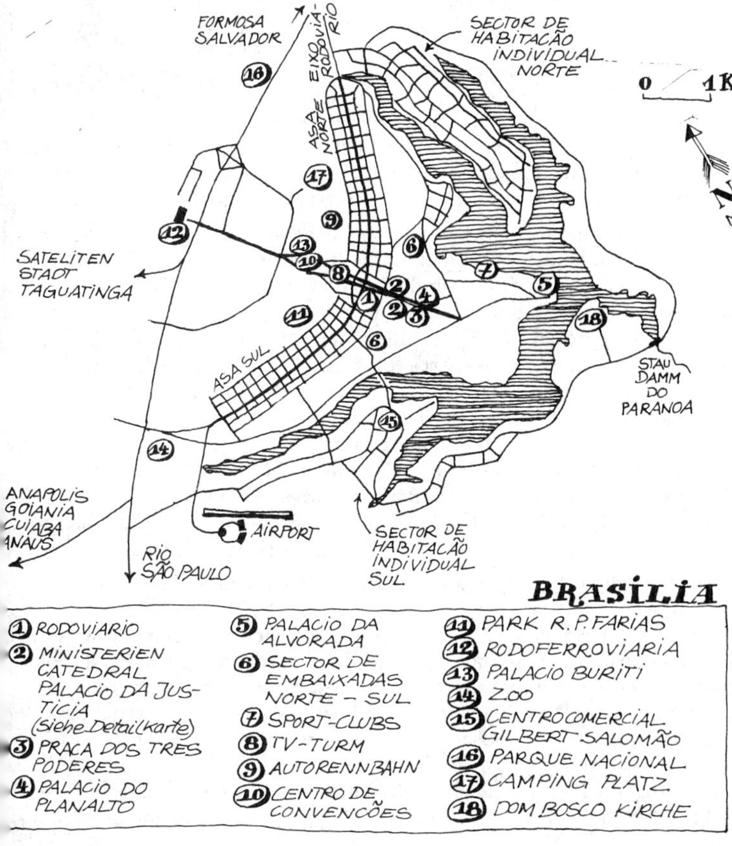

Karte: Martin Velbinger

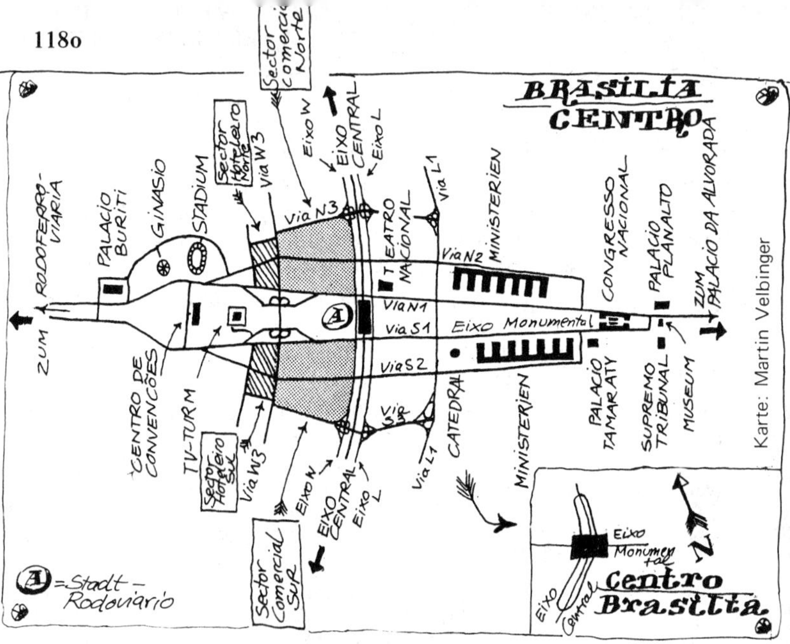

Karte: Martin Velbinger

STRUKTUR/BRASILIA: während die beiden "Tragflügel" des Jumbos hauptsächlich zum Wohnen dienen, – befinden sich die wichtigsten Gebäude im Bereich der senkrechten Hauptachse (Via S 1, Via N 1/Eixo Monumental).

Im Schnittpunkt der beiden Hauptachsen (siehe unsere Karte "A") der unterirdisch angelegte Stadtbusterminal für die Busverbindungen im Stadtbereich und näherer Umgebung. Oberhalb die beiden Sektoren für "Kommerzielles" (Shops/Restaurants), – Sector Comercial Sur und Norte, – anschließend die beiden Hotel- Sektoren. Auf dem Scheitelpunkt der TV- Turm von Brasilia. Hier findet jeden Sonntag eine Art Flohmarkt + Artesania statt. Zum Teil ganz interessante Sachen. Wir haben uns hier "puffs" gekauft, Ledersäcke, die zu Hause mit Styropor - Kügelchen gefüllt werden. Superbequem zum Reinkuscheln vor'm Kaminfeuer!Stück ca. 5o DM, kostet in Deutschland ca. 5oo DM und mehr! Der TV- Turm ist 218 m hoch. Stahlkonstruktion auf Betonbasis. Aufzug bis auf 75 m. Hier bei klarem Wetter schönerRundblick auf den "Plano Piloto" und die Umgebung der Stadt. Offen 7 - 22 Uhr, am Wochenende lange Schlangen vor dem Aufzug. Besichtigung gratis.

Unterhalb des Stadtbusterminals an der Eixo Monumental die wichtigsten Regierungsgebäude, sowie sonstiger Architektur, die Brasilia prägt. – "Catedral", unterirdisch angelegt, Glasfenster wie Zeltdach eines Indianerwigwams. Bei senkrechtem Sonnenstand schöne Reflektion durch das Wasser, das die Kirche umgibt. Besichtigung gratis. – "Congresso Nacional", am Ende der Eixo Monumental. Die schlanken Doppelhochhäsuer in Glasmaterialität schön zum umgebenden Wasser. Besichtigung während der Woche 14 - 17 Uhr. – "Palacio Itamaraty", Spezialgenehmigung 24 Std. vor Besuch einholen Besichtigung mit Führung (auch Engl.) dann zwischen 8 und 12, sowie 14 bis 18 Uhr während der Woche. – "Palacio Planalto": Besichtigung nicht möglich. – "Palacio do Supremo Tribunal" (höchstes Gericht Brasiliens): während der Woche Besichtigung möglich (8 - 12 und 14 - 18 Uhr) und gratis, allerdings entsprechende Kleidung Voraussetzung. Männer: Anzug und Schlips. – Ein Circular Stadtbus fährt ab Stadt- Terminal über die Eixo Monumental runter zum "Palacio Alvorada", der Wohnung des brasilianischen Präsidenten. Keine Besichtigung, aber auch über den Zaun impressionant! – Unterhalb der Tragflügel des Jumbos, wo die Triebwerke liegen: die Botschaftsviertel. Teils glatte, von Betonmauern hermetisch abgeschirmte Architektur, teils interessante Bau- Phantasie!

DOM BOSCO IGLESIA im linken, unteren Tragflügel (etwa bei Nr. 11, vergleiche Karte, 2 Seiten vorher): von außen scheußliches Beispiel, wie Beton-Architektur nicht sein sollte. Graue Betonpfähle, von brasil. Feuchtigkeit schwarz und vom Staub der brasil. Erde rot. Innen: geblendet vom Kitsch der azulblauen Glasfenster. – J.K. MEMORIAL, Kürzel für Juscel Kubitschek und nicht J. F. Kennedy! Oberhalb des TV- Turms. Ein Schwung von J.K. Medallien und Memorien. Für den Brasilia- Fan. Offen 9 - 22 Uhr.

MIT EIGENEM PKW: interessant, mal durch die Tragflügel zu fahren! Wohngebiet. Reißbrett- Architektur, Häuser auf Stelzen nach Le Corbusier- Maximen des "luftigen Unterraumes". Brasilia hat zwischenzeitlich Patina bekommen und ist sympatisch trotz breiter Schnellstraßen und Kleeblatteinfädelungen! Eine lebendige Stadt, die man während der Woche besuchen sollte, denn am Wochenende ist sie ausgestorben, weil hier nur die Mittel- und Oberklasse wohnt, die sich in der Umgebung am Wochenende relaxt. . .

Auf maximal 1/2 Mill. E. konzipiert, sind die ärmeren Zuwanderer in die Vorort- Satelitenstädte verbannt. Der "Plano Piloto" der Stadtplaner Niemeyer und Lucio Costa wird strikt eingehalten, der 4o % Garten und 4o % Mittel-Oberschicht vorschreibt. KONZEPT: "Superquadras" als eigenständige Einheiten mit Shops, Restaurants und "soz. Einheiten". Haushöhe: maxim. 6 Stock, Freiraum mit Bäumen, die zugleich als Lärmschutz fungieren.

Die Weitläufigkeit, Frische und Organisiertheit fasziniert, – zugleich eine Überordnung der Straßen und Plätze. Manchmal scheint alles, – da auf dem Reißbrett "organisiert", etwas zu groß geraten. Selbst die Supermercados in den Tragflügeln sind identisch geschnitten, sodaß man sie nur am Abverkauf der Weinregale unterscheiden kann. . .

Storys von "Leere", – "Sterilität" und "Eintönigkeit" Brasilias gehören der Vergangenheit an. Brasilia hat sich, zumindest während der Woche mit Leben erfüllt und platzt aus seinen Nähten. Zusammen mit den Satelitenstädten umfasst der Großraum BRASILIA derzeit knapp 3 Mill. Einwohner und ist Schlüsselpunkt zum gigantischen Kontinent Brasilien geworden.

Hotels/Brasilia:

Gemäß der "Vorab- Konstruktion" der Stadt sind die Hotels weitgehend bereits vom Architekten auf engem Raum "zusammenkonstruiert". Dies ist der "Sector Hoteleiro Sur und Norte", rechts und links der Zentralachse beim TV- Turm. Die Hotelsuche ist somit in Brasilia besonders leicht, da man praktisch nur von Hotel zu Hotel gehen muß.

Das Preisspektrum aber zugleich nur sehr knapp, da es kaum Vor- und Nachteile gibt, die der Hotelbesitzer dann durch attraktiveren Preis zu "überspielen" versucht.

FAZIT: Sector Hoteleiro Sul: Hochhaus- Hotels mit fantastischem Blick über die Aixo Monumental von den oberen* Stockwerken. Preise für's Doppel um 3o US $. Den besten Blick haben das "Alvorada", "Americas" und "Brsitol". Alle mit TV in Farbe und Bar.

Die kleineren, meist 1 - 3 stöckigen Hotels in diesem Bereich, sowie drüben im Sector Hoteleiro Norte kosten um die 15 US $ für's Doppel. Alle bequem ab Stadtbusterminal im Schnittpunkt der beiden Brasilia- Hauptachsen per Taxi für Markbeträge wegen der kurzen Entfernung zu erreichen.

BILLIGER: Stadtbus ab Stadtbusterminal rauf nach TAGUATINGA, Satelitenstadt, laufend Busse, Fahrzeit ca. 3o Min. /o,3 US $. Eine Retortensiedlung, wie sie auch im Westen der USA aus dem Boden gestampft sein könnte. Breite Straßenkreuzer- Neonhauptstraßen mit Supermercados aber gewisser, stärkerer Armut. Eines der besten Hotels hier dürfte das "Colorado Hotel" sein, am Ortseingang, modern, sauber, 6- Stock, ca. 12 US $ fürs Doppel, – das "Atlantico", nebenan, modern, 3- Stock, ca. 7 US $. Sowie viele, definitiv billige Basic- Hotels um 2 - 4 US $ im Centro. Teils Absteigen.

Andere ALTERNATIVE ist NUCLEO BANDEIRANTE (Busse ab Stadtterminal/Brasilia) Fahrzeit ca. 3o Min. oder ca. 2 km ab Airport Brasilia. Sehr sauber, aber einfach hier das "Hotel Orlanda", sowie "St. Moritz" und "Valadores", alle ca. 4 US $ und in der Av. Central nähe Busstop. Allerdings: in N. Bandeirantes ist außer einer Handvoll Bars absolut nichts los und nach Einbruch der Dunkelheit ziehen die Hunde den Schwanz ein. Bei Regen besonders trist mit Bretterhütten und halbfertigen Betonskelettbauten.

CAMPING/BRASILIA: günstige Preise, oben beim Autodromo (Autorennbahn).

Shopping/Brasilia: definitiv nichts, was einen vom Stuhl haut. Die Architekten haben links und rechts vom Stadtbusterminal Shopping- Centers geplant, in denen es einige Snack Sachen gibt, die den Hamburgerfreund erfreuen, eine gute Buchhandlung mit Brasilia-Stadtplan. Ansonsten Boutiquen vom Durchschnitt und Kinos.

Excellent, insbesondere am Wochenende ist die "CHURRASQUERIA DO LAGO", direkt neben dem Brasilia Palace Hotel und Nähe Palacio Alvorado. Jede Menge Fleisch, das laufend nachgereicht wird, bis man unter den Tisch fällt. Preise mittel. – "CACHOPA", Galeria Nova Ouvidor, Loja 127, Sector Comercial Sul 1. Spezialität: Bacalhau (Fisch) in verschiedener Art, sehr salzig. Teuer, mit Music- Show. – Im Centro Comercial G. Salomão: das "TOKIO RESTAURANT". Teuer, chinesisch. – "BAVARIA": Bier im Glas a la Bavaria und bayrische Gerichte. Preise mittel. Ambiente rel. gemütlich, – "BIER- FASS": gemütlich, mit Show, ein bischen dunkel, rustikal eingerichtet. Gutes Essen. Gehobene Mittelklassepreise. – "CHEZ KARAM": arabisch Teuer. – "GAF", Standartrestaurant von Brasilia seit vielen Jahren für excellente, französische Küche. CC G. Salomão. Sehr teuer. – "Francais" im CC Sul, 4o4 bloco B, Loja 27. Mittel bis teuer. – "ROMA", Pizzas und ital. Küche. Preise mittel bis billig. Sector Com. Sul, blocoA, Loja 218. – "TARANTELLA", Com. Local Sul, 2o2, bloco A, Loja 34. Intern., mittel/teuer.

BILLIG–SNACKS vorwiegend im Bereich nähe Stadtbusterminal. Tip: zwischen 4o5/4o4 mehrere Lokale für jüngere Leute . Teils ganz nett eingerichtet, aber etwas kompliziert zu erreichen.

Stadtorientierung: Wer das Brasilia- Telefonbuch aufschlägt: Schock!. Nichts als Codeziffern. Im Grunde aber nicht komplziert, wer den Code kennt!

Zu Grunde liegt wieder das Brasilia- Flugzeug. RUMPF ist die Via N 1/Via S 1. Entsprech-

* Hier haben wir während unserer BRASILIA – RECHERCHEN geschlafen. Empfehlenswertes Brasilia-Hotel mit gutem Blick ab ca. 8. Stock!

end sind die Parallelstraßen rauf- addiert: Via N 2, Via N 3, Via N 4 . . .

CLS = Comercial Local Sul, – "SBN" = Sector Bancario Norte etc. Die Codes für die Kürzel stehen im Telefonbuch von Brasilia. Was auf den ersten Blick verwirrend wirkt, ist sehr praktisch durch seine Abzählbarkeit. Wer trotzdem Probleme hat: Taxi nehmen!

Brasilia ist eine autogerechte Stadt, – gemäß dem Konzept aus den Jahren 1955 - 196o, als man Benzinprobleme noch nicht kannte. Metro, Straßenbahn oder ähnliches existieren nicht. Eine Stadt, die nicht in normale Beurteilung zu fassen ist: es fehlt die Verquirltheit, Einbahnstraßen, Enpässe, die wir aus europäischen, seit Jahrhunderten gewachsenen Städten kennen. Parkprobleme und Ampelstau. Alles ist perfekt im Kleeblattsystem von Autobahnen geregelt. BRASILIA verwirrt. Mitten im Centro weite Grünflächen zwischen Autobahn- ähnlichen Schnellstraßen. Wohlsortiert nach Sektoren. Vorteil: wohl die einzigste Hauptstadt der Welt, bei der man bei Null anfangen konnte, um alles funktionsgerecht gestalten zu können.

Unikum für eine Hauptstadt: Trotz fast oder mehr als 1/2 Mill. Einwohnern kommt man an jeden Punkt der Hauptstadt in spätestens 15 Min. per PKW, auch während des Stoßverkehrs. Keinerlei Stau, Verkehrsgewühl etc. Kaum Verkehrsampeln. – Die Haupt- Aixos (Achsen) 6- spurig pro Richtung, alle kreuzungsfrei im Kleeblattsystem.

SÜDTEIL: über 2 Brücken. Villenviertel der Reichen, auf der anderen Seite des Stausees, der das Cockpit des Brasilia- Regierungsjets umschließt. Interessante Fahrt mit dem "Circular-Bus". Teils schöner Blick auf die Skyline von Brasilia. Kurz vor der Staumauer (Kraftwerk mit 3o Megawatt zur Stromversorgung Brasilias) die DON BOSCO ERMITAGE. Direkt vis- à vis auf der anderen See- Seite zum Präsidentenpalast (Alvorada). Angeblich soll hier der Erimit Jão João Bosco 1883 die Vision gehabt haben, daß nähe dieser Stelle später mal eine wichtige Stadt entstehen würde . . .

Rio Araguaia:

Einer der fischreichsten Flüsse Brasiliens; schöne Dschungellandschaften. Man kann Flußdelfine sehen, Affen und Kolibris, – buntschillernde Tropenschmetterlinge flattern über den Fluß , und ab und zu hört man aus dem Blattdickicht das Brüllen eines "Onzas" des brasil. Jaguars. –

TOURISTEN mit wenig Zeit fliegen ab Brasilia/ Airport rüber nach SANTA ISABEL auf der BANANAL - INSEL, der größten Flußinsel der Welt (2o ooo qkm^2). Flüge 2 mal in der Woche, ca. 43 US $ einfach; schöner Flug von knapp 2 Stunden über Savanne und Urwald. Im Dorf wohnen die Carajas - Indianer, die an die Touristen Federschmuck und Keramik gegen harte US - Dollar Währung verkaufen. Übernachtung im J.K. Hotel, für die Urwald= lage recht hoher Komfort.

Zum Jagen in den Urwäldern der Bananal- Insel ist eine Genehmigung der FUNAI-Indianerbehörde notwendig. Erhältlich beim "Ministerio do Interior"/Sector de Autarquias do Sul, Bloco A, sobreloja, BRASILIA.

An der Nordspitze der Insel liegt der "BANANAL- NATIONALPARK": weite, unberührte Urwaldgebiete. Expeditionen in dieses Gebiet können unternommen werden; lohnt sich sehr! Während anscheinend falsche Angaben eines engl. Guides von der besten Jahreszeit: Okt. bis Febr. sprechen,– schrieben uns Petra und Eberhard Muthig "Saison am Araguaia und der I. Bananal ist nur von Mai bis August! Nur dann gehen Boote zur I. Bananal und kommen die herrlichen Sandbänke des Araguaia richtig aus dem Wasser heraus. Auch sind viele Hotels (z.B. J.K. - Hotel in S. Isabela) nur dann geöffnet".

Anreise: am bequemsten per Tour ab Brasilia oder Goiania , die ein Flugzeug einsetzen, um die nicht unerhebliche Entfernung von ca. 6oo km schneller und bequemer zurückzulegen. 6oo km wohlgemerkt pro Richtung! Kostenpunkt je nach Agentur ca. 15o US S pro Person für einen 2 - 3 Tagestrip inkl. Flug und Hotel. – ALTERNATIVE (braucht aber ca. 1 Woche):

Von BRASILIA per Bus rüber nach GOIANIA. 21o Km, Asphaltstraße und häufig Busse am Tag, die ca. 3 Std. brauchen/3 US S . Bzw. tägl. Jets (ca. 3o Min./22 US S), geht auch im Rahmen des"Brasil- Airpass", sofern man sich diesen von Varig/Cruzeiro do Sul gekauft hat. GOIANIA (7oo.ooo E./ 73o m)ist eine Stadtgründung aus dem Jahre 192o und zwischenzeitlich stark angewachsen, moderne Hochhäuser, viel Betrieb. Die Region gilt als "Kornkammer" Brasiliens, weitere Expansion zu erwarten. Am besten setzt man sich gleich in den Bus, weiter zum 14o km entfernten:

Goias (Velho):

Der Bus braucht auf der Asphaltstraße knapp 2 Std./1,5 US S. Goias Velho ist eine Gründung der "Bandeirantes", der Goldsucher und Pioniere des 18. Jhds. Viel Atmosphäre, die Straßen mit Kopfsteinpflaster und viele schöne Kolonialhäuser. Goias Velho, welches noch bis Anfang dieses Jhds. die Hauptstadt der Region am Rande der Amazonasurwälder war (bis es seine Funktion Ende der 2o-er Jahre an das neugegründete Goiania abgab), – liegt heute eher verschlafen da. Einfaches Hotel "Municipal" in der Rua Moretti Foggia, bestes im Ort das "Vila Boa" auf dem Hügel do Chapeau do Padre mit SW- Pool, weitere kleinere, sowie Campingmöglichkeit.

Berühmteste Vertreter der BANDEIRANTES in diesem Gebiet waren Amador Bueno da Silva und sein Sohn Bartolomeu da Silva, die um 17oo mit einer Horde Abenteurer die Urwaldgebiete am Rio Verde, Corrente, Apore und Peixe nach Gold durchsuchten.

Der Vater galt bei den Indianern als Zauberer, da er Alkohol anzündete und ihnen weismachte, es sei Wasser. Aber die Drohung, alle Flüsse anzuzünden, wenn sie, die Indianer ihm nicht die Goldfundstellen verraten würden, brachte ihm keinen Erfolg. Sein Sohn Bartolomeu, der auf Streifzügen mit dem Gebiet recht vertraut war, fand dann im Jahre 1725 in der Nähe des Rio Peixe (Zufluß des Rio Araguaia) und beim Rio Almas (Zufluß des Rio Tocantins) das begehrte Edelmetall. Auslöser eines "Runs" auf die Region, vergleichbar des Goldrausches in Alaska, – GOIAS VELHO wurde zugleich zur wichtigsten Pioniersiedlung der Region und lange Zeit Hauptstadt.

Im "Museu Boa Morte" (in der gleichnamigen Kirche, Praca Castelo Bran-)

ca) schöne Bildhauerarbeiten von Jose J. da Veiga Valle, der hier ähnliche Bedeutung errang, wie Aleijadinho in Ouro Preto. Weitere Museen zur Geschichte des Ortes.

<u>GOIAS VELHO</u> hat Busverbindungen rauf die knapp 2oo km zum Flußhafen <u>ARUNA</u> am Rio Araguaia. Einfache Herbergen und die Möglichkeit, ein Motorboot flußab nach S. Isabel oder S. Terezina zu chartern. Allerdings ein teurer Spaß und klappt nur während der Monate des Araguaia- Tourismus der Monate Mai bis August. Sind ca. 5oo km flußab bis S. Terezina beim Nationalpark.

<u>GOIAS- TOUR</u> in Goiania, wie uns Petra und Eberhard Muthig bestätigten, macht in der Saison Komplett Touren mit Flug von Goiania und Brasilia nach São Miguel, von dort nach Luis Alves und dann mit Booten zur I. Bananal (sehr teuer).Vorher bei Goias Tours erkundigen.

<u>In der Saison</u> gibt es Fahrten mit Motorbooten von S. Isabel, São Felix und S. Terezina zur Ilha Bananal. Flug von Brasilia oder Goiania nach S. Isabel oder S. Terezina.

<u>Ebenfalls in der Saison</u> gibt es Boote von Luiz Alves aus nach I. Bananal. Flug nach Sao Miguel.

<u>Weitere Möglichkeit:</u> mit dem Bus von Barra da Garcas, 8oo km Piste nach São Felix oder auf Mitnahme im Privatflugzeug ab Barra da Garca warten (kann lang dauern und teuer werden).

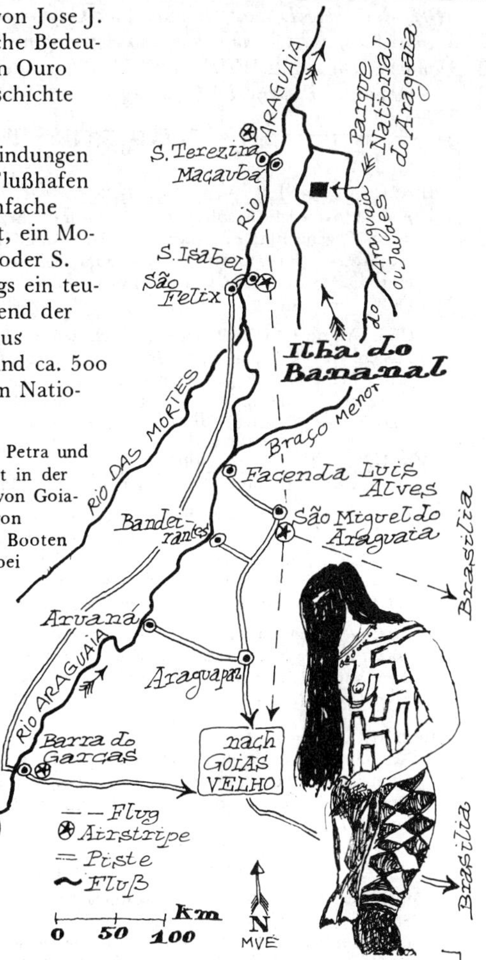

Der über runde 1.5oo km schiffbare <u>RIO AGUARICA</u> hat Personenverkehr auf kleinen Außenborder- Kanus. Wegen der dünnen Besiedelung sind die Verbindungen aber sehr selten und unregelmäßig. Daher kaum Chance und in der Regel billigster Weg, auf eine "Tour" zuzrückzugreifen.

Ebenso ist der Besuch der <u>Indianerdörfer</u> im Bananal verboten von der FUNAI.– Gefischt wird auf dem Rio Aguaia meist nachts, weil dann die Pirannhas fauler sind und nicht so oft den Angelköder wegfressen. Größter und zähester Fisch ist der "Pirarucus", der erwachsen bis zu 2 m lang wird und 1oo kg schwer. Fang per Harpune. Das Tourist- Office in Goiania empfiehlt die Mitnahme eines festen Stocks und eines 22 Kaliber- Revolvers hinterm Gürtel!

Am beliebtesten ist das Fleisch des "pacu". Wird mit Mehl und Watte- präparierten Ködern gefangen.

DIE STRECKE von Goiania über Cuiaba rauf nach PORTO VELHO im Amazonasgebiet, sowie Verbindungsmöglichkeiten über diesen Winkel Südamerikas mit BOLIVIEN und PERU, sowie VENEZUELAS sind im Teil "Amazonas- Pisten" beschrieben. –

ÜBERSICHT Brasilia → Nachbarländer

BRASILIA → LA PAZ/BOLIVIEN:

Für Autos möglich, sofern man ein Allradfahrzeug benutzt und außerhalb der boliv. Regenzeit fährt. Aber auch dann kanns Probleme geben. Problemteil ist die Strecke Corumba (Grenze) – Santa Cruz/Bolivien. Nur für Geländefahrzeuge und während der Trockenzeit. Es gibt aber tägl. Eisenbahn und mehrmals/Monat PKW- Verladung.

Ohne Auto: 1 bis 2 Wochen je nach zeitverkürzenden, dazwischengeschalteten Flügen. Strecke: Brasilia – Goiania – Campo Grande – Corumba/Grenze – Santa Cruz. Wer fliegt: es gibt Jetverbindungen Brasilia – Corumba, per Colectivo rüber auf die boliv. Seite und dort Zug (1 Tag) nach Sta. Cruz, bzw. mehrmals/Woche Flug. Ab Sta. Cruz nach La Paz mehrmals tägl. Jetverbindung.

BRASILIA → LA PAZ/BOLIVIA (über Porto Velho, brasil. Amazonasgebiet):

Für Autos nicht möglich (Ausnahme siehe "Bolivien, Allgem. Teil"!)

Ohne Auto: abenteuerlich, aber durchaus möglich ohne tiefgreifende Schwierigkeiten, da es über die gesamte Strecke regelmäßig verkehrende Verkehrsmittel gibt. Ca. 1 Woche. Strecke: Brasilia – Porto Velho – Gujaramirim an der boliv. Grenze. Hier mit dem Kanu rüber auf die andere Seite mit fast täglichem Flug der boliv. LAB rauf in die Anden nach Cochabamba oder La Paz (relativ billig!)

Alternative hierzu ist die Piste ab Pto. Velho nicht nach Gujaramirim, sondern nördl. an der bolivivianischen Grenze entlang über Rio Branco bis "Brasilea". Mit dem Kanu rüber und drüben (Cobija) mit der mehrmals /Woche fliegenden LAB nach Cochabamba bzw. La Paz. Gibt auch Militärpropellermaschinen.

BRASILIA → PERU:

Nur ohne Auto möglich. Selbe Route wie oben beschrieben bis "Brasilea". Hier setzt sich die Urwaldpiste noch 11o km westlich fort bis Asis Brasil; über den Fluß auf die peruan. Seite/Inapari). Bis Asis Brasil gibts Busverbindung, ab Iñapari jedoch nur 2 mal im Monat Militärflugverbindung mit der peruan. "Grupo ocho" und keine durchgehende Piste. Ab Pto. Maldonado tägl. Flüge rauf nach Cusco in den Anden, außerhalb der Regenzeit auch LKW- Verbindung.

WÄHREND die Route über Corumba und die Route über Gujaramirim, sowie die Strecke Brasilea/Cobija für jeden durchführbar ist, sollte man für die Strecke via Iñapari bereits über gewisse Erfahrungen verfügen, sowie über genügend Zeit in Reserve, falls man wegen Tropenregen oder ähnlichem hängenbleibt! –

BRASILIA → PERU (über Iquitos, Rio Amazonas):

Für Autos nur per extrem teurer Verschiffung zwischen Manaus/Brasilien und Pucallpa/Peru (noch oberhalb von Iquitos) möglich und daher wohl undisskutabel.

Ohne Auto: Bus oder Flug von Brasilia nach Manaus/Rio Amazonas. Ab hier entweder das teure Flugzeug oder das langweilige Schiff den Fluß aufwärts bis Iquitos. Ab Iquitos/Peru wird nochmal ein Flug fällig, denn die Piste beginnt erst in Pucallpa

Auf der peruanischen Seite tägl. Flugverbindung, auf der Strecke Iquitos – Manaus 2 mal/Woche mit Cruzeiro do Sul. Billiger wirds, wenn man mit dem Brasil- Airpass der Varig bis Tabatinga am 3- Ländereck Peru/Brasilien/Kolumbien fliegt und dort aus dem Brasil- Airpass aussteigt.

Rio → São Paulo:

①**Flug:** spätestens jede 1/2 Std. Abflug von Santos Dumont/Rio nach Congonhas/São Paulo über die Luftbrücke ("Ponte Aerea"). Kostet ca. 2o US $, Flugzeit rund 5o Min. Nicht überrascht sein: eingesetzt werden Propellermaschinen, innen Tiptop restauriert, aber schon einige Jährchen auf dem Buckel! Absoluter Vorteil: die Stadtnähe des Rio Airportes Santos Dumont, auch Congonhas liegt relativ zentral in São Paulo.

Wer nicht vorgebucht hat, bekommt eine Nummer, die dann aufgerufen wird, sobald Platz ist. – Für denselben Preis fliegen Jets zwischen Rio/Galeão Airport und Congonhas, ebenfalls alle 3o Min. Selbe Flugzeit wie der Propeller (da der Jet höher fliegt und mehr Steig- und Sinkzeit braucht), dabei aber längere Anfahrt zwischen Rio/Centro und Galeão- Airport!

DA es bei den Propellermaschinen keine Platzreservierung gibt, sollte man sich beeilen, schnell zur Maschine zu kommen, um einen Fensterplatz zu erwischen! Der Flug, insbesondere in Gegenrichtung von Sao Paulo nach Rio gehört zu den schönsten des Kontinents wegen dem Landeanflug zwischen den Bergen von Rio und seiner Küstenlinie runter zum Santos Dumont Airport!! Wer diese Richtung fliegt: links sitzen! –

② **Bus:** jede Menge Busse ab Rio/Novo Rio- Terminal über die 4- spurige, durchs Inland führende 43o km Schnellstraße. Achtung, wer mit dem eigenen PKW/Mietwagen fährt: jede Menge Radarkontrollen. Maximale Geschwindigkeit 8o km/h! Landschaftlich bis auf ein kurzes Teilstück wenig reizvoll. Der Bus braucht rund 6 Std. und kostet ca. 5 US $ / Leito 1o US $

VOLTA REDONDA: rund 1oo km südl. von Rio an der Inlandsstraße nach São Paulo. Hier liegt das größte Stahlwerk Brasiliens, eines der größten zugleich von Südamerika. Kann besichtigt werden, Voranmeldung! Volta Redonda ist vom Geruch der Stahlherstellung geschwängert

ITATIAIA NATIONALPARK: lohnt sich sowohl als Abstecher ab Rio, aber auch als Zwischenstop auf dem Weg nach São Paulo. Tropische Bergketten mit Wasserfällen, guten Hotels und Campingplätzen. Der Nationalpark ist bei den Brasilianern beliebt wegen guter Trails, aber auch Möglichkeiten zum Bergsteigen. Infos gibts beim Nationalpark- Büro am Parkeingang (Kartenmaterial etc.) . Bestes Hotel das "Simon" mit schönem Blick und diverser Sportmöglichkeiten, – "Do Ype"/Parque Nacional Km 6,– "Repouso Itatiaia"/Parque Nac. Km 1o, – "Fazenda da Serra"/rod. Pres. Dutra Km 312 und weitere. Bei Voranmeldung kann man auch im Gebäude der Parkverwaltung schlafen, allerdings nur wenige Zimmer und meist voll.

Zu erreichen ist der Itatiaia Nat. Park über eine Stichpiste ab Resende an der Rio– São Paulo Schnellstraße. Interessanteste Gipfel für Bergsteiger sind der Pico de Agulhas Negras (2.787 m) und der Prateleira (2.54o m).

③ **Zug:** tägl. eine Verbindung in beide Richtungen, allerdings mit so vielen Stops unterwegs, daß die Sache bei wenig attraktiver Landschaft auf den Nerv geht. Zusätzlich 3 x/Woche ein Nachtexpress, der weitgehend auf unnötige Stops verzichtet und Schlafwagen mit sich führt. 12 Std. , ca. 15 US und mehr, je nach Zugklasse. Da kann man gleich fliegen.

(4) Alternative: Küstenstraße. Sehr lohnend. An reiner Fahrzeit mit eigenem Fahrzeug ca. 9 Std./63o km, der Großteil ist zwischenzeitlich asphaltiert. Landschaftlich eine der reizvollsten Küstenstrecken Brasiliens! Per Bus sollte man sich mindestens 2 Tage Zeit nehmen, mit Übernachtung im sehr hübschen, kolonialen PARATI.

Ab Rio/Terminal Novo Rio verkehren ca. stündlich Busse nach ANGRA DOS REIS, die 3 Std. brauchen, ca. 1,5 US $. Die 16o km- Asphaltstraße führt weitgehend am Meer entlang. Traumstrände mit Palmen und tiefen Buchten. Dabei ist es absolut unverständlich, wieso sich die Brasilianer ihre beiden Atom- Eier (einer davon von der amerikanischen Westinghouse, – das andere Ei von den Deutschen) genau eine Bucht vor Angra dos Reis ans Meer gesetzt und in den Sandstrand gepflanzt haben. Möchte nicht wissen, was hier passiert, wenn ein Leck auftritt!

Im Gegensatz zum dichtbesiedelten Deutschland hat Brasilien weites, unerschlossenes Land und jede Menge an Flüssen, die zur Kühlung eines Atomkraftwerkes dienen können. Der Vertrag mit den Deutschen wurde 1975 abgeschlossen und sieht "friedliche Nutzung" vor, obwohl Brasilien nicht dem internationalen Atomwaffensperrvertrag beigetreten ist.

Die damals angefertigten Studien ergaben, daß 198o die "durch Wasserkraft gewonnenen Energiereserven mit 7o.ooo MWE voll ausgenutzt sein werden" (Brasilien/Handel und Industrie Nr. 1o, Okt./Nov. 75, Seite 3). Unter Hinweis auf die angeblich begrenzten Steinkohlereserven des Landes wird auf die Wichtigkeit von Atomkraftwerken für Brasilien hingewiesen. Daß das Land gigantische Stromreserven durch Wasserkraft hat, blieb anscheinend unberücksichtigt. . .

Allein der 1982 eingeweihte Itaipu- Staudamm liefert 12.6oo Megawatt zusätzlich und ist größtes Wasserkraftwerk der Welt. 1985 wurde der gigantische Staudamm von Tucurui (Amazonasgebiet) eingeweiht, Projekte in Bau bestehen mit Argentinien im Yacreta- Staudamm/Südwestbrasilien. Mal von "kleineren" Sachen wie dem Xingu-Staudamm abgesehen . Strom durch Wasserkraft hat Brasilien jede Menge. Von daher ist es unverständlich, daß genau an einer der landschaftlich schönsten Stellen der bras. Küste 2 Atomeier hingepflanzt werden. Sinn und Zweck ist, bei kurzen Hochspannungs Leitungen das gigantische Stahlwerk in Volta Rendonda mit Strom zu versorgen. Sicher aber auch der Prestigewert eines Brasiliens als Atommacht. –

✈ Angra dos Reis: ca. 25.ooo E.

mit viel Fischereiaktivitäten. Der Ort klemmt sich ans Meer und die Bucht bei aufsteigenden Küstenbergen. Angenehm wegen der Kulisse, der im Meer vorgelagerten Inseln und Inselchen. Die Gründung von 15o2 hat eine Reihe von Hotels und Restaurants und lohnt sich für Zwischenstop für Trips zu den vorgelagerten Inseln!

Verbindungen: Busterminal: Igo da Lapa im Ortszentrum. Praktisch stündlich Busse nach Rio, aber auch südl. via Parati. Santos und Sao Paulo mehrmals am Tag.

Unterkunft: preiswert das "Hotel Miramar" direkt am Busterminal am Hafen/ca. 6o m. Die Zimmer haben kein Warmwasser, aber außerhalb im Gang warme Dusche und sind für ihre Preisklasse sauber. Ca. 6 US $ das Doppel.

"Do Frade", südl. vom Ort, teuer und exclusiv mit SW- Pool und Farb- TV, ca. 4o US. Weitere im Ort, am Wochenende teils schwierig, Zimmer zu finden.

Restaurants: "Verde Mar"/Rua Julio Maria hat uns gut geschmeckt in Sachen frischer Meeresfrüchte, die reichlich und preiswert auf den Tisch kamen. – "Costa Verde"

Rua Cor. Carvalho 275 im Hotel Palace ist ebenfalls Tip für gute Meeresfrüchte. Weitere wie "Adega dos Dragos"/Rua da Conceicao, – "Jaques"/Rua do Comercio.

Tourist- Info: beim Busterminal. Post: Praca Lopez Torvao/im Zentrum

Strände: bei Angra dos Reis am Festland: Bonfin (ca.3 km) und Praia Grande (ca. 4 km), beide per Stadtbus zu erreichen und am südl. Ortsausgang.

Ausflüge: sehr lohnend per Boot zu den vorgelagerten Inseln. TIP ist die ILHA GRANDE mit rund 1oo km Sandstränden und Palmen. Mehrmals tägl. Boot ab Hafen Angra dos Reis, Überfahrt ca. 1 1/2 Std./3 US $. Drüben Hotels und Restaurants.

Weiterhin 1 mal/tägl. rüber nach Mangaratibo/Festland via Ilha Grande.Weitere Inseln werden unregelmäßig angefahren. Wer auf der Ilha Grande übernachten will, sollte unbedingt während der Monate Dez. bis März vorbuchen. Kontaktadresse und Preise über Tourist Info/Angra dos Reis. Die Region gilt auch als gutes Tauch- und Segelrevier.

PARATI: rund 1oo km südl. von Angra dos Reis über eine gut ausgebaute Asphaltstraße. Mehrmals tägl. Busse, Fahrzeit ca. 1 1/2 Std. Umwerfend schöne Strecke: Buchten, Sandbays, Palmen, Inselgewirr und wieder weiter, offener Ozean. Das Land ist teils gerodet, teils tropische Vegetation mit Bananenstauden und dicht mit Moosen verhangener Küstenurwald.

Als Zwischenstop ist Parati in jedem Fall Angra dos Reis vorzuziehen. Eine Gründung von 159o und Blütezeit im 17. Jhd., als u.a. über Parati die Goldfunde aus Minas Gerais von hier nach Portugal verschifft wurden. Jede Menge schöner Kolonialgebäude, gut restauriert. Viele der Hotels und Pensionen sind in den alten Kolonialhäusern untergebracht. Parati ist heißer Tip, auch als Ausflug von Rio! "Pouso Colibri": sehr gemütliches Hotel mit alten, schweren Möbeln und schönem Innenhof. R. Maria J. de Melo s/n, das Doppel für ca. 17 US $, – "Hotel Coxixo" sehr gemütlich mit viel Ambiente und Garten. Doppel ca. 15 US $, viele weitere. Zugleich gute Artesania- und Antiquitätengeschäfte.- Camping.-Lohnender Ausflug zur Fazenda Murycana, rund 6 km außerhalb. Kolonial, gut restauriert. Restaurant der gehobenen Mittelklasse. Ab Parati Bootsverbindungen zu vorgelagerten Tropeninseln. – Parati, heute rund 8.ooo Einwohner, ist für die Region Rio/ São Paulo das, was Villa de Leiva für Bogota/Kolumbien darstellt: rein touristisch, aber Tiptop kolonial restauriert mit viel Geschmack und Stilempfinden. Tourismus der Freude macht!

Busverbindung ab Parati nach São Paulo via Küste und Santos. Nur teilweise asphaltiert, was die Strecke zeitaufwendig macht. UBATUBA: wichtiges Feriengebiet für São Paulo. Die Einwohner (ca. 23.ooo) verdoppeln sich während der Ferienzeit. Jede Menge Hotels, sowie Camping und ganz gute Strände; gibt aber besseres. –

ILHA BELA: eine der brasilianischen Trauminseln. Sie ist vulkanischen Ursprungs; ihr höchster Gipfel erhebt sich 1.2oo m und ist häufig von Küstennebelschwaden umhangen. Dicht von tropischer Vegetation überzogen mit bewegter Vergangenheit. Zur Zeit der Portugiesen ankerten hier deren Fregatten in den Buchten, um Frischwasser zu fassen. auf der Reise in den Süden. Später hauste hier der englische Pirat Cavendish in einer der Höhlen der Insel, und im späten 18. Jhd. wurde der illegale brasilianische Sklavenhandel über dieses Eiland abgewickelt.

Im Inselinneren viele Wasserfälle, an der Küste: Zuckerrohranbau. Die Insel ist heute touristisch erschlossen. Ausgangspunkt ist der Fährhafen São Sebastião (Hotels/Restaurants, laufende Fährverb. mit PKW- Transport rüber auf die Insel). Die Überfahrt dauert ca. 15 Min., 7 km. Am Wochenende lange PKW- Warteschlangen von Leuten aus São Paulo und Santos, von wo es auch Direktbusverbindungen gibt. Hauptort auf der Insel das gleichnamige ILHA- BELA, mit schöner Kolonialatmosphäre und dem Flair eines früheren Piratennestes. Rund 5.ooo E und knapp 2o Hotels/Pensionen.

Allerdings: in den brasil. Sommermonaten (Dez. - März) und insbesondere an den Wochenenden quellen beide Orte (São Sebastião und Ilha Bela) von Touristen über. Auch sind die Strände kein "Traum" mit Plastikmüll und Abfällen, aber auch nicht allzu sauberem Wasser, der Boden unter Wasser schlammig. Zwischen Festland und Insel liegen große Öltanker.

Schön in jedem Fall das Inselinnere und die Ostküste. Eine schmale Straße führt am Ufer entlang, Hibiskus- Büsche, vorbei an wilden Tropenfrüchten wie Papayas und Mangos sowie der "caju"- Frucht, aus der die leckeren Ilha Bela- Drinks gemixt werden. Eine Piste führt quer über die Insel nach Bahia de Castelhanos an der Ostküste durch dichte Regenwälder. Hier wurden früher die afrikanischen Sklaven ausgeladen. Zugleich schöne Wanderpfade im Inselinneren, deren höchster Berg der 1.o54 m hohe Pico do Baepi. Einheimische geben Tips zu Wasserfällen, wo man im Urwald baden kann. Andere Trips führen zu alten Plantagen und zu Zuckerrohr Destillen. ("Eugenho d'Agua", eine 1583 gebaute Hazienda gilt heute als Hersteller des angeblich besten "cachaca" Brasiliens!)

Im Ort kann man sich Autos und Boote mieten. Der Trip mit dem Boot um die Insel rum auf die meist stürmigere Atlantikseite lohnt, ist allerdings nur bei ruhigem Wetter möglich.

São Paulo: ca. 8 Mill. E.*/8oo m

Größter Stadtgigant des südamerikanischen Kontinents. Von Einwohnerzahlen und Kommerz die Hauptstadt Brasiliens: ein Denkmal in Beton. Mit 8 Mill. Einwohnern soviel wie ganz Schweden!

Beim Landeanflug auf den nationalen Airport: gigantische Metropolis, mit Häusern, Schnellstraßen, Hügeln, Häusern, Häusern . . . Der Jet gleitet tiefe zum Landeanflug, überfliegt dicht das Häusermeer. Für knapp 1o Minuten meist 2- stöckige Häuser, aus denen wie ein Wald von Pilzen im weichen Moosboden bis zum Horizont Hochhausfinger rausragen. Der Jet knapp drüber und Landung auf dem Congonhas- Airport.

Flug: São Paulo hat zwei Airports. CONGONHAS liegt relativ zentral in der Stadt. Von hier gehen die nationalen Flüge, auch rüber nach Rio. Eine riesige, verzweigte Kiste auf einem Plateau zwischen den Hochhäusern, an denen die startenden und landenden Jets vorbeidonnern.

Gut informierte TOURIST- OFFICE, Shops, Restaurants, sowie Schalter der regionalen Airlines. Im letzten Gebäude liegen die Büros der internat. Airlines, die teilweise hier

* im Großraum São Paulo heute ca. 12 Mill. E.!

einchecken und per Bus zum weit außerhalb liegenden Internat. Airport transportieren.

Draußen auf dem Flugfeld oft 1o - 15 Jets nebeneinander aufgereiht. Der Airportbus sammelt und verteilt ankommende Passagiere gleich zum Anschlußjet. (Stewardess fragen!) – Das Airportgebäude: 3 Stück, miteinander verbunden. Klein, fast könnte man sagen "familiär", wie ein Flughafen, der aus den Schuhen gewachsen ist und einfach angestückelt wurde. Insofern sympatisch und nichts von sonst üblicher Staats-Prestigesucht! – Die "Punte Aereo" nach Rio wird in einem Hangar- ähnlichen Schuppen abgefertigt. Vor der Betonwand mehrere Checkins. Abflüge wie das Brötchenbacken. Laufend Schwung von Leuten rechts und links raus. Der Flug sehr lohnend, insbesondere der letzte Teil vor Landung in Rio/Santos Dumont. Wenn man vom Flughafenbus raus zur Maschine gebracht wird: vordrängen; Plätze sind nicht reserviert und viele der Sitze im Uralt- Propeller ohne genügende Sicht!

ca. 30 Min. ins Centro (Taxi oder Direktbus)

TRANSPORT IN DIE STADT: es gibt einen Stadtbus, der zur nächsten Metrostation fährt. Bequemer ist aber der Direktbus. Beide: Abfahrt vor Terminal. – Taxi: wie auch in Rio gibt es 2 Arten, das normale (Taxi comun), mit Taxischild auf dem Dach und Taxameter. Billiger. Und sogenannte Funktaxis (Farbe weiß oder rot), etwas teurer, aber bequemer und fixierte Preise je nach Stadtregion. Das Ticket hierfür kauft man am Schalter im Flughafen. Bei Problemen: im Tourist Office/Airport vorab abchecken.

VIRACOPOS–AIRPORT: der internationale Airport von São Paulo. Liegt rund 1oo km außerhalb der Stadt. Fahrzeit rund 1 1/2 Std. ab Centro je nach Verkehr und per Taxi entsprechend massiv teuer. Die meisten, internat. Airlines, die Viracopos anfliegen, unterhalten aber eine eigene Verbindung ab Congonhas und checken dort ein. Vorab bei der Airline informieren!

Bus: Gigantischer Rodoviario, wie bei der Größe der Stadt nicht anders zu erwarten. Verbindungen in alle Landesteile.

- Terminal do Jabaquara (Rua dos Jequitibas) fungiert für Verbindungen an die Küste (Litoral), somit insbesondere Santos, aber auch zur Ilha Bela, mit der Empr. Rod. Atlantico 3 mal am Tag, Fahrzeit ca. 3 1/2 Std./2,5 US $.
- Terminal Rodoviario do Tieté (Av. Cruzeiro do Sul) mit Metro- Station "Tieté". Der Haupt- Rodoviario von São Paulo mit dichten Busverbindungen in alle Landesteile, sowie Paraguay, Uruguay, Argentinien und Chile.

Zug: Estacão da Luz (Jardim da Luz). Beim eingeschränkten Passagierverkehr vorwiegend nur regionale Bedeutung in den Großraum von São Paulo. Sowie 3 x/Woche der Nachtzug nach Rio (+ tägl. Bummelzug, Details siehe Kapitel "Rio – São Paulo"!) und der sogenannte "Rote Zug" von São Paulo via Baurú nach Corumbá an der Grenze zu Bolivien mit Anschluß an den täglichen Zug in Bolivien rüber nach Santa Cruz. Details siehe "São Paulo – Bolivien"!

São Paulo ist eine der am stärksten expandierenden Städte des Kontinents. In einer Hochebene durch Berge von der Küste abgeschirmt: zunächst klimatisch günstiger* als Rio. Zugleich aber durch die Wolken oft eine drückende Dunstglocke der Abgase, die zwischen den Bergen festgehalten wird.

Das Herz bildet das TRIANGULO zwischen der Rua 15 de Novembro, – Praça da Sé, – Praça Bandeirantes und Praça da Republica. Hier liegen die meisten Geschäfte, Banken und Verwaltungsgebäude. Viele Boutiquen im Bereich Rua Barão de Itapetininga, sowie Restaurants und Pizzerias. Führt auf die Praça da Republica zu (guter Flohmarkt jeden So. 8 - 14 Uhr!). Hier, wie auch an der südl. tangierenden Av. Iripanga das Centro der Mittel- bis Teuerhotels von São Paulo, viele Kinos und Top- Hotels.

EDIF. ITALIA/Av. Ipiranga 344. Mit 156 m eines der höchsten Gebäude von São Paulo. Fantastischer Rundblick, insbesondere nach Einbruch der

*= Durchschnitt 13°-24° C

Dunkelheit, wenn die Lichter der Stadt über der Talebene flimmern. Mehre re Restaurants im 42. Stock. – Der andere Top- Stadtrundblick vom Itau-Hochhaus an der Av. Paulista/ 41. Stock, Restaurants (supermarkantes Gebäude mit Uhr und Temperatur- Anzeige). Offen tägl. bis 2 Uhr früh.

BAIRRO ORIENTAL: das Stadtviertel der Japaner und Chinesen, unterhalb der Cadedral da Sé/Praca da Sé (im "Quadro Rodas"- Stadtplan mit "Praça C. Bevilacqua" bezeichnet). Viertel der chinesischen und japanischen Einwanderer mit vielen fernöstlichen Shops und Restaurants, insbesondere Bereich Rua Galvão Bueno. Guter So. - Markt am Ende der Av. Liber dade, kurz vor der Catedral da Sé (Metrostation "Praca da Sé").

MUSEU DE ARTE DE SÃO PAULO (MASP), Av. Paulista 1578, geöffnet Di. - Fr.: 13 - 17 Uhr und Sa. + So.: 14 - 18 Uhr. Eines der wichtigsten Kunstmuseen Südamerikas; Querschnitt durch die franz. Impressionisten, weiterhin Bosch, Holbein, Franz Hals, Rembrandt, Rubens, sowie Brasilianer.

SCHLANGENINSTITUT "BUTANTAN", Av. Vital Brasil 15oo (Butantã) Offen: 8 - 17 Uhr. Gemolken werden die Schlangen 1o/1o.3o/11/15/15.3 und 16 Uhr. Eine der interessantesten Sachen von São Paulo! Das Institut ist der wichtigste Serum- Lieferant Südamerikas gegen Giftschlangenbiß. D zeitiger Institutsbestand: an die 35.ooo Giftschlangen!

IBIRAPUERA- PARK: Av. Pedro Alvares Cabral. Mit einem Stadium für Motorradrennen und einem recht gut bestückten Planetarium. Im "Museu de Arte Contemporãnea" (geöffnet Di. - So. 14 - 18.3o Uhr) findet die al jährliche Kunst- Bienale statt, dir zur größten von Südamerika gehört. Ansonsten Dauerausstellung moderner, europäischer Maler (Picasso, Chagall, Miro etc.) Offen: Di. - So., 14 - 18.3o Uhr . – Ebenfalls im Ibirapuera-Park gelegen: das "Museu Arte Moderna" und das interessante "Museu d Aeronautica" (offen: Di. - So., 14 - 17 Uhr) : Querschnitt durch die Geschichte der brasil. Luftfahrt. Unter anderem das berühmte "Dumont- Flu zeug" mit dem der Brasilianer Dumont in Paris Pionierflüge durchführte.– Weiterhin ein Folkloremuseum (selbes Gebäude wie das Museu Aeronauti

Die meisten Museumsgebäude im Park stammen von Oscar Niemeyer, den Architekten Brasilias. Die Gartengestaltung vom berühmten Burle Marx.

SIMBA SAFARI, Av. do Cursino 6338 im Vorort Vila Morais. (Nicht am Wochenende besuchen! Kr) Offen D So. von 9 bis 18 Uhr.Rund 3o Löwen, sowie Affen, Tiger etc., z sehen vom geschlossenen PKW über eine 4 km- Straße durch de Park. – ZOO: Av. Miguel Stefano 4241 (Agua Funda). Offen tägl. 9 - 18 Uhr. Der São Paulo Zoo gehört zu den 1o beste und größten der Welt. 1958 gegründet, mit mehr als 1.5oc Vögeln und rund 6oo verschiedenen Säugetieren. Insbesondere natürlich Tiere vom Amazonas. Besonders schöne Sammlung von Tucanen.

Vertreter des Butantã-Schlangen Institutes

Zoo und Simba- Safari liegen im Parque do Estado im Süden der Stadt nähe Congonhas- Airport. Hier auch der Botanische Garten mit kleinem Museum.

CASA DO BANDEIRANTE: Replika eines Hauses der Bandeirantes, der brasilianischen Pioniere, – so wie deren Häuser im XVIII. Jhd. ausgesehen haben. Ganz interessant; haben ganz schön spartanisch gelebt. Im Garten 3 Mühlen (für Zuckerrohr, für Korn und eine kleinere für generelle Bedürfnisse). Praca Monteiro Lobato im Stadtteil Butantã am Kanal Rio do Pinheiros. Offen Di. - Fr. 12 - 17 Uhr und Sa/So. 9 - 17 Uhr.

MUSEU CRIMINALISTICA, im selben Winkel, Cidade Universitaria, Av. A. Peixoto/Alvarenga, in der Polizeiakademie. Offen Mo. - Fr. 8 - 18 Uhr.

MUSEU DA CASA BRASILEIRA, Av. Faria Lima 774 (Jardim Paulista, nähe Pferderennbahn, aber andere Seite des Kanals!). Sehr lohnend: guter Überblick über die 4oo Jahre Brasilien seit ersten Kolonialgründungen, mit vielen Dokumenten, Möbeln, Gemälden mit Darstellungen aus der Kolonialzeit etc. Offen: Di. - So. von 13 - 17 Uhr.

HORTO FORESTAL, 15 km nördl. des Centros. Beliebtes Wochenendausflugsgebiet mit Seen und dichter Vegetation. Picknickstellen und Grillplätze. Nähe Serra da Cantareira an der Straße do Horto/Tremembé.

MUSEU DE ARTE SACRA, Av. Tirandentes 676. Sakrale Kunstwerke vorwiegend aus der Kolonialzeit. Das bedeutendste Museum seiner Art in Brasilien! Offen: Di. - So. 13 - 17 Uhr. Bei Metro- Station "Tiradentes".

Wer sich für alte Telefone interessiert: recht umfangreiche Sammlung im "MUSEU DO TELEFONE", Rua M. de Carvalho 851 (Paraiso). Offen: Mo. - Fr. 9 - 17.3o Uhr und Sa/So 14 - 18 Uhr.

Bei den São Paulo Kindern sehr beliebt: die "CIDADE DA CRIANCA" (Stadt der Kinder), Rua Kara 3o1 (São Bernardo do Campo). Neben Motocrossbahnen, Riesenrädern, einem japanischen Haus gibt es auch ein Submarine, das in einen See taucht, Boote, die auf nachgebildeten Amazonas-Nebenflüssen fahren und eine alte DC 3- Propellermaschine, in der man einen Flug von São Paulo nach São Bernardo do Campo (Filmprojektion) miterleben kann. Der Park macht Spaß, besonders am Wochenende. Offen 8 - 19 Uhr, sonst während der Woche 9 - 18 Uhr.

Besuch des VW- WERKES in São Bernardo do Campo (km 23,9). Hochinteressant! Vorherige Anmeldung nötig über Tel.: 452.6283/Departamento de Relações Publicas.

Tourist INFO Ceditur (Central de Documentação e Informação Turistica von Paulistur): Praça da Republica 154 im Centro. Offen: Mo. - Fr. von 8.3o Uhr bis 18 Uhr und am Samstag von 9 bis 12 Uhr.

Secretaria de Esportes e Turismo do Estado de São Paulo: einmal an der Praça Antonio Prado 9 im Centro (Mo. - Fr.: 9 - 18 Uhr), – weiterhin im Congonhas- Airport (8 - 22 Uhr) und im internat. Viracopos Airport (8-22)

Beide sind staatlich und sehr gut mit Infos bestückt, mit Prospektmaterial jedoch weniger.

Karten: vom Tourist Office gibts meist eine Gratiskarte, sofern vorrätig, die jedoch nur den Stadtkern abbildet, bzw. sehr grobflächig den São Paulo- Großraum.

Besser die Karte der Quadro Rodas Leute.Insgesamt Tip Top gemacht, inklusiv der Metrostrecken und deutlich markiert die wichtigsten Gebäude und Lage der Museen.

"O Guia" von Mapograf. Standartwerk für São Paulo, derzeit bereits rund 14. Auflage. Allerdings fürs Rumlaufen zu Fuß in der Stadt bei rund 6oo Seiten ein ganz schön schwerer Brocken. Ca. 1,5 US $.

Hilfreich "este mes em São Paulo", ein monatlich erscheinendes Heft mit Veranstaltungskalender, o,7 US $. Erhältlich an Zeitungskiosken.

Transport in São Paulo: METRO: in Betrieb von 5 Uhr früh bis 24 Uhr. Derzeit eine Strecke, die beim Parque do Estado/Congonhas- Airport beginnt, quer durchs Centro Praça da Sé läuft und 2 Stationen oberhalb des Rodoviario endet. Ab Praça da Sé zweigt eine Querstrecke ab. – BUS: absolut Tip- Top ausgebautes Verkehrsnetz. Sehr billig. Parallel dazu die "executivos", spezielle 1. Klasse Linienbusse für die reicheren Leute. Halten zwar nicht überall, dafür aber AC, teils auch Fernsehen! Und ein Mehrfaches am Fahrpreis. Zu erkennen an den getönten Scheiben. – TAXIS: die "comun", meist VW Käfer oder VW- Brasilia mit Taxameter. Jede Menge, mit der Hand stoppen. Teurer sind die Funktaxis (rot oder weiß). Vom Hotelportier per Telefon zu besorgen, mehr Komfort im Auto. – MIT EIGENEM AUTO in São Paulo kann sehr nervenaufreibend sein wegen der Vielzahl an Hinweisschildern und Namen (=einzelne Stadtteile), die man im Kopf haben muß, um sich durch die Einfädelungen und Abbiegungen seine Richtung zu finden. Stoppen und seitlich am Straßenrand in Ruhe die Sache auf der Karte zusammenzusuchen geht meist nicht wegen dem dicken Verkehr. Kann zu einem echten Problem werden, wenn man versucht, aus dem Großstadtgiganten, der die 3 fache Fläche des Großraumes Paris besitzt, rauszufinden!

Shopping: Hauptgeschäftsstraßen sind die Fußgängerzone Barão de Itapetininga, die beim Theater und Vale do Anhangabau beginnt und rüber zur Praca da Republica läuft, – die an der Praca da Republica vorbeiführende Av. Ipiranga, – die Rua Augusta im Bereich Schnittpunkt mit der Av. Paulista.

SHOPPING- CENTERS: 1.) "Ibirapuera"/Av. Ibirapuera 31o2 (Moema), – 2.) "El Dorado"/Av. Euzebio Matoso 397o (Pinheiros), – 3.) "Morumbi"/Rua Roque Petroni Jr. 1o89, – 4.) "Iguatemi"/Av. Faria Lima sowie viele weitere. Oben angeführte dürften mit die größten in São Paulo sein.

ÖFFNUNGSZEITEN: für die Shopping Centers meist 9 - 22 Uhr, teils nur 2o Uhr. Normale Geschäfte in der Innenstadt bis 18 Uhr, Mo. - Fr. Am Sa.- Nachmittag zu.

FERIAS (Märkte): einer der bekanntesten ist der auf der Praca da Republica jeden So. Kunstgewerbe in Holz, Stein, Leder, Bilder etc. – Antiquitäten: jeden So. unterhalb des Museu de Arte de São Paulo/Av. Paulista 1578. Gute Auswahl, auch kleinere Gegegenstände wie Schmuck, Löffel, Uhren etc. Rund 5o Stände. Beginnt ab ca. 1o Uhr und dauert bis ca. 17 Uhr. – Feria Comunitaria de Artesanato de Anhembi, jeden Sonntag im gleichnamigen Park ab ca. 1o Uhr. Mischung aus Kunsthandwerk und Flohmarkt – Feira da Barganha, Rua do Carmo, jeden Sonntag ab ca. 9 Uhr. Troca (=Tauschhandel) jeglicher Art. Auch wenn man nichts zum Tauschen hat: interessant wegen dem Ambiente. – Feira dos Bichos, Rua da Consolacão 2o8/Ecke San Luis. Troca von Haustieren! Jeden Sa. von 8 - 1 Uhr. – Pico do Jaragua, Antiquitäten, jeden So. 13 - 18 Uhr – Feira Comunitaria de Trocas, Praca Don Orione Bixiga, jeden So. 1o - 16 Uhr.

GROSSMÄRKTE: sehenswert ist der CEAGESP, Av. Dr. Gastos Vidigal 1946, – der wohl größte Lebensmittelmarkt Südamerikas! Am Do. und Fr. zusätzlich riesiger Blumenmarkt. Angeschlossen: CESA: riesiger Markt mit exotischen Vögeln.

Feira de Pacembu beim gleichnamigen Stadium: Gemüse, tropische Früchte, Fisch. Jeden Di., Do., Fr. und Sa. am Praca Charles Miller.

PKW's: großer Gebrauchtwagenmarkt unregelmäßig im Parque Anhembi. – ASIATISCHES: jeden So auf der Praca da Liberdade, 14 - 16 Uhr. Metro: "Liberdade".

Hotels: Die meisten Billighotels liegen im Bereich um den Rodoviario. Es gibt derart viele, die nah aufeinander liegen, daß wir uns sinnlose Auflistung sparen können; ihr werdet sowieso von Hotel zu Hotel gehen, um zu sehen, wo was frei ist und was noch am passabelsten ist. Löcher kosten um die 1 - 2 US $, einigermaßen Passables beginnt bei ca. 3 - 4 US $ fürs Doppel.

Gute Mittelklassehotels sind das "Terminus" an der Praca da Republica, – "Itaipu", Rua dos Andradas 467/Centro, – "Cambridge", Av. 9 de Julho 216/Centro, alle um die 8 - 1o US $, – teurer das "Hores Belgrano", Rua Marqu. de Paranagua 88, ca. 15 US $, aber bei 1 Woche handeln möglich, – "Continental" nähe Bahnhof da Luz, in der Rua Vitoria 223, ca. 5 US $, –
"Brasilton", Rua Martin Fontes 33o/Centro. Angenehm eingereichtet, wenn auch mit gewisser Patina. Alle Zimmer mit Farb- TV, ca. 3o US $, – "Sao Paulo Center", Largo Santa Efigenia 4o/Centro. Zimmer mit Farb TV, im Hotel eine Sauna. Doppel ca. 25 US – "El Dorado Higienopolis", Rua Marqu. de Itu 836. Relativ ruhig, aber etwas außerhalb des Centros. Zimmer mit Farb- TV, Doppel ca. 25 US $. – "Samambaia", Rua Sete de Abril 422/Centro. Doppel ca. 25 US $ mit Farb TV. –
TOP- HOTELS: "Maksoud Plaza", Al Campinas 15o, ca. 8o US $, – "Cesar Park", Rua Augusta 15o8, ca. 65 US $, – "Ca D'oro", Rua Augusta 129, ca. 6o US $, – "Othon Palace", Rua Libero Badaro 19o, ca. 5o US $, viele weitere.

Post Hauptpostamt: Prestes Maia Gallery, Av. Prestes Maia.

RESTAURANTS: im "guia quadro rodas/São Paulo". Es gibt in São Paulo allein an wichtigen Restaurants weit über 2oo, die wir hier aus Platzgründen nicht aufführen können. Quer durch die Weltküche in allen Preislagen.

In São Paulo leben heute rund 1o % der Gesamtbevölkerung des "Kontinentes im Kontinent"/Brasilien. 65 % der Industrieprodukte des Landes werden im Großraum São Paulo hergestellt . Alle 2 Min. wird ein neues Auto zugelassen, zum Großmarkt CEAGESP fahren täglich mehr als 25.ooo LKW's zum Be- und Entladen der Lebensmittel, – es gibt 25 Tageszeitungen und rund 12o Zeitschriften und Illustrierte , die in der Stadt erscheinen, – 5o % des brasilianischen Steueraufkommens stammt von São alle 2o Min. wird ein neues Haus fertiggestellt, es gibt rund 2oo Bibliotheken, 14 Radiostationen und 5o Theater. Ein Stadtgigant der Superlative, – zugleich aber auch der Armut: ca. 1/4 der Bevölkerung lebt in den Favelas, nur die Hälfte hat Anschluß an das städtische Wassernetz, nur ca. 2o % der "Haushalte" sind an die Kanalisation angeschlossen, knapp 3o % der Bevölkerung lebt in baufälligen Häusern. Daten nach der ev. Luth. Mission Erlangen, die in São Paulo tätig ist.

HAFEN ist SANTOS (ca. 35o.ooo E.), über den rund 5o % des Landes-Exportes laufen. 7o km Schnellstraße von São Paulo über die Berge runter an die Küste, an Wochenenden hoffnungslos verstopft wie das Nadelöhr BRD/München- Salzburg zu Beginn der Schulferien. In den Villen-Vierteln die Top- Verdiener Brasiliens, so u.a. Fußballstar Pelé.

São Paulo → Bolivien:

Eine der Hauptverbindungsstrecken in Ost–West Richtung für Südamerika-Reisende, die BRASILIEN mit den ANDENSTAATEN verbinden wollen.

Die anderen Routen (außer der von uns recherchierten Strecke über Gujara Mirim), – die durchs Amazonasgebiet führen, sind entweder sehr zeit-

raubend wegen notwendiger Flußfahrten, – oder teuer wegen Amazonas-Langstreckenflügen.

SÃO PAULO ➳ CORUMBA/bolivianische Grenze:
Per Bus in ca. 2 Tagen und einer Nacht. Kostet ca. 13 US $. Täglich Abfahrten; bucht rechtzeitig vor! –

Per Eisenbahn(mit dem "Trem rojo"): rund 2 Tage, 12 US $ und bequemer, da der Zug Schlaf- und Speisewagen mit sich führt. Ein Filmteam des Bayrischen Fernsehens, das mit unserer 78'- Ausgabe dieses Südamerika- Bandes einen Dokumentarstreifen über diese Strecke drehte, berichtete, daß auf der Plattform des letzten Waggons Schaukelstühle gestanden hätten: herrlich, stundenlang hier zu sitzen beim Weglaufen der Gleisstränge durch die Prärie und tropischer Wärme.

Derzeitiger Stand: ab Estação da Luz/São Paulo in der 1. Klasse (ca. 3 US) nach Bauru. Hier Anschlußzug nach Corumbá (ca. 7 US $ in der 1. Klasse/ Schlafwagen). CORUMBÁ ist ein heißes Tropennest, rund 7o.ooo Einwohner (tägl. Flugverbindung mit São Paulo, ca. 45 US $). Anschluß siehe unser Bolivien Teil! Wer's eilig hat, fliegt ab boliv. Seite mit der Militärmaschine der TAM rüber nach Santa Cruz, ab hier Jetverbindung mehrmals täglich nach La Paz, – oder nimmt sich den täglichen Zug nach Sta. Cruz, der rund 1 Tag braucht.

PANTANAL: riesiges Überschwemmungsgebiet und Vogelparadies. Erstreckt sich nördlich von Corumba und Campo Grande weit rauf bis fast Cuiaba. Von Corumba beginnt die "Transpantaneira", eine Sand/Schotterpiste auf einem Damm quer durch den Pantanal rauf nach Cuiaba. Nur während der Monate des Niedrigwasserstandes zu befahren, sonst Umweg über Campo Grande. – Flug: tägl. mit "Vasp", 5o Min./ca. 2o US $. Siehe auch S. 1o48

São Paulo ➳ Paraguay:

Die Strecke geht über "FOZ DO IGUACU", einem riesigen Kessel aus hunderten von schäumenden und gischtenden Wasserfällen, die zu den schönsten der Welt gehören! Einer der großen Höhepunkte einer Südamerika Reise!

Sowohl von Asuncion/Paraguay, wie auch von Iguacu gibt es schnelle Bus- und Flugverbindung mit BUENOS AIRES/Argentinien.

Wer von Rio oder São Paulo runter nach Argentinien will, der fährt besser diese Route (wegen Foz do Iguaçú), statt der Direktroute entlang der Küste über Uruguay, da wesentlich interessanter! Und MONTEVIDEO/Uruguay kann man bequem als Abstecher ab Buenos Aires besuchen.

Rio ➳ São Paulo: Bus ca. 6 Std./ Flug ca. 5o Min. Eventuell Abstecher zum Butantan- Schlangeninstitut einbauen. Stadtbus ab Rodoviario.

São Paulo ➳ Curitiba: Bus, 4o4 km, Asphaltstrecke, gut ausgebaut. Der Bus braucht etwa 6 Std. und kostet 5 US $. Häufig auch Flüge.

Curitiba: (1 Mill. Einwohner) liegt in rund 9oo m Höhe auf dem Plateau der Serra do Mar. Eine moderne Stadt mit der üblichen Hochhaus Architektur und ohne touristisch Besonderes. Für Eisenbahnfans aber ganz interessant: das “Mueseu Ferroviario” in der Av. 7 de Setembro s/n mit einigen alten Dampfloks und Wildwestwaggons, sowie alten Fotos und Dokumenten. Offen: Di. - Fr.: 13 - 19 Uhr und Sa/So.: 8 - 13 Uhr.

Sehr lohnend ist die Eisenbahnfahrt runter an die Küste nach Paranagua; gilt als die interessanteste Eisenbahnstrecke Brasiliens. Das Gleis schlängelt sich an steilen Berghängen durch dichte Tropenvegetation über viele Brücken und durch Tunnels die 9oo m runter. Schön als 1 - Tagesausflug ab Curitiba. Abfahrt morgens gegen 7 Uhr. Bus- und Eisenbahnterminal sind in ein und demselben Gebäude untergebracht. Nach etwa 3 Stunden ist Paranagua erreicht, wichtigster Exporthafen für die Cafe-Anbauregion oben um Curitiba. Mit dem Abendzug retour nach Curitiba.

Curitiba ⋙→ Foz do Iguacú: 65o km, Asphaltstraße. Viele Busse am Tag, die rund 1o Stunden brauchen (6 US $, der Leito 12 US $). Wer den Nachtbus nimmt, versäumt außer “Vila Velha” nicht viel. Dafür muß man aber sowieso einen Zwischenstop einlegen.

Flug: mehrmals am Tag zwischen Curitiba und Foz do Iguacú, 1 Std./ca. 3o US $. Der Flughafen liegt in Curitiba 18 km außerhalb. Stadtbusse.

VILA VELHA: 93 km landein ab Curitiba an der Straße nach Ponta Grossa: Gesteinsformationen durch Erosion und Auswaschung. Wer genügend Phantasie hat, kann Kamele, Rinozerosse, Indios und ähnliches entdecken. Bei den Brasilianern recht beliebt als Wochenend- Ausflugszentrum.

Das Gebiet selber ist rund 6oo m lang und 2oo m breit. Oberhalb (siehe unsere Karte) gibts einen Campingplatz, allerdings abends viele Mücken. Zu erreichen entweder per (relativ) teurer Tour ab Curitiba, – oder Bus ab Curitiba nach Ponta Grossa nehmen und dem Fahrer Bescheid sagen, damit man bei Vila Velha aussteigt. Von hier dann noch 23 km bis Ponta Grossa (17o.ooo E., Hotels) und von dort am nächsten Tag mit dem Bus weiter nach Foz do Iguacú, sofern es einen Anschluß

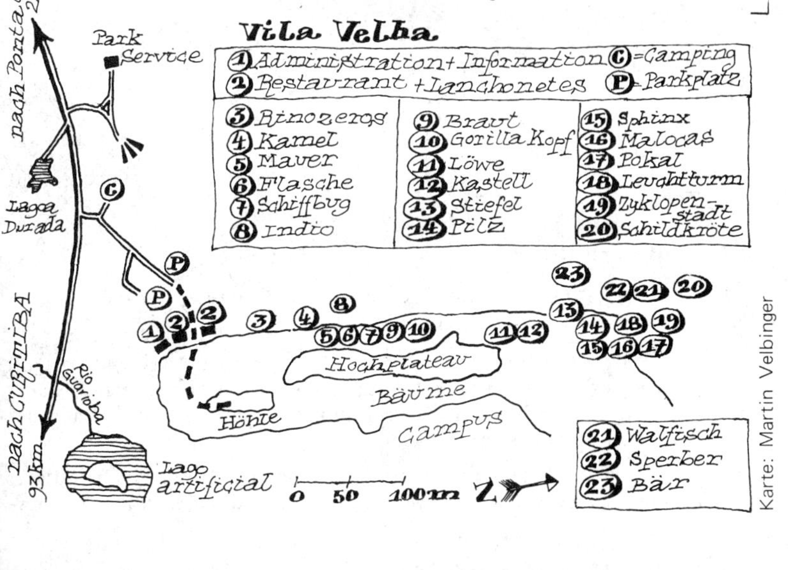

Karte: Martin Velbinger

gibt. Sonst nach Cascavel und dort umsteigen mit häufiger Verbindung nach Foz do Iguacu. Achtung: der Direktbus von Curitiba nach Foz do Iguacú fährt nicht über Vila Velha, sondern kürzt über die BR 277 ab.

Iguazú – Wasserfälle

Lady Roosevelt soll beim Anblick ausgerufen haben: "oh, poor Niagara-Falls!" Über eine Strecke von 2,5 km stürzen mehr als 27o Wasserfälle in die Tiefe; dazwischen an Felsen üppigste tropische Vegetation, Begonien, Orchideen, riesige Farne und Palmen.
Die schönere Seite ist die argentinische, weil man hier auf einem Steg direkt oberhalb der Fälle quer über den Fluß laufen kann. Von der brasilianischen Seite jedoch besserer Überblick! –

Foz do Iguacú/Brasilien: eine ziemlich langweilige Tropenstadt in einer weiten Talmulde, umgeben von dicht grüner Vegetation. Der Ort hat sich innerhalb weniger Jahre vom ramschigen Tropennest zu stattlichen 9o.ooo Einwohnern gemausert, obwohl er immer noch nach "Tropennest" riecht. Schachbrettstraßen in Asphalt , runter in die Mulde und auf der anderen Seite wieder rauf. Expansion vorallem durch den Bau des rund 7 km außer-

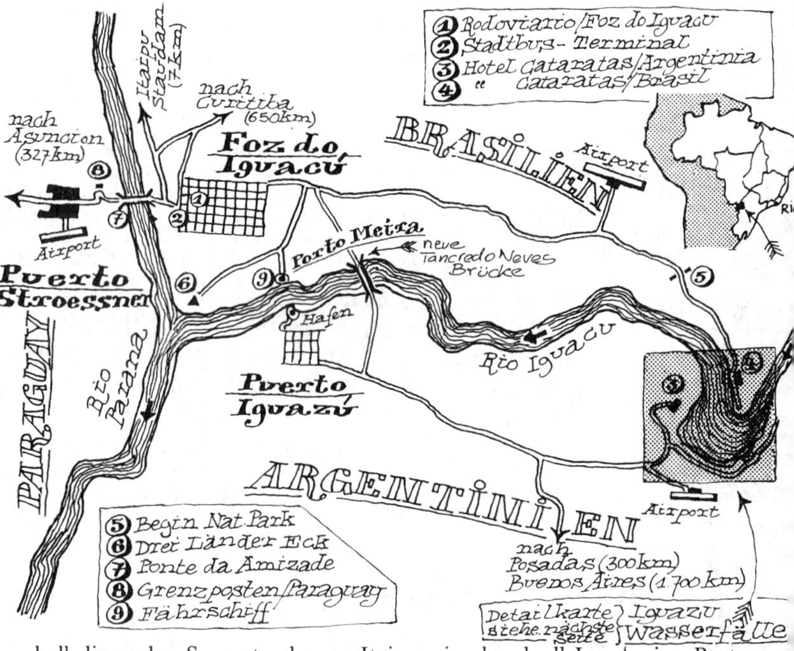

Karte: Martin Velbinger

halb liegenden Superstaudamms Itaipu; eine handvoll Lancherias, Restaurants und Hotels. Nach Einbruch der Dunkelheit spielt sich außer angenehmer Wärme nichts mehr ab.

Foz do Iguacú ist als Stützpunkt für den Besuch der Wasserfälle günstiger, als das auf der argent. Seite gelegene Foz de Iguazu, da es größer ist, bessere Verkehrsverbindungen hat; zudem sind Hotels, Restaurants und die Tours auf der brasilianischen Seite derzeit erheblich billiger.

Hotels: entweder gleich ins "Hotel das Cataratas", das direkt bei den Wasserfällen liegt, echt ein Tip! (Busverbindung stündl. in den Ort) – Oder gleich in ein Billighotel im Ort, wo man sowieso sich nur zum Pennen aufhält, da man den Tag über sicher an den Wasserfällen verbringt.

"Hotel das Cataratas" (Nr. 4 in unserer Karte). Nachgebaut imKolonialstil, rosa angestrichen, inmitten des Parks. Ein gemütliches Hotel mit viel Flair und Komfort. Fantastisch gelegen:ein paar Schritte und schon ist man am Kessel der Wasserfälle. Die meisten Zimmer sind "Standarts" (ca. 2o US $, Blick in den Park, gemütlich mit tropischem Holzparkett und Farb- TV), sowie ein paar "Superiors" (ca. 3o US $, die Zimmer geringfügig größer, beim Vorteil, daß man von den meisten Zimmern ein ganz klein bischen von den Wasserfällen hinter Bäumen erspähen kann).

Im Garten: Swimming Pool und mehrere freche Papageien. Essen ist gut und preiswert, die Portionen aber reichlich knapp bemessen, zudem nur wenig Auswahl und lange Warterei, bis das Essen kommt.

"Hotel Internac. Iguazu", drüben auf der argentinischen Seite, ebenfalls direkt an den Wasserfällen. (Nr. 3 in unserer Karte). Modernweißer Kasten, 4 Stock und knackig teuer. Vorn raus mit teilweisem Blick auf die Fälle kostet ca. 95 US $, hinten raus mit Blick auf die Hotelzufahrt und Bäume immer noch ca. 65 US $. Im Hotel gibts ein Spielcasino und Disco. Weiterhin Tennisplätze und SW- Pool.

Auf dem Weg vom "Hotel das Cataratas" in den Ort Foz do Iguacu/bras. Seite gibts einen Schwung Hotels der gehobenen Mittelklasse. Meist aber total einsam in der Prärie (sprich gerodete Felder/Waldstreifen). Auch von Architektur und Ambiente nicht immer sehr attraktiv. Das "Colonial" sieht in seiner Bauweise und roter Backsteinwand wie eine verkappte Schule aus, – "Belvedere" optisch und von außen wie bessere Baracken, – das "Panorama" in "schnittigem" Halbrund, der Panoramablick geht aber auf einen Waldgürtel. Alle um die 2o - 3o US $; da ist man mit dem "Das Cataratas" von Lage her erheblich besser bedient. Ganz gut hat uns aber das "San Martin" gefallen, kurz vor dem Eingang zum Nationalpark (18 US $, mit SW- Pool).

IM ORT FOZ DO IGUACU : "Luz", direkt beim Busterminal. Sauber und o.K. (ca. 5 US $), – "Teresopolis", 2 cuadras vom Busterminal. Sehr basic: Gang, rechts und links Zimmer mit Holzwänden, heiß. Ca. 3,5 US $ (Almirante Grau), – "San Diego" Rua Alm. Barroso/Ecke Rua Bartolomeu de Gusmao: 4 - stock, modern. Sehr saubere Zimmer mit TV. Ca. 1o US $. Rund 3oo m zum Rodoviario. – Daneben noch ein Schwung weiterer Hotels im Bereich 8 - 1o US $. "Hotel 15 de Julio" (4 Stock, wartet auf Gäste, um oben anzubauen), – "Plaza" (8 US $), daneben, fast schon unten in der Talmulde. – "Prinzipe", in der Parallelstraße: älterer großer Kas ten, Rua Joreg Samways 518, Doppel ca. 6 US $, daneben: "Ambassador" (Hausnr. 494), ca. 7 US $.

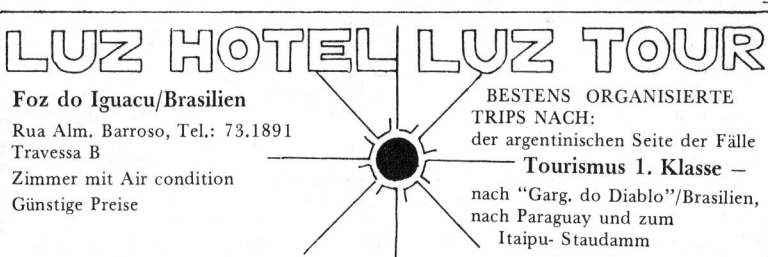

Dann gibts noch einen Schwung Hotels, oben beim Busterminal, wenn man nicht in Ri. Luzhotel rausgeht, sondern durch den Gang im Busterminal in Gegenrichtung; gleich in der ersten Straße 5 Hotels, alle um die 8 - 13 US $ ("Sol", – "Bogari", – "Rio Mar"– "Cisne" – "Imperial"). – 2 Querstraßen Ri. Stadtbusterminal die beiden Hochhauskisten "Mirante" mit pompöser Marmorlobby (ca. 21 US $) und daneben das "Estoril" (ca. 16 US $). – Höchstes Gebäude in Stadtmitte ist das "Hotel Salvatti", ca. 16 US $

"Sun- Hotel" , Av. Pres. J. Kubitesck 1895, an der Straße Ri. Paraguay. 5 Stock mit SW- Pool, Cafeteria, Restaurant und TV. Ca. 1o US $. – Zuletzt noch ein weiterer Billigtip: mehrere Leser schrieben uns, daß sie recht zufrieden mit dem "Roma–Hotel" waren. Av. Rep. Argentinia 1634. "Ein recht primitives Haus", wie uns Sylvia Neander schrieb,"aber es gab WC, Waschbecken und elektr. Duschen beim Zimmer." Besitzer sind deutschstämmig; "man spricht Deutsch", wie es auf der Vistitenkarte heißt. ca. 4 US $.

Restaurants: "Cabeca de Boi", Av. Brasil 1325. Eine Churrascaria. Für 4 US $ soviel Fleisch und Salat, wie man essen will. Großer Saal, rechts das offene Feuer, über dem gebrutzelt wird, davor das Salatbuffet. Liegt nahe Kirche (und Salvatti- Hotel), kurz oben vor dem Berg (=Av. Jorge Schm.) Direkt vor der Kirche ist ein Busstop, sowohl für den Circular- Bus, wie auch für den Cataratas- Bus. – "Rafahin" , am Ortsausgang Straße Ri. Cataratas. Die andere große Churrascaria. Besitzer macht dickes Geld. – "Rest. China", ebenfalls Straße nach Cataratas. Große Portionen bei günstigen Preisen.– "Italia" , paar Meter vom Busterminal, am Luz- Hotel vorbei, in der Ing. Reimboulcas, ca. 1 cuadra vom Busterminal. Gute Küche und sehr billig, Art Straßenrestaurant. – Im Bereich "Plaza Hotel" mehrere Lancherias, ebenso oben beim Busterminal. – Gute Milchshakes gibts im Restaurant "Arandella", Av. Brasil, kurz vor dem Cabeca de Boi!

Bus: ab Rodoviario täglich mehrmals nach Curitiba, ca. 1o Std., 6 US $, Direktbusse bis São Paulo, ca. 16 Std. 13 US $. – nach Asuncion mehrmals tägl., 6 Std./4 US $, – Superbusse der Empr. Cascavel runter nach Pto. Alegre nähe der Grenze von Uruguay, ca. 15 Std. für die 94o km. 12 US $, – Florianopolis (17 Std./12 US $), – Blumenau (14 Std./1o US $). – Nach Asuncion/Paraguay tägl., ca. 6 Std./ 6 - 1o US

Flug: der brasil. Airport liegt rund 13 km außerhalb, Abzweigung von der Straße nach Cataratas. Täglich Jetverbindung mit "Cruzeiro do Sul" nach Asuncion (ca. 45 Min., mit rund 5o US $ aber ziemlich teuer) Im Normalfall fliegt der Pilot eine Schleife über den Iguacu- Wasserfällen. – Curitiba: mehrmals täglich, 1 Std., ca. 3o US $ mit Anschluß nach Sao Paulo, Rio und Pto. Alegre. ACHTUNG: die Flüge von und nach Iguacu sind wegen dem starken Gruppenverkehr (fast alle Südamerika- Programme der Reiseveranstalter, die Brasilien besuchen, haben Iguacu im Programm!) sehr häufig ausgebucht. Rechtzeitig reservieren. – Keine Flugverbindung vom brasil. Airport nach Argentinien, z.B. Buenos Aires. –

Der argentinische Airport liegt in der Nähe des Hotel Internac. de Iguazú bei den Fällen. Mehrmals täglich nach Buenos Aires, ca. 8o US $ mit der Aerolineas Argentinas. Regionale Airlines fliegen runter nach Posadas. Alle Details in unserem Argentinier Teil. Vom argent. Airport keine Flugverbindung nach Brasilien! –

Transport vom brasil. Airport in die Stadt: per Taxi teuer, ca. 7 US $! Ähnlicher Preis rüber ins Cataratas- Hotel. Per Stadtbus: alle ca. 1 - 2 Std. (o,2 US $). Das ist der Stadtbus, der runter zu den Wasserfällen fährt und meist einen Abstecher rauf zum Flughafen fährt. (Wer in Gegenrichtung von der Stadt zum Airport will: dem Fahrer Bescheid geben!) – Dann gibts noch den sogenannte "Executivo" (Aufschrift in Windschutzscheibe). Ca. o,8 US $, setzt vor dem gewünschten Hotel ab. In Gegenrichtung: Hotelportier bitten, daß er anruft. Vorteil: man muß sein Gepäck nicht vom Hotel zum Stadtbusterminal schleppen, von wo der normale Airport- Cataratas- Bus abfährt.

(1) **Die Wasserfälle:** ab Stadtbusterminal (2 cuadras oberhalb vom Rodoviario) fahren alle 1 - 2 Std. Busse bis an die Fälle beim Hotel das Cataratas. 21 km, o,2 US $. Der Eintritt in den Nationalpark kostet o,5 US $. Letzter Bus um 23 Uhr, aber vorher nochmal abchecken, ob sich nichts geändert hat!

Der Bus fährt bis zum Ende der Straße beim Parkplatz, siehe unsere Karte; man sollte aber schon beim Hotel Cataratas aussteigen und über den Trail am Rand des Canyons laufen. – Mehr als 275 Wasserfälle, die zwischen dichter Tropenvegetation und dunkelen Felsen runterstürzen. Gigantisches Naturschauspiel. Herrlich, abends: wenn das Wasser eine silbrig glänzende Haut bekommt, die sich über die Steine legt, bis sie dann weiß zerstäubt, wenn es senkrecht über die Felsen runtergeht.

Bei richtigem Wind treibt es die Gischt in der Garganta (=Kehle, Zentrum der Wasserfälle) weit in den Himmel rauf und zieht als riesige Wasserperlenwolke über den Canyon. Bei entsprechender Beleuchtung große Regenbögen.

Beim Parkplatz am Ende der Straße geht ein Lift runter, der auf den Trail trifft. Kleine Plattform direkt unterhalb eines donnernden Hauptwasserfalles, Gischt und tosender Lärm, daß man sich kaum unterhalten kann! Ein paar Meter davor läuft ein Steg raus zur Garganta, der, – wie auch die Stege drüben auf der argentinischen Seite, mehrfach von Hochwasser abgerissen aber wieder repariert wurde.

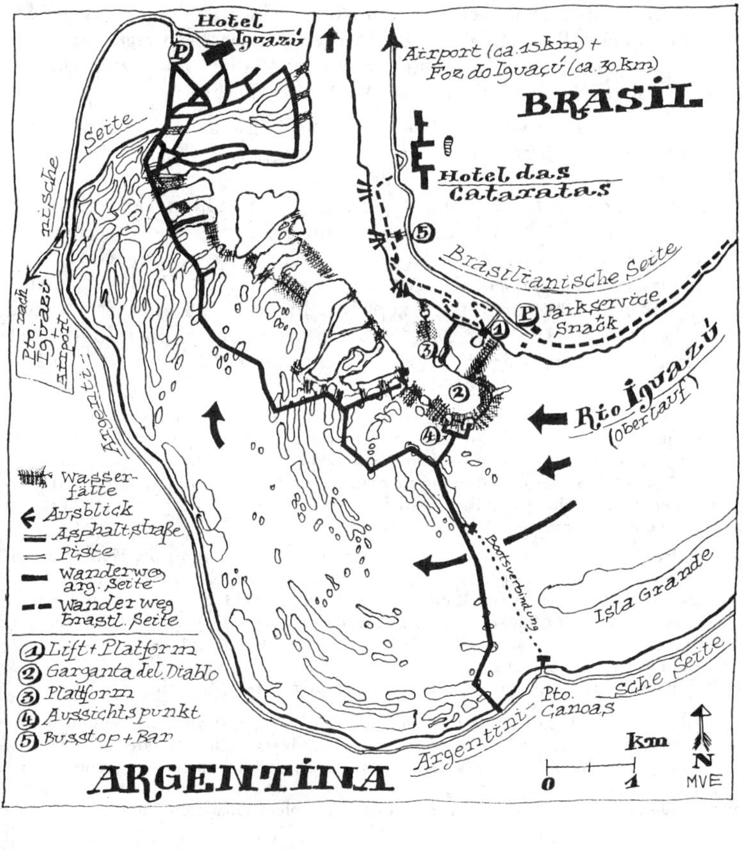

Für die brasil. Seite der Fälle mindestens 1/2 Tag. – Ebenso für die argentinische Seite. Allerdings, wer sich ab Foz do Iguaçú/Brasilien auf eigene Faust durchschlägt, wird sehr knapp mit der Zeit (wegen Anschluß auf Busse- Warten!) und sollte sehr früh in Foz do Iguaçú aufbrechen!

ARGENTINISCHE SEITE:

BUS ab Foz do Iguacú/Stadtbusterminal nach PTO. MEIRA. Laufend Abfahrt, für die 6 km mit vielen Stops unterwegs rund 1/2 Std.

Die Autofähre über den Fluß ab Pto. Meira zur argentinischen Seite verkehrt zwischen 8 und 12, sowie 14 bis 18 Uhr.Die Zöllner auf beiden Seiten des Flusses arbeiten analog zu den Fährdaten. Momentaner Stand der Grenzformalitäten: wer nur 1 Tag zum Besuch rüber geht und dann wieder zurück, braucht keinen Stempel, – wer aber von der argentinischen Seite weiter nach Argentinien reisen will, muß die Ein- und Ausreiseformalitäten hier am Fluß erledigen. Vorher nochmal abklären, ob sich zwischenzeitlich nichts geändert hat!

★**Pto. Iguazú/Argentinien** liegt schön oberhalb des Flußcanyons ca. 6o m hoch. Der Ort aber ohne Reiz und erheblich kleiner als drüben auf der bras. Seite. Shopping billigen Likörs etc. ist wegen den massiven argent. Preisen derzeit auch für die Brasilianer uninteressant. Stündlich Busse zum Hotel Internac. Iguazu an den Fällen. 2 US $. Taxis saftig teuer.

Ab der Busendstation vor dem Hotel geht ein Fußweg rüber zu den Fällen. Der Steg führt knapp an der Sturzkante entlang und verbindet die Felsinseln zwischen den einzelnen Wasserfällen. Der Weg ist so schön, daß man mit Fotographieren für die knapp 3 km mit 4 - 5 Std. rechnen sollte (sowie ca. 4 Filme!!). Am Ende des Steges (auf einer Insel in der Mitte des Flusses kann man entweder wieder zurücklaufen, oder sich mit einem Boot zum Ufer übersetzen lassen. Der Anlegehafen heißt PTO. CANOAS, siehe Karte! Von hier führt eine Straße zum Hotel zurück. – Derzeit ist der Steg durch die Flut von 1983 zerstört, Wiederaufbau jedoch geplant. Solang ist nur der kleinere Rundweg ab Hotel, der sogenannte "Circuito de los Pasos Inferiores" (Länge 1 km) begehbar.

PAUSCHALTRIPS: da die Zeit knapp werden kann, wenn man den Argentinien- Trip ab Foz do Iguacu/Brasilien macht (der Zoll unten am Fluß schließt ja schon um 18 Uhr!), – ist es u.U. ratsamer, pauschal zu buchen. Verschiedene Veranstalter in F.d. Iguacu/Brasilien. LUZ- TOURS macht die Sache relativ preiswert: ca. 7 US $ für den oben beschriebenen 1 Tagestrip. – Taxifahrer stellen sich runde 4o US $ / Fahrzeug vor, wobei sie noch Itaipu mit einbauen.

HELICOPTER: wer Lust hat und das Geld, kann ab brasil. Airport per Hubschrauber über die Fälle fliegen. Kostet für den 2o Min. - Flug ca. 35 US $ pro Person. Fliegen erst eine Rundschleife über dem Rand der weißtosenden Schlucht der Garganta, dann tiefer in Seitenarme des Flusses. Sehr lohnend für den, der "flugfest" ist: viel Kurverei und schiefes Anfliegen, – so wie sich im Wildwest oder US- Krimi die Verfolgungsszenen gestalten! Bei Aufpreis hängt der Pilot auch die Tür aus zum besseren Filmen! Auch drüben ab argent. Airport kann man Helicopter mieten. Derzeit aber teurer.

GESCHICHTE: bei den Caigangue- Indianern, die vor Ankunft der port. Kolonialherren diese Gegend bewohnten, gab es zur Entstehung der Wasserfälle folgende Legende: der Indianerjunge Naipi hatte sich hoffnungslos in das hübsche Mädchen Taroba verliebt Wie die Sache so krumm spielte: der Vater von Naipi hatte sich für seinen Sohn eine andere Frau ausgesucht. Naipi konnte dies natürlich nicht akzeptieren und floh mit seiner hübschen Taroba in den Urwald. Der Vater, superverärgert , – sammelte sämtliche Urkräfte, um sich in eine Schlange zu verwandeln. Er riß ein riesiges Loch in den Rio Iguazu, auf dem gerade Naipi und Taroba in einem Kanu flüchteten. Das war die Garganta, in die das Liebespaar zu Tode stürzte . . .

Die Wissenschaftler sehen die Sache, – wie immer, – anders: riesige, vulkanische Eruption vor rund 12o Mill. Jahren, die die Schlucht entstehen ließ, in die heute die Wasserfälle stürzen.Einige bis zu 1oo m Höhe.

FLUSSFAHRTEN auf dem Rio Iguazu ab Pto. Meira in die Garganta derzeit nicht mehr möglich wegen verändertem Fluß seit Bau des Itaipu- Dammes.

Itaipu- Staudamm: größter Staudamm der Welt, runde 7 km nördlich vom brasil. Foz do Iguacu. Besichtigung ist möglich. Entweder per Tour (z.B. bei Luz Tour, ca. 3 US $), oder auf eigene Faust: Bus der Staudammgesellschaft Viacão Itaipu mit Aufschrift "Campero Obras", der auf der Hauptstraße Av. J. Kubitschek Höhe Stadtbusterminal stoppt. Es gibt noch weitere Busse nach Itaipu, die aber rund 3 km vor der Entrada abbiegen. Nur der "Campero Obras"- Bus fährt direkt vor den Eingang!

Derzeit 4 Führungen am Tag (9 Uhr – 1o.3o – 15 – 16.3o Uhr). Im Gebäude "Public Relacion" melden. Die Führung dauert ca. 2 Std. mit Film über den Bau, Besichtigung des Turbinenhauses und des Damms.

GIGANTISCHES BAUWERK: für die Staumauern wurden mehr als 13 Millionen Kubikmeter Beton verbraucht. Dafür könnte man 1/4 Million Einfamilienhäuser mit Betonzwischendecken versorgen. Die Staumauer umfasst, inkl. Erdwälle 7 km. Maximale Höhe bis 19o m. Aufgestautes Wasser: 2o Billionen Liter, Länge des Stausees: 19o km.

Eingeweiht Okt. 1982, Leistung 12.6oo Megawatt. Nächstgrößter Staudamm ist Grand Coulee/USA (9.7oo MW), – Guri/Venezuela (9.ooo MW), – Krasnojarski/UDSSR (6.1oo MW). Iguazu liefert nach Ausbau seiner letzten Stufe 1o mal soviel Strom wie das Atomkraftwerk Biblis. Bei diesen riesigen Wassermassen fragt es sich, wieso Brasilien zugleich glaubt, auf Atomkraft bauen zu müssen (vergl. Angra dos Reis!).

Die Bauarbeiten wurden von den 5 größten Baufirmen Brasiliens sowie weiteren 6 Firmen Paragauys durchgeführt. Ausländische Consultingfirmen aus den USA und Italien wurden beteiligt, in größerem Umfang auch deutsche Zulieferer. So im Bereich der Förderanlagen der Betonfabriken, die pro Stunde rund 5oo Kubikmeter Beton herstellten.

Wichtigster Partner die südbadische Translift, – im Sektor der Kabelkrane die PHB aus St. Ingbert/Saarland.Mehr als 4o.ooo Arbeiter waren am Bau beschäftigt. Paraguay und Brasilien teilen sich den Stromanfall, wobei Brasilien voraussichtlich 9o % der Gesamtstromerzeugung abnehmen wird. Bisher fehlt es noch an den Überland- Leitungen, vorwiegend in den Raum São Paulo.

Rüber nach Paraguay: PTO. STROESSNER. Die Grenzstadt am Rio Parana. Häufige Verbindung ab Stadtbusterminal/Foz do Iguacú mit dem Bus, Aufschrift "Ponte Cidade". Fährt bis zur Brücke über den Rio Parana. Zu Fuß rüberlaufen. Dahinter Zollstation. Derzeit ähnlich wie bei Überquerung nach Argentinien: Eintagesbesuch: o.K., sonst für Reisen tiefer nach Paraguay rein: entsprechende Stempel vorab an der Grenze in den Pass.

Pto. Stroessner allenfalls für die Brasileiros interessant, weils hier Whisky, sonstige Alkoholicas und auch High - Radios,-Tapes etc. billig gibt. Außerdem ein Spielcasino. Die weitspannende Brücke über den Rio Parana heißt "Ponte da Amizade" (Freundschaftsbrücke) und stellt wichtigstes Verbindungsglied der Straße Asuncion – Paranagua/bei Curitiba dar: für den Binnenstaat Paraguay die kürzeste Verbindung zum Meer!

(4) Sete Quedas: landschaftlich schöne Wasserfälle, die aber leider durch den Itaipu- Staudamm zum Opfer fielen. Nicht nur diese Wasserfälle, sondern zugleich riesige Mengen fruchtbaren Landes. . .

Das in der Nähe liegende GUAIRA (2o.ooo E./Hotels, Restaurants) hat Busverbindung mit São Paulo, allerdings langwierig durch Umsteigerei. Eine durchgehende und regelmäßige Bootsverbindung auf dem Rio Parana nach Pto. Epitacio und Zuganschluß mit São Paulo,– wie vom South American Handbook seit Jahren behauptet, konnten wir bei unseren Recherchen nicht feststellen.

Dafür fanden wir aber eine interessante Quervebindung nach Paraguay und Bolivia: zunächst ab Guaira per Fähre über den Rio Parana und Straßen/Bus- Verbindung mit PONTA PORÃ an der Grenze zu Paraguay. Heißt auf der parag. Seite: Pedro Juan Caballero. Dort regelmäßige Flug oder Busverbindung mit Asuncion. – Sowie ab Ponta Porã über ein 322 km- Gleis eine tägliche Zugverbindung rauf nach Campo Grande (7 Std.). Von hier Zug und Busverbindung mit Corumba/Grenze Bolivien mit Anschluß nach Sta. Cruz.

(5) Iguazu ⋙→ Buenos Aires: a) Direktflug ab Airport/argent. Seite der Fälle, – b) Busverbindung durch die "Missiones" (besonders interessant: Ruinenstadt der Jesuiten in San Ignacio) nach Posadas. Gesamtfahrzeit ca. 4 Std. und häufig am Tag weiter nach Bs.As. (ca. 17 Std.), – c) Alternative: Umweg über Asuncion/Paragauy und Direktbus nach Bs.As. Alle Details in den entsprechenden Länderkapiteln! –

São Paulo ⋙→ Uruguay:

Alternativ- Route ab Sao Paulo. Schneller, als die (lohnendere) Strecke via Foz do Iguacu. Es gibt Direktbusse ab São Paulo bis MONTEVIDEO/ Uruguay. Fahrzeit: harte 3o Std., ca. 34 US $.

Die brasilianischen Bundesstaaten Santa Catarina und Rio Grande do Sul sind stark von europöischen Einwanderern, insbesondere aus Norditalien und Deutschland besiedelt. Ihr Fleiß, nicht nur auf landwirtschaftlichem Gebiet, – hat zu großem Reichtum der Region geführt. Üppige Felder und um die Städte Industrie. – Cafeanbau.

Touristische Höhepunkte im Sinn von Iguacu oder Rio hat die Region nicht zu bieten. Der Reiz liegt vorallem in Kontakten mit der meist sehr freundlichen Bevölkerung.

CURITIBA ⋙→ PORTO ALEGRE: 7oo km, via Küstenstraße und Florianopolis. In diesem Bereich gute Strände. Interessant ist der Abstecher nach BLUMENAU mit hohem Anteil deutschstämmiger Siedler und viel Fachwerkbauten. In Brasilien das, was Colonia Tovar für Venezuela ist und entsprechend viel innerbrasilianischer Tourismus, der sich an deutscher "Gemütlichkeit" und Essen erfreut. – Die Inlandroute von Curitiba nach Pto. Alegre geht über CAIXAS DO SUL, dem Hauptweinanbaugebiet Brasiliens (viele Italiener). Der Bus braucht rund 10 - 12 Std. auf beiden Routen, ca. 8 US $.

PORTO ALEGRE: 1,1 Mill. Einwohner, viele Europäer. Hochhaus- Skyline mit bis zu 36 Stockwerken. Die Rua de Paria ist der Treffpunkt, zugleich die meisten Geschäfte. Außgenommen des Hafens eine recht saubere Stadt. Wer zufällig länger in Porto Alegre bleibt: mal ins "Encontro" schauen! Und eine leere deutsche Bierdose mitbringen! (Praca Dom Feliciano). Dichte Flugverbindung ins Inland, Busterminal: Igo. V. J. Veppo.

PORTO ALEGRE ⋙→ PELOTAS: rund 4oo km reger PKW- Verkehr und häufig Busse. Keine Verarschung: im gut gehenden Restaurant "Bavaria" ist Erich Fensterseifer der Besitzer, ein Deutscher. Gut für Kontakte bezügl. Pelotas und Umgebung. Das umliegende Land ist flach , riesige Rinderherden und ausgezeichnete Churrascarias. In Pelotas gibts billig Cowboy- Sattel zu kaufen (ca. 17 US $), Bojadas (ca. 2 US $), Lassos, Gaucho- Leder Schürzen und Stiefel. Ostfriese Bojen, der hier längere Zeit als Entwicklungs helfer gearbeitet hat, brachte sich einige verrostete Gaucho- Revolver mit, Stückpreis 1o US $. PELOTAS ist eine Kleinstadt von rund 15o.ooo Einwohnern und mampfigen Vororten und einem vollautomatischen Schlachthof: vorn die Kuh rein und hinten die Kuh in Konservendose wieder raus. Auf der anderen Seite der Stadt: die Lagune, die zu einer der größten der Welt zählt, die "Lagoa dos Patas". Entenjagd. Gleise mit Wagen und Segel führen raus zu einem Spielcasino. Hier kann man auch gut auf der Mole angeln. Bliebe noch zu erwähnen, daß die Bevölkerung von Pelotas sehr Fest-freudig ist. Wer erst mal Kontakte hat, wird fast jedes Wochenende zu einem Churrasco - Fest eingeladen. –

ESSEN GEHEN IN PELOTAS: "Restaur. Napoleon" nähe Plaza Hotel: Feinschmekerrestaurant. Mal "Napoleon"-Aperitiv probieren! Und "Ungarisches Schnitzel", ex= cellent, ca. 14 DM!! – "Bavaria": für Feinschmecker "chuleta", ein 65o gr. T-Bone– Steak, oder "colchão alemão" (= deutsche Matratze), ein Cordon Bleu. –

BILLIGER ÜBERNACHTUNG IN PELOTAS: "Hotel Germano", deutscher Besitzer. Liegt ganz nah beim Busterminal. (ca. 3 US $). –

TIP: wenn ihr zufällig Anfang Februar in der Gegend seid: bei Pelotas findet in der Nacht zwischen dem 1. und 2. Februar eines der größten MACUMBA–FESTE von Südbrasilien statt! In "Laranjal", dem Strand von Pelotas, 8 km mit dem Bus. Beginn: 12 Uhr Mitternacht mit Versamm= lung sämtlicher Gruppen. Jede Macumba-Untergruppe hat ihren eigenen Zelebrations-Platz! Ringsum eine Stimmung von Campingplatz, doch ab= seits echter Spiritismus! Leute in Ekstase. Gewisse Ähnlichkeiten zum afrikanischen Medizinmann - Kult sind unverkennbar. Im Sand: Kerzen und Opfergaben wie Früchte und Wein. Boote werden ins Meer hinausgescho= ben, und wenn das Meer sie aufnimmt, so hat die Gottheit die Gabe aner= kannt, – werfen die Wellen das Schiffchen aber wieder an den Strand zu= rück, so wurde sie abgelehnt. – Fotographieren o.K., aber vorher fragen! Höhepunkt gegen frühen Morgen: man tanzt am Meer. Der nächste Tag dann: katholischer Feiertag, der Feiertag der Seefahrer. Wird hauptsäch= lich im Hafen von Pelotas gefeiert. –

Pelotas →Grenze/Uruguay: Etwa 1oo Km, Grenzort ist JAGUARÃO. Reguläre Grenze mit Schlagbaum. Geöffnet bis 18 Uhr. Durchgehende Busse ab Pelotas (und auch Pt. Alegre) bis Montevideo/Urugay. –

ALLGEMEINE TIPS BRASILIEN:

★ STROM: unterschiedlich, meist aber 11o - 22o Volt, 6o Herz. Keine Schukostecker. Gefährlich kann auch die berühmte "brasil. Dusche" sein: ein elektrisches Heizaggregat oben, wo das Wasser aus der Dusche kommt. Oft sind die Zuleitungskabel grob mit Isolierband angestückelt. Vorwiegend in Billighotels.

★ FEIERTAGE/FESTE: 1. Jan. (Tip: am Copacabana bei Sambarythmen feiern!), - 2o.1. (nur Rio), – 25.1. (nur São Paulo), – 1./2. Feb. (große Macumbafeste) – Carneval (3 Tage vor Aschermittwoch), – Karfreitag, Ostern – 21.4., – 1.5., – 29.6., – 15.8., – 7.9., – 2. und 11. Nov., – 8. und 25. Dez. Sowie regionale Feiertage. –

★ INTERNAT. FLÜGE: "VARIG", eine der größten Airlines des südamerikanischen Kontinents. 1927 gegründet, – unterhält heute ein Flugnetz, das bis Tokyo (via Los Angeles), nach New York und Miami, nach Paris, London, Amsterdam, Frankfurt, Rom, Mailand, Lissabon reicht, – aber auch rüber nach Südafrika und in alle Hauptstädte Südamerikas.

Die "Varig" ist berühmt für guten Service an Bird, nicht nur im Sektor Essen und für die weltweite Promocion Brasiliens durch künstlerische Veranstaltungen*. Eine sympatische Airline, mit der ich immer wieder gerne geflogen bin, besonders nach ihrer "Vermählung" mit der CRUZEIRO DO SUL: eine meiner Lieblingsairlines in Südamerika.

Letztere ist eine deutsche Gründung mit ausgezeichnet gewarteten Maschinen, die insbesondere entlegenere Gebiete Südamerikas anfliegen wie Franz. Guyana und Surinam, – aber auch touristisch wichtige Strecken wie Tabatinga/Brasil nach Iquitos/Peru – oder von Foz do Iguaçú rüber nach Asuncion. Zusammen decken beide Airlines die Verbindung Brasiliens zu allen anderen südamerikanischen Ländern ab, ausgenommen Ecuador und (ehemals britisch) Guyana.

RIO und SÃO PAULO sind, zusammen mit Bs. As./Argentinien die am dichtesten frequentierten Airports an der Ostküste Südamerikas. – Weitere internat. Airports in Brasilien: Belem (mit Flügen nach den USA und Europa/Paris, Lissabon/Portugal, sowie mit "Cruzeiro do Sul" 2 mal/Woche nach Cayenne/Franz. Guayana. – Manaus (Drehscheibe im Amazonas) mit internat. Jetverbindung nach Bogota/Kolumbien, Caracas/Venezuela und Iquitos/Peru. – Foz de Iguacu für den täglichen Flug nach Asuncion/Paraguay – sowie Porto Alegre für die Strecke nach Montevideo/Uruguay.

Rio– Frankfurt wird jetzt von fast allen Airlines Nonstop geflogen (12 Std.). Der bisherige Zwischenstop in Dakas/Senegal entfällt.

---

* VARIG hat z.B. Baden Powel in Europa bekannt gemacht!

★ **INLANDS–FLÜGE:** spielen im innerbrasil. Verkehr eine wichtige Rolle bei den gewaltigen Entfernungen. Größte Gesellschaften: "VARIG" und "CRUZEIRO DO SUL", "VASP" und "TRANSBRASIL". Fliegen mit modernen Jets, unter anderem sind auch Airbusse im Einsatz.

Fliegen ist in Relation zu den gewaltigen Entfernungen innerhalb Brasiliens recht billig. So kosten die ca. 3.ooo Km- Distanz von Rio nach Manaus ca. 3oo US $. Bei den großen Entfernungen kann Fliegen aber teuer werden, wenn man jeden Winkel Brasiliens kennenlernen will.

Tip ist hier der **Brasil- Airpass**, den es in zwei Versionen gibt. Der KLEINE AIRPASS gilt 14 Tage und kostet 25o US $. Mit ihm kann man außer dem Anflugsairport 4 weitere Städte in Brasilien anfliegen. Er ist gedacht für Leute wenig Urlaubszeit und vom Preis her interessant, wobei der Startpunkt der Reise nicht zugleich auch der Endpunkt sein muß. Man könnte also beispielsweise nach einem Transatlantikfflug ab Europa nach z.B. Rio mit dem kleinen Airpass 4 Städte besuchen (vor Ort regional weiter per Bus oder Mietwagen) und in Foz do Iguacu aussteigen, um auf eigene Faust Argentinien anzubinden.

Der GROSSE AIRPASS gilt 21 Tage, kostet 33o US $ und berechtigt zu beliebigem Fliegen auf den Inlandsstrecken der Airline, für die man den Airpass gekauft hat. Dabei darf die gleiche Strecke nicht mehrmals in gleicher Richtung geflogen werden, was aber in der Regel sowieso niemand macht.

Für beide Airpässe gilt: erhältlich nur für Nichtbrasilianer oder Leute, die keinen Wohnsitz in Brasilien haben. Außerdem gilt der Airpass nur auf dem Streckennetz der Airline, für die man den Pass gekauft hat. Rüberwechseln zur innländischen Konkurrenzairline geht also nicht.

Varig/Cruzeiro do Sul hat das dichteste Inlandsnetz mit den meisten Destinationen. Auf den ersten Blick ein Vorteil, da man beispielsweise in Grenznähe aus dem Airpass aussteigen kann: so z.B. Boa Vista im Norden (Busverbindung nach Venezuela) oder Tabatinga (an der Grenze zu Kolumbien/Leticia und Peru). Interessant für Leute, die nach Rumreisen innerhalb Brasiliens preiswert ins Nachbarland wollen, – sei es, um dort mit normalen Tickets, Bussen etc. oder mit dortigen Airpässen der Nachbarländer weiterzureisen. Details siehe auch Seite 66.

Transbrasil: fliegt nicht Tabatinga und Boa Vista an, enthält aber in seinem Streckennetz alle anderen wichtigen Punkte Brasiliens, die als Ausgangspunkt touristisch wichtig sind. Insofern kein echter Nachteil zum Varig/Cruzeiro do Sul- Pass (zumal Boa Vista und Tabatinga außer der Grenznähe touristisch uninteressant sind). Gleichzeitig rühmt sich die Transbrasil, modernste Maschinen einzusetzen, so die neue Boeing 767, inkl. modernem Computer- Buchungs Verbundnetz.

Egal, bei welcher Airline man den Airpass kauft, können die einzelnen gewünschten Strecken bereits vorab reserviert werden. Umbuchung des Flugtermines ist ebenfalls möglich, – wie auch Einstieg in den Airpass nicht in den beiden größten Städten Brasiliens (Rio, Sao Paulo), – sondern z.B. Recife, Foz do Iguacu etc.

Denkbar beispielsweise Südamerikaeinstieg via Bogota/Kolumbien und dort 3o Tage mit dem Kolumbien- Airpass, den man in Leticia/Amazonas enden lässt. Einstieg via Taxi (5 km rüber) in Tabatinga/Brasilien in den Brasil- Airpass. – Oder Verknüpfung Brasil-Airpass via Foz do Iguacu mit dem argentinischen.

Adressen: Varig: Am Hauptbahnhof 16, 6ooo Frankfurt/M. Tel.: (o69) – 271 o2 5o
Transbrasil: Eisenbahnstr. 2o4, 6o72 Dreieich Tel.: (o61o3) - 61 262

Egal, ob man lediglich Brasilien bereist, oder mit dem Brasil- Airpass Nachbarländer anbindet, ist der AIRPASS ein heißer Tip, der viel Geld spart! Abgesehen davon, daß man wegen der Größe Brasiliens als Kontinent im Kontinent auf das Einschalten von Flügen angewiesen ist, außer man hat extrem viel Zeit.

Problem sehe ich in der relativ kurzen Gültigkeit des 21- Tage Airpasses, daß die Zeit nicht reicht, um das Land intensiv zu erleben. Der Airpass lässt sich "verlängern", indem man gemäß eigener Interessen geschickt den Einstiegspunkt wählt. Also beispielsweise RECIFE (wer zur Zeit des brasil. Sommers/Dez. - März an den schönen tropischen Küsten zunächst baden will): Transatlantikflug Europa – Recife und mit öffentlichen Verkehrsmitteln rumreisen, bevor man in den Brasil- Airpass einsteigt . . .

ACHTUNG: den großen Brasil- Airpass gibts offiziell ausgestellt zunächst als sogenannter "MCO"- Gutschein. Diesen kann man entweder in Brasilien nach Ankunft beim dortigen Airlinebüro gegen entsprechende Flug- Coupons für die gewünschte Strecke ausstellen lassen, – oder bereits in Deutschland (inkl. Flugtermin- Reservierung).

Wer also ausgefallene Kombinationsmöglichkeiten plant (z.B. Einstieg in den Airpass in Ta batinga), – oder aber wer zur brasil. Ferienzeit Dez.- März oder zu Terminen wie Ostern, Weihnachten etc. reist, – sollte sich unbedingt vorab die einzelnen Flugcoupons mit Reservierung bereits beim Kauf in Europa ausstellen lassen!

★ TIP: nützlich sowohl fürs Reisen innerhalb Brasiliens mit regulär gekauften Tickets, – aber auch dem Brasil- Airpass ist der "PANROTAS". Erscheint monatlich mit sämtlichen innerbrasil. Flugverbindungen und Preisen.

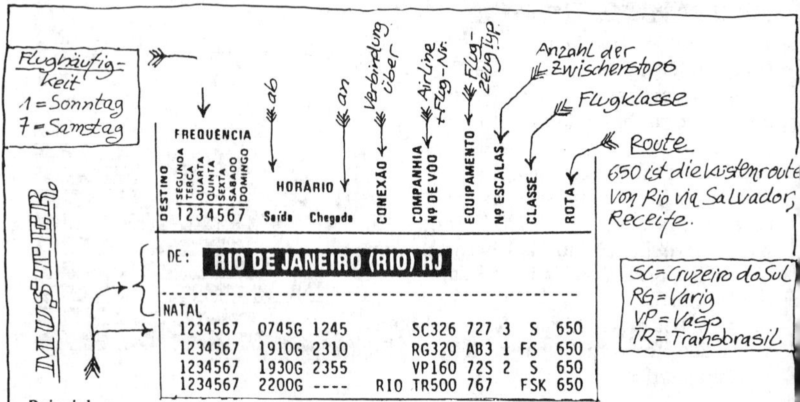

Beispiel:
von Rio nach Natal geht täglich ab Rio 7.45 Uhr, an Natal 12.45. Es fliegt "Cruzeiro do Sul", Nr. des Fluges: 326, Flugzeugtyp Boeing 727, – 3 Zwischenstops, – Klasse: S, – Routenkonstruktion: 65o

Erhältlich in den größeren Buchhandlungen, den "Livarias" der Airports und teils auch an den Kiosken. Erleichtert die Reiseplanung ungemein, da man nicht ewig bei den einzelnen Airline- Büros nachfragen muß. Die einzelnen Codes sind im Muster oben erläutert.

ACHTUNG: entgegen internationaler Flugplan- Kodierung beginnt in Brasilien die Woche nicht mit Montag, sondern mit Sonntag (= 1)!

Die Rubrik "ROTA" (=Route) im Panrotas ist für denjenigen wichtig, der nicht Brasil- Airpass reist, sondern sich vor Ort Einzeltickets kauft.
Innerhalb Brasiliens gilt zwischen Stadt "A" und "B" nicht immer der selbe Flugpreis, – sondern gemäß geflogener Route.
Dazu im "Panrotas" eine spezielle Tabelle der einzelnen Routenpreis-

Konstruktionen. Die "Rota 65o" beispielsweise gilt für die Strecke von Rio nach Natal entlang der Küste, andere "Rotas" verlaufen durchs Inland und sind wegen längerer Flugroute entsprechend teurer.

Wer sich also vor Ort ein Normalflugticket kauft, sollte sauber die Ticket-Konstruktion via "Rota" kontrollieren! Selbstverständlich kann man mit einem Normalflugticket unterwegs (auf dieser Rota) Zwischenstops einlegen, – aber auch die einzelnen Innerbrasilien- Airlines wechseln.

KLEINERE AIRLINES wie "TABA" ergänzen die Strecken auf Nebenlinien, sind aber nicht per Airpass erhältlich. – Weiterhin AIRTAXIS, jede Menge in Brasilien, vorwiegend in Pioniergebieten, wo die 1 motorige Cessna dann mitten auf der Dorfhauptstraße landet und die Bewohner per Hupe vor dem anfliegenden Sporthüpfer gewarnt werden. Details siehe Text, – zum Teil heiße Sachen in den Goldgräbersiedlungen südl. von Santarem bzw. bei Maraba/Amazonas! –

Militärflüge: in der Regel für Nichtbrasilianer oder Touristen nicht offen. Die F.A.B. fliegt meist mit Propellermaschinen, um abgelegene Militärcamps an der Grenze oder im Indianerland des Amazonas zu bedienen. Die Hauptstrecken wie Manaus – Brasilia etc. per Jets.

Mitfliegen ist gratis. Eventuelle Chancen hat derjenige, der spezielle Notwendigkeit nachweisen kann, – also z.B. wissenschaftliche Tätigkeit zum Nutzen Brasiliens, Journalisten etc. Nötig: eine offizielle Bestätigung in Portugiesisch und anschließend lange Warterei, ob's klappt, zumal die meisten Maschinen nicht täglich fliegen.

Somit für den Normaltouristen nicht attraktiv und die bessere Wahl der Brasil- Airpass. Auch wenn man die Warterei auf Abflug in Hotel- und Restaurantspesen umrechnet!

✈ BRASILIEN–VERANSTALTER: einer der wichtigsten ist "MEDICO–REISEN"/Baden Baden des ehemaligen Redakteurs und Moderators des Südwestfunk "Pop Shop" Karl Heinz Kögerl, der zusammen mit der Airline LTU ein umfangreiches Programm für Brasilien aufgebaut hat.

Die Flüge (ab München und Düsseldorf nach Recife) zusammen mit Hotel-Coupons ergeben äußerst preiswerte Brasilienpauschalangebote, die sich sehen lassen können! Auch im Zusammenhang zuzüglich Brasil- Airpass. Dies bei Preisen, die je nach Angebots- Paket und Saison, sowie Hotelklasse durchaus im Dreh von 1.6oo bis 2.ooo DM liegen können.

ANRUF lohnt sich: (o7221) – 33o 69, Kongresshaus Baden Baden, bzw. Vertretung Brasilien: RIO: "Medico/L'Tur", Av. Atlantica 2316 (Tel.: o21 - 237.7797), – RECIFE: Av. Boa Viagem 4o7o, Loja 3 (Tel.: o81 - 326.285o)

✈ **BUSSE:** im Normalfall sehr pünktlich und sehr dichtes Netz. 9o % des Personentransportes auf dem Boden geht per Bus. Generell gibt es zwei verschiedene Klassen: normale Busse mit verstellbaren Rückenlehnen und die "leitos" (=Luxusbusse) mit weniger Sitzen und mehr Beinfreiheit , Toilette an Bord, Air Condition. Allerdings, wie uns Paul Schmarling richtig schrieb:

"Da die Liegesitze aber eben auch nicht ganz flach sind, rutscht man während der Fahrt immer zum Fußende hin. Deshalb schläft man kaum besser als im "comercial" (zumal auch die Geräuschdämmung nicht stärker ist als in jenem)." – Im Normalfall kostet der "leito" das doppelte wie der "comercial". Fahrzeiten sind die gleichen, sofern nicht Zwischenstops ausgelassen werden, denn auf Brasiliens Straßen herscht Geschwindigkeitsbeschränkung 8o km/h. Ob sie eingehalten wird, ist eine andere Sache . . .

Preise sind im Verhältnis zur Entfernung sehr billig. Rund 5 - 6 US $ für 5oo km im Normalbus. Rechtzeitig reservieren. Besonders vor Ferien (Dez.-März) und Feiertagen, z.B. Weihnachten, Ostern, aber auch Festen wie Carneval. Dann sind Busse und Flüge meist hoffnungslos ausgebucht!

Das Busticket verfällt bei Nichtbenutzung, kann aber übertragen werden. Unterwegs halten die Busse für 3o Min. zum Essen. – Dichtes und häufiges Verbindungsnetz. Im allgemeinen sind die Busse komfortabler als drüben in den Andenstaaten, obwohl sich in Peru und Chile einiges getan hat! –

★ <u>EISENBAHN:</u> Spielt in Brasilien eine untergeordnete Rolle. Im Gegensatz zu Argentinien legten in der Kolonialzeit englische Firmen die Gleise, die nach Kilometern bezahlt wurde. Das ist auch der Grund für die übermäßig kurvenreiche Streckenführung der brasilianischen Eisenbahnlinien.

Mit 33.ooo km hat Brasilien das 2. größte Streckennetz Südamerikas nach Argentinien. Diese Strecken befinden sich aber fast ausschließlich innerhalb von 5oo km hinter der Küste. Ausnahmen sind die São Paulo- Corumba Strecke mit Seitensträngen und die ab 19o7 gebaute Urwaldstrecke von Guajara Mirim (Grenze zu Bolivien) nach Porto Velho. Dieses 36o km Schmalspurgleis ist einzigstes dieser Dimension im gesamten Amazonasgebiet und war bis 1972 in Benutzung. Details siehe "Porto Velho"! – und das Gleis von São Paulo nach Corumba/bolivianische Grenze mit Seitensträngen, z.B. Pto. Porã.

Langsam sterben auch die letzten Personenzugverbindungen. Verständlich, wenn man per Zug von Rio nach São Paulo runde 12 1/2 Std. braucht und per Bus nur 6 Std. –Eisenbahnverbindungen haben Fortbestand, wo der Zug Siedlungen berührt, die per Straße nur umständlich zu erreichen sind, sowie als Nahverkehrsmittel (z.B. Großraum São Paulo und Rio), ebenso auf der Langstreckenverbindung São Paulo–Corumba/boliv. Grenze.

Ausnahme in dieser Entwicklung ist das supermoderne neue Gleis, das kürzlich zwischen São Luis/Nordosten Nähe Belem nach Carajas (Minen!) verlegt wurde; hier wurden u.a. die 3. größten Bauxitlager der Welt entdeckt, Details siehe unser Text! –

<u>EIGENES AUTO/ MIETWAGEN:</u> für die Größe des Landes (Nord-Süd-Luftlinie: 4.3oo km! und West- Ost: 4.33o km) ausgezeichnetes Straßennetz, das besonders im <u>Süden des Landes</u> sowie an der Küsten in den Hauptverbindungen gut ausgebaut ist: Teer, breit und Steigungen durch Brücken und Bergausschnitte begradigt.

Eines der Hauptprojekte Brasiliens der letzten 2o Jahre war die Erschließung riesiger Neugebiete durch den Bau des Amazonas- Straßennetzes, das allein rund 3o.ooo Urwaldpisten- Km umfasst. Details siehe unser Amazonas- Teil! Neben der <u>"Transamazonica"</u> (parallel zum Rio Amazonas), Mitte der 7o-er Jahre fertiggestellt, wurde Ende der 7o-er Jahre die berühmte <u>"V 8"</u> dem Verkehr übergeben, die in Nord- Süd quer durchs Amazonasgebiet/Manaus verläuft und Brasilien per Straße mit Venezuela verbindet.

<u>Weitere Parallelverbindungen</u> im Zuge der Stadtgründung BRASILIA, so die BR 153 von Belem nach Brasilia (Asphalt), – die BR 165 von Santarem

nach Brasilia (ripio) und die BR 364 von Porto Velho nach Brasilia.

Die "Perimetral Norte" parallel zu den Grenzen Venezuelas & Guyanas lässt in ihrer Fertigstellung auf sich warten bei gigantischem, technischen und finanziellem Aufwand. Nur in Teilstücken derzeit befahrbar, – später einmal Erschließung riesiger Pioniergebiete. Allerdings nicht ohne daß dies auf Kosten der dort lebenden Indianerstämme geht. Details zu den Amazonaspisten siehe unser Amazonas- Teil!

KARTENMATERIAL: mit die beste Brasilienkarte derzeit "Quatro Rodas" erhältlich in Brasilien an Kiosken und in größeren Buchhandlungen. Ca. 4 US $. Allerdings, insbes. im Amazonasgebiet nicht immer 1oo % zuverlässig.

TANKSTELLEN: schließen Freitag um 21 Uhr und öffnen erst Montag früh um ca. 7 Uhr. (Ausgenommen ganz weniger und sehr sehr dünn verstreuter Tankstellen an den Hauptstraßen.) Wer sich einen Mietwagen nimmt, sollte darauf achten, daß dieser einen vergrößerten Tank besitzt. Diesen dann vor dem Wochenende bis oben voll!

MIETWAGEN: praktisch in jedem größeren Jet- Airport Brasiliens gibts Mietwagen- Büros. Gehören teils innerbrasil. Ketten an, teils internationalen wie Hertz und Avis. Besonders bei den nationalen genau die Versicherungsbedingungen studieren, die zum Teil (bei z.B. Diebstahl des PKW) für den Mieter nicht sehr günstig sind! – Wenn möglich: auch PKW mit Alkohol-Sprit mieten.

ALKOHOL–SPRIT: wegen den großen Entfernungen und massiver Benzinknappheit in Brasilien hat dieses Land Pionierarbeit auf der Suche nach alternativen PKW- Brennstoffen geleistet und ein Verfahren entwickelt, aus Zuckerrohr Sprit zu entwickeln.

So ein Alkohol- PKW ist mit der Nase schnell am süßlichen Abgasgestank zu lokalisieren. 1 Tonne Zucker ergibt ca. 7o Liter Alkohol- Sprit. Deutsche Entwicklungshelfer sind jedoch vom Alkohol- Boom Brasiliens nicht ganz so begeistert, da dies zu riesigen Zuckerrohr- Anbaufeldern insbesondere im Großraum der Metropolis São Paulo führt, die, – da profitabler, nicht mehr zum Anbau von Lebensmitteln genutzt werden.

Ob sich das Mieten eines PKW's lohnt, sei dahingestellt. Einige Vermieter bieten z.B. 1 Woche km- frei an (VW- Käfer bei "nobre" für ca. 2oo US $) bei anderen pro Tag 1oo km frei, der Rest per km- Berechnung, was bei den großen Entfernungen sehr teuer werden kann, wenn man den PKW für Langstreckenfahrten mietet. – Tagesmiete für VW- Käfer um 8 US $.

Im Gegensatz zu vielen, mitteleuropäischen Autovermietern muß der angemietete PKW auch dort wieder abgegeben werden, wo man ihn gemietet hat. Oder saftige Rückholgebüren sind fällig. – Mindestalter 21, teils 25 Jahre, Kaution gegen Cash oder Creditcard wie Diners oder American Express. Internat. Führerschein. Zusatz- Unfallversicherung empfehlenswert.

Die BENZINPREISE in Brasilien liegen in der Gegend des deutschen Niveaus, teils (je nach Wechselkursschwankungen) auch darüber. Hinzu kommen die gewaltigen Entfernungen. Für Langstrecken daher besser Flugzeug oder den billigen Bus. Sehr lohnt sich der Mietwagen "vor Ort", also um die nähere Umgebung zu erkunden und flexibler zu sein, – obwohl auch kleinere Orte gute Busverbindungen haben, die aber nur 1 oder 2 mal am Tag verkehren. Sehr lohnend ist der Mietwagen auch ab Salvador/Airport und im Auto entlang der fantastischen Küste des Nordostens Brasiliens bis Fortalezza und über die Inlandsabkürzung retour nach Salvador!

Kombination Brasil- Air Pass & Mietwagen:

Wer nur wenig Urlaubszeit hat (z.B. 3 Wochen), aber etwas Geld, kann gut den Brasil-Air Pass kombinieren und vor Ort sich jeweils ein Auto mieten. Carrentals meist im jeweiligen Airport.

Dabei würde ich z.B. in Rio beginnend (Zeit: 3 Wochen) zunächst rund 4 Tage für Rio und Umgebung einplanen (sehr knapp!), dann rauf nach Belo Horizonte (mit Abstecher per PKW nach Ouro Preto), – weiter mit dem Jet nach Brasilia und rüber nach Salvador Hier Mietwagen und 1 Woche entlang der Küste rauf bis Fortalezza (Baden, schöne tropische Küsten!) und retour nach Salvador. Weiter im Jet nach Manaus. Retour über São Paulo nach Foz do Iguacu und Rio. Sehr knapp für 3 Wochen, aber die touristisch interessantesten Stellen Brasiliens berührt.

* IM EIGENEN AUTO IN BRASILIEN:

EINREISE AUF DEM LANDWEG: an der Grenze eine Verpflichtung unterzeichnen, daß der eingeführte PKW innerhalb von 60 Tagen wieder ausgeführt wird, weiterhin Internat. Führerschein vorweisen. Eine Kaution braucht nicht hinterlassen zu werden. Die 60 Tage-Frist kann beim "Super Intenden cia da Receita Federal do Estado" um weitere 60 Tage verlän=gert werden. Sein Büro ist zumeist in der Hauptstadt des betreffenden brasilianischen Bundesstaates, in dem ihr euch befindet. Nach Ablauf der Frist wird die Einfuhrgebühr fällig, und die ist deftig! –

EINREISE AUF DEM SEEWEG: das "Südamerika - Carnet" eures Automobilclubs gilt nicht für Brasilien. Bei der Einreise mit dem Schiff wird eine kräftige Kaution fällig, die je nach Gewicht des Autos in jedem Fall über 15 000 DM liegt. Aus diesem Grund für den Normal-Touristen indiskutabel.

TIP: bei den hohen Frachterpreisen für den Autotransport nach Südamerika wäre es zu überlegen, sich in Brasilien ein (Gebraucht-) Auto zu kaufen, damit in die anderen, südamerikanischen Staaten zu reisen und den Wagen in Brasilien wieder zu verkaufen. Käfer "made in Brasil" billiger als in BRD, insbesondere, wenn man die Kaufsumme in Cash mitbringt. Zugleich bei der Fülle brasil. Käfers sehr breites Gebrauchtwagenangebot.

Wohnmobile auf VW- Bus Basis von der brasil. Fa. Karman (ähnliches Modell wie von der BRD- Karman- Firma, allerdings in Brasilien erheblich billiger!!). Dabei spart man sich auch die saftig teuren Transportkosten von Europa nach Südamerika, – allerdings genügend Zeit nötig für Kauf und Zulassung in Brasilien und portugiesische Sprachkenntnisse. Alle Details siehe Einleitungskapitel dieses Bandes unter "Per eigenem Auto durch Südamerika".

REPARATUR: für VW- Besitzer keine Probleme. In allen Städten VW-Servicestationen, auch im Amazonasgebiet. Keine Probleme auch mit der Ersatzteile- Beschaffung.

TAXIS: fast ausschließlich VW's, gelb oder orange gestrichen. Der früher oft rausgeworfene Beifahrersitz des Käfers (damit mehr Gepäck reinpasst),–

ist jetzt meist wieder drin, Gepäck kommt neben den Fahrer auf den Sitz. Tips zum Taxifahren siehe unser Rio- Kapitel.

* **TRAMPEN:** im allgemeinen schwierig. Tip: stellt Euch an den "Poste de Renda" (Kontrollposten) am Rande jeder größeren Stadt. Die Polizisten vermitteln gerne gegen eine Schachtel Zigaretten an LKW- Fahrer.

* **SCHIFF:** regulärer Passagierverkehr auf dem Rio Amazonas und den Nebenflüssen, sowie auf dem São Francisco. Details siehe dort!

INTERNATIONALE VERBINDUNGEN: Haupthäfen Brasiliens sind Rio, Santos (für São Paulo), – Paranagua (für Südbrasilien und Paraguay), – Pto. Alegre (Südbrasilien), – Salvador, Fortalezza und Recife (Nordosten),– São Luis (für die riesigen, neu erschlossenen Minengebiete um Carajas/Maraba/Amazonas) und Belem (als Hauptausfuhr- und Einfuhrhafen für das Flußsystem des Rio Amazonas, auch Kolumbien und Peru!).

RÜBERARBEITEN auf Frachtern sehr schwierig und selten möglich, da die meisten Reedereien ihren Kapitänen die Tramper- Mitnahme verboten haben. Beste Häfen sind Rio und Santos, beste Chancen bei kleinen Reedereien und Schiffen aus dem Ostblock und sogenannten "Trampschiffen", die Fracht in einem Hafen A nach Hafen B übernehmen und dort versuchen, neue Fracht in einen Hafen C zu erhalten. Populär ausgedrückt, eine Art Cargo- Taxis auf dem Meer. Allerdings oft in sehr desolatem Zustand!

NACH AFRIKA (z.B. Kapstadt) nur sehr seltene und unregelmäßige Verbindungen. Der Gesamtwarentransport des Entwicklungslandes Brasilien läuft zu ca. 8o % nach den USA und Europa. Angeblich fährt "Elma" alle 1 - 3 Monate rüber nach Kapstadt und nimmt PKW's mit, allerdings sehr teuer. – So gut wie nie von Nordost/Brasilien also z.B. Recife und Fortalezza rüber nach Dakar/Senegal, obwohl kürzeste Entfernung zwischen den beiden Kontinenten. Schade, denn dies wäre für Leute, die mit eigenem PKW Südamerika bereisen wollen, eine interessante Anreiseroute (Europa–Marokko–Sahara – Dakar).

GRENZVERBINDUNGEN:

(1) **Kolumbien:** Flug oder Schiff nach Tabatinga am Südostzipfel der Grenze Kolumbiens. Die Urwaldsiedlung Tabatinga geht mehr oder weniger nahtlos in LETICIA/Kolumbien über. Piste, ca. 15 Min. im Taxi, – von Leticia täglich Jetverbindung mit Bogota in den Anden. Keine Straßenverbindung. Per Auto ist Kolumbien nur via Manaus – Boa Vista und die V 8 durch Venezuela zu erreichen Details Seite 1o37/1o38

(2) **Venezuela:** einmal über die V 8, siehe oben, – zum anderen über die Abenteuerroute Cucui Details siehe S. 1o87

(3) **Guyanas:** zu allen 3 Guyanas gibt es keine Straßenverbindung bis an die Küste!

Kirche St. Francisco von Assisi
S. Joâo del Rey - OURO PRETO

Am bequemsten per internat. Flug. Ab Manaus 3 mal/Woche mit Air France-Jumbo nach Cayenne/Franz. Guyana. Teuer. Sowie ab Belem 1 mal/Woche mit Cruzeiro do Sul Jet nach Cayenne. Preislich passabel.

Abenteuerrouten sind a) über Manaus – Boa Vista an die Grenze Guyanas bei Lethem und mit dem Air Guyana- Propeller an die Küste. Unter Umständen von der Linksreg. Guyanas ist diese Route gesperrt oder nur mit Sondergenehmigung bereisbar. – b) von Belem/Amazonasmündung rauf nach Oiapoque an der Grenze zu franz. Guyana. Die Piste ist häufig wegen Zerstörung durch Tropengüsse nicht befahrbar. Alternative: Boot entlang der Küste und ebenfalls sehr unsicher. Oder Flug mit den Militärs. Ab Grenze gibts eine (unsichere da unregelmäßige) Bootsverbindung nach Cayenne sowie einen Flug. Details Seite 1o41

(4) **Ecuador:** Keine direkte Straßenverbindung ab Brasilien. Nur via Venezuela/Kolumbien oder via Bolivien/Peru. Ansonsten 2 mal/Woche Flug mit Cruzeiro do Sul von Manaus über Tabatinga nach Iquitos/Peru und von hier per Boot + Bus (oder Inlandsflug) an die Pazifikküste und über die Panamericana oder durch die Anden rauf nach Ecuador. Details S.

Alternative: Boot oder Flug nach Tabatinga und durch Kolumbien/Anden runter nach Ecuador. – Es gibt ebenso keine direkte Flugverbindung.

(5) **Peru:** keine direkte Straßenverbindung, obwohl zwischen Cruzeiro do Sul/brasil. Amazonasgebiet und Pucallpa/Peru nur noch runde 2oo km Piste fehlen, die nach Fertigstellung über die Transamazonica den Atlantik mit dem Pazifik auf Gürtellinie des südam. Kontinentes verbinden.

Ansonsten per Boot oder Flug den Rio Amazonas aufwärts nach Iquitos, Details siehe Seite 445/713/1o85
Oder: von Porto Velho/brasil. Amazonasgebiet entlang der boliv. Nordgrenze nach Inapari und ab hier Militärpropellerverbindung nach Cusco in den Anden. Details S. 8o2/1o29 mit einer Reihe von Varianten per Fluß.

(6) **Bolivien:** einmal siehe oben via Inapari. Geht auch über Cubija und Guara Mirim. Details S. 8o2/977. Per PKW über Guara Mirim möglich, aber mit aufwendigem und zeitlich unsicheren Abschnitt G.M. - Trinidad/ Bolivia per Bootsverladung.

Weiterhin über Corumba/Brasilien–Santa Cruz/Bolivia. Die Standartverbindungsroute zwischen beiden Staaten mit Zugverbindung. Details S. 991
Diese Route mit eigenem PKW in der Regenzeit nicht möglich, sonst sehr problematisch im Bereich Corumba – Sta. Cruz.

(7) **Paraguay:** Hauptroute geht über Foz do Iguacu. Durchgehend asphaltiert, viele Busse, tägl. Flüge. Alternative: über das nördl. gelegene Pt. Pora. Details S. 1242

(8) **Argentinien:** Foz do Iguacu, durchgehend Straße, Busse. Oder via Uruguay. Details Seite 12o4/1252

(9) **Uruguay:** Straße, Bus, Flug. Definitiv problemlos. Details S. 12o4/1252

Kein anderes, südamerikanisches Land hat so viele Nachbarn wie Brasilien. Bis auf Ecuador und Chile haben alle südam. Länder Grenzen mit dem größten Staat des Kontinentes!Die meisten Grenzen liegen dabei im Bereich des Amazonasgebietes.

★ **KLIMA:**

IM NORDEN: tropisch heiß um 3o Grad und feuchtschwül in den Amazonasurwäldern, bzw. trockenheiß in den Grenzgebieten zu Venezuela (Savanne um Boa Vista).

IM NORDOSTEN: tropisch feucht an den Küsten, bzw. trockenheiß im Landesinneren. Trockenheiß am Küstengürtel etwa ab Natal südlich.

IM SÜDEN: in den Hochebenen allgemein mild mit kalten Wintern. In höheren Lagen kann es gelegentlich im Juni zu Schnee kommen.

IM WESTEN: (Mato Grosso und die Flüsse Paraguay und Parana): trocken und warm im Winter, feuchtheiß mit viel Regen im Sommer.

Der "Winter" geht in Brasilien von ca. Mai bis Oktober. – Wassertemperatur selbst auf Höhe Rio noch Ende Nov. empfindlich kühl. Zum Baden beste Jahreszeit ab Anf. Jan. bis ca. Mitte März , je weiter nördlich, desto angenehmer. Steigert sich im Bereich Recife/Natal auf bis zu 25/27° C im Februar!

Regenzeit/Amazonas südl.: Dez. bis Mai, – der höchste Wasserstand der einzelnen Flüsse jedoch unterschiedlich: je nach Einzugsbereich und dortiger Regenzeit (+ Zeit, die die Wassermassen bis runter ins Amazonasbecken brauchen!) Vergleiche auch unsere Karte über den Wasserstand und Befahrbarkeit des Amazonas- Flußsystems, Seite

★ **KLEIDUNG:** da Brasilien bis auf wenige Hochlandgebiete im Süden meist das ganze Jahr über tropische Temperaturen hat, die nicht unter 1o° C sinken und in vielen Landesteilen bei 3o° C und mehr liegen: leichte Baumwollsachen, keine Kunstfasern. Luftiges Schuhwerk, – wer's braucht: Regenschutz. Meist sind das aber nur kurzzeitige Tropengüsse, bei denen man sich irgendwo unterstellt oder in die Bar geht.

★ **ÖFFNUNGSZEITEN DER GESCHÄFTE:**

Je nach Landesteil im allgemeinen von 9^{00} – 18^{00} Uhr, teils mittags von 12 - 14 Uhr geschlossen und Samstags von 9^{30} – 12^{00} Uhr. – Die BANKEN 9^{30} – 17^{00} Uhr, Samstag geschlossen. –

Die Wochentage sind im Gegensatz zum spanischsprachigen Teil Südamerikas meist nicht mit Namen (Montag, Dienstag . . .) bezeichnet sondern mit Nummern:

1 (oder segunda)	= Sonntag	4 (oder quinta)	= Mittwoch
2 (oder tercera)	= Montag	5 (oder sexta)	= Donnerstag
3 (oder quarta)	= Dienstag	6 (oder sabado)	= Freitag
		7 (oder domingo)	= Samstag

In den Fahrplänen der Flüge, Busse und Züge, aber auch bei Museums-Öffnungszeiten erscheinen oft diese Zahlen oder die sprachl. Abkürzung.

Schönste Strände in Brasilien:

1.	*Marro Branco CE*	*Fortaleza*
2.	*Maria Farinha PE*	*Recife*
3.	*Illha dos Frades BA*	*Salvador*
4.	*Angra dos Reis RJ*	*Rio*
5.	*Itacuruca RJ*	*Rio*
6.	*Arraial do Cabo RJ*	*Rio*
7.	*Ipanema RJ*	*Rio*
8.	*Illha Bela SP*	*Santos*
9.	*Itapema SC*	*Blumenau*
1o.	*Torres RC*	*Porto Alegre*

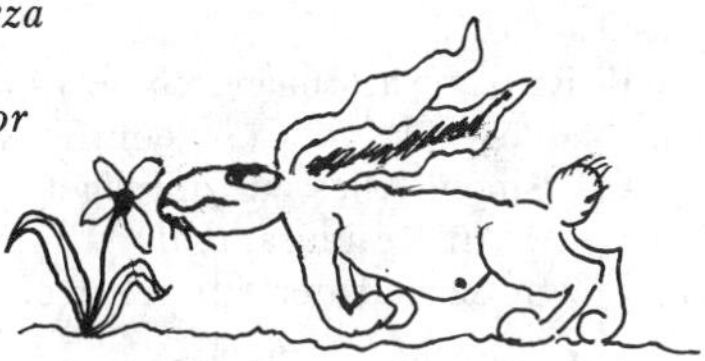

Auf Jahreszeiten achten! –

DER BRASILIANER gibt sich gern Spitznamen. So ist z.B. "piu" das Babygesicht, – "ferrujo" der mit den verrosteten Haaren, – "coelho" der mit den Kaninchenzähnen, – "alemão" der blonde Deutsche. Ostfriese Bojen empfiehlt, in südbrasilianischen Kneipen, besonders im Raum St. Catharina, Blumenau etc. den Einheimischen mit "Fritz, meu bem traga mais chope para nos" zuzuprosten.

SPRACHE:

Portugiesisch. – Spanisch wird verstanden, aber nicht sehr geliebt. Die Ober=schicht kann meist auch Englisch. Im Süden, vorallem um Santa Catharina, Parana, Pt. Alegre und Blumenau viele deutschstämmige Siedler. –

ZEIT:

Wegen der Größe des Landes hat Brasilien 3 Zeitzonen. Im Normalfall: MEZ – 4 Std. Aber Region Manaus/Porto Velho: MEZ – 5 Std. und an der peruanisch/kolumbianischen Grenze (Tabatinga) aber auch Cruzeiro do Sul und Rio Branco: MEZ – 6 Std.

GESUNDHEIT:

Derzeit keine Impfungen für Brasilien vorgeschrieben. Für Reisen ins Amazonasgebiet werden aber die üblichen Prophylaxen vorgeschlagen wie Resochin, je nach Gebiet auch Gelbfieber- und Typhus/Paratyphus Impfung. Ich selbst habe aber bisher auf derartige Schutzmaßnahmen verzichtet, wenn ich nicht gerade in die tiefsten Dschungelgebiete vorgedrungen bin, – da ich einfach zu oft drüben bin und sonst dauernd das Zeug schlucken müßte. Passiert ist bisher nichts. Letztlich sollte das aber jeder selber entscheiden, ob und wieviel Schutz er nimmt und insbesondere sich nach seinem Tropenarzt richten.

In jedem Fall, besonders bei Reisen in abgelegene Gebiete Brasiliens: kein Leitungswasser und kein Flußwasser trinken. Besser: Bier, Cola oder Mineralwasser. Letzteres auch zum Zähneputzen verwenden! Oder mit Tabletten von Katadyn "entkeimen" oder mit dem Katadyn- Filter durchpumpen.

Im Großen und Ganzen insbesondere in den Küstengebieten ist Brasilien relativ problemlos, abgesehen vom üblichen Südamerika- Durchfall.

ESSEN:

"Fejoada" ist das Nationalgericht Brasiliens: Bohneneintopf: schwarze Bohnen, Bauchspeck, verschiedene Fleischsorten, Schweinepfötchen, geschälte Apfelsinen. Alles gut durchgekocht und gewürzt. Schmeckt scharf aber sehr gut! In Restaurants der Unter- und Mittelklasse steht die "Fejoada" meist am Sa. auf der Speisekarte.

"Churrasco": excellente Fleischsorten, quer durch alle Sorten, am Spieß über dem offenen Feuer gebrutzelt. "Churrasco Rodizhio": wer will, kann für runde 3 - 5 US $ (je nach Ort und Restaurant) so viel essen, wie er will, gegebenenfalls auch einen kompletten Stier! Über ganz Brasilien verteilt. Qualität unterschiedlich . Dazu gibts Reis, Kartoffelsalat, Erbsensalat, Salate von Karotten, Gurken, eventuell auch chonta (Palmenherzen). Tips zu besonders guten "Churrascarias", wie diese Non-Limit- Restaurants auch heißen, in unserem Brasilientext!

Salvador do Bahia ist berühmt für seine Bahianische Küche, stark afrikanisch eingefärbt, viele Meeresfrüchte. Camarao a Baiana (Shrimps auf bahianische Art), Camarao ao curry (scharf, mit Curry!), Tacaca (vorwiegend Belem: viel Pfeffer mit Suppe und getrockneten Shrimps).

"Peixe" (=Fisch) Spitze in Brasilien bei rund 1o.ooo km Meeresküste und sicher einer 1/4 Mill. km Flüssen. Gerade kleine Kneipen am Meer oder am Fluß, wo die Mammie persönlich kocht und ihr Spezialrezept hat, können oft eine Delikatesse sein.

Spezialitäten: "manicoba" (Amazonas) aus den Blättern der Manavia- Pflanze. Wird 3 Tage lang gekocht und vermischt mit Würsten und den Füßen von Kalb und Schwein, die der Angelegenheit den letzten Pfiff geben. Excellent: im Küstenbereich: ausgeschabte , in ihrer Schale geröstete Krabbe und mit Cocosnußmilch vermischt. Serviert mit Reis. – Carne de Sol (Trockenfleisch, sehr salzig! Spezialitätenrestaurants z.B. in Recife. Tips siehe Text!). – Für Spezialisten: "Sarapatel com farinha de Mandioca" (Schweinefleisch, Blut + Eingeweide mit Mandior Mehl). – Excellent ist Tapirfleisch (speziell Amazonas), – frühere Spezialitäten wie Krokodilfleisch, Gürteltierbraten sowie ein Gericht aus Teilen von Schlangen nur bei etwas Glück anzutreffen.

Keine Sorge: wer lieber konventionell isst: natürlich gibts Schnitzel und sonstige, internationale Sachen. Im Süden auch Schweinebraten, Würstchen mit Sauerkraut und generell in den Hauptorten Fondue, sowie französische Spitzenrestaurants. Details siehe Text!

Breite Palette an Tropenfrüchten: von Bananen (lecker eingewickelt mit Schinken, drüber Grand Marnier und dann flambiert), oder als simple Bratbanane über den Reis mit Ei und Churrasco, – zur Orange und Zitrone Weiter: Papayas, Mangos, Guyavas, Kokosnüsse (deren Fleisch oder Milch eine sehr wichtige Rolle bei Bahianischen Gerichten besitzt). Caju- Frucht (gelb- rot. Sehr schmackhaft saftig, besonders zusammen mit Cashasho- Zuckerrohrschnaps!)

Bessere Restaurants berechnen das Gedeck. ESSENSZEITEN: mittags bis ca. 15 Uhr und abends ab ca. 19 Uhr bis . . . Die Sache geht aber meist erst richtig los ab ca. 9 Uhr abends. – Den "cafezinho" (leckerer, brasilianischer Cafe, ähnlich ital. Espresso) gibts, insbesondere in Restaurants auf dem Land, – nach dem Essen gratis. Sonst für Pfennigbeträge.

GETRÄNKE: Bier: "Brahma Chopp" und "Antarktica" griffig in 600 ml-Flaschen, die leider immer stärker von Aludosen und kleinem Kiki wie 0,33 ml- Fläschchen für Säuglinge verdrängt werden. Weitere, brasil. Angewohnheit: gerade in einfacheren Kneipen und Bars bleiben die ausgetrunkenen Flaschen auf dem Tisch (statt den Strichen auf dem Bierdeckel in BRD) sodaß man doch grob noch den Überblick hat, wenn die Nacht länger und feuchter wird. . .

Im Soft- Sektor: Malzbiere, Coke und deren sonstige Palette, sowie einheimisches mit Gas. – Absoluter Tip sind die sogenannten "vitaminas" (der Vitamin- Stoß), also naturausgepresste Fruchtsäfte quer durch den Reichtum brasil. Tropenfrüchte. Billig!

Härteres: "Capiringa" (lecker!!!), nennt sich oft auch "pinga" (am besten mit Cocosnussmilch in der Cocosnuß servieren!). "Batida", Grundlage für diese tropischen Drinks ist fast immer der Zuckerrohrschnaps, dazu gehören Eis, Früchte (z.B. Zitronen), kann auch Cocosnußmilch sein oder Maracuja-Saft. Kühl servieren! –
Je nach Einfallsreichtum des Restaurants tragen diese Tropen- Mix diverse Namen, z.B. "Xixi de Angelo" ("Xixi" = Pipi vom Engel St. Angelo)! –

Baracadi- Rum, weiß oder braun ist billig, wie auch viele ausländische Sprit- Sorten, aber auch Martini. Meist um die Hälfte deutscher Preise. Was aber importiert wird, insbesondere Sektor Whisky ist knackig teuer. Chivas, selbst aus dem Supermarkt, kostet ein Vermögen. Hier kann man auf Einheimische Produkte zurückgreifen ("Industria Brasileira"). Whisky ist in Brasilien, wie auch anderen, südamerikanischen Ländern Prestige- Objekt. Wer auf Einladungen Einheimisches ins Glas bekommt, sollte bescheiden sein, sonst Brummschädel.

ÜBERNACHTUNG:
vom Superluxushotel bis zur Basis- Absteige alles zu haben. Alle Details im Text! – "Casal"= Doppelbett für "Verheiratete" und billiger als 2 Einzelbetten im gleichen Zimmer, dies in Mittel- bis Billighotels. – Im Amazonasgebiet, sowie anderen, tropischen Gebieten Brasiliens oft Haken für die Hängematte und Schlafen im Freien: kühler aber oft mehr Moskitos. – "Moteis", Hauptzweck: jemand ist verheiratet, hat ein Auto , eine Freundin und möchte die Sache nicht zu Hause machen . . . – Besondere Vorsicht vor den sogenannten "BRASILIANISCHEN DUSCHEN". Aus der Wand kommt ein Draht (Strom), der geht zum Duschkopf hin und ist oft mit Tesafilm "abisoliert". Unfallstatistik liegt uns nicht vor.

Hauptsaison an der Küste: (Dez.), – Jan. – Feb. In diesen Monaten sehr schwierig, dort Unterkunft zu finden, wenn man fixierte Vorstellungen hat.

BOTSCHAFTEN / KONSULATE:

PA = Postanschrift, – Caixa Postal = Postfach

BRD in Brasilien:

BRASILIA: (Botschaft), Av. das Nacoes, lote 25, (PA: Caixa Postal o7-o752-7o359 Brasilia), Tel.: 243 7466

CURITIBA: (Konsulat), Av. Joao Gualberto 1237, (PA:Caixa Postal 764 und 2281, 8o.ooo Curitiba.), Tel.: 252 42 44

PORTO ALEGRE: (Konsulat), Rua Prof. Annes Dias 112, 11 Stock, (PA: Caixa Postal 2552, – 9o.ooo Porto Alegre), Tel.: 249 592

RECIFE: (Konsulat), Av. Dantas Barreto 191, Edif. Sto. Antonio 4 Stock, (PA: Caixa Postal 16o4 – 5o.ooo Recife), Tel.: 224 353 o

RIO DE JANEIRO: (Konsulat), Rua Presidente Carlos de Campos 417, (PA: Caixa Postal 64, – 2o.o1o Rio de Janeiro), Tel.: 285 233 3

SAO PAULO: (Konsulat), Av. Brigadeiro Faria Lima 1383, 12 Stock, (PA:Caixa Pos-Postal 2o944 – o1498 Sao Paulo), Tel.: 814 66 44

BELEM: (Konsulat), Travessa Campos Sales 63, Edf. ComendadorPinho, 4 Stock (Caixa Postal 2 – 66ooo Belem) Tel.: 222 5666

BELO HORIZONTE: (Konsulat), Rua Carijos 244, Edf. WALMAP, 8 Stock, (PA: Caixa Postal 2o11 – 3o.ooo Belo Horizonte), Tel.: 222 341 1

BLUMENAU: (Konsulat), Rua Caetano Deeke 2o, Edf. Hering 11 Stock, (PA:Caixa Postal 1oo2 – 89.1oo Blumenau), Tel.: 221 172

CAMPINAS: (Konsulat), Av. Mercedes Benz 679, (PA:Caixa 1834 – 13.oo1 Campinas) Tel.: 47 13 43

FORTALEZA: (Konsulat), Rua Pedro Borges 33, Edf. Palacio Progresso, Conj. 1135 (PA:Caixa Postal 1115 – 6o.ooo Fortaleza), Tel.: 231 4366

GOLANIA: (Konsulat), Av. Goias 623, sala 14o2 ,14 Stock, (PA:Caixa Postal 1196 – 74.ooo Goiania), Tel.: 224 o1 22

JOINVILLE: (Konsulat), Rua Princesa Isabel 264, Ed. Adinco, Sala 13 (PA:Caixa Postal 1197 – 89.2oo Joinville), Tel.: 338 679

MANAUS: (Konsulat), c/o Amazonas Timber, Rua Barroso 335, 1 Stock, (PA:Caixa Postal 741 – 69.ooo Manaus), Tel.: 232 587 77

PARANAGUA: (Konsulat), Rua Joao Eugenio 385, – 83.2oo Paranagua, Tel.: 4221539

RIO GRANDE: (Konsulat), Rua Mal. Andrea 269 (PA:Caixa Postal 16 – 96.2oo Rio Grande), Tel.: 238 21/25

ROLANDIA: (Konsulat), Av. Tiradentes 659, (PA:Caixa Postal 7o – 86.6oo Rolandia– Tel.: 561 931

SALVADOR: (Konsulat), Rua 8 de dezembro 218, Apto.2o2 und Publikumsverkehr: Av. Centenario 943 Chame-Chame Ed. Victoria Center, sala 1oo2 – 4o.ooo Salvador, Tel.: 247 71o 6

VITORIA: (Konsulat), Av. Jeronimo Monteiro 331, Ed. Moyses, sala 33/3 (PA:Caixa Postal 495 – 29.ooo Vitoria), Tel.: 229 o91 2

SCHWEIZ in Brasilien:

BRASILIA: (Botschaft), SHI - Sul gui 11, Conj. 5, Casa 13 – 716oo Brasilia d.F. Tel.: 244 55o o oder 244 561 1

RIO DE JANEIRO: (Konsulat), Rua Candido Mendes 157, 11 Stock – 2o241 Rio de Janeiro, Tel.: 242 8o3 5

SAO PAULO: (Konsulat), Av. Paulista 1754/ 4 Stock, Ed. Grande Avenida – o131o Sao Paulo, Tel.: 289 1o3 3 oder 289 124 4

ÖSTERREICH in Brasilien:

BRASILIA: (Botschaft), Av. Das Nacoes, lote 4o – 7o.ooo Brasilia, Tel 243 311 1 oder 243 337 3

Brasilien in BRD: Kennedyallee 74, 53oo Bonn 2, Tel.: (o228) – 376 976
KONSULATE in Frankfurt, Düsseldof, Hamburg, München, Berlin .
Brasilien in Österreich: Lugek 1/V/15, 1o1o Wien, Tel.: 52o 631
KONSULATE in Graz, Linz und Salzburg
Brasilien in der Schweiz: Habsburgstr. 6, 3oo6 Bern, Tel.: 444 251
KONSULATE in Genf, Zürich, Basel, Lausanne und Lugano

Paraguay- Schnellfinder:

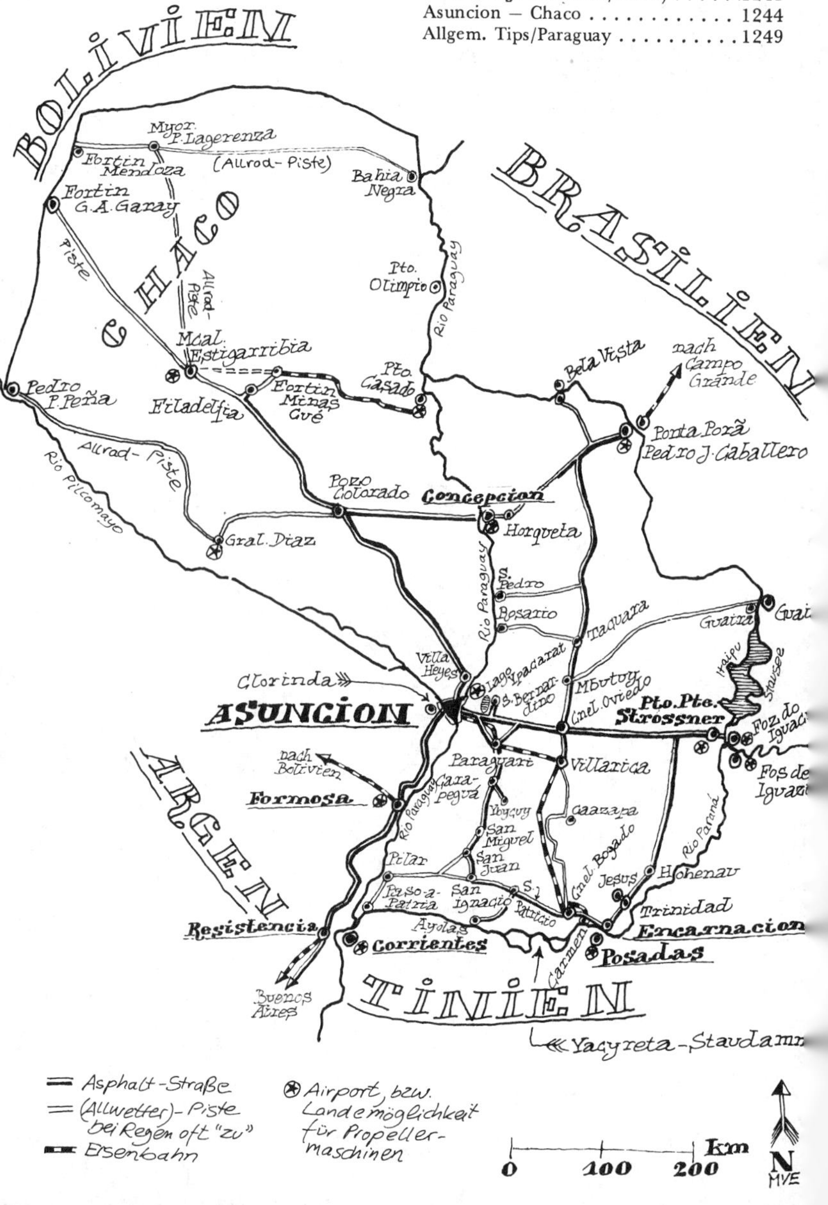

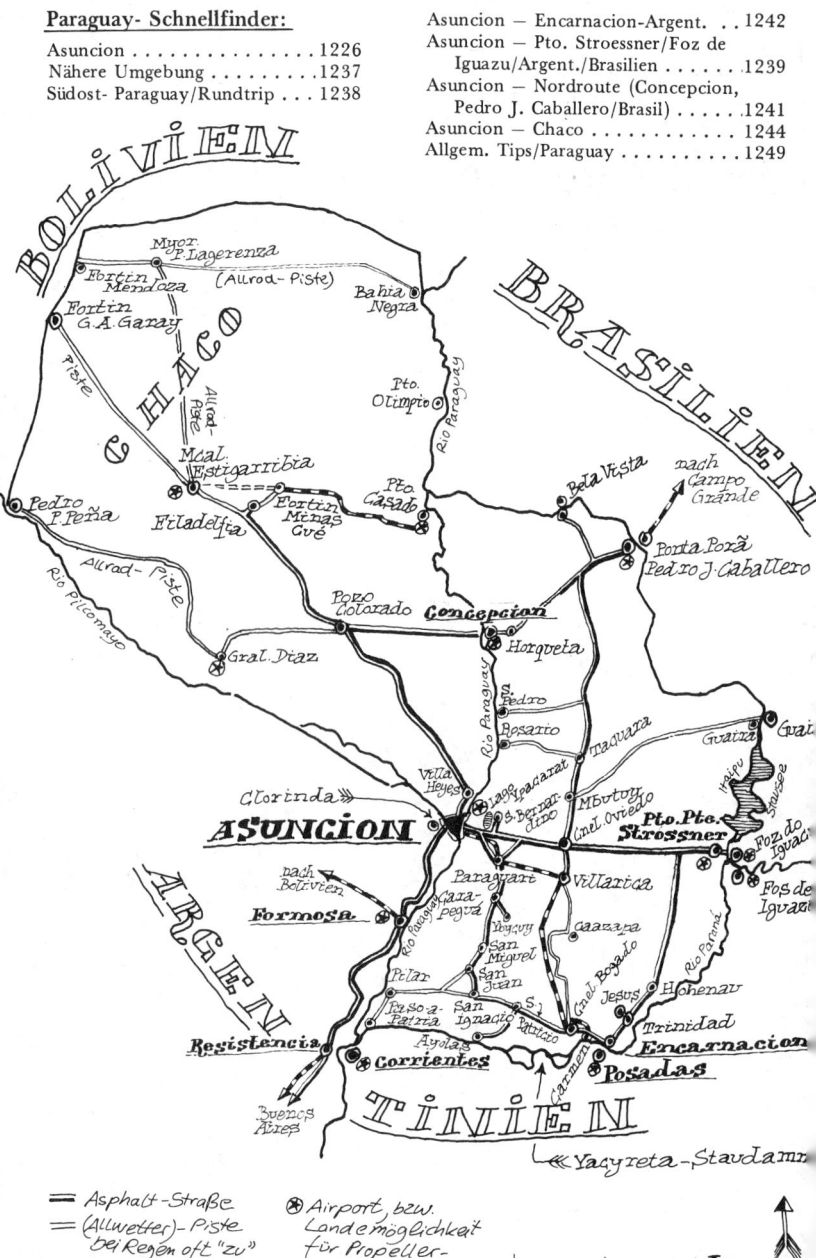

PARAGUAY

Zusammen mit dem westlich angrenzendem Nachbarstaat BOLIVIEN die beiden einzigen Binnenstaaten Südamerikas ohne Verbindung zum Meer.

Schiffahrt auf dem Rio Paragauy, der sich in breitem Strom vor ASUNCION, der Hauptstadt des Landes vorbeizieht, sowie auf dem Rio Parana. Die Straßen, – ausgenommen weniger Hauptverbindungen , – sind Erdpisten, die bei Regenfällen oft auf Tage unbefahrbar sind. Aber meist ungemein freundliche Bevölkerung, die in ihrer Gastfreundschaft seinesgleichen in Südamerika sucht.

Ein superdünn besiedeltes Land. Ausgenommen der Hauptstadt leben die meisten Menschen im Osten des Landes. Weite Tabak-, Reis- und Baumwoll Felder. Riesige Rinderfarmen in hügeligem Land, teils aber auch flach, bzw. weite Urwaldgebiete. Viele deutsche Siedler.

Der Westen: weite und endlose Buschsteppen des CHACO, durch die gelegentlich mal ein Jaguar streicht, aber selten ein LKW.

EINREISE: **Pass**

Deutsche, Schweizer, Österreicher erhalten an der Grenze die "tarjeta de turismo", die zum Aufenthalt von maximal 3 Monaten berechtigt. Kostet 3 US $. Da Paraguay sehr deutschfreundlich ist, gibts in der Regel keinerlei Probleme bei der Einreise. Definitiv kein Interesse besteht jedoch an Personen, die in zerschlissener, ausgeleierter Kleidung an der Grenze erscheinen, bzw. an Leuten mit linken Ideen im Kopf. Bzw. cubanischen Stempeln im Pass.

WÄHRUNG: **Guarani**

Eine der stabilsten in Südamerika. Wohl kein anderes Land Südamerikas ist so wenig verschuldet wie Paraguay. Geldtransfer ab Europa problemlos möglich; kann in Paraguay auch gegen minimalen Kursverlust von den Banken gegen US $ ausgezahlt werden. – Schwarzmarkt , z.B. Straßenhändler in der Palma/Asuncion bringen derzeit erheblich mehr Guaranis pro US $ als Banken . Achtung: im Airport schlechter Wechselkurs! Ebenso restliche Guaranis vor Ausreise in US $ zurücktauschen: ausserhalb des Landes mieser Kurs!

KARTEN:

Die vom Tourist- Büro in Asuncion bisher gratis abgegebene Paraguay- Karte reicht nicht aus, da fehlerhaft. Angeblich gibts neuerdings dort eine bessere Paraguay- Karte im Verkauf, die aber teurer sein soll als in den Buchhandlungen von Asuncion! –

Besser und detaillierter ist die 1; 2.ooo.ooo Paraguay- Karte IGM des militärsgeographischen Institutes von Asuncion. Sowie noch detaillierteres Kartenmaterial, das es im Büro des IGM gegen Vorlage des Passes für ca. 1o DM/ Karte zu kaufen gibt. Achtung: bez. Straßen und Pisten oft total veraltet.

✱ ASUNCION ca. 1o5 m/ 7oo.ooo E.

Hauptstadt Paraguays am breiten und träge dahinfließenden Rio Paraguay. Eine schöne Stadt, gepflegt mit reichen Villen in den Vororten und Parks. Allerdings auch sehr provinziell. In der Innenstadt gibts Straßenbahnen, – Unikum für Südamerika! Im Centro von Asuncion sprießen die Hochhäuser aus dem Boden (teils noch roh und unfertig). Angenehme Temperaturen, die bei 2o - 28 Grad liegen, oft dicke tropische Regengüsse, bei denen man nur ins nächste Restaurant oder eine Stehbar flüchten kann, bis der Regen sich "abgeprasselt" hat! –

Das CENTRO liegt zwischen der Plaza Uruguay (mit Bahnhof, wo noch alte Dampfloks rumstehen!), – rüber zur Plaza de los Heroes, dem Herz der Stadt und der Plaza Constitucion mit Kathedrale und Parlament. Viel Grün und breite, ausladende Bäume wegen häufigem Regen.

Die wichtigsten Geschäftsstraßen sind die Palma – Estrella und Olivia über hügeliges Terrain.

Tourist INFO Alberdi Ecke Olivia. Der Informationsfluß beschränkt sich vorwiegend auf Gängiges wie Asuncion- Hotels, Busverbindungen ab Asuncion und Standard- Inlandsrouten.

Post Das Hauptpostamt liegt Ecke Alberdi mit Ben. Constant. (Karte: 9)

Geschichte: Asuncion wurde 1537 von den Spaniern gegründet, die in Schiffen von Buenos Aires den Rio Parana/Rio Paraguay aufwärts gefahren waren, um das Landesinnere des neuentdeckten Kontinents zu erkunden und nach den vermuteten Goldschätzen zu suchen, von denen die Indios bereits Christoph Columbus berichtet hatten.

Da das Gebiet des heutigen Paraguays keinerlei lukrative Bodenschätze zu bieten hatte, zogen die Conquistadores schnell weiter.

Somit blieb die Asuncion- Gründung lediglich ein Stützpunkt der Spanier, der auch 5o Jahre später nur auf 1.5oo E. angewachsen war. – Bedeutung erhielt Asuncion erst ab der Staatsgründung Paraguays (1811). In der heutigen Hauptstadt des Landes leben rund 1/3 der gesamten Landesbevölkerung, – eine Bevölkerungskonzentration, die in anderen südamerikanischen Ländern sonst nur in Lima/Peru zu verzeichnen sind.

Sämtliche Geschäfte laufen ab Asuncion, ebenso die Verwaltung. Die wenigen anderen größeren Orte Paraguays spielen eine untergeordnete Rolle. Verkehr sternförmig ab Asuncion. Für südamerikanische Verhältnisse (massive Landflucht in die Großstädte des betreffenden Landes!) gibt es in Asuncion relativ wenig Slums, die vorwiegend am Fluß liegen. Eine der Gründe hierfür mag sein, daß Paraguay über riesige, fruchtbare Landgebiete verfügt, die zur Selbsternährung der Bewohner ausreichen und – insbesondere Asuncion nur wenig Industrie besitzt und damit für den Zuzug vom Lande relativ uninteressant ist. –

Der PALACIO DE GOBIERNO (2- stöckig, in U- Form) wurde zur Zeit

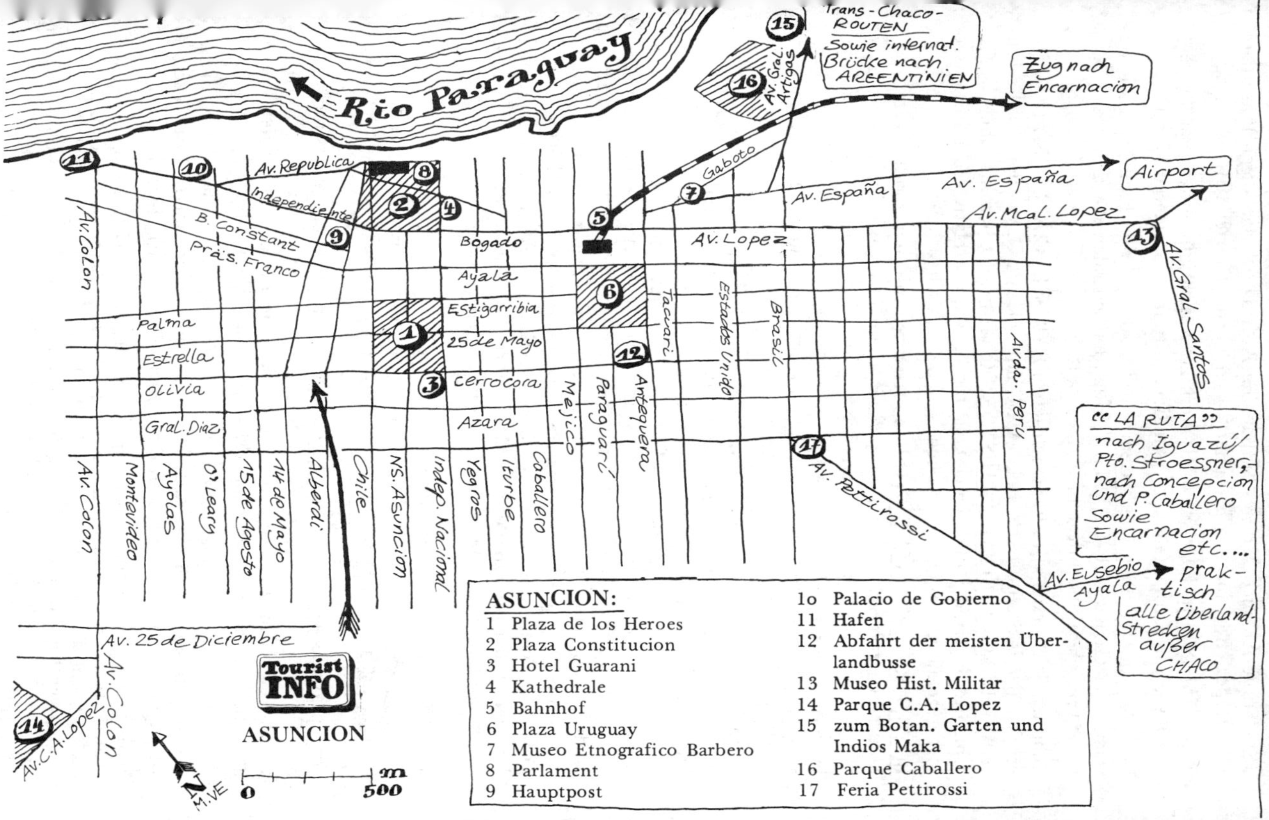
Rio Paraguay
Trans-Chaco-ROUTEN
Sowie internat. Brücke nach ARGENTINIEN
Zug nach Encarnacion
Airport
Av. Gral. Artigas
Gaboto
Av. España
Av. Mcal. Lopez
Av. Lopez
Av. Gral. Santos
Av. Republica
Independiente
B. Constant
Präs. Franco
Bogado
Ayala
Estigarribia
25 de Mayo
Cerro Cora
Azara
Palma
Estrella
Olivia
Gral. Diaz
Av. Colon
Montevideo
Ayolas
O'Leary
15 de Agosto
14 de Mayo
Alberdi
Chile
NS. Asuncion
Indep. Nacional
Yegros
Iturbe
Caballero
Mejico
Paraguarí
Antequera
Tacuari
Estados Unido
Brasil
Avda. Peru
Av. Pettirossi
Av. Eusebio Ayala
"LA RUTA" nach Iguazú/ Pto. Stroessner, nach Concepcion und P. Caballero sowie Encarnacion etc. ...
praktisch alle Überlandstrecken außer CHACO
Av. 25 de Diciembre
Av. C.A. Lopez
Tourist INFO
ASUNCION
0 500 m
ASUNCION:
1 Plaza de los Heroes
2 Plaza Constitucion
3 Hotel Guarani
4 Kathedrale
5 Bahnhof
6 Plaza Uruguay
7 Museo Etnografico Barbero
8 Parlament
9 Hauptpost
1o Palacio de Gobierno
11 Hafen
12 Abfahrt der meisten Überlandbusse
13 Museo Hist. Militar
14 Parque C.A. Lopez
15 zum Botan. Garten und Indios Maka
16 Parque Caballero
17 Feria Pettirossi

des "Triple Alliance- Krieges" gebaut im Auftrag des damaligen Präsidenten F.S. Lopez. Besichtigung ist außer So. möglich. (Karte, 1o)

PARLAMENT (8) kann ebenfalls werktags besichtigt werden. An der selben Plaza die Kathedrale von Asuncion, mit einem kleineren Museum.

Einen guten Überblick über's Centro der Stadt und den Fluß hat man vom Dach des "GUARANI- HOTELS" (3) an der zentralen Plaza de los Heroes. Flott reingehen und mit dem Aufzug rauf.

Schöner Blick auch vom höhergelegenen PARQUE C.A. LOPEZ (14), zu erreichen mit Stadtbussen. Ecke Av. Colon mit Av. C.A. Lopez, siehe Karte. – MUSEO MILITAR Y HISTORICO (13) mit Überblick über die Geschichte des Landes und seiner Leistungen, sich als relativ kleines Staatsgebiet gegenüber den übermächtigen Nachbarn durchzusetzen. –

BOTANISCHER GARTEN (15) zu errreichen mit dem Stadtbus in ca. 15 Min. Noch ziemlich wild mit tropischen Blumen. Liegt 6 km außerhalb der Stadt in Trinidad via Av. Gral. Artigas. Ein weites Gelände, inkl. der Möglichkeit, Minigolf zu spielen und dem feudalen Gebäude des früheren Präsidenten Lopez. Hier gibts auch einen kleinen Zoo mit Tieren aus dem Chaco (viel zu kleine Käfige!!)

Vom Botanischen Garten nur ca. 3 km zum Fluß, wo Boote rüber zu einer Flußinsel im Rio Paraguay fahren zu den MAKA–INDIANERN. Eine kräftig touristische Angelegenheit, die bereits mit saftigen knapp 1o US $ pro Person für die Überfahrt auf die Insel beginnt. Die Makas kamen vom Chaco nach Asuncion, fertigen zwar gute Artesania, dienen aber vorwiegend dem "Aufpäppeln" fehlender Sight- Seeing Attraktionen Asuncions. Ein für beide Seiten deprimierender Ausflug. Wenn die Touristen kommen, stehen die Makas bereits bereit in Lendenschurz, Federschmuck und Ringe für Fotos angelegt, die runde 1 - 3 US $ pro "Klack" kosten. Ebenso wie der Führer auf der Insel und durchs Maka- Dorf, das aus rund 8o Stroh/Lehmhütten besteht. Gute Maka- Artesania gibts auch in Asuncion! –

Der Airport von Asuncion ("Aeropuerto Internac. Präs. Stroessner") ist supermodern mit riesiger Runway und neuesten Abfertigungshallen. Stolz der Paraguayos!

Die nationale Airline "Lineas Aereas Paraquayas" bedient ab Asuncion mit mit Fluggerät DC 8 Buenos Aires, Santiage de Chile, Santa Cruz/Bolivien, Lima. Sowie rauf nach Miami/USA und via São Paulo, Rio auf der Transatlantikroute nach Madrid und Frankfurt. Günstige Tarife!

Asuncion wird ebenfalls von einer Reihe weiterer internationaler Airlines angeflogen, z.B. Iberia (ab Madrid via Rio und Montevideo),– der Varig ab Brasilien ,– der Eastern (Sta. Cruz/Bolivien) und der bolivianischen LAB.

Nationale Verbindungen: mit Propellermaschinen der TAM (Transportes Aereos Militares/Hauptoffice in Asuncion Calle Olivia 467) nach Concepcion (5 x/Woche, ca. 5 US $), – Pto. Casado (am Oberlauf des Rio Paraguay, 2 x/Woche, ca. 7 US $), – Pedr. J. Caballero (Grenze zu Brasilien bei Ponta Porã, 4 x/Woche, ca. 6 US $) und den seltener angeflogenen Airstripes von Vallemi, Rogas Silva, Esteban Matinez, Gral. Diaz und Fortin Caballero, sowie Chaco.

Busse vom Airport in die Stadt ca. 0,5 US $. Das Taxi um die15 US $ pro Fuhre und dem Vorteil, daß man direkt vor dem Hotel inkl. Gepäck landet.

2) Busse

sternförmig ab Asuncion in alle Landesteile. Die Inlandsbusse fahren vorwiegend nähe Plaza Uruguay sowie Ecke Paraguari mit Cerro Cora ab. Bequem mit Stadtbussen zu erreichen. Infos übers Tourist Büro/Asuncion!

Fernbusse in die Nachbarländer gibts ab Asuncion nach Montevideo/Uruguay mit "COIT" (2 - 3 mal/Woche, ca. 5o US $), nach Brasilien (Foz do Iguaçu, Curitiba und São Paulo. Billiger aber, wenn man den sowieso obligatorischen Stop an den Iguazu- Wasserfällen einbaut und einen paraguayischen Regionalbus bis Pto. Gral. Stroessner nimmt!), – sowie nach Bs.As./ Argentinien. Alle Details hierzu, wie auch zu innerparaguayischen Busverbindungen bei den entsprechenden Routenbeschreibungen! –

3) ZUG

Es gibt ab Asuncion ein Gleis runter an den Rio Paraná nach Encarnacion (bisher Fähre, bald Brücke rüber über den Fluß) zum argentinischen Posadas mit Bus/Zug/Flugverbindung nach Foz de Iguazu und Buenos Aires.

Ein Gleis, das zwar dem Eisenbahnfan Freude macht, da teils noch Dampfloks (holzgefeuert) im Einsatz sind, aber erheblich länger bis Encarnacion dauert wie der Bus über die Asphaltstraße. – Sowohl die Modernisierung der Eisenbahn ist geplant, – wie auch ein modernes, elektrifiziertes Gleis von Asuncion nach Pedro J. Caballero an der Grenze zu Brasilien im Nordosten des Landes, die dann an das dort bereits bestehende brasilianische Gleis nach Campo Grande anschließt, wo es Querverbindung per Eisenbahn nach Bolivien gibt. Details siehe dort! Verträge sind bereits unterzeichnet. –

4) Schiff

Zwar gibt es regen Frachtverkehr von Asuncion auf dem Rio Paraguay, in Fortsetzung Rio Parana runter nach Buenos Aires. Der Personenverkehr ist jedoch eingestellt, und per Bus gehts schneller. – Den Rio Paraguay aufwärts nach Concepcion rund 2 x/Woche mit Personentransport. Teils rauf bis Pto. Casado und Bahia Negra mit der "Flota Mercantil del Estado". Details siehe dort! – Hauptbüro Calle Estrella 672.

Transport in Asuncion:

Auch wenn das Centro kompakt ist und man bequem zu Fuß "rumkommt", – gibts ein gut organisiertes Stadtbus- Netz, das zudem billig ist, allerdings zu Stoßverkehrszeiten knall voll. Fahrpreis um 5o Pfennig, Routen siehe Tourist Info! – TAXIS: sind gut organisiert, mit Standplätzen und telefonischer Anrufmöglichkeit ähnlich Deutschland, sowie Taxameter im Fahrzeug. Anruf per Hotel- Reception oder Anruf per Telefonbuch.

STRASSENBAHN: südamerikanisches Unikum (in den anderen Ländern abgeschafft, existierten z.B. in einigen brasilianischen, peruanischen und chilen. Großstädten). Wurde zunächst auch in Asuncion abgeschafft, da unflexibel im PKW- Straßenverkehr, so doch nachträglich wieder eingesetzt. Es gibt zwei Strecken: einmal auf der Av. España raus nach Las Mercedes, – zum anderen auf der Av. M. Lopez nach Villa Mora. Die Wagen belgischen Ursprungs, denn im Inneren gibts Rauchverbot in flämischer und französischer Sprache. –

HOTELS/ASUNCION:

"Guarani" an der zentralen Plaza de los Heroes ist Tip in der teureren Klasse, da zentral gelegen, sauber und modern. Mit recht schönem Blick von den Zimmern der oberen Stockwerke aufs Centro und den breit dahinfließenden Strom. Doppel ca. 4o US $. Mit SW- Pool und Air Condition. –

"Excelsior"/Chile 989 gilt als derzeit bestes und ist bei runden 6o US $/Doppel auch das teuerste der Stadt. Modern, zentral.

"Ita Enramada"/Caique Lambare y Rio. Moderner Betonfinger am Fluß, großartiger Blick bei Sonnenuntergang. Schöner SW-Pool, absolut ruhig. Mit Konferenzräumen, Tennisanlage, Zimmer allerdings etwas verwohnt.Doppel ca. 50 US $

"Plaza" an der Plaza Uruguay neben dem Bahnhof. Gehobene Mittelklasse bei ca. 3o US.

"Chaco", Ecke M. Estigarribia mit Caballero ist Tip, da modern. Der SW- Pool aber ebenso klein, wie es auch den Zimmern an "Auslauf" fehlt. Doppel ca. 45 US $ mit AC.

"Husa"/15 de Agosto y Estrella. Ebenfalls mit SW- Pool, TV im Zimmer und AC. Gute gehobene Klasse, ca. 45 US $

"Premier"/Curupayty y 25 de Mayo. Gute Mittelklasse bei ca. 27 US $ – "Amalfi"/ Caballero 877, modern und zentral ca. 2o US $, – "Gran Hotel Renacimiento"/Chile 388, zentral gelegen, mit Teppich und Privatbad, AC. Tel. im Zimmer, ca. 22 US $. –

"Gran Hotel del Paraguay"/De la Residenta y Triunvirato. Villa des ehemaligen Präsidenten F.S. Lopez. Schöne Lage in Gärten und Parkanlagen mit SW- Pool und relaxing, aber etwas außerhalb des Centros. Die Zimmer mit Tel., AC und Privatbad, das Doppel ca. 28 US $.

"Hotel Cecilia"/Estados Unidos 341, angenehm, ca. 26 US $. – "Hotel Paraná"/Caballero y 25 de Mayo. Ein Block von der Plaza Uruguay entfernt. Tel. im Zimmer, AC und Privatbad, allerdings bei knapp 3o US $ nicht billig. – "Hotel Armele"/Colon y Palma ist bei rund 22 US $ preiswert, mit Privatbad, AC, teils auch TV und Tip in dieser Klasse.

"Señoral del Paraguay"/Av. M. Lopez y Peru. Eine Hotelpension in schöner Lage und Tip bei ca. 25 US $ inkl. AC und SW- Pool. Allerdings zu Fuß ganz schön zu laufen ins Centro. Es gibt aber auf der Av. Lopez einen häufig verkehrenden Stadtbus ins Centro.

"Residencial Lapacho"/Av. Brasilia No. 158. Gemütlich in Residencial Area (Busverbindung ins Centro), mit Pool, Gärten, die Zimmer mit AC und sehr zu empfehlen, wer relaxing Lage sucht. Wegen der Lage nähe US- Botschaft logieren hier oft amerikan. Touristen. Doppel um 23 US $.

BASIC–HOTELS/ASUNCION: "Hispañia"/Cerro Cora 265 liegt zwar sehr zentral bei der Hauptplaza (los Heroes) und ist eines der billigsten von Asuncion, lässt aber an Sauberkeit zu wünschen übrig. (ca. 2 US $/Doppel, Gemeinschaftsdusche). – In der E. Ayala nähe Bahnhof mehrere weitere Basic- Hotels um die 5 US $ (z.B. "Nuevo Horizonte") und in der Antequera , Bereich der Busabfahrten und Plaza Uruguay (z.B. "Residencia Rufi", Calle Cerro Cora mit Antequera), – "Ayuda Soc. Alemana"/Av. España 2oo, ebenfalls im Umkreis Bahnhof und Plaza Uruguay. Eine einigermaßen passable Sache im Sektor "Basic- Hotels" zu finden, kann in Asuncion schwierig werden. Nicht selten superramschige "Kisten", die der Erwähnung nicht wert sind und stickig heiß im Sommer, weil es in den Pappkartons an Durchluft fehlt. Sie liegen vorwiegend im Bereich Bahnhof bis Antequera und Plaza Uruguay.

CAMPING: entweder auf dem Campingplatz (gehört der Stadt) im Botanischen Garten, Av. Gral Artigas, siehe unser Asuncion- Stadtplan (16) mit Stadtbussen zu erreichen.– Oder: schöner in San Bernardino (48 km von Asuncion) am Lago Yapacani. Busverbindung mit Asuncion. – Ein weiterer Campingplatz in Aregua an der Straße von Asuncion (35 km Ri. Foz de Iguazu)gelegen.
Neues Camp in Asuncion speziell für Wohnmobilfahrer: Ecke Gral Santos mit Bogado.

Asuncion hat erstaunlich Gutes an Restaurants anzubieten, – in den besseren Restaurants nicht selten mit paraguayischer Lifemusik (Gitarre, Charango etc.) begleitet. –

In der Küche dominieren Fleischgerichte (Details zur paraguayischen Küche siehe "Allgem. Tips/Paraguay"!) – PREISE bewegen sich je nach ausgewähltem Restaurant um die 2 - 4 US $ (BILLIG), – sowie ca. 4 - 7 US $ (MITTEL) und in den Top Restaurants ab ca. 8 US $ aufwärts. (Jeweils pro Gericht/Person bei regulären Sachen wie Fleischgerichten).

"EL CABALLITO BLANCO"/Alberti 631. Deutsche und paraguayische Gerichte, österreichische Leitung. Die Küche ganz gut, aber gehobene Preise "LA PREFERIDA"/25 de Mayo 1oo5, Ecke Estados Unidos im Hotel Cecilia. Sehr gute Küche mit paraguay. Spezialitäten, teuer. – "LA PERGOLA DEL BOLSI"/Alberdi Ecke Estrella. Excellent in Sachen Fischgerichte aber auch Fleisch. Preise mittel. Tip und fast immer voll. – "LIDO"/ Palma Ecke Chile. Am Eck der Hauptplaza de los Heroes gelegen. Snacks, gute Fischsuppen, Fleischgerichte und beliebter Treff, der allerdings von früher billigen Preisen sich Ri. Mittel bewegt. Gut auch für die nach wie vor billigen Empanadas! Offen bis Mitternacht! – "BAR ESTRELLA"/ 25 de Mayo mit Yegros. Billig. – "ZODIAC"/14 de Mayo im 13. Stock mit dem wohl besten Rundblick beim Essen über Asuncion! Gehobene Mittelklasse. – "DON OTTO"/14 de Mayo Ecke Estrella. Preiswert für Paraguay- Snacks und Tip. – "GRAN HOTEL DEL PARAGUAY"/de la Residenta mit Triunvirato.Relaxing und gemütlich in der feudalen Villa des ehemaligen Paraguay- Präsidenten F.S. Lopez. Mittwoch Abend Folklore-Shows. Preise mittel Ri. teuer. – "HERMITAGE"/Av. 15 de Agosto 1368. Abends ab ca. 22 Uhr Folkloreshows und Paraguay- Musik. Küche gut, Preise teuer. – "YGUAZU"/Choferes del Chaco 1334. Am Stadtrand, aber Tip, wer beim Essen abends Paraguay- Musik life hören will. Gegessen wird, außer es regnet, im Garten. Küche gut, Preise: teuer. – "GERMANIA"/ Cerro Cora 18o/Centro. Deutsche Küche und Tip, Preise mittel "MUNICH"/Ayala 163, Centro. Deutsche Küche und mittlere Preise bei gut proportionierten Portionen. – CHINESEN: "DRAGON DE ORO"/ Independencia Nacional 646. Seit Jahren der Standard- Chinese in Asuncion. Nicht billig. – "LA CASA"/25 de Mayo. Billig und reichhaltig im Sektor China- Restaurants von Asuncion. Tip! – "TAO TAO"/Bogado 847, guter Chinese bei mittleren Preisen. Ein ganzer Schwung weiterer im Centro.

"GAUCHO"/Herrera 1576. Brasilianische Küche. Preise billig bis mittel. – "EL JARDIN DE LA CERVEZA"/Av. Republica Argentina Ecke Castillo. Tip für Parrilladas. Folkloretänze und - Musik. Preise: gehobene Mittelklasse. – "EL BOSQUE"/Gral. Genes/San Martin. Parrilladas und parag. Musik ab 22 Uhr. Ebenso im "SAJONIA"/C. Lopez schräg gegenüber. – Im Bereich der Av. Lopez (Ri. Airport, siehe oben!) gibts eine Reihe weiterer Parrilladas mit Lifemusik. Per Stadtbus ab Centro zu erreichen. Sofern es nicht regnet, isst man draußen. Ausgenommen der ganz großen Parrilladas (wo auch Folkloregruppen Tanzvorstellungen bieten, mit Bühne und Verstärker), – ist die Regel eher der Besuch von kleineren Musikgruppen, die von Kneipe zu Kneipe wandern und an den Tischen musizieren. Die meisten Asuncion- Parrilladas liegen an der Straße Av. Lopez Ri. Airport im Stadtteil Villa Mora und Av. Brasil. (Stadtbusse ab Centro). –

"CHALET SUISSE"/Av. Kubitschek Ecke Ayala. Schweizer Küche, sowie Biergarten. – "PRINZ VON BAYERN"/Av. del Chaco 2598. Europäische Küche und Besitzer. Mit Biergarten, Bäumen und Grill. Knackig teuer.

"CARACOL"/Av. Bogado Ecke Porvenir. Top- Disco von Asuncion, auf Deutsch: "die Schnecke" wegen der spiralförmigen Anordnung der Sitze.

★**Buchhandlungen:** "Liberia Alemana"/Luis A. de Herrera 292. Deutsche Bücher und Zeitschriften. – "Liberia Universal"/Calle Palma 5o3. Umfangreich, auch deutsche Zeitschriften. – "Liberia Internacional"/Palma 595.

★**Automobilclub von Paraguay:** 25 de Mayo, Ecke Av. Brasil. Nützliche Tips auch zur Befahrbarkeit der Allwetter- Pisten von Paraguay, die bei starken Regengüssen oft gesperrt sind. Mit excellenter Werkstatt, modernster Ausrüstung und Maschinen.

★**Autovermietung:** mehrere Vermieter in Asuncion/Centro, aber auch im Airport. Das Mieten eines PKW's ist nicht billig. Für einen VW-Käfer 13oo zahlt man runde 2o US $ pro Tag, wobei meist 1oo km pro Tag gratis sind, der Rest kostet 1o cents/km. Das Minimumalter des Automieters muß in der Regel 22 Jahre sein. Internat. Führerschein.

★**Banken/Cambios:** ein ganzer Schwung in Asuncion/Centro. Die "Banco Aleman Transatlantico"/Estrella Ecke 14 de Mayo besorgt flotten Geldtransfer ab Deutschland. Auszahlung nur in Guaranies, die sich jedoch gegen minimalen Verlust in US $ - Cash rücktauschen lassen.

In der Palma mehrere "Cambios" (Geldwechselstuben), die geringfügig besseren Kurs für US $ zahlen und ebenfalls diesen minimal billiger anbieten als die Banken. – Vor dem Verlassen des Landes sollte man restliche Guaranies rücktauschen, da sie außerhalb des Landes nur schlecht gehandelt werden. – Euroschecks einlösen bei "Meno Tours".

★**Einkaufen:** das Shopping- Centro liegt im Bereich der Palma/Estrella und Olivia ab Plaza del los Heroes. Öffnungszeiten in der Regel 8 - 12 und 14.3o bis 19 Uhr (Sa.: nur bis Mittag). Vorschriften, wie z.B. in Deutschland in Form eines Ladenschlußgesetzes gibt es aber nicht. So öffnen z.B. die Geschäfte wie in der Cerro Cora und der Umgebung Pettirossi teils Sa. bis abends. Supermärkte sind oft auch So. bis 2o Uhr offen. – Ledertaschen am besten in der Hafengegend/Av. Colon.

Für südam. Verhältnisse relativ preiswert: Whisky und Wein, teils auch Kameras. Filme relativ billig, aber doch teurer als in den südam. Dutyfree Zonen (z.B. San Andres/ Kolumbien, Pta. Arenas/Chile und Manaus/Brasil).

★**Artesania:** Paraguay- Spezialitäten sind die Spitzen ("gnanduti")in Tischdecken und Umhängen. – "Ao Po-I" nennen sich Stickarbeiten auf Blusen und Hemden. – Weiterhin gute Lederarbeiten (Taschen etc.) mit eingebrannten Mustern, Silberarbeiten und Schmuck. Artesania- Shops im Centro, sowie in der Av. Colon nähe Hafen.

"Charangos" gesehen bei meheren Artesanos in der Av. Lopez Ri. Airport. – Berühmt auch die Paraguay- Harfe: z.B. "Pajaro Campana" in der Rca. de Colombia 1319. –

Gute Disco- Shops im Centro für die berühmte Paraguay- Musik, z.B. in der Estrella, der Alberdi und der Independencia Nacional, sowie Marsical Estigarribia.

★**Märkte:** mehrere in Asuncion. Einer der interessantesten dürfte der "Pettirossi- Markt" sein, Av. Pettirossi/Kreuzung Av. Brasil. Unter anderem breites Angebot an Lederarbeiten, die zwar oft teurer als in Uruguay oder Brasilien sind, dafür aber teils besser verarbeitet. –

★**Museen:** "Historico Militar"/Av. M. Lopez Ecke Präs. Sanches. Waffen, Ausrüstung und Dokumente aus dem 16. bis 19. Jhd. Interessant, wer sich mit der Geschichte des Landes beschäftigt. –

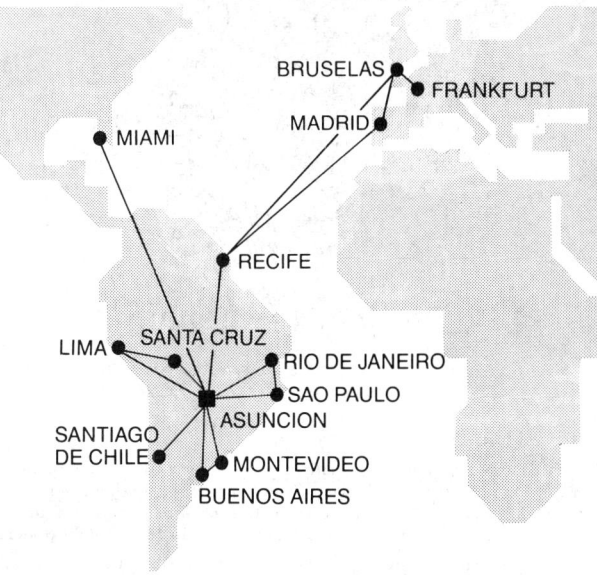

"Museo Nacional de Belas Artes"/M. Estigarriba 297. Vorwiegend paraguaische Künstler.

"Museo Dr. Andres Barbero"/EspanaEcke Gaboto (Karte/7). Ethnographischer und archäologischer Querschnitt des Landes, auch der Indianerstämme.

Feste/Kultur: eines der wichtigsten Feste ist das Asuncion- Oktoberfest (in Anlehnung des Münchner Oktoberfestes) Anfang Okt., ein riesiges Bierfest, das an Größe nur von dem Buenos Aires- Oktoberfest in Südamerika übertroffen wird.

Im Juli und August gibt es Folklorefestivals. – Am 21. Sept. wird das Frühlingsbeginn-Fest gefeiert mit Umzügen und Blumenparaden. – Stadt- Theater: "Teatro Municipal"/ P. Franco y Alberdi. Die Aufführungen teils in Spanisch, teils in Guarani.

Sport: Sehr beliebt ist Fußball, auch wenn Paraguay innerhalb der Fußballgiganten Südamerikas (Brasilien und Argentinien) wegen seiner geringen Einwohnerzahl nur eine untergeordnete Rolle spielen kann. – GOLF: nahe des Botanischen Gartens. – TENNIS: Tip das Hotel Ita Enramada mit mehreren Feldern. – FISCHEN: kann von Reisebüros in Asuncion organisiert werden.

Geschichte:

Zu Kolonialzeiten war das Gebiet des heutigen Paraguays für die spanischen Conquistadores relativ uninteressant, da es weit abgelegen von den Atlantik- und Pazifikhäfen lag und man keinerlei interessante Mineralien fand.

Nach Gründung eines Stützpunktes (Asuncion, 1537) zogen daher die Spanier weiter landein, um das Innere des neuentdeckten Kontinents zu erforschen.Gleichzeitig war man auch an der Erkundung des Landweges ab Buenos Aires/Atlantikküste zu den Andenregionen interessiert, – zum Abtransport der dort erhofften großen Bodenschätze.

Eine Idee, die nahelag, da die Spanier in diesen Jahren noch nicht das Landesinnere des Kontinents und seine Geographie kannten. Immerhin kam man mit Schiffen problemlos ab Buenos Aires den Rio Parana rauf bis Asuncion und erhoffte sich die Fortsetzung dieses Flußsystem bis zu den Andenhängen.

Da die Spanier wenig Interesse an der Region des heutigen Paraguays hatten, kam es dort, – im Gegensatz zu anderen Eroberungsräumen der Spanier nur kaum zu tiefgreifenden, blutigen Auseinandersetzungen mit den dortigen Ureinwohnern, den GUARANI Indianern.

Ab 16o9 leisteten JESUITEN- MISSIONARE in diesem "Freiraum" hervorragende Arbeit im Transfer von Ackerbau- Know How. In ihren "Reductiones" förderten sie über ihre Bibelarbeit hinaus,weitgehend uneigennutzig die Selbstentfaltung der Guarani-

Indianer. (Siehe auch Kapitel "Misiones" im Argentinien- und Bolivien- Teil dieses Bandes!)1767 wurde den Spaniern die Tätigkeit der Jesuiten zu gefährlich, da sie die Indianer nicht im Sinne der Spanier unterwarfen, sondern förderten und wirtschaftlich stark machten. Und sich insbesondere auch gegen kriegerische Angriffe von Landpiraten (z.B. den "Bandeirantes" aus Brasil) erfolgreich durchsetzen konnten. Also auch zwischenzeitlich eine Militärmacht im Landesinneren darstellten.

1767 Verbot jeglicher Jesuiten- Tätigkeit in Südamerika durch Dekret des spanischen Königs und Vertreibung der Jesuiten.

In der Folge verfiel das Land. – 1811 Unabhängigkeit von den spanischen Kolonial-Herren, sowie von dem 181o von den Spaniern freigekommenen Argentinien.

Jose Gaspar R. de FRANCIA regierte als der "EL SUPREMO" (der Übermächtige) zunächst das Land autoritär und diktatorisch (1814 - 4o), wobei er geschickt die neugegründete Republica Paraguay hermetisch von den neugegründeten Nachbar-Republiken wie Argentinien und Brasilien abriegelte, um sich als Minirepublik von fremder Einflußnahme zu schützen. Spanische Landbesitzer wurden vertrieben und das "Guarani" die Sprache der Indianer zur Landessprache erklärt, um sich Unterstützung der weiten Landbevölkerung zu sichern.

Mischehen mit der noch verbliebenen spanischen Oberschicht wurden verboten, zudem wurde der Einfluß der noch verbliebenen (kolonial- spanischen) Kirche reduziert.

So rigoros das Regime war, so erreichte er jedoch, daß sich die neugegründete "Republica del Paraguay" gegenüber den übermächtigen Nachbarn durchsetzen und festigen konnte. – Sein Neffe C.A.LOPEZ übernahm kurz nach dem Tod von de Francia die Regierung und öffnete das wirtschaftlich stabilisierte Paraguay dem Handel mit den Nachbarländern (1844 - 62).

Während seiner Regierungszeit entstand eines der ersten Eisenbahngleise Südamerikas (Asuncion nach Paraguari, in Breitspur 1676 mm), er förderte das Schulwesen und ließ

Das erste Eisenbahngleis PARAGUAYS in zeitgenössischer Darstellung. →

War zwar nicht erstes Südamerika, – wie häufig falsch berichtet wird, – frühere Gleise wurden in Peru (Callao nach Lima), in Chile (Copiapo/Mine) und in den Guayanas angelegt.

So doch erstes, wichtiges Personenverkehrsgleis, über das damalige Chronisten berichten, daß es "elegant nordamerikanisch gebaute, komfortable Wagen besitzt"(!), aber die Gleise reichlich "carelessly" (miserabel) verlegt worden seien, was nicht selten zu Verzögerungen führte.

Wegen politischer Probleme Paraguays wurde es erst 1911 bis Encarnacion am Rio Paraná fertiggestellt unter der 1889 in London gegründeten "Paraguay Central Railway". Anschluß ans argentinische Eisenbahnnetz der dortigen "North Eastern Railways" per Eisenbahnfähre über den Fluß nach Posadas mit Gleis nach Buenos Aires.

1961 Rückkauf des Gleises bis Encarnacion durch die Regierung von Paraguay, die derzeit noch holzgefeuerte Dampfloks betreibt, aber Modernisierung anstrebt.

das Straßennetz zu verbessern. Auf seine Initiative hin wurden auch die ersten Hochsee-Dampfschiffe Südamerikas gebaut; elementar für den wirtschaftlichen Aufschwung im Ex- und Import von Waren. Gleichzeitig baute er ein superschlagkräftiges Heer auf, das zu seiner Regierungszeit über doppelt so viele Soldaten verfügte, wie das seines Nachbarn Brasilien. Er war jedoch so geschickt, daß er sich nicht in Kriege verwickelte, sondern clever zwischen den Nachbar- Großmächten Argentinien und Brasilien taktierte, – sodaß das Heer zum Aufbau der Straßen und kleinerer Industrien herangezogen werden konnte.

Während andere südamerik. Staaten Mitte des 19. Jhd's massiv gebeutelt wurden durch Krisen (auf Grund kolonialspanischer Nachwirkungen) und massiven Auslandseinfluß,– war Paraguay stark, hatte eigene Stahlfertigung, viele Fabriken (Stoff, Papier, Schießpulver etc.) und eine Außenhandelsbilanz, die besser war als die vieler anderer Nachbarn. Sowie eine wirtschaftliche Blüte und Stärke, die damals seinesgleichen suchte.

Außenpolitisch erreichte C.A. Lopez die diplomatische Anerkennung durch die damals wichtigsten Staaten der westlichen Welt: USA, und in Südamerika Argentinien wie Brasilien. – Innenpoltisch wurde gleich zu Beginn seiner Amtszeit die Sklaverei abgeschafft,– noch rund 2o Jahre vor USA und vielen südamerikanischer Länder.

Nach seinem Tod wurde sein ältester Sohn, FRANCISCO SOLANO LOPEZ Präsident von Paraguay. Er verwicklete sich flott in den "TRIPLE ALLIANCE KRIEG" (1864-7o) gegen die Nachbarländer Argentinien, Brasilien und Bolivien, – im Glauben an erwähnte Sicherheit eines wirtschaftlich starken Paraguays und einer potenten Armee. Beim Ziel, Paraguay den Zugang zum Meer freikämpfen zu können.

Ein Vorhaben, das an der Übermacht der Nachbarstaaten scheiterte. Im Triple Allinace Krieg starben mehr als 7o % der paraguayischen Männer (ab Kindesalter 1o Jahre!). Die Frauen sollen teilweise mit Glasscherben gegen die anrückenden Brasilianer gekämpft haben! – Das Land wurde in ein Wirtschaftschaos gestürzt, von dem es sich erst runde 5o Jahre später zu Zeiten des Präsidenten E. Schaerer (1912 - 16) erholte.

CHACO–KRIEG: bereits ab Staatsgründung Boliviens (1824) beanspruchte dieses Land die Chaco- Gebiete, verzichtete aber auf kriegerische Auseinandersetzungen, da die Gras- und Buschsteppen wirtschaftlich zunächst uninteressant waren.

Als aber Anfang der 3o-er Jahre amerikanische Erdölgesellschaften in diesem Bereich Erdöl vermuteten, kam es zu kriegerischen Auseinandersetzungen (1932 - 35) zwischen Bolivien und Paraguay.

Man sagt, daß der Krieg von rivalisierenden US- Erdöl- Companies angestiftet wurden sei, die um Einflußbereich und Konzessionen kämpften. Hochstilisiert als "nationaler Freiheits-Kampf", um die Soldaten zum Kampf zu motivieren.

Die Soldaten kämpften "tapfer" im Auftrag der "Verteidigung des Landes" im Chaco. Auf Seiten der Bolivianer auch viele Hochland- Indianer, die den heißen Chaco- Gebieten nicht gewachsen waren. Auf paraguayischer Seite starben rund 6o.ooo Soldaten, – auf bolivianischer rund 8o.ooo Menschen!Dann stellte sich heraus, daß es keine wichtigen Erdölvorkommen im Chaco gibt,und man schloß einen Friedensvertrag (1938/Buenos Aires), der Paraguay die größeren Chaco- Gebiete zusprach.

In der Folge ab Friedensvertrag 1938 gab es eine Fülle von Präsidenten bis 1954, die laufend wechselten und denen es nicht gelang, das Wirtschaftschaos in den Griff zu bekommen.

1954 kam durch einen Militärputsch der deutschstämmige General STROESSNER an die Macht (Vater aus Hof/Bayern, Mutter: Paraguay), der seither mehr als 3o Jahre ununterbrochen regiert.

Die Wirtschaft des Landes besteht traditionell aus teils recht fruchtbarem Weide- und Wiesenland (etwa 36 % der Landesfläche; Export von Rindfleisch), das aber, sofern es in Niederungen oder der Nähe von Flüssen gelegen ist, saisonal überschwemmt sein kann.

Ackerbau (ca. 2,7 % der Landesfläche) spielt eine untergeordnete Rolle . Traditionelle Exportartikel sind Baumwolle und Holz (rund 55 % des Landes sind Wald). Insbesondere im Chaco Gewinnung von Tannin aus dem Hartholz "Quebracho", einem Gerbmittel. Der Abbau von tropischen Edelhölzern ist rückläufig.

Drogenhandel gehört in den illegalen Bereich, – Bodenschätze sind unbedeutend. Wenn das Straßennetz Paraguays auch heute noch nur auf den wenigen Hauptverbindungen asphaltiert ist, so resultiert dies aus den riesigen Entfernungen und der superdünnen

Besiedelung des Landes. Auf einer Fläche fast so groß wie unsere BRD (= ca. 61 Mill. E.) leben in Paraguay nur rund 3.1 Mill. Menschen, davon rund o.7 Mill. in der Hauptstadt und der Rest vorwiegend in Ostparaguay.

Der Straßenbau ist daher superkostspielig. Andererseits haben die geschickten Verträge Paraguays in Sachen ITAIPU- STAUDAMM (Details siehe "Pto. Pte. Stroessner"!) das Land zu einem ungemeinem Wirtschaftsaufschwung gebracht. Er macht Paraguay zum größten Energie- Exporteur der Welt und wird um Mitte der 9o- er Jahre der Staatskasse jährlich rund 2oo Mill. US $ zuführen. Ohne jegliche Ausgaben ab Baubeginn. Zugleich führte er zu einer regen wirtschaftlichen Zusammenarbeit mit dem Nachbarn Brasilien. Insbesondere in Ost- Paraguay intensiver derzeitiger Ausbau des Straßennetzes in Anbindung an den Nachbarn Brasilien.

Ausgenommen der Guayana- Staaten ist PARAGUAY (zusammen mit Uruguay) eines der flächenmäßig kleinsten Staaten Südamerikas. Es hat heute aber bereits die mit Abstand geringste Auslandsverschuldung des Kontinents und die geringste Inflationsrate.

★Reisen in Paraguay:

Paraguay hat fast keine Sight- Seeing Attraktionen zu bieten (vergleichbar denen Perus, Boliviens, Chiles etc.). Der Reiz des Landes liegt in seiner Weite, Unerschlossenheit und dünnen Besiedlung. Aber auch seiner ungemein freundlichen Bevölkerung.

Wer auf dem Südamerika- Trip ist, baut Paraguay meist als "Durchreiseland" ein, – also Asuncion und rüber nach Iguazu, oder eventuell den Chaco- Trip nach Bolivien.

Im Grunde schade, Paraguay derart knapp "abzufeiern", wenn man über genügend Zeit für die Reise hat. Wir wollen hier aber bewußt keine Tips geben, wo die "Gastfreundschaft am besten gedeiht" etc., wie man das gelegentlich in schlechten Reiseführern ließt, dessen Autoren sich dann noch beschweren, wenns nach 2 Wochen mit dem Gastgeber "Probleme gegeben hat".

Ich kenne Paraguayos, die (insbesondere deutschstämmig!) supersensibel gegenüber derartigem, weltmännischem "Globetrotter- Schmarotzertum" reagierten.

★Umgebung/Asuncion:

Standarttrip ab Asuncion ist die Busfahrt rüber nach SAN BERNARDINO am Lago Ypacarai (ca. 6o km). Beliebter Wochenendtrip der Leute von Asuncion und sicher lohnend. Gegründet wurde der Ort Ende des 19. Jhd. von deutschen Einwanderern. Gemütlich und relaxing, die Hotels allerdings nicht billig.Möglichkeit von Privatquartieren. Der rund 2o km lange und 6 km breite See ist dicht tropisch bewachsen. Bademöglichkeiten. Campingplatz, Restaurants.

(siehe Übersichtskarte nächste Seite)

ZENTRALE RUNDFAHRT: rund 2oo km (von "Tours- Unternehmen" als "goldenes Dreieck" bezeichnet). Auf Mietwagen, Tours oder öffentl. Transport zurückgreifen. Vom Centro/Asuncion gehts über die Av. Lopez stadtauswärts rechts ab in die Brasil zum Pettirossi- Markt und gleichnamige Avenida aus der Stadt raus. Außerhalb des Ortes SAN LORENZO ein kleineres Folkore Museum zur Geschichte der Guarani- Ureinwohner und der spanischen Kolonialzeit. Weiter durch landwirtschaftliche Gebiete aber auch dichte Wälder, Zuckerrohr- Anbaufelder und Cocosnuss- Plantagen.

ITAUGUA ist wichtiges Kunsthandwerkzentrum des Landes mit den "nanduti"- Spitzenklöppelerzeugnissen. – CAACUPÉ (ca. 55 km ab Asuncion) Bus bis Itagua ca. 1 Std./2 US $, bis Caacupé ca. 1 Std. 2o Min. Auf dem Markt des Ortes gibts jede Menge an Kitsch in Sachen Artesania und in der Kirche eine wohltätige Jungfrau, die alljährlich am 6 Dez. Tausende von

Wallfahrern anlockt und als "wunderartig" gilt. In der Nähe der Kirche befindet sich eine Quelle, der man heilende Kräfte zuschreibt. An Optik lohnt der Besuch zu diesem Termin; die Pilger kommen aus dem Einzugsbereich bis Grenze Brasilien und Argentinien. Dann allerdings schwierig, Unterkunft zu finden. Neben Hotels und Privatpensionen gibt es einen öffentlichen SW- Pool, sowie ein Mini- Disneyland. Außerhalb der Festivitäten ist Caacupé angenehm relaxing.

Circuito de Oro
(Zentrale Rundfahrt)

Bei Km 64: Abzweigung von der "Ruta 2" nach PIRIBEBUY. Schön in Hügelland gelegen, 164o gegründet und zeitweilig Hauptstadt Paraguays. Ein kunsthistorischer Hochgenuß ist die Kirche mit excellentem Schnitzwerk. Piribebuy ist in Paraguay berühmt für seine Zuckerrohrschnaps-Produktion. Rund 5 km südl. des Ortes Abzweigung einer Erdpiste nach "Colonia Pirareta", von Eukalyptus gesäumt zu einer kleineren Kaskade. Seitlich kleines Restaurants mit Empanadas etc. Allerdings keine Busse ab Abzweigung.

In CHOLOLO gibts eine Posada ("Parador Chololo"), rechtzeitig reservieren! Ebenfalls an einer diesmal Mini- Kascade von ca. 2 m Höhe. Mit Restaurant. Schöne Lage und mehrere natürliche Mini- Pools, dichte Vegetation mit Vögeln und Schmetterlingen.

PARAGUARI zwischen bewaldetem Hügelland ist ebenfalls eine Jesuiten-Gründung (wie Piribebuy). Verkauf von Lederarbeiten . Eisenbahnstation der Strecke Asuncion – Encarnacion, sowie mehrmals tägl. Busse. Einfache Übernachtungsmöglichkeit.

YUGUARON: 1539 von den Franziskanern gegründet und älteste Mission im Gebiet des heutigen Paraguays. Auch wenn der heutige Ort weniger reizvoll ist, lohnt sich ein Zwischenstop wegen der Franziskaner- Kirche und dem Wohnhaus J.G. de Francias, dem ersten bedeutenden Präsidenten Paraguays, der durch seine Politik einer Ausklammerung ausländischen Einflusses entscheidend zum Bestehen des heutigen Staates Paraguay beigetragen hatte. Sein Haus: Museum mit Guarani- Kunsthandwerk, kolonialen Möbeln und Holzschnitzarbeiten auch aus sakralem Bereich.

★ Rio Paraguay:

Nachdem es in den Norden keine direkte Straßenverbindung gibt, geht der Fracht- und Personenverkehr über den Fluß. Wem das Spaß macht, der kann zwischen Tee und Rindviechern rauf bis CONCEPCION fahren. Schiffe: einmal pro Woche mit "Flota Mercantil del Estado" ab Asuncion, die bis Conception ca. 1 Tag brauchen, ca. 25 US $ in der 1. Klasse, bzw. 15 US $ in der 2. Klasse. Für südamerikanische Verhältnisse relativ moderne Frachter. Die Einstellung steht jedoch zu erwarten, da die Straße nach Conception derzeit fast komplett asphaltiert ist und der Bus (tägl., mehrere Gesellschaften!) die Sache schneller und billiger macht. Obwohl an Kilometern via Straße ein ganz schöner Umweg . . .

CONCEPCION: ca. 3o.ooo E. Handelszentrum für Nord und Nordwest-Paraguay. Als Stadt wenig attraktiv. Basic- Hotels, Restaurants.

TIP für Unterkunft ist das "Hotel Frances" (gehobene Basic- Klasse). Für die Kühlung sorgt ein Ventilator an der Decke des Zimmers. Ca. 8 US das Doppel. Gutes Restaurant. – Tip zum Essen ist die "Bar Victoria", die auch preiswerte Privatzimmer vermietet. Der Chaco "riecht", ist nahe und Conception sehr heiß!

Neben Bus und Schiff ab Asuncion gibts auch sehr billige Propellerflüge ab Asuncion mit der TAM. Konkurrenzlos preiswert bei ca. 5 US/Person.

Annähernd täglich eine Busverbindung von Concepcion rüber an die Chacopiste nach Pozo Colorado (Hund begraben!), Piste aber asphaltiert(!!). – Schiffe: den Rio Paraguay aufwärts einmal pro Monat bis Pto. Olimpio via Pto. Casado, wo deutsche Siedler leben und ein Eisenbahngleis rund 2oo km in den Chaco reinführt bis FORTIN MINAS CUE. Die aber, – wie uns Volker Jandt bestätigte, – rein nur noch dem Abtransport von Holz (Anmerk. der Red.: dem "Quebracho- Baum" aus dem Tannin, ein Mittel zur Gerbung gewonnen wird) – dient: "habe versucht, eine Genehmigung zur Mitfahrt zu bekommen. Wurde aber abgelehnt, da sie nur noch bis Km 84 verkehrt und die letzten 76 km zu Fuß zurückgelegt werden müßten. . ."

Ebenso ist oberhalb Pto. Olimpio praktisch null Flußverkehr weiter den Rio Paraguay aufwärts (trotz auf der Landkarte lukrativ erscheinender Connection nach Corumba/ Grenze Brasil mit Bolivia).Was Abenteuertrips betrifft.

Unterm Strich bringt daher CONCEPCION als Querverbindung für Abenteuertrips im Norden Paraguays wenig. Außer man hat extrem viel Zeit und "legt es an" . . .

Asuncion ⇝ Brasilien:

3 Hauptverbindungen: die meisten Gringos fahren nach dem Standard-Besuch "Asuncion" auf der durchgehend asphaltierten Straße rüber nach Pto. Pte. Gral. Stroessner, um die Iguazu- Wasserfälle einzubauen. An Sight-Seeing - Attraktivität ohne Frage die reizvollste Route nach Brasilien.

Varianten gehen via Guaira und via P.J. Caballero. Beide ebenfalls mit Anschluß auf der brasilianischen Seite per Bus (bzw. Zug) im innerbrasil. Verkehrsnetz.

Asuncion ⇝ Iguazu- Wasserfälle:

Es gibt täglich Flüge der brasil. "Cruzeiro do Sul" in modernen Jets ab Asuncion bis Foz do Iguacu/brasil. Seite. Der Flug dauert ca. 45 Min, inkl.

einer Schleife über den Wasserfällen und kostet ca. 5o US $.

Ebenfalls mehrmals tägl. Busse ab Asuncion via Pto. Pte. Stroessner bis Foz do Iguacu/brasil. Seite, die ca. 6 Std. brauchen,Fahrpreis ist derzeit bei den einzelnen Busgesellschaften unterschiedlich und bewegt sich zwischen ca. 6 und 1o US $ je nach Komfort und Ziel (Pto. Pte. Stroessner bzw. Foz do Iguaçu). In der Regel ist der Trip nur bis Pto. Pte. Stroessner billiger, zuzüglich des Regionaltransportes bis Foz do Iguacu. Muß aber nicht sein; selber abchecken!

Als Zielpunkt im Bereich der Iguazu- Wasserfälle ist derzeit die beste Wahl das auf der brasil. Seite liegende "Foz do Iguaçu". Dort erheblich mehr los, als in Pto. Pte. Stroessner, und die Preise für Übernachtung und Essen billiger. Außerdem gibts dort eine Art Stadtbusverkehr: sowohl zur brasil. Seite der Wasserfälle, wie auch zum Itaipu- Staudamm (Besichtigung) und nach Pto. Meira, dem Fährhafen über den Fluß und zum argent. Ort Foz de Iguazú (für die Besichtigung des argent. Teils der Wasserfälle).

Die STRECKE ab Asuncion: über die paraguaische "Ruta 2" (beschrieben im Kapitel "Zentrale Rundfahrt" bis Caacupe). In Cnel. Oviedo zweigt die "Ruta 3" ab, rauf nach P. J. Caballero, sowie runter nach VILLARICA.

VILLARICA ist die 2. größte Stadt Paraguays. Runde 22.ooo E., schöne Lage und fruchtbares Umland. Vom Ambiente ist Villarica sehr provinziell aber angenehm. In der Region leben viele Ex- Deutsche. Hauptsächlich Weinanbau, aber auch Tabak- und Baumwoll Felder und Mate Tee. Mit "Deutsch" kommt man in der Regel klar, – insbesondere in der nahegelegenen Siedlung "COLONIA INDEPENDENCIA", wo alljährlich ein großes Weinfest im März stattfindet. Hotels und Restaurants sowohl in Villarica wie auch Colonia Independencia. Tägl. Direktbusse ab Asuncion.

PTO. PTE. GRAL. STROESSNER: paraguayische Grenzstadt nahe der Iguazu- Wasserfälle. Es gibt häufig am Tag Regionalbusse über die große Bogenbrücke über den Rio Parana, der die Grenze zu Brasilien bildet, – nach der brasil. Seite/Foz do Iguacu. Die Überlandbusse von Asuncion haben ihren Terminal nahe der Brücke, über die man rüberläuft. Auf der anderen Seite hinter der Grenzstation verkehren brasil. Stadtbusse zum Stadtbusterminal in Foz do Iguacu. Alle Details zur brasilianischen Seite siehe dort! –

Der Grenzort Pto. Pte. Gral. Stroessner (runde 6o.ooo E.) hat auf mich persönlich wenig Reiz ausgeübt. Den Brasilianern dient er derzeit als Billig-Einkaufsquelle für Whisky. Im Ort gibt es ein Spielcasino, sowie eine Reihe von Hotels, die aber in ihrer jeweiligen Klasse meist teurer sind als drüben in Brasilien. Der Itaipu- Staudamm ist nur ab brasilianischer Seite zu besichtigen.

Der ITAIPÚ-Staudamm ist supercleverer Schachzug der derzeitigen Paraguay-Regierung. Mit 12,6 Mill. KW Stromausbeute wird er nach voller Auslastung der Turbinen Ende der 80er Jahre das mit Abstand größte Wasserkraftwerk der Welt sein (im Vergleich: der gigantische Assuan-Staudamm / Ägypten liefert lediglich 2,3 KW).

Gespeist wird der 190 km lange Stausee, der sich bis rauf nach Guaira erstreckt, vom RIO ALTO PARANA, der die Grenze zwischen Brasilien und Paraguay bildet. Folgerichtig steht die Nutzung dieser Strommengen zu jeweils 50 % Paraguay und Brasilien zu.

Verständlich, daß die Brasilianer im Vorfeld der Bauplanung überlegten, den Strom auf brasilianisches Gebiet umzuleiten, sowie es "kleinere" Grenzstreitigkeiten zwischen beiden Ländern gab.

Die USA vermittelten regulierend, wobei es beim bisherigen Fluß- und Grenzverlauf blieb. In der Folge vereinbarten die Paraguayos, daß ihre 50-prozentige Baukostenbeteiligung am Staudamm von den Brasilianern finanziert wird. Insbesondere wurde vereinbart, daß die Kosten plus Zinsen an die Brasilianer per Strom rückgezahlt werden.

Nach Tilgung in ca. 10–15 Jahren fließen zukünftig ca. 200 Mill. US-$ in die paraguayischen Staatskassen und zwar ohne jegliche vorherigen Ausgaben.

Itaipu macht damit Paraguay ab Mitte der 90er Jahre zum größten Energie-Exporteur der Welt. Ein ähnlich geschicktes Vertragswerk wurde mit Argentinien in Sachen YACYRETA-Staudamm vereinbart (Rio Parana, Nähe Encarnacion), derzeit in Bau.

Die wirtschaftlichen Auswirkungen sind jetzt bereits in Paraguay zu spüren. Itaipú führte zu einer regen wirtschaftlichen Zusammenarbeit mit Brasilien. Die Brasilianer engagieren sich derzeit in der Förderung der Infrastruktur des dichter besiedelten Ost-Paraguays: Asphaltierung einer Vielzahl bisheriger Erd –Pisten. Im Vertragswerk bereits unterschrieben: der Bau eines supermodernen und elektrifizierten Eisenbahngleises von Asuncion rauf nach P.J. Caballero mit Anbindung an das brasilianische Eisenbahnnetz, insbesondere den größten Wirtschaftsraum Südamerikas, São Paulo.

Weitere Details siehe "Foz do Iguacu"/Brasilienteil! – Ab Pto. Pte. Gral. Stroessner neue und tip- top asphaltierte Straße runter nach Encarnacion, die an Steigungen teils dreispurig verläuft. Busverbindung.

2.) **Asuncion ⋙→ Guaira:** tägl. Busverbindung, allerdings derzeit nur ca. 4o % asphaltiert. Alternative zur Brasilien-Verbindung via Iguazu-Wasserfälle, aber nicht mehr attraktiv, da die früheren (und landschaftlich lohnenden) Guaira-Wasserfälle Opfer des Itaipu-Stausees wurden. Zudem dauert die Busfahrt runde 12 Stunden; auch kann der Erdpistenteil nach Regenfällen oft auf viele Tage gesperrt ist. Schöne Strecke, weitgehend durch Urwald mit Rodungen.

Die „Hotels" auf der paraguayischen Seite sind super-basic, und nicht selten krabbelt nächtlich eine Spinne als Gast über das Bett. Geldwechseln kann auf der paraguayischen Seite schwierig werden; am besten bringt man brasilianische Cruzeiros aus Asuncion mit.

Per Fähre über den Fluß und ab brasilianischer Seite täglicher Busanschluß ans brasilianische Netz (São Paulo etc.).

3.) **Asuncion ⋙→ Pedro Juan Caballero:** 4mal pro Woche mit dem Militärpropeller der TAM für 6 US. Konkurrenzlos billig, daher häufig ausgebucht. Bei kräftigen Regenfällen gibt es häufig Flug-Stornierungen.

Die Straße ist zwischenzeitlich komplett asphaltiert und auch nach heftigen Regengüssen ganzjährig befahrbar. Täglich Direktbusse ab Asuncion, ca. 8 Std. 8 US-$. Die Strecke ist berüchtigt für massiven Drogenschmuggel. Mit Polizeikontrollen unterwegs ist zu rechnen.

PEDRO JUAN CABALLERO (ca. 5o.ooo E.) ist Grenzstadt zu Brasilien, provinziell, mit einer Handvoll Mittel-Klasse- bis Basic-Hotels im Dreh von 5 bis 10 US pro Doppel.

Geldwechseln im Ort möglich. Zur Überquerung der Grenze nach Brasilien

(Ponta Porã) zunächst zur paraguayanischen Inmigracion wegen Exit-Stempel nötig. Hotels auf der brasilianischen Seite derzeit billiger und dort auch mehr los. Ab Ponta Porã gibt es eine tägliche Zugverbindung nach Campo Grande am Gleis São Paulo – Corumba/Grenze Bolivien.

★ Asuncion ⋙→ Argentinien:

Direktbusverbindung mit Buenos Aires/Argentinien mit "Nuestra Señora de la Asuncion" in rund 2o Std. bis Asuncion für die knapp 1.5oo km. Busse fahren 3 mal in der Woche, ca. 7o US S. Die Strecke geht über das argentinische Resistencia und Formosa und überquert per internat. Brücke bei Asuncion den Fluß. Die Strecke ist durchgehend asphaltiert, aber stressig non- stop zu fahren, da es in dem Tiefland parallel zum Rio Parana über viele Stunden kaum Abwechslung gibt.

Innerargentinische Direktbusse tägl. ab Buenos Aires bis Formosa, ca. 18 Std./2o US S und Regionalbus nach Asuncion (ca. 25 US S).

Weder Resistencia noch Formosa lohnt sich für Zwischenstop, um die lange Fahrt angenehm zu unterbrechen. Dafür ist diese Route die schnellste Überlandroute zwischen beiden Hauptstädten. Der Passagier- Verkehr auf dem Rio Paraguay/Rio Parana zwischen Buenos Aires und Asuncion ist entgegen andererslautender Berichte eingestellt.

ALTERNATIVEN: entweder von Buenos Aires mit dem mehrmals tägl. verkehrenden Bus bis Posadas (ca. 17 - 19 Std./ 15 US $) und rüber nach Encarnacion/Paraguay. Dort gibt es tägl. Zug bzw. Busverbindung mit Asuncion (ca. 7 US $) sowie nach Pto. Pte. Stroessner bei den Iguazu Wasserfällen. Details siehe Folge- Kapitel! –

Letztere sind auch ab Posadas via argent. Seite mit täglichem Bus nach Foz de Iguazu/Argentinien zu erreichen(ca. 6 Std./6 US $ ab Posadas).

In jedem Fall ist die Route via Posadas interessanter wegen den Jesuiten-Missionen sowohl bei Posadas, wie auch bei Encarnacion.

FLUG: der Direktflug ab Buenos Aires nach Asuncion (tägl.) ist knackig teuer. Runde 2 1/2 Std., ca. 19o US $ einfach. Wer mit dem argentinischen Rundflugticket reist (Details siehe "Argentinien"!), hat den nähesten Anschluß an Paraguay in Posadas und in Foz de Iguazu. Was Asuncion betrifft, ist der nächste, von der AA angeflogene Airport Formosa.

Asuncion ⋙→ Encarnacion: als Zugverbindung abenteuerlich. Das zur Jhd. - Wende fertiggestellte Gleis lässt sehr zu wünschen übrig und rumpelt die Passagiere fast mehr durch, als ein Bustrip auf einer südamerik. Erdpiste Andererseits ist es Leckerbissen für Eisenbahnfans, da es eine der letzten Strecken des Kontinents ist, die mit Dampfloks betrieben wird. Erstaunlich, was da alles in Asuncion in den Restaurant- Waggon eingeladen wird! Immerhin wird vorab bereits mit berücksichtigt, daß der Zug unter Umständen unterwegs hängen bleibt oder länger als die geplanten 16 Std. unterwegs ist. Essen "an Bord" ist gut, dicke Steaks, sowie viel Whiskey und große Biervorräte.

Fahrzeit für das rund 37o km lange Gleis im Normalfall 16 Std., teils aber bis zu 24 Std./5 US $ in der "1. Klasse".

Der Bus macht die Strecke in rund 6 Std. (tägl. mehrmals über die komplett asphaltierte "Ruta 1". Ca. 7 US $). Der erste Streckenabschnitt ist unter "Umgebung/Asuncion" beschrieben bis PARAGUARI.

VILLA FLORIDA (etwa auf halber Strecke von Asuncion nach Encarnacion) ist beliebter Ferienort für die Paraguayos wegen guter Angelmöglichkeiten, aber auch Bootsausflügen auf dem Rio Tebicuary. Als Ort sehr schön, bei Niedrigwasser viel weißer Sandstrand (mit die beste Bademöglichkeit in Paraguay!). Villa Florida hat einen ganzen Schwung, zum Teil recht komfortabler Hotels, sowie sehr gute Restaurants, meist mit Garten. Die Encarnacion- Busse von Asuncion machen hier Zwischenstop zum Essen und für sonstige Bedürfnisse.

ENCARNACION: am Grenzfluß des Rio Parana, rund 60.000 E. und Verwaltungszentrum der Bauarbeiten zum neuen Riesenstaudamm Yacyreta, der derzeit rund 40 km flußab am Rio Parana entsteht. Gleichzeitig ist eine Brücke über den Rio Parana rüber zum auf der argentinischen Seite liegenden POSADAS im Bau; Fertigstellung demnächst zu erwarten. Derzeit gehts noch per Fähre über den Fluß.

UNTERKUNFT: billige Sachen vorwiegend in der Nähe des Bahnhofes. Gut auch "Pension Villa Alegre"/in der Antequera. Das Preisniveau liegt in Encarnacion für paraguayische Verhältnisse relativ hoch. Unter Umständen ist man in Posadas besser bedient, das zugleich wesentlich größer ist und abends mehr Abwechslung bietet.

Teuer- Tip für Encarnacion ist das rund 20 km außerhalb an der Straße nach Trinidad liegende "El Tirol". Ein komfortables Hotel in rustikaler Steinbauweise inmitten dichter Urwälder. Bananenhaine, Papayas, wachsen fast ins Zimmer rein. Mit Swimming Pool schön im Tal gelegen. Sehr relaxing, preislich allerdings Teuerklasse um 60 US. – Absolut Top- Klasse ist das "Novotel", am Ortseingang Encarnacion, von Asuncion kommend. In den Zimmern Farb TV. Sowie Tennisplätze, Reiten, SW- Pool etc.

VERBINDUNGEN: Zug nach Asuncion zwischen 16 Std und . . . , in der 1. Klasse ca. 5 US $. Bus die gleiche Strecke mehrmals täglich für runde 7 US $, ca. 6 Std. – Täglich gibts auf der neuen und durchgehend asphaltierten Strecke Encarnacion rauf nach Pto. Pte. Gral. Stroessner Direktbusse. Fahrzeit für die rund 300 km ca. 6 Std./7 US $, fahren 3 - 4 mal am Tag, z.B. "Empr. Encarnazena". (Interessanter, – wegen der Möglichkeit des Stops in der Jesuitenmission Ignacio Mini – ist jedoch die ebenfalls durchgehend asphaltierte Parallelroute auf der anderen Seite des Rio Paraná/Argentinien zwischen Posadas und Foz de Iguazu. Details siehe dort. Ebenfalls ca. 6 Std./6 US $. Allerdings erheblich längere Fahrzeit, wenn man den Regionalbus dort nimmt, der den Stop in Ignacio Mini ermöglicht. Oder retour nach Posadas!)

Keine Flugverbindungen ab Encarnacion/Paraguay. – Posadas/Argentinien auf der anderen Seite des Flusses ist dagegen Verkehrsknotenpunkt. Täglich Direktbusse nach Buenos Aires, nach Foz de Iguazu und rüber nach Resistencia. Täglich Flugverbindung mit AA- Jets nach Bs.As. und Regionalpropellermaschinen quer über den argentinischen Chaco nach Salta (Anschluß Zug bzw. Bus nach Bolivien). Alle Details siehe dort!

GELDWECHSELN: problemlos in Encarnacion. Geldwechselstuben, teils auch ambulante Geldhändler auf der Straße im Centro, aber sauber nachzählen! Vor Überquerung des Grenzflusses Ri. Argentinien restliche Guranies abstoßen!

UMGEBUNG/ENCARNACION: interessant ist der Besuch der Jesuitenmission TRINIDAD, sowie der Jesuitenkirche in Jesus (Regionalbusse ab Encarnacion). In der Region zugleich viele deutsch- stämmige und japanische Siedler. Die interessanteste und besterhaltene "Reduccion" der Jesuitenmissionare ist jedoch San Ignacio Mini auf der argentinischen Seite und ab Posadas zu erreichen. Details siehe dort!

Im Bereich HOHENAU / OBLIGADO (ca. 2o km ab Encarnacion an der Straße nach Pto. Pte. Gral Stroessner) viele Deutsche Siedler. Kolonien, die früher zwischen 1o und 2o Ha. umfassten. Die Siedler kamen um die Jhd.-Wende nach Brasilien und von dort nach Paraguay. Aber bitte kein Schwarzwald- Dorf oder sonstige Klischees vorstellen! Besuch kann interessant sein; simple Bungalow- Bauweise von Farmern, die sich mit viel Fleiß ihren Lebensunterhalt sichern. Übernachtung in Hohenau "Hotel Estrella", Bungalows, sauber, Besitzer deutschsprachig. Oder der sehr familiäre "Parador du Walter" im Nachbarort Bellavista (ca. 8 km), mit SW- Pool und angeblich dem besten Essen der Region. Die "asados a la espada" probieren! Übernachtungsmöglichkeit allerdings bei nur 5 Zimmern sehr limitiert! – Essen in Hohenau weniger empfehlenswert (Handvoll Kioske am Busstop), besser der "Club caza y pesca" am Rio Paraná, rund 13 km von Hohenau, wo auch die Yachten und Motorboote der Hohenau Siedlier liegen und man sich insbesondere am Wochenende trifft.

* Asuncion → Bolivien:

(1) Bequemste, allerdings auch mit Abstand teuerste "Lösung" ist der Direktflug (mehrmals pro Woche, ca. 1oo US $) ab Asuncion nach Sta. Cruz/ Bolivien.

(2) Wer Überland reist, hat entweder die Wahl via NORDROUTE: ab Asuncion mit dem Bus oder Propeller nach P.J. Caballero/Grenze Brasilien und ab Ponta Porã Zug/Bus nach Campo Grande . Dort gibts Bus und Zugverbindung nach Corumba an der Grenze zu Bolivien und den tägl. verkehrenden Zug nach Sta. Cruz. Details siehe Bolivienteil.

EINE Strecke, die je nach Anschlüssen zwischen 3 und 4 Tagen dauert. Kommt in jedem Fall billiger, als der rund 1 1/2- stündige Direktflug ab Asuncion, – insgesamt runde 3o US $, wozu sich aber noch die Essens- und Übernachtungskosten addieren.

Die Nordroute ab Asuncion nach Bolivien ist derzeit die schnellste und bequemste Verbindung überland.

(3) Oder via SÜDROUTE: ab Asuncion durch Argentinien nach Formosa und dort mit dem Zug die 7oo km schnurgeradem Chaco- Gleis rüber nach Embarcacion, wo man auf Anschluß an die argent./boliv. Grenze warten muß. Dort (Yacuiba) Zug nach Sta. Cruz.

ANGEBLICH soll die Zugverbindung zwischen Formosa und Embarcacion eingestellt sein, – was einen weiteren Umweg Richtung Süden bis Resistencia/Argentinien bedeutet, wo es Busverbindungen nach Salta mit Anschluß Bolivien gibt. An Fahrzeit zwischen Asuncion/Paraguay und Sta. Cruz zwischen 5 bis 6 Tagen.

Preislich ist die Südroute teurer als die Nordroute. Einmal, weil die Übernachtungspreise in Argentinien teurer sind, als die von Brasilien auf der Nordroute. Zum anderen wegen der längeren Fahrzeit.

Bezüglich landschaftlicher Reize würde ich die Nordroute bevorzugen, insbesondere wegen der Eisenbahnfahrt Corumba/Pto. Suarez nach Sta. Cruz. Auch wenn man dort noch Abstechertrips in die boliv. Misiones unternimmt (Details siehe dort!). Andere Gringos fanden den Trip langweilig. –

Die SÜDROUTE lohnt sich dann, wenn man den Trip (plus ca. 4 Tage) via Nordchile ausweitet: ab Salta/Argentinien mit dem Bus über Andenhochlandschaften und zwischen Vulkanketten rüber nach Nordchile/Calama - Atacames wüste. Mit Geysiren, Salzlagunen und dem abenteuerlichen Trip der Wildwest- Eisenbahn von Calama nach La Paz/Bolivien. Alle Details siehe dort! –

MIT EIGENEM FAHRZEUG: auf der "Nordroute" zwischen Corumba und Sta. Cruz eine saumiserable Piste, die selbst für Geländefahrzeuge und in der Trockenzeit kaum befahrbar ist. Es gibt aber PKW- Verladung auf den Zug. – Die "Südroute" ist via Resistencia befahrbar, allerdings Yacuiba – Sta. Cruz meiden! Besser via Tarija – Potosi – Sucre! –

④ CHACO – ROUTE via Paraguay: zwar an Kilometern die kürzeste aber auch abenteuerlichste Querverbindung zwischen Paraguay und Bolivien.

Ohne eigenes Fahrzeug kaum Transportchancen, da es keine durchgehende Busverbindung gibt und der LKW- Verkehr ab Mariscal Estigarribia minimalst ist.

STRECKE: tipp topp asphaltiert ab Asuncion bis zum Wegkreuz/Abzweigung Filadelfia (= knapp 400 km und tief in den Chaco rein). Achtung, wer mit eigenem Auto fährt, nur 2 oder 3 Tankstellen.

Es geht durch hügeliges bis absolut flaches Tiefland, bestanden von Savannen Palmen, Knüppelstrauchwerk und Dornengebüsch. Während der Regenzeit ist das Land oft über weite Flächen überflutet, die Rinder bis zum Bauch im Wasser. Das ganze Jahr über massive Moskitoplage, insbesondere zur Trockenzeit, wenn die Regensümpfe in der Hitze von bis zu 35 Grad/Schatten ausdünsten. Zugleich aber auch Paradies für Vogelliebhaber. Die Monate Juli/August/September sind die Trockenzeit im Chaco und die einzig empfehlenswerten Monate, wer den Trip rüber nach Bolivien plant.

Busse ab Asuncion täglich bis Filadelfia, ca. 6 - 7 Std./8 US $.

Chaco: gigantische Landflächen etwa der Größe Süddeutschlands bis zur Main- Linie,– in der weniger Menschen als in Ingolstadt leben! Im südöstlichen Chaco (von Asuncion kommend) eine Palmen- Savanne mit Viehweiden und streckenweise Sumpfgebieten. Haupteinnahmequelle des Chacos ist heute die Rinderzucht. Es gibt gigantische Farmen, die mit Funk, eigenen Sportflugzeug- Landepisten etc. operieren und das Fleisch in großen LKW's insbesondere nach Brasilien exportieren. Auch Grund der neuen, asphaltierten Straße zwischen Pozo Colorado und Concepcion, weiter via Ponta Pora/brasil. Grenze.

Das Zentrum des CHACO ist jedoch eine Region von knüppelheißem Dornengebüsch, stachliges und unwirtliches Kakteen- Land. Trinkwasser muß in bis zu 100 m tiefen Brunnen gegraben werden, da die Wassertümpel stark salzhaltig sind.

Wichtigste Siedlungen sind FILADELFIA (ca. 8.000 E., rund 12 km Abzweigung von der "Trans- Chaco".Hauptsiedlungsgebiet der MENONITEN, die sich in mehreren Einwanderungswellen ab der 20-er Jahre dieses Jhd's im Chaco ansiedelten.

Eine protestantische Sekte, die strikt den Waffendienst ablehnt und entsprechend verfolgt wurde. Die ersten menonitischen Siedler kamen aus Kanada und Rußland. Sowie nach dem Chacokrieg und Friedensvertrag von Buenos Aires (1938) in einer 3. Einwanderungswelle aus deutschsprachigem Raum via Brasilien.

Sie benutzten dabei das Mitte der 30-er Jahre gebaute Eisenbahngleis von Pto. Casado nach Fortin Minas (angelegt um Tannin aus dem Quebracho- Baum zu gewinnen) und legten den Rest der Strecke ab Fortin Minas bis Region Filadelfia mit Ochsenkarren zurück.

Die damalige Paraguay Regierung war an Besiedlung des unwirtlichen Chacobereiches durch die Menoniten sehr interessiert, um die Region gegen eventuelle zukünftige Angriffe nach den Wirren des Chaco Krieges zu stabilisieren und "paraguayisch" zu besiedeln. In dem Zusammenhang erhielten die fleißigen und genügsamen Menoniten erhebliche Sonderrechte, die noch heute bestehen. So hat Filadelfia und seine Region eine eigene Polizei, die den Menoniten untersteht, wie auch die Bewohner keinerlei Waffendienst für Paraguay leisten müssen.

FILADELFIA: Siedlung von ca. 8.ooo E., vorwiegend in Farmen tätig. Als Siedlung tipp- topp sauber, kleine Gärtchen, Holzhäuser und intaktes Sozialgefüge mit minimaler Kriminalität. Alles geht adrett zum Sonntags-Gottesdienst, der über Rundfunksender übertragen wird. ("Stimme des Chaco"). Gesprochen wird reines Platt- Deutsch. Mit viel Fleiß wurde die Dornensteppe mit Catterpillars freigeräumt. Um Filadelfia und die umliegenden Menonitensiedlungen grüne Rinderweiden

Übernachtungsmöglichkeit an der Hauptplaza das "Hotel Florida" (paar Meter vom Busstop), das in seinem alten Gebäudeteil (Gemeinschaftsunterkunft) ca. 7 US kostet, aber moderneren und teureren Anbau mit Einzelzimmern/Doppel besitzt. Insgesamt eine karge, spärliche Angelegenheit, die aber auch Bier verkauft. – Schräg gegenüber Wechselstelle und bester Kurs im Chaco! Daneben Supermarkt, eine Molkerei und das örtliche Kraftwerk, wo Quebracho- Holz zur Stromgewinnung verbrannt wird.

GRINGOS kritisieren die "Reserviertheit" der Menoniten Fremden gegenüber, die aber auch ihren Grund hat in unterschiedlicher Lebensauffassung. Man lebt in Filadelfia und seinen Nachbarsiedlungen (Loma Plata, Colonia Neuland, Colonia Menno) strengkonservativ und hat wenig Interesse am Fremden, auch wenn er noch so weit gereist ist. Gringos dagegen stellen einen gewissen Inzestfaktor fest. – – Filadelfia hat eine Autowerkstatt (gegenüber Supermarkt und Hotel Filadelfia), die excellent und mit modernsten Geräten ausgerüstet ist. Gegenüber eine Eisdiele mit dem wohl besten Eis Paraguays!

MARISCAL ESTIGARRIBIA: rund 4o km nach Filadelfia, an der "Trans-Chaco". Derzeitiger End-

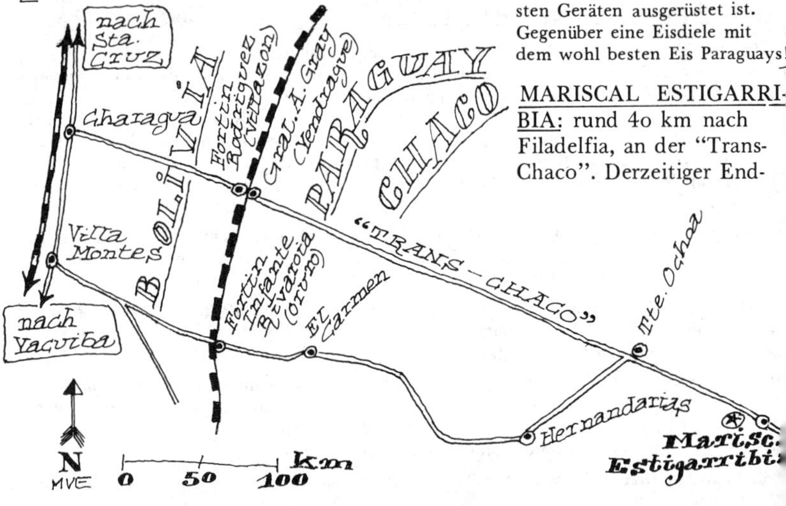

punkt der Zivilisation. Als Siedlung absolut mini, Militärposten mit umfangreicher Garnison zum "Schutz des Chacos", Geschäften, Kneipen und Puff. Letztes Benzin vor dem Transchaco, aus 2oo l- Fässern abgepumpt, Bank (allerdings Wechseln in Filadelfia ergibt besseren Kurs!).

In der Nähe liegt ein Superairport, der der Frankfurter Startbahn West Ehre, wenn nicht in Dimension Konkurrenz macht. Das Radarsystem ist eines der besten Südamerikas mit einer Reichweite bis Bs. As., stammt von Phillips. Der Airport dient u.a. dem Amerikanern als Zwischenstop für ihre Versorgungsflüge in die Antarktis. Besichtigung nicht möglich.

Trans-Chaco- Trips nach Bolivien: auf eigene Faust und ohne eigenes Fahrzeug kaum realisierbar, da der Verkehr zu minimal ist. Die "besten Chancen" noch während der Monate der Trockenzeit Juli bis September, – allerdings, wie uns Volker Jandt zutreffend bestätigte: "man hängt sicher auf Wochen fest"!

Alle Details zur Befahrung der 4oo km Piste bis Zivilisation/Bolivien siehe Seite 993.

ALLGEMEINE TIPS PARAGUAY:

- **Strom:** 22o Volt, 5o Hz.
- **Feiertage:** 1. Jan., – 3. Febr., – 1. März, – Karfreitag/Ostermontag, – 14./15. Mai, – 12. Juni, – 15. und 25. August, – 29. September, – 12. Oktober, – 1. November, – 8. und 25 Dezember.
- **Klima:** subtropisch bis tropisch. Sommer (Jan. - März) bringt Temperaturen bis zu 35 Grad, aber auch Regen. Im Winter (Juli bis Sept.) können die Temperaturen nachts bis auf 5 Grad absinken. Wegen einer relativ hohen Luftfeuchtigkeit sollte man sich insbesondere im Sommer luftige Baumwoll-Kleidung mitbringen. Als Monate der größten Niederschläge gelten Okt. bis April.
- **Transport**: das STRASSEN–NETZ befindet sich im Ausbau. Trotz dünner Besiedelung des Landes haben die Großprojekte Itaipu- und Yacyreta- Staudamm Projekte in Folge zu intensiverem Ausbau des Straßennetzes in Ost-Paraguay geführt. Bisherige Erdpisten sind, bzw. werden derzeit asphaltiert, was die Infrastruktur des Landes erheblich verbessert und auch Busfahrzeiten verkürzt, wie Bus- und LKW- Material schont.

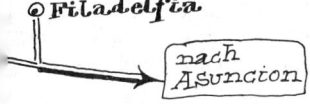

Die 3 Hauptstrecken ab Asuncion (nach Pto. Pte Stroessner, – nach Encarnacion und nach P.J. Caballero/Concepcion) sind ganzjährig befahrbar. Auf Nebenstrecken kann es bei starken Regenfällen zur Sperrung der Pisten kommen. Paraguay hat auf den Hauptstrecken ein gutes und relativ billiges Busnetz, das sternförmig ab Asuncion verkehrt. Das Dreieck Asuncion – Encarnacion – Pto. Pte. Gral Stroessner wird täglich mehrfach bedient. Pro Schenkel des Dreiecks ca. 6 Std. Fahrzeit und 7 US $. Details zur Trans- Chaco siehe dort!

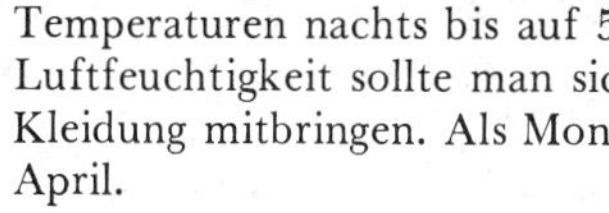

SCHIFFAHRT: auf dem Oberlauf des Rio Paraguay ab Asuncion bis Concepcion mit der staatlichen "Flota Mercante del Estado", Hauptbüro in Asuncion: Calle Estrella 672. Weiter flußauf unregelmäßig verkehrende private Frachtschiffe.

FLUG: innerhalb Paraguays existent, allerdings nur auf wenigen Strecken. Dort sehr billig, meist ausgebucht und recht alte Propellermaschinen. –

International: nur ab Asuncion. Dort supermoderner und riesiger Airport, der von seiner Dimensionierung sicher das Doppelte oder Vierfache an Flugverbindungen verkraften könnte. LAP (die Staatsairline) fliegt rauf bis Miami/USA, sowie zu den südam. Nachbarländern und nach Frankfurt. Da amerikanische Lärmschutzbestimmungen in den USA zukünftig altes Fluggerät verbieten werden, steht zu erwarten, daß sich die LAP modernisiert.

ZUG: für den Personenverkehr besteht derzeit das Gleis von Asuncion nach Encarnacion, allerdings antiquiert im Gleisunterbau, der die Waggons rumpeln lässt und Zuggarnituren, die eher Leckerbissen für den Eisenbahn-Nostalgiker sind, als flotter Verkehrsverbindung dienen. Modernisierung geplant, – ebenso wie ein modernes Gleis rauf nach P.J. Caballero.

* **Öffnungszeiten:** zur heißen Sommersaison (Jan. bis März) wird früh geöffnet, gegen 7 Uhr und ab der heißen Tageszeit gegen 12 bis ca. 15 Uhr eine Siesta eingelegt. Am Nachmittag dann bis 18 oder 19 Uhr offen. In den kühleren Monaten des Jahres wird später aufgemacht, meist gegen 8 Uhr, die Siesta ist kürzer und abends Schluß gegen 18 Uhr. Variiert stark.

* **Unterkunft:** Asuncion hat eine breite Palette von billig bis 5 Sterne, relativ gut ist auch das Angebot in Pto. Pte. Stroessner und Encarnacion. Bei ansonsten minimalem Paraguay- Tourismus haben die restlichen größeren Siedlungen ein beschränktes Mittelklasse- Bettenangebot, das die regionalen "Comerciantes" (Händler) befriedigt. Wer abseits dieser Orte reist, wendet sich an den örtlichen Polizeiposten oder direkt an Hazienderos.

* **Essen:** es dominieren Fleischgerichte, sowie Fisch aus dem Fluß.Die Preise in einfachen Restaurants sind meist günstig, wobei man aber nicht selten südamerikanische Einheitsgerichte wie "milanesa" (Fleisch mit Ei, Zwiebeln Kartoffeln oder Reis, eventuell Tomate) bekommt und ansonsten wenig andere Gerichtauswahl hat. Muß aber nicht sein.

palmitos	Palmenherzen, eine Delikatesse. Entweder in Öl und Essig angerichtet, oder mit Mayonnaise plus Zwiebeln.
chipas	Eier und Käse auf Maisbrotunterlage
sopa paraguaya	keinesfalls eine Suppe, sondern ein Kuchen aus Mais, mit Zwiebeln, Eiern und Käse überbacken
Soo Yosopy	Hackfleischsuppe
bife	generelles Synonym für Fleisch, besser "asado"
mbejy	Art Pfannkuchen aus Mais und Maniok. Insbes. ländliche Gegenden
bori bori	Fischsuppe mit Mais, Gemüse und Käse

GETRÄNKE: führend ist Bier, qualitativ nicht schlecht. Sowie "Yerba" (=Matetee) und "Terere" (=kalter Mate- Tee)."Cocinado" ist ein Matetee, der mit Gewürzen verfeinert wurde. – Wein kommt vorwiegend importiert aus Argentinien, ist allerdings außerhalb von Asuncion nicht überall erhältlich und teils minderwertiger Qualität.– Whisky billig (schottische und nordamerikanische Importware), sofern man in Shops von Asuncion und Pto. Pte. Stroessner kauft.

Sprache: wohl als einziges Land Südamerikas ist in Paraguay die Sprache der einheimischen Guarani- Ureinwohner gleichberechtigt neben dem Spanischen. – Englisch in der gebildeten Oberschicht, sowie in den besseren Hotels von Asuncion, sowie bei Tourismus- und Airlinebüros/Asuncion.

Deutsche in Paraguay: ähnlich wie auch sonst dem nur 3 Mill.- Minieinwohnerland Paraguay jede Menge an Klischees angehängt werden, – gilt dies auch bezüglich der deutschen Siedler.

Diese bedanken sich für die Klischeebehauptungen, die man immer wieder in Deutschland hört, "fast jeder deutschstämmiger Paraguay- Siedler sei ein geflüchteter, ehemaliger SS-ler oder sonstwie kriminell."

Ein Klischee, das keinesfalls der Realität entspricht. Die meisten der in Paraguay angesiedelten Deutschen kamen erheblich vor, oder nach Zusammenbruch des 3. Reiches, sind ungemein fleißig und haben entscheidend zur wirtschaftlichen Entwicklung des Landes beigetragen.

Erste, größere Einwanderungswelle nach dem Triple Alliance- Krieg zur Jhd.- Wende, insbesondere aus dem Hamburger und Berliner Raum, insbesondere ins Gebiet von Asuncion und San Bernardino/Lago Ypacari. Das Gebiet Hohenau (nähe Encarnacion) wurde ebenfalls um die Jhd.- Wende von deutschstämmigen Siedlern aus Südbrasilien besiedelt. Während des 1. Weltkrieges kam eine Gruppe deutscher Siedler aus ehemals Deutsch- Ostafrika, als die deutschen Kolonien dort aufgelöst wurden.

Weitere Einwanderungswelle zur Weltwirtschaftskrise Ende der 2o-er Jahre, und in der Folge zur Zeit des Naziregimes viele verfolgte Deutschjuden.Eine weitere Einwanderungs Welle gab es seit Mitte der 7o-er Jahre aus Deutschland von Leuten, die sich dort wegen abflauender Wirtschaftschancen und Kriegsangst nach Paraguay abseilten, wo riesige Landstriche billig erhältlich sind und eigenes Engagement Früchte trägt. Leute mit Pioniergeist, – ähnlich den Auswanderen nach Kanada oder Australien, die ihre Grenzen im reglementierten Deutschland erfuhren.

Ein "Paradies für Aussteiger" ist Paraguay sicher nicht, sondern harte Arbeit in der Bestellung des Landes. Bei insbesondere sicher nicht Supergewinnen durch Rinderzucht oder sonstige Landwirtschaft und harten Konkurrenzpreisen auf dem Weltmarkt.

Sicher ist auch richtig, daß sich ein nicht unerheblicher Schwung Ex- Nazis nach Kriegsende nach Paraguay abseilte, um Gerichtsverfahren zu entgehen. Wie auch nach Bolivien und Argentinien. Zumindest in Sachen Mengele hat die BRD- Staatsanwaltschaft die Nachforschungen eingestellt. . .

Paraguay- Immobilien: da hier eine Reihe schwarzer Schafe am Werk sind, sollte man sich nicht nur in Deutschland in kompetenter Stelle beraten lassen, – sondern vor Kaufabschluß unbedingt das ins Auge gefasste Land vor Ort besichtigen. Und insbesondere in Paraguay mehrere kompetente Stellen befragen und Preise vergleichen!

Gesundheit: das Trinkwasser in den Leitungen von Asuncion soll zwar als das beste Südamerikas gelten. Ich bin generell aber vorsichtig und trinke lieber Bier oder Mineralwasser oder Cola etc.

Post/Telefon: in Asuncion o.K. Auf dem Land, insbesondere in abgelegene Gebiete dauert der Postweg länger und ist nicht nur überschwemmten Strassen unterworfen. Das Telefonsystem verbindet die wichtigsten Siedlungen, meist per Funk.

BOTSCHAFTEN / KONSULATE:

PA = Postanschrift, – casilla = Postfach

BRD in Paraguay:

ASUNCION: (Botschaft), Jose Berges 1oo3-1oo7 (PA: Casilla 471), Tel.: 24o o6

SCHWEIZ in Paraguay:

ASUNCION: (Botschaft), Juan E. O'Leary 4o9 ecke Estrella, Edif. Parapiti, 4 Stock Oficina 419/23, Tel.: 48o 22 oder 9o8 48

ÖSTERREICH in Paraguay:

ASUNCION: (Konsulat), Nuestra Sra. de la Asuncion 764, Tel.: 255 67

Paraguay in BRD: Pittersdorferstr. 121, 53oo Bonn 2, Tel.: (o228) – 356 727
KONSULATE in Hamburg, München, Solingen, Stuttgart und Kiel.
Paraguay in Österreich: Gentzgasse 129, 118o Wien, Tel.: 471 47o
Paraguay in der Schweiz: Rue de Rhone 1oo, 12o4 Genf, Tel.: 28o 311

Nachtrag: für Ornithologen hochinteressant ist das Gebiet am Oberlauf des Rio Paraguay und auf eigene Faust äußerst schwierig zu erreichen. Als Tour im Angebot von ITS, Asuncion, Paraguayo Independiente 515, 2do. Piso, – einem der führenden Veranstalter in Paraguay. Kontakt lohnt sich, – auf für andere Paraguay- Trips per Tour, z.B. in den Chaco! – Bei Anfragen (englisch) bitte auf diesen Südamerika Band hinweisen!

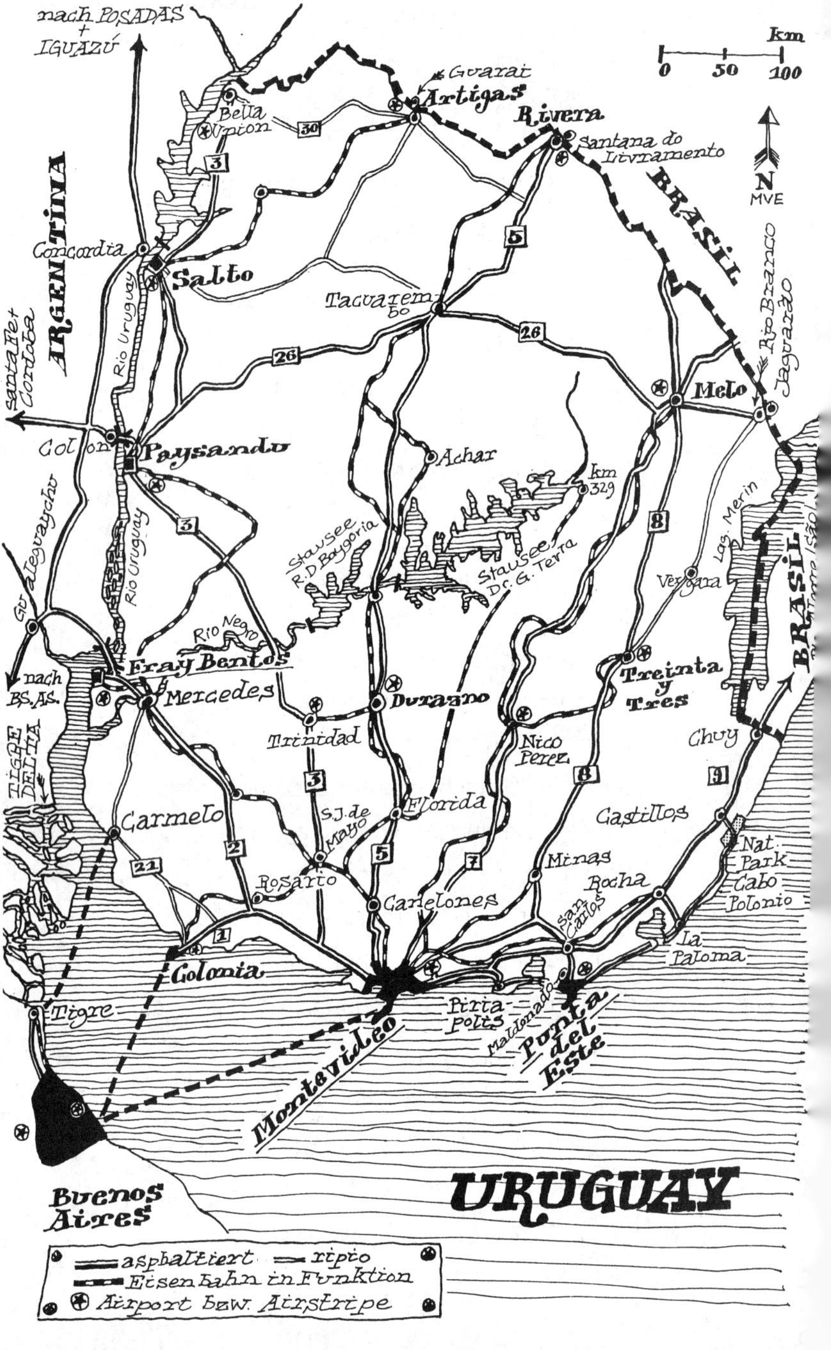
nach POSADAS + IGUAZÚ
km
0 50 100
N
MVE
Guaraí
Artigas
Rivera
Santana do Livramento
Bella Union
30
3
ARGENTINA
BRASIL
Concordia
Salto
5
Tacuarembo
Santa Fe + Cordoba
Rio Uruguay
26
Rio Branco
Jaguarão
Melo
Colon
Paysandu
Achar
km 329
Gu alegraychu
3
Stausee R.D Baygoria
Stausee Dr. G. Terra
8
Lag. Merin
Vergara
Rio Uruguay
Rio Negro
Fray Bentos
Treinta y Tres
nach BS. AS.
Mercedes
Durazno
TIGRE DELTA
Trinidad
Nico Perez
Chuy
9
8
Carmelo
S.J. de Mayo
Florida
Castillos
2
5
21
7
Minas
Nat. Park Cabo Polonio
Rosario
Rocha
Canelones
San Carlos
1
La Paloma
Colonia
Piria polis
Tigre
Maldonado
Punta del Este
Montevideo
URUGUAY
Buenos Aires
asphaltiert
ripio
Eisenbahn in Funktion
Airport bzw. Airstripe

URUGUAY – SCHNELLFINDER:

URUGUAY

Endlos flaches bis leicht hügeliges Gaucholand. Riesige Rinderherden, verstreute Haziendas, teils Wald. Uruguay ist nur sehr dünn besiedelt: auf einer Fläche der Größe Englands nur runde 3 Mill. Einwohner, die Hälfte davon in MONTEVIDEO/Hauptstadt, schön gelegen. Sehr freundliche Bevölkerung, vielfach deutschstämmig.

Ausgesprochen schöne Küstenstrecke zwischen Montevideo und brasil. Grenze: Kiefernwälder, hohe Sanddünen, Pinien und Eukalyptus. Der Hauptbadeort PUNTA DEL ESTE (Casinos, kahler Strand), allerdings weniger mein Geschmack.

EINREISE: **Pass**

Deutsche, Schweizer und Österreicher brauchen gültigen Reisepass. An der Grenze gibts eine "Tarjeta de Turista", gültig bis 9o Tage , verlängerbar um weitere 9o Tage.

WÄHRUNG: **Neuer Uruguay- Peso**

Wegen hoher Inflation wurden 1975 einfach 4 Nullen weggestrichen, was den "Neuen Uruguay- Peso" ergab, jedoch weiterschreitende hohe Inflation. Derzeit kein Schwarzmarkt. Nach unseren Beobachtungen minimal günstigerer Wechselkurs bei der "Banco de la Nacion", außerdem viele private "Casas de Cambio". Derzeit auch Kauf von US $ problemlos.

KARTEN:

"Mapa Montplan"/segrab. Ca. 2 US $, sauber, inkl. der Eisenbahnstrecken und einer Entfernungstabelle. – Sofern noch vorrätig: bei der Oficina de Turismo eine Gratis- Uruguay- Karte, die aber nur als Übersicht brauchbar ist. Wer mit eigenem oder Mietwagen in Uruguay über Land fährt, sollte sich die Montplan- Karte zulegen. – Gut sind die Routing- Karten der Dir. Nac. de Turismo, eine Karte pro Staatsstraße, allerdings derzeit nicht alle vorrätig.

Küste/Ost:

BRASILIEN ⋙→ MONTEVIDEO:

Durchgehende Busverbindungen mit "ONDA" und "ttl" ab São Paulo, Curitiba, Pto. Alegre und Pelotas. Derzeit preislich gleich, egal ob Ticket bis Grenze/Uruguay gekauft und auf urug. Seite neues bis Montevideo, oder gleich alles in einem Stück. Die "Leito"- Busse erheblich bequemer.

MONTEVIDEO NACH: Pelotas (ca. 15 US $, 8 Std.), – Pto. Alegre (ca. 18 US $, 12 Std.), – Florianopolis (ca. 14 US $, 21 Std.), – Curitiba (ca. 28 US $, 24 Std.),– São Paulo (ca.34 US $, 3o Std.). Alle Strecken täglich mehrmals. Der bequemere "Leito" kostet doppelt.

Es gibt 2 Strecken: einmal die Inlandroute/Grenze Uruguay: Jaguarao- Rio Branco und weitere 426 km bis Montevideo (R 8), – zum anderen die Küstenroute (R 9) mit Grenze Chuy, die landschaftlich schöner ist, durchgehend asphaltiert, aber bis auf wenige Ausnahmen 1o - 3o km von der Küste entfernt führt. 34o km ab Grenze bis Montevideo.

WER sowieso diesen Teil von Südamerika macht: es lohnt sich sehr, ein paar Tage für die Küste Uruguays einzuschieben, – allerdings in den Monaten Ende Dez. bis ca. Anf. März, wenn der Atlantik passabel warm ist und die Ferienmaschine läuft, d.h. die Restaurants ihre Bretter weg vom Fenster montiert haben, und auch die kleineren Hotels offen sind. Die Region ist Hauptferiengebiet für den Stadtgiganten Buenos Aires und für Südbrasiliens Rio Grande do Sul. – Mietwagen ab Montevideo, aber auch guter und häufiger Busverkehr. Ausgezeichnete Campingmöglichkeiten!

Die KÜSTE zwischen bras. Grenze und Montevideo ist ungemein schön, Dünen, Pinienwäldchen und hügeliges Hinterland. Akazien und Eukalyptus. Immer wieder kleine Wochenendhäuschen und Badeorte.

✶ **Chuy:** Grenzort mit Brasilien. Basic- Hotels und das "Internacional" (Rio San Luis/Av. Brasil, ca. 1o US $). Busse zum 1o km entfernten Strand: Barra del Chuy. – Lohnender Abstecher 1o km landein zum Parque San Miguel, gleichnamiges Fort (Museum) und in jedem Fall schönere Übernachtung als Chuy im "Parador San Miguel" (Vermietung von Pferden, SW- Pool).

BUS ab Chuy: mehrmals tägl. z.B. mit ONDA, 6 Std. bis Montevideo, ca. 7 US $. Bis La Cornilla 74 km, 1 Std., ca. 1 US $.

✶ **La Cornilla:** Fischernest mit Sommerhäuschen und zumeist kleineren Hotels und Pensionen (gut "Hotel Rivamare" und "Meson Las Cholgas"). Ausgangspunkt für den sehr lohnenden NAT. PARK SANTA TERESA südlich des Ortes mit endlosen Sandstränden, eingeschlossen von Bäumen (mehr als 3oo verschiedene Arten) und Vermietung von Sommerhäuschen. Im Nat. Park das 1761 gebaute Fort Santa Teresa mit einem kleinen Museum, südlich davon im Fischerdorf Punta del Diablo die gemütliche "Hosteria del Pescador" (ca. 1o US $, sehr klein, daher vorher anrufen, ob noch Zimmer frei, Tel. Sta. Teresa + Nr. 17).

Ab CASTILLOS (74 km nach Chuy) eine Stichpiste ans Meer zum National-Park Polonio mit ausgezeichneten Stränden und Piste am Meer entlang 5o km bis La Paloma. Wer mit eigenem Camping- Mobil oder PKW mit Zelt unter-

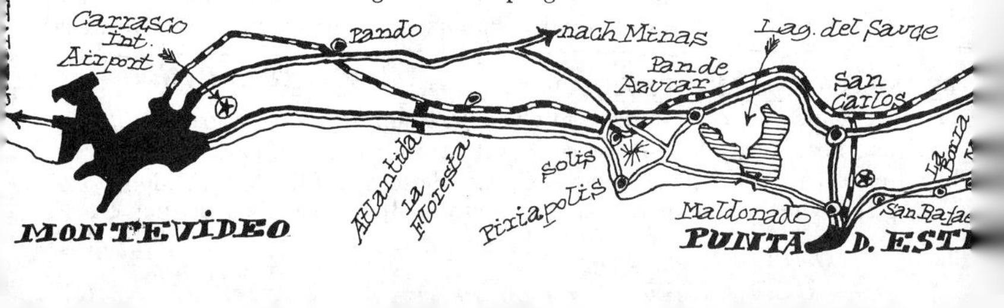

wegs ist, optimal. Der Normalbus nach Montev. nimmt jedoch die Hauptstrasse (R 9) nach Rocha.

✶ **La Paloma:** schön auf einer Halbinsel mit vielen Bäumen gelegen. Die Eisenbahnverbindung nach Rocha ist, obwohl das Gleis noch existiert, wegen Unrentabilität gegenüber der Busverbindung eingestellt. Mehrmals täglich Busse via Rocha nach Montevideo, ca. 4 - 5 Std., 5 US $. La Paloma, während des Jahres über verschlafenes Nest, erwacht ca. Weihnachten bis Ende März zu intensivem Leben . Sogar ein kleines Spielcasino im Hotel "Costas del Mar". Billiger das "Tirrenia"/Av. del Navio, das "Trocadero"/Calle Juno zwischen Querstraße Ceres und Urano sowie das "Viola"/Av. Solari. TOURIST INFO Punta del Este Av. Gorlero/Ecke 30

✶ **Punta del Este:** das Hauptseebad Uruguays, auf einer Landzunge ins Meer raus mit vielen modernen Hochhäusern, Yachthafen und auf der Halbinsel baumlose Sandstrände. Die schöneren Viertel der 18.ooo Einwohnerstadt liegen landein mit Villen zwischen Bäumen und gepflegten Gärten. Angelegt um die Jahrhundertwende, als Punta del Este als Luxus- Seebad in Mode kam. Lohnt sich sehr, anzusehen; hauptsächlich Bereich Golf Club.

Flug: außerhalb der Saison 1 mal pro Woche von Buenos Aires/Argentinien direkt nach Punta del Este (45 Min.), während der Saison täglich. Der Airport ("El Jaguel") liegt ca. 3 km nördlich des Zentrums.

Bus: häufig am Tag nach Montevideo via San Carlos. 145 km, Fahrzeit ca. 2 Std./3 US. Die Zugverbindung bis Punta del Este ist eingestellt, jedoch tägl. außer Sonntag ein Ferrobus bis Maldonado, kostet die Hälfte des auf der Straße fahrenden Busses, die Fahrzeit auf dem veralteten Gleismaterial jedoch mit 4 1/2 Std. ganz schön lang.

Autovermietung: "PC" im Playa Hotel/Golero Ecke Risso. Pro Tag ca. 17 US $ plus ca. 17 cents pro Km. Lohnt sich insofern, da nach meinem Geschmack die schöneren Strände außerhalb von Punta del Este liegen. Während der Saison allerdings sehr schwierig, einen Wagen zu bekommen (besser gleich aus Montevideo mitbringen!).

Hotels: Breite Palette von Luxus bis billige Ferienpension; als kleiner Anhaltspunkt: während der Feriensaison wächst die Stadt durch die Touristen auf mehr als das 1o fache an!

"Hotel Casino San Rafael" das derzeit wohl beste von Pta. d. E. mit Spielcasino, SW- Pool, Minigolf, Kunstgalerie. Direkt am Meer, Rambla Lorenzo Batlle. Die Zimmer allerdings unter dem intern. Firstclass- Standart. Teuer. – "L' Auberge"/Barrio del Golf, klein, exclusiv, schön gelegen mit Blick in Park. Teuer. – "San Marcos"/Av. Mar del Plata 191, schöne Lage in einem Park mit Tennisplätzen

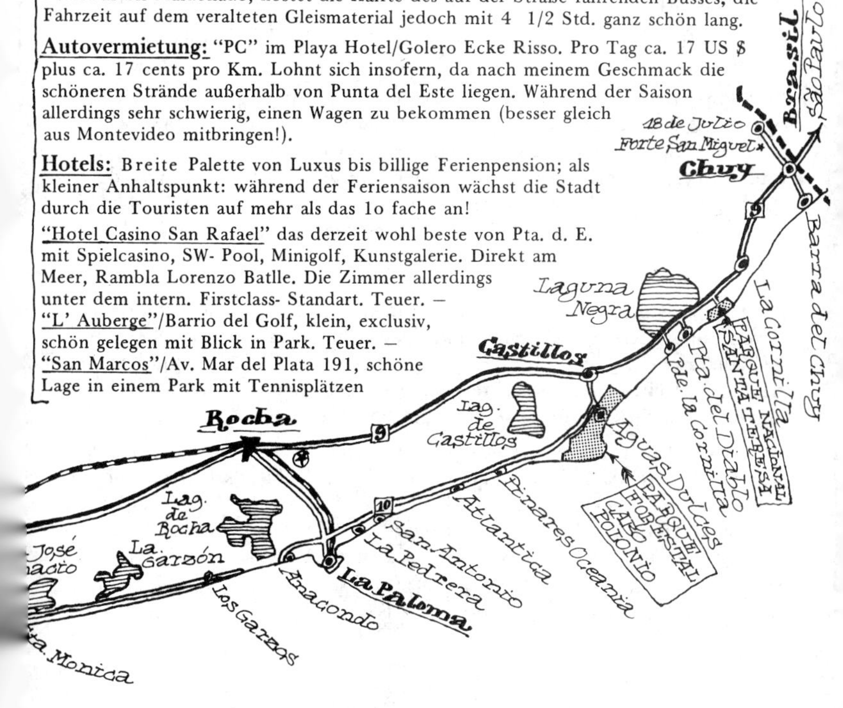

Teuer, nur während Dez. bis März offen. – Schön gelegen (Park) sind das "Tamaris Parque" (Rio Branco Ecke Francia, Parada 9), ca. 35 US $ und das "Camelot- Hotel" (Av. Pedragosa Sierra s/n, außerhalb Saison zu). – "Riviera Palace" am Meer, Calle Ansina s/n, ca. 45 US $. – Billiger: "Ajax"/Malvarrosa Ansina, Parada 2 für ca. 2o US $ "Playa Hotel"/Cont. Golero s/n für ca. 2o US $.-Noch billiger: im Nachbarort Maldonado.

GENERELL: außerhalb der Saison sind viele Punta del Este Hotels zu und im Ort nichts los. Während der Saison, die generell mit den brasil. und argent. Sommerferien an Weihnachten beginnt und bis März dauert, viele der Hotels derart knallvoll, daß ohne Vorreservierung nur schwer Zimmer zu finden sind, oder aber nur zu massiven Preisen.

So gut wie keine ausgesprochenen Basichotels gemäß der Struktur des Ortes, die auf den Mittel- und Teuertourismus zugeschnitten ist. Und die preisgünstigeren Ferienhäuser und Privatzimmer werden fast ausschließlich nur wochen- oder monatsweise vermietet.

Strände: feiner Sandstrand, allerdings im Stadtbereich meist absolut kahl, dafür um so mehr Menschen. während der Hochsaison. Ganz schön ist LA DRAGA beim Golf Club, oder gleich rüber nach MANANTIALES fahren! Ganz schön ist auch der Trip mit dem Boot rüber vom Hafen zur 2,5 km vorgelagerten ISLA GORRITI mit Bäumen, zwei Sandstränden und einem kleinen Fort aus dem 18. Jhd.

INTERESSANT: Bootsfahrt rüber zur ISLA DE LOBOS (ca. 1o km) mit mehreren tausend Seehunden, die fast komplett die gesamte Insel bedecken. Naturreservat des uruguayischen Staates.

Spielcasinos: "Del Estado", Av Gorlero 996. Roulett, Punto y Banca, Bingo, Black Jack, Craps. – Außerdem im Hotel "Casino San Rafael", Rambla Lor. Batlle.

Restaurants: "Bungalow Suizo", Av Roosevelt, schweizer Küche, Preise mittel bis teuer, – "Marisconea", Calle 26/27 ausgezeichnet und eines der besten für Meeresfrüchte in Punta del Este, teuer, – Gut die Küche vom Hotel Playa, Cont. Golero, mittel, – "Ciclista", Calle 2o,8o1, Tip für billige und trotzdem ausgezeichnete Küche.

✱ **Piriapolis:** rund 11o km von Montevideo entfernt in einer weitausladenden Sandstrandbucht. Tourist Info: Rambla de los Argentinos 1348. Viele Hotels, ein Spielcasino im Argentino Hotel, sowie eine Autorennpiste, auf der internationale Wettbewerbe ausgetragen werden. – 1o km landein der PAN DE AZUCAR (Zuckerhut), mit 393 m höchster Berg des Landes. Man kann mit dem Auto rauffahren, oben eine Christusstatue und recht schöner Blick über die Bucht.

Ab Piriapolis der schönste Teil der Strecke: ein Sandstrand nach dem anderen, dichte Kiefernwäldchen und dazwischen versteckte Wochen- und Ferienhäuschen. Die "INTERBALNEARIO", wie die R 9 in diesem Bereich heißt, läuft über leicht gewelltes Land, immer knapp 1 bis 5 km zur Küste entfernt. Sandstichpisten zweigen zum Meer ab.

ATLANTIDA 46 km vor Montevideo im Kiefernwald am Meer. Ein ganzer Schwung Mittelklasse-Hotels, Pensionen und gute Fischkneipen. Während der Saison natürlich genauso knallvoll, wie die anderen Orte, – außerhalb der Saison aber Tip für Übernachtungsalternative zu Montevideo, da nur 30 Minuten mit dem Bus entfernt. (häufig am Tag, ca. 0,5 US $).

Montevideo beginnt mit schönen Residencial Areas der Oberschicht (Carrasco) und ausgezeichnetem, gleichnamigen Strand.

Montevideo: Hauptstadt / 1,5 Mill. E. / 15 m

1,5 Mill. Einwohner, davon viele Europäer. Oldtimer-Leckerbissen (z.B. der legendäre Ford T/ 1930), für die Montevideo noch bis Ende der siebziger Jahre berühmt war, fahren nur noch selten rum. Heute hauptsächlich Japaner und für Südamerika überdurchschnittlich viele BMW's und Mercedes.

Eine angenehme und schöne Stadt, wenn man vom quirligen, hektischen Buenos Aires kommt mit seinen erdrückenden Straßenschluchten. Das Zentrum von Montevideo kompakt und übersichtlich. Häufig mit weitausladenden Baumalleen, so in der Rio Negro und San Jose, – und einem "nicht zu überriechenden ", doch aber irgendwie sympatischem Duft von Provinzialität.

Wichtigste Straße des Zentrums: AV. 18 DE JULIO zwischen der Plaza Gagancha (=Libertad) und der Plaza Independencia. Mittelhohe, moderne Gebäude, teils auch feudal monströse La Plata Architektur, so z.B. das Zuckerbäcker- Hochhaus Palacio Salvo an der Plaza Independencia. In diesem Bereich viele Passagen, Geschäfte, Snacks und Restaurants, aber auch die meisten Airline-Büros, Bus- Abfahrtsstellen und Hotels.

Die ALTSTADT beginnt ab Plaza Independencia auf Halbinsel ins Meer hinausgebaut. Richtig alte Gebäude nur selten, das meiste stammt aus der Zeit von 1920 und später, – aber viele gemütliche alte Cafes. Unterhalb an der Halbinselspitze der Hafen; bei der ADUANA Abfahrt des Bootes nach Buenos Aires, weiterhin wichtiger Terminal der Stadtbusse und der lebendige Mercado del Puerto. Weitere Markthallen (Mercado Central, gebaut 1983) in der Ciudadela/Canelones, Nähe Plaza Independencia.

Tourist INFO Plaza Gagancha / Kiosk. Offen Mo. - Fr.: 9 - 21 Uhr, am Sa. und So. von 11 bis 19 Uhr. Gute Plastikordner unterm Tisch, die eventuell fehlendes Wissen der Jungs und Mädchen ergänzen. Prospektmaterial ist dagegen auf Grund der derzeitigen Wirtschaftslage etwas knapp, aber auch in Qualität sehr unbefriedigend. – Weiterhin ein Info- Kiosk im Internat. Airport, der aber für Abendflüge zu ist. Achtung: während der Saison längere Öffnungszeiten.

Post Misiones Ecke Buenos Aires im Altstadtzentrum nähe Hafen.
Offen: Mo.- Fr.: 7.3o - 2o Uhr, Sa. + So.: 8 - 13 Uhr

24 Std. offen: Rincon Ecke Treinta y Tres. – Sowie Cabina 8 im Palacio Municipal, Mo. - Sa.: 7 - 23 Uhr, Sonntags zu. (18 de Julio/Ejido)

Per Telefon:	Zona Este: Tel. Nr. 213	– Rest Uruguay:	Tel. Nr.:	21o
	Argentinien +Chile 217	– Brasilien/Süd	"	21o
	Andere Länder 218			

Bei Vermittlung vom Hotel oft Aufpreis (je Hotel bis zu 4o %!).

telex: 24 Std. Service: Rincon Ecke Treinta y Tres

Geldwechsel: Derzeit kein Schwarzmarkt. Man kann öffentlich US $ kaufen und verkaufen bei geringer Differenz. Viele Wechselstuben zwischen Plaza Libertad und der Plaza del Entrevero.

Sehenswertes/Montevideo:

schöner Stadtüberblick vom MIRADOR der Municipalidad, 22 Stock. Ecke Ejido mit Soriano, runde 4 cuadras von der Plaza Gagancha. Offen von 13 bis 23 Uhr, während der Saison länger. Oben gibts ein Restaurant, siehe unsere "Montevideo- Rest.- Tips", im Erdgeschoß eine jede Woche wechselnde Ausstellung mit Werken junger Uruguay Künstler, sowie das "Museo de Arte Pre- Colombiana y Colonial" (Eingang Ejido Ecke 18 de Julio).Di.-So. 16-2o

MAUSOLEO DE JOSE GERVASIO ARTIGAS: in der Mitte der Plaza Independencia. Reiterstandbild, darunter Marmorgedenkstätte des wichtigsten Nationalhelden Uruguays, der die Gauchobewegung Anfang des vergangenen Jahrhunderts leitete und sich siegreich gegen die Spanier und Portugiesen für Unabhängigkeit des Landes durchsetzte. 9 - 2o Uhr.

TEATRO SOLIS: an der Plaza Independencia, Ecke Linires. Ein architektonisches Unikum in Mischung aus streng klassizistischem, griechischen Säulenportal, verbunden mit weichem Rundvorbau in Symmetrie. Sowas kann nur in Südamerika gebaut werden, wo reiche, prestigebedürftige Schichten schöne Bücher von Europa Architektur durchblätterten und optisch Impressionantes flott miteinander kombinierten.

Ein kleines Theater, in dem heute Konzerte stattfinden und sonstige kulturelle Aktivitäten der Uruguay Metropole. Mit dem Teuer Restaurant "Del Aguila" und dem Museo Historia Natural, offen Di. - So., 14 - 2o Uhr.

PALACIO SALVO: Plaza Independencia, Ecke San Jose. Ein 26- stöckiges Zuckerbäcker- Monster (mit Vettern in Buenos Aires). Gebaut in den 2o-er Jahren und zu werten als Ausdruck damaligen Reichtums und Machtbedürfnisses, – mit viel Orginalität im Detail.

Breiter, massiver Grundklotz mit ganz unmotiviertem, üppig nach oben auswucherndem, noch verschnörkelteren Turm wie Zeigefinger. Heute das Wahrzeichen von Montevideo.

CABILDO: das ehemalige Rathaus, Sarandi, Ecke Gomez, 1 cuadra von der Plaza Independencia. Lohnendes Museum zur Entwicklung des Landes und Montevideos mit alten Dokumenten, Bildern und schönen Kolonialmöbeln. Die Führung (nur Spanisch) dauert mit Diavorführung ca. 1 Std. Offen: Di. - So.: 14 - 2o Uhr

PALACIO LEGISLATIVO: am Ende der Av. Brig. General J.A. Lavalleva. Superteures Architekturmonument aus den 2o-er Jahren. Zu besichtigen Mo. - Fr. 9 - 18 Uhr, Sa und So. 11 - 16 Uhr mit spanischsprachiger 3o-Min. Führung. War zu Nicht- Militärregierungszeiten Sitz der Camera de Gobierno.

ESTADO CENTENARIO: Fußballstadium von Montevideo, das 7o.ooo Zuschauer fasst. Navarro, Ecke Av. Dr. A. Ricaldoni.

Kompliment an die Uruguayos, die als nur 3 Mill. Einwohnerland neben dem Giganten Brasilien (mehr als 1oo Mill. Einwohner!) und Argentinien zur besten Fußball-Nation Südamerikas und der Welt gehören. 2 facher Fußballweltmeister (193o und 195o), sowie 1983 wieder Südamerika- Meister! Ich war bei diesem Endspiel gerade im Morini- Restaurant, überall Fernseher aufgestellt, die 1o Ober in voller Aktion vor

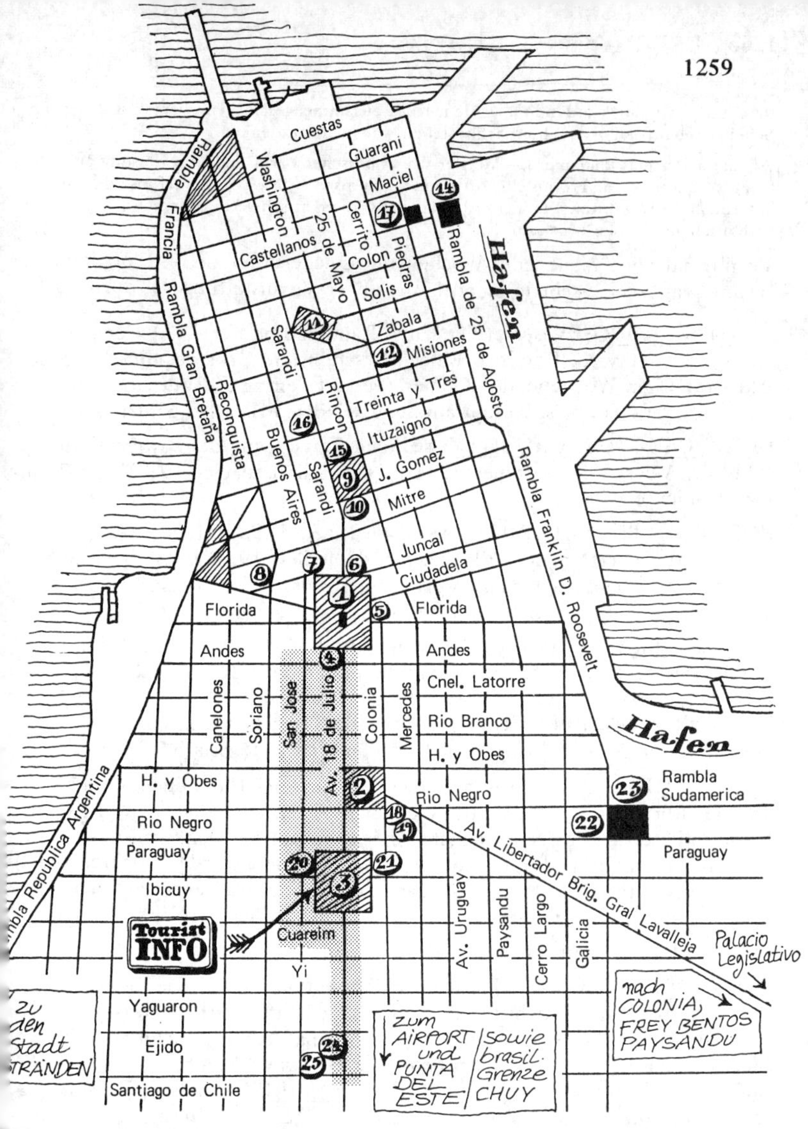

MONTEVIDEO / ZENTRUM:

1 Plaza Independencia
2 Plaza Fabini
3 Plaza Gagancha
4 Palacio Salvo
5 Hotel Victoria Palace
6 Abfahrt Busse COT
7 Teatro Solis
8 Markthallen
9 Plaza Consitucion
1o Cabildo
11 Plaza Zabala
12 Museo Romantico
13 Museo Hist. Nac.
14 Aduana
15 Kathedrale
16 Hauptpost
17 Mercado del Puerto
18 Abfahrt EGA- Busse
19 Abfahrt Cita- Busse
2o Abfahrt ONDA- Busse
21 Abfahrt TTL- Busse
22 Bahnhof
23 kleineres Lok- Museum
24 Museo de Hist. y Arte
25mm
25 Mirador in Intendecia

0 500 m

= Wichtigste Geschäftsstraßen

dem TV: mitge-kickt, Hände über dem Kopf zusammengeschlagen, wenn der Tormann Scheiße gebaut hat; – an Biernachbestellen war nicht zu denken...

Als dann Uruguay Südamerika- Meister war: höllischer Lärm und Begeisterung auf den Straßen, Trompeten, Trommeln, Autohupen. Fernsehen mit Scheinwerfern am Abend, auf einem LKW zählten wir mehr als 1oo Fans, die den schweren Mercedes- LKW zu rythmischem Wippen brachten. . .

Es gibt natürlich nicht jedes Wochenende solche Bonbons. – Trotzdem: wenn "was läuft", sehr lohnend!! Infos über Veranstaltungen Tourist Office.

PARQUE RODÓ: zwischen der Playa Ramirez und der Av. J Herrera y Reissig, Ecke Av. G. Ramirez. Einer der schönsten Parks der Stadt mit viel Aktivitäten am Wochenende. Kleiner See, auf dem man Ruderboote mieten kann, im Park Ponnies, Restaurants und Kinderspielgeräte. Eintritt.

GOLF CLUB DE URUGUAY: südliche Fortsetzung des Parque Rodó Richtung Meer. Von Gartenarchitektur sehr schön angelegt. 18 Holes. Rambla Presidente Wilson.

ZOO UND PLANETARIUM: Av. Gral. Rivera/D.P. de Rosell. Angeblich Geburtsort des ersten Zoo- Elefanten Südamerikas 1974, sowie wichtiges und interessantes Planetarium. Vorführungsbeginn je nach Jahreszeit verschieden, im Tourist Office nachfragen.

PARQUE PRADO: für Rosenliebhaber, rund 85o verschiedene Arten. Im schön angelegten Park gleichzeitig Nachbildung einer Kutsche (Monumento a la Diligencia), Denkmal zur Besiedelung Uruguays. Außerdem wichtige Veranstaltungen (siehe "Veranst. Montevideo"!). Rund 5 km außerhalb des Zentrums, an der Av. Agraciada, die am Palac. Legislativo beginnt.

EL CERRO: rund 15o m hoher Hügel westlich der Hafenbucht. Recht schöner Blick über große Stadtausdehnung. Oben ein Fort, sowie Leuchtturm und Restaurant. Nationalheld Artigas bekam ein Denkmal, wobei seine Büste kurzerhand auf eine Windhutze montiert wurde. Zu erreichen mit dem Stadtbus Nr. 125 ab Aduana/Hafen. Dem Busfahrer Bescheid geben, man muß dann allerdings noch ein ganz schönes Stück zu Fuß auf den "Gipfel" der Hügelkuppe. Oder Taxi.

STRÄNDE: im Stadtbereich naturgemäß nicht so sauber, wie draußen an der "Interbalnearia" Richtung Punta del Este. Dafür aber während der Badesaison um so voller. Stadtbus ab "Aduana"/Altstadt nehmen. Die am Meer entlang laufenden Straßen heißen in Uruguay "Rambla . . .", – über die Rambla Rep. Argentinia zur PLAYA RAMIREZ (vor Parque Rodó), weiter über die Rambla Pres. Wilson und M. Ghandi um die Halbinsel mit dem Golfclub rum zur PLAYA DE LOS POCITOS, dem besten Wohnviertel Montevideos neben Carrasco. Hochhäuser am baumlosen Sandstrand.

Es schließt sich nach einem Halbinselvorsprung der Yachthafen BUCEO an, weitere Strände Richtung Intern. Airport, von denen der CARRASCO der beste ist. (Zu erreichen mit Bus Nr. 1o4, der ab Aduana zunächst durch die Altstadt, Plaza Independencia, dann Av. 18 de Julio fährt und bei Playa de los Pocitos auf die Küste trifft. Dann am Meer entlang bis Rambla Rep. de Mejico/=Carrasco).

Transport: ✶ Dichtes BUSNETZ. Die grau, etwas trist gestrichenen Busse fahren häufig und decken breitflächig das ausgedehnte Stadtgebiet ab. Im "Practi-Guia de Montevideo" (ca. 1,5 US $), erhältlich im Kiosk im Airport, sowie teils auch in den Zeitungskiosken des Zentrums sämtliche Busrouten verzeichnet. Bequemer jedoch, im Info Kiosk / Plaza Gagancha kurz nachfragen! Auf der Av. 18 de Julio verkehrt ein Oberleitungsbus, Unikum für Südamerika! – Preise: egal, ob Oberleitungsbus oder grauer Diesel: generell sehr billig und nur Pfennigbeträge.

✶ TAXIS: schwarz mit gelbem Dach. Häufig die bequemen Mercedesse, teils auch Mittelklasse-Franzosen. Gefahren wird nach Taxameter. Taxifahren kann teuer werden wegen der großen Ausdehnung Montevideos. Wer in Außenviertel will, fährt besser mit dem Bus und erst "vor Ort" im Außenviertel per Taxi.– Während Stoßzeiten schwierig, ein Taxi zu bekommen. – Taxi per Funk: via Hotelportier. Für den Transport zum Intern. Airport (derzeit Normaltarif ca. 15 US $) haben gute Hotels spezielle Kontakte zu Taxifahrern, die mit dem betreffenden Hotel kooperieren und die Sache für ca. 1o US machen.

KÜRZEL bzw. NEUBENENNUNGEN BEI STRASSEN/PLÄTZEN:

– Plaza Gagancha = Plaza Libertad
– Plaza Fabini = Plaza del Entrevero
– Plaza Matriz = Plaza Constitucion
– IY = Ibicuy

–Av. Agraciada: früher hieß der an der Plaza Fabini beginnende Straßenzug insgesamt so, heute der erste Teil bis zum Palacio Legislativo: Av. Libertador Brig. Gral. Lavalleja, und erst ab hier dann Agraciada

✶ **Museen/Montevideo:** (neben den bereits erwähnten)

"FERROCARRIL", links vom Bahnhof. Minipark mit einer handvoll Dampfloks (4 Stück, darunter einer Henschel/Kassel, 195o) und 3 schönen "Wildwest- Waggons", die zugleich ein Museum enthalten. Offen Di. bis So. von 14 bis 17 Uhr.

"DEL AUTOMOVIL" im Automovil Club Uruguay. Colonia Ecke Yi, 1 cuadra von der Plaza Gagancha. Oldtimer ab 19o4, aber nicht zu viel erwarten. Di- Sa 17 - 21 und So. 15 - 21.

"HISTORIA NATURAL", Plaza Independencia im Teatro Solis. Sehr klein mit Ausstellung archäologischer Funde, Tiere und Pflanzen. Offen Di. - So.: 14 - 2o Uhr.

"MUSEO FORTALEZA" im alten Fort vom El Cerro. Militärsachen, wie sollte es anders sein. Uniformen, Waffen . Offen: Di. - So.: 8 - 18 Uhr

"DEL FUTBOL", ein kleines Minimuseum mit Fußballsachen wie Wimpel, Trophäen und Fotos. Im Fußballstadium Centenario, Porta 13.

"NACIONAL DE ARTES PLASTICAS", Parque Rodo/J. Herrera y Reissig s/n mit plastischen Kunstwerken. Offen Di.- So.: 15 - 19 Uhr

"MUSEO GAUCHO", Cerrito Ecke Zabala in der Banco de la Republica.

"MUSEO ROMANTICO", 25 de Mayo 428/Zabala in der Altstadt. Geschichtliches, offen Di. - So. 14 - 18 Uhr

"MUSEO DE ARTE": einmal Zorrilla de San Martin, tägl. 13 - 17, Sa und Mo. zu, weiterhin: Palacio Taranco, Mo. - Fr. 15 - 19 Uhr, sowie Bellas Artes, Di- So. 14 - 18, Montag zu.

"AERONAUTICO" für Flugzeugfans, allerdings sehr mini. Larranaga/Ecke Jose Serrates (frühere Centenario). Offen Sa. + So. 14 - 18 Uhr

Achtung: nach Jahreszeit können die Öffnungszeiten variieren.

Hotels:

Derzeit können die Hotels in Uruguay, egal ob in Montevideo, an der Küste oder im Landesinneren, – ihre Preise selber bestimmen, – somit auch bei guter Auslastung des Hotels z.B. während der Saison kurzerhand raufschrauben. Gilt vorwiegend für die Mittel- und Teuerhotels. Andererseits sind bei geringer Hotelauslastung interessante Rabatte möglich.

Dies hat zu hartem Konkurrenzkampf insbesondere in Montevideo zwischen den Hotels geführt. Es gibt "Freie Agenten", insbesondere Bereich Plaza Gagancha vor der ONDA-Busoffice und Plaza Fabini, die ganze Bündel von Hotelprospekten aus dem Pullover herausziehen und auch wissen, welches Hotel gerade zu besonders günstigen Rabatten bereit ist. Dabei aber auch berücksichtigen, daß diese Prospekt- Pullover- Agenten ihre Provision erhalten, die von Hotel zu Hotel unterschiedlich ausfallen kann.

LAGE: fast alle Montevideo- Hotels im Bereich Plaza Gagancha - Plaza Fabini - Independencia und Seitenstraßen wie Rio Negro und San Jose, sowie Altstadt. Somit schön im "Fußweg"- Umkreis zu den wichtigsten Sachen wie Busabfahrt, Geschäften etc.

TEUER:

"Victoria Plaza", an der Plaza Independencia. Luxushotel alten Stils, früher d a s Top-Hotel von Montevideo. Lage zentral, Küche gut. Teuer, ca. 75 US $.

"Casino Carrasco", direkt am Playa Carrasco, beste Strandlage im Stadtgebiet, allerdings ins Zentrum runde 2o Min. mit Bus Nr. 1o4. In den 2o-er Jahren gebaut, in den 7o-ern renoviert. Große Zimmer, unten das Spielcasino. Mittel bis teuer, je nach Saison zwischen ca. 4o und 6o US $.

"Cottage Hotel", Rambla Mexico 136o, nähe Casino Carrasco, aber etwas billiger.

"Ermitage", Juan Benito Blanco am zentrumsnäheren Pocitos Playa. Die Zimmer vorn raus mit Blick Meer teurer (ca. 4o US $) als der langweilige Straßenblick hintenraus.

MITTEL:

"Gran America", Rio Negro/San Jose. Modernes 7- Stockhotel bei sehr günstiger Lage, ein paar Schritte von Plaza Fabini entfernt. Zimmer sauber, mittelgroß. Tip, wenn sich ein Rabatt von ca. 2o % aushandeln lässt, wobei das Hotel dann auf ca. 12 US $ kommt. Hintenraus etwas leiser, allerdings wenig schöner, senkrechter Innenhofschlauch, sofern man nicht ein Zimmer im obersten Stock bekommt.

"London Palace", Rio Negro 1278, ein paar Schritte weiter. Feudale Eingangslobby, Doppel ca. 14 US $. – "Iguazu", Ibicuy 1296, modern, höheres Haus, zentral nahe Plaza Libertad. Sauber. Doppel ca. 12 US $ allerdings ohne Frühstück. – "Lancaster" an der geräuschvollen Plaza Gagancha gegenüber von ONDA- Busabfahrt. Doppel ca. 17 US $, – "Balfer", San Jose Ecke Rio Negro, zentral, modern, ca. 15 US $

"Presidente", Plaza Fabini, Zimmer nur vorn raus nehmen Richtung Plaza (nach hinten vollgebaut mit Hochhäusern). Von den obersten Stockwerken teils schöner Blick über Montevideo. Ca. 18 US $, obere Stockwerke um 24 US $.

"Columbia Palace", in der Altstadt, Reconquista 47o. Schön sind die Zimmer Richtung Rio de la Plata/Meer, besonders, wenn es starken Wind gibt! Diese um die 45 US $, die anderen Zimmer ca. 25 US $. Mit SW- Pool.

BILLIG:

"Res. Aramaya", 18 de Julio 11o3 , rund 3o m von der Plaza Gagancha und Busterminal entfernt. Treppe rauf, 2.Stock die Rezeption. Ein etwas dunkles, aber sauberes Gringohotel bei günstigem Preisverhältnis. Doppel ca. 5 US $ ohne Bad ca. 3 US $.

"Richmond", San Jose 1o34, nähe Ecke Rio Negro. Somit schön zentral. Wie auch das Aramaya in einem alten Haus. Sauber, Doppel ca. 5 US $. Alternative zum Aramaya in der besseren Billigklasse.

"Hosped. Libertad", Ibicuy 1223, ebenfalls Tip, freundliche Lobby, altes Haus. Die Zimmer relativ dunkel, aber groß. Ca. 5 US $. Sauber.Rund 2oo m von Pl. Gagancha.

"France", Rio Branco 138o (ca. 2o m von der Av. 18 de Julio, Höhe etwa Mitte zwischen Plaza Fabini und Independencia), obwohl Lesertips, hat uns bei Check vor Ort nicht sehr überzeugt. Doppel ca. 3 US $ bei Gemeinschaftsbad.

Wer's noch billiger braucht, sind allerdings sehr basic- Absteigen: "Pension Rio Negro

Central", Rio Negro 163o (nicht sehr sauber, nur für Männer "zugelassen"), – "Hospedaje Alpino", Rio Negro 1636 und "Pension Rio Negro", R. Negro 1643 (ganz passabel) , alle ganz nah zusammen in etwa 2oo m Entfernung zum Bahnhof. Das Doppel (matrimonio) um die 1,5 US $.

Jugendherberge (Albergue de la Juventud): Montevideo : Canelones 935, rund 3 cuadras von Plaza Gagancha. Pro Tag 1 US $, allerdings Mitgliedsausweis nötig. Siehe "Allgemeine Uruguay Tips"!

RESTAURANTS Montevideo

Ausgezeichnete Fleischgerichte: riesige Lomos in Dimensionen wie von Buenos Aires gewohnt, – aber auch gute Fischgerichte.

PREISE: mittel = ca. 1,2 - 1,8 US $ /Hauptgericht
billig = ca. o,8 - 1 US $ /Hauptgericht

"OTTO", Rio Negro 13o1/Ecke San Jose bei der Plaza Fabini. Heißer Montevideo- Tip! Alteingeführtes Lokal mit ausgezeichneter Küche (Filet in Senfsauce mit überbackenen Zwiebelkringeln, soweit ich mich erinnere, hieß das "Jean Philippe"), – sofern der Hauptkoch nicht krank ist (Küche variiert dann leider sehr stark in Qualität). Viel deutschstämmiges Klientel (Tratschtreff - Tanten am Nachmittag), ausge zeichnete Kuchen. Die Ober excellent geschult, Buffet. Ein kullinarisches Vergnügen, allerdings nur begrenzte Auswahl an Gerichten. Preise mittel. – "MORINI", Mercado Central, Eingang seitlich über Calle Linieres. Ca. 3o m von der Plaza Independencia entfernt. Holzpanelen an der Wand und der Essraum vom Ambiente wie in Ostblockstaaten- Restaurant. Küche: ganz großes Kompliment in Sachen Fleisch. "Tournedo Morini" probieren! Fisch zweitrangig, aber auch gut. Preise mittel, sofern man nicht Shrimps bestellt. – "REST. PANORAMICO MUNICIPAL", 18 de Julio, Ecke Ejido. Vom Blick her (22. Stock!) excellent, Essen jedoch teuer. – "DEL AGUILA", im Teatro Solis, Plaza Independencia. Kühl und etwas altmodisch eingerichtet, teuer. Blick in die Küche interessant: von der Plaza die Juncal runterlaufen, etwa wo Nr. 1269 an der Wand steht. Düster, düster . . . – "LAS BRASAS", San Jose 9o9, optisch ein kühler Snack und wenig erfreulich, Lomo war aber bei unserem Check butterweich und hatte Dimensionen wie Tarzan sie braucht. Preise bei Fleisch mittel, Chilenische Rotweintropfen aber knackig teuer! – "CHIVITOS", Rio Branco 945/Av. 18 de Julio. Gelobt und Tip da relativ billig. Optisch wie Neonsnackbar, zum Kauen: Frankfurter, Chivitos, Churrascos, Käsehäppchen etc. – "EL FOGON", San Jose 1o8o. Fleisch auf offenem Grill, Preise mittel, ebenso die Einrichtung. – "PARRILLADA EL DAVID", Arenal Grande 14oo, jeder wählt sich sein Fleisch selber aus und landet rappelsatt danach unterm Tisch bei günstigem Preis. – "PAPITO"/Plaza Fabini Ecke Rio Negro. Beste Pizzas von Montevideo (ca. 1 US $ für stattliche Ufos!) Gibt auch excellente Milchshakes! – "EL GALEON", französ. Küche, teuer. Leyenda Patria 3o96, – "AUTOMOBIL- CLUB", Agraciada 1532, Filet Milanesa probieren. Preise mittel. – Hunger auf Gummiadler? "POLLO DORADO" in der Yi 1374 im Zentrum. – "BUNGALOW SUIZO", schweizer Küche mit 2 Filialen in Montevideo: einmal in der Andes 1427 (Zentrum), wesentlich gemütlicher, ist jedoch die andere Filiale in der Residencial Area Carrasco, Adresse: Sol 15o. Taxi. Excellente Mischung aus berühmt saftigem Uruguay- Carne mit schweizerischem Küchen- Know How z.B. im Sektor Fondue- Wesen. Exclusiv und teuer. – Gute Churrascaria mit Blick aufs Meer: "LA AZOTEA", Juan B. Blanco 1o51 im Stadtteil Pocitos. Mittel. – "LA ROTISSERIE" im Hotel Victoria Palace, Plaza Independencia. Exclusiv, sehr teuer, aber auch ausgezeichnet! – Spanische Küche: "LA GENOVESA", San Jose 1242, Preise mittel. –

In ganz Montevideo berühmt für seine Kuchen ist "CONFITERIA ORO DEL RHIN", Colonia, Ecke L. Latorre (etwa in der Mitte zw. Plaza Gagancha und Independencia, 1 cuadra von Av. 18 de Julio). – Viele, kleine Cafes in der Altstadt, lohnt sich auf Entdeckung zu gehen. Meist noch mit alter Einrichtung wie zu 2o-er Jahren! – Zu erwähnen wäre noch "FUN FUN", ein Traditionsstehimbiß in den Markthallen (Mercado Central) mit alten Fotos und Zeitungsausschnitten an der Wand und beachtlicher Zapfsäuler für Gerstensprit, dies inmitten des Marktgetriebes. –

Im Bereich San Jose/Plaza Gagancha siedeln sich Billardspielsaloons an, z.B. "COLT 44", in der Yi 1334, auf Wildwest getrimmt, aber recht gut gelungen. Mit Billardtischen und Snacks, – "LAS VEGAS POOL", Plaza Gagancha nähe TTL- Busoffice.

"LA CUMPARSITA", in der Carlos Gardel/Ibicuy (6 cuardas ab Plaza Gagancha Richtung Meer). Typisch einheimische Küche, sowie Folklore- Show am Fr., Sa. und So. - Abend.

Essenszeiten:
Beginnen in Montevideo zwischen 2o und 21 Uhr, aber eigentlich erst danach wirds voll in den Restaurants, – und dauern bis ca. 24 Uhr.

Einkaufen: Die meisten Geschäfte im Bereich Av. 18 de Julio, zwischen Plaza Gagancha – Plaza Fabini – Plaza Independencia, mit Passagen. Weiterhin in der Calle Colon, die am Hafen/Aduana beginnt.

LEDER: sehr schöne Wildledermäntel bei ausgesprochen günstigen Preisen! Weiterhin: Handtaschen, Lederröcke, Gürtel, Geldbörsen, Hüte und Nappa- Ledermäntel. Unbedingt zunächst in verschiedenen Geschäften Preisniveau vergleichen, eventuell ab Fabrik billiger. Adressen über Taxifahrer oder Hotelportier. Handeln möglich.

Mäntel auf Maßanfertigung innerhalb von ca. 2 Tagen bei gleichem Preis oder geringfügig teurer. Es ist dabei eine Anzahlung fällig, auf dieser Quittung sollte man sich die abgenommenen Maße mitnotieren lassen. Verarbeitungsqualität (saubere Nähte) prüfen!

gamusa = Wildleder, – vaca = Rindleder, – oveja = Schaf, – antilope = Hirsch

KLEIDER: in den Boutiquen der Passagen, allerdings meist erheblich teurer als BRD, da importierte Ware. – Sehr billig sind dagegen Arbeiten aus WOLLE: dicke, grobkräftige Pullover und Strickwesten in Naturfarben und Mustern. Shops in der 18 de Juli

BÜCHER: "El Paseo del Lector", ein Supermercado de libros, wie er sich bezeichnet, in der Av 18 de Julio 1211, etwa Plaza Gagancha. Viele günstige Taschenbücher, hauptsächlich Romane, aber auch vergünstigte Bildbände. Einmalig: hinten eine Cafeteria mitten zwischen den Büchern! – "Feria del Libro", Av 18 de Julio 13o8, nähe Palacio Municipal: interessantes Antiquariat, allerdings nicht billig.

KLEIN–KUNSTHANDWERK: Ohrringe, Halsketten in guter Qualität für die Buenos Aires und Brasilien- Touristen, z.B. im "Mercado de los Artesanos", Plaza Gagancha 1365, weitere in ehemaligen Filmtheatern an der Av 18 de Julio, Höhe Julio Herrera und Höhe Yi. – "Artesanos Uruguayos", Paraguay/18 de Julio.

Sehr lohnend ist der jeden Sonntag Morgen stattfindende Markt (Früchte + Flohmarkt) in der TRISTAN NARVAJA/18 de Julio, etwa 2o Min. zu Fuß von der Plaza Gargancha rauflaufen (oder Bus). Beginnt gegen 8 Uhr und endet ca. 13 Uhr. Jede Menge Krimskrams, von alten Büchern über Töpfe, Teller, Tassen, Spiegel, Secondhand- Kleidern, zu Bildern, Schuhen und Kleinkunsthandwerk.

Veranstaltungen/Feste:

CARNEVAL: Desfile (Umzug) läuft über die Av 18 de Julio. Wird organisiert von der Comision Municipal de Fiestas. Am schönsten jedoch die Carnevalsnacht in Palermo und Barrio Sur mit Verkleidungen und Tänzen auf den Straßen.

SEMANA CRIOLLA: im Parque Prado. Folkloreveranstaltungen mit typischen Tänzen. Organisiert von der Comision Municipal de Fiestas. Zeitpunkt: jedes Jahr variabel, daher im Tourist Office nachfragen.

EXPOSICION GANADERA DEL PRADO: wichtigste Exposicion zu Stieren und Kühen Uruguays. Jeden August. Verbunden mit Volksfest und Folkloreveranstaltungen. Im Parque Prado. – Im selben Park zur Osterwoche ein großes Fest mit Rodeo.

Autovermietung Montevideo:

Für den VW Käfer ca. 1o US $ pro Tag, größere Fahrzeuge z.B. Opel 2,o Berlina kosten um die 18 US $. Zusätzlich pro Km um die 1o Pfennig (VW Käfer) und 22 Pfennige für Opel. Hinzu kommt eine 18 % Steuer des Staates, sowie Versicherung. Bei "ai" gibts einen Wochentarif ohne Km Berechnung, der für den Käfer bei ca. 14o US liegt. – Mindestalter je nach Firma 21 bzw. 25 Jahre.

Hertz, im Airport, aber auch in der Stadt: Colonia Ecke Florida. Tel.: 9o 79 57 mit 24 Std. Service. Anständige Preise und gute Autos.
ai (Ansa International), Yaguaron 1683 geringfügig teurer als Hertz, aber neuere Autos, genau prüfen, welche Punkte die Versicherung einschließt.

Verbindungen ab Montevideo:

"INTERNACIONAL CARRASCO": rund 2o km außerhalb der Stadt im Osten. Wer vom quirligen riesigen Buenos Aires kommt: der Airport wirkt wie ein sympathischer, italienischer Provinzbahnhof. Hohe Halle mit Säulen und rosa- ockerfarbigen Marmorplatten. Zeitungskioske, Geldwechselmöglichkeit, Cafe- Stand à la Stehimbiß. Aber riesige Landepiste für die Flugzeuge.

Täglich von der Varig angeflogen, Strecke Porto Alegre – São Paulo – Rio, von der SAS mit DC 1o- Maschinen einmal in der Woche nach Lissabon, Oslo, – von der PAN AM mit Jumbo via Miami nach Los Angeles, – die Lufthansa mit Jumbo 2 mal/Woche via São Paulo, Rio nach Frankfurt, – Iberia 2 mal/Woche mit Boeing 7o7 nach Asuncion, – sowie die uruguayische Pluna 5 mal/Woche mit Boeing 737/2oo nach Rio, 2 mal/Woche nach Asuncion, nach Madrid und nach Porto Alegre.
Also ganz schön was los für ein 3 Mill. - Einwohnerland!

Luftbrücke Montevideo – Buenos Aires: alle 2 - 3 Std. zwischen ca. 8 Uhr und 21 Uhr im Pool mit Aerolineas, bei runden 85 US $ für den 3o Min.- Flug aber ganz schön knackig teuer. Billigere Alternativen siehe unser Text "Montevideo ⟶ Buenos Aires"!

NATIONALE VERBINDUNGEN: innerhalb Uruguays nur Militärflüge mit "Forcas Aereas de Uruguay". Propellermaschinen, die recht knapp über dem Boden entlangfliegen und daher recht interessant, um Überblick über die Weitläufigkeit und Größe des dünn besiedelten Landes zu bekommen. FAU fliegt zu den wichtigsten Orten des Landesinneren, wo es Flugpisten gibt, zudem saubillig.

Artigas: ca. 12 US $, – Melo: ca. 8 US $, – Salto: ca. 1o US $, – Paysandu: ca. 7 US $, – Rivera: ca. 1o US $.

← Salto und Paysandu häufiger!

Abflüge zu obengenannten Airstripes im Schnitt 2 - 3 mal pro Woche. Buchung übernimmt die PLUNA- Office, Plaza Fabini/Montevideo, allerdings teilweise schwierig, Platz im Flugzeug zu bekommen, da meist voll. Die Preise unterscheiden sich nur minimal zu den Bus- und Zugpreisen (was sind ca. 3o DM für einen 8oo km-Flug, für den der Zug einen Tag braucht!)

AIRPORT–TAX bei internationalen Flügen 3,5 US $, keine Tax bei nationalen Flügen mit den Militärs.

BUS: alle ca. 3o Min. ins Zentrum, Abfahrt vor dem Flughafengebäude. Kostet ca. o,8 US $. Fahrzeit etwa 4o Min., zunächst durch Kiefernwälder, später durch schöne Residencial Areas von Carrasco. Busse halten nicht überall im Zentrum, aber ein Trinkgeld hilft oft viel.

TAXI: zwar Mercedesse, aber satte 15 bis 18 US $ in die Stadt pro Fahrzeug, je nach Tageszeit. Da lohnt sich das Warten auf den Bus!

Die heute bestehenden rund 3.ooo Km uruguayische Eisenbahngleise, – die die Wagons "springen" lassen, wie uns die Eisenbahner freudig berichteten, wurden ab Mitte des vergangenen Jahrhunderts von den Briten errichtet. Damals, als es das Auto noch nicht gab, waren sie wichtigstes Verkehrsmittel zur Erschließung zur Erschließung des Inlandes. Dies noch bis Mitte dieses Jahrhunderts wegen schleppendem Ausbau der Straßen und deren Asphaltierung.

Typisch bri tisch quetschten unsere europäischen Nachbarn die Zitrone bis zum Ende aus und stießen dann 1948 das rostige, kaum reparierte Gleismaterial an Uruguay ab.

Nachfolgende Uruguay Regierungen kauften von der BRD unseren roten Schienenbus, der bis heute brav seinen Dienst tut; die Eisenbahner sind sehr zufrieden: "viel Power in der Maschine, – schade, daß man diese nicht wegen den schlechten Gleisen ausfahren kann!". Mit Baño und viel Rundblick, eingesetzt auf uruguayischen "Kurzstrecken", nennt sich Ferrobus.

Ansonsten ungarische und argentinische Waggons, die von optisch äußerst häßlichen Dieselloks BJ. Gegend 1952 gezogen werden.

Der Leser dieses Buches hat sicher schon gemerkt, daß ich absoluter Fan von alten Eisenbahnen bin und natürlich bei den vielen PKW- Oldtimern Uruguays mich auf rauchende Jhd.- Wende Dampfloks und Wildwest-Waggons gefreut hatte. Nix davon, sorry, – mit einer Ausnahme: die Strecke nach Artigas!! »→

Mit von der Partie sind 3 Schlafwagen, die in der Zeit 19o2 und 1921 in England gebaut wurden, außen viel Holzverschalung, innen Tip- Top gepflegt. Abteile mit 2 oder 4 Betten, Waschbecken, sehr sauber. Heißer Tip ist aber der Schlafwaggon Nr. 645, eingerichtet wie der Presidencial Waggon, der meist im Bahnhof von Montevideo steht. Nachfragen, wann der Waggon 645 Ri. Artigas eingesetzt wird und rechtzeitig dort einbuchen.

Außer der Paysandu – Salto – Artigas Strecke wegen Schlafwagen und insbesondere Nr. 645 ist auf allen anderen Strecken der BUS und der FLUG der Eisenbahn für Reisen ins Innere von Uruguay vorzuziehen, da schneller und bequemer. – Die Engländer waren damals bei Streckenerrichtung nach erstellten Km bezahlt, – die Gleise verlaufen somit reichlich kurvig, trotz sehr flachem Land. Beispiel: Montevideo – Colonia. Per Strasse ruckzuck, per Gleis riesiger Umweg. Heute großes Handicap für die Eisenbahner.

Verbindungen: Fahrzeiten und Preise jeweils ab Montevideo/Estacion Artigas

Montevideo – Fray Bentos (ca 8 Std., 1. Kl. 2,5 US S) – Paysandu (ca 13 Std., 1. Kl. 3 US S) – Salto (ca. 17 Std., 5 US S) – Artigas (ca. 24 Std., 8 US S). Der Zuschlag für den Schlafwagen beträgt lediglich 5 US S und lohnt sich in jedem Fall. Fahren täglich außer Sonntag.

Montevideo – Rivera (an der Grenze zu Brasilien). Fahren täglich außer Sonntag, die Fahrzeit 1o Std., kein Schlafwagen, 1. Klasse ca. 5 US S. Bis Tacuarembo 7 Std.

Montevideo – Maldonado (bei Punta del Este) – Rocha: täg. außer Sonntag mit dem Ferrobus, Fahrzeit 7 Std., in der 1. Klasse ca. 3 US S.

Montevideo – Colonia: 3 mal in der Woche, Fahrzeit 5 1/2 Std. und damit undisskutbel zum Bus, aber nur 3 US S.

Montevideo – Km 329: 9 Std., 3 mal in der Woche. ca. 3 US S.

Montevideo – Minas: täglich mehrmals mit Ferrobus. Angeblich interessante Strecke, selber nicht getestet. 3 1/2 Std. Fahrzeit, ca. 1,5 US S.

QUERVERBINDUNG: Durazno – Trinidad: täglich außer Sonntag mit Ferrobus. 1 1/2 Std. Fahrt, 1 US.

BAHNHOF MONTEVIDEO: Adresse: La Paz 1o95

"Estacion Central General Artigas", eine üppige Bahnhofsarchitektur am Hafen, Stil der großen Pariser Stadtbahnhöfe. Gebaut in der ersten Hälfte dieses Jahrhunderts, als die Kühlschiffe erfunden wurden und die Eisenbahngleise viele hundert km Inland die Rindermassen zum Export nach Europa und Nordamerika in die Metropole Montevideo brachten.

Heute verschlafen, mit Schaukästen von Eisenbahn- Modellbauern, aber Tip- Top sauber ausgefegt.

Für Eisenbahnfans: a) Mini-Openairmuseum vor dem Bahnhof, – b) Dampfloks nur noch zum Rangieren, z.B. in Tres Pasos, – c) in der Estacion 25 de Agosto angeblich PKW Ford T auf Schienen. Unterm Strich: Bolivien und Ecuador bringt für den Eisenbahnfan wesentlich mehr.

Es gibt leider keinen gemeinsamen Busterminal in Montevideo. Die Abfahrtsstellen liegen aber glücklicherweise alle im Bereich des Zentrums.

INNER–URUGUAY STRECKEN (Fahrzeiten und Preise jeweils ab Montevideo):

Montevideo ⋙→ Fray Bentos (ca. 5 Std., 8 US $) – Paysandu (ca. 6 Std., 9 US $) – Salto (ca. 8 Std., 1o US $) – Artigas (ca. 1o Std., 14 US $)

Montevideo ⋙→ Tucarembo (ca. 5 Std., 7,5 US $) – Rivera (ca. 7 Std., 1o US $)

Montevideo ⋙→ Minas (ca. 2 1/2 Std., 3 US $) – Treinta y Tres (ca. 5 Std., 6 US)– Rio Branco (ca. 7 Std., 1o US $) - bzw. Melo (ca. 7 Std., 1o US $)
Montevideo ⋙→ Atlantida (ca. 3o Min., o,5 US $) – Piriapolis (ca. 1 3/4 Std., 2 US $) – Punta del Este (ca. 2 1/2 Std., 3 US $) – Rocha (ca. 4 Std., 4 US $) – Chuy (ca. 6 Std., 7 US $).

Alle Verbindungen mindestens 2 mal täglich. Gesellschaften: ONDA, Plaza Gagancha mit dichtestem Inlandsbusnetz, – COT, Plaza Independencia, – CITA, Av. Libertador Brig. Gral. Lavalleja 144o, – COPSA, Av. Uruguay 1313, – COPA, Yi 1421

Internationale Verbindungen:

SANTIAGO DE CHILE: mit "Empr. General Artigas" (EGA) 1 mal pro Woche Direktbus. Fahrzeit ca. 2o Std., 1.845 km Strecke via Fray Bentos – Zarate – Rio Cuarto – Mendoza – Santiago de Chile. Moderne Busse mit Toilette, Heizung, Stewardess und Licht über jedem Sitz. Ca. 6o US S. Abfahrt Montevideo: Plaza Fabini. Mit Umsteigen und via Buenos Aires täglich.

ASUNCION/PARAGUAY: mit "Tacuari SRL", ab Montevideo Calle Paraguay 1311 Ecke San Jose. 2 mal pro Woche, ca. 3o US S , ca. 18 bis 2o Std.

ARGENTINIEN: mit "Cora" (Abfahrt: Yi 1421) und "ONDA"(Abfahrt: Plaza Gagancha) 3 mal pro Woche nach Santa Fe (ca. 14 US S), Rosario (ca. 6 Std., 15 US S) und Cordoba (ca. 12 Std., 2o US S).

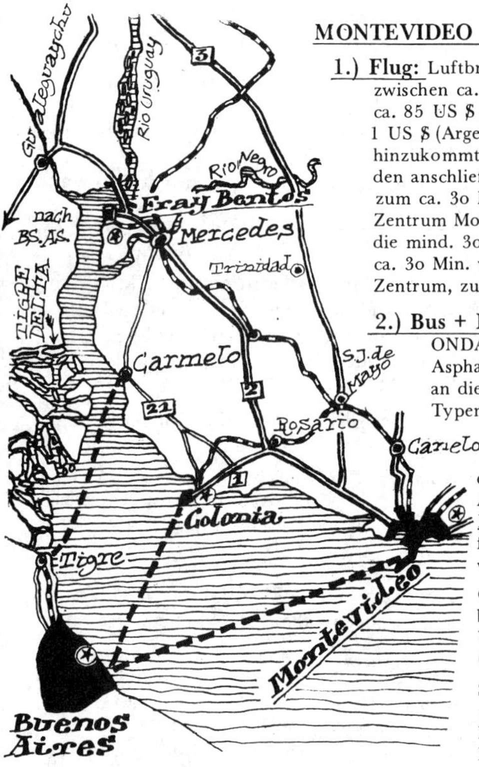

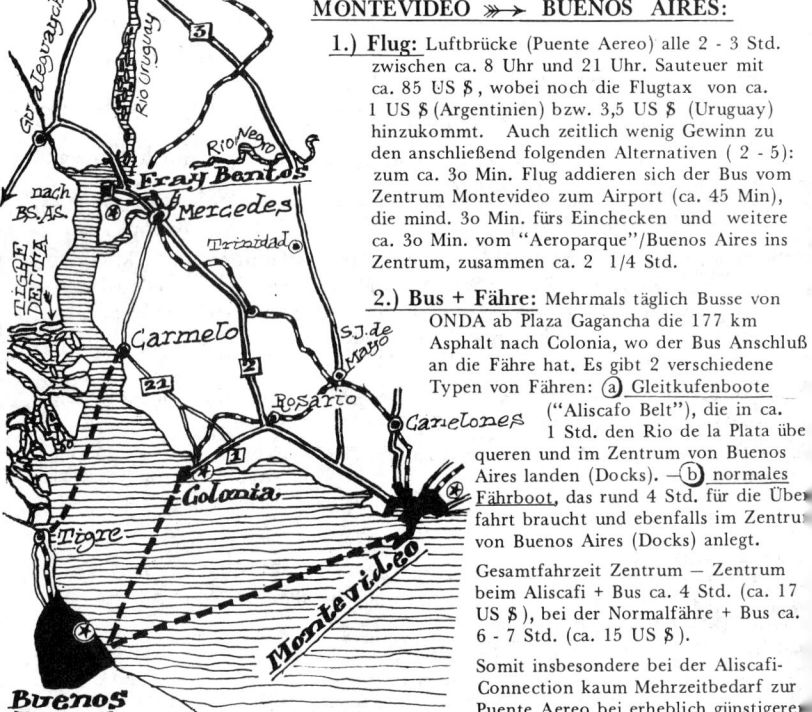

MONTEVIDEO ⋙→ BUENOS AIRES:

1.) **Flug:** Luftbrücke (Puente Aereo) alle 2 - 3 Std. zwischen ca. 8 Uhr und 21 Uhr. Sauteuer mit ca. 85 US $, wobei noch die Flugtax von ca. 1 US $ (Argentinien) bzw. 3,5 US $ (Uruguay) hinzukommt. Auch zeitlich wenig Gewinn zu den anschließend folgenden Alternativen (2 - 5): zum ca. 3o Min. Flug addieren sich der Bus vom Zentrum Montevideo zum Airport (ca. 45 Min), die mind. 3o Min. fürs Einchecken und weitere ca. 3o Min. vom "Aeroparque"/Buenos Aires ins Zentrum, zusammen ca. 2 1/4 Std.

2.) **Bus + Fähre:** Mehrmals täglich Busse von ONDA ab Plaza Gagancha die 177 km Asphalt nach Colonia, wo der Bus Anschluß an die Fähre hat. Es gibt 2 verschiedene Typen von Fähren: (a) Gleitkufenboote ("Aliscafo Belt"), die in ca. 1 Std. den Rio de la Plata übe queren und im Zentrum von Buenos Aires landen (Docks). – (b) normales Fährboot, das rund 4 Std. für die Über fahrt braucht und ebenfalls im Zentru von Buenos Aires (Docks) anlegt.

Gesamtfahrzeit Zentrum – Zentrum beim Aliscafi + Bus ca. 4 Std. (ca. 17 US $), bei der Normalfähre + Bus ca. 6 - 7 Std. (ca. 15 US $).

Somit insbesondere bei der Aliscafi-Connection kaum Mehrzeitbedarf zur Puente Aereo bei erheblich günstigere Preis!

(c) TIGRE – CARMELO FÄHRE: kein PKW- Transport, fährt täglich, Überfahrt ca. 4 - 5 Std. + rund 3o Min. mit dem Zug (tagsüber alle ca. 1o Min.) nach Buenos Aires, sowie rund 4 Std. mit dem ONDA- Bus von Montevideo nach Carmelo.

Unterm Strich rund 17 US $ und 9 Std., ebenfalls komplett bei ONDA zu buchen. Von der Fahrzeit her die am wenigsten attraktivste "Bus + Fähre"- Alternative. Den sehr lohnenden Buenos Aires Abstecher ins Tigre Delta baut man besser seperat ab Buenos Aires ein und ist dann zeitlich flexibler.

3.) Bus + Flug: Ebenfalls interessante Alternative. Mehrmals tägl. ab Montevideo mit ONDA- Bus zum Airstripe in Colonia und Anschluß an den Arco- Propellerflug rüber nach Aeroparque/Buenos Aires. (15 Min. Flug, keine Hin+Rück- Ermäßigung)

Unterm Strich ca. 18 US $ / 3 1/2 Std. (+ ca. 3o Min. vom Aeroparque ins Zentrum). Ebenfalls komplett bei Onda zu buchen.

4.) Direktfähre: Montevideo – Buenos Aires: Tägliche Nachtfähre ab Hafen/ Aduana in Montevideo rüber nach Buenos Aires/Darsena Sur. Abfahrt 21 Uhr, an nächster Morgen gegen 8 Uhr in beide Richtungen. Kostet ca. 17 US $ wobei Schlafbett und Frühstück inkl. ist (Aupreis bessere Kabinen zwischen 1,5 bis 7 US $). Somit billigste Anreise für den, dem Schiffsschaukelei nichts ausmacht, – da man sich mit der Überfahrt zugleich eine Hotelübernachtung spart.

5.) Direktbus: Montevideo – Buenos Aires: Braucht ca. 9 Std., täglich mit ONDA via Montevideo – Fray Bentos (Brücke) und kostet ca. 13 US $.

6.) Auto: entweder mit dem Fährschiff Colonia – Buenos Aires (kostet je nach Größe des PKW zwischen ca. 3o und 5o US $, hinzu kommt pro Person ca. 12 US $). Oder mit dem Nachtboot Montevideo–Bs.As., fast gleicher Preis für den PKW.

Unterm Strich etwas billiger via Umweg Fray Bentos, allerdings rund 12 US $ Brückenzoll für den PKW und entsprechend Mehr- Km ein Mehr an Spritkosten.

ACHTUNG: alle angegebenen Preise für den Ticketkauf in Uruguay. Wer ab Buenos Aires fährt, bei derzeitigem Schwarzmarkt ca. 5o % billiger, dann gleich gegebenenfalls das Rückfahrtticket mitkaufen! Aber vorher abchecken, ob es zwischenzeitlich nicht auch einen Schwarzmarkt in Uruguay gibt!

ABFAHRT: alle Boote ab Buenos Aires (das Aliscafi, das Normalboot nach Colonia und das Nachtboot nach Montevideo: ab Darsena Sur. Der Direktbus Bs. As. – Montevideo ab Busterminal Bs.As. bei Estacion Mitre siehe unsere Bs.As. Karte!

BUCHUNG: ONDA in Bs. As., Florida Ecke Lavalle für Boot und Bus bzw. Flug.

Montevideo » Paysandu » Salto » Artigas:

WER rauf nach den Iguazu- Wasserfällen will: interessante Alternative, wobei man gleichzeitig die Missiones in Nordargentinien einbauen kann.

Als reiner Ausflug ab Montevideo, – auch wenn wir die Orte unterwegs mit Infos kurz "anreißen", – per Zug bis SALTO und mit der Militär- Propellermaschine retour , um Einblick in die Größe Uruguays zu gewinnen. Unterwegs endlose Gras- teils Steppengebiete, Rinderherden, Nandus. Ein 3- Tagestrip. Gute Verkehrsverbindungen ab Grenze im brasil. Rio Grande do Sul, womit sich die Artigas- Alternative auch als Weiterreise nach São Paulo verbinden lässt.

Verbindungen: mehrmals täglich mit den ONDA - Bussen, wie auch anderen Empresas, siehe Montevideo! TIP ist jedoch der Schlafwagen der AFE (tägl. außer So.), der abends ab Estac. Artigas/Montevideo startet und gegen frühen Morgen Fray Bentos erreicht. Erheblich billiger , bequemer und zudem Restaurant an "Bord".

Wer nach Foz de Iguazu will (oder aber auch nach Asuncion/Paraguay), bucht bis SALTO (Ankunft Zug gegen Mittag, 5 US $!) und fährt mit der Fähre rüber auf die argentinischen Seite CONCORDIA, wo es Zug und Busverbindung nach POSADAS gibt, Ausgangspunkt für Trips in die Missiones, sowie nach Foz de Iguazu und Asuncion.

FRAY BENTOS: 15.ooo Einwohner- Provinznest an der Grenze zu Argentinien mit gutem Hafen, der allerdings nur regionale Bedeutung für den Export von landwirtschaftlichen Gütern besitzt. Übernachtung: "Gran Hotel" am Fluß, ganz gut. Handvoll von Restaurants, dabei gute Churrascarias. Mehrmals am Tag Boot rüber auf die argentinische Seite nach Gualeguaychu (1,5 US $ /Person), die PKW und LKW benutzen die neue Internat. Brücke über den Rio Uruguay (Abzweigung 5 km vor dem Ort).

PAYSANDU: mit 1oo.ooo Einwohnern die 4. größte Inlandsstadt Uruguays lebendig wenn auch sehr provinzmiefig. Auf den rund 13o km ab Fray Bentos bis Paysandu (Schotter), für die der Bus 2 Std. braucht, hat sich landschaftlich wenig getan; der Zug zuckelte währenddessen nach "Art des Hauses" zusätzliche 1oo km Umweg über die Estancia- Nester Young und Algorta. Die Passagiere haben sich zwischenzeitlich aus den warmen Federn rausgerollt, ihr Frühstück reingeschoben und noch einige Stunden gelangweilt in die Prärie rausgeblickt. (Zum Trost: drüben auf der argentinischen Seite, wer Bs.As. nach Posadas alternativ fährt, tut sich auch nicht viel. . .)

Aussteigen in Paysandu nicht unbedingt zu empfehlen. Mehrere einfache Hotels in der Gomez, Jugendherberge in der Gran Bretaña 872, Mittelklasse ist das "Gran Hotel Paysandu" (18 de Julio/19 de Abril, im Zentrum) ebenso wie das "Nuevo Paysandu" (Herrera/Ecke Gomez). – Mehrmals tägl. Passagierboot den Rio Uruguay aufwärts und rüber auf die argentinische Seite nach Colon (ca. 2 US $), sowie internat. Brücke über den Fluß bei Nuevo Paysandu.

Die folgenden ca. 15o km bis Salto verläuft Straße und Eisenbahn weitgehend parallel. Thermalquellen bei Guaviyu und Dayman mit regionaler touristischer Bedeutung. Land bis zum Horizont ohne Ende, langweilig für den, der Action erwartet, in den Bahnhaltepunkten Gauchos auf Pferden, dann wieder lange Zeit absolut nichts außer Gras, das sich mit den flachhängenden Wolken am Horizont trifft.

SALTO: 1o5.ooo Einwohner, Schachbrett- Gauchosiedlung. Nördlich der Stadt ist der Rio Uruguay- Staudamm entstanden, der zu den großen des Kontinentes zählt und die Schiffahrt flußauf hier beendet. Nichts Spezielles über Salto zu berichten; Provinzmuseen, Besichtigung des Staudammes. Ein Schwung von Basic bis Mittelklassehotels im Zentrum, die besten sind "Gran Hotel Salto" und "Los Cedros". – Restaurants: gut "Chef" Calle Uruguay, sowie das "Los Pinguinos" . Während der Woche 5 mal tägl., am Wochenende 2 - 3 mal tägl. Bootsverbindung rüber zum geschäftigen Concordia/argentinische Seite und mit Zug bzw. Bus rauf nach Posadas. Grenzformalitäten am Fluß. (Concordia – Posadas: täglich mit Expr. Singe: ca. 9 Std., bzw. runter nach Buenos Aires tägl. in ca. 8 Std.)

Ohne den Gauchos von Nord- Uruguay zu nahe treten zu wollen: den Run trip kann man hier beenden (oben tut sich auch nicht viel mehr!) und entweder zurück per Militärpropeller nach Montevideo (vorher reservieren!), – oder mit dem Bus ab Concordia nach Posadas bzw. Bs.As.

Der Zug schlängelt sich noch in einigen Stunden Prärie- Arbeit rauf nach Artigas (relativ gute Verbindungen durch das brasil. Rio Grande do Sul Ri. Sao Paulo), – die Straße läuft am Rio Uruguay entlang rauf bis zum supermiefigen Grenznest BELLA UNION am 3- Ländereck Brasil/Uruguay/ Argentinia. Fährschiff tägl. rüber nach Monte Caseros (Bahnstation für den Zug nach Posadas; besser aber bereits in Concordia zusteigen!),sowie der Brücke rüber nach Brasil und stüdl. Busverbindung nach Uruguaiana (ca. 1 1/2 Std. Fahrt, Fähre nach Argentinia nach Paso de los Libros).

Rund 1oo Straßen- Km*, bzw. rund 7o Eisenbahn- Km* liegen die Thermalbäder von ARAPEY, wichtigste des Landes mit umfangreichen Pools und Hotel-Anlagen inmitten endloser Prärie. Macht Spaß, im körperwarmen Wasser zu baden und lohnender Stop (Bahnstation nähe Thermalbädern, aber vorher von Montevideo aus Zimmer reservieren lassen!)

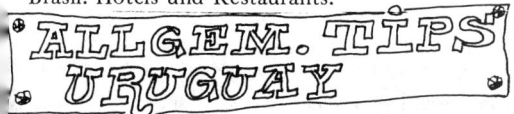

Getarnter Gaucho

Montevideo→→ Rivera:

Die zweite wichtige "Trans- Uruguay" in Nord-Süd (ca. 5oo km) durchquert zunächst das dicht besiedelte Gaucholand um Montevideo mit wichtigster Provinzhauptstadt des Landes CANELONES (ca. 3oo.ooo Einwohner, 45 km ab Montevideo) – Florida (66.ooo E.) – Durazno (57.ooo E.) und passiert bei Paso de los Toros den Rio Negro, der hier zu einem der größten Stauseen des Kontinentes aufgestaut wurde.

Recht schöne Landschaften, Weiden, Apfelsinen- und Zitronenhaine, leicht hügelig. Zwischen Tacurembo und Rivera Basaltspitzen. Der Zug braucht bis Rivera (kein Schlafwagen!) rund 1o Std. (5 US $) , der Bus dagegen nur ca. 7 Std. (1o US). Mehrmals in der Woche Militärflug. Das Grenznest Rivera besitzt ein Spielcasino und lebt vom Handel und Contrabando mit Brasil. Hotels und Restaurants.

ALLGEM. TIPS URUGUAY

Klima: Keine ausgesprochene Regenzeit. Sommer ist von Dezember bis Februar mit Temperarturen bis zu 3o Grad, im Winter: um die 1o Grad. – MONTEVIDEO: Sommer 23 - 28 Grad, Winter um die 15 Grad. Pullover nötig, teils eiskalte Winde vom Atlantik.

Strom: 22o Volt/ 5o Herz. Steckdosen: 3 Löcher in einer Linie, wobei das mittlere die Masse ist. Flexible Universalstecker (z.B. an Radio, Tonbandgerät) passen in die Dose.

Weine: große Enttäuschung. Nach 4 Flaschen Probierens der angeblich besten Tropfen des Landes habe ich aufgegeben. Definitiv: nie mehr nach Uruguay ohne einige argentinische oder chilenische Tropfen im Koffer. Sorry! (Eine herbe Enttäuschung der "Mil Botellas", der Name stimmte mich bereits bedenklich! Der "Anticuario" mit viel Action versiegelt mit Anhänger, wann in die Flasche gefüllt. Ich denke gerne an Uru-

* nördlich SALTO

guay, aber nicht an den Wein . . .) Argentinier und Chilenen sehr teuer. Um die 15 - 2o DM pro Flasche je nach Qualität. Guter Shop: "5 th Ave." in der San Jose Ecke Rio Negro in Montevideo. Breite Auswahl, aber nicht billlig.

Essen: riesige und gute Fleischportionen, was für unseren europäischen Geschmack jedoch vielfach fehlt: Saucen. Entgegen Klischeebehauptungen gibts sehr wohl an der Küste viel Fisch vom Meer, – im Landesinneren von den Flüssen. Kein kulinarisches Frankreich, so doch gute und reichhaltige Portionen.

Öffnungszeiten: Geschäfte: 9 - 19 Uhr, einige bis 21 Uhr. Samstags: 9 - 12.3o Uhr.
Banken: Mo. - Fr.: 13 - 17 Uhr, Wechselstuben ganztägig.

Feiertage: 1. Januar, – 6. Jan., – Rosenmontag, Faschingsdienstag, – Karfreitag, Ostern, – 19. April, – 1. Mai, – 18. Mai, – Pfingsten, – 19. Juni, – 18. Juli, – 25. August, – 12. Oktober, – 2. November, – 8. und 25 Dezember.

Unterkunft: Breites Angebot an Hotels aller Klassen in Montevideo, – sowie an der Küste hauptsächlich Mittel bis Teuerklasse. Für die Küste unbedingt während der Saison vorbuchen; die rund 6oo.ooo Touristen pro Jahr (meist Brasilianer und Argentinier) konzentrieren sich hauptsächlich auf diesen Bereich.

Landesinnere: in den wichtigeren Siedlungen Basic bis Mittelklassehotels.

Leider derzeit keine feste Preisvorschrift durch den Staat (wie in fast allen anderen Ländern Südamerikas). Folge: Hotel kann seinen Preis selber bestimmen und somit beliebig anheben oder runtersetzen. Insbesondere an der Küste während der Saison sehr ärgerlich, wenn einem die Hose oder der Rock runtergezogen wird, weil alles voll ist.

CAMPING: sehr beliebt an der Küste. Die wichtigsten:

- El Quijote in Maldonado
- El Placer in San Rafael
- San Rafael in San Rafael
- Parque Andresito in La Paloma
- Santa Teresa im Nat. Park nähe Rocha
- Cornilla im Bereich des Parador La Cornilla
- in den Thermalgebieten Guaviyu und Dayman bei Salto
- Mercedes, Las Canas und Colonia am Rio Negro und Rio Uruguay
- Sierra de Minas im Depart. de Lavalleja
- La Charqueada am Rio Cebollati
- Durazno , Playa El Sauzal

CASAS PARA AQUILAR (Hausvermietung): siehe "Inmobilarias" auf den gelben Seiten des Tel- Buches.

CASAS RODANTES (Wohnmobile): Touring Club Uruguayo in der Calle Uruguay 2oo9 in Montevideo.

ALBERGUES DE LA JUVENTUD (Jugendherbergen): Hauptoffice in Montevideo: Canelones 935. Dort gibts Mitgliedsausweise, bis 24 Jahren: ca. 6,5 US $, bis 25 Jahre: ca. 11 US $. Mit 2 Fotos. Die Übernachtung kostet dann pro Person und Nacht ca.1 US

- Carmelo – Zagarzazu: Km 26o,5 Ruta 21, Colonia, Parador Zagarzazu
- Colonia Suiza, Hotel del Prado, Nueva Helvecia
- Montevideo: Canelones 935 Ecke Rio Branco
- Paysandu: Gran Bretana 872
- Priapolis: Simon del Pino 1136
- Villa Serrana: Km 148 Ruta 8, Chalet Los Chatas, Lavalleja
- Camping "El Sauzal" , Durazno
- Artigas: Club Deportivo Artigas, Pte. Berreta Ecke L. Herrera
- Barra de Valizas: zwischen Cabo Polonio und Aguas Dulces (Rancho Pucara)
- La Paloma: Parque Andresito, Rocha
- Salto: Albergue Salto, Club Remoteros de Salto, Cesar Mayo Gutierrez y Belen

Autofahren: Internationaler Führerschein. Auf Überlandstraßen 95 km/Std. Höchstgeschwindigkeit, die aber wegen der dünnen Besiedelung nur selten kontrolliert wird.

Das Straßennetz konzentriert sich sternförmig auf Montevideo. Durchnummeriert in "Rutas", dabei dei Hauptverbindungen alle asphaltiert in durchschnittlich gutem Zustand. Tankstellen jedoch draußen im Inland dünn gesäht und rechtzeitig nachtanken.

DETAILS zu den anderen Verkehrsmitteln siehe Montevideo (Zug – Bus – Flug – Schiff). Bei den insgesamt guten öffentlichen Verkehrsmitteln und - Verbindungen fraglich, ob es sich lohnt, ein Auto zu mieten.

Uruguay- Oldtimer: ("Cachilas")
Beliebtes Uruguay- Souvenir, allerdings mit einigen Haken: so einfach, wie das einige deutsche Publikationen suggerieren wollen, ist der Export und insbesondere die Zulassung in Europa nicht.

Damit der Oldtimer dann auch in Deutschland fahren darf, ist ein Besuch beim TÜV nötig, bevor es die Zulassungsplaketten und Nummernschilder gibt.Und dabei gehts dem "Groß- Papa" an Kragen und Nieren, – sprich: verrostete Rahmenträger, herausragende Einzelteile, die heute nicht mehr zulässig sind, Umbauten der Beleuchtungs- und Bremsanlage etc. etc.

Der Schraderverlag hat eine Broschüre über die Zulassung von Oldtimers in Deutschland herausgebracht (Schrader Automobil Bücher Handelsges. GmbH, Fraunhoferstr. 32, 8ooo München). Wenn man das so liest, kommt da bis zur Zulassung noch ganz schön viel Geld zusammen, und eventuell ist man billiger mit einem in der BRD bereits zugelassenen Fahrzeug bedient. (Zeitungsannouncen, z.B. in der Süddeutschen, aber auch in Auto Motor Sport).

Es gibt übrigens, – ähnlich wie die Schwacke- Liste für neuere Gebrauchtwagen auch eine für Oldtimer, Bezug über Schrader Verlag München.

Aber auch in Uruguay ist viel Arbeit nötig. Vorweg: keinesfalls stolpert man in Uruguay laufend über Oldtimers, aber es gibt sie. Vorwiegend damals gängige Modelle wie der Ford T. Kontakt: über die Zeitung, oder mit viel Zeit im Landesinneren rumreisen. Preise sind günstig, sofern der Besitzer nicht merkt, daß man geil auf seine Kiste ist! Oldtimer-Raritäten sind dagegen sehr selten und ein Glücksfall.

Anschließend sind die Zoll- und Ausfuhr Formalitäten zu regeln, was runde 2 - 3 Wochen in Anspruch nehmen kann. Zuzüglich der Recherche nach einer preisgünstigen Spedition oder aber auch Reederei (vergl. auch Seite 16o!). Es ist in jedem Fall empfehlenswert, das Fahrzeug im Container oder in einer Frachtkiste zu verschiffen, damit bei Ankunft in Deutschland nicht wichtige Teile fehlen.

Sofern sich der deutsche Einfuhrzoll nach der Rechnungssumme des Kaufvertrages in Uruguay richtet: bueno! –. Sofern er aber nach dem Marktwert des Oldtimers in Deutsch-

BOTSCHAFTEN / KONSULATE:

PA = Postanschrift, – casilla = Postfach

BRD in Uruguay:

MONTEVIDEO: (Botschaft), La Cumparsita 1417/1435 (PA: Casilla 2oo14)
Tel.: 9o8 o41

SCHWEIZ in Uruguay:

MONTEVIDEO: (Botschaft), Calle F.H. Abadie 2936/4o, Tel.: 7o4 315

ÖSTERREICH in Uruguay:

MONTEVIDEO: (Konsulat), calle Maldonado 1193, 2 Stock, Tel.: 914 ooo

Uruguay in BRD: Gotenstr. 1 - 3, 53oo Bonn 2, Tel.: (o228) – 356 57o
KONSULATE in Hamburg, Düsseldorf, Frankfurt, München, und Hannover
Uruguay in Österreich: Elisabethstr. 6/VI/27, Stiege 3, 1o1o Wien, Tel: 578 372
Uruguay in der Scweiz: Kramgasse 63, 3o11 Bern, Tel.: (o31) – 222 792
KONSULATE in Genf und Basel

lang geht: eventuell besser, den Wagen in Uruguay in Einzelteile (z.B. Motor, Karosserie etc.) zerlegen zu lassen.

Die Zeit bis zur Ausschiffung des Fahrzeuges ab Hafen/Uruguay kann man damit nutzen, daß man durch erheblich billigere uruguayische Handarbeit z.B. in Lackierung, Rostausbesserung, Innenleben etc. durchführen lässt. Wenn hier Größeres notwendig ist, wird sowas sauteuer in deutschen Oldtimer- Werkstätten!!
Gleichzeitig aber klären und vorab, – ob damit der deutsche Einfuhrzoll steigt.

Thema Ersatzteile: gibts bekanntlich in Deutschland nur in Oldtimershops und auf Oldtimer Messen und sind sauteuer, bzw. sehr schwierig erhältlich. Wer sich also etwas einigermaßen Gängiges wie einen Ford T/Baujahr 3o-er Jahre zulegt, kauft sich eventuell gleich noch einen zweiten in Uruguay, gewissermaßen als Ersatzteile- Fundus.

FAZIT: vorab Einfuhrbedingungen und TÜV- Vorschriften abchecken, – gute Spanisch-Kenntnisse nötig für Kauf und Papierabwicklung in Uruguay, – KFZ- Kenntnisse, sowie Kenntnisse der Listenpreise auf Auctionen in Deutschland. Unterm Strich sehr verlockend aber auch zeitaufwendig. . .

Bezüglich Raritäten ist Uruguay längst von Oldtimer- Profihändlern abgegrast und nur minimale Chancen, hier heiße Sachen über die Bühne zu ziehen! –

Das Land der Gauchos und endlosen Pampa bis zum Horizont; das Kernland Argentiniens, – wichtiger Weltlieferant für Fleisch und Getreide.

Im Süden übergehend in endlose Grassteppen PATAGONIENS bis runter nach Feuerland, – im Norden Andenausläufer mit kargen Bergketten und Flußoasen, – östlich Sumpflandschaften um den Rio Parana, – Weinanbau regional zwischen Mendoza und Salta, – lohnende Andenwege im Nordosten.

Wegen der gigantischen Nord- Süd Entfernungen (rund 3o Breitengrade, bzw. 37oo km) empfiehlt sich Reisen per Flugzeug; günstiges 3o- Tage Rundflugticket mit A.A. oder Austral.

Bonbons sind der Lago Argentino mit dem riesigen Perito Moreno- Gletscher, – natürlich Feuerland und die Iguazu- Wasserfälle an der Grenze zu Brasilien und das Seengebiet um Bariloche an der Grenze zu Chile.

BUENOS AIRES, die Hauptstadt, gehört zu einer der lebendigsten und lebensfreudigsten Städte Südamerikas. Ausgangspunkt für Argentinientrips, zugleich günstige Transatlantikflüge von Europa.

EINREISE:

Für Deutsche, Österreicher und Schweizer: Pass. Bei der Einreise gibts eine Tourist Card, die für einen Aufenthalt bis zu max. 3 Monaten berechtigt.

Personen unter 21 Jahren benötigen für die Einreise eine schriftliche Genehmigung der Eltern (in Spanisch), die man am besten vom örtlichen argent. Konsulat bestätigen lässt, – sofern sie ohne die Eltern einreisen.

WÄHRUNG: Austral

Argentinien ist eines der stark- inflationären Länder Südamerikas. Die Inflationsraten pro Jahr liegen derzeit im Bereich von 1.ooo % (!!).

Der kostspielige Krieg um die Islas Malvinas 1983 hat sein Übriges getan, die hohe Staatsverschuldung bei ausländischen Banken raufzutreiben, aber auch der hohe US $- Kurs der Jahre 83 - 85. Zunächst wurde der "Arg. Peso" nach Beendigung der Kampfhandlungen um die Malvinas und Ablösung der Militärs durch die sozialistische Alfonsin- Regierung in den "NUEVO PESO" umgewandelt, bei dem einige Nullen "hinten" wegkamen. Trotzdem massiv inflationär. Was auch für den 1984 eingeführten "AUSTRAL" gilt! Wieder einige Nullen weg und trotzdem massiv inflationär. . .

Analog gibts in Argentinien intensiven Schwarzmarkt, der bis zu 5o % mehr für den US $ in Cash zahlt, als die Bank. Ein Punkt, wo man sich viel Geld für die Reise einsparen kann. Vorab klären, ob die Sache zwischenzeitlich verboten ist. Der aktuelle Wechselkurs in den Zeitungen abgedruckt!

KARTEN:

"Republica Argentina", 1: 4oo.ooo vom A.A. (Automobil Club Argentina), für das Subsecretaria de Turismo erstellt. Brauchbar, zeigt die Hauptstrecken inkl. Angaben, was derzeit asphaltiert ist und was Schotter/Erdpiste. Allerdings Nachteil: wichtige Städte Argentiniens sind zu wenig deutlich in der Karte hervorgehoben. Erhältlich vom Tourist Office in der Santa Fe 883/ Buenos Aires.

Detailkarten über "Instituto Geografico Militar", Cabildo 3o1/ Buenos Aires, – bzw. was die argentinischen Nationalparks betrifft: von der "Administracion de Parques Nacionales", Av. Santa Fe 69o/Buenos Aires.

Sehr gutes Detailkartenmaterial mit Stadtplänen zu den einzelnen Provinzen auch vom argentinischen Automobilclub "ACA", Av. Libertado 1850/ Buenos Aires. Büros in den Provinzstädten.

ARGENTINIEN–SCHNELLFINDER:

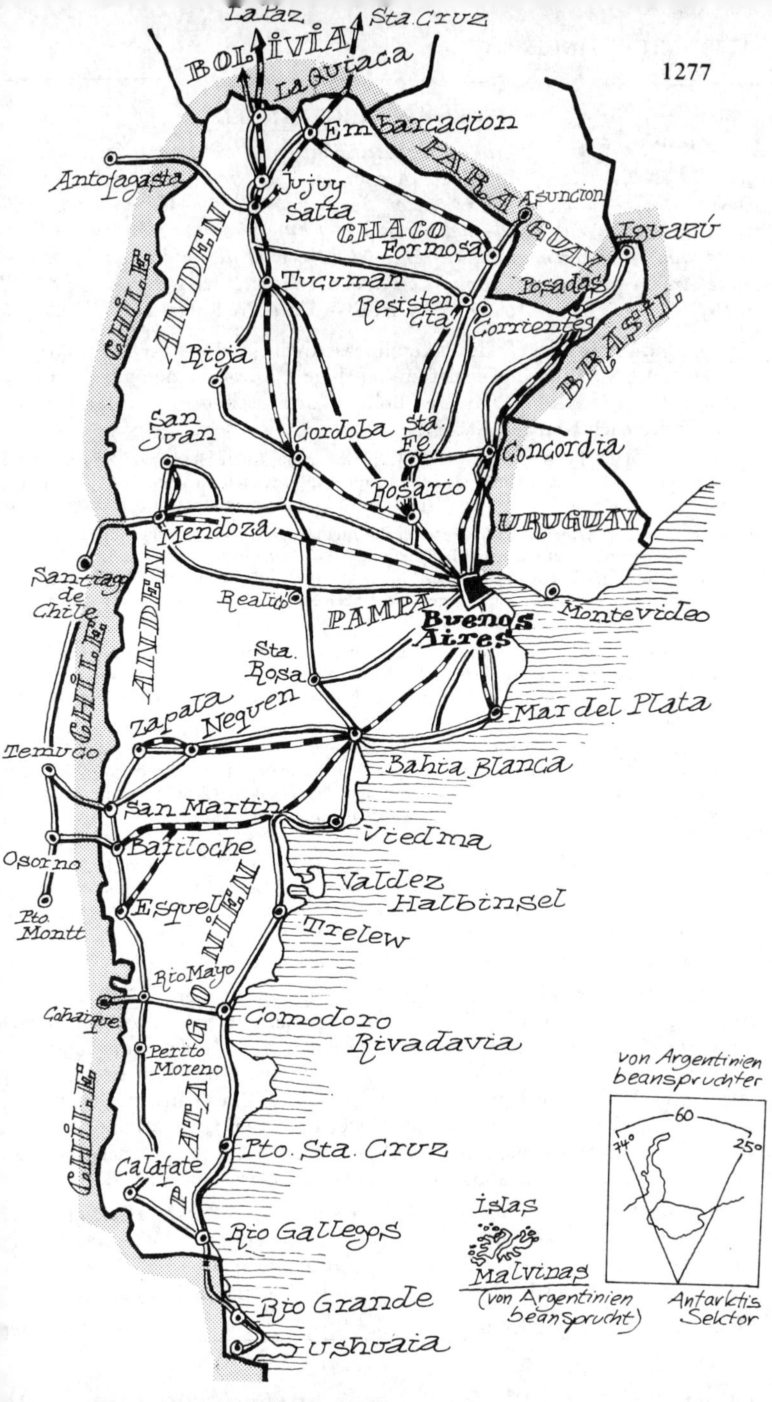
La Paz
Sta. Cruz
BOLIVIA
La Quiaca
Embarcacion
PARAGUAY
Antofagasta
Jujuy
Salta
Asuncion
CHACO
Formosa
Iguazú
ANDEN
CHILE
Tucuman
Resistencia
Posadas
Corrientes
BRASIL
Rioja
San Juan
Cordoba
Sta. Fe
Concordia
Rosario
URUGUAY
Mendoza
Santiago de Chile
Realico
PAMPA
Buenos Aires
Montevideo
ANDEN
CHILE
Sta. Rosa
Zapata
Nequen
Mar del Plata
Temuco
Bahia Blanca
San Martin
Viedma
Bariloche
Osorno
Valdez Halbinsel
Esquel
Pto. Montt
Trelew
PATAGONIEN
Rio Mayo
Cohaique
Comodoro Rivadavia
Perito Moreno
CHILE
Pto. Sta. Cruz
Calafate
Islas Malvinas
(von Argentinien beansprucht)
Rio Gallegos
Rio Grande
Ushuaia
von Argentinien beanspruchter
60
74°
25°
Antarktis Sektor

FLIEGEN IN ARGENTINIEN:

2 große Fluggesellschaften: die "Austral" und die "Aerolineas Argentinas", die beide mit modernen Düsenjets zu den wichtigsten Städten des Landes fliegen. Wegen den gewaltigen Entfernungen (Nord- Süd allein 3.7oo km!!) kommt man um's Fliegen nicht rum, – außer man hat extrem viel Zeit. Und die interessantesten Gebiete Argentiniens liegen zumeist an den Grenzen: BARILOCHE – FEUERLAND – IGUAZU – BUENOS AIRES – MISIONES und TUCUMAN.

Das Round- Trip- Ticket der "Aerolineas Argentinas", – 3o Tage gültig, kostet 29o US $ und berechtigt zu beliebigem Fliegen innerhalb des Landes auf A.A.- Strecken, – bei den hohen Normalticket- Preisen lohnt es sich bereits nach wenigen Flügen!

NENNT SICH "VISTA ARGENTINA". Bedingungen: keine Stadt darf 2 mal angeflogen werden, – außer zum Umsteigen. Dann muß aber der nächstmögliche Anschlußflug genommen werden. Gültig: das ganze Jahr über, 3o Tage ab erstem Flug in Argentinien.

Kann von allen Personen gekauft werden, die nicht Argentinier sind und ihren Wohnsitz nicht in Argentinien haben. Erhältlich bei allen AA- Vertretungen (also z.B. auch bei AA in Frankfurt), die ein sogenanntes "MCO"- Ticket ausstellen, das dann in Argentinien bei dem örtlichen AA- Büro gegen die einzelnen Flugstrecken- Coupons eingetausch wird.

Am besten bucht man möglichst viele Flüge, damit man bei Routenänderung keine Schwierigkeit hat. Geht zwar auch nachträglich, aber macht Arbeit (dafür die einzelnen, bereits abgeflogenen Coupons aufheben, zum Nachweis, daß keine Stadt zweimal angeflogen wurde).

Die Routenplanung macht viel Spaß, wobei der kleine "AA- Trafico" hilft und herrliche Gefühl, wenn man dann das dicke Bündel mit Flugscheinen in der Hand hat! Wie uns Roger Walder schrieb "wir hatten 16 Flüge und haben davon 12 benutzt und 3 Änderungen vorgenommen. Das Ticket hat sich wirklich gelohnt, wir sind in diesem Monat theoretisch für je ca. 1.6oo US $ herumgeflogen".

Selbstverständlich kann man die einzelnen Strecken in den Tickets mit "o.K." vorab reservieren und nachträglich auch im Datum umändern. Oder aber als "open" (offen) ausstellen lassen , allerdings sind die Flüge zur Ferienzeit (Jan bis März) und zu Ferienterminen wie Ostern und Weihnachten hoffnungslos voll.

Hinzu kommt eine Airporttax von je ca. 2 US, deren Zahlung häufig kontrolliert wird.

Zugleich lässt sich mit diesem Ticket ein Trip Argentinien + Chile kombinieren: in einem Monat kann man, z.B. beginnend in Salta nahe der argentinisch/bolivianischen Grenze im Norden einen Argentinien- Rundflug machen, – über Bariloche bis runter nach Feuerland und rauf über Buenos Aires nach Iguazu (ab hier weiter nördlich durch Brasilien!). – Gleichzeitig könnte man diese Rundstrecke mit Abstechern nach Chile kombinieren (z.B. Mendoza/Argentinien mit "AA" anfliegen, rüber im Bus nach Santiago de Chile!), ohne Extrakosten für die teuren Nord- Süd Chileflüge.

Wer in der Provinz, z.B. Salta ins "Vista Argentina"- Ticket einsteigt, sollte sich von der AA in Frankfurt oder Zürich eine spanische Bestätigung mit Stempel und Unterschrift geben lassen. Ist zwar nach den derzeitigen Bestimmungen möglich, aber vielleicht in der Provinz nicht bekannt!

Denkbar ist auch eine Kombination des "Vista Argentina"- Tickets mit der brasilianischen "Brasil- Air Pass"(21 Tage), via Iguazu, die beide Länder ungemein billig abdeckt. Oder aber mit dem chilenischen Rundflugticket, das in seiner besten Version auch die Osterinseln einschließt.

AA- CONNECTIONS ZU NACHBARLÄNDERN:

von AA angeflogener Airport :		Verbindung nach:
Salta	1321	Bus nach Antofagasta/Chile
		Zug nach La Paz/Bolivien
		Zug nach Santa Cruz/Bolivien
		Bus nach Tarija/Bolivien
Mendoza	1333	Bus nach Santiago de Chile
Rio Gallegos, Rio Grande	1343	Bus nach Pta. Arenas/Chile
Formosa	1329	Bus nach Asuncion/Paraguay
Posadas	133o	Zug nach Asuncion/Paraguay
Iguazu	1332	Boot über den Grenzfluß nach Foz do Iguacu/Brasil
Buenos Aires	128o	Boot oder Bus nach Montevideo/Uruguay
Bariloche	1361	Bus oder Boot nach Pto. Montt/Chile

Das "Visit Argentina"- Ticket gibts auch bei der AA- Konkurrenzairline "Austral", die aber ein dünneres Netz an Routen und Flughäufigkeit besitzt.

LADE–MILITÄRFLÜGE: kosten rund 2/3 der "AA" und "Austral"- Flugpreise. Die Militärs fliegen vorwiegend mit Fokker F 27- Propeller oder kleineren Bimotor- Sportmaschinen auf Nebenstrecken. Interessante Routen sind z.B. Bariloche – Esquel, sowie viele unten in Patagonien. Mitfliegen kann Jedermann/frau; allerdings oft Problem, in der Maschine Sitzplatz zu bekommen, da das Fluggerät klein ist und die Preise billig. OFFICE in Buenos Aires: Peru 71o/714. (Sowie in den angeflogenen Orten). –

BUSSE:

Komfortabel, schnell und effizient. Das wichtigste Verkehrsmittel Argentiniens Überland. Bei den gigantischen Entfernungen Argentiniens aber sehr zeitaufwendig, wobei oft über Stunden hinweg nichts "Aufregendes" draußen passiert . . . Sehr dichtes Streckennetz, Details siehe Text!

ZÜGE:

Argentinien verfügt über das beste und dichteste Eisenbahnnetz Südamerikas. Insgesamt rund 4o.ooo km, angelegt vorwiegend ab Mitte des vergangenen Jahrhunderts zur Erschließung des Landes. Daher fast alle Strecken sternförmig nach Buenos Aires. Die wichtigsten Strecken werden heute noch mit relativ modernem Zugmaterial befahren und stellen eine bequeme und schnelle Alternative zum Bus dar. Preisgünstig, – beim Vorteil, daß sie Schlafwagen und Restaurant Waggon mit sich führen und man sich die Füße vertreten kann.

Wichtigste Strecken ab Buenos Aires: – Tucuman/Salta mit Verbindung nach La Paz und Santa Cruz/beide Bolivia, Weiterhin ab Bs.As. nach Formosa und nach Posadas/beide mit Bus oder Zuganschluß nach Paraguay. Sowie Bs.As. nach Mar del Plata und Bahia Blanca, sowie Bariloche. Alle Details im Text.

Amerailpass: ("Pase Americano"), berechtigt zu beliebigen Fahrten mit den Eisenbahnen von Argentinien, Bolivias, Brasiliens, Chiles, Paraguays und Uruguays.Kostenpunkt: für eine Gültigkeit 16 Tage = 12o US $, – 23 Tage = 14o US $, – 3o Tage = 175 US $ und 6o Tage 26o US $. (Adresse: A.L.A.F., Florida 783/Buenos Aires)

Was auf den ersten Blick lukrativ aussieht, lohnt sich aber vor Ort nicht, – außer man fährt in guter "Interrail- Europa- Manier" tagsund nachts Eisenbahn. Und selbst dann könnte man auch in beispielsweise 16 Tagen nicht sämtliche Länder bereisen, da die Züge erheblich seltener und langsamer, als bei uns in Europa fahren. Zudem oft keine durchgehende Querverbindungen zwischen den Ländern. Um von Argentinien ins uruguay ische Eisenbahnnetz zu gelangen, ist als "Zwischenschritt" die zeitaufwendige Boots/ bzw. Busfahrt nötig, – ebenso zwischen Argentinien und Chile (Mendoza nach Santiago nur per Bus = 1 Tag!). In Chile interessant nur Santiago nach Pto. Montt, wo wiederrum keine Verbindung mit Bariloche/Argentinien besteht, sondern Bus oder Boot (= 1 Tag) nötig wird.

Brasilien hat kaum noch Personenzugverbindungen und die wenigen gehen schneller per Bus. Bolivien hat viele, aber die sind so billig, daß sich der "Amerailpass" nicht lohnt, sondern sogar noch teurer kommt, als Einzelfahrscheine.

Wie Ulrich Henrichsmeier uns richtig schrieb: "es ist unmöglich, in 16 Tagen US $ 12o für Einzelfahrkarten zu bezahlen. Auch nicht, wenn man Tag und Nacht Eisenbahn fährt. Ich rate daher von dieser Karte ab."

BUENOS AIRES

3,5 Mill. E., – mit Vororten ca. 9 Mill. E.

Viel Flair in einer Mischung aus Paris, Rom und Südamerika. Trotz der rund 3,5 Millionen Einwohner (mit Außenbezirken rund 9 Mill.!) wird man nicht erdrückt. Man genießt das Leben, und über allem liegt das "corazon", das südamerikanische Herz im Mate- Tee, beim Flanieren in der Fußgängerzone, beim Räkeln in der Sonne in einem der Parks und in deftigen Churrasco-Steaks. Man versteht zu genießen, und versteht auch, warum es so viele europäische Einwanderer hierhin "verschlagen" hat. –

Flaches, tiefgrünes Umland, in das die Vororte hineinlaufen. Gigantische Stadtausmaße: Fläche 2oo qkm (!!), – 1/3 der argentinischen Bevölkerung leben hier, auf nur rund 0, 1 % der Landesfläche!Die 2. größte Stadt Südamerikas (nach São Paulo/Brasil) und sicher die lebendigste des Kontinents!

GEGRÜNDET 1536 von den Spaniern, die mit ihren Fregatten in der Bucht des "Silberflusses" (Rio de la Plata) landeten und vor Freude über die günstigen Winde den Landeplatz als "Nuestra Senora Maria del Buen Aire" tauften.

Die weiten Pampa- Flächen des Hinterlandes eigneten sich ausgezeichnet zur Rinderzucht, und als in der Gegend der Jhd.- Wende die ersten Kühlfrachter in Bs.As. festmachten, setzte ein Boom ein, der bis heute noch anhält: saftig butterweiche, argentinische Steaks im Exportgeschäft nach Europa und den USA, – parallel seit Mitte des vergangenen Jahrhunderts Getreideexport.

Die Argentinier sind neben den USA, Kannada und Australien einer der Hauptlieferanten der Welt. Wie sich seit ca. 185o ein breitfächriges Eisenbahnnetz durch englische Firmen Richtung Exporthafen Bs.As. entwickelte. Eisenbahngleise, die sich vergleichsweise billig errichten ließen wegen flachen Umland. Jeder zusätzliche Km ergab zusätzliche Gewinne durch Abtransport von Fleisch und Getreide (im Vergleich zur superkostspieligen Erschließung z.B. Ecuadors; Gleis Guayaquil/Küste und Hafen, die rund 4.ooo m rauf in die Anden nach Quito!).

Während Bs.As. Anfang 18oo nur rund 25.ooo E. hatte, stieg die Einwohnerzahl bis

188o auf runde 5o.ooo und erreichte 1oo Jahre später 9 Millionen.

Das "Goldene Zeitalter" zwischen 188o und 193o, – großer Fleisch- und Getreide-Lieferant auf den Weltmärkten. Feudal- Architektur im Centro von Bs. As. zeugen heute noch von dieser Boom- Zeit, wie auch Bs.As. die erste Metro des Kontinents erhielt,- die Strecke Estac. Retiro nach Estac. Constitucion, den beiden Bahnhöfen Ri. Norden und Süden des Riesenlandes, des 2. größten nach Brasilien in Südamerika.

Ab Jhd.- Wende großer Zustrom europäischer Einwanderer. Die Italiener an erster Stelle, – zur Zeit der Hitler- Diktatur massiv Deutsche, die wie auch in Chile entscheidend zur wirtschaftlichen Entwicklung des Landes beigetragen haben.

Die meisten Deutschen in Bs. As. leben im Stadtviertel BELGRANO, – die Italiener in LA BOCA und BARRACAS, – die Spanier in CONGRESO und die Juden in BARIO NORTE und ALMAGRO.

In Buenos Aires gibt es allein 25o fremdsprachige Tageszeitungen. Das "Argentinische Tagblatt" z.B. wurde 1889 von der deutschsprachigen jüdischen Familie Aleman aus der Schweiz gegründet und war wichtigste Anti- Nazi- Zeitung während des 2. Weltkrieges. Erscheint zwischenzeitlich leider nur noch 1 mal pro Woche.

Buenos Aires hat 2o Rundfunksender, die nach US- Schema die Musik mit Werbung unterbricht. Ausnahme: "Radio Nacional" (87o Khz), "Radio Municipal" (71o khz), und "Radio Provincia" (12o Khz). Deutsches Programm im "Radio Pueblo" (135o Khz): tägl. ab 19 Uhr und "Radio Atlantida" (12oo Khz): tägl. ab 2o.3o Uhr. In einem der Sender jeden Montag Abend die Ergebnisse der BRD- Fußball- Bundesliga! 5 TV- Sende-Stationen, davon eine staatlich und 4 privat, nach US- Schema,mit die Filme abrupt abbrechender Werbung.

PLAZA DE MAYO: Stadtzentrum, liegt am Hafen auf einer Anhöhe, etwa 5o m oberhalb der Docks. Als Plaza zwar großräumig, aber etwas nüchtern und kahl. Zum Rio de la Plata begrenzt von der CASA ROSADA, dem Präsidentenpalast , gegenüber das Rathaus und rechts die Kathedrale. Unterhalb der Plaza der PASEO COLON; herrlich verregneten So.- Nachmittag erlebt, wobei es dicke, graue Regenwolken über dem Rio de la Plata trieb und der Regen auf die Straße parasselte; Arkaden und Cafes.

Von der Plaza de Mayo läuft stadtein die breite Av. de Mayo, die von der superbreiten AV. 9 DE JULIO gekreuzt wird, – mit acht Fahrbahnen und viel Grünstreifen die breiteste der Welt. Zumindest als solche propagiert, 16o m. (Breiter sind die "aixas" der brasilianischen Oskar Niemeyer- Retorten-Stadt Brasilia mit 2oo m!)

Die andere große "Schneise" im Centro von Bs.As. ist die CORRIENTES, breite Verkehrsader, Orientierungspunkt ist der OBELISCO im Schnittpunkt mit der Av. 9 de Julio. Über die Schönheit dieses 3o m- Fingers, der 1936 installiert wurde, lässt sich streiten. Zumindest markiert er das Herz der kullinarischen Aktivitäten , der großen oft die ganze Nacht über geöffneten Steakhäuser und des Kino- Viertels im Bereich der Lavalle. Dies ist ohne Zweifel eines der schönsten und lebendigsten Viertel der Stadt, – für Leute, die Nachtmenschen sind. Riesige Fress- Salons, wo es sich schön quatschen lässt bei riesigen Fleischportionen und den excellenten "vinos argentinos".

Enge Straßen im spanischen Schachbrett, durch die sich der Verkehr quält;– was großräumig im Bereich Av. de Mayo und 9 de Julio läuft, – macht Spaß zum Entdecken im Bereich der Stadtteile San Nicolas und Retiro zwischen der Lavalle, – der Florida und des Retiro- Bahnhofes. Zum Teil Prachtbauten aus der Zeit Anfang dieses Jhd's. so das Eckhaus Cordoba mit Esmeraldas: schmiedeeiserne Balkons, rundes Eck, nach 8 Stock weiter rauf frei nach Architekten- Fantasie: 2 Türme mit Spitzen, innen wieder Zimmer mit schmiedeeisernen Balkons in Vielfalt und üppig wuchernder Phantasie, Absätze und nach innen raufwuchernde bis zu 6-stöckige Fortsätze . . .

Interessant, wenn auch nicht ganz so reichhaltig: das Haus Ecke Via Monte mit Reconquista. – Auch im Hafenbereich nähe Retiro- Bahnhof große Hochhausarchitektur, die aber lediglich durch Größe und Abstufung imponiert, ohne architektonische Phantasie zu entwickeln . . .

Viamonte 641: 3-stöckig, neoklass. Pariser Stil. Reiche Stuckornamente um hohe, gebogene Fenster, Schmiedeeisenbalknons, schwarzes Steildach. –

PLAZA SAN MARTIN: wohl schönste Plaza des Centros. Suptropische Bäume, grüne Oase im Bs.As.- Schachbrett. Insbesondere im höher gelegenen Teil der Plaza (4o m- Plattform oberhalb des Meers) eingerahmt von schöner Architektur, die an Paris erinnert mit ihren schwarzlakierten Schmiedebalkons und reichen Fassaden. Architektonisches Juwel ist das "Ministerio Relaciones Exterior"/Calle Avenales mit Basavilbaso, aber auch die gegenüberliegende Villa mit Sitz der Verwaltung der Nac. Parks (Ecke Av. Santa Fe).

Über einen Hang, wo sich gerne Liebespaare räkeln, – runter zum auf Meeres-Höhe gelegenen Teil der Plaza zwischen Bahnhof RETIRO und dem silbrig-goldglänzenden Palast des SHERATON BS.AS. Tip: locker reinlaufen und mit dem Aufzug in den 24. Stock. Fantastischer Blick über den Rio de la Plata und den Retiro- Bahnhof mit seinem Gleisnetz im Grün am Meer. Spitzen-Bs.As.- Fotomotiv. Richtung Centro von Buenos Aires geht der Blick auf meist moderne Hochhausfinger (z.B. Banco Pabuares).

Der "Torre Reloj" (Uhrenturm) vor dem Retiro- Bahnhof ist eine englische Gabe (wie die Engländer auch in anderen Teilen Südamerikas Uhrentürme zurückgelassen haben, so z.B. in Antofagasta/Chile).

CALLE FLORIDA: beginnt am oberen Teil der Plaza San Martin, – stadtein. Eine der Haupteinkaufsstraßen von Bs.As., Fußgängerzone mit Kaufhäusern, Shopping- Passagen und Boutiquen. Argentinische Produktionen und ausländische Importe, meist aus den USA. Dazwischen Cafehäuser und Zeitungs-Kioske mit breitem Querschnitt durch den südamerikanischen, europäischen- und USA- Blätterwald (sowohl Zeitungen wie auch Zeitschriften). Wichtigste Architektur ist die "Galeria Pazifico" im "Edificio Bon Marche"/Florida 753 nähe Plaza San Martin. Gebaut 188o und 19o7 an die argentinische Pazific-Railway verkauft. Heute Sitz der Info- und Computerbuchungsstelle der argentinischen Eisenbahnen, aber auch Kulturpalast mit wechselnden Kunstausstellungen und Musikveranstaltungen. – Das Kaufhaus "Harrods" (kurz hinter der Plaza San Martin) hat zwar schöne Architektur aus der Zeit der Jhd.- Wende; die Angebots- Vielfalt hat uns jedoch weniger überzeugt.

Schnittpunkt der Florida mit der LAVALLE, diese rechts rauf Ri. Obelisco. Ebenfalls eine Reihe von Shops und Boutiquen, teils auch Shopping Passagen so rüber zur Corrientes (z.B. Höhe Querstraße Esmeraldas). Die Region der Kinos und Steak- Häuser.

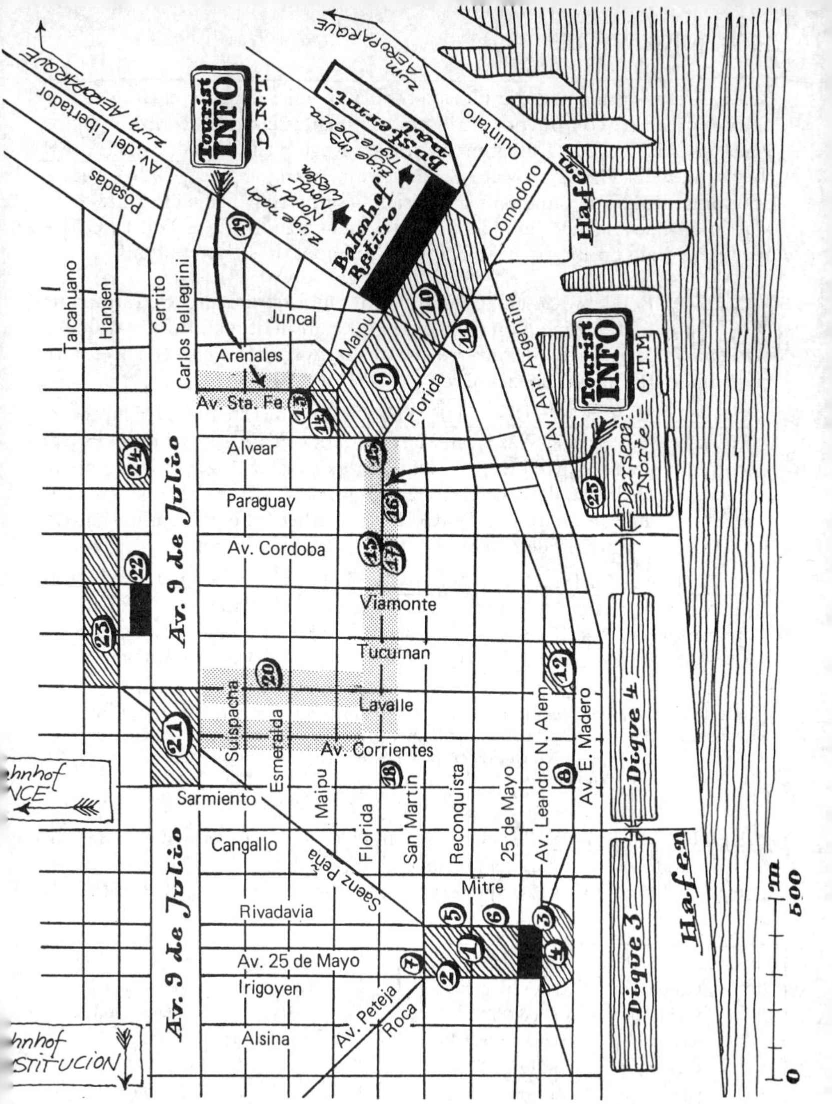

BUENOS AIRES / ZENTRUM:

1 Plaza 25 de Mayo
2 Pyramide de Mayo
3 Casa Rosada (Regierungs-palast)
4 Parque Colon und Kolumbus- Denkmal
5 Kathedrale
6 Banco de la Nacion
7 Nat. Museum
8 Hauptpost
9 Plaza Lib. San Martin
1o Plaza Britanica mit Uhrenturm
11 Bs.As. Sheraton (Blick!)
12 Plaza Roma
13 Museo de Armas
14 Nationalpark- Verwaltung
15 Shopping Galerien
16 Harrods
17 zentrale Buchungsstelle argentinischer Züge
18 Mitre Museum
19 Eisenbahnmuseum (alte Züge in Modellen)
2o Telefon- fast 24 Std.
21 Obelisco
22 Teatro Colon
23 Plaza Lavalle
24 Plaza Libertad
25 Museumsschiff Sarmiento

(gerastert) = Die wichtigsten Shopping-Straßen

Beide, – die Lavalle und die Florida schließen eines der interessantesten und aktivsten Viertel von Buenos Aires ein, mit Schlüsselpunkt Retiro Bahnhof/ Plaza San Martin. Die 4. Begrenzung dieser Region ist die AV. SANTA FE (beginnt an der Plaza San Martin, Länge rund 5 km, angelegt 192o). Viel Shopping, Boutiquen und Kunstgallerien, – im ersten Teil nähe Plaza San Martin diverse Airline- Büros und die staatlich- argentinische Tourist Office Weitere Details zu Bs.As. siehe Kapitel "Buenos Aires- Aktivitäten".

Tourist INFO Bei dem Riesenland und Nord- Süd Erstreckung wie Europa und 9 Mill. Einwohner seiner Hauptstadt liebt man Informationen. Man wird von Adresse zu Adresse weitergereicht. Bei Spezialfragen immer gleich zum Spezialbüro!

– "DIRECCION NACIONAL DE TURISMO": das staatliche Hauptbüro Santa Fe 883 (bei der Plaza San Martin), Mo. - Fr.: 9 - 19 Uhr. An Prospekten nicht allzu viel, weil Kapital fehlt. Infos zu ganz Argentinien in mehreren dicken Ordnern, derzeit relativ up-to-date. Die Mitarbeiter geben sich zwar viel Mühe, zu beraten. Teilweise aber erhebliche Wissenslücken, für Spezialfragen besser gleich zum regionalen Büro, siehe unten!

– "OFICINA TURISMO DE MUNICIPALIDAD": unbedingt gleich zum Info- Kiosk in der Calle Florida, etwa Höhe Calle Paraguay. Mädchen dort bei unserem Check Tip- Top- fit und dickes Kompliment!! Alles zu Bs.As., von Hotels, Restaurants bis zu Verbindungen und Veranstaltungen.

Der Infostand wird von der Municipalidad Bs.As. unterhalten. Sehr engagiert, so Listen mit dem derzeitigen Veranstaltungsprogramm in Kino, Theater, Kabarett, Konzerte, Ausstellungen etc., – Gratisführungen zu Spezialthemen in Kunst, Architektur, Stadtgeschichte , – Tips zu Kunstausstellungen, Galerien, u.a. auch Herausgabe des "Plan Cultura Bs.As. y sus Barios y sus Vecinos". GEÖFFNET ist der Kiosk Mo. - Sa. von 9 bis 2o Uhr und So. von 9 bis 13 Uhr. – Das Hauptbüro in der Sarmiento 1551/4.Stock

– REGIONALBÜROS der einzelnen argentinischen Regionen. Bei der Größe des Landes eine sicher sehr sinnvolle Einrichtung. Jede Provinz ist mit eigenem Büro in Bs.As. vertreten, wo es neben Hotelpreislisten Detailinformation gibt:

Provinz	Buenos Aires	Callao 237
"	Catamarca	Cordoba 2o8o
"	Cordoba	Callao 332
"	Corrientes	San Martin 333
"	Chaco	Callao 322
"	Chubut	Paragauy 876
"	Entre Rios	Cangallo 451
"	Formosa	Hip. Yrigoyen 1429
"	Jujuy	Santa Fe 967
"	La Pampa	Suipacha 346/5o
"	La Rioja	Callao 775
"	Mendoza	Callao 445
"	Misiones	Santa Fe 989
"	Nequen	Cangallo 685
"	Rio Negro	Tucuman 1916
"	Salta	Maipu 663
"	Santa Cruz	Cordoba 1345
"	Santiago del Estero:	Florida 274
"	San Juan	Maipu 331
"	San Luis	B. de Yirigoyen 224
"	Santa Fe	25 de Mayo 356/ 8. Stock
"	Tierra del Fuego:	Esmeralda 351
"	Antarctica y Atl. Sur:	" "
"	Tucuman	Bart. Mitre 836

Centro Informaciones Bariloche:
Florida 52o/1. Stock/Of. 116

– ADMINISTRACION DE PARQUES NACIONALES: die Hauptverwaltung der argentinischen Nationalparks, die vielfach die landschaftlich schönsten Stellen Argentiniens bedecken. Unabdinglicher Besuch, egal ob man Hikes plant, bergsteigen will, oder schlichtweg nur per Auto oder Bus/Flug die Regionen besuchen will.

ADRESSE: Santa Fe 69o, bei Plaza San Martin in schöner, alter Villa. Seperate, kleine Glastür links neben dem Haupteingang. Infos, Prospekte und verkäufliches, detailliertes Kartenmaterial. Geöffnet Mo. bis Fr. 13 bis 18.3o Uhr.

Die argentinischen Nationalparks stehen mit 2.8o7.ooo Ha. (2o Nat. Parks, Reserves und Nat. Monuments) an 3. Stelle in der Welt, nach USA und Kannada. Die UEA/ Weltorganisation erklärte den argent. "Los Glaciares"- National Park in Patagonien zum "world monument".

Die Bibliothek der Adm. de Parques Nacionales steht jedermann offen. Reiches Buch- und Kartenmaterial zu den Nat. Parks, Fauna und Flora Argentiniens, aber auch anderen National Parks der Welt. Insbesondere auch Material Bücher und Expeditionsberichte, unter anderem für Besteigungen wie den Fitz Roy in Patagonien.

Aufgeteilt in "Parques Nacionales", zuständig zum Schutz der Tier- und Pflanzenwelt, und "Reserva Nacional", zuständig für Entwicklung der touristischen Infrastruktur (Hotels, Straßen, Trails, Natur- Lehrpfade etc.).

Momentan gibt es rund 15o Ranger, die für die Überwachung der Nat. Parks sorgen. Die Ranger- Schule liegt auf der Isla Victoria im Lago Nahuel Huapi bei Bariloche.

– FUNDACION VIDA SILVESTRE: Leandro N. Alem. 698/Bs.As., die 2.,private Nat. Park Organisation in Argentinien. Eigene Parks.

– GOETHE–INSTITUT: Corrientes 319. Die deutsche Kulturvertretung und beim großen Anteil ausgewanderter Deutscher in Argentinien nicht unbedeutend. Gute Kontaktadresse, mal abgesehen von den dort ausliegenden deutschen Magazinen und Zeitungen.

WEITERE ANLAUFADRESSEN:
– Goetheschule, J. Hernandez 2247, 1426 Buenos Aires
– Ballester Schule, San Martin 45o, 1653 Villa Ballester B.A.
– Pestalozzi Schule, R. Freire 1848, 1428 Buenos Aires
– Deutscher Club, Av. Corrientes 237, 1o43 Buenos Aires
– Camara de Industria y Comercio, Argentino- Alemana, Maipu 521/6. Stock, Bs.As.

– AUTOMOBIL CLUB (A.C.A.): Av. del Libertador 185o. Excellente Tourismusarbeit. Kartenmaterial, Befahrbarkeit der Straßen, Existenz von Tankstellen und Unterkünften. Wer mit eigenem oder gemieteten Fahrzeug in Argentinien unterwegs ist: unabdinglicher Besuch, der sich lohnt!

– ZENTRALE DER ARG. JUGENDHERBERGEN: Corrientes 1373/ 1. Stock. Infos über die Jugendherbergen von Gesamtargentinien.

– ADMIN. NAC. DE ADUANA: staatliches Zollamt. Azopardo 35o. Zuständig für jegliche Zollprobleme bei Ein- und Ausfuhr.

Transport in Bs.As.:

Das Transport System von Buenos Aires ist gut durchorganisiert und effizient. Busse , Taxis und die Bs.As.- Untergrundbahn ("subte") ergänzen sich gegenseitig. Für Außenbezirke die Vorort- Eisenbahnen. –

Excellent: "Guia Peuser", DIN A 6- großes Heftchen mit Stadtplan und Index zu Buenos Aires bis zur großen Ring- Autobahn (Avenida General Paz). Der eingefaltete rund 8o x 5o cm große Stadtplan enthält auf seiner Rückseite sämtliche Buslinien, vorne seperate Pläne zu "Theater", – "Shopping", – "Museen" und den wichtigsten Ausfallsstraßen. Bei der Größe von Buenos Aires sind die einzelnen Straßen zwangsläufig im Plan allerdings sehr klein gedruckt, und wer mit dem Auto unterwegs ist, braucht unbedingt einen Beifahrer, der (abends!) bei gutem Licht im PKW mit dem Plan fit ist! – Gibts für ca. 1/2 US an allen Kiosken im Centro und in den Bs.As.-Bahnhöfen.

★ SUBTE: die Untergrund- Bahn von Buenos Aires. Erste des Kontinents, und heute dichtestes Netz von allen südamerikanischen Großstädten.

Gesamtnetz: 38 km, 57 "Subte"- Stationen. Es gibt 5 Linien, die mit A bis E bezeichnet sind. Die erste Strecke wurde 1912 gebaut, unter der Av. de Mayo.

Leckerbissen für Nostalgie- Fans ist die Strecke C (Retiro nach Constitucion), die das Herz von Buenos Aires unterquert und die beiden Bahnhöfe Retiro mit FCG Roca verbindet. Die sogenannte "Holz- Linie", 1934 gebaut. Waggons teils museumsreif. Rumpelt durch die Tunnel, wobei die Waggons kräftig gegeneinander schaukeln. Soll demnächst renoviert werden.

Weiterer Leckerbissen: die Wandkachelbilder in den Subtestationen! Wohl die schönsten auf der Linie C, z.B. in der Est. Av. de Mayo, dem ersten Subte- Mural/1934. Representiert die Verbindung Argentinien mit Spanien. Als 1937 die Subte- Linie D in Angriff genommen wurde, griff man die Idee der Wandkachelbilder auf: entlang dieser Strecke Murales mit Themen einer Reise nach Peru im XIX- Jhd. – 1938 Baubeginn der Strekke E, die Murales zeigen Entwicklung Argentiniens der Jahre 188o bis 193o. Wie uns Ulrich Henrichsmeier schrieb, soll es in der Goethebuchhandlung von Bs.As. ein Buch geben über die Entwicklung der Subte, mit Abbildungen der Murales und Hintergrundinformationen.

Folgende Subte- Strecken:		Fahrzeiten:
A "Rivadavia"	Plaza Mayo bis Primera Junta	19 Min.
B "Corrientes"	Av. Alem(=Hauptpost) bis Fred. Lacroze	2o Min.
C "Retiro"	Retiro(=Bahnhof) bis Constitution	11 Min.
D "Santa Fe"	Catedral (= Pl. Mayo) bis Palermo (=Bahnh.)	14 Min.
E "San Juan"	Bolivar(=Pl. Mayo) bis Av. La Plata	12 Min.

Heute benutzen rund 28o Millionen Menschen pro Jahr die Subte. Wer im Centro von Buenos Aires unterwegs ist, wird wohl zu 95 % auf die Subte zurückgreifen, da sie wegen ihrem dichten Netz der schnellste und bequemste Transportweg ist, – wenn oben der Verkehr zu Stoßzeiten zusammenbricht.

Die Subte verkehrt zwischen 6 Uhr früh und 24 Uhr alle 3 bis 5 Minuten. Die Fahrkarten , kleine silbrige Alumünzen, die "Cospels" kauft man sich unten an den Subte- Boleterias. Kostenpunkt ca. o,3 US, berechtigt zu beliebig langer Strecke (in den Schlitz am Drehkreuz einschieben!), solang man diesen Bereich nicht verlässt.

Da es an den Boleterias zu Stoßzeiten immer Schlangen gibt, kauft man sich am besten einen Schwung "Cospels" in Vorrat. Im Gegensatz zu anderen Untergrundstrecken südam. Großstädte (z.B. Caracas/Venezuela oder

Santiago de Chile) ist in der Bs.As.-Subte die Mitnahme von Gepäck erlaubt.

Die Subte- Stationen sind gut ausgeschildert. Neben den Namen der Stationen gleichzeitig die Hausnummer der entsprechenden Straße, was Adressen-Findung erleichtert. In jeder Station zudem ein Straßenplan der näheren Umgebung mit Liste, welche Mikrobusse hier abgehen und wohin.

★ STADTBUSSE: kleine Mercedesbusse, die sich "Colectivos" nennen. Mit runder Schnauze, Einstieg vorn, beim Fahrer zahlen, gut festhalten; Wechselgeld wird im Fahren rausgegeben, wobei die Bustür meist offen ist. Daß der Fahrer sich dabei am Ohr kratzt, ist eine unbewiesene Legende. Richtig ist jedoch, daß er viele Funktionen gleichzeitig ausübt: Beobachtung des Verkehrs, Bedienung von Lenkrad, Bremse und Hupe, Wechselgeld rausgeben und mit anderen Fahrgästen sich unterhalten je nach Situation.

Die Busse sind gut beschildert: Nr. und Route vorn quer über die Windschutzscheibe und ebenso seitlich neben der Tür.Der Fahrpreis richtet sich nach Länge der Strecke. Daß es hier bei sprach- und ortsunkundigen Touristen gelegentlich Beschiß gibt, ist leider unvermeidlich. Abhilfe: Erfahrung nach 4 bis 5 Busfahrten, Information vom Tourist- Office, was Strecken vergleichbarer Länge kosten. Und beobachten, was andere Fahrgäste hierfür zahlen. Wer umsteigt, zahlt nochmals neu.

Die Haltestellen sind durch eine Zahl (=Streckennummer) auf einem Pfosten gekennzeichnet. Man stellt sich sauber in Schlange an. Arm rausstrecken, sonst halten die Dinger nicht. Während der Stoßverkehrszeiten knackig voll. Da man dann im Bus-Gang stehen muß, wird Orientierung bei den tiefliegenden Busfenstern schwierig, und auch der Fahrer ist weit weg.

Regelrechte Bus- Abfahrts- Nester z.B. vor dem Retiro Bahnhof und vor der Estacion FCG Roca. Gute Hilfe für die einzelnen Bs.As.- Busrouten ist der bereits erwähnte "Peuser"- Stadtplan.

Die Colectiv- Busse fahren teils 24 Std. rund um die Uhr auf den wichtigsten Strecken. In der Regel aber zwischen 5 Uhr früh und 1 Uhr nachts. Fahrthäufigkeit auf den meisten Routen: alle 3 bis 1o Minuten.

Achtung: da sich die Strecken teilweise überlappen (um später auseinander zu zweigen), ist gleiche Busnummer nicht immer identisch mit selber Bus-Route! Zusätzlich auf die Streckenbeschilderung im Busfenster achten!

TAXIS: gibts in Buenos Aires/Centro wie Sand am Meer. Schwarz mit gelbem Dach. In der Regel alle mit Taxameter. Wie überall in der Taxifahrer-Zunft der Welt gibts ehrliche und unehrliche Fahrer. Hatte selber in Bs.As. nie Probleme. Wer allerdings holprig oder garnicht Spanisch spricht, ist eher durch ungerechtfertigte Aufpreise gefährdet. Unterm Strich: für Fahrten in Außenbezirke oder zum Internat. Airport besser auf öffentliche Verkehrsmittel wegen den riesigen Entfernungen zurückgreifen. Und im Centro von Bs. As. kanns per Taxi ebenfalls teuer werden, wenn der Verkehr "klebt" und das Taxameter tickt, weil nichts vom Fleck geht . . .

VORORT–ZÜGE: ergänzen das öffentliche Transportnetz von Buenos Aires Meist moderne Triebwagen, die zwar nicht mit unseren BRD- S- Bahnen konkurrieren können, so doch schnell und effizient sind. Häufige Abfahrten, ab den einzelnen Bs.As. Bahnhöfen, Details siehe "Peuser"- Stadtplan, oder von Tourist Office, bzw. der Generalinfostelle der arg. Eisenbahnen, Florida Nr. 753 im Centro.

★ EIGENER PKW/MIETWAGEN: Auto zu mieten lohnt sich (wegen der guten Inner- Bs.As.- Verkehrsverbindungen) allenfalls, wenn man größere Sachen in Argentinien vorhat. Parken im Centro, vorallem aber die Stadtorientierung kann schwierig werden. Per "Subte" in Verbindung mit den "Colectivo- Bussen" gehts erheblich bequemer.

AUTOVERMIETUNG:

- "Avis Rent a Car" im Sheraton Hotel, Plaza San Martin vor Retiro Bahnhof.
- "Nacional", Esmeralda 1o84
- "Rent a Car/ai" Marcelo T. Alvear 678, dicht in Argentinien vertreten, insgesamt in 14 Städten inkl. Bs.As.
- "Serra Lima", Av. Cordoba 3121 und weitere.

Die Preise liegen in der Regel für einen Kleinwagen, z.B. Renault R 4 bei ca. 1o US/Tag zuzüglich Km- Geld. Rabatt beim Anmieten von mindestens 1 Woche. Avis z.B. hat einen günstigen 15 Tage und 3o Tage- Tarif ohne Km- Begrenzung. Derzeit in 1o Städten vertreten. Meistens kommt man aber billiger und bequemer, wenn man sich das Argentinien- Rundflugticket der AA oder Austral kauft und gegebenenfalls vor Ort für ein oder zwei Tage sich ein Auto mietet.

Stadtorientierung/ Buenos Aires:

STRASSENBEZEICHNUNGEN: wiedereinmal das typische, südam. Schachbrettmuster. Adressen sind leicht zu finden: Hausnummer 1376 bedeutet: 13 Block der betreffenden Straße, in der man sich befindet. Die "76" ist dann die Hausnummer. Links laufen die geraden, rechts die ungeraden Hausnummern.

Die Straßen, zumindest im Centro sind gut markiert. Schwarzes, rechteckiges Schild und

mit Nr., z.B. 5oo - 6oo des Blockes.

Die Hausnummerbezeichnung beginnt in der PLAZA MAYO, dem Herz der Stadt. Damit zumindest im Centro sehr schnelles und leichtes Auffinden von Adressen. Zugleich in jeder Subte- Station die Hausnummer, auf deren Höhe man sich befindet.

Erheblich schwieriger wirds, wenn man mit eigenem Auto aus diesem Großstadtgigant raus will. Schlüssel ist der ringförmig um Buenos Aires verlaufende Autobahnring der Av. General La Paz. Hilfreich bezüglich Zufahrts- Avenidas der "Peuser"- Stadtplan.

Verbindungen ab Bs.As.:

Buenos Aires hat 2 Airports. Der EZEIZA- INTERN. AIRPORT für alle internationalen Flugverbindungen, ausgenommen der Kurzstrecke nach Montevideo/ Uruguay, sowie nach Asuncion/Paraguay.

(1) EZEIZA INTERN. AIRPORT: 16 km außerhalb. Modern, relativ groß. Riesige Jumbos der AA stehen rum. . Im Airport: Geldwechsel zum regulären Bankkurs, Duty Free Shops und Stand der Tourist Office mit Hotelvermittlung.

Links neben dem Ausgang/Ankunftshalle ist der Schalter der "PONCE LEON"- Stadtbusse. Ticket ins Centro pro Person ca. 6 US, wobei der Bus der Reihe nach die gewünschten Hotels anfährt. Abfahrt alle ca. 30 Min. Die Busse sind mit Funk ausgerüstet; holen auch in Gegenrichtung zum Airport vom Hotel ab. Dabei lässt man am bequemsten den Hotelportier bei "Ponce Leon" anrufen. Fahrzeit je nach Verkehr ab Centro zu Airport oder Gegenrichtung ca. 60 Min.

Einiges billiger (ca. 2 US) sind reguläre Stadtbusse, die ihre Abfahrt im Ezeiza Airport beim Ponce Leon Bus haben, allerdings nicht die Hotels nach Wunsch anfahren, sondern ihre festgelegte Stadtbusroute "durchziehen". Zudem brauchen sie ins Centro bzw. vom Centro zwischen 1 1/2 bis 2 Std. wegen diverser Umwegrouten und vieler Zwischenstops. Abfahrt Centro: Av. Mayo/Ecke Peru. Bus Nr. 86 mit Aufschrift "Differencial" (D) fährt direkt, braucht ca. 1 1/2 Std., Abfahrt ca. alle 15 bis 30 Min. tagsüber. – Bus mit Aufschrift "Comun" (C) ist noch billiger, braucht aber wegen vieler Zwischenstops und Umwege bis zu 2 Std. bis zum Airport.

Ob man den "Ponce Leon"- Bus oder den Stadtbus nimmt, ist daher meist eine Gepäckfrage. Der P.L. sicher und ohne Frage bequemer.

Taxi: sehr teuer wegen der Entfernung. Ca. 30 US $ /Fahrzeug, Fahrzeit ca. 60 Min.

2) AEROPARQUE: sehr zentral am Rio de la Plata- Mündungsdelta gelegen, Nähe Bs. As. Centro und Retiro- Bahnhof. Der Buenos Aires- Airport für alle Inlandsflugverbindungen, sowie der Nachbarländer Uruguay und Paraguay, – aber auch teils für Flüge nach Südbrasilien (bis São Paulo) und nach Santa Cruz/Bolivien.

Ebenfalls eine sehr moderne Angelegenheit, wenn auch kleiner als der Ezeiza- Airport. Gilt auch für die Duty Free- Zone, wo es nur Zigaretten, Whisky/Gin und Parfume gibt und dies zu saftigen Preisen.

Querverbindung Aeroparque mit Ezeiza- Airport mit "Ponce Leon". Ins Centro mit dem Stadtbus Nr. 33, Abfahrt Centro ab Retiro Bahnhof. Hält vor dem Flughafen Aeroparque; Straße überqueren. Oder mit Nr. 160 ab Plaza Italia. Nur den Bus mit dem gelben Schild "Ramal Aeroparque" nehmen! Je nach Verkehr zwischen Aeroparque und Retiro ca. 20 Min.

Taxi kostet ca. 4 US ab Centro/Höhe Lavalle, Obelisco. Kann aber auch erheblich teurer werden, wenn der Taxista Umwege legt, der Verkehr klebt, – oder in Gegenrichtung ab Aeroparque vorab Spezialpreise vereinbart werden.

DICHTES FLUGNETZ in alle Landesteile Argentiniens. Jets mit "Aerolineas Argentinas" (Office Centro z.B. Peru 2 nähe Plaza Mayo und Santa Fe 362 nähe Plaza San Martin), – und der "Austral" (Office: Av. R. S. Peña 737 y Maipu 198).

"Lade", die Militärs haben ihre Office in der Peru 710. – Die internationalen Airlines wie Lufthansa (Plaza San Martin), Swissair (Santa Fe 854), etc. haben ihre Büros vorwiegend im Bereich Cordoba – Santa Fe – Florida – R.S. Peña. Details siehe Tel.-Buch.

Zug:

Argentinien hat das mit Abstand dichteste und beste Eisenbahnnetz Südamerikas. Für den Personenverkehr gibt es 3 Bahnhöfe:

) BAHNHOF RETIRO: Plaza San Martin, – für die Strecken in den Westen und Nordwesten Argentiniens:

Nach MENDOZA: 2 mal pro Woche mit dem Expresszug "EL LIBERTADOR", der 13 Std. braucht. Täglich mit dem "El Aconcagua" (knapp 19 Std.). Beide fahren über Nacht. Schlafwagen ca. 30 US, bzw. im Sitz/ 2. Klasse ca. 10 US $.

Nach SAN JUAN: Selbe Strecke, tägl. mit dem "El Aconcagua" (+ 3 Std. ab Mendoza, + 5 US).

Nach TUCUMAN: 2 mal pro Woche mit dem Expresszug "Independencia", braucht knapp 17 Std., sowie täglich mit dem "Estrella de Norte" (ca. 19 Std.). Beide fahren über die Nacht. Schlafwagen ca. 35 US $ (nur im Independencia!), bzw. ca. 13 US in der 2. Klasse.

Nach CORDOBA: täglich mit dem "Rayo de Sol", 11 Std., Schlafwagen ca. 14 US und 2 mal/Woche mit dem "El Norteño", der keinen Schlafwagen mit sich führt. Touristenklasse in beiden Zügen ca. 9 US $.

Nach ROSARIO: täglich mehrere Verbindungen. Einmal die Züge, die weiter nach Tucuman und nach Cordoba fahren, sowie zusätzliche Züge. Die Fahrzeit beträgt je nach Zugart 3 bis 5 Std. (4 - 9 US $). Einige Züge fahren weiter nach Santa Fe. Schneller aber per "Automotor" über die Schiene oder per Bus über die Straße.

Nach EL TIGRE: S- Bahn-ähnlicher Vorortstriebwagen. Abfahrt alle ca. 3o Min. Details siehe "Nähere Umgebung Bs.As."

(2) BAHNHOF CONSTITUCION: Plaza Constitucion, – für die Strecken in den Süden und Südwesten Argentiniens:

Nach BAHIA BLANCA: täglich 1 bis 2 mal, im Sommer öfters. Fahrzeit je nach Zug um 1o Std., einige fahren über Nacht, die anderen am Tag. Kostenpunkt in der Touristenklasse um 8 US $, im Schlafwagen um 2o US $.

Nach MAR DEL PLATA: täglich mehrmals. Fahrzeit ca. 5 Std., je nach Klasse zwischen 5 und 8 US $.

Nach BARILOCHE: außerhalb der Saison (Dez. bis März) 1 mal pro Woche der "Expreso L. del Sur", Fahrzeit ca. 3o Std. , sowie 2 mal in der Woche zusätzlich der "Lagos del Sur" (34 Std.). Kostet in der Touristenklasse ca. 2o US und per Schlafwagen ca. 45 US. Der Aufpreis für den Schlafwagen lohnt sich allemal, da der Zug zunächst einen kompletten Tag bis in die Nacht rein unterwegs ist. Das stresst zwar nicht so, wie im Bus, aber immerhin . . . Dann die ganze Nacht über und nach Morgengrauen nochmals einen Tag bis in den angebrochenen Nachmittag hinein!

Während der Saison (Dez. - März) gibts eine Reihe zusätzlicher Züge nach Bariloche, aber Sachen wie Schlafwagen auf Monate hin ausgebucht! –

Das ganze Jahr über verkehrt täglich der "Estrella del Valle". Zwar nur zwischen Buenos Aires und Nequen, – aber immerhin Alternative für den, der nicht auf den Direktzug bis Bariloche warten will, oder dort keinen Platz bekommen hat. Abfahrt in de Regel mittags in Bs.As., Ankunft am nächsten Morgen nach einen lockeren Frühstück im Zug gegen 1o Uhr.

Zwar ist in Nequen der Hund begraben, aber man hat zumindest den ersten Teil dieser gigantischen Riesendistanz bequemer als im Bus zurückgelegt, nämlich die Nacht über auf dem Ohr auf der Schlafwagenmatratze. . . Und von Nequen gibts häufige Busverbindung nach Bariloche, die einen in der Regel gegen Abend den Ort am Nahuel Huapi erreichen lässt.

Nach ESQUEL: Noch zeitaufwendiger, da südlicher, aber landschaftlich ähnlich lohnend wie Bariloche. Der südlichste Punkt, der ab Bs.As. mit der Eisenbahn zu erreichen ist, – zugleich an der berühmten "Ruta 4o" entlang der Anden runter nach Feuerland!

Zunächst Zug Ri. Bariloche und in JACOBACCI raus. Dort nach rund 45 Min. Anschluß bis Esquel. Braucht aber runde 14 (!) St in der Touristenklasse ca. 5 US $. Bei derartigen Fahrzeiten fraglich, ob demnächst eingestellt, da per Bus schneller. –

③ BAHNHOF LACROZE: Plaza Miserere (=Onze), – für Verbindungen in in den Norden Argentiniens:

Nach CONCORDIA: (Grenze Uruguay) und weiter POSADAS (Grenze Paraguay): der Zugverkehr per Waggon wurde wegen Unrentabilität gegenüber dem Busverkehr via Straße eingestellt. Jetzt verkehren auf dem 1.435 mm - Mittelspurgleis Schienenbusse.

Täglich mit dem "Automotor Gran Capitan" bzw. "El Corriente" von Bs.As. nach Concordia (ca. 8 Std./8 US), und bis Posadas (ca. 19 Std./14 US).

Nach SANTA ROSA LA PAMPA, ebeso nach LUJAN (Details siehe "Umgebung Buenos Aires"!) –

★ **Internationale Zugverbindungen ab Bs.As.:**

nach Bolivien/La Paz: 2 mal pro Woche via Tucuman. Fahrzeit insgesamt rund 3 Tage, kann aber nach Bergrutschen, Überschwemmungen etc. erheblich länger dauern. Wird als Ticket von den Argentiniern nur bis zur Grenze La Quiaca verkauft. Auf der anderen, boliv. Seite/Villazon dann weiter nach La Paz mit dem bolivianischen Zug. Eine ungemein harte Strecke, 2.4oo km. Abgesehen vom Schlafwagen bis Tucuman, verbringt man die nächsten beiden Tage und Nächte im Zugsitz , da es auf diesem Abschnitt keinen Schlafwagen gibt. Zur unvermeidlichen dicken Müdigkeit kommt unter Umständen noch eine saftige Soroche (La Paz liegt je nach Stadtteil zwischen 3.5oo und 4.ooo m hoch).

Hab oben auf dem Altiplano bei La Paz mal ein Tramperpärchen mit meinem Toyota Geländewagen mitgenommen, die gerade nonstop von Buenos Aires gekommen waren. Beide total groggy, sie mit saftiger Soroche, kotzend vor Müdigkeit. So muß das ja nicht sein!

Vernünftiger: die Strecke in Etappen reisen. Dabei bietet sich als erstes Etappenziel Cordoba, Tucuman oder das schöne Salta an. In Bolivien eventuell der Abstecher über das sehr lohnende Potosi. Details siehe dort.

Wegen der gewaltigen Distanzen: weiteres Plus für das AA- Argentinienrundflug Ticket. Die AA fliegt als nördlichsten Punkt Jujuy an. Weiter, rein nach Bolivien entweder via Zug und La Quiaca, oder via Bus nach Tarija/Bolivien.

nach Bolivien/Santa Cruz: 1 mal pro Woche ab Buenos Aires bis Salta (ca. 18 Std.) mit Anschluß zur boliv. Grenze bei Yacuiba. Dort umsteigen und weitere ca. 12 Std. bis Santa Cruz mit dem boliv. Zug.

nach Chile/Antofagasta: Zug bis Salta. Ab hier existiert zwar ein Gleis über die Anden nach Antofagasta. Personenzugverkehr ist aber eingestellt, da der Bus das schneller macht. Details siehe "Chile/Antofagasta".

nach Chile/Santiago: Zug bis Mendoza. Ab hier mit dem schnelleren Bus. Gleis existiert, Personenzugverkehr ist aber zwischen Mendoza und Santiago eingestellt.

nach Paraguay/Asuncion: Zug Bs.As. nach Posadas. Per Fähre über den Rio Parana/ Grenze, Encarnacion/Paraguay und dort Zug bis Asuncion. Der paraguayische Anschlußzug ist zwar "eisenbahngeschichtlich" sehr wertvoll, zugleich aber auch sehr langsam. Schneller gehts im Bus Bs.As. via Straße und Resistencia, Formosa bis zum Grenzfluß Rio Paraguay, der per Brücke nach Asuncion überquert wird. Per Zug dauert die Strecke 2 Tage, per Bus 1 Tag.

Zentrale Buchungsstelle für alle innerargentinischen Zugverbindungen:
Galeria Pazifico, Calle Florida 753. Sehr praktisch, da man nicht alle Bahn-

höfe seperat abklappern muß. Die Hauptoffice, mit Computern bestückt, die in der Regel sofort alle Verbindungen ausspucken. Auch Reservierung und Ticketverkauf.

KAUF von Tickets max. 6o Tage vorher, bei einigen Verbindungen nur 7 Tage vorab. Mit Ticketkauf zugleich Platzreservierung. Allerdings, wenn man dann nicht fährt, keine Rückzahlung des Ticketpreises. Nur möglich, den Reisetermin zu verschieben bei 1o bis 6o % des Ticketpreises als Aufpreis. (Je nach Streckenentfernung).

VORRESERVIERUNG empfiehlt sich für die Ferienzeit Mitte Dez. bis Mitte März, für die "Semana Santa" (Ostern) und die "vacaciones inviernes" (ca. 15 Tage Ende Juli, variabel).

Alle argentinischen Langstreckenzüge führen Restaurantwaggon mit, Essen und Getränke aber nicht im Preis inkl. – Die meisten Schlafwagen (pro Waggon 24 Betten, pro Abteil meist 2 Betten) . Tagsüber werden die Betten des Abteils hochgeklappt, angenehm: man reist tags- und nachtsüber in ein und dem selben Abteil.–

Die beiden argentinischen Luxuszüge sind der "Libertador"(nach Mendoza) und der "Independencia" (nach Bariloche). Beide mit Air Condition, Heizung und Kino!Für die Ferienzeit oft auf Monate vorab ausgebucht.

Auf einigen Strecken arbeitet die argent. Eisenbahngesellschaft mit privaten Busgesellschaften zusammen, die mit der Abfahrt ihrer Anschlußbusse auf die Ankunft des Zuges warten. Bus und Zug kann gemeinsam über die zentrale Buchungsstelle in der Calle Florida gekauft und vorreserviert werden.

DER HAUPTBAHNHOF	*"RETIRO" hat Metro - Verbindung mit dem*
Bahnhof "Constitucion":	*Linie C ab Retiro bis Endstation fahren! –*
Bahnhof "Onze":	*Linie C ab Retiro bis zur Station Av. de Mayo und umsteigen in Linie Rivadiva bis Plaza Miserere*
Bahnhof "Fed. Lacroze":	*Linie C bis Station Diagonal und umsteigen in die Linie Corrientes bis Endstation.*

Busse:

Dichtes und ausgezeichnetes innerargentinisches Busnetz. Zwischenzeitlich fahren fast alle Langstreckenbusse ab dem neuen Busterminal rechts neben dem Retiro- Bahnhof (J. Ramos Mejia/Ecke Av. Antartida Argentina) auch Langstreckenbusse, z.B. nach Santiago de Chile, Montevideo, Pto. Alegre und Sao Paulo, Rio.

Einige Busse aber immer noch von den alten Terminals bei der Plaza Constitucion und der Plaza Onze. Vorab sicherheitshalber beim Infokiosk der Municipalidad in der Calle Florida erkundigen!

Praktisch alle wichtigen Orte Argentiniens sind per Bus ab Bs.As. sternförmig verbunden. Die Hauptstrecken wie Cordoba, Tucuman, Mendoza, Resistencia etc. etc. häufig am Tag. Die Preise sind nicht billig und die Fahrzeiten trotz Asphalt auf fast allen Hauptstrecken ganz schön beachtlich wegen der riesigen Entfernungen.

Beispiele ab Bs.As. nach: Cordoba (ca. 13 Std./14 US), – Bariloche (ca. 3o Std./3o US), – Rio Gallegos/Paragonien (ca. 48 Std./7o US, 2.7oo km!)

Wer beispielsweise in 3o Tagen die wichtigsten argentinischen Strecken Ri. Nord und bis runter nach Feuerland mit dem Bus macht, kommt meist teurer, – als mit dem "A.A.- Argentinien- Rundflugticket". Mal von dem zusätzlichen Zeitaufwand per Bus abgesehen (z.B. Buenos Aires nach Rio Gallegos per Bus = 48 Std./per Flug = ca. 3 Std.). – Abgesehen vom körperlichen Stress eines 2 Tage&Nächtetrips Nonstop. Bei Straßen, wo sich im Gegensatz zu Ländern wie Peru, Ecuador und Kolumbien unterwegs an Landschaft und Szenerie kaum was verändert, über Stunden hinweg . . .

Hotels Bs.As.:

Im Internat. Airport "Ezeiza" gibts eine Zimmervermittlung, die allerdings bei aller Begeisterung des dort tätigen Mädchens nicht von allen vermittelten Hotels Prospekte an der Hand hat. Mal ganz abgesehen davon, daß diese 4-Farb- Papiere oft ein arg verfälschtes Bild bringen, da z.B. aus dem Prospekt der eventuelle massive Straßenlärm nicht "rauskommt"!

Wir sind z.B. bei unseren letzten Bs. As. Recherchen im "Esm. Palace" gelandet. Zwar superzentral und insofern ein echter Tip. Auch was das Preis- Leistungsverhältnis betrifft. Allerdings immer wohliges Erzittern des Bettes, wenn die Metro unter'm Hotel durchbraust. . .

Die Tips vom Busfahrer des "Ponce Leon"- Airportbus in die Stadt sind mit Vorsicht zu genießen; wenn der Gast seine Koffer ins Zimmer raufträgt, kassiert der Fahrer unten von der Rezeption seinen Obulus . . .

KURZUM: bei 9 Mill. Einwohnern dieser 2. größten Metropole Südamerikas ein entsprechend umfangreiches Übernachtungsangebot.

- wichtiges Argument ist die LAGE. Optimal die Lavalle und Florida, da superzentral, mit teils die ganze Nacht über offenen Restaurants und günstigen Metroschächten, die den Rest von Bs.As. flott erschließen. Die Hotels oft garnicht so teure Mittelklasse und TIP! Unter anderem entscheidend, ob an Fußgängerzone oder laut befahrener Straße gelegen. . .
- Bei Teuer- Hotels 2o % Tax. Fragen, ob inkl. bei Preisnennung. Die Teuerhotels werden in US- Dollar angegeben und per Bankkurs auf Peso Basis umgerechnet. Mitteklasse bis Billighotels sind in Pesos angegeben und auch so zu zahlen. Zudem geringere Tax.
- Abchecken, ob das Frühstück im Preis inklusiv ist. Kann teuer werden, wenn man es seperat zahlen muß. Dann besser seitlich ab in eines der Straßencafes des Centro
- Bs.As. ist am Wochenende eine ausgestorbene Sache. Fußballspielen auf Straßen möglich, wo es während der Woche knüppeldick den Verkehr reinhaut. Kann das Bild der Vorort- Besichtigung in Bezug auf "Schlafruhe" am Morgen erheblich verfälschen . . .

Teuer/Luxus:

"SHERATON BS.AS." an der Plaza San Martin 1225 (unterer Teil bei Torre Reloj und Estac. Retiro). Eines der besten von Bs.As. und Tip wegen günstiger Lage, die Haupteinkaufsstraße und die meisten Airline Büros wie das Centro mit Restaurants etc. können praktisch zu Fuß erreicht werden. Trotzdem relativ ruhig im Vergleich zu den anderen Centro- Hotels.

Ein hoher Kasten, vom Restaurant im obersten Stock (7o m Höhe) sehr guter Blick über den Rio de la Plata, den Retiro Bahnhof und Teile des Centros. Ebenso von den meisten Zimmern, je höher desdo besser! 24 Stock, Metrostation Retiro vor der Haustür. Doppel zwischen 75 und 11o US $.

"PLAZA HOTEL", Florida 1oo5 an der Plaza San Martin, oberer Teil. Ein Gran- Hotel alten Stils, feudales Gebäude an der sehr schönen Plaza San Martin (Ecke Manuel T de Alvear). Wer Zimmer vorn raus nimmt: schöner Blick auf das Grün der Bäume der Plaza.

Preislich allerdings mit 126 US $ etwas überquotiert, Argentinier zahlen angeblich nur 45 US $. Je nach Auslastung des Hotels ist eventuell Handeln möglich.

"HOTEL PANAMERICANO", Carlos Pellegrini 525 (ebenso wie Sheraton und Plaza 5 Sterne Hotel), modernes 2o- Stock Hochhaus direkt am Obelisco, somit zentral zu Kino- Theater und Restaurant- Region von Bs.As. Insofern auch Luxus- Tip für Bs.As., aber mit ca. 95 US $ (Argentinier 62 US) nicht gerade billig. Die Zimmer mit TV (in dieser Preisklasse obligatorisch), Eisschrank und Bar, Mit Swimming Pool und nah zum "Aeroparque"- Inlandsairport von Bs.As.

"HOTEL BAUEN", Av. Callao 36o, 5- Sterne, modern, Hochhaus. Ein ganz schönes Stück weit weg vom Shopping- und Kino- Herz Lavalle/Florida. Doppel ca. 9o US $.

"LIBERTADOR", Av. Cordoba/Ecke Maipu. 5- Sterne, zentral gelegen. Modernes Hochhaus mit SW- Pool im 22. Stock. 212 Zimmer mit TV und Eisschrankbar in allen Zimmern. Doppel ca. 96 US $.

"CLARIDGE", Tucuman 535. Im altnobelen Englischstil, teils Patina. Große Lobby und geräumige Zimmer mit Eisschrankbar, TV. Zentral gelegen in der allerdings tagsüber und während der Woche stark befahrenen Tucuman. Doppel ca. 9o US $.

"ELEVAGE", Maipu 96o/2, klein, aber sehr exklusiv und luxuriös. 5 Sterne, mit SW-Pool, Doppel ca. 9o US.

Teuer bis mittel:

"LANCASTER", Av. Cordoba 4o5. Großräumige Zimmer, gute Lage zu Retiro Aktivitäten. Straße allerdings sehr laut. Ca. 7o US $.

"CARSSON", Viamonte 65o. Angenehmes Hotel, gehobene Mittelklasse im alten Stil mit Kristall Lüstern, 3o m zur Fußgängerzone Florida, ca. 24 US $.

"COLON", C. Pellegrini 5o7. Beim Obelisco. Mit schönem, beheizten SW- Pool im 14. Stock und dort Panoramablick. TV, ein Kanal an Videoanlage angeschlossen. 2o1 Zimm die je nach Argentinier (ca. 36 US) oder Ausländer 55 US kosten. Passagiere der Aerolineas Argentinas erhalten Spezialrabatt. Tip da gute Lage zu Kino/Rest. Sektor.

"CRILLON", Santa Fe 796 Ecke Esmeraldas. Sauberes Mittelklassehotel, TV im Zimme Eisschrankbar, ca. 42 US $, Rabatt für Fluggäste der AA. Gute Lage bei Plaza San Martin und Calle Florida.

Mittel bis billig:

"ROCHESTER", Esmeralda 542, – ebenso wie das schräg auf der anderen Straßenseite liegende "ESMERALD PALACE" (Esmerald 527/43): beide unbestritten superzentrale Lage im Restaurant- und Kinoviertel. Direkt nebenan eine Bäckerei mit Wein- und Lebensmittelverkauf, 24 Std. offen, und fast in Sichtweite ein ganzer Schwung excellente Steak- Restaurants, die zum Teil ebenfalls 24 Std. offen haben.

Die leicht bergablaufende Esmeraldas aber sehr schmal mit superdichtem PKW- und Bus Verkehr, dies fast die ganze Nacht über. Kurz davor wird die Fußgängerstraße Lavalle überquert (langsam), danach geben die Fahrzeuge Gas, ohne richtig fahren zu können, da u.a. hier Busstops den Verkehr blockieren = Huperei und Auspuffgedonner. Wenn dann gegen Morgen Ruhe einkehrt, kommen die Müllcontainer- Fahrzeuge . . .

"ROCHESTER": hat anscheinend guten Kontakt mit dem "Ponce- Leon"- Airportbus, der gerne hier seine Gäste abläd. Die Rezeption unfreundlich, Zimmer und Gänge sehr eng, klein und stickig. Die 4 Sterne erscheinen etwas überquotiert. Doppel ca. 2o US $

"ESMERALD PALACE", 1oo Zimmer, schräg gegenüber ist geringfügig billiger, wobei der Farb- TV im Preis inkl. ist. Zimmer aber ebenso klein. Direkt neben dem Hotel Metrostation, die anscheinend unterm Hotel ihren Tunnel hat. Doppel ca. 17 US $.

Besser in der Region: "HOTEL ELBAR", Florida 328 (fast Ecke Sarmiento). Moderne Hotel in der Fußgängerzone, Zimmer etwas größer, abends ruhiger, da nicht an Straße (wie Esm. Palace und Rochester) sondern an Fußgängerzone gelegen. Doppel ca. 2o US mit TV im Zimmer. Kann als Tip gelten.

Billiger und trotzdem gut: "LIBERTY", Corrientes 628. Hochhaus, zentral im Geschehen (Kinos, Restaurants). Doppel ca. 15 US, aber unbedingt Zimmer hinten raus nehmen und möglichst weit oben. Sonst wirds laut! – "KINGS", gut, Corrientes 623, gegenüber dem Liberty. Doppel ca. 15 US. – "CAMINO REAL", Maipu 572, preisgünstig, Doppel ca. 16 US, allerdings laut. – "REGIS", Lavalle 813, genau an dem Eck, wo die Fußgängerzone Lavalle von der Esmeraldas geschnitten wird. Entsprechend Verkehr, das Doppel ca. 16 US $.

"ROMANELLI", Reconquista 645. Auch wenn von der Hotelvermittlung im Ezeiza-Airport empfohlen, – wegen scheußlicher Lage (Parallelstraße zum Hafen) nicht unbedingt ein Tip. Innen relativ gut renoviert; über den Geschmack der sich gegenseitig beißenden Creme- Farben lässt sich streiten. Zimmer: groß, mit TV und alten Möbeln. Doppel ca. 2o US. Achtung: einige Zimmer mit Fenster im eng-schlauchigen Innenhof, der so scheußlich ist, daß man besser auch tagsüber den Vorhang zugezogen lässt.Die Ankündigung des Hotel- Prospektes "vista al Mar" (Blick zum Meer): frei nach Loriot: ja wo ist er denn? . . .

"HOTEL DIPLOMA", San Martin 918 Nähe gleichnamiger Plaza und FFCC Retiro. Ein olala- modernes, höheres Haus in Hafennähe. Mit AC, Doppel ca. 13 US.

Billig:

"HOTEL CENTRAL CORDOBA", San Martin 1o19 Nähe Hafen und Retiro- Bahnhof. und billig in älterem Haus. Sogar mit AC, das Doppel ca. 8 US.

"PROMENADE HOTEL", Marcel T. de Alvear 444, nahe Hafen und Retiro- Bahnhof. Hat uns gut gefallen, altmodisches, einfaches, aber sauberes Hotel. Doppel für Zimmer mit Privatbad und Tel. ca, 2o US. Tip in seiner Klasse. Zur Fußgängerzone Florida ca. 5 Min. zu Fuß und zum Retiro Bahnhof etwa 1o Min.

In der Nähe 2 superbasic- Hotels, das "TURINO", 25 de Mayo 724 und das danebenliegende "UNIVERSAL", 25 de Mayo 734. Sehr simple Angelegenheit mit düsteren Gängen für den abgebrannten Traveller. Doppel um 3 US. Nähe Estac. Retiro/Hafen.

"FLORIDA HOUSE HOTEL", Calle Florida 572. Ein Fundstück während unserer Recherchen: superzentral direkt an der Florida gelegen. Das Doppel ca. 6 US. Feudaler Eingang, die Zimmer einfach mit Stahlrohr etc., aber von seiner Lage Billigtip!

"HOTEL FLORENCIA", Florida 575, kurz daneben. Einfach, aber relativ sauber. Kleine Betten und Minibad. Mit altmodischem Aufzug, der 2 Ausgänge hat. Doppel um 7 US $.

Weitere BILLIGHOTELS um die Plaza Once (=Plaza Miserere) beim Bahnhof Once und beim Bahnhof Constitucion im Umkreis der gleichnamigen Plaza (beide mit Metroverbindung ins Centro). –

JUGENDHERBERGE: in der Calle Marmol 1555, zwar abseits des Centros, aber mit der Metro Linie "E", Station "La Plata" schnell zu erreichen. Die Hauptverwaltung der argentinischen Jugendherbergen liegt in der Av. Corrientes 1373/1. Stock mit Infos zu billigen Übernachtungsmöglichkeiten im Landesinneren Argentiniens.

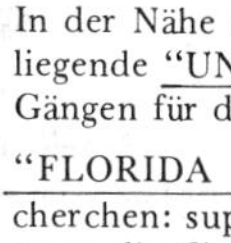

Viele der besten Bs.As. Restaurants liegen im Bereich der Calle Florida und Lavalle bis Höhe Obelisk. Definitiv ein Eldorado für Fleischgerichte! – Der typische Bs.As.-Fresstempel hat Glas- Doppeltüre und besteht aus einem riesigen, rechteckigem Ess- Saal mit 1oo bis 2oo Tischen, tief nach hinten gehend, wo die Küche liegt. Trotzdem nicht ungemütlich, da meist knallvoll von Leuten.

Gute und beliebte Restaurants existieren oft seit Jahrzehnten. Die Ober (weiß), eingespielt, korrekt und olala-freundlich ziehen ruckzuck die alte, weinverkleckerte Tischdecke ab und schieben den Brotkorb hin. Darin liegt knackiges Weißbrot a la franz. Stangenbrot. Angenehm abbrechbar in 5 - 7 cm langen Stückchen und 2 mal Minibutter wie im Hotel oder Flugzeug. Und wie in Italien Knusperstangen, an denen man knabbert, bis das Essen kommt . . .

Die Tischdecke wird übrigens auch über dem Stuhl ausgebreitet, auf dem man Kleider, Diplokoffer etc. abgelegt hat, als Schutz gegen Spritzer.

Essen wird zelebriert. Wichtiger Akt des eigenen Genusses und der Kommunikation, – dabei ist die Menge und Zartheit des Fleisches entscheidender, als verfeinernde Soßen, Beilagen etc. "Lomo" (Filett) muß zart auf der Zunge zergehen und sich mit leichtem Druck des Messers abteilen lassen.

"LA ESTANCIA"/Lavalle 941. Excellent für Riesenportionen "Lomo a la Estancia", ca. 3,5 cm dick, 2o cm lang und 8 cm breit. 3 US! Großer Comedor, im Eingang Rinderteile auf offenem Feuer. Service o.K., das Fleisch dauert allerdings etwas lange. Derzeit eines der Top- Restaurants für carne bei billigen Preisen in Relation zur Portionsgröße. Das verheißungs volle "Mata ambre" (Hungertöter) allerdings weniger überzeugend. – "PALACIO DE LAS PAPAS FRITAS"/Lavalle 755: seit mehr als 1 Dutzend Jahren Top! Breite Palette an Gerichten, excellent auch in Sachen mariscos. Gute postres, fiambres. Preise etwas teurer und Lomos kleiner, die Soßen jedoch interessanter als im "La Estancia". Service gut und schnel Wieder mal ein Riesencomedor, der bis tief in die Nacht offen hat. – "LOS TCONCOS"/Suipache 732: mit großem, ausgestopftem Stier vor der Tür und Holzkohlefeuer im Schaufenster. Gemütlicher Comedor, Preise mittel. - "LA CHACRA"/Av. Cordoba 941: selbes System, Stier, Holzkohlefeuer, Preise mittel. – "GRILL SANTA GENEROSA"/Florida 574. Autoservicic (=Selbstbedienung). Mit Comedor im altargentinischen Stil. Preise günstig, hauptsächlich Fleischgerichte. 3 bis 6 US. – "DON PIPON"/Esmeralda 723/Ecke Lavalle: 24 Std.- Restaurant. Mittelgroß, simpel eingerichtet. Die Preise mittel, für Fleisch wie Lomo durchaus o.K. Die Parrillada allerdings schlecht. Davor ein Taxistand, da das Restaurant die ganze Nacht hindurch frequentiert wird. – "LOS INMORTALES"/Lavalle, Höhe ca. Maipu. Gut große Pizzas (die "grande" reicht lässig für 2 hungrige Personen, ca. 7 US). Ob sie die beste Pizzeria Südamerikas ist, sei offengestellt. In jedem Fall empfehlenswert und breite Auswahl. Ein langgestreckter Comedor, an den Wänden Halbreliefs aufgemalter Bilder (z.B. Hipodromo Argentino um die Jhd.- Wende) und viele s/w Fotos von Bs.As. der 3o-er Jahre. Das "Inmortales" war 193o berühmtes Cafe- und Künstlertreff. – "LA CABAÑA"/ Ente Rios 436, weltweit berühmtes Steakhaus mit riesigen Lomos. Preise mittel. – "EDELWEISS"/Libertad 431, deutsche Küche, aber auch gute und riesige Asado- Portionen. So. zu, Preise mittel. – "MAXIMS"/Paragua 657, gute Küche und relativ billig. Offen 12 bis 15.3o und 17 bis 23.3o, am So. zu. – "MESON ESPAÑOL"/Av. Caseros 175o, mit Tango- und argentinischer Folkloreshow am Fr. und Sa. Abend. Gute Küche, die Preis mittel bis teuer. – "OTTO"/Calle Lavalle, deutsche Küche, empfehlens wert und relativ preiswert. – "ABC"/Calle Lavalle 545, seit Jahren Stan dartrestaurant für deutsche Küche, Goulasch mit Nudeln etc. Preise mitte

Samtsags bis 2 Uhr nachts offen. – "EL PULPO"/(=der Polyp) Tucuman Ecke Reconquista ist bekannt für seine großen Portionen zu vernünftigen Preisen, ebenfalls ein Traditionsrestaurant seit vielen Jahren. Spanisch orientierte Küche, neben Paella (preisgünstig) gibts (teuer) chilenische Riesen-Langusten und die Cazuela. Offen tägl. von 12 bis 16 und 2o bis 2 Uhr. – Teuer aber excellenter Blick: "SHERATON"/beim Retiro Bahnhof, oberstes Stockwerk mit großartigem Rundblick. – "HISPANO"/Salta 26 Ecke Rivadavia. Mit spanischer Küche (Paellas, Cazuelas) und guten Marisco- Gerichten bei mittleren bis gehobenen Preisen. – "SMÖRGASBORD"/Paraguay 656, schweizer Küche, empfehlenswert und Tip von Tourist Office Leuten! – "LONDON GRILL"/Reconquista 455. Englisch orientiertes Bierhaus mit guten Fleischgerichten vom Grill. Beliebt bei Geschäftsleuten und am Mittag gesteckt voll. Kann als Tip gelten. Preise mittel bis angehoben. – "GRANIX"/Florida 126,461, vegetarisches Restaurant, offen Mo. bis Fr. 11 bis 15.3o Uhr. – Griechisch im "KALISPERA"/Montevideo 779. Offen 23 Uhr bis 4 Uhr früh. Mit griech. Orchester. Mo. geschlossen. Atmosphäre angenehm, Preise mittel. – "CLARKS II"/Sarmiento 643, sehr gute, intern. Küche, exklusiv und teuer. – "PALACIO DE LA PIZZA"/Corrientes 75o Tip für Pizzas. Excellent und preislich o.K. – "RINOCANTE"/C. Pellegrini 713. Parrilla, Carne de exportacion und Mariscos, preisgünstig und Tip! –

"EL FOGON DE MARTIN FIERRO"/F. Alcorta 72o2. Riesige Barbeques bei vernünftigen Mittelklassepreisen, aber auch Gummiadler auf Holzkohle und "Chivitos", eine speziell gezüchtete Ziege: Ziegenfleisch! Nicht mit der gewöhnlichen Ziege zu verwechseln!! Kurz: eine Delikatesse!Offen: 12 bis 16 und 2o bis 2 Uhr.– "CITY GRILL"/San Martin/Ecke Cordoba. Der Name ist zwar weniger verführend, dahinter verstecken sich aber gute und billige Fleischgerichte, lohnt sich. – "MOSCA BLANCA"/Retiro Bahnhof. Portionen sind so wie es der Hunger verlangt, d.h. groß. Fürs AMBIENTE sorgt der Bahnhofsbetrieb und die Preise auf der Rechnung in fairen Dimensionen. Zweifelsohne ein Tip, der sich zudem schnell mit der Subte Nr."C" erreichen lässt. Offen 12 - 15 und 2o bis 24 Uhr. – "HOSTAL DEL LAGO"/Av. F. Alcorta 61oo, Parque Tres de Febrero im Stadtteil Palermo. Schön gelegen zwischen Bäumen, im Sommer wird draußen serviert. Teuer. – "AU BEC FIN"/Vicente Lopez 1825, sehr exclusives und teures franz. Restaurant. – "HOTEL CLARIDGE"/Tucuman 535. In englisch feudaler Atmosphäre, excellente Küche. Breite Auswahl an Fleischgerichten und reichhaltiger Weinkeller, auch viele importierte Tropfen. Sehr teuer. –

"ASIA"/Esmeralda 768, einer der größten Chinesen von Bs.As., mehr als 6o verschiedene Gerichte, Preise mittel bis angehoben. – Weitere Chinesen: "GRAN HONG KONG"/Lavalle 75o/1. Stock, – "CANTINA CHINA"/ Maipu 967, übrigens das erste chinesische Restaurant von Buenos Aires! – Lust auf "langostinos a la Pekin"? Spezialität des "LOS CHINOS"/Paraguay 725. – Guter und relativ billiger Selbstbedienungschinese ist "DRAGON"/Av. de Mayo 1354 (Subte Station Saenz Peña der Linie A). –

Hamburgerketten können sich (zum Glück!) in Bs.As. nur wenig durchsetzen. Nur sehr wenige im Centro. Wer reingeht, ist selber dumm: 2 Hamburger (dünn, viel Brot reingemischt) entsprechen meist dem Preis eines 3 x 2o x

8 cm- Lomo im "La Estancia"!

LOS CARRITOS DE LA COSTANERA: Restaurants an der Av. Costanera beim Aeroparque- Flughafen und Rio de la Plata. Der Name kommt aus der Zeit, als man aus kleinen Wagen hier die Hafen- und Eisenbahnarbeiter versorgte. Barbeque (Fleisch, Würstchen) bei mittleren bis billigen Preisen. Heute sind das Restaurants, rund 5o an der Zahl.

CONFITERIAS: Bs.As. ist überreich. Sie dienen der Kommunikation , bei Kuchen oder Gebäck und Espresso. Die meisten liegen im Bereich Florida/ Lavalle/Santa Fe. Servieren auch Drinks.

ESSENSZEITEN: Frühstück zwischen 8 und 1o Uhr, – Mittagessen von 12 bis 14 Uhr, viele Restaurants schließen gegen 15 Uhr und öffnen erst wieder gegen 19 oder 2o Uhr. – Abendessen: üblich zwischen 2o und 21 Uhr. Im Centro der Kino- und Theaterregion (Lavalle, Corrientes, Florida) haben viele Restaurants bis 1 oder 2 Uhr nachts offen. Ansonsten macht die warme Küche gegen 23 Uhr zu.

BIER und BIERFESTE: "Quilmes" ist argentinische Produktion und schmeckt nicht schlecht. Der halbe Liter für ca. 1,5 DM in durchschnittlichen Kneipen. Oft bekommt man auch "Henninger" und "Beck's-Bier". In der ersten Oktoberhälfte wird in Bs.As., Stadtteil Belgrano nach dem Münchner Vorbild ein "OKTOBERFEST" abgehalten, mit Bierzelten und Blasmusik. Großes Stadtereignis! –

Bs.As. Aktivitäten:

★ MÄRKTE /BS.AS.:

Sehr lohnend, der "Mercado Nacional de Hacienda" (Mo. - Do.), angeblich der größte Viehmarkt der Welt. Bus Nr. 155 ab Corriente nehmen bis Ecke Tellier/Av. de los Corra, gegenüber liegt der Markt!

"Mercado General de Hacienda de Avellaneda" (ausschließlich Schafe!), fast noch lohnender! Liegt im Vorort Avellaneda/Güemes 743. Tägl. Mo. bis Fr. von 8.3o bis 13.oo Uhr, Versteigerungen finden bis ca. 9.3o statt. Zu erreichen mit dem Zug ab Estac. Constitucion (servico local), 4o Min. Fahrt.

Flohmarkt jeden So. im Bario San Telmo/Plaza Dorrego (1o - 17 Uhr). Preise sind mittel bis teuer, wer nicht hart handeln kann. Grundsätzlich kann man die Preise zunächst einmal als definitiv überhöht bezeichnen! – Sehenswerter Antiquitätenmarkt/So. - 1o Blocks von der Plaza de Mayo zwischen Bolivar und Defensa. – Kleinerer auf der Plaza San Martin/Ecke Av. Santa Fe. Jeden Sa.- Morgen, vorwiegend Ledersachen wie Armringe, Geldbeutel, Gürtel, Taschen, Schuhe. – In der Parque Rivadavia/Av. Rivadavia 49oo jeden So. Straßenmarkt mit Briefmarken und Münzen, sowie alten Geldscheinen. – Auf der Plazoleta Primera Junta (Ecke Rivadavia mit Centenara) jeden Sa. und So. Flohmarkt mit alten Büchern und Zeitschriften, ebenso auf der Plazoleta Santa Fe/Stadtteil Palermo.

★ SHOPPING /BS.AS.:

Die wichtigsten Shoppingstraßen sind die CALLE FLORIDA mit dem Kaufhaus "Harrods", Buchhandlungen, Ledergeschäften und mehreren Passagen um die Plaza San Martin. In der Galeria Arte gegenüber dem Harrods ein Geschäft entdeckt, voll von Uralt- Kameras! Zudem eine Reihe von Boutiquen. Um die Plaza San Martin mehrere Ledergeschäfte mit gutem Angebot an Wildledermänteln und Nappa- Röcken/Hosen.

Weiterhin die CALLE LAVALLE bis rauf zum Obelisco/Av. 9 de Julio. Boutiquen in Passagen rüber zur Corrientes, Kleider, Leder, Schuhe. Interessant sind die beiden Münzenshops in der "Galeria Corrientes Angostora"/ Av. Corrientes 753 (etwa Höhe Esmeraldas). Kaufen alte Geldscheine und Münzen für paar Pfennige und verkaufen zu zwar immer noch attraktivem, so doch erheblich teurerem Preis. Breite Auswahl interessanter Papiere, egal ob aus Inflation oder "farbigen" Minirepubliken S.A.'s. Zumindest das Rumblättern in den Alben hat uns viel Spaß gemacht. Abbildungen von Dampfloks auf alten Costa- Rica- Geldscheinen, aber auch gigantisch große China- Scheine von 193o etc. –

Schallplatten: "Supermercado de Discos"/Carlos Pellegrini 481 beim Obelisco. Große Auswahl südamerikanischer Folklore, aber auch US-Pop in S.A.-Pressung. –

Buchhandlungen: "Liberia Atlantida"/Calle Florida 643: Kunstbücher, aber auch Verkauf und Ausstellung arg. Künstler. – "Goethe Buchhandlung"/ Corrientes 366: deutschsprachige Lite ratur und Reiseführer, aber auch spanische, engl. und arg. Bücher. – "Athena" Ecke Florida mit Corrientes, – "Espanola"/Florida, – "ABC"/Cordoba 686, eine S.A.- weite Buchkette mit sehr guter Auswahl an Backgrond- Büchern zu Argentinien und gesamt Kontinent. Sehr zu empfehlen!

Ledersachen: die Shops im Bereich Florida/Lavalle sind meist teuer, sofern es nicht gerade eine Sonderangebots- Aktion gibt. Shops z.B. Calle Florida/ Ecke Plaza San Martin. Andererseits wird neben dem Angebot im Regal nach Maß gefertigt, ca. 3 - 4 Tage. Die Preise für einen oberschenkellangen Wildledermantel liegen derzeit (günstiges Angebot) bei ca. 8o US $. Bei der hohen Qualität = ein Bruchteil dessen, was man bei uns in der BRD dafür zahlen müsste. Billiger: direkt zur Fabrik. Tips über Tourist Office oder Taxifahrer.

Breite Wein/Whisky- Auswahl z.B. im Shop Calle Florida 934/76o. Viele weitere in den Seitenstraßen zur Esmeraldas. Generell gilt: für Wein Flaschenpfand. Durchprobieren! Zumeist aber gute Qualität im Sektor Rotwein.

Der dritte große Shoppingbereich ist die AV. SANTA FE/Höhe ab Av. 9 de Julio. Boutiquen, Buchhandlungen, Ledergeschäfte, aber auch Kunstgalerien und teils auch Souvenirshops.

GENERELL: die Zeiten, wo die Brasilianer, Peruaner und Chilenen mit den günstigen Excursion- Flügen und leeren Koffern nach Bs.As. kamen (Ende der 7o-er/Anfang der 8o-er), um großes Shopping in Bs.As. zu veranstalten und vollgefüllt in die Heimat zurückzukehren, – sind vorbei. Ausgenommen günstiger Ledersachen ist das Preisniveau derzeit so hoch, daß man zwar viel Abwechslung bei Geschäfte- Bummeln genießt, den Geldbeutel in der Regel aber stecken lässt. . .

★ MUSEEN /BS.AS.:

als kulturelle Hauptstadt des Kontinents hat Buenos Aires zugleich eine Fülle an Museen zu bieten:

"MUSEO CIENAS NATURALES"/Av. Angel Gallardo 47o. Naturwissenschaftliches Museum, wichtig wegen seiner Fossiliensammlung aus der Pampa. Unter anderem auch versteinerte Baumstämme der Araukarien. Da die Fundstellen (z.B. in Südargentinien bei Sarmiento) ohne eigenes Auto nur schwer zu erreichen sind, lohnt sich der Besuch des Museums. Weiterhin zoologische, mineralogische, botanische und archäologische Sammlung.

"MUSEO DE LA CIUDAD"/Alsiana 412. Stadtgeschichte von ihren Anfängen bis heute, insbesondere viel zur Bs.As.- Architektur!

"MUSEO ARTE MODERNA"/Av. Corrientes 153o/9. Stock. Gravuren, Gemälde, Experimentalkunst der Neuzeit von argentinischen und ausländischen Künstlern.

"MUSEO ISAAC FERNANDEZ BLANCO"/Suipache 1422. Architektonischer Leckerbissen in 2 Stock aus der Kolonialzeit. Mit Gemäldesammlung aus Spanien und den kolonialspanischen Südamerika- Ländern. Aber auch Silberarbeiten und religiöse Kunst aus Peru und von den "Misiones" der Jesuiten Padres.

"MUSEO ANTARCTICO"/Angel Gallardo 47o. Interessanter Querschnitt zum derzeitigem Forschungsstand der Antarktis. Fauna, Flora, Forschungsstationen und Bodenschätze. Ein kleines, aber sehr interessantes Museum.

"MUSEO CABILDO Y REVOLUCION DE MAYO"/Westseite Plaza de Mayo, Eingang Calle Bolivar 65. Im Cabildo- Gebäude, dem ältesten heute noch erhaltenen öffentlichem Gebäude der Stadt (gebaut 1725), Mitte dieses Jahrhunderts zum Museum umgewandelt. Neben alten Dokumenten zur Stadt- und Landesgeschichte viele Kolonialmöbel aus dem 18. Jhd. , Pistolen, Uniformen etc. und Dokumente der Zeit der Mai-Revolution und argentinischen Unabhängigkeit von der spanischen Kolonialherrschaft.

"MUSEO HISTORICO Gral. C. SAAVEDRA"/Repubiquetas 63o9. Möbel, Waffen, Kleider und Uniformen aus der Kolonialzeit. Weiterhin Manuskripte und Münzen.

"MUSEO ARTE DECORATIVO"/Av. Libertador 19o2. Gebäude im neoklassiz. Stil, Kolonialmöbel, Porzellan- Arbeiten, Tapis, etc. – zusammen mit dem MUSEO NAC. DE ARTE ORIENTAL: orientalisches Kunsthandwerk. –

"FREG. PRES. SARMIENTO"/Darsena Norte, ein Segelschiff, BJ. ca. Jhd.- Wende, das heute besichtigt werden kann.

"MUSEO HISTORICO DEL TRAJE"/Chile 832. In einem Kolonialhaus aus der Zeit Anfang des vergangenen Jahrhunderts. Im Patio Pflanzen, die aus den Jesuiten Gebieten "Misiones" nach Bs.As. gebracht wurden. Thema des Museums ist Dokumentation der Kleidung vergangener Jahrhunderte bis heute. Sowohl aus militärischem, wie auch zivilem Bereich. Im gleichen Gebäude gemütliches Restaurant mit typisch argentinischen Gerichten und eine Show der "Laterna Magica" zur Mode der vergangenen 17o Jahre.–

"MUSEO HISTORICO NACIONAL"/Defensa 16oo. Geschichte Argentiniens. Insbesondere auch Tätigkeit der Jesuiten Padres in der Region "Misiones".

"MUSEO JOSE HERNANDEZ"/Av. Libertador 2373. Gaucho- Museum. Der Schriftsteller des 19. Jhd.s beschrieb das Leben der argentinischen Viehhirten zur Jahrhundertwende. Ausstellungsstücke aus dem Leben der arg. Gauchos.

"MUSEO NAC. FERROVIARIO"/Av. Libertador 4o5 nähe Retiro Bahnhof. Modelle von alten, argentinischen Zügen, Bahn Dokumente und Teile. Glücksfall, wie Mitte 1983 daß alle Präsidenten- Waggons im Retiro Bahnhof reinrangiert und öffentlich zu besichtigen waren, – aber nicht die Regel. Der "Ferroclub Argentino" mit Modeleisenbahnen und Orginaltrips mit alten Dampfloks des Landes hat seinen Sitz in der Ecuador 293/ 2. Stock. Kein Museum in dem Sinn und Voranmeldung nötig.

Wer sich für historische Eisenbahnen intensiver interessiert, hat eine weitere Anlaufadresse im "Centro de Estudios Historicos Ferroviarios"/Viamonte 533/2. Stock, Of. 257. Archiv und Bibliothek.

"MUSEO AERONAUTICO"/Av. Rafael Obligado 455o. Flugzeugmuseum mit alten Modellen, Teilen, Dokumenten, aber auch alte Orginalflugzeuge im Garten. Interessant.

"MUSEO NUMISMATICO"/Bartolome Mitre 326/1. Stock in der Banco de la Nacion. Jede Menge alter Münzen und Geldscheine, interessant auch alte spanische Münzen aus der Münzprägeanstalt Potosi (heutiges Bolivien, Details siehe auch dort!). –

"MUSEO BELLAS ARTES"/Av. Libertador 1473. Eines der wichtigsten Museen für Gemälde (Gauguin, Degas, Manet, Van Gogh, El Greco etc.).

"MUSEO CASA DE GOBIERNO"/Hipolito Yrigoyen 219, im Präsidentenpalast Casa Rosada an der Plaza Mayo. Möbel, alte Dokumente, Waffen und Bilder früherer, argentinischer Präsidenten.

"MUSEO SAN MARTIN"/Sanchez de Bustamente Ecke Av. A.M.de Aguado (Plaza Grand Bourg). Dokumentation zum Leben des großen Freiheitskämpfers San Martin gegen die span. Kolonialherrschaft, Möbel, Bilder, Waffen etc.

"MUSEO DE ARMAS"/Santa Fe 75o. Waffen aus allen Jahrhunderten.

"MUSEO DE LA POLICIA FEDERAL ARGENTINA"/San Martin 353/7. Stock. Polizeimuseum, interessant die Abteilung kriminaltechnischer Investigacion!

"MUSEO CRIOLLO DE LOS CORRALES"/Av. de los Corrales 6436. Landwirtschaftliche Entwicklung Argentiniens und interessante Gaucho- Abteilung.

"MUSEO DE BELLAS ARTES DE LA BOCA"/Pedro de Mendoza 1935, im Stadt teil La Boca. Neben Bildern eine Reihe von Galeonsfiguren und Dokumenten von der Entwicklung des früheren Künstler- und Hafenviertels La Boca.

Da die Öffnungszeiten der Museen zwischen Sommer und Winter variieren, empfiehlt es sich, vorab im Infokiosk der Municipalidad /Calle Florida bei Plaza San Martin nach den Öffnungszeiten zu erkundigen. – Tip zum schnellen Auffinden der Lage der Museen: im bereits erwähnten "Peuser-Stadtplan" gibt es eine eigene Karte mit den wichtigsten Museen.

KINOS/ BS.AS.:

in Argentinien relativ billig. Haufenweise Cinemas in den Straßen Lavalle und Corrientes. Zum Teil riesige Paläste mit bis zu 1.ooo Sitzplätzen. Die "Porteños" stehen auf Cinema, und bei interessanten Uraufführungen gibts vor den Kassen lange Schlangen, ähnlich wie bei den großen Kinopalästen in Paris.

Spanische Synchronisation ist relativ selten. Meist kommen die Filme in US Orginalfassung ins Theater mit spanischen Untertiteln. Mo. bis Mi. 5o% Rabatt. Gleich neben den Cinemas die großen Steakhäuser, wo man sich vor oder nach dem Film das Fleisch reinwirft. . .

Wer mal wieder eine deutsche Produktion sehen will: im "Goethe- Institut" Corrientes 319. Zeigen häufig Filme und können sicher auch Argentinien-Tips geben.

THEATER/ BS.AS.:

Keine andere Stadt Südamerikas hat so viele Theater wie Buenos Aires. Konzentrieren sich vorwiegend auf der Av. Corrientes. Details siehe Veranstaltungsprogramm in Zeitungen oder vom Infokiosk der Municipalidad/

Calle Florida. In der Regel sind die Aufführungen in spanischer Sprache, entsprechende Vorkenntnis daher Voraussetzung. Viel Spaß machen die Kleinkunstbühnen, Details über den Info- Kiosk! –

TEATRO COLON/Libertad 815/Ecke Tucuman. Das 1892 eingeweihte Opernhaus zählt zu den wichtigsten der Welt und hat sehr lohnende Innenarchitektur. Die Kuppel misst 21 m im Durchmesser, ausgezeichnete Akustik. Die billigsten Plätze knapp unter der Kuppel im höchsten Balkon, dem "el Paraiso", Studententreff.

Im Teatro Colon gastieren die besten Künstler der Welt, – Oper, Balett und Konzert. Karten besser im Vorverkauf besorgen, geht aber meist auch direkt vor der Vorstellung an der Abendkasse, sofern man keine festen Platzwünsche hat. Anzug & Schlips bzw. Abendkleid Voraussetzung. Programm über Infokiosk/Calle Florida.

"MUSEO DEL TEATRO COLON"/Eingang Tucuman 1161. Bilder von berühmten Künstlern, die hier aufgetreten sind, Kostüme etc. Das Teatro hat ein riesengroßes unterirdisches Lager mit Kostümen. Sehr lohnend!

Post Hauptpost (Correo Central): Sarmiento 151. Hier landen auch die postlagernden Sendungen ("poste restante"). Geöffnet Mo. bis Fr.: 8 bis 2o Uhr, Sa.: 8 bis 14 Uhr. Eilbriefe bis 2o Uhr und Telegramme bis 24 Uhr. – Weitere Postämter im Centro: Av. de Mayo 757, – Mitre 326 und Florida 89o.

Bis spät in die Nacht ist die Telefon Office in der Av. Corrientes/Ecke Maipu geöffnet. Ferngespräche nach Europa via Satelit, im Selbstwählverkehr, was die Wartezeiten erheblich verkürzt.

Öffentliche Fernsprecher (für Stadtgespräche und innerargentinische) sind wohl nicht so dicht wie bei uns in Europa als Telefonhäuschen über die Stadt verteilt. Ansonsten vom Hotelfoyer, von Restaurants, Kaffeehäusern etc. Hierfür ist ein sogenannter "token" nötig, eine spezielle Münze, die es bei den Postämtern, teils aber auch in Tabakwarengeschäften, an Kiosken und in Restaurants gibt. Kommt in den Schlitz des Telefon Apparates.Gesprächsdauer innerhalb des Stadtbereiches Bs.As. 3 Min., danach neuen token reinwerfen.

Telefonate vom Hotelzimmer:teils 3o bis 4o % Aufschlag vom Hotel als Vermittlungsgebühr. Bei einem Stadtgespräch spielt das keine große Rolle, bei einer internationalen Verbindung kann man sich jedoch viel Geld sparen wenn man zum öffentlichen Telefonamt rüberläuft.

ZEITUNGEN/ZEITSCHRIFTEN: viele Kioske in der Fußgängerzone Florida/Lavalle und den Bahnhöfen. Gesehen: "Frankfurter Allgemeine", "Stern" "Burda" etc. – Für Infos, was täglich in Bs.As. an Veranstaltungen (Cine, Theater, Oper, Konzert, Balett etc.) läuft: "LA NACION" mit umfangreichem Veranstaltungsprogramm. – Englische Zeitung: "Buenos Aires Herald", – deutschsprachig: "Argentinisches Tagblatt".

★ LA BOCA: ehemals Künstlerviertel am Rio Riachuelo (gewundener, schmaler Flußarm) mit kleineren Frachtern, hoher Anteil an italienischer Bevölkerung. Hochpromocioniert als d i e "Bs.As.- Attraktion zu Shows und Restaurants". Lohnt sich nicht, viel Nepp. Finger weg, es gibt Besseres!

La Boca ist eine Mischung aus Medium Class bis Slumnähe. Abends die Straßen ausgestorben bis auf eine handvoll Neon- Restaurants im Bereich Calle Necochea/Ecke Suarez. Superteuer für Gebotenes! Der Besuch war für uns große Enttäuschung. Zu erreichen mit Bus Nr. 53 ab Bahnhof Concepcion, oder Bus Nr. 152 vom Retiro Bahnhof.

Vom Concepcion- Bahnhof gehts über die breite und abends öde Vorort-Straße AV.A. BROWN. Mit ein paar Schnellimbissen. Billig, aber absolut durchschnittlich und den Umweg nicht lohnend. Entlang des Rio Riachuelo die Av. Don Pedro de Mendoza. Abends wie ausgestorben. Trist im Neon Licht der Straßenlampen. Schiffe, graue Häuser.In Erwartung der großen La Boca- Aktivitäten sind wir mit dem Bus bis zur Endstation durchgefahren, . . . nichts kam. Freundlicherweise fuhr uns der Busfahrer "solo" mit dem Bus retour ins "Herz der Boca Aktivitäten", dem besagten Eck Calle Nocochea/Suarez. Auf etwa 1oo m ein paar Restaurants:

"Tres Amigos", absolut nicht "small family", wie ein bekannter englischer Südamerika-Guide schreibt (der seine behauptete "alljährliche Aktualisierung" anscheinend nur am heimischen, englischen Schreibtisch betreibt . . .) – sondern eine laute Bumskneipe mit Neon grellrot, grün + weiß "dekoriert" und automatischer Hammond- Orgel.

"Spagavecchia"/118 Necochoa. Comedor mit langen Tischen wie Bierhaus. Plastiktischdecken, fit für 2 bis 3 Ladungen Sight- Seeing - Tour Bussen.

"Cantina Gennarino", farbige Glühbirnen und viele Fäden von der Decke. Wieder Hammond- Orgel Rums- Bums.

"Cantina la Gaviota", passabel. – Weitere o la la . . .

Der La Boca- Beschiss fing schon im Mikro vom Concepcion- Bahnhof an, wo der Busfahrer versuchte, uns das 1o fache vom regulären Buspreis abzuknöpfen. Wie wir 2 Italo-Argentinier hinten im Bus fragten, ob der Preis o.K. sei, bestätigen die dies! Abends in La Boca gewisse Vorsicht, zumindest den Bereich der 1oo m /Necochea sichert eine ständige Polizeistreife.

Immerhin: die Busfahrt Nr. 53 bis Endstation hat Spaß gemacht, als zusätzliches Bs.As.- Feeling. Schnürl- Regen und graufeuchte Kleinhafen-Atmosphäre. Düstere Gassen mit Alleebäumen, verrostete Frachter . . .

• SAN TELMO: im südlichen Stadtbereich, Av. 25 de Mayo/Paseo Colon. Wird als "Tango- Bereich" von Bs.As. verkauft. Wiedermal sehr touristisch, ansonsten ein stilles Viertel mit großem Anteil an Häusern aus der Kolonialzeit, verwitterten Wänden und schmiedeeisernen Gittern. Interessant der allsonntägliche Antiquitätenmarkt auf der Plaza Dorrego, allerdings überteuerte Preise (siehe "Märkte Bs.As."). –

• CEMENTERIO RECOLETA: Av. Libertador/Pueyredon. Friedhof der bedeutensten Persönlichkeiten Argentiniens. In den Parkanlagen feudale Begräbnisgebäude. Unter anderem Evita Peron ist hier beerdigt. Ambiente: eindrucksvoll.

★ PALERMO und seine Parks: Residencial- Bereich mit angenehmen Allee-Straßen, Villen und schönen Häuserzeilen. Herz der Bs.As.- Parks, die zum Beispiel die Vorortlinie ab Retiro nach Tigre durchquert.

Nähe Estac. Retiro der "Italoparque". Permanentes Vergnügungsviertel an der Av. Libertador mit Riesenrad, Achterbahn, Autoscootern. –

An der Av. Sarmiento der Botanische Garten (Eingang Plaza Italia/Av. Sta. Fe) und der Jardin Zoologico von Bs.As.Riesige Parkanlagen und Erholungsgebiet der Porteños. (Zu erreichen mit der Subte- Linie "D"/Station Cannings) Gegenüber dem Bs.As. Zoo der Bereich der alljährlichen argentinischen Landwirtschaftsmesse (Juli) – Sociedad Rural, Av. Santa Fe 3oo1.

Lohnend auch das Bs.As. - Planetarium, Av. Sarmiento/Ecke Pres. Figueroa Alcosta. Vorstellungen Sa. und So., ca. 1 US für 3o Min.- Show des südlichen Sternenhimmels.

Hipodromo Argentino: die Pferderennbahn von Bs.As. in den Palermo- Parkanlagen/Höhe Av. Dorrego ist eine der wichtigsten Südamerikas. Gebaut 1882 mit Sitzplätzen für 45.ooo Zuschauer. Rennen finden jeden Sa. und So. statt, zu erreichen mit der Vorortbahn ab Retiro (1o Min.) bis Station 3 de Febrero. Lohnt sich wegen "Rennfieber", aber auch Jhd.-Wende Architektur, gemütliche Bar! –

★ BELGRANO: zu Kolonialzeiten die Sommerfrische der Stadtbewohner,– heute reiche Residencial Area. Gärten, Alleen und schöne Villen. Beliebtes Wohngebiet ehemaliger Deutscher.

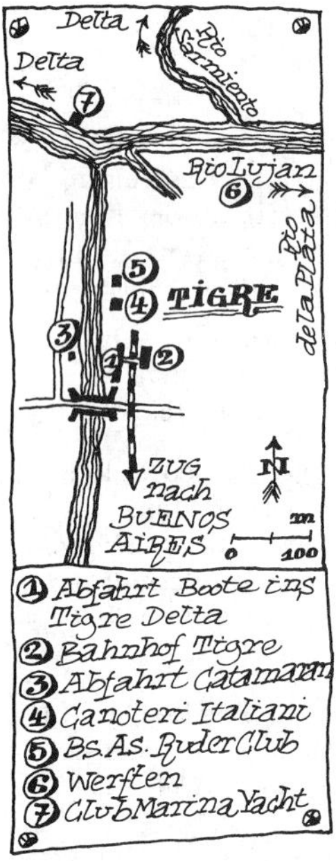

Ausflüge ab Bs.As.:

Spätestens gegen Samstag Mittag, – wenn sich die Innenstadt von Buenos Aires auf "Null" leert, – ist die Zeit gekommen, daß man nach einem Ausflugsziel sucht. Buenos Aires am Wochenende ist im Centro wie tot.

TIGRE–DELTA: sehr lohnender Wochenend- Trip. (aber auch während der Woche, um aus dem Lärm der Stadt rauszukommen!)

Nach Orinoco- und Amazonas Delta drittgrößtes Südamerikas. Aber erheblich kleiner! Zusammenfluß des Rio Parana (von Asuncion/Corrientes) und des Rio Uruguay (Grenzfluß Argentinien mit Uruguay). Hunderte von gewundenen Wasserarmen durchziehen grün- fruchtbares Flachland. Viele Bäume und Wochenendhäuser reicherer Leute aus Bs. As. Reger Bootsverkehr. – Größe des Deltas: ca. 1oo x 8o km!

Ausgangspunkt ist der Ort TIGRE (ca. 4o.ooo E.) Mit der Eisenbahn ca. alle 1o Min. mit dem Vorortszug ab Bahnhof Est. Retiro/Bs.As. 2 US retour Fahrzeit ca. 45 Min. Ganz interessante Fahrt durch

Vorortviertel von Bs.As., die sich bis rauf nach Tigre erstrecken.

Direkt beim Bahnhof (=Endstation der Strecke) über Fußgängerbrücke und die Bahngleise: ESTACION FLUVIAL, Abfahrt der Boot- Celectivos ins Delta mit Büros der einzelnen Linien.

DIE COLECTIVO–LINIEN ins Delta gehen zum Teil sehr tief rein. Die Boote der Firma "Lanchas Jilguero" z.B. über den Caradachay in den Rio Parana de las Palmas, 4 Std., mehrmals täglich. – "Expr. Feliciaria": überqueren den Rio Parana de las Palmas bis Rio Parana Mini. Weitere Linien, alle fahren nach Fahrplan.

Details über Abfahrtszeiten von den einzelnen Büros, – bzw. vom TOURIST- BÜRO, das einen kleinen Info- Kiosk ebenfalls in der Estacion Fluvial hat und auch Auskunft zu Übernachtungsmöglichkeit im Delta gibt.

Die "lanchas" sind lange, schmale Boote, überdacht mit Baño. Achtung: nicht auf allen Strecken ist Rückfahrt am gleichen Tag möglich! Zum Tigre- Delta gibts einen Plan "Guia Nautica Peuser", den man eventuell in der Estacion Fluvial Tigre bekommt, sich für die lancha- Trips sicherheitshalber aber schon von Bs.As. mitbringt.

AUSFLUGSBOOTE: gegenüber der Estac. Fluvial: Katamarane, 2 Std. für ca. 4 US. Breite, 2 stöckige Boote. Unten mit Restaurant- Betrieb (Bier Colas und Snacks), oben eine überdachte Terrasse. Mit Baños. Auch wenn die "lanchas" (siehe oben!) wohl den tieferen Einblick ins Delta bringen, lohnt sich der 2- Std.- Trip mit dem Katamaran. Besonders am Wochenende, wenn das Boot voll von Familien, Kindern und Bs.As.- Ausflüglern ist. Viel Flair eines "relaxing weekend". Route: zunächst auf das Haus Club Marina Yacht zu, dann den Rio Sarmiento, der sich schmal und kurvig ins Delta zieht. Bäume, ein Wochenendhaus nach dem anderen. Anlegestege, gelegentlich Restaurants und Ruderbootverleih.

Dann rechts in den Rio S. Antonio, breiter, mit Blick über den Rio de la Plata rüber nach Uruguay/Colonia. Hochhauskulisse am Horizont des breiten Rio de la Plata. Der letzte Teil des Trips über den Rio Urion/Lujan zurück nach Tigre mit vielen Werften und Lagerhallen für die Sportboote. Abfahrt am Wochenende häufig, letzte gegen 16 Uhr bzw. 16.3o.

Das Tigre- Delta ist zugleich Paradies für die Sportschiffahrt. Hunderte von kleineren Motoryachten, die durch die Kanäle tuckern. Im Ort Tigre gibts riesige, überdachte Lagerhallen, in denen die Motorboote in bis zu 5-Stock-Regalen "überwintern". Lohnendes Fotomotiv. – Ruderregatten zwischen Nov. und März, speziell auf dem Rio Lujan. Infos vom Tourist Board.

Lohnend für den Boots-Fan auch das "Museo Naval" , das übrigens auch Relikte aus dem Malvinas- Krieg zeigt. – Mehrere billige Hotels und Pensionen im Ort, und wegen der schnellen Vorortzugverbindung nach Buenos Aires eventuell nicht schlecht als Ausweichquartier für die teuren und meist lauten Bs.As.- Quartiere. Unter Umständen auch sehr lohnend, sich in einem der gemütlichen Tigre- Delta- Hotels einzunisten. Relaxing, besonders, wenn man als Pärchen reist.

Von TIGRE gibts eine billige und schnelle Fähre rüber nach Uruguay/ Carmelo mit Busanschluß nach Montevideo. Details siehe "Bs.As. nach Uruguay"! – Wer von Buenos Aires rauf in die Misiones und nach Iguazu-Wasserfälle will: unter Umständen lohnend via Tigre Delta mit einer der Colectivo-lancha- Linien und Anschluß an die Staatsstraße "Ruta 14" mit häufig täglicher Busverbindung nach Posadas/Iguazu. Bedeutet vorab etwas Rechercharbeit in Buenos Aires/Tourist Büro wegen Busverbindungen und in Tigre/Estacion Fluvial, damit die Anschlüsse klappen.

★ LUJAN:Wallfahrtsort wegen einer wundertätigen Virgin,-für das katholische Argentinien wohl wichtigster des Landes. Gigantischer Heiligen- Tineff; in der Kirche lange Liste eingravierter Namen derjenigen, die sich damit und einer wohltätigen Spende den Eintritt ins Himmelreich erkauft haben.

Lujan lohnt sich, gleichzeitig Erholungsgebiet mit Clubs, Camping und Motels, Swimming Pools in der Pampa, – und dem excellenten Klosterrestaurant "L'Eau Vive"/Constitucion 2112. Geführt von Klosterschwestern und in Tracht, die aus allen Ecken der Welt kommen, Afrikanerinnen, Chinesinnen etc. Die Küche ist dermaßen excellent und berühmt, High-Society- Treff der Reichen von Bs.As. und meist auf Wochen die Tische ausgebucht. Beste Chance für Tisch, wenn man zu "Essens- unzivilen Zeiten", so z.B. 18 Uhr kommt. Preise gehoben. Am Wochenende praktisch null-Chancen.Saftiger Ausflugsverkehr von Bs.As.

Lohnend auch das interessante "Museo Colonial e Historico". Restauriertes großes Gebäude aus der Kolonialzeit. Eines der wichtigen Argentinien-Museen mit Überblick zur Landesgeschichte und wirtschaftlichen Entwicklung . Angeblich auch die beiden ausgestopften Pferde "Gato" und "Mancha", mit denen in den 4o-er Jahren ein knapp 2o.ooo km- Ritt von Bs.As. nach Washington/USA veranstaltet wurde.

Verbindungen von Bs.As./Estac. Once mit dem Zug in knapp 2 Std. nach Lujan, 6o Km, ebenso viele Busse. Am Wochenende sehr schwer, Unterkunft zu finden! –

★ QUILMES–BRAUEREI:eine der größten Brauereien der Welt und größte Argentiniens. Gegründet, – wie häufig bei südamerikanischen Bierfabriken,– von ausgewanderten, deutschen Braumeistern. Wegen der gigantischen Ausmaße der "Quilmes- Brauerei" lohnt sich der Besuch sehr!

Vorab- Anmeldung nötig. Dabei kann der Info- Kiosk in der Calle Florida/ Bs.As. helfen. Zu erreichen ist QUILMES mit dem Bus "Chevallier" ab Estacion Retiro/Bs.As. Quilmes selber, ca. 4o km südöstlich von Buenos Aires gelegen, hat rund 15o.ooo Einwohner und ist Industriestadt (Textil, Eisenverarbeitung, Glas), ohne Reiz für längeren Aufenthalt. –

★ LA PLATA: Hausstrand der Porteños, häufig Busverbindung, ca. 6o km. Zugleich Hafenstadt und wichtiger Ausfuhrpunkt für die La Pampa- Erzeugnisse Fleisch und Wolle. 4oo.ooo E., Uni. Interessant das "Museo Historico Nacional". Mumien, ausgestorbene Tiere, mit großer Sektion zur Botanik, argentinischer Bodenschätze und Archäologie. Mit Zoo, Botanischem Garten und astronomischem Observatorium.

Ausgenommen dieses Museum,hat uns La Plata wenig überzeugt. Kann auch per Zug erreicht werden.

SÜDLICH schließen sich mehrere hundert Km Küste mit Sandstränden, Ferienorten aber auch Großstädten an. Wie uns Roger Walder treffend schrieb

"Miramar und Mar del Plata haben mir überhaupt nicht gefallen. Dreckige Strände und höllische Großstadt hinter den Stränden. Teuer. Besser hat mir VILLA GESELL (1oo km nördl. von Mar del Plata) gefallen. Ehemalige deutsche Siedlung, nur der nördliche Teil des Ortes ist schön. 1o bis 2o km weite Dünen und Strände. Völlig unbewohnte Gegenden. Allerdings ist das Wasser nur im Dez/Jan/Febr/März zum Baden, sonst zu kalt.

Hoteltip: "Residencial Michel" bei der Kirche im Norden. Freundlich, sauber, klein. Badezimmer, ca. 5 US. – Essen: billig im Club Español."

★ **MAR DEL PLATA:** das Rimini von Argentinien. Während der Sommermonate sind die Strände schwarz vor Menschen. Sonnenschirme, Badezelte. Alles knackig teuer. Bus- und Zugverbindung von Buenos Aires. Rund 5oo.ooo Einwohner, die während des Sommers auf ca. 2 Mill. anwachsen.

Das Wasser zählt nicht zu dem saubersten. Abwässer, Hafen und Chemikalien. Mar del Plata hat eines der größten Spielcasinos der Welt (Schlips Voraussetzung) am Playa Bristol. Stinkender Verkehr im Stadtinneren, aber auch breites Angebot an Abwechslung von Discos über Restaurants zu Shopping. Yachtclubs, Golf- Felder, Hochsee- Fischtrips mit Motorjachten.

Wem das Spaß macht: o.K., – mein Fall ist Mar del Plata nicht. Es gibt Besseres, z.B. Monte Hermosa bei Bahia Blanca.(Vielen Dank an Dr. Jaboby, der viele tausend Km in Argentinien im Mietwagen zurücklegte und ebenfalls mit Mar del Plata reichlich unzufrieden war). Zumindest wegen dem Flair einer satt funktionierenden, südamerikanisch/argentinischen Ferien-Maschine mag Mar del Plata als 1- Tagesausflug ab Bs.As. interessant sein. Nachtzug ab Bs.As., verlässt gegen Mitternacht die Hauptstadt und erreicht am frühen Morgen Mar del Plata. Je nach Klassen zwischen 5 und 8 US $, Aufpreis für den Schlafwagen. Sowie ca. stündlich Flüge.

★ **BAHIA BLANCA:** Industriegigant, knapp 7oo km südlich von Buenos Aires, Endpunkt der Argentinischen Riviera. Rund 2oo.ooo E., und seit Ende des vergangenen Jahrhunderts durch die Eisenbahn erschlossen. Tägl. ab Bs.As., geht weiter nach Bariloche/Anden und Grenze zu Chile.

Schlüsselpunkt zum Süden Argentiniens, die Stadt selber für längeren Aufenthalt kaum lohnend.

Siehe auch Seite 13o9!

★ **PAMPA:** Korn- und Fleischkammer Argentiniens. Verschiedene Ausflugstrips mit Tour- Veranstaltern ab Bs.As., die auf Haziendas enden, die sich neben ihrem landwirtschaftlichen Betrieb während der Woche, – am Wochende zusätzliche Dollar verdienen im Sektor Tourismus.

Sofern man nicht selbst einen Haziendero kennt: wohl die einzige und billigste Möglichkeit, die Pampa life zu erleben, – mit aller touristischen Verfremdung. Zunächst mal der Bus satt eingekeilt im Wochenend- Verkehr. Viele Porteños haben ihre eigene Hazienda, die während der Woche vom Verwalter organisiert wird. Besucht am Wochenende, wo sich die Familie am Pool räkelt und der Familienchef sich ums Rechte kümmert.

Bei den Tours landet die internationale Gesellschaft aus Japs, Amis und sonstigen Bs.As.- Besuchern zwischen Bäumen auf der Hazienda, wo Würstchen und dicke Fleischstücke auf offenem Grill brutzeln. Der Bus dezent zwischen den Bäumen geparkt. Folkloregruppen und - Tänze, Surren der Schmalfilmkameras und Small- Talk in englisch- spanischen Brocken.

Verbindungen:

★BUENOS AIRES ⋙➤ MONTEVIDEO/Uruguay:

Die Direktverbindung nach Brasilien via Küste und Uruguay, – aber auch als 1- oder 2-Tagesabstecher ab Bs.As. nach Montevideo interessant.

Am schnellsten und teuersten (ca. 85 US) über die Luftbrücke "Aeroparque"/ Bs.As. zum Montevideo Airport. Abflüge alle 2 bis 3 Stunden. –

Billiger, nämlich 15 bis 2o US mit den diversen Fähren (+ Busanschluß nach Montevideo), die teils Autos transportieren, teils per Aliscafos operieren. Ebenfalls Flug (Bs.As./Aeroparque mit Propeller nach Colonia) + Bus nach Montevideo möglich. Alle Details siehe Seite 1268!

Marktführer ist "ONDA", die Ecke Lavalle mit Florida in Bs.As. ein Buchungsbüro unterhalten. – Billigste Variante ist der Direktbus (ONDA) von Bs.As. via Fray Bentos nach Montevideo (ca. 13 US), allerdings auch die unbequemste (ca. 9 Std. im Bus eingequetscht). Bequemer sind die Fähren.

★BUENOS AIRES⋙➤ SÃO PAULO/Brasilien:

Direktbusse mit Onda, allerdings in Montevideo Umsteigen nötig. Bei der gigantischen Fahrzeit von rund 2 Tagen empfiehlt sich in jedem Fall als die bessere Lösung der Zwischenstop zumindest in Montevideo.

VARIANTEN: zweifelsohne der lohnenste Zwischenstop auf der Strecke von Buenos Aires nach São Paulo/Rio sind die IGUAZÚ–WASSERFÄLLE. Entweder direkt ab Bs.As. via Argentinien, Posadas und Misiones nach Cataratas de Iguazú und mit der Fähre auf die brasilianische Seite übersetzen (täglich mehrere Busse ab brasilianischer Seite der Wasserfälle und via Curitiba nach São Paulo, oder innerbrasil. Flug).

Oder durch Uruguay, z.B. Buenos Aires nach Montevideo. Weiter per Zug oder Bus nach Salto, rüber nach Concordia/Argentinien und Bus bis Iguazú.

Wegen der flotten Verbindung von Bs.As. nach Montevideo (entweder per Nachtboot, oder Schnellverbindung Fähre + Bus) und dem Schlafwagen von Montevideo innerhalb Uruguays nach Salto, – ist der zunächst scheinbare "Umweg" via Montevideo kaum Zeitverlust und bringt viel Spaß auf der Seereise über den Rio de la Plata (der allerdings auch bei ungünstiger Jahreszeit sehr "bewegt" sein kann) und dem billigen Schlafwagen durch Uruguay. –

★BUENOS AIRES ⋙➤ ASUNCION/Paraguay:

Mehrere Möglichkeiten: entweder per Bus oder Zug bis Posadas am Rio Parana, übersetzen und weiter mit der paraguayischen Eisenbahn bis Asuncion. – ODER: schneller, mit Bus von Bs.As. nach Resistencia/Formosa und per Brücke über den Rio Paraguay nach Asuncion. Spart zwar einen Tag, ist aber insgesamt farbloser, eintöniger und "eingequetschter" im Bus.

Der interessante Abstecher von Posadas zu den Jesuiten- Misiones fällt flach. –

Per BOOT: die Passagierverbindung auf dem Rio Parana/Rio Paraguay von Buenos Aires nach Asuncion (Fahrzeit 4 Tage) ist leider eingestellt. Trotzdem aber noch per Frachter möglich, Kontaktadresse: "Flota Fluvial Estado Argentino"/Av. Corrientes 375, Bs.As. und "Flota Argentina de Navegacion Fluvial"/Av. Corrientes 389, Bs.As. – Weitere Details siehe auch Paraguay.

Von Asuncion nach Iguazu- Wasserfälle täglich Bus- und Flugverbindung. Am bequemsten lassen sich aber Paraguay und Brasil per A.A.- Rundflugticket/Argentinien anschließen. –

BUENOS AIRES ⟶ SANTIAGO/Chile:
Am bequemsten mit dem Zug/Schlafwagen nach Mendoza. Ansonsten Bus. Von Mendoza nach Santiago nur Bus oder Flug (Ladeco). Es gibt auch Direktbusse ab Bs.As. nach Santiago, im Schlafwagen des Zuges reist es sich aber bequemer. In Verbindung mit einem morgendlichem Bummel durch Mendoza.

Alternativ: A.A.- Argentinien- Rundflugticket bis Mendoza.

ARGENT. PAMPA:

Nicht zuviel erwarten: eine endlose Grasebene bis zum Horizont, die sich von der Höhe zwischen den Staaten "Entre Rios" und "Corrientes" im Norden Argentiniens bis ca. Bahia Blanca, 9oo km südlicher erstreckt. Eine der größten Ebenen der Erde, ab und zu von kleinen Wäldchen oder Sträuchern unterbrochen. Hier grast der berühmte argentinische Bulle, – Hauptexportartikel Argentiniens, zusammen mit riesigen Getreideanbauflächen,– wichtigste Kornkammer Südamerikas!

Generell unterscheidet man zwischen der "Pampa Seca" (Trockenpampa, westlicher Teil Richtung Anden und rund 2.ooo km nach Süden/Patagonien)

und der "Pampa Humeda", das grüne Kernland der Pampa um Buenos Aires, das eine Fläche von rund 6oo x 6oo km bedeckt. Bretteben bis zum Horizont, riesige schwarze Rinderherden in der Graslandschaft und endlose Getreidefelder.

DIE ERSTEN RINDER kamen mit den Spaniern 1516 an Land und vermehrten sich in der Weitläufigkeit der Pampa schnell. Über Jahrhunderte galten sie als Allgemeinbesitz, da mehr Fleisch als Bewohner vorhanden waren. So hatte Argentinien Mitte des vergangenen Jhds. nur knapp 3 Mill. E., davon ca. 1,3 Mill. Weiße. Dies auf einer Fläche der Nord- Süderstreckung Europas!

Der große Boom kam in der 2. Hälfte des vergangenen Jahrhunderts, als schnellere und sicherer zu navigierende Dampfschiffe die bisherigen Segelschiffe ablösten. Also als die Möglichkeit des Abtransportes der landwirtschaftlichen Reichtümer bestand.

Die Jahre der ersten großen Einwanderer- Ströme. Zwischen 185o und 19oo kamen rund 6 Millionen Einwanderer, vorwiegend aus Europa und hier zumeist Süditaliener, die sich im Bereich der Pampa Humeda ansiedelten. Verkehrsmäßige Erschließung durch Eisenbahngleise, die sich in der brettebenen Pampa billig und schnell verlegen ließen. Dies zu Zeiten, als es das Auto als Transportmittel noch nicht gab, – die Gleise sternförmig Richtung Exporthafen Buenos Aires.

Folgerichtig expandierte die Bevölkerungszahl zunächst in der Pampa schneller, als im Hafen Buenos Aires (Pampa in 5o Jahren bis zur Jhd.- Wende + ca. 5,5 Mill, – Bs.As.: nur ca. 4o.ooo E.) Definitiv zum Boom kam es dann, als 1877 das erste Kühlschiff im Hafen Bs.As. anlegte. Nunmehr war auch Fleischtransport in großem Stil über den Atlantik möglich, bei starker Nachfrage auf den europäischen Märkten.

1878 - 83: Zeit der arg. Indianerkämpfe: während man vorher mit der zahlenmäßig kleinen Gruppe der indianischen Ureinwohner (Hirtennomaden) in den Weiten der Pampa problemlos zusammenleben konnte, – wurde nunmehr das Land für die Weißen interessant. Bei der waffentechnischen Überlegenheit der Einwanderer waren die Indianer schnell vertrieben oder ausgerottet. Den reichen Exportfirmen in der Schaltzentrale Bs. As. ging es damals um möglichst große Zulieferanten in der Pampa, – wobei die weißen Pampa- Vorkämpfer gegen die Indianer nicht selten bei Erfolg mit riesigen Ländereien bis zu 4o.ooo Ha. belohnt wurden.

Aufteilung der Pampa in ihrem fruchtbarsten Bereich (zwischen Küste – Rosario – Sta. Rosa – Bahia Blanca) in GROSSPARZELLEN, da die finanziell Mächtigen die bessere Ausgangsposition bei der kostspieligen Erschließung (Maschinen, Infrastruktur etc.) hatten.

Die Einwanderung der Süditaliener (aber auch von der Toscana) hatte ihren Höhepunkt zwischen 1875 und 191o. In Italien hatte sich die Bevölkerungszahl stark vermehrt, ausserdem Anschluß Süditaliens an das reiche und industriell entwickelte Norditalien, die die kleinagrarischen Strukturen zusammenbrechen ließen. Hier stand süditalienisches Kleinhandwerk gegen norditalienische Industrie. Gleichzeitig waren die Schiffspassagepreise von Neapel/Italien nach Bs.As./Argentinien auf den Auswandererschiffen niedrig.

Nach alten Archivaufzeichnungen nur ca. 25o Goldlire, was einem heutigen Wert von ca. 8oo DM fürs "one-way" entspricht. Gemäß heimischer, süditalienischer Landwirtschaft waren die Einwanderer Hirten und Landarbeiter. (Die Region südlich des Polino traditionell Rinderzuchtgebiet und Sizilien Weizenanbau). Insofern Parallelen, die sich zur Auswanderung anboten.

Nach 192o mit ital. Faschismus wurde die Auswanderung verboten, da imperialistische Pläne der italienischen Regierung (Nordafrika, Äthiopien, Albanien und Griechenland), Menschenmaterial für die Kämpfe benötigte.

Die 2. große Einwanderungswelle in Argentinien zur Zeit des HITLER- Regimes, vorwigend Deutsche, die mit Hitler nicht konform gingen oder verfolgt wurden. Neben geschickten Handwerkern erhielt das Land Kaufleute und Organisatoren, die in Nachkon men heute Schlüsselfunktionen in der Wirtschaft innehalten.

Der 2. WIRTSCHAFTSBOOM 1945, als nach Ende des 2. Weltkrieges in Europa die Versorgung zusammengebrochen war und Argentinien als Nahrungslieferant einspringen und die Preise bestimmen konnte. – Parallel neue Einwanderungswelle aus dem schwer, durch Kriegseinwirkung wirtschaftlich getroffenen Italien, – aber auch aus Deutschland, Belgien und England.

Die PAMPA prägte die Geschichte Argentiniens. Ab dem Moment, wo sie wirtschaftlich nutzbar wurde: gewaltiger Zuwandererzustrom; 196o erreichte Argentinien 2o Mill. Einwohner, – heute 27 Mill. Menschen, wovon rund 7o % in der Pampa und dem Bs. As.- Großraum leben.

ARGENTINIEN, das damals wie heute vom Hauptexportartikel Fleisch und Getreide lebt, – ist Paradebeispiel für eine MONOKULTUR, wie sie nicht besser auf dem Papier steht. Mit allen Nachteilen einer wirtschaftlichen Abhängigkeit von Weltmärkten und Konkurrenz. Als sich Europa nach '45 relativ schnell erholte, waren die argentinischen Superpreise nicht mehr durchsetzbar. Dies bei massiver Konkurrenz aus den USA, Kannada und Australien.

Die Folge: Wirtschafts Chaos, hohe Auslandsverschuldung und Versuche mehrerer Militär Regierungen, das Wirtschaftschaos in den Griff zu bekommen. Weder Militärs, noch demokratisch gewählte Zivilregierungen konnten Abhilfe schaffen.

Ein an Bodenschätzen reiches Land (eigenversorgend in Sachen Erdöl, – beachtlich bei der riesigen Nord- Süderstreckung!), – ein Land, das über ein ausgezeichnetes Verkehrsnetz verfügt. Gleichzeitig den wohl höchsten Bildungsstand Südamerikas, – wie auch rund 9o % der Einwohner Nachfahren europäischer Einwanderer sind. Ein nicht zu unterschätzendes Kapital. Ein Land, das an Bodenschätzen, Bildung und Know How sich selbst-versorgen könnte.

DIE PAMPA aus der Luft interessant mit ihren, oft 5o oder 1oo km schnurgerade verlaufenden Straßen. Per BUS spätestens nach 1 Std. stinklangweilig, da sich nichts an Veränderung tut. . .

CORDOBA ca. 1 Mill. E./ 44o m

zweitgrößte Stadt Argentiniens, schön an der Bergkette der Sierra de la Cordoba gelegen. 1573 von den Spaniern gegründet, hat Cordoba im Altstadtkern noch eine Reihe Kolonialbauten (vorwiegend um die zentrale Plaza San Martin), die aber immer mehr von modernen Hochhausbauten zugewuchert werden.

Wirtschaftszentrum (Automobilbau, Motoren). Stromversorgung, aber auch Bewässerung der umfangreichen landwirtschaftlichen Anbaugebiete um die Stadt durch verschiedene Staudämme in der Sierra de la Cordoba. Seit 1613 Universität, von Jesuiten gegründet, heute knapp 5o.ooo Studenten. Im Centro mehrere Fußgängerstraßen und Shopping- Passagen. Preise allerdings oft höher als Bs.As.

Tourist Info: sowohl im Busterminal (Ecke Junin mit Bv. Reconquista beim Bartolome Mitre- Bahnhof), – wie auch im Flughafen.

Post: Correo Central: Av. Colon 2o1 **Telefon:** Av. Gral. Paz 36
Beide sind auch im Busterminal vertreten (Junin Ecke Av. Reconquista)

Hotels: "Hotel Crillon"/Rivadavia 85, mit TV im Zimmer, 4 Sterne, eines der besten von Cordoba. Modernes 6- Stock Gebäude, die Fenster mit großen Klappjalousien. Ebenfalls zur Top- Garde gehören das "Norago Cordoba"/San Jeronimo 137, – das "Gran Hotel Dora"/Entre Rios 7o, – das "Windsor"/Buenos Aires 214 und das "Mediterraneo"

Av. M. T. de Alvear 1o. Alle in der Preisklasse ca. 3o US $ und 4 Sterne.

"Hotel Sussex"/Buenos Aires 59, modern, 11 Stock. Von den obersten der wohl beste Cordoba- Rundblick. Doppel um 3o US, mit TV im Zimmer. – Mittelklasse: "Plaza"/ Buenos Aires , zentral zwischen Busterminal und Hauptplaza gelegen. Doppel ca. 2o US. –"Gran Hotel Bristol"/Pasaje Corrientes 64, Doppel ca. 12 US, – "Dallas"/San Jeronimo 339, – "Claridge"/25 de Mayo 218, Doppel ca. 12 US.

Billighotels vorwiegend im Bereich des Busterminals: "Hotel Lady" und "Hotel Central" beide in der Av. Balcarce gelten als Billigtip. Doppel ca. 4 US, mit heißen Gemeinschaftsduschen. – "Entre Rios"/Calle Entre Rios, ebenfalls nähe Busterminal, heißes Wasser, ca. 5 US. – "Hotel Mallorca"/Balcarce 73 und "Hotel Alex"/Bv. Junin 742, Gemeinschaftsbad, ohne Frühstück, relativ sauber, ca. 4 US.

★**Restaurants:** billige Snacks im Restaurant/Cafeteria des Busterminals. Ganz passabel im Preis, aber kräftig Action im "Romagnolo"/Bv. Reconquista 1oo, gegenüber des Mitre Bahnhofs, eine Reihe billigerer im näheren Umkreis. – "Clac"/Av. Colon 628 nähe des Mitre Bahnhofs angenehm für Cafe und Konversation. Gutes Mittelklasserestaurant. – Das "Hotel Crillon"/Rivadavia 85 mit guter Küche, aber nicht gerade billig. – "Maxime" im 11. Stock des Hotel Sussex/Buenos Aires 59. Exclusiv und schöner Cordoba- Rundblick. Teuer. – Viele Confiterias um die Plaza san Martin.

★**Verbindungen:** ZUG: Achtung, es gibt 2 Bahnhöfe in Cordoba, wobei der Bartolome Mitre näher am Centro liegt. Ab hier täglich mit dem "Rayo del Sol" in 11 Std. nach Buenos Aires. Der Zug führt Schlafwagen mit und ist die schnellste und bequemste Verbindung nach Bs.As. Im Schlafwagen ca. 14 US. PKW- Mitnahme im Zug möglich, allerdings teuer . – Der andere Bahnhof/Estac. Belgrano an der J. de Cabrera 298 mit derzeit 2 mal pro Woche verkehrendem "El Norteño" nach Buenos Aires. Ohne Schlafwagen. Fährt weiter über Tucuman nach Salta, Jujuy mit Anschluß an die bolivianische Grenze bei La Quiaca (weiter durch Bolivien bis La Paz). Vom "Belgrano- Bahnhof", der ca. 2 km vom Centro bzw. dem Busterminal entfernt liegt, gibts Stadtbusverbindung ins Centro.

Beide Züge, der "El Norteño" und der "Rayo del Sol" haben im Anschluß Busverbindungen, die zusammen mit dem Zugticket gebucht werden können. Z.B. zu verschiedenen Ferien- und Urlaubszentren in der Sierra del Cordoba, aber auch Langstrecken- Busanschlüsse wie z.B. nach La Rioja oder San Juan.

BUS: modernes und insbesondere riesiges Gebäude in Halbkreisarchitektur schräg vis- à-vis des Bartolome Mitre Bahnhofs/Bv. Reconquista Ecke Junin. Vorbildlich für Südamerika. Nicht nur alle Buslinien kompakt zusammengefasst in einem Gebäude, sondern auch Shops, Restaurants und Post/Telefon. Banken und sogar warme Duschen!

Dichter Busverkehr nach Buenos Aires (ca. 13 Std., nicht gerade ein Vergnügen, da sich landschaftlich nicht viel tut; Zug schneller und bequemer), – rauf nach Salta mehrmals tägl. ca. 12 Std. via Tucuman. (Bequemer: Zug Cordoba bis Tucuman, dort rumschauen und Übernachtung, mit Bus oder Zug je Anschluß nach Salta!). Direktbus bis Jujuy ca. 14 Std. ab Cordoba. Ca. 2o US. – Cordoba nach Mendoza per Bus ca. 1o bis 11 Std./ 1o US. Wer von Buenos Aires nach Mendoza will (sofern Zwischenstop in Cordoba nicht unbedingt notwendig!), macht die Sache erheblich bequemer im Direktzug, wobei der "El Libertador" nur 13 Std. ab Bs.As. bis Mendoza braucht, der "El Aconcagua" ca. 19 Std. – Tucuman ab Cordoba mehrmals täglich, ca. 8 US. – Cordoba quer rüber nach Posadas (Rio Parana/Grenze zu Paraguay bzw. Trips durch die Misiones nach Foz de Iguazu) 3 bis 4 mal in der Woche, zeitaufwendig und per Bus unbequem (ca. 2o Std.), besser direkt ab Bs.As. – Direktbus ab Cordoba nach Asuncion/Paraguay ca. alle 2 Tage allerdings bei ca. 27 US teuer. Bequemer und billiger: entweder von Bs.As. direkt via Resistencia nach Asuncion/Paraguay raufstechen, – oder: wenn schon Cordoba, so noch das lohnendere Tucuman und Salta einbauen und quer rüber mit der Eisenbahn nach Resistencia/Argentinien mit mehrmals täglicher Verbindung nach Asuncion.

Dichte Busverbindung ab Cordoba/Busterminal in die nähere Umgebung/Sierra del Cordoba. Wer knapp mit Zeit ist, nimmt sich besser Mietwagen, – geht aber in der Regel problemlos auch per Regionalbussen. –

FLUG: der Airport von Cordoba liegt rund 13 km nördlich des Centros. Busverbindung ab Terminal gegenüber des Bartol. Mitre- Bahnhofs. Häufig am Tag mit Jets der "Austral" und "A.A." nach Buenos Aires, Flugzeit 1 Std. 1o Min. /ca. 54 US. Querverbindungen nach Mendoza, Tucuman, Rosario, San Juan, Bariloche und Salta. – "Aerochaco" bedient mit Propellermaschinen ab Cordoba die Strecken nach Resistencia und Sta. Fe.

★**Autovermietung:** unter Umständen interessant, wer knapp mit Zeit ist und die nähere Umgebung erkunden möchte (Sierra del Cordoba): "Avis"/Corrientes 452, – "Ai- Rent a Car"/Entre Rios 7o

★**Museen/Cordoba:** "Casa del Virrey"/Ecke Rosario mit B. Justo, 1 Block von der Plaza San Martin (unsere Karte Nr. 8). Schönstes Kolonialgebäude der Stadt, gebaut Anfang des 18. Jhds. mit dem "Museo Historico y Colonial". Möbel, Waffen etc. –

Av. Colon = Av. Ejercito Argentino
Bv. Weelwright = Bv. Reconquista

Gute Detailkarte zur Stadt und Umgebung vom "A.A."!

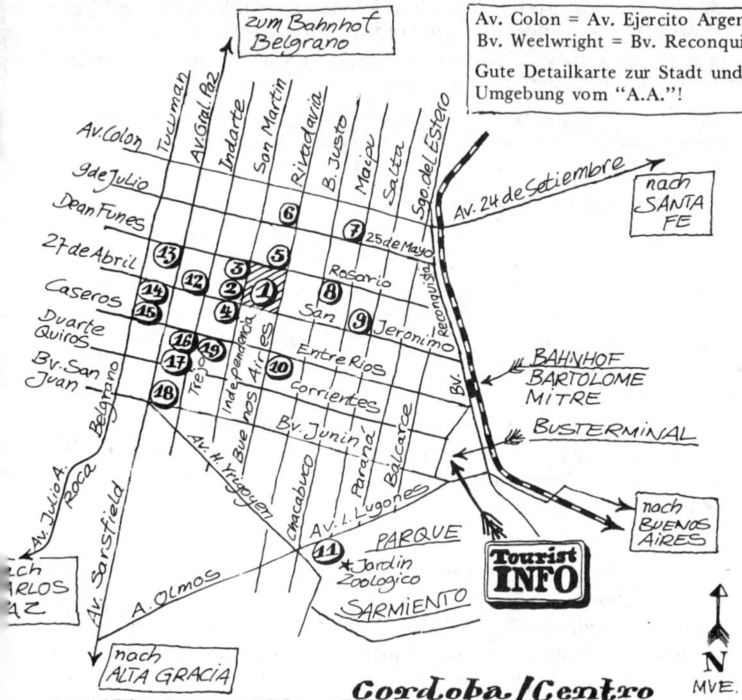

Cordoba/Centro

1 Plaza San Martin
2 Kathedrale
3 Cabildo
4 Las Teresas/Monasterio Carmelitas Desc. de San Jose
5 Casa del Obispo Mercadillo
6 La Merced
7 Kirche del Pilar
8 Casa del Virrey/Museo Historico y Colonial
9 Kirche San Roque
1o San Francisco
11 Museo Prov. Bellas Artes
12 Monasterio Sta. Catalina
13 Basilica Santo Domingo
14 Museo Mineralogico
15 Museo Munic. Bellas Artes
16 La Campania Kirche
17 El Monserrat
18 Teatro del Libertador Gral. San Martin
19 Universität

"Cabildo" neben der Kathedrale/Plaza San Martin: ausgewogene Kolonialarchitektur, fertiggestellt 1785, in 2 Stock, unten mit schönem Arkadengang. (Unsere Karte/Nr. 3). Früher war im 1. Stock das "Museo Historico Natural", das in die Av. Irigoyen 115 umgezogen ist. –

Die "Catedral"/Plaza San Martin (Karte/Nr. 2) in perfektem spanischen Kolonialbarock. Fertiggestellt 1752. Konventionelle Kolonialarchitektur, wie man sie in vielen Städten des Kontinents findet. – Interessanter: "La Compania de Jesus"/ Ecke Caseros mit Trejo (Karte/Nr. 16). Von den Jesuiten Anfang 1600 errichtet. Die Kuppel in excellenter Holzkonstruktion aus der Paraguay- Zeder. Die Jesuiten erreichten hohe Perfektion in Holz- Deckenkonstruktion und die "La Compania" ist eines ihrer Meisterstücke! –

"Museo Mineralogico"/ Calle 27 de Abril Ecke Belgrano (unsere Karte/Nr. 14) klein, und für Spezialisten in Geologie interessant. Voranmeldung erforderlich. Info übers Tourist Büro von Cordoba im Busterminal (sofern die dort Bescheid wissen . . .) – Zwei Museen der "Schönen Künste", einmal von der Stadt: Ecke Caseros mit Tucuman (unsere Karte/Nr. 15) und der Cordoba- Provinz (Karte/Nr. 11) im Parque Sarmiento.

Der PARQUE SARMIENTO mit Seen und einem kleinen Zoo, dessen Serpentarium (Schlangen!) die interessanteste Abteilung ist.

Im "Monasterio Carmelitas Descalzas de San Jose"/Las Teresas (Independencia Ecke San Jeronimo/Karte Nr. 4) gegründet 1628 ein kleines Museo Arte religioso. –

✱ Nähere Umgebung von Cordoba:

Die 400 km lange Bergkette der "Sierras de Cordoba", die westlich die Stadt tangiert, – ist in ihrem Kernbereich bei Cordoba das zweitwichtigste Feriengebiet der Argentinier (nach Bariloche). Die reichen "Porteños" haben hier ihre Zweitwohnungen, zugleich aber auch eine Fülle an Hotels und Hosterias und High- Life zur argentinischen Ferienzeit (Dez.- März). Dann wird's schwierig, Unterkunft zu finden, sofern man nicht ein Zelt dabei hat oder per Campingbus reist.

Für den Europäer, der 12 oder 15.000 km über den Atlantik nach Argentinien angereist ist, bringt die Region um Bariloche bestimmt mehr. Zumindest als 2 oder 3- Tagesausflug ist die Sierra aber interessant. In die meisten Orte gute Busverbindung ab Cordoba/Busterminal. Flexibler ist man aber mit dem Mietwagen.

VILLA CARLOS PAZ, 36 km ab Cordoba über eine Autopista zu erreichen (häufig Busse, ca. 0,7 US) ist Herz der Sierra- Tourismusindustrie. Eine Jesuitengründung, die aber längst ihre Vergangenheit überholt hat. Unmengen an Ferienvillen, Hotels, Hosterias, Nachtclubs und Diskos am Stausee San Roque. In der Hauptstraße die angeblich größte Kuckucksuhr der Welt. Breites Sportangebot, sowohl auf dem See, wie auch im Ort, so z.B. Rollschuhpisten. Ein Sessellift geht rauf auf den angrenzenden Berg; oben Cafeteria und Mirador übers Tal. Das Übernachtungsangebot reicht von guten Hotels ab 3 Sterne bis billigen Hosterias um 8 US. Vermittlung durch die Tourist Office im Busbahnhof. Die Computerliste des Tourist-Büros druckt allein rund 170 (!) Hotels bis Hosterias aus!!!

COSQUIN: etwas friedlicher als Villa Carlos Paz, Höhe 700 m im ansteigenden Tal, schön gelegen. Rund 100 Übernachtungsmöglichkeiten, Vermittlung im Busbahnhof durch T.O.- Kiosk. Gute Campingmöglichkeit am Fluß.Der

Ort wurde berühmt durch sein alljährliches Folklore- Festival im Januar, zu dem die besten Musikgruppen Südamerikas kommen (vorwiegend Andenmusik). Busverbindung ab Cordoba direkt, ca. 1 1/4 Std., bzw. via Carlos Paz. Sportler besteigen den nahen "Pan de Azucar" (Zuckerhutberg)in ca. 2 Std., er ist aber im Rahmen des Tourismusses auch per Lift zu erreichen. Schöner Rundblick. –

LA FALDA: 7o km ab Cordoba, Bus braucht etwa 2 Std. , Höhe 93o m. Rund 6o Übernachtungsstellen, Vermittlung über T.O. im Busbahnhof. Die Universität Cordoba hat hier ein Erholungscamp. Anfang Febr. wichtiges Tango- Festival. Lohnend, aber La Falda rappelvoll und Stützpunkt in Cordoba wählen. – VALLE HERMOSA, knapp 10 km von La Falda, ist

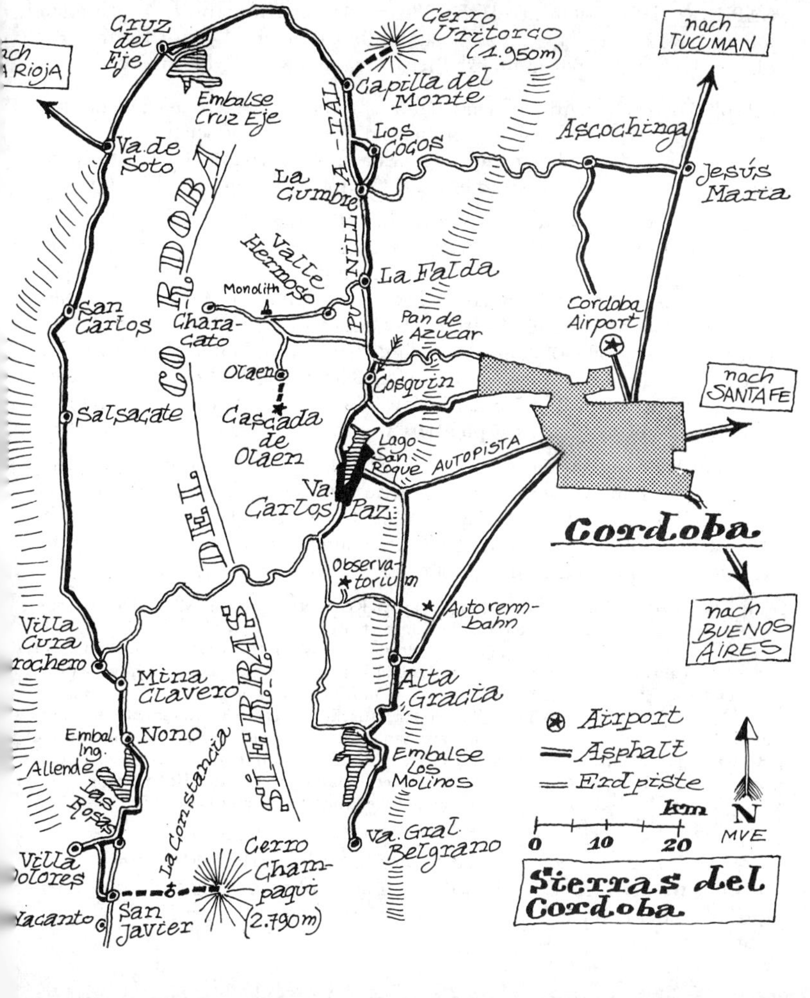

ein weiteres Feriengebiet, sogar mit Jugendherberge, die allerdings ihre besseren Tage bereits passiert hat . . .

CASCADA DE OLAEN: ohne eigenes Fahrzeug schwierig zu erreichen. Ein kleinerer, aber sehr schön in einem Canyon gelegener Wasserfall. Zunächst westlich aus Valle Hermosa raus über eine Erdpiste, ca. 7 km bis zu einem Monoliten in der freien Pampa. Hier 2,5 km retour Richtung Südost (Erdpiste), wo rechts eine Piste nach Südwest abzweigt, weitere knapp 3 km zur Siedlung und Kirche OLAEN. Von hier sinds noch ca. 2 km bis zur Cascada.

LA CUMBRE: Eldorado für argentinische Sportfischer wegen seinem Forellenreichtum (Nov. - April). Mit Residencial Areas und wegen seiner schönen Lage beliebter Stützpunkt argentinischer Schriftsteller. Höhe 1.14o m und herrlich klare und frische Luft. Rund 15 Übernachtungsmöglichkeiten. –

CAPILLA DEL MONTE: Höhe 98o m, breites Unterkunft- Angebot und lohnender Trail (ca. 4 Std.) rauf zum 1.95o m hohen Cerro Uritorco. Bei klarem Wetter guter Rundblick. Pferdevermietung in Del Monte. –

CRUZ DEL EJE: mit seinem Staudamm, dessen Mauer (3 km) eine der längsten der Welt ist. Hotels, vorwiegend aber Landwirtschaftszentrum mit wichtigstem Olivenanbaugebiet Argentiniens. Interessant "La Fiesta Nacional del Olivo"/Juli. Busverbindung ab Cordoba via Capilla del Monte.

Eine Asphaltstraße geht von Cruz de Eje 14o km runter nach MINA CLAVERO (auch von Villa Carlos Paz über eine Erdpiste, 11o km, – zu erreichen, die zwar landschaftlich schön, so doch in endlosen Kurven und mit Steigungen bis zu 1o % über die Sierra schlängelt). Wiederrum Ferienzentrum trotz sehr langer Fahrerei ab Cordoba (auch Busse), aber die Argentinier sind große Distanzen gewohnt. Unmengen Hotels, Hosterias, bei der Höhe von 915 m angenehm frisches Klima. Die 1o km östlichen Gipfel der Sierra erreichen hier Höhen bis zu 2.2oo m. Die Querverbindung nach Carlos Paz soll demnächst asphaltiert werden. –

Asphaltstraße 5o km südlich, um den Stausee Ing. Allende nach VILLA DOLORES. Landwirtschaftszentrum (riesige Tabakanbauflächen um das naheliegende Las Rosas, aber auch Mais, Getreide und Erdnüsse, sowie Wein 1o.ooo Einwohner und damit größte Siedlung der Sierra- Bergketten, am Rande einer breiten Pampa- Fläche gelegen. Hotels, Restaurants.

SEHR lohnende Besteigung des CERRO CHAMPAQUI. Mit 2.79o m der höchste Gipfel der Sierras de Cordoba. Regionalbus von Villa Dolores die 15 km südlich nach San Javier (Standquartier in der Hosteria Gonzales oder Host. Yacanto). Zunächst in einem Bergtal exakt ostwärts 5 km bergan, zu Fuß 2 bi 3 Stunden bis zum Kirchlein La Constancia. Von hier sinds noch runde 5 Std. bis zum Gipfel, von dem man bei klarem Wetter fantastischen Panorama- Rundblick auf die Sierra- Ketten hat. Wasser und Essen aus San Javier mitbringen. Die Leute in den beide Hosterias geben Tips über den genauen Trailverlauf. Insgesamt relativ leicht zu finden und ohne größere Probleme zu laufen. Warme Kleidung wegen der Höhe knapp 3.ooo r unabdinglich. Bei schlechtem Wetter Finger weg, mehrere Leute haben sich verlaufen, als Nebel um die Gipfel aufzog.

YACANTO: 2 km südl. von San Javier hat schöne Bergbäche inmitten dichten Wäldern. Eine Region, die sich auch ohne Besteigung des Chapanqui lohnt bei einfacher, aber freundlicher und gemütlicher Übernachtung in einer der beiden Hosterias von San Javier. Thermalquellen in Yacanto.

ALTA GRACIA: 35 km südlich von Cordoba, laufend Busse. Der 55o m hoch gelegene Ort war zunächst eine Jesuitengründung und Estancia. Sehr schöne Kolonialkirche im spanischen Barockstil. Die Villen in grünen Gärten machen den Ort angenehm. Andererseits aber saftiger "Vorort"- Verkehr in Art eines Erholungs- Stadtviertels von Cordoba. Hotels, Restaurants. Mit 2 Museen ("Historico de la Casa del Virrey Liniers" und "Museo Manuel de Falla"), sogar eine Replika der Grotte von Lourdes/Frankreich gibts in Alta Gracia! Cafes, Nachtclubs und ein Spielcasino.

22 km zum OBSERVATORIO rauf in die Sierra über eine kurvenreiche Erdpiste. Die Sternwarte (1,54 m- Teleskop) kann besichtigt werden, vorallem aber von der Bergkuppe schöner Rundblick auf die Sierra und Cordoba. Eigenes Fahrzeug nötig. –

VILLA GENERAL BELGRANO: 64 km von Alta Gracia, Direktbusse ab Cordoba. Die Siedlung wurde von Überlebenden der deutschen Flotte des Reichsgrafen von Spree gegründet (1914 Untergang vor Islas Malvinas). Bei Argentiniern sehr beliebter Ausflugs- und Ferienort. Reichhaltige Kopie deutscher Architektur, wie sie z.B. im Schwarzwald existiert, bzw. als Klischee in den Köpfen der Argentinier. Parallelen zu Colonia Tovar in Venezuela, reichhaltiges Angebot deutscher Küche in den Restaurants. Großer Tip ist Villa Gral. Belgrano während der ersten beiden Oktoberwochen: riesiges Bierfest in Zelten mit Blasmusik in Kopie des Münchner Oktoberfestes. Optisch, wie auch von Flüssigkeiten, Leberkäse etc. Hochgenuß!!

Im Bergland der Sierras eine Reihe versteckter und absolut ruhiger, relaxing Hotels, die nicht unbedingt in den Listen der T.O- Cordoba erscheinen. Eigenes Fahrzeug Vorbedingung und entsprechender Reisepartner, mit dem die Benutzung des Bettes in der klaren Bergluft sich angenehm gestalten lässt. In der Automovil Club- Argentina- Karte der Cordoba- Region eingezeichnet. –

JESUS MARIA: 5o km nördlich von Cordoba an der A 9 Richtung Tucuman. Jesuitenmissionsstation aus dem 18. Jhd. mit Kirche und einem der lohnensten Museen aus der Periode der Jesuiten in Argentinien. Mehr als 15.ooo Ausstellungsstücke. – Während der ersten beiden Jan. - Wochen riesiges Fest "Doma y Folklore". Unbedingt lohnend, wer sich zu dieser Zeit in Argentinien aufhält! Häufige Busverbindung ab Cordoba. –

ASCOCHINGA, über eine 2o km Asphaltstraße westlich von Jesus Maria in der Sierra. Höhe 735 m. Ebenfalls Jesuiten Gründung, als Ort malerisch.

CERRO COLORADO: rund 15o km nördlich von Cordoba, bzw. 1o km seitlich er A 9. Eine Region mit mehr als 3o.ooo Felsmalereien , die 19o3 von Leopoldo Lugones entdeckt wurden, jedoch seit Jahrzehnten unbeachtet blieben. Kleines Museum in Villa Maria del Rio Seco. Heute Nationalpark. Infos über Transport übers Cordoba T.O.

MAR CHIQUITA: knapp 2oo km nordöstlich von Cordoba im Flachland. Ein riesiger Salzsee (wie auch mehrere "Salare" im Norden Ri. Tucuman beweisen, daß das Land zu Urzeiten aus dem Meer aufgestiegen war). Heute wichtiges Erholungszentrum um MIRAMAR(Busse ab Cordoba) mit mehr als 3.000 Betten, Sportangebot auf dem rund 100 km großen "Binnenmeer". Angeblich doppelter Salzgehalt wie im normalen Meer, zugleich Kur- Zentrum gegen Rheuma. –

Nordwest - Argentinien:

Mit Querverbindungen nach Bolivien und Chile. – Ab CORDOBA nach der Durchquerung der Tiefebene und der Salare geht's bei Tucuman rein in die Andenausläufer, die hier Höhen zwischen 2.500 und bis zu 6.500 m erreichen (Nevado de Cachi bei Tucuman).

Teils ödes Gebirgsland, – wie auch von den Richtung Pazifik verlaufenden Andenketten Perus bekannt, – teils fruchtbare Täler. Eine stark von der spanischen Kolonialzeit geprägte Region.

SANTIAGO DEL ESTERO: rund 130.000 Einwohner, –älteste Stadt Argentiniens, 1553 von den Spaniern gegründet am "Camino Real" rauf nach Bolivia und Peru. Hotels, Restaurants. Tourist Info in der Libertad 417 Sofern man nicht Verwandte in der Stadt hat, oder von Rheuma geplagt ist, kann man sich die Stadt sparen. (Rio Honda, ca. 1 1/2 Std. per Bus ist eines der wichtigsten Kurzentren gegen Rheuma und beliebter innerargentinischer Ferienort. Hotels, Restaurants). –

CATAMARCA: Kolonialnest mit knapp 50.000 E., gute Artesania in Sacher Ponchos. Hat 5 mal/Woche Fluganschluß mit "Aerolineas Argentinas" via Cordoba nach Buenos Aires. Sowie Busanschluß mit Santiago del Estero und Tucuman. Landschaftlich viel Szenerie auf der Strecke via Lavalle nach Santiago del Estero! Hotels und Restaurants in Catamarca. –

✶ Tucuman **ca. 400.000 E./450 m**

Spanische Gründung von 1565, heute die größte und geschäftigste Stadt des argentinischen Nordwestens. Eine angenehme Stadt wegen ihrer schönen Lage auf einem Hochplateau unterhalb der Sierra de Aconquija. Koloniales nur wenig; ein harmonisches Stadtbild mit vorwiegend moderner Geschäftsarchitektur im Centro.

Angelegt im perfekten, spanischen Schachbrett- Netz. Hauptplaza ist die PLAZA INDEPENDENCIA mit Kathedrale und Tourist Office. 1 Block südlich in der Calle Congreso die CASA HISTORICA, in der am 9. Juli 1816 nach siegreichen Kämpfen gegen die Spanier die argentinische Unabhängigkeitserklärung unterzeichnet wurde. Kann besichtigt werden, Museum und abends im Garten der Casa eine Multimedia- Show der Geschichte Argentiniens.

5 Block östlich der Hauptplaza der Belgrano- Bahnhof und Busterminal, – sowie der PARQUE CENTENARIO 9 DE JULIO. In den ausgedehnten und schönen Parkanlagen neben einem künstlichen See die CASA DEL OBISPO COLOMBRES. Dieser Bischof führte Ende des 19. Jhds. den Zuckerrohranbau in der Region ein, der Tucuman viel Reichtum brachte. Zu sehen unter anderem die erste Dampfpresse zum Rauspressen des

Zuckersirups aus den Stengeln. Ein riesiges Ungetüm, 1883 in Frankreich gebaut.

Bis in die 5o-er Jahre unseres Jahrhunderts war die Tucuman- Region wichtigster Zuckerlieferant Argentiniens. Der Zuckerrohranbau gewinnt heute wieder an Bedeutung bei der Benzinverknappung. Nach dem brasilianischen Modell wird aus Zuckerrohr Methanol gewonnen; der in den Tankstellen zwischen Tucuman und Jujuy gezapfte Sprit enthält leichten Methanolanteil (etwas mehr als 1o %), was man am leicht süßlichen Auspuffgeruch merkt.

Wer eine Zuckerrohrfabrik besichtigen will: Ulrich Henrichsmeier schickte uns folgenden Bericht: "Ingenio Leales ist ab Busbahnsteig Nr. 12 in Tucuman mit dem Bus "El Ranchilleno" zu erreichen. Das Werksgebäude wurde 1937 von einer Firma aus Texas errichtet. Die elektrischen Anlagen stammen von Siemens.

In den Monaten Mai bis August weden in der Fabrik etwa 1.ooo Menschen beschäftigt. In dieser kurzen Zeit werden dort Zuckerrohrstangen zu rund 75o Tonnen Zucker verarbeitet. 25o Tonnen davon können in einer Lagerhalle aufbewahrt und später verkauft werden. Der Rest geht sofort in den Verkauf. Im August werden dann die Arbeiter entlassen und haben erst im kommenden Jahr wieder die Möglichkeit , eine Anstellung zu finden. Um einigen der Arbeiter eine Beschäftigung über das ganze Jahr zu geben, und um die Ausbeute der Canas de Azucar zu erhöhen, errichtete man eine Packpapier-Fabrik. Die ausgepressten Zuckerrohrfasern werden dort verarbeitet. Zusätzlich gibt es dort noch eine Alkoholfabrik, die ich leider nicht besichtigen konnte".
Neben Zuckerrohr ist heute Mais und Tabakanbau die Haupt- Landwirtschaft der Region.

Mit saftiger Hitze rechnen, wer im Sommer nach Tucuman kommt! Die Tagestemperaturen steigen bis auf 35 Grad. Eine trockene Hitze, die angenehmer zu ertragen ist als die Feuchtschwüle z.B. des Amazonasgebietes.

Tourist Info: Plaza de Independencia.Mit hektographierten Stadtplänen und Umgebungskarten. Freundlich!

Post: Correo Central: 25 de Mayo Ecke Cordoba, 2 Blocks von der Hauptplaza nördl.

Telefon: 1 Block von der Post entfernt, Ecke Mendoza mit Munecas

Hotels: "Metropol"/24 de Set. 524, ca. 45 US fürs Doppel, mit SW- Pool, – "Grand Hotel de Tucuman"/Av. Soldati 38o, modernes 9-stöckiges Gebäude, direkt gegenüber des Parque Centenario, vorn raus schöner Blick, 5 Sterne, mit SW- Pool, Doppel ca. 4o bis 6o US, je Lage des Zimmers. – "Del Sol"/Laprida 35, zentral im Geschäftsviertel von Tucuman gelegen, modernes, 1983 neu eröffnetes Hochhaus, Doppel ca. 5o US.$ Ebenfalls mit SW- Pool. –Aircondition ist in dieser Klasse Selbstverständlichkeit.

Mittelklasse: gut und empfehlenswert das "Premier"/Cresostomo Alvarez 51o, Doppel ca. 12 US, mit Air Condition. – "Corona"/Av. 24 de Setiembre 498 an der Plaza Independencia. Ein 1o stöckiges, modernes Gebäude, Zimmer mit AC, Doppel um 18 US $. – "Hotel Embajador"/Las Heras 221, zentral gelegen, von den oberen Stockwerken Blick auf Parque Centenario, Doppel um 17 US. – "Kings Hotel"/Chacabuco 18, mit Privatbad, AC, Doppel um 1o US.

Billighotels: gegenüber des Busterminals und Belgrano-Bahnhofs (Av. 24 de Setiembre). zum Beispiel das "Hotel Estrella" – und Nähe des Gral. Mitre Bahnhofs, z.B. das "Hotel California", mit Frühstück ca. 5 US, und das "Hotel Resid." in Av. Sarmiento/Suipache um 3 US. – Mit eigenem Zelt kann man auf dem öffentlichen Campingplatz im Parque Centenario übernachten. –

Verbindungen: FLUG: täglich via Cordoba nach Buenos Aires mit "Austral"- Jets; die "A.A." fliegt nach derzeitigem Flugplan erheblich (!) seltener. – Querverbindungen mit Propellermaschinen der "Aerochaco" nach Restistencia und Santa Fe.

ZUG: es gibt, wie auch in Cordoba wieder 2 Bahnhöfe. Die Estacion F.C.N. Gral Belgrano liegt zusammen mit dem Busterminal Ecke Av. 24 de Setiembre mit Av. Saenz Peña. Etwa 4 Blocks von der zentralen Plaza Independencia entfernt. – Die Estac. F.C.N Gral. Mitre liegt im nördlichen Teil der Stadt, etwa 1o Blocks übers Eck zur Hauptplaza.

Verbindungen nach Buenos Aires via Cordoba, und nach Salta,-weiter entweder Richtung La Paz (Grenze La Quiaca, dort umsteigen) oder nach Sta. Cruz (Grenze Yacuiba, dort umsteigen). Abchecken, ob der Bus schneller ist. Beim Zug der Vorteil, daß er Restaurantwaggon mit sich führt und man sich auch besser die Füße vertreten kann.

BUS: Busterminal Ecke Av. 24 de Set. mit Av. Saenz Peña. Dichte Verbindungen in alle Landesteile, aber auch die nähere Umgebung.

Museen/Tucuman: neben der bereits erwähnten Casa Historica/Calle Congreso das "Museo Folklorico"/Ecke Av. 24 de Setiembre mit Muñecas. Ein kleines, aber bezüglich Artesania der Region sehr lohnendes Museum. 1 Block von der Hauptplaza. – "Museo Antropologia"/25 de Mayo, Höhe Mendoza (2 Block von Hauptplaza) mit einer Sammlung archäologischer Fundstücke der Frühkulturen dieser Region. – "Museo Bellas Artes Provincial"/Alvarez Ecke 25 de Mayo (1 Block von der H.-Plaza). In einer kolonialen Finka, schönes Haus, in dem Dr. Avellaneda 1837 geboren wurde. Bilder und sonstige Kunstwerke regionaler Künstler. – "Casa de la Cultura"/San Martin Ecke Rivadavia. – "Museo Historico de la Provincia"/Congreso Ecke Alvarez, 1 Block von Plaza. Geschichte der Region.

Kontakte: "Club Aleman" Ecke Santiago mit Suipache

★ **Nähere Umgebung:** Villa Nougues ist beliebter Ausflugsort für die Leute von Tucuman. Oben in den Bergen, Busverbindung ab Tucuman, ca. 1 1/2 Std. Fahrzeit, mehrere Hotels, relaxing. Infos über Tucuman Tourist Office.

Parque de Menhires: rund 1oo km südwestlich von Tucuman. Auf einem 2.3oo m hohen Hügel behauene Steinfiguren, die denen der Osterinseln gleichen. Erstaunliche Parallelen; weiteres Argument, daß Thor Heyerdahl mit seiner Einwanderungstheorie/Osterinseln unter Umständen doch recht hatte! (Vergl. "Kapitel Osterinseln/Chile"!)

Der Parque de Menhires liegt bei El Mollar an der Erdpiste rüber nach Cafayate. Tours ab Tucuman, ansonsten öffentlicher Bus und den Rucksack schultern.

Tafi del Valle, 7 km nach El Mollar. Argentinisches Käsezentrum. Der 1.97o m hoch gelegene Ort besitzt jedoch keinen Flair. Einfache Unterkunftsmöglichkeit, gutes Restaurant das "Rancho de Felix", billig und lecker! Busverbindung ab Tucuman.

Die Region ist reich an archäologischen Funden praecolumbianischer Kulturen. Details über die Tucuman Tourist Office. In den Tälern subtropische Vegetation , wie auch in Tucuman(durch die abschirmenden Berge und die Wolken, die sich dort fangen und Kälteeinbrüche verhindern An höher gelegenen Hängen Riesenkaktusse. Unterm Strich: eine äußerst reizvolle Region.

★ TUCUMAN ⋙→ SALTA: die Direktroute geht via Rosario de la Frontera, 22o km, asphaltiert, täglich mehrere Busse, die rund 5 Std. brauchen, ca. 8 US $, sowie Zugverbindung.

Landschaftlich lohnender, allerdings erheblich länger zu fahren, ist die Alternativroute via oben beschriebenem Tafi del Valle und CAFAYATE. Erdpiste bis kurz vor Cafayate, danach Asphalt, aber sehr kurvenreich. Insgesamt ca. 43o km; 2 angebrochene Tage mit Übernachtung im schönen Cafayate; kann man via CACHI ausdehnen.

CAFAYATE: 1.7oo m, wird von den Argentiniern als zweitschönster Ort Nordargentiniens (nach Cachi) bezeichnet. In einem klimatisch geschützten Hochtal gelegen, an den Hängen Weinanbau. Im Ort viele Probierstuben, aber Vorsicht, der Wein hats in sich! Eine in der Hitze schnell wachsende

Sorte, die nicht immer qualitativ mit den Tropfen z.B. Mendozas verglichen werden kann. Probieren ist gratis, wobei aber schon der Kauf eines Fläschchens erwartet wird; keine schlechte Idee für abends im Hotel.Kleines Wein-Museum in einem Keller aus vorherigem Jhd. in der Hauptstraße.

Interessant ist auch das kleine Privatmuseum von Sr. Rudolfo Bravo mit Fundstücken praecolumbianischer Indiokulturen der Region. Mehrere Artesania Geschäfte mit Wollarbeiten, wobei aber das Angebot in Cachi reichhaltiger und billiger ist.

Cafayate hat an 35o Tagen des Jahres Sonne. Übernachtungstip das "Gran Real" in der Calle Gral. Güemes 128, das Doppel mit Privatbad und Parkett-Fußboden um 13 US. – Gut auch "Asturias"/Güemes 154 und "Melchior"/ Güemes Ecke D. Almagro, beide um 15 US mit Privatbad.Am Ortsrand, Straße Ri. Salta öffentlicher Campingplatz, gratis.

BUSVERBINDUNG: mit Tucuman 3 mal pro Woche (ca. 6 US) direkt, – ansonsten via Santa Maria fahren (tägl. Busse von Tucuman, Fahrzeit ca. 6 Std., in Santa Maria Hotels, Restaurants und tägl. Colectivos rüber nach Cafayate, ca. 2 Std. Interessant auf halber Strecke die alte Indiofestung in Quilmes, fantastischer Rundblick; eventuell lässt sich mit dem Colectivofahrer ein kleiner Stop dort vereinbaren!)

Cafayate nach SALTA: täglich Busse, die auf den 2oo km 4 Std. brauchen, ca. 4 US. Eine landschaftlich grandiose Strecke, bizarre Bergformen, mehrfarbige Hügel durch verschiedene Mineralien. Wilde Andenlandschaften.

ALTERNATIVE: Cafayate via Cachi nach Salta. Eine wilde Erdpiste, die nur die ersten ca. 15 km asphaltiert ist, eng an Berghängen und durch Andentäler. CACHI in 2.2oo m Höhe besticht durch seine Sauberkeit. Ein Mininest in den Anden, die Hauptplaza mit weißem Arkadengang und dem hübschen Kirchlein. Decke aus Kaktusholz. Die Bewohner leben vom Pfefferminzanbau, von ausgezeichneter Artesania und steigendem innerargentinischen Tourismus. Gutes A.C.A.- Hotel, sowie mehrere einfache Unterkünfte.

Die Strecke von Cachi nach Salta (Erdpiste) steigt bei viel Szenerie rauf über den "Cuesta del Obispo" (3.6oo m!). Viel Fotomaterial bereithalten und den Busfahrer fragen, welche Seite die beste im Bus ist!

Salta ca. 3oo.ooo E./1.2oo m

schönste Großstadt Nordargentiniens und lohnenster Zwischenstop auf dem Weg von Bs.As. nach La Paz/Bolivia (wer nicht die im Vorkapitel beschriebene Alternative via Cafayate, Cachi reist). –

Bequem per Flug (ca. 2 Std.), sowie Zug ab Bs. As. zu erreichen, wobei sich der Zwischenstop in Cordoba auf halber Strecke anbietet.

Salta wurde 1582 von den Spaniern gegründet und hat heute noch viele Kolonialbauten im Centro, die den Reiz der Stadt ausmachen. Man gibt sich viel Mühe mit der Restaurierung und Erhaltung der kolonialen Casas und Kirchen, die das touristische Kapital der Stadt darstellen.

Tourist Info: Buenos Aires 93/Ecke Alvarado, 1 Block von der Hauptplaza entfernt. Generell wird die Freundlichkeit und Hilfsbereitschaft des Personals gelobt, die neben touristischer Information auch bei Zimmervermittlung behilflich sind.

Post: Correo Central: España Ecke D.Funes in Verlängerung der Cordoba (Karte Nr.4)

Hotels: drei Hotels an der Hauptplaza: am billigsten das "Plaza Hotel"/España 5o8, mit Privatbad ca. 17 US, – das "Victoria Plaza"/Zurivia 16, ca. 3o US und das "Hotel Salta"/Buenos Aires 1, ca. 4o US $ und 4 Sterne. –"Hotel Provincial"/Caseros 786, Zimmer mit TV, ca. 4o US. – Gute Mittelklasse das "Premier"/Jujuy 3o5 für ca. 17 US. – Billighotels im Bereich u.a. des Bahnhofs. "Res. Hispaña"/Calle San Juan Ecke J.B. Alberdi, ca. 8 US, – "Res. Sandra"/Alvarado, ca. 5 US ,– "Hotel Central" Av. Belgrano ca. 4 US. Öffentlicher Campipingplatz am Stadtrand.

Restaurants: Berühmt für Salta sind die Empanadas Salteñas (gefüllte Teigtaschen), z.B. in der "Casa de la Empanada"/O'Higgins 575 oder in der "La Reina de las Empanadas"/Alberdi 413. – Gute Restaurants: "Grill Hotel Salta" an der Hauptplaza, – "La Posta" in der España 476, gute Parrillas, – "La Catiza"/Alberdi 134. Billig das "Mi Rancho" in der Mitre 3o1, gut "La Madrileña"/Espana 421.

In der Regel hat Salta wegen seiner Höhe von 1.2oo m ein angenehmeres und kühleres Klima als Tucuman. Allerdings kann die Hitze im Sommer tagsüber ganz schön runterbrennen. – Hauptplaza ist die 9 DE JULIO mit der, Ende des 18. Jhds. gebauten Kathedrale. Im Inneren eine wundertätige Christusstatue, die die Kolonialherren 1592 aus Spanien mitbrachten und ein Marienbild. Es soll 1692 eine Erdbebenkathastrophe verhindert haben und wird heute bei dem religiösen Fest am 13. Sept. alljährlich mit viel Pomp und Action durch die Straßen von Salta getragen. Ein Riesenfest, zu dem rund 6o.ooo Besucher kommen.

An der Südseite der Plaza das CABILDO HISTORICO, das alte Rathaus, in dem heute das sehr lohnende "Museo Historico del Norte" untergebracht ist (Karte/Nr. 1o). Daneben, Ecke Calle Buenos Aires mit Caseros das "Museo Costumbres" (Nr. 9).

Kirche SAN FRANCISCO (5) mit dem höchsten Kirchturm Südamerikas, 52 m hoch, angegliedert ein kleines Museum. – CONVENTO SAN BERNARDO (6) stammt von 1762 und ist eines der ältesten, heute noch erhaltenen Kolonialgebäude der Stadt.

MUSEO ARQUEOLOGICO (7) mit Fundstücken der Region. Direkt am Museum beginnt ein Pfad auf den Cerro San Bernardo. Von oben schöner Panoramarundblick über die Stadt und das Tal. Am 16. Juni jeden Jahres großes Fest, zu dem die Gauchos der Region sich in Salta treffen. Lohnt sich vorallem auch, da viele Volksmusikgruppen kommen; allerdings schwierig, zu dieser Zeit Zimmer zu bekommen. – Am 24. Sept. Fest zu Gedenken an die siegreichen Kämpfe gegen die Spanier bei Tucuman und Salta, – ebenso sehr lohnend der Salta Karneval mit farbenprächtigen Kostümen.

"MUSEO HISTORICO COLONIAL Y BELLAS ARTES" (11) in einem Kolonialgebäude mit schwerer Holzbalkendecke und Ausstellungsstücken aus der Kolonialzeit (Möbel, Bilder etc.)– "Museo Ciencias Naturales" (12) naturwissenschaftliches Museum im Park an der Calle Mendoza.

MARKT: (8) für Früchte, Gemüse, Fleisch an der Av. San Martin Ecke Florida. – Mercado Artesania (Av. San Martin/Yanci, Bus Nr. 2)lohnt sich für den Besuch, wenn man nicht weiter nach Bolivien fährt, wo die Sachen billiger sind. Allerdings in Salta gute Auswahl an Webarbeiten, vorallem aber viele Ledersachen (Taschen, Stiefel, Gürtel) zu günstigen Preisen. Offen an Werktagen von ca. 8 Uhr bis Sonnenuntergang.

Verbindungen: FLUG: nach Buenos Aires täglich via Tucuman oder Cordoba. Querverbindungen nach Rosario, bzw. via Cordoba nach Mendoza. – Intern. Verb. nach Antofagasta 1 mal/Wo. 80 U$ mit AA, sowie nach Santa Cruz/Bolivien (ca. 100 U$ 3 mal Wo.) und nach Tarija/Bolivien (ca. 60 U$ 1 mal Wo.– Raus zum Flughafen gibts zu Abflügen und Ankünften einen speziellen Bus (ca. 2 U$), Abfahrt Plaza 9 de Julio. Infos über AA . Taxi raus zum Flughafen ist mit ca. 13 U$ teuer für die kurze Distanz.

BUS: jede Menge Verbindungen ab Salta. Nach Cordoba mehrmals täglich, 15 - 16 Std./ 2o US $. Geht via Tucuman (ca. 5 Std. ab Salta). – Rüber nach Jujuy tagsüber stündliche Abfahrten, ca 2 US, knapp 2 Std. – Nach La Quiaca an der bolivianischen Grenze mit dem "Atahualpa"- Direktbus täglich. Ein harter Trip, da ab Huamahuaca derzeit die restlichen 17o km bis zur Grenze noch Erdpiste sind. Bequemer per Zug, allerdings sind die Züge oft überfüllt. Dauert per Bus ab Salta rund 10 Std. – nach Resistencia tägl. 1 mal, quer durch den Chaco. Ein harter Trip nicht unter 15 Std., nach Regenfällen oder Busbreakdowns erheblich mehr! Ab Resistencia Busverbindung nach Asuncion/

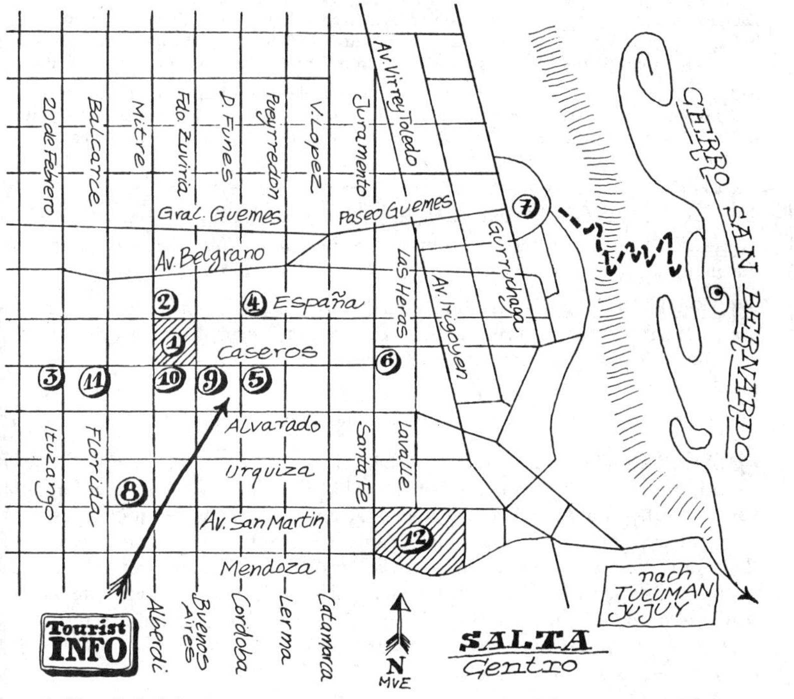

1 Plaza 9 de Julio
2 Kathedrale
3 Kirche La Merced
4 Correo Central/Post
5 Kirche San Francisco
6 Kloster San Bernardo
7 Museo Arqueologico
8 Markt
9 Museo Costumbres
1o Cabildo, Museo Historico del Norte
11 Museo Historico Colonial y Bellas Artes
12 Museo Ciencias Naturales

Paraguay. Geht auch im Direktbus "Atahualpa" ab Salta bis Asuncion, allerdings mit rund 3o US teuer. Da die Strecke durch den Chaco auf Stunden kaum Abwechslung bringt: besser mit dem "Aerochaco"- Propeller von Salta nach Formosa (2 Std. und ca. 25 US, allerdings derzeit nur 1 x/Woche) und weiter mit dem Bus auf der gut ausgebauten Asphaltstraße bis Asuncion (mehrmals tägl. Busse). –

Salta – Santa Cruz/Bolivien. Nachdem die Straße bis zur Grenze (Pocitos/Yacuiba) asphaltiert ist und der Zug rund 2 Tage bis zur Grenze braucht, kann der Bus schneller und bequemer sein, trotz Länge der Strecke. Abchecken, wie's mit den Verbindungen aussieht. Allerdings ab boliv. Grenze den Zug nach Sta. Cruz nehmen! Die parallel verlaufende Straßenpiste (Erde/Sand) ist sehr Regen- anfällig. Oder: Propellermaschine Yacuiba nach Sta. Cruz. Details siehe dort! –

Salta nach Antofagasta/Chile: 1 mal pro Woche Busverbindung. Dauert je nach Pistenzustand 22 bis 3o Std.Landschaftlich streckenweise großartig, allerdings warme Sachen einpacken, da es kräftig rauf in die Höhe geht und es nachts so kalt wird, daß sich oft Eis am Busfenster bildet. Achtung: Vorab Einreiseformalitäten für Chile in Salta klären!

ZUG: Salta – La Quiaca, die bereits beschriebene Zugverbindung Buenos Aires – Cordoba – Tucuman – Salta nach La Paz/Bolivien. Umsteigen an der Grenze in den boliv. Zug nach La Paz. Bis zur Grenze oft satt voll, da der parallel fahrende Bus einen 17o km- Erdpistenanteil bis zur Grenze fahren muß.

Die andere Strecke: Salta – Pocitos/Yacuiba, Grenze Bolivia und Umsteigen in den boliv. Zug nach Santa Cruz. In Embarcacion auf halber Strecke bis zur Grenze gibts Anschluß an ein Schmalspurgleis einer Privateisenbahngesellschaft rüber nach Formosa.

Salta – Antofagasta/Chile: der Personenverkehr auf dem 9oo km Gleis von Salta an die chilenische Pazifikküste ist eingestellt. Der noch 198o in Betrieb befindliche Zug brauchte 3 Tage (!); da ist der Bus (siehe oben, 1 x/Woche, ca. 22 - 3o Std.) schneller und bequemer. Siehe auch "Umgebung Salta"!

Salta/Nordwest- Argentinien ⋙→ Bolivien bzw. Peru/Chile, Pazifikküste:

In SALTA (interessantester Punkt in Nordwestargentinien) entscheidet sich die weitere Route, wer nach Nord in die Nachbarländer will:

(A) HAUPTROUTE via La Quiaca nach Bolivien. Bringt als Plus, daß man die interessantesten Punkte Südboliviens (Silbermine von Potosi, Sucre etc.) auf dem Weg nach La Paz einbauen kann.

Weiter ab La Paz via Lago Titicaca, – die wohl zentralste, meist- bereiste und schönste Route zwischen Bolivien und Peru.

(B) ALTERNATIVE via Chile/Antofagasta. Zeitaufwendig, wegen seltener Verbindungen, aber streckenweise landschaftlich grandios! Bus von Salta nach Antofagasta, bzw. Calama und Atacames Wüste. Andenhochlandschaften mit riesigen Salzlagunen, bei Calama die größte offene Kupfermine der Welt mit einem 47o m tiefen, künstlichen Abbau- Trichter, sowie Geysire oben im Grenzgebiet Chile/Argentinien (El Tatio), Kette schneebedeckter Vulkane an der Grenze. – Von Calama dann mit der Eisenbahn retour, rauf über die Andenkette nach Bolivien und durch den Salzsee von Uyuni nach Potosi, Sucre bzw. La Paz.

Eine der lohnensten Eisenbahnstrecken der südam. Anden. Leider ebenfalls nur 1 x/Woche; lässt sich aber bei den vielfältigen Aktivitäten im Bereich Calama/Atacames-Wüste durch entsprechendes timing bequem überbrücken. (VORAB: Einreiseformalitäten in Salta und in Calama abklären!)

★ **Umgebung/Salta:**

CACHI, CAFAYATE, siehe Seite 132o Tip: wer mit dem Argentinien - Rundflugticket unterwegs ist: Salta anfliegen und Überland via Cachi und Cafayate nach Tucuman. Dort wieder ins Ticket "einsteigen". Landschaftlich eine der schönsten Strecken Nordwestargentiniens!

TREN A LOS NUBES (Zug zu den Wolken). Eines der großen Eisenbahnbonbons für Zugfans! Während der Direktzug Salta - Antofagasta/chilenische Pazifikküste (siehe "Verbindungen ab Salta"!) eingestellt ist, – fährt nach wie vor ein "Tren Mixto" (Passagier- Waggon + Cargo) von Salta bis an die Grenze oben im Andenhochplateau/Socompa. Derzeit 1 mal pro Woche, soll sogar Schlafwagen mit sich führen! Warme Sachen einpacken, denn es wird unterwegs eisig kalt; abchecken, ob ein Restaurantwaggon mit von der Partie ist. Unterwegs gibts nämlich in den Bahnhöfen nix zu futtern!

Abfahrt derzeit gegen 16.3o Uhr in Salta, – was bedeutet, daß man den interessantesten Teil, nämlich zwischen Salta und San Antonio de los Cobres nachts fährt. Schade! Dafür nach Morgengrauen über das Andenhochplateau entlang eines Salzsees, am Horizont bei klarem Wetter die Kette der schneebedeckten 6.ooo-ender Vulkane an der chil./argent. Grenze. (ca. 1o US).

Socompa wird bei Abfahrt 16.3o/Salta gegen 13 Uhr des nächsten Tages erreicht, wo der Zug nach ca. 2 Std. nach Salta zurückfährt. Mit an Bord jede Menge Schmuggler, was den Reiz der Sache steigert.

Parallel wurde in den vergangenen Jahres ein, ebenfalls mit historischem Waggon- Material fahrender Touristenzug ab Salta (1 bis 2 x/Woche) rauf bis San Antonio de los Cobres eingesetzt. Abfahrt gegen 7 Uhr früh, retour gegen 22 Uhr in Salta. (ca. 2o US retour, Tickets über Reisebüros in Salta).

VON SALTA windet sich der Zug steil und schnell rauf in die Berge. Höhe Salta/1.2oo Meter, große Brückenkonstruktionen, tiefe Canyons. Höchster Punkt knapp 4.ooo m! Großartige Szenerie, Landschaft "pur"! Vor San Antonio de los Cobres über eine endlose Hochebene mit Lamaherden.

Probleme kann die Höhenkrankheit machen, beim schnellen Anstieg. San Antonio de los Cobres selber eine reizlose Minenstadt, Basic Hotels. Nachts eisig kalt! Auch per Regional Bus ab Salta zu erreichen. –

PISTE von San Antonio de los Cobres rüber in die chilenische Atacames- Wüste. Heißer Tip für Leute, die im Geländewagen in Südamerika unterwegs sind. Allerdings keinerlei Tankstelle zwischen S.Antonio und Calama/Chile. Not- Tanken in der Hosteria San Pedro de Atacames, siehe Chile- Teil des Bandes! Ersatzreifen, Reservekanister.

NATIONAL PARK "EL REY": 19o km östlich von Salta. Der in rund 1.ooo m Höhe gelegene Nationalpark hat üppige Vegetation, reiche Fauna und eine kleine Hosteria zur Übernachtung. Infos zu Reservierung und Transport über das Salta- Tourist Büro.

Jujuy **ca. 15o.ooo E./ 1.26o m**

Besteht als spanische Siedlung seit 1593. In einem weiten, fruchtbar-grünem Andental gelegen, hat Jujuy zwar seinen Charme. Im Rahmen des starken Wachstums der letzten zwanzig, dreißig Jahre jedoch immer mehr von moderner Einheits- Architektur durchsetzt. In der südlich benachbarten Provinzhauptstadt Salta gibt man sich mehr Mühe mit der Erhaltung des harmonisches Stadtbild. Sehenswürdigkeiten: die Kathedrale mit schönem Goldaltar und die 2o km nördlich gelegenen Thermalquellen "Termas de Reyes" (Bus, ca. 3o Min., mit Hotel und guter Campiermöglichkeit). Die Thermalquellen kommen ca. 6o Grad heiß aus dem Boden, somit bis zur Abkühlung und im Badebecken angenehm und besser als jede Hoteldusche in Jujuy. Schöne Lage unterhalb des 6.2oo m hohen Vulkans Nevado d. Chañi.

Tourist Info Jujuy: Belgrano 69o

Unterkunft: "Fenicia"/19 de Abril 427 gilt zusammen mit dem "Internacional" als bestes der Stadt. Doppel um 25 US $. – Außerhalb der Stadt an der Ruta 4/km 4 auf einem Hügel gelegen, mit schönem Blick das "Alto la Viña", Tip wegen seiner Lage und weil es Swimming Pool besitzt, vorallem ruhig ist. Doppel ca. 25 US $. Taxi nehmen! –

Gute Mittelklasse sind "Sumay"/Otero 231, ca. 18 US. – "Augustus"/Belgrano 715, zwar schön zentral gelegen, aber laut, ca. 2o US. – "Huaico" an der Ruta 9 (nach La-Quiaca), etwa 3 km außerhalb in schöner Lage, Doppel ca. 18 US.

Billig- Hotels: "Los Andes"/Republica de Sirea nähe Busstation, angenehm mit heißen Duschen, sauber. Doppel ca. 5 US $. – "Residencial Ledesma"/Lavalle 464, sauber, ca. 5 US, – "Del Norte"/Alvear 444, eines der billigsten wohl überhaupt in Jujuy, ca. 3 US, nähe Bahnhof, wie auch das "Savoy"/Alvear 441, Doppel ca. 4 US. – "Heradura"/ Alvear, sauber, ca. 4 US, – "Pension/Residencial"/Otero 445 nähe Bahnhof ca. 4 US.

Verbindungen: täglich Flugverbindung mit der Aerolineas Argentinas (Jet) ab Buenos Aires mit Zwischenstop in Cordoba. Achtung: der Flughafen von Jujuy rund 4o km entfernt, Fahrzeit rund 1 Std. Somit zeitaufwendig und teuer, um in die Stadt zu kommen. Allerdings ist Jujuy der nördlichst gelegene Airport zur bolivianischen Grenze, – wer mit dem Argentinien- A.A.- Rundflugticket unterwegs ist und weiter nach Bolivien will.

BUS: stündl. nach Salta, ca. 2 US, Fahrzeit knapp 2 Std. Teils Direktbusse nach Tucuman und Cordoba, teils via Salta. Jujuy – Purmamarca – Susques: kleines Indionest, landschaftlich grandiose Strecke. Unter anderem geht es über einen 4.ooo-ender Pass rauf in die Altiplanohochebene mit ihren Salzseen nahe der chil. Grenze. 2 mal/Woche. Tilcara: tägl. mehrmals, ca. 2 US, – Humahuaca: tägl. mehrm., ca. 3 US, 3 Std.

NORD- ARGENTINIEN ⋙→ BOLIVIEN:

(1) Die Hauptroute geht über den Grenzübergang LA QUIACA/VILLAZON für die Strecke rauf nach La Paz. Täglich mehrere Busse ab Jujuy an die Grenze zum Mininest La Quiaca. Brauchen für die knapp 3oo km rund 8 Std. (ca. 1o US $), denn nur bis Humahuaca ist die Straße asphaltiert.

Alternative ist der Zug (2 mal/Woche, ca. 1o Std. ab Jujuy bis La Quiaca, ca. 8 US). Vorteil, daß man, –(zumindest nach Fahrplan)Anschluß an den bolivianischen Zug auf der anderen Seite der Grenze/Villazon nach La Paz hat. Die Züge allerdings oft überfüllt und rechtzeitig Fahrkarte kaufen.

Die FAHRT rauf zur Grenze/La Quiaca geht, egal ob Bus oder Zug durch die Quebrada Humahuaca, ein tief eingeschnittenes Tal . Bei PURCAMARCA die berühmte "Palleta del Pintador" (Malerpalette), wo die Berge in den verschiedensten Farben leuchten wegen Mineralien. Fast noch schöner als die Quebrada de Cafayate.

TILCARA: großes Dorf, vorwiegend aus sonnenverbrannten Lehmziegeln. Interessant das Folkloremuseum. Der Besitzer erklärt alles mit viel Liebe und Kenntnis. Es geht um Volksbräuche, Karnevalsfiguren, Ermitas (riesige Bilder aus Blüten, Blättern, Wurzeln und Früchten mit religiösen Motiven für den Kreuzweg in der Osterwoche). Eine weitere Fahrstunde entfernt liegt HUMAHUACA, etwas größer als Tilcara, mit großem Kunsthandwerk-Markt. Wer an Bombos interessiert ist, sollte ihn dort kaufen. Billiger als in Jujuy oder Salta. Auch in Humahuaca gibts ein Folkloremuseum, von einem Antropologen- Ehepaar geführt. (Vielen Dank an Paul Schmarling für ergänzende Infos zur Region!). –

Hotels: in TILCARA: "De Turismo Tilcara"/Belgrano 59o, ca. 1o US $, – "El Antigal"/Rivadavia, ca. 5 US $. – In HUMAHUACA: "De Turismo"/Buenos Aires 65o, ca. 1o US $, – "Humahuaca"/Cordoba Ecke Corrientes, ca. 5 US $, – "Colonial"/ Entre Rios 11o, ca. 7 US $.

Eine Region reich an Kolonialkirchen und Artesania. Relativ spät von den Spaniern besiedelt, die zunächst in Erschließung des heutigen "Argentiniens" (ausgehend von Peru) den "Camino Real", den Transportweg, oben in den Bergen und Altiplano- Hochebenen verlaufen ließen, um kämpferische Auseinandersetzungen mit den Coya- Indianern in den Tälern zu vermeiden. Es waren zunächst die Missionare (Franziskaner-, Dominikaner-, vorallem aber Jesuiten- Padres), die sich für die Region engagierten. Ungemein freundliche Bevölkerung, wenn man Spanisch spricht. Lohnende Ausflüge zu kleineren Siedlungen der Umgebung.

In Humahuaca endet die Asphaltstraße; im Anschluß der Zug bequemer als der Bus. Notfalls retour nach Jujuy, was in ca. 3 Std. per Bus zu erreichen

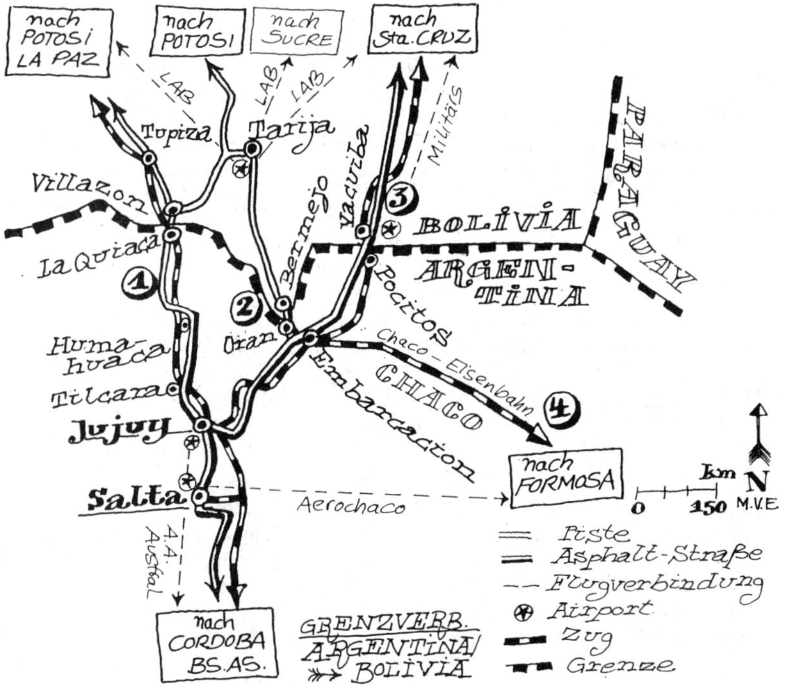

ist, – sofern man in Humahuaca keinen Platz im Bus oder Zug bekommt.

LA QUIACA: Grenzort zu Bolivien, Höhe knapp 3.5oo m. Nachts eisig kalt, Basic- Übernachtungsmöglichkeit in Bahnhofsnähe. Im Ort definitiv nichts los; wer auf Anschluß wartet, kann die 16 km rüberfahren nach Yavi, wo es eine schöne Kirche mit überquellenden Goldornamenten gibt.

Vom La Quiaca- Bahnhof sinds rund 1 km (=ca. 15 Min. zu Fuß) über die Grenzbrücke rüber zum bolivianischen Villazon- Bahnhof. Knapp vor der Brücke die argentinischen Passformalitäten, – kurz nach der Brücke die bolivianische Immigracion. Sofern man nach wie vor für Bolivien eine "Turist Card" zur Einreise braucht, sollte man sich diese bereits vorab bei einem Bolivia- Konsulat besorgen, denn angeblich wird in La Quiaca bis zu 15 US $ für die Ausstellung verlangt, die an sich kostenlos ist!

Busterminal und Bahnhof auf der boliv. Seite/VILLAZON sind nahe zusammen. Derzeit Übernachtung in Villazon billiger als La Quiaca, aber ebenso basic.

JE NACH ZEIT: entweder direkt mit dem Zug rauf nach La Paz, – oder bis UYUNI und nach Potosi umsteigen zu den Silberminen. Lohnend ist auch der Abstecher ab Villazon rüber nach TARIJA (8 bis 9 Std. im Bus, landschaftlich großartige Andenstrecke!) Dort entweder weiter mit dem Bus bis Potosi, oder per LAB- Flug nach La Paz oder Sucre. Alle Details im Bolivien- Teil!

TARIJA ist der zur Grenze nächste Airport, – wer das argentinische Rundflugticket mit dem bolivianischen verbinden will. Bzw. ab Tarija günstige bolivianische Inlandsflüge, – auch rüber nach Sta. Cruz.

(2) ALTERNATIVE nach Tarija: geht via Grenzübergang Bermejo. Tägl. Busverbindung ab Jujuy nach ORAN, dort (Basichotels) umsteigen an die Grenze/Bermejo. Mit täglicher Busverbindung (ca. 8 Std.) nach Tarija. Vorwiegend Erdpiste, (– wie auch Villazon → Tarija.) Letztere allerdings bequemer und landschaftlich interessanter!

(3) Die Hauptroute von Jujuy nach STA. CRUZ/BOLIVIA geht über den Grenzübergang Pocitos/Yucuiba. Der selten verkehrende Zug an die Grenze ist langwierig; besser Bus, tägl. bis Embarcacion und weiter bis an die bolivianische Grenze. Ca. 1o US bis Pocitos, zu Fuß rüber. Weiter nach Sta. Cruz am besten mit dem Zug, da die Piste (Busse) schwierig zu befahren ist, – oder mit Militärflugzeug. Alle Details siehe Bolivien- Teil!

(4) CHACO–EISENBAHN: die große Querverbindung, – wer von Bolivien nach Paraguay will (sofern die Transparaguay- Routen zu sind, wegen Regenzeit), – führt via Villazon durch den Nordzipfel Argentiniens nach Formosa und rauf nach Asuncion/Paraguay.

Zugverbindung von Sta. Cruz/Bolivia kommend (bzw. Querverbindungen von den Anden per Bus) nach YACUIBA, der Grenze zu Argentinien. Zu Fuß rüber nach Argentinien/Pocitos, kleines Grenznest und tägl. Busverbindung bis EMBARCACION (Hotels, Restaurants, die Stadt ohne besonderen Reiz). Hier geht ein schnurgerades 7oo km- Schmalspurgleis rüber nach FORMOSA am Rio Paraguay (Straßenverbindung nach Asuncion, häufig Busse!). Ein endloser Trip durch die Graslandschaften, Sträucher und Kaktussteppe. Nur selten Siedlungen. Fahrzeit um 22 Std., angeblich für Passagierverkehr eingestellt. Das würde den zeitlichen Riesenumweg via Salta + Bus nach Resistencia bedeuten (Details siehe dort!), bzw. Flug mit Aerochaco.

Nordost - Argentinien:

Mesopotamia, – die Region entlang des Rio Parana. Fruchtbare Pampa-Tieflandschaften, allerdings ohne besonderen touristischen Reiz, was auch für die meisten Städte gilt.

Interessant als schnelle Querverbindung von BS. AS. nach ASUNCION/Paraguay – und wegen der Region MISIONES. Verlassene Jesuiten- Siedlungen in dichten Tropen nähe der brasil./paraguay. Grenze.

Interessantester Punkt, – mit Abstand: IGUAZU–WASSERFÄLLE!!

ROUTE NACH PARAGUAY:

Direktbus ab Buenos Aires/Busterminal nach Asuncion via Resistencia/Formosa. – Bzw. mit dem Zug/Bus nach POSADAS, dort per Schiff über den Rio Parana nach Encarnacion/Paraguay und nostalgischer Zugtrip bis Asuncion. Route hat den Vorteil, daß man in die Misiones (Ignacio Mini) reinschnuppern kann. Ganz in der Nähe von Posadas.

Bs.As. nach Asuncion direkt: 1 Tag + 1 Nacht. – Via Posadas rund 2 Tage, ohne Abstecher Misiones. – Am bequemsten per täglichem A.A.- Jetflug in 1 1/2 Std. bis Posadas oder Formosa.

ROSARIO: knapp 1 Mill. Einwohner. Exporthafen seiner Region via Rio Parana. Dichte Verbindung ab Bs.As. per Zug/Bus/Flug. Touristisch weniger interessant.

SANTA FE: rund 300.000 E., 2,4 km- Tunnel unter dem Rio Parana durch zur Nachbarstadt am anderen Flußufer PARANA. Beide touristisch weniger interessant. Häufige Bus- Querverbindungen auf den asphaltierten Schnellverbindungen westlich nach Cordoba und östlich nach Concordia (an der Grenze zu Uruguay/Salto).

RESISTENCIA am Rio Parana, – andere Flußseite CORRIENTES: Handelszentrum der Region, Reis, Schafe, Rinder. Einzugsgebiet reichen Estancia-Landes. Hotels, Restaurants, aber ohne touristischen Reiz.

FORMOSA: rund 50.000 E., Ausgangspunkt des Schmalspurgleises durch den argentinischen Chaco nach Embarcacion. Details siehe dort! Tropisch heiß und in sofern interessant, – ansonsten ohne Spezielles, ausgenommen Spielcasino (zum Anreiz der Region) und Bootstrips auf dem breiten Paraná. Direkte Busverbindung mit ASUNCION über die internationale Brücke.

RIO URUGUAY:

Grenzfluß zum Nachbarland Uruguay. Mehrere Grenzübergänge, die vorwiegend für innerargentinischen Verkehr von Bedeutung sind. Das Eisenbahngleis ab Bs.As. folgt weitgehend dem Fluß rauf nach POSADAS an der argentinisch- parag. Grenze. Lohnender Stop, – sowohl auf dem Trip nach

Asuncion/Paraguay, – wie auch rüber nach IGUAZU.

★ Posadas ca. 11o.ooo E./4oo m

Geschäftige Provinzhauptstadt an der Grenze zu Paraguay. Im Centro intensives Neonreklame- Geflimmer wie im besten USA- Wildwest. Superheiß im Sommer, Die Stadt selber weniger attraktiv, – lohnend aber als Ausgangspunkt für die naheliegenden Misiones!

Tourist Info: Colon 393

Hotels: "Libertador"/San Lorenzo 22o8 Ecke Catamarca. 3- Sterne Hotel mit Privatbad, Tel., jedoch keinen TV im Zimmer. Doppel um 25 US, – "City Hotel"/Colon 28o, zentral gelegen, Zimmer mit Privatbad und heißer Dusche, ca. 15 US. – "Continental"/ Bolivar 314, modernes, zentral gelegenes Hochhaus, Tip sind die höher gelegenen Zimmer, Doppel ca. 2o US $. – "Posadas"/Bolivar 272,76, das Doppel um 15 US $.

Billighotels: Achtung, Preise werden vom Portier oft pro Einzelzimmer angegeben. Genau abchecken, damit es kein Mißverständnis und beim Bezahlen Ärger gibt! "Plaza"/ San Martin 235. Das etwas ältere Hotel ist sauber und empfehlenswert, Doppel ca. 7 US – "Savoy"/Colon 2o8 Ecke Sarmiento. Sauber, gemütlich mit hellen Zimmern. Das Doppel um 7 US $. – "Irupe"/Felix de Azara 584, sauber, ca. 8 US, – "El Dorado"/ Av. Mirte beim Busterminal. Wenig attraktiv, sauber und sehr kleine Zimmer. Doppel ca. 6 US $ und damit relativ teuer. – "Residencial Misiones"/Felix de Azara 382. nur 4- Bettzimmer, die allerdings groß und geräumig sind. Pro Person ca. 3 US. – "Familiar" Av. Mitre beim Busterminal. Sauber, freundlich. Doppel ca. 6 US. – Billigtips sind das "Tia Julia" und das "Sylvia" beim Busterminal, ca. 6 US $ fürs Doppel. –

Restaurants: "El Tropezon"/Calle San Martin. Gute Küche, billige Preise, am Wochenende Musik. – "Litoral"/AvArrechea 35 beim Busterminal. Gute Cafeterias in der Calle Bolivar/Bereich Colon.

Autovermietung: für Trips in den Misiones, bei "Nordeste Travel S.A."/Calle Junin 248 Ecke Calle San Martin/Posadas. Sowie "Nat. Car Rental", Calle Colon 28o und im Airport von Posadas.

Verbindungen: FLUG: täglich von Buenos Aires, ein 1 1/2 Std.- Flug. Derzeit keine Querverbindung mit A.A. oder Austral rüber nach Iguazu. Wer sich das "Argentinienrundflugticket" gekauft hat, muß daher zunächst zurück nach Bs. As. fliegen, um dort in die Direktmaschine der A.A. oder Austral nach Foz de Iguazu zu steigen. Rein an Flugzeit inkl. der Warterei fürs Einchecken und auf den Anschluß in Bs.As. genauso schnell wie der Bus durch die Misiones von Posadas nach Foz de Iguazu.

Ansonsten mit Propellermaschinen der Aerolinea Fed. Argentinea (ALFI) zweimal in der Woche von Posadas nach Foz de Iguazu für ca 15 US $, Flugzeit 1 Std. Die "ALFI" fliegt ebenfalls zweimal in der Woche rüber nach Resistencia, das ALFI- Verbindungen nach Salta, Tucuman und Mendoza besitzt.

BUS: der Busterminal von Posadas in der Av. Mitre, etwa 5 Blocks vom Centro/Calle Bolivar entfernt. Täglich mehrere Busse nach Buenos Aires, die für die 1.o5o km ca. 17-19 Stunden brauchen (ca. 15 US $) Die Strecke folgt dem Rio Uruguay. Der Zug von Bs.As. nach Posadas braucht in etwa die gleiche Zeit. Da das Gleis aber durch das sumpfige Tiefland des Rio Uruguay führt, mußte mehrfach die Zugverbindung wegen Überschwemmungen eingestellt werden.

Posadas nach Foz de Iguazu täglich mehrmals mit "Expr. Singer" und "Expreso Ciudad de Posadas" (ca. 6 Std./6 US $). Die durchgehenden Schnellbusse nach Foz de Iguazu halten allerdings nicht in Ignacio Mini. – Ebenfalls täglich Busse auf der asphaltierten Ruta 12 entlang des Rio Parana von Posadas nach Corrientes (ca. 6 US/6 Std.).

Posadas nach Asuncion/Paraguay: Stadtbus ab Posadas Centro/Calle Colon mit Aufschrift "Puerto" zum Hafen (ca. 5 Min.). Dort tagsüber alle 3o Min. mit einer Fähre über den Grenzfluß Rio Parana nach ENCARNACION/Paraguay auf der anderen Seite des Flusses Dort per Zug nach Asuncion. Details siehe dort!Vorab checken, wo Ein- und Ausreise-

Formalitäten geregelt werden. Neue Grenzbrücke über den Rio Parana im Bau und kurz vor Fertigstellung, die dann den Fährbetrieb über den Fluß erübrigt.

★ **Posadas ➳ Foz de Iguazú: (Misiones)**

Durchgehend asphaltiert, 28o km durch hügelige Tropenlandschaften mit dichten Urwäldern. Teils Rodungen für den Anbau von Obst und Gemüse, Mais, aber auch Tee und Tabak. Tagsüber drückt die Hitze durchs Bus- oder Autofenster, abends angenehm warm und frisch.

Auch wenn der Direktbus nach Foz de Iguazu nicht in IGNACIO MINI stoppt, sollte man dies unbedingt als Abstecher ab Posadas einbauen. Die besterhaltenste Jesuiten- Missionsstation der Region, ca. 5o km westlich von Posadas. Regionalbusse ca. alle 2 bis 3 Std. ab Posadas (2,5 US), die ca. 1 Std. bis Ignacio Mini brauchen. (Bzw. 6 Std. bis Iguazú).

Die JESUITEN wurden Anfang des 17. Jhd. vom spanischen König ins Land gerufen. Sie sollten die Indianer (Guarani) missionieren, – worunter der spanische König Unterwerfung verstand, d.h. Einbeziehung der Region in die spanische Überseeprovinz, – durch das strategische "Werkzeug" Missionar.

In den Folgejahren wurden bis ca. 164o im Bereich um den Rio Parana und Rio Uruguay an die 3o Reductiones (Missionsstationen) von den Jesuiten gegründet. Auf Grund hervorragender Arbeit der Jesuiten, die über Bibeltätigkeit hinausging, entwickelte sich bald ein Staat im Staat. Die in den Reductiones lebenden Indianer wurden von den Missionaren zu effizienter Landwirtschaft angeleitet, es gab keine Steuern. Geld und Gefängnis waren Fremdwörter.

Zwar mußten die landwirtschaftlichen Erzeugnisse an die Missionare abgeliefert werden, die diese jedoch nur organisatorisch verwalteten und an die Gemeinschaft verteilten, ohne hieraus wirtschaftlichen Nutzen für sich selber zu ziehen. Ein absolut konträr zu kolonialspanischer Ausbeutung stehendes Verhalten (vergl. z.B. Kolumbien, wo die Spanier das Land in Ermangelung superreicher Minen wie Bolivia landwirtschaftlich durch massive Steuern auspressten!)

Mit den Jesuitenmissionaren kamen hervorragende Handwerker in die Misiones, die die Indianer anleiteten. Bald erreichten die Misiones eine hohe Effizienz in Landwirtschaft, aber auch im Handwerk (Schmiede, Schreiner etc.), sowie im Kunsthandwerk. Mitte des 17. Jhds. lebten in den Reduciones rund 1o.ooo Menschen. Die wichtigsten waren Ignacio Mini, – São Miguel (heutiges Brasil), – Jesus und Trinidad (heutiges Paraguay).

Ähnliche Erfolge auch in den Jesuiten- Missionsstationen östlich von Sta. Cruz/heutiges Bolivia (siehe dort). Eine soziale "Utopia" eines gesunden und positiven, sozialen Zusammenlebens, die Realität wurde und sich zur wirtschaftlichen Macht innerhalb des spanischen Kolonialreiches/Südamerika entwickelte.

1767 wurde durch ein Dekret des spanischen Königs auf Druck europäischer Wirtschaftskreise und des Pabstes die Tätigkeit der Jesuiten in Südamerika verboten und deren Ausweisung verordnet.Eine Entscheidung, die zwar zu verstärktem spanischen Einfluß der Region führte, – zugleich aber auch zur Degeneration landwirtschaftlicher Produktivität.

Zwischen 1767 und 1897 überwucherte der Urwald San Ignacio Mini. Die Mauern verfiehlen. Wiederentdeckt und restauriert Anfang unseres Jahrhunderts . Heute argentinisches Nationalmonument.

Herz ist die Plaza. Umgeben von Wohngebäuden, die teils vom Urwald überwuchert sind. An der Breitseite die Kirche, ca. 7o m lang, teilweise erhalten mit den Verwaltungsräumen der Padres und der Schule. Dokument des hohen künstlerischen Niveaus der Steinmetze. Workshops, wo die Kunsthandwerker arbeiteten (die wichtigsten Funde heute in Bs.As. im "Museo de Arte Hispano-Americana Isaac Fernandez Blanco"/Suipache 1422).

Rechts neben der Kirche der Friedhof. Das Kloster im rotgelbem Sandstein des Rio Parana. In der Schule wurde Guarani gelehrt, und nicht Spanisch, damit die Indianer ihre Kultur nicht vergessen. Um die Anlage, in der zu Blütezeiten bis zu 4.3oo Menschen lebten, ein Schutzwall gegen Angriffe der brasilianischen Bandeirantes, mit unterirdischem Fluchtgang ab Kirche.

Im heutigen Dorf San Ignacio Mini gibts zwei kleinere Hotels, sowie eine A.C.A.- Hosteria und Campingmöglichkeit am Ortseingang. Billig und in schöner Natur; in jedem Fall, – wer am Nachmittag in Posadas eintrifft: am besten gleich weiter bis San Ignacio Mini!

Neben dem Direktbus ab Posadas nach Foz de Iguazu gibts Regionalbusse, die entlang der Ruta 12 soviel Stops einlegen, daß sie bis zu 1o Std. brauchen. Abchecken; unter Umständen schneller, wenn man von Ignacio Mini zunächst retour nach Posadas fährt, um dort den Direktbus zu nehmen!

EL DORADO ist wichtigste Siedlung unterwegs an der Ruta 12 nach Foz de Iguazú. Ein expandierendes Urwaldnest durch Tabakanbau, aber auch Sägewerke, Tee und Citrus. Unterkunft: "El Dorado"/Esperanza s/n ca. 7 US, – "Resid. Alpa"/Cordoba s/n, ca. 5 US und "Atlantida"/San Martin 3275, ca. 6 US. Gute Churrasco- Restaurants.

*** Foz de Iguazú (Wasserfälle):** (1.33o km ab Buenos Aires)

Die Iguazú- Wasserfälle an der argent./brasilianischen Grenze gehören ohne Frage zu den größten Naturschönheiten des Kontinents. Alle Details siehe Seite 1198 bis 12o3.

Täglich Flugverbindung ab Buenos Aires im Direktflug mit Jets der "Aerolineas Argentinas", Flugzeit 1 Std. 4o Min. Der Airport liegt in der Nähe der Wasserfälle; bei klarem Wetter fliegt die Maschine eine Runde über den Fällen. Busverbindung in den Ort Foz de Iguazú/arg. Seite bzw. Taxis zu den außerhalb liegenden Hotels.

Ab Buenos Aires auch Direktbusse bis Foz de Iguazu, die runde 22 Std. brauchen. Ein unnötiger Streß per Nonstop. Besser nur bis Posadas fahren und Ignacio Mini besuchen. – Alternative: Bs.As. nach Asuncion/Paraguay. An reiner Fahrzeit rund 1 Tag länger, wobei in Asuncion und für die nähere Umgebung ca. 1 Tag reicht (sofern man nicht Intensives in Paraguay vorhat. . .), – bezogen auf die Reise per Bus. Von Asuncion tägl. Bus sowie Flug nach Foz do Iguaçu/brasil. Seite. Details siehe dort!

WER mit dem "Argentinien- Rundflugticket" unterwegs ist, hat via Iguazú- Wasserfälle die Möglichkeit, bequem Argentinien mit dem brasilianischen Rundflugticket ("Brasil-Airpass") zu verbinden. Ohne lange Busfahrerei und beim Bonbon der Wasserfälle!

Tourist Büro im Ort Foz de Iguazú/arg. Seite. Solang die Preise auf der brasilianischen Seite billiger sind, empfiehlt es sich, nach Ankunft des Flugzeuges bzw. Busses und Besichtigung der arg. Seite der Fälle gleich rüber nach Brasilien zu fahren und sich dort einzuquartieren. Zudem ist im bras. Foz do Iguaçu etwas mehr los, da größer.

Buenos Aires → Santiago de Chile

Die wichtigste, internat. Querverbindung im Süden des Kontinents. Eine Strecke, die nach stundenlanger Pampa- Fahrerei (ca. 2/3 der Gesamt-Strecke) eigentlich erst um Mendoza und im Andenbereich interessanter wird.

Verbindungen: Neben dem sauteuren Direktflug Bs.As.–Santiago de Chile (ca. 2oo US $, Flugzeit 2 Std., tägl.) gibts den 2 mal/Woche verkehrenden Jet der "Ladeco" zwischen Mendoza über die Anden nach Santiago (ca. 7o US $). Der Flug selber ist bei klarem Wetter über den Anden grandios, siehe Beschreibung im Santiago de Chile- Teil!

ZUG: ist dem Bus nach Mendoza von Bs.As. vorzuziehen. Beide in etwa gleichlang und gleich teuer. Das 1.ooo km- Gleis von Buenos Aires nach Mendoza schaukelt einen zwar angenehm durch; daß der Zug aber teils nachts fährt, macht wenig, denn die Strecke ist auf die Dauer langweilig.

Täglich mit dem "El Anconcagua" (knapp 19 Std.), sowie 2 mal/Woche mit dem "El Libertador" (ca. 13 Std.). Schlafwagen kostet 3o US und lohnt sich. Die 2. Klasse kostet ca. 1o US $.

Täglich mehrmals innerargent. Flüge mit "A.A." und "Austral" von Bs.As. nach Mendoza, knapp 2 Std. Flugzeit. Mit Querverbindungen ab Mendoza nach San Juan und Bariloche.

NICHTS gegen Mendoza. Aber die Strecke von Buenos Aires nach Santiago de Chile ist erheblich lohnender via Bariloche (Bus, Zug und Flug ab Bs.As.). Dort über die Seen- Kette der Anden rüber nach Chile/Pto. Montt und mit dem täglich verkehrenden und billigen Nachtzug rauf nach Santiago! Details siehe dort! –

✶Mendoza: ca. 6oo.ooo E./765 m

Die 1561 von den Spaniern gegründete Stadt wurde Ende des 19. Jhds. von einem schweren Erdbeben zerstört und weist heute vorwiegend nur modernere Gebäude auf. Trotzdem ein angenehmes Ambiente mit seinen Alleen von Eukalyptus. Sehr viel Weinanbau um die Stadt. Die besten argentinischen Tropfen kommen aus der Region Mendoza bis rauf San Juan und Rioja, wobei Mendoza das Zentrum ist. Viele "bodegas" (Weinkellereien) in Mendoza, die besucht werden können. Tips über das Tourist Büro/San Martin 1143. (Tours sind teuer; besser auf eigene Faust!)

Die Weinkellerei GIOL in Maipu (Bus ab Busterminal/Mendoza) ist eine der größten der Welt. Bei der Besichtigung gibts Gratisproben. Die Flaschen dort zu kaufen, allerdings bis zu doppelter Preis wie in den Supermercados von Mendoza.

"Bodega ARIZU" gehört ebenfalls zu den Rotwein- Giganten (San Martin 1149, nähe Tourist Office), viele weitere.

Diese Mamutkellereien produzieren vorwiegend Massenweine, die zwar den Genuß der argentinischen Riesenfilets im Restaurant abrunden und in jedem Fall erheblich besser sind, als die nationalen Produkte Perus, Ecuadors etc. Mit einem "Undurraga" oder "Concha y Toro" aus Chile können sie sich jedoch keinesfalls messen.

Den kleinen Bodegas der Region dagegen fehlt häufig das Know How einer Spitzenverarbeitung. Sie haben regionale Bedeutung, obwohl es immer wieder excellente Sachen gibt, z.B. der "Fond de Cave"/Cabernet Sauvignon aus der Trapiche in Coquimbito. Der dort tätige Angel Mendoza gilt als einer der führenden Enologen (Weintechniker) Argentiniens.

Parallel zur Erschließung der argentinischen Pampa verlief ab 2. Hälfte des vergangenen Jahrhunderts die Gründung der W ir nbaufelder um Mendoza, an der ebenfalls die Italiener maßgeblich beteiligt waren.

Während die Weinlese von den billigen, einheimischen Arbeitskräften durchgeführt werden konnte, – sind zum Anbau und zur Vorbereitung der Trauben (Traubenrückschnitt etc.) Fachkräfte nötig. Arbeiten, die im Winter und Frühjahr vor der Traubenlese stattfinden. Siehe auch Seite 128o.

Zwischen 189o und 191o entwickelte sich ein regelrechter, saisonaler Pendelverkehr italienischer Fachkräfte in Sachen Weinanbau. Vorwiegend Weinbauern aus der Toscana, die mittels der billigen Transatlantik- Schiffspassagen (umgerechnet auf heutigen Wert ca. 8oo DM!) von Genua nach Buenos Aires kamen, um für 5 Monate die Weinfelder zwischen Mendoza und Rioja für die Lese vorzubereiten.

Vor Beginn der argentinischen Weinlese schifften sie sich dann wieder ein, retour über den Atlantik nach Genua, um die europäischen Wintermonate mit ihren Familien in Italien zu verbringen. Da die Jahreszeiten von Argentinien zu denen Europas gegenläufig sind, war ihnen somit zugleich Vorbereitung ihrer eigenen Weinfelder in Italien für die Traubenernte möglich, somit doppelter Verdienst.

Heute produziert Argentinien mehr als die Hälfte der Gesamtproduktion Südamerikas. Quantitäten, die aber vorwiegend im eigenen Land konsumiert werden. Im Weinkonsum dürften die Argentinier (prozentual zur Bevölkerung) auf selber Stufe mit den Franzosen stehen. Die Rotweine sind in der Regel besserer Qualität, Weißweine erinnern geschmacklich an Sherry.

Tourist INFO Av. San Martin 1143, beim Busterminal und Bahnhof von Mendoza. Gutes Infomaterial, auch zu Verbindungen und zur näheren Umgebung.

Ab Mendoza- Busterminal (beim Bahnhof) jede Menge Verbindungen in alle Landesteile. Für Buenos Aires ist der Zug vorzuziehen, Zug und Bus gleichlang an Fahrzeit, Preis in etwa gleich. Details zur Strecke nach Santiago de Chile siehe “Mendoza – Santiago”!

Sehenswürdigkeiten/Mendoza: neben den Bodegas das angenehme Ambiente der Stadt mit seinen Straßencafes und Alleen. Der “Cerro de la Gloria” im Parque San Martin: schöner Blick über die, zu den Anden ansteigende Ebene mit ihren Weinfeldern und über die Stadt. Im selben Parque zugleich der Zoo, sauber präpariert, mit breit asphaltierten Wegen, Kiosken , Erholungsgebiet und am schönsten am Wochenende zu besuchen.

Hotels: Billighotels beim Busterminal, kosten im Schnitt um 3 bis 5 US fürs Doppel. Im Centro jede Menge der Mittel- bis Luxusklasse, Preise zwischen 15 und 4o US. –

Restaurants: Tip ist das “Don Antonio”/Av. L.M. Alem. 475. Sehr preisgünstig und trotzdem reichhaltige Portionen. Jede Menge weiterer im Centro.

Fiesta Nac. de la Vendima: das Erntedankfest, alljährlich Anfang März gehört zu den größten Festen Argentiniens, seit 1936, zu denen mehrere hundertausend Leute kommen. Farbenprächtige Umzüge, Folkloreveranstaltungen. Hauptveranstaltungsort der Parque San Martin. Hotels knallvoll, wer nicht vorab Reservierung besitzt.

Skifahren: wichtigstes Skigebiet bei Mendoza ist das in 2.6oo m Höhe nähe der chilenischen Grenze gelegene LOS PENITENTES (Abzweigung von der intnernationalen Straße rüber nach Santiago). Für Südamerika ausgezeichnete Skibedingungen(mit einer Reihe von Schlepp- und Sesselliften),die “Ski- Zirkus” in Mini ermöglichen. Es geht rauf bis 3.o7o m. Verleih von Skiausrüstung, Hotels (zur Saison unbedingt vorbuchen!): Mendoza, O'Higgins 165o, Dorrego, bzw. in Bs.As. Leandro N. Alem 986, 6. Stock . Weitere Skigebiete um Mendoza: Vallecitos (Poterillos) und Puente del Inca (Las Cuevas), beide ebenfalls an der Straße zur chil. Grenze, jedoch näher an Mendoza gelegen.

★ Mendoza ⋙→ Santiago de Chile: ab Busterminal Mendoza mehrmals täglich Busverbindung rüber nach Santiago, Fahrzeit ca. 8 Std., allerdings kanns im Winter Verzögerungen geben, obwohl der Pass per Tunnel unterquert wird. (Zugverbindung ist eingestellt). Flug: fast täglich mit "Ladeco", ca. 7o US, bei klarem Wetter eine grandiose Sache, rechts sitzen wegen Aconcagua!

Die Asphalt bzw. Betonstraße steigt in zunächst breitem, später enger werdendem Tal zwischen kargen Andenhängen zur Grenze rauf.

PUENTE DEL INCA: 17o km von Mendoza, in rund 3.ooo m Höhe, Thermalbad, allerdings völlig verwahrlost am Tal unter Steinfelsen. Neben den Steinhäusern bei der Brücke gibts kleine Pools, in den Fels gehauen, o,5 m groß. Aber auch aus den unterm Fels liegenden Häusern sprudelt das Wasser raus, gelbockerfarbig. Superbasic- Übernachtungsmöglichkeit.

In Puente del Inca zweigt rechts eine 4o km lange Schotterpiste ab, durch die Quebr. de los Horcones zum Fuß des Aconcagua. Kahle Steinlandschaft, unten etwas Gras, schöne Blumen, gelb, violett, u.a. Pantoffelblumen. Auch für Leute, die nicht den Aconcagua besteigen, ein lohnender Abstecher, – allerdings (ohne spezielle Genehmigung!) nur im ersten Stück geöffnet.

Die Grenze wird bei LAS CUEVAS (16 km nach Puente del Inca) im Caracoles- Tunnel unterquert (Höhe 3.ooo m). Somit ganzjährig befahrbar und gleichzeitig eine erhebliche Zeitersparnis gegenüber der früheren Serpentinen-Kurbelei rauf auf den Pass (4.2oo m).

Für den Grenzverkehr ist der San Cristobal- Pass gesperrt. Von der argentinischen Seite kommt man aber bis zum Pass rauf: etwa 1oo bis 2oo m nach der arg. Zollstation rechts ab, über eine Schotterserpentinenpiste am Steinhang rauf. In wenigen Km mehr als 1.ooo m Höhendifferenz rauf! Oben bei klarem Wetter fantastischer Rundblick über die Andenkette und zum Aconcagua. Am 2- stöckigen Holzhaus neben der San Cristobal- Statue gibts Drinks und Snacks, aber keine Übernachtungsmöglichkeit. Als Ausflug ab Mendoza bei gutem Wetter unbedingt lohnend! (Ausflugsbusse von Reisebüros in Mendoza).

Wer weiter nach Chile will: retour, runter nach Las Cuevas und durch den Caracoles- Tunnel. Auf der chilenischen Seite kurz hinter der Grenze sehr lohnend: Portillo (Hotels) mit der Laguna del Inca. Details siehe dort!

MIT eigenem Auto dürfte man im Sommer (ohne Abstecher) auf der durchgehend asphaltierten Straße Mendoza – Santiago ca. 2 - 3 Std. bis zur Grenze und weitere ca. 3 Std. bis Santiago brauchen. Wer auf öffentliche Verkehrsmittel zurückgreift, spart sich mit den Mikrobussen ca. 2 Std. auf der Gesamtstrecke, und wenn die richtigen Leute zusammen sind, lässt sich vielleicht gegen Aufpreis noch der Abstecher auf die Passhöhe vereinbaren!

Besteigung des Aconcagua: (höchster Berg Südamerikas) 6.959 m

Dr. Erich Gatt, passionierter Bergsteiger und mehrfacher Besteiger des Aconcagua schickte uns hierzu folgenden Bericht:

"Der Aconcagua ist mit seinen 6.959 m einer der begehrtesten Berge der westlichen Hemisphäre. Er ist einer der höchsten Gipfel Americas und daher übt er auf die Bergsteiger eine große Anziehungskraft aus.

Die Besteigung am Normalweg (Nordwestflanke) bietet zwar keine technischen Schwierigkeiten, aber mangelhafte Höhenanpassung, oft auch ungenügende konditionelle Vorbereitung und die harten, klimatischen Bedingungen machen ihn zu einem nicht zu unterschätzenden fast- Siebentausender. Durch die fallweise auftretenden Höhenstürme (vientos blancos), die oft von Wetterstürzen mit ausgiebigen Schneefällen begleitet sind, wird die Erfolgsquote drastisch reduziert.

AUFSTIEGSPROBLEME, AUSRÜSTUNG: der Aconcagua ist ein Berg nur für erfahrene und leistungsfähige Bergsteiger. Sie müssen kerngesund sein und neben einer guten Kondition auch ein wenig Erfahrung beim Höhenbergsteigen und eine ausgezeichnete psychische Verfassung mitbringen. Die meisten Unfälle passieren, – der stark belegte Bergsteigerfriedhof in Puente del Inca gibt Zeugnis davon, – weil Bergsteiger oft unter Mißachtung der notwendigen Akklimatisierungszeit den Gipfel versuchen. Für eine Besteigung sind mindestens drei Wochen zu veranschlagen.

Für den Normalweg die Grundausrüstung: Daunenschlafsack, Daunenjacke, Wollfäustlinge, Gamaschen, bei ungünstigen Schneeverhältnissen ist auch entweder ein Paar Steigeisen oder alternativ ein Pickel zu empfehlen, Seil nicht notwendig, dagegen Sturmbrille, warme Berghose, Sturmhaube, verstellbare Schistöcke u.a. Die übrigen Anstiege sind nur Extrembergsteigern vorbehalten.

Die beste Zeit liegt zwischen Dezember und Februar, der Trockenperiode des Südwinters. Ob man dann letztlich am Gipfel in Hemdsärmeln steht, oder vom Schneesturm fast umgerissen wird, steht in den Sternen und vom Wetterglück abhängig. Aber gerade diese Ungewißheit macht einen Teil des Abenteuers aus.

Die Besteigungsgenehmigung unbedingt in Mendoza einholen, da der Aconcagua ein Grenzberg zwischen Argentinien und Chile ist. Ohne Genehmigung gibt es keinen Zutritt ins Horconestal. Bei meinen beiden Unternehmungen war jeweils Luis Alberto Parra, Guiraldes 246, 5519 - San Jose, Mendoza Argentinien behilflich. Er macht den Service zwar nicht kostenlos, aber es klappt dann ausgezeichnet. Herr Parra hat mir auch in Puente del Inca, dem Ausgangsort für den Marsch durch das Horconestal zum Basislager Plaza de Mulas die Kontakte zu den Besitzern von Tragtieren vermittelt. Wenn man sich in Puente del Inca selbst die Tragtiere organisiert, sollte man auf die angegebenen Preise achten. Im Jänner 84 schwankten die Preise pro Tragtier zwischen 1o und 25 US Dollar pro Tag und pro Weg (Horconestal hinein und Horconestal zurück).

Die Verpflegung für die Dauer der Bergfahrt kauft man sich am besten in Mendoza ein. Dort kann man alle Arten von Lebensmitteln in ausgezeichneter Qualität einkaufen, die Geschäfte haben europäischen Standard. Durch die starke Inflation in Argentinien war im Jänner 1984 der Lebensmitteleinkauf sehr billig. Wegen der extremen Trockenheit im Aconcaguamassiv empfehle ich mindestens 2 Liter pro Tag zu trinken. Gute Erfahrungen habe ich mit CHAMP- Elektrolytgeräten gemacht und als Kraftnahrung mit den Energieriegeln von CHAMP.

Sollte sich jemand die Besteigungsgenehmigung selbst besorgen, dann möge er sich wenden an: "Direccion de Deportes", Mendoza.

BESTE ROUTE UND DETAILS: die leichteste Route auf den Aconcagua, die Normalroute bzw. Nordwestflanke erfordert lediglich Trittsicherheit. Kein Bergseil dafür notwendig. In etwa 1 1/2 Tagen marschiert man durch das ca. 4o km lange Horconestal (wenn Tragtiere die Lasten übernehmen, dann schont man seine Kräfte für den Gipfel!) zum Basislager PLAZA DE MULAS (4.2oo m).

Achtung: dieses Lager sollte man jedoch erst dann ansteuern, wenn man bereits für diese Höhe akklimatisiert ist. Um die weitere Höhenanpassung zu verbessern, gibt es einige sehr schöne Fünftausender in der Umgebung. – Beim nun folgenden Anstieg gibt es folgende markante Abschnitte, wo jeweils einfache (teilweise stark beschädigte!) Hüttchen stehen: Lager I Hütte Antartida Argentina, – Lager II Hütten (Refugios) Plantamura, Libertad und Berlin und Lager III Hütte Independencia (6.25o m).

Der anstrengenste Teil ist die von einer Höhe von 6.6oo m bis zum Gipfel reichende

Steilrinne (die berüchtigte "Canaleta"). Spätestens an dieser Stelle wird die Spreu vom Weizen geschieden. Nur Bergsteiger mit einer guten, psychischen Einstellung bzw. mit der Fähigkeit, sich ausdauernd quälen zu können, werden diese Schlüsselpassage hinauf zum Gipfel schaffen. Weite Schau ist ihr Lohn (wenn nicht gerade der Viento Blanco tobt) und das herrliche Gefühl, etwas Außergewöhnliches geleistet zu haben."
Ende des Dr. Gatt Briefes.

Anmerkung der Red.: nochmals dringende Warnung (auch wenns im Text bereits angeschnitten wurde): der Aconcagua als fast 7.ooo-ender und höchster Südamerikas ist definitiv nur für erfahrene Bergsteiger mit Höhenakklimatisation. Und auch hier nicht ohne Gefahren! Da er technisch einfach ist auf seiner Normalroute, dürfte der Leistungswille, "sich selbst etwas zu beweisen", eine seiner Hauptgefahren darstellen.

Insbesondere, wenn man in Gruppe aufsteigt. Wer will schon gerne "aufgeben", – und schon garnicht in 6.ooo m Höhe (bereits im Grenzbereich menschlicher Leistungsfähigkeit!), wenn noch "viel" zum Gipfel fehlen. Die vielen tödlichen Unfälle am Chimborazo/Ecuador ("nur" 6.31o m) , der noch leichter in seinen Gipfelbereichen (Pisten bis 5.7oo m) zu erreichen ist, als der Aconcagua, – sprechen für sich.

Weitere Probleme sind Orientierungsschwierigkeiten bei plötzlichen Wetterumstürzen, Nebel und Schnee. Dr. Gatt wurde bei einer seiner Expeditionen zum Lebensretter einer, in Bergnot geratenen Bergsteigergruppe. Zu Ausrüstung kann ich nicht mitreden, alle Angaben sowieso ohne Gewähr. In jedem Fall empfiehlt es sich, die Tour unter fachkundiger Führung durchzuführen. Empfehlenswert: Dr. Gatt, Horizont Reisen/Club Montana, A 6o2o Innsbruck, Amraser Straße 11o a/Tür 61, der als Expert in den südamerikanischen Anden gilt. (Uns erreichten verschiedene, positive Empfehlungen; macht auch andere, wichtige Andengipfel!). – Sowie "Aconcagua Trek", Jose V. Zapata 48, 5oB, 55oo Mendoza (Bisher keine Empfehlungen; lediglich Veranstaltungsprospekt uns zugegangen). –

★ San Juan: Weinanbau- Zentrum, 165 km nördlich von Mendoza (tägl. mehrere Busverbindungen). Die in der ersten Hälfte dieses Jhd's durch ein Erdbeben erheblich zerstörte Stadt bringt selbst wenig Attraktives für den Abstecher (außer wieder "Weinprobieren" in den diversen Bodegas. Hotels, Restaurants. Tourist Büro: Sarmiento 24 - Sur), – ist aber Startpunkt für eine abenteuerliche Piste rüber nach La Serena/Chile in der Küstenwüste am Pazifik.

Die Ruta 4o folgt zunächst 154 km norwärts die kargen Andentäler, die in ihrer Talsohle Flußoasen besitzen, – bis San Jose de Jachal (Asphalt). Dort dann westwärts über eine bis fast zur Grenze führende Asphaltstraße via Termas Pismantes (Thermalquellen) in enger werdendem Andental. Am Horizont die Andenkette, später totale Steinwüste. Die argentinische Zollstation etwa 5o km vor der Grenze in 2.ooo m Höhe. Die Piste über den Grenzpass ist oft von Bergrutschen geplagt; die Catterpillars lassen sich sichtlich Zeit, da nur minimalster Verkehr . . .

1 bis 2 mal in der Woche Busverbindung von San Juan rüber nach La Serena mit einer chilenischen Compania. Ebenfalls, hier häufiger, – gibts ab San Juan Busverbindungen rauf nach Salta, sowie die landschaftlich lohnende Strecke rüber nach Cordoba über die Sierras del Cordoba.

TRIP RUNTER NACH FEUERLAND:

Wer wilde, einsame und unberührte Natur mag: einer der schönsten Trips in Südamerika! Es gibt 3 Hauptrouten runter nach Feuerland:

(A) Ab Buenos Aires nach Bahia Blanca und weiter entlang der argentinischen OSTKÜSTE. Die schnellste Überland- Verbindung. Zwischenzeitlich bis auf wenige hundert Km durchgehend asphaltiert. Keine durchgehenden Busse bis Ushuaia (südlichste Stadt Argentiniens, in Feuerland). Nachdem der Bus von Bs. As. bis RIO GALLEGOS allein 48 Std. braucht, also 2 volle Tage und Nächte, – wäre Non- Stop sowieso mörderisch.

(B) Via BARILOCHE an der arg./chil. Grenze im Seengebiet. Zweifelsfrei die schönere Route, wenn auch zeitlich aufwendiger via Überland. Ab Bariloche über die Ruta 4o entlang der Andenausläufer, eine ganze Reihe Nationalparks, Seenlandschaften zwischen den Andengipfeln. Nur streckenweise asphaltiert. Wer sich nicht das "A.A.- Rundflugticket" gekauft hat, sollte die Strecke mit "Lade"- Militärflügen kombinieren. –

(C) VIA CHILE: die andere große Anreisestrecke. Optimal, wer ab Pto. Montt/Chile ein Boot durch die südchilenische Fjordlandschaft nach Pta. Arenas/Chile bekommt (ca. 4 Tage), mit Querverbindungen rüber nach Argentinien. Allerdings beim Problem, daß die Boote selten fahren und zudem zwischenzeitlich auch in der 3. Klasse teuer geworden sind. Details siehe "Pto. Montt/Chile"!

Die ENTFERNUNGS–DIMENSIONEN sind gewaltig! Buenos Aires bis Ushuaia entlang der Ostküste sind ca. 3.2oo km!! Wer Feuerland im Rahmen eines Argentinien- Trips mit einbauen will, ist mit dem "A.A.- Rundflugticket" am besten bedient. Fliegen mit Jets bis runter nach USHUAIA.

BESTE JAHRESZEIT: Mitte Dezember bis Anfang März. Viele Hotels in Feuerland sind nur während dieser Zeit geöffnet. Warme Sachen einpacken; nachts wird's empfindlich kalt, tagsüber viel Wind!

Ruta 3

(A) BUENOS AIRES ⋙→ USHUAIA (via argentinischer Ostküste):

Wer das "A.A.- Rundflugticket" hat, sollte Zwischenstop (je nach Zeit) in Trelew (Valdes- Halbinsel) und Comodoro Rivadavia (für Bosque Petrificados- Abstecher) einbauen.

Flug: häufig am Tag ab Buenos Aires nach Bahia Blanca und Comodoro Rivadavia, sowie 1 mal tägl. bis runter nach Ushuaia (Flug dauert mit Zwischenstops rund 5 Std./ im Einsatz eine moderne Boeing 737, Preis fürs Normalticket einfach ca. 1oo US $).

Zug: nur bis Bahia Blanca, aber hier keine schlechte Wahl, wenn man den Nachtzug mit Schlafwagen nimmt, um zumindest einen Teil der Strecke Überland passabel zurückzulegen. Allerdings Bahia Blanca bringt nichts "Aufregendes" was Zwischenstop lohnen würde. Wer aus irgendeinem Grund in Bahia Blanca rumhängt: lohnender Abstecher nach Monte Hermoso, 64 km westlich mit Regionalbussen: weite Dünenlandschaften und gute Fischrestaurants (Hotels).

RUTA 3, Richtung Feuerland
Abstecher

Mit der Bs.As.- Bariloche Eisenbahn kommt man noch weiter südlich; über Bahia Blanca und Viedma hinaus, biegt das Gleis dann bei S. Antonio Oeste westlich landeinwärts ab, Richtung Anden. Von S. Antonio Oeste sinds dann noch 21o km bis Pto. Madryn (dem Startpunkt für Valdez- Halbinsel), – allerdings Vorsicht, in S. Antonio ist der Hund begraben! Regionalbusse nach Pto. Madryn. Können mit Zugticket vorreserviert werden!

Bus: ab Buenos Aires nach Comodoro Rivadavia mit "Transportes Otto", täglich, Fahrzeit ca. 28 Std./32 US $, bzw. mit "Transportes Costera Criolla" und "Transportes Otto" ab Bs.As. nach Rio Gallegos nähe Magallanes- Straße, Fahrzeit ca. 48 Std./55 US $. für die rund 2.6oo km. Ab Rio Gallegos Bus- und Flugverbindung nach Ushuaia, sowie Busverbindung rüber nach Chile/Pta. Arenas. Details siehe dort!

Trampen: ab Comodoro Rivadavia geht recht gut, ist aber auch zeitaufwendig. Überhaupt fahren ab Buenos Aires einige Lastwagen regelmäßig nach Ushuaia (die "Pampeanos") und die Fahrer sind froh, wenn sie Begleitung haben. Man kann sich auch an die "policia caminera" wenden, die bei "lift- Beschaffung" behilflich ist; alle Autos müssen hier wegen Kontrolle der Wagenpapiere stoppen. Tramper sprechen von 4 bis 6 Tagen für Bs.As. nach Ushuaia.

HALBINSEL VALDES:

12oo km südlich von Buenos Aires,– große See-Elefanten und Pinguin- Kolonie! Lohnt sich für Zwischenstop. Allerdings schon sehr touristisch aufgezogen mit Zaun und Eintritt. Ausgangs=punkt sind PT. MADRYN und TRELEW, beide an der patagonischen Nord- Süd-Straße. Wer kein eigenes Auto hat, kommt zu den See Elefanten nur per teurem Touristen- Bus und nur in den Sommermonaten (Nov. - März). Busse ab Pt. Madryn einmal pro Tag, ca. 12 US $ für den Trip oder per Taxi. Die beste Stelle für See Elefanten bei PUNTA NORTE und für Pinguine bei PUNTA TOMBO (südl. Rawson).

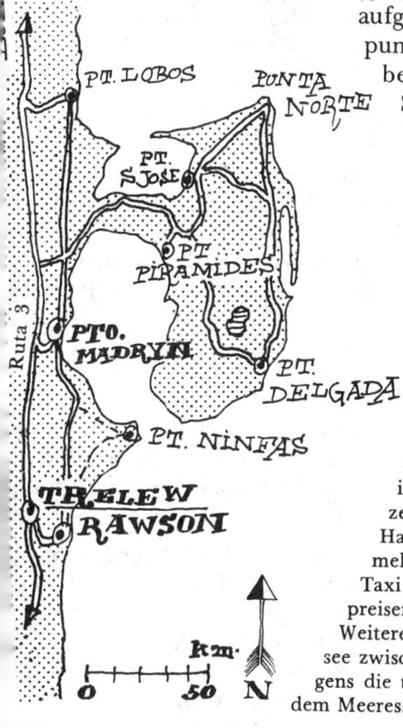

Im Winter außerhalb der Saison ist es un=heimlich schwer, zu den Loberias zu kom=men. Zur 17 km entfernten Loberia PUN=TA LOMA kann man ohne größere Schwie=rigkeiten trampen. Es ist auch möglich (2 mal in der Woche) mit einem Versorgungs- Fahr=zeug des "Centro Patagonico" kostenlos auf die Halbinsel zu fahren. Allerdings frühzeitig an=melden, sonst stehen die Chancen schlecht. Taxi wegen langen Entfernungen und hohen Fahr=preisen meist undiskutabel. –
Weitere Loberia bei PT. PIRAMIDES. – Der Salz=see zwischen Pt. Piramides und Pt. Delgada ist übri=gens die tiefste Stelle Argentiniens: ca. 35 m unter dem Meeresspiegel! –

Im Süden der Halbinsel: runde Kliffs, – im Norden: steinige Sandstrände. Pampa- Vegetation. Ziemlich viele "Nandus" (Strauße) und Guanacos. Auf der Insel herscht Jagdverbot. Trotzdem knallen sich die LKW-Fahrer während der Fahrt mit der Schrotflinte ihr Mittagessen. In PT. PIRA-

MIDES Tankstelle und das ausgezeichnete ACA- Hotel "Hosteria Puerto Piramides". Liegt direkt am Wasser, ausgezeichnetes Essen. (Das in Sichtweite liegende Hotelschiff ist dagegen teuer und weniger empfehlenswert).

In PTO. MADRYN gibt es breitere Übernachtungsauswahl, auch der billigeren Klasse. Als reiner Hafenort jedoch weniger attraktiv, wie das kleine Piramides. Interessant im Ort das "Museo Ciencias Naturales y Oceanographia". Achtung: während der argentinischen Sommermonate in beiden Orten schwierig, Zimmer zu finden. Ausweichquartiere in TRELEW (A.A.-Airport mit Verbindungen nach Bs.As. und Comodoro Rivadavia. Regionalbusverbindungen mit Pto. Madryn und Piramides).

DIE SEE–ELEFANTEN–KOLONIE an der Nordspitze der Valdez Halbinsel ist einzige der Welt außerhalb antarktischer Breiten. Die ausgewachsenen Tiere erreichen eine Länge bis zu 7 m und Gewicht von 3- 4 Tonnen!Die männlichen Tiere treffen im Juli in der Kolonie ein, die weiblichen kommen Anfang August, um ihre Junge auszutragen. Beste Zeit zum Besuch sind Sept. und Oktober, bis Dezember. Pro 3o bis 4o weibliche Tiere gibt es einen männlichen See-Elefanten, der sich durch entsprechendes Gebrüll bemerkbar macht. Die im Aussterben begriffene Gattung wird auf Valdez auf ca. 13.ooo Exemplare geschätzt. –

Neben den See Elefanten gibt es an den Küsten der Halbinsel mehrere Seelöwen Kolonien, sowie Pinguin- Kolonien. Letztere aber oft schwierig ohne eigenes Auto zu erreichen. Zum Teil gehts durch private Haziendas, wo beim Besitzer erst um Genehmigung gefragt werden muß.

⇩ WEITER RICHTUNG SÜDEN: die Pampa hat sich in Patagoniens Trockensteppe verwandelt. Dornensträucher, verdorrtes Gras und der "Calafate- Baum" mit seinen blauen Beeren; gelegentlich laufen Nandus über die Straße; Autos selten. Das Gebiet ist so dünn besiedelt, daß die wenigen Bewohner Patagoniens von der argentinischen Regierung Steuerermäßigung erhalten. Das sagt einiges! – Schafzüchter; nachts gelegentlich Pumas! Und die Kilometer auf dem Tacho bewegen sich mühsam, während die Stunden verstreichen. –

★ **Comodoro Rivadavia:** argentinisches Erdölzentrum, das sich in wenigen Jahren von einem verschlafenen, patagonischen Provinznest auf heute ca. 17o.ooo E. raufkatapultierte. Streckenweise modern, aber ohne speziellen Reiz, bis ausgesprochen häßlich. Mehrere Raffinerien (rund 35 % der Gesamt- Erdölförderung Argentiniens kommt aus der Region), Industrie und großer Hafen.

Der 1o km außerhalb liegende Airport hat dichte Jet- Verbindungen rauf nach Bs.As., sowie 1 bis 2 mal täglich runter nach Rio Gallegos und Ushua Propellermaschinen der "LADE" 2 mal/Woche rüber nach Perito Moreno am Lago Buenos Aires/chilen. Grenze (ca. 1 Std./1o US $). – Vom Buste minal täglich mehrmals rauf nach Bs.As. (1.81o km), sowie tägl. runter na Rio Gallegos (85o km) und weiter bis Ushuaia (+ 6oo km).

⇨ BUSVERBINDUNG MIT CHILE:
2 mal pro Woche mit Bussen der "Empr. Giobi" via Rio Mayo nach Cohaique/Chile. I Fahrzeit beträgt rund 12 Std., Preis saftige 3o US $! Vom Preis her weniger attraktiv, berührt aber die landschaftlich sehr lohnende Gegend um Cohaique (Laguna San Raph mit riesigen Gletschern). Ab Cohaique, bzw. dem naheliegenden Balmaceda Verbindun

gen rauf nach Pto. Montt, bzw. runter nach Pta. Arenas, Details siehe dort!

ALTERNATIVE: Bus (ca. 6 US $) oder Flug (LADE, ca. 1o US) ab Com. Rivadavia nach Perito Moreno und rüber nach Chile Chico/Chile am Lago Buenos Aires, der auf der chilenischen Seite Lago Gral. Carrera heißt. Hier Verbindung rauf nach Cohaique. Details siehe dort.

Da sich auf der Strecke zwischen Comodoro Rivadavia und Rio Gallegos wenig tut an Abwechslung, ist der Trip rüber nach Cohaique/Chile und die Weiterfahrt in den Süden via Boot oder Flug wesentlich interessanter (großartige Fjordlandschaften zwischen Cohaique und Pta. Arenas!).

Heißer Tip: ab Cohaique gab's bisher (hoffentlich nicht eingestellt!!) Flüge, mit kleinen Cesna- Sportmaschinen (4 - 6 Sitze, – über "Ernesto Hein" bzw. "Claudio Fischer") runter nach Pta. Arenas. Da die Sportflugzeuge nicht sehr hoch fliegen können: knapp über der Fjordlandschaft und zwischen den chilenischen Küstenbergen durch, Zwischenlandungen in kleinen Trappersiedlungen unterwegs. Preislich gleich, wie die Jets der Ladeco zwischen Balmaceda und Pta. Arenas. Eines der Spitzenerlebnisse in Sachen Fliegen in Südamerika. Wie gesagt: hoffentlich nicht eingestellt, da der Jet auf der selben Strecke natürlich erheblich schneller ist! Anfragen (in Deutsch möglich) an: "Ernesto Hein" bzw. "Claudio Fischer", Aeropuerto Cohaique, Cohaique/Chile.

Bosques Petrificados: versteinerte Wälder von Araukarien- Bäumen. Entstanden vor 1oo bis 13o Mill. Jahren. Es gibt mehrere Fundstellen im argentinischen Patagonien. Der "bosque petrificado" bei Sarmiento ist der am leichtesten zu erreichende.

BUS (3 bis 4 mal am Tag) ab Comodoro Rivadavia über eine 15o km Asphaltstraße nach Sarmiento, westwärts landein. Fahrzeit etwa 2 1/2 Std./3 US $. Sarmiento ist aufstrebende Provinzstadt in einem Gebiet reicher Erdölfunde. Mehrere Hotels.

Von hier muß man sich ein Taxi nehmen für die 22 km Schotterpiste Ri. Süd zum Bosque. Preis ist Verhandlungssache, sollte aber nicht mehr als 15 US fürs Fahrzeug und retour kosten. Angeblich nimmt auch der Parkwächter gegen Trinkgeld mit, der in der Nähe des Hotel Colon wohnt/Sarmiento.

In einer fast- Steinwüste liegen riesige Baumstamm Reste, 1 bis 2 m lang in abgebrochenen Teilstücken, oder kleinere Brocken, mit Rinde, in ocker- sienabrauner Farbe.

Achtung, wer mit eigenem Auto fährt: unbedingt die 22 km- Piste ab Sarmiento nehmen und nicht die erheblich schlechtere 28 km- Piste (siehe Karte). Dauert erheblich länger!

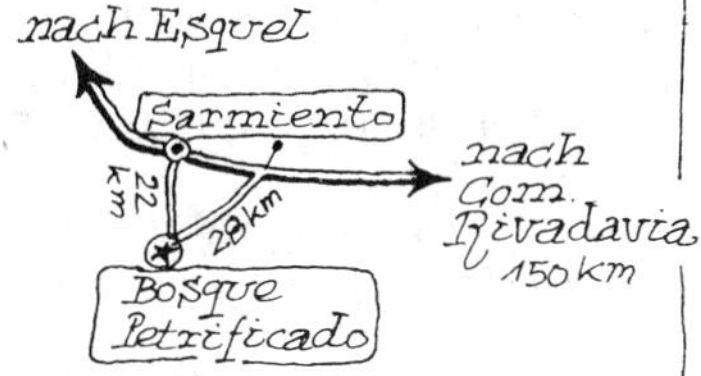

Die andere große Fundstelle liegt zwischen Com. Rivadavia und Pt. Santa Cruz, Abzweigung 27 km südl. von Fitz Roy über eine 75 km sehr schlechte Schotterpiste. Kein öffentlicher Transport und wegen der Länge der Strecke fürs Taxi zu teuer. Außerdem kann die Piste nach Schlechtwetter unpassierbar sein. Wer mit eigenem Fahrzeug fährt: in Fitz Roy volltanken, danach gibts keinerlei Tankmöglichkeit! Diese Fundstelle, die in den ACA- Karten ebenfalls markiert ist, soll größer als die bei Sarmiento sein.

GESCHICHTE: die Bosques Petrificados mit ihren gigantischen Araukarien- Bäumen (erreichen Höhen bis 3o m, Stammdurchmesser bis 3 m. Heute noch im argentinisch/chilenischen Seengebiet zwischen San Martin de los Anden- Bariloche - Esquel anzutreffen!), – beweisen, daß die heutige Grassteppe Patagoniens vor 1oo bis 14o Mill. Jahren feucht und fruchtbar gewesen sein mußte.

Nach der gängigsten wissenschaftlichen Theorie sollen sie im Zusammenhang des Entstehens der Andenketten durch Asche und Lava der Vulkane zerstört worden sein. Anschließende Eiszeiten bedeckten das heutige Patagonien mit einer bis zu 1.2oo m dicken Eisschicht, durch deren Gewicht sich die Landmassen absenkten. Gleichzeitig entstanden durch Erdplattenverschiebung die Anden durch Anhebung. Beweise sind unter anderem die vielen Salare (Salzseen) in 3 - 4.000 m Höhe zwischen den Andenketten, so der Salar de Uyuni/Bolivia, – der Salar de Atacama/Chile, oder auch der salzhaltige Lago Titicaca/Peru- Bolivia.

Islas Malvinas/Falkland Islands: Inselgruppe 1.100 km vor der argentinischen Küste. Rauhe, karge Hügellandschaften. Haupterwerbszweig Schafszucht. Reich an Tier- und Pflanzenwelt.

Bis zum gleichnamigen Krieg 1982 gab es 1 mal/Woche Propellerverbindung mit der LADE ab Comodoro Rivadavia. Eingestellt. Hotels und Restaurants im Hauptort Port Stanley/Pto. Argentino.

Ein Krieg, in dem es ganz sicher nicht um den "Schutz" der dort lebenden 1.800 Nachfahren schottischer Einwanderer ging, – wie häufig in der europäischen Presse behauptet!

Es wäre naiv zu glauben, daß eine konservativ- kapitalistische Thatcher- Regierung Milliarden in einen Krieg investiert, 5.000 Soldaten mit der Queen Elizabeth 20.000 km in den Südatlantik schickt und Kampfgeschwader, Flugzeugträger und Harrier- Senkrechtstarter, nur um 1.800 Einwohner auf der Inselgruppe zu schützen! Viele Inselgruppen in der Karibik, vormals englischer Kolonialbesitz, – wurden kampflos aufgegeben, obwohl mit erheblich höherer Einwohnerzahl!

Der Blick auf die Karte zeigt, daß das umkämpfte Gebiet "Malvinas/Falkland – Islas Georgias" exakt in dem Winkelsektor liegt, den beide Länder als Antarktisanteil beanspruchen. Dort wurden bis Ende der 70-er Jahre gigantische Bodenschätze entdeckt, begonnen von offshore- Erdöllagern, zu Chrom, Kupfer, Uran und Kohlelagern auf der antarktischen Halbinsel. Siehe auch Seite 1537.

Wobei es den Engländern zusätzlich noch um den Wert der Inselgruppe als strategischer- und versorgungstechnischer Stützpunkt zur Antarktiserschließung ging.

Zwischenzeitlich wurde der Airport in Port Stanley von den Engländern für Langstreckenjets ausgebaut. Man plant touristische Erschließung der Inselgruppe, allerdings ab London und damit in Preiskategorien, die allenfalls für Antarktistrips und entsprechenden Klientel interessant sind. Infos über "Falkland Island Office"/No. 2, Greycoat Place, SW - London.

Comodoro Rivadavia ⋙➤ Rio Gallegos (850 km):zwischenzeitlich hat sich im Straßenbau einiges getan; es gibt aber südlich von Fitz Roy immer noch Teilstücke ohne Asphalt. Endlos sich dahindehnende Kilometer durch die Weiten der patagonischen Steppenpampa. Extrem dünn besiedelt, wobei de Reiz der Landschaft in ihrer Einsamkeit und Endlosigkeit liegt. Leicht wellig hügeliges Land, das sich im Dunst der Ferne am Horizont mit dem Himmel vermischt.

Die Estancias umfassen oft Größen von 50 x 30 km, – nötig wegen der Kargheit des Landes. Ausgerüstet mit Sprechfunk, oft auch Cesna- Sportflugzeugen. Nicht selten gehört dem Haziendero auch ein eigener See in de Weiten seines Gras- Besitzes. Die Haziendas dienen der Schafszucht. Früher war die Wolle (die patagonische gehört zu der besten der Welt) die Haupteinnahmequelle; seit Gründung der großen "frigorificos" (Gefrierfabriken) auch Export von Schaffleisch.

Eine durchschnittlich große Hazienda (30 x 30 km) wird in der Regel von 10 Personen bewirtschaftet. Der Besitzer ("el dueño", von den Gauchos auch "padron" genannt), lebt auf den südpatagonischen Haziendas selbst auf seinem Besitz. Seinem Verwalter ("administrador") unterstehen die Vormänner ("capatáz"), die wiederrum die "gauchos" (Viehhirten) überwachen. Die Hausarbeit (Instandhaltung der Hazienda, die Pflege des haziendaeigenen Gemüsegartens, aber auch die Instandhaltung der Weidezäune) übernimmt der "peón" (Knecht). Frauen sind auf der Hazienda zwar nicht verboten, so doch unerwünscht. Man ist der Ansicht, daß sie von der Arbeit abhalten. (Zuständig ist der regionale Puff im Provinzort).

Man schätzt, daß es im argent. Patagonien rund 20 bis 25 Mill. Schafe gibt. Gegenüber nur rund 1 Mill. Menschen. Im Winter, wenn im Landesinneren die Schneefälle kommen, drängen sich die Schafe zu großen Haufen zusammen, um sich gegenseitig zu wärmen. Nach Schneestürmen müssen die Gauchos dann raus, um die Schafe auszuschaufeln . . .

Die wenigen Provinznester entlang der Ruta 3 sind tristes Patagonien, – wo Geschäfte jeglicher Art gemacht werden und man sich mit dem Nötigen versorgt.

UNTERKUNFTS–MÖGLICHKEITEN in Caleta Olivia (ca. 14.000 E., wichtig wegen umliegenden Erdöl- und Erdgasfelder. Die Ruta 501/520 zweigt ab, landein zum Lago Buenos Aires/Perito Moreno. 260 km schlechte Erdpiste. Die Busse nehmen die Strecke ab Com. Rivadavia via Rio Mayo), – in Fitz Roy (ca. 2.000 E., Tankstelle), – in Pt. San Julian (5.000 E., riesige Gefrierfleischfabrik. Interessant ist der Ausflug zur Pinguin Insel, auf der rund 1.000 Schwarzbefrackte leben), – in Santa Cruz (3.500 E., großer Hafen , knapp 60 km südl. am Atlantik bei Est. Monte Leon eine Pinguin-und Seelöwenkolonie), – sowie im 22 km westl. von Sta. Cruz gelegenen Piedra Buena (gutes ACA-Hotel!Von beiden Orten Querverbindungspisten an den Lago Viedma und Lago Argentino/Calafate).

Rio Gallegos (sprich: "Rio Gaschegos") ca. 45.000 E.

Größte und wichtigste Stadt im Süden Argentiniens. Verkehrsknotenpunkt und Hafen für das 285 km- Eisenbahngleis von Rio Turbio an der chilenischen Grenze, wo die größten Kohlelager des Landes liegen.

Als Stadt unattraktiv und teuer. Schachbrettstraßen, durch die der Wind vom Südatlantik fegt, langweiliger Geschäftsbeton. Kleines Regional- Museum (Ecke Av. Roca mit P. Moreno) zur Landwirtschaft der Region, Tier- und Pflanzenwelt. Im Bahnhof eingemottet viele der riesigen Dampfrösser, die früher die Strecke rauf nach Rio Turbio dampften (heute per Diesellok, nur noch Güterverkehr).

Wichtiger Wirtschaftszweig zugleich der Woll- und Lederhandel. Tip für billige Ledersachen und Felle ist Señor Szasack, der jedoch nicht in Pto. Aymond, sondern an der Periferie von R. Gallegos anzutreffen ist (Infos vom Tourist Office!). Preise liegen 1/2 unter denen von Bs.As.

So unattraktiv die Stadt ist: als Gringo, der man Patagonien Überland reist, kommt man um Zwischenstop in Rio Gallegos nicht rum wegen Verkehrsverbindungen zu allen interessanten Punkten (gute Schotterpiste rüber nach Pta. Arenas/Chile, – Piste rauf nach Calafate/Lago Argentino, – sowie Piste runter nach Ushuaia/Argentinien).

Tourist INFO Perito Moreno Ecke Zapiola, rund 9 Block von der Hauptplaza San Martin, nähe des Regionalmuseums.

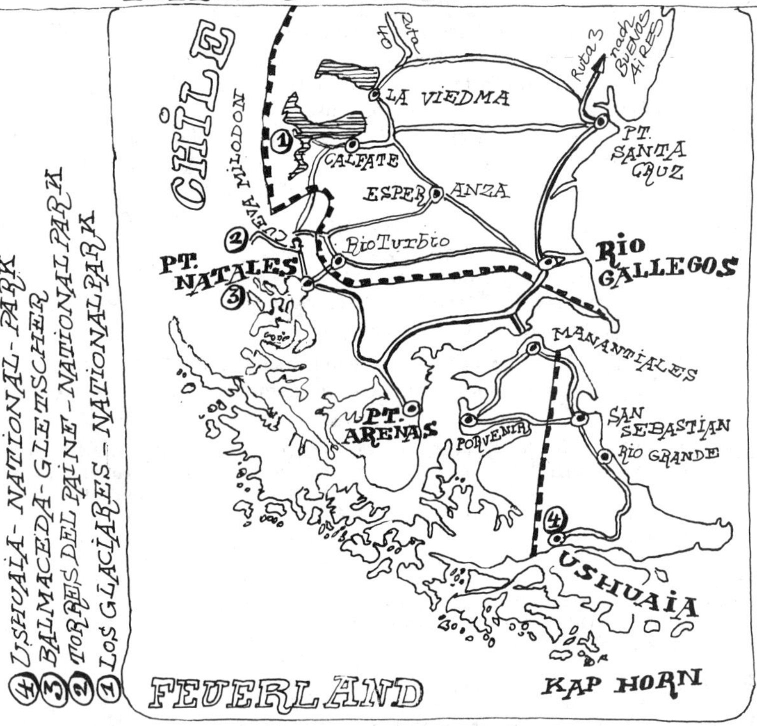

Hotels: "Hotel Alonso"/Corrientes 33 - 37. Steinbau, nicht billig, aber sehr sauber und gut für Rio Gallegos. Ca. 15 US. – "Hotel Paris"/Av. Roca. Sauber, ca. 1o US. – "Santa Cruz"/Av. Roca 7o1, ca. 15 US, ebenso wie das "Comercio"/Av. Roca 13o2. Billig (in Relation für Patagonien) das "Belgrano", Calle Belgrano 119, ebenso wie das "Puerto Montt"/Av. Roca 1614 als Tip der billigeren Klasse gehandelt wird.

Restaurants: im Centro eine Reihe guter Sachen. Ausgezeichnet ist "El Palenque"/ Corrientes 73. Sehr reichliche Portionen, nicht teuer! –

Cabo Virgenes: südlichster Punkt des argentinischen Festlandes (wohlgemerkt: südlicher ist natürlich Ushuaia, – allerdings auf der Insel Tierra del Fuego!), – mit einer Pinguin- Kolonie. Zu erreichen über eine recht schlechte 133 km- Erdpiste ab Rio Gallegos. Eigenes Auto nötig. Nähe der Kolonie ein Leuchtturm, am Eingang der Magallanes-Straße.

Verbindungen ab Rio Gallegos: AIRPORT 1o km außerhalb, Taxi ist teuer, ca. 1o US $. Angeblich fährt ein Stadtbus direkt vor dem Airport vorbei. Täglich mehrmal Jetverbindung mit Buenos Aires via Com. Rivadavia, Trelew, Bahia Blanca mit A.A. und Austral, der rund 5 Std. wegen der Zwischenstops dauert. Auf Nachtflüge Rabatt. Schnellste Verbindung ist der 1 mal/Woche verkehrende Direktflug mit einem Boeing Jumbo 747 (3 Std.), der anschließend auf der Südpolarroute rüber nach Auckland/Neuseeland fliegt. – Täglich 1 - 2 mal mit Boeing 737 via Rio Grande runter nach Ushuaia Flugzeit 1 Std., bei Zwischenstop in Rio Grande 1 1/2 Std. – Nach Bariloche 1 x pro Woche direkt, ansonsten mit Umsteigen in Com. Rivadavia.

Nach PTA. ARENAS/Chile: per Bus täglich mit "Transportes Pinguino", Fahrzeit 1o

Std. Bis auf die letzten rund 6o km: Schotterpiste. Ca. 25 US $, vorab Grenzpapiere in Rio Gallegos regeln! Seit Beendigung der Grenzstreitigkeiten um die Inseln im Beagle-Kanal fliegt jetzt die Aerolineas Argentinas 2 mal/Woche von Rio Gallegos via Rio Grande nach Pta. Arenas. Flugzeit mit Zwischenstop 2 Std./ca. 6o US $.

Nach PTO. NATALES/Chile: interessante Querverbindung ab Rio Gallegos, die den re-

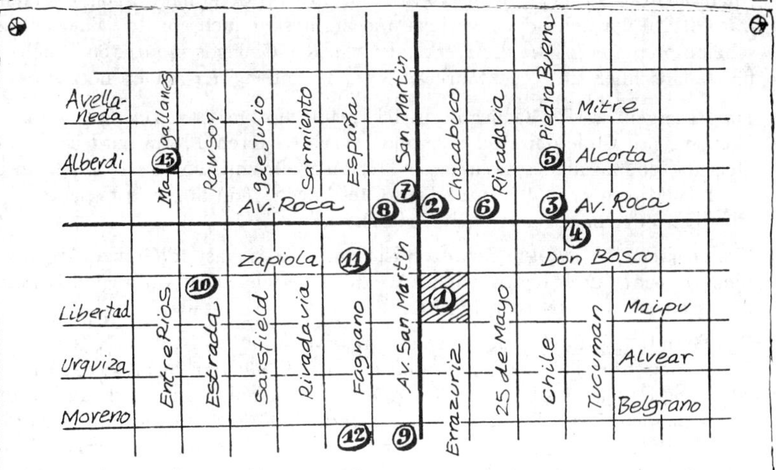

1 Plaza San Martin
2 Correo Central
3 Entel (Telefon)
4 Bus nach Comod. Rivadavia
5 Jefetura de Policia
6 Banco de la Nacion
7 Aerol. Argentinas
8 Austral
9 Salvo permiso de viaje (für Chile)
1o Transp. Pinguino (nach Pta. Arenas)
11 LADE

Rio Gallegos

12 chil. Konsulat
13 "Expr. Rapido Zorillo" Busse nach Calafate

gulären Umweg via Pta. Arenas spart. Bei Pto. Natales die interessantesten Gebiete Südchiles mit dem großartigen Torres del Paine Nationalpark, sowie dem Bootstrip zum Balmaceda- Geltscher (Details hierzu siehe dort!). Die Schotter/Erdpiste ab Rio Gallegos (tägl. Busse, die ca. 9 Std. brauchen) führt entlang der Grenze bis Rio Turbio. Als Bustrip knochenhart und staubig, sowie von der Landschaft langweilig. Besser den 5 x/Wo. verkehrenden LADE- Propellerflug nehmen, der 1 Std. dauert und zudem preislich kaum Unterschied zum Bus bringt. Allerdings oft ausgebucht, da es sich um eine kleine Twin-Otter- Sportmaschine handelt.

Vorab Grenzformalitäten beim chilen. Konsul in Rio Gallegos abklären. Von Rio Turbio gibts tägl. mehrmals Busverbindung über die Grenze nach Pto. Natales, sowie ab Pto. Natales tägl. Busverbindung mit Pta. Arenas.

Nach CALAFATE/Lago Argentino. Mit Abstand lohnenste Stelle auf der argentinischen Seite des patagonischen Festlandes. Riesiger Gletscher, dessen 8o m hohe Wand in den Lago Argentino abbricht. Eines der großen Naturschauspiele Südamerikas! Details siehe "Calafate". Man ist dabei, rund 4o km östlich von Calafate einen Jet- Airport zu bauen, der dann von A.A. bzw. Austral angeflogen wird und die Anreiseprobleme löst. Derzeit nur per LADE- Propeller ab C. Rivadavia und Rio Gallegos zu erreichen, bzw. per Bus ab Rio Gallegos mit "Expr. Rapido Zorillo". Ein harter 33o km- Schotterpisten Trip, der einen vollen Tag dauert.

Rio Gallegos → Ushuaia (600 km): durchgehend Schotter/Erdpiste. Bis Rio Grande gibts keinen Busverkehr, also nur Trampen (im Sommer passabel gute Chancen), bzw. Flug mit der A.A. oder LADE.

Mit eigenem Fahrzeug sollte man für die 600 km knapp 2 Tage rechnen, solang man die Strecke nicht Nonstop per Nachtrip "abhakt". Das Fahrzeug mit Gittern vor den Scheinwerfern und am besten auch vor der Windschutzscheibe präparieren, die die Werkstätten in Rio Gallegos montieren. Auch für die anschließende Rückfahrt via Ruta 40 entlang der Anden nützlich!

Die Piste geht ab Rio Gallegos zunächst rund 60 km südwärts zum Grenzübergang mit Chile bei Mte. Aymondt. Nach weiteren 46 km wird in Punta Delgada die Magallanes- Straße per Ponton- Fährschiff überquert. Überfahrt rund 30 Min. nach Bahia Azul/Tierra del Fuego. (Im Sommer tagsüber stündlich oder häufiger je nach Bedarf).

Weiter über eine 140 km Schotterpiste nach San Sebastian/Grenze Argentinien. Es geht durch relativ flaches Weideland, viele Erdölbohrungen. Hinter der Grenze noch runde 80 km bis

★ **Rio Grande** (=Frio Grande), wenig attraktive 6.000 E.- Siedlung . Große Gefrierfleischfabrik, Erdöltürme und eiskalte Winde vom Südatlantik. Ein Schwung Hotels, das beste ist das ACA, – Tankstellen und Werkstätten für Wagenpannen. Der Airport ist 5 km außerhalb. Täglich Jetverbindung mit Bs.As. via Rio Gallegos, sowie runter nach Ushuaia. 2 mal/Woche nach Pta. Arenas. – LADE nach Ushuaia ist billiger, allerdings seltener und meist voll.

Busse: während der Sommermonate 4 mal/Woche nach Porvenir/Chile (mit Fähre über die Magallanes- Straße) nach Pta. Arenas, – sowie im Sommer täglich mit "Transportes Los Carlos" nach Ushuaia. Braucht für die rund 250 km 5 Std., der Bus recht komfortabel. Rechtzeitig den Sitz durch den Kauf des Bustickets reservieren. Ca. 8 US $ pro Person.

Etwa 80 km südlich von Rio Grande beginnt der bergige Teil von Feuerland. Eine der schönsten Strecken der Insel! Entlang des Lago Fagnano. Zwei gemütliche Hotels, Tip ist die "Hosteria Kaiken" am See vom ACA, gut aber auch die Hosteria "Alacud". Bus macht hier Erfrischungsstop. Man ist dabei, die Schotterpiste zu asphaltieren, rauf nach Rio Grande, was den Trip komfortabler fahren lässt und die Fahrzeit verkürzt . . .

★ Ushuaia: ca. 12.000 E.

südlichste Stadt der Welt (die nördlichste ist Hammerfest/Norwegen). Von der Lage an der, von Bergen eingerahmten Beagle- Straße nicht ohne Reiz. Die Schachbrettstraßen mit ihren teils bunten Holzhäusern ziehen sich den Hang rauf. Kulisse ist die, im Frühling und Herbst schneebedeckte Bergkette. Im Sommer dauert der Tag von 6 bis 23 Uhr, was aber nicht bedeutet, daß im Ort groß Action stattfindet. Ushuaia hat den angenehmen Duft, am Ende der Welt zu liegen.

Tourist INFO Av. San Martin 524/Galeria Albatros. Freundliches Personal, das neben Kartenmaterial insbesondere im patagonischen

Hochsommer sich sehr nützlich macht, wenn die wenigen Ushuaia- Hotels rappelvoll sind und die Suche nach Privatquartieren beginnt.

Hotels: ACA- "Canal Beagle"/25 de Mayo Ecke Maipu ist tip-top. Moderner, 4-stöckiger Steinbau, Doppel um 2o US mit Privatbad. Wer Mitglied beim ADAC oder ÖAMTC ist, bekommt, wie bei allen ACA- Hotels Rabatt. – "Antarida"/San Martin 16oo hat schönen Blick über den Beagle- Kanal, Doppel um 18 US $ mit Privatbad. – "Las Lengas"/ L. Lugones Ecke Av. San Martin mit TV und Privatbad um 18 US, – "Cabo de Hornos" Ecke San Martin mit Triunvirato, Doppel um 23 US, – "Hospedaje Capri"/San Martin 724 (hinter dem ACA) relativ preiswert bei 13 US, allerdings in Sachen Sauberkeit abgesunken, – Viele weitere. Wer preiswerte Sachen sucht, wendet sich ans Tourist Büro, die Privatquartiere für ca. 5 - 7 US das Doppel vermitteln.

Restaurants: Tip ist "Tante Elvira"/San Martin 234. Ein superschmales Holzhaus in der Ushuaia- Hauptstraße. Deutsche Leitung, die sich ihrer Qualitäten bewußt ist, was sich auch in den Preisen ausdrückt. Trotzdem Tip. Excellent die "centollas" und "king-crabs" in leckerer Soße zubereitet, sowie "cholgas" (Riesen- Mießmuscheln). – In der Nähe von der "Tante" das "Restaurant Moustacchio"/San Martin Ecke Godoy: sehr gut für Fischgerichte. Ist billiger als Tante Elvira. – "Cafeteria Acuario" in der Hauptstraße San Martin. Treff junger Leute, neben Snacks gute, warme Gerichte bei zivilen Preisen. – Lecker sind die Preiselbeer- und Himbeer-Kompositionen (mit Eis, bzw. Kuchen, in Milch- Shakes etc.) in den diversen Cafeterias in der Hauptstraße. –

Verbindungen: der AIRPORT von Ushuaia liegt auf einer vorgelagerten Insel. Seit Verlängerung der Landepiste nunmehr auch von den 737- Boeing- Jets der A.A. anzufliegen, was sicher zu zusätzlichem Tourismus und Hotelneubauten führen wird.

Täglich A.A. nach Bs.As. via Rio Grande (2 mal/Woche nach Pta. Arenas/Chile) und Rio Gallegos (Querverbindungen nach Rio Turbio und Bariloche). – TIP: Taxi in die Stadt ist zwar bequem, wenn man viel Gepäck hat. Macht aber einen großen Umweg, der zu ca. 1o US $ führt. Billiger: Stadtbusse zu Ankünften und Abflug der A.A. Oder: zu Fuß über den Damm, sind 15 Min. ins Centro.

Sehr lohnend sind Rundflüge mit Cesna- Sportflugzeugen über dem Beagle- Kanal. 3o Min. kosten pro Person ca. 15 US, entweder im Flughafen buchen, oder beim Reisebüro "Rumbo Sur" im Centro/San Martin 342.(Flüge um Cap Horn ca. 25o DM/Person)

Achtung: wer mit A.A. oder Lade nach Ushuaia kommt: den Rückflug in Verbindung mit Anschlüssen nicht zu knapp planen. Bei schlechtem Wetter über dem Beagle- Kanal (tiefhängende Wolken oder starke Winde vom Atlantik) Abflugverzögerung oder Flugstornierung aus Sicherheitsgründen! Im schlechtesten Fall muß man dann auf den Bus nach Rio Grande zurückgreifen, der dann aber auch ruck- zuck ausgebucht ist! –

Museum: "Museo Territorial"/Maipu 173. Fotos aus der Geschichte Ushuaias (der heutige Ort geht auf eine Gründung protestantischer Missionare aus dem Jahre 1884 zurück, knapp 5o Jahre nach der berühmten Forschungsreise Charles Darwin mit seinem Schiff Beagle). Aber auch Kunsthandwerks- und Gebrauchsgegenstände der Feuerland- Indianer. Geöffnet: Mi. - So. von 15 bis 2o Uhr im Sommer.

In der Calle Triumvirato 45 gibts annähernd jeden Abend eine Multivisions- Show bzw. Filme zu Feuerland im Winter, zur Sportfischerei der Region sowie zu Patagonien. Interessant, Eintritt ca. 4 US $. Während der Vorführung kann man sich Drinks kaufen.–

Estacion de Biologia Marina: Roca 16o. Mo. bis Fr. von 7 bis 12 Uhr.

Autovermietung: in Ushuaia möglich (Käfer und Japaner), allerdings sehr teuer. Es fragt sich, ob man nicht auf die billigeren Tours zurückgreift. Viele Straßen gibts sowieso nicht. Wer allerdings knapp mit Zeit ist, und sich den PKW zu mehreren im Preis teilen kann, spart sich viel Zeit und ist flexibler.
"P. Antartica"/San Martin Ecke Onas, – "Gelvarini Automotores"/San Martin 313, – "Onas Turismo"/25 de Mayo 5o und "Ketty London"/San Martin 315.

Sport: Ushuaia hat ein kleines Eissportstadium (Verleih von Schlittschuhen), – sowie die südlichste Skipiste der Welt! Skibetrieb Mai bis Ende Sept. Die Piste ist beleuchtet, da im patagonischen Winter die Tage superkurz sind. Ausgerüstet mit einem Sessellift. Länge der Piste ca. 1,3 km. Refugio und Verleih von Skiausrüstung. Aber auch im Sommer lohnender Ausflug wegen schönem Blick über den Beagle- Kanal. Liegt 2 km westl. von Ushuaia, siehe Karte (1). –

Ushuaia ⋙→ Pta. Arenas/Chile: per Flug im Sommer tägl. nach Rio Grande und dort umsteigen in die 2 x/Woche verkehrende A.A. nach Pta. Arenas. (Grenzformalitäten in den beiden Airports Rio Grande und Pta. Arenas). – Per Bus: im Sommer tägl. nach Rio Grande und dort 4 x/Woche nach Porvenir mit Anschluß an die Fähre über die Magallanstraße nach Pta. Arenas. Sicherheitshalber beim chil. Konsulat in Ushuaia erkundigen, ob zwischenzeitlich die Passformalitäten an der Grenze stattfinden, oder vorab in Ushuaia getätigt werden müssen! –

Alternative: per Boot über den Beagle Kanal nach Pto. Williams/Chile. Von dort fanatastischer Flug nach Pta. Arenas, entlang der schneebedeckten Darwin Kette und über endlose Fjordarme (Flug ist im Chile- Teil unter "Pto. Williams" beschrieben). Als Route großartig, allerdings gibt es derzeit keine reguläre Verbindung zwischen Ushuaia und Pto. Williams. Abchecken, ob zwischenzeitlich möglich! Weiteres Manko: seltene Flugverbindung von Pto. Williams rauf nach Pta. Arenas, und die Übernachtung in der einzigsten Unterkunft in Pto. Williams, in der gleichnamigen Hosteria ist teuer. –

Klima/Ushuaia: im Sommer können die Tagestemperaturen in Küstennähe bis rauf auf 25 Grad gehen, liegen aber meist um 8 Grad. Da man aber auch mit kräftigen Winden rechnen muß und bei Wanderungen in den Bergen (z.B. zum Martial Gletscher) in höheren Lagen die Temperatur schnell abnimmt, – sollte man in jedem Fall warme Pullover und Daunenjacke einpacken. Gleichzeitig guten Regenschutz, feste Schuhe!

Beste Jahreszeit zum Besuch Mitte Dez. bis Anfang März. Dabei in den Monaten Febr./ März herrliche Herbstfärbung in den Laubwäldern des Südens der Insel, – aber auch der Frühling hat seinen Reiz, wenn die Wiesen voll von Dotterblumen sind (Dez.). Im Winter Temperaturen bis Minus 12 Grad und das Vergnügen, die südlichste Skipiste der Welt befahren zu können. Sehr kurze Tage; die Skipiste daher mit Beleuchtung!

Umgebung von Ushuaia:

Der Hauptreiz von Ushuaia liegt in seiner schönen Umgebung. Gleich hinter der Stadt die Bergkette der Sierra Martial mit höchstem Gipfel Viciguerra, von dem sich ein Gletscher runterwälzt (GLACIAR MARTIAL).

Als Gletscher gibt es in Patagonien sicher interessantere (z.B. der spektakuläre "Perito Moreno" bei Calafate, siehe Seite 1352 oder der "San Rafael" südl. von Cohaique/Chile, siehe Seite 1492) . Als Wanderung aber wegen seiner schönen Landschaft lohnend. Normales Schuhwerk reicht aus, allerdings sind Stiefel besser, wenn der Trail nach Regenfällen "quatschig" wird. Als Trail leicht zu finden: westl. aus Ushuaia raus, Straße zunächst Ri. Lapataia, dann kurzes Stück auf der Straßenpiste entlang des Rio Buena Esperanza, später über Trail stetig bergan zum deutlich sichtbaren Gletscher. Es geht durch verschiedene Vegetationszonen, die Baumgrenze bei 800 m. Großartiger Blick über Ushuaia, den Beagle Kanal und rüber zur chil. Seite! Ca. 4 - 5 Std., in einem Tag retour nicht zu schaffen.Campieren besser unterhalb der Baumgrenze wegen streckenweise auftretenden stürmigen Winden. Aber auch, wer nur einen Teil der Strecke wandert und die Sache in einem Tag macht: unbedingt lohnend! Der Anmarsch lässt sich durch Taxi bis zum Ende der Schotterpiste verkürzen. Dringend: warme Sachen mitnehmen!!

SKIGEBIET LA MARTIAL: Piste bis zum Refugio und Beginn des Sesselliftes. Die bequemere Variante für schönen Rundblick über den Beagle-Kanal. (Taxi oder Tours ab Ushuaia). –

LAPATAIA/Nationalpark Tierra del Fuego: landschaftlich ein Hochgenuß, wenn die Wolken an der Sierra Martial über dem Beagle- Kanal hängen. Dichte Vegetation, klar blau bis grüne Seen zwischen den Küstenbergen und herrlich frische Luft!

2o km ab Ushuaia über eine Piste bis zur "Hosteria Alacush" (Karte/4). Es gibt zwar keinen öffentlichen Transport , also Taxi oder die relativ preiswerten 1/2- Tagestouren von Ushuaia- Reisebüros. Trampen soll in den Sommermonaten passable Chancen haben.

1o km nach Ushuaia der Eingang zum National Park mit einer "Guardaparque"- Rangerstation, wo es auch Infos zu den Trails im Nat. Park gibt. Die "Hosteria Alacush" sehr gemütlich mit großen Panoramafenstern und herrlichem Blick über den Fjord und die schneebedeckten Berge. Tip zum Übernachten, für den, der relaxen oder sich zu zweit von der Hektik ausspannen will. Das Doppel ca. 25 US $. (Rabatt da ACA. – Karte/4).

Ab Alacush eine Piste rauf zum Lago Roca mit schönen Campingstellen zwischen dichter Vegetation, sowie runter, entlang des Cerro Condor (Trail zur Lag. Negra). Wer campiert: dringend korrekt mit dem Feuer umgehen:

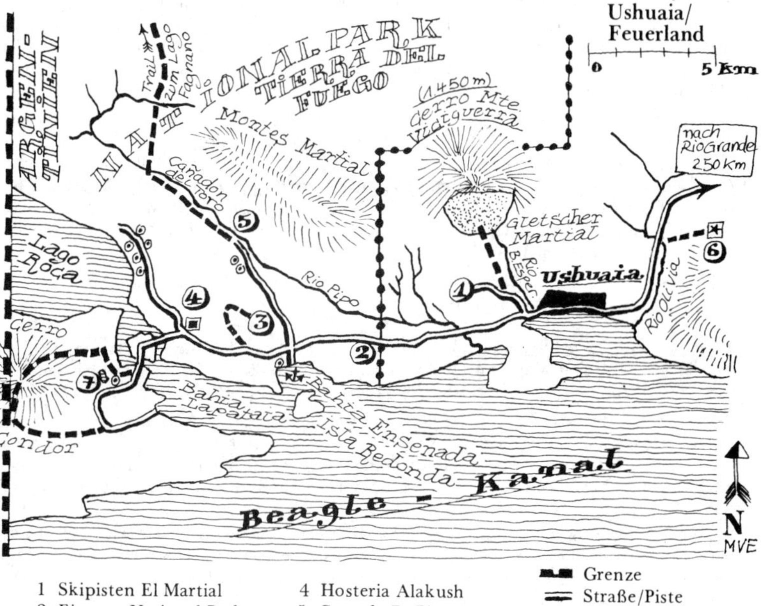

1 Skipisten El Martial
2 Eingang National Park Guardaparque- Station
3 Cerro Pampa Alta (Aussichtspunkt)
4 Hosteria Alakush
5 Cascada R. Pipo
6 Wasserfall
7 Lag. Negro

Grenze
Straße/Piste
Trail
Grenze Nat. Park
Campingmöglichkeit
Anlegesteg

bei den starken Winden im Bereich des Beagle- Kanals gibts schnell Waldbrand – Piste zum Rio Pipo mit Cascada (Karte/5). Hier schließt sich ein rund 1o Tagestrail an, quer durch den Nationalpark rauf zum Lago Fagnano. Details zur Begehbarkeit von den Rangern in der "guardaparque" am Eingang des Nat. Parks (Karte/2). Zeitangabe in ca. und retour, denn ab dem Punkt, wo der Trail den Lago Fagnano erreicht, gibt es keine Piste und öffentl. Transport, sodaß man nach Erreichen des Sees den selben Weg wieder nach Ushuaia zurück muß. Kartenmaterial: gratis gibts eine Broschüre des Nat. Parks mit grober Übersicht. Detailkarte zum "Tierra del Fuego- Nat. Park" in der Hauptoffice/Buenos Aires, Av. Santa Fe 69o.

Organisierte Touren mit Agenturen ab Ushuaia in den Lapataia-Bereich des Nat. Parks (1/2 Tag), – zur Cascada am Rio Pipo, – zum Lago Fagnano (über die Straße Ri. Rio Grande, Besuch des Wasserfalls, siehe Karte/6, und mit Zwischenstop am landschaftlich schön gelegenen Lago Escondido (Essensstop in der schönen Hosteria Petrel. Am Lago Fagnano wird eine Schiffswerft besucht. Der in der Regel nur 1o km breite, aber 9o km lange Lago Fagnano gehört zu den schönsten Stellen des südlichen Inselteils von Feuerland mit seinen Buchenwäldern, Knüppelkiefern und reicher Tier- und Pflanzenwelt). Zusammen mit dem Trip nach Lapataia einer der lohnensten Ausflüge ab Ushuaia, wer nicht anschließend den Bus nach Rio Grande nimmt, der die Region jedoch nur durchfährt und lediglich in der Hosteria Kaiken einen Zwischenstop einlegt. Als Tour ein voller Tagestrip. –

Eine andere Tour geht die Piste am Beagle- Kanal entlang bis Pto. Brown und Almanza. (5 Std./8o km). – Bootstrips zur Isla de los Lobos (Seelöweninsel im Beagle Kanal), allerdings nicht billig und zur Isla Redonda, die der Lapataia- Bucht vorgelagert ist. Sowie rüber auf die chilenische Seite des Beagle- Kanals nach Pto. Williams (Trappersiedlung und Militärstützpunkt. Kann auch ab Pta. Arenas/Chile mit dem Flugzeug besucht werden, wobei der Flug (bei klarem Wetter) das Bonbon ist und weniger Pto. Williams).

Mit dem Sportflugzeug ab Ushuaia- Airport der bereits erwähnte sehr lohnende 3o Min./1 Std.- Rundflug über dem Beagle- Kanal und Lapataia. – Flüge zum Cap Horn, dem südlichsten Punkt des Kontinents,sind teuer. Geht sowohl ab Pto. Williams mit den Chilenen, wie auch ab Ushuaia. Jedesmal auf Charterbasis, wobei nach Flugstunde berechnet wird (retour mit Umfliegen des Caps etc.) ca. 3 Std., egal, wieviel Leute im Flugzeug zusammenkommen. Preis ist Verhandlungssache und Tip, sich direkt mit dem Sportflugzeug- Club im Ushuaia- Airport in Verbindung zu setzen.

TOURISMUS- AGENTUREN IN USHUAIA: (Auswahl) "Rumbo Sur"/San Martin 342, – "Onas Turismo"/25 de Mayo 5o, – "Anartur"/San Martin 16oo.

Feuerland, "Tierra del Fuego" (Land des Feuers), wie die 74.ooo qkm große Insel von ihrem Entdecker Magallan (152o) genannt wurde, da die Indianer riesige Feuer an den Küsten brannten, – gehört zu 2/3 Chile und 1/3 Argentinien.

Besonders im chilenischen Teil vergletscherte Gebirgsketten (Cordil. Darwin, die Höhen bis zu knapp 2.5oo m erreichen), Ausläufer bei Ushuaia/Argentinien (Martial- Gletscher). Im flacheren Nordteil der Insel patagonische Grassteppen mit Haziendas, die von Schafszucht leben. Aber auch Erdölfelder um Sombrero/Chile, sowie nähe Rio Grande/Argentinien.

Der Süden Feuerlands (Region um Ushuaia) ist landschaftlich der schönste Teil. In den Bergen fängt sich die Feuchtigkeit der Atlantikwolken. Die letzten Waldketten vor den Weiten der Antarktis.Überaus reich in seiner Tierwelt, sowohl an Land, wie im Meer und Vögel. Eldorado für Ornithologen!

Der Beagle- Kanal wurde von Charles Darwin (Begründer der Evolutionstheorie) auf seiner Forschungsreise 1832 entdeckt, als wichtige Alternative der stürmigen und gefährlichen Cap Horn- Umrundung. (Sehr lohnend als Backgrond- Lektüre "Charles Darwin"/

Reise um die Welt, erschienen im Reprint bei Thienemanns Verlag/Edition Erdmann. Siehe auch Antarktiskapitel Seite 1535.

Antarktis- Trips: durch die 1.2oo km breite "Drake- Passage" vom südamerikanischen Festland getrennt. USHUAIA ist Versorgungsteil für die argentinischen Forschungsstationen der Antarktis.Allerdings ist diesen Versorgungsfrachtern die Mitnahme von Touristen verboten, – abgesehen davon, daß es in den antarktischen Forschungscamps an Übernachtungsmöglichkeiten fehlt.

Angeblich soll es möglich sein, mit argent. Navy- Schiffen, die in den Sommermonaten die Forschungsstationen versorgen, mitzufahren. Eine zeitlich sehr unkalkulierbare Angelegenheit, da die Schiffe unregelmäßig fahren. In Bs.As. das Verteidigungsministerium kontaktieren, bzw. die "Jefetura Servicio Transportes Navales" Antarctica"/Reconquista 385/7. Stock. Keine Antwort auf briefliche Anfragen!

Seit der Entdeckung riesiger Bodenschätze Ende der 7o-er Jahre, rückte die Antarktis ins Interesse der Weltwirtschafts-Nationen, aber auch der beiden Anrainerstaaten Chile und Argentinien. Siehe auch "Antarktis- Teil/Seite 1535.

Bei den Streitigkeiten um die 3 Mini Inseln Picton, Lenox und Nueva im Beagle- Kanal, ab Ende der 7o-er Jahre zwischen Argentinien und Chile, – ging es nicht um diese im Grunde bedeutungslosen Inseln, – sondern um den sich daraus ergebenden, größeren Antarktiswinkel. Was insbesondere (Blick auf die Karte!) eine erheblich größere Anspruchsmöglichkeit auf die an Bodenschätzen reichen antarktischen Halbinsel bedeutet!

Die Sache wurde dann zunächst der englischen Königin zur Überprüfung übergeben, die eine internat. Wissenschaftler- Kommission einsetzte. Unter anderem fuhren Ethnologen auf die Inseln, um festzustellen, welchen "nationalen Ursprungs" die dort lebenden Bewohner seien . . .

Auch der Malvinas/Falkland- Krieg diente der Festlegung zukünftiger Machtansprüche in der Antarktis, sowie strategischer, wie logistischer Versorgungspunkte für die Antarktis. – Durch ein Vertragswerk 1984, an dem auch der Papst beteiligt war, einigten sich Argentinien und Chile, daß zwar die 3 Inseln zu Chile gehören, der Raum südlich in der Drake- Passage jedoch von beiden Ländern gemeinsam genutzt werden kann.

Somit eine für beide Seiten offene Situation in Sachen Antarktisansprüche. – Während das in Sachen Malvinas siegreiche England diese Inselgruppe derzeit zu einer strategischen Festung und Versorgungsstation für die Antarktis ausbaut.

Feuerland → Bariloche:

Ruta 4o, – entlang der Andenkette

Die RUTA 4o folgt weitgehend die Andenkette und Grenze zwischen Chile und Argentinien. Hier liegen die lohnensten Punkte Patagoniens!

Der "Perito Moreno- Gletscher" bei Calafate, schönster des Kontinents mit einer 8o m hohen Gletscherwand, die ständig in den See bricht, – aber auch die verschiedenen Nationalparks bis Bariloche mit glasklaren Seen zwischen den Andengipfeln und reicher Vegetation.

Ein Argentinien landschaftlicher Spitzenklasse, das aber (leider!) außerhalb bisheriger, südamerikanischer Gringo- Routen liegt. Grund: zu abgelegen, zu unbekannt! –

Eigenes Auto: unbestritten bestes Verkehrsmittel in dieser abgelegenen Region mit superdünnem, öffentlichen Transport. Allerdings sollte der eigene PKW auch gut präpariert sein. Fast durchweg Schotter- Pisten und dies über mehr als 2.ooo km!Somit Steinschlaggitter vor der Windschutzscheibe, aber auch den Scheinwerfern. Besonders beansprucht sind auch die Stoßdämpfer (sofern der Wagen überladen ist), die Radlager und die Reifen.Rechtzeitig vortanken; die Tankstellen sind selten, – bei der Gefahr, daß der Sprit aus ist. Gilt auch für die Werkstätten, die aber mit viel Improvisation oft Unmögliches möglich machen (oder wegen fehlender Ersatzteile kapitulieren müssen). –

DIE HAUPTROUTE geht von Ushuaia via RIO GALLEGOS zunächst entlang der Ostküste rauf bis Comodoro Rivadavia (da weitgehend Asphalt und schneller), um dort dann landein via Sarmiento (bis hier Asphalt) abzubiegen und weiter entlang der Anden (Esquel, El Maiten, – Schotter, streckenweise Asphalt) nach Bariloche . Klammert aber den interessanten Teil um CALAFATE (Perito Moreno- Gletscher) und Perito Moreno (Cuevas los Manos. Steinzeitliche Höhle mit Felsmalereien, sowie Abstecher zum Lago Buenos Aires) aus. – Siehe auch Verbindungskarte, Seite 1515.

Flug: vom Küstenbereich abgesehen hat Patagonien speziell entlang der Ruta 4o ein sehr dünnes Netz an Flugverbindungen (seltene Verbindungen, LADE- Propeller). Eine Situation, die sich ändern könnte und der Region Aufschwung geben, – wenn der neue Calafate- Jet Airport eröffnet wird.

Bus: superdünnes Netz, entsprechend der dünnen Besiedlung der Region. Details siehe Text! –

★ **Rio Turbio:** Minero- Nest für die dort liegenden Kohlenminen, die die wichtigsten des Landes sind. Basic- Unterkunftsmöglichkeit, tägl. Busverbindung von Rio Gallegos (ca. 9 Std.; LADE- Flug (1 Std.) bequemer, aber oft voll). - Busverbindung tägl. mehrmals rüber nach Pt. Natales/Chile und Startpunkt für die lohnenden Trips auf der chilenischen Seite zum Balmaceda- Gletscher und in den Torres del Paine Nat. Park. Alle Details siehe "Chile/Pt. Natales", auch zu den Grenzverbindungen der Region.

Für den Besuch ist Rio Turbio wenig attraktiv, – außer in den Wintermonaten, da hier eine Skipiste liegt. Weitertransport mit öffentlichen Verkehrsmitteln rauf nach CALAFATE sehr problematisch bis nicht extistent. Bequemer der Direktbus ab RIO GALEGOS direkt rauf bis Calafate, oder noch besser der Flug.

★ Calafate: ca. 5.ooo E.

Als Stadt angenehm, aber superprovinziell. Lebt als Kleinhandels- Zentrum der umliegenden Haziendas, sowie im Sommer vom Tourismus.

Tourist Office und Nat. Park Service: Av. Libertad. Nach Travellerberichten ist erstere nicht superfreundlich und nur während der Sommermonate besetzt.

Unterkunft: Tip in der Komfortklasse ist das Automobil Club- Hotel "Martin Canale" mit Bungalows auf einer Anhöhe, sowie eigenem Restaurant, das allerdings Tendenz zu teuer zeigt. – "Kaiken"/Feilberg s/n gut, mit Restaurant, – "Tehuel Aike"/Av. Libertador 992, gut, mit Restaurant, ca. 1o US $. – "Hotel Upsala"/C. Espora 139, mit Privatbad, passabel, ca. 8 US $, – "Kan Yatun"/Estacion 25 de Mayo für ca. 12 US, – viele weitere. Das Calafate Touristbüro kann billige Privatquartiere vermitteln, die um 3 - 5 US pro Person kosten. – Sehr lohnende ACA- Hosteria, direkt am P. Moreno Gletscher (Karte/1), wo man teils von den Cabañas Blick auf den Gletscher hat, in jedem Fall aber die ganze Nacht über das Abbrechen der Gletscherwand hört. – Camping ist am Lago Roca möglich, sowie auf der Magallanes Halbinsel.

Verbindungen: derzeit 1 bis mehrmals pro Woche (je nach Saison) Bus ab Rio Gallegos nach Calafate über eine wilde Schotterpiste, die derzeit aber streckenweise asphaltiert wird. Ca. 2o US $.

LADE fliegt im Sommer 4 mal/Woche von Calafate nach Ushuaia. Ein 3 Std. Flug (ca. 35 US $). Rein zeitlich dem Überlandbus ab Calafate vorzuziehen, da es derzeit ja Busverbindungen nur via Umweg Pta. Arenas gibt (außer man versucht sein Glück, zwischen Rio Grande und Rio Gallegos zu trampen). Siehe Seite 1515

Der LADE- Airport liegt direkt am Ortsrand von Calafate (ca. 1o Min. in den Ort rein, zu Fuß!). Eine Schotterpiste in der gelbkargen Pampa. – Mit LADE derzeit im Sommer 1 mal/Woche nach Perito Moreno/Lago Bs.As. (ca. 45 Min/15 US). Danach läuft nach derzeitigem LADE- Flugplan nichts mehr Ri. Nord/Bariloche entlang der Ruta 4o. Alle LADE- Verbindungen via Comodoro Rivadavia/Küste und Rio Gallegos.

Nach Fertigstellung des neuen Jet- Airports (ca. 25 km östl., siehe Karte/3) wird Calafate per Jet bequem und direkt ab Bs.As. zu erreichen sein. Gleichzeitig aber vermutlich auch eine Neustrukturierung der LADE- Propellerflug- Strecken in Patagonien. Unter Umständen auch dichtere Bariloche – Calafate- Verbindung entlang der Anden! Bei den hohen Kosten des Airportbaus dient der neue Calafate- Flughafen verständlicher Weise nicht nur der Förderung des Tourismus, sondern auch der wirtschaftlichen Erschließung dieser abgelegenen patagonischen Region Argentiniens.

CALAFATE–TORRES DEL PAINE/Chile (siehe S. 1516). Die Straße ist fertig, aber in derartig schlechtem Zustand, daß sie nach jüngsten Berichten von Travellern angeblich selbst mit Jeep nicht befahrbar ist. Derzeit kein öffentlicher Transport. Ebenfalls kein öffentlicher Transport, aber mit eigenem Fahrzeug oder gechartertem Taxi möglich:

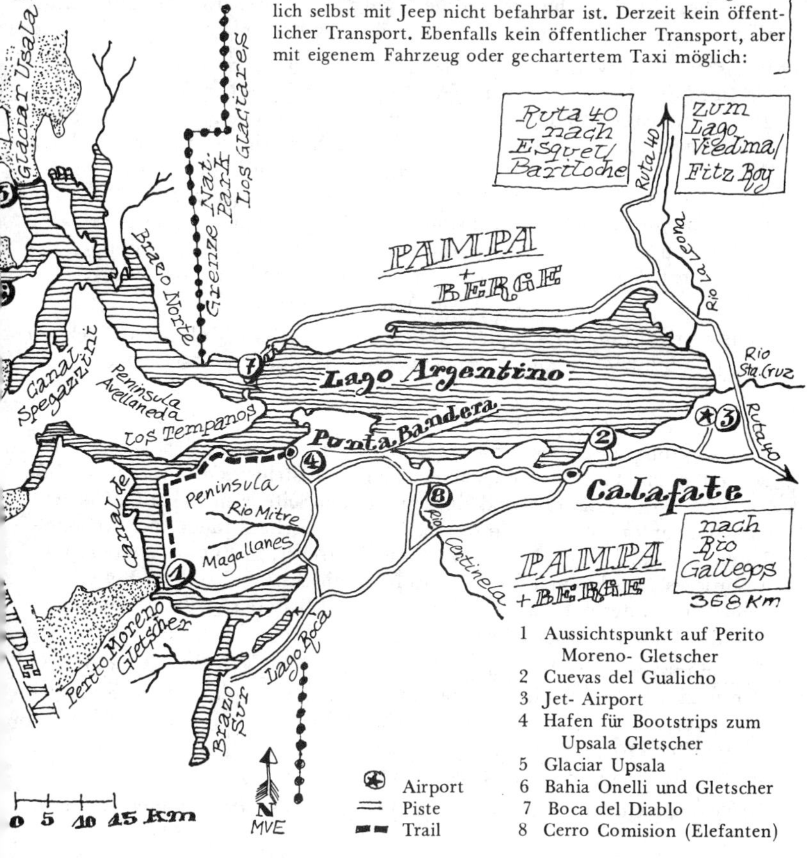

Calafate – Esperanza – C. Castillo (rüber nach Chile, 61 km bis Pto. Natales. Achtung: Grenzübergang angeblich nur in den Sommermonaten offen), – bzw. C. Castillo – Rio Turbio (mit ganzjähriger Grenzverbindung nach Pto. Natales). Details Seite 1515.

Die Verbindung Calafate–Sta. Cruz/arg. Küste ruta 16o3 ist eine derzeit superharte Piste, – ebenso wie die Alternativroute via Lago Viedma und ruta 283. – Details zur ruta 4o Richtung Nord ab Calafate nach Esquel/Bariloche siehe dort!

Das patagonische Mininest CALAFATE bringt (außer Unterkunft und Restaurants) selber wenig. Vorsicht vor Überforderungen! Verständlich, – wenn auch nicht akzeptabel, – daß zu den 3 Tourismus- Monaten kräftig "abgesahnt" wird. Im Airport, wie auch Tourist Office eine Liste der derzeit gültigen Preise. Angeblich beim Geldwechseln bis zu 4o % Aufschlag (="Spesen"). Abhilfe: Pesos mitbringen. Der neue Jet- Airport wird zunächst die Situation durch zusätzliche Touristen verschärfen, – letztlich aber zur Nivelierung der Situation führen. (Zur HS erhebliche Bettenknappheit!)

Siehe Karte/Vorseite!

Umgebung Hauptattraktion und Höhepunkt jeder Argentinien-Reise sind die Gletscher, die in die verzweigten Seitenarme des Lago Argentino münden. Für Calafate 2 - 3 Tage Zeit reservieren.

4 Im Sommer fährt tägl. ab Pto. Bandera (Busverbindung ab Calafate, 5o km)
5 ein Boot den Brazo Norte rauf bis zum Upsala Gletscher. 1- Tagestrip, ca. 15 US, unbedingt lohnend. Je näher man zur Gletscherzuge kommt, desto mehr Gletscherberge schwimmen im See. Während im Salzwasser rund 1/3 des Gletschers über den Wasserspiegel rausragt, – sind dies in Süßwasser nur 1/1o. Insofern gigantische Eismassen, die da rumschwimmen! Da das Eis im Wasser schneller taut, als in der Luft, – tragen die Eisberge oft kräftige Einkerbungen in Wasserhöhe, was nicht selten zum Umkippen der Berge führt. Verbunden mit kräftigem Schwapp und entsprechend geschickter, vorausschauender Navigation des Bootskapitäns.

Teils herrlich himmelblau glitzernde Farben. An Bord Coke, bei Glück auch Bier und bunt in Nationalitäten gemischtes Publikum in Daunenjacken, Pullis etc.

7 Nach Durchfahrt durch den "Boca del Diablo" (Karte/7), kann der "Upsala" nur in respektierlicher Entfernung passiert werden wegen Gletscherabbrüche und der Gefahr der dadurch entstehenden, nicht unerhebli-
6 chen Wellen. – Anschließend Einfahrt in den Seitenarm Bahia Onelli, wo das Boot anlegt. Fußmarsch durch südpatagonische Strauch und Knüppelbaum Vegetation 1/2 Std. zu weiterem Gletscher, in Endmorene voll von Eisbrocken. Rückkehr im Laufe des Nachmittags/Pto Bandera. Bei schlechtem Wetter oder übermäßiger Eisbrocken- Aktivitäten im Brazo Norte werden die Trips wegen Gefährlichkeit storniert.

1 Höhepunkt ist aber der Besuch des PERITO MORENO–GLETSCHERS, den man zwecks Erlebnis- Klimax für den 2. Tag einplant. Eine Gletscherwand von ca. 2 km Breite und im Schnitt 7o - 8o m Höhe, die sich ständig vorschiebt. Pro Jahr ca. 12 bis 2o m, in den "Canal de los Tempanos" hinein, auf das gegenüberliegende Ufer zu.

Der einzige Gletscher der Welt, der ständig wächst. Im Sommer durch die

Sonneneinstrahlung brechen ständig Teile der Eiswand als Eis-Säulen ins Wasser. Ein Donnern, das noch 3 km weit zu hören ist. Die abbrechenden Eiswände tauchen unter, um anschließend riesige Wasser- Gischtfontänen in die Luft abzugeben.

Harte Arbeit für den Schmalfilmer, da immer einige Zeit vergeht, bis die nächste Säule abbricht, – und dann meist nicht dort, wo die Linse gerade hingehalten wurde. (Genügend Rollen Film einpacken! Film- aber auch Fotomaterial in Calafate sauteuer!!)

Die Eisschollen driften dann durch den Canal de los Tempanos raus in den Lago Argentino. Da der Gletscher ständig wächst, hat er (je nach Wärme der jeweiligen Sommerperioden) nach ca. 3 Jahren das gegenüberliegende Ufer erreicht, dort wo sich der Aussichtspunkt befindet (Karte/1). Und dann beginnt das große Naturschauspiel, zu dessen Endphase auch die Fernsehteams aus Bs.As. angereist kommen und am Ufer warten:

Zunächst sperrt der Gletscher, der das gegenüberliegende Ufer erreicht hat, den südlichen See- Arm/Brazo Sur ab, der vom Wasser anderer Gletscher gespeist wird und um rund 3o m ansteigt, da das Wasser nicht mehr abfließen kann. Das wärmere Seewasser bohrt sich einen Tunnel durch die Gletschernase, was derzeit rund 1 Jahr beansprucht.

Es entsteht ein rund 17o m breiter und 4o m hoher Tunnel durch den Gletscher. Nach Durchbruch strömen innerhalb von 3 - 4 Tage die aufgestauten Wassermassen des Brazo Sur ab und das Wasser des Hauptteiles des Lago Argentino steigt um rund 2 m! Übrig bleibt eine riesige Eisbrücke, die dann durch das Voranschieben des Gletschers eines Tages unter Donnergetöse einstürzt. (Worauf die argent. Fernsehteams oft wochenlang sehnsüchtig warten). Letzter Einsturz der Brücke 1983, womit man vermutlich mit dem nächsten Einsturz 1987 rechnen kann.

GLETSCHER–AKTIVITÄTEN, die sich aber nicht mit selber Genauigkeit wie die Geburt eines Babys vorausberechnen lassen. Nach sonnenreichen Sommermonaten wächst der Gletscher naturgemäß langsamer, da mehr Eismassen abbrechen. Entscheidend auch, ob das Jahr regen/schneereich war = entsprechend stärkerer Zuwachs der Eismassen.

197o kam so viel Eis an, daß der Gletscher nicht nur das gegenüberliegende Ufer erreichte, sondern sich sogar in die Baumvegetation der Magallan- Halbinsel reinwälzte. Die gegenüberliegenden Felshänge wurden abrasiert und die Bäume zu Kleinholz zerquetscht.

Der LAGO ARGENTINO hat allein 7 größere Gletscher, die ihn mit Wasser und Eisbrocken speisen. Ursprung in der 3.ooo bis 3.3oo m hohen Andenkette (="Los Glaciares Nationalpark"; zusammen mit den Gletschersystemen um den Fitz Roy/3.441 m am dortigen Lago Viedma).

Die Eismassen um die patagonischen Andengipfel sind die Reste einer riesigen eiszeitlichen Eisplatte, die Gesamt- Patagonien und ihre Ebene bis zur Küste in einer Dicke von ca. 1.2oo m bedeckt haben soll, was zum Absinken der Landmasse führte. – In ihrer heutigen Ausdehnung von 23.ooo qkm die größten Eismassen auf der südlichen Welthalbkugel. (Zum Vergleich: europäische Alpen: 3.6oo qkm, allerdings dort nicht zusammenhängend).–

Die verschiedenen Farben des Gletschereises entstehen durch Sedimente und unterschiedliche Sonneneinstrahlung, – hauptsächlich aber auch durch verschiedenen Gletscherdruck Der Upsalagletscher (Karte/5) presst sich z.B. aus mehreren, einmündenden anderen

Gletschern zusammen. Länge des Upsala rund 5o km, – während der Perito Moreno Gletscher lediglich knapp 2o km lang ist.

Reguläre "Hang- Gletscher" erfahren in der Regel keinen Zuwachs, – sondern tauen ab bestimmter Höhe wegen zunehmender Wärme ab und liefern Gletscherbäche. Beispiele sind der Cotopaxi und Chimborazo/Ecuador, – aber auch die vielen Vulkankegel Kolumbiens, Nordchiles und Bolivias.

Zuwachsträchtig dagegen viele der südpatagonischen Gletscher, die in tief eingegrabenen Rinnen verlaufen. Zufluß von Schneemassen, die in der Gletscherrinne zu Eis zusammengepresst werden. Wegen der Temperaturunterschiede zwischen Pazifik (nur 8o km von den Anden entfernt) und den 2.5oo - 3.ooo m hohen Andengipfeln kommt es zugleich zu starken Westwinden, – die nicht nur Wolken und Feuchtigkeit auf die Anden treiben, sondern gleichzeitig zu heftigen Schneefällen im Gipfelbereich führen. Stürme mit Windgeschwindigkeiten bis zu 13o km/h sind keine Seltenheit im offenen Gipfelbereich.

Relativ spät wurden die Gletscher der Region Lago Argentino/Fitz Roy–Lago Viedma erfoscht. 1914 Expedition der Argentinischen Naturwissenschaftlichen Gesellschaft und Frederick Reichert, der den Perito Moreno- Gletscher raufkletterte, jedoch nur bis in 3.3oo m Höhe kam wegen Winden, die bis zu 16o km/h erreichten. Erst 1952 gelang die erste Überquerung des patagonischen Eisplateaus rüber zum Pazifik durch die Argentinier Huerta und Bertone. Erste Besteigung des Fitz Roy 1834.

1 TRANSPORT ZUM PERITO MORENO: ca. 85 km über Piste. Im Sommer 1- Tagestrips mit diversen Tour-Agenturen in Calafate (ca. 2o - 3o US/Person), bzw. Mikrobus, der früh am Morgen in Calafate startet und am späten Abend zurückkehrt (ca. 15 US/Person). Taxi ist teuer, ca. 25 US/Person. Über die Tramp- Chancen gehen die Meinungen auseinander. Zwar im Sommer genügend viel Tourismus, der aber meist mit dem Flugzeug anreist und daher kein eigenes Auto hat. – Eventuell auch mit Fahrzeugen der Park- Ranger, Office in Calafate nähe der Tourist Office/Av.Libertador.

Im Winter praktisch Null- Chancen, außer den Park Rangern, da der Tourismus zum Erliegen kommt. Zugleich sind auch die Gletscher- Abbrüche erheblich seltener, da geringere Sonneneinstrahlung.

WILD–CAMPIEREN im Bereich des Canal de los Tempanos/Glaziar Perito Moreno genehmigungspflichtig/Park Ranger Calafate. Bei vorgerücktem Gletschermund nicht ungefährlich, da erhebliche Wellen beim Einsturz der Eiswände entstehen. Es gibt offiziell zugelassene Campingstellen. Essen aus Calafate mitbringen; vor Ort teuer! Gilt auch für die bereits erwähnte ACA- Lodge direkt gegenüber des Perito Moreno, die ca. 55 US $ fürs Doppel verlangt. Allerdings Transport ab Calafate und seinen Preis wert!– Wer Lachse etc. in den Gewässern angeln will, braucht vom Nat. Park Service/Calafate eine Spezialgenehmigung. Landschaftlich ist die Magallanes- Halbinsel großartig und lohnt für mehrtägigen Aufenthalt, – wer eigenes Zelt dabei hat und die Natur liebt. TRAIL entlang des Canal de los Tempanos nach Pto. Bandera– Weitere Campingstellen am Lago Roca, Seitenarm des Brazo Sur.

8 CERO COMISION: Felsformation an der Straße von Calafate nach Pto. Bandera, die bei etwas Phantasie an eine Gruppe von Elefanten erinnert. –

2 CUEVAS DEL GUALICHO: 7 km von Calafate, siehe Karte! Höhlenmalereien aus der Zeit ca. 6.ooo v.Chr., allerdings schwierig zu identifizieren, da reichlich verwittert.Tours ab Calafate im Sommer, aber teuer und Frage, ob sich das lohnt. –

TIP: in Calafate während der Sommermonate jeden Abend Dia- und Film-Vorführung zur Region, insbesondere Perito Moreno- Gletscher, Bildung der Brücke und Einsturz. Infos über Tourist Office.

★ Calafate ⋙➤ Perito Moreno/Lago Bs.As.: 613 km wilde Schotterpiste entlang der Andenhänge Richtung Nord, – die ruta 4o. Nach derzeitigem Stand nur 1 mal/Woche LADE- Propellerflug zwischen Calafate und Perito Moreno*. Es besteht die Hoffnung für häufigeren Flugverkehr, sobald A.A. Calafate mit Jets anfliegt, – also LADE Regionalverbindungen zu Calafate mit Propeller schafft.

Überland: praktisch Null- öffentlicher Verkehr ab Calafate, da (außer Schaf-Estanzias) kaum bedeutende Siedlungen bis Perito Moreno. Trampen: praktisch Null- Chance. – Eigenes Auto: super gut vorbereiten, Reservekanister, Reservereifen, Werkzeug etc. Außer Technikern in Haziendas nix, was bei Pannen weiterhilft. Dafür aber endlose patagonische Grassteppe, wo sich der Himmel mit der Erde die Hand reicht und die Andenkette die Sache begrenzt . . .

LAGO VIEDMA/CERRO FITZ ROY: 223 km ab Calafate, über eine Stichpiste ab ruta 4o bei Km 124. Das bizarre Gebirgsmassiv des Fitz Roy übte seit jeher starke Anziehung auf Bergsteiger aus. Bisher schafften jedoch nur ganz wenige den Gipfel wegen superharter Bedingungen. Überquerung von Gletscherströmen, eiskalte Winde, die die Eiskristalle ins Gesicht stechen und plötzliche Wetterumstürze, die die Landschaft in undurchdringlichen Nebel stecken und jegliche Orientierung unmöglich machen.

ERSTBESTEIGUNG 1834 durch Fitz Roy, Kapitän des Expeditionsschiffes von Charles Darwin. Schwierigkeit des 5. und 6. Grades. Andere Gipfel (Cerro Torre, Moyano und Aguia-Egger) wurden in den 6o-er Jahren erstbestiegen. Weitere Gipfel warten auf die Erstbesteigung.

Der Fitz Roy zeichnet sich durch fast beständigen Wolkenkranz um den Gipfelbereich aus, was ihm fälschlich auch den indianischen Namen "Chalten" (Vulkan) brachte. 1933 glaubte Reichert auf einer seiner Expeditionen in der Region nach Aufklaren der Wolkenfetzen und Stürme einen Vulkan gesehen zu haben, was 196o durch eine Expedition durch Shipton rückbestätigt wurde. 1973 bestieg eine Expeditionsgruppe unter L. Dickinson den Cerro Lautaro, sowie Seitenvulkane.

Ausgangspunkt ist in jedem Fall die Parkranger- Station am Fuß des Fitz-Roy und westlichen Endes des Lago Viedma. Übernachtungsmöglichkeit und Infos zu Besteigungsrouten.Kein öffentl. Transport ab Calafate, aber eventuell Chance, mit den Rangern ab Hauptbüro/Calafate mitzufahren.

In den Sommermonaten 1- Tagesausflüge ab Calafate mit Tours- Agenturen. Lohnend, wegen dem Lago Viedma und seinen Gletscherschollen. Der Fitz-Roy im oberen Bereich jedoch keusch mit Wolken verhüllt. . .

★ Perito Moreno/Lago Buenos Aires: Höhe rund 4oo m/ca. 2.ooo E. Patagonisches Mininest am Lago Buenos Aires. Im Bereich der Siedlung läuft der See noch weitausladend in die brettebene bis hügelige Pampa, – jedoch Ri. West tief in die Andenkette rein, eng gewunden zwischen steil aufsteigenden Bergen. Inklusiv einer Reihe ausgefallener Querverbindungen mit Chile!

PERITO MORENO ohne Spezielles und nur Stützpunkt für interessante Trips in die Umgebung. Hotels (z.B. "Belgrano"/Av. San Martin 1oo1 und

---

* nicht mit dem P. Moreno Gletscher zu verwechseln.

"Austral"/Av. San Martin 1381, – um 15 US.) Restaurants, Busverbindung mit Com. Rivadavia via Rio Mayo, sowie über selben Punkt nach Chile/ Cohaique (Details siehe dort!). LADE fliegt derzeit 2 mal/Woche ab C. Rivadavia nach P. Moreno, sowie 1 mal/Wo. nach Calafate.

Cueva de las Manos: im Cañadon del Rio Pinturas, ca. 9o km südl. von Perito Moreno. Eine der wichtigsten Fundstellen Argentiniens für steinzeitliche Höhlenmalerei. Hunderte von Händen an den Felswänden, in ocker bis siena- Farbe, – zusammen mit Guanaco- Herden. Das Alter wird auf ca. 1o.ooo v. Chr. geschätzt.

Ohne eigenes Auto nur sehr kostspielig zu erreichen. Taxistas aus P. Moreno nehmen bis zu 6o US $ /Tag und Fahrzeug für den Retourtrip. Unter Umständen kann das "Hotel Belgrano" vermitteln. – Aber auch mit eigenem Fahrzeug schwierig zu finden: zunächst 57 km ab P. Moreno Ri. Süd auf der ruta 4o. Dort Abzweigung zur Estanzia Eliza und runter in den Cañadon del Rio Pinturas, 25 km ab Abzweigung von der ruta 4o. Am Berghang der Höhleneingang.

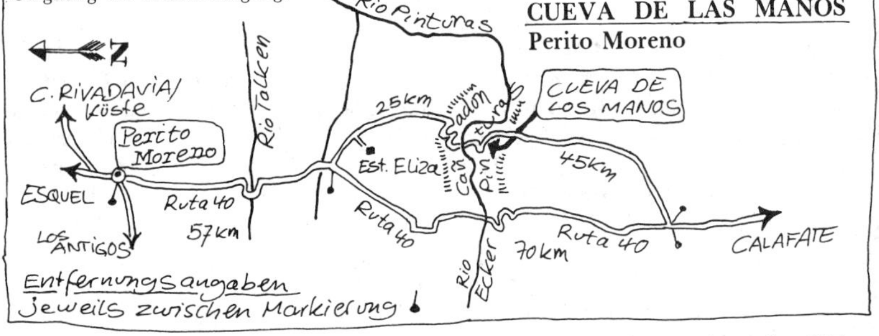

Die andere große Route ab P. MORENO/Argentinien geht entlang des Südufers des Lago Buenos Aires bis zur Grenze/LOS ANTIGUOS. Schotterpiste 74 km. Keinerlei öffentlicher Transport, aber gelegentlicher Ausflugsverkehr nach Chile Chico/Chile, das ein angenehmes Mikroklima durch die geschützte Lage zwischen den Andenketten besitzt.

Dort annähernd tägl. Autofähre über den See nach Pto. Ibanez mit anschliessender Piste bis COHAIQUE (Flug, Piste und Autofähre nach Pto. Montt an der Panamericana). Aber auch Hotels/Restaurants und Flug ab Chile Chico rauf nach Cohaique, sowie tiefer in die Andenkette auf der chilenischen Seite. Definitiv Bonbons sind der riesige San Rafael- Gletscher. Alle Details (auch Übersichtskarte zur Region und Grenzverbindungen siehe Seite 1493).

NÖRDLICH VON P. MORENO, – wo die Ruta 26 (C. Rivadavia – Sarmiento) auf die Ruta 4o trifft (Jose de San Martin), ist die Strecke dichter befahren. Gleichzeitig dichterer Verkehr, häufigere Tankstellen sowie regulärer Busverkehr (Sarmiento – Esquel).

★ **Esquel:** ca. 54o m/15.ooo E.

Mehr oder weniger zurück in der "Zivilisation". Wichtiger, argentinischer Ferienort. Angebunden an das LADE- Militärflugnetz, sowie A.A.- Jets ab Bs.As. und Bariloche. Sowie Regionalbusse mehrmals tägl. ab Bariloche. Breite Palette an Hotels, die allerdings für die Wintermonate Juni bis Sept. vorgebucht werden sollten, da Esquel wichtiges Wintersportgebiet ist.

Definitiv lohnend als Abstecher von BARILOCHE (Lade derzeit 3 mal/Wo., ca. 3o Min./15 US) wegen dem "Los Alerces- National Park" an der arg./ chilenischen Grenze.

In den Sommermonaten tägl. mit "Esquel Tours"/Fontana 754, Esquel der sehr lohnende 1 Tagestrip über 3 Seen, die eng zwischen den Andengipfeln liegen. Zunächst geht es per Bus zum Lago Futalaufquen, wo sich die Gruppe ins Boot einschifft, das im Beginn der Morgenkühle über den See tuckert. Schneebedeckte Andengipfel und dichte Vegetation am Seeufer. Die Wolken hängen wie Kissen über der Szenerie . . . Dann über einen engen Flußarm (dicht eingewuchert in den Mini- See LAGUNA VERDE mit tiefgrünem Wasser, kristallklar! Vom Anlegesteg dann über einen 3o Min.- Pfad rüber zum LAGO MENENDEZ.

Vom dortigen Anlegesteg mit neuem Boot über den See, der eng von riesigen Andengipfeln und steilen, dicht bewaldeten Ufern begrenzt ist. Markantester Punkt der Dreiecksgipfel des C. Torrecillas mit seinen Gletscher-Bahnen. Rauf in den nördlichsten Seezipfel. Dort über einen schmalen Trail (2 Std. retour) rein in dichten, patagonischen Urwald mit moosbehangenen Baumriesen, Farnen. Grandiose Szenerie! Der Alceres- Baum (mit Hinweisschild: ca. 2.6oo Jahre alt, Höhe 57 m, Durchmesser 2,2 m), aber auch umgestürzten Baumriesen und einem kleineren Wasserfall.

Das Wegwerfen von jeglichen Sachen (egal ob Verpackung von Halspastillen

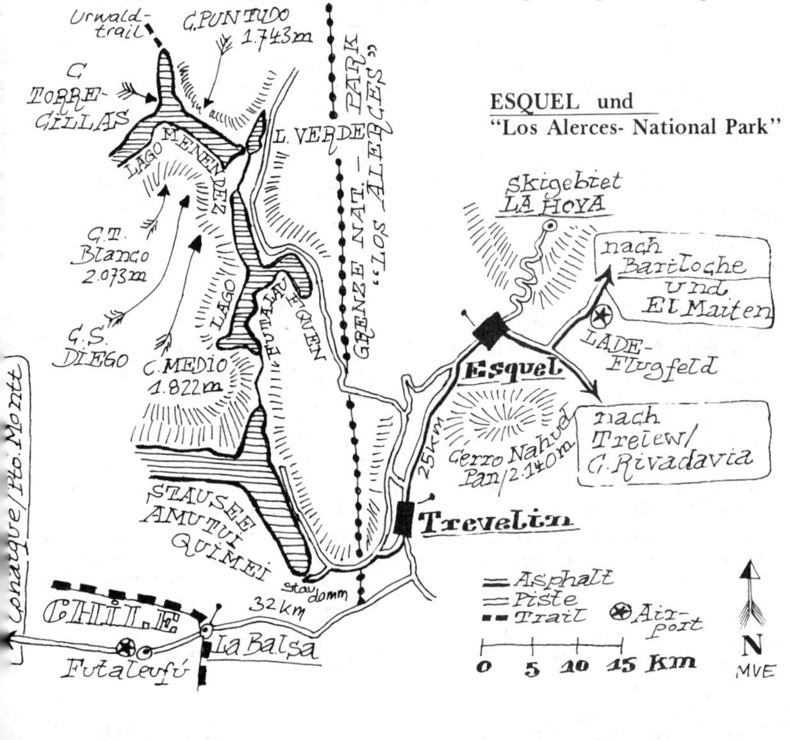

ESQUEL und "Los Alerces- National Park"

oder Kodak- Schachteln) streng verpöhnt und wird vom Führer (zu Recht!) vor der Gruppe in Funktion einer tadelnden Standpauke geahndet! Der Urwaldmarsch ist der Höhepunkt des insgesamt sehr lohnenden Trips, ca. 25 US $. Beginn sehr früh am Morgen, ca. 6.3o Uhr, – daher in jedem Fall Übernachtung in Esquel nötig. Rückkehr gegen 18 Uhr.

Übernachtung Esquel: "Tehuelche"/9 de Julio 961. Das 3- Sterne Hotel ist mit ca. 5o US fürs Doppel teuerstes, zusammen mit dem im Skigebiet liegendem "La Hoya".– Sehr zu empfehlen das "Las Mutisias"/Av. Alvear 1o21 direkt im Centro von Esquel mit guter Konditorei (Doppel ca. 18 US). Ein ganzer Schwung weiterer, die vorwiegend vom Wintertourismus leben (Skifahren, dann auch recht schwierig, Zimmer zu finden), sowie vom Badetourismus im Sommer an den umliegenden Seen. – Billiger sind "Argentino"/25 de Mayo 862, ca. 7 US/Doppel, – "Adriatico"/Rivadavia 477 (ca.6 US) , – das "Arrayan"/Ant. Argentina 767 (ca. 9 US) und "Zacarias"/Roca 634, Doppel ca. 8US.

Tip sind die Hosterias am Lago Futalaufquen: "Cume Hue", – "Pucon Pai" und "Quime Quipan", die allerdings eigenes Auto voraussetzen, da der Regionalbus auch im Sommer nur 3 mal/Woche fährt. Gilt auch für diverse, sehr schön gelegene Campingplätze dieser Region, Infos übers Tourist Office/Esquel. – Billige Übernachtungsmöglichkeit im Nachbar Ort Trevelin, der tägl. mit Bussen ab Esquel verbunden ist.

Tourist Office: im Busterminal.

Skifahren: Juni bis Anf. Sept. am Cerro Tres Torres, 15 km nördl. von Esquel. Die Skipisten erstrecken sich zwischen Höhe 1.35o und 2.ooo m. Es gibt einen Sessellift rauf in 1.75o m Höhe und dort weiter rauf bis in 1.85o m, sowie Schlepplifte. Verleih von Skiausrüstung, Restaurants und Skihotel.

Verbindungen: für die 2.ooo km ab Bs.As. braucht der Zug rund 2 Tage. Zunächst mit dem "Expr. Lago Sur" bis Ingr. Jacobacci (nähe Bariloche), dort umsteigen in eine Schmalspurbahn, die ca. 17 Std. braucht. Die Strecke ab Ingr. Jacobacci bis Esquel soll wegen Unrentabilität still gelegt werden. Bequemer in jedem Fall: via Bariloche und dort mit dem im Sommer täglich verkehrenden Bus bis Esquel. Ca. 15 US, landschaftlich eine streckenweise sehr lohnende Fahrt, via El Bolson, – teils jedoch langweilige Hochland- Pampa. (Bariloche–Esquel : 296 km, derzeit weitgehend Schotterpiste)

Propellermaschinen der LADE derzeit 3 mal/ Woche im Sommer von Bariloche nach Esquel. Flugzeit ca. 3o Min./15 US (oft ausgebucht!) und weiter nach C. Rivadavia an der Küste (Flugzeit 45 Min.), derzeit keine Direktflugverbindung mit LADE nach Perito Moreno; geht nur via C. Rivadavia. Zum Esquel Flughafen Bus oder teures Taxi. Liegt rund 2o km nordöstlich an der Hauptstraße nach Bariloche.

Mit Bussen der "Empr. Giobi" mehrmals/Woche von Esquel nach C. Rivadavia. Sehr hart und zeitaufwendig, der LADE- Flug vorzuziehen. Andererseits: der Bus fährt via Sarmiento, – Ausgangspunkt für den Besuch des "Bosque Petrificado", der versteinerten Araukarien. Details Seite 1341 (Esquel – C. Rivadavia: 6o3 km, davon ca. 85 % Asphalt.)

Von Esquel via LA BALSA Grenzübergang mit Chile. Eine lohnende Querverbindung, die ab chilenischem Futaleufu (Hotels, Restaurants) mehrmals/Woche Propellerverbindung mit "TAC" nach Pto. Montt besitzt. 57 km bis zur Grenze und weitere 1o km bis Futaleufu. Dort gibts eine Piste runter zum Lago Yelcho, der bisher mit Fährboot überquert wird, landschaftlich großartige Szenerie. Eine neue Piste spart die Seeüberfahrt und mündet direkt auf die ebenfalls neue chilenische "Car. Austral", einer 42o km Piste und definitiv südamerikanisches Pionierland. Alle Details Seite 1487.

Für den Trip von Esquel über diese Route nach Futaleufu vorab die Grenzformalitäten checken. Auch wenn man von Esquel durchgehend bis Pto. Montt an der Panamericana fahren kann (Autofähre zwischen Chaiten und Chiloe), liegen uns keine Informationen vor, ob die Grenze von ausländischen Touristen benutzt werden kann.

LADE: 25 de Mayo 777 – Aerolineas Argentinas: Sarmiento/Ecke San Martin/Esquel.
BAHNHOF: Ecke Fontana mit Don Bosco, direkt im Centro. – TEL.: San Martin 85o

ESQUEL ist Beginn des SEEN- GEBIETES zwischen Chile und Argentinien, das sich über rund 5oo km Nord- Süd in der Andenkette erstreckt.

EGAL, ob man im Südamerika- Trip FEUERLAND mit einbaut, – oder von Buenos Aires nach Chile abbiegt: das SEENGEBIET um Bariloche sollte man unbedingt einbauen. Eine der lohnensten Landschaften in diesem Teil Südamerikas!

Kette von Seen, die sich zwischen den 2 - 4.ooo-endern der Anden rüber nach Chile erstrecken. Tiefblaue Seen, die sich teils fjordähnlich zwischen den Bergen reinschlängeln. Bootstrips, unter anderem rüber nach Chile, – schöne Wanderungen in einer Region, die in der Regel dicht bewaldet ist. Wasserfälle und Ausflüge zu den Gletschern am Cerro Tronador (3.46o m). BARILOCHE als größter Ort der Region ist Ausgangspunkt und besitzt neben ausgezeichneten Verbindungen zugleich eine breite Palette an Hotels, Residenciales und Campingmöglichkeiten.

Buenos Aires ⟶ Bariloche:

1.714 km Asphaltstraße ab Bs. As. via Santa Rosa, – bzw. ca. 1.77o km via Bahia Blanca. Überland passiert nicht viel: zunächst durch die argentinische Pampa mit schnurgeraden Straßen, vorbei an riesigen Rinderherden, bzw. weite Anbauflächen z.B. von Mais. Dann in die Steppenpampa- Bereiche Nähe der Anden, graugelb, Staub und wiederrum ohne besondere Abwechslung.

ZUG: ab Bs.As./Estac. Constitucion mehrmals pro Woche. Schnellste Verbindung mit dem "Expreso Lago Sur", der 3o Std. braucht; der normale "Lago Sur" 34 Std.(Oder Zug bis Nequen und Mikrobus bis Bariloche.)Der Zug ist dem Bus vorzuziehen, da in etwa gleichschnell wie der Bus aber erheblich bequemer durch Existenz eines Schlafwagens und der Möglichkeit, sich unterwegs die Füße im Zug vertreten zu können, inkl. eines Restaurant Waggons. 2o US in der Touristenklasse, 45 US $ wenn man per Schlafwagen fährt. Weitere Details siehe Bs.As./Verbind.

② BUS: täglich ab Bs. As. Bei ca. 15 US $ die billigste Anreisevariante.

③ FLUG: täglich mehrmals mit Jets der A.A. oder Austral, Flugzeit ca. 2 Std. im Direktflug/ca. 1oo US $. Billiger sind die Militärpropellermaschinen der LADE, die aber wegen diverser Zwischenstops zwischen 6 und 9 Std. brauchen/ca. 6o US $. –

Während der Hochsaison (Dez. - März und Juni bis Sept.) sind Flüge und Zug oft auf Tage ausgebucht. Rechtzeitige Reservierung erforderlich, wobei aber zusätzliche Jets bzw. Zugverbindungen eingesetzt werden. Im Zug kann man auch eigenen PKW mittransportieren. Infos über die "Ferrocarriles Argentinos"/Calle Florida 753/Bs.As., die über einen eigenen Buchungs-Computer verfügen.

Bariloche: ca. 77o m/ 8o.ooo E.

Im Herzen des Seen- Gebietes. Schöne Lage am Südufer des Lago Nahuel Huapi mit seiner weiten Wasserfläche, die sich dann bei Llao Llao (3o km westl. von Bariloche) in 3 fjordähnlichen Fingern eng in die dichtbewaldete Andenkette reinzwängt. Trotz seiner rund 8o.ooo E. ist Bariloche angenehm in Architektur, die sich teils von alpenländischen Ferienorten inspirierte,– teils aber auch (im Centro) auf Schnellgewachsenes zurückgreift, ohne zu klotzen.

Das 1895 gegründete "San Carlos de Bariloche" (vom Schweizer Carlos Wiederhold) erlebte ab Anfang der 7o-er Jahre einen Boom, wie kaum ein anderer Ferienort Südamerikas. Im WINTER (Saison Juni bis Sept.) ist es Skiort Nr.1 Südamerikas. An den gut erschlossenen Pisten des Cerro Catedral tummelt sich die upper- class des Kontinents, – aber auch die Welt-Skielite, die hier wegen Jahreszeitenverschiebung auf der südl. Welthalbkugel entsprechende Trainingspisten besitzt.

Im SOMMER (Saison Dez. bis März) ist Bariloche wichtigstes Feriengebiet Argentiniens wegen seiner schönen und lohnenden Umgebung.

Großartiger Landeanflug im A.A.- Jet auf den Airport am Ostende des Sees, aber auch angenehmes Räkeln im Zug, wenn der 3o - 34 stündige Trip ab Bs.As. durch Pampa und Andenvorlandschaften endlich beendet ist . . .

Wichtigste Straßen: die parallel zum See verlaufende Av. Elflein und die MITRE (die aufs Centro Civico mündet), mit den meisten Restaurants, Sportshops, Boutiquen und Konditoreien von Bariloche.

CENTRO CIVICO, an der Hauptplaza und viel Flair, oberhalb des Nahuel Huapi. Architektur in Mischung aus grobem Stein- Unterbau, – mit balustradenartigen Holzaufbauten, Türmen und Wandverkleidungen. In einem ist das "Museo Patagonico" untergebracht (Querschnitt durch die Geschichte Patagoniens und erste Besiedlung der Region), – im Mittelgebäude eine gut bestückte Tourist Office. Im Hauptgebäude/Turm tägl. 12 Uhr Glockenspiel mit den 4 Holzfiguren, die die ersten Siedler der Region symbolisieren: ein Indio (erste Siedler), – ein Missionar (Missionierung Patagoniens), – ein Soldat (Besiedlung ab Ende des 19. Jhds.) und ein Siedler.

Am westlichen Ende das "Bariloche- Center", Hochhaus mit Lift und Tip: guter Blick vom obersten Stockwerk auf die Stadt und den See!

Hangaufwärts die Wohngebiete der Stadt, dort auch viele der Hospedajes und Residenciales. BARILOCHE insgesamt vom Flair angenehm, aber ohne Spezielles an Sight Seeing. Der Reiz ist die Umgebung, – die Stadt Ausgangspunkt für Trips in die nähere und weitere Umgebung, aber auch für größere Rundtrips via Chile. Details siehe "Verbind. ab Bariloche"!

Die Stadt lebt heute zu rund 8o - 9o % vom Tourismus. Die Zahlen von rund 8o.ooo E. zu einem Bettenangebot von ca. 2o.ooo sprechen für sich! Während der beiden HS gewisse Engpässe in der Übernachtung, wo aber das Tourist Office aushelfen kann mit Privatquartieren. Und knüppelvoll im Centro!

Tourist INFO Das städtische Touristbüro im Centro Civico. Hilfreich bei Unterkunftsproblemen (vermitteln auch Privatquartiere). Infos zu Verbindungen und Abfahrtszeiten, auch für Ausflüge in die Umgebung. Veranstaltungstips. Während der Saison täglich geöffnet, auch Sonntag.

Post im Centro Civico, neben der Tourist Office. ENTEL (Telefon): Av. Elflein Ecke Frey, etwa 7 Blocks vom Centro Civico, aber auch im Hochhaus des Bariloche Centers neben dem Centro Civico.

CLUB ANDINO BARILOCHE: Av. 2o de Febrero/Ecke Av. Elflein, 2 Blocks bergauf vom Centro Civico. Anlaufadresse für Bergsteiger und Wanderer. Neben Infos zu Refugios auch Detailkarten zu Trails.

NAT. PARK NAHUEL HUAPI: die Hauptverwaltung in Bariloche in der Av. San Martin 24, beim Tourist Office, Centro Civico. Kartenmaterial, Trail- Infos und Genehmigung für Camping im Nat. Park.

CAMBIO (Geldwechsel): mehrere in der Mitre, auch Sa. geöffnet. Getauscht werden alle gängigen Währungen Südamerikas. Bei Travellerschecks allerdings in Bariloche oft saftige Spesenabzüge!

Hotels: während der Hochsaison (Juni bis Sept. und Dez. bis März) können die Preise bis um 4o % ansteigen. Vorallem aber oft erhebliche Engpässe in freien Betten. Das Tourist Büro im Centro Civico hilft bei der Beschaffung (auch von Privatquartieren) und hat die aktuelle Preisliste zur Hand, sodaß man sich unnötige Wege und Ärger erspart. Beschwerden zu Hotels und Residenciales sind auch hierhin zu richten.

Wer in der HS kommt und in Hotels der gehobenen Preisklasse logieren will, sollte unbedingt vorbuchen. Der Großteil der rund 2o.ooo Betten von Bariloche sind jedoch Quartiere der mittleren Kategorie, sowie viele Pensionen, aber auch Privatquartiere.

SPITZENKLASSE (ca. 7o - 1oo US/Doppel) das "El Casco" an der Straße nach Llao Llao (km 11 ab Bariloche). Das ganze Jahr über geöffnet, ein relativ kleines Hotel mit 4 Sternen. Sehr zu empfehlen, gemütlich mit Kolonialstil- Möbeln in den Zimmern und Terrasse zum See, allerdings für die Saison of 1 Jahr vorab ausgebucht, – "Monasterio" in Pionero, Km 5 ab Bariloche, – "Tunquelen", Km 25 an der Straße nach Llao Llao und das "Hotel Llao Llao", ein Superpalast aus der Jhd.- Wende, der sich – Kompliment an den damaligen Architekten – perfekt der Landschaft anpasst, ohne zu klotzen. Sagenhafte Lage auf einer Halbinsel im Nahuel Huapi und fantastischer Rundblick auf die umliegende Bergketten. Die Bausubstanz, aber auch Hotelkonzeption der Jhd.- Wende im Inneren des "Palastes" entspricht jedoch nicht mehr den Anforderungen eines 4 - 5 Sterne Hotels der 7o- er und 8o-er. Lange Jahre wurde ein Käufer gesucht. Derzeit geschlossen.

Einfacher und wesentlich gemütlicher "Hosteria Viejo Molina", first class vom Ambiente, an der Straße Bariloche – Llao Llao/km 6. In einer ehemaligen Mühle, sowie modernen Seitengebäuden. Die Zimmer geschmackvoll eingerichtet, einige mit Seeblick. Kann als Tip gelten, allerdings zur Saison rechtzeitig vorbuchen, da nur wenige Zimmer. –

"Catedral Ski Hotel", am Fuß der Skiaktivitäten des Cerro Catedral, sowie in der Nähe der Kabinenseilbahn zum Gipfel. Wegen seiner zentralen Lage: zur Skisaison gerammelt voll, zur Sommersaison eher eine Chance auf ein Bett. –

Auch im Centro von Bariloche gibts einen Schwung 4- Sterne- Hotels in ähnlicher Preisklasse, wie obengenannte: "Bariloche Ski Hotel"/Av. San Martin 352, –"Bella Vista"/ Rolando 351, – "Interlaken"/Vlte. O'Connor 383, – "Edelweiß"/Av. San Martin 232,– "Nahuel Huapi"/Moreno 252, "Tres Reyes"/Av. 12 de Octubre 135. Meist moderne Betongebäude, wo Teppichboden zur Grundausstattung gehört, komfortabel und funktional, ohne jedoch Spezielles in Ambiente zu bringen. Vorteil ist die zentrale Lage im Ort.

★MITTELKLASSE: Preise je Saison 2o - 3o US/ Doppel. "Alfi" in der Av. Elflein 235. Modern, groß, in den oberen Stockwerken schöner Blick auf den See, sonst recht weit hinten gelegen. – "Flamingo"/Bme. Mitre 24, sowie rund 3o weitere. Meist 4 - 5 stöckige moderne Gebäude im Ortsbereich von Bariloche, Komfort analog der Klasse. Das Tourist Office hilft, rumzutelefonieren, wo was frei ist. Lage: meist in den tiefergelegenen Ortsteilen unten am See, wo sich auch der meiste Verkehr und die meisten Aktivitäten abspielen. Da Bariloche in den letzten beiden Jahrzehnten rapid expandierte und sich rein auf Tourismus ausrichtete, ist in diesen Hotels in der Regel nichts Spezielles, oder authentisch Originelles zu erwarten.

Originelle (und gemütliche!) Ausnahme ist "Las Cartas", KM 24 ab Bariloche am Cto. Chico Pcia.de Rio Negro. Doppel ca. 18 US, wird aber meist nur mit Mittagessen inkl. abgegeben. Schöner Seeblick und Ruhe. Wald erinnert irgendwie an deutsche Lande in hinterstem Winkel. Ist nur per eigenem Auto bzw. Taxi zu erreichen und liegt hinter Llao Llao auf der Rundstraße um den See hinter der Llao Llao- Halbinsel.

★HOSTERIAS, RESIDENCIALES: für mich die beste Wahl in Bariloche (außer man hat die Dollarbündel für ein Spitzenhotel). Während die Mittelklasse meist steril und unpersönlich ist, kann man im Sektor "Hosterias/Residenciales" oft Gemütliches finden, was zudem die Reisekasse schont. Liegen in der Regel in den höheren Ortsbereichen von Bariloche, was mehr Ruhe, aber auch (ohne eigenes Auto) 15 bis 2o Min. ins Centro zu Fuß bedeutet.

"Hosteria Blancas Nieves", etwa 5 Min. vom Centro Civico entfernt, ein kleineres Haus in einer Seitenstraße, relativ teuer, ca. 2o US $ /Doppel. In der Paso 132. – "Residencial Candeago"/Morales 362, ca. 1o US/Doppel, excellent, – "Hosteria La Fontana"/ in der Saavedra 679, sauber und freundliche Leute. Doppel ca. 13 US $, – "Las dos Rosas"/Reconquista 76, Doppel um 1o US, – "Residencial Panoramico"/Moreno 646, sehr zu empfehlen, Doppel um 1o US, – "Resid. Matterhorn"/Guiterrez 1122, von Schweizern geleitet (1o US), – "Hotel Residencial Ideal"/Libertad 121, Doppel um 22 US, einige der Zimmer haben schönen Blick auf den See, – "Hotel Resid. Mirador"/ Moreno 658, Zimmer mit Heizung und warmem Wasser. Freundliche Besitzerin, Doppel um 15 US, einige der Zimmer mit Blick auf den See. –

"El Nire"/O'Connor 71o, Doppel um 2o US, freundlich, – Tip: "Residencial Martin"/ 2o de Febrero 555, eine sehr einfache Residencial, sauber, mit Doppelstockbett, außen Duschen. Der italienische Besitzer o.K., zum Frühstück gibts sogar Margarine (Geschmackssache), aber sicher Tip im Billigsektor. Doppel um 7 US! – "Residencial Elisabeth", deutsche Besitzer, etwas unfreundlich.

"Casita Suiza"/Quaglia 342 mehrfach empfohlen, Doppel um 1o US, schweizer Besitzer In der 2o de Febrero 64o das "Los Pinos" in Art Familienpension, oK., preislich Mittelklasse. – "Residencia Angelina"/Av. San Martin , einfach, aber sauber und freundlich. Doppel um 12 US $. –

Wir persönlich waren mit "Residencial Cervantes"/Ecke Morales mit Tscornia sehr zufrieden. Freundlicher Besitzer, die Zimmer mit Heizung. Zwar klein und mit Doppelstockbetten, aber sauber und billig (unter 1o US, soll aber die Preise angezogen haben!).

Unmengen weiterer Residenciales/Hosterias. Da die meisten nur wenige Zimmer haben, sind diese zur Saison schnell weg. Am besten auf den Rat des Mädchens im Tourist Office verlassen und notfalls vor Ort vorab inspizieren! –

Darunter liegen die ALOJAMIENTOS, – in Bariloche an die 4o ihrer Zahl. Preise je nach Saison ab 5 US. Meist sehr simple Sachen, ohne Heizung, die im Winter dicken Schlafsack erfordern. Infos übers Tourist Office.

Camping: im Seengebiet möglich. Es gibt mehrere Campingplätze, siehe dazu die Karte im Tourist Office/Centro Civico. Gut hat uns z.B. "Camping Goye" gefallen, in Colonia Suiza am Lago Perito Moreno (kleiner Seenarm nähe Llao Llao- Halbinsel), windgeschützt und schöne Natur, Wiesen, Wald. – "Camping Selva Negra", 2,5 km von Llao Llao mit Panoramablick auf den See Nahuel Huapi in einem Waldstück.– "Camping Cerro Otto", der am nächsten zu Bariloche gelegene, organisierte Camping-Platz (7 km, an der Straße nach El Faldeo) in Parkanlage mit Bäumen.

Schön auch das Zelten im Nationalpark Nahuel Huapi um den See. Infos: "Servicio Nacional de Parques Nacionales". Das Hauptbüro direkt neben dem Tourist Büro/Centro Civico- Bariloche. Dort Detailkarte zu den entsprechenden Campingstellen. Zum Campen (gratis) braucht man eine spezielle Genehmigung der Park- Rangers, die auch mehrere Hütten im Nationalpark haben. – Wildcampen ohne spezielle Genehmigung und ohne sich am vorgeschriebenen Platz aufzuhalten, wird streng geahndet.

Restaurants: "Casita Suiza", berühmt für seine Steaks, Quaglia 342, – Gute Pizza in der Pizzeria "Girafe" (auch "La Jirafa" geschrieben) in der Palacios Ecke Moreno, – In der Pizzeria nähe des Centro Civico ("Pizzeria La Andinita"), Mitre 56 gab es gute Gemüsesuppe mit viel Parmesan- Käse und "Milanesa a la Florentina", ein mit Käse und Schinken überbackenes Fleischstück. Gut, aber wie alles in Bariloche nicht gerade billig in Relation zum übrigen Argentinien! – Besser: "Parrilla La Vizcacha", Sgto. Rolando 279: durchschnittliche Preise, gutes Essen und schöne argentinische Tangos bzw. Gaucho Musik von der Platte. – Excellent für Parrillas ist auch "La Costa" in der J.M. de Rosas Ecke Espana. – Allgem. Küche, gut auch "El Molinito", Belgrano 1o2 und "Nicola" in der Elflein 49: rel. billig und gut. – In der Mitre gibts mehrere Confiterias (Cafe & Kuchen), sowie eine Reihe von Schnellimbiss Stellen. Pizza zum Mitnehmen z.B. in der "Cosa Nostra", Mitre 374.

Shopping: wichtigste Straße die Mitre, sowie Seitenstraßen. Schöne Wollarbeiten aus Lama und Alpaca, z.B. Pullover, Wolljacken, Ponchos und Strümpfe. Die Preise orientieren sich an den zahlungskräftigen Bariloche- Gästen, allerdings meist auch hochwertige Qualität in Verarbeitung und schöne Farbzusammenstellungen. – Weiterhin Ledermäntel (vorwiegend Wildleder), Preise teurer als in Buenos Aires, aber erheblich billiger als BRD. – Sowie regionales Kunstgewerbe (Kerzen, geschnitzte Teller etc.). – Bariloche ist zugleich berühmt für seine Süßigkeiten und seine Schokolade ("chocolate casero"), die es in 55 verschiedenen Geschmacksrichtungen gibt (versch. Früchte). Erhältlich im Centro oder in der Schokofabrik "Cerro Leon" in der Av. 12 de Octubre 169o beim Bahnhof.

Verbindungen: Der FLUGHAFEN liegt rund 16 km vom Centro am östlichen See-Ende. Taxi ca. 1o US ins Centro, Bus ca. 2 US.
Dichte Jetverbindung täglich von Buenos Aires (2 Std./ca. 1oo US), sowie 3 - 4 mal/Woche weiter nach Esquel und C. Rivadavia mit A.A. – Die "Austral" fliegt mehrmals/Woche von Bs.As. nach Bariloche und 1 - 2 mal/Woche von Bariloche nach Cordoba. LADE, die Militärs sind mit ihren Propellern billiger (nach Bs.As. und nach Esquel), aber häufig auch ausgebucht. Die Strecke nach Bs.As. dauert zudem wegen unzähliger

Zwischenstops bis zu 6 oder gar 9 Std. – Die kleine chilen. Airline "TAC" soll angeblich eine Propellerverbindung zwischen Bariloche und Pto. Montt/Chile eingerichtet haben. Wenns klappt: ein großartiger Flug über die Seenkette bei klarem Wetter!!
Im Winter kanns nach kräftigen Schneefällen Probleme und Verspätungen geben, wenn der Bariloche- Airport zugeschneit ist. Ansonsten jedoch relativ problemlos anzufliegen.

Der BAHNHOF von Bariloche liegt rund 5 km vom Centro am östlichen Stadtrand. (Stadtbus, ca. o,2 US). Mehrmals pro Woche nach Bs.As., der "Expr. Lagos del Sur" braucht ca. 3o Std., der reguläre "Lagos Sur" 34 Std. Beide mit Schlafwagen und Restaurant. Essen im Zug durchschnittlich, aber immerhin die bessere Wahl im Vergleich zum Bus, da man im Zug sich ein argent. Weinchen durch die Kehle laufen lassen kann und die Füße vertreten; bei der langen Fahrerei unbestrittene Vorteile zuzügl. des Schlafwagens. Im "Expr. Lagos del Sur" PKW- Transport. Die Strecke selber insgesamt reichlich langweilig. Alternative: Zug von Bs.As. nach Nequen und dort Bus bis Bariloche.

BUS: tägl. nach Bs.As., durchgehend asphaltiert, via Nequen und dann Bahia Blanca bzw. Santa Rosa de Pampa. – Nach Mendoza 3 - 4 mal/Woche über eine weitgehend nicht asphaltierte Piste, die 26 - 27 Std. benötig ca. 35 US, – nachCordoba 3 mal/Wo. ca. 25 Std./33 US, – nach Bolson und Esquel tägl. (ca. 15 US bis Esquel), der Großteil der Strecke ist asphaltiert. Sowie 2 mal/Woche nach Com. Rivadavia (ca. 22 Std/35 US). Sowohl für Esquel, wie auch C. Rivadavia ist der LADE- Militärflug vorzuziehen, der kaum teurer (wenn nicht gar billiger) ist, aber leider meist voll, wenn man nicht rechtzeitig bucht. Ansonsten A.A.- Jet Bariloche - Esquel.

Weitere Verbindungen im Seen- Gebiet, sowie rüber nach Chile: siehe an den entsprechenden Textstellen! –

★**Autovermietung:** "Avis", Libertad 124. Minimum- Alter 25 Jahre. Vermietet werden Renaults R 4 und R 12, sowie der Ford Falcon. Kostenpunkt pro Tag zwischen ca. 12 und 25 US $ zuzügl. Km- Geld , Ermäßigung bei Miete 1 Woche. – "ai- Rent a Car", Mitre 24, sowie "Chapis Car", Libertad 12o.

Ob sich ein Auto in der Region Bariloche lohnt,ist sehr stark eine Frage des Reisekapitals und der Zeit. Fast alle interessanten Punkte der Region sind per öffentlichem Transport (Busse), Ausflugsschiffen oder organisierter Tour zu erreichen.

Umgebung von Bariloche:

Einer der großen Pluspunkte für Bariloche ist die Umgebung. Zumindest 2 - 3 Tage einplanen! Wer gerne wandert, sollte sich mindestens 1 Woche Zeit nehmen.

★ CERRO OTTO (1.4o5 m), der Hausberg von Bariloche. 11 km vom Centro und während der Saison (Sommer/Winter) eine Mikrobus- Verbindung zur Talstation einer Gondelbahn zum Gipfel. Der Mikrobus fährt zunächst durch die höher gelegenen Stadtteile von Bariloche mit den Residencial-Areas und schönem Ausblick auf den Lago Nahuel Huapi. Das ist das Bonbon der Strecke! Im Winter Skibetrieb, Skischule und Cafeteria.

Wer im Sommer von Bariloche raufwandern will: nach einem gemütlichen Frühstück im Ort Aufbruch und am späten Nachmittag retour mit der Gondelbahn. Fast noch bequemer: in Gegenrichtung zu laufen. Vom Gipfel schöner Panormaweg, 3 Std. runter bis Bariloche.

★ CERRO CATEDRAL (2.4o5 m): im Winter der mit Abstand wichtigste Skiberg bei Bariloche, – im Sommer schöne Rundsicht auf den Nahuel Huapi, sowie lohnende Trails im Bereich unterhalb des Gipfels.

Zur Saison (Winter/Sommer) fahren mehrmals täglich Busse ab Bariloche die 24 km bis Villa Catedral, modernes Skidorf im alpenländischen Stil nachempfunden. Am Ortseingang großer Parkplatz, wo sich im Winter die PKWs mit Kennzeichen Bs.As., Cordoba etc. stauen, sowie Infostand des Nat. Parks. Im Ort ein ganzer Schwung Hosterias, Hotels, Restaurants, Sportgeschäfte und Skischulen.

SKIBETRIEB ist von Anf. Juli bis Mitte September, je nach Höhenlage auch Mitte Juni bis Ende Sept. Es gibt an die 500 Skilehrer, das sagt einiges über den Skibetrieb, der hier im Winter abläuft.

Derzeit gibt es 9 Sessellifte, 18 Schlepplifte und eine Gondelbahn, weitere sind im Bau. Pro Wintersaison kommen rund 100.000 Gäste. Die Pisten in allen Schwierigkeitsgraden; gehen teils schön durch Waldstrecken, meist aber über freie Hangbereiche. Sowohl oben, wie auch auf halber Höhe ins Tal mehrere Hütten mit Essen, bzw. warmen Getränken. Ein Skibetrieb, der sich durchaus mit unseren europäischen Alpen messen kann und insbesondere im Gipfelbereich mit grandiosem Panoramarundblick über die Seenkette und die verschneiten Anden belohnt!

Skiausrüstung kann man von mehreren Firmen in Bariloche (z.B. "Amuncar", Av. San Martin 88), aber auch in Villa Catedral ausleihen. Für die Lifte gibts einen Skipass.

Direkt bei der Bergstation der Gondelbahn, wenige Meter entfernt liegt in

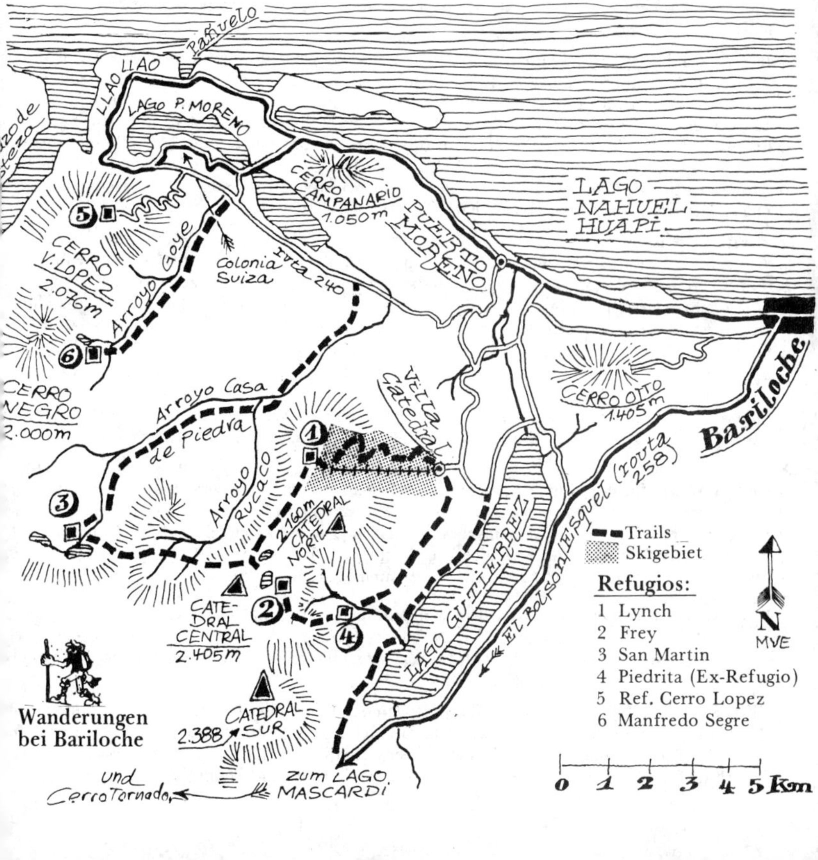

Wanderungen bei Bariloche

fantastischer Lage auf dem Bergrücken das REFUGIO LYNCH. Heißer Tip für Übernachtung, 48 Betten, Bad und sogar Heizung. Vorallem: großartiger Rundblick über den Nahuel Huapi und die Andenkette. Allerdings zur HS schwierig, Übernachtungsmöglichkeit zu finden. Infos über die Verwaltung des National Parks in Bariloche/Av. San Martin, direkt beim Centro Civico.

Trails am Cerro Catedral: der populärste Trail ist die Strecke vom Refugio Lynch (Karte/1) zum Refugio Frey (Karte/2). Großartige Landschaft, bei klarem Wetter weiter Fernblick, sowie entlang eines Bergkamms (streckenweise ist Schwindelfreiheit Voraussetzung) zu den Felsnadeln des Cerro Catedral-Hauptgipfels mit den beiden Berglagunen Schmoll und Toncek. An letzterer liegt das REFUGIO FREY, das bei weitem nicht den Komfort der "Luxusherberge" Lynch bietet, aber wegen seiner Lage nicht weniger reizvoll ist. Es gibt 2 Schlafsäle, nach Mann und Frau getrennt, mit einer Gesamtkapazität von 4o Personen.
Refugio Lynch – Refugio Frey ca. 4 - 5 Std.

Vom Refugio Frey gehts dann in ca. 1/2 bis 1 Std. runter zum REFUGIO PIEDRITA, das vom jugosl. Bergsteigerclub Bariloche gebaut wurde (kaum Übernachtungschancen, da Clubmitglieder Vorrang hatten. Brannte ab, soll aber zwischenzeitlich wieder aufgebaut sein). ← Im Wald wird der Bachlauf des Arroyo Van Titter überquert. Weggabelung: einmal runter an den Lago Gutierrez, zum anderen nördlich entlang des Berghanges retour zum Skidorf Villa Catedral, das nach ca. 2 - 3 Std. erreicht wird. Schöner Blick über den Gutierrez See.

Dieser Rund- Trail ist in einem Tag ab Bariloche zu schaffen, wenn man den Bus bis Villa Catedral nimmt und dort die Seilbahn rauf zum Refugio Lynch. Die Gondelbahn hat ihre Bergstation rund 15 Min./zu Fuß unterhalb des Ref. Lynch, spart also Zeit, führt aber in einem Hangtal rauf zum Bergrücken. Mehr Blick hat man mit dem Sessellift ab Villa Catedral, der in 2 Etappen rauf zum "Piedra del Condor" führt, von wo man noch ca. 3o bis 4o Min. zum Ref. Lynch läuft. Der gesamte Trailverlauf ab Ref. Lynch (Höhe: 1.8oo m) über Ref. Frey (Höhe: 1.7oo m) und retour nach Villa Catedral ist gut markiert. Vorab im Club Andino/Bariloche vorbeischauen!

3 TAGE benötigt folgender Trail, der härter ist und neben Schwindelfreiheit gute Kondition und Hiking- Erfahrung benötigt. Am ersten Tag: Bus bis Villa Catedral, Seilbahn rauf auf den Bergkamm (oder 3 - 4 stündiger Anstieg). Dort rüber zum Refugio Frey, Übernachtung. Am nächsten Tag dann harte Kletterei über Geröll. Ca. 5oo m steil runter zu den Bachausläufern des Arroyo Rucaco und auf der anderen Seite wieder rauf, rüber zum REFUGIO SAN MARTIN an der Laguna Jacob im nächsten Hochtal. (Karte/3) Im Refugio gibt es Übernachtungsmöglichkeit für 24 Personen und Kochgelegenheit. Höhe: 1.6oo m – Am nächsten Tag dann in rund 6 Std. entlang des Arroyo Casa de Piedra runter zur Straße (ruta 24o), sowie etwa eine weitere Stunde bis Puerto Moreno, wo etwa alle 3o Min. die Mikrobusse von Llao Llao nach Bariloche durchkommen.

REFUGIO MANFREDO SEGRE an der Laguna Negra (Karte/6) ist von der ruta 24o, Höhe Colonia Suiza zu erreichen, Busse ab Bariloche, dann ein rund 5 stündiger Marsch entlang des Arroyo Goya aufwärts. Das Refugio hat Platz für ca. 4o Personen, allerdings nur sehr wenig Komfort (Gemeinschaftsschlafsaal), sowie Kochgelegenheit. Höhe: 1.65o m. Querverbindungen zum Refugio San Martin/Lag. Jacob und zum Refugio Cerro Lopez möglich, aber sehr hart und schlecht bis garnicht gekennzeichnet.

INFOS: wer mehrtägliche Hikes plant, unbedingt vorab zum "Club Andino" in Bariloche Av. 2o de Febrero Ecke Av. Elflein. Dort gibts Kartenmaterial, Details zur Wegmarkierung und Schwierigkeit. Aber auch Infos zur Begehbarkeit gemäß momentaner Jahreszeit und Infos, ob die Refugios offen sind.

BESTE JAHRESZEIT FÜR HIKES: November ist für die Trails, die oft in Höhen von 2.ooo m verlaufen, in der Regel zu früh. Mit Schnee und verregneten Eisfeldern rechnen, die nicht nur die angegebenen Hiking- Zeiten erheblich verlängern, sondern auch gefährlich sind. Das Wandervergnügen beginnt Ende Dezember und endet ca. März.

AUSRÜSTUNG: egal, ob der 1- Tagestrail via Ref. Frey oder mehrtägige Sachen: unbedingt gutes Schuhwerk, was weder aus Sandalen noch Sportschuhen besteht! Essen bereits aus Bariloche mitbringen. Kartenmaterial: Club Andino.

★ CERRO CAMPANARIO (1.050 m): obwohl nur rund 250 m oberhalb des Lago Nahuel Huapi, ist dies der schönste Aussichtsberg bei Bariloche. Er liegt inmitten der eingebuchteten Seenlandschaft und bringt grandioses Panorama, besonders bei Sonnenuntergang!! Unbedingt beim Bariloche-Besuch einbauen, alle halbe Stunden Bus von Bariloche Ri. Llao Llao bis zur Talstation (Busfahrer weiß Bescheid!). Auf der Bergkuppe gibts eine gemütliche Cafeteria. Seilbahnbetrieb bis 18 bzw. 20 Uhr je Saison. –

★ LLAO LLAO und LAGO PERITO MORENO: der mit Abstand schönster Uferteil des Nahuel Huapi im Bereich von Bariloche, ca. 24 km über eine asphaltierte Küstenstraße. Alle 1/2 Std. Mikrobusverbindung. In Llao Llao das schön gelegene "Hotel Llao Llao" und Riesenbäume auf den grünen Hängen zum See. Vom nahegelegenen "Pañuelo" fahren Ausflugsboote raus auf den See, – rüber zur Isla Victoria und nach Pto. Blest.

Excursionen: mit "Turisur"/Bariloche, Quaglia 227, einem der führenden Veranstalter im Seengebiet. Ausflugsboote fahren zur Saison mehrmals am Tag ab Panuelo rüber zur ISLA VICTORIA (2 Std.) mit schöner Vegetation. Größte Insel im See und nähe des Anlegestegs die gemütliche und relaxing "Hosteria Isla Victoria", die allerdings nur 8 Zimmer hat und im Sommer weitgehend ausgebucht ist. – Die Boote fahren weiter zur HALBINSEL QUETRIHUE mit ihrem rot- orangen Myrthenwald ("bosque de Arrayanes"), der auch über einen 3 -stündigen Trail ab Villa Angostura erreicht werden kann, Details siehe dort!

Die andere lohnende Bootsexcursion ab Pañuelo geht in den westlichen, engen Seen-Arm "Brazo Pto. Blest", der sich (dicht bewaldet) Richtung Andenkette zunehmend verengt. Vom Anlegesteg in Pto. Blest wird die Cascada los Cantaros besucht. Ebenfalls ein 1- Tagesausflug, der seinen Preis wert ist.

Baden: in den meisten Seen auch im Hochsommer verdammt kalt! Maximale Wassertemperaturen nicht über 18 Grad. Wärmste Stellen in der Laguna El Trebol nähe Bariloche, im Brazo de la Tristeza und im Brazo Pto. Blest, da windgeschützter als der offene Nahuel Huapi.

LAGO MASCARDI und TORNADOR: weiterer 1- Tagesausflug per Tour oder Mietwagen ab Bariloche und unbedingt lohnend! Es gibt zwar eine Busverbindung ab Bariloche tägl. nach Pto. Mascardi; danach Ri. Tornador nur Trampen und dies bei meist vollen PKWS von Touristen, die ungern mitnehmen.

Ohne eigenes Auto daher am bequemsten auf eine Tour zurückgreifen, die zudem den Bootstrip über den Lago Mascardi beinhaltet ("Turisur"). Von Bariloche zunächst am steilen Osthang des Lago Gutierrez rüber zum Lago Mascardi, wo ein Boot wartet und auf dem V-förmigen Lago die Ausläufer des Cerro Catedral umschifft. Danach gehts per Bus entlang des Manso Superior rauf, über Pampa Linda zum VENTISQUERO NEGRO.

Der "schwarze Gletscher", wie die Übersetzung lautet, – schwarz wegen Sedimente. Noch unten am Flußlauf (Gletscherwasser) des Manso Superior die Hosteria Pampa Linda und zuvor das teure, aber luxuriöse "Hotel Tornador". Zweistöckig im Blockhaus-Stil, frist-class, schöner Seeblick und Blumenbeete. Beide sind Übernachtungstip, wer in schöner Natur relaxen will, aber während der Sommersaison vorab klären in Bariloche ob noch Platz ist. Das Tourist Office hilft per Telefon!

Grandiose Szenerie: der meist wolkenverhangene TORNADOR (3.554 m) mit seinem schwarzen Gletscher und seitlich mehrere Wasserfälle. Fernsicht ist Glückssache und sicher nicht die Regel. Meist Wolkenschwanden am Parkplatz am Ende der Piste, wo sich die Klimabusse stauen. Trotzdem: starke Szenerie!!

Schöner 2- TAGESTRAIL von Pampa Linda durch Andenhochtäler und entlang der Gletschermassen des Tornadors, rüber nach Pto. Frias am Lago Frias. Beschrieben auf Seite 1479. Kein Refugio zwischen P. Linda und Lago Frias, somit Zelt oder Regenschutzplane und dicker Wärmeschutzschlafsack nötig. Vom Lago Frias dann entweder rüber nach Chile (Pto. Montt), oder mit dem Boot via Llao Llao und Bus nach Bariloche.

Als Rundtour ab Bariloche sehr lohnend (wer nicht rüber nach Chile will), und dann am besten in Gegenrichtung: 1. Tag mit Ausflugsboot ab Llao Llao nach Pto. Frias, Übernachtung in der dortigen Hosteria. Dann die 2 Tage bis Pampa Linda. Dort gibts eine Hosteria mit Campingplatz , die auch für den Transport nach Bariloche behilflich sein kann, sofern man nicht Autostop versucht. Wer will, kann dann noch den Trail am Cerro Catedral einbauen: ein Pfad beginnt am Nordende des Lago Mascardi und führt entlang des Westufers vom Lago Gutierrez, wo man den Trail rauf via Refugio Piedrita zum Refugio Frey nimmt (1 Tag ab Nordende Lago Mascardi). Übernachtung im Refugio Frey. Am nächsten Tag entweder zur Bergstation der Seilbahn nach Villa Catedral (Bus nach Bariloche), – oder Trail zum Refugio San Martin (1 Tag, Übernachtung) und am nächsten Tag runter nach Puerto Moreno (Bus nach Bariloche).

Die wohl schönste Rundwanderung im Bereich Bariloche, – vielleicht zugleich schönste im gesamten Seen- Gebiet, – da sie landschaftlich alles vereint, was die Region um Bariloche so lohnend macht! Tiefgrüne enge Seen zwischen dicht bewaldeten Anden (auf der Bootsfahrt nach Pto. Frias), Urwälder der gemäßigten Klimazone und Gletscher (auf dem Trail nach Pampa Linda), großartiger Seen- Rundblick (Bereich Cerro Catedral-Trails). ZEITBEDARF : ohne C. Catedral ca. 4 Tage, ansonsten 1 Woche. Detailinformationen zu Wegmarkierung, Benutzbarkeit von Refugios, Ausrüstung etc. im "Club Andino Bariloche"/Av. 2o de Febrero/Ecke Av. Elflein und beim Nat. Park Service/Av. San Martin 24, beide Bariloche.

Bergsteigen: Kontaktadresse: "Club Andino Bariloche"/Av. 2o de Febrer mit Av. Elflein. Die interessantesten Berge sind der TORNADOR, wo der Club Andino in 2.27o m ein Refugio unterhält ("Refugio Otto Meiling"). Der Aufstieg vom ACA- Camping in Pampa Linda dauert etwa 7 Stunden und ist streckenweise schwierig zu finden, sowie anstrengend.Detailinformation über Club Andino.

Weiterhin die Felsnadeln des CERRO CATEDRAL/Hauptgipfel. Stützpunk ist das unterhalb gelegene Refugio Frey (siehe "Trails am C. Catedral"). – Beliebt ist auch der CERRO NEGRO mit dem "Refugio Manfredo Segre", zu erreiche ab Colonia Suiza und ruta 24o in einem etwa 5- stündigem Marsch.

★ EL BOLSON: landschaftlich schöne Strecke (13o km, weitgehend Schotte piste, aber Ausbau geplant). Täglich mehrere Busse ab Bariloche (8 US), di zunächst entlang des Lago Gutierrez und Mascardi fahren, später über meh rere Pässe in enge Täler.

El Bolson (ca. 6.5oo E.) liegt schön zwischen den Bergriesen des Pitriquite und des Cordon Nevado mit seinem Gletscher am Gipfel. Der Ort hat eine Schwung guter und gemütlicher Hotels und Hosterias, in den Restaurants gibts excellenten Kuchen. Schöne Wanderungen in der Umgebung, Baden und Campingplätze am dicht bewaldeten Lago Peulo, der sich durch einen kurzen Flußlauf in den Lago Interior auf der chilenischen Seite fortsetzt (Airstripe in Segundo Corral mit Flügen nach Pto. Montt).

★ Ebenfalls als Ausflug ab Bariloche sehr lohnend: ESQUEL mit dem "Los Alerces"- National Park (Details siehe dort!). Rund 17o weitere km südl. von El Bolson, täglich mehrmals Busse. Wer mit eigenem Auto fährt, kann bei Epuyen die Piste via Cholila nehmen, die später bei Esquel lange am Lago Futalaufquen entlang führt. (Der Bus fährt außenrum, via Leleque. Die schnellere, da asphaltierte Route.) – Wer knapp mit Zeit ist, kann 3 x/ Woche mit dem A.A.- Jet von Bariloche nach Esquel rüberhüpfen, ein grandioser Flug bei klarem Wetter (rechts sitzen wegen der Andenkette!). Fast noch besser ist aber die kleine 2- motorige Sportmaschine der LADE (2- 3 mal/Wo.), da sie wesentlich tiefer und langsamer fliegt. Mit Zwischenstop in El Bolson ein 3-stündiger Hochgenuß!

BARILOCHE ⋙→ CHILE: (Siehe auch Karte S. 1471 und Text S. 1477)

Straßenverbindung über den Puyehue- Pass, täglich Busverbindung und das ganze Jahr über offen. Landschaftlich schön, wenn auch der Trip über die Seenkette im Grenzgebiet (Lago Frias/Lago Todos Santos) landschaftlich lohnender ist.

Verbindungen mit Chile (Osorno) über Puyehue- Pass

Rund 5 Buscompanien, die 8 - 1o Stunden brauchen (ca. 2o US $). STRECKE: San Carlos de Bariloche – V. Angostura – Pass Puyehue – Pto. Varas. Einige Busse fahren weiter bis Pto. Montt (ansonsten kein Problem, da auf dieser Strecke dichte Regionalverbindungen!), – "Igi Llaima" fährt ab Osorno weiter bis Santiago, ca. 22 Std./4o US. Bequemer aber ab Osorno per Zug und Schlafwagen.

Bariloche bis zur chilenischen Grenze in den Bergen: rund 1oo km vorwiegend Schotter, aber von Catterpillars recht gut in Schuß gehalten. Entlang des Nordufers des Nahuel Huapi, meist durch dichten Wald mit schönen Ausblicken über den See. – Die Verbindung ist ganzjährig befahrbar, im Winter höchstens mal einen Tag gesperrt, bis wieder eine Schneise durch den Schnee geschoben worden ist. Probleme mit Schnee allerdings Juli/Aug.!

Villa Angostura:

verschlafenes Nest am Ostufer des Sees, ca. 3o km vor der Grenze. Hier die letzte Tankstelle, einige Hotels. Tip: unten am Bootshafen eine Schokoladenfabrik, wo es im dazugehörigen "Tres Mosqueteros"- Restaurant am See heiße Schokolade und Waffeln mit Honig gibt! Sehr lecker!

Zum "BOSQUE DE ARRAYANES", dem Myrthenwald ab Villa Angostura per Boot möglich. Liegt am Ende der Halbinsel. Boote kosten um 5 US/Person und damit ist der Trip billiger, als ab Bariloche. – Oder zu Fuß. Am Bootsanlegesteg ein Ranger- Posten, der den Weg zeigt.

Weiter an die chilenische Grenze: landschaftlich großartig zwischen Seen. Piste ist geradlinig ausgebaut, weiche Kurven, aber extrem viel Staub. Daher nach Möglichkeit als erster in einer Kolonne fahren. Dichter Wald und stetig ansteigend. Die Grenze und Passhöhe in 1.3o5 m. Alle Formalitäten, auch fürs eigene Auto hier oben. Drüben auf der chilenischen Seite dann durchgehend asphaltiert bis runter nach Osorno. Alle Details zum chilenischen Streckenteil siehe Seite 1477. Sowohl auf der argentinischen, wie auch chilenischen Seite gibts eine ganze Reihe von zum Teil ausgesprochen schön gelegenen Campingplätzen. Die Grenze ist nachts geschlossen, ab ca. 18/19 Uhr; Zeitverschiebung zwischen Chile und Argentinien beachten!

Seen- Trip:

Die mit Abstand schönste Querverbindung von Bariloche nach Pto. Montt. Boot über den Seitenarm des Nahuel Huapi (dem Brazo Blest), Bus 5 Min. rüber zum kleinen Lago Frias, der überquert wird, Bus runter zum großartigen Lago Todos los Santos, der überquert wird und Bus entlang des Lago Llanquihue nach Pto. Montt.

Im Sommer dauert der Trip 1 ganzen Tag (da die Tage länger sind), im Winter werden 2 Tage benötigt, wobei eine Übernachtung in Puello im Preis inkl. ist. Kostenpunkt im Sommer ca. 5o US, im Winter 7o US, – eine Investition, die sich aber unbedingt lohnt, wie wir meinen. Alle Details zum Seen- Trip siehe Seite 1478.

Mit eigenem PKW ist die Route nicht möglich, da die Schiffe keine Autotransportmöglichkeit besitzen. Auch wer nicht weiter durch Chile reisen will, sollte den Seentrip trotzdem als Rundtour ab Bariloche einbauen! Dazu gibts mehrere Möglichkeiten:

- Runter Pto. Montt und mit dem Bus retour via Osorno und Puyehue- Pass (siehe Vorkapitel nach Bariloche.)Dauert im Sommer 2 Tage, im Winter 3 Tage.
- Schöner: ab Pto. Montt nach Osorno und dort mit dem Bus nach Panguipulli (tägl.) und dort über die Seen- Route via Huahum- Pass und über den Lago Lacar nach San Martin de los Andes/Argentinien, welches tägl. Busverbindung mit Bariloche besitzt Details siehe Seiten 1373, 1463.
- Alternative: Osorno und Bus (tägl.) nach Villarica/Pucon. In Pucon (schön gelegen, interessante Ausflüge!) Übernachtung und mit dem Bus die lohnende Strecke über den Mamuil Malal- Pass, am Vulkankegel des Lanin vorbei, via Junin de los Andes, San Martin nach Bariloche. Details Seite 146o.

Wäre noch darauf hinzuweisen, daß die Region Pto. Montt ungemein schöne Ausflüge bietet, z.B. der Rundtrip durch den Fjordarm des Estuario de Reloncay oder die Insel Chiloe. Alle Details siehe dort.

San Martin de los Andes: 63o m/ca. 6.ooo E

Schön am Ostende des Lago Lacar gelegen. Der Ort angenehm; im Winter Alternative zu Bariloche wegen seinem excellenten Skigebiet am Cerro Chapelco, der höher liegt und daher länger Schnee hat.

Im Sommer ist San Martin Ausgangspunkt für interessante Querverbindungen nach Chile, sowie für den Lanin- Nationalpark, für den jedoch wegen dünnem öffentl. Transport ein eigenes Auto oder Miet- PKW nötig ist.

★ **Verbindungen ab Bariloche:** es gibt 2 Strecken: einmal die "7-Seen- Route", von Bariloche über Villa Angostura am Nordarm des Lago Nahuel Huapi und dann durch di Berge, wobei mehrere, mittelgroße Seen tangiert werden. Zwar nur rund 16o km, aber durchgehend Erdpiste. Mit dem eigenen Auto rund 4 Std., kein öffentlicher Bustransport, sondern nur "Tour- Busse" der Veranstalter in Bariloche, die die Sache als 1- Tag Rundtrip anbieten (nennt sich "Circuito Grande"), teuer und stressig. Bringt nicht das was der schöne Name "7- Seen" verspricht, da die Seen nur jeweils für kurze Zeit tangiert werden. Vorwiegendes Erlebnis: Natur, Wald, schöne Täler, Flußläufe.

Trampen hat nördl. von Villa Angostura kaum Chance, da nur minimalster Verkehr. M eigenem PKW allerdings lohnend, wenn man zu den Seen abbiegt, um dort zu relaxen, zu baden oder campieren.

Der Hauptverkehr nimmt die durchgehend asphaltierte "ruta 237/4o" via Traful. Mit rund 3oo km erheblich länger, aber wegen ausgezeichnetem Ausbau gleichschnell. Tägl. mehrere Busse. Die Strecke landschaftlich ohne besonderen Reiz, da total eintönig, ewig nur durch Steppengras- Tal. Ein riesiger Umwegsbogen, der noch rauf bis Junin de los Andes geht, aber definitiv Fahrzeug und Insassen schont. – Mit eigenem PKW: in Bariloche bzw. Junin tanken, um nicht unterwegs liegen zu bleiben!

Hotels/San Martin: Excellent von Lage und Ausstattung das "Hotel Sol de los Andes" auf dem Hügel oberhalb von San Martin. Mit beheiztem SW- Pool (ca. 26 Grad, allerdings nicht sehr sauber bei unserem Check!). Die Zimmer groß und freundlich, allerdings ohne spezielles. Ca. 6o US, im Winter teurer. 4 Sterne.

"Los Pinos", deutsche Pension, ausgezeichnet und kann sehr weiterempfohlen werden! Ca. 15 US im Sommer und seinen Preis wert. Die Zimmer sauber, unten gutes Restaurant. Calle Brown(=Calle 5), Ecke Rhodes und nähe der Hafenmole. –"Hotel Lacar"/ Rhodes 1144, sauber und freundlich, deutscher Besitzer, ca. 13 US, – "La Raclette"/ Cnl. Perez 117o, Hosteria mit gutem Restaurant, zu empfehlen, ca. 18 US, – "Arranyan"/Ex. Ruta Compl. D, Cabanas mit schönem Seeblick, allerdings bei rund 2o US preisliche Mittelklasse und ca. 3 km außerhalb des Centros. – "Villa Bibi"/Cnl. Diaz, in Seenähe. rund 8 US im Sommer und o.K. – Ein ganzer Schwung billigerer, häufig Privatquartiere, z.B. das "Marinelli"/Gral. Villegas Ecke Sarmiento. Kleine Zimmerchen unterm Dach. Ca. 5 US im Sommer fürs Doppel. Das Tourist Office vermittelt.

Tourist Office: Av. San Martin Ecke Belgrano. Im Sommer anscheinend unterbeschäftigte Mädchen (obwohl einiges an innerargent. Tourismus), die leider nur kärgliche Infos parat haben. So doch zumindest Hilfe bei Zimmervermittlung.–

INFOS zum Nationalpark über die Verwaltung an der Hauptplaza/Ecke Av. San Martin. Sowohl zu Wanderungen, wie auch Bootsverbindungen, Campingmöglichkeiten, Transport und Bergbesteigungen.

Flugverbindung: derzeit nur LADE 2 mal/Woche im Sommer mit Bs.As. und Bariloche. Der Flug nach Bariloche dauert ca. 3o Min. Eingesetzt werden Fokker F 27 Propellermaschinen. Der Airstripe ein ganz schönes Stück von San Martin entfernt.

Restaurants: ausgezeichnet mit großen und billigen Portionen "Sayhueque"/Av. San Martin Ecke Rivadavia. – "La Tranquera" Spezialität Parrilladas, abends mit Musik. – "Munich"/Elordi s/n. Deutsche Küche.

Skifahren: am Cerro Chapelco, ca. 18 km. Beim Hotel "Sol de los Andes" in die Berge rauf. Eine Schotterstraße, die bei der Talstation der Seilbahn endet. Zwar moderne Gondelkabinen rauf zum Gipfel, aber nur ein Bruchteil des Liftangebotes vom Cerro Catedral/Bariloche. Im Sommer lohnender Ausflug ab San Martin wegen schönem Blick vom Gipfel, der bei klarem Wetter bis rüber zum Vulkangebiet auf der chilen. Seite reicht! Busse ab San Martin zur Seilbahn- Talstation.

Geldwechseln: nur Banken, die insbesondere auf Traveller- Schecks saftige "Spesen"-Abzüge veranstalten.

Von SAN MARTIN 2 Querverbindungen rüber nach Chile, – weniger bekannt als die Hauptroute ab Bariloche, so doch nicht weniger reizvoll:

SAN MARTIN via Lago Lacar nach Panguipulli/Chile: es gibt zwar eine Straßenpiste entlang des Nordufers des Lago Lacar von San Martin zur Grenze. Lohnender sind jedoch die im Sommer verkehrenden Boote über den See. 1 Tag bis Panguipulli, Grenze am Pass Huahum am See Ende des Lago Lacar. Hier fahren Busse runter zum Lago Pirehueico, der sich eng eingequetscht zwischen den Anden nach Puerto Frey schlängelt. Als Bootsfahrt sehr relaxing und landschaftlich lohnend! Dort warten dann Busse, über die neue Piste bis Panguipulli. Insges. ca. 2o US.

Mit nur 659 m ist der Pass bei Huahum der niedrigste der Region und ganzjährig ohne Probleme befahrbar. Auf der Fähre über den Lago Pirehueico auch PKW- Transport. Weitere Details siehe dort! –

②SAN MARTIN via Pass El Tromen (auch Mamuil Malal genannt). Durchgehende Busverbindung mit "Igi Llaima", 2 bis 3 mal die Woche von San Martin über Pucon nach Temuco/Chile an der Panamericana.

Landschaftlich grandios am vergletscherten Vulkankegel des Lanin entlang, später durch dicht bewaldete enge Andentäler, vorbei an einsamen Bergseen! Da der Pass aber 1.2o7 m hoch ist und frei zugänglich für Winde und Schneetreiben, ist er oft auf Wochen im Winter (speziell Juli/August) gesperrt. Alle Details im Chile- Teil!

★ **Lanin National- Park:**

Der 1937 gegründete Nat. Park ist mit 379.ooo Ha. + 184.4oo Ha. Reserva-Nacional der größte Argentiniens. Dichte Wälder der gemäßigten Zone und reiche Fauna/Flora, sowie viele Seen und als Krönung der Vulkankegel des Lanin(3.776 m) mit seinem Gipfelgletscher.

Wird durchquert von den beiden Pisten nach Chile (Pass Huahum und Pass El Tromen). Ansonsten ist zur Erkundung eigenes Fahrzeug nötig. Nach unseren Informationen derzeit keine PKW- Vermietung in San Martin; das Fahrzeug muß man sich daher bereits in Bariloche besorgen.

Kartenmaterial: "Parque Nacional Lanin", herausgegeben vom National Park Service, erhältlich in der Hauptverwaltung Buenos Aires, Santa Fe, – in San Martin schwierig.

Asphaltstraße von San Martin nach Junin de los Andes (38 km, als Ort ist die Gründung von1943 jedoch weniger reizvoll. Hotels, Hospedajes, Tankstelle und Restaurants. Ca. 7.ooo E.) – Hier biegt eine Schotterpiste westwärts ab Richtung Lago Currhue, der dicht bewaldet, am Südufer passiert wird. (Der Lago Currhue ist auch per ripio- Piste ab San Martin via Ost-Ende des Lago Lolog zu erreichen, ebenfalls keinerlei öffentl. Transport!).

Über eine kurze Piste am Ende des Lago Currhue gehts rüber zum Lago Epulafquen, der an seinem westlichen Ende (ca. 1,5 km nach Erreichen des Sees) einen kleinen Bootsanlegesteg besitzt. Im Sommer fährt 1 mal am Tag ein "balsa" (Art Mini- Pontonboot) durch die engen Seen- Arme rauf nach Rucu Leufu (wie in der Nat. Park- Karte eingezeichnet). Mitnahme-Möglichkeit nur für 2 PKW's!

WIE uns Dr. Jacoby informierte, ist es landschaftlich schöner, zunächst ab Junin de los Andes nordwärts zu fahren, – und die ca. 6o km Piste entlang des Nordufers des Lago Huechulafquen zu nehmen bis zum besagten Bootsanleger, – und in Gegenrichtung zum Lago Epulafquen überzusetzen, da man somit ständig den gigantischen Vulkankegel des Lanin im Visier hat!

Vom Bootsanlegesteg am Lago Epulafquen sind es noch ca. 2,5 km bis zu den Termalquellen "Baños de Epulafquen". Heißes Wasser, aber Badewanne in den Hütten superdreckig. 5oo m vorher Campingplatz. Superüppige Vegetation. Die Piste setzt sich als Feldweg und dicht eingewuchert rüber nach Chile fort. (Paso del Carirrine, vorab Grenzformalitäten abchecken. Kein öffentlicher Transport!)

Von RUCU LEUFU (gute aber teure Hosteria) ein Trail zum Vulkan Lanin. Die Besteigung des fast 3.8oo m hohen Gipfels, der eine Gletscherkuppe wie vom ital. Eiskiosk übergezogenen Gipfel besitzt, – bleibt absolut gletschererfahrenen Spezialisten vorbehalten.

Wanderer können aber einen schönen 2- Tagestrail ab Hosteria Rucu Leufu unternehmen. Es geht zunächst entlang des Arroyo Rucu Leufu bergauf am Vulkankegel, rauf in ca. 2.3oo m und dann östlich am Vulkankegel rüber zur Zollstation am El Tromen Pass. Grandioser Blick bei klarem Wetter über die Seenkette im Grenzbereich, – später einsame, vulkanische Landschaften mit den riesigen Araukarien Bäumen, die Höhen bis zu 3o/4o m erreichen. Problem ist der Transport bis Rucu Leufu. Eventuell ergibt sich was durch das T.O. in San Martin.

ALLGEMEINE TIPS ARGENTINIEN

✱ STROM: 22o Volt/5o Hz. Gelegentlich auch 24o Volt.

✱ FEIERTAGE: 1.1. (Neujahr), – Viernes Santo (Karfreitag), – 1. Mai (Dia del Trabajo (Tag der Arbeit), – 25. Mai Fiesta Civica, – 2o.6. Dia de la Bandera (Tag der Fahne), – 9.7. Dia de la Independencia (Unabhängikeits erklärung 1816), – 17.8. Todestag San Martin, – 8. Dez. (Maria Empfängnis) und 25. Dezember. Sowie regionale Feiertage. Am 1. Mai kein Busverkehr! Gründonnerstag ist ein Halbfeiertag, bei dem Firmen und Behörden teils schließen, teils nur halbtags arbeiten.

✱ ÖFFNUNGSZEITEN: variieren nach Jahreszeiten und Region. In der Regel aber wie folgt:

- Geschäfte: 9 (teils 1o) bis 19.3o Uhr, Mo. - Fr. Einige haben den Mittag über zu wegen Siesta. Sa.: 9 - 13 Uhr.
- Banken: Mo. - Fr.: 1o bis 16 Uhr, Sa. und So. zu. Kann aber nach Region und Jahreszeit variieren.
- Behörden: im Winter: Mo. - Fr. von 11.3o (teils 12.3o) bis 17.3o/19.3o und im Sommer (Mo. - Fr.) von 7.3o bis 13 Uhr.

✱ TRANSPORT: auch wenn Argentinien ein gutes Straßen- und Busnetz besitzt, ist das FLUGZEUG bei den gewaltigen Entfernungen das beste Transportmittel (wer ganz Argentinien kennenlernen will). Allein Luftlinie von der Nordgrenze zu Bolivien bis Ushuaia/Feuerland rund 3.7oo km (!), bzw. per Straße von Bs.As. runde 3.2oo km bis Ushuaia.

Zumal sich im Pampa- Bereich oder den Weiten Patagoniens oft auf hunderte von Kilometern nichts an Abwechslung tut. Tip: mit dem Flugzeug grob ins Zielgebiet und dort dann Überland mit Regionalbussen, Mietwagen oder Taxi.

FLUGZEUG: 2 Airlines bedienen mit Jets den innerargentinischen Verkehr, die "Aerolineas Argentinas", die die dichteren Flugrouten besitzt und die nicht weniger excellente "Austral", die ihren Schwerpunkt nach Bahia Blanca, Cordoba und Nordargentinien hat, aber auch Feuerland bedient. Beide operieren mit modernen Jets, meist Boeing 727, 737, – die Nebenstrecken auch mit den wenigen und flinken Fokker F 28- Jets.

Die Zeiten, wo man in Argentinien für Markbeträge fliegen konnte (Mitte der 7o-er Jahre) sind zumindest derzeit vorbei. Bs.As. – Ushuaia im Normalticket kostet für den Einfachflug runde 1oo US $ oder Bs.As. – Bariloche ca. 1oo US $.

Es kann sein, daß Argentinien bei der derzeitigen, gigantischen Inflationsrate wieder zum Billigland für den ausländischen Touristen wird. Momentan ist das "Vista Argentina"- Ticket jedoch die beste Wahl. Für 29o US kann man 1 Monat auf den Inlandsstrecken der A.A. fliegen. Alle Details S. 1278.

"LADE", die Militärs bedienen mit Propellermaschienen vorwiegend die Strecken ab Bs.As. runter nach Patagonien. Teils nur wenig teurer, als die Busse, aber oft voll. Adresse Bs.As.: Peru 71o/714.

LADE ist, sofern man Platz in den Maschinen bekommt, – eine billige Möglichkeit, runter nach Feuerland zu kommen:

a) via Bariloche: Zug (2o - 45 US) oder Lade (65 US) ab Buenos Aires. Dort LADE-flug via Esquel nach Com. Rivadavia. Dort Lade runter nach Ushuaia. Oder: Com. Rivadavia – Calafate (Perito Moreno Gletscher) und rüber nach Rio Gallegos. Problem: nach derzeitigem Lade- Flugplan an den genannten Punkten kein sofortiger Anschluß. Insgesamt ca. 1oo US

b) via Ostküste direkt: ab Bs.As. Bus bis Com. Rivadavia und dort mit Lade bis Ushuaia Wenn der Anschluß klappt, preislich in etwa gleichteuer wie der Bus (sofern man nicht Rio Gallegos–Rio Grande trampt), aber erhebliche Zeitersparnis. Insgesamt ca. 65 US $.

Da man aber retour rechnen muß (und teure Hotels in Patagonien, wenn der Anschluß nicht sofort klappt), – läuft die Sache unterm Strich am preisgünstigsten derzeit per A.A.- Vista Argentina- Ticket.

Im Norden Argentiniens etablierte sich die "Aerolinea Federal Argentina", die vorwiegend die Region Resistencia, Formosa, Tucuman, Mendoza, Posadas und Iguazu bedient. Hieß früher "Aerochaco". Günstige Preise, im Einsatz Propellergerät. Adresse: Bs.As.: Av. 9 de Julio 321/1. Stock.

"Lapa" hat sich auf den Pampa- Bereich um Bs.As. spezialisiert, sowie für Flüge von Bs.As. nach Colonia/Uruguay. Adresse: Bs.As.: Lavalle 465.

"Arco" fliegt mit Propellermaschinen von Bs.As. nach Colonia und Montevideo/Uruguay. Adresse Bs.As.: Florida 5o2.

HILFREICH für die zeitliche Planung einer Reise mit Flugzeug in Argentinien ist der monatlich herausgegebene "Guia Argentina de Trafico Aereo", der sämtliche Flugrouten und Preise verzeichnet, sowie die regionalen Buchungsadressen. Erhältlich bei Reise- und Flugbüros.

Inlandsflüge werden in Argentinien "vuelos cabotaje" bezeichnet. – Bei "A.A." und "Austral" gibts preisgünstigere sogenannte Nachtflüge ("vuelos noche").

Während Weihnachten, Ostern, aber auch der argentinischen Hauptreisemonate sollte man Flüge möglichst früh reservieren. Dies sind Ende Dez (ab Weihnachten) bis Ende März und 15. Juli bis Anfang August. Insbesondere während Ende Dez./Jan./Febr. ist es in Feriengebieten (z.B. Bariloche, Cordoba etc.) schwierig, Hotels, Bus-, Zug- und Flugverbindungen zu bekommen.

★ INTERNATIONALE FLUGVERBINDUNGEN: bei der Bedeutung von Bs. As. sehr dichte Flugverbindungen in alle anderen Hauptstädte Südamerikas, aber auch Europa, – sowie rüber nach Cap Town/Südafrika und über die Südpolaroute mit A.A. (via Rio Gallegos) nach Auckland/Neuseeland.

Weiterhin: ab Salta/Arg. nach Anotfagasta/Chile, – Mendoza/Arg. nach Santiago de Chile, – Rio Grande/Feuerland, Arg. nach Pta. Arenas/Chile.

★ ZÜGE: dichtes Eisenbahnnetz, das Mitte und 2. Hälfte des vergangenen Jahrhunderts von den Engländern angelegt wurde, sternförmig ab Bs.As.

Bis 189o verfügte Argentinien bereits über ein Gleisnetz von 1o.ooo km und war damit damals führend in Südamerika (heute ca. 4o.ooo km). Die cleveren englischen Bahnbauer sicherten sich per Pachtrecht auf 99 Jahre Land von 7 km rechts und links des Gleises zu. Da sich das Gleisnetz in der brettebenen Pampa schnell und billig verlegen ließ, wo zudem der Großteil der argentinischen Bevölkerung lebt, – waren es die Eisenbahn-Companies, die Ende 19./Anfang 2o. Jahrhundert Argentinien besaßen. Bei der Funktion der Eisenbahn – damals, wie heute – Abtransport des wichtigsten Exportgutes des landes: Fleisch und Getreide. (Vergl. auch Geschichtstexte S. 1289.)

Heute hat Argentinien das, für Südamerika modernste und dichteste Eisenbahnnetz. Während in den anderen Ländern des Kontinents (z.B. Brasilien, Kolumbien und Chile) viele Strecken stillgelegt wurden, da der Bus schneller geht, – ist in Argentinien der Zug dem Bus vorzuziehen auf den Strekken Bs.As. nach Cordoba, Mendoza, Bahia Blanca und Bariloche.
Alle Details zu Verbindungen Seite 1279, 1289.

★ BUS: ausgenommen der Verbindungen auf Schotterpisten z.B. im Andenbereich verkehrt auf den argentinischen Fernverbindungen modernes Busmaterial. Bequeme Sitze, die sich zurückklappen lassen, Leselampen über den Sitzen und Air Condition(auf den Strecken in den tropischen Norden an die Grenze zu Paraguay und Brasilien).

In Relation zur Entfernung ist Busfahren in Argentinien billig. Die knapp 2.ooo km von Bs.As. nach Bariloche im Normalbus nur ca. 15 US $. Zwischen 6o und 8o % teurer allerdings die Luxusbusse, wo Stewardess mitfährt und sich Bar und Toiletten an Bord befinden.

Die größeren Städte haben in der Regel einen gemeinsamen Busterminal, wo sämtliche Linien abfahren; erhebliche Erleichterung beim Umsteigen auf Regionalstrecken! Aber auch beim Preisvergl. der einzelnen Companias!

Busverbindungen auf Erdpisten, so z.B. im Andenbereich oder in Patagonien sind (wegen höherem Busverschleiß) in der Regel 2o - 25 % teurer. Insbesondere zur Ferienzeit (siehe "Flüge") sollte man möglichst früh das Busticket kaufen, wobei auch der Sitzplatz im betreffenden Bus reserviert ist. – Studenten (mit Immatrikulationsbescheinigung, in Spanisch) erhalten auf einigen Strecken bis zu 2o % Ermäßigung.

Für Fahrten im Andenbereich, z.B. in Nordwest- Argentinien (Tucuman, Salta), aber auch Mendoza und Bariloche: warme Sachen einpacken, insbesondere, wenn der Bus nachts fährt. An Pässen wirds auch im Sommer empfindlich kalt! Die Strecke Cachi – Salta z.B. über 3.600 m Höhe!

★ TAXIS: in den Großstädten reichlich vorhanden und mit Taxameter versehen. Auf dem Land und in kleineren Provinzstädten bei fehlendem Taxameter vorab den Preis vereinbaren!

★ MIETWAGEN: in den Großstädten und Tourismus Centren. Renault R 4 um 12 US/Tag, Kilometer extra. Spezialtarife bei Anmietung von 1 Woche und mehr, teils auch ohne Kilometerbegrenzung. Derzeit ist es nicht möglich, ein in Argentinien gemietetes Fahrzeug (auch von internat. Vermietern wie Avis) rüber nach Chile, Bolivien oder Brasilien zu nehmen. Insbesondere schade für Feuerland!

★ EIGENES AUTO: für die Einfuhr von Europa wendet man sich an die argentinische Botschaft in Bonn bzw. den ADAC/TCS/ÖAMTC.

Vorbildlich für Südamerika ist der argentinische Automobil- Club (ACA). Neben der Herausgabe von sehr gutem Kartenmaterial, Pannenhilfe besitzt der Club eine Reihe guter Hotels und Campingplätze. ACA- Büros in allen wichtigen Städten. Bs.As.: Av. Libertador 1850.

Benzin ist relativ teuer (in etwa deutsches Preisniveau). Bei den großen Entfernungen kommt da einiges an Sprit zusammen. Wer abgelegene Strecken im Andenbereich oder Routen in Patagonien fährt, sollte rechtzeitig vortanken; oft auf hunderte Km nichts mehr. Bei der Gefahr, daß in der nächsten Tankstelle der Sprit augegangen ist. Für Pisten über 3.000 m den höheren Spritdurst des Fahrzeuges wegen dünner Luft einkalkulieren!

Für Feuerland und Patagonien empfiehlt sich Steinschutzgitter vor Windschutzscheibe und Scheinwerfern, das die dortigen Werkstätten montieren. Ersatzwindschutzscheiben sehr teuer. Zudem meist erheblicher Zeitverlust, da vor Ort nicht auf Lager. Siehe auch Kapitel "Fahrtechnik in Südamerika Einleitungsteil dieses Bandes! –

Das argentinische Straßennetz ist klassifiziert in "ruta nacional", die Hauptverbindungen, – sowie den "ruta provincial" (Nebenstraßen). Sehr gutes Kartenwerk vom ACA, das den derzeitigen Ausbaustand in Farben dokumentiert. Aber auch Motels, Hotels, Campingplätze, Tankstellen, ACA-Servicestationen und Werkstätten verzeichnet. Erhältlich von den ACA- Regionalbüros, aber auch als Gesamt- Argentinienkarte bei der "Direccion Nacional de Turismo" in Buenos Aires/Santa Fe 883.

★ TRAMPEN: Thema für sich. Obwohl in Argentinien prozentual zur Bevölkerung mehr Leute ein eigenes Auto besitzen (als in vielen anderen Länder Südamerikas), – benutzen viele Leute wegen den großen Entfernungen bei Langstrecken lieber das Flugzeug. Bei Fernstrecken per Daumen landet ma daher in der Regel im LKW, dessen Fahrer sich über Unterhaltung zum Zei vertreib freut. Bei den billigen Buspreisen (verbunden mit der Warterei bei Trampen) daher eher als Möglichkeit zu sehen, Kontakt zu bekommen.

Insgesamt ist Argentinien auf seinen Hauptrouten ein gutes Autostop- Lan

Eine deutsche Flagge am Tramperrucksack kann dabei sehr nützlich sein. Andererseits sind die Argentinier nach mehreren Presseberichten von Überfällen durch Tramper in letzter Zeit vorsichtiger im Mitnehmen geworden.

Grenzverbindungen:
(Auswahl der wichtigsten)

mit CHILE:

Salta – Antofagasta 1324
San Juan – La Serena 1337
Mendoza – Santiago de Chile 1335
San Martin d.l. Andes – Pucon 1374
San Martin d.l. Andes – Panguipulli ... 1373
Bariloche – Pto. Montt 1372
Bariloche – Osorno 1371
Rio Mayo – Cohaique 1340
Perito Moreno – Cohaique 1358
Calafate – Pto. Natales 1353
Rio Turbio – Pto. Natales 1352
Rio Gallegos – Pta. Arenas 1344
Rio Grande – Pta. Arenas 1346
Ushuaia – Pto. Williams 1348

mit BOLIVIEN:

La Quiaca – Villazon 1326
Oran – Bermejo 1328
Pocitos – Yacuiba 1328

mit PARAGUAY:

Formosa – Asuncion 1329
Posadas – Encarnacion 1328

mit BRASILIEN:

Foz de Iguazu – Foz do Iguacu 1332

mit URUGUAY:

Bs.As. – Colonia 1308
Bs.As. – Montevideo 1308
El Tigre – Carmelo 1305
Weitere siehe Uruguay- Teil!

ÜBERNACHTUNG: guter Querschnitt durch alle Klassen und Preise in den größeren Städten. Am teuersten ist Buenos Aires, wo die Luxusklasse um 70 - 100 US $/Doppel kostet, die Mittelklasse um 15 - 30 US $, billige Hotels selten unter 10 US $ das Doppel.

Ansonsten ist man in Argentinien für 15 bis 25 US $ gut untergebracht, billigere Sachen hier um die 5 - 15 US $. Ausnahmen: Tourismusgebiete zur Ferienzeit (z.B. Sierras del Cordoba, Skigebiete, Bariloche, Calafate). Aber auch Patagonien, wo das Preisniveau generell, auch bei Lebensmitteln höher liegt als im übrigen Argentinien.

Der Automobil Club Argentinien (ACA) unterhält eine Reihe – zumeist von Lage und Komfort – sehr empfehlenswerter Hotels und Motels. Mitglieder des ADAC, TCS und ÖAMTC erhalten hier gegen Vorlage des Clubausweises 20 % Rabatt.

"Motels" (Auto vor die Zimmertür nach US- Vorbild) sind entlang der "rutas nacionales" weit verbreitet und bieten guten Komfort. Allerdings Achtung: insbesondere, wenn ein Vorhang zur Abdeckung des PKW parat steht, handelt es sich um Servicestationen des diskreten, außerehelichen Verkehrs, der mit dem Portier nach Stundenbasis abgerechnet wird. Oft inklusive Videos und jeder Menge Spiegeln. Insbesondere Pampa um Bs.As.

"Hosterias" und "Residenciales" : preiswerte, aber einfache und gemütliche Herbergen. Angenehm in Feriengebieten, – bzw. oft superbasic in den Großstädten. Dort in der Nähe von Busterminals und Mercados.

"Casas Familiares" (Privatquartier). Vermittlung durchs örtliche T.O. Billig und enger Familienanschluß.

"Albergue Juvenil" (Jugendherberge). Infos und Gesamtverzeichnis über die

Generalvertretung in Bs.As./Corrientes 1373. Internat. Jugendherbergsausweis bereits aus Europa mitbringen!

CAMPING: besonders im Seengebiet um Bariloche, entlang der Atlantikküste südlich von Buenos Aires und in den Sierras del Cordoba. Eine Ferienform, die sich bei den Argentiniern zunehmender Beliebtheit erfreut. Nicht selten haben die Städte einen eigenen "Camping Municipalidad" (öffentlicher Camping der Stadtverwaltung), der zentrumsnah in einem Park liegt (z.B. Tucuman). Breites Angebot auch vom ACA, der eine Liste parat hat.

*ESSEN: vornan steht Fleisch, – wie sollte es anders sein! Argentinien ist einer der wichtigsten Exporteure der Welt. Zumindest in Bs.As. (Lavalle und Florida- Restaurants) Riesenportionen und der zartesten Sorte, die die Zunge runtergeht, wenn man "Lomo" bestellt.

"lomo" Filetsteak. In guten Restaurants wird eine würzige Soße beigegeben, so wie man sie bei uns in Deutschland in der Churrasco- Kette kennt. Dazu in Alufolie gebackene Kartoffel, aufgeschnitten, mit saurer Sahne oder Kräuterbutter.

"asado" Rind- oder Lammfleisch vom Holzkohlefeuer. Entweder waagrecht am Eisenspieß drübergelegt, oder an schräg in den Boden gespießten Stangen.

"bife de caballo": keinesfalls Pferdefleisch, sondern ein dickes Stück Rindfleisch, auf dem wie zwei Reiter zwei goldgelbe Spiegeleier sitzen.

"carbonada" Hackfleisch mit Zwiebeln, Tomaten, gebratenen Kartoffeln und Gewürzen garniert.

"parrillada" Voraussetzung ein Holzkohlegrill, wo verschiedene Fleischarten rösten, sowie Würstchen, Herz, Blutwurst etc. Je nach Restaurant passiert die Sache entweder am zentralen Grill, oder kleine Öfchen werden neben den Tisch gestellt.

"milanesa" Wienerschnitzel, paniert, Zitrone, mit Pommes Frittes oder Kartoffeln und Gemüsebeilagen.

"churrasco" Rumpsteak

"puchero" Eintopf mit Stücken von der Rinderbrust, Speck, Lammfleisch und/oder gepökelte Schweinebacke, bzw. Huhn. Zusammen mit Bohnen, Gemüse, Maiskolben, Zwiebeln, Pfefferschoten, Weißkohl, Kartoffeln etc. je nach Art des Hauses.

"mata ambre" (Hungertöter), im Klartext: Rippenfleisch vom Rind. Allerdings ist da schon ein ganz schön großer Stapel abgenagten Skelettes nötig, damit der Hunger verschwindet . . .

"chivito" eine speziell gezüchtete Ziege, nicht mit der gewöhnlichen Ziege verwechseln. Kurzum eine Delikatesse.

"carne de oveja" Lammfleisch. Während in Mittel- und Nordargentinien das Rind die Basis für argent. Fleischgerichte ist, – ist es der Hammel in Patagonien.

"carne de cedro" (auch "chancho" genannt) ist Schweinefleisch. Vorwiegend Andenbereich, Nordwest Argentinien. In allen Varianten, wie im Andenbereich üblich, also z.B. kleingeschnetzelt, mit Zwiebelringen, Tomaten und Kartoffeln, Spiegelei etc.

"lechona" Lecker! Schweinefleisch, das in den Backofen geschoben wird, zusammen mit Bohnen, Karottenscheiben und in Scheiben geschnittenen Kartoffelstückchen. Darüber zerriebener Knoblauch, eine Prise Salz und geringfügig Pfeffer. Das Ganze schmort dann rund 2o - 3o Min. in seinem Saft. Wegen der langen Zubereitungszeit vorwiegend "en la casa" (zu Hause) anzutreffen. In Restaurants meist nur bei Vorbestellung.

"arroz con pollo" (Reis mit Huhn) Ich bin kein Freund dieses Federviehs, aber wenn der Gummiadler gut gewürzt ist, Thymian, Basilicum etc. ganz schmackhaft. Ein Billiggericht, das man vorwiegend bei den Busterminals des Norte antrifft. Zusammen mit Ei, Gemüse oder anderen Zutaten.

"Empanadas" Gefüllte Teigtaschen mit Fleisch- oder Huhnstückchen, Gemüse und leckerer Soße. Vorwiegend Andenbereich Nordargentinien.

"chorizo" Salami. Bitte nicht mit dem "bife de chorizo" verwechseln, welches ein Rumpsteak vom Holzkohlegrill ist.

"humitas" im Mixer zerkleinerte Maiskörner, die mit Salz, Knoblauch, Chilli und sehr kleingehakten Zwiebeln vermischt werden. Das Ganze ins Maisblatt und in Wasser gekocht. Vorwiegend Anden/Nordwest Argentinien.

"conejo" Kaninchen. Andenbereich und Patagonien.

"bocas" frei übersetzt "Häppchen". Maisbrötchen, mit Schinken, Käse, Fleisch oder Fisch gefüllt. In Bars und an Kiosken.

"pescado" Fisch. Bei rund 5.000 km Atlantikküste breites Angebot. In Rio Gallegos und Ushuaia/Feuerland "cholgas" (Riesenmiesmuscheln, die Faustgröße erreichen). Im Seengebiet Bariloche/Esquel: Forellen.

"gaspacho" kalte Tomatensuppe, lecker gewürzt. Argentinische Spezialität!

"locro" Suppe mit Maiskörnern, weißen Bohnen und Würstchen.

Besonders im Völkergemisch Buenos Aires gute ITALIENER (Pizza, Lasagne, Canelones etc.). Die DEUTSCHEN steuerten neben ihrem, auch in Argentinien beliebten Sauerkraut ("chucrut"), ihren Würstchen, Kassler Rippchen, Schweinebraten etc, auch das Bier zum Essen bei. – CHINESEN, sonst in Südamerika Tip für billige und gute Küche, sind in Argentinien selten. – GRIECHEN: vorwiegend Bs.As. mit einigen, guten Tavernen.

NACHSPEISEN: breite Palette an excellenten Kuchen. "dulce de leche" ist ein Karamell- Aufstrich, den man mit Käse ("queso y dulce") oder Brot oder Keksen isst ("alfajor"), – sofern die Löcher in den Zähnen das mitmachen.

ESSENSZEITEN: das Frühstück wird in den Hotels in der Regel bis 10 Uhr serviert. Keine großen "Aktivitäten" erwarten, denn das Standbein der Argentinier beginnt erst mittags: 12 - 14/15 Uhr. Auch große Firmen in Buenos Aires haben meist keine eigene Cafeteria, sondern geben ihren Angestellten Bons für den Restaurantbesuch. Das Mittagessen wird zelebriert in reichhaltiger Vorspeise, Suppe, Hauptgericht und Nachtisch. Siehe auch Bs.As. - Kapitel!

Als Cocktailstunde gilt 17 - 19 Uhr. Nach Büroschluß trifft man sich in einer der zahlreichen Cervezerias, Cafeterias des Centros von Bs.As.

Das Abendessen beginnt in der Regel nicht vor 21 Uhr, wobei sich die "mozos" (Ober) meist gegen 19 oder 20 Uhr auf den Abendbetrieb einspielen. Zwischen 15 und 19 Uhr kann es auch in Bs.As./Centro schwer werden, warme Küche zu finden.

Die Restaurants schließen zwischen ca. 23 Uhr (Provinz) und . . . (Bs.As.-Nachtlokale). Die Hauptmahlzeit ist in jedem Fall abends. Gewissermaßen als Krönung des Tages.

★ GETRÄNKE: die Imperien Coca Cola und Pepsi haben natürlich auch Argentinien im Griff. Schon gigantisch die Vorstellung, wie sich eine Flüssigkeit über die ganze Welt verteilt!!

WEIN: neben Bier das Standardgetränk zu den Mahlzeiten.

– "vino de la casa", der Hauswein des Restaurants. Kommt in der Karaffe, meist aber als geschlossene o,7 l- Flasche, die vom Wirt in größerer Stückzahl eingekauft wird. Preislich ähnlich oder billiger wie Bier. Durchaus trinkbare Durchschnittsweine. – TINTO = rot, – BLANCO = weiß, – ROSADO = Rosewein.

Für den Tischwein (nennt sich auch "vino de la mesa") lieben die Argentinier den "sifon" (die Sodaflasche) bzw. das Mineralwasser zur Verdünnung.

– "vino a la carte", nennen sich die besseren Weine, die man gemäß der Weinkarte auswählt. Bei der unzähligen Fülle an Weinen daher entweder auf den Tip des Obers verlassen, oder Blick auf die Nachbartische, – oder noch besser: selber durchprobieren.

VINO FINO = gute Qualität. – VINO RESERVA = viele Jahre alt (ohne Regel)

Während es im Nachbarland Chile nur 7 - 1o absolute Spitzenweine gibt,– die dann aber auch Top auf dem Kontinent sind, – hat Argentinien eine Fülle gehobener Durchschnittsweine, da erheblich mehr "vinedos".

Die "Roten" zählen zur Top- Klasse des Kontinents. Anbau vorwiegend Mendoza bis Rioja. Geschmacklich wie "Bordeaux". Schwer, vollmundig, aber ohne die Herbheit des Bordeaux-Rotweins. Argentinische Spitzenweine erreichen jedoch nur selten das Niveau vergleichbarer Chilenen oder Franzosen.

BIER: ausgezeichnet. Meist von deutschen Einwanderen gegründet. Die "Quilmes" - Brauerei bei Bs.As. ist größte der Welt. Besuch siehe "Umgebung von Buenos Aires"! Gibts in o,635 l- Flaschen, die ebenso pfandpflichtig sind, wie die Weinflaschen, wenn man sie im Geschäft kauft.

WHISKY: Prestige-Getränk bei Einladungen. Teuer in Shops, sofern importiert. – "Caña", Zuckerrohrschnaps. Mit Coca-Cola (="Cuba Libre") oder Fruchtsäften.

JUGOS: nennen sich die Fruchtsäfte, die in der Regel original aus der Frucht gepresst werden, sehr breites Angebot in Mittel- und Nordargentinien.

CAFE: es gibt sowohl den in Europa üblichen Filtercafe, wie auch den italienischen Expresso und Capucchino.

MATE–TEE: Nationalgetränk aus den Blättern einer Stechpalme, dem Mate- Baum. Getrunken wird er aus birnenformigen Bechern, in deren obere Öffnung man ein verziertes Silberstilchen schiebt. Da die Teeblätter vor dem Genuß nicht entfernt werden, hat das Stilchen an seiner Unterseite ein Sieb.

Das MATE-TEE-TRINKEN ist Philosophie. Am Mate-Tee nuckelt der Argentinier etwa in gleicher Weise, wie der echte Engländer nicht auf seinen "five-o'clock-tea" verzichten kann! –

★ KLIMA: Bei rund 3.7oo km Nord-Süd-Erstreckung und einer Geographie zwischen Küste, Tropen (bei den Iguazu-Wasserfällen) bis rauf in fast 7.ooo m (Andenkette) gehts quer durch alle Klimazonen. Wer ganz Argentinien bereist, sollte somit von Badehose bis Pelzmantel alles dabei haben.

SOMMER: Anfang Dezember bis Anfang März. Die heißeste Zeit für die Iguazu-Wasserfälle, wo die Temperaturen bei 25° C. liegen, oft aber auch über 30° C. ansteigen. Herrlich tropisch! – Chaco das ganze Jahr über trocken heiß. – Anden (Nordgrenze Bolivien/Chile) bis runter Bariloche/Esquel je nach Höhenlage angenehm gemäßigt warm bei Tagestemperaturen um 20 (an wolkenklaren Tagen 25 bis 27° C.). Die Wassertemperatur in den Seen allerdings nur max. 18° C. Nachts sinken die Temperaturen nach Sonnenuntergang schnell ab. Pullover oder warme Jacken daher auch im Sommer nötig. Besonders, wenn man Nachttrips mit Bussen über Pässe fährt.

In Bs.As. erreichen die Temperaturen im Sommer 25, oft auch 3o° C. Eine feuchte Hitze, die bis zu 7o % relative Luftfeuchtigkeit erreicht. Aber auch die Bierbrauereien steigern ihre Umsätze.

Wassertemperaturen Atlantik (Bereich der argentinischen Seebäder Bs.As. bis Bahia Blanca) 18 und wenns gut geht 20 °C., – abnehmend Richtung Süden; in Ushuaia/Feuerland dann "erfrischende" 15° C. im Meer. –

Luft/Feuerland in Meeresnähe bis zu 25° C., in der Regel aber 8° C. Nach Einbruch der Nacht schnelles Absinken der Temperatur in Bereiche um 3 bis 4° C.. Gilt auch tagsüber für Wanderungen in größere Höhen an den Küstenbergen der Darwin-Straße.

WINTER: Mitte Juni bis Anfang September.Iguazu und Misiones um 17 bis 2o° C. – Anden: die Zeit der Ski-Saison der argentinischen Centren bei Mendoza, Bariloche und Esquel, die für exzellenten Pulverschnee bekannt sind. Paßstraßen oft zugeschneit. In Tallagen je nach Jahreszeit knapp über oder unter Null.

Buenos Aires: in den Wintermonaten (Durchschnittstemperatur 1o° C.) mit häufigen Regenfällen. – Patagonien im Landesinneren oft von Schneestürmen heimgesucht, zumindest aber Temperaturen in Null-Grad Nähe. Viele der Hotels zu, reduzierte Verkehrsverbindungen, kurze Tage.

SPRACHE: Spanisch. Ähnlich wie sich der Schweizer durch sein guturales "chchch" im deutschen Sprachraum deutlich bemerkbar macht, – tut dies der Argentinier durch sein "sch". Beispiel: "calle" (Straße)und normalerweise im Spanischen wie "kaje" gesprochen, – klingt in Argentinien wie "kasche". "Yo" (ich), normalerweise "jo" gesprochen, in Argentinien wie "scho".

Englisch: bei Airlines, guten Hotels, Restaurants und Geschäften,–Deutsch bei Nachkommen deutscher Einwanderer, so in Bs.As. und Bariloche, – Italienisch: öfters in Mendoza, Bs.As. sowie anderen Landesteilen.

GESUNDHEIT: im Andenbereich in Höhen über 2.5oo guter Sonnenschutz, ab rund 3.ooo m kann "soroche" Probleme machen, wer zu schnell aufsteigt. Details siehe Gesundheitskapitel in der Einleitung des Bandes. Weiterhin Gefahr kräftiger Erkältung, wer die starken Temperaturunterschiede nach Sonnenuntergang in den Anden unterschätzt.

★ SPORT: BADEN an der Atlantikküste Dez. bis März, allerdings auch zu dieser Jahreszeit nur "gemäßigte" Wassertemperaturen um 18 bis 2o Grad. Gilt auch für das Seengebiet um Bariloche in den Anden, wo nur in geschützten Seen- Buchten Temperaturen um 18 Grad erreicht werden.

Trotzdem sind die berühmten Atlantik-Seebäder Argentiniens wie Mar del Plata im Hochsommer knallvoll. – Schöne, einsamere Strände, oft mit Sanddünen (z.B. Mte. Hermoso) im Bereich Mar del Plata bis Bahia Blanca, mit Regionalbussen oder Mietwagen zu erreichen.

SCUBA- DIVING: Pto. Madryn an der Valdes- Halbinsel.

WANDERN: mit die schönsten Wandergebiete im Süden des Kontinents liegen in Argentinien und hier zumeist im Andenbereich. Die schönsten Stellen: Seengebiet um Bariloche, – Calafate, – Ushuaia, sowie die Sierras del Cordoba. Details zu Wanderungen siehe dort!

BERGSTEIGEN: der Aconcagua ist mit seinen 6.959 m der höchste Berg des Kontinents und übt entsprechenden Reiz aus. Details siehe "Mendoza". Während beim Aconcagua die Hauptbesteigungsprobleme die extreme Höhe und dünne Luft sind, – sind es beim anderen, argentinischen Paradeberg, dem Fitz Roy (3.375 m, nähe Calafate/Patagonien) die extremen Witterungsbedingungen. Details siehe Calafate!

SKIFAHREN: die besten Skigebiete des Kontinents (neben chilenischen) liegen auf der argentinischen Seite in Bariloche – San Martin de los Andes – bei Mendoza und Esquel. Sowie ein kleineres Skigebiet bei Rio Turbio/Südpatagonien und die südlichste Skipiste der Welt (mit Nachtbeleuchtung) bei Ushuaia/Feuerland. Details siehe dort!

FISCHEN: 4 große Regionen, – die Flüsse Nordwestargentiniens, reich an "dorado" (Saison Juli bis Okt.), – das Seengebiet um Bariloche (vorallem Forellen, unter anderem riesige Prachtsexemplare, Saison 15. Nov. bis 15. April), – Patagonien/Feuerland (Jan. bis Febr.) und die Atlantikküste / Mar del Plata bis Bahia Blanca("merluza", beste Monate Sept., hauptsächlich aber Oktober). Für das Fischen in den Nationalparks ist Genehmigung der Parkverwaltung einzuholen, die auch Tips für die besten Stellen gibt.

BOTSCHAFTEN / KONSULATE:

PA = Postanschrift, – casilla = Postfach

BRD in Argentinien:

BUENOS AIRES: (Botschaft), Villanueva 1o55 (PA: Casilla 2979),Tel.: 771 5o45
CORDOBA: (Konsulat), Calle Ambrosio Olmos 5o1, (PA: Casilla 283), Tel.: 625 65
EL DORADO: (Konsulat), Av. General San Martin 3991. Tel.: 23 5o
MENDOZA: (Konsulat), Calle Montevideo 127, 1 Stock, Tel.: 242 539
POSADAS: (Konsulat), Hungria 141
RESISTENCIA: (Konsulat), Saavedra 185, Tel.: 222 69
ROSARIO: (Konsulat) Cordoba 1437 (PA: Casilla 225), Tel.: 665 46
SALTA: (Konsulat), Espana 671, Tel.: 22o 916
SAN CARLOS DE BARILOCHE: (Konsulat), F.P. Moreno 19 Tel.: 222 o5
TUCUMAN: (Konsulat), Rivadavia 1o5, Oficina 311, (PA: Casilla 1o9), Tel.: 263 21
SANTA FE: (Konsulat), Tucuman 3828, Tel.: 4o2 25

SCHWEIZ in Argentinien:

BUENOS AIRES: (Botschaft), Av. Sta. Fe 846, 12 Stock, Tel.: 311 64 91 - 95

ÖSTERREICH in Argentinien:

BUENOS AIRES: (Botschaft), Calle French 3671, Tel.: 8o2 71 95 /8o2 7o 96

Argentinien in BRD: Adenauerallee 5o - 52, 53oo Bonn 1, Tel.: (o228) – 222 o11
KONSULATE in Hamburg, Düsseldorf, Frankfurt und München.
Argentinien in Österreich: Goldschmiedgasse 2/1 Stock, 1o1o Wien, Tel: 635 17
Argentinien in der Schweiz: Jungfrsustr. 1, 3oo5 Bern, Tel.: (o31) – 443 565
KONSULAT in Zürich.

CHILE–SCHNELLFINDER:

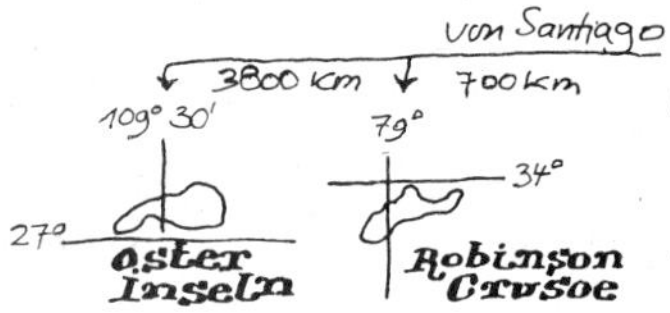

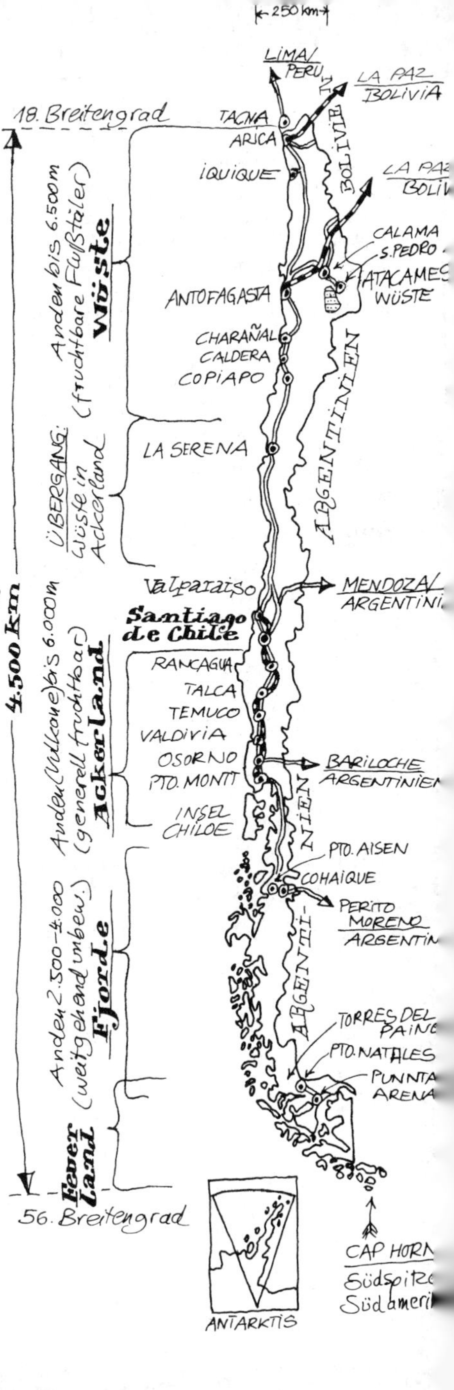

4.5oo km- Schlauch von der peruanischen Grenze bis runter nach Feuerland, – oft nur 2oo bis 25o km breit! Schade, wer Chile ausklammert, weils so abgelegen ist.

An landschaftlicher Schönheit und Natur eines der großartigsten Länder Südamerikas! Endlose Sand- und Steinwüsten im Norden, Vulkangebiete bis zu 7.ooo m, mit Geysiren und Salzlagunen. Bei Calama die größte Kupfermine der Welt (Chuquicamata), ein gigantischer Trichter, derzeit 47o m tief in die Wüste runtergegraben. Kann besichtigt werden.– Abenteuertrips in Wildwest- Eisenbahnen durch die Wüste rauf zwischen den Andengipfeln nach La Paz/Bolivia!

Bei SANTIAGO DE CHILE (Hauptstadt), oben in den Anden in Portillo wichtigstes Sommerskigebiet der Welt, wo die Weltelite trainiert; – in den Tälern bei Santiago die besten Weine des Kontinents!

Zwischen Santiago de Chile und Pto. Montt, dem Endpunkt der Panamericana: reiches und fruchtbares Bauernland. Dichte Vegetation und Wildwasserfahrten auf dem Bio Bio (die besten Whitewaters im Süden des Kontinents!) – Im Bereich Valdivia/Osorno/Pto. Montt: Seenkette unterhalb der schneebedeckten Andenvulkane. Landschaftlich definitiv ein Leckerbissen, besonders die Trips rüber nach Argentinien!

Südlich von PTO. MONTT: Fjordlandschaft mit Gletschern ins Meer. Per Boot gehts durch, zwischen Tausenden von Inseln und durch die Einsamkeit Patagoniens, in 4 Tagen runter nach PUNTA ARENAS. (Wer kein Boot erwischt: Flug Pto. Montt – Pto. Arenas bei klarem Wetter ähnlich faszinierend; über schneebedeckte Andenketten, tiefeingeschnittene Fjorde, Gletscherlagunen und den tiefblauen Lago Cral. Carrera).

PUNTA ARENAS ist Ausgangspunkt für Trips in den Süden Feuerlands (z.B. Ushuaia, mit Anschluß an innerargentinische Flüge rauf nach Buenos Aires). Sehr lohnend auch: Cesna in Pta. Arenas chartern und um's Cap

Horn nach Pto. Williams zu fliegen. Fantastische Landschaften und Flug knapp unterhalb der Wolkenbänke über der Südspitze des Kontinents!

Bus ab Pta. Arenas rauf nach Pto. Natales: einmal Bootstrip auf dem Fjord Ultima Esperanza zum Balmaceda- Gletscher, – zum anderen ab Pto. Natales in den TORRES DEL PAINE- NATIONALPARK, – beides für mich mit Abstand die schönsten Landschaftserlebnisse im Süden des Kontinents!

CHILE–EXTRABONBONS sind die OSTERINSELN, rund 3.8oo km vor der Küste im Pazifik auf dem Weg in die Südsee. Mit ihren riesigen Steinfiguren. – Und die Robinson Crusoe- Insel SAN FERNANDEZ. Per Flugzeug mit der "Taxpa" ab Santiago zu erreichen. Wohl Trip zu einer der abgelegensten Inseln innerhalb von Südamerika- Reisen. Um die Insel intensiver Langustenfang und entsprechende Leckerbissen abends in den wenigen Hotels des Eilandes!! –

EINREISE:

Reisepass

Deutsche, Österreicher, Schweizer benötigen einen gültigen Reisepass. An der Grenze gibts eine TARJETA DE TURISMO, die für max. 9o Tage gilt. Kann verlängert werden.

WÄHRUNG:

chilenischer Peso

Gegenüber dem offiziellen Wechselkurs in Banken gibts derzeit in Santiago de Chile / Agustinas/Ecke Paseo Ahumada bei schwarzwechselnden Straßenhändlern geringfügig mehr gegen US- Dollar in Cash. Achtung, Situation kann sich ändern, – z.B. verschärfte Überwachung. – Auf dem Land schwarz ist schwierig. US- Dollar in Banken dagegen in der Regel problemlos. Außerhalb der Geschäftszeiten Wechselmöglichkeit in Hotels oder größeren Restaurants.

KARTEN/LITERATUR ZU CHILE:

Derzeit bestes Karten- und Infomaterial wohl von der "Bancosorno". Hervo ragend in Detailgetreue und Genauigkeit. Empfohlen zugleich vom Automo bilclub Chiles. Es gibt eine Übersichtskarte über ganz Chile, – sowie excellente Detailhefte (inkl. mit Landschafts- und Übernachtungstips sowie Stadtplänen) zu der Region * Valdivia–Temuco, – * Pto. Montt – Osorno – * Litoral Central , – * Umgebung Santiago de Chile. Der Ausbau der Reihe ist geplant.

Das andere Kartenwerk stammt von "Inupal" und deckt ganz Chile ab, inklusiv detailierter Stadtpläne. – Gut auch der handliche, in Plastik gebundene Kurzführer "Guia Turistica y Caminera de Chile" mit Landkarten, jeder Menge Stadtplänen und Text + Vierfarbfotos zu den Regionen.

Alle genannten Publikationen sind außerhalb Santiago de Chiles oft schwierig zu bekommen. Wer in Santiago selber Probleme hat, wendet sich an das Tourist Office. – Landkarten: Instituto Geographico Militar/Santiago de Chile, O' Higgins 24o (Metrostation U. de Chile).

CHILENISCHE SOMMERZEIT: Achtung, ab 2. Woche Oktober bis 2. Woche März: + 1 Stunde!

Verbindungen nach Chile

Für Europa ist CHILE das am weitest abgelegene Land Südamerikas. Ein Normalflugticket kostet retour um die 7.000 DM! Es geht aber auch erheblich billiger!

1) Lufthansa hat z.B. in ihren excellent gewarteten Maschinen nach Südamerika einen sogenannten "Point to Point"- Tarif, der bei knapp 4.000 DM liegt Nur via Buenos Aires und ohne Zwischenstop! Billiger ist der sogenannte "Holiday Tarif", gültig 3 Monate, keine Umänderung, kein Zwischenstop, ca. 3.000 DM retour ab Frankfurt.

2) BILLIGER: "Air France" ab Paris nach Lima/Peru. Kostet je nach Jahreszeit in den Jumbo- Linienmaschinen ca. 2.000 DM retour, gültig 2 Monate.

Keine schlechte Idee, wer nur 2 Monate Zeit hat und Anden + Amazonasfeeling/Peru mit den großartigen Landschaften Chiles verbinden will: zunächst mit dem "Faucett" oder "Aero Peru"- Airpass in Peru. 180 US $ (per limitiertem Coupon) oder 250 US unlimitiert (60 Tg. gültig). Dann mit den "Lan Chile - Pass"(21 Tage gültig) innerhalb Chiles. Preis liegt zwischen ca. 250 und 450 US $ (je nachdem, ob Osterinseln inkl. sind), wobei man in jedem Fall bis runter nach Feuerland zur Südspitze Südamerikas kommt. Details siehe "Inlandsflüge/Chile"!

WER mehr Zeit braucht, hat andere billige Flüge nach Lima im Dreh 2 - 2.500 DM retour ab Europa, die 3 oder mehr Monate gültig sind.

ANSCHLUSS zwischen beiden Tickets ist z.B. Tacna/Peru—Bus nach Arica/Chile. Oder z.B. von Lima/Peru via Cusco und Lago Titicaca nach Bolivien und Einstieg nach Chile via Arica oder Antofagasta per Zug; landschaftlich in Andenüberquerung ungemein lohnend. Alle Details siehe Text!

Oder ab Lima/Peru Direktflug nach Tacna (= 80 US $) oder Bus an die Grenze von Chile. Details siehe Peru.

Der andere, preisgünstige Chile- Einstieg geht via ARGENTINIEN (Transatlantikflüge ab Europa zwischen ca. 2.300 und 3.000 DM retour nach Bs. Aires. Hier das 30 Tage Ticket der Aerolineas Argentinas anschließen, das zu beliebigen Flügen innerhalb Argentiniens der betreffenden Airline berechtigt (Details siehe Argentinien!). Vorteil des A.A.- Tickets, daß man riesige Distanzen für runde 300 US $ zurücklegen kann, und zwar bis Foz de Iguazu (Wasserfälle an der brasil. Grenze), sowie nahe der Südgrenze von Bolivien (Salta), aber auch nach Mendoza (nähe Santiago de Chile), – Bariloche (nähe Pto. Montt) und Feuerland.

WER SICH z.B. das günstige A.A.- Rundflugticket kauft, könnte zunächst Argentinien abfliegen, inkl. Abstecher nach Brasil und Bolivia. Und anschließend noch innerhalb der 30 Tage Gültigkeit bis runter nach Feuerland/Ushuaia fliegen. Dort dann per Bus nach Punta Arenas/Chile und weiter per Schiff durch die Fjorde oder Lan Chile Flug nach Pto. Montt. Zug bis Santiago und per Bus/Zug retour (preisgünstig) nach Buenos Aires.

Welche Routenkombination preislich die billigste ist, hängt letztlich von den Punkten ab, die man im südlichen Südamerika besuchen möchte! Im Normalfall ist die Variante über Lima billiger, da sie im Transatlantikflug runde 1.000 DM gegenüber Buenos Aires einspart.

TIP: im Handel einiger BRD- Reisebüros sollen angeblich Preise ab Europa retour nach Santiago de Chile für ca. 2.400 DM möglich sein. Abchecken!

★ **INLANDSFLÜGE CHILE:** sind kräftig teuer. Arica an der Nordgrenze Chiles zu Peru nach Santiago ca. 1o5 US $ und runter nach Feuerland in etwa nochmal so viel. Von daher und wegen den größen Nord-Süd Entfernungen in jedem Fall lohnend die Chile- Rundflugtickets, erhältlich ausserhalb des Landes und für Ausländer:

Kostenpunkt: bei einer Gültigkeit von 21 Tagen kostet der kleine Airpass 269 US $ und gilt auf den Inlandsrouten ohne Cohaique (+ ca. 4o US $) und ohne Osterinseln (+ ca. 2oo US $). Keine Stadt darf 2 mal besucht werden, außer Santiago de Chile.

Diesen sogenannten "VISIT CHILE PASS" gibt es sowohl von der LAN CHILE, – alsauch der LADECO. Auf der Festlandroute bringt die Ladeco zwar im chilen. Seengebiet zusätzlich Temuco, Valdivia und Osorno. Allerdings liegen diese Orne nah zusammen und wer das Seengebiet bereist, wird dies sowieso Überland per Bus oder Mietwagen machen, sodaß dieses Plus der Ladeco unterm Strich nicht elementar ist. Der Airpass in seiner kleinen Version kostet bei beiden Airlines das selbe.

Den großen Airpass (inkl. Osterinseln)gibts nur bei der Lan Chile; vom Preis her ein heißer Tip. Zudem hat Lan Chile in Hamburg (Gänsemarkt 23, Tel.: (o3o)–345341) ein Büro. Den Airpass, egal ob in kleiner oder großer Version muß man vorab und ausserhalb Chiles kaufen. Man erhält ein sogenanntes "MCO- Ticket", welches in Chile selber dann in die einzelnen Flug- Coupons umgetauscht wird. Flugtermine sind frei wählbar und können per "o.K." im Ticket reserviert werden. Wer das Ticket nicht in Santiago beginnt (sondern z.B. in Arica/Grenze Peru), sollte sich vorab bereits die einzelnen Flug- Coupons in Deutschland ausstellen lassen. Siehe auch Seite 1524

★ **HOTELS IN CHILE:** vorab, es gibt derzeit keine Kontrolle und Genehmigung der Hotelpreise durch das chilenische Ministerium. Jeder Hotelbesitzer kann seinen Übernachtungspreis gemäß Angebot und Nachfrage selber bestimmen. Entsprechend kann man derzeit auch als Gast handeln.

Wir geben die Mittelwerte an. Änderung dieser Bestimmung, die absolutes Unikum in Südamerika ist, steht zu erwarten.

ZEITVERSCHIEBUNG: beachten, Sommerzeit in Chile (ab 2. Woche im Oktober bis 2. Woche im März) = + 1 Std.!

Somit ist im Sommer in Chile die selbe Zeit wie in Argentinien; bzw. im Winter: Chile = 12 Uhr, – Argentinien = 13 Uhr.

Verschiebung zu Peru: Sommer/Chile = 12 Uhr, Peru = 13 Uhr
Winter/Chile = 12 Uhr, Peru = 1o Uhr

Nord - Chile:

Rund 1.ooo km Wüste bis LA SERENA, die dort in Kaktussteppe übergeht. Ungemein lohnende Abstecher in die Anden zu Salzseen, Gebieten die bei klarem Wetter eingerahmt sind von einer Kette Vulkangipfel, – Abenteuertrips mit alten Eisenbahnen rüber nach Bolivia, sowie schöne Küstenstrecken bis Santiago de Chile.

★ **ARICA:** ca. 4 m / 13o.ooo E.

Grenzstadt zu Peru in totaler Wüste am Meer. Für die Chilenen der wichtigste Badeort bei den wärmsten Temperaturen des Landes. Liegen zwischen 18° C im August und 26° C in den Monaten Jan. und Febr., wo das Meer Temperaturen um die 20° C erreicht. Weiterer Anreiz für die Chilenen ist die Freihandelszone von Arica (für Südamerika- Verhältnisse günstige TV's und Hifi Anlagen etc.), sowie das Spielcasino.

Für Gringos ist Arica wichtig als Transitpunkt für Tacna/Peru, sowie auf dem Trip von La Paz/Bolivia runter mit der Eisenbahn nach Arica.

Stadt in sauberem und kompakten Schachbrett, die sich zwischen Hafen, Bahnhof der Arica–La Paz Strecke und dem EL MORRO erstreckt. Einige Palmenavenidas und mehrere gute Fischrestaurants an der Hafenpromenade unterhalb des El Morro, wo auch die besten Strände liegen.

Tourist INFO Prat 375, 2. Stock. Etwa 1/2 Block von der Hauptplaza von Arica entfernt (mit der Eifel- Kirche!). Leute sind relativ aktiv auch bezüglich Infos zu näherer Umgebung. Tel. 321o1

Post: Correo y Telegrafos (=Telegramm): Bolivar 459, – **Telefon:** "Cia. Telef. de Chile": Serrano 62o, – "Entel Chile": Tarapaca 44o

Hotels: Achtung, während der Sommermonate (ab Dez./Weihnachten bis ca. Anf. März) sind viele der mittleren bis besseren Hotels oft ausgebucht! Notfalls rüber nach Tacna/Peru. Preisniveau derzeit auf beiden Seiten in etwa gleich.

"Arica Sun", im Ort, unterhalb des El Morro- Felsklotzes, am Strand. Doppel kostet um die 3o US $ mit Privatbad und Farb- TV. Das Hotel hat eigenen SW- Pool. Av. Costanera Sur/Playa El Laucho, im Bereich der Arica- Strandrestaurants.

"El Paso" im Ort, Gral. Velasquez 11o9, neben dem Spielcasino. Hat uns besser gefallen: herrlich im Garten gelegene Bungalows. Doppel kostet knapp 3o US.

"Azapa Inn", das 3. der besten Hotels von Arica. Guillermo Sanchez s./n. , ca. 1o km außerhalb im fruchtbaren und grünen Tal Azapa. Luxuriöse Bungalows in Parkanlage mit SW- Pool. Wohl derzeit die beste Wahl, allerdings eigenes Auto oder Taxi nötig. Doppel um 3o US. Nur wenig Zimmer und während der Sommersaison fast mit Garantie voll.

"Hotel Lynch" ist gute Mittelklasse. Im Ortszentrum von Arica gelegen. Mehrstöckiges Haus, die Zimmer mit Privatbad, um 13 US. Patricio Lynch 589.

Ähnlich das "San Marcos" (Sotomayor 367) im Ortszentrum. Privatbad, Telefon, ca. 13 US $. Und das "Hotel King" (Colon 32o, Ecke 21 de Mayo), Zimmer mit Tel. und oft Meeresblick. Doppel um 14 US $.

"Hotel Savona" (Yungay 38o/Centro), Doppel ca. 14 US mit Tel., AC. und Privatbad.– "Diego Almagro" Sotomayor 49o bringt zusätzlich Farb- TV im Zimmer und ist bei Handeln außerhalb der Saison zu 2o % Rabatt bereit. Diesen Führer vorzeigen!

Bei diesen Hotels nicht nur vorab Preis (wie generell in Chile) vereinbaren, sondern auch abchecken, ob das "desayuno" (Frühstück) im Übernachtungspreis inkl. ist. Während der Saison (Weihnachten bis Anf. März) oft + 3o %, wenn das Hotel voll ist. Dann ist in dieser Klasse das "Hotel de Turistas" von Tacna/Peru wohl die bessere Wahl. Zwar etwas verwohnt, aber Ambiente, – auch im Garten, wo sich am Wochenende die Stadt trifft.

BILLIGHOTELS/ARICA: kosten um 3 - 6 US $, oft Löcher. Mehrere in der Maipu, 3 Blocks vom Bahnhof und Tourist Office entfernt, – sowie mehrere beim Busterminal. Bessere Qualität bei Preisen 6 - 8 US fürs Doppel sind "Madrid" (Baquedano 685), – "Leiva" (Colon 347), – "Chong" (21 de Mayo 186) und "Bio Bio" (21 de Mayo 66o), alle im Centro.

Den Tip (gelesen in einem deutschen Führer), den Schlafsack am Strand unterhalb des Morro- Felsklotzes auszurollen, – möchte ich nicht unbedingt weiterempfehlen. Einmal ist der Strandbereich zu übersichtlich und von der Av. Costañera Sur gut einzusehen, Zum anderen nicht nur Polizei- Störungen, sondern auch Lärm der Straße . . .

Restaurants: die besagte Av. Costañera unterhalb des Morro hat eine Reihe guter Strandrestaurants. Hier die besten Fischgerichte, teils in zum Meer offenen Hütten,– teils in gemauerten Restaurants. Macht Spaß und ist großes Plus gegenüber Tacna/Peru!

Im Centro/Bereich Bahnhof & Hauptplaza mehrere billige, u.a. auch Chinesen. – Als bestes von Arica: "Azapa Inn" (gleichnamiges Hotel im Azapa-Tal), – Excellent für Fischgerichte das "Aquarius" nähe Bahnhof am Fischerhafen (Maximo Lira), Preise mittel. – "Casino Español", Paseo Bolognesi und "Casino 1a Cia. Bomberos" der örtlichen Feuerwehr, Colon 357 im Centro.Billige Preise und recht gutes Essen.

Gute Parrilladas (Fleisch auf Holzkohlegrill) im "Tambo"/Poblado Artesanal, Hualles 2825, auch Spezialitäten der Region und tropische Früchte wie Guayabas und Mango zum Nachtisch. Preise mittel. "Aurelio" (21 de Mayo 459), ital. Küche, gute Mariscos.

Autovermietung: (interessant für Trips ins Landesinnere, z.B. rauf in die Region der Andenvulkane und Lagunen bei der bolivianischen Grenze. Gibt zwar auch Busse, aber mit eigenem Auto ist man unabhängiger! Die Preise sind allerdings gesalzen! Es gibt weder Hertz noch Avis, – nur "Allen Rent a Car"/Velasquez 75o nähe Fischereihafen im Centro. Vergaser rechtzeitig umstellen lassen, wer rauf zum Lauca Nat. Park will!

(* pro Tag ca. 35US$ + km-Geld)

SEHENSWERTES ARICA: Hauptgeschäftsstraße ist die 21 de Mayo ab Bahnhof, der eine schöne Plaza mit Palmen besitzt. Geht über in die Plaza Colon mit der San Marcos Kirche. Wurde 1868 gebaut und kam in vorfabrizierten Eisenteilen von England über Atlantik und Pazifik nach Arica. Konstrukteur: Gustav Eiffel, der sich vielfältig in Südamerika betätigte, so auch in Iquitos/Peru. Der spätere Baumeister des berühmten Eiffelturms von Paris. – San Marcos dagegen ist an architektonischer Ästetik nicht gerade mein Geschmack . . .

Markantestes Wahrzeichen der Stadt ist der Morro- Felsklotz, der fast senkrecht 15o m übers Meer aufsteigt. Galt zur Zeit des Salpeterkrieges (1879-1883, Details siehe "Atacames- Wüste"!) als uneinnehmbare Festung. Von oben schöner Blick über Arica und seine Strände. Aufstieg entweder zu Fuß ab Ende der Colon, – oder mit PKW heute über die Sotomayor zu erreichen. Oben Museum.

"Museo Arqueologico Sn. Miguel Azapa" beim Azapa- Hotel. Sachen von der Camarones- Fundstelle, ca. 15 km außerhalb der Stadt im Azapa-Tal. Sehr klein, aber von ästhetischem Gesichtspunkt sehr schöne Keramikarbeiten, Textilien, sowie einige Totenschädel noch halb in Kleider eingepackt. Zugleich schönes Tal, ringsum Wüste, in der Mitte grün, Bäume. An Flair wie Provence. Viele Ferienhäuser, sowie das Bungalow- Hotel Azapo. Mikrobusverbindung ab Arica/ Av. Chacabuco Ecke Gallo.

ARICA ist heute wichtigster Exporthafen für Bolivien, da nächstgelegener Hafen und EISENBAHNVERBINDUNG La Paz – Arica.

★ **La Paz →→ Arica:** das 45o km lange Gleis von Meereshöhe/Arica, rauf in 4.256 m Höhe überwindet den steilsten Streckenanstieg per Zahnrad. Angelegt Ende des vergangenen Jahrhunderts, nachdem Bolivien den Salpeterkrieg gegen Chile verloren hatte und sich im Friedensvertrag von 1884 den Bau des Gleises zu chilenischen Kosten aushandelte, um hiermit Zugang zum Meer zu erhalten. Fertiggestellt 1913

Der Normalzug braucht runde 2o Std. Mit von der Partie sind Wildwest Waggons, die keine Heizung haben (nachts eisig kalt!!! Sowie kein Restaurantwaggon.) Oben an der Grenze wird in den bolivianischen Zug umgestiegen. Verbindung derzeit 2 mal im Monat. Bolivianische "Tarjeta de Turismo" vorab beim bolivianischen Konsul in Arica besorgen (Ecke Bolognesi mit 21 de Mayo), Passkontrolle oben in Charaña/Bolivia, kurz hinter der Grenze.

Nach neuesten Infos soll ausschließlich nur noch der Schienenbus fahren, 2 mal/Monat, Fahrzeit ca. 20 - 25 Std./12 US $.

STRASSE: zweimal pro- Woche per Bus, ca. 17 Std. bis La Paz/Bolivien und 12 US $. Fahren meist via Lauca- Nationalpark, an der Grenze muß man in den boliv. Bus umsteigen. Fast durchgehend nur Erdpiste, die bei Regen entsprechend länger dauert.

Streckendetails siehe Seite 1395

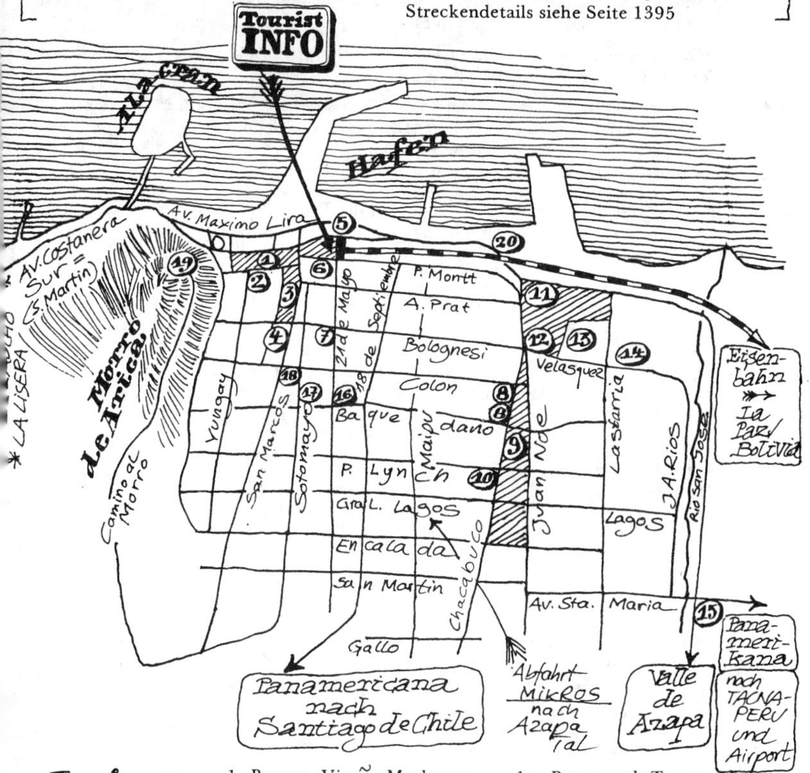

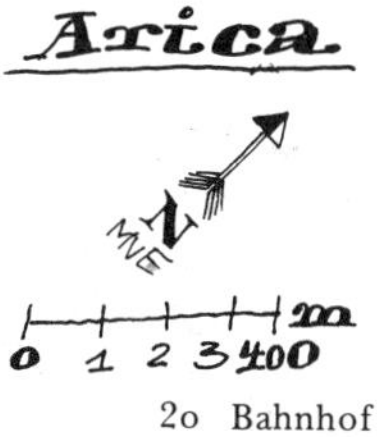

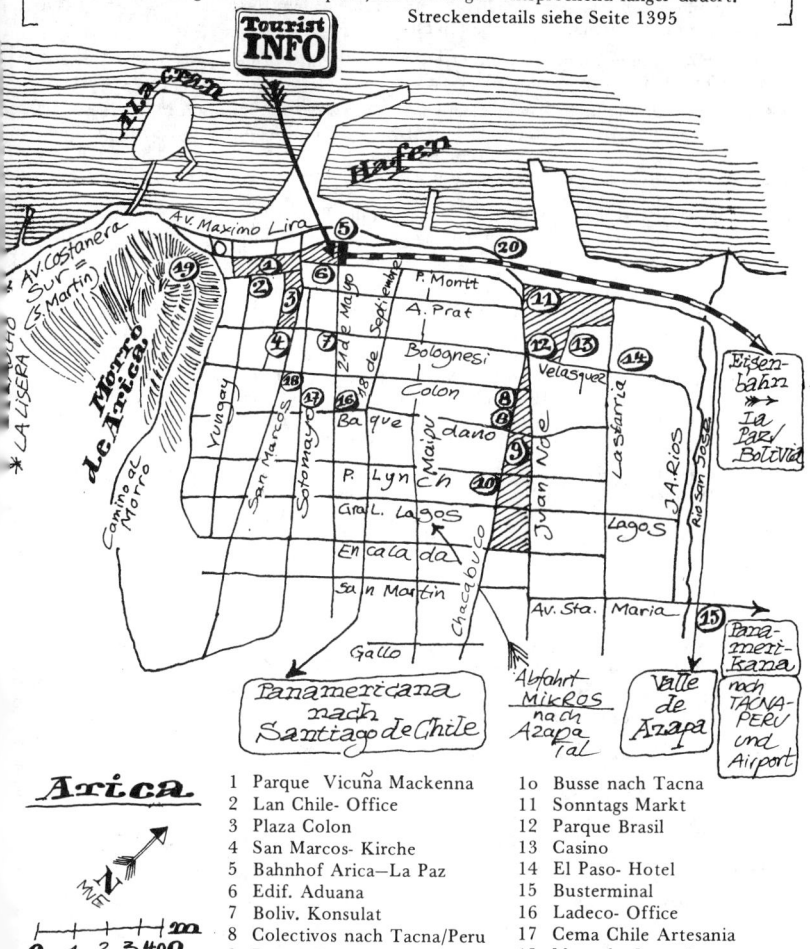

1 Parque Vicuña Mackenna
2 Lan Chile- Office
3 Plaza Colon
4 San Marcos- Kirche
5 Bahnhof Arica–La Paz
6 Edif. Aduana
7 Boliv. Konsulat
8 Colectivos nach Tacna/Peru
9 Parque Ibanez
2o Bahnhof für Strecke Arica – Tacna/Peru
1o Busse nach Tacna
11 Sonntags Markt
12 Parque Brasil
13 Casino
14 El Paso- Hotel
15 Busterminal
16 Ladeco- Office
17 Cema Chile Artesania
18 Mercado Central
19 Museum El Morro

FLUG: bei klarem Wetter großartige Sache! Zwischen 6.3oo m hohen Vulkanen rauf nach La Paz/Bolivia. Die Lan Chile fliegt 2 mal/Woche (ca. 85 US $ einfach bzw. 13o US $ retour, 3o Tg. gültig, Flugzeit ca. 3o Min.)

★ **Arica ⟫→ Tacna/Peru:** 55 km durch die Wüste landein. Während Arica am Meer liegt, ist Tacna in der nächsten größeren Flußoase in rund 5oo m Höhe. Gibt 3 Möglichkeiten:

– Bus, tägl. häufig ab Arica/Chacabuco Ecke P. Lynch. Ca. 4o Min. + Grenzformalitäten bis Tacna (5 US $).

– Colectivo: täglich häufig ab Arica/Chacabuco Ecke Colon und Baquedano. Brauchen ca. 3o Min./1o US bis Tacna. Abfahrt, sobald das Taxi voll ist; oft alle 5 Min.!

– Eisenbahn: 3 mal täglich ein Autoferro- Schienenbus, der rund 1 1/2 Std. braucht, allerdings mit rund 4 US die billigste Variante ist.

Wer den Zug nimmt, muß sich vorher im peruanischen Konsulat/Arica (Ecke Yungay mit Colon) den Einreisestempel für Peru besorgen, wobei das Zugticket vorzulegen ist.

Achtung: nicht alle Busse und Colectivos halten an der Grenzstation in der Wüste zwischen Tacna und Arica. Vorab abklären! Gringos, die nicht mit dem Zug fahren, müssen die Grenzpapiere (also chil. Ausreisestempel und peruanischen Einreisestempel) an der Grenzstation in der Wüste machen! Gilt auch für Leute mit eigenem PKW.

★ **Airport Arica:** liegt rund 1o km nördlich an der Panamericana nach Peru nähe Grenze. Mehrmals täglich Jets runter nach Santiago de Chile, teils mit Stop in Iquique, Antofagasta und Calama (Ladeco). Details siehe Kapitel "Arica–Santiago"!

Santiago de Chile – Lima/Peru: kostet für den rund 3 stündigen Direktflug ca. 27o US (in Gegenrichtung ab Lima sogar runde 32o US wegen den 21 % Flugtax in Peru!). Erheblich Geld sparen kann man sich, wenn man zunächst einen Inlandsflug Santiago nach Arica (ca. 1o5 US) nimmt, dort für rund 1o US mit dem Taxi die 3o km rüber zum Airport Tacna/Peru und Inlandsmaschine (Aeroperu, ca. 9o US nach Lima). Somit je nach Flugrichtung 6o bis 12o US $ gespart. Sehr beliebt auch bei peruanischen wie chilenischen Geschäftsleuten! – Sowohl Lan Chile in Lima, wie auch Aeroperu in Santiago haben Büros, wo man vorreservieren kann.

Noch interessanter wird Arica als Sprungbrett und Verknüpfung ziwschen dem chilenischen 21- Tage Rundflugticket mit dem peruanischen! Für rund 5oo US $ kann man damit in knapp 2 Monaten ein Flugnetz von ca. 2o.ooo km benutzen, in einer Region, die sich von Feuerland bis rauf an die Südgrenze Ecuadors erstreckt! Alle Details siehe "Fliegen in Südamerika" im Einleitungsteil dieses Buches!

Ähnlich interessant ist die Verknüpfung des chilenischen mit dem bolivianischen Rundflugticket (wieder via ARICA, Bus oder Zug nach La Paz/Bolivien).

INTERNAT. VERBINDUNGEN: 2 mal/Woche Arica – La Paz mit Lan Chile, 85 US $, 1 mal/Woche Arica – Bogota/Kolumbien mit Ladeco (ca. 45o US $).

AIRPORT ARICA ins Centro: "Airbus" der Lan Chile zu deren An- und Abflügen, gratis. Ansonsten nur Taxis (ca. 5 US $).

★ **Busterminal Arica für die Fernverbindungen:** siehe Arica- Karte Nr. 15. Alle Details zu Verbindungen siehe Kapitel "Arica – Santiago de Chile"!

BADEN die besten Strände liegen südlich des Morro, bzw. unterhalb: * EL LAUCHO und * LA LISERA, feiner Sand, schattenlos. Der Lisera- Strand ist eine fast geschlossene Minibucht. Felsen am Eingang brechen das Meer, und somit quasi natürlicher Pool, in dem das Wasser sich in den Sommermonaten mehr aufwärmen kann, als im offenen Meer. Mehrere Restaurants und das "Arica- Hotel". – Der sich anschlie sende * PLAYA BRAVA wie der Name schon sagt: mit wilden Wellen. Teils feiner Sand, teils Felsen. – Während der Sommermonate fährt ab Hauptplaza/Arica ein sogenanntes "Costanera"- Mikro zu den Stränden.

Im Norden, etwa Höhe Calle Las Dunas der * CHINCHORRO- Strand, zum Baden weniger gut wegen seiner Lage im Stadtbereich, aber mehrere Restaurants, sowie ein Swimming Pool und im Sommer jede Menge Betrieb.

KUNSTGEWERBE: gut ist "Cema" (Centro de Madres"), das vom chilenischen Staat eingerichtet wurde, um weniger verdienenden Müttern durch Kunsthandwerksarbeiten Zusatzverdienst zu verschaffen. Ecke Baquedano mit Sotomayor.

Umgebung Arica:

1) AZAPA – TAL : Flußoase in der Wüste bei Arica. 2 - 3 km breit und rund 4o km lang. Olivengärten, sowie Archäol. Museum beim Azapata- Hotel. Details siehe Arica! –

2) LAUCA- NATIONALPARK: chilenische Altiplanoregion oben in 4 - 5.ooo Meter Höhe im Dreieck an der bolivianisch- peruanischen Grenze. Total einsame Landschaften, kahl und umstanden von den schneebedeckten Vulkangipfeln, die bis zu 6.3oo m erreichen! Fantastisch, wenn die Wolken knapp überm Land entlangstreichen.

2 Guiness- Weltrekorde: der Lago Chungara unterhalb der Vulkane Parinacota und Pomerape (6.32o m) gilt als höchster See der Welt mit 4.538 m,– und der Vulkan Guallatire gilt mit 6.o6o m als der höchste, aktive Vulkan der Welt. Beide liegen an der Straße Arica – Tambo Quemado/Grenze zu Bolivien, der wichtigsten Transanden- Verbindung ab Küste Nordchiles. Siehe auch Karte nächste Seite! –

PARKSERVICE: das Hauptbüro ist unten in Arica/Maipu 333 ("CONAF" = Cooperacion Forestal"). Die Verwaltung liegt oben im Ort Putre. – Beste Monate für die freieste Sicht (aber keine Garantie!) sind die Monate Mai bis Dez.! – Die Temperaturen liegen zwischen 1o - 15° C am Tag und fallen nachts unter Null bis zu minus 7° C!

TRANSPORT: Regionalbusse fahren ab Arica bis Putre. Weiter rauf und in den Nat. Park nur der 1 mal/Woche fahrende Bus nach La Paz. Verkehr auf der Straße sehr dünn und daher kaum Chance, zurücktrampen zu können.

Daher: entweder Mietwagen ab Arica, sauteuer. Unterm Strich kommen für 3 Tage und Km- Geld für einen kleinen Daihatsu oder VW- Käfer schnell runde 3oo US $ zusammen. Besser: "Juras Tours"/Arica. Bus fährt, wenn 8 Personen zusammen sind, pro Person ca. 15 US $ für einen Tag retour inkl. Essen.

ÜBERNACHTUNG: im Park in ca. 4.3oo m Höhe möglich bei Parkinfo und billig, ca. 2 US/Person, aber basic und unbedingt warme Sachen mitbringen, Schlafsack etc.!

STRECKE: zunächst ab Arica Ri. Nord/Panamericana 1o km bis zur Abzweigung ins LLUTA- TAL. Tief eingeschnittenes, breites Flußtal. Unten Oase, die Hänge totale Wüste! Die Straße ist rund 1oo km bis rauf nach Socoroma asphaltiert, das in 3.ooo m Höhe liegt. Weiterer Ausbau bis zur boliv. Grenze/Tambo Quemado geplant.

PUTRE: ist wichtigster Ort der Region. Höhe 3.5oo m, sagenhaft grün, mit Kultivierungsflächen an den Andenhängen in Terrassenanbau. Der Ort (ca. 1.5oo E.) wird über eine Serpentinenpiste ab Hauptstraße erreicht,die ins Tal sich runterwindet. Tip ist der Bäcker an der Hauptplaza, der excellente Berliner macht, es gibt Kolonialwarengeschäfte und angeblich auch Basic- Unterkunftsmöglichkeit, jedoch nichts gesehen! Landschaftlich großartige Szenerie unterhalb des schneebedeckten Gipfels des Nevado de Putre (5.825 m). In der Nähe von Putre Steinzeitmalereien (pinturas rupestres de Vilacaurani), die in rostroter Farbe Tiere zeigen. Zeugnis einer Besiedlung der Region vor ca. 1o.ooo Jahren, wie man auch drüben auf der anderen Seite der Grenze in Peru pinturas rupestres (bei Chichilappi und bei Pizacoma, siehe Peru- Teil!) gefunden hat. Leider wurden die Steinzeitmalereien von Vilacaurani durch Ignoranten mit Feuer stark beschädigt.

Von PUTRE kriecht die Straße (derzeit noch Erdpiste) weiter die Berge rauf nach PARINACOTA, Mini- Andennest mit hübschem Kirchlein, weiß gestrichen, Strohdach (Nationalmonument Chiles!). Wir befinden uns in 4.4oo m Höhe, runde 18o km von Arica entfernt, Fahrzeit ab Arica im PKW ca. 3 Std. und daher entsprechende Kreislaufbelastung und meist nicht unerhebliche Soroche (Höhen- Übelkeit), wer auf die Höhe nicht akklimatisiert ist.

Grandiose Szenerie: schneebedeckte Vulkankegel, Hochlandlagunen mit Flamingos und Wildgänsen seitlich der Straße zur boliv. Grenze, die noch ca. 3o km entfernt ist. Der Grenzposten ist ein einsames Steinhaus mit Wellblechdach in rund 4.5oo m Höhe zwischen den Vulkangipfeln. Dort Ausreisestempel, auf der boliv. Seite Einreisestempel (Tambo Quemado). Dieser Grenzübergang ist die Hauptverbindung zwischen Nordchile und La Paz/Bolivien via Straße.

Ab Parinacota Jeep Pisten entlang der boliv. Grenze Ri. Nord nach Visiri (4.o7o m), wo das Eisenbahngleis von Arica die Grenze nach Bolivien überquert, – sowie runter zum SALAR DE SURIRE, einer der Höhepunkte, wer diesen Teil Nordchiles mit eigenem Geländewagen befährt!!

③ GRENZÜBERGANG Visiri/Caraña Ri. La Paz: es existiert zwar eine Piste , die weitgehend parallel des Eisenbahngleises führt, aber auch für Allradfahrzeuge nur sehr schwer zu befahren ist!

④ SALAR DE SURIRE: als Trip fast noch lohnender als der Lauca National Park! Riesiger Salzsee, teils mit spiegelglatter harter Fläche (wie Eis!), – teils mit offenem, salzhaltigen Wasser, wo man bei Glück auch Flamingos sehen kann. Höhe knapp 4.ooo m, Durchmesser an der längsten Stelle ca. 17 km. Bei klarem Wetter flimmert die Luft über der Oberfläche, und am Horizont die Kette der schneebedeckten Vulkankegel.

Nur per Allradfahrzeug zu erreichen, über eine Piste, die Nähe Parinacota Richtung Süden abzweigt und rund 8o km über den Altiplano führt. Am Salzsee gibts zwei Minisiedlungen (Chilcaya und Surire). Beide ohne Unterkunftsmöglichkeit. Regenzeit ist Dez. bis März. Dann kann die Piste auch für Allrad problematisch werden. – Viele Vicuñas in der Gegend.

PROBLEM ist die schwierige Erreichbarkeit. Praktisch nur mit eigenem Fahrzeug und zwar Allrad- Geländefahrzeug und nur außerhalb der Regenzeit zu erreichen.

NORDSPITZE CHILES

Grenzgebiet mit Peru und Bolivia

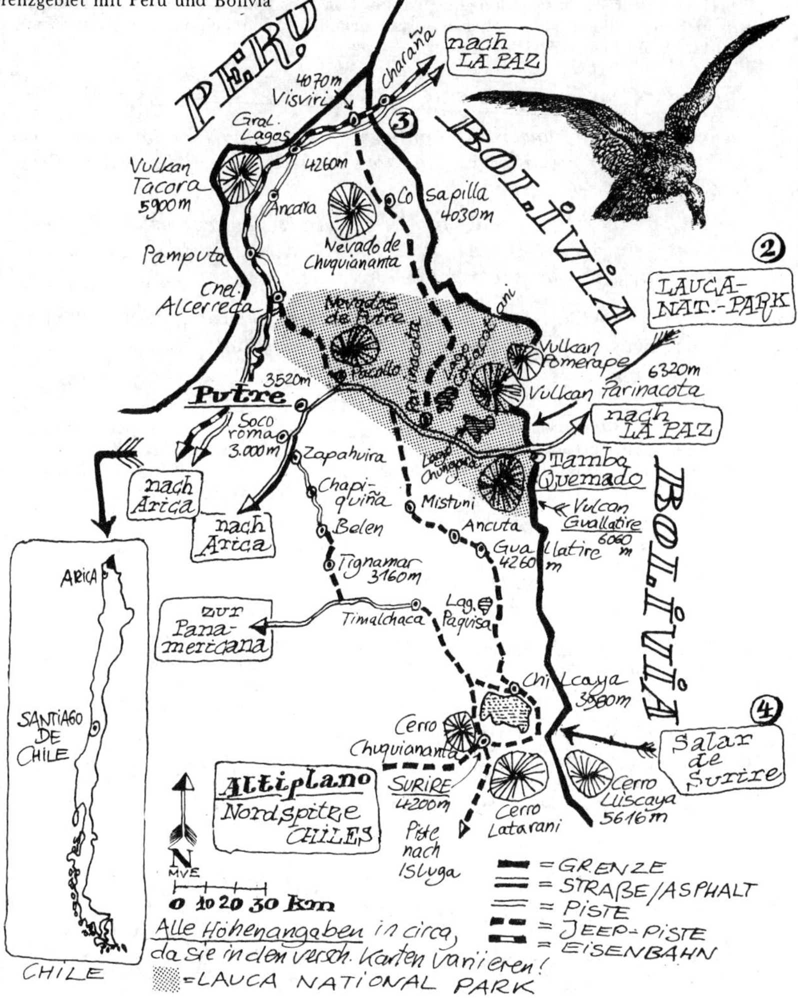

Öffentlichen Transport gibt es per Cargo + Personen- LKW's ab Putre nach Chicaya und Surire, das sind aber Mininester. Daher superseltener Transport und dort auch keine Unterkunftsmöglichkeit.

Per Tour und Geländefahrzeugen zu erreichen mit "VE-Tours"/Santiago, Reservierungen über "Viajes Ecuador Chile Ltda."/Huerfanos 116o, Santiago de Chile. Der landschaftlich großartige 19- Tagetrip kostet um die 1.4oo US $ /Person und führt in abgelegenste Regionen Nordchiles: Arica – Lauca National Park, rüber die Piste zum Salar Surire, weiter entlang der chilen./bolivianischen Grenze zur Atacames Wüste/El Tatio Geysire.

WER ein Geländefahrzeug besitzt, genügend Zeit und Geld, – für den sind die Grenzregionen Nordchile/Bolivien definitiv die lohnensten Einsatzgebiete in Südamerika, die

Fahrer und Fahrzeug bis in Grenzbereiche fordern. Was kein "Off- Road"- Treffen jemals in Europa bieten kann. Auch was landschaftliche Schönheiten, Foto- Motive und Tier- Pflanzenwelt betrifft!! –

Arica → Santiago de Chile:

Gigantische Entfernungen! Bis Santiago de Chile sind's 2.060 km Panamericana, für die der Bus etwa 32 Std. braucht. Wüste, die später bei La Serena in Kaktussteppe übergeht.

Wer knapp mit Zeit ist, sollte in jedem Fall das Flugzeug nehmen. Lohnender Zwischenstop: ANTOFAGASTA mit Abstecher rauf zu den Tatio-Geysiren und zur Chuquicamata- Kupfermine.

★ FLUG: mehrere Maschinen pro Tag ab Arica runter nach Santiago, teils mit Zwischenstop in Iquique an der Küste oder Antofagasta. Kostet bei der "Lan Chile" und "Ladeco" um 1o5 US, Flugzeit im Direktflug 1 1/2 Std. (bei Zwischenstop in Antofagasta, Calama etc. 2 - 3 Std.)

BILLIGER sind die Maschinen der "Aeronor", die die Strecke täglich fliegen, aber jede Menge Zwischenstops unterwegs einlegen und 7 (!) Std. bis Santiago de Chile brauchen. Im Einsatz Fokker Propellermaschinen der Mixto- Version (=Cargo + Passagiere). Preis um 8o US $, der Nachtflug ca. 65 US $. Allerdings läuft nicht viel mit Schlafen, da die Maschine ewig zwischenlandet.

BESSER: das Lan Chile oder Ladeco- Chilerundflugticket, siehe Einleitungsteil/Chile!

★ BUSSE: häufig am Tag. Die 32 Std.- Nonstop kosten zwischen ca. 35 und 5o US $ je nach Bustyp und Komfort bis Santiago de Chile.

EINIGE Busgesellschaften haben sogar Schlafsessel und TV an Bord sowie Bar. Der TV wird vom bordeigenen Videorecorder bedient. Die chilenische Wüste per Nonstop, also beispielsweise abends weg von Arica, die ganze Nacht durch und dann noch einen kompletten Tag und eine weitere halbe Nacht im Bus, – draußen Wüste, Wüste, Wüste und im TV irgend ne' Liebesschnulze: das ist mehr als Frust und Streß!!

Besser legt man per Bus unterwegs einen Zwischenstop ein. Hier bietet sich ANTOFAGASTA an (Ausflug zur Chuquicamata- Kupfermine und zur Atacames Wüste). Eventuell auch COPIAPO wegen dem Museo Mineralogico, wer sich für sowas interessiert.

Bevor man sich das Busticket kauft, sollte man nach Möglichkeit die Busse abchecken und sich dann den bequemsten nehmen. Die paar Dollar mehr bei der Länge der Strekke lohnen sich! Insbesondere, wenn man sich nachts bequemer ausstrecken kann! –

TIP: wer von Bolivia nach Chile will, nimmt sich statt der Verbindung La Paz – Arica besser die Strecke über den Salar Ollagüe – Calama – Antofagasta. Spart nicht nur den eintönigen Wüstentrip von Arica nach Antofagasta, sondern ist landschaftlich erheblich interessanter. Außerdem hat man viele Km auf dem Weg nach Santiago abgekürzt.

★ ZÜGE: auch wenn gewisse Reiseführer (angeblich jährlich aktualisiert) seit rund 1o Jahren immer noch eine Zugverbindung durch die Wüste Nord-Chiles behaupten: es gibt sie nicht mehr! Bus via Panamericana ist schneller

ANGELEGT wurden die Gleise ab Ende/Mitte des vergangenen Jhd's. , als reiche Salpeterschätze in der nordchilenischen Wüste entdeckt und gefördert wurden. Das Gleis begann ab Santiago/Mapocho Bahnhof und führte durch die Wüste rauf bis Iquique und Pisagua (kurz vor Arica).

Bonbon für Eisenbahnfans sind allerdings die Wildwest- Waggons der Jhd.- Wende, die vielfach noch in den stillgelegten Bahnstationen wie z.B. Iquique rumstehen. Dick vom

Wüstenstaub eingepulvert und durch daß trockenheiße Wüstenklima gut konserviert. Tips siehe Text!! –

★ EIGENER PKW: VW- Käfer, VW- Bus oder ein stabiler Japaner sind o.K., allerdings Vorsicht vor den scharfkantigen Löchern im Asphalt, die den Reifen zu sanftem Zisch und Plattfuß provozieren.– Wer Seitentrips macht, ist mit VW oder Japs- Produktion gut bedient, braucht aber für Extremtrips unbedingt Geländefahrzeug. Details siehe Text!

DIE PANAMERICANA ist ab Arica zweispurig, relativ breit und streckenweise über viele Km geradlinig. Über lange Strecken sehr löchrig mit scharfkantigen Provos für den Reifen, wenn der Fahrer pennt.

Tankstellen insbesondere im nördlichen Bereich knapp. Daher immer nachtanken, wenn es eine Estacion Gasolina gibt! Die Fahrzeuge im chilenischen Bereich der Panamericana in wesentlich besserem Zustand als auf der peruanischen Seite bezüglich Beleuchtung. Nachts fahren daher ohne größere Probleme.

Die Straße oft auf 3o oder 4o km ohne Biegung wie mit dem Lineal durch die Wüste gezogen, die aus Sand und Steinen besteht. Wenn dann eine Biegung kommt: Beschilderung. Aber aufpassen: wegen der häufig endlosen und geraden Strecken sind oft Biegungen ausgeschildert, die man bequem mit 8o oder 9o km/h durchfahren kann. Fazit: man gewöhnt sich an die Blechtafeln. Allerdings Supervorsicht, wenn drunter der Zusatz "PELIGRO" (=gefährlich) steht! Dann kommen saftig scharfe Kurven!

An einer Stelle hätten wir fast das zeitliche gesegnet in sanftem Engelsflug raus in einen tiefen Canyon!

Gut für Fahrten in eigenem PKW: eingebauter Cassettenrecorder; wegen der großen Entfernungen zur nächsten Stadt kann man häufig keine Rundfunksendungen empfangen. Musik von Cassette ist angenehm in der Monotonie der Wüste.

Das "Salvo Conducto": abchecken, über lange Jahre war der nächtliche Aufenthalt außerhalb von Häusern zwischen 24 Uhr und 6 Uhr früh verboten, um nächtliche, umstürtzlerische Aktivitäten zu unterbinden. Abklären, wie die Situation derzeit ist. Das "Salvo Conducto" gibts bei der örtlichen Polizeistation und berechtigt, daß man auch nachts oder sonstwo außerhalb der Pana fahren darf. Bei nächtlichen Busfahrten regelt das der Busfahrer.

⇩ = PANAMERICANA
⇨ = ABSTECHER VON DER PANA

Panamericana:

⇩

AB ARICA schnurgerade in die Wüste rein Richtung Süden. Nach etwa 6o km der Cañon des Rio Camarones. Sanfte Hänge, knochenweiße Wüste und unten in 6oo m Tiefe saftig grüne Flußoase. Die Straße führt am Talrand sanft und sehr langsam runter. Besonders schön am späten Nachmittag bei Sonnenuntergang! Andere Seite wieder rauf, Wüste und später mehrere kleinere Canyons. Aber auch eine ganze Reihe von Zollstationen (Betonhaus an der Pana, Polizei, Brettertheken, wo man das Gepäck ausbreiten muß), – als Grenzposten, da sich die riesige und unübersichtliche Grenze oben in den Anden zu Peru und Bolivia nicht kontrollieren lässt.

⇨

ABSTECHER IQUIQUE: die 9o.ooo E. - Stadt am Meer war zur Jahrhundertwende und Salpeterboom wichtigste Stadt im Norden Chiles und Ausfuhrhafen des Salpeters. Heute für den innerchilenischen Tourismus wichtig als Sommerbad und als Duty Free- Zone ersten Ranges. – Ob sich der Abstecher für Gringos lohnt, sei dahingestellt . . .

ABZWEIGUNG von der Pana, 255 km südlich von Arica (ausgeschildert!), rechts ab und weitere 55 km Asphaltstraße bis Iquique. Sehr kurvig durch eine Wüste ohne jeglichen Kakteen- Bewuchs; Sand, Steine. Zollgebäude und dann plötzlicher Steilabsturz, etwa 6oo m! – Die Straße geht seitlich am Felsrand in die Tiefe. Weit unten auf einer Ebene, die ins Meer rausführt: die Häuser von Iquique.

Besonders schön bei Nacht: unten viele Lichter. Ist wie die Landung mit dem Flugzeug, das langsam in die Tiefe gleitet über die Lichter hinweg, bis man auf die Piste aufkommt. Wer im Bus sitzt: unbedingt links!! –

Zentrum von IQUIQUE um die Plaza Prat mit dem 19o3 gebauten "Casino Español" in maurischer Architektur und Demonstration des damaligen Reichtums während der Salpeterzeit, – wie auch das "Teatro Municipal" (1899). Zum Teil gibts in Iquique noch schöne alte Holzbauten aus dieser Zeit, meist aber durch moderne Betonhäuser ersetzt. Die meisten Duty-Free- Shops* in den umliegenden Straßen so der Pinto und Baquedano.

Der Bahnhof (Ecke Vivar mit Sotomayor) der alten Salpeterstrecke: eingewuchert von Pflanzen und verlassen. Kein Personenverkehr mehr, aber eine Handvoll Wildwest- Waggons, sowie eine orginelle Lok&Passagier- Kurzkombi.

Archäolog. Museum vis à vis des Bahnhofs, allerdings nur klein und regionale Funde. – Die besten Strände im Süden beim Airport (Playa Cavancha).

Verbindungen: tägl. viele BUSSE ab Arica nach Iquique, die ca. 5 Std. brauchen, sowie Colectivos (ca. 4 1/2 Std.). Direktbusse nach Santiago de Chile. Busterminal in Iquique: Patricio Lynch, Sector "La Puntilla Norte" nähe Bahnhof, bzw. rund 6 (kleine) Blocks ab Hauptplaza. – STADTTAXIS haben ihren Hauptstand auf der Plaza Prat

FLUG: täglich mit Lan Chile bzw. Ladeco nach Arica (3o Min.) und Santiago de Chile (2 Std., sofern kein weiterer Zwischenstop). Ladeco fliegt derzeit 3 mal/Woche ab Iquique runter nach Antofagasta (45 Min.)

Tourist INFO

Sernatur: in der Pinto Nr. 436 nähe Hauptplaza Prat
Post: Bolivar Nr. 458 – **Telefon:** (ENTEL) in der Tarapaca Nr. 44o.

Hotels: "Hosteria Cavancha" am gleichnamigen Strand beim Airport ist derzeit wohl das teuerste und beste (ca. 7o US $), – bestes Stadthotel "Prat" in der Pinto 695 im Centro, sowie "Hotel Huantajaya" am Playa Primeras Piedras , "Playa Brava", Av. Playa Brava s/n, ca. 4o US. – Mittelklasse: "Eben Ezer", 2a Sur No. 938 und "Phonix" in der Pinto 451, beide ca. 15 US $. Während der Ferienmonate Dez. - März oft Engpässe, da voll.– Im Bereich der Amunategui eine Reihe von Billighotels nahe Mercado (=Amunategui/Ecke Latorre).– Gut und recht sauber ist das "Resid. Nan King" in der Calle Tompson zwischen Vevar und B. Arena.– "Res. Baquedano" in der Baquedano 1315 etwas billiger, um 5 US $.– "Wilson" in der Wilson 422 um 1o US $

Restaurants: "Club Espanol" an der Hauptplaza Prat. Interessante Inneneinrichtung und Architektur aus Jhd.-Wende. Preise mittel.– Sehr gut und billiger haben wir im danebenliegenden "Circulo Italiano" gegessen. Ital. Küche, rel. große Portionen was z.B. Spaghetti betrifft. –Die meisten Strandrestaurants (teils offen, mit Häuschen oder Schirmen) an der Constanera Ri. Airport und Playa Cavancha.– Billigrestaurants um den Mercado/Amunatequi mit Latorre.

Autovermietung: Eventuell interessant, um an die südl. gelegeneren Strände außerhalb von Iquique zu kommen (gibt zwar auch Busse, aber selten). "Allen Rent a Car"Tarapa

* Farbfilme in Iquique billiger, als im übrigen Chile. Allerdings Kostenfrage, ob sich das lohnt per Bus runterzufahren. Besser deckt man sich in Arica ein, da dort kein Abstecher von der Panamericana nötig wird. Achtung: was nicht vorher in eigenem Besitz war, muß oben an dem Zollposten verzollt werden.

ca 44o, – "Iquitur Rent a Car", Tarapaca 465.

Museen: "Museo Regional", Boquedano 93o – "Museo Arqueologico", Serano 579 Funde aus der Region und praecolombianischer Zeit. Beide sind relativ klein und etwas angestaubt. Im "Arqueologico" zusätzlich Relikte aus der Zeit des Salpeterkriegs.

Die PANA läuft rund 4o km landein durch die Wüste. Oben bei der Abzweigung nach Iquique:

POZO ALMONTE, in 1.ooo m Höhe, ein gelbgrau verstaubtes Wüstennest. War um die Jahrhundertwende zur Salpeterzeit das Verwaltungszentrum der Förderung. An der Plaza ein kleines, aber lohnendes Museum. Unter anderem 2 Schreibmaschinen- Exoten mit Rundbogentastatur.

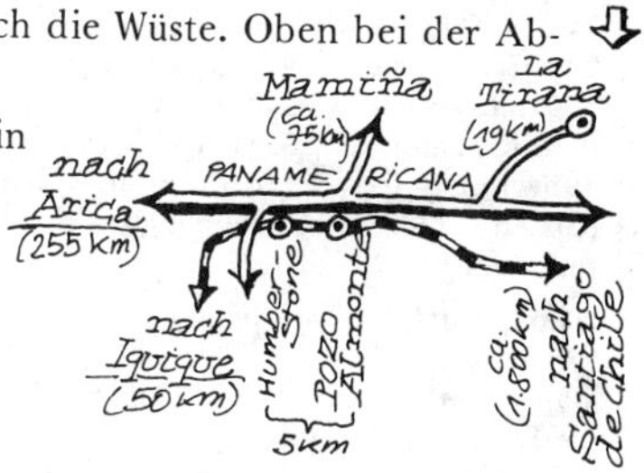

Geschichte: In den Wüstenregionen um Pozo Almonte (aber auch südlich, bei Santa Maria/Höhe Tocopilla–Calama) liegen die reichsten Salpetervorkommen Südamerikas. Diese Vorkommen waren zwar zu Kolonialzeiten bekannt, aber man kannte die Nutzungsmöglichkeiten noch nicht, und Silber aus den Potosi- Minen war für die spanischen Kolonialherren erheblich interessanter.

Auch nach den Unabhängigkeitskriegen und Staatsgründung Perus (1821), – Bolivias (1824) und Chiles (1818) maß man diesen unwirtlichen Wüstenregionen zunächst wenig Bedeutung bei. Allerdings war Antofagasta für Bolivien (als Binnenstaat!) ungemein wichtiger Hafen für Export und Import. Nördlich/Höhe Rio Lao schloß sich Peru an,– südlich, bei Taltal: Chile.

Die Situation änderte sich schlagartig, als Mitte des 19. Jhds. der Deutsche JUSTUS VON LIEBIG die Nutzung des Salpeters als Düngemittel erkannte. Weiterhin kann Salpeter zur Herstellung von Schießpulver und Sprengmittel verwendet werden. Plötzlich wurde die Wüste ungemein interessant, was zwangsläufig zu Streit zwischen diesen drei Ländern führen mußte.

Neben ihrem Abbau von Guano- Naturdünger (vergl. unser Text Paracas/Peru) begannen die Peruaner mit dem Salpeterabbau in der Region Pozo Almonte, – die Bolivianer im Bereich um Maria Elena, – und die Chilenen gründeten die "Compañia Anonima del Salitre* y Ferrocarril de Antofagasta", die mit den Bolivianern einen Vertrag schloß,der die Tätigkeit der Chilenen im Salpeterabbau auf bolivianischem Gebiet genehmigte, – gegen die Zahlung einer prozentualen Vergütung (1873). –

Ein Vertragswerk, das allerdings nicht von der chilenischen Regierung anerkannt werden konnte, da man unterschiedlicher Auffassung des Grenzverlaufes war. – Peru befand sich seit Baubeginn seiner Lima–La Oroya- Eisenbahn 187o in massiven, finanziellen Nöten (eines der teuersten Eisenbahngleise Südamerikas, Details siehe Peru!) und war dringend auf seine Salpetergebiete um Pozo Almonte angewiesen. 1873 schloß Peru mit Bolivia, das durch innenpolitische Wirren wirtschaftlich geschwächt war, – einen gegenseitigen Beistandspakt. – Chile dagegen bestellte sich in England 2 gepanzerte Kriegsschiffe, die "Cochrane" und die "Blanco Encalada", für damalige Zeiten die modernste Waffentechnik!

1879: die Ereignisse überschlagen sich. Im Februar blockiert Chile mit seinen neuen Kriegsschiffen den Hafen von Antofagasta. Bolivien erklärt Chile den Krieg, wird aber ohne größere Probleme von den Chilenen in der Schlacht von Calama besiegt. 3. April: Abbruch der diplomatischen Beziehungen zwischen Chile und Peru. 5. April: chilenische Kriegserklärung an Peru. Beginn des "GUERRA DEL PAZIFICO" (Salpeterkriegs), der härtesten, blutigsten und verlustreichsten Auseinandersetzung an der Westküste Südamerikas. Die Seeschlacht von Iquique endete zunächst zu Ungunsten der Chilenen,

*=Salpeter

die aber kurz darauf nördlich an Land gingen und die Peruaner besiegten. Die wohl härtesten Kämpfe 188o um Arica: der Felsklotz des "Morro" ist peruanische Superfestung, an der viele tausend Soldaten ihr Leben lassen müssen, die aber letztlich am 7. Juni 188o unter massivem Dauerbombardement der Chilenen eingenommen werden kann.

In der Folge drangen die Chilenen bis nach Lima vor, das eingenommen wurde. Am 2o. Okt. 1883 Friedensvertrag mit Peru in Ancon (3o km nördl. von Lima). Peruanischer Verzicht auf seine Gebietsansprüche, bzw. chilenisches Territorium bis rauf nach TACNA (wurde später auf Arica reduziert). – Im Waffenstillstand von 1884/Friedensvertrag 19o4 mit Bolivia verzichtete dieses Land auf seine Region Antofagasta, erhielt aber auf Kosten Chiles das Eisenbahngleis von La Paz nach Arica und das Recht, dort Waren zu verladen.

Damit war Chile im Besitz der reichen Salpeterfelder und ein "Goldenes Zeitalter" begann. Intensiver Ausbau von Eisenbahngleisen ab Santiago de Chile/feudaler Bahnhof Mapocho durch die Wüste rauf, runde 2.4oo km bis Iquique/Pisagua. Damals gehörten die Wüstenstädte- und Siedlungen um die Salpeterabbaustellen, – aber auch die Exporthäfen wie Iquique, Antofagasta und Tocopilla zu den reichsten des Landes. In diesen Wüstenregionen Nordchiles lebten zeitweilig mehr Menschen, als unten im fruchtbaren Süden des Landes. Bis zu 5o % der Staatseinnahmen kamen aus Salpeter bei ständig steigender Weltnachfrage (insbesondere während des 1. Weltkrieges; Schießpulver). Chile erreichte praktisch Monopolstellung.

Eine zugleich verhängnisvolle Entwicklung, denn die Förderung anderer Wirtschaftszweige wurde vernachlässigt. Als 192o wiederrum die Deutschen im ROBERT –BOSCH– VERFAHREN die synthetische Herstellung von Salpeter erfanden, wurde Chile in eine schwere Wirtschaftskrise gestürzt. Zusammenbruch der Wüstenstädte; viele Siedlungen sind heute Geisterstädte . . .

Wer durch die Wüste auf der PANAMERICANA fährt, sieht im Bereich Pozo Almonte (aber auch bei Maria Elena) seitlich Schürfspuren der Salpetergewinnung. Der Chile- Salpeter tritt in Tiefen bis zu 4 m auf, meist vermischt mit Ton, Sand und Salzen. In den SALITERAS wird er herausgetrennt. Die meisten sind heute verlassen: sehenswert die SALITERA HUMBERSTONE bei Pozo Almonte (siehe Skizze Vorseite!). Nationalmonument. Kann besichtigt werden, wenn der Wächter anwesend ist: alte Werkzeuge und Maschinen aus der Jhd.- Wende, Wohnhäuser.

Fast noch interessanter die "Officina Salitera Santa Laura" (Pozo Almonte) an der Panamericana in mehrstöckiger Eisenkonstruktion und hohem Kamin. In der Region gab es zur Salpeterzeit rund 9o campamentos mit insgesamt ca. 1o.ooo E.

Noch in Betrieb sind die Saliteras "Maria Elena", – "Pedro Valdivia" und "Alemania" südl. nahe Panamericana bei Antofagasta. 193o eröffnet, die mi moderneren Gewinnungsverfahren arbeiten. Jahresprod. ca. 3/4 Mill. To.

Mamiña: ein reifenmordender 75 km- Abstecher ab Pozo Almonte . Oben in 2.7oo m Höhe Thermalquellen , die bereits zu Incazeiten bekannt waren Die Quelle hat rund 76° C, im Becken sinds dann tagsüber um 3o° C, som angenehm warm (nachts ca. 2o° C). Übernachtungsmöglichkeit im "El Refugio" allerdings bei ca. 4o US für 2 Personen nicht gerade billig. Gilt auch für den "Complejo Termal Mamina". Beide haben Heizung und warmes Wasser in der Privatdusche und können ab Iquique vorreserviert werden (Adresse über Sernatur). Täglich gibts Colectivos ab Iquique rauf nach Mamina, d ca. 4 Std. (!) für die Strecke brauchen und Zwischenstop (sofern noch Plat im Auto) in Pozo Almonte einlegen. Achtung: keine Übernachtungsmöglichkeit in Pozo Almonte, aber häufig am Tag runter nach Iquique. –

★Tirana: hier findet am 16. Juli alljährlich eines der größten Kirchenfeste des Nordens von Chile. Lohnt sich, wer in der Gegend ist. Campesinos kommen bis vom Altiplano/Bolivia! – 19 km ab Pozo Almonte. Colectivos.

Die PANAMERICANA Richtung Süden: kurz hinter Pozo Almonte einige Bäume für ca. 5 km in absolutem Wüstensand. Dann wieder Steinwüste bis zum Horizont. Die Strecke verläuft 37 km ohne Kurve immer geradeaus Später mal wieder ein Militärstop. Rund 35 km nach Toco: Abzweigung nach Calama/Chuquicamata und Abkürzung, wer mit eigenem Auto unterwegs ist. Rund 8o km bis Chuquicamata. Asphaltiert, aber nur das mittlere Stück der Straße. Rechts und links Sand. Vorsicht: gleich im ersten Dorf hinter der Abzweigung von der Panam.: scharfe Linkskurve, die zu schnell gefahren unweigerlich in den Tod führt (2 kleine Kirchen!). Uns hätte es fast gebeutelt! – Ohne eigenes Auto: via Antofagasta mit Busanschluß.

8 km(hinter der Calama- Abzweigung)Ri. Süd geht rechts eine Piste rüber zur SALITERA MARIA ELENA. Besichtigung lohnt sich: weiße Salpeterhalden, durch die sich die Loren quälen, verbretterte Fabrikgebäude in der flimmernden Hitze über der Wüste. Heute die reichsten Lager Chiles zusammen mit der Pedro Valdivia. Allerdings wieder das Problem, daß man eigenes Auto benötigt. Zudem Genehmigung der Gesellschaft in Antofagasta.

Antofagasta: 2 - 1oo m/ca. 2oo.ooo E.

Für mich eine der faszinierensten Städte in der Wüste Nordchiles, – wegen der Ödheit der Umgebung. Absolut kahle, grauocker- farbige Steilabstürze bilden ein riesiges Amphietheater am Meer, mit flachabfallendem Hang, wo sich die Stadt ausbreitet.

1866 gegründet. Wirtschaftlich bedeutend durch die beiden Transanden-Gleise rauf nach La Paz/Bolivia und rüber nach Salta/Argentinien. Über diese Strecken läuft ein Großteil des Ex- und Importes dieser Regionen, – aber auch Exporthafen für die reichen Kupferschätze der Chuquicamata-Mine.

Antofagasta ist größte Stadt im Norden Chiles. Lebendig, aber ohne besonderen Reiz für längeren Aufenthalt. Im Centro beim Hafen Palmenallen, ansonsten Betonbauten, die am Stadtrand in Bretterhütten und später Wüste übergehen . . . Wichtigste und zentrale Plaza ist die PLAZA COLON mit einem Uhrenturm, der zu den Salpeterzeiten 191o als Statussymbol des Wohlstandes aus England importiert wurde. –

MUSEO REGIONAL im ehemaligen Zollgebäude, das vorfabriziert zu Salpeterzeiten von Europa über den Atlantik kam und im Salpeterhafen Mejillones, nördl. von Antofagasta 1866 aufgebaut wurde. Eine fantastische architektonische Mischung aus spanischen mit schweizer. Alm-Elementen. 1879, zur Zeit des Guerra Pazifico demontiert und nach Antofagasta rübergebracht, wo es als Zollamt bis 1968 diente. Heute unter Denkmalschutz und Sitz des Tourist Office. (Balmaceda/Ecke Bolivar am Hafen).

★ **Hotels:** "Turismo Antofagasta", direkt am Meer, 1 Block zur Hauptplaza. Das Hotel hat schönen Blick aufs Meer, besonders bei den Zimmern im 5. und 6. Stock. Ebenso Swimming Pool. Aber vorher die Zimmer checken; einige extrem mies mit Blick, z.B. auf Bretter etc. Toiletten waren bei unserem Check schmutzig in der Restaurantetage, die Bedienung an der Rezeption extrem uninteressiert. Trotzdem: von Lage und Blick das beste in Antofagasta. Doppel um 3o US (Balmaceda 2575)

"Hotel Diego de Almagro", Calle Condel 2624, sehr sauber und guter Eindruck. Doppel ca. 2o US. – "Hotel San Antonio", Calle Condell 2235, sehr gutes Hotel, vergleichbar mit dem "Lynch" in Arica, dies bei für seine Klasse passablem Preis von ca. 12 US. – "Hotel San Martin", Calle S. Martin 2781, ca. 15 US, – "Plaza", Baquedano 461, zwar schön zentral, aber mit 2o US etwas teuer in Relation.

"Hostal El Tatio", in der Costanera 1.ooo, an der Straße Ri. Santiago. Ist wohl das orginellste Hotel, das ich bei den vielen tausend Hotels, die ich in Südamerika abgecheckt habe, – fand! Alle Unterkünfte in ausrangierten, ehemaligen Bussen, die in einem freundlichen Garten mit Palmen stehen. Teils mit Blick aufs Meer, teils mit Gartenblick (ca. 1o US $). Außerdem ein freundliches Restaurant, und Baden etwa 1oo m vom Hotel möglich mit Umkleidekabinen und kräftiger Brandung. Der Tip für Antofagasta!! Wer mit dem Zug ankommt: es fahren Busse ab Estac. Ferrocarril bis in die Parallelstraße vom El Tatio; so viel ich mich erinnere, die Nr. 3, aber sicherheitshalber Leute fragen, das Hostal ist in Antofagasta bekannt wie ein bunter Hund.

Ganz gut und in der Preisklasse um 6 US das "Residencial Riojanito" in der Baquedano, das "Resid. Paola", Prat 766. Viele Residenc. im Bereich oben beim Bahnhof, um 3 - 4 US, allerdings häufig Bruchbuden und sehr basic.

★ **Restaurants:** Tip ist der Yachtclub von Antofagasta an der Mole beim "Hotel Turismo"/Calle Boquedano. Große und preiswerte Lomos, sowie die Locos (Riesenmuscheln). Geschmack zwischen Scampi und Polyp, mit Zitrone essen.

"Don Lucho", Latorre 3256: excellente Mariscos, Preise mittel. – "Circulo Italiano" in der Prat 737, mittel bis billig, ital. Küche. – "Centro Español", Prat 43o, Preise mittel. – "Don Pepe", Matta 2414 und der relativ billige Chinese "Hong Kong" in der Latorre 3256. Guten Ruf hat das gemütlich eingerichtete Restaurant des "Hostal El Tatio", Costanera 1ooo. – Spezialist für Parrilladas ist "El Arriero", Condell 2634. Große Portionen lecker auf dem Holzkohlegrill zubereitet bei fairen Preisen.

Tourist INFO Sernatur, Balmaceda 2786 im ehemaligen Zollgebäude am Hafen. (1 Block von Hauptplaza) Tel.: 22 3o o4.

★ **Verbindungen:** BUSTERMINAL für Fernverbindungen: Av. Argentinia/Ecke Diaz Gana im südlichen Stadtbereich und etwas abgelegen von Centro (und noch mehr vom Bahnhof, der im nördl. Stadtteil liegt). Zu Fuß sind das rund 16 Block bis zur Plaza Prat und sicher 2o Min. Gibt aber auch Stadtbusse.

Sehr dichter Verkehr runter nach Santiago (ca. 1.37o km), sowie rauf nach Arica (ca. 7oo km). Ebenso sehr häufig am Tag die Strecke Antofagasta – Calama (ca. 22o km).

FLUGHAFEN: ("Cerro Moreno"), 23 km nördlich, an der Straße nach La Portada und Mejillones. Stadtbus zum Airport, aber auch Taxis. – Tägliche Jetverbindung mit Lan Chile und Ladeco runter nach Santiago(Flugzeit 1 1/2 Std.), spart den zermürbenden rund 2o- stündigen Bustrip auf der Panamericana. Ebenfalls täglich rauf nach Arica, teil mit Stop in Iquique. Ladeco fliegt derzeit auch tägl. außer So. rüber nach Calama; bei einer Flugzeit von 3o Min. aber kein allzugroßer Gewinn gegenüber der gut ausgebauten und geradlinigen Straße (sofern man sich nicht das Ladeco- Rundflugticket besorgt hat!

PREISBEISPIELE: Antofagasta – Santiago de Chile per Bus zwischen ca. 3o und 4o U je nach Bustyp und Komfort. Per Lan Chile/Ladeco: ca. 1oo US $ (somit kaum Unterschied zu der rund 7oo km längeren Flugstrecke Santiago–Arica!).

Erheblich billiger sind hier die Fokker F 27- Propellermaschinen der "Aero Nor", die zwischen Antofagasta bis Santiago nur runde 65 US kosten und 3 - 4 Std. fliegen. (Täglich; derzeit gibts im chilen. Herbst und Winter/ca. Juni bis Ende Okt. auf der Nord-Südstrecke 25 % Rabatt). Insofern Tip, da nur noch wenig Unterschied zum Bus!

★ **Antofagasta ⋙→ La Paz/Bolivien:** gehört zu den lohnensten Eisenbahnstrecken Südamerikas wegen streckenweise fantastischer Landschaft. 1.2oo km, davon 44o km auf chilenischer Seite.

Baubeginn 1873 durch die chilenische "Compania de Salitre y Ferrocarril", 1oo km. Nach dem Salpeterkrieg (1879 - 1884) baute eine englische Privat- Eisenbahngesellschaft das 1-m Spurgleis bis rauf zur neuen Grenze Bolivias bei OLLAGÜE in den Anden. Anschluß an das bolivianische Eisenbahnnetz durch die Bolivianer. Wirtschaftlich eines der lukrativsten Eisenbahngleise Südamerikas (Kupfertransporte von der Chuquicamata-Mine nach Antofagasta, sowie Warentransport vom Binnenstaat Bolivien!). Gehört heute noch dieser Privatgesellschaft bis chilen./boliv. Grenze.

Da das Gleis in den ersten Km von Antofagasta/Meereshöhe auf das 5oo m hohe Wüstenplateau raufklettern muß (=ca. 35 km Umweg gegenüber der Straße, sowie entsprechend langsames Zugtempo wegen starker Steigung), – gibt es Personenzüge heute erst ab Calama.

BUS: ab Antofagasta 3 Std. über die Straße nach Calama. Dort 1 mal pro Woche Personenzug nach La Paz. Braucht bis zur Grenze/Ollagüe rund 6 1/2 Std. Fantastische Strecke durch ein ständig steigendes Andental, vorbei an 6.ooo-ender Vulkanen. Dort dann mehrstündiger Aufenthalt, da vor den Zug die bolivianische Lok gespannt wird und die Grenzer intensiv das Gepäck checken, denn es wird jede Menge geschmuggelt.

Dann gehts auf bolivianischer Seite entlang des Salzsees von Uyuni zum gleichnamigen Ort UYUNI und von dort in rund 16 Std. über ORURO nach LA PAZ. Gesamtfahrzeit regulär um 26 Std., kann sich aber auch verlängern.

Großes PLUS dieser Querverbindung zwischen Chile und Bolivia: berührt den interessantesten Teil Nordchiles: Region um Calama (Details siehe dort!) und verbindet in die interessantesten Teile des bolivianischen Altiplano: von Rio Mulatos (auf halber Strecke zwischen Uyuni und Oruro) gibts Zugverbindung rüber nach Potosi zu den spanischen Silberminen mit großartiger Zugfahrt nach Sucre. Bzw. ab Oruro Querverbindung nach Cochabamba. Alle Details siehe Bolivia- Teil! Womit sich auch die Zugfahrt ab Calama/ Chile in passable Dimensionen reduziert.

TICKET für den Zug reichlich vorab kaufen, da der Zug häufig ausgebucht ist. Je früher, desto besser! 1. Klasse nehmen, wenn möglich, Schlafwagen. Ist zwar recht primitiv, macht aber viel Spaß in den alten Wildwest- Waggons, die im Einsatz sind und bringt viel an Abenteuerfeeling. Vorallem: extrem viel warme Sachen. Oben in den Anden wirds lausig, lausig kalt und die Zugheizung, sofern überhaupt vorhanden, funktioniert meist nicht. Ticket angeblich auch in Antofagasta möglich zu kaufen, ansonsten oben in Calama. Hierzu braucht man gleichzeitig die "Tarjeta de Turismo" vom bolivianischen Konsul in Antofagasta oder Calama.

Mindestens 3 Std. vor Zugabfahrt im Bahnhof sein, damit man sich entsprechenden Platz sichern kann. Gepäck: maximal 4o Kg, womit Eisenbahngesellschaft und Staat die Schmuggellei kontrollierbarer machen will.

Mit von der Partie in der Zuggarnitur ist ein Restaurantwaggon; bringt von Chile excellenten Wein mit, bzw. von Bolivia den "Singani" (heißer Mais- Likör) und den "El Cuadrado" (= der "Quadratische". Sagt alles . . .). Die 1. Klasse- Waggons haben glücklicherweise Stoffsitze (bei der Kälte oben im Altiplano!), – die 2. Klasse Plastiksitze.

HEISSER TIP für Eisenbahnfans ist auch der 1 - 2 mal pro Woche verkehrende "Tren Mixto" der Chilenen von Calama bis Grenze, der erheblich älteres Waggonmaterial einsetzt. Details unter "Calama/Bahnhof"! –

EIGENER PKW : bis Grenze Ollagüe auf Schotterpiste. Möglich. Hauptproblem ist der Streckenteil Ollagüe – Uyuni, beschrieben im Bolivia- Teil!Einer der südamerikanischen

Abenteuertrips, die Geländefahrzeug rechtfertigen, auch südl. von Uyuni!

★ Antofagasta ⟫→ Salta/Argentinien: die Zugverbindung ist für den Passagierverkehr eingestellt, da der Zug für die rund 9oo km und über einen 3.876 m- Pass runde 3 Tage brauchte. – BUS: 1 mal/Woche, ca. 3o US $, Fahrzeit 24 Std. oder länger, je nach Pistenzustand.Sehr lohnende Strecke von der Landschaft her; dringend: warme Sachen einpacken. Als Trip allerdings sehr anstrengend wegen schlechter Erd/Steinpiste. Kaum Siedlungen unterwegs, aber grandiose Andenhochlandschaften, vorbei an Vulkanketten etc.

FLUG: 1 mal/Woche mit Jets der Aerolineas Argentinas, ca. 8o US $.

PLAYA LA PORTADA: an der Straße zum Flughafen, stadtauswärts Ri. Nord, ca. 1o km. Busse fahren ab Latorre/ Ecke Sucre in Antofagasta rauf nach La Portada und weiter nach J. Lopez.

La Portada sollte man unbedingt besuchen, wenn man in Antofagasta ist: einer der schönsten Wüstenstrände der Welt!! Oben: flache Sandwüste auf einem Plateau, das abrupt rund 1oo m abbricht und senkrecht zum Meer runterfällt. Waagrechte Gesteinsschichten, Höhlen und riesige Torbögen unten an der Bay, die aus 3 Teilen besteht: am mittleren Sandstrand hohe Wellen, – sanft, da seitlich im letzten, – sanft und optimal zum Schnorreln im ersten, einem kleinen, natürlichen Pool. Oben an der Straße Restaurant mit schönem Blick auf Antofagasta, besonders abends beim Lichter-Meer am Rand der Wüste.

Hauptattraktion von La Portada ist jedoch das riesige gleichnamige Felstor im Meer. Ein riesiger ca. 7o m hoher Felsklotz mit rund 5o m hoher Öffnung. Fotos in Chile- Prospekten können dies nur ungenügend wiedergeben!

⇦ ABSTECHER CALAMA/CHUQUICAMATA–MINE + EL TATIO:

Einer der lohnesten Trips in Nordchile. Entweder als Abstecher ab Antofagasta; kann man aber auch mit der Eisenbahnfahrt nach Bolivia verbinden

Antofagasta — Calama: 22o km, Tip- Top ausgebaut, Asphalt und weitgehend durch schnurgerades, breites Wüstental. Personenverkehr auf der Eisenbahn ist eingestellt, aber stündlich Busse bzw. Colectivos, die rund 3 Std. brauchen. Die Ladeco- Jets machen die Sache in 3o Min.

Interessant: häufig Mini- Vulkankegel entlang der Straße. Kreisrund, ca. 3o m hoch, Durchmesser 1oo bis 3oo m. Seitlich erhärtete Lavafluß- Kanäle. Wurden vielfach bereits ausgebeutet wegen Mineralien, – sofern nicht: bis oben wie Pudding- Schüssel mit erstarrter Lava angefüllt.

★ Calama: **2.265 m/ ca. 7o.ooo E.**

Ohne speziellen Reiz, aber Ausgangspunkt für die Minenbesichtigung und für Wüstenfahrten zur schönen Oase San Pedro de Atacames, sowie zu den Geysiren von El Tatio. – Die Stadt selber in reichlich langweiliger Betonarchitektur . Nachts wirds eisig kalt, daher guter Schlafsack nötig, denn die meisten Hotels haben keine Heizung!

Unterkunft: Relativ breites Angebot an Basic- Hotels. Gut hat uns "Resid. Capri" gefallen in der Vivar 1639 im Centro. Sauber und freundlich, die Zimmer aber recht klein

Lediglich die Toilette könnte sauberer sein. Doppel um 5 US. – "Hotel España", Sotomayo nähe Bahnhof. – "Hotel Universo", Sotomayo 1822 gegenüber dem España und ca. 5o m vom Ferrocarril. Ähnlich in Qualität dem Capri, aber billiger. – "Hotel Turismo" nähe Hauptplaza, ca. 15 US, sauber, – Tip für billiges Essen im Hotelrestaurant. – Empfehlenswert "Resid. Vivar", Vivar 1963, Doppel um 4 US, sauber.

Teurer und besser: "Hos. Calama", Latorre 1521 und "Hotel Alfa", Sotomayor 2o16, beide um 35 US.

Museum: "Museo Antropologico de Calama". Praehispanische Fundstücke unter anderem auch Keramik aus der Region Loa. Nichts Spektakuläres, wie die Inca- Mumien oben im San Pedro de Atacama- Museum, aber unter wissenschaftlichem Gesichtspunkt sehr wichtige Fundstücke. Calle Ramirez.

Bahnhof: Calle Balmaceda 1777. Startpunkt für den Abenteuertrip mit den Wildwest-Waggons rauf nach Bolivia 1 x pro Woche/siehe Antofagasta - Teil! Für den Schlafwagen sollte man rund 1o Tage voraus buchen, aber auch möglichst frühzeitig für die Sitzplätze in der 1. Klasse.* Wie bereits hingewiesen: warme Sachen mitnehmen; Ollagüe, der Grenzort und höchster Punkt des Gleises liegt in 3.695 m Höhe! (S. auch S. 9o9/938)

Über den zusätzlichen "Spezialzug", der nur Calama – Ollagüe verkehrt, Cargo + uralter Wildwest Waggon informierten uns die Einheimischen. Dient vorwiegend den Händlern, die mit Bolivia Geschäfte abwickeln. Der Zugschaffner aus Bolivien bringt ihnen über die Grenze Vicuña- Fleisch, Kleider, Radios (die über die boliv. Urwaldgebiete von Manaus-Brasilien reingeschmuggelt werden). Verkaufen: Kleider etc. – Frage, ob diese Verbindung eingestellt wird, nachdem die Piste rauf nach Ollagüe verbessert und ausgebaut wurde . . .

Geldwechseln: kann in Calama zum Problem werden, wer aus Bolivien kommt. Angeblich soll der bolivianische Konsul in Calama Geld wechseln. Hier ist zumindest die "Tarjeta de Turismo" zu holen, wer rüber nach Bolivia will.

Chuquicamata–Kupfermine: größte, offene Kupfermine der Welt, – ein gigantisches, 47o m tiefes Loch in der Atacames Wüste, rund 13 km von Calama. Kann besichtigt werden und lohnt sich sehr!!

Entweder per Regionalbus morgens von Antofagasta direkt bis rauf nach Chuquicamata, – oder per Mikro (verkehren häufig) von Calama/Hauptplaza rüber. Cuquicamata hat rund 25.ooo E., die fast ausschließlich in der Mine tägig sind; Bus endet in der Regel vor dem Haupteingang der Mine, bzw. in Chuqui- Ortsmitte. Dann per Taxi rüber.

Beim Haupteingang besorgt man sich im Büro der "Relaciones Publicas" ein "permiso"/Genehmigung zum Besuch. Besichtigung Mo. - Fr. möglich. Ist kostenlos, Beginn kurz nach dem Mittagessen. Dauer: ca. 2 Std., wobei die Mine, aber auch die Kupferverarbeitung besichtigt wird. Meist englischsprachiger Führer. In der Cantine beim Mineneingang kann man übrigens billig essen.

San Pedro de Atacames: ca. 1oo km von Calama durch die Wüste. Am Horizont die Vulkankette an der Grenze zu Bolivien.

Busse: täglich außer Donnerstag, Fahrzeit knapp 3 Std./5 US. Abfahrt Calle Balmadeda gegenüber Estac. Ferrocarril. Links sitzen wegen den Vulkanen! Retour von San Pedro de Atacames tägl. außer Freitag. – Am Samstag gibt es einen zusätzlichen bis rauf nach Toconao, retour Sonntag (kann sich ändern!)

* Ticket erst kaufen, wenn Grenzformalitäten mit dem boliv. Konsul geklärt sind!

Trampen: schwierig, da wenig Verkehr. Straße geht ab Estac. Ferrocarril links ab (beim Entfernungstabellen- Schild)

Etwa die Hälfte der Strecke ist asphaltiert. Ca. 30 km vor San Pedro de Atacames eine Abzweigung: links direkt nach S.P. Atacames, etwas kürzer. Rechts: Umweg (ca. 15 km) durch den Salar de Atacama und Mondtal.

SAN PEDRO liegt in einer Oase. Hauptplaza wie ein deutscher Schrebergarten mit wildwachsendem Gestrüpp und Blumen. An der einen Ecke: MUSEO DEL NORTE. Sehr sehenswert für den, der Inca- Mumien noch nicht gesehen hat. Fundstücke aus der Atacames- Zeit; bezüglich Vasen schönere Sachen in Nasca oder Lima/Peru, aber viele Tote in Leinen eingepackt. Einige noch mit Haut und Haaren. Meist in Embryo- Kauerstellung, die Hand auf Genitalien (ca. 1.000 v. Chr.). Gegründet und gesammelt von dem belgischen Padre La Paige, der hier ein Lebenswerk schuf. Ohne Frage eines der interessantesten Museen Chiles!Querschnitt durch das hohe, kunsthandwerkliche Niveau in Keramik, Textilien und Schmuck dieser Kultur, excellent erhalten durch das trockene Wüstenklima.

Die Kirche von San Pedro dürfte die älteste Chiles sein; schöne Decke aus Kaktusstämmen! Die Oase wird vom Rio San Pedro bewässert, der kurz danach im Salar de Atacama versickert. Fast "unwirklich", das satte Grün inmitten der endlosen Steinwüste . . . Ca. 4 km an der Straße nach Toconao gibts einen natürlichen Pool mit herrlich heißem Wasser! Sprungbretter und kaum Leute, wenn man früh morgens da ist. Eine Jeeppiste führt über Toconao durch grandiose Landschaften beim Salar und den Vulkanen im Grenzbereich rüber südöstlich nach Argentinien. Abzweigung 11 km südlich von Toconao bei der Häusergruppe Arenales. Weitere 125 km bis zur Grenze bei dem 4.288 m Pass "Portezuelo de Guaitiquina". Trifft nach weiteren 130 km in San Antonio de los Cobres auf die Hauptpiste nach Salta. Vorab Grenzformalitäten in Calama klären. Auch bezügl. Einreise Argentinien.

ACHTUNG Autofahrer (gilt auch für den im folgenden beschriebenen Trip zu den El Tatio Geysiren!): keinerlei Benzin in San Pedro; letzte Tankstelle ist in Calama!! Zur Not hilft aber der Besitzer der "Hosteria San Pedro" aus, der im Hof ein Fass stehen hat, aber nur kleine Mengen zu naturgemäß höheren Preisen abgeben kann, sofern noch Flüssigkeit im Fass ist . . .

Übernachtung San Pedro: ausgesprochen gut hat uns die "Hosteria San Pedro" gefallen. Ein rustikales Steinhaus und entsprechend rustikal auch der Komfort, aber gemütlich! Nur wenige Zimmer; kann zu Engpässen während der Ferien führen! Doppel um die 25 US.

Billiger sind die beiden weiteren Herbergen, reichlich basic an Komfort, aber nur um die 5 US $ fürs Doppel, "Licanteur" und "Florida". – Einfache RESTAURANTS an der Hauptplaza.

★ Geysire El Tatio: in 4.290 m Höhe nähe der bolivianischen Grenze. Rund 70 Geysire, die bis zu je 5 m hoch sprühen, allerdings meist nur am Morgen, wenn die Luft noch kalt ist. Eines der großen Naturschauspiele Chiles, – mit dem kleinen Haken, daß es leider keinen regulären Transport in diese abgelegene Region gibt. Weder Bus noch LKW- Verbin-

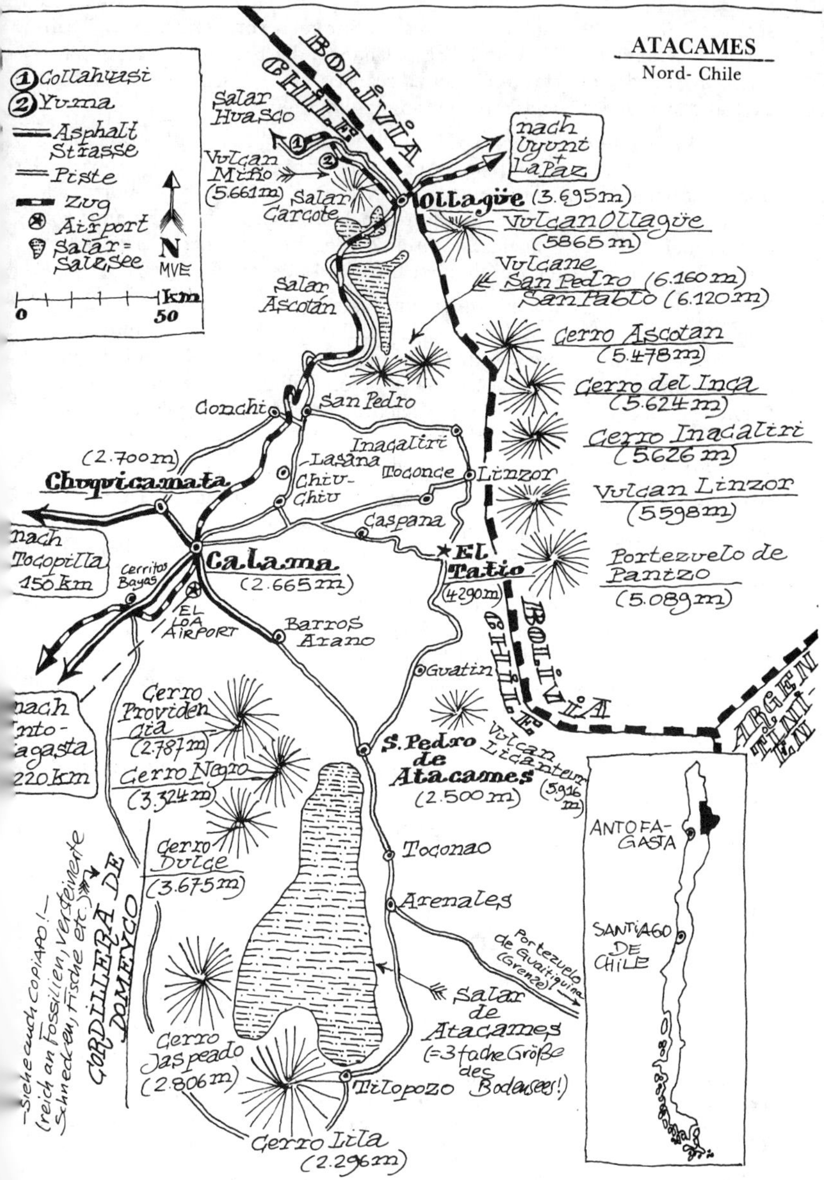

dung. Die Piste ist sehr schlecht. Sehr gelegentlich gibts Pickups der Leute vom Campamento oben bei den Geysiren (CORFO, in Calama fragen), oben aber keinerlei Übernachtungsmöglichkeit. Taxi ab Calama kann man vergessen; die Jungs stellen sich astronomische Summen vor, fernab jeder Realität. Auch Handeln hilft nichts. –Beste Chance: der Besitzer der Host. San Pablo in S. Pedro de Atacames, der zu realistischen Preisen mit seinem Jeep rauffährt, wenn genügend Leute zusammenkommen.!

Etwa 5 km vom Campamento gibt es übrigens ein "Flugfeld" (roter Lavaschotter), welches eventuell vom Aeroclub Antofagasta angeflogen wird; der Sportflugzeug- Airport liegt etwa 6 km vor dem El Moreno- Airport; vielleicht ergibt sich was, wenn man mit den Leuten in Kontakt kommt. Eine Cessna macht das ab Antofagasta in einer knappen Stunde; allerdings Probleme beim Start wegen der dünnen Luft in 4.ooo m Höhe.

PISTEN nach El Tatio: unbedingt die Piste über San Pedro nehmen, da noch am besten! Ca. 18o km ab Calama. Für VW- Käfer oder Bully ohne größere Schwierigkeiten, sofern es vorher keine größeren Regenfälle gegeben hat (in der Atacames- Wüste/San Pedro: Null Probleme, regenärmstes Gebiet der Welt. Aber weiter oben Richtung Grenze unterhalb der 6.oooender Gipfel und Wolken mehr Vegetation und kann schon mal kräftig duschen). Wagen vorher in Calama volltanken für einen Radius von 4oo km.

Ab San Pedro superfrüh aus den Federn, ca. 5.3o Uhr, am Museum vorbei aus dem Ort raus. Am Ortsausgang hinter der kleinen Brücke zweigt links die Schotterpiste ab (ca. 4oo m Militärcampamento und Kontrolle). 89 km bis El Tatio nach Tacho unseres Käfers. Relativ gut beschildert. Die Piste für Käfer durchaus möglich, aber zwischendurch immer wieder lange Schotterstrecken mit scharfkantigen Steinen, dann wieder leicht mit Sand zugeweht, was der Schotterpiste die harten Stöße nimmt. Es geht über einen 4.3oo m- Pass (Paso Las Vizcachas), bei dem die Leistung eines normal eingestellten PKW's stark nachlässt.

LANDSCHAFT: sehr schöne Strecke, entlang der Vulkangipfel, Schnee, Vicuñas, Strauße rennen über die Hochebene. Die Vulkanhänge mit Bodengewächsen durchsetzt.

CAMPAMENTO: ca. 1o Holzbaracken bei der Hochfläche der Geysire. Weder Essen noch Schlafen. Weitere 3 km hinter Berghang das Feld der Geysire. Herrlich, wenn sich in der Morgensonne das Licht in der Wassergischt bricht!

EL TATIO ist das höchste Geysirfeld der Welt (4.29o m). Die Geysire entstehen dadurch, daß Wasser von umliegenden Schneefeldern durch das poröse Gestein durchsickert, wo es auf wasserundurchlässige Gesteinsschichten trifft, die zugleich Kontakt zu heißer Vulkanmagma besitzen.

In unterirdischen Kesseln wird es aufgeheizt und steigt gemäß physikalischer Regeln (warmes Wasser ist leichter als kaltes) nach oben, wo es letztlich unter massivem Druck durch Kanäle an die Oberfläche entweicht. Mit riesigem Zischen verdampft es sofort wegen der kalten Außentemperaturen in 4.ooo m Höhe. An den Austrittsöffnungen bilden sich in Jahrtausenden regelrechte Kamine, da mit den Wasserfontainen auch kleinere Gesteinspartikel und Mineralien aus dem unterirdischen Kessel raufgetrieben werden.

Der ganze Boden ist von vielfarbigen Mineralablagerungen bedeckt, bizarre Formen und grüne Algenkolonien. Höhe der Kamine bis zu rund 1 m, Temperatur der Wasserabläufe um die 5o° C. – Grund der Campamento- Aktivitäten: einige der Geysire wurden zur Erzeugung hydrothermischer Energie in Pipelines gefasst.

RETOUR: nicht über Caspani!! Die ersten 3o km mehr Geröllhalde von Vulkanauswurf als Piste. Nach einem stark versandeten Pass (4.39o m), der zusammen mit Leistungsverlust des Motors schwierig zu nehmen ist, geht es steil den Hang runter, extrem mit ausgewachsenen Felstrümmern durchwachsen. Piste teils in noch schlechterem Zustand als das Felsland rechts und links! Selbst für Geländewagen eine Herausforderung! Ab Caspani dann o.k.

Die 3. Piste ab El Tatio geht über TOCONCE. Knapp kürzer als die Piste über San Pedro, aber bis Toconce erheblich schlechter. Geht dann Richtung Calama stetig bergab durch weite Sandwüstenflächen. Mit der Planierraupe ist die Piste freigeschoben. Wellblech, das Geschwindigkeiten von 8o km/h zulässt und herrliche Hügelkuppen, über die es den Wagen wie auf einer Achterbahn bei Tempo 8o rüberhebt! Aber Vorsicht: immer geradeaus steuern, da sonst beim Landen der Reifen:Schleudergefahr im Sand der Piste! Führt weitgehend entlang einer Wasserpipeline*; insgesamt ca. 15o km von El Tatio via Toconce bis Calama.

Calama ⋙→ Ollagüe/Grenze Bolivien: wilde Piste, die nur außerhalb der Regenzeit befahrbar ist. Hauptverkehr immer noch über das Eisenbahngleis.

Interessant sind die Dörfer CHIU CHIU mit schöner Kirche in Indiobarock und Kaktusstämmen als Decke, die mit Lama- Lederriemen zusammengehalten werden, – LASANA hat eine Inkafestung, sowie Petroglyphen, – CONCHI: fantastisch unterhalb der 6.ooo-er Vulkane San Pedro und San Pablo gelegen, sowie Chinchilla- Zuchtstätte. – Vor Ollagüe schöne Hochlandschaften mit Salzseen und Vulkanen. Der Rio Loa, der seine Quelle am Vulkan Miña hat, ist mit rund 44o km längster Fluß Chiles.

OLLAGÜE/Grenzstation (ca. 6oo E.) hat eine Tankstelle, die erste seit ca. 19o km ab Calama. Großartige Lage zwischen rund 1o Vulkangipfeln. Basic-Unterkunftsmöglichkeit, notfalls bei den Grenzern. Und eisige Kälte nachts hier oben in knapp 4.ooo m!

Ein 8o km Gleis geht ab Ollagüe entlang der Grenze rauf nach Collahuasi zu Kupferminen. Höchster Punkt des Gleises 4.8oo m! Bei klarem Wetter fantastischer Rundblick über die bolivianischen Vulkane des Grenzbereiches. Von Collahuasi noch 13 km über Piste rauf zur höchsten Mine der Welt in 6.1oo m ! (Schwefelabbau). Weiterhin eine Jeep- Piste ab Collahuasi entlang der Grenze Ri. Nord zum Salar Huasco und Salar Surire (siehe S. 1396)

Die PISTE von Ollagüe rein nach Bolivien /Salar de Uyuni ist im Bolivien-Teil beschrieben.

Weiter auf der **PANAMERICANA** (Antofagasta ⋙→ Santiago de Chile): ⇩
Pana biegt von der Küste ab, hinauf in die Küstenberge. 28o km bis zur Abzweigung TALTAL am Meer (12.ooo E.). Kleines Nest, das früher Bedeutung als Hafen für Nitrat und Kupfer hatte, sowie Eisenbahnanschluß. Heute verrotten die Gleise; am Meer in total verrosteter Wellblechhalle alte Loks

* dient der Wasserversorgung für die Chuquicamata- Kupferherstellung. Für die Herstellung von einer Tonne Kupfer sind rund 13o.ooo Liter Wasser nörtig.
Derzeitige Produktion von Chuquicamata: rund 553.ooo Tonnen Kupfer/Jahr!

und Restteile. Nicht mehr viel zu sehen. Aber Taltal hatte einmal einen schönen rechteckigen Veranda- Bahnhof! – "Hosteria Taltal" ohne besondere Zimmer, aber schönen Blick aufs anbrandende Meer und die Steilküste auf beiden Seiten der Bucht. Doppel ca. 3o US, reichlich teuer!

Taltal kann man sich sparen, außer, wenn oben an der Panamericana das Benzin ausgeht. Die nächste Tankstelle ist erst in Charañal!

Oben an der Pana/Abzweigung: Flugfeld auf rohem Schotter für Taltal. Kleine Bretterbude mit Antennenmast, allerdings nur von Avionettas in Benutzung. 11o km bis CHARAÑAL. Die Panamericana biegt zum Meer runter, weite Sandbucht mit grauen Hängen, an denen die Bretterhäuser des Ortes kleben. Besonders abends, wenn die Lichter angehen, eine fast gespenstige Kulisse in der total öden Wüste am Meer. Aber auch tagsüber ganz schön triste Lebensverhältnisse. Allerdings großartiger, weißer Sandstrand vor den grauschwarzen Bergen. Seitlich Ankerbucht und alte Fabrik. Haupteinkünfte durch Kupfer und reichen Fischfang. Sowie Exporthafen für die Minen 1oo km landein bei El Salvador (Ladeco- Airport/Hotels).

Dann gehts auf der Panamericana weiter Ri. Süden, diesmal am Meer entlang. Schwarze Felsen, wie Mondlandschaften. Später wieder Sand- und Steinwüsten mit kleinen Kakteen, die ihre Feuchtigkeit durch Küstennebel während des chil. Winters erhalten. – 92 km bis CALDERA.

185o gegründet als Ausfuhrhafen für die Minen um Copiapo. 1851 wurde zwischen beiden Orten die erste,längere Eisenbahnstrecke Südamerikas eröffnet. (Vorher lediglich Kurzstrecken in Brit. Guayana, sowie zw. Lima und Callao/Peru, alle nicht länger als 15 km). Ingenieur war der Engländer William Wheelwright, der später auch viele weitere wichtige Gleisstrecken im Andenbereich konstruierte.

Die Chilenen sind stolz darauf, hinzuweisen, daß sie mit diesem ersten 81- km Gleis die erste wichtige Eisenbahnstrecke Südamerikas angelegt hatten, – nur 26 Jahre nach dem ersten Passagierzug der Welt /1825 zwischen Stockton und Darlington/England.

Der Bahnhof von Caldera (1848/5o) ist heute Nationaldenkmal. Übernachtung "Hosteria Puerta del Sol" (Wheelwright 75o). 5 km südl. gute Sandstrände in der Bahia Inglesa mit Cabañas und Zeltmöglichkeiten.

★ Copiapo: **ca. 38o m / 65.ooo E.**

Zentrum der nordchilenischen Minenverwaltung (zusammen mit Chuqui). Hübsche kleine Bergwerkslok, BJ ca. 187o auf einem Betontablett in der Mitte eines Rondells an der Pana, bevor es rechts über den Fluß geht. Die Stadt selber in einer Wüstenmulde und bringt wenig; provinzielle Plaza de Armas mit Hotel, Tourist Office (Carrera 591), Entel- Telefonbüro und Automobilclub de Chile.

Interessant allerdings: "Museo Mineralogico", Colipi Ecke Rodriguez, fast an der Hauptplaza. Mehr als 13.ooo Mineralien, insofern Eldorado für Geologen und Hobby- Mineraliensammler! Unter anderem auch ein 79 kg Meteorit und ein 12 kg Riesenklumpen Silber. Interessant auch die Fossiliensammlung (versteinerte Tiere aber auch Baumstückchen).

Im angrenzenden "Museo Regional" steht die erste Lok, die auf der Copiapo – Caldera Strecke fuhr, eine Norris Brother, die vom Irländer O'Donovan konstruiert wurde. Die Lok erreichte übrigens die für damalige Zeiten superbeachtliche Geschwindigkeit von 28 km/h! So schnell konnte kein Pferd seine Mineralien durch die Wüste ziehen. Hauptabbau damals: Silber.

Gleichzeitig zu sehen: archäologische Fundstücke aus dem Tal des Rio Copiapo, speziell um Los Loros.

Die Anlage der Plaza de Armas vom franz. Gartenarchitekten Vassart. Im Theater traten damals/Mitte des 19. Jhds. die bedeutensten Künstler Europas auf, zu Zeiten, als Copiapo eine der reichsten Städte Chiles durch seine Silbermine war.

Heute in der Umgebung vorwiegend Kupfer und Eisenerzabbau.

Verbindungen: tägl. mehrmals Busse Ri. Nord (Antofagasta/Arica) und Süd (Santiago de Chile/La Serena).

Propellerjets der "Aero Nor" 3 x/ Woche runter nach Santiago für ca. 5o US für einen rund 1 1/2 Std. - Flug. Rauf nach Antofagasta in ca. 1 Std. (3 x/Wo., ca. 3o US).

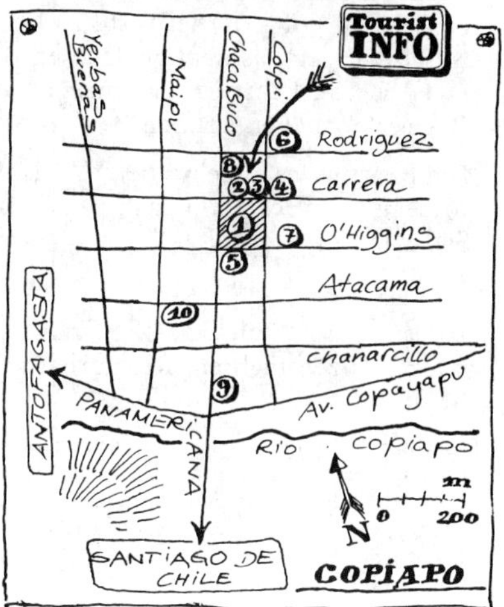

1 Plaza de Armas
2 Tourist Office
3 Post
4 Entel- Telefon
5 Autom. Club
6 Museo Mineralogico
Museo Regional
7 Carabineros
8 Cema- Artesania
9 Busterminal
1o Cia. Telefonos

Hotels: "Diego Almeyda" an der Hauptplaza ist wohl bestes von Copiapo. Doppel um 3o US. – Gut:"Hosteria Las Pircas", Av. Kennedy, ca. 15 US. – Das "Hotel Derby" (Yerbas Buenas 396) ist zwar alt und in die Jahre gekommen, trotzdem aber noch zu empfehlen. Doppel um 15 US. – "Hotel Carrera"/Los Carrera 525, – "Ingles"/Atacama 337 und "Achi Hotel", Vallejos 1o9, alle im Centro, das in Copiapo superkompakt ist. – Lesertip: "Res. Arica" in der O'Higgins 459, billig, gut.

Restaurants: Billig und gut sind die beiden Clubs "Libanes" (Los Carrera 35o) und "Social Atacama" (Atacama 67o). – Gummiadler gibts im "Pollo Stop", eine Art Snackbar, Chanarcillo 528 – Billiger Chinese in der O'Higgins 526.

Tourist Office: Sernatur, Carrera 591. Siehe Karte! Tel.: 2838

Post: Plaza de Armas **Telefon:** Entel: Colpi/Los Carrera, – Cia. Tel.: Atacama 5oo

Im ehemaligen Bahnhof von Copiapo (Nat.- Denkmal) gibts für Eisenbahn-Freaks zu sehen: alte Telegraphen, Lokräder, Morseapparate, Pläne etc.

PANAMERICANA nach LA SERENA: 33o km, Die Wüste wechselt über in Kaktussteppe. Zuerst ganz kleine Kaktusse am Boden. Je weiter Richtung Süden immer größer werdend. Bodengestrüpp, später Büsche und südlich von La Serena Bäume, zunächst noch vereinzelt, – bis es dann im Hochbecken von Santiago des Chile saftig grün wird mit Feldern, Baumalleen etc. Wer von Lima/Peru kommt: wohltuend für die Augen nach rund 3.5oo km Wüste, Wüste, Wüste. . .

"El Norte Chico" nennen die Chilenen diesen Übergang von Wüste. Während es hier (ausgenommen Flußoasen/Wasser von den Anden) über Jahre hinweg kaum Vegetation hat, außer Bodenkaktus und -Gestrüpp, – beginnt in regenreichen Wintern die Wüste zu blühen! Für 3 Monate kommen kleine Buschgruppen aus dem gelbgrauen Boden hervor, der mit einem Blütenmeer überdeckt ist. Die Pflanzenzwiebeln sind so stark, daß sie Jahre ohne Regen überstehen können.

Die Panamericana geht über VALLENAR (Abzw. ans Meer nach Huasco; in diesem Tal wächst ein ganz passabler Chile- Rotwein)– weiter Richtung Süd nach La Serena:

★ **La Serena:** **ca. 4o m/ 95.ooo E.**

Älteste Stadt Chiles, 1544 gegründet und teils noch Gebäude aus der Kolonialzeit, bzw. mehrere Restaurierungen. Angenehmer, wenn auch provinzieller Flair.

Museen: "Arqueologico": an archäologischer Bedeutung eines der wichtigen Museen Chiles. Vorwiegend Fundstücke (Keramik, Kunsthandwerk etc.) von Kulturen, die im Norden Chiles, sowie dem angrenzenden Andenraum lebten. Z.B. von der Diaguita-Kultur, der Huentelauquen Kultur (2.ooo v. Chr.) und der Molle- Kultur, von der das La Serena- Museum die einzigsten Fundstücke Südamerikas ausstellt. – Weiterhin eine ethnographische Sammlung und Bibliothek mit mehr als 1o.ooo Bänden. Adresse: Cordovez/Ecke Cienfuegos, neben dem Mercado von La Serena.

"Museo Mineralogico": in der Universidad Techinica, Benavente 96o (angeblich während der Semesterferien Dez. - März geschlossen). Beherbergt wichtige Mineraliensammlung, insbesondere auch von Polen Ignacio Domeyco, der in geologischem Sektor wichtige Pionierarbeit in Chile leistete. Gesamtumfang knapp 2.ooo Ausstellungsstücke.

Tourist Info: Sernatur, Prat, Ecke Matta an der Plaza de Armas (Hauptplaza)

Hotels: "Franc. de Aguirre"/Cordovez 21o, zentral, sauber und derzeit wohl das beste von La Serena. Doppel mit Privatbad um 3o US. –– "Pazifico"/Edo. de la Barra 252 mit Zimmerheizung und heißem Wasser um 13 US, – Passable billigere sind das "Lido" und "Chile" in der Matta 547 / 561 um 9 US mit warmen Duschen. – Billiger "Resid. Brasilia" /Brasil 555 und "Resid. El Quichote " /Colon 666 für ca. 5 US.

Restaurants: "Club Social" billig, aber ohne spezielles Ambiente. – Parrilladas im "El Pino", Larrin Alcalde 875. – "Astoria" in der Edo. de la Barra 53o im 2. Stock. Ein Schwung weiterer im Centro, das in LA SERENA sehr kompakt ist und sich gerade 6 Block im Quadrat ab Av. Fco. de Aguirre erstreckt. Erwähnung verdient der "Salon de Te" namens "Rapsodia", im Innenhof eines kolonialen Gebäudes. Besitzer ist ein Extürke, der gern erzählt, aber nur Spanisch spricht und extrem süße Türkenkuchen fabriziert. A. Prat 47o.

Verbindungen: Sehr häufig Busse nach Santiago de Chile. Fahrzeit ca. 7 Std./1o US. Ebenso häufig am Tag rauf Ri. Nord (Antofagasta bis Arica). Siehe dort!

FLUG: derzeit 3 mal pro Woche mit den Fokker- Propellermaschinen der "Aero Nor", rund 1 Std. 15 Min./knapp 5o US bis Santiago de Chile. Mit "Aeroguayacan" täglich.

STRASSEN–PISTE ab La Serena rüber nach Argentinien (San Jose). Insgesamt 4oo km wovon nur die ersten rund 7o asphaltiert sind. Dann gehts steil in die Anden rauf, die Grenze ist der 4.765 m hohe Pass del Agua Negra. Sehr schwierig zu befahren und oben in den Anden superschmale Piste mit Steilabstürzen. In der Regenzeit problematisch. Interessant: nach rund 16o km Abzweigung zur Thermalquelle (3o°C) von Baños El Toro (26 km Schotterpiste). Oben am Pass Agua Negra grandiose Andenszenerie. Ab San Jose/Argentinien wieder Asphalt, rüber nach San Juan und Mendoza.

Sternwarten: bei den excellenten Bedingungen um La Serena (rund 3oo Tage im Jahr wolkenfreier Himmel, sehr klare und von Industrie nicht verunreinigte Luftschichten) – liegen um die Stadt im Umkreis von 15o km die wichtigsten Sternwarten Südamerikas. Mit "El Tololo" sogar eine der größten und wichtigsten der Welt!

1.) CERRO TOLOLO: 2. größte Sternwarte der Welt (nach Mt. Palomar/California), an Leistungsfähigkeit der Optik derzeit das bestbestückteste der Welt! Das Teleskop wiegt 15 Tonnen und ist so diffizil ausbalanciert, daß eine einzige Person es mit der Hand bewegen kann. Seine Empfindlichkeit ist 6 Millionen mal mehr als das, was ein menschliches Auge wahrnehmen kann!

Bei derart gigantischen Vergrößerungsfaktoren ist eine superruhige Verankerung nötig, wobei das Teleskop in einem rund 45 m hohen Turm von 5oo To. Gewicht ruht. Unter anderem wurden Detailaufnahmen von der 2oo Mill. Lichtjahre entfernten Centaurus- Konstellation fotographiert.

Hauptarbeitsbereich: Beobachtung des südlichen Sternenhimmels. Gebaut von einer Gruppe nordamerikanischer Universitäten. Betrieben von der AURA. 85 % der Mitarbeiter sind Chilenen. Manager der Computerabteilung ist der deutschstämmige Chilene Schumacher. Die Observatorien stehen Studenten der chilen. Universitäten, aber auch der Unis anderer, lateinam. Staaten offen, wobei 5o % der Forschungszeit hierfür reserviert ist.

Besichtigung ist möglich, vorab aber Genehmigung von AURA in La Serena einholen. El Cerro Tololo liegt südöstlich der Stadt: zunächst auf der asphaltierten Straße Ri. Vicuna ca. 6o km und dann über Abzweigung rechts über eine 4o km lange Schotterpiste rauf in 2.2oo m Höhe, wo die Observatorien liegen.

2.) OBSERVATORIO LA SILLA: betrieben von einer Forschungsgemeinschaft europäischer Staaten (ESO). Für die Besichtigung ebenfalls vorab Genehmigung in La Serena bei ESO einholen. Liegt nördlich von La Serena, Panamericana rund 100 km Richtung Vallenar und rechts Abzweigung über eine Schotterpiste (34 km) rauf in 2.45o m.

3.) OBSERVATORIO CERRO LAS CAMPANAS: betrieben von der Carnegie Institution of Washington D.C.Für Besichtigung vorab Genehmigung von "CARSO" in La Serena einholen!

LA SERENA ist Verwaltungszentrum der Region. Ackerbau im fruchtbaren Elqui- Tal (Obst, aber auch Weintrauben, aus denen der chilenische Elqui- Pisco gewonnen wird). VICUÑA: Geburtsstätte der chilen. Literatur-Nobelpreisträgerin (1945) Gabriela Mistral, Museum, Hotels. Oberhalb des Tales beginnt die Wüste, Sandflächen, Steine.

In ANDACOLLO (5o km südöstl. von La Serena/tägl. mehrere Busse) findet am 25./26. Dezember eines der wichtigsten Feste der Region statt, zu Ehren der Jungfrau von Andacollo. Man sagt ihr Wundertätigkeit nach. Jede Menge Kranker aber auch Glücksuchender pilgern an diesen Tagen in das Dorf; Tänze, Umzüge. Die Campesinos kommen bis aus dem argentinischem Andenbereich!

PANAMERICANA: noch rund 5oo km ab La Serena bis Santiago de Chile. Dichte Busverbindungen, teils auch über Zapallar/Valparaiso (landschaftlich die interessantere Route, besonders im chil. Sommer. Details siehe dort!).

12 km südl. von La Serena: COQUIMBO, wichtigster Hafen der Region. Südlich schließen sich gute Sandstrände an, Hotels, Restaurants. Allerdings nur von innerchilen. Bedeutung. Lohnend, wer eigenes Auto hat: Abstecher zum FRAY JORGE–NATIONALPARK. Abzweigung km 75 nach La

Serena und rechts über eine Schotterpiste runter. Ein weiteres chilenisches Naturschauspiel: inmitten der umgebenden Dornen- und Kaktussteppe dichte Nebelregenwälder mit üppigster Vegetation.

Die Küste steigt hier steil knapp 1.000 m rauf. Dies führt zu intensiver Nebelbildung und extremer Luftfeuchtigkeit. Eine Landschaft wie für einen Dornröschen- Film: zerzauste Bäume mit Moosen und herabhängenden Geflechten, dazwischen die Nebelschwaden! Der Parkservice hat einen Naturlehrpfad angelegt. Großes Chile- Bonbon für Biologen und Fotographen,— allerdings wieder keinerlei öffentl. Transport. Somit: Taxi ab La Serena, bzw. Ovalle. Oder, fast noch billiger: Mietwagen ab La Serena. Gilt auch für:

⇦ VALLE DEL ENCANTO: südöstlich von Ovalle in 300 m Höhe. Ein riesiges Open- Air- Museum praehispanischer Kulturen teils mehr als 2.000 Jahre alt. Ein Tal, kaum Vegetation, aber voll von gigantischen Felstrümmern und vielen Petroglyphen. Neben "Toro Muerto"/bei Arequipa- Peru wohl die reichste Fundstelle Südamerikas! Kein öffentlicher Transport, also Mietwagen oder Taxi. In OVALLE (ca. 70.000 E., Hotels, Restaurants) ein regional interessantes Museum "Arqueologico de Ovalle" mit Fundstücken aus der Region.

⇩ LOS VILOS an der Panamericana (245 km südl. von La Serena) war für uns nach wochenlangen Recherchen in den Wüstengebieten zwischen Lima und La Serena ein sehr angenehmer Zwischenstop. Kleines Fischernest am Pazifik mit excellenten Stränden, die allerdings im Sommer, wenn das Wasser einigermaßen warm ist, – supervoll sind. Viele Restaurants mit excellenten Fischgerichten (auch den chilenischen Riesenmuscheln!) und ca. 30 Residenciales für die Feriengäste von Santiago de Chile.

Recht gut das Restaurant des Hotels "Miramar" (Caupolican 722). Rustikal mit Holz und excellente Fischsuppen! Oder ausgefüllter Krebs mit leckerer Sauce! – Seitlich: gute Plätze zum Campen bzw. für Campingbusse. Ab Hafenmole im Sommer Boote rüber zur Isla de la Reina, schöne Strände und keinerlei Häuser.

PICHIDANGUI: 25 km südlich, weiterer Ferienort mit dem gemütlichen "Motel Pichidangui". Im Haziendastil, schöne Lage oberhalb des Meeres zwischen Bäumen. Die einzelnen Bungalows sehr luxuriös eingerichtet, schöner Essraum mit Blick übers Meer und einem beheizten Meerwasser-SW- Pool. Kleine Diskothek, Billardzimmer, Kaminzimmer etc. DZ. während der Saison um 50 US und Vorreservierung dringend nötig.

Bei LA LIGUA biegt die Panamericana landein Richtung Santiago. Eine Abzweigung (derzeit nur streckenweise asphaltiert) geht entlang der Küste, Zapallar – Papudo nach Viña del Mar und Valparaiso. Besonders im ersten Streckenbereich liegen die schönsten Badestrände Chiles. Details s. S. 1441

Santiago de Chile: Hauptstadt / ca. 4 Mill. E.

Freundliche Stadt mit sehr lebendigem Centro, voll von Shops. Angenehme Fußgängerpassagen und viel europäischer Flair. Bei klarem Wetter am Horizont die schneebedeckte Andenkette.

Wichtigste Verkehrsader von Santiago ist die vielspurige, superbreite O' HIGGINS (im Volksmund: Alameda). Verlängert sich Richtung Berge/ Ost in der Av. Providencia (hier liegen die Residencial Areas von Santiago, Restaurants, Einkaufscentro "Caracol"). – Richtung West führt die O'Higgins am Santiago Hauptbahnhof (Estac. Central) und dem Busterminal für die Verbindungen Ri. Süd des Landes vorbei.

Die VIA NORTE/SUR ist eine mehrspurige Schnellstraße, die in Umgehung des Centros die Einfädelung Panamericana Norte mit der Pana Sur verbindet. Führt am PARQUE O'HIGGINS entlang, dem größten Freizeitpark Santiagos, dazu später.

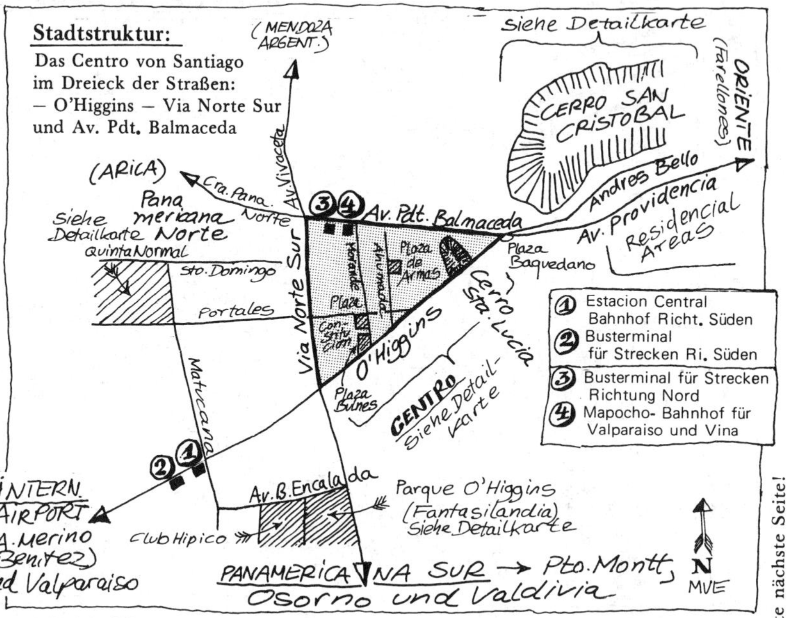

Das CENTRO von Santiago in Schachbrett- Blocks. Wer mit eigenem PKW unterwegs ist: besser außerhalb stehen lassen. Im Centro tagsüber extrem viel Verkehr, enge Straßen und nur selten Parkplätze. Die meisten Punkte erreicht man sowieso viel bequemer per Metro über die O'Higgins, und dann zu Fuß rein.

PLAZA BULNES: zentrale Plaza an der O' Higgins mit dem Erziehungsministerium, graue 12 stöckige Steinarchitektur aus den 4o-er Jahren. Und dem Präsidentenpalast (=Palacio de la Moneda), Baubeginn ab Mitte des

Siehe Karte nächste Seite!

3
4

18. Jhds., mehrfach erweitert und ausschließlich mit chilenischen Baumate-
2 rialien errichtet. Gleich dahinter die PLAZA CONSTITUCION. Unter der
5 Rasenfläche ein Parkhaus, links das 16- stöckige Hotel Carrera (vom Dachrestaurant schöner Blick über Santiago und die Berge!).

6 In der rechts abzweigenden Calle Agustinas (bis ca. Höhe Ahumada) liegen
7 die meisten Airline- Büros, aber auch Reisebüros und Geldwechselstuben,
wie z.B. "Exprinter"(1o74 Agustinas).

Fußgängerstraßen und Zentrum der Geschäftsaktivitäten sind die Ahumada und die Huerfanos (ab Ecke Teatinos). Weitere Details siehe "Shopping".

1 PLAZA DE ARMAS: Herz der 1541 gegründeten Stadt. Grünanlagen. Die
14 Kathedrale (gebaut 178o, basierend auch eine erste Kirche der Spanier von
1541) lohnt den Besuch: weitgeschwungene Barockbögen in gut ausgewogener Proportion.

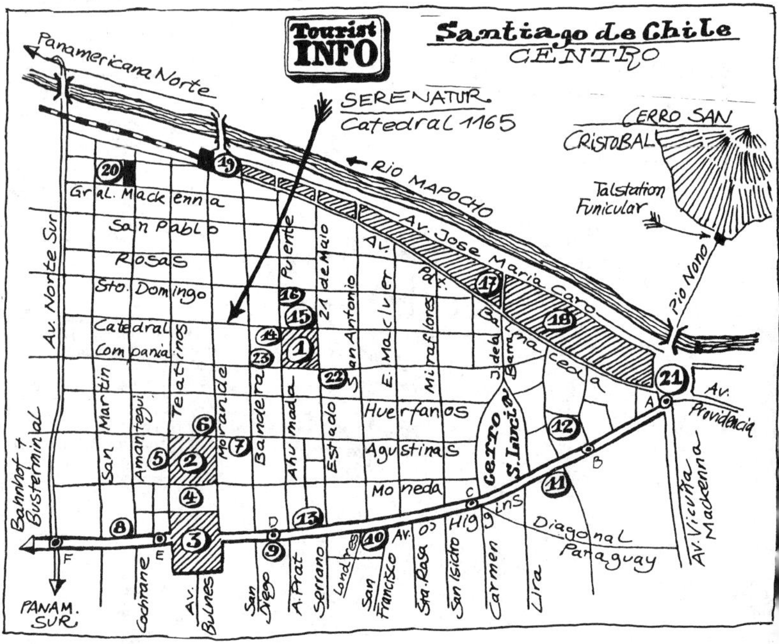

⊙ = **Metrostationen.** A = Baquedano B = U. Catolica C = Santa Lucia D = U. de Chile E = La Moneda F = Los Heroes

1 Plaza de Armas
2 Plaza Constitucion
3 Plaza Bulnes
4 Präsidenten Palast
5 Hotel Carrera
6 Lan Chile
7 weitere Airlines
8 ENTEL und TV- Turm
9 Universität von Chile
1o Kirche San Francisco
11 Universidad Catolica
12 Calle Villavicencio
13 Santiago Center
14 Kathedrale
15 Museo Historico
16 Post
17 Museo del Arte
18 Parque Forestal
19 Mapocho Bahnhof
2o Busterminal Ri. Nord
21 Plaza Baquedano
22 Casa Colorada

An der Nordseite der Plaza das MUSEO HISTORICO. Neben praehispani- 15
schen Fundstücken: Dokumente aus der Zeit Chiles seit den spanischen Kolonialherren, sowie des Salpeterkrieges (Plaza de Armas 953).

Die Hauptpost (Plaza de Armas/Ahumada) ist von Architektur sehenswer- 16
tes Gebäude aus der Zeit der Jhd.- Wende mit interessanter Stahl & Glas- 22
dachkonstruktion. – CASA COLORADA (Plaza de Armas/Ecke Estado) war 181o Sitz des ersten chilenischen Präsidenten. Im Gebäude, das besichtigt werden kann, ist zugleich das MUSEO DE SANTIAGO untergebracht. Kleiner aber interessanter Querschnitt der Stadtentwicklung.

Im Bereich der Seitenstraßen um die Plaza mehrere Shopping- Passagen, 17
sowie Kinos und Straßencafes. – Im Parque Forestal das MUSEO DE BELLAS ARTES. (Gemälde und Skulpturen). Der Park wurde 19o1 zum 18
Höhepunkt des nordchilenischen Salpeterbooms angelegt, als würdige Verlängerung vom Bahnhof Mapocho. Damals Ausgangspunkt des rund 2.5oo km- Wüstengleises bis rauf nördl. von Iquique.

CERRO SANTA LUCIA: an der O' Higgins. Ein 7o m- Felshügel mit Gärten und einer etwas kitschigen Nachbildung der Sacre-Coeur/Paris in Mini. Zu Beginn der span. Kolonialzeit lag oben ein kleines Fort. Schöner Blick auf die Stadt. Warnung jedoch vor Besuchen nach Einbruch der Dunkelheit!

KIRCHE SAN FRANCISCO: die älteste, noch erhaltene Kirche Santia- 10
gos aus der Kolonialzeit. Gebaut letztes Drittel 16. Jhd., mit Ergänzungen 1853. – Interessant ist das angegliederte "Museo Colonial" im Franziskaner Kloster (Eingang O'Higgins/Ecke Londres). Mit Gemälden aus der Kolonialzeit (Stilrichtung Escuela Cuzqueña), einer Madonnenfigur, die die Spanier nach Santiago mitbrachten, flämischer Ursprung. Und einer Sammlung alter Schlösser und Riegel. Beachtlich ist auch ein Gemälde mit 644 Köpfen der damaligen Mitglieder des Franziskaner Ordens.

MUSEO CHILENO DE ARTE PRAECOLUMBIANO: im ehemaligen 23
Palacio de la Real Aduana (Bandera 361/Ecke Compania).
Rund 1.5oo Ausstellungsstücke von Kulturen, die vor Ankunft der Spanier an der Westseite Südamerikas lebten. Interessante Ergänzung zu den großen peruanischen Archäologiemuseen.

CERRO SAN CRISTOBAL (siehe auch Karte nächste Seite!): einer der beliebtesten Wochenend- Ziele der Stadtbevölkerung, – aber auch bester Blick über die Stadt und die Anden.

Zufahrt: Entweder: Metro bis Station "Baquedano", dann über den Rio Mapocho und ca. 3oo m die Calle Pio Nono bis zur Talstation des "FUNICULARS", einer Standseilbahn aus der Jhd.- Wende. – Oder: Metro bis Station "Pedro de Valdivia", über den Rio Mapocho und die Av. Pedro de Valdivia ca. 45o m bis zur Talstation des "TELEFERICO", einer modernen Seilbahn mit Minikabinen, die über Tupahue rüber zum Hauptgipfel bei der Virgin- Statue führt.

Pro Streckenteil, egal ob Teleferico oder Funicular: ca. o, 6 US. Retour gibts rund 25 % Ermäßigung. Von beiden Talstationen kommt man auch zu Fuß rauf. Sowie auch mit dem PKW.

Der Cerro, der knapp 3oo m höher ist als das übrige Santiago, – ist ein relaxing Samstag- Nachmittag. Erst mal Ausschlafen, dann den Rest des Vormittags im Centro bummeln, Geschäfte ansehen. Mittagessen in meinem Lieblingsrestaurant "Pinpilinpausha" beim Santiago Center mit üppigen und reichlichen Portionen. Dann in die Metro schwingen, die knapp davor eine Station hat. Rüber nach Pedro de Valdivia und zu Fuß rauf.

Geht schön durch einen Park. Oben bei der Station Tupahue gibts einen Ritterturm wie BRD- Nachbildung vom Rhein in Mini. Dahinter die "Enoteca", Restaurant mit excellentem Kuchen und Kaffee und unten im Keller ein kleines Weinmuseum. Ausgestellt sind vorwiegend verstöpselte Flaschen der besten Tropfen Chiles (und damit Südamerikas!), dann die Treppe rauf , wo an einer Bartheke ein mehr oder weniger freundlicher Ober den Tropfen des Tages entkorkt zur Gratisprobe, allerdings in Gläschen, in denen man sonst Schnaps serviert. . . (komplette Flaschen sind zu kaufen, – beim Vorteil, daß man hier oben Querschnitt durch die gesamte chilenische Produktion hat, und dem Nachteil, daß die Fläschchen bis zu 3oo % teurer als unten in diversen Bodegas des Centros sind!

Hier oben gibts auch einen Swimming Pool (82 x 25 m) für Sommerbetrieb. Sowie knapp unterhalb der Bergstation einen Kinderspielplatz; schön, den Familien zuzusehen und den Kindern, die sich auf "spanisch" freuen . . .

Je nach Zeit entweder zu Fuß rüber zum Hauptgipfel, oder lautlos per Seilbahnkabine. Sind Minuten. Drüben an der Station am Wochenende riesiger "Biergartenbetrieb" a la Chileno mit Ketchup- Würstchen und Coke. Toilette, ums Eck die Bergstation des Funicular. Paar Meter steil rauf zur Virgin- Statue, von wo man den besten Blick auf Santiago hat. Voll von Familien, die zwischen den Bäumen picknicken.

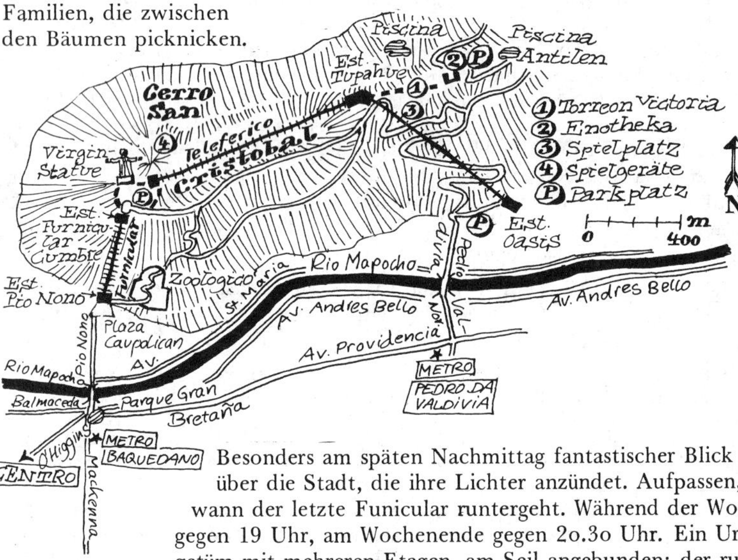

Besonders am späten Nachmittag fantastischer Blick über die Stadt, die ihre Lichter anzündet. Aufpassen, wann der letzte Funicular runtergeht. Während der Woch gegen 19 Uhr, am Wochenende gegen 2o.3o Uhr. Ein Urgetüm mit mehreren Etagen, am Seil angebunden: der runt fahrende Waggon zieht per umgelenktem Seil den raufkommenden. Unten bei der Talstation ein Zoo mit ca. 2.3oo Tieren. Geöffnet: 8 - 2o^{oo}.

PARQUE O'HIGGINS: der andere große Freizeitpark von Santiago und ebenfalls am Wochende bester Tag zum Besuch, da am meisten los! Metro bis "Los Heroes" und dort in die Südlinie umsteigen bis Station "Parque O' Higgins". Eingang nur wenige Meter von der Metrostation entfernt.

Links vom Eingang ist ein sogenanntes "Pueblito Chileno", eine etwa 15o m lange Strasse mit Restaurants, deren Ober draußen stehen und die Leute reinziehen wollen. Neben Pseudoshows gibts auch gemütliche und empfehlenswerte Sachen wie z.B. das "El Farolito" mit guter Küche und mittleren Preisen.

Südlich eine Lagune mit Bootsverleih, – nördlich "Fantasilandia", Kinderparadies wo man für rund 2 US sämtliche Einrichtungen beliebig benutzen kann, Achterbahn, Geisterbahn, Karussels, Schaukeln, Autos etc.

In Pueblito auf einem kleinen Platz am Wochendende Folklorevorführungen, seitl. Kunstgewerbe und Souvenirshops.

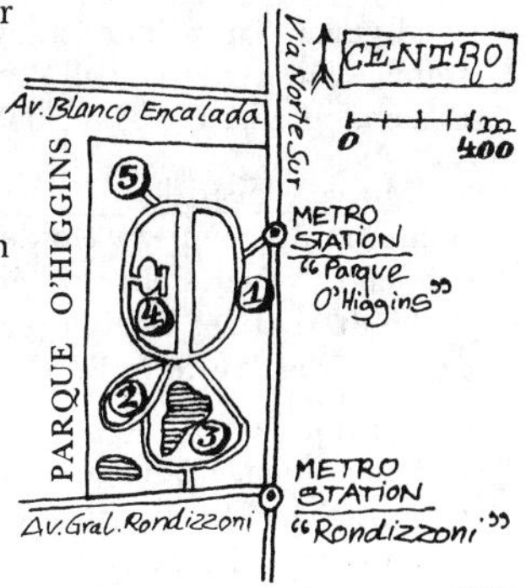

1 Pueblo Chileno ("El Pueblito")
2 Tennisplätze
3 See mit Bootsverleih
4 Stadion mit Tribünen
5 Fantasilandia

QUINTA NORMAL: Parkanlage nördlich vom Zentralbahnhof mit mehreren Museen. Zu erreichen entweder zu Fuß ab Estac. Central (zugleich auch Metrostation) und dann 4 Block die Av. Matucana rauf. – Oder ab Plaza Constitucion etwa 3o Min. zu Fuß über die Av. Portales. Gibt auch Mikrobusse ab Calle Catedral/Abfahrt bei der Kathedrale, Aufschrift "Colon Oriente" bzw. "Vitacuna".

* "Museo Aeronautico" (Av. Portales 1889). Allein sehenswert wegen dem Haus aus der Jhd.- Wende: Leckerbissen aus Eisen und Glas. Der Pavillon wurde 1898 in Paris gebaut für den Chile- Stand der damaligen Weltausstellung und dann nach Santiago verschifft. Davor 4 alte Flugzeuge , u.a. ein Lockheed-Jet Jäger (T 33 F 8o), BJ. 1957 der für damalige Zeiten die beachtliche Geschwindigkeit von 9oo km/h und Flughöhe bis max. 15.ooo m erreichte. Innen: Navigationsinstrumente, Modelle und Propeller.
Besichtigung nur So.: 1o- 13 und 15-18 Uhr. Besuch während der Woche nur gegen Voranmeldung (Tel.: 9o.888)

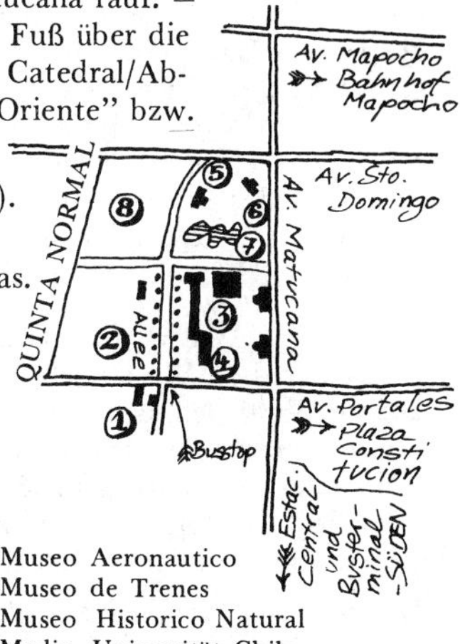

1 Museo Aeronautico
2 Museo de Trenes
3 Museo Historico Natural
4 Mediz. Universität Chile
5 Museo Arte Moderna
6 Pabellon Gay
7 Lagune
8 Centro Deportivo

0 400 m

* "Parque Museo Ferroviario": Rund ein Dutzend Dampfloks und ein paar Waggons, die auf chilenischen Strecken in Benutzung waren. Gut restauriert. Wenn möglich, sollte man sich die beiden roten Waggons nähe Verwaltungsgebäude aufsperren lassen: viel Eisenbahnromantik mit Holzbänken, farbigen Glasfenstern im oberen Teil. Feingearbeitete Gußeisengepäcknetze.

Zu sehen auch die Andenlok "3349"/FCTC, froschgrün, 19o9 in Leed/England gebaut, mit Schneefänger und gemütlichem Holzdach über dem Führerstand. Weitere, zum Teil sehr ausgefallene Modelle und Leckerbissen für Eisenbahnfans! Geöffnet außer Mo.: 1o - 13 und 14 - 17 Uhr.

* "Museo Historico Natural": das ehemals miefige Museum ist dabei, modern ausgebaut zu werden mit Schaukästen Diaramas etc. Insgesamt lohnend. Neben Schaubildern der nordchil. Wüste: interessante Demo- Modelle alternativer Energiegewinnung aus Sonne, Wind, sowie Wassergewinnung in der Wüste (z.B. 1 qm Stoff rund 2oo Liter Wasser in 15 Tagen!).

Ausgesprochen schöner Schaukasten mit der Landschaft des Canal Austral in Patagonien, Boote und Werkzeuge der Bewohner. Übersicht über die chilenischen Minen (an Bodenschätzen ist Chile eines der reichsten Länder Südamerikas. Nicht verwunderlich daher das intensive Interesse der USA und der UDSSR an diesem Land und Versuche politischer Einflußnahme!).

Chuquicamata z.B. größte offene Kupfermine der Welt mit derzeit 4 x 1,8 km (!) Kraterloch und 47om Tiefe. 553.ooo Tonnen Kupfer pro Jahr. LKW's, die zwischen 12o und 25o Tonnen wegtransportieren können. – El Teniente /Sewell bei Rancagua mit der größten unterirdischen Mine der Welt. – Beim Lago Gral. Carrera/Südchile: riesige Blei und Zinklager etc.etc

Im Seitentrakt des Museums eine riesige Halle voll von Knochen, vom Dinosaurier bis zum Frosch. Selten so einen Haufen Knochen und Museumsmief gesehen. – Das Museo Hist. Natural existiert seit 1876. Zu begrüßen ist die derzeitige Befreiungskur von Museumsmief. Es fehlt aber bei den modernen Schaukästen vorn und hinten an Erklärungen, z.B. bei dem der "El Teniente Mine" nicht einmal die Erklärungen, welche Mineralien dort gefunden werden. Oder bei der Karte der Meeresströmungen um Südamerika sehr ungenaue Darstellung im Bereich Ecuador/Peru!
Geöffnet: Di. - Sa.: 1o - 13 und 14 - 17 Uhr, So.: 14 - 17.3o Uhr.

MUNDO MAGICO: (Av. Gral. Barilla 61oo. Metro bis Station "Pajaritos"). Kinderparadies. Ein etwa 8oo m langes open air- Modell von Chile! Mit Bergen, Vulkanen, die Häfen nachgebaut, Schiffe schwimmen im Pazifik (neben einem Kriegsschiff friedlich 2 Goldfische), Eisenbahnen zuckeln auf den Chile- Strecken durchs Gelände, auf dem internat. Airport von Santiago rollt die Lan Chile Maschine zum Start, die wichtigsten Gebäude nachgebildet. Unten in der Antarktis rutscht ein Eisberg durchs Wasser.

Wer Spaß hat an Spielzeug, Zügen, kleinen Autos etc., muß unbedingt rausfahren. Zugleich guter Überblick über die chilen. Landschaften. Am Eingang gibts ein Papier, wo die Gebäude und Orte kurz erläutert sind. Leider derzeit nicht in Englisch. Eintritt ca. 2 US $.

CLUB HIPICO (Av. Blanco Encalada), die Pferderennbahn von Santiago. Auch wer sein Geld nicht in Pferde investiert, sollte mal rausfahren. Interessante Architektur in Kopie/Longchamps in Frankreich, fertiggestellt 1923. Mit dem Bau wurde 1893 begonnen, also zum Höhepunkt des Salpeter-Booms in Chile; eine feudal- repräsentative Angelegenheit, die den Reichtum damaliger Zeiten spüren lässt. Das nördlich anschließende Viertel, speziell Av. Republica und Av. Ejercito war damals die beste Residencial Area Santiagos. Heute noch viele schöne Casas.

Spaß vom Ambiente her macht das Restaurant im Club Hipico (offen tägl. am Mittag). Pferderennen sind jeden Mittwoch am Abend, sowie So. früh. Von der Zuschauertribüne schöner Blick auf die Andenkette.

Tourist INFO "Sernatur"(= Servico Nacional Turismo) mit Postanschrift: . . . . Tel.: 6o474 . . SERNATUR P.O. Box 14082 Santiago

Hauptbüro im Centro: Catedral 1165 nähe Plaza de Armas (siehe Karte!). Offen Mo. - Fr. 9 - 17 Uhr, Sa.: bis 13 Uhr, bzw. im Winter geschlossen. Zweigbüro im Internat. Airport. Für beide Büros gilt: freundlich und hilfsbereit. Infos über Gesamt- Chile. Sofern vorrätig, gibts hier einen sehr gut gemachten Gratisstadtplan von Santiago mit eingezeichneten Metrostationen, Hotels, Museen etc. Wer einen detailierten Plan z.B. zu Außenbezirken benötigt: Tip, im Santiago- Telefonbuch gabs bisher immer einen supergenauen Plan inkl. Straßenindex! – Bei "Sernatur" sofern vorrätig außerdem Posters, allerdings dann Transportproblem, da es keine Pappröhren gibt; eventuell in Geschäften.

Der "Automovil Club des Chile" (Av. O'Higgins 1111) gibt Infos insbesondere zu Straßenzustand, Tankstellen, Werkstätten im Lande, aber auch touristischer Natur. Sowie Verkauf von Straßenkarten.

Das "Departemento de Museos y Turismo" (betrieben von der Stadt Santiago. In der Casa Colorada 2. Stock, siehe unsere Karte Nr. 22) ist gute Anlaufstelle für Infos zu kulturellen Veranstaltungen. Gleichzeitig führt das Departamento Rundfahrten durch inkl. (spanischer) Führung, aber auch Fahrten in die nähere Umgebung. Ziele wechseln, bei längeren Fahrten ist auch das Mittagessen inklusiv. In Relation zu Reisebüros recht günstige Preise! –

Gute Infoquelle für Veranstaltungen ist die monatlich erscheinende Broschüre "Informador Turistico Mensual". Herausgegeben in Zusammenarbeit mit Sernatur.

Post Plaza de Armas/Ecke Puente, das Hauptpostamt von Santiago

Telefon: ENTEL, in der Huerfanos 1133, 1. Stock. Offen: Mo. - Fr. von 8.3o bis 22 Uhr. Sa, So. und feiertags von 9 bis 14 Uhr. Ab 2o Uhr werden internat. Gespräche billiger. Telefonieren vom Hotel: in der Regel Aufpreis.

Transport in Santiago:

1.) METRO: neu, supereffizient und auch für Touristen sehr nützlich. Es gibt 2 Strecken: einmal unter der O'Higgins und Av. Providencia. Verbindet damit wichtige Punkte im Centro mit den Restaurant- und Residencial-Areas im Osten, sowie den Zentralbahnhof und den Busterminal für die Strecken in den Süden Chiles.

Zum anderen eine noch nicht voll fertiggestellte Nord- Südstrecke ab Kreuzungspunkt "Los Heroes", die später mal rauf zum Bahnhof Mapocho und dem Busterminal für die Nordstrecken verlängert werden soll.

DIE SANTIAGO–METRO ist eine supermoderne Angelegenheit. Mit quietschenden schmatzenden Michelin- Autoreifen, wie die Pariser Metro, selben Eingangssperren, wo man das Ticket in den Automaten schiebt,der es sich einbehält.

Fahrkarten entweder einzeln am Kiosk, oder als Block à 1o Stück. Spart ein paar Pfennige, vorallem aber das lästige Anstehen am Schalter. BETRIEB: Mo. - Sa. von 6.3o bis 22.3o Uhr, – am Sonntag oder Feiertag: 7.3o bis 22.3o Uhr.

Auch die Ausschilderung ist vorbildlich. Wie gewohnt hat jede Metro die Zielrichtung angeschrieben. In den einzelnen Stationen nicht nur der Name der Station, sondern auch die Höhe der Hausnummer auf der O'Higgins bzw. Providencia. In jeder Station gibts einen Straßenplan der näheren Umgebung. Einige der Metrostationen werden sogar dezent von oben aus der Decke mit Musik berieselt.

Während des Stoßverkehrs ist die Metro (insbesondere im Bereich O'Higgins/Providencia) natürlich jedem anderen Verkehrsmittel haushoch überlegen. Während oben sich der Verkehr staut und quetscht, rauscht unten die Metro ruck zuck durch die Röhre.

2.) TAXI: schwarz mit gelbem Dach. Teils mit Funk ausgerüstet, bzw. übers Telefon von Taxiständen abzurufen. Fahrt ist relativ billig, allerdings o,5 US Grundgebühr. Nachts (zwischen 22 und 6 Uhr) sowie son- und feiertags 5o % Aufschlag. Warten häufig auch vor den Metroausgängen, sodaß man die Vorteile beider Transportmittel kombinieren kann.

3.) TAXI–COLECTIVOS: fahren fixierte Routen, pro Person um die o,5 US und Strecke, wobei maximal 4 Personen eingeladen werden dürfen zuzüglich des Fahrers. Auf dem Dach ein Schild mit der Routenangabe. Farbe des Fahrzeuges: schwarz mit gelbem Dach. Hängt damit zusammen, daß die Taxi- Besitzer oft auch Colect.- Taxi fahren (Schild aus dem Kofferraum raus und aufs Dach), je nach lukrativerem Job (abhängig von der Tageszeit).

Colectivo- Taxis dürfen in der Zeit zwischen ca. 7 Uhr früh und 21/22 Uhr nicht im Dreieck des Centros fahren; zu dieser Zeit sind dort nur reine Taxis zugelassen.

4.) BUSSE: gibts ähnlich wie Taxis im Centro wie Sand am Meer. Kostenpunkt um o,3 US pro Fahrt, egal wie lang die Strecke ist. Die Route und der Preis stehen vorn auf der Windschutzscheibe, oder seitlich neben dem Einstieg. Das Ticket kauft man beim Einsteigen vorn beim Fahrer und sollte bereits das Kleingeld parat halten. Sonst wird während des Fahrens (inklusiv eventuellen Bremsens) das Wechselgeld herausgegeben, wobei der Busfahrer in seinem Sitz in der günstigeren Ausgangsposition ist.

Busstops sind meistens durch ein "Parada"- Schild gekennzeichnet, auf dem (ebenfalls) meistens auch die Busnummer und die Route der Busse steht, die hier stoppen. Sonst Leute fragen.

5.) AIRPORTBUS: siehe "Flugverbindungen ab Santiago".

6.) EIGENES AUTO/MIET–PKW: im Schachbrett Centro zwischen Rio Mapocho und breiter O'Higgins tagsüber nur Schrittempo und kaum Parkraum. PKW besser außerhalb stehen lassen und zu Fuß bzw. mit der Metro.

AUTOVERMIETUNG: für Santiago selber wohl kaum von Vorteil, da die meisten Sachen kompakt zusammenliegen, bzw. bequem mit der Metro zu erreichen sind. Mietwagen kann aber nützlich sein, wenn man wenig Zeit hat und die nähere Umgebung kennenlernen will. Es gibt eine ganze Reihe von Vermietern, – sowohl mit Büro im Airport, wie auch im Centro (siehe gelbe Seiten/Telefonbuch).

Preise ab ca. 12 US/Tag zuzüglich Km- Geld für einen Kleinwagen. Spezialpreise fürs Wochenende, bzw. "ilimitada" (ohne Km- Begrenzung).

Wohnmobile heißen in Chile "rucamovil". Angeblich soll es möglich sein, Wohnmobile vom Rucamovil- Club in der Calle Esmeralda 756/Officina 21 (Tel.: 39.12.51) zu mieten. Wenn das klappt: hochinteressante Sache für Trips ins Seengebiet im Süden Chiles! Angeblich auch bei "Castanera Turismo", Av. Providencia 1486.

Verbindungen ab Santiago:

(1) Flug:

Santiago de Chile hat für die Verkehrsfliegerei 3 Airports: (A) den Internationalen Airport A. Merino Benitez knapp 3o km außerhalb am westlichen Stadtrand. Von hier gehen sämtliche Jet- Inlandsflüge, aber auch alle internationalen Flüge in die Nachbarländer, sowie die Südseeroute nach Tahiti über die Osterinseln.

Modernes Airportgebäude mit Duty Free Shops, Restaurants, Tourist Office etc. Riesige Landebahn in freier Ebene; kann auch von Jumbos problemlos angeflogen werden. Fantastischer Landeanflug, insbesondere, wenn man vom Wüstengrau des Nordens (also Lima/Peru oder Arica/Chile) in die sattgrüne fruchtbare Ebene runtergleitet! Kulisse der schneebedeckten Anden!

VERBINDUNG: ab Hotel Carrera/Plaza Constitucion im Centro fahren zwischen ca. 7 Uhr und 19/2o Uhr alle 1/2 Stunde Busse rüber zum Airport. Ca. 1,4 US pro Person, Fahrzeit rund 3o Minuten. Für Gäste des Carrera- Hotels ist der Bus gratis, wird aber in den meisten Fällen überprüft. – In Gegenrichtung, also ab Airport kann man den Fahrer bitten: hält unterwegs an gewünschter Stelle an (z.B. am Zentralbahnhof = Umsteigen in Metro für andere Destination!), der Fahrer fährt aber keine extra Umwege.– Angeblich soll der Bus auch für Lan- Chile- Fluggäste gratis sein.

Taxi ist teuer wegen der langen Entfernung. Besser nimmt man den Airportbus und bekommt an der Plaza Constitucion mit ziemlicher Sicherheit schnell ein Taxi, sonst hilft der Portier des Hotels per Telefon.

Außerdem gibts eine Helicopterverbindung zwischen Internat. Airport und einer Landefläche des Holiday- Inn Hotels/Av. O'Higgins. Preislich aber nichts für die Brieftasche eines Normalsterblichen.

(B) der Aeropuerto Los Cerillos: nur für Militärmaschinen, sowie die Propellermaschinen der "Aeronor", der "Aeroguyacan" und der "Float". Liegt südwestlich des Centros. Ab Los Cerritos mit TAXPA nach Robinson–Insel

VERBINDUNGEN: Mikrobus "Cerillos" ab Calle Catedral /Abfahrt vor Tourist Office. Fahrzeit ca. 15 Minuten.

(C) der Aeropuerto Tobalaba: unter anderem Helikopterstützpunkt. Liegt im Stadtteil La Reina, östlich des Centros.

HELICOPTERVERMIETUNG: "Helicopservice" (seit 2o Jahren). Stadtbüro: Huerfanos 1117 Of. 2o2, – "Helicopteros Andes S.A." im Aerodromo Tobalaba.

★ **Internationale Verbindungen:** trotz (oder vielleicht gerade wegen) seiner abgelegenen Lage an der Südwestspitze des Kontinents hat Santiago de Chile ein sehr dichtes, internationales Flugnetz:

In der Regel 3 - 4 mal pro Woche, meist mit Jumbos via Buenos Aires oder Rio/Sao Paulo:kommen "Air France" (ab Paris), – "Lufthansa" (ab Frankfurt), – "Swissair" (ab Zürich), – SAS (ab Kopenhagen), – KLM (ab Amsterdam), – "Iberia"(ab Madrid), – "British Caledonian" (ab London), – "Alitalia" (ab Mailand). Unterm Strich somit mehrere Flüge pro Tag und in der Regel auch keinerlei Probleme, Platz zu bekommen.

Tips für billige Transatlantikflüge siehe Einleitungskapitel des Chile- Teils! Spezialist Spantax wird in Santiago von "C.I.T." vertreten, Tel.: 39.33.44, 38.22.13 und 38.24.94, Calle Estado 337. Aber auch die anderen Airlines bieten günstige Transatlantikpreise an.

Der Flug Santiago – Buenos Aires hat mir viel Spaß gemacht. Flugzeit rund 2 Std., aus der Ebene von Santiago rauf über die schneebedeckten Vulkan- und Andengipfel der 7.ooo-er rüber nach Argentinien. Endlose graue Sand/Steinflächen mit schnurgeraden Straßen über 3o/4o km in Super-Schachbrettmuster, gelegentlich Oasen, Weinanbau. Später kurz vor Bs.As. saftig grüne Fläche und runter zwischen den Häusern. – Kostenpunkt weniger erfreulich: 2oo US (Excursion innerhalb 3o Tg. um 32o US). Erheblich billiger wirds überland/Bus nach Mendoza und weiter per Zug (bequemer) oder Bus bis Bs.As., Fahrzeit ca. 2 Tage, ca. 12o US, einfach. Details siehe Text. – "Ladeco" fliegt mit Jets 2 x/Woche für 7o US einfach nach Mendoza.

Tip: Verknüpfung der beiden Rundflugtickets von Chile und Argentinien, die für insgesamt rund 6oo US $ das Befliegen beider Länder innerhalb rund 5o Tagen ermöglichen. Querverbindung per Bus von Santiago rüber nach Mendoza und ins dortige Rundflugticket einsteigen! Details siehe auch Einleitung/Chile!.nile!

Die Route: Santiago – Lima/Peru – Quito/Ecuador – Bogota/Kolumbien– USA (bzw. Venezuela und Transatlantik nach Europa) ist ähnlich dicht beflogen. ("Eastern", – "Lan Chile", – "Ladeco", – "Aeroperu", –"Avianca", – "Ecuatoriana" etc.). Speziell zu erwähnen wäre die Ladeco, die Santiago – Bogota direkt, also in Abkürzung durch Amazonasgebiete fliegt und damit auf dieser Strecke Zeit spart.

Santiago – Lima/Peru: täglich. Flug zunächst entlang der schneebedeckten Andenketten über die Wüstengebiete Nordchiles, kürzt dann übers Meer ab und verfolgt den Rest der Strecke wieder die peruanischen Anden und Wüstengebiete. Ohne Frage erhebliche Zeitverkürzung: 3 Std. im Direktflug, statt ca. 2 1/2 Tagen per Bus, – allerdings runde 27o US (in Gegenrichtung wegen den 21 % Flugtax in Peru sogar 32o US).

TIP: nationaler chilenischer Flug bis Arica/Chile, per Taxi oder Bus rüber nach Tacna/Peru und dort mit nationalem Jet der Aero Peru nach Lima. – Besser aber, unterwegs Stops einlegen und Teilstrecken per Bus. Interessant z.B. Nasca/Peru oder Umgebung von Antofagasta/Chile. Details in den entsprechenden Textstellen!

Peru und Chile (aber auch Bolivia) kann man mit den Rundflugtickets der Länder miteinander via Arica/Chile kombinieren und spart sich viel Geld. Details siehe "Arica"!

Santiago – La Paz/Bolivien: 2 mal pro Woche mit Lan Chile via Arica. Wegen Zwischenstops rund 4 Std./21o US einfach. Erheblich billiger, wenn man die innerchilenische Maschine bis Arica oder besser bis Antofagasta nimmt (ca. 1oo US, Bus ca. 3o US) und den Zug ab Calama rauf nach Bolivia. Unterm Strich per Bus + Zug für ca. 5o US $ zu realisieren bei ca. 2 - 3 Tagen, wenn der Anschluß klappt. Zudem schade, wenn man fliegt, da sich unterwegs viele interessante Zwischenstops bzw. Abstecher ergeben, alle Details siehe Text! – Mit "LAB" 1 x/Woche im Direktflug.

Santiago – Südsee: ab Santiago de Chile geht die einzigste Flugverbindung von Südamerika rüber in die Südsee. Die australische Quantas und die französische UTA fliegen je einmal pro Woche nach Papeete/Tahiti, die UTA dabei mit Zwischenstop auf den Osterinseln. – Lan Chile: 1 x/Woche via Osterinseln weiter nach Papeete/Tahiti.

PREISE: Santiago – Osterinseln ca. 3oo US $ fürs Einfachticket. Nach Papeete/Tahiti runde 1.1oo US $ einfach ab Santiago. Tip: für nur runde 45o US $ können Personen, die ihren Wohnsitz außerhalb Chiles haben, sich ein innerchilenisches Rundflugticket kaufen inkl. Osterinseln und zudem komplett Chile abfliegen. Details siehe Einleitungskapitel/Chile, Flugverbindungen!

Von den Osterinseln kommt man dann für ca. 6oo US $ Einfachticket rüber nach Tahiti und dort für ca. 1.2oo US nach Los Angeles/US- Westküste, das billige Flüge mit der BRD besitzt. Erheblich billiger ist jedoch der Kauf des speziellen Rundflugtickets auf der Route Miami/USA–Lima/Peru – Santiago – Osterinseln – Papeete – Hawai für nur ca. 1.3oo US $! Details siehe Seite 7o! – Papeete rüber nach Südostasien (z.B. Sydney/Australien wird teuer (ca. 1.25o US einfach). Preiswerter: Round the World Tickets!

★**Innerchilenische Flüge:** in Händen der nationalen "LAN CHILE" und der "LADECO" die beide mit Jets operieren. Täglich die 2.ooo km rauf bis Arica im Norden und die 2.5oo km runter bis Pta. Arenas in Feuerland. In Relation zur Entfernung billig, aber immerhin ca. 1o5 US bis Arica bzw. 14o US bis Pta. Arenas, jeweils fürs Einfachticket. Da lohnt sich das Chile-Rundflugticket, Details siehe Einleitung/Chile.

Billiger Richtung Nord die "Aeronor" (Propeller) und die "Aeroguayacan" (Propeller), Details siehe Nordchile. – Sowie Ri. Süd die "Float" nach Temuco, letztere bei den guten, bequemen und schnellen Bus und Zugverbindungen aber uninteressant für Tourismus.

Billig sind auch die FACH- Militärpropeller, z.B. von Santiago de Chile rauf nach Antofagasta für ca. 23 US $, bzw. runter nach Pta. Arenas ca. 41 US $ Allerdings sehr kompliziertes und langwieriges Teilnahmeverfahren und nur selten Flüge, Details Seite 1482!

"TAXPA"- Propeller nach Robinson Crusoe Insel/San Fernandez siehe dort! Office Santiago: Nueva York 53/Officina 1o2.

Airline- Büros/Santiago: Achtung: nur Lan Chile und Ladeco sind SA. offen (bis 13^{00})

Aeroguayacan: Av. Providencia 11oo/Loc. 25
Aerolineas Argentinas: Tenderini 82/6.Stock
Aeronor: Agustinas 1161/Loc. 13
Aero Peru: Teatinos 335
Air France: Agustinas 1138
Alitalia: Moneda 1o32
Avianca: Moneda 1118
British Caledonian: Herfanos 8o1/Of. 5o7
Air Canada: Huerfanos 669/Loc. 9
Ecuatoriana: Huerfanos 116o/Loc. 19
Iberia: Agustinas 1115
KLM: Agustinas 8o2
Lan Chile: Agustinas 1197
LAB: Teatinos 335
Ladeco: Huerfanos 1157
Taxpa: Nueva York 53/1o. Stock
LAP: Huerfanos116o /Loc. 5
Lufthansa: Moneda 97o
Pan Am: Alameda 949
SAS: Miraflores 178/ 15. Stock
Swissair: Agustinas 1o46
Varig: Huerfanos 12o1
Viasa: Agustinas 1141

AIRPORTTAX: sowohl auf Inlandsflüge, wie auch auf internationale sind pro Abflug 5 US $ nach derzeitiger Regelung fällig.

② Züge:

Santiago hat zwei getrennte Bahnhöfe:

Ⓐ MAPOCHO, für das 2.5oo km Gleis in die Wüste Nordchiles. Gebaut 1913 in Kopie der großen Bahnhöfe von Paris. Architektonischer Leckerbissen. Kuppelgewölbe mit Stuck verziert, integrierte Halbbögen aus Eisenträgern, reich verzierte Stuckfassade.

Der Baubeginn fällt in die Blütezeit des chilenischen Salpeterbooms: Mapocho sollte den Reichtum repräsentieren. Auch wenn heute nur noch 4 einsame Gleise rausführen und die Strecke nach Iquique längst (seit mindestens 1o Jahren) stillgelegt ist: schön, sich vorzustellen, wie damals zur Jahrhundertwende sich in Mapocho die Wildwest Waggons mit Abenteurern, dick berockten Damen der Hig Society und Mineningenieuren füllten, um per Dampflok raus auf den 2 Tagestrip in die Wüste zu rollen.

Mapocho wurde renoviert. Oben in der Eisenkonstruktion Hifi- Lautsprecher, über die gelegentlich z.B. die Slawischen Tänze von Antonien Dvořak oder die Russische Rapsodie abgespielt werden. Schöne Boleteria.

Sämtliche Personenzugverbindungen nach Nordchile, – aber auch über die Anden nach Mendoza/Argentinien sind seit Jahren eingestellt, da der Bus das schneller macht. Ab Mapocho lediglich noch Triebwagen runter nach Viña del Mar. Details siehe dort! – ADRESSE: am Ende der Calle Morande am Rio Mapocho.

Ⓑ ESTACION CENTRAL: gebaut 191o im Stil der Jhd.- Wende. Große Halle in Eisenträgerkonstruktion, die in Creusot/Frankreich vorfabriziert wurde und per Schiff nach Santiago kam.

Hier fahren alle Züge Richtung Süden ab, bis Pto. Montt. Täglich mehrere Verbindungen, auch Schlafwagen. Details siehe Kapitel "Santiago– Pto. Montt". – ADRESSE: O'Higgins/Ecke Av. Matucana. Ist zugleich Metrostation. – Ticketkauf und Vorreservierung ist auch im Centro beim Büro der "FFCCE" in der O'Higgins (Hotel Emperador) möglich. Hier auch Infos zu den Abfahrtszeiten der Strecken "Calama – Bolivia/La Paz" und "Arica – La Paz".

③ Busse:

Auch hier hat Santiago 2 Busterminals:

Ⓐ TERMINAL NORTE für die Nordrouten rauf in die chilenische Wüste bis an die Grenze zu Peru, aber auch für die internat. Busse nach Mendoza/Argentinien. Details zu Preisen und Abfahrtszeiten an den entsprechenden Textstellen! –

Dieser Busterminal ist relativ klein; rechteckige Halle mit den Busbüros und Kiosk, sowie Restaurant. ADRESSE: Gral. Macenna, wenige Meter hinter dem Mapocho Bahnhof. Im Umkreis ein Schwung Billighotels, ins Centro zu Fuß etwa 15 Min. (Plaza de Armas).

Ⓑ TERMINAL SUR: liegt knapp neben dem Zentralbahnhof, O'Higgins 3898. Metrostation. Für sämtliche Buslinien Richtung Süden bis Osorno und Pto. Montt. Aber auch an die Pazifikküste unterhalb von Santiago (Valparaiso, Viña del Mar, Zapallar etc.). Alle Details an den entsprechenden Textstellen!

TIP: sämtliche Abfahrten des betreffenden Tages, – egal ob Flug, Zug oder Bus – sind in der Tageszeitung "EL MERCURIO" abgedruckt!

Excellenter Service und großes Kompliment an die Redaktion! Vorbildlich für Südamerika.

④ Schiffe:

Mit "Navarma" gelegentlich über Pto. Montt und durch die Fjorde Südchiles nach Punta Arenas. Zeitweilig dann aber wieder eingestellt. Bei "Sernatur" Catedral 1165 anfragen!

Frachter der "Delta- Line" fahren ca. 1 mal im Monat von Vancouver/ Cannada entlang der Pazifikküste nach Valparaiso und weiter durch die Fjorde Südchiles und die Magellan Straße rüber nach Buenos Aires. Fahrzeit Valparaiso – Buenos Aires rund 8 Tage, nehmen Passagiere mit. Allerdings bei saftigen Preisen von 3.4oo bis 2.3oo US $ pro Person! Büro in Santiago: Victoria Subercaseaux 381/5. Stock.

Praktisch keine Chancen für Frachterverbindungen (und Trampen) von Chile nach Australien.

Buchungsbüro (auch für Reservierungen) der Trips mit "Skorpios", die ab Pto. Montt zur Laguna San Rafael fahren: Mac Iver 484/2. Stock. Details siehe "Pto. Montt"! –

Hotels/Santiago:

Die meisten BILLIGHOTELS liegen nähe Busterminal Norte, – MITTELKLASSE-HOTELS sowohl im Centro (Vorteil: mitten im Geschehen, Nachteil: fast immer sehr laut), alsauch in den Residencial Areas. Tip, da ruhigere und meist schönere Lage und in der Regel ruck zuck mit der Metro im Centro. – LUXUSHOTELS (bis auf das "Sheraton San Cristobal" alle im Centro, bzw. im Randbereich des Centros.

TEUER bis LUXUS:

"Hotel Carrera", Teatinos 18o an der Plaza Constitucion. Ehemals bestes Luxushotel von Santiago. Ein riesiger, 16- stöckiger grauer Steinkasten. Von den Zimmern der oberen Stockwerke Blick über die Stadt und die beiden Hügel San Cristobal und Santa Lucia. Große, geräumige Zimmer mit Farb TV. Und viel vom Hotelstil früherer Jahre. Bei Telefonanrufen geht der Boy mit Klingel durch die Lobby und Tafel, auf der der Name des Angerufenen steht. Alte, messingverzierte Aufzüge. Oben im 16. Stock überdachter SW- Pool und Restaurant.

Inzwischen etwas in die Jahre gekommen, zwar zentral, aber in seinen Preisen etwas überteuert (ca. 8o US $) Öfters Rabattangebote bis 2o %. Service ist excellent!

"Sheraton San Cristobal" , Av. Santa Maria 1742. Derzeit beste Wahl für Luxus. In bester Residencial Lage beim Cerro San Cristobal. Modern, SW- Pool. Doppel ca. 95 US $ mit Farb TV.

"Holiday Inn Cordillera", O'Higgins 136. Hochhaus nähe Plaza Baquedano (Metrostation). Gute Wahl, modern, SW- Pool, Sauna, Tennis. Mit Helikopterlandeplatz. Doppel mit Farb TV um 9o US $.

"Hotel Tupahue", San Antonio 477. Anständig von Haus und Lage. Moderner Neubau am Rand des Shoppingbereiches des Centros. Unten Rezeption, oben im 3. Stock die Lobby und SW- Pool. Ca. 55 US $.

"El Conquistador", M. Cruchaga 92o. Im Zentrum des Zentrums an Fußgängerzone. Von außen ein wenig attraktiver Steinkasten. Vorteil sind Lage sowie nur 1 Min. zu Fuß von Metrostation. Doppel um 5o US.

MITTEL:

"Libertador" in der O'Higgins 853. Zentraler gehts kaum noch. Allerdings auch direkt an der lauten, lebendig geschäftigen O'Higgins, genau dort, wo am meisten los ist. Das heißt Fußgängerzonen einmünden, gegenüber ein Bohème- und Nuttenviertel.Die Zimmer sind o.K. insbesondere für Preis und Lage. Mit Privatbad und Tel. ca. 25 US.

"Ritz", Estado 248. Laut, inmitten des Geschäftscentros. Allerdings sonst eine günstige Wahl in Relation zum Preis, ca. 16 US $.

"Riviera", Miraflores 1o6. Angenehm kleines Hotel, ca. 18 US $.

"Santa Lucia" , Huerfanos 779. In der Fußgängerzone. Sehr zentral, Blick weniger attraktiv. Doppel ca. 2o US $.

"Hotel Orly", Turismo 27. Kleines, gemütliches Hotel in grüner Residencial Area und nur wenige Meter von der Metro entfernt. Sauber, mehr Privatatmosphäre, ohne eine Pension zu sein. Allerdings saftige 45 US $!

"Forestal", V. Subercaseaux 353. Nähe Santa Lucia Hügel. Schöne Lage, gut eingerichtete Zimmer, günstiger Preis. 15 US $. Sehr zu empfehlen.

"São Paulo", San Antonio 359. Kostenpunkt ca. 12 US $. Lesertip. – "Monte Carlo", Subercaseaux 2o9 unterhalb des Cerro Santa Lucia. Modern und angenehm. Ca. 11 US. – "Apart H. Agustinas" in der Agustinas 199o. Angenehm und sauber. Ca. 12 US $. – "Hotel Espana", Morande 51o. Gut und preiswert. Doppel um 11 US $.

BILLIG:

"Hotel Viña 2", Calle Rosas 1558. Tip in der Billigklasse. Alte Zimmer, aber sehr sauber und anständiger Preis um 6 US $ fürs Doppel (Gemeinschaftsbad). Nähe Busterminal

Norte.

"Hotel Souvenir", Amunategi 856 (näher Bust. Norte): feudaler Eingang mit riesigen blankpolierten Türknäufen, Messing- Hotelschild. Innnen ein gepflegtes Basic- Hotel. Manche Zimmer ohne Fenster, Typ Stahlrohrbett. Doppel mit Gemeinschaftsbad um 1o US $.

"Hotel Caribe", San Martin 851 (etwa 15 Min. zu Fuß vom Plaza de Armas). Zimmer sind sauber und ordentlich, allerdings sehr einfach. An lauter Straße, etwa 1 Block vom Busterm. Norte entfernt. Doppel ca. 6 US $. Für die Benutzung der Gemeinschafts-Duschen muß extra bezahlt werden. Außerdem wird das warme Wasser abends abgestellt. Kann trotzdem noch als Tip gelten.

"Valparaiso", Morande 791. Sauber, aber dunkle, kleine Zimmer. Doppel um 6 US $.

In der Calle Gral. Mackenna im Umkreis des Busterminals Norte ein ganzer Schwung von Basic- Hotels, teilweise eines neben dem anderen. Aber oft saumiserable Absteigen, teils sogar als Puff benutzt. Dazwischen aber passablere Basic- Sachen. "Hotel Mackenna" Nr. 1471 schön an der Allee- bestandenen Av. Mackenna gelegen. Innen düster. – Das "Nuevo Retiro", Mackenna 1266 (in einem deutschen Führer empfohlen!) ist schlichtweg eine Katastrophe! Und dies bei einem Preis fürs Doppel von 6 US $. – "Hotel Colonial", Mackenna 1262. Stinkiger, schmaler Schlauch mit seitlichen Kabuffzimmern. Pro Person um 2,5 US $. – "Hotel Florida ", direkt daneben, wie auch das anschließende "Nuevo San Felipe" sind samt und sonders à la Gang & Kabuff für teures Geld gestrickt und nicht zu empfehlen. Weitere im selben Stil.

Die Jugendherberge ("Alberge Juvenil") liegt in der Marco Antonio Reyes 84. Offen nur Jan. und Febr. Man muß Internat. Jugendherbergsausweis besitzen.

"Amigos de Todo el Mundo" ist eine Organisation, die Kontakt zu Privatfamilien vermittelt für Leute, die sich längere Zeit in Santiago aufhalten wollen (zum Sprache lernen etc.). Preise varieren nach Haus und Familie, inkl. ist das Essen, sowie das Wäsche-Waschen. Kontaktadresse: Senor Arturo Navarete, Av. Bulnes 285/Dpto. 2o1, Santiago de Chile (oder Casilia 286o Correo Central.)

PREISE: billig = unter 3 US $, – mittel = ca. 3,5 - 6 US $, – teuer = ab ca. 5 US $. Abendessen beginnt nach 2o Uhr, meist erst ab 21 Uhr. – (C) = Centro.

"EL PARRON", Av. Providencia 1184 (Metro: M. Montt). Der Essraum einfach, fast spartanisch eingerichtet, aber gute Küche bei mittleren Preisen. Vorwiegend chilen. Küche, Parrillada, Fleisch, Fischgerichte. – "PINPILIN-PAUSHA" (C), Matias Cousino 62 (Metro: U. de Chile). In der Fußgängerzone direkt beim "Santiago Center" nähe O'Higgins. Ein kleiner, gemütlicher Raum mit halbhohen Gardinen an den Fenstern. Mittags immer knallvoll. Küche ist excellent und frisch. Preise für Gebotenes und Umfang der Gerichte billig. Lecker: "Locos", ansonsten Fisch, Fleisch, teils mit Tendenz deutscher Küche. Uns hats ausgezeichnet geschmeckt, kann wärmstens empfohlen werden! Eines meiner Lieblingsrestaurants in Santiago seit Jahren! (Gemäß obiger Preistabelle: mittel). – "AQUI ESTA COCO", La Concepcion 236 (Metro: Pedro de Valdivia). Hochgelobt als bestes für Mariscos in Santiago. War großer Reinfall bei unserem letzten Test. Vom Ruhm des "Coco" zehrt bereits das gegenüberliegende "Palacio de Marisco" der mit massiver Neonreklame und Reinlockern anwirbt. "A.E. Coco" in alter Casa in Residencial Area. Schön hergerichtet mit vielen geschmackvollen Ölgemälden an der Wand und vom Ambiente sicher o.K. Der bestellte Lobster (17 US $!!) war aber mit fantasieloser Mayonese verunstaltet und die Locos zäh und müde. Rundum amerikanische + chilenische Sprachbrocken mit penetrantem Gedudel einer Computer- Rythmusorgel. Superteuer sowohl vom Preis, aber auch in Relation zur Küchenqualität. – "PERGOLA DE LA PLAZA", Plaza del Mulato Gil Lastarria 321 (C), nähe Santa Lucia Hügel und Plaza Baquedano. Ein gemütliches Bistrot-Stil "Cafe/Bar/Restaurant" wie es sich nennt. Tip! Preise: mittel. Für Cafe-Trinken und Ratschen sehr schön. Oder um Leute kennenzulernen. An der kleinen Plaza im Innenhof Kunstgewerbegeschäfte (Metro: U. Catolica). – "CLUB HIPICO" im eleganten Pferderenn Club von Santiago. Tip wegen Ambiente (um Jhd.- Wende gebaut). Nur mittags offen, Preise mittel bis teuer. – "STEAK HOUSE NR.1", Huerfanos 757 (C), sowie "STEAK HOUSE NR. 2", Ahumada 254 (C). Mischung aus Selvservice à la Mac-Papp und Rodeo Steak in BRD. Selbstbedienung. Für 5 US gibts Fleisch nach Wahl, Salat nach Wahl, Nachtisch nach Wahl und Getränke (Bier, Softdrink, oder 1/3 Vino nach Wahl). Heißer Tip! Relativ ge mütlich; in der Huerfanos im Keller, weiße Wände, simple Tische, aber trotzdem ganz o.K. vom Ambiente. (Metro: U. de Chile). – "NATURISTA", La Moneda 846 (C). Soft-Drinks, Omeletts etc. Preise: mittel bis billig (Metro: U. de Chile).– "ENOTECA" auf dem Cerro San Cristobal, Bergstation der Seilbahn ab Pedro de Valdivia . Sauteuer, aber abends fantastischer Blick auf Santiago. Geht auch per eigenen PKW/bzw. Taxi bis Enoteca. – "EL FAROLITO" im "Pueblito"/Parque O'Higgins. Sehr gute Küche, Preise mittel, Raum gemütlich. Excellent war die "Crema de Tomate" (Tomatensuppe) und die "Locos". Im Pueblito eine Reihe weiterer Restaurants, teils mit Folklore-Shows. (Metro: Parque O'Higgins). – "CEZ HENRY" (C), Portal Fernandez Concha 962 (Plaza de Armas). Sehr beliebt bei den Chilenen. Sowohl Restaurant, das oft bis sehr spät offen ist, auch Musikshows, – sowie Essen zum Mitnehmen. Preise: mittel bis billig. – "LOS ADOBES", Argomedo 411 (nähe Diez de Julio) und das "MESON DEL ARZOBISPO", Bellavista 6o1 (im Süden von Santiago) eingerichtet wie chilenische Casa, aber auch die Ober in traditioneller chilenischer Kleidung. Küche ist excellent und großer Tip. Preise mittel bis teuer. Taxi nötig oder gute Buskenntnisse. Zu Fuß ist das "Adobe" leichter zu erreichen: Metro bis Santa Lucia und die San Isidro rund 6 Blocks runter (ca. 15 Min. zu Fuß). – "BALI HAI", Colon 5146 im Stadtteil Las Condes. Grasbedeckte Hütte mit vier rot angestrahlten Osterinselfiguren neben der Tür. Innen gemütlich und originell eingerichtet. Polynesische Küche, excellent, aber teuer. Shows. Lohnt sich, wer das Geld dafür hat. – "DA CARLA", Mac Iver 577 (C). Italienische Küche bei mittleren Preisen. Kochtöpfe an der Wand, Pflanzen etc. – "TORRES", O'Higgins 157o (C). 1oo Jahre alt, große Wandspiegel, alles authentisch alt mit viel Ambiente. Auf dem Piano Jazz. Preise mittel. (Metro: La Moneda).- "NO ME OLVIDES", Sn. Enrique 1488o im Ortsteil Arrayan (östlich, außerhalb von Santiago Richtung Farellones). Ambiente typisch chilenische Casa. Preise mittel. Arrayan ist beliebtes Ausflugsgebiet, liegt schön in einem Tal mit vielen Bäumen und Büschen. Eine ganze Reihe weiterer Restaurants im Haziendastil, aber auch Kunstgewerbe. Per Bus ca. 3o Min. ab Centro "Sernatur" fragen. – "PISCINA PANORAMA" des Hotel Carrera (C) an der Plaza Constitucion (Metro: La Moneda). Oben im 17. Stock mit Rundblick über die Stadt und die Anden. Grüne Patina und SW- Pool. Preise: teuer, Essen ganz gut. – "INNSBRUCK", Fernandez Concha 34o im Stadtteil Las Condes. Deutsche Küche, Preise mittel bis teuer. An Wochenenden Reservierung nötig. – "LA ESTANCIA", Las Condes 1381o, chilenische Küche, Preise mittel. – "LA FONDUE SUISSE", Camino el Bajo Arrayan 8, Fondues, teuer. – "PEJERREY", Pastor Fernandez 113 gilt als Tip für Mariscos, Preise mittel bis teuer. –

Gute Chinesen (alle Centro): "PAI FU", Sta. Rosa 1o1, – "PEKIN", Agustinas 656 und "SHANGAY", Miraflores 478. Preise mittel. –

Ecke Teatinos/Huerfanos (C) eine unscheinbare Cafeteria. Sauber mit excellenten Jugos, ca. o,5 US für ein 1 1/2 Glas Naranja. Und billige Tallerinas, lecker (ca. 2 US) . Beef ist allerdings so teuer, daß man besser z.B. ins Pinpilinpausha geht. – Viele SNACKS im Centro und seinen Passagen, Hamburger etc. um die 2 US. Besser gleich in ein anständiges Restaurant.– Superbasic, aber entsprechend billige Restaurants um den Busterminal Norte. – Besser und Tip: "La ROMANINA" in der Huerfanos 1253/Ecke Teatinos. Plastikstühle und Resopal Tische, aber üppig und gutes Essen.(C), nahe Plaza Constitucion. –

Einer der wichtigsten Cafe- Treffs im Centro ist die "Haiti"- Kette, z.B. im Paseo de Ahumada 14o. Wichtiger Treff für Leute, die im Centro arbeiten; Konversation beim Duft der braunen Bohnen! Es gibt Rabatt, wer 25/5o oder 1oo Tassen vorab kauft . . . Weitere in Santiago: "Do Brasil" und "Del Caribe".

Öffnungszeiten: GESCHÄFTE im Centro in der Regel 1o bis 2o Uhr, einige nur bis 19 Uhr. – Im Sektor Oriente (z.B. Av. Providencia) machen viele mittags zwischen 13 und 16 Uhr dicht. – Einige der großen Centro Comerciales haben bis 21 Uhr geöffnet, z.B. das "Centro Comercial Parque Arauco". – Am Samstag ist in der Regel von 1o bis 13 Uhr offen und am Nachmittag generell zu. – Kleine Kolonialwarengeschäfte aber auch Pharmacias sowie einige größere Shops an der O'Higgins/Bereich U. de Chile haben nach Belieben offen, d.h. so lang wie was läuft, teils tief in den Abend rein. Wer Getränke oder Essen braucht, kann auch mit der Metro zur Estac. Central fahren: kleine Shops.

BANKEN: Mo. - Fr.: 9 - 14 Uhr. Danach Geldwechselmöglichkeit in in größeren Hotels mit Wechsellizenz, z.B. im Hotel Carrera an der Rezeption/Plaza Constitucion.

MUSEEN: haben in der Regel Montag generell zu. Di. - Fr. in der Regel ab 1o Uhr bis 17 oder 18 Uhr je nach Museum, bei meist 1 bis 2 Std. Mittagspause. Am Sa. und So. fällt die Mittagspause weg. Da die Öffnungszeiten öfters wechseln: bei "Sernatur" nachfragen!

AIRLINES–STADTBÜROS: nur Ladeco und Lan Chile haben am Sa. geöffnet.

Klima: wärmste Monate sind November bis März, wo die Tagestemperaturen auf 26 bis 3o^{o} C ansteigen, aber nachts bis auf ca. 12° C abfallen. – Im chilenischen Winter, kühlste Monate sind Juni/Juli fällt die Tagestemperatur auf rund 15° C und nachts bis auf 3° C. Warme Sachen daher empfehlenswert, wer in einem Billighotel schläft, die keine Heizung haben, gilt auch für viele Mittelklassehotels. Für die Straße: warmen Pullover oder Jacke, auch im Sommer! – Höhe von Santiago: 556 m (Plaza de Armas).

Shopping/Santiago: das Centro von Santiago ist voll von Shops, die allerdings fast immer das Gleiche haben: US- ähliche Jeans Mode, Pharmacie & Cosmetics, Radios, Calculadores etc. Erstreckt sich vorwiegend zwischen den Straßen – O'Higgins –Teatinos– Catedral – Mac Iver. Fußgängerzonen sind die Huerfanos und die Ahumada.

Gut: "Soc. Silumeria Italiana Ltda." (Huerfanos 1o28) mit Gourmet- Spezialitäten, Käse, Bonbons, Kekse, sehr billige (für chilen. Verhältnisse) Whiskys.– "EL Corregidor" (Ecke Mackenna/Morande, bei Mapoch- Bahnhof) hatte bei unserem Check die billigsten Wein- und Whiskys- Angebote von Santiago, sowie guten Querschnitt durch die excellenten chilenischen Weine. – Weitere gute Weingeschäfte in den Seitenstraßen um Kirche San Francisco/O' Higgins. – Excellente Cookie- Kekse bei "Mozes's Top Cookies" in der O' Higgins 791 - 3225. (Metro: U. de Chile). –

Im Centro, speziell um Plaza de Armas viele Shopping Passagen, z.B. "Pasaje Plaza de Armas", die "Galeria Espana" und die "Galeria Victoria". Aber auch im Santiago Center (Metro: U. de Chile) mit Jeans Shops, Boutiquen etc.

Boutiquen speziell auch in der Av. Providencia (Metro: Los Leones), sowie in Fortsetzung die Av. Apoquindo. Shopping Centers: "Caracol"/Av. Providencia. Caracol=Schnecke; kreisförmig gehts in die Höhe mit vielen Boutiquen einheimischer und ausländischer Produktionen. Das derzeit wohl größte Shopping Center Santiagos ist das "Centro Comercial Parque Arauco", ein riesiger Komplex, von außen fast wie eine Fabrik. Metro bis Escuela Militar. Die Av. Apoquindo überquert hier per Brücke die Av. Amerigo Vespucio. Unter der Brücke Busstop für einen etwa 1/2 stündig verkehrenden Gratisbus zum Shopping Center (liegt Ecke Vespucio/Kennedy).

Buchhandlungen: eine der bestbestücktesten ist die "Feria Chilena del Libro" in der Av. Providencia 2124/Loc. 7 und 8. Sowie in der Morande ca. Ecke Compania im Centro. Sonderlob im Sektor Produktionen zu Chile verdienen die Hefte "La Tierra en que vivimos", basierend auf einer Sendereihe des TV Chile (Television Nacional de Chile) mit hervorragenden Fotos zu Landschaften und Tierwelt des Landes. Besteht zu hoffen, daß dies als gebundenes Buch erscheint!
Landkarten: Portal Fernandez Concha 96o/Of. 432, Plaza de Armas. Infos und Kartenmaterial auch von der "Federacion de Andinismo de Chile", Vicuna Mackenna 4o. Excellent sind die Führer herausgegeben von der Bancosorno, teilweise in den Buchhandlungen gesehen, z.B. auch in den zwar kleinen, aber gut bestückten Bookshop im 1. Stock des Hotel Carrera/Plaza Constitucion. Sonst bei der Bank vorbeischauen, Bandera 66 oder Alameda 29o1. Zuständig ist Frau Maria Dolores Peralta Fernandez im 9. Stock/Bandera 66. Dort allerdings k e i n öffentlicher Verkauf, Adresse nur für Notfälle! Bisher erschienen: Hefte für die Region Anden/Santiago, – Küste/Santiago und Region Valdivia, Osorno, Pto. Montt. Mit Karten, Stadtplänen und Kurzbeschreibungen in Spanisch.

Beste Landkartenauswahl für Wanderer und Bergsteiger natürlich beim Instituto Geografico Militar. Verkaufsbüro: O'Higgins 24o (Metro: U Catolica). Maßstab 1 : 5o.ooo, unabdinglich für Trips mit dem Jeep in den Andenbereichen Nordchiles, sowie für den Wanderer im Seengebiet Südchiles.

Ledersachen: gute und billige Schuhe im Centro gesehen z.B. Calle San Antonio. Stammen teils aus chilenischer Produktion, teils von Argentinien. Ebenfals: schöne Handtaschen und Reisetaschen in Shops des Centros, bzw. in den Boutiquen Av. Providencia.

Artesania: neben Schmuck und Kunsthandwerk in Silber- und Kupferarbeiten hat Chile ausgesprochen schöne Holzschnitzereien, speziell von den Arauco- Indianern/Temuco/ Südchile, sowie Wollarbeiten (Pullover, Teppiche) aus Südchile. Das was in Santiago im Angebot ist, beinhaltet in der Regel den Zwischenhändler- Verdienst und die Transportkosten; vor Ort, also z.B. in Temuco oder Pto. Montt daher meist billiger.

Tip in Santiago ist "CEMA, in einem ehemaligen Kloster, Portugal 351 (Metro: U. Catolica). Selbe Höhe, aber andere Seite der O'Higgins, beim Cerro Santa Lucia hat sich im Innenhof beim Cafe-Restaurant "La Pergola" (Plaza del Mulato Gil Lastarria eine kleine Kunsthandwerkerszene gebildet. (Siehe auch Restaurant- Tips!). – Weiterhin im Vorort Arrayan (Abzweigung von Straße nach Farellones), z.B. bei "Paul Celery"/Refugios del Arrayan 15752 gute Arbeiten aus Kupfer, insbesondere Töpfe und Kessel. –

Im Parque O'Higgins im "Pueblito" gibts eine kleine Artesania- Abteilung. Teils mit geschmackvollen Schmuckarbeiten, – teils aber auch in Richtung Souvenir- Kitsch.

Im Grunde lohnend ist der Abstecher zum "Pueblo de Artesanos" im Parque los Dominicos am Ende der Av. Apoquindo. Wie ein kleines Dorf, Gruppe von aktiven Artesanos, Botanischer Garten. – Gute Pullover im "Tejidos de taller Baltra", Mardoqueo Fernadez 39/Höhe Av. Providencia 235o. – Silberarbeiten der Arauca- Indios im "Tatu" Artesania Shop, Vitacura 286o (La Portada de Vitacura). – "Chile Tipico" in der La Moneda 1o25 / Centro mit Querschnitt chilenischen Kupfer, Keramik-, Silber- und Holzarbeiten. Ponchos, Pullover und Schmuck. – "Morita Gil", Los Misioneros 1991/ Pedro de Valdivia mit Schmuckangebot einheimischer Künstler, – "Artesania Popular Chilena", Providencia 2322 Querschnitt Keramik, Kupfer, Teppiche, Pullover, Holzschnitzereien.

★ **Mercados:** die Märkte von Santiago liegen um den Mapocho- Bahnhof: A) MERCADO CENTRAL in der Calle 21 de Mayo/Calle Vergara. /Av. Sta. Maria am Rio Mapocho. Gemüse, Fisch etc. Rangeschafft von riesigen LKW's, abtransportiert von PKW und Pickups. – B) MERCADO LA VEGA: Calle Andres Bello/Calle Salas. Auf der anderen Seite des Flusses. Schuhe, Kleider, Schlüssel, Werkzeuge, gelegentlich auch Pullover, Teppiche. Kein Mercado im Sinne der großen Andenmärkte von Peru, Bolivia oder Ecuador in zweierlei Hinsicht: einmal erheblich sauberer, zum anderen kaum Artesania. Trotzdem interessant zum Beobachten der intensiven Aktivitäten. In Umgebung beidseitig des Flusses viele billige Basic- Restaurants.

★ **Discos:** Absolut Spitze ist "Las Brujas" in der Prinzipe de Gales, Av. Parcel 158 im Stadtteil La Reina. Eine Superdisko: umfangreicher moderne Bungalowbau sehr stilvoll an einem See, Bäume, beleuchtet. Innen gute US- sowie brasilianische und Cumbia-Platten. Allerdings so dunkel, daß es passieren kann, daß man die Zigarette im Gin-Tonic Glas "ausdrückt" oder zu den Salzstengeln schiebt. Einer meiner Lieblingsdiskos in Südamerika. – "Gente" in der Av. Apoquindo 4.9oo im Keller. Mit Videos. Aussteigen Metro Escuela Militar + Taxi. – "Club 21", Av. Las Condes (ohne Kommentar). – Großer Tip ist die "Topsy Topsy"- Disko in Viña del Mar. Berühmt in ganz Südamerika. Über mehrere Stock, mit Rutschbahnen, Springbrunnen, SW- Pools und sonstigen Extras. –

★ **Conaf (Verwaltung der National Parks):** Bulnes 285

Umgebung von Santiago:

Die Umgebung von Santiago ist reich an Ausflugsmöglichkeiten; nur 1oo km bis zum Meer, bzw. am Fuß der Anden gelegen, die Höhen bis 7.ooo m erreichen!

Ski- Zentren in den Anden:
weltweit das berühmteste ist sicher PORTILLO, oben an der Transanden- Straße rüber nach Mendoza/Argentinien. Liegt in 2.85o m Höhe am Gletschersee Laguna del Inca in einer "Mulde" von rund 5oo m hohen Hängen, sowie nähe des knapp 7.ooo m hohen Aconcagua, dem höchsten Berg Südamerikas.

Softweicher Pulverschnee (Skisaison geht von Juni bis Sept./Okt.), Sessellift Juncalillo (Pistenlänge 1.357 m/Höhenunterschied 354 m. Gefälle bis zu 45 % (!!). Auf dieser Piste wurde

1978 vom US- Teufelsskifahrer Steve Mc. Kinney der Weltrekord von 199 km/h (!!) aufgestellt. – Im Jahre 1966 war Portillo Austragungsort der Ski- Weltmeisterschaften und ist zusammen mit Farellones wichtigstes Sommertrainingsgebiet der Weltelitemanschaften aus USA und Europa.

Zufahrt: 17o km ab Santiago via Colina, Los Andes. Zug ist eingestellt, aber mehrere Busse pro Tag. Zwischenstops eventuell in Colina wegen naheliegenden Thermalbädern (Hotel), in Los Andes allenfalls mal um die Plaza laufen. . . Bus braucht ca. 3 1/2 Std.

Hotels: das 7 stöckige "Hotel Portillo"an der Lagune. 41o Betten , Jet-Set- Absteige während der Skisaison und knackig teuer. Zimmer mit Blick auf die vereiste Lagune kosten bis zu 2oo US $ für eine Suite, hintenraus billiger, d.h. um 7o US. Mit Disco, Restaurants, Kino und einem beheizten open-air SW- Pool.

Wer nicht lange Zeit vorausbucht, hat kaum Chancen für ein Zimmer, – gilt auch für die 23- Zimmer "Hosteria La Alborada" (ca. 7o US). Beide sind zwischen Nov. und März geschlossen. Es gibt aber Notbetten während dieser Monate. (vorab bei Sernatur in Santiago informieren!).

Weiteres Problem: während der Skisaison kann es zu Schneestürmen kommen, die den Zufahrtsweg nach Santiago sowie nach Mendoza/Argentinien blockieren. Ein Blizzard blockierte 1978 rund 2o Tage die Zufahrt komplett. Dann bleibt nur noch: per Funk den Helikopter von Santiago anfordern!

Skiverleih: im Hotel "Portillo", ebenfalls dort Verleih von Schlittschuhen für den vereisten See del Inca. Der Österreicher Sigi Grottendorfer hat oben eine Skischule. Sehr beliebt ist "Cross Country": 14 km durch endlosen Schnee ohne jegliche Bäume stetig bergab bei Neigung ca. 3o° zur Christus Statue an der chilen./argentinischen Grenze. Eine andere, 6,5 km- Cross-Country Strecke führt zum Ojos de Agua.

FARELLONES (5o km ab Santiago, häufig Busse) ist Ausgangspunkt zum anderen großen Skigebiet in den Anden bei Santiago. Jeweils runde 22 km nach LA PARVA und nach EL COLORADO. Unter anderem investierte die französische Skifirma "Les Arcs" rund 1oo Mill. US $ in die Entwicklung der Region mit Skiliften, Hotels und Apre-Ski. Derzeit die am besten entwickelte Skiregion in Chile. Mit kleinem Skizirkus und rund 12 Liften. Höhe Farellones/La Parva – El Colorado: 2.31o bis 2.81o m. Skibetrieb: Juni bis Sept./Okt. Das Hotel- und Übernachtungsangebot reicht aber bei weitem nicht für die Nachfrage aus. Erhebliche Engpässe und reichlich vorab buchen! Expansion im Angebot in den zukünftigen Jahren zu erwarten. Preise sind erheblich billiger, als oben in Portillo, zwischen 3o und 6o US.

LAGUNILLAS: 7o km südöstlich von Santiago. Höhe: 2.2oo m, für Skibetrieb derzeit noch relativ wenig entwickelt.

(2) **Besuch der "Viñedos":** Chile produziert die besten Weine Südamerikas, die mit den Spitzensorten Deutschlands und Frankreichs konkurrieren können. "Undurraga", mein Lieblingswein, hat bisher mehr als 4o Gold und Silber-

medallien gewonnen, – als Roter schwerherb und von Geschmacksfülle, die selbst Bordeaux- Weine in Spitzenklasse selten erreichen. – Excellent auch "Concha y Toro" (in der länglichen Flasche mit dem kleinen Teufelchen am roten Band!). Sowie viele weitere.

Die Chilenen sind die größten Weinexporteure in Lateinamerika. Egal, ob in Restaurants von Caracas/Venezuela oder La Paz/Bolivia: die besten angebotenen Weinsorten sind immer die Chilenen. Pedro Undurraga ist stolz, in 52 Ländern zu exportieren, – in Deutschland vertreten durch M.E. Segovia, Tangegartstr. 13, 7ooo Stuttgart 8o, Tel.: (o711) – 72 64 o9.

WEINPRODUKTION in Chile seit dem 16. Jhd. Damals bereits im spanischen Kolonial-Reich berühmt für Ihre Qualität. Export seit Jhd.- Wende. Das chilenische Anbaugebiet erstreckt sich von Coquimbo im Norden bis runter nach Temuco. Die besten Sorten werden aber im Bereich um Santiago angebaut. Weine aus den nördlichen Regionen Chiles sind stark alkoholhaltig und zu süß, – Weine aus dem Süden dienen zum Verpanschen minderwertiger Sorten.

Während der Woche können die "Viñedos" besucht werden, inklusiv eines obligatorischen "Probeumtrunks". Infos und Kontakte über "Sernatur".

3 **Rodeo:** chilenische Spezialität. In einer kreisrunden Arena geht es darum, daß der Stier per Pferd/Reiter seitlich abgedrängt wird. Höchstes Vergnügen bei Festen der Landbevölkerung in der Hochebene von Santiago. Wann und wo so ein Rodeo stattfindet, steht im "Informador Turistico Mensual" oder besser gleich über "Sernatur" erfragen, die Tips für den Transport mitgeben können.

4 **Küste:** Valparaiso: Chiles Hafen Nr. 1, – Viña del Mar: Chiles Seebad Nr. 1. Beide gehen ineinander über. Nördlich und südlich viele mittlere und kleinere Badeorte, von denen nach meinem Geschmack Zapallar der schönste ist und auch außerhalb der Badesaison den Abstecher lohnt.

Die Badesaison geht von Anfang Dezember bis Anfang März, wobei das Wasser Temperaturen bis 19°C erreicht, Lufttemperaturen um 24°C, – somit kühler als das fast 6oo m höher liegende Santiago!

Verbindungen: Bus ab Santiago alle 3o Min. zwischen 6.3o und 22 Uhr, ab Busterminal Sur an der O'Higgins nähe Zentralbahnhof. Fahrzeit etwa 2 Std., 3 - 4 US $ je nach Bustyp. Es geht über die gut ausgebaute Straße Nr. 68 via Curacavi, Casablanca. Das erste Stück ist sogar als Autobahn ausgebaut. Insgesamt 12o km.

Zug: ab Estacion Mapocho, rund 4 mal am Tag mit einem Triebwagen, der 3 Std. braucht und 2,5 US $ kostet. Fährt über Lay Lay an der Panamericana und dann runter ans Meer. Vorteil des Zuges: endet in Valparaiso direkt am Hafen, wo oberhalb auch der interessanteste Teil der Stadt liegt. Der Busterminal von Valparaiso liegt ziemlich weit außerhalb im Norden der Stadt.

Tourist Info: nur in Viña del Mar: "Sernatur", Avenida Valparaiso 5o7 Tel. 88 2285

Literatur: sehr zu empfehlen, wer mehr als nur einen Kurzbesuch der Region machen will: "Guia Bancosorno/Heft Nr. 2o, Litoral Central". Viele Karten und Stadtpläne, Infos zu Hotels und Restaurants, Verbindungen etc.

Valparaiso: **3oo.ooo E./ o - 1oo m**

1536 von den Spaniern gegründet, konnte sich Valparaiso zunächst nur langsam entwickelte, da es beliebtes Ziel von Piratenangriffen war, sowie mehrfach von Erdbeben und Stadtbränden zerstört. Während des 17. und 18. Jhds. war Valparaiso wichtiger Stop und Handelspunkt auf der Pazifikroute um Südamerika, – zu Zeiten, als es den Panama- Kanal noch nicht gab.

Der große Aufschwung kam zur Zeit der chilen. Unabhängigkeit, insbesondere zu Zeiten des Salpeterbooms Ende des vergangenen/Anfang dieses Jhds., als Valparaiso Import- und Exporthafen für die Hauptstadt und Zentral-Chiles wurde, aber auch nach Fertigstellung der Transandenbahn Argentinien bediente. Sofern noch alte Stadtstrukturen und - Häuser erhalten sind, stammen diese vorwiegend aus der Zeit um die Jhd.- Wende.

Das heutige Valparaiso ist eine Mischung aus Faszination und Depression: Magnet auf Menschen, die nach Arbeit suchen und in Brettersiedlungen an den Hängen leben. Eine weitgeschwungene Bucht, an deren Hängen sich die Häuser raufziehen.

Herz ist der Hafen mit dem Bahnhof und Endpunkt der Mapocho- Strecke, angegliedert die PLAZA SOTOMAYOR, Hauptplaza von Valparaiso. Östlich in der Pratt und Verlängerung Esmeralda das Geschäftszentrum mit Shops, modernen Hochhäusern und Verwaltungsbüros. – Die Ausläufer der Küstenberge schließen sich eng an den Hafenbereich. Zur Jhd.- Wende wurden eine Reihe von "Ascensores" rauf in die 2. Etage gelegt. Damals mit Dampf betrieben, und heute eine klapprige Museumsangelegenheit. Die sich

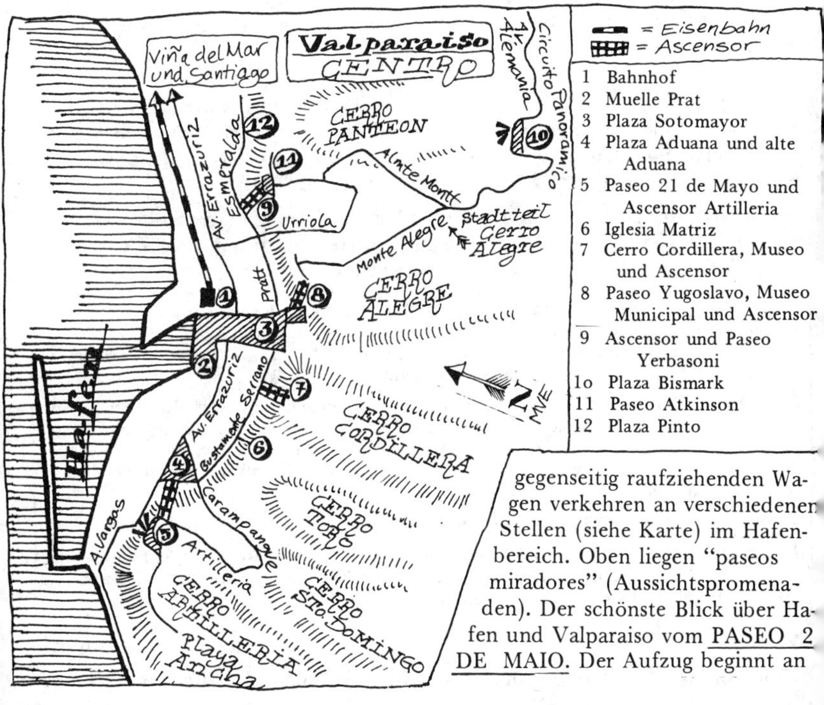

gegenseitig raufziehenden Wagen verkehren an verschiedenen Stellen (siehe Karte) im Hafenbereich. Oben liegen "paseos miradores" (Aussichtspromenaden). Der schönste Blick über Hafen und Valparaiso vom PASEO 2 DE MAIO. Der Aufzug beginnt an der Plaza Aduana und wurde übrigens bereits 1893 in Betrieb genommen. Oben schöne Parkanlagen. Hier promenierten zur Jhd.- Wende die Reichen, die ihre Villen in Playa Ancha hatten.

Ein weiterer Aufzug geht von der Calle Serrano (nähe Plaza Sotomayor) rauf auf den CERRO CORDILLERA, dem ältesten Villenviertel Valparaisos. Hier siedelten sich ab 182o ausländische Einwanderer und Händler an. Die "Casa Lord Cochrane" (1842) kann besichtigt werden. Museum mit Waffen und Dokumenten aus der Zeit der Befreiungskämpfe gegen die Spanier. War im Besitz von Cochrane, der zusammen mit O'Higgins für die Unabhängigkeit kämpfte. Schöner Blick übers Centro und Hafen.

Von der Plaza Sotomayor Aufzug zum PASEO JUGOSLAVO. Parkanlagen und schöne Villen, die vorwiegend Engländern gehörten, die ab 186o im Rahmen des Eisenbahnbaus und der Minen nach Chile kamen. Im Palacio Baburizza (1916, Architekturstil Art Nouveau) ist heute das "Museo Municipal" untergebracht. Unter anderem Gemälde, Möbel etc.

Es lohnt sich, zu Fuß rüber in den Stadtteil Cerro Alegre zu laufen; ab Mitte des vergangenen Jhds. das wichtigste und reichste Residencial Viertel der Stadt. Die meisten, noch erhaltenen Casas stammen jedoch aus der Zeit ab 19oo. Über die Calle Almte Montt rüber zum PASEO YERBASONI: Aufzug ab Esmeralda. Schöne Häuser. Verbindung rüber zum PASEO ATKINSON.

Lohnend: die Av. Alemania, die Panorama- Straße von Valparaiso. Tip: Bus Nr. o ("Verde Mar") ab Plaza Aduana nehmen. Fährt über die Serrano und Almte Montt die Av. Alemania. Schönster Blick von der Plaza Bismark.

Hotels: "Prat", Condell 1443 nähe Plaza Victoria und Plaza Pinto. Doppel ca. 15 US. Mit TV. – "Lancaster", Chacabuco 2362, Doppel ca. 17 US. – Billiger sind das "Reina Victoria", an der Plaza Sotomayor, zentral, 1o US – und "Valparaiso" in der Pedro Montt 2362. Tip für Besitzer eines Internat. Jugendherbergsausweises ist die Valparaiso-Jugendherberge, die zwar nur reduzierten Komfort, so doch warmes Wasser und schönen Blick bringt. Unterm Strich: Valparaiso macht Spaß als Ausflug ab Santiago, ist aber nichts für längeren Aufenthalt oder Übernachtung.

Restaurants: schöner Blick vom "La Heradura"/Paseo 21 de Maio, exclusiv und teuer. "El Bote Salvavida" an der Muelle Prat/Hafen mit guter Küche (Mariscos), Blick auf Hafen, teils auch Folklore-Shows und Musikgruppen. – "El Nave" in schöner Casa an der Plaza Sotomayor. – "Club Valparaiso" an der Plaza Pinto im Edificio Cooperativa/ 14. Stock. – Deutsche Küche im "Club Aleman"/Calle E. Ramirez.

Billigrestaurants in der Calle Prat ("Correo") und an der Plaza Sotomayor ("Martini").

Busterminal Valparaiso: Av. Pedro Montt/Plaza O'Higgins im Osten der Stadt. Etwa alle 15 bis 3o Min. rüber nach Vina del Mar, sowie rauf nach Santiago. Regionalverbindungen zu den Badeorten nördlich und südlich. – Stadtbus Nr. 2o verbindet ab Centro/ z.B. Plaza Aduana rüber zum Busterminal.

An Sylvester riesiges Feuerwerk über der Bucht von Valparaiso. In Anbetracht der Brettersiedlungen in den oberen Bereichen von Valparaiso sicher nicht das "Non Plus Ultra". Bei den Millionen, die wir Europäer selber an Sylvester in die Luft verpuffen: bitte statt hohler Sprüche den entsprechenden Betrag an soziale Hilfsorganisationen. Oder noch besser: sich für 1 Jahr persönlich in einer Hilfsorganisation verpflichten für Arbeit vor Ort!

★ Viña del Mar: ca. 28o.ooo E./ o - 8o m

Schließt sich östlich nach Bergvorsprüngen an. Als zur Jahrhundertwende der Bau- Raum in Valparaiso wegen den nahen Küstenbergen knapp wurde, verlagerte sich die Siedlungsaktivitäten auf "Viña", damals ein kleines Weingut.

Heute mondänstes Seebad an der südamerikanischen Westküste. Berühmt durch sein "Song- Festival" jeden Februar, zu dem Künstler aus ganz Lateinamerika, Europa und den USA anreisen. Zieht sich über 4 Abende, inklusiv Fullservice im TV. Die erste Eisenbahnverbindung mit Valparaiso 1855, Stadtgründung 1872.

Im Centro Hochhausblocks, mit Residencial- Bereichen. Herz ist der Felshügel C. CASTILLO mit Präsidentenpalast und Museo Castillo Wolff (Sachen zur christlichen Seefahrt, am interessantesten jedoch die Architektur des Museums in Form eines Minischlosses). – Wichtigste Sehenswürdigkeit die "QUINTA VERGARA" beim Bahnhof/Plaza Viña. Palast in subtropischen Gärten. Mitte des 19. Jhds. eine Hazienda des Portugiesen Vergara; im Palast heute ein Museum mit Gemälden. Im Amphitheater findet das alljährliche Song Festival statt.

Quilotoa 214

Der andere Palast aus der Jhd. Wende ist die QUINTA RIOJA (ca. 4 Block vom Bahnhof), gebaut 19o6 von Fernando Madel, Conde de Neila (Museum).

Tip zugleich die Diskothek "Tobsy Tobsy" in Renaca, ca. 6 km außerhalb von Viña Richtung Nord. Busse ab Plaza Central. Eine der Top- Diskos von Südamerika mit Rutschbahnen über mehrere Stock, Pools, Feuerwehrstangen und jede Menge Action! Was Musik betrifft jedoch o la la. . .

Hotels: während der Sommersaison kaum Chance, sofern man keine Reservierung besitzt! Zudem billiger drüben in Valparaiso, bzw. in Santiago! – Luxusklasse: "Miramar" Caleta Abarca. Mit SW- Pool und Disko, eigenem TV im Zimmer für saftige 7o US. – "O'Higgins", Plaza Vergara, SW- Pool, TV, ca. 3o US. – "San Martin", Av. San Martin Ecke 8 de Norte. Knapp 3o US. – Gemäß Zielgruppe der Viña- Gäste sind die Mittelklasse und Billighotels in Viña spärlich gesäht. Selbst billigere Hotels wie das "Espanol" oder das "Hispano" (beide nur wenige Schritte vom Bahnhof entfernt)liegen bei 15 US. Gilt auch für die Fülle von Residenciales, die bei ca. 12 US beginnen. . . Während der Saison Preisaufschläge von 3o - 5o %.

Restaurants: "Caribian Grill Bar", Plaza Latorre 74 im Centro von Vina. Spezialitäten Erizos, Frösche, Muscheln, Schnecken, – "Club Vina del Mar", Plaza Sucre s/n am Strand von Vina. Internat. Küche, abends mit Tanz. – "El Ponch", Av. Borgono 1618o in Renaca. Französische Küche, excellent in Fleisch und Mariscos. Abends mit Tanz. – Restaurant im "Casino Municipal Viña del Mar", Av. San Martin 199. Nur abends geöffnet , Internat. Küche mit Shows am Wochenende. Sehr teuer. – "San Marco", Av. San Martin, Höhe Hotel San Martin. Billigere Restaurants in der, am Bahnhof beginnenden Av. Valparaiso (z.B. "El Leon", "El Paron").

Busterminal: in der Av. Valparaiso, ca. 3 Block ab Bahnhof Richtung Berge. Bedient Valparaiso und Santiago, aber auch dichte Verbindungen täglich zu den Seebädern nördlich von Viña, z.B. Papudo und Zapallar. Ebenfalls Langstreckenverbindungen täglich rauf nach La Serena und Antofagasta.

Die wichtigsten STRÄNDE sind "Playa Caleta Abarca" beim Hotel Miramar und unterhalb des Cerro Castillo, zur Hochsaison rappelvoll und gute Chance, Kontakte zu bekommen. Sowie die "Playa Acapulco" im Bereich der Hotelregion Av. San Martin/Av. Peru. Nördlich schließt sich die "Playa El Sol" an.

Beliebteste Strände für Jugendliche aus der Mittel- bis Oberschicht (und Kontakte) jedoch im Nachbarort REÑACA (Playa Reñaca).

★ Zapallar:
7o km nördl. von Vina bzw. 18o km ab Santiago über die Panamericana/Abzweigung.

Abgeschirmt durch die Küstenberge hat Zapallar ein Mikroklima. Eine enge Sandbucht, umstanden mit Pinien und Zedern, subtropischen Gärten und schönen Villen aus der Zeit nach der Jhd. - Wende,– vielfach von englischen Immigranten.

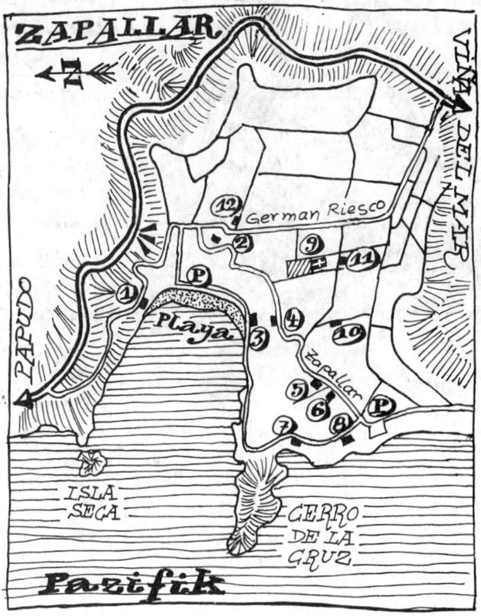

1 Casa Errazuriz	8 Casa Vicuna
2 Casa Aldunate	9 Kirche und Hauptplaza
3 Restaurant Cesar	1o Casa Aldunate Concha
4 Casa Edwards	11 Motel Cesar
5 Casa Concha	12 Casa Ossandon
6 Motel Aguas Claras	(P) Parkplatz
7 Casa Wilson	

ESSEN: "Rest. Cesar" mit schönem Blick über die Playa, – im Ort "Los Troncos" und "Las Terrazas".

ÜBERNACHTUNG: "Hotel Cesar" um 2o US fürs Doppel, "Motel Aguas Claras", ca. 3o US, billiger: "Hotel Zapallar", sowie eine Reihe von Residenciales und Privatquartieren. Zur Saison Preise um ca. 5o % teurer und sehr schwer, Zimmer zu bekommen. Der 2.5oo E. - Ort wächst dann auf rund 25.ooo an, Gäste bis aus Argentinien!

★ Papudo: traditionelles Seebad nördlich von Zapallar mit kilometerlangen Sandstränden und Pinien. Optisch wohl nicht d e r Leckerbissen wie Zapallar, so doch excellente Bademöglichkeiten, Restaurants und breitere Fülle an Übernachtungsmöglichkeiten.

LOS VILOS und PICHIDANGUI an der Panamericana siehe Seite 1416.

★ Südl. von Valparaiso: excellenter riesiger Sandstrand an der weiten Bucht von TUNQUEN mit lang anbrandenden Wellen. Allerdings ohne eigenes Auto nur schwer zu erreichen. Der Bereich der besten Strände: bis ALGARROBO ("Hotel Uribe" ca. 2o US, "Resid. Vega" billiger, Restaurant Los Patitos), mit flach auslaufenden Küstenbergen und in der HS regem Badebetrieb. – Ab SAN ANTONIO mit seinen Hafenanlagen wegen Wasserverschmutzung weniger interessant.

Juan Fernandez Archipel

Robinson Crusoe Insel

7oo km vor der Küste Südamerikas einsam im Pazifik, – eine rund 1o km lange Felsinsel mit Berggipfeln bis zu knapp 1.ooo m, von Wolken eingehüllt.

Die Insel, auf der 17o4 der schottische Seemann Alexander Selkirk ausgesetzt wurde: Romanvorbild für den Weltbestseller "ROBINSON CRUSOE", den der engl. Schriftsteller Daniel Defoe als fast 6o-jähriger 1719 publizierte.

Geschichte: entdeckt wurde die Insel bereits 1574 vom spanischen Seefahrer Juan Fernandez. Schon 1686 setzte ein englischer Pirat eine Gruppe von 6 unliebsamen Mitgliedern seiner "Crew" aus, auf dieser Insel, die so schön abgelegen aller Seerouten lag. Sie wurden erst rund 1o Jahre später von einem zufällig vorbeifahrendem Schiff wieder aufgenommen.

Alexander Selkirk ging im Feb. 17o4 von Bord. Er hatte nur eine Axt, eine Pfeife und etwas Tabak, eine Muskete und Schießpulver, sowie seine Bibel dabei. Als Kind hat mich der Roman fasziniert, wie Robinson sich Land rodet, um Getreide anzubauen, wie seine

1 Ruinen eines span. Forts
2 Plazoleta del Yunque
3 Mirador Selkirk
4 Cueva de Robinson
5 Kreuzer Dresden
6 Seelöwen Kolonie
7 Aerodrome La Punta
8 vermutl. Position eines vergrabenen Schatzes.

Isla Robinson Crusoe

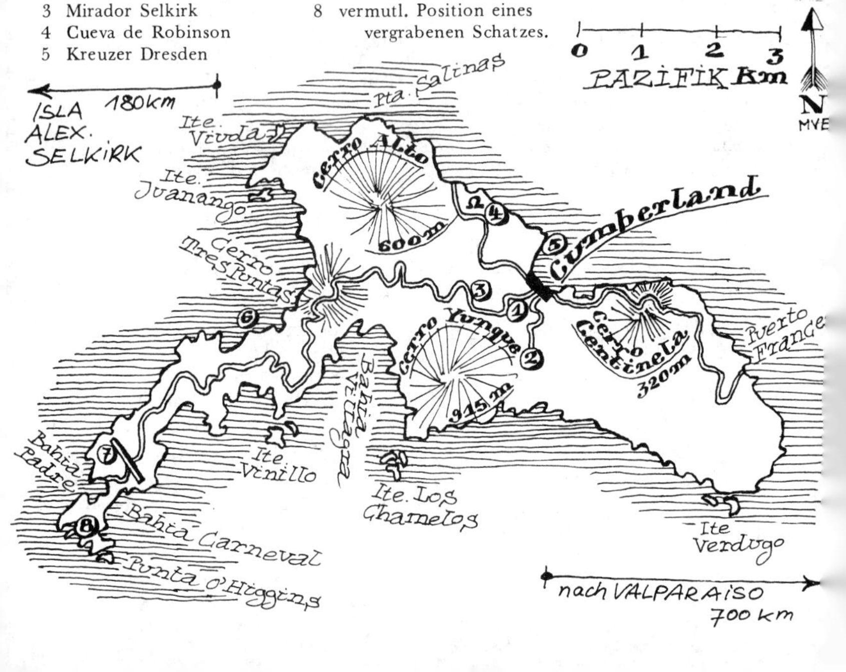

Munition zu Ende geht und er sich auf natürlichem "Jagd- Wege" Essen zu besorgen gezwungen ist. Als Roman wohl Synonym für unsere Inselträume und Wünsche "zurück zur Natur". Aber auch inklusiv aller Realität derartiger Inselträume: der intensive Wunsch nach Jahren totaler Einsamkeit, es möge doch endlich ein Schiff vorbeikommen, das einen wieder zurück in die Zivilisation und Abwechslung bringt.

Für Alexander Selkirk war dies nach 4 Jahren im Febr. 17o9. Ein Segelschiff, das weit von der Küste abgetrieben worden war und ihn letztlich zurück nach England brachte.

Von Daniel Defoe wurden zwar die Gegebenheiten übernommen, seine Romanfigur Robinson Crusoe aber in tropischere Breitengrade versetzt. Heute erhebt TOBAGO in der Karibik neben Juan Fernandez den Anspruch als "Robinson- Crusoe - Insel"; von der Optik bezüglich Romanbeschreibung sicher zu Recht. Siehe auch unser Band "Südl. Karibik"/Verlag Velbinger, Band 2.

Zu späteren Jahrhunderten war Juan Fernandez beliebter Schlupfwinkel für die Pazifik-Piraten, die die reichen Städte des heutigen Peru (z.B. Trujillo und Lima als Ausfuhrhafen der boliv. Potosi- Silberschätze) angriffen und sich hier auf Juan Fernandez in aller Ruhe "erholen" konnten, bzw. ihre Schiffe reparierten.

Zur Bekämpfung des Piratenunwesens, das auch den Hafen Valparaiso unsicher machte, bauten die Spanier ein kleines Fort oberhalb des heutigen CUMBERLAND. Zugleich wird behauptet, daß mehrere Piratenschätze in den Höhlen vergraben seien.

Die VERBINDUNGEN nach Juan Fernandez sind heute zwar nicht ganz so miserabel wie zu Zeiten A. Selkirks a la 4 Jahre auf "Rücktransport warten", – so doch ähnlich. Die chilenische "TAXPA" (Santiago de Chile, Nueva York 53/Officina 1o2) fliegt mit Bimotor- Propellern ab Airport Los Cerillos/Santiago in rund 2 1/2 Std. rüber nach Isla Robinson Crusoe. Das Roundtrip kostet ca. 2oo US $. Es muß vorab bereits der Termin für den Rückflug fixiert werden. Die meisten Abflüge in den Monaten Sept. – März.

Und damit beginnt schon das Problem. TAXPA kann nur auf R. Crusoe landen, wenn die Wetterbedingungen es erlauben. Das ist im Winter, wenn es um die Insel stürmt und von den Wolken runterduscht, selten der Fall. Aber auch in den chilen. Sommermonaten (Dez. - März) besteht keine Garantie, daß der Rückflugtermin eingehalten werden kann. Dann beginnt das echte und positive "Inselfeeling". Während die TAXPA- Leute am Inselfunkgerät hängen, merkt man, daß man sich echt auf einem der abgelegensten Punkte der Welt befindet!

Der Insel- Airport liegt übrigens im Südwesten der Insel auf einem Hochplateau. Trotz Existenz einer Piste gehts vom Flughafen per Boot nach Cumberland (ca. 2 Std./3 US $).

SCHIFF: "Goleta Pesquera Darwin" verbindet die Insel in der Regel alle 15 Tage ab Valparaiso (Zarpa de Valparaiso del Muelle Sudamericano) und fährt weiter, allerdings nur im Sommer die 15o km rüber zur Nachbarinsel A. Selkirk. Die Überfahrt von Valparaiso bis Isla R. Crusoe dauert 2 Tage und kostet retour 16o US $.

HAUPTORT der Insel ist CUMBERLAND, auch San Juan de Bautista ge-

* Flugzeug der TAXPA chartern kostet ca. 1.ooo US $ für 6 Personen. Inklusiv Wartezeit von einem Tag auf der Insel. Wenn 6 Leute zusammenkommen, somit pro Person nur ca. 17o US. Vorab aber mit TAXPA vereinbaren: wenn schlechtes Wetter aufkommt, ist das Sache der TAXPA und kein Aufpreis!
Bezüglich Sprit und Pilotenkosten ein durchaus fairer Handel mit der TAXPA.

nannt. Auf der Insel Robinson Crusoe leben nur rund 6oo - 9oo Menschen, je nach Saison des Fischfangs. Haupteinahmequelle ist der Fang von Langusten. Die Gewässer sind überreich; ein weiterer Pluspunkt, denn dieses edle und leckere Tier kommt in den Hotelrestaurants zu zivilen bis supererschwinglichen Preisen auf den Tisch und zwar frisch (ohne Zwischenstation Tiefkühltruhe). Wer mal fangfrischen Lobster genossen hat, egal ob in der Karibik oder an den Küsten Südamerikas, – weiß das zu schätzen.

Ansonsten ist in Cumberland der Hund begraben.

Hotels: nur 3 Stück. "Hosteria Robinson Crusoe" im Norden der Bahia Cumberland, beste Unterkunft im Ort. Mit warmem Wasser, Strom vom Generator und Privatbad im Zimmer. Aber auch die teuerste, Doppel ca. 45 US $. Kann über die Taxpa in Santiago de Chile vorgebucht werden. Im Preis sind 3 Mahlzeiten pro Tag inkl. – Dann gibts zwei einfachere Übernachtungsmöglichkeiten, allerdings trotzdem nicht billig bei ca. 17 US $ /Doppel (inkl. 3 Mahlzeiten): "Daniel Defoe", Costanera 449. Kann in Santiago/Merced 471 vorreserviert werden. Und: "Hosteria Green Cumberland"/Larrain Alcalde. Vorreservierung über Santiago/New York 53/Of. 1o2/1o. Stock (=TAXPA).

Erheblich billiger schläft man, wenn man sich im Dorf rumfragt. Einige Einheimische vermieten privat, und dies zu zivilen Preisen. Tip ist z.B. der Lobsterfischer Dagoberto Paredes! Häufig auch die Chance, mit den Fischern rauszufahren. Die zunächst saftigen Kosten reduzieren sich auf knapp mehr als die Anreise.

Landschaftlich ist Robinson Crusoe ein Hochgenuß! Steil, fast senkrecht aufsteigende Felsen aus dem Pazifik, der im Sommer Temperaturen bis 23° erreicht. Praktisch keinerlei Straßen außer einer wilden Serpentinen- Schotterpiste quer über die Insel runter zum Flugfeld. Diese Piste wurde erst Ende der 7o-er angelegt. Vorher mußte man entweder zu Fuß 6 Std. rüberlaufen, oder per Boot entlang der Nordküste.

Der Teil beim Flugfeld (Gras, etwa 2o m breit!) ist relativ kahl. Trockene Grassteppe, durch die unzählige Kaninchen hüpfen; gelegentlich sieht man auch die pudelgroßen Ameisenbären, die aus Bolivien eingeführt wurden.

Nach einem 55o m hohen Pass vor Cumberland dann dichte Urwälder aus Farnen und Bäumen wie Überbleibsel aus Urzeiten. Fast keine Überraschung, wenn ein Dinosaurier den Weg kreuzen würde. Näher am Dorf Cumberland wurde die Urvegetation von früheren Siedlern abgeholzt und durch Eukalyptus und andere eingeführte Bäumen ersetzt.

Die Insel ist Nationalpark seit 1935. Ähnlich wie auf den Galapagos- Inseln/ Ecuador konnte sich durch die abgeschiedene Lage auf der Isla R. Crusoe seit Urzeiten eine Pflanzenwelt entwickeln und erhalten, die es teilweise sonst nirgendwo auf der Welt mehr gibt.

Ab Cumberland ein rund 2 stündiger Fußmarsch zur ROBINSON CRUSOE HÖHLE, nordwestlich von Cumberland, siehe Karte. – Fantastischer Rundblick vom sogenannten MIRADOR SELKIRK an der Schotterpiste zum Inselflugfeld, zu Fuß bis zum Aussichtspunkt ca. 9o Min. rauf.

Im Inselbereich derzeit knapp 5.ooo Seelöwen, die ihre Kolonie nähe "Tres Puntas" (siehe Karte Nr. 6) haben. – 18o km westlich die INSEL A. SELKIRK, die nur während der Sommermonate von Fischern bewohnt ist. Keinerlei Unterkunftsmöglichkeit oder Restaurants. –

Osterinseln: Isla de Pascua

O - 5oo m/
ca. 2.5oo E.

3.8oo km draußen im Pazifik gelegen, – zwischen dem südamerikanischen Festland und den Südseeinseln Tahiti, Fidschi und Samoa. – Ein weitgehend kahles Vulkaneiland, – Gras, sehr vereinzelt Strauchwerk,– im Ozean, ehemals die Heimat der "Langohren" und der "Kurzohren". Die Landschaft erinnert in ihrer Vegetation an die schottischen Highlands, und an den Kraterhängen der Vulkane bzw. an den Küsten der nur 15 km langen Insel stehen im Gelände verstreut die riesigen, bis zu 12 m hohen Statuen der Langohr- Vorfahren. Ein grandioses Bild!!!

★ **Verbindungen:**

Außer ca. 1 x im Jahr die "Navy" keinerlei Schiffsverbindungen. Auch der billige Fracht- Transportflug ist eingestellt.

NUR LINIENFLUG der "Lan Chile", der "Quantas" und der "UTA" ab Santiago de Chile. Fliegen weiter nach Papeete/Tahiti. Der Flug von Santiago dauert 5 1/2 Std., wobei mehrere Zeitzonen durchflogen werden.

DIE PREISE haben leider in den letzten Jahren saftig angezogen, was das Normal-Flugticket betrifft, z.B. runde 1.ooo US $ für ein Einfachflugticket ab Santiago via Osterinseln in die Südsee nach Papetee/Tahiti. Es gibt aber auch wesentlich billigere Sachen:

Santiago retour zu den Osterinseln, in Deutschland gekauft (siehe Adresse S. 1525) für 369 US $ und eine Flugstrecke von knapp 8.ooo Km!!– Oder man kauft sich den großen CHILE–AIRPASS (siehe S. 1524/1525!), der inkl. Osterinseln ca. 469 US $ kostet. Gültig 21 Tage auf Inlandsstrecken der Lan Chile. –

Dringend nach Ankunft den reservierten Rückflug rückbestätigen lassen. LAN CHILE hat sein Büro im "Hanga Roa- Hotel". Während der Ferienmonate, aber auch zu Weihnachten, Ostern und sonstiger Kurzfeiertage in Chile sind die Flüge von und nach den Osterinseln oft komplett ausgebucht! –

Fantastischer Landeanflug: an den Kraterrändern sowie Küsten die Statuen. Der Inselairport geht quer über den Südteil der Insel. Nach einer Erweiterung problemlos für die Transpazifik- Jets. Das strohgedeckte Empfangsgebäude der 7o-er Jahre wurde durch einen modernen Terminal ersetzt, wo das Empfangskomitee der Einheimischen wartet, die holzgeschnitzte Kleinstatuen, insbesondere aber Privatzimmer anbieten. 1 km zum Ortszentrum.

Unterkunft: Derzeit mit Abstand bestes ist das 12o- Betten - "Hanga Roa- Hotel", ein moderner Bungalow- Flachbau am Meer mit SW- Pool und Privatbädern in den Zimmern. Vorbuchung zur Saison empfehlenswert. Doppel ca. 14o US $

Jede Menge von Privatzimmern und Residenciales im Ort. Die Besitzer oder deren Mitarbeiter kommen meist zur Ankunft der Jets zum Airport und "schleppen ab". Dringender Tip: persönlich vor Ort inspizieren und sich die Zeit dazu nehmen. Der Ort ist sehr kompakt und die Wege kurz. Teils große Qualitätsunterschiede.

Preise beginnen bei ca. 2o US bis rauf zu 75 US. Oft Essen inkl.; wenn man zu Inseltrips startet, gibts für den Tag die Brotzeit eingepackt mit. Handeln ist nach verschiedenen Berichten derzeit gut möglich, sofern man nicht zu chilenischen Ferien oder Festtagsterminen (Weihnachten, Ostern etc.) kommt. Es gibt im Ort allein nach der offiziellen Liste 33 Herbergen und Residenciales, dies bei ca. 1 Jet pro Tag. Somit bei entsprechendem Verhandlungsgeschick durchaus Preisnachlässe bis ca. 5o % möglich. Abgesehen von Basic- Herbergen sind die Zimmer meist recht sauber.

Achtung: öfters billige Übernachtungen, aber später teure "Extras" wie Wasserbenutzung! Andere Tricks sind sogenannte Vorschüsse, die dann auf Trinkgelder etc. umgerechnet werden. Zum Glück sind die schwarzen Schafe im Übernachtungsgeschäft in der Minderheit, – andererseits ist aber der Tourismus die Haupteinnahmequelle der Insel geworden.

DRAUSSEN SCHLAFEN: problematisch, da keine Quellen und nicht gerade warm. Mit warmem Schlafsack, Unterlage, Zelt eventuell möglich, aber Wildcampen verboten. – Allerdings: draußen in der Landschaft ist kaum noch jemand, der kontrolliert. Aber bitte Schlafstelle am Morgen sauber verlassen und Abfälle tief vergraben!

★ **Tourist Office:** im Airport und natürlich bemüht, für Residenciales- Besitzer günstige Preise anzubieten. Lange Listen und wortreiche Empfehlungen. Zudem Infos über Veranstalter von Jeep-Trips über die Insel. Tel.: 65

★ **Restaurants:** mehrere im Ort, allerdings Sachen wie Bier sauteuer wegen dem langen Transportweg: 5 US für eine Flasche keine Seltenheit. Fisch ist der Reichtum um die Insel. Unter anderem Riesenlangusten zu vernünftigen Preisen. An Fleisch: Schafe und Ziegen, an denen es mehr als Einwohner gibt!

★ **Selbstverpflegung:** ist ausgenommen Fisch und Inselfleisch teuer bis saftig teuer wegen den Transportwegen. Es gibt einen Supermarkt an der Hauptstraße im Ort und einen Mercado. Die Sachen mit Tauschgeschäften a la "abgetragene Jeans" gegen Schnitzwerk oder Lebensmittel gehören der Vergangenheit an. Dazu hat es zwischenzeitlich zu viele Touristen durch die "Quantas", "UTA" und "Lan".

HANGAROA ist der einzige Ort der Insel. Rund 1 km beim Airport an der Westküste. Insgesamt hat die Insel 2.5oo Einwohner, die vorwiegend polynesischer Abstammung sind. Nur rund 5oo E. sind chilen. Abstammung und vorwiegend bei Navy, Air Force, Radio, Hospital etc. tätig

Der Ort besteht aus Staubstraßen, die teils asphaltiert wurden. Die Häuser im Ort aus Stein, sonst am Ortsrand improvisiert aus Verpackungsresten, Holz und Wellblech. Pferdeherden rennen rum, auch durch den Ort. Auch die Einheimischen sind mit dem Pferd unterwegs; Autos nur selten.

Diskos: nähe Fischerhafen (ca. 15o m ab Mole). Drinks relativ teuer, eine Flasche Pisco + 1 Flasche Coke rund 1o US! Leute kommen erst ab 1o oder 11 Uhr. Musik gemischt: europäisch + chilen. Schlager. Später am Abend, ca 12 oder 1 Uhr nachts: Tanzgruppen mit Lifemusik. Sehr schön, Südseetänze, Muschelketten und polynesische Hüfttänze (der "Sau Sau").

Der auf der Insel ungemein beliebte Padre Sebastian (verstorben 1969) hinterließ nach 3o Jahren Tätigkeit auf der Insel das Buch "La Tierra de Hotu Matu". Außer einer Handvoll Fischer- und Schäferhütten keine weiteren Siedlungen auf der Insel.

INSEL–RUNDFAHRTEN: Null Verkehr auf den 4 Jeeppisten um die Insel, da keine größeren Siedlungen. Somit auch Null- Chancen für Trampen. – Jeep- Mieten (oder VW- Bus) kostet ca. 7o US $ pro Tag und Person im Hanga Roa Hotel, bzw. runde 25 US $, wenn man einen günstigen im Ort findet. – Erheblich billiger: Pferd mieten, ca. 1o US pro Tag, wobei das Pferd aber im Gegensatz zum Jeep- Fahrer nicht spricht (und damit auch die archäologischen Stellen nicht erklären kann). Sofern das Pferd nicht bockt: sicher der schönste Weg, die Insel kennenzulernen. – Wer will, kann sich auch eine Suzuki- Gelände Motorradmaschine mieten, allerdings saftige 3o US pro Tag. – Zu Fuß sind zwar die naheliegenden Sachen (Vulkankrater Rano Kao, Orongo (1), Vinapu (2) und Vaihu, sowie Ahu A Kivi etc.) bequem zu erreichen. Zur Moai (Statuen)- "Fabrik" sinds aber bereits retour runde 2o km, sofern einen nicht ein mitleidiger Jeepfahrer rückwärts mitnimmt. Um den Ost- und Nordteil der Insel kennenzulernen, braucht man ca. 2 Tage zu Fuß, wobei sich Anakena als Übernachtungsstop (Wildcampen) anbietet. Allerdings während der Monate Mai bis August sehr kalt.

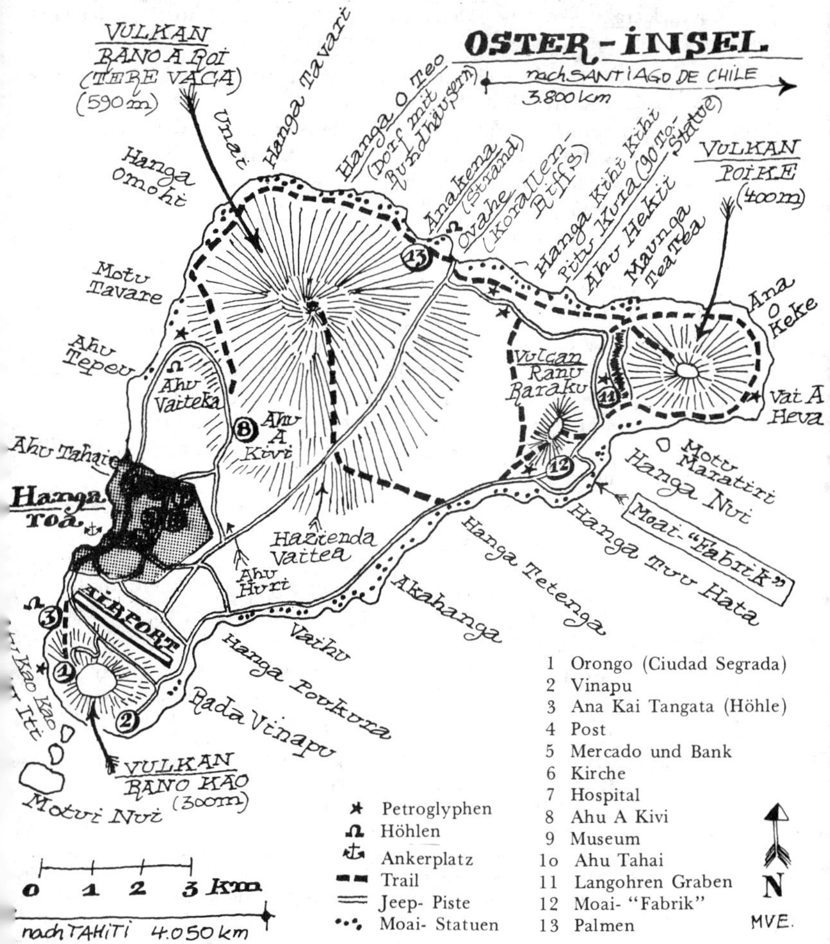

Außerdem ist ein Zelt nötig, da man das ganze Jahr über mit zwar kurzen, aber heftigen Regengüssen rechnen muß. – Egal, ob Anmiete eines Gaules oder Buchung einer Jeep- Tour: Handeln ist angebracht und nötig.

ENTSTANDEN sind die Osterinseln durch mehrere unterseeische Vulkanausbrüche (Krater, Lavafelder, vielfältiges Eruptivgestein). Bildungsprozess war abgeschlossen, als der Mensch kam. – Die Höhlen auf der Insel entstanden durch vulkanische Gasblasen. 15 x 11 km groß, etwa dreieckförmig, begrenzt von Steilküsten, dort wo die Vulkane ans Meer grenzen. Oben, z.B. bei Anakena Korallenriffs. Subtropisches Klima. Arm an Flora und Fauna (riesige Entfernung zum Festland!).

4 VULKANGIPFEL: der höchste ist der nördlich vom Ort gelegene "Rano A Roi/Tere Vaca" (59o m); schöne Besteigung : Abzweigung von der Piste Hanga Roa→Anakena etwa bei der Hazienda Vaitea, siehe unsere Karte! – Der "Ranu Raraku" mit der Moai- Fabrik (Details siehe dort), – der Gipfel des "Pioke" an der Ostspitze (4oo m) und der

★ Rano Kao an der Südspitze (3oo m) nähe Airport und Hanga Roa mit einem fast 1 km breiten Krater. Eine Jeeppiste führt ab Hanga Roa rauf an den Kraterrand, man kann aber auch mit dem Pferd oder zu Fuß über den Trail abkürzen, siehe Karte! Am Kraterrand liegt Orongo (Karte, Nr 1): Ruinendorf der "Vogelmenschen". Früher wichtiges Kultzentrum der Insel. Zur Sonnwendzeit versammelte man sich hier, und auserwählte junge Männer sprangen von den Felsen, um rüber zur Vogelinsel Motu Iti zu schwimmen. Wer als erster von drüben das Ei einer Seeschwalbe zurückbrachte, wurde im folgenden Jahr Führer und durfte sich die schönste Frau auswählen. So zumindest erzählt es die Sage.

Die Wissenschaftler sahen lange Zeit in der ähnlichen Hausbauweise zur Tiahuanaco- Kultur (Titicacasee/Peru), aber auch in der gleich exakten und perfekten Bauweise der Podeste für die Statuen an den Küsten der Insel (den "Ahus") und der beidseitigen Verwendung von Schilfbooten einen Beweis, daß die Ureinwohner der Osterinseln, die "Langohren" südamerikanischer Abstammung seien.

An den Felszacken beim Orongo- Dorf: Darstellungen von den Vogelmenschen, aber auch von Binsenbooten und dem typischen Doppelpaddel in Felsgravur. – In der ANA KAI TANGATA- Höhle (Karte, Nr. 3) Wandzeichnungen von Kannibalismus, von Vogelmenschen und Zeichnungen von Seevögeln. – VINAPU an der Südseite des Vulkans (Karte, Nr. 2): Tempelbezirk mit Bautechnik ähnlich der Inca- Architektur.

★ Südküste: ein Jeep- Trail, befahrbar auch für VW- Busse führt entlang der Küste ab Airport. Voll von Moai- Statuen. Die dichteste Gruppierung bei VAIHU, aber auch an weiteren Stellen.

★ Vulkan Ranu Raraku: hier liegt die "Fabrik" der Riesenstatuen. Der Vulkan

AHU = Plattform, auf die die Statuen aufgestellt wurden

MOAI= Statuen. Auf den Osterinseln rund 8oo, davon rund 2oo halbfertig in der "Fabrik" am Vulkan Ranu Raraku rumliegend. Beziehungsweise unterwegs bei ihrem Transport zum Aufstellungsort liegengeblieben. Die größten Moai haben ein Gewicht von 9o Tonnen (!!), oben an der Nordküste/Pitu Kura. In der Regel aber 8 - 1o Tonnen. Dies hat zum Glück verhindert, daß die Statuen von der in seinem Krater Süßwasser besitzt, bringt beim Aufstieg (siehe Karte!) einen fantastischen Rundblick auf die Südküste der Insel und die Statuen. Am Südhang wurden aus dem vulkanischen Tuffgestein die Statuen geschlagen:

ARBEITSGÄNGE:

1. Phase: die Figur ist noch mit dem Rücken fest mit dem Kraterrand verbunden. Man modelliert die Vorderseite. Nach grober Fertigstellung, – es fehlen vorallem noch die Augenhöhlen, – wird:

2. Phase: die Figur vom Fels gelöst und umgedreht. Man bearbeitet die Rückseite. Eine ganze Gruppe von Handwerkern war beschäftigt. Werkzeug: Basalt; trotz des weichen Tuffsteins eine harte Arbeit! Angeblich sollen pro Flüge 3o- Tage nötig gewessen sein.

3. Phase: die Figur wird wieder gekippt und von rund 1oo Mann auf eigens angelegten Straßen wegtransportiert zum vorgesehenen Standpunkt. Auch hier gibt es verschiedene Theorien: die plausibelste ist wohl der Transport per untergelegte Baumstämme , die wie Rollen die Riesenfiguren bewegten. – Auf "glatten Stellen", so eine andere Theorie, gelesen in einem englischen Führer, seien ein Gemisch aus Tomaten + Kartoffeln ausgelegt worden, auf dem die Statuen "rutschten"; bei dem Gewicht von durchschnittlich 1o To. wenig glaubwürdig. – Andere Theorien sprechen von der Aufstellung eines "Stativs" aus 3 Baumstämmen, in das ein langer Baumhebel eingehängt wurde, der die Statue vorhebelte . . .

Am Aufstellungsstandort richtete man die Statue auf durch Seilzug und untergelegte Steine, was angeblich 8 Tage dauerte. Dann wurde die Augenpartie modelliert. Die Aufstellung erfolgte bis auf wenige Ausnahmen (Ahu A Kivi und Ahu Huri) an der Küste, wobei die Figuren ins Landesinnere blickten.

Durchschnittliche Höhe der Figuren: 9 - 12 Meter !! Das entspricht der Höhe eines 3- stöckigen Hauses! Die massivste Figur wiegt 9o Tonnen (!!), oben bei Pitu Kura/ Nordküste. Unvorstellbar, wie dies mit primitiven Werkzeugen wie Steinäxten, Pflanzentauen und Baumstämmen hergestellt und transportiert werden konnte. Die größte Figur auf den Osterinseln ist 21 Meter lang und liegt noch unvollendet in der "Fabrik" am Kraterrand des Ranu Raraku, – Höhe gleich einem 7 - stöckigen Haus! Sie wurde von den Langohren kurz vor Einbruch der Katastrophe und dem Ende ihrer Kultur etwa um 168o hergestellt. –

Die "Fabrik" der Moais demonstriert excellent die verschiedenen Herstellungs Stadien der Statuen, – ein Bereich der Osterinsel- Mysterien, der relativ genau erforscht werden konnte.

Geschichte: an Ostern des Jahres 1722 vom holländischen Admiral J. Roggereen entdeckt. Die Riesenstatuen begrüßten ihn, vor dem die Einheimsichen große Feuer entzündet hatten. Da die Insel aber wirtschaftlich nichts Interessantes zu bieten hatte, segelte der Admiral bereits am nächsten Tag weiter.

177o wird die Insel im Auftrag des spanischen Vizekönigs von Peru annektiert. Der Inselhäuptling unterschreibt einen Vertrag, der die Hoheit bestätigt. Man untersucht die Statuen und entdeckt auf den Köpfen abgelegte Knochen (Interpretation: Statuen dienen der Götterverehrung und der Leichenverbrennung).

1774 landet Kapitän Cook auf der Insel. Sein Dolmetscher übersetzt ihm, daß die Sta-

den "Inselforschern" früherer Jahrhunderte wegtransportiert wurden. Nur Kleinstexemplare der Größe 3 - 5 m gelangten in die Museen, – z.B. ins "Museum of Natural History"/Washington DC./USA und ins "Museum of Mankind"/London- England.

Den Vogel hat wohl der franz. Schriftsteller Pierre Loti im 19. Jhd. abgeschossen, der im verzweifelten und erfolglosen Versuch, eine Statue abzutransportieren, letztlich deren Kopf abhackte, um zumindest diesen abzutransportieren.

tuen Häuptlinge aus früheren Zeiten darstellen (interessant als Background- Literatur der authentische Bericht der Cook- Expedition, erschienen als Reprint im Thienemanns-Verlag/Stuttgart, Edition Erdmann).

Französische, russische und deutsche Expeditionen, die im Abstand von rund 2o Jahren bis 1838 die Insel besuchen, berichten von einer fortschreitenden Zerstörung; immer mehr Moai- Statuen werden von ihren Standpodesten runtergestoßen.
Der Missionar Eugene Eyrand (Frankreich/1864) gilt als erster Siedler der Insel, wird aber bereits nach 7 Jahren wieder vertrieben. Peruanische Sklavenbeschaffung rottet die Inselbevölkerung weitgehend aus.

1888 Annektion der Insel durch Chile. Erste archäologische Erforschung zu Beginn unseres Jahrhunderts. Entscheidende Forschungsergebnisse leistete der Norweger THOR HEYERDAHL (1955):

durch Bodensediment- Entnahme am Rano Raraku bewies er, daß die Insel zur Zeit vor Christi Geburt dicht mit Palmen und anderen subtropischen Pflanzen bewachsen sein mußte (Pollenkörner in den zeitlich bestimmbaren, tieferen Ablagerungsschichten des Kraterbodens!). Höhere Schichten zeigen erhebliche Rußpartikelanteile, welches auf Abbrennen der Inselvegetation schließen lässt. Dies kann entweder durch Brandrohdungen der Ureinwohner, oder aber durch kriegerische Handlungen geschehen sein.

Die Reiseberichte der ersten Weißen, die mit den damals noch existierenden Nachkommen der Ureinwohner Kontakt hatten (sie wurden ja im 19. Jhd. weitgehend ausgerottet), erzählen von der Einheimischen- Sage, nach der die Insel von den LANGOHREN bewohnt war. Sie stammen nach der Sage aus einem Land "welches 6o Tagesreisen östlich liegt und aus sehr heißen Wüsten besteht" (könnte Peru mit seiner Küstenwüste sein. Auch die Tagesreise- Entfernung könnte stimmen, wie Versuche mit den damals in Peru üblichen Balsa- Flößen unter Ausnutzung der Meeresdrift bewiesen haben!) –
Die wissenschaftliche Forschung (C 14- Datierung im Radiokarbon- Test, aber auch archäologisch vergleichende Untersuchungen) haben die Sagen- Theorie erhärtet.

Gleichzeitig fand man 3 Schaffensperioden:

1.) **38o - 1.1oo n. Chr.:** Errichtung von Tempelbauten in perfekter Stein-Architektur, wie man sie aus Cusco und anderen Inkastätten des südamerikanischen Festlandes kennt. Ebenfalls spielen astronomische Berechnungen eine wichtige Rolle.

2.) **1.1oo n. Chr - 1.68o n. Chr.:** Blütezeit der "Langohren" und Errichtung der Statuen auf den ehemaligen Tempelpodesten. Meisterhafte Technik im Behauen von Basalt- und Tuffsteinen mit primitivsten Werkzeugen. Etwa um 1.5oo werden die "KURZOHREN" (vermutlich polynes. Ursprungs) geholt, die mithelfen. Aber im Jahre 168o muß es zu einem Bürgerkrieg zwischen den beiden Stämmen gekommen sein, bei dem am Verteidigungsgraben auf der Halbinsel Poike fast alle Langohren verbrennen (Aschefunde!).

3.) **1.68o n. Chr. - 1.868 n. Chr.:** fortschreitende Zerstörung, Stammeskriege auch unter den Kurzohren, Speerspitzen aus vulkanischem Glas. Kein Interesse an den "Errungenschaften" der Langohren wie Astronomie- Erkenntnisse.– Kontakt der Kurzohren mit den ersten Europäern, die die Insel betreten, sowie weitgehende Ausrottung Mitte des 19. Jhds. durch peruanische Sklavenjäger aber auch Krankheiten.

Während der Norweger THOR HEYERDAHL von zwei Einwanderungswellen spricht (einmal von Südamerika, den "Langohren", zum anderen von Polynesien, den "Kurzohren"), – gehen neuere Forschungen von zwei Einwanderungswellen aus, die beide von Polynesien kamen:

Forschungsarbeiten ab 196o durch den amerikanischen Professor DR. WILLIAM MULLOY, anerkannte Autorität für Polynesien und den Chilenen DR. G. FIGUEROA. Beides Mitglieder der ersten Heyerdahl- Expedition von 1955, nunmehr unterstützt von der Universität Chile.

Die Einheimischen auf den Osterinseln, z.B. bei Führungen schließen sich weitgehend diesen neueren Forschungsergebnissen von Dr. Mulloy und Dr. Figueroa an. Schließlich hätten nach Berichten der ersten Europäer (so Kapitän Cook) die Insel-Ureinwohner eher "polynesische Gesichter" gehabt, wie auch vergleichende, genetische Studien der Uni Chile eher eine Ähnlichkeit zu Polynesien "bewiesen" hätten.

Beides kann jedoch nicht als Beweis einer 2-fachen Einwanderung ausschließlich von Polynesien gelten. Abgesehen davon, daß es im Südamerika- Raum des heutigen Perus einen Indianerstamm gab, der in der mündlichen Überlieferung und Indianersprache "Langohren" heißt (eine Kultur, die übrigens genau zu der Zeit lebte, zu der T. Heyerdahl die Einwanderung auf der Osterinsel vermutet!), – ist es eine Tatsache, daß die südamerikanischen Indiostämme genetisch schwach sind:

wenn im heutigen Peru beispielsweise ein Indio (mit allen gentypischen Merkmalen der Gesichtszüge etc.) sich mit einer Chinesin vermählt: was als Baby rauskommt, ist rundum chinesich, mit Schlitzaugen und allem Drum und Rum!

Südamerikanische "Langohren" müssen daher in Vermählung von "Kurzohren" aus der Südsee zwangsläufig Nachkommen mit polynesischen Gesichtern ergeben. Auch deutet die hart- optische Klassifizierungsunterscheidung zwischen "Langohren" und "Kurzohren" der Einheimischen an Cook darauf hin, daß es an Rasse zwei sehr unterschiedliche Volksstämme auf der Insel gegeben haben mußte.Eine weitere Erhärtung der Heyerdahl- Theorie, daß die Einwanderung sowohl von Südamerika wie von Polynesien stattgefunden haben muß.

Viele Ungeklärtheiten. Bewiesen ist lediglich (durch die Heyerdahl- Expedition mit dem Kon Tiki- Balsafloß), daß rein technisch mit damals vorhandenen Fahrzeugen eine Besiedelung sowohl ab südamerikanischer Pazifikküste, wie auch ab Polynesien möglich war. – Siehe auch Seite 424, 527 und 132o

Literatur:

- "James Cook/Entdeckungsfahrten im Pazifik", erschienen im Thienemanns Verlag
- "La Tierra de Hotu Matua" von Padre Sebastian Englert, der 3o Jahre auf der Insel lebte und Geschichtsdaten, wie auch Legenden der Einheimischen zusammentrug.
- "Aku Aku" von Thor Heyerdahl zu seiner Forschungsreise 1955. Hochinteressant und unbedingt als Background vor dem Besuch der Osterinsel zu lesen. Weltbestseller.
- "Kon Tiki", Thor Heyerdahl. Spannender Bericht über die Pazifiküberquerung mit einem Balsa Floß von Südamerika in die Südsee zum Nachweis, daß dies für damalige Völker technisch möglich war.
- "Arqueologica de Isla Pascua", von Thor Heyerdahl, Figueroa, Mulloy und anderen. Erschienen 1961. Wissenschaftliche Berichte zu Forschung und Expeditionen
- "Americas" , Ausgabe April 1974: Forschungsbericht von Prof. Dr. William Mulloy über die Osterinselforschungen ab 196o. Zeitschrift des "General Secreteriat Organisation of American States", Washington D.C. 2ooo6/USA.

"Ethnology of Easter Island" von A. Metraux. Erschienen 194o und derzeit wohl das detaillierteste Werk über die Ethnologie der Insel.

★ Nordküste: die Jeep Piste geht zwischen dem Vulkan Rano Raraku und dem Poike rauf an die Nordküste. PITU KRUA (siehe Karte!) die größte auf der Insel gefundene Statue mit 9o Tonnen Gewicht! Die Wissenschaftler staunen, wie ein derartiger Gewichtsgigant von der "Fabrik" ab Rano Raraku hier rauf an die Küste transportiert werden konnte.

OVAHE mit vorgelagerten Korallenriffs und guten Schnorchelmöglichkeiten. In der Nähe mehrere Höhlen vulkanischen Ursprungs mit Petroglyphen.

ANAKENA: bester Strand der Insel mit feinsandigen Strand und herrlich transparentem Meer. Landein: Palmenhaine. Die im Sand liegenden Statuen wurden von Thor Heyerdahl bei seiner Expedition 1955 mit den Mitteln der "Langohren" wiederaufgerichtet (untergelegte Steine, Seilzug). Riesen-Statuen mit den "pukaos" (Haarknoten, riesige Steinklötze auf den Köpfen).

Die Jeep- Piste biegt ab Anakena landein, am Vulkan Tere Vaca vorbei, runter nach Hanga Roa (ca. 13 km). Ein Trail führt um die Nordspitze mit steil ins Meer abfallenden Kliffs. Bei HANGA O TEO ein Dorf aus Rundhäusern.

★ Umgebung nördl. vom Ort Hanga Roa: an der Straße Ri. Anakena (siehe Karte!): AHU URENGA. Einsame Statue auf Podest. Hat als Unikum auf den Osterinseln 4 Hände! Man vermutet, daß der Künstler mit dem ersten Paar der Hände nicht zufrieden war und so nochmals 2 Hände fabrizierte. Eine nicht gesicherte Theorie. – AHU A KIVI (Lage siehe Karte!), 196o wurden die 7 Statuen wieder auf ihr Podest gehoben, mit den traditionellen Mitteln der Urbewohner. Einsam in der kargen Landschaft am Hang des Tere Vaca; schon ein faszinierender Standpunkt! In der Nähe mehrere vulkanische Höhlen, die zu Zeiten des Bürgerkrieges zwischen den Lang- und Kurzohren als Versteck dienten. Petroglyphos. – AHU TAHAI, im Ort, rekonstruiert. Zeremonienstätte. – AHU TEPEU war angeblich Sitz des von Polynesien stammenden Kurzohren- Häuptlings "Tuu Ko Ihu" (nach Heyerdahl), – der Langohrenhäuptling hieß "Hotu Matua" (Sitz Vaihu/ Südküste; Ausarbeitung des Statuenpodestes in perfekter millimetergenauer Aufeinandersetzung der Steine!).

In Hanga Roa kleineres MUSEUM (nähe Kirche und Mercado). – Interessant am So. der Besuch der polynesischen Messe in der Kirche.

★ Sprache: die meisten Einwohner sprechen Polynesisch (das "Rapanui"), aber auch spanische Brocken. Englisch verstehen nur die wenigsten. – TOURS: in Spanisch oder Englisch, allerdings von sehr unterschiedlicher Info- Qualität!

★ Geld: chilenischer Escudo. Bank beim Mercado. Sonst Cash- Wechselmöglichkeit im "Hotel Hanga Roa".

★ Telefon: per Funk zum chilenischen Festland. Entweder von der Office im Ortszentrum, oder vom Hanga Roa- Hotel (Aufpreis für Vermittlung).

★ Klima & Kleidung: subtropisches Klima, sehr windig. Durchschnittliche Temperaturen um 2o Grad. Es ist mit plötzlichen, wenn auch kurzen Regengüssen zu rechnen; daher Regenschutz! – Warme Sachen als Kälteschutz, festes Schuhwerk und Sonnenschutz. Wenn Sonne, so extrem starke Einstrahlung! November bis April und Mai bis Oktober sind die wärmsten Monate, bei denen tagsüber das Thermometer sich zwischen 2o und max. 26 Grad bewegt, je nach Wolkendecke. Das Klima ist jedoch angenehm frisch bis kühl durch ständige Brise bis kräftige Winde vom Meer. Luftfeuchtigkeit um 8o %. Niedrigste Temperaturen tagsüber ca. 16 Grad, können aber nachts auf 6 - 8 Grad absinken.

Für den Besuch von Höhlen auf eigene Faust: an Taschenlampe denken! – Zelt wird auf der Insel nicht gern gesehen. Im Ort Hanga Roa gibts einige Familien, die gegen Vergütung auf dem Grundstück zelten lassen. – Wild- Campen ist verboten, aber draußen in der Einsamkeit nicht kontrollierbar.

★ Kunstgewerbe: wichtige Einkunftsquelle der Inselbewohner, die häufig arbeitslos sind.. Neben Muschelketten und Korallenarbeiten: Holzschnitzereien nach Motiven der Lang- und Kurzohren. Handeln ist angebracht, sollte sich aber in fairem Rahmen bewegen und die Arbeitszeit berücksichtigen. Verkaufsstände beim Airport zur Ankunft der Transpazifikjets (relativ teuer), – sowie im Mercado bei der Kirche im Ortszentrum. Gut und Tip ist das Verkaufsbüro der chilenischen CEMA. (Centro).

★ Sport: neben Wandern, siehe unsere Detailtips! – Schnorcheln und Tauchen oben an der Nordküste bei Ovahe. Unterwasser- Sicht: ca. 3o m horizontal und ca. 5o m vertikal. Somit superklares Wasser. Über Agenturen im Ort können Gleitboote mit PS- starken Außenbordern, sowie Kompressoren für Tauchflaschen gemietet werden.

★ Inselwirtschaft: daß die Insel von den Lang- und Kurzohren abgeholzt worden sei, da man Baumstämme zum Unterlegen und Weiterrollen der Moais benötigte, – dies ist eine der ungesicherten Theorie zur Inselgeschichte. "Gesichert" ist aber, daß die Insel heute weitgehend kahl ist.

Auf der Insel leben rund 4o.ooo australische Merino- Schafe, die pro Jahr rund 15o.ooo Pfund hochwertige Wolle abrasiert bekommen. Wichtigste Industrie der Insel. Weiterhin Rinder zur Selbstversorgung und schätzungsweise 6.ooo Pferde. Stellenweise Wiederaufforstung. – Fischfang ist neben Tourismus 2. wichtigste Industrie.

Tourismus seit 1967, als die erste kommerzielle Flugverbindung (zunächst mit DC 6) ab chilen. Festland eingerichtet wurde. Jetverbindung seit 1974. Die wichtigsten Hotels und meisten Häuser haben heute Wasserversorgung, Strom. Weiterhin Hospital im Ort.

Santiago de Chile ⇛ Mendoza/Argentinien

nur Bus/Flug
Straße ca. 370 km

Wichtigste Verkehrsverbindung zwischen Chile und Argentinien.

Bus: täglich mehrere Busse ab Santiago/Busterminal Norte, Fahrzeit ca. 8 Stunden (2o US), z.B. mit "Chilebus", "Coitram" und "Taschopa". Die Strecke ist unter "Umgebung von Santiago" beschrieben. Achtung: die Serpentinenstraße über den 4.2oo m hohen Grenzpass ist entgegen vielfältig und falscher (!) Information anderer Reiseführer derzeit ab Chile gesperrt. Es geht ausschließlich durch den "Caracol- Tunnel" (ca. 3.ooo m). Auf der argentinischen Seite kommt man aber kurz vor der Zollstation über die dortige Serpentinenpiste rauf bis zum Pass. Details siehe "Argentinien"!

Siehe auch S. 1435

Zug: der Personenverkehr ist eingestellt, da per Bus schneller.

Flug: 2 mal pro Woche mit dem "Ladeco" - Jet zwischen Santiago und Mendoza (ca. 7o US), bzw. tägl. nach Bs.As., allerdings runde 2oo US $.

Siehe auch S. 1426

Zentral-Chile: Santiago ⇛ Pto. Montt

Bus und Zug
ca. 1.060 km

Das fruchtbare "Herz" Chiles. Hier leben rund 8o % der Bewohner. – Landschaftlicher Höhepunkt ist das SEENGEBIET zwischen Villarica und Pto. Montt. Saftig grüne Landschaften, hügelig rauf zu den Anden mit ihren schneebedeckten Vulkanen.

Excellente und vielfach sehr gemütliche Hotels. Im Winter Skibetrieb am Vulkan Villarica, – im Sommer schöne Wanderungen am Vulkan Osorno. Landschaftlich großartig der Seen- Trip ab Pto. Montt rüber nach Bariloche/Argentinien. Sowie mehrere, weniger bekannte Trips rüber,-durch dichte Waldtäler, vorbei an Vulkanen, über die das Eis wie "drübergeschleckt" hängt; drüben auf der arg, Seite einsame Hochland- Sandpisten.

PTO. MONTT ist Endpunkt der Panamericana und des Eisenbahngleises ab Santiago. Ausgangspunkt für den Trip nach Feuerland.

⇩ = PANAMERICANA
⇨ = ABSTECHER VON DER PANA

Verbindungen: ab Santiago nach PTO. MONTT Tip: am besten den Zug nehmen. Ist in etwa gleichschnell wie der Bus auf der Panamericana, – aber modern und bequem mit allen Annehmlichkeiten wie Restaurantwagen, in dem man sich die Füße vertreten kann oder ein Bierchen heben, – sowie im Nachtexpress ein Schlafwagen!

Der tägliche "Rapido", ab abends Estac. Central in Santiago braucht 18 Std. bis Pto. Montt, das er gegen Mittag erreicht. Im Schlafwagen ca. 3o US, sonst um 1o US in der Economico- Klasse. Noch billiger ist der ebenfalls tägl. verkehrende Expreso (ca. 9 US), allerdings 4 Std. mehr.–1.o8o km; während der chilen. Sommersaison führen die Züge auch Waggons für den PKW- Transport mit. Zusätzliche Züge, die nur bis Temuco oder Valdivia verkehren.

Der BUS braucht ab Santiago bis Pto. Montt ca. 17 Std. und kostet um 3o US. Der Preis, den man im 18 Std.- fahrenden "Rapido"- Zug inkl. Schlafwagen bezahlt. Zug ist daher die bessere Wahl, – sollte aber speziell für den Schlafwagen frühzeitig genug vorgebucht werden!

Als ZWISCHENSTOP bieten sich an: – TEMUCO (wegen Indianer- Artesania und als Startpunkt für Trips mit dem Bus rüber nach Villarica am gleichnamigen See, mit lohnender Piste und Busverbindung rüber nach San Martin/Argentinien. Villarica allerdings bequemer per Direktbus ab Santiago zu erreichen), – VALDIVIA (schöne Trips mit Ausflugsbooten auf den umliegenden Flüssen und Seen) und PTO. VARAS (am Lago Llanquihue; Seentrip rüber nach Bariloche/Argentinien). –

Flug: täglich mehrmals mit Jets der "Lan Chile" und der "Ladeco" ab Santiago nach Pto. Montt. Flugzeit ca. 1 Std. 3o Min /75 US $. – Die Ladeco macht zusätzlich Stops an unterschiedlichen Tagen in Temuco, Concepcion, Osorno und Valdivia. Orte, die aber teils nur 1 bis 2 mal pro Woche angeflogen werden!

⇩ DIE PANAMERICANA (1.o58 km bis Pto. Montt) führt südlich aus Santiago de Chile raus. Zunächst mehrspurige Schnellstraße, seitlich mit Restaurants für Wochenendverkehr, dann dünner besiedelt, Felder.

RANCAGUA (14o.ooo E./Höhe 5oo m) Rund die Hälfte der Bewohner le- ⇨ ben direkt oder indirekt von der 7o km östlich in den Anden gelegenen EL TENIENTE–KUPFERMINE, der größten unterirdischen der Welt! Derzeitige Gesamtlänge der unterirdischen Tunnels im Berg: 1.2oo km (!!). Wer sich für sowas interessiert: Besuch lohnt unbedingt! Gigantisches unterirdisches Gleissystem. Gänge steigen übrigens ab Mineneingang an; die Lager liegen in höheren Regionen des Berges. Höhe des Eingangs rund 2.8oo m, Kupferreserven auf 23 Mill. Tonnen geschätzt. [Rancagua: bequem ab Santiago in 1 Std. per Bus od. Zug!]

Zur Besichtigung ist eine Genehmigung der "CODELCO" in Rancagua nötig. Rancagua (9o km südl. von Santiago, häufig Busse und mehre Züge pro Tag, Hotels, Restaurants) bringt ansonsten nichts, was Zwischenstop lohnen würde. Allenfalls noch das "Nat. Rodeo" alljährlich am 31. März.

In der Nähe Thermalbäder (Caquenes, 37 km östl. und Las Macas, 5 km). Für Leute mit eigenem PKW schöne Übernachtungsmöglichkeit in der "Hazienda Los Lingues, Abzweigung von der Panamericana kurz hinter Pelequen links und noch ca. 5 km. Gemütlich und relaxing im Kolonialstil mit schweren Balken an der Decke und guter Küche.

⇩ 1oo km bis CURICO, das die schönste Plaza Chiles besitzt. Mehr als 2o Palmen, die zu Kolonialzeiten von den Kanarischen Inseln eingeführt wurden, hohen Laubbäumen. Dazwischen Springbrunnen mit Schwarzhals-Schwänen, Frauen und Männern aus Stein, aber geziemlich weit voneinander getrennt. Architektonisches Bonbon ist ein schöner, schmiedeeisener Pavillon für Blaskapelle (jeden So. früh), der 1905 errichtet wurde und heute unter Denkmalsschutz steht. Die Plaza: eine Mischung aus Zoo und Botan. Garten, strahlt viel Ruhe und Provinzialität aus. Im Ort selber, etwa 40.000 E., ist der Hund begraben, Hotels, Restaurants, Geschäfte. . .

CHILLÁN (200 km südlich an der Panamericana, ca. 130.000 E.) ist, – ähnlich Talca zwar wirtschaftlich bedeutend, touristisch aber weniger interessant. Eine "Chile-Beton"- moderne Stadt nach mehreren Erdbeben zwischen 1833 und 1960. Allerdings Geburtsort wichtiger Chilenen, so dem Befreiungskämpfer O'Higgins (gegen die Spanier), – des chilenischen Seehelden Arturo Pratt (gegen die Peruaner. Viele Plazas und Straßen wurden in chilenischen Städten nach ihm benannt) und des weltberühmten Pianisten Claudio Arrau. – Hotels, Restaurants und Tourist Office in der O'Higgins 198.

Interessant dagegen die 83 km - Asphalt Stichstraße in die Anden rauf Ri. Grenze Argentinien zum VULKAN CHILLÁN. Unterhalb des Gipfels in 1.650 m Höhe ein Refugio des "Club Andino de Concepcion y Chillan", sowie ein von Optik weniger attraktives Hotel. Skibetrieb ist von Juni bis Oktober. Übernachtungsmöglichkeiten dann meist ausgebucht, da der Ski- und Hotelbetrieb billiger ist, als oben in Portillo oder Farellones bei Santiago. Mehrere Skilifte und in der Nähe des Hotels Termalquellen (27 - 60 Grad). Im Sommer schöne Wandermöglichkeiten.

CONCEPCION (ca. 270.000 E.), die an der Küste gelegene Stadt, in der viele Ex- Deutsche leben, ist 4. größte Stadt Chiles. Viel Industrie, so ein Stahlwerk, Lederindustrie, Schuhe, Mäntel etc., Universität. In der Nähe (bei Lota) Kohleförderung, viele der Stollen liegen unterhalb des Meeresspiegels, Hafenanlagen. – Concepcion hat eigenen Airport, sowie dichte Bus- und Zugverbindungen. Tourist Office: Anibal Pinto 460. Hotels, Rest.

Außer einem Besuch im "Museo Antropologico", Besteigung des Cerro Caracol und Stränden von regionaler Bedeutung bringt Concepcion jedoch nichts, was von touristischer Bedeutung wäre.

DIE PANAMERICANA überquert rund 85 km südl. von Curico (bzw. etwa 40 km vor Los Angeles) den RIO LAJA mit gleichnamigem Wasserfall. Kann man vom Bus aus sehen, links sitzen und Busfahrer Bescheid geben! "Spektakulär", wie ein englischer Führer schreibt, sind sie sicher nicht. Ein Band von 35 m Höhe und je nach Wassermenge 60 - 70 m Breite.

Direkt bei den Wasserfällen zwei Hotels der gehobenen Preisklasse, schöner Blick und bei günstiger Sonneneinstrahlung auch Regenbogen. Sowie ein Campingplatz. Wer sich das Geld für die teuren Hotels sparen will und auch kein Zelt dabei hat, nimmt sich ein Billighotel in Los Angeles und einen der häufigen Regionalbusse. – Los Angeles (ca. 100.000 E.), Handelszentrum der Region; Landwirtschaft u.a. Weinanbau sowie Fortwirtschaft. Touristisch bringt die Stadt nichts Spezielles, allerdings lohnenden Abstecher rauf in die Anden:

Friedrich Göses, der mehrere Jahre in Südamerika für deutsche Montagefirmen unterwegs war (vielen Dank für das Kompliment zu unserem Führer!) schrieb uns hierzu: "LAGO DE LAJA. Hoch in dem Andengebirge liegt der Lago de Laja. Es gibt ein Wasserkraftwerk direkt unterhalb des Sees. Anmeldung zur Besichtigung von der Firma ENDESA Planta de Toro (im Ort Toro, nähe See). Ebenfalls gehören dieser Firma die kleinen Fährschiffe, die über den 52 km langen See bis zur Grenze nach Argentinien fahren. Wunderschöner Tagesausflug. – Im gesamten Flußverlauf sind Lachse und Forellen anzutreffen, sehr schmackhaft auf dem Holzkohlengrill mit grobkörnigem Salz. Der Abfluß vom Lago Laja wurde vom Vulkan Antuco, der bis im Sommer mit ewigem Schnee bedeckt ist, vor Urzeiten zugeschüttet. Man kann den Vulkan leicht in 5 Std. besteigen". Soweit der Bericht.

Zu erreichen ist der Lago Laja über eine Asphaltstraße durch vorwiegend Waldgebiete ab Los Angeles, letzter Teil Schotter. Rund 62 km bis ANTUCO an den Ausläufern des gleichnamigen Vulkans und weitere ca. 3o km bis CHACAY in 1.4oo m Höhe. Hier liegt ein Refugio des Skiclubs, sowie 2 Hotels mit Restaurants und Skilifte. In der Nähe das Wasserkraftwerk der ENDESA ("El Toto Hidroelectrica" beim Ort El Abanico). Versorgt insbesondere die Industrieanlagen von Concepcion mit Strom (1oo.ooo KW).

Der Antuco ist 2.895 m hoch; landschaftlich großartig die danebenliegenden zerklüfteten Gipfel der Cierra Velluda (3.385 m), Bergsteigerparadies. Die Kraftwerkgesellschaft unterhält in der Nähe des Wasserkraftwerkes einen kleinen Airstripe ("Manquel"), der mit Lufttaxis ab Concepcion (Jet- Linienverb. tägl. ab Santiago) angeflogen werden kann, allerdings nicht gerade billig. Ansonsten per (selten verkehrenden) Bussen ab Los Angeles oder mit eigenem PKW.

AN DER PANAMERICANA, – kurz vor TEMUCO beginnt das Land der Arauco- Indianer, – südlich davon das chilenische Seengebiet. Neben der nordchilenischen Wüste und den wilden Fjordlandschaften Südchiles eines der lohnendsten Gebiete des Landes!

★ Temuco: ca. 21o.ooo E.

Lohnend für Zwischenstop wegen dem ausgezeichneten "CEMA"- Kunstgewerbegeschäft an der Panamericana/Ecke Balmaceda mit schönen Schnitzarbeiten, z.B. Holzvögeln dickbauchig in Größe bis 5o cm zum Aufbewahren von Früchten und Nüssen, – aber auch gute Schmuckarbeiten und Arbeiten aus Wolle (Pullover, Ponchos, Webbänder für Gitarren etc.). In diesem kleinen, aber gemütlichen Flachbau an der Pana breiter Querschnitt durch Indianerarbeiten umliegender Cooperativas.

Im Zentralmarkt (Aldunate Ecke Rodriguez) etwas billiger als im "Cema". Eine Stahlkonstruktionshalle BJ. ca. 192o. Viele Artesania- Stände zwischen Fleisch und Gemüse. Vorwiegend Holzschnitzereien wie Löffel etc. und vorwiegend Kitsch. Auch Pullover, die man aber in Bolivien und Peru billiger bekommt.

Täglich: Feria Ecke Balmaceda mit Anibal Pinto. Liegt beim Busterminal und Bahnhof. In umliegenden Straßen viele billige Restaurants und Basic-Pensionen. Gebrauchte Kleidung, gackernde Hühner, Mief und verpilztes Schuhwerk auf Haufen zum Verkauf, mit Staub übersetzt. Keine Artesania.

Temuco, 1881 von deutschen Einwanderern gegründet, – ist größtes Indianerzentrum Chiles. Eine für Chile untypische Stadt, die zwar nicht allzuviel Spezielles bringt, so doch angenehmen Flair. Vorallem guter Stützpunkt für Trips in die Umgebung (z.B. Wanderungen am Vulkan Llaima), – aber auch Ausgangspunkt für den nördlichen Teil des chilenischen Seengebietes:

★ **Verbindungen:** AIRPORT liegt im Südwesten der Stadt. Derzeit 3 mal pro Woche Jetverbindung mit "Ladeco" ab Santiago (ca. 55 US, Flugzeit im Direktflug 1 Std. 1o Min.), die Maschinen fliegen 2 mal in der Woche weiter nach Valdivia und Osorno.

★ Wer sich das "Ladeco" - Rundflugticket gekauft hat, könnte z.B. folgende sehr lohnende Rundtour fahren: in Temuco aussteigen und mit dem Bus rüber nach Villarica/Pucon. Hier übernachten und mit dem Bus rüber nach Argentinien. Landschaftlich großartig zwischen dem Vulkan Lanin und dem Lago Tromen. Es fahren mehrmals in der Woche Busse bis San Martin/Argentinien. Eine der schönsten Querverbindungen rüber nach Argentinien mit Auto oder Bus. –

Landschaftlich ebenfalls sehr lohnend ist Temuco – Panguipulli und dort mit dem Boot über den See nach Choshuenco . Paar Km mit dem Bus nach Porto Fuy. Dann über den extrem schmalen, gewinkelten Lago Pirehueico, eng eingeklemmt zwischen den Bergen rüber nach Argentinien. Letztes Stück bis San Martin mit dem Bus, entlang des argentinischen Lago Lacar. Die Berge an den letzten beiden Seen steigen bis 1.2oo m fast senkrecht rauf!

Excellente Übernachtungsmöglichkeiten in San Martin und am nächsten Tag Bus runter nach Bariloche, wichtigster Ort auf der argentinischen Seite des Seengebietes mit ausgezeichneten Wander- und Sportmöglichkeiten, viele Hotels und Residenciales.

Von Bariloche dann entweder

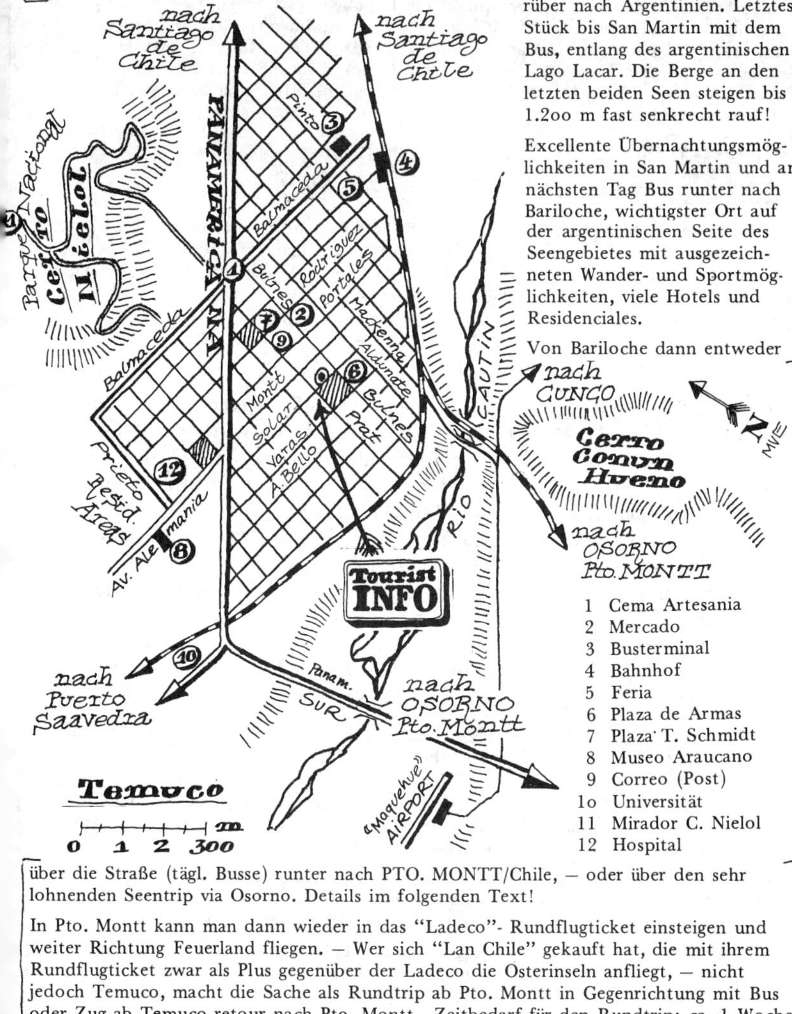

1 Cema Artesania
2 Mercado
3 Busterminal
4 Bahnhof
5 Feria
6 Plaza de Armas
7 Plaza T. Schmidt
8 Museo Araucano
9 Correo (Post)
1o Universität
11 Mirador C. Nielol
12 Hospital

über die Straße (tägl. Busse) runter nach PTO. MONTT/Chile, – oder über den sehr lohnenden Seentrip via Osorno. Details im folgenden Text!

In Pto. Montt kann man dann wieder in das "Ladeco"- Rundflugticket einsteigen und weiter Richtung Feuerland fliegen. – Wer sich "Lan Chile" gekauft hat, die mit ihrem Rundflugticket zwar als Plus gegenüber der Ladeco die Osterinseln anfliegt, – nicht jedoch Temuco, macht die Sache als Rundtrip ab Pto. Montt in Gegenrichtung mit Bus oder Zug ab Temuco retour nach Pto. Montt. Zeitbedarf für den Rundtrip: ca. 1 Woche je nach Route und dortigen Verkehrsanschlüssen. Diese vorab im Tourist Office von

Temuco oder Pto. Montt abchecken, die relativ gutes Material auch zu Bussen der Region auf dem Tisch haben.

★ **Zug:** tägl. ab Santiago. Der "Rapido" mit Schlafwagen ab Santiago am frühen Abend erreicht Temuco am frühen nächsten Morgen. Wohl das bequemste Verkehrsmittel nach dem Flugzeug. Inkl. Schlafwagen ca. 25 US, sonst 1o - 15 US je nach Klasse.
Täglich Temuco – Osorno – Pto. Montt. Fahrzeit im "Rapido" bis Pto. Montt ca. 8 Std.

★ **Bus:** neben der tägl. mehrfachen Verbindung von Santiago , sowie runter nach Osorno und Pto. Montt gibts ab Busterminal Temuco dichte Verbindungen auf Seitenstraßen im Seengebiet: zum Beispiel tägl. mit Bussen der "Regional Sur" die 14o km bis Panguipulli (ca. 5 US $), dem Ausgangspunkt für den oben beschriebenen Seentrip nach Argentinien, – nach Pucon mit "JAC" und anderen Buslinien rund 2o mal am Tag (11o km, ca. 2 US $), – Villarica am Lago Villarica fast alle 3o Min. mit verschiedenen Buslinien (86 km, 1,5 US). Von den genannten Strecken ist außer der Panamericana ebenfalls asphaltiert: Temuco – Villarica – Pucon und die Strecke nach Panguipulli via Lanco an der Panamericana.

Tourist INFO "Sernatur", Plaza de Armas (Bulnes 586) Tel.: 34293
POST: Ecke Portales mit Prat **Post**

★ **Hotels** der Neubauteil des "Hotel de la Frontera" /Bulnes 726 dürfte derzeit in Temuco beste Unterkunft sein, Doppel mit Privatbad, Heizung etc. für ca. 5o US, im älteren Teil des Hotels ca. 38 US. – Gute Mittelklasse bei Preisen um 2o US sind das "Hotel Aitue"/Bulnes 751, – das "Turismo"/Solar 636, beide im Zentrum um die Hauptplaza, – und das "Yacara" an der Panamericana. – Billiger (ca. 15 US) das "De France"/ Aldunate 95 und das "Continental" /A. Varas. – Ausgesprochene Billighotels um den Bahnhof und Busterminal.

Vom CERRO NIELOL schöner Rundblick auf Temuco (siehe Karte, Nr. 11, mit "Mirador"). – Lohnend auch das "MUSEO ARAUCANO" , Av. Alemania (Karte, Nr. 8). Schöne Villa mit Palmengarten und alter Feuerwehrspritze. Innen Webarbeiten der Arauco- Indianer mit interessanten Farben, Webstühle. Alte Fotos vom Temuco der Jhd.- Wende, Badeszenen, alte Autos und die Temuco- Straßenbahn, die früher auf den Straßen fuhr. Erste Flugzeuge, Doppeldecker, alte Eisenbahnen. Außerdem eine kleinere Reptiliensammlung, mit viel Liebe aufgebaut und präsentiert. – Alte Karten vom Arauco- Indianerland und eine Zeitung aus Stoff (!) vom 24.2.1881, dem Gründungstag der Stadt. Außerdem Knochen vom Dinosaurier, der in der Milodon- Höhle in Feuerland gefunden wurde, versteinerte Bäume aus der Region.

Nördl. von Temuco beginnt das Land der ARAUCO–INDIANER, – "La Frontera" (die Grenze), wie man dies bereits zu spanischen Kolonialzeiten nannte. Denn hier endete das spanische Kolonialreich auf dem südamerikanischen Kontinent.

Ein ungewöhnlich aktiver und selbstbewußter Volksstamm. Zudem gab es für die Spanier keine damals bekannten Bodenschätze, die Ausbeutung lohnten. So beließ man es lieber bei der Südgrenze Höhe Rio Bio Bio.

Eine Tatsache, an der sich nach den Befreiungskämpfen gegen die Spanier und der Gründung der "Republica del Chile" zunächst wenig änderte. Auf dem Papier ging Chile zwar bis runter nach Feuerland, – in Realität endete das Land jedoch beim Bio Bio.

Statt sich mit den Araucos zu arrangieren und diese als gleichberechtigten Volksstamm in die neugegründete Republik aufzunehmen, setzte die damalige Regierung auf aggressive Kolonialpolitik einer Landbesiedlung, die zwangsläufig zu Kämpfen und hohen Verlusten der Arauco- Indianer führen mußte.

Umgebung Temuco:

Neben Ausflügen mit Regionalbussen zu Arauco- Dörfern mit Kunsthandwerk Tradition: –beste Strände bei PTO. SAAVEDRA. Kilometerlange Sandstrände und die einzige Salzlagune Chiles, die L. Budi. In Boca Budi eine kleine Hosteria mit Betten und Restaurantbetrieb. Mehrmals am Tag Regionalbusse ab Temuco. Jeeppiste am Meer entlang südl. bis Queule, einfache Restaurants und Herberge. Im 3o km nördl. an der Piste gelegenen Tolten gibts ein kleines, interessantes ornithologisches Museum.

VULKAN LLAIMA (3.125 m) . Stichpiste 19o km östl. von Temuco in den Anden. Der Vulkan in perfekter Kegelform mit sanft abfallenden Hängen, im Winter vollgepudert mit Schnee ist optimales Anfänger- Skigebiet. Viele Araucaria- Bäume mit zwei Refugios des Skiclubs Cautin und des Club Esqui Llaima. Zusammen rund 23o Betten, allerdings nur für Mitglieder. Vorab in Temuco abklären, eventuell Ausnahmen.

RIO BIO BIO: der interessanteste Fluß Chiles für "White- Water"- Trips mit dem Schlauchboot. Der Trip für die interessantesten 15o km Fluß dauert ca. 1 Woche bis 1o Tage. Drop- in oben nahe der argentinischen Grenze bei Liucura (an der Straße Temuco – Grenze – Zapala/Argentinien) am See Gualletue.

Beste Jahreszeit: Dez. - Febr. Mehr als 1oo Rapids mittlerer bis hoher Schwierigkeit, teils Tobogan- Charakter zwischen engsten Felswänden. Organisierte Trips mit "Sobec Exped." P.O. Box 761, Angels Camp, CA 95.222 USA.

Chilen. Seengebiet:

Landschaftlich eine der schönsten Regionen Chiles. Während der Sommermonate viel innerchilenischer Ferientourismus inkl. Camping und Gästen aus Argentinien. Die hier ausgewanderten Deutschen, – die je nach Region 5o - 8o % der Bevölkerung stellen, – haben sich ohne Frage klimatisch und landschaftlich eines der schönsten Gebiete Südamerikas ausgesucht!

(1) Die PANAMERICANA ist die Hauptverkehrsachse dieses rund 5oo km langen Gebietes zwischen Temuco und Pto. Montt. Durchgehend asphaltiert, – berührt als wichtigste Städte VALDIVIA an der Küste und OSORNO , – sowie PTO. VARAS am Lago Llanquihue. Dichte Busverbindungen, sowie den FFCCE- Zug. Die Jets der Ladeco verbinden mehrmals pro Woche Temuco mit Valdivia und Osorno/Pto. Montt.

(2) Parallelstrecken: wer Zeit hat, baut sich ab Temuco eine Rundtour ein, – durch die argentinischen Andenrandgebiete retour nach Pto. Montt. Egal ob mit eigenem PKW oder öffentlichem Transport: landschaftlich großartige Sache, die etwa 1 - 1 1/2 Wo. Zeit benötigt.

Wie bereits im Temuco- Teil angeschnitten: die beiden lohnendsten Routen gehen via VILLARICA/PUCON , landschaftlich lohnend insbesondere im Bereich oben an der Grenze beim Vulkan Lanin. – Und via PANGUIPULLI am gleichnamigem See per "Bus + Boot + Bus + Boot" Kombination. Geht auch mit eigenem Auto, da die Schiffe auch PKW - Transportmöglichkeit haben. Landschaftlich großartig und vorallem billiger als der "Seentrip" ab Pto. Montt nach Bariloche!

(A) TEMUCO ⋙→ VILLARICA/PUCON: durchgehend asphaltiert und jede Menge Busse. Als Übernachtungsstop würde ich persönlich Pucon vorziehen, das gemütlicher aber auch kleiner ist. Insbesondere während der Ferienmonate aber auch der Skisaison (Juni bis Okt.) dringend vorreservieren, sonst kann es passieren, daß man vor vollen Häusern steht!

Siehe Karte! →

VILLARRICA: (ca. 24.000 E.) ist einer der wichtigsten Ferienorte Südchiles. Im Sommer Badeaktivitäten im (nicht allzu warmen) Wasser des Sees

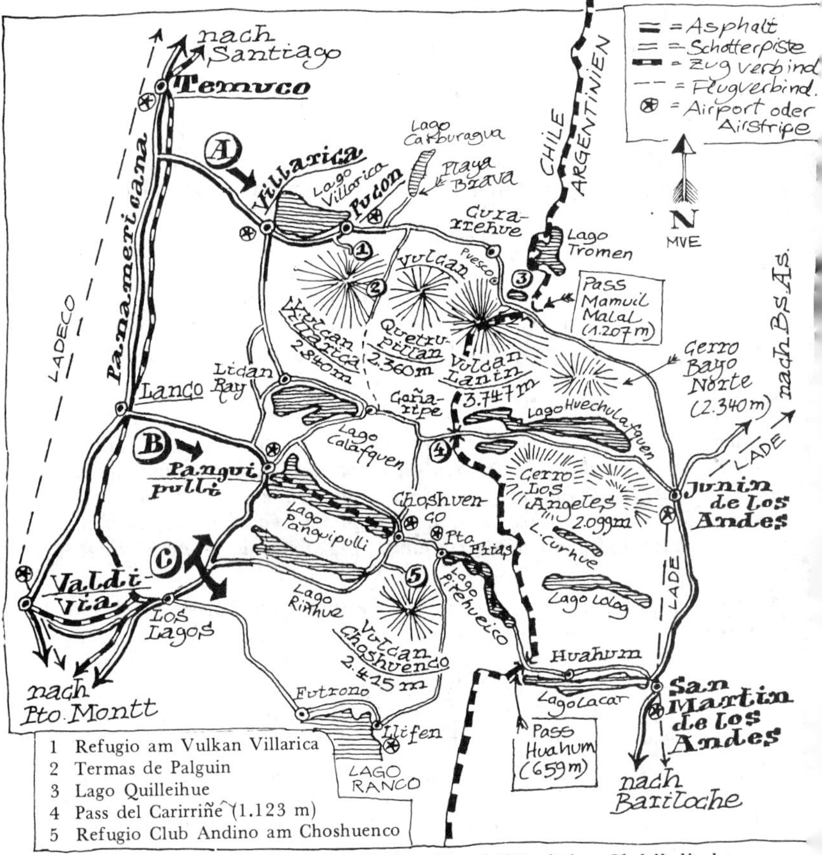

1 Refugio am Vulkan Villarica
2 Termas de Palguin
3 Lago Quilleihue
4 Pass del Carirriñe (1.123 m)
5 Refugio Club Andino am Choshuenco

mit Wassersport wie Wasserski. Bestes Hotel "Yachting Club" direkt am See (ca. 30 US), "El Ciervo" (ca. 20 US) und "Turismo Nautico" (ca. 20 US) danebenliegend und zu empfehlen. In der billigeren Klasse ist ein Tip die "Hosteria Rayhuen" in der P. Montt 668/Centro. (ca. 10 US), alle Preise zur Saison erheblich angehoben! Restaurants, Tankstelle, Post etc. Das Tourist Office, das auch bei billigen Privatzimmern helfen kann, liegt Ecke

V. Reyes/P. Montt. An der Straße nach Pucon eine Reihe weiterer Unterkunftsmöglichkeiten und Motels, teils schön zwischen See und Straße gelegen.

PUCON: recht hübscher Ort am Lago Villarrica zu Füßen des gleichnamigen Vulkans. Schöne Stelle, um zu Relaxen bzw. für Wanderungen! Im Winter Skibetrieb am Vulkan. Im Sommer viele junge Leute, vorwiegend aus reicheren chilen. Familien. Einige der Top- Hotels der Region, z.B. das "Antumalal", in dem die Queen von England, Prinzessin Margaret etc. übernachteten.

Hotels: für junge Leute optimaler Treff: "Hosteria Millarahue", Av. Argentina 46o. Saubere und sehr gemütliche Zimmer mit heller Holzverschalung, Doppel ca. 1o US $, – "Residencia Frontera" General Urutia mit Arauco. Sauber, gemütlicher Innenhof mit Laube, ca. 7 US $, – "Hosteria Vienna", schräg gegenüber dem Gran Hotel Pucon, ein schwarzes Holzhaus, recht gemütlich mit Garten. ca. 8 US $. – TEURERE HOTELS: das eben erwähnte "Gran Hotel Pucon" am See. Angenehm, allerdings nur während der Sommersaison offen,und dann meist lang vorab ausgebucht. Nur mit Vollpension, um 8o US $. Das Hotel hat schwarzen Lavasandstrand, Vermietung von Ruderbooten auch für Nichtgäste. Schöne Terrasse mit violetten Blumen und Seeblick. Die Zimmer nicht so top, das Hotel recht alt. – Bestes ist das "Antumalal" (2 km am Ortsrand) feudaler Superluxus in herrlichem Park mit Wasserfällen, kleinen Grotten, vielen Blumen und Bäumen. Wirklich außergewöhnlich schön! 2o Zimmer mit Kamin, Fenster und Seeblick. Sehr ruhig und schöner Platz zum Relaxen! Doppel beginnt bei ca. 8o US rauf in Höhen von 2oo US für eine Suite. – Gemütliche Chalets am See im "Interlaken", schweizer Management, Doppel ca. 4o US $. – "Hotel Suiza" in der Caupolician 243 bringt neben sauberer Unterkunft (25 - 3o US $ je nach Saison) zudem excellente Kuchen und heißen Kakao im angeschlossenen Restaurant- Cafe Ecke Av. Argentina! Lecker und Tip! – "Hotel Gugenschwader", P. de Valdivia (ca. 3o US für ein 5 - Bett-Appartement) mit deutschem Management. Empfehlenswert. – Weitere, sowie auch gute Campingplätze, Details über die Municipalidad. – Jugendherberge 2 km außerhalb.

Restaurants: in den Hotels, sowie einfacheren Gasthöfen.

Vulkan Villarrica: kurz vor dem Ortseingang Pucon führt rechts eine Piste rauf zum Vulkan. Ca. 12 km bis zum Fuß. Dort Skifahren möglich fast das ganze Jahr über außer den Monaten Jan./Febr./März.Vulkanhöhe: 2.84o m. Gesamtlänge der Skiabfahrten: rund 4 km auf mehreren Pisten. Allerdings nur in den Hauptmonaten Juni bis Aug./ Sept., später reduziert sich die Pistenlänge erheblich. Bus ab Pucon bis zu der Stelle wo die Talstation des Sesselliftes steht. Sowie ein Refugio. Dort kann man Ski auslei - hen und bekommt auch eine Tageskarte für den Skilift.

Schlafen im Refugio nicht möglich. Aber Essen und Drinks. Die Hütte hat 36 Zimmer, nur für Clubmitglieder zugänglich. (Bei der kurzen Entfernung bis Pucon nicht weiter schlimm).

Aber auch im Sommer lohnt sich der Vulkan Villarrica sehr. Mit dem Sessellift rauf und von oben herrlicher Rundblick über den See und zu vielen weiteren Vulkanen der Umgebung, sofern klares Wetter. – Besteigung des Vulkans, der heute noch aktiv ist: nur mit bergsteigerischer Gletschererfahrung, Eiskrampen, Pikel und Seil. So leicht die Sache wegen ihrem sanften Anstieg aussieht, so ist sie doch nicht ungefährlich. Es hat in den vergangenen Jahren mehrere schwere Unfälle gegeben.

Ausflüge: Am Lago Caburagua feinsandige Strände und Campingplatz. Etwa 33 km ab Pucon, siehe unsere Karte! – Termas de Palguin (siehe Karte) ist ein saugemütliches 3-stöckiges Holzhaus an den Hängen des Vulkan Villarrica. Geführt von Rolando Pohl, einem Ex- Deutschen. Im Prospekt steht: "wenns regnet, vorab Gesellschaftsspiele mitnehmen, – und eine Wärmflasche, wenns nachts kalt wird!". Nichts für o8/15- Tourismus. In der Nähe gibts zudem eine heiße Termalquelle, die an ihrem Ursprung Themperaturen von 36 bis 46 Grad erreicht! Schöne Wanderungen. Zu erreichen über eine Stichpiste ab Pucon, ca. 35 km. Preise halten sich im passablen Mittel um 15 - 2o US. Allerdings ist die Benutzung der Termal- Pools mit geringem Eintritt verbunden. (Für Nichtgäste). – In der Nähe Wasserfall, der "Salto de Leon".

Halbinsel von Pucon: zusätzliches Bonbon des Ortes! Die weit in den See hineinragende Landzunge beginnt beim Gran Hotel Pucon, dem die Landzunge auch gehört. Wer mit dem Auto reinfährt, muß Eintritt zahlen. Mit Golfplatz, schönen Stränden, Wiesenhänge mit Blick auf den See und Vulkan Villarrica. Man kann auch Pferde mieten! –

Pucon ist kompakt. Nur etwa 18.ooo E. (ohne Feriengäste). Hauptsaison ist der Sommer. Der See erreicht dann angeblich 18° C, würde aber eher 16 oder 17° C vermuten. In den Sommermonaten recht guter Kontakt zu reicheren Chile- Jugendlichen. Danach ist der Ort allerdings ausgestorben bis ca. Weihnachten, wenn die Skisaison beginnt.

NACH ARGENTINIEN/San Martin de los Andes: im Sommer 2 - 3 mal/ Woche Busverbindung mit "Igi Llaima" ab Temuco über Villarrica–Pucon, sowie der argentinischen Busgesellschaft "San Martin". Nach Möglichkeit sollte man bereits in Temuco vorreservieren, wenn man erst in Pucon in den Bus einsteigt. Ca. 22 US $ und 7 Std. für Pucon – San Martin. Im Winter, wenn der Pass häufig zu ist*, fahren die Busse via Paso Huahum.

WER mit eigenem Auto die Strecke macht, muß die Formalitäten in Pucon erledigen. Oben in Puesco, etwa 2o km vor der Passhöhe dann Grenzkontrolle und Carnet- Angelegenheiten. – WER den Bus nimmt: Passformalitäten lediglich in Puesco für Chile. Achtung: die Grenze macht um 18 Uhr ** zu. Zeitverschiebung beachten, siehe Einleitungskapitel Chile- Teil! – Letzte Tankstelle in Pucon!! Volltanken. Die nächste erst in Junin de los Andes. Dort auch einfache Hotels.

Ab Pucon zunächst entlang im Tal des Rio Pucon. Der Airstripe östlich des Ortes nur für kleine Sportmaschinen Typ Cesna und Piper; kein Linienverkehr, nur Charter. – 32 km bis Curarrehue, wo das Tal enger wird. Schöne Landschaften etwa wie in österreichischem Hochalpental. Dahinter die schneebedeckte Vulkankuppe des Quetrupillan. Die Almen mit Latten eingegrenzt, an den Talhängen viel Wald. Viele deutsche Gesichter in den Siedlungen. Bretterhäuser, etwas verfallen. Verrostete Ungetüme von Dampfmaschinen zum Holzsägen. Siedleridylle? ? Eher sehr arme Lebensverhältnisse.

Schlagbaum in PUESCO. Seitlich eine kleine Hosteria, ca. 6 US, Holzbau. Wurzelsepp als Besitzer, Zimmer o.K., sauber und mit Wasserschüssel.
Nach dem Schlagbaum beginnt der schönste Teil der Strecke. Straße windet sich schmal in den Wald rauf. Zwischendrin umwerfend schöne Blicke auf Vulkan, interessante Vegetation mit südamerik. Hochregionen- Pflanzen. Flechtenbehangene Riesenbäume, deren Stämme Durchmesser von 1,5 bis 2 m

* in den Wintermonaten Juni - Sept. oft zugeschneit und für Tage, teils auch Wochen nicht befahrbar. Zum wichtigsten Grenzübergang und Verbindung zw. Chile und Argentinien der gesamten Region Temuco bis Pto. Montt wird dann der nur 659 m hohe PASS HUAHUM, der ganzjährig befahrbar ist. Details siehe Panguipulli!

** nach anderen Informationen bis 22 Uhr. Besser nicht darauf verlassen. Für die ca. 8o km Pucon – Grenze (Schotter, schmal, kurvenreich) muß man mit 2 - 3 Std. rechnen. Allein wegen der landschaftlichen Schönheit der Strecke : frühzeitig in Pucon am Morgen aufbrechen! Auch da es hinter der Grenze auf der argent. Seite praktisch "roh durch die Prärie" geht! –

haben, Höhe bis 3o m! Ganzer Wald davon! Entlang des kleinen Lago Quillehue, ein smaragdgrüner Bergsee mit Vögeln und halb von Schilf zugewachsen. Viele Enten.

Die Strecke steigt weiter an, rauf zum Mamuil Malal- Pass (1.2o7 m, auch El Tromen- Pass genannt): eine weitgeschwungene Kuhle, die rechter Hand von dem schneebedeckten Vulkankegel des Lanin dominiert wird, über dessen Gipfel (3.747 m) wie vom Eisitaliener mit einem Schwapp ein riesiger Eis- Wusch seitlich rüberhängt. Die Eiskristalle glitzern in der Sonne. Unten an der Piste die riesigen Araukarien- Bäume, deren geschuppte Stämme 1o, 2o m raufgehen und oben das Baumdach tragen: Arme rundum mit dunkelgrünen langen Nadeln besetzt, wie ein dichtbehaarter Arm eines Gorilla. Landschaftlich großartig, allerdings hatte ich auch ungemein Glück mit fantastisch klarem Wetter.

Oben bei der Passhöhe und am sanft auslaufenden Vulkanhang das weiße Grenzgebäude der Argentinier wie eine Hazienda. Dann gehts stetig sanft bergab; im Sommer durch einsamste Steppengraslandschaften. Die Piste mit Sand, über buckelige sanft runterschwingende Kuppen, daß das Fahrzeug stetig leicht schwingt und pendelt. Befahrbar bei ca. 8o km/h, wobei das Auto über die Buckel gleitet und fliegt wie Achterbahn. Vorsichtig fahren, allerdings fahrerisch ein Hochgenuß!

Details zu Junin de los Andes und San Martin de los Andes siehe Argentinienteil dieses Buches! Gute und häufige Verbindungen nach Bariloche sowie retour nach Pto. Montt/Chile.

3) VIA PANGUIPULLI (die Alternativroute): landschaftlich ähnlicher Hochgenuß, allerdings mit Schwerpunkt "Seen zwischen engen Bergen". Häufig Busse von Temuco rüber nach Panguipulli. Der Ort liegt in leicht hügeligen Wiesenlandschaften am Westende des Lago Panguipulli.

Hotels: "Hotel Mauna", Ramon Freire 99, gegenüber an der Straße zum Hafen. Räume sauber, Decke Holz. Jedes Zimmer mit fließend heiß/kalt- Wasser. Papier, Seife, Handtuch Spiegel. Das, was bei uns unter einer "Familienpension" laufen würde. Wir waren mit der Übernachtung zufrieden. Doppel ca. 7 US. – "Restaurant Las Brisas" am Hafen (Essen preiswert, allerdings handeln. Leider kommen dann Miniportionen und zäh auf den Tisch) vermietet unter der Hand auch Privatzimmer für ca. 5 US. Sauberer Holzbau, in dem sich allerdings auch einige Fliegen "eingemietet" haben (Gratis und ohne Handeln). – "Residencial La Bomba", schräg gegenüber dem "Mauna" sehr basic bei ca. 5 US, dies ohne eigenes Bad. – "Resid. Waldorf", schlimme Wildwest- Bruchbude mit Schwärmen von Fliegen. Man kommt sich vor wie ein Gold- Digger. Ca. 6 US. – "Hotel Quetropillan" in der Etchegaray 381 dürfte derzeit wohl bestes im Ort sein. 35 Betten für ca. 2o US das Doppel. – Weitere, so das "Raimapu" und das "Antirrayen".

Tourist Office: gibt es keine im Ort. Der ist aber so klein und kompakt, daß man sich ohne Probleme schnell auch selbst zurecht findet, was Essen, Übernachtung und Auskundschaften der Abfahrtszeiten betrifft. . .

Verbindungen: täglich mehrmals Busse ab Temuco sowie ab Valdivia an der Küste und Panamericana. Rüber nach Argentinien: siehe dort! – Kleiner Airstrip am Ortsrand, der von Sportflugzeugen angeflogen werden kann. Es gibt eine kleine regionale Airline, die die in unserer Karte eingezeichneten anderen Airstripes der Region anfliegt, allerdings meist nur per Charter. Sowas kostet seinen Preis, wenn man sich nicht zu Dritt teilen kann (auch dann noch erheblich teurer, als der öffentliche und dichte Transport per Bus bzw. Schiff in der Region). Wer das Geld hat: bei klarem Wetter eine fantastische Sache zwischen der Fülle der schneebedeckten Vulkane und der Menge an großer und kleinerer Seen der Region! –

PANGUIPULLI ⋙→ SAN MARTIN/ARGENTINIEN: wegen dem, – an dieser Strecke liegenden Pass Huahum, der mit 659 m ganzjährig befahrbar ist, – wurde diese Route in den vergangenen Jahren ausgebaut. Es gibt jetzt eine Straße ab Panguipulli entlang des Nordufers des Sees bis CHOSHHUENCO mit täglicher Busverbindung. Gleichzeitig wurde (leider) die schöne Bootsfahrt über den See eingestellt.

Von Choshuenco sinds 2o Km Schotterpiste bis PTO. FRIAS. Am besten gleich Direktbus ab Panguipulli nehmen, der sehr früh am Morgen startet und gegen 8 Uhr in Pto. Frias die Autofähre erreicht. Nun geht es landschaftlich grandios über den engen Lago Pirehueico, der von steilen Bergen eingeschnürt ist, die bis zu 8oo m fast senkrecht vom Seeufer ansteigen. Der See gerade im Schnitt 8oo - 1.ooo m breit, in vielen Windungen zwischen den Bergen. Definitiv ein Bonbon; während man an der Bar des Schiffes einen Expreso hebt und in der Morgenfrische die Luft aufklart!!

Am Ende des Sees: Minisiedlung PIREHUEICO, wo eine Piste in 12 km rauf zum Pass HUAHUM (chil. Grenzstation) führt. Leute mit eigenem Auto müssen bereits in Panguipulli die Papiere klären, – ansonsten Pass- und Grenzformalitäten oben am Pass. Unten in Pirehueico warten Busse auf die Autofähre und fahren bis rüber zur argentinischen Seite/Ortschaft HUAHUM, wo die Argentinier ihre Grenzstation haben.

Weiter je nach Saison entweder mit Minibussen entlang des Nordufers des Lago Lacar bis San Martin de los Andes, – oder reizvoller: per Boot über den See. Gesamtfahrzeit: morgens früh ab Panguipulli und gegen spätem Abend Ankunft in San Martin, das breite Palette an Hotels und Residenciales anbietet. Ca. 2o US $ insgesamt zwischen Panguipulli und San Martin.

Wenn der Pass oben am Vulkan Lanin (siehe Route A) zu ist wegen heftigen Schneefällen im Winter, fahren die Busse der "Igi Llaima" ab Temuco via Choshuenco – Paso Huahum nach San Martin.

Achtung: PKW– Transport über den Lago Pirehueico nicht gerade billig. Mit eigenem Auto daher besser via Paso Mamuil Malal, oder den 1.123 m hohen Paso del Carirriñe via Lago Calafquen (siehe Karte!). –

Querverbindungen: Villarrica – Panguipulli über eine teilweise asphaltierte Piste mit mehreren Bussen pro Tag. Geht via LICAN RAY am Lago Calafquen (siehe Karte), wo es im Ort Hotels und Residenciales, – sowie am See eine Reihe von Campingplätzen gibt. Für chilenische wie argentinische Sommerurlauber interessant und lohnend als Feriengebiet mit gewohnt kühlem Seewasser. Aber nichts, was uns vom Stuhl gerissen hat. Landschaftlich interessant wirds erst, wenns tiefer ins Andengrenzgebiet zwischen Argentinien und Chile geht!

Ⓒ VALDIVIA ⋙→ PUCON (bzw. PANGUIPULLI): wer vom Süden kommt, z.B. Pto. Montt, hat mehrmals am Tag Busverbindung ab Valdivia sowohl nach Panguipulli wie auch nach Villarrica und Pucon. Somit Einstieg in die oben beschriebenen Routen A und B.

Geht auch via LANCO an der Panamericana, das zugleich Bahnstation der

Strecke Santiago – Pto. Montt ist. Aber Vorsicht: in Lanco laufen die Hunde nicht nur mit eingekniffenem Schwanz, sondern sind auch am Raufklappen der Bürgersteige beteiligt! Daher besser kein Risiko eingehen, daß der von Valdivia kommende Bus in Lanco bereits voll ist . . .

Valdivia:

ca. 120.000 E.

Valdivia hat ohne Frage Flair, aber auch den angenehmen Geruch von Provinzialität. Zwar 1552 vom spanischen Conquistador Pedro de Valdivia gegründet. Den großen Aufschwung erlebte es jedoch erst in der 2. Hälfte des 19. Jhds. , als Deutsche die Region besiedelten, die durch ihren Fleiß und ihre Korrektheit Motor der Wirtschaft sind.

Deutsche Konditoreien, wo es "Apfelkuchen" gibt, von dem ganz Chile schwärmt, aber auch excellente Confiterias mit Marzipan. Ende des vergangenen Jhds. errichtete in Valdivia übrigens der Deutsche Andwandter die erste Fabrik Chiles: wie könnte es anders sein, eine Brauerei.

Valdivia, das schön zwischen dicht grün bewachsenen Hügeln in Meeresnähe liegt, besteht vorwiegend aus Holzhäusern. Im Centro Stein- und Betonbauten. Sehr kompakt. Zentraler Platz ist die Plaza Republica. Wenige Meter zum Fluß und der "Muelle Fluvial" wo die Regional- und Ausflugsboote anlegen. Schöne Tagesausflüge den Rio Calle Calle flußauf zum Castillo San Luis de Alba und flußab den Rio Valdivia zur nahegelegenen Mündung mit mehreren spanischen Festungen und excellenten Fischrestaurants.

Vom Centro über die Pedro de Valdivia- Brücke auf die Insel TEJA, wo die Universität liegt mit dem "Museo Historico Arqueologico" in der ehemaligen Villa des Señor Andwandter (nach Überquerung der Brücke links, 1. Querstraße). Exponate aus der praehispanischen Zeit, aber auch von den Arauco- Indianern und der Zeit der deutschen Besiedlung. Klein aber interessant! – Bei der Uni (nach der Brücke rechts!) ein Botanischer Garten.

Tourist INFO "Sernatur", Av. Arturo Prat 555 am Fluß nähe "Muelle Fluvial". Infos u.a. zu Privatquartieren und zu Abfahrten der Flußdampfer.

Hotels: "Hotel Schuster"/Maipu 60 im Centro nähe Hauptplaza am Fluß. Definitiv im alten Stil mit Patina, aber Komfort. Doppel um 18 US $ und Tip in seiner Klasse!– "Hotel Pedro de Valdivia"/Carampangue 180, eines der Top- Hotels der Stadt, Doppel ca. 30 US, Service wurde mehrfach bemängelt. – "Palace" im Ort, Chacabuco 308 , Mittelklasse, ca. 18 US. – "Hotel Regional"/Picarte 1005 nähe Hauptplaza. Doppel um 15 US und orginell: Toilette im Schrank. – Wer knapp mit Reisekasse ist: ähnlich wie in Pto. Montt gibts in Valdivia viele Privatpensionen, die ein oder zwei Zimmer an Gäste abgeben bei Preisen um 5 oder 7 US fürs Doppelbett. Durch Schilder angezeigt, bzw. Info über Tourist Office. "Hotel Schuster": Tel. 3596

Restaurants: "Centro Español", C. Henriquez 436 preisgünstige Mittelklasse, – "Choperia München", C. Henriquez 376, deutsche Küche, – "Club de la Union", C. Henriquez 540, – gute Fischrestaurants am Fluß nähe Muelle Fluvial, – "Hosteria Castañera"/Av. Prat s/n, – "Cafe Haussmann" bekannt für excellente Apfelkuchen/O'Higgins 394, – die berühmten Valdivia- Marzipane gibts in den Confiterias "Suiza"/Perez Rosalez Ecke Lautaro, – "Conf. Sur"/Picarte Ecke Valdes und "Conf. Toqui"/Arauco Ecke Esmeralda.– Excellent für Fisch vom Grill:"Host. El Pangal"/P. Aguirre c' 1313

Verbindungen: der FLUGHAFEN von Valdivia liegt 35 km nördlich an der Panamericana Norte. Relativ modernes und großzügiges Gebäude. Wird derzeit 3 mal pro Woche von Ladeco angeflogen. Sowohl runter nach Osorno, wie rauf nach Temuco – Santiago.

BUSTERMINAL: Munoz Ecke Av. Prat am Rio Calle Calle. Etwa 7 Blocks ins Centro. Dichte Busverbindungen rauf nach Santiago via Temuco, sowie runter nach Pto. Montt via Osorno. Pro Tag jede Menge Busse! – Tägl. nach Villarica (ca. 3 1/2 Std. Fahrzeit) und nach Panguipulli (ca. 3 1/2 Std.)

BAHNHOF: Av. Ecuador am Rio Calle Calle, aber ganz schön weit weg vom Centro. Entweder per Stadtbus oder per Taxi rein! Täglich Zugverbindung ab Santiago mit dem "Rapido", der Schlafwagen und Restaurant mit sich führt und bei Abfahrt Santiago gegen 18 Uhr Valdivia zu angenehmer Morgenstunde, nämlich gegen 9 Uhr früh erreicht. Nach dem Aufwachen gegen 7 oder 8 Uhr noch genügend Zeit, genüßlich das Frühstück einzunehmen bei schönen Landschaften durchs Fenster! Ca. 2o US $ pro Person.

Der "Expreso" startet nach derzeitigem Zugfahrplan später in Santiago und braucht zudem länger. Kein Schlafwagen; nur 1. und 2. Klasse. Billiger. – Beide Züge fahren weiter bis Pto. Montt, Fahrzeit ab Valdivia ca. 4 Std. im Rapido und ca. 5 Std. im Expreso

★ **Ausflüge ab Valdivia:** den besonderen Reiz von Valdivia machen die vielen Flüsse im Mündungsbereich und Bootsfahrten aus! Täglich mehrmals ab MUELLE FLUVIAL den Rio Valdivia runter zur Mündung in den Pazifik. Ein breites Mündungstal zwischen hohen und grün bewaldeten Küstenbergen. Im Mündungsfluß Inseln.

Die Boote legen im Mündungstal zunächst in LOS MOLINOS an mit dem spanischen Fort "Niebla", fahren rüber zur Insel MANCERA (Fort) und auf die andere Seite nach CORRAL (Fort San Sebastian de la Cruz).Fahrzeit ab Valdivia etwa 1 Std. In Corral gute Fischrestaurants und Piste bis SAN CARLOS. Hier liegen die Hausbadestrände von Valdivia. Zwar (auch im Sommer) wegen Humboldt-Strom nicht gerade warm, aber dicht frequentiert. Eine Bootsfahrt, die relaxing ist und Freude macht. Gibt auch Busse bis Niebla, aber das Boot ist die bessere Wahl.

GESCHICHTE: nach der Siedlungsgründung durch Pedro de Valdivia (1552) hatte Valdivia bei den Spaniern den Beinamen "Capital del Mar Sur" (Hauptstadt des südlichen Meeres). Auch wenn die Spanier das Inland südlich des heutigen Temuco wegen den kriegerischen Arauco- Indianern nicht erobern konnten, – so war doch Valdivia für sie wichtiger und letzter Stützpunkt an der Pazifikküste vor der Schiffsroute um die Südspitze Südamerikas (Magellan- Straße).

Hier wurden die Schiffe präpariert, ausgerüstet und repariert vor der Südumfahrung. Nicht umsonst interessant für holländische Kriegsschiffe, die 1599 Valdivia eroberten. Nach Kämpfen der Rückeroberung errichteten die Spanier ab 1645 umfangreiche Festungsbauwerke im Mündungsgebiet, deren Kanonen einmal die enge Buchteinfahrt verteidigen konnten, – zum anderen die Ankerplätze der Schiffe.

Weitgehend heute noch erhalten, bzw. von den Chilenen restauriert. Das wichtigste Festungsbauwerk auf der Insel MANCERA. Eine dritte Festungsgruppe im Landesinneren, deren wichtigstes Bauwerk das CASTILLO SAN LUIS DE ALBA am Rio Cruces ist; Bootsverbindung ab Valdivia.

Insbesondere seit deutscher Besiedlung mehrere schwere Erdbeben. Im Mai 196o infolge eines heftigen Erdbebens eine Flutwelle von 12 m Höhe, die die verankerten Boote kilometerweit flußauf trieben und wieder zurückrissen. Zugleich Landabsenkung. LOS MULATAS, – 2,5 km ab Centro Ri. Meer gelegen, kann heute von Ozeanschiffen angelaufen werden. Als Hafen ausgebaut. Hier geht eine PKW- Fähre über den Fluß nach TORO BAYO mit Piste bis Niebla an der Küste. Mehrmals tägl. Regionalbusse.

Wer den 1 1/2- tägigen Rutsch von Santiago nach Pto. Montt nicht in einem Stück reisen will: bester Stop unterwegs ist VALDIVIA. Abends weg von Santiago und morgens in Valdivia.

Kuchen schleckern, Besuch im Museum und Ausflug nach Corral. Abends weiter nach Pto. Montt mit dem Bus . Oder (nach Übernachtung) am nächsten Morgen mit dem Zug. . .

★ OSORNO (11o.ooo E.) an der Panamericana ist eine der größten deutschstämmigen Siedlungen im chilenischen Seenbereich. Zentrum der Ackerbau- und Forstwirtschaft der Region. Angenehmes Klima, das nie unter 5 Grad sinkt, aber auch nur selten über 2o Grad steigt. Hotels, Restaurants. Die Tourist Office im Gebäude der Provinzverwaltung an der Hauptplaza Ecke O'Higgins mit Mackenna. 2 Block vom Bahnhof bzw. in Gegenrichtung etwa 5 Block vom Busterminal. Eine wirtschaftlich florierende und moderne Stadt, die aber touristisch außer 2 geschichtlichen Museen wenig bringt.

Lago Ranco: 2. größter See in der chilenischen Region "de los Lagos". Rund 3o km in West-Ost Erstreckung mit an die 25 Inseln. Von Fläche in Dimensionen, die bei uns der Bodensee erreicht! Mit Regionalbussen ab Valdivia und Osorno. Die größte Insel im See ist die Isla Huapi mit rund 4oo Bewohnern. – Die Isla Chingue ragt fast 2oo m als Felsklotz rauf mit Basaltwänden. Wichtiges Vogelschutzgebiet. Per Pfad kommt man auf den Gipfel mit fantastischem Rundblick über den See vom Hochplateau der Insel. Bis auf wenige Herbergen und Hotels ist der See bisher nur wenig touristisch erschlossen, – im Gegensatz z.B. zu PUCON am Lago Villarrica (wo fast jeder 5. Einwohner direkt oder indirekt vom Tourismus lebt). Entsprechend schlecht auch die Infrastruktur.

Osorno – Bariloche/Argentinien: (via Pass Puyehue), sowie Skigebiet am Vulkan Casa Blanca (Refugio Antillanca) siehe Seite 1477 **Pto. Varas:** siehe Seite 1473

Lago Llanquihue sowie Seentrip rüber nach Bariloche/Argentinien, Lago Todos Santos, Besteigung des Vulkans Osorno und Wanderungen in der Region siehe Seite 1473

Puerto Montt:

Endpunkt der Panamericana und des Eisenbahngleises von Santiago. Südlich von Pto. Montt liegen 1.7oo km wilde, einsame Fjordlandschaften bis runter nach Feuerland, teils mit engen Kanälen, wo die Berge bis zu 8oo m seitlich aufsteigen, Gletschern, die ins Meer kalben und rauhe Naturschönheiten, die zum Besten zählen, was Südamerika zu bieten hat! Runter nach Feuerland nur per Schiff oder Flug, – bzw. per Straße durch Argentinien.

PTO. MONTT ist ein verschlafenes Nest an einer Meeresbucht. Recht gemütlich mit Holzhäusern, die sich den Hang raufziehen; Betongebäuden im Centro und Fischereihafen. Auch im Sommer sehr windig und kühl.

Tourist INFO "Sernatur" in der Intendencia, Anexo, 2 Stock, Plaza de Armas Ecke A.Varas mit San Martin. Ist zugleich die Hauptpost (Correo) Tel.: 4580

Hotels: "Hotel Perez Rosales", A. Vargas 447 im Zentrum mit Seeblick. Schönes Bauwerk mit geschnitzten Balkons. Doppel ca. 4o US $ natürlich mit Privatbad und sehr zu empfehlendem Restaurant im Hotel. – Mittlere Preisklasse um 3o US $ sind das "Hotel Montt"/Quilotoa Ecke Varas, sauber und modern, – sowie das "Hotel Angelmo"/Portales Ecke Montt. – "Colina"/Talca 81 im Centro, 4 Block von der Hauptplaza ist relativ modern, mit Privatbad und Heizung. Doppel um 2o US $, –

Tip ist "Residencial Panorama"/San Felipe 192 (ab Hauptplaza 2 Block, zu sehen am Berg! Bzw. 2 Block ab Bahnhof). Sehr zu empfehlen, sofern man ein Zimmer mit Blick auf Pto. Montt bekommt: riesige Fenster quer über die Breitseite des Zimmers bis auf den Boden runter. Das Bett direkt davor, Jalousie. Herrlich, abends im Bett zu liegen und Dämmerung über Pto. Montt zu beobachten und wie die Lichter über der Stadt angehen. Wie ein Adlernest! Doppel ca. 1o US $, zugleich recht preisgünstiges Essen. –

"Residencial Sur", ebenfalls San Felipe 183, sauber, deutschstämmiger Besitzer. Aber ohne Frühstück und Besonderes. Doppel ca. 11 US $. – "Residenc. Teresa Felmer", San Felipe 18o, ca. 9 US $ fürs Doppel mit Frühstück. – "Cabanas Melipulli," Calle Libertad 1o. Sauber und empfehlenswert, Doppel ca. 15 US $. –

PRIVATZIMMER: gibts jede Menge in Pto. Montt. Bei Ankunft des Zuges aus Santiago, sowie der Busse, warten bereits viele Kinder, die Privatzimmer anbieten. Die Preise liegen bei ca. 2 - 4 US $ pro Person. Der Preis ist dabei nicht unbedingt Qualitätskriterium. Oft für 2 US bessere Sachen als für 4 US. Besser persönlich ansehen.

Je näher zum Bahnhof oder Busterminal, desto teurer, aber nicht die Regel. Eine ganze Reihe liegen in der Calle Pinto und der Calle Serrano, beide in Reichweite zu Bus- und Zugendstation. Sehr gut hat uns die "Resid." in der Huasco 126 gefallen. 3 US pro Person, sauber (sofern die Bettwäsche gewechselt wurde und Toilette ausgenommen). Aber großes Plus: Zimmer mit viel Holz und von mehreren Zimmern durch kleines Fensterchen fantastischer Blick auf Pto. Montt, Bahnhof und Meer. Allerdings nur sehr wenige Zimmer. Lage: direkt oberhalb des Bahnhofs, die Egaña rauf und dann erste Querstraße rechts am Hügelrand zum Meer.

Sylvia Neander empfiehlt "Calle A. Pinto 328. US $ 2,5 - 3,5 inkl. Frühstück. Gute Betten, Haus warm. Abends warmes Wasser." – Jede Menge weitere, z.B. "Herta Florez Fernandez", Regimento 787: ca. 3 US inkl. Frühstück und warmem Wasser, – ebenso "Lilia T. Uda de Wiehoff", Antonio Varas 178, – "Haraldo Steffen", Serrano 286, sehr gut, ca. 3,5 US mit Frühstück.

Wichtig bei Privatquartieren in jedem Fall: vorab abklären ob a) Heizung im Haus, und b) ob Frühstück im Preis inklusiv.

★ **Restaurants:** "Embassy"/Calle Ancud: Top für Mariscos. Passable Preise, auch Fleischgerichte. – "Deutscher Club"/Calle A. Varas 27o. Ältester deutscher Club in Südamerika (186o). Restaurant mit Durchschnittspreisen. Manchmal gibts Sauerkraut, Bratwürstchen, Kassler Rippchen und einige andere deutsche Spezialitäten. Jedes Wochenende Ball mit Musik. – "Diego Riviera"/A. Varas 33o: im Neubau, oberster Stock. Essen gut, aber teuer. Mariscos & Carne. Ambiente o.K. – "Super Yoco"/Calle Urmeneta : preisgünstige Mittelklasse. Vergleichbar mit Embassy. – Eine Reihe guter Fischrestaurants im Hafen Angelmo (rund 1,5 km vom Centro/Stadtbus oder zu Fuß), z.B. "El Pache": billige Mariscos, – "Buenos Aires" nähe Hafen/Aduana an der Küstenstraße nach Angelmo: Mittagessen: Suppen mit üppig viel Fisch, sowie Fleischgerichte, Gemüse mit Püree. Billig! – Weitere billige um Markt und Hafen.– Mehrere gute Restaurants und Cafes auch im Ausflugsgebiet 15 km südwestlich Chinquihue, z.B. "Cafe Kiel" von Helga Birker de Bauer, die gut Deutsch spricht und auch Übernachtung anbietet.

★ **Verbindungen:** FLUG: Airport liegt 15 km außerhalb von Pto. Montt. Busservice in die Stadt. – Mit "Ladeco" und "Lan" täglich nach Santiago, wobei Ladeco Zwischenstop in Concepcion einlegt. Ebenso mit beiden Airlines tägl. runter nach Pta. Arenas/ Feuerland direkt, bzw. mit Ladeco Zwischenstop in Balmaceda. Details siehe dort. – Die regionale Propellerairline "TAC" fliegt täglich via Insel Chiloe nach Chaiten. Details siehe dort! Von "TAC" können auch Sportflugzeuge zu Airstripe im Seengebiet an der argentinischen Grenze gechartert werden. Derzeit täglich außer Sa. und So . mit TAC- Propeller nach Futaleufu (ca. 35 US, Piste nach Argentinien/Esquel).

ZUG: Bahnhof am Fjord. Etwa 4 Blocks von der Hauptplaza entfernt (Karte/Nr.1). Täglich nach Santiago de Chile. Details siehe dort!

BUSTERMINALS: Regionalbusse, auch Insel Chiloe fahren ab Terminal Ecke Chiloe mit Varas nähe Bahnhof (Karte/Nr. 3), – Fernbusse ab Terminal (Karte/Nr. 2), z.B. na nach Santiago, Temuco, Pto. Varas und Valdivia. Täglich häufige Verbindungen!

SCHIFF: nach Cochamo, Pta. Arenas, sowie gelegentlich Chacabuco. Details dort!

In Pto. Montt selber relativ wenig zu sehen. Wer auf Museen steht: "Museo Regional Perez Rosales"/O'Higgins 236 (Karte/Nr. 5): Ausstellungsstücke der ersten Bewohner der Region, sowie aus der Zeit der Kolonisation durch die Deutschen ab 186o.

"Museo Chilote Pozuelo Caicumeo", Rodriguez Ecke Urmeneta (Karte/ Nr. 7). Regionalmuseum .

ANGELMO ist der Fischereihafen von Pto. Montt. Bretterhäuser am Küstenhang, ein Schwung von guten Fischrestaurants und in Kiosken siehe Karte Artesania- Shops, die neben warmen Wollpullis auch schöne Nachbildungen von Schiffen in Holz anbieten. Was die Pullis betrifft: für Chile absolut Top, – aber in Relation zu Ecuador dort besserer und billigerer Kauf! – Was die Schiffe betrifft: beste Stelle Pto. Montt in Chile, orginell und gutes Handwerk. Geringfügig handeln, aber bitte Arbeitsaufwand berücksichtigen! Im Schnitt um 15 US $.

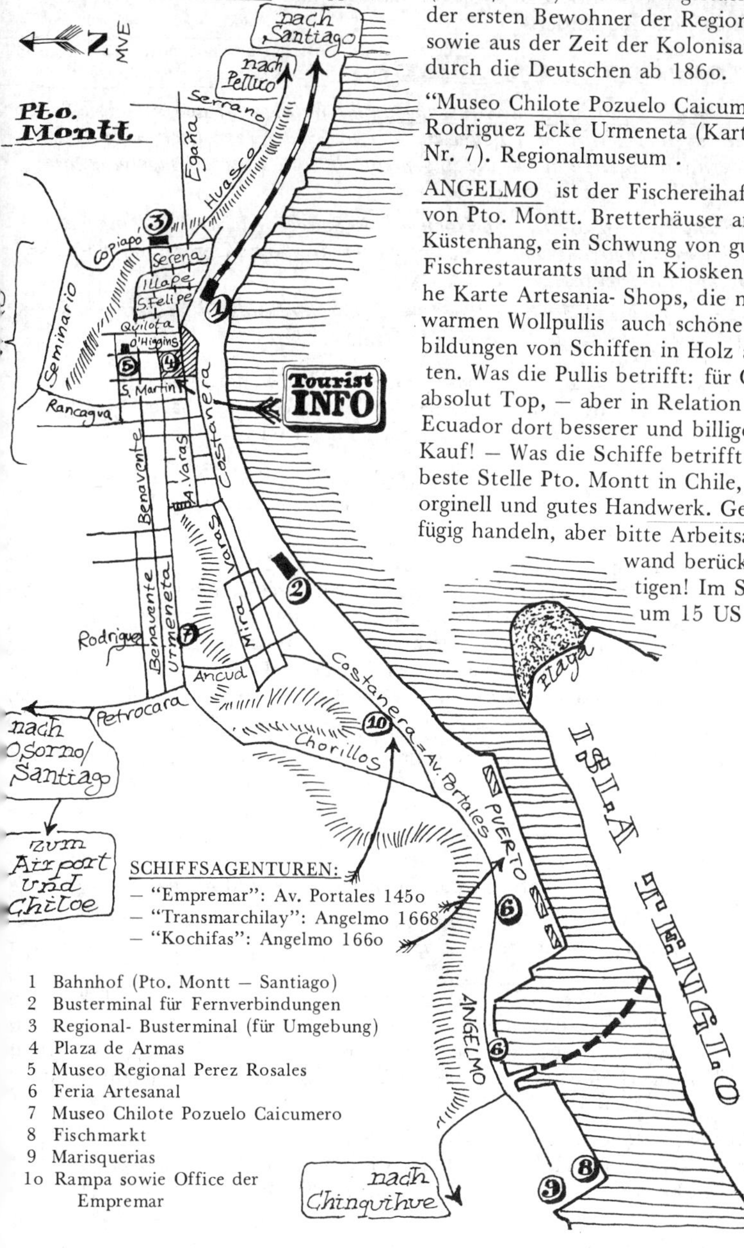

SCHIFFSAGENTUREN:

– "Empremar": Av. Portales 145o
– "Transmarchilay": Angelmo 1668
– "Kochifas": Angelmo 166o

1 Bahnhof (Pto. Montt – Santiago)
2 Busterminal für Fernverbindungen
3 Regional- Busterminal (für Umgebung)
4 Plaza de Armas
5 Museo Regional Perez Rosales
6 Feria Artesanal
7 Museo Chilote Pozuelo Caicumero
8 Fischmarkt
9 Marisquerias
1o Rampa sowie Office der Empremar

Boote ab Angelmo gehen rüber zur INSEL TENGLO mit schönen Picknick-Plätzen und einem Strand, der trotz kühler Temperaturen im chilenischen Sommer gut frequentiert ist . . .

Umgebung Pto. Montt:

Beste Übersichtskarte: "Bancosorno" Rutas Camineras Nr. 2oo.

PTO. MONTT ist nicht nur Ausgangspunkt für die (auf den späteren Seiten beschriebenen) Trips nach Feuerland bzw. über die Seen nach Argentinien,– sondern hat zugleich auch eine ungemein reizvolle nähere Umgebung, die ein paar Tage "Erkundigung" lohnen!

Landschaftlich ist die Region Hochgenuß! Schneebedeckte Vulkankegel, tiefblaue bis smaragdgrüne Seen, tief eingeschnittene Meeresarme zwischen 2ooo-ern und spektakuläre Trails.

An Kombination "Seen und Berge" eines der lohnendsten Gebiete Südamerikas! Beste Jahreszeit: November bis März.

Viele der Ausflüge um Pto. Montt kann man mit weiter entfernten Trips verbinden: z.B. Insel Chiloe und per Regionalboot runter nach Pto. Chacabuco, Bus nach Cohaique und Flug nach Feuerland . . .

(1.) FJORD EST. RELONCAVI – COCHAMO – RALUN – LAGO TODOS SANTOS. Je nach Verbindungen eine Sache retour bis Pto. Montt von einer halben bis ganzen Woche.

An 4 Tagen der Woche fährt morgens ein kleiner Fischkutter ab Angelmo/ Pto. Montt über die Meeresbucht, die von der Insel Chiloe vom Pazifik abgetrennt ist, runter in den Fjord "Estuario de Reloncavi" bis COCHAMO. Dichte Vegetation und Hänge, die bis zu 1.45o m aufsteigen. Die Fahrt dauert knapp 8 Std. Essen mitnehmen; herrlich relaxing an Bord. Unterwegs gehts an einer "Loberia" vorbei, einer Seelöwen- Kolonie auf einem Felsen.

Cochamo ist ein kleines Fischernest an einem Buchtvorsprung mit schönem Blick auf den Fjord. Es gibt zwar einen kleinen Airstripe für Sportflugzeuge aus Pto. Montt, aber keinerlei Straßenverbindung, was dem Ort geholfen hat, seinen Charme und seine Schlichtheit zu bewahren. Unterkunft einmal im "Hotel Cochamo" (ca. 1o US fürs Doppel) oder bei Privat, z.B. "Pension El Gato Negro". Aber auch der Priester ließ bisher Leute in der Kirche für ca. 1 US schlafen. Schlafsack muß man sich selber mitbringen.

Während das Boot von Pto. Montt bis Cochamo rund 3 US kostet, – gibts tägl. außer So. ein weiteres Boot von Cochamo durch den enger gewordenen Fjord rauf zum Ende nach RALUN. Fahrzeit 1 1/2 Std., ca. 1,5 US, – bzw. eine sehr lohnende Wanderung entlang des Ufers,für deren 15 km man mit etwa 6 Std. rechnen muß. Zunächst durch Apfelgärten, später dicht am Fjord entlang bei steiler aufsteigenden Berghängen. Am Fjordende sumpfige Mündung des Abflusses vom Pass Portezuelo. Besser: weitläufig außen rum und rüber nach RALUN.

3 km südlich (siehe Karte) das komfortable Cabaña- Hotel "Ralun". Jedes der Bungalows mit Farb- TV, offenem Kamin, Radio, Eisschrank und bequemen Betten, die allerdings um 4o US kosten. Im Ort selber keine billige

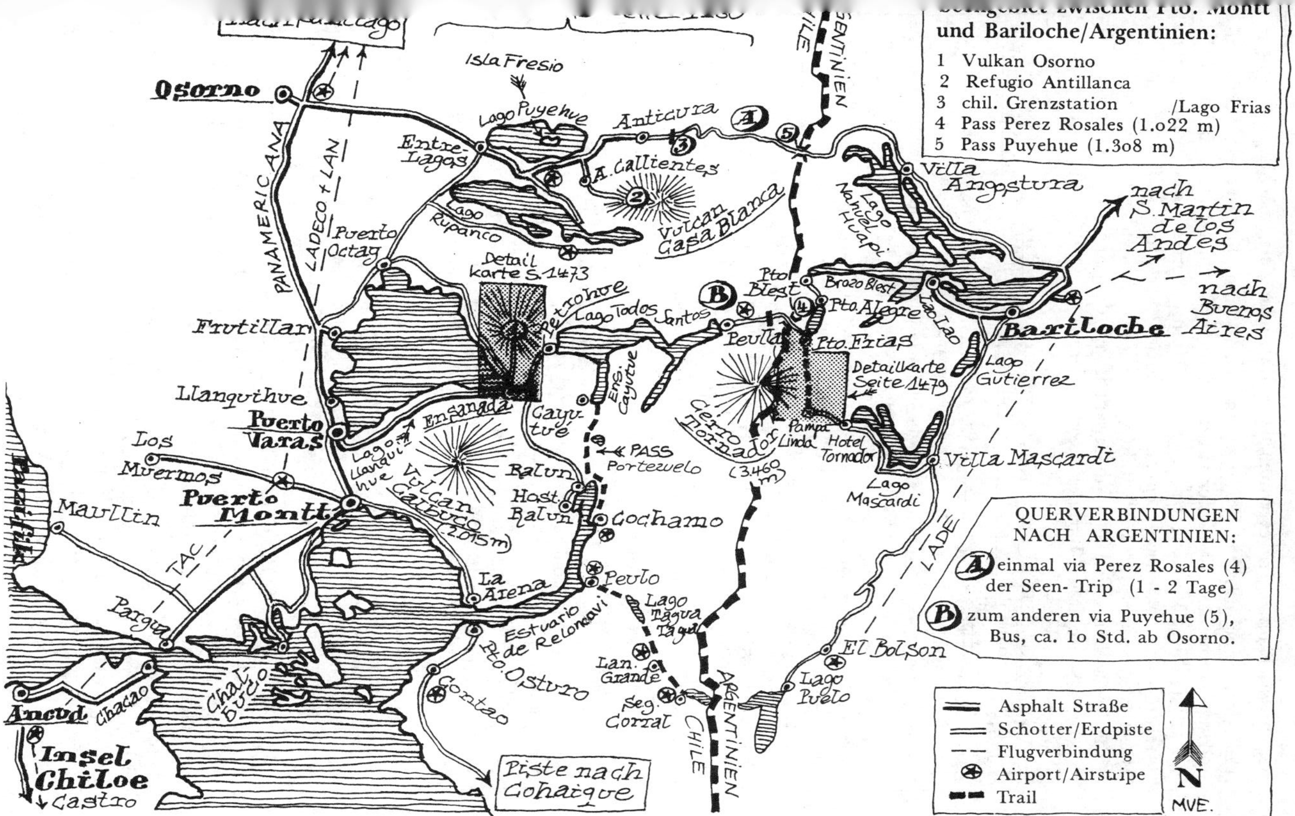

…gebiet zwischen Pto. Montt
und Bariloche/Argentinien:
1 Vulkan Osorno
2 Refugio Antillanca
3 chil. Grenzstation /Lago Frias
4 Pass Perez Rosales (1.o22 m)
5 Pass Puyehue (1.3o8 m)
QUERVERBINDUNGEN NACH ARGENTINIEN:
A einmal via Perez Rosales (4) der Seen- Trip (1 - 2 Tage)
B zum anderen via Puyehue (5), Bus, ca. 1o Std. ab Osorno.
Asphalt Straße
Schotter/Erdpiste
Flugverbindung
Airport/Airstripe
Trail
N
MVE.
Osorno
Isla Fresio
Lago Puyehue
Entre Lagos
Anticura
A. Callientes
Lago Rupanco
Vulcan Casa Blanca
PANAMERICANA
LADECO + LAN
Puerto Octay
Detail karte S. 1473
Petrohue
Lago Todos Santos
Frutillar
Llanquihue
Puerto Varas
Ensanada
Lago Llanquihue
Vulcan Calbuco (2.015 m)
Cayutué
Ens. Cayutue
PASS Portezuelo
Ralun
Host. Ralun
Cochamo
Peulo
Lago Tagua Tagua
Lan. Grande
Seg. Corral
La Arena
Estuario de Reloncavi
Pto. Osturo
Contao
Piste nach Cohaique
Los Muermos
Puerto Montt
Maullin
TAC
Pargua
Chalbuco
Ancud
Chacao
Insel Chiloe
Castro
Pazifik
CHILE
ARGENTINIEN
Pto Blest
Brazo Blest
Pto. Alegre
Pto. Frias
Peulla
Cerro Tornador (3.460 m)
Pampa Linda
Hotel Tornador
Detailkarte Seite 1479
Lago Nahuel Huapi
Villa Angostura
nach S. Martin de los Andes
nach Buenos Aires
Bariloche
Lao Lao
Lago Gutierrez
Villa Mascardi
Lago Mascardi
LADE
El Bolson
Lago Puelo

ren Hotels. Rumfragen: eventuell bei Privat, oder Zelt aufschlagen.

Ab Ralun täglich Bus via Ensanada am Lago Llanquihue (Hotels, Pensionen und sehr lohnender Abstecher auf den Vulkan Osorno! Details siehe dort!) weiter nach Pto. Varas, retour nach Pto. Montt. Wer sich das teure Cabaña-Hotel in Ralun sparen will, checkt vorher bei "Sernatur" in Pto. Montt die Abfahrtszeiten des Busses ab Ralun, um diesen rechtzeitig zu erwischen. Diese Route kann man auch ab Ensanada mit dem Seen- Trip über den Lago Todos Santos nach Bariloche kombinieren!

VARIANTE: landschaftlich großartiger Hike von Ralun über den knapp 5oo m hohen Pass Portezuelo runter an den Seitenarm "Ens. Cayutue" des Lago Todos Santos!

Essen bereits aus Pto. Montt mitbringen; in Cochamo bzw. Ralun nur sehr begrenzte bis keine Einkaufsmöglichkeiten. Sowie Zelt und warme Schlafsäcke + Unterlage.

Für die rund 2o km ab Ralun bis Cayutue muß man je nach Kondition mit 1 bis 2 Taggen rechnen. Hilfreich ist die Karte der "Bancosorno 2oo, Rutas Camineras," die in der Karte 16 im Detail die Route zeigt, inkl. Bergen und Bächen. Der Aufstieg zum Pass, westlich des Talflusses dauert runde 5 Std. Oben fantastischer Blick runter in den Fjord und Ralun, – sowie auf der anderen Seite in den Ens. Cayutue.

Nun stetig bergab, westlich an dem Ufer des kleinen Lago Cayutue entlang bis zum gleichnamigen Ort am Ensanada. Eine handvoll Bauernhöfe. Keinerlei offizielle Unterkunft. Leute fragen, die einem einen Platz zum Campieren zeigen. In den Bauernhöfen kuhfrische Milch, "handgebackenes" Brot und sonstige Leckereien. Auch Privatzimmer.

Cayutue wird gelegentlich von Booten ab Petrohue (Busverbindung nach Ensanada/Pto. Montt) angelaufen. In der Regel haben sie aber ihre eigenen Boote, wenn sie zu Einkäufen in die Zivilisation müssen. Darin liegt das Problem dieses Hikes, der zum tagelangen Festhängen in Cayutue führen kann, – sofern man nicht gegen entsprechendes Honorar einen Extratrip arrangiert.

VARIANTE: von Puelo am Ensanada de Reloncavi (siehe Karte) gibt es einen weiteren Trail, rüber nach Argentinien. Zunächst 1o km zum Dorf El Barraco und per Boot über den Lago Tagua Tagua nach Pto. Arena. Der Trail folgt dann dem Rio Puelo oberhalb am Hang über Llanada Grande (Airstripe) und erreicht nach etwa 45 km Segundo Corral am Lago Interior, der sich mit kurzem Zufluß in den Lago Puelo/argentin. Seite fortsetzt. Vom nördl. Ende (Dorf Lago Puelo) gibts eine 19 km Piste bis EL BLOSON, Hotels und Airstripe für die argentinische LADE- Militärmaschine (Propellermaschinen nach Bariloche).

Leute in Pto. Montt berichteten uns, daß der Trail landschaftlich großartig sei. PUELO wird vom Dampfer (Pto. Montt nach Cochamo) angelaufen. Grenzformalitäten vorab in Pto. Montt bei den Carabinieros klären. Eine Strecke definitiv nur für erfahrene Hikers. Zeitbedarf ca. 1 Woche. Leider liegen keine Infos zur Überquerung des Lago Interior/Lago Puelo vor. Wer die Strecke macht: Bitte Bericht für die nächste Ausgabe!

(2) VULKAN OSORNO (2.652 m): markantester Blickpunkt der Region. Ein perfekter Kegel, dessen Spitze sauber von Schnee umrandet ist. Ein Tagesausflug mit eigenem bzw. Miet- PKW ab Pto. Montt, der sich bei klarem Wetter unbedingt lohnt!!

Ohne eigenes Auto: mehrmals tägl. Busse ab Pto. Montt bis Ensanada, ca. 3 US. Trampen bis Pto. Varas problemlos, aber bevor man dort auf "Anschluß" wartet: besser gleich in den Frühbus ab Pto. Montt steigen!

In Ensanada Piste Ri. Pto. Octay 2 km und Abzweigung rechts rauf zu den beiden Refugios. Kurz vor der Abzweigung die LAGUNA VERDE, ein tief- smaragdgrünen See mit Bäumen. Optimale Kulisse für einen Märchenfilm, wo ein Prinz auf einem weißen Pferd ranreitet, der sich in eine unwahrscheinlich hübsche, beschuppte Seejungfrau verliebt, die aus dem Wasser entsteigt . . .

Oben am Osorno gibts 2 Refugios: in 900 m Höhe das REFUGIO LOS PUMAS, ca. 12 km von Ensanada. Besser ausgerüstet und in der Regel das ganze Jahr über offen. Vorab in Ensanada abchecken. – Und das REFUGIO TESKI in 1.200 m Höhe, Vorteil: näher am Gipfel und bessere Skibedingungen. Länge der Abfahrten ca. 600 m.

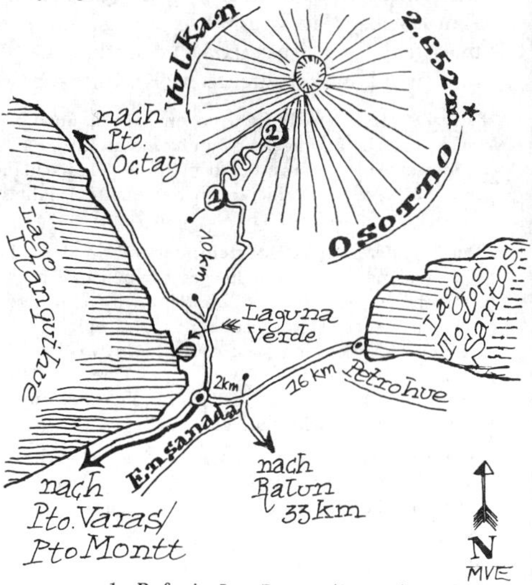

1 Refugio Los Pumas (900 m)
2 Refugio Teski Club (1.200 m)

Gipfelbesteigung ausschließlich nur mit entsprechender Ausrüstung (Steigeisen, Seil, Pickel) und entsprechender Gletschererfahrung!

Trotz guter Skibedingungen spielt der Osorno im chilenischen Skibetrieb nur eine untergeordnete Rolle. In den beiden Refugios insgesamt Platz für 150 Personen. Verleih von Skiausrüstung. Einen warmen Schlafsack muß man sich selber mitbringen, denn nach Sonnenuntergang wirds knackig kalt! Entschädigung sind dafür bei klarem Wetter die fantastischen Sonnenuntergänge über dem Lago Llanquihue!

Der LAGO LLANQUIHUE ist mit 887 qkm (zum Vergleich: Bodensee 538 qkm) der 3.-größte See Südamerikas. Wichtigste Stadt am Seeufer ist das 1854 von Deutschen gegründete PTO. VARAS. Ein gemütliches Nest im weichen Hügelland am südwestlichen Seeufer. Viele Holzhäuser, teils mit fantasievollen Holzerkern und Türmchen. Schönster Blick auf den Ort vom (oberhalb des Bahnhofes gelegenen) Cerro Phillipi. Direkt vis-à-vis vom Bahnhof das Spielcasino. Neben Arica oben an der peruani schen Grenze ist Pto. Varas mit Abstand wichtigster innerchilenischer Ferienort und im Sommer entsprechend voll. Tourist Office: Calle Santa Rosa an der Plaza de Armas. Breites Übernachtungsangebot. Sylvia Neander empfiehlt: "Jugendherberge, Calle San Ignacio 979. Geleitet vom Padre Paul, einem Deutschen. Betten sehr gut, kein Badezimmer, sondern Miniwaschbecken mit kaltem Wasser in der Toilette. Möglichkeit zum Kochen in der Küche. US 0,80". Zu Recht schreibt sie weiter "Man sollte auf alle Fälle, auch wenn man nicht nach Bariloche will, versuchen, nach Ensanada und

* wie häufig in Südamerika: in offiziellen Publikationen stark abweichende Angaben: zwischen 2.652 m und 2.720 m. Unsere Höhenangabe gemäß "Bancosorno", die in Chile anerkannte Autorität ist, sowie der amtlichen IGM- Karten.

an den Lago de Todos Santos zu kommen. Die Landschaft ist herrlich, leider wenig Verkehr".

Busterminal in Pto. Varas in der Calle San Francisco, 3 Block von der Hauptplaza. Häufig am Tag die 17 km runter nach Pto. Montt, sowie mehrmals tägl. nach Ensanada und entlang des Westufers des Sees nach Llanquihue (wohl stärkste deutsche Kolonie der Region!), Frutillar und Pto. Octay.

DEUTSCHE IN CHILE: prozentual zur Bevölkerung hat kein Land Südamerikas so viele deutschstämmige Einwanderer wie Chile! Ab 1845 wurde durch Regierungserlass die Einwanderung gefördert und in Kassel/Deutschland eine Auswanderungsstelle eingerichtet. Das erste Einwandererschiff erreichte 1 Jahr später Corral/Valdivia; an Bord Schmiede, Schuster, Bauern, Tischler und Zimmerleute.

Der Tischler Lorenz Hollstein, der mit an Bord dieses ersten Einwandererschiffes war, soll 1847 nach Deutschland geschrieben haben:

"Liebe Verwandte, wir bereuen es nicht, unsere Heimat verlassen zu haben, denn hier haben wir ein Land gefunden, wo es möglich ist, ein leichtes Dasein zu führen, wo es keine erdrückenden Steuerlasten gibt, wo jeder arbeiten kann, was ihm beliebt, wo man sich niederlassen kann, wo es einem gefällt, und überall wird die Arbeit gut bezahlt. Kurz und gut, es ist leicht, sich hier zu erhalten und noch dazu ein hübsches Sümmchen beiseite zu legen . . ."

Symtomatisch für die Einstellung der ersten deutschen Siedler, die Mitte des 19. Jhd's nach Chile kamen. Die Namen der bedeutensten dieser Pioniere sind heute in südchilenischen Städten verewigt (z.B. Andwandter, Phillipi, Klenner). In Zusammenfassung:

Deutsche in Nord- und Mittelchile waren vorwiegend Kaufleute aus dem hanseatischen Raum, die durch ihre Korrektheit, Organisationstalent und ihren Fleiß entscheidend zur wirtschaftlichen Entwicklung der aufstrebenden chilenischen Republik beitrugen. Tätig im Ex- und Import von Gütern fürs tägliche Leben, aber auch Exporthandel der reichen Bodenschätze des Landes.

Im Gegensatz zur kolonialspanischen Ausbeutung der Bodenschätze, die die Kolonialreiche wie eine Zitrone ausquetschten, rein zum Eigennutz der spanischen Krone (und sich einen Dreck um das Wohl der Bewohner kümmerten), – fühlten sich die Deutschen als Staatsbürger Chiles und setzten ihr Können zur Förderung der Wirtschaft des Landes ein.

Deutsche Einwanderer in Südchile waren vorwiegend Handwerker und Bauern, die in harter Arbeit die Urwälder riesiger, fast unbewohnter Gebiete rodeten und urbar machten. Auch sie leisteten gewaltige Pionierarbeit zur Förderung Chiles. Zwei Einwanderungswellen, die vorwiegend von einer Behörde in Stuttgart gesteuert und gefördert wurden: 1853 Pto. Montt, 1854 Pto. Varas und 1881 Temuco, 1883 Villarrica.

Auch heute sind die Deutschen in Chile wichtiger Motor in der Wirtschaft des Landes,– nicht nur in Verwaltung, Handel und Management, sondern auch im Kleinhandwerk und in der Forstwirtschaft Südchiles. Sie haben entscheidend dazu beigetragen, daß der Lebensstandard heute in Chile höher ist als in vielen anderen Andenstaaten Südamerikas.

(3) INSEL CHILOE: die größte Insel vor Südamerikas Küsten. Lohnt sich als 2 bis 3- Tagesabstecher zu den Inselorten ANCUD und CASTRO, wer "Mariscos" liebt (excellent, frisch und in Überfülle!), landschaftlich schön, – aber auch als Anreisevariante via Chiloe nach Feuerland . . .

Zur Einführung: kurzer Besuch im "Museo Chilote"/M. Rodriguez 24o in Pto. Montt! Querschnitt über die Besiedlung der Insel und Frühgeschichte.

Verbindungen: FLUG mit den Propellermaschinen der "TAC" tägl. ab Airport Pto. Montt nach Ancud (2o Min./ca. 2o US) und Castro (durch den Zwischenstop in Ancud 1 Std./ca. 2o US ab Pto. Montt). Die Maschinen haben Anschluß an die Lan Chile- Jets von Santiago.

BUS: täglich viele Busse ab Pto. Montt, z.B. "Chiloe", "Transbus", "Turibus". Fahrzeit 3 Std. bis Ancud/ca. 3,5 US $, bis Castro 4 Std./ca. 4,5 US $.

EIGENES AUTO: wer nur zum "Anschnuppern" oder "Muschelessen" rüber will: besser das Fahrzeug in Pto. Montt stehen lassen und per Bus! Vom Sprit abgesehen: genauso teuer wie lediglich die Fähre für den PKW über den Kanal zwischen Festland und der Insel. – Für intensiveres Kennenlernen abseits der Hauptstrecken, insbesondere der West und Südküste dagegen PKW oder Mietauto lohnend, allerdings nur wenig Pisten.

Die Strecke bis Castro/Chonchi ist durchgehend asphaltiert. Zunächst ab Pto. Montt südwestlich durch hügeliges Weideland zum Fährhafen PARGUA (6o km). Dann über den 2,5 km- breiten Kanal Chacao rüber nach Chiloe.

Die Fähre operiert im Schnitt alle 3o Min., bei Bedarf auch permanent bis tief in die Nacht. Ein moderner Flachkahn, der mit starken Scheinwerfern ausgerüstet ist. Nachts bohren diese sich durch die Dunkelheit und tasten das Ufer ab. Dann einfach rangefahren, vorn die Klappe runter und die LKW's/PKW's an Land. Zu Stoßzeiten, insbesondere an den Wochenenden kann es zu ewig langen Warteschlangen am Ufer kommen. Wer mit eigenem Auto unterwegs ist, zahlt ca. 5 US $ fürs Fahrzeug pro Richtung. Der Fahrer ist im Preis inkl., wie auch die Leute im Bus nichts für die Fähre zahlen. Bei Warteschlangen haben Busse Vortritt.

★ Weitere 3o km bis ANCUD (2o.ooo E.) an der Nordküste der Insel in weiter Bucht. Jede Menge Holzhäuser, teils bunt bemalt.

Unterkunft: definitiv Tip ist die "Hosteria Ancud". Ausgefallen gute Holzarchitektur in Blockhaus- Stil mit vielen versetzten Stockwerken. Auf einem Hügel oberhalb des Meeres. Essen gut, aber der Service lässt lang mit den Gerichten warten! Trotzdem: bestes Hotel auf Chiloe, das den Abstecher allein als Hotel lohnt! Umwerfend schöner Blick übers Meer und aufs Festland! Doppel ca. 3o US. Im Sommer oft voll und lang vorab vorbuchen!

"Hotel General Quintanilla" nähe Plaza. Sehr schöne Lage an Steilküste mit Blick aufs Meer und gegenüberliegende Küste! Alle Zi. mit Meeresblick, Heizung, heißer Dusche. Doppel um 5o US. Qualitativ derzeit die beste Wahl.

Billig: "Hospedaje Montenegro", Diezyocho nähe Rest. "Cangrejo". Basic mit Fliegen, Holzbau. Doppel um 7 US. – "Resid. Lydia", Puedeto. Modern, sauber, zentral. Das Doppel für ca. 15 US. – "Residencial Wechsler", Lord Cochranne 48o mit runden 2o US fürs Doppel. – "Residencial Germania", Pudeto 367, Doppel ca. 15 US. Weitere.

Die Insel Chiloe ist Duty- Free Zone. Allerdings extrem dünnes Warenangebot und teuer! Die Haupt- Ladenzone ist die Pudeto, die vom Hafen in den Ort reinführt. Hier auch Post und Telexbüro. Das Restaurant "Cangrejo" in der Diezyocho 155 ist großer Essenstip! Billige und excellente Krebse (allerdings nur während der Fangsaison April bis Dez.), sowie ganzjährig lecker zubereitete Conchas. Gegenüber der Mercado, wer sich selbst versorgen will. Sehenswert das spanische Fort, oben bei der Blockhaus- Hosteria, mit restaurierter Pulverkammer und einigen verrosteten Kannonen.

Die Straße nach CASTRO führt durch hügeliges Weideland. Etwa 5 km südlich von Ancud der "Airport Pudelde" mit 1.6oo m- Landepiste zwischen Weidezaunbüschen und dem Flugzeugschuppen des "Club Aereo".

★ CASTRO: Hauptort der Insel (22.ooo E.) an hügeliger Bucht. Täglich mehrere Busse von Ancud und Pto. Montt. Als Ort angenehm, Holzhäuser, am

Meer teils auf Stelzen, farbig bemalt. Die Straßen teils Asphalt, teils schlammige Lehmpisten. Gemütliche "Hosteria Castro"/Chacabuco 2o2 (DZ. ca. 25 US), – "Hotel Plaza" (DZ. 12 US und Tip) in der Blanco 366. Eine Reihe von Billig- Pensionen im Ortszentrum.

Excellente, wenn auch sehr simpel eingerichtete Fischkneipen um den Hafen. Z.B. "El Gringo" mit frischen "almejas". An der Hauptplaza schöne, gelbgestrichene Holzkirche. Lohnend auch das Franziskaner Kloster und das ethnologische Minimuseum.

CASTRO wurde 1567 von Martin Ruiz de Gamboa Avendano gegründet, die älteste spanische Siedlung in Südchile. Ende des 16. Jhds. war sie beliebtes Angriffsziel der Piraten. Zugleich wichtige Franziskaner- Missionsstation. Im 18. Jhd. letzte Servicestation für die Segelschiffe auf der Cap Horn Route um die Südspitze des Kontinentes.

Heute vorwiegend Fischerei (die Gewässer sind so reich, daß man oft nicht mit Netzen, sondern mit langen Leinen fischt, an denen im Abstand von o,5 bis 1 m Köder angebunden sind!). Aber auch Landwirtschaft, Schafzucht und - Wolle.

Interessanter 1- Tagesausflug mit dem Bus nach DALCAHUE (tägl. mehrere Busse, ca. 1 US $), Zentrum für Artesania aus Wolle (Pullover, Wandteppiche). Am Sonntag kleiner Markt, aber auch während der Woche kein Problem, schöne Pullover zu finden. Die Strickerinnen sitzen beim wärmenden Ofen im Hafenbereich. Man sollte sich allerdings mit den Preisen auskennen. Ansonsten: gute Auswahl in den Artesania- Ständen am Angelmo/Pto. Montt, – bei "Cema"/Calle Pudeto in Ancud oder in den Shops Castro, nähe Bushaltestelle/Hafen.

Eine PKW- Fähre überquert von Dalcahue den 4oo m breiten Kanal zur Insel von Achao. Tägl. Busse ab Castro via Dalcahhue bis ACHAO. Ab Kanal eine 22 km Schotterpiste, der kleine Fischerort hat wichtige Funktion für die Hunderte, umliegender Mini-Inseln mit reichen Fischgründen. Teils auch Austernbänke (z.B. Isla Aulin). Keine regulären Übernachtungsmöglichkeiten auf den Miniinseln, obwohl einige Siedlungen haben. Im Ort Achao einfache Pensionen und mehrere Fischkneipen. Wer mit dem Frühbus ab Castro startet, kann Achao in der Regel als 1- Tagesausflug machen und ist am Abend wieder zurück in Castro.

★ CHONCHI: über eine 23 km- Asphaltstraße, tägl. Busse, südlich von Castro. Kleines Fischernest mit Holzhäusern terrassenförmig am Hang über dem Hafen. Viele Geier. Von hier geht 1 mal in der Woche eine kleine PKW-Fähre rüber ans Festland/Chaiten. Details siehe dort. Im Ort mehrere Übernachtungsmöglichkeiten, z.B. "Posada el Antiguo Chalet" (teuer, exclusiv), "El Sacho", sowie mehrere Basic- Residenciales. Gute Fischkneipen.

Während der Nordosten der Insel weitgehend gerodet ist, flach-hügelig mit Weiden etc.: im Süden und Westen dichte Wälder. An der Pazifikseite Bergketten, die in 5 km Entfernung zum Meer oft 8oo m Höhe erreichen (Natio nalpark Chiloe beim Cos. Metalque, allerdings nur sehr schwer zu erreichen: Schotterstraße ab Transinsular Ancud/Castro, 2o km bis Chepu an der Pazifikküste, Fischernest. Hier geht am Strand entlang Richtung Süden eine Jeep Piste runde 22 km bis zur Park-Rangerhütte der Conaf- Leute).

Leichter zu erreichen ist der Lago Huillinco, südl. von Chonchi. 2 bis 3 mal in der Woche Busse ab Chonchi zum Dorf Huillinco am See, eine 12 km Schotterpiste. Sylvia Neander berichtet: "dort gibt es eine Hosteria (US 1,5 pro Bett, US 1,1 für Abendbrot (Suppe, Hauptgericht, Kaffee), US o,6 Frühstück, Flasche Vino de Casa US o,5), sehr sauber, aber leider nur kaltes Was ser. In Huillinco kann man herrliche Spaziergänge am See entlang machen. Dabei kommt man durch Wälder, Felder und Sumpf, durch den eine Stegbrücke gelegt ist. "

★QUELLON: tägl. Bus ab Castro, 3 Std., eine momentan noch bei Regen wilde Schlamm/Erdpiste, die PKWs Probleme bereiten kann. Das Fischernest ist Fährhafen für die 2 mal/Woche verkehrende Minifähre 16 bis 18 Std. runter nach Chacabuco. Sehr lohnend, Details siehe dort! Im Ort, der selber wenig Reiz bietet, mehere Basic- Unterkünfte und das zweistöckige Holzhotel "Plaza" am Meer.

KLIMA/BESTE JAHRESZEIT: ist Febr., ansonsten viel Regen, starke Winde, bewölkt. Durchschnittstemperaturen um 6 - 12 Grad. – Was Spaß macht auf Chiloe: die weiten, saftig-grünen Hügellandschaften des Nordosten, die vielen Meeresbuchten (besonders um Castro/Achao) mit Blick über Meer und Inselgruppen, – die tiefhängenden Wolken und die Rauhheit der Holzhaussiedlungen. Ist natürlich Geschmackssache, und an graudüsteren Tagen kann Chiloe ganz schön trist werden, wer hier länger rumhängt . . .

Pto. Montt → Bariloche:
Seentrip Chile nach Argentinien

Landschaftlich eine der großartigsten Sachen im südlichen Teil des Kontinentes! Egal, ob ab Pto. Montt Rundtrip via Argentinien und retour nach Chile, – oder als Querverbindung : unbedingt lohnend.

Wer Santiago nach Buenos Aires via Seen- Trip/Bariloche reist, muß mit ca. 3 - 4 Tagen Plus rechnen, die gut investiert sind. Tiefblaue Seen, eng eingeklemmt zwischen den Andengipfeln, – schneebedeckte Vulkankegel, endlose Wälder, Riesenbäume, die bis zu 6o m Höhe erreichen und saftig grüne Wiesen, wo eigentlich nur noch die lila Milka- Kuh fehlt . . .

QUERVERBINDUNGEN ab Temuco: siehe dort. Ab PTO. MONTT gibts 2 Alternativen: (A) Straße mit täglicher Busverbindung via Pass Puyehue.– Lohnender, allerdings nur ohne eigenes Auto: (B) via Seen und Pass Perez Rosales. Vergl. Karte Seite 1471

(A) VIA PASS PUYEHUE (1.3o8 m), das ganze Jahr über befahrbar, sofern es oben in den Anden nicht heftige Schneefälle gegeben hat, die die Piste zugeschneit haben, bzw. Bergrutsche verursachten. Meist in wenigen Tagen wieder geöffnet.

Verbindungen: täglich ab Pto. Montt via Osorno entweder mit "Bus Norte" oder mit "Peñimel". Fahrzeit 8 - 1o Std. je nach Straßenverhältnissen. Preis: ca. 25 US $.

STRECKE: zunächst auf der Panamericana via Pto. Varas nach Osorno. Vorwiegend Waldlandschaften. Selten freier Blick und auf die Dauer etwas langweilig. Ab Osorno dann über eine Asphaltstraße östlich an den Lago Puyehue. Weich in grüner Hügellandschaft eingebettet, zwischen den schneebedeckten Vulkangipfeln des Cauye (2.17o m) und des Casa Blanca (in einigen Karten auch als "Antillanca" verzeichnet).

UNTERKUNFT: eine Asphaltstichstraße (siehe unsere Karte) führt ab See rauf nach

Aguas Calientes, Termalbäder am Vulkanhang des Casa Blanca (Cabañas, Doppel ca. 25 US. Mit schön angelegtem "Waldlehrpfad", jahrhundertealten Laubbäumen und Myrthenbäumen. Bei Aguas Calientes gibt es auch einen Campingplatz. Das Hotel selber ein großer, alter Kasten, ungemütlich. Aber angenehm warmes Wasser! (Vielen Dank an Veronika Wunderlich für die Gesamtinfos zur Region bis Chiloe, die uns bei unseren Recherchen vor Ort eine Hilfe waren, sowie Dank für Dein liebes Kompliment zur bisherigen Ausgabe dieses Südamerika- Bandes. Ich wünsch Dir viel Freude bei Deinen zukünftigen Reisen!)–

ANTILLANCA: hat Refugio des Skiclubs und excellente Pisten. Bei klarem Wetter fantastischer Rundblick. Betten für 2oo Personen, Höhe des Refugios 1.o5o m, zu erreichen über eine Erdpiste ab Aguas Callientes, 22 km bis zum Refugio. Vorreservierung zum Refugio über "Club Andino" in Osorno, Tel.: 2297/ Mackenna 716/ 3. Stock.

Die Asphaltstraße setzt sich noch fort bis Anticura, kurz danach Grenzstation der Chilenen und per Schotter/Erdpiste rauf in die Anden. Serpentinen, dichte Wälder, aber gelegentlich großartige Ausblicke auf die umliegenden Vulkangipfel! Hinter der Passhöhe runter nach VILLA ANGOSTURA/ Argentinien am Lago Nahuel Huapi. Excellente heiße Schokolade im "Tres Mosqueteros" , weitere Details siehe Argentinien- Teil dieses Bandes! –

B SEEN–TRIP via Lago Todos los Santos und Lago Frio. Eines der großen Südamerika- Bonbons, das man sich nicht entgehen lassen sollte! Allerdings mit 2 Handikaps: durchgehend von Pto. Montt bis Bariloche gibts nur Transport mit Pauschalveranstaltern, die 5o US $ (Sommer, Fahrzeit 1 Tag), bzw. 7o US $ (Winter, 2 Tage, Übernachtung in Peulla inkl.) verlangen. – Weiterhin: mit eigenem PKW ist die Route nicht möglich, da die Schiffe auf der argent. Seite keine PKW-Transportmöglichkeit haben. –

Verbindung: im Winter 3 mal pro Woche mit "Andina del Sud" ab Pto. Montt bis Bariloche. Buchungsadresse in Pto. Montt: A. Varas 437 (in Santiago: San Antonio 65, Local 3o2- A). Fahren am ersten Tag bis Petrohue am Lago Todos los Santos, der mit dem Schiff überquert wird. Übernachtung am anderen See-Ende in Peulla. Am nächsten Morgen gehts rauf über eine Erdpiste über die Grenze bis Pto. Frias am Lago Frias, der per Boot überquert wird. Am anderen See Ende Pto. Alegre und kurze Erdpiste rüber zum Westende des argent. Nahuel Huapi/Hafen Pto. Blest, wo ein Boot rüber nach Llao Llao fährt. Die letzten Km per Asphalt und Bus bis Bariloche.

Landschaftlich ist die Strecke ein Hochgenuß. Vorbei an den Vulkanen der chilenischen Seite (Osorno und Chalbuco), dann der enge, tiefblau bis grüne Todos los Santos, eng zwischen Bergriesen. Später der Minisee Frias mit tiefgrüner Farbe und dichter Vegetation an den steil aufsteigenden Ufern. Die 7o bzw. 5o US $ für den Trip, – auch wenn ich sonst mein Geld lieber spare, – sind gut investiert, wenn man knapp mit Zeit ist. Während der Sommermonate (Dez. - März) zusätzliche Fahrten und insbesondere die Strecke an einem Tag (möglich, da späterer Sonnenuntergang) und billiger, ca. 5o US $.

Auf eigene Faust: 3 mal pro Woche Regionalbus ab Pto. Montt bis Petrohue am Lago Todos los Santos. Ca. 5 US $. Nach Ensenada am Ostufer des Lago Llanquihue gehts täglich (wer vorher den Vulkan Osorno einbauen will, siehe "Umgebung Pto. Montt". Allerdings auf den 16 km zwischen Ensenada bis Petrohue nur sehr dünner Verkehr. Basic- Übernachtungsmöglichkeiten preisgünstig in beiden Orten).

Weitere Anreisevariante ist die Route (Nr. 1) ab Pto Montt via Cochamo/Ralun. Details siehe dort! – Wer den Direktbus ab Pto. Montt bis Petrohue nimmt, braucht in der Regel dort eine Übernachtung, da der Bus später im Ort ankommt als der Dampfer über den See aufbricht. Letzterer nämlich gegen 8 Uhr früh. Überfahrt kostet um 3 US, Ankunft am anderen See Ende gegen 11 Uhr in PEULLA.

Die dortige Hosteria (wo der Pauschaltrip mit "Andina del Sud" seine Leute nächtigen lässt) ist für den Einzelgast saftig teuer, nämlich um 28 US $ für ein Doppel. Es gibt aber billigere Privatzimmer im Ort. Hier in Peulla auch chilen. Grenzformalitäten.

Für die knapp 3o km bis zum Lago Frias/Argentinien muß man bei guter Kondition rund 1 Tag rechnen, da es recht steil im Wald aufwärts geht. Eine Wanderung, die Spaß macht, aber nur selten Ausblicke bringt, da es weitgehend durch Wald geht. Wer Glück hat, bekommt einen "lift" mit Tours von der argentinischen Seite , ansonsten nur minimal Verkehr, was auch damit zusammenhängt, daß es keinerlei Autotransport über den argentinischen Lago Frias gibt.

Unterwegs Schutzhütten; besser aber Zelt. Warmer Schlafsack, denn in diesen Höhen wirds nachts kalt. Gemäß uns vorliegender Infos kann man bei "Andinas del Sud" auch Teilstrecken kaufen, so Peulla nach Lago Frias, aber saftige 18 US $ für die paar KM! Ärgerlich, daß hier jemand das Monopol hat und dies ausnutzt! –

Am Lago Frias/Pto. Frias die argentinischen Zollformalitäten. Campieren nach Rücksprache mit den Grenzern möglich, die Platz anweisen. Weiter entweder mit dem Boot über den See in 2o Min. bis PTO. ALEGRE und 1o Min. Bus bis PTO. BLEST am Lago Nahuel Huapi, dessen Boot in 2 Std. Überfahrt Llao Llao erreicht (häufig Minibusse bis Bariloche). –

Oder 2- Tageswanderung ab PTO. FRIAS entlang des CERRO TORNADOR (3.554 m) bis zur Pampa Linda. Von dort(Hosteria) sind es 1 - 2 Tage zu Fuß bis VILLA MASCARDI am gleichnamigen See, der mehrmals tägl. Busverbindung rauf nach Bariloche hat.

1 Meterolog. Station
2 Pampa Linda

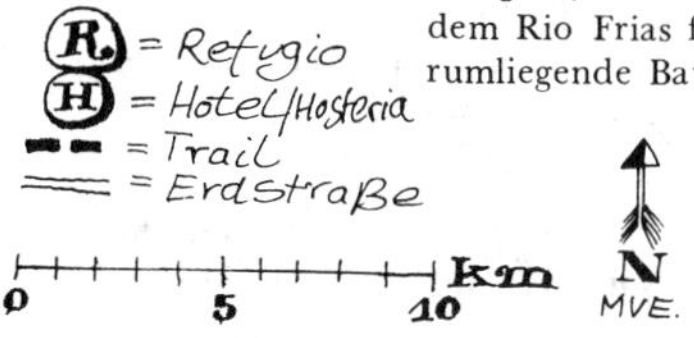

Während die Wanderung von Peulla am Lago Todos los Santos rauf nach Pto. Frias/Argentinien mehr oder weniger Selbstzweck ist, die teure Busfahrt einzusparen, zwar Spaß macht, aber wenig Ausblicke bringt, – ist der Trail ab Pto. Frias runter zum Lago Mascardi landschaftlich grandios und unbedingt lohnend, allerdings anstrengend und verlangt auch gute Ausrüstung.

Nötig sind Zelt und sehr warmer Schlafsack. Der Trail verläuft in Höhen um 1.ooo bis 1.335 m und ist besonders in Gletschernähe des Tornador entsprechend kühl bis kalt. Je nach Wanderrichtung Lebensmittel vorab in Pto. Montt oder Pto. Varas, – bzw. in Bariloche einkaufen, denn in Peulla oder gar Pto. Frias gibts kaum was bis garnichts. – Karte: die "Bancosorno"- Karte 2oo/ "Rutas Camineras", die für den Trail von Cochamo über Ralun und an den Lago Todos los Santos im Groben ausreicht, kann man für den Trail Pto. Frias nach Pampa Linda definitiv vergessen. Vorab die IGM- Karte Blatt 4172 - 22 (Llao Llao) der Argentinier, Maßstab 1 : 1oo.ooo, am besten schon in Europa von Buchhandlung übers Geo Center besorgen. Allerdings ist auch sie ungenau, zeigt aber Bachverlauf, Täler und Berge zur Orientierung, auch wenn der Trailverlauf sehr ungenau ist.

Am besten fragt man die argentinischen Grenzbeamten in Pto. Frias nach dem Trailbeginn, der im Anschluß dem Rio Frias folgt. Wild rumliegende Baumstämme und entlang des Flusses stetig bergan zum VENTISQUERO FRIAS, der sich auf runde 1.ooo m Meereshöhe runterzieht; man merkt, daß man sich langsam der Südspitze des Kontinents nähert. Während oben in Ecuador die Schnee- und Gletschergrenze an den Vulkanen bei ca. 4.7oo m liegt (Breitengrad O), befinden wir uns hier bereits auf dem 42. Breitengrad südlich und runde 75o km noch südlicher gehen die Gletscher (z.B. der grandiose Ventisquero Rafael) bis runter ans Meer!

Am Ventisquero Frias mehrere Gletscherhöhlen. In der Regel ist der Trail von den argentinischen Nationalpark- Rangern mit Farbe markiert; es geht am Talende steil rauf zum PASO DE LAS NUBES (1.335 m), dem "Pass der Wolken", Halbzeit auf der Strecke von Pto. Frias nach Pampa Linda. Wegen der Höhe und Gletschernähe nachts eiskalt und auch gute Chance, daß alles in feuchten Wolken eingehüllt ist. Daher besser vor oder hinter dem Pass campieren, – also unten am Rio Frias oder nach dem Pass am Rio Alerce. Da man für den Aufstieg zum Pass rund 2 - 3 Std. ab Talende braucht, ist vermutlich das "Nachtquartier" vor dem Pass angemessener.

Nach dem Pass in Serpentinen runter zum RIO ALERCE. Zunehmend dichtere Vegetation und bei klarem Wetter fantastische Ausblicke auf den Cerro Tornador. Verschiedene Abzweigungen, jedoch generell in Flußnähe halten! PAMPA LINDA mit einer Hosteria und Campingmöglichkeit, wo es auch Essen gibt. Allerdings nur im Sommer bewirtschaftet.

Ab Hosteria noch runde 3o km bis VILLA MASCARDI. Die ersten 1o km entlang des Rio Manso Superior, der sich teilweise in kleine Seen ausweitet. Landschaftlich großartig zu laufen, teils blühende Pflanzen und im Rücken das vergletscherte Massiv des Tornadors. Am See Ende des Mascardi das luxuriöse "Hotel Tornador", First-Class und entsprechend auch die Preise! – TRANSPORT: im Sommer wälzen sich gigantische Ausflugslawienen in Tourbussen bis rauf unterhalb des Tornadors. Darin liegt die Chance per Daumen. – BESTE JAHRESZEIT für den Trail: Ende Nov. bis Anfang März. Was die Wintermonate betrifft: kräftig Schnee in den höheren Trailbereichen!

Alle weiteren Details zur argentinischen Seite des Seengebietes unter "Bariloche"/Argentinienteil dieses Bandes! –

FLUG: nach neuesten Infos soll "TAC" mit Propellermaschinen einmal pro Woche Pto. Montt– Bariloche fliegen. Frage, ob sich die Verbindung aufrecht erhalten lässt. Bereits "Lan Chile" beflog Ende der 7o-er Jahre die Strecke und mußte sie wegen Unrentabilität einstellen. Als Flug, besonders bei klarem Wetter über der Kette von Seen eine fantastische Sache!!

Pto. Montt → Feuerland:

Rund 1.7oo km Luftlinie. Eine der schönsten Strecken im Süden des Kontinents, endlose Fjorde mit eisblauem Wasser, vergletscherte Berggipfel, einsame Seen. Bootstrips zu riesigen Gletschern und viel Pionierambiente!

Keine durchgehende Straße auf der chilenischen Seite wegen gigantischer Bergmassive und Fjordlandschaften. Überland muß man spätestens in COIHAIQUE über die Grenze nach Argentinien und dort entlang der Andenhänge weiter Richtung Süd.

Der Direktflug von PTO. MONTT nach PTA. ARENAS (tägl. mehrmals, ca. 1o5 US einfach) ist zwar die schnellste Verbindung auf der chilenischen Seite. Aber schade, wer nicht Zwischenstops einlegt, oder mit Querverbindungen kombiniert!

Es gibt eine Vielzahl an Anreisevarianten. Schade, wer nur Nonstop runterfliegt, um in der "südlichsten Stadt der Welt"/Pta. Arenas rumzulaufen. Di

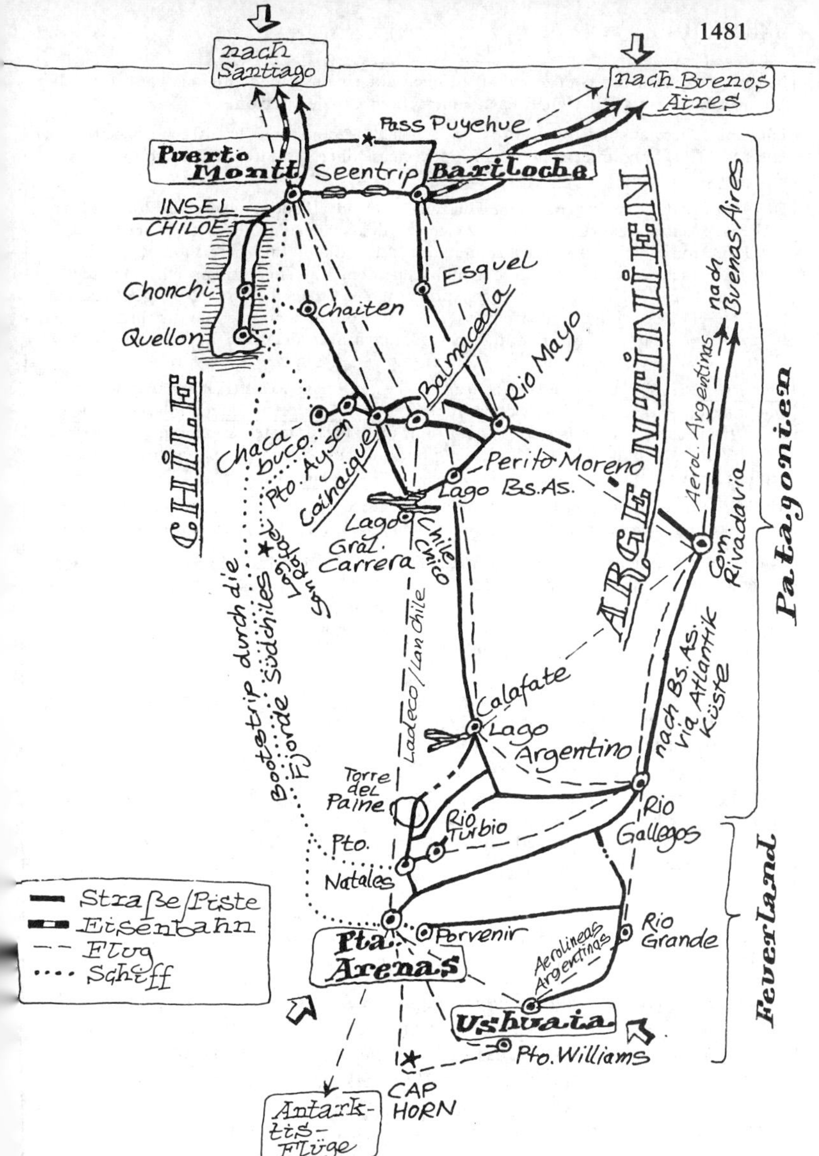

interessanteren Stellen liegen in der näheren und weiteren Umgebung.

Flug: auf der chilenischen Seite täglich mit Lan Chile und Ladeco von Pto. Montt nach Pta. Arenas. Flugzeit ca. 2 Std./1o5 US $ einfach. Während des patagonischen Sommers sollte man möglichst frühzeitig, d.h. mindestens 2 Tage vorher buchen, denn die Maschinen sind oft voll (Dez. - März).

Ladeco macht 4 mal/Woche Zwischenstop in BALMACEDA, wo zwar der Hund begraben ist (knapp an der Grenze zu Argentinien auf einem weiten Hochplateau), man aber Busanschluß nach COHAIQUE hat, dem größten Ort der Region.

Lan Chile fliegt ausschließlich direkt zwischen Pto. Montt und Pta. Arenas, arbeitet aber mit der "TAC" zusammen, die mit Propellermaschinen die Strecke Pto. Montt – Coihaique bedienen.

DIREKTFLUG: der Trip mit dem Flugzeug (Lan oder Ladeco) zwischen Pto. Montt und Pta. Arenas gehört bei klarem Wetter zu den schönsten Flügen Südamerikas. Um Pto. Montt die Vulkane der Andenkette, Insel Chiloe und tiefe Fjorde, die sich weit in die schneebedeckten Andengipfel schneiden. Man fliegt knapp über den Gletschern entlang, die sich von den Berggipfeln ins Meer ziehen, – auf der argentinischen Seite die endlose Pampa mit vereinzelten Schotterpisten schnurgerade durch die graubraune Landschaft. Daziwschen die smaragdgrünen Seen des Lago Buenos Aires/Gral Carrera, des Lago Viedma und Lago Argentino.

Den ersten Teil bis Balmaceda sitzt man am besten links: wesentlich schöner wegen der Andenkette, – den 2. Teil ab Balmaceda bis Pta. Arenas rechts sitzen. Maschine fliegt weitgehend über argentinischem Territorium, um Flugkilometer zu sparen (wer hier auf der linken Seite sitzt, schaut stundenlang raus auf langweilige Pampa, während rechts großartige Andenketten vorbeiziehen!)

Umwerfend schön ist der Flug über den Lago Bs.As./Gral. Carrera: kahle, zerklüftete Andenketten, schneebedeckte Berge und inmitten das Tiefblau des gewundenen Sees!

Kurz vor Pta. Arenas das Bergmassiv des Torre del Paine Nationalparks und der Lago Argentino. Definitiv eines der großen Südamerika- Bonbons aus der Luft, bei dem man aber etwas Glück braucht für klares Wetter. Südpatagonien hat meist Wolken. Während oben im Lan- Chile Jet die Stewardess Churrasco serviert, klaren ab und zu die Wolken auf und unten Pampa mit Wassertümpeln . . .

MILITÄRFLÜGE (F.A.CH.): fliegen mit DC 6 im Sommer wöchentlich die Strecke Santiago – Pto. Montt – Pta. Arenas für 42 US $. Der Flieger fasst 6o Personen. Es gilt die strikte Regel: zuerst Militärs und Cargo. Dann Einheimische. Und wenn dann noch Platz ist, können Touristen mitfliegen.

Während man Mitte bis Ende der 7o-er Jahre noch begrenzte Chance hatte, als die Preisdifferenz zwischen Lan und Fach noch nicht ganz so groß war, – sind die Chancen heute praktisch Null. Hinwärts nach Pta. Arenas ist die Maschine generell voll mit Cargo und zurück die wenigen verbleibenden Plätze mit Einheimischen, die sich natürlich den teuren Lan oder Ladeco- Flug sparen wollen.

Als Tourist braucht man außerdem ein Begründungsschreiben (in Spanisch), warum man mit Fach fliegen möchte. Dies ist mindestens 1 Woche vorher bei Fach einzureichen. Wenn Fach dies akzeptiert, kann man sich in eine Warteliste eintragen. Wenn die Maschine dann voll ist: selbes Spiel für den Flug eine Woche später. . .

Unterm Strich: wer nach Feuerland fliegt, billigste Möglichkeit das "Chile-Rundflugticket"/21 Tage mit Lan Chile oder Ladeco. Die Warterei, selbst wenns klappt, auf den F.A.CH.- Militärflüg lohnt allein wegen der teuren Übernachtungspreise in Pto. Montt/Pta. Arenas nicht.

(2) Schiffe zwischen Pto. Montt und Pta.Arenas/Pto. Natales:

Die Fahrt (3 - 4 Tage) gehört zu den schönsten Schiffahrten in Südamerika wegen ihrer großartigen Fjordlandschaften. Wer Zeit hat, sollte dies unbedingt einbauen, allerdings schwierig, Passagen zu bekommen.

Die "Navariño" (25o Passagiere) wurde Ende der 7o-er Jahre wegen Altersschwäche aus dem Verkehr gezogen und in Valparaiso abgewrackt. Ebenso die "Pto. Montt", das andere große Feuerlandschiff der Chilenen, das die Navy übernahm und anderweitig einsetzt.

EMPREMAR (Empresa Maritimo del Estado)
Santiago: Estado 359/4. Stock – Tel.: 391.321
Pto. Montt: Av. Diego Portales 145o – Tel.: 2548
Pta. Arenas: Lautaro Navarro 1338, Telex Hauptoffice: 24o 482 EMAR/CL

Fahren mit Minifrachter 1 – 2 mal/Monat die Strecke Pto. Montt – Pta. Arenas. Zeitweilig wurde die Strecke jedoch völlig eingestellt. Fahrzeit ca. 4 Tage, Preise ca. 22o US $ in der 1. Klasse (Kabine mit bis zu 4 Betten), bzw. 65 US $ in der 3. Klasse einem Schlafsaal für bis zu 3o Personen (dann aber eng auf eng am Boden), stickig heiß und schlechte Luft. Schlafsack wird auf dem knochenharten Boden ausgerollt; an Deck selbst im patagonischen Sommer (Dez.- März) rauh- kalte Nächte!

Nur Personentransport. Der Cargo- Dampfer besucht die wenigen Siedlungen unterwegs auf der rund 2.ooo km langen Fahrt durch meist totale Einsamkeit und großartige Landschaften. – Vorbuchung ab Europa kann schwierig bis ineffizient sein (oft keine Antwort, auch wenn man Telex einsetzt). Am besten schon in Santiago vorbeischauen und auf Glück hoffen.

NAVEIRA MAGELLANES:
Santiago: Avda. Suiza 248 bzw. Bandera 131, – Tel.: 57.265o oder 63211
Pto. Montt, Pasaje Schwerter 144, – Tel.: 4223/4224
Pto. Natales. Terminal, Telex Hauptoffice: 4o735 (Menen CL)

Fahren mit modernen, 1oo m langen PKW- Fähren ("Evangelistas") in der Regel 3 mal im Monat zwischen Pto. Montt und Pto. Natales. Die schönere und schnellere Strecke, da sie den langwierigen Umweg um die Brunswick- Halbinsel bei Pta. Arenas ausspart und direkt im lohnendsten Gebiet des Südens von Chile landet: Pto. Natales mit Pisten zum Torres del Paine National Park und zum Balmaceda Gletscher (Boote). Ab Pto. Natales tägl. Busverbindung mit Pta. Arenas.

Die Verbindung erfreut sich zunehmender Beliebtheit und ist für PKW oft langfristig ausgebucht. Personenmitnahme möglich, ca. 1oo US $ in der Touristenklasse (2 - 4 Bett Kabinen, Gemeinschaftsbad) bzw. rauf bis 39o US $ /Person in 2-Bettkabinen mit Privatbad. Vorrang haben bei Buchung Fahrer und Mitfahrer von PKW's auf der Fähre. Der PKW- Transport kostet ca. 5oo US $, auf den ersten Blick teuer, aber in Hinblick der teuren Benzinpreise und des riesigen Umweges via Straße von Pto. Montt nach Pta. Arenas via Argentinien und dortigem Straßenzustand garnicht mal mehr so teuer.

Fahrzeit knapp 3 Tage, was dem Überlandtrip via Argentinien Nonstop entspricht, wobei die Fahrt mit dem Fährschiff landschaftlich wesentlich lohnender ist! Kann als unbedingter Tip gelten, aber rechtzeitig für den PKW vorreservieren, d.h. im Sommer ca. 2 Monate vorab!

Strecke: zunächst an der Insel Chiloe entlang, mit Zwischenstop in Chacabuco, sofern Cargo aufgenommen oder abgeladen werden muß (siehe Karte!). Dann durch das vorgelagerte Inselgewirr raus in den Pazifik mit meist superrauher Überfahrt, wo es die Minifrachter wie eine Nußschale rumhaut und man echt seefest sein muß.Etwa 1o Std. und rein in den 2oo km langen Kanal Mesier und Fjord del Indio, dessen Bergwände bis zu 8oo m fast senkrecht aufsteigen. Höchster Berg: St. Valentina (4.o58 m), DC 3 Propellermaschine draufgeflogen! Etwa in Fjordmitte die Indiosiedlung Pto. Eden, eine kleines Trappernest. Zwischenstop: keine Landungsbrücke: entladen wird mit Booten. Indianer verkaufen kleine Schiffchen aus Sealsskin (ca. 1 DM) und geflochtene Körbe. Von den Fjordhängen Wasserfälle. Später, wenn sich der Fjord weitet: durch ein Gewirr tausender von Inseln weiter Richtung Süden. Die Route nach Pto. Natales biegt ab in den Seño Union.

Um sich ein Bild von der Schönheit und Wildheit der Region zu machen: unbedingt vorab in Santiago ins "Museo Historico Natural"/in der Quinta Normal! Hier ist ein Schaukasten mit der Landschaft, sowie Werkzeuge und Boote der Indianer ausgestellt.

Traveller, die diese Route gefahren sind, waren begeistert, allerdings auf den Cargo-Minidampfern der Empremar und Nav. Magellanes kein Komfort. Andere waren enttäuscht wegen grau- wolkenverhangenen Fjorden, was aber eigentlich erst den Reiz dieser wilden und einsamen Landschaft ausmacht.

KLEINE ROUTE: wer aus Zeitgründen, oder weil er kein Schiff bekommt, nicht die komplette Strecke fahren kann, – Möglichkeit: mehrmals pro Woche mit einem Schiff von Quellon/Insel Chiloe runter nach Chacabuco/Cohaique. Details siehe dort!

③ Eigenes Auto:

Da es keine durchgehende Piste ab Pto. Montt auf der chilenischen Seite nach Pta. Arenas gibt, bleibt nur der Weg durch Argentinien (lohnend via Ruta 4o entlang der Andenhänge und via Calafate!), – oder der PKW- Dampfer (Nav. Magallanes), – oder das Fahrzeug in Pto. Montt stehen lassen, um Anreisezeit zu sparen. Generell 4 Alternativen:

1.) Pto. Montt – Pto. Natales mit Naveira Magallanes. Die empfehlenswerteste Variante wegen der lohnenden Fahrt durch die Fjorde. Retour dann je nach Fahrzeug auf den Pisten entlang der Anden, oder über die Asphaltstraße an der Ostküste/Com. Rivadavia, – beides Argentinien.

2.) Pto. Montt – Bariloche – Feuerland. Via Seentrip nicht möglich, also nördlich über den Puyehue Pass nach Argentinien. Ab Bariloche via Esquel, Jose de San Martin, Comodoro Rivadavia, Rio Gallegos nach Pta. Arenas. Von den rund 2.2oo km sind etwa 1.7oo km asphaltiert. Mit Variationsmöglichkeiten. Details siehe Argentinien-Teil.

3.) Pto. Montt – Insel Chiloe – Chacabuco – Rio Mayo/Argentinien und weiter entweder entlang der Anden (Perito Moreno, Calafate), – oder via Ostküste (Com. Rivadavia, Rio Gallegos). An Kilometern kürzer als Variante (2) und vorallem auch interessanter, insbesondere im Bereich Chacabuco. Details siehe folgendes Kapitel!

4.) PKW in Pto. Montt stehen lassen und mit Flugzeug oder Schiff runter nach Feuerland. Eine Variante für Leute, denen die Zeit knapp wird, oder die ihr Fahrzeug schonen wollen. Sind immerhin retour 4 - 5.ooo km und dies auf oft miserablen Pisten, die das Fahrzeug entsprechend strapazieren.

Problem dabei: keine Ausreise in Feuerland nach der argent. Seite möglich (z.B. nach Ushuaia), da man im Pass noch den chilen. Einfuhrstempel für das Fahrzeug hat. Dies, wie auch die sichere Unterstellung des Fahrzeuges lässt sich wie folgt lösen:

PKW in Pto. Montt zur Aduana bringen, Adresse: Chorillos Ecke Angelmo (am Hafen) Dort wird der Wagen inkl. Papiere in Verschluß genommen. Der Chef der Zollstation stellt eine Empfangsbestätigung aus, weiterhin eine Genehmigung, daß man das Land verlassen darf, weil das Fahrzeug im Zoll als Garantie hinterlegt wurde.
Lagergebühr: 1 Monat gratis, danach geringe Gebühr.

Die oben beschriebene Möglichkeit ist in den chil. Behördenbestimmungen schriftlich festgelegt. Sich daher nicht von einem kleinen Beamten, der sich nicht auskennt, verunsichern lassen!

Beste Jahreszeit für Feuerland: Mitte Dezember bis Anfang März. Die restlichen Monate liegt das Landesinnere unter Schnee, superkurze Tage, viele Unterkünfte, insbesondere auf dem Land geschlossen, reduzierter Bus- und Schiffsverkehr.

Aber auch während Dez. bis März empfindlich kühl. Selbst tagsüber dicker Pullover oder Daunenjacke nötig. Winde, mit Regen rechnen.

★ REGION CHAITEN – COIHAIQUE (Carretera Austral):

Definitiv Pionierland, das nicht nur wegen seiner handtellergroßer Mies-Muscheln Freude macht. Die Chilenen sind dabei, dieses landwirtschaftlich reiche Neuland durch ihre CARRETERA AUSTRAL zu erschließen, die später einmal Pto. Montt mit Cohaique verbinden soll und derzeit zwischen

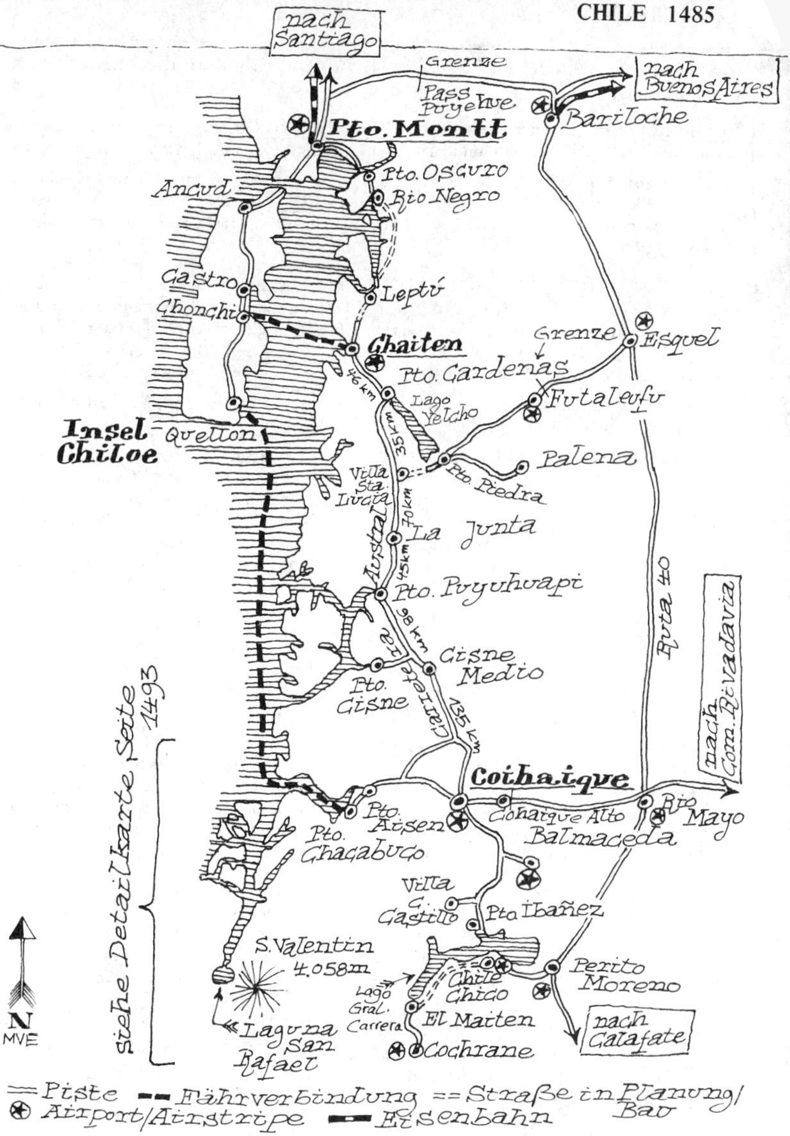

Chaiten und Coihaique bereits fertig und als Piste befahrbar ist.

Als Anreiseroute sehr interessant, insbesondere, wer sich etwas mehr Zeit lassen möchte auf dem Trip nach Feuerland!

Die CARRETERA AUSTRAL wurde von General Pinochet ins Leben gerufen. Derzeit fehlt bis Coihaique das Teilstück Rio Negro – Leptu (siehe

Karte!), sowie wenige Km zwischen Leptú und Chaiten, die in Kürze fertig werden dürften.

Verbindungen: laufen derzeit noch via INSEL CHILOE. Für den Gringo angenehm, da sich die Insel Chiloe lohnt und man nicht wieder retour nach Pto. Montt muß.

Überfahrt zur Insel ca. 5 US $ für den PKW, bzw. per Bus ab Pto. Montt bis Fährhafen CHONCHI ca. 5 US/4 1/2 Std. – Bis QUELLON plus ca. 3 Std., solang dieser Streckenteil noch nicht asphaltiert ist. Alle Verbindungen tägl., weitere Details siehe "Chiloe- Teil"!

① FÄHRSCHIFF/CHONCHI ⋙➤ CHAITEN (an der Austral): derzeit 3 mal/Woche, die Überfahrt dauert ca. 5 - 6 Std. (11o km). Die Mitnahme eines PKW kann sehr problematisch werden, da das Schiff nur 3o Fahrzeuge fasst; im chilenischen Sommer sollte man sich mindestens 8 Wochen vorab den Platz reservieren lassen (Dez. – März) über "Transmarchilay Ltda."/Libertad 669 in Ancud bzw. 21 de Mayo 417 in Coihaique.

Der PKW kostet ca. 5o US $, der Personentransport ist bei ca. 15 US preiswert und benötigt keine Vorreservierung.

Sobald die Straße von Chaiten nach Leptu fertig ist (was in Kürze zu erwarten steht), wird die Verbindung vermutlich ab Pto. Montt direkt laufen: via Pto. Oscuro – Rio Negro (siehe Karte) und dort durch den windstilleren und kürzeren Fjord (65 km) per Schiff nach Leptú/Anschluß CHAITEN.Wird die Fahrzeit von Pto. Montt bis Chaiten von bisher ca. 12 Std. inkl. Anschlußwarterei auf ca. 7 Std. verkürzen. – Derzeit auch Propellerflugverbindung mit der "TAC" von Pto. Montt via Castro nach Chaiten (tägl., Direktflug ca. 1 Std. 2o Min, bzw Zwischenstop Castro ca. 1 Std. 4o Min./25 US).

② FÄHRSCHIFF/QUELLON ⋙➤ CHACABUCO: derzeit 2 mal/Woche. Die Autofähre der "Transmarchilay Ltda" (Buchungsadresse siehe oben) ist auch nicht viel größer als die Fähre ab Chonchi. Überfahrt regulär ca. 18 Std., kann bei schlechtem Wetter im Kanal aber bis zu 3o Std. dauern, wobei sich die Fähre schutzsuchend in Fjorde verkriecht, um den Sturm auf offnem Meer zu vermeiden.

PKW ca. 6o US $, Person in Schlafkabine (2 Bett) ca. 4o US und zu empfehlen, ansonsten in Gemeinschaftsraum auf dem Stuhl, ca. 15 US $. Der PKW sollte insbesondere zur Saison mindestens 8 Wochen vorab reserviert werden, gilt auch für die wenigen Schlafkabinen. Personenmitnahme im Gemeinschaftsraum ohne Reservierung möglich. Essen an Bord ganz gut und preiswert. – Von Chacabuco täglich mehrmals Verbindung per Bus via Pto. Aisen nach Cohaique. Details siehe dort!

③ EMPREMAR (Pto. Montt, Av. Diego Portales 145o) fährt unregelmäßig mit kleineren Cargo- Schiffen die Strecke Pto. Montt – Chacabuco, wobei der Dampfer in eine Vielzahl kleinerer Fjorde zu dortigen Minisiedlungen fährt zur Übernahme von Cargo. Mitfahrt von Personen möglich, Fahrzeit ca. 48 Std. , im Sommer (Dez. - März) derzeit 1 mal/Woche. Infos über Empremar in Pto. Montt, Av. Diego Portales145o.

★CHAITEN: ist derzeit noch eine Minisiedlung in einer Bucht am Meer und Ausgangspunkt für den 42o km langen Trip auf der landschaftlich großartigen Carretera Austral. Der Ort mit einfachen Hotels und Residenciales (am besten derzeit "Mi Casa"/Av. Norte, Doppel ca. 2o US), Mechanikerwerkstätten und Tankstelle.

Die CARRETERA AUSTRAL ist in ihrer Fortsetzung der Panamericana derzeitig ausschließlich eine Schotter/Erdpiste. Herzlichen Dank an Dr. Jacoby, der für uns die Piste mit eigenem Fahrzeug getestet hat. Befahrbar mit normalen Limosinen, Geschwindigkeiten gut Tempo 4o, teils 2o - 25 km/h. Das letzte Drittel vor Cohaique kann ab Puyuhuapi wegen Pistenausspülung schwierig befahrbar sein, aber trotzdem für Limosine im

Sommer realisierbar. Gesamtfahrzeit in der Regel 2 Tage.

BUS: "Artetur" fährt im Sommer 2 mal/Woche zwischen Coihaique und Chaiten retour. Die Fahrt dauert 1 Tag, 1 Nacht, wobei derzeit in La Junta übernachtet wird. Kostenpunkt pro Person ca. 22 US $. – Zusätzlich gibts noch 2 mal/Woche Busse mit "O. Muñoz" zwischen Coihaique und Pto. Cisne – Ausweitung des Busverkehrs entlang der Car. Austral steht wegen reger Siedlungstätigkeit seit Eröffnung der neuen Piste zu erwarten. Infos über Tourist Office in Pto. Montt und Coihaique.

Die Piste geht durch teils grandiose Bergtäler bis Coihaique. Bewaldete Berglandschaften, niedrige Farne und oft Ausblick auf schneebedeckte Gipfel, sofern nicht die Wolken tief im Tal hängen. Bei Km 24 ein vor ca. 1o Jahren notgelandetes Propellerflugzeug, nur noch aus dem Cockpit und Rumpf bestehend und als Wohnhaus umgewandelt.– Km 26 nach Brücke links zu Thermalquellen (ca. 6 km). Die Thermas blitzsauber, mit kleinen Badehäuschen und Campingplatz.

Puerto Cardenas/Lago Yelcho: mit Basic- Hotels, Landepiste für Avionettas (keine Linienflüge im Moment), ebenfalls momentan noch keine Tankstelle.

AB PTO. CARDENAS gibts 3 mal/Woche eine Fähre über den 35 km langen See, der mehrere Gletscher hat, nach Pto. Piedras am anderen See-Ende (Überfahrt ca. 3 Std./ 4 US, soll aber eingestellt werden, sobald die Piste bis Pto. Piedras fertig ist). Von dort Piste rauf nach FUTALEUFU (Basic- Hotel und 4 x/Woche TAC- Propeller ab Pto. Montt, ca. 35 US $, und weiter über die argentinische Grenze nach ESQUEL. Rund 1o km bis zur Grenze, danach auf der argentinischen Seite der sehr lohnende "Los Alerces" Nationalpark mit mehreren Seen zwischen der vergletscherten Bergspitze des Cordon de las Piramides, dichter Vegetation und regulärem Bootstrip über die Seen während der Sommermonate.

Mögliche und landschaftlich großartige Querverbindung. Also z.B. ab Pto. Montt via Seentrip rauf nach Bariloche, dort täglich Busverbindung nach Esquel. Inwieweit es regulären Transport auf den ca. 6o km von Esquel nach Futaleufu gibt, ist nicht bekannt. Dafür, daß die Grenze passierbar ist, spricht die Existenz der Straße. Details zur argentinischen Seite/Los Alerces Nat. Park siehe dort. Wer den Trip macht, möchte mir bitte Bericht schicken!

1o5 km von Pto. Cardenas nach La Junta. Die Austral geht bergauf, bei Km 65 ist der höchste Punkt erreicht. Immer wieder Blick auf die schneebedeckten Berge und Gletscher, bewaldetes Flußtal. Anschließend stetig bergab nach Villa Santa Lucia mit schöner Holzkirche, wo später mal die Piste zum Ostende des Lago Yelcho/Pto. Piedras abgehen wird.

Die Austral- Piste durch bewaldete Bergtäler, teils dichte Urwälder mit Farnen und hohen Bäumen der südlichen Zonen, teils Neuansiedlungen mit Rodungen, Pferden und Viehweiden. Ein Ambiente wie auf Forstwegen in den europäischen Alpen. LA JUNTA (ca. 1.2oo E.) hat zwei Übernachtungsmöglichkeiten ("Hosteria Rosselot" und "Hosteria Copihue", beide sauber aber einfach und rustikal, ca. 1o US $ /Doppel). Sportfischer haben aus dem Lago Rosselot kapitale Forellenexemplare bis zu 1o kg Gewicht rausgefischt. Derzeit keine Tankstelle aber kleiner Airstripe für gecharterte Avionettas. Der Rio Rosselot wird per Ponton- Fähre überquert, die zwischen 8 Uhr und Sonnenuntergang operiert. –
Die Austral- Piste schlängelt sich zunächst kurvenreich entlang des Lago

Rosselot, Seeufer fällt steil ab, – dann über die Berge, 45 km nach

PTO. PUYUHUAPI an einem Meeres–Fjordarm. Eine deutsche Siedlungsgründung aus den 4o-er Jahren, angenehm friedlich mit dem Flair "abseits des Weltgeschehens". Schöne Holzhäuser und bildhübsche Lage im Fjord. Übernachtungstip die Hosteria der Exdeutschen, wo Dr. Jacoby, der hier Zwischenstop auf halber Strecke einlegte, sich das Bad morgens mit seiner Frau und einem chilenischen Kardinal teilen mußte . . .Preiswert, sauber und großer Tip!!Es gibt derzeit keine Tankstelle, aber einen Airstripe (nur Charter) und gelegentliches Anlaufen des Empremar- Küstendampfers ab Pto. Montt. Ansonsten ca. alle 2 Tage Busverbindung mit Coihaique.

7 km südl. das Thermalbad Puyuhuapi (5o Grad C!), weitere knapp 1oo km bis CISNE MEDIO. Die Piste hat Urwaldcharakter und ist bei Regen nicht ungefährlich, Fahrspuren verwandeln sich in Bäche, enges Tal, es geht bergauf/bergab, viele Schlaglöcher.Dann Serpentinenpiste in 6 km auf 5oo m Höhe rauf und grandioser Gletscherblick bei klarem Wetter!

Kurz vor Cisne Medio Abzweigung nach PTO. CISNE am Fjord (Unterkunft und Tankstelle, gelegentlich vom Empremar- Cargodampfer angelaufen und mit Bussen ab Coihaique 2 mal/Woche bedient).Cisne Medio ist neues Siedlungsgebiet, wird ausgebaut und Verbesserung der Piste zu erwarten, die derzeit sauschlecht ist die 135 km bis COIHAIQUE.

Die Carretera Austral wurde in ihrem Streckenteil Chaiten – Coihaique 1982 dem Verkehr übergeben. Derzeit wird an der nördlichen Verlängerung von Chaiten nach Leptu gebaut; Fertigstellung in Kürze. Dann geht der Transport durch den nur 65 km langen Fjord nach RIO NEGRO mit Pistenverbindung direkt bis Pto. Montt (ohne Insel Chiloe). – Im Süden ab Coihaique ist die Piste bis LAGO GRAL. CARRERA Pto. Ibañez fertig. Überquerung des Sees per Pontonfähre nach Chile Chico, wo an einer Piste entlang des Sees nach El Maiten gebaut wird, die fast fertig sein soll. Derzeit Transport über den See jedoch per Schiff. Ab El Maiten wenige Km bis COCHRANE, derzeitiger Endpunkt der Austral. Fortsetzung ist bis PTO. YUNGAY an einem Meeres-Fjordarm geplant, von wo dann die Fähre eine erheblich kürzere Überfahrt (und insbesondere durch Fjorde windgeschützte) Überfahrt nach PTO. NATALES hat, in knapp 2 Tagen zurückzulegen und Pistenanbindung an Pta. Arenas. Die Pto. Yungay- Piste soll bis 1988 fertig sein. . .

✱ REGION CHACABUCO – COIHAIQUE:

Während die "CARRETERA AUSTRAL" zwischen Chaiten und Coihaique derzeit für Leute ohne eigenes Auto noch schwierig zu bereisen ist wegen dünnem Verkehr, – ist CHACABUCO/COIHAIQUE eine interessante Anreisevariante nach Feuerland:

Siehe Karte Seite 1485

Einstieg entweder mit der Fähre ab Quellon/Insel Chiloe rüber nach Chacabuco (beschrieben Seite 1468). Landschaftlich ist diese 15 - 18 Std. dauernde Überfahrt großartig, zwischen hunderten von Inseln. Allerdings keinen großen Komfort an Bord erwarten! Von Chacabuco eine Piste rauf via Coihaique nach Balmaceda zum Airport. Dort Weiterflug mit dem "Ladeco"- Jet nach Feuerland. – Wer weniger Zeit hat, kann die Region um Coihaique (lohnende Ausflüge) auch als Zwischenstop auf dem Flug von Pto. Montt nach Pta. Arenas einbauen. (Vom Hafen Chacabuco via Coihaique bis Balmaceda tägl. mehrmals Busverbindung). –

BALMACEDA: oben in der Hochebene nahe der argentinischen Grenze. Eine Handvoll Häuser um den großen und langen Jet- Airport. Der Ort selber ohne Reiz für längeren Aufenthalt. Basic- Hotels direkt in Airportnähe.

LADECO macht 3 mal pro Woche Zwischenstop in Balmaceda auf dem Flug von Pto. Montt nach Pta. Arenas/Feuerland. Preis: Balmaceda – Pta. Arenas ca. 65 US $. Auch insofern ist die Bootsfahrt von Quellon/Insel Chiloe bis Chacabuco ein Tip: selbst wenn man 1. Klasse fährt (inkl. des Busses bis Quellon und ab Chacabuco!) billiger als der Direktflug Pto. Montt – Pta. Arenas (1o5 US)! Allerdings unbedingt vorab für den Weiterflug ab Balmaceda reservieren, damit man dort nicht festhängt!!

Wer sich das Chile- Rundflugticket gekauft hat (nur mit Ladeco ist Zwischenstop in Balmaceda möglich!): prinzipiell die Möglichkeit, in Pto. Montt aus dem Ticket aussteigen, nähere Umgebung machen und dann mit dem Boot nach Chacabuco und in Balmaceda wieder ins Ticket rein!

Beim "Lan Chile" - Rundflugticket gibts die Region gegen Aufpreis und zwar mit der TAC retour ab Pto. Montt nach Coihaique.

Zur Ankunft des Ladeco- Jets warten am Balmaceda- Airport Taxis, die die rund 5o km bis Coihaique pro Person für ca. 7 US $ fahren. In der Regel kommt man am selben Tag noch runter bis PTO. AISEN. Macht zum Übernachten mehr Spaß (insbesondere wegen schönerer Lage und wegen leckerer Riesen- Mießmuscheln, die es in den dortigen Restaurants gibt, sofern die Saison stimmt), – denn Coihaique ist zwar größter Ort der Region, aber stinklangweilig in eintöniger Pionieratmosphäre.

Transport: ab Coihaique/Busterminal täglich zwischen 8 und ca. 19.3o Uhr vier bis sechs mal am Tag, ca. 3 US $, Fahrzeit 2 bis 2 1/2 Std. Es gibt auch Colectiv- Taxis.

Die Strecke (derzeit noch Schotterpiste) folgt zunächst einem Flußlauf in engem Tal, weitet sich später. Berge hängen meist voll Wolken, besonders am Morgen, wenn die Frühnebel über dem Fluß sich wie ein Schleier ausbreiten: fantastisch! Die Region Aisen ist bekannt für massiven Regen. Weiden, die von vereinzelten Bäumen bestanden sind. Fruchtbares Grün, seit 192o als Viehzuchtregion erschlossen, aber riesige, weitläufige Dimensionen.

PTO. AISEN: ca. 2o.ooo E./in Meereshöhe knapp vom Fjordarm entfernt. Zwar zahlenmäßig "beeindruckend", optisch jedoch nur eine Handvoll zweistöckiger Holzhäuser in saftig-grünem Tal. Erdstraßen, intensiv feuchter Grasgeruch von verregneten Weiden.

Hotels: wir haben im "Hotel Plaza" geschlafen (O'Higgins 217), nachdem wir unsere Übernachtungsrecherchen im Ort abgeschlossen hatten: für uns die beste Wahl! Hier in Pto. Aysen geht die Qualität nicht unbedingt parallel zu den Preisen! Das "Plaza" sehr sauber, auch die Toiletten. Ein angenehmer, mehrstöckiger Holzbau. Die Zimmer mit Heizung, warmem Wasser. Doppel ca. 8,5 US $. Unten einfach eingerichtetes, aber gemütliches und excellentes Restaurant.

"Gran Hotel Aysen", am Fluß, 4 Block von der Plaza. Ein klangvoller Name und runde 2o US $ für ein Doppel. Zimmer haben Heizung und warmes Wasser. Fällt aber aus den Fugen und ist unserer Ansicht nach den Preis nicht wert. Betten sauber, inkl. eigenem Bad. (Chacabuco 13o)

"Hotel Roxy" (Sargento Aldea 968) mit Heizung, warmem Wasser und bei 7 US fürs Doppel o.K. im Preis. Gilt auch fürs "Hotel La Bomba" (Teniente Merino 791), Heizung, Doppel ca. 7 US $.

Zwischenzeitlich das beste Hotel in Pto. Aisen jedoch "Loberias de Aisen" auf Hügel oberhalb des Ortes. Bungalows mit Privatdusche, aber relativ teuer bei ca. 25 US $ fürs Doppel. Restaurant ist ganz gut.

Restaurants: "Hotel Plaza", gute Küche, billig. – "Brisas Marinas", ein Block von der Plaza, – "Restaurant El Fogon", Sargento Aldea s/n. für Parrilladas.

Fischerhafen in Pto. Aisen im Nebenarm des Rio. Hier liegen Fischerboote mit z.T. museumsreifer Tauchausrüstung. Riesige Kupferhelme mit kleinem Glasfenster, an hundertfach geflicktem Gummianzug festgeschraubt. Die Leute tauchten mit diesen Dingern bis zu 15 m Tiefe nach "Cholgas".

Große Fischerboote fahren nur bis Chacabuco, weil der Fluß versandet. Mittelgroße müssen auf die Tide warten, bis der Fluß genügend Wassertiefe erreicht, sowie dann entsprechend schnell ausladen. Die Fischereiaktivitäten haben sich daher auf den Hafen Chacabuco verlagert. Allerdings: ausgesprochen schöne Fahrt auf dem Fluß, runter bis Chacabuco durch dichte Vegetation, vorbei an Felsnadeln.

Lohnend auch der 5 km östl. von Pto. Aisen gelegene "Parque Endesa" mit reicher und dichter Vegetation, ebenso wie der Lago Riesco (15 km). Kein öffentl. Transport, aber vielleicht kann man mit den Arbeitern des Wasserkraftwerkes am Rio Arredondo mitfahren. Die Region bringt schöne Wanderungen, Flüsse und hohe Berge.
Pto. Aisen hat einen kleinen Airstripe (für gecharterte Sportmaschinen der TAC etc. ab Coihaique oder Pto. Montt). Derzeit kein Linienflugverkehr. Eine 15 km- Piste runter zur Schiffsanlege am Fjord Aisen:

CHACABUCO: derzeit noch eine Handvoll Häuser, aber im Rahmen der Erschließung durch die Carretera Austral und damit verbundene Kolonisation der 650 km zwischen Chaiten und Lago Gral. Carrera steht Expansion zu erwarten. Chacabuco ist der zentralste und jetzt schon wichtigste Hafen dieser Region!

Neben der Autofähre nach Quellon/Insel Chiloe gibts mehrere Verbindungen mit kleineren Holzdampfern in die umliegenden Fjorde zu kleineren Siedlungen (z.B. Puyuhuapi, Pto. Cisne und Pto. Bonito).

Hotels: "Hotel Moraleda" ca. 11 US mit Heizung, warmem Wasser und Restaurant,– "Residenc. El Puerto" und "Resid. Villarrica", beide am Hafen, mit Heizung, warmem Wasser und Restaurant. Doppel je 4 US $ .Profitieren von den Fähraktivitäten.

Schöne Meeresbucht, etwa 300 m breit, die sich um die Berge hereinzieht. Am Strand das vor sich hinrostende Wrack der "Viña del Mar", die vor Jahren von einem Sturm an Land geworfen wurde und seither nicht mehr fit gemacht werden konnte. Wenn Schiffe anlegen, kommt Leben in den

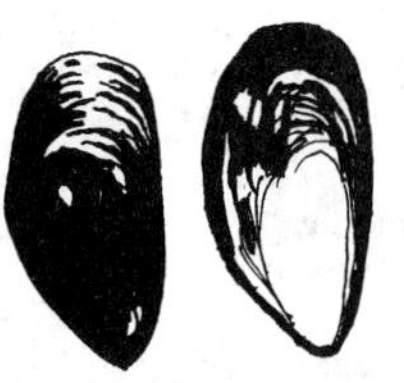

"CHOLGAS" nennt man die Riesen- Miesmuscheln, auch "CHOROS oder "Choro Zapatos" (zapato = der Schuh!). Ich habe selten so gro se Dinger gesehen, wie in der Provincia Aisen. Um die faustgroßen Apparate aufzumachen ist ganz schön viel Kraft nötig. Dann Zitrone drüberträufeln: lecker! Saison ist übrigens nicht wie bei uns: alle Mo nate mit einem "r", – sondern Febr. bis September. Danach gibts n die wesentlich kleineren "Choritos".
Die Muscheln kommen vorwiegend von Pto. Aguirre, 4 Std. mit den Fischkutter ab Chacabuco Ri. Pto. Montt.

Ort. Einheimische verkaufen gekochte "Jeibas" aus geflochtenen Körben, halbe Kuhherden werden mit Kränen in die Schiffsbäuche verfrachtet, ungeduldige Aiseños, die noch auf einen billigen Lift nach Pto. Montt hoffen. Die Autofähre nach Quellon für PKWs oft ausgebucht. Diese kommen dann per Kran hinten auf LKW- Ladefläche, oder müssen bis zur nächsten Abfahrt warten. Nochmals dringender Rat: rechtzeitig vorbuchen. Für Personentransport: weniger problematisch, wer nicht eines der wenigen 1. Klasse-Betten haben möchte! –

Bus rauf nach Coihaique ab Chacabuco via Pto. Aisen rund 3 bis 5 mal am Tag, ca. 4 US $. Zu den Fährschiffen zusätzliche Busse.

COIHAIQUE: 30.000 E./500 m, – zentraler und wichtigster Ort der Region. Seit der Fertigstellung des ersten Bauabschnitts der Carretera Austral: Boom- City! Die bisherigen 2- stöckigen Holzbauten des Centros verschwinden zu Gunsten moderner Betonverwaltungsgebäude. Als Stadt: sauber, aber ohne Reiz für längeren Aufenthalt. Wichtig als Verbindungsknotenpunkt für nähere und weitere Umgebung.

★ **Hotels:** "Hotel Turismo Austral"/Magellanes 131. Derzeit modernstes und bestes der Stadt. Betonbau, sogar mit Swimming Pool. Saubere Zimmer, Heizung, warmes Wasser. Doppel ca. 31 US $, – "Hotel Chible"/Moraleda 448, das andere der derzeitigen "Top-Hotels" in der Stadt. Ohne SW- Pool, ansonsten Heizung, warme Duschen etc. Doppel ca. 30 US $. – "Hotel Los Nires"/Baquedano 315, gute Mittelklasse. Ein neuerer Holzbau, sehr sauber und anständig. Tip, wer Mittelklasse sucht. Doppel ca. 20 US $, – "Hotel Español"/Baquedano 237, war bei unserer Inspektion ganz schön teuer für, ich möchte nicht sagen "Stall". Doppel ca. 12 US $. –

Es gibt auch einige Basic- Hotels in Cohaique, die aber ihrem Namen Ehre machen! Z.B. "Royal"/21 de Mayo Ecke Carrera. Und "Resid. Real"/Sielo Ecke Monalede, je 7 US. Definitiv besser: runter nach Pto. Aysen zum Übernachten und mit dem Frühbus rauf nach Cohaique. Es steht zu erwarten, daß bei weiterer Expansion von Cohaique neue Billighotels hinzukommen, die durch Konkurrenz die Preise in Relation zum Gebotenen nivelieren. Vorallem, daß sich durch Konkurrenz und Nachfrage auch einige gute Billighotels in Cohaique etablieren! –

Zu erwähnen wäre noch die "Hosteria Lago Elizalde" am gleichnamigen See. Sehr zu empfehlen. Übernachtung in kleineren Holzhäusern am See, sehr gemütlich, mit gutem Restaurant und Boots- sowie Pferdeverleih. Großartige Landschaft mit jungfräulichen Wäldern. Doppel ca. 30 - 40 US je Haustyp. Nur per Taxi (1 Std. ab Cohaique, bzw. ab Airport Balmaceda, 36 km) zu erreichen. Vorab anrufen, ob Platz ist!

★ **Restaurants:** ein ganzer Schwung guter. Tip ist "El Palenque"/Bilbao für Parrilladas, Mariscos und Pescados, – "Don Boni"/Barroso 553 für Mariscos, Pescados und Curantos – "La Tranquera"/Prat 609, comida tipica, braceritos, – "El Chaparral"/P. Porvenir 1450, Tip für Empanadas (gefüllte Teigtaschen, lecker!) und Cazuelas. –

"CANGREJO" ist der Krebs, "JAIBA" genannt. Lecker: fangfrisch unten in Chacabuco direkt aus dem Korb heraus verkauft!

CONGRIO: Fisch, im Geschmack ähnlich wie unser Goldbarsch. Einer der am häufigsten in Restaurants angebotenen chilenischen Fischarten. Schmeckt nicht schlecht!

Mehrere Supermercados, sofern die Waren aber nicht in der Region produziert wurden, sondern per Schiff + LKW von Santiago importiert wurden (z.B. Bier, Konserven etc.): sehr teuer! Fleisch und Milchprodukte dagegen preisgünstig!

Tourist INFO "Sernatur": Baquedano Ecke Lillo. Zugleich Kompliment! Kennen sich sehr gut in ihrer Region aus, engagieren sich und sind excellente Infoquelle für Verbindungen, Transport in abgelegene Regionen wie Lago Gral. Carrera, Laguna San Rafael (was Billig- Boote betrifft) etc. Bei weiterer Stadtentwicklung besteht zu erwarten, daß die Tourist Office umzieht; Einheimische fragen! –

★**Verbindungen:** BUS nach Pto. Aisen/Chacabuco 3 bis 5 mal tägl./ca. 4 US bis Chacabuco bzw. 3 US $ bis Pto. Aisen. Abfahrt Busterminal Coihaique. – Taxis/Colectiv rauf zum Balmaceda Airport/7 US $. –

"Artetur" und "Viajes Oscar Muñoz" von Coihaique nach Pto. Cisne bzw. Puahuyapi im Sommer 2 mal/Woche. Details über Tourist Board, sowie Text "Carretera Austral"!

Mit Empr. "Murycri" derzeit 3 mal/Woche nach Pto. Ibanez ab Lago Gral. Carrera, benenfalls per Colectiv- Taxis. In der Regel orientieren sich die Abfahrten gemäß Ankunft in Pto. Ibanez zur Abfahrt des Fährschiffes über den See.

FLUG: der frühere Airstripe mit Bretterhütte als Empfangsgebäude und "Tower" expandiert. Derzeitiger Stand der Dinge: täglich Flugverbindung mit TAC (Transportes Aereo Cohaique) in F 27- Propellermaschinen neuerer Bauart nach Pto. Montt. Ca. 4o US $ für den 1 Std. 2o Min. - Flug. Landschaftlich bei klarem Wetter ein Bonbon (gegenüber dem Ladeco- Jet nach Balmaceda!), da die TAC- Propellermaschine tiefer und langsamer über dem Berg-, Fjord- und Inselgewirr fliegt!! Die TAC- Maschine hat Anschluß an die Lan Chile (Jet) von bzw. nach Santiago und kann zusammen mit dem Lan- Chilerundflugticket gegen Aufpreis gebucht werden.

Adresse TAC: in Cohaique: E. Lillo 315, – in Pto. Montt: Gmo. Gallardo 167, – in Santiago: B. O'Higgins 142/Hotel Holiday Inn, – Cochrane: Hotel La Tranquera.

Zum Lago Gral. Carrera/Pto. Ing. Ibañez und Chile Chico, sowie zum Lago Cochrane: siehe dort! – Derzeit keine Linienflüge rüber nach Argentinien!

★**Coihaique ⋙➤ Argentinien:** 3 mal pro Woche mit Bussen der argentinischen Empresa Giobi ab Coihaique via Rio Mayo/Argentinien an der Ruta 4o entlang der Anden. Fahrzeit ca. 5 - 6 Std./15 US $. Bus fährt weiter bis Comod. Rivadavia (ca. 12 Std. ab Coihaique/3o US $)an der argent. Atlantikküste. Vorab in Coihaique zur dortigen "Investigacion" wegen chilenischem Ausreisestempel.

Ab Rio Mayo (Hotels) gibts entlang der Ruta 4o Richtung Feuerland Busse und die LADE- Militärmaschinen via Pertio Moreno und Calafate. Details siehe dort! –

Com. Rivadavia ist die schnellere Überlandverbindung nach Feuerland. Tägl. Busse auf der Ruta 3 parallel zur Atlantikküste via Rio Gallegos nach Pta. Arenas bzw. Ushuaia.

Ab Coihaique ist der bessere Grenzübergang Chihaique Alto (1) siehe Karte, mit Zoll und Grenzstation; Paso Huemules bedient nur regionalen Grenzverkehr. Auf beiden jedoch kaum Chance für LKW- Trampen.

Landschaftlich wesentlich interessanter ist jedoch der Grenzübergang via CHILE CHICO Lago Gral. Carrera. Zunächst über eine Piste ab Coihaique bis Pto. Ing. Ibañez am Lago Dort mit der Fähre übersetzen nach Chile Chico und Piste rüber nach Perito Moreno. Eine Route, die sowohl mit eigenem Fahrzeug, – wie auch öffentlichem Transport befahrbar ist und je nach Anschluß rund 1 - 2 Tage dauert. Details siehe dort! –

★**LAGUNA SAN RAFAEL:** eine der großen Naturschönheiten Chiles! Gewaltige Gletschermassen, die sich vom Cerro S. Valentin (4.o58 m, dies

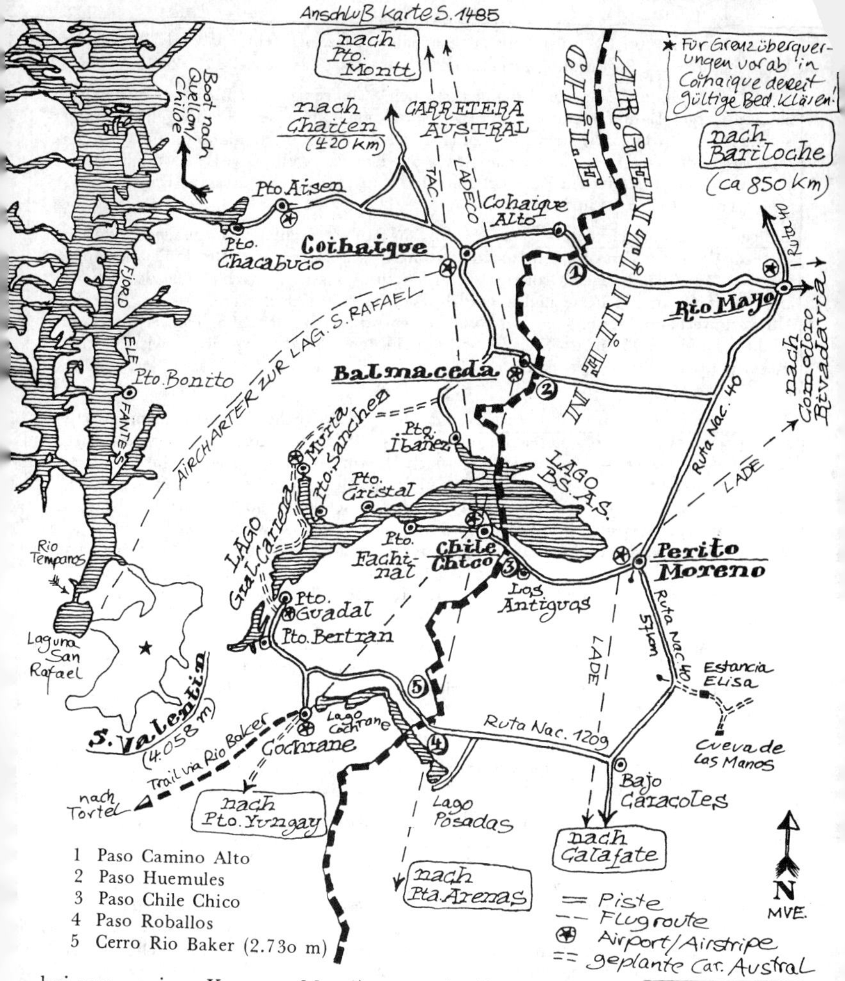

bei nur wenigen Km zum Meer!) runter in die Laguna San Rafael wälzen. Länge des Gletschers: ca. 4o km, Absturzhöhe in die Meereslagune S. Rafael bis zu 5o m!

LAGE: rund 2oo km südlich Chacabuco per Schiff, bzw. ca. 16o km Luftlinie per Sportflugzeug ab Cohaique. Kann an landschaftlicher Großartigkeit mit dem Gletscherabbruch im Lago Argentino, unten im argentinischen Patagonien konkurrieren, wenn nicht noch großartiger!! Wie uns Veronika Wunderlich schrieb: "war einer der Höhepunkte unserer Reise!"

Problem ist die Anreise. Beste, aber auch teuerste Wahl ist das Boot M/S Scorpios der Reederei Constantino Kochifas Carcamo. Fahren mit ihrer Motoryacht, die relativ komfortabel ausgerüstet ist (solide Kabinen, Sonnendeck, sauberer, ausgepolsterter Aufenthaltsraum) ab Pto. Montt nach Bedarf, im Schnitt monatlich, – runter zur Laguna San Rafael. Allerdings zu Preisen für den 7- Tagetrip von ca. 8oo US/Person in Kabinen mit Fenster/ca. 6oo US ohne Fenster. Zur Saison Dez. bis Febr. bis zu 1.2oo US $. Buchungsadresse: Pto. Montt, Angelmo 166o, Casilla 588, Telex: 27oo28 (NATUK CL)

Nach dem großen Erfolg von Kochifas ist auch "Empremar" ins Buissenes eingestiegen: setzten Cargo- Dampfer ein, die unterwegs noch eine Reihe von Siedlungen in den verschiedenen Fjorden zwischen Pto. Montt und Lag. San Rafael anlaufen, um Ware ein- und auszuladen. Interessant, aber in Bezug auf den Passagepreis von 55o bis 65o US $ pro Person und gebotenem Komfort reichlich teuer. Buchungsadresse: "Empremar"/Av. Diego Portales, Pto. Montt.

Billiger sind die Fischkutter- Kapitäne von Chacabuco. Stellen sich zunächst runde 7oo bis 8oo US $ für den 35o km langen Retourtrip inkl. Essen vor. Der Preis allerdings pro Boot, auf das je nach Größe ca. 6 bis 8 Leute passen. Je nach Größe des Schiffes, meist einfach eingerichtete und kleine Holzschiffe lässt sich der Preis auf ca. 5oo bis 6oo US $ runterhandeln, abhängig auch von seiner Ausstattung und PS- Zahl. Fahrzeit pro Richtung um die 17 bis 2o Std., wobei zwar in den Abend reingefahren wird, in der Regel jedoch nicht die Nacht durch, da dies wegen Untiefen und Felsriffs zu gefährlich ist.

TIP ist Galo Andrade in Pto. Aisen/Calle Piloto Pardo (nahe Comisaria Carabinieri), der sich runde 7oo US $ für diesen Retourtrip vorstellt, aber 8 Kojenschlafplätze anbieten kann und differenzierte Preise macht je nach Übernachtungsqualität an Bord in den einzelnen Schlafstellen, – der aber nur komplett das Boot vermietet, ganz egal, wieviel Leute zusammenkommen. Preis inkl. Vollpension. Bei genügend Leuten sind durchaus Propersonenpreise von 1oo bis 2oo US $ retour möglich, – wobei aber das Problem ist, wie man sie zusammentrommelt. Dr. Jacoby empfiehlt die Einschaltung der örtlichen Radiostationen in Coihaique, andere Möglichkeit ist, bereits in größerer Gruppe nach Coihaique zu kommen, bzw. in den dortigen Hotels oder Residenciales sich rumzufragen.

Frage ist allerdings, wie schnell sich die Personen zusammenfinden, denn der San Rafael Trip ist derzeit noch nicht touristisch organisiert, wie es derzeit auch erst relativ wenig Tourismus nach Coihaique/Pto. Aisen gibt. Die Fahrten finden nur während der Sommermonate (Dez. - März) statt.

✦ **Der Trip** per Boot zur Laguna dauert runde 3 Tage, wenig Komfort an Bord der Fischerboote, aber viel Spaß. Angel wird rausgehängt, in der Kombüse gekocht, daß sich der Duft lecker an Bord ausbreitet . . .

Durch den Fjord Elefante und über den kurzen Rio Tempanos rein in die Laguna San Rafael. Durchmesser ca. 1o km, unterhalb des meist wolkenverhangenen S. Valentin, von dem sich eine seiner 4 Gletscherbahnen in die Laguna wälzt. Wer Glück hat, erlebt wie ein Teil der Gletscherwand mit riesigem Getöse ins Wasser abbricht! Rechts und links der Gletscherwand dichte Vegetation. Im Wasser eine Vielzahl kleinerer und größerer Eisschollen! Optimal, wenn der Fischkutter ein kleines Beiboot mit an Deck hat, daß man auf dem See rumrudern kann. Eisschollen wegschieben, die in herrlichen Farben von blau bis grün schimmern. Die Boote fahren recht nah an den Gletscherabbruch.

✦ **Flug:** Alternative zum Bootstrip. Was das Boot in rund 17 bis 2o Std. an reiner Fahrzeit macht, fliegt die Sportmaschine in runden 24 Min. ab Coihaique. Bei klarem Wetter eine fantastische Sache, wo man zwar nicht so hautnah die Eisschollen im Wasser erlebt, so doch die Ausdehnung des Gletschers und die Gesamtlänge um so intensiver!

PREIS ist Verhandlungssache. Berechnet wird im Aircharter die Flugstunde. Nötig sind inkl. des Rundflugs um den S. Valentin ca. 2 Std. ab Coihaique retour. Eine einmotorige Cessna oder Piper (Platz für 3 Personen plus Pilot) kostet um die 2oo bis 3oo US $ für die 2 Std. und Maschine.

AIRCHARTER in Coihaique: "Claudio Fischer", – "Ernesto Hein", sowie "Club Aereo Coihaique". – Nachteil des Fluges: das Wetter am S. Valentin schlägt schnell um, und bei Nebel sieht man kaum was, bzw. Flüge müssen gestrichen werden.

Angeblich gibt es an der Laguna San Rafael eine Lodge plus Landepiste für die Avionettas, die Dr. Jacoby (Haus!) im Film uns präsentierte. Auch wenn sie in Funktion ist, sogenannt "j.w.d." und der Bootstrip vorzuziehen, da mehr Landschaftserlebnis! –

Egal ob Bootstrip oder Flug: Vorsicht vor sogenannt "professionellen" Vermittlern in Coihaique, die sich mit dem angeblich günstigsten Trip anbieten. Abgesehen von ihrer im Preis mit einkalkulierten Provision, – vermitteln sie zu erheblich überhöhten Preisen!

Nach meiner persönlichen Einschätzung ist der Gletscher- Abbruch des "Perito Moreno" im Lago Argentino bei Calafate/Argentinien spektakulärer und lohnender als die Laguna San Rafael. Zudem auch erheblich leichter zu erreichen. Andererseits ist der Bootstrip zur Lag. San Rafael abgelegener und damit sehr reizvoll. Der Gletscher selber gehört zu den landschaftlichen Höhepunkten Südamerikas! –

★ LAGO GRAL. CARRERA: rund 12o km Luftlinie südl. von Cohaique und über eine Piste (133 km bis Pto. Ing. Ibañez) verbunden: der 2. größte See Südamerikas nach dem Lago Titicaca.

Der See selber ist rund 2oo km lang, schlängelt sich zwischen den Andenketten tiefblau hindurch. Bei der geschützten Lage durch die Berghänge ein mildes Mikroklima bei 3oo Sonnentagen im Jahr und guten Anbaumöglichkeiten von Gemüse und Früchten. Nennt sich auf der argentinischen Seite Lago Buenos Aires.

INTERESSANT als Querverbindung rüber nach Argentinien für Leute mit eigenem Auto; vorab die Grenzformalitäten in Cohaique abklären. Piste bis PTO. ING. IBAÑEZ am Nordufer ("Hosteria La Bajada", ca. 18 US $ füs Doppel, mit Heizung, warmem Wasser und Restaurantbetrieb. Billiger sind "Resid. Ibañez" und "Resid. Monica", ca. 5 US $ fürs Doppel). 6 km landein vom Hafen sind Stromschnellen, an denen sich in den Monaten April bis Juli an die 15.ooo Forellen treffen! In der näheren Umgebung von Pto. Ibañez zugleich mehrere archäologische Fundstellen. Die Region war bereits vor 5.ooo bis 1o.ooo Jahren besiedelt. Die wohl lohnendste Fundstelle drüben auf der argent. Seite, 57 km südl. von Perito Moreno (Cueva de los Manos, mit Wandmalereien).

BOOTSVERBINDUNG auf dem Lago Gral. Carrera: mit der Barkasse "Pilchero", die 25 Personen und eine Handvoll PKW's fasst. 3 mal pro Woche zwischen Pto. Ing. Ibañez rüber nach Chile Chico am Südufer (ca. 2 US, PKW's je nach Größe um 2o US). Wird von der Transmarchilay betrieben, Vorbuchung mit eigenem PKW empfehlenswert. Adresse Coihaique: 21 de Mayo 417. – Die Boote fahren weiterhin 2 mal/ Woche ab Pto. Ing. Ibañez den kompletten See ab bis Pto. Guadal (siehe Karte!), als Rundtrip sehr lohnend, ca. 2 Tage, – wer Geschmack an schönen Landschaften und ausgefallenen Pionierregionen hat! Fahrt zwischen engen, steil aufsteigenden Bergen im westlichen See- Teil. Angelaufen werden Fachinal – Pto. Cristal – Pto. Sanchez – Murta und Pto. Guadal am südwestlichen See Ende mit einer 35 km Piste bis Cochrane.

Wichtigster Ort im Seebereich ist CHILE CHICO. Hat durch seine geschützte Lage zwischen den Bergen und "Heizung" See ein Klima, wie erst oben in Zentralchile. Daher können hier Früchte wachsen, die normalerweise erst runde 2.ooo km nördlicher gedeihen. Ackerbau, Früchte wie Äpfel, Melonen, Mais etc. Knapp 1.ooo E., regionales Ausflugszentrum für die Leute von Cohaique, aber auch Perito Moreno/Argentinien.

Hotels/Chile Chico: "Resid. Aguas Azules"/M. Rodriguez 252, mit Heizung, warmem Wasser und Restaurantbetrieb, ca. 15 US $, – "Resid. Nacional"/Freire 24 Doppel um 15 US mit Vollpension, – "Hosteria Jeinimeni"/B. O. Higgins 455, derzeit die wohl komfortabelste Unterkunft, ca. 15 US und "Res. Fronteira"/B. O. Higgins 332 mit Heizung, Bar und Restaurant, Doppel ca. 9 US $.

PISTE rüber nach Argentinien via Los Antiguos nach Perito Moreno. Die Landschaft öffnet sich zu endloser Pampa- Weite, in die der See ausläuft; die argentinische Seeseite etwas langweilig. Auf den 55 km von Chile Chico bis Perito Moreno nur wenig Verkehr. Nach neuesten Infos vom Tourist Büro soll es aber täglich eine Verbindung in Toyota Landcruisern geben, dauert ca. 2 Std., Preis pro Person ca. 4 US. Durchgeführt werden diese Fahrten von Raul Irarrazabal, Eduardo Padilla und Carlos Wellman. Als Querverbindung keine schlechte Idee . Weitere Infos vom T.O./Coihaique.

Ohne eigenes Auto von Cohaique via Chile Chico nach Argentinien/Perito Moreno: Abenteuertrip, der großartige Landschaften bringt und 4 mal/Woche Bustransport mit "Murycri" in den Sommermonaten zwischen Coihaique zum Fährhafen Pto. Ing. Ibañez. – Ebenfalls gibts ab Coihaique Colectivo Taxis, die zeitlich so gelegen sind, daß sie Anschluß an die "Pilchero"- Fähre über den See bringen.Fahrzeit ca. 1 1/2 Std.

FLUG: ab Coihaique operieren die "Aerocor" mit museumsreifen DC 3 Propellern. Wie im Museum, nur daß man die Fluggeräte (die DC 3 war eines der erfolgreichsten Flugzeuge der 4o bis 5o-er Jahre der Welt!!) nicht nur betasten und besichtigen kann, sondern sogar mitfliegen!!

Aber auch die "TAC", die Konkurrenz, fliegt auf dieser Route nach Chile Chico nicht allzu progressiver. Eingesetzt die C 4o2, bei dem das Herz des Flugzeugfans höher klopft. Was sich sicher nicht verändert, wenn die Maschine dann in die Wolken abhebt. Der 3o Min. Spaß bis Chile Chico kostet ca. 3o US. Fliegen weiter bis Cochrane, die anderen Airstripes der Region nur nach Bedarf. Bis Chile Chico etwa alle 2 Tage.

Um Pto. Sanchez und Pto. Cristal/Nordufer neben Landwirtschaft auch reiche Blei- und Zinkminen. – Die Chilenen planen die Fortsetzung der CARRETERA AUSTRAL ab nördl. Pto. Ibañez um die Berge herum via Murta nach Pto. Guadal und südl. Cochrane bis runter nach PTO. YUNGAY (3. Bauabschnitt) . Ein ehrgeiziges Projekt, superkostenintensiv wegen wilder, gebirgiger Landschaft, das noch einige Jahre auf sich warten lassen wird . . .

COCHRANE: derzeit nur per Propeller ab Cohaique, oder per Piste plus Boot über den Lago Gral. Carrera nach Pto. Guadal und Piste zu erreichen, – momentan wohl der südlichste und noch einigermaßen passabel zu erreichendste Punkt in diesen wilden und einsamen Andenlandschaften. Mit "Residencial La Tranquera"/Sn. Valentin 663, das Doppel ca. 6 US und zugleich Buchungsbüro der "TAC", die mit ihrem Propeller 3 mal in der Woche einfliegt. Ein großartiger 2 Std.- Flug ab Cohaique, der angenehm im Bauch kitzelt. Überragt vom wolkenverhangenen S. Valentin und seinen Seitengipfeln. Ein aufregender 1oo km- Trail führt runter nach TORTEL am Meeresfjord Estrecho Baker. Nur was für sehr erfahrene Hiker!

LAGO B. O'HIGGINS: unterhalb des Cerro Lautaro (3.382 m), Höhe 51 südl. Breitengrad. Das Gletschermassiv dieses Cerros, der sich mit Nebengipfeln bis zum FITZ ROY (3.375 m) erstreckt, ist wohl eines der einsamsten Gebiete des Kontinents. Die chilenische "TAC" fliegt bei Bedarf auf Charterbasis runter zur Minisiedlung O'Higgins. Der See ist permanent mit Eis bedeckt.

Pta. Arenas:

ca. 80.000 E./ o - 5o m

Südlichste Stadt Chiles, – die Häuser am leichten Hang an der Magallanes- Straße raufgebaut. Auch im Sommer ziemlich kalt. so ungefähr wie bei uns in Deutschland Anfang März. Rund 3.000 km über den Seeweg nach Buenos Aires durch die Magallan- Straßeund ebensoviel Km durch die südchilenischen Fjorde bis Santiago de Chile. In Pta. Arenas leben viele Jugo - slawen, – einer davon hat die Fähre rüber nach Porvenir, neh- rere andere die regionalen Buslinien.

Wer runter von Pto. Montt/Chile kommt: statt Holzhäuser wieder viele Steinbauten in Pta. Arenas, z.T. im schönen Jahrhundertwendestil, und rauhes Patagonien mit verdorrten Wiesen.

★ **Präs. Ibañez Airport:** ca. 25 km außerhalb der Stadt an der Magallan- Straße. Busse von "Empresa Condor" fahren direkt in die Stadt für knapp

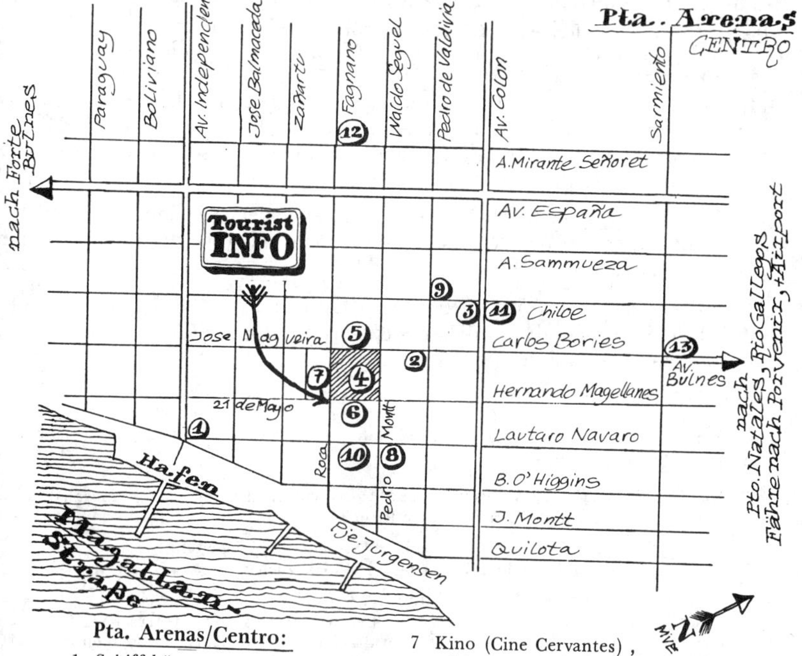

Pta. Arenas/Centro:

1 Schiffsbüros
2 Post und Telegramm
3 Abfahrt Bus zum Airport
4 Plaza Muñez Gamero und "Sernatur"–Tourist Office
5 Kathedrale
6 Hotel Cabo de Hornos
7 Kino (Cine Cervantes), Museo Patagonia und Banken
8 Lan Chile
9 Bus nach Pto. Natales
1o Bus nach Rio Gallegos
11 Compania de Telefonos
12 Mirador (Aussichtspunkt)
13 Museo Salesiano

Busverbindungen nach Argentinien siehe Seite 1517
nach Pto. Natales siehe Seite 15o2

zwei Dollar. Taxi kostet ca. 15 US $ fürs Fahrzeug. – Abfahrt der "Condor"- Busse ab Stadt zum Airport: ab Av. Colon 615 (siehe Karte, Nr. 3).

FLÜGE: täglich mit "Lan Chile" und "Ladeco" via Pto. Montt nach Santiago. Details siehe Seite 1481 (auch zu den F.A.CH.- Militärflügen). – Interessant als Querverbindung ist der internat. Flug mit Aerolineas Argentinas Jets 2 mal/Woche von Pta. Arenas/ Chile rüber nach Rio Gallegos/Argentinien, ca. 3o US $. Dort hat man Anschluß mit A.A. Jets nach Calafate am Lago Argentino, sowie runter nach Ushuaia/Feuerland.

Aircharter mit "TAMA" (Adresse Pta. Arenas: Mejicana 782), aber auch den Avionetas der "AEROPETREL" (Adresse Pta. Arenas: Yugoslavia 5o3), sowohl den sehr lohnenden Flug um Cap Horn, Details siehe dort! Auch um die Torre del Paine, beides landschaftlich grandios, aber saftig teuer, wenn sich nicht genügend Leute finden.
DAP, Ignac. Carr. Pinto 1o22/Pta. Arenas ist die andere Charterairline für Pto. Williams.

★**Schiff:** nach Pto. Montt/Chile durch die südchilenischen Fjorde siehe Seite 1482
Nach Porvenir/Tierra del Fuego siehe Seite 1518.
Die Schiffsbüros liegen Ecke Av. Independencia mit Lautaro Navaro (Karte, Nr. 1)

Tourist INFO "Sernatur", Plaza Muñez Gamero, Calle Waldo Seguel 689. Infos zu Trips in die nähere Umgebung, Bus- und Flugverbindungen und zum Torre del Paine- Nationalpark bei Pto. Natales.

Post CORREO: Pedro de Valdivia Ecke C. Borries. (Nr. 2, siehe Karte). – Die "Compania de Teléfonos" liegt an der Av. Colon, Ecke Chiloe (Karte, Nr. 11)

Hauptstraße in Pta. Arenas ist die CARLOS BORIES mit den meisten Shops (allzuviel spielt sich in Pta. Arenas sowieso nicht ab!). Die Verlängerung führt zum Flughafen (Militär und Zivil) und ebenso zur Abfahrtsstelle der Boote über die Magallan- Straße.

HAUPT–PLAZA: Plaza Muñoz Gamero mit kleinem Pavillon in der Mitte der Plaza gegenüber des "Cine Cervantes" (sehr sehenswerter Innenraum mit Deckenbemalung und Stuck!)

Recht schöner Blick vom: MIRADOR (Karte, Nr. 12) über Pt. Arenas und die Magellan-Straße, die an dieser Stelle etwa 5 km breit ist. Viel Wind, kann abends kalt werden.

★**Museen:** "MUSEO DE LA PATAGONIA": an der Hauptplaza/ Muñez Gamora. Klein aber recht interessant. Neu aufgebaut mit recht übersichtlichen Schaubildern zur Geschichte und Wirtschaft der Magellanes-Region. Insbesondere auch zu den Indianerstämmen der Region.

"MUSEO SALESANO": Av. Bulnes Ecke Pedro Sarimiento. Interessant! Magallanes-Indiostämme, Vögel und Pflanzen dieser Region.

"INSTITUTO PATAGONICO", liegt an der Straße zum Flughafen. Stadtbus ab Plaza Central, Ecke Hernando de Magallanes und Waldo Seguel. Kostet ca. o,5 DM.

Aussteigen an der Haltestelle "Zona Franca". Großes Schaubild am Gebäudekomplex. Auf der Wiese vor dem Institut stehen alte Landwirtschaftsgeräte: rotlackierte Dampf-Walzen, ein Dampfhebekran, Bj. 1906, von der Eanp, der chilenischen Erdölgesellschaft bis 1956 für Bohrungen benützt, – kleiner Benzintraktor, wie Spielzeug so groß, Bj. ca. 1920 mit Eisenrädern ohne Gummi und Bedienungsanleitung, sowie Kurbel zum Anwerfen, – eine Dampflok einer privaten Strecke auf einer Estancia und ähnl.
In einem Käfig hocken 2 müde Aasgeier mit Softhalskrause und rosa Hals. Nebenan streicht ein Puma (Leo de Patagonica). Es gibt Laboratorios de Botanica und Hydrobiologica, sowie Schreiner, Töpfer und Weber, die sich mit traditionellem Kunsthandwerk beschäftigen.

ZONA FRANCA:
Direkt gegenüber dem Instituto Patagonico. Zur Unterstützung der Wirtschaft dieses Südzipfels Chiles wurde Pt. Arenas zur Freihandelszone erklärt. Hier draußen hat man in den Shops noch die beste Auswahl. Im Vergleich zu BRD-HiFi-Shops und deren Auswahl sehr mager. Die Preise liegen rund 30 % unter denen der sonstigen Chiles. Lohnend evtl., um sich Filmnachschub zu besorgen.

Hotels: "Cabo de Hornos", direkt an der Plaza Muñoz Gamero, das beste Hotel der Stadt, ein 7-stöckiges Steingebäude, von den oberen Stockwerken guter Blick über die Magellan-Straße. Die Zimmer gemütlich mit Teppich, Heizung, Privatbad, Telefon. Doppel: ca. 55 US $.
"Los Navegantes" / Jose Menendez 647, Doppel ca. 45 US $ mit Heizung, Privatbad und sehr empfehlenswertem Restaurant. – "Hotel Savoy"/ Jose Menendez 1073, Doppel ca. 18 US $, mit Heizung und warmer Privatdusche. – Gilt auch für das "Turismo Plaza"/ Jose Nogueira 1116, Doppel ca. 20 US $. – Im selben Haus im obersten Stockwerk das "Residencial Paris". Ca. 17 US $ pro Person mit Frühstück, sauber und von vielen Zimmern schöner Blick, aber etwas teuer. –

Billiger sind "Hotel Montecarlo, das Rucksackhotel direkt neben der Endstation des Flughafenbusses in der AV. Colon. Ein älterer, zweistöckiger Holzbau. Doppel kostet ca. 6 US $ incl. Frühstück. Sauber mit Gasheizung in den Zimmern, – wohl eines der besten , billigen Hotels der Stadt. –"Residencia La Selecta" ca. 6 US $ incl. Frühstück, Roca 973 – und bei selbem Preis "Residencial Roca" in der Roca 1038. – Bei Sra. Villegas in der Boliviana 238 kann man privat für 3 US $ pro Person übernachten, recht sauber, aber preislich kommt das auf's selbe raus, wie das "Monte Carlo" und die Sra. hat keine Heizung. Nachts auch im Sommer in Pt. Arenas saukalt!!

"Colleg Hostel" (Jugendherberge) neben Museo Salesiano: 1 US $ pro Person, Die "Salvation Army" kostet ca. 2 US $ Person, aufgenommen wird nach Gutdünken. Pro Zimmer 4 Leute, sehr basic!

Restaurants: "Asturias" dürfte mit Abstand das beste in der Stadt sein. (Lautaro Navarro 967 nähe Hafen): gemütliche Bar, Preise für's Essen o.k., "corros" z.B. ca. 1,2 US $, "locos" für ca. 1,5 US $, sonstige Gerichte zwischen 2 und 4 US $, Bier allerdings um die 1,5 US $.

BIER: Generell das Bier von Pta. Arenas bzw. Umgebung verlangen. Wesentlich billiger als das häufig vertretene Importbier. Je nachdem, welches Schiff kürzlich gerade angelegt hat, gibt's in Pta. Arenas häufig "Paulaner" und Pschorr aus München in der Dose, die bei 0,33 l all erdings im Restaurant um die 2,20 DM kostet.

"Austral Restaurante" (Fagano 595, oberhalb der Hauptplaza): hat schöne Torre del Paine Fotos, durchschnittliche Preise und gute Mariscos. Unbedingt mal congrio (Krebs) probieren, in Cognac angemacht: lecker! Excellent auch die "chupe de mariscos"(Fischsuppe).

"Cafe Restaurante Grill Moreau" (Chiloe 1132) hat gutes Essen und gemütliches Cafe-Ambiente. – "Restaurante Pepino" beim Hafen (O'Higgins 1134), Besitzer ein italienisches Rauhbein aus Napoli. In der Kneipe geht's manchmal rund (Nähe Hafen!), die Preise sind nicht billig für Pta. Arenas- Verhältnisse. Lasagne z.B. 2,5 US $. war aber ausgezeichnet, sofern der Koch nicht schläft und die Unterseite angebrannt ist. (Öfters!) "Unbedingt Macarones al horno bestellen", wie uns Dr. med. B. Vogt schrieb, "ein Traum! Abzuraten ist von Raviolis (offenbar aus der Büchse/Dose und mäßig aufgewärmt)."

"Sotito's Bar" in der O'Higgins 1116: sehr gute Mariscos. – "Don Lucho Rey de los Mariscos" (Don Lucho, ein König der Mariscos), ein recht hochtrabender Name; die Kneipe liegt in der ersten Seitenstraße nach dem Hauptplaza (in der Errazuriz 775) in einer ramschigen Villa. Corros teuer: 4 US $. Menge dringend vorab mit dem Ober aushandeln, sonst kommt nur ein dürftiges Häufchen! – "Club de la Union", Plaza Munoz Gamero 714. Quer durch's Meer, aber auch patagonisches Fleisch. Küche ist gut, Preise mittel. –

Die Pizzakneipe gleich neben der Endstation der Condor- Busse in der Av. Colon ist relativ teuer im Vergleich, was dann an Pizza-Menge auf den Teller kommt. Name: "Cossa-Nostra"/ Av. Colon 657. – Billig Essen kann man im "Casino Tripulacion", Calle Pedro Montt 1046: Essen mit Cafe für ca. 2 US $. –

Noch ein schönes Restaurant, allerdings etwas außerhalb: "Club de Tiro Almirante": Senoret, 13 km ab Pta. Arenas. Sehr neu, ähnlich "Asturia". Auch die Preise. Zu erreichen per Bus "Lena Dura" ab Calle Pharmacia Pratt, fängt an Calle Senora Angamus. Ein grüner Mikro- Bus (Armando Sanguez). –

BRITISH–CLUB in der Roca 858 in der Nähe des Hauptplazas Richtung Magallanes-Straße. Sehr sehenswert! Viel von verflossenem viktorianischem Magallanes- Flair! Offen allerdings wegen erheblichem Mitgliederschwund nur abends: tägl. 18 - 21 Uhr. Billardspiel kostet 1 US $, – das Glas Whiskey dazu ebensoviel! Die Türen der Hallen im 2. Stock hängen schief, – an den Wänden alte Bilder von Fregatten und die Queen, wie sollte es anders sein! Ein großer Billard-Saal und eine kleine Bar. Im pata= gonischen Sommer ist der Club etwas tot, weil viele der Mitglieder Farmer sind, aber im Winter soll sich schon noch was "schieben"! Allerdings: von den ursprünglich 3oo Mitgliedern ist der Club auf 2o Mitglieder zusammengeschrumpft.

Der Bestand an echten Engländern und Schotten in Magellanes- Bereich hat sich erheblich reduziert. PTA. ARENAS war noch vor der Jahrhundertwende wichtige Station im Süden des südam. Kontinents, als es den Panama-Kanal noch nicht gab und alle Schiffe durch die Magellanstraße mußten.* Aus dieser "Vor- Panama" - Zeit stammen noch einige schöne Häuser in der Stadt:

* siehe auch Geschichte/ Wirtschaft Feuerland, Seite 1517

Alte Häuser in Pta. Arenas:

"21 de Mayo Ecke Balmaceda" nähe Hauptplaza: Villa im Garten mit schönen Bäumen. Die Maison Mauricio Braun, unter Denkmalsschutz

"Plaza Munoz Gamero" (Hauptplaza): Pavillion in der Mitte!

Bei der Plaza Central ums Eck: "Club Union" an der Ecke Bories mit V. Seguel. Exclusivster Club der Stadt mit sehr lohnenden Innenräumen. Restaurant.

★ **Geldwechsel:** "Casa de Cambio Andino" in der Roca 9o9. Geöffnet: Mo. - Fr.: 9.3o bis 12.3o und 14.3o bis 18.3o Uhr. Dieser Cambio hat zwar erfahrungsgemäß bessere Wechselkurse als die offiziellen Banken, bei Travellerschecks gibs aber viele Abzüge! – So.: notfalls im Tourist Office, bzw. lizensierten Hotels.
Die Banken sind von Mo. - Fr. von 9 bis 14 Uhr geöffnet. Angeblich soll man beim Kauf argentinischer Pesos mit US - Dollar/Cash mehr Pesos in Banken bekommen.

★ **Folklore-Festival:** 26 bis 3o. Juli. Patagonische Folklore, nähe Gymnasio Cubierto in der Basketball Halle (Libertador Ecke O'Higgins). Canciones, Comico, Shows, Trachten, Tänze. Sowie Gesangswettbewerbe und Gäste aus anderen SA.- Ländern.

★ **Skifahren in Pta. Arenas:** am CERRO MIRADOR (8 km vom Centro; bitte nicht mit dem kleineren Aussichtshügel (Karte, Nr. 12) verwechseln! – liegt das südlichste Skigebiet der Welt. Saison ist Mai bis September. Dann Busverbindung ab Hotel Cabo de Horno, Fahrzeit ca. 15 Min.

2 Lifte hintereinander, jeder ca. 1o Min. Schöne Abfahrt zwischen patagonischen Bäumen, Schwierigkeitsgrad leicht. Mit einem Refugio- Hotel des Club Andino, das angeblich das ganze Jahr über offen ist.Bestimmt nicht das einzige Skigebiet der Welt, wo man Blick aufs Meer hat, – aber gerade der Blick macht den Cerro Mirador auch im patagonischen Sommer für einen Besuch sehr lohnend! Bei klarem Wetter grandios, über die vom Wind in Streifen "verwehte" Wassermasse der Magallan- Straße, die Fjorde und die Gebirge Feuerlands! – Im Refugio des Club Andino kann Skiausrüstung gemietet werden.

★ **Klima:** wegen der südlichen Lage im Sommer: die Tage beginnen um ca. 4 Uhr früh und erst gegen 1o oder 11 nachts langsam dunkel. Im Gegensatz zu Äquator- nahen Bereichen Südamerikas (wo fast innerhalb von Minuten der Tag zur Nacht wird): hier unten sehr langsamer Übergang, der sich bis zu 1 Std. hinstrecken kann. – In den Wintermonaten extrem kurze Tage: erst gegen 9 Uhr Licht und bereits zwischen 4 gegen 5 Uhr am Nachmittag die Dunkelheit!

Während des Sommers rauhe, scharfe Winde, die Geschwindigkeiten bis 15o km/h erreichen, kalt, besonders im patagonischen Frühling, der gegen Nov. beginnt. Die Blütezeit, wenn der Schnee verschwindet. Die Temperaturen im Sommer liegen im Durchschnitt bei ca. 1o Grad, auch wenn tagsüber bei Sonne bis zu 25 Grad (!) erreicht werden, dafür nachts eisig kalt. Selbst die meisten Basic- Hotels haben Heizung. Für Trips in den Torre del Paine- Nationalpark aber sehr warme Sachen wie Schlafsack, Daunenjacken etc. Der erste Schnee kommt in der Regel gegen Mai.

★ **Fort Bulnes:** ca. 6o km Ri. Pazifik, auf der Brunswick Halbinsel. Rekonstruktion eines Forts aus der Zeit der chilenischen Inbesitznahme Patagoniens. (Mitte 19. Jhd.) Leider kein öffentlicher Transport.

★ **Trip zum Fjord D'agostino:** landschaftlich großartig, derzeit aber wegen fehlender Nachfrage keine Bootstrips mehr. Fahrzeit beträgt ca. 2 bis 3 Tage. Mal bei "Camelio" Pta. Arenas fragen, Frachter für Seefrüchte. Eventuell lässt sich der Trip mit einem der Fischer- und Versorgungsboote arrangieren (größere brauchen pro Richtung ca. 16 Std.),

e "Beagle" von Charles Darwin vor der gleichnamigen Cordillera im Süden Feuerlands

die für Nachschub, sowie Abtransport von Muscheln und anderem Meeresgetier dieser Region tätig sind. Preis ist Verhandlungssache, da es sich hierbei nicht um "Ausflugsfahrten" handelt.

Die Gegend um Pt. Arenas ist bei weitem nicht so bergig, wie auf dem obigen Kupferstich aus Darwins Reisebeschreibung seiner Forschungs=fahrt auf der H.M.S. Beagle. PT. ARENAS ist zugleich aber beste Aus=

gangsstation für die schönsten Trips in Südpatagonien:

Umgebung von Pta. Arenas:

Einer der schönsten Trips auf der chilenischen Seite geht rauf nach PTO. NATALES. Sollte man unbedingt einbauen! Runde 25o km ab Pta. Arenas, – benötigte Zeit (wenn man Wanderungen im landschaftlich großartigen "Torre del Paine- Nationalpark" mit einbaut): mindestens 1 Woche.

Busse: fahren täglich, sollte man allerdings rechtzeitig buchen! Fahrzeit bis Pto. Natales ca. 6 Std. im Pullman- Bus. Mikros machen die Sache geringfügig schneller. Ca. 12 US $. Busse um 8 US. Es fahren ab Pta. Arenas: "Transp. Fernandez"/ab Chiloe 93o, "Bus Sur"/ab Jose Menendez 556, "Espreso Puratic y Mancilla"/ab Chiloe 957 (Mikros) und "Empr. de Buses Condor"/ab Av. Colon 615. Im Winter seltenere Abfahrten!

Flüge: keine regulären Flüge zum kleinen Flugfeld bei Pto. Natales. Aircharter ist möglich, Flugzeit knapp eine Stunde in Cessna- Sportmaschinen, aber knackig teuer!!

Auto- Mieten: ist zwar in Pta. Arenas möglich, aber sehr teuer. Zudem darf man nach den derzeit gültigen Bestimmungen mit einem Mietwagen nicht rüber nach Argentinien. Der naheliegende Rundtrip (Pta. Arenas – Pto. Natales – Torres del Paine Nat. Park – Calafate/Lago Argentino mit Balmaceda Gletscher/Argentinien und retour via Rio Gallegos nach Pta. Arenas bzw. mit Schlenker via Ushuaia) geht daher nicht. Ein Mietauto ab Pta. Arenas würde daher lediglich mehr Flexibilität im Nat. Park Torres del Paine bringen. Rechenexempel, aber im Normalfall selbst per Taxi billiger.

DIE STRECKE: von Pta. Arenas nach Pto. Natales geht zunächst an der Magallan- Straße entlang (Asphalt bzw. Beton) und zweigt dann nach ca. 6o km ins Landesinnere: flach, teils hügelig. Bis zum Horizont: Weiden, Pampa. Völlig verdorrte Knüppelbüsche, dann wieder hohe Bäume, teils brandgerodet. Buschig dicke Schafe. Gelegentlich Pferde- Herden (wild). Versuchen, einen der vorderen Plätze im Bus zu bekommen! Piste: Schotter, aber o.K. Die letzten Km vor Pto. Natales wieder Beton; man plant, die gesamte Strecke auszubauen, aber das wird wohl noch einige Zeit dauern. Unterwegs öfters mal Hosterias; auf der Hälfte der Strecke stoppt der Bus für einen Imbiss. Herrlich: wenn schwere Wolken über der Grasebene Patagoniens liegen, – Weite bis zum Horizont. Leise dudelt das Autoradio und gelegentlich platzt ein Busreifen . . .

Lok in Puerto Natales

Pto. Natales:

18.ooo E, – wohl die schönste Siedlung in Patagonien! Weites Panorama: gelbe Pampa, weiße Schneekuppen der Berge. Viele Gletscher! – Pto. Natales ist wärmer als Pta. Arenas: Lage an einem der weitverzweigten Fjorde, dem Seno Ultima Esperanza auf einer Hügelkuppe oberhalb des Sees. Viele Blechbauten bzw. 1 bis 2 stöckige Holzhäuser. Der Bus von Pta. Arenas hat hier seine Endstatio[n] Tourist- Info am Dorfeingang a[m]

Fjord (beim 1. Holzsteg) in einem Kiosk. – In der Mitte der Hauptplaza eine süße kleine Dampflok, die von 1915 bis ca. '69 in Betrieb war: Personen und Warentransport zur Gefrierfabrik 3 km außerhalb des Sees. – Eine weitere, fast noch schönere Lok auf dieser Strecke auf der Placito, 2 Block weiter bei der Wartehalle der Rio Turbio- Mineros.

Pto. Natales hat mich in seinem Flair sehr an einen norwegischen Hafenort errinnert! Besonders schön: abends auf dem Holzsteg am Seno Ultima Esperanza sitzen und dem Sonnenuntergang über den Gletschern zusehen! Danach wird's dann verdammt patagonisch kalt! – Die meisten, auch die billigeren Pto. Natales- Hotels haben Heizung.

HOTELS: im Ort PT. NATALES

Bestes im Ort ist das "Eberhard" am See (Adresse: Pedro Montt beim Bootsanlegesteg). Sagenhafter Panoramablick vom Hotelrestaurant, aber nicht alle Zimmer haben diesen Blick. Sind sauber, aber recht einfach. Je nach Blick um 35 bis 4o US fürs Doppel mit Privatbad. Besonders schon: die Schlüsselanhänger: aus Holz geschnitzte Bären! –

"Hotel Colonial", ein 2 - stöckiges Holzhaus nähe Wasser: sauber, kleine Holzzimmer mit Gasöfen. Ist Übernachtungstip in der Mittelklasse, Doppel ca. 14 US. Gutes Restaurant. (Barros Arana/Ecke Eberhard, 2 Blocks vom See und Bootsanlegesteg). – "Hotel Austral"/Valdivia 955, ähnliche Preisklasse, aber sehr weit vom See weg. Beide mit Gemeinschaftsbad. – "Hotel Palace"/Eberhard 371. Komfortabel mit Privatbad, allerdings saftige ca. 4o US fürs Doppel.

Eines der billigsten: "El Busca"/Valdivia 845, ca. 4 US fürs Doppel, ein kleines Holzhaus etwa 1 Block ab Plazita bzw. 3 Block von der Plaza Central nähe See. Stahlrohrbetten und kleine Zimmer, aber o.K. – "Res. Temuco"/Ramirez Ecke Bulnes, Doppel ca. 5 US $, in Billigklasse zu empfehlen. – "Pension Magallanes" in der Magallanes 1 ist eine typische Arbeiter- Herberge. Doppel ca. 6 US $.

HOTELS: AUSSERHALB VON PT. NATALES:

die meisten der teureren Hotels liegen, - zum Teil sehr weit außerhalb von Pt. Natales in der Einsamkeit patagonischer Weiden und Wälder!

"Llanuras del Diana", eine Art Ranch im Knüppelstrauchwerk an der Straße von Pt. Arenas kurz vor (24 km) Pt. Natales. Dem Besitzer gehören die wohl größten Säge=werke Chiles, – das Hotel sehr modern mit Swimming Pool, bestes Hotel in der Um=gebung! –

"El Cisne de Cuello Negro", 5 km vor Pt. Natales, schöne Lage am See, selber Besitzer wie "Pehoe" im Nationalpark. –

Die anderen liegen an der Stichstraße rauf in den Nationalpark. Beschreiben siehe dort.

Fjord Ultima Esperanza:

Gletscher Balmaceda

Sehr schöner 1-Tagestrip ab Pt. Natales. Joaquin Alvares Estefo kontak=tieren, wohnt in der Calle Bulnes 42. – Einer der schönsten Trips auf der chilenischen Seite, Alternative zum Trip auf dem Lago Argentino/Argentinien, da die chilenische Seite die bessere Bergkulisse hat! –

Das Schiff von Joaquim, die "21 de Mayo". fasst ca. 5o Leute, hat Funk und einen starken Volvo- Motor. An Bord ist in der Kajüte ein 3 flammi=ger Herd, wo man sich unterwegs Kaffee und das Mittagessen selber kochen kann. Der Käptn ist o.K.

Der 1- Tagestrip kostet pro Person ca. 15 US $, ausgelaufen wird, wenn genügend Leute da sind. Wir haben mit dem Käpt'n gesprochen, die Chancen sehen etwa so aus: Nov. + Dez. ca. 1 mal pro Woche, wenns hoch

Balmaceda-Lobo...

kommt. Der Betrieb fängt ab Weihnachten an; Jan. und Febr. hat ca. an 3o Tagen des Monats 15 bis 2o Fahrten.

Wer sicher gehen will, kann schon von Pt. Arenas aus den Käptn anrufen (Tel. zur Zeit Nr. 176/Pt. Natales), der spricht allerdings nur spanisch!
Auch in den anderen Monaten ist das Auslaufen des Schiffes möglich, allerdings meist keine Leute. – Juni, Juli und August sind die Monate mit dem meisten Schnee: Tem= peraturen bis zu - 15 oder - 2o Grad; 1973 war der kälteste Patagonien- Juli: -28 Grad und auf dem Fjord eine 7 cm dicke Eisschicht! Passiert etwa alle 4o Jahre. –

WETTER im Sommer: maximal tagsüber 28 Grad, meist aber zwischen 15 und 2o Grad Klares Wetter für den Trip ist im Voraus schwer kalkulierbar; Sonne am Vortag kann durchaus kräftigen Regen am Trip- Morgen bedeuten. Beste Monate sind Jan und Feb. Diese Daten gelten auch für die Trips zum Torres del Paine - Nationalpark! –

Durch den Ofen unten im Aufenthaltsraum ist's warm; – oben gibt's ein Sonnendeck um die Kajüte des Kapitäns rum. Am schönsten sind die Trips, wenn nicht zu viel Leute an Bord sind. Agenturen, die den "Kahn" mieten wollen, zahlen pro Tag ca. 2oo US $, Tax inkl.

Die Strecke geht ab "Hafen"/Pt. Natales morgens ca. 8.3o Uhr über den See rüber Richtung Balmaceda- Bergkulisse durch einen schmalen Kanal in den Fjord rein. Volvo auf halbe Kraft, da Unterwasser- Riffs überquert werden müssen. Bis hinten zum Hauptgletscher sind's ca. 6o Km! Der Balmaceda- Gletscher ist ca. 1 km lang und 25oo - 28oo m hoch!

Unterwegs auf halber Strecke eine LOBERIA: Typ "Leon Marino", kommen immer vor Weihnachten an die selbe Stelle um Junge zu kriegen. Bleiben dann an dieser Stelle bis ca. März. Danach 11 weitere Monate bis zur Geburt des nächsten Lobo- Jungen im nächsten Sommer. Pro Mutter und Jahr ein Lobo-Junges. Trotzdem finden sich jedes Jahr immer wieder die gleiche Lobo- Anzahl an dieser Liebes- und Paarungsstelle im Seño Ultima Esperanza ein.

Etwa 8 Tage nach der Geburt wird neue Liebe gemacht! Der Lobo kämpft um die Loba, daher gehen einige Lobos leer aus, – nämlich die= jenigen, die nicht kämpfen wollen. Ebenso kämpfen die Lobas um die Männer! – Der männliche Lobo ("macho") ist meist am kräftigen Ge= brüll und verstärkten Hals zu erkennen. Weibliche Lobas sind die "hem= bras" genannt.
Der Liebesplatz nennt sich "Maternidad de Lobos". Bei Ankunft der Lo= bos sind die Männer als erste zur Stelle. 5 - 6 warten bereits auf die Lo= bas. Liebe wird meist in der Nacht gemacht und soll der menschlichen ähneln. Haben sich einen schönen Platz ausgesucht: gleich nebenan ein kleiner Wasserfall, der malerisch unter Bäumen in den Fjord plätschert! Wenn ihr im Januar zur Loberia kommt, liegen rund 5o kleine schwarze Junge auf dem Fels, ein schönes Bild! –

GLETSCHER BALMACEDA ist nach weiteren ca. 2 Std. Fahrt gegen Mittag erreicht. Schön zwischen den steilen Bergspitzen gelegen. Tief= blau bis ultramarin leuchten die Eisschollen, die runter in den Fjord brechen. Seitlich ein zweiter Gletscher, der "VENTISQUERO SERRA= NO". Zwischendrin einige Wasserfälle und Baum-Vegetation. Beim Serrano- Gletscher ein kleiner Bootssteg. Man kann zum Fuß des Glet- schers rüberlaufen, der sich hier einen kleinen Teich geschoben hat.

Der Gletscher- Pool ist ca. 4oo m breit und mit riesigen Gletscher- Eisbrokken angefüllt, die träge drin rumschwimmen. Der Erd/Stein- Rundwall des Sees wurde vom Gletscher aufgetürmt zu Zeiten, als er größer war; Sedimente, die vom Berg runtertransportiert wurden.
Der Gletscherrand mit scharfen Kanten und Spalten. Blaue Farbe. Schöner Kontrast zur grünen Vegetation am Berghang und dem schwarzen Fels.

FARBENSTEHUNG:
Das Gletschereis entsteht einmal durch eine Zusammenpressung des oben einrutschen=den Schnees. Dabei entstehen viele Wasserblasen in den Eismassen (= weiße Farbe!). Weitere Entstehungs- Möglichkeiten: durch Gefrieren und Schmelzen. Hierbei gibt's weniger Wasserblasen (= blaue Farbe!). Das Variieren der Gletscherfarbe hängt von

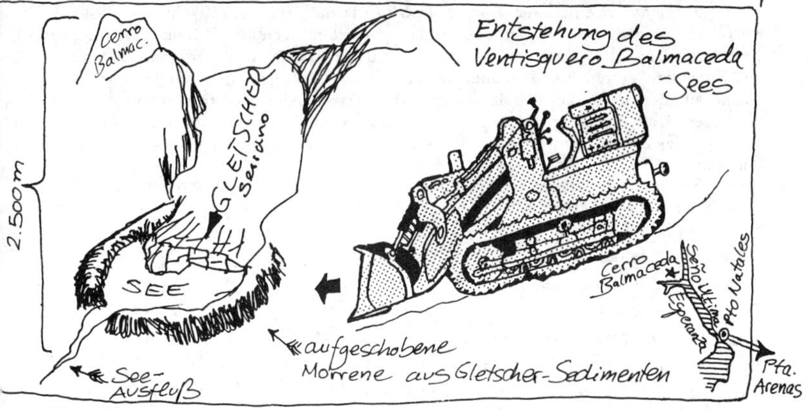

der unterschiedlichen Dicke und von der unterschiedlichen Größe der Wasserblasen im Eis ab. Je dicker das Eis, desto blauer die Gletscherfarbe! –

Bei den Gletschern Balmaceda und Serrano ist der Schmelzvorgang unten am Fuß we=sentlich schneller, als das Einlaufen oben. Effekt: untere Eisgrenze geht ständig zu=rück. Momentane Gletschergeschwindigkeit: ca. 5 cm pro Jahr. –

Klar, daß immer etwas Eis runter kommt. Zur Zeit ist aber die "Fließgeschwindigkeit" zu gering, als daß sie den stetigen Tau- bzw. Kalbungsvorgang unten am Gletscherende ersetzen könnte. –
Die patagonischen Gletscher sind übrigens imstande, Sedimente und Gesteinsbrocken in Größen bis zu 1o m zu transportieren und dies in einem Fall über 35o km!!

Die "21 de Mayo" kann auch für Trips zum "ESTRECHO OSEÑOS DE LAS MONTANAS" gechartert werden. Eine sehr lohnende Sache! Sagenhafte Fjordlandschaften und Gletscherkulisse. Noch besser als Balmaceda. 6 bis 7 Std. pro Richtung, somit ein 2 Tagestrip. Der Bootscharter kostet für die 2 Tage um die 4oo US, somit sollten 1o Leute zusammenkommen pro Person ca. 4o US.

Unterkunft an Bord. Schlafsäcke mitbringen. Das Schiff hat kaum Betten, daher muß am Boden geschlafen werden. Ist warm genug, weil man den Ofen anmachen kann.

Anderer Trip mit der "21 de Mayo" nach EL KIRKE/Pazifikküste. Eine "Angostura" (Fjordenge) wie ein Fluß. Etwas schwierig zu navegieren, da das Wasser hier so schnell wie ein Fluß durchrauscht. Herrliche Vegetation und 11 Gletscher!! Einer davon bricht ins Meer. Man kann zwischendurchfahren unter dem Gletscherrand; auch Gletscherhöhlen. Sehr schön, allerdings wieder das Transportproblem. Die "21 de Mayo" macht den Trip nur auf Charterbasis. Man muß also auf eigene Faust die entsprechenden Leute zusammentrommeln. . – Kein Essen an Bord, aber die Möglichkeit, sich selber in der Kombüse zu kochen!

ULTIMA ESPERANZA–REGION:

Zum Namen kam's so: Etwa Ende 1557 und Jan. 1558 suchte der spanische Seemann Juan Ladrillero nach dem Eingang der Magallanes- Straße, von deren Existenz er von den Einheimischen gehört hatte.
Dabei erforschte er einige der Kanäle und Fjordarme der Region (schaut mal auf die Karte: ein recht harter Job für den armen spanischen Seemann!!) Sein Ausgangspunkt war dabei der Golfo Almirante Montt , aber das Buissenes war verdammt aussichts= los. Einer der letzten Fjord- Arme, die Ladrillero Richtung Ost verfolgte, war der Kanal, auf der heute die "21 de Mayo" fährt. Damit seine "letzte Hoffnung" (=Ulti= ma Esperanza) . Leider nichts mit "Magallanes- Straße", aber dieser Seemann war da= für einer der ersten Europäer, die den schönen Balmaceda und Serrano- Gletscher er= blickten!
Von dieser Reise existieren Aufzeichnungen auch über die Vegetation und die Tier= welt dieser Region Feuerlands.

Torres del Paine:
National Park

Einer der schönsten Nationalparks Südamerikas! Ebenso die schönsten Trails, – auf einer Stufe mit dem INKA- TRAIL/Peru. Relativ leicht zu wandern. Mischung: Seen, grandiose Berglandschaften, Pampa und reiche Tier- und Pflanzenwelt. Freundliche und hilfreiche Park- Service- Leute.

Die Nachteile: sehr schwer zu erreichen, solang man nicht die 1oo US $ für's Taxi hinblechen will. Ausgangspunkt ist Pto. Natales, 135 km Stichpiste, – z.Z. leider kein öffentliches Verkehrsmittel (Bus etc.). –

TRANSPORT–MÖGLICHKEITEN:

1.) CAMIONETAS des National- Park- Services nehmen gelegentlich kostenlos mit, haben aber nur begrenzte Zuladungsmöglichkeiten, da Waren und Material in den Park transportiert werden müssen. Dazu mal bei der "CONAF" in der Barros Arranca 4o in Pt. Natales vorbeischauen und in Liste einschreiben.

Gelegentlich fahren auch LKW's von der Conaf- Hauptstelle in Pt. Arenas, Balma= ceda 545 ab, die über Pt. Natales in den Park fahren und eventuell, – sofern noch Platz ist, mitnehmen.
Leider können die Conaf- Leute keinen Liniendienst einrichten, weil der Benzin-Etat dafür nicht ausreicht. –

2.) TRAMPEN ist möglich, aber sehr schwierig, da es keinerlei Siedlungen im National Park selber gibt, von daher auch kaum Verkehr außer ein paar wenigen Touristen= autos. (Und dem Park - Service). Im Moment besuchen in der Hauptsaison (Jan.+ Feb.) ca. 1oo Touristen im Monat den Park = sehr geringe Chancen. Immerhin: man kann sein Glück versuchen, aber bloß nicht Teilstrecken trampen, da man sonst u.U. in den wenigen kleinen Siedlungen unterwegs an der Straße festhängt. Letzte Siedlung ist CERRO CARRERA, noch ca. 6o km vom Park entfernt, und dazwischen liegt nur einsame Pampa.

3.) HOTEL CISNE DE CUELLO NEGRO, 5 km außerhalb Pt. Natales kontak= tieren (Tel.: 3oo3) = selber Besitzer wie "Hotel Pehoe", dem einzigen Hotel im

Park. Der Besitzer fährt ca. 2 mal pro Woche raus in den Park um den Lebens= mittelnachschub zu organisieren, und sofern noch Platz auf seiner Camionetta ist, kann man mit, – allerdings werden Hotelgäste vom Pehoé bevorzugt.

4.) MIKRO- BUS in Pt. Natales mieten.Passen 1o Leute rein und der Eintagestrip kostet für den Bus knappe 1oo US $. (Ähnlicher Preis wie für's Taxi, aber hier teilen sich die 1oo US $ statt durch 4: durch max. 1o Leute). Preis jeweils für Hin und Zurück und den Aufenthalt im Park für einen kompletten Tag.
Unter anderem fährt "Expreso Puratic" in der Calle Barros Aranca, schräg ge= gegenüber vom Nationalpark - Service in Pto. Natales. Eventuell kann man den Preis noch runterhandeln, aber Benzin ist teuer in Chile, und immerhin muß der Mann retour runde 3oo km abkurbeln. Inklusiv Reifenpannen; auch die "Schlappe" um die Felge ist superteuer in Chile!

5.) Die Ende der 7o-er Jahre eröffnete Piste via Torres del Paine- Nationalpark, entlang des Lago Azul nach CALAFATE/Argentinien ist jetzt (nach Beendigung der Grenzstreitigkeiten zwischen beiden Ländern unten am Beagle- Kanal) zwar befahrbar, hat aber kaum bis garkeinen Verkehr und führt zudem runde 2o km am Zentrum des Nationalparks/Lago Pehué vorbei..

6.) In den vergangenen Jahren hat es immer wieder Versuche gegeben, einen regulären Minibus- Verkehr von Pto. Natales in den Sommermonaten in den National-park/Lago Pehoe einzurichten. So verkehrte z.B. Anfang der 8o-er Jahre 2 mal pro Woche ein Bus der "Empr. Bus Sur" ab Pto. Natales (ca. 1o US). Die Verbindung wurde aber wegen fehlender Nachfrage wieder eingestellt.

UNTERM STRICH: daher zunächst nach Mitfahrgelegenheit mit den Conaf- Leuten suchen. Ansonsten: Minibus mieten bei recht guten Chancen, Partner zum Preisteilen zu finden. Denn der Torres del Paine ist mit Abstand die Hauptattraktion der Region!!

STRECKE: 135 km bis ins Parkzentrum. Zuerst aus Pto. Natales raus Richtung Pta. Arenas, dann aber von der Betonpiste abgebogen auf die Schotterstrecke rauf in den Nationalpark. Es geht vorwiegend durch Pampa Täler mit gelegentlichen, kleineren Siedlungen.

CUEVA MILODON:

Etwa 2o km nach Pt. Natales; eine Stichpiste führt ab der Hauptpiste zu der nahen Hügelkette rüber, – ca. 8 km einfach. Keine Busverbindung. Taxifahrer nehmen für den Retourtrip nur zur Höhle ab Pt. Natales saftige 1o - 18 US $! Wer aber sich ei= nen Minibus ab Natales nach Torres del Paine genommen hat, kann (vorher aushan= deln!) diesen Abstecher gratis einbauen.
Viel zu sehen gibt's allerdings nicht. Die beiden Höhlen wurden 1895 von Herman Eberhard entdeckt. In dieser Höhle hauste vor ca. 8 - 9ooo v. Chr. ein Mamal. Knochen und Hautreste gefunden, teils in dieser Höhle, teils auch in der Höhle von Palli Aike nahe der Grenze zu Argentinien bei Rio Gallegos.
Kinder von Pt. Natales erzählen Stories , daß man durch Schaben an der hinteren Höhlenwand noch Haare des Riesentieres finden könnte.

Menschen haben hier 8.882 v. Chr. (± 4oo Jahre) gelebt. Die Gletscher gehen ca. 7.64o v. Chr. (± 21o Jahre) in Patagonien zurück. –
Das Mamal ist jetzt nach England ins Museum ausgewandert. Man plant aber, ein künstliches aus Gips zur Freude der Touristen reinzustellen.

Cueva Grande = Mamal
Cueva Chica = nichts

In der Haupthöhle gibt's eine neuzeitliche Virgin hinten in einer Seitenhöhle.
Angeblich wurde in die Haupthöhle jetzt eine Replika eines Dinosauriers als Touristenattraktion plaziert . . .

Die ersten rund 6o km ab Pto. Natales gibts entlang der Piste mehrere Hosterias, die vorwiegend vom Pauschaltourismus ab Pta. Arenas in die Region leben. Hier Kurzinfo, wer Pauschaltrip bucht:

"Patagonia Inn" (23 km ab Pto. Natales), sauber und eines der besten entlang der Strecke. Im Stil einer Ranch, die sich durch großen und gemütlichen Aufenthaltsraum mit Kamin auszeichnet. Gehört dem Hotel Cabo de Hornos/Pta. Arenas, das hier auf seinen Ausflugtrips zum Nationalpark Zwischenstop einlegt. Wer auf eigene Faust hier nächtigt: Doppel knapp 4o US.

"Tres Pasos" (4o km ab Pto. Natales): etwas Ambiente, aber Umgebung lasch. Außerdem haben die Zimmer keine Heizung. Wer einen Torres del Paine- Pauschaltrip via dieses Hotels bucht, sollte vorab klären, ob dieser Mißstand zwischenzeitlich abgestellt wurde. Sonst Zähneklappern, wer keinen Schlafsack dabei hat. –Auf eigene Faust: das Doppel ca. 15 US.

"El Pionero" (62 km ab Pto. Natales). Hazienda- ähnlich, in einem kleinen Tal gelegen. Das am nächsten des Nationalparks gelegene Haziendahotel. Doppel ca. 2o US.

Funktion dieser Hazienda- Hotels: Sprungbrett für Pauschalveranstalter auf Trips in den Nationalpark. Für den Individual- Reisenden kommen sie weniger in Frage, da noch zu weit abseits vom Nationalpark, – außer man hat ein eigenes Fahrzeug.

Vom Dorf CERRO CARRERA (Hotel "El Pionero") gehts durch Passkontrolle (Retén); die Leute leben vorwiegend von patagonischer Landwirtschaft und Schafszucht. – Weiter Ri. Nord, durch einsame Graslandschaften, etwa 25 km nach Cerro Carrera eine Abzweigung: geradeaus an die argent. Grenze/Laguna Azul und weiter nach Calafate/Lago Argentino.

Links: über eine 6o km Schotterpiste in den Torres del Paine Nationalpark. Gut ausgeschildert; sollte eigentlich nichts schief gehen, wer mit eigenem PKW unterwegs ist. Von weitem schon die "Torres del Paine" zu sehen, auf die die Piste zuführt, entlang des Lago Sarmiento. Einsam in der endlosen Pampa.

Zu sehen: Nandus, Enten, viele Hasen, die die Piste kreuzen und wollig-dicke Schafe. Bei etwas Glück kreuzt auch eine Guanaco- Herde (Lama-ähnlich!) den Weg, die allerdings sehr fotoscheu sind. Im Nat. Park gibts nach derzeitiger Zählung an die 1.ooo Guanacos, die sich wie die Hasen so rapid vermehren sollen. – Adler, Condore ("caranchos") und viele Rot- und Graufüchse.

PORTERIA (siehe Karte/A): Parkeintritt ca. 1 US $ pro Person, nähe Lago Sarmiento. Sagenhafte Strecke durch Hügelland, an kleinen Lagunen vorbei und rechts die gewaltige Torres del Paine- Szenerie.

Die **GUARDIA LAGO PEHOE** (B) , etwa 1o km nach der Porteria. Im Zentrum des Parks unterhalb der Torres. Informationszentrale und Ausgangspunkt für die Trails. Die Ranger hier sind sehr freundlich und hilfsbereit. In den letzten Jahren wurde viel organisiert: Trails angelegt, Karten gezeichnet, ein Führer über die Pflanzenwelt verfasst, die Hütten ausgestatte

Eine Stichpiste (2 km) an den nahen SALTO GRANDE (C), zwischen Lago Nordenskjold und Lago Pehoé. Schöne Fotomotive vor der Bergkulisse. Die frühere Hängebrücke wurde von einem Hochwasser weggeschwemmt.

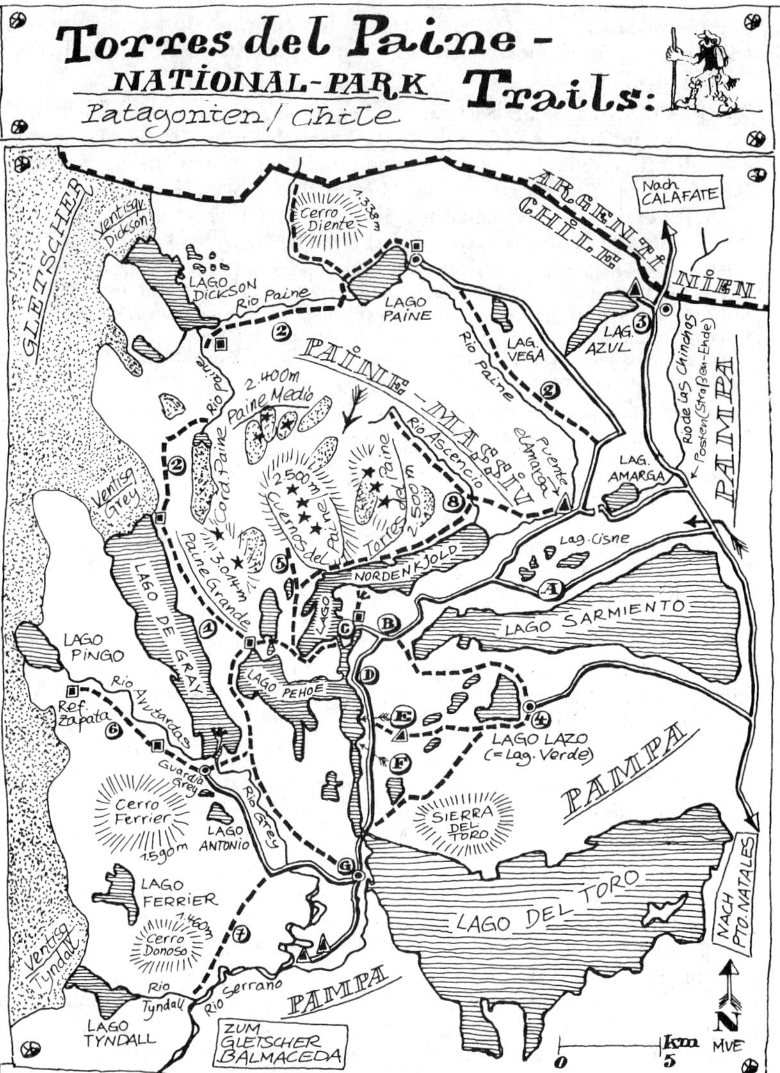

A Eingang Nat. Park/Porteria
B Hauptstelle der Parkverw.
C Wasserfall "Salto Grande"
D Hosteria Pehoe
E Camping
F Wasserfall "Salto Chico"
G Administration und Posada "Rio Serrano"

1 Trail zum Ventisquero Grey
2 Circuito Dickson Grey Trail
3 Laguna Azul
4 Trails ab Laguna Verde
5 Trail zum Ventisq. del Frances
6 Trail zum Lago Pingo
7 Trail zum Ventisq. Tyndall
8 Trail am Rio Ascencio

Schotterpiste
Trail
Refugio
Camping
Parkservice-Station mit Funk
Aussichtspunkt

Überfahrt heute per Boot. Gleich dahinter beginnt ein Naturpfad (ausgeschildert mit Pflanzenbeschilderung) entlang beider Seen. Mit Fotografieren ca. 1 Stunde, ca. 1,5 km.

Ab GUARDIA (B) gehts Richtung Süden entlang des Rio Paine noch ca. 3o km bis zur ADMINISTRATION (G), dem Hauptquartier des Parkes, eine ehemalige Hazienda. Große Funkstation und eine 1,5 km lange Schotter-Landepiste für Sportflugzeuge (Typ Cessna oder Piper). Nachts notfalls befeuert, allerdings ist der Landeanflug wegen den “Torres” nicht ungefährlich. In der “Posada Rio Serrano” (G) preisgünstige Übernachtung.

Auf dieser Strecke, etwa 2 km ab Guardia Pehoé die einzige Hosteria im Parkbereich: “HOSTERIA PEHOÉ” (D). Von der Lage her grandios und heißer Tip, wer einige Tage hier im Paine- Gebiet die Landschaft genießen will. Relativ komfortabel, sauber. Das Haus auf einem Wiesengrundstück zwischen Bäumen am See. Zwar nicht vom Zimmer, so doch vom Grundstück: umwerfend schöner Blick auf das Paine- Massiv. Zudem zentral für leichte Fußwanderungen in der näheren Umgebung gelegen.

Nur wenig Zimmer; für die Monate Jan. bis Anf. März sollte man vorbuchen, über die Hosteria Cisne de Cuello Negro nähe Pto. Natales (selber Besitzer, organisiert für Gäste auch den Transport!). Der Preis von ca. 35 US fürs Doppel richtet sich allerdings eher an finanzkräftige Reisende. Auch das Essen im Hosteria- Restaurant ist wegen den langen Antransportwegen auf gehobenem Niveau.

Kurz nach der Hosteria Ri. Administration der SALTO CHICO (F), der in einen hübschen See mündet. Baden möglich, aber kalt. Seitlich ein Haus des regionalen Fischerclubs, das aber vom Nationalpark aufgekauft werden soll. Hier in der Nähe CAMPINGPLATZ in sagenhafter Lage! 3o Campingstellen a 1o mal 1o m. Mit Feuerstellen zum Grillen. Kostet pro Stelle (nicht Person!) um 3 US. In der Nähe Duschen, sowie kleiner Shop, der mit Lebensmitteln versorgt (Konserven, Zucker, Brot, Kaffee, Aufstrich, aber nur das Nötigste!) . Eine Turbine am Salto Chico versorgt den Park mit Strom, 1945 gebaut.

WER ab Pto. Natales eine Tour bucht oder einen Minibus zu mehreren für einen Tag mietet, – wird sich vorwiegend auf diese Region B - F konzentrieren. Gegen 9 Uhr früh in Pto. Natales losgefahren, ergibt dies genügend Zeit, inklusiv Rumlaufen , – und bei klarem Wetter unbedingt lohnend, auch wenn längere Trails damit nicht möglich sind. Abends gegen 18 Uhr wieder zurück in Pto. Natales.

STOP–PRESS: wie ich soeben aus Chile erfahre, soll “Bus Sur” und die “Empr. Fernandez” im Sommer den Betrieb nach Torres del Paine ab Pto. Natales wieder aufgenommen haben! Wenn 5 Leute zusammenkommen: ca. 1o US $ /Person und Richtung. Abfahrten 2 mal pro Woche. Wenn’s so bleibt: eine erhebliche Erleichterung für Hikes im Nationalpark!

WANDERN
im Torres del Paine- National- Park

eines der ganz großen Südamerika- Bonbons! Allerdings je nach Schwierigkeitsgrad des Trails einige Vorbereitung nötig! Die meisten Trails aber mit normalem Wanderschuhwerk begehbar und gut markiert. Unterwegs Blockhütten, – Ausgangspunkt ist die Guardia Pehoe.

Kartenmaterial: leider nichts von I.G.M. Man muß auf die Karte des Conaf zurückgreifen. Außer bei den extrem schwierigen Trails wie "Circuito Dickson Trail" kommt man jedoch recht gut klar, da die meisten Trails an optisch klaren Markierungspunkten wie Bergen und Seen zu laufen sind.

Gute Hilfe sind auch die Parkrangers in der Guardia Pehoe, die neben den Conaf- Karten auch Tips zu Begehbarkeit und Schwierigkeit geben können!

Ausrüstung: für den beliebtesten Trail des Nat. Parks (Nr. 1, rauf zum Lago Grey) reichen gute Schuhe, Regenschutz und sehr warme Kleidung, viel Wind! Natürlich auch sehr warmer Schlafsack und nach Möglichkeit Wärmeschutzunterlage, da auf dem Boden geschlafen wird.

Für die anderen Trails: trotz Existenz von Refugios: Zelt, für den Fall, daß man das Etappenziel nicht erreicht, bzw. schlechter Zustand der Refugios. Sehr guter Wärmeschutz (Bergsteiger- Jacken), teils eisige Winde. – ESSEN: außer dem Minishop im Camping Pehoe keine Nachschubmöglichkeit. Und dieser Shop ist relativ teuer, von seiner Miniauswahl abgesehen. Zudem nur in den Sommermonaten offen. . – Weiterhin nötig: Gaskocher, medizinische Notausrüstung, Kompass.

Beste Jahreszeit für die Trails sind Januar und Februar, – beste Zeit insgesamt: Okt. bis April. Im Sommer kann man mit Temperaturen zwischen 3 und 11 Grad im Tagesdurchschnitt rechnen (max. 28 Grad), – nachts um 3 bis 5 Grad, je nach Trailhöhe aber auch bis minus 1o Grad. Im Winter Tagestemperatur im Schnitt bei minus 8 Grad.

Den Park kann man das ganze Jahr über besuchen. Besonders auch im Winter hat er seine Reize, wenn die bizarren Torres eingeschneit sind. Nachdem es in den Hütten Öfen gibt, sie sind relativ winddicht, – kann man dort durchaus schlafen. Gleichzeitig besteht Möglichkeit bei den Rangern. Allerdings im Winter erheblich verkürztes Tageslicht (9 bis 17 Uhr), was die Wanderdistanzen zusammen mit der Schnee- Erschwernis zusätzlich einschränkt.

Refugios: Übernachtung gratis. Meist Blockhütten oder Wellblechbauten, die außen mit Holz verkleidet sind. Relativ windgeschützt. Mit Kaminfeuer, das man sich in alten Petroleumfässern anzünden kann. Zugleich Kochmöglichkeit. Holz fürs Feuer im Umkreis. Bitte alles ersetzen, was aus dem Refugio benutzt wurde, für die nachfolgenden Leute! Die Einrichtung ist sehr einfach, bzw. überhaupt nicht vorhanden! Unbedingt warmer Schlafsack und Unterlage nötig. – LAGE der Refugios siehe unsere Karte!!

Fischen im Nationalpark: in der Regel sind die Flüsse und Seen reich an Fisch. Nötig: eine Genehmigung von der Office des "Servicio Agricola y Ganadera" in Pto. Natales oder Pta. Arenas. Kostet knapp 1o US. Adresse in Pto. Natales: Thomas Rogers 66o.Angelausrüstung besser schon in Pta. Arenas besorgen; breitere Auswahl!

(1) SENDERO GREY TRAIL, (Trailnummern analog Karte!)

der populärste Trail im Park, rauf zum Ventisquero Grey. Mein Freund Michael hat dazu notiert: "Wenn man es nicht gerade aus sportlichen Motiven macht, sind 3 Tage nicht zuviel. – Man braucht bis zur ersten Hütte am Lago Pehue etwa 3 - 4 Std. Es geht zuerst von der Guardia Pehue über die Brücke beim Salto Grande, und dann seid ihr schon auf dem Trail, der gut ausgeschildert am Lago Pehue entlang Richtung We = sten läuft. Hügel auf und ab schlängelt sich der Trail durch Moränenlandschaft mit dem gewaltigen "Torres del Paine" im Blickfeld.

Die Hütte (siehe auch unsere Karte!) hat Platz für 6 Personen, 200 m vom See entfernt. Um Holz zu finden muß man noch ein Stück weiter gehen. Der Kochherd, auch wenn er viel rauchte, funktioniert. Gleich neben der Hütte gibt es Pfefferminzbeete.

An dieser Hütte zweigt ein Trail Richtung Süden an das Südende des Lago Grey, wo die Rancher eine Funkstation unterhalten und eine Piste entlang des Rio Grey runter zur Administracion führt. Eine schöne Wanderung! – Ein anderer Trail, den wir im späteren Text noch beschrei= ben führt rauf ab Hütte Pehue zum Glacier Frances.

Der Weitermarsch auf dem Sendero Grey Trail zum Gletscher ist der schönste Teil. Schon bald taucht der Lago Grey auf mit den vielen, klei= nen blauschimmernden Eisbergen im Kontrast zum extrem dreckig wir= kenden Gletscherwasser (Sedimente!). An einer Stelle des Trails kann man besonders gut die riesigen Eismassen sehen, die den ganzen Gebirgs= zug am Ende des Sees einpanzern. Es ist schade, daß die ursprüngliche Vegetation durch frühere Siedler abgebrannt wurde und sich nur langsam regeneriert.

Das "GREY SHERATON HOTEL", wie ein Spaßvogel groß auf die Hütte gepinselt hat, ist der Endpunkt. Ein kleines, romantisches Hexen= haus, früher einmal eine Hirtenhütte, aber weniger zur Unterkunft geeig= net. Die meisten Gringos ziehen es vor, unten am See (250 m) zu campieren. Von der Hütte aus sind es noch ca. 1 km bis zum Gletscher. Gebirge aus blauschimmernden Eismassen. Ein dauerndes Knacken und Rumoren, und wenn man Glück hat, fallen auch ein paar Brocken runter. Auf dem Weg an den See runter eine Eishöhle; der Eingang ist mit klei= nen Steintürmchen gekennzeichnet. Im Herbst gibt es dort wohlschmeck= ende Calafate- Schlehbeeren. Die beiden Eishöhlen gehen bis zu 3o m tief ins Eis rein." –

Zwischenzeitlich hat das "Sheraton" einen Anbau erhalten, der auch bezüglich Ofen komfortabler ist. Vorsicht vor leichtsinnigen Gletschererkundigungen: mehrere schwere Unfälle durch Abstürze in Gletscherspalten.

② CIRCUITO DICKSON GREY – TRAIL:

6 bis 7 Tage zwischen See und Eis. Die Fortsetzung ab Grey Sheraton Hotel entlang des Paine Medio zum Lago Dickson, – weiter zum Lago Paine und retour am Rio Paine, der in den Lago Nordenskjold mündet zur Guardia am Lago Pehue. Während für den ersten Teil des Trails bis zum Grey Sheraton nur eine Nachricht nötig ist, wann man wieder in der Guardia eintreffen wird, braucht man für den Circuito eine Genehmigung des Parkservice. Sehr gefährlich; einige Leute haben sich verlaufen und wurden von den Rangern tot geborgen. Die Strecke wurde mit roten Plastik stückchen an den Bäumen markiert; es geht durch lange Schnee- und Eisfelder, auf denen man sich leicht verläuft. In Gegenrichtung lässt sich der Trail leichter finden. In der Guardia Pehoe gibt es Luftfotos vom Weg.

Refugios oben am Lago Dickson, allerdings sehr primitiv, und am Lago Paine (eine Guardia- Station mit Funk, allerdings zur Zeit nicht besetzt). – Diese Strecke lässt sich über die sehr schöne Laguna Azul ausweiten (Guardia mit Funk). Wegen der großen Entfernungsdimensionen wird man aber in der Regel den Haupttrail entlang des Rio Paine laufen, wie in unserer Karte eingezeichnet.

Lago Dickson – Lago Paine: ca. 5 Std., Lago Paine – Camping Puente L.

Amarga: ca. 1 Tag, ab Camping sehr lohnender Abstecher entlang des Rio Ascencion zum Fuß der Torres möglich, beschrieben unter "Trail 8", – ab Camping Puente L. Amarga – Guardia Pehoe ca. 1 Tag, wenn man nicht auf der Piste Trampmöglichkeit bekommt. Zeiten jeweils für strammes Wandern.

Für den schwierigsten, aber auch gefährlichen Trailabschnitt Grey Sheraton zum Lago Dickson muß man je nach Witterung mit rund 15 Std. rechnen. Der Trail verläuft in diesem Abschnitt über 5oo m Höhe, und es muß auch im Sommer mit Schnee gerechnet werden!

③ LAGUNA AZUL:

Schöner Blick auf die Torres. Über Schotter- Sandpisten zu erreichen, die derzeit nach vor Ort- Recherche aber nicht befahrbar sind. Am Nordende des Sees gibt es eine Guardia und Campingmöglichkeit. Grob fertiggestellt ist der Pistenanschluß rüber nach Calafate/Argentinien, – derzeit aber nicht befahrbar! Die Park Ranger machen die Piste per Geländefahrzeug, – kein sonstiger Transport, – schöne STrecke teils durch Paramo, teils auf Bergrücken, – aber zu Fuß zu entlegen. . .

④ LAGO LAZO (=LAGO VERDE):

Guardia- Posten mit Funk und Übernachtungsmöglichkeit in einer ehemaligen Hazienda. Zu erreichen über eine Jeep- Piste entlang des Südufers des Lago Sarmiento mit schönem Blick auf das Paine- Massiv, aber null- Verkehr. Bei etwas Glück kann man am Nachmittag am Lago Verde Biber beobachten. (Eine weitere Biber- Kolonie oben an der Laguna Azul!)

Vom Lago Verde gehen 3 Trails Ri. West, einmal zur Guardia Pehoe (B), dann zur Hosteria Pehoe (D), sowie zur Administration (G). Jeweils runde 4 Std. durch bergige Pampa mit viel Chancen, Guanacos, Adler und Rotfüchse zu sehen.

⑤ TRAIL ZUM VENTISQUERO DEL FRANCES:

Eigenes Zelt nötig, gute Schuhe und dicke Bergsteiger- Jacken. Anspruchsvoll. 8 Std. pro Richtung zur Basis am Gletscherfuß der 2.2oo bis 2.6oo m hohen Cuernos del Paine. Retour 2 Tage. Wie vorher (Trail 1) beschrieben, ab Guardia Pehoe, dann jedoch rechts am Ufer des Lago Nordenskjold entlang bis zum Beginn des Aufstiegstals, das sich zwischen den Gipfeln des Paine Grande (3.o5o m) und den Cuernos (2.2oo bis 2.6oo m) in Richtung Paine Medio raufzieht.

Ab dem Basis- Camp weiter nur mit Bergsteigerausrüstung, weiter in Richtung Fortaleza. Camp Italiano (1o Min. vor dem Ventisquero) und Camp Britanico (2 Std. , sehr pitturesk zwischen Bäumen; frühere Expeditionen haben hier ihr Kochgeschirr zurückgelassen. Bitte dalassen für spätere!). Tagsüber ist mit Temperaturen von 5 Grad zu rechnen, nachts um minus 2 Grad. Auch im Februar häufig Schnee. Viele Gletscher in diesem Tal, und die erste Nacht schläft es sich meistens schlecht wegen der vielen Geräusche.

Bezüglich BESTEIGUNG der einzelnen Torres gibt es in der Guardia Pehoe ein "Expeditionsbuch" mit Detailskizzen.

(G) DIE ADMINISTRATION (G) ist Ausgangspunkt für Trails im südwestlichen Teil des Nationalparks. Zu erreichen über eine knapp 2o km- Piste ab Guardia Pehoe, vorbei an der Hosteria Pehoe und Campingplatz.

Bei der Administration Übernachtungsmöglichkeit in der "Posada Rio Serrano". Südlich davon (Piste, zu Fuß ca. 2 Std.) fantastisch gelegener Campingplatz am Rio Serrano, – bzw. Piste (18 km) zum Südende des Lago Grey mit Guardia und großartigem Blick auf die Painegipfel.

(6) TRAIL ZUM LAGO PINGO:
kleiner See, eingeklemmt von riesigen Gletschermassen, die den Berg runter kommen. Der Trail ab der Guardia am Lago Grey bis rauf zum Lago Pingo führt entlang des Rio Avutardas, ca. 4 bis 5 Std. Oben am See das kleine Refugio Zapata.

(7) TRAIL ZUM VENTISQUERO TYNDALL:
anspruchsvolle Wanderung, die ab Administration einen kompletten Tag pro Richtung dauert. Sehr früh am Morgen aufbrechen. Oben am See kein Refugio. Riesige Gletschermassen am See-Ende. Gutes Schuhwerk und sehr warme Kleidung, eisigkalte Winde von den Bergen runter!

(8) TRAIL AM RIO ASCENCIO:
Lohnend, aber zeitaufwendig. Entweder über den Trail entlang des Nordufer des Lago Nordenskjold, – per Auto derzeit nur über den Umweg via (A) Eingang Nat. Park und Ostrichtung zum Lago Amarga zu erreichen, da die Puente el Amarga durch Hochwasser zerstört und derzeit nicht passierbar ist. Landschaftlich jedoch großartig. Neueste Infos vom Nat. Park Service, auch zu Hikes in der Region! –

"TORRES DEL PAINE"
Wie es zu dem Namen kam, ist nicht sicher erwiesen. Es gibt 3 Theorien:

"payne" → "blau" in der Indianersprache, weil die Berge in Distanz blau aussehen.
→ Name eines Indianerhäuptlings, der drüben auf der argentinischen Seite einmal lebte.
→ Ein Mister Paine, dem früher die Estancia gehörte, wo heute die Administracion untergebracht ist.

Zur Zeit umfaßt der Nationalpark runde 200 000 ha. Vergrößerung durch Schenkungen. Gegründet 1958 vom Ministerio Agricultura. Zur Zeit kommen pro Jahr runde 5000 bis 7000 Touristen. Es besteht zu hoffen, daß die Transportmöglichkeiten in den Park verbessert werden.

PER SCHLAUCHBOOT ZUM SEÑO ULTIMA ESPERANZA:
Durchgehende Verbindung ab Salto Chico über landschaftlich schöne bis großartige Flußläufe, vorbei am Balmaceda- Gletscher (siehe "Bootstrip mit der 21 de Mayo"!) nach Pto. Natales. 4 Tage.

Nötig ist ein Schlauchboot mit Außenborder zum Rausheben, da der Fluß (Rio Serrano) an vielen Stellen nicht tief genug ist. Viele Forellen! Für diesen Trip braucht man eine Legitimation vom "Gobierno Maritimo" in Pto. Natales. In der Guardia Pehoe gibts eine Detailkarte über den Flußverlauf.

Patagonien

Verbindungen: Chile ↔ Argentinien:

Es gibt derzeit keine Flugverbindung zwischen dem argentinischen und dem chilenischen Teil Patagoniens. Verkehr ausschließlich Überland:

1.) Pto. Natales /Chile ⋙→ Calafate/Argentinien:
ein 75o km Umweg, wer über Pta. Arenas zurückfährt, aber nur auf dieser Route fahren zur Zeit öffentliche Busse. Auf Teilstrecken gibt es auch Flüge. Bisher kaum bekannt folgende Alternative:

A) via Rio Turbio: mehrmals täglich Busse ab Pto. Natales rüber zu den Kohlenminen von Rio Turbio. Abfahrt sehr früh am Morgen, benutzt von chilenischen Mineros, die drüben arbeiten. Gegen Abend wieder zurück. Die 37 km Schotterpiste über die Grenze dauern ca. 1 Std., es fährt "Bus Sur" ab Baquedano 534/Pto. Natales, ca. 1,5 US. Vorab Grenzformalitäten in Pto. Natales klären. Für Argentinien Tourist-Karte nötig, die es beim Konsul in Pta. Arenas gibt.

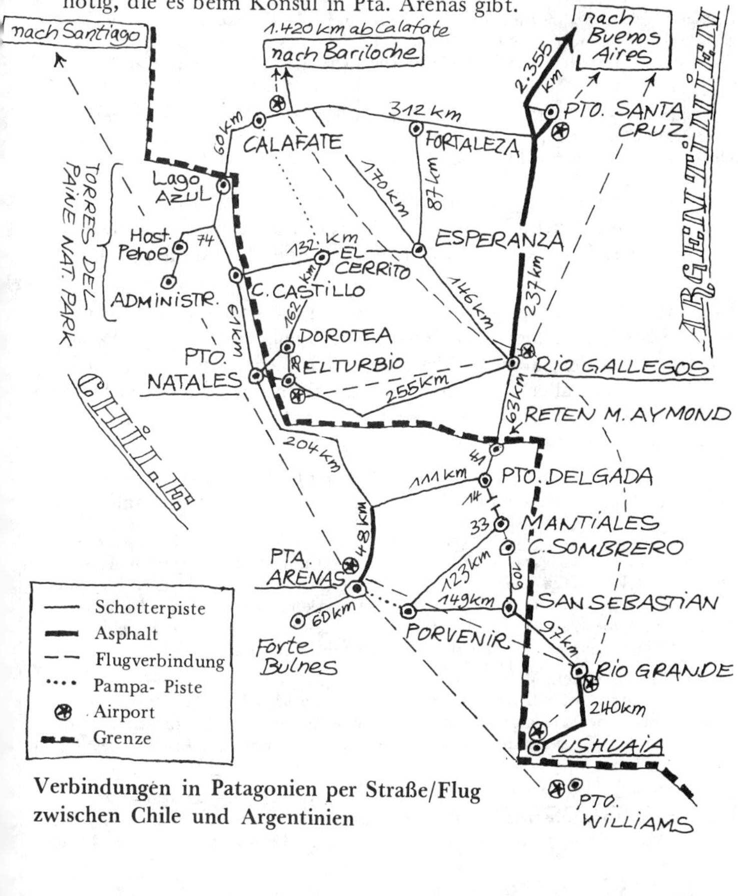

Verbindungen in Patagonien per Straße/Flug zwischen Chile und Argentinien

Von Rio Turbio tägl. außer Sa. und So. mit kleinen Twin- Otter Propellermaschinen der "Lade" rüber nach Rio Gallegos (1 Std. Flug, ca. 1o US) und weiter mit Fokker F 27 der Lade nach Calafate (ca. 45 Min./15 US) Nach derzeitigen Flugplänen klappt der Anschluß in Rio Gallegos nicht, sodaß dort eine Übernachtung notwendig wird. Nachdem aber Calafate einen großen Jetairport erhält, steht zu erwarten, daß auch große Jets der AA und der Austral dort landen. – Derzeit keine Lade- Verbindung direkt von Rio Turbio nach Calafate.

Wer sich Geld sparen will, oder weil der Lade- Flug von R. Turbio nach Rio Gallegos voll ist: es gibt auch tägl. einen Bus, dauert allerdings 9 Std. und spart nur ca. 5 US. Daher besser Lade- Flug!

TIPS: für den Pto. Natales – Rio Turbio- Bus schon am Vorabend das Ticket besorgen; häufig voll. Bitte inkl. Sitzplatzreservierung! Achtung: abklären, daß der Bus auch über Rio Turbio fährt, einige Busse nehmen den anderen Grenzübergang in das Minengebiet, nach Mina Dorotea. Beides nennt sich Rio Turbio, 13 km auseinander; es gibt aber Colectivos.

Nach Möglichkeit unbedingt argent. Pesos mitbringen. Uns ist keine Wechselmöglichkeit für US Dollar in Rio Turbio bekannt! – Den Ausreisestempel für Chile gibts bereits in Pto. Natales bei der örtlichen Polizei. Wird an der Grenze nochmals kontrolliert!

Das Eisenbahngleis Rio Turbio – Rio Gallegos, früher Eldorado für Eisenbahnfans mit alten Dampfloks und Wildwestwaggons ist zwischenzeitlich für den Personenverkehr eingestellt. Nur noch Gütertransport (Mine, Kohletransport).

B) Alternative via "Torres del Paine Nationalpark": nunmehr existent, seit Chilenen und Argentinier ihre Beagle- Kanal-Streitigkeiten beigelegt haben, die fehlenden Pisten- Km fertiggestellt und als Piste ausgebaut haben.

Ist zwar interessant als die kürzeste Querverbindung zwischen den beiden lohnensten Stellen auf der chilenischen und argentinischen Seite/Patagonien (dem Torres del Paine Nat. Park und dem Lago Argentino/Balmaceda Gletscher). Fällt aber als Querverbindung flach, da sie in so miserablem Zustand ist, daß selbst Geländefahrzeuge kaum passieren können.

Der Verkehr nimmt daher den Grenzübergang C. CASTILLO (siehe Karte!) und fährt via Esperanca (bzw. Abkürzungspiste) nach Calafate. Auch hier kein öffentl. Transport: eventuell zu mehreren Taxi ab Pto. Natales mieten!

MIT EIGENEM FAHRZEUG: Wagen in Pto. Natales volltanken und den Reservekanister. Grenzformalitäten vorab regeln. Von Cerro Castillo gehts rüber nach Argentinien auf einer wilden Pampa- Piste Richtung EL CERRITO. Die Einheimischen biegen dort ab Ri. Nord, querfeldein durch die Pampa. Gute Ortskenntnis nötig und Kompass. Keinerlei Hilfe, wenn bei Pannen das Fahrzeug liegen bleibt, da auf 5o oder mehr Km keinerlei Siedlungen, keine Spritnachtankmöglichkeit, keine Werkstatt.

Dr. Jacoby, der mit einem Mietwagen ab Bs.As./Argentinien in der Region Esperanca unterwegs war, berichtet: "Schaffarmen, oft der Größe 35 x 5o km, Kontakt per Funk. Kaum Menschen auf gigantischen Ausdehnungen bis zum Horizont. Im Winter ducken sich die Schafe zusammen, um sich gegenseitig zu wärmen. Bei Schneestürmen müssen sie regelrecht ausgegraben werden."

Die PISTE VIA ESPERANZA hat nach Regenfällen, aber auch im Winter das Problem, daß sie wegen des Steilabfalls (Subida Migves), ca. 1o km hinter Esperanza Ri. Calafate oft nicht befahren werden kann. Daher dann ein zusätzlicher 9o Km- Pisten

Umweg via Fortaleza nötig. Die Argentinier planen Ausbau der Strecke. Dürfte aber wegen massiver, argentinischer Finanzprobleme noch einige Jahre dauern. . .

2.) Pta. Arenas/Chile ⋙➤ Rio Gallegos/Argentinien:
die o8/15- Route. Täglich Busse ("Expr. Pinguino"/Lautaro Navarro 971 in Pta. Arenas) , die für die 263 km rund 6 Stunden brauchen. Nur das erste Stück bis zur Abzweigung/Pto. Natales ist asphaltiert. Kostenpunkt ca. 2o US $. Ticket bereits am Vortag kaufen, die Busgesellschaft informiert über den derzeitigen Stand der Grenzformalitäten. In der Regel ist zunächst bei der chilenischen "Investigaciones" ein Besuch nötig wegen Ausreise und anschließend ein Besuch beim argent. Konsul, beides in Pta. Arenas.

3.) Pta. Arenas/Chile ⋙➤ Ushuaia/Argentinien:
Wer schon soweit in den Süden des Kontinents gereist ist, macht meist noch Ushuaia, südlichste, größere Siedlung Südamerikas. Liegt auf der riesigen Insel "Tierra del Fuego" / Feuerland, die in etwa die Größe Bayerns hat. Es gibt mehrmals pro Woche Direkt-Jetverbindung mit der argentinischen Aerolineas Argentinas zwischen Pta. Arenas und Ushuaia, die schnellste, bequemste, aber auch teuerste Verbindung. Alle Details zu Querverbindungen siehe folgendes Kapitel:

Tierra del Fuego:
Feuerland/chilenische Seite

Als die ersten Entdecker kamen (die Portugiesen unter Führung von Fernão de Magalhais, oder wie die Spanier ihn nannten: Fernando Magallan/152o), sahen sie riesige Feuer an den Küsten. Daher der Name "Land des Feuers".

Gemäß Vertrag von Todesillas* war die Region zumindest auf dem Papier spanisches Besitztum, auch wenn man sich in Madrid zunächst wenig um diese entlegenen und stürmischen Gebiete an der Südspitze Südamerikas kümmerte.

Aus strategischen Gründen hielt man die 54o km lange Wasserstraße (Estrecho de Magallanes) zunächst geheim, sie wurde jedoch Ende des 16. Jhd. vom englischen Piraten Sir Francis Drake besegelt und Seitenarme erforscht, – Grund für die vielen englischen Namen der seitlich liegenden Inseln.

Über rund 3 1/2 Jahrhunderte wurde Südpatagonien und Feuerland kaum von Europäern besiedelt, noch die Magallan- Straße als Seeweg genutzt. Der Abtransport südamerikanischer Bodenschätze und Landwirtschaftsprodukte lief fast ausschließlich über nördlicher gelegene Häfen. So war es auch für die Spanier mit ihren Kolonialreichen an der Pazifik-Seite Südamerikas bequemer, diese Waren im SEGELSCHIFF–ZEITALTER via Panama statt um die Südspitze Südamerikas zu transportieren.

Die wenigen Segelschiffe, die um die Südspitze fuhren, benutzten lieber den zwar stürmischen, so doch offenen Weg um Cap Horn, – statt durch die Magallanstraße mit ihren Untiefen und querwehenden Winden, die sich nur sehr schwer mit Segelschiffen navigieren ließ.

Der andere große Erforscher der Region war CHARLES DARWIN, der auf seiner Weltreise (1831 - 36) mit seiner "Beagle" 1832 durch die Magellanstraße und ihre Seiten-

* 1494, auf Grund päpstlichen Schiedsspruch wurde der neuentdeckte Kontinent östlich des 5o. Längengrades an Portugal vergeben, – westlich an Spanien. Wobei die Spanier rein flächenmäßig, aber auch von Bodenschätzen letztlich den besseren "Schnitt" machten.

fjorde segelte. Unter anderem Entdeckung des BEAGLE- KANALS (Ushuaia/Pto. Williams). Das Schiff unter Kapitän Fitzroy kam von den Islas Malvinas und traf in Feuerland genau zur Zeit des patagonischen Sommers ein. Alles blühte, was im Nachherein etwas das Forschungsbild verfälschte, das die Region als fruchtbares Land im kalten Süden präsentierte.

Ende 188o bis 189o wurde auf Tierra del Fuego Gold entdeckt, was zu einem Besiedlungsboom des bisher unberührten Gebietes führte. Förderung zwischen 1881 und 19o1 rund 5.ooo kg (1), dies ohne Berücksichtigung, was unter der Hand und ohne Steuerabgaben gefördert wurde!

Als dann das Dampfschiff ab 2. Hälfte des 19. Jhds. die Segelschiffe ablöste, schneller und bequemer zu navigieren, – und sich im Rahmen des beginnenden Industriezeitalters intensiverer Handel zwischen Europa und den USA, – sowie zwischen US/Westküste und Ostküste entwickelte, – wurde die Magallanstraße ein immer bedeutenderer Seeweg.

Gründung von PTA. ARENAS (1847) als wichtigster Handels- und Versorgungspunkt in der 2. Hälfte des 19. Jhds. und regelmäßiger Personen- und Frachtverkehr um die Südspitze Südamerikas. – 1897 Entdeckung der reichen Kohleflöze bei Rio Turbio, die eine durchschnittliche Dicke von o,5 bis 5,6 m besitzen. Bau der Eisenbahnstrecke Rio Turbio nach Rio Gallegos.

Im Vertrag von 1881 vereinbarten Chile und Argentinien die Neutralität der Magallan-Straße und die freie Durchfahrt für Schiffe aller Nationen. Die Seestraße war zu diesem Zeitpunkt bereits zum wichtigsten Seeweg zwischen Ost- und Westküste der USA geworden.

Die rasante Entwicklung kam im Jahre 1914 weitgehend zum Stillstand, als der Panama Kanal eröffnet wurde, der den Umweg um die Südspitze Südamerikas unnötig machte. – Besiedlung Feuerlands durch englische, schottische, walisische und jugoslawische Einwanderer ab ca. 1865, die vorwiegend Schafzucht betrieben. Aber auch Forstwirtschaft, heutiger Umfang ca. 4 Mill. Ha. bzw. 7 bis 9 Mill. Fuß auf der chilen. Seite/ Festland und Tierra del Fuego. – Wichtigster Wirtschaftszweig zugleich die Fischindustrie. Die Konservenfabrikation macht heute rund 1o % der chil. Landesproduktion aus, und das will was heißen bei rund 4.ooo km- Luftlinie (!) der chil. Küsten!

Wichtigste Entdeckung dieses Jhds.: ERDÖL, Zentrum um Sombrero und wichtigstes Fördergebiet des Landes.

DIE UREINWOHNER Feuerlands sind heute weitgehend ausgerottet. Es gibt im Magallanes Gebiet 4 große Hauptstämme.– "Alakufes": Golfo de penas/Estrecho Magallanes – "Yamanas": Beagle Kanal, Fischer, – "Tehuelches": in der Pampa das Landesinneren, Jäger. – "Selknam": Tierra del Fuego, Jäger.

Wegen der Kälte in höhergelegenen Gebieten des Festlandes hatten die Indianer ihre Füße mit Fellen umwickelt. Dies ergab im Schnee riesige Fußspuren, weswegen die Spanier sie "patagones" (Großfuß") nannten. Daher entstand der Name PATAGONIEN. –

FEUERLAND / CHILENISCHE SEITE:

So interessant sich hier eventuell der geschichtliche Background liest und und der Name Feuerland reizt: die Teile, die per Piste auf der chil. Seite erreichbar sind, bringen relativ wenig. PORVENIR→ RIO GRANDE/ Argentinien ist Durchreisetrip zur argent. Seite und den dort sehr lohnenden Gebieten um Ushuaia! Im Folgenden unter (1) beschrieben.

(2) landschaftlich großartig bei klarem Wetter ist der Flug Pta. Arenas nach Pto. Williams am Beagle- Kanal. Berührt die Darwin Cordillera mit ihren schneebedeckten Gipfeln und überfliegt Seen, Graslandschaften, tiefe Meeresbuchten und kalbende Gletscher von der Kordillera. Auch kombinierbar mit dem Überflug des CAP HORN, der Südspitze des Kontinents.

Alle Details siehe dort und – derzeit leider nur per Airtaxi- Charter erreichbar. Eine Ausgabe, die sich aber bei klarem Wetter unbedingt lohnt!!

(1) Verbindungen Überland via Porvenir/Chile nach Rio Grande/Argent.:

Ein Trip, der ab Pta. Arenas/Chile bis Ushuaia am Beagle- Kanal/Argentinien 2 Tage dauert, aber täglich funktioniert. Bzw. per Aerolineas Argentinas- Jetflug 2 mal/Woche.

★**Flug:** A.A. Jet 2 mal/Woche für ca. 3o US $ von Pta. Arenas/Chile nach Rio Gallegos/ Argentinien und noch oberhalb der Magallanes Straße. Hier gibts täglichen A.A.- Anschluß nach Ushuaia am Beagle Kanal, in der Regel mit Zwischenstop in Rio Grande auf Feuerland.

Achtung: derzeit keine Busverbindung ab Rio Gallegos nach Rio Grande!Zwar existiert eine Straßenverbindung (Fähre über die Mag. Straße), aber in diesem Bereich nur per Trampen oder eigenem Fahrzeug realisierbar. Ab RIO GRANDE dann tägl. Busse bis Ushuaia.

★**Überland:** zunächst ab Pta. Arenas mit der PKW/Personenfähre über die Magallanes-Straße. Abfahrt der Fähre rund 5 km nordöstl. der Stadt, nähe Zona Franca an der Straße zum Airport. Zu erreichen per Stadtbus (ca. o,8 US).

Die Fähre (Barkasse "Melinka") fährt 1 mal tägl., bei Bedarf auch häufiger über die Magallanes Straße, die hier 35 km breit ist. Überfahrt dauert ca. 2 1/2 Std., je nach Windbedingungen an der Meeresstraße auch bis zu 3 Std. Kostenpunkt pro Person ca. 3 US $, für ein kleines Fahrzeug um die 22 US, großes Fahrzeug ca. 3o US.

Drüben am Fährhafen/Feuerland warten 4 mal/Woche Anschlußbusse nach Rio Grande/ argent. Seite. Am besten reserviert man schon ab Pta. Arenas, da die Busse schnell ausverkauft sind und der in der Nähe liegende Ort PORVENIR für längere Warterei kaum attraktiv ist.
Die Flugverbindung Pta. Arenas über die Magallanes Straße mit den Propellermaschinen der TAMA ist derzeit eingestellt.

★**Porvenir:** ca. 5.ooo E.

größte Siedlung auf der chilenischen Seite der Tierra del Fuego. Kann man sich definitiv sparen, zumal der Bus nach Rio Grande direkt an der Fähre wartet.

Hotels: "Hosteria Los Flamencos"/Tenierte Merino s/n gilt als beste. Doppel knapp 4o US mit Privatbad. Ambiente ist angenehm. – "Hotel Tierra del Fuego"/Carlos Wood 489 ist die billigere Wahl mit runden 15 US fürs Doppel. – Billiger das "Hotel Europa" in der Sampaio 27o (ca. 8 US), sowie eine Handvoll Pensionen um 5 US das Doppel.

★PORVENIR – RIO GRANDE/ARGENTINIEN: mit "Espreso Senkovic", 4 mal pro Woche, Fahrzeit ca. 5 Std., ca. 8 US. Vorsicht: wer die Sache in Pta. Arenas in einem Reisebüro bucht, bekommt zwar die Melinka- Fähre gleich mit, zahlt aber oft ein Vielfaches des regulären Preises!– Taxis dürfen nach derzeitiger Regelung die Grenze nach Argentinien nicht überqueren, sind aber selbst bei Änderung dieser Bestimmung vom Preis undiskutabel. – Nur sehr wenig Trampchancen.

Die STRECKE bis Rio Grande reißt einen ebenfalls nicht vom Plastiksessel des Busses: durch hügelige Pampa. Der interessantere Teil beginnt erst südlich von Rio Grande Ri. Ushuaia. – Täglich Busse von Rio Grande nach Ushuaia, Details siehe "Argentinien- Teil"! –

② Die Variante via PTO. WILLIAMS ist teuer, da es derzeit keine reguläre Flugverbindung gibt und man auf den Charter eines Sportflugzeuges angewiesen ist.

Flug: leider ist der reguläre Flugbetrieb zwischen Pta. Arenas und Pto. Williams derzeit eingestellt. Kostete 32 US $ pro Person, Flugzeit 1 1/2 Std. und lief 2 - 3 mal/ Woche.

Man disskutiert die Wiederaufnahme der Strecke, derzeit läufts aber nur per Charter:
- "DAP", Ignac. Carr. Pinto 1o22/Pta. Arenas
- "Aeropetrel", Yugoslavia 5o3/Pta. Arenas
- "Tama", Mejicana 782/Pta. Arenas

Je nach Größe der Maschine sind bei Teilnahme von 4 Personen ca. 25o - 35o US $ pro Person fällig inkl. Überfliegen des Cap Horn, wobei man eventuell handeln kann, sich aber auch das Fluggerät vorab ansehen sollte!

Sobald es wieder Linienflüge zwischen Pta. Arenas nach Pto. Williams gibt, fliegt man regulär bis Pto. Williams und chartert sich ab hier die Maschine für's Überfliegen vom Cap Horn.

Strecke: bei klarem Wetter grandioser Flug und einer der Höhepunkte einer Südamerika Reise! Nach Überquerung der Magallan Straße geht es südlich entlang der Cordillera Darwin, deren Bergkette dicht vergletschert ist. Langgestreckt, die Gipfel meist durch weitlaufenden grauen Wolkenhimmel verdeckt. Wie der Pilot der Maschine berichtete: nur ganz selten, – vielleicht 2 bis 3 mal im Jahr komplett zu sehen, inklusiv des herausragenden Pyramidengipfels des SARMIENTO (siehe Seite 15o1!) im Zentrum der Berg kette und 2.4o4 m hoch. Dies ab Meeres Nivel ergibt ganz schöne Höhendimensionen! Riesige Gletscher wälzen sich in die Meeresfjorde.

Landeanflug: entlang des Beagle- Kanals, linker Hand Ushuaia unterhalb der Tierra del Fuego Gipfel, – auf die recht kurze Asphaltpiste von Pto. Williams, die aber für die Propellermaschinen problemlos reicht.

Nach einer Übernachtung in Pto. Williams (im Ort praktisch nichts los) gehts am nächsten Mittag retour nach Pta. Arenas. Wer sich mit dem Pilot gut stellt, so fliegt dieser eine Spezialroute, – fast noch lohnender als der Hinweg. Und zwar via Südzipfel Argentinien, tief in den Tälern entlang nördlich entlang der Darwin Cordillera. Eventuell in Fjordtäler rein, wo gigantische Gletscher in totaler Einsamkeit ins Meer münden.

Boot: nach neuesten Infos gibts jetzt eine Bootsverbindung ab Pta. Arenas in den Sommermonaten (Nov. - März) durch die Südfjorde nach Pto. Williams. 1 mal/Woche, ca. 3o US $ pro Person. Buchungsadresse: "turismo aventour ltda.", Jose Nogueira 1o22/Pta. Arenas.

Pto. Williams:

Südlichste Siedlung Chiles, – aber auch Südamerikas (von einzelnen noch weiter südlich liegenden Fischerhütten oder dem Militärcamp auf dem Cap Horn abgesehen . . .)

Der Ort selber, – etwa 2oo saubere Häuser, vorwiegend in der Hand von Militärpersonal, am Hang oberhalb des Beagle- Kanals, – lohnt nicht unbedingt die Reise. Sehr aber der 1 1/2 stündige Flug von Pta. Arenas, siehe oben! Es gibt derzeit keine reguläre Bootsverbindung über den Beagle-Kanal nach Ushuaia/Argentinien.

Übernachtung: "Hosteria Wala", im Besitz der TAMA (Mejicana 782/Pta. Arenas), dort auch Reservierung möglich. Ca. 45 US $ /Doppel, ein zweistöckiges, langgestrecktes Gebäude, etwa 2 km außerhalb des Ortes auf Hanghöhe zwischen Wiesen und Bäumen.

Man kann Pferde mieten, sowie ein kleines Kanu. Sehr relaxing, ansonsten nichts los. Aber vom Ambiente für diesen abgelegenen Punkt absolut richtig. Essen geht extra und war nichts Besonderes. Bier und Limo wird eingeflogen und hat seinen Preis. Die Einstellung des regulären Flugbetriebes nach Pto. Williams hat dem Zustand der Hosteria nicht unbedingt gut getan.

✗CAP HORN: südlichster Punkt des Kontinents. Wen sowas "juckt", der muß sich ein Flugzeug chartern. Ging bisher so (und dürfte bei Einrichtung einer neuen Airline nach Pto. Williams auch so laufen): Linienflug bis Pto. Williams und den Rest auf Charterbasis. Dauert ab Pto. Williams zum Cap Horn und retour inkl. intensivem Umkreisen des Caps ca. 3 Std.

Ein etwa 150 m hoher Dreiecksgipfel. Teils Fels, teils mit dünner Grasmatte bewachsen. Draußen die endlose Weite des Meers bis zur Antarktis und eine Handvoll Fels- Miniinseln mit Pinguin Kolonien, die ihre schwarze Stein-Heimat weiß mit Kot verziert haben. . . .

Kurz vor dem Cap: kleine Militärstation, deren Soldaten sich in der Einsamkeit über jegliche Abwechslung freuen. Retour ab Pto. Williams ca. 200 bis 300 US $ für die komplette 6- sitzige Propellermaschine.

Antarktis:

Ab Chile zu chilenischen Forschungsstationen auf der Chile vorgelagerten O'Higgins Halbinsel (King George) ist möglich, aber schwierig und teuer. Details siehe Seite 1535.

ALLGEMEINE TIPS CHILE:

✱ STROM: 22o Volt/5o Hertz Wechselstrom. Die schmalen, gegossenen Kunststoffstecker, wie sie an Rasierapparaten, Radios und Tonbandgeräten sind, passen rein, – für Schukostecker ist ein Adapter nötig.

✱ FEIERTAGE: 1. Jan. – Karfreitag/Ostern, – 1. Mai (Tag der Arbeit), – Himmelfahrt, – Frohnleichnahm, – 15. August, – 18./19. Sept., – 12. Okt (Entd. Südamerikas), – 1. Nov. (Allerseelen), – 8. Dez., – 25. Dez., sowie regionale Feiertage.

✱ FESTE: * 3. bis 6. Jan. großes Kirchenfest zu Ehren der 3 heiligen Könige in PICA(östl. der Panamericana/Höhe Iquique, Nordchile). Sehr farbenprächtig; Indios kommen bis von Bolivia. – * SEMANA ARAUCANA (Anfang Jan.) , Region Temuco. – * VINA DEL MAR (Ende Jan.): großes Musik-Festival, bei dem die Schlagergrößen aus ganz Südamerika sich in diesem Seebad unterhalb Santiagos an der Pazifikküste treffen. Viel Action und sehr berühmt in ganz Südamerika. Dringend Hotel vorbuchen, oder Standquartier in Santiago. – * 2. Febr. / FIESTA CANDELARIA in Copiapo, Nordchile. Die Virgen ist die Beschützerin der Bergleute der Region. Umzüge, Messe, Tänze und Besäufnis , – * VALDIVIA (2. Hälfte des Febr., variabel), Mittelchile. Mit großen Kanuwettbewerben auf dem Rio Calle Calle, Feuerwerk, Musikwettbewerbe etc. Macht Spaß, Mischung aus deutschen Bräuchen mit für Südamerika typischer Freude am Feste-feiern, – * 29. Juni (gesamt Chile/Häfen) FIESTA DE SAN PEDRO, der Schutzpatron der Fischer. – * 16. Juli FIESTA TIRANA (Nordchile, nähe Panamericana und Höhe Iquique). Große Prozessionen, Volkstänze, sehr lohnend – * 8. Sept. FIESTA DE LA VIRGEN DE G. AYQUINA im gleichnamigen Dorf Region Calama/Nordchile (an der Piste rauf zur boliv. Grenze). Ein Campesinofest zu Ehren der Dorfheiligen. – * 12. bis 25. Okt.: große Landwirtschafts- und Industriemesse im Parque Los Cerillos/Santiago. – * 1o. Nov. OSORNO/Mittelchile, große Landwirtschaftsmesse, – 25. Dez./ ANDACOLLO (rund 5o km von La Serena, Nordchile). Über Chile hinaus berühmtes Campesinofest, Volkstänze. – 31. Dez./VALPARAIOS: Sylvester Feuerwerk.

★ **TRANSPORT:** wohl kein anderes Land der Welt verfügt für das Transportwesen über so ungünstige Dimensionen: ein schmales Handtuch von ca. 4.5oo km Länge und im Schnitt 2oo km Breite.

Hauptverkehrsader ist die PANAMERICANA, runde 3.3oo km von der peruanischen Grenze über die Hauptstadt Santiago de Chile bis runter nach Pto. Montt, durchgehend asphaltiert und derzeitiger Endpunkt. Geplant ist eine 1.283 km Verlängerung von Pto. Montt runter nach PUERTO YUNGAY, die "Carretera Austral", die im momentanen Ausbaustadium von Chaiten (zu erreichen ab Pto. Montt via Insel Chiloe und dort ab Chonchi per Autofähre) bis runter zum Lago Gral. Carrera führt. Details siehe dort.

Seitenstraßen in Zentralchile sind je nach Bedeutung gelegentlich asphaltiert, generell aber in Gesamtchile meist Schotterpisten, die besonders oben im Nordteil des Landes in Grenznähe zu Bolivia ein Geländefahrzeug benötigen können.

★ **Eigenes Fahrzeug:** kann, wenn man abseits der Hauptrouten reist, in Chile ungemein viel an zusätzlicher Bewegungsfreiheit bringen. So in Nordchile (Putre, Lauca Nat. Park und Salar de Surire), – im Bereich Antofagasta/ Calama (Geysire El Tatio, Atacama- Salir), – gegebenenfalls auch Region La Serena (Tololo- Sternwarte, die Nebelwälder vom Fray Jorge Nat. Park und das Valle del Encanto bei Ovalle). Meist kein öffentlicher Transport!

Erstgenannte Grenzgebiete Nordchiles zu Bolivia gehören zu den landschaftlichen Höhepunkten einer Südamerikareise. Wurde von uns zuerst mit einem Käfer recherchiert. Ging stellenweise (wegen zu geringer Bodenfreiheit und fehlendem Allrad) in Grenzbereiche, bzw. war Sense. Ist aber Eldorado für Geländewagenbesitzer (alles, was man hier in Deutschland oder der Schweiz auf Forstwegen nicht darf, bzw. was diese zudem nicht im entferntesten an Spaß bringen können!)

Zentralchile: geht problemlos mit jeder Art von Fahrzeug. Zwar guter, öffentlicher Transport, so doch mit eigenem Fahrzeug mehr Bewegungsfreiheit im sehr lohnenden Seen- Gebiet! Optimum hier das Wohnmobil!

Südchile: außer der Carretera Central: Sense mit eigenem Fahrzeug. Die Strecken nach Feuerland gehen durch Argentinien (Pampa oder entlang der Anden). Landschaftlich grandiose Strecken zwischen Temuco/Pucon bzw. Osorno rüber durch Nationalparks auf die argentinische Seite!!

★ **Mietwagen:** Alternative für den, der über Geld verfügt. In optimaler Kombination: statt endloser Panamericana- Km- Kurbelei die Sache per Flugzeug und vor Ort Auto anmieten. Achtung: für Trips in Nordchile ab z.B. Arica oder Antofagasta rauf ins Andenhochland nahe der boliv. Grenze: keinen schwach- PS- igen Japaner anmieten, macht spätestens bei 3.5oo m schlapp. Auch stärkere Fahrzeuge vorab für die Höhe einstellen lassen!

Wer unten in Patagonien/Pta. Arenas ein Fahrzeug anmieten will: leider recht kräftig teuer, – zudem ist es nach den derzeitigen Bestimmungen nicht möglich, mit einem Mietfahrzeug rüber nach Argentinien zu fahren!

MIETWAGEN gibt es in Arica, Antofagasta, La Serena, Santiago, Concepcion, Temuco, Puerto Montt und Pta. Arenas. Allerdings nicht überall sind die internat. Autovermieter wie Hertz, Avis vertreten. – Der Automovil Club de Chile hat oft günstigere Preise, außerdem erhält wer 1 Monat mietet, 6 Tage gratis! Mitglieder des Clubs (und damit eventuell auch ADAC, ÖAMTC- Clubmitglieder) erhalten zudem 25 % Rabatt auf die Tagesmiete und 1o % Rabatt auf den Kilometertarif. Tel. Santiago 749516

★ Flüge: siehe Einleitungskapitel/Chile! Führend sind die beiden Airlines "Lan" und "Ladeco", die beide mit Jets operieren. Tips zum Chile- Rundflugticket siehe Seite 1364/139o

Die einzelnen dort beschriebenen AIRPÄSSE helfen nicht nur, die Reisekosten in einem der landschaftlich schönsten Länder Südamerikas zu reduzieren.

Wer clever ist und mehr als 21 Tage Zeit hat (Gültigkeit der Airpässe), kann sich interessante und billige Routen- Kombis auf der Südspitze des Kontinents legen! Beispielsweise ein, in SANTIAGO DE CHILE begonnener Airpass, der zunächst rauf nach Arica an der Nordgrenze des Landes gelegt wird (mit Abstechern in die landschaftlich großartigen Nationalparks an der Grenze zu Bolivien, sowie Besuch der Chuquicamata- Mine und Atacames Wüste. Dann rüber zu den Osterinseln. Insgesamt bis zu diesem Punkt nötig ca. 14 Tage. Dann runter nach Pta. Arenas/Patagonien mit Ausflug zum Torres del Paine- Nationalpark. Retour am 21. Tag des Tickets nach PTO. MONTT/Seengebiet. Dort per Mietwagen oder Bussen rumreisen und mit dem Zug (ca. 1 Nacht) retour nach Santiago.

In vielen Varianten möglich, z.B. auch in Verbindung mit dem argentinischen Airpass. Bei den günstigen Transatlantig- Flugpreisen ab Europa sind Chile- Rundtrips insgesamt an Transportkosten für ca. 3.ooo DM realisierbar.

Heißer Tip: der SÜDSEE–RUNDTRIP für ca. 1.3oo US $ ab Miami via Lima – Santiago – Osterinseln – Tahiti – Los Angeles. Details siehe Seite 7o

Regionale Airlines wie "Aeronor Chile" und "Aeroguayacan" bedienen ab Santiago de Chile mit Propellermaschinen den Norden, – die "TAC" ab Pto. Montt Südchile bis Coihaique sowie Airstripes auf der Insel Chiloe und entlang der Carretera Austral, – kleinere Privatairlines ergänzen mit Sportflugzeugen zu Mini- Airstripes im Seengebiet sowie Bereich Cohaique. Weiterhin Regionalairlines ab Pta. Arenas nach Feuerland.

"F.A.CH.", Militär- Propellermaschinen der Air Force , können auch von Touristen benutzt werden, allerdings haben zunächst Einheimische und Militärpersonal den Vorrang. Zudem kompliziertes Genehmigungs- und Reservierungsverfahren, das die Sache auch wegen der Warterei (ob's mit dem Flug klappt) sehr unattraktiv macht. Details siehe Seite

"TAXPA", eine kleinere Privatairline bedient ab Santiago die Robinson Crusoe- Insel im Pazifik. – Neuerdings kann man mit Hercules C 13o Propellermaschinen in den Sommermonaten (Dez. - März) in die Antarktis mitfliegen, allerdings nur über Tour- Veranstalter zu buchen und sehr teuer. Details siehe "Antarktis". –

✱ Busse: insgesamt in Chile excellentes Busnetz und auf den Hauptstrecken sehr gutes Material. Das Kapitel über Busse (siehe Einleitungsteil/Chile!) gilt verstärkt auch für Zentralchile: komfortabel, teils mit Toiletten und Bar, schnell und bequem. Die teureren Busse mit TV und Film vom Videorecorder! – Wer stressige Langstrecken fährt (z.B. Arica – Santiago), sollte auf die beste Busqualität zurückgreifen, aber vorher die Busse inspizieren!!

✱ Züge: ab Santiago nach Nordchile, – ebenso wie Santiago nach Mendoza/Argentinien: seit Jahren eingestellt, da der Bus schneller und bequemer ist.

Santiago nach Südchile/Pto. Montt dagegen Tip- Top für südamerikanische Verhältnisse mit modernen Triebwagen oder mit Zuggarnituren, die Restaurant und bequeme Schlafwagen mit sich führen. Schnell und effizient, vielfach dem Bus vorzuziehen. Details siehe "Santiago/Verbindungen"!

★ Trampen: zwischen Santiago und Pto. Montt gute Chancen, aber relativ selten in einem Rutsch. Besonders unten im Seengebiet, wo viele deutschstämmige Siedler leben, soll ein BRD- Wimpel am Rucksack nicht nur für den "lift" sehr helfen!

★ Boote: im chilenischen Seengebiet nur dort, wo die Berge am Ufer so steil aufsteigen, daß seitlich keine Straße mehr Platz hat. Dann aber auch großes Landschaftserlebnis per Boot. (Lago Todos Santos, Lago Pirehueico).

Ab Pto. Montt und der vorgelagerten Insel Chiloe regelmäßige Verbindung (1 bis 2 mal/Woche) mit kleineren Personen/PKW- Fähren runter zum südl. Festland/Region Chaiten – Chacabuco. Interessant als Anreisevariante nach Feuerland. – Bzw. von Pto. Montt durch die Fjorde Südchiles nach Pta. Arenas, eine der schönsten Fahrten mit dem Schiff in Südamerika. Details dort!

★ Taxis: in Santiago und anderen größeren Städten mit Taxameter, welches sich aber auf dem Land nicht immer durchgesetzt hat. Dann vorab den Preis vereinbaren. Nach 22 Uhr bis 6 Uhr früh und an Son- und Feiertagen 5o % Aufpreis.

★ Colectivos: (PKW's, die wie Busse feste Routen fahren), gibt es in Chile im Gegensatz zu anderen Ländern Südamerikas nur selten. Allenfalls unten in Patagonien und in der Region Cohaique, sowie regional, z.B. Region Arica/ Antofagasta.

★ GRENZVERBINDUNGEN:
Wegen der Länge des Landes gibts jede Menge zwischen Chile und Argentinien. Nicht jede hat Busverbindung, – aber auch für Leute mit eigenem Fahrzeug: vorab Grenzformalitäten klären (Tourist Karte für Argentinien, Carnet etc.); einige der Übergänge nur für Einheimische (Chilenen, Argentinier) geöffnet.

Zum Teil auch wilde Andenpisten, die wegen superdünnem Verkehr oft für Tage nicht passierbar sind, bis der nächste Catterpillar den Bergrutsch oder die Zuschüttung durch Lawinen wieder freiräumt. In folgender Tabelle nur die wichtigsten!

WER Chile mit Argentinien verbindet, hat als Hauptübergang:Santiago–Mendoza (das ganze Jahr über offen; der Pass wird durch den Caracol- Tunnel unterquert). Asphaltiert, nur Busse (der Zugverkehr wurde eingestellt). Die schnellste Verbindung rüber nach Buenos Aires.

An Reisezeit nur 2 Tage länger, aber wesentlich schöner ist folgende Alternative: Zug ab Santiago nachts runter nach Pto. Montt/Südchile. Dort mit dem Bus/Boot (schneller ab Osorno) über die Seenkette nach Bariloche/Argentinien und dort mit Zug oder Bus nach Buenos Aires.

Geht auch in mehreren, sehr lohnenden Varianten, z.B. ab Temuco/Chile via Lanin- Nationalpark nach Bariloche. Details siehe Text!

Chile – Peru: über den Hauptübergang Panamericana zwischen Arica und Tacna.
Chile – Bolivien: per Straße via Arica, Lauca Nat. Park mit Grenzübergang Tambo Quemada nach La Paz. Per Eisenbahn entweder ab Arica oder ab Antofagasta (Bus nach Calama) und dort per Zug. Sowohl per Straße wie auch per beide Eisenbahnverbindungen sehr lohnend!!

PERU:
Arica – Tacna 1394

BOLIVIEN:
Arica – La Paz/Straße 1393
Arica – La Paz/Zug 1392
Antofagasta – La Paz 14o5

ARGENTINIEN:
Salar Atacames – Salta 14o7
Antofagasta – Salta 14o6
La Serena – San Juan 1414
Santiago – Mendoza 1453
Temuco – San Martin/Bariloche ... 1461
Osorno/Pto. Montt–Bariloche 1477
Cohaique – Rio Mayo 1492
Chile Chico – Perito Moreno 1496
Pto. Natales – Rio Turbio 1515
Pto. Natales – Calafate 1516
Pta. Arenas – Rio Gallegos 1517
Pta. Arenas – Rio Grande 1519

✗ KLIMA und KLEIDUNG: wegen der gewaltigen Nord- Süd Erstreckung Chiles über rund 4o Breitengrade gibts einen Querschnitt durch alle Klimazonen.

SOMMER: Dez. bis März. Von rund 26 bis 3o Grad Lufttemperatur oben an der Nordgrenze/Arica, – über das höher gelegene und vom Meer abgeschirmte Santiago, wo im Sommer die Aircondition in den Büros nötig wird, weil die Temperaturen auf runde 3o Grad max. tagsüber ansteigen, – bis runter nach Pta. Arenas/Patagonien mit tagsüber um die 12 bis 15 Grad. Nachts starker Temperaturabfall und selbst in Santiago bis Arica Pullover oder warmer Mantel nötig.

WINTER: Juni bis August. Oben in Arica um die 18 bis 19 Grad, – Santiago um 15 Grad, – Pta. Arenas um 4 bis 5 Grad. Dies tagsüber. Nachts gehts in Arica in Bereiche von 12 Grad, Santiago um 3 bis 4 Grad und Pta. Arenas um Null.

Geht aber auch noch viel kälter. Selbst im Sommer und Nordchile, wenn man in die Anden rauffährt saukalt, Richtung Null nachts bzw. im Winter kräftig drunter. Auch die Pässe in Mittelchile oft zugeschneit, sofern über 7oo m. Pta. Arenas hat zwar im Winter noch "gebremst kaltes" Klima durch die Lage am Meer. Sobald man aber landein fährt: dicke Schneedecke, insbesondere wenn man in höhere Lagen kommt (z.B. Torres del Paine Nat. Park).

KLEIDUNG daher zwischen Baumwoll- T Shirts für den Sommer und tagsüber bis Pullover und dicke Mäntel abends und nachts, egal, welcher Breitengrad und Jahreszeit. Guter Regenschutz ab Mittelchile!

BADEN: Chile hat zwar gute Strände, egal ob Arica oder Zentralchile. Der aus der Antarktis kommende Humboldtstrom ist jedoch die Kälteanlage, die selbst in den Sommermonaten und oben in Arica nichts Attraktives an Wassertemperaturen bringt. In Arica selbst im Jan/Febr. selten über 18 Grad, gilt auch für das Seengebiet, das zwar südlicher, aber durch Küstenberge vom Meer geschützt liegt. Badekleidung einpacken, aber "nordfriesisch" abgehärtet ins Wasser steigen . . .

REGENZEIT ist Mai bis September. Zwar häufig: verhüllte Berge bei Flügen über Mittel- und Südchile. Beeinflusst den innerchilenischen Verkehr jedoch (ausgenommen Transanden- Pisten) nicht so stark, wie beispielsweise die Regenzeit in Brasilien, Peru oder Bolivien.

*UNTERKUNFT: Chile verfügt in den größeren Städten über gute Mittelklasse Hotels (Preisklasse 15 bis 2o US $ fürs Doppel). Top- Hotels dagegen nur selten und vorwiegend in Santiago.

Die Preise müssen nach derzeitiger Regelung zwar dem Tourismusministerium gemeldet werden, können aber vom Besitzer gemäß Angebot und Nachfrage frei variiert werden. Das heißt: in Tourismusgebieten wie Arica oder Seengebiet außerhalb der Saison gute Chance zum Handeln, – bzw. während der Saison oft Preisanstieg bis zu 4o/5o %. Unsere Preise sind in der Regel Mittelwerte.

Oft sehr preiswerte Familienpensionen, besonders in Südchile und dem Seengebiet. Die zwar nur wenige Zimmer anbieten können, einfach eingerichtet sind, aber sauber und sehr billig. Sofern es kein Touristbüro (Sernatur) im Ort gibt, hilft die Intendencia oder Municipalidad (Bürgermeisteramt).

ZELTEN: Eldorado ist das Seengebiet zwischen Temuco und Pto. Montt. Teils mit offiziellen Campingplätzen, die in der Regel von Privathand geführt werden. Oft aber auch in der Weitläufigkeit des Landes "wild" geduldet, aber bitte nach Abbruch des Nachtquartiers den Platz sauber machen! Von "Sernatur"/Santiago, Catedral 1159 gibts eine Liste der offiziellen Campingplätze.

WER im Seengebiet campiert, braucht außer dem Zelt (Regenschutz) auch gute Wärmeunterlage neben wärmendem Schlafsack. Die Temperaturen entsprechen klimatisch denen des späten Frühlings* (tiefere Lagen) bzw. des beginnenden (höhere). Für Wildcampen sicherheitshalber beim nahen Bauern bzw. den Carabinieris um Genehmigung fragen, sofern Siedlungen in der Nähe sind. – Klare Bäche, unorganisierte Natur in ihrer Weitläufigkeit, großartige Landschaft: das sind die großen Pluspunkte in Verbindung mit schönen Wanderungen! *Deutschlands, bzw. Austria, Schweiz...

JUGENDHERBERGEN: Chile ist gut versorgt, insbesonder in Südchile:

Valdivia	Picarte Ecke G. Reyes
Niebla	Altos Embarcadero de Niebla
Osorno	Talca 426 (Rahue Bajo)
Bahia Mansa	Hauptstraße
Puerto Varas	Imperial Ecke Pedro Aguirre Cerda
Puerto Montt	G. Gallardo 4o2
Ancud	Pudeto 175o
Castro	San Martin 554
Aisen	Riviera Sur gegenüber dem edif. obras publicas
Coihaique	Baquedano Ecke A. Serrano
Arica	Avda. 18 de Setiembre
Iquique	Avda. P. Gamboni 2828
Antofagasta	für Jungens: M. Rojas 1522 für Mädchen: D. Gana Ecke Edo. Lefort
La Serena	Avda. F. de Aguirre 424
Vina del Mar	Blest Gana 384
Santiago	M. Antonio Reyes 84
Linares	V. Letelier 1262
Concepcion	Colo Colo 354
Temuco	Prieto Norte 28o
Pucon	(Camping, an der Straße zum Vulkan Villarica

Nationale Wegweiser:

Daß in Chile viele ausgewanderte Deutsche leben (besonders in der am dichtesten besiedelten Region Santiago de Chile bis Pto. Montt), – das sieht man auch an der excellenten Organisation in der Beschilderung.

Nicht nur an Wegabzweigungen eine für Südamerika vorbildliche Beschilderung (in der Regel) zu Orten, – sondern auch bezüglich landschaftlicher Schönheiten oder sonstiger Besonderheiten. Hier eine Übersicht der wichtigsten Pictogramme:

Die Jugendherbergen (Hauptbüro Santiago, Villavicencio 352) können von Jugendlichen zwischen 15 und 27 Jahren mit internat. Jugendherbergsausweis benutzt werden. Sie sind in der Regel nur während der chilenischen Sommermonate und 4. Jan. bis 25. Februar offen. Die Übernachtung kostet ca. 1 US $ wobei im Minimum 4 Übernachtungen zu kaufen sind.

BESONDERS beliebt bei jungen Chilenen ist neben Übernachtungen und Wanderungen im Seengebiet folgende Strecke: Zug von Santiago bis Puerto Montt, Übernachtung auf der Insel Chiloe/Ancud, Castro und rüber mit der Fähre nach Chaiten bzw. Chacabuco mit Übernachtung in der Jugendherberge Aisen bzw. Coihaique. Mit Trips an den Lago Gral Carrera.

SPORT: Chile hat nicht nur eine der schönsten und lohnendsten Landschaften Südamerikas, sondern auch breites Sportangebot, insbesondere im Sektor Wandern:

★ **WANDERN:** auch in diesem Punkt ist Chile ungemein attraktiv. Es gibt mehr als 5o (!) Nationalparks, welches konform zur Schönheit des Landes geht. Höhepunkt: der "Torres del Paine Nationalpark" in Patagonien. Verwaltet von und Kontaktadresse: CONAF, Bulnes 285/Santiago.

★ **BERGSTEIGEN:** Aktivitäten existieren, aber nicht so entwickelt, wie z.B. in Bolivien oder Argentinien, wo die Topgipfel im Grenzbereich liegen. Unerschlossen, aber sehr reizvoll: Torres del Paine/Patagonien.

★ **ANGELN:** breite innerchilenische Aktivitäten, insbesondere Seengebiet. Sofern noch vorrätig: die Broschüre von "Sernatur" besorgen: "Anleitung zum Angelsport in Chile", 5o Seiten, deutsch.

★ **SKI:** zusammen mit Argentinien das breiteste Angebot auf dem südamerikanischen Kontinent. Entwickelt seit den 5o-er Jahren, als sich chilenische Studenten, die sich an europäischen Universitäten aufhielten, diesen Sport nach Chile brachten.

Die Bedingungen in Chile zum Teil optimal. Sowohl in den Anden um Santiago (Portillo war Weltmeisterschafts- Austragungsort 1966), aber auch an den Vulkanhängen Mittelchiles mit oft grandiosem Rundblick. Details im Text! Skilifte, Refugios und Verleih von Ausrüstungen. – Die Piste von Pta. Arenas/Patagonien gilt als die südlichste der Welt. Sanft, zwischen Bäumen bergab mit schönem Blick über die Magallan- Straße ... SKI–SAISON ist in Chile von Juni bis September, je nach Höhenlage länger.

DIE BESTEN SKIGEBIETE CHILES:

Portillo	1435	Lagunillas	1436
Farellones	1436	Villarica	1461
La Parva	1436	Vulkan Osorno	1473
El Colorado	1436	Cerro Mirador/Pta. Arenas	15oo

★ **ESSEN:** wie nicht anders zu erwarten bei einer derartigen Küstenlänge, spielen Fisch und insbesondere Muscheln eine wichtige Rolle in der chilenischen Küche.

– mariscos & pescado –

Cholgas — Riesen- Miesmuscheln in Faustgröße! Vorwiegend Region südlich von Pto. Montt. Zitrone drüberträufeln: Hochgenuß! Vorsicht, die Cholgas haben manchmal kleine perlmutt-farbene Steinchen im Muschelfleisch aufgenommen, die man aber gut sieht.

Größere Muscheln mit grünem "Gestrüpp" aus der Mitte herauswachsend. Aus der Muschel ziehen und dranhängendes Muschelfleisch absaugen. Geerntet werden können die "Cholgas" in den Monaten Febr. bis Sept., ausserhalb dieser Zeit gibts die kleineren "Choritos".

Cangrejo — Krebs, dessen Fleisch aus der Schale herausgeholt und mit Milch, sowie Soßen vermischt wird. Nach Kochen wieder eingefüllt. Wenn die Soße gut war: schmeckt ausgezeichnet! Nennt sich auch "Jaiba".

Erizos — Stachelkugel. Das herausgeholte Fleisch wird (un-)gekocht serviert. Rosa Farbe, nicht jedermanns Geschmack. Mit Zitrone und gutem Weißwein genießen. Kommt oft auch mit Pfeffer und Tomatensoße.

Locos — Fast überall an der Küste zu bekommen. Die Muschel, die in vielen Hotels als Aschenbecher rumsteht. Weißes, kompaktes Muschelfleisch. Paniert oder pur. Mit Zitrone beträufeln.

Langostas — Chiles Küsten sind überreich an Langusten, die größten gibt es vor der Isla San Fernandez (Robinson Crusoe Insel), die zugleich die größten der Welt sind. Sofern man sich nicht in Fanggebieten aufhält (z.B. auch Osterinseln), sind Langusten in Chile teuer. Das meiste geht in den Export für nordamerikanische und europäische Märkte.

Centollas — Riesenkrabben. Entweder pur mit drübergeträufelter Zitrone, oder mit Mayonese, bzw. grüner Soße. Lecker. In Varianten, z.B. "chupe de centolla" (Suppe mit Riesenkrabben), – "Creol" (mit Gewürz- oder Knoblauchsoße).

Camarones — das, was bei uns unter Shrimps läuft. Entweder pur, oder mit Soßen, oder Suppen beigegeben, bzw. mit Reisgerichten.

Ostras — Austern. Die reichhaltigsten Austernbänke liegen östlich der Insel Chiloe. Gute Chance für diese leckere Meeresfrucht daher in Castro oder Ancud.

Machas — das, was in Italien "vongoli" heißt. Kleine, weiße, ca. 1,5 cm große Muscheln mit Stippchen Muschelfleisch. Spaghetti oder Reisgerichte beigegeben.

Ostiones — Die flache, we iße Muschel (wie sie auch im Firmenemblem der Benzingesellschaft "Shell" zu sehen ist). Meist in der Form "Ostiones a la parmesana" serviert. Das Muschelfleisch mit Käse, etwas Pfeffer und Butter über backen, bis es eine knusprige, goldbraune Farbe erhält.

Chupe de Mariscos: eine Fischsuppe ähnlich der franz. Bouillabaisse. Ingredienzien: Camarones, Centollas, Machas und verschiedene Fische, wobei die Nähe zum Fischer (=alles fangfrisch sofort in die Suppe verarbeitet!) entscheidend für Geschmack und Reichhaltigkeit der Suppe ist. Mit die besten "Chupe de Mariscos" folgerichtig auf der Insel Chiloe, aber auch in Papudo, Los Villos etc.

Curanto — chilenische Spezialität. Die Basis sind Mariscos. Hinzu kommt Schweinefleisch und Huhn, Würstchen, Erbsen und Kartoffeln mit Schale.

Für die Zubereitung gibt es zwei Arten: entweder "a la olla" (im Topf), wobei man den Saft der Ingredienzien zur Geschmacksabrundung mit nutzt. Hinzu kommen Petersilie, Zwiebeln, Chilli und Karotten.

Oder "en el hoyo" (in der Erde). Mit Feuer Steine erhitzen, dann hier hinein die Mariscos. Alles mit nassem Stoff bedeckt und Maisblättern.

Auf der Insel Chiloe heißt das Curanto "Pulmay" und wird im Topf zubereitet. – Auf dem Altiplano ist die Basis des Curanto vorwiegend verschiedene Rindfleischsorten. Hinzu kommt süßer Mais, Zucker und Chilli. Teils in Maisblättern eingewickelt und so serviert.

Paila Marina — Großer Fischtopf mit Chilli, Knoblauch und Pfeffer angewürzt. Zudem Mariscos wie Muscheln und Shrimps.

Cochayuyu — Seetang mit Gemüse, Zwiebeln und Knoblauch. Mit gekochten Kartoffeln. Schmeckt lecker!

Parrillada de Mariscos: Riesenkrabben und Fisch über dem Holzkohlefeuer.

Cebiche — wie auch in Peru und Ecuador: roher Fisch mit Zwiebeln, Chilli. Plus gekochte Kartoffeln.

Caldillo de congrio: eine Suppe, in der Stücke des Congrio (Meeres-Aal) schwimmen. Mit Pfeffer und Chilli, aber auch Zwiebeln verfeinert. Sowie Kartoffeln.

Fische — Auch hier ist Chile überreich in seinen Küstengewässern. Auswahl: corvina – bonito – robalo – merluza – sardina – machuelo – caballa – blanquillo etc.

BESTE STELLEN für Fischgerichte, insbesondere Muscheln in Chile:
- Los Villos, etwa 180 km nördlich von Santiago an der Panamericana und Küste
- natürlich die Region Papudo bis Algarrobo, unterhalb von Santiago an der Küste mit seinen Fischer- und Ferienorten
- und im Süden die INSEL CHILOE, praktisch an erster Stelle, was Muscheln, Krabben, Fisch, Austern etc. anbelangt!
- für Cholgas: Pto. Aysen/Chacabuco, die Insel Chiloe und Pta. Arenas
- für Langusten: Isla San Fernandez und Osterinseln
- chilenisches Seengebiet für Süßwasserfische, u.a. auch Forellen (nennt sich "trucha")

– carne & pollo –

Bisteak a lo pobre: Fleisch mit Eiern, Zwiebeln, Tomaten und Reis oder Kartoffeln bzw. pommes frites. 08/15-Gericht.

Asado oder churrasco;: gebratenes Steak mit Beigaben, z.B. Tomaten, Avocados etc. "lomo" gilt dabei für Filet, aber leider kommt nicht immer Filet auf den Tisch, wenn man "lomo" bestellt.

Arollado de chancho: gekochtes Schweinefleisch, gefüllt mit gekochten Eiern und verschiedenen Beigaben wie Pfeffer, Knoblauch etc.

Causeo: Gericht für Spezialisten: Füße und Kopf vom Schwein, kommt in Stücken in den Topf und wird gekocht. Anschließend gehackte Zwiebeln, Petersilie, Knoblauch, Pfeffer, Oregano und andere Gewürze beigegeben.

Charquican: in der Sonne getrocknetes Fleisch, in kleinen Stückchen mit Zwiebeln, Karotten, Kartoffeln und Kürbis gemischt serviert.

Chancho en Piedra: Nationalgericht von Talca. Schweinefleisch mit Tomaten, Knoblauch, Zwiebeln auf Stein zerdrückt. Serviert mit Salz und Pfeffer und besonders auf Campesino-Festen beliebt.

Porotos Granados: Bohnen mit Maiskörnern und Kürbis gekocht, zusammen mit Basilikum und anderen Gewürzen. Kann man zusammen mit Fleisch essen.

Chanfaina: Leber mit Schafherz. Wird zusammen mit Kartoffeln, Zwiebeln, Kürbis und Reis gegessen.

Pastel de choclo: ein äußerst leckeres Gericht, wer sowas mag: auf ein Rindfleischstück oder Geflügel werden Zwiebeln, gekochte Eier und Gewürze gelegt. Anschließend die Angelegenheit mit einer Mischung aus Butter, Mais und Zucker belegt und in den Ofen geschoben, bis die Sache golden braun aussieht.

Tomatican: gebratene Fleischstücke mit Zwiebeln, Tomaten, Mais, Kartoffeln.

Cazuela: Suppeneintopf mit Fleisch oder Fisch, sowie Erbsen, Karotten, Kartoffeln etc. Mit Varianten, z.B. "cazuela de ave" (Basis ist ein Huhn).

Empanadas: Gefüllte Teigtaschen mit Hackfleisch, Eiern, Oliven, Kartoffelstückchen, Teilen vom Huhn, Zwiebeln und Gewürzen. Heiß serviert; vorsichtig reinbeißen, auch weil viel Soße in der Teigtasche drin ist!

Variante: "Empanadas de queso" (gefüllt solo mit Käse)

Humitas: im Mixer zerkleinerte Maiskörner, vermischt mit Salz, Knoblauch, Chilli und sehr klein zerhackte Zwiebeln. Das Ganze in einem Maisblatt eingewickelt und in Wasser gekocht.

Milcao: geriebene Kartoffel mit Mehl und Schweinefleisch. Die Sache im Ofen gebacken.

Breite Palette an Früchten, besonders in Zentralchile. Excellent sind die Kuchen der Region des Seengebietes (meist von deutschstämmigen Konditoren). – Den Ober ruft man im Restaurant übrigens nicht, wie in den anderen, spanischsprachigen Ländern Südamerikas mit "mozo!!", – sondern mit "garzon". Zischen, wie in Peru üblich, oder gar Händeklatschen (Bolivien, Kolumbien, Peru etc.) ist in Chile unanständig. –

★ GETRÄNKE: Bier, Sprudel, Mineralwasser in einheimischer Produktion. Excellent sind die chilenischen Weine, siehe Kapitel Seite

Hochprozentigeres: beliebt, ähnlich wie in den Nachbarländern Peru und Bolivien der Pisco. Gewonnen aus Weintrauben, den man entweder pur oder als "Pisco sour" trinkt (3 Teile Pisco, 1 Teil ausgequetschte Zitrone, dann Zucker nach Geschmackstest beigeben und die Sache in den Mixer mit Eisstückchen).

"Guindado" ist ein Kirschbrandy, – "Apiado" ist ein Sellerie- Brandy, – "Cola de Mono" beliebtes Getränk an Weihnachten und beim Rutsch ins neue Jahr (Traubenschnaps + Vanille + Cafe + Milch + Zucker + etwas geriebene Muskatnuß, Zucker und ein Ei). – "Palomita": Mischung aus Mineralwasser mit Anis- Likör. Richtig serviert, wird es aus dem Strohhalm getrunken. – "Pichuncho": Pisco mit Martini oder ähnlichem und eine ausgedrückte Zitrone zur Abrundung des Geschmacks. – "Chile Sour" ist die chilenische Variante des Pisco Sour, nämlich pur mit viel Zitronensaft. – "Gloriado": heißes Wasser, Traubenschnaps und gebrannter Zucker. – "Cafe con malicia": Kaffee mit Brandy. – "Licor con Oro": Brandy mit Milch, eigentlich eine Mischung von "Feuer mit Wasser", aber mal probieren! Wird unter anderem gern im Seengebiet getrunken. – Weniger mein Geschmack dagegen sind Mischungen wie "Pisco con Fanta". Gite- Git!!

Chicha: alkoholisches Getränk schwächerer Prozentzahl, das aus Trauben, Äpfeln etc. durch Fermentation gewonnen wird. Entsprechend z.B. "Chicha de manzana" (im Süden Chiles sehr beliebt), aus Apfelsaft.

Whisky stammt meist aus Importen von Schottland bzw. USA und ist wesentlich billiger als in anderen südamerikanischen Ländern. Tips über billige Shops siehe "Santiago- Teil". Preise pro Flasche liegen um 2o bis 25 DM.

★ GESUNDHEIT: für Südamerika relativ hohe Hygiene, insbesondere ab Santiago südlich. Leitungswasser ist meist o.K., – sicherheitshalber aber besser Mineralwasser trinken. Ebenfalls keinen Salat essen. – Soroche, die Höhenkrankheit kann bei Fahrten in Nordchile rauf in die Anden Probleme machen (z.B. Lauca Nationalpark, Tatio Geysire etc.).

Ein anderer Punkt ist die Kleidung: bei den extremen Temperaturunterschieden einer 3 oder 4- wöchigen Chile Reise, – Hitze um 3o° C im Norden/Arica, – kalte Winde unten in Feuerland bei Temperaturen um 5 - 1o° C. im Sommer (aber auch bei Trips in die Anden rauf), sollte der Koffer oder Rucksack alles vom leichten Baumwoll- T Shirt bis zur warmen Daunenjacke, Pullover, aber auch Regenschutz beinhalten. Gilt auch für Trips von der Küste rauf in die Anden. Dies, um massive Erkältungen zu vermeiden. – Wer auf dem Trip in den kalten Süden Feuerlands und Pta. Arenas einen Abstecher rüber nach Bariloche/Argentinien macht: dort gibts preiswert sehr gute Wildlederjacken! –

BOTSCHAFTEN / KONSULATE:

PA = Postanschrift, – casilla = Postfach

BRD in Chile:

SANTIAGO DE CHILE: (Botschaft), calle Agustinas 785, 7 Stock, (PA: casilla 9949) Tel.: 335 o31

CONCEPCION: (Konsulat), calle O'Higgins 445, (PA:Casilla 41 - C), Tel.: 259 78

ANTOFAGASTA: (Konsulat), calle Bolivar 374, (PA:Casilla 454), Tel.: 226 944

ARICA: (Konsulat), 21 de Mayo, 486, (PA:Casilla 9o7), Tel.: 315 51

PUERTO MONTT: (Konsulat), calle O'Higgins 114, (PA:Casilla 1o- D), Tel: 267 2

PUNTA ARENAS: (Konsulat), Independencia 875, (PA: Casilla 44 - D) Tel': 237 81

TEMUCO: (Konsulat), Av. Matta 314, (PA:Casilla 32 -D) Tel.: 323 92

VALDIVIA: (Konsulat), calle Los Helechos 56o, (PA:Casilla 412), Tel.: 2919

VALPARAISO: (Konsulat), calle Aldunate 1627, 2 Stock oficina 21, (PA:Casilla 167 - V), Tel.: 567 49

SCHWEIZ in Chile:

SANTIAGO DE CHILE: (Botschaft), Providencia 2653, Edif. Forum 16 Stock, Tel.: 232 269 3

ÖSTERREICH in Chile:

SANTIAGO DE CHILE: (Botschaft), Barros Errazuri 2, 3 Stock, Tel.: 223 477 4

Chile in BRD: Kurfürstenallee 12, 53oo Bonn 2, Tel.: (o228) – 363 o89
KONSULATE in Bonn, Frankfurt, Berlin, Hamburg und München.

Chile in Österreich: Blaastr. 13, 119o Wien, Tel.: 347 178
KONSULATE in Linz und Salzburg

Chile in der Schweiz: Eigerplatz 5, 3oo7 Bern, Tel.: (o31) – 45o 745
KONSULAT in Zürich

Antarktis:

Der 6. Kontinent, – durch die 1.2oo km breite Drakes- Passage von der Südspitze Südamerikas getrennt. Besuch nur während der antarktischen Sommermonate möglich, – ca. Dez. - März. Und jegliche Reiseberichte vergessen, man könne sich angeblich ab Pta. Arenas/Chile oder Ushuaia/ Argentinien als Koch oder sonstwas auf Antarktisdampfern "rüberdienen", wenn diese hier zu ihrem letzten Stop anlegen.

Einmal sind derartige Versorgungs Schiffe antarktischer Forschungsstationen in beiden Häfen äußerst selten (und beispielsweise die Engländer bedienen ihre Forschungsstationen ab Falkland- Inseln, – die Deutschen ab Hamburg!) – zum anderen ist das Bordpersonal komplett, wenn es in Pta. Arenas oder Ushuaia anlegt.

Ebenso ist es den Navy Schiffen der Chilenen oder Argentinier verboten, Touristen an Bord zu nehmen, was auch für Versorgungsflüge gilt. Es gibt aber Ausnahmen, siehe folgende Tips. – Landschaftlich ist der Antarktis-Trip sicher großartig. Aber auch nützlich, um vor Ort die Probleme zu erleben, die sich hier für die Welt ca. Ende der 9o-er Jahre anbahnen,– militärisch, aber auch ökologisch. . .

★ANGEBLICH möglich: mit der chilenischen Navy. Erkunden im Verteidigungsministerium in Santiago de Chile. Soll um die 2.ooo DM/Person kosten für einen 2 Wochentrip, wobei allerdings nur chilen. Forschungsstationen angelaufen werden, die mit Nahrung, Maschinen, elektronischem Gerät und Post versorgt werden. Minimal Komfort an Bord; es handelt sich um, für die Antarktis umgerüstete Frachtschiffe. Da es sich um Versorgungstrips handelt, werden nicht unbedingt die landschaftlich interessantesten Punkte angelaufen und der jeweilige Landaufenthalt ist jeweils sehr kurz.

Selbst wenns klappt: ein Antarktistrip, der viel Einblick in die Schwierigkeiten der wissenschaftlichen Arbeit auf dem 6. Kontinent bringt. – Bezüglich Mitnahme auf argentinischen Navy- Schiffen zu argent. Forschungsstationen in der Antarktis siehe Seite 1351.

★Neueste Variante: "Sportstour"/Teatinos 3o4, Santiago de Chile bietet Mitflug in Propellermaschinen des Typs Hercules 13o ab Pta. Arenas zur chilenischen Antarktis-Station auf der King George Halbinsel an. Die Propellermaschinen gehören der chilenischen Air Force, wobei "Sportstour" lediglich als Vermittler auftritt. Die Preise liegen bei ca. 1.6oo US $ für einen 5-Tagestrip, wobei der Flug in die Antarktis ca. 2 1/2 Std. dauert, dort auf dem Eis neben einem Guest House der Chilenen gelandet wird. Ausflüge zur benachbarten, russischen Forschungsstation und per Helikopter zu anderen Punkten der Halbinsel, wie Seelöwen- und Pinguinen Kolonien.

Daß es an Bord der Militär- Hercules nur Pissoairs und chemische Toiletten gibt, keinerlei Fenster und Klimaanlagen, – macht sicher keinen Abbruch des Erlebnisses. Auch die happigen Reise- und Stornobedingungen nicht, wenn Flüge wegen Schlechtwetter verschoben oder storniert werden müssen. Denn die Antarktis ist kein Garmisch oder Davos.

Das Programm ist preiswert, aber in seinem Antarktis- Erlebnis limitiert, da es sich weitgehend auf die Forschungsstation und knappe Helikopterflüge konzentriert. Kann angeblich über "South American Tours", Adalbertstr. 44 - 48, 6ooo Frankfurt 9o gebucht werden. Infos, daß die Flüge von der LAN CHILE veranstaltet würden, treffen nicht zu (auch wenn sie angeblich eine Lan Chile - Flugnummer tragen), da es sich hier ab Pta. Arenas ausschließlich um einen Militärflug der chilenischen Air Force handelt. Lan Chile Frankfurt, Tel.: (o69) - 72 oo 1o ist jedoch mit Infos dienlich.

★ TAMA (Mejicana 782/Pta. Arenas) unterhielt 1984 einen 1 wöchigen Trip ab Pta. Arenas mit Bimotor- Flugzeugen über die 1.2oo km breite Drake- Passage rüber zur Nordspitze der Antarktis, wo die TAMA eine kleine Hosteria errichtete. Diese Verbindung ist jedoch zwischenzeitlich eingestellt.

★ Angeblich auch möglich mit argentinischen Versorgungsschiffen. Kontakt: Buenos Aires, Reconquista 385/7.Stock, "Jefetura Servicio Transportes Navales Antarctica".

★ Die derzeit beste Variante für Antarktis-Fahrten dürfte die LINDBLAD EXPLORER sein, die zwar auch Wetterprobleme hat und Unsicherheiten in Realisierung ihres Programmes. Zwar sauteuer, aber gemäß uns vorliegenden Reiseprogramm-Infos das beste derzeit vorliegende Reiseangebot in die Antarktis.

2 bis 3 Fahrten pro Jahr in den Monaten November bis Februar ab Buenos Aires/ Argentinien. Je nach Reisedauer (2 bis 5 Wochen) und Kabinenklasse kostet die Fahrt um die 15 bis 2o.ooo DM. Besucht wird die auf Südamerika weisende und in chilenischen Karten eingezeichnete Halbinselzunge "O'Higgins Peninsula" (=King George) auf der internationale Wissenschaftler die wichtigsten und reichsten Bodenschätze des Antarktischen Kontinents vermuten.

An Bord Auswahl der bestverdienendsten Berufe der Welt, die sich den Traum, einmal in der Antarktis gewesen zu sein, verwirklichen. Besuch von Forschungsstationen, Pinguin-Kolonien, Vulkankrater, Seelöwen und jede Menge Eis.

Die "Lindblad Explorer" ist die teurere, aber sicher interessantere Wahl, da das Schiff tiefer und länger in die Antarktis fährt. Wissenschaftliche Vorträge an Bord, breitere Palette an Ausflügen. Und natürlich mehr Komfort an Bord. BUCHUNG: "Lindblad Explorer Travel", 133 East Street, New York, N.Y. 1oo22, USA.

GESCHICHTE: 1675 kamen zwei peruanische Schiffe auf der Cap Horn Route kräftig vom Kurs ab und gelten als Entdecker der Antarktis. Kapitän Cook erforschte die Region auf seinen Reisen 1756 und 1722. Als erster umsegelte der Russe Fabian Bellinghausen 1819 bis 1821 weite Teile des 6. Kontinents.

Im Gegensatz zum Nordpol ist die Antarktis Landmasse. Bedeckt von einer bis zu knapp 4.ooo m dicken Eisschicht. Der Südpol ist inkl. seiner Eismassen 2.76o m hoch. Die höchste Stelle bei der russischen Forschungsstation WOSTOK (rund 4.5oo m). Hier liegt auch der kälteste Punkt der Welt; im Jahre 1959 wurden minus 88,3 Grad gemessen! – Forschungssatelliten zeigen, daß während des antarktischen Winters der 6. Kontinent durch Eis auf fast die doppelte Größe anwächst.

Die Entdeckungen von James Cook führten Ende des 18./Beginn 19. Jhds. zu massiven Pelzrobbenjagden auf der King George Halbinsel (z.B. 1919 Tötung von mehr als 1 Mill. Pelzrobben bis zu ihrer Ausrottung). Ab 19o4 auch massiver Waalfang in antarktischen Gewässern. Vermutlich der Grund für die explosionsartige Vermehrung des SKRILL, Kleinkrabben, die Nahrung der Waale sind, aber auch einer Vielzahl von Fischen, Robben und Vögeln.

Erster Mensch am Südpol war der Norweger ROALD AMUNDSEN (14.12.1911), im Wettlauf mit Robert Scott/England, der für diesen sportlichen Guiness Record sein Leben lassen mußte. Hochinteressant als Background Literatur die in der "Edition Erdmann" bei Thienemanns/Stuttgart erschienenen Orginalaufzeichnungen von Roald Amundsen ("Die Eroberung des Südpols"), mit Fotos und Kartenmaterial.

WIRTSCHAFTLICHE NUTZUNG: wegen der reichen Fischgründe antarktischer Gewässer, – vorallem aber wegen der riesigen Mengen an Bodenschätzen, die in den vergangenen Jahren gefunden, bzw. vermutet werden seit den 7o-er Jahren, – besteht großes internationales Interesse.

Nach derzeitiger Schätzung belaufen sich die offshore- Erdöllager vor den Küsten der Antarktis auf mindestens 45 Milliarden Barrel, das entspricht den Reserven von Nigeria und Lybien. Vermutlich jedoch erheblich mehr, in der Größenordnung Alaskas, welches zum großen Anteil bereits den Bedarf der USA deckt. – Die Erdgaslager der Antarktis werden auf runde 115 Billionen Kubikmeter geschätzt. Zudem große Kupfer-, Titan-, Uran- und Chromlager. – Im Transarktischen Gebirge wurde ein mehr als 2.ooo km langer Kohleflöz entdeckt und sowijetische Wissenschaftler fanden im Prince Charles Gebirge ein Eisenerzlager von 1oo m Dicke und Ausdehnung von 12o km, das den Weltbedarf über 2oo Jahre decken könnte!

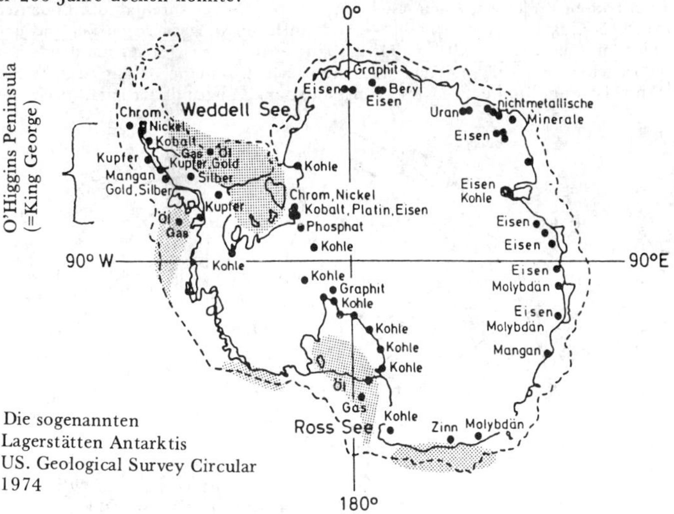

Die sogenannten
Lagerstätten Antarktis
US. Geological Survey Circular
1974

Während bei weltweiter Rohstoffverknappung ab Beginn der 7o-er Jahre zunächst Vermutungen über Lage und Menge der antarktischen Bodenschätze angestellt wurden (siehe Karte oben, 1974 der amerikanischen Geologen Wright und Williams, die mit gewisser Vorsicht zu genießen ist!), – konnten im Anschluß durchgeführte Antarktis Expeditionen erste und überreiche Bodenschätze entdecken.

Die Vermutungen basierten zunächst auf der Hypothese von "Godwana". Der Deutsche Alfred Wegener entwickelte 1912 die These, daß es im Jungcarbon, also vor rund 3oo Millionen Jahren eine kompakte Landmasse gegeben hätte, die im Laufe vieler millionen Jahre in die Lage der heutigen Kontinente auseinandergedriftet sei.

Nicht nur, daß sich beispielsweise die Umrisse der Kontinente Afrika/Europa fast wie ein Puzzle Spiel in die der Kontinente Süd/Nordamerikas einfügen. Auch moderne Forschungsergebnisse belegen diese Theorie. Lit.: "Antarktis Expedition" von Heinz Kohnen, einem der führenden deutschen Antarktis Wissenschaftler, – erschienen 1981 im Lübbe Verlag/Bergisch Gladbach.

Von daher: bei den reichen Bodenschätzen in Australien, Südafrika und der südlichen Andenkette Südamerikas (Bereich Chile), – warum soll sich dies nicht unter der eisbedeckten Antarktis fortsetzen, die im Jungkarbon gemäß Wegener mit diesen Kontinenten verbunden war.

Da es in der 1. Hälfte unseres Jhds. an Technologie zur Erschließung dieser Eismassen fehlte, aber auch keine Notwendigkeit durch Rohstoffverknappung bestand, – war die Antarktis zunächst Niemandsland. Zwischenzeitlich erheben aber mehr als 3o Länder der Welt Gebietsansprüche, die sich in Tortenscheiben zum Südpol vielfach sogar überlappen. Dies insbesondere im Bereich der Südamerika vorgelagerten KING GEORGE–HALBINSEL, beansprucht von Chile, Argentinien und Großbritannien. Nach heutigem Forschungsstand äußerst reich an Bodenschätzen und relativ leicht im antarktischen

Sommer zugänglich.

Auf Grund fehlender Verträge leiten Anrainerstaaten wie Chile und Argentinien ihre Gebietsansprüche meist aus Sektorenwinkeln her, die von der südamerikanischen Landmasse zum Südpol gezogen werden.

Dies war der Grund des langjährigen Streites zwischen Chile und Argentinien Ende der 7o-er/Anfang der 8o-er Jahre um die 3 Miniinseln im Beagle Kanal. Diese ergeben auf den Südpol projeziert, einen erheblich höheren Gebietsanteil an der Bodenschatzreichen King Georges Halbinsel. – Aber auch im Krieg zwischen England und Argentinien um die Falklands/Islas Malvinas ging es nicht vorwiegend um den Schutz der dort lebenden ca. 1.8oo englischen Schafhirten, sondern um antarktische Sektoren-Ansprüche und um einen Versorgungsstützpunkt Englands für antarktische Gewässer.

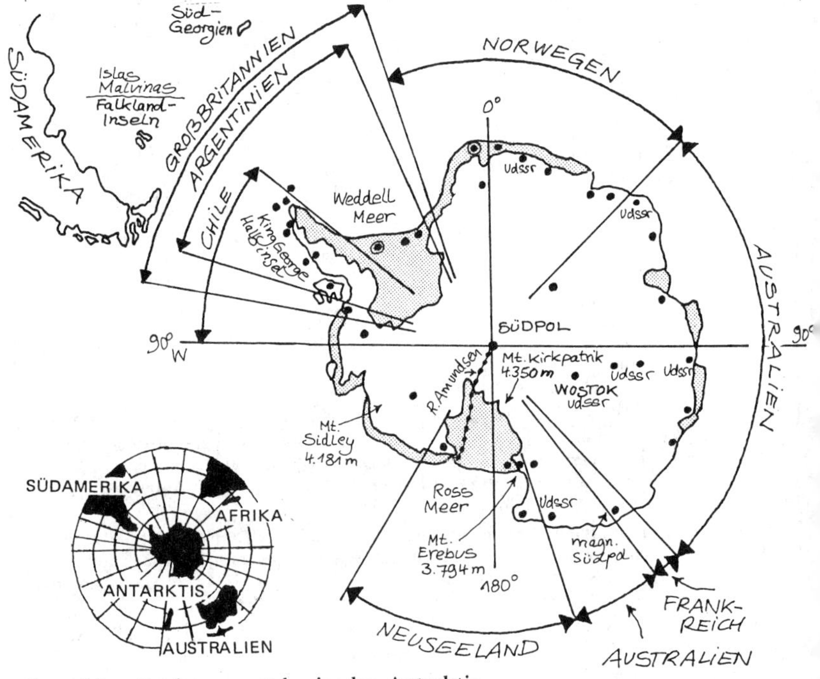

Derzeitige Gebietsansprüche in der Antarktis

- ● Forschungsstationen
- ◉ deutsche Forschungsstationen
- Gebietsansprüche
- Schelfeis

Der Antarktisvertrag von 1959/1961 regelt und bestimmt die friedliche Nutzung des 6. Kontinents zu Forschungszwecken.Militärische Tests, insbesondere auch Atomwaffentests sind ausgeschlossen. Das Vertragswerk läuft 1991 aus, ohne daß die Zukunft geregelt ist.

Derzeit gibt es 6o Forschungsstationen in der Antarktis. Es fehlt noch an umfangreichem Know How, unter antarktischen Extremtemperaturen an die Bodenschätze zu gelangen; dürfte nach heutiger Einschätzung etwa gegen Ende des Jhd's. möglich sein.

Sobald es nicht bald zu handfesten Nutzungsverträgen kommt, sind Kriege um die

Antarktis fast vorprogrammiert, wenn bereits England und Argentinien mehrere Millonen DM in den Krieg um die Falklands steckten!

Aber auch die Umweltschützer warnen: so wies "Greenpeace" in seiner Zeitschrift Nr. 1/86 darauf hin, daß driftende antarktische Eisberge bei Unterwassergröße von bis zu 15o m (die Spuren im Meeresboden bis zu 3o m Tiefe ziehen!), eine ernste Gefahr für antarktische Bohrtürme darstellen und zu massiven Ölkatastrophen führen könnten.

Ein Problem, mit dem heute schon Erdölgesellschaften vor der kannadischen Labradorküste konfrontiert sind. Diese unterhalten eigene Beobachtungshubschrauber, die dann bei Gefahr versuchen, kleinere Eisberge mit Schleppschiffen seitlich um Bohrtürme abzuschleppen. Ein Vorhaben, was wegen der schwer kalkulierbaren Unterwasserfigur des Eisberges oft nur unter großen Mühen gelingt.

Wie soll das bei antarktischen Eisbergen eines Unterwasserkorpus von bis zu 15o m klappen? Wie alle organische Substanzen würde sich bei ausströmendem Erdöl dieses in der Antarktis nur äußerst langsam zersetzen. Beispielsweise hat man kürzlich und genüßlich 7o Jahre altes Brot in der Hütte des Südpolforschers Robert Scott gegessen!!

NOTIZEN

NOTIZEN

NOTIZEN

NOTIZEN

NOTIZEN

NOTIZEN

NOTIZEN

NOTIZEN

NOTIZEN

„Sind die Auen noch zu retten? Mit Ihrer Hilfe schon."

Heinz Sielmann, Filmautor und Mitglied des WWF.

Es gibt noch urwaldartige Landschaften in Deutschland. Mit einer üppigen Tier- und Pflanzenwelt: die Auwälder. Aber die wenigen noch intakten Auen entlang großer Flüsse werden durch Kanalisierung, Rodung und Kiesabbau bedroht. Unzählige, typische Tier- und Pflanzenarten sind dadurch in Gefahr. Helfen Sie, diese einmaligen Naturlandschaften zu retten. Ich versichere Ihnen: Jede Spende wird ausschließlich für konkrete Naturschutzarbeit eingesetzt. Helfen Sie jetzt.

Ja, ich will helfen, daß die letzten natürlichen Feuchtgebiete in Deutschland erhalten bleiben. Bitte geben Sie mir Informationen, wie ich den WWF bei seiner Arbeit unterstützen kann.

Name

Straße

PLZ/Ort

Diese Anzeige wurde von Ogilvy & Mather, Frankfurt, ohne Honorar gestaltet.
Sie ist nicht aus Spendenmitteln finanziert.

WWF 10/85

WWF

Umweltstiftung WWF-Deutschland
Sophienstraße 44, 6000 Frankfurt 90
Telefon 069/77 06 77
Spendenkonto 2000,
Commerzbank Frankfurt

NOTIZEN

ZEITVERSCHIEBUNG:

Argentinien	– 3	
Bolivien	– 4	
Brasilien:		
Ost, Küste und Brasilia	– 3	Uhren um 1 Std. vorgestellt zwischen 8.11. und 28.2.
West	– 4	
Acre	– 5	
Chile	– 4	– 3 (13. Okt. - 8. März)
Osterinseln	– 6	– 5 (13. Okt. - 8. März)
Kolumbien	– 5	
Ecuador	– 5	
Falkland Isl.	– 4	– 3 (15. Sept. - 26.Apr.)
Franz. Guyana	– 3	
Guyana	– 3	
Paraguay	– 4	– 3 (1. Okt. - 31. Mai)
Peru	– 5	
Surinam	– 3,5	
Uruguay	– 3	
Venezuela	– 4	

Die Angaben basieren auf MEZ, der Mitteleuropäischen Zeit.

Wenn es also in Mitteleuropa 12 Uhr Mittags ist, – zeigt die Uhr in Buenos Aires/Argentinien minus 3 Std., also 9 Uhr.

Diese Tabelle ist nicht nur für das Telefonieren von und nach Südamerika ab Europa nützlich, – sondern insbesondere auch für das Reisen zwischen den einzelnen südamerikanischen Ländern (z.B. Grenzübergänge)

Auch Südamerika hat seine "Sommerzeit", siehe rechts! Derzeit in Chile, Paraguay und Brasilien. Geplant für Peru und andere Länder.

Achtung: die europ. Sommerzeit ist in rechter Tabelle nicht berücksichtigt!

Vielen Dank für Tips und Hilfe

Joanice Arouso u. Silvia – Brasilien
Jaime Acevedo – Peru
Peter Achermann – Schweiz
E. u. G. Albrecht – Kolumbien
Richard Allgeier – BRD
Joaquin Alvares – Chile
G. de Amat Quiroz – Peru
Gus Angermeyer – Galapagos
Karl Angermeyer – Galapagos
Manuel Aramayo – Bolivien
Elias Arteaga – Ecuador
Joanice Arouso u. Silvia – Brasilien
'Pollo' Arrarte – Peru
M. Ines de Azevedo – Brasilien

Eberhard Baer – BRD
Elke Bär –BRD
Alejandro dela Barra – Bolivien
Francisco Barrientas – Chile
Ursula Bauchrowitz – BRD
Dieter Bauer – Peru
Werner Baumgartner – Schweiz
Ruth Baumhöfer – BRD
Hans Bausenhardt – BRD
Dr. Dietrich Becker – BRD
Dr. Rolf Behrends – Ecuador
Rosario de Bejarano – Venezuela
Walter Benser – BRD
Charo Berio – Peru
W. u. C. Bernhardi – Kolumbien
Dr. Peter Berressem – BRD
Peter Beyer – BRD
Enrico Bientinesi – Italien
Uli Bierbach – Bolivien
Benno Bittner – BRD
Hans Böbs – BRD
Detlef Bojen – BRD
Israel Warners Blanco – Bolivien
C. u. D. Bonn – BRD
Claude Boucaud – BRD
Bernhard Brack – BRD
Eduard de Bralandere – Irland
R. u. F. Brühlmann – Schweiz
Angel Buceno Gastillo – Chile
Martina Buchholz – BRD

Vielen Dank für Tips und Hilfe

Peter Buhl – Ecuador
Gustav Burghardt – BRD
Thomas Burkhard – Brasilien
Magda Bustillos – Bolivien

Tirma Cabrera – Venezuela
Mary Caldarone – Argentinien
Guillermo P. Cardenas – Chile
Rodrigo Cardenas – Chile
Teresa Chavez – Bolivien
Fernando Canelas – Bolivien
Marianne Cardenas – Brasilien
Rolando Calla Carpio – Bolivien
Carlos A. Carvalho – Brasilien
Eladio de Carvalho – Brasilien
Heidi de Casanovas – Bolivien
Rita de Cassia – Brasilien
Jose A. Carbonell – Kolumbien
Samuel Choqui – Bolivien
Friedbert Clemens – BRD
Max Christen – Galapagos
Ives Chumacero – Bolivien
Leticia P. Cole – Trinidad
Ch. u. D. Complo – Österreich
Hubert u. Marisa Cordova – Peru
Jaime Correal jr. – Kolumbien

John Dalzell – Guyana
Karl Damler – BRD
Erwin Decker – BRD
Wendy Delich – Neuseeland
Andreas Dengler – BRD
Chris D'flathery – Neuseeland
Dietmar – Österreich
Gabriele Dress – BRD
Bernard Drewes – BRD
Imme Droop – BRD

Maluly de Escobari – Bolivien
Birgit de Estrella – Ecuador

Fritz Feder – BRD
Fr. Fehle – BRD
Horst Fembacher – BRD
Cecilia M. C. de Figueiredo – Bras.
Margarete Fingerle – BRD
Johann Fischer – BRD
Gabino Flores – Bolivien
Clovis W. de Franca – Brasilien
Verena Franke – BRD

Robert Gänzler – BRD
Angelita de Gamboa – Bolivien
Celsa Garcia Suarez – Venezuela
Maria Paz Garcia – Chile
Dr. Erich Gatt – Österreich
Marianne Geets – Österreich
W. D. Gentz – BRD
Dr. Gewalt – BRD
Manuel Giebermann – Schweiz
Ronald Giger – Schweiz
Georg Gloede – BRD
Friedrich Göser – BRD
Eloy Teodoro Gomez – Peru
Oscar Gomez – Chile
Jose Ramon Gonzales – Venezuela
Michael Goss – USA
Alfredo Granda – Peru
Marco Gross – Ecuador
Enrique Grosse-Luemern –Ecuador
Roswitha Gruber – Österreich
W. Grundmann – BRD
Simon Guevara – Venezuela
Jean-Marc Guillod – Schweiz

Rainer Hachmann – BRD
Bettina von Hacke – BRD
G. von Hacke – BRD
Jörg Hänel – BRD
Ellen B. Happ – BRD
Curt u. Sylvie Hasler – Schweiz
Peter Hasler – BRD
Birgit Heide – BRD
Hartmut Heidenreich – Ecuador
Thomas Heidenreich – BRD
Gerhard Heils – BRD
Helmut Heine – BRD
Adrian Heinemann – BRD
Ulrich Henrichsmeier – BRD
Raymond v. Henry – Dominica
Manuela Hentschel – BRD
Gustavo u. Susi Herbozo – Peru
Hugo Herbst – BRD
Roland Herrmann – BRD
Klaus Hoffmann – BRD
Rainer Hoffmann – Kolumbien
Dr. Rainer Hoenle – USA
Wolfgang Hohnstock – BRD
Antony Holley – Peru
Manfred Holz – BRD
Manfred Holzhauer – BRD
H. Hoyer – BRD

Vielen Dank für Tips und Hilfe

Eduard Huber – BRD
Efrain Ch. Huarcaya – Peru
Enrique u. Paquita Ibanez – Peru
Gaston Ibanez Valda – Bolivien
Pilar de Ineguez – Bolivien
Werner Ische – BRD
Fam. Dr. Jacoby – BRD
Leonor Mata Jahil – Ecuador
Anton Jakob – BRD
Volker Jandt – BRD
Jane – USA
Carlos R. Jelvez – Chile
Jürg Jordi – Schweiz

Guido Karrasch – BRD
Federico Kauffmann Doig – Peru
Marike Kater – Holland
Martin Keller – BRD
Doris Kempf-Gaulke – BRD
Herbert Keuper – BRD
Franz Klessinger – BRD
Thomas Knöfel – BRD
Peter Koebe – BRD
Heinz Kölbl – BRD
Christian König – BRD
Christian Kramm – BRD
Bruno Krause – BRD
Klaus Kraise – BRD
Wolfgang Krönner – BRD
Cilly Küppers – Schweiz
Hans Werner Kuhn – BRD
Wilhelm Kuhnz – BRD
Dr. Christian Kujat – BRD
Joachim A. Kuxdorf – Kolumbien

Ursula Langhof – BRD
Jaime O. Lara – Ecuador
Dieter Lehne – BRD
Ulrich Lehnert – BRD
Thomas Leiter – BRD
Dr. Herbert Lieske – BRD
Rosana O. de Linares – Venez.
Kirsty Logan – Süd-Afrika
Gladys M. Lovon – Peru
Hugo Lujan – Bolivien
Otokar Lukac – Peru
Victor Luzabara – Peru
Sr. Lynch – Chile
Peter Lyssy – BRD

Brigitte Marassi – Schweiz
Bernd Masemann – BRD
Berta Mansur – Peru
Christiane Maulhard – BRD
Heinrich Maulhard – Peru
Heinrich F. Mehling – BRD
Günter Meinert – BRD
Walter Meinhardt – BRD
Jaime Mendez – Bolivien
Gabi Messerer – BRD
Lilly Messerer – BRD
Jaqueline Milchamps – Frankreich
Tomislav Milinusic – Kanada
Greg Minick – USA
Dieter Mittelstaedt – Chile
Margit Mittnik – BRD
Cardenal Molina – Bolivien
Rosario de Molina – Bolivien
Ingard C. de Molleda – Venezuela
Rosi Mönch – BRD
Don Montague – USA
Allan Moore – USA
Carlos Enrique Müller – BRD
Hans Georg Müller – Kolumbien
Beate Müller – BRD
Walter J. Müller – BRD
Thomas J. Muhs – Venezuela
Maria E. de Munoz – Kolumbien
Mike Muschik – Österreich
Petra v. Eberhard-Muthig – BRD

Dr. Heinz Nawratil – BRD
Sylvia Neander – BRD
Lutz Neugebauer – BRD
Gabi Neuwerth – BRD
Dietmar Nickel – BRD
Ralph Nimmann – BRD
Connor u. Mary Nixon – Peru
Paul N. Nixon – USA
Rafael Novoa – Chile
Werner Nürrenbach – BRD

Klaus Oberholzer – Bolivien
Guillermo Olalla – Argentinien
Johanna Olde – BRD
Rosana Ordonez – Venezuela
Victor Hugo Ordonez – Bolivien
Ursula Ortelli – BRD
Theo Ott – BRD
Jörg Overzier – BRD

Carlos A. Palacin – Peru

Vielen Dank für Tips und Hilfe

Christina Palacios – Kolumbien
Freddy Pando Silva – Bolivien
Sunja Paulsen de Gross –Österreich
Jan H. Philipp – USA
Dr. Christa Pieske – BRD
Carola Plaetschke – BRD
Willi Plattner – Schweiz
Uta Pönitz – BRD
Michael Prosinger – BRD
Harald Przyrembel – BRD
Annelene Pundt – BRD

Berta Quezada – Peru
Juan Quesada – Bolivien

Maribel Rabasa – Peru
U. und U. Ramcke Meinung – Uruguay
Margarita de Ramos – Peru
Hermann Ranariere – Dominica
Elisabeth Rasmussen – Bolivien
Klaus Rasmussen – Bolivien
Hannes Rauh – BRD
Jose V. Rehnelt – Ecuador
Edi Reischl – Österreich
Dr. J. Reissfelder – BRD
Rosario Berio Remy – Peru
Mike Rennie – Schottland
Helene Reuter – BRD
Amanda Ricotora - Bolivien
Beatrice Rico Toro – Bolivien
Roland Riedl – BRD
Javier Rios – Peru
Hans Ritter – BRD
Ivan E. Rodriguez – Kolumbien
Nancy Rodriguez – Ecuador
Eduardo Ronalds – Peru
Klaus Röpke – BRD
Diane Ross – USA
Megan Ross – USA
Bertram A.-Rostburg – Österreich
Peter Roth – Österreich
Kurt Rothgänger – BRD
Georg Rubin – Kolumbien
W. Ruschhaupt – BRD
Freddy Ruettimann – Schweiz
Marko Rupe – Brasilien

Marcela Sade – Chile
Jorge Salazar – Bolivien
Norbert Salcher – BRD
Oscar Salicetti – Venezuela
Liliana Salviatti – Peru
Antonio Saman – Ecuador
Luis Sanchez Guerrero – Peru
Günter Savss – BRD
Pablo W. See – Peru
Marita u. Wolfgang Seemann –BRD
Beatrice Sidler – Schweiz
Rolf D. Siewers – Galapagos
Jose Heleno da Silo – Brasilien
Dr. Blas Silva Cuentas – Peru
Jidiko Simdorn – BRD
Horst Simon – BRD
Rita Simon – Brasilien
Irwin Skeete – St. Lucia/Karibik
Delia Esther Socarras – Kolumbien
Gisela Soederstam – Schweden
M. Cristina Solis – Ecuador
Wolf Sommerkamp – Spanien
Hermann Sprenger – BRD
Laura Squier – Peru
Fridl Stary – BRD
Peter Stockbauer – BRD
Irmgard Strempfl – BRD
Karl Stubenvoll - Österreich
Helga Schadeberg – BRD
Wolfgang Scheller – BRD
Karl Schick – Brasilien
Dr. Hans Schild – BRD
Paul Schmarling – BRD
Irene Schmid – Schweiz
Herbert Schmidt – Brasilien
Hubert u. Sylvie Schmidt – BRD
Walter Schmidt – Brasilien
Xaver Schmidt – Bolivien
Joachim Schmitz – BRD
Dr. Rose Schwaufer – BRD
Klaus Schneider – Paraguay
Wolfgang Schnettan – BRD
Heinz-Peter Schonowski – Kolum.
Dr. Klaus Schröder – BRD
Werner H. Schürmann – BRD
Joachim Schörmann – BRD
Wolfram Schuh – BRD
H. u. Ch. Schulz – BRD
Detlef Schuppan – BRD
Karl Schwab – Österreich
Ursula Schweizer – Schweiz
Manfred Schwiebart – BRD

Vielen Dank für Tips und Hilfe

Sonja Tangol – Chile
Alan Taylor – Neuseeland
Bernd Tesch – BRD
Volker Thiessen – Peru
Bernd Thomamüller – BRD
Peter Truhl – BRD
Klaus Peter Titze – BRD
Ria u. Piu Tomic – Brasilien
Jaime Toro – Bolivien
Sergio Torres – Chile
Paul Traeger – Peru
Peter Traxler – Schweiz
Edelgard Türke – BRD
Eugenia Andrade – Chile

Floh Usener – BRD

Julia Vasquez – Peru
Juan u. Ani Velasco – Peru
Inge u. Friedbert Velbinger– BRD
Christian Velbinger – BRD
Mona Velbinger – BRD
Heddy de Vilchez – Peru
Maruja P. de Villamizar – Kol.
Armin Vogel – BRD
Käthi u. Paul Vogt – Schweiz

Ilse Voss – BRD

Heinrich Wachauer – Österreich
Fred Wagner – BRD
Roger Walder – Schweiz
Martin Weber – BRD
Rudolf Weissmair – Österreich
Rüdiger Weiz – BRD
Thomas-Michael Wessel – BRD
Günther v. Wichmann – BRD
Fridebert Widder – Österreich
Florian Willems – Holland
Jan Wimmer – San Salvador
Clovis Winkelewski de Franca – Bras.
Ulla u. Klaus Wittigmayer – BRD
Jörg Wollschläger – BRD
E. u. W. Woolfson – Ecuador
Veronika Wunderlich – BRD
Joseph M. Yserbyi – Brasilien

Heinz Zaha – BRD
B. u. M. Zestermann – BRD
Hans-Jürgen Zinner – BRD
Else Zogbaum – BRD
Peter Zweigmüller – Österreich
Günther Zweckl – BRD

Wie mehrfach in diesem Band hingewiesen: wir freuen uns sehr Leserbriefe mit handfesten und konkreten Tips. Wer uns Details zu einer ausgefallenen neuen Route, besonderen Hotels etc. zusendet, wird in der nächsten Ausgabe dieses Bandes namentlich erwähnt bzw. abgedruckt!

SÜDAMERIKA–REDAKTION
Bahnhofstr. 1o6 – 8o32 Gräfelfing/München

VERLAG MARTIN VELBINGER

NOTIZEN

INDEX

A

B

C

INDEX

N

O

P

INDEX

INDEX

W

X

Y

Z

INDEX:

der in diesem Band mit Werbung vertretenen Firmen:

INDEX:

der in diesem Band mit Werbung vertretenen Firmen:

HOTELS/ RESTAURANTS:

SHOPS und LITERARISCHES:

PKWS und AUSRÜSTER:

SONSTIGES:

Nord-Europa
— FÜHRER —

Band 17

handfeste Tips, – von Verbindungen (Bus, Schiff, Zug, Flug) – zu Tips für Übernachtung, Wandern, Bootsmieten, Pubs, Shopping etc.

Inkl. Orkneys, Shetlands und Hebriden. Franz Rappel

ca. 4oo Seiten, – 22,8o DM

Band 18

mit einer Fülle von Tips zu Campen, – Kanuwandern, – Wildwasser, – Unterkunft, preiswert Essen, Wandern. Handfest vor Ort recherchiert,– nützlich und hilfreich für jede Schweden- Reise

ca. 32o Seiten, – 22,8o DM
Marlen und Bert Baesgen

Band 19

umfangreiche Tips zu allem, was der Norwegenfahrer braucht: günstigste Anreise, – Übernachtung, – Fjord- und Nordcaproute, Wandern in Norwegen etc.

ca. 5oo Seiten, – 24,8o DM
Schröder/Pagenstecher

Süd-Europa
— FÜHRER —

Band 11

Die Toscana in ihren 9 Provinzen, sowie die Insel Elba. Anreise, – Verbindungen in der Toscana, Sight Seeing und Kunst, sowie eine Fülle nützlicher Tips zu Restaurants und Unterkunft.

272 Seiten, – 19,8o DM
Hans Jörg Sing

Band 12

Anreise, Campanien, Gargano, Apulien, Lucanien, Calabrien.

Unzählige Tips zu Hotels, Restaurants, Stränden, Verbindungen.

ca. 5oo Seiten, – 26,8o DM
Hans Bausenhardt

Band 13

Kreativ Ferien auf einer der schönsten Inseln des Mittelmeers.
Wandern, Baden, Segeln, Tauchen, Hotels, Camping, Verbindungen, Essenstips.

24o Seiten, – 22,8o DM
Schröder/Pagenstecher

Städte:
—FÜHRER—

Band (7)

Das Leben genießen.
Für Leute, die mal ein Wochenende ausspannen wolle, — oder länger. Viele Tips zu Hotels, Restaurants. Ungeheure Tipsfülle!

Hans Jörg Sing
356 Seiten, — 29,8o DM

Band (10)

Wiener Szene, — Beisln, Schlafen, Shopping, — Musik, Szene, Kunst. Viele Tips zu Hotels, Restaurants. Geschrieben von Redakteur des Österr. Rundfunks, der Wien kennt.

ca. 46o Seiten, — 22,8o DM
Norbert Steidl

Band (20)

Insider Tips zu Shopping, Sight-Seeing, Kunst und Kultur. Aber auch zu den besten Restaurants, Unterkunft, Szene und Umgebung, die einem viel Geld einsparen können.

ca. 35o Seiten, — 22,8o DM
Hans Bausenhardt

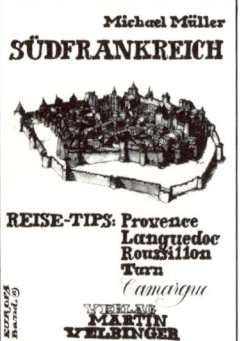